U0915525

北京社会科学年鉴 2012

北京市社会科学界联合会 编

北京出版集团公司
北 京 出 版 社

图书在版编目（CIP）数据

北京社会科学年鉴. 2012／北京市社会科学界联合会编. —北京：北京出版社，2012. 11
ISBN 978-7-200-09446-6

Ⅰ. ①北… Ⅱ. ①北… Ⅲ. ①社会科学—北京市—2012—年鉴 Ⅳ. ①C121-54

中国版本图书馆 CIP 数据核字(2012)第 241600 号

责任编辑 陶宇辰 汪劲莲
美术编辑 刘京川
责任印制 宋 超

北京社会科学年鉴 2012
BEIJING SHEHUI KEXUE NIANJIAN 2012
北京市社会科学界联合会 编
*
北京出版集团公司
北 京 出 版 社 出 版
（北京北三环中路6号）
邮政编码：100120
网 址：www.bph.com.cn
北京出版集团公司总发行
北京画中画印刷有限公司印刷
*
787 毫米×1092 毫米 16 开本 57.5 印张 彩插 48 页 2005 千字
2012 年 11 月第 1 版 2012 年 11 月第 1 次印刷
ISBN 978-7-200-09446-6
定价：198.00 元
质量监督电话：010-58572393

北京市社会科学界联合会《北京社会科学年鉴》编辑部
地 址：北京市东城区西滨河路 19 号
邮政编码：100011
联系电话：(010) 64527157
E-mail：sklwh@vip.sina.com

《北京社会科学年鉴》编辑委员会名单

编辑说明

一、《北京社会科学年鉴》是一部记述首都北京哲学社会科学事业发展状况和学术动态的年度资料性学术工具书，由北京市社会科学界联合会编纂。

二、本年鉴以马列主义、毛泽东思想、邓小平理论和“三个代表”重要思想为指导，深入贯彻落实科学发展观，坚持党的基本路线，坚持“二为”方向、“双百”方针，解放思想、实事求是、与时俱进、开拓创新，力求年鉴编纂中的科学性、客观性、全面性。

三、本年鉴宗旨：努力为党和政府决策提供社会科学方面的参考；为社会科学工作者从事学术研究及教学提供资料和借鉴；为社会各界了解首都社会科学领域的现状提供最新的信息；努力促进北京哲学社会科学的全面发展和繁荣。

四、本年鉴从2000年开始，逐年编纂。当年出版的年鉴，记述上一年首都哲学社会科学事业的发展状况。本年鉴收录的资料来自在京的党政机关，社会科学教学、研究和科研管理等机构。

五、本年鉴采用分类编辑法，全书包括文章体和条目体。全书采用标准的语文体、记述体，行文力求规范、准确、简练。

六、本卷年鉴的基本栏目设有：特载、学科综述、科研课题、获奖成果、学术活动、机构、学术团体、大事记、附录。

七、为更好地发挥本年鉴的作用，在出版《北京社会科学年鉴》纸质版的同时出版电子版（CD－ROM）。

八、本卷年鉴在资料收集、编写过程中，得到了有关单位、部门和学者的大力支持，在此表示衷心感谢！

《北京社会科学年鉴》编辑部

2012年10月

The Editors' Notes

October 2012

1. *Beijing Social Science Yearbook* is an annual academic reference book, which records the development of the undertakings of philosophy and social sciences, as well as the concerning academic events in Beijing, the capital of the People's Republic of China. It is compiled by the Beijing Federation of the Social Science Circles.

2. In compiling this yearbook, we have followed the guidance of Marxism-Leninism, Mao Zedong Thought, Deng Xiaoping Theory and the important thought of "Three Represents", earnestly implemented the Scientific Outlook on Development and adhered to the basic line of the Communist Party of China, to the orientations of serving the people and serving the socialist cause, to the policy of "letting a hundred flowers blossom and a hundred schools of thought contend" and to the principles of emancipating the minds, seeking truth from facts, advancing with the times, and blazing new trails in a pioneering spirit. We have tried our best to be as scientific-minded, objective and comprehensive as possible in compiling this yearbook.

3. This yearbook is intended to strive to provide the Party and Government departments with references in relation to social sciences needed in their policy-making, supply social science workers with materials and references needed for their academic research and teaching, provide the latest information to help people of various social circles to learn about the current situation in the domains of social sciences in Beijing, and promote the overall development and prosperity of philosophy and social sciences in Beijing.

4. This yearbook has been compiled and published once a year since 2000. Each volume of this yearbook records the development of the undertakings of philosophy and social sciences in the previous year in Beijing. The materials contained in this yearbook have been collected from the Party and Government departments in Beijing, and from the institutions which engage in social science teaching, research and management of research in Beijing.

5. This yearbook is compiled by the classification method, including articles and subject entries. The whole yearbook is written in standard prose and narrative styles, trying to make the wording normative, accurate and brief.

6. The standing columns in the current volume of this yearbook are Special Reprints, Survey of Various Subjects, Lists of Research Topics, Award-Winning Academic Achievements, Academic Activities, Academic Institutions, Academic Organizations, Chronicle, and Appendix.

7. While *Beijing Social Science Yearbook* is published in paper edition, it is available in CD-ROM format simultaneously, so as to bring it into full play.

8. We would like to express our heartfelt thanks to those concerning institutions, departments and scholars for their immense help in the course of data-collection and compilation of this volume.

The Editorial Department of
Beijing Social Science Yearbook

（翻译：王逢鑫）

2011年6月9日至10日，中共中央文献研究室与中国中共文献研究会联合举办的“中国共产党成立九十周年理论研讨会暨中国中共文献研究会年会”在京举行

2011年6月8日，中共北京市委宣传部、北京市中国特色社会主义理论体系研究中心、北京市社会科学界联合会、北京大学马克思主义学院、清华大学马克思主义学院、中国人民大学马克思主义学院、北京师范大学马克思主义学院联合举办的“马克思主义中国化论坛·2011”在中国人民大学举行

2011年9月16日，中共中央文献研究室与中国中共文献研究会联合举办的“理论文献片《中国道路》座谈会”在京召开

2011年7月2日，中国中共文献研究会与中国现代史学会联合举办的“《中国共产党人英烈肖像作品集》出版座谈会”在人民大会堂召开

2011年7月7日，中共北京市委宣传部、北京市中国特色社会主义理论体系研究中心联合召开“首都理论界学习胡锦涛总书记‘七一’重要讲话座谈会”

2011年6月28日，中共北京市委组织部、中共北京市委宣传部、北京市中国特色社会主义理论体系研究中心等单位联合召开“北京市纪念中国共产党成立90周年理论研讨会”

2011年8月3日，中共北京市委宣传部、北京市中国特色社会主义理论体系研究中心和北京市社会科学界联合会共同举办“《纪念中国共产党成立90周年文库》出版座谈会”，文库包括《中国共产党辉煌90年》《中国共产党建设90年》《90年中人与事》三个系列

2011年11月8日，北京市中国特色社会主义理论体系研究中心、北京市社会科学界联合会和中国特色社会主义研究杂志社联合举办“2011首都论坛”，论坛主题为“创新驱动与首都‘十二五’发展”

2011年12月15日，北京市中国特色社会主义理论体系研究中心办公室和中国特色社会主义研究杂志社在京联合举办“中国特色社会主义文化发展道路理论研讨会”

2011年1月16日，北京市社会科学界联合会、北京联合大学和北京旅游学会联合举办的以“建设国际一流旅游城市”为主题的首届首都旅游发展论坛在北京联合大学举行

2011年6月17日至18日，北京市社会科学界联合会和首都师范大学共同主办的“2011首都教育论坛·学校发展国际学术研讨会”在首都师范大学召开，研讨会主题为“学校发展：价值、挑战与对策”

2011年7月10日，北京市社会科学界联合会、北京社会主义学院、民盟北京市委、九三学社北京市委、北京联合大学共同主办的主题为“打造先进文化之都 培育创新文化”的“2011北京文化论坛”在北京国际会议中心举办

2011年12月22日，北京市社会科学界联合会和首都经济贸易大学联合主办的“2011城市国际化论坛”在京召开，论坛主题为“全球化进程中的大都市治理”

2011年10月29日，北京市社会科学界联合会、北京三生环境与发展研究院、北京大学中国持续发展研究中心联合举办的“三生共赢论坛·2011北京会议”在北京大学举行，论坛主题是“制度创新与城乡统筹发展”

2011年11月15日，北京市社会科学界联合会、中国人民大学中国经济改革与发展研究院等联合主办的“中国经济学前沿论坛2011”在中国人民大学举行，论坛主题是“经济转型中的中小企业”

2011年9月4日至5日，北京、天津、河北三省市社会科学界联合会和科学技术协会共同主办的“2011京津冀区域协作论坛”在河北省石家庄市召开，论坛主题为“让文化引领未来——‘十二五’京津冀文化产业协同发展研究”

2011年9月27日，北京市社会科学界联合会、北京市科学技术协会共同主办的“2011北京两届联席会议高峰论坛”在北京科技活动中心召开，会议主题为“创新驱动与首都城市发展”

2011年12月8日，北京市社会科学界联合会、北京市科学技术协会主办，北京市档案学会、北京城市规划学会承办的“城市规划与城市记忆学术座谈会”在北京市档案馆召开

2011年12月16日，北京市社会科学界联合会、北京市科学技术协会主办，北京东方生命文化研究所、北京医学会承办的“两重生命的互动——生命文化与医疗实践（2011）”论坛在中央社会主义学院召开

2011年12月24日，北京市社会科学界联合会、北京市科学技术协会主办，北京伦理学会、北京土木建筑学会承办的“‘建筑伦理的理论与实践’学术研讨会”在首都师范大学召开

2011年12月11日，北京市社会科学界联合会与北京工商大学共同主办的“2011首都现代服务业发展论坛”在北京工商大学举办，论坛主题为“‘十二五’时期北京现代服务业发展”

2011年12月25日，中共北京市委宣传部、北京市社会科学界联合会和北京市哲学社会科学规划办公室联合主办，北京师范大学承办的“第五届北京中青年社科理论人才百人工程学者论坛”在北京师范大学召开，论坛主题是“北京精神：构建精神家园　提升文化软实力”

2011年12月25日，北京市社会科学界联合会、中国历史唯物主义学会和首都师范大学联合主办的“全球化与当代中国先进文化建设”学术论坛在首都师范大学召开

2011年12月17日，北京市社会科学界联合会与北京师范大学联合主办的“2011·学术前沿论坛”在北京师范大学举行，论坛主题是“科学发展：社会管理与社会和谐”

“2011·学术前沿论坛”部分分论坛会场

党史教育进社区

党史教育进村镇

社科普及进学校

社科普及进工地

北京市社会科学界联合会继续开展社科普及进社区、进村镇、进学校、进工地“四进”活动

2011年4月22日，中共北京市委宣传部、中共北京市委社会工委、北京市社会科学界联合会共同主办的“2011北京周末社区大讲堂·经常性系列科普讲座启动式暨社科普及电视专题片《长河》首发式”在东城区图书馆举行

“2011北京周末社区大讲堂”“社会科学普及系列讲座”在京持续开展

2011年9月21日，“全国第十三次社会科学普及理论研讨与经验交流会”“2011北京社会科学普及周”开幕式在北京市社会科学界联合会举行

开幕式上，为全国百部社会科学普及优秀读物、优秀专家代表颁发证书

开幕式上，为北京市社会科学普及试验基地授牌

2011年8月，北京市社会科学界联合会组织专家学者赴新疆、西藏开展“首都社科专家边疆行”活动

2011年9月15日，北京市社会科学界联合会和中共北京市西城区委、区政府共同主办的“百名社科专家进西城”活动在西单大悦城正式启动

北京市哲学社会科学规划办公室全面开展北京市社会科学规划工作

中国社会科学院举办学术研讨会

北京大学开展学术研讨活动

中国人民大学推进学术研究和学科建设

清华大学开展人文社会科学研讨活动

北京师范大学举办学术论坛

中央民族大学开展国际学术交流

中国政法大学开展学术研讨活动

中央财经大学举办学术论坛

对外经济贸易大学开展学术活动

中国传媒大学开展学术活动

北京工商大学举办学术研讨会

中国农业大学举办社会科学类学术会议

北京林业大学开展社会科学的宣传和研究活动

中国地质大学（北京）开展社会科学类学术活动

北京科技大学推进社会科学学科建设

北京交通大学举办社会科学类学术论坛

北京工业大学开展社会科学类学术研讨活动

首都师范大学举办学术研讨会

首都经济贸易大学开展学术活动

首都体育学院开展体育科学学术活动

北京联合大学举办科技工作会议

外交学院开展学术研讨与国际交流活动

中共北京市委党校、北京行政学院开展学术活动

中国青年政治学院举办学术研讨会

中国劳动关系学院开展学术研讨活动

北京市人大常委会开展工作研讨和社会调研

北京市社会科学院推进学术研究和学科建设

中共北京市委党史研究室开展党史研究工作

北京市档案局、北京市档案馆开展档案科研活动

北京市高等教育学会开展研讨活动

北京市国际税收研究会举办理论研讨会

北京企业文博协会开展“通信之旅”活动

北京工商行政管理学会召开“推进首都企业社会责任建设研讨会”

北京市社会科学界联合会所属学术团体开展各种学术活动

北京现代财务战略研究院开展财政税务科研工作

北京无形资产开发研究所开展理论宣传和理论研究工作

北京走进崇高研究院向部队赠送《中共党史青年读本》

北京市董辅礽经济科学发展基金会组织和参与经济学术活动

北京卓越企业家成长研究基金会开展调研活动

北京市社会科学界联合会所属民办社会科学研究机构和基金会开展学术活动

目　录

·科研课题·

·获奖成果·

·学术活动·

经济学

社会学（含人口学）

法　学

民族学　宗教学

城市科学

历史学（含中共历史、中外史、考古）

教育学　心理学

语言学　文学

文化艺术

管理学(含人才学、信息学)

综合(含新闻、国际关系、其他)

Contents
(Abridged)

Special Reprints

Survey of Various Subjects

Lists of Research Topics

（翻译：王逢鑫）

·特　载·

庆祝中国共产党成立90周年大会在京隆重举行 胡锦涛发表重要讲话

吴邦国主持　习近平宣读表彰决定 温家宝贾庆林李长春李克强贺国强周永康出席

本报北京7月1日电　（记者李章军）庆祝中国共产党成立90周年大会7月1日上午在北京人民大会堂隆重举行。中共中央总书记胡锦涛在会上发表重要讲话，回顾中国共产党90年的光辉历程和取得的伟大成就，总结党和人民创造的宝贵经验，提出新的历史条件下提高党的建设科学化水平的目标任务，阐述了在新的历史起点上把中国特色社会主义伟大事业全面推向前进的大政方针。他强调，全党同志要牢记历史使命，永远保持谦虚、谨慎、不骄、不躁的作风，永远保持艰苦奋斗的作风，勇于变革、勇于创新，永不僵化、永不停滞，不动摇、不懈怠、不折腾，不为任何风险所惧，不被任何干扰所惑，坚定不移沿着中国特色社会主义道路奋勇前进，更加奋发有为地团结带领全国各族人民创造自己的幸福生活和中华民族的美好未来。

中共中央政治局常委吴邦国、温家宝、贾庆林、李长春、习近平、李克强、贺国强、周永康出席大会。

鲜花竞艳，灯火璀璨，人民大会堂大礼堂内气氛庄重而热烈。主席台上方悬挂着“庆祝中国共产党成立90周年大会”会标，帷幕正中是熠熠生辉的中国共产党党徽。二楼眺台上悬挂着横幅：“紧密团结在以胡锦涛同志为总书记的党中央周围，高举中国特色社会主义伟大旗帜，为夺取全面建设小康社会新胜利、开创中国特色社会主义事业新局面、实现中华民族伟大复兴而不懈奋斗！”

上午10时，吴邦国宣布庆祝大会开始，全场高唱中华人民共和国国歌。

习近平宣读《中共中央关于表彰全国先进基层党组织和优秀共产党员、优秀党务工作者的决定》（简称《决定》）。决定指出，为表彰先进、弘扬正气，激励各级党组织和广大共产党员、党务工作者在改革开放和社会主义现代化建设中创先争优、建功立业，中央决定由中央组织部对近年来在工作中取得优异成绩的500个基层党组织、50名共产党员、200名党务工作者予以表彰，分别授予全国先进基层党组织、全国优秀共产党员和全国优秀党务工作者荣誉称号，并追授方永刚等13名同志全国优秀共产党员荣誉称号。（《决定》全文见第6版）

在欢快的乐曲声中，胡锦涛、吴邦国、温家宝、贾庆林、李长春、习近平、李克强、贺国强、周永康等为全国先进基层党组织和优秀共产党员、优秀党务工作者代表颁奖。

颁奖后，胡锦涛发表重要讲话。他指出，90年来，我们党团结带领人民在中国这片古老的土地上，书写了人类发展史上惊天地、泣鬼神的壮丽史诗，集中体现为完成和推进了三件大事。我们党紧紧依靠人民完成了新民主主义革命，实现了民族独立、人民解放。我们党紧紧依靠人民完成了社会主义革命，确立了社会主义基本制度。我们党紧紧依靠人民进行了改革开放新的伟大革命，开创、坚持、发展了中国特色社会主义。这三件大事，从根本上改变了中国人民和中华民族的前途命运。90年来，中国社会发生的变革，中国人民命运发生的变化，其广度和深度，其政治影响和社会意义，在人类发展史上都是十分罕见的。

胡锦涛指出，90年来，我们取得的一切成就，是一代一代中国共产党人同人民一道顽强拼搏、接续奋斗的结果。以毛泽东同志为核心的党的第一代中央领导集体团结带领全党全国各族人民，夺取了新民主主义革命的伟大胜利，确立了社会主义基本制度，为当代中国一切发展进步奠定了根本政治前提和制度基础。以邓小平同志为核心的党的第二代中央领导集体团结带领全党全国各族人民，开启了改革开放的伟大历程，吹响了建设中国特色社会主义的时代号角，开辟了社会主义事业发展新时期。以江泽民同志为核心的党的第三代中央领导集体团结带领全党全国各族人民，坚持改革开放、与时俱进，引领改革开放的航船沿着正确方向破浪前进，成功把中国特色社会主义伟大事业推向21世纪。党的十六大以来，党中央团结带领全党全国各族人民，以邓小平理论和“三个代表”重要思想为指导，深入贯彻落实科学发展观，着力推动科学发展、促进社会和谐，继续在全面建设小康社会实践中推进中国特色社会主义伟大事业。

胡锦涛强调，面对风云变幻的国际形势，面对艰巨繁重的国内改革发展稳定任务，我们党要团结带领人民继续前进，开创工作新局面，赢得事业新胜利，最根本的就是要高举中国特色社会主义伟大旗帜，坚持和拓展中国特色社会主义道路，坚持和丰富中国特色社会主义理论体系，坚持和完善中国特色社会主义制度。

胡锦涛指出，回顾90年中国的发展进步，可以得出一个基本结论：办好中国的事情，关键在党。全党必须清醒地看到，在世情、国情、党情发生深刻变化的新形势下，提高党的领导水平和执政水平，提高拒腐防变和抵御风险能力，加强党的执政能力建设和先进性建设，面临许多前所未有的新情况新问题新挑战。落实党要管党、从严治党的任务比以往任何时候都更为繁重、更为紧迫。我们必须从新的实际出发，坚持以科学理论指导党的建设，以改革创新精神研究和解决党的建设面临的重大理论和实际问题，着眼于全面建设小康社会、加快推进社会主义现代化，全面认识和自觉运用马克思主义执政党建设规律，全面推进党的建设新的伟大工程，不断提高党的建设科学化水平。

胡锦涛强调，在新的历史条件下提高党的建设科学化水平，必须坚持解放思想、实事求是、与时俱进，大力推进马克思主义中国化时代化大众化，提高全党思想政治水平；必须坚持五湖四海、任人唯贤，坚持德才兼备、以德为先用人标准，把各方面优秀人才集聚到党和国家事业中来；必须坚持以人为本、执政为民理念，牢固树立马克思主义群众观点，自觉贯彻党的群众路线，始终保持党同人民群众的血肉联系；必须坚持标本兼治、综合治理、惩防并举、注重预防的方针，深入开展党风廉政建设和反腐败斗争，始终保持马克思主义政党的先进性和纯洁性；必须坚持用制度管权管事管人，健全民主集中制，不断推进党的建设制度化、规范化、程序化。只要全党同志常怀忧党之心、恪尽兴党之责，以更加奋发有为的精神状态推进党的建设，我们党就一定能够更好把握历史大势、勇立时代潮头、引领社会进步。

胡锦涛指出，中国共产党自诞生之日起就勇敢担当起团结带领人民实现中华民族伟大复兴的历史使命。继续推动中华民族伟大复兴进程，必须始终坚持党的基本路线不动摇，继续解放思想，坚持改革开放，推动科学发展，促进社会和谐，在新的历史起点上把中国特色社会主义伟大事业全面推向前进。

胡锦涛强调，全党同志必须牢记，我国过去30多年的快速发展靠的是改革开放，我国未来发展也必须坚定不移依靠改革开放。新时期最鲜明的特点是改革开放。改革开放是党在新的历史条件下领导人民进行的新的伟大革命，是决定当代中国命运的关键抉择，是坚持和发展中国特色社会主义、实现中华民族伟大复兴的必由之路。只有改革开放才能发展中国、发展社会主义、发展马克思主义。我们一定要坚定不移坚持党的十一届三中全会以来的路线方针政策，坚定信心、砥砺勇气，坚持不懈把改革创新精神贯彻到治国理政各个环节，奋力把改革开放推向前进。我们要继续牢牢扭住经济建设这个中心不动摇，坚定不移走科学发展道路，继续牢牢坚持发展是硬道理的战略思想，不断夯实坚持和发展中国特色社会主义的物质基础。我们要继续大力推进社会主义民主政治建设，坚定不移走中国特色社会主义政治发展道路，坚持党的领导、人民当家做主、依法治国有机统一，积极稳妥推进政治体制改革，发展社会主义政治文明。我们要继续大力推动社会主义文化大发展大繁荣，坚定不移发展社会主义先进文化，以更大力度推进文化改革发展，让人民共享文化发展成果。我们要继续大力保障和改善民生，坚定不移推进社会主义和谐社会建设，着力解决好人民最关心最直接最现实的利益问题，加强和创新社会管理，努力使全体人民学有所教、劳有所得、病有所医、老有所养、住有所居，确保人民安居乐业、社会和谐稳定。

胡锦涛指出，我们党从成立之日起，就始终代表广大青年、赢得广大青年、依靠广大青年。青年是祖国的未来、民族的希望，也是我们党的未来和希望。党对青年寄予厚望，人民对青年寄予厚望。全国广大青年一定要永远热爱我们伟大的祖国，永远热爱我们伟大的人民，永远热爱我们伟大的中华民族，让青春在为党和人民建功立业中焕发出绚丽光彩。（讲话全文见第2、3版）

吴邦国在主持大会时强调，胡锦涛同志的重要讲话，深入总结了我们党90年的光辉历程和宝贵经验，深刻回答了新形势下加强和改进党的建设的新课题，全面阐述了坚持和发展中国特色社会主义的新要求，对我们适应新形势新任务，全面推进党的建设新的伟大工程，全面推进中国特色社会主义伟大事业，具有重大而深远的指导意义。全党全国各族人民要认真学习、深刻领会，把思想和行动统一到讲话精神上来，把讲话精神贯彻落实到党和国家各项工作中去。

大会在雄壮的《国际歌》中结束。

出席大会的领导同志还有：王刚、王乐泉、王兆国、王岐山、回良玉、刘淇、刘云山、刘延东、李源潮、张德江、徐才厚、郭伯雄、李鹏、朱镕基、李瑞环、宋平、尉健行、李岚清、曾庆红、吴官正、罗干、何勇、令计划、王沪宁、路甬祥、乌云其木格、韩启德、华建敏、陈至立、周铁农、李建国、司马义·铁力瓦尔地、蒋树声、陈昌智、严隽琪、桑国卫、梁光烈、马凯、孟建柱、戴秉国、曹建明、廖晖、杜青林、白立忱、陈奎元、阿不来提·阿不都热西提、李兆焯、黄孟复、张梅颖、张榕明、钱运录、孙家正、李金华、郑万通、邓朴方、万钢、林文漪、厉无畏、罗富和、陈宗兴、王志珍和丁关根、田纪云、迟浩田、张万年、姜春云、吴仪、曹刚川、曾培炎、王汉斌、倪志福、邹家华、布赫、铁木尔·达瓦买提、彭珮云、曹志、李铁映、司马义·艾买提、何鲁丽、成思危、许嘉璐、蒋正华、顾秀莲、热地、盛华仁、唐家璇、肖扬、韩杼滨、贾春旺、杨汝岱、任建新、宋健、钱正英、孙孚凌、胡启立、陈锦华、毛致用、王文元、王忠禹、李贵鲜、张思卿、罗豪才、张克辉、郝建秀、徐匡迪、张怀西、李蒙，中央军委委员陈炳德、李继耐、廖锡龙、常万全、靖志远、吴胜利、许其亮，以及傅全有、于永波、王克、王瑞林、乔清晨。

在京中央委员、候补中央委员和中央纪委委员，中央党政军群各部门和北京市负责同志，全国人大常委会委员，全国政协常委会委员，各民主党派中央、全国工商联和无党派人士代表，老党员、老干部代表，出席纪念中国共产党成立90周年理论研讨会和座谈会的代表，在华工作的外国专家代表，首都各界群众代表等6000多人出席大会。

（原载《人民日报》2011年7月2日第1版）

中共十七届六中全会在京举行
中央政治局主持会议　中央委员会总书记胡锦涛作重要讲话

听取和讨论胡锦涛受中央政治局委托作的工作报告，审议通过《中共中央关于深化文化体制改革、推动社会主义文化大发展大繁荣若干重大问题的决定》

全会审议通过《关于召开党的第十八次全国代表大会的决议》，决定党的十八大于2012年下半年在北京召开

全会充分肯定党的十七届五中全会以来中央政治局的工作，号召全党要紧密团结在以胡锦涛同志为总书记的党中央周围，满怀信心带领全国各族人民在坚持和发展中国特色社会主义的伟大实践中进行文化创造，为把我国建设成为社会主义文化强国而努力奋斗

新华社北京10月18日电　中国共产党第十七届中央委员会第六次全体会议公报

（2011年10月18日中国共产党第十七届中央委员会第六次全体会议通过）

中国共产党第十七届中央委员会第六次全体会议，于2011年10月15日至18日在北京举行。

出席这次全会的有，中央委员202人，候补中央委员163人。中央纪律检查委员会常务委员会委员和有关方面负责同志列席了会议。党的十七大代表中部分基层文化工作者和从事文化研究的专家学者也列席了会议。

全会由中央政治局主持。中央委员会总书记胡锦涛作了重要讲话。

全会听取和讨论了胡锦涛受中央政治局委托作的工作报告，审议通过了《中共中央关于深化文化体制改革、推动社会主义文化大发展大繁荣若干重大问题的决定》（简称《决定》）。李长春就《决定》（讨论稿）向全会作了说明。

全会充分肯定党的十七届五中全会以来中央政治局的工作。一致认为，面对风云变幻的国际形势和艰巨繁重的国内改革发展稳定任务，中央政治局全面贯彻党的十七大和十七届三中、四中、五中全会精神，高举中国特色社会主义伟大旗帜，以邓小平理论和“三个代表”重要思想为指导，深入贯彻落实科学发展观，团结带领全党全军全国各族人民，隆重庆祝中国共产党成立90周年，制定实施“十二五”规划纲要，着力稳物价、调结构、保民生、促和谐，推动国民经济继续朝着宏观调控的预期方向发展，全面推进社会主义经济建设、政治建设、文化建设、社会建设以及生态文明建设，全面推进党的建设新的伟大工程，各项工作取得新进展，为实现“十二五”时期良好开局打下了坚实基础。

全会研究了深化文化体制改革、推动社会主义文化大发展大繁荣若干重大问题，认为总结我国文化改革发展的丰富实践和宝贵经验，研究部署深化文化体制改革、推动社会主义文化大发展大繁荣，进一步兴起社会主义文化建设新高潮，对夺取全面建设小康社会新胜利、开创中国特色社会主义事业新局面、实现中华民族伟大复兴具有重大而深远的意义。

全会指出，中国共产党从成立之日起，就既是中华优秀传统文化的忠实传承者和弘扬者，又是中国先进文化的积极倡导者和发展者。我们党历来高度重视运用文化引领前进方向、凝聚奋斗力量，团结带领全国各族人民不断以思想文化新觉醒、理论创造新成果、文化建设新成就推动党和人民事业向前发展，文化工作在革命、建设、改革各个历史时期都发挥了不可替代的重大作用。

全会指出，改革开放特别是党的十六大以来，我们党始终把文化建设放在党和国家全局工作重要战略地位，坚持物质文明和精神文明两手抓，实行依法治国和以德治国相结合，促进文化事业和文化产业同发展，推动文化建设不断取得新成就，走出了中国特色社会主义文化发展道路。我国文化改革发展，显著提高了全民族思想道德素质和科学文化素质，促进了人的全面发展，显著增强了国家文化软实力，为坚持和发展中国特色社会主义提供了强大精神力量。

全会指出，当今世界正处在大发展大变革大调整时期，文化在综合国力竞争中的地位和作用更加凸显，维护国家文化安全任务更加艰巨，增强国家文化软实力、中华文化国际影响力要求更加紧迫。当代中国进入了全面建设小康社会的关键时期和深化改革开放、加快转变经济发展方式的攻坚时期，文化越来越成为民族凝聚力和创造力的重要源泉、越来越成为综合国力竞争的重要因素、越来越成为经济社会发展的重要支撑，丰富精神文化生活越来越成为我国人民的热切愿望。全面建成惠及十几亿人口的更高水平的小康社会，既要让人民过上殷实富足的物质生活，又要让人民享有健康丰富的文化生活。我们必须抓住和用好我国发展的重要战略机遇期，在坚持以经济建设为中心的同时，自觉把文化繁荣发展作为坚持发展是硬道理、发展是党执政兴国第一要务的重要内容，作为深入贯彻落实科学发展观的一个基本要求，进一步推动文化建设与经济建设、政治建设、社会建设以及生态文明建设协调发展，为继续解放思想、坚持改革开放、推动科学发展、促进社会和谐提供坚强思想保证、强大精神动力、有力舆论支持、良好文化条件。

全会强调，坚持中国特色社会主义文化发展道路，深化文化体制改革，推动社会主义文化大发展大繁荣，必须全面贯彻党的十七大精神，高举中国特色社会主义伟大旗帜，以马克思列宁主义、毛泽东思想、邓小平理论和“三个代表”重要思想为指导，深入贯彻落实科学发展观，坚持社会主义先进文化前进方向，以科学发展为主题，以建设社会主义核心价值体系为根本任务，以满足人民精神文化需求为出发点和落脚点，以改革创新为动力，发展面向现代化、面向世界、面向未来的，民族的科学的大众的社会主义文化，培养高度的文化自觉和文化自信，提高全民族文明素质，增强国家文化软实力，弘扬中华文化，努力建设社会主义文化强国。

全会认为，建设社会主义文化强国，就是要着力推动社会主义先进文化更加深入人心，推动社会主义精神文明和物质文明全面发展，不断开创全民族文化创造活力持续迸发、社会文化生活更加丰富多彩、人民基本文化权益得到更好保障、人民思想道德素质和科学文化素质全面提高的新局面，建设中华民族共有精神家园，为人类文明进步作出更大贡献。

全会按照实现全面建设小康社会奋斗目标新要求，提出了到2020年文化改革发展奋斗目标，号召全党全国为实现这个目标共同努力，不断提高文化建设科学化水平，为把我国建设成为社会主义文化强国打下坚实基础。

全会对推进文化改革发展作出了部署，强调要推进社会主义核心价值体系建设、巩固全党全国各族人民团结奋斗的共同思想道德基础，全面贯彻“二为”方向和“双百”方针、为人民提供更好更多的精神食粮，大力发展公益性文化事业、保障人民基本文化权益，加快发展文化产业、推动文化产业成为国民经济支柱性产业，进一步深化改革开放、加快构建有利于文化繁荣发展的体制机制，建设宏大文化人才队伍、为社会主义文化大发展大繁荣提供有力人才支撑。

全会提出，社会主义核心价值体系是兴国之魂，是社会主义先进文化的精髓，决定着中国特色社会主义发展方向。必须把社会主义核心价值体系融入国民教育、精神文明建设和党的建设全过程，贯穿改革开放和社会主义现代化建设各领域，体现到精神文化产品创作生产传播各方面，坚持用社会主义核心价值体系引领社会思潮，在全党全社会形成统一指导思想、共同理想信念、强大精神力量、基本道德规范。要坚持马克思主义指导地位，坚定中国特色社会主义共同理想，弘扬以爱国主义为核心的民族精神和以改革创新为核心的时代精神，树立和践行社会主义荣辱观。

全会提出，创作生产更多无愧于历史、无愧于时代、无愧于人民的优秀作品，是文化繁荣发展的重要标志。必须全面贯彻为人民服务、为社会主义服务的方向和百花齐放、百家争鸣的方针，立足发展先进文化、建设和谐文化，激发文化创作生产活力，提高文化产品质量，发挥文化引领风尚、教育人民、服务社会、推动发展的作用。要坚持正确创作方向，繁荣发展哲学社会科学，加强和改进新闻舆论工作，推出更多优秀文艺作品，发展健康向上的网络文化，完善文化产品评价体系和激励机制。

全会提出，满足人民基本文化需求是社会主义文化建设的基本任务。必须坚持政府主导，加强文化基础设施建设，完善公共文化服务网络，让群众广泛享有免费或优惠的基本公共文化服务。要构建公共文化服务体系，发展现代传播体系，建设优秀传统文化传承体系，加快城乡文化一体化发展。

全会提出，发展文化产业是社会主义市场经济条件下满足人民多样化精神文化需求的重要途径。必须坚持把社会效益放在首位、社会效益和经济效益相统一，推动文化产业跨越式发展，为推动科学发展提供重要支撑。要构建现代文化产业体系，形成公有制为主体、多种所有制共同发展的文化产业格局，推进文化科技创新，扩大文化消费。

全会提出，文化引领时代风气之先，是最需要创新的领域。必须牢牢把握正确方向，加快推进文化体制改革，发挥市场在文化资源配置中的积极作用，创新文化走出去模式，为文化繁荣发展提供强大动力。要深化国有文化单位改革，健全现代文化市场体系，创新文化管理体制，完善政策保障机制，推动中华文化走向世界，积极吸收借鉴国外优秀文化成果。

全会提出，推动社会主义文化大发展大繁荣，队伍是基础，人才是关键。要深入实施人才强国战略，牢固树立人才是第一资源思想，全面贯彻党管人才原则，加快培养造就德才兼备、锐意创新、结构合理、规模宏大的文化人才队伍。要造就高层次领军人物和高素质文化人才队伍，加强基层文化人才队伍建设，加强职业道德建设和作风建设。

全会强调，要加强和改进党对文化工作的领导。各级党委和政府要切实担负起推进文化改革发展的政治责任，把文化建设摆在全局工作重要位置，纳入经济社会发展总体规划，把文化改革发展成效纳入科学发展考核评价体系。要加强文化领域领导班子和党组织建设，发挥文化战线全体共产党员在推进文化改革发展中的先锋模范作用。要发挥人民群众文化创造积极性，在全社会营造鼓励文化创造的良好氛围，让蕴藏于人民中的文化创造活力得到充分发挥。

全会全面分析了当前形势和任务，强调必须增强忧患意识和风险意识，科学判断国际国内形势，全面把握改革发展稳定大局，保持经济平稳较快发展，加大保障和改善民生工作力度，加强和创新社会管理，维护社会和谐稳定，全面推进党的建设各项工作，着力解决经济社会发展中的突出矛盾和问题，有效防范各种潜在风险，努力实现经济社会发展预期目标。

全会审议并通过了《关于召开党的第十八次全国代表大会的决议》，决定党的十八大于2012年下半年在北京召开。这次大会，是我们党在全面建设小康社会的关键时期和深化改革开放、加快转变经济发展方式的攻坚时期召开的一次十分重要的会议，对我们党团结带领全国各族人民继续全面建设小康社会、加快推进社会主义现代化、开创中国特色社会主义事业新局面具有重大而深远的意义。党的各级组织和全体共产党员要团结带领全国各族人民继续解放思想、坚持改革开放、推动科学发展、促进社会和谐，以优异成绩迎接中国共产党第十八次全国代表大会召开。

全会号召，全党要紧密团结在以胡锦涛同志为总书记的党中央周围，满怀信心带领全国各族人民在坚持和发展中国特色社会主义的伟大实践中进行文化创造，为把我国建设成为社会主义文化强国而努力奋斗！

（原载《人民日报》2011年10月19日第1版）

首都各界隆重纪念辛亥革命100周年
胡锦涛发表重要讲话

江泽民吴邦国温家宝李长春习近平李克强贺国强周永康出席　贾庆林主持

新华社北京10月9日电　（记者徐京跃、霍小光、张宗堂）纪念辛亥革命100周年大会今天上午在北京人民大会堂隆重举行。中共中央总书记、国家主席、中央军委主席胡锦涛出席大会并发表重要讲话。他强调，100年前，以孙中山先生为代表的革命党人发动了震惊世界的辛亥革命，开启了中国前所未有的社会变革。今天，我们隆重纪念辛亥革命100周年，深切缅怀孙中山先生等辛亥革命先驱的历史功勋，就是要学习和弘扬他们为振兴中华而矢志不渝的崇高精神，激励海内外中华儿女为实现中华民族伟大复兴而共同奋斗。

江泽民、吴邦国、温家宝、贾庆林、李长春、习近平、李克强、贺国强、周永康出席大会。

人民大会堂大礼堂花团锦簇，灯火辉煌，气氛庄重而热烈。主席台上方悬挂着“纪念辛亥革命100周年大会”会标，帷幕正中是孙中山先生的巨幅画像，10面鲜艳的红旗分列两侧，上面悬挂的“1911”“2011”字标格外醒目。

上午10时，贾庆林宣布纪念大会开始，全场高唱中华人民共和国国歌。

在热烈的掌声中，胡锦涛发表了重要讲话。他指出，1840年鸦片战争以后，中国逐步成为半殖民地半封建社会，西方列强野蛮入侵，封建统治腐朽无能，国家战乱不已，人民饥寒交迫，中国人民和中华民族遭受了世所罕见的深重苦难。辛亥革命的爆发，是当时中国人民争取民族独立、振兴中华深切愿望的集中反映，也是当时中国人民为救亡图存而前赴后继顽强斗争的集中体现。

胡锦涛强调，孙中山先生是伟大的民族英雄、伟大的爱国主义者、中国民主革命的伟大先驱。在他领导和影响下，大批革命党人和无数爱国志士集聚在振兴中华旗帜之下，有力推动了革命大势的形成。辛亥革命开创了完全意义上的近代民族民主革命，极大地推动了中华民族的思想解放，打开了中国进步潮流的闸门，为中华民族发展进步探索了道路。孙中山先生和辛亥革命先驱为中华民族建立的历史功绩彪炳史册，在辛亥革命中英勇奋斗和壮烈牺牲的志士们永远值得中国人民尊敬和纪念，辛亥革命永远是中华民族伟大复兴征程上一座巍然屹立的里程碑。

胡锦涛指出，中国共产党人是孙中山先生开创的革命事业最坚定的支持者、最亲密的合作者、最忠实的继承者，不断实现和发展了孙中山先生和辛亥革命先驱的伟大抱负。经过20多年艰苦卓绝的斗争，中国人民终于夺取了新民主主义革命的胜利，建立了人民当家做主的中华人民共和国。新中国成立后，中国共产党继承和发展孙中山先生关于建设人民享有民主权利和幸福生活的现代化国家的理想，团结带领全国各族人民自力更生、艰苦奋斗，取得了举世瞩目的巨大成就，谱写了中国发展的辉煌篇章。孙中山先生振兴中华的深切夙愿，辛亥革命先驱的美好憧憬，今天已经或正在成为现实，中华民族伟大复兴展现出前所未有的光明前景。

胡锦涛强调，实现中华民族伟大复兴任重道远。我们要紧紧抓住并切实用好我国发展的重要战略机遇期，以马克思列宁主义、毛泽东思想、邓小平理论和“三个代表”重要思想为指导，深入贯彻落实科学发展观，继续解放思想，坚持改革开放，推动科学发展，促进社会和谐，为实现中华民族伟大复兴继续团结奋斗。

胡锦涛指出，实现中华民族伟大复兴，必须坚定不移高举中国特色社会主义伟大旗帜，牢牢坚持中国共产党的领导，坚持和拓展中国特色社会主义道路，坚持和丰富中国特色社会主义理论体系，坚持和完善中国特色社会主义制度，坚持发展为了人民、发展依靠人民、发展成果由人民共享，不断为实现中华民族伟大复兴打下坚实基础。实现中华民族伟大复兴，必须坚定不移高举爱国主义伟大旗帜，巩固和加强全国各族人民的大团结，巩固和加强海内外中华儿女的大团结，广泛凝聚中华民族一切智慧和力量，万众一心为实现中华民族伟大复兴而奋斗。实现中华民族伟大复兴，必须坚定不移高举和平、发展、合作旗帜，坚持独立自主的和平外交政策，坚持走和平发展道路，同各国人民一道推动建设持久和平、共同繁荣的和谐世界，努力为人类作出新的更大的贡献。

胡锦涛强调，两岸同胞是血脉相连的命运共同体，大陆和台湾是两岸同胞的共同家园。当今时代，两岸中国人面临着共同繁荣发展、共谋中华民族伟大复兴的历史机遇。携手推动两岸关系和平发展、同心实现中华民族伟大复兴，应该成为两岸同胞共同努力的目标。

胡锦涛最后指出，回首中华民族百年奋斗历史，我们无比自豪。展望中华民族伟大复兴光明前景，我们信心百倍。我们呼吁，全体中华儿女携起手来，坚定实现中华民族伟大复兴的理想，努力作出无愧于孙中山先生和辛亥革命先驱、无愧于我们伟大民族的贡献，在时代进步洪流中奋力实现中华民族伟大复兴。（讲话全文见另条）

贾庆林在主持大会时指出，胡锦涛同志的重要讲话，高度评价了辛亥革命的伟大意义，全面回顾了辛亥革命100年来中国人民百折不挠、顽强拼搏的奋斗历程，深刻阐述了新形势下实现中华民族伟大复兴的历史使命，进一步提出了发展两岸关系、促进国家完全统一的殷切希望。

我们要深入学习领会胡锦涛同志重要讲话精神，继承和发扬辛亥革命精神，进一步凝聚全体中华儿女的智慧和力量，为实现中华民族伟大复兴而努力奋斗。

全国人大常委会副委员长、民革中央主席周铁农代表各民主党派、全国工商联，中国侨联主席林军代表各人民团体在大会上发言，表示要学习、继承辛亥革命先贤为振兴中华不懈奋斗的革命精神，更加紧密地团结在中国共产党周围，积极促进海内外同胞的大团结，为实现中华民族伟大复兴贡献智慧和力量。

出席纪念大会的领导同志还有：王刚、王乐泉、王兆国、王岐山、回良玉、刘淇、刘云山、刘延东、李源潮、张德江、徐才厚、郭伯雄、李鹏、李瑞环、宋平、尉健行、李岚清、曾庆红、罗干、何勇、令计划、王沪宁、路甬祥、乌云其木格、韩启德、华建敏、陈至立、李建国、司马义·铁力瓦尔地、蒋树声、陈昌智、严隽琪、桑国卫、梁光烈、马凯、孟建柱、戴秉国、王胜俊、曹建明、廖晖、杜青林、白立忱、陈奎元、阿不来提·阿不都热西提、李兆焯、董建华、张梅颖、张榕明、钱运录、孙家正、李金华、郑万通、邓朴方、万钢、林文漪、厉无畏、陈宗兴、王志珍、何厚铧和田纪云、迟浩田、张万年、姜春云、曾培炎、王汉斌、倪志福、王丙乾、布赫、铁木尔·达瓦买提、彭珮云、曹志、李铁映、何鲁丽、许嘉璐、盛华仁、唐家璇、肖扬、韩杼滨、贾春旺、杨汝岱、任建新、宋健、孙孚凌、胡启立、陈锦华、王文元、王忠禹、李贵鲜、罗豪才、张克辉、郝建秀、张怀西、李蒙，中央军委委员李继耐、廖锡龙、常万全、靖志远、吴胜利、许其亮，以及于永波、王克、王瑞林、乔清晨。

中央党政军群各部门和北京市负责同志，各民主党派中央、全国工商联负责同志和无党派人士代表，在京全国人大常委及部分人大代表、全国政协常委及部分委员，民族、宗教界和社会团体代表，部分外国驻华使节，应邀参加纪念活动的辛亥革命先辈后裔，香港特别行政区、澳门特别行政区和台湾地区有关人士及海外来宾，以及首都各界群众代表等3000多人出席大会。

大会开始前，胡锦涛、吴邦国、温家宝、贾庆林、李长春、习近平、李克强、贺国强、周永康会见了应邀参加大会的辛亥革命先辈后裔及有关方面代表并合影。

（原载《人民日报》2011年10月10日第1版）

庆祝清华大学建校100周年大会在北京举行　胡锦涛出席并发表重要讲话

吴邦国温家宝贾庆林习近平李克强出席

本报北京4月24日电　（记者温红彦、袁新文、刘维涛、赵婀娜）百年沧桑自强不息，世纪华章厚德载物。今天上午，庆祝清华大学成立100周年大会在人民大会堂隆重举行。中共中央总书记、国家主席、中央军委主席胡锦涛在大会上发表重要讲话。他强调，全面建设小康社会，建设社会主义现代化国家，实现中华民族伟大复兴，为我国广大有志青年提供了创造精彩人生的广阔舞台。我国青年一代应该大有作为，也必将大有作为，应该志存高远、脚踏实地，共同为我们伟大祖国、伟大民族更加美好的明天奋斗、奋斗、再奋斗。

党和国家领导人吴邦国、温家宝、贾庆林、习近平、李克强出席大会。

今天的人民大会堂鲜花绽放，华灯璀璨，处处洋溢着喜庆热烈的气氛。

上午10时，庆祝大会开始。在热烈的掌声中，胡锦涛发表了讲话。他首先代表党中央、国务院，向清华大学全体师生员工和广大校友表示衷心的祝贺，向全国高等学校的师生员工和广大教育工作者致以诚挚的问候。

胡锦涛指出，建校以来，广大清华师生始终与民族共命运、与时代同步伐，形成了优良文化传统和光荣革命传统，在中国人民为实现中华民族伟大复兴而奋斗的史册上写下了自己的隽永篇章。清华百年历史又一次表明，坚持解放思想、实事求是、与时俱进，坚持以实现国家富强、民族振兴、人类进步为己任，坚持正确办学方向，坚持以人为本，遵循高等教育规律，全面实施素质教育，不断推进改革创新，我们的大学就能获得事业发展的强大动力，就能源源不断培养出德才兼备的优秀人才。

胡锦涛强调，推动经济社会又好又快发展，实现中华民族伟大复兴，科技是关键，人才是核心，教育是基础。不断提高质量，是高等教育的生命线，必须始终贯穿于高等学校人才培养、科学研究、社会服务、文化传承创新各项工作之中。全面提高高等教育质量，必须大力提升人才培养水平，坚持把促进学生健康成长作为学校一切工作的出发点和落脚点，全面贯彻党的教育方针，努力培养德智体美全面发展的社会主义建设者和接班人；必须大力增强科学研究能力，积极适应经济社会发展重大需求，积极提升原始创新、集成创新和引进消化吸收再创新能力，努力为建设创新型国家作出积极贡献；必须大力服务经济社会发展，自觉参与推动战略性新兴产业加快发展，自觉参与推动区域协调发展，自觉参与推动学习型社会建设，为社会提供形式多样的教育服务；必须大力推进文化传承创新，积极发挥文化育人作用，加强社会主义核心价值体系建设，积极开展对外文化交流。

胡锦涛强调，建设若干所世界一流大学和一批高水平大学，是我们建设人才强国和创新型国家的重大战略举措。要以重点学科建设为基础，以体制机制改革为重点，以创新能力提高为突破，加大支持力度，健全长效机制，鼓励重点建设高校成为知识创新的策源地、深化教育改革的试验田、扩大开放的桥头堡。

胡锦涛在讲话中给清华大学的同学们和全国青年学生提出3点希望。一是要把文化知识学习和思想品德修养紧密结合起来，刻苦学习科学文化知识，积极加强自身思想品德修养，立为国奉献之志，立为民服务之志，以实际行动创造无愧于人民、无愧于时代的业绩。二是要把创新思维和社会实践紧密结合起来，做到勤于学习、善于思考、勇于探索、敏于创新，坚持理论联系实际，积极投身社会实践，切实掌握建设国家、服务人民的过硬本领。三是要把全面发展和个性发展紧密结合起来，实现思想成长、学业进步、身心健康有机结合，努力成为可堪大用、能负重任的栋梁之材。

胡锦涛强调，教育大计，教师为本。广大高校教师要切实肩负起立德树人、教书育人的光荣职责，做学生健康成长的指导者和引路人。要把加强教师队伍建设作为教育事业发展最重要的基础工作来抓，充分信任、紧紧依靠广大教师，形成更加浓厚的尊师重教社会风尚，使教师成为最受社会尊重的职业。（讲话全文见第2版）

庆祝大会由清华大学党委书记胡和平主持。他说，胡锦涛总书记发表了十分重要的讲话，使我们深受鼓舞、倍感振奋。我们一定要认真学习、深刻领会、全面贯彻总书记重要讲话精神，坚持科学发展，继承优良传统，锐意改革创新，在新的起点上又好又快推进世界一流大学建设，为实现中华民族伟大复兴、促进人类文明进步而努力奋斗。

清华大学校长顾秉林在发言中回顾了清华大学百年发展历程，表示百年华诞是学校发展的重要里程碑，更是迈向未来的历史新起点，要大力弘扬清华精神，奋发有为，开创未来。清华大学教师代表李艳梅、清华大学学生代表齐兴达在大会上发言。北京大学校长周其凤、美国耶鲁大学校长莱文分别代表国内大学和国外大学发言。

出席庆祝大会的还有：刘淇、刘云山、刘延东、李源潮、吴官正、令计划、王沪宁、路甬祥、韩启德、华建敏、李建国、桑国卫、马凯、戴秉国、杜青林、陈奎元、董建华、万钢、林文漪、何厚铧和曾培炎、王汉斌、彭珮云、贾春旺、徐匡迪、李蒙，中央军委委员李继耐、常万全等。

中央和国家机关有关部门同志，北京市和其他省市负责同志，国内外知名学者代表，国内外著名大学校长代表，对清华大学发展作出重要贡献的来宾代表，台湾新竹清华大学代表团，清华大学校友代表和师生代表等，共8000多人参加庆祝大会。

大会开始前，胡锦涛等党和国家领导人会见了参加庆祝大会的部分代表并合影。

（原载《人民日报》2011年4月25日第1版）

2011年度国家社科基金项目评审工作会议召开 李长春出席会议并讲话

新华社北京5月20日电 2011年度国家社科基金项目评审工作会议20日在京召开。中共中央政治局常委李长春出席会议并讲话。他强调，做好“十二五”时期哲学社会科学工作，要高举中国特色社会主义伟大旗帜，以邓小平理论和“三个代表”重要思想为指导，深入贯彻落实科学发展观，深入贯彻落实《中共中央关于进一步繁荣发展哲学社会科学的意见》，坚持为人民服务、为社会主义服务的方向和百花齐放、百家争鸣的方针，解放思想、实事求是、与时俱进，贴近实际、贴近生活、贴近群众，着力推进实践基础上的理论创新，着力提高服务大局的能力和水平，着力增强学术创造力和影响力，为实现“十二五”发展目标、夺取全面建设小康社会新胜利、开创中国特色社会主义事业新局面提供强大的思想保证和理论支撑。

中共中央政治局委员、中央书记处书记、中宣部部长、全国哲学社会科学规划领导小组组长刘云山主持会议。中共中央政治局委员、国务委员刘延东，全国政协副主席、中国社会科学院院长、全国哲学社会科学规划领导小组副组长陈奎元出席会议。

李长春指出，过去五年，哲学社会科学战线坚决贯彻中央重大决策部署，围绕中心、服务大局，与时俱进、开拓创新，深入研究阐释关系中国特色社会主义事业发展的重大理论和现实问题，扎实推进哲学社会科学创新，巩固和发展了哲学社会科学工作积极健康、繁荣发展的良好局面，为继续解放思想、坚持改革开放、推动科学发展、促进社会和谐作出了重要贡献。

李长春强调，国际国内形势的新发展新变化对哲学社会科学工作提出了一系列新任务新要求，必须切实增强做好工作的责任感使命感，明确努力方向，把握工作重点，全面推动哲学社会科学繁荣发展。要大力推进马克思主义中国化、时代化、大众化，进一步巩固全党全国各族人民团结奋斗的共同思想基础；大力加强重大理论和现实问题的研究，充分发挥哲学社会科学思想库、智囊团的作用；大力推进马克思主义理论研究和建设工程，全面完成工程的各项任务；大力推进哲学社会科学创新体系建设，加快形成具有中国特色、体现时代精神的学术发展新格局；大力推进我国哲学社会科学“走出去”，进一步增强中国学术研究在国际上的话语权和影响力；大力推进哲学社会科学人才队伍建设，培养造就一批马克思主义理论家特别是中青年理论家。

李长春强调，落实好“十二五”时期哲学社会科学工作任务，深入推进哲学社会科学繁荣发展，必须加强和改善党的领导。各级党委和政府一定要从全局的高度充分认识做好新形势下哲学社会科学工作的重大意义，把繁荣发展哲学社会科学作为一项战略任务摆在重要位置，切实担负起领导责任，不断提高工作科学化水平，加强宏观指导，加大经费投入，创新工作思路、机制和方法，进一步发挥国家社科基金项目的导向示范作用，努力推动哲学社会科学实现新的繁荣发展。

据了解，今年国家社科基金 23 个学科共收到了 21180 多项申报课题。经过通讯初评，有近 6000 项课题入围本次会议评审。会议将按照公平公正、质量第一的要求，评选出 2900 个左右拟立项目。

中央宣传思想工作领导小组成员，全国哲学社会科学规划领导小组成员，各省、自治区、直辖市和新疆生产建设兵团党委宣传部部长，中央和国家机关有关部门负责同志，部分高校负责同志，国家社科基金 23 个学科评审组 300 多名专家学者出席会议。各省、自治区、直辖市和新疆生产建设兵团党委宣传部分管社科理论工作的副部长、社科规划办主任列席会议。

（原载《人民日报》2011 年 5 月 21 日第 1 版）

坚持中国特色社会主义文化发展道路　努力建设社会主义文化强国

刘云山

坚持中国特色社会主义文化发展道路，努力建设社会主义文化强国，是党的十七届六中全会立足中国特色社会主义事业发展全局，深刻总结文化建设历史经验，科学分析当前形势，着眼于推动我国文化长远发展、实现中华民族伟大复兴提出的重大战略思想和战略举措。我们一定要认真学习贯彻全会精神，坚定不移地走自己的文化发展道路，在新的历史起点上深化文化体制改革，推动社会主义文化大发展大繁荣，为把我国建设成为社会主义文化强国而不懈奋斗。

一

文化是民族的血脉，是人民的精神家园，也是政党的精神旗帜。我们党是一个具有高度文化自觉的马克思主义政党，在革命、建设、改革各个历史时期，都高度重视文化建设，充分运用文化引领前进方向、凝聚奋斗力量、推动事业发展。改革开放特别是党的十六大以来，我们党始终把文化建设放在党和国家全局工作的重要战略地位，坚持物质文明和精神文明两手抓、依法治国和以德治国相结合、文化事业和文化产业同发展，在推动文化建设不断取得新成就的过程中，走出了中国特色社会主义文化发展道路。这条文化发展道路，是我们党长期领导文化建设实践经验的集中体现，是对我国文化发展规律的深刻揭示，符合我国基本国情，顺应时代发展潮流，反映了新形势下党和国家事业发展对文化建设的新要求。

坚持中国特色社会主义文化发展道路是由我国社会制度、发展道路和党的性质宗旨决定的。文化是一定社会政治经济状况的反映，总是在特定的社会条件下存在和发展的。不同国家由于社会性质和政治理念的不同而形成不同的社会制度，选择不同的发展道路。有什么样的社会制度和发展道路，就会孕育和滋养与之相应的文化。中国共产党作为一个用科学理论武装起来的马克思主义政党，在领导人民推动中国革命、建设和改革的伟大进程中，成功开辟了中国特色社会主义道路，形成了中国特色社会主义理论体系，确立了中国特色社会主义制度，实现了经济社会的历史性进步，创造了生机勃勃的崭新文化。从提出新民主主义文化到建设社会主义文化，再到发展中国特色社会主义文化，我们党总是站在时代前列，引领文化发展进步。实践证明，中国特色社会主义道路，既是一条实现社会主义现代化、创造人民美好生活的正确道路，也是一条不断孕育先进思想文化的正确道路；中国共产党既是政治的先锋队，也是文化的先锋队。新时期我国文化发展方向和路径的选择、文化纲领和政策的制定，都是由我国社会主义制度、发展道路和党的性质、宗旨决定的。只有坚持中国特色社会主义文化发展道路，才能确保文化建设沿着正确方向前进，更好地推动文化大发展大繁荣，为坚持和发展中国特色社会主义提供坚强思想保证、强大精神动力、有力舆论支持、良好文化条件。

坚持中国特色社会主义文化发展道路是由中华民族的优秀历史文化传统决定的。文化就像一条奔腾不息的长河，凝结着过去，联结着未来。任何国家和民族的文化发展，都是一个绵延不断、接续推进的过程，都是在继承传统的基础上开拓创新的过程。我国的历史文化传统源远流长、博大精深，积淀着中华民族最深层次的精神追求，包含着中华民族最根本的精神基因，代表着中华民族最独特的精神标志，深刻影响着我国文化的未来发展。如果抛弃历史文化传统，割断民族文化血脉，文化发展就会像无根浮萍、断线风筝，就会迷失方向和目标。我们党始终是民族优秀传统文化的忠实传承者和弘扬者，在发展中国先进文化的过程中，坚持汲取优秀传统文化的精华，同时适应时代和实践的新发展，不断赋予中华文化以时代的青春活力。中国特色社会主义文化发展道路，就是高扬社会主义先进文化与传承民族优秀传统文化相结合的发展道路，就是植根民族历史文化土壤而又面向现代化、面向世界、面向未来的发展道路，最能把中华文化精华与时代精神统一起来、发扬光大。只有坚持中国特色社会主义文化发展道路，才能把坚持和发展、继承和创新统一起来，使优秀传统文化成为发展先进文化的深厚基础，努力发展具有中国特色、中国风格、中国气派的社会主义文化，在新的时代条件下焕发中华文化蓬勃生机、迎来全面复兴的光明前景。

坚持中国特色社会主义文化发展道路是由我国文化发展规律和人民群众根本意愿决定的。世界文化丰富多彩，每个民族和国家的文化都有自身的特性，从而形成了世界文化的多样性。只有认识文化的演进逻辑，把握其内在规律，才能开拓文化发展的广阔道路。党和国家事业属于人民、为了人民的根本方向，我国的基本国情和所处的发展阶段，决定了我国文化建设需要解决的矛盾和问题不同于其他国家，面临的任务和要求也不同于其他国家。党的十七届六中全会《决定》在深刻总结我国文化建设历史经验基础上，概括提出的“五个坚持”的重要方针，集中体现了我国文化发展的内在规律，反映了中国文化的独特属性和文化工作的特殊原则，构成了中国特色社会主义文化发展道路的重要内容，是新形势下推进文化改革发展的重要遵循。当前，中国特色社会主义进入一个新的发展阶段，一方面，亿万人民在中国特色社会主义伟大实践中，精神焕发地投身文化建设、进行文化创造；另一方面，我国经济社会发展对文化建设提出了新的更高要求，人民群众对丰富精神文化生活提出了新的更高期待。回答时代发展和人民群众对文化建设提出的新课题，推动文化建设在更高起点上创造新的辉煌，必须坚持我们党在领导文化建设长期实践中积累的成功经验、形成的方针原则。只有坚持中国特色社会主义文化发展道路，才能科学把握我国文化发展规律，尊重人民群众的文化选择，以更加开阔的视野、更加前瞻的思路、更加有力的举措推进文化改革发展，在全面建设小康社会进程中奋力开创社会主义文化建设新局面。

坚持中国特色社会主义文化发展道路是由增强国家文化软实力的现实需要决定的。当今世界，各种思想文化交流交融交锋趋势更加明显，文化软实力在综合国力竞争中的战略地位日益凸显，许多国家都从提高国家核心竞争力出发，把加快文化发展、增强文化软实力作为国家基本战略。随着我国经济快速发展，中国的发展道路得到越来越多人的理解和认同，中华文化的作用和影响引起世界更大关注。同时，我国文化整体实力和国际影响力与我国国际地位还不相称，与我国深厚的文化底蕴还不相称，国际文化格局西强我弱的状况并没有改变。在这样的背景下，加快提升国家文化软实力已经成为事关党和国家发展全局的重大而紧迫的课题。我们要在日趋激烈的国际文化竞争中赢得主动，绝不能照搬别国的文化发展模式，必须有自己独特的文化设计，选择符合自身实际的文化发展路径，努力构筑我们的文化优势。只有坚持中国特色社会主义文化发展道路，才能更加坚定对我们自己文化的信念，极大焕发文化创新创造的活力，把我国丰富文化资源转化为强大文化竞争力，切实提高国家文化软实力，维护国家文化安全，拓展我国的战略利益和发展空间。

二

坚持中国特色社会主义文化发展道路，努力建设社会主义文化强国，是党的十七届六中全会《决定》贯穿始终的鲜明主题，也是全会的一个重大贡献和突出亮点。中国特色社会主义文化发展道路内涵十分丰富，围绕文化的地位作用、发展方向、发展目的、发展动力、发展思路、发展格局、发展战略、领导力量和依靠力量等提出了许多新思想新观点新论断，深入回答了我国文化建设中一系列带有方向性、根本性、战略性的重大问题。这条文化发展道路，指明了我国文化建设的前进方向和发展路径，是发展社会主义先进文化、实现中华文化繁荣兴盛的唯一正确道路。

中国特色社会主义文化发展道路是建设先进文化之路。我们党从走上中国历史舞台的那天起，就始终高扬自己的文化理想，代表中国先进文化前进方向，自觉承担发展先进文化的历史使命。改革开放特别是党的十六大以来，我们党始终把握中国先进文化的发展趋势和要求，着眼时代前沿，立足新的实践，努力建设和弘扬先进文化，不断丰富人们的精神世界、增强人们的精神力量，充分展现了先进文化的强大感召力和吸引力。中国特色社会主义文化发展道路，就是在探索建设先进文化实践中取得的最重要成果，从根本上说就是发展社会主义先进文化之路，也就是以马克思主义为指导，发展面向现代化、面向世界、面向未来的，民族的科学的大众的社会主义文化。马克思主义作为揭示人类社会发展规律的科学理论，给中华文化注入了先进的思想内涵，是指引文化建设正确方向的根本指针。必须始终坚持马克思主义在意识形态领域的指导地位，坚持用中国特色社会主义理论体系研究解决文化改革发展面临的问题，努力在纷繁复杂的社会文化生态中辨析主流与支流、区分先进与落后、划清积极与消极，正确处理经济效益和社会效益的关系，确保文化建设始终沿着正确方向健康发展。世界在变化、时代在发展、实践在推进。发展先进文化，必须坚持承续民族传统、植根伟大实践、秉持开放包容，做到不忘本来、吸收外来、着眼将来。要始终坚守民族文化立场，维护民族文化基本元素，加强对优秀传统文化思想价值的挖掘和阐发，使优秀传统文化成为建设中华民族共有精神家园的重要支撑，成为新时代鼓舞人民前进的精神力量。要始终立足改革开放和社会主义现代化建设实践，准确把握世界文化发展趋势，准确把握文化科技创新潮流，在人民群众的伟大创造中进行文化创造，在历史的进步中实现文化的进步。要始终以积极态度对待外来文化，坚持辩证取舍的方法，提高转化再造的能力，积极吸纳融汇各国优秀文化成果，在博采众长中不断赋予先进文化强大生机。

中国特色社会主义文化发展道路是科学发展之路。科学发展观是马克思主义关于发展的世界观、方法论的集中体现，不仅反映了我们党对当今世界发展趋势和中国特色社会主义事业发展方位的科学把握，而且反映了我们党对当今文化发展趋势和我国文化建设规律的科学把握。党的十六大以来，我们党坚持用科学发展观指导文化建设，努力把全社会文化发展的积极性引导到科学发展上来，逐步形成了符合科学发展观要求的新的文化发展理念，科学回答了中国文化实现什么样的发展、怎样实现发展的重大问题。新的历史条件下推动文化大发展大繁荣，必须深入贯彻落实科学发展观，以科学发展为主题，把科学发展的理念贯穿到工作的各个方面、各个环节。要始终坚持把发展作为第一要务，用发展的办法解决前进中的问题，既积极为经济建设中心服务，又努力实现文化自身的繁荣发展，推动文化建设与经济建设、政治建设、社会建设协调发展；始终坚持以人为本，以服务人民为根本宗旨，保障人民文化权益，促进人的全面发展；始终坚持全面协调可持续，着力解决影响文化科学发展的突出问题，协调好文化建设的各个领域、各个方面，促进文化持续快速健康发展；始终坚持统筹兼顾，正确认识和妥善处理文化改革发展中的各种重大关系，统筹推进文化改革发展各方面工作，做到文化事业和文化产业两手抓、两加强，提高文化建设科学化水平。推动文化科学发展，必须把着力点放到转变文化发展方式上来。要加强宏观调控、完善政策措施，着力优化文化发展的布局和结构，推动文化资源合理配置，不断提高文化发展的质量和效益，增强文化发展后劲，实现文化又好又快发展。

中国特色社会主义文化发展道路是强基固本之路。社会主义核心价值体系是兴国之魂，是社会主义意识形态的本质体现。文化的力量，很大程度上取决于凝结其中的核心价值体系的力量；不同文化的竞争，很大程度上表现为各自代表的核心价值体系的竞争。以社会主义核心价值体系为内核，用社会主义核心价值体系凝魂聚气、强基固本，是中国特色社会主义文化发展道路的根本标志。推动文化大发展大繁荣，必须把建设社会主义核心价值体系作为根本任务，融入国民教育、精神文明建设和党的建设全过程，贯穿改革开放和社会主义现代化建设各领域，体现到精神文化产品创作生产传播的各方面，使其成为全体人民的自觉追求，不断巩固全体人民团结奋斗的共同思想道德基础。要坚持不懈地用中国特色社会主义理论体系武装全党、教育人民，推动学习实践科学发展观向深度和广度拓展，大力推进马克思主义中国化时代化大众化，用发展着的马克思主义指导新的实践；坚持不懈地用中国特色社会主义共同理想凝聚力量，深入开展理想信念教育、形势政策教育、国情教育、革命传统教育、改革开放教育、国防教育，引导干部群众增强坚持中国特色社会主义旗帜、道路、理论体系和制度的自觉性坚定性；坚持不懈地用以爱国主义为核心的民族精神和以改革创新为核心的时代精神鼓舞斗志，弘扬爱国主义、集体主义、社会主义思想，激励人们与时俱进、开拓创新，为民族振兴、国家发展贡献力量；坚持不懈地用社会主义荣辱观引领风尚，加强社会公德、职业道德、家庭美德、个人品德建设，深入开展群众性精神文明创建活动，树立社会文明新风。在社会思想意识日趋多样多元多变的情况下，要积极探索用社会主义核心价值体系引领社会思潮的有效途径，有力抵制各种错误和腐朽思想影响，提高主流思想文化的主导力、整合力，最大限度扩大社会思想认同。

中国特色社会主义文化发展道路是以人为本之路。人民是历史的创造者，是文化发展最深厚的力量源泉。我们建设的社会主义文化，是人民大众的文化；中国特色社会主义文化发展道路，是人民群众共建共享的道路。这条文化发展道路，坚定地维护广大人民的文化权益，蕴含着我国文化建设永恒不变的价值追求，其重要特征就是坚持以人为本、坚持人民至上。推动文化大发展大繁荣，必须自觉贯彻党的群众路线，牢记文化建设的根基和力量在人民，以满足人民精神文化需求为出发点和落脚点，坚持文化发展为了人民、文化发展依靠人民、文化发展成果由人民共享。人民是文化创造的主体力量，要充分尊重人民在文化建设中的首创精神，为人人成为社会主义文化建设者提供广阔舞台，充分挖掘蕴藏于人民之中的文化创造潜能，使全社会的文化创造活力竞相迸发、充分涌流。一切进步的文化创作生产都源于人民、属于人民，要树立以人民为中心的创作导向，坚持贴近实际、贴近生活、贴近群众，引导文化工作者向人民学习、拜人民为师，从人民群众的火热实践中汲取营养、挖掘素材，努力创作生产出思想性艺术性观赏性相统一、人民喜闻乐见的优秀文化作品，把最好的精神食粮奉献给人民。要坚持面向基层、服务群众，完善城乡基层文化基础设施和服务网络，多生产质优价廉的文化产品，多为低收入群众和生活困难群众提供文化服务，努力让文化改革发展成果惠及全体人民。要大力开展群众乐于参与、便于参与的文化活动，积极搭建各种形式的群众文化活动平台，支持群众依法兴办文化团体，总结推广源于群众、生动鲜活的文化创新经验，更好地激发群众投身文化建设的热情。

中国特色社会主义文化发展道路是改革创新之路。改革创新是坚持和发展中国特色社会主义的强大动力，也是推动文化繁荣发展的强大动力。中国特色社会主义文化发展道路本身就是改革创新的成果，以改革创新为动力是坚持这条道路的必然要求。推动文化大发展大繁荣，必须坚持解放思想、实事求是、与时俱进，坚持百花齐放、百家争鸣，把改革创新精神贯穿文化建设全过程，不断激发文化创造活力，解放和发展文化生产力。现在，文化体制改革已进入攻坚克难的关键阶段，必须牢牢把握正确方向，推动改革在重点领域和关键环节取得新进展。要加快推进国有经营性文化单位改革，深化公益性文化单位改革，健全现代文化市场体系，完善文化管理体制，创新文化走出去模式，着力构建充满活力、富有效率、更加开放、有利于文化科学发展的体制机制。要提高改革决策的科学性、增强改革措施的协调性，加强分类指导，完善政策保障，确保文化体制改革积极稳妥地推进。文化引领社会风气之先，是最需要创新的领域。要把创新作为文化繁荣发展的强大引擎，适应时代和实践发展要求，积极运用高新科技成果，大力推进文化内容、形式、方法、手段创新，不断创造新的文化样式，催生新的文化业态，实现题材、品种、风格和载体的极大丰富，使我们的文化更具时代感和吸引力。改革创新是不断探索、不断突破的过程，良好的社会环境至关重要。要大力营造有利于改革创新的氛围，倡导勇于变革、勇于创造的精神，鼓励探索、宽容失败，使一切改革创新的观念得到尊重、一切改革创新的举措得到支持、一切改革创新的成果得到肯定。

归结起来，中国特色社会主义文化发展道路就是建设社会主义文化强国之路。全会深刻把握我国文化建设实际和发展趋势，明确提出了建设社会主义文化强国的战略目标。这个战略目标，与中国特色社会主义事业总体布局相适应，与建设富强民主文明和谐的社会主义现代化国家目标相衔接，与我国深厚文化底蕴和丰富文化资源相匹配，既顺应时代潮流又体现人民愿望，既符合实际又催人奋进。中国特色社会主义文化发展道路和建设社会主义文化强国，是路径和目标的关系；坚持走中国特色社会主义文化发展道路，最终目标是建设社会主义文化强国。我们必须坚定不移地走这条文化发展道路，高举中国特色社会主义伟大旗帜，以马克思列宁主义、毛泽东思想、邓小平理论和“三个代表”重要思想为指导，深入贯彻落实科学发展观，着力推动社会主义先进文化更加深入人心，推动社会主义精神文明和物质文明全面发展，不断开创全民族文化创造活力持续迸发、社会文化生活更加丰富多彩、人民基本文化权益得到更好保障、人民思想道德素质和科学文化素质全面提高的新局面，建设中华民族共有精神家园，为人类文明进步作出更大贡献。

三

中国特色社会主义文化发展道路已经开辟，建设社会主义文化强国的目标十分明确。实现党的十七届六中全会描绘的宏伟蓝图，是一个需要不懈奋斗、不断创造的伟大过程。必须树立高度的文化自觉和文化自信，全面落实全会部署，积极主动地做好各方面工作，推动兴起社会主义文化建设新高潮。

以更加高度的自觉担当起推动文化大发展大繁荣的历史责任。全会《决定》的一个鲜明特点，就是突出强调了文化自觉。这种自觉是对文化地位作用的深刻认识、对文化发展规律的正确把握、对发展文化历史责任的主动担当。文化自觉不仅是推动文化繁荣发展的思想基础和先决条件，而且决定着一个民族、一个政党的前途命运。当今时代，文化越来越成为民族凝聚力和创造力的重要源泉、越来越成为综合国力竞争的重要因素、越来越成为经济社会发展的重要支撑，丰富精神文化生活越来越成为我国人民的热切愿望。在新的历史起点上深化文化体制改革、推动社会主义文化大发展大繁荣，关系实现全面建设小康社会奋斗目标，关系坚持和发展中国特色社会主义，关系实现中华民族伟大复兴。要深入学习贯彻全会精神，进一步提高思想认识、增强文化自觉，以更加积极主动的姿态肩负起推动文化大发展大繁荣的时代重任。要自觉把文化繁荣发展作为坚持发展是硬道理、发展是党执政兴国第一要务的重要内容，作为深入贯彻落实科学发展观的一个基本要求，从中国特色社会主义事业总体布局出发，把文化建设摆在全局工作重要位置，纳入经济社会发展总体规划，纳入科学发展考核评价体系，努力实现文化与经济、政治、社会建设以及生态文明建设共同推进、协调发展，充分发挥文化引领风尚、教育人民、服务社会、推动发展的作用。

以更加强烈的自信把握文化发展的难得机遇。全会《决定》通篇贯穿了强烈的文化自信。这种自信，来自对时代发展潮流、中国特色社会主义伟大实践的深刻把握，来自对自身文化价值的充分肯定、对自身文化生命力的坚定信念。中国特色社会主义伟大事业正在波澜壮阔地向前发展，改革开放实践的深入推进和取得的丰硕成果，既为文化建设提供了有力支撑，又为文化创新创造开辟了广阔空间。我国文化建设已实现历史性跨越，总体实力大幅增强，人民群众精神文化需求日趋旺盛，全社会关注和参与文化建设热情空前高涨，我国文化正迎来一个繁荣发展的黄金期。特别是中国特色社会主义文化发展道路的成功开辟，使我们对文化发展规律的认识把握达到一个新高度，找到了在时代的高起点上开启文化繁荣兴盛之门的“钥匙”。可以说，坚实的工作基础、有力的物质保障、浓厚的社会氛围以及正确的发展道路，使我们完全有理由对中华文化的发展前途充满信心，对最终建成社会主义文化强国的目标充满信心。要进一步拓宽视野、开阔思路，准确把握我国经济社会发展新要求，准确把握当今时代文化发展新趋势，准确把握各族人民精神文化生活新期待，坚持自己的文化理想，鼓起奋发进取的勇气，焕发文化创造的活力，在中国特色社会主义文化发展道路上不断谱写文化建设的新篇章。

以更加有力的措施推动文化改革发展取得新的突破。文化发展的过程就是不断回答时代和实践提出的新课题的过程。随着经济社会加速转型和科学技术迅猛发展，我国文化领域正在发生广泛而深刻的变革，文化改革发展遇到许多复杂情况，面临不少新的矛盾和问题。全会《决定》深入总结了这些年文化建设的丰富实践，围绕文化改革发展中全局性、根本性、战略性的重大问题，围绕文化建设亟待解决的突出问题，围绕干部群众普遍关注的热点问题，既提出了许多有针对性的政策举措，又提出了许多带有方向性的要求。要紧密结合自身实际，抓住那些基础性战略性工作，抓住那些重大部署和重大项目，集中力量和资源，全力以赴地加以推进，力争在重点领域和关键环节取得新的突破。同时，要进一步梳理制约文化改革发展的深层次问题，在深入调查研究的基础上，进一步明确深化文化体制改革的各项政策，进一步细化文化建设各领域、各方面的工作措施，加大各项工作推进力度，推动形成思想道德建设深入推进、文化事业全面繁荣、文化产业快速发展、优秀文化作品大量涌现、中华文化国际影响力不断提升的良好局面。

以更加扎实的作风落实好文化建设的各项任务。能不能按照全会《决定》要求，推动文化改革发展实现新的跨越，关键取决于我们工作的推进力度和落实程度，取决于我们的精神状态和工作作风。要以对党和人民事业高度负责的态度，以时不我待、奋发有为的精神，以狠抓落实、务求实效的作风，抓住难得机遇，加快发展步伐，把文化建设各项任务持续向前推进。要坚持立足当前、着眼长远，切实增强工作紧迫感，抓紧抓好当前工作，创造条件把承担的任务迅速推开，同时要树立战略思维，注重从中长期角度进行谋划，善于抓住打基础、利长远的重要项目，有计划分阶段地加以实施。要坚持求真务实、真抓实干，一切从实际出发，努力把原则要求变为可操作的工作措施，把目标任务变成实实在在的工作项目，在抓实、抓细、抓具体上下功夫。要坚持眼睛向下、重心下移，把更多的资源投向基层，把更多的项目放在基层，把更多的服务延伸到基层，不断打牢事业发展的根基。要把文化人才队伍建设作为基础工程，加大对高层次领军人物和拔尖人才的培养力度，加大对基层文化人才队伍的培养力度，努力造就一支德才兼备、锐意创新、结构合理、规模宏大的高素质文化人才队伍，为社会主义文化大发展大繁荣提供有力人才支撑。

（原载《人民日报》2011年10月28日第5版）

践行“北京精神”　推动首都科学发展

刘　淇

（2011年11月2日）

同志们：

在学习贯彻落实党的十七届六中全会精神的热潮之中，今天我们在这里召开践行“北京精神”发布会。提炼“北京精神”是首都各族各界人民的强烈愿望，是首都践行社会主义核心价值体系的迫切需要，是首都建设中国特色世界城市的重要举措。凝练出北京这座伟大城市的灵魂，表述她的精气神，受到社会的广泛关注、积极参与。一年多来，在各方面专家研究的基础上，全市290多万群众参与了投票评选，并且广泛听取了人大代表、政协委员的意见，按照多数人的意见最终将“北京精神”的表述语确定为“爱国、创新、包容、厚德”。党中央高度重视这项工作，各位领导同志对首都开展这项工作的程序和成果表示赞同。今天的发布会，就是正式向全社会推出“北京精神”。我们要扎扎实实地搞好“北京精神”的宣传和实践活动，使“北京精神”家喻户晓、人人践行，成为反映首都人民精神面貌、代表首都城市形象、引领首都科学发展与社会和谐的强大精神力量。

同志们，践行“北京精神”是时代的要求。首都发展已经进入了一个新的阶段。推动“人文北京、科技北京、绿色北京”战略，建设中国特色世界城市，任务十分艰巨。贯彻党的十七届六中全会精神，发挥首都国家文化中心的示范作用，打造中国特色社会主义先进文化之都，建设有世界影响力的文化中心，迫切需要有强大的精神动力和巨大的智力支持。弘扬“北京精神”，目的就是要更好地凝聚全市人民的智慧和力量，激发起全市人民的满腔热情和极大的干劲，更好地推动首都的科学发展。

以“爱国、创新、包容、厚德”为主要内容的“北京精神”是一个有机整体。其中：

“爱国”是“北京精神”的核心。爱国是中华民族的光荣传统，是民族精神的核心，也是民族凝聚力的最重要特征。北京市民历来具有“天下兴亡、匹夫有责”的强烈责任感、使命感。五四运动、七七事变、开国大典、抗震救灾、奥运盛会等重大历史事件中，无不展现出北京人民忧国忧民、心系国家发展、勇担时代使命的责任感和强烈的家国情怀。在中华民族伟大复兴的进程中，北京作为首都更加需要发扬爱国精神，爱祖国、爱人民、爱中国共产党、爱社会主义；更要把这种爱国精神转化为建设首都、推动发展的满腔热情。

“创新”是“北京精神”的精髓。创新是民族进步的灵魂，是国家兴旺发达的不竭动力，是时代精神的核心，也是我们党永葆生机的源泉。创新体现了北京人民与时俱进、积极进取的精神状态，北京发展的历史在某种意义上就是一部创新的历史，永不停滞、改革创新，在弘扬优秀传统的同时，勇于创造、勇攀高峰。北京发展的未来更加需要持续的创新精神，依靠创新赢得主动、赢得优势、赢得未来。

“包容”是“北京精神”的特征。在统一多民族国家形成和壮大的过程中，首都北京以自己宽广的胸怀和开放的心态吸引、融合着各地区各民族的文化，形成了海纳百川、雍容大度、博采众长的精神境界，积淀了丰厚的历史文化，使北京有了巨大的凝聚力和吸引力，形成了北京发展的特殊优势和力量。在建设中国特色世界城市进程中，北京更需要这种开放的姿态和博大的胸襟，尊重差异、包容多样、和谐发展。

“厚德”是“北京精神”的品质。历史不仅赋予了北京辉煌灿烂的文化遗产，也培育了北京市民文明有礼的优秀品德。尚礼、厚道、宽容、助人是北京文化的历史传承。在迈向世界城市的进程中，北京市民更加迫切需要践行社会主义荣辱观，以人为本、扶弱助残、尊老爱幼，大力弘扬诚信、友爱、互助、奉献的道德风尚，以首善之区的文明素质和精神风貌走向世界。

以“爱国、创新、包容、厚德”为主要内容的

“北京精神”是首都人民长期发展建设实践的概括和总结，体现了社会主义核心价值体系的要求，体现了首都历史文化的特征，体现了首都群众的精神文化追求。培育和弘扬“北京精神”是一项长期的战略任务，我们不仅要把这项工作融入首都经济社会发展的各个领域、各个方面和全过程，而且要在实践中不断丰富和完善“北京精神”，在首都科学发展中发挥好“北京精神”的特殊作用。当前，要充分运用各类宣传平台，组织多种形式，广泛宣讲“北京精神”，营造浓厚的宣传氛围；要组织开展丰富多彩的主题实践活动，动员群众广泛参与践行“北京精神”。市委市政府希望，全市各区县、各部门、各单位以及每一位市民都要认真践行、大力弘扬“北京精神”，以“北京精神”来引领首都的建设和发展，凝聚推动首都科学发展、促进社会和谐稳定的强大力量。

第一，大力弘扬“北京精神”，就是要以为国争光为标准推动首都各项工作。北京作为首都，必须在国家发展建设和各项工作中走在前列，成为首善之区。在实现中华民族伟大复兴的历史进程中，在建设中国特色社会主义伟大事业中，我们必须牢记首都的责任和使命，把握发展大势、勇立时代潮头，勇敢地担当起国家发展的表率和示范。特别是要大力弘扬爱国主义精神，坚定信仰、矢志不渝，坚定不移地走中国特色社会主义道路，坚持马克思主义指导地位，打牢团结奋斗的共同思想基础；要心系祖国、胸怀全局、爱岗敬业、拼搏奉献，为国家和首都的发展建设多作贡献；要勇担重担、艰苦奋斗、攻坚克难，聚精会神搞建设，一心一意谋发展，努力打造中国特色社会主义先进文化之都，建设具有世界影响力的文化中心，为增强国家文化软实力、实现文化强国的战略作出首都人民应有的贡献。

第二，大力弘扬“北京精神”，就是要以更高的水平推动首都的科学发展。提高首都科学发展的水平，最根本的就是要坚持以人为本，切实做到发展为了人民、发展依靠人民、发展成果由人民共享。要充分调动广大人民群众的积极性、主动性、创造性，加快落实“人文北京、科技北京、绿色北京”战略，实现公共服务均等化、城乡一体化，实现人的全面发展。要依靠创新，推动经济发展方式的转变，创新要舍得花大力气，特别是要创新理念、创新工作、创新政策、创新体制机制。要抓住贯彻十七届六中全会《决定》的机遇，以科技创新和文化创新推动首都经济发展方式的转变，建立科技创新与文化创新“双轮驱动”的发展战略，实现创新驱动的发展模式，抢占发展的制高点，把握发展的主动权，在更高的水平上推动首都的科学发展。创新必须要有好的精神状态，面对艰巨繁重的任务和复杂严峻的挑战，我们必须以高度的政治责任感、神圣的历史使命感和更加昂扬向上的精神，奋发有为、只争朝夕、创造性地开展工作、推动发展。对那些制约科学发展的难题不躲、不绕，不拖、不等，以敢于担当、敢于碰硬、敢于创新的精神，积极地推动首都迈向中国特色世界城市。

第三，大力弘扬“北京精神”，就是要全力建设和谐社会的首善之区。建设中国特色世界城市，发挥首都国家文化中心示范作用，必须努力营造安定团结、和谐向上的环境和氛围。包容才能和谐。要进一步培育海纳百川、雍容大度的胸襟和气度，善于学习、加强学习，在前进的道路上博采众长、兼容并包，吸收借鉴人类社会一切优秀文明成果，提高首都文明的水平。要进一步营造包容和谐的社会氛围，切实加强公共服务体系和社会保障体系的建设，加强和创新社会管理，加强对首都广大新市民的服务，提高首都城市的社会管理水平，增强首都群众的社会共识，打牢团结奋斗的共同思想基础，动员广大群众树立起强烈的首都意识、责任意识、大局意识，自觉地维护首都的和谐稳定，努力建设和谐社会的首善之区。

第四，大力弘扬“北京精神”，就是要不断提升首都市民的文明水平。实现文化强国战略，建设有世界影响力的文化中心，增强文化自觉和文化自信，必须有良好的市民素质和健康的社会风尚。在新的发展阶段，我们必须牢固树立和践行社会主义荣辱观，以社会公德、职业道德、家庭美德和个人品德建设为载体，倡导互助、奉献、诚信的社会风尚，引导广大市民群众建立健康向上的生活方式，传承敬孝、仁义、感恩等传统美德。要深入开展法制宣传教育，大力弘扬法治精神，切实增强广大市民的法治意识和诚信意识，在全社会形成知法守法、依法办事的良好风尚。要通过大力加强社会主义精神文明建设，广泛开展学雷锋活动，广泛开展志愿服务活动，广泛开展“做文明有礼北京人”活动，不断提升市民素质和城市文明程度；通过弘扬文明，繁荣文化，促进和谐，日益彰显首都城市人文关怀，向世界展示中国首都人民的文明风范。

培育弘扬和实践“北京精神”是首都践行社会主义核心价值体系的重要战略举措，事关首都科学发展的全局。我们要全面贯彻落实党的十七届六中全会精神，以培育弘扬“北京精神”为有力抓手，积极践行社会主义核心价值体系，不断提高文化自觉，增强文化自信，团结和凝聚全市人民的智慧和力量，开拓进取，奋发有为，发挥好首都国家文化中心的示范作用，为增强国家文化软实力、建设社会主义文化强国作出我们更大的贡献。

（本文为中共中央政治局委员、中共北京市委原市委书记刘淇在践行“北京精神”发布会上的讲话。标题为编者所加）

（原载《北京日报》2011年11月3日第3版）

中共中央关于深化文化体制改革　推动社会主义文化大发展大繁荣若干重大问题的决定

（2011 年 10 月 18 日中国共产党第十七届中央委员会第六次全体会议通过）

中国共产党第十七届中央委员会第六次全体会议全面分析形势和任务，认为总结我国文化改革发展的丰富实践和宝贵经验，研究部署深化文化体制改革、推动社会主义文化大发展大繁荣，进一步兴起社会主义文化建设新高潮，对夺取全面建设小康社会新胜利、开创中国特色社会主义事业新局面、实现中华民族伟大复兴具有重大而深远的意义。全会作出如下决定。

一、充分认识推进文化改革发展的重要性和紧迫性，更加自觉、更加主动地推动社会主义文化大发展大繁荣

文化是民族的血脉，是人民的精神家园。在我国 5000 多年文明发展历程中，各族人民紧密团结、自强不息，共同创造出源远流长、博大精深的中华文化，为中华民族发展壮大提供了强大精神力量，为人类文明进步作出了不可磨灭的重大贡献。

中国共产党从成立之日起，就既是中华优秀传统文化的忠实传承者和弘扬者，又是中国先进文化的积极倡导者和发展者。我们党历来高度重视运用文化引领前进方向、凝聚奋斗力量，团结带领全国各族人民不断以思想文化新觉醒、理论创造新成果、文化建设新成就推动党和人民事业向前发展，文化工作在革命、建设、改革各个历史时期都发挥了不可替代的重大作用。

改革开放特别是党的十六大以来，我们党始终把文化建设放在党和国家全局工作重要战略地位，坚持物质文明和精神文明两手抓，实行依法治国和以德治国相结合，促进文化事业和文化产业同发展，推动文化建设不断取得新成就，走出了中国特色社会主义文化发展道路。我们坚持解放思想、实事求是、与时俱进，不断推进马克思主义中国化时代化大众化，形成和发展了中国特色社会主义理论体系，为开辟和拓展中国特色社会主义道路、确立和完善中国特色社会主义制度提供了科学理论指导；坚持推进社会主义核心价值体系建设，用马克思主义中国化最新成果武装全党、教育人民，用中国特色社会主义共同理想凝聚力量，用以爱国主义为核心的民族精神和以改革创新为核心的时代精神鼓舞斗志，用社会主义荣辱观引领风尚，巩固了全党全国各族人民团结奋斗的共同思想道德基础；坚持为人民服务、为社会主义服务的方向和百花齐放、百家争鸣的方针，发扬广大人民群众和文化工作者的创造精神，推动优秀文化产品大量涌现，丰富了人民精神文化生活；坚持推进文化体制改革，创新文化发展理念，解放和发展文化生产力，推动文化事业全面繁荣、文化产业健康发展，大幅度提高了人民基本文化权益保障水平，大幅度提高了文化在经济社会发展中的地位和作用；坚持发展多层次、宽领域对外文化交流格局，借鉴吸收人类优秀文明成果，实施文化走出去战略，不断增强中华文化国际影响力，向世界展示了我国改革开放的崭新形象和我国人民昂扬向上的精神风貌。我国文化改革发展，显著提高了全民族思想道德素质和科学文化素质、促进了人的全面发展，显著增强了国家文化软实力，为坚持和发展中国特色社会主义提供了强大精神力量。

当今世界正处在大发展大变革大调整时期，世界多极化、经济全球化深入发展，科学技术日新月异，各种思想文化交流交融交锋更加频繁，文化在综合国力竞争中的地位和作用更加凸显，维护国家文化安全任务更加艰巨，增强国家文化软实力、中华文化国际影响力要求更加紧迫。当代中国进入了全面建设小康社会的关键时期和深化改革开放、加快转变经济发展方式的攻坚时期，文化越来越成为民族凝聚力和创造力的重要源泉、越来越成为综合国力竞争的重要因素、越来越成为经济社会发展的重要支撑，丰富精神文化生活越来越成为我国人民的热切愿望。我国仍处于并将长期处于社会主义初级阶段，人民日益增长的物质文化需要同落后的社会生产之间的矛盾仍然是社会主要矛盾。全面建成惠及十几亿人口的更高水平的小康社会，既要让人民过上殷实富足的物质生活，又要让人民享有健康丰富的文化生活。我们必须抓住和用好我国发展的重要战略机遇期，在坚持以经济建设为中心的同时，自觉把文化繁荣发展作为坚持发展是硬道理、发展是党执政兴国第一要务的重要内容，作为深入贯彻落实科学发展观的一个基本要求，进一步推动文化建设与经济建设、政治建设、社会建设以及生态文明建设协调发展，更好满足人民精神需求、丰富人民精神世界、增强人民精神力量，为继续解放思想、坚持改革开放、推动科学发展、促进社会和谐提供坚强思想保证、强大精神动力、有力舆论支持、良好文化条件。

我国文化领域正在发生广泛而深刻的变革，推动文化大发展大繁荣既具备许多有利条件，也面临一系列新情况新问题。我国文化发展同经济社会发展和人民日益增长的精神文化需求还不完全适应，突出矛盾和问题主要是：一些地方和单位对文化建设重要性、必要性、紧迫性认识不够，文化在推动全民族文明素质提高中的作用亟待加强；一些领域道德失范、诚信缺失，一些社会成员人生观、价值观扭曲，用社会主义核心价值体系引领社会思潮更为紧迫，巩固全党全国各族人民团结奋斗的共同思想道德基础任务繁重；舆论引导能力需要提高，网络建设和管理亟待加强和改进；有影响的精品力作还不够多，文化产品创作生产引导力度需要加大；公共文化服务体系不健全，城乡、区域文化发展不平衡；文化产业规模不大、结构不合理，束缚文化生产力发展的体制机制问题尚未根本解决；文化走出去较为薄弱，中华文化国际影响力需要进一步增强；文化人才队伍建设急需加强。推进文化改革发展，必须抓紧解决这些矛盾和问题。

全党必须深刻认识到，社会主义先进文化是马克思主义政党思想精神上的旗帜，文化建设是中国特色社会主义事业总体布局的重要组成部分。没有文化的积极引领，没有人民精神世界的极大丰富，没有全民族精神力量的充分发挥，一个国家、一个民族不可能屹立于世界民族之林。物质贫乏不是社会主义，精神空虚也不是社会主义。没有社会主义文化繁荣发展，就没有社会主义现代化。在新的历史起点上深化文化体制改革、推动社会主义文化大发展大繁荣，关系实现全面建设小康社会奋斗目标，关系坚持和发展中国特色社会主义，关系实现中华民族伟大复兴。我们要准确把握我国经济社会发展新要求，准确把握当今时代文化发展新趋势，准确把握各族人民精神文化生活新期待，增强责任感和紧迫感，解放思想，转变观念，抓住机遇，乘势而上，在全面建设小康社会进程中、在科学发展道路上奋力开创社会主义文化建设新局面。

二、坚持中国特色社会主义文化发展道路，努力建设社会主义文化强国

坚持中国特色社会主义文化发展道路，深化文化体制改革，推动社会主义文化大发展大繁荣，必须全面贯彻党的十七大精神，高举中国特色社会主义伟大旗帜，以马克思列宁主义、毛泽东思想、邓小平理论和“三个代表”重要思想为指导，深入贯彻落实科学发展观，坚持社会主义先进文化前进方向，以科学发展为主题，以建设社会主义核心价值体系为根本任务，以满足人民精神文化需求为出发点和落脚点，以改革创新为动力，发展面向现代化、面向世界、面向未来的，民族的科学的大众的社会主义文化，培养高度的文化自觉和文化自信，提高全民族文明素质，增强国家文化软实力，弘扬中华文化，努力建设社会主义文化强国。

建设社会主义文化强国，就是要着力推动社会主义先进文化更加深入人心，推动社会主义精神文明和物质文明全面发展，不断开创全民族文化创造活力持续迸发、社会文化生活更加丰富多彩、人民基本文化权益得到更好保障、人民思想道德素质和科学文化素质全面提高的新局面，建设中华民族共有精神家园，为人类文明进步作出更大贡献。

按照实现全面建设小康社会奋斗目标新要求，到2020年，文化改革发展奋斗目标是：社会主义核心价值体系建设深入推进，良好思想道德风尚进一步弘扬，公民素质明显提高；适应人民需要的文化产品更加丰富，精品力作不断涌现；文化事业全面繁荣，覆盖全社会的公共文化服务体系基本建立，努力实现基本公共文化服务均等化；文化产业成为国民经济支柱性产业，整体实力和国际竞争力显著增强，公有制为主体、多种所有制共同发展的文化产业格局全面形成；文化管理体制和文化产品生产经营机制充满活力、富有效率，以民族文化为主体、吸收外来有益文化、推动中华文化走向世界的文化开放格局进一步完善；高素质文化人才队伍发展壮大，文化繁荣发展的人才保障更加有力。全党全国要为实现这些目标共同努力，不断提高文化建设科学化水平，为把我国建设成为社会主义文化强国打下坚实基础。

实现上述奋斗目标，必须遵循以下重要方针。

——坚持以马克思主义为指导，推进马克思主义中国化时代化大众化，用中国特色社会主义理论体系武装头脑、指导实践、推动工作，确保文化改革发展沿着正确道路前进。

——坚持社会主义先进文化前进方向，坚持为人民服务、为社会主义服务，坚持百花齐放、百家争鸣，坚持继承和创新相统一，弘扬主旋律、提倡多样化，以科学的理论武装人，以正确的舆论引导人，以高尚的精神塑造人，以优秀的作品鼓舞人，在全社会形成积极向上的精神追求和健康文明的生活方式。

——坚持以人为本，贴近实际、贴近生活、贴近群众，发挥人民在文化建设中的主体作用，坚持文化发展为了人民、文化发展依靠人民、文化发展成果由人民共享，促进人的全面发展，培育有理想、有道德、有文化、有纪律的社会主义公民。

——坚持把社会效益放在首位，坚持社会效益和经济效益有机统一，遵循文化发展规律，适应社会主义市场经济发展要求，加强文化法制建设，一手抓繁荣、一手抓管理，推动文化事业和文化产业全面协调可持续发展。

——坚持改革开放，着力推进文化体制机制创新，以改革促发展、促繁荣，不断解放和发展文化生产力，提高文化开放水平，推动中华文化走向世界，积极吸收各国优秀文明成果，切实维护国家文化安全。

三、推进社会主义核心价值体系建设，巩固全党全国各族人民团结奋斗的共同思想道德基础

社会主义核心价值体系是兴国之魂，是社会主义先进文化的精髓，决定着中国特色社会主义发展方向。必须强化教育引导，增进社会共识，创新方式方法，健全制度保障，把社会主义核心价值体系融入国民教育、精神文明建设和党的建设全过程，贯穿改革开放和社会主义现代化建设各领域，体现到精神文化产品创作生产传播各方面，坚持用社会主义核心价值体系引领社会思潮，在全党全社会形成统一指导思想、共同理想信念、强大精神力量、基本道德规范。

（一）坚持马克思主义指导地位。马克思主义深刻揭示了人类社会发展规律，坚定维护和发展最广大人民根本利益，是指引人民推动社会进步、创造美好生活的科学理论。要毫不动摇地坚持马克思主义基本原理，紧密结合中国实际、时代特征、人民愿望，用发展着的马克思主义指导新的实践。坚持不懈用中国特色社会主义理论体系武装全党、教育人民，推动学习实践科学发展观向深度和广度拓展，引导党员、干部深入学习贯彻党的基本理论、基本路线、基本纲领、基本经验，学习马克思主义经典著作，系统掌握马克思主义立场、观点、方法。科学分析世情、国情、党情新变化，深入研究解决改革开放和社会主义现代化建设新课题，不断深化对共产党执政规律、社会主义建设规律、人类社会发展规律的认识，不断把党带领人民创造的成功经验上升为理论，不断赋予当代中国马克思主义鲜明的实践特色、民族特色、时代特色。坚持以领导班子和领导干部为重点，以提高思想政治素养为根本，以建设学习型党组织为抓手，大力推进马克思主义学习型政党建设。深入推进马克思主义理论研究和建设工程，实施中国特色社会主义理论体系普及计划，加强重点学科体系和教材体系建设，推动中国特色社会主义理论体系进教材、进课堂、进头脑，加强和改进学校思想政治教育。

（二）坚定中国特色社会主义共同理想。中国特色社会主义是当代中国发展进步的根本方向，集中体现了最广大人民根本利益和共同愿望。要深入开展理想信念教育，引导干部群众深刻认识中国共产党领导和中国特色社会主义制度的历史必然性和优越性，深刻认识中国特色社会主义道路既是实现社会主义现代化和中华民族伟大复兴的必由之路，也是创造人民美好生活的必由之路，自觉把个人理想融入中国特色社会主义共同理想之中，最大限度把广大人民团结和凝聚在中国特色社会主义伟大旗帜之下。紧密结合中国特色社会主义成功实践，联系干部群众思想实际，针对社会热点难点问题，从理论和实践结合上作出有说服力的回答，引导干部群众在重大思想理论问题上划清是非界限、澄清模糊认识，有力抵制各种错误和腐朽思想影响。深入开展形势政策教育、国情教育、革命传统教育、改革开放教育、国防教育，组织学习中国近现代史特别是党领导人民进行革命、建设、改革的历史，坚定广大干部群众对中国特色社会主义的信心和信念。

（三）弘扬以爱国主义为核心的民族精神和以改革创新为核心的时代精神。爱国主义是中华民族最深厚的思想传统，最能感召中华儿女团结奋斗；改革创新是当代中国最鲜明的时代特征，最能激励中华儿女锐意进取。要广泛开展民族精神教育，大力弘扬爱国主义、集体主义、社会主义思想，增强民族自尊心、自信心、自豪感，激励人民把爱国热情化作振兴中华的实际行动，以热爱祖国和贡献自己全部力量建设祖国为最大光荣、以损害祖国利益和尊严为最大耻辱。广泛开展时代精神教育，引导干部群众始终保持与时俱进、开拓创新的精神状态，永不自满、永不僵化、永不停滞，以思想不断解放推动事业持续发展。大力弘扬一切有利于国家富强、民族振兴、人民幸福、社会和谐的思想和精神，大力发扬艰苦奋斗、劳动光荣、勤俭节约的优良传统。加强民族团结进步教育，增进对伟大祖国和中华民族的认同，促进各民族共同团结奋斗、共同繁荣发展。加强爱国主义教育基地建设，用好红色旅游资源，使之成为弘扬培育民族精神和时代精神的重要课堂。

（四）树立和践行社会主义荣辱观。社会主义荣辱观体现了社会主义道德的根本要求。要深入开展社会主义荣辱观宣传教育，弘扬中华传统美德，推进公民道德建设工程，加强社会公德、职业道德、家庭美德、个人品德教育，评选表彰道德模范，学习宣传先进典型，引导人民增强道德判断力和道德荣誉感，自觉履行法定义务、社会责任、家庭责任，在全社会形成知荣辱、讲正气、作奉献、促和谐的良好风尚。深化群众性精神文明创建活动，广泛开展志愿服务，拓展各类道德实践活动，倡导爱国、敬业、诚信、友善等道德规范，形成男女平等、尊老爱幼、扶贫济困、扶弱助残、礼让宽容的人际关系。全面加强学校德育体系建设，构建学校、家庭、社会紧密协作的教育网络，动员社会各方面共同做好青少年思想道德教育工作。深入开展学雷锋活动，采取措施推动学习活动常态化。深化政风、行风建设，开展道德领域突出问题专项教育和治理，坚决反对拜金主义、享乐主义、极端个人主义，坚决纠正以权谋私、造假欺诈、见利忘义、损人利己的歪风邪气。把诚信建设摆在突出位置，大力推进政务诚信、商务诚信、社会诚信和司法公信建设，抓紧建立健全覆盖全社会的征信系统，加大对失信行为惩戒力度，在全社会广泛形成守信光荣、失信可耻的氛围。加强法制宣传教育，弘扬社会主义法治精神，树立社会主义法治理念，提高全民法律素质，推动人人学法遵法守法用法，维护法律权威和社会公平正义。加强人文关怀和心理疏导，培育自尊自信、理性平和、积极向上的社会心态。弘扬科学精神，普及科学知识，倡导移风易俗，抵制封建迷信。深入开展反腐倡廉教育，推进廉政文化建设。

四、全面贯彻“二为”方向和“双百”方针，为人民提供更好更多的精神食粮

创作生产更多无愧于历史、无愧于时代、无愧于人民的优秀作品，是文化繁荣发展的重要标志。必须全面贯彻为人民服务、为社会主义服务的方向和百花齐放、百家争鸣的方针，立足发展先进文化、建设和谐文化，激发文化创作生产活力，提高文化产品质量，发挥文化引领风尚、教育人民、服务社会、推动发展的作用。

（一）坚持正确创作方向。正确创作方向是文化创作生产的根本性问题，一切进步的文化创作生产都源于人民、为了人民、属于人民。必须牢固树立人民是历史创造者的观点，坚持以人民为中心的创作导向，热情讴歌改革开放和社会主义现代化建设伟大实践，生动展示我国人民奋发有为的精神风貌和创造历史的辉煌业绩。要引导文化工作者牢记为人民服务、为社会主义服务的神圣职责，坚持正确文化立场，认真对待和积极追求文化产品社会效果，弘扬真善美，贬斥假恶丑，把学术探索和艺术创作融入实现中华民族伟大复兴的事业之中。坚持发扬学术民主、艺术民主，营造积极健康、宽松和谐的氛围，提倡不同观点和学派充分讨论，提倡体裁、题材、形式、手段充分发展，推动观念、内容、风格、流派积极创新。把创新精神贯穿文化创作生产全过程，弘扬民族优秀文化传统和五四运动以来形成的革命文化传统，学习借鉴国外文化创新有益成果，兼收并蓄、博采众长，增强文化产品时代感和吸引力。

（二）繁荣发展哲学社会科学。坚持和发展中国特色社会主义，必须大力发展哲学社会科学，使之更好发挥认识世界、传承文明、创新理论、咨政育人、服务社会的重要功能。要巩固发展马克思主义理论学科，坚持基础研究和应用研究并重，传统学科和新兴学科、交叉学科并重，结合我国实际和时代特点，建设具有中国特色、中国风格、中国气派的哲学社会科学。坚持以重大现实问题为主攻方向，加强对全局性、战略性、前瞻性问题研究，加快哲学社会科学成果转化，更好服务经济社会发展。实施哲学社会科学创新工程，发挥国家哲学社会科学基金示范引导作用，推进学科体系、学术观点、科研方法创新，重点扶持立足中国特色社会主义实践的研究项目，着力推出代表国家水准、具有世界影响、经得起实践和历史检验的优秀成果。整合哲学社会科学研究力量，建设一批社会科学研究基地和国家重点实验室，建设一批具有专业优势的思想库，加强哲学社会科学信息化建设。

（三）加强和改进新闻舆论工作。舆论导向正确是党和人民之福，舆论导向错误是党和人民之祸。要坚持马克思主义新闻观，牢牢把握正确导向，坚持团结稳定鼓劲、正面宣传为主，壮大主流舆论，提高舆论引导的及时性、权威性和公信力、影响力，发挥宣传党的主张、弘扬社会正气、通达社情民意、引导社会热点、疏导公众情绪、搞好舆论监督的重要作用，保障人民知情权、参与权、表达权、监督权。以党报党刊、通讯社、电台电视台为主，整合都市类媒体、网络媒体等宣传资源，构建统筹协调、责任明确、功能互补、覆盖广泛、富有效率的舆论引导格局。加强和改进正面宣传，加强社会主义核心价值体系宣传，加强舆情分析研判，加强社会热点难点问题引导，从群众关注点入手，科学解疑释惑，有效凝聚共识。做好重大突发事件新闻报道，完善新闻发布制度，健全应急报道和舆论引导机制，提高时效性，增加透明度。加强和改进舆论监督，推动解决党和政府高度重视、群众反映强烈的实际问题，维护人民利益，密切党群关系，促进社会和谐。新闻媒体和新闻工作者要秉持社会责任和职业道德，真实准确传播新闻信息，自觉抵制错误观点，坚决杜绝虚假新闻。

（四）推出更多优秀文艺作品。文学、戏剧、电影、电视、音乐、舞蹈、美术、摄影、书法、曲艺、杂技以及民间文艺、群众文艺等各领域文艺工作者都要积极投身到讴歌时代和人民的文艺创造活动之中，在社会生活中汲取素材、提炼主题，以充沛的激情、生动的笔触、优美的旋律、感人的形象，创作生产出思想性艺术性观赏性相统一、人民喜闻乐见的优秀文艺作品。实施精品战略，组织好“五个一工程”、重大革命和历史题材创作工程、重点文学艺术作品扶持工程、优秀少儿作品创作工程，鼓励原创和现实题材创作，不断推出文艺精品。扶持代表国家水准、具有民族特色和地方特色的优秀艺术品种，积极发展新的艺术样式。鼓励一切有利于陶冶情操、愉悦身心、寓教于乐的文艺创作，抵制低俗之风。

（五）发展健康向上的网络文化。加强网上思想文化阵地建设，是社会主义文化建设的迫切任务。要认真贯彻积极利用、科学发展、依法管理、确保安全的方针，加强和改进网络文化建设和管理，加强网上舆论引导，唱响网上思想文化主旋律。实施网络内容建设工程，推动优秀传统文化瑰宝和当代文化精品网络传播，制作适合互联网和手机等新兴媒体传播的精品佳作，鼓励网民创作格调健康的网络文化作品。支持重点新闻网站加快发展，打造一批在国内外有较强影响力的综合性网站和特色网站，发挥主要商业网站建设性作用，培育一批网络内容生产和服务骨干企业。发展网络新技术新业态，占领网络信息传播制高点。广泛开展文明网站创建，推动文明办网、文明上网，督促网络运营服务企业履行法律义务和社会责任，不为有害信息提供传播渠道。加强网络法制建设，加快形成法律规范、行政监管、行业自律、技术保障、公众监督、社会教育相结合的互联网管理体系。加强对社交网络和即时通信工具等的引导和管理，规范网上信息传播秩序，培育文明理性的网络环境。依法惩处传播有害信息行为，深入推进整治网络淫秽色情和低俗信息专项行动，严厉打击网络违法犯罪。加大网上个人信息保护力度，建立网络安全评估机制，维护公共利益和国家信息安全。

（六）完善文化产品评价体系和激励机制。坚持把遵循社会主义先进文化前进方向、人民群众满意作为评价作品最高标准，把群众评价、专家评价和市场检验统一起来，形成科学的评价标准。要建立公开、公平、公正评奖机制，精简评奖种类，改进评奖办法，提高权威性和公信度。加强文艺理论建设，培养高素质文艺评论队伍，开展积极健康的文艺批评，褒优贬劣，激浊扬清。加大优秀文化产品推广力度，运用主流媒体、公共文化场所等资源，在资金、频道、版面、场地等方面为展演展映展播展览弘扬主流价值的精品力作提供条件。设立专项艺术基金，支持收藏和推介优秀文化作品。加大知识产权保护力度，依法惩处侵权行为，维护著作权人合法权益。

五、大力发展公益性文化事业，保障人民基本文化权益

满足人民基本文化需求是社会主义文化建设的基本任务。必须坚持政府主导，按照公益性、基本性、均等性、便利性的要求，加强文化基础设施建设，完善公共文化服务网络，让群众广泛享有免费或优惠的基本公共文化服务。

（一）构建公共文化服务体系。加强公共文化服务是实现人民基本文化权益的主要途径。要以公共财政为支撑，以公益性文化单位为骨干，以全体人民为服务对象，以保障人民群众看电视、听广播、读书看报、进行公共文化鉴赏、参与公共文化活动等基本文化权益为主要内容，完善覆盖城乡、结构合理、功能健全、实用高效的公共文化服务体系。把主要公共文化产品和服务项目、公益性文化活动纳入公共财政经常性支出预算。采取政府采购、项目补贴、定向资助、贷款贴息、税收减免等政策措施鼓励各类文化企业参与公共文化服务。鼓励国家投资、资助或拥有版权的文化产品无偿用于公共文化服务。加强文化馆、博物馆、图书馆、美术馆、科技馆、纪念馆、工人文化宫、青少年宫等公共文化服务设施和爱国主义教育示范基地建设并完善向社会免费开放服务，鼓励其他国有文化单位、教育机构等开展公益性文化活动，各类公共场所要为群众性文化活动提供便利。统筹规划和建设基层公共文化服务设施，坚持项目建设和运行管理并重，实现资源整合、共建共享。加强社区公共文化设施建设，把社区文化中心建设纳入城乡规划和设计，拓展投资渠道。完善面向妇女、未成年人、老年人、残疾人的公共文化服务设施。引导和鼓励社会力量通过兴办实体、资助项目、赞助活动、提供设施等形式参与公共文化服务。推进国家公共文化服务体系示范区创建。制定公共文化服务指标体系和绩效考核办法。

（二）发展现代传播体系。提高社会主义先进文化辐射力和影响力，必须加快构建技术先进、传输快捷、覆盖广泛的现代传播体系。要加强党报党刊、通讯社、电台电视台和重要出版社建设，进一步完善采编、发行、播发系统，加快数字化转型，扩大有效覆盖面。加强国际传播能力建设，打造国际一流媒体，提高新闻信息原创率、首发率、落地率。建立统一联动、安全可靠的国家应急广播体系。完善国家数字图书馆建设。整合有线电视网络，组建国家级广播电视网络公司。推进电信网、广电网、互联网三网融合，建设国家新媒体集成播控平台，创新业务形态，发挥各类信息网络设施的文化传播作用，实现互联互通、有序运行。

（三）建设优秀传统文化传承体系。优秀传统文化凝聚着中华民族自强不息的精神追求和历久弥新的精神财富，是发展社会主义先进文化的深厚基础，是建设中华民族共有精神家园的重要支撑。要全面认识祖国传统文化，取其精华、去其糟粕，古为今用、推陈出新，坚持保护利用、普及弘扬并重，加强对优秀传统文化思想价值的挖掘和阐发，维护民族文化基本元素，使优秀传统文化成为新时代鼓舞人民前进的精神力量。加强文化典籍整理和出版工作，推进文化典籍资源数字化。加强国家重大文化和自然遗产地、重点文物保护单位、历史文化名城名镇名村保护建设，抓好非物质文化遗产保护传承。深入挖掘民族传统节日文化内涵，广泛开展优秀传统文化教育普及活动。发挥国民教育在文化传承创新中的基础性作用，增加优秀传统文化课程内容，加强优秀传统文化教学研究基地建设。大力推广和规范使用国家通用语言文字，科学保护各民族语言文字。繁荣发展少数民族文化事业，开展少数民族特色文化保护工作，加强少数民族语言文字党报党刊、广播影视节目、出版物等译制播出出版。加强同香港、澳门的文化交流合作，加强同台湾的各种形式文化交流，共同弘扬中华优秀传统文化。

（四）加快城乡文化一体化发展。增加农村文化服务总量，缩小城乡文化发展差距，对推进社会主义新农村建设、形成城乡经济社会发展一体化新格局具有重大意义。要以农村和中西部地区为重点，加强县级文化馆和图书馆、乡镇综合文化站、村文化室建设，深入实施广播电视村村通、文化信息资源共享、农村电影放映、农家书屋等文化惠民工程，扩大覆盖、消除盲点、提高标准、完善服务、改进管理。加大对革命老区、民族地区、边疆地区、贫困地区文化服务网络建设支持和帮扶力度。深入开展全民阅读、全民健身活动，推动文化科技卫生“三下乡”、科教文体法律卫生“四进社区”、“送欢乐下基层”等活动经常化。引导企业、社区积极开展面向农民工的公益性文化活动，尽快把农民工纳入城市公共文化服务体系。建立以城带乡联动机制，合理配置城乡文化资源，鼓励城市对农村进行文化帮扶，把支持农村文化建设作为创建文明城市基本指标。鼓励文化单位面向农村提供流动服务、网点服务，推动媒体办好农村版和农村频率频道，做好主要党报党刊在农村基层发行和赠阅工作。扶持文化企业以连锁方式加强基层和农村文化网点建设，推动电影院线、演出院线向市县延伸，支持演艺团体深入基层和农村演出。中央、省、市三级设立农村文化建设专项资金，保证一定数量的中央转移支付资金用于乡镇和村文化建设。

六、加快发展文化产业，推动文化产业成为国民经济支柱性产业

发展文化产业是社会主义市场经济条件下满足人民多样化精神文化需求的重要途径。必须坚持社会主义先进文化前进方向，坚持把社会效益放在首位、社会效益和经济效益相统一，按照全面协调可持续的要求，推动文化产业跨越式发展，使之成为新的经济增长点、经济结构战略性调整的重要支点、转变经济发展方式的重要着力点，为推动科学发展提供重要支撑。

（一）构建现代文化产业体系。加快发展文化产业，必须构建结构合理、门类齐全、科技含量高、富有创意、竞争力强的现代文化产业体系。要在重点领域实施一批重大项目，推进文化产业结构调整，发展壮大出版发行、影视制作、印刷、广告、演艺、娱乐、会展等传统文化产业，加快发展文化创意、数字出版、移动多媒体、动漫游戏等新兴文化产业。鼓励有实力的文化企业跨地区、跨行业、跨所有制兼并重组，培育文化产业领域战略投资者。优化文化产业布局，发挥东中西部地区各自优势，加强文化产业基地规划和建设，发展文化产业集群，提高文化产业规模化、集约化、专业化水平。加大对拥有自主知识产权、弘扬民族优秀文化的产业支持力度，打造知名品牌。发掘城市文化资源，发展特色文化产业，建设特色文化城市。发挥首都全国文化中心示范作用。规划建设各具特色的文化创业创意园区，支持中小文化企业发展。推动文化产业与旅游、体育、信息、物流、建筑等产业融合发展，增加相关产业文化含量，延伸文化产业链，提高附加值。

（二）形成公有制为主体、多种所有制共同发展的文化产业格局。加快发展文化产业，必须毫不动摇地支持和壮大国有或国有控股文化企业，毫不动摇地鼓励和引导各种非公有制文化企业健康发展。要培育一批核心竞争力强的国有或国有控股大型文化企业或企业集团，在发展产业和繁荣市场方面发挥主导作用。在国家许可范围内，引导社会资本以多种形式投资文化产业，参与国有经营性文化单位转企改制，参与重大文化产业项目实施和文化产业园区建设，在投资核准、信用贷款、土地使用、税收优惠、上市融资、发行债券、对外贸易和申请专项资金等方面给予支持，营造公平参与市场竞争、同等受到法律保护的体制和法制环境。加强和改进对非公有制文化企业的服务和管理，引导它们自觉履行社会责任。

（三）推进文化科技创新。科技创新是文化发展的重要引擎。要发挥文化和科技相互促进的作用，深入实施科技带动战略，增强自主创新能力。抓住一批全局性、战略性重大科技课题，加强核心技术、关键技术、共性技术攻关，以先进技术支撑文化装备、软件、系统研制和自主发展，重视相关技术标准制定，加快科技创新成果转化，提高我国出版、印刷、传媒、影视、演艺、网络、动漫等领域技术装备水平，增强文化产业核心竞争力。依托国家高新技术园区、国家可持续发展实验区等建立国家级文化和科技融合示范基地，把重大文化科技项目纳入国家相关科技发展规划和计划。健全以企业为主体、市场为导向、产学研相结合的文化技术创新体系，培育一批特色鲜明、创新能力强的文化科技企业，支持产学研战略联盟和公共服务平台建设。

（四）扩大文化消费。增加文化消费总量，提高文化消费水平，是文化产业发展的内生动力。要创新商业模式，拓展大众文化消费市场，开发特色文化消费，扩大文化服务消费，提供个性化、分众化的文化产品和服务，培育新的文化消费增长点。提高基层文化消费水平，引导文化企业投资兴建更多适合群众需求的文化消费场所，鼓励出版适应群众购买能力的图书报刊，鼓励在商业演出和电影放映中安排一定数量的低价场次或门票，鼓励网络文化运营商开发更多低收费业务，有条件的地方要为困难群众和农民工文化消费提供适当补贴。积极发展文化旅游，促进非物质文化遗产保护传承与旅游相结合，发挥旅游对文化消费的促进作用。

七、进一步深化改革开放，加快构建有利于文化繁荣发展的体制机制

文化引领时代风气之先，是最需要创新的领域。必须牢牢把握正确方向，加快推进文化体制改革，建立健全党委领导、政府管理、行业自律、社会监督、企事业单位依法运营的文化管理体制和富有活力的文化产品生产经营机制，发挥市场在文化资源配置中的积极作用，创新文化走出去模式，为文化繁荣发展提供强大动力。

（一）深化国有文化单位改革。以建立现代企业制度为重点，加快推进经营性文化单位改革，培育合格市场主体。科学界定文化单位性质和功能，区别对待、分类指导，循序渐进、逐步推开，推进一般国有文艺院团、非时政类报刊社、新闻网站转企改制，拓展出版、发行、影视企业改革成果，加快公司制股份制改造，完善法人治理结构，形成符合现代企业制度要求、体现文化企业特点的资产组织形式和经营管理模式。创新投融资体制，支持国有文化企业面向资本市场融资，支持其吸引社会资本进行股份制改造。着眼于突出公益属性、强化服务功能、增强发展活力，全面推进文化事业单位人事、收入分配、社会保障制度改革，明确服务规范，加强绩效评估考核。创新公共文化服务设施运行机制，吸纳有代表性的社会人士、专业人士、基层群众参与管理。推动党报党刊、电台电视台进一步完善管理和运行机制。推动一般时政类报刊社、公益性出版社、代表民族特色和国家水准的文艺院团等事业单位实行企业化管理，增强面向市场、面向群众提供服务能力。

（二）健全现代文化市场体系。促进文化产品和要素在全国范围内合理流动，必须构建统一开放竞争有序的现代文化市场体系。要重点发展图书报刊、电子音像制品、演出娱乐、影视剧、动漫游戏等产品市场，进一步完善中国国际文化产业博览交易会等综合交易平台。发展连锁经营、物流配送、电子商务等现代流通组织和流通形式，加快建设大型文化流通企业和文化产品物流基地，构建以大城市为中心、中小城市相配套、贯通城乡的文化产品流通网络。加快培育产权、版权、技术、信息等要素市场，办好重点文化产权交易所，规范文化资产和艺术品交易。加强行业组织建设，健全中介机构。

（三）创新文化管理体制。深化文化行政管理体制改革，加快政府职能转变，强化政策调节、市场监管、社会管理、公共服务职能，推动政企分开、政事分开，理顺政府和文化企事业单位关系。完善管人管事管资产管导向相结合的国有文化资产管理体制。健全文化市场综合行政执法机构，推动副省级以下城市完善综合文化行政责任主体。加快文化立法，制定和完善公共文化服务保障、文化产业振兴、文化市场管理等方面法律法规，提高文化建设法制化水平。坚持主管主办制度，落实谁主管谁负责和属地管理原则，严格执行文化资本、文化企业、文化产品市场准入和退出政策，综合运用法律、行政、经济、科技等手段提高管理效能。深入开展“扫黄打非”，完善文化市场管理，坚决扫除毒害人们心灵的腐朽文化垃圾，切实营造确保国家文化安全的市场秩序。

（四）完善政策保障机制。保证公共财政对文化建设投入的增长幅度高于财政经常性收入增长幅度，提高文化支出占财政支出比例。扩大公共财政覆盖范围，完善投入方式，加强资金管理，提高资金使用效益，保障公共文化服务体系建设和运行。落实和完善文化经济政策，支持社会组织、机构、个人捐赠和兴办公益性文化事业，引导文化非营利机构提供公共文化产品和服务。加大财政、税收、金融、用地等方面对文化产业的政策扶持力度，鼓励文化企业和社会资本对接，对文化内容创意生产、非物质文化遗产项目经营实行税收优惠。设立国家文化发展基金，扩大有关文化基金和专项资金规模，提高各级彩票公益金用于文化事业比重。继续执行文化体制改革配套政策，对转企改制国有文化单位扶持政策执行期限再延长五年。

（五）推动中华文化走向世界。开展多渠道多形式多层次对外文化交流，广泛参与世界文明对话，促进文化相互借鉴，增强中华文化在世界上的感召力和影响力，共同维护文化多样性。创新对外宣传方式方法，增强国际话语权，妥善回应外部关切，增进国际社会对我国基本国情、价值观念、发展道路、内外政策的了解和认识，展现我国文明、民主、开放、进步的形象。实施文化走出去工程，完善支持文化产品和服务走出去政策措施，支持重点主流媒体在海外设立分支机构，培育一批具有国际竞争力的外向型文化企业和中介机构，完善译制、推介、咨询等方面扶持机制，开拓国际文化市场。加强海外中国文化中心和孔子学院建设，鼓励代表国家水平的各类学术团体、艺术机构在相应国际组织中发挥建设性作用，组织对外翻译优秀学术成果和文化精品。构建人文交流机制，把政府交流和民间交流结合起来，发挥非公有制文化企业、文化非营利机构在对外文化交流中的作用，支持海外侨胞积极开展中外人文交流。建立面向外国青年的文化交流机制，设立中华文化国际传播贡献奖和国际性文化奖项。

（六）积极吸收借鉴国外优秀文化成果。坚持以我为主、为我所用，学习借鉴一切有利于加强我国社会主义文化建设的有益经验、一切有利于丰富我国人民文化生活的积极成果、一切有利于发展我国文化事业和文化产业的经营管理理念和机制。加强文化领域智力、人才、技术引进工作。吸收外资进入法律法规许可的文化产业领域，保障投资者合法权益。鼓励文化单位同国外有实力的文化机构进行项目合作，学习先进制作技术和管理经验。鼓励外资企业在华进行文化科技研发，发展服务外包。开展知识产权保护国际合作。

八、建设宏大文化人才队伍，为社会主义文化大发展大繁荣提供有力人才支撑

推动社会主义文化大发展大繁荣，队伍是基础，人才是关键。要坚持尊重劳动、尊重知识、尊重人才、尊重创造，深入实施人才强国战略，牢固树立人才是第一资源思想，全面贯彻党管人才原则，加快培养造就德才兼备、锐意创新、结构合理、规模宏大的文化人才队伍。

（一）造就高层次领军人物和高素质文化人才队伍。高层次领军人物和专业文化工作者是社会主义文化建设的中坚力量。要继续实施“四个一批”人才培养工程和文化名家工程，建立重大文化项目首席专家制度，造就一批人民喜爱、有国际影响的名家大师和民族文化代表人物。加强专业文化工作队伍、文化企业家队伍建设，扶持资助优秀中青年文化人才主持重大课题、领衔重点项目，抓紧培养善于开拓文化新领域的拔尖创新人才、掌握现代传媒技术的专门人才、懂经营善管理的复合型人才、适应文化走出去需要的国际化人才。创新人才培养模式，实施高端紧缺文化人才培养计划，搭建文化人才终身学习平台。鼓励和扶持高等学校和中等职业学校优化专业结构，与文化企事业单位共建培养基地。完善人才培养开发、评价发现、选拔任用、流动配置、激励保障机制，深化职称评审改革，为优秀人才脱颖而出、施展才干创造有利制度环境。重视发现和培养社会文化人才。对非公有制文化单位人员评定职称、参与培训、申报项目、表彰奖励同等对待。完善相关政策措施，多渠道吸引海外优秀文化人才。落实国家荣誉制度，抓紧设立国家级文化荣誉称号，表彰奖励成就卓著的文化工作者。

（二）加强基层文化人才队伍建设。基层文化人才队伍是文化改革发展的基础力量。要制定实施基层文化人才队伍建设规划，完善机构编制、学习培训、待遇保障等方面的政策措施，吸引优秀文化人才服务基层。配好配齐乡镇、街道党委宣传委员、宣传干事和乡镇综合文化站专职人员。设立城乡社区公共文化服务岗位，对服务期满高校毕业生报考文化部门公务员、相关专业研究生实行定向招录。重视发现和培养扎根基层的乡土文化能人、民族民间文化传承人特别是非物质文化遗产项目代表性传承人，鼓励和扶持群众中涌现出的各类文化人才和文化活动积极分子，促进他们健康成长、发挥作用。壮大文化志愿者队伍，鼓励专业文化工作者和社会各界人士参与基层文化建设和群众文化活动，形成专兼结合的基层文化工作队伍。

（三）加强职业道德建设和作风建设。文化工作者要成为优秀文化的生产者和传播者，必须加强自身修养，做道德品行和人格操守的示范者。要引导广大文化工作者特别是名家名人自觉践行社会主义核心价值体系，增强社会责任感，弘扬科学精神和职业道德，发扬严谨笃学、潜心钻研、淡泊名利、自尊自律的风尚，努力追求德艺双馨，坚决抵制学术不端、情趣低俗等不良风气。鼓励文化工作者特别是文化名家、中青年骨干深入实际、深入生活、深入群众，拜人民为师，增强国情了解，增加基层体验，增进群众感情。文化工作者要相互尊重、平等交流、取长补短，共同营造风清气正、和谐奋进的良好氛围。

九、加强和改进党对文化工作的领导，提高推进文化改革发展科学化水平

加强和改进党对文化工作的领导，是推进文化改革发展的根本保证，也是加强党的执政能力建设和先进性建设的内在要求。必须从战略和全局出发，把握文化发展规律，健全领导体制机制，改进工作方式方法，增强领导文化建设本领。

（一）切实担负起推进文化改革发展的政治责任。各级党委和政府要把文化建设摆在全局工作重要位置，深入研究意识形态和宣传文化工作新情况新特点，及时研究文化改革发展重大问题，加强和改进思想政治工作，牢牢把握意识形态工作主导权，掌握文化改革发展领导权。把文化建设纳入经济社会发展总体规划，与经济社会发展一同研究部署、一同组织实施、一同督促检查。把文化改革发展成效纳入科学发展考核评价体系，作为衡量领导班子和领导干部工作业绩的重要依据。制定社会主义核心价值体系建设实施纲要。在全党深入开展社会主义核心价值体系学习教育，使广大党员、干部成为实践社会主义核心价值体系的模范，做共产主义远大理想和中国特色社会主义共同理想的坚定信仰者。深入做好文化领域知识分子工作，充分尊重知识分子创造性劳动，善于同知识分子特别是有影响的代表人士交朋友，把广大知识分子紧紧团结在党的周围。

（二）加强文化领域领导班子和党组织建设。坚持德才兼备、以德为先用人标准，选好配强文化领域各级领导班子，把政治立场坚定、思想理论水平高、熟悉文化工作、善于驾驭意识形态领域复杂局面的干部充实到领导岗位上来，把文化领域各级领导班子建设成为坚强领导集体。加强领导班子思想政治建设，增强政治敏锐性和政治鉴别力，筑牢思想防线，确保文化阵地导向正确。各级领导干部要高度重视并切实抓好文化工作，加强文化理论学习和文化问题研究，提高文化素养，努力成为领导文化建设的行家里手。把文化建设内容纳入干部培训计划和各级党校、行政学院、干部学院教学体系。结合文化单位特点加强和创新基层党的工作，发挥文化事业单位、国有和国有控股文化企业党组织的领导核心和政治核心作用，重视文化领域非公有制经济组织、新社会组织党的组织建设。注重在文化领域优秀人才、先进青年、业务骨干中发展党员。文化战线全体共产党员要牢固树立党的观念、党员意识，讲党性、重品行、做表率，在推进文化改革发展中创先争优，发挥先锋模范作用。

（三）健全共同推进文化建设工作机制。推动社会主义文化大发展大繁荣是全党全社会的共同责任。要建立健全党委统一领导、党政齐抓共管、宣传部门组织协调、有关部门分工负责、社会力量积极参与的工作体制和工作格局，形成文化建设强大合力。文化领域各部门各单位要自觉贯彻中央决策部署，落实文化改革发展目标任务，发挥文化建设主力军作用。支持人大、政协履行职能，调动各部门积极性，支持民主党派、无党派人士和人民团体发挥作用，共同推进文化改革发展。推动文联、作协、记协等文化领域人民团体创新管理体制、组织形式、活动方式，履行好联络协调服务职能，加强行业自律，依法维护文化工作者权益。全面贯彻党的宗教工作基本方针，发挥宗教界人士和信教群众在促进文化繁荣发展中的积极作用。

（四）发挥人民群众文化创造积极性。人民是推动社会主义文化大发展大繁荣最深厚的力量源泉。要牢固树立马克思主义群众观点，自觉贯彻党的群众路线，为广大群众成为社会主义文化建设者提供广阔舞台。广泛开展群众性文化活动，提高社区文化、村镇文化、企业文化、校园文化等建设水平，引导群众在文化建设中自我表现、自我教育、自我服务。积极搭建公益性文化活动平台，依托重大节庆和民族民间文化资源，组织开展群众乐于参与、便于参与的文化活动。支持群众依法兴办文化团体，精心培育植根群众、服务群众的文化载体和文化样式。及时总结来自群众、生动鲜活的文化创新经验，推广大众文化优秀成果，在全社会营造鼓励文化创造的良好氛围，让蕴藏于人民中的文化创造活力得到充分发挥。

中国人民解放军和中国人民武装警察部队文化建设工作，由中央军委根据本决定精神作出部署。

中华民族伟大复兴必然伴随着中华文化繁荣兴盛。全党要紧密团结在以胡锦涛同志为总书记的党中央周围，满怀信心带领全国各族人民在坚持和发展中国特色社会主义的伟大实践中进行文化创造，为把我国建设成为社会主义文化强国而努力奋斗！

（原载《人民日报》2011 年 10 月 26 日第 1 版）

·学科综述·

概 述

本栏目包含2011年度北京地区哲学社会科学15个学科的学术综述文章54篇，北京研究的学术综述文章8篇。综述作者均为首都哲学社会科学界重要学术机构的著名学者、学科带头人及有较高学术水平的研究人员。这些学科综述文章较为客观地记述并分析了本年度相关研究领域的重点研究方向、科研项目、学术活动、学术观点和学术成果。

马克思主义

马克思主义经典著作研究

彭萍萍

为庆祝中国共产党建党90周年，深入学习贯彻党的十七届六中全会精神，进一步推动马克思主义中国化、时代化、大众化，2011年学术界对于马克思主义经典著作的研究一如既往地取得了累累硕果。首先，学术交流密切。为总结马克思主义中国化的基本经验和最新成果，加强全国马克思主义理论界的合作和交流，9月6日，由中国人民大学教学与研究杂志社主办的“全国马克思主义理论创新高层论坛”召开；10月26日，举行“《资本论》研究座谈会暨《解读〈资本论〉》（第一卷）新书发布会”；11月15日，成立“中共中央编译局马克思主义文献典藏研究中心”；11月18—20日，由中央编译局等单位联合主办的“中国马克思哲学高峰论坛(2011)”召开；11月29—30日，中央编译局举办的第八届“全国马克思主义论坛”隆重举行。同期，“马克思与辩证唯物主义——北京大学马克思主义哲学研究中心成立暨《黄枬森文集》出版”学术研讨会在北京大学召开。其次，在出版方面，由中央组织部、中央宣传部和中央编译局组织编写的《马列主义经典著作选编》（党员干部读本）、《马列主义经典著作选编学习导读》于6月出版。另外，中央编译局举办四期马列著作编译论坛，就《资本论》创作史、《1857—1858年经济学手稿》、马克思恩格斯遗著及其出版简史等主题进行了研讨。

2011年首都学术界关于马克思主义经典著作的研究状况概述如下：

一、马克思主义经典著作研究

1. 关于《资本论》的研究

有学者指出，《资本论》在马克思主义整个理论体系中处于核心地位，它是马克思主义政治经济学的最重要著作，同时又是历史唯物主义的最重要著作。《资本论》使唯物主义历史观成为被科学地证明了的原理，它还是论述科学社会主义的基本著作。马克思主义是一块整钢，并具体体现在《资本论》这本著作上。①

有学者进一步指出，在《资本论》及其手稿中，马克思深入价值和剩余价值运动的经济层面，对物质生产和生产力的本质规定、具体形式和内在构成，对其在社会存在和历史发展中的决定性作用，对这种决定性与人的能动性之间的关系等重要问题作了详尽阐释，从而使历史唯物主义的框架性宏观结论在微观层面上获得经验事实和实证材料的支撑。以《资本论》及其手稿为基础推进历史唯物主义研究，才能更为具体地理解和把握历史唯物主义的核心范畴和基本原理。[②]

还有学者指出，《资本论》不仅是一部伟大的经济学著作和科学社会主义著作，而且是一部伟大的哲学著作。作为一部伟大的哲学著作，它对马克思主义哲学的重大贡献是多方面的，其中对唯物主义历史观的科学论证，是马克思的《资本论》对马克思主义哲学作出的重大贡献之一。学者认为，《资本论》以翔实的资料和罕见的逻辑力量，从“确定的物质事实的领域”，科学论证了生产力和生产关系是社会发展的物质力量，即人类进入阶级社会以后，一定历史类型的生产关系总要体现为一定的阶级关系。《资本论》对历史唯物主义的论证，不仅科学论证生产力决定生产关系的原理，而且科学论证经济基础决定上层建筑的原理。《资本论》对唯物主义历史观的论证，使之不再是假设，而是被科学证明了的原理。[③]

在《资本论》第三卷第21章《生息资本》中，有一段关于正义问题的论述，针对学者对这段论述译文提出的质疑，中央编译局李其庆同志从经典著作翻译和马克思正义理论研究两方面作了回应，并指出问题所涉及的其实不是翻译问题，而是理解问题，即如何理解马克思正义思想的问题。只有从历史唯物主义出发，才能正确理解马克思关于正义问题的具体论述。[④]

有学者针对《资本论》第2卷中对“价值分解”说的批判与第3卷中对它的接受这两种截然相反的立场同时并存的矛盾，指出随着2008年新MEGA“第8手稿”的首次公开，通过探寻马克思的理论发展史进行了解释，认为1865年的“主要手稿”中接受并认可当时的“价值分解”说，1880年的“第8手稿”则实现了对其进行批判和否定，继而通过对“价值构成”说和“价值分解”说进行双重批判，最终完成了对古典经济学派价值理论即“斯密教条”的克服。在理论形成过程中，马克思的思想过程是不断深化的、连续的。在批判“价值分解”学说的过程中，伴随着马克思对批判资本和收入转化理解的进步。恩格斯在《资本论》第2卷和第3卷出版时，将编辑方针定为“把最后的文稿作为根据，并参照以前的文稿”，从1880年执笔的“第8手稿”中选编了第2卷第3篇，从1865年执笔的“主要手稿”中选编了第3卷第7篇。我们在《资本论》的第2卷和第3卷中所看到的围绕马克思劳动价值论的矛盾性叙述，应该是恩格斯重视马克思本人反复推敲过的最新理论成果的编辑方针造成的。[⑤]

2. 关于《德意志意识形态》的编译

学者指出，《德意志意识形态》是马克思和恩格斯于1845年秋至1846年5月左右共同撰写的，它是马克思主义形成时期的重要著作。在这部著作中，马克思和恩格斯第一次系统地论述了唯物史观的基本原理。然而，这部重要著作的出版却是历经磨难，直到1932年，全文才在苏联的支持下得以面世。我国《德意志意识形态》的编译史可分为三个阶段：（1）郭沫若版阶段；（2）1960年《马克思恩格斯全集》与1995年《马克思恩格斯选集》版阶段；（3）2005—2008年汉译版阶段。第三阶段的编译方针转向学术化，也是向第一阶段郭沫若版的回归。在这个起点上已经收获了研究马克思主义的新思路、新方法。[⑥]

3. 关于《卡尔·马克思〈1848年至1850年的法兰西阶级斗争〉一书导言》

学者指出，《卡尔·马克思〈1848年至1850年的法兰西阶级斗争〉一书导言》是恩格斯1895年3月完成的最后一篇重要著作，可以说是恩格斯的“政治遗嘱”。在这篇著作中，恩格斯思考了马克思和他早年提出的无产阶级革命观，并根据资本主义的新变化和工人运动的新实践，以其深邃的历史洞察力和巨大的理论勇气，系统论述了关于无产阶级革命的性质、进程和策略的新思想。关于无产阶级革命的性质，恩格斯提出了无产阶级革命是多数人的革命的思想。在革命的进程上，提出无产阶级夺取政权并不是一朝一夕可以完成的，而是一个渐进的过程。在革命的策略上，则提出了使用普选权等合法手段进行革命的重要性。[⑦]

二、马克思主义经典作家思想研究的新进展

1. 关于资本主义的基本思想

有学者指出，马克思“第一次确定了什么样的劳动形成价值，为什么形成价值以及怎样形成价值，并确定了价值不外就是这种劳动的凝固”[⑧]。由此出发，马克思还第一次“论证了商品和商品交换怎样和为什么由于商品内在的价值属性必然要造成商品和货币的对立”[⑨]。

关于资本主义的历史进步性和过渡性，学者指出，从历史的发展来看，资本主义制度和其他新的社会制度一样，不仅继承了以往社会所创造的生产力，而且在继承的基础上又极大地推动了社会生产力的发展。第一，资本主义的商品生产和竞争促进了生产力的迅速发展。第二，资本主义的社会化大生产为创造新的生产力和广泛应用自然力与科学技术开辟了道路。第三，随着资本主义生产的扩大和积累的发展，新的积累形式——集中也发展起来了。但矛盾的存在又表明其过渡性。一方面，资本主义的商品生产和竞争规律导致了生产力的巨大浪费。

另一方面，资本主义私有制的丧钟就要响了。

关于剩余价值理论的异议，学者指出剩余价值是现代经济学的前提。它的来源至少有三个方面：第一，剩余价值归根到底只能来源于社会全体成员的共同活动，只能来源于全社会劳动者活劳动中的剩余劳动；第二，是过去劳动的无偿服务，主要是历代积累下来的科技劳动的无偿服务，是知识产品的潜在价值转化而来的价值；第三，是生产力系统效应形成的价值。对此，另有学者指出，一方面不能将社会全体成员与全社会劳动者相混淆，从而使纯粹寄生者的活动也提供剩余价值。另一方面，价值是抽象的、无差异的人类劳动的凝结。而知识产品和生产力系统都是具体的，而不是抽象的，从而只构成具体劳动过程的组成部分，对于抽象劳动只起吸收器的作用，因而并不参与价值的形成，更不可能形成剩余价值。[10]

关于资本主义历史趋势的争论，学者指出，尽管资本主义国家从20世纪30年代开始，为了避免经济危机问题而开始干预经济，但是这种干预只是被动地应对出现的问题，计划性非常有限，资本主义基本矛盾仍然存在。而关于“两个必然”与“两个决不会”，不仅马克思、恩格斯在《共产党宣言》此后的再版中从来没有删除涉及“两个必然”的那句话，也就是没有对自己当年的观点进行所谓的“修正”或“纠错”；而且马克思还明确反对米海洛夫斯基“一定要把我关于西欧资本主义起源的历史概述彻底变成一般发展道路的历史哲学理论”，并明确地指出“如果俄国继续走它在1861年所开始走的道路，那它将会失去当时历史所能提供给一个民族的最好的机会，而遭受资本主义制度所带来的一切灾难性的波折”。既然强调的是“决不会”，那么当“决不会”的情形在现实中已经出现时就恰恰说明“决不会”的前提已经不存在了。因此，苏联社会主义国家和新中国的建立，就已经表明在当年的旧俄国和旧中国，新的更高的生产关系的物质存在条件已经在旧社会的胎胞里成熟了。我们决不能放弃历史提供的最好机会，坚决避免遭受资本主义制度所带来的一切灾难性的波折。[11]

2. 关于危机的理论

针对西方很多主流经济学家指责马克思没有自己系统的危机理论，有学者指出，在《资本论》第一手稿创作过程中，马克思在分析1857年世界经济普遍危机的基础上，形成了一个危机理论的雏形。这一雏形包含六个层面：（1）马克思在商品货币理论的科学抽象中，高度抽象地提出了经济危机的可能性以及危机可能存在的两种形式；（2）比较具体地探讨了危机发生的客观必然性和现实性；（3）探讨了经济危机和比例失调的关系：比例失调导致危机，危机强制恢复比例；（4）危机周期性的物质基础；（5）导致危机的四大矛盾：资本力图无限发展生产力和市场扩大有限之间的矛盾，生产无限扩大和消费相对缩小之间的矛盾，供给和需求之间的矛盾，社会化大生产要求按比例进行和资本制度无法保持这种比例之间的矛盾；（6）作为危机深层根源的资本主义基本矛盾。通过这六个层面的分析，在马克思的危机理论形成过程中，《资本论》第一手稿起到了承上启下的关键作用。在实际比较研究了1857年第一次普遍危机与此前主要危机的基础上，马克思的危机理论上了一个新台阶，首次初步形成了危机理论的雏形，具有一定的总体性。[12]

3. 关于政党学说及党的建设的基本观点

学者指出，马克思、恩格斯和列宁三位无产阶级革命导师的政党思想，科学地说明了政党这一近代以来出现的政治现象的实质，揭示了无产阶级在其政党领导下获得解放的条件和规律，马克思主义经典作家政党学说适应工人阶级解放斗争的需要而产生，阶级分析方法是马克思主义政党学说的根本方法；政党是阶级斗争的产物，由本阶级先进成员组成，政党的功能是领导本阶级进行政治斗争以实现阶级利益；资本主义政党政治是政权在资产阶级内部不同集团之间更迭的形式，工人阶级政党可以利用这一政治形式开展合法议会斗争；马克思主义政党是工人阶级的先锋队，民主集中制是其根本组织原则，在革命和建设中马克思主义政党要掌握领导权。这些思想为各国工人阶级政党的建立和发展提供了强有力的理论指导。[13]

关于党的建设，学者指出，列宁关于无产阶级政党建设的重要理论散见于他的著作、文章和会议报告中，主要有关于建立新型无产阶级政党的理论、关于防止“左派”幼稚病的理论、关于加强工人阶级执政党建设的理论。关于建立新型无产阶级政党的理论，指出必须在俄国建立无产阶级政党，党必须以科学的理论做指导，必须是组织严密的党。关于防止“左派”幼稚病的理论，学者指出无产阶级政党及其严格的纪律是巩固无产阶级专政的基本条件之一，必须正确处理领袖、政党、阶级、群众之间的关系，必须从本国实际出发制定斗争的策略。关于加强工人阶级执政党建设的理论，指出必须坚持和学习马克思主义；必须用理论同实践相结合的方法学习马克思主义；必须反对官僚主义，提高领导机关的工作效率；必须严格治党，从党内清除腐败分子；必须反对派别活动，加强党组织的团结和统一。[14]

4. 关于东方社会发展途径特殊性的观点

学者指出，马克思主义经典作家，包括马克思、恩格斯和列宁，注意到俄、中等东方国家的社会状况具有与西方不同的特点，研究和预见了东方社会发展途径的特殊性，形成和提出了东方社会发展途径特殊性的理论。东方社会发展途径主要指东方一些国家的社会主义发展途径，或者说东方一些国家的社会主义发展道路。由于马克思、恩格斯在世时，俄、中等东方国家的社会主义运动或者未得以充分发展，或者尚未形成，所以马克思、恩格斯仅论证西欧资本主义起源的理论不能用来论证俄国问题，未能就东方社会发展途径的特殊性作深入的研究，未能就这个问题形成和提出深刻的理论。列宁在领导苏俄社会主义建设的实践过程中则对此阐述了重要的思想。其主要内容有：（1）渐进地、缓慢地推进建设社会主义的过程；（2）致力于发展社会生产力和创造雄厚的物质基础；（3）充分利用商品货币的作用；（4）利用资本主义促进社会主义。[15]

5. 关于东方问题的观点

针对西方主流国际关系学界对马克思、恩格斯创立国际关系理论的否认，学者指出，东方问题在马克思、恩格斯的文献中占有重要地位。1853—1857年间，马克思与恩格斯在《纽约先驱论坛报》上就克里米亚战争发表了上百篇评论，而这些论述不仅详尽地记录了国际关系发展的历程，也提供了别具一格的国际关系理论视角，因此为我们建立一种系统的马克思主义国际关系理论奠定了坚实的文献基础。从两位经典作家著作的论述中，可以将东方问题的本质总结为以下几点：第一，东方问题是在东西方文明漫长的交往互动过程中产生的；第二，巴尔干地区不仅是宗教、文明的交汇之地，也是各种民族杂居相处之地；第三，东方问题是漫长的历史演变过程中形成的，需要时间慢慢冲淡宗教、利益、权力纠葛的恩怨。两位经典作家认为，唯有革命才能彻底解决东方问题。学者指出，马克思的分析视角至少在两个方面对国际关系研究者有所启发：第一，国际关系与国内政治的发展息息相关，二者紧密互动；第二，国际关系研究必须重视经济因素。学者进一步指出，国际关系研究需要拓宽视野，两位经典作家没有停留在概念与理论层面，而是对国际关系演进的历史与现实进行了多角度的透视，将政治学、经济学、宗教学、地缘政治学等诸多视角融为一体，从而能够全面、深刻、准确地把握国际局势发展趋势。[16]

6. 关于军事的思想

学者指出，恩格斯作为科学共产主义的创始人之一，为了适应无产阶级革命事业的需要，早在青年时期就十分关心军事问题，注意学习和掌握军事知识。后来，随着国际工人运动的进一步发展，世界范围战争事件的频繁出现以及欧洲列强武装力量的不断增强，恩格斯在马克思的支持下又对战争和军队等问题进行了全面系统的考察和研究。在半个世纪的时间里，他撰写了数百篇军事论著，提出了一系列重要的军事理论观点，从而为无产阶级军事科学奠定了坚实的基础。恩格斯的军事学说有着深刻的思想内涵和博大的科学精神，即代表先进阶级利益、反映时代客观要求的根本立场，实事求是、能动反映客观事物的思想认识路线，敢于解放思想、永不满足、与时俱进、勇于开拓创新的革命精神，善于保持理论本身的严谨性和彻底性的求实作风。[17]

7. 关于民族及民族自决的理论

学者指出，研究马克思主义民族理论，不能忽视其创始人马克思、恩格斯的著述，如马克思的《路易斯·亨·摩尔根〈古代社会〉一书摘要》、恩格斯的《家庭、私有制和国家的起源》（简称《起源》）以及恩格斯写的《论封建制度的瓦解和民族国家的产生》等。在这些著作中，马克思、恩格斯研究了民族起源，即古代社会民族的产生，指出它也是与氏族、部落等血缘共同体不同的具有共同方言和共同地域的人们共同体。《起源》还研究了欧洲的古代民族在罗马帝国时期消失的问题，论述了近代民族和民族国家的产生。这对完整地掌握马克思主义的民族理论有着重要的意义。[18]

关于民族自决权，学者指出“民族自决权”思想发源于近代西欧资产阶级革命。马克思、恩格斯虽然没有明确提出“民族自决权”的口号，但在具体实践中也体现了民族自决权思想，从取得无产阶级革命斗争利益的高度来支持被压迫民族脱离压迫民族获得解放，因此，他们强调了被压迫民族的“享有独立的政治生存权利”。列宁深刻理解马克思、恩格斯关于被压迫民族应该“享有独立的政治生存权利”的思想，对以社会革命为理由反对马克思主义民族自决权思想的蒲鲁东主义进行了批判及斗争。列宁的“民族自决权”理论是马克思主义关于民族问题理论的重要组成部分。其实质可以概括为如下要点：第一，民族自决权要符合无产阶级的阶级斗争利益，反对帝国主义的民族压迫，去殖民化，实现民族解放与独立。第二，反对无条件的民族自决要求，不笼统主张国家分裂，与民族主义有本质区别；民族融合才是民族自决的归宿。第三，民族自决权的行使必须是被压迫民族在自愿的基础上，通过体现绝大多数人意愿的合理或合法途径，脱离压迫民族，成立独立国家。反对外部势力用暴力或非正义手段影响民族自决。第四，联邦制是适用于当时俄国及在沙皇统治下的被压迫人民和被压迫民族解放的，并在解放后作为实行充分的民主集中制的唯一道路。这为帝国主义与无产阶级革命时代世界范围内的无产阶级革命的斗争指明了方向，为战后广大殖民地国家走向民族独立，摆脱或推翻帝国主义殖民统治，起到了积极作用。[19]

8. 关于文化的基本观点

学者指出，马克思、恩格斯的文化观蕴含于他们探索人类社会发展一般规律的学说体系之中。他们在多重意义上使用文化概念，指出文化作为社会意识形态的一种形式，在一定的经济基础上产生并被该经济基础所决定。特定历史时期艺术生产同物质生产之间存在不平衡性。马克思、恩格斯文化观的出发点是“现实的个人”，认为文化具有现实性、开放性和跨越性特征。[20]

9. 关于生态文明的观点

学者指出，马克思、恩格斯基于对18—19世纪经济发展和资源环境的矛盾及其原因的科学分析，提出了自己的生态文明观。马克思、恩格斯生态文明观的三大核心理论，即人与自然界的物质变换理论、自然资源的循环利用理论以及人与自然的和解理论。其中物质变换理论强调了人类在自然面前的主体能动性，同时又强调了自然客体对人类活动的制约作用。自然资源的循环利用理论有三个方面的内容：首先，社会化大生产对短缺性资源和能源的需求是资本家不得不利用废物的原因；其次，不同经济部门和产业结构的存在为循环利用自然资源提供了可能性；最后，废物循环利用提高了资源的利用率，降低了废物排放量，保护了生态环境。要实现人与自然的和谐，途径主要有两个：一是正确认识和利用自然规律，按客观规律办事；二是变革不合理的资本主义社会制度。[21]

三、研究马克思主义经典著作的方法问题

学者指出，历史唯物主义乃至整个马克思主义哲学研究要站在一个新的起点上，就必须把马克思的珍贵文本放在重要位置上，通过深入而持久的研究，使历史唯物主义的基本范畴、核心原理、思想脉络和精神实质在更为微观和实证的层面上得到挖掘、透视和整理。实现这一目标，笔者以为下列两个条件不可或缺：其一，必须着力打通马克思主义哲学、政治经济学和科学社会主义之间的联系。其二，必须注重对《资本论》及其手稿的文献学和文本学研究。[22]

有学者指出，思想史研究经常要面对文本与思想之间的关系问题。而二者之间并不完全是一一对应的，根据文本而引申和推导思想有可能导致错位和失误；如果只借助“第二手”的材料来进行推测、揣摩和判断，研究基础就更不扎实，于是只能通过关注细节、描述客观和判断审慎来弥补。[23]自觉坚持马克思主义基本原理，关键在于认真研究马克思主义经典著作，提高马克思主义的理论水平。[24]

还有学者指出，独立的文献学研究至关重要。第一，重视“附属材料卷”（Apparat）的编译是深入研究的前提，这也是MEGA 2不同于以往版本的独特之处，所谓“历史考证”的含义就体现在附属材料卷中。第二，关注国际学术界编译经典著作引发的新问题有利于深入领会马克思主义的实质。第三，编译国外主要研究成果，公开编译部门的部分资料是形成严谨学风和产生扎实成果的重要保障。[25]任何理论的建构都需要史料的支持。而任何不能立足于可靠事实的主张，都是很难经得住检验的。这是对历史负责、对学术负责的态度。[26]

注：

①胡钧：《论〈资本论〉在马克思主义理论体系中的核心地位》，《当代经济研究》，2011年第10期。

②王峰明：《〈资本论〉与历史唯物主义微观基础——以马克思的生产力理论为例》，《马克思主义研究》，2011年第11期。

③梅荣政、杨芳：《〈资本论〉对唯物主义历史观的科学论证》，《马克思主义研究》，2011年第5期。

④李其庆：《关于马克思〈资本论〉第三卷一段论述的理解与翻译——对段忠桥教授质疑的回应》，《马克思主义与现实》，2011年第1期。

⑤刘锋、［日］宫川彰：《关于资本论第2卷与第3卷中劳动价值论的矛盾论述之解疑》，《马克思主义与现实》，2011年第4期。

⑥姜海波：《〈德意志意识形态〉中文版编译史述要》，《马克思主义与现实》，2011年第5期。

⑦孙代尧：《顺应时代和实践的呼唤——读恩格斯〈卡尔·马克思《1848年至1850年的法兰西阶级斗争》一书导言〉》，《党建研究》，2012年第1期。

⑧《马克思恩格斯文集》第6卷，人民出版社，2009年版。

⑨《马克思恩格斯文集》第6卷，人民出版社，2009年版。

⑩余斌：《马克思恩格斯关于资本主义的基本思想及其当代意义》，《马克思主义研究》，2011年第1期。

⑪余斌：《马克思恩格斯关于资本主义的基本思想及其当代意义》，《马克思主义研究》，2011年第1期。

⑫王东：《马克思危机理论的雏形——〈资本论〉第一手稿的理论意义新开掘》，《江汉论坛》，2011年第7期。

⑬林立公：《马克思主义经典作家关于政党学说的基本思想》，《政治学研究》，2011年第6期。

⑭俞良早：《列宁关于党建的若干重要理论》，《人民论坛·学术前沿》，2011年第1期。

⑮俞良早：《马克思主义经典作家东方社会发展途径特殊性的理论及其当代发展》，《当代世界与社会主义》，2011年第4期。

⑯孙兴杰：《马克思恩格斯经典文献中“东方问题”》，《北方论丛》，2011年第1期。

⑰鲍世修：《论恩格斯军事学说的科学精神》，《马克思主义与现实》，2011年第5期。

⑱江流：《马克思主义民族理论与中华民族论》，《马克思主义研究》，2011 年第 6 期。

⑲尚伟：《列宁的“民族自决权”理论及其意义》，《马克思主义研究》，2011 年第 12 期。

⑳孙代尧、何海根：《马克思恩格斯的文化观及其当代价值》，《理论学刊》，2011 年第 7 期。

㉑朱构峨：《马克思恩格斯的生态文明观与“两型社会”建设》，《社科纵横》，2011 年第 10 期。

㉒王峰明：《〈资本论〉与历史唯物主义微观基础——以马克思的生产力理论为例》，《马克思主义研究》，2011 年第 11 期。

㉓聂锦芳：《文本与思想的理解和叙述——重温马克思、恩格斯对格律恩的批判》，2011 年第 2 期。

㉔周新城：《关于坚持马克思主义基本原理的随想》，《中共石家庄市委党校学报》，2011 年第 3 期。

㉕姜海波：《〈德意志意识形态〉中文版编译史述要》，《马克思主义与现实》，2011 年第 5 期。

㉖张光明：《质疑“马克思主义分为前后两期”说》，《炎黄春秋》，2011 年第 11 期。

（作者：中共中央编译局副编审）

马克思主义中国化研究

毛 胜 唐洲雁

2011 年是中国共产党成立 90 周年。90 年来，中国共产党坚持把马克思主义基本原理同中国具体实际相结合，领导革命、建设和改革事业取得了伟大胜利，并在实践中不断推进马克思主义中国化，形成了毛泽东思想和中国特色社会主义理论体系两大理论成果。这一年，首都学者站在新的历史起点上，回顾中国共产党坚持和发展马克思主义的光辉历程，深入开展对毛泽东思想和中国特色社会主义理论体系的研究，取得了丰硕成果，为党的生日献上了一份沉甸甸的学术厚礼。下面，仅对这些方面研究成果作一个简要的综述。

一、关于毛泽东思想

2011 年，首都学者不仅在毛泽东与马克思主义中国化、毛泽东哲学思想、毛泽东党建理论、毛泽东文化思想等方面展开深入的探讨，而且就毛泽东放弃新民主主义社会论的理论原因等问题进行专题性研究，从而使毛泽东思想研究既整体推进，又重点突出，取得了一批有广泛学术影响的新成果。

1. 两本重要文献资料集的编辑出版

为庆祝中国共产党成立 90 周年，中共中央文献研究室编辑出版了《毛泽东思想年编（1921—1975）》[①]《毛泽东思想形成与发展大事记》[②]两本重要文献资料集。其中，《毛泽东思想年编（1921—1975）》全面系统地反映了毛泽东在新民主主义革命、社会主义革命和社会主义建设、人民军队建设和军事战略、政策和策略、思想政治工作和文化工作、党的建设等方面的重要论述和理论观点，展现了毛泽东集中全党智慧、总结人民实践，创立、发展和完善毛泽东思想的历史过程。《毛泽东思想形成与发展大事记》采用编年体形式，通过对毛泽东、周恩来、刘少奇、朱德、任弼时、邓小平、陈云等中央领导人的历史文献的梳理，记述了以毛泽东为核心的第一代中央领导集体为推进马克思主义中国化作出的杰出贡献，系统反映了毛泽东思想的形成与发展的过程。这两本重要文献资料集的编辑出版，既是毛泽东思想研究的重要成果，也为推动毛泽东思想研究的深入开展、帮助广大干部群众学习掌握毛泽东思想，提供了辅导材料。

2. 关于毛泽东与马克思主义中国化

2011 年 11 月，中共文献研究会毛泽东思想生平研究分会和广州大学在广州共同主办了毛泽东思想生平研究分会 2011 年年会暨“毛泽东与马克思主义中国化”学术研讨会，20 多名首都学者参会。大家紧扣会议主题，既从毛泽东对马克思主义中国化的历史贡献、基本经验、理论观点、主要方法等领域进行多侧面、多角度的探讨，又从中国共产党的创立和井冈山时期、中央苏区时期、延安时期、新中国成立初期、社会主义建设时期等若干历史时段来探讨毛泽东探索和推动马克思主义中国化的基本历程，揭示不同阶段的不同特点，进一步深化了相关认识，对整个学术界关于毛泽东与马克思主义中国化的研究起到了良好的推动作用。[③]

有学者认为，坚持马克思主义中国化的方向，是中国共产党 90 年历史提供的一条根本性经验。毛泽东是马克思主义中国化的最主要的倡导者和领导者。他在民主革命时期，逐步探索出适合中国革命特点的一系列战略和策略，解决了经济文化落后的东方大国资产阶级性质的民主革命同社会主义前途相联结的这一历史课题。社会主义制度在中国确立之后，毛泽东依据当时国际形势的新变化和党面临的新任务，明确提出了现在要进行马克思列宁主义同中国实际第二次结合的重要命题，为党胜利完成新时期的历史性任务指明了正确的方向。[④]

有学者指出，毛泽东在中国革命和建设的实践中发展与创新马克思主义的历程经历了四个重要阶段：在新民主主义革命时期，毛泽东作出了中国半殖民地半封建社会的正确判断，从农业大国的实际出发，正确对待农民和资产者（包括资本家和个体工商业者），完成了新民主主义革命，创建了新民主主义经济；新中国诞生以后，毛泽东正视社会主义时期存在的矛盾，提出了十大关系问题，要求正确处理人民内部矛盾，避免了探索中国国情的僵化与停滞；在实现现代化的新的历史环境中，由于对中国工业化、现代化的长期性、艰巨性和经济建设的规律性缺乏充分的认识，毛泽东在探索与发展马克思主义的历程中对国情判断失误；部分失误通过探索与创新得到纠正，部分失误促使全党在反思中形成了根据新的国情继续发展创新马克思主义的共识。[⑤]

3. 关于毛泽东哲学思想

2011 年 12 月，“第十八次全国毛泽东哲学思想学术研讨会”在广西南宁市举行。会议主题是“毛泽东哲学思想与中国共产党的理论创新”，10 多名首都学者参加会议。大家认为，毛泽东哲学思想是在中国土壤上生长的中国化的马克思主义哲学，是在中国革命实践中形成和发展的马克思主义哲学，是中国共产党人科学的世界观和方法论。我们应更加自觉地把对毛泽东哲学思想的学习研究同对党的理论创新成果的学习研究结合起来，更加注重从哲学层面研究党的创新理论，更好地用党的创新理论武装头脑、指导实践、推动工作。

有学者指出，认真学习和领会毛泽东哲学思想，不仅关系到对毛泽东哲学思想和毛泽东思想本身的理解，而且关系到对马克思主义中国化历史进程及其科学体系的认识，关系到对中国特色社会主义理论体系的把握。学者强调，毛泽东哲学思想的形成大体上分为两步：第一步是初步形成，以毛泽东 1930 年写的《反对本本主义》为标志；第二步是体系形成，以毛泽东 1937 年写的《实践论》和《矛盾论》为标志。关于毛泽东哲学思想概念的提出和研究，大致分为三个阶段，即 1957 年以前是毛泽东哲学思想概念的酝酿阶段、1957—1977 年是毛泽东哲学思想概念的开始使用并和“毛泽东同志的哲学思想”概念同等对待的阶段、1978 年以后是毛泽东哲学思想概念明确使用并逐步给予科学规定的阶段。关于毛泽东哲学思想的历史地位问题，可以从它对马克思主义哲学的贡献、对现代中国哲学发展的贡献、对以往中国革命和建设的指导意义、对当代中国哲学思想和中国人的思维方式的影响等方面来研究。[⑥]

有学者指出，延安时期，在毛泽东的率先垂范和大力号召、组织下，中国共产党掀起了全党范围的规模空前的学习哲学高潮，通过成立学习哲学的团体、出版马列主义的哲学著作、举办哲学演讲和哲学学习经验交流会等方式，对党的理论建设、实事求是思想路线的确立等产生了很大影响，取得了显著的效果。[⑦]

还有学者分析了新时期毛泽东哲学思想研究的成就与不足，指出：自 1981 年以来，国内毛泽东哲学思想研究有长足的进步，学术活动频繁，研究成果空前增多。但学界的研究尚有不足之处，这主要表现在：对原材料的整理、研究未给予更大的关注；研究方法较为单一；对毛泽东的非哲学专著中的哲学思想研究不够深入、全面；对毛泽东后期哲学思想的研究非常薄弱。以上这些不足促使我们作出相应的补救措施，以拓宽毛泽东哲学思想的研究领域。宜先拓宽的领域：原材料研究领域；研究方法领域；毛泽东的非哲学专著领域；毛泽东后期哲学思想领域。[⑧]

4. 关于毛泽东党建思想

有学者回顾中国共产党 90 年历史，认为中国共产党能走到今天，作为世界上最大的执政党，能够使中国人民的面貌、社会主义中国的面貌和党自身的面貌发生巨大的历史性变化，从党建理论方面而言，这个基础是毛泽东奠定的。毛泽东对于马克思主义政党建设有四大创造，即强调思想建党是马克思主义政党永葆先进性的奥妙；实事求是思想路线是马克思主义政党夺取胜利的法宝；发扬三大作风是马克思主义政党立于不败之地的根基；“民主新路”和“两个务必”是马克思主义政党防治腐败的根本之道。[⑨]

有学者指出，新中国成立后，毛泽东对执政党建设进行了不懈探索，积累了宝贵经验。概括起来说主要有以下几点：把执政党建设与发展社会主义事业紧密结合起来，使党成为执政兴国的坚强领导核心；着眼于党所肩负的历史使命，高度重视提高全党的领导本领；坚持和运用马列主义，高度重视党的思想理论建设；高度重视加强党的基层组织建设，发挥党支部的战斗堡垒作用和党员的先锋模范作用；坚决反对官僚主义，高度重视保持党同人民群众的血肉联系；坚决反对腐败，高度重视加强党风廉政建设。除了以上主要经验，还包括要坚持党的领导，同时党又要善于领导；共产党要接受监督，要坚持民主集中制，正确处理党内矛盾，维护和增强党的团结统一，等等。所有这些经验，对于今天加强党的建设仍然具有重要的指导意义。[⑩]

此外，还有不少学者结合建设学习型政党的实际要求，对毛泽东关于读书学习的思想进行了分析。比如，有学者梳理了毛泽东有关为什么要学习、学习什么、怎么学习、学无止境等问题的论述，认为毛泽东在领导党和国家建设的历程中，始终强调党员和干部要学习马克思列宁主义和其他学科的知识，提出“要把全党变成一个大学校”，强调要活到老学到老，并领导全党开展了多次学习活动。[⑪]还有学者从比较广义的方面，介绍了毛泽东酷爱读书、注重调查研究、勇于实践所展现出来的学习能力。毛泽东的巨大成功的确得益于这三个方面，而他后来也恰恰失误在这三个方面。当然，毛泽东一生都酷爱读书，但在他的晚年已不可能像他在延安时期那样，针对革命实践中出现的问题靠日夜读书以总结经验，从理论上来回答问题了。[12]

5. 关于毛泽东文化思想

有学者指出，抗战时期在延安整风运动的背景下，毛泽东重新厘定党的文艺政策和知识分子政策，并直接指向造就为本阶级服务的“有机知识分子”，进而夺取中国革命的“文化领导权”的政治目标。毛泽东《在延安文艺座谈会上的讲话》从整顿文艺队伍、使知识分子有机化以及确立党对文艺工作的政治领导等方面入手，制定了中国共产党建立文化领导权的蓝图和操作手册。他从知识分子文艺家必须做党的事业的“工具”和“螺丝钉”的逻辑前提出发，将知识分子文艺家内心“化大众”的伟大使命转换为“大众化”的现实任务，成功地解构了他们的精英心态，消除了其内心个人主义思想的抵抗，完成了知识分子有机化的塑造过程，从而走出了建立中国共产党文化领导权的关键一步。[13]

有学者联系当前文化建设问题，对毛泽东的文化观进行了深入探讨，指出：建设民族的、科学的、大众的、现代化的新文化，始终是毛泽东追求的目标。毛泽东的文化观兼有革命家文化观和学问家文化观的优点。他的文化观内容丰富，其核心观点则是关于文化、政治和经济三者关系的辩证的、历史的唯物主义说明，既区别于文化决定社会历史发展的唯心主义的文化观，又不同于否定意识、政治能动反作用的机械经济决定论的文化观。他对文化建设中的“中外”问题、“古今”问题等均有精辟的阐述，提出了“洋为中用”“推陈出新”“古为今用”等重要主张。珍惜毛泽东在文化方面璀璨的思想遗产，坚持辩证的历史的唯物主义文化观，对当今社会主义文化建设具有重要的意义。[14]

还有学者强调了毛泽东文艺思想的历史地位和当代价值，指出：毛泽依据中国的实践使马克思主义文艺学说获得了极大的丰富和发展。如果把马克思主义文艺观的发展比作一条奔腾不息的长河，那么，毛泽东文艺思想无疑是这条河床中水面最为宽广、流量最为宏大的一段。毛泽东文艺思想的理论功绩，具体说来可以概括为如下三条：一是集中解决了作家、艺术家与群众结合的问题；二是高度重视主体的世界观和思想感情对文艺创作的意义问题；三是创造性地揭示了作家、艺术家审美情感实现的新途径问题。[15]

6. 关于若干专题问题的研究

2011年，首都学者对毛泽东思想的研究，不仅关注上述重点问题，而且开动脑筋、拓宽思路，就若干专题问题进行深入探讨，充分体现了首都学者在理论研究中的学术自觉和宽阔视野。

比如，有学者对新民主主义社会论研究中的热点问题进行了具体探讨，指出：在马克思主义中国化的进程中，全面准确地理解马克思主义十分重要。从对新民主主义社会论的放弃中，我们可以看出毛泽东等领导人在对一些基本理论问题的理解上发生的偏差。第一，在对生产力和生产关系矛盾运动规律的认识上有误解。第二，在对阶级斗争的历史作用的认识上有不分条件的泛化和夸大的倾向。第三，对新民主主义经济构成中资本主义作用的认识是矛盾的。第四，对列宁的过渡理论的认识发生了大的逆转。对这些基本理论的误解，影响了毛泽东对新民主主义社会论的认识，是导致他放弃新民主主义社会、提前加快过渡的重要原因。[16]

又如，有学者系统考察了毛泽东等中共领导人在重大历史关头学习历史、借鉴历史的实践，指出：以毛泽东为核心的第一代中央领导集体，善于从对历史规律的不断认识和把握中寻找指导前进的正确道路和成功经验。在探索中国革命道路的过程中，通过分析历史上农民起义的悲剧命运，提出开辟和巩固发展革命根据地的思想；抗战时期，为进一步认识和把握党在民族战争中的历史地位与任务，全党大兴研究历史之风；新中国成立后，为了开辟社会主义革命与建设道路，从“以俄为师”的学习和借鉴苏联历史经验到“以苏为戒”的探索和总结适合中国情况的建设道路和经验；全面建设社会主义开始后，又倡导领导干部通过读史、鉴史来提高领导国家经济建设的能力和水平。[17]

再如，还有学者认为，苏共二十大后，毛泽东对赫鲁晓夫全盘否定斯大林可能导致的严重后果的判断、对国际上出现现代修正主义思潮的判断、关于苏联党和国家政权中特权阶层的存在是社会主义国家蜕化变质的一个重要原因的判断、关于要警惕和防止西方帝国主义对社会主义国家实行和平演变战略的警示等，具有深邃的历史洞察力。苏联解体的历史教训，证明了毛泽东上述预见的科学性。毛泽东的科学预见和苏联解体的历史教训，对于我们今天坚持社会主义的发展方向具有重要的警示意义。[18]

二、关于中国特色社会主义理论体系

2011年，首都学者对中国特色社会主义理论体系与构成这个理论体系的邓小平理论、“三个代表”重要思想、科学发展观等重大战略思想进行了深入的讨论，提出了许多有价值的思想观点。

1. 两本重要文献资料集的编辑出版

与《毛泽东思想年编（1921—1975）》《毛泽东思想形成与发展大事记》两部文献资料集相配套，

中央文献研究室在庆祝中国共产党成立90周年之际，还编辑出版了另外两部文献资料集，即《邓小平思想年编（1975—1997）》[19]《中国特色社会主义理论体系形成与发展大事记（1978—2011）》[20]。其中，《邓小平思想年编（1975—1997）》是对1998年出版的《邓小平思想年谱（1975—1997）》的补充和修订，全面系统地反映了邓小平关于中国特色社会主义经济、政治、文化、军事、外交以及祖国统一和党的建设等方面的重要论述和理论观点，展现了邓小平理论的形成发展过程。《中国特色社会主义理论体系形成与发展大事记（1978—2011）》通过翔实的当代文献资料，记述了以邓小平为核心的第二代中央领导集体、以江泽民为核心的第三代中央领导集体和以胡锦涛为总书记的党中央，围绕什么是社会主义、怎样建设社会主义，建设什么样的党、怎样建设党，实现什么样的发展、怎样发展等重大理论和实践问题，坚持解放思想、实事求是、与时俱进，不断推进马克思主义中国化，创立和发展中国特色社会主义理论体系的历史进程。

2. 关于邓小平理论

有学者对邓小平理论与中国特色社会主义理论体系研究的几个重要问题进行了深入探讨，指出：邓小平理论是中国特色社会主义理论体系的本源理论，建构了这个体系的整体框架；“三个代表”重要思想和科学发展观是这个理论体系的递进理论。三大理论成果是在同一命题下相互衔接、层层递进的关系，是中国特色社会主义理论在不同阶段的表现形态。深入研究邓小平理论，是中国特色社会主义理论体系研究的应有之义。要着眼于中国今天的实践来研究邓小平理论。其中，邓小平共同富裕理论、关于市场经济与社会主义制度结合起来的理论以及小康社会理论等，是当前需要加强和深入研究的重大课题。[21]

有学者针对当前学术界热议的“中国模式”这一话题，指出：邓小平在领导中国改革开放和社会主义现代化建设的过程中，对中国发展模式给予了高度关注。邓小平认为，世界上的问题不可能用一个模式解决，固定的、完美无缺的模式是根本没有的，中国必须有中国自己的模式。探索中国模式必须从中国实际出发，必须吸收和借鉴别国模式的经验，但绝不能照抄照搬。中国发展模式可以为世界上其他国家提供某种经验，但也不能照搬到其他国家。[22]

有学者专门研究了邓小平领导起草第二个“历史决议”的贡献，指出：邓小平站在全局的高度，适时提出对“文化大革命”进行总结，领导起草了第二个“历史决议”。邓小平率先批评“两个凡是”，提出正确对待毛泽东思想，支持关于真理标准问题的讨论，为起草“决议”提供了正确指南；指导国庆30周年讲话稿的起草，为起草“决议”奠定了基础；确定了起草“决议”的指导思想，并对“决议”的大体框架作了设计。他站在历史的高度，强调全面正确看待新中国成立以来30年的历史，对重大问题的分析要恰如其分，不能写成黑历史；强调要充分肯定毛泽东的伟大历史功绩，科学分析其晚年错误，坚持毛泽东思想旗帜；指出不能把错误全部推到毛泽东身上，而要集体负责。邓小平领导起草“决议”的过程，展现了一个无产阶级革命家的高超智慧和坦荡胸襟。[23]

还有学者从理论和实践两个方面总结了邓小平在推进对外开放上的历史贡献，指出：邓小平从理论上研究了世界经济发展趋势，论证了对外开放的客观必然性；总结了历史的经验教训，论证了对外开放的必要性；从国情出发，指出了对外开放的紧迫性；分析了国内外各种条件，阐述了对外开放的可能性。这些理论成果，为对外开放奠定了坚实的思想基础。在实践中，邓小平首先倡议设立深圳、珠海等经济特区，作为对外开放的突破口；继而主张海南建省办特区，支持洋浦开发，提议开发浦东，带动长三角和沿江地区开放；特别是南方谈话，推动了全方位开放格局的基本形成。总结历史，可以得出这样的基本经验：解放思想、实事求是是实行和扩大对外开放的根本前提；认真研究和大胆利用资本主义是对外开放成功的关键；坚持改革创新，以创新促开放、促发展，是扩大对外开放的动力源泉；恰当选择区域重点并适时推移，坚持渐进开放策略，是顺利推进对外开放的重要保证。[24]

3. 关于“三个代表”重要思想

有学者指出，从党的十三届四中全会到党的十六大这13年，是新中国历史上国际国内环境变化最剧烈的时期之一。这一时期以江泽民为核心的党的第三代中央领导集体积极迎接信息化，正确应对全球化，稳妥实施市场化，全面适应多样化，逐步推动多极化，取得了社会主义改革开放事业的重大突破。正是这种特殊的历史环境，推动了中国特色社会主义事业理论和实践的深入发展，形成了“三个代表”重要思想。通过对这一时期党的理论和实践的全面回顾，可以使我们更加系统地把握中国特色社会主义理论体系，深刻理解其不断深化、发展的内在规律。[25]

有学者指出，江泽民深入思考了社会主义市场经济条件下要不要加强党的基层组织建设、以什么为着力点加强党的基层组织建设、为什么要突出抓好党员队伍管理等重大问题，并对如何加强农村基层党组织建设、国有企业党组织建设、非公有制经济组织和新社会组织中党组织建设等，进行了创造性探索。江泽民关于党的基层组织建设思想为深入开展“创先争优”活动提供了重要启示：必须准确把握时代脉搏，紧密结合经济社会发展实际，充分发挥基层党组织的战斗堡垒作用；必须以改革创新精神，积极探索基层党组织建设的新形式、新途径和新方法；必须从各自的特点出发，加强和改进基层党组织建设；必须以提高素质为重点，加强党员队伍建设，增强党员队伍的生机和活力。[26]

4. 关于科学发展观

有学者认为，科学发展观在党的十七大报告中得到全面系统阐发后，继续经历了一个以实践为基础不断丰富发展的过程。大体可分为三个阶段：在全面学习贯彻党的十七大精神过程中，科学发展观的科学内涵不断深化，结合我国发展实际，深化了对人类社会发展规律的认识；在全党开展深入学习和实践科学发展观的活动中，把党的建设与贯彻落实科学发展观有机地统一起来，推动这一理论创新成果成为改造主客观世界的现实力量，进一步深化了我们党对执政党建设规律的认识；党的十七大以来科学发展观最显著的新进展，是加快经济发展方式转变的战略思想在应对各种危机和考验中不断丰富和深化，进一步揭示了社会主义现代化建设规律。[27]

有学者从现代性视域中审视科学发展观，认为科学发展观指明了中国后发现代性的独特道路。在发展目标上，强调以人为本，注重引导和控制资本；在发展路径上，立足全球化背景解决中国的发展问题，坚持改革开放，提供由国家权力和资本市场双轮驱动而又双向制约的科学发展模式；在发展方法上，突出全面协调可持续，坚持统筹兼顾，推动科学发展、合理发展和公平发展，开创中国特色社会主义事业的新局面。[28]

除了理论上的研究，在实践中如何贯彻和落实科学发展观，也是首都学者们关注的一个重点问题。对此，有学者指出，深入贯彻落实科学发展观，需找准着力点和突破口。第一，必须充分认识贯彻落实科学发展观所取得的巨大成就和我国当前所面临的严峻挑战，增强贯彻落实科学发展观的自觉性和坚定性；第二，必须以经济结构调整为主攻方向，加快推进经济发展方式转变的基本路径；第三，必须把民生问题提高到战略高度来认识，以民生建设为重点推进经济社会协调发展；第四，必须重视不同社会群体之间的利益博弈关系，以利益关系的调整为突破口，大力推进体制机制的改革创新；第五，必须在破解发展难题的实践中推进理论创新，构建科学发展观的理论体系，为夺取中国特色社会主义事业的新胜利提供强大的思想武器。[29]

5. 其他专题问题研究

2011年，首都学者不仅对邓小平理论、“三个代表”重要思想、科学发展观进行了深入研究，而且讨论了中国特色社会主义理论体系的其他相关问题，并取得了一些新进展。

比如，关于毛泽东思想和中国特色社会主义理论体系一脉相承、与时俱进的关系，学者们已经有了更加深刻的认识和理解，并对一些具体问题进行了专题研究。有学者强调指出，中国共产党人提倡的“以人为本”，其基本内涵与抽象的人本主义、人道主义和人性论有原则区别，它既不是单纯的中国历史上传统的“民本”思想，更不是简单的西方“民本主义”。毛泽东等老一辈革命家曾借用了“民本”思想，并在把马克思主义唯物史观系统地运用于中国人民革命和建设过程中，升华提炼了“以人民群众的根本利益为出发点”“全心全意为人民服务”的崇高思想。这是“以人为本”的思想根基，它反映了彻底的唯物主义，遵从的是马克思主义唯物史观。理解和把握了这一根本观点，就能够正确认识和处理人与自然的关系、人民群众与社会历史发展的关系、领导与群众的关系，也就能够充分肯定人民群众是历史的创造者，充分推崇人民群众是真正的英雄，充分尊重普通劳动者，就不会陷入“以物为本”“以神为本”等唯心主义和形而上学的泥潭。[30]

又如，有学者对中国特色社会主义理论体系中的史学思想作了概括，将它的要点归纳为以下五点：坚持判断社会历史是非得失、兴衰成败的客观标准，把握人类社会历史发展的客观规律；坚持“以人为本”理念，充分体现和尊重人民群众在创造人类历史、推动文明进步中的主体地位；以马克思主义为指导，以两个“历史决议”为依据，科学总结历史经验，正确对待历史和历史人物；科学阐明中国近现代历史发展的基本线索、基本历程，深刻总结中国近代以来历史发展的基本经验、基本规律，提高对“三个选择”历史必然性的认识；全面认识祖国传统文化，取其精华，去其糟粕，弘扬中华优秀文化遗产，增强中华文化国际影响力。[31]

总的来说，2011年首都学者关于马克思主义中国化的研究，无论是基础性文献资料的编辑出版、专题性问题的探讨，还是具体问题的深入分析，均有相当的进展，很多成果提出了独到的新观点、新视角。与此同时，我们也要看到研究中还存在的不足之处，比如仍有不少文章属于跟风之作、止于表层，还有一些文章论述空泛、没有自己的观点，等等。我们期待首都学者进一步深化这一领域的研究，提高成果质量，在来年取得更大成绩。

注：

①中央文献研究室：《毛泽东思想年编（1921—1975）》，中央文献出版社，2011年版。

②中央文献研究室：《毛泽东思想形成与发展大事记》，中央文献出版社，2011年版。

③付闪：《毛泽东与马克思主义中国化——毛泽

东思想生平研究分会2011年年会综述》，《毛泽东邓小平理论研究》，2011年第12期。

④梁柱：《中国共产党九十年的根本性经验——毛泽东与马克思主义中国化的历史启示》，《毛泽东邓小平理论研究》，2011年第2期。

⑤董志凯：《毛泽东在马克思主义中国化实践中的创新历程辨析》，《毛泽东邓小平理论研究》，2011年第12期。

⑥陈占安：《关于毛泽东哲学思想研究中的三个问题》，《马克思主义与现实》，2011年第4期。

⑦李东朗：《毛泽东与延安学习哲学运动》，《中国井冈山干部学院学报》，2011年第5期。

⑧胡为雄：《拓宽毛泽东哲学思想研究的领域》，《毛泽东思想研究》，2011年第3期。

⑨石仲泉：《毛泽东与马克思主义政党建设》，《新视野》，2011年第2期。

⑩唐洲雁、郝首栋：《毛泽东对执政党建设的艰辛探索和基本经验》，《毛泽东思想研究》，2011年第2期。

⑪冯蕙：《毛泽东谈学习》，《毛泽东邓小平理论研究》，2011年第12期。

⑫张素华：《论毛泽东的学习能力》，《毛泽东思想研究》，2011年第3期。

⑬费虹寰：《毛泽东〈在延安文艺座谈会上的讲话〉与“文化领导权”问题》，《党的文献》，2011年第6期。

⑭许全兴：《毛泽东的文化观与文化建设》，《毛泽东邓小平理论研究》，2011年第1期。

⑮董学文：《毛泽东文艺思想的历史地位和当代价值——献给中国共产党成立九十周年》，《文艺理论与批评》，2011年第4期。

⑯刘晶芳：《毛泽东放弃新民主主义社会论的理论原因》，《科学社会主义》，2011年第3期。

⑰王香平：《毛泽东等中共领导人在重大历史关头的鉴史实践》，《党的文献》，2011年第3期。

⑱梁柱：《毛泽东的预见与苏联解体的历史教训》，《思想理论教育导刊》，2011年第1期。

⑲中央文献研究室：《邓小平思想年编（1975—1997）》，中央文献出版社，2011年版。

⑳中央文献研究室：《中国特色社会主义理论体系形成与发展大事记（1978—2011）》，中央文献出版社，2011年版。

㉑龙平平：《邓小平理论与中国特色社会主义理论体系研究的几个问题》，《党的文献》，2011年第4期。

㉒秦宣：《邓小平论中国发展模式》，《中国特色社会主义研究》，2011年第4期。

㉓刘金田：《邓小平领导起草第二个“历史决议”的历史贡献及其启示》，《党的文献》，2011年第3期。

㉔王永凤：《邓小平推进对外开放的历史贡献》，《北京师范大学学报》（社会科学版），2011年第3期。

㉕张宏志：《江泽民对中国特色社会主义理论的坚持和发展》，《党的文献》，2011年第4期。

㉖许先春：《江泽民党的基层组织建设思想及其对创先争优活动的启示意义》，《毛泽东邓小平理论研究》，2011年第7期。

㉗张宁：《胡锦涛与十七大以来科学发展观的新进展》，《党的文献》，2011年第4期。

㉘张时佳：《现代性视域中的科学发展观》，《中共中央党校学报》，2011年第4期。

㉙庞元正、董振华：《深入贯彻落实科学发展观》，《毛泽东邓小平理论研究》，2011年第5期。

㉚杨明伟：《从毛泽东等老一辈革命家的思考看“以人为本”的基本内涵》，《毛泽东思想研究》，2011年第1期。

㉛李捷：《中国特色社会主义理论体系与当代中国史学理论的新发展》，《贵州师范大学学报》（社会科学版），2011年第6期。

（作者：毛胜，中央文献研究室助理研究员；唐洲雁，中央文献研究室研究员）

科学社会主义

李瑞琴

2011年，国内外有几个重大的纪念日，如中国共产党建党90周年、苏联解体20年等。围绕这些重大纪念日及马克思主义经典理论、中国科学社会主义理论和实践，学术界进行了广泛和热烈的讨论。

一、对马克思主义经典理论的研究

长期以来，我国学界对马克思主义经典理论的研究一直非常重视。不同的是，随着时代的发展变化，研究的侧重点有所变化。2011年，对马克思主义经典理论的研究主要体现在以下几方面。

1. 信仰马克思主义，做坚定的马克思主义者

自2008年世界金融危机爆发以来，世界范围内对马克思主义基本理论的研究都得到了深化。有学者就提出，面对世界范围内的危机，更需要信仰马克思主义，做坚定的马克思主义者。马克思主义的

理论没有过时，依然是当代哲学社会科学的高峰。马克思主义是我党指导思想的理论基础，中国特色社会主义就是建立在这个基础之上的，而不是改弦更张、另起炉灶。只有学懂学好马克思主义才能发展马克思主义。当前，波及世界的经济危机和美国霸权主义的衰落，世界格局的变动和调整更加证实马克思主义是科学真理。①

有学者提出，研究马克思主义观必须以马克思主义的立场、观点、方法为立足点。现在社会上出现的“普世价值”论已经转化成了一种试图寻求超历史、超阶级的“公理”作为研究问题的立足点的方法，对此我们应该保持警惕。弄清“什么是马克思主义”，关键在于坚持理论与实践的统一、阶级性与科学性的统一。马克思主义就是来自实践又经受了实践检验的、既揭示了社会客观规律又代表了工人阶级和人民群众根本利益的科学理论。②

有学者强调，必须坚持马克思主义意识形态的指导地位。在社会主义核心价值观中，每个概念都包含着以马克思主义为指导，以社会主义制度为实质和内容的尚未展开的判断，它的社会主义内容正凝结在每个概念尚未展现的特有的判断之中。只有中国马克思主义而不是别的什么主义能作为继续推进改革开放的指导思想，我们必须明确这个命题的理论含义，才能真正知道它的重要性。大力提倡和宣传社会主义核心价值观念，重视当代中国马克思主义理论研究，都是为了树立马克思主义在意识形态领域的指导地位。③

有学者指出，在马克思主义的本质属性、根本特征是什么的问题上，存在着多种不同的认识和解读。在马克思主义的阶级性与科学性、人民性是否统一的问题上，也存在不同的看法和倾向。围绕上述问题，需要从学理上进行系统的研讨。需要重申马克思主义是关于无产阶级和人类解放的科学，是对马克思主义本质的科学概括，这一概括集中体现了马克思主义的阶级性与科学性、人民性的内在统一。这依然是解决我国一切问题的首要问题。④

有学者论述了马克思主义的时代性与时代化，指出：理论是时代的声音，是对时代问题的回应。马克思主义同其他任何别的理论一样具有时代性。但是，马克思主义彻底的批判精神、对人的终极关怀、科学的方法论使其具有超越时代的品质，使时代化成为可能。马克思主义诞生之后，其影响力就穿越了时空和阶级的局限。今天，把马克思主义作为指导思想的中国共产党要承担起马克思主义时代化的责任，就需要以宽广的眼界看待马克思主义在当代世界的发展，以开放、包容的心态积极推动马克思主义时代化的进程。⑤

有学者对马克思和恩格斯关于资本主义的基本思想及其当代意义分析后指出：美国金融危机引发的西方国家经济危机，使得罗马教廷不得不承认马克思批判资本主义有理。马克思和恩格斯并不是最早批判资本主义的人，但是他们的批判是最彻底的，也是最有历史穿透力的，历久弥新。马克思和恩格斯通过对资本主义经济中商品的价值形式的研究，发现了剩余价值，进而发现和揭露了现代资本主义生产方式和它所产生的资产阶级社会的特殊运动规律。他们关于资本主义的基本思想，仍然适用于当前世界资本主义国家以及当前中国多种经济成分中的非公有制成分。⑥

关于马克思1848年对于德国不断革命思想的再研究，有学者指出，马克思对德国不断革命的阶段划分经历了两次转变，形成了三种模式。马克思的不断革命战略与他的世界革命设想紧密联系在一起。马克思关于德国不断革命的思想并没有实现，剖析实现这一设想面临的困难有助于我们认识落后国家社会主义道路中面临的若干基本问题。⑦

有学者着重于当代主要反马克思主义思潮批判——基于划清“四个重大界限”的思考。马克思主义自诞生以来就担负着同形形色色的反马克思主义思潮作斗争的使命。我党历来重视同各种反马克思主义思潮作斗争，党的十七届四中全会提出了要自觉划清马克思主义和反马克思主义等“四个重大界限”，这为我国坚持马克思主义指导地位，并成功应对当代反马克思主义思潮的挑战指明了方向。深入研究当代主要反马克思主义思想的渊源与其在当代中国的流变，并对其给予马克思主义的批判，是成功应对当代意识形态多样化挑战、巩固马克思主义主流意识形态地位、筑牢“思想防线”的必由之路。⑧

2. 对马克思主义经典作家有关论述的研究

有学者指出，马克思主义社会历史理论同当前社会历史现实的关系问题，应当成为当今时代深化马克思主义社会历史理论研究的着力点。马克思学说具有强烈的实践本性，历史唯物主义是一种革命的和实践的社会历史理论，它不仅致力于揭示人类社会历史运动的一般性规律，更注重在直面社会历史现实中彰显自己的创造力和价值。今天的人类社会历史现实同马克思和恩格斯创立社会历史理论的时代相比，在内在结构、运行方式、发展内涵和问题困境方面都发生了重大的变化。这要求历史唯物主义自觉地完善、丰富或者转换自己的研究视角、研究方式和理论范式，从而更加积极有效地面对和应对今天的社会历史现实。⑨

对《共产党宣言》的研究一直是学界持续的工作。有学者对《共产党宣言》有三个论断，即“消灭私有制”“一切社会的历史都是阶级斗争的历史”“任何一个时代的统治思想始终是统治阶级的思想”，作了具体辨析。⑩还有学者研读了《共产党宣言》第一部分及1872年德文版序言、1883年德文版序言，阐释了《共产党宣言》论资本主义及其两个“不可避免”的重要观点。运用唯物史观，《共产党宣言》分析了资本主义的产生、发展和灭亡的历史规律性，指出资本主义“是一个长期发展过程的产物”，资本主义的发展和世界面貌的变化揭示了资本主义社会中资产者和无产者的阶级对立、资产阶级的灭亡和无产阶级的胜利同样不可避免的经典结论。[11]

有学者从《资本论》与历史唯物主义微观基础的关系出发，以马克思的生产力理论为例，指出：在《资本论》及其手稿中，马克思深入价值和剩余价值运动的经济（学）层面，对物质生产和生产力的本质规定、具体形式和内在构成，对其在社会存在和历史发展中的决定性作用，对这种决定性与人的能动性之间的关系等重要问题作了详尽阐释，从而使历史唯物主义的框架性宏观结论在微观层面上获得经验事实和实证材料的支撑。[12]有学者论述了马克思对资本的拜物教性质的批判。基于商品、货币和资本经济范畴的逻辑递升，马克思着力对资本的拜物教性质进行了批判分析。他认为资本的出现是一个新的时代，由于雇佣劳动出现才确定了其统治。资本本质上是一种历史的社会生产关系，是过去劳动对活劳动的支配权。马克思详细分析了资本主义生产过程、生息资本以及地租的拜物教性质，指出资本的拜物教性质不过是暂时的必然，资本的界限将导致它自我扬弃。[13]有学者对关于“剥削”和“资本家”的概念进行了分析。在马克思看来，剥削既是一个生产关系范畴，也是一个生产力范畴。剥削推动了人类历史的迅速发展，具有历史正当性。资本家对绝对剩余价值的占有是剥削，而对相对剩余价值的占有则不属于剥削。资本家是“总体工人”的一部分，资本家的劳动具有二重性，资本家的劳动也创造剩余价值。资本家个人是不需要为剥削关系负责的剥削者，是资本主义社会不可或缺的劳动者。[14]

有学者对马克思所有制理论的萌发进行了研究。马克思在担任《莱茵报》编辑期间遇到的一系列现实问题，使他对黑格尔主义的国家观产生怀疑，他意识到私有制对国家和法具有重大影响；对城乡权利分开问题的讨论使他认识到法律只能是现实关系的反映，关于普鲁士等级委员会和摩塞尔地区农民贫困问题的讨论让马克思确信，是私人利益关系决定国家关系；通过对黑格尔法哲学的批判，马克思完成了第一次思想转变，颠覆了黑格尔的唯心主义国家观，确立了市民社会决定国家和法的唯物主义国家观，并把作为市民社会核心的私有制的本质概括为人与人之间的利益关系，这标志着马克思所有制理论的初步形成。[15]2011年，学界还召开了“社会形态理论与历史价值观”高级研讨会，深入研讨所有制关系在马克思社会形态理论形成中的基础意义。[16]

3. 对恩格斯、列宁有关思想的研究

近几年来，伴随着环境伦理学、生态马克思主义的发展，国内迎来了新一轮马克思和恩格斯生态思想的研究热潮。有学者对恩格斯生态思想进行了研究，指出：相对于马克思而言，恩格斯的生态思想更为丰富。早在青年时期，恩格斯的生态思想就已粗具雏形，他对于环境污染问题给予了密切关注，第一次对人类生存环境进行了深入研究，一直有“人与自然和解”的思想，先于马克思提出有关土地改良的思想，等等。在撰写《自然辩证法》时期，恩格斯的生态思想已经趋于成熟，他揭示了自然界的相互联系，揭示了生物与其环境的相互关系，注意到了温室效应现象，预见到了人与自然关系的矛盾激化以及生态危机的出现，提出了生态问题的最终解决途径。[17]

有学者以恩格斯对卡尔·倍克的《穷人之歌》的分析为例，指出马克思和恩格斯早就关注到面向社会、思考现实，总会有肤浅与深刻、片面与全面、表象与本质、幼稚与深邃等方面的差别和分野，从而深刻体察和领悟现代社会有机结构及其运动，特别注重对各种不同状况作出厘清和甄别；作为《德意志意识形态》第二卷的补充，恩格斯曾以卡尔·倍克的《穷人之歌》为例剖析过作为“真正的社会主义”思想表现的诗歌和散文为什么会在反映社会现实时走向了肤浅和天真。[18]

有学者研究了列宁的《唯物主义和经验批判主义》，指出：列宁分析了马赫主义对唯物主义特别是对马克思辩证唯物主义的种种攻击伎俩，并按照历时性批判与共时性批判相统一、内部批判与外部批判相统一、事实批判和价值批判相统一原则对马赫主义进行了分析和批判。这种批判原则对认清各种非马克思主义和反马克思主义的哲学流派，坚持和发展马克思主义哲学有很大的启示作用。[19]

《论我国革命——评尼·苏汉诺夫的札记》是列宁在1923年1月16日和17日口授的一篇论述俄国社会主义革命的重要文章。有学者在研读此札记中，阐述了列宁论俄国进行社会主义革命的时代和社会历史条件。列宁通过评尼·苏汉诺夫的札记，对俄国孟什维克和第二国际领导人关于否定俄国社会主义革命的基本论点作出了总结性的答复。他创造性地论证了俄国进行社会主义革命的社会历史条件，批驳了那种把西欧发展道路固定化、公式化的错误倾向，划清了马克思主义与庸俗生产力论的界限。[20]

4. 对非马克思主义错误思想的批判

近年来，对于马克思主义经典作家的研究出现了一些争论，学界也展开了批评和讨论。

有学者撰文质疑，恩格斯晚年确实主张走“民主社会主义道路”吗？文章指出，有人提出恩格斯的一段“93字”论述，否定了无产阶级革命和无产阶级专政理论，否定了整个共产主义的理论体系，说明恩格斯晚年放弃了推翻资本主义制度、实现共产主义的伟大理想，主张改良资本主义制度，和平进入社会主义，走民主社会主义道路。这种看法纯属臆造。联系上下文完整理解“93字”论述后不难得出：恩格斯反对脱离工人阶级解放而抽象地谈论全人类的解放；恩格斯坚决反对鼓吹所谓超阶级的民主的社会主义观；恩格斯晚年并没有放弃无产阶级革命原则，放弃共产主义理想；把它看成恩格斯在晚年主张走民主社会主义道路的“文献事实”更是荒谬。[21]

有学者针对民主社会主义模式与中国前途进行了评析，指出：目前出现于我国的民主社会主义思潮是伯恩斯坦主义的继承和发展。有文章不正确地描述了二战后的国际形势；混淆了社会主义制度与资本主义制度的原则界限，妄称欧洲一些国家是社会主义国家；胡说我国改革开放以来所取得的辉煌成就都是实行民主社会主义政策的结果，混淆民主社会主义和中国特色社会主义政策的本质区别；歪曲了我国国家主要领导人的言论，采取捧、吓、拉的手法，妄图败坏党中央的声誉；编造谎言，极不人道地在已故学者身上泼脏水，为其反对马克思主义作铺垫。其目的在于分化、西化中国，制造反对派，以求达到“和平演变”中国成为西方垄断资产阶级国家的附庸。[22]

有学者针对“非剩余价值学说视角”的社会主义而撰文质疑。改革开放以来，总有一些人把中国特色社会主义理论体系同马克思主义基本原理对立起来，打着发展马克思主义的旗号，打着研究中国特色社会主义的旗号，不读马克思主义的经典著作，不懂马克思主义的基本原理，却不断批判马克思主义。比如马克思的剩余价值学说揭示了资本主义生产方式的矛盾，但有人却用市场经济的成熟程度以及资本家从事管理活动等来否定剩余价值学说，这是毫无道理的。“非剩余价值学说视角”的社会主义是民主社会主义。[23]

还有学者重申，自由主义旗帜下有两种不同民主理论的分野。20世纪以来西方自由主义内部分化为“积极自由”和“消极自由”两种理念，受其影响，当代西方民主思想领域分别产生追求“积极自由”和推崇“消极自由”的两种民主理论流派。“积极自由”的多元民主、社群主义、协商民主和主张“消极民主”的精英主义、自由主义民主理论均有其产生的历史背景，其各自的观点均有利弊得失。我国在推进社会主义民主政治建设的过程中，既要合理地吸收西方民主理论的有益成果，又要在一些重大问题上划清界限，切不可盲目模仿，照抄照搬。[24]

二、建党90年来对科学社会主义理论和实践的创新和发展

中国共产党建党90年是一个近百年的历程，认真总结建党和新中国成立以来的经验和教训对推进中国特色社会主义事业有重大意义。学界也进行了广泛的总结和讨论。

1. 建党90年来的主要经验

有文章总结了科学社会主义中国化的基本历程和主要经验。第一，指导思想上始终坚持马克思主义的指导地位。这是党夺取革命政权、开展社会主义建设，并成功推进社会主义现代化事业、党能够长期执政的一条重要经验。它与苏联东欧国家抛弃马克思主义形成了鲜明的对比。第二，道路选择上始终坚持从本国实际出发，探索适合本国国情的革命、建设和改革道路。第三，制度设计上始终坚持社会主义的原则性与民族性的统一。第四，始终坚持实践基础上的理论创新。[25]有学者进一步强调，坚持把思想理论建设放在首位，提高全党马克思主义水平，是党的建设的一个基本经验。学习和掌握马克思列宁主义是中国共产党的性质和历史使命的内在要求，是推进马克思主义中国化的前提条件。这不仅关系到共产党人的政治品格和政治方向，而且关系到党为人民服务的工作能力的培育和工作水平的提高。要坚持理论联系实际的学风，善于学习，最要紧的是要把思想方法搞对头。[26]总结90年党的建设的经验，坚持马克思主义对政党功能的基本认识，坚持勇于担当的政党责任和使命感，坚持改革创新的时代精神，是今天我们党最为宝贵的东西。[27]

关于90年来中国共产党自身建设取得的成就与经验，有学者总结道，在领导中国革命、建设和改革的波澜壮阔的历史进程中，在党员队伍、干部队伍的理论建设、制度建设以及党与群众关系等方面都发生了深刻的变化，取得了巨大的成就。在推进马克思主义中国化，不断提高全党运用科学理论指导实践的能力方面；在坚定不移地围绕党在不同历史时期的政治路线来加强党的建设，增强全党执行和维护党的政治路线的自觉性、坚定性，为完成执政使命提供根本的政治保证方面；在坚定不移地发展党内民主，加强以民主集中制建设为主要内容的党内制度建设方面；在继承和发扬党的优良传统作风，保持党同广大人民群众的血肉联系方面；在坚持党要管党、从严治党等方面都取得了宝贵的历史经验。[28]

有学者指出，在现代性的视阈中，中国共产党的90年是几代中国共产党人不断探索独特社会主义现代性模式、充满艰辛曲折的90年。虽然当代中国现代性的建构仍未完成，还存在很多问题，但成就还是巨大的。我们摆脱了资本主义殖民体系，冲破了苏联模式的束缚，超越了新自由主义，使中华民族走上了民族复兴的康庄大道。中国共产党的三个历史阶段是一脉相承的，这个“脉”就是坚持马克思主义和中国实际相结合。只有把90年作为一段连续的历史来把握，才能深刻地理解我们选择一种不同于西方的现代性模式的历史必然性，才能正确地把握90年历史的主题和主线、主流和本质。㉙

有学者认为，要保证中国在未来的国际斗争中立于不败之地，就需要最广大人民群众的支持，而人民只能是在社会主义公有制条件下组织起来的人群。劳动人民一旦失去生产资料公有制和由此产生的人民生产主导的市场条件，其身份就会立即转变为流民。流民人数的增长是历史上社会动荡乃至国家衰落的根本原因。当代中国的基本问题是党和政府的执政基础即工农联盟的巩固问题，解决这个问题的关键，当前仍在农村。中国的改革要有适合中国国情的标准，这就是社会主义制度的标准。对日益逼近的外部压力，中国只能用社会主义公有制把人民团结在中国共产党周围。㉚

有学者论述了中国共产党90年思想政治教育的基本经验，主要有：认清基本国情和教育对象，发挥思想政治教育的能动作用；坚持以人为本和围绕中心，体现思想政治教育自身价值；健全组织机构和规章制度，完善思想政治教育保障机制；创新教育内容和方式方法，增强思想政治教育实际效果；坚持以身作则和言传身教，实现思想政治教育的育人功能。㉛

2. 对社会主义具体理论的创新

有学者认为，中国共产党对社会主义经济理论主要有四大创新，即在社会主义基本经济制度、社会主义市场经济理论、对外开放和全球化、经济发展方面的理论创新为中国的改革开放提供了强有力的理论支撑。中国特色社会主义经济理论是中国共产党坚持马克思主义基本原理同马克思主义中国化相结合，坚持四项基本原则同改革开放相结合，坚持社会基本经济制度同发展社会主义市场经济相结合，坚持独立自主同参与全球化相结合。㉜

关于改革开放以来党对马克思主义文化理论的发展和创新，有学者认为，改革开放以来，我们党紧密联系我国文化建设实际，坚持和发展了马克思主义文化理论。党对马克思主义文化理论的发展与创新，丰富和发展了中国特色社会主义理论体系。㉝

关于马克思主义中国化的理论创造与中国前途命运问题的解答，有学者指出，中国共产党在运用马克思主义解答中国问题的过程中，不断推进马克思主义中国化的理论创造，相继形成了毛泽东思想和中国特色社会主义理论体系这两大理论成果。毛泽东思想解答了关系中国前途命运的重大问题，中国特色社会主义理论体系继续探索和解答了毛泽东思想没有解答完的历史课题。中国特色社会主义理论体系与毛泽东思想在解答中国问题的过程中，有着共同的立场、观点和方法，都体现了对马克思主义的坚持和发展，是紧密联系、相互贯通的两大理论成果。㉞

三、新版《科学社会主义概论》的理论创新

近年来，党中央加强了马克思主义基本理论的教育，组织编写了一批高质量的教材。其中新版《科学社会主义概论》体现了对马克思主义的理论创新，一些学者也撰文予以重点介绍。

有学者指出，新出版的《科学社会主义概论》在社会主义从空想发展为科学、对未来社会的科学构想、社会主义必然代替资本主义以及资本主义向社会主义过渡的条件和途径等方面，全面准确地阐述了马克思和恩格斯的思想，从而大大提升了这本教材的科学价值和学术含量，产生了许多值得重视的理论亮点。（1）进一步深化对社会主义从空想到科学的认识。（2）科学地对待经典作家关于未来社会的理论。（3）辩证地认识社会主义代替资本主义的必然性。一是着重回答了“两个必然”与“两个决不会”的关系这一重大难点问题。二是辩证地论证了社会主义代替资本主义的一般性和特殊性的关系。三是辩证地论证了社会主义代替资本主义的历史趋势与历史主体的能动性的关系。（4）全面理解资本主义向社会主义过渡的条件和途径。无产阶级和无产阶级政党的理论、阶级斗争和无产阶级革命理论、过渡时期和无产阶级专政理论。㉟

有学者介绍了《科学社会主义概论》对资本主义和社会主义历史进程的阐析。当代资本主义发生新变化的主要原因是资本主义国家实行自我调节和新科技革命。但这并没有解决资本主义的基本矛盾，而且这个基本矛盾还在当今世界范围内进一步积累和放大。苏东剧变是苏联模式的失败，但绝不能逆转社会主义取代资本主义的人类社会历史发展总趋势。改革开放30多年来，中国特色社会主义的全面发展充分彰显了社会主义的优越性和生命力。㊱

还有学者指出，《科学社会主义概论》历史与逻辑地结合说明了列宁对社会主义的探索，苏联社会主义的成就与失误和苏联社会主义演变的原因和教训，是对苏联社会主义及其剧变的全面阐明。㊲

有学者针对《科学社会主义概论》的导论和第一章，阐释了自己的认识，书中对科学社会主义与空想社会主义的基本关系以及空想社会主义的基本范畴和基本特点所作的论述，既注意吸收理论界这方面长期研究的成果，又有新的理论概括。这是此书的一个亮点，我们在学习时要注意加以把握。研究和借鉴空想社会主义是思想史研究的长期任务。㊳关于马克思和恩格斯预见未来社会的科学方法论主要有：依据历史规律预见社会发展的未来走向；在剖析资本主义“旧世界”中阐发未来新世界的一般特征；从历史发展阶段性与连续性的统一中把握未来社会的发展；反对把关于未来社会的预见当作一成不变的教条。当代中国共产党人依据马克思和恩格斯关于未来社会设想中的科学方法论，在总结社会主义历史经验的基础上，对共产主义社会有新的认识和新的概括。《科学社会主义概论》很突出的一个亮点，是不仅明确而集中地阐述了马克思主义经典作家关于未来社会的设想，而且把它放在第一章中，并作为这一章的归宿和落脚点。[39]

四、关于苏联剧变20年的理论研讨

2011年是苏联剧变20年。20年前，苏联由一个超级大国瞬间分解为若干个不同的主权国家，苏共突然被无条件宣布解散，而那时的中国正在酝酿着通过改革从根本上突破传统的社会主义模式。20年后，苏联和苏共已经成为历史概念，我国学界对此展开了广泛讨论。有关单位召开了专门研讨会，如2011年4月23日中国社会科学院主办的“苏联解体20周年国际学术研讨会”[40]、9月24—26日中国科学社会主义学会举办的“苏东剧变20年与当代世界社会主义”学术研讨会[41]等。

有学者提出，中国人关心并研究苏联解体问题，主要是为了从中吸取教训，解决自己“怎么办”的问题。要解决“怎么办”，当然先要搞懂“怎么看”。近20年来中国对苏联解体的研究已取得不少成果，但总体看仍是众说纷纭，莫衷一是。要继续深入研究，最要紧的是把思想方法搞对头。[42]有学者强调，苏共的蜕化变质是苏联解体的根本原因。20年后对苏共亡党、苏联解体再认识的意义重大，必须用辩证唯物主义和历史唯物主义的立场、观点和方法分析苏联剧变的原因及教训，并从苏联解体、苏共垮台中吸取教训。[43]

还有学者强调，导致苏联剧变和解体的原因是多方面、错综复杂的，其中起决定作用的是内因和近因，也就是在1985年3月戈尔巴乔夫担任总书记以后那一段时间出了大问题，“问题出在苏共党内”。戈尔巴乔夫通过实行“人道的民主的社会主义”，推行一系列错误的路线和政策，不但没有解决苏联历史遗留的矛盾和问题，反而使苏联原有的问题激化而导致剧变。[44]

有学者注意到，在苏联解体20周年时，俄罗斯各界展开了许多讨论，其中之一是如何看待当年轰动全国的安德烈耶娃来信《我不能放弃原则》。左翼党派及其媒体再次肯定安德烈耶娃来信，多数媒体保持中立态度进行客观报道，一些重要媒体保持缄默。但对雅科夫列夫的反击文章《改革的原则：思维和革命的行动性》几乎被遗忘，无人评价。[45]

有学者从苏联政治改革与民主化的教训为视角指出：在苏联解体、苏共垮台20周年之际，重新回顾和总结苏联政治改革与民主化的教训，有以下几个方面应该引以为戒：一是改革是社会主义自我完善的手段，改革不能变成“信仰放弃、方向背弃、主义抛弃”；二是苏共是苏维埃政权和政治体系的根本和核心，失去了苏共也就没有了苏联；三是必须坚持社会主义方向的改革，必须在党的领导下进行。政治改革必须有利于国家稳定和民族团结，必须有利于提升政治民主、政治稳定和政治效率。[46]

有学者从苏东剧变20年与当今世界的发展态势这一视角做了研讨。苏东剧变对世界产生了长远影响。当代资本主义的发展是苏东剧变的国际背景，苏东剧变则拓展了国际资本发展的空间和霸权，又促进了资本主义的新发展。苏东剧变使世界社会主义遭遇了严重挫折，但也加速了世界社会主义的理论更新、政策调整和模式转换。苏东剧变在中国引发了深刻的反响，却没有阻止中国改革开放的历史进程，中国人民在实践中取得了弥足珍贵、长期坚持和不断发展的积极成果。[47]

有文章指出，苏共二十大后，毛泽东对赫鲁晓夫全盘否定斯大林可能导致的严重后果的判断；对国际上出现现代修正主义思潮的判断；关于苏联党和国家政权中特权阶层的存在是社会主义国家蜕化变质的一个重要原因的判断；关于要警惕和防止西方帝国主义对社会主义国家实行和平演变战略的警示等，具有深邃的历史洞察力。苏联解体的历史教训证明了毛泽东上述预见的科学性。[48]

有学者指出，苏联解体后，俄罗斯民众的世界观发生了重大变化。俄罗斯科学院社会学研究所社会问题研究中心主任、全俄社会舆论调研中心专家委员会副主任佩图霍夫撰文分析了民众世界观的位移、思想观念的调整，提出一个重要的问题：“现代俄罗斯社会的价值基调是‘意识形态的杂陈’还是新思想的探索?”文章尽管没有给出准确答案，但问题的提出足以揭示俄罗斯当代社会价值基调的总体特征。[49]苏联解体20年后，俄罗斯教育腐败成为最严重问题。俄罗斯在苏联时期曾经享誉世界的先进教育体制，自苏联解体后则每况愈下。目前俄罗斯教育面临诸多问题，教育领域已被民众列为俄罗斯第二大腐败行业，腐败成为教育系统最严重的问题。教育领域的严重腐败已经威胁到了俄罗斯国家安全。[50]

五、对世界社会主义运动与思潮的研究

世界社会主义运动和思潮与世界政治与经济发展紧密关联，2008年以来的世界金融危机一直影响着世界。由此，世界社会主义运动和思潮也在这一大环境下展开。

1. 世界金融危机下的世界社会主义运动

有学者探讨了全球金融危机背景下世界社会主义面临的机遇与挑战。始于2008年的世界金融危机使资本主义体系遭受重创，也为世界社会主义的振兴带来新的机遇。由于资本主义还有自身调整的能力，加之推翻资本主义制度的社会力量准备不足，革命政党尚不强大，迄今为止危机尚未引发新的社会主义革命高潮。当前世界社会主义运动仍面临社会主义理论的创新、社会主义力量的整合以及现有社会主义国家如何在世界资本主义体系内增强自身的发展并有效地与资本主义进行较量等挑战。[51]

有学者注意到，世界金融危机后世界共产党获得重大发展。2008年世界金融危机爆发后，社会主义国家、发展中国家、原苏联东欧地区的所谓“转型国家”和西方发达国家等不同类型的共产党组织在积极应对金融危机的新挑战的同时，紧紧抓住后危机时代人心思变和社会主义吸引力明显增强的有利时机，致力于加强思想、理论、组织和工作作风等各个方面的建设，并着力巩固和扩大党的群众基础和阶级基础，实现了对各自来说具有重大意义的发展。[52]金融危机给美国工人造成很大打击，引起工会的反抗，美国左翼工会人士针对把美国失业归罪于中国的媒体舆论，呼吁美中工人和工会之间应加强理解与合作。金融危机在客观上为美共的发展创造了机会，美共把反资本主义的斗争与工会运动相结合，利用网络等现代化手段和灵活的策略，扩大党的社会基础和党员队伍，各项工作取得新进展。[53]

有学者介绍了历史资本主义的发展轨迹与21世纪马克思主义在三大洲的使命，指出：历史资本主义的长期发展进程由过渡期、成熟期和衰落期三个阶段构成。自19世纪末进入衰落期以来，先后出现两次长期的结构性危机。在应对20世纪70年代后第二波长期性危机的过程中，资本主义体系转型为“泛垄断资本主义”。当代西方的各种马克思主义流派和“后”话语学派忽视了这种决定性转型。当前，反对集体帝国主义统治的外围地区人民觉醒的第二波浪潮已经开启。真正有效的马克思主义，必须要在亚非拉三大洲承载起具有决定意义的历史使命。[54]

2. 各国社会主义理论及思潮

有学者总结了越南社会主义革新的理论创新，指出：过去20多年的革新过程中，越南理论研究的成果为正确而深刻地理解社会主义提供了理论依据，使越南对社会主义的认识不断发展和更新。理论研究工作初步摆脱教条主义、本本主义和主观唯意志主义，并在理论思维方面取得新的突破，为形成关于革新、关于社会主义和越南的社会主义道路的基本观点和理论框架作出了贡献，表现在经济、政治、文化与社会、外交等各个领域。同时，理论研究还创造性地补充和发展了马克思列宁主义和胡志明关于社会主义的思想，使之成为党的革新路线的理论基础。[55]

关于日本早期社会主义思潮对中国共产党的影响，有学者指出，明治维新之后，在日本政府“文明开化”口号的推动下，社会主义思想在日本得以兴起。日本是社会主义思想在亚洲最先传播、社会主义运动历史最长的国家。早期社会主义思潮传入中国的渠道主要有日本、欧洲和苏俄，而日本渠道是传入中国最早、影响最深远的。近代中国赴日留学生把日本的社会主义、马克思主义通过翻译书籍、创办报刊等形式引入中国，可以说日本早期社会主义思潮对中国共产党的影响巨大、意义深远。[56]

美国共产党主席山姆·韦伯以美国共产党为例，用29条内容全面阐释了21世纪社会主义政党的形态、理论与立场，认为21世纪社会主义政党应当紧跟时代变化、与时俱进，坚持马克思主义的优良传统、批判吸收新文化，以人民群众的利益为奋斗目标，积极参与民主斗争、争取民主权利，注重阶级合作与斗争，推进社会改革、领导社会主义运动，增强党的组织力量，坚持国际主义的世界观与实践观等，指明了21世纪世界社会主义政党发展的方向与特征。[57]

3. 当代资本主义研究

有学者论述了当代资本主义的阶级问题。随着当代资本主义的发展和社会结构的变化，阶级问题在不同历史时期具有不同的关系态势和表现形式。在全球资本主义迅速发展的时代，社会变化和发展的客观事实再次凸显出阶级问题的重要性。当前，须从生产关系和权力关系的本质层面，从民族国家视角与全球视角相结合的维度，综合运用阶级分析法与其他社会分析法，深入分析当代资本主义新变化及其社会关系与阶级关系的实质、特征、态势和趋势，深入分析全球资本主义的阶级分化和冲突。[58]

有学者指出，作为20世纪中叶产生于西方社会并有着全球影响的后现代主义，实际上是晚期资本主义社会矛盾的一种反映。它体现了晚期资本主义社会发展的要求，是中产阶级生活方式与价值追求的观念表现。尽管后现代主义提出了不同于现代主义的多种观念并内含着对抗资本主义的政治力量，但从总体上看它仍然无法从根本上超越资本主义制度并最终达成与全球资本主义的共谋关系。[59]

有学者提出，生态危机已成为当今世界无法回避的首要问题。尽管很多生态经济学家、学者对资本主义解决生态问题依然心存幻想，对新资源、回收利用极限、环保技术创新和经济可持续性等方面主流观点的分析表明，在资本主义制度与世界秩序下不可能真正解决环境问题，只有一种新型的生态化社会主义才能帮助人类走出困境。对生态社会主义理想的追求，不仅是由于日益严重的资源短缺和保持生命自然基础的迫切需要，也是我们把平等、正义、合作、团结和自由作为根本价值观来考虑时的自觉选择。[60]

有学者认为，马克思主义对当代资本主义的批判具有两个向度，一个是对法兰克福学派马克思主义理论的发展，另一个则是对当代资本主义经济动态的马克思主义解析。在遵循马克思学术思路的同时，我们应审视当代马克思主义理论家的思想贡献，为马克思主义注入新的时代活力，只有面对当代资本主义发展的实际问题，促进理论批判与实践应用相结合，才能丰富马克思主义理论的当代视域。[35]

注：

①陈奎元：《信仰马克思主义，做坚定的马克思主义者》，《马克思主义研究》，2011 年第 4 期。

②田心铭：《略论马克思主义观的研究》，《马克思主义研究》，2011 年第 2 期。

③陈先达：《论坚持马克思主义意识形态的指导地位》，《马克思主义与现实》，2011 年第 6 期。

④汪亭友：《马克思主义的本质概括：无产阶级争取自身和全人类获得彻底解放的科学——兼论马克思主义的阶级性与科学性、人民性的统一》，《政治学研究》，2011 年第 1 期。

⑤牛先锋：《论马克思主义的时代性与时代化》，《马克思主义与现实》，2011 年第 5 期。

⑥余斌：《马克思恩格斯关于资本主义的基本思想及其当代意义》，《马克思主义研究》，2011 年第 1 期。

⑦曹浩瀚：《关于马克思 1848 年德国不断革命思想的再研究》，《马克思主义与现实》，2011 年第 6 期。

⑧李志军、邓鹏：《当代主要反马克思主义思潮批判——基于划清“四个重大界限”的思考》，《马克思主义研究》，2011 年第 8 期。

⑨衣俊卿：《历史唯物主义与当代社会历史现实》，《中国社会科学》，2011 年第 3 期。

⑩董德刚：《〈共产党宣言〉三个论断之辨析》，《科学社会主义》，2011 年第 4 期。

⑪钟哲明：《〈共产党宣言〉论资本主义及其两个“不可避免”——〈共产党宣言〉第一部分及 1872 年德文版序言、1883 年德文版序言研读》，《思想理论教育导刊》，2011 年第 1 期。

⑫王峰明：《〈资本论〉与历史唯物主义微观基础——以马克思的生产力理论为例》，《马克思主义研究》，2011 年第 11 期。

⑬李怀涛：《论马克思对资本的拜物教性质的批判》，《中国特色社会主义研究》，2011 年第 6 期。

⑭冯海波、张峰：《马克思理解的“剥削”和“资本家”》，《科学社会主义》，2011 年第 1 期。

⑮彭五堂：《论马克思所有制理论的萌发》，《马克思主义研究》，2011 年第 8 期。

⑯李潇潇：《在历史的深处展开未来的想象——“社会形态理论与历史价值观”高级研讨会述评》，《中国社会科学》，2011 年第 1 期。

⑰常艳：《恩格斯生态思想初探》，《马克思主义与现实》，2011 年第 4 期。

⑱聂锦芳：《现实的复杂性、变革的主体与方向——以恩格斯对倍克的〈穷人之歌〉的分析为例》，《中国特色社会主义研究》，2011 年第 4 期。

⑲王卫东：《批判的原则与哲学的反思——〈唯物主义和经验批判主义〉的当代启示》，《中国特色社会主义研究》，2011 年第 6 期。

⑳沙健孙：《列宁论俄国进行社会主义革命的时代和社会历史条件——〈论我国革命——评尼·苏汉诺夫的札记〉研读》，《思想理论教育导刊》，2011 年第 4 期。

㉑汪亭友：《恩格斯晚年确实主张走“民主社会主义道路”吗?》，《马克思主义研究》，2011 年第 8 期。

㉒陈荷夫：《民主社会主义模式与中国前途评析》，《政治学研究》，2011 年第 1 期。

㉓周新城：《“非剩余价值学说视角”的社会主义是什么东西？——与蔡永飞先生商榷》，《马克思主义研究》，2011 年第 3 期。

㉔李良栋：《自由主义旗帜下两种不同民主理论的分野——当代西方主要民主理论评述》，《政治学研究》，2011 年第 2 期。

㉕秦宣：《科学社会主义中国化的基本历程和主要经验——纪念中国共产党成立 90 周年》，《科学社会主义》，2011 年第 2 期。

㉖梁柱：《学习和掌握马克思主义理论是建设学习型政党的首要任务——纪念中国共产党成立 90 周年》，《政治学研究》，2011 年第 3 期。

㉗王长江：《党的建设 90 年：继承什么？发展什么?》，《科学社会主义》，2011 年第 3 期。

㉘田改伟：《90 年来中国共产党自身建设取得的成就与经验》，《政治学研究》，2011 年第 6 期。

㉙陈志刚：《现代性视阈中的中国共产党 90 年的辉煌成就》，《马克思主义研究》，2011 年第 7 期。

㉚张文木：《中国社会主义道路的基本经验》，《马克思主义研究》，2011 年第 7 期。

㉛王树荫：《论中国共产党 90 年思想政治教育的基本经验》，《思想理论教育导刊》，2011 年第 8 期。

㉜纪军：《中国共产党对社会主义经济理论的四大创新》，《科学社会主义》，2011 年第 3 期。

㉝华玉武：《改革开放以来党对马克思主义文化理论的发展和创新》，《科学社会主义》，2011 年第 2 期。

㉞秦刚：《马克思主义中国化的理论创造与中国前途命运问题的解答》，《科学社会主义》，2011 年第 2 期。

㉟闫志民：《准确把握和科学对待马克思恩格斯的社会主义思想》，《社会科学》，2011年第1期。

㊱徐崇温：《〈科学社会主义概论〉对资本主义和社会主义历史进程的阐析》，《科学社会主义》，2011年第3期。

㊲靳辉明：《〈科学社会主义概论〉对苏联社会主义及其剧变的全面阐明》，《科学社会主义》，2011年第2期。

㊳许耀桐：《正确认识和评价空想社会主义——读〈科学社会主义概论〉的导论和第一章》，《科学社会主义》，2011年第4期。

㊴刘建军：《马克思恩格斯对未来社会的科学预见》，《科学社会主义》，2011年第4期。

㊵张飞岸：《苏联解体与社会主义的未来——"苏联解体20周年国际学术研讨会"综述》，《马克思主义研究》，2011年第5期。

㊶孟鑫：《深入研究苏东剧变，促进世界社会主义发展——"苏东剧变20年与当代世界社会主义"学术研讨会综述》，《科学社会主义》，2011年第6期。

㊷肖枫：《研究苏联解体最要紧的是把思想方法搞对头》，《科学社会主义》，2011年第4期。

㊸李慎明：《苏共的蜕化变质是苏联解体的根本原因》，《科学社会主义》，2011年第4期。

㊹赵曜：《苏联剧变和解体是内部出了问题》，《科学社会主义》，2011年第4期。

㊺李瑞琴：《23年后俄罗斯媒体重提〈我不能放弃原则〉》，《世界社会主义研究动态》，2011年第65期。

㊻张树华：《苏联政治改革与民主化的教训——苏共败亡20年祭》，《政治学研究》，2011年第5期。

㊼胡振良：《苏东剧变20年与当今世界的发展态势》，《科学社会主义》，2011年第4期。

㊽梁柱：《毛泽东的预见与苏联解体的历史教训》，《思想理论教育导刊》，2011年第1期。

㊾李瑞琴：《现代俄罗斯社会价值的基调："意识形态的杂陈"还是新思想的探索?》，《国外社会科学》，2011年第5期。

㊿李瑞琴：《俄罗斯教育前景堪忧　腐败成为最严重问题》，《世界社会主义研究动态》，2011年第6期。

(51)刘淑春：《全球经济危机背景下世界社会主义面临的机遇与挑战》，《科学社会主义》，2011年第6期。

(52)刘志明：《国际金融危机后世界共产党获得重大发展》，《马克思主义研究》，2011年第9期。

(53)刘淑春：《全球金融危机背景下的美国工会运动和美国共产党》，《马克思主义研究》，2011年第9期。

(54)萨米尔·阿明、于海青：《历史资本主义的发展轨迹与21世纪马克思主义在三大洲的使命》，《马克思主义研究》，2011年第8期。

(55)范文德、潘金娥：《越南社会主义革新的理论创新》，《马克思主义研究》，2011年第4期。

(56)门晓红：《日本早期社会主义思潮对中国共产党的影响》，《马克思主义研究》，2011年第10期。

(57)山姆·韦伯、禚明亮：《21世纪的社会主义政党：形态、理论与立场——以美国共产党为例》，《马克思主义研究》，2011年第12期。

(58)姜辉：《论当代资本主义的阶级问题》，《中国社会科学》，2011年第4期。

(59)杨生平：《作为晚期资本主义社会综合反映的后现代主义》，《马克思主义与现实》，2011年第2期。

(60)萨拉·萨卡、布鲁诺·科恩、陈慧、林震：《生态社会主义还是野蛮堕落？——一种对资本主义的新批判》，《马克思主义与现实》，2011年第3期。

(61)亚历克斯·卡利尼科斯、臧峰宇：《马克思主义对当代资本主义的批判》，《马克思主义与现实》，2011年第5期。

（作者：中国社会科学院副研究员）

国外马克思主义研究

黄继锋　王明哲

2011年，北京地区学者的国外马克思主义研究继续保持活跃态势，主要围绕以下几个方面的论题展开。

一、关于国外马克思主义研究领域划界问题的提出

衣俊卿教授在由中央编译局举办的"深化国外马克思主义研究：纪念卢卡奇诞辰126周年小型学术研讨会"上作了题为《关于国外马克思主义研究现状的审思》的报告（发表于《马克思主义与现实》2011年第5期）。该报告在充分肯定我国学术界对国外马克思主义研究繁荣发展的同时，反思了这一研究领域存在的内容庞杂散乱、边界不确定、各自为营的问题，提出了培养"划界意识"的观点。他指出，国内学者研究国外马克思主义是从经典西方马克思主义开始，过渡到典型新马克思主义流派。而近些年来，各种后马克思主义流派及西方左翼激进思想也不加分别地被纳入国外马克思主义研究范围，导致了这一领域无边界的“漂移”式扩展。并且，仅局限于罗列和拼接国外各类学者的观点，无区别地把所有与马克思观点有关联的思想都笼统地贴上马克思主义的标签，势必会模糊马克思主义的核心价值。因此，在广泛考察各种左翼思潮的基础上，对国外马克思主义研究领域的划界，将对分清马克思主义研究和关于马克思思想在当今人文社科界的研究起到一定的提示作用，有利于国外马克思主义研究领域健康发展。

衣俊卿在文中提出了两个层面的划界意识：一是“基础性的”，二是“深层次的”。在第一个层面中，国内学者应当避免凭借自己对某一国外人物或理论的主观评价来抬高其研究价值，而应客观评价研究对象的国际理论影响力和实践推动力，从而恰当选择研究内容，合理定位范畴归属。第二个层面则是第一个层面的细化，学者要“进一步对每一具体研究对象的价值取向、基本观点，特别是其同马克思思想的真实关系作出具体的区分性评价”。他指出，当今国外马克思主义体系多元，包括坚持马克思主义时代化的流派、继承马克思批判精神的资本主义左翼流派、对马克思和恩格斯文本进行解读的非马克思主义理论和以超越马克思为主旨的“马克思学”等。如果不关注这些复杂个案与马克思主义的继承关系、不以马克思主义基本立场为依归，则无法深化国外马克思主义研究，甚至将危及它作为一个学科的合法性。因此，要发展国外马克思主义研究，以兼容并蓄的精神吸收一切马克思主义在当代发展的优秀成果，同时避免研究领域参差不齐，就必须厘清“后马克思主义与马克思主义的关系、与经典西方马克思主义的关系、与后现代主义的关系”。他特别强调，这一点对于近些年兴起的“马克思学”研究的健康发展尤为重要。马克思学的研究范畴从一切有关马克思主义经典著作的文本研究转换到重建并创造中国马克思学，然而这种定论滋生了许多困惑，因为文本研究并非马克思学的专利，其本身也是马克思主义研究的一部分，创造中国的马克思学并没有特别的积极意义，这是健康开展国外马克思主义研究的过程中不可回避的问题。他进一步说明，划界问题有着强烈的现实诉求。提出划界的意义与马克思主义研究的特性密切相关。辩证唯物主义和历史唯物主义的研究方法不同于实证主义研究方法，它致力于人类社会发展的批判，包含着一种与时俱进的时代意义，也就是要“与人类历史进程在每一个时代重新对话”。因此，在引入和解读国外马克思主义相关理论时，要坚持揭示其同马克思思想内在关系的“理论逻辑”和揭示其对马克思思想在当代实践中的修正和创新的“现实逻辑”，既避免“六经注我”式的断章取义，又防止“我注六经”式的固守僵化，在“马克思经典阐释和马克思思想当代价值的阐发”中寻求平衡，在马克思主义研究一脉相承的连续和马克思主义理论与时俱进的创新中实现统一。①衣俊卿划界意识的提出引起了从事国外马克思主义研究的学者的关注和热烈讨论。

二、关于国外马克思主义意识形态理论的研究

从早期的西方马克思主义到当今的后马克思主义思潮，意识形态一直是核心的问题之一和研究的热点。杨生平教授分析了西方马克思主义意识形态研究的两次转向，并专门探讨了詹明信意识形态理论的意义及其局限。他指出，对马克思和恩格斯意识形态思想的双重含义的各执一端，导致西方马克思主义意识形态研究经历了两次转向：一次是早期卢卡奇及法兰克福学派等发挥了“虚假意识”思想，完成了意识形态的认识论转向。卢卡奇、葛兰西着重研究意识形态与文化、政治领域的关系，认为只有无产阶级用成熟的意识批判取得了意识形态领导权，才能实现革命的胜利；法兰克福学派则认为以批判瓦解虚假的意识形态控制才是政治斗争制胜的保障。另一次则是阿尔都塞、齐泽克、詹明信等继承了“观念上层建筑”的思想内涵，完成了意识形态的存在论转向。随着资本主义文化融合及后现代主义对宏大叙事的批判，着力于意识形态对现实问题的解决更容易摆脱解释的困境，他们借助拉康的结构主义精神分析学方法，指出资产阶级是通过意识形态国家机器幻化、同化大众精神以实现社会生产关系再生产的，斗争的方法则是瓦解不同原型的意识形态之间的“缝合点”（齐泽克）。杨生平指出，割裂马克思和恩格斯意识形态的两重意义，是无法完成批判工作的，而要“根据历史条件创造性地发展马克思主义意识形态理论，并最终把它落实在行动之中”②。杨生平认为，詹明信对马克思主义意识形态理论的理解和形式划分则有助于理解这一理论的性质与变革意义。他认为意识形态是弥合现象与本质之间差距的一种方法，其弥合机制在于历史主义、唯物主义和辩证法，即每个历史阶段人类的认识水平不同、不同的生产方式决定了意识形态的区别、意识形态是不断发展的历史过程，因此不存在所谓的“意识形态终结论”，甚至意识形态仍在阶级社会存在着对抗意义，因此说马克思主义意识形态是理论与实践的统一。他还按时间标尺把意识形态分为“老式意识形态模式”和“现代意识形态模式”，这与意识形态两次转向的逻辑大体一致。杨生平同时指出了詹明信局限于文化领域的理论瑕疵，并认为分析当今意识形态理论变化，必须做好三个区分：一是区分宏观意识形态与微观意识形态，结合体制批判和制度批判，完成总体批判和部分批判的统一。二是区分意识形态与意识形态功能，避免混淆对社会关系的客观反映和社会关系塑造。三是区分意识形态与泛意识形态。不能把一切二项对立都归结为意识形态问题，意识形态解决的仅仅是阶级对立关系。③

张秀琴教授撰文介绍了英国“新左派”马克思主义者威廉斯的“文化唯物主义”意识形态论。她提出，威廉斯意识形态论是建立在“新左派”马克思主义立场上、以历史唯物主义为基调的整体性文化观，其核心内容是马克思以“基础－上层建筑”为中心的意识形态理论考察，总结了作为阶级意识、作为虚假意识、作为精神生产的三种意识形态。另外，威廉斯还推展了传统意识形态的替代概念，包括更体现个体实践意识“流动性”的“感受结构”和更体现信仰和价值体系之外“整体性”的“领导权”。因此，张秀琴认为威廉斯的理论既包含着传统马克思主义意识形态论影响下的对“唯物论、阶级论和政治属性的强调”，又包含着“西方马克思主义影响下的历史论、总体论和文化属性的凸显”④。

孔明安在一篇文章中分析了拉康－齐泽克所谓的快感与意识形态的关系：拉康提出的大他者快感(jouissance of the other)——能引发无限欲望的想象中的完全快感——与意识形态相关；齐泽克继承了拉康的快感分析，进一步提出了超我快感的概念，弥补了大他者快感规定的公共法则的空白之处，开创了结合精神分析与现代意识形态的研究方法。超我快感作为某个群体共同遵守的潜规则，它隐藏在制度中，因此“完全是意识形态的形式化的快感”⑤。另外，孔明安还撰文梳理了齐泽克的三种意识形态划分，即作为教条教义、服务于某种权力利益的“自在的意识形态”，作为意识形态国家机器的机构、仪式的“自为的意识形态”，还有作为实践结构假定的“自发性意识形态”，总结出以精神分析法建构的现代意识形态是建立在“原质”追求上的非虚假的幻想，从而为国内意识形态研究理论提供了一种新视角。⑥

三、关于国外马克思主义正义理论的研究

随着公平正义话语体系的日渐升温，近年来对国外马克思主义正义理论的研究也呈增长趋势。

段忠桥教授介绍了科恩的社会主义道德辩护理论。他指出，科恩在以公有制界定社会主义制度的基础上，认为只有社会主义才能实现平等生活，而资本主义私有制注定导致不平等。然而，科恩否认社会主义实现的必然，而认为人们通过自由民主的方式表达并实现意愿才是合理的途径，因此需要以社会主义道德辩护推动人民选择社会主义。在他看来，经典马克思主义的历史唯物主义方法论基础决定了社会主义制度下平等实现的必然性，对道德辩护的强调相对没那么重要。然而马克思和恩格斯对工人阶级的假定并不符合当今工人阶级特征，况且生产力也没有发展到物质极大丰富的阶段，因此当今对社会主义的论证更多地需要道德辩护。当今的资本主义社会中，穷人不一定是被剥削者，因此平等超越了脱贫的意义，更体现为利益与负担的平等。而且，科恩表明了这种平等的可行性，只要合理把握技术规则，便可以调动人性中的慷慨倾向，推动社会平等的最终实现。这种思路对充分发挥人的主观能动性，促进社会主义必然趋势的实现有着积极意义。⑦

周凡研究员通过对“塔克尔－伍德命题”的分析，论证了正义问题在马克思思想中的地位。首先，他介绍了罗伯特·塔克尔有关马克思鄙夷正义的思想——资本主义可以是正义的，分配不公平并没有带来资本主义的不正义。因而革命无关崇高的道德法则，不是在两个阶级的对抗中寻求一种利益平衡，只是顺应无情的社会运动规律，将资本主义连带其正义连根铲除。其次，他也介绍了艾伦·伍德对塔克尔思想的继承和补充，伍德论述了马克思否定资本主义非正义的坚定性，他梳理了唯物史观的发展史，指出马克思以物质生活关系而非“法的关系”作为研究的起点，因而正义在其中没有显著的重要性，相反它是被生产方式所决定的。再次，他又引介了胡萨米对伍德的批判，胡萨米避开了伍德太过于强调正义依附性的缺陷，免于掉入只要与生产方式相一致便是正义的陷阱，提出是生产方式和阶级利益共同决定了上层建筑层面的正义。最后，他提出马克思仅仅是客观描述了制度性的事实，揭露了资产阶级所谓“正义”的虚伪性，提出单纯从正义批判的角度是无法顺应历史潮流的，从而廓清了正义在其思想中的真正地位。⑧

四、关于国外马克思主义辩证法理论的研究

黄继锋教授撰文比较了西方马克思主义对马克思辩证法的三种解释，勾画并评价了卢卡奇的总体性辩证法、阿尔都塞的结构辩证法和奥尔曼的内在关系辩证法。文章总结道：卢卡奇反思了第二国际机械的经济决定论对无产阶级革命意识觉醒的阻碍后，力图恢复黑格尔总体精神来革新辩证法，强调社会是统一的历史进程，是同一的主客体自我实现的过程，因此认为革命的胜利取决于既为主体又为客体的无产阶级意识的成熟。阿尔都塞则认为卢卡奇理论的意识形态色彩过浓，提出了复杂结构整体的多元决定论，强调整体内各个层次、不同矛盾的联系，从而涣散了主体，认为人仅是关系的承担者。奥尔曼力图维护马克思主义科学性与革命性的统一。他提出事物的内在关系统一于整体的事物中，整体与部分相互依存，部分推动整体发展。这在阿尔都塞横向思维的局限上又加了一条纵向的轴，体现了历史的向度。黄继锋指出，卢卡奇的理论是批判经

济宿命论的有力武器，然而过分强调意识的作用使得他最终陷入了主观唯心主义，从而失去了科学性；阿尔都塞则过度强调科学分析，忽视了历史研究的意义而失去了马克思主义的革命性；奥尔曼在继承卢卡奇和阿尔都塞辩证法合理性的基础上，弥补了其中的不足，为当今研究马克思主义辩证法提供了新的参考。[⑨]

仰海峰教授则从马克思思想的双重逻辑角度分别探讨了卢卡奇和阿尔都塞辩证法。他从德国古典哲学的发展阐述了卢卡奇主体－客体的历史辩证法产生的逻辑，肯定了物质生产过程中劳动主体的力量以及主体性思路对于激发无产阶级意识的积极作用，然而也指出了这种思路无法解决资本主义矛盾问题。因此，他又介绍了阿尔都塞对马克思主义人本学的批评和对结构主义辩证法的构建。阿尔都塞认为1845年前后马克思的思想发生了断裂，从意识形态转向科学，认为资本的运行中人无非是经济关系的人格化，历史表现为无主体的多元决定结构，超乎了主体意识形态，体现了资本逻辑中的结构辩证法。最后，仰海峰提出马克思思想变革的意义在于生产逻辑和资本逻辑的统一，其中后者是马克思思想的根本主题，主体－客体思路无法进入其中。而阿尔都塞的不足在于容易陷入纯粹的经济决定论，因而重视资本逻辑的社会结构化是马克思思想的核心，是日后开展马克思思想研究的新思路。[⑩]

五、关于后马克思主义的研究

曾枝盛教授从生成学的角度对后马克思主义问题进行了研究。他强调要在概念模糊、错综庞杂的后马克思主义概念中区分广义和狭义的必要性，将拉克劳墨菲带有“后现代主义”特征和倾向的狭义后马克思主义列入“狭义后马克思主义”范畴，有利于话题明晰与学术探讨。类比“马克思主义”与“后现代主义”这些术语从提出到确立的过程，“后马克思主义”的概念尽管很早就被提出，但却要经过一定阶段才能被确认和评估。曾枝盛指出，后马克思主义受法国结构主义和马克思主义晚近的“非正统”转向的影响颇深，自萨特的存在主义马克思主义，经由列斐伏尔的日常生活批判，到阿尔都塞的结构主义和德里达的解构主义，再到鲍德里亚的符号政治经济学批判等，而拉克劳墨菲的理论恰好生逢其时，赶上了苏东剧变后意识形态空场的机遇，从而占据了决定地位。[⑪]

对鲍德里亚思想的研究是今年研究的一个热点。仰海峰就其镜像理论做了阐述与评价，他指出，鲍德里亚发展了拉康的镜像认同，继承了阿尔都塞的意识形态观，认为马克思的政治经济学批判始终没有跳出资产阶级意识形态、没有超越古典政治经济学分析框架，因而没有实现彻底的批判，尤其是当生产逻辑被现代性的符号逻辑所取代时，马克思的分析更无法适应当今资本主义的变化。按照同样的批判思维，鲍德里亚还认为德鲁兹陷入了欲望之镜，福柯陷入了权力之镜，而这种幻觉势必要被另一种文明打破，这种文明是以符号和象征交换为原型的。[⑫]陈慧平就其辩证法思想进行了研究，肯定了鲍德里亚系统辩证法对传统辩证法以人为永恒主体突破的先进性，提出了鲍德里亚从事实分析而非价值判断上揭示人的受动性的积极意义，确认了鲍德里亚在哲学立场上与马克思发展观的一致性。[⑬]仰海峰教授还撰文分析了后期鲍德里亚思想中“超真实”“拟真”“内爆”三个重要概念。鲍德里亚在符号消费社会理论的基础上提出，随着电子计算技术的发展，对编码、模型的复制构成了一切，“拟真”占据了主导地位，人不能再主动感知世界，而是被动地回应符码的指令。支配社会的由传统时代的价值自然规律，到工业时代的价值商品规律，再到符号时代的价值结构规律，“真实”世界开始消失，人类进入理性瓦解的“超真实”世界。在这个世界中，扩张的世界开始收缩，信息的爆炸带来了效应大于真理的追求，主体与客体的边界模糊化在“内爆”状态下二元对立趋于消除。仰海峰认为晚期鲍德里亚发现其思想逐渐陷入了他早期的镜像理论，从而完全走向了对客体世界的认同。[⑭]

六、关于马克思学的研究

张秀琴教授参考加拿大马克思研究者马塞洛·穆斯托主编的《今日马克思》一书，梳理了近十年西方主要国家马克思思想研究的最新进展。她撰文总结，德国借助MEGA 2丰富的一手资料在马克思的政治经济学方面占据了学术制高点，对马克思价值学说的成长、马克思和恩格斯的关系及20世纪六七十年代前的马克思思想传播史都提出了新颖的见解；法国“回到马克思”的思想十分浓厚，并且体现在对文本的学术关怀上，淡化了过去马克思思想研究的政治色彩；意大利更倾向于解读前辈的马克思主义学说，从学术的角度更多地关心哲学和经济学问题，不赞成马克思主义的政治化；英国和北美的左翼期刊影响力很大，是马克思思想研究的主要载体，大量年轻学者们积极参与，更多地对现实问题进行关注，如生态问题和帝国问题等；俄罗斯则致力于恢复文本学优势，组织了“马克思解释学派”，出版了“马克思学”式论文集等；日本的马克思主义研究则一直同自身的资本主义发展问题结合甚密，因此研究焦点在于马克思的政治经济学批判理论，并运用了文献学研究方法分析“手稿”，强调研究的实践意义。各国研究的参考资料都在不断拓展，研究内容进一步细化和创新，国际间学术交流也不断增多。整体趋势表现为由欧洲大陆向英美转移、由发达国家向新兴国家转移、从意识形态话题向政治社会话题转移，但共同的目标却是回归马克思以寻求医治现代资本主义的良方。[15]

另外，我国学者对国外马克思主义的研究也逐渐被西方学界所关注，曾枝盛教授主编的《国外马克思主义研究最新进展》一书被译成英文，由英国克努特国际集团出版。

注：

①衣俊卿：《关于国外马克思主义研究现状的审思》，《马克思主义与现实》，2011 年第 5 期。

②杨生平：《论西方马克思主义意识形态理论的存在论转向——兼论马克思主义意识形态理论》，《贵州社会科学》，2011 年第 1 期。

③杨生平：《意识形态及其诸形式——詹明信意识形态理论述评》，《哲学动态》，2011 年第 2 期。

④张秀琴：《威廉斯的“文化唯物主义”意识形态论研究》，《哲学动态》，2011 年第 2 期。

⑤孔明安：《精神分析维度中的实体概念浅析》，《哲学动态》，2011 年第 1 期。

⑥孔明安：《深化精神分析维度中的意识形态研究》，《世界哲学》，2011 年第 5 期。

⑦段忠桥：《社会主义优于资本主义在于它更平等——科恩对社会主义的道德辩护》，《学术月刊》，2011 年第 5 期。

⑧周凡：《历史漩涡中的正义能指——关于“塔克尔—伍德命题”的若干断想》，《马克思主义与现实》，2011 年第 3 期。

⑨黄继锋：《总体性辩证法—结构辩证法—内在关系辩证法——西方马克思主义对马克思辩证法的三种解释比较》，《理论视野》，2011 年第 2 期。

⑩仰海峰：《从主体、结构到资本逻辑的结构化——反思关于马克思思想之研究模式的主导逻辑》，《哲学研究》，2011 年第 10 期。

⑪曾枝盛：《论后马克思主义的生成学问题》，《南京大学学报》，2011 年第 2 期。

⑫仰海峰：《现代性的镜像认同：鲍德里亚论马克思、德鲁兹与福柯》，《现代哲学》，2011 年第 4 期。

⑬陈慧平：《鲍德里亚的辩证法及其人文意义》，《马克思主义与现实》，2011 年第 4 期。

⑭仰海峰：《超真实、拟真与内爆——后期鲍德里亚思想中的三个重要概念》，《江苏社会科学》，2011 年第 4 期。

⑮张秀琴：《21 世纪国外马克思思想研究的最新进展与方法创新——兼评〈今日马克思〉》，《学海》，2011 年第 3 期。

（作者：黄继锋，中国人民大学教授；
王明哲，中国人民大学博士生）

哲 学

马克思主义哲学

王 东 王晓红

认真梳理哲学界一年来学术研究状况，发现开掘源头和不断创新依然是 2011 年马克思主义哲学研究的主要趋势。它主要涵盖以下六个具有生长点意义的重大问题：马克思主义哲学创新、马克思主义哲学中国化持续推进、唯物史观新探讨、马克思文本研究深入开展、文化观研究新进展、价值观新探。接下来，我们从上述六个方面对马克思主义哲学研究状况作概括性的考察，从而为马克思主义哲学的深入研究、理论创新提供新的借鉴。

一、马克思主义哲学创新

创新是我们当下最重要的时代课题。由当代中国著名哲学家、北京大学资深教授黄枬森领衔主创的《马克思主义哲学创新研究》丛书，于 2011 年 7 月由人民出版社出版，全书共 4 卷 5 册，247 万字。2011 年 8 月 26 日，由北京市社科联、教育部社科中心、人民出版社、北京大学哲学系联合主办的“马克思主义哲学创新研究”出版座谈会在北京大学举行。教育部、中宣部、北京大学等单位领导同志，当代中国著名马克思主义哲学家邢贲思、陈先达、庄福龄、杨春贵、侯树栋、许志功等，以及中国社会科学院、中央党校、中央编译局、北京大学、清华大学、中国人民大学、中国政法大学、国防大学、北京市委党校等高等院校和科研机构的近百位专家学者参加了座谈会。与会学者充分肯定，由年已九旬的北京大学资深教授黄枬森主持并担任编委会主任的大型系列学术专著《马克思主义哲学创新研究》，是改革开放新时期哲学创新的重大成果，具有重大的学术价值与现实意义，指出这个学术团队作出的主要哲学创新是以辩证唯物主义哲学世界观为一条红线，实现辩证唯物主义、历史唯物主义一体化，使马克思主义哲学更好地熔为一块整钢，更好地体现“创新哲学，改变世界”的马克思主义哲学精神实质。

第一部是由北京大学教授黄枬森主编的《马克思主义哲学体系的当代构建》，这是此项国家社科基金重点项目的最终研究成果的重点。本书分为上、下两册，以辩证唯物主义世界观为主线，把历史唯物主义乃至新型价值观都熔为一炉，构成一个有机整体、新型体系。书中指出，马克思主义哲学体系构建的具体过程首先是以明确的对象、适当的组成部分、真实的内容和严密的结构等四项要求来分析传统的辩证唯物主义和历史唯物主义体系的是非得失，然后舍弃其失误或过失之处，保留其科学成分，并结合时代精神的发展，构建一个符合上述四项要求的新的哲学体系。其结果就是本书构建的马克思主义哲学体系：一个整体是辩证唯物主义世界观，5个部门哲学是辩证唯物主义历史观、辩证唯物主义人学、辩证唯物主义认识论、辩证唯物主义价值论和辩证唯物主义方法论。其中，世界观包括自然观，历史观包括实践观，人学包括人生观。本书是对马克思主义哲学体系的坚持、发展与创新，是一部带有重大理论突破价值的学术著作。[①]

第二部是由北京大学王东教授主编的《时代精神与马克思主义哲学创新》，提出了集中体现时代精神的危机创新时代观与综合创新哲学观。本书分为七篇26章，立足于全球视野与中国实践，作出了马克思主义时代观的新回答，提出了马克思主义哲学创新的新思路。“从哲学高度看时代”“从时代高度看哲学”是本书的主题；危机创新时代观与综合创新哲学观是本书两大焦点问题与核心理念，由此决定了本书内容的三个层次。首先，本书阐明了改变世界面貌的三大时代潮流、决定全球化命运的三个基本矛盾、新型文明难产期的六大危机，尤其是当代国际金融危机背后的全球资本主义普遍危机。其次，提出了走出危机的综合创新之道，主张中国走“古今中外、综合创新”大道，把科学创新、技术创新与中国特色社会主义市场经济的制度创新、文化创新有机地统一起来，构成四大支柱，支撑中国到2020年成为21世纪创新型国家。最后，本书提出了哲学创新的全新思路，指出了马克思主义哲学当代化、中国化、系统化、大众化的创新之道。本书为中国创新奠定了坚实的哲学基础，是一部阐发时代精神、把握时代脉搏的创新之作。[②]

第三部是清华大学曾国屏教授主编的《现代科学技术与马克思主义哲学创新》，深入研究了现代科学技术革命中的哲学问题。在导言中，本书首先概括了一幅现代科学技术与马克思主义哲学创新的总图景：现代科学技术扩展了人的视野，革新了宇宙观和世界观；科学技术成为第一生产力，推动人类社会走向知识社会；人与自然关系走向全新阶段，走向生态文明和生态自然观；科学技术与人文社会强烈作用，对人的素质提出了新要求。[③]

第四部是由北京大学赵敦华、孙熙国教授主编的《中西哲学的当代研究与马克思主义哲学创新》，深入分析了中西哲学的当代研究对马克思主义哲学创新的重要意义。本书分为上、下两篇，上篇是中国哲学与马克思主义哲学创新，下篇是西方哲学视野中的马克思主义哲学创新。本书从中国哲学和西方哲学当代研究的视角出发，探讨了马克思主义哲学创新的基本内容和实现路径。[④]

袁贵仁和杨耕系统梳理和探究了马克思主义哲学教学体系的形成和演变，认为马克思主义哲学教学体系就是一种特殊的解释系统。任何一种解读、解释都会受到各自的历史条件、文化传统、实际需要、知识结构和价值观念的制约，因此，马克思主义哲学教学体系在不同的国家及其不同的时期必然具有不同的形式。改革开放以来，中国学者对马克思主义哲学教学体系的新探索，是沿着深化马克思主义的实践观点，以实践观点为首要观点、核心范畴和建构原则，以实践唯物主义、辩证唯物主义和历史唯物主义的统一为宗旨这一研究路径展开的。《马克思主义哲学基础》、《辩证唯物主义原理》（修订本）、《历史唯物主义原理》（修订本）、《马克思主义哲学导论》、《辩证唯物主义和历史唯物主义原理》（第4版）、《马克思主义哲学高级教程》、《马克思主义哲学》等的出版是中国学者探索的新成果，但问题远未根本解决。[⑤]

12月8—9日，由中国社会科学院、中共海南省委、海南省人民政府主办，12家哲学一级学会协办，以“哲学创新与当代中国发展”为主题的“中国哲学论坛（2011）”在海口市隆重举行。论坛设立11个分论坛，与会者从不同学科、不同层面围绕着当代中国哲学面临的重大课题进行了深入思考和探讨。李景源强调，中国哲学要关照时代发展，做时代的思考者，特别要关注国外学者向中国提出的一系列理论问题。韩树英说，文化大发展大繁荣首先应是哲学大发展，哲学解决的是世界观问题，意义重大。许志功认为，辩证唯物主义的基础是马克思主义哲学。周文彰说，马克思主义哲学的创新点在现实。徐崇温指出，中国道路的形成有马克思主义哲学的重要指导。庞元正论马克思主义哲学创新的路径。[⑥]

二、马克思主义哲学中国化持续推进

2011年是中国共产党建党90周年。中国共产党的90年，是把马克思主义与中国实际相结合的90年，是马克思主义中国化、时代化、大众化的90年。学者们对建党90年与马克思主义哲学中国化的关系研究，成为当代马克思主义哲学研究的重要议题。国内学界召开了多次以此为主题的理论研讨会。

2011年6月11日，由中国辩证唯物主义研究会、中共中央党校哲学教研部、国防大学中国特色社会主义理论体系研究中心联合主办的“马克思主义哲学与中国共产党90年理论研讨会”在国防大学召开，中国社会科学院常务副院长王伟光作了题为《马克思主义在中国的伟大胜利》的主题报告。与会者认真总结了90年来马克思主义哲学中国化、时代化、大众化的基本历程、基本成就、基本经验，深入分析了当前我国马克思主义哲学研究的重大理论和前沿问题，探讨了在新形势下推进马克思主义哲学创新的一系列问题。6月8日，“马克思主义中国化论坛·2011”在中国人民大学举行，程天权、李捷、李忠杰、李君如等首都理论界的专家学者围绕“中国共产党90年与马克思主义中国化”这一主题，深入研讨了中国共产党在革命、建设、改革过程中努力实现马克思主义中国化的基本历程和积累的主要经验。12月1日，由中央编译局、光明日报社和北京大学联合主办，中央马克思主义理论研究和建设工程“马克思主义经典著作基本观点研究”课题组、中国马克思恩格斯研究会、中央编译局马克思主义研究部、北京大学哲学系、马克思主义与现实杂志社共同承办的为期两天的第八届“全国马克思主义论坛”在京举行。参加论坛的理论学术界100多位专家学者，围绕“马克思主义在中国的传播”“马克思主义中国化的成果与经验”“中国化马克思主义与当代中国”“中国化马克思主义与当代世界”“中国共产党与马克思主义中国化”等议题展开了深入研讨。

王伟光指出，“中国特色社会主义理论体系”是中国现代化实践逻辑的真实体现，是中国人民对时代精神的深刻表达，也是当代中国学术走向世界的引领旗帜。从这个意义上说，中国哲学社会科学的最高成就，就是对社会主义中国的发展模式、发展经验和发展道路的理论总结与学术建构，这也是马克思主义社会形态理论得到丰富和发展的希望所在。⑦

庄福龄从《共产党宣言》看马克思主义中国化，认为马克思主义的生命力在于不脱离国情、不脱离时代、不脱离人民。党的十七大提出的科学发展的道路，也是《共产党宣言》坚持唯物史观的必然趋势。⑧

陈先达认为，中国共产党90年的历程艰难曲折而又灿烂辉煌，在革命、建设和改革这三个30年中，始终坚持马克思主义中国化的理论和实践，坚持实事求是的思想路线，坚持科学世界观和思维方法。中国共产党树立马克思主义在意识形态中的指导地位，牢记苏共亡党亡国的教训，重视当代中国马克思主义和马克思主义中国化理论研究，在中国特色社会主义道路上奋勇前进。⑨

杨河指出，辛亥革命的发生、新民主主义革命的胜利、“文化大革命”的结束、中国特色社会主义道路的开辟，是推动民族复兴大业的四次历史性总结，有丰富的经验，也有深刻的教训。中国共产党成立以后，承担起领导中国人民实现民族复兴的历史重任，90年来取得了辉煌成就。在新的历史条件下，进一步加强党的自身建设，提高执政能力，保持走在时代前列的先进性，对于实现民族复兴具有极其重要的意义。⑩

许全兴指出，我们党是靠马克思主义哲学而建立、发展和取得胜利的。我国革命、建设和改革开放的伟大胜利，是马克思主义哲学在中国的伟大胜利。重视哲学的学习、研究和运用，是我们党的优良传统。在建设马克思主义学习型政党时，我们要倍加珍惜这一传统、弘扬这一传统，加强马克思主义哲学的中国化、时代化和大众化，从根本上提高党的理论修养和执政能力。⑪

衣俊卿指出，我国是世界上翻译出版马克思主义经典著作最多、最全的国家。我们所翻译的著作文本具有系统性和完整性，所表达经典著作的思想理论观点具有全面性和可靠性。它们为我们党的理论创新提供了源源不断的思想资源和理论基础。百年经典著作编译事业以著作文本的中国化为马克思主义理论的中国化奠定了坚实基础，作出了突出贡献。⑫

郭建宁认为，党的十七大以来马克思主义中国化研究的总体态势和前沿问题是：深入研究与阐发中国特色社会主义理论体系是主题；毛泽东社会主义建设思想与中国特色社会主义理论体系的关系是热点问题；关于马克思主义大众化的研究是亮点；马克思主义中国化与中华民族共有精神家园相结合是新的生长点；从整体上推进马克思主义中国化、时代化、大众化是当前的重大课题。⑬

三、唯物史观新探讨

近年来，历史唯物主义始终是中国马克思主义哲学研究者关注的重大问题。国内学者主要围绕什么是历史唯物主义、历史唯物主义的文本解读、历史唯物主义的中国现实关注等问题展开深入探讨。陈先达教授认为，历史事实、历史现象和历史规律是理解历史唯物主义的关键词。中共中央党校侯才教授认为，马克思的唯物史观内含以实践为基础的自然观，实际上是自然观与社会历史观相统一的一元论历史观；恩格斯则将马克思唯物史观的对象和适用范围限定在单纯的社会历史观领域。北京大学王东教授通过重读《德意志意识形态》的“费尔巴哈”章，揭示了唯物史观的原生结构，并提出现实个人起点论、历史发展过程论、社会矛盾动力论等若干观点。中央编译局鲁克俭研究员认为，《1857—1858年经济学手稿》与《〈政治经济学批判〉序言》

在唯物史观问题上不存在矛盾；马克思的唯物史观不仅为共产主义社会提供了实证研究，而且有“自我实现的伦理学”[14]。

王东、贾向云认为，马克思留下的晚年笔记群是一个巨大的理论宝库，对这些笔记群的考察有利于我们更好地把握马克思晚年思想的理论内容和精神实质，更深入地了解马克思晚年思想所实现的哲学创新。晚年马克思既没有放弃、中断《资本论》的写作，更没有处于“慢性死亡”，而是在认真考察、全面系统研究世界发展新形式的基础上，深化和拓展了唯物史观理论，将自己的理论上升到世界史观的高度，实现了重大的哲学创新。[15]

魏小萍指出，被看作是马克思和恩格斯所创立的唯物史观的核心思想即“社会存在决定社会意识”，并不是马克思的用语，也不是马克思和恩格斯在《德意志意识形态》中的用语，马克思更加强调具体的人的意识或者主体的意识，而非一个社会的主流意识、意识形态、群体意识。马克思对感性人的认识以及马克思的“意识观”中既包含理性因素，又包含欲望这一非理性因素。[16]

安启念认为，考察马克思在政治经济学研究中对唯物史观的运用是全面理解其唯物史观思想的重要途径。在《1857—1858 年经济学手稿》中，马克思一方面用物质生产力对资本主义社会的各种经济现象作了深刻分析，另一方面又强调这些现象和物质生产力都是在劳动实践的基础上不断发展着的。他对资本主义社会的研究包括纵向和横向两个维度，既唯物主义地说明了社会各因素之间的关系，又唯物主义地说明了这些因素的历史发展。以往我们对唯物史观的纵向维度重视不够，对其历史性缺乏深度挖掘，没有全面反映马克思的唯物史观思想。[17]

四、马克思文本研究深入开展

马克思的文本研究继续深入开展。国内学者围绕着马克思的经典文本《1844 年经济学哲学手稿》《德意志意识形态》《关于费尔巴哈的提纲》《资本论》等，阐发了有启发意义的新观点。

王东、纳雪沙通过对《1844 年经济学哲学手稿》（以下简称《手稿》）文本的解读，批判了以下两种观点：一是认为“异化主线论”是《手稿》的逻辑主线，二是认为《手稿》中存在“人本学异化劳动逻辑”和“客观唯物主义逻辑”两种相互矛盾、截然对立的主线，指出《手稿》中贯穿的一条逻辑主线是“新唯物主义实践观”。异化劳动和对象化活动是实践观的两个层面，二者是特殊与一般的关系；可以用一般的实践观说明异化劳动和对象化活动。“新唯物主义实践观论纲”中的 11 个方面，在马克思以后的思想发展中也不断地扩充和丰满。[18]

安启念探讨了《关于费尔巴哈的提纲》第一条，认为其既批判了不从人、人的实践活动和主体方面出发理解世界的旧唯物主义，也批判了离开唯物主义立场抽象弘扬人的能动性的唯心主义。马克思的实践概念是人的能动性和受动性的结合，是对唯物主义和唯心主义简单对立的超越。我国 20 世纪 80 年代出现的实践唯物主义思潮，只强调马克思对旧唯物主义的批判，强调人的主体性的重要，忽视了马克思对唯心主义的批判，因而没有全面把握马克思实践概念的深刻内涵。[19]

韩立新梳理分析了日本对《政治经济学批判大纲》的研究。仰海峰以《资本论》第一卷为核心，讨论了资本逻辑与空间规划之间的内在关系。杨学功探讨了《马克思恩格斯全集》历史考证版（MEGA 2）编纂过程中的“头等问题”，即马克思和恩格斯的学术思想关系。[20]

聂锦芳指出，《德意志意识形态》中的第 2 卷详尽地对比了格律恩的《法兰西和比利时的社会运动》与卡贝的《伊加利亚旅行记》之间的关联与差异，说明格律恩式的写作是一个“失败”的案例。马克思、恩格斯的揭露和分析涉及“历史解释学”中一系列关键性问题，在跨时空、跨文化间的精神交流和思想史写作更为普遍和深入的当代，其价值愈益凸显，值得我们重视。[21]

文献是文本研究的基础。2011 年 11 月 15 日，来自世界主要的马克思主义文献收藏、编译与研究机构，即俄罗斯国家社会政治档案馆、荷兰阿姆斯特丹国际社会史研究所、英国伦敦马克思纪念图书馆、德国柏林《马克思恩格斯全集》促进协会、比利时布鲁塞尔马克思主义研究所、日本《马克思恩格斯全集》历史考证版编辑小组等相关机构的代表，以及国内研究和宣传马克思主义理论的重要高校——北京大学、清华大学、南京大学、武汉大学、中山大学、黑龙江大学和徐州师范大学的近百名专家学者齐聚北京，在见证“中共中央编译局马克思主义文献典藏研究中心”成立后，围绕马克思主义文献典藏与研究，进行了广泛而深入的交流和研讨。

五、文化观研究新进展

党的十七届六中全会通过了《中共中央关于深化文化体制改革、推动社会主义文化大发展大繁荣若干重大问题的决定》，这对于进一步兴起社会主义文化建设新高潮，坚持文化传承创新，推动文化发展繁荣，具有重大而深远的意义。学者们围绕着这一重大时代命题和深刻理论创见，展开了广泛深入的理论探讨。

许全兴指出，建设民族的、科学的、大众的、现代化的新文化始终是毛泽东追求的目标。毛泽东的文化观兼有革命家文化观和学问家文化观的优点。他的文化观内容丰富，其核心观点则是关于文化、政治和经济三者关系的辩证的、历史的唯物主义说明。他对文化建设中的“中外”问题、“古今”问题等均有精辟的阐述。坚持辩证的历史的唯物主义文化观对当今社会主义文化建设具有重要的意义。[22]

衣俊卿指出，真正的文化自觉应当是在各项文化事业、文化产业和文化活动中，自觉地凝聚和构建满足人民群众文化需求、引领个体和社会健康发展、激发民族创造力和凝聚力、推动中华民族伟大复兴的核心价值理念和精神力量，建设好中华民族在当今时代安身立命的共有精神家园。[23]

郭建宁指出，中国先进文化是凝聚和激励全国各族人民的重要力量。它渊源于中华民族五千年的文明史，又植根于中国特色社会主义的实践，具有鲜明的时代特征。中国的文化建设应该坚持文化传承创新，在弘扬中华优秀传统文化的基础上创造出中华文化新的辉煌文化传承与文化创新是内在统一的。传承是基础，创新是生命，两者不可偏废。中国共产党既是中华优秀传统文化的忠实传承者和弘扬者，又是中国先进文化的积极倡导者和发展者。[24]

杨金海指出，由闭关自守到被动学习——“中体西用”，到全面接受——“西体中用”，再到综合创新——“中国模式”，说明中国人的思维方式发生了深刻转变，其本质是要把中国传统优秀文化、西方传统优秀文化以及马克思主义文化相融合，并与中国社会发展实际相结合，创造一种新的有中国特色的现代社会发展模式，是一种比较成熟的理念和思维方式。[25]

夏文斌认为，和谐文化是文化建设的本质和目标。和谐文化产生于人类实践活动中，是人的自由自觉活动的体现。[26]

六、价值观新探

“社会主义核心价值体系”的提出，与之相关的“提炼社会主义核心价值观”的要求，关于“普世价值”的争论，是近几年国内学界关注的重要哲学问题。

李德顺指出，应明确区分“价值”和“价值观念”、“普世价值”和“普遍真理”。普世价值意味着人的生命普遍性和人类的共同利益，不意味着某种人的个性和特殊利益的绝对统治；意味着人们对自己普遍权利和责任的自觉担当，不意味着取消多元主体和剥夺人的个性；意味着它是人们相互尊重、理解、交流和合作的基础，不意味着它可以成为任何人制造霸权、专制、迷信、强迫和恐惧的借口。总之一句话，意味着“和而不同”，不意味着任何人“唯我独尊”。他明确提出，“公平正义”既是中国也是当代世界的价值诉求。[27]

韩震认为，“民主”“公正”与“和谐”应该是体现中国特色社会主义制度和道路的核心价值观，其中“和谐”是具有中华民族特殊文化内涵和意义的价值观。“和谐”是基于中国文化传统的价值观；是体现社会主义特征的价值观；是具有世界普遍意义的价值观。[28]

丰子义指出，加强社会主义核心价值体系建设是一项系统工程，需要多方面的努力：正确对待民族主义，冲破狭隘的民族视野，对于弘扬和培育中华民族精神、构建社会主义核心价值体系非常重要；强调文化的民族性和相对性、抵制文化霸权的同时，要避免走向文化相对主义；审慎地对待后现代主义，其不能代表文化价值发展的方向，这对于合理引导文化价值研究非常重要。[29]

韩庆祥指出，关于“形与神”，社会主义核心价值体系在我国现代化建设奋斗目标中具有“神”的地位和作用；关于“体与魂”，社会主义核心价值体系之“魂”应贯穿于文化体制、文化产品的创作、生产、传播等“体”之中。[30]

为深入学习贯彻党的十七届六中全会精神，深化社会主义核心价值体系研究，中共中央党校哲学教研部、中共中央党校社会发展研究中心、中国马克思主义研究基金会于2011年11月18日在中共中央党校联合举办以“社会主义核心价值体系与当代中国社会发展”为主题的“哲学与社会发展论坛（2011）”。

注：

①黄枬森主编：《马克思主义哲学体系的当代构建》，人民出版社，2011年版。

②王东主编：《时代精神与马克思主义哲学创新》，人民出版社，2011年版。

③曾国屏主编：《现代科学技术与马克思主义哲学创新》，人民出版社，2011年版。

④赵敦华、孙熙国主编：《中西哲学的当代研究与马克思主义哲学创新》，人民出版社，2011年版。

⑤袁贵仁、杨耕：《马克思主义哲学教学体系的形成与演变》（上、下），《哲学研究》，2011年第10、11期。

⑥周广友：《中国哲学论坛（2011）在海口召开》，《哲学动态》，2012年第1期。

⑦王伟光：《深入研究中国发展道路和发展经验 丰富和发展马克思主义社会形态理论》，《中国社会科学》，2011年第1期。

⑧庄福龄：《从〈共产党宣言〉看马克思主义中国化》，《学术研究》，2011年第3期。

⑨陈先达：《马克思主义中国化的伟大胜利》，《中国特色社会主义研究》，2011年第4期。

⑩杨河：《中国共产党与中华民族的伟大复兴》，《北京大学学报》，2011年第4期。

⑪许全兴：《弘扬重视哲学的优良传统——为纪念中国共产党成立90周年而作》，《中共中央党校学报》，2011年第3期。

⑫衣俊卿：《百年经典著作编译事业与中国马克思主义理论创新》，《天津社会科学》，2011年第

5 期。

⑬郭建宁：《十七大以来马克思主义中国化研究的总体态势与前沿问题》，《大连干部学刊》，2011 年第 7 期；《当代中国化马克思主义研究的几个前沿问题》，《理论视野》，2011 年第 2 期。

⑭臧峰宇：《历史唯物主义与中国问题》，《哲学研究》，2011 年第 2 期。

⑮王东、贾向云：《马克思晚年哲学创新的思想升华——从唯物史观到世界史观》，《教学与研究》，2011 年第 3 期。

⑯魏小萍：《再论唯物史观理论中的意识概念——兼答何丽野教授的商榷》，《哲学动态》，2011 年第 4 期。

⑰安启念：《马克思唯物史观思想的两个维度——从〈1857—1858 年经济学手稿〉谈起》，《中国人民大学学报》，2011 年第 2 期。

⑱王东、纳雪沙：《〈1844 年经济学哲学手稿〉逻辑主线新探》，《北京行政学院学报》，2011 年第 3 期。

⑲安启念：《〈关于费尔巴哈的提纲〉第一条思想再探——兼评我国实践唯物主义思潮的实践观》，《高校理论战线》，2011 年第 6 期。

⑳韩立新：《日本的〈政治经济学批判大纲〉研究——兼论〈大纲〉研究对“日本马克思主义”形成的意义》，《日本学刊》，2011 年第 5 期；仰海峰：《资本逻辑与空间规划——以〈资本论〉第一卷为核心的分析》，《苏州大学学报》，2011 年第 4 期；杨学功：《同一与差异：马克思恩格斯哲学观比较研究》，《马克思主义与现实》，2011 年第 4 期。

㉑聂锦芳：《“德国人”怎样撰写“法国”思想史——以马克思、恩格斯对格律恩的批判为例》，《学术月刊》，2011 年第 2 期。

㉒许全兴：《毛泽东的文化观与文化建设》，《毛泽东邓小平理论研究》，2011 年第 1 期。

㉓衣俊卿：《中国文化建设的国际视野——兼论文化自觉》，《光明日报》，2011 年 10 月 15 日。

㉔郭建宁：《坚持文化传承创新　推动文化发展繁荣》，《光明日报》，2011 年 12 月 23 日；《关于毛泽东新民主主义文化观的几个问题》，《马克思主义与现实》，2011 年第 4 期。

㉕杨金海：《为何要超越中西“体用”之争》，《人民论坛》，2011 年第 12 期下。

㉖夏文斌：《人类实践特质视野中的和谐文化建设》，《中国特色社会主义研究》，2011 年第 5 期。

㉗李德顺：《怎样看“普世价值”?》，《哲学研究》，2011 年第 1 期；《社会主义核心价值与当代普世价值》，《学术探索》，2011 年第 10 期。

㉘韩震：《“和谐”：体现民族传统又具有世界普遍意义的核心价值观》，《理论视野》，2011 年第 12 期。

㉙丰子义：《价值体系建设的若干问题》，《理论视野》，2011 年第 12 期。

㉚韩庆祥：《当前我国核心价值体系建设需注意的几种倾向》，《理论视野》，2011 年第 12 期。

（作者：王东，北京大学教授；
王晓红，中央民族大学讲师）

中国哲学

王威威

2011 年，北京地区的中国哲学研究在各个分支领域均取得了一定进展。从整体上看，关于各期儒学的研究所占比重最大，简帛文献和易学仍然颇受关注，近现代哲学研究有加强的趋势，而道家哲学的研究相对较少，其他各家哲学的研究极少。以下从中国哲学一般问题、先秦两汉儒学、道家哲学与玄学、宋明理学、清代哲学、易学研究、近现代哲学等方面，对北京地区的中国哲学研究情况作一综述。

一、中国哲学一般问题

关于中国哲学一般问题的研究，包括中国哲学与经学的关系、中国哲学的当代形态、中国哲学概念的阐释及中国哲学思想的现代意义等方面。

伴随着“国学热”的出现，近年来经学研究日益受到重视。在这一方面，李存山考察了中国经学发展的历史、哲学观念的引入以及哲学学科的建立与发展等问题。他认为，中国哲学史研究的主要内容是经学中（也包括子学、史学和集部中）讲“天人之道”的那部分义理，这些内容正符合“哲学”这一译名的本义。哲学观念输入以后，学术独立和自由精神取代了经学原有的思维方式和立说方式，如若没有哲学和哲学史的研究，中国学术很可能会回到以前的“所论次者，诂经之说”而已的状态。经学史研究和中国哲学史研究存在着交叉和互补的关系。①

张立文教授提出的“和合学”理论得到了很多学者的响应。彭永捷认为，和合智慧的宇宙论基础是“和生”，而“仁生”则是仁爱思想的世界观。“和生”包含着“仁生”，仁爱是“和合学”的“大本”“大原”。从历史的角度看，“和合学”可以看作儒家仁学的一种当代形态，同时也可以说是一种“新儒学”。[②]

葛荣晋致力于构建中国的“新实学”。他认为这是中国人“文化自觉”意识的体现，也是中华民族文化复兴的重要组成部分。在他看来，“新实学”应具有两个新特点：一是必须准确、全面地把握时代精神，从哲学价值观的高度，回答和解决时代提出的新问题；二是必须超越“旧实学”的理论架构，吸收人类各种新的哲学思维成果和新的研究范式。具体而言，构建“新实学”须坚持三条原则：准确地把握时代精神；提高“文化自觉”意识，走哲学“综合创新”之路；坚持多元诠释学方法。[③]

葛荣晋还研究了中国哲学中儒、释、道三家关于人生快乐的哲学思想，并阐发了其现代意义。他认为，儒家的快乐人生是一种“减担哲学”；佛教的快乐人生是“放下哲学”；道家的快乐人生是“坐忘哲学”。就其本质而言，三家都提倡“减法哲学”，即减去过度的物欲追求，减去过度的执着和浮躁，减去不必要的情感，追求自然简朴的生活方式，以获得真正幸福和快乐的人生。[④]

中国文化是礼乐文化，礼不仅是儒家思想的重要概念，也是非宗教性的中国文化的核心范畴之一。彭林研究了礼与中国人文精神的关系。他认为，在儒家文化中，礼是人区别于禽兽、文明民族区别于野蛮民族、君子区别于小人的标志，是修身、齐家、治国、平天下的大经大法。作为依据道德理性的要求制定的典章制度与行为规范，礼要求人心存恭敬、自谦尊人、内外兼修、文质彬彬、知行合一、彼此尊重，以此成就君子风范。[⑤]

二、先秦两汉儒学

在先秦两汉儒学研究中，关于《论语》和孔子思想的研究仍是重点。

黄克剑认为，《论语》中最可属意的术语为“道”“仁”和“中庸”。孔子之“道”的价值取向由“仁”喻指，而“中庸”则揭示和阐发了“仁”的形上之境以及达于形上之境的路径。《论语》的编纂寄托了编者可相印于儒门先师的心曲，即《中庸》所谓“为政在人，取人以身，修身以道，修道以仁”。这“人”“仁”而“道”或“道”而“人”“仁”的思致与《论语》中的“一以贯之”之“道”相契合，亦与前哲对《论语》编者的判断多有印合。因为孔子的点化，“六艺”得以成为赋有导向明确的教化功能的“六经”，而孔子点化故籍的初衷和意趣，则见于《论语》。所以，在一定意义上，《论语》是认识和辨析诸经真义的慧眼。[⑥]

关于《论语·季氏》篇“君子有三畏”章中“畏”字的意义，廖名春认为，从故训材料、《论语》一书的语言内证，特别是从孔子的思想性格来看，“畏”字只能训为“敬”“敬重”，而不能训为“惧”。无论是“既敬且惧”，还是“由敬生畏”，均为“君子有三畏”说加入了“畏惧”的内涵，从而背离了孔子思想的固有逻辑。[⑦]

关于孔子之“仁”，白奚认为，孔子不仅从正面规定了仁的内涵，还从否定的方面对仁进行了规定，即通过“不仁”和“鲜矣仁”来彰显仁的标准和境界。从否定的方面看，“仁”的内涵和标准可表述为：不含任何功利目的；不能仅满足于洁身自好；排斥任何虚饰。凡是不符合这三条标准的思想和行为，均可称为“鲜矣仁”，即不符合“仁”的精神实质，尚未达到“仁”的标准。[⑧]

李景林探讨了孔子正名思想的理论内涵及其方法学意义。他认为，正名的目标并非“复周礼”或以周礼来矫正现实，而是一种以德性的回复为进路的价值重建。孔子的正名，首先落脚于对社会德性及其表征的德目系统的厘清，对人们所熟知的、易于混淆的德性及名目的界定尤其严格。德性内涵的厘清和价值尺度的重建对于礼乐系统的奠基作用，使“正名”之“兴礼乐”的人伦价值系统建构具有了批判性和创造性的意义。[⑨]

郭店楚墓竹简的出土为孔孟之间儒学的研究提供了重要的材料，本年度这方面又有新的成果出现。例如，李景林、王觅泉认为，通过简帛文献和儒家传世文献，可以看到孔子之后儒家思想有明显的“内转”趋势。《五行》揭示了“圣”德与听觉意识及“乐”之间的关联，并强调“慎独”的独特内涵，突出内心自由和“心”之修养的地位。“情”在郭店竹简中亦受到重视，《六德》和《唐虞之道》从不同的角度揭示了亲亲之情在伦理和政治生活中的重要地位。《性自命出》即情言性，在心与物相接的感应上言教化，并以“反善复始”的“复性”义规定教化成德的本质内涵。这些文献探讨了心、性、情、气等问题，丰富了对人之最本己的能力和可能性及其实践道路的理解，深化了孔子所开启的“内转”的精神方向，为孟子思想的产生作了铺垫。[⑩]白奚认为，郭店竹简最早从心性论上探讨道德生活何以可能的问题，《中庸》和孟子循此路向发展，将人的道德需求上推到超越的形上之天的层面，为道德生活确立了最高的理据，从而解决了道德的终极根源问题，建立了儒家的道德形上学；另一方面，郭店竹简将刑法与礼乐并列为教化民众的手段和内容，开始了对传统儒家政治主张的重大变革，并在道德评价的层面上肯定了人的自然本性的合理性，后来荀子承袭这些思想，最终形成了以性恶论为基础的礼法互补的治国模式理论。[⑪]

本年度，对荀子思想的研究亦有一些成果。一般认为，《荀子·天论》讲“自然之天”，其针对的问题是儒家和道家的天道观。对此，章启群则认为，《天论》所针对的问题是具体的天或天象，全篇的主旨是对邹衍学派的占星学的批判。荀子认为礼法合于天道，天道与人道相通。他关于天、天道和人道的思想，与邹衍学派的占星学和阴阳五行说泾渭分明。荀子批判邹衍学派的占星学观念，根源还在于对儒家传统的维护。⑫

关于《大学》中“亲民”或“新民”的争论是一个由来已久的问题。赵法生认为，解决这一问题应跳出宋明理学的思维模式，回到《大学》思想的源头去探寻“新民”或“亲民”的本意。他通过考察《尚书》《诗经》和《孟子》中的相关文献，提出在原始儒家的思想语境中，所谓“新民”是相对于“新命”而言，是新朝子民之意，并不具有性理学的意义。在《大学》的思想体系中，亲民问题远比新民重要，“新民”作为上古思想的遗存被纳入到《大学》内圣外王这一新的思想体系中，却很难与新思想发生有机的联系。⑬

关于汉代儒学，董仲舒一直是学界的主要研究对象。彭国翔认为，董仲舒的身心修炼功夫以“中和”为目标，以“养气”为途径，包含天人同构、身心同构、义利同构和德政同构四个方面的内容：因为天人同构，所以个体的身心修炼不只是单纯的自我修养，而是应将自我与人类和宇宙整体相联系；因为身心同构，故“修身”“治身”兼指身心两个方面的修炼；因为义利同构，所以身心修炼既是自然生命的滋养，也是价值和道德生命的完善；所谓德政同构，是指董仲舒身心修炼功夫论的言说对象是君主，对于君主而言，“治身”与“治国”密不可分。总之，通过将“天人”“身心”“义利”“德政”连为一体，董仲舒丰富和发展了先秦儒家身心修炼的功夫论。⑭

三、道家哲学与玄学

关于道家哲学的研究以《老子》尤其是其道论为重点，《庄子》次之。

老子思想中道与无、有及一的关系问题在哲学史上一直存在争议。陈霞引入“分化”“外化”“内化”等概念解释“道”的逻辑演化过程，认为“一”是“道”分化的开始，此时道还绝对无偶、无对待、无中介，一从道分化而来，因此它隶属而不等同于道。“二”是道经过一而分化出的一对包含着对立面的范畴，即无和有，它们是道的属性，在逻辑关系上隶属而不等同于道。在《老子》文本中，有和无存在同出关系、依存关系和有生于无的递进关系等三层关系。同出关系表明无与有是隶属于道的下一层逻辑关系，有无相生强调它们是道的两个方面，相依而存；有生于无则突出无相对于有的先在性。⑮赵汀阳认为将“道可道，非常道”解读为“可说的道就不是永恒的道”是一种误读，很难与《老子》文本的其他论述形成连贯通顺的关系。按照老子思想的逻辑，“可道”之“道”的真正含义是“有规可循之道”，指伦理经术、政教礼法以及各种操作规则、章程规制、日用技术等可规范化、制度化、程序化的东西。老子反对刻板规范、墨守成规，推崇符合自然的、无法固定化的、灵活弹性的、随形势变化的道。有规可循之道属于器的层次，是形而下的，无规可循之道才是形上之道，是使一切有规可循之道各就各位、各行其是、各得其所而且互相协作的万变之道。⑯

《国际汉学研究通讯》第一期公布了北京大学所藏汉简《老子》三支简的照片，学者们已开始利用新的文献进行《老子》研究。廖名春通过对比王弼本、帛书甲本、帛书乙本和北大汉简得出结论：《老子》首章是通过“无”和“有”的对比，论述“无”的重要性。“无”，“名”彼“万物之始”；“有”，“名”彼“万物之母”。“尚无”，能“以观其妙”；“尚有”，则只能“以观其所噭”；“有”是“玄”，而“无”是“玄之又玄，众妙之门”。总之，“无”高于“有”，是《老子》哲学的最高范畴，是宇宙本体。⑰北大汉简《老子》有：“道可道，非恒道殹。名可命，非恒名也。”曹峰认为，其中的“命”与通行本“名”的区别不应视为抄错或假借。“名可名，非常名”存在着道不可名、为何还有常名的矛盾，对于这一问题有两种不同的解释线索：一种侧重于道是否可以言说；一种侧重于道之无形、无名、常变不定，将不言之言视为更高层次的言，将名看作政治领域可以把握的对象。他推测“名可名，非常名”的产生有以下原因：第一，为了与“道可道，非常道”相并列而造出来，其意还是在强调道不可言说，并非认可“常名”的存在。第二，在名的讨论大为盛行、道名关系得到高度重视的时代，“道可道，非常道。名可名，非常名”得到了新的解释。甚至可以假设该句在郭店楚简中尚不存在，而是在名的政治思想大为流行的背景下形成，或许其原型应该是“名可命，非常名”。在字义上，可将“常名”解为“道之名”，但表达的是圣人需要把握“常道”和“常名”，使自己能够通过无形把握有形，通过无名把握有名。这就是第二种解释系统。随着名辩思潮、黄老思想开始褪色，只有圣人能够把握“常道”和“常名”的理念不再受到重视，于是第一种解释即“道不可名”变得更受重视。⑱

关于《庄子》的研究涉及《庄子》文本和庄子思想两个方面。李锐利用郭店竹简《唐虞之道》探讨了《庄子》内篇的成篇问题。唐钺和刘笑敢认为在内篇中出现的一些单字概念“道”“德”“命”“精”“神”“情”，在外杂篇中组合为词，如“性命”“情性”“道德”“精神”，据此认定《庄子》内篇早出。这一方法得到许多学者的赞赏，并被广泛应用于古籍形成年代的判定中。但是，根据《唐虞之道》出现的“性命”以及相关传世文献，可以发现上述证据并不足以证明《庄子》内篇早出，而唐、刘二先生的研究方法本身也可能存在一些问题。[19]宋志明认为庄子的哲学思考同老子一样围绕“道”这一核心范畴展开，涵盖宇宙、人生、社会三个论域。庄子哲学的第一个话题是宇宙，强调道与宇宙同在、与万物同在的普遍性，同时“道”与万物俱化，强调“道”的过程性；庄子主张“以道观物”，即站在本体论的立场上，把握宇宙万物总体。第二个话题是人生，庄子主张“以道观人”，即树立“与道为一”的人生态度，以道为价值归依，得道是最高的精神境界。第三个话题是社会，庄子将老子“以道救世”的政治哲学思路，改变为“以道应世”的人生哲学诉求。[20]

亦有学者着重阐发道家思想的现代意义。葛荣晋认为，《老子·四十一章》中的“上德若谷”表达了圣人的虚心若谷、涵盖天下、无所不容、无所不应、气度恢宏，具有海纳百川的包容性和圆通性。这一命题可引申出“无弃人”“无弃物”，“自知者明”，“报怨以德”，“宠辱不惊”等美德。这些思想为现代人构建和谐社会、实现和谐人生提供了重要的思想资源。[21]王树人认为，道家的视野、境界和情怀皆统一于道。若采用“以道观之”的视野、“道法自然”的境界和天道无为的情怀来对待人生，则能抵制和克服人生中诸多负面因素的影响。[22]

关于魏晋玄学的研究成果并不多，主要集中于王弼。宋志明认为，王弼对着经学家讲，改变了权威主义话语方式，同时接着王充讲，拓展了自然主义话语方式。他开辟了名教与自然的关系、有无关系、言意关系等新的哲学话题，奠定了玄学的理论基础。他认为无或自然是万有的本体，不仅是世界万物的终极依据，也是生活世界的终极依据，尤其是名教的终极依据。他从本体的视角证明了名教的合理性，而把握本体的方式是“得意忘象”。[23]黄克剑认为，王弼开创了“寻言”“忘言”以“得意”的诠释方法，通过对《老子》《周易》《论语》的诠注和疏解，开辟出一种迥异于经学的义理视野。王弼之学崇本而不抑末、贵无而不贱有、执一而不舍多、重自然而不轻名教，他在本末、有无、一多、自然与名教的分辨中揭示出一种意味深长的玄旨，回应了汉代末季的“文敝”，打破了僵固、伪饰的文教规条，带给世人一种心灵以至行为方式上的解放感。[24]

四、宋明理学

宋明理学一直是备受学界关注的研究领域，朱熹仍是其中最受瞩目的研究对象。

陈来认为，朱熹的“四德论”贯彻了“生气流行”的观念。在朱熹看来，天地间只是一气流行，仁义礼智的关系亦如此：分别来看，四者各是一德；连接来看，四者都是作为生意的仁的表现。自然流行的节度是生、长、遂、成，与四阶段相应的属性、德性，可以是元、亨、利、贞，也可以是仁、义、礼、智。仁义礼智因而自然化、宇宙论化。自然化的仁义礼智与人道的仁义礼智具有内在的一致性。仁义礼智作为人事之当然，与元亨利贞作为天德之自然完全同构。在朱熹思想中，仁具有多层不同的意义：就天地造化而言，仁既是理，也是气；就人心性命而言，仁既是性，也是心。可见，朱熹不仅继承和发挥了伊川的理学，也与明道的仁学有内在联系。在一定意义上，朱熹的哲学体系可以通过理学和仁学两个基本方面来呈现。如果说理气是二元分疏的，则仁在广义上是包括理气的一元总体。在这一点上，说朱子学总体上是仁学更能凸显其儒学体系的整体面貌。[25]

蒙培元认为，朱熹心体用说的核心内容和心性说的实质是“心统性情”说。“心统性情”虽然来自张载，但朱熹将其变成系统的学说。朱熹认为程颐的“性即理”和张载的“心统性情”是毋庸置疑的。朱熹之所以高度评价这两句话，是由于前者从心体上讲性（理），表现出理性主义特征，后者从心之体用关系上讲性情，表现其情感特征，二者结合则体现出朱熹心说的情感理性特征。[26]

向世陵着重探讨了朱熹理本论体系的建立。他认为，“继善成性”是易学哲学的重要问题，朱熹解释“继善成性”不是为了通顺字义，而是为了论证他的理学本体论。善与性、天与人、未发与已发、天理流行与人物成性等，虽也体现出天人之间的密切关联，但又不能将天理与已具形质的人性混淆起来。“继善成性”说将由天至人的生成序列，解释为一个以天道为本而构筑本性的思辨逻辑，同时兼顾个体形质生成带来的特殊性。而本性只是“存”而非“成”，以维护本然之性纯善无恶的假定。[27]向世陵还认为，朱熹是在对“性之本体”问题的思考中逐步充实和完善其理本论体系的。朱熹主张“性之本体”与“性”的“二性”说及“继之者善”与“人性善”的“二善”说。性之本体是先天完具的仁义礼智，是实理，性心有别，性兼理气而善专指理。确定性之本体为何并以此为基础构建其理论，是朱熹理学的基本考虑。[28]

王心竹探讨了朱熹与陈亮的王霸思想的差异。她认为，朱熹以天理论王道，主张王霸之别就是天理人欲之异，以理为王道政治的依据，强调仁义原则的优先性。而陈亮则在肯定王道所体现的道义原则的基础之上，提出霸道亦有体现仁政处，霸者的伟业也是仁心之发现，霸本于王。二者观点的差异与他们当时政治关注点的不同有关。就二人观点的缺失而言，朱熹的王霸论在具体理论的阐述上，偏离了其初衷，转向空谈性命义理，部分地抹杀了其真正的价值；而陈亮对汉唐君主事功事能的赞美，逻辑上会导向道义维度的缺失。[29]

陈来阐释了朱熹和王阳明思想的现代意义。他认为，“格物致知”是朱熹学说最重要的部分，其特色是极力为人的认识活动确立地位。朱子学强调读书学习，为现代“学习型社会”与“终身教育”提供了指导，也为大学的“通识教育”提供了重要的思想资源；朱子学的“主敬”所代表的自我约束、严肃认真、勤勉专一的工作态度，对于保持东亚社会积极的工作伦理，仍有重要价值。“心即理”“致良知”是阳明学说的主要哲学命题，“知行合一”则是其思想的重要特色。阳明学的“知行合一”强调实践，这样的哲学精神合于实践哲学的发展，与近代哲学相通；王阳明的“万物一体”观念，可以为人类的和平发展以及生态和环保提供支持，具有普世价值。[30]

关于宋儒与汉儒的关系，向世陵认为，“正君心”的问题在先秦时期已经提出，从董仲舒开始的独尊儒术，使“正君心”的儒家精神内涵有条件在治国理念上得到贯彻。在独尊儒术的氛围之下，儒者能够在匡正君心和改良国家政治方面发挥个人的才能，而儒术的衰颓则直接影响着这一进程。虽然政治实践显示出儒家“明德惟馨”和“为政以德”的北辰效应的非当然性和空想性，但不论汉儒还是宋儒，基于对北辰效应的信赖，始终坚守正君心以正百官万民的治国理念，以便为德行至上的天下一统铺平道路。但是，在如何看待君心与民心的君民关系问题上，仍表现出孔孟以后儒家在治国理念上的诸多差别。[31]

五、清代哲学

学界对清代哲学的研究主要集中于王夫之，研究内容包括王夫之的哲学思想、王夫之对典籍的阐释、王夫之的易学等。

宋志明探讨了王夫之哲学的话题，认为王夫之与张载哲学之间的连接点是“气”，但王夫之将理论重心由“气”转向“器”，形成“天下惟器”的世界总体观。他反对将道器作形而上与形而下的划分，认为具体的器物皆由阴阳二气凝聚而成，而“道”则存在于器物之中。关于两一关系，他认为对立是统一体中的对立即“分一为二”；对立的双方有内在联系，即“合二以一”，这两条原则是事物运动发展过程中的不同侧面，不可分割。在知行观方面，他强调“行”是“知”的基础，比较彻底地贯彻了经验论的原则。在人生观方面，他认为理与欲是兼容关系，提出“理寓于欲”，回应理欲之辩。在历史观方面，他强调理的具体性和历史性及理与势的一致性，反对将社会之理抽象化、凝固化。他推翻了天理亘古不变的观念，提出“理势合一”，回应王霸之辩。[32]

陈明探讨了王夫之对《中庸》的阐释，包括“中庸”的意义、《中庸》的主旨、《中庸》部分章节的解说。不同于朱熹将“庸”释为“平常”，王夫之认为“‘中庸’者，言中之用也”，是特指先王本其自修之德，出于治理教化之目的所建立的政教。《中庸》并非只偏重于内在心性的探究，其主旨是讨论如何“修天德”以“成王道”，从而“示君子内外一贯之学”。王夫之诠释《中庸》首章，针对程朱以“理”释“性”，“道”兼人、物而言的论说，主张必须区别“道”与“理”。在天人关系问题上，王夫之强调天道与人道的区别，认为人性即“在人之天道”，圣人之尽性正是尽人道以合天道，故圣人终为人道之极致。王夫之对于“诚”的理解，包括“以人合天”“内外相合”“动静一致”三重意涵。对于“明善”与“诚身”的先后，王夫之强调君子之学必先明善方能诚身。君子以德行道，包括“尽伦”与“制作”两类，前者不待学而已急于行，后者必先于学而缓于行。[33]

王玉彬探讨了王夫之对《庄子》“逍遥”义的阐释。他认为，一方面，乱世际遇促使王夫之激活并深化了庄学“慎”的品质，并将之引入对逍遥的解释中，提出了“慎即逍遥”的观点；另一方面，王夫之站在儒者的价值立场上，试图将“求仁之心”和“寓庸”的现实关切注入《庄子》，使庄子哲学可以和“君子之道”相通，最终提出了“寓庸以逍遥”的论题。王夫之的“逍遥义”，既是明清之际的哲人对庄子的呼应，又是对逍遥义自身的拓展和更新。[34]

张学智致力于王夫之的易学研究。他认为，占学一理，即占以示学是王夫之易学观的重要方面，代表了他对《周易》的性质、《周易》在人的精神修养方面的作用及占筮体例等问题的根本理解。王夫之认为《周易》通过卦象来表达天地的神妙变化，不只是通过象数来测度已成之迹。《周易》反映天地人物之性，指示人以安身立命之道，是尽性至命之书。它可以提高人对宇宙原理的体证，确立正确的人生价值目标，并不只是用来测度万物的变化以助人趋吉避凶。[35]王夫之将“乾”所代表的主动性、根源性、健顺一体性与“道”会通，旨在建立健动、主有的本体，反对佛老的虚空、阴柔。他强调“乾”普利万物的性格，将其作为天道固有的生生之几的自然贯彻，反对功利主义。在对“元亨利贞”的阐释中，树立“四德可德，而智不可德”的理论，反对孤明、巧慧、重智轻德的世风。这些阐释面向体现出王夫之总结明亡教训，重建健动笃实的中国文化的意图。[36]

六、易学研究

易学研究仍然受到关注，研究内容包括对《易经》卦爻辞的解释、易学哲学史、《周易》的现代意义、易学与医学的关系等方面。

关于《易经》卦爻辞的解释，廖名春认为，《周易》本经的六个“艰”字，都当读为“限”，其义为限止。而《艮》卦的诸“艮”字，与“限”字同源，当为古今字，所以其音义亦同。以“艰”字为“艰难”或以其本字为“暵”“根”的观点，都不能成立。[37]

王晓毅研究了魏晋时期的易学哲学。他认为，东晋韩康伯提出了独特的“大虚”理论与“机理”学说，并以其新的本体论哲学，解释《易传》中所涉及的象数问题，消除了义理易学与数术占卜之间的理论矛盾，对《周易》中神秘的占卜学说和灵异现象作了理性融通。韩康伯兼容象数和占卜的态度与王弼激烈反对象数的态度根本不同。这一变化是玄学义理易学对东晋时代精神变化的回应，弥补了王弼易学的局限，扩大了义理易学的解释空间，奠定了后来王、韩易注在中国易学史上的主流地位。[38]此外，朱熹、王夫之的易学研究颇受重视，前文已述。

郑万耕阐述了《周易》“太和”观念的文化和思想渊源以及这一观念的现实意义。他认为晏婴的和同之辩是《周易》“君子以同而异”的来源之一；孔子的“宽猛相济”所达到的“和之至”的状态就是《周易》所谓的“太和”；《论语》中有关“和为贵”的论述开启了《周易》“履以和行”的先河。《周易》关于构建和谐社会的目标、原则和具体措施为：上下交感；求同存异；分配公平；节以制度；树立与保持忧患意识；不断变革，使社会充满活力；天人谐调。这些理论原则和具体要求，对构建和谐社会有重要价值。[39]

刘长林论证了医易同源的观点。他认为，《周易》和《内经》均以时间为本位审视世界，以阴阳、四时为万物的根本，将宇宙和万物视为自为自治的主体，故采取顺自然而赞化的方式对待万物和诊治。《周易》和《内经》着重研究天地大整体关系对万物及人的生命的作用，认为整体决定部分，将认识的层面定位在现象上，认为现象的实质是自然整体关系。《周易》和《内经》的哲学不是唯物论，而是关系本原论。唯物论必定导致还原论，还原论割裂了事物自身和事物与宇宙的整体关系。还原论与关系本原论是两条互斥的认识路线，其认识结果对称互补，却永远不能融通。[40]

七、近现代哲学

近现代中国哲学研究日益受到重视，既有对近现代哲学发展状况的整体反思，也有对哲学家思想的专门研究，且越来越多的哲学家进入研究者的视野。

陈来考察了20世纪儒学的学术研究状况。他认为，从现代儒学的观点来看，中华民族的复兴就是中国文化的复兴，而中国文化的复兴主要是儒家思想的复兴，而儒家思想的复兴，最根本的是学术建设。因此，学术建设是20世纪儒学的根本使命，学术儒学也成为这一时代儒学发展的特色。20世纪的新儒家大多精治中国哲学史或儒学思想史，这表明面临西方哲学的冲击和现代文化的挑战，只有在学术上、理论上对儒学进行梳理和重建，才能立身于哲学思想的场域，得到论辩对方的尊重，与其他思想系统形成合理的互动；也才能说服知识分子，取信于社会大众，改良文化氛围，为儒学的全面复兴打下坚实的基础。[41]

在“中国哲学史”的学科建设中，冯友兰的《中国哲学史》是海内外影响巨大的著作。近年来，学术界对冯著《中国哲学史》有一些批评，如有学者批评冯著《中国哲学史》是“照着”或“接着”西方哲学讲，又有学者批评冯著《中国哲学史》关于“子学时代”与“经学时代”的划分。李存山认为，此书并没有“照着”西方哲学讲，更没有“接着”西方哲学讲，此书很重视表达出中国哲学所不同于西方哲学的特点。此书对中国哲学史的论述应属“最能客观，且最能深观”。此书将中国古代哲学分为“子学时代”和“经学时代”亦有作者之卓识。[42]

王中江认为，参照近代西方新学重新认识和转化古代中国哲学和思想观念是近代中国哲学和思想转生的重要方式，严复在科学和进化的新观念和视野之下对古代中国天人观念的重构是其中的一个典型个案。严复的“天演”之“天”既是自然，也是必然。在很大程度上，他过滤掉了“天”的观念的神性，将其中的自然性引向了新的高度，使“天”的观念高度自然化。而且，严复认为人类和人道也是自然演化的必然结果，将与“天”相对的人和社会也“自然化”了。[43]

熊十力的哲学思想依然受到关注。李祥俊认为，熊十力在《读经示要》中通过阐发“群经治道九义”，确立了内圣开出外王的基本模式，在此基础上详尽阐述了儒家礼治的思想内涵及其历史发展，深入探讨了儒家礼治的差异精神与近现代平等理念之间的关系。“群经治道九义”的提出，是现代形态的儒家外王学体系确立的标志。[44]王中江认为，熊十力的形而上学是本体论和宇宙论的融合，但主要是宇宙论。熊十力认为宇宙是进化的，是不断变化生成和创新进化的过程。而“本心”是宇宙实体或本体，宇宙的进化是以“本心”为基础和根源的。“本心”进化一方面要借助物质的作用，另一方面又要不断克服物质的阻力。“本心”进化的最高表现是人的理性和精神的自我发展和证成。[45]

近年来，关于马一浮和牟宗三的研究成果有所增多。张立文认为，马一浮学宗程朱理学，又融通陆王心学和佛教，将六艺实统摄于一心。在这一架构下，马一浮探讨了心与物、心与性、心与德、心与理的关系，并在理气不离不杂的基础上建构起理气心物融通和合的“六艺一心论”的逻辑思维体系，从而实现了心体学与理气论的圆融。[46]赵法生研究了牟宗三的儒教观，认为牟宗三是五四运动以后重新肯定儒家宗教性的思想家之一，从儒耶对比的角度系统阐述了儒教的精神，得出了儒教是内在超越的结论。但是，牟宗三所讲的儒教只是士林儒教中的心学一系，而朝廷儒教和民间儒教均未进入其分析视野，甚至同为士林儒学的理学一系也被排除在外，从而严重影响了其内在超越说的概括性和说服力。[47]

此外，还有若干关于梁启超、贺麟、汤用彤、张岱年、张申府等哲学家的研究成果，在此不再详述。

注：

①李存山：《反思经学与哲学的关系（上、下）》，《哲学研究》，2011年第1、2期。

②彭永捷：《和生与仁生——论和合学之新仁学面向》，《学术界》，2011年第11期。

③葛荣晋：《构建中国“新实学”》，《中共宁波市委党校学报》，2011年第6期。

④葛荣晋：《中国古代的人生快乐哲学智慧及其当代启迪》，《理论月刊》，2011年第6期。

⑤彭林：《礼与中国人文精神》，《孔子研究》，2011年第6期。

⑥黄克剑：《〈论语〉的义理旨归、篇章结构及与“六经”的关系》，《哲学动态》，2011年第6期。

⑦廖名春：《〈论语〉“君子有三畏”章新释》，《孔子研究》，2011年第6期。

⑧白奚：《从否定的方面看孔子对“仁”的规定》，《孔子研究》，2011年第4期。

⑨李景林：《正德性与兴礼乐——孔子正名思想的理论内涵及其方法学意义》，《北京师范大学学报》（社会科学版），2011年第3期。

⑩李景林、王觅泉：《简帛文献与孔子后学思想之内转趋势》，《社会科学战线》，2011年第6期。

⑪白奚：《道德形上学和礼法互补——战国儒学的两个重要理论推进》，《中国哲学史》，2011年第4期。

⑫章启群：《荀子〈天论篇〉是对于占星学的批判》，《哲学研究》，2011年第2期。

⑬赵法生：《大学“亲民”与“新民”辩说》，《中国哲学史》，2011年第1期。

⑭彭国翔：《修身与治国——董仲舒身心修炼的功夫论》，《中国文化》，第34期。

⑮陈霞：《试论“道”的原始二重性：“无”和“有”》，《哲学研究》，2011年第4期。

⑯赵汀阳：《道的可能解法与合理解法》，《江海学刊》，2011年第1期。

⑰廖名春：《〈老子〉首章新释》，《哲学研究》，2011年第9期。

⑱曹峰：《〈老子〉首章与名相关问题的重新审视》，《哲学研究》，2011年第4期。

⑲李锐：《郭店简〈唐虞之道〉中出现的“性命”与〈庄子〉内篇早出的问题》，《人文杂志》，2011年第4期。

⑳宋志明：《简论庄子哲学话题》，《中州学刊》，2011年第5期。

㉑葛荣晋：《“上德若谷”与和谐人生》，《中共宁波市委党校学报》，2011年第1期。

㉒王树人：《道家的视野、境界与情怀》，《江苏行政学院学报》，2011年第5期。

㉓宋志明：《名教出于自然——王弼哲学话题刍议》，《商丘师范学院学报》，2011年第8期。

㉔黄克剑：《王弼玄理辨略》，《哲学研究》，2011年第6期。

㉕陈来：《朱子思想中的四德论》，《哲学研究》，2011年第1期。

㉖蒙培元：《论朱熹的“心统性情”说》，《天水师范学院学报》，2011年第3期。

㉗向世陵：《论朱熹对“继善成性”说的规范》，《周易研究》，2011年第1期。

㉘向世陵：《“性之本体是如何”——朱熹性论的考究》，《孔子研究》，2011年第3期。

㉙王心竹：《从朱陈之辩看朱熹陈亮的王霸思想》，《社会科学》，2011年第11期。

㉚陈来：《朱子学与阳明学及其现代意义》，《泉州师范学院学报》，2011年第3期。

㉛向世陵：《刍议汉儒到宋儒的“正君心”说》，《社会科学战线》，2011年第3期。

㉜宋志明：《天下惟器——王夫之哲学话题刍议》，《船山学刊》，2011年第4期。

㉝陈明：《“修天德”以“成王道”——王船山对〈中庸〉义理的疏解与阐发》，《中国哲学史》，2011年第4期。

㉞王玉彬：《王夫之“逍遥义”探析》，《船山学刊》，2011年第4期。

㉟张学智：《论王夫之的“占学一理”》，《中国哲学史》，2011年第3期。

㊱张学智：《王夫之〈乾〉卦阐释的两个面向》，《北京大学学报》（哲学社会科学版），2011年第2期。

㊲廖名春：《〈周易〉释“艰”》，《周易研究》，2011年第4期。

㊳王晓毅：《韩康伯易学对“象数”的融通及其意义》，《周易研究》，2011年第5期。

㊴郑万耕：《〈周易〉的“太和”理念及和谐社会建构》，《北京师范大学学报》（社会科学版），

2011年第5期。

㊵刘长林：《医易同源今说》，《河北学刊》，2011年第3期。

㊶陈来：《20世纪儒学的学术研究及其意义》，《文史哲》，2011年第1期。

㊷李存山：《冯友兰〈中国哲学史〉今昔评》，《中州学刊》，2011年第3期。

㊸王中江：《严复的科学、进化视域与自然化的"天人观"》，《文史哲》，2011年第1期。

㊹李祥俊：《儒家外王学体系的现代建构——熊十力〈读经示要〉"群经治道九义"阐微》，《人文杂志》，2011年第2期。

㊺王中江：《熊十力的"本心"进化论》，《天津社会科学》，2011年第2期。

㊻张立文：《马一浮心体学与理气论的圆融》，《杭州师范大学学报》，2011年第6期。

㊼赵法生：《牟宗三儒教观评议》，《社会科学》，2011年第11期。

（作者：华北电力大学副教授。本文由北京大学李中华教授审定）

西方哲学

杜丽燕

一、学术活动

2011年3月18日，北京大学外国哲学研究所举办"BEING问题研讨会——王路教授《读不懂的西方哲学》争鸣"。此次会议展示的学术批评和争鸣是近年来不多见的。

2011年年初，王路教授出版新作《读不懂的西方哲学》。这是一部专门讨论Being的著作。著作观点鲜明独特，引起广泛的关注和争论。2011年3月，北京大学外国哲学研究所举行了一次专题研讨会，围绕王路教授的新作，就Being在西方哲学史上的地位、内涵、翻译等问题展开争鸣。与会者多为在这一问题上有较好研究的学人，因而会议的风格不是泛谈，而是围绕西方哲学的文本展开；与会学人都有良好的学养，只求讨论学术问题，虽然有激烈的思想交锋，却并不想争出谁高谁低。从发言内容可以看出，与会学人各自的见解和立场都十分鲜明，称得上"百家争鸣"。而会议的氛围又是彼此坦诚相待，轻松愉快。此次会议称得上是一次"学术研讨会"，让人感受到，学术是天地间一汪宁静的清水。

2011年6月9日，两岸分析哲学工作坊在北京大学召开"两岸分析哲学研讨会"。北京大学尚新建教授、陈波教授、韩林合教授、徐向东教授、叶峰教授、叶闯教授，清华大学王路教授，中国人民大学刘晓力教授、韩东晖教授，北京师范大学李红教授，台湾大学哲学系林正弘教授，台湾"中央"研究院的方万全教授，东吴大学哲学家系主任米建国教授，阳明大学王文方教授等出席会议。

哲学系副主任、外哲所所长尚新建教授首先致辞，对台湾地区同行访问哲学系表示热烈欢迎，并简要介绍了大陆及哲学系分析哲学的研究状况。米建国教授代表台湾地区客人讲话，他充分肯定两岸学者有效交流对推动两岸分析哲学发展的意义，并高度赞扬北京大学哲学系举办的这次活动及灵活的哲学工作坊这种学术交流形式。随后，工作坊按3场的顺序进行。

2011年8月29—30日举办了北京大学哲学系主办、华南师范大学政治与行政学院协办的"弗雷格，逻辑和哲学"国际学术研讨会。来自美国（加利福尼亚大学）、英国（伦敦大学、约克大学）、日本（北海道大学、东京都大学、鸟取大学）、中国台湾地区（阳明大学、中正大学、"中央"研究院）和中国大陆（北京大学、清华大学、中国人民大学、中国社会科学院、浙江大学、南开大学、南京大学、西南大学、华南师范大学、山西大学、河北大学等）的40多位教授和博士生参加了本次会议。会议的工作语言为英语。

会议为期两天，分为8个专场，其中4个专场的主题是"弗雷格的逻辑和哲学"或"新弗雷格主义"，3个专场的主题分别涉及逻辑哲学、哲学逻辑和语言哲学，并安排了一个博士后和博士生专场，前后共有26位学者作特邀报告或大会发言。28日晚，会议还安排了一次关于博士生教育的圆桌会议，国内外学者交流了各自在博士生教育和培养方面的一些做法和相关信息。

大会设6位特邀报告人，他们分别是英国约克大学迈克·比尼教授、日本东京都大学野本和幸教授、北京大学哲学系叶峰教授、美国加州大学罗伯特·梅教授、日本鸟取大学田畑博敏教授、北京大学哲学系博士生刘靖贤。

会议产生了较大的社会影响。《中国社会科学报》于2011年9月20日刊发会议简讯并配发照片。北京大学哲学系简报刊发了该会议综述。《哲学研究》2012年第1期和第2期发表了马明辉和陈波的会议论文（修改版）；上海《哲学分析》杂志2012年第5期发表4篇会议论文。

2011年10月8—9日北京大学哲学系、北京大学外国哲学研究所、中国现象学专业委员会、北京大学现象学文献中心以“存在、现象、理性”为题，在北京大学举办现象学研讨会（暨第十六届中国现象学年会）。参加本次会议的学者达40余人，共收到论文30余篇，囊括了胡塞尔现象学、海德格尔哲学、法国现象学、现象学与中国、康德哲学等诸多视角。

本次大会云集了中国内地现象学研究的著名学者和年轻学人，以及来自香港中文大学、台湾“国立”政治大学、哥本哈根大学等的多位海外学者。在为期两天的讨论会上，学者们抛砖引玉，观点才情互相激发，既有新的研究发现与心得，也有对老问题的崭新诠释，更有年轻学人所带来的敏锐的研究视角，可以说此次大会是对近年来国内现象学研究成果的一次集中展示。

2011年10月15—16日，中华全国外国哲学史学会、中国现代外国哲学学会、西南大学主办的“西方政治哲学”全国学术研讨会在西南大学召开，来自国内30多所大学、研究机构的80余名代表出席了会议。在“西方政治哲学”这一主题下，与会代表围绕“人权”“世界主义”“普遍主义”等展开。

二、罗尔斯哲学研究

政治哲学研究是2011年西方哲学研究的热点之一。兴奋点多集中于罗尔斯的著述上。在“中国知网”检索显示，2011—2012年5月，关于罗尔斯的相关论文有469篇。

何怀宏在《青年罗尔斯论共同体及对“自我中心主义”的批判》①中，探讨罗尔斯思想的起点。他指出，罗尔斯早年在其本科毕业论文《论罪与信的含义》中表述了一个重要的思想，即他强调社会共同体的作用，以此为基础，展开对“自我中心主义”的批判，社会共同体在他后来的思想中得到进一步彰显。在青年罗尔斯看来，对共同体最大的威胁不是一种各自追求自己物欲的“利己主义”，而是“自我中心主义”。

自我中心主义表面上似乎是追求理想的“大我”，但本质上却是以一己之“小我”为中心，是一种“伪共同体主义”。这种“伪共同体主义”似乎也强调共同体，但这是一种封闭的、自视优越的共同体，而不是开放和流动的共同体。它总是把一些人排除在外，看起来是排除少数，却终归要排除多数，即不断排除最有活力的、最可能对“自我”构成威胁的少数，最终也就排除了多数。这样，它实际上是用其自我构想的“大我”去实现“小我”、供奉“小我”，从而造成对共同体的最大伤害。罗尔斯对“自我中心主义”的批判，最能彰显其早年共同体理论的特色，迄今仍具有重要的时代意义。

他指出，罗尔斯确信，在经过了几个世纪的个人主义之后，时代的风尚将会指向“公共性”思想的复兴。但他后来并没有走向作为社群主义的共同体主义，或者说，他是强调政治上最广袤的社群，是强调国家政治意义上的社会，且是强调这一社会的基本结构。罗尔斯对共同体的强调和他对人的本质的认识有关。在他看来，人即共存性。什么是人？他认为人本身就是一种共存性的存在，并因此而具有了人格。人区别于世间其他存在的不同之处不是他的理性能力、审美能力等，而是他生而为了共同体并且是必然与共同体相连的一种人格。

罗尔斯特别强调，自我中心主义是对共同体的犯罪。自我中心主义是主要的罪，构成恶的根基，其他所有次要的恶都来源于它。罪就是对共同体的破坏，罪有两种类型：一是自我中心主义，一是利己主义。但两者相比，自我中心主义的行动在本质上就是对共同体的破坏。罗尔斯分析并指出了自我中心主义的五个特征：（1）自我中心主义拒绝与人分享。自我中心主义者想把一切据为己有，这样做不是因为他需要一切，也不是因为他的欲望要求他这么自私，而是因为他把独占一切看作是自身优越性的标志。（2）自我中心主义力图发展封闭性群体，而理想的封闭性群体就是一个人自己的自我，因此自我中心主义为了实现自身的目的而不惜损害共同体。（3）自我中心主义无法容忍自我批评，因而总是设法怪罪于他人。（4）自我中心主义具有一种不寻常的、狡猾的隐秘性，它使得灵魂败坏了自身中最好的部分。（5）归根结底，自我中心主义仍是某种反叛与否定，尽管它采取的策略往往是秘而不宣且谨小慎微的。

邓肄的《罗尔斯的公共理性理论及其与正义论的关系》②一文探讨成熟期的罗尔斯思想。文章指出，公共理性的理念是罗尔斯在1993年出版的《政治自由主义》中首次提出的，其目的在于解决自由主义宪政民主社会中政治权力行使的合法性问题。在罗尔斯看来，民主公民之间的政治关系具有以下两个独有的特征：第一，政治关系是公民生于其中并在此正常度过终生的社会基本结构内部的一种人际关系；第二，在民主社会中，政治权力乃是一种公共权力，即它永远是作为集体性实体的自由而平等的公民们的权力。在宪政民主社会里，任何一个公民在行使政治权力时，都不能把其统合性教说强加于另一个公民之上。维系公民关系的基础是公共理性。公共理性的本质是要求公民在“正义的政治观念”的框架内进行公共推理。这表明，公共理性理论是罗尔斯正义理论的组成部分，因为正义的政治观念是罗尔斯在完善“公平的正义”的过程中提出的代表其后期正义理论的核心概念。

顾肃的《多元社会的重叠共识、正当与善——晚期罗尔斯政治哲学的核心理念评述》③一文探讨晚期的罗尔斯思想。他指出，罗尔斯晚期政治哲学中提出了其核心概念，即重叠共识和公共理性。他指出，当今多元社会中，不同政治派别、社会群体持有不同的广包学说，共存于一个社会，其稳定性的真正基础是超越具体善观念的重叠共识，而这种共识的基础则是公共理性。形成重叠共识的关键在于宪法共识，政治中立性即体现于正当对善的优先性。政治建构主义的道德基础在于公民自主、平等尊重以及人是目的而不是手段的基本原则，这些原则统摄具体的道德价值观，为民主理论提供了道义理据。

此外，龚群的《罗尔斯与社群主义：普遍正义与特殊正义》[4]、朱琳的《论罗尔斯两个正义原则对功利主义的超越》[5]、陈伟的《罗尔斯思想实验之语境：评〈罗尔斯生平与正义理论〉》[6]、孙平的《正义、理性主义与福利国家——浅析哈耶克与罗尔斯的论争》[7]、王志的《试论罗尔斯〈正义论〉与当代政治哲学主题的转换》[8]等论文，分别从不同角度探讨了罗尔斯思想。但总体看来，中国学界对罗尔斯的研究进展不是特别显著。

罗蒂对于政治哲学研究也有一些著述，但是有分量的不算多。对于近代政治哲学的研究，特别是启蒙与政治哲学的关系等研究正在兴起。

三、中世纪哲学

中世纪哲学研究一直属于小众研究，读者少，研究者少，著述少。总体上看，研究相对薄弱。但是，中世纪哲学处于西方哲学承前启后的位置，如果这一段研究薄弱，那么对于近代哲学的研究就缺乏深度。

张荣的《中世纪哲学的合法性及其道德向度》[9]一文，从探讨海德格尔“木制的铁”入手，解读中世纪哲学的合法性问题。他认为，国内外学界关于中世纪哲学或基督教哲学合法性的争论由来已久。不仅黑格尔质疑、罗素低估，甚至有人认为海德格尔也讥笑“基督教哲学”这个术语。说到底，质疑中世纪哲学合法性的人和海德格尔一样，不同意那种观点，即衡量一种哲学是否合法的尺度在于其是否有前提。他提出三点论证：第一，有前提或预设的哲学缺乏合法性的观点忽视了哲学形态的多样性，而且过于狭隘。更重要的是，这种观点从根本上忽视了哲学的首要特征，即超越的形而上学本性。换言之，当亚里士多德在《形而上学》开卷言明“求知是人的本性”时，他所说的“求知”也非单纯的理论思辨，这种求知本性和人的好奇一样都根植于人的自然本性之中，它的含义是非常丰富的。第二，中世纪哲学的特殊性在于理性与信仰的缠绕，或者以信仰为前提。中世纪哲学深深地烙上了基督教的印迹，中世纪哲学具有基督教性，这一点毋庸讳言。但是，基督教哲学的前提并非是单纯的信仰，而是“信仰寻求理解”或者理性与信仰结盟。我们并无充分理由因为其基督教性而否认其作为哲学的共性。哲学是爱智慧，而智慧不等于知识，作为科学（知识）的哲学是近代哲学特别是近代早期哲学的特征。第三，关于“木制的铁”。如前所述，海德格尔认为基督教哲学术语如同“木制的铁”般自相矛盾，但若依此反对中世纪哲学合法性则可能是对海德格尔的误解。他认为，海德格尔力图澄清哲学与神学的区别，但没有在纯科学意义上理解哲学。事实上，正是出于对人类生存的终极关怀，他才对康德的纯粹理性批判作了存在论解读，他的生存论－存在论的基础是人的有限性。

张荣指出，中世纪哲学的合法性不仅在理论层面上得以辩护，而且其特有的道德维度也可以从实践层面加强这种合法性辩护。某种意义上说，从道德的视阈对中世纪哲学进行尝试性阐释，揭示中世纪哲学的道德之维是非常有意义的思之志业。因为这个维度不仅具有理论本身的意义，而且极具现实意义，尤其在这个充满精神危机、理想主义崩溃和科学技术专政的时代。通过道德阐释挖掘中世纪哲学思维方式对于当代社会具有积极意义。

魏治勋的《奥卡姆的自由意志思想及其启蒙价值》[10]一文，为奥卡姆哲学的价值正名。他指出，在西方政治哲学、法哲学与宗教哲学的历史上，奥卡姆都是一个光辉夺目的名字。然而长期以来，中国知识界更多地以简单化的形式使用着“奥卡姆剃刀”这一概念并将其泛化到一切知识领域，仿佛奥卡姆的全部贡献就在于为我们提供了一种化繁为简的话语工具，而奥卡姆真正具有观念变革与智识启迪价值的惊世思想，反而被遮蔽了。在中世纪“唯意志论”生发与成长的链条上，奥卡姆主义是一个真正关键的环节，它将为自由意志呐喊与论证的历史进程推向于完成，奥卡姆也因其“革命性的创举”而被誉为第一个“现代人”。

其一，奥卡姆的唯名论哲学尤其是“奥卡姆剃刀”是其神学批判的理论基石和主要武器。在奥卡姆所处的中世纪中晚期，唯实论神学占据统治地位，包括阿奎那、司各特等著名的神学理论家都是唯实论阵营的主要理论家。不同的唯实论思想家尽管观点有异，但是在对于神义论的世界图式的解释上，基本上都可归于传统的必然性等级秩序之列：“传统的世界图式是各类事物按照内在本质的完满性程度的高低构成一个等级系统，上帝处在等级的顶端，人可以自下而上地推溯上帝的存在和属性，或在事物不完满的本质中看出上帝的完满本质。”构成这种传统世界图式的学理基础是唯实论的“共相”论。

其二，借助于其唯名论哲学，奥卡姆对构成经院神学基础的共相概念进行了批驳和剔除。奥尔森曾经指出，奥卡姆在知识生活的任何领域里的每个创新，其依据都是他的共相理论；而对于唯实论者而言，其共相观念与基督教世界观和经院神学如胶似漆，交织得密不可分。奥卡姆的共相理论从破除唯实论者的共相概念入手，其锋芒直指当时盛极一时的神权统治架构。奥卡姆把共相概念分为绝对概念、内涵概念和关系概念，并对之分别予以清除。其三，作为奥卡姆哲学理论之必然结论的“意志主义”，破除了司各特意志论残留的保守主义的神学外壳，为人类行为的归责准则提供了全新的道德标准。奥卡姆以其词项逻辑和认识论为基本分析手段，一步一步推论出有关上帝的必然性秩序理论真相。

王宽的《阿奎那的自然法贡献》[11]一文指出，托马斯·阿奎那被罗素誉为最伟大的经院哲学家，其思想对于自然法理论有诸多贡献。他使得亚里士多德的法治理论得以重拾，使自然法从人治的窠臼中解放出来；他通过永恒法、神法、自然法和人法的划分，充分肯定了人理性的自然倾向的作用，为人类赢得了获知自然法的权利；他对宗教与世俗社会的二分进行阐述，提出了具有自然法意义的契约理论，为随后契约思想的迸发和民主运动埋下了伏笔。

在阿奎那之前，柏拉图－奥古斯丁的理论体系统领了整个基督教神学，直至13世纪托马斯·阿奎那的横空出世。阿奎那将已经被新柏拉图主义曲解了的亚里士多德思想体系重新还原，并向教会极力推销这一体系，最终阿奎那成功完成了亚里士多德体系对于基督教神学的重构，并使得亚里士多德在基督教徒那里获得了教父般的权威。

阿奎那将法律分为永恒法、自然法、神法和人法四种类型。永恒法被表述为“上帝对于创造物的合理领导”。永恒法至高无上，人类无法全部了解永恒法。但是人类可以通过上帝赋予的理性，了解参悟到其中部分内容，这就是自然法“与其他一切动物不同，理性的动物以一种非常出色的方式受着神意的支配；他们既然支配着自己的行动和其他动物的行动，就变成神意本身的参与者。所以他们在某种程度上分享神的智慧，并由此产生一种自然的倾向以从事适当的行动和目的。这种理性动物之参与永恒法，就叫作自然法”。自然法虽然仅仅是永恒法不完全的反映，但自然法是高于人法的。人法是由原本抽象和不确定的自然法具体化而形成的。人法是由世俗社会的管理者制定的，它有可能是不公正的。“任何法律具有法性质的程度，恰如其来自自然法的程度。在任何一个方面偏离自然法的法律它就不再是法了，而是对法的歪曲。”除此之外，还有一种法是上帝对于人类的直接命令，这就是神法，其主要记载于《圣经》之上。前述阿奎那的两个自然法贡献——确立了法治意义上的自然法和实定法（人法），主张人类理性的自然倾向构成自然法的内容——已经足够伟大，但阿奎那自然法的理论并未到此为止，他甚至又神奇般地提出了社会契约的理论。

除此之外，阿奎那的理论还催生了自然权利的萌生，人类的自然倾向是善的，人的自然倾向又可以分为四个方面：第一，人具有自我保存的自然本能；第二，人具有性及生育后代的倾向；第三，人具有追求真理的自然倾向；第四，人具有参与社会生活的倾向。人类的这些自然倾向都是自然法应有的内容，也是统治者与被统治者之间订立的契约当中所必须包含的内容。当这些自然倾向被权利化，我们就能看到启蒙运动中的社会契约论者宣扬的生命权、生育权、政治权利等自然权利的雏形。

“中国知网”显示，与中世纪相关的研究共689项，其中有中世纪大学研究、但丁研究，以及一些中世纪艺术等研究，中世纪哲学研究的论文也就几十篇。除我们上述重点介绍的论文外，李健全的《阿奎那的知识思想》[12]、冯克利的《政治学的史学转向——马基雅维利的现代意义刍议》[13]、王旭芳的《关于库萨的尼古拉无限宇宙思想的论述》[14]、丛连军《托马斯·阿奎那神学伦理学三题》[15]等，都属于相关主题的研究。

四、分析哲学研究

分析哲学同样是小众的。叙述中国的分析哲学研究时，常常遇到熟面孔。这也就决定了中国分析哲学研究的一个重要特点，即虽然小众，却很深入、老到。

叶闯的《克里普克指称理论的语用学论证》[16]一文，探讨克里普克的“语用学论证”问题。长期以来，关于克里普克（Saul Kripke）指称理论的论证，多数人都接受萨蒙（Nathan Salmon）那个很有影响的总结，即模态论证、认识论论证和语义学论证是克里普克整个论证的主体。然而，克里普克还有一个也很重要但却很少被明确提到，或虽提到，但在概念上缺乏定位的论证，即本文所欲考察的语用学论证。然而，这个论证作为克里普克整个论证的组成部分，是否是一个有效的论证，是否是一个有力的论证，是叶闯论证的主题。

什么是语用学论证？指称因果理论的建立有一个前期步骤，那就是对指称描述理论的一个推论的否定。按照直接指称论者通常对描述论所给出的解释，描述论在指称如何确定的问题上，应坚持实际的指称由描述来决定。因此，如果发现事实上使用名字的人并不确定，或通常都不知道描述论者所给出的那些描述，且在这种情况下名字仍然可以有效地使用，那么描述论就是错误的。于是，描述有可能不但不能给出意义，也不能确定指称。这样一个前期步骤就是我们所说的“语用学论证”。它之所以成为语用学的，在于它实质地借助于语用学的事实，即人们的实际语言使用的事实。这个论证与模态论证等三大论证形成鲜明的对照。

叶闯进一步询问：接下来的问题是，语用学论证作为对描述论的反驳，作为建立非描述的指称确定理论的前提是否是有效的？在相当多的讨论指称确定问题的文献中，作者们都是直接走到指称“如何”确定的各种解决方案。但是，这一步似乎走得太快，省略了一个概念上的工作。实际上，指称如何确定这个问题本身至少有两种可能的解释，因此，事实上可能存在着两类问题。第一种解释是纯粹的语义学解释。就是说，假设名字的其他语义学内容已经给定，名字的指称在语义学上如何被决定。第二种解释是非语义学解释，或至少是一种含有语义学之外要素的混合解释。克里普克的理论明显涉及两种解释下的问题。对于坚持罗素-弗雷格传统的语言哲学家而言，第一类问题有一个很自然的解决方法，因为描述论者在此问题上的立场就是意义决定指称，当断定日常的名字与某摹状词（descriptions）同义时，名字的指称在语义学上就被相应的描述所决定。这个指称的决定，它所需要的资源完全在语义学的范围之内，没有任何概念上的问题。对于第二类问题，由于问题牵扯到超出语义学范围的内容，罗素-弗雷格传统下的哲学家将如何回答，并不能从他们的语义学理论中直接得出。如果认真地考察罗素-弗雷格理论，它的目标显然只是语义学的问题，它并不打算给出语言如何在实际中使用的具体建议。因此，能够有根据地谈论的罗素-弗雷格观点只是针对第一类问题的，其他进一步的引申并没有文本上切实的根据。

在克里普克的著述中，可以找到的对名字的指称确定的语义学说明，就只是名字被规定为指称一个对象。虽然克里普克自己并没有详细地给出所说的规定，但他毕竟是给定了名字指称对象的域，甚至在不同世界中这个域的某种限制。于是，我们可以设想，他的规定可能类似于某种形如“N 指称 O”的语义学公理（在此 N 代表名字，O 代表对象）。

从一个特定的视角来看，克里普克式的直接指称论者引入语用学论证及相关理论时的大致线索是：借语用学论证指明描述论不符合语言事实，由此指明描述论作为指称理论是错误的（而作为意义理论至少是有疑问的）。然后，寻找替代描述论的方案，以指明指称实际上是如何确定的。当然，用于替代描述论的方案可以有多种，并不必须是指称的因果论。无论是最终否定指称描述论，还是建立指称因果论，在这个过程中有一个因素具有不容忽视的影响。这个因素就是包括克里普克在内的一些直接指称论者对于描述论基本思想的解释。

徐弢的《“自我”是什么：前期维特根斯坦“形而上学主体”概念解析》[17]一文，探讨了维特根斯坦早期思想。他指出，前期维特根斯坦认为，真正的主体不是能思维和表象的经验主体，而是“哲学的自我”或“形而上学主体”。形而上学主体不是世界中的对象或部分，而是世界的界限，也是世界存在和有意义的前提。维特根斯坦认为，我们不可能在世界中发现和认识形而上学主体，如同眼睛和视野之间的关系，从视野的存在推论不出眼睛的存在，我们也不能从世界中事实的存在来推论出形而上学主体的存在。维特根斯坦将形而上学主体从世界的对象或事实中分离出来，并将形而上学的主体设置为世界的一个界限，这是他的逻辑观的直接结果之一。他主张“世界是我的世界”是自我进入哲学的基本方式，只有通过这种方式，哲学的自我才能被设置和保存起来。这种设置形而上学主体的方式虽然比较独特，但基本上是成功的。

王平华的《内容外在论与辩护内在论》[18]、焦卫华的《维特根斯坦非视觉的“本体论”》[19]、田平的《行动的解释：理由、原因和目的——戴维森对传统的复兴及缺失的维度》[20]等论文，在也具有相当的学术价值。由于篇幅有限，在这里就不一一介绍了。

本篇所介绍的学科，基本上都不是太热门的学科，甚至有些还是小众的。不热门、小众，不等于不重要。事实上，扎堆研究是学术研究的非理性状态。正如海德格尔所说，哲学就是哲学史。既然如此，在哲学的历史长河中，每个段代、每个门类、每种学说都有其自身的价值。我们当然不能强求研究者必须面面俱到。不过我想建议研究者将视野放宽些，历史景深更深些。这样对我们的研究只有好处，而无坏处。

注：

①《中国人民大学学报》，2011 年第 5 期。

②《道德与文明》，2011 年第 1 期。

③《复旦大学学报》，2011 年第 2 期。

④《哲学研究》，2011 年第 3 期。

⑤《西南科技大学学报》，2011 年第 1 期。

⑥《中国图书评论》，2011 年第 1 期。

⑦《华北大学学报》，2011 年第 1 期。

⑧《济宁学院学报》，2011 年第 1 期。

⑨《江苏行政学院学报》，2011 年第 5 期。

⑩《社会科学研究》，2011 年第 6 期。

⑪《长春理工大学学报》（社会科学版），2011 年第 7 期。

⑫《学习月刊》，2011 年 10 月下半月刊。

⑬《政治思想史》，2011 年第 3 期。

⑭《赤峰学院学报》（汉文哲学社会科学版），2011 年第 1 期。

⑮《吉林师范大学学报》（人文社会科学版），2011 年第 3 期。

⑯《甘肃社会科学》，2011 年第 3 期。

⑰《学术月刊》，2011 年第 4 期。

⑱《世界哲学》，2011 年第 3 期。

⑲《哲学动态》，2011 年第 12 期。

⑳《学术月刊》，2011 年第 1 期。

（作者：北京市社会科学院研究员）

科学技术哲学（自然辩证法）

张成岗　张仕敏　郭兴华

2011 年恰逢中国自然辩证法研究会正式成立 30 周年，以此为契机，北京地区的自然辩证法（科学技术哲学）界举办了一系列活动，在学科建设、学术研究、学会活动、人才培养、国际交流、创新发展等各个领域继续全面推进。

一、学会活动

2011 年，学会活动立意深远、丰富多彩，包括全面落实“为国服务”的理念，同时积极探索服务学科发展、服务经济社会的新机制、新形式；既扎实推进学术研究和学术活动，又探索学会自身的建设与发展；以庆祝中国自然辩证法研究会成立 30 周年为契机，既回顾和总结了自然辩证法事业在中国的历史演变，也讨论和展望了自然辩证法事业未来发展的前景。

2011 年 1 月 16 日，中国自然辩证法研究会工作会议暨学科建设研讨会在北京举办，来自 20 多个专业委员会、工作委员会的负责人出席会议，会议通过了 2010 年工作总结和 2011 年工作计划，讨论并拟定自然辩证法“十二五”规划，并对自然辩证法学科建设进行了研究和讨论。[①]2 月 20 日，“自然辩证法学术建设研讨会”在北京召开，20 位在京的自然辩证法学科领域的专家学者，围绕自然辩证法学科生存、课程改革、学术活动、编辑出版和人才培养等问题进行了讨论和交流。

2011 年 3 月 29 日，中国自然辩证法研究会六届十三次常务理事会在北京友谊宾馆召开，会议由张彦英常务副理事长主持，会议传达了中国科协 2011 年工作会议精神和《中国科协 2011 年工作要点》，学习了中国科协主席韩启德在 2011 年中国科协工作会议上的讲话和中国科协常务副主席、书记处第一书记邓楠的工作报告，听取了代理秘书长张明国所作的《2011 年第一季度工作情况和第二季度工作计划》的汇报、副秘书长刘孝廷所作的《关于召开纪念中国自然辩证法研究会正式成立 30 周年暨中国自然辩证法研究会第七次全国会员代表大会的情况说明》，并对上述三项工作进行了审议和讨论。会议围绕学会换届工作进行了讨论，确定了换届筹备工作领导小组等重要事项。[②]

2011 年 6 月 11 日，中国自然辩证法研究会六届十四次常务理事会在北京友谊宾馆召开，会议由瞿振元副理事长主持，会议传达了中国科协第八次代表大会精神，介绍了中国科协第八次全国代表大会的主要情况。代理秘书长张明国汇报了《秘书处 2011 年上半年工作情况和下半年工作计划》，以及秘书处内部机构设置问题的相关情况。刘孝廷副秘书长对《中国自然辩证法研究会换届工作方案》及相关问题作了汇报。会议对上述三项工作进行了审议和讨论，通过了本会秘书处内部机构设置方案，并围绕学会换届工作方案进行了深入的讨论。[③]

2011 年 6 月 25 日，北京自然辩证法研究会在中国人民大学举行了理事会换届大会。中国自然辩证法研究会代秘书长张明国教授、中国人民大学干春松教授出席并致辞。参会者听取了北京市自然辩证法研究会第六届理事会理事长王鸿生教授的工作报告，第六届监事会监事长肖兴华教授对理事会工作给予高度评价。经无记名投票，选举了第七届理事会、监事会。选举王鸿生教授为理事长、李建军等 12 人为副理事长，选举钱俊生为监事长，选举林坚担任秘书长，戴荣里等三人为副秘书长。[④]

2011 年 6 月 30 日，中国自然辩证法研究会在北京友谊宾馆召开纪念建党 90 周年座谈会，朱训理事长莅会并讲话。会议由张彦英副理事长主持，以“中国共产党与自然辩证法”为主题，回顾了中国自然辩证法事业在共产党领导下的发展历程、党的历届领导人对自然辩证法事业的关怀和指导，总结了自然辩证法工作在“为国服务”和建言献策方面的经验教训，探讨了新形势下自然辩证法事业持续发展的道路和方向。[⑤]

2011 年 10 月 30 日，纪念中国自然辩证法研究会成立 30 周年大会在中国科技会堂隆重举行。来自学术界不同学科的学者齐聚一堂，中国自然辩证法研究会理事长朱训发表重要讲话，副理事长吴启迪主持了纪念大会。纪念大会上，朱训理事长发表了重要讲话；原副理事长孙小礼教授、名誉副理事长刘大椿教授、原秘书长丘亮辉研究员分别作了专题报告。朱训理事长的讲话和三位自然辩证法界老前辈的报告不仅回顾了自然辩证法事业的辉煌历史，也充分讨论了自然辩证法事业未来发展的前景和走向，具有深刻的指导意义。[⑥]

二、科学哲学

2011 年，北京地区科学哲学学术研究和学科建设稳步向前，新的理论生长点不断出现，研究的问题领域不断扩展，在研究的深度和广度上都有重要扩展，彰显了学术传承与创新的新境界。

在对学科总体发展的总结上，刘大椿总结了新中国成立60年来，特别是改革开放30多年来我国的自然辩证法研究的基本脉络和主要成果，并提出了未来展望。[⑦]他指出，哲学学科的形成与发展可归结为分化与整合的交互作用过程。分化与整合并存已成为哲学学科未来发展的基本态势，同时，哲学研究的方法也超越了传统的思辨、逻辑与语言分析等方法，多元化方法追求成为实现哲学创新的重要途径。[⑧]

在对中国杰出科学家的研究上，黄顺基从“钱学森科技创新思想研究”[⑨⑩]、“钱学森对系统科学的创建与发展”[⑪]等方面讨论了“钱学森与科技哲学研究”，阐述了钱学森在科技认识论、交叉科学和复杂性科学的研究方法等方面的贡献。

任定成则从不同角度分别阐述了科学理论发展的四个主要模式，认为亚里士多德、赫歇尔、惠威尔和逻辑实证主义的归纳演绎模式反映了科学理论发展的累积性，笛卡尔、孔德和波普尔的猜想-反驳模式反映了科学理论发展的否证性，撒伽德的计算科学哲学模式反映了科学理论发展的认知框架变化，库恩和拉卡托斯的结构模式反映了科学理论发展的历史性和社会性变化。[⑫]

随着科学哲学中的“实践转向”，科学实践哲学研究逐步成为科学哲学研究中的重要领域，吴彤在对科学实践哲学和新经验主义科学哲学中蕴含的系统观进行阐述的基础上，进一步从本体论、认识论、方法论和价值论角度论述了反对大一统系统观的理由；针对整体系统观和破碎系统观在何种意义上可以融合的问题，他指出承认差异、容忍差异的整体系统观与破碎系统观可以融合；现代科学的标准化方式是大一统系统观的基础，对文化多样性的保存不利，认为在文化多样性方面以破碎的局域的系统观为观念基础，比大一统的系统观要好。[⑬]他还从科学实践哲学的理论和实践例证的角度分别讨论了科学知识和技术知识的地方性问题。[⑭]

肖显静提出，理想主义科学修辞不能反映科学活动的真实状况，需要返语境化以还原科学真实面貌。复杂性科学、基础应用研究和战略性基础研究的兴起也需要科学修辞的语境化转向。[⑮]

蔡曙山等人认为库恩和塞尔在客观性标准上具有一致性，认为科学共同体对新“范式”的集体认可保证了范式作为制度性事实在认识论上的客观性，科学共同体在范式转换中的决定作用是客观性判定的最好标准。[⑯]

在复杂系统科学哲学研究方面，董春雨在对序参量及其役使原理的具体含义进行阐述的基础上，分析了序参量及其役使原理之于整体论的意义。[⑰]他还阐述了复杂系统科学哲学研究的现状与困惑，对国内相关的基础理论研究的若干进展进行了总结和评论。[⑱]

在特殊科学哲学研究中，李建会考察了近年来国际生物学哲学主要关注的问题，[⑲]介绍和讨论了神经伦理学兴起的背景、建制发展过程、研究的基本框架以及基本论题等内容。[⑳]

王巍则梳理了语言还原、理论还原、学科还原、微观还原、本体论还原等诸多还原概念，从而对相应的还原论进行了简评。[㉑]他还探讨了“其他情况均同”（CP）定律问题，逐一反驳以Earman、Roberts、Smith（ERS）为代表的观点，为CP定律的存在合法性辩护。[㉒]他在进化与伦理的关系中引入“后达尔文式康德主义”这一概念，以此填充进化伦理学与道德原则之间的鸿沟。[㉓]

徐竹认为，可操控性将因果关系刻画为“介入之下的不变性”，既跳出了能动性因果理论的“人类中心主义”窠臼，又避免了规则性因果理论的缺陷，能够主张“有限程度”的因果意义。[㉔]

三、技术哲学与工程哲学

2011年，在合理把握理论与现实的张力、注重学术传承与创新的基础上，北京地区的技术哲学与工程哲学研究展现了思想的深度和广度。技术与现代性研究继续深化，技术风险因日本福岛核事故受到深度关注，工程实践及其演化研究深入展开，科技伦理与研究继续受到重视。

在高新技术的哲学研究中，曹南燕、胡明艳从“共生产”和“共同责任”的视角关注纳米技术的发展及其蕴含的巨大不确定性，指出尽早开展有关伦理、法律和社会问题（ELSI）研究的重要性，为中国纳米技术的ELSI研究提出了建议。[㉕]

在工程哲学研究方面，李伯聪根据经济学家的有关界定，分析和阐述了工程的微观、中观和宏观三个层次及其演化和互动关系；[㉖]认为工程演化过程是“双重双螺旋”过程，即由“技术链”和“非技术链”（“经济-社会链”）共同构成的“双螺旋”，此过程包含“技术发明—工程创新—产业扩散”三个环节，论述了“双重双螺旋”的基本内容和工程演化过程的“选择与建构”机制。[㉗]

在关注社会现实的哲学反思中，刘孝廷以日本“3·11”核事故为例，探讨了技术的风险和人类发展文化的取向问题，认为人类应当谨慎地反思核技术开发战略和政策，人类文化应当进入重建发展文化、提高行为约束道德等级的新阶段。[㉘]

在技术风险研究方面，张明国以“北京技术哲学论坛”为例，对现行技术风险及其规避政策的研究进行了综述，指出规避技术风险主要包括技术和社会对策、政治和法律对策以及道德伦理对策。[㉙]技术风险研究主要包括风险和技术风险的本质和特征等内容，以及技术风险发明论、技术转移风险论、艺术风险论等研究领域。[30]他通过建构“技术－文化”系统，在自组织理论特别是耗散结构理论及其方法框架下论述了技术与文化的关系。他指出，耗散结构理论不仅有助于论述技术与文化的关系，而且有助于研究技术的发明、转移、创新和文化的关系。[31]

在人物研究方面，张成岗系统探索了著名思想家齐格蒙特·鲍曼的现代性理论中的技术图景，关注了其在方法论上所发展出的“技术与现代性互动”的主题。他指出，要适应现代技术行为模式，从现代伦理学转向后现代伦理学，倡导技术责任以解决现代性危机。[32]他将责任视为后现代伦理学的核心概念，从责任与后现代伦理学、责任原理的内涵、责任践行过程面临的难题等方面阐述了后现代伦理学中的“责任”，认为在现代伦理规范如何转换为有效的社会利益和社会力量这个关键性问题上，人类需要更加努力。[33]

章梅芳、高亮华则对瓦克曼的技术女性主义思想进行了综述和评论，认为瓦克曼的技术女性主义思想的理论前提是对技术决定论和本质主义性别观的解构，实质在于强调技术与性别的相互形塑，目的在于试图避免陷入技术恐惧和技术崇拜的困境，并消解性别身份差异性与政治立场统一性之间的冲突及其给女性主义政治实践带来的挑战。[34]

四、科技社会学与科技政策

2011年北京地区的科技社会学与政策研究呈现出理论与实践紧密结合、宽视阈和深层次思考兼具的特色。对当代科学、技术与社会的相互关系的认知继续深入，对国家创新系统、知识的生产与扩散进行了多维探索，对科学道德、科学普及进行了有启发性的探讨。

刘大椿等人通过对最近30年的国家科技政策的历史分析，表明国家决策层通过科技公共政策的调节器作用实现了在不同历史条件下的不同科技定位，目前的科技公共政策研究亟待从目标、方法和理念等方面进行调整。[35]他认为需要从理论和现实两方面关注科学技术与公共政策的关系问题，举国体制、保障学术自由、行政权力与学术权利协调、知识与权力的共谋或分立、学术规范恰当运行等问题都是迫切需要公共政策应对的科技发展问题。[36]

金吾伦从资源要素和组织要素两方面考察中国的创新系统，认为中国尚未建立真正的国家创新系统，并提出重视知识与企业、市场的链接以提高社会生产力，加强人文社会科学知识与社会制度创新过程中的链接等建议，提倡实现“以知识为基础的经济”和“以知识为基础的社会”的协调发展。[37]

李正风认为，在国家创新体系中，知识的生产与扩散同等重要，构建不同行动者之间紧密整合与互动的社会网络对推动新知识创造、传播和应用具有重要意义。他提出在国家创新体系建设中，通过知识产权制度塑造国家的创新优势。[38]李正风、尹雪慧关注科学体制化的文化诉求与文化冲突，认为“求真知”的科研文化和“致实用”的功利主义科学价值观共同构成近代科学体制化的必要条件，但是科学的“功利性”与“自主性”之间是存在摩擦与对抗的。[39]

李醒民在陈述和比较科学家对社会无道德责任和有道德责任两种对立观点的基础上，认为科学家应该承担相应的道德责任，并讨论了科学家对社会承担道德责任的必要性和应该承担哪些责任的问题。[40]

洪伟等关注以大学为邻的企业的创新能力问题，通过对清华科技园的中小企业进行问卷调查，与海淀区及北京市的高科技中小企业展开对比研究。[41]

肖显静讨论了科技专家在核电站决策中的角色，认为科技专家不应被工具化、空洞化和符号化，应当走出科学例外论基点上的科学仲裁者以及为利益集团辩护的观点辩护者的角色，成为公众观点的辩护者和政策选择的诚实代理人。[42]

白欣、杨舰运用社会学研究方法，就“不同技术社会中手机使用的差异性”这一主题在中日两国进行了问卷调查，解剖了人们对手机的认识变化和手机在不同社会的使用规范，从STS的视角对制度环境与技术发展的关系进行了探索。[43]

崔永华等以学会为例讨论了跨边界组织在国家创新体系中的作用，提出“跨边界组织”的概念，分析了学会等跨边界组织的属性及其在国家创新体系中对知识交流与创新的促进作用，构建了跨边界组织在国家创新体系中的作用模型。[44]

梁永霞等通过文献分析、学科定位的方法总结出知识生态学的知识科学进路、生态科学进路以及交叉科学进路。[45]他们从国家创新系统的知识生态特征出发考察了知识生态学视域下的国家创新系统，认为复杂的知识个体、知识链和知识网络构成了自身和国家创新系统的知识环境，可以根据创新主体之间的知识流动分析国家创新系统的效率。[46]

刘兵对博物学的科学编史纲领对科学哲学和科学史等领域研究的意义进行了系统归纳和总结，认为博物学的科学编史纲领体现了反辉格史的科学史观，是对科学主义的“解毒剂”，对于科学传播具有不可替代的意义。[47]

刘华杰区分了博物学、“natural history”和自然科学三个不同的概念，博物学可以成为新的科学编史纲领，借此重写科学通史或人类知识史。同时他也指出，博物学在现代教育体系中被严重忽视，建议优先传播和传承博物学。[48]宋河发、穆荣平、任中保结合调查数据和理论研究分析了我国政府采购政策和实施细则的关联性问题，并提出明确自主创新产品的认证评价标准、建立政府采购自主创新产品转向资金、建立自主创新产品目录快速更新机制等建议。[49]

王程韡和曾国屏引入社会技术想象的视角，对我国城市化过程中想象的演变过程即创新型城市建立的认知基础进行了梳理，认为政治导向的优位和公民社会的缺位所导致的“想象”建构群体的有限的多元化是一切城市问题的根源。要解决这一问题，必须要通过能够促进认同感和社区意识的其他“想象”的建设，进而通过城市化和创新实现“城市让生活更美好”的目标。[50]

包红梅、刘兵以蒙古文的医学科普图书作为案例展开的调查研究，反映了蒙文医学科普图书的现状、特征和问题，为少数民族科普工作有效开展提供了可供借鉴的材料和依据。[51]

五、学术活动与国际交流

2011 年，首都地区自然辩证法界在相互交流合作、相互学习借鉴中不断进步、不断发展；热烈的讨论和深入的交流展示了高层次、宽视阈的学术活动与国际交流状况。

2011 年 1 月 6 日，中国自然辩证法研究会主办的“科学技术与包容性增长高峰论坛”在北京举行，与会者就包容性增长提出的背景、内涵、意义及其与发展的关系、与科学技术发展的关系、对包容性增长的哲学思考等核心议题，发表了各自的观点，展开了激烈而深刻的讨论。[52]

2011 年 1 月 20 日，“创新文化与中韩学术社团发展研讨会暨北京自然辩证法研究会常务理事会”在中国人民大学举行，研讨会由北京自然辩证法研究会主办，亚太城市发展研究会、韩中教育联盟、韩中自然医学会协办，中韩学术社团就韩国教育现状及改革、社会组织在政府公共建设事务中的作用等主题展开了全面的交流和探讨。[53]

2011 年 3 月 23 日，中国自然辩证法研究会举办了“核安全与社会协调发展高峰学术论坛”。来自核能科研单位和核安全、核应急方面的专家，部分高校自然辩证法领域的相关专家学者，聚焦“核安全与社会协调发展”主题，进行了多角度、多视角、文理交融的研讨。[54]

2011 年 5 月 28—29 日，“第五届科学与信仰学术年会”在北京师范大学召开，会议以“历史与当代：跨文化语境中的科学与信仰”为主题，包括不同区域和语境中的科学与信仰、科学与信仰的个案探究、当今科学与信仰的发展趋势及应对等分议题。来自中国海峡两岸和美国的相关专家及在京部分高校的研究生共 60 余人参加了会议。[55]

2011 年 7 月 7 日，“2011 年北京技术哲学论坛”在中国科学技术会堂举办，美国著名技术哲学家卡尔·米切姆教授应邀作了题为“技术哲学：它过去怎样，又将变得怎样”的学术讲演。[56]

2011 年 7 月 15—18 日，“2011 国际莱布尼茨学术研讨会”在北京师范大学举行，会议主题为“莱布尼茨与当代”，与会学者从科学技术哲学、形而上学、政治伦理哲学、生态哲学与中西文化比较等视角透视了莱布尼茨思想的当代活力，并围绕主题展开了报告和讨论。[57]

此外，清华大学还举办了“‘为了卓越明天的科学和技术：东西方之间的对话’中德联合 STS 研讨会”，德国复杂性系统和非线性动力学学会主席、慕尼黑工业大学克劳斯·迈因策尔（Klaus Mainzer）教授等参会。[58]中国自然辩证法研究会举办了“中美科技哲学合作机会探索研讨会”，来自美国科罗拉多矿业学院的卡尔·米切姆（Carl Mitcham）教授、北德克萨斯大学的罗伯特·弗洛德曼（Robert Frodeman）教授、陶永心教授、布里特·霍尔布鲁克（J. Britt Holbrook）助理教授、理查德·内德尔（Richard H. Nader）博士，以及国内学者殷登祥教授等参加了会议。[59]

总之，2011 年北京自然辩证法学界呈现出了理论成果丰富、学术思想深刻、创新能力凸显、现实维度深化的特色和优势。在充满期待的 2012 年，将迎来党的十八大，迎来中国自然辩证法事业发展的新契机，新的一年中自然辩证法研究事业必将更加生机勃勃。

注：

①中国自然辩证法研究会秘书处：《中国自然辩证法研究会工作会议暨学科建设研讨会在京召开》，中国自然辩证法研究会《工作通讯》，2011 年第 2 期。

②中国自然辩证法研究会秘书处：《中国自然辩证法研究会六届十三次常务理事会纪要》，中国自然辩证法研究会《工作通讯》，2011 年第 6 期。

③中国自然辩证法研究会秘书处：《中国自然辩证法研究会六届十四次常务理事会纪要》，中国自然辩证法研究会《工作通讯》，2011 年第 10 期。

④北京自然辩证法研究会：《北京自然辩证法研究会举行第七届理事会换届大会》，中国自然辩证法研究会《工作通讯》，2011 年第 13 期。

⑤中国自然辩证法研究会秘书处：《中国自然辩证法研究会召开纪念建党 90 周年座谈会》，中国自然辩证法研究会《工作通讯》，2011 年第 11 期。

⑥中国自然辩证法研究会秘书处：《纪念中国自然辩证法研究会成立 30 周年大会在京隆重召开》，中国自然辩证法研究会网站：http：//www. chinas-dn. org. cn/n1249550/n1249690/13489128. html。

⑦刘大椿：《自然辩证法研究在实践中不断开拓》，《自然辩证法研究》，2011 年第 12 期。

⑧刘大椿、杨会丽：《哲学学科的分化、整合与方法创新》，《哲学分析》，2011 年第 2 期。

⑨黄顺基：《钱学森科技创新思想研究（上）》，《辽东学院学报》（社会科学版），2011 年第 1 期。

⑩黄顺基：《钱学森科技创新思想研究（下）》，《辽东学院学报》（社会科学版），2011 年第 2 期。

⑪黄顺基：《钱学森对系统科学的创建与发展》，《辽东学院学报》（社会科学版），2011 年第 6 期。

⑫任定成：《科学理论的发展》，《科学技术哲学研究》，2011 年第 4 期。

⑬吴彤：《整体与破碎》，《系统科学学报》，2011 年第 1 期。

⑭吴彤：《科学实践哲学与语境主义》，《科学技术哲学研究》，2011 年第 1 期。

⑮肖显静：《理想主义科学修辞的祛语境化与语境化重建》，《科学技术哲学研究》，2011 年第 2 期。

⑯宋春艳、蔡曙山：《范式与制度性事实——兼论库恩和塞尔在客观性标准上的一致性》，《自然辩证法研究》，2011 年第 27 卷第 3 期。

⑰董春雨：《试析序参量与使役原理的整体方法论意义》，《系统科学学报》，2011 年第 3 期。

⑱董春雨：《国内复杂系统科学哲学研究的若干热点问题》，《学习与探索》，2011 年第 5 期。

⑲李建会：《国际生物学哲学研究的若干新进展》，《学习与探索》，2011 年第 5 期。

⑳李建会、符征：《神经伦理学的兴起》，2011 年第 4 期。

㉑王巍：《“还原”概念的哲学分析》，《自然辩证法研究》，2011 年第 1 期。

㉒王巍：《有没有“其他情况均同”定律?》，《自然辩证法通讯》，2011 年第 1 期。

㉓王巍：《进化与伦理中的后达尔文式康德主义》，《哲学研究》，2011 年第 7 期。

㉔徐竹：《“介入之下的不变性”——论可操控性因果概念及其社会科学哲学意蕴》，《自然辩证法研究》，2011 年第 2 期。

㉕曹南燕、胡明艳：《纳米技术的 ELSI 研究》，《科学与社会》，2011 年第 2 期。

㉖李伯聪：《工程的三个“层次”：微观、中观和宏观》，《自然辩证法通讯》，2011 年第 3 期。

㉗李伯聪、王晓松：《略论工程“双重双螺旋”及其演化机制》，《自然辩证法研究》，2011 年第 2 期。

㉘刘孝廷：《超越技术与进步——从核风险看人类发展文化的取向》，《山东科技大学学报》（社会科学版），2011 年第 5 期。

㉙张明国：《技术风险及其规避对策研究综述——以“北京技术哲学论坛”为例》，《武汉科技大学学报》（社会科学版），2011 年第 6 期。

㉚张明国：《面向技术风险的伦理研究纲领》，《北京化工大学学报》（社会科学版），2011 年第 3 期。

㉛张明国：《耗散结构理论与“技术－文化”系统——一种研究技术与文化关系的自组织理论视角》，《系统科学学报》，2011 年第 3 期。

㉜张成岗：《鲍曼现代性理论中的技术图景》，《自然辩证法通讯》，2011 年第 3 期。

㉝张成岗：《后现代伦理学中的“责任”》，《哲学动态》，2011 年第 4 期。

㉞章梅芳、高亮华：《瓦克曼的技术女性主义思想评析》，《自然辩证法研究》，2011 年第 1 期。

㉟刘大椿、杨会丽：《公共政策何以攸关国家的科技定位》，《教学与研究》，2011 年第 12 期。

㊱刘大椿、黄婷、杨会丽：《论需要公共政策应对的科技发展问题》，《中国人民大学学报》，2011 年第 6 期。

㊲金吾伦：《中国国家创新系统有待完善与发展》，《创新科技》，2011 年第 2 期。

㊳李正风：《知识、创新与国家创新体系》，《山东科技大学学报》（社会科学版），2011 年第 1 期。

㊴李正风、尹雪慧：《科学体制化的文化诉求与文化冲突——论科学的功利性与自主性》，《科学与社会》，2011 年第 1 期。

㊵李醒民：《科学家对社会的道德责任》，《河池学院学报》，2011 年第 3 期。

㊶洪伟、元桥一之、曾国屏：《与大学为邻能否提高创新能力——以清华科技园的高科技中小企业为例》，《科学学与科学技术管理》，2011 年第 3 期。

㊷肖显静：《核电站决策中的科技专家：技治主义还是诚实代理人?》，《山东科技大学学报》（社会科学版），2011 年第 4 期。

㊸白欣、杨舰：《STS 视野下的中日手机技术》，《电信科学》，2011 年第 1 期。

㊹崔永华、李正风、尹雪慧、李红林：《跨边界组织在国家创新体系中的作用及路径选择：以学会为例》，《中国科技论坛》，2011 年第 3 期。

㊺梁永霞、李正风：《知识生态学研究的几种进路》，《情报理论与实践》，2011 年第 6 期。

㊻梁永霞、李正风：《知识生态学视域下的国家创新系统》，《山东科技大学学报》（社会科学版），2011 年第 1 期。

㊼刘兵：《博物学科学编史纲领的意义》，《广西民族大学学报》（哲学社会科学版），2011 年第 6 期。

㊽刘华杰：《博物学论纲》，《广西民族大学学报》（哲学社会科学版），2011 年第 6 期。

㊾宋河发、穆荣平、任中保：《促进自主创新的政府采购政策与实施细则关联性研究》，《科学学研

究》，2011年第1期。

㊿王程韡、曾国屏：《社会技术想象视角下的城市：从城市化到创新》，《第七届中国科技政策与管理学术年会论文集》，2011年。

51包红梅、刘兵：《蒙文医学科普图书调查研究》，《自然辩证法通讯》，2011年第6期。

52史阿娜：《科学技术与包容性增长高峰论坛综述》，中国自然辩证法研究会《工作通讯》，2011年第1期。

53黄婷：《创新文化与社团发展国际研讨会暨北京自然辩证法研究会常务理事会在京召开》，中国自然辩证法研究会《工作通讯》，2011年第4期。

54中国自然辩证法研究会秘书处：《本会“核安全与社会协调发展高峰学术论坛”综述》，中国自然辩证法研究会《工作通讯》，2011年第6期。

55张亚娜、郝清刚：《历史与当代：跨文化语境中的科学与信仰——第五届科学与信仰学术年会综述》，中国自然辩证法研究会《工作通讯》，2011年第11期。

56中国自然辩证法研究会秘书处：《2011年北京技术哲学论坛综述》，中国自然辩证法研究会《工作通讯》，2011年第13期。

57李少兵：《透视莱布尼茨思想的当代活力——2011国际莱布尼茨学术研讨会综述》，中国自然辩证法研究会《工作通讯》，2011年第14期。

58王程韡：《为了科学技术与社会的美好明天——中德STS会议在清华大学举办》，中国自然辩证法研究会《工作通讯》，2011年第17期。

59李建会：《中美科技哲学合作机会探索研讨会在京举行》，中国自然辩证法研究会《工作通讯》，2011年第17期。

（作者：张成岗，清华大学副教授；
张仕敏，清华大学硕士生；
郭兴华，清华大学博士生）

伦 理 学

罗国杰　葛晨虹　陈伟功

一、学术活动概况

4月15—17日，由中国伦理学会主办、上海师范大学经济伦理研究中心与上海市伦理学会承办的“第19次中韩伦理学国际学术研讨会暨第5次全国经济伦理学学术研讨会”在上海师范大学召开。120多位中外学者以经济与社会发展为主题，从社会发展与公平正义的实现、企业伦理与企业的社会责任、生态文明与消费伦理的引导、东亚文化与经济伦理学的发展等方面进行了研讨。

5月7—8日，由中国伦理学会、天津社会科学院《道德与文明》编辑部、中国人民大学伦理学与道德建设研究中心、清华大学哲学系共同主办，《道德与文明》编辑部承办的“文化‘三自’与社会主义核心价值体系”理论研讨会在天津举行，来自国内著名高校、科研机构、报社和杂志社的40多位专家学者参加了此次会议。学者们围绕如何理解文化“三自”的内涵及其相互关系、文化“三自”的实现路径、文化“三自”与社会主义核心价值体系等议题，就中华民族在文化方面的自觉、自信和自强作了全面、系统的探讨。

6月18—19日，由中国癌症基金会、中国医学科学院肿瘤医院举办的2011年伦理审查国际研讨会在北京召开，国内外临床研究伦理学的专家就该领域的进展、我国目前的伦理审查状况与问题、国际伦理审查情况与规范化操作、符合我国国情的伦理审批规范与途径、提高我国伦理审查水平等议题进行了研讨。

7月2日，北京建筑工程学院举办了“文化软实力与北京世界城市建设——第四次建筑伦理与城市文化学术研讨会”，来自北京高校、科研机构的35名专家学者围绕北京城市发展与城市文化遗产传承、北京“世界城市”文化软实力提升的路径、北京城市空间文化建构、城市治理与提升北京城市文化软实力的关系以及如何提升北京的城市文化品位等议题展开了研讨。

7月18—20日，由中国伦理学会主办、宝鸡文理学院承办的“第二届周秦伦理文化与现代道德价值国际学术研讨会”在陕西宝鸡举行。来自国内及新加坡、韩国、日本、荷兰等国家的70多位专家学者探讨周秦伦理文化的基本精神和现实意义，学者们围绕周秦文明的伦理结构及其对重建现代道德的借鉴作用等问题进行了探讨，从中挖掘有益于当今社会实现道德规范的途径。

8月22—25日，由宁夏大学和中国伦理学会、宁夏伦理学会共同主办的“全国民族伦理文化学术研讨会暨中国伦理学会民族伦理学专业委员会成立大会”在宁夏银川举行。来自全国20多个省、市、自治区的100多位专家学者围绕民族伦理基本伦理、民族伦理与社会和谐、单一少数民族伦理文化与价值、民族伦理典籍及跨学科研究等主题进行了交流和研讨。

10月14—16日，由中国伦理学会政治伦理学分会、中共中央党校哲学部、中共中央党校马克思主义理论部、华侨大学哲学与社会发展学院联合举办的“第五次全国政治伦理学研讨会”在华侨大学举行，来自全国16个省市的科研院所、高校的专家学者共60余人参加了会议。与会代表围绕政治伦理的前沿问题及其与官德建设、政府职能转变、政府善治、服务性政府建设、社会管理等议题进行了探讨和交流。

11月10日，由中国人民大学伦理学与道德建设研究中心主办的“‘伦理学理论与实践学术研讨’暨庆祝中国人民大学伦理学教研室成立五十周年”大会在中国人民大学举行。来自清华大学、北京大学、中国社会科学院、东南大学、湖南师范大学等单位的40多位专家学者参加了会议。学者们围绕新中国伦理学理论的研究与发展、马克思主义伦理学中国化发展、中西伦理思想资源与当代中国伦理学发展及社会主义市场经济道德体系建设等问题进行了深入的研讨。

二、主要著作

2011年，北京伦理学学界从多个方面进行了研究，产生了很多成果，有些达到了较高学术水准。新作主要有：

罗国杰著《伦理学探索之路——罗国杰自选集》（首都师范大学出版社）、万俊人著《现代西方伦理学史》（中国人民大学出版社）、曹刚著《道德难题与程序正义》（北京大学出版社）、武卉昕著《苏联马克思主义伦理学兴衰史》（人民出版社）、陈延斌著《播种品德　收获命运——未成年公民道德养成的理论与实践》（中国社会科学出版社）、王海明著《美德伦理学》（北京大学出版社）、邓文正著《细读〈尼各马克伦理学〉》（生活·读书·新知三联书店）、范瑞平著《当代儒家生命伦理学》（北京大学出版社）、冯继宣著《计算机伦理学》（清华大学出版社）、冯永刚著《制度道德教育论》（北京师范大学出版社）、靳凤林著《制度伦理与官员道德——当代中国政治伦理结构性转型研究》（人民出版社）、刘余莉著《儒学伦理学——规则与美德的统一》（中国社会科学出版社）、马勇著《伦理道德史话》（社会科学文献出版社）、斯仁著《蒙古秘史》（高等教育出版社）、陶悦著《道德形而上学——牟宗三与康德之间》（中国社会科学出版社）、王楷著《天然与修为——荀子道德哲学的精神》（北京大学出版社）、王曙光著《金融伦理学》（北京大学出版社）、向玉乔著《后现代西方伦理学研究》（中国社会科学出版社）、徐黎明著《政治伦理学》（中国社会出版社）、余纪元著《亚里士多德伦理学》（中国人民大学出版社）、张永强著《工程伦理学》（北京理工大学出版社）等。

卢风编《科技、自由与自然——科技伦理与环境伦理前沿问题研究》（中国环境科学出版社）、秦红岭编《建筑伦理与城市文化》（第二辑）（中国建筑书店）、纪良纲编《商业伦理学》（第二版）（中国人民大学出版社）、赵书华和娄梅编《企业伦理与社会责任》（中国人民大学出版社）等。

倪梁康译《伦理学中的形式主义与质料的价值伦理学》（［德］舍勒著，商务印书馆）、苗华建译《荣誉法则：道德革命是如何发生的》（［美］阿皮亚编，中央编译出版社）、杨韵刚译《道德发展手册》（［美］基伦、斯梅塔娜编，教育科学出版社）等。

在这些成果当中，首都师范大学出版社出版的《伦理学探索之路——罗国杰自选集》是北京市社会科学界联合会重点组编出版的丛书《北京社科名家文库》中的一本。该丛书以自选集的形式，展示当代哲学社会科学名家学者30年来的学思精华。在这部书里，浸透着为新中国伦理学奠基的老一辈专家呕心沥血的求索。“学之大者，国之重器。”组编者将这些“大者”潜心研究的成果展示给大众，既反映中国学人在学术风范和学术使命上的历史延续，也给中国社会建设和理论研究提供了丰富和富有价值的思想成果。

三、学术研究概述

作为实践哲学，伦理学必然与时代问题紧密联系在一起。2011年，北京伦理学界对当前我国在道德建设方面的现状及发展尤为关注，在理论和实践方面均取得了很多研究成果。一方面，学者们对伦理学的研究方法、重要概念、道德原则、思想史等传统伦理学问题进行了深入研究，表现了较宽广的论域和明确的问题意识；另一方面，在解释与解决实际问题方面，尤其在伦理学的社会应用方面，学者们进行了各有侧重的研究。

（一）伦理与社会

伦理学研究的重要任务之一是为社会道德建设提供指导与支持。在我国当前社会、经济迅速发展的状态下，道德建设的重点在于加大道德教育和社会道德弘扬力度、关注社会道德及其价值文化的建设。

1. 价值观研究

关于研究范式。对于价值观问题，国外学者往往从含义、分类和测量方法等方面进行研究，而国内学者则侧重于宏观理论、特定社会群体和领域的研究。因而有学者指出，国内研究存在着理论研究深度不够、主动性和前瞻性研究不够等问题，必须加强微观研究和实证性研究。但也有学者认为，自20世纪80年代以来所形成的实证理性认识论的价值学研究范式，目前遇到了很多的困难和挑战。这一范式跳不出主客二分模式的窠臼，导致价值的工具性定义与价值的本体论承诺之间的根本矛盾。要推进价值哲学的研究，需要从目前的认识论范式转向情感生存论范式。[①②]

关于价值与价值观。有些学者主张价值理解的客观性，认为价值现象与意向性意识有着内在的关系，意向性概念表明了我们与外界物的意义关系。在怀特海所代表的建设性后现代主义看来，价值意指事件的内在实在性，价值始终是具体的、现实的，它表现出一定的层级。而道德价值就是指与未来相关的、现实的和谐与完美。道德法则以及相关的自由概念若不具有客观实在性，则道德将会成为一种“虚构的观念”和“头脑的产物”。[③④]

有些学者则强调价值的主观性，认为价值是人类为了生存和发展而创造出来的体系，包含生存价值、秩序价值和信念价值，而价值观则是关于这些价值的根本观念和信念，价值观建设的目的是最大化地创造并合理分配这些价值。所以，在价值观的现代性与后现代性之间存在着一定的张力，即科学主义、自由主义与实用主义、工具主义的对立，而后现代在批判与消解基础主义、本质主义和表象主义的同时，其理论走向了相对主义、多元主义和偶然性。[⑤⑥]

关于社会主义核心价值观及其建设。学者们对社会主义核心价值观进行了讨论分析，认为应当使这些观念保持在同样重要的层次，更加集中明确，更具有价值取向中的中国特色。结合当代社会中某些领域不断出现的突破道德底线的事件，有学者指出，这些道德问题向价值观教育提出了新的要求、任务和途径。要吸收现代德育研究的最新成果，使其更为生动和更易被大众尤其是青少年所接受；价值观教育还要求我们的社会必须营造一个积极向上的公正和谐的社会环境，让社会风气和环境熏染育人。[⑦]

2. 民族精神研究

民族精神始终是理论工作者们研究的一个重点，学者们普遍认为，民族精神是一个民族能够具有活力、凝聚力、软实力和竞争力的支柱，儒家伦理文化尤其是其精髓可以为此提供有力的文化支撑。生活在当代的中国人依旧面临着安身立命的问题，面临着民族精神和民族文化的传承和发展的问题。只有建立在中华民族精神基础上的安身立命和中国特色的现代文化，才可让中国人突破自我有限性，扩展并丰富生命的价值和意义。[⑧⑨]

民族精神是一个历史范畴，其具体内容随着社会历史的发展以及民族文化建设的要求而变化。学者认为，在民族精神系统中，民族思想价值理念是核心，民族文明素质居于基础性地位，其内容由人口身体素质、科学文化素质、思想道德素质和心理素质构成。这些方面相互作用、相辅相成，共同构成一个统一体。有学者指出，对于中华民族来说，崇尚道德的精神是其真正“国粹”，因而在当前的文化建设中，只有反思我们深受影响的西方价值观，只有弘扬中华民族文化的核心价值观，才能真正重塑我们的民族精神。[⑩⑪⑫]

3. 孝道研究

学者们对孝道、亲子关系进行了学理上的研究，认为对于中国人来说，孝道的根源在于生命崇拜和延续，在于代际生命呵护和群体互养，因而中国人养生的终极价值根据就是孝亲责任。其实，孝道的内涵很丰富，如孔子对孝的规定是“隐”和“谏”并重的，但后世的人往往只继承了其关于“隐”的部分，从而使孝亲行为会产生一些极端的表现。

与中国人直觉、整体的思维方式不同，西方哲学家基于抽象、主客二分的思维方式来分析，如康德将亲子关系当作与物自身相关的关系来处理，有学者认为，这种思想观念既有启发，又存在不少缺陷。也有学者对我国当前老年社会工作进行了反思，认为老年社会工作缺乏伦理价值支撑，主张构建老年社会工作价值体系，为其提供坚实的伦理学基础。[⑬⑭⑮]

4. 共同体研究

人类总是生存于各种共同体之中。随着世界民主化的发展，结社入宪，公民参与的积极性越来越高，产生了很多公益组织，共同体的形式更加多样化。正如杜威所认为的那样，在民主社会中发展起来的“共同体”，已不单单是一种形态，更是一种生活方式。[⑯⑰]

学者们探讨了自我与共同体、个人主义的自由主义与共同体主义的关系。为消解因自由主义伦理过度扩张而导致的消极后果，西方一些思想家的观点是，共同体优先于自我，但他们对原因的分析却各有不同。如在康德以及罗尔斯看来，自我是超验和形而上学的，而罗尔斯早年就曾基于对社会共同体的重视与强调而展开对“自我中心主义”的批判。桑德尔也强调共同体先于自我而存在，并且是自我的构成因素。不过，有学者指出，桑德尔的自我观同样存在着自身的逻辑问题。而麦金太尔主张放弃个人主义的自由主义，回归到亚里士多德的共同体传统，他试图通过对传统共同体主义的追寻，以实践、人生的叙事统一性以及历史传统来重建一种追求共同善的现代伦理共同体。[⑱⑲⑳]

5. 社会信任研究

信任是现代社会中至关重要的道德理念，是一个复杂社会的简化机制。在令人焦虑的高度复杂的社会系统中，急需要建立道德共同体，需要政府责任、企业社会责任和公民伦理的广泛参与。

有学者以2011年的日本核危机为例，也有学者针对当前经济与社会发展中某些领域中普遍存在的假冒伪劣和欺诈现象进行分析，指出这些现象在本质上是诚信道德危机，究其原因是道德氛围营造不力，制度建设不到位。有学者指出，要走出“塔西佗陷阱”，就必须走“诚信信息”道路。加强政府解释力，每个公共权力代言人应当慎待自己的公共话语权。对于社会信任问题，学者们也进行了实证研究，认为社会信任水平的高低与社会稳定、和谐紧密相关，分析表明，与世界一些国家和地区相比，我国社会信任程度还有很大的提高空间，在社会诚信教育和诚信规导机制建设方面任重而道远。[21][22]

6. 公民幸福研究

随着近几十年西方社会由效率优先的功利主义强势目的论，逐渐转向公平正义优先的普遍社会道义论这一重大“价值扭转”，中国也在发生类似的改变，围绕社会“为何发展？为谁发展”的价值追问和政治伦理反思，中国将“人民幸福”作为社会发展的最高目标，以使我们的社会发展真正公平地惠及全体人民。

大多数学者认同亚里士多德关于幸福是至善的观点，主张不论是个体还是社会，不仅要学会创造幸福，更要学会感受幸福。就个人来说，与人分享不仅更安全，也更有幸福感。就社会的角度来说，幸福的分享程度越广泛，说明这个社会越公平，秩序越好。有学者还对西方幸福论若干经典命题进行了分析，认为传统及流行的幸福定义虽然有自己存在的合理性，但也存在着偏颇。总之，国家和社会的发展目标要与公民的幸福目的一致。[23][24][25]

（二）伦理思想史

1. 人性论

许多研究成果关注了思想史上对人性论的研究，认为人性论是伦理学研究的出发点。有学者研究了中国伦理思想史上张载的人性论，认为他所说的“天地之性与气质之性”，从根本上为阐释道德善恶问题提供了新颖的方法和视角。但也指出张载缺乏有力的逻辑推演，使变化气质反归天地之性在理论上面临一定的困境。

在西方伦理思想史方面，有学者研究了很有代表性的亚里士多德与斯宾诺莎人性论的欲望概念，认为一般的欲望概念难以恰当地说明人类行为的多重动机及其相互间的竞争关系，要突破理性与欲望对立的传统思路，用一种新的欲望概念来深入地认识复杂的人性，更好地观察人类行为并对其作出恰当的道德评价。当前的实验伦理学用科学的实验理论和方法来探索伦理问题，特别是道德行为的心理机制和对策，这为伦理学研究提供了创新途径。[26][27]

2. 正义论

关于正义的理论，始终是研究西方伦理思想史的学者们所关注的重点，他们指出，在具体的使用语境中，“正义”的含义是有区别的。比如，在柏拉图看来，正义是一种德性，亚里士多德则不仅把正义看成一种整体德性，而且强调了其个体间性。亚里士多德把正义作为形容词来用，而对于莱布尼茨来说，从词性上区分，正义有三种：名词、形容词和副词、感叹词意义上的正义。

有些学者则强调正义的实质内涵，主张正义是社会秩序中的底线，要有现实的可行性。如对于密尔来说，正义建立在社会功利原则的基础上，但密尔的真正意义或许不在于强调功利优先的原则，而在于以惩罚作为分析正义问题的关键词，以不伤害作为正义的主要原则。对于罗尔斯来说，正义对基本人权的实现有一个普遍主义的承诺，其国际正义理论充分认识到了合理的多元主义的事实与分配正义的本质。[28][29]

3. 德性论

德性在传统伦理学中是一个最核心的概念，在近几十年来，随着美德伦理学的复兴，很多学者对此多有著述，他们大多数主张要对这个概念进行追踪和澄清。

有学者指出，早在两千多年前，孔子就已经认识到了这个问题，即孔子所说的“正名”并非一般所认为的“复周礼”或以周礼矫正现实，而是一种以德性的回复为进路的价值重建。在西方伦理思想史上，virtu（德性或美德）这个词也有多重甚至是矛盾的含义，比如，马基雅维利的virtu概念就隐含着古罗马意义上的德性和基督教德性的冲突、能力优异和道德完善的冲突。而且，应当重新评价德性在政治中的地位与作用。但两者在中国传统道德思考中是统一的，中国传统伦理学虽然是以修身的美德伦理学为起点和重点，然而它不仅与治平伦理密不可分，而且与人际间的规范伦理、交往伦理也是密不可分的。[30][31]

4. 道德判断中的情与理

学者们指出，关于情感和推理在道德判断中的作用一直是伦理思想史的一个重要问题，最著名的是休谟和康德的论争。事实上，有些经典作家对由理性所开启的现代性进程持谨慎态度，比如，洛克在一定程度上很重视理性的作用，但认为理性本身却存在诸多问题。当代学者们对道德推理中的情感因素重新审视，产生了道德判断决策机制中的多种模型。有些学者认为，今后应当更多地关注道德推理的实际作用，既要运用更为先进的操纵手段，同时注重情境的影响。

然而，有些现代哲学家依然强调理性在伦理学中的决定作用，如哈贝马斯，他秉承启蒙理性的精神，强调交往理性的现实指向就是商谈伦理与普遍共识。这种重构的商谈伦理学秉持两个基本原则，即可普遍化原则和话语伦理学原则。

学者们指出，在中国伦理思想传统中，在处理情感与理性关系时，往往也存在着理性化趋向，指出荀子“处仁以义”的思想就表明，理性对情感的反省、规约和指导具有特别的理论意义，他就是将行为主体成就德性的内在根据建立在了理性而不是情感之上。[32][33][34]

（三）应用伦理

学者们普遍主张，伦理学是实践哲学，因而伦理学必然是应用伦理学，它必须面对现实生活，为人们的行动提供指导。真正的伦理学研究不是纯粹知性的探究，否则就会丧失其实践哲学的品格。在当代社会主义市场经济条件下，道德要创新，既要着眼于对道德理念内在引导的挖掘，又要致力于对外在制度的机制安排和他律强制性规则的建设。

1. 经济伦理

经济追求的是效率，而伦理的目的是平等正义的社会良序，两者能否真正地融为一体？学者们研究发现，如果通过理论创新进而改变思路和思维方式，问题可能会表现得非常不同。比如，困惑经济学家两千余年的“价值反论”认为，交换价值与使用价值成反比，但边际效用论认为，单位商品使用价值是商品的边际效用，是商品的最后单位增量的效用，因此交换价值与使用价值成正比，这种理论说明价值反论不能成立。以此理论来分析经济中的伦理问题，可能会产生新的结论。

学者指出，新制度经济学认为制度对个体的基本作用是约束其行为，但是运用分析哲学的方法将会发现，个体的选择集是由制度创造的，制度对个体的根本作用是解放，而非限制。新制度经济学继承了功利主义的传统，从功利的角度对制度的起源进行解释，并将个体的偏好和利益看作是外生于制度的。通过与人类学的对话发现，利益总是由特定的文化塑造，纯粹的物质利益并不存在。[35][36]

2. 环境伦理

环境是人类生存和发展所面临的最重要、最迫切和最复杂的问题，也因此得到了经济学、法学和伦理学等不同学科的极大关注。学者们积极为人们生存环境的可持续发展、科学发展寻找理论支持，认为有必要反思相关学科的道德前提，为相关制度的设计提供道德指导。应当突破传统的价值主客二分性，建构生态系统主义世界观。

学者们认为，在我国城市化进程中，应该用源自集体理性的公共选择规范资本运营，用健全的保障制度抑制空间分配不公，用价值理性引导城市空间消费。城市规划需要伦理学，低碳城市建设不仅是一个技术问题，而且还是一个伦理问题。因此，在低碳城市建设过程中，需要对人类行为进行伦理规制。[37][38][39]

3. 医患伦理

我国当前医患之间的紧张关系也是2011年学者们关注的一个热点，学者们对其中的伦理关系进行了研究，主张要在生命尊严的视阈中进行综合考察，对生命的尊重是最起码的伦理要求。有学者借鉴国外的相关研究，认为国外学者在研究更深层次的问题，如生命神圣和生命质量之间是否可以互相转换、患者的自由和尊严之关系，等等。有学者从安乐死与生命的尊严问题出发去探究安乐死和生命尊严之间的关系。总之，学者们对医患关系进行剖析，认为对医患伦理的思考应着眼于生命尊严，体现出对生命更高意义上的尊重和爱护。[40]

就整体而论，北京伦理学界在2011年较多关注了社会现实问题，学者们运用新的视角、思路、方法甚至新理论进行了富有成效的研究。其方法和态度表现为：史论结合，追根溯源；直面现实，深入分析；预制未来，积极应对。研究内容和成果表现为：打破学科界限，扩大伦理学视域；实现价值引领作用，推进相关问题研究；成果丰富多样，注重学术质量。此外，伦理学学习自然科学的长处，重视实证研究的发展趋向也很明显。

注：

①尤国珍：《近年来国内外价值观问题研究述评》，《四川大学学报》（哲学社会科学版），2011年第6期。

②李少兵：《从实证理性认识论到情感生存论——价值哲学研究范式之思考》，《学术研究》，2011年第5期。

③龚群：《论价值与理解》，《复旦学报》（社会科学版），2011年第3期。

④陈伟功、续建荣：《价值：过程思想中德育论的基础》，《湛江师范学院学报》，2011年第5期。

⑤晏辉：《价值体系的层次及其共识的基础》，《中国政法大学学报》，2011年第6期。

⑥刘宽红：《杜威实用社会知识论的批判理论探究》，《自然辩证法通讯》，2011年第6期。

⑦韩震：《中国文化上自强必须有引领世界潮流的先进的核心价值观》，《道德与文明》，2011年第3期。

⑧郭清香：《何以安身？立命何处？——“安身立命”问题之当代价值》，《河南社会科学》，2011年第3期。

⑨王易：《儒家国家关系伦理思想的现代价值与历史使命》，《创新》，2011年第1期。

⑩张世英：《从“天理”到“人欲”，从“理学”到“实学”——中华精神现象学大纲（之五）》，《北京大学学报》（哲学社会科学版），2011年第3期。

⑪吴潜涛、杨峻岭：《民族文明素质的含义、结构及其时代价值》，《道德与文明》，2011年第4期。

⑫肖群忠：《“国粹”与“国魂”——弘扬中华伦理价值　重铸民族精神》，《道德与文明》，2011

年第 3 期。

⑬张祥龙：《康德论亲子关系及其问题——创造和养育自由生命体的时间性辨析》，《河北学刊》，2011 年第 3 期。

⑭孔娜、宣兆凯：《老年社会工作价值体系初探》，《伦理学研究》，2011 年第 5 期。

⑮王美玲：《情感主义的儒家伦理》，《华东师范大学学报》，2011 年第 2 期。

⑯李亚平、严华：《结社理论与实践之探微——以托克维尔与密尔的视角为观照》，《兰州大学学报》（社会科学版），2011 年第 6 期。

⑰董礼：《论杜威共同体思想的道德意蕴》，《道德与文明》，2011 年第 5 期。

⑱何怀宏：《青年罗尔斯论共同体及对“自我中心主义”的批判》，《中国人民大学学报》，2011 年第 5 期。

⑲龚群：《桑德尔对自由主义自我观的批评》，《中山大学学报》（社会科学版），2011 年第 3 期。

⑳庞楠：《共同体与公民德性——麦金太尔共同体主义视阈下的德性伦理观》，《前沿》，2011 年第 15 期。

㉑葛晨虹：《政府公信力：必须跨出“塔西佗陷阱”》，《中国教育报》，2011 年 9 月 19 日。

㉒杨明、孟天广、方然：《变迁社会中的社会信任：存量与变化——1990—2010 年》，《北京大学学报》（哲学社会科学版），2011 年第 6 期。

㉓万俊人：《什么是幸福》，《道德与文明》，2011 年第 3 期。

㉔王鲁宁：《西方幸福论若干经典命题之分析》，《哲学分析》，2011 年第 4 期。

㉕余纪元著，林航译：《“活得好”与“做得好”亚里士多德幸福概念的两重含义》，《世界哲学》，2011 年第 2 期。

㉖龚重林：《斯宾诺莎之欲力的教育与实践：理性、情感与行动的平行共构》，《河南师范大学学报》（哲学社会科学版），2011 年第 4 期。

㉗彭凯平、喻丰、柏阳：《实验伦理学：研究贡献与挑战》，《中国社会科学》，2011 年第 6 期。

㉘李少兵：《莱布尼茨自然正义理论的内涵——从本质形而上学、存在形而上学和道德形而上学看》，《山东师范大学学报》（人文社会科学版），2011 年第 5 期。

㉙冯书生：《惩罚与不伤害——密尔正义论的逻辑进路与基本特征》，《中共天津市委党校学报》，2011 年第 5 期。

㉚李景林：《正德性与兴礼乐——孔子正名思想的理论内涵及其方法学意义》，《北京师范大学学报》（社会科学版），2011 年第 3 期。

㉛谢惠媛：《马基雅维利的 virtu 概念辨析》，《现代哲学》，2011 年第 3 期。

㉜肖红春：《神意、理性与权利——一种关于洛克自然法理论的解读》，《现代哲学》，2011 年第 3 期。

㉝刘峰：《道德共识何以达成——哈贝马斯的商谈伦理及其现实道路》，《武汉科技大学学报》（社会科学版），2011 年第 6 期。

㉞强乃社：《道德规范话语论证的几个主要问题》，《伦理学研究》，2011 年第 4 期。

㉟王海明：《边际效用论之我见》，《华侨大学学报》（哲学社会科学版），2011 年第 2 期。

㊱刘牧、李锐：《功利主义制度理论的逻辑困境——对新制度经济学制度起源理论的反思》，《学术研究》，2011 年第 11 期。

㊲曹刚：《权利冲突的伦理学解决方案——以排污权和环境权的冲突为线索》，《中国人民大学学报》，2011 年第 6 期。

㊳高春花、张一弛：《低碳城市建设的伦理规制》，《伦理学研究》，2011 年第 6 期。

㊴秦红岭：《环境伦理视野下低碳城市建设的路径探析》，《伦理学研究》，2011 年第 6 期。

㊵刘晓青、宋翠红：《生命尊严视阈下的医患伦理》，《中国医学伦理学》，2011 年第 3 期。

（作者：罗国杰、葛晨虹，中国人民大学教授；
陈伟功，中国人民大学博士生）

美　学

孙　焘

本综述以北京地区美学研究的单位为主体，重点总结较有影响力的活动、具有代表性的观点。除了科研机构的研究情况，本文还以《文艺研究》刊载的文章为个案，梳理和呈现当今北京地区的学术期刊所反映的中国美学发展的研究进展。

一、北京大学

2011 年 5 月 5—6 日，由北京大学美学与美育研究中心与香港中文大学郑承隆基金亚洲现象学中心联合主办的“现象学与艺术”学术会议在北京大学燕南园 56 号举行，来自中国香港、台湾地区以及中国大陆的各地学者就现象学与艺术的各种学术问题展开了讨论。这次会议的主题为“美感·真理·表达”，讨论内容既涉及现象学经典作家的文本这一类传统问题，还涉及了艺术对于理解现象学的观念所提供的经验支持、中国传统美学与现象学沟通的可能性以及现象学如何在美学领域延伸等议题。

北京大学美学与美育研究中心主任叶朗教授指出，审美活动是一种意向性活动。意象世界不能脱离审美活动而存在，美只能存在于美感活动中，这就是美与美感的统一。香港中文大学刘国英教授以朱光潜先生“我们对一棵古松的三种态度”的分析出发来探讨现象学态度和审美态度的关系，认为二者共同对自然态度下世界存在的设定进行悬搁，因此与实证的自然科学不同。北京大学的朱良志教授选取了陈洪绶最重要的作品之一《隐居十六观》中的醒石、味象、缥香、寒沽四观，从时空的超越性等方面来分析陈洪绶的“高古”画境的内涵。北京大学哲学系的宁晓萌副教授结合王维《辋川图》在画史中不断被误读这一现象以及梅洛庞蒂的“建制”（institution）概念来考察艺术作品的意义在历史中的生成。建制是主体积极的建构和公众被动性的建构（constitution）共同实现的一种构造活动。在《辋川图》缺乏原本的情况下，建制概念给了我们研究古代艺术作品的一个可能的进路，即历史性和发生学的视野。复旦大学的张庆熊教授则从“嫦娥奔月”这个不存在的神话所引发的艺术创作等现象出发，结合胡塞尔、茵加尔登和卢卡奇的三条本体论路径来探讨艺术品的存在问题。香港中文大学的张灿辉教授对高空摄影艺术赋予了现象学探究，他图文并茂地展示了一个“地象”（landscape）的世界，指出摄影的“看”、绘画的“看”与现象学的“看”都有什么不同，又有多少内在的关联。

就美感与真理的关系而言，海德格尔的《艺术作品的本源》成为讨论的焦点，中国台湾清华大学的吴俊业教授指出，在海德格尔后期的思想里，艺术是让存在之真与非真互相关联地发生的本源方式。在艺术作品中，遮蔽与解蔽互相争执，遮蔽成为一种正面的保护性力量。北京大学的吴增定教授也指出，在海氏的后期思想里，真正的现象绝非意味着单纯的自身显现，而是同自身遮蔽共属一体。同济大学的孙周兴教授则具体地探讨了贾科梅蒂的艺术和哲学理论。贾克梅蒂的创作实践意在超越主观和客观的认识范畴，以“不象之象”来重审艺术的真实性问题，从而也重新发起关于视觉的真实性难题的追问。

就美感与表达的关系而言，中国社会科学院高建平研究员从中国传统艺术的“描写之辩”看中国艺术的特征，他指出，中国绘画不是像欧洲绘画那样走一个从“作”到“配”的道路，而是走了一条从“描”到“写”的道路。香港浸会大学的黄国钜教授以戏剧语言为例，指出创造性的语言充分利用了时间的流动性，通过流动与变化产生与我们的内心节奏有共鸣的语言形式，从而产生出各种美感和经验。中国台湾中山大学的游踪琪教授从舒茨的现象学、心理学角度出发来探讨音乐的表达所可能具有的整合和交往功能。在音乐的演奏中，聆听者和作曲者以及演奏者之间通过一个共同的内时间维度被连接在一起。这就是舒茨所说的“相互调音关系”，这是一种对“我们”的直接经验，而不是从个体的“我”上升到“我们”。舒茨以此来克服他的社会交往理论中存在着的个体化倾向。

现象学作为欧洲大陆占据主导地位的哲学传统，近些年以来，现象学与艺术的内在联系逐渐成为了现象学界重点讨论的问题。这次会议给海峡两岸的学者提供了一个讨论平台，在真理、美感与表达的关系中寻求美学研究的突破点。

2011 年，北京大学艺术学院的彭锋教授策划了第 54 届威尼斯国际艺术双年展中国馆的展览。本届中国馆的主题是“弥漫”，也就是用五种气味作为载体来阐释中国的艺术和哲学，它们分别是中药、白酒、绿茶、熏香和荷花。通过气味的弥漫，这些艺术品对人类身体的全部感官开放而不仅仅限于视觉。用身体对抗观念，他希望能以此回应丹托“艺术终结”的理论。彭锋认为他选择的这五种气味载体并不只是中国传统文化的符号，而是当代的实物，满含着中国人的精神寄托，他试图通过这次展览将“艺术作品”转变为“日常生活”，艺术作品不再是供人观赏的对象，而是供人消费的实物，中国馆的作品将为参观它的观众消耗殆尽，对它们的任何复制都无法再现它们的原貌。

中国馆的表现，在国际艺术界引起了强烈反响，受到海外媒体普遍关注。6 月 1 日威尼斯双年展媒体开放日这一天，中国馆登上了“新闻观察网”（www. newsobserver. com）的“该日最佳”（The Day's Best）。[①]6 月 2 日中国馆开幕这一天，中国馆成为“过去 24 小时最受外媒关注的中国新闻”[②]。随后，中国馆还被评为本届双年展“五个最值得看的展览”之一。[③]英国《金融时报》（*Financial Time*）、美国的《美国艺术》（*Art in America*）等主流报刊，都发表了赞扬中国馆的评论。[④]针对本届中国馆的成功策展，彭锋教授总结了几个方面的经验。

第一，创意先行。由于威尼斯双年展以推动实验性和探索性的当代艺术著称，同时中国馆属于极端的异形展馆，由一片草地和一个废弃的油库构成，几乎没有像样的展览空间。彭锋为本届中国馆的展览采取了创意先行的策略：先找到一个适合中国馆的理念，即“弥漫中国味”，而不是艺术家和艺术品。第二，因地制宜。凌乱的空间和腐臭的柴油气味，是中国馆的两道难题。彭锋积极地利用气味的因素，将凌乱的空间组织成为整体。第三，文化后盾。本届威尼斯双年展的中国馆用了不少中国文化概念和元素，比如五味、羊大为美、柔弱胜刚强等等。第四，大胆实验。中国馆这次展出的作品都是大型装置，也更有实验性，如挑战了习惯的艺术作品的概念，也挑战了视觉艺术的极限。第五，传媒青睐。美联社、《金融时报》、《美国艺术》、《威尼斯新闻》均发表中国馆的文字新闻或图片新闻。彭锋教授指出，本届威尼斯双年展的中国馆完全是以学术为目的，其灵感也来自于从学术研究当中发现的理论问题。[5]

二、中国人民大学

近年来，中国人民大学美学专业不仅注重美学基本理论、中国传统美学、西方美学等学科基础的研究，也致力于探索文化交流与冲突中的中国美学体系的建构，加强对中国现当代美学、西方当代美学最新成就和中西比较美学的研究，并向文艺学、文化批评和应用美学等领域拓展。中国人民大学美学专业现有张法教授（长江学者）、王旭晓教授、牛宏宝教授、吴琼教授、余开亮副教授、李科林博士在校任教。

（一）学术研究

张法教授在2011年出版专著《走向全球化时代的中国哲学——从世界思想史看中国哲学的现代转型和当代重建》。[6]该书从历史和世界视野中，从古今与中西的对话中，将中国现代哲学概念的原貌和底蕴呈现出来。从中国现代哲学的缘起与定型、革命化的定型、新时代的转向、走向全球化的展位，将哲学思想的发展与具体历史情境结合起来，分析了中国现代哲学的两个方面：一是中国现代哲学的基本概念；二是中国现代哲学的经典体系。此书是对中国现代哲学概念的多方面呈现，同时也为重新构筑当代中国哲学体系提供了概念基础。此外张教授的《美学导论》第三版也在2011年由中国人民大学出版社出版。张教授还在 *Frontiers of Literary Studies in China* 发表论文 Redefine Literature through Chinese Culture：On the Development of Chinese Literature and World Literature in the Age of Globalization。在《文艺争鸣》《晋阳学刊》《文艺理论研究》《郑州大学学报》等各类核心期刊中发表论文24篇，其中《从比较哲学的角度考察 On（being 有/在/是）——on（being）在中文和梵语中如何体现的》《拉康美学的三个主题》《共和国前期四大哲学家与中国马克思主义哲学体系的确立》三篇文章被《人大复印资料》转载。《美学和文化视野中的丑》《王国维：以美学接引传统》《饕餮形象及其背后的文化逻辑》分别在《光明日报》和《中国社会科学报》等报纸发表。

王旭晓教授在2011年出版专著《造化钟神秀——景观美》。[7]此书向世人说明了大自然的美不仅显现在自然景象上，更呈现在自然中处处留下的人的痕迹之中、自然中显现的人文意义之中和自然中蕴含的丰厚的人生哲理与宇宙真谛之中。王教授在2011年第5期的《新华文摘》上发表《宜居城市与城市文化建设》一文指出，宜居城市的建设不仅是宜居的物质环境建设，更是人们精神家园的建设。城市文化建设应以留住城市记忆为基础，以塑造城市特色为主要任务。另外王教授在《晋阳学刊》上发表的《试论自然美研究的逻辑起点》和在《美育学刊》上发表的《儒家“六艺”再研究及其对当代美学的启示》两篇文章被《人大复印资料》转载。除此之外王教授还先后在《中国教育报》《中国图书评论》等各类报刊中发表文章8篇。

牛宏宝教授在2011年1—8月在美国纽约州立大学布法罗校区哲学系访学，主要研究“尼尔森·古德曼之后英美分析美学的主要发展”。在访学期间，牛教授出版了专著《形与色的魔幻：绘画美》。[8]该书把绘画界定为一种“痕迹”的艺术，同时从中西绘画的历史角度阐释了绘画美的历史变迁和符号形式的构成。牛教授的文章《时间意识与中国传统审美方式：与西方比较的分析》在《北京大学学报》第一期发表，这篇文章以中国传统时间意识与西方时间意识之间所显示的差异为线索，以揭示时间意识所模塑的中国传统审美的独特方式。在古代，从古希腊起，西方的时间意识以建立永恒观念以及永恒与世俗时间现象之间的矛盾为特征。但中国传统文化并没有形成永恒概念以及永恒与世俗现象之间的冲突，而是形成了“生”与“息”双面体循环的时间观，中国哲学中的本体或“道”被认为就是时间的本源，并在时间之中。这样的时间意识模塑了中国传统审美的独特方式：对人的生命时间之流的敏感，并从时间之流变中汲取诗情和灵感。

吴琼教授在2011年出版专著《雅克·拉康——阅读你的症状》，[9]认为拉康继康德之后给我们提供了第四批判：纯粹欲望批判。在文章《电影院：一种拉康式的阅读》中，吴琼认为，运用拉康理论对电影院作精神分析化的隐喻性阅读，是理解电影机器运作的无意识机制的关键。在文章《拉康：朝向原乐的伦理学》中作者认为 Jouissance（原乐）是法国精神分析学家拉康的欲望理论的一个核心概念，而伦理学向度是他的这个概念的关键所在。

余开亮副教授在2011年第15期的《文艺争鸣》上发表文章《中西美学比较中的问题意识》，从中西互看中的去中心化、中西差异中的求同和世界性美学的愿望三个方面深度解读了张法教授的著作《中西美学与文化精神》，展望了未来世界各文化的美学体系多元共存的图景。李科林博士2011年先后在《文艺争鸣》上发表文章《美的虚实之辩》，在《文艺研究》上发表文章《西方绘画现代性的发生——

19世纪末欧洲画坛的“日本主义”》。其中《美的虚实之辩》是对张法的《美学导论》的深度解读。而《西方绘画现代性的发生——19世纪末欧洲画坛的“日本主义”》以日本浮世绘流入欧洲画坛这一历史事实为基础，探讨在欧洲绘画走向现代性的转折中，日本这一外来文化到底在何种意义上发挥了影响作用。

（二）学术交流

2011年，中国人民大学美学专业组织的学术交流活动包括：7月，美国美学家、人文学者理查德·舒斯特曼先生应牛宏宝教授的邀请，在中国人民大学暑期国际小学期任教。2011年7月15日，中国人民大学美学与现代艺术研究所邀请理查德·舒斯特曼教授举办“身体美学研究”研讨会暨《身体意识与身体美学》出版座谈会。会议由温海明教授主持，舒斯特曼教授和山东大学程相占教授主讲，王旭晓教授、吴琼教授、余开亮副教授、李科林博士和北京美学会的成员参加讲座并发言。2011年11月24日，中国人民大学美学与现代艺术研究所邀请哈佛大学博士、美国匹兹堡大学艺术史及建筑史系研究教授、天津美术学院特聘教授高名潞先生来校举办讲座“意派论——一种当代艺术理论的构建”。讲座由牛宏宝教授主持，中国社会科学院哲学所研究员刘悦笛先生、中国人民大学哲学院教授吴琼先生、中国人民大学文学院副教授夏可君先生、中央美术学院杨冰莹女士分别作了点评。

三、北京师范大学

2011年，北京师范大学哲学与社会学学院美学专业的学术研究状况如下：

刘成纪教授发表一篇英文论文：Reconsideration as to the beauty of nature in modern aesthetics, *Journal of Asian Arts & Aesthetics*, Vol. 4, 2011。中文论文五篇：《生态美学的理论危机与再造路径》一文指出生态美学虽然关注人与自然的关系及人的生存问题，但对象性的自然依然应是其思考的重心，以此为背景，科学认知、哲学思辨的方法都同样重要。[⑩]在《西周用乐状况及相关美学问题》中，刘成纪指出所谓西周的“礼乐政治”是以诗、礼、乐作为隐喻或象征的政治。诗、礼、乐又确实以其真实的形式贯穿于政治活动中，既作为政治的隐喻，又是具体的政治实践手段。诗、乐、舞的层级关系将人的审美经验带入了超越之境；音乐与政治的密切关联则赋予了政治审美韵致，开了后世中国诗性政治的滥觞。[⑪]另外还有《道性之“真”与形式之“真”——刘成纪谈“写生”之于中西绘画》[⑫]《城市作为艺术与城市公共艺术》《美的悖论与公共艺术的审美质量》等文章。[⑬]

严春友教授发表论文《美是人的本质力量的感性显现吗?》，从几个方面指出国内美学界流行的命题“美是人的本质力量的感性显现”存在的几方面的理论缺陷：其一，他们把人的本质看作是积极向上、向善的推动历史前进的力量，而这就等于说消极的、恶的力量不是来自人的本质，“坏人”因而也就没有人的本质。其二，人的本质力量的感性显现不一定是美的。其三，这种观点混淆了真、善、美的界限，以真和善代替了美，因而实际上取消了美。[⑭]

在对外学术交流方面，严春友教授出任意大利马切拉塔大学孔子学院中方院长。刘成纪教授于2011年9月29日—10月5日应日本立命馆大学仲间裕子教授邀请，赴日本立命馆大学参加Landscape Representation of the 21st Century Art — The Recognition of Nature and Construction of Landscapes专题讨论会，并应邀在立命馆大学国际文化交流中心作学术讲座，题目为Agricultural trait of Chinese aesthetics and its manifestation in landscape（《中国美学与农耕文明》）。他又于10月13—31日应国际美学协会主席柯蒂斯·卡特教授邀请，在美国马奎特大学参加学术会议Unsettled Boundaries：Philosophy，Art，and Ethics：East/West，并作大会发言，题目为The body and its image in classical Chinese aesthetics（《中国古典美学中的身体及艺术映像》）。

四、中国社会科学院

中国社科院2011年度美学研究室的学科建设主要围绕着西方美学与中国美学两大领域进行，侧重推进古希腊诗学与古代哲学、德国美学、中西艺术美学、现代设计美学、马克思主义美学的研究。在国内外公开发表的主要成果包括《厄洛斯神话的哲学启示》《通往城市批评的路》《从“自然的人化”到“人自然化”》《康德为什么要关注共通感概念》《逸品问题研究》《早期道家的反战哲学》等中英文论文20篇，英文专著《老子道论解读》1部，合编英文论著《当代中国艺术策略》1部，主编《历史上最有影响的美学名著25种》与“高等院校环境设计专业教材”共计6种，主编《中国环境设计年鉴》（2011），参与并指导国家社科基金西部项目（项目批准号08XMZ025）“新疆生土民居建筑形态研究”的研究工作，为此项目指导制定研究方式，为最终成果《新疆生土民居建筑形态研究》一书的写作提出了建议。

2011年5月14日，“生态文明的美学思考”全国学术研讨会暨中华美学学会2011年年会在开化隆重召开。中国社科院哲学研究所所长谢地坤，厦门大学教授、中华美学学会副会长杨春时，衢州市委常委、宣传部长诸葛慧艳，副市长、开化县委书记毛建民分别致辞。中国社会科学院外国文学研究所研究员、全国政协委员叶廷芳，中国社会科学院文学所副所长、中华美学学会副会长高建平，北京大学哲学系教授、著名美学家阎国忠，中国社会科学院哲学所美学研究室主任、中华美学学会常务理事王柯平研究员，华中师范大学文学院教授、中华美学学会常务理事张玉能等和来自全国各大高校、研究机构的 100 多位美学学者参加了会议。浙江省农办副主任高启华，开化县领导金明、肖渭根、华寿军、毛建国、汪权龙、周伟斌、李华蓉、程育全等出席会议。会议开幕式由中华美学学会副会长兼秘书长、中国社会科学院哲学所美学室副主任徐碧辉研究员主持。本次题为“生态文明的美学思考”的研讨会同时也是中华美学学会 2011 年年会，分设的五个议题既关注当代中国美学的发展问题，又试图找到与衢州地区特别是根雕艺术与开化龙顶茶发展的结合点。在为期三天的学术研讨会上，美学学者们围绕“生态美学、实践美学与生态文明”“生态美学视野下的人、艺术与自然”“生态美学视野下的中小城市规划与发展”等内容展开讨论，其中还就开化根雕艺术的前景与发展作了专场讨论。

2011 年，中国社会科学院还举办了每月一次的“美学论坛”，建立学术交流平台，聘请国内外学者和组织室内研究人员共同参与讲演和讨论。

五、首都师范大学

首都师范大学的美学研究在 2011 年的进展如下：

（一）科研成果

文学院的王德胜教授在《文艺争鸣》上发表了《意境：虚实相生的审美创造——宗白华艺术意境观略论》，文章认为宗白华留给 20 世纪中国美学最重要的贡献，就是他对建基在中国文化独特传统之上的古典美学整体特性的精妙认识，对以书画为代表的中国艺术审美理想的精微研究，以及对中西艺术时空意识的深刻比较。这些尤其在宗白华对中国艺术意境的阐发上得到充分体现。[15]此外王教授的《诗学比较研究的新突破》等论文发表于《中国图书评论》上。

陶东风教授在《文艺研究》上发表了《“文艺与记忆”研究范式及其批评实践——以三个关键词为核心的考察》的论文，围绕“集体记忆”“创伤记忆”与“文化记忆”三个关键词，结合当代文艺创作与批评实践，尝试建构“文艺与记忆”研究范式，探讨了该范式的相关理论问题与可能的学术生长空间。[16]

邹华教授在《西北师大学报》（社会科学版）发表了题为《中国现代美学的客观性假象问题》的论文。文章认为古代美学在向现代延滞时衍化出一种新的理论形态，这种理论以传达艺术教化论的主观意图为宗旨，但却以社会和理性、认识和典型等范畴为主轴，建立起一个与现代美学认知再现论相似的体系，导致文艺创作概念化、公式化的盛行，此即“客观性假象”。中国美学应当反思和揭示客观性假象问题，并以对审美客观性的深入论证为基石，走出古典主义在纯净之美和实利非美之间两极摆动的周期循环。[17]邹华教授还在《学术月刊》上发表了论文《近三十年来中国审美主义思潮的三种形态》，讨论了包括审美意识形态、审美体验和生活审美化等三种理论形态在内的 20 世纪 80 年代形成的一种具有广泛影响的文学思潮，即审美主义。[18]此外还有《北京审美文化的史前三部曲》等论文发表于《中国文化研究》上。

（二）学术交流

首都师范大学文学院定期邀请国内外的知名学者进行相关的学术报告交流活动，其中影响较大的有：美国加州州立大学洛杉矶分校刘军教授的《暗恐：负面美学的意义》（*The Uncanny: On the Aesthetic of Negativity*）的报告；哈佛大学费正清中华研究中心研究员洪浚浩关于“文化产业的发展与软实力的提升”的报告；扬州大学姚文放教授关于审美文化学的讲座；日本神户女学院大学文学院院长滨下昌宏教授关于美学研究展望及合作研究设想的报告；中国艺术研究院研究员陈剑澜的题为“哲学审美主义：问题与历史”的讲座，清华大学哲学系肖鹰教授关于“消费文化与身体美学”的报告等。[19]

六、《文艺研究》杂志社

《文艺研究》是由中国文化部主管、中国艺术研究院主办的大型综合性文艺理论月刊，是国家级权威核心期刊，也是北京地区影响力较大的美学刊物之一。以下试从 2011 年该刊的刊文情况，概括地呈现该年度美学研究的进展和风貌。

（一）西方美学经典文本的再解读

2011 年的刊文侧重从新的角度对西方美学的经典文本进行新的解读，在文本细读的基础上探讨美学问题。2011 年第 9 期的《文艺研究》以 10 个版的篇幅刊载了中国人民大学文学院刘小枫教授《从〈会饮〉看后现代审美文化的品质》一文。文章有意保留了苏格拉底文本的理论风貌；马尔库塞的新感性理论，在全文中起到了穿针引线的补证效果。同期刊出的有：北京大学哲学系吴增定教授的《〈艺术作品的本源〉与海德格尔的现象学革命》，文章从现象学内部的困境出发，指出它在真理问题上的标志性意义，并试图纠正学界将前后期海德格尔割裂的普遍成见。另外还有中国人民大学文学院耿幼壮教授的《火焰与灰烬之思——德里达的“符号学”》，文章将德里达关注的哲学家如黑格尔、海德格尔、卢梭等拉到文本中一起解析，在德里达的文字学里读出了新的线索。另外还刊登了温州大学人文学院李包靖副教授的《证成审美神话？——布鲁门贝格〈神话研究〉的文化进路》，讨论布氏的神话研究如何落实到人自身，即贯穿全文的从“神义论”到

"人义论"的转化。

2011年第12期刊发了吉林师范大学马克思主义学院、吉林省社会科学院哲学与文化研究所金寿铁的《哲学表现主义的"新狂飙突进"——评恩斯特·布洛赫〈乌托邦的精神〉》。布洛赫思想在20世纪德国知识界具有显赫的地位，在其两部主要的著作《乌托邦的精神》和《希望的原理》中译本即将问世之际，此篇介绍他的思想的书评立足德语原典，评述性地点出了布洛赫思想的几个要点，有引介之功。

（二）艺术哲学的新视野

艺术哲学作为西方美学自黑格尔以来的传统美学对象，一直拥有相当重要的地位，甚至一度是美学的代名词。2011年，国务院学位委员会和教育部将艺术学升级为第十三个学科门类，广受关注。该年的《文艺研究》也对艺术哲学类文章较为侧重，主要是对艺术学基础理论、艺术概念的中西方演化过程、中国当代艺术的语言分析、西方艺术哲学文本细读以及门类艺术背后文化内涵的新探索。

2011年第3期刊发了浙江师范大学人文学院张法教授的《艺术学：复杂演进与术语纠缠》。作者有感于当下国内艺术学学科定位的激烈争论和学理逻辑的严重混乱，试图将这一问题引向这一学科的西方历史，依据其内在的理论逻辑来分析其发展理路。

艺术以什么方式存在的问题是英美分析美学在20世纪进行过细致研究和激烈争论的重要问题，北京大学美学与美育研究中心、艺术学院彭锋教授的《艺术为何物？——20世纪艺术本体论研究》一文开国内之先河，对英美较有代表性的观点进行了清楚的梳理，为共同讨论提供了理据。

云南艺术学院蒋永青教授的《中国当代艺术的逻辑起点探索——新时期以来"语言写实主义"的实践轮廓》针对中国当代艺术作品阐释的外在性思路，试图以"语言写实主义"来概括另一种更可靠的内在性阐释倾向。文章兼顾了中国当代艺术理论和具体艺术现象，较为全面地论证了以感觉理论为核心的艺术语言学的合理性。

2011年第3期刊发了北京大学外国哲学研究所、法国哲学研究中心杜小真教授的《"看"的考古学——读福柯〈马奈的绘画〉》。此文详细推介了关于该书的各个方面，持有不同关注点的读者可以各取所需，既可以侧重了解材料，也可以了解思潮，或其中涉及的具体问题。

2011年第6期刊发的两篇门类艺术的论文均旨在从当代具体的艺术现象出发，研究艺术与记忆的关系问题。其一为新加坡南洋理工大学中文系陈涛的《怀旧与招魂——当代观念摄影中的家庭记忆》。文章处理了三套资源的关系：一是20世纪90年代的摄影史事，二是摄影作品细读，三是摄影理论的理解和应用。其二是东莞理工学院文学院严前海的《传记电影与肉身存在》。文章特意保留了有限的文学叙述，有节制地呈示作者对电影的直接感悟，但字里行间暗含了立场，即在传记电影中，应当以电影内部研究（肉身问题）来取代电影修辞研究（虚构与真实的问题）。

（三）视听文化现象的新思考

视觉文化以及相关的听觉文化是美学研究在社会领域的延伸。2011年第5期刊登了一组视听文化的研究文章。其一为中国人民大学哲学院吴琼教授的《视觉机器：一个批判的机器理论》，集合了20世纪以来的主要批判理论，并选择摄影和电影这两种依赖机器操作的新媒介作为例证，为我们展现出各种理论是如何交会在视觉机器问题上的，也展现出机器理论的时代性特征。其二为中山大学中文系王敦的《流动在文化空间里的听觉：历史性和社会性》。作者借鉴文化史的写作方法，从具有时代标志性的事件描述中展示听觉文化的发展历程和意义，在听觉媒介发展史中展示政治事件、社会风尚、艺术形式的交织。

西南大学文学院肖伟胜的《视觉文化的衍生与艺术史转向》吸收了近年西方视觉研究的新成果，在延续西方学者提出的视觉文化发展的三条路径的基础上，指出艺术史向宽泛意义上的图像研究的转化是其中最为主导的路径，从而把各种路径贯通起来，并最终归于文化定义的基本转向。通过这些分析，确立了视觉文化作为学科领域应当成立的根据。

纵观2011年北京地区的美学研究，可以总结出以下三方面的特点：

其一，更加自觉地针对当代文化问题、学术创新的要求开展研究和讨论；

其二，传统资源（包括中国古代和20世纪）的利用和挖掘，在深度和广度上继续向前推进；

其三，围绕着我们自己的学术发展过程中的问题、热点而进行西方理论的引进，以此做到"为我所用"。

注：

①http：//www. newsobserver. com/2011/06/02/1242240/the - days - best - 060111. html。

②http：//dongxi. net/b077F/print。

③http：//www. spoonfed. co. uk/spooners/tom - 699/venice - biennale - 5 - to - see - 5327/。

④http：//www. ft. com/cms/s/2/58f2a33c - 8d56 - 11e0 - bf23 - 00144feab49a. html#ixzz1 PxJrZ1Mh，http：//www. artinamericamagazine. com/news - opinion/the - market/2011 - 06 - 15/china - venice - biennale/print/。

⑤http：//collection. sina. com. cn/plfx/20120518/110868251. shtml。

⑥张法：《走向全球化时代的中国哲学》，北京大学出版社2011年版。

⑦王旭晓：《造化钟神秀——景观美（艺术与人文修养读本）》，北京师范大学出版社2011年版。

⑧牛宏宝：《形与色的魔幻：绘画美》，北京师范大学出版社2011年版。

⑨吴琼：《雅克·拉康——阅读你的症状》，中国人民大学出版社2011年版。

⑩刘成纪：《生态美学的理论危机与再造路径》，《陕西师范大学学报》，2011年第2期。

⑪刘成纪：《西周用乐状况及相关美学问题》，《求是学刊》，2011年第5期。

⑫刘成纪：《道性之“真”与形式之“真”——刘成纪谈“写生”之于中西绘画》，《美与时代》，2011年第1期。

⑬刘成纪：《城市作为艺术与城市公共艺术》，《美的悖论与公共艺术的审美质量》，《中国艺术报》，2011年4月11日、18日。

⑭严春友：《美是人的本质力量的感性显现吗?》，《河南社会科学》，2011年第1期。

⑮王德胜：《意境：虚实相生的审美创造——宗白华艺术意境观略论》，《文艺争鸣》，2011年第15期。

⑯陶东风：《“文艺与记忆”研究范式及其批评实践——以三个关键词为核心的考察》，《文艺研究》，2011年第6期。

⑰邹华：《中国现代美学的客观性假象问题》，《西北师大学报》（社会科学版），2011年第2期。

⑱邹华：《近三十年来中国审美主义思潮的三种形态》，《学术月刊》，2011年第3期。

⑲参见首都师范大学文学院网页“学术活动信息”，http：//chinese. cnu. edu. cn/activity/index. php。

（作者：北京大学研究员）

宗 教 学

黄夏年

当代中国宗教研究复兴30余年来，已经取得了不少成果，学术研究的水平也不断提高，虽然中国的宗教研究与世界学术界接轨还有一定的距离，但是许多研究已经步入世界前沿，正在受到世界学者的关注。中国社会科学院世界宗教研究所创办的《世界宗教研究》是当前中国在宗教研究方面最权威的刊物，这份创办32年的宗教研究刊物，到现在为止仍然引领中国的宗教研究，不仅在国内学术界有着重要的影响，而且在世界学术界也堪称一流。2011年，是《世界宗教研究》正式创刊31年，本文以该刊的研究成果为主，介绍这一年来我国宗教研究的情况。

一、宗教研究的热点

2011年是辛亥革命100周年，全国各地都举行了隆重的纪念活动。回首百年前，中国社会发生了巨大的变化，封建制度被共和制取代，家天下成为了公天下，科学理性得到了弘扬，民主自由精神引人注目。辛亥革命的魅力影响了整个20世纪中国的历史进程，积淀了近代以来中华民族的革命传统和文化传统，成为团结和凝聚中华民族力量的一个重要源泉。宗教也随着时代的脉动走上了新的发展通途，佛教、道教、伊斯兰教、天主教、基督教等为了生存各出奇招，影响整个社会。张志刚指出，20世纪最有影响的宗教学研究的理论与方法大多是西方学者提出来的，但照搬西方的概念来解释中国的宗教则未必妥当。中国的宗教研究往往只是就事论事，就宗教研究宗教，而忽视了宗教与社会文化的关系。宗教不单单是一种思想，而是有着活生生的现实意义。因此，我们应当把宗教放到整个人类文化发展当中，从各个方面加以回应，以一种比较和对话的视野及眼光去进行宗教学理论的研究和创新。例如对佛教研究，方广锠认为就百年来佛学研究的范式而言，人们有时会把佛教定义为某个固定的形式，凡不符合此形式的就不算是佛教。而真实的佛教是处于历史发展之中的，不同时期、不同社会背景下其表现也存在着很大区别。从源头上来说，佛教也不是单一的固定形式，因为印度佛教不是单纯的印度文化自我逻辑演化的结果，而是以印度文化为主，吸收了中亚文化、西亚文化乃至中国文化的集合体，从中亚传回的印度佛教典籍可能已经受到中国传统文化的影响。从这样一个视角来反思百年来的佛学研究，将有助于我们认识更为真实的佛教。黄夏年认为，当我们回顾20世纪中国佛学研究的历史时，应该注意当时佛学研究以及佛教自身发展所面对的国际和国内背景。例如当时日本有新佛教运动，继而影响到韩国、朝鲜。在斯里兰卡有基督教和佛教之间的五次大辩论，代表着斯里兰卡佛教的复兴。在缅甸也有对抗基督教的佛教运动，在泰国有朝着“三权”分立的佛教改革。中国的佛学复兴正是与整个世界背景下的佛教复兴运动联系在一起的，我们在梳理百年佛学研究时这是需要关注的一个背景。在国内，这百年间的主要思潮是革命思潮，这一阶段佛教运动最主要的影响因素也是革命思潮。在佛教界，持续至今的一个社会背景就是佛教界对庙产问题的争端。庙产兴学虽然只是佛教运动的一个部分，却是近代佛教发展的一个主线，它在不同时代有不同的表现。对此应特别予以关注。[①]

值此百年回眸之际，《世界宗教研究》组织了专栏，发表文章探讨了这一时期宗教的作用与影响。现从各角度遴选出几篇稿件以飨读者。释印顺的《中国近代史最早的居士佛教组织——佛教会》[②]指出："佛教会是中国近代史上第一个佛教组织，在近代中国佛教史上具有重要地位。该组织由居士发起，并且得到孙中山总统的赞同。但是由于该组织在团结佛教界上做得不够，以及所制定的章程太学术化，故没有起到应有的作用，特别是没有得到僧伽的支持，使该组织影响力最后减弱，乃至被迫消失。它证明了近代居士佛教的崛起，对中国佛教的进程产生过一定的影响，但是必须要与僧伽配合同步。"苏东军的《民国时期佛山万真观史实钩沉》[③]认为："在民国时期，佛山万真观面对宗教政策及地方政府管理的巨大冲击，一方面积极适应形势，通过法定程序确立权属，争取自身权益，一方面努力寻找时机，甚至冒着违反禁令的危险，继续旧有的宗教活动，以维持自身生存和发展，但无奈生存空间日渐狭小，走向衰落不可阻挡。"密素敏的《从档案资料看民国时期的救世新教》[④]强调："救世新教是20世纪20年代出现的集宗教与慈善于一身的新兴宗教。它由迷信色彩浓厚的悟善社改组而成，并通过向政府备案而获得了合法性。从悟善社到救世新教，前后历时约三十年，在彼时风云激荡、云谲波诡、纷繁复杂的社会大环境下，救世新教经历了兴起、发展、改组、挫折、变革、衰落等曲折的发展轨迹，在与政府的妥协及自身的不断调整过程中，它最终没有突破社会环境不断变革的束缚，随着南京国民政府的结束而退出历史舞台。"李传斌的《废除不平等条约后国民政府的教会租地政策》[⑤]中说："1943年起，中国政府先后与英美等国签订平等新约，废除不平等条约。基督教在华租买土地失去了旧有的条约依据。中国政府在1943—1945年间结合新旧条约的规定，采取了一系列的暂时应对之策。1946年起，国民政府先后颁布《过去外人在华地权清理办法三项》《各地方政府办理外人地权案件应注意事项》，重新规范了基督教在华租地权。这些政策在一定程度上起到了应有的作用，但是限于特殊的现实，它未能从根本上解决基督教在华租地的问题。"华涛的《1930年代初北京穆斯林与基督教传教士关于伊斯兰教和平本质的争论》[⑥]认为："1920年代后期和1930年代初期，中国回族穆斯林学者在多种出版物中提出伊斯兰教和平本质的言说，受到基督教传教士、著名中国伊斯兰教研究者梅益盛（Isaac Mason）的批评，双方发生争辩。本文分析当时回族所处的中国社会环境，指出这场回耶冲突折射出辛亥革命后回族穆斯林在中国现代国家建设过程中对回族自身民族建设的新诉求，即不仅仅要被承认是多民族国家的'爱国'的公民，积极主动强调自己的国家认同，而且希望改变主流社会对其信仰的漠视、忽视和错识，希望被承认为是一个'和平的宗教'的信仰者。他们所借助的外来的关于伊斯兰教和平本质的言说，正是他们找到的构建中国回族伊斯兰'民族—宗教'面貌的有效途径之一。"

上述五篇文章，分别从民国佛、道、基、伊四个宗教的角度作了微观的研究，阅读这五篇文章，可以感受到民国时期的宗教，总体上说是处于衰落状态，传统的佛道教包括民间宗教虽然在西方思潮的影响下开始复兴，但是他们并没有摆脱中国文化衰落的影响，故而始终未能回到历史的高度。伊斯兰教的影响仍然是在穆斯林内部，尚没有波及整个社会的层面。基督宗教因受到了西方列强在中国势力的影响，虽然有一定的势力，但是面对国民的固有文化意识传统，以及五四新文化思潮的影响，基督宗教在中国始终受到了不同程度的抵制。故姚兴富在《杜威、罗素宗教观在"五四"时期的影响》[⑦]一文中就指出："杜威与罗素都是无神论者，与杜威相比，罗素的反基督教立场更为鲜明。他们的宗教观直接或间接地影响了胡适、陈独秀等新文化运动者对宗教的看法，同时，也受到了赵紫宸、徐宝谦等基督教学者的批评。杜威和罗素的宗教观引起那个时代与今天的学者们思考和争论这样几个问题：'信仰'的内涵应如何界定；宗教活动与政治运动在性质上有无相关性；怎样评价宗教（特别是基督教）在历史上的作用等。"同样，民国以来受到了五四反传统思潮的影响，我们的传统文化已经被削落得七零八碎，如何重建自己的宗教文化，是摆在国人面前的一个重要任务，特别是儒学的重建更需要有一个明晰的思路，著名学者陈来的《宗教会通、社会伦理与现代儒佛关系》[⑧]提出："所以儒家的复兴并不是儒家一家能够承担和实现的，在社会伦理方面，是要和佛教、道教各家一起促进其实现。佛教的人间化发展得好，这也是我们作为儒家学者非常乐于看到的。宗教文化的问题，我们需要从整个社会的角度来考虑，因为佛教和道教都没有什么特别的意识形态诉求，它面对的是人生最深刻的东西——生老病死，而这四件事既是最深刻的东西，也是人们最直接需求的东西。我觉得中国文化的复兴、儒家理想的实现，并不是儒家能够独立完全承担的，而是要依赖于本土传统宗教的正面发展，一起携手去实现。如果整个中国文化能有一个比较健全的当代发展，应该是可以避免这么多人去信仰外来宗教，去满足他们的心灵需求和社会需求，也才能维护中国文化的主体性和现代传承。现代化生活的新开展，当然也导致了新的伦理困境的出现，要求发展出新的伦理生活规则，在传统的家庭伦理、师生伦理、一般人际关系伦理外，对生命、性别、自然的伦理态度都需要新的发展，在这些方面各个宗教都有用武之地。但另一方面，虽然新的伦理学研究越来越重视这些新的发展，而就社会生活实践来看，一般人际关系的社会伦理仍然是最基本、最主体的伦理需求。如果在社会伦理和人世关怀两大方面，中国人社会的各个宗教的会通已经不成问题，那么，各个宗教和谐发展就有了基础，本土宗教与其他外来宗教的会通也有经验可循，其发展的可能也就更大了。”例如中国宗教已经在新型的市场经济下开始与社会适应并转型，黄秀琳的《旅游表述语境下的中国宗教文化商品化解析》[9]提出：“中国的宗教文化尤其是道佛教文化作为一种优质的人文旅游资源，在旅游表述过程中商品化的现象越来越严重。在旅游表述语境下解释分析我国宗教文化的商品化特征，有助于我们今后在旅游发展中本真表述宗教文化，维护宗教文化自觉。一些传承于历史的物化宗教文化事项在市场经济条件下是可以商品化的，而一些承载异质宗教特性的文化元素，作为该宗教地旅游符号标志的文化事项则需本真展示。”

二、宗教学研究

宗教学的研究一直是我国的弱项，因为我们受到西方学术研究的影响太大，始终没有摆脱这一影响，无法建立中国式的独立研究特色。我们一直认识到“中国共产党90年的历史，是一部坚持把马克思主义的普遍真理同中国实际相结合，不断取得革命、建设、改革伟大胜利的历史，是一个不断推进马克思主义中国化的过程。在宗教工作战线，我们党坚持把马克思主义宗教观的基本原理同中国宗教的实际相结合，走出了一条正确认识和处理宗教问题的成功道路，创造了一幅马克思主义宗教观中国化的历史画卷”[10]。坚持强调以马克思主义为核心思想来引导宗教研究，推动当代中国宗教学的发展，也看到在中国实行改革开放以来的新变化，要进一步解放思想、更新观念、实事求是、与时俱进，努力促进和推动马克思主义宗教观在中国的科学发展。我们认为“当前，世情、国情、党情继续发生深刻变化，我国发展中不平衡、不协调、不可持续问题突出，制约科学发展的体制机制障碍躲不开、绕不过，必须通过深化改革加以解决”[11]。因此，“只有改革开放才能发展中国、发展社会主义、发展马克思主义”。“当前我国宗教存在及发展的状况，宗教学在哲学社会科学领域中的处境，在一定程度上就反映出这种‘世情、国情’甚至‘党情’的‘深刻变化’，反映出其‘不平衡、不协调’的深层次问题。”[12]“我们在宗教认知、宗教‘脱敏’、宗教学学科发展上期待‘深化改革’。”[13]但是我们在具体理论与实践操作方法上还缺少新颖的理论与实践，现有的这方面的文章和研究著作有不少，可是很难解决现有的问题，其关键原因就在于宗教“脱敏”，“让宗教与中国社会主义社会能够真正适应、实现和谐，这应是我们文化战略固本化外、让中华文化自立于世界之林和积极主动走出去的重要举措。对之应该认真思考和研究”[14]。

一些学者对我国现阶段宗教与宗教学研究存在的问题作出解读，认为：“一方面，我们必须认识到目前宗教研究中存在的问题，另一方面，又要认识到当前情况下中国宗教学面临的机遇。前者主要包括当前中国社会对宗教学研究基本常识认识的模糊、宗教界研究人员的缺乏。后者是面对当前弘扬中华传统文化以构建国家软实力、信仰缺失价值虚无的形势，宗教学界的发展面临着一系列新的契机。”[15]“当代中国社会正处在群众由‘单位人’变成‘社会人’的转型时期，宗教信仰如何能够真正发挥功能，成为社会建设、文化建设、精神建设的资源，是当前宗教界、宗教学界等社会各界人士值得关注的重要问题。”[16]“认为在当前中国有关宗教的理论认识与实践严重脱节的情形下，需要明确宗教的积极功能，从而在国家软实力建设中能够发挥其既定作用。”[17]“认为目前主流的宗教观念为结构功能论所主导，这一宗教观念中所涉及的宗教是一种体制性宗教，来自于基督教的历史经验，并不能适合欧洲之外其他地区的宗教实际。由此，转向对于宗教‘灵性’的关注，能够使宗教信仰及其研究更具原生性、普遍性和超越性。”“当前宗教研究需要着眼于全球化带来的一系列社会失序问题。”[18]“中国宗教学一方面既要保持自身特点又同时需要与世界宗教学保持对话与交流，以此来进行国内宗教学的研究。”[19]“认为一直以来社会并未形成有系统的无神论教育，有的只是对宗教的盲目批判，在分析了战斗无神论的时代背景与社会条件后，提出要历史、辩证地还原马克思主义宗教观的观点。”[20]徐以骅、刘骞的《安全与统战——新中国宗教政策的双重解读》[21]认为：“建国60年多来我国宗教政策安全主线与统战主线的互动共经历了四个阶段，分别为：安全为主、统战为辅；安全至上、统战消亡；安全与统战相对平衡以及统战为主、安全为辅。事实证明，根据社会发展需要作出调整以保持安全和统战两条线的相对平衡是制定合理和有效的宗教政策的关键。无论是安全至上还是统战至上，特别是安全至上，都不利于宗教工作的开展，甚至会给宗教及其宗教工作带来极大损害。……以当前我国的国家利益为准则，我们在宗教领域似可采纳某种有限（选择性）安全化的对策，对宗教问题实行安全化和去安全化并举、安全与统战并举，以及保持安全线与统战线、政策线与法制线相对平衡的政策，将一般社会安全问题与重大国家安全问题加以区隔，按程度和性质就事论事地看待宗教问题，既不扩大也不缩小宗教的作用，使一般宗教问题公共政策化并与安全问题脱钩，充分调动宗教工作的统战主线，使宗教政策更充分地反映我国‘强国弱宗教’的社会现实、‘依法治国’的治国方略以及我国社会和谐、承担国际责任并且与国际社会协调的大国气象。”黄奎的《马克思主义宗教观的政治经济学视角》指出，“马克思主义宗教观即马克思主义对于宗教的基本看法（‘颠倒的世界观’、类似鸦片的麻醉作用）主要是持一种意识形态批判的态度，且主要目的是批判宗教赖以产生和存续的社会制度根源……阶级分析法对于认识和处理宗教问题远未过时；当代国际形势的变化、晚近中国社会经济基础的变迁，导致中国上层建筑、意识形态的嬗变。意识形态领域的话语混乱（不问是非对错、只问利弊得失），包括对于宗教问题的混乱认识，所导致的实际后果和现实危害，已经和正在对党和国家的工作大局及普罗大众科学世界观的生成产生不利影响。世界观领域、意识形态领域‘精神污染’的治理成本上升和危害预期加剧，正使得冷寂多年的无神论宣传教育问题呼之欲出。……历史和现实表明，统战政策和策略的成功与否很大程度上取决于是否善于对宗教组织及相关人群进行适当的必要的阶级阶层分析。统战对象应当仅限于宗教界上层人士，如果扩大至因社会变迁而日益增多的一般信教群众，则统战成本将会越来越高，以致最终无法承受；……在宗教事务管理问题上，应当毫不动摇地坚持国家主权原则，掊击所谓‘上帝的归上帝，恺撒的归恺撒’之类将‘政教分离’绝对化的宗教无政府主义僭妄，解构西方敌对势力的‘人权高于主权’的新干涉主义话语霸权”。[22]

以上各家指出的问题，有很多都是需要解决与建设理论模式的重大问题，但是中国在历史上就是一个“弱宗教”的国家，不存在像其他国家一直有的非常确定的制度化与生活化的宗教现象，如樊秋丽的《政教合一制度过程论——词义新辨及其产生过程》[23]认为，“从生产关系角度，从统治的实际形态的本质层面上重新对政教合一制度界定了更广义和真实的含义，并梳理了其产生的历史脉络和存在的必然性。”我们的宗教工作之所以有问题，还是在于我们的宗教知识普及不够与需要“脱敏”，所以我们对当前宗教工作的管理，尚有思路需要梳理，而这应该是从历史的传统中去寻找管理工作的依据，而不是在西方的影响下自建一套的所谓“新模式”。例如有人认为，“论及中国古代宗教学，则需要从传统文献如《诗经》来进行研究和探讨”[24]。“我们始终要做的是把宗教看成是礼乐文化的一部分来进行理解，由此一切问题都迎刃而解。”[25]“如果中国古代所谓的‘宗教学’存在，则就是关于‘三教’进行定位的讨论，即对‘三教’不同的地位的认识，由此思考西方话语下的‘宗教学’是否适合中国宗教学研究。”[26]解决中国的宗教问题，需要从中国文化中去找因子，这在《泰山共识》里得到了证明，该共识强调：其一，重新审视传统文化，纠偏对传统文化的过激反应和处理态度，倡导尊重传统与理性回归。其二，传统文化中包含有深刻和普遍的宗教性。其三，与中国传统文化深入协和、共融的各大宗教在当代中国社会和文化发展中可以起到积极作用。[27]楼宇烈指出，由于中西方文化背景的巨大差异，西方的那种定性定量的宗教学研究理论和方法并不一定适用于中国的宗教研究。因此，我们在进行佛学研究时，也应探索我们自己的宗教学理论和研究方法。[28]

多年来我们已经撰写了多卷本的中国宗教研究的著作，例如詹石窗主撰的《中国宗教思想通论》[29]出版。“本书是我国第一部以范畴为纽带、系统研究中国宗教思想的学术专著，该项目成果遵循宏观与微观、整体与个案相结合的研究理路，借鉴当代宗教学基本理论，从纵横两个维度透视中国宗教思想，拓展了宗教学原理与中国宗教思想史研究相结合的新领域，此种研究理路，一方面继承了中国传统学术治史之长，另一方面又凸显当代宗教学术研究的现代性特征。其别具一格的研究路径与学理体系，体现了在当代中国宗教思想研究的一种新取向。”[30]据撰写书评者说：“本书的研究对象是中国宗教思想，但作者的眼光没有囿于‘中国的’，而是将研究对象‘中国宗教思想’投放到现代哲学视野中去，以西方后现代哲学与现代中国哲学作为分析诠释的参照系，进行梳理与阐释。”[31]“本书尝试性地建构了一个论述中国宗教思想的基本理论框架，打破了以往那种仅仅按照学科分别叙述的模式，而是以范畴、概念为纽带，考察中国宗教思想的发端、形成与发展。本书围绕中国宗教思想的历史发展轴心展开论述，形成两大基本理论模块：一是从主题类型角度探索中国宗教体系中的宇宙论、生态论、人生论、道德论、心性论、功夫论、情感论、体验论，构成了本书的主体；二是从思维、语言、符号等多层面考察中国宗教思想发展的形式，从更广阔的文化视野来考察中国宗教思想的深层底蕴，梳理中国宗教历史发展的本质规律、内在机制以及多重动因。”[32]由此可见，我们在撰写中国宗教的著作时，仍然没有能够全面摆脱西方学术范式的影响，其重要原因还在于“其写作团队骨干成员乃是近年来成长起来的青年学子，受过系统东西方哲学训练，思想敏锐，对中国宗教思想进行解读与诠释，在学术语言表达上不落俗套，对中国宗教思想内容与规律的总结上自成体系”[33]。

又如姜生的《论宗教源于人类自我意识》[34]认为："从人类'自我意识'及其应对形态的'荒谬逻辑'这两个紧密关联的维度，探讨宗教的根源与本质。人类自我意识的最初浮现，即理性之最初萌生，导致人与自然混沌圆融状态的破裂（即'第一断裂'），使人类陷入回归自然与走向文明（走出自然）两种截然相反的诱惑造成的矛盾挣扎中；自我意识产生带来的人类有死意识进一步加剧了这种深层痛苦。宗教以特有的荒谬逻辑与终极关怀指向，试图消弭'第一断裂'所致彼我分别之痛苦处境，超越理性所造构的人性缺陷。只要自我意识这个根源存在，人类就需要超越它的方法，宗教就将存在。"将宗教产生的原因上溯至心理，这与我们过去太多的强调唯物史观来说是一个新的视角，但是宗教是一种历史文化的积淀，仅从心理的角度来解释宗教产生的根源，肯定是远远不够的。又如宗教心理学方面，周普元、姚学丽的《宗教心理学视阈下的詹姆斯"中介项"评述》[35]，梳理了詹姆斯机能心理学派借助潜意识"中介项"理论，阐释宗教经验的历程，他认为潜意识这个人神相通的"中介项"是宗教神学的"亲密的伙伴"，是宗教与科学对话的有效途径。孙恪廉的《精神治疗与宗教信仰——从荣格与弗洛伊德的分歧说起》[36]，简要阐释了弗洛伊德和荣格不同的宗教观，介绍了两位西方学者的不同主张，但是却鲜有我们自己的宗教心理学研究模式的提出。

三、佛学研究

作为我国宗教研究的强项——佛教研究，每年成果累累，论文著作成堆。佛学会议无疑是每年的亮点，2011 年我国举行的佛教学术会议主要有：历代祖师与峨眉山研讨会，"百年佛学研究的回顾与展望"高层学术研讨会，纪念房山石经发掘拓印 55 周年暨房山石经研讨会，山西应县舍利文化研讨会，首届国际赵州禅·临济禅·生活禅论坛，河南浚县大佛高峰论坛，"观音信仰与南和文化"座谈会，第三届海峡论坛·印顺导师舍利回归迎奉法会，佛教：亚洲历史与文化的路线图（Buddhism—Mapping of Asia's History and Culture），"苏轼与佛教"学术研讨会，南京大报恩寺塔和明代文化第三次研讨会，2011 年第六届青年佛教学者学术研讨会，"药师信仰与仙居文化"学术研讨会，南岳慧思学术研讨会，"做慈善、忆祖师、走古道、祈福和谐"纪念近代高僧敬安大师诞辰一百六十周年，百丈寺开光暨学术研讨会，锲而不舍、金石可镂——纪念方立天教授中国人民大学从教 50 周年学术研讨会，第二届"弥勒大佛与乐山佛教历史文化"学术研讨会，海峡两岸三地佛学研讨会，"玄奘对世界文化的贡献"学术研讨会，北京佛教：辽金佛教研讨会，国际华严学术研讨会，佛教慈善与社会服务，第二届黄梅禅宗论坛，六祖慧能研讨会，天童禅寺佛像开光法会暨宏智禅师诞辰九二〇周年禅学文化研讨会，狼山与大势至佛教文化研讨会，第九届吴越佛教研讨会，大兴善寺密教会议，大法王寺佛教艺术研讨会，纪念圆瑛法师会议，少康学术研讨会。

这些会议对佛教研究与宣传发挥了重要的作用，特别是在提升佛教的理论、总结佛教历史文化的精髓方面作出了贡献，是对我国改革开放 30 年来的佛教学术检阅。

自从 2007 年《民国佛教期刊集成》300 卷编纂出版以后，已经在我国佛学研究领域里出现了研究民国佛教的高潮，有关民国佛教的研究文章已经越来越多。2011 年 3 月 26 日，由南京大学哲学系主办的"百年佛学研究的回顾与展望"高层学术研讨会在南京大学成功举办，来自国内的著名专家学者出席了会议。会议围绕近百年来中国佛学研究所取得的成就、存在的问题，以及中国佛学研究的未来发展状况展开了深入的学术研讨。同时，会议还结合以南京大学图书馆馆长、南京大学哲学系宗教学系洪修平教授为首席专家的教育部 2010 年哲学社会科学重大课题攻关项目"百年佛学研究精华集成"，对项目的实施计划和开展方向也积极建言献策，提出了大量宝贵的意见和建议。学者认为："中国佛教有两千年的历史，但是这百年的历史同样也有重要的意义。因为这是一个转型的时期，也是一个开拓的时期，中国的佛教与佛学都在这一时期做出了不同的成果，取得了各自的成绩，也碰到了各种问题。"[37]以往的佛学研究成果多偏重思想的研究，而对佛教信仰层面的活动则重视不够。反映在学术研究的成果方面，就是信仰层面的研究先天性的缺失，涉及宗教仪轨和活动的著作比较少。其实，对佛教忏法、仪轨的研究是非常必要的，也是非常重要的，今后不论是在资料的搜集整理方面，还是在研究方面，这方面的研究都应引起学界的足够重视。同时黄夏年认为，在对 20 世纪特别是 20 世纪初期的佛学研究材料做编撰的时候，应尽量做到客观和公正，尽可能保持所选材料的真实性，以给后人留下一个 20 世纪中国佛学研究真实可靠的面貌。方立天从三个方面总结：第一，应当深入把握百年佛学发展的内在轨迹，准确理解 20 世纪佛学研究阶段性、标志性的特征。第二，应当注意资料收集的范围问题，既应当包括信仰性的资料，又应当包括佛教艺术、佛教与科学的关系等方面的资料。第三，就"百年佛学研究精华集成"这一项目而言，至少要考虑到以下三个因素：是不是具有学术创新价值？是不是具有宗教文化意义？是不是对当时社会和整个历史有较大的影响？当然，作品还应当符合学术规范。《法舫文集》的出版是整理近现代佛教高僧的又一个重要成果。法舫法师（1904—1951）是我国当代海外著名高僧、世界著名学者，熟谙梵文、巴利文、英文、日文，曾任《海潮音》主编、北京柏林教理院教授、世界佛学苑图书馆主任、雪窦寺和密印寺住持，在多地讲学讲经，曾在印度和斯里兰卡两国大学任教，并在新加坡、泰国、马来西亚、缅甸等国讲学。法舫是太虚大师的忠实追随者和一个时代的见证者，他的200万字的著作出版，可以说丰富了民国佛教资料宝库。[38]湖南省佛教协会举办的“纪念敬安大师诞辰160周年学术研讨会”和纪念辛亥革命100周年，研讨近代高僧敬安大师的爱教护教事迹、阐述其爱国诗篇，指出传承和弘扬敬安大师的爱国爱教、以身殉职的精神，对当今建设和谐社会、和睦宗教具有现实的指导意义。[39]

惟善的《论古印度主流禅修与佛教禅修的相互影响》[40]指出，虽然佛教禅修思想是在古印度主流禅修思想的基础上发展而来，某些术语及含义也借鉴了主流禅修理论，但佛教禅修理论形成后也对主流禅修思想产生了一定影响，四禅结构的形成是佛教自身的创造，唯佛教独有，四无色定可能是从外面借来的。这二者的影响不仅是主流禅修对非主流佛教禅修的单向影响关系，而是一种双向互动关系。圣凯的《印度佛教僧俗关系的基本模式》[41]认为：“僧俗关系的模式，其理论依据是大小乘佛教的不同思想，即对‘正法久住，广度众生’的不同强调、戒律的不同理解等；其定位涉及两大维度：一、住持佛教的重任，二、修行解脱的优先性。在原始佛教、部派佛教时期，所有教法以出家为教导核心，确立‘僧尊俗卑’的伦理模式，同时亦有部派提出‘胜义僧’、‘在家阿罗汉’等引起冲击。大乘佛教以‘广度众生’为实践目标，在‘僧俗平等’为基本模式，但是不同经典系统亦有‘尊僧’与‘抑僧’的立场差别。”

对中国佛教的认识，我们仍然处于深化的过程，虽然这个问题已经争论了约有百年的时间，但是至今还没有取得完全的共识，仍然还有深入探讨的必要。洪修平、陈红兵的《论中国佛学的精神及其现实意义》[42]提出：“中国佛学的圆融精神、伦理精神、人文精神是中国佛学精神的主要方面。圆融精神是佛教调和其内部思想学说及其与中国传统思想文化关系的产物，对不同思想学说的调和、包容和融合态度以及圆融性的理论是其基本内涵；伦理精神融合吸收了与中国传统宗法社会相适应的儒家世俗伦理，具有宗教伦理与世俗伦理相结合的特征；人文精神融合吸收了中国传统文化关注现实社会人生的精神特质，从而使出世的宗教融入了更多的关注现实人心、人生、人间的思想内容。中国佛学的精神对于今天不同文化之间的交流融合、当代社会的道德伦理建设、佛教适应社会主义社会以更好地发挥自身的积极作用等均具有现实意义。”刘旭的《“人间佛教”的问题及都市佛教研究》[43]认为：“进入新世纪，回头分析‘人间佛教’的发展，可以从中吸取很多经验，同时也可发现当中存在的问题。‘都市佛教’理念，以期通过它为‘人间佛教’的发展瓶颈找到解决之策。”王水根的《“八敬法”的中国女性伦理遭遇论》[44]认为：“八敬法”与比丘尼的前身份遭遇、“八敬法”与“男女有别”伦理的遭遇、“八敬法”与比丘尼独立意识与实践的遭遇在中国发生改变的表征及其实质，均不得不受制于封建专制统治在世俗内外的双重至尊性，因此“八敬法”在中国有着其特殊的理解。府建明的《文本、范式及思想真实：关于肇学研究的历史反思》[45]通过对僧肇之学研究的历史回顾，指出了目前肇学研究中的方法论缺陷，这是目前观念史书写中常犯的错误的投影，其解决的根本途径是回归“社科性”研究的基本方法，而“人文性”研究也应在此基础上展开。

对佛教史的研究，我们正处在精细化和体系化的过程，特别是研究范围已经扩展，民间佛教信仰的研究更加引起学术界的注意。崔峰的《论北周时期的民间佛教组织及其造像》[46]通过对遗存的造像记分析，指出当时以邑和邑义为名称的民间佛教造像组织十分发达，其内部构成反映了当时社会的阶层结构，规模也与地域性基层村社有关。这些组织主要以造像为目的，兼顾修建寺院、建义井、栽树等。从造像题材看，北周民众的信奉对象以释迦最多，其次是观世音，与北齐民众信仰有明显不同，反映了二者文化和地域性的差异。段玉明的《晋唐巴蜀佛教义学述论》[47]强调：佛教自东汉中期传入巴蜀，其义学经两晋南北朝的长期发展，至于隋唐，终成全国著名的义学中心之一，尤其是在摄学、“三论”、律学几个方面。针对禅宗兴起以前巴蜀佛教义学无可称道的观点，应予纠正。聂顺新的《〈番州弘教寺分安舍利塔铭〉考伪》[48]认为：“通过对《塔铭》中时间、地理、职官、隋代舍利安放制度、铭文内容等方面的考证，并结合《塔铭》在历代金石文献中的著录情况以及清中叶以降金石学极盛的历史背景，确定《塔铭》应是清代中后期碑贾为牟利而伪造。因此，隋代只存在文帝仁寿年间先后三次统一在全国一百余州安放舍利的制度，并无所谓‘分安舍利’之制。”刘琴丽的《唐代幽州军人与佛教——以〈房山石经题记汇编〉为中心》[49]，利用《房山石经题记汇编》提出，第一，幽州军人对云居寺刻经所作出的巨大贡献。第二，幽州军人刻经诉求的内容特点，即除了为家人、亲属祈福外，主要体现为节度使及其家人祈福、为节度使生日祝寿、节度使及其属下军将为帝王或民众祈福等。第三，由房山石经题记还可以发现：佛教已被部分幽州军将利用，将之作为政治宣传的工具，军界的动荡局面以及浓厚的地域主义观念等问题。袁志伟的《大同善化寺二十四诸天像考辨》[50]认为："根据实地调查和文献记载，对二十四诸天像的名号及其宗教内涵进行考察，并从辽金时代佛学思想、大同佛教宗派等角度探讨这些造像的佛教思想内涵，进而揭示辽金大同佛教的特点。"曹刚华的《心灵的转换：明代佛教寺院僧众心中的民间信仰——以明代佛教方志为中心》[51]认为："通过大量明代佛教方志的记载，探讨了明代寺院供奉民间俗神的种类、空间分布，分析了明代佛教寺院僧众从内心上接受民间俗神的真正原因。明代是民间信仰与中国佛教完全融合的一个重要时段，对清代、民国以至现当代民间信仰与佛教寺院的关系都有深远的影响。"赵长贵的《试论嵩山少林寺与清政府关系之演变》[52]指出："清朝前期，少林寺与清政府的关系非常紧张，加剧了其处境的窘困。康熙中后期以降，为巩固统治，又因少林寺特殊的'禅宗祖庭'宗教地位，清政府在心存戒备之时，逐渐改变了对其一味严厉限制的政策。少林寺对清廷的态度也在改变，他们的关系有所缓和。但终清一代，二者始终若即若离，关系并未根本改善。少林寺与清政府的关系演变是清代社会变革的一个缩影。"

峨眉山佛教是2011年学术研究的一个亮点，四大菩萨是中国人最崇拜的神衹，代表了中国佛教民间信仰的顶峰。2011年3月24—25日，由峨眉山佛教协会主办，在峨眉山大佛禅院"峨眉讲堂"隆重举行的"历代祖师与峨眉山佛教"学术研讨会将这一研究引向深入。学者指出，峨眉山成为普贤道场的下限当在唐代大历年间即8世纪中下叶，与实叉难陀译《大方广佛华严经》相契合，并指出普贤信仰中国化最重要的特征之一就是峨眉山作为中土普贤道场的确立。"圆融化"理念是当代峨眉山佛教即普贤道场建设的精髓，是《华严》"法界"思想及曹洞禅学思想在当代峨眉山佛教中的运用与实践。独具峨眉山佛教特色的"五妙共相"文化包括佛教音乐、茶道、素斋、武术、书画园艺等，"五妙共相"的发展规划正是佛教出世与入世的高度圆融。会上学者们对历代峨眉山的20多位祖师作了研究，回顾了历史，开拓了思路。[53]

作为中国佛教的主流——禅宗的研究至今仍然是学者研究的重点，也是佛教界属意的对像。冯焕珍的《五祖法演禅师及其禅风略述》[54]认为："法演禅师是中兴临济宗的一代大德，其禅风的最大特点是以临济、赵州等古德为格则，唯以本分事接人，从不打葛藤、绕弯子，令学人在倍感自然亲切、简洁、干净利落的同时得到启发和受用。而他提持这种禅风的前提，则是他本人抵死参究公案的经验以及在此基础上形成的'皮袴栳禅'思想。"王荣国的《雪峰义存生平再研究——兼与日本学者铃木哲雄商榷》[55]对日本学者的研究提出了异议，认为"义存出家的玉涧寺在唐莆田县城西北，铃木哲雄说的'城西三里'为明后期兴化府城与'玉涧寺址'的距离。铃木认为'芙蓉院'创于唐太和七年，然其使用资料、论证等存在问题。会昌法难后，义存于大中四年在幽州受戒，铃木认为'幽州未得戒'，其所据资料属伪作。义存于法难前参盐官，法难后参杭州大慈山（今西湖虎跑寺）寰中、江西仰山慧寂，'九上洞山'参良价，未'三到投子'。义存于咸通二年参宣鉴而承其旨，咸通六年秋冬间，别宣鉴，与全豁游方，途中'鹅山成道'，而非'鳌山成道'。义存于咸通七年回福州芙蓉山，未在建安结庵。以考古出土的唐翁承赞的《闽王墓志》订正黄滔的《真觉大师碑铭》的错讹。对《雪峰志》、《年谱》、蓝文卿'遗嘱'作辨误。"李辉的《金朝临济宗源流考》[56]认为："由于史料缺失，金朝临济宗的传承在元明之时已经不很清楚，故诸家灯录、近现代禅宗诸书仅提及海云印简一系，对其宗派的传承往往语焉不详。本文主要利用石刻资料，对临济宗在金朝的传承发展进行梳理与考证。金朝临济宗承北宋，其法脉主要有三支，一支是琅琊慧觉的法脉，另两支分别是杨岐方会再传弟子五祖法演的法脉及黄龙慧南的法脉。其中以五祖法演这一支脉影响最大。"2011年5月14—16日，在河北石家庄召开了"首届河北赵州禅·临济禅·生活禅学术论坛"，是禅宗研究的最大亮点，与会学者的120篇论文将这一研究集中展示出来。赵州禅是古代，生活禅是现代，临济禅是中心，临济禅连接了赵州禅与生活禅两端。河北佛教界和学术界选择"临济禅"作为主题之一，抓住了河北禅宗的正脉，也表现出河北佛教在中国佛教的地位。生活禅理念契合佛法根本精神，是当今佛法发展的方向之一，真正落实了大乘佛法悲智双运的理念。[57]

吴之清的《试析天台"三藏教六即"思想》[58]认为：三藏教主要指以《阿含》为代表的原始佛教和部派佛教。其以"生灭四谛""生生四念处"为主要观点，"正教小乘""傍化菩萨""偏真法性"为精要思想而有别于其他法门。天台三藏教的这些特点以"六即"思想具体表现出来：不见不闻的理即位、有闻有信的名字位、以析空为观入的观行位、相似证理入的相似位、分破见思二惑入的分真位、究竟证偏真涅槃的究竟位。南岳佛教协会主办的"慧思大师与南岳佛教"学术研讨会是近年来天台佛教研究的一次大检阅。70余篇参会论文，分别从生平、著作、思想、禅学、与天台宗的关系、海内外的研究状况等方面，较为全面地研究和探讨了天台宗创始人之一的慧思大师的思想和精神，展现了当今国内外慧思研究的最新成果。[59]

解兴华的《"法性"、"法身"与"神"——庐山慧远“法性”思想析论》[60]阐述慧远法性论思想：“‘法性是已性’，说明‘法性’是超越以虚假为本性的现象的实在本质，其外延表现为真实的‘多’；‘法性是无性之性’是慧远在中观般若学的接触对‘法性是已性’观念的批判性成果，它说明法性是万法万相的共同本质——空性，其外延是真实不变的‘一’在‘法性’概念的内涵与外延之变化中始终保持不变的，是‘法性’的超越性与实在性，及其与涅槃境界的内在联系。……慧远坚持从修行觉悟的主体方面去论证‘法性实在’的本体论，并令‘法性’本体与主体的本质建立内在的必然联系，从而为《大般涅槃经》传入后中国佛教涅槃学的转向做好了理论准备。”傅新毅的《玄奘法师〈制恶见论〉考》[61]提出：“《制恶见论》的主要内容至少有三项：一是论证大乘经真是佛说；二是证成阿赖耶识；三是改进‘带相说’，证成唯识。‘唯识比量’应是《制恶见论》的一部分。”袁经文的《如来藏“我”与“无我”义考》[62]认为：“如来藏兼有‘我’和‘无我’的一体化特征。外道共有四种‘我’义。佛在大小乘经典多处提到正法如来藏‘我’，但不能视此为‘梵我’思想渗透。……如来藏甚深法义所具有的挖掘性难度，可能是造成以往对如来藏有多种误读的重要缘由。”

周娅的《中国南传上座部佛教抄本概况研究》[63]认为：对中国境内南传上座部地区的佛教抄本情况作概要介绍，并以西双版纳为个案，对我国南传上座部佛教抄本的源流、形制、存量、文字、内容结构以及濒危状况等方面作一简要论述。中国南传上座部佛教一直是我国佛教研究的弱项，现在经典的整理开始启动，对未来的佛教研究将是一个有力的推动。

四、道教研究

2011年7月9—11日第二届王屋山道学文化研讨会在河南省济源市召开，来自北京、山东、四川、陕西、吉林、河南、香港、台湾地区以及美国、韩国的30余位专家学者参加了研讨会。唐代上清派著名道士司马承祯隐居于此，形成了王屋山道教发展的高峰时期。上清派历史上著名的女道士魏华存与玉真公主的修道经历与王屋山有着密切的关系。学者指出，目前史料可以确定丘处机曾经到过济源，河南济源柏林长春观为丘处机亲手创建。[64]

曾维加的《“永嘉南渡”与天师道的南传——再论焦湾侯家店道教六面铜印》[65]认为：“以西晋末年的‘永嘉南渡’作为解读此印的历史背景……推断王氏家族在南方侨居时传播天师道的情景，从而得出人口迁移与天师道南传之间的关系。”王连龙的《隋吴通墓志道教文化内涵考论》[66]认为：“吴通墓志所反映出的道教文化内涵，推测其形成缘由有二：一是道教参与丧葬活动由来已久，墓志与镇墓文结合有其历史渊源；二是隋初道教兴盛，茅山宗的上清法经北传，并逐渐成为北方道教主流，加之吴通本人信奉道教，故其墓志刊刻取法道教经典。”张鲁君、韩吉绍的《〈三才定位图〉研究》[67]强调：“《三才定位图》是宋代一幅重要的大型道教绘画，它在继承以往传统的基础上整合出一种新宇宙论，在三清天之上加上虚皇天，将万物本原归诸虚皇天中的天真九皇之气，并将当时新出现的政治神学最高神昊天玉皇上帝作为玉京天主尊。某种程度上可以说该图是张商英参悟数十年、融合三教思想建构的一套天地新秩序。”

陈文龙的《走向民间的道派——上清灵宝东华派略述》[68]提出：“该派重视科仪的作用，并能根据民间需要对科仪进行改革，使其更适应百姓日用需要。该派著录的大批经典对明以后的中国道教产生了重要影响。”郭武的《赵宜真、刘渊然与明清净明道》[69]认为：“发现赵宜真所传净明学说并非来自清微派宗师曾贵宽，而是来自李玄一与冯外史；同时，刘渊然及其弟子邵以正也曾依赖高超的道法和渊博的学识，通过济民利物、结交权贵而为净明道的发展做过很多贡献。由于赵宜真、刘渊然等人过于偏重融摄诸家道法而较为缺少自身的显著特征，以致其法裔逐渐融入其他道派，终令这一系统在清代以后渐趋湮没无闻。”隋思喜的《陈景元儒道关系论的基本特征和政治意蕴》[70]提出：“在儒道关系问题上，陈景元从本末体用角度出发提出了‘道本儒末’与‘道体儒用’两层关系模式；在对儒学思想进行理性批判的基础上，站在自家文化的立场上对儒学思想进行了有意识地选择和融通。这种儒道融通思想在陈景元的思想中具有政治意蕴，他主张以自然无为之治道精神来规范儒家以‘仁义礼’为核心的纲常名教，对儒家的经世致用思想在理性批判的基础上实现了互补性的思想整合。”

梅莉的《民国〈湖北省长春观乙丑坛登真箓〉探研》[71]提出：“留存至今的抄本《湖北省长春观乙丑坛登真箓》记录了此次得戒弟子454人的个人资料，包括戒子的姓名、出生年月、籍贯、出家宫观、所属道派、师祖及度师姓名等，为研究民国年间全真道的宫观分布、道派传承提供了宝贵而翔实的第一手资料。”危丁明的《田邵邨与先天道在香港的传播》[72]考证了“田氏在香港的开拓历程和采取的策略，包括以文会友、以善弘教等，虽然基本上是先天道弘法传统的沿袭，却开启了本派乃至香港道教各派阐教历史的先河。特别是田氏根据香港的移民城市的特点，做出的实践和规划，仍一直为本地各道派所继承和发扬，并形成了今日香港道教的特色。”问永宁的《古回鹘文易经与道教因素之西传》[73]认为：“古回鹘文易经是作为道教文献传播到回鹘地区的。道教传到了高昌等地，其中的一些因素，如桃符治鬼等，在新疆还有流传。道教其他的一些因素，如九宫图、内丹、外丹等，在印度、欧洲和中亚地区都有影响。道教西传的载体，主要是留住西域的汉人、东来的胡商和一些神职人员；道教主要经过西域和西藏西传。这和宗教与文化的融合、宗教自身之间的融合与吸收、苏菲思想的包容性以及信众信仰的复杂性都有关系。”

五、民间宗教研究

随着我国宗教研究的深入，现在学者们已经认识到在中国除了制度层面的宗教以外，民间宗教在社会中的影响更大，因此对民间宗教的研究正在成为当前宗教研究的一个热点。何善蒙的《批判、模仿与价值认同：对传统中国民间宗教与正统》[74]指出：“考察儒、释、道三教及形式丰富的民间宗教和民间信仰，构成了传统社会民众信仰生活的基本事实。相对于民间宗教和民间信仰而言，儒、释、道无疑是居于正统、主导和强势的地位，尤其是在儒家伦理教化的背景之下，正统所具有的强大的辐射力和涵摄力，使得宗教信仰在某种意义上是从属于政治的，这也是中国传统宗教所具有的独特生存氛围。在这样的状态之下，民间教派要获得发展的空间，批判、模仿与价值认同是他们所必然采取的方式。批判是起点，模仿是基础，而价值认同则是其存在和发展的保证，由此，民间教派与正统之间呈现出一种互动的关系。”郑衡泌的《基层行政区划型民间信仰祭祀空间结构及其特征》[75]认为：“中国民间信仰以神祠为单位的祭祀组织有着相对稳定性的空间区域，这些空间区域由于祭祀组织功能和形成历史的多样化具有不同的内涵，分为不同的类型。”陆永峰的《论宝卷的劝善功能》[76]认为：“明清以来，宝卷盛行于民间。在满足民众宗教、娱乐需求的同时，宝卷也对民众有着突出的劝化作用。宝卷主要依靠渊源于佛教的果报理论、地狱观念，止恶扬善，对民间的伦理道德、日常行为作出了明确而细致的规范，在很大程度上俨然成为民间的道德教科书。”张桥贵、李守雷的《民族之间通婚影响多宗教和谐共处的研究——以云南省西双版纳傣族自治州为例》[77]通过对民族、宗教间的通婚状况分为四种情况进行分析，认为：相同民族、相同信仰之间的通婚使得民族、宗教、家庭三类群体团结纽带合而为一，巩固了民族的凝聚力，却加剧了不同民族之间的隔阂。不同民族有相同的宗教信仰对打破不同民族间的民族隔阂、通婚禁忌有较强的促进作用。而且不同民族的群众在参加同一宗教的活动中增加了相互交往的机会，为结为更深层的婚姻关系创造了条件。但是由于同一民族信仰不同的宗教，宗教信仰的类别差异却会为同一民族内的通婚造成阻力，而且这个阻力可能远远大于同一民族所提供的便利条件，同一民族不同信仰间的通婚难度相对较大。不同信仰之间通婚一般会有一方改变信仰以适应婚后的社区生活。一些发展相对较好民族的男子在民族间择偶过程中具有一定优势。民族单一社区对族际通婚有较强的阻碍作用，民族混合社区的族际通婚现象比较普遍。族际通婚促进了多宗教的和谐共处，而宗教的和谐共处又反过来为族际通婚创造条件。

冯大北的《宋代封神制度考述》[78]认为：“宋代封神活动之盛是地方社会及其信仰文化兴起的结果，与统治者的支持也分不开。封神是统治者神道设教的产物。封神以祈、报为双重目的，既把它看成是对神祇灵应的回报，又将之视为获取更多感应的一种激励性手段。封神要履行一套极为复杂和繁琐的审批手续，体现了统治者对灵应事件的重视和高度谨慎。宋代封神既有祀典内神，也有大量的非祀典之神。它是宋代官方确定正祀的重要途径之一。”刘雅萍的《中国古代民间神灵的兴衰更替——以南京蒋子文祠为例》[79]强调：“蒋子文是南京地区历史上著名的神灵之一，相传为汉末吴初广陵人，因死后异象不断，被尊奉为神。东晋之后是其发展的黄金时期，曾被南朝齐政府册封为‘灵帝’。之后随着佛教的传入与盛行，加之当地政权对于神灵体系的整合，蒋子文祠逐渐衰落。这表明，随着时代发展，如果神灵没有新的灵验故事，不能满足社会的需求，旧的神灵将为民众所遗忘。”姜守诚的《明代〈武陵竞渡略〉检视闽台“送王船”习俗的历史传统》[80]指出：“古时端午竞渡的本意亦系为了驱除瘟疫，这与闽台地区流行的‘送王船’是异曲同工的。”谭德贵、宁俊伟的《文昌信仰的神谕性训诫研究——以文昌劝善书为中心》[81]认为：“文昌信仰是由产生于远古的星宿信仰、晋朝武将张恶子信仰等合流的一种民间信仰。文昌劝善书是以文昌信仰为基础所造做的劝善书，成为明清时期劝善书的主流。”看本加的《安多藏区的文昌神信仰研究》[82]指出：“然而在安多藏区也普遍信仰文昌神，形成了佛道整合、多元文化并行不悖的宗教文化体系，颇具特色。”钟云莺的《修心、修炼、修道：清末民初民间儒教的修行观》[83]认为：“藉清末民初民间儒教的典籍，探讨民间儒教的修行观。指出，‘修心、修炼、修道’民间儒教修行观的轴心思想，三者间在最初阶有次序、层级之分，但进入真实的修行后，三者之间是连续的整体，呈现出民间儒教关照部分与整体，不偏一隅的修行观。”倪彩霞的《族群变迁与文化聚合——关于梅山教的调查与研究》[84]认为：“梅山教在族群迁徙过程中，逐渐在南方山地民族地区发展成为民间道教的一个流派。而另一方面，在汉人佛、道、民间宗教的影响下，梅山地区的宗教信仰在数百年间发生了巨大变化，现在的梅山师公教已经迥异于‘梅山教’，而是以汉族宗教信仰为主，留存了‘梅山教’部分成分的民间宗教。”

六、基督教研究

基督宗教是我国宗教学研究的另一大项，与佛教研究比肩。这个研究不仅针对国外，还包括了国内，不仅涉及历史，还涉及现代。

王新生的《论拉纳“匿名基督徒”观念在“梵二会议”语境中的意义》[85]指出：“基于拉纳的文本证据和思想脉络，论证拉纳争议性的‘匿名基督徒’观念其实是他的先验人学思想的必然延伸，是他有关‘超自然的实存’以及相关的上帝普救恩典观的一种继续，是对利玛窦当年立场的一种再肯定，更是他为当代天主教跟上时代和向世界开放所搭建的一种对话平台。其立意不在于贬低其他宗教，而是力图端正天主教的这样一种态度，就是立足潜在的‘天生基督徒’和已经认信的‘显明的基督徒’，认可和宽容现实中的‘匿名的基督徒’，从而在理论上和实践上破除故步自封的传统天主教有关‘教会之外无救恩’的论调……拉纳之所以被尊为二十世纪最伟大的天主教思想家，在很大程度上正是归因于他的‘匿名基督徒’思想在实质上奠定了‘梵二会议’改革精神的主调，实践上影响到‘梵二会议’前后天主教的走向。”许正林、乔金星的《梵蒂冈网络传播态势》[86]指出：“梵蒂冈也积极利用网络来传播教义、发展信众，发挥着天主教乃至整个西方宗教在现代社会中的积极作用。”

陈才俊的《早期美国来华传教士与美国对华鸦片贸易政策》[87]认为：“美国政府当时禁令本国商人从事对华鸦片走私活动，亦主要起因于这些传教士的极力反对。而这些传教士之所以反对鸦片贸易，则是因为他们认为这种贸易不仅有悖于基督宗教的伦理道德，而且会严重破坏福音在中国的广泛传布。”2011年5月21—22日，基督宗教与中美关系国际学术研讨会在京召开，从历史、现实、理论、文献等诸多角度探究了基督宗教在中美两国之间所扮演的重要角色。学者指出，中国教会史上最重要的历史事件之一就是20世纪50年代初中国教会切断与西方教会的联系，走上了彻底的自办教会的道路。中共中央派兵抗美援朝，从维护国内社会安全与稳定的角度出发，加快清除在华美传教士影响的步伐。随着局势的发展，中国教会领袖开始向教会表达传教士应离开中国的建议。新中国成立之初切断与西方教会联系的运动，包括《三自宣言》签名运动及后来的控诉运动，其矛头所指主要也是美国教会及传教士，美国传教士的教科书式的负面形象在这场运动中得以构建完成。目前中美宗教交流和互动已进入“后传教时代”，而且比以往任何时候都更加多样化。20世纪80年代以前，宗教并未在中美关系中扮演重要角色，但是20世纪90年代以来，宗教问题夹杂在中美贸易摩擦中，在中美关系中渐渐突出，成为中美人权斗争的重要内容，直至近几年来，作为独立的宗教人权问题成为影响中美关系的晴雨表。《1998年国际宗教自由法》是美国政府在国际事务中推行宗教外交和实践美国人宗教使命的一个突出例证。该法案与中国的关系：一是法制化。二是机制化，其年度报告都对中国的宗教问题进行指责和攻击。三是国际化，攻击中国的宗教政策。四是媒体炒作。五是安全化趋势。因此，这个法案及其每年的报告成为影响中美关系的主要障碍之一。[88]

林中泽的《早期基督教习俗中的异教因素》[89]认为：“随着基督教的成功崛起，许多异教习俗不是被完全抛弃，而是被逐渐地改造成为基督教习俗。基督徒的许多葬俗，都可以从异教世界的相关习俗中找到原型；基督徒的梦幻和异像，与异教梦兆密切相关；基督徒的许多重要节庆，也可以溯源到希腊罗马世界乃至遥远的东方。基督教习俗虽然与异教习俗有着千丝万缕的历史联系，但它绝不是后者的简单翻新，它在采用后者的某些形式的同时，必然也要赋予其全新的内容。早期基督教对异教习俗的广泛吸纳，说明了文化包容正是该教的一大显著特征。”衷波《基督教的传播与罗马帝国统治者的因应对策》[90]认为：“罗马帝国统治者以政治标准和实用态度裁决基督教，从视为犹太教的一个小教派予以默认，到将其视为一种非法的宗教加以迫害，再到承认其合法性，都是基于统治者的利益和政治的现实需要而调整，最终基督教提升为国教。罗马帝国的基督教政策为未来的国家统治者干涉教会事务确定了先例，对中世纪西欧政教关系的格局产生了深远影响。”李丽颖的《英格兰、苏格兰合并过程中的宗教问题》[91]指出：“18世纪初，英格兰、苏格兰的政治家都将合并作为处理两国关系的最佳选择。虽然安立甘宗与苏格兰长老制教会同为新教，但两者在教会组织制度、宗教礼仪、教义等方面存在巨大差异。苏格兰长老制教会因担忧在联合王国中有被安立甘宗同化的危险而强烈反对合并。为顺利实现两国合并，英格兰、苏格兰最后达成默契：以法案的形式确保安立甘宗与苏格兰长老制教会在联合王国内共存并相互独立，两者均为联合王国的国家教会。两国政治家对宗教问题的明智安排是英格兰、苏格兰顺利实现合并，以及两民族能在联合王国内长期平稳共存的重要基础。”赵康英的《尤西比乌斯“迫害神学”初探》[92]认为：“通过对《教会史》的分析和研究可以看出，他的这种‘迫害神学’在教会发展的不同时期有着不同的内容和特征：早期是‘异教迫害论’；中期是‘皇帝迫害论’；而晚期则是‘上帝惩罚性迫害论’。尤西比乌斯认为，所有的这些迫害其实都是上帝的安排，是上帝伟大计划的一部分。”梁工的《圣经形式批评综论》[93]认为，20世纪初期衮克尔首倡形式批评，为合理解释《希伯来圣经》的形式、文类和生活背景辟出新路。相关的研究迅速延伸到《新约》各卷，使读者有可能对基督教经典的形式特征达成明晰认识，并反过来深化对圣经内容和观念的理解。2011年8月5—7日上海举办的“位格主义与社会”学术研讨会指出，关心人类命运的思想家尤其是宗教思想家，在20世纪历经战乱与革命，仍然不断思考社会与人的种种问题，而且留有大量论述。在这一方面，犹太思想家马丁·布伯和天主教思想家雅克·马利坦可谓其中的佼佼者。从某种意义上说，他们两人可称对20世纪人论研究贡献卓著的宗教思想家的代表人物。在人论研究中，布伯和马利坦都强调人的尊严、人格完整、人的创造性以及人与神圣之维的关系。马利坦从认识论和道德哲学的角度，在现代社会对传统人论作出新的诠释，提出“以神为中心”的“基督教人文主义”，坚持传统价值观和道德理想，探讨人之真相，力图为失序、失范和失重的世代重新立极。GDP已经成为一种新型宗教：崇拜GDP就如同以色列人在旷野崇拜金牛犊。这种思想与实践以片面追求经济增长而忽略社会平等与公正而受到当代学者的批判。位格主义强调以神的位格为本根建立人的位格，从而以神的外在超越性限制了人自己对自己的超越，以三一神的关系性相通存在否定了人自己的独自面壁与孤独，以虚己与受苦的爱消解了人自己的骄傲、焦虑与虚空。如果没有位格主义的影响，梵二会议那些影响深刻的文献，特别是充满着位格主义烙印的《教会在现代世界牧职宪章》和《信仰自由宣言》也就缺乏了特别的魅力。[94]

宗亦耘的《比较元代景教与天主教传播的异同》[95]指出：“通过比较，我们发现虽然罗马天主教在中国有一定程度的本土化，但景教表现得更丰富，更具有典型性。景教的本土化是其能在中国传播的一个很重要的因素，这种对中土文化的亲近和接受，导致了景教虽然没有天主教有组织的传教，但其传播范围与影响远远大于天主教。”唐晓峰的《北京房山十字寺的研究及存疑》[96]“对学界多年来对于房山十字寺的研究进行了总结、评析，并在此基础上，结合现有史料提出了有关十字寺之景教身份的三种假设”。杨剑龙的《论“五四”新文化运动与基督教文化思潮》[97]认为，在“五四”反传统的背景中，基督教文化成为西方精神资源的一部分。基督教知识分子也深入思考基督教与新文化运动的关系，甚至形成了基督教新文化运动。少年中国学会关于宗教问题的论争，可以看作非基督教非宗教的先声。风起云涌的非基督教非宗教运动，对于新文化运动的发展产生了重要影响。生命社的《生命月刊》、真理社的《真理周刊》和《真光》杂志刊登了大量“护教”文章，成为中国教会人士反击非基督教非宗教运动的言论阵地。基督教新文化运动促进了五四新文化运动的发展，非基督教非宗教运动深化了基督教、宗教问题的研究，基督教文化思潮促进了人道主义在五四时期的发展。刘昭瑞的《乡村基督宗教的走向与思考——以广东地区乡村教会的田野观察为例》[98]，“指出了乡村教会的社会网络和新的社会空间特征；指出了乡村天主教教会所出现的文化刻板印象”，特别提出了广东地区乡村基督宗教所存在的“香港模式”现象，并对可能出现的“台湾经验”也作了初步的讨论。赵晓阳的《汉语闽粤方言圣经译本考述》[99]统计，“闽方言有各类圣经译本160种，其中汉字58种，罗马字97种，国语注音字母5种，含3种《圣经全书》汉字本，2种《圣经全书》罗马字本，旧约汉字0种，4种《旧约全书》罗马字本，8种《新约全书》汉字本，20种《新约全书》罗马字本”。宋巧燕的《明清之际耶稣会士译著文献的刊刻与流传》[100]指出：“明清之际欧洲耶稣会传教士利玛窦等进入中国内地传播天主教，确立并贯彻了书籍传教的基本方针，翻译著述了数百种西学文献。这些译著文献的刊刻地点以北京为中心，其次主要分布于我国东南部城市，并延伸到我国西北地区的绛州和西安两市，是耶稣会士传教活动区域的生动显现。明清间数百种西学文献的译著和刊刻主要以个人文化行为为主，刊刻者主要是传教士和中国士大夫，兼有教徒和书商。这些译著文献版本复杂，流传广泛；宗教类文献种类多，刊刻数量大，流传日渐衰微；自然科技类文献种类有限，却影响巨大，流传深远。”陈建明的《近代基督教在西南少数民族地区的文字布道及其影响》[101]认为：“自从19世纪下半叶西方教会进入西南地区后，传教事业在少数民族中取得了长足的发展，其中文字布道起了重要的作用。传教士通过翻译、出版《圣经》，编撰赞美诗、小册子、课本等，使少数民族有了读书识字的条件；同时，这些出版物成为传教士传播福音的有力手段。”邓杰的《基督教与川康民族地区的禁毒努力（1939—1949）》[102]认为，川康地区是近代中国烟毒泛滥的重灾区，在该地区从事传教活动的基督教传教士不仅致力于禁烟的宣传工作，还采取积极措施劝导边民协助政府禁烟。传教士不仅帮助政府对边地烟毒屡禁不止的原因进行深入分析，积极参与到禁烟的具体行动中，而且还帮助政府处理与禁戒烟毒有关的善后事宜。传教士的禁烟措施改变了边地民众吸食大烟的恶习，促进了边民的身体健康，有利于边地社会的稳定和发展；改善了政府与边地的紧张关系，使边民对政府的信任度增强；密切了边民与基督教的关系，便于基督教会各种活动的开展。

七、伊斯兰教研究

对伊斯兰的研究仍然集中在国外伊斯兰教与中国伊斯兰教两大块，但是随着“阿拉伯之春”事件发生以后，过去的研究结论已经被推翻，西方学者所说的阿拉伯世界存在的几种模式，现在也不存在，所以对当前的世界伊斯兰教研究要从新的视角来进行观察。中国伊斯兰教是学术界的热点，但是在这方面的深入还有待加强，特别是讨论伊斯兰教中国化的问题虽然已经得到了学者们的重视，但在研究的内容与方法上，同样也存在着乏善可陈的情况。

吕耀军的《伊斯兰跨文化人权理论刍议》[103]认为："跨文化人权理论为当代伊斯兰人权哲学提供了新的思路。现代国家观念的发展和国家之间的互动是该理论产生影响的主因。穆斯林学者强调，伊斯兰文化中关于尊严、公正和平等的伦理精神是实现伊斯兰跨文化人权普遍性的基础。这就需要依据经典的原初精神和现代理念，对伊斯兰法做出新的解释。人类社会生活的共同需要、人性的共同趋向和人权的跨文化视角并不会削弱宗教的核心原则的观点，是穆斯林学者主张跨文化人权理论的依据。在此基础上，学者发展了'重叠共识'理论，结合伊斯兰国家人权情况，提出了实现跨文化人权理论的具体方式。"哈宝玉的《论伊斯兰教传统刑法》[104]，"认为伊斯兰教传统刑法虽是当时社会刑事法律的主要表现形式，自有其时代的局限性。但对治理一个尚不成熟的社会来说，亦有让我们可理解之一面。随着历史的发展和社会的变革，古典刑法只在当今部分伊斯兰国家尚有保留和实施。所有这些，对我们今天较为全面地认识和理解伊斯兰教传统刑法的两面性是有所帮助的"。王希的《安萨里论真主的本质和属性》[105]指出："真主的本质与属性问题是伊斯兰教义学当中的一个核心问题。安萨里在《信仰之中道》中对这一问题有详细阐述。他不仅论证了真主本质的存在及相关特性，说明了真主属性的共同特点，还指出了本质与属性关系上的相对二元化特征。其思想的独特之处在于，以理性的方式论证了真主对世界万物的直接创造和绝对支配。安萨里的很多重要思想如宇宙论、因果论、获得说，以及他同哲学家的一系列争论，都可以从这个角度得到更深入的理解。"马征的《伊斯兰苏菲在现代西方语境中的传播和流变》[106]指出："诞生于阿拉伯本土的伊斯兰苏菲，原本不仅指思想，也指涉了行为实践层面。在传入西方现代世界以后，却出现了忽视实践而注重思想的趋势。'ism'是苏菲传入西方后被西方人加上的后缀，它被赋予典型的西方内涵，变成了一种'主义'、一种'思想'。与现代阿拉伯-伊斯兰世界中苏菲与正统伊斯兰教相融合的趋势相反，西方'语境化'的苏菲主义则凸显了伊斯兰苏菲思想中'非伊斯兰'的特质，以适应西方现代文化的需求。它代表了西方现代知识分子对一种'可能的世界'的回归，这个世界区别于西方的现代、科学和理性，代表了前现代、非科学和非理性。"蒲瑶的《阿富汗宗教公民社会的角色和功能》[107]认为："以公民社会理论为视角，结合阿富汗的本土情况，考察了在阿富汗战后重建进程中本土公民社会组织诸角色的状况。重点分析了乌玛、毛拉、清真寺在阿富汗社会发展中的角色及其资金来源，并指出其具有社会凝聚、公众交流、调解、中介以及社会资源再分配等功能。最后，具体分析了阿富汗宗教公民社会诸角色与政府及其他国际组织之间的关系。"

丁宏的《伊斯兰教本土化研究的意义——以人类学的视角》[108]认为："即以人类学视角，从伊斯兰教这种外来文化在中国的命运，探讨中国文化的特性及伊斯兰教本土化过程中所形成的'中国模式'。这种'模式'是多元文化交融的结果，在当前所谓'伊斯兰与西方'式对立的语境中，有重要的启发与借鉴意义。"许淑杰的《明清之际的伊斯兰教与基督教》[109]认为："明清之际，以天主教为代表的基督教第三次入华，由于伊斯兰教与基督教长期对立的历史背景，再次入华的基督教与中国伊斯兰教的关系颇为复杂，这既表现于基督教对中国伊斯兰教的敌视，也表现于二者在统治机构中的权利争夺，这些对中国伊斯兰教的发展均产生了重要影响。"马明良的《〈古兰经〉汉译活动与伊斯兰教本土化》[110]"强调文化之间的交流只有在本土文化的'母土'和'土壤'中找到生长点，才能最终被接受、融合，成为本土文化的新的营养和有机成分"。季芳桐、白莉的《论达浦生与刘智——以〈伊斯兰六书〉与〈天方典礼〉为观察点》[111]认为："比较达浦生的著作《伊斯兰六书》和刘智的著作《天方典礼》，可以发现他们两者思想之间存在着一定程度的同异。这种相同，表现了达浦生对刘智的思想理论继承，而相异则反映了达浦生在继承的基础上，有所创新，有所发展。达浦生对刘智等金陵学派思想理论的继承与创新，既反映出其学术的基本特点，也反映了金陵学派的精神在现代的延续与发展。"杨晓春的《〈回教考略〉与清末民初的回耶对话》[112]强调："清末民初发生在中国回族穆斯林和基督教传教士之间的'回耶对话'，是历史上文明对话研究的生动个案。而促成两方积极对话的《回教考略》(《四教考略》有关伊斯兰教部分的单行本）一书，则是其中尤其值得关注的关节点。通过《回教考略》的出版以及版本状况的查询、《回教考略》对伊斯兰教批评的具体状况的分析、回族穆斯林学者针对《回教考略》有所反响的八个个案的收集（在回族穆斯林学者中有相当的代表性），我们可以认识到《回教考略》一书在引起回族穆斯林学者注意到并起而反驳基督教对伊斯兰教的批评等方面都有着重要的影响。而从文明对话的角度进行分析，我们还可以看到围绕着《回教考略》的回耶对话的一些特点：其一，这一回耶对话总体上是因为基督教对伊斯兰教的明确批评及试图传教引起的，回族穆斯林学者对基督教方面所描述的有关伊斯兰教内容的辩驳和对基督教的批评，具有必然性；其二，对于伊斯兰教方面而言，这一回耶对话有着相当的'卫教'色彩；其三，虽然当时基督教处于一种主动的且是强势的地位，但这一次回耶之间的对话，却大抵是在一种平等的关系下进行的。”马景的《马君实与王岱舆关系考述》[113]指出：“学术界过去一直认为马君实是王岱舆的弟子，赵灿的《经学系传谱》发现之后，该书记载马君实是王岱舆的老师。为此，关于马君实与王岱舆的关系问题引发了学术界激烈的争论。本文在对已有的相关研究进行梳理与分析的基础上，结合新发现的资料，初步探讨了学术界关于马君实与王岱舆三重关系的历史演进。”李林的《试析当代中国伊斯兰哲学—思想研究的问题与主线》[114]指出：“伊斯兰哲学与阿拉伯哲学之关系、伊斯兰哲学史与伊斯兰思想史的区分是当代中国伊斯兰教哲学—思想研究中的两个主要问题。围绕第一个问题形成了两种截然不同的观点，一是'名异实同说'，一是'名实皆异说'。由于'伊斯兰'的含义远远超出'阿拉伯'一词，因此伊斯兰哲学不能等同于以阿拉伯文记载的哲学。区分两者有助于突破'从铿迭到伊本·鲁西德'的旧框架，以含义更为宽泛的'伊斯兰哲学'或'伊斯兰思想'重新审视伊斯兰思想的历程。同时，国内学界一般将与伊斯兰信仰相关的理性思辨划分为三项内容，即伊斯兰自然哲学、伊斯兰教义学以及苏非神秘主义思想。狭义的'伊斯兰哲学'概念仅相当于在古希腊哲学影响下产生的伊斯兰自然哲学。故应采纳涵盖面更广的'伊斯兰思想'，不易于造成误解与混淆的'伊斯兰哲学'。1949年以来，在长达60余年的时间里，当代中国伊斯兰哲学—思想研究形成了一条内在主线，即围绕'伊斯兰哲学'的名称与内涵展开的各种'正名'与'求实'运动。”拜荣静的《清真寺调解穆斯林普通民间纠纷的作用研究》[115]认为：“穆斯林普通民间纠纷的解决，除司法、准司法的解决方式之外，还存在具备乡土特色的清真寺调解解决穆斯林普通民间纠纷的解纷方式。对于清真寺调解，应该在其运行机理的基础上，分析调解过程中的特征及主要使用规范，进而探讨清真寺在解决穆斯林普通民间纠纷中的作用和运用前景。”

2011年6月12日《中国伊斯兰教西道堂研究文集》首发式暨学术研讨会在兰州举行，此文集的出版发行，凝聚了国内外专家学者的智慧和心血。此文集的出版，全面概况与总结了西道堂百年来光辉成就。学者指出，西道堂研究已经取得了骄人的成绩，但冷静地思考，我们也必须认识到：迄今为止还没有一部从理论和实践的结合上全面论述西道堂历史与现状的专著，对刘智宗教思想何以对西道堂产生影响的深层次原因、大家庭集体生活制度的社会意义与时代背景、西道堂适应社会发展的实践对中国穆斯林社会的作用、西道堂重视经济与教育发展的现实意义等方面重视不够，研究的水平也不高，甚至很少涉及。西道堂研究中的这些缺憾都是今后研究中应当注意克服的。走进西道堂，走近西道堂的信众，探索西道堂现在和将来的生活轨迹是西道堂研究更上一层楼的必经之路。[116]

八、其他宗教研究

继福建霞浦摩尼教残存被发现以后，已经引起了学术界的广泛注意，国内外都有各种文章发表，产生了一定的影响。但是研究霞浦摩尼教时重要的是要对经典的解读，元文琪的《福建霞浦摩尼教科仪典籍重大发现论证》[117]认为：“继20世纪初我国敦煌和吐鲁番出土摩尼教汉文经典唐写本之后，而今又在福建霞浦再次发现数量可观的摩尼教斋醮科仪典籍，引起国内外摩尼学界的普遍关注。霞浦新发现的科仪文书中包含不少佛、道教的术语、概念和佛神名号，不免令人产生其是否为摩尼教文献的疑惑。今将已现世的唐写本《摩尼光佛教法仪略》《摩尼教残经》和《下部赞》与新发现的科仪典籍《摩尼光佛》《兴福祖庆诞科》等进行全面的系统比较研究，发现无论从形式上对帕拉维语'音译文字'和偈颂赞呗的运用，还是在内容上对佛、法、僧'三宝'的推崇以及对'五佛颂''天王赞'的宣扬，两者皆一脉相承，具有完全相同的宗教属性。换言之，两者在摩尼教固有的传统神灵信仰、基本教义、教法和教理等方面，虽因产生年代不同，受佛、道两教的影响有别，而显出某些差异，但本质上合若符契，别无二致。”樊丽沙、杨富学的《霞浦摩尼教文献及其重要性》[118]认为：“2008年10月以来，福建霞浦县柏洋乡上万村周围发现了大批摩尼教文献，计有经典《摩尼光佛》和多种科仪书，此外还有不少其他历史文物与遗迹。从中不难看出，摩尼教流播霞浦，千年不绝，其间因应形势的不同而有所变化，不拘泥于原始经典的窠臼，而是朝着人生化、现实化和世俗化的方向转变。霞浦新发现的摩尼教文献不仅内容丰富，而且非常重要，是研究宋元以后中国摩尼教史的第一手资料，具有特别重要的文献价值与学术价值。”

学者们对犹太教及海外的中国宗教的影响也有一些研究，但是对像犹太教这类的研究，这些年来正在萎缩，远没有前几年的影响大。刘精忠的《布伯宗教哲学的哈西德主义内在理路》[119]指出：“马丁·布伯的宗教哲学建构深受犹太教哈西德主义神秘范式的影响。后者近代从被动的律法主义向积极的信仰主义倾向创新与转换意义重大。通过脱胎于哈西德主义神秘范式之上的'我—你'对话哲学，布伯的宗教存在主义哲学不仅从信仰向度上实现了对传统西方哲学认识论的超越，同时也在对人之‘生活世界’的强调中，实现了积极行动意义上的宗教普世主义关怀。与此同时，这一哲学建构本身的内在理路亦体现了现代犹太思想哲学化重构过程中与生俱来的悖论性。”王爱平的《印度尼西亚孔教的祭天仪式》[19]指出：“依据多年田野调查所获得的资料，考察分析印尼孔教的祭天仪式。印尼孔教的祭天仪式体现出源于中国儒学的崇拜‘天’的观念，是印尼孔教宗教仪式体系的重要组成部分，并表现出鲜明的印尼孔教特点：既带着华人传统文化的深刻烙印，又具有明显的印尼本土特色。宗教信仰的仪式化和宗教仪式的生活化是印尼孔教作为一种文化传统得以传承不替的深层原因。”王柏中的《“伏波将军”抑或“龙肚之精”——“白马大王”神性问题辨析》[20]认为：“白马大王是越南传统信仰中的一个神祇，河内的白马庙是供奉白马大王的著名庙宇。……白马庙所供奉的白马大王本为伏波神，在越南古代民族国家产生后，以龙肚神代替伏波神，对其神性进行了重构。”

白欲晓的《周公的宗教信仰与政教实践发微》[21]认为：“周公拥有大祭司、摄政王和政教宣化者的多重身份。在周公这里，周人的‘上帝’崇拜与‘天’之信仰得到了继承和发展。周公‘以德配天’与‘制礼作乐’的文化与制度创设，既表现出理性的精神，又洋溢着对神道的崇敬。周公的政教实践，贯穿着道德的理想，但仍与宗教信仰相配合。周公之信仰与政教实践，对后世儒教有深远的影响。”刘俊男的《长江中游地区史前宗教文化及所反映的文明进程述论》[22]认为：将长江中游地区史前宗教大体分为四个阶段。第一阶段：以高庙下层文化祭坛、汤家岗文化八角纹图徽为代表的宗教遗迹体现了对太阳鸟及天帝的崇拜。其人祭现象只限于宗教领域。第二阶段：以城头山大溪文化祭台为代表的宗教遗迹体现了对自然神的崇拜向对祖先神崇拜的过渡。城墙奠基用的人祭现象与城墙本身一起说明早期暴力国家（城邦）开始萌芽。第三阶段：石家河古城屈家岭—石家河文化早期独有的筒形组合器、套缸遗迹及图形文字体现了对祖先神的崇拜，兼及自然神，说明男性完全占据了统治地位。其与金属的出现、城邦的繁荣、战争在文化交叉区进行等因素一起标志着早期的宗主国与从属国的格局初步形成。第四阶段：出土玉人像等体现了对首领的崇拜，兼及其他诸神。这种宗教的演变，与长江中游地区文明化进程步调一致。郭益海的《蒙古统治西域时宗教政策特点探析》[23]认为：“对蒙古统治西域时期宗教政策特点进行剖析，除兼容包并的宗教政策特点外，各种宗教在西域的传播发展，在一定程度上还受到蒙古统治者个人或家族的影响。究其宗教政策而言，宗教神权始终置于世俗政权之下，宗教政策具有法律化和延续性。随着历史推移，西域的蒙古人的宗教信仰由最初的萨满教占主导地位逐渐被伊斯兰教取代。”

九、结语

以上本文以北京发行的宗教研究刊物为中心，介绍了2011年的宗教研究情况。可以看出，这一年的宗教研究的重心依然还是在以往的轨道上运行，值得指出的是党中央发出了促进文化事业大繁荣的号召，宗教研究也受到了这股强劲东风的推动，加强对宗教的文化性与现代性的研究，但是由于我们多年来仍然没有摆脱西方方法论的语境影响，树立中国式的方法论研究的模式还没有确立，因此宗教的研究仍然还需要进一步加强认识，探索中国式的研究法已经成为包括整个学术界在内的主要任务之一。

注：

①郭文、许颖：《“百年佛学研究的回顾与展望”高层学术研讨会综述》，《世界宗教研究》，2011年第3期。

②《世界宗教研究》，2011年第5期。

③《世界宗教研究》，2011年第5期。

④《世界宗教研究》，2011年第5期。

⑤《世界宗教研究》，2011年第5期。

⑥《世界宗教研究》，2011年第5期。

⑦《世界宗教研究》，2011年第1期。

⑧《世界宗教研究》，2011年第4期。

⑨《世界宗教研究》，2011年第1期。

⑩袁朝晖：《马克思主义宗教观研讨会（2011）在京召开》，《世界宗教研究》，2011年第4期。

⑪文晖：《中国宗教学会第七次全国会议在北京召开》，《世界宗教研究》，2011年第4期。

⑫文晖：《中国宗教学会第七次全国会议在北京召开》，《世界宗教研究》，2011年第4期。

⑬文晖：《中国宗教学会第七次全国会议在北京召开》，《世界宗教研究》，2011年第4期。

⑭文晖：《中国宗教学会第七次全国会议在北京召开》，《世界宗教研究》，2011年第4期。

⑮李金花：《中国宗教研究50人论坛会议综述》，《世界宗教研究》，2011年第6期。

⑯李金花：《中国宗教研究50人论坛会议综述》，《世界宗教研究》，2011年第6期。

⑰李金花：《中国宗教研究50人论坛会议综述》，《世界宗教研究》，2011年第6期。

⑱李金花：《中国宗教研究50人论坛会议综述》，《世界宗教研究》，2011年第6期。

⑲李金花：《中国宗教研究50人论坛会议综述》，《世界宗教研究》，2011年第6期。

⑳李金花：《中国宗教研究50人论坛会议综

述》，《世界宗教研究》，2011 年第 6 期。

㉑《世界宗教研究》，2011 年第 6 期。

㉒袁朝晖：《马克思主义宗教观研讨会（2011）在京召开》，《世界宗教研究》，2011 年第 4 期。

㉓敏俊卿：《〈中国伊斯兰教西道堂研究文集〉首发式暨学术研讨会综述》，《世界宗教研究》，2011 年第 3 期。

㉔李金花：《中国宗教研究 50 人论坛会议综述》，《世界宗教研究》，2011 年第 6 期。

㉕李金花：《中国宗教研究 50 人论坛会议综述》，《世界宗教研究》，2011 年第 6 期。

㉖李金花：《中国宗教研究 50 人论坛会议综述》，《世界宗教研究》，2011 年第 6 期。

㉗刘国鹏：《"泰山综观：宗教与中国传统文化"学术座谈会》，《世界宗教研究》，2011 年第 6 期。

㉘郭文、许颖：《"百年佛学研究的回顾与展望"高层学术研讨会综述》，《世界宗教研究》，2011 年第 3 期。

㉙人民出版社，2011 年版。

㉚《世界宗教研究》，2011 年第 4 期。

㉛《世界宗教研究》，2011 年第 4 期。

㉜《世界宗教研究》，2011 年第 4 期。

㉝《世界宗教研究》，2011 年第 4 期。

㉞《世界宗教研究》，2011 年第 3 期。

㉟《世界宗教研究》，2011 年第 2 期。

㊱《世界宗教研究》，2011 年第 6 期。

㊲郭文、许颖：《"百年佛学研究的回顾与展望"高层学术研讨会综述》，《世界宗教研究》，2011 年第 3 期。

㊳《世界宗教研究》，2011 年第 1 期。

㊴刘立夫、龙璞：《"佛慈祖德茶道祈福——和谐之路同心同行"系列活动学术研讨会综述》，《世界宗教研究》，2011 年第 6 期。

㊵《世界宗教研究》，2011 年第 3 期。

㊶《世界宗教研究》，2011 年第 3 期。

㊷《世界宗教研究》，2011 年第 1 期。

㊸《世界宗教研究》，2011 年第 1 期。

㊹《世界宗教研究》，2011 年第 1 期。

㊺《世界宗教研究》，2011 年第 4 期。

㊻《世界宗教研究》，2011 年第 2 期。

㊼《世界宗教研究》，2011 年第 3 期。

㊽《世界宗教研究》，2011 年第 4 期。

㊾《世界宗教研究》，2011 年第 6 期。

㊿《世界宗教研究》，2011 年第 4 期。

51《世界宗教研究》，2011 年第 4 期。

52《世界宗教研究》，2011 年第 6 期。

53王雪梅：《"历代祖师与峨眉山佛教"学术研讨会综述》，《世界宗教研究》，2011 年第 4 期。

54《世界宗教研究》，2011 年第 4 期。

55《世界宗教研究》，2011 年第 1 期。

56《世界宗教研究》，2011 年第 1 期。

57梁世和：《"首届河北赵州禅·临济禅·生活禅学术论坛"综述》，《世界宗教研究》，2011 年第 6 期。

58《世界宗教研究》，2011 年第 2 期。

59田艳：《"慧思大师与南岳佛教"学术研讨会综述》，《世界宗教研究》，2011 年第 6 期。

60《世界宗教研究》，2011 年第 3 期。

61《世界宗教研究》，2011 年第 6 期。

62《世界宗教研究》，2011 年第 5 期。

63《世界宗教研究》，2011 年第 2 期。

64张方：《第二届王屋山道学文化研讨会综述》，《世界宗教研究》，2011 年第 5 期。

65《世界宗教研究》，2011 年第 3 期。

66《世界宗教研究》，2011 年第 4 期。

67《世界宗教研究》，2011 年第 5 期。

68《世界宗教研究》，2011 年第 2 期。

69《世界宗教研究》，2011 年第 1 期。

70《世界宗教研究》，2011 年第 3 期。

71《世界宗教研究》，2011 年第 2 期。

72《世界宗教研究》，2011 年第 6 期。

73《世界宗教研究》，2011 年第 1 期。

74《世界宗教研究》，2011 年第 3 期。

75《世界宗教研究》，2011 年第 6 期。

76《世界宗教研究》，2011 年第 3 期。

77《世界宗教研究》，2011 年第 6 期。

78《世界宗教研究》，2011 年第 5 期。

79《世界宗教研究》，2011 年第 4 期。

80《世界宗教研究》，2011 年第 4 期。

81《世界宗教研究》，2011 年第 2 期。

82《世界宗教研究》，2011 年第 1 期。

83《世界宗教研究》，2011 年第 1 期。

84《世界宗教研究》，2011 年第 1 期。

85《世界宗教研究》，2011 年第 1 期。

86《世界宗教研究》，2011 年第 1 期。

87《世界宗教研究》，2011 年第 1 期。

88袁朝晖：《"基督宗教与中美关系国际学术研讨会"在京召开》，《世界宗教研究》，2011 年第 3 期。

89《世界宗教研究》，2011 年第 6 期。

90《世界宗教研究》，2011 年第 3 期。

91《世界宗教研究》，2011 年第 2 期。

92《世界宗教研究》，2011 年第 4 期。

93《世界宗教研究》，2011 年第 4 期。

94袁朝晖：《"位格主义与社会"学术研讨会在沪举行》，《世界宗教研究》，2011 年第 6 期。

95《世界宗教研究》，2011 年第 5 期。

96《世界宗教研究》，2011 年第 6 期。

⑰《世界宗教研究》，2011年第3期。
⑱《世界宗教研究》，2011年第2期。
⑲《世界宗教研究》，2011年第3期。
⑩《世界宗教研究》，2011年第6期。
⑩《世界宗教研究》，2011年第6期。
⑩《世界宗教研究》，2011年第1期。
⑩《世界宗教研究》，2011年第5期。
⑩《世界宗教研究》，2011年第5期。
⑩《世界宗教研究》，2011年第1期。
⑩《世界宗教研究》，2011年第3期。
⑩《世界宗教研究》，2011年第2期。
⑩《世界宗教研究》，2011年第3期。
⑩《世界宗教研究》，2011年第1期。
⑪《世界宗教研究》，2011年第2期。
⑪《世界宗教研究》，2011年第4期。
⑫《世界宗教研究》，2011年第3期。
⑬《世界宗教研究》，2011年第4期。
⑭《世界宗教研究》，2011年第5期。
⑮《世界宗教研究》，2011年第6期。
⑯《世界宗教研究》，2011年第4期。
⑰《世界宗教研究》，2011年第5期。
⑱《世界宗教研究》，2011年第6期。
⑲《世界宗教研究》，2011年第2期。
⑳《世界宗教研究》，2011年第4期。
㉑《世界宗教研究》，2011年第4期。
㉒《世界宗教研究》，2011年第4期。
㉓《世界宗教研究》，2011年第3期。
㉔《世界宗教研究》，2011年第3期。

（作者：中国社会科学院编审）

经 济 学

理论经济学

卫兴华　侯为民

2011年，理论经济学研究和讨论的重点主要有：关于马克思主义经济学基础理论的研究和探讨；关于“中国模式”的不同意见；关于坚持公有制为主体和发展国有企业问题的争鸣；关于转变经济发展方式问题和跨越“中等收入陷阱”的不同观点；关于马克思主义学科建设等问题的研究。并取得了一些新的研究成果。

一、关于马克思主义经济学基础理论的研究和讨论

关于马克思主义经济学的研究和讨论，主要集中在以下几个方面：关于劳动价值论理论问题的争论；关于我国所有制结构和阶级问题的争鸣；关于生产力标准和价值标准的讨论以及对国外马克思主义经济学理论的评介等。

（一）关于劳动价值论相关理论问题的探讨

商品价值量与劳动生产率的关系问题是近年来引起学术界热烈讨论的一个理论问题，不同的学者从不同视角对这一问题进行了研究。

张忠任界定了商品价值量在不同场合的含义，通过分析个别价值量、社会价值量以及产出价值量等商品价值的“差异性”，认为劳动生产率与商品价值量成正比、商品价值量与体现在商品中的劳动量成正比，与该劳动的生产率成反比这三个看似互为悖论的命题在一定条件下能够同时成立。①

孟捷在马克思论述的基础上，放宽了劳动复杂程度不变的假设，认为劳动复杂程度伴随着生产率的进步而提高，由此得出随着劳动生产率的提高，单位时间内的劳动可以创造出更多价值的结论。他认为，在传统剩余价值论的架构中，劳动与资本在价值创造中只存在零和关系。②

蔡继明、李亚鹏对基于劳动异质性的广义价值论作了新的表述，并从劳动异质性的角度对劳动价值论以及简单劳动和复杂劳动的折算作了新的解释。他们认为，价值抽象于交换价值，交换价值是不同使用价值相交换的比率，而不同使用价值产生于不同的具体劳动。由此推论，具体劳动即劳动的异质性是价值决定的重要因素，在研究价值决定时不能强制地抽象掉劳动异质性。③

马艳区分了影响劳动生产率的客观因素和主观因素对价值量变动的不同情况，对马克思经典的“成反比”理论中的劳动因素作了重新假定。即假定在科技进步的条件下，伴随着劳动客观因素的变化，劳动主观因素也发生同方向的变化，并假定劳动主观条件的变化幅度大于劳动客观条件的变化幅度，这样就可以获得劳动生产率与商品价值量之间呈正方向变化的结论。④

张衔提出了不同的观点，通过数理方法分别研究由劳动的客观条件变化和劳动的主观条件变化引起劳动生产率的变化，他得出的结论是：无论从单个商品来看，还是从商品价值总量来看，商品价值量都随劳动生产率的提高而反向变动。劳动生产率与劳动复杂程度同时提高，说明商品价值量与劳动生产率仍然“成反比”，而与劳动复杂程度“成正比”。商品价值总量的增加只能用社会分工的发展来解释。⑤

冯金华等人研究了斯蒂德曼关于联合生产中负剩余价值和正利润率并存的现象，指出问题的关键在于斯蒂德曼根据自然时间，而不是社会必要劳动时间确定创造价值的劳动。⑥

（二）关于我国所有制结构与阶级问题的争鸣

吴敬琏认为，改革开放初期实施增量改革战略取得了极大的成功。其中最重要的成果是使民营经济（非国有经济）得以从下而上地成长起来，并且日益发展壮大。不过，采取增量改革战略使民营经济得以成长，只是中国改革和发展这出大戏的序幕。不对国有经济进行彻底的改革，就不可能建立市场机制在资源配置中起基础性作用的市场经济体系：第一，不改革国有经济，中国经济的整体效率难以得到提升；第二，双重体制并存造成了很大的寻租空间，使腐败蔓延的趋势难以扼制。⑦他还认为，不改革国有经济就无法实现共同富裕。目前我国在“放小”已经基本实现的情况下，国有经济的布局调整几乎停步不前，还发生了一些领域“国进民退”的“开倒车”现象。一些国有企业不但继续保持行政垄断的地位，而且得到国有银行的大量贷款支持，迅速扩张。但是，国有企业的逆势扩张和地位加强，对于中国经济的长期发展究竟是祸还是福，并不能由它们获得的短期盈利多少来评判，而要从它对于市场制度完善和经济长远发展的影响来判断。国有企业的效率是否高于民营企业，已经有中外研究机构所作的实证分析对它作出了有翔实数据支持的否定性结论。⑧

刘国光提出，坚持公有制为主体，是坚持社会主义初级阶段基本经济制度的前提和基础。不但要求公有制经济为主体，而且要求国有经济对国民经济起主导作用。国家应控制国民经济命脉，使国有经济的控制力、影响力、带动力和竞争力得到增强，使广大人民群众都能享受到国有经济的好处。社会主义的国有经济不能像资本主义那样，仅仅起补充私有企业和市场机制不足的作用。在关系国民经济命脉的重要行业和关键领域，国有经济应有绝对的控制力。那些对保障社会公平非常重要的竞争性领域的国有资产，也是“重要”的国有资产，要力争搞好。必须反对不顾我国社会主义基本国情搞私有化的错误倾向。⑨

吴宣恭认为，我国阶级差别和阶级矛盾的重新出现，决定了当前许多经济问题需要通过阶级分析来找到合理的答案。建立在马克思主义所有制理论基础上的阶级分析方法是马克思主义政治经济学的重要方法。改革开放以后，随着我国所有制结构的巨大变革，公有经济在社会主义生产中所占的比重大幅度下降，国内的私营经济加上外资企业在就业人数和产值上逐步占据主要地位。所有制结构的变革导致阶级差别和阶级矛盾重新出现，在雇佣劳动制度重新恢复并且大规模发展的经济领域中出现了两极分化：一边是数以亿计的雇佣劳动者靠出卖劳动力换取微薄的工资，养家糊口；一边是靠剥削工人无偿劳动积累起巨额资产的私营企业主及其家属“享受疯狂消费”。⑩

陈跃等认为，在多种所有制经济并存的当今社会，明确提出现阶段存在新生资产阶级，对于我们正确认识现实国情，牢牢把握中国特色社会主义改革开放的发展方向，科学认识经济社会发展的矛盾和问题，具有重要意义。新生资产阶级的主体身份是中国特色社会主义建设者，是我们需要真诚团结和积极利用的一种社会力量，这是一个方面；同时，新生资产阶级还是以资本私有制为基础的，追求资本增值和剩余价值最大化的经济目标，又是与中国特色社会主义发展要求有明显差别乃至矛盾的。随着其经济势力的强大，其中有些人势必会提出相应的非社会主义的政治诉求和政治主张，因此可能不同程度地会对中国特色社会主义现代化建设产生某些消极影响。⑪

（三）关于生产力标准与价值标准相统一问题的讨论

用什么样的标准来评价社会经济制度，怎样总结新中国60多年来的发展与改革的是非得失？对这一问题的研究和正确回答，对于坚持和完善社会主义经济制度具有重要意义。卫兴华在《经济学动态》2010年第10期上发表的《论社会主义生产力标准和价值标准的统一》中提出，评价社会主义经济制度“应坚持生产力标准与社会主义价值标准的统一”。社会主义既要重视发展生产力，又要坚持社会主义的价值标准即重视消除两极化和实现共同富裕，坚持和完善公有制为主体和按劳分配为主体。对以往剥削制度的评价主要是生产力标准，辅之以价值标准，两种标准难以内在统一。2011年，围绕这一主题，不同的学者提出了赞同或质疑的观点。

汪海波针对卫兴华提出的“社会主义生产力标准与价值标准的统一”的观点提出了质疑。他认为，社会生产力是决定社会生产关系唯一的无可替代的根本因素，因而评价社会经济制度先进或落后的唯一的无可替代的根本标准，只能是生产力标准。他主张唯生产力论和唯生产力标准论。不能有生产力标准和价值标准共存的“二元论”，也不能有生产力、生产关系和意识形态标准的“三元论”，而只能有生产力标准的“一元论”。[12]

卫兴华对汪海波的质疑作了回应和评析，认为汪海波错将生产力标准问题同生产力决定生产关系问题混为一谈，生产力标准是对发展生产力的评价标准，“决定”同“评价”不是一回事，生产力决定生产关系与对生产关系的评价标准也不是一回事。卫兴华认为，汪海波反对在生产力标准外提出评价社会经济制度和政府政策的价值标准，断言这是生产力决定生产关系和上层建筑决定生产关系的二元论和三元论，是唯心主义，这是文不对题和理论逻辑缺失的无理批评。卫兴华不赞同汪海波断言社会主义只要坚持生产力决定生产关系、坚持生产力标准“一元论”就够了的观点，主张社会主义应从生产力标准和价值标准的统一中去评价。[13]

胡钧提出，“既然生产力决定生产关系，当然评价生产关系就只能是生产力这个唯一标准”。同时又提出，一切社会制度都是生产力标准和价值标准的统一。胡钧批判卫兴华提出的价值标准是“独立的、超历史的、永恒的人道主义价值标准”“本质上违背了马克思的基本原理”等。他对以往一切剥削制度特别是资本主义剥削制度持完全肯定的观点，认为资本主义剥削起着进步作用。以此认证资本主义制度和以往一切剥削制度“是完完全全地真正地实现着生产力标准与价值标准的统一”。[14]

卫兴华全面反驳了胡钧的批评，对胡钧强加的不实之词和无理指责及其任意曲解进行了辩驳。不赞同其对一切剥削制度特别是资本主义剥削制度持完全、绝对肯定的观点，不赞同其宣称生产力标准是生产力决定生产关系规律在观念上的反映、评价生产关系只能是生产力唯一标准的观点。卫兴华认为，马克思重视生产力发展的原因不限于生产力决定生产关系，而胡钧根据马克思和恩格斯确认一切剥削制度的产生与发展是一种客观的自然历史过程，得出一切剥削制度都是公平合理并应完全肯定的观点，这是对马克思有关论述的曲解。卫兴华还指出，不应忽视马克思对资本主义剥削制度的本质关系和劳资矛盾进行了揭露和批判的事实。[15]

于金富认为，任何社会生产方式及其评价标准都具有二重性。对生产方式的评价包括两方面内容：一方面要从物质生产方面来分析与判断它是否适应并推动生产力发展，即是否能够提高生产效率、是否能够实现生产力要素自身的变革；另一方面，要从社会形式方面来分析与判断它是否有利于实现参与生产过程的各个主体的平等，是否有利于生产成果按各个主体的贡献进行公平的分配。前者即所谓“生产力标准”，后者即所谓“价值标准”。社会主义生产力标准和价值标准的统一具有必然性和合理性。[16]

侯为民认为，汪海波对社会经济制度的价值评价标准提出质疑，是因为其没有认识到社会经济制度的决定与对社会经济制度的评价是两个不同层面的理论问题。从历史和现实看，社会主义建设事业不仅需要坚持生产力标准，价值标准同样是社会主义经济制度的内在尺度。汪海波否认社会主义意识形态的地位和作用。而事实上，要健全和完善社会主义制度，在坚持价值标准的同时也要坚持社会主义意识形态。[17]

二、关于“中国模式”问题的继续探讨

我国经济与社会发展的空前成就，引起国内外学者的普遍关注与研究，并提出了“中国经验”“中国道路”“中国模式”等概念，其中尤以“中国模式”引人关注。

谢春涛高度评价了张维为的《中国震撼：一个文明型国家的崛起》一书中关于中国模式的论述。该书作者以其日内瓦外交与国际关系学院教授的身份，以及走访过100多个国家的经历，把中国近几十年的发展放在国际环境中观察，深入解读了中国模式的成功及其原因。对中国模式的认同，来自于对中国发展模式即中国改革开放经验的总结。该书认为，中国的发展模式有八个特征：实践理性、强势政府、稳定优先、民生为大、渐进改革、顺序差异、混合经济、对外开放。这种认同也来自于一种政治话语的崛起。作者梳理出中国的八大理念：实事求是、民生为大、整体思维、政府是必要的善、良政善治、得民心者得天下与选贤认能、兼收并蓄与推陈出新、和谐中道与和而不同。这样的发展模式和话语是一定会影响世界秩序演变的。[18]

张宇认为，经济学界对中国经济模式的认识，经历了比较经济学的范式、转轨经济学的范式和政治经济学的范式这样三个主要的发展阶段。中国经济模式涵盖基本制度、经济体制、发展道路、转型方式和全球化等多个方面的丰富内容，社会主义基本制度处于核心地位。中国经济模式实际上是其基本经济制度在现实的改革、发展和开放过程中的展开或实现。进一步完善中国经济模式，必须自觉坚持和完善我国的基本经济制度，实现其与市场经济的有机结合。中国经济模式的形成既体现了经济现代化和市场经济发展的一般规律，又反映了中国特殊的制度、国情和历史阶段的要求，因而既有特殊性，也有普遍意义。[19]

卢荻认为，“中国模式”是在市场经济制度主要不是依靠从外部引进的政策和规则，而是根据自己国家的国情与改革进程中形成的政策、规则、路径和方式而逐步实现的。联系到世界发展危机，他认为中国经济发展具有高度自主性，因而合理的政策导向是符合劳动者利益而非金融投机者利益。[20]

乔榛认为，中国在改革开放后逐步探索出的一条经济发展道路被概括为“中国模式”，并引起广泛关注。就“中国模式”来讲，它具有的意义不仅仅在于实践方面取得的巨大经济成就，而且其孕育的理论资源对西方主流经济学提出了一系列的挑战。其中作为西方主流经济学的核心范畴——“经济人”假定、自由市场机制或“看不见的手”、资源配置帕累托最优的制度绩效标准，都受到“中国模式”的实践挑战。而孕育在“中国模式”中的“社会经济人”假定、竞争的新形式和经济制度绩效的稳定标准，向我们提出构建一种新的经济学的期待。[21]

卢现祥认为，“中国模式”是一条以改革开放和社会主义现代化建设为实践基础的、以中国特色社会主义理论体系为指导思想的新型现代化道路。当前的中国模式存在一系列问题，如国家主导的市场经济寻租性、政治体制改革滞后带来分配差距过大以及环境资源方面的政府失灵和市场失灵等。因此中国的市场经济体制还是一个不成熟的市场体制，研究中国模式必须从国家主导的市场经济入手不断改进。[22]

吴敬琏认为，“中国模式”论倡导者将中国经济发展成绩归因于中国有一个强势政府和有着强大控制力的国有经济，因此能够正确制定和成功执行符合国家利益的战略。不过，这种解释虽然能够燃起某种民族主义的自豪感，却也留下了不少的疑问。迄今为止，市场化改革还有许多大关并没有过，中国初步建立起来的市场经济体制还很不完善，主要表现为国家部门仍然在资源配置中起着主导作用。中国现行的经济体制实际上是一种既包括新的市场经济因素，又包括旧的命令经济或称统制经济，既可以前进到较为完善的市场经济，也可以退回到统制经济的过渡性体制。[23]

郭建宁提出，应慎用“中国模式”的表述，因为模式往往是固定的，宜用“中国道路”。要有忧患意识，不能陶醉于“中国模式”而沾沾自喜。[24]

徐康宁认为，中国虽然在发展道路上取得巨大成就，但还没有到可以总结一个完整模式的时候。[25]

三、关于坚持公有制经济为主体和发展国有企业的问题

近年来，公有制经济和国企问题一直是学者们关注的重要话题。2011 年，对这一问题的思考更突出地集中在应如何对公有制经济的地位和作用进行界定、国有企业的发展道路以及“国进民退”问题的争论上。

（一）关于公有制经济问题的探讨

关于公有制经济的地位和作用，程恩富等人认为，以国有经济为主导的公有制，是我国经济社会发展的主要推进力量，是国家高效调控经济的主要产权基础，是国家实现经济自主发展和参与国际高端竞争的重要经济条件，是实现科学发展的重要保障，取消公有制不是中国特色社会主义的发展方向。应当理性、同等地看待公有经济和其他经济成分间的竞争关系。不能因为市场形势变化和企业竞争条件的变化，就武断地认为“国进”就是要以“民退”为代价，更不能打着“国有经济垄断论”“低效率论”的老调要求“国退”，以便为“民进”让路。[26]

卫兴华提出，社会主义强调公有制为基础，中国特色社会主义强调公有制为主体，是服从于社会主义的根本任务和目的的。搞公有制的目的和任务，就在于解放和发展生产力，消灭剥削，消除两极分化，实现共同富裕。这是社会主义的本质要求。为此，就要以实行公有制作为其制度安排。要弄清国有经济在社会主义制度中的真实地位和作用。第一，国有经济是社会主义经济制度的内在构成要素，它从长远利益和全局利益方面支撑社会主义经济的发展与完善；第二，是社会主义国家对经济运行进行宏观调控的经济手段；第三，是我国先进生产力的代表，国民经济发展的支柱，实现国家工业化和现代化的依靠；第四，是保证国家独立自主和安全，应对国际竞争和突发事件的重要物质条件；第五，以国有经济为核心的公有制经济是党和政府执政的经济基础。[27]

柳泽民指出，现代经济层次性、社会性、虚拟化的基本特征为公有制的建立和加强提供了现实基础。公有制的功能定位应从生产力和生产关系两个方面界定。[28]查朱和分析了当前私有化思潮的若干观点，指出了它的实质和危害，并对其攻击公有制和国有经济的一些观点进行了批驳。[29]

有林针对《南方周末》2010 年 4 月 28 日所发表的董德刚的《逐渐淡化“公私二分”，走向社会所有》一文中的观点，提出不同意见。他不赞同董文主张淡化公有制和私有制概念，以“社会所有制”取代公有制。他认为，马克思使用“社会所有制”概念，与公有制概念内涵是一样的，都是指全社会占有生产资料。在国家未消亡前，社会的代表只能是国家。他不赞同董文将社会所有制同国家所有制和公有制相对立，说成是两码事，要以前者取代后者。这样一来，公有制为基础、国有制为主导就被否定了。[30]

（二）关于国有企业的作用和效率问题的不同观点

陈波等人运用层次分析法（AHP）构建了一个关于我国国有企业效率的综合评价指标体系，从经济效率和社会效率两个层面对我国国有企业效率进行科学、全面的评判。实证分析表明，我国国有企业整体效率并不比私营企业低，无论在经济效率还是社会效率上都占有一定的优势，社会效率高于私企一倍，并且近年来是不断提高的。那种认为只有实现国有企业私有化才可能实现高效率的观点是毫无依据的。[31]

申维辰认为，国有企业不仅承担着创造财富的经济责任、巩固社会主义制度的政治责任、增进民生福祉的社会责任，而且承担着发展社会主义先进文化的先行责任。国有企业是建设社会主义核心价值体系的主力军。国有企业是社会主义公有制的重要形式，非公有制企业是建设中国特色社会主义的重要力量。在构建和谐劳动关系、维护社会和谐稳定中，国有企业和非公有制企业，都肩负着重要责任。[32]

董梅生等人根据上市公司数据通过实证研究证明，无论是财务效率还是技术效率，国有企业和民营企业均不存在差异。[33]

张文魁持相反意见，认为国有企业状况并不好。从2003—2008年统计资料来看，私营企业和外资企业的营业收入和利润总额的增长速度远快于国有企业。国有企业获得的贷款远高于私营企业，资产增值速度反而远逊于私营企业。[34]

（三）关于“国进民退”的再思考

国际金融和经济危机发生后，国内围绕“国进民退”现象的争论一直没有停止。2011年，学界对“国进民退”进行了再思考。究竟是否存在“国进民退”？应该怎样看待所谓“国进民退”？存在不同的见解。

温家宝总理指出：“目前不存在所谓‘国进民退’的问题，同样也不存在‘民进国退’问题。”“在全国的固定资产投资当中，民间投资已经超过50%。在工业企业当中，无论从数量、产值、资产总量还是从业人数，都超过了国有企业，这是一个事实。”[35]

刘国光提出，有人认为近年来出现了“国进民退”现象。根据国家统计局的数据，国有经济在国民经济中的比重不断下降，宏观上并不存在所谓的“国进民退”；微观上国有经济“有进有退”，但更多的是“国退民进”；个别案例中的所谓“国进民退”，多半属于资源优化重组，并非没有道理。[36]

周新城认为，中央多次强调必须坚持公有制为主体、多种所有制经济共同发展的社会主义初级阶段基本经济制度，绝不搞私有化和单一公有制。然而，现在要求“国退民进”的舆论一浪高过一浪，似乎国有经济退出竞争性领域甚至让出垄断领域、实行私有化是天经地义的事情，而“国进民退”则是犯了极大的错误，并将付出沉重的代价。更为严重的是，有的人竟然提出“私有化和宪政民主不能避免”“让中国继续走资本主义道路”以及“要大力发展民营经济，民营经济是基础和主体”等观点。就当今世界范围来说，源于美国的世界范围的金融危机、经济危机的巨大破坏力，证明了生产资料私人资本主义占有已经严重束缚生产力的发展甚至破坏了生产力。一切美化私有制的言论都经不起实践的检验。[37]

厉以宁认为，无论“国退民进”，还是“国进民退”，都不是政策追求的目标。至于国有企业和民营企业的进退机制，前提应该是公平竞争。谁的竞争力强，就把其他企业淘汰掉。从国有企业的角度看，民营企业既是竞争对手，又是合作伙伴。大型国有企业，离开一大批民营企业怎么能发展起来？计划经济时代国企没有竞争对手，自身也难以有大的发展。现在有了竞争对手，在市场中各自应取长补短，才能有所提高。从民营企业的角度看，民企也并不需要追求“国退民进”。尤其在国际市场上，无论是国企还是民企，都是中国的企业，都是民族企业。国有企业和民营企业应该形成互赢、共赢的格局。[38]

汪海波反对有的学者讲“国进民退”是伪命题。他认为，局部性的“国进民退”真切地反映了近年来我国经济发展的客观现实。[39]

单忠东、刘伟认为，国有经济和民营经济在国民经济比重中的此消彼长并不是“国进民退”的实质，“国进民退”的真正症结在于市场化改革的受阻。在金融危机的背景下，警惕政府部门以“管制”和“救市”的名义挤压民营企业的生存空间，才是真正需要注意的主要问题。[40]

《经济参考报》记者沈锡权等批评“国进民退”：在当前严峻的经济形势下，国内实体经济领域出现国富民穷、国进民退、国强民弱现象，并有加剧之势。国企垄断问题已成为当前阻碍民营经济发展和市场化进程的最大障碍。[41]

四、关于转变经济增长和发展方式的新思考

由于国际金融和经济危机的冲击和影响，2011年中国经济发展面临着诸多新的难点和挑战。围绕中国经济如何保增长、调结构和转方式等问题，一些学者分别提出了一些新的观点。

（一）关于转变经济增长和发展方式的多种观点

关于转变经济增长和发展方式问题，有的学者认为，转变的关键在于完善市场经济体制，从政府主导型经济增长方式转向市场经济为基础的增长方式。有的学者认为，我国经济增长方式应从注重速度向注重质量转变，以达到速度和质量的统一。

林毅夫提出，转变经济发展方式是一个过程，转变的关键点在于完善市场经济体制，由市场来配置资源。当然，政府要扮演一定的积极作用，最大的挑战仍然是收入分配问题。2030年中国经济整体规模将达到美国水平。[42]

程恩富、侯为民认为，目前我国开放型经济尚处于追求引进数量的粗放型发展阶段，主要以增加国内生产总值和出口创汇为导向，导致实践中的外资过度利用、对外资源依赖性过强、对外技术依赖性高、外汇储备和外贸规模过大等问题，这不利于经济持续健康增长和维护国家经济安全。今后，我国应适度控制对外资、外技、外产、外贸、外汇和外源的依赖程度，积极提升、协调使用国内外各种广义资源的综合效益。其最终目标是要在巩固和完善自力（更生）主导型多方位开放体系的基础上，更加注重经济开放中的自主发展、高端竞争、经济安全、国家权益和民生实惠，以促进经济大国向经济强国、全面小康社会向生活富裕社会的根本转变。[43]

刘树成认为，经济增长预期目标不宜定得太高，以利于引导各方面把经济工作的重点放到加快转变经济发展方式和调整经济结构上来，放到提高经济增长的质量和效益上来，放到促使经济增长与资源环境相协调上来。如果经济增速过高，将会产生“四高”的压力，即高能耗、高物耗、高污染、高通胀的压力，将会破坏经济正常运行所必需的各种均衡关系，不利于经济持续平稳较快发展。同时，经济增长预期目标也不宜定得太低，以利于保证社会就业、有效利用现有产能、提高城乡居民收入、扩大居民消费、不断改善民生、增加国家财政收入、发展各项社会事业和维护社会稳定，并有利于应对目前仍复杂多变的国际经济环境，巩固和扩大应对国际金融危机冲击的成果。[44]

（二）关于跨越“中等收入陷阱”的不同观点

目前，我国GDP接近40万亿元，超过日本，跃居世界第二，仅次于美国；人均GDP超4000美元，按照世界银行的标准，中国已跻身中等收入国家行列。有的学者认为，一个国家的人均GDP超过3000美元后，发展容易掉进“中等收入陷阱”，经济会出现停滞甚至下滑。巴西、阿根廷等新兴经济体，都在这一阶段出现过经济停滞带来的贫富两极分化、腐败多发、就业困难等问题。有的学者认为，“中等收入陷阱”是一个伪命题。对于我国是否存在“中等收入陷阱”及如何规避，学者们展开了热烈的讨论。

成思危认为，按照国际上已有的经验，在中等收入阶段，发展中国家通常将会面临“中等收入陷阱”的挑战。也就是说，实现从“中等收入”国家向“高收入”国家转变的条件和环境与过去相比都将发生变化，原有的增长方式难以适应新形势的需要，依靠原有的发展模式难以解决发展过程中所积累的矛盾。未来中国经济如何避开“中等收入陷阱”，继续保持健康稳定发展？尽管拉动经济增长的出口、投资和消费这三驾马车肯定还是我们未来经济不断发展的动力，但是它们的顺序要作大的调整，消费要提到第一位。[45]

李扬认为，仅就“中等收入陷阱”问题的复杂性而言，要想摆脱或者规避“中等收入陷阱”并不容易。要想规避“中等收入陷阱”，除转变经济发展方式外，宏观调控政策的体系以及政策的哲学、政策的调控方式也必须改变。仅仅过于强调增长是有问题的。比如关于物价问题和就业问题，如果不给予足够的关注，就可能会导致社会动荡。[46]

马晓河认为，跨越“中等收入陷阱”是转型国家经济、社会、政治结构调整的战略难题。中国在结构转型过程中同样面临压力和需求结构调整困境。迈过“中等收入陷阱”的国际经验教训为中国提供了镜鉴。在共同富裕的愿景下，中国要想避免“中等收入陷阱”，成功迈向高收入国家行列，必须调整发展战略，将经济增长速度降到合理区间，培养以中产阶层为主体的橄榄型社会结构，支持发展战略新兴产业，改变贸易结构方式，加快推进体制改革，从而为促进经济结构调整和社会结构转型创造制度条件。[47]

姚洋认为，一个国家之所以陷入一个中等收入陷阱有两个原因，一是随着财富的高度集中，使得一些强势利益集团把整个经济垄断了，它有很多的规定，根本没有办法进入，这个社会失去了动力；二是能力差距的拉大，经过一段时间的发展之后突然发现，有一部分人能力水平非常高，有一些人还是很差，而且在进入中等收入之后，这个能力差距的拉大会形成一个非常关键的瓶颈。[48]

陈亮认为，中国跨越“中等收入陷阱”的关键，是改变经济增长对外生条件比较优势的过于依赖，以自主创新、产业转型、加大创新投入以及战略性贸易政策为基础，着力提升长期竞争优势、国际分工位势、发展战略性新兴产业以及突破体制机制障碍，加快对内对外经济发展方式转变，为中国经济发展寻求新的持续发展空间。[49]

江时学认为，“中等收入陷阱”的概念含糊不清，一个国家人均GDP高低既与其GDP总量有关，也与其人口数量密切相连。因此，人口大国的人均GDP要进入高收入国家行列，将是非常困难的，难道这就意味着它们将长期陷于“中等收入陷阱”？“中等收入陷阱”的假设忽视了发展的艰难性。如果我们将人均GDP高低与“中等收入陷阱”这一概念挂钩，那就可能会导致更多的人崇拜GDP，或许还会闹出天大的笑话，例如天灾等因素导致人口大量减少，人均GDP上升，这个国家就会达到或超过了高收入国家的标准线，因此它会跳出“中等收入陷阱”。令人担忧的是，“中等收入陷阱”强调的是人均数值的高低，因此它可能会鼓励我们去玩无聊的数字游戏。[50]

彭刚、苗永旺认为，从世界各国经济发展的实践也可证实，大量的储蓄和资本积累是一个国家实现经济提升的重要因素。因此，那种提出只要存在收入分配不公，就一定会进入“中等收入陷阱”的推论并不可取。这并不是鼓励收入分配差距的扩大。在经济发展过程中，我们应该实现收入分配和经济增长二者之间的动态平衡，恰当地找好二者的结合点。[51]

五、关于马克思主义经济学的发展与创新

逄锦聚认为，政治经济学在当代肩负重大的历史使命，一是要揭示和平与发展成为时代两大主题以及经济全球化条件下人类经济社会发展的规律和趋势，为促进我国和世界经济的发展作出应有的贡献；二是要揭示我国改革开放和现代化建设的规律和趋势，为改革开放和现代化建设提供理论支持和指导；三是要为所有经济学科的繁荣和发展提供理论基础。中国政治经济学的创新与发展，既要紧紧跟上时代和实践发展的步伐，发挥我国实践的独特优势；也要继承和发挥马克思主义政治经济学方法论的独特优势，同时要扩大开放，广泛吸取人类文明的一切有益成果，兼容并蓄，实现创新和发展。[52]

白暴力认为，当前的发展走到了一个必须有根本性突破的阶段。经济学发展需要发展马克思主义经济理论；需要兼容并蓄，吸收其他经济理论的合理成分，包括西方经济理论的合理成分；需要从现实经济生活中吸收营养；需要吸收自然科学的发展成果；需要遵循科学发展的客观规律。[53]

邱海平认为，目前中国学术界的政治经济学已被严重边缘化。他指出造成这种结局的原因是多方面的，我们在充分认识各种原因的同时更应该反思中国政治经济学研究本身存在的内在缺陷，特别是方法论上的教条主义和学术上的不规范。因此，中国政治经济学的根本出路在于彻底摈弃教条主义，大力倡导科学精神，并努力建立学术研究规范。[54]

何自力认为，阶级性、实践性、历史性和价值导向性相统一是马克思主义经济学的独特品质。当代资本主义发展的实践证明西方经济学方法论和基本理论存在严重缺陷，它不应该也不可能取代马克思主义经济学成为主流经济学。建设中国特色社会主义必须坚持马克思主义经济学的主流地位。一方面，必须毫不动摇地坚持马克思主义经济学的立场、观点和方法，另一方面必须推动马克思主义经济学的发展和创新。[55]

刘灿认为，当代马克思主义经济学的发展和创新，应吸收西方经济学和国外马克思主义经济学的理论成果，关注当代资本主义的新问题，坚持马克思主义经济学中国化的创新方向，构建中国特色社会主义经济学的理论体系和研究方法。[56]

注：

①张忠任：《劳动生产率与价值量关系的微观法则和宏观特征》，《政治经济学评论》，2011 年第 2 期。

②孟捷：《劳动与资本在价值创造中的正和关系研究》，《经济研究》，2011 年第 4 期。

③蔡继明、李亚鹏：《劳动异质性与价值决定》，《经济学动态》，2011 年第 4 期。

④马艳：《劳动生产率与商品价值量变动关系的理论界定及探索》，《教学与研究》，2011 年第 7 期。

⑤张衔：《劳动生产率与商品价值量关系的思考》，《教学与研究》，2011 年第 7 期。

⑥冯金华、侯和宏：《负剩余价值和正利润可以同时存在吗？——破解斯蒂德曼的联合生产之谜》，《中国人民大学学报》，2011 年第 3 期。

⑦吴敬琏：《改革大戏，勿止步于序幕》，《新经济导刊》，2011 年第 11 期。

⑧吴敬琏：《不改革国有经济无法实现共同富裕》，《经济参考报》，2011 年 9 月 26 日。

⑨刘国光：《深化对公有制经济地位和作用的认识》，《人民日报》，2011 年 6 月 21 日。

⑩吴宣恭：《对当前经济问题的阶级分析》，《国企》，2011 年第 5 期。

⑪陈跃、熊洁、何玲玲：《关于马克思主义阶级分析方法理论与现实的研究报告》，《马克思主义研究》，2011 年第 10 期。

⑫汪海波：《必须坚持“生产力标准”——对“论社会主义生产力和价值标准的统一”一文的商榷意见》，《经济学动态》，2011 年第 6 期。

⑬卫兴华：《再论社会主义生产力标准与价值标准的统一——评析汪海波先生同我的争论》，《经济学动态》，2011 年第 7 期。

⑭胡钧：《关于判断经济制度先进落后和工作是非的生产力标准与价值标准》，《经济学动态》，2011 年第 10 期。

⑮卫兴华：《三论社会主义生产力标准和价值标准的统一》，《经济学动态》，2012 年第 1 期。

⑯于金富：《必须坚持社会主义生产力标准与价值标准的统一——兼与汪海波、何伟与胡钧等三位教授商榷》，《经济学动态》，2011 年第 11 期。

⑰侯为民：《评价社会经济制度不能忽视价值标准——兼评对“生产力标准和价值标准内在统一论”的质疑》，《经济学动态》，2011 年第 12 期。

⑱谢春涛：《对中国模式的理性思考和坚定认同》，《光明日报》，2011 年 4 月 11 日。

⑲张宇：《中国经济模式的政治经济学分析》，《中国社会科学》，2011 年第 3 期。

⑳王璐：《科学发展与马克思主义经济学中国化——第四届中国政治经济学年会综述》，《经济学动态》，2011 年第 1 期。

㉑乔榛：《“中国模式”对西方主流经济学的挑战》，《政治经济学评论》，2011 年第 3 期。

㉒王璐：《科学发展与马克思主义经济学中国化——第四届中国政治经济学年会综述》，《经济学

动态》，2011 年第 1 期。

㉓吴敬琏：《中国模式还是过渡性体制?》，《财经》，2011 年 10 月 17 日。

㉔郭建宁：《当前理论研究热点问题的冷思考》，《前线》，2011 年第 3 期。

㉕徐康宁：《只有中国道路，没有中国模式》，《环球时报》，2011 年 8 月 10 日。

㉖程恩富、侯为民：《准确认识社会主义初级阶段基本经济制度》，《光明日报》，2011 年 9 月 28 日。

㉗卫兴华：《夯实中国特色社会主义的经济基础》，《光明日报》，2011 年 8 月 15 日。

㉘柳泽民：《公有制的现实基础与社会功能——兼评陈志武教授私有化论调》，《马克思主义研究》，2011 年第 3 期。

㉙查朱和：《关于我国经济私有化思潮的思考》，《马克思主义研究》，2011 年第 4 期。

㉚有林：《略论我国现阶段生产资料的社会主义公有制》，《马克思主义研究》，2011 年第 10 期。

㉛陈波、张益锋：《我国国有企业高效率论——基于层次分析法（AHP）的分析》，《马克思主义研究》，2011 年第 5 期。

㉜申维辰：《深入贯彻落实党的十七届六中全会精神，推动企业社会主义核心价值体系建设创新发展》，《人民日报》，2011 年 12 月 26 日。

㉝董梅生、洪功翔：《国有与民营上市公司效率比较的实证研究》，《马克思主义研究》，2011 年第 9 期。

㉞张文魁：《国有企业状况很好是一种误判》，《经济参考报》，2011 年 2 月 25 日。

㉟《温家宝问题答中外记者问》，《人民日报》，2011 年 3 月 15 日。

㊱刘国光：《深化对公有制经济地位和作用的认识》，《人民日报》，2011 年 6 月 21 日。

㊲周新城：《警惕“国退民进”论的误导》，《国企》，2011 年 2 月 5 日。

㊳厉以宁：《国进民退中的企业家要学会看政策》，《中小企业管理与科技》，2011 年第 7 期。

㊴汪海波：《对“国进民退”问题之我见》，《经济学动态》，2011 年第 1 期。

㊵单忠东、刘伟：《“国进民退”再析》，《中国市场》，2011 年第 7 期。

㊶沈锡权等：《“国进民退”民企无奈“傍”国企》，《经济参考报》，2011 年 11 月 18 日。

㊷刘丽娜、蒋旭峰：《转变发展方式关键在完善经济体制》，《参考消息》，2011 年 3 月 22 日。

㊸程恩富、侯为民：《转变对外经济发展方式的“新开放策论”》，《当代经济研究》，2011 年第 4、5 期。

㊹刘树成：《深刻把握经济运行态势和宏观调控新变化》，《人民日报》，2011 年 1 月 10 日。

㊺成思危：《转变经济发展方式，规避“中等收入陷阱”》，《拉丁美洲研究》，2011 年第 3 期。

㊻李扬：《借鉴国际经验，应对“中等收入陷阱”的挑战》，《拉丁美洲研究》，2011 年第 3 期。

㊼马晓河：《“中等收入陷阱”的国际观照和中国策略》，《改革》，2011 年第 11 期。

㊽姚洋：《包容性增长避免陷入中等收入陷阱》，《人民论坛》，2011 年第 12 期。

㊾陈亮：《中国跨越“中等收入陷阱”的开放创新——从比较优势向竞争优势转变》，《马克思主义研究》，2011 年第 3 期。

㊿江时学：《真的有“中等收入陷阱”吗》，《世界知识》，2011 年第 7 期。

51彭刚、苗永旺：《收入分配与“中等收入陷阱”辨析》，《人民论坛》，2011 年第 32 期。

52逄锦聚：《政治经济学的当代使命和创新发展》，《政治经济学评论》，2011 年第 1 期。

53白暴力：《政治经济学的当代使命和创新发展》，《政治经济学评论》，2011 年第 1 期。

54王璐：《科学发展与马克思主义经济学中国化——第四届中国政治经济学年会综述》，《经济学动态》，2011 年第 1 期。

55王璐：《科学发展与马克思主义经济学中国化——第四届中国政治经济学年会综述》，《经济学动态》，2011 年第 1 期。

56刘灿、李萍、吴垠：《马克思主义经济学发展创新的时代任务和基本路径》，《经济学家》，2011 年第 5 期。

（作者：卫兴华，中国人民大学教授；
侯为民，中国社会科学院副研究员）

宏观经济学

陈享光　张方波

2011 年，我国经济学界对宏观经济问题进行了深入研究，发表了大量研究成果，特别是在通货膨胀、国民收入分配失衡、中国经济增长引擎与路径、宏观经济波动与经济周期、开放条件下的宏观经济政策、全球经济失衡与中国应对之策、内外失衡与人民币汇率、政府宏观调控等问题的研究上，取得了新的突破和进展。

一、对我国通货膨胀及其收入分配效应的研究

近年来，我国为应对国际金融危机的冲击，实施了一些特殊的政策措施，由此引发了一定程度的通货膨胀，通货膨胀及其收入分配效应问题引起经济学界的高度关注。

张凌翔等通过建立 MRSTAR 模型研究了我国通胀率的周期阶段划分、通胀率的周期波动的非线性和非对称性动态特征、通胀率不同阶段互相转移的路径和内在机制等问题。研究结果显示我国通胀率波动可以划分为通货紧缩、通货回复、温和通胀和严重通胀四个阶段，并且通胀率波动的不同阶段划分不仅依赖于通胀率的水平，也依赖于通胀率的增加量。同时，该研究结果表明在一个波动周期内，通胀率不同阶段的典型转移路径依次是通货紧缩－温和通胀－严重通胀－温和通胀－通货紧缩。我国通货紧缩与温和通胀持续时间较长，而严重通胀持续时间较短，外部冲击对通胀率系统不具有持久性影响，其中正向冲击与负向冲击的影响呈现非对称性特征。[①]

汤丹等建立了估计核心通货膨胀的状态空间模型，将贝叶斯 Gibbs Sample 方法应用于估计该状态空间模型的参数，克服卡尔曼滤波的缺陷，进而估计了 1991—2010 年的核心 CPI。实验结果表明，CPI 有较小的波动性并与货币供给增长率具有更强的相关性。由此得出结论：只要当前主要食品价格不出现持续的大幅上涨，同时继续保持稳健的货币政策，中国就不会出现严重的通货膨胀。[②]

胡乃武等分析 2011 年我国仍然面临较大通胀压力，预计全年将呈现“前高后稳”的态势。当前宏观经济下，生产成本明显上升，需求不够旺盛和流动性严重过剩，单一的紧缩性货币政策无法有效治理通胀，必须同时发展实体经济。发展实体经济一是吸纳社会闲置资金，增强企业消化成本的能力和增加供给，二是通过作用于股市以增强股市吸收过剩流动性的能力，三是增加就业，这三个方面可以直接减轻通胀压力。[③]

郑湘明分析了控制通货膨胀的两种工具——数量型工具和价格型工具。其中数量型工具能控制需求拉动型通胀，对货币需求的利率弹性要求低，不直接影响实体经济的运行。而价格型工具比较适用于控制成本型通货膨胀，要求货币需求又比较高的利率弹性，但不适合解决今后我国可能出现内生性的中长期滞胀问题，这将可能导致我国经济加速滑坡和混合型通货膨胀。[④]

刘晓峰等从理论上预言了在修正的现金预付经济和信贷市场的不完美因素下通胀与收入不平等之间的正向关系，并在某些条件下呈现 U 形关系，并预言存在一个不会加大收入不平等的“最优”通胀率。[⑤]

黄智淋等基于我国 31 个省和自治区 1979—2009 年的面板数据，通过建立面板数据门限模型检验我国的通胀率、预期中的通胀率和未预期到的通胀率对城乡收入差距的影响，在不存在门限效应的基础上，进一步利用可行广义最小二乘进行估计。研究结果显示，我国的通胀率和未预期到的通胀率都扩大了城乡收入差距，并且计量参数结果是稳健的，但扩大的程度因采用数据的时间长短而异，而预期通胀率影响城乡收入差距系数的符号和大小都因数据时间长短而变动。[⑥]

二、国民收入分配失衡问题研究

近年来，我国国民收入分配失衡问题日益突出，因而也成为经济学界研究的热点问题之一。周世军等通过构建城乡收入差距两部门测度模型和回归计量模型进行分析，研究结果表明，长期以来的中国城市偏向政策逐渐改变了城乡居民的收入结构，造成了城乡居民在非劳动性收入尤其是转移性收入上的差距更大，而城镇化的推进有助于缩小城乡收入差距。[⑦]

程开明通过采用 2003—2008 年 286 个地级以上城市的面板数据研究显示：总体上中心城市规模越大，区域城乡收入差距越小，城乡收入差距随城市规模变动而呈现出 U 形特征；中心城市的分散结构有利于缩小区域城乡收入差距；不同规模等级的城市规模对城乡收入差距的影响效应存在较大差异。[⑧]

李志阳等通过借鉴霍姆斯特姆-梯若尔模型构建了金融发展影响收入不平等的理论模型，并在克拉克等人的分析框架基础上采用我国 1978—2010 年时间序列数据对金融发展与收入分配不平等关系进行实证检验。研究结果表明：从长期看，金融规模扩大对城乡收入分配产生负面效应，而金融效率的提高有助于缓解城乡收入不平等；从短期看，金融规模和金融效率都拉大了城乡收入差距。[⑨]

叶静怡等利用 Probit 模型和北京市农民工调查数据研究了人力资本、非农产业发展对农民工返乡意愿的影响，发现农村非农产业越不发达，返乡农民工人力资本的期望回报率就越低，负向选择就越严重；土地对返乡概率的影响较小。因此，劳动密集型产业向内地转移与农村地区工业化发展所带动的农民工返乡，可能有助于我国区域经济平衡发展。[⑩]

沈坤荣等考察了劳动力流动对收入分配的影响，认为中国的市场化改革为统筹城乡劳动力资源配置提供了条件，城镇居民可以通过与农村移民的分工而获得农村劳动力流动带来的额外收益，但是城市劳动力市场分割会阻碍这种作用的发挥。研究结果显示，农村移民虽然有利于城镇居民收入的提高，但过于依赖市场化的进程。因此，要深化市场经济体制改革，打破城镇劳动力市场分割，发挥农村劳动力在促进城镇居民收入增长中的作用。[11]

三、中国经济增长引擎与路径问题的研究

在欧洲国家面临主权债务危机、美国等发达国家失业率居高不下、新兴经济体国家依然面临通胀的背景下，我国经济增长问题特别是经济增长的引擎与实现增长的路径问题成为经济学界关注的一个热点问题。刘树成分析预测了2011年和“十二五”时期我国经济整体走势可能出现的特征：由于本年度经济运行起点较高，整体经济将保持在8%—10%的适度增长区间，国家将采取积极财政政策和稳健货币政策相结合的调控手段来稳定物价并防止经济由偏快转为过热，“十二五”时期推动经济增长的引擎主要来自于人均收入的增长、城镇化的推进以及产业结构的调整升级等因素。[12]

中国经济增长前沿课题组探索了中国城市化和财政扩张的原理和机制，阐释了从工业化主导向城市化主导的结构转变中土地城市化以及土地要素的价格高估造就了地方政府的“土地财政”、公共基础设施投资的扩张以及房地产的价格过快上升，但同时阻碍了人口城市化和工业化。通过进一步的数量分析表明，土地财政和公共支出的增加虽然对城市化有直接加速效应，改变了时间轴上的贴现路径，但是如果超前的土地城市化不能带来城市“规模收益递增”效应，且政府财政收支结构和筹资方式不能转变，则城市的可持续化发展会面临挑战，并提出了应该转变政府职能、改变政府体制和筹资用资模式等措施来解决目前已经出现的问题，以推动城市化带动的经济持续增长。[13]

严成樑等基于一个包含知识存量的总量生产函数，以我国30个省份（市、自治区）1988—2009年数据为样本，通过面板数据模型分析了知识生产对我国实际产出和经济增长的影响，估算了其他投入因素以及全要素生产率对我国经济增长的贡献度问题。研究表明，知识存量、物质资本、人力资本以及劳动对我国实际产出具有显著的正向作用，其中知识生产对我国经济增长的贡献度为6.70%，明显高于人力资本、劳动以及全要素生产率对我国经济增长的贡献度，同时高水平的知识生产比如发明对我国实际产出的促进作用要高于低水平的知识生产比如实用新型和外观设计等对实际产出的促进作用。[14]

国内学者还从不同角度研究了影响经济增长的因素，并据此提出了相应的政策建议。宋冬林等利用内生经济增长模型，考察资本即期服务效率调整后的资本体现式技术进步对经济增长的贡献率。研究结果表明，设备资本投资中的体现式技术进步年均增长率为4.78%，对经济增长的贡献率为10.6%，并且技术进步贡献呈阶段性变化，不同类型的技术进步贡献出现分化。[15]

胡翠等通过构建拉姆齐-卡斯-库普曼框架分析了对外负债和经济增长的关系。结果显示，对于大国来说，对外负债率与经济增长之间可能呈现负向或者正向的单调关系，也可能呈现倒U形关系；而对于小国而言，对外负债与经济增长间只存在负向或者正向的单调关系。对于发达国家来说，当对外负债率不超过60%时，负债率增加会促进经济增长；对于发展中国家来说，对外负债率增加都会使经济增长速度下降。[16]

李锴等通过估算1997—2008年中国30个省、自治区的二氧化碳排放量，并利用静态和动态面板模型以及不同的工具变量策略（外部工具变量、滞后期工具变量以及内部工具变量等）分析贸易开放和碳排放之间的关系。研究表明，在加入了人均收入和其他控制变量之后，贸易开放增加了中国的二氧化碳排放量和碳强度，向底线赛跑效应大于贸易的环境收益效应。因此，政府从长远来看应加强环境规制。[17]

周文等分析研究了中国自改革开放30年来高速增长而不断扩大的贫富差距，严重阻碍了经济增长的持续性。“包容性增长”的逻辑是在实现经济增长和在不影响效率的前提下解决公平问题，而中国农村改革的现实逻辑在于提升农民的能力和权利。[18]

四、宏观经济波动与经济周期问题的研究

在国际金融危机的冲击下，宏观经济波动和周期性问题更加引起我国经济学界的重视，并从不同的视角对宏观经济波动和经济周期的原因、形成机制和应对措施进行了研究。王燕武等在新凯恩斯模型的研究框架下通过引入四个额外的冲击（偏好冲击、加成冲击、政府支出冲击和利率冲击）研究了引起我国产出和通胀等宏观经济变量波动的来源。模拟结果表明，来自供给方的冲击对我国经济波动具有重要作用，其中加成冲击对通胀影响最大；除了利率冲击外，技术冲击对产出增长率的影响也是最大的。由此得出结论，我国以总需求管理为导向的调控措施在熨平经济周期波动方面的效果将是有限的，有必要实施适时的供给管理措施。[19]

侯乃堃等采用GARCH族模型测度出1997—2008年世界石油价格波动的不确定性，发现负向冲击对石油价格波动的影响大于正向冲击，具有显著的杠杆效应，并且近些年来油价波动不确定值显著低于20世纪70—90年代的不确定性；通过VAR模型验证了美国、欧元区和日本油价波动对经济波动的影响。研究结果显示了油价波动不确定性能显著抑制企业以及消费者的投资和消费行为，增加失业率，最终带来GDP增长率下降和通胀率上升。[20]

张玉鹏等通过采用动态开放经济模型研究金融

开放对东亚不同类型的国家（地区）经济波动的影响，并利用这些国家和地区的面板数据进行实证检验。研究表明，由于每个国家和地区的金融体系发展程度存在差异，金融开放缓解了东亚发达经济体的经济波动，但加剧了发展中国家的经济波动。因此，东亚的发展中国家要加快国内的金融体系建设，以降低国际资本流动对宏观经济稳定的冲击。[21]

徐舒等在动态随机一般均衡模型（DSGE）的理论框架下建立一个内生 R&D 投入与技术转化模型，以分析技术扩散对我国经济波动的影响。基于我国1991—2008 年的数据，该模型能较好地拟合经济波动，能解释现实数据中 83.3% 的经济波动。脉冲响应分析和方差分解结果显示，技术扩散冲击通过企业 R&D 投入的内生技术转化，在模型中解释了29.32% 的相对经济波动，同时技术扩散冲击在长期中较之于中性技术冲击使产出和技术存量处在更高的均衡水平上。[22]

袁申国等通过建立一个小型的开放经济模型，基于 1997—2008 年宏观经济特征，探究中国开放经济中金融加速器的存在性以及不同汇率制度下金融加速器的差异，以验证相对浮动汇率制度来说，固定汇率是否会加大经济波动。研究结果显示，含金融加速器的模型模拟数据与实际数据特征更接近，固定汇率下金融加速器效应强于浮动汇率，部分地解释了 1997—2008 年中国经济在不同汇率制度下宏观变量波动的差异。并且，金融加速器主要传播和放大投资效率和货币政策冲击对经济的影响，对货币需求和国外冲击有一定的放大作用，但对技术和偏好冲击的放大作用不明显。[23]

黄玖立等研究了 1952—2009 年中国各地区实际周期的协同变化以及决定因素。结果发现：改革前后的周期协同性呈明显的“先下降，后上升”的 V形特征，前期的下降取决于计划经济体制的系统性失败和放弃，后期的上升则取决于改革和市场经济体制的逐步确立。进一步的估计表明，各地区在政府支出比重和产业结构上的差异阻碍了周期的同步变化，但地区国有经济比重差异对周期协同性的阻滞影响仅限于改革前。[24]

吴洪通过构建保险数量波动模型和保险质量波动模型而研究了保险波动与经济波动的相依关系。研究结果表明，保险数量和 GDP 是顺周期波动的，其中保险数量与消费、外贸等经济子系统顺周期波动，而与投资周期无显著联系；保险质量与 GDP、投资、消费、贸易 CPI、股市无显著的波动关系，但保险质量和市场利率显著反向波动。保险质量和保险数量之间具有稳定的逆向波动关系。因此，无论保险公司还是监管机构，都应更关注保险波动的经济规律，注重提升保险质量，在保险周期间采用相应的措施维持保险产业的相对平稳。[25]

五、变革开放中的宏观经济政策理论与实证研究

在宏观经济政策的研究中，学界尤为关注新形势下财政政策和货币政策的有效性、财政政策与货币政策的关系及其宏观经济政策的选择问题。罗英等基于 DSGE 框架，选取中国宏观经济季度数据，模拟中国财政政策的动态经济效应。研究结果表明，中国的财政政策持续性很强，政府支持对产出、消费、投资及就业等都产生正效应，政府支出对消费和投资具有挤入效应；税收对产出、消费具有负效应，对投资有正效应；政府支出增加的经济增长效应大于税收降低的经济增长效应。[26]

王君斌等通过建立七变量的 SVAR 模型研究发现：在数量型货币政策的冲击下，第一产业无流动性效应，但第二、三产业有流动性效应；同时第一产业投资先降后升，第二、三产业投资则相反，导致短期内产业投资结构的调整。在利率管制下，数量型扩张货币政策的传导机制主要是利率调节机制还是信贷配给机制，取决于银行贷款利率下限是否严格约束以及实体经济的盈利能力和信贷需求程度。另外，三次产业在投资酝酿滞后期，尤其是在计划时间和建设时间上的差异，是货币供给政策产生不同产业流动性效应的关键。[27]

王立勇等利用 HP 滤波、LSTVAR 方法估算我国产出缺口、通胀缺口及货币政策数量的广义脉冲响应函数，研究我国货币政策在目标实现和工具寻则等方面的有效性。研究结果表明，我国货币政策的调控自改革开放来经历了“急刹车”“软着陆”“防通缩”和“控温降速”等阶段，政策调控缺乏预见性和提前量，政策工具的实用和力度把握不准。在开放条件下，我国货币政策应该避免使用单一的利率工具，应实施具有微调特征的货币政策，同时主要借助信贷、货币量调控等政策工具。[28]

余靖通过建立 SVAR 模型，揭示了中国国际收支失衡情况下货币政策的反应，以及对宏观经济波动的影响。研究结果显示：中央银行应该分别采取扩张性和紧缩性货币政策以应对经常项目和资本项目盈余；紧缩性货币政策虽然会增加项目盈余，但对资本流动性的影响较小；净出口和净资本流入的正向冲击分别导致 CPI 的下降和上升。因此，中央银行采取的货币政策在应对国际收支失衡上是合理的。[29]

张志栋等利用 MS-VAR 模型检验我国财政政策和货币政策在价格决定中的作用机制。研究结果表明，1980—1997 年价格为货币政策主导区制，之后为财政政策主导区制，并且用 MS-OLS 模型检验财政政策和货币政策与价格的关系，认为互补的宏观经济政策在稳定物价上是有效的。[30]

财政科学研究所课题组分析了中国支持低碳经

济发展的财政政策措施、成效及当前面临的主要问题，提出了“十二五”期间我国运用财政政策支持低碳经济发展的目标，财政政策选择的重点主要围绕节能降耗、清洁能源发展、发展低碳城市等方面。[31]

六、全球经济失衡与中国应对之策的研究

国际金融危机引起经济学界对全球经济失衡，以及全球经济失衡下的中国经济应对之策的高度关注。刘洪钟等分析了美国金融危机爆发以来全球经济失衡及国内调整与国际调整的问题，认为寻求国内不同利益集团的利益平衡和主要相关国家之间调整成本分担的平衡是全球经济实现再平衡的关键。[32]

刘伟分析改革开放以来我国宏观经济总量失衡的特点，认为我国经济将面临较长时期的通胀与增速放缓的双重压力，并提出了从宏观经济增长目标的调整、宏观经济政策的组合方式的调整、财政政策的力度和重点的调整、货币政策的逆转、汇率政策的重回调整和宏观管理方式上注重需求管理和供给管理等六个方面的思路来逆转经济失衡。[33]

刘伟丽通过梳理经济失衡和再平衡的内涵，从国际货币体系、各国消费和储蓄习惯等三个方面探究全球经济失衡的原因以及表现，并进一步指出全球经济再平衡过程会导致新新贸易保护主义抬头、国际货币体系重调、全球流动性过剩继续增加以及更关注可持续发展四个方面的问题。[34]

黄兴年揭示了中国十多年来的持续双顺差导致的对外经济失衡现象的原因在于财政分权和城乡分割相互融合，同时这种对外经济失衡是国内经济失衡的外在表现。[35]

王道平等通过对现行国际货币体系下的国际收支问题的分析，揭示了现行的国际储备货币体系是全球经济失衡的重要原因和过去30年间频繁爆发金融危机的原因之一，这种体系下的汇率调整难以解决储备货币国国际收支和全球失衡问题，改革现行的国际货币体系对防范和减少金融危机尤为关键。[36]

袁志刚等阐述了全球经济失衡的根本原因是各国内部的结构性问题，同时缺乏一个有弹性、可竞争的国际货币体系，造成了全球总供求不平衡，表现在全球贸易和资本失衡的同步进行。因此，各国只有解决自身的结构性问题，才能促进全球经济的再平衡。当前中国应该进行结构型调整和进一步深化要素市场改革，同时启动经济社会领域中的深层改革和政治体制改革。[37]

黄桂田等利用1994—2010年的季度数据估计了M1和M2的真实余额需求的协整和误差修正方程，验证了由于金融抑制导致的超额货币需求现象，从而导致经济结构扭曲。[38]

七、内外失衡与人民币汇率问题研究

内外失衡与人民币汇率之间的关系、人民币汇率调整的宏观效应问题一直是我国经济学研究的焦点问题之一。周克基于B-S效应扩展的购买力平价对人民币进行理论和实证上的研究。理论研究结果发现，B-S效应不仅意味着一国的实际汇率随着收入提高而升值，而且也意味着低收入国家的货币倾向于被低估；实证研究结果发现，人民币的错估程度严重依赖于所采用的数据来源，中国外部经济失衡很可能是经济深层次结构失衡的反映，并非人民币低估所致。[39]

白钦先等通过采用TSLS模型对1994年第一季度至2011年第一季度人民币名义有效汇率变动对中国CPI通胀的传递效应进行了实证研究。研究结果表明，在控制通胀惯性、实质GDP增长、国际能源和食品涨价、流动性过剩等影响因素之后，人民币名义有效汇率变动对中国通胀的影响非常有限。[40]

李宏等对人民币汇率波动以及汇率升值预期对中国国际资本流动的影响进行经验分析。研究结果表明，中国经济的持续快速发展和人民币升值预期是吸引国际资本大量流入中国的重要因素，人民币升值将会抑制外商直接投资的流入，但不会使外商直接投资明显下降，并且国内利率与FDI呈负相关关系。[41]

李子联通过构建以国际通货膨胀、经常账户余额、外汇储备之类的经济变量和利益集团、选举周期、政党派系、美国两院议案之类的政治变量为解释变量，以人民币对各国的汇率为被解释变量的面板数据变系数模型，选取美日英德法为研究对象。研究结果表明，国际政治力量干预使得人民币汇率以有悖于经济运行的基本现实波动，美元在人民币升值的进程中发挥主导作用。[42]

庄太量等先建立面板回归模型分析影响一国货币国际化的基础条件因素，测度出人民币在可自由兑换后能成为一个与欧元相抗衡的国际货币。通过方差比较，论证了美元、欧元和人民币三种货币组成的外汇储备组合较二元体系稳定，进而说明人民币国际化有助于国际货币体系的改革和稳定。[43]

八、政府宏观调控与管理问题的研究

国际和国内经济的发展变化，为政府宏观调控与管理提出了一系列新的课题，我国经济学界对如何加强和改进政府调控、提高政府调控的有效性，进行了大量有针对性的研究。钟禾通过分析本轮价格上涨与上轮价格上涨之间的差别和中长期价格上涨机制，揭示了应对通胀的供给管理的必要性，并提出了进一步落实支持农业发展的各项措施、加快和完善建立国家战略资源和紧缺商品储备体系、建立对低收入人群进行合理补偿的长效机制三个方面的措施。[44]

随着金融化的快速发展，金融管理问题愈加突出。陈享光等认为，金融化的快速发展促进了社会

范围内货币资本化和资本虚拟化进程，使得积累得以在不同资本形式上进行，从而形成与金融化相适应的积累机制。在金融化积累机制的作用下，社会积累过程伴随着社会范围内的货币资本和虚拟资本的积累。金融化积累机制包含深刻矛盾，具有内在不稳定性，这不仅会造成积累的障碍，而且会引起经济的波动和危机。在这种情况下，要避免过度金融化，鼓励资源向生产性部门流动，加强实体经济，同时加强对来自国外的金融资本特别是虚拟资本积累的控制，加强对国际资本流动的管理，以避免国际金融资本积累带来的巨大风险和损失。[45]

蔡明超等通过构建居民基于非住房消费和住房消费的二元效用函数，分析理性居民通过效用最大化来应对房地产税收、首付贷款比例和贷款率等宏观调控政策；并结合金融市场和房地产市场的参数校准对政府可能采用的调控政策组合进行数值模拟分析，其结果能为有效降低政策制定成本提供理论依据。[46]

蔡继明等分析政府当前采取的房地产市场价格调控方式的局限性，不能从根本上保证房地产市场步入健康发展轨道。房地产调控的根本途径是加强供给管理，推出大量廉价的自主性和改善性商品房，限定其可再出售或者出租的年限和大幅度提供容积率可保证这项措施的可行性。[47]

王立军等通过构建技术创新倾向指标，对中国工业行业技术策略进行理论实证分析。研究结果发现，内外资企业技术差距、企业规模、政府财政补贴和银行贷款是影响各行业技术创新倾向与规模的主要因素；政府在进行财政补贴时主要倾向于技术水平高、企业规模大和技术研发投资规模高的行业，忽视产业特征和银行融资规模，导致宏观调控出现偏差。[48]

李光泗等从政府对粮食市场调控能力角度出发，综合分析粮食生产、进出口、储存、产业竞争以及消费等特点，构建粮食安全评价指标体系，进而对我国粮食安全状况进行测度与评价，以分析我国粮食安全的主要影响因子，为政府对我国粮食安全宏观调控提供参考。[49]

骆祚炎分析了对推动资产价格泡沫或者膨胀的影响因素、资产价格是否可以作为宏观经济活动指示器的讨论、货币政策是否应该干预资产价格波动的争论、货币政策如何干预资产价格四个方面的问题，认为政策调控应该在实体经济稳定和金融稳定之间寻求平衡，以减少经济波动。[50]

注：

①张凌翔、张晓峒：《通货膨胀周期波动与非线性动态调整》，《经济研究》，2011 年第 5 期。

②汤丹、赵昕东：《中国核心通货膨胀的估计——基于贝叶斯 Gibbs Sample 状态空间模型》，《经济评论》，2011 年第 5 期。

③胡乃武、陈彦斌、姚一旻：《回收流动性和发展实体经济：治理当前通货膨胀的对策研究》，《中国人民大学学报》，2011 年第 5 期。

④郑湘明：《控制我国通胀：数量型工具与价格型工具的比较分析》，《经济学动态》，2011 年第 4 期。

⑤刘晓峰、曹华：《通货膨胀与收入不平等关系的研究——基于信贷市场不完美的视角》，《南开经济研究》，2011 年第 3 期。

⑥黄智淋、赖小琼：《中国转型期通货膨胀对城乡收入差距的影响——基于省际面板数据的分析》，《数量经济技术经济研究》，2011 年第 1 期。

⑦周世军、周勤：《政策偏向、收入转移与中国城乡收入差距扩大》，《财贸经济》，2011 年第 7 期。

⑧程开明：《聚集抑或扩散——城市规模影响城乡收入差距的理论机制及实证分析》，《经济理论与经济管理》，2011 年第 8 期。

⑨李志阳、刘振中：《中国金融发展与城乡收入不平等：理论和经验解释》，《经济科学》，2011 年第 6 期。

⑩叶静怡、李晨乐：《人力资本、非农产业与农民工返乡意愿——基于北京市农民工样本的研究》，《经济学动态》，2011 年第 9 期。

⑪沈坤荣、余吉祥：《农村劳动力流动对中国城镇居民收入的影响——基于市场化进程中城乡劳动力分工视角的研究》，《管理世界》，2011 年第 3 期。

⑫刘树成：《2011 年和“十二五”时期中国经济增长与波动分析》，《经济学动态》，2011 年第 7 期。

⑬中国经济增长前沿课题组：《城市化、财政扩张与经济增长》，《经济研究》，2011 年第 11 期。

⑭严成樑、沈超：《知识生产对我国经济增长的影响——基于包含知识存量框架的分析》，《经济科学》，2011 年第 3 期。

⑮宋冬林、王林辉、董直庆：《资本体现式技术进步机器对经济增长的贡献率（1981—2007）》，《中国社会科学》，2011 年第 2 期。

⑯胡翠、许召元：《对外负债与经济增长》，《经济研究》，2011 年第 2 期。

⑰李锴、齐绍洲：《贸易开放、经济增长与中国二氧化碳排放》，《经济研究》，2011 年第 11 期。

⑱周文、孙懿：《包容性增长与中国农村改革的现实逻辑》，《经济学动态》，2011 年第 6 期。

⑲王燕武、王俊海：《中国经济波动来源于供给还是需求——基于新凯恩斯模型的研究》，《南开经济研究》，2011 年第 1 期。

⑳侯乃堃、齐中英：《石油价格波动不确定性测度与经济波动的影响研究》，《财贸经济》，2011 年

第2期。

㉑张玉鹏、王茜：《金融开放视角下宏观经济波动问题研究——以东亚国家（地区）为例》，《国际金融研究》，2011年第2期。

㉒徐舒、左萌、姜凌：《技术扩散、内生技术转化与中国经济波动——一个动态随机一般均衡模型》，《管理世界》，2011年第3期。

㉓袁申国、陈平、刘兰凤：《汇率制度、金融加速器和经济波动》，《经济研究》，2011年第1期。

㉔黄玖立、李坤望、黎德福：《中国地区实际经济周期的协同性》，《世界经济》，2011年第9期。

㉕吴洪：《保险波动与经济波动：顺周期抑或逆周期》，《经济评论》，2011第5期。

㉖罗英、聂鹏：《后危机时代中国财政政策的动态效应分析——基于DSGE模型的数值模拟》，《经济学家》，2011年第4期。

㉗王君斌、郭新强：《产业投资结构、流动性效应和中国货币政策》，《经济研究》，2011年第2期。

㉘王立勇、张良贵：《开放条件下我国货币政策有效性的经验分析——基于目标实现和工具选择角度的评价》，《数量经济技术经济研究》，2011年第8期。

㉙余靖：《国际收支失衡下的中国货币政策——基于结构型VAR的经验研究》，《世界经济研究》，2011年第8期。

㉚张志栋、靳玉英：《我国财政政策和货币政策相互作用的实证研究——基于政策在价格决定中的作用》，《金融研究》，2011年第6期。

㉛财政科学研究所课题组：《中国促进低碳经济发展的财政政策研究》，《财贸经济》，2011年第10期。

㉜刘洪钟、杨攻研：《全球经济失衡的调整及中国对策：一种政治经济学解释》，《经济学家》，2011年第5期。

㉝刘伟：《经济失衡的变化与宏观政策的调控》，《经济学动态》，2011年第2期。

㉞刘伟丽：《全球经济失衡与再平衡问题研究》，《经济学动态》，2011年第4期。

㉟黄兴年：《产品内垂直国际分工的锁定化风险与中国对外经济失衡形成的内在机制》，《学术研究》，2011年第1期。

㊱王道平、范小云：《现行的国际货币体系是否是全球经济失衡和金融危机的原因》，《世界经济》，2011年第1期。

㊲袁志刚、邵挺：《中国经济转型与世界经济再平衡》，《学术月刊》，2011年第1期。

㊳黄桂田、何石军：《结构扭曲与中国货币之谜——基于转型经济金融抑制的视角》，《金融研究》，2011年第7期。

㊴周克：《当前人民币均衡汇率估算——给予Balassa-Samuelson效应扩展的购买力平价方法》，《经济科学》，2011年第2期。

㊵白钦先、张志文：《人民币汇率变动对CPI通胀的传递效应研究》，《国际金融研究》，2011年第12期。

㊶李宏、钱利：《人民币升值对中国国际资本流动的影响》，《南开经济研究》，2011年第2期。

㊷李子联：《政治与汇率：人民币升值的政治经济学分析》，《世界经济与政治》，2011年第9期。

㊸庄太量、许愫珊：《人民币国际化与国际货币体系改革》，《经济理论与经济管理》，2011年第9期。

㊹钟禾：《加强和改善应对通胀的供给管理》，《数量经济技术经济研究》，2011年第8期。

㊺陈享光、袁辉：《金融化积累机制的政治经济学考察》，《教学与研究》，2011年第12期。

㊻蔡明超、黄徐星、赵戴怡：《房地产市场反周期宏观调控政策绩效的微观分析》，《经济研究》，2011年第1期。

㊼蔡继明、韩建方：《我国房地产市场调控走出困局的途径》，《经济纵横》，2011年第8期。

㊽王立军、张伯伟、朱春礼：《产业特征、宏观调控与技术创新策略选择——来自中国层面的证据》，《世界经济研究》，2011年第2期。

㊾李光泗、朱丽莉、孙文华：《基于政府调控能力视角的中国粮食安全测度与评价》，《软科学》，2011年第3期。

㊿骆祚炎：《资产价格波动、经济周期与货币政策调控研究进展》，《经济学动态》，2011年第3期。

（作者：陈享光，中国人民大学教授；
张方波，中国人民大学博士生）

微观经济学

陈享光　张方波

2011年，微观经济学的研究取得了新的进展，尤其是在企业效率、个人收入分配差距、消费与储蓄者行为、市场结构、要素价格、高管薪酬、农民工与大学生就业、市场失灵等方面，提出了一些新的观点和主张。

一、关于企业效率问题的研究

李焰等以我国国有和非国有上市公司为研究对象，检验了不同企业产权制度下管理者选择的投资行为对企业绩效的影响。研究表明，国有企业中管理者的年龄、任期与投资规模、投资效率之间呈现明显的负向关系；非国有企业中管理者年龄与企业的投资规模也呈现负向关系，而管理者的财经类工作经历与投资规模、投资效率之间呈现显著的正向关系。因此，在不同的企业产权制度下，管理者的背景特征对企业投资规模及其效率的影响存在较大差异。①

苏冬蔚等基于新制度经济学的视角，认为企业社会责任（CSR）是利益相关者在市场经济条件下对企业过于逐利行为而进行非正式约束的一种制度安排，并提出CSR有助于企业提高生产效率的理论假说，对2009年度相关数据进行实证分析，结果发现具有较好社会责任的企业的生产效率也较高，同时非国有上市公司的社会责任对企业绩效的正面效应明显高于国有上市公司。②

姚益龙等选取中国快速消费品行业的上市公司样本，分析了媒体作为重要的外部治理机制对企业绩效的重要影响。研究结果发现，媒体监督与企业绩效之间呈现出一定程度的U形关系，并且媒体监督的经营途径效应、财务途径效应和公司治理途径效应的合力大小决定了媒体监督对企业绩效的总体效应。③

姜付秀等以中国沪深2002—2008年的A股上市公司为研究对象，对作为激励机制的薪酬与作为约束机制的负债在影响企业价值上存在何种关系进行实证分析。研究结果发现，在以薪酬衡量的显性激励和以在职消费衡量的隐性激励下，经理激励和负债在对企业价值的影响上具有明显的替代关系，但企业的属性以及市场化水平导致这种关系存在一定差异。④李小燕等研究发现：国企高管在相对宽松的公司治理环境下具备寻租的动机和条件，其薪酬变化与并购绩效无关，而民营企业高管在外部市场竞争以及内部严格监管制度下，通过提高并购业绩来获取高薪，这有助于设计有效的企业高管薪酬契约。⑤

蒋神州研究了国有控股公司治理中合谋防御的机制及其影响。他重新界定了委托人、监督者和代理人的主体，设计出监督者主导和委托人主导两种合谋防御机制。在监督者主导的防御机制中，委托人可能使得监督者和代理人没有激励进行合谋，因为他们所得到的转移支付都不小于其实施合谋时的信息租金；在委托人主导型的防御机制中，委托人会让监督者有动力积极履行职责，激励高成本类型的代理人降低生产成本。⑥

郝书辰等把国有企业治理效率分为与微观经济主体发展相对应的运行效率和与宏观经济保障功能相对应的功能效率，并用试验性因子模型在理论上加以检验，同时构建国有企业治理效率评价指标体系对因子进行综合评价，进而以山东省企业数据对不同股权结构的企业进行经验分析，从实证上验证了该假说的合理性。⑦

武常岐等分析了集团控制从相反的方向对国企产生影响的机制：减轻管理层代理问题和在外部监管程度低时加重股东间代理问题，在外部监管程度高时不会加剧股东间代理问题，并以我国2004—2008年国有上市公司为样本进行统计分析。并认为，集团控制有效地改善国企管理层代理问题，强化外部监管可以解决由此加剧的股东间代理问题。⑧

田银华等运用因子回归分析法，采用2009年沪深两市184家上市家族企业的数据，分析了家族企业治理结构与经营绩效之间的关系。研究结果表明：高管控制力、总经理特质和企业营业收入与经营绩效之间呈正向关系；而董事会治理结构与总资产、经营绩效之间呈负向关系，债权人治理结构对经营绩效的影响则取决于上市家族企业规模和营业收入。⑨

郭亮分析了在我国企业信用制度尚未完全建立的背景下企业融资难、贷款难、担保难等信用问题及其成因，认为构建包含信用信息归集体系、信用担保体系和信用评估体系的中小企业信用治理体系，并完善信用治理途径是解决问题的关键。⑩

二、对行业收入分配差距的研究

行业收入分配差距成为经济学界关注的热点问题之一，一些学者从市场垄断、企业产权、要素流动等不同的角度分析我国现阶段行业收入分配差距的原因及结果。

张原通过建立垄断—竞争两部门利润分享模型，阐释了行业垄断加剧我国收入分配差距的作用机制。研究发现，行业垄断在产品和要素市场中通过转移消费最终产品的福利、要素定价歧视和垄断利润在不同就业者中的非均衡分割以扩大收入分配的差距，其结果往往导致劳动阶层的总收入下降。因此，削弱行业垄断力量、提升劳动者收入是缓解收入分配差距过大的重要途径。⑪

谢露露等利用空间计量方法和基于1985年、1995年和2004年的工业行业数据，分析了邻近行业工资之间的互动及其可能的机制。研究结果发现，虽然国企改革和劳动力流动性的加强导致工业行业工资的决定因素及其作用有所变化，但邻近行业之间的工资互动依然存在。1985年和1995年工资互动的可能原因是各行业与邻近行业国企的“工资攀比”

产生的直接示范效应，至2004年相邻行业间的间接互动的影响更重要，并且“工资攀比”现象更容易发生在劳动力流动性较小的重工业。[12]

武鹏考察了行业垄断对中国行业收入差距的影响，他通过梳理行业收入差距的理论解释框架以及针对垄断对我国行业收入差距的影响进行实证分析。研究表明：垄断行业与非垄断行业之间的收入差距越来越大，呈现两极分化的特征；垄断行业内收入差距对行业总体收入差距的贡献度较大，导致行业间收入差距成为我国整体行业收入差距扩大的主要因素；垄断行业收入中的合理成分扩大会降低我国行业收入差距，反之不合理成分上升会扩大行业收入差距。[13]

叶林祥等基于全国第一次经济普查的数据，分析了行业垄断性和所有制对企业工资的影响，其中行业垄断是导致企业工资收入差距的前提条件，所有制是导致企业工资差距的必备条件。研究发现：垄断性和所有制均可以影响企业工资的差距，但是后者的影响大于前者；进一步研究发现行业垄断性只能给国企职工增加工资。因此，适度控制国企工资有助于抑制扩大的企业工资收入差距。[14]

刘瑞明等基于非对称竞争视角分析近年来大中型国企高利润，国企垄断地位阻碍经济增长和社会福利以及阻碍民营企业发展壮大的原因。研究结果发现：国有企业在上游市场的垄断地位是部分大中型国企巨额利润的主要来源，这相当于对其进行隐性补贴。因此，将竞争机制引入上游市场有助于国企巨额利润下降和民企发展壮大以及增加社会福利。[15]

董碧松基于工资排位变迁的角度考察了我国改革开放以来行业收入差距扩大的趋势，指出具有竞争性的行业工资收入较低而垄断性的行业工资收入较高的特点明显，认为最主要的原因是产品市场存在垄断性行业，次要原因是行业资深的特点和行业劳动力的供求变化等，提出了通过引入市场竞争、推行政企分开、实施政府管制和实行股权多元化等政策来解决行业间不合理的收入差距问题。[16]

张晓芳等基于我国2007年社会核算矩阵模型分析我国收入分配和再分配结果，研究表明：纺织缝纫及皮革产品制造业对我国各实体经济部门产生的波及总效应最大，农林牧渔业对居民部门产生的波及总效应最大，且对高收入阶层的波及效应小于低收入阶层；其他服务业对低收入阶层的波及效应要小于高收入阶层。因此，仅仅依靠市场的自身调节是不够的，应该通过政府实施有效的政策和调节措施来解决。[17]

王怀民等基于我国制造业30个细分行业2005—2008年的数据分析了加工贸易对行业间收入差距的影响。研究结果发现：行业间加工贸易活动的差异，相关行业在劳动生产率、垄断程度方面的差异拉大了行业间收入差距；而行业总资产贡献率差异缩小了行业间收入差距。[18]

三、消费与储蓄者行为研究

个人或家庭的消费选择及储蓄行为一直是微观经济学研究的一个基础性问题，2011年经济学从新的视角进行了研究，并提出了一些新的观点。陈富良等分析三种不同的消费者决策路径下“消费者陷阱”的具体情况，丰富和拓展了现有的“消费量陷阱”理论。现有理论认为企业的非线性定价策略导致理性的消费者的选择集合中形成一个“陷阱”区域，这会导致福利损失，因此任何理性消费者都不会在这个区域内选择消费量。而对中国移动公司的非线性定价分析中发现消费者的消费量是连续变化的，这种矛盾的原因在于具备一定的前提条件才会存在“消费量陷阱”。[19]

赵宝春通过调查问卷方法比较分析了在中国城乡二元社会背景下农村出生地和城镇出生地的消费者在消费伦理信念上的差异。研究结果表明，农村出生地的消费者伦理信念受理想主义伦理意识影响最突出，在伦理信念方面表现出的伦理性水平高于受权术主义影响最突出的城镇出生地的消费者。因此，界定模糊的伦理信念维度比界定清晰的伦理信念维度更能区分这两类消费者。[20]

胡正明等分析了消费者在网络渠道和店铺渠道的消费选择问题，研究发现，影响中国消费驱动的主要因子有消费者自身因素、渠道因素、情景因素和产品因素，构建消费者多渠道购买选择理论模型，并科学阐述了影响消费者多渠道消费选择的因素。因此，该研究可以成为中国多渠道情境下消费者购买选择的理论基础。[21]

王建明等应用扎根理论分析影响社会公众实行低碳消费方式的深层次因素。研究结果表明，对低碳消费模式具有显著影响的四个主范畴依次是低碳心理意识、个体实施成本、社会参照规范和制度技术情景，但它们影响低碳消费模式的方式和路径并不一致，并在此基础上探索了低碳消费模式的作用机制模型即意识—情景—行为整合模型。[22]

陈斌开等利用2009年的调查数据分析了我国城镇居民家庭资产—负债状况及原因。研究结果发现，家庭资产与户主年龄、教育程度和家庭收入水平之间呈正向关系，而家庭负债与之呈负向关系；并且户主年龄较小、教育水平低和健康状况差以及人口规模大的家庭的资产—负债结构的稳定性较差，易受金融市场冲击的影响。[23]

王曦等基于中国经济的具体情况在随机动态优化的框架下构建了我国居民消费/储蓄的理论模型，其结论是：由于“摸着石头过河”，改革中制度变量的演进具有Markov性，收入和消费支出本身具有外生不确定性。这导致居民的消费的过度敏感性和预防性储蓄动机增强，平均消费倾向呈现U形变动。[24]

陈彦斌等通过建立一个包含房价快速上升、住房需求内生和生命周期特征的Bewley模型，分析了房价过快上升对我国城镇居民储蓄率和财产不平等的影响。研究表明：由于房价高速上涨导致富裕家庭增加对投资性住房的需求，从而进一步推高房价，形成一种循环机制。快速上升的房价扭曲了居民的储蓄和投资行为，降低了城镇居民的福利水平。[25]

程令国等以1959—1961年三年自然灾害带来的大饥荒作为一个自然实验，并采用了2002年的CHIPs数据，估计了大饥荒时期的物质缺乏对家庭储蓄行为的长期影响。这是从历史的角度分析当前的居民储蓄行为，认为居民的储蓄行为具有一种路径依赖的特征，我国经济发展之前的长期物质缺乏是导致居民储蓄率偏高的一个原因。[26]

董志勇等依据“花旗银行—北大2008—2009年农村金融调查数据”利用广义距估计方法分析我国农户储蓄行为的特征与成因。研究表明：农户的储蓄与储蓄率均随家庭收入增加而上升，但上升的程度有所不同；家庭结构（孩子数量以及孩子—劳动力比）这一维度上，孩子数量对农户储蓄以及储蓄率有显著的正向效应，但家庭劳动力数对农户储蓄影响不显著，对农户储蓄率有明显的负向效应；生产活动尤其是养殖业活动对储蓄正向效应大，对储蓄率作用不明显；金融机构的距离与农户储蓄存在负向关系。[27]

杜宇玮等通过状态空间模型和卡尔曼滤波的方法估算了1979—2009年中国城乡居民预防性储蓄动机强度的时序变化，认为收入不确定性是预防性储蓄动机的主要原因，同时融资约束、市场化程度等制度因素促使居民增加预防性储蓄动机，但利率对居民的预防性动机有负向作用。因此，通过多途径稳定提高居民收入，完善信贷与资本市场，降低流动性约束，加快市场化进程，推进利率市场化改革和促成政府“公共服务型”职能等均是降低居民预防性储蓄强度的措施。[28]

周晓艳基于2003—2006年的数据利用双重差分模型分析新型农村合作医疗对中国农村居民储蓄行为的影响。研究结果表明：随着农村居民参加新农合，家庭储蓄将明显减少，但这种影响随时间而逐渐减弱；并且新农合对经济发达地区农村家庭储蓄行为的影响要高于经济欠发达地区农村家庭，对高收入农村家庭的影响可能大于低收入农村家庭。[29]

四、关于垄断与竞争问题的研究

范合君等分析了影响我国自然垄断产业竞争模式的因素，其中主要包括企业规模经济性、市场容量、国际竞争力、经济效率、企业间规模差异、企业间竞争关系等。研究表明，我国自然垄断产业经济竞争模式改革的方式是构建五家以上由多种所有制成分有机构成的相当规模的综合运营商以形成垄断竞争格局，并且提出拆分国有垄断运营企业，培育省级控股的地方国有企业等新的进入者，大力发展替代品与引入数网竞争等三种有效竞争模式的路径。[30]

陈林等通过建立一个动态的创新与产量竞争模型对创新与垄断之间的关系进行分析。研究表明：创新与垄断之间的关系是动态变化的，这是基于产业发展的不同阶段。长期来看，熊彼特假说成立，创新与垄断呈正向关系；垄断势力可以内生与创新和产量竞争，并且这种垄断有助于增加社会总福利，是值得提倡和发展的，这结论区别于传统上的垄断观，不能一味被排斥和削弱。[31]

千慧雄基于产品异质性的视角，兼顾产品间的不完全替代性构建理论模型，从而研究不同类型的市场结构影响产品创新的机理。结果表明：产品差异度大，或者创新产品对原产品的替代度高，或者创新产品潜在利润低的产业，竞争程度越高越有助于创新；产品差异程度小，或者创新产品对原有产品的替代度低，或者创新产品潜在利润高的产业，垄断程度越高越有助于创新；处于这两种情况之间的产业，市场结构与创新呈现“倒U形”结构关系。[32]

李志辉基于资本配置效率和生产效率的视角，分析了市场结构与银行效率之间的关系。研究结果表明，完全竞争或者垄断的市场结构对我国银行业来说都不是理想的，应该建立一个促进银行竞争行为的环境，以实现剩余市场势力效应的最大化，解决实体经济信贷需求的微观结构与信贷供给的银行结构之间的矛盾。[33]

栗书茵运用产业组织理论分析我国外汇市场结构的特征和市场集中度，发现我国外汇市场结构的总体特征是“买方较高垄断，卖方较高寡占”，这造成了人民币汇率在较长时期内缺乏弹性。因此，改善外汇市场可通过增加多层次的市场主体、培育外汇经纪人和降低外汇市场进入壁垒来实现。[34]

刘小鲁在公立医院垄断与医疗体系价格规制的背景下分析了价格管制的实施效果和中国医药分离的改革绩效。研究结果发现：在医药一体化下，单纯的治疗费管制不会导致过度治疗；医疗体系内系统性的价格管制诱使医生实行“以药养医”和“以械养医”来获取利益，造成资源配置的扭曲；医药分离改革的结果取决于改革后药品零售环节的市场结构和医药分离程度；改革并未触动公立医院的垄断地位，因此医药分离不会改善患者的福利状况，反而在医疗体系价格管制下造成新的社会福利损失。[35]

冯文娜基于产业组织理论提出寻求受益与竞争

之间的平衡是合作性竞争成败的关键，而合作性竞争面临的行为与结构约束决定这种平衡关系的维持。以全球汽车业89个战略联盟为样本进行实证分析，研究发现，行为因素与结构因素以不同的作用方式影响合作性竞争的绩效水平，其中联盟结构在合作性竞争行为对竞争绩效的中介效应中是关键的传导因素。[36]

李晓钟等基于我国汽车产业1998—2008年的数据采用多元回归分析方法，研究了汽车产业市场结构和市场绩效的关系。研究表明，鉴于我国汽车业已从竞争型转向中下集中寡占型，市场集中度对汽车业的市场绩效具有积极效应，并且对内、外资企业市场绩效影响程度存在差异。[37]

五、关于要素价格问题研究

在我国要素市场化进程不完全的背景下，市场力量的不充分导致要素价格的定价未能进入正常的轨道，同时稀有资源的定价权在国际上处于弱势地位。因此，要素价格定价进而要素报酬问题成为学界研究的一个重要课题。

薛白认为商业用地价格和居住用地出让价出现结构偏离的根本原因在于，财政分权下地方政府的财政预算约束和政府流动性税基之间展开的竞争，同时宽松的金融环境和盛行的投机行为会加剧这种结构性偏离。这表明政府的财政机制尚未步入健康轨道，导致土地要素市场价格出现非均衡性。[38]

刘瑶通过建立开放条件下两种商品多种投入要素的特定要素小国模型，研究外包对要素价格的影响。在土地和熟练劳动视为特定要素的情况下，外包通过生产效率效应和要素供给效应的传导机制，扩大了非熟练劳动和熟练劳动的相对工资差距，因为外包有利于要素所有者而不利于非熟练劳动，即使非熟练劳动通过培训向熟练劳动升级，也并不必然会缩小这种差距。[39]

王丹枫基于产业升级和资本深化的视角，从理论和实证上分析了它们对收入分配的影响。资本要素价格高于劳动要素价格导致了资本密集型产业与劳动密集型产业的劳动者的工资收入差距扩大。要素回报的异质性与中国现阶段经济发展方式有关，但这种异质性随着资本深化过程的结束而消除。[40]

宋文飞等针对中国目前拥有稀土资源储量优势但并未拥有相应的定价权的现象进行分析，阐释了稀土定价权缺失的原因在于买方垄断市场结构的存在性。因此，政府可以通过征收环境税、提高稀土企业进入标准、规制稀土价格的措施来提高稀土定价权。[41]

伍世安认为深化能源资源价格改革的思路是改革其定价机制，既不是完全按照市场规则，也不是完全归于政府定价；应根据能源资源价格形成的特点，在市场定价中引入政府干预机制，注重市场定价与政府定价的平衡。[42]

陈晓华等基于计量方法GMM，从国家和地区两个层面研究了劳动力、资本、原材料等要素价格对我国制造业出口技术结构的影响。结果发现，在国家层面上要素价格上涨对出口技术结构具有明显的“倒逼”效应，但对我国东、中、西部地区出口技术结构升级的影响不同，同时这种“倒逼”效应越来越小而“倒退”效应越来越明显。[43]

义旭东认为稀缺规律和集聚经济支配了要素价格的动态变化，导致了要素区域流动；在实际经济运行中，要素流动与整合的内升级表现为价格配置主体与政府调控引导相结合。因此，应根据要素流动的路径完善政府宏观调控，促进城乡之间统筹、和谐发展。[44]

六、对高管薪酬方面的研究

高管薪酬高是当前一个较为普遍的现象，经济学界对这一现象进行了研究，着重考察了高管薪酬高的成因、类型以及影响。

代斌等研究2004—2008年的国有上市公司后发现，国企高管权力过大导致了高管高薪酬水平和超额薪酬，造成了高管与普通员工之间的收入差距，使得薪酬激励机制发生扭曲；同时有较高权力并且与政治联系密切的高管降低了薪酬粘性；提升政府控制层级和改善制度环境在一定程度上可以抑制高管利用权力获取超额薪酬，但不能有效地控制薪酬差距的扩大。因此，国企高管的过大权力带来寻租行为以及扩大收入差距，建立有效的薪酬契约是解决问题的关键，也是国企改革的核心。[45]

宋清华等通过分析我国2000—2010年13家商业银行的非平衡面板数据发现，我国商业银行高管薪酬与银行绩效呈正向关系，与风险承担之间的关系呈现“倒U形”特征，高管薪酬激励机制的发挥在提升银行绩效的同时也加大了银行风险。因此，银行业的高管薪酬机制的设计要基于风险管理，加强高管薪酬的监管，发挥董事会以及薪酬委员会等机构的作用。[46]

杨蓉研究我国2002—2009年14个代表性垄断行业共178家上市公司后发现，货币性薪酬和控制权薪酬组成了高管薪酬，高管控制权与高管货币性薪酬、高管在职消费、高管薪酬呈明显的正向关系，并且高管货币性薪酬随着在职消费增加而增加。[47]

陈冬华等以高管继任过程中职工薪酬变化为背景，分析了高管和职工之间基于隐性契约的公司政治。高管在利用控制权最大化私利和与职工重复博弈的过程中，可通过隐性契约自我执行以获取利益。进一步实证分析发现，上期职工工资越高，本期高管继任的可能性越大，并且继任过程中的工资增长分离为经济激励动机的增长和公司政治动机的工资增长，其中前者对未来公司业绩增长具有明显的正向作用，而后者则具有明显的负向作用。该研究的重要意义在于将企业重要的利益相关者——职工引入到公司治理领域中，丰富了公司治理领域的研究。[48]

方军雄基于薪酬尺蠖效应分析了上市公司高管与普通职工薪酬差距扩大的原因。研究结果表明，当业绩上升时，相对普通职工来说，高管获得了更大的薪酬增幅，并且高管薪酬业绩敏感性明显大于普通职工；当业绩下降时，高管的薪酬增幅并未明显低于普通职工，存在明显的粘性特征，同时高管薪酬业绩敏感性的减少幅度相对来说超过普通职工。因此，解决企业管理者权力主导下的薪酬尺蠖效应有助于缓解高管与普通职工薪酬差距扩大的事实。[49]

宋增基等分析了国有上市公司中经营者激励与公司绩效的相关性，以及决定经营者升迁的因素对公司绩效的敏感性。结果发现，国有控股企业中董事长更关注政治激励，总经理更关注物质激励，政治激励与物质激励之间存在晋升机会时具有一定的替代性；任期、政治关联与晋升机会、公司绩效之间呈现显著的正向关系。因此，上级在判断高管的经营能力时应剔除高管的个人特性对公司绩效的影响。[50]

皮建才分析了经理人可能存在偷懒和私下隐藏企业收益的双重道德风险。进一步分析表明：在只存在偷懒的情况下，当关系强度大于某个临界值时，分成比例随关系强度增大而增大；在只存在经理人私下隐藏企业收益的情况下，经理人薪酬合约中与企业绩效挂钩的分成比例随关系强度增加而减小；存在双重道德风险的情况下，分成比例随关系强度的增大而减少。因此，分析企业所有者面临的道德风险类型有助于设计有效的经理人薪酬合约。[51]

吴应军等分析了中国企业在职业经理人市场发育迟缓的背景下实行接班人计划的制度安排，以减少甄别未来接班人的私人信息的成本。进一步研究发现，高管的忠诚度对企业的盈利能力影响很大。因此，企业的现任领导人基于长远发展而对接班人计划采用模糊策略是合理的。[52]

陈震等通过对垄断行业和完全竞争行业中的企业进行比较分析后发现，垄断企业高管能够利用管理层权力设计出有利于自身的薪酬契约，并且垄断企业规模较业绩对薪酬的影响更大，较大的规模和不合理的规模直接导致高管薪酬过高，但是高竞争度能抑制管理层权力对薪酬的直接影响，降低显性权力薪酬，导致竞争行业的企业高管会寻求与规模相关的隐性权力薪酬的增长。[53]

七、对农民工、大学生就业问题的研究

农民工和大学生就业难问题是近年来我国出现的特殊现象之一，关于这个问题的研究主要集中在影响农民工和大学生就业难的原因及结果上。

翟振武等从伊斯特林人口波谷的独特视角重新分析了"民工荒"现象。研究表明："民工荒"问题并不是"刘易斯拐点"意义上的农业剩余劳动力向城镇转移所导致的，而是由于人口波动带来的劳动人口老龄化和年轻劳动力比例不断下降；企业坚持采用劳动力最年轻时期的浪费型用工模式；高校扩招带来的初次职业分流效应使得年轻劳动力的比重进一步下降。这种分析方法有别于以前文献中的分析范式，更加符合当前中国劳动力市场的情况。[54]

徐文婷等采用改进的 Mincer 模型研究了新老两代农民工工资性收入的影响因素及其差异程度。结果发现，技术或手艺、职业技术培训、受教育程度、性别和职业类型是重要的影响因素，并且技术或手艺是新老两代农民工工资性收入差异的最重要因素。[55]

秦永等基于社会资本理论分析了城乡不同背景的大学生毕业情况。研究发现：具有农村背景的大学毕业生在毕业之前将主要的社会资本投资集中在农业和城市非正规部门，毕业之后就业部门主要为城市正规部门，导致毕业前的社会资本投资效率低下。而具有城镇背景的大学毕业生毕业前的社会资本投资对毕业后的就业具有重要作用。[56]

余东华等分析我国近年来出现的"民工荒和大学生就业难"的悖论。表面原因是就业市场上失衡的供需结构，但根本原因在于我国产业结构不合理、制造业处在世界分工和价值链的低端环节、附加值增值能力弱。因此，以生产性服务业发展升级和制造业转型升级"双轮驱动"来优化我国劳动力市场供需结构，是解决问题的有效途径。[57]

任媛通过采用局部调整—自适应期望综合模型研究非农化产值与城市化水平之间的关系。结果表明，非农化对城市化的短期影响较小，长期影响较大；城市化进程加快对非农化的影响存在滞后性。因此，当前存在的"民工荒"问题是城市化进程在短期内不能适应非农产业发展而出现的一种短期局部现状。促进农民工向合法性永久迁移者转化，是解决问题的思路。[58]

潘杰等基于 URBMS 数据和 Probit 计量经济模型分析了体形对城市劳动力就业的影响。研究结果发现，在排除其他影响因素后，体形对就业的影响呈现"倒 U 形"特征；处于事业发展早期的年轻人（18—30 岁）的就业状态最易受到体形歧视的影响，并且男性因消瘦及女性因肥胖受到歧视更显著。进一步研究发现，对男性的体形歧视更多受到"健康渠道"的影响，而对女性的体形歧视受到"审美渠道"的影响；同时体形歧视对正式与非正式就业状态存在影响。[59]

柴国俊等采用我国 2008 年大学毕业生的调查数据分析高、低收入行业的就业抉择与工资收入的影

响因素，并测算行业工资差异的大小及构成。研究结果表明，具有良好家庭背景并且是211院校毕业的男大学生更容易找到高收入行业的工作，其中能力对行业选择与工资收入影响显著。工资差异主要可以分离成行业差异和地区差异，行业差异主要是由于行业分割所致。[60]

张珂等利用有序选择回归模型，以及扩展的Oaxaca-Blinder分解方法研究了高校扩招背景下高校毕业生收入预期水平的动态变迁。基于2003年和2009年的调查数据，研究发现高校毕业生收入预期水平的准确度增加，人际差异减小；个人背景、学业、就业意愿和市场环境等因素对个人收入预期水平的影响显著，反映了大学生就业市场环境对收入预期的影响。[61]

八、市场失灵问题的研究

宋紫峰等采用实验经济学的方法分析了在一个收入不平等环境中两种不同的惩罚机制——基于个体的惩罚机制和基于集体的惩罚机制对公共品供给的影响。研究结果发现：由于在收入不平等环境下社会偏好的普遍存在，引入某种形式的惩罚机制能够稳定和显著地提高公共品供给水平；基于个体的惩罚机制对公共品供给的积极效应要好于基于群体的惩罚机制。因此，此项研究对针对收入分配问题的公共政策设计具有指导意义。[62]

郑志刚等通过研究阐述了信号传递在解决逆向选择问题的有效性上受到市场结构的影响。其理论依据在于：低生产能力类型的求职者为了增加竞争力而以更大的概率模仿高生产能力类型的求职者，以至于招聘者面对的是大量发出相同信号的求职者。由于招聘者甄别信息的成本和能力的差异性，导致招聘过程出现逆向选择。其经验依据是对北京某综合性大学经济类学院毕业生进行调查问卷的结果。[63]

吴洪等基于对汽车责任险市场续保数据和采用Logistic模型，研究我国汽车责任险市场的逆向选择现象。研究结果发现，逆向选择现象在首年高保障样本中不显著，在首年低保障样本中显著存在。[64]

尹志超等采用线性概率模型和非线性Logit模型等多种方法，并基于2002—2009年的企业借款数据，研究了银行信贷市场的信息不对称和贷款违约现象。研究发现，抵押对贷款违约率具有明显的正向效应，但这种影响因企业的异质性而有所不同；相对于中等信用等级的企业，高信用等级和低信用等级企业均更愿意提供抵押品作为贷款的担保品。因此，对高信用等级企业提供抵押品主要是为了传递自己信用好的信号，避免信息不对称而导致的逆向选择；对低信用等级企业提高抵押品主要是降低事后的道德风险引致的贷款违约。[65]

屈文洲等借鉴市场微观结构理论中的信息不对称指标PIN值作为公司融资约束的代理指标，对投资—现金敏感性进行研究。结果发现，信息不对称程度越高导致公司的投资支出越低和投资—现金流敏感性也较高，并且这种融资约束与投资—现金流敏感性的关系并非呈现线性特征。[66]

何浏等基于网络信息外部性理论研究名人多品牌的溢出效应后发现：消费者对代言人的可信度、喜爱度评价，对品牌产品的态度以及购买意向评价等，随着名人代言规模的逐渐增大而先提升后下降，大体上呈“倒U形”结构；并且代言品牌产品组合相似性越大，消费者越有可能使用这些品牌产品组合，这会导致消费的感知评价越高。[67]

罗琦等建立了控股股东追求自身利益最大化而不考虑中小投资者的股票融资的决策模型。研究发现，市场将会预期到控股股东的这种道德风险，形成了对公司融资行为的约束，导致公司现金—现金流敏感度上升，使得公司增持现金的价值效应较低。以2003—2009年沪深两市非金融类A股上市公司为研究对象进行实证分析，发现在终极控股股东控制权和现金流权两权分离程度较大的情形下，证实了公司现金变动价值较低而现金—现金流较高的理论假说。[68]

李想等基于技术约束和信息不对称的视角解释当前乳品行业忽视质量控制而热衷于低价销量扩张的现象。研究结果发现：尽管产品市场容量较大，并且在投资不足的条件下提供优质产品的产能相对较小，厂商并未对质量控制进行充分投资，这被消费者识别为投资充分的不完美信号。因此，尽管增强监管无法从根本上改变当前这种现状，但可以提高产品平均质量。[69]

注：

①李焰、秦义虎、张肖飞：《企业产权、管理者背景特征与投资效率》，《管理世界》，2011年第1期。

②苏冬蔚、贺星星：《社会责任与企业效率：基于新制度经济学的理论与经验分析》，《世界经济》，2011年第9期。

③姚益龙、梁红玉、宁吉安：《媒体监督影响企业绩效机制研究——来自中国快速消费品行业的经验证据》，《中国工业经济》，2011年第9期。

④姜付秀、黄继承：《经理激励、负债与企业价值》，《经济研究》，2011年第5期。

⑤李小燕、陶军：《高管薪酬变化与并购代理动机的实证分析——基于国有与民营上市公司治理结构的比较研究》，《中国软科学》，2011年第5期。

⑥蒋神州：《国有控股公司治理中合谋防御的机制设计》，《经济科学》，2011年第1期。

⑦郝书辰、陶虎、田金方：《不同股权结构的国有企业治理效率比较研究》，《中国工业经济》，2011年第9期。

⑧武常岐、钱婷：《集团控制与国有企业治理》，《经济研究》，2011 年第 6 期。

⑨田银华、邝嫦娥、张敏：《家族企业治理结构与经营绩效的实证研究——以中国上市家族企业为例》，《当代财经》，2011 年第 9 期。

⑩郭亮：《关于中小企业信用治理问题探讨》，《经济学动态》，2011 年第 7 期。

⑪张原：《中国行业垄断的收入分配效应》，《经济评论》，2011 年第 4 期。

⑫谢露露、张军、刘晓峰：《中国工业行业的工资集聚与互动》，《世界经济》，2011 年第 7 期。

⑬武鹏：《行业垄断对中国行业收入差距的影响》，《中国工业经济》，2011 年第 10 期。

⑭叶林祥、李实、罗楚亮：《行业垄断、所有制与企业工资收入差距——基于第一次全国经济普查企业数据的实证研究》，《管理世界》，2011 年第 4 期。

⑮刘瑞明、石磊：《上游垄断、非对称竞争与社会福利——兼论大中型国有企业利润的性质》，《经济研究》，2011 年第 12 期。

⑯董碧松：《基于工资排位变迁的行业收入差距研究》，《学术论坛》，2011 年第 5 期。

⑰张晓芳、石柱鲜：《中国经济的收入分配和再分配结构分析——基于社会核算矩阵的视角》，《数量经济技术经济研究》，2011 年第 2 期。

⑱王怀民、詹春龙：《加工贸易与行业间收入差距——基于我国 30 个行业面板数据的经验研究》，《世界经济研究》，2011 年第 8 期。

⑲陈富良、徐涛：《基于非线性定价的消费量陷阱模型及其扩展》，《中国工业经济》，2011 年第 8 期。

⑳赵宝春：《消费者伦理信念水平与其出生地的关联：中国城乡二元社会背景下的实证研究》，《管理世界》，2011 年第 1 期。

㉑胡正明、王亚卓：《基于中国多渠道情景下消费者购买选择研究》，《东岳论丛》，2011 年第 4 期。

㉒王建明、王俊豪：《公众低碳消费模式的影响因素模型与政府管制政策——基于扎根理论的一个探索性研究》，《管理世界》，2011 年第 4 期。

㉓陈斌开、李涛：《中国城镇居民家庭资产—负债现状与成因研究》，《经济研究》，2011 年增刊第 1 期。

㉔王曦、陆荣：《中国居民消费/储蓄行为的一个理论模型》，《经济学》，2011 年第 2 期。

㉕陈彦斌、邱哲圣：《高房价如何影响居民储蓄率和财产不平等》，《经济研究》，2011 年第 10 期。

㉖程令国、张晔：《早年的饥荒经历影响了人们的储蓄行为了吗？——对我国居民高储蓄率的一个新解释》，《经济研究》，2011 年第 8 期。

㉗董志勇、韩旭、黄迈：《家庭结构、生产活动与农户储蓄行为》，《经济科学》，2011 年第 6 期。

㉘杜宇玮、刘东皇：《预防性储蓄动机强度的时序变化及影响因素差异——基于 1979—2009 年中国城乡居民的实证研究》，《经济科学》，2011 年第 1 期。

㉙周晓艳、汪德华、李均鹏：《新型农村合作医疗对中国农村居民储蓄行为的影响的实证分析》，《经济科学》，2011 年第 2 期。

㉚范合君、戚聿东：《中国自然垄断产业竞争模式选择与设计研究——以电力、电信、民航产业为例》，《中国工业经济》，2011 年第 8 期。

㉛陈林、朱卫平：《创新竞争与垄断内生——兼议中国反垄断法的根本性裁判准则》，《中国工业经济》，2011 年第 6 期。

㉜千慧雄、卜茂亮：《异质性条件下产品创新的最优市场结构研究》，《经济评论》，2011 年第 3 期。

㉝李志辉、聂召：《银行业市场结构与分配效率、生产效率关系研究》，《南开经济研究》，2011 年第 6 期。

㉞栗书茵：《基于产业组织理论的我国外汇市场结构优化研究》，《经济学动态》，2011 年第 7 期。

㉟刘小鲁：《管制、市场结构与中国医药分离的改革绩效》，《世界经济》，2011 年第 12 期。

㊱冯文娜、杨蕙馨：《合作性竞争行为与合作性竞争绩效的关系：联盟结构的中介效应分析》，《中国工业经济》，2011 年第 12 期。

㊲李晓钟、张小蒂：《中国汽车产业市场结构与市场绩效研究》，《中国工业经济》，2011 年第 3 期。

㊳薛白：《财政分权、政府竞争与土地价格结构性偏离》，《财经科学》，2011 年第 3 期。

㊴刘瑶：《外包与要素价格：从特定要素模型角度的分析》，《经济研究》，2011 年第 3 期。

㊵王丹枫：《产业升级、资本深化下的异质性要素分配》，《中国工业经济》，2011 年第 8 期。

㊶宋文飞、李国平、韩先锋：《稀土定价权缺失、理论机理及制度解释》，《中国工业经济》，2011 年第 10 期。

㊷伍世安：《深化能源资源价格改革：从市场、政府分轨到“市场 + 政府”合轨》，《财贸经济》，2011 年第 5 期。

㊸陈晓华、刘慧：《要素价格与中国制造业出口技术结构——基于省级动态面板数据的系统 GMM 估计》，《财经研究》，2011 年第 7 期。

㊹义旭东：《基于城乡统筹的要素价格动态变化与均衡分析》，《商业研究》，2011 年第 3 期。

㊺代斌、刘星、郝颖：《高管权力、薪酬契约与国企改革——来自国有企业上市公司的实证研究》，《当代经济科学》，2011 年第 7 期。

㊻宋清华、曲良波：《高管薪酬、风险承担与银行绩效：中国的经验证据》，《国际金融研究》，2011年第12期。

㊼杨蓉：《垄断行业企业高管薪酬问题研究：基于在职消费的视角》，《复旦学报》（社会科学版），2011年第5期。

㊽陈冬华、陈富生、沈永建、尤海峰：《高管继任、职工薪酬与隐性契约——基于中国上市公司的经验研究》，《经济研究》，2011年增刊第2期。

㊾方军雄：《高管权力与企业薪酬变动的非对称性》，《经济研究》，2011年第1期。

㊿宋增基、郭桂玺、张宗益：《公司经营者物质报酬、政治激励与经营绩效——基于国有控股上市公司的实证分析》，《当代经济科学》，2011年第4期。

51皮建才：《关系、道德风险与经理人有效激励》，《南开经济研究》，2011年第1期。

52吴应军、蔡洪滨：《策略性模糊在信息甄别中的作用——以企业接班人计划为例》，《经济研究》，2011年第1期。

53陈震、丁忠明：《基于管理层权力理论的垄断企业高管薪酬研究》，《中国工业经济》，2011年第9期。

54翟振武、杨凡：《民工荒：是刘易斯拐点还是伊斯特林人口波谷》，《经济理论与经济管理》，2011年第8期。

55徐文婷、张广胜：《人力资本对农民工工资性收入决定的影响：代际差异的视角》，《农业经济》，2011年第8期。

56秦永、裴育：《城乡背景与大学生就业——基于社会资本理论的模型及实证分析》，《经济科学》，2011年第1期。

57余东华、范思远：《生产性服务业发展、制造业升级与就业结构优化——“民工荒与大学生就业难”的解释与出路》，《财经科学》，2011年第2期。

58任媛、安树伟：《劳动力迁移、城市化发展与民工荒》，《经济学动态》，2011年第5期。

59潘杰、秦雪征、刘国恩：《体形对城市劳动力就业的影响》，《南开经济研究》，2011年第2期。

60柴国俊、邓国营：《行业选择与工资差异——来自大学生毕业生劳动力市场的证据》，《南开经济研究》，2011年第1期。

61张珂、赵忠：《中国高校毕业生收入预期的动态变迁和影响因素分析》，《世界经济》，2011年第3期。

62宋紫峰、周业安：《收入不平等、惩罚和公共品自愿供给的实验经济学研究》，《世界经济》，2011年第10期。

63郑志刚、陶尹斌：《外部竞争对信号传递有效性的影响：以某高校毕业生就业为例》，《世界经济》，2011年第10期。

64吴洪、赵桂芹：《汽车责任险市场存在逆选择吗？——动态分组方法下的经验研究》，《南方经济》，2011年第9期。

65尹志超、甘犁：《信息不对称、企业异质性与信贷风险》，《经济研究》，2011年第9期。

66屈文洲、谢雅璐、叶玉妹：《信息不对称、融资约束与投资—现金流敏感性——基于市场微观结构理论的实证研究》，《经济研究》，2011年第6期。

67何浏、王海忠、朱帮助、田阳：《名人多品牌/产品组合代言溢出效应探析——一项基于网络外部性视角的研究》，《管理世界》，2011年第4期。

68罗琦、胡志强：《控股股东道德风险与公司现金策略》，《经济研究》，2011年第2期。

69李想、石磊：《质量的产能约束、信息不对称与大销量倾向：以食品安全为例》，《南开经济研究》，2011年第2期。

（作者：陈享光，中国人民大学教授；
张方波，中国人民大学博士生）

国际经济学

卫兴华　尹　辉

2011年，世界经济总体继续保持缓慢复苏态势，但复苏动力不足的迹象日益显现，世界经济形势和格局呈现出更加复杂的局面。一方面，本次国际金融和经济危机的影响还在继续扩散，美国和欧元区一些国家为应对危机所推行的经济刺激计划，导致巨大的财政赤字，陷入主权债务危机的泥潭；主要发达经济体的经济增长乏力，全球经济的不平衡导致国际贸易摩擦不断，贸易保护主义依旧强劲。而另一方面，经济全球化的程度在继续加深，本次国际金融和经济危机的冲击更加突出了经济全球化带来的经济安全方面的威胁和挑战；出于对本国经济利益和世界经济健康发展的考虑，国际社会迫切要求对现有的国际金融体系特别是国际货币体系进行改革；作为国际货币体系改革不可或缺的组成部分，人民币国际化问题颇受关注。国内经济学界对这些问题进行了深入的研究，提出了很多具有理论和实际意义的观点。

一、欧元区主权债务危机问题

（一）主权债务危机的原因

一些学者分析了主权债务危机的制度性和机制性原因。

应霄燕认为，主权债务危机是资本主义发展到金融资本主义阶段后，资本主义基本矛盾不断深化以及资本主义国家政府各种反经济危机政策和措施叠加的必然逻辑结果，是资本主义制度经济和政治危机深化的集中表现。①

陈新认为，欧债危机之所以愈演愈烈，是因为救助机制失调。基于道德风险考虑，欧盟原本没有成员国货币救助机制。欧债危机爆发后，欧盟试图增强金融稳定机制的作用，但却面临各成员国千差万别的经济、政治和利益的歧异导致的决策困境。②

一些学者从经济结构等其他方面揭示了主权债务危机的原因。

陈志昂等人从劳动力全球化的视角，运用劳动成本平价方法对欧洲债务危机成因进行了研究。他们认为，希腊等国长期以来不仅承受着亚洲发展中国家的低成本竞争，同时面临着德、美等发达国家生产率的冲击，导致产品竞争力丧失，这种结构性矛盾与失衡产生“夹层效应”，并最终引发了危机。③

郝宇彪等认为，希腊等五国长期形成的高额财政赤字是引发欧元区主权债务危机的直接原因；美国三大信用评级机构下调希腊等五国债券评级，对欧元区主权债务危机起了助推作用；欧元区的经济制度缺陷与欧元区内部的经济结构不平衡是欧元区主权债务危机爆发的深层原因。④

（二）主权债务危机的国际影响

一些学者分析了主权债务危机对世界经济的影响。

孟艳认为，发达经济体主权债务风险加大将拖累全球经济发展。第一，经济复苏前景更不乐观；第二，加剧金融市场和大宗商品市场动荡；第三，未来通货膨胀风险日益增大；第四，新兴市场经济国家面临资产贬值和经济滞涨风险。⑤

梁艳芬提出，欧洲问题国家债务规模史无前例，目前欧洲主权债务危机正在从希腊等边缘国家向意大利、西班牙等核心国家扩散，从公共财政领域向银行体系扩散，引发金融市场持续大幅震荡。各成员国债务链相互交织，危机加深并拖累银行系统和实体经济的可能性上升。⑥

一些学者着重分析了主权债务危机对于中国经济的影响。

郭春松等认为，美欧债务危机对中国具有以下影响：第一，中国外汇储备风险剧增；第二，中国输入性通胀的压力增大；第三，受美欧经济低迷的影响，中国出口业将受到一定程度的冲击；第四，为走出危机，美国很可能持续推出量化宽松的货币政策而导致美元贬值，使得人民币面临着更大的升值压力。⑦

姚铃认为，欧元区主权债务危机将对中国和欧盟经贸合作产生一系列不利影响：第一，中国对欧盟出口增势明显减弱；第二，债务危机使欧盟内部保护主义倾向抬头，欧盟对华贸易政策会更加严格；第三，欧盟自贸区战略对中国构成潜在影响。⑧

（三）主权债务危机对中国的启示

谢世清通过比较分析欧洲主权债务与“中国式主权债务”——地方政府债务后，发现尽管两者有诸多相似之处，但却存在本质上的区别。虽然我国并不具备爆发“欧洲式主权债务危机”的相关条件，但由于地方政府权责不对等、热衷追求GDP和政绩工程、经济发展模式不合理、国际金融危机的影响等原因，我国仍存在爆发“中国式主权债务危机”的隐患。⑨

郑慧提出，欧元区主权债务危机对我国具有如下启示：第一，审慎退出经济刺激计划，防止宏观经济大幅波动。第二，转变经济发展方式，由投资出口导向型向消费导向型转变。第三，重视地方债务风险，防患于未然。第四，管理好热钱的流动，防范投机资本的冲击。第五，完善金融体系，夯实人民币国际化的基础。⑩

二、贸易保护主义与中美贸易摩擦问题

（一）后危机时代贸易保护主义新趋势

高虎城提出，当前贸易保护主义呈现新的发展趋势：一是将贸易摩擦与国内政治挂钩；二是企图利用贸易摩擦影响和改变贸易伙伴经济体制与政策；三是不断挑拨新兴经济体之间的贸易关系；四是挑起贸易摩擦以制造谈判筹码。⑪

韩景华等认为，后危机时代的贸易保护主义的目的不再局限于保护国内幼稚产业，而更多的是把精力放在尽快摆脱经济危机上。后危机时代贸易保护主义体的新趋势主要有：第一，采取货币贬值、提高关税、进口限制、补贴及技术贸易壁垒等手段保护本国产业，使WTO应对贸易保护主义作用受到限制；第二，“碳关税”为代表的贸易壁垒凸显。⑫

陈龙江等认为，全球贸易保护呈现出一些新的特点：第一，经济复苏后发达国家仍是全球贸易保护措施的主导者，但发展中国家的贸易保护主义也在抬头；第二，贸易保护措施的种类繁多，其中贸易防御措施、关税措施和国家援助措施占主导；第三，金融中介服务、交通运输设备、基本金属和农产品部门是全球贸易保护措施的主要受害部门；第四，发展中国家实施的贸易保护措施的影响范围更广。⑬

（二）造成中美贸易失衡和摩擦的原因

黄晓凤等通过理论分析和实证检验表明：美国对华高技术产品出口管制与中美贸易失衡存在直接关系，且具有相互促进的“放大效应”，出口管制是引发并加剧双边贸易失衡的主要原因。[14]

人民日报社驻国外记者暨佩娟等根据采访有关人士进行报道：“现行的贸易统计方法是造成所谓全球贸易失衡的一个重要因素。改革贸易统计方法而非汇率才是解决全球贸易失衡的灵丹妙药。中国对美国贸易顺差中高达42%被夸大了。”[15]

杜晓郁等认为，中美国际收支的失衡主要有以下原因：第一，中美国际地位失衡，中美两国在市场经济地位问题、知识产权纠纷、社会壁垒、技术性贸易壁垒等方面存在着国际地位的严重失衡；第二，国际分工体系是中美国际收支失衡的重要原因；第三，汇率问题的背后是国际货币体系失衡。[16]

于友伟采用中国与13个亚太主要贸易体的双边贸易数据以及最新的面板协整计量方法，对贸易平衡与汇率变动之间的关系进行了分析。研究结果表明，某些贸易伙伴国的贸易收支恶化，主要是由于其经济总量扩张导致对“中国制造”需求增长所致，汇率对于贸易平衡的影响非常有限。对于美国等发达国家，要减少其相对于中国的贸易赤字，关键是要逐步取消对华技术产品的出口限制，试图通过逼迫人民币升值来改善其贸易平衡状况的想法忽略了问题的本质所在。[17]

（三）中国对外贸易发展战略

陆燕主张，在后危机时期，面对世界经济结构调整和世界经济格局的变化，我国的外贸发展战略应该注重五个方面：一是坚持出口和进口并重；二是加快服务贸易发展；三是坚持吸收外资和对外投资并重；四是深化多双边经贸合作；五是积极妥善应对国际经贸摩擦。[18]

马双等认为，除了以往研究较多的增强企业竞争力、加快对外投资步伐、发挥行业协会作用、培育贸易救济人才外，中国对特保案件还可采取以下针对性对策：一是政府继续加强磋商机制；二是建立和完善产业损害预警机制；三是打破跨国公司的合谋动机。[19]

韩景华等认为，针对后危机时代贸易保护主义出现的一些新的趋势，我国应该适当调整战略以应对。一是加快自由贸易区建设，积极推进区域经济一体化进程；二是积极参与贸易救济规则的多边谈判，推动修改世贸组织相关规则；三是推动和参与碳减排协议，发展低碳经济，增强产业国际竞争力；四是充分发挥政府职能，发挥贸易预警和贸易调查制度的作用，健全快速反应机制；五是促进企业实施海外并购战略，开拓新市场。[20]

三、经济全球化与经济安全

（一）经济全球化过程中的经济安全问题

一些学者分析并指出了经济全球化对金融安全、贸易安全等方面的巨大影响并揭示了其原因。

丁冰提出，改革开放以来，我国一些地方盲目地大量引进外资，并放任其逐渐扩大并购规模，控制了我国许多重要产业，以至公有制经济主体地位丧失，这是我国当前国家经济安全的最大威胁；金融风险，特别是巨额外汇储备的风险，则是我国当前经济安全最引人注目的焦点。形成这种局面的最主要原因是由于受国际新自由主义思潮的影响，在改革开放中偏离社会主义制度自我完善的轨道的结果。[21]

刘薇娜认为，在经济全球化与贸易自由化背景下，转轨国家的贸易安全处于两难境地。一方面，经济全球化背景下的贸易安全不能闭关锁国，发展是安全的基础；另一方面，目前的经济全球化是以美国为首的发达国家所倡导的新自由主义理论为基础的，转轨国家不可能具有同样的话语权而获得均等的利益。转轨国家的贸易安全受到很大威胁的主要原因：一是其经济基础薄弱，进出口商品结构不合理；二是外贸依存度很高；三是贸易条件不断恶化；四是WTO的某些规则和协议约束着转轨国家外贸制度与政策的选择。[22]

陈炳才认为，在全球化背景下，许多外部的和内部的因素会威胁一个国家的国际金融安全，导致金融和经济危机的发生。这些外部因素主要有：一是美元制度的缺陷；二是金融资本实力强大的发达国家（通常也是储备货币发行国）的投机资本，对以实体经济为主的非储备货币国家的经济金融体系构成巨大威胁；三是外部危机传染导致的连带危机。内部因素主要有：一是急于通过开放来谋取利益、获得地位，但结果适得其反；二是资本市场开放过早导致危机；三是外部资金过度流入导致经济金融泡沫而产生危机；四是短期外债占外汇储备比重过高，甚至远远超过外汇储备而导致偿还危机。[23]

一些学者则研究了经济全球化影响一国经济安全的内在作用机制。

郑柏清等利用71个发展中国家1998—2005年的数据，对经济增长模型进行估计和分析。结果表明，发展中国家的经济增长存在条件趋同。拥有较高金融安全水平的发展中国家，全球化有利于其经济发展；金融安全水平较低、国内金融环境不稳定的国家，却不能从全球化程度的深化中受益。[24]

张汉林等从经济全球化影响中国收入分配的各个层面入手，通过数理推导和实证分析，探讨了贸易全球化、生产与投资的全球化等对中国国内收入分配的影响。结果发现，贸易全球化短期内会加剧中国的收入差距，原因可归结为“人口红利陷阱”，但长期内将有助于缩小中国的收入差距；生产与投资的全球化也会扩大收入差距，而金融发展与深化对中国收入分配差距的影响最大；技术进步、受教育程度提高和劳动力由低阶部门向高阶部门的转移，则能在一定程度上缓解收入差距过大。[25]

（二）中国应对经济全球化以实现经济安全的策略建议

叶卫平认为，国家经济安全的风险不仅来自于国外，也来自于国内，国家经济安全与转变经济发展方式之间具有深刻的内在联系。加快转变经济发展方式，有利于控制国际金融危机与经济危机的风险；加快转变内需与外需关系的处理方式，有利于维护国家经济主权安全；加快转变经济发展与社会发展关系的处理方式，有利于维护国家基本经济制度安全。[26]

丁志杰提出，在新的国内和国际经济环境下，中国需要拓展对外开放的深度和广度，以完成在全球经济分工中由储蓄者和存款者向投资者和银行家的角色转变。具体而言，需要从以下几个方面努力：一是实施“走出去”战略，加快对外投资步伐；二是实施金融强国战略，提升金融业的国际竞争力；三是优化外贸结构，重视贸易的福利效应；四是控制外汇储备增长速度，实现储备的保值增值；五是协调对外开放政策，防止国民财富漏损。[27]

卫兴华等提出，重视我国的经济安全就要首先处理好发展内资与外资，利用两种资源和两个市场的关系，将经济发展与经济安全统一起来。一是应该适当降低外贸依存度，应重在依靠扩大国内需求特别是消费需求来拉动经济增长；二是应该提高利用外资的质量，适当降低对引进外资的依赖，按照经济发展的战略要求来利用外资；三是应该加强自主创新，提高研发能力，发展自主品牌，破除对“比较优势”的迷信，不能满足于廉价劳动力的“红利”，不能不顾付出过高的资源与环境的代价，应改变在国际分工体系中长期处于低端的局面。其次要维护好我国在经济转型过程中的金融安全问题，防范金融风险，构建合理有效的金融安全管理框架。具体来说，需要做到以下几点：一是维护中国的金融主权，谋求在国际上的话语权；二是加强和完善金融监管制度，构建有效的金融安全网；三是对资本的跨境流动实施有效调控和监督；四是加强对金融衍生产品的风险管理。五是要处理好财富分配关系，缓解和遏制两极分化。这就要求坚持、发展和完善公有制为主体、多种所有制经济共同发展的基本经济制度；需要坚持和完善按劳分配为主体多种分配方式并存的分配制度。[28]

四、国际货币体系改革

（一）国际货币体系改革的必要性和长期性

一些学者分析了当前以美元为主导的国际货币体系的缺陷，指出了改革国际货币体系的必要性。

王道平等认为，现行的国际货币体系是全球经济失衡的重要原因。在该体系安排下，汇率调整很难解决储备货币发行国国际收支赤字和全球失衡问题；无论储备货币国选择国际收支盈余、赤字还是平衡的政策，都难以避免将引发全球金融危机和不稳定。[29]

朱纯福认为，美元作为主权货币国际化，其内在矛盾成为世界经济失衡、汇率大幅波动以及流动性泛滥的重要因素。解决美国主权货币国际化助推的贸易赤字、财政赤字和巨额债务问题，需要美国政府对财政政策、货币政策和产业政策的重大调整，还需要国际货币体系的重大改革，从美元主导的单一货币模式转变为多元模式。[30]

另一些学者认为，对当前的国际货币体系进行改革将是一个长期的过程。

姚大庆认为，美元是当之无愧的第一大国际货币，全面发挥了国际间的价值尺度、流通手段和储藏手段的职能。货币的国际可交易性与国际货币体系之间有密切的关系，前者是后者的微观基础，而后者对前者有反作用。从国际可交易性来分析，在相当长的一个时期内，美元的核心地位无法动摇。[31]

谢世清认为，二十国集团峰会推动的国际货币基金组织（IMF）份额和投票权改革，在很大程度上纠正了它们在世界经济中的相对地位与IMF份额极不匹配的状况。然而，份额改革只是IMF整体改革的一部分；IMF治理结构还遗留诸多问题，如领导人选拔程序不透明、执董会席位分布不均衡、政策决策程序仍由发达国家主导等。IMF作为国际货币体系的主要机构载体，其改革仍有待进一步深化，而国际货币体系的改革也将是一个长期的过程。[32]

（二）国际货币体系改革的方向和方案

戴相龙提出，国际货币体系改革的可行方案，就是建立主要货币汇率有协调的多元化的国际货币体系。现在的改革方案，应该是促进建立多元化的国际储备货币，建立非主权国际储备货币目前确实很难做到。[33]

郑新立主张，改革现行的国际货币体系需要从以下方面去努力：一是建立多元竞争的国际货币体系；二是建立国际储备货币的监测预警制度；三是建立国际金融安全合作救助机制；四是发挥G20对构建新型国际货币体系的作用。[34]

王永利主张，现在必须加快推进全球货币体系和金融体系的改革，尽快扭转货币失控、信用泛滥的局面。一是要严格控制各国货币的信用投放；二是要对金融产品和交易进行甄别和有效控制；三是要加强贷款人贷款投放的用途限制，并同时加强借款人资金使用的监控；四是要强化金融机构破产倒闭制度；五是要适应全球化要求，尽快统一全球财税金融政策和监管。[35]

（三）中国在国际货币体系改革中的策略选择

陈绍锋认为，短期内我国应联合其他国家促使美国保持美元汇率的稳定，将购买大量美元外汇储备的资金转向海外实业投资和企业并购；而从中长期看，我国仍应在国际贸易、外汇储备、对外投资等方面减少对美元的依赖，而适时稳妥地推进人民币国际化进程当是我国恰当的政策选择。[36]

赵柯认为，中国应该在国际货币体系改革中加强同欧盟的合作。中国与欧盟在国际货币体系改革中有很大合作空间，通过双方货币合作，推进人民币国际化，提高中国在国际竞争中的“巨额融资”能力，这对建立一个更为公平、有效、多元的国际货币体系具有重要意义。[37]

高海红提出，中国应积极推动东亚货币合作。现阶段可行的步骤是，以储备库增资和机制多边化为契机，进一步强化区域流动性机制，并在中期建立区域货币基金；大力鼓励在区内贸易、投资和金融救助中使用本币，增加新的本币计价的区域债券发行。[38]

五、人民币国际化问题

（一）人民币国际化前景

高海红主张，人民币国际化以人民币区域化为起点。中国在东亚区域的经济联系以及中国参与东亚区域金融合作的制度建设，构成人民币在东亚区域使用的基础。将中国香港作为在有限的资本项目可兑换下人民币走出国门的岸外市场，以及发挥人民币在东亚区域汇率协调中的作用，是实现人民币区域化路径中的重要环节。这将推动人民币成为区域储备货币甚至载体货币。[39]

徐奇渊认为，人民币国际化已取得了一系列重要进展。第一，人民币流出和回流的机制进一步完善：一是与其他经济体签订双边本币互换协议；二是开展跨境贸易的人民币结算试点；三是推动境外个人人民币业务发展。第二，人民币的投资渠道进一步丰富，为建立人民币离岸金融市场做准备：一是在中国香港发行人民币国债；二是中国人民银行和香港金管局签署了《补充合作备忘录》，为开发人民币定价的金融产品创造了条件。[40]

（二）人民币国际化的挑战和制约因素

李婧认为，进一步推进跨境贸易人民币结算的运行面临诸多问题的挑战。在制度层面上，中国需要进一步在不显著改变原有框架下开放金融市场，提高银行业的服务能力和在全球配置资源的能力，完善外汇市场，改善人民币汇率的形成机制。同时中国需加强亚洲生产网络的建设，逐步改善贸易结构，提高外贸企业的定价能力。[41]

郝宇彪等认为，国内金融市场发展不足、汇率与利率尚未完成市场化改革，人民币在资本项下不可自由兑换，是制约人民币国际化的直接因素，然而其根本障碍还在于我国科技水平较低、产业结构滞后、经济发展方式有待转变以及资源配置方式不合理等实体经济因素。[42]

（三）推进人民币国际化的策略与路径

殷剑峰提出，我国应吸取日元国际化的教训，在国内金融改革实质推动并基本完成前，人民币国际化应该从激进、危险的“贸易结算 + 离岸市场/资本项目开放”模式转向渐进、稳定的“资本输出 + 跨国企业”模式。[43]

高静主张，我国可以采用政府和民间共同推动的方式，多层次、全方位地推动人民币国际化；坚持“走出去”战略与人民币国际化相结合；抓紧建立人民币离岸金融中心；大力发展人民币金融衍生品；组建大型国际零售贸易商，掌控国际商品定价权和人民币结算主动权。[44]

注：

①应霄燕：《主权债务危机是金融资本主义的主要危机形态》，《马克思主义研究》，2011 年第 7 期。

②陈新：《欧债危机源于救助机制失调》，《社会观察》，2011 年第 10 期。

③陈志昂、朱秋琪、胡贤龙：《“危机”是怎样炼成的——从“夹层效应”看欧洲债务危机》，《世界经济研究》，2011 年第 1 期。

④郝宇彪、田春生：《欧元区主权债务危机对东亚货币合作的启示》，《东北亚论坛》，2011 年第 2 期。

⑤孟艳：《欧美主权债务风险对全球经济的影响》，《国际经济合作》，2011 年第 1 期。

⑥孙韶华等：《明年中国经济面临三重外部重压》，《经济参考报》，2011 年 12 月 22 日。

⑦郭春松、高婧：《美欧主权债务危机的影响及应对》，《中国金融》，2011 年第 19 期。

⑧姚铃：《当前欧盟经济形势及对中欧经贸合作影响》，《国际经济合作》，2011 年第 11 期。

⑨谢世清：《从欧债危机看“中国式主权债务危机”》，《亚太经济》，2011 年第 5 期。

⑩郑慧：《欧洲深陷主权债务危机的原因及启示》，《中国金融》，2011 年第 17 期。

⑪高虎城：《反对贸易保护主义　推动经济全球化进程》，《求是》，2011 年第 2 期。

⑫韩景华、任维：《后危机时代贸易保护主义新趋势及应对策略》，《国际经济合作》，2011 年第 2 期。

⑬陈龙江、温思美：《经济复苏下的国际贸易保护措施新趋势及中国的对策》，《世界经济研究》，2011 年第 7 期。

⑭黄晓凤、廖雄飞：《中美贸易失衡主因分析》，《财贸经济》，2011 年第 4 期。

⑮暨佩娟等:《共同努力　逐步解决全球贸易不平衡问题》,《人民日报》,2011年12月14日。

⑯杜晓郁、阙澄宇:《中美经贸摩擦中的全球化因素》,《财政研究》,2011年第2期。

⑰于友伟:《汇率变化与贸易平衡——基于中国与亚太主要贸易体的研究》,《国际贸易问题》,2011年第7期。

⑱陆燕:《2011年世界经济及中国外经贸发展趋势展望》,《国际经济合作》,2011年第1期。

⑲马双、林汉川、黄满盈:《国外对华贸易救济的新趋势及其应对分析》,《商业研究》,2011年第7期。

⑳韩景华、任维:《后危机时代贸易保护主义新趋势及应对策略》,《国际经济合作》,2011年第2期。

㉑丁冰:《试析我国利用外资与国家经济安全的关系》,《当代经济研究》,2011年第11期。

㉒刘薇娜:《贸易全球化与转轨国家贸易安全研究》,《商业研究》,2011年第5期。

㉓陈炳才:《全球化下的中国金融安全》,《中国金融》,2011年第22期。

㉔郑柏清、周先波:《金融安全、全球化与经济增长:来自发展中国家的经验》,《南方经济》,2011年第7期。

㉕张汉林、袁佳:《经济全球化、中国收入分配与"人口红利陷阱"》,《财经研究》,2011年第6期。

㉖叶卫平:《转变经济发展方式与维护国家经济安全》,《教学与研究》,2011年第6期。

㉗丁志杰:《中国对外开放模式亟须转变》,《国际经济合作》,2011年第2期。

㉘卫兴华、张福军:《要处理好我国经济发展中的经济与社会安全问题》,《当代经济研究》,2011年第2期。

㉙王道平、范小云:《现行的国际货币体系是否是全球经济失衡和金融危机的原因》,《世界经济》,2011年第1期。

㉚朱纯福:《主权货币国际化内在矛盾及其策略选择——兼论国际货币体系多元发展路线的历史逻辑》,《世界经济研究》,2011年第3期。

㉛姚大庆:《货币的国际可交易性与国际货币体系改革》,《世界经济研究》,2011年第7期。

㉜谢世清:《国际货币基金组织份额与投票权改革》,《国际经济评论》,2011年第2期。

㉝戴相龙:《国际货币体系改革与人民币的国际化》,《经济研究参考》,2011年第49期。

㉞郑新立:《构建高效安全的国际货币体系》,《经济研究参考》,2011年第49期。

㉟王永利:《必须加快推进货币体系改革》,《国际金融研究》,2011年第4期。

㊱陈绍锋:《后危机时代国际货币体系将走向何方?》,《国际政治研究》,2011年第2期。

㊲赵柯:《中欧如何在国际货币体系改革中合作?》,《现代国际关系》,2011年第3期。

㊳高海红:《后危机时期东亚货币合作的路线图》,《国际经济评论》,2011年第5期。

㊴高海红:《人民币成为区域货币的潜力》,《国际经济评论》,2011年第2期。

㊵徐奇渊:《人民币国际化面临的挑战和选择》,《当代世界》,2011年第1期。

㊶李婧:《从跨境贸易人民币结算看人民币国际化战略》,《世界经济研究》,2011年第2期。

㊷郝宇彪、田春生:《人民币国际化的关键:基于制约因素的分析》,《经济学家》,2011年第11期。

㊸殷剑峰:《人民币国际化:"贸易结算+离岸市场",还是"资本输出+跨国企业"?——以日元国际化的教训为例》,《国际经济评论》,2011年第4期。

㊹高静:《国际货币体系改革背景下的人民币国际化策略研究》,《学术论坛》,2011年第10期。

(作者:卫兴华,中国人民大学教授;
尹辉,中国人民大学博士生)

宏观经济管理与政策

方　芳　王丽君

2011年是国外和国内形势纷繁复杂的一年。外部是欧债危机的不断蔓延,美国经济复苏乏力以及由此带来的外需疲软;内部是输入性通货膨胀来势汹汹,经济增速放缓,房地产市场成交量萎缩,房价僵持不下。在此背景下,我国施行积极稳健、审慎灵活的宏观经济政策,使得国民经济平稳较快发展、物价涨幅总体可控、经济效益稳步提高、结构调整积极推进、就业和居民收入较快增长,人民生活进一步改善。但是进入2011年第四季度后,欧债危机进一步恶化,外围经济下滑风险加大,我国经济增速持续下行;遏制通胀的政策效应逐渐显现,通胀水平也明显回落,增速、物价均下行,经济步入衰退期。在温州民间借贷资金链断裂的刺激下，政策微调开启，调控重心逐渐由抗通胀向保增长转移。

2011 年国民经济保持平稳较快发展，经济增长由“政策刺激”向“自主增长”有序转变。消费需求保持稳定，固定资产投资增长较快，对外贸易更趋平衡，内需逐渐成为经济增长动力，农业生产形势良好，工业生产增长平稳，居民收入继续增加，物价过快上涨势头得到初步遏制。积极稳健、审慎灵活的宏观经济政策在切实处理经济平稳较快发展、调整经济结构、管理通胀预期三者关系中发挥了重要作用。围绕保持物价总水平基本稳定这一宏观调控的首要任务，我国坚持实施稳健的货币政策，着力提高政策的针对性、灵活性和有效性，综合交替使用数量和价格型工具以及宏观审慎政策工具，加强了银行体系流动性管理，引导了货币信贷平稳增长，保持了合理的社会融资规模。同时，坚持完善人民币汇率形成机制，稳步推进金融企业改革。在结构调整过程中，货币政策的局限性凸显，而财政政策却可以通过明确的财政支出以及产业减税向社会发出积极的信号，直接反映政府对产业的态度以及扶持方向。

一、关于通货膨胀的再讨论

观察我国近几年来的通货膨胀率变动情况，可以看出从 2007 年开始，我国进入了一个通货膨胀率较高的时期。高通货膨胀率令经济学家开始担忧两个问题，一是本轮的通货膨胀将持续多久，二是通货膨胀会在多大程度上影响中国经济。如果通胀率长期走高，极有可能破坏社会的稳定。因此，细致地考察引起本轮通货膨胀的原因、应对政策和效果成为解答上述两个问题的关键。

（一）通胀的成因

有学者提出：美国的量化宽松政策通过国际贸易与国际资本流动造成了我国的输入性通货膨胀。随着我国工业化与城市化的推进，我国对能源与原材料的需求进一步扩大，除了本国国内资源以外，需要向国外进口原材料或半成品等产品，这些商品的价格上涨势必会通过国际输入抬高我国最终的产品价格。另外，国际热钱进入国内后，在房地产市场上炒高赢利，在股市低吸高抛获利。研究表明，2011 年我国先后发生的大蒜、绿豆、房地产、棉花等价格的异常走高，与美国实行定量宽松的货币政策，导致热钱输入不无关系。①

有学者提出：我国目前全面的通货膨胀，其成因主要是投资和出口需求过旺、货币的流动性过剩、公众对物价上涨的心理预期和国际市场上某些主要商品价格上涨。首先，资源如能源、原材料、交通运输等基础产业供给的瓶颈制约引起生产和生活资料价格大幅度上涨；其次，体制因素和结构性因素造成需求过旺，在我国由于中央政府将收入分配权部分下放给地方政府的同时，没有在现有的经济体制中形成对非国家主体的内在需求的约束机制，导致了作为另一经济主体的地方政府可以在缺乏有效的需求约束的情况下，形成过度需求扩张；最后，信贷投放规模过大、贸易顺差严重，外汇储备过多、人民币升值预期都导致了过量的货币供给。这些共同作用导致了我国的通货膨胀。②

有学者通过构建包括过剩流动性、需求拉动、成本推动以及国外通胀传递四类因素的通货膨胀动态模型实证检验提出：我国通货膨胀的主要影响因素为流动性过剩，需求拉动次之，成本推动排第三，国外通胀传递对通货膨胀的影响最小。究其根源，在现有汇率体制下央行由于巨额外汇储备而向市场投放过量货币的货币被动超发以及信贷扩张是造成流动性过剩的主要原因。过度需求一方面来源于净出口扩大形成巨额外汇储备，而留在国内的庞大的纯购买力；另一方面，样本期间相对宽松的宏观经济环境推动总需求扩张。过剩流动性和过度需求相互影响，过度需求以市场上充裕的货币供应和宽松的宏观政策环境为条件，两者相互作用，共同推动物价上涨。③

（二）政府治理通胀的政策

有学者指出：中央银行持续动用所有可以动用的货币政策调控信贷扩张、回收流动性、控制通胀预期。从 2010 年采取适度宽松的货币政策，到 2011 年 7 月 7 日中央银行继续上调存款类金融机构人民币存款准备金率 0.5 个百分点。同时，央行在发行央票、窗口指导、创建中国投资公司上均采取了一定措施，但从通货膨胀总量上看，还是表现为流通中的货币超过社会在不变价格下所能提供的商品和劳务总量，这就反映了现在宏观调控的格局，即压制通货膨胀没有效果，反而压制了经济增长。④

有学者指出：为了应对本轮通货膨胀，央行从 2010 年开始已经实行了 5 次加息，利率上升合计 125 个基点，在加息的同时，央行还 12 次提高法定存款准备金率，合计提高了 600 个基点，目前大型金融机构的存款准备金率已经达到 21.5% 的历史高位。虽然历经多次加息，但随着通胀的加剧，负利率状况进一步恶化。上一轮通货膨胀期间的负利率持续了 20 个月，为 15 年来的最长时期，截至 2011 年 9 月，这轮通货膨胀负利率持续时间已经达到 19 个月，预计在较长时期内这种状况还将延续。⑤

（三）治理通胀的效果

有学者指出：我国实行的相机抉择的货币政策，即通过上调利率来抑制通货膨胀的举措是行之有效的。这种“逆风而行”的政策，即在通货膨胀时期采取紧缩的货币政策，与凯恩斯学派倡导的货币需求理论基本一致。从历年的经验中可以看到，在每次经济趋于过热的时候，中央银行就会调整利率。但是由于货币政策时滞的存在，调整利率不能达到立竿见影的效果，经济会在运行了一段时间后再趋于平稳。⑥

有学者提出：在货币已持续快速超发的大背景下，试图压低 CPI 的政策措施，有可能引发资产价格的膨胀；而试图缓解资产价格膨胀的政策措施，则有可能恶化通胀形势。因为我国 CPI 的持续上升，一方面与经济体中大量超发的货币密切相关，另一方面也与政府对股市和房地产市场的政策有关。当前民众的预期正在发生变化，如果公众普遍认定股市与楼市不景气，那么大量货币就会从这两个最重要的非货币资产市场撤离，即便不会导致市场崩盘，也有可能导致大量资金冲击实体经济中的商品市场，造成部分商品的价格高涨。⑦

有学者指出：利用 IS-LM-BP 模型对我国积极的财政政策和稳健的货币政策进行分析有助于理解我国政策组合的合理性与可能效果。“宽财政”通过扩大政府支出、税费体制改革、提高个人所得税起征点等措施刺激经济，稳定增长，为“十二五”规划开好局；“紧货币”将收回流动性，提高利率，压低通胀水平。如果货币对内升值、利率提升到一定水平，与国际利率水平和汇率条件保持一致，将对我国贸易和短期国际资本流动产生影响，实现外部均衡。如果“紧货币”力度进一步加强，通胀率较低，利率较高，人民币走强，则国际资本流入；如果经济是持续性高速增长，投资机会增多，资本流向实体经济，推动生产，则增加国民收入和政府财政收入，补回赤字，实现盈余。不过这一过程较长，一般难以实现，较为合理的是存在适度的通胀率。⑧

二、关于保障房建设的讨论

随着我国城市化、工业化进程的加快，各地区经济发展呈现出不平衡态势，贫富差距不断扩大，商品房价格持续飙升，导致大部分中低收入群体无力负担高额的房价，严重影响了我国实现人民安居乐业的目标，这已成为制约我国健康发展的重大问题。为解决这一问题，政府加大了对建设保障性住房的关注。住房与城乡建设部《关于报送城镇保障性安居工程任务的通知》中提出：2011 年全国保障性安居工程住房建设规模将高达 1000 万套，其中公共租赁房将占主要部分。因此，加快推进保障房建设已成为我国面临的艰巨任务，然而保障房的现状却不容乐观。

针对保障房建设中存在的困难，有学者指出：首先是资金难，“十二五”期间我国将兴建 3600 万套保障房，以 2010 年全国商品房平均价格5034 元/平方米、全国平均造价 2000 元/平方米、保障房单套面积 60 平方米计算，这些保障房全部完工，将需要资金约 4.3 万亿元。任何政府在短短的几年内筹措到这一笔巨款都是非常困难的。其次是土地难，经过多年持续不断的土地开发，市内能够用于商业开发的土地已经不多。如果把保障房建在郊区，又会对配套设施以及交通等方面提出相应的要求，然而这些基础设施的跟进在短期内却是难以实现的。最后是管理难，如果保障房施行买卖，由于法制不健全、信息不透明，很有可能出现寻租和腐败行为，如果保障房只租不卖，如何对其进行管理？大片由城镇低收入群体集中居住的房屋久而久之会不会成为城市弱势群体的另类风景，成为类似印度、巴西等国那样的城市“贫民窟”？这些都是摆在地方政府面前必须破解的难题。⑨

针对我国保障房建设融资难问题，有学者指出，必须立足于制约公共租赁住房融资的关键节点，即在公共租赁住房产权转让尚未松动，项目收益（租金＋商业部分按市价租售）难以牵引商业盈利模式的现实状况下，建立公共租赁住房资金循环系统，使公共租赁住房建设融资成为在政府主导下的全社会资本的有机的联合与互动。思路主要立足两方面：一是结合融资工具创新，激活地方政府投融资平台公共租赁住房融资功能；二是继续探索融资模式创新，推动相关制度和政策体系突破。⑩

有学者提出，推行廉租房房地产投资信托（REITs）融资可以缓解资金瓶颈。我国廉租房建设一直存在巨大住宅需求与建设资金不足的矛盾，而同时充裕的民间资本又碍于国内投资渠道狭窄的限制，大部分涌向房地产市场，推高了城市商品住宅的价格，解决这些问题的关键是如何将民间资本投入到保障性住房建设当中，扩大住房供给，缓解商品住宅价格上涨压力。REITs 由于其自身优点能很好地解决廉租房融资困难的问题，但在目前的法律和金融环境下，REITs 的推行将会面临法律和政策的一些障碍。因此学者建议，首先，尽快出台针对 REITs 的管理办法，对 REITs 的定义、组织结构、设立条件、经营运作、税收制度、产权转移或变更登记等进行规定，并充分结合其他适用 REITs 的法规，为 REITs 的发展创造一个良好的法律环境。其次，推出明确的税收优惠减免政策，可以参照国际通行的惯例制定相关税收政策，避免 REITs 出现重复征税。⑪

有学者提出，政府应从补贴生产者转向补贴消费者，因为从市场经济运行的整体效率与资源最佳配置的角度来看，前者是缺乏市场公平与违背效率原则的，而后者较符合市场经济的发展规律。与此同时，不仅要加大保障房建设，更要大力开放存量住房市场，即允许居民以买卖、租赁、抵押交换、转租等多种方式交易存量房。特别是当前形势下要重点完善廉租房供应体系建设，建立经济租居房制度。不仅要新建一批廉租房、经济租居房等公共住房，而且要重点通过将空置房和二手旧房转让等多种方式扩大廉租房、经济租居房等公共住房房源，落实低收入群体的住房保障政策。要在坚持住房市场化基本取向的同时，加快住房保障体系建设，落实廉租房和经济租居房资金、房源，出台经济租居房管理办法，改善最低收入家庭和住房困难户的住房条件。⑫

三、关于外贸格局转型与外贸企业发展模式的讨论

2011年，面对复杂多变的国际形势和国内经济运行出现的新情况和新问题，我国对外贸易着力于“稳增长、调结构、促平衡”，外贸政策保持基本稳定，进出口呈高开低走态势，贸易平衡状况继续改善，市场多元化战略积极推进，新兴市场份额稳步提升，进口支持力度加大，商品结构进一步优化，贸易赤字相对减小，转变外贸发展方式取得新进展。

（一）积极促进外贸格局转型

有学者提出：我国必须逐步改变以往的出口导向战略，实施新的注重质量效益、协调可持续发展的出口战略。从短期看，我国外贸出口产品仍将以劳动密集型为主，出口规模仍将继续扩大，出口增速仍将高于全球出口增速，出口份额仍将呈上升趋势。从长期看，我国外贸出口产品将会逐步从劳动密集型向技术、资本密集型过渡，出口增速亦将有所放缓，出口规模将会保持相对稳定，出口比重也将由保持相对稳定转为略降态势。因此应及时调整我国外贸出口战略，努力提升劳动密集型出口产品质量和档次；加快培育以技术、品牌、质量和服务等为核心的国际竞争新优势，实施科技兴贸战略，促进战略性新兴产业国际化发展；严格限制高耗能、高污染和资源性产品出口。⑬

有学者指出：中国应进一步扩大开放程度，提高开放质量。中央提出要在“十二五”期间加快转变经济发展方式，作者认为应把消费拉动放到第一位，出口拉动放到第二位，投资拉动放到第三位。既要发挥外贸在我国经济发展中的作用，又要适度扩大和改善外贸状况，这就要求进一步改善外贸结构。具体而言，改善贸易的方式结构、产品结构和地区结构，鼓励企业“走出去”，与此同时推进人民币汇率改革以及自由贸易区建设。⑭

有学者指出：随着外贸体制逐渐与国际接轨，内外贸一体化开始试水。应积极推动经济增长内生驱动的出口增长，充分发挥进口驱动经济增长的作用。具体而言，首先，应继续推进出口增长方式转变，促进贸易方式由加工贸易向一般贸易转变。特别是针对出口贸易粗放式增长产生的问题，如过度依赖廉价劳动密集产品、产品附加值低、高污染、高排放和资源性产品较多，要求出口商品结构从粗放型向集约型转变。其次，应建立更加平衡的进出口增长格局，突出进口在促进经济增长中的作用。最后，建设现代开放型商务管理体制，建立和完善与贸易有关的境外经济活动服务支撑体系。⑮

（二）后危机时代的贸易企业发展模式

有学者指出：随着后金融危机时代的到来，我国的外贸出口企业应做好转型工作，降低贸易风险，减少贸易摩擦。具体而言，应创立自主品牌以赢得市场，不仅应该按照国际通用标准选择产品，并且提升和改进自己的产品，使其能够更有效地适应市场。与此同时，作为世界出口第一大国，我国经济对外出口的依存度高，出口型企业的出口目标应由欧美发达国家向南美、中东、俄罗斯、非洲和东盟等新兴市场转移。另外出口型企业应该积极减少出口比重，增加内贸份额，出口型企业的大量质优价廉的产品正好契合国内广大农村市场的需求，开发好农村市场，对增强出口型企业的风险承受能力大有裨益。⑯

有学者指出：在后金融危机时代，中小外贸企业必须实现发展模式的转变才能取得发展突破。具体而言，应坚持科技兴贸，打造产品核心竞争力，增强“非价格竞争”能力，拓宽产品销售渠道，形成以市场为王的发展模式；并购上下游相关产业，降低成本，实现规模经济，构建整条产业链的发展模式；设立海外分支机构，促进国外先进技术和企业产品的有机结合，构造海外扩张和产品升级的发展模式；跨行业兼并，实现联合化、多元化经营，建立集团整体运作的贸易发展模式。⑰

四、关于收入分配改革的讨论

优化国民收入分配结构，既是经济结构战略性调整的重要途径，也是保障和改善民生的关键所在。加快推进收入分配改革，形成公平合理的国民收入分配格局，是“十二五”时期推动经济发展方式转变取得实质性进展的关键环节。

（一）收入分配的主要问题

有学者提出：由于改革不彻底、制度不规范，当前在收入分配领域暴露出不少问题。一是劳动者报酬和居民收入占GDP比重偏低而且持续下降；二是城乡、地区、行业和社会成员之间收入差距持续拉大；三是收入分配秩序不规范，投机行为盛行，腐败现象不断，灰色收入和不法收入恶化收入分配关系；四是“潜规则”替代“正式规则”，社会交易成本偏高，低收入者承担了大量无谓的社会成本，社会阶层流动性有下降风险。⑱

有学者提出：当前收入分配问题主要存在于：地区之间，东南沿海地区经济迅速发展的同时，广大的西部地区和老少边穷地区发展滞后；城乡之间，由于城乡之间在国家发展战略、地理位置、历史条件等方面存在差别，导致城乡收入差距进一步扩大；行业之间，个人工资构成不合理，目前国家、企业和个人分配关系不够协调，资本所得偏高，劳动所

得偏低，使“以按劳分配为主体”原则边缘化。[19]

（二）收入差距扩大的原因

有学者提出：政府推动的改革不彻底，没有通过良好的制度安排形成一种公平的发展机会，导致了严重的机会不平等，从而导致了收入分配差距扩大。具体而言包括两点：一是公共服务的提供，即公共消费的不平等。贫困家庭子女无法享受到良好的教育，继而不能从事高技术含量的工作，从致富的起点上就凸显了不平等的特性。二是公共产权制度残缺，公共产权收益大量流失。我国是一个公有制为主体的国家，却对公共产权收益不太重视，而更看重税收。这导致了一部分人利用国有资产、国有资源致富，这样的富豪不是在创造财富，只是在转移财富，把国家的财富转移为企业甚至是个人的财富。[20]

有学者提出：首先，行业间收入差距较大部分是由于垄断行业的收入远远高于非垄断行业，然而除了那些因为规模经济而形成自然垄断的行业，其他很多垄断是由政府通过特许经营、不对民间资本开放、设置准入限制而形成的。其次，政府在初次分配中掌握了大量的资源，这些资源一部分用于经济建设，形成我们看到的基础设施，另一部分由于财政支出缺乏有效的监管，就有可能流向个人。最后，政府对经济的介入还表现在直接参加经济活动。在参加经济活动中，政府拥有的权力为其带来很大的便利，形成了大量的寻租。[21]

（三）政策建议

有学者指出：深化初次分配领域的改革要通过建立和完善社会主义市场经济体制来实现。目前我国劳动力市场的行政性分割十分突出。例如，国有企业中的工资形成机制很难说是市场化的，广大工人在工资形成过程中很少有通过谈判来进行博弈的权利；企业高管也不是竞争上岗，他们的收入水平还不是市场竞争的结果。因此，完善市场分配机制，是初次分配领域改革的重要任务。再分配领域的改革要通过行政体制改革来实现。应当通过税收和转移支付来缩小收入差距，使再分配真正成为“抽肥补瘦”的社会政策的有力工具。还应加大再分配的力度，特别是要在社保、医疗、教育等领域对贫困人口、农村地区和西部地区加大转移支付的力度。[22]

有学者提出：首先，调整优化政府支出结构，切实改善公共服务供给。基本公共服务能为最广大的居民，特别是低收入人群提供最基本的保障，它是政府通过实物转移方式调节收入分配的最有效手段，具有明显的再分配作用。其次，加快完善社会保障体系，建立健全社会安全网。一方面，必须有序将农民工纳入城镇就业、医疗、社保、住房和子女教育等基本保障制度，逐步实现农民工与城市居民的基本保障权利无差别；另一方面，坚持广覆盖、保基本、多层次、可持续方针，加快推进覆盖城乡居民的社会保障体系建设。最后，继续改革完善税收制度，加大二次分配调节力度。完善企业所得税制度，适当降低间接税比例，适时开征不动产税，同时积极推进个人所得税制度改革，强化个人所得税对收入分配的调节作用。[23]

有学者提出：首先，提高低收入者收入。这就要积极促进就业，加快推进家庭就业工程；提高城市在业但收入较低的工人、进城务工的农民等群体的工资报酬；建立长效机制，确保农民收入较快增长，通过调整农村经济结构来推进农业产业化、规模化，促进和支持农村个体私营经济发展，形成稳定的经济增长点；加快建立完善城乡劳动者平等就业的制度，消除城乡劳动力流动壁垒，使劳动力在城乡、地区之间能够自由流动。其次，建立社会保障体系。完善的社会保障制度是解决失业、疾病、年老等因素所带来的贫富不均的有力措施。最后，建立企业职工工资正常增长机制和支付保障机制。和谐社会的一个重要利益机制是共享与保障机制，确保全体人民享受到改革和发展所带来的成果。[24]

五、关于“就业难”和“用工难”并存的就业形势的讨论

随着金融风暴持续延续，我国就业的结构性矛盾将进一步加剧，部分企业“招工难”与部分就业者“就业难”问题并存。在东部沿海，劳动密集型制造业和服务业“求人倍率”不断上升，虽然不少企业开出了非常优厚的条件，但招工形势依然严峻。另外，用工短缺的现象逐步向中西部地区蔓延。与此并存的是每年攀升的毕业生总量和持续扩大的就业压力，毕业生“就业难”现象频现。

有学者提出：“招工难”是局部劳动力市场问题，表现出明显的地区、行业和岗位的特点，是低端劳动力市场受到挤压的体现。从我国每年新增劳动力与新增岗位的对比中可以看出，总体上我国劳动力市场是供大于求的状态。就全国而言，缺工主要集中在制造业、居民生活和商业服务业、建筑业的一些中小企业的技术工种和熟练工种。另外区域劳动力市场的均衡发展，也加重了局部地区的“招工难”。与此同时，由于新生代农民工经历的困难较少，缺乏应对困难的吃苦耐劳的精神，对可能遇到的困难和挑战准备不足，一旦工作不如意，就频繁跳槽；许多农民工自身的素质和技能水平不足，难以适应用工条件较好企业的要求，无法形成有效供给，因此形成了“就业难”的局面。[25]

有学者指出：农村劳动力的供给已经从无限供给转变为有限剩余，劳动力供求关系已经发生根本性的转变。但“招工难”并不体现为绝对意义上的劳动力短缺，而是一种劳动力市场结构性矛盾的反映，是劳动力市场今后面临的长期性矛盾。究其原因，一是农民工的利益诉求已经发生了变化；二是城乡分割的制度体系，使得在城市工作的农民工无法融入城市，不得不选择在农村和城市之间流动，加大了招工的难度。[26]

有学者提出：当前及今后20年，劳动力供大于求依然是我国经济发展和就业之间的基本矛盾，我国未来经济发展仍然有劳动力资源数量巨大的优势。同时，劳动力供求特点将发生一些变化。劳动力年龄结构逐步老化，劳动力需求的地区结构发生变化，东部地区对劳动者素质的要求越来越高，中西部地区对劳动力的需求数量会越来越大。另外，在我国的目前阶段，不能由于一些劳动密集型企业退出就认为是劳动力短缺。我国不是没有劳动力，而是高素质的劳动力缺乏。因此，未来更主要的是要提高劳动密集型从业人员的素质，延长我国的劳动力资源优势，提高劳动生产率。[27]

有学者提出：中国并不宽松的整体就业环境与大学扩招幅度持续加大之间产生较大矛盾。当前，中国正面临着城镇新增劳动力就业、农村劳动力转移和下岗失业人员再就业“三碰头”的局面，加剧了城市劳动力市场供大于求的紧张态势，从而给高校毕业生就业增加了困难。另外，学生专业限制和用人单位性别歧视影响大学生就业；毕业生的期望值高出社会现实水准，也导致部分大学生“有业不就”。与此同时，一方面，高学历、高素质、高技能的技术人才和操作型技术人才严重短缺；另一方面人才市场又滞留着成千上万的求职者，“蓝领”技术工人供不应求，甚至对专业技能要求非常高的技术工的身价高于硕士生的情况屡屡可见。[28]

有学者提出：战略性新兴产业将成为大学生就业的增长点。以往大学毕业生的就业岗位主要集中在传统产业、国有企业、事业单位和行政机关。然而目前行政机关、国有企业以及事业单位无不在压缩编制、减员增效，而且这些单位中还有大量的冗余人员需要消化和分流，因此对高校毕业生的需求减少。“十二五”期间，我国会进一步加大产业结构调整和升级的速度，同时会大力发展信息技术、节能环保、新能源、生物、高端装备制造、新材料、文化创意等产业，这些产业以及由此衍生出来的相关产业将会创造大量的就业机会。因此“十二五”期间，大学生就业结构将随着产业结构的调整和升级而逐步调整，战略性新兴产业将成为大学生就业的增长点。[29]

有学者提出：中国产业结构（劳动力需要结构）与劳动力供给结构不匹配，实质是劳动力升级速度快于产业结构升级速度的结果。当前的劳动力结构与改革开放初期相比，已经出现了快速提升。劳动力结构的优化，高素质劳动者比重的上升，是劳动力市场在供给结构上的新变化。这需要有相应的新的劳动力需求结构来对应，即需要更多的高端工作岗位来容纳高素质劳动者。而中国当前的产业结构仍然相对落后，产业升级的速度相对较慢，无法适应劳动力结构变化的要求。由于产业结构较落后，大部分的企业未能升级到更重视技术开发、产品设计、品牌经营等附加价值较高的产业链环节，因此对具备了技术开发、产品设计潜力的大学毕业生的需求并不大。[30]

六、关于温州“高利贷”的讨论

温州民营经济发展始于20世纪70年代末，并逐渐在地区经济格局中占据主导地位，对区域经济发展有重大贡献。但是2011年温州却以“小企业倒闭、老板跑路”等关键词频频见诸报端。据不完全统计，2011年4—9月，温州有22位企业家跑路，各家企业涉及资金少则千万元，多则数亿元，断裂的资金链引爆的温州民间借贷违约风潮，使其背后庞大的高利贷残局浮出水面，并引起温州乃至全国极大的震动。2011年，国务院出台支持小微企业的金融财税政策“国九条”、银行积极表态、跑路老板陆续回归，温州的经济秩序逐渐平复。温州的民间融资危机，一方面与宏观经济形势和信贷政策密切关联，另一方面也与温州制造业转型有关。

（一）温州高利贷形成的原因

针对温州高利贷盛行的成因，有学者指出：受要素影响制约，缺电、缺工致使成本上升、利润下降，鞋类、服装、眼镜、打火机、制笔、锁具等劳动密集型行业尤为严重。在“制造业之都”温州，部分行业增长进入持续低迷状态，使得企业家信心下降。为规避缺工、缺电等因素影响，一些东部传统产业纷纷向西部转移。尽管如此，在利润微薄又无力转型的情况下，温州很多企业把精力转向房地产。许多中小企业把企业、项目作为融资平台，以此获得大量银行贷款，转而投资房地产等行业。在实业资本的助推下，东部房价节节攀升。在宽松货币政策下，各银行为抢夺贷款市场份额，使一些制造企业融资渠道增多，负债过重，超过了其实际承受能力，值得关注的是，这些贷款普遍存在“长投短贷”现象。在信贷紧缩后，很多中小企业在银行贷款难以为继又面临巨额资金压力的情况下，只好采取民间融资，致使民间高利贷盛行。[31]

针对温州中小企业资金链紧张、融资难的现状，有学者指出这是多种因素综合作用的结果。一是贷款规模控制更加严格。由于规模控制，已批未放的企业需要排队等待，获得贷款的时间变长。二是利率上升，资金成本增加，出于成本控制的考虑，企业更多地选择少借贷款，而是从上下游企业挤资金，以前到账期为1～2个月，现在大多要求现金交易。三是原材料价格上涨，企业备货增加，资金的需求也相应有所增加。融资难问题是中小企业本身的特征决定的。在我国中小企业融资体系不完善的条件下，民间借贷就成为正规融资渠道的有益补充，无论是经济发达地区还是欠发达地区，民间借贷的作用都无可替代。从温州的现实来看，由于民间借贷资本非常发达，通过亲戚朋友关系借贷已呈现网络化，仅从资金供给角度讲，融资难问题并不突出。一些企业在紧缩时期的倒闭，与大量高息借贷投资且超过其负担能力有直接关系。中小企业融资难问题的根源是其处于产业链低端，利润微薄，以及经营管理机制不健全。[32]

（二）解决高利贷问题的出路

针对如何引导、规范温州民间金融活动，从而充分利用温州民间资金为社会服务，有学者提出推进利率市场化进程，严格打击高利贷活动，必须扩大金融机构贷款利率浮动区间和自主定价权，提高贷款利率市场化程度和信贷风险的补偿能力，实行存款浮动利率，建立新的市场竞争体系，使资金在同等条件下在正规金融与民间金融之间合理分布，用市场手段优化资金这一稀缺资源的配置，提高其使用效率。与此同时，加强对民间金融的监管和引导，政府要从完善法律、制度、政策入手，严格市场准入条件、提高准备金率和资金充足率、实行风险责任自负。要做好对民间金融活动的风险提示，及时提出规避风险的建议。建立事前备案制度，构建民间金融应对风险的救助机制，如准备金制度、存款保险制度、再贷款制度、外部援助制度等，加强对民间金融的规范引导。[33]

针对温州经济转型和信贷结构调整，有学者指出，必须强化信贷投向管理和引导，加大对民营经济转型升级中关键环节的信贷支持，推动民营经济发展方式转变。进一步强化银行信贷政策导向效果评估，重点强化对银行信贷资金实际流向的考核和检查力度，确保信贷流入实体经济。加大对先进制造业企业兼并重组、行业龙头企业的信贷支持，提高温州民营企业的集群效应，提高产业集中度，从而促进民营中小企业的内部分工协作，提升民营经济产业集群的核心竞争力。鼓励金融创新，进一步拓宽科技型企业、新兴产业的融资渠道，大力发展专利权、商标权、排污权等金融产品创新，引导企业转变发展理念。加大对企业技术改造和产品创新研发的信贷投入，加大对这些民营经济薄弱环节的长期信贷投入，推动企业加强内部流程改造和技术改造，提升企业生产技术水平。加强宏观调控政策的协同配合，提升金融支持民营经济发展的效益。[34]

注：

①赵为民：《量化宽松货币政策对我国输入型通货膨胀的影响》，《经济研究参考》，2011 年第 53 期。

②周敏：《浅析我国目前通货膨胀的成因、影响及对策》，《中国集体经济》，2011 年第 33 期。

③傅强、朱映凤、袁晨：《中国通货膨胀主要影响因素的判定与阐释》，《中国工业经济》，2011 年第 5 期。

④周唯琪：《论中国通货膨胀下的货币政策有效性》，《中国对外贸易》（英文版），2011 年第 22 期。

⑤刘远亮、徐阳：《优化高通胀下的宏观调控政策组合》，《中国金融》，2011 年第 20 期。

⑥袁菡娉：《银行加息对抑制通货膨胀的效果的分析》，《现代商业》，2011 年第 23 期。

⑦徐振宇、马珣：《本轮通货膨胀的基本原因与政策反思》，《理论视野》，2011 年第 10 期。

⑧周凤生：《开放经济条件下中国复合式通货膨胀形成机制与政策分析》，《中国市场》，2011 年第 52 期。

⑨詹国枢：《保障房三难》，《中国经济周刊》，2011 年第 14 期。

⑩付念：《我国公共租赁住房融资问题研究》，《经济研究参考》，2011 年第 39 期。

⑪王一峰：《关于推行廉租房 REITs 融资模式的 SWOT 分析》，《中国集体经济》，2011 年第 15 期。

⑫吴振宏：《经济适用房该何去何从》，《中国城市经济》，2011 年第 11 期。

⑬江林：《我国外贸出口走势及政策建议》，《宏观经济管理》，2011 年第 4 期。

⑭成思危：《当前世界经济形势和未来五年中国外贸的着力点》，《中国流通经济》，2011 年第 5 期。

⑮彭磊、张志辉：《出口驱动型经济增长向经济增长驱动型出口转变》，《宏观经济研究》，2011 年第 1 期。

⑯范越：《出口型企业在新经济形势中如何实现转型》，《中国集体经济》，2011 年第 10 期。

⑰许锋、林媛媛：《金融危机下中小外贸企业的发展研究》，《中国城市经济》，2011 年第 20 期。

⑱国务院发展研究中心课题组：《加快推进收入分配改革》，《中国发展观察》，2011 年第 9 期。

⑲单凤菊：《收入分配制度改革与和谐社会建设》，《中国市场》，2011 年第 48 期。

⑳冯一凡：《把脉收入分派改革》，《新理财》，2011 年第 1 期。

㉑张亮、朱俊瑁：《浅析我国的收入分配改革问题》，《东方企业文化》，2011 年第 4 期。

㉒赵人伟：《深化改革是解决收入分配问题的根本途径》，《中国人才》，2011 年第 3 期。

㉓孟春、陈昌盛：《改革财税制度，优化收入分配格局》，《中国财政》，2011 年第 6 期。

㉔宋明明：《浅析我国收入分配的现状与对策分析》，《商场现代化》，2011 年第 1 期。

㉕张丽宾：《对我国现阶段就业形势的认识问题》，《中国发展观察》，2011 年第 1 期。

㉖张车伟：《对当前就业形势的几点认识》，《中国劳动》，2011 年第 5 期。

㉗张丽宾：《劳动力成本优势仍在——对我国现阶段就业形势的认识问题（下）》，《中国发展观察》，2011 年第 3 期。

㉘孟玮：《浅谈当前大学生就业形势及应对方法》，《中国集体经济》，2011 年第 30 期。

㉙李军凯：《“十二五”期间大学生就业形势展望与对策》，《中国就业》，2011 年第 10 期。

㉚李钢、梁泳梅：《“用工荒”与“大学生就业难”为什么会并存》，《中国经贸导刊》，2011 年第 7 期。

㉛林晓：《温州实体经济退潮?》，《中国报道》，2011 年第 6 期。

㉜植凤寅、俞敏、周洪生、杨福明：《中小企业倒闭潮真相之辩》，《中国金融》，2011 年第 17 期。

㉝杨子帆：《温州民间金融市场的发展及规范研究》，《财经界》，2011 年第 7 期。

㉞周松山：《信贷结构调整支持民营经济转型升级》，《中国金融》，2011 年第 8 期。

（作者：方芳，中国人民大学教授；王丽君，中国人民大学研究生）

法　学

法 理 学

冯玉军　方　林

一、重要的学术研讨会与著述

2011 年，全国法学理论界对大量理论与实践问题展开了广泛而深入的探讨和研究，对完善中国特色社会主义法律体系、司法理论与纠纷解决、法律与正义诸问题、法治与一般法律理论、法学教育和社会管理创新等都有深入的讨论，取得了众多研究成果，发表了一大批研究论著。

北京地区的法理学者、专家们本着务实、创新的探索精神，也对中国法学理论研究的诸多重点、热点问题进行了深入研讨。

本年度，北京地区召开了一系列学术研讨会，主要有：2011 年 5 月中国人民大学举办的“汉斯·凯尔森与东亚法文明”国际研讨会和 6 月召开的“海峡两岸法律文化研讨会”；8 月，中国社科院法学所召开了“现代化进程中的中国民主法治——纪念辛亥革命 100 周年学术研讨会”，研讨辛亥革命以来中国民主法治建设的进程与发展；9 月，清华大学举办“理想的法学教育”研讨会，讨论法学教育的方法问题；10 月，北京大学于 9 日召开了“百年中国的法政之道”研讨会，中国政法大学于 27 日召开了“法治文化培育与文化强国战略”研讨会，讨论法治建设对文化强国战略的影响与作用；12 月 3 日，中国人民大学法学院召开了“新视野与新发展：法律社会学研究在中国”研讨会，探讨中国法律社会学研究的新课题与新进展；12 月 3—4 日，清华大学举办以“国家理性与现代国家”为主题的论坛；12 月 10—11 日，中国人民大学举办了以“全球化背景下亚洲法学教育的机遇与挑战”为主题的第三届亚洲著名法学院院长论坛，对全球化背景下的法学教育问题展开了深入的讨论；12 月 17 日，中国社科院法学所主办了以“依法治国与社会管理创新”为主题的国际研讨会；12 月 24 日，中国人民大学法学院召开了“通过诠释的法律体系建设”研讨会，讨论了我国法律体系初步形成之后的进一步完善与发展问题；12 月 25 日，北京师范大学承办了第六期中国法学青年论坛，探讨如何加快形成中国模式的社会管理法治之路。其中，尤其值得一提的是，在 2011 年于重庆召开的全国法理学年会上，孙国华法学理论发展基金与中国法学会法理学研究会联合举行了首届“孙国华法学理论优秀博士学位论文奖”颁奖仪式，为我国法学理论研究的发展创新给予了有力的支持。

除了发表诸多学术论文外，北京地区的学者出版的著述主要有朱景文编著的《中国法律发展报告（2011）：走向多元化的法律实施》和《法理学关键问题》、史彤彪的《自然法思想对西方法律文明的影响》、李林的《法治新视界比较法的分析》、朱力宇的《地方立法的民主化与科学化问题研究：以北京市为主要例证》、雷磊和舒国滢的《类比法律论证：以德国学说为出发点》、郑永流编著的第 16 期《法哲学与法社会学论丛》、范愉的《多元化纠纷解决机制与和谐社会的构建》、苏力的《送法下乡：中国基层司法制度研究》的修订版、卓泽渊的《法政治学研究》和张恒山的《西方法政名著精要（第2辑）》，等等。本年度也出版了一些译著，例如高鸿钧等翻译的美国奥斯汀·萨拉特的《布莱克维尔法律与社会指南》和雷磊与朱光翻译的德国阿列克西的《法、理性、商谈：法哲学研究》，等等。

二、研究热点与创新

综观本年度，北京法理学界探讨和研究的重点与热点主要集中在以下五个方面：

（一）法治与一般法律理论研究

有学者反思了法学的性质及其发展问题。该研究认为，西方的古老法学具有强烈的实践性，但经历了漫长的知识论变迁后，古代法学的修辞学知识—技术范式逐渐被几何学形式逻辑的知识—技术范式所遮蔽和取代，而伯尔曼对西方法律传统的描述，并未细致地揭示11世纪前西方古代法学在知识论和方法论上的特征及11世纪前与之后西方法学的差异。结果，近代大学体制打造了一个“以学术为生”、专事学问研究的知识群体，铸造出一种追求逻辑形式主义的科学精神，从而“经院派”及之后“公理方法派”法学家的做法遮蔽了古老法学的实践知识性格。古代论题学则体现了法学的这种性质，并使其更贴近复杂、切实的人类社会生活现实。[①]

有学者以独特的视角讨论了法律与运气问题。该研究提出，当前的法律常认为个人仅需对其自主行为负责，对偶然性事件造成的问题不承担法律后果。然而，有些法律评价是（部分地）基于运气而作出的。因此，法律制度中存在运气成分，甚至有时这是不可避免的。这种存在既有一定原因，也有其分配法律责任的功能。进一步考察还可发现，基于深刻而复杂的原因，法律对生活中各种不同运气的态度并不一致，我们可以据此察觉到当下法律制度的不规整性。[②]

有学者对“三个至上”中的“宪法法律至上”展开了深入研究，认为“三个至上”是在新历史条件下对社会主义法治理论的进一步深化和升华，是对马克思主义法律观的坚持、创新和新发展，“宪法法律至上”则是理解“三个至上”的关键点。确立宪法法律至上，对建设中国特色社会主义法治国家意义重大。坚持宪法法律至上，要求进一步弘扬社会主义法治理念，不断完善社会主义法律体系，加强法律监督，重视法律解释工作，提高执法人员的素质，正确处理好法律系统与其他社会调整手段的关系，加强和改善党的领导。[③]

学者们提出，我们需要深化对法治重要性和发展的认识。有学者认为，一个国家的综合国力体现在诸多方面，而法治是一国核心国力的重要组成部分。以前我们对我国法治建设重要性的认识主要侧重于法律如何保护社会主义市场经济的发展，较少从法治建设本身的重要性、从法治与国家的综合国力和核心国力提升的角度来考虑这个问题。实际上，法治建设本身即具有重大意义，具有独立价值，对提升国家的核心竞争力关系重大。一个国家强大与否，不仅要看经济、看政治、看文化，还要看法治，法治是核心国力的重要组成部分。法治好，国家长远安全才有保证。我们必须把法治放在优先发展的战略地位上认识。[④]如果说“周期率”是我国历史上延续了几千年的现象，那么作为民主制度化、法制化的法治及其实践则是解决这个问题的有效方式。“周期率”反映的是一种历史现象，而非历史规律，民主则是破解“周期率”的不二选择。但这只是对径路的认识，更为重要的问题是对实现民主根本途径的选择，对此“使民主制度化、法制化”的法治道路及其具体实践是一个有效方式。[⑤]而当代中国的法治建设和发展已经具有不可逆转性。法治是治国的基本方略和文明社会的基本原则，但要建设成为“法治国家”，需要具备健全完善的市场经济体制、高度民主的政治体制、全民具有较高的法律文化素质、人民和谐相处的社会环境和改革开放带来的社会转型与国家融入世界等五个条件。当一个国家基本上或大体上具备了上述条件后，法治国家建设即不可逆转，而当代中国的法治之路即是如此。[⑥]

然而，我国的法治建设过程也存在诸多亟待解决的问题。有学者认为，我国法治发展中存在社会治理及执政方式转换上的矛盾、法治的安定性与社会发展转型的矛盾、法治的本土化与国际化的矛盾以及立法和司法的专门化与大众化的矛盾等九个方面的矛盾，破解法治发展的上述种种矛盾是法学家们的责任。我们当前尚无全部解决这些矛盾的方案，而从“技术—方法”的角度考虑，只要“技术—方法”上可行就应采纳并予以实施。[⑦]我国法治发展的过程中也出现了“泛法制主义”问题。随着历史的发展，社会的文化惯性导致我国从传统“泛道德主义”向“泛法治主义”的偏向，对法制的过分依赖与迷信则使法律职业伦理与社会公理渐行渐远。法律职业伦理面临着路径选择难题，法治社会无法离开社会伦理的支撑与制约，从小众化回归以社会公理为表征的大众社会伦理，强化法律职业伦理的教养与修养，是法律职业伦理的恰当选择。[⑧]另有学者认为，我国在法治现代化的过程中存在权利观念移植的地方化问题。中国在法治现代化过程中始终面临的基本问题是外来权利观念与在地经验之间的冲突。在地经验包括民族国家的认识和社会民众的认同。但权利观念进入中国经历了双重语境化：一方面，引入外来权利观念是中国建立强大民族国家的需要，且权利观念亦随国家治理策略的改变而改变；另一方面，权利观念被确立为国家意识形态并强力推入社会生活后，有可能会加速既有社会结构的解体。由于新社会结构无法很快形成，结果反而导致社会不稳定。所以，对转型社会而言，以个体权利为基础建立强调公民社会责任的共同体观念十分必要。[9]因此，有学者认为，我国需要反思和解决当前法治改革的思路。按改革思路所包含的元素多少以及倾向性的政策主张不同，大致可将30年来中国法律改革的研究划分为一元直线式的思路、二元协调式的思路与多元协调式的思路。尽管这三种法律改革思路的实际政策主张存在重大分歧，但并非相互矛盾和对立，而是基础性支持和递进扩展的关系。随着考虑元素的增加，法律改革思路的复杂性逐渐增强，也更贴近实践。就目前中国的法律改革现状和趋势看，特别是从中国法治发展战略的宏观层面看，适度提倡和推进多元协调式的法律改革思路，对拓宽法学研究方向和法治实践，均有必要性和迫切性。[10]

有学者反思了法律全球化过程中美国法的全球化问题。随着全球化的发展，美国法大规模输往拉美国家，占领了全球新商人法，猎食了苏联和东欧等转型国家的法律改革，并对欧盟及其成员国的法律制度和法律文化发起攻势。而美国的经济政治霸主地位、美国法的自身优势及其世界地位、接受国的态度、英语的世界语地位和美元的世界货币地位均为推动美国法全球化扩张的原因和媒介。因此，我们应反思法律与发展运动的方向和形式，借鉴和引进外国法律应由发展中国家自身根据需要自主进行，不应局限于美国法。而且，发展中国家现代化和法律现代化的演进路线、模式不尽相同，因而也不应局限于美国法。我们还应重新审思法律移植，并关注当代世界法系格局的新变化，这不仅具有重大理论价值，也有重要实践意义。[11]

有学者则研究了绝对法律关系，提出绝对法律关系源于具体的法律事实，其权利主体特定，义务主体则为一切人，一切人都在秩序之中。绝对法律关系就是绝对权法律关系，其客体是“不行为”，其意义在于对抗，而不在于给付。同一法律事实可同时产生相对法律关系和绝对法律关系，而相对法律关系的给付也可产生绝对法律关系。[12]

（二）中国特色社会主义法律体系及其完善研究

2010年，我国初步形成了中国特色的社会主义法律体系，然而其中仍存在诸多问题，学者们主要对我国法律体系形成的意义和特色、形成后的完善与重点转移等展开了深入探讨。

有学者指出，中国特色社会主义法律体系的形成是全面落实依法治国基本方略的重要标志和社会主义民主法治建设史上的里程碑，对加强和改进立法工作、切实保障宪法法律实施、全面落实依法治国基本方略、加快建设社会主义法治国家具有重要的现实意义和深远的历史意义。[13]当然，我们还应进一步研究形成中国特色社会主义法律体系的基本经验、基本特征和完善中国特色社会主义法律体系的理论等问题。[14]

有学者深入探讨了中国特色社会主义法律体系的结构、特色和发展趋势。中国特色社会主义法律体系的形成为研究中国法律体系的结构、特色和发展趋势奠定了现实基础。对此可从规范性法律文件的部门归属和法律规范的公法与私法、实体法与程序法、国际法与国内法的性质两个向度展开法律体系的研究。前者的目的在于描述中国的立法现状，后者则旨在分析不同性质的法律规范在各个法律部门的分布。改革开放以来，由于市场经济、民主政治、和谐社会、生态文明、法制建设和全球化的影响，我国各类法律规范在不同法律部门中的分布发生了重大变化，这种变化一方面反映了世界各国法律体系发展的共性，另一方面又体现了鲜明的中国特色。在此框架下，分析处在不同法律部门的规范性文件的性质和发展趋势可以发现，在公法与私法的关系上，中国的法律变革明显受到市场经济和民主政治的双重影响，我国私法公法化的发生与西方有不同之处。西方的私法公法化是在资本主义由自由竞争发展到垄断特别是在国家垄断的背景下发生的，其原有的私法高度发达、私权自治的原则具有普遍性，因此需要用国家干预改变市场造成的社会不公。而中国私法公法化除了“市场失灵”等导致的情形外，还由于在计划经济向市场经济过渡过程中，私法性质的规范很不发达，调整市场关系、商品关系还带有许多国家干预的色彩，私权主体平等的原则还经常受到挑战，所谓私法公法化只不过表明向市场化的过渡不彻底。中国公法私法化发生的背景也不同于西方，西方的公法私法化发生在“行政国家”、“科层制”建立以后需要通过“软”办法、私法的手段来体现政府除了刚性的手段外还有柔性、人性的一面，增强行政亲和力也需要通过一些行政机构的民营化减轻庞大的财政负担。中国的公法私法化则发生于：一方面，改革开放前中国虽已建立了庞大的行政管理系统，但专业化、职业化、技术化水平并不高；另一方面，随着职业化进程的发展，中国也出现了脱离群众、干部以权谋私等问题。因此，针对前者，需要进一步加快职业化进程，增强行政管理的科学化水平，提高行政效率；针对后者，则需要促进行政管理的民主化、亲民化，防治官僚化和精英政治的弊端。因而，在后者的发展过程中，出现了公法私法化现象。在实体法与程序法的关系上、国内法与国际法的关系方面，我国也具有自身的一些特点。可见，中国法律变革明显受到全球化的影响，但中国的立法并非源于国外的规定或普世性的国际潮流，而是在于中国自身的客观需要，结合国情的现实发展，若无中国改革开放本身社会关系的新变化，仅有国外相关立法则根本不可能产生中国的立法动机。[15]

中国特色社会主义法律体系形成后，法律体系的完善工作任重道远，我国法治国家建设的战略重点应转移至法律实施及其相关问题上。[16]有学者提出，完善中国特色社会主义法律体系首先应明确什么才堪称法律体系的“完善”，其至少应体现为经济政治文化与社会生活诸方面均有法可依、各类法律从精神到原则和具体内容的统一协调与可行、法典和单行法的形式与内容各得其所、及时发现过时落后与冲突矛盾的法律并及时修改补充、法律变动及时与形势发展同步等诸方面。但中国特色社会主义法律体系的形成仅整体上实现了有法可依，只是基本解决了无法可依问题，它本身也还存在一些缺陷和不足。形成更加民主、科学、完善的中国特色社会主义法律体系是一项长期艰巨的历史任务，法律体系形成后应把法治建设的重点转至宪法法律的实施上，这就需要进一步加强我国法律体系构成原理和划分方法的理论研究，立法上从数量型立法转向质量型立法，从制定实施科学的立法发展战略和立法规划、确立更加科学的中国特色社会主义法律体系标准、加快法典化的步伐、法律清理制度化与常态化等方面推进我国法律体系的完善。[17]还有学者主张，完善中国特色社会主义法律体系时应将军事法作为中国特色社会主义法律体系的部门法之一，因为军事法具有特定的调整关系对象与方法、我国宪政体制所决定的相对独立的统一而分层次的特殊军事立法体制，而且军事法作为独立的部门法具有悠久的历史和法律渊源，军事法也已经由一系列法律法规形成了一个相对独立的部门体系。[18]

（三）社会管理创新研究

2011 年，全国法理学界对社会管理创新投入了很大的研究热情，北京的研究者们也取得了一些研究成果。

学者提出，社会管理创新的关键在于法治。人类社会存在各种矛盾和纠纷，不解决好这些矛盾和纠纷就可能对人类和社会造成极大伤害和损失，而如何公平、合理、及时地解决矛盾和纠纷是所有国家面临的共同问题。中国传统的社会治理模式以强力为主，并辅之以血缘宗法规范和伦理道德，新时期则需要确立新的社会治理模式，其中建立在法治基础上的民主治理模式是关键。[19]也有学者主张，社会管理创新需要充分发挥软法之治。改革开放前的社会管理是以单位制为基础的传统社会管理模式，而转型时期“单位人”逐渐变成“社会人”，造成单位制管理模式的逐渐失灵，公法作为社会管理创新的制度支撑，需要对此作出回应。在“关系”视角和现代公法平等观的指引下，创新社会管理应从单一的硬法规制模式转向软硬并举的混合法治理。通过公法规范调整社会关系并不意味着只能运用命令—服从模式的、国家强制力保证实施的法律规范即硬法进行公域规制，更应该运用非国家强制力保证实施的法规范即“软法”。倚重软法之治推进社会管理创新需要在坚持以人为本、统筹兼顾原则的基础上，倡导柔性互动的理念、实施协同治理的结构、推行自律互律的机制以及拓展运用各种治理方式等。[20]另有学者认为，创新社会管理需要建立和发挥公众参与机制。在加强和创新社会管理中，公众是社会管理的对象，也是社会建设的主体，社会管理离不开公众的有序参与，公众有序、有效地参与社会管理对于推进社会主义民主政治发展、推动社会主义市场经济健康发展以及促进社会和谐稳定与社会发展进步具有重要意义。[21]

（四）司法与纠纷解决机制研究

2011 年，学者们继续对司法与纠纷解决机制进行了跟进研究。有学者分析，我们须辩证把握不同司法性质间的关系。司法的居间裁判性要求司法具有中立性，司法的中立性不能亦不可绝对排斥司法的政治性，居中审理和裁决的运作方式和属性决定了司法必须具有平等性，而人民性则是我国司法的根本属性，没有对等性就难以实现真正的人民性，只有坚持人民性才可能实现实质上的对等性。而且，司法的监督者也应该接受监督且应适用更为严格的规则和程序，能动司法必须保持必要的限度，其主体须保持高度的自律和自我限制。另外，司法的可接受性也应受到司法公正性的节制，司法的终局性则须与司法的正当合理性、合法性保持适度的平衡。[22]

有学者则对司法权威的性质、来源、构成及当前存在的问题做了深入讨论。司法权威是一种特殊的公权力，具有社会公信力，源于法律的权威、司法公正及司法是解决社会纠纷的最后一道防线的观念。它的权力要件由司法主体的专门性、司法的高度法定程序性、司法活动的强制性、司法的判断性和司法裁判的有效执行性等五方面内容构成。当前，我国司法权威式微，司法公信力低下。在我国司法改革的过程中，应当采取保证司法独立、防治司法腐败以及防止冤案错案发生等有效措施，以树立和加强司法权威。[23]

对于如何应对和解决诉讼爆炸，不同学者从不同的角度展开了讨论。有学者指出，诉讼爆炸是一个世界性问题，各国的应对措施有一定共同性，也有不同特点。美国以正式审判程序解决纠纷的比例越来越小，通过法院附设的 ADR 解决的比例也不大，绝大多数案件以简易程序、行政性司法或缺席判决予以解决。日本过去则以“小司法的制度设计”应对，在民事和家事等案件中把调解作为法院受理的前置程序，主要发展 ADR 等院外的纠纷解决机制，还同时通过行政方式解决大量的纠纷，甚至行政干预、行政指导、调解仲裁前高管层的事前安排已进入院外民间纠纷解决机制中。我国改革开放初期的院外人民调解和院内审判调解作用重大，而法院通过调解解决民事纠纷也一直是我国民事诉讼的传统。我国一向无好讼传统，改革开放以来诉讼虽已成为纠纷解决的重要方式，但也仅因过去较少以诉讼解决纠纷，因而法院纠纷解决能力不强。因此，我国现在应加强法院的作用，但不必走西方的法院主义道路。[24]有学者则以小额诉讼为切入点，探讨了司法资源供求失衡的悖论与对策。学者认为，司法资源短缺是当代社会各国普遍存在的问题，一些国家欲通过诉讼简易程序增加司法资源，扩大小额诉讼程序即为其一，然而迄今为止，受诉讼范围的限制等影响，即使小额诉讼程序运作正常，其纠纷解决也十分有限，不足以在整体上减轻法院的压力，无法解决其他诉讼固有的局限性。而且，由于小额诉讼简化了大量法律技术和程序环节，难以遵循司法规律、实现司法的本质功能和价值，也招致了传统法学的很多批评。因此，应对小额诉讼进行审慎的制度建构和程序设计，以解决司法资源的有限性问题。[25]还有学者提出，任何规范均是纠纷解决的预备方案，民间法亦如此。文明时代的纠纷解决方式包括以国家法为主、以民间法为辅的司法诉讼，当事人具有规范适用选择权和权利处分选择权的法律与民间法并重的诉讼替代性纠纷解决方案以及私力救济。其中私力救济以民间法为主、以国家法为辅。上述情形的出现，是因为司法的目的是为了判断是非，而诉讼替代性纠纷解决方案及私力救济解决纠纷的目的则主要为平息矛盾。因此，解决纠纷应发挥民间法的作用。[26]

（五）*法学教育研究*

2011年，学者们对法学教育表现了很大的研究兴趣。有学者追溯了新中国法学教育的发展历程，并将其分为三个阶段。1952年院系调整是第一阶段的转换点，形成了专门院校与综合性大学相结合的二元格局，确立了法学教育的社会主义方向，但后来陷入了虚无主义。1977年法学专业恢复招生是第二阶段的转换点，法学教育恢复了二元格局。1990年代中后期以后随着J.M教育试点和建设高水平大学的改革，法学教育获得了较大发展，并奠定了当前法学教育的基础。2006年J.M试点结束并转入正规化，确立了法律职业教育的基本样态，成为第三阶段转换点。以后的大约30年时间里，改进并完善法律职业教育及建立精英培养模式，将成为法学教育的主要任务。这三次转型表明，法学教育的发展实际上是对法律与社会互动关系的回应。[27]

有学者撰文探讨了中国特色社会主义法学教育模式的基本特征，认为中国特色社会主义法学教育的世界法学教育模式已初步形成，其基本标志是：以法学学士、硕士、博士教育为主体，以法学专科教育等为补充的多层次的高等法学教育体系已经成熟，法学的基本教育、特色教育和继续教育有机结合的多元化法律人才培养模式基本形成，普通高校科研机构的法律素质教育和专门学校的法律职业教育与全民普法教育互相衔接的多轨制的法学教育制度初步完善，法学教育和统一司法考试与法律职业密切关联的互动型的教育就业机制逐步建立，教育行政部门的行政管理和司法行政部门的行业指导与法学教育行业协会的自律性管理及法学院校的自我管理四位一体的法学教育管理体制日益协调。[28]

而在全球化的背景下，中国的法学教育面临着诸多挑战。全球化正深刻地影响着各国法学教育，此时如何合理地定位法学教育发展的功能、如何通过法学教育改革推动法治发展很值得深思。在全球化条件下，中国法学教育的改革主要应围绕人文化、精英化、规范化、国际化目标展开，而国际化则成为推动改革发展的基本背景与动力。全球化给法学教育改革带来了挑战，主要有法学教育规模扩大与确保法学教育质量间的矛盾、法学教育的途径和层次过于庞杂、培养目标模糊、法学人才的国际视野的局限性、法学教育与法律职业脱节、法学人才的区域不平衡分布、法科学生就业率与就业去向的引导等。从法治建设的发展趋势来看，未来的法学教育需要改革教育理念，尤其要树立职业教育与素质教育并重、精英教育与大众教育相结合的理念，强化法律伦理教育，建立统一的法学学位体系和多样化的法律人才培养模式，实施国际型法律人才培养战略，提高法律实践教学。[29]另有学者则认为，法学教育需要确立终身学习的理念，高度重视和加强法学的实践性教育和学习的环节，法学理论研究也应重视实践层面的支撑。[30]

注：

①舒国滢：《走近论题学法学》，《现代法学》，2011年第4期。

②陈坤：《运气与法律》，《中外法学》，2011年第1期。

③孙国华、田聚英：《论宪法法律至上》，《人民论坛》，2011年第7期。

④王振民：《法治：核心国力的重要组成部分》，《法学论坛》，2011年第2期。

⑤刘作翔：《“周期率”是一种历史现象，而不是一个历史规律》，《甘肃政法学院学报》，2011年第11期。

⑥朱力宇：《论当代中国法治之路的不可逆转性》，《法学杂志》，2011年第3期。

⑦舒国滢：《法治发展：多重矛盾的破解之法》，《人民论坛》，2011年第5期。

⑧丁英华：《“泛法制主义”的困境与救赎》，《法律科学》，2011年第4期。

⑨侯猛：《权利观念的中国化：从民族国家选择到社区伦理挑战》，《法律科学》，2011年第5期。

⑩蒋立山：《法治改革的方法论问题》，《法制与社会发展》，2011年第4期。

⑪高鸿钧：《美国法全球化：典型例证与法理反思》，《中国法学》，2011年第1期。

⑫隋彭生：《绝对法律关系初论》，《法学家》，2011年第1期。

⑬李林：《中国特色社会主义法律体系形成的意义》，《新重庆》，2011年第11期。

⑭李林：《深入开展中国特色社会主义法律体系理论研究》，《中国人大》，2011年第3期。

⑮朱景文：《中国特色社会主义法律体系：结构、特色和趋势》，《中国社会科学》，2011年第3期。

⑯刘作翔：《中国法治国家建设的战略转移：法律实施及其问题》，《中国社会科学院研究生院学报》，2011年第2期。

⑰李林：《完善中国特色社会主义法律体系任重道远》，《中国司法》，2011年第4期。

⑱张建田：《再论军事法应当作为中国特色社会主义法律体系的部门法》，《法学杂志》，2011年第8期。

⑲王振民：《社会管理创新的关键在于法治》，《法制资讯》，2011年第8期。

⑳罗豪才、苗志江：《社会管理创新中的软法之治》，《法学杂志》，2011年第12期。

㉑程琥：《公众参与社会管理机制研究》，《法学杂志》，2011年第S1期。

㉒江必新：《司法理念的辩证思考》，《法学》，2011年第1期。

㉓陈光中、肖沛权：《关于司法权威问题之探讨》，《政法论坛》，2011年第1期。

㉔朱景文：《在越来越多的诉讼的背后——兼论中国国情与解决纠纷的特色》，《交大法学》，2011年第2期。

㉕范愉：《司法资源供求失衡的悖论与对策——以小额诉讼为切入点》，《法律适用》，2011年第3期。

㉖谢晖：《论民间法与纠纷解决》，《法律科学》，2011年第6期。

㉗易继明：《中国法学教育的三次转型》，《环球法律评论》，2011年第3期。

㉘冀祥德：《中国特色社会主义法学教育模式的基本特征》，《河北法学》，2011年第12期。

㉙韩大元：《全球化背景下中国法学教育面临的挑战》，《法学杂志》，2011年第3期。

㉚刘作翔：《法学教育和研究的新理念：终身学习与实践性》，《河北法学》，2011年第4期。

（作者：冯玉军，中国人民大学教授；
方林，中国人民大学博士生）

宪 法 学

胡锦光 杨 凡

2011年的宪法学研究突出了以下几个特点：首先，研究对象十分广泛。既有对本土问题的深切关注，又有对国外问题钩沉；既有对现实热点的敏锐洞察，也有对历史遗迹的中肯评述。其次，研究方法多种多样。理论联系实际的研究方法依然得到宪法学人的一致传承，而历史分析方法则因宪法史学的兴起而逐渐引起学者们的重视。随着对国外公法学的引介，特别是对德国公法学与美国宪法学的关注，比较分析的方法几乎成为一种常用常新的研究手段，又尤以当今一批中青年宪法学人为代表。更为重要的是，规范分析方法的普遍运用，进一步提升了中国宪法学作为独立学科的特殊价值品位，使得该学科更加系统、更加纯粹。最后，研究人员来自各行各业。越来越多的科研人员走出书斋，投身业务部门以寻找现实当中出现的宪法问题，也有越来越多实务界的人士转向学术，将工作心得付诸于理论梳理，也借此不断提升自己的业务水平。这样一种思考与实践的大碰撞、书本与实务的大交流使得中国的宪法学越来越具备从实践中来到实践中去的理论品质，渐渐展露出促进中国社会健康发展的知识力量。

一、宪法学基础理论

作为学科基石的宪法学基础理论一直是学者们热衷的重点。而纵观2011年宪法学者们的研究成果，又不乏富有新意的探索。

有关宪政的讨论，有三篇长文不容忽视。其一是张千帆教授发表在《法学》杂志2011年第1期上的《中国宪政的路径与局限》一文。文章提到，“中国近年来的宪政发展呈现出两条路径：一条是以齐玉苓案为标志的官方路径，另一条是以孙志刚事件为标志的民间路径。本文简要回顾两条路径所取得的主要宪政进展，并审视其成败得失，最后指出民间宪政路径的内在局限性”。同时认为，“如果国家制度结构使得不同层级的政府官员都将宪政作为对既得利益者的威胁，而非对所有人的权利保障，那么宪法将注定得不到落实；要真正落实宪法，人民还得站出来维护属于自己的权利”①。

其二是苗连营、郑磊的《宪政建设的统合模式——超越“上/下”之争的第三条道路》。该文反思了“自上而下”与“自下而上”两条宪政建设的道路。认为“自上而下”的模式因为“过分强调政府主导所带来的选择性建设、阶段论思维、单向度动力源等逻辑不足，以及回应社会变迁的迟钝与被动，正在消解这一模式本身的实效性基础。同时，自下而上模式的兴起尚不能独立满足转型宪政建设的动力需求”。由此提出了一种所谓的“统合模式”，并将此种模式解析为“宪政与民主的交互并进”“政府与社会的良性互动”“试验与确认的辩证思维”，以及“经验与理性的交融贯通”四个向度，体现了作者理论探索的勇气。②

而刊登在2011年《法学》杂志第12期的一组论文则将韩大元、莫纪宏等学者们的最新思考纳入了《论社会主义宪政的正当性与必要性》这一专题之下。韩大元教授以“略论社会主义宪政的正当性”为题，围绕“社会主义宪政概念”“社会主义与宪政理念”“社会主义宪政与中国共产党的依宪治国”“社会主义宪政与社会主义法治国家”这一系列重大理论命题展开深入探讨，力图廓清思路、扫除障碍，为构建中国特色的宪政制度作出理论上的贡献。莫纪宏教授则以“宪政概念在当下的社会功能”为题，梳理了“宪政”这一概念在新民主主义社会，以及社会主义中国的学理运用与内涵，分类整理了各个时期不同学者关于这一概念的具体阐释，最后结合当下我国基本政治制度的运行来分析运用“宪政”概念所存在的局限性及原因。③

宪法史学在最近几年越来越受到宪法学者们的重视。有学者撰文详细梳理和总结了“中国宪法学说史的概念与学术传统”，认为“所谓中国宪法学说史，实际上是指中国学人对宪法的较为系统化、体系化的理论与观点在历史上的变迁情况。其概念与范畴可概括为：在空间上，它将研究视阈限定于中国，由此区分于西方宪法学说史；在研究对象上，它将研究对象限定在宪法，由此区分于中国政治学说史、中国经济学说史等；在研究内容上，它将研究内容限定于学说，由此区分于中国宪法思想史、中国宪法制度史等；在时间上，它将研究视阈限定于史，由此区分于中国宪法学说的问题性考察、专题性考察等”④。

有的法史学者宏观地考察了近代中国宪政的历史，认为“西方宪政在近代能够影响中国并在中国发展，首先是因为中国传统文化中有与近代宪政相契合的因素，自鸦片战争到戊戌变法的半个世纪，中国社会对西方议会制度的探讨和逐步接受，说明中国传统对西方宪政的审慎而积极的态度。1905年后，迫于战争威胁的中国加速了宪政的实践，正是这个加速使传统在宪政的发展中失落，人们过于注重形式而忽视宪政所需的文化土壤”⑤。

还有学者以“战争、革命与宪法”为题，探讨三者之间的历史关系。并认为，“早期现代的战争经历了从宗教战争到国家间战争，从国家间战争到内战，再从内战到革命的演变。革命之后，形成了制宪建国、守护宪制和祛除宪制这三个宪法时刻，并可以归结为‘革命终结’的宪制路径和‘不断革命’的政制路径这两个逻辑路径。战争与革命具有重大的宪法学意义，西方与中国的早期现代的宪制建构，均离不开战争与革命的动力机制。但如何把战争法权转变为一种基于宪法的和平法权，而不是陷入激进革命的宪制覆灭之途，则需要真正落实‘革命终结’的宪法精神”⑥。

《辛亥革命与宪法学知识谱系的转型》一文则将革命的筚路蓝缕同宪法学的星火传承紧密联系起来，认为“在辛亥革命发生的历史背景以及后来的社会发展中，法学知识特别是宪法学知识以其特殊功能发挥着引导、诠释与促进的作用，成为评价辛亥革命的历史价值时不可或缺的因素。辛亥革命胜利之后，在频繁的立宪活动中，宪法学知识不断积累和发展，呈现出与革命之前不同的形态，并在长期的演变中体现着知识的延续性与中国学术传统。辛亥革命所开启的民主共和意义上的宪法学知识传统与发展道路，对于今天的宪法学研究依然具有借鉴意义”⑦。

二、宪法的实施与监督

宪法的实施与监督关系到宪法存在的价值与意义，因此一直以来都是学者们关注的焦点。2011年该领域的研究可谓硕果累累，如有学者对我国宪法实施制度的基本理念提出质疑，认为“中国宪法实施机制的建构过程中有深深的机关崇拜，强调由国家机关独立垄断对宪法解释的操作。然而，此种独断的解释模式会引发作为‘立法者的人民’潜在反对作为‘制宪者的人民’之法理困境，无法有效地获得理论与逻辑的自洽”。并指出，“要走出此种困境，需要引入宪法商谈的视角与理论资源”。通过“建制化商谈：国家机构内部的适当放权”和“公共领域商谈：国家向社会放权”的双向路径来重塑“共和国”的“公共精神”。⑧

有学者试图以更为宏观的学术视野概括当下有关合宪性解释理论的种类，进而对所谓的“合宪性解释原则的本相”展开探讨。“在对围绕着合宪性解释的三个主要争论，司法能动或司法谦抑、合宪的法律解释抑或合乎法律的宪法解释以及规范具体化优先权进行分析和辩护之后，主张合宪性解释的存在具有正当性和合理性的基础。”[9]

还有学者以德国“艾尔弗斯案”为例，剖析了“宪法解释方法的运用”。并认为“中国现有的宪法解释学研究多注重宏观的理论研究和法哲学层面的思考，缺乏在个案中对宪法解释的理解和分析”。而“艾尔弗斯案”正好可以为宪法解释学理的完善提供经验层面上的启示。[10]

也有学者以德国联邦宪法法院的宪法解释方法为考察对象，提出了所谓的“宪法解释的规则综合模式”。并认为“宪法解释方法是一个融汇解释规则适用与结果取向于一体的过程模式，规则综合模式在个案中的具体确定需要以基于结果取向的解释结论为依托，而结果取向对于解释结论的决定作用也被限定在规则综合模式所容许的范围之内”。而“中国宪法的现行立法解释模式具备实现解释结论实体正当性的制度基础，但应加强解释规则层面上的论证”[11]。亦即在中国，以何种方法并为何以这种方法来解释宪法？应该成为考察的重点。

在宪法的实施与监督领域，另一个常年受到关注的问题是违宪审查制度。有学者紧跟制度实践中出现的问题，认为“从‘一国’或‘两制’的角度对香港违宪审查权分别进行理解会产生截然不同的法律结果，虽然不同的结果都处于制度空间之内。只有以‘一国’为前提并以‘两制’为根基，有机结合两者才能准确定位香港违宪审查权的宪法角色。‘人大释法’不仅不与香港法治相冲突，而且相互促进、互为补充”。另外，“司法谦抑主义方法对于香港法院以及全国人大常委会都至关重要。以司法谦抑主义为主线，通过适当灵活的机制一方面使香港法院可以在普通法制度下独立行使审判权，另一方面又可以维护国家层面的主权统一。这对香港的法治以及普通法制度都至关重要”[12]。

该学者更是通过对《美国宪法原则的起源与范围》的解读，介绍了“塞耶谦抑主义”这一典型的司法谦抑主义。那就是，“司法审查严格地区别于政府执行部门和立法部门的政策性功能。法官在执行任务时必须谨慎，而不能进入其他国家机关的领地。司法审查机关可以宣布立法违反宪法的情形应该是：不仅立法犯了错误，而且必须是犯了明显的错误，此时才可能宣布其违宪，因为此时已经非常明显而没有任何理性选择的空间。宪法给予了立法广阔的裁量和选择空间，因此司法机关只有在没有任何合理怀疑的空间时才能够对立法进行否决”[13]。

更有学者钩沉史海，从美国宪法禁酒令的立废史中总结历史给予我们的经验和教训。如其所言，“从法治的角度来说，美国禁酒令的废除，给我们今天的启示主要是：其一，应正确处理公共利益与个人自由的关系……与人民的生活习惯、人性需求相背离的法律法规，靠公权强制实施一段时间尚可，但必不能长久坚持，人性和市场往往能够战胜似乎很神圣的宪法和法律……其二，应正确处理法律与道德的关系……解决道德的问题，主要靠教育劝导、潜移默化的方式。如果用法律手段去解决道德问题，法律就变成双刃剑，用不好，就会适得其反，引起人们对法律的蔑视和反抗，导致越来越多的人公然践踏法律，带来新的更严重的问题……其三，应正确处理立法与执法的关系”[14]。

同时关注这一问题的还有《美国禁酒立法的过程及启示》。作者指出，“第18条修正案是唯一想用法律改变道德的修正案，换句话说，它想用法律强制人们改变生活习惯，并且这种习惯并不是大多数人想要的。事实上，法律要想被执行，必须得到民众的支持，所以修正案执行的结果只能是被废止；修正案减损了美国人的自由，剥夺了美国人对个人事务决定的权利，试图用强制手段解决人们的饮食问题，结果也只能是失败；第18条修正案是唯一被另一条宪法修正案废止的修正案，要知道美国的修宪程序是相当复杂的，修正案的废止显示了在其实施的13年间，美国人的思想发生了巨大的变化”[15]。

此外，还有学者观察了域外宪政的最新发展动向，如《透明原则在欧盟宪法中的发展和制度解读》就将视线投向了欧盟宪法。作者认为，“透明原则随着信息社会的逐渐发展，越来越成为现代民主社会一个重要的基本特征，在越来越多的国家被确立为宪法性原则。这一原则在具体的制度设计上则体现为政府信息公开制度。20世纪50年代欧洲开始从经济共同体逐步走向政治一体化的过渡过程中，也在不断地探索与完善有关共同体或者欧盟层面的信息公开制度。欧盟通过一系列立法逐渐将政府信息公开制度确立为其宪法性条约中的透明原则以及相关的一系列制度设计。欧盟的信息公开制度对我国刚刚起步的政府信息公开建设具有非常有益的参考和借鉴价值”[16]。

三、国家基本制度

对国家基本制度作出规定，是宪法主要职责之一。有学者直指当下中国的高等教育制度，指出“从大学招生指标制度和录取标准的地方差异出发，分析了高等教育机会不平等的社会后果，并认定招生指标等高等教育领域的地方保护主义行为违背了宪法平等原则”。并“肯定了少数族群优惠政策等纠偏行动的初衷，但同时指出其需要改进之处”。“最后探讨了统一高考的必要性、考试公平和多元化之间的关系以及中央对于打破招生地方保护主义所应承担的宪法义务”[17]。

另一篇从合宪性的角度来探讨当下制度建设的文章来自中国人民大学法学院的王贵松。他在《我国优生法制的合宪性调整》一文当中指出，“在我国，虽然优生法制已形成了从禁止近亲和患有不宜结婚疾病者结婚、绝育、出生前诊断到堕胎等一套过程化的优生措施，但这些措施不仅与婚姻自由、生育权、人性尊严等基本权利相抵触，而且加剧了胎儿生命权与女性自我决定权之间的紧张冲突，妨碍了正确的残疾观的形成。我国现阶段应当在完善社会保障体制、营造宽容和负责的社会氛围的基础上，在人权价值观的指导下对优生法制作出全面检讨”[18]。

还有学者从中央与地方的行政层级结构出发，探讨“美国等国的地方建制及规模，并和中国进行比较”。但“和许多国家相比，中国目前的中央和地方政府都可以被称为‘小政府’——如此之小，以致未必能有效提供必要的公共服务。中国的主要问题也正在于公共服务的严重不足和地方政府的挥霍浪费”。而解决问题的根本方案，作者认为“只有从自上而下的‘计划政治’转变为自下而上的‘市场政治’，才能弥合政府服务的供给与需求之间的差距；而所谓的‘市场政治’，无非就是通过选举实现的地方民主政治”[19]。这是因为“计划政治”下的地方政府无法自主地开展契合当地实际情况的公共服务。而只有在地方民主政治理性、健康地发展起来以后，这样的矛盾才能得以逐步解决。

还有学者考察了香港特区法院对财产征用案件作出的相关判决，实证地解读了《基本法》第 6 条与第 10 条的含义。认为“能够被占有与转让的、属于个人所有的才是这两条意义上的财产”。而所谓的“征用是指政府对私有财产的取得，对私有财产施加限制一般不能构成对财产的征用；依法征用是指征用必须已经被制定成法律或在法律中存在依据，并且法律本身必须具有可得性与精确性”，而“实际价值作为补偿标准就是‘等同原则’”。但“香港特别行政区法院在对财产征用案件作出的判决中尚未触及如下三个问题，即《基本法》第 105 条是否隐含为了公共利益条件、《基本法》第 105 条是否隐含着对私有财产的侵扰必须符合比例原则与《基本法》第 105 条是否隐含着对财产的征用必须符合比例原则”[20]。通过这一系列的解读，不仅使我们更为深入地了解了《基本法》对于私有财产权的保障功能，也让我们从一个侧面窥视了《基本法》在实际运行当中的效果，这种事实与规范之间的比对无疑有助于我们对制度的完善做出更为成熟的思考。

而对地方制度作出创新性思考的当属《地方人大监督检察机关的合理界限》一文。作者紧跟我国的地方法治实践，关注了自 2001—2010 年以来 20 个省级人大常委会出台的类似于《关于进一步加强检察机关法律监督的决定》的文件，认为“这些规定拓展了人大监督方式，并且在某种意义上强化了人大监督的规范性”。随后，作者检讨了“检察机关的国家属性”，梳理了“地方人大监督检察机关的规范依据与形式”，划清了“地方人大监督检察机关的界限”，最后指出，“检察改革欲深入推进，取得整体性的效应，非仰赖权力机关不可，也只有人大才有权力与权威推进宪法层面的检察改革……当然，说要实行人大主导，说要加强人大监督职能的发挥，仍然要尊重检察权的专有属性，遵循国家权力运行的一般规律”[21]。

此外，还有学者集中探讨了民生建设中的公法应对。如有学者特别针对老龄化时代的特点，从宪法学的视角提出了社会保险制度改革的一些具体措施。[22]又比如有学者从合理调整收入分配关系入手，思考了公法的保障功能。[23]

四、公民基本权利与义务

2011 年的宪法学界讨论最多的恐怕还是公民基本权利与义务的问题。

有学者以“以权利制约权力”为题探讨了“社会主义法律体系与基本权利立法实践的发展”。认为“社会主义法律体系在 2010 年如期形成，标志着法律日益成为我国社会转型时期保障公民权利的最重要的制度手段”。而“从政策调控到法律体系——这一公民权利保障途径的变化，正是改革 30 余年来，全国人大及其常委会进行‘快速立法’的社会背景及深层原因”。应该说，“业已形成的社会主义法律体系以法律保障权利，又通过权利制约权力，以实现法治国家与公民社会的整合。当下，继完成民生立法的工作重点后，未来社会主义法律体系的关注点应转入公民有序参与的政治权利领域”[24]。

有学者发表了《公民宪法义务与相关概念的关系》一文，表达了他对“公民宪法义务”这一问题的持续关注。文章认为，“在回答了公民宪法义务是什么、他国宪法义务如何规定后，公民宪法义务与宪法权利、道德、其他部门法义务等概念的关系成为宪法义务研究无法回避的问题”[25]。于是，作者从“公民宪法义务与宪法权利的关系”“公民宪法义务与道德”“公民宪法义务与其他部门法义务”“公民宪法义务与抵抗权”这几个关系体中推进“公民宪法义务”基本学理的建构。

高全喜教授也延续着他本人惯常的治学思路，在政治学与宪法学的双层场域打拼，希望能将二者打通。在《财富、财产权与宪法》一文当中，他“从现代宪法的发生学视角出发，通过梳理财产权从古代到现代的两条转化路径，即自然权利路径和普通法路径，阐述了作为现代宪制动力机制的财富和财产权问题，揭示了财富与财产权的认识论和法律观的古今之变，进而论证了财产权是现代宪法的基石，对财产权的保护是现代宪法的核心原则之一”[26]。

有学者通过对宪法当中相关法条的规范比较，论述了“基本权利的规范领域和保护程度”，认为

"基本权利的规范领域和保护程度之间存在反比关系：规范领域愈宽，保护程度愈低；规范领域愈窄，保护程度愈高。我国宪法第35条规定的言论自由，其规范领域宽于宪法第41条规定的监督权，因此宪法对监督权的保护程度高于对言论自由的保护"。"基本权利对公权力裁量余地的限制，随着所涉及基本权利的不同而有所差异：公权力对言论自由的限制，需要提出充分的理由；对受保护程度更高的监督权的限制，需要提出更强有力的理由。"进而认为，"宪法对监督权的高程度保护，体现了制宪者对民主监督的期盼和对民主建设的信心"[27]。

也有用跨学科的视角来讨论有关宪法权利保护的文章。如《论宪法之下的刑法秩序转型与权利保护》就谈到"1979年《刑法》在法的明确性、具体化方面不够深入而导致一些人遭受不适当量刑，1997年《刑法》在前述两方面虽然做了较大改进，但是由于立法者对溯及力模式的选择使1997年《刑法》的有利规定不能溯及这些已生效案件。从宪法角度来看，这种救济模式的选择属于立法者的价值判断，其不违反平等原则，具有合宪性，理应给予最大程度的尊重。然而从禁止事后法产生的历史背景及其宪法功能、我国2004年人权条款入宪所带来的国家价值观上的变化以及一些国家刑法对生效案件采取有利溯及的规定来看，我国刑法在价值观上应当进一步跟进宪法，应对遭受不适当量刑的当事人予以适当的救济"。而"鉴于诉讼经济和对既定秩序最小危害的考虑，我国立法机关的积极作为和启动特赦机制不失为较好的救济渠道选择"[28]。

有学者探讨了"自由权的保护义务"，认为在风险社会当中，宪法自由权的防御功能不足以应对风险，因此必须申明国家对于公民自由权实现的保护义务。并援引以下视角以为论理支持：（一）政治哲学视角：社会契约理论下的保护义务；（二）宪法解释视角：保护义务的宪法规范基础。同时从"国家、加害人、受害人之间的宪法关系"和"国家履行保护义务的方式"这两个方面论证了"保护义务的实现"[29]。

有学者从权利主体的角度探讨有关公民基本权利的若干问题。如有学者就"以私营企业家的基本权利为视角"来论证"国家从事经济活动的宪法界限"，认为"基本权利条款蕴含着国家权力运作的最重要宪法界限。无论是国有独资企业和国有独资公司，还是国有控股公司和国有参股公司，在宪法上均具有公权力性质。由于这类企业在市场中的活动涉及了私营企业家的职业自由权和平等权，因此其创建及市场行为均须由立法机关授权并受公共利益和比例原则的约束"[30]。从宪法制度的设计上保证了市场经济主体的平等竞争。

还有学者考察了美国企业法人在宪法上的权利。历史地看，"美国宪法实施以后，法人的宪法地位问题很快就提到了联邦最高法院。进入二十世纪以来，美国法人的宪法权利进一步扩展，法人又拥有了免于双重危险、陪审团审判、政治言论自由等一系列权利"。而"在美国之外，法人的宪法权利也有不同程度的发展。德国在宪法文本中直接规定了法人的宪法权利，日本宪法文本虽无关于法人的明文规定，但在理论和实践中法人都享有一定的宪法权利"。但是，"法人的宪法权利一直伴随着争议，尤其是法人的政治言论自由更是引发了热烈的争论"。作者认为，"赋予法人宪法权利体现了宪法适用的价值，是法人对抗法律侵权的手段，客观上促进了经济发展，但法人对政治活动的参与也可能引发金钱政治的危险"[31]。

不过，同一主题研讨下的《美国企业法人的言论自由权与竞选资金规制》一文或许能在某些方面回应上文提出的质疑。该文开门见山提出"竞选资金规制是20世纪70年代以来美国言论自由诉讼的三个焦点问题之一"。并解说了"2010年的联合公民案提出了公司法人的言论自由权问题"，从而认为"其核心在于：竞选资金是否是言论自由？公司法人是否是言论自由权的主体"？并分析了议会与最高法院在公司法人的竞选资金规制问题上的分歧，还对联合公民案中的法律争议进行了评析，并在此基础上探析公司法人言论自由权法律争议的深层次原因。[32]

也有学者比较了《加拿大权利和自由宪章》第8条和美国宪法第4修正案，透析了两国对于隐私权的保护。认为"与美国宪法第4修正案的发展历程类似，经由加拿大最高法院的判例解释，《宪章》第8条确立了隐私权的宪法保护"。而"基于对美国宪法判例的批判和借鉴，《宪章》第8条下的隐私权在判断标准、保护范围方面体现了本国特色"。并认为"第8条下隐私权具备的丰富内涵，不仅得益于加拿大最高法院确立的隐私权旨在促进的诸项基本价值，也与加拿大较为宽泛的非法证据排除规则有关"[33]。

还有学者关注了华侨的基本权利。在《试论获得公民身份证件权——从华侨短期回国在国内证明公民身份困境切入》一文当中，作者认为"获得公民身份证件权是我国公民的应有权利，也是一项重要的人权和公民权"。但"由于各种原因，该权利在理论上被忽视，在实践中没有引起关注，以致出现华侨是中国公民，却无权申领身份证的奇怪现象"。而"华侨短期回国期间，因为没有身份证件证明自己的公民身份，在办理购房等涉及政治、经济、社会生活等权益事务方面业务时，举步维艰"。因此，"尊重和保障公民的获得身份证件权是建设公民社会的必然要求"，而"最合适的改革方案是修订居民身份证法，在现行居民身份证之外，增加非居民身份证，适用于具有中国国籍但是不在中国居住者”[34]。

也有学者介绍了国外基本权利的实践经验。在《限制的限制：德国基本权利限制模式的内在机理》一文中，作者认为，“与其他国家宪法的概括规定方式不同，德国《基本法》将对基本权利的限制放在各项基本权利条款中进行差异性处理”，而“这种差异性处理通过对‘法律保留’的不同规定而达成”。“作为重要补充，《基本法》又在基本权利一章的结尾处对各基本权利条款中涉及的法律保留本身作了一般性限制。这样的限定模式，与其说是对基本权利的限制，不如说是对限制的限制。”由此，作者认为“德国《基本法》在基本权利规范的理性设计与保障人权目标实现之间的关联上，提供了一种立法经验示范”[35]。

该学者介绍德国基本权理论的文章还有《作为客观价值的基本权利及其问题》。作者指出，“德国战后的基本权理论在主观权利属性之外，又发展出基本权作为客观价值决定的另一属性。通过强调基本权对于整体的法秩序均有约束作用，是所有公权力都应予以尊重的‘客观价值’，客观价值属性不仅为我们认识基本权提供了另一维度，亦使基本权的功能在原来的防御权功能基础上获得极大扩展”。文章“通过分析客观价值属性在德国法上的发展和塑造过程，及其在基本权功能拓展方面所引发的诸多讨论，来展示这一受到广泛赞誉的学理创设所具有的丰富内涵及其问题”[36]。

更有学者因为现代科技所带来的生命与伦理的价值冲突，而重新反思宪法权利的基本价值理念。拷问“面对安乐死范围的扩大，以生命权文化为基础建立起来的宪政体制将如何应对？安乐死背后存在哪些宪法价值与事实？如果该法案（荷兰议会提出的有关安乐死的立法草案）顺利通过，会对整个安乐死立法与观念，特别是对生命权的价值带来什么样的影响”？并明确表示“从宪法价值体系看，安乐死是无法获得合宪性基础的，因为安乐死不符合宪法基本价值与基本权利的价值目标”。同时指出了目前安乐死合法化的难题：“在伦理上，仍需要形成更明确的社会共识；在法律上，仍缺乏正当性基础；在宪法价值上，仍无法超越生命的神圣性；在安乐死的实施上，个人自主权与社会共同体价值之间难于消除冲突；在安乐死的社会评价上，可能出现的滥用权利将导致社会对生命价值的动摇。”[37]此外，该学者还关注了“人体器官移植中的自我决定权与国家义务”，并认为“器官移植是实现生命健康权的一种身体处置形式，必须体现人的自主性才能具备尊严的正当性，即体现供体和受体的自我决定权。判断能否接受当事人决定内容的根本指标在于其决定过程中自主性实现的完整程度，但自我决定权并不是绝对的，一方面，人的自主性不能本质上破坏其尊严和独立；另一方面，人作为社会共同体的一部分，其自主性还要受到外部因素的制约。在自主性不完全的情形下，如因生理原因丧失意识能力，或因被剥夺人身自由和生命，其器官捐献的自我决定权相应受到限制。在器官供求关系严重失衡的现实情况下，应当强调国家的器官给付义务。国家履行给付义务的主要方式是建立健全促进器官捐赠、满足移植需求的各种法律和制度”[38]。

值得一提的是，有学者开始探索人权理论中的中国话语，通过解读人权委员会原副主席张彭春的权利思想来探讨儒家思想对世界新人权理论的贡献。其撰文指出，“《世界人权宣言》是战后最重要的国际人权文件之一。它超越抽象的‘自然权利’人权理论和地域性‘基本权利’人权理论，建立了‘全球道德共识’人权理论。这一世界新人权理论的确立与中国学者张彭春的贡献密不可分。张彭春作为人权委员会副主席全程参与了《世界人权宣言》的制定。他以儒家思想为依托，提出了反对西方中心、提倡多元、抛弃宗教哲学纷争寻求道德共识、用良心制约理性等诸多人权主张。他提出把‘仁’这一道德禀赋作为人权的基础，为面临宗教批判、理性批判和权力批判而陷入困境的传统人权话语找到了新的合法性源泉”[39]。

甚至还有文章探讨了非基本权利的宪法保护，认为“以宪法文本是否加以列举作为基本权利与非基本权利的区分标准不利于宪法权利保护功能的实现，非基本权利与基本权利的二元划分未能准确揭示权利发展的动态过程。基于宪法权利保护的一体化原则，非基本权利亦应受到宪法的有效保护，宪法对非基本权利的保护具有必要性与可行性。非基本权利的宪法保护应当遵循最大限度保护原则和及时性原则，宪法解释和宪法修改是非基本权利宪法保护的可行途径”[40]。

五、国家机构

有学者论证了“法院、检察院和公安机关的宪法关系”，认为“现行宪法第135条的规定涉及人民法院、人民检察院和公安机关之间的权限界定问题，其实际运作状况对三机关的职权和职能产生了重要影响。在1979年刑事诉讼法和1982年宪法颁布以前，三机关事实上形成了以公安机关为优先的分工、配合与制约关系，并共同接受政法主管部门的领导”。而“在理解宪法规定的‘分工负责，互相配合，互相制约’原则时应当强调，该原则是一个完整的逻辑和规范体系。‘分工负责’体现的是它们的宪法地位，‘互相配合’体现的是工作程序上的衔接关系，‘互相制约’是三机关相互关系的核心价值要求”。“这一原则体现了两种服从关系：在价值理念上，效率服从于公平、配合服从于制约；在工作程序上，侦查服从于起诉、起诉服从于审判。现实中的三机关关系，应当根据宪法和立宪主义的价值理念合理调整”[41]。

有学者则检讨了当下我国的检查制度同“权力制衡原则”的内在关联性。作者认为，“对于中国检查制度与‘权力制衡原则’的内在关联，‘撤检派’基于检查制度与‘权力分立’和‘权力制衡原则’不兼容的理由而主张撤销中国检察机关的建制，而‘挺检派’虽拒斥‘三权分立’的理念，但同时又笃信‘以权力制约权力’的‘权力制衡原则’，并以此作为主张维护和完善中国检察机关的‘理论根据’或‘原理’。如果从另一个角度，即通过对‘三权分立’和‘权力制衡原则’的前世今生以及是是非非的深入考察，以及对中国政权建构的原理和制度特色的精细解读，从中国政权建构的理念和政治上排除了中国检察制度与‘权力制衡原则’的内在关联性，则认为应当另辟蹊径，为中国的检察制度建构更科学的‘理论基础’或‘原理’”[42]。

有学者检讨了价差检察规律，认为“检察规律应当成为引领和规制检察职权配置的重要杠杆，按照检察规律的要求量度和审视现行的检察职权配置状况，既是实现检察职权优化配置的逻辑起点，也是建立公正高效权威的社会主义司法制度的必然要求。检察规律的基本内容说明，要确保检察权的运行能够满足惩治刑事犯罪和规制国家刑罚权的需要，就必须赋予检察机关以行政公诉权、职务犯罪的技术侦查权、对被监督事项的知情权、对被监督主体的质询权、对法院裁判的量刑建议权，并对职务犯罪的审查逮捕权按检查规律的要求作适度调整”[43]。

还有学者认为应该从以下几个方面来定位检察权：“（一）研究检察基础理论，更新相关理念。（二）完善有关检察权定位和职权配置的立法。（三）依法配置检察职权。（四）把检察职权的配置纳入到司法体制改革的总体方案中来考虑。”[44]另有学者通过对香港特区与内地检查制度的比较研究，发现两地检查制度存在着“三个不同”，即“检查制度产生的法制渊源不同”“检察权的主体和权力行使的范围不同”，以及“检察机构的设置和法律定位不同”[45]。

有学者关注了“议会调查权的配置与限定”，从特定国家权力的配置与运作的角度检讨权力结构的完善。如其认为，“调查权是议会监督职能的重要方式，议会监督职能强化的一个重要方面就是议会调查权的扩张，监督‘监督权’应成为宪政研究不可忽视的问题。从宪政原理及各国议会立法文本分析，议会调查权力配置及规范应遵循民主制衡、法治原则、分权原则、人权原则以及比例原则。具体包括：调查权应受到议会民主控制；调查成员组成应体现议会民意基础，多数党成员应占优势；调查权限应由宪法或立法明文设定；调查权应保持充分克制，体现谦抑性原则。调查权配置及限制也与各国（地区）的政治制度、文化传统密切相关，必须结合这些因素理性客观对待”[46]。

有学者思考了我国的人民陪审员制度，实事求是地审视了这一中国特色司法制度的运行效果，认为“1998年以来的人民陪审员制度的复苏是多种社会需求合力催生的结果，承载了推进司法民主、维护司法公正、强化司法监督、提高司法公信力等多重期望。然而，由于陪审员难以有效地参与审判，该制度在人力补充、调解协商、知识提供等方面的作用较为突出，其他效果则不太明显。经验材料由此呈现‘一种制度实践，两种复苏原因及效果判断’的现象。相对于立法意图和人们的预期，人民陪审已出现某种程度的职能异化”。而“未来的改革应致力于只能分化、强化专门领域案件和轻微案件中民众参与审判的作用，同时注重提升陪审员在重大案件中的代表性和参审效果”[47]。

有学者则以预算权在议会与政府间的分配为切入点，探讨了“宪政、经济国家与《预算法》的修改理念”，认为“预算权的分配及我国《预算法》的修改理念不应局限于传统的限权式宪政，而应诉诸政府预算面临的实践情境和现实约束。在政府成为内生因素、嵌入并主导与社会发展的经济国家时代，预算权分配及《预算法》的修改理念应定位于分权与问责两大要义。无论横向与纵向的预算分权，其目的均在于明确不同主体的职责与角色，为其分工协作以实现社会整体利益奠定基础。预算分权机制的有效实现，则依赖高度契合政府预算之内在机理以实现嵌入式控制的综合性调整机制，其核心在于融角色定位、说明回应和违法追究于一体的问责制”[48]。

甚至有学者探讨了国家人权机构同国家行政机关的关系，认为“国家人权机构对国家行政机关的关系是洞察国家人权机构在国家政权机构中的地位和作用的重要‘窗口’。部分国家行政机关发起或参与国家人权机构的创立。国家行政机关的行政行为往往属于国家人权机构管辖和调查的对象，国家人权机构可以调解国家行政机关与申诉人之间的人权纠纷，部分国家人权机构还可就国家行政机关的行政行为是否侵害人权作出决定。总体来看，国家人权机构的工作是对国家行政机关人权保护的补充，这种补充在很大程度上是通过对国家行政机关的人权保护工作实施监督来实现的”[49]。

还有学者关注了“宪法中的战争权”，认为“人民主权理论决定了战争决定权应由议会行使。战争宣布权一般属于国家元首。战争指挥权由最高行政长官掌握，是军事统帅权而不是军事统率权。战争执行权主要属于政府及其有关部门。最高军令权和军政权属于总统或首相；此外的军令权属于军官，军政权属于文官，在许多国家二者统属于国防部。在战争的决定权、宣布权、指挥权和执行权中，战争的决定权和指挥权（以及彼此的关系）是最重要的，也是宪法重点规范的对象”[50]。

注：

①张千帆：《中国宪政的路径与局限》，《法学》，2011年第1期。

②苗连营、郑磊：《宪政建设的统合模式——超越“上/下”之争的第三条道路》，《法学评论》，2011年第3期。

③韩大元、董和平、莫纪宏等：《论社会主义宪政的正当性与必要性》，《法学》，2011年第12期。

④韩大元：《中国宪法学说史的概念与学术传统》，《求是学刊》，2011年第1期。

⑤马小红：《近代中国宪政的历史考察》，《政法论坛》，2011年第1期。

⑥高全喜：《战争、革命与宪法》，《华东政法大学学报》，2011年第1期。

⑦韩大元：《辛亥革命与宪法学知识谱系的转型》，《中国法学》，2011年第4期。

⑧王旭：《我国宪法实施中的商谈机制：去蔽与建构》，《中外法学》，2011年第3期。

⑨柳建龙：《合宪性解释原则的本相与争论》，《清华法学》，2011年第1期。

⑩张翔：《宪法解释方法的运用——以德国艾尔弗斯案为例》，《学习与探索》，2011年第3期。

⑪刘飞：《宪法解释的规则综合模式与结果取向——以德国联邦宪法法院为中心的宪法解释方法考察》，《中国法学》，2011年第2期。

⑫王书成：《司法谦抑主义与香港违宪审查权——以“一国两制”为中心》，《政治与法律》，2011年第3期。

⑬王书成：《合宪性推定与塞耶谦抑主义——读〈美国宪法原则的起源与范围〉》，《政法论坛》，2011年第5期。

⑭王晓光：《美国宪法禁酒令的立与废——兼谈美国进步主义时期的法制变迁》，《法制与社会发展》，2011年第6期。

⑮王茂生：《美国禁酒立法的过程及启示》，《政治与法律》，2011年第9期。

⑯回颖：《透明原则在欧盟宪法中的发展和制度解读》，《行政论坛》，2011年第6期。

⑰张千帆：《中国大学招生指标制度的合宪性分析》，《中外法学》，2011年第2期。

⑱王贵松：《我国优生法制的合宪性调整》，《法商研究》，2011年第2期。

⑲张千帆：《地方自治的技艺：走向地方建制的理性化》，《华东政法大学学报》，2011年第6期。

⑳李纬华：《简论香港特别行政区基本法对财产征用的规制》，《清华法学》，2011年第3期。

㉑韩大元：《地方人大监督检察机关的合理界限》，《国家检察官学院学报》，2011年第1期。

㉒曾娜：《老龄化时代社会保险制度改革措施的宪法学分析》，《华东政法大学学报》，2011年第6期。

㉓郭殊：《公法对合理调整收入分配关系的保障》，《华东政法大学学报》，2011年第6期。

㉔徐爽：《以权利制约权力——社会主义法律体系与基本权利立法实践的发展》，《政法论坛》，2011年第6期。

㉕李勇：《公民宪法义务与相关概念的关系》，《北方法学》，2011年第2期。

㉖高全喜：《财富、财产权与宪法》，《法制与社会发展》，2011年第5期。

㉗杜强强：《基本权利的规范领域和保护程度——对我国宪法第35条和第41条的规范比较》，《法学研究》，2011年第1期。

㉘李样举：《论宪法之下的刑法秩序转型与权利保护》，《法学》，2011年第8期。

㉙谢立斌：《自由权的保护义务》，《比较法研究》，2011年第1期。

㉚陈征：《国家从事经济活动的宪法界限——以私营企业家的基本权利为视角》，2011年第1期。

㉛曲相霏：《美国企业法人在宪法上的权利考察》，《环球法律评论》，2011年第4期。

㉜吕方：《美国企业法人的言论自由权与竞选资金规制》，《环球法律评论》，2011年第4期。

㉝向燕：《搜查与隐私权保护——加拿大宪法与美国宪法第4修正案之比较》，《环球法律评论》，2011年第1期。

㉞刘国福：《试论获得公民身份证件权——从华侨短期回国在国内证明公民身份困境切入》，《中国政法大学学报》，2011年第1期。

㉟赵宏：《限制的限制：德国基本权利限制模式的内在机理》，《法学家》，2011年第2期。

㊱赵宏：《作为客观价值的基本权利及其问题》，《政法论坛》，2011年第2期。

㊲韩大元：《论安乐死立法的宪法界限》，《清华法学》，2011年第5期。

㊳韩大元、于文豪：《论人体器官移植中的自我决定权与国家义务》，《法学评论》，2011年第3期。

㊴鞠成伟：《儒家思想对世界新人权理论的贡献——从张彭春对〈世界人权宣言〉订立的贡献出发》，《环球法律评论》，2011年第1期。

㊵潘爱国：《论非基本权利的宪法保护》，《法律科学》（西北政法大学学报），2011年第4期。

㊶韩大元、于文豪：《法院、检察院和公安机关的宪法关系》，《法学研究》，2011年第3期。

㊷陈云生:《中国检查制度与“权力制衡原则”的内在关联性的排除之辩》,《政法论丛》,2011 年第 1 期。

㊸向泽选:《检察规律引领下的检察职权优化配置》,《法学论坛》,2011 年第 2 期。

㊹姜小川:《检察权定位:检察职权配置的关键》,《法学杂志》,2011 年第 9 期。

㊺单民、刘方:《香港特区与内地检查制度比较研究》,《法学杂志》,2011 年第 9 期。

㊻胡锦光、温泽彬:《论议会调查权的配置与限定》,《河南省政法管理干部学院学报》,2011 年第 5 期。

㊼彭小龙:《人民陪审员制度的复苏与实践:1998—2010》,《法学研究》,2011 年第 15 期。

㊽冯辉:《宪政、经济国家与〈预算法〉的修改理念——以预算权分配为中心》,《政治与法律》,2011 年第 9 期。

㊾杨成铭:《国家人权机构对国家行政机关关系研究》,《政法论坛》,2011 年第 6 期。

㊿马岭:《宪法中的战争权》,《政法论坛》,2011 年第 1 期。

(作者:胡锦光,中国人民大学教授;
杨凡,中国人民大学博士生)

行政法学

胡锦光 董 妍

2011 年,我国行政法治进一步发展,《行政强制法》开始实施,《国有土地上房屋征收与补偿条例》公布并施行,最高人民法院发布《关于审理政府信息公开行政案件若干问题的规定》。在此背景下,行政法学研究也在诸多领域中取得了一定进展。概括而言,2011 年行政法学研究发展呈现出以下两个特点:第一,对行政法学基础理论研究的进一步深入;第二,理论研究与社会热点问题,特别是民生问题联系更加紧密,公众关心的食品安全、强制拆迁问题等均成为行政法学研究的重点。本年度还举行了多次行政法学会议,围绕行政法实施与执行、社会管理创新、行政强制等问题展开了讨论。

一、行政法基础理论

在行政法总论与分论关系问题上,有学者认为中国行政法研究出现了一种“泛总论化”的倾向,随着行政权扩张和行政任务多元化,行政法各论的功能开始受到关注。作为行政事实描述和政策论辩的主要载体,行政法各论必须具备独立的体系架构和内容取向。以“职能分类法”为基础的体系构成有利于确切地描述行政活动之客观事实;各论的核心议题则应当在行政事实描述的基础上,作“合法性”和“最佳性”两方面的分析论证。但行政法各论的独立性是相对的,总论仍是各论“走不出的背景”,总论与各论之间可以界定为“一般与特别”“形式与实质”“传送带与反向传送带”三种关系形态。①

一直备受瞩目且争论颇多的“平衡论”有了更为深入的论述。有学者认为与国家管理模式相契合的行政法,因过分夸大公私益紧张关系及行政优益性,导致行政法逻辑的扭曲和行政法制化正当性的削弱。正在崛起的公共治理模式要求反思行政法的治理机理,通过维护公共理性来助成解决私人选择失灵问题;“还原”行政法行动场域的基础上,依靠针对性的机制设计来塑造行政法主体角色;将认知和建构行政法的视角从行政行为拓展至交涉性行政关系;建构一套行政法商谈框架,运用 360° 商谈模式寻求行政法效力的普遍认同。与此种治理逻辑相契合的行政法呈现为非对称性平衡,它集中体现为行政与公民双方在权能上的势均力敌。②

关于行政法基本原则的研究,一方面,对于传统的合法性原则和合理性原则,学者们进行了更为深入地探讨。有学者在探讨英国司法审查中合理性原则产生的历史路径后,认为法院对行政裁量的实质性审查,不管采用哪一个标准,都要有一个伸缩幅度;比例原则和“不合理”之间没有根本冲突,它们只是对一个幅度上的强弱作出不同标识。同时,比例和“不合理”有着各自的审查视角与技术。③另一方面,行政法学界对于基本原则的探讨又超出了传统的合法性、合理性原则,合法预期原则开始受到了关注。有学者将其与中国司法实务相结合,作了详细阐述。有学者梳理了英国行政法上合法预期的起源与发展,指出合法预期在英国发展的总体脉络是由程序性保护发端,向实体性保护发展,赔偿性保护却简约不占主流。它经由一个个判例逐步发展而来,其发展的基础是实用主义而非理论原则。但是,经过法院的持续努力,理论上已蔚为大观,面相也逐渐清晰起来,并形成自洽的体系。英国的合法预期与德国的信赖保护、美国的禁止反言有着近似的功效,也有着实质差别。④在此基础上,有学者梳理了最高人民法院公报中的益民公司等三起案件,以合法预期理论为分析工具,揭示出在传统行政救济框架中,政府信赖保护无法真正提升救济的程度与空间，只是增加法院判决的说理程度。而引入合法预期，却能改善程序保护，促进公正判决。[⑤]

关于行政法上“合法”与“违法”的概念及其相关问题，不少学者也有新的论述。有学者指出，由于对“违法”与“不法”概念及其评价机制的混淆或认识不清，我国行政法学界在违法行政行为的构成要件、行政赔偿责任的归责原则等方面产生了诸多错误认识。“违法”是对行为不符合法律要求所作的“客观评价”，这一评价机制在行政法上主要发挥着对行政行为的效力评价功能；“不法”作为法律责任机制的正当性基础，在行政赔偿责任构成中发挥着对行政行为的损害结果是否具有正当性的评价功能；而对过错的评价则属法律责任机制中的归责要素。在行政法上，它们于各自的意义脉络中发挥着不同的作用，又以一定的方式相互“渗透”、发生联系。[⑥]对于违法行政行为，公民能否采取直接抵制行动，是法治秩序建构中一个不能绕开而又不易解开的问题。有学者针对这一问题，认为中国的立法和司法对公民拒绝权给予了相当广泛的承认，其设定的标准有别于“重大明显违法”这一通常所理解的无效行政行为构成要件。原则上，行政行为严重违法侵犯公民实体权利，公民在不能获得及时、充分救济的情况下，采取适当方式予以抵制，都应当允许。承认公民的拒绝权是对公民行政法主体地位的尊重，也是对良好行政和实质法治的追寻。[⑦]

随着最高人民法院案例指导制度的推进，行政判例、案例又成为了行政法学界研究的一个热点问题。有学者就行政判例中的法律解释问题作了阐述，认为行政判例的法律解释是对法院包括法官在制作行政判例时就需要明确的法律问题所作的说明。法律解释最终归宿点应该以判例这样的载体出现。为了维护法制的统一性，保证法制改革的有序进行，创制行政判例的主体应该只限于最高人民法院。行政判例制作中除一般法律解释方法的应用外，还有构成性、合法性、合理性、利益衡量等具有行政法特点的法律解释方法。[⑧]有学者采用案例分析的方法，以规划行政许可案件侵犯相邻权争议案件为考察对象，经过对一组同类案件判决在法规范解释、采用的审查标准和论证思路等方面的分析和比较，发现公报案例对于《城市规划法》第32条的适用和解释发生根本转向，并在其后下级法院同类案件判决中被沿用和简化。在此基础上进一步指出，指导性案例的效力问题是我国案例指导制度的核心和难题。在规划行政许可侵犯相邻权争议案件的审理中，公报案例采用“行政义务遵守”的审查标准，形成了“合法即不侵权”的论证思路。由此，可以初步推断公报案例所产生的客观影响主要表现为判决思路的内容说服力和权威判决的形式说服力。无论指导性案例的效力是否以及如何被规定，这种事实上的影响是客观存在的。这种客观影响的揭示应当通过运用法解释学提取先例性规范并归纳其发展来呈现。判例的研究和竞争将促进法律适用和解释的稳定性和开放性，形式正义和实质正义则可能得以统合实现。[⑨]

另有学者专门就行政法研究的新方法进行了论述，认为以跨国研究课题为依托的全球学术研究网络，正在以注入“全球行政法体系”之名得以逐渐整合；由此，伴随着“全球治理”理论之发展而诞生的“全球行政法”，已经由一个学理性概念演变成为全球行政法研究中的一种视野、一种方法和一种诉求。这种视野或者方法，既是全球化理念在行政法学中渗透的产物，也是推进行政法研究走向全球化的内在要素。[⑩]

二、行政主体论

在行政主体论方面，学者的研究呈现出具体化、专题化的特点。

关于私人在行政法上主体地位的问题，有学者指出，越来越多的私人主体承担行政任务，这种现象在降低了行政成本、提升公共服务质量的同时，也导致私人主体在承担行政任务时会发生侵犯公民合法权益的情况，基于此种情况，应该对私人主体施加某些行政法上的义务，但是也必须注意规制过度可能会影响民营化带来的收益。[⑪]有学者以养老保障行政为例，分析了履行给付行政任务的私人法律地位，认为私人参与给付行政的法根据在于宪法对给付行政中国家和社会二元关系的确立。私人可能作为被授权者、被委托者、提供协助者或者监督者进入给付行政法律关系之中。私人承担给付行政任务，若基于法律、法规的授权则成为行政主体。私人可能具有防御权利与积极的受益权利这两种形态的实体权利。私人履行给付行政任务需要承担程序与信息披露义务。司法实践则依然按照传统的“法律法规授权或委托”观点来处理有关争议。[⑫]有学者对于辅警的主体定位及规范进行了研究，认为由于缺乏法律的明确规定，公众对辅警主体合法性的质疑一直在持续，辅警的法治化之路势在必行。该路径应该在遵循法律保留原则的前提下，应用行政辅助理论建构辅警合法性基础。辅警的主体立法可以通过公安部的部门统筹立法、地方区别立法这两种具体方案展开，在清理文件的同时规范立法。[⑬]还有学者认为私人参与警察任务执法并不违反我国宪法文本规定和宪法基本原理。“国家和社会”条款在行政法律规范中频频出现以及行政法上的辅助性原则、行政过程论的阐释表明，私人参与警察任务执行同样具备合法性基础。我国行政工作一以贯之的群众路线和警察任务的转变，彰显出私人参与警察执行任务具有深厚的社会历史及现实基础。[⑭]

关于其他组织承担行政任务的问题，有学者对于非行政机关或行政机构的事业单位和社会团体承担一定管理职能的现状进行了行政学和行政法学的阐释，分析了其他承担行政任务的组织的基本形态，并对其重要意义进行了阐述。[15]有学者针对政府业务委托外包的问题进行了行政法学分析，认为政府业务委托民间办理渐成我国公共行政改革的重要方向。该学者从行政法视角对委托外包的政府业务进行了梳理，认为我国外包的政府业务可以划分为政府行政性业务、政府事业性业务和政府经营性业务，三类不同的政府业务委外具有各自不同的法律属性，应当分别规范：政府行政性业务委外在性质上属于行政委托，由行政委托制度规范，政府事业性业务委外可纳入政府采购的范围，由政府采购法等法律调整，而政府经营性业务委外为政府特许经营，应适用行政许可法及规范政府特许经营方面的特别法。[16]

另有学者对于政府机关在农地权益行政案件中的地位[17]、职业协会行政主体地位[18]、公务员违反禁止性规定订立营利性合同的效力[19]以及行政机关权限争议解决机制[20]等问题进行了阐述。

三、行政行为论

（一）行政裁量

行政法被裁量的术语统治着，它是行政国时代实现法治的核心要素。因此，自由裁量问题也一直是行政法学界研究的热点问题之一。

有学者对戴维斯的力作《裁量正义——一项初步的研究》进行了述评，对于裁量的概念、目的、作用、限定及其与法治的关系进行了论述。[21]对于行政裁量的概念，有学者从法教义学出发进行了分析，认为行政裁量作为教义学概念，其发生、变迁与权力分立如影随形。从“自由裁量行为”到“自由裁量”再到“受法律拘束的裁量”，行政裁量观念的变迁对应着法秩序与法理念从法制到法治的变迁。所以，尽管行政裁量概念的主要功能场域在于行政诉讼，但其阐发与法治观乃至法律观有着不可分割的内在关联。在大陆法系国家，行政裁量论的基本范式是以法律解释确定司法审查的边界与方式。这一范式反映了行政裁量概念的教义学特征。它虽不能完成行政裁量概念所能承载的所有任务，但对于其核心任务而言是必要的和充分的。为凝聚共识，我国行政裁量理论有必要回到法学的本原，明确行政裁量概念的工具性，并结合法治观、法律观对行政裁量的观念加以梳理和探究。[22]

关于行政裁量基准问题，有学者认为行政裁量基准的兴起既是行政机关对社会呼唤执法公正的积极回应，也是行政机关抵御社会资本侵蚀以实现自我保护的切实需要，体现出规则之治意识的觉醒，理应成为转型中国核心的行政裁量控制术。裁量基准的智识资源更多来自地方性知识而非行业性智慧，应当承认基层行政执法机关所拥有的基准制定权。作为一类具有规范具体化和解释功能的行政规则，裁量基准效力的外部化是一个普遍的世界性现象，有关裁量基准事实拘束力和法律拘束力辨析的意义日趋弱化。[23]还有学者以行政自制为视角，对裁量基准的定位进行了阐述，指出面对裁量基准在我国行政执法实践中的发展，亟待从制度层面对裁量基准的性质、功能和边界加以合理的定位。在行政自制的视角下，考察各地所推行的裁量基准实践，裁量基准在性质上应当被看作一种行政自制规范。它对裁量权正当行使的自我控制功能，主要是通过情节的细化和效果的格化技术来达到对裁量权的限定、建构和制约。然而，裁量基准作为一种“规则化”的“自制”，亦有其难以克服的局限性，对此必须在制度设计上充分把握三个方面的平衡，即在羁束与裁量之间的平衡、在规则与原则之间的平衡以及在自制与他制之间的平衡。有必要倡导一种功能主义的行政自制观，以此推进中国行政法治的新发展。[24]在此基础上，有学者对裁量不作为的要件进行了分析，认为裁量不作为既是行政不作为的基本形态，也是行政裁量违法的重要类型，其构成须同时具备裁量权之存在、决定裁量权之享有、决定裁量权之滥用等要件。[25]

另有学者对于从传染病防治中限制人身自由措施的合法性证成的角度论述了裁量正义的相关理论。该学者认为，隔离与医学观察等限制人身自由措施的合法性所涉及领域的关键由立法转向了行政，合法性判断标准的重心则由法律保留逐渐变为比例原则，合法性实现机制的中枢也由制度的外部监督逐渐转向行政的自我拘束。非常状态下法律的适用和解释，以及在此过程中行政裁量权的运用及其控制是传染病防治依法行政在未来发展的关键，其主要内容包括法定传染病的纳入、防控措施级别的确定、病例和密切接触者的判定等方面。在专业技术判断、政策考虑和行政决定之间实现有效的关联并在此基础上形成较为明确、紧密和公开的裁量基准，是今后需要解决的重要问题。由此，传染病防治中限制人身自由措施的合法性证成已由形式合法发展到裁量正义。[26]

（二）行政强制

在经过多次讨论和遭遇多次搁浅后，《行政强制法》终于在2012年开始实施。然而行政法学者对于行政强制问题的讨论却并没有随着《行政强制法》的实施而终止，相反，对于针对《行政强制法》实施过程中的问题，行政法学界展开了更为深入的讨论。

有学者针对《行政强制法》的法律地位、价值取向和制度逻辑进行了分析。依次探讨了《行政强制法》的地位、所涉重要关系、行政强制的界定、原则、设定、种类、程序、执行体制和法律责任等九个基本问题，指出《行政强制法》在实施中需要平衡若干重要关系。并强调《行政强制法》是规范政府共同行为的一部重要法律，是中国特色社会主义法律体系的支架性法律，其出台是我国行政法治建设历程中的又一个里程碑。[27]

程序是法律中具有特色的要素，也是法律的核心要素之一，行政强制的程序对于相对人的财产权、人身权均会产生重大影响，因而备受关注。有学者指出《行政强制法》在以列举式规定行政机关必要的行政强制措施种类的同时，应注重对行政强制措施的实施程序作出专门规范，强调从程序上规范行政强制措施权的实施，加强对公民、法人或者其他组织合法权益的保护；在对行政强制措施实施程序作出一般规定的同时，还应围绕相关特殊程序作出规定。准确而全面地理解和运用行政强制措施的程序规制，不仅需要对这些专门的程序性规定进行系统性考察，而且还需要准确理解和把握行政强制措施的实施主体、适用条件和适用对象，从行政组织法和行政作用法层面探索对行政强制措施权进行规范的路径，探讨进一步完善权利保障和权利实现的方略。[28]

还有学者针对行政强制执行中债权冲突的问题进行了分析，指出当行政强制执行中的被执行人资不抵债时，对于不同债权之间的冲突应如何处理，目前仅有少数几部法律有所规定，且现有规定存在不合理、不全面、相互冲突、具有优先权地位的债权缺乏程序保障等弊端。鉴于此，行政强制执行中债权优先受偿顺序应当作出如下安排：基于利益衡量的结果，对特定财产的担保债权不适用完全优先权规则；基于贡献原则处理法律规定的特别优先权与对特定财产的担保债权的冲突；应确认劳动债权、社会费用、人身侵权损害赔偿费、污染治理代履行费以及专款专用的行政法债权为一般优先权，优先于普通债权受偿；应确认制裁性行政法债权为次级债权，后于先成立的普通债权受偿。为确保行政强制执行中债权冲突的公正处理，应给予第三人参与被执行人财产的分配和获得法律救济的机会，并建立行政强制执行程序与其他程序竞合时的衔接机制。[29]

（三）信息公开

近十年来，信息公开理论在行政法学界取得了一定的进展。2011 年，行政法学界对于信息公开问题的研究呈现出两个特点。第一，行政法学者对于信息公开的理论基础进行了更为深入的研究，综合运用社会科学理论对信息公开问题进行论证。第二，行政法学者更倾向于采取实证研究的方法，从不同的角度，对于各类实证材料予以分析总结，在此基础上对于信息公开制度的运行情况加以考察。

在信息公开基础理论方面，有学者运用经济学的有关理论，对于政府信息的生产与提供的经济分析、政府信息公开的成本效益分析、政府不公开信息的制裁的分析等问题进行了具体阐述。通过运用经济学分析方法，从新的角度为政府信息公开法律制度的建立提供理论基础，并从崭新的角度解释政府公开信息的难点，加深对政府信息公开的必要性的认识，树立建立政府信息公开制度的信念。[30]有学者针对目前公用事业民营化的趋势，对于该情势下信息公开义务进行解读，认为随着民营化时代的到来，诸多政府公共职能外包给私人主体，使得传统的信息公开立法的目的落空。为解决这一问题，必须探讨信息公开立法直接适用于承担公共职能的私主体之可能性，并在转型社会与全球化的背景下，考量现代与后现代，法治的交轨处转型国家信息公开立法的多重使命。[31]

土地问题一直是我国社会的热点问题，在信息公开领域中，关涉土地的信息公开问题也颇受关注。有学者选取了郑州 23 起市国土局闲置土地信息公开案为典型案例，对于信息不公开的理由进行了深入解读，并寻找其理论依据，最终得出利益衡量是判断信息公开与否的基本方法。[32]另有学者认为，信息公开可以成为考察强制征地制度的第三维度。信息不对称使部分地方政府在强制拆迁中的暴力行为和其他权力滥用行为导致了“柠檬市场”，影响公民和媒体对政府征地行为的判断，公共政策的制定和被拆迁人的救济都难以理性地进行。建立以征地项目为单位的强制信息披露制度将会增强披露信息的相关性和可用性，有利于提高基层政府的决策质量和公信力，为公民知情参政权的实现提供制度和人力资本保障，为提高财政透明度，实现民主财政这一基本宪政价值提供更坚实的制度根基。[33]

自 2010 年以来，以预算为首的财政信息公开成为了社会科学诸多学科领域中学者研究的热点问题，经济学、政治学、新闻学学者在此方面均有论述。针对这一问题，行政法学者从法学视角亦对预算信息公开的问题进行了论述。有学者指出各国宪法对预算公开的规定，通常由预算基本法、信息公开法、代议机关议事规则等法律具体调整，鉴于我国的实际情况，应立足于现阶段实际情况，在借鉴国外有益经验的基础上，由预算法对预算公开作出详细规定。应按照循序渐进的原则，增强预算的完整性、具体性、易懂性，并公开预算审议过程，注重主动公开与依申请公开相结合。[34]

还有学者搜集整理 88 个机关 2008—2010 年 245 份政府信息公开工作年度报告，以此来分析政府信息公开制度的运行状态。认为政府信息主动公开无论是在公开数量还是在公开内容方面都已经成为信息公开制度中的首要机制。依申请公开的真实性和有效性应予承认。绝大部分公开申请都得到了行政机关的同意。“事实操作性理由”而非“法定不予公开理由”是行政机关作出拒绝公开申请决定的主要原因。目前，行政复议是信息公开领域的主要法律救济机制，行政诉讼的数量与活跃程度呈现逐年提高的趋势。[35]

（四）应急法制

自2003年非典疫情开始，几次重大突发事件的出现使得学术界开始关注对于应急法制的研究。2011年，不少行政法学者对应急权的合宪性、理念及相关制度进行了较为深入的讨论。

在应急法制基础理论方面，有学者对于因应对紧急事件而形成的非常法律进行了探讨，认为非常法律由法律法规、应急预案和军事法规等组成，规定了战争状态、紧急状态和应急状态三种非常状态，致力于建构专业化大分工基础上的统一综合体制。在实践中，应急预案取代了法律法规，成为了紧急事件治理的基本规范依据；政府和武装力量处于主导地位。中国非常法律基于必要而形成，其适用具有临时性，主要内容具有授权性和预防性。非常法律未来发展的主要目标是：与中国特色社会主义法律体系相衔接，制定紧急状态下的基本法，完善非常法律的各项具体机制。[36]另有学者对于行政应急权的合宪性控制进行了论述，指出从人民的自由权来阐释行政应急权核心，从公法学原理来剖析行政应急权本质，都可以发现应急权的反宪法特性。然而，衡量其所依据的紧急自卫和国家理性的正当基础，却又使得人们在理解行政应急权与宪法的关系时变换立场。但在理论交锋和实证分析之后，便会从合宪性控制这一根本点出发来规范行政应急权，因为宪法的规范功能应该不仅在平时而且在危机时，也要被证明是可靠的。只有对反宪法的行政应急权进行本质分析才能找回危机时的宪法效力，并通过实质要件和程序要件的审慎设计来最终构建现代法治国家中合乎宪法控制的行政应急权。[37]

在应急法制理念方面，有学者提出紧急状态应对机制中应当以民生至上为基本理念，以关乎人的最基本权利之民生保障为中心。一个国家、民族或地区在面临突发的紧急危险状态下，应当正当行使国家公权，有理、有利、有限地克减民生，遮蔽基本人权事项。当面临紧急状况时，作为执政者不应是一个简单的实用主义者，更不能开启行政乃至司法任意性和主观性的决口，否则，是对现代民主国家法治与民生保障的二重嘲讽。[38]

在应急法制制度方面，有学者对于应急志愿法律保障体系展开了讨论。认为应急志愿服务是志愿服务在突发事件应对中的特殊形态，由于突发事件的突然性、发展的不确定性、危害的严重性和公共性、时间的紧迫性以及采取特殊措施的必要性等特点，法律应当就应急志愿服务的基本原则、组织与管理机制、组织化与专业化保障以及应急志愿者面临的特殊风险及其权利与义务进行明确规定，通过法律保障发挥法律调整社会关系、应对社会问题、维护社会秩序、促进社会发展的重要功能，对应急志愿服务作出积极回应，加以法律调整。[39]

（五）食品安全

在食品安全问题层出不穷的背景下，行政法学者也开始从行政法学角度对该问题开展深入研究。有学者以食品安全风险规制所涉主体为基点，通过考察行政机关、利害关系人、专家和普通公众四类主体在食品安全风险规制中所承载的不同角色和功能，归纳出食品安全风险规制的两种模式。我国传统的食品安全风险规制模式属于自上而下模式，食品安全法的颁布与实施强化了该模式。面对当前我国频繁发生的食品安全事件，自上而下的规制模式在风险议题形成、安全标准制定、风险评估、风险信息沟通和风险管理等方面面临全面挑战。相互合作的规制模式有当代政治法律理论和国外食品安全风险规制经验的支持，有助于在食品安全风险规制所需要的理性与情感、科学与民主之间寻求尽可能的平衡，符合我国食品安全风险规制的现实需要。在规范层面上，该模式的制度框架由核心制度、支持性制度和技术制度构成。[40]针对食品安全风险公告问题，有学者认为其可能侵害企业的营业自由和财产权，损毁企业名誉。目前我国在风险公告方面的法律规范过于简约，应当在是否发布风险公告、如何发布风险公告问题上着力提升风险公告行为的合法性，同时应当允许提起撤销诉讼、国家赔偿诉讼和国家补偿诉讼，以便更好地协调私人利益与企业利益之间的关系。[41]

四、行政救济论

行政关系中双方主体不平等的地位使得行政法学界十分重视对行政救济制度的研究。在2011年，不少学者在行政诉讼、行政复议以及上访与信访等方面发表论著。

（一）行政诉讼

行政诉讼是保障行政相对人权利的最后一道防线，行政法学者围绕该问题有不少著述，从不同角度对行政诉讼问题进行了探讨。

在行政诉讼基本理论和价值研究方面，有学者认为中国正处于社会转型期，社会矛盾和利益纠纷呈高发态势，厉行法治，保证行政权正确行使，是预防、减少和妥善应对社会风险的良策。由于行政诉讼在制度架构方面的缺陷，其制度功能发挥并不充分。设置行政公诉制度，应当成为完善行政诉讼制度的一个重要选择。它具有监督和促进依法行政、引导市民社会生成、化解社会矛盾等多方面的价值，也是完善中国特色检察制度的题中应有之义。建立行政公诉，应当从理念和制度建构等不同层面予以设计。[42]另有学者对于行政诉权的法律形态及其实现路径进行了阐述。认为根据行政诉权存在的不同法律层面，可以将其分为基本权形态的行政诉权、制度形态的行政诉权以及实践形态的行政诉权。我国行政诉权的现实状况是基本权形态的行政诉权缺位，制度形态的行政诉权大于实践形态的行政诉权。为了追求诉权实现的理想状态，应做到实践形态的行政诉权向制度形态的行政诉权的回归，完善制度形态的行政诉权的立法规定，通过宪法确认基本权形态的行政诉权，最终确立保障相对人行政诉权的原则。[43]

在行政诉讼审判制度方面，学者针对简易程序、诉讼参加人、法律适用等问题进行了阐述。有学者认为我国行政诉讼应当引入简易程序，目前我国《行政诉讼法》没有关于简易程序的规定。《最高人民法院关于开展行政诉讼简易程序试点工作的通知》与诉讼制度或者司法制度的法律保留原则不符。我国行政诉讼制度中建立简易程序，符合提高诉讼效率、降低诉讼成本以及及时解决行政争议的现实需求。从诉讼制度的法律属性而言，通过全国人大或者常委会全面修改《行政诉讼法》或者部分修改《行政诉讼法》相关诉讼程序制度的规定，是构建我国行政诉讼简易程序制度的唯一法治化路径。[44]有学者对于行政诉讼中原告或第三人举证期限问题进行了探讨，认为为了使当事人在诉讼程序中适时提出证据，从而确保当事人诉讼地位的平等，行政诉讼中应当设定原告或者第三人的举证期限。现行司法解释关于原告或者第三人举证期限的规定，在一定程度上弥补了原有制度的不足，但因其规定的自相矛盾和延期举证正当事由的不确定，使得行政审判实践中出现诸多分歧和弊端。因此，应当严格限制行政诉讼中原告或者第三人的举证期限，同时应对允许原告或者第三人延期举证的正当事由作出严格而又清晰的规定。[45]有学者对于司法审查中的行政成本进行了分析，认为行政成本权衡是司法审查中一种相对深层次的行为，其具有深化司法审查内涵、扩大司法裁量权、促使行政权理性化的价值。如果合理性审查制度能够建立，探讨司法审查中的行政成本权衡既有理论依据也有实践上的可行性。在日后修改《行政诉讼法》时应确立行政成本控制原则，建立行政公诉制度，概括规定行政诉讼受案范围，拓展行政诉讼判决类型。[46]有学者对于行政诉讼中其他规范性文件的异化问题进行了阐述并给出了矫正途径，认为在行政诉讼实践中，由于法官疏于审查，使得其他规范性文件异化为“隐形的法律”。如此现状，令人堪忧，长此以往，会造成立法、司法、行政和社会各方“共输”的局面。为改变现状，在实用主义的视角下，建构一套柔性的审查体系是值得期待的。[47]有学者通过对行政诉讼司法建议制度文本变迁的追溯和实践运作的考察，对于司法建议制度进行了较为深入的研究，认为原本处于边缘化地位的司法建议制度已经上升为行政审判的中心制度。而促使司法建议地位提高的原因在于能动司法观念之兴起，司法建议能够满足行政纠纷解决之需要和回应行政审判尴尬之处境。立足于功能主义的立场，可以发现行政诉讼司法实践中存在着裁判引导型、裁判补充型、纠纷预防型和裁判执行型四类司法建议。行政诉讼司法建议制度的运作成效并不完全以行政机关的回复率为衡量标准，司法建议能否有效说服行政机关才是问题之关键。为了确保行政诉讼司法建议制度的运作从随意走向规范，人民法院应当建立分类机制、激励机制和公开机制。[48]有学者基于对经验事实和规范文本的考量，对于行政诉讼调节、和解或协调和解进行了分析，认为目前存在调解、和解以及协调和解三种概念表述，需要加以梳理与辨识。学界主要认为三者实质内涵相同或者三者存在法院介入程度的区别。通过经验事实的考察，发现协调和解是在法院主持下，坚持合法性审查和当事人自愿原则，吸收各方力量协调处理案件，促使当事人和解，以原告撤诉为标志的案件处理方式。通过对规范依据的分析，发现行政诉讼协调和解以司法文件作为依据；行政诉讼和解的依据则是最高法院关于行政诉讼撤诉问题的规定；而行政诉讼调解如果存在的话，则与民事诉讼有关调解工作的规范依据相一致。由于行政诉讼协调和解已经突破了诉讼规则的制约，因此行政诉讼协调和解在性质上只能归属于法院的工作机制，而非诉讼制度；而诉讼法意义上的行政诉讼和解与其现实样态相互背离，导致规范与事实彼此错位，不宜作为表述行政诉讼调解内涵的法律术语；调解作为一种诉讼制度，具有成熟的经验和完善的规范体系，能够涵括当前行政诉讼协调和解的基本特征，可以正式引入行政诉讼之中。[49]

（二）行政复议

在行政复议制度研究方面，学者的研究主要集中在对行政复议基本理论的阐述。有学者对行政复议程序反司法化问题进行了反思，认为反司法化定位下的现行行政复议程序欠缺程序公正的基本制度要素，不利于公正解决行政争议。行政复议司法化的主张并非将司法程序全盘照搬至行政复议，实质在于将体现程序公正的基本要素引入行政复议中，在行政复议中确立公正程序的各项基本原则，切实保障申请人的各项程序权利。在此基础上完成正当行政复议程序制度重构，具体包括回避制度、复议案件公开审理制度、言词辩论制度、复议决定说明理由制度等。[50]还有学者基于对行政复议立法史所作的考察，对于行政复议立法目的进行重述，认为从

《行政复议条例》（1990）、《行政复议法》（1999）到《行政复议法实施条例》（2007），行政复议与行政诉讼的关系从“依附”到“独立”，进而行政复议立法目的也从“监督”到“解决行政争议”。这种变化也影响到行政复议具体制度的内容。行政复议立法目的是多重的、有层次的，何者为首选需要在个案中予以权衡。“解决行政争议”是实现行政复议立法目的的手段，不是立法目的本身。[51]

（三）上访与信访

上访和信访一直是行政救济途径中争议较多的话题。有学者就“无理上访”展开讨论，指出当前上访潮居高不下，主流的维权视角仅有部分解释力，难以解释“无理上访”的扩大化趋势。借助于吉登斯的权力观，将权力运作与其可以调动的“资源”及相关话语联系起来，可以从“治理—资源”的角度理解基层法治实践。从历史经验来看，基层政府在上访治理中有足够的权威性资源，因此可以在缺乏配置性资源时成功应对无理上访问题，这种权威性资源建立在“顺民—刁民”或“人民—敌人”话语的基础上。20世纪90年代以来，基层政府在权利话语面前日渐被动，话语权不断流失，这导致其可以利用的权威性资源越来越少，治权因此不断丧失，从而越来越难以遏制“无理上访”。真正化解上访潮，需要在政府治权与民众权利之间寻求合理的平衡，并引导权利话语健康发展。[52]有学者认为信访兼具监督与救济的双重功能，据此可以把信访分为救济型信访与监督型信访两个类型，并通过对来源、内容和意义的探讨，详细阐述了信访救济的补充性问题。[53]有学者认为目前信访制度的功能存在扭曲，造成政治参与功能萎缩、权力监督功能实效单一、权利救济功能过度扩张等不良影响。应当倡导信访制度功能的理性回归，扩大信访制度的政治参与功能，巩固和扩大信访制度监督功能的实效范围，分流信访制度的权利救济功能。[54]有学者针对目前进京上访数量上升的现状，对于进京接访的政法调控进行阐述。认为2003年收容遣送制度的废除，客观上导致了县级地方政府暴力接访等现象的大量出现。同时为缓解进京涉诉的上访压力，各省高级法院纷纷派驻最高法院周边，形成了法院“驻京办”的扎堆现象。这些现象的出现，在很大程度上是之前单一制度改革所带来的负面后果。未来信访改革应特别注重各项制度之间的配套、跟进和协调。从限缩信访事项的范围、划定法院审判与涉诉信访的界限、拓宽建立多元的民意表达渠道、健全社会救助和商业保险体制等方面入手，促成制度改革的整体效应的发挥。[55]另有学者认为，信访行为属于具体行政行为，具有可复议性，其理由在于信访处理行为是行政机关针对行政救济式信访所作出的一种处理。信访处理行为可以分为首次处理行为和第二次处理行为，第二次处理行为又可以分为重复处理行为和改变处理行为。首次处理行为、改变处理行为和撤销处理行为符合可复议性的认定要件。不履行信访处理法定职责的行为具有可复议性。当信访救济与行政复议救济发生竞合时，行政复议救济应当优先适用。[56]

注：

①朱新力、唐明良：《行政法总论与各论的“分”与“合”》，《当代法学》，2011年第1期。

②罗豪才、宋功德：《行政法的治理逻辑》，《中国法学》，2011年第2期。

③余凌云：《英国行政法上的合理性原则》，《比较法研究》，2011年第6期。

④余凌云：《英国行政法上合法预期的起源于发展》，《环球法律评论》，2011年第4期。

⑤余凌云：《蕴育在法院判决之中的合法预期》，《中国法学》，2011年第6期。

⑥余军：《行政法上的“违法”与“不法”概念——我国行政法研究中若干错误观点之澄清》，《行政法学研究》，2011年第1期。

⑦何海波：《公民对行政违法行为的藐视》，《中国法学》，2011年第6期。

⑧张弘：《行政判例制作中的法律解释》，《北方法学》，2011年第3期。

⑨陈越峰：《公报案例对下级法院同类案件判决的客观影响——以规划行政许可侵犯相邻权争议案件为考察对象》，《中国法学》，2011年第5期。

⑩江国华、李鹰：《行政法的全球视野——行政法学研究的新方法》，《环球法律评论》，2011年第6期。

⑪高秦伟：《私人主体的行政法义务》，《中国法学》，2011年第1期。

⑫胡敏洁：《履行给付行政任务的私人之法律地位——以养老保障行政为例》，《华东政法大学学报》，2011年第2期。

⑬张洪波：《辅警的主体定位及规范》，《法学》，2011年第9期。

⑭章志远：《私人参与警察任务执行的法理基础》，《法学研究》，2011年第6期。

⑮任进、王国文：《论其他承担行政任务的组织》，《政法论丛》，2011年第1期。

⑯王克稳：《政府业务委托外包的行政法认识》，《中国法学》，2011年第4期。

⑰莫于川：《是与民争利还是服务便民——透过农地权益行政案件看政府机关的角色错位与出路》，《南都学坛》，2011年第1期。

⑱谭九生：《职业协会惩戒权边界之界定》，《法学评论》，2011年第4期。

⑲孙良国：《再论公务员违反禁止性规定订立营

利性合同的效力——以学界通说和法院判决为评判对象》，《浙江社会科学》，2011 年第 8 期。

⑳张显伟：《行政机关权限争议现行解决机制剖析》，《法学论坛》，2011 年第 6 期。

㉑刘晴：《自由裁量与裁量正义——读戴维斯〈裁量正义——一项初步的研究〉》，《政法论坛》，2011 年第 1 期。

㉒王天华：《作为教义学概念的行政裁量——兼论行政裁量论的范式》，《政治与法律》，2011 年第 10 期。

㉓章志远：《行政裁量基准的理论悖论及其消解》，《法制与社会发展》，2011 年第 2 期。

㉔周佑勇：《裁量基准的制度定位——以行政自制为视角》，《法学家》，2011 年第 4 期。

㉕周佑勇、尚海龙：《裁量不作为的要件分析——基于法院判决的观察》，《法制与社会发展》，2011 年第 5 期。

㉖陈越峰：《从形式合法到裁量正义——传染病防治中限制人身自由措施的合法性证成》，《政治与法律》，2011 年第 10 期。

㉗袁曙宏：《我国〈行政强制法〉的法律地位、价值取向和制度逻辑》，《中国法学》，2011 年第 4 期。

㉘杨建顺：《行政强制措施的实施程序》，《法学杂志》，2011 年第 11 期。

㉙肖泽晟：《论行政强制执行中债权冲突的处理》，《法商研究》，2011 年第 3 期。

㉚王勇：《也论政府信息公开制度》，《法学评论》，2011 年第 6 期。

㉛卢超：《民营化时代下的信息公开义务——基于公用事业民营化的解读》，《行政法学研究》，2011 年第 2 期。

㉜裴婷婷：《政府信息公开探析——以郑州市国土局闲置土地信息公开为典型案例》，《政法论坛》，2011 年第 1 期。

㉝陈若英：《信息公开——强制征地制度的第三维度》，《中外法学》，2011 年第 2 期。

㉞胡锦光、张献勇：《预算公开的价值与进路》，《南开学报》（哲学 · 社会科学版），2011 年第 2 期。

㉟肖明：《政府信息公开制度运行状态考察》，《法学》，2011 年第 10 期。

㊱孟涛：《中国非常法律的形成、现状和未来》，《中国社会科学》，2011 年第 2 期。

㊲滕宏庆：《论行政应急权的合宪性控制》，《法律科学》，2011 年第 6 期。

㊳曾哲：《紧急状态应对机制中的民生至上理念——从日本“3 · 11”地震紧急状态说起》，《现代法学》，2011 年第 4 期。

㊴莫于川、梁爽：《关于完善中国的应急志愿服务法律保障体系之管见》，《河北法学》，2011 年第 3 期。

㊵戚建刚：《我国食品安全风险规制模式之转型》，《法学研究》，2011 年第 1 期。

㊶王贵松：《食品安全风险公告的界限与责任》，《华东政法大学学报》，2011 年第 5 期。

㊷孙谦：《设置行政公诉的价值目标与制度构想》，《中国社会科学》，2011 年第 1 期。

㊸孔繁华：《行政诉权的法律形态及其实现路径——兼评最高人民法院法发〔2009〕54 号文件》，《法学评论》，2011 年第 1 期。

㊹沈福俊：《行政诉讼简易程序构建的法治化路径——〈最高人民法学院关于开展行政诉讼简易程序试点工作的通知〉评析》，《法学》，2011 年第 4 期。

㊺黄学贤：《行政诉讼中原告或第三人举证期限探讨》，《法学》，2011 年第 12 期。

㊻关保英：《论司法审查中的行政成本权衡》，《法学评论》，2011 年第 4 期。

㊼王庆廷：《隐形的“法律”——行政诉讼中其他规范性文件的异化及其矫正》，《现代法学》，2011 年第 2 期。

㊽章志远：《我国行政诉讼司法建议制度之研究》，《法商研究》，2011 年第 2 期。

㊾胡建淼、唐震：《行政诉讼调解、和解抑或协调和解——基于经验事实和规范文本的考量》，《政法论坛》，2011 年第 4 期。

㊿王万华：《行政复议程序反司法化定位的思考及其制度重构》，《法学论坛》，2011 年第 4 期。

51章剑生：《行政复议立法目的之重述——基于行政复议立法史所作的考察》，《法学论坛》，2011 年第 5 期。

52陈柏峰：《无理上访与基层法治》，《中外法学》，2011 年第 2 期。

53王锴、杨福忠：《论信访救济的补充性》，《法商研究》，2011 年第 4 期。

54孙大雄：《信访制度功能的扭曲与理性回归》，《法商研究》，2011 年第 4 期。

55侯猛：《进京接访的政法调控》，《法学》，2011 年第 6 期。

56章剑生：《论信访处理行为的可复议性——基于〈信访条例〉有关规定所展开的解释》，《法商研究》，2011 年第 6 期。

（作者：胡锦光，中国人民大学教授；
董妍，中国人民大学博士生）

刑 法 学

韩玉胜 胡 杰

一、研究概况

2011年刑法学研究取得了新的进展，涌现出一批有分量的研究论著。这些研究继续深化了往年已经探讨的一些问题，比如犯罪构成问题、共同犯罪问题、风险刑法问题、犯罪与刑罚问题等，同时在刑法理论与实践的互动过程中也开始讨论一些新的热点问题，尤其是《刑法修正案（八）》颁布施行以后，学界对出现的新问题进行了广泛而富有成果的讨论。

本年度北京市的刑法学研究取得了积极的进展。出版的刑法教材、著作主要有：周光权主编：《刑法历次修正案权威解读》（中国人民大学出版社）；沈德咏主编，最高人民法院研究室编：《刑事司法解释理解与适用》（法律出版社）；高铭暄、陈璐著：《中华人民共和国刑法修正案（八）解读与思考》（中国人民大学出版社）；王世洲著：《现代刑法学》（北京大学出版社）；高铭暄、马克昌主编：《刑法学》（第5版）（北京大学出版社）；冯军、肖中华主编：《刑法总论》（第2版）（中国人民大学出版社）；张明楷著：《刑法分则的解释原理》（第2版）（中国人民大学出版社）；王作富主编：《刑法》（第5版）（中国人民大学出版社）；谢望原、赫兴旺主编：《刑法分论》（第2版）（中国人民大学出版社）；黄京平主编：《刑法学》（第2版）（中国人民大学出版社）；黄京平主编：《刑法案例分析》（第2版）（中国人民大学出版社）；张明楷著：《刑法学》（第4版）（法律出版社）；［日］山口厚著，王昭武译：《刑法各论》（第2版）（中国人民大学出版社）；［德］克劳斯·罗克辛著，蔡桂生译：《刑事政策与刑法体系》（第2版）（中国人民大学出版社）；［日］高桥则夫著，戴波、李世阳译：《规范论和刑法解释论》（中国人民大学出版社）。

本年度北京市召开了多个富有成果的研讨会。2011年4月26日下午，由中国人民大学法学院刑事法律科学研究中心与朝阳区人民检察院联合主办的“信用卡诈骗罪的认定与立法完善”研讨会在朝阳区人民检察院召开，会议共同探讨解决目前追诉信用卡诈骗罪面临的诸多难题；2011年11月28日，中国人民大学刑事法律科学研究中心与朝阳区检察院联合举办的“《刑法修正案（八）》适用与论证”研讨会在北京市朝阳区检察院会议室举行，此次研讨会讨论了刑法修正案的功能、新增内容构成要件的认定以及新增罪名或行为类型的执法尺度等问题；2011年12月10—11日，主题为“全球化时代有组织犯罪的惩治与防范”的论坛在北京师范大学举行，论坛对“有组织犯罪的一般问题研究”“有关国家有组织犯罪问题研究”等问题展开了广泛、深入的研讨；2011年12月14—15日，“2011年两岸四地刑事法论坛”在北京师范大学成功举行，此次论坛的主题是“腐败犯罪的惩治与司法合作”；2011年12月17日由中国人民大学法学院主办的“刑罚改革学术研讨会暨王作富刑法学发展基金优秀博士学位论文颁奖仪式”在北京市召开，会议研讨理论与实践并重，对我国刑罚理论的发展具有积极推动意义。

二、刑法学研究的热点问题

（一）犯罪构成问题

刑法中犯罪构成问题始终是学者们研究的热点问题。而2011年学者们对犯罪构成问题的研究又有不少富有创造性的观点涌现。比如，有学者认为我国犯罪论体系的转型，除了应当对特拉伊宁的犯罪构成一般学说进行批判性反思，还必须重新审视贝林的构成要件论，甚至在一定意义上回到贝林，并以贝林为理论起点重新出发。唯有如此，才能实现我国犯罪论的拨乱反正。① 有学者以主客观相统一的定罪原则为基础，认为我国刑法形成了主客观有机统一的犯罪构成理论；基于辩证唯物主义全面联系视角对有机统一的解答，导致了犯罪构成体系的平面化。平面化犯罪论体系存在着似是而非与规范说理缺失、定罪过程中的主观化与入罪化、无法应对实践需求以及主客观要素混淆等诸多理论与实践问题。我国刑法应当摒弃泛而论之的主客观相统一原则及平面化犯罪构成体系。以客观主义为立场、以明确界分客观与主观要素为内容、以阶层化为结构的犯罪论体系，应该是今后我国犯罪论体系的探讨方向。考虑到违法与有责在当今刑法理论中与构成要件符合性判断的融合趋势，以违法和有责为支点构建二阶层的犯罪论体系应该是反制平面化犯罪构成体系的最好出路。② 也有学者认为我国四要件犯罪构成体系以存在论为基础，以描述性概念为基石，评价对象与对象评价不分，事实判断与价值评价同一。存在论体系及其描述性概念严重限制了价值评价的功能，无法协调好事实判断与价值评价、体系内评价与体系外评价、积极评价与消极评价的关系。我国犯罪构成体系应该从存在论走向规范论。③ 有学者将犯罪构成问题置于现象学和社会学的视域研究检视，认为犯罪构成实际上既是刑法文本中的一个法律规范类型，又是刑法理论中的一个理论建构模型，还是刑事司法中的一种实践裁判模式，是一个在多向度延伸、多层面存在的具有三维立体之美的概念形态。[④]

反对上述观点的学者提出充分的证据进行反驳。例如，有学者对陈兴良教授的《四要件：没有构成要件的犯罪构成》一文的主张提出不同意见，认为“四要件”与“三阶层”只不过是中俄和德日犯罪论体系的一个组成部分。“四要件”有各种不同的体系，“三阶层”也有各种不同的组成，应当将它们纳入到中俄与德日犯罪论体系之中进行系统的比较研究。[⑤]有学者进一步论述，在提高司法效率与实现司法公正方面，机体的犯罪构成与机器的犯罪构成均能实现各自均衡。机体的犯罪构成更利于贯彻无罪推定原则和实现刑法的人权保障机能，但在控制犯罪和实现刑法的社会秩序维护机能方面相对弱化；机器的犯罪构成更利于控制犯罪和实现刑法的社会秩序维护机能，但在贯彻无罪推定原则和刑法的人权保障机能方面相对弱化。[⑥]也有学者对德日犯罪构成理论进行直接批判，认为德日犯罪构成理论是由贝林于20世纪初创立的，后经麦耶、梅兹格、威尔兹尔等人的发展，形成了“构成要件符合性、违法性、有责性”和“行为、不法、责任”两种最基本的体系。两种体系都存在结构不严、内容失调、逻辑混乱的问题，而且在论述上繁琐、重复，还与罪刑法定主义相矛盾。[⑦]

（二）《刑法修正案（八）》问题

对于《刑法修正案（八）》的整体性评价，有学者认为，《刑法修正案（八）》是1997年刑法修订以来对刑法作出的最重要的一次修改。该修正案共50条，取消了13个罪的死刑，第一次对刑法总则进行了修改，内容涉及调整刑罚结构，对一些有严重暴力性犯罪而被判处死缓的罪犯的减刑、假释和延长在监狱的实际最低服刑期限等作出了新的规定，延长了有期徒刑数罪并罚的刑期，完善了对老年人和未成年人从宽处理的规定，将坦白从宽的刑事政策法律化。刑法分则的修改主要是进一步修改完善打击黑恶势力犯罪的相关法律规定，加强对于民生和弱势群体的刑法保护，对一些法律条文作了修改，并增加了一些新的犯罪条款。[⑧]而持肯定意见的学者认为，《刑法修正案（八）》改变了中国刑事立法的惯性思维，改变了严刑峻罚的重刑主义思想，刑法立法对宽严相济刑事政策的坚持也得以实现；刑事立法向“传统回归”以及与“社会合拍”的思路，推动中国死刑制度的改革，在关注民生方面迈出关键步伐。[⑨]还有学者认为，《刑法修正案（八）》不但针对我国转型时期的社会情势和国情民意予以了很大程度的回应，而且也体现了官方和主流民意对刑法的功能期待，承载了当前社会基本的集体道德情感。转型时期高度复杂的社会情势和大众心理基质难免使得实定刑法所蕴含的价值理念互有差别、充满悖反乃至相互抵牾。欲对这种吊诡的多重面向予以同情之理解与有效地解读，除了法学与逻辑的思维论证，更重要的可能还必须导入法律社会学、社会心理学和法律经济学等多维度的复眼化视角。[⑩]对于《刑法修正案（八）》的积极意义，有学者认为，在行政法、民商事法律等前提法已经有相应调整之时，我国刑法对于上述行为的犯罪化以及入罪门槛的降低，不仅是对刑法谦抑性的秉持，而且是对刑法立场和本质的坚守。[⑪]对于将“社区矫正”写入刑法，有学者认为这种变化从刑事立法精神上有力地回应了国际社会行刑社会化的要求；确立了相辅相成的两大矫正体系；进一步促进了刑罚配置结构的合理化；监督社会矫正配套立法的尽快出台；促进了行刑权的统一。[⑫]对于《刑法修正案（八）》对刑事处罚制度的完善，学者也持肯定意见，首先是《刑法修正案（八）》取消了13种罪名的死刑以及调整了死缓的相关执行；其次是对自由刑的重要调整，使得“生刑”和死刑之间差距更为合理、管制刑更加完善，假释和缓刑规定更加明确和丰富；再次是财产刑得到重视，有所增加；最后是量刑情节的相关规定更加完善。[⑬]有学者认为，最高人民法院相关司法解释对禁制令、限制减刑问题的相关规定，没有严格遵循从旧兼从轻的溯及力原则，存在一定的不合理性。但是，有关自首、坦白、减刑、假释以及特殊累犯与数罪并罚的“跨法”适用的规定均符合现行刑法的溯及力规定。[⑭]

但是，也有学者进行了批判性反思。例如，有学者提出业已通过的《刑法修正案（八）》，虽因表面看来已开始摆脱严刑思想的支配而备受热捧，但是实际上严刑仍是其主宰，因而承续了以往刑法修改的诸多非理性因素。相应地，《刑法修正案（八）》只不过是刑法的再一次忧多于喜的修改。[⑮]有学者指出，刑法典总则的规定，应当说属于“该法的基本原则”的范畴，全国人大常委会不得任意修正刑法典总则的所有条文。应当制定单行刑法，死守刑法修正案作为唯一刑法修改模式的理由已经不再充分。刑法不是万能的，刑事立法不应趋附于公众舆论，不应违反中国的二元立法体系。[⑯]

（三）风险刑法问题

在风险社会，部分学者主张在刑法中采取积极应对的措施。例如，有学者认为，风险社会的权利义务体系，核心在于构建符合公平原则的公民权利、义务和政府权力的关系结构，合理分配风险获利群体、风险定义群体、风险弱势群体之间的权利和义务，并将其作为刑法规制对象的选择基础。具体刑法对策上，风险刑事法网的有限扩张、风险预防原则主导下的刑法前置，较之传统权利义务基础上，突破责任原则的刑法制度技术革新，更具实质合理性。[⑰]还有学者认为，“风险社会”是对人类目前所处时代特征的抽象和描述；“风险社会”理论的核心问题并不在于风险本身，而在于风险认知识别的知识和技术；“风险社会”的出现与全球化的发展进程紧密相连；“风险社会”特征在当代的日益凸显昭示的其实是国家中心治理能力的不足以及传统法律刚性治理模式的失败；“风险社会”中以“行民优先”为原则、以“刑事先理”为例外进行行刑衔接机制的构建和刑民交叉案件的程序设计。[18]而有学者认为，如果刑法面对“风险社会”无动于衷、毫无作为，那么这样的刑法肯定是不可取的。但是，如果刑法为化解“风险社会”的风险而过于扩张甚至突破罪行法定主义、责任主义等法治刑法的底线，那么同样也不可取；应当合理地处理“风险刑法”与刑法风险的关系。[19]

对于风险刑法的立法，部分学者持谨慎态度。例如，有学者认为对“风险刑法”的立法要持特别慎重的态度，绝对不能盲目照搬外国的立法；不被容许的风险行为有可能激怒公众，导致立法者作出应激性或报复性的刑事立法反应；西方发达国家“风险刑法”理论的诞生有其特殊的背景。[20]有学者进一步提出，“风险社会”并不一定是社会的真实状态，而是文化或治理的产物，不应将“风险社会”当作刑法必须作出反应的社会真实背景；刑法不应当盲目增加抽象危险犯，更不能设立过失危险犯；在“风险社会”更应当坚持结果无价值；在刑事责任之根据问题上，既不能采取严格责任，也不能主张责任的客观化，而应当恪守责任主义。[21]对待风险刑法的态度，有学者提出，刑法的正当性需求限制了“风险刑法”理论的存在空间；刑法所具有的最后法特点淡化了“风险刑法”理论的机能发挥；“风险刑法”理论是解释性的理论而非建构性的理论。[22]也有学者认为，风险社会中，刑事立法正当性问题的实质在于刑法将一个危险行为做入罪化处理或者使刑罚提前到来的合理依据，解决第一个问题的关键在于如何在立法中把握犯罪化与非犯罪化的界限，解决第二个问题的关键在于如何在立法中把握犯罪性质的界限，即危险犯与实害犯的界限。[23]

（四）刑法总论问题

关于危险判断的基础，有学者认为德国通行的“一般人认识＋行为人特别认识”的事实认定模式既存在种种难以克服的弊端和缺陷，又无法真正得到现代目的理性犯罪论体系和不法领域内普遍化的决定规范理论的支持，故应将行为当时存在的全部客观事实作为危险判断的资料。在此基础之上，应当站在行为当时具有正常智力和知识水平的社会理性人而非自然科学的立场之上，根据一般的经验法则来进行危险预测。[24]对于刑事和解制度，有学者认为，刑事和解制度创新的过程实际就是刑事政策调整、宽严相济刑事政策产生的过程。我国司法机关积极探索的刑事和解制度，实为解读国家应对犯罪策略转变的一般规律和普遍问题的绝好样本。[25]有关刑法学与犯罪学的关系问题，有学者提出应当及时调整现行的刑法学与犯罪学相互分离的现象，构筑刑法学与犯罪学整体相互联动的刑事犯罪学，是中国社会实现社会稳定的现实政治需要，是中国社会经济能够持续发展的自然要求，是中国社会通过历史反思对历史的经验与教训进行总结的必然趋势。[26]有关预备犯普遍处罚原则的困境，有学者提出刑法第22条赋予预备行为以刑事可罚性，并规定了预备犯普遍处罚原则。这一规定存在正当性、必要性、操作性与实效性等方面的诸多问题。突破预备犯普遍处罚原则困境的根本之道仍在立法重构，即预备犯的刑法规制应实现从普遍处罚到例外处罚、从总则规范到分则规范、从形式预备犯到实质预备犯的模式转换。[27]有学者认为，在功利主义逻辑引入刑法体系之后，刑事政策成为联结政治与刑法的重要桥梁，尤其是在风险社会的背景下。将刑事政策与规范刑法学（或刑法教义学）的研究相结合有其必要性，同时也代表着刑法理论的发展走向。从立法层面来看，刑事政策会影响责任根据类型的选择与设定；就司法层面而言，刑事政策对罪刑规范的解释具有重要的指导功能。[28]对于不作为犯中的先前行为，有学者认为，应当以形式考察与实质考察相结合的方法，探讨不作为犯的作为义务的发生根据。仅肯定先前行为是作为义务的发生根据，或者完全否定先前行为是作为义务的发生根据，都不妥当。但是，如果不对先前行为进行实质的限定，就会无限扩大不作为犯的处罚范围。[29]

有关教唆犯问题，有学者提出，我国刑法采取的是单一正犯体系，教唆犯从属性说不存在法律基础，用此说来解释我国刑法第29条第2款中的“被教唆的人没有犯被教唆的罪”，不具有合理性。应当将其解释为被教唆的人没有按教唆犯的意思实施犯罪，具体包括四种情形：（1）教唆犯已实施教唆行为，但教唆信息（或内容）还未传达到被教唆的人；（2）被教唆的人拒绝教唆犯的教唆；（3）被教唆的人接受教唆，但还未为犯罪做准备；（4）被教唆的人接受教唆，但后来改变犯意或者因误解教唆犯的意思实施了其他犯罪，并且所犯之罪不能包括被教唆的罪。[30]有关刑法解释问题，有学者认为，兜底条款如果仅是对行为方法的兜底性规定则并不违反明确性要求。但相对兜底罪名以及行为方式的兜底性规定则确实存在违反明确性之虞。我国采用司法解释方式对兜底性条款加以规定，这是具有中国特色的明确化的应因之道，但其中存在的问题仍然需要讨论解决。[31]还有学者从一般法理学出发，对刑法规范结构、属性的揭示，认为对于合理定位犯罪论的基本范畴、解决刑事违法性判断与一般违法性判断的关系具有重要意义。从不同视角看待刑法规范，在理解构成要件、违法性判断等基础问题方面会有着相应的、不同的结论。刑法规范属于保护性法律规范，如此即应认为刑事违法性判断存在实质从属性的特征。[32]

有学者认为，我国单位犯罪处罚制度存在的最大问题是没有将对单位的处罚与对单位内部结构进行干涉结合起来，因此，建立对单位内部结构进行干涉的单位犯罪处罚制度应成为我国未来处罚单位犯罪的发展方向。[33]对于死刑的反思，有学者认为国家处死犯罪人实际上是国家在执行社会共同体的任务，是社会共同体行使生命防卫权和共同体防卫权的必然结果。死刑应当存在，但却是不得已的选择，那种基于“敌人”概念所建立的刑法或许更应理解为一种特定状况下特定时期的刑事政策。[34]

（五）刑法分论问题

对于故意在道路上醉酒驾驶机动车并故意引起公共安全的抽象危险的行为，有学者认为应当认定为以危险方法危害公共安全罪的未遂犯。在确定拘役的期限时，要以血液里的酒精含量为基准；在计算罚金的数额时，要以行为人的税后月收入为基准，同时考虑行为人血液里的酒精含量。[35]醉驾入罪是否需要情节恶劣的醉酒，有学者认为不以行为人事实上限于酩酊状态为必要，而是指行为人的饮酒量达到法定标准，也就是行为人血液酒精含量达到法定域值。饮酒之后，人的精神状态亢奋，生理反应与危险判断能力均会有所降低，但是驾驶机动车的人却常常过度相信自己的驾驶技术，使得交通事故发生的可能性升高。[36]有学者认为，“手段残忍”重在强调行为对善良风俗和人类恻隐心的挑战，它本来就是以社会一般观念作为判断基准的规范性概念，司法者应将其视作民意舆情中的合理成分予以采纳。法院审判坚持独立性和权威性的关键，在于通过技术渠道运用专业能力吸纳民意并消解理念之争。[37]

对于毒品犯罪死刑适用的量刑情节，有学者认为，我国刑法没有采用绝对确定法定刑的模式规定毒品犯罪的死刑，毒品犯罪死刑适用的法定标准是刑法总则第48条规定的“罪行极其严重”。何谓毒品犯罪的“罪行极其严重”，如何在毒品犯罪的死刑适用中实现罪刑均衡，并且使死刑与犯罪人的人身危险相适应，这些问题的解决只能通过对毒品犯罪的量刑情节进行分析考虑。[38]在财产权保护中，有学者认为动用刑法需要以存在实质上的财产损害为前提，其中的侵害对象需要具有经济价值（也包括主观上的情感价值）；而不管是诈骗罪还是盗窃罪，在有无财产损害问题上都要采取整体财产说来判断。同时，平等保护原则对于财产权的刑法保护具有重要的指引作用。刑法介入财产权的保护既要慎重又要积极，不能借口刑法的最后手段性和补充性而矮化刑法在财产权保护中的定位和功能。[39]

注：

①陈兴良：《构成要件论：从贝林到特拉伊宁》，《比较法研究》，2011年第4期。

②刘艳红：《犯罪构成体系平面化之批判》，《法学研究》，2011年第5期。

③欧阳本祺：《犯罪构成体系的价值评价：从存在论走向规范论》，《法学研究》，2011年第1期。

④张心向：《犯罪构成之三维形态解读——基于现象学社会学的思考》，《法学杂志》，2011年第4期。

⑤庞冬梅：《评陈兴良教授的〈四要件：没有构成要件的犯罪构成〉一文》，《政法论坛》，2011年第6期。

⑥赵秉志、彭文华：《文化模式与犯罪构成模式》，《法学研究》，2011年第5期。

⑦侯国云：《德日犯罪构成理论批判》，《中国政法大学学报》，2011年第4期。

⑧黄太云：《刑法修正案（八）解读（一）》，《人民检察》，2011年第6期；黄太云：《刑法修正案（八）解读（二）》，《人民检察》，2011年第7期；黄太云：《刑法修正案（八）解读（三）》，《人民检察》，2011年第8期。

⑨周光权：《〈刑法修正案（八）〉的深度解读》，《中国司法》，2011年第5期。

⑩肖世杰：《法律的公众认同、功能期许与道德承载——对刑法修正案（八）的复眼式解读》，《法学研究》，2011年第4期。

⑪田宏杰、温长军：《理解制度变迁：我国〈刑法〉的修订及其适用》，《法学杂志》，2011年第9期。

⑫高铭暄：《社区矫正写入刑法的重大意义》，《中国司法》，2011年第3期。

⑬谢望原、王波：《论〈刑法修正案（八）〉对刑事处罚制度的完善》，《法学杂志》，2011年第6期。

⑭刘宪权、王丽珂：《我国〈刑法修正案（八）〉时间效力司法解释规定评析》，《法学杂志》，2011年第8期。

⑮刑馨宇、邱兴隆：《刑法的修改：轨迹、应然与实然——兼及对刑法修正案（八）的评价》，《法学研究》，2011年第2期。

⑯于志刚：《刑法修正何时休》，《法学》，2011年第4期。

⑰程岩：《风险规制的刑法理性重构：以风险社会理论为基础》，《中外法学》，2011年第1期。

⑱田宏杰：《“风险社会”的刑法立场》，《法商研究》，2011年第4期。

⑲陈兴良：《“风险刑法”与刑法风险：双重视

角的考察》，《法商研究》，2011 年第 4 期。

⑳刘明祥：《“风险刑法”的风险及其控制》，《法商研究》，2011 年第 4 期。

㉑张明楷：《“风险社会”若干刑法理论问题反思》，《法商研究》，2011 年第 5 期。

㉒于志刚：《“风险刑法”不可行》，《法商研究》，2011 年第 4 期。

㉓髙铭暄：《风险社会中刑事立法正当性理论研究》，《法学论坛》，2011 年第 4 期。

㉔陈璇：《论客观归责中危险的判断方法——“以行为时全体客观事实为基础的一般人预测”之提倡》，《中国法学》，2011 年第 3 期。

㉕黄京平：《国家应对犯罪策略转变的历史选择——解读刑事和解的探索实践》，《中国刑事法杂志》，2011 年第 7 期。

㉖杨兴培：《论筑建以揭示原因、预防为主的刑事犯罪法学——兼论刑法学与犯罪学的整体相互联动》，《中国刑事法杂志》，2011 年第 7 期。

㉗梁根林：《预备犯普遍处罚原则的困境与突围——〈刑法〉第 22 条的解读与重构》，《中国法学》，2011 年第 2 期。

㉘劳东燕：《罪刑规范的刑事政策分析——一个规范刑法学意义上的解读》，《中国法学》，2011 年第 1 期。

㉙张明楷：《不作为犯中的先前行为》，《法学研究》，2011 年第 6 期。

㉚刘明祥：《“被教唆的人没有犯被教唆的罪”之解释》，《法学研究》，2011 年第 1 期。

㉛陈兴良：《刑法的明确性问题：以〈刑法〉第 225 条第 4 项为例的分析》，《中国法学》，2011 年第 4 期。

㉜时延安：《刑法规范的结构、属性及其在解释论上的意义》，《中国法学》，2011 年第 2 期。

㉝黎宏：《完善我国单位犯罪处罚制度的思考》，《法商研究》，2011 年第 1 期。

㉞肖中华、王海桥：《对死刑的追问——死刑为什么应当存在？（下篇）》，《江淮论坛》，2011 年第 1 期。

㉟冯军：《论〈刑法〉第 133 条之 1 的规范目的及其适用》，《中国法学》，2011 年第 5 期。

㊱曲新久：《醉驾不一律入罪无需依赖于“但书”的适用》，《法学》，2011 年第 7 期。

㊲车浩：《从李昌奎案看“邻里纠纷”与“手段残忍”的含义》，《法学》，2011 年第 8 期。

㊳韩玉胜、章政：《论毒品犯罪死刑适用的量刑情节》，《中国人民公安大学学报》（社会科学版），2011 年第 1 期。

㊴付立庆：《论刑法介入财产权保护时的考量要点》，《中国法学》，2011 年第 6 期。

（作者：韩玉胜，中国人民大学教授；
胡杰，中国人民大学博士生）

民商法学

林 嘉 姚 辉 李俊杰

一、学术研讨活动

2011 年 2 月 26 日上午，“回顾与展望：媒体侵权责任法律适用研讨会”在中国人民大学明德法学楼 601 国际学术报告厅举行。本次研讨会由中国人民大学民商事法律科学研究中心、中国政法大学新闻与传播学院、中国政法大学传播法研究中心、北京市朝阳区人民法院及北京市海淀区人民法院联合主办。会议以我国 20 年来媒体侵权责任理论与实践发展的回顾与展望为主题，探讨了在媒体多元化背景下，媒体侵权案件的处理及其新闻自由、个人权利与社会稳定保护之间的平衡等问题。

2011 年 4 月 9—10 日，“大规模侵权法律对策国际研讨会”在中国人民大学明德法学楼 601 国际学术报告厅召开。本次会议由中国人民大学法学院、中国法学会民法学研究会、中国人民大学民商事法律科学研究中心及耶鲁大学中国法律研究中心共同主办，由来自美国耶鲁大学、斯坦福大学、杜克大学等世界知名学府的外国专家，来自中国人民大学、复旦大学、中南财经政法大学、清华大学、浙江大学等国内著名高校及科研单位的学者，以及来自全国人大法工委、最高人民法院、国务院法制办等实务部门的专家共 30 余人参加会议。会议中，中外专家相互交流切磋，就当前大规模侵权事件频发的背景下，如何妥善处理赔偿纠纷、保障受害人权益及维护社会稳定等问题达成了丰硕的成果与广泛的共识。

2011 年 7 月 26—27 日，由中国法学会民法学研究会主办、吉林大学法学院和吉林大学理论法学研究中心共同承办的“中国法学会民法学研究会 2011 年会暨学术研讨会”在长春市净月开发区亚泰国际俱乐部隆重举行。来自全国法学院校、科研机构、最高人民法院等的 200 多名学者及实务部门专家出席了本次会议。全体与会人员以民法典与民法方法论、人格权法立法问题，物权法、合同法与侵权责任法实施中的疑难问题为主题分组进行了深入研讨。

二、重要学术著作

2011 年，学者、专家们在深入研究相关热点问题、前沿问题的过程中著书立说，出版了一批重要的学术著作。主要有如下这些：

（一）民法方面的重要著作

王利明著《法律解释学》（中国人民大学出版社）、《侵权责任法研究》（上、下卷）（中国人民大学出版社）、《合同法研究（两卷本）》（修订版）（中国人民大学出版社）、《合同法新问题研究》（修订版）（中国社会科学出版社）；杨立新著《侵权责任法：条文背后的故事与难题》（法律出版社）、《侵权责任法》（法律出版社）；朱岩著《侵权责任法通论·总论》（上册：责任成立法）（法律出版社）；崔建远著《物权：规范与学说——以中国物权法的解释论为中心》（上、下册）（清华大学出版社）、《物权法》（第二版）（中国人民大学出版社）、《合同法总论》（上卷）（第二版）（中国人民大学出版社）；王利明、周林斌主编《民商法适用问题新论》（法律出版社）；姚辉著《人格权法论》（中国人民大学出版社）；周友军著《侵权法学》（中国人民大学出版社）；王欣新著《公司证券法治与司法制度研究》（中国法制出版社）；程啸著《侵权责任法》（法律出版社）、《侵权责任法教程》（中国人民大学出版社）、《不动产登记法研究》（法律出版社）；韩世远著《合同法总论》（第三版）（法律出版社）；陈华彬著《民法总论》（中国法制出版社）、《建筑物区分所有权》（中国法制出版社）；孙宪忠著《物权法》（第二版）（社会科学文献出版社）；梁慧星著《民法总论》（第四版）（法律出版社）；刘凯湘著《民法总论》（第三版）和《债法总论》（北京大学出版社）。

（二）商法方面的重要著作

王保树主编《商法》（北京大学出版社）；朱慈蕴著《公司法原论》（清华大学出版社）；赵旭东主编《商法学》（高等教育出版社）；王卫国主编《银行法学》（法律出版社）。

三、研究动态及学术观点

（一）民法学

1. 民法总论

截至 2010 年，我国的中国特色社会主义法律体系形成，民法典的制定也进入关键时期。在这个时刻，回顾历史和展望未来都具有重要的意义。民法学者们高屋建瓴，通过梳理民法历史并结合我国的实际，对我国民法典的价值理念及体系构建作出了深刻的论述。有学者认为：“比照近代民法以财产法为中心，现代民法强化了人文关怀，主要表现为从以财产法为中心到人法地位的提升，并广泛体现于民法中主体制度的发展、人格权的勃兴、合同制度的发展、物权法的发展、侵权法的发展、婚姻家庭法的发展等各个方面。中国未来的民法典应当以人文关怀构建价值理念，注重对人的自由和尊严的充分保障以及对弱势群体的特殊关爱。基于这一理念，在中国未来民法典中有必要增加人格权法和侵权责任法编。在中国民法的适用等方面更应强化人文关怀。”①同时，有学者在对我国已有的民事立法进行理论分析的基础上，概括出了我国民事立法中的“中国元素”，认为民法学界需要在运用体系化思考方法梳理具有“中国元素”的制度的基础上，建构起对中国的民事立法、民事司法以及其他民法实践具有解释力的学说体系。②还有学者从基本理念、保护的权益范围、必备的责任构成要素等方面深刻论述了侵权责任法与合同法的关系。③

民法总则部分的研究涵盖了整个总则部分的内容，包括基本原则、民事法律关系、民事主体、法律行为、代理及诉讼时效等。第一，有学者对意思自治民法这一基本原则的解释方式及其理论限度进行了深入的讨论，在“论战”中散发出无尽的学术光辉。④第二，在民事法律关系方面的研究中，有学者认为：“绝对法律关系并非停留在法律规定的层面，它是现实的法律关系。它的形成，须有具体的法律事实。应当将法律关系的模型与法律关系相区分。绝对法律关系的权利主体是特定的，而义务主体是一切人，一切人都在秩序之中。绝对法律关系就是绝对权法律关系，其客体是不行为，绝对法律关系的意义在于对抗，而不在于给付。同一法律事实可同时产生相对法律关系和绝对法律关系，这是共生现象。相对法律关系的给付，可产生绝对法律关系。”⑤第三，在主体制度方面，随着社会的发展，传统民法中以伦理性主体观与概念主义结合为特点的“自然人”和“法人”主体概念虽然使得传统民法成为一种富有道德意味的制度构建，也发挥出强大的以“实现个人自由”为主导的意识形态功能，但也表现出诸多明显的缺陷，即主体原子化结构导致社会性调整缺漏，主体客体截然二分导致人类法人格的极度膨胀，过度理念化导致对实际结构复杂性和多样性的关注严重不足，过度概念化导致法律体系化适用的封闭等。在改进主体制度的过程中，适度放松主体—客体的绝对法律关系结构，打破自然人规范系统的孤立主义结构，增进有关团体人格的社会性规范，尽力减少主体规范的概念化封闭，与时俱进地添加必要的技术规范，还要注意私法与公法的融合与交错。中国民法典要成就当代之典范，应在继受近现代民法成就的基础上同时要有显著发展，首先在结构上须做必要的主体性松绑，以修复因过度贯彻个人主义而推行绝对主体化秩序而带来的社会性断裂，此外还存在特殊的历史补课的问题，应同时做好既有主体规范的私法转型。⑥第四，在法律行为方面，对利他法律行为的研究极具意义。有学者在对意思自治原则的内涵解读时，采取“弱的意志论”，认为应当对各种利他法律行为的制度构造进行“一般化”的处理，统一采用“修正的单方行为模式”，这种模式的确立，有助于对民法上存在的一系列具体利他法律行为制度的性质和制度构架进行反思，并且在一个统一的框架内对其进行重整。[⑦]而有学者对此观点提出了质疑，认为“使他人纯获利益的法律行为，其成立或者生效要件中是否应当包括受益人的同意的问题，难以一概而论，必须在具体类型的层面上进行谨慎的分析。在通常情况下，合意模式而非修正的单方行为模式是最好的规范模式。法律行为的涉他效力问题，不可能从意思自治原则出发，用一个统一的理论来说明，更不可能发展出一套统一的规范模式”[⑧]。第五，关于代理，有学者以公开原则为中心，对代理制度的概念进行了全面的梳理，在此基础上，对代理制度的体系进行了学理上的整合，对我国未来民法的制定时代理制度的体系构建提出了建议。[⑨]最后，关于诉讼时效，有学者对诉讼时效的适用范围进行了分析，认为如果将“消除影响、恢复名誉、赔礼道歉”三种请求权视为债权，则诉讼时效的适用范围仅为债权。[⑩]

2. 人格权法

尽管至今仍然存在诸多非议，但近年来的事态发展越来越表明未来中国民法典的制定将坚持人格权法独立成编的体例，也因此人格权法成为学界共同关注的热点领域。在2011年，人格权法领域的研究既有基础理论层面的，也有具体人格权的论述。在基础理论层面，关于人格权概念及性质，有学者从比较法的角度考察，认为人格权是一项民事权利而不是一项基本权利，是一项法律赋予人的权利而不是法律规定的制度；[⑪]有学者对人格权单独立法的必要性进行了理论分析，并对人格权的内容进行了界定。[⑫]随着对人格权法研究的深入，在具体人格权的研究中也涌现了一些有价值的成果，有学者对普通法下公开权制度的形成原因及其发展进行了全面深入的论述。[⑬]

3. 物权法

在物权法的实施过程中，由于既有立法对很多问题未有规定或者规定不详，许多新的问题凸显出来，因此，解释论层面的深入研究成为了物权法领域的热点和重点。

一是物权法总则。该部分的研究主要集中在不动产登记的相关问题和物权的保护。关于不动产登记，有学者认为在我国现行不动产登记的地方性法规和部门规章中规定的异议登记具有限制处分的效力，这既不符合异议登记的本质，也不符合《物权法》的立法本意。异议登记仅应具有暂时击破登记簿公信力的效力，既不能限制登记权利人的处分，也无法推翻登记簿的推定力，其构成要件包括：登记主体为利害关系人、异议登记的客体为不动产登记簿上可能存在的错误权利事项、异议登记的申请不以权利人不同意更正为前提。[⑭]有学者认为为了更充分地保护民事权利、简化立法、便利司法，也使得物权法与债法的界限更加清晰，应当区分返还财产与返还原物，将《侵权责任法》中返还财产的责任方式解释为返还原物。[⑮]

二是所有权部分。2011年，有关所有权的研究较多，主要集中在不动产的善意取得的相关问题。关于不动产的善意取得，有学者对“善意”进行了深入的研究，认为在理解我国不动产善意取得制度中的善意要件时应该坚持体系化的思考方法，以法律行为和注意义务的关系为判定善意范围和标准的核心；[⑯]另有学者对无权处分和善意取得的关系进行了研究，认为在司法实践中应该严格区分无权处分与无权代理，将无权处分限制在登记状态与实际权属不一致的情形，而且应该坚持物权法中的“区分原则”，将处分理解为物权变动的生效要件而非买卖合同的生效要件，在此基础上在特定情形下采用不同的标准来认定买受人的“善意”，从而正确理解无权处分与善意取得的关系。[⑰]

三是他物权部分。用益物权领域，有学者对土地储备制度中的法律关系进行了分析。[⑱]另有学者对水权许可的私法效力进行了研究，认为水权许可是创设财产的手段，其本身具有排除无上请求权以及损害赔偿规则的效力，也具有可让与性。[⑲]有学者对商事留置权进行了专门的论述，认为商事留置权的核心特征在于“债权”和“留置物”的交互实用性，其区别于民事留置权，不适用善意取得制度。[⑳]还有学者试图在既有理论框架下通过对几种非典型担保方式的内部构造进行分析，寻求相似点，从而在既有的制度背景下为这些非典型担保寻找一种合理的调节方案，对“担保性”所有权做了理论疏解。[㉑]

4. 债和合同

该领域的研究既有宏观理论的深入也有微观制度的展开，既有立法论层面的探讨也有解释论层面的辨析，涌现了一系列有价值的学术成果。

从宏观层面看，有学者以英美契约法为核心考察了契约法理论的历史嬗迭与现代发展，提炼出了西方契约理论的历史和现实对中国契约法治现代化建设在宏观理念和微观制度上的参照价值。[㉒]有学者对自然之债的源流及其现实意义进行了全面的考评，指出自然之债是经由诉讼不能实现的债，债务人的履行或者承诺履行将激活对债务人的强制效力，债务人一旦自动履行即不得请求返还。它是一种工具性概念，其描述和表达的是处在法定义务与社会、道德义务之间的一种“亚类义务”，用“自然”加

“债”表明了这种义务的边缘性和跨域性特征。[23]另有学者采用历史分析的方法从比较法的角度对“要物合同”这一概念进行了理论分析，认为要物合同仅指以“物之交付”作为成立要件的合同，只应有“要物合同”而不应有“要物法律行为”，且要物合同应该仅限于债权。要物契约源于罗马法，但是当下其存在的理由已经发生了根本的变化，当代法宜从合同的无偿性出发，将合同的要物性作为赋予允诺无偿付出者以反悔权的一种手段。[24]在合同订立上，有学者指出强制缔约制度的功能在很大程度上与合同自由、竞争自由形成相互补充的关系，强制缔约的义务可以产生于多种条件下，合同法有必要在总则中统一设立强制缔约的一般规定。[25]

合同效力制度的相关问题仍然是学界关注的热点。首先，有学者指出当前合同法上的合同效力评价规则中的无效制度可以很好地惩戒不法当事人，但是有时候却使得不法当事人逃离合同约束，从其非法行为中获利，甚至还会损害合同善意相对人以及和合同相关的善意第三人的利益，所以应该区分合同的相对无效和绝对无效，才能更好地保护善意相对人和第三人，更好地适应现代商事交易安全的需求。[26]其次，有学者从立法论的角度讨论了行政审批与合同效力的关系，认为行政审批是合同生效的必要条件，在须经行政审批的场合，未经审批的合同为未生效合同，而非无效合同，负有报批义务的一方不履行相关义务，应承担相应的违约责任。[27]最后，有学者对违反强制性规范的合同效力问题进行了深入的历史阐释，指出在实质化民法理念的影响下，理论界和实务界应该运用利益分析、价值判断的方法对强制性规范进行体系化整理、类型化分析，进而对合同效力作出具体判断。[28]

在合同履行制度中，有学者对债权人代位权作出了新的解读，认为债权人代位权成立所需要的债务人怠于行使权利这一要件的表现形式应为根本不主张或者迟延行使权利，对债权人造成损害这一要件采用无资力说的根本原因在于“债权—民事责任（一般担保）—责任财产”的法律构造，采用特定债权说更强调了债权与其标的物之间的密切关系，债权的效力直接及于作为标的物的特定物，次债务人直接向债权人清偿，应该区分情况做出不同的解读。[29]最后，有学者对瑕疵担保责任及其合同救济进行了阐释。[30]

5. 婚姻家庭法

《最高人民法院关于适用〈中华人民共和国婚姻法〉若干问题的解释（三）》是学界关注的焦点。有学者从法理的层面探讨了该司法解释的民法基础，指出其民法基础变现为：婚姻家庭法律关系的性质是民事法律关系、亲属权利是民事权利中的身份权、婚姻法遵循的基本规则是民法规则。[31]这有助于我们正确地理解该司法解释的相关制度。另有学者从法律关系的视角对夫妻忠诚协议进行了分析，认为忠诚协议是身份法律关系，其标的是精神给付。对忠诚协议应以契约理论作为支撑，解释当事人之间的法律关系，意思自治在夫妻之间亦应当有所适用，关于忠诚协议“非道德性”“限制离婚自由”的理由并不充分，“非执行性”的理由则不能成立。忠诚协议中关于财产给付的约定，本质上是给付精神损害违约金的约定，可以参照《合同法》的有关规定予以调整。[32]

6. 侵权责任法

《侵权责任法》作为新近颁行的一部法律，相关的学术研究方向也从立法论视角为主转向了以解释论为主。梳理这一年侵权法领域科研成果，大多数是对侵权责任法中的概念、原则、制度进行解读，有少量的立法论方面的论述。

首先，从立法论的视角，有学者认为我国现行人身损害鉴定制度存在诸多问题，应该以公开、公平和公正原则为价值取向，确立客观中立且具有专门科学和医学知识的鉴定主体，建立规范的鉴定程序，建立专业化的鉴定主体队伍和司法队伍，重构我国的认识人身损害鉴定制度。[33]另有学者从《侵权责任法》切入，论述了媒体侵权责任及媒体权利保护的问题，认为《侵权责任法》在规定侵权责任一般条款的同时，又规定了网络侵权责任，为正确认定媒体侵权责任、切实保护媒体权利保护提供了充分的法律依据，媒体侵权责任法将会以侵权责任法为基础继续发挥重要的法律调整作用。[34]

其次，从解释论的角度，宏观上有学者从整体上解析了《侵权责任法》在应对大规模侵权方面的制度设计，指出侵权责任的范围包括了大规模侵权，该法在归责原则、责任构成、责任类型方面都考虑了大规模侵权的要求，在立法目的和具体责任规则上也体现了对大规模侵权的救济、预防和惩罚的要求。[35]《侵权责任法》没有将责任能力设立为一般制度，只是在相关的具体制度中有所涉及并主要作为衡量过错和减轻责任的因素，有学者认为这在一定程度上对过错责任作用的发挥提供了支持，从而更好地实现该法的救济功能。[36]微观上则是对《侵权责任法》中的概念、规则、原则以及制度的具体阐释，下面按照侵权法文本的行文结构一一梳理。

关于责任构成和责任方式，有学者认为权利仅能作为过错责任的保护对象，而不能作为责任的发生基础，应将“义务违反”作为过错责任发生基础和规则核心[37]，在规制性规范的违反与侵权过错的关系上，应该将规制性规范区分为保护性规范和非保护性规范，违反保护性规范可通过表见证明规则推定行为人过错的存在，行为人可举证推翻上述推定，而违反非保护性规范的行为仅能作为过错证据之一，不具太多的规范意义。[38]面对在实践中对连带责任的认识不一致的情形，有学者考察了连带责任的源流，指出了连带责任的内在规定性，即主体的多数性和平等性、发生原因的同一性、给付的同一性、消灭上的整体性、可求偿性等，我们应该坚持这种内在规定性，纠正对连带责任的错误认识和做法。[39]有学者论证了侵权责任方式与归责事由、归责原则的关系：赔偿损失一般适用过错责任，法律上有特别规定的则适用过错推定或者无过错责任；恢复原状是赔偿损失的特殊方法，其适用的规则原则与赔偿损失一样；停止侵害、排除妨碍、消除危险与返还财产适用无过错责任；赔礼道歉、消除影响、恢复名誉适用过错责任。[40]还有学者对网络侵权责任中的通知及其效果进行了详细的阐释。[41]

医疗损害责任中的知情同意规则和患者隐私权是关注的重点。《侵权责任法》第55、56条确立了比较完善的知情同意规则，包括了医务人员的告知义务、患者或其近亲属的同意两项因素，有学者认为医务人员违反知情同意规则应当承担的是过错责任，医疗机构要依据雇主责任制度对患者承担责任。[42]

在物件损害责任中，有学者从解释论的层面对第85条规定的建筑物责任进行了深入的阐释，提出责任主体中的管理人在传统类型之外，有必要承认物业公司作为扩张型“管理人”“使用人”的责任原因并不取决于其是否承担维护义务，而在于其违反了瑕疵发现及通知义务，就责任原因，在“脱落、坠落”之外，有必要采取体系解释的方法，阐述司法解释“维护、管理瑕疵”的内涵，责任主体之间原则上并不承担连带责任，但使用人与所有人之间可依第11条承担连带责任，条文中的“向其他责任人追偿”并非代位求偿。[43]

（二）商法学

1. 公司法

公司法依然是商法中的研究重点，研究成果较为丰富。一些学者从宏观上对公司法进行了把握，认为中国公司法的创始和改革走的基本上是一条强制性变迁的道路，商人在其中的作用很小，从管制走向善治才是解决严重的公司法“架空”现象的出路；[44]对于实践中公司及其投资者通过法律规避而私下建立新交易模式的现象，立法机关不应采取一概否定的态度，应该综合衡量法律对策，法律规避行为可能转变为公司法强制性规范以及相关管制措施改革的内生动力，成为公司法诱致性变迁的推动力。[45]还有学者对公司法中的任意性法律规范适用及其拘束力进行了全面、深入的论述。[46]

有学者认为对公司法人人格否认制度在认识上和实践中都还存在一些问题，基于此专门对法人人格否认的构成要件做了详细的分析[47]，并结合我国公司法的规定阐释了公司法人格否认规则的适用情况，对我国公司法人格否认制度的改革提出了相应的建议。[48]

在公司资本制度及相关问题中，针对出资的问题，有学者对债权出资的法律问题及对策进行了探析[49]，有学者对隐名出资的法律关系及其效力进行了分析，认为对隐名出资应根据其他当事人是否知情，区分为被代理人身份不明的代理关系和隐名代理关系，并以此为基础构建相关法律规则。[50]关于有限责任公司股权质押规则，有学者认为现行部门规章对外资股权质押行为采取审批生效的保守态度应予废除，将股权质押效力彻底回归合同法、物权法与公司法的轨道，最终实现内外资公司股权质押规则的统一。[51]有关资产转让的研究中，有学者对公司法语境下的“重大资产出售”进行了定位，认为应该采取质与量相结合的标准：在质的方面要求出售的资产必须是经营性的；在量的方面要求达到净资产总额的一定比例以上且动摇了公司的存续基础，在公司只有单项营业中只考虑质的标准，在有多项营业的情况下，须同时考虑质和量的标准。[52]

在公司治理的相关研究中，有学者对股东会决议的形成制度进行了研究，提出股东会决议的形成要经过会议召集和会议表决两个程序，会议决议在完成时即产生形式拘束力，送达董事、股东后才产生实质约束力；[53]有学者对董事会制度的渊源及其发展变化进行了梳理，并对中国的学习过程进行了历史分析，进而分析和评述了中国现行公司观念之中对董事会制度原则及其法律制度的陌生。[54]

2. 破产法

在破产法领域的研究中，首先，有学者从立法论的层面切入，提出个人破产免责制度有助于鼓励重新开始、激励企业家精神、补救人们因不慎而作出的错误投资或理财决定所造成的损失，性质上兼具社会保障功能，而且通过周全的制度设计可以使其不被滥用，所以在我国社会阶层分身差异与贫富差距日益加大的背景下，非常有必要构建个人破产免责制度。[55]其次，关于破产程序的启动，有学者全面阐释了破产案件受理的条件、受理难的原因及其解决对策；[56]有学者对我国破产法中企业破产程序开始的效力进行了研究，指出在以法院受理破产案件为破产程序起点的情况下，最终是否宣告债务人破产会使得破产程序发生的效力有所不同，而且对债务人人身、财产及其他方面的效力也是不同的；[57]还有学者对关联企业的合并破产重整启动进行了研究。[58]最后，有学者对破产程序中的担保物权的实现进行了论述，认为在破产程序中应该改变担保物权人享有不受限制的独立变现权的规定，修正为既限制担保物权人的变现权，又允许其参与破产程序并享有表决权的制度安排；[59]还有学者讨论了股东贷款在破产程序中的处理，提出根据我国的实情，在破产法中应将股东贷款区分为存在不公平行为的股东贷款、虚伪股东贷款和真实善意的股东贷款三类，明确不公平行为的股东贷款和虚伪股东贷款的判断标准，规定举证责任，并且应该对撤销股东贷款的清偿规定期限，同时明确有担保的股东贷款的处理方式。[60]

3. 保险法

保险法的关注重点是因果关系，有学者指出在具体司法实践中，法院认定保险法上的因果关系时应遵循保护被保险人的合理期待原则。[61]在其他方面，有学者从重要性标准出发对保险人缔约信息的边界进行了论述；[62]有学者对保险合同复效制度进行了比较法上的研究，并对候保期间事故的赔付问题进行了探讨，提出我国未来建立临时保险制度的方向应该确定为：在投保人已经交付保险费的情况下，保险人必须提供不附条件的临时保险；[63]在投保人未交付保险费的情况下，保险人可以自愿为被保险人提供临时保险。[64]

注：

①王利明：《民法的人文关怀》，《中国社会科学》，2011 年第 4 期。

②王轶：《论中国民事立法中的“中国元素”》，《法学杂志》，2011 年第 4 期。

③王利明：《侵权责任法与合同法的界分》，《中国法学》，2011 年第 3 期。

④薛军：《利他法律行为涉他效力的制度构建》，葛云松：《意思自治原则的理论限度——评〈利他法律行为涉他效力的制度构建〉》，《北大法律评论》，2011 年第 2 辑。

⑤隋彭生：《绝对法律关系初论》，《法学家》，2011 年第 1 期。

⑥龙卫球：《民法主体的观念演化、制度变迁与当下趋势》，《国家检察官学院学报》，2011 年第 4 期。

⑦薛军：《利他法律行为涉他效力的制度构建》，《北大法律评论》，2011 年第 2 辑。

⑧葛云松：《意思自治原则的理论限度——评〈利他法律行为涉他效力的制度构建〉》，《北大法律评论》，2011 年第 2 辑。

⑨尹飞：《代理：体系整合与概念梳理——以公开原则为中心》，《法学家》，2011 年第 2 期。

⑩尹田：《论诉讼时效的适用范围》，《法学杂志》，2011 年第 3 期。

⑪让 · 米歇尔 · 布律格耶尔著，肖芳译：《人格权与民法典——人格权的概念和范围》，《法学杂志》，2011 年第 1 期。

⑫龙卫球：《人格权立法面面观——走出理念注意与实证主义之争》，《比较法研究》，2011 年第 6 期。

⑬李丹：《试论普通法下公开权制度的发展及成因》，《比较法研究》，2011 年第 3 期。

⑭程啸：《论异议登记的法律效力与构成要件》，《法学家》，2011 年第 5 期。

⑮魏振瀛：《论返还原物责任请求权兼与所有物返还请求权比较研究》，《中外法学》，2011 年第 6 期。

⑯鲁春雅：《论不动产登记簿公信力制度构成中的善意要件》，《中外法学》，2011 年第 3 期。

⑰刘贵祥：《论无权处分与善意取得的冲突和协调——以私卖夫妻共有房屋时买受人的保护为中心》，《法学家》，2011 年第 5 期。

⑱崔建远：《土地储备制度及其实践之评析》，《国家行政学院学报》，2011 年第 1 期。

⑲王洪亮：《水权许可的私法效力》，《比较法研究》，2011 年第 1 期。

⑳熊丙万：《论商事留置权》，《法学家》，2011 年第 4 期。

㉑邸天利：《非典型担保共性解析》，《政法论坛》，2011 年第 1 期。

㉒刘承韪：《契约法理论的历史嬗迭与现代发展——以英美契约法为核心的考察》，《中外法学》，2011 年第 4 期。

㉓李永军：《自然之债源流考评》，《中国法学》，2011 年第 6 期。

㉔刘家安：《“要物合同”概念之探究》，《比较法研究》，2011 年第 4 期。

㉕朱岩：《强制缔约制度研究》，《清华法学》，2011 年第 1 期。

㉖李文涛：《合同的绝对无效和相对无效——一种技术化的合同效力评价规则解说》，《法学家》，2011 年第 3 期。

㉗刘贵祥：《论行政审批与合同效力——以外商投资企业股权转让为线索》，《中国法学》，2011 年第 2 期。

㉘刘凯湘、夏小雄：《论违反强制性规范的合同效力——历史考察与原因分析》，《中国法学》，2011 年第 1 期。

㉙崔建远：《债权人代位权的新解说》，《法学》，2011 年第 7 期。

㉚韩世远：《租赁标的瑕疵与合同救济》，《中国法学》，2011 年第 5 期。

㉛杨立新：《最高人民法院关于适用〈婚姻法〉若干问题的解释（三）的民法基础》，《法律适用》，2011 年第 10 期。

㉜隋彭生：《夫妻忠诚协议分析——以法律关系为重心》，《法学杂志》，2011 年第 2 期。

㉝张新宝：《人身损害鉴定制度的重构》，《中国

法学》，2011年第4期。

㉞杨立新：《我国的媒体侵权责任与媒体权利保护——兼与张新宝教授“新闻（媒体）侵权否认说”商榷》，《中国法学》，2011年第6期。

㉟杨立新：《〈侵权责任法〉应对大规模侵权的举措》，《法学家》，2011年第4期。

㊱王利明：《自然人民事责任能力制度探讨》，《法学家》，2011年第2期。

㊲朱虎：《过错责任的发生基础》，《法学家》，2011年第1期。

㊳朱虎：《规制性规范违与过错判定》，《中外法学》，2011年第6期。

㊴李永军：《论连带责任的性质》，《中国政法大学学报》，2011年第2期。

㊵魏振瀛：《侵权责任方式与归责事由、归责原则的关系》，《中国法学》，2011年第2期。

㊶杨立新、李佳伦：《论网络侵权责任中的通知及效果》，《法律适用》，2011年第6期。

㊷周友军：《论中国侵权责任法上的知情同意规则》，《北京航空航天大学学报》（社会科学版），2011年第4期。

㊸韩世远：《建筑物责任的解释论——以〈侵权责任法〉第85条为中心》，《清华法学》，2011年第1期。

㊹曾宏伟：《公司法变迁中的商人角色》，《中外法学》，2011年第4期。

㊺董淳锷：《公司法改革的路径检讨和展望：制度变迁的视角》，《中外法学》，2011年第4期。

㊻王保树：《公司法任意性法律规范适用的留意点》，《国家检察官学院学报》，2011年第2期。

㊼赵旭东：《法人人格否认的构成要件分析》，《人民司法》，2011年第17期。

㊽赵旭东：《公司法人格否认规则适用情况分析》，《法律适用》，2011年第10期。

㊾宋良刚：《债权出资的法律问题与对策探析——兼评〈公司法〉司法解释（三）第16条》，《政法论坛》，2011年第6期。

㊿赵旭东、顾东伟：《隐名出资的法律关系及其效力认定》，《国家检察官学院学报》，2011年第2期。

51徐海燕：《有限责任公司股权质押效力规则的反思与重构》，《中国法学》，2011年第3期。

52龙翔、陈国奇：《公司法语境下的重大资产出售定位——兼评〈公司法〉第75条、第105条和第122条》，《法学家》，2011年第3期。

53叶林：《股东会会议决议形成制度》，《法学杂志》，2011年第10期。

54邓峰：《董事会制度的渊源、进化和中国的学习》，《中国社会科学》，2011年第1期。

55许德风：《论个人破产免责制度》，《中外法学》，2011年第4期。

56王欣新：《论破产案件受理难问题的解决》，《法律适用》，2011年第3期。

57李永军：《我国〈企业破产法〉上破产程序开始的效力及其反思》，《法学杂志》，2011年第2期。

58王欣新、周薇：《关联企业的合并破产重整启动研究》，《政法论坛》，2011年第6期。

59许德风：《论担保物权在破产程序中的实现》，《环球法律评论》，2011年第3期。

60王欣新、郭丁铭：《论股东贷款在破产程序中的处理——以美、德立法比较为视角》，《法学杂志》，2011年第5期。

61周学峰：《保险法上的因果关系认定与司法推理——以意外死亡保险为例》，《政法论丛》，2011年第2期。

62于海纯：《保险人缔约信息义务的边界——以重要性标准之建立为中心》，《比较法研究》，2011年第2期。

63梁鹏：《保险合同复效制度比较研究》，《环球法律制度评论》，2011年第5期。

64梁鹏：《候保期间事故之赔付探讨》，《法学家》，2011年第2期。

（作者：林嘉、姚辉，中国人民大学教授；李俊杰，中国人民大学博士生）

诉讼法学

陈卫东　汤维建　刘计划　杨　奕　杜　磊

一、刑事诉讼法学

（一）研究概况

据不完全统计，2011年度发表于各类期刊的刑事诉讼法学论文达两千余篇，出版的学术著作和教材有数十部。北京地区学者出版的学术著作主要有：陈光中主编《中国刑事二审程序改革之研究》；樊崇义主编《走向正义：刑事司法改革与刑事诉讼法的修改》；樊崇义、王建明主编《〈联合国反腐败公约〉与我国职务犯罪侦查研究》；陈卫东主编《模范刑事诉讼法典》（第二版）、《公民参与司法研究》、《司法精神病鉴定刑事立法与实务改革研究》、《量刑程序改革理论研究》；宋英辉、甄贞主编《未成年人犯罪诉讼程序研究》；何家弘、赵志刚主编《谁的陪审　谁的团》；陈瑞华著《刑事诉讼中的问题与主义》；甄贞主编《法律监督机制新探索》；吴宏耀、郭恒编校《1911年〈刑事诉讼律（草案）〉》；韩红兴著《刑事公诉庭前程序研究》；房保国著《刑事证据潜规则研究》；郭志媛著《中国经验：以刑事司法改革试点项目为蓝本的考察》；何挺著《现代刑事纠纷及其解决》等。

本年度召开的学术会议主要有：1月13—14日，樊崇义教授主持的“刑事证据规范化实证研究”开题研讨会；1月15—16日，北京大学法学院、山东省高级人民法院少年法庭指导小组和民主与法制杂志社共同主办的“少年司法改革前沿问题”专题研讨会；2月19日，中国政法大学诉讼法学研究院主办的“我国非法证据排除规则的实施与完善”研讨会；4月24日，中国人民大学法学院、中国人民大学律师学院、中国法学会民主与法制社、方圆律政杂志社共同举办“首届律师学院论坛”暨“律师与司法体制改革”研讨会；5月14—15日，最高人民检察院反贪污贿赂总局和中国政法大学诉讼法学研究院联合主办的“讯问全程录音录像规范化建设”学术研讨会；6月25日，中国人民大学诉讼制度与司法改革研究中心与北京市昌平区人民检察院联合举办的“公民参与司法与人民监督员制度”学术研讨会；6月26日，中国人民大学诉讼制度与司法改革研究中心主办的“两个证据规定”评估研究项目启动研讨会；11月18—19日，由中国政法大学诉讼法学研究院和台湾海峡两岸法学交流协会共同主办的“当代刑事诉讼法之展望——海峡两岸刑事诉讼法学交流研讨会”等。

（二）热点与创新

就2011年刑事诉讼法学的整体研究而言，呈现出两个主要特点：其一，2010年两个证据规定出台，确立了新的证据规则，对两个证据规定的理解与适用仍旧是学术界关注的热点话题；其二，刑事诉讼法修改提上日程，并且于2011年8月30日向社会公布《刑事诉讼法修正案（草案）》征求意见，对刑事诉讼法的修改完善建言献策是这一阶段刑事诉讼法学研究的另一个典型特征。

具体而言，在2011年，刑事诉讼法学研究的热点和创新主要集中在以下几个方面：

1. 辩护制度

针对辩护制度的修改，有学者建议刑事诉讼法应明确规定控方的举证责任，取消辩护人应当承担举证责任的要求；赋予犯罪嫌疑人沉默权，确立犯罪嫌疑人、被告人与律师的会见一般不受限制、监控的原则，赋予犯罪嫌疑人、被告人及其辩护律师知悉控方证据的权利；重新界定辩护人的职责；增加和强化程序辩护的内容；承认侦查阶段律师辩护人的身份和地位；强化刑事法律援助制度。[①]有学者也赞同在押被告与辩护律师之间的会见应以会见通信不受监察为原则，限制会见通信为例外，而且还认为监察措施应贯彻必要性和比例性原则，还要构建防止监察手段滥用的程序担保措施。[②]针对刑法和1996年刑事诉讼法所确立的律师伪证罪，有学者指出，为防止该罪名被滥用，在程序上应当明确侦查人员或者检察人员的整体回避制度，由侦查机关的上级机关指定本辖区内的另一个机关侦查律师伪证案件，并且还应当对涉嫌伪证案件的启动条件和时间进行特别规定。此外，该学者还指出法律并没有为律师单列罪名或单列法条强调禁止其进行某类行为的必要。[③]针对《刑事诉讼法修正案（草案）》的规定，有学者认为，诸如辩护人的责任定位，辩护人的会见难、阅卷难等突出问题已经解决。[④]关于辩护律师和被告人之间辩护意见冲突的解决路径，有学者指出，我国理论界、律师界乃至立法上一直都坚持的独立辩护观赖以存在的制度性、观念性、社会性土壤发生了根本性的变化，我国应当摒弃绝对独立的辩护观，逐步走向被告中心主义辩护观，并且要遵守最低限度的被告中心主义辩护观。[⑤]为提高我国刑事辩护的质量，有学者考察了美国的无效辩护制度，主张在我国可以将其率先应用在死刑案件中的指定辩护和委托辩护上，但在无效辩护的判断标准、证明责任、救济程序、律师责任的承担等方面应当采用不同于美国的思路。[⑥]

2. 证据制度

对“两个《证据规定》”的解读仍旧是2011年学术研究的重要话题，也是为刑事诉讼法中证据制度的修改与完善奠定基础。有学者积极肯定了“两个《证据规定》”的积极意义，认为其发展了证据的概念和种类，初步建构了我国刑事证据规则体系和非法证据排除规则，确立了“证据问题也是程序问题”的科学命题，把刑事证据的适用程序法定化、条文化。[⑦]有学者对非法证据的概念进行了梳理，认为在我国不应当采用广义的非法证据概念，而应限于以法律明确禁止的手段或者违反法律明确规定的程序所取得之证据，即仅限于非法定方法取得的证据。[⑧]该学者还对刑讯逼供、瑕疵证据等概念进行了研究，主张依据《反酷刑公约》对酷刑的定义来解释刑讯逼供；在解释和认定刑讯逼供时，还应当注意根据具体个案进行具体判断；对于药物审讯应当认定为刑讯逼供；催眠审讯在征得犯罪嫌疑人同意的前提下可用，但不得作为定案根据；营救式刑讯逼供也应当予以否定。[⑨]而瑕疵证据概念的提出突破了以往将证据简单划分为“合法证据与非法证据”这一研究范式的缺陷，“瑕疵证据”的补救方式主要包括补正和合理解释，司法实务中应当注意区分“瑕疵证据”与“非法证据”，注意把握“瑕疵证据”补正的合理限度。[10]有的学者则针对“两个《证据规定》”，研究了实物证据的鉴真问题。[11]

就证据制度的修改而言，有学者从证据裁判原则出发，认为应当以口供以外的证据作为认定案件事实的主要根据；证据必须具有客观性、关联性、可采性；我国非法证据排除规则的主体为法院和检察机关，侦查机关不宜作为排除主体，定罪证明标准应以“结论唯一”为最高标准，以“排除合理怀疑”为降低标准，两者在实践中互补适用。[12]针对《刑事诉讼法修正案（草案）》的规定，有学者认为证据概念以材料说代替事实说欠妥，主张删去关于证据定义的规定；应进一步明确非法证据排除的范围，尤其对“等”字应作适当界定；要根据直接言辞原则限制书面证词的使用；就行政机关所取证据的司法运用，应当明确限制行政执法机关所取言辞证据用于司法；必须遵守质证原则，反对脱离庭审秘密核实证据。[13]还有学者对证据制度的修改从证据基本原则、证据种类、证明责任、证明标准、非法证据排除规则和证人制度等方面进行了全面深入的讨论，提出了具体的修改建议。[14]有学者则提出证据制度的发展需要认识和处理好与无罪推定、诉讼目的、诉讼价值、诉讼模式、诉讼程序和司法准则等重要问题之间的关系，努力在惩罚犯罪与保障人权、公正与效率等冲突价值中实现协调与平衡。[15]还有学者从无罪推定、证据裁判、程序法治三原则出发，系统阐述了取证、举证、质证、认证等环节上应当创新的内容。[16]

3. 审判程序

对审判程序的研究是与刑事诉讼法的修改紧密相连的。就简易程序而言，有学者建议应当确立多元的简化方式，既要庭审方式向“略式审判”转变，也要简化庭前程序，还要确立预审程序等相关配套制度。[17]针对《刑事诉讼法修正案（草案）》对二审程序的修改，有学者认为改革的力度不够，应当从坚持全面审查原则、扩大开庭审理的范围、完善上诉不加刑原则、改革发回重审制度、创建当事人和解制度等几个方面加以深化。[18]就死刑复核程序的改革而言，有学者建议应对其进行适度诉讼化改革，允许辩护人的参与和检察机关的介入。[19]针对刑事再审程序，有学者主张特别程序应当特别安排，要据再审事由确定再审法院，大多数再审案件应由上级法院审判；再审案件应当开庭审理；再审当事人应当获得律师帮助；再审案件应当一审终局。[20]《刑事诉讼法修正案（草案）》的一大特色是设置了特别程序，有学者认为这是应对社会治理、犯罪控制工作日益复杂、多元的挑战而作出的必要调整，标志着我国刑事诉讼制度的进一步精细化与科学化，但这些特别程序还有进一步完善的空间，例如未成年人犯罪案件诉讼程序要注意体例上的协调，慎重对待附条件不起诉制度，细化未成年人社会调查制度等。[21]针对未成年人犯罪案件诉讼程序，有学者建议应当从程序法的角度对未成年人刑事诉讼程序的原则作出特别规定，应明确肯定无罪推定原则；应增设特别帮助和保护原则；应增加规定讯问时辩护律师在场；应为刑事诉讼中的未成年人设置特别的程序法律后果，对于适合成年人在场和针对未成年人的强制措施制度也需要进一步完善。[22]就刑事和解而言，有学者认为我国并没有处理好刑事和解和附带民事诉讼之间的关系，应当在改革附带民事诉讼上下功夫；而财产罚没程序是对正当程序的有限减损，应当从庭前准备、审判、执行三个方面加以完善；强制医疗的本质是对公民自由权的限制与剥夺，其价值目标是安全与自由并重、防卫社会与精神病人回归社会并重，《刑事诉讼法修正案（草案）》基本上勾勒出了强制医疗程序的轮廓，但是还要进一步完善。[23]就量刑程序改革问题而言，有学者指出应当在总体上服务于轻刑化的刑罚改革方向，凸显对被告人人权的尊重。实体与程序两方面的改革不存在主辅之分，而是并行不悖；应当将量刑规范化限定在合理的范围之内，避免极端化的改革方式。[24]此外，还有学者对我国庭审的虚置化问题进行了研究，提出要确立直接言辞原则和改良人民陪审员制度以实现庭审由虚转实。[25]

4. 司法鉴定制度

司法鉴定制度的改革也是这一时期研究的热点问题。有学者从实证研究的角度对我国刑事程序中精神病鉴定的现状、问题及成因进行了研究，对实践中司法精神病鉴定主体与鉴定管理体制，鉴定程序的启动，公安司法人员对鉴定意见的审查、判断，对精神病人的强制医疗等问题作了详尽的描述。[26]有学者认为，中国司法鉴定制度的改革应当以人权保障为核心，兼顾中国国情，循序渐进地进行。在结构层面上，应当注意吸收和借鉴大陆法系司法鉴定模式中的一些成功做法；在技术层面上，则应当引进英美法系专家证人模式中的一些合理因素。司法鉴定模式与专家证人模式的融合才是中国刑事司法鉴定制度改革的方向。[27]也有学者认为，刑事诉讼中的鉴定应当具备科学性、法律性、中立性的特征，刑事诉讼法应对刑事诉讼鉴定活动的基本原则作出规定，并在总则“证据”一章中对鉴定制度作特别规定，在诉讼的不同环节对进行鉴定活动作出具体规定。对于侦查机关的鉴定行为应定位为技术侦查或者勘验检查。对于鉴定结论应当修改为鉴定报告，对司法精神病鉴定的启动权、鉴定标准等也要作出相应的修改。[28]

二、民事诉讼法学

（一）研讨会及专著

2011年7月全国民事诉讼法学年会在青海西宁

召开，会议以民事诉讼法的全面修改为契机，民事诉讼法学界专家学者、立法机关和司法实务界人士掀起了一场关于民事诉讼法如何修改的大讨论。会议围绕民事诉讼法的修改，对诉讼与非诉讼衔接机制、小额诉讼程序、证据制度、公益诉讼、二审程序、送达制度、审判监督程序、执行程序等问题，进行了深入研讨，这些具体的程序或制度也作为2011年各阶段研讨会的重点研究问题，为即将进行的民事诉讼法全面修改建言献策。

2011年围绕民事诉讼法的全面修改，还召开了以下学术会议：4月16日，在清华大学召开“变革与争鸣：《中华人民共和国民事诉讼法》修改系列研讨会（一）”；5月21日，在北京师范大学召开“从立案到一审：《中华人民共和国民事诉讼法》修改系列研讨会（二）”；6月11日，在中国政法大学召开“民事诉讼法修改中的系列问题：《中华人民共和国民事诉讼法》修改系列研讨会（三）”；8月20日，在北京大学召开“《中华人民共和国民事诉讼法》修改系列研讨会（四）”；9月17日，在中国人民大学召开“三大诉讼法修改中的宪法问题”学术研讨会；10月11日，在中国人民大学召开“民诉法修改中的综合问题与交叉问题：《中华人民共和国民事诉讼法》修改系列研讨会（五）”；11月7日，在中国人民大学召开“金杜-明德法治沙龙——公益诉讼立法”研讨会；12月17日，在上海交通大学召开“《中华人民共和国民事诉讼法》修改系列研讨会（六）”。

2011年出版的专著和教材主要有：江伟主编《民事证据法学》；张卫平主编《民事程序法研究》（第六辑、第七辑）；张宝生主编《中国证据法治发展报告：1978—2008》；董开军、张卫平主编《民事诉讼法修改重要问题研究：中国法学会民事诉讼法学研究会年会论文集》；张卫平主编《民事诉讼法》；何家弘主编《证据学论坛》；叶自强著《举证责任》；齐树洁主编《程序正义与司法改革》；许前飞主编《审判监督程序的改革与完善》；杨立新著《请求权与民事裁判应用》；廖中洪著《中国民事诉讼程序制度研究》；乔欣著《和谐文化理念视角下的中国仲裁制度研究》；廖永安著《对话与交融：中美证据法论坛》；王福华著《变迁社会中的群体诉讼》；段厚省著《证明评价原理：兼及对民事诉讼方法论的探讨》；张嘉军著《民事诉讼调解政策研究》；钱锋著《公正廉洁为民审判机制研究》；张继成著《证据基础理论的逻辑、哲学分析》；洪冬英著《当代中国调解制度变迁研究》；卢正敏著《共同诉讼研究》；包冰锋著《民事诉讼证明妨碍制度研究》；胡军辉著《民事既判力扩张问题研究》；马登科著《民事强制执行中的人权保障》；王德新著《民事诉讼行为理论研究》；吴如巧著《民事诉讼证据收集制度的构建》；潘申明著《比较法视野下的民事公益诉讼》；罗斌著《证券集团诉讼研究》；季桥龙著《民事举证责任概念研究》；张自合著《两岸民事裁判认可与执行研究》等。2011年民诉法领域的学术研究成果颇丰，主要表现形式是学术论文，据不完全统计，在各类期刊发表的民事诉讼法法学论文近1500余篇。

（二）研究的主要问题

1. 诉讼与非诉讼衔接机制

近年来，我国人民法院积极承担了推动多元化纠纷解决机制建构和社会管理机制创新的使命。2009年，最高法院与各相关行政主管部门、调解和仲裁等实务机构、社会团体及行业协会相互协作，制定发布了《最高人民法院关于健全诉讼与非诉讼衔接的矛盾纠纷解决机制的若干意见》，对现行法律作出一系列重要突破，促进了非诉讼纠纷解决机制的发展及其与司法程序的衔接。2010年，司法确认制度被《人民调解法》采纳，上升为法律制度。2011年3月，最高人民法院制定发布了《关于人民调解协议司法确认程序的若干规定》，初步建立了司法确认程序。目前，《民事诉讼法》修改已经进入立法日程，其中的一个重要课题是通过设立相应的程序，实现诉讼与非诉讼程序的衔接。[29]有学者认为，司法确认是诉调对接的关键环节，是中国司法实践中的制度创新。通过司法确认程序确认人民调解协议的效力，赋予司法确认书的执行力，其依据在于特定民事权益的可处分性、当事人的合意和程序的正当性；司法确认程序从性质上讲应当属于非讼程序，该制度建立的目的在于对人民调解协议效力的保障，而不是以司法“替代”人民调解；人民调解协议在社会生活中的实现应当主要是当事人的自觉履行，而不应是通过司法确认取得确认书之后的国家强制执行。[30]也有学者从人民调解制度的二元分化趋势对诉调对接的影响及其程序上的对策角度对诉调对接模式进行了阐述。[31]另有学者认为，多元化纠纷解决机制之建构是中国未来社会治理的必然选择。当前，诉讼调解与人民调解、行政调解、行业调解等非诉讼纠纷解决机制的衔接在探索中取得了明显的成就，也为进一步深入探索“大调解”提供了具体的实证参考。[32]

2. 小额诉讼程序

在简易程序的基础上再增设小额诉讼程序，是本次《民事诉讼法》修改涉及的重要内容之一。但是，在回答为什么要增设小额诉讼程序问题上，我国理论界和实务界并未形成统一的观点。大多数意见考虑的首先是小额诉讼程序具有低成本、高效率等优点。问题在于，简易程序不是同样有别于普通诉讼程序，且受理的案件也能够涵盖小额诉讼案件吗？既然如此，在简易程序之外再增设小额诉讼程序，有没有必要呢？在本次民事诉讼法修改的讨论中，有学者提出在简易程序中增加相关程序规定的内容，甚至有学者认为既然已有简易程序，就没有必要设立小额诉讼程序。[33]也有学者认为迄今为止，在世界范围小额诉讼程序所追求的理想远未成为现实，也并没有被视为一剂万能良药。由于诉讼范围的限制，即使小额诉讼程序运作正常，所解决的纠纷也十分有限，不足以整体减轻法院的压力。况且，小额诉讼程序无法解决其他诉讼固有的局限性。相比之下，当代各国对于以调解为主的非诉讼方式寄予了更高的期望和评价。[34]另有学者认为，小额诉讼程序的价值和目标，是为了弥补正式司法程序在便民诉讼方面的缺陷，而不是像我国法院期待的那样为了分流案件或分解司法压力。与西方问题不同的是，我国民事司法本来就是以简单的民事关系和传统民事纠纷为基础建立起来的以调解为重心、以职权主义为理念的诉讼程序，这些正是西方司法制度所不具备因而只能通过小额诉讼程序才能体现的重要特征。[35]也有学者从小额诉讼程序所追求的诉讼效率价值视角出发，认为按照小额诉讼程序审理案件，在适用诉讼法理的同时，应当部分地适用非讼法理——职权探知主义之部分采用、直接言词原则之限制、公开原则之限制与排斥、自由证明之采用等。尽管小额诉讼程序中部分适用非讼法理，但也应当给予小额诉讼当事人一定的程序保障。[36]

3. 证据制度

证据制度作为民事诉讼制度体系的核心内容，对于民事诉讼程序的运行起着至关重要的作用，也是20多年来民事审判方式改革的主线。作为民事审判方式改革成果的《最高人民法院关于民事经济审判方式改革的若干规定》《最高人民法院关于民事诉讼证据的若干规定》等司法解释的贯彻施行，也为改革和完善相关证据制度进行了积极探索，积累了有益经验。以《民事诉讼法》修改为契机，将民事审判方式改革的成果以立法的方式确立下来，是促进我国民事审判发展和民事诉讼现代化的理想路径。[37]有学者认为，应当从改变证据随时提出主义的立场，对举证时限作出明确规定；进一步完善证人制度；确立提供文书命令制度，弥补当事人取证手段的不足等三个方面，对我国民事诉讼中的证据制度予以完善。[38]还有学者认为，根据现实情况，当事人申请人民法院调查收集证据的情形比较多，因此当事人及其诉讼代理人因客观原因不能自行收集的证据，应规定可以向人民法院申请调查收集。有下列情形之一的，人民法院应当依职权主动调查收集证据：（1）涉及可能损害国家利益、社会公共利益的事实；（2）身份关系的诉讼；（3）适用特别程序审理的案件；（4）涉及依职权追加当事人、中止诉讼、终结诉讼、回避等与实体争议无关的程序性事项。[39]

4. 公益诉讼制度

随着我国经济社会的快速发展，环境污染、消费者权益保护和国有资产流失等涉及国家利益、社会公共利益的问题日益突出，在《民事诉讼法》中规定公益诉讼，是我国经济社会发展的迫切需要。鉴于公益诉讼涉及的法律问题相当复杂，建议在《民事诉讼法》修改中先就确立公益诉讼制度增加一条原则性规定：对污染环境、破坏资源、侵害国有资产、侵害不特定消费者群体利益等侵害公共利益的行为，相关行政机关、人民检察院可以提起诉讼，请求侵害者依法承担民事责任。社会团体、其他法人和公民书面申请相关行政机关或者人民检察院起诉，相关行政机关、人民检察院在60日内不起诉的，申请人可以自行起诉。这样规定主要是解决公益诉讼的范围和主体问题，先搭建起公益诉讼的平台，进行实践，不断摸索，逐步完善。[40]有学者认为，民事公益诉讼模式取决于一国的法律传统和司法政策，新模式的导入为民事诉讼形式的创新提供了契机。在目前代表人诉讼被搁置、集团诉讼短期无引入可能的背景下，我国民事公益诉讼应采取民事公诉为主导，实验性诉讼、团体诉讼和公民诉讼为补充的模式选择路径。具体建言是：确立实验性诉讼、拓展民事公诉和团体诉讼的适用范围、引进公民诉讼。[41]另有学者从检察机关提起民事公益诉讼的角度提出立法建议，认为应在总则中规定一项基本原则：在国家利益、社会公共利益及有关公民重要权利受到侵害而无人起诉时，人民检察机关有权向人民法院提起民事诉讼，追究违法者的民事责任，以保护国家、社会和公民的合法权益；同时应制定独立的《公益诉讼法》，系统规定检察监督的方式和程序，明确列举人民检察机关可以提起民事公诉的案件类型；建立“民事公诉人”制度；充分发挥检察建议的作用，通过公益诉讼的提起和进行，积极提出检察建议，以促进立法完善和行政管理机制的完善。[42]

5. 二审程序

以民事诉讼法的修改为契机，应对二审程序进一步完善。首先亟待解决的是二审审限问题，为解决二审审限过短、审限内结案率降低、延长审限较为普遍、影响审判质量的问题，建议将第159条修改为：“人民法院审理对判决的上诉案件，应当在第二审立案之日起3个月内审结。但当事人提供新的证据，申请鉴定、勘验、补充调查，双方当事人申请延期审理以及公告、调卷等期间不计入二审审理期限。有特殊情况需要延长的，由本院院长批准。人民法院审理对裁定的上诉案件，应当在第二审立案之日起30日内作出终审裁定。”或者修改为：“人民法院审理对判决的上诉案件，应当在第二审立案之日起6个月内审结。有特殊情况需要延长的，由本院院长批准。人民法院审理对裁定的上诉案件，应当在第二审立案之日起30日内作出终审裁定。”[43]其次，应进一步明确二审的审判范围，审判范围乃是人民法院在上诉审程序中对民事案件行使上诉审判权的权力界限，这个范围是由诉权和审判权交互作用划定而成的。具体来说，模式论、制度论、结构论、原则论都属于确定二审审判范围的论题。其中原则论、模式论、制度论从定性和定量两个角度确定了二审审判范围的横向内容，也就是划定了二审审判范围的宽度，结构论则从定量的视角确定了二审审判范围的纵向内容，也就是划定了二审审判范围的深度。它们的有机结合，共同综合作用，二审审判范围得到最终确定。[44]另有学者认为，在修改《民事诉讼法》时，建立附带上诉制度很有必要，特别是对提起附带上诉的要件应作出合理的规定。上诉审程序中的撤回起诉制度应得到立法上的明确认可，其条件和法律后果也应合理予以界定。“原判决认定事实错误或者认定事实不清、证据不足”这一发回重审的事由应予废除，以违反法定程序为由发回重审的情形则应予以严格限制。基于裁定与判决的性质不同，应当构建不同于判决之上诉审程序的相对独立的裁定之上诉审程序。[45]

6. 送达制度

送达制度在民事诉讼中具有非常重要的地位和作用，但其并未引起学界的足够关注。实证考察表明，民事送达制度的立法已无法满足实践需要。解决“送达难”问题，既需要有基于送达基本属性和功能的理想超越，也需要有源于当前司法环境的现实考量。目前至关重要的是需要在“送达难”的现实背景下，重新审视送达的性质和功能，在制度设计上既需要协调好与周边制度如起诉制度的关系，也需要平衡各利益主体之间的相关利益，科学界定送达法律关系所涉主体、合理规制送达法律关系所涉主体之间的权利义务和完善送达方式。[46]有学者认为，在我国，由于人员流动性增强、企业注册登记行为不规范等客观原因，加上司法权威不足、部分当事人法律意识淡薄等主观原因，民事诉讼送达遭遇到了许多新问题，进而形成民事诉讼继“告状难”“执行难”“申诉难”之后的第四道难题——“送达难”，对民事诉讼程序的顺利进行和民事诉讼效益价值的实现带来了不良影响。完善民事诉讼送达制度，解决“送达难”问题，已经成为完善我国民事诉讼制度刻不容缓的任务。在立法机关已经启动我国《民事诉讼法》修改工作的大背景下，对发达国家的民事诉讼送达制度进行分析比较，以求发现民事诉讼送达活动的规律、借鉴各国民事诉讼送达制度的成功经验，无论是对于民事诉讼理论研究还是民事诉讼立法完善来说，都是很有必要的。[47]也有学者，从对物送达[48]以及邮寄送达制度[49]等方面展开了具体论述。

7. 审判监督程序

有学者认为，本次《民事诉讼法》修改应当被界定为“全面修改”，其内容贯彻于《民事诉讼法》的始终。在种种修改的内容目录中，有的属于新增加的原则、制度和程序，有的则属于旧原则、旧制度和旧程序的新改造。其中，审判监督程序的修改就是对于旧程序的新改造。由于审判监督程序在历次修改中都处在最受关注的地位，因而本次《民事诉讼法》修改对之也颇费笔墨，修改之处甚多，也正因如此，其间的争论也颇为激烈，应特别注重对检察监督、人民法院依职权再审的标准问题、再审审级、申请再审与申请抗诉的关系、再审次数等五个议题的全面修改。[50]也有学者建议，应将“审判监督程序”改为“再审程序”；两审终审制下也可适当区分法律审和事实审；适当调整申请再审的管辖制度；明确规定再审申请书状形式要件；规定合理的申请再审期间制度；确立案外人申请再审制度；取消决定再审一律中止原裁判执行的规定；明确和统一决定再审裁定书的署名；推动有限再审制度的确定和完善；打造独立的再审程序；合理设定检察机关的法律监督等，从上述11个方面对民事再审程序的全面修改展开论述。[51]另有学者从司法实务的角度出发，认为再审程序运行机制是为设定再审程序在人民法院内部运行轨迹、规范法院再审工作流程的制度安排，主要调整立案庭、审监庭在审查与审理再审案件中的具体职责分工，并服务于救济错误裁判、维护司法权威等价值理念的实现。我国的再审程序已由三大诉讼法所规定，但在现行再审程序框架内如何优化中观层面的再审程序运行机制，以更好地实现立法目的，尤其需要司法实务界人士给予关注。[52]

8. 执行程序

2007年的《民事诉讼法》修改对执行程序进行了修改，以解决执行难的问题。现在学者和实务部门普遍主张单独制定强制执行法，也基本得到立法工作部门的认同。但单独制定强制执行法还需要作深入的调查研究，也就是说还有一个时间过程。因此部分建议对执行部分急需修改的内容加以修改。最高人民法院江必新副院长分别从对执行权进行科学配置、强化协助执行义务、解决执行措施乏力的问题、拓宽财产查明途径、改造执行和解制度、完善执行救济制度、构建符合执行程序特点和规律的强制拍卖制度、增设强制破产和参与分配制度、优化执行退出机制、反制规避执行行为等十个方面就民事诉讼法执行程序修改中应关注的十大问题进行了系统阐述。[53]有学者从民事执行立法的模式选择角度，对单行法模式、吸收模式、混合模式三种立法模式进行了比较法视野的论述，并得出结论，认为单行法模式是我国民事执行立法的正确选择，同时提出以民事执行法的单独立法为突破口，可以继续推动立法机关循序渐进地制定单行的非讼程序法、家事诉讼法、法院调解法、民事保全法等法律，通过“法典分解化”的手段来最终达成中国民事诉讼法的法典化之宏大目标。这种步步为营、分开编纂的立法策略，要比一蹴而就、一步到位的全面修法更符合我国国情，更有助于改善和提升我国民事程序法的立法品质。[54]有学者明确提出，应单独制定我国的强制执行法。认为从民事审判与执行的关系模式看，审判权与执行权并存的模式应该是我国未来立法的选择路径，即应当将执行程序从民事诉讼法中分离出来，单独制定我国的强制执行法。从价值层面考察，单独制定强制执行法，有利于执行程序原理的彻底贯彻，有利于扩充执行程序的容量和篇幅，符合民事诉讼法发展的趋势。制定强制执行法需要构建四大制度，即执行组织制度、执行联动机制、执行监督制度和执行惩戒制度。[55]

《民事诉讼法》涉及的修改内容十分丰富，除上述论述问题外，还包括管辖、审前程序、审判公开、虚假诉讼、恶意诉讼等方面的问题，问题多而复杂，需要从实践出发花费大力气加强调查研究，围绕急需解决的问题加强论证，力争使解决问题的方案符合我国经济和社会发展的实际状况，符合审判工作实际，解决审判工作遇到的实际问题，真正满足人民群众对司法的需求和期待，真正促进和谐社会的建设，实现社会公平正义。[56]

注：

①顾永忠：《理性、务实完善刑事辩护制度》，《国家检察官学院学报》，2011 年第 2 期。

②刘学敏等：《在押被告与律师会见通信权的保障与限制——以欧洲人权法院裁判为借镜》，《现代法学》，2011 年第 4 期。

③汪海燕：《律师伪证刑事责任问题研究》，《中国法学》，2011 年第 6 期。

④顾永忠：《刑事辩护制度的修改完善与解读》，《甘肃政法学院学报》，2011 年第 6 期。

⑤吴继奎：《从独立辩护观走向最低限度的被告中心主义辩护观——以辩护律师与被告人之间的辩护意见冲突为中心》，《法学家》，2011 年第 6 期。

⑥申飞飞：《美国无效辩护制度及其启示》，《环球法律评论》，2011 年第 5 期。

⑦樊崇义：《我国刑事证据制度的新发展》，《法学》，2011 年第 7 期。

⑧万毅：《解读“非法证据”——兼评“两个〈证据规定〉”》，《清华法学》，2011 年第 2 期。

⑨万毅：《论“刑讯逼供”的解释与认定——以“两个〈证据规定〉”的适用为中心》，《现代法学》，2011 年第 3 期。

⑩万毅：《论瑕疵证据——以“两个〈证据规定〉”为分析对象》，《法商研究》，2011 年第 5 期。

⑪陈瑞华：《实物证据的鉴真问题》，《法学研究》，2011 年第 5 期。

⑫陈光中、郑曦：《论刑事诉讼中的证据裁判原则——兼谈〈刑事诉讼法〉修改中的若干问题》，《法学》，2011 年第 9 期。

⑬龙宗智、苏云：《刑事诉讼法修改如何调整证据制度》，《现代法学》，2011 年第 6 期。

⑭汪建成：《刑事证据制度的重大变革及其展开》，《中国法学》，2011 年第 6 期。

⑮沈德咏：《中国刑事证据制度改革与发展需要处理好的几个关系》，《中国法学》，2011 年第 3 期。

⑯沈德咏：《中国刑事证据制度改革发展的路径选择——以〈刑事证据两个规定〉为视角》，《清华法学》，2011 年第 5 期。

⑰杨宇冠、刘思彤：《刑事诉讼简易程序改革研究》，《比较法研究》，2011 年第 6 期。

⑱陈光中、曾新华：《刑事诉讼法再修改视野下的二审程序改革》，《中国法学》，2011 年第 5 期。

⑲陈光中等：《我国刑事审判制度改革若干问题之探讨——以〈刑事诉讼法〉再修改为视角》，《法学杂志》，2011 年第 9 期。

⑳顾永忠：《特殊程序应当特别安排——关于完善审判监督程序的几个问题》，《中国刑事法杂志》，2011 年第 2 期。

㉑陈卫东：《构建中国特色刑事特别程序》，《中国法学》，2011 年第 6 期。

㉒王敏远：《论未成年人刑事诉讼程序》，《中国法学》，2011 年第 6 期。

㉓陈卫东：《构建中国特色刑事特别程序》，《中国法学》，2011 年第 6 期。

㉔熊秋红：《中国量刑改革：理论、规范与经验》，《法学家》，2011 年第 5 期。

㉕何家弘：《刑事庭审虚化的实证研究》，《法学家》，2011 年第 6 期。

㉖陈卫东、程雷等：《刑事案件精神病鉴定实施情况调研报告》，《证据科学》，2011 年第 2 期。

㉗汪建成：《司法鉴定模式与专家证人模式的融合——中国刑事司法鉴定制度改革的方向》，《国家检察官学院学报》，2011 年第 4 期。

㉘戴玉忠：《〈刑事诉讼法〉中鉴定制度修改完善若干问题研究》，《中国司法鉴定》，2011 年第 3 期。

㉙范愉：《诉讼与非诉讼程序衔接的若干问题——以〈民事诉讼法〉的修改为切入点》，《法律适用》，2011 年第 9 期。

㉚潘剑锋：《论司法确认》，《中国法学》，2011 年第 3 期。

㉛雷霆：《人民调解制度的二元分化趋势对诉调对接的影响及其程序上的对策》，《法学杂志》，2011年第S1期。

㉜梁平：《“大调解”衔接机制的理论建构与实证探究》，《法律科学》，2011年第5期。

㉝宋朝武：《小额诉讼程序的宪法解释及程序设计》，《河南社会科学》，2011年第5期。

㉞范愉：《司法资源供求失衡的悖论与对策——以小额诉讼为切入点》，《法律适用》，2011年第3期。

㉟傅郁林：《小额诉讼与程序分类》，《清华法学》，2011年第3期。

㊱刘敏：《论非讼法理在小额诉讼程序中的适用》，《清华法学》，2011年第3期。

㊲宋春雨：《〈民事诉讼法〉修改中完善民事证据制度的若干设想》，《法律适用》，2011年第7期。

㊳程新文、宋春雨：《民事诉讼法修改中完善证据制度的几点构想》，《人民司法》，2011年第13期。

㊴罗东川：《关于〈民事诉讼法〉修改的若干建议》，《法律适用》，2011年第7期。

㊵罗东川：《关于〈民事诉讼法〉修改的若干建议》，《法律适用》，2011年第7期。

㊶肖建国：《民事公益诉讼的基本模式研究——以中、美、德三国为中心的比较法考察》，《中国法学》，2007年第5期。

㊷汤维建：《论检察机关提起民事公益诉讼》，《中国司法》，2010年第1期。

㊸罗东川：《关于〈民事诉讼法〉修改的若干建议》，《法律适用》，2011年第7期。

㊹汤维建：《论民事二审程序的审判范围》，《河南省政法管理干部学院学报》，2010年第6期。

㊺刘学在：《民事上诉审程序中亟待完善的问题之思考》，《河南财经政法大学学报》，2012年第1期。

㊻廖永安：《在理想与现实之间：对我国民事送达制度改革的再思考》，《中国法学》，2010年第4期。

㊼谭秋桂：《德、日、法、美四国民事诉讼送达制度的比较分析》，《比较法研究》，2011年第4期。

㊽兰世民：《对物送达：执行送达方式新视野》，《法律适用》，2011年第1期。

㊾王建平：《邮寄送达制度研究》，《政治与法律》，2010年第1期。

㊿汤维建：《审判监督程序立法修改五题》，《法律适用》，2011年第10期。

51孙祥壮：《理想与现实之间：民事再审程序的再修改》，《法律适用》，2011年第7期。

52陈彬、吴雨亭：《论再审程序运行机制的重构》，《湖南社会科学》，2011年第1期。

53江必新：《民事诉讼法执行程序修改应关注的十大问题》，《人民司法》，2011年第17期。

54肖建国：《中国民事执行立法的模式选择》，《当代法学》，2011年第1期。

55汤维建：《应单独制定我国的强制执行法》，《人民检察》，2011年第7期。

56罗东川：《关于〈民事诉讼法〉修改的若干建议》，《法律适用》，2011年第7期。

（作者：陈卫东、汤维建，中国人民大学教授；
刘计划，中国人民大学副教授；
杨奕、杜磊，中国人民大学博士生）

经济法学

吴宏伟　朱大旗

一、2011年经济法立法状况

（一）全国人大、国务院颁布的法律、行政法规和法规性文件

2月25日，第十一届全国人民代表大会常务委员会第十九次会议通过《中华人民共和国车船税法》，自2012年1月1日起施行。6月30日，第十一届全国人民代表大会常务委员会第二十一次会议于2011年通过《全国人民代表大会常务委员会关于修改〈中华人民共和国个人所得税法〉的决定》，自2011年9月1日起施行。根据2011年1月8日《国务院关于废止和修改部分行政法规的决定》，国务院修订《中华人民共和国城市维护建设税暂行条例》《中华人民共和国房产税暂行条例》《中华人民共和国印花税暂行条例》《中华人民共和国城镇土地使用税暂行条例》《中华人民共和国固定资产投资方向调节税暂行条例》《中华人民共和国土地增值税暂行条例》《制止牟取暴利的暂行规定》《互联网信息服务管理办法》《国务院关于禁止在市场经济活动中实行地区封锁的规定》《企业国有资产监督管理暂行条例》等经济法规。1月21日，国务院公布经1月19日第141次常务会议通过的《国有土地上房屋征收与补偿条例》，自公布之日起施行。1月26日，国务院办公厅发布《关于进一步做好房地产市场调控工作有关问题的通知》。1月28日，国务院发布《进

一步鼓励软件产业和集成电路产业发展的若干政策》。2月3日，国务院办公厅发布《国务院办公厅关于建立外国投资者并购境内企业安全审查制度的通知》。3月15日，国务院办公厅发布《2011年食品安全重点工作安排》。4月16日，国务院公布经3月30日国务院第149次常务会议通过的《个体工商户条例》，自11月1日起施行。4月20日，国务院办公厅发布《关于严厉打击食品非法添加行为切实加强食品非法添加剂监管的通知》。5月6日，国务院发布《国务院关于支持云南省加快建设面向西南开发重要桥头堡的意见》。5月10日，国务院发布《关于促进稀土行业持续健康发展的若干意见》。5月23日，国务院办公厅发布《国务院办公厅转发人民银行监察部等部门关于规范商业预付卡管理意见的通知》。5月28日，国务院发布《国务院批转发展改革委关于2011年深化经济体制改革重点工作意见的通知》。6月21日，国务院办公厅发布《国务院办公厅转发银监会发展改革委等部门关于促进融资性担保行业规范发展意见的通知》。6月26日，国务院发布《国务院关于进一步促进内蒙古经济社会又好又快发展的若干意见》。7月19日，国务院公布《国务院关于修改〈中华人民共和国个人所得税法实施条例〉的决定》，自9月1日起施行。8月2日，国务院办公厅发布《国务院办公厅关于促进物流业健康发展政策措施的意见》。9月28日，国务院发布《国务院关于支持河南省加快建设中原经济区的指导意见》。9月30日，国务院发布《国务院关于支持喀什霍尔果斯经济开发区建设的若干意见》。9月30日，国务院公布经9月21日国务院第173次常务会议通过的《国务院关于修改〈中华人民共和国资源税暂行条例〉的决定》《国务院关于修改〈中华人民共和国对外合作开采陆上石油资源条例〉的决定》《国务院关于修改〈中华人民共和国对外合作开采海洋石油资源条例〉的决定》，自11月1日起施行。10月31日，国务院办公厅发布《国务院办公厅关于建立完整的先进的废旧商品回收体系的意见》。11月11日，国务院发布《国务院关于清理整顿各类交易场所切实防范金融风险的决定》。11月13日，国务院发布《国务院关于进一步做好打击侵犯知识产权和制售假冒伪劣商品工作的意见》。12月5日，国务院公布经11月23日国务院第182次常务会议通过的《中华人民共和国船舶吨税暂行条例》《中华人民共和国车船税法实施条例》，自2012年1月1日起施行。12月12日，国务院办公厅发布《国务院办公厅关于加快发展高技术服务业的指导意见》。12月20日，国务院公布经11月30日国务院第183次常务会议通过的《中华人民共和国招标投标法实施条例》，自2012年2月1日起施行。12月30日，国务院发布《国务院关于印发工业转型升级规划（2011—2015年）的通知》。

（二）北京市颁布的法规和规范性文件

1月12日，北京市政府发布《北京市人民政府印发关于加快西部地区转型发展实施意见的通知》。1月13日，北京市政府发布《北京市人民政府关于印发推进两化融合促进首都经济发展若干意见及任务分工的通知》。2月17日，北京市政府发布《北京市人民政府关于印发鼓励和引导民间投资健康发展实施意见的通知》。3月15日，北京市政府发布《北京市人民政府关于进一步促进科技成果转化和产业化的指导意见》。4月8日，北京市政府发布《北京市人民政府关于贯彻国务院进一步促进中小企业发展若干意见的实施意见》。4月27日，北京市政府发布《北京市人民政府关于加快推进军民结合产业发展的指导意见》。7月21日，北京市政府发布《北京市人民政府关于印发北京市加快培育和发展战略性新兴产业实施意见的通知》。8月1日，北京市政府发布《北京市人民政府关于印发首都标准化战略纲要的通知》。8月22日，北京市政府发布《北京市人民政府关于印发北京市“十二五”时期能源发展建设规划的通知》。8月26日，北京市政府发布《北京市人民政府关于印发加快推进通州现代化国际新城建设行动计划的通知》。9月2日，北京市政府发布《北京市人民政府关于印发北京市“十二五”时期国际商贸中心建设发展规划的通知》。9月8日，北京市政府发布《北京市人民政府关于印发北京市“十二五”时期现代产业建设发展规划的通知》。10月13日，北京市政府发布《北京市人民政府关于加强政府性债务管理的意见》。10月19日，北京市政府公布《北京市价格监测办法》，自12月1日起施行。10月26日，北京市政府发布《北京市人民政府关于印发北京市“十二五”时期中小企业发展促进规划的通知》。11月24日，北京市政府办公厅发布《北京市人民政府办公厅转发市工商局关于进一步支持产业优化升级加强业态调整促进经济发展方式转变工作意见的通知》。12月13日，北京市政府发布《北京市人民政府关于促进首都知识产权服务业发展的意见》。

二、学术研讨活动

本年度经济法学学术活动丰富，研究氛围浓厚，研讨主题紧密结合国家经济社会发展最新动态，科研活动求真务实，成果丰硕。

4月2日，由中央财经大学法学院主办，北京大学法学院、中国人民大学法学院、对外经济贸易大学法学院及北京交通大学人文社会科学学院联合协办的北京市金融服务法学研究会成立大会暨金融服务法的创新与发展论坛在中央财经大学学术会堂举行。在这次大会上，北京市金融服务法学研究会正式宣告成立。5月8日，中国人民大学经济法学研究中心、竞争法研究所主办的“第十三届人大反垄断法高峰论坛”在中国人民大学明德楼召开，会议议题是“互联网行业公平竞争与网络用户权益保护”。10月15—16日，中国法学会经济法学研究会2011年年会暨第十九届全国经济法理论研讨会在华东政法大学松江校区举行。此次会议的主题是“经济发展方式转变背景下经济法的理论创新与制度完善”。来自全国各地高等院校、科研单位、政府机构和媒体代表350余人出席了会议，就转型经济背景下经济热点问题、经济法在其中的使命及其理论创新和制度完善展开了热烈而深入的研讨。10月27—28日，中华全国律师协会主办的“2011中国税法论坛暨首届中国税务律师论坛”在北京中苑宾馆召开。论坛就税法改革对律师业发展的影响、财税法治与税务律师、国际化背景下的涉税法律业务新发展以及税务争议与纳税人权益保护等议题进行了研讨。11月5—6日，“第四届中国破产法论坛”在北京友谊宾馆举行。来自全国各地的破产法学界的专家学者围绕破产案件依法受理问题、合并破产重整等实务问题、银行业金融机构破产立法问题、破产管理人制度运行问题、破产企业职工权益切实保障问题以及房地产开发等特殊企业破产问题等进行了深入研讨，为最高人民法院有关新企业破产法司法解释的制定工作提供了各种参考意见。12月4日，北京市法学会金融与财税法学研究会主办的北京市法学会金融与财税法学研究会2011年年会暨首届首都金融与财税法论坛在北京联合大学举行。12月3—4日，中国法学会银行法学研究会主办的“中国法学会银行法学研究会2011年年会”在北京京仪大酒店隆重举行，本届年会的主题是“当前国际金融形势下的中国金融法制建设”。

三、关于经济法基础理论的研究

（一）关于经济法理论的研究

中国经济法是改革开放的产物，经济法学则是经济法制的大环境、客观的经济法现象和要求所造就的。改革开放以来中国经济和社会改革成就卓著的最主要原因和动力之一，是地方政府通过投资、经营、管理、竞争等各种方式密切参与到整个经济和社会改革之中，成为一股“内生因素”。中国应通过中央与地方分别所有以确保地方的经济和法律地位，进一步推进中央与地方之间的合理分权，建设科学、合理的问责制，提升地方治理水平，从而发挥地方政府在经济增长和社会改革上的积极作用。①

有学者认为，转变经济发展方式所需依托的主要法律制度包括规划和产业政策法、财税法、金融法、资源和环境法、质量技术监督、市场暨各种监管、对外经济贸易法、劳动和社会保障法，转变经济发展方式还需要大幅度提升高素质、高级“蓝领”在劳动者中的比重，通过完善教育制度、提升职业教育水平、发挥非讼机制在化解社会矛盾、构建和谐社会方面的作用，提高司法政策水平。②

有学者认为，法治是中华民族走向现代化的客观要求，与协商民主制相匹配的法治强调法与社会的彼此融适，关注法律运作所可能产生的社会后果，在固守法律条文与社会效果之间，更为强调法是否符合中国特色社会主义主流价值的 common sense。③

有学者认为，在经济结构与经济法的“双重调整”过程中，经济结构的调整有赖于经济法的有效调整，但“重政策而轻法律”的现实问题却非常突出，为此，需要对经济法的规范结构和立法结构进行“双重调整”，从而更好地解决相关的重要经济法问题，提高经济结构调整的法治化水平。④

有学者认为，经济法上的协调思想非常重要，它体现于各类主要的经济法理论中，尤以“国家协调论”最为突出；协调思想涉及协调的主体、客体、手段、目标、利益等诸多方面，且与系统思想直接相关。需要从整体、级次、结构与功能等方面关注协调问题，并在此基础上提炼各类协调范畴；加强协调思想的研究，有助于全面认识经济法，增进经济法的理论共识，推进经济法的学术发展。⑤

近年来，经济法学者加大了关于经济法理念的探索，有学者认为，中国经济法的理念包含以消费者为本、平衡协调和社会责任本位三项基本要素。我国经济法之所以能够存在和迅速发展，就在于其凝聚了以消费者为本、平衡协调和社会责任本位的人文理念，顺应了当代社会发展的潮流。⑥

有学者认为，经济法的现状必须改革，改变片面地追求实用、简单地照搬照抄和无根地标新立异等问题，并以拓宽知识基础、提高思想理论、开拓学科创新为路径完成经济法的改革。⑦

（二）关于法律责任的研究

有学者认为，遵循“法律部门名称 + 责任”的确定部门法责任的称谓模式，作为独立法律部门的经济法的法律责任，其称谓应确定为“经济法责任”。基于法律责任是第二性权利义务关系的理解，把经济法责任界定为第二性经济法权义关系，即当经济法所确定和保护的第一性权利义务关系受到侵害时，为了实现该关系，而根据经济法的规定在具体的经济法责任主体之间形成且必须实现的第二性经济法权义关系。经济法责任的基本权义关系应由请求权关系、支配权关系、形成权关系构成。⑧

（三）关于经济法方法的研究

学者认为，法律上层建筑和学问都是源于实践，要从实践中来、到实践中去。经济法直接涉及经济和民生的方方面面，更应立足于改革、发展，致力于国民经济的平衡协调和人民福祉的提高，不搞脱离实际的玄虚之学。[9]

四、关于经济法主体制度的研究

(一) 关于公司法的研究

有学者认为，新公司法引进的揭开公司面纱制度既源于发达市场经济国家尤其是美国公司法的判例与学说，又超越这些判例与学说。揭开公司面纱制度是为了保护公司债权人的利益而非股东的利益而设，新公司法第20条第3款亦不允许控制股东援引该条之保护。从我国公司实践看，控制股东滥用公司法人独立地位和股东有限责任的情况五花八门，可以概括为两种：股权资本显著不足以及股东与公司之间人格的高度混同。[10]

有学者对董事会制度的起源和演进展开了研究。公司的两权分离和董事会作为决策中心、董事会采取共管与合议模式及董事作为公司责任的最后承担者是董事会的三个基本原则，各国立法几乎盖无例外，并衍生出诸多细致规定。产权—不完全合同理论忽略了这些法律原则；结构—功能视角和关系型契约理论可以解释其合理性，但不能解释成因。按照政治—历史理论，董事会是为了确保组织独立性而出现的。随着公司从公向私的演化发展，这三个原则根植于法律制度之中。而中国对公司的理解是和融资、营利联系在一起的，受制于从功能上认识公司和传统观念，从清末接触公司概念以来，中国对董事会制度的理解一直较为薄弱，这也表现在现行法中。作者认为应当结合政治理论理解董事会制度。[11]

经过2005年的修订，我国公司法律制度本身在整体上已经达到了现代化的水准，但对于新公司法中的诸多条款仍然存在着争议。有学者对新公司法的具体条款进行了解读，以便于其正确适用。[12]

有学者认为，公司控制应当成为公司本质研究的重要范畴，并从三个方面进行了论证：基于特定历史背景在公司本质探究中的重要意义，既有公司本质理论学说均包含对公司控制权分配的解释；从制度与现实需求之间关系的角度看，公司法人产生的同时就产生了公司控制，经营者控制问题是控制发展演化与公司法对控制关系调整框架发生冲突的结果；公司法及其改革的历史证明，控制及其发展演化在公司法框架形成以及制度演进中扮演了极其重要的角色，是公司法进化的动力。[13]

(二) 关于企业社会责任的研究

有学者认为，社会责任包括两个层面，即伦理层面和法律层面，缺一不可。伦理责任对于塑造一个有公信力和受人尊敬的企业来说比法律责任重要得多。企业在履行社会责任时，应当善用而不是滥用公司法人地位和股东有限责任待遇，应当自觉延长产品寿命，应当严格推行产品质量控制制度，确保消费者的安全，应当合理定价、明码实价，明折明扣，不搞虚假促销，应当自觉尊重消费者的选择权和公平交易权。[14]

(三) 关于破产法的研究

有学者认为，由于思想、制度等方面的原因导致破产案件受理难的问题仍然存在，如果这一问题不能得到解决，市场经济秩序就不能得到充分的保障，企业的市场退出机制也不可能完善。为了有效解决这一问题，该学者认为应当完善解决破产案件受理难问题的配套机制，以及完善解决破产案件受理难问题的法律机制。[15]

关联企业合并破产重整是解决关联企业重整挽救的一种特殊方法，也是实质合并原则在破产重整中的运用。有学者认为，关联企业合并重整不同于一般的单体企业重整，在启动程序各环节及操作中存在特殊性，需要从立法上对合并重整的原则、申请人、管辖、审判标准等问题进一步详加规定。[16]

我国新破产法没有规定如何在破产程序中处理股东贷款问题。有学者通过对美、德两国相关立法的比较，根据我国的实情，提出新破产法应该采纳美国的分类规定模式，将股东贷款分为存在不公平行为的股东贷款、虚伪的股东贷款和真实善意的股东贷款三类，明确不公平行为的种类和虚伪的股东贷款的判断标准，规定举证责任。认为新破产法应该对撤销股东贷款的清偿规定时限，同时应当明确有担保的股东贷款的处理方式。[17]

五、关于宏观调控法的研究

(一) 关于财政法与税收法的研究

在现代国家中，税收不再只是国家汲取能力的体现，国家更应通过税收杠杆的运用，体现对纳税人财产权益的扶持。有学者认为，从理论上看，税收债务关系说、税权二元结构说等包含了对私人财产课税的法治化要求。形式层面的税收法定和实质层面的税收公平则是对私人财产课税法治化的必然要求。从制度推进看，实现私人财产课税法治化，需要经历程度不同的三个阶段，我国目前处在课税法治化的第一个层次，应首先在形式上实现税收法定，然后追求实质上的公平、正义，并最终实现从宪政的高度保护纳税人的财产权。[18]财税法在收入分配改革中可以发挥最直接的作用。财税法从价值、功能到结构都与分配正义的内涵相契合。在与收入分配改革的互动中，财税法需要在平衡国与民、央与地、贫与富的关系上发挥作用，体现出财税法制创新中的分配正义观。[19]

有学者认为，财政法和财政政策都是国家管理财政经济活动的两种相互独立的调整机制。二者具有不同的价值、调节功能和特点。为进一步贯彻落实科学发展观，推进民主法治进程，实现和谐社会目标，必须充分认识财政法的社会和谐与公平价值，消除财政法和财政政策的对立，发挥二者所具有的特殊调节功能，使财政法与财政政策在社会主义市场经济基础上耦合起来。[20]

政府间财政关系是当前中国迫切需要研究的重大关系问题，包括政府内部以及政府与政府之间的多重关系。整体而言，政府间财政关系包括横向、纵向与斜向三个重要的维度。有学者认为，政府间的财政关系既包括竞争也包括合作，完善中国的横向财政转移支付制度，是完善政府间财政关系制度的重要内容。中国改革开放以来根据地区实际情况采取的对口支援措施，对于均衡地区经济发展，促进民族团结和维护经济稳定，都发挥了积极的作用。中国可以考虑以对口支援为基础，参考德国模式的做法，构建起中国式的横向财政转移支付法律制度。[21]

社会财富分配是判断社会公平的重要标尺，中国社会传统的“均贫富”思想是个人对公平价值追求的体现，但是分配差异是客观存在的，差异性分配在一定条件下也具有合理性。有学者认为，从中国的现实状况看，由于差异性分配所导致的社会不稳定因素在增加，社会存在不安全性，因此必须在分配领域进行有效调控。由于财税法实质是作为社会财富分割器存在的，因此，当前调整分配格局，强化分配公平，财税法必须有所作为。[22]我国不合理的分配结构导致的大量分配问题，需要通过调整和优化分配结构来解决，其关键是改变分配制度中的收益分配权配置；对于分配结构的调整，传统法和现代法的功用各不相同，而财税法的功用更为突出；财税法作为“分配法”所蕴含的分配理论，是分配结构调整的理论基础；财税法具体制度的调整和完善有助于解决分配结构失衡、分配差距过大和分配不公等突出问题，对于维护分配秩序和实现分配正义尤为重要。[23]

我国的出口退税制度是改革开放的产物，并随着社会主义市场经济的发展而不断得到完善。有学者认为我国出口退税政策调整的政策效应在于：统筹内外经济平衡、协调发展；优化产业结构，促进产业技术升级；强化税收促进资源节约、节能减排和环保等作用，推动经济发展方式转变。[24]

有学者认为，本次个人所得税法的修正意义重大，实施效果值得期待。但是，需要从以下方面加以改革和完善：实现个人所得税课征模式的改革，尽快实行分类和综合相结合的个人所得税制；考虑个人所得税纳税人的家庭负担情况实行差异性扣除，以实现课税公平，照顾真正贫困的家庭；增加住房、医疗、教育等专项扣除，以真正实现量能课税；减轻国家财政对具有累退性、推高商品和服务价格的增值税、营业税等间接税的过度依赖，逐步增加个人所得税、房产税等直接税在国家财政收入中的比重，以真正切实加大调节收入分配的力度、扩大有效消费需求。[25]

有学者认为，税收法治条件下的房产税具有调节贫富差距、优化资源配置和筹集财政收入的功能。通过房产税手段调控房价的目标并不现实。目前我国的房产税改革目标仍以解决财政收入为主。在法治与税收国家理念指导下，房产税改革应当向地方税收立法、税收法治、公共财政的方向设计与发展，并借此促进我国财税体制的完善。[26]

有学者认为，房地产税作为财产税的本质属性，决定了房地产税制改革不应以调控房市为目标，亦难以成为解决地方政府财政困境的根本出路，地方财政困境和“土地财政”的出路应当从政府间财政收入分配关系和财政转移支付制度的改革中寻找。房地产税制改革不能操之过急，需要综合权衡各方利益得失，遵循税制宽容和减税理念，贯彻税收法定原则和税收公平原则，在我国税制结构调整的大背景下逐步推进。[27]

（二）关于预算法的研究

自我国十届全国人大常委会于2003年将预算法的修订列入“十五”立法规划第一类以来，关于预算体制所存问题及预算法应如何修订的理论研讨和制度探索就一直在广泛地进行。有学者指出，以下五大问题尤其值得我们予以高度关注和重点突破：转变预算观念、修改立法宗旨；明确确立“全口径预算管理原则”，建立一个完整、真实、准确反映政府财政收支状况的“复式预算体系”；简化预算级次、健全财政体制，完善分税制与转移支付制度，赋予地方政府举债权力，实现中央和地方财力与事权相匹配；实现预算权在政府与人大之间的合理配置，补强预算编制、审议机构，提高政府与人大的理财能力，加强对预算权运行的制约与监督；明确确立预算公开制度，逐步提高预算透明度，推进公民参与、监督预算的民主政治进程，建立健全多种多样的民主理财制度。[28]

有学者认为预算的实质就是要控制政府的行为，要加强对预算法重要性的认识，明确社会主义市场经济条件下的预算到底是什么，同时，在修改预算法时要强调预算的公开性、控权性和法制性。[29]

有学者认为，我国正处于税收法治国家向预算法治国家转变的过程中，立法机关的预算审批程序在不断完善，但依然存在预算生效与执行时间的协调、预算案修正权的设立及限制、预算案未决或遭否决的补救措施等问题。[30]关于中国核心预算机构的改革方向，学者主张借鉴美国的制度经验，将财政部门中的预算机构与发改委相关部门合并起来组成直接对行政首长负责的预算机构。[31]中国的收入预测误差非常大，其原因既有客观因素，也有主观因素，即收入预测实践中普遍存在的“低估”。有学者认为，收入预测面临的真正挑战不是技术上的，而是政治上的。因此，收入预测更应当作为一个政治和法律问题来对待。唯此改革取向，方能使收入预测朝着正确的方向发展，并使之更好地服务于财政和预算法律工作。[32]

（三）关于金融法的研究

有学者认为，由于体制机制等原因，目前调解在证券纠纷解决领域的应用仍然较为有限。为了加强对证券专业调解制度的研究，促进我国多元化证券纠纷解决法律机制的建立，该学者在对境外证券纠纷调解制度的组织机构、基本原则、程序设置、调解效力、服务收费等方面的经验进行总结的基础上，对我国证券纠纷调解制度的建立进行了构想，建议由证券监管部门主导建立基本工作机制和平台，采取自愿管辖与强制管辖相结合的调解启动方式，建立专业的调解员队伍，摒弃除诉讼调解外调解无强制执行力的观念，明确调解协议或裁定的执行效力，使调解在证券纠纷解决领域发扬光大。[33]

有学者认为，投资者合法权益的保护既依赖于抽象的保护理念和保护意识，更依赖于具体得力的保护制度。因而，首先要在社会各界大力弘扬股权文化，树立投资者合法权益保护的理念和氛围。其次，要通过完善证券法和相关法律制度，促进政府监管水平的提高，完善投资者保护的司法救济途径，推进投资者协会的成立，提高公司治理水平，从而确立投资者友好型的证券法律体系。[34]

有学者认为，我国农村金融组织法律制度主要存在两个方面的问题：一是农村金融组织主体及其治理机制的完善问题，应健全农村合作金融机构的治理机制，降低新型农村金融机构的门槛，构建农业保险与存款保险制度；二是农村金融组织主体的定位问题。尽管农村金融组织的主要业务集中于“三农”这一特殊领域，但是不能忽视农村金融组织以商业化模式开展相关业务的可能。农村金融组织应定位于为当地提供金融服务，利用补贴、税收等财税政策、存款准备金率等货币政策以及相对降低监管要求等措施，引导农村金融组织将在农村地区吸收的存款返用于当地，以增强当地金融支农能力。[35]

2010年4月16日，美国证监会起诉高盛及其副总裁法布里斯·托尔雷，指控其涉嫌证券欺诈。有学者认为，该案启示我们，监管部门应建立前瞻性的防控风险监管体系，加强场内交易的公开透明，为场外衍生品交易的参与方设置风险准入门槛，避免非专业的风险投资者或缺乏相应风险可承载能力的投资者盲目进入复杂的衍生品交易市场。[36]

六、关于市场规制法的研究

（一）关于反垄断法的研究

反垄断法是促进自由竞争、维护公平竞争的法律。反垄断法并不直接调整具体的市场组织关系、交易关系、财产关系，而且在正常情况下引而不发，起着一种比赛规则的作用，是现代市场经济所不可或缺的一种高级的法律制度。反垄断法与市场经济理念紧密相关，如果没有市场经济的理念，就没有反垄断法，或者有了也没有用。[37]学者考证了日本的《禁止私人垄断和确保公正交易法》《防止官制串通法》后指出，如果没有公正交易委员会的主导和推动，就不可能有日本反垄断法的进步和发达；同样，政府对反垄断法的消极态度或不作为，则可能导致反垄断法效力低下甚至如同具文。[38]

可口可乐并购汇源果汁一案被商务部反垄断局驳回申请，反垄断局的解释依据是传导，即杠杆理论。但这一理论存在非常大的争议。有学者对该问题展开了研究，考察了杠杆理论的起伏兴衰，揭示出了不同法律体系对这一理论的分歧及其根源。通过对商务部可口可乐案裁决进行实证法分析，考察了裁判者对其命题的证明及其对杠杆理论的应用，从而得出结论认为：第一，商务部的裁决没有完成其命题的证明，缺乏对企业行为的研究和分析，表现出执法方式的行政性和政治性；第二，杠杆理论虽然被大陆法系国家所采用，但这一理论是局限于反垄断法作为公法和规制政策的角度作出的，而缺乏对企业多元化经营的关注。[39]

有学者认为，反垄断法反对垄断行为而非垄断地位，国有企业的垄断地位不属于反垄断法调整范畴。价格垄断行为并非专门的法律术语，它来源于我国现有反垄断法调整体制中对于国家发改委的职能分工。对于经济性价格垄断行为，国有企业应与外资企业和私营企业一道平等适用反垄断法予以规制。对于行政垄性价格的垄断行为，应区分其与政府价格管制之间的界限。政府依据价格法与反垄断法第七条进行的价格干预属于合法的价格管制，不属于行政垄断。对于缺乏法律依据和程序违法的政府价格干预，应当适用反垄断法第五章的规定予以规制。[40]

行政垄断是行政机关滥用行政权力实施的一种非法垄断行为。有学者认为，预防和制止行政垄断行为的主要路径包括落实反垄断法和反不正当竞争法规定，明确行政职责权限并加强行政效能，建立规范性法律文件的审查制度，全面实现“收支两条线”体制，建立行政垄断国家赔偿制度，完善公务员考核制度。[41]

有学者认为，国外反垄断法中对其适用的主体都以同一个概念来表达，或为经营者，或为企业，或者干脆就是“人”。我国在反垄断法中除了以“经营者”概括该法适用的主体外，对行政主体即“行政机关和法律、法规授权的具有管理公共事务职能的组织”特殊看待，不仅有悖反垄断法的宗旨和平等原则，对滥用行政权力排除、限制竞争行为的特殊对待也不利于对其规制暨效果。[42]

新经济主要包括软件制造业、互联网行业以及通信服务与设备业，具有网络外部性、动态创新性、双边市场特征。有学者认为，在新经济条件下，虽然不能仅仅依据市场份额认定企业的市场势力，但也不能因为快速创新而否认市场势力的存在。新经济下能够迅速占据市场的显著性创新毕竟是少量的，市场结构分析仍然发挥着不可替代的作用。此外，界定市场的过程本身就是一个竞争评估过程，具有重要意义。[43]

反垄断法民事诉讼是其实施的重要方式之一，有学者对垄断损害赔偿责任的构成要件进行了分析，并就垄断损害赔偿的举证责任以及当事人适合的标准进行了探讨，这对于推动反垄断民事诉讼的进行具有较大的指导意义。[44]

有学者认为，自 20 世纪 80 年代后期开始，贸易自由化和经济全球化已经成为世界经济中一股明显的潮流。在这种情况下，原则上仅适用于本国领土范围的反垄断法便受到了严格挑战，反垄断法领域的国际合作已经不可避免。[45]

有学者分析金融危机对各国法律体系的构建和法律制度的实施产生的影响，认为金融危机对于以维护自由竞争和市场机制为己任的反垄断法的实施影响不大，金融危机背景下的反垄断法的实施基本保持了稳定性并且坚持这种稳定性。保障反垄断法实施的稳定性在一定程度上就是维护市场经济体制的稳定性。[46]

有学者对俄罗斯反垄断法中的“协同行为”制度进行了考察，俄罗斯反垄断法经过了几次修改，对协同行为的认定标准有了重大突破，从强调主体规模要素到淡化主体规模要素、从强调行为的绝对一致到包容行为的相对一致、从判断标准的主客观结合到双轨制。这为我国反垄断法的完善提供了可资借鉴的经验。[47]

（二）关于消费者权益保护法的研究

有学者认为，消费者权益保护工作是惠及民生、服务科学发展、深受广大消费者欢迎的维权工程、规范工程、监管工程、法治工程、民心工程和形象工程。消费者权益保护工作还是一个任务艰巨而长期的系统工程，需要政府主管部门、企业、消费者协会及消费者等各个方面的不懈努力。要打造法治工商，发挥政府主管部门的作用，强化企业社会责任，构建新型商业伦理，扩张消费维权渠道，推进消费者组织消费维权创新，疏浚维权障碍，大力激活与精心呵护消费者维权意识。[48]

有学者认为，以大陆法系划分公法和私法的观念来看，国内外原有的惩罚性赔偿实为私法社会化属性的责任。近年来，美国、德国惩罚性赔偿制度有了新的发展动向，出现了新型惩罚性赔偿即集体公益罚金形态，它注重直接保护消费者等集体公益，已不再为私法社会化属性的责任。这对于我国消费者权益保护法的修改具有重要的启示。[49]

七、其他法律制度的研究

新能源与可再生能源的开发与利用受到各国政府的高度重视。在中国，新能源与可再生能源行业发展方兴未艾，但资金的投入不足以成为制约其发展的重要障碍。有学者认为，可以由政府通过设立政府公益性基金，以引导产业资本的投入方向、降低企业的成本、完善相关制度等方式来促进新能源与可再生能源的发展。新能源与可再生能源发展基金制度属于促进型经济法范畴，实体法律制度包括基金的来源、使用、管理模式、存续年限与基金法律主体的权利义务等，程序法律制度包括基金的分配、评审、公示和监管。[50]

注：

①史际春：《论地方政府在经济和社会发展中的权与责》，《广东社会科学》，2011 年第 4 期。

②史际春：《转变经济发展方式的法治保障》，《社会科学家》，2011 年第 8 期。

③史际春、赵忠龙：《中国社会主义经济法治的历史维度》，《法学家》，2011 年第 5 期。

④张守文：《“双重调整”的经济法思考》，《法学杂志》，2011 年第 1 期。

⑤张守文：《论经济法上的协调思想——“国家协调论”的启示》，《社会科学》，2011 年第 1 期。

⑥徐孟洲：《经济法的理念和价值范畴探讨》，《社会科学》，2011 年第 1 期。

⑦邱本：《论经济法改革》，《国家检察官学院学报》，2011 年第 6 期。

⑧徐孟洲、伍涛：《论经济法责任的内涵与基本权义关系》，《理论月刊》，2011 年第 4 期。

⑨史际春：《经济和社会变迁下的经济法、经济法治和经济法学家——中国人民大学法学院史际春教授访谈》，《社会科学家》，2011 年第 8 期。

⑩刘俊海：《揭开公司面纱制度应用于司法实践的若干问题研究》，《法律适用》，2011 年第 8 期。

⑪邓峰：《董事会制度的起源、演进与中国的学习》，《中国社会科学》，2011 年第 1 期。

⑫甘培忠：《公司法适用中若干阴暗争点条款的忖度与把握》，《法律适用》，2011 年第 8 期。

⑬徐晓松、岳洋：《公司法进化的动力——对公司控制与公司本质理论的思考》，《天津师范大学学报》，2011 年第 4 期。

⑭刘俊海：《企业如何履行对消费者的社会责任》，《时事报告》，2011 年第 3 期。

⑮王欣新：《论破产案件受理难问题的解决》，《法律适用》，2011 年第 3 期。

⑯王欣新、周薇：《关联企业的合并破产重整启

动研究》，《政法论坛》，2011 年第 6 期。

⑰王欣新、郭丁铭：《论股东贷款在破产程序中的处理——以美、德立法比较为视角》，《法学杂志》，2011 年第 5 期。

⑱刘剑文：《掠夺之手抑或扶持之手——论私人财产课税法治化》，《政法论坛》，2011 年第 4 期。

⑲刘剑文：《收入分配改革与财税法制创新》，《中国法学》，2011 年第 5 期。

⑳徐孟洲、伍涛：《论财政法与财政政策的耦合》，《法学杂志》，2011 年第 5 期。

㉑徐阳光：《横向财政转移支付立法与政府间财政关系的构建》，《安徽大学学报》，2011 年第 5 期。

㉒张守文：《差异性分配及其财税法规制》，《税务理论与实务》，2011 年第 2 期。

㉓张守文：《分配结构的财税法调整》，《中国法学》，2011 年第 5 期。

㉔吴宏伟、吴长军：《出口退税法律政策演进与改革效应分析》，《法治研究》，2011 年第 4 期。

㉕朱大旗：《个税改革，还应该改什么》，《光明日报》，2011 年 9 月 1 日。

㉖姚海放：《宏观调控抑或税收法治：论房产税改革的目标》，《法学家》，2011 年第 3 期。

㉗徐阳光：《房地产税制改革的立法考量》，《税务研究》，2011 年第 4 期。

㉘朱大旗：《科学发展与我国〈预算法〉修订应予特别关注的五大问题》，《政治与法律》，2011 年第 9 期。

㉙刘剑文：《预算的实质是要控制政府的行为》，《法学》，2011 年第 11 期。

㉚徐阳光：《改进立法机关预算审批程序之偶得》，《法制日报》，2011 年 4 月 20 日；徐阳光：《立法机关参与预算过程的核心权力》，《法学》，2011 年第 11 期。

㉛徐阳光：《论我国核心预算机构的构建》，《北京政法职业学院学报》，2011 年第 1 期。

㉜徐阳光：《收入预测与预算法治》，《社会科学》，2011 年第 4 期。

㉝王欣新、亢力：《浅论证券纠纷调解法律制度》，《甘肃社会科学》，2011 年第 2 期。

㉞刘俊海：《进一步弘扬股权文化，塑造投资者友好型的〈证券法〉》，《证券法苑》，2011 年第 5 卷。

㉟朱大旗、邱潮斌：《农村金融组织主体及定位浅析》，《东吴学术》，2011 年第 1 期。

㊱杨东：《论金融衍生品消费者保护的统合法规制——高盛“欺诈门”事件的启示》，《比较法研究》，2011 年第 5 期。

㊲史际春：《独占禁止法と公的独占行為について（漫话反垄断法和政府垄断行为）》，日本関東学院大学法学会编《関東学院法学》，第 20 卷第 3 号。

㊳史际春：《日本官製談合の規制と中国に対する経験価値（日本对官制串通的规制及其对于中国的借鉴价值）》，日本関東学院大学法学研究所编《ジュリスコンサルタス》（Jurisconsultus）（法学家），第 20 号。

㊴邓峰：《传导、杠杆与中国反垄断法的定位——以可口可乐并购汇源反垄断法审查案为例》，《中国法学》，2011 年第 1 期。

㊵黄勇、邓志松：《垄断性国有企业价格垄断行为的法律规制》，《社会科学》，2011 年第 9 期。

㊶吴宏伟、吴长军：《行政垄断的规制与反思》，《河北法学》，2011 年第 6 期。

㊷史际春、赵忠龙：《行政垄断及其规制的再审视》，《社会科学》，2011 年第 9 期。

㊸杨东、郑双十：《新经济条件下相关市场界定的法律问题》，《中国工商管理研究》，2011 年第 7 期。

㊹吴宏伟、尹相允：《反垄断法损害赔偿责任制度研究》，《商业时代》，2011 年第 12 期。

㊺王晓晔：《自由贸易区竞争政策的合作》，《国际贸易》，2011 年第 10 期。

㊻孟雁北：《金融危机背景下反垄断法实施的稳定性问题研究》，中国人民大学经济法学研究中心编《经济社会发展与经济法》，法律出版社 2011 年版。

㊼刘继峰：《俄罗斯反垄断法“协同行为”认定标准的创新及借鉴》，《法商研究》，2011 年第 3 期。

㊽刘俊海、李培华：《构建消费维权机制，切实保障改善民生》，《中国工商管理研究》，2011 年第 3 期。

㊾赵红梅：《美、德新型惩罚性赔偿对我国〈消法〉修订的启示》，《法律科学》（西北政法大学学报），2011 年第 5 期。

㊿徐孟洲、胡林林：《新能源与可再生能源发展基金的性质与制度设计》，《哈尔滨工业大学学报》，2011 年第 6 期。

（作者均为中国人民大学教授）

环境资源法学

周　珂　张卉聪

一、2011 年北京市环境立法概况

2011 年北京市人大常委会立法中的审议项目共 8 项，第二十五次常委会会议和第二十七次常委会会议分两次将《北京市生活垃圾管理条例》提请审议，第二十八次常委会会议对其进行表决。第二十九次常委会会议上，市人民政府将《北京市河湖保护管理条例》提请审议。在 10 项立项论证项目中，涉及环境法的项目主要有北京市实施《中华人民共和国大气污染防治法》办法（修订）、北京市实施《中华人民共和国防震减灾法》办法（修订）和《北京市湿地保护条例》，同时将《北京市控制吸烟条例》作为本年度唯一法规预案研究项目。[①]

二、重要学术活动

（一）中欧气候变化与社会生态运动比较国际研讨会

2011 年 11 月 18 日，“中欧气候变化与社会生态运动比较国际研讨会”在中国人民大学法学院召开。会议主办方为中国人民大学法学院、德国罗莎·卢森堡基金会，承办方为北京市法学会环境资源法学研究会、北京康达律师事务所。会议在中国人民大学明德楼国际报告厅召开。会议汇集世界十多个国家和地区的环保专家、法学家、经济学家、中国立法机构、政府官员及 NGO 等民间环保组织。与会的学者专家认为，此次会议是一个多学科的研讨，涉及了当代世界上环保领域最前沿的课题。[②]

（二）环境公益诉讼研讨会：海洋油污生态索赔的法律问题

2011 年 12 月 2 日，“环境公益诉讼研讨会：海洋油污生态索赔的法律问题”在北京大学法学院成功举办。研讨会由北京大学资源、能源与环境法中心主办，北京大学法学院金瑞林教授环境法学发展基金协办，并得到了美国自然资源保护委员会的资助。会议共有来自北京大学、清华大学、中国人民大学、中国政法大学、北京师范大学、北京理工大学、南京大学、苏州大学、华侨大学、北京中咨律师事务所、万盛国际律师事务所以及美国自然资源保护委员会、美国律师协会、美国联邦环保署、美国佛蒙特法学院的 30 余位著名学者与律师参加。本次研讨会共设海洋油污生态索赔的主体、解决途径与法律适用、管辖与程序、救济的实现等四个专题。研讨会开创了由法学各学科著名学者和律师共同交流研讨环境公益诉讼与海洋油污索赔法律问题的先例。会议成果将在整理后以研究报告的形式由北大环境法中心和北京大学法治与发展研究院联合向全国人大、国家海洋局、环保部以及最高人民法院等有关机关提交。[③]

（三）新竹清华视野中的能源法新进展

2011 年 12 月 15—16 日，清华大学法学院环境资源能源法学研究中心举办海峡两岸能源法新进展研讨会——清华环境与能源法论坛。推动低碳社会与环境保护，促进两岸环境法学学术交流，清华大学法学院特邀中国台湾清华大学、台湾云林科技大学的著名环境法学者作为嘉宾，探讨台湾能源法新进展问题上的立法状况、研究成果和学术观点，并邀请在京的环境法学者共同就能源法问题进行了交流。

总体来看，凭借北京市环境法学研究资源和学术力量，2011 年环境法学学术活动成果显著。为相关的理论研究和实务活动奠定了基础，推动了首都环境资源法学的研究，取得了丰硕的成果。

三、学者重点关注的领域

2011 年度，根据北京市法学会环境法学研究分会的统计和中国知网的专业学术统计，本年度首都环境法学研究重点关注的领域主要有环境法理念、环境法修改、应对气候变化立法、绿色经济、低碳经济法制建设、环境污染与环境公益诉讼等。现就主要学者的代表性研究成果概括如下：

（一）环境法理念

在我国采用部门法体系的背景下，只有坚持环境法的独立法律部门地位，其所承载的独特的法律价值和基本理念才能得以保留和坚守。对环境法进行分割，将污染防治与自然资源保护分别划归行政法和经济法，取消作为部门法的环境法。这种做法违背了我国 30 年来环境法发展的大趋势，与国际上现代环境法发展趋势也明显不同，而且可能带来一些新的问题，应该予以正确认识和纠正。[④]部门法体系下的环境法被分割成行政法、经济法和社会法三部门法，由此导致环境资源问题被分割调整、环境法基本价值迷失等诸多问题。针对这些问题，最根本的就是用科学发展观来看待中国特色社会主义法律体系，不受传统部门法学说的干扰，坚持环境污染防治与自然资源保护并重和一体化调整，不断完善环境资源法律体系。[⑤]

（二）环境法的修改

对于环境法的修改，不同学者的观点不同。有学者认为在修法的指导思想上，应当坚持“宏观转向”与“微观重点突破”相结合，修改的模式应当以基本法为目标，以解决重点问题为立足点，向政

策法和理念法倾斜。修改的重点内容主要是对原有立法目的和原则进行调整和转变，并对与环境保护要求密切相关的典型问题，如政府环境保护责任、公众环境权益保护等进行重点突破。[⑥]

有学者认为，修法应当着重解决五个问题。第一，需要着重解决的就是这些在环境法制中有目共睹的短板问题。第二，需要解决的重要问题也是目前环境法制中存在的大问题，即法律实施效果差、执法力度差。第三，环境保护与经济建设的关系也是修法时需要斟酌的。建议在修法时可以用“可持续发展”这一概念来替代社会主义现代化建设这种提法。第四，环境法应与其他专项的环境保护立法有所区别，因此修法需明确规定环境保护的目标原则，尤其是其中的一些重要原则，如风险预防。第五，应在环境法修改中体现环境法的法律效力。修法时环境法作为基本法的理念应当逐步树立。[⑦]

有学者认为修法成功的关键是要将“有限修改”的基本命题化为“有效修改”的立法行动。他认为需要解决好十大课题：有效协调修法思路和立法模式；有效解决环保法自身问题；有效衔接其他环保单项法律法规与国家有关基本法律；有效完善公众参与途径；有效明确政府官员环保责任；有效突破环保行政外部制约；有效强化环保监管；完善环保基本法律制度；有效解决“违法成本低”；有效运用环保司法手段。[⑧]

（三）应对气候变化立法

气候变化应对是全球性的问题，各国的国情相异决定了相关立法的不同。有学者对日本的《全球气候变暖对策基本法》（法案）的立法经验进行了研究，介绍了其立法目的、国家、地方公共团体、企业和国民的职责、基本原则、重要措施、中长期目标、基本计划、基本政策等内容。指出其对我国正在着手进行的应对气候变化立法在立法模式定位、立法框架与内容定位、与中国现有相关立法关系定位以及基本制度与措施的定位等方面的借鉴价值。[⑨]

有学者针对日本为实现《京都议定书》所规定的减排目标，让国内企业积累温室气体排放权交易的相关知识与经验，政府提供补贴，鼓励企业自愿参与国内温室气体排放权交易的政策与法律进行了研究。认为日本不采取“命令控制模式”（command-and-control），而是以“自主参加”与“补贴”为主的温室气体排放权交易制度，有效地降低了减排温室气体所需的管制成本。同时指出，我国虽然不承担减排义务，但我国政府提出了自主减排的目标。为了实现这一目标，有必要借鉴日本这种柔性立法范例。[⑩]

2011 年度，环境法学者在前期研究基础上对气候变化立法的研究不断深入、细化。随着人们对气候变化及其后果认识的提高，以及国际气候合作与竞争活动的蓬勃开展，现阶段世界各国逐渐形成了以控制 CO_2 排放为核心，涵盖交通、机械制造等领域的温室气体排放标准体系。有学者提出了温室气体排放标准的发展特点和法律意义，并对国内外温室气体排放标准进行了对比评析，提出了制定我国温室气体排放标准的建议。[⑪]

气候变化对我国水资源的重要挑战是干旱的加剧，并直接影响到我国粮食安全。学者研究认为，应对气候变化、确保粮食生产安全的关键措施是加强农田水利建设，通过采取减缓与适应措施提高农田水利保障能力。但是我国农田水利建设明显滞后已成为影响农业稳定发展和国家粮食安全的最大硬伤，实践证明农田水利健康发展离不开有效的政策指导与法律保障。完善现有农田水利政策，健全农田水利法律规范体系，不仅能改变我国目前农田水利薄弱的现状，也是我国落实联合国气候谈判协议的国际义务，更能为我国农业可持续发展与国家粮食安全奠定建设基础。[⑫]

有学者认为，不管从环境问题管理的理论来看，还是从经验来看，市场机制相对于命令控制而言，更加适宜作为气候变化的应对措施。作为市场机制的排污权交易和碳税如今成为各国应对气候变化的主要选项，但是由于气候变化存在不确定性，所以很难对排污权交易和碳税的优劣作出一般判断，需要具体问题具体分析。根据我国的国情来看，借助碳税而不是排污权交易来应对气候变化问题符合我国的政治、经济和外交利益。[⑬]

（四）绿色经济、低碳经济法制建设

绿色经济的提出为突破可持续发展机制面临的瓶颈问题提供了一个新的机遇和选择。绿色经济有利于克服经济高度商品化带来的环境问题和危机，有利于实现全球经济的可持续发展。在绿色经济的立法上，要找准中国的优先领域，把有限的财力投入最迫切需要解决的地方。生态补偿机制在中国的试点实施中比较成功，值得在绿色经济的推进中进一步强化。全球化背景下，为促进和提升企业的核心竞争力，绿色经济的相关立法应充分考虑国际贸易制度中的绿色壁垒应对方法的相关内容，如将鼓励企业开展 ISO 14001 环境管理体系认证等条款列入法律条款并出台相应的支持措施等。[⑭]

低碳经济作为一种新的经济增长模式，在以高能效、低能耗、低排放的方式推动经济发展的同时，也达到了减缓气候变暖、应对气候变化的目的，因而低碳经济的发展模式被各国所认同。中国的经济发展模式由传统“高碳”型向低碳经济转轨需要注意法律和政策的作用。我国虽然颁布了大量有关低碳经济发展的法律和政策，并形成初步法律与政策框架体系，但是这些法律和政策与满足发展低碳经济的要求还有一定的差距，存在一些明显的问题，如缺乏综合性应对气候变化或者促进低碳发展的立法；一些重要的低碳能源利用缺乏全面的法律规定；一些能源法律如煤炭法、电力法等已经不适应低碳经济发展的需要；一些重要的制度需要法律与政策加以确认和具体规范。国家需要进一步健全法律与完善政策体系，以对低碳经济加以引导和规范。[15]

（五）环境侵权

致害人不明数人环境侵权是指两个或两个以上环境侵害行为中的全部或者部分导致了一个完整不可分的损害，但无法查明实际致害人的侵权行为形态。就其责任承担和分担而言，司法实践中若案件中数环境危害行为人间存在意思联络、共同过失或者故意与过失结合的情形，则应将之定性为共同侵权行为。反之，则可应用“无过错联系之数人环境侵权行为划分理论”，即可再根据其中“单个行为是否均能够造成环境侵权损害”和“最终所表现的同一不可分的环境侵权损害是否能够由导致损害的某单个行为独自造成”两个因素，将涉案行为分为四类，其中环境聚合危害行为应定性为多数人无过错联系但承担连带责任的分别侵权行为；环境加算危害行为和环境叠加危害行为应定性为多数人无过错联系承担按份责任的分别侵权行为；环境择一危害行为则应推定为共同危险行为，进而分别适用侵权责任法相关责任条款。[16]

基于保护污染受害者的政策选择，各国立法对环境侵权因果关系举证责任的分配采取了一些特殊的方法，主要包括举证责任倒置与因果关系推定。有学者研究认为，举证责任倒置将因果关系的举证责任强制性地分配给排污者承担，污染受害者对因果关系不再承担举证责任。因果关系推定对举证责任的影响要根据证明对象是基础事实还是推定事实，以及因果关系推定是否由法律明确规定等因素，进行综合认定。因果关系推定与举证责任倒置属于不同类型的法律规范，两者在法律效力上存在差异。我国侵权责任法第66条的规定是举证责任倒置而非因果关系推定，这种规定更大程度地降低了污染受害者的证明负担，更有利于污染受害者保护政策目标的实现。[17]

美国由环境保护法律中的相关规定、涉及环境侵权赔偿或者补偿的相关立法以及环境健康损害赔偿典型判例构成的法规体系，为环境健康保护提供了重要的法律依据。从《超级基金法》《詹姆斯·扎德加9·11健康与赔偿法案》《联邦侵权赔偿法》和《联邦雇员补偿法》等立法以及Sterling诉Velsicol化学公司案、普莱斯诉美国海军案等判例中总结的美国经验主要包括适时制定专门立法、建立损害赔偿社会化机制、适用惩罚性赔偿机制、科学确定赔偿范围和数额、明确公职人员的法律责任。我国应当基于自身国情，充分借鉴美国的成熟经验，加快环境健康损害赔偿立法进程。[18]

（六）环境污染与环境公益诉讼

渤海溢油事故的发生引发了更多理论和事务界的关注。事故的主角应该承担什么责任？国家相关行政部门有没有及时披露事故信息？为什么相关行政部门不及时主动代表国家提起损害赔偿诉讼？本次案件为何没有考虑到追究刑事责任？其中公益组织是否具有诉讼主体资格？国内外相关学者和各界研究者对此次事故多次进行交流和研讨，纷纷表明了观点。[19]同时也让研究者更加努力地对环境公益诉讼问题进行追问和研究。

除此以外，首都环境法学者对环境权、动物福利、环境税、环境与贸易、海域物权、生态补偿等问题也进行了研究，并取得了一批富有创新性和启发性的成果。

总体来说，2011年北京市的环境资源法学研究与国家和地方环境立法及相关事务紧密结合，互相促进，成果斐然。优质高效的学术活动使国内外学者之间互通有无，求实创新的研究态度结出了理论的硕果，环境法学人的目光在理论与现实间不断穿梭，在对我们共同家园的爱与哀愁中，我们度过了繁忙和收获的一年。在探究与思索中，我们期待着能够以所学所思为环境法学作出学者应有的贡献。

注：

①北京市人大常委会2011年立法计划［BE/OL］. http://www.npc.gov.cn/npc/xinwen/dfrd/bj/2011-02/21/content_1621286.htm，中国人大网，最后访问2012-05-10。

②宋振权：“中欧气候变化与社会生态运动比较国际研讨会”在中国人民大学法学院召开［EB/OL］. 北京环境法制网，http://www.bjelf.com/news/bencandy.php?fid=41&id=5039，2011-11-20，最后访问2012-02-10。

③《2011年环境法治事件，哪些值得我们记取?》［EB/OL］，中国水网，http://news.h2o-china.com/html/2011/12/1261323929465_1.shtml，最后访问2012-04-03。

④周珂：《部门法体系下环境法理念的坚守》，《北京人大》，2011年第6期。

⑤周珂、欧阳杉：《部门法体系下环境资源保护的一体化》，《人民论坛》，2011年第26期。

⑥王灿发、傅学良：《论我国〈环境保护法〉的修改》，《中国地质大学学报》，2011年第5期。

⑦张媛：《环境保护法修改应具历史责任感——访中国人民大学法学院环境资源法教研室主任周珂》，《法制日报》，2011年11月28日。

⑧汪劲：《〈环保法〉修改从“有限”实现“有效”必须解决的十大课题》，《环境保护》，2011年第11期。

⑨罗丽：《日本〈全球气候变暖对策基本法〉（法案）立法与启示》，《上海大学学报》，2011 年第 6 期。

⑩冷罗生：《日本温室气体排放权交易制度及启示》，《法学杂志》，2011 年第 1 期。

⑪曹明德、崔金星：《温室气体排放标准的发展特点和法律意义及比较研究》，《能源技术经济》，2011 年第 7 期。

⑫秦成敏、周珂：《气候变化下的农田水利政策与法律思考》，《中国环境法治》，2011 年卷。

⑬王慧、曹明德：《气候变化的应对：排污权交易抑或碳税》，《法学论坛》，2011 年第 1 期。

⑭周珂、徐岭：《我国绿色经济面临的挑战与发展契机》，《人民论坛》，2011 年第 3 期。

⑮李艳芳、武奕成：《我国低碳经济法律与政策框架：现状、不足及完善》，《中国地质大学学报》，2011 年第 6 期。

⑯竺效：《论无过错联系之数人环境侵权行为的类型——兼论致害人不明数人环境侵权责任承担的司法审理》，《中国法学》，2011 年第 5 期。

⑰王社坤：《环境侵权因果关系举证责任分配研究——兼论〈侵权责任法〉第 66 条的理解与适用》，《河北法学》，2011 年第 2 期。

⑱于文轩：《美国环境健康损害赔偿立法及其对我国的启示》，《环境与可持续发展》，2011 年第 3 期。

⑲《2011 环境保护大事盘点》，《环境保护》，2011（24）：13－27。

（作者：周珂，中国人民大学教授；
张卉聪，中国人民大学博士生）

国际法学

余民才　江璐璐

一、人权

对人权的研究主要涉及人权标准及其限制与保护方面。有学者以自由结社权和集体谈判权为核心，分析了国际劳工组织对劳工权利的界定，认为劳工权利虽然应当如同人权一样来对待，必须得到司法程序的严格保护，但是劳工权利的内容界定自始至终存在着争议。国际劳工组织对劳工权利的认识则存在两个问题：一是国际劳工标准对劳动者自由结社权的给予范围过于宽泛，二是对集体协商等行为的限制过于狭隘。①

有学者分析了条约保留制度的历史变化、对人权条约保留所引起的新问题、联合国国际法委员会对条约保留专题的研究以及中国对《公民权利和政治权利国际公约》（以下简称《公约》）的保留问题。该学者认为，传统国际法关于条约保留制度的全体一致规则，经由国际法院 1951 年咨询意见到 1969 年《维也纳条约法公约》被完全否定，从而确立了条约保留的效力由各缔约国分别判定的新制度。但是，人权条约的特殊性使得条约保留制度面临着诸多新问题。比如，人权条约所设监督机构对保留效力作出判断，而人权条约监督机构的这种权限尚未得到实在法上的一般确定。从长远效果来看，通过在人权条约中增加条款或者制定附加议定书的方式授权监督机构宣布保留无效是一个更为稳妥的解决方法。2002 年中国法学界集体课题组《关于批准和实施〈公民权利和政治权利国际公约〉的建议书》（以下简称《建议书》）所提出的对《公约》第 19 条（表达自由）和第 22 条（结社自由）应提出符合中国法律的解释性声明，无论从人权条约保留的性质和方式还是从《公约》目的和宗旨的角度考虑都存在着诸多问题。《建议书》所提解释性声明在本质上属于保留。虽然《公约》原则上不禁止对第 19 条和第 22 条的保留，但是《公约》的这两个条款与《公约》的目的和宗旨密切相关。因此，国家对这两个条款提出广泛的保留存在违反《公约》目的和宗旨之嫌，所以中国在批准《公约》时决定对第 19 条和第 22 条提出的保留应当是具体的和精确的保留，至少包括列举并说明与条约、条款不一致的中国相关法律的具体条文。然而，比对人权条约提出保留更为重要的是，中国应按照《公约》第 19 条和第 22 条的规定尽快改进国内法。②

有学者考察了设立国家人权机构的国内法依据，将之归纳为两类：一是在宪法中用专门章节，以宣誓性的语言提出建立国家人权机构，随之以一般法律或行政规章的方式全面、详细地设定机构的具体职权；二是通过一般法律，设立国家人权机构。该学者认为，借鉴其他国家的经验，我国应该加紧考虑设立类似机构的国内法依据。这可以采取宪法修正案的形式，在宪法中规定设立促进和保护人权的国家机构，然后再制定单行法律就有关机构成立的各项事宜作出具体的规定；或者起草一部专门的单行法律（比如人权法案），设立国家人权机构。③有学者分析了国家人权机构与国家行政机关之间的关系，归纳总结为以下几个方面：部分国家行政机关发起或参与国家人权机构的创立；国家行政机关的行政行为往往属于国家人权机构管辖和调查的对象；

国家人权机构可以调解国家行政机关与申诉人之间的人权纠纷；部分国家人权机构还可就国家行政机关的行政行为是否侵害人权作出决定，并可对救济人权的方法提出建议或作出决定，少数国家人权机构还可执行上述决定。总之，国家人权机构的工作是对国家行政机关人权保护工作的补充，这种补充在很大程度上是通过对国家行政机关的人权保护工作实施监督来实现的。④

还有学者讨论了联合国安理会第 1973 号决议有关保护利比亚平民的问题。该学者认为，联合国安理会决议设立禁飞区的目的是为了限制利比亚空军的飞行活动以防止其对无辜平民的军事轰炸，而非明确授权北约对利比亚使用武力，包括对利比亚政府军的轰炸与对卡扎菲及其家庭成员的轰炸等。北约部分成员国对利比亚采取的一系列军事行动超出了第 1973 号决议的授权范围，已经不再仅仅是保护平民，而是支持利比亚反政府武装推翻卡扎菲政权。北约的行为违反了国际法上的不干涉内政原则、禁止使用武力原则和国际人道法的有关规定，属于国际不法行为。⑤

二、争端解决

有学者分析了与我国相关的争端及其解决的问题，认为国际法上争端的形成需要考虑围绕法律问题的对抗主张在法律基础和事实两个方面的具体情形。判断争端客观存在的证据标准首先是否认争端存在的国家在立场上的自我矛盾，其次是同类型的争端为国际司法仲裁受理的先例，最后是争端当事国之外的其他国家或国际组织对争端的态度和立场。该学者进而认为，在钓鱼岛问题上，争端存在有着充分的证据，因为否认争端存在的日本政府本身在其立场上基本上是自相矛盾的，国际司法仲裁也受理过与钓鱼诸岛争端实体主张类似的争端，而且第三方认可钓鱼诸岛争端的存在。因此，中日在钓鱼诸岛问题上客观存在着国际法上的争端。日方单方否认并采取所谓“国内法措施”，违反和平解决争端之义务，须承担国家责任。⑥对于我国海洋争端的处理，该学者认为，《联合国海洋法公约》第 15 部分规定了争端解决的制度，该公约第 74 条第 3 款和第 83 条第 3 款也为最终划界前化解以至于消除争端国家在专属经济区和大陆架上的对立提供了基本的制度。这两者均为我国处理周边海域争议，在程序和实体上提出了初步的要求和基本的框架。“搁置争议、共同开发”作为我国处理周边海域争端的一个政策归结，无论是从该公约的争端解决程序上，还是该公约设想的各国划界最终解决争端前的临时安排中，都具有正当性和现实性。搁置争议不是懈怠争端解决，而是指争端可以通过谈判中的对抗和互动，构筑在法律和事实主张上的共识并彼此尊重关切。临时或永久的共同开发安排，有助于争议海域的稳定，同时化解和消除对立并最终有助于争端的解决。⑦

三、国际司法

有学者分析了美国限制国际刑事法院管辖权的双边豁免协定与《罗马规约》之间的关系，认为美国的这类协定不是《罗马规约》第 98 条第 2 款所指的“国际协定”，但仍然是合法的双边协定。因此，对于那些既是《罗马规约》缔约国，又与美国缔结双边豁免协定的国家而言，它们可能面临着双重条约义务，并由此导致国家责任。⑧有学者讨论了制定我国《国际刑事司法协助法》的几个问题，提出了如下观点：我国《国际刑事司法协助法》应当确立国际条约规范优先适用原则，以解决国内法规范与条约规范之间可能出现的差异和冲突；将国际刑事法院与“外国”平等看待，采用相同的标准处理由国际刑事法院提出的司法协助请求；对于以资产追缴为目的开展的刑事司法协助应当掌握比较严格的审查条件，需要对“财物”一词作出特别解释；在为执行外国没收令规定具体条件时，可以不要求以有关人员被判定有罪为前提条件，在犯罪嫌疑人或被告人死亡、在逃或者失踪的情况下，只要没收是依照请求国法律规定的程序而决定的，同样可以获得承认和执行。⑨

四、贸易壁垒

劳工标准作为一种贸易壁垒在美国对华贸易过程中频繁出现，有学者主张采用类型化的方法来研究劳工标准问题。该学者将美中贸易过程中出现的劳工标准区分为壁垒与非壁垒，并将壁垒性劳工标准区分为官方壁垒与民间壁垒，进一步将官方壁垒区分为显性壁垒与隐性壁垒，通过分类比较得出各种类型的劳工标准的特质，进而提出了应对这些劳工标准的基本思路。⑩有学者分析了欧盟 2008 年航空排放指令，认为该指令缺乏政治及法律根基。国际航空排放问题只能由国际民航组织处理才具合法性，它所提出的供成员国选用的一揽子减排措施方案，在现实条件下是符合实际的可行方案。但是，从长远来看，无论建立怎样减排机制，都必须遵循以下几个原则：（1）充分考虑发展中国家的发展利益，坚持《联合国框架公约》及《京都议定书》确立的“共同但有区别的责任”原则；（2）坚持《芝加哥公约》所约定的不歧视原则及发展国际航空的平等和公平的机会；（3）航空减排不减损各国在现行法律框架下的其他义务。在“共同但有区别的责任”原则之下，达成国际统一的国际航空减排交易机制，规制国际航空减排是最佳选择。⑪

五、国际投资与市场准入

自 20 世纪 90 年代末以来，跨国并购已经取代新建投资成为对外直接投资增长的主要推动力。有学者分析了国际投资条约中的投资定义，认为投资的定义是国际投资条约适用的基础，也是充分利用国际投资协定的关键。从实体角度看，投资定义表明了资本输出国和资本输入国鼓励或限制资本流动的力度；从程序角度看，该定义决定了投资者诉东道国争端解决机制对物管辖权的范围。该学者指出，在投资自由化背景下，无论是国际投资条约的文本定义，还是以解决投资争端国际中心仲裁机制为代表的国际仲裁实践，投资定义均呈扩散化态势。这种趋势是市场逻辑的必然要求，也反映了保护不断扩大的私人财产权的价值取向。但是，在当前私人参与国际法的实施机制并不完善的情况下，这种趋势也增加了投资者滥用协定的危险，因而有必要对国际投资条约中日益膨胀的投资定义施加合理限制。这可以通过采取如下措施来实现：重视东道国的法律法规的作用；明确投资与贸易的基本界限，限制BIT对证券投资的保护力度；在决定受保护投资时进一步确认发展性要求；在条约、条款设计方面防范投资者滥用协定。⑫有学者分析了对外资市场准入的监管问题，将限制外国投资者投资额作为最直接的方式。该学者认为，我国对外国投资者投资额的限制有三个方面，即投资总额、投资总额与注册资本的比例和出资比例。作为调整外资市场准入的手段，投资总额和出资比例的相关法律要求既属于技术性的调整方法，注重调整的灵活性与差异性，又体现出原则性的调整特征，强调统一和一致性。但是，从实现市场准入的调整目标“效率、公平与安全”来看，技术性调整更加有利于实现这三个目标。在外资并购中，外国投资者的投资总额和出资比例要求应更加注重灵活性与差异性，而不是单一的、原则性的规定。只有这样，才能合理、充分地利用外资，达到使用外资上的公平、效率与安全。⑬有学者分析了投资者与东道国权益平衡保护问题，认为要合理平衡二者的关系，就得从完善BIT实体规定、防范与限制仲裁庭对有关条款作扩大解释以及完善仲裁的程序规则几个方面着手。在现行投资条约中设置必要的例外条款，如国家安全例外、公共道德、公共秩序和公共健康例外及金融审慎措施例外等，为东道国维护国家安全和公共利益预留必要的空间；应改进和完善投资条约中公平公正待遇、最惠国待遇、保护伞等核心条款的规定，防止或限制仲裁庭对其作扩大解释；应改进与完善投资条约仲裁的程序规则，保证仲裁员的公正性，增强仲裁的透明度，完善仲裁的矫正机制，使其能够满足投资者与东道国间投资争端解决的需要，实现各方利益的平衡，促进公正合理的国际投资新秩序的建立。⑭

六、WTO 规范性

有学者分析了《TRIPs 协定》对国际商标权保护和国际商标立法的影响，认为随着 WIPO 在国际商标保护中地位和作用的不断提高，单纯设置最低保护标准已不能满足商标保护的现实需要，将各国的商标法规则尽可能地加以统一已成为重要的任务。平衡 WTO 和 WIPO 的关系以充分发挥 WTO 与 WIPO 在商标立法领域的作用，从最低保护向制度统一转移以确立国际商标立法的努力方向，进一步协调不同的商标法传统以增加国际商标法的广泛性，在规则统一中尊重发展中国家的利益，利用互联网和新型商标的机遇建立统一的规则等是在规则统一过程中应该着力考虑的问题。⑮有学者分析了多哈回合规则谈判中 WTO《反倾销协议》是否增设公共利益条款的各方立场与主要观点，认为引入公共利益条款对于制约反倾销措施的滥用无疑具有确定的合理性和积极作用。但是，由于公共利益需要的灵活性和法律规范的明确性之间的冲突、公共利益条款的自由裁量性和多边规则的统一性之间的冲突以及主权和司法审查之间的冲突，多哈回合恐难以在公共利益问题上取得实质性进展，相关成员根据自身情况各行其是的局面仍将延续。⑯有学者分析了 WTO 多边法治秩序与区域贸易协定的关系，认为 WTO 对区域贸易协定的审议工作一直流于形式，其根本原因在于当今国际社会难以形成实质性共识。以“主体间性”为特色的哈贝马斯协商民主思想提出了程序主义的法范式，重视平等主体参与下的正当沟通程序的作用。这对于 WTO 民主化具有重要启示意义，也具备实际推行的可能性。因此，该学者提出，WTO 审议区域贸易协定的工作不宜再以明确的“合法”或“非法”的审议结论为目标，而应着眼于一种正当程序功能，以促进成员间充分的协商民主为宗旨，促使多元价值在信息交流与辩论中尽可能达到对真理的共识，从而实现内在的团结和共存。⑰

七、WTO 争端解决

世界贸易组织成员方近年来频繁对中国出口产品同时采取反倾销和反补贴措施是中国对外贸易面临的一个新问题。在“中美双反措施案”中，世界贸易组织上诉机构综合运用多种条约解释方法，否决了美国和专家组仅根据中国国有企业的所有权性质而将其视为“公共机构”的做法，继而否定了美国将中国国有企业向涉案企业提供原材料的行为认定为构成《补贴与反补贴协议》第 1 条意义上的补贴并征收反补贴税的做法。有学者认为，中美双方关于“公共机构”的争论实际上是自由竞争经济理念与计划经济体制冲突的体现。世界贸易组织上诉机构认为公共机构的范围和特性因其所属国家不同而不同，也因具体案件的案情而异，且其维持了专家组将中国国有商业银行界定为“公共机构”的裁定，因而中国应当及时就涉案法律或法规以及产业政策、宏观经济规划和各级政府相关文件进行修正，谨慎使用相关措辞，以免引起成员方对中国国有企业、商业银行与政府之间关系的不利推定，从而在外国调查机关认定出口补贴程序时授人以柄。[18]在《TRIPs 协定》争端方面，有学者认为，这类争端主要集中在成员的知识产权立法上，很少涉及成员知识产权法律的实施情况。随着各国立法的完善，通过制度层面的争端改善知识产权保护的价值已经不大。针对成员知识产权法律实施方面的争端，会出现诸如制度之诉还是案件之诉、证据问题、案件审理阶段专家组与上诉机构解释方面、DSB 裁决报告的执行效果等在单纯制度方面的争端中不曾有的一系列问题。该学者还结合中美知识产权案，从法律技术层面详细论证了 WTO 在解决这些争端中面临的难题，并在此基础上分析了使《TRIPs 协定》争端解决陷入困境的原因。[19]

八、涉外民事关系法律适用法

随着 2010 年《中华人民共和国涉外民事关系法律适用法》的正式实施，结合其在实践中的运用，有些学者提出了中国涉外民事关系法律适用法制定与完善的建议。这些学者认为，《中华人民共和国涉外民事关系法律适用法》的颁布是我国涉外立法史上的里程碑，具有十分重要的意义。它的出台结束了中国没有单行、统一的涉外民事关系法律适用法的历史，在一定程度上创新了中国的涉外民事关系法律适用制度，体现了以人为本、亲民的理念，向全世界展现了中国更加开放的形象。但是，该法还不是一部真正统一、系统、全面和完善的涉外民事关系法律适用法，在处理新法和旧法的关系上存在漏洞，对一些理应规定的国际私法基本问题没有加以规定，在章内条文顺序安排、逻辑结构体系方面有调整的空间，一些规定还可以进一步简化和优化。这些学者强调，中国涉外民事关系法律适用法的制定与完善是一个渐进的过程，随着该法的施行，中国涉外民事关系法律适用法的制定与完善步入了新的历程，这不仅仅是一个时期的结束，而更重要的是一个崭新时期的开始。[20]

有学者以“7 · 23 甬温线特别重大铁路交通事故”为切入点，讨论了《中华人民共和国涉外民事关系法律适用法》第 44 条适用于中外籍乘客侵权伤亡赔偿所暴露出的问题，即侵权行为地含义不明、缺乏经常居所地的认定标准以及允许当事人事后选择法律的实际效用微小。该学者认为，相比较而言，此次事故中的外籍伤亡乘客之本国（美国或意大利）涉外侵权之债的法律适用规则却能为当事人提供明确或合理的保护。我国不仅要在具体案件中对《中华人民共和国涉外民事关系法律适用法》第 44 条的规定作出明确、合理的解释，而且应当尽快出台新的司法解释，以明确侵权行为地的定义和经常居所地的认定标准，将意思自治原则的适用限定于与合同有密切联系的侵权之债领域，为双方当事人提供公平、可预见的法律环境，保障交易安全，以在实践中提升意思自治原则在侵权领域的适用概率和实际效果。[21]

九、其他问题

有学者分析了区域贸易安排中的所得税问题，将这种所得税分为以贸易保护为目标的所得税措施和本身不服务于贸易目标但对贸易产生影响的所得税措施。该学者认为，目前的一般做法是将两类问题分别交由贸易体制和税收协定来处理。但是，由于贸易法和税法存在目标和功能的差异，这种分别处理模式本身是可取的。然而，这并不能充分解决现实面临的所得税相关问题，因此需要予以完善并辅之以其他机制，才能适应区域一体化的要求。[22]该学者进一步认为，区域贸易协定的成员应该在国内法、税收协定和区域安排等方面解决双重征税、税收歧视、税收逃避和税收竞争问题。[23]

有学者从住所、国籍到经常居所地的变迁的视角，对我国属人法立法变革进行了研究。该学者梳理了属人法发展的历史脉络，阐述了从住所地主义的产生与发展、国籍原则的鼎盛与式微，到住所地主义与国籍原则的分庭抗礼，再到惯常居所地法的提出与引入的整个过程中属人法连接点的变迁，指出属人法的历史发展表明了国籍原则的逐渐退出与住所地主义优先倾向的趋势，惯常居所的出现则弥合了民法法系与普通法系国家之间在属人法上的冲突。该学者认为，在汲取属人法新发展的基础上，我国涉外民事关系法律适用法将经常居所地法作为确定国际民商事关系中主体身份能力的一项基础原则，是将最密切联系原则作为一般性原则在立法中予以确认的具体体现。但是，该规定也面临着新法与现行立法、经常居所地认定的法律适用冲突等问题。[24]

有学者分析了国际投资仲裁裁决的国内承认与执行问题，认为中国签订的大多数双边投资保护协定都规定了缔约双方根据其国内法执行仲裁裁决的一般义务，但是我国有关国内法在相关问题上却不明确。该学者建议，对 ICSID 仲裁裁决来说，我国不必就《ICSID 公约》在国内的实施特别制定国内法，而由最高人民法院就法院执行 ICSID 仲裁裁决的具体问题发布有关司法解释，同时应指定最高人民法院或外交部有关机关为国际仲裁裁决相关材料的受理和确认机关。该学者还指出，国内法上的审判监督程序和公共秩序保留制度不能成为我国法院对有关 ICSID 及其他国际投资仲裁裁决的承认与执行进行审查的标准。鉴于国内法院以国家豁免为由拒绝承认与执行有关国际投资仲裁裁决是国际社会所能接受的，我国应争取尽快完成有关国家豁免的国内立法以更好地维护国家利益。[25]有学者分析了我国大陆民商事仲裁裁决在中国台湾地区承认和执行的若干问题，认为两岸在裁决的相互承认与执行问题上长期处于各自单向立法的有依据、无合作的状态,《海峡两岸共同打击犯罪及司法互助协议》的签署将极大地改变这种状态。但是,该司法协议仅是原则性、框架性的,并非专门针对两岸间仲裁裁决的执行问题。因此,两岸将来应该借鉴港澳的做法,在认可、执行对方仲裁裁决方面作进一步的制度性安排,就海峡两岸仲裁裁决的认可和执行在最大范围内达成一致,以更好地保护两岸当事人的合法权益。㉖

注:

①袁帅:《国际劳工组织对“劳工权利”的界定问题——以自由结社权和集体谈判权为例》,《当代法学》,2011年第1期。

②龚刃韧:《论人权条约的保留——兼论中国对〈公民权利和政治权利国际公约〉的保留问题》,《中外法学》,2011年第6期。

③张伟:《析设立国家人权机构的国内法依据》,《政法论坛》,2011年第5期。

④杨成铭:《国家人权机构对国家行政机关关系研究》,《政法论坛》,2011年第6期。

⑤朱文奇:《北约对利比亚采取军事行动的合法性研究》,《法商研究》,2011年第4期。

⑥张新军:《国际法上的争端和钓鱼诸岛问题》,《中国法学》,2011年第3期。

⑦张新军:《中国周边海域争端处理的程序和实体问题:“搁置争议、共同开发”再考》,《中外法学》,2011第6期。

⑧伍俐斌:《限制国际刑事法院管辖权的美国双边豁免协定的合法性问题》,《当代法学》,2011年第4期。

⑨黄风:《制定我国〈国际刑事司法协助法〉的几个问题》,《中外法学》,2011年第6期。

⑩杨贝:《美国对华贸易壁垒中的劳工标准——一种类型化分析处理的尝试》,《政法论坛》,2011年第3期。

⑪宣增益:《航空减排路径之探讨——兼评欧盟航空减排交易指令》,《中国政法大学学报》,2011年第1期。

⑫季烨:《国际投资条约中投资定义的扩张及其限度》,《北大法律评论》,2011年第12卷第1辑。

⑬尹翔:《外资并购中外国投资者投资额的准入问题》,《政法论坛》,2011年第1期。

⑭余劲松:《国际投资条约仲裁中投资者与东道国权益保护平衡问题研究》,《中国法学》,2011年第2期。

⑮薛源:《后TRIPs时代国际商标立法:从最低保护到规则统一》,《政法论坛》,2011年第4期。

⑯范晓波:《多哈回合规则谈判之反倾销公共利益议题》,《中国政法大学学报》,2011年第4期。

⑰刘彬:《WTO审议区域贸易协定的目标重构——对哈贝马斯协商民主思想的借鉴》,《东方法学》,2011年第3期。

⑱廖诗评:《“中美双反措施案”中的“公共机构”认定问题研究》,《法商研究》,2011年第6期。

⑲马松涛:《析TRIPs协定争端解决中的困境——兼评中美知识产权案》,《武大国际法评论》,第十四期第一卷。

⑳黄进:《中国涉外民事关系法律适用法的制定与完善》,《政法论坛》,2011年第3期。

㉑霍政欣:《涉外侵权之债的法律适用——以“7·23甬温线特别重大铁路交通事故”中外籍伤亡乘客的赔偿为视角》,《法商研究》,2011年第6期。

㉒张智勇:《论区域贸易安排的所得税协调机制》,《北大法律评论》,2011年第12卷第1辑。

㉓张智勇:《区域贸易协定中投资安排的所得税问题及其解决》,《法学》,2011年第9期。

㉔杜新丽:《从住所、国籍到经常居所地——我国属人法立法变革研究》,《政法论坛》,2011年第3期。

㉕肖芳:《国际投资仲裁裁决在中国的承认与执行》,《法学家》,2011年第6期。

㉖罗楚湘:《我国大陆民商事仲裁裁决在台湾地区承认和执行的若干问题》,《法学评论》,2011年第6期。

(作者:余民才,中国人民大学副教授;
江璐璐,中国人民大学硕士生)

法律史学

赵晓耕　范依畴　叶秋华　王云霞

一、中国法律史学

(一)重要学术会议

1.“中国传统法律文化的当代价值”研讨会

2011年3月24日上午,“中国传统法律文化的当代价值研讨会”在清华大学法学院隆重举行。来自清华大学、上海交通大学、中国人民大学、中国政法大学、中山大学、西南政法大学、吉林大学等国内著名高校的十余位著名理论法学者受邀参加了研讨。此次研讨会会聚了中国法学界的翘楚,探索了中国法律文化的源头、中国语境下法治与礼治的关系以及中国的法治和礼治传统对于中国当代法律制度的影响等一系列学术问题。

2. 海峡两岸法律文化研讨会

2011 年 6 月 25 日，由中国人民大学法学院和中国法律史学会共同主办的“海峡两岸法律文化研讨会”，在中国人民大学隆重举行。来自台湾大学、国立政治大学、台湾中研院等台湾地区的 10 余所教学科研机构以及中国人民大学、北京大学、清华大学、中国政法大学、中国社会科学院法学研究所等中国大陆近 20 所大学与科研机构的 70 余名知名学者参加了本次研讨会。两岸学者围绕中华法律文化在两岸的延续、辛亥百年与近代中国法律体系的形成、百年中国司法体制的转型等主题，从多学科角度进行了深入对话和广泛交流。

3. 第五届全国法律文化博士论坛

2011 年 9 月 17 日，由中国法律史学会主办、华东政法大学法律史研究中心承办的第五届全国法律文化博士论坛在华东政法大学举行。来自国内多所重点院校的近 30 位法学专业博士生和法学博士参加了此次会议，10 多位特邀评议教授分别来自全国各地以及韩国的多所大学。本次论坛的主题是“中国法律文化的现代化”，与会者围绕着中国传统法律观念及传统司法的转变、唐代及其他各朝法制的借鉴价值、中国乡土社会的习惯及法律现代化、古代法律思想家及近代法律人对法制改革的探讨等问题展开了热烈讨论。评议专家对每一篇论文都进行了认真而富有启发性的点评。

4. 传统律令与中日韩法制近代化国际学术研讨会

2011 年 9 月 21 日，中国人民大学法学院主办的“传统律令与中日韩法制近代化国际学术研讨会”在西北政法大学举行。来自日本早稻田大学、一桥大学、庆应义塾大学，韩国庆北大学、朝鲜大学、釜山大学、亚洲大学、崇实大学，以及北京大学、中国人民大学、中国社会科学院、华东政法大学、湘潭大学等几十所国内外高校及科研机构的 22 位法律史专家参加了会议。本次会议围绕“东亚律令制度”与“中、日、韩法律近代化”两个主题，分别就“比较法学与律令”“朝鲜王朝时代的国典与大明律之关系”“日本的中国法制史研究之轨迹”“律令关系与律令制法律体系演进四阶段”“汉代继承制度刍议”“《高丽律》和高丽法制的性质”“大韩帝国的《刑法大全》编纂：传统法的近代变容”“律令之于日本近代法形成的意义”“以《大明令》为枢纽看中国古代律令制体系”等诸多问题进行了深入的交流和研讨。

5. 中国法律史学会 2011 年年会暨辛亥百年与法制变迁学术研讨会

2011 年 10 月 15 日，由中国法律史学会主办、中国人民大学法学院和云南大学法学院承办的中国法律史学会 2011 年年会暨辛亥百年与法制变迁学术研讨会，在云南省昆明市隆重举行。来自中国人民大学、中国社会科学院、北京大学、中国政法大学等北京著名院校及全国其他 50 多所高校的百余名法律史学专家学者参加了本次会议，与会代表共向大会提交 150 多篇论文。本次年会主题为辛亥革命百年与中国法制的变迁，在两天的会期里，与会代表们分为四个分论坛，围绕“辛亥百年与法制变迁”的总主题，分别从“辛亥前期的法制变迁”“辛亥百年的法制观念”“辛亥百年的立法司法”“辛亥百年的宪政历程”四个分课题，进行了先后四个单元深入的学术交流与探讨。两天的会议讨论主题集中、观点多元、气氛活跃、争论激烈。此次年会是对辛亥革命至今百年以来，中国法制发展变迁艰辛历程的总结和反思，也是对孙中山先生等革命党人推翻持续 2000 多年的封建专制制度，建立亚洲最早的民主共和国之一的中华民国，开启中国历史新纪元的纪念。

6. 中国古代法制与秩序国际学术研讨会

2011 年 10 月 29 日，由教育部人文社会科学重点研究基地——中国政法大学法律史学研究院举办的“中国古代法制与秩序”国际学术研讨会在京召开。来自以色列、日本、韩国、中国台湾、中国澳门以及中国大陆学术界的 60 余名受邀代表及法律史学研究院的 20 余名学生参加了会议。会议的议题包括中国古代法制与秩序的发展与特点，中国古代法制与秩序的内涵与理论，中国古代法制与秩序的经验与理性，中国古代法制与秩序中的权力配置和政治秩序，中国古代法制与秩序与和谐社会构建，以及对中国古代法制与秩序的比较研究等问题。报告人及评议人来自法律史学、历史学、政治学、哲学及其他部门法学等各个学科，会上形成了多学科之间的碰撞与交流。与会代表普遍感到通过这样的学术交流，拓宽了研究视野，收获了新的知识。

（二）重要学术著作简介

在法律史学专著方面，北京法律史学的诸位同仁本年度取得了丰硕成果。

曾宪义教授任首席专家兼总主编的《中国传统法律文化研究》（十卷本）问世，本丛书共十卷，每卷约 100 万字，总计千余万字。本套丛书在 2005 年被教育部正式确立为“哲学社会科学研究重大课题攻关项目”，同时也被中共中央宣传部、国家新闻出版总署确定为“‘十一五’国家重点图书出版规划”项目。《中国传统法律文化研究》（十卷本）凝聚了全中国 50 多位法律史专家、学者 10 多年的心血，作者们搜集和整理了大量第一手资料，全面系统地梳理了中国传统法律文化，对世界各国人民了解、研究中国传统法律文化和推动中国法律史学的发展，具有重大而深远的意义。[①]

张希坡教授的著作《革命根据地法制史研究与“史源学”举隅》分上、下两部分：上部“革命根据地法制史专题研究”，分列八个专题，主要有第一次国内革命战争时期工农运动中产生的人民代表大会制度的萌芽及其历史演进；中国劳动立法的开端、土地改革法的先声、革命刑法的产生；马锡五审判方式等。下部“法律文献考证与‘史源学’举隅”，是将多年来在教学科研工作中遇到的疑难问题，采用“史源学”方法，对若干有争议的法律文献与史实，从源头上进行考证研究，将核查校订的结果与经验体会分类列出十个专题作为例据，以供读者研究参考。[②]

杨鹤皋教授的著作《中国法律思想通史》（上、下册）出版。该书为“‘十二五’国家重点图书出版规划”项目和2011年国家出版基金项目的最终成果，是一部全面梳理和反省中国法律思想发展历程的力作。全书分上、下两卷，共160余万字，着重阐述传统中国法律思想的内在价值。对道教、佛教法律思想的总结阐述，从一个侧面印证了中国传统法律文化的包容与博大精深。[③]

张晋藩教授主编的《社会转型与法律变革研究》（古代部分）论文集，是“2007年教育部哲学社会科学研究重大课题攻关项目”的子课题。社会转型与法律变革之间存在着必然的内在联系，而探寻这种联系呈现的规律性则成为该书的重要任务之一。该书从不同的角度揭示了社会转型与法制变革的内在联系与相互关系，着力揭示其中的规律性，以期为当代法制建设提供借鉴。[④]

徐爱国教授编纂的《无害的偏见：西方学者论中国法律传统》一书，整理了西方法学史学界对中国问题深入研究的几位法学家的研究成果。研究内容包括16世纪初到20世纪80年代西方人对于中国法律的论述。全书共分为七章，第一章和第二章主要介绍鸦片战争之前西方人眼中的中国法形象；第三章探讨的是孟德斯鸠对于中国法的论述；第四章是关于马克斯·韦伯对于中国法律的论述；第五章总结了罗斯科·庞德与中国的渊源；第六章梳理的是20世纪80年代美国批判法律运动的领袖人物罗伯特·昂格尔对中国法的论述；第七章探讨的是比较法律史及其方法论。[⑤]

中央民族大学法学院青年学者邓建鹏的著作《中国法制史》，打破传统教材体例。全书共三编：上编阐述中国传统法制的发展，以国家制定法为主体描述并分析历代法制的演变及其原因；中编阐述影响及支配传统法制的四大因素，即皇权政治、法家思想、伦理社会及儒家思想；下编阐述传统法制的瓦解及其原因，西方近代法制的移植及其在中国艰难成长的历程。[⑥]

瞿同祖的著作《清代地方政府》（修订译本），由杭州师范大学法学院范忠信教授等主持翻译。该书是瞿同祖先生的代表作之一，是运用社会学的方法研究中国清代地方政府的实际构成及其实际运作模式的著作，也是第一本系统、深入地研究清代地方政府的作品。瞿同祖先生通过各种手本和札记，参考大量官方资料，系统分析了清代州县官的职能及其运作，为读者提供了迄今为止最完整的关于中国地方行政运作的图解，引导读者去把握近古中国地方政府体制和运作的传统。[⑦]

（三）本年度学科研究重点问题

通过对学者们的主流学术论文中的归纳总结，2011年北京地区中国法制史学科研究的热点问题主要集中在以下几个方面：

1. 关于中国古代法律史的研究

关于中国古代法律史的研究一直以来都是法制史研究领域的重点，2011年度在京的法律史学者对中国古代法律史研究主要集中在以下几个问题：中国传统法典研究、律学研究；中国传统司法制度、司法观念研究；中华法系相关问题研究；法律儒家化研究等。

关于传统法典研究、律学研究这一话题，有学者对明清律令以及律学进行了研究，探讨了清代律学兴起的原因，作者认为清代律学是中国古代传统律学发展的最后阶段，也是官私并举及一时之盛的发展阶段。在专制主义高度发展的清朝，清律学何以兴起、发展且绵延二百余载而不衰，传承明律、重视司法、执法者注律以及律注法律化是重要原因。[⑧]该学者还对明清律中的“讲读律令”进行了分析研究，明清两朝“讲读律令”条的制定，是从实际出发总结经验的产物，它是中国古代本土法文化的特有成果，带有特定时代的鲜明烙印，作者认为这一制度具有一定的启示意义，即为官者不可不知法，故普法对象首在于官；官员习法不限于本部门的法规，而应当熟悉国家的根本大法，而且不在于一时的轰轰烈烈，而在于年年考校的持久之功，形成一定的制度和法律；只有执法者法律素质的提高，才会带来司法公正的效果；只有官员群体法律意识的增强，才能促进法律秩序的稳定，有助于依法治国方略的实施。[⑨]有学者以《钦定大清刑律》为题材，利用诸多珍贵的历史资料，对其进行了新领域的探讨，作者在文中复原了《钦定大清刑律》从1906年的预备案到1911年的钦定第六案共七个法案的编纂历程，辨析期间的变革、修订情况，发掘出一些鲜为人知的典故。[⑩]该学者还探讨了谁在阻挠《钦定大清刑律》的决议，作者通过《资政院会议速记录》《汪荣宝日记》等史料的互相印证，指出了章宗祥《新刑律颁布之经过》中认为“旧派阻挠大清新刑律议决”这一符合一般想象的叙述，实际上有失史实和公允，并进行了论证。[11]

关于中国传统司法制度、司法观念这一话题，有学者对中国传统司法观进行了理性分析，认为中国传统司法观是中国传统司法文化的核心，主要表现为仁道司法观、中道司法观与和谐司法观。仁道司法观将仁爱之道当成一种司法价值，中道司法观将中庸之道当成一种司法价值，和谐司法观将社会和谐与自然和谐当成一种司法价值，这三种司法观对抑制封建司法的非人道性起了一定的积极作用。[12]有学者通过满文对清代司法制度进行了研究，作者指出清代的司法档案中有不少是用满文书写的材料，所以若能掌握和运用清代司法档案的满文史料，将有助于深入了解清代社会制度的历史细节，以及清代中央与地方司法制度的实际运作。[13]有学者对中国古代廉政法制建设进行了研究，指出廉政法制建设是中华法制文明的重要组成部分，内容涉及惩贪立法、考课、监察以及俸禄制度等诸多方面。廉政建设最重视制度保障，其次还要重视物质和精神上的保障。作者还总结了中国古代廉政法制建设的启示，即君主专制制度既是腐败最主要的制度根源，也是廉政建设最大的制度障碍。[14]

在中华法系研究上，有学者指出基于中华法系两类概念的不同认识，导致了学界对中华法系生命力的不同认识。作者认为若从民族文化传统的角度认识贯穿中华法系全部发展过程的含有较多积极意义的仍有生命力的因素，将有助于深化认识中华法系的概念及其相关命题。[15]还有学者从中华法系的含义出发，以《唐律疏议》为代表，探讨了中华法系的传播及其原因，指出了中华法系的文化精神。作者还认为随着近代以来中华法系的解体，中国法律变迁至今，呈现出两岸四地三法域的状况。在这个新的法域结构的形成过程中，作为中华法系文化精神的道德原理将发挥重要作用。[16]

在法律儒家化问题上，有学者在家族本位的视角下，对法律儒家化进行了再分析，文中认为传统法律的儒家化，发端于西汉，发展至唐律的“一本于礼”，正是儒家化的最终成果。不过，有些学者论及西汉以后的法制，称之为“外儒内法”或“形儒实法”，对于法律儒家化而言，显然是一个悖论，而这种悖论，是值得学界去重新审视法律儒家化的历史的。[17]还有学者对“法律儒家化”这一说法提出了不同的理解，作者在肯定法律儒家化的前提下，基于不同的法律观和历史观，对“法律儒家化”这一命题提出了诸多不同理解，认为历史上的儒家思想处于不断的迁流演变之中，其内部也充满了冲突和丰富性，因此不同历史时期的法律儒家化呈现出不同特征。[18]

2. 关于中国近现代法律史的研究

2011年度的近代法律史研究主要集中在对法律制度的研究上，有学者以近代中国法律制度变革的价值效应为题进行了深入分析，作者指出法律与制度的变革，既改变法律与制度的内容，改变作为调整社会关系、维持社会秩序基本标准的规范，也不同程度地影响引导社会发展、构成社会评价核心依据的主流价值观。法律与制度自身内容的特殊性，对于主流价值观的影响呈现出程度上的不同，因而表现出法律与制度变革的不同价值效应。近代中国法律与制度变革经历了艰难、复杂的历程。不同的法律与制度，在其从传统向近代转型的过程中，也展示出对社会主流价值观产生不同影响的价值效应；同时，由于变革中的法律与制度的价值效应的不同，又直接影响法律与制度变革的过程、途径和效果。[19]也有学者对近代女子的财产继承权问题进行了解读与反思，指出女子财产继承权是近代法律变革的一项重要内容，民国时期这一立法上的变化具有划时代的意义，是一种性别权利的突破。但女子财产继承权体现的仅仅是一种权利能力，而不是行为能力；无论是未嫁还是已婚，女性都没有真正的财产支配权。一方面是女性权利依然处在家长权、夫权之下，另一方面女性自身也不具有行为能力，甚至在债务继承时家境贫寒之女反受继承权之害。这对现代法律变革极具启示意义。[20]

有学者对董必武的人民司法观在新中国成立初期的实践问题进行了考证和探讨，认为政法合一的司法模式在新中国成立初期的司法建设中能最大限度地发动人民参与司法，并且将司法建设与当时国家政权建设紧密结合。董必武的人民司法建设蓝图便是在人民与国家的叙事中展开。新中国成立初期的司法建设以镇反运动为中心，随着国家重心向经济建设转移，“人民司法”则以建立各种法庭的形式向社会纵深推进，在这一过程中“人民司法”建设很好地坚持了司法的政治性和人民性，完成了各种政治的需要，也使人民司法得到社会的认同。[21]

3. 关于辛亥革命百年法制变革及近代宪政的研究

2011年适逢辛亥革命100周年，100年前，孙中山先生等革命党人所领导的辛亥革命，推翻了持续2000多年的封建专制制度，建立了亚洲最早的民主共和国之一的中华民国，中国历史开始了新纪元，中国法制自此开始了前所未有的近代化变革。所以，本年度关于辛亥革命法制变革及近代宪政问题的研究有许多佳作。

有学者以“法统”一词为切入点，以探讨民国时期权力的法律来源或权力的法律依据，用以判别政权的合法性与正当性。作者认为辛亥革命后制定的《中华民国临时约法》，使中华民国的权力获得了法律的依据，由此而确立了中华民国的“法统”，维护法统的意识也在随即展开的法统斗争中而不断加强。民国初期发生的法统之争，其实质就在于争夺统治权的合法地位。然而国民党一党专政的法统，最终被新民主主义革命后确立的人民民主专政的法统所取代。[22]有学者以孙中山领导的护法运动为研究对象，考证了护法派与毁法派的斗争过程，作者认为护法运动实际上是以孙中山为代表的资产阶级民主派和以袁世凯及北洋军阀为代表的封建买办势力之间的民主与专制的斗争，是为了维护民主共和法统还是封建专制法统的斗争。护法斗争的启示为：立法固然重要，但是掌握政权更重要；没有政权，任何好的法律都无异于一张废纸。[23]还有学者对辛亥革命以来中国法制现代化实践进行了回顾与反思，并认为能够为当下的法制建设提供很好的经验借鉴。学者指出，由于中国的法制现代化是在复杂的国际格局和强大的时间压力的历史语境下展开的，因此百年法制转型过程中走过的是一条政府推进型的法治化道路。政府推进型的法制现代化遭遇了法律失效、权威滥用以及秩序失控等实践困境。故法律本土化、程序法治主义以及科学的法治化战略等思路将有助于走出政府推进型法制现代化的实践困境。[24]2011年也正是晚清资政院第一次常年会百年祭，有学者以此为引子，探讨了晚清君主立宪运动，作者认为资政院第一次常年会是晚清君宪运动走向高潮的标志，更是其步入绝境的证明。议员们基于对君主立宪的信仰和代表职责的认知，其所作所为在近代中国宪政史上有开创性贡献。清朝廷对资政院及其所代表的民意怀有疑惧，对政治性议案多予否决，对法律议案予以裁可。在王朝危急关头，恰证明了资政院在预备立宪之下不足有为，朝廷对预备立宪不可能有为，从而共同奏响了君主立宪制的挽歌。[25]

二、外国法律史学

（一）重要学术会议

1. 全国外国法制史研究会第22届年会

2011年10月22—23日在海南大学召开了全国外国法制史研究会第24届年会，主题为“公法与私法的互动”。会议分别以“公法与私法：起源与界分”“公法的私法化”“私法的公法化”“公法与私法：西方古典”“公法与私法：西方现代”和“公法与私法：中西比较”为专题进行了六场研讨会。与会代表从不同部门法的研究视角，对公法与私法的基础理论、历史源流和发展趋势等重要议题进行了深入交流和广泛讨论。来自全国各高校、科研机构、新闻单位的200多名代表参加了会议，其中北京地区有20余名专家学者参会，提交论文10余篇。

2. 全国西方法律思想史研究会2011年年会

2011年11月11—12日在上海师范大学召开了全国西方法律思想史研究会2011年年会暨“西方法与国家的理论及其对中国的影响”学术研讨会。北京地区有近20位代表出席了会议，提交论文十余篇。与会学者围绕着当代中国法的主导性理念问题、哈特的法律推理理论问题、密尔的自由主义法律观问题、西方法对中国的近代化影响、中国法律的西化等问题进行了深入的探讨。

3. 新中国外国法制史学科发展60年研讨会暨林榕年教授从教60年庆典

2011年4月9日，在中国人民大学召开了“新中国外国法制史学科发展60年研讨会暨林榕年教授从教60年庆典”。会议由中国人民大学法学院和中国人民大学法律文化研究中心共同主办。北京大学、清华大学、华东政法大学、中国政法大学、西北政法大学、复旦大学等全国高校的专家学者以及林榕年教授的历届学生近百人参加了本次会议。与会代表围绕“外国法制史学科回顾与展望”和“外国法制史学研究的现代价值”两个议题，畅谈了林榕年教授从教60年来对外国法制史学科作出的贡献，回顾了新中国外国法制史学科60年发展的风雨历程，并就如何重新认识外国法制史学科的现代价值，探索外国法制史学科未来的发展道路展开了深入的研讨。

4. “第一届比较法学与世界共同法”国际研讨会

2011年9月24—25日，“第一届比较法学与世界共同法”国际研讨会在北京国际会议中心召开，此次活动由中国政法大学比较法学研究院主办。来自美国、德国、澳大利亚、日本、瑞士等国家和中国香港、台湾地区以及京内外著名高校和科研机构的100多名专家参加了此次研讨会。会议以“当代法律交往与法律融合”为主题，分四个单元展开讨论，涉及的问题包括比较法与世界共同法的很多方面，充分展现了当代世界各国法律融合背景下比较法研究的新成果。

（二）重要学术成果

在2011年度北京地区出版或由北京学者撰写的学术成果中，以下著（译）作尤其值得关注：

何勤华主编的全国外国法制史研究会第23届年会论文集《法与宗教的历史变迁》[26]分专题就法与宗教的历史变迁展开了深入讨论。全书共分三部分：主题论文、专题评论和附录。若以主题进行分类，则该书内容大概涵盖了四个方面，即基督教“圣爱”与墨家“兼爱”——“爱”与“正义”关系理论的类型学考察；法律学说史上的耶稣与保罗；东正教对罗斯法制的影响初探；唐朝法律与佛教关系探析等。

何勤华主编的《比较法史学》[27]是一本对法学史进行比较研究的专题文集。该书内容涉及法学史和比较法学史的内涵、世界各时代各国家和地区法学形态的考证、中世纪欧洲三大法学流派、《万国公法》在清末民初的传播及其影响、比较法和比较法学在近代中国的诞生与成长、改革开放 30 多年中国法学研究的成败与问题、新中国法学群英等。

陈惠馨的《德国法制史：从日耳曼到近代》[28]可以说是有关德国相关书籍的读书札记，但同时也是一本讨论德国法制发展史的严肃著作。全书分总论和分论两部分。总论共 10 章，主要探讨德国法制对于东亚各国的意义。分论共 12 章，主要阐述日耳曼法时期的德国法制、中世纪德国法律发展及从马丁 · 路德宗教改革到德国统一这一时期德国法制的发展。最后三章讨论近代在德国发生的宗教改革以及近代国家在德国的起源等现象对于德国法制发展的影响。

高鸿钧等编著的《比较法学读本》[29]是对国内外比较法学著作的精华荟萃，该书秉承“述而不作”的原则，将某个流派或某种倾向的著述集中选编，将不同观点、立场的文章同时呈现出来，体现包容性和多样化，反映了当前中国和世界比较法学的前沿水平与最新趋势。与传统比较法学通论性作品不同，该书在体例与内容上实现了重大突破，在比较法基础理论与法系概论两编之后，新增法律思维比较、法律移植、法律全球化与中西法律传统比较四编，皆为中国和世界比较法学近几十年关注的核心问题。

马明贤的《伊斯兰法：传统与衍新》[30]是一本研究伊斯兰法的重要专著。全书首先从纵向角度，梳理了伊斯兰法的兴起及其 1400 余年的历史脉络；分析了不同历史时期伊斯兰法发展的社会原因、基本特征，以及与伊斯兰国家和社会发展的内在辩证与互动关系；阐释了伊斯兰法在伊斯兰国家历史进程中的地位与作用。然后从横向角度，选择当代伊斯兰法发展中几个较为重要和突出的问题，对伊斯兰法予以个案研究，揭示了全球化背景下伊斯兰法未来的发展趋势。

王莹莹的《论“增加之诉”：罗马法代理与有限责任现象之解读并法学家与裁判官力量之展示》[31]以“增加之诉”为题从微观层面对罗马商法进行具体制度的历史切面研究。全书包括“增加之诉”概述、针对船舶经营人之诉、总管之诉、依令行为之诉、特有产之诉、转化物之诉、分配之诉以及“增加之诉”蕴含的现代法律制度的演进脉络等八个部分。其最大特色是对原始片段加以文本分析，结合历史性要素深入罗马法的立法实践，考察罗马法学家如何面对和解决具体问题，使用的罗马法学研究方法和历史文献将进一步开拓我国的罗马法研究领域。

由澳大利亚学者帕瑞克 · 帕金森（Patrick Parkinson）著、陈苇译的《澳大利亚法律的传统与发展》（第 3 版）[32]是一本关于澳大利亚法律制度的历史以及西方法律传统思想观念的历史论著。该书是澳大利亚法律制度的过去与现在的对话，使读者不仅知道法律制度的现状，而且还能够了解为什么它们会发展成这样。作者认为，澳大利亚的法律制度反映了它的西方法律传统渊源，尤其是普通法传统对它的深刻影响，这些传统被移植到澳大利亚的土壤，并适应了澳大利亚的社会环境。

李栋的《通过司法限制权力：英格兰司法的成长与宪政的生成》[33]选择以英格兰司法与宪政之间的关系作为论题，立足于司法，重点探讨英格兰司法的宪政意义。该书首先探讨英格兰司法生长的历史环境，再谈英格兰司法的形成过程及结构特点，最后重点论述英格兰司法对于宪政生成的积极推进作用。作者认为，英格兰宪政的精髓在于司法审判权与政治统治权的互动平衡。

日本“明治宪法之父”伊藤博文的《日本帝国宪法义解》[34]是有关日本帝国宪法的一本重要论著。伊藤博文系日本明治维新三杰之一，明治维新后的诸多政治改革背后都有伊藤的身影。影响深远的 1889 年《日本帝国宪法》正是在伊藤博文领导下编纂的，因此在众多的文献中，作为理解明治宪政思想的重要依据，由伊藤博文亲自撰写的《日本帝国宪法义解》，无疑是最权威的。该书分“日本帝国宪法义解”和“皇室典范义解”两部分，全面介绍了日本帝国的宪法制度。

彭勃的《英美法概论：法律文化与法律传统》[35]是一本展现英美法“性格”的作品。该书不是对英美法的制度内容进行宏大意义上的建构或解构，而是从史学和比较法学的角度对英美法发展的历程及其制度现状的考察，即考察英美法是否具备、为什么具备以及在多大程度上具备一个法系的性格特征，探讨英美法的历史、文化和制度上的特征以及这种特征对其他法系国家的影响程度。

英国学者克罗斯、哈里斯的《英国法中的先例》[36]是一部对英国法中先例原则进行系统论述的专著，全书共分八章，包括英国的先例原则、判决理由和附随意见、遵循先例、遵循先例原则的例外、先例作为法律的一种渊源、先例和司法推理、先例和法律理论及未来等部分。

美国学者约翰 · 艾兹摩尔的《美国宪法的基督教背景》[37]从历史事实和思想两个角度深入探讨了美国宪法的立法背景，对美国历史上著名的 13 个开国之父的立宪与立国思想背后的个人信仰和学识背景作了细致深入的分析，并以大量手稿摘录的方式进行条分缕析，最后部分探讨美国宪法的危机和未来，具有前瞻意义。

美国学者约翰 · 维持的《权利的变革：早期加尔文教中的法律、宗教和人权》[38]将研究基于日内瓦改革者约翰 · 加尔文激发出来的西方传统中权利话语的发展。部分地基于经典的和基督教原型，加尔文发展出了一种令人瞩目的新的关于权威和自由、责任和权利以及教会和国家之间关系的新教义，这些对新教国家产生了持续的影响。

邹晓红主编的21世纪全国高等院校实用规划教材《外国法律思想史》[39]，全面系统地阐述了西方各个时期法律思想家的思想观点。全书共分六章，包括古希腊时期的法律思想、古罗马时期的法律思想、中世纪的法律思想、古典自然法理论、19世纪西方主要流派的法律思想、20世纪的法律思想。

（三）外国法制史研究热点问题

1. 英美法系及其影响

有学者对美国宪政中的分离问题进行了考察，认为虽然美国是世界上最早以现代民族自决观念进行独立运动的国家，其独立建国之后也备受分离问题的困扰。作者认为，对这一分离运动的历史及其涉及的宪法问题和政治哲学辩论的考察，有助于理解分离问题在美国宪政中的特殊地位，也有助于进一步理解现代民主共和制下国家统一问题的复杂性。[40]

有学者从比较法的视野，对美国不同时期促进就业的联邦立法进行了研究，认为美国的社会保障法律体系是在解决经济危机所引发的失业等一系列社会问题的基础上建立的，罗斯福新政和奥巴马新政关于促进就业的立法，对于缓解经济危机矛盾、刺激经济复苏、改善民生等发挥了重要作用。作者认为，美国两次新政中的扩大内需的做法和对经济的刺激方案以及对失业人员的救济立法等，对当前我国应对全球金融危机和加强就业的法律保障有一定启示意义。[41]

有学者从美国宪政史的角度，对美国国内一个或几个州是否有权分离的问题进行了探讨。文章对美国内战前后宪法理论和宪法史上的争论进行了梳理，凸显了林肯反对国家分裂、维持美国联邦统一的真正理由。对于林肯来说，《独立宣言》所代表的各州共同革命行为造就了统一的美国；各州没有宪法上的分离权。[42]

有学者对英国普通法的传统主义法律历史观进行了论述，认为英国普通法的独特性来源于它的传统主义法律历史观，这种法律历史观与发源于欧洲大陆的历史主义法律历史观形成鲜明的对比，进而影响到西方世界对于法治概念的整体理解。文章从普通法的思想渊源着手，对传统主义法律历史观的形成进行分析，厘清了两大法系的历史哲学基础的区别，并进而对这种法律历史观对于中国现阶段法律变革的意义进行了阐述。[43]

有学者对英国普通法和制定法的关系进行了阐述。英美法学界在这个问题上的主流观点是油和水关系说，即此二者源出不同，并肩流淌，彼此独立；其形成原因则在于普通法法律职业阶层对作为立法者意志之体现的制定法的排斥。作者认为，实际上这一说法从来都不是事实。它们从来都是相互影响、彼此交融的，作者指出与其视此种关系为“油和水”，还不如视之为“水和乳”，彼此是相互融合的。[44]

有学者对英国的封建制度及其宪政的生成进行了研究。作者认为，在诺曼征服后，英国王权的适度强大以及在此基础上形成的王权与教、俗贵族集团之间特殊的力量对比结构，不仅成功地使其抑制了封建制度内在“离心力”的潜在危害，而且很好地汲取了封建制度“双向性契约关系”的宪政主义因素，成功走上发展宪政之路。作者认为，适度的权力在一国法治、宪政生成过程中具有重要意义。[45]

有学者对早期普通土地法上的两类令状：Breve de Recto 与 Novel Disseisin 进行了研究。作者认为，12世纪下半叶至13世纪上半叶的 Breve de Recto 与 Novel Disseisin 两类令状及其引导的诉讼形式的出现和运作，是英国普通法成型的关键。Breve de Recto 与 Novel Disseisin 这两类令状描述了以封建制为主轴的早期土地法的立体结构，并使其不断完善。作者认为在普通法早期，两类诉讼实体规则层面具有一致性，而在程序层面，新近剥夺占有令状既是公正令状的前置性令状，又是它的纠正性令状，其相互关系体现了深刻的管辖权变动。[46]

有学者对英国法律教育改革进行了研究，认为传统英国法律教育以职业教育为主，律师会馆也由此成为剑桥、牛津之外的“第三所大学”。随着律师会馆教育职能日渐衰微，19世纪以来英国大学法律教育有所发展。但长期以来，英国的大学法律教育却因受到职业教育（学徒制）的禁锢而落后于欧美大多数国家。但时至今日，英国实务界与教育界矛盾依然突出，法律教育体制、教育方法、培养目标等重大问题仍存在较大变数。[47]

2. 大陆法系及其影响

有学者探讨了李维、普鲁塔克和马基雅维利三位史家如何通过想象亚历山大大帝与罗马共和国之间的斗争来论证共和政体的优越性。作者指出，作为罗马史家的李维认为，面对着变幻不定的机运，罗马共和国比由亚历山大一人支撑的帝国更为稳固；作为希腊人的普鲁塔克认为，亚历山大将以其卓越的德性而赢得与罗马人的战斗；作为古罗马共和国的仰慕者，马基雅维利批评普鲁塔克对罗马人的贬损，并继承和发展了李维的视角，形成更为系统的对共和政体优越性的论述。[48]

有学者对私法领域的德国法学通说进行了讨论。作者认为，法学通说是通过讨论后逐渐形成的支配性意见。它的权威性不仅来自于学说和判例中的多数支持，更多地来源于自身的论证说服力，能够接受众人的检验。法学通说应该建立于法律教义学基础上，才能符合一致性和可检验性的科学前提，真正地发挥保障裁判稳定、提供研究指引、减轻论证负担等功能。[49]

3. 外国法制史学科与法学教育

外国法制史学科于20世纪30年代由苏联建立，在我国经历了60年的发展变迁，值此学科发展60年之际，部分学者对外国法制史学科的发展进行了学术回顾与展望。

有学者认为外国法制史学科是一门研究世界上各种类型并具有代表性的法律制度及其法律体系的学科。作者对外国法制史学科的建立及其在中国的发展历程进行了全面梳理，认为虽然外国法制史学科在中国确立不足百年，但作为其研究对象和基础的外国法制史学科，在世界范围内的历史渊源却十分久远，最早可以追溯到古代的希腊和罗马。[50]

有学者认为外国法制史学科发展60年来，在外国法制史学科的学术活动、教材出版和人才培养、科学研究与学术争鸣、外国法学著作的翻译等四个方面取得了很大成就，并认为正是在一大批专家学者的执着努力下，外国法制史学科60年的发展经历了从资源、人才的匮乏到目前学术成果不断丰富的历程。[51]

有学者认为对外国法制史学科的研究，除了纵向上通过学科内的历史发展探析学术成长之外，还应从横向上将外国法制史学科与其他学科相比较，包括我国对外国法制史的研究与被研究国本国的研究的比较。通过这种纵横两方面多维度、多视角的比较，从不同的侧面勾画外国法制史学科发展的更加全面并有交叉性和纵深性的教学和研究的图景，从而对学科的发展现状、未来发展目标以及努力的方向作一个新的定位。[52]

也有学者认为外国法制史研究中还存在一些问题，比如学科定位不够合理、研究方法比较混乱、研究目标不够清晰以及很难形成有益的学术争鸣和学术批评等。作者认为对于外国法制史研究中存在的这些问题，学界应当予以关注，需要通过专家学者的共同努力推动外国法制史学科的健康发展。[53]

4. 中世纪法律研究

有学者从中世纪共同法的概念出发，对欧洲中世纪共同法的形成进行了分析。认为11世纪后半期，随着波伦亚法学院的产生，罗马法研究开始复兴，随后教会法学产生并在格拉蒂安影响下彻底改变了教会法的研究。罗马法与教会法也成为了共同法的两根支柱。对于共同法的这一综合体，人们一般认为罗马法贡献的是法律的技术与诡辩方法或曰辩证法，教会法提供一般的原则。作者从侵权法与契约法两个实例分析了共同法之中的教会法与罗马法各自的功能与相互作用。[54]

有学者对中世纪古典教会法进行了研究，梳理了教会法的相关内容与观念对当时及之后欧洲社会的某些制度与观念的形成所发挥的作用。认为中世纪古典教会法是整个教会法发展史的最重要阶段，代表着教会法的最高成就，并且对西方法律传统的生成至关重要。在中世纪欧洲，罗马法与教会法关系密切但也有区别，两法作为中世纪共同法的最基本的因素对西方法律传统及西欧近代法律的生成具有重要的作用。[55]

注：

①曾宪义：《中国传统法律文化研究》（十卷本），中国人民大学出版社，2011年版。

②张希坡：《革命根据地法制史研究与“史源学”举隅》，中国人民大学出版社，2011年版。

③杨鹤皋：《中国法律思想通史》，湘潭大学出版社，2011年版。

④张晋藩：《社会转型与法律变革研究》（古代部分），中国政法大学出版社，2011年版。

⑤徐爱国：《无害的偏见——西方学者论中国法律传统》，北京大学出版社，2011年版。

⑥邓建鹏：《中国法制史》，北京大学出版社，2011年版。

⑦瞿同祖：《清代地方政府》（修订译本），法律出版社，2011年版。

⑧张晋藩：《清代律学兴起缘由探析》，《中国法学》，2011年第4期。

⑨张晋藩：《明清“讲读律令”的启示》，《比较法研究》，2011年第1期。

⑩陈新宇：《〈钦定大清刑律〉新研究》，《法学研究》，2011年第2期。

⑪陈新宇：《谁在阻挠〈大清新刑律〉的决议?》，《清华法学》，2011年第6期。

⑫崔永东：《对中国传统司法官的理性分析》，《现代法学》，2011年第2期。

⑬李典蓉：《满文与清代司法制度研究——以“刑科史书”为例》，《政法论坛》，2011年第3期。

⑭张晋藩：《中国古代廉政法制建设及其启示》，《法商研究》，2011年第4期。

⑮刘广安：《中华法系生命力的重新认识》，《政法论坛》，2011年第2期。

⑯张中秋：《中华法系道德文化精神及对未来大中国法的意义》，《法学》，2011年第5期。

⑰张德美：《家族本位视角下的法律儒家化》，《比较法研究》，2011年第3期。

⑱吴正茂：《再论法律儒家化——对瞿同祖“法律儒家化”之不同理解》，《中外法学》，2011年第3期。

⑲朱勇：《从海关到家庭：近代中国法律制度变革的价值效应》，《中国法学》，2011年第4期。

⑳王新宇：《近代女子财产继承权的解读与反思》，《政法论坛》，2011年第6期。

㉑赵晓耕、沈玮玮：《人民如何司法：董必武人民司法观在新中国初期的实践》，《甘肃社会科学》，2011年第2期。

㉒张晋藩：《辛亥革命百年话法统》，《法学杂志》，2011年第11期。

㉓李青：《护法与毁法——写在辛亥革命百年》，《中国政法大学学报》，2011年第4期。

㉔梁迎修：《辛亥革命以来的中国法制现代化——历史演变及其实践逻辑》，《河北法学》，2011年第9期。

㉕李启成：《君主立宪的一曲挽歌——晚清资政院第一次常年会百年祭》，《中外法学》，2011年第5期。

㉖何勤华主编：《法与宗教的历史变迁》，法律出版社，2011年版。

㉗何勤华：《比较法史学》，法律出版社，2011年版。

㉘陈惠馨：《德国法制史：从日耳曼到近代》，中国政法大学出版社，2011年版。

㉙高鸿钧等编：《比较法学读本》，上海交通大学出版社，2011年版。

㉚马明贤：《伊斯兰法：传统与衍新》，商务印书馆，2011年版。

㉛王莹莹：《论"增加之诉"：罗马法代理与有限责任现象之解读并法学家与裁判官力量之展示作》，法律出版社，2011年版。

㉜［澳］帕瑞克·帕金森：《澳大利亚法律的传统与发展》（第3版），陈苇译，中国政法大学出版社，2011年版。

㉝李栋：《通过司法限制权力：英格兰司法的成长与宪政的生成》，北京大学出版社，2011年版。

㉞［日］伊藤博文：《日本帝国宪法义解》，牛仲君译，中国法制出版社，2011年版。

㉟彭勃：《英美法概论：法律文化与法律传统》，北京大学出版社，2011年版。

㊱［英］克罗斯、哈里斯：《英国法中的先例》，苗文龙译，北京大学出版社，2011年版。

㊲［美］约翰·艾兹摩尔：《美国宪法的基督教背景》，李婉玲等译，中央编译出版社，2011年版。

㊳［美］约翰·维持：《权利的变革：早期加尔文教中的法律、宗教和人权》，苗文龙、袁瑜琤、刘莉译，中国法制出版社，2011年版。

㊴邹晓红：《21世纪全国高等院校实用规划教材：外国法律思想史》，中国农业大学出版社，2011年版。

㊵刘晗：《民主共和与国家统一：美国早期宪政中的北方分离运动》，《环球法律评论》，2011年第6期。

㊶曾尔恕、刘明：《美国促进就业的联邦立法对我国的启示——以罗斯福新政和奥巴马新政为例》，《社会科学辑刊》，2011年第2期。

㊷刘晗：《林肯的时刻——宪法、分离与美国统一的根基》，《北大法律评论》，2011年第2期。

㊸高仰光：《论英国普通法的传统主义法律历史观》，《江汉论坛》，2011年第4期。

㊹李红海：《"水和油"抑或"水与乳"：论英国普通法与制定法的关系》，《中外法学》，2011年第2期。

㊺李栋：《试析英国的封建制度及其宪政之生成》，《环球法律评论》，2011年第4期。

㊻张传玺：《早期普通土地法上的Breve de Recto与Novel Disseisin》，《北大法律评论》，2011年第1期。

㊼聂鑫：《英国法律教育改革管窥》，《华东政法大学学报》，2011年第1期。

㊽章永乐：《亚历山大的威胁与共和政体的优越性》，《北大法律评论》，2011年第1期。

㊾庄加园：《教义学视角下私法领域的德国通说》，《北大法律评论》，2011年第2期。

㊿叶秋华：《外国法制史学科形成的历史基础与发展演进》，《河南省政法管理干部学院学报》，2011年第4期。

51何勤华：《新中国外国法制史学60年》，见《"新中国外国法制史学科发展60年研讨会暨林榕年教授从教60年庆典"论文集》，旅游教育出版社，2012年版。

52梁治平：《在"新中国外国法制史学科发展60年研讨会暨林榕年教授从教60年庆典"上的发言》，见《"新中国外国法制史学科发展60年研讨会暨林榕年教授从教60年庆典"论文集》，旅游教育出版社，2012年版。

53王云霞：《外国法制史研究的困惑与反思》，见《"新中国外国法制史学科发展60年研讨会暨林榕年教授从教60年庆典"论文集》，旅游教育出版社，2012年版。

54苏彦新：《欧洲中世纪共同法的形成》，《比较法研究》，2011年第3期。

55苏彦新：《中世纪古典教会法论析》，《环球法律评论》，2011年第4期。

（作者：赵晓耕、叶秋华、王云霞，中国人民大学教授；范依畴，中国人民大学博士生）

政　治　学

政　治　学

王乐理　赵　波　乔欣欣

中国政治学发展已经逐步走上科学化的轨道，不论是研究方法上还是理论建构上都取得明显进展，这源于中国政治学者较高的理论素养和基于中国政治经验进行研究的自觉意识。中国发展过程中的丰富经验为政治学研究提供了丰富的素材，如何发展政治学理论，如何认识、解释、评价、反思中国社会在各个方面所经历的变化，成为中国政治学者共同思考的课题，也是中国政治学科不断向前推进的动力。2011 年，北京地区政治学研究也在这些方面取得了一定的成果。

一、基础政治理论

（一）民主理论

民主历来是政治学界的热点话题，国内有关民主的研究伴随中国的民主化进程取得了丰硕成果，一方面着力于介绍西方的民主理论，另一方面尝试基于中国的本土经验发展现有的民主理论。

有学者对民主化的研究设置了一条基本的界限：只有涉及竞争性选举和政权更迭的政治变化才是民主化的研究对象。作者提出在民主发展的多元维度中，或许可以将选举民主和行政民主的序列重新排列，使我们有可能探索出一条与西方民主化序列不同的中国民主化道路。①

有学者对西方选举式的民主进行了分析，指出选举式民主的出现其实是西方政体理论的意识形态化结果，并不是以实际经验为基础的理论归纳。最低限度的民主应该包括程序民主和实质民主，即参与—回应—责任的民主理论。②另外有学者认为，熊彼特的选举式民主所要规避的东西正是民主从诞生时期起作为理想的政治价值所内含的社会主义的发展趋势和要求。③

民主问题自从产生之日起就具有国内与国际双重性质。有学者剖析了国际政治领域内有关民主问题的研究现状，指出其中存在的各种政治乱象，如民主被神圣化、宗教化，掌握着至高无上的道义力量和话语霸权；民主被工具化、功利化，成为西方大国追逐军事、经济和思想政治霸权的工具等。④

也有学者探讨了民主化过程中的国际因素：一个是结构性因素，包括国际政治格局、地区性地缘政治格局以及特定的政治事件；另一个是国际行为主体及其行为，如制度性约束、民主援助、国际交流、制裁、军事干涉和强制性移植等。这些因素创造出有利于民主化的各种条件和机会，从而促进了民主化转型。⑤

从思想史的角度探讨民主问题有着重要的意义，学界有一个关于民主的争论：洛克到底是不是一个民主主义者？有学者试图通过更为明确地界定现代民主来回答这一问题，将洛克的相关理论与人民主权观念、信托与代理、政治平等、多数统治、反抗权这几个特征对照，指出洛克的政治思想中已有初步的现代民主理论的主张，对现代民主理论的形成和发展具有重要影响。⑥

（二）国家理论

国家是一个工具性存在还是目的性存在是近代政治思想史中的一个争论点所在，这种理论上的争论与实践中各民族国家的国家建构道路的相互复杂关系，成为国家理论中的一个重大课题。有学者提出“国家理性”的概念来说明国家建构的正当化以及国家建构完成后的规范化过程。当我们仅仅考虑国家的迅速崛起时，常常将国家理性作为其先天禀赋的品质加以对待；当我们转而思索国家规范运行的问题时，则有必要引进并升华国家的限定性理性。⑦

现代国家的建构使国家自主性成为国家理论研究的重要领域之一。有学者对国家自主性研究的范式进行分析和评介，认为对于现代国家来说，理解国家自主性不仅需要透视国内结构中的国家—社会关系，也需要考察国际层面的压力。⑧

重视国家自主性也是发展型国家理论的重要特点。有学者对发展型国家理论的主要概念、内涵及分析方法进行了简单介绍，在指出其理论优势的同时也看到其存在的局限性，提出寻求更高层次的超越发展型国家理论的主张，简单来说就是要继承发展型国家理论的精华，弥补发展型国家理论的局限性。⑨

从政治变迁角度考察国家与制度，为研究国家理论提供了崭新视角。有学者致力于应用制度变迁理论研究和比较制度变迁，着重论述新制度主义的制度变迁理论如何成为社会科学的研究路径以及历史制度主义理论的贡献和不足，从观念、经济与绩效的关系入手并结合具体国家的实践，考察制度变迁的路径及理论意义。⑩

当今世界，政党作为一种政治主体存在并决定一个国家的政治经济和内政外交，几乎是各国普遍的政治现象。有学者从政党政治角度研究国家理论，认为以政党为主角的现代政治已经成为世界各国普遍的政治形式。传统政党力量下降，政党体制日趋多样化，政党活动环境更加宽松平稳，使得世界政党政治进入了一个新的多样化的发展时期。⑪

(三) 现代化理论

“经济发展促进民主政治”是现代化理论的一个经典命题。有学者论证经济发展未必导致民主化，事实上可能强化威权政体；民主化的动力未必来自经济发展，它也可能是政治博弈的结果。“民主”被以分值而不是以类来衡量，使得精确地研究民主转型成为可能；描述经济发展和民主之间的因果机制也更加细化。这不仅为我们认识中国问题、审视中国经验提供知识论上的帮助，也让我们看到方法论上的创新。⑫

中国可以说正处于现代化过程之中，因此需要结合实际，用经验检验现代化理论的有效性。有学者探讨了经济发展与民主价值观的关系，基于全国综合社会调查数据研究公众的民主价值观，发现经济发展带来的个人收入的增加并不是民主价值观的来源，而经济发展带来的职业转变和政治成熟却是民主价值观形成的重要因素。⑬

也有学者采用“后现代化理论”的范式研究中国公众的价值观变化。中国公众的价值观发生了从“传统价值观”向“世俗—理性价值观”以及从“生存价值观”向“幸福价值观”的转变。与此同时还有一些负向转变，如更愿意教育孩子顺从的品格、普遍认为健康状况不如从前等。⑭

二、政治科学研究

(一) 政治学原理

政治学发展需要对自身生存现状作出系统总结，对学术研究的当前水准进行分析评估，对发展趋势作出分析和预判，对重要的领域和课题提出规划建议。有学者认为“十一五”期间中国政治学学术发展的主要进展和重要成果包括：思想理论研究得以发展深化；现实对策研究得到扩展强化；基础学术研究趋向深化、细化；学科交叉研究取得新的进展；研究方法受到较大关注和重视；对外学术交流日益加强。文章还提出相关建议。⑮

当代政治学主要研究国家权力与公民权利以及由此而衍生的法治与民主之间的关系。沿着这两对关系的线索，有学者本着“政治性质—政治意识—政治体系—政治行为—政治发展”的逻辑线索，主张不仅充分吸收最新的学术成果，而且直面现实问题。这将有助于人们系统理解政治学的基本概念和原理，提升分析现实政治的能力，开阔思考中国政治的视野。⑯

从政治学原理视角观察政治研究，需要概述政治学的基础理论和总结政治学的重大问题。有学者认为政治学乃至整个社会科学中充斥着大量的“虚假的知识和错误的真理”，需要我们认真厘清。作者从认识论和比较历史方法上提出了“走出理论实验场，建构本土政治学”的命题，以及中国政治学应该遵循的“语境—议程—方法”研究方法，对流行中的制度主义理论进行中国语境下的理解和建构。⑰

(二) 政治文化与政治参与

民主具有多维度的面向，其发展与巩固不仅需要制度层面的跟进，也离不开政治文化的支持。有学者认为英国的选举制度与英国传统政治文化及其对英国公民根深蒂固的影响分不开，这与英国“西敏斯特”式的政治传统、保守主义的文化气质、实用主义的思维特征、党派归属和党派认同影响等因素密切相关。⑱

随着社会阶层的分化，出现了越来越多的新社会阶层，并成为人们需要关注的群体。有学者认为农民无法有效地在流入地确定自己的社会身份和社会地位，原因之一是话语建构形成一种温和的话语暴力，“农民工”概念获得了广泛的社会认同甚至是自我认同，因而形成一种社会合意，难以被质疑和消解。⑲

(三) 政治学方法论和学科建设

一个学科的发展水平，在一定程度上可以由这个学科的研究方法水准表现出来。有学者从宏观层面梳理了政治学方法论在中国演进变迁的逻辑线索，认为政治学恢复以来，关于政治学方法的研究可以划分为非此即彼、综合运用、结构建构三种形态。第一种形态将马克思主义的历史唯物主义方法直接运用于政治学的一切研究中，还将所谓“现代研究方法”作为分析中国政治现实和政治发展的科学途径；第二种形态较为清楚地划分方法论基础和研究方法模式的类型；第三种形态形成应用性研究、模式分析研究和理论抽象研究等不同结果形式。⑳

在主流学科之外，一些边缘学科和交叉学科也越来越具有本土意识，并尝试改变西方学科主导的现状。有学者认为从研究方法上，我国政治心理学的成果多为理论思辨性研究和现象描述性研究，对实证性研究方法的运用明显不足。㉑我国如何借鉴西方先进的研究方法同时确立中国本土的研究主题，如何将这些研究转化成可以应用于社会实践领域的成果，是这门学科亟待解决的课题。

三、政府改革与治理

(一) 政府改革

改革开放创造了巨大奇迹，然而改革开放如何开始和发展的历史逻辑值得探讨。有学者认为毛泽东作为党的第一代领导集体的核心，与改革的成功启动有着密切关系。毛泽东关于“紧密联系群众”的思想作风的影响和延续是中国改革成功启动的重要历史原因；毛泽东对农村建设和农业发展的重视，为之后农村改革的成功启动创造了良好的条件。[22]

在改革开放进行了30多年之后，有关政治体制改革的呼声依然非常强烈，这一方面说明改革依然没有完成或说改革不彻底，另一方面也说明改革从来都是渐进的。有学者认为目前中国经济改革的过程中也包含了社会和政治的改革，这种渐进式的改革不仅是中国改革取得伟大成就的原因，也应该成为继续推进改革的重要方式。[23]

改革开放30多年所取得成就需要通过继续推进和深化改革来维持。人民群众对党和政府的满意度并没有随着其生活水平的上升而提高，党和政府的公信力也没有随着综合国力的增强而上升。有学者指出对这种现象必须引起高度的警醒和深刻的反思，改革的重点需要加快建设法治政府、服务政府、透明政府、责任政府和效能政府，提高政府的公信力。[24]

从长远来看，提高政府公信力是深化改革的必然要求，从短期来看，也是适应互联网时代政治生态变化的途径。有学者指出政府要将互联网当作权力资源来对待，整合宣传架构和沟通策略，引领社会公共领域的话语权，以政府自身的改革与开放，促进社会共识的形成。[25]

从中国政治发展的战略选择来看，改革开放以来中国政治发展的道路及其走向一直为海内外人士所关注。有学者研究发现，在基本政治制度不变的前提下，已经不能再用一些过时的意识形态化标签看待变化了的中国政治。中国不应该只是西方政治学理论的实验场，还应该是理论的发源地。[26]

（二）政府治理

经过30多年的发展，我国基本解决了社会的普遍贫困问题，但在新阶段，社会不公正成为新问题。有学者认为最根本的实现路径是社会管理体制创新，县域社会管理体制创新是一个很好的切入点。必须坚决发挥好基层人大这一制度性监督平台的作用，支持和发展各种各样的社区和农民自治组织，推进人民群众参与决策和管理的服务型政府。[27]

善治的实现不仅要优化权力结构，而且要加强权力主体的执行力。有学者以昆明的公共治理为例，提出如何通过制度创新来加强政府执行力建设。昆明市采用了观摩督查的“一线工作法”，即各级领导干部定期与不定期亲自巡视基层和重点工程，以这种方式督促落实各项政策与制度，要求他们亲自到生产、生活的第一线去，就地提出问题和解决问题，狠抓落实，限期整改，其实质则为提升我国公共行政执行力的问责理念与问责机制。[28]

扩大公民有序政治参与是我国新的历史时期具有现实意义的政治主张。有学者认为政府对公民政治参与既可以进行理念引导，也可以通过疏通参与渠道、强化政治参与中的政府责任、回应公民的利益诉求等方式实现。[29]只有政府与公民之间实现互动，否则有序的、有效的政治参与不能真正实现。

我国社会群体事件暴露了单方面的公民参与所造成的不良影响，以及政府的发展战略和管理模式存在的问题。有学者从制度层面来探讨这一问题，指出信访制度作为中国特色的政治制度安排，在处理社会矛盾方面有重要的作用，有助于实现政治民主与社会治理。[30]

也有学者从发展模式上探讨这一问题，政府主导被认为是中国模式的重要特点，但并不能因此说这种模式就不存在问题。作者认为如果政府依然延续传统的行为模式，继续单方面地制造自以为是的公共政策，便增加了民众的不满，失去公信力和约束力。[31]群体性事件确实是观察中国社会的窗口，需要我们站在国家发展战略的高度对它进行全面深刻的反思。

还有学者从协商民主的角度来认识群体性事件，认为参与和协商是分析群体性事件发生原因的关键变量。协商民主可以作为预防群体性事件的路径选择之一，它尤其强调对公共利益的责任，促进政治话语的相互理解，辨别所有政治意愿，以及支持那些重视所有人需求与利益的具有集体约束力的政策。这些都对群体性事件的预防和解决具有重要意义。[32]

也有学者认为群体性事件的实质是利益矛盾和利益冲突，并区分了两种性质不同的利益冲突类型，即官民矛盾与劳资矛盾。前者可以在既有体制内，通过发展战略的适时调整、公共政策过程的优化，大力发展公共领域，鼓励不同形式的公民参与来化解。对于后者来说，必须探索新的治理形式，政府应当具有充分的独立性和自主性，发展出以劳资协商为主的利益协调新机制。[33]

四、政治思想史

（一）西方政治思想史

“德性”是一个中西文明共有的概念，反映了人类所面对的社会共同体要求。有学者通过对孔子和亚里士多德的德性观念的探讨来解答“德性是主体性的还是普遍性的”这一问题。作者认为孔子和亚里士多德都不曾提出这样的论题，德性具有今天哲学家们称为普遍性的那种性质，但它是一种基于实践的、基于德性的心灵的展开的可能的普遍性。[34]

作为近代政治正当性的基础，自然权利观念具有非常重要的作用。有学者认为从政治哲学的视角来看，自然权利是一个逐渐实现的过程，也是不断扬弃的过程。这个过程可大致分为三个阶段：第一个阶段解决的主要是暴力问题；第二个阶段解决的主要是经济与社会问题；第三个阶段解决的主要是平等和自由、同质与异质的矛盾。[35]

洛克的自然权利说在近代具有代表性，有学者认为我们对于这一自然权利说的认识还不充分，其原因在于忽略了洛克对自然权利的论证中历史性的或经验性的因素，而将自然权利等同于天赋权利或先验权利。其实洛克没有完全放弃自己的经验主义传统，其自然权利蕴含着非常深厚的历史因素。[36]

财产权是近代天赋权利中最重要的权利之一，与生命权和自由权一起构成了人权的基本形态。有学者探讨了在前现代社会财产权所要保护的财富或财产与法权的关系，认为现代社会与古典社会的重大区别就是赋予了国民自由地、主动性地从事财富创造的无穷动力，与此同时限制国家把国民对于财富的拥有转化为一种财产权。因此财产权制度是现代财富的动力机制的制度基础。[37]

国家观念是西方政治思想史的核心论题。有学者试图挖掘具体国家观念的个性特征，认为赋予国家积极形象的思想家更为关注国家在近代社会生活中的地位和作用，而赋予国家以消极形象的思想家看重国家对于个人权利的威胁。国家观念没有终极理论，认识这点对于当代中国的社会主义政治文明建设具有积极意义。[38]

不管是自然权利观还是国家观，都是一种致力于建构一种西方文明的自觉，这一点源自西方特有的历史意识。有学者从思想史的角度揭示了支撑现代西方自我认同的普世历史观，认为它只是模仿一神论的狂热的、缺少节制的世俗弥撒亚主义。通过深入探讨现代西方历史意识的来源与构成，我们会发现一种不同于普世历史观的健康的多元文明的世界观。[39]

针对人物研究来说，可以说没有人比马基雅维利更能引起学界的争论。有学者认为就政治正当性的证成来说，马基雅维利特别强调政治自由的基础作用，这种自由是尊重他者的自由，是共同体内的自由。马基雅维利清楚地认识到道德原则的证成和实践应用是两码事，因此政治正当性的建构应该立足于实然，既面向社会常态，也着眼于非常状态。[40]

在对马基雅维利的多维解释中，古典共和主义是重要视角之一。有学者认为马基雅维利从以下几个方面对古典共和主义的议题作出了独特回应：在自由、共和与公共利益之间建立了紧密的联系；通过引入斗争的方式发展了混合政体理论；阐述了公民美德的重要性以及培养公民美德的各种方式和途径。[41]

20世纪的很多政治思想家都深刻解读了西方政治思想史上的宝贵遗产，在此基础上形成自己的理论架构和制度诉求。有学者研究了20世纪西方最具原创性的政治思想家迈克尔·奥克肖特的公民联合体理论，不仅为理解奥克肖特的著述、把握奥克肖特的意图提供了恰当的视角，而且为更好地理解政治概念、政治理性、民主政治和思考政治现象提供了丰富的理论资源。[42]

有学者依托政治学高级研讨班的成果，集结来自中国大陆和台湾地区的十几位专家集中讨论的观点，总结西方政治思想史研究中的方法论。其内容囊括不同层面的相关问题，既涉及思想方法层面，也涉及具体的研究技能。学者们的研究角度也是多方位的，既有从政治学、历史学、文学、哲学等多学科角度出发，对西方政治思想史加以考察，也有从具体理论、概念、人物等切入，专门思考方法论问题。[43]

（二）中国政治思想史

罗尔斯的正义理论引发了中国学者对社会正义或公平问题的思考。有学者认为要构建中国的社会正义观，需要从中国“历史的正义”和“现实的正义”中吸收资源。自近代以来，中国还处于百年启蒙和革命的传统当中。中国改革开放以来，又出现市场经济发展传统。要凝聚有关正义的新型社会共识，三种传统都有可以借鉴的资源。[44]

2011年适逢辛亥革命100周年，众多学者纷纷撰文纪念这场伟大的革命，引发了讨论热潮。有学者指出要将“辛亥革命”纳入学术研究的轨道，需要对概念进行界定，把“辛亥革命”与孙中山领导的“国民革命”区别开来。明确辛亥革命只是国民革命的一个阶段、一个组成部分，才能对辛亥革命的历史功绩、历史地位、历史意义作出正确的符合历史事实的评价。[45]

有学者对近十年有关辛亥革命的研究进行了归纳，认为为了与研究视域不断拓宽相适应，研究者多半不再局限于所谓革命史范式和现代化范式的争论，而是对具体问题投入了更多的热情。在研究视角和方法论方面，近十年的研究大体秉承了20世纪90年代以来的多样化趋势，将现代化理论、国家与社会关系理论、社会转型理论等借用过来，在宏观和微观方面都进行了积极的探索。[46]

有学者认为辛亥革命其实是一场低烈度的革命，导致出现一个大变局的中国，并在全景勾勒晚清民国背景基础上，追踪这场革命的真相。这场意外发生的革命使中国第一次出现了没有君王的政治，在亚洲第一次有了参众两院的民主共和国。[47]

革命不仅是一种实践，也是一种观念或理论，正是革命的理论与实践之间相互作用才会促成革命的发生。辛亥革命所要解决的问题乃是从晚清以来中国面临的最大问题，即现代国家建构，所有致力于建国的政治家和理论家无不在国家建构上进行艰难的理论思索和实践探求。有学者认为孙中山的建国理论既不符合所有理论范式的逻辑清晰性的要求，也不符合这些理论范式的实践进路设计，而是对中国建国实际处境和艰难进程的不断思考和探索，对于今天处于建构现代国家关键时刻的中国大陆具有重要的启发意义。㊽

有学者认为中华民国作为中国千年历史中的第一个共和国，在建国过程中实际上有好几种力量相互妥协和合作，才共同建立了现代中国。如果要完整地看待共和国的建构，就需要客观地对待这几股力量分别起到的作用。㊾

也有学者持更开放的态度，认为对于辛亥革命不要怀有很强的既定见解，而要有一个散点的视角，如立宪、地方、会长的角度等，从多个方面来看待这场革命。在一定意义上讲，正是革命阻断了当时的启蒙，更多造成制度的困扰和变化的焦虑，这些都给后人在实现现代化过程中以很好的历史教训。㊿

（本文经中国人民大学国际关系学院李景治教授审阅）

注：

①景跃进：《民主化理论与当代中国政治发展——民主化理论的中国阐释之一》，《新视野》，2011年第1期；《关于民主发展的多元维度与民主化序列问题——民主化理论的中国阐释之二》，《新视野》，2011年第2期。

②杨光斌：《政体理论的回归与超越——建构一种超越“左”右的民主观》，《中国人民大学学报》，2011年第4期。

③张飞岸：《论民主的“去社会主义化”——熊彼特“民主”概念的意识形态立场和功能解析》，《政治学研究》，2011年第5期。

④张树华：《冷战后西方民主与民主化研究：理论困境与现实悖论》，《红旗文稿》，2011年第9期。

⑤谈火生：《民主化进程中的国际因素》，《经济社会体制比较研究》，2011年第4期。

⑥霍伟岸：《洛克与现代民主理论》，《中国人民大学学报》，2011年第1期。

⑦任剑涛：《国家理性：国家禀赋的或是社会限定的》，《学术研究》，2011年第1期。

⑧郑雪飞：《国家自主性研究层次评析》，《人文杂志》，2011年第1期。

⑨刘京萌：《寻求更高层次的发展——对发展型国家理论的再认识》，《山东大学学报》（哲学社会科学版），2011年第4期。

⑩杨光斌：《政治变迁中的国家与制度》，中央编译出版社，2011年版。

⑪周淑真：《政党政治学》，人民出版社，2011年版。

⑫刘瑜：《经济发展会带来民主化吗？——现代化理论的兴起、衰落与复兴》，《中国人民大学学报》，2011年第4期。

⑬韩冬临：《经济发展与民主价值观——现代化理论在中国的实证研究》，《中国人民大学学报》，2011年第4期。

⑭郭莲：《中国公众近十年的价值观的变化——“后现代化理论”的验证研究》，《国家行政学院学报》，2011年第3期。

⑮王浦劬：《中国政治学学术发展回顾与规划》，天津人民出版社，2011年版。

⑯杨光斌：《政治学导论》（第四版），中国人民大学出版社，2011年版。

⑰杨光斌：《政治学的基础理论与重大问题》，中国人民大学出版社，2011年版。

⑱舒绍福：《政治民主发展的政治文化分析》，《国家行政学院学报》，2011年第4期。

⑲熊光清：《制度设定、话语建构与社会合意——对“农民工”概念的解析》，《中国人民大学学报》，2011年第5期。

⑳杨海蛟、亓光：《政治学恢复以来的政治学方法论研究：阐释与创新》，《求索》，2011年第2期。

㉑郑建君：《政治心理学研究的基本内容、方法与发展趋向》，《政治学研究》，2011年第4期。

㉒关海庭、田巍：《当代中国改革成功启动的历史因素分析——以改革前三十年的历史为视角》，《上海党史与党建》，2011年第8期。

㉓刘智峰：《中国政治改革的要义是渐进——从社会建设层面推进政治改革》，《新视野》，2011年第3期。

㉔俞可平：《政改须抓住机遇》，《领导文萃》，2011年第6期（下）。

㉕褚松燕：《互联网时代政府公信力建设》，《国家行政学院学报》，2011年第5期。

㉖杨光斌：《中国政治发展的战略选择》，中央编译出版社，2011年版。

㉗竹立家：《权力生态困扰基层维稳》，《人民论坛》，2011年第13期。

㉘谢庆奎：《论政府执行力的提升——以昆明的公共治理为例》，《新视野》，2011年第6期。

㉙刘玉芝：《政府在扩大公民有序政治参与中的地位与作用》，《政治学研究》，2011年第4期。

㉚王浦劬：《以治理民主实现社会民生——我国行政信访制度政治属性解读》，《北京大学学报》（哲学社会科学版），2011年第6期。

㉛燕继荣：《群体事件的警示意义》，《国家行政学院学报》，2011年第2期。

㉜夏金梅：《群体性事件的原因与防范：协商民主的分析视角》，《北京行政学院学报》，2011年第3期。

㉝景跃进：《演化中的利益协调机制：挑战与前

景》，《江苏行政学院学报》，2011年第4期。

㉞廖申白：《德性的“主体性”与“普遍性”——基于孔子和亚里士多德的观点的一种探讨》，《中国人民大学学报》，2011年第6期。

㉟王利：《从政治哲学视角看自然权利的力量》，《中国人民大学学报》，2011年第1期。

㊱肖红春：《洛克自然权利理论的历史性意蕴》，《哲学动态》，2011年第2期。

㊲高全喜：《财富、财产权与宪法》，《法治与社会发展》，2011年第5期。

㊳庞金友：《近代西方国家观念的逻辑与谱系》，《政治学研究》，2011年第5期。

㊴张广生、张彦丽：《历史意识与西方的自我认同：思想史的考察》，《中国人民大学学报》，2011年第6期。

㊵王立峰：《马基雅维利论政治正当性》，《政治学研究》，2011年第3期。

㊶刘训练：《马基雅维利与古典共和主义》，《政治学研究》，2011年第4期。

㊷赵波：《奥克肖特的公民联合体理论研究》，中国传媒大学出版社，2011年版。

㊸丛日云、庞金友：《西方政治思想史方法论研究》，社会科学文献出版社，2011年版。

㊹何怀宏：《正义在中国：历史的与现实的——一个初步的思路》，《公共行政评论》，2011年第1期。

㊺李庆英：《应对“辛亥革命”概念作科学的界定——兼谈辛亥革命“既成功了又失败了”的矛盾评价之由来》，《探索与争鸣》，2011年第11期。

㊻闫润鱼、江铃宝：《近十年来辛亥革命研究述评》，《教学与研究》，2011年第9期。

㊼张鸣：《辛亥：摇晃的中国》，广西师范大学出版社，2011年版。

㊽任建涛：《为建国立规——孙中山的建国理论与当代中国政治发展》，《武汉大学学报》，2011年第5期。

㊾高全喜、田飞龙：《辛亥革命与现代中国》，《南方论丛》，2011年第4期。

㊿鲍家树：《第三只眼睛看中国——张鸣教授访谈录》，《探索与争鸣》，2011年第6期。

（作者：王乐理，中国人民大学教授；
赵波，中国传媒大学讲师；
乔欣欣，中国人民大学博士生）

社　会　学

社　会　学

郑杭生　奂平清　张宏斌

2011年是“十二五”规划的开局之年，也是北京社会学界继续以立足本土、开发传统、借鉴国外、创造特色的理论自觉意识，积极面向并总结中国社会建设社会管理的实践、努力提升学术话语权的收获之年。本年度在社会学理论、社会学（思想）史、社会学研究方法、社会建设与社会管理、社会结构、社会分层、社会公正、城乡社会学、社会问题、社会政策、社会保障与社会工作、组织社会学、环境社会学、经济社会学、法律社会学、婚姻家庭社会学、文化社会学，以及社会心理学等分支领域都取得了丰富而有价值的研究成果。

一、社会学理论、社会学史、社会学研究方法

改革开放30多年来，中国在经济和社会建设中取得了巨大成就，中国经验和中国道路也为中国人文社会科学的发展提供了巨大的历史契机。积极回应时代的挑战，推动具有中国特色、中国气派的学科建设，已成为中国社会学者的自觉追求。有学者分析指出，中国社会学在大力推进社会学本土化，在创造学术话语、把握学术话语权方面，走过了从不自觉到自觉的长期探索之路。西方社会学学术话语权曾对中国社会学产生了很大的影响，在当下中国，各种思潮集聚及其代表的学术话语都在争夺话语权，对此中国社会学也要积极行动以掌握学术话语权制高点，而这个过程又是与打破西方学术话语权垄断局面联系在一起的。①

在社会学史研究方面，有学者认为，新时期进一步研究、发掘中国社会学史既是“盛世修史”的现实需要，也是中国社会学走向“理论自觉”的需要。研究中国社会学史，应客观揭示中国社会学的历史进程，根据史料分析综述各学派学术观点，还应注重对中国社会学史的使用和开掘，从已有的成果中寻找认识中国社会的方式和方法，发掘面对中

国社会、反映时代精神的本质问题，对前人的观点进行追踪式的“再研究”。[②]

在社会学研究方法领域，有学者对在中国大陆学界颇具影响的“过程—事件分析”方法与策略及其问题作了分析，认为这一方法存在孤立地研究行动的问题，忽略了社会抽象性的一面，因而限制了该策略的解释力。[③]有学者基于实地调查经验，分析了定性调查中“聊天”“旁听”“体验”三种方法的特点及其方法论意义，扩大了“主体”与“互动”的概念，突出了研究者与被访者之间共述、共景、共情的重要性。[④]在定量研究方面，有学者围绕匹配数据和分析模型，对如何减小匹配数据偏差的影响、弥补“选择性偏差”作了深入的探讨与争论。[⑤]

二、社会建设、社会管理研究

根据当前中国社会建设社会管理现实困境与实践需要，北京社会学界自觉探索社会建设和社会管理理论、总结和提炼中国社会建设和社会管理实践经验。有学者指出，探索社会建设和社会管理的重要且正确的研究路径是要立足现实、提炼现实，开发传统、超越传统，借鉴国外、跳出国外，正确总结“中国理念”，科学概括“中国经验”。立足于当代中国社会结构变迁的历史大背景，以国际的视野和世界的眼光，对社会建设和社会管理进行系统深入的调查研究，把分散的经验材料提升为较为系统的理论观点、形态，为社会建设和社会管理的伟大实践提供必要的学理支撑，这是中国社会学义不容辞的使命。也只有这样做，中国社会学才能源源不断地获得对学科自身发展极其重要的新鲜经验，切实抓住中国社会结构变迁赋予我们的理论创新的机遇和挑战，实现“理论自觉”，把握学术话语权。[⑥]从这一研究立场和路径出发，该学者对许多地方和部门的社会建设和社会管理的实践与经验进行了深入调查分析与总结，认为这些经验的重要方面就是通过构建“国家—社会”新型关系，促进“政府—企业—社会”的三维合作，促进社会资源和社会机会的优化配置，以及通过形塑价值共识作为共同行动的基础等。[⑦]

关于社会建设的目标和内容，有学者提出社会建设就是建设社会现代化。建设社会现代化是一个宏大复杂的系统工程，也具有明显的阶段性。其中改善民生事业、社会事业、加强创新社会管理是第一个阶段；着力推进社会体制改革，实现城乡一体化，形成一个合理、开放、包容的现代社会结构是第二个阶段；实现“民主法治、公平正义、诚信友爱、充满活力、安定有序，人与人和谐相处的社会主义和谐社会”的社会现代化是第三个阶段。[⑧]

有学者从发展战略的角度分析社会建设和社会管理，认为改革开放30多年以来，在成功地抵御和度过国际金融危机之后，中国已进入新的发展阶段，这个新阶段的总体特征表现为经济持续快速增长、政治格局总体稳定、社会问题多发。这些特征促使社会建设和社会管理成为我国发展的新的核心议题。我国社会建设重大战略的提出，是依据经济体制、社会结构、利益格局和经济增长支持因素的深刻变化，适应我国发展进入新成长阶段的必然选择，也是转变发展方式的重要内容。当前社会建设的主要任务是基本民生建设、一般性社会事业的发展、社会安全建设三个方面。[⑨]有学者认为，随着中国城市化进程的加快，社会风险也日趋加大，因此应当把城市化进程中的社会风险问题同中国社会的结构分化、认同分化和社会矛盾集中等问题联系起来研究，才能更有效地深化对城市化风险的认识。[⑩]

有学者对国家与社会建设中意识形态建设的相关理论和现实问题作了深入持续的探讨。进入新世纪以来，意识形态安全与社会建设之间的关系呈现新形态，探讨西方意识形态在市场、政府和社会的权力关系中的对立冲突，对于认识国际社会新格局和意识形态领域的新变化，具有重要的学术价值和实践意义。[⑪]在现阶段，互联网、影视媒体和手机通信的快速发展，不仅带来了意识形态传播方式的改变，也导致社会权力结构的深刻变化。[⑫]关于意识形态的类型，根据意识形态的信守主体，可以划分为总体意识形态、群体意识形态和个体意识形态，这三种意识形态在生成方式、表现形式和演化进程等方面既有联系又有区别，在经济社会和思想文化快速发展的新形势下，应当超越把意识形态仅仅归结为理论体系的抽象认识，把握不同社会层面意识形态的新变化与新特点。[⑬]

社会建设的价值基础也受到研究者的高度重视。有学者指出，从社会秩序的价值基础来看，现代人无可逃避地生活于陌生人的世界之中，相对于熟人社会，契约和法律成为维系陌生人社会秩序的权威力量，而要克服陌生人关系中的去道德化倾向，还需要奠定以信任和责任为核心的价值基础。[⑭]有学者通过对公共领域和私人领域的原则差别的分析，探讨社会建设的基础性原则问题，认为家庭主义原则无法推演出非个人的公共性规则，因而在其基础上构建的社会可能是私人社会，而非公共社会。[⑮]

有学者以“国家—社会”为框架、从国家运动的角度分析新中国成立以来的经济建设、社会建设和社会管理的相关问题。认为新中国诞生时建立的是革命教化政体，基于强烈的历史使命感和所面临的强大绩效合法性压力，以及该政体所提供的组织和合法性基础，国家能够不时打破制度、常规和专业分际，动员国家所需要的社会资源，于是形成国家运动。但是随着国家卡理斯玛权威的常规化，国家运动在总体趋势上会越来越温和，发生频率越来越低，直至消亡。[⑯]

有学者通过对中国历史上社会管理思想的梳理与分析，认为国家与社会融合一体、上下整合的政治理想是“国家—社会”关系的中国理念，认为这是一笔珍贵遗产和深厚资源，这一理念能够继续启迪我们的智慧，应对来自实际的各种挑战，有助于促进“中国经验”的持续成长。在社会建设与社会管理的“中国经验”以及更多的地方与基层经验中，构建“国家—社会”的新型关系是一个贯穿性的内核，正是“政府—企业—社会”的合作三维，才使得社会资源配置不断得到优化，公共服务与社会治理得到持续创新。民间力量的作用，也不再是一种孤立的行动过程，而是在政府、市场与社会的合作中体现出来的。[17]

在城市社区建设方面，有研究认为，中国普遍存在“社区参与不足、社区冲突却很多”的现状，要想真正破解制约我国和谐社区建设的社区冲突难题，需要不断进行理念和制度创新，从理念上克服“谈冲突色变”的恐惧心理，同时推进社区自治的体制建设，促进社区参与，提高国家公权对社区冲突“制度化”的整合能力。[18]

随着城市化进程的加快，流动人口的管理成为社会管理的突出问题。有学者指出，逐步推进和深化户籍制度改革，理顺城市社会管理体制，同时把对流动人口的管理、服务和教育培训有机结合起来，不仅能够解决流动人口管理问题，而且也将给城市及社会和谐发展提供新的动力。[19]

在中国的快速城市化和经济建设过程中，各类工程项目如拆迁、工程移民等所导致的社会管理问题日趋严重。有学者指出，要解决这些问题，就必须要加强项目“社会影响评价”，如果在项目的筹备、计划阶段就将诸多社会因素考虑进来，就可以避免或减少问题发生，即使有问题也可以提前采取积极的对策。[20]

三、社会阶层结构、社会公正研究

在社会转型加速期，社会结构尤其是阶层结构变迁成为社会学者关注的重要领域，成果也极其丰富。

有学者探讨了网络时代的权力结构变迁问题，认为中国社会生活网络化正在快速推进，网络社会的崛起已经极大地改变了社会生活，其中最突出的变化是社会权力结构的变化。信息权力的地位作用的凸显对于执政党解决脱离群众、消极腐败、精神懈怠和能力不足等问题将会发挥积极作用。[21]

有分析认为，中国改革开放以来阶级、阶层发生了重大变化。在现阶段，应当关注四个方面问题：一是阶级、阶层政策的调整和收入分配政策的调整，二是中国阶级、阶层结构的变动，三是利益格局的变化，四是包括收入差距变化趋势、市场机制与收入不平等的关系、中产阶级、农民工等在内的具体问题。[22]

阶层意识、阶层认同也受到广泛关注。有学者利用调查数据分析了转型时期的阶级认同和社会稳定之间的关系问题，发现近年来我国民众的“底层认同”在不断扩大，“中层认同”在不断流失，改革前的“阶级政治”观念阻碍了中产阶级认同的形成和发展。这种阶级认同现状和趋势，从主观上降低了收入满意度、社会公平感以及对未来的信心，不利于社会的稳定与和谐，有必要加以政策调整。[23]有学者利用全国调查数据分析中产阶级的主要态度倾向，发现中国中产阶级内部存在着多种价值取向，既有保守主义的成分也有自由主义的成分，中产阶级是一种社会稳定力量，但其未来走向还存在一些不确定因素。[24]有研究利用全国调查数据，对新生代农民工的社会态度和行为选择问题作了分析，重点分析了“代际”（新生代）和“阶层”（农民工）两个因素对新生代农民工的处境、行为取向和社会态度的影响，以及收入、生活压力和社会态度三者之间的关系，发现生活压力的变化和个人权利意识的增强对新生代农民工的社会态度和行为取向具有非常重要的影响。[25]

在阶级、阶层分化中，不平等和社会公正问题也日益受到关注。有学者指出，在我国当前经济社会的巨大变迁中，出现了一部分人被“边缘化”的现象，造成了一些人的生活困难，财富分配的巨大反差也导致很多人产生被边缘化的感觉。我们要区分“竞争型边缘化”与“非竞争型边缘化”、“初次边缘化”与“再度边缘化”。和谐的社会必须有良好的社会福利、社会保障制度，对弱势者、对下降流动者提供社会保护，要防止再度边缘化的发生，更要防止制度障碍型的边缘化。[26]有学者分析指出，改革变迁中的社会分化引发了复杂的社会公正感问题，不仅很多社会成员形成了社会不公正的判断，而且因为利益获得或生活境遇不同，社会成员的社会公正感出现了明显分化。而通常使用的社会分层指标已经无法真实反映社会成员的实际分化，只有在社会成员经济利益和社会境遇的动态变化和社会联系中，才能深入揭示社会成员的社会公正感分化的差异性。[27]有学者分析指出，自由和平等是一个有机整体，互为前提，相互促进，缺少任何一方都会危害社会的长期发展。我国改革开放30多年以来自由和平等的状况是“自由相对有余而平等相对不足”。改革开放以来，民众在思想的自由、创造财富的自由、生活的自由等方面取得了较大进展，但这一时期的平等发展状况则明显不足，这种局面对中国社会产生了许多负面影响。[28]

四、城乡社会学研究

农业劳动力的非农化和农民工城市化问题，依然是许多学者关注的重点。有研究指出，农村劳动力非农化转移是农村和农民发展面临的重要问题。乡—城人口迁移政策以及劳动力市场体制等因素在宏观层面影响着非农转移的规模与速率。经验数据分析表明，关系网络主要在农户与市场进行互动时发挥社会资本的一般性影响，并非通过提供明确的职位信息或为取得职位而提供人情帮助，人力资本中的受教育水平对非农转移机会和转移效果都具有积极意义。促进农村劳动力有序、稳定转移，既需要有一体化的劳动力市场及社会体制改革，更重要的是政府需要继续加大对农村教育的投入力度。[29]

有学者以在广州的调研数据为基础，分析了“外来农民工”所遇到的“不融入”问题、“农转非”人员遇到的“半融入”问题，认为应当采取不同的社会对策，从不同的角度促进他们融入城市社会。对外来农民工而言，首先，政府在政策上要保障其子女受教育的权利，促进农民工在住房等社会保障方面的融入问题；其次，解决农民工社会流动的技术断裂问题，要为农民工设计适于发挥他们能力的制度，使他们能够通过竞争实现地位上升；最后，对外来农民工进行社区援助。对农转非人员的半融入问题而言，第一，城市在对弱势群体的帮助上，应该将农转非视为主要对象；第二，在居住格局等方面，消除阻止农转非与市民交往的制度性区隔因素；第三，要重视主观心理融入的建设。[30]

也有学者注意到，由于存在体制、文化和身份三重弱势，少数民族农民工群体在社会融合问题上面临更为严重的困境。目前内地城市对少数民族的服务与管理明显滞后于民族人口规模增长的现实要求，针对少数民族的服务管理工作相当被动，工作观念和政策法规滞后，各职能部门、各地政府之间缺乏协调沟通，以致出现“边界管理真空”。这极大地影响了城市少数民族的社会融合的顺利进行，也对城市民族工作带来了新要求与新挑战。因此，必须结合城市少数民族的社会融合困境，针对突出矛盾和民族特殊性，探索和总结促进城市少数民族工作的办法，完善城市民族工作政策，帮助和引导少数民族的城市适应和社会融合，创造良好的政策环境来化解由于民族性带来的身份弱势。[31]

新生代农民工问题也引起一些学者的关注。有研究认为，与第一代农民工相比，农村给予新生代农民工的“推力”依旧，“拉力”却越来越小；而城市给予他们的“拉力”和“推力”相比第一代农民工更大。这些“推拉”因素之中有一部分制度性因素是不合理的，户籍制度及城乡歧视造成“推力”过大、资源过度集中于大城市导致“拉力”过大。要从根本上解决农民工的问题，城乡户籍限制的放开是根本途径，但先决条件是解决大城市“拉力”过大的问题。另一方面，亟待建立大城市的“人口退出机制”。[32]有研究利用流动人口动态监测调查数据分析了新生代农民工的特征，分析认为新生代农民工问题没有发生本质上的变化，但他们需要一个新的未来。[33]

城乡二元制度结构制约下的农村劳动力流动模式所形成的农村留守儿童等问题也成为近年来的关注热点，有学者对学界关于这一问题的研究作了评述，认为从儿童权利角度看，无论是进城的还是在乡的，都处于多种不利的结局。而留守儿童群体的生存和成长状况，对于今后几十年中国的社会、政治、经济状况，都将产生直接和深远的影响。[34]

有学者对“自上而下”的财政转移支付项目进入村庄的社会过程进行观察和分析，分析了国家部门的“发包”机制、地方政府的“打包”机制和村庄的“抓包”机制及其之间相互作用的复杂过程，认为只有通过公共品的供给，增加村民参与的公共空间，实现村庄公共治理，项目制才能真正增进公益进而达成整合的目标。[35]

五、社会问题、社会政策、社会保障与社会工作研究

在社会问题研究方面，2011年度对自杀问题的关注较多。有学者通过对多种官方数据的整理，发现中国的自杀率在1987—2008年间呈显著下降趋势，其主要原因是农村人口自杀率的下降，尤其是农村女性自杀率的下降。自杀率的明显变化是多重因素导致的结果，中国的自杀率和经济水平的提高及流动人口的增长呈显著负相关关系，中国自杀率下降的主要原因在于很多原有冲突情境的弱化。[36]也有人从社会、企业、员工自身三个方面对富士康跳楼事件的原因进行了社会学分析，认为应该从加强政府对企业的监管力度、调整企业员工的薪酬标准、改变企业军事化管理方式、加快实现企业转型、发挥工会积极作用等方面解决问题。[37]

有学者基于田野调查资料，从微观层面考察参与主体的行为互动及其逻辑演进，剖析利益与价值因素的交替主导效应，进而解释聚集者何时、因何、如何参与和退出集体行动，并以此回应海内外学者的观察。研究认为，中国社会转型时期的价值主导型群体事件并不完全与西方集体行动理论相契合。[38]

在城乡统筹的社会政策研究方面，有分析认为，进入新世纪以来，由于党和国家的高度重视及具体部署，中国社会政策发展开始进入城乡统筹时代，但由于长期以来社会政策城乡二元化发展所造成的影响，目前农村社会政策仍存在严重的发展不足问题。[39]有分析认为，从社会政策角度看，农民工处于“半城市化”状态的关键在于其融入社会的公平性存在诸多问题。加快社会政策的整体性改革和创新，构建以社会公正为机制的社会主义公民权体系，是解决农民工问题的不二选择。[40]

在社会保障研究领域，有学者分析了社会保障的全球化困境及其治理机制，认为在全球化时代，社会保障的实施需要全球合作。[41]有学者分析了金融危机对中国社会福利体系重构的影响，认为对于正在建立和完善的中国社会福利体系来说，金融危机成为检讨新制度是否有效以及在哪些方面存在漏洞的机会。我国要在社会救助和社会保险福利相对稳定的基础上，把社会福利建设提高到事关民生的方方面面，实现从物质需求福利向精神需求福利的过渡；同时中国社会福利体系设计还要遵循弹性原则。[42]

有学者在对我国养老保险制度改革和人口转型之间关系的分析中，认为中国应该从日本的经验中吸取经验，需要尽快提升社会养老保险统筹层次，整合支离破碎的养老金制度体系，扩大养老金覆盖面。当然要平缓提升养老金金额并使之具有长期可持续性。[43]在养老服务方面，有学者分析了我国老年人服务机构建设中应用公办民营和民办公助的六种方式，结合案例对于超大规模老人院建设仓促上马、公办民营老人服务机构缺乏章法和政策标准，以及民办公助老人服务机构助力差、压力大、类型差异性强等基本问题作了政策分析，认为目前我国老年人服务领域的社会政策是短缺的、扭曲的和误导的。我国老年人服务的基本政策方向是要以失能老人长期照护社会服务为核心，并从正确理解社会福利“民营化”概念、老年人服务政策必须转化为长期照护制度等方面实现基本政策方向的转变。[44]也有学者分析了我国建立长期照料社会保险制度的意义，并提出了基本构想。[45]

在社会工作研究方面，有学者指出，我国有本土社会工作在实践形态上主要是由政府及人民团体、单位组织进行的，面对民众和社会成员的服务活动，特别是社会福利服务活动。[46]但总体而言，社会工作在中国的发展是一种嵌入性发展，随着改革的深入和社会转型的加深，新的社会管理格局的逐步形成，社会工作将走向政府—专业合作下的深度嵌入。[47]有学者对中国社会工作教育的发展历史作了分析，认为国家对社会工作人才队伍建设的重视，以及近年来国内社会问题集中爆发的现实，都为中国社会工作教育的进一步发展提供了新的契机。[48]

六、组织社会学研究

对于政府上下级部门之间的关系，社会学一直以来都较为关注。政府内部上下级部门间讨价还价的谈判是政府运作过程的重要组成部分，也是认识政府组织制度和行为的一个切入点；其总是发生并受制于特定组织背景以及相应的制度规则。有学者以环境政策的实施为例，对我国政府内部上下级部门之间的谈判进行了研究，发现在委托方（如省环保厅）和代理方（如市环保局）之间的序贯博弈模型中，委托方有两种策略选择，即“常规模式”与“动员模式”；代理方在随后的应对过程中在“正式谈判”“非正式谈判”和“准退出”三种策略中加以选择。在委托方采纳动员模式的条件下，“准退出”是代理方的最佳应对策略；而在常规模式下，代理方的应对策略选择有着更大的空间。[49]有学者以某农业县年度计划生育年终考核为例，对上下级政府间的考核和应对过程作出了组织学分析，对基层政府“应对”上级政府的各种策略及其原因作了分析，认为这些非正式组织行为的根源主要是组织结构、组织设计的不合理，尤其是监督制度、激励制度与组织目标、政治环境等方面的不兼容和内在矛盾，而这些非正式组织行为普遍存在和重复再现常常导致自上而下“考核检查”的失败。[50]

有学者以发生在一个新型商品房小区中的故事为线索，通过追踪和辨析国家在其中的角色、行动轨迹和行动策略，以及在此影响下的社会生发与建构，分析了改革开放以来国家自身的变化与国家干预方式的变化是怎样影响社会的生长并改变着国家与社会中各个团体之间的关系，进而揭示出中国市民社会发育方式及国家—社会关系形态不同于西方社会的最重要的差别之所在。[51]

有学者对中国社会组织发展的分析认为，改革开放以来，中国社会组织的发展经历了初步恢复、快速发展、规范发展和战略发展四个阶段，目前表现出数量高速增长，但总体弱小、领域和地区分布不平衡等特点。社会组织的发展对我国社会思想文化及意识形态安全等方面都产生了积极的作用，我们应当摒弃传统社会所固有的关于社会组织双刃剑的观点，建立和完善现代社会所具有的政府、企业和社会组织的合作伙伴关系，形成包含相关政治纲领、法律体系和社会政策的国家意识，通过意识形态的包容以及国家人事、就业、分配、福利等制度的统一增强社会组织的主体性。[52]

七、环境社会学研究

在环境社会学研究领域，有学者利用中国综合社会调查的数据对公众的环境关心进行个人层次和城市层次的分析。发现个人的年龄、收入、教育水平、性别与环境关心有显著关系；在城市层次，后物质主义价值观、城市类型及人均国民生产总值与环境关心无显著关系，但所在城市的第一产业比例和工业烟尘排放量与环境关心有相关关系。[53]对“环境关心”的测量与分析表明，环境关心并不是一个具有内在一致性的态度体系，环境关心构成具有复杂性的特征，这种复杂性也体现在其社会、人口、经济变量等方面。

有学者分析指出，气候变化问题对于社会学研究的挑战或意义，包括社会学将面临新的研究议题，需要开展跨学科合作研究，社会学在研究社会系统的运行和发展时将不得不转换其思维和研究范式，社会学将不得不扩大和改进对于其研究对象——“社会”——的理解，社会学将不得不探索或者强调一种新的秩序观，更加强调秩序的生成和建构过程；社会学将会更加重视社会行动的研究，倡导行动主体的积极反思和主动变革。[54]有学者对中国环境社会学研究进行了回顾和反思，认为改革开放以来的中国经验既包括经济、政治、文化、社会等维度，也包括了环境这一重要维度。中国经验与中国环境社会学存在着休戚相关、互相建构和重塑的关系。当前中国环境社会学与中国经验尚未形成及时、深入的对话。中国环境社会学的未来发展需要以“中国”为根据，以“问题”为导向，在深深植根于中国经验的发展过程中承担起通过学术研究“解蔽”和唤起“行动”的历史使命。[55]

有研究者基于近40年内蒙古锡林郭勒盟荒漠草原的气象数据以及田野调查数据，发现在全球气候变暖的影响下，案例地近40年有暖干趋势，协同灾害增多；而草场划分到户和市场机制的引入不仅增加了牧民的风险暴露程度，而且使牧民原有低成本的灾害应对策略失效，牧民不得不依赖高成本的贮备和移动策略。此外，中央和地方政府实施的一系列草场保护项目又给牧民的灾害应对施加了诸多限制，由此导致牧民应对气候变化的能力减弱，脆弱性增加。[56]

有研究利用抽样调查数据对社会地位结构与节能行为之间的关系进行了分析，发现个体日常生活中的能耗高低与人们主观的节能意识和节能需求并没有相关性，个体的能源消费更多地受到其自身的社会经济地位的影响，或者说一个社会的地位结构和资源分配方式决定了人们在日常生活中的能耗高低。因此，应采取“制度节能”的政策思路，从制度建设的角度制定节能政策。[57]

八、经济社会学研究

在国际金融危机导致就业问题凸显的背景下，非正规经济也成为社会学等理论界密切关注的现象。在相关单位举办的“中国非正规经济”主题论坛上，社会学者也积极参与了讨论。有学者指出，当前中国存在一个社会地位低但数量庞大的农民工等中下阶层，这一人数庞大的群体有技术但没有官方认可的技术地位，造成了“技术流动的社会断裂”。因此，给农民工等中下阶层劳动者进行技术分级，使他们获得应有的社会地位，是中国社会走向以中等阶层为主体的社会的重要一步。有学者从制度变迁的角度分析了正规制度与地下经济的关系，认为赌博、贩毒、偷税漏税、非法用工等地下经济活动是因正规制度在实施过程中失灵而产生的。对于为什么中国社会的正规制度在实施过程中高度失灵的问题，仅用经济学的成本收益分析解释是不够的，社会学应当在制度变迁的视角下分析造成正规制度失灵的各项具体制度安排。也有学者分析了女性主义与非正规经济之间的关系问题，并提出了相关建议。[58]有研究者从经济社会学视角探讨了金融社会学的起源、发展和新议题，认为金融处于当代社会生活的核心，可视为一种社会现象。在新技术和全球化背景下，社会学能从更多角度对金融领域展开研究。[59]

有学者从“人类学的经济学”或“文化经济学”的视角，对“私有化”与“市场化”进行了反思，对“广义科斯定理”和产权公平问题进行了论述，探讨了中国经济改革到底是选择自由市场还是计划性市场的两难困境，提出并论证了中国的经济改革不应纯粹选择其中一条道路，而应寻找自由市场和计划性市场两端中间的合适平衡态。[60]

有学者基于一个浙江村落的民族志资料，考察了“家户经济”的财富流通模式，分析了“互惠”在中国语境下解释的有效性和限度。认为在村落和家户中，互惠行为占有相当重要的地位，如工作、交易、人情来往、赌博等，但还有一些“不可转让之物”，如土地、坟墓、房屋等财产，这些“传家宝”只能向下逐代传递，而不能进入流通领域。因此，在研究汉人社会时，运用费孝通的“反馈模式”，也应考虑他关于“根”的论述。[61]

有研究者对建筑业欠薪机制进行了分析，认为转包分包制和包工头制度并不是欠薪的根源，两者只是加剧了欠薪的程度。始于计划经济时期的建筑业欠薪支付，是农村人民公社的工分制在建筑行业中的延续，尽管改革开放后建筑业体制发生了巨大变化，但是建筑业对农民工的使用方式和欠薪支付方式却全部被保留下来。农民工不变的身份和城乡差别是这一传统能够与建筑业的现代企业制度对接的必备条件。欠薪支付顺应了市场和资本的要求，并且在建筑业实行独立核算、自负盈亏和转分包制后被进一步强化。[62]

九、法律社会学研究

有学者对法社会学在对法治建设、犯罪问题、民间纠纷等方面积累的丰富研究成果进行总结与概括的基础上，对法社会学理论的本土化进行了探索，认为中国法律社会学的研究应该从中国经验走向中国理论。[63]

有研究者利用调查数据对法治意识、纠纷及其解决机制的选择进行了法社会学的分析，发现法治意识对基层社会矛盾纠纷并没有明显作用，但对人们选择纠纷解决机制有一定影响；法律权威意识越强，选择法律解决机制的概率就越低；人们越是把法律当作工具，选择法律途径解决纠纷的可能性就越大；基层社会的矛盾纠纷的结构扁平化特征及两极化趋势与法律至上、法律万能的宣传有一定关系。[64]有学者对法治、政治与中国现代化问题进行了理论探讨，认为在当前坚持党的领导、维护党的魅力型权威符合中国现代化对“强国家”的需要，也有利于国家灵活地应对当前复杂多变的国内外形势；但与此同时，党和国家也必须保持面向现代化的政治意识和执政能力。[65]

有学者对族群互动中的法律多元与纠纷解决进行了研究，认为族群互动的常态是族群之间的相互往来与沟通，以族群的多样性存在为前提；现代性概念下的社会变革使地方性生活的封闭性趋于瓦解；法律多元的概念所依据的解决纠纷的规则是地方性的习俗和惯例；今天中国的法律人类学需要为法律寻找到文化的根基。[66]有研究者利用全国调查数据，对影响农村居民纠纷解决方式的客观阶层地位因素以及权威认同、法律意识等主观因素进行了考察和分析。[67]

十、婚姻家庭研究

在婚姻家庭社会学研究方面，有学者结合历史和现实，分析了近代以来家庭代际关系的内容及其在制度变迁和社会转型中的变动，发现从新中国成立前传统时期到当代，亲代义务、责任和亲情付出不仅没有减少，而且还有强化的趋向；子代义务和责任则呈现弱化之势；代际关系内容有具体的功能，这些功能在亲子之间有不同的表现，并且随着社会变迁也在发生变化。[68]

有研究以择偶配对的内婚性程度作为社会开放性的指标，利用2006年中国综合社会调查数据，对婚姻先赋性和自致性匹配在各历史时期的变化进行了考察，并评估了不平等结构代际传递的过程和趋势。分析发现改革开放以来婚姻自致性匹配度大幅度提高，先赋性匹配呈现倒U形的小幅波动，这一结果暗示当前不平等结构传递的特征为“父系再生产强化”模式，而社会开放性程度可能将有所下降。[69]

有学者以2008年对广州等五城市居民的家庭调查数据为基础，以经过修正的发展的家庭现代化理论为理论起点，分析了最近十几年来中国城市家庭变迁的趋势。认为在中国城市家庭变迁的过程中，传统与现代因素之间不是对立的，而是相互融合甚至相互补充的，在不同的情境下出现不同的组合，因此中国城市家庭的变迁模式和路径是多元的和多因素共同推进的。[70]

注：

①郑杭生：《学术话语权与中国社会学发展》，《中国社会科学》，2011年第2期。

②郑杭生、童潇：《中国社会学史研究的理论框架与现实追求》，《河北学刊》，2011年第1期。

③李化斗：《社会生活中的具体与抽象　兼论“过程—事件分析”》，《社会》，2011年第2期。

④黄盈盈、潘绥铭：《论方法：定性调查中“共述”、“共景”、“共情”的递进》，《江淮论坛》，2011年第1期。

⑤杨舸、王广州：《户内人口匹配数据的误用与改进——兼与〈高等教育扩张与教育机会平等〉一文商榷》，《社会学研究》，2011年第3期；李春玲：《数据误差的调整效果的评估——对杨舸和王广州商榷文章的再商榷》，《社会学研究》，2011年第3期。

⑥郑杭生：《社会建设和社会管理研究与中国社会学使命》，《社会学研究》，2011年第4期。

⑦郑杭生、杨敏：《从社会复合主体到城市品牌网群——以组织创新推进社会管理创新的“杭州经验”》，《中共杭州市委党校学报》，2011年第4期；郑杭生：《民生为重、造福于民的体制创新探索——从社会学视角解读“大民政”的本质和重大意义》，《新视野》，2011年第6期。

⑧陆学艺：《社会建设就是建设社会现代化》，《社会学研究》，2011年第4期。

⑨李培林：《我国发展新阶段的社会建设和社会管理》，《社会学研究》，2011年第4期；李培林：《社会建设与我国新发展阶段的战略选择》，《中共中央党校学报》，2011年第6期。

⑩刘少杰：《城市化进程中的认同分化与风险集聚》，《探索与争鸣》，2011年第2期。

⑪刘少杰：《如何对待市场、政府和社会的权力关系——略论全球化时代西方意识形态冲突的核心问题》，《天津社会科学》，2011年第6期。

⑫刘少杰：《新形势下意识形态传播方式的变迁》，《吉林大学社会科学学报》，2011年第5期。

⑬刘少杰：《意识形态层次类型的生成及其变迁》，《学术月刊》，2011年第2期。

⑭龚长宇、郑杭生：《陌生人社会秩序的价值基础》，《科学社会主义》，2011年第1期。

⑮张静：《公共性与家庭主义——社会建设的基础性原则辨析》，《北京工业大学学报》（社会科学版），2011年第3期。

⑯冯仕政：《中国国家运动的形成与变异：基于政体的整体性解释》，《开放时代》，2011年第1期。

⑰杨敏：《“国家—社会”的中国理念与“中国经验”的成长——社会资源的优化配置与创新公共服务和更好社会治理》，《河北学刊》，2011年第2期；杨敏、高霖宇：《社会互构论视野下的民间力量与社会和谐》，《天津社会科学》，2011年第2期。

⑱张菊枝、夏建中：《城市社区冲突：西方的研究取向及其中国价值》，《探索与争鸣》，2011年第12期。

⑲郑杭生、陆益龙：《开放、改革与包容性发展——大转型大流动时期的城市流动人口管理》，《学海》，2011年第6期。

⑳李强、史玲玲：《“社会影响评价”及其在我

国的应用》，《学术界》，2011年第5期。

㉑刘少杰：《网络化时代的权力结构变迁》，《江淮论坛》，2011年第5期。

㉒李培林：《中国改革以来阶级阶层结构的变化》，《黑龙江社会科学》，2011年第1期。

㉓冯仕政：《中国社会转型期的阶级认同与社会稳定——基于中国综合调查的实证研究》，《黑龙江社会科学》，2011年第3期。

㉔李春玲：《寻求变革还是安于现状　中产阶级社会政治态度测量》，《社会》，2011年第2期。

㉕李培林、田丰：《中国新生代农民工：社会态度和行为选择》，《社会》，2011年第3期。

㉖李强、孟蕾：《“边缘化”与社会公正》，《天津社会科学》，2011年第1期。

㉗刘少杰：《改革变迁中社会公正感的趋同性与差异性》，《甘肃社会科学》，2011年第4期。

㉘吴忠民：《改革开放以来三十年自由和平等的演进及问题》，《清华大学学报》（哲学社会科学版），2011年第2期。

㉙陆益龙：《关系网络与农户劳动力的非农化转移》，《中国人民大学学报》，2011年第1期。

㉚李强：《中国城市化进程中的“半融入”与“不融入”》，《河北学刊》，2011年第5期。

㉛朱荟：《城市少数民族农民工：怎样与社会融合》，《中国民族》，2011年第4期。

㉜郭星华、王嘉思：《新生代农民工：生活在城市的推拉之间》，《中国农业大学学报》，2011年第3期。

㉝段成荣、马学阳：《当前我国新生代农民工的“新”状况》，《人口与经济》，2011年第4期。

㉞谭深：《中国农村留守儿童研究述评》，《中国社会科学》，2011年第1期。

㉟折晓叶、陈婴婴：《项目制的分级运作机制和治理逻辑——对“项目进村”案例的社会学分析》，《中国社会科学》，2011年第4期。

㊱张杰、景军、吴学雅、孙薇薇、王存同：《中国自杀率下降趋势的社会学分析》，《中国社会科学》，2011年第5期。

㊲陈旭峰：《从社会学视角解读富士康跳楼事件》，《电子科技大学学报》（社科版），2011年第2期。

㊳张荆红：《价值主导型群体事件中参与主体的行动逻辑》，《社会》，2011年第2期。

㊴李迎生、张志远：《中国社会政策的城乡统筹发展问题》，《河北学刊》，2011年第3期。

㊵王春光：《中国社会政策调整与农民工城市融入》，《探索与争鸣》，2011年第5期。

㊶黄匡时：《社会保障的全球化困境及其治理》，《社会保障研究》，2011年第1期。

㊷韩克庆：《中国社会福利重构中的金融危机与制度应对》，《东岳论丛》，2011年第3期。

㊸张翼：《人口转型与养老保险制度改革——中国可能从日本吸取的经验与教训》，《河北学刊》，2012年第3期。

㊹杨团：《公办民营与民办公助——加速老年人服务机构建设的政策分析》，《人文杂志》，2011年第6期。

㊺姜向群、丁志宏：《我国建立长期照料社会保险制度的意义及基本构想》，《中州学刊》，2011年第6期。

㊻王思斌：《中国本土社会工作实践片论》，《江苏社会科学》，2011年第1期。

㊼王思斌：《中国社会工作的嵌入性发展》，《社会科学战线》，2011年第2期。

㊽李迎生、韩文瑞、黄建忠：《中国社会工作教育的发展》，《社会科学》，2011年第5期。

㊾周雪光、练宏：《政府内部上下级部门间谈判的一个分析模型——以环境政策实施为例》，《中国社会科学》，2011年第5期。

㊿艾云：《上下级政府间“考核检查”与“应对”过程的组织学分析——以A县“计划生育”年终考核为例》，《社会》，2011年第3期。

51王汉生、吴莹：《基层社会中“看得见”与“看不见”的国家——发生在一个商品房小区中的几个“故事”》，《社会学研究》，2011年第1期。

52葛道顺：《中国社会组织发展：从社会主体到国家意识——公民社会组织发展及其对意识形态构建的影响》，《江苏社会科学》，2011年第3期。

53洪大用：《公众环境关心的多层分析——基于中国CGSS 2003的数据应用》，《社会学研究》，2011年第6期。

54洪大用、罗桥：《迈向社会学研究的新领域——全球气候变化问题的社会学分析》，《中国地质大学学报》（社会科学版），2011年第4期。

55包智明、陈占江：《中国经验的环境之维：向度及其限度——对中国环境社会学研究的回顾与反思》，《社会学研究》，2011年第6期。

56张倩：《牧民应对气候变化的社会脆弱性——以内蒙古荒漠草原的一个嘎查为例》，《社会学研究》，2011年第6期。

57清华大学建筑节能研究课题组：《社会地位结构与节能行为关系研究》，《江苏社会科学》，2011年第6期。

58黄宗智、李强等：《中国非正规经济》，《开放时代》，2011年第1、2期。

59陈氚：《超越嵌入性范式：金融社会学的起源、发展和新议题》，《社会》，2011年第5期。

60张小军：《文化经济学的视野：“私有化”与

“市场化”反思——兼论“广义科斯定理”和产权公平》,《江苏社会科学》, 2011年第6期。

㉛赵丙祥、童周炳:《房子与骰子:财富交换之链的个案研究》,《社会学研究》, 2011年第3期。

㉜亓昕:《建筑业欠薪机制的形成与再生产分析》,《社会学研究》, 2011年第4期。

㉝郭星华:《从中国经验走向中国理论——法社会学理论本土化的探索》,《江苏社会科学》, 2011年第1期。

㉞杨敏、陆益龙:《法治意识、纠纷及其解决机制的选择——基于2005CGSS的法社会学分析》,《江苏社会科学》, 2011年第3期。

㉟冯仕政:《法治、政治与中国现代化》,《学海》, 2011年第4期。

㊱赵旭东:《族群互动中的法律多元与纠纷解决》,《社会科学》, 2011年第4期。

㊲秦广强:《阶层地位、法律意识与民间纠纷解决——基于六省市“法律与农村社会”调查的实证研究》,《社会科学论坛》, 2011年第2期。

㊳王跃生:《中国家庭代际关系内容及其时期差异——历史与现实相结合的考察》,《中国社会科学院院报》, 2011年第3期。

㊴李煜:《婚姻匹配的变迁:社会开放性的视角》,《社会学研究》, 2011年第4期。

㊵马春华、石金群、李银河、王震宇、唐灿:《中国城市家庭变迁的趋势和最新发现》,《社会学研究》, 2011年第2期。

(作者:郑杭生,中国人民大学教授;
奂平清,中国人民大学副教授;
张宏斌,中国人民大学研究生)

民　族　学

民　族　学

杨圣敏　祁进玉

2011年民族学、人类学的总体研究情况如下:在分支学科的学科教学与科学研究方面取得了显著的进步,学科整合与交叉、跨学科研究、新兴交叉学科研究领域取得丰硕的成果。近年来,以中国人类学民族学会的成立为契机,从而不断推进民族学、人类学学科基础建设、基本理论和方法研究的发展与完善。

此外,全球化背景下我国民族学、人类学界更多关注我国及周边国家和地区的民族、宗教与政治社会研究、跨境或跨界民族研究及其认同变迁的情况、民族地区生态环境保护和社区发展、少数群体或弱势群体的生存状况;重点关注全球化背景下的多民族国家的民族关系、城市化以及长三角、珠三角流域的少数民族人口流动、非物质文化遗产保护和传承等议题。在民族学、人类学学科建设与专业设置等方面,一些新兴、交叉的分支学科的教学与研究受到重视,一些院校纷纷加大了对世界民族问题和海外民族志研究的科研经费投入,重视对周边国家与世界民族研究的跨学科整合研究与学术交流,并在相关研究领域取得了初步的进展。

本综述兹从民族学、人类学学科建设和基本理论与方法研究;全球化与民族主义、民族理论与民族政策研究;民族与族群问题;民族地区发展;少数民族社会历史文化、民族宗教研究;分支民族学、人类学学科发展的最新研究动向;世界民族研究;重要学术会议、学科学术交流活动等八个方面分别加以概述。

一、民族学、人类学学科建设、基本理论与方法研究

为了弥补以往关于费孝通学术思想与方法的研究所存在的不足,有研究者以费孝通的《亲迎婚俗之研究》为出发点,分别从知识论、方法论与文化观的维度对费孝通思想与方法的脉络进行了重新的梳理和解释,得出他在知识论上将实地调查与文献研究合二为一,在方法论上对多学科进行融合与协作以及在文化观方面注重文化功能论、文化传播论与历史之间的结合与互动的结论,并借此说明费孝通的这篇论文在理解他的思想与方法时所具有的重要作用。①

近年来,国内学术界关于人类学与民族学的归属和分类问题的争论与分歧较为明显,人们对“人类学”莫衷一是。有研究者分析指出,就国内学界而论,至今仍有将人类学视作自然科学的一部分的学术机构(特别是科学院)。在这些机构里,所谓“人类学”等同于研究人的体质衍生史的“古人类学”。在另外一些机构里(特别是综合性高等院校),

人类学被当作社会学的一个组成部分来对待。在一些与“民族”相关的特殊教学科研机构（特别是民族院校与民族研究机构），人类学则时而被等同于“民族学”，时而被视作是与之对立的学科（不少人误以为“民族学”是“本土的”、有用于政治的，而人类学则是某种无用的、西式的文字游戏）。我国学科定位的这种“错乱”，并非是独自生发的，它乃与对我们有深刻影响的“西方”有关。②

目前，学科间的交叉已经成为一种普遍现象，也因而产生了众多引人注目的并富于启发性的新成果。“主位”与“客位”概念是人类学研究中非常重要的一对范畴，“辉格”与“反辉格”则是研究科技史的两种不同的倾向。有研究者认为，这两对范畴虽然分属于两个不同的学科领域，有很多相异之处，但在更深层的意义上，二者也存在着许多共性。对两对概念的比较研究能使我们对它们的理解更深入的同时也会产生一些富有启发性的观点，这也是有意义的科学编史学研究。③

比较研究在人类学研究历史中占有独特地位。Andre 和 Richard 两人在《人类学：比较的方式》里集中讨论了新多元主义比较研究中的权力关系格局，以及社会成员的网络状互动过程，特别论述了比较研究的共享原则及公共责任感问题。有研究者认为，人类学脉络下的比较研究，有必要从比较的方法论维度、目标价值维度、核心论题维度以及与其他学科关系的维度上建立比较研究的逻辑体系。④

21 世纪我们已经处在一个全球信息化的环境中，计算机通信、计算机网络、信息压缩和多媒体等技术的飞速发展，联机数据库、光盘出版物和网络信息资源等信息的持续增长，使人类社会变成了一个信息社会。与此同时，民族学的学科群在不断扩大，几乎渗透到了社会学科的各个门类。这一切都使我国民族学的发展面临着新的机遇和挑战。

有研究者认为，民族学数据库建设是中国民族学的一项基本建设工程，它不仅是一项实用性很强的基础工作，而且是一项跨度很大、综合性很强的具有很高科学价值的系统工程，对民族学学科建设也有着方法论的重要意义。当前我国民族学数据库建设已取得重大的进步与成绩，但也存在问题和不足，需采取有关措施，推动民族学数据库建设的发展。⑤

在探讨如何介入“海外民族志”研究以及凸显中国民族学研究的特点方面，有研究者通过对俄罗斯北极地区涅涅茨人的一次民族学田野考察，记录了该民族传统的驯鹿文化及生活方式，并在此基础上讨论了民族志写作方面的相关问题，特别强调了中国民族学加强国外民族志建设的重要意义。⑥也有研究者认为，海外民族志没有结论，仅有起点与过程。这一起点与过程，都与关于主权顶点的历史倒叙有关。在这个意义上，海外民族志依旧是处在中国的人类学的一部分，它与中国人类学的汉人研究及少数民族研究藕断丝连。⑦也有研究者认为，用汉语来书写世界，特别是西方的文化与社会，是中国人类学界以新的知识生产机制参与世界互动的方式。这不仅仅是一个对象转换的问题，更是学术主体意识的问题。而其中最关键的是如何定位、如何田野考察作业和如何表述的问题。应当立足于当下中国社会发展的知识需求，注重剖析西方既有的复杂的“成品知识”与“成品社会”，以人类学民族志的方式展现出其“制造”过程。⑧

有研究者以世界人类学群与中国人类学关系为题，表达中国学者跨文化与跨学科进行人类学研究与应用的多种思考。以费孝通、林耀华的作品为例，讨论老一辈作者的学术态度、撰写与行动选择特点；新一代学者受到参与公共卫生调研和灾后重建项目中体现的科学主义、行为主义、忽视历史遗产的思潮影响，重申当今世界各地多样性文化的重要意义；以及在文学人类学和汉人社会研究中，强调了中国古典文论钩沉的现代人类学意义。⑨

二、全球化与民族主义、民族理论研究、民族政策研究

全球化将带给传统文化怎样的影响？传统文化在全球化时代应当寻求怎样的出路？人们应该如何处理传统文化现代化转化、创造性扬弃的问题？文化全球化会不会对文化多样性产生毁灭性危害？

全球化已经越来越在文化领域显示出它的特殊效应，文化的冲突和融合构成了全球化时代特有的文化景观；在关于全球文化体系的问题上存在着“单一同质性”与“多元并存性”两种观点的对立；这种对立实际上反映了文化全球化的根本矛盾，即文化普遍主义与文化特殊主义的矛盾，普遍主义—特殊主义问题已经构成全球文化的基本问题。有研究者通过对“文化”“传统文化”“文化全球化”三者进行界定并分析指出，文化是人为规则的总和、人类能力的集中体现；传统文化是流动中的文化沉淀；文化全球化则是人对于自我能力的全面认知。文化全球化为各民族文化的交流、碰撞提供了现实可能性，全球化时代依然是文化多样性的时代，只有保持自身鲜明的传统文化特点，才有参与文化全球化的意义。⑩

也有研究者认为，在全球化时代，我们要特别注意通过正确处理全球文化互动中的多样性和统一性的关系，推动民族文化的健康发展，在坚持民族文化独立性的基础上积极参与全球文化互动，正确处理地方文化与全球文化的对立统一关系，同时必须反对所谓“民族整合神话”。⑪

也有研究者认为，文化全球化是经济全球化在文化领域的反映，而这一反映往往在全球范围内形

成了两大趋势，文化绝对主义和文化相对主义，通俗地讲，就是促进了文化的趋同和文化的多样化两大截然相反却共时共存的现象。文化相对主义往往是文化全球化所形成的最有内涵和深度的文化效应，即文化的趋同效应对各民族对自身文化的自觉觉醒的促动和激发，使得各个民族文化不断地被挖掘、培养和复兴。[12]

泛突厥主义的产生具有复杂的历史背景，是多种因素综合作用的结果。其早期虽有反抗殖民侵略、反抗民族压迫的进步性，但随着国际形势的变化而逐渐沦落为封建统治者、帝国主义者维护自身统治或推行对外侵略政策的工具。自20世纪初泛突厥主义传入中国新疆之后，它为“疆独”势力的产生和分裂活动提供了理论支撑，成为影响新疆安全和稳定的一股重要思潮，至今仍然影响巨大。有研究者系统梳理了泛突厥主义思潮的由来、演变，研究泛突厥主义对我国新疆的渗透和影响，对于认清“疆独”问题的实质以及制定有效的应对之策，具有现实意义。[13]

20世纪70年代中期产生的“第四世界”这一可归属于人类学、民族学学科的观念，如今已发展为一套渐趋完整的、理论色彩浓厚的论说或思想。它从土著民自身而非“他者”的视角出发，明确地主张土著民是具有与其他群体不同特点和性质的群体；在整个人类世界的视野下，全面考察各地区土著民在经济、政治、文化等方面的处境及其因由，并提出相应对策，对日益壮大的全球土著民运动具有不可忽视的指导意义和深远的影响。有研究者认为，追溯该论说之源头，分析其架构和内涵，归纳其显著特征，有助于我国学术界较为深入地理解土著民运动这一当今世界重大的族际关系问题。[14]

中国作为一个统一的多民族国家，民族区域自治制度既体现了我国政体的结构特点，也集中体现了民族事务各方面的政策原则，这一制度的法律化也使民族政策具有了依法制定、依法执行的特点。有研究者认为，不能回避在实践中存在政策落实的缺失问题，也不能因为这种缺失而对政策本身随意提出质疑或否定。新中国成立以来，我国的民族政策体系在政治平等、经济发展、文化繁荣和社会保障等方面不断完善，其中既有稳定性、连续性的基本政策，也有针对阶段、类型、具体事务的时效性、限定性政策。随着我国经济社会的发展，民族政策也必须与时俱进地进行调整，这种调整本身就是完善民族政策的内在要求。[15]

也有研究者认为，中国传统的“大一统”理念包括以下内容：“大一统”的地理观——天下观，“大一统”的政治观——政治一统，“大一统”的思想观——思想一统和“大一统”的民族观——华夷一统。数千年来，“大一统”理念根植于中国各民族的心灵深处，得到包括少数民族在内的各民族的一致赞同，形成了一种无形而强大的向心力。思想和文化上的“大一统”始终存在于历史上各种类型的王朝之中，这是中华文明之所以数千年绵延不断的重要原因之一。“大一统”的中国是古代各族人们认同的主要目标。[16]也有研究者认为，马克思主义民族理论中国化，是中国共产党成立90年来在我国革命、建设、改革的各个历史时期把马克思主义民族理论和中国民族的具体实际相结合，提出的一系列与时俱进的民族理论、制定的一系列行之有效的民族政策的科学理论体系。[17]

有研究者分析认为，晚年马克思所作的“人类学笔记”博大精深，蕴含着丰富的理论问题，特别是关于国家问题的研究，给我们留下了极其宝贵的遗产。这组笔记中阐述的国家思想，主要包括以下五个方面：国家起源之前的社会制度（氏族）和社会形式（家庭）的研究；国家起源的不同发展道路及原因考察；氏族的衰落和崩溃、政治国家的产生过程探究；国家的本质和职能探究；“国家”的发展与消亡分析。[18]

三、民族与族群问题研究

100年前的辛亥革命推翻了延续2000多年的封建王朝，中国开始步入现代民族国家的行列，在这个转型过程中，出现了“中华民族”这一国家民族概念。有研究者分析指出，围绕“中华民族”的概念，中国的仁人志士、社会各界进行了“种族”“五族共和”“汉族中心”“宗族”等民族主义的论说，都在试图阐释中华民族的内涵。但是，孙中山领导的资产阶级革命没有解决这一问题。中国共产党在新民主主义革命的实践中，为中华民族赋予了科学、准确的内涵，实践了中华民族对帝国主义的民族自决，建立了统一的多民族国家，走上了中华民族伟大的复兴之路。[19]

不同民族之间往往存在偏见，其中“内隐偏见”是一个民族无意识中自动对另一个民族产生的片面乃至错误的看法和态度。心理学角度的启动技术、内隐联想测验、反应/不反应联想测验等三种内隐范式的研究都发现了民族内隐偏见现象。有研究者对已有研究进行了分析，发现民族、宗教间的接触时间、社会主流观点、政府政策等都是内隐偏见的影响因素。由于偏见会影响民族间的交往、情绪识别以及攻击性评价，作者分析提出，通过加强民族间的友好交往、抑制刻板印象、调整个体动机、改变环境、加强积极的教育和媒体宣传、增加控制加工等方法来减小民族内隐偏见及其影响。[20]

20世纪80年代以来，随着改革开放和社会主义市场经济的建立与发展，民族发展问题尤其是少数民族地区的经济社会发展以及环境保护意识越来越受到广泛关注。进入21世纪，经济全球化的趋势日益凸显，在这样的背景下，我们需要从民族学角度加强对当前民族问题的调查与研究。有研究者以我国西北甘青多民族聚居地区的族际交往与民族关系的变化情况为研究个案，旨在加深对处于社会转型时期的新型民族关系的整体把握和透彻了解，以期对我国的民族工作和民族政策的制定有所裨益。[21]

随着社会转型和经济社会的发展，问题也开始凸现，如何思考、怎么研究中国的民族/族群问题，也在学术界产生了较多争议。有研究者提出了思考中国民族/族群问题的三个层面，认为在研究中国民族/族群问题时一定要把握好理论文献，同时做到理论联系实际，深入进行实地调查。只有实事求是，学术创新才能更好地服务社会。进一步分析指出，要解决中国民族关系问题，就要淡化各少数民族的“民族”意识，强化中华民族的“民族”意识和国民意识、公民意识。真正要加强的政治认同的对象应当是“中华民族”，而不是各自所属的“民族”，对于56个“民族”这一层面的群体的认同，应该逐步“去政治化”，保留各自传统的文化认同，尊重各自不同的文化传统，包括语言、宗教和生活习俗。[22]

也有研究者认为，中国各民族对于平等团结、共同发展的需求和对中华民族复兴的追求是不变的现实。这种事实和现实，构成了我们理解和处理当今中国民族问题和民族关系的刚性结构。中国学者的任务不是引导国家社会如何去修理本国的基本国情和让少数民族脱胎换骨，而是如何更好地理解国情并基于国情来维护和完善国家法规和社会制度。[23]

西方人文社会科学家认为，中国古人类学的“多地区连续进化说”是一种意识形态研究，目的在于虚构和想象中华民族的久远历史与当下认同，以至于沦为一种民族—国家建构的官方工具，从而达成对其“去客观化”和“去科学化”的目的。有研究者认为，对其产生与发展的脉络简要考察后发现，这一学说完全建立在现有的出土化石基础上，而且是中外数代古人类学家百年努力的结果。并认为“多地区连续进化说”含有的民族主义话语实际上是一种西方对东方的想象。[24]

四、民族地区发展与和谐社会建设

近年来，有关民族地区的生态经济、民族地区的民生、社区发展与社会和谐、城市化等议题是学术界关注的重点和焦点。

自从中央政府启动“西部大开发”发展战略以来，新疆维吾尔自治区发生了很大的变化，社会结构的深层变化和汉族劳动力的涌入使新疆的社会发展、经济建设和民族关系进入了一个新的历史阶段。有研究者关注的是新疆各族知识分子和民众十分关心的两个问题——喀什老城区改造和双语教育，希望通过对这两个具体问题的讨论来理解新疆和西部地区社会发展和民族交往中普遍存在的主要问题。[25]

在中国区域经济发展格局中，形成了一类特殊的经济现象——省际边缘经济，即省际毗邻边区的经济，表现为区域经济的欠发达性、非协调性和边缘性。而中西部省际边缘区大多为多民族交汇地带，其发展对于省际民族区域经济的统筹发展意义重大。有研究者通过对“湘鄂黔渝”交界区域——武陵山经济协作区的深入研究，探索省际边缘区域民族经济发展，为其他类似区域的跨越式发展提供研究实证。[26]

西藏世居穆斯林是生活在西藏的特殊族群，长期以来学界非常关注并产生了一些比较有影响的成果。这些成果不仅有助于全面、深入了解西藏世居穆斯林及其文化，而且还有助于进一步运用人类学、民族学理论阐释族群关系。这种研究对促进西藏的发展和稳定具有现实意义。有研究者从历史脉络、主要观点、特点分析和研究展望四个方面，对国内关于西藏世居穆斯林研究的成果进行了梳理和述评。[27]

裕固族是中国人口较少的民族之一，其乡村社区发展历程在西北少数民族社区发展历程中有一定的代表性。有研究者在田野调查所获资料的基础上，对裕固族乡村社区发展历程与模式进行了分析，指出裕固族乡村社区发展模式从“政府主导型”到“乡民自主型”的转型势在必行。[28]

五、少数民族社会历史文化、民族宗教研究

自明代以来，中央政府在少数民族历史文化研究方面就相当关注台湾地方事务，“台湾”一词在正史典籍中的出现也始于明代。有研究者指出，人类学和民族学在近代传入中国后，林惠祥于1929年亲赴中国台湾进行考察，其《台湾番族之原始文化》由此也成为中国学者研究台湾原住民的“开辟荆榛之作”。台湾原住民的族源和历史是林惠祥研究的核心和重点，林先生在这方面的贡献至今依旧值得后世学人学习和思考。[29]

有研究者采用整体的视角关注民间口头叙事的内在含义，观察辽南的海神娘娘叙事与自然和文化环境之间关联的多样性，分析民间口头叙事意义建构的多重力量，为解释民间口头叙事的内外互动过程提供人类学视角的解说。[30]也有研究者运用民族志与民俗学相结合的调查方法，对哈萨克族民间艺人铁尔麦的产生渊源、嬗变过程和内容风格进行了系统的分析归类。[31]

有研究者认为，在人类学民族志方法论视阈下，民族题材绘画中作为绘画语言出现的民族符号及其特征，对于民族文化之阐释及释义方式，具有重要的文化意义。[32]

在民族宗教研究方面，布洛陀文化研究越来越发展成当前中国民族学研究的显学，不仅因为壮族是中国最大的少数民族以及壮学阵营的浩大，而且

还因为布洛陀文化的博大精深。对布洛陀文化的定位似乎众说纷纭，有人把它更多地归为民间宗教（“麽教”）文化，有研究者认为上述界定不够完整。布洛陀文化的源头应该是布洛陀神话，它形成于父系氏族社会原始农耕时期。[33]

伊斯兰教在中国主要以民族为载体，经过千余年的发展，已经成为中国文化的重要组成部分。有研究者以人类学视角，从伊斯兰教这种外来文化在中国的命运，探讨中国文化的特性及伊斯兰教本土化过程中所形成的“中国模式”。这种“模式”是多元文化交融的结果，在当前具有重要的启发与借鉴意义。[34]

六、分支民族学、人类学学科发展

根据我国的民族学、人类学各分支学科领域教学与研究逐渐加强跨学科交叉研究的特点，近年来也不断涌现出一些新兴交叉、跨学科的研究成果，学术研究更加趋于规范，跨学科之间的整合研究趋势得到进一步加强。

（一）社会人类学研究

“怎样理解‘父亲’?”曾是文化人类学史上多次讨论而未达成共识的谜题。围绕纳人传统文化中是否存在“父亲”概念这个问题，相关著述中有着不同的见解。有研究者指出，纳人社会的亲属制度与其他社会的亲属制度大相径庭，在性生活制度和实践层面更是几乎每个细节都与婚姻社会相反，因此有大量的要素需要研究。而且这些因素的集合在哪里自洽、在哪里矛盾、怎样理解和解释这些矛盾存在的原因，都需要全面而精细的田野作业，需要对史料的系统搜集、考据和深入分析。[35]

客观主义与主观主义似乎一直是社会科学领域无法调和的两个极端，在人类学理论中，这二者就表现为“结构”与“能动性”的对立，由此引发了许多学术争论。有研究者认为，为了寻找这二者的契合点，以便在它们之间建立起辩证关系，布迪厄的《实践理论大纲》一书，使用并发展了“惯习”“场域”“实践”和“能动者”等术语，建立起了一套实践理论。萨林斯在《历史之岛》中提出了实践的变化会以一个不同的方式带来系统变迁的模式，从而把二者还原成认知问题、既有的认知图式和偶然发生的事件之间的结构关系问题，提出了“并接结构”等概念并进行阐述。[36]

也有研究者认为，人类学理论探讨社会、文化与个人之间的关系时，一直存在着两种对立的理论。结构论重视整体性的宏观研究，认为个人行动都是社会结构或文化规范制约的产物。能动性观点认为个人及其行动起决定性的作用。布迪厄的实践论力求在结构与人的能动性之间搭建桥梁。[37]

中国的乡村有其自身存在的样态，乡村社会生活的同质性造就了一种自我的闭合，而乡村社会生活的异质性则造就了另外的一种开放性。这两者之间向来是相辅相成，不能完全分离开的。有研究者认为，新一轮的乡村建设运动试图让原本动态的乡村的闭合性成为一种固化的样态，实际却只是外来的乡村建设者的一厢情愿。这些学者并没有真正从一个时间的维度上去历史性地理解乡村社会结构自身的从闭合到开放的循环，最终所有的努力都只能是建立在了一种走极端的认识基础之上。[38]

（二）历史人类学研究

在历史人类学研究方面，有研究者认为，ethno history 是 ethno 类学术概念中的重要一员，也是目前备受关注的西方“历史人类学”概念群中的重要一员，还是研究西方“历史人类学”难以绕开的重要维度。作者以西方学界在不同历史时期对 ethno history 的释义为视角，揭示其特点与内涵，对理解 ethno 类学术概念、认识西方“历史人类学”及澄清国内学界在翻译和使用 ethno history 中存在的问题有着重要助益。[39]

甘、青地区在历史上就是多民族不断迁徙、分离、汇聚、融合的民族走廊，当地世居民族和频繁流徙的各族体间呈现出不断接触、融合的态势。有研究者以青海土族家族谱、口述史文本为个案，通过对甘、青地区的河湟谷地、河西走廊交接的多民族或族群混杂汇聚地域的历史人类学考察，深入分析这一区域多民族族际交往与民族融合的历史。[40]

历史人类学在研究古代的民族文化时，既可能佐证史实，也可能重新诠释。在中日两国历史上，有两位无论是历史命运还是个人风格都非常相似的人物，他们就是曹操和织田信长。中日两国分别有关于他们的大量历史记载和文学作品，然而将二者联系起来、进行横向比较还很少见。有研究者基于历史人类学的视角，从他们所处的特定历史背景和社会形势入手进行分析，将个人或事件作为透视民族文化的表征性依据，以期较为客观地反映其对各自民族发展历程的作用，从而蠡测和界定个人因素在历史和民族文化中的定位。[41]

（三）影视人类学研究

在影视人类学研究方面，多年来对亲属制度和婚姻家庭的研究一直是人类学（民族学）关注的重要领域。生活在云南西北部永宁地区的摩梭人由于保持着原始母系氏族的婚姻形态——走访制婚姻，而引起了学界和社会的关注。从 20 世纪 90 年代初开始，各类大众媒体对摩梭人独特的走访制婚姻的研究覆盖了人类学、民族学、社会学、民俗学、法学、伦理学。有研究者认为，《格姆山下》是在永宁地区拍摄完成的一部关于摩梭人婚恋观念变迁的纪录片，通过对不同年龄群体的采访，获得不同的声音来表达当前摩梭人的婚恋观念的变化。通过对之前与摩梭婚姻文化相关的纪录片创作内容及表达方式上的思考，进而对人类学纪录片创作方法和研究方式进行反思。[42]也有研究者认为，近30多年以来，人类学影像民族志经历了从理论到方法的一系列重要变革。学术范式的转变与视觉文化的再度勃兴，确立了影像民族志的学术合法性，在文字民族志与影像民族志之间建立起对话与互文的关系。[43]

影视与人类学的结合不仅是对人类文化的记录和保存，同时也是对人类文化的一种再现和阐释。有研究者运用影视人类学的相关知识来分析记录中国秦岭山脉深处农村婚嫁习俗的纪录片《婚事》，解读其所蕴含的影视人类学的表现内容与创作手法，以及充满影视人类学的影像语言。[44]

（四）法人类学研究

散居少数民族是我国民族学、人类学和社会学上的一个族群概念，在国外民族学、社会学、人类学、政治学和法学研究中属于少数人群体的范畴。作为少数人权利的一种表现形式，散居少数民族权利受到了国际法和比较法的关注，并在权利特征、权利性质、权利保障的必要性、权利保障的具体内容和途径、权利保障的制度实践等方面取得了丰硕的研究成果。

有研究者认为，我国理论界对散居少数民族权利的研究集中在权利的概念与构成、权利发展现状与面临的问题、权利保障的途径与机制等方面，与国外成熟的少数人权利研究相比，仍存在较大差距。我们有必要借鉴国外少数人权利的研究成果实现散居少数民族权利理论研究的创新，使之成为民族理论和法学理论研究中具有影响力的学术思潮和前沿理论之一。[45]

有研究者认为，习惯法的研究是在一种对他者的界定和观照下产生的。族群互动的常态是族群之间的相互往来与沟通，并要求以族群的多样性存在为前提。现代性概念下的社会变革使地方性生活的封闭性趋向于一种自我的瓦解。法律多元的概念所依据的解决纠纷的规则是地方性的习俗和惯例。今天中国的法律人类学需要为法律寻找到文化的根基。[46]

关于民族法学的学科独立性和研究范围的争论仍在继续，严重影响了这一学科的发展。有研究者针对民族法学研究中出现的术语混乱，以民族法学研究中与之相关的几个术语和概念的分析比较为视角，力图找出异同、厘清概念，以明确民族法学的学科定位和研究范畴以及与其他相关学科的关系。[47]

（五）教育人类学研究

教育机会均等是社会公平最重要的指标之一。教育机会不均主要是由于教育发展不均衡造成的，所以加大中央对教育的宏观调控力度、对我国少数民族地区适当采取教育特别扶持政策等有其必要性和可行性，这也是实现教育均衡发展理念和体现教育公平的唯一可行途径。有研究者分析指出，中央政府应对西部少数民族地区实施更加倾斜的政策，加大扶持力度，培育和谐社会的教育公平理念，进一步促进少数民族教育事业的发展。[48]

在我国教育研究中，“人类学研究”与“质的研究”一直是关注的焦点。有研究者认为，从研究传统、理论来源、研究现状等角度进行比较，两者有较大的区别。不可否认的是，我国教育中的人类学研究与质的研究也有诸多相似之处，具有不同学科背景、不同研究旨趣的研究者之间不断地相互对话，借鉴彼此的研究理论、研究方法，相互渗透，呈现出交叉融合、多元共存的局面。[49]

空间具有重要的人类学内涵，它在一定程度上是由社会文化所建构的，并形塑人的认知过程。有研究者认为，博尔诺夫对教育与空间关系的研究，揭示出了空间的教育人类学意义。在教育学研究中，对于空间与教育关系的深入理解，将对教育内涵的界定、教育内容的扩展和教育意义的更新产生积极的作用。[50]也有研究者通过讲述西双版纳一所乡镇中学里一个原本学习成绩不错的傣族和尚生“为什么最终没有成为好学生”的教育故事，分析与主流文化存在着巨大差异的少数民族地区里，多重文化背景下少数民族学生的教育选择与当地社会文化之间存在着何种关系。[51]也有研究者认为，为使当代的儿童教育建立在对儿童更广泛的了解之上，有必要从人类学视角对西方儿童发展研究作一概述，以形成更适合于儿童成长的发展理论。[52]

（六）生态人类学研究

近年来，内蒙古地区频发的沙尘暴和草场沙化引起了广泛关注。国家和地方政府为此斥巨资治理，同时国内的游牧文化研究也出现了生态学上的转向。有研究者分析认为，学界目前认识到：草原是一个完整的生态系统，人（观念和制度）—草场—牲畜是草原生计不可分割且需要相互平衡的三要素。其中任何一个要素变动都会对系统整体产生影响，因此对草原生态的治理也应该贯彻整体论。今日内蒙古草原生态的变化只是问题的表征，它显示出草原生态的三要素构成的稳定框架或共存关系正在被打破。[53]

有研究者分析指出，美国人类学家威廉姆斯（Dee Mack Williams）的《长城之外：中国内蒙古草原的环境、认同和发展》一书克服了旧生态人类学中的环境决定论腔调，坚持认为人类与环境互动的方式决定了人类对环境的理解和冲击。此外，他的研究结合新生态学的诸多优势，体现了对于新的综合范式的追求。其关注焦点从社区转向更大的外部结构，表明生态问题本身的复杂性和时空渗透性。[54]也有研究者对美国式民族生态学的概念界定和理论预设进行了梳理，在此基础上归纳出美国式民族生态学的本土人立场、民族志方法、认知的视角、关注传统生态知识以及跨学科色彩浓厚等方面的学科特征。[55]

波村腊鲁彝族是哀牢山周边极富代表性的民族。有研究者通过对波村腊鲁彝族的生态人类学解读，结合地方性知识和文化适应的关联性研究，认识到波村腊鲁彝族的传统生存方式的产生和存在自有其内在必然性，进而提出特定民族生存环境与文化适应的关系问题。[56]

(七) 艺术人类学研究

在艺术人类学研究方面，有研究者认为，相对于强调艺术本质论及艺术发生学的美学、文艺学专家而言，人类学家和民俗学家则强调注重艺术的情境，强调艺术要以人为本，要注重整体观以及文化理念等。日本学者提出的“艺术周边”理念，消解了艺术的本质性，有利于将人类学的艺术研究带到一个更加开放的世界，有启发意义。对于跨学科的艺术人类学而言，重要的不仅是不同学科间的相互交流，而且还需要在长期的学术积累中把握对方的问题意识。[57]

艺术的研究需要人类学的视角及养分。有研究者分别从后代主义思潮下的艺术人类学发展、艺术人类学理论、艺术民族志观点，描述20世纪70年代以来西方艺术人类学的发展脉络、学者们普遍关注的理论命题、艺术人类学方法论的创新实践，以及对当前中国艺术人类学研究的启示。[58]

人类学家雷蒙德·弗思提出要将艺术置于具体的文化情景与社会语境之中进行研究并注重对艺术的社会功能的探讨。有研究者认为，弗思注重社会变迁对异域艺术的影响：一方面是消极影响，如艺术中的宗教意义消失，导致艺术的粗制滥造；另一方面也具有积极意义，如给当地艺术品带来了新的市场，为艺术事业的发展提供了新的机遇。[59]也有研究者认为，应当秉承人类学立场的艺术人类学研究，明确学科定位，不断深化理论思考。与此同时又需要有更大的包容性，既基于学科的纯洁性，发展建立在学科认同基础上的理论追求，又能够面对实际问题开展更为广泛的跨学科交流，谋求跨学科的统一性。[60]

(八) 文学人类学研究

在文学人类学研究方面，有研究者提出改造人类学家罗伯特·雷德菲尔德的“大传统和小传统”概念，按照符号学分类指标重审中国文化传统，把汉字编码的书面传统作为小传统，把前文字时代以来的神话思维视为大传统。文化人类学和民俗学倡导实地考察的田野作业，打开突破小传统局限的知识新格局。从方法论上归纳，可将新出土的文字作为二重证据，将文献之外的田野调查的口传活态文化传承作为三重证据，将出土的实物和图像等非文字符号视为四重证据。以四重证据法重新探寻文化大传统，获得超越前代的人文创新方法和认识境界。[61]

也有研究者认为，人类学界的文学转向源于社会科学对自身的反思和批判，抽象的、脱离知识主体及其语境的客观科学研究受到质疑，经验的社会科学被阐释的社会科学替代，个体的自我意识和主体性受到全新审视。[62]

我国甘青宁地区是高原农牧文化和中原旱地文化的交叉地带，又有藏传佛教和伊斯兰教两大宗教文化的长期并存，各民族间长期以来的文化交流与碰撞造就了多元而独特的地域文化，并孕育了丰富多彩的文学创作。有研究者认为，新时期甘青宁文学在民族、国家和世界的三位一体格局中既受到了国家一体性、知识全球化的规约和影响，又始终立足于民族民间文化，因此该地域文学不仅丰富了当代汉语文学书写的经验，而且具有民族学、人类学等特殊价值。[63]

(九) 应用人类学及其他

我国应用人类学研究者不应自我封闭，不要制造学科壁垒，应将民族现实问题研究纳入自己的研究范围。有研究者指出，应用人类学研究可分为“应用—理论”型、“理论—应用”型和“项目—应用”型三种模式；又可分为对策性研究和预测性研究两种类型；应用人类学研究具有很强的现实性和政治性，因此应注重其信度与效度。[64]

在医学人类学研究方面，有研究者认为，医学多元现象的讨论是医学人类学的经典议题，但是医学多元常被作为各种人类学研究的描述性背景或理论预设。在中国的社会文化背景下，地方医学多元的现象常在历史线索中与国家政策、当地人的求医行为以及地方文化相缠绕。不同的医学以及医疗资源在地方层面上的格局，通过治疗师与求医者的互动以及能动选择而得到不断的塑造和重塑。[65]也有研究者指出，在医学多元的文化语境中，不同医学的疗效及其背后的话语、支撑它们的政治经济力量的消长、医学在市场培育与占有过程中的角逐与互动，共同塑造了多元医学体系的共处格局。各医学体系采纳自己评价标准的文化相对论与以生物医学作为检验民族医学效用的标准的科学一元论之间的论争，反映了人类学内部长期存在的人文思潮与科学传统之争。[66]

在经济人类学研究方面，有研究者从一个代表性的关于美国—墨西哥边境问题的经济人类学个案研究谈起，进而梳理了这一新兴边缘学科的独特研究视角与方法论基础，尝试思考国外经济人类学所书写的边疆民族志对于中国边疆发展问题研究有何种启发和借鉴意义。[67]也有研究者指出，坚持少数民族经济是中华民族经济的重要组成部分是少数民族经济存在和发展的条件，也是中华民族经济繁荣的需要，这是研究中国少数民族经济学最需注重的原则。[68]

在语言人类学研究方面，由于语言识别标准的不同，我国和国际学术界对中国语言的分类和数量统计存在很大的差异。有研究者通过一些民族语言的实例，介绍和分析语言识别所使用语言沟通度和语言群体认同方法，探讨这些方法对我国民族语言识别的适用性。[69]有研究者试图勾勒“罗斯化”思想和“俄罗斯化”思想对沙皇俄国、苏联及俄联邦语言政策的影响。分析指出，具有离心力取向的“罗斯化”思想源自东正教，崇尚自然而然的多种语言并存，不主张国家干涉语言使用；而具有向心力取向的“俄罗斯化”思想，否定多语现象，主张建立统一的国语和统一的文化。[70]

七、世界民族研究

苏联解体后，俄罗斯成为其主要继承国之一。剧烈的社会变迁不但改变了俄罗斯大多数人的社会地位、生活状况，也彻底颠覆了俄罗斯人思想中形成的一系列认同，其中包括国家认同和民族认同。在新的社会历史条件下构建符合国家利益和人民利益的新认同，这不但是国家决策者的任务，也是社会人文科学者的社会责任。有研究者从历史背景、理论根源、现实反映和社会实践几个环节入手，探讨季什科夫率先提出的“俄罗斯公民民族构建理论”在俄罗斯发展的过程中对俄罗斯多民族国家和社会发展的重要意义，也希望这一理论对我国公民民族建设有所启发。[71]

美国人类学家克里斯托弗·斯坦纳的《流通中的非洲艺术》是关于非洲艺术的杰作。它展现了流通中的非洲艺术中出现的种种社会现象，详细描述了资本通过艺术物品流通渗透的过程，并提出了原真性的问题。有研究者认为，其隐形的文本中透出西方对于非洲的文化想象与殖民记忆，同时亦体现了非洲本土人民在全球化时代身份认同的丢失。斯坦纳再现了在流通中的非洲艺术物品的“脱境”过程，从原住民的“物”到成为西方“艺术”的流通之旅，凸显了“知识介质”在流通之中的力量。[72]

早在20世纪30—40年代，林惠祥对南洋马来人就进行了实地考察，并发表了有关马来人研究的开拓性著作。有研究者认为，林惠祥提出的对马来人的定义与分类、马来人的来源与族际关系、马来人与中国大陆东南土著同源、中国东南地区是原马来人的发源地等观点，在国内外学术界产生了深远的影响。[73]

有研究者认为，厘定世界民族问题中引发民族冲突的规律性问题，是事关保持我国社会稳定的重大问题中最具代表性的研究范例。对当代世界民族问题的作用机制进行理论总结，分析民族性因素引发的民族、宗教冲突的规律性问题，可为预防民族问题引发的冲突提供借鉴。[74]

八、重要学术会议、学术交流活动

2011年4月8—10日，北京大学社会学系与法国国家科研中心（CNRS）在北京大学共同举办了“田野、理论、方法：中法人类学与社会科学对话”学术研讨会。法国国家科研中心、法国高等社会科学研究院、里昂第二大学、盖布朗利博物馆、中国社会科学院、清华大学、中央民族大学、北京师范大学、北京大学等研究教学机构的众多学者与会。

2011年5月25日，由中国社会科学院民族学与人类学研究所民族历史研究室和《民族研究》编辑部联合举办的“中华民族与辛亥百年”学术讨论会在北京召开。来自北京大学、中央民族大学、中央党校、中国藏学研究中心、中国社会科学院边疆史地研究中心、中国社会科学院民族学与人类学研究所、日本神户大学等高校和科研单位的近50名学者参加了会议。与会专家学者们围绕“辛亥革命时期的民族主义与民族思潮、辛亥革命与边疆民族地区的社会转型、辛亥革命与现代民族国家建构、辛亥革命与中华民族伟大复兴”等议题进行了广泛的学术交流。

2011年11月26—27日在中央民族大学举办了由中央民族大学“985工程”民族发展与民族关系问题研究中心和中央民族大学民族学与社会学学院共同主办的首届“西北民族走廊的文明、宗教与族群关系研讨会”。来自中央民族大学、中国藏学研究中心、北京师范大学、中国社会科学院、陕西师范大学、西北民族大学、兰州大学、西藏民族学院、青海民族大学、西藏社会科学院等高校和研究机构的40余名学者参加了本次学术研讨会。与会专家就“西北民族走廊的历史与现实、西北民族走廊的宗教与文化、西北民族走廊的族群关系”等议题进行了深入讨论。

2012年12月9—11日，中国人类学民族学2011年年会在广西南宁召开，来自全国各高校、科研机构的人类学、民族学专家代表和加拿大民族研究会的代表约350余人出席会议，围绕“社会转型、民族和睦与可持续发展”主题进行探讨。

2011年12月16—19日，在吉林省延吉市，由中央民族大学、985中国当代民族问题战略研究基地民族发展与民族关系问题研究中心、东北亚民族文化研究所、延边大学民族研究院、韩国庆南大学极东问题研究所、韩国学中央研究院现代韩国研究所联合举办“第二届东北亚民族文化论坛”学术研讨会。中韩近30位相关研究领域的专家学者参加了本次论坛的研讨。

注：

①赵旭东、齐钊：《理解费孝通的一种新路

径——从费孝通的亲迎“三区论”谈起》,《广西民族大学学报》,2011 年第 2 期。

②王铭铭:《我理解的“人类学”大概是什么?》,《西北民族研究》,2011 年第 1 期。

③刘兵、包红梅:《人类学与科学史研究立场的异同——关于“主位”、“客位”与“辉格”、“反辉格”的比较研究》,《云南师范大学学报》,2011 年第 2 期。

④刘谦、冯跃:《新多元主义的人类学比较研究述评》,《广西民族大学学报》,2011 年第 3 期。

⑤朱远来:《对当前我国民族学数据库建设的思考与建议》,《中央民族大学学报》,2011 年第 1 期。

⑥丁宏:《北极民族学考察记——兼谈民族志的写作》,《西北民族研究》,2011 年第 4 期。

⑦王铭铭:《所谓“海外民族志”》,《西北民族研究》,2011 年第 2 期。

⑧张金岭:《中国文化视野下的人类学海外民族志研究——基于法国田野经验的思考》,《云南社会科学》,2011 年第 1 期。

⑨庄孔韶:《跨文化跨学科人类学交流的状态与前景》,《云南民族大学学报》,2011 年第 5 期。

⑩任天浩:《从内涵界定理解传统文化的全球化》,《北方民族大学学报》,2011 年第 5 期。

⑪金民卿:《全球化的文化效应与民族文化的发展前景》,《学术探索》,2011 年第 2 期。

⑫倪文敏:《全球化背景下的民族文化自觉研究》,《中华文化研究》,2011 年第 4 期。

⑬贾春阳:《泛突厥主义对中国新疆的渗透及影响》,《世界民族》,2011 年第 1 期。

⑭姜德顺:《“第四世界”论说源流及浅析》,《世界民族》,2011 年第 3 期。

⑮郝时远:《坚持民族区域自治制度必须完善民族政策》,《传承》,2011 年第 13 期。

⑯何星亮:《“大一统”理念与中国少数民族》,《云南社会科学》,2011 年第 5 期。

⑰金炳镐、金东杰、陈永亮:《中国共产党与马克思主义民族理论中国化》,《黑龙江民族丛刊》,2011 年第 1 期。

⑱王晓红、杨巧蓉:《马克思“人类学笔记”中的国家理论新探》,《临沂大学学报》,2011 年第 4 期。

⑲郝时远:《辛亥革命与中华民族内涵之演变》,《民族研究》,2011 年第 4 期。

⑳卢焕华、徐苗、方慧珍、李雪婷、杨圣敏、刘嘉:《民族关系研究中的内隐偏见调查综述》,《西北民族研究》,2011 年第 4 期。

㉑祁进玉:《青海藏区民族关系追踪研究——以青海省黄南藏族自治州同仁县为个案》,《中央民族大学学报》,2011 年第 2 期。

㉒马戎:《如何思考中国的民族研究》,《青海民族研究》,2011 年第 3 期。

㉓张海洋:《汉语“民族”的语境中性与皮格马利翁效应——马戎教授“21 世纪的中国是否存在国家分裂的风险”述评》,《思想战线》,2011 年第 4 期。

㉔杜靖:《中国“多地区连续进化说”是一种民族主义话语吗?——与西方人文学者沙伯力和舒喜乐的一个对话》,《青海民族研究》,2011 年第 1 期。

㉕马戎:《新疆城镇发展和双语教育的进程——南疆地区两个专题调研报告》,《西北民族研究》,2011 年第 2 期。

㉖黄健英、贾斌韬:《省际边缘区域少数民族经济统筹发展研究——以武陵山经济协作区为例》,《湖北民族学院学报》,2011 年第 4 期。

㉗杨晓纯:《国内关于西藏世居穆斯林研究述评》,《西北民族研究》,2011 年第 3 期。

㉘巴战龙:《裕固族乡村社区发展历程与模式的社会人类学分析》,《西北民族研究》,2011 年第 4 期。

㉙陈建樾:《林惠祥与中国大陆的台湾原住民研究》,《民族研究》,2011 年第 4 期。

㉚张晓莹:《民间口头叙事的环境指向与意义建构——人类学视角下的辽南的海神娘娘故事研究》,《东南学术》,2011 年第 3 期。

㉛黄中祥:《哈萨克族的铁尔麦及其演唱艺人铁尔麦奇》,《伊犁师范学院学报》,2011 年第 4 期。

㉜康笑宇:《试析人类学视阈下民族题材绘画中的民族符号》,《中央民族大学学报》,2011 年第 4 期。

㉝刘亚虎:《布洛陀文化的源与流》,《广西民族师范学院学报》,2011 年第 5 期。

㉞丁宏:《伊斯兰教本土化研究的意义——以人类学的视角》,《世界宗教研究》,2011 年第 3 期。

㉟蔡华:《人类学怎样理解“父亲”——再论“无父无夫的社会”》,《世界民族》,2011 年第 1 期。

㊱杨德爱:《试谈人类学理论中的实践理论——以布迪厄〈实践理论大纲〉和萨林斯〈历史之岛〉为例》,《重庆文理学院学报》,2011 年第 5 期。

㊲李旭:《试论人类学理论中“结构—能动性”的对立与接合》,《北方民族大学学报》,2011 年第 3 期。

㊳赵旭东:《闭合性与开放性的循环发展——一种理解乡土中国及其转变的理论解释框架》,《开放时代》,2011 年第 12 期。

㊴刘海涛:《对西方学界“ethno history”一词的历史考察》,《民族研究》,2011 年第 2 期。

㊵祁进玉:《传统的断裂、复兴与家族史的传承——基于青海土族家族谱、口述史为文本的历史

人类学分析》，《青海民族大学学报》，2011年第1期。

㊶高小岩、全美英：《跨文化背景下的历史人类学蠡测——以曹操与织田信长对比为例》，《江西社会科学》，2011年第8期。

㊷张海：《从聚焦到失焦——〈格姆山下〉的影视人类学解读》，《民族艺术研究》，2011年第3期。

㊸朱靖江：《论当代人类学影像民族志的发展趋势》，《世界民族》，2011年第6期。

㊹王璐：《影视人类学：人类文化的切入点》，《现代视听》，2011年第9期。

㊺陆平辉、李莉：《散居少数民族权利研究述评》，《云南大学学报》，2011年第3期。

㊻赵旭东：《族群互动中的法律多元与纠纷解决》，《社会科学》，2011年第4期。

㊼曹缅：《关于民族法学研究中的几个概念问题》，《哈尔滨学院学报》，2011年第1期。

㊽祁进玉：《促进教育机会均等与教育公平：对民族地区义务教育发展的初步思考》，《民族教育研究》，2011年第3期。

㊾陈学金：《我国教育中"人类学研究"与"质的研究"之比较》，《湖北民族学院学报》，2011年第4期。

㊿宋嘉健：《空间观对教育人类学实践的启示》，《福建教育学院学报》，2011年第3期。

51罗吉华：《文化差异与教育选择——一项教育人类学个案研究》，《湖南师范大学教育科学学报》，2011年第4期。

52刘玉梅、刘红梅：《跨文化背景下的人类学视角的研究——西方儿童发展研究概述》，《齐鲁师范学院学报》，2011年第6期。

53赛汉、张海洋：《白银锡勒牧场上的人—草—畜》，《云南民族大学学报》，2011年第3期。

54郑少雄：《作为文化批评的当代生态人类学——〈长城之外〉及其他》，《西北民族研究》，2011年第3期。

55付广华：《美国式民族生态学：概念、预设与特征——"民族生态学理论与方法研究"之一》，《广西民族研究》，2011年第1期。

56王倩：《波村腊鲁彝族森林观的生态人类学解读》，《文山学院学报》，2011年第2期。

57刘正爱：《"抢注"中的中国艺术人类学——兼及日本的艺术人类学研究》，《思想战线》，2011年第4期。

58方李莉：《后现代主义背景下的西方艺术人类学述论》，《江南大学学报》，2011年第4期。

59李修建：《雷蒙德·弗思的艺术人类学研究》，《思想战线》，2011年第1期。

60王建民：《论艺术人类学研究的学科定位》，《思想战线》，2011年第1期。

61叶舒宪：《探寻中国文化的大传统——四重证据法与人文创新》，《社会科学家》，2011年第11期。

62刘珩：《文学的人类学研究范式——评汉德勒和西格〈简·奥斯汀以及文化的虚构〉》，《文艺研究》，2011年第7期。

63韩春萍：《国族本位、世界视野——论新时期甘青宁少数民族叙事文学》，《甘肃联合大学学报》，2011年第1期。

64何星亮：《关于我国应用人类学研究的若干问题》，《中南民族大学学报》，2011年第5期。

65和柳：《历史、文化与行动中的医学多元——对一个纳西族村落疾病与治疗的人类学考察》，《广西民族大学学报》，2011年第4期。

66张有春：《人类学视野中的民族医学疗效评价》，《中央民族大学学报》，2011年第3期。

67施琳：《边疆民族志：经济人类学的视角与方法》，《广西民族大学学报》，2011年第3期。

68杨思远：《民族经济学理论体系的发展》，《民族论坛》，2011年第12期。

69黄行：《我国民族语言的沟通度与语言群体认同》，《云南师范大学学报》，2011年第2期。

70周庆生：《罗斯化与俄罗斯化：俄罗斯/苏联语言政策演变》，《世界民族》，2011年第4期。

71臧颖：《俄罗斯公民民族构建的理论与实践》，《西北民族研究》，2011年第4期。

72罗易扉：《资本的渗透——克里斯托弗·斯坦纳与〈流通中的非洲艺术〉》，《江南大学学报》，2011年第4期。

73曾少聪：《林惠祥对南洋马来人的研究》，《世界民族》，2011年第6期。

74王建华、熊坤新：《世界民族问题作用机制的范式分析》，《黑龙江民族丛刊》，2011年第3期。

（作者：杨圣敏，中央民族大学教授；
祁进玉，中央民族大学副教授）

教 育 学

教 育 学

劳凯声 刘垚玥 秦朝军 张晓雯

一、关于教育公平问题

自从《国家中长期教育改革和发展规划纲要》提出要“形成惠及全民的公平教育”后，教育公平问题已成为教育理论探讨的一个热点问题。有学者认为促进教育公平是国家基本教育政策，是政府和人民共同的奋斗目标。①关于教育公平的讨论主要集中在教育公平的内涵、理想特征、教育公平实现路径以及与国外的比较研究方面。

关于教育公平的内涵和特征，有学者认为，教育公平的基本内容是实现教育利益分配的公平，是在现实社会条件下实现最大多数人的最大可能的教育平等，即全体人民平等共享教育改革与发展的成果。教育公平有五个层次的内涵：教育公平的基础是全体公民的政治权利、法定教育权利以及人格的平等；起点公平、过程公平、结果公平是教育公平的三个基本方面；教育公平可区分为同质公平与差异公平；教育公平的基本要求是对处境不利群体的教育补偿与优先扶持；教育公平可从数量公平和质量公平两方面来理解。②有学者从詹姆斯·科尔曼（James S. Coleman）的定义出发，认为教育机会平等包括以下四个方面的内涵：进入教育系统的机会均等；享受教育条件的机会均等；教育结果均等；教育对未来生活前景的影响机会均等。③还有学者从韦伯的“理想类型”理论出发，总结了教育公平的“理想类型”，以及功利主义、平等自由主义、自由至上主义、平等主义四种教育公平观的基本特征。并认为，这些教育公平的“理想类型”有利于增加教育认识和教育政策的客观性，能够给教育实践以价值导向。④

关于教育公平的实现路径的探索方面，有学者提出，教育公平水平的提高是一个渐进的过程。促进教育公平的政策选择，包括以下五个方面：一是保障公民的法定受教育权利全面转化为现实权利；二是保障受教育机会公平基础上积极追求有质量的公平；三是推进义务教育均衡发展；四是扶持困难群体；五是全面落实政府的教育公平责任。⑤也有学者认为，中国教育机会平等问题的特色是平等、效率、公平竞争、自主选择，要解决教育机会平等问题以实现教育公平，关键不在于这四者之间是否应做出非此即彼的选择，而在于如何使四者之间达到协调，并取得社会的普遍认同。⑥有学者提出，教育公平与社会公平互为基础、相互制约、相互促进。通过整合道德、经济和政治的公平标准和方式，形成持续不断地提高平等与效率相互促进的高水平的教育公平。⑦还有学者认为，推进教育公平是政府的基本责任，为了全面落实政府对教育公平的责任，政府应该努力做到以下几点：树立科学的价值观、正确的公平和效率观，明确政府是实现教育公平的“第一责任人”；明确界定政府的教育公平职责，推进教育决策与政策实施的科学化与民主化；政府要保障教育投入，合理分配教育资源，完善教育财政制度；政府要加强立法、严格执法，为教育公平提供稳定持久的法律保障。⑧

有些学者进行了中美比较研究，认为在教育公平问题领域，西方学界就“教育机会均等”议题形成了一个长期的研究传统。这一传统以科尔曼的研究为开端，一直影响到当下。处理中国教育发展进程的公平问题，需充分研究与借鉴西方的经验，同时也应当对中国社会的特殊性予以重视，比如中国特殊的社会结构特征、城乡问题等。⑨还有学者对美国教育充足理念的形成、依据及政策影响进行了研究，教育充足表现为较高的最低质量标准，强调确保所有学生公平地获得为达到特定水平的知识与技能所需的教育机会，体现了教育公平的实质。与传统的教育公平发展政策不同，教育充足政策不仅关注于平等对待的标准，而且更关注学生个体需要。⑩

二、关于加快学前教育发展

加快学前教育发展不仅是一个教育问题，也是与千万家庭密切相关的民生问题。2011 年国务院制定了一揽子发展学前教育的政策措施，各地也结合实际，陆续制订出合适的发展计划，学前教育迎来快速发展的重大机遇。但同时我们还应清醒地认识到，学前教育依然是整个国民教育体系中相对薄弱的环节，存在着诸如“入园难”“入园贵”，教育财政投入不足，幼儿师资队伍建设不足，农村学前教育落后等一系列比较突出的问题。针对这些问题，学者们从政府主导下的学前公共服务体系建设、财政投入制度改革、幼儿师资队伍建设、农村学前教育发展等方面提出了解决之道。

（一）加强政府主导作用，构建公益普惠的学前教育公共服务体系

坚持公益普惠的基本原则，构建学前教育公共服务体系，是当前促进教育事业科学发展的重要战略任务。[11]有学者认为，学前教育的公益性及其重要的基础性作用日益为人们所认识，因此加快学前教育立法进程势在必行。在学前教育立法中，强调学前教育的公益性，明确将学前教育纳入我国基本公共服务体系，这是规定学前教育事业发展方针、政府责任及其与社会关系、投入与保障机制等的前提与基础。[12]也有学者分析了地方实践经验认为，强化并不断落实政府主导责任是广大农村地区学前教育事业发展的根本前提。[13]还有学者认为，政府干预虽必不可少，但要有界限，防止出现权力寻租和腐败等问题。为确保学前教育事业的健康与可持续发展，应充分发挥政府和市场各自的积极作用，特别是政府应找准自己的定位，限定自己的主要职责是为一般大众提供具有保育与看管功能的救济型学前教育，对于超出基准服务的学前教育要求，还是应当由学前教育市场来提供。[14]

（二）改革教育财政体制，加强学前教育财政投入的公平性和利用率

充足的财政支持是学前教育发展的有力保障。针对学前教育投入不足问题，有学者认为，学前教育经费占同级财政性教育经费比例应不低于7%。[15]有学者通过实证调查地方政府在学前教育办学经费中的分担比例和不同类型学前机构获得政府支持力度后发现，整体上地方政府分担比例低且不平衡，即在公办园与民办园之间、不同类型公办园之间地方政府分担比例和财政投入有显著差异，公办园、示范园获得更多的财政支持。这种“扶强扶优”的政策有可能导致严重的社会不公平，学前教育财政体制改革要以促进公平为根本目标。[16]也有学者总结认为，我国教育财政体制存在投入总量、地区差异、成本分担比例及资金分配和使用效率等问题，学前教育财政体制应该进行重大改革，其思路是：明晰各级政府责任，大幅度提高投入总量；通过增加普惠性公办园、建立资助体系、发展普惠性民办园等方式促进公平并提高资金使用效率；规范收费管理体制，减少收费混乱现象。[17]

（三）加强师资队伍建设

优质的幼儿师资队伍是学前教育发展的关键。也有学者认为国家对学前教育师资的培养，应首先明确学前教育师资的性质，始终将“师范性”作为根本目标，引领市场；将“职业性”作为培养方向，适应市场。[18]也有学者分析了农村学前教育师资流失的问题，认为应从政策层面出发，强化政府责任，解决教师编制，提高待遇，明确社会保障，实施面向农村幼儿教师的倾斜政策和完善督导评估制度等。[19]还有学者通过对香港特区重要的幼儿教师法律政策的分析，认为我国内地在学前教育事业发展过程中，应明确并不断强化中央和地方各级政府在学前教师队伍建设中的职责，并根据我国国情和条件制定相关法律和政策，对政府在提高幼儿教师地位，保障权利与工资待遇，明确资质、聘任与考核要求以及在职培训等中的职责作出明确规定。[20]

三、关于义务教育均衡发展

义务教育均衡发展是义务教育发展到一定阶段的必然结果，也是我国现阶段义务教育发展的重点。为每一个学生提供优质均衡的义务教育是教育公平的价值体现。

（一）义务教育均衡发展的价值取向

义务教育均衡发展是教育发展的必然取向与基础。有学者认为，教育均衡的指向是以人为本，教育均衡的实质是以均衡促发展，而均衡的本质是教育场域内部结构的功能性调整与完善，借以实现教育作为系统的整体升级。[21]义务教育优质均衡发展的重心应该从“拔高”转变为“兜底”，优先考虑义务教育均衡发展，优先考虑一切学生，优先考虑薄弱群体，优先考虑国民基础素质目标。[22]也有学者认为，在长期城乡二元结构背景下，教育政策在价值取向和目标上长期带有城市倾向，造成诸多矛盾和问题。为推进城乡教育一体化，教育政策应确立起以人为本、公平均衡、质量效益、政府责任等新的价值取向，完善统筹城乡教育发展的政策。[23]还有学者从人性和教育系统两种视角进行考察，认为区域内校际均衡的公平逻辑就是：基本资源配置的完全均等和差异性均衡的有机结合。所有义务教育学校在基本办学标准上的资源配置完全均等，同时为适应学生个性的自由发展需要，有差异地在学校间配置教育资源，创建富有个性的特色学校，促进儿童的个性与能力获得充分、自由、和谐的发展。[24]

（二）促进义务教育均衡发展的途径

义务教育均衡发展的主要任务是实现城乡之间、区域之内校际间的均衡发展。有学者认为，以我国目前的教育现实，整体推进义务教育均衡发展还面临着很多困难，因此在县域内实现资源的合理配置、缩小差距、保障公平应当是我国义务教育均衡发展的政策选择。[25]也有学者分析认为，影响区域学校教育均衡发展的因素包括校舍建设、教育经费投入、生源质量、学校位置、办学方向、师资建设、学校管理水平、公众评价等八个基本要素。实现城乡、区域学校教育均衡发展，一要明确政府、学校和社会公众的义务和责任；二要根据本地实际情况，尽快建立适合区域幼、小、中学校教育均衡发展的督导评估指标体系；三是彻底清理现有的不利于实现城乡、区域教育均衡发展的“土政策”与“不规范

的办学行为"，建立起新的教育制度、教育体系与运行机制。[26]也有学者总结地方的实践经验，认为建立资源共享、互动教研的校际合作模式，是推进义务教育均衡发展的有效途径。[27]还有学者呼吁，义务教育均衡发展绝不能忽视农村教学点的建设，可以通过加大公共财政的投入力度；改革经费分配与管理方式，保证农村教学点有独立的教育经费；实行农村教师特殊津贴制度，鼓励优秀教师到教学点任教；改善办学条件等方式促进农村地区义务教育的均衡发展。[28]

（三）构建义务教育的均衡发展的评估体系

以县域为基础实现义务教育的均衡发展是今后一个时期义务教育的工作重点，也是实现义务教育整体均衡、解决择校问题的重要突破口。认定义务教育发展是否均衡，首先必须解决标准问题。有学者认为，县域义务教育均衡发展的标准建构首先应明确优先超前原则、协调统筹原则、政府为主原则、资源均享原则、重在普及原则、质量第一原则，然后从环境均衡度、城乡均衡度和结果均衡度三个维度考虑，三个指标的总体均衡情况整合为综合均衡度。[29]也有学者根据调查数据分析建议，县域义务教育均衡发展评估指标的选择应综合运用多种方法，教学仪器设备、图书和骨干教师配置等元素应成为评估义务教育是否均衡发展的重要因素。[30]

四、关于普通高中多样化发展

推动普通高中多样化发展、鼓励普通高中办出特色是《国家中长期教育改革和发展规划纲要》对我国普通高中提出的要求。学者们就此问题的讨论重点主要包括对普通高中多样化发展的政策解读、动因探究、模式类型研究以及措施建言等四个方面。有学者指出，普通高中多样化主要体现在办学体制和培养模式两个方面。办学体制多样化主要涉及办学主体的问题，培养模式多样化主要涉及培养目标、学校类型、课程、考试制度、管理体制等。[31]也有学者将普通高中多样化发展解读为一种从规模发展到内涵发展的历史需求；从教育目标到培养目标的目标深化；从追求划一到追求多样的观念改变；从注重整体到注重个体的能力释放。学者认为多样化的走向大致体现在：借鉴高等教育、融合职业教育、引入国际教育、服务个人发展四个方面。[32]

关于普通高中多样化发展的原因探究，有学者通过考察具有代表性的国内外普通高中办学体制和培养模式多样化出现的历史背景，探讨了普通高中多样化发展的动因。研究认为，人本主义教育价值观和个人多样化教育需求是普通高中多样化的内部驱动力；整合不同阶层的教育利益、适应市场需求、增强文化理解则形成普通高中多样化发展的外部动因。[33]也有学者提出，普通高中追求多样化的办学模式的主要依据包括：各校所处外部环境在经济、文化等方面差异显著；高中学生的发展倾向和发展水平具有多样性；学生、家长和社会对普通高中教育结果预期的多样化；高等院校和社会对普通高中毕业生的需求多样化。[34]

关于普通高中多样化发展模式和特色类型，从目前高中多样化走向上来看，大体上有四种类型：一是借鉴和融合高等教育的走班制、学分制和导师制；二是借鉴和融合职业教育，即在普通高中当中引入职业教育课程或办综合高中；三是借鉴和融合国际教育，即引入国际课程体系、国际课程或者引入国外的评价认证项目；四是立足学生的个人发展所采取的分层教学、个别教学和特色学校或班级。[35]有研究对北京市70所普通高中学校特色建设情况进行了现状分析，提炼出普通高中学校特色选择的主要依据，概括了普通高中学校特色建设的六种类型，包括育人模式、特色教育、重点学科建设、教学方式方法、德育与心理健康教育、国际理解教育，并讨论了影响其特色建设定位的因素。[36]

关于促进普通高中多样化发展的策略，有研究指出，高中多样化发展需要办学者具有胆识和管理者观念的及时更新；要转变单一供给模式，构建多元办学格局和筹资渠道；任重道远，要勇于担当，以教育家情怀来办教育。[37]也有学者认为，普通高中要实现多样化发展，应具备以下策略：第一，强力推进课程设置的多元化发展，增加培养创新思维和动手能力的课程；第二，增加学生校外实践的时间，明确实践项目，考核各项动手能力，第三，多项考评、多次考评、加强课程管理，落实授课实效。[38]

五、关于职业教育发展中的校企合作

《国家中长期教育改革和发展规划纲要》中指出：职业教育要"实行工学结合、校企合作、顶岗实习的人才培养模式"，这在政策层面明确了校企合作、工学结合、顶岗实习对于职业教育创新人才培养模式、提高教育教学质量的重要性。校企合作是一种以市场和社会就业需求为导向的教育机制，是学校和企业资源共享、优势互补，双方共同参与人才培养的教育体制。[39]学者们的讨论主要集中在校企合作中存在的问题以及解决的路径、校企合作的模式以及理想类型等方面。

关于校企合作的问题和路径探讨，有学者认为我国高职校企合作的行业背景有差异，使校企合作模式具有不可复制性；高职校企合作利益相关者价值取向的差异，使校企合作双方的内驱力难以同一。并提出，通过进一步实现校企机制、体制层面的合作；实现校园文化与企业文化的融合；建立"超企业"组织的价值网络；进一步发挥政府在深度校企合作中的作用等方面进一步深化校企合作。[40]也有学者列举了校企合作中存在的问题，主要包括缺乏落实政策的措施、企业难承担学生顶岗实习的安全风险、职业院校人才培养水平问题、企业的贡献缺乏社会认可、企业付出得不到经济补偿、校企合作缺乏第三方面的协调服务、校方对顶岗实习疏于管理等。并提出，改进措施包括完善相关法律、明确政府职责、设立专项资金制度、明确职业院校责任、提升职业教育质量、完善对企业动力激励机制、建立学生劳动保障机制、扶持和发展校企合作服务机构等。[41]还有学者研究提出，专业群则是根据学科或职业性质的内在联系、按照一定的层次结构联结起来的专业集群。高等职业教育以校企合作为办学基本要求，应将校企合作落实到专业群层面，进而实现从形式、内容到机制的全面有机结合，从而提高高职教育质量。[42]

关于校企合作的模式，有学者认为，在目前的职业教育发展中，由于地区产业发展环境、学校教育教学特点各不相同，校企合作模式也形式多样。并提出，目前常见的校企合作方式可概括为“企业配合”模式、“校企联合”模式、“校企实体型”模式，即国际上“双元制”模式。研究者又结合我国的职业教育特点，总结出三种操作性强、实效性好的校企合作模式：“顶岗式”合作模式、“引厂入校”模式和“订单式培养”模式。[43]也有学者认为，高职院校校企合作的关键是找准校企双方合作的共同基点，应按照互利共赢、共建共管、互补互促的原则，因校制宜地构建适合自身学校发展需求的校企合作模式，并由此提出了学院主导式、共建共享式、企业学院式、教学工厂式、基地集群式五种校企合作模式。[44]

还有学者利用理想类型的分析方法，把我国职业教育校企合作分为三种基本类型，即利益驱动型、智慧互补型和价值认同型。并指出，这三种不同类型的校企合作在合作动机、地位认知、角色关系、合作内容、资源投入、合作功能、评价标准等方面存在重要区别。“利益驱动型”是校企合作的初始形态，是一种表层合作；“智慧互补型”是校企合作的过渡形态，是一种中层合作；而“价值认同型”则是校企合作的高级形态，是一种深层合作。从“利益驱动”走向“价值认同”，是职业教育校企合作深度推进的必由之路。[45]

六、关于构建现代大学制度

建设现代大学制度的必要性成为我国高等教育改革中的共识，学者们当前围绕我国高校在建设现代大学制度中存在的问题以及如何建立和完善现代大学制度展开探讨，提出不同的理念。

就我国建设现代大学制度中存在的问题，有学者指出当前我国高校治理现状与现代大学制度的差距体现在三方面：第一，党委与校长的责权不明确，教代会监督权弱化；第二，学术权力与行政权力失衡，学术权力不断萎缩；第三，学校、院、系权责不对等。有学者借鉴各国章程建设经验后认为，大学章程在我国建设现代大学制度实现大学治理中具有重要的意义。大学章程是我国高校办学自主权的体现，但我国大学章程建设中不同程度地存在内容不科学、制定程序不合法、没有很好地实施等问题。因此要进一步推进高校章程建设。[46]

就如何建立和完善现代大学制度的问题，有学者在分析我国大学发展的现状与不足的基础上指出建立现代大学制度和完善治理结构的当务之急是“去三化”。首先是去产业化，不能生搬硬套地用经济法则来管理大学，大学自身发展的规律性与公益性是大学管理中不容轻视的问题。其次是去行政化。去行政化并非不要行政管理，而是要克服行政强调统一的僵化特征，促进大学特色的多样发展。最后是去工程化。认为政府通过项目化的工程化管理大学的方式存在严重缺陷，教育的本质是对话与沟通，因此大学治理不能忽视教育的人文性。[47]有学者对“去行政化”做了专门论述，认为大学“去行政化”是一场涉及教育观念、制度、利益，带有整体性的、深刻的思想和制度革命。其实质是回归大学管理本质，即效率、协调、服务、创新。大学管理去行政化回归学术本位首先是大学管理理念和价值的回归、管理思维的回归、管理体制和方式的回归。[48]还有学者讨论了如何处理建立和完善现代大学制度中的几对关系：大学与政府的关系、大学与社会的关系、大学内部行政权力与学术权力的关系，提出建立大学法人制度来调整大学与政府的关系，使大学与政府的关系建立在大学自治的基础上。在大学与社会之间的关系上“探索建立高等学校理事会或董事会，健全社会支持和监督学校发展的长效机制”与国际通行做法一致，并且是可行的。但大学内部治理结构上我国目前尚不能按照国际上通行的建立董事会制度，应在坚持和完善党委领导下的校长负责制的前提下借鉴“教授治校”的经验。[49]

对于高校与政府之间关系的问题，有学者从组织经济学角度认为政府与高校之间形成的组织内契约关系将兼具科层管理与市场化的优势并降低二者风险，应在当前现代大学制度建设的改革试点中积极尝试。[50]还有学者运用社会网络分析方法，认为大学存在多个权力中心，各主体间具有错综复杂的网络式互动关系。因此我国大学在现代大学制度的建设中，需要构建多元嵌入的网络治理模式。通过结构嵌入、关系嵌入和认知嵌入等形式和途径增强大学内外部网络中的多种利益主体在大学治理结构中的嵌入度，并在持续互动、平等协商中形成信任与合作机制，从而实现大学的网络治理。[51]

关于大学章程的问题，有学者从历史角度阐述西方大学法人制度和章程的本质、内容、意义，以及二者之间的密切联系，从而为我大学章程建设提供借鉴。章程是一种具有法律效力的文本，是大学拥有法人身份和特权的书面证明。它不仅规定了举办者、管理者、大学、大学成员之间的权利义务关系，并且历史地承载着社会权威关系，具有极高的权威，任何人不经合法程序是无法对抗这样的效力的。只有当法人权利明确记载于章程的情况下，法人组织才拥有独立意志。[52]

确立大学的法人地位是保障大学章程效力的前提，我国大学法人地位的不明确影响了章程建设的进程。有学者认为，应当通过公务分权或功能自治重塑我国公立大学的行政主体法律地位，进一步明确与界定政府角色与公立大学功能。并以南方科技大学章程立法效力为例，提出解决公立大学章程法律效力的根本途径首先是为公立大学制定章程创造良好的法制环境，确立公立大学公务法人地位，明确各主体权利义务关系。[53]还有学者提出中国大学属于事业单位法人，该法律定位兼容其他类型的法律属性。中国大学的法律定位应当根据学校类型不同而多元化。[54]

七、关于人才培养体制改革

作为建设创新国家的重要战略，我国高等教育已经由规模发展转向以质量提高为核心的内涵发展。各位研究者从理论与实践、国内与国外多视角对人才培养模式改革进行了研究与探讨。

有学者提出要提升我国人才培养水平就应当转变教育发展方式，坚持走以提高质量为核心的内涵式发展道路；转变人才培养方式，真正做到以人为本，全面实施素质教育；转变教育管理方式，着力建设现代学校制度；转变教育评价方式，为人才成长提供宽松环境；加强学校文化建设，培育深厚的人文科学精神。[55]还有学者分析了当前国际国内经济社会发展的新形势下中国高等院校面临的发展机遇和风险挑战，对高校人才培养体制与机制改革提出三点具体政策建议：制订大学发展的战略规划，起草大学章程，完善大学管理决策与交流沟通机制。[56]

在人才培养的操作途径探索上，有学者就关于培养目标和人才规格设计的问题，从学校层面、专业层面进行人才培养模式的顶层设计并开发了目标平台。具体以人类文化遗产、社会发展需要、学生发展需要作为三个目标来源建构了高校培养目标体系框架。然后对各级目标进行逐级分解，选择合适的内容形成培养方案。最后对目标进行反馈评价以改进和完善。[57]还有学者就人才培养模式的课程体系设置问题提出，要依据地方经济社会发展需要与本校特色，以社会需求为导向重构高校课程体系。一般按照通识课程、专业课程和综合实践课程三个阶段进行，具体包括基本工具课程、基础素质课程、专业核心课程、职业生涯设计课程、实践课程等五个核心课程模块。[58]

在人才培养的改革实践方面，有学者介绍了“人才培养模式改革与创新计划”这一项以点带面的人才培养改革工程，指出这是大学探索拔尖人才培养新途径的契机，应当通过拔尖创新人才改革试点推动各高校人才培养模式的全面更新。[59]一些学者或管理者介绍了自己所在院校进行人才培养模式改革的实践探索。有学者从指导思想到实践介绍了北京联合大学开展的多样化培养模式的改革与探索。该校以人才培养模式创新实验区为依托，以学校为主导、学院为主体，探索服务外包类、旅游类和国际商务类等多样化、应用型特色人才培养模式。具体操作上以学分制改革为契机，以分级教学、分层培养为手段，并且采取多种措施，保障多样化人才培养模式改革与创新的时间效果。[60]还有学者介绍了对中国石油大学（北京）研究生教育国际化的多元主体培养模式的探究。该校基于研究生国际化培养的时间，构建了校校合作、校企校合作、校企校政合作等多元主体模式。多元主体模式实践中需要注意的是协调好主体间的关系。[61]

在对国外人才培养体制改革的问题上，有学者对高等教育人才培养目标进行了研究。研究得出英国、德国、加拿大的高等教育人才培养的目标表现出一定的共性：除了创新能力、独立思考与工作的能力、批判思维能力、团队合作能力等关键能力之外，新世纪的人才还应该能够认识到并善于应对知识的不确定性、模糊性和局限性，能够在复杂的和信息不完备的情况下作出合理的判断，能够和专业内外的人士进行有效的沟通，善于进行跨学科的思考和合作，掌握终身学习的能力。这些能力在一定程度上反映出21世纪知识经济社会对高等教育人才培养所提出的特定要求和期待。[62]还有学者在比较分析世界上几所知名研究生院人才培养模式后提出对我国创新人才培养的启示：第一，我国各研究生教育机构应建立有针对性和各具特色的人才培养目标；第二，尊重研究生教育规律，建立科学研究与研究生培养相结合的体制机制；第三，提高研究生导师的指导能力和综合素质，合理处理“用人”与“育人”的关系。[63]

八、关于成人教育的问题

《国家中长期教育改革和发展规划纲要》指出，在当前学习型社会的创建中，应该大力发展包括成人教育、继续教育等多种教育类型在内的终身教育，倡导终身学习，积极构筑全民终身教育、终身学习框架。各位学者就成人教育展开理论探讨、教育教学与政策实践探索。

关于理论探索，有学者分析了终身教育与成人教育之间的密切关系。终身教育思想理念孕育于广泛的成人教育社会实践中，成人教育又被包含在终身教育思想和实践体系之中；成人教育的拓展与延伸推动了终身教育形态体系的不断完善，终身教育思想和实践的发展又为成人教育开辟了广阔的发展空间，引导了成人教育的改革与创新。终身教育将与成人教育始终保持着这种和谐的互动关系，并在未来的不断探索中共同走向学习型社会。[64]有学者辩证地介绍了“成人教育之父”诺尔斯的教育思想。诺尔斯使用成人教育学这个概念，并且结合成人学习特点与理论构建了一套完整的成人教育学理论体系。他提出了自我指导学习理论，为成人学习提供了一种新的学习视角与一个有效学习的技术模式。诺尔斯明确了非正式教育对成人教育的重要性，并且指出对成人来说要尽量采用小组方法和论坛等学习途径。但诺尔斯的成人教育理论也存在着局限并招致许多批评。[65]

在成人教育实践探索方面，有学者从终身教育的战略角度论述了成人教育培训的社会意义，提出了对成人职业培训教育策划的改革建议：第一，开辟社区教育的新模式；第二，构建技术人才终身培训机制；第三，改变传统培训模式，在专业设置和培训项目上更加开放、多样、灵活；第四，充分利用社会资源，扶持社会力量办学；第五，提高培训工作的国际化合作水平。[66]还有学者探讨了发展中国家农村成人教育发展中存在的问题并总结出各国发展农村成人教育的一些趋势。发展中国家农村成人教育面临的问题主要有：农村成人教育被边缘化、个体参与培训的动力不足、性别差距根深蒂固和培训过程中的语言沟通障碍。从各国解决农村成人教育问题的实践中总结出发展中国家农村成人教育具有以下发展趋势可资借鉴：逐步建立多元化经费投入机制；农民作为受教育主体的地位与权利日益受到重视；能力培养逐渐成为农村成人教育培训的核心；积极吸纳志愿者与大学生作为师资队伍的重要补充；正规教育与非正规教育逐步走向融合；质量监测评估日益受到重视。[67]

关于教育体制问题，有学者研究了成人教育对构建学习型社会的重要意义与必要性，并提出构建成人教育体系的策略，主要包括构建成人教育的动力机制，建立成人教育的财政保障体制，打造成人教育机构的核心竞争力，加强成人教育资源建设，疏通成人教育的沟通渠道。[68]还有学者提出应当把游离于高等学校功能定位之外的成人高等教育（包括网络教育）回归到学校举办高等教育的大盘子里，我国高等教育应从“双轨制”向“单轨制”转变，实现同一所学校同一个层次、同一个标准，颁发同一个证书，真正保证高等学校人才培养质量。[69]

关于教育方式的问题，有学者以北京成人高等学校为例，分析了现代远程教育已有成绩和存在的问题，提出发展现代远程教育应当：第一，树立现代远程教育观念，学习相关政策法规；第二，构建网络环境，建立完备高效的信息技术基础设施和网络教学平台；第三，建立现代远程教育质量监控体系，完善教师绩效管理，规范教学过程；第四，引导学生增强计算机操作的兴趣，提高远程教育的学习能力。[70]

关于成人教育的教学方式，学者们就不同的领域展开探讨。有学者归纳了成人学习的特点后提出EMBA（高级管理人员工商管理硕士）的教育教学设计应当以能力为本位、以问题解决为导向，发挥学生主动性，注重团体互动、能力共享，课程设置灵活多样，强调知识的综合性。[71]还有学者针对提高网络教学质量而提出改进教学功能、增强学习及沟通功能以及增强学习支持服务功能等改进网络学习平台的措施。[72]有学者对成人教育中的实践教学进行了研究。通过对电大实践教学基本情况的调研后归纳出成人教育实践教学的困难主要归因于以下矛盾：办学规模大、学生人数多与实验设备相对不足的矛盾；学生的分散性、个性化与实践环节相对集中之间的矛盾；学生的成人化、业余化与脱产实践之间的矛盾；实践教学过程要求相对具体与有效监控机制之间的矛盾等。最后提出应当广开实践渠道以满足成人学生的不同需要，即自建实践教学基地和与当地其他院校共建实践基地；充分整合利用社会实践教学资源；根据需求开发网络虚拟实践平台；改革实践教学的手段和方法。[73]

九、关于民办高等教育的可持续发展

（一）民办教育可持续发展的途径

民办高等教育是我国高等教育事业的重要组成部分，在推进我国高等教育大众化进程、满足人民群众多样化的高等教育需求、缓解政府高等教育财政压力等方面作用显著、不可或缺。[74]但现阶段民办高等教育的发展面临着诸多瓶颈与障碍，如何确保民办高等教育可持续发展成为学者们研究的热点。有学者总结国外经验后认为，民办高等教育具有公益性，支持和规范民办高等教育发展是政府义不容辞的责任，政府应该健全政策法规体系，创建良好的发展环境，保障民办高等教育持续健康发展。[75]也有学者认为，面对生源市场、财源市场的双重危机，民办高等教育只有充分利用自身的社会资本才能化解危机，确保可持续发展。[76]还有学者从成本分担理论的视角出发，认为构建合理的办学经费筹措机制是民办高等教育可持续发展的重要途径。[77]

（二）完善管理体制，实施分类管理

分类管理是完善我国民办教育管理体制、保证民办学校持续健康发展的根本举措，同时也是一项系统性的变革，必须积极稳妥地予以推进。对民办学校实行分类管理的政策目标，是协调民办学校公益性和营利性之间的矛盾。[78]有学者建议，民办教育分类管理的实施应遵循自愿和政府审核两大原则，

分类依据是办学节余和机构资产剩余的归属，举办者具有利润和剩余资产索取权的民办教育机构属于营利性民办教育机构，反之则属于非营利性民办教育机构。[79]因营利性学校与非营利性学校之间有较多不同，故适用的政策应有所差别，在产权设定、捐赠激励制度和税收优惠政策等配套政策上应有所体现。[80]也有学者认为，分类管理制度设置不应该迫使社会资金只能在投资办学和捐资办学之间选择。对于营利性民办高校，完全将其等同于企业而纳入企业范畴管理不仅有违于事理，也有悖于我国现行法律规定；对于非营利性民办高校，不能将出资办学人的出资等同于捐资。出资不意味着出资者必须放弃其所出资产的所有权，或者是“出资人不再对学校资产享有任何权利”。基于公共产品理论，扶持非营利性民办高校，是现代服务型政府职责的题中应有之义。[81]

（三）多渠道筹集办学资金

多渠道筹集办学资金是民办高等教育可持续发展的关键。有学者认为，民办高等教育是具有正的外部性的准公共产品，也是我国高等教育的重要组成部分，财政支持是其持续健康发展的重要条件，因此公共财政应对民办高等教育予以支持。在资助方式上，政府对民办高校的发展可以从直接支持和间接支持两类来实施；在资助主体上，主要由地方财政负担，中央财政给予必要支持，且不同地区可依据实际需要和财政能力作出不同的规定。[82]也有学者认为，民办高校与企业联姻或者以企业为后盾是民办高校摆脱依赖学费的局面、走出办学质量不高困境的良方。[83]还有学者分析了民办高校社会捐赠的不足，认为构建完善的社会捐赠制度，健全社会捐赠管理机制，以及民办高校应自身用社会资本争取社会捐赠是民办高校筹措经费的重要渠道。[84]

十、关于新课改的实践反思与教学论的最新进展

（一）新课改的实践反思

自2001年至今，新课改走过11个年头。对新课改的反思也从开始时的理论层面进一步深入到实践层面。教学中“穿新鞋走老路”的现象，建构主义理论在教学实践中的偏向，以及课程目标设置等具体实践问题成为今年学者们讨论的热点。

关于教学实践中出现的“穿新鞋走老路”现象，有学者认为，自上而下的课程改革方式迫使教师们穿上“新鞋”，而层出不穷的新理论、新思想让教师应接不暇、无所适从，是造成教师“穿新鞋走老路”的重要原因。[85]也有学者认为，新课改存在着理念偏颇超前的事实，导致理念与现实的脱节，造成具体实施过程中的“穿新鞋走老路”现象。新课改只有秉持“无为而无不为”的大智慧，尊重现实，继承传统，形成改革合力，才能走上充满生机之路。[86]还有学者认为，是教育体制、习惯和课程改革利益相关者的博弈造成了“穿新鞋走老路”的情况，在课程改革的十字路口，只有坚持新课改的正确方向才能摆脱“阵痛”，最终获得一个崭新的教育世界。[87]

关于建构主义在教学实践中应用的偏向，有学者认为，由于建构主义本身的理论分歧和教师被动接受新课改培训等原因，导致教师对建构主义的误解，从而在教学中出现了忽视教师指导、学生盲目建构、夸大情景创设、盲目应用探究式教学法等一系列问题。[88]有学者直接质疑将没有经过实践论证的建构主义作为课程改革的理论基础是值得商榷的，认为我国基础教育课程改革的指导理论、教学方式、教学内容、训练形式及研究行为偏离了基础教育的正确方向，均存在需要认真反思的问题。[89]

关于课程目标设置问题，有学者认为，新课改中倡导的“三维目标”体现了教育思想的进步，体现了崭新的学力观，体现了现代学科的内在价值以及学科教学的对话与修炼的本质。[90]但在具体教学实践中“三维目标”的落实情况并不太理想，有学者认为，出现这一现象的主要原因是在教学过程中知识教学流于表层的符号教学，借助一定情景的深度教学有助于解决这一问题。[91]有学者认为，新课改“三维目标”中个别目标提法的科学性有待商榷，再加上学界对“三维目标”内部关系的片面解读，导致“三维目标”在教学实践中遭到质疑。[92]

（二）教学论研究的新进展

教学论一直是教育学研究的重点，进入21世纪之后，教学论研究取得了很大进展，但也存在着概念和观点繁杂、基本理论研究不深入等问题。[93]

关于教学论概念的厘清，有学者区分了教学论和教学理论的不同，认为虽然二者各自的研究都共同指向课堂教学，但由于源于不同的文化传统，它们在思维方式和研究范式、研究对象、范围和方法以及对教师地位和角色的规定方面都存在诸多差异。“教学论”与“教学理论”是两种难以通约的研究范式，前者根植于德国深厚的新人文主义的“教化”（Bildung）传统，属于以欧洲唯理主义哲学为理论基础的“教育学”范式；后者则与课程论以及不同取向的教育心理学相联系，属于以经验主义和实证主义为理论基础的“教育科学”范式。[94]也有学者运用“问题分析—方法论审视—结论检验”的分析框架对教学理论与教学实践的关系、教学理论创生与继承的关系以及教学理论发展与教学论学科建设的关系等问题进行了探讨。[95]

关于教学论体系的构建问题，有学者认为，构建教学论体系这一研究取向极大地促进了教学论的发展，但也存在极大的局限性。以“体系构建”为取向的理论研究和以“问题”为取向的实践研究相结合是教学论研究新的增长点。[96]

也有学者认为，教学价值研究是教学论亟须深入关注的领域。开展教学价值研究，需要以马克思主义价值学说为指导，同时吸收其他学科的先进理论成果；以中外优秀的传统文化为参照，注重借鉴历史经验；以变革性教学实践活动为基础，密切关注实践中的价值问题。[97]

还有学者总结概括了历史上的“传统教育”与“现代教育”，以及凯洛夫《教育学》的“教学论”中关于对系统知识的学习、在学习系统知识基础上发展认知能力、学习系统知识与形成科学世界观及良好的道德品质，以及教学中教师与学生等四个问题的关系，认为课程改革不能推倒重来，而应该科学地、与时俱进地看待传统经验，去糟粕取精华，扎实地推进课程改革。[98]

十一、关于教师专业发展

有关教师专业发展仍然是教育学界讨论的热点问题，许多学者从不同的角度出发对教师专业发展问题进行了研究，对如何促进教师专业发展提出了各种有益的见解。

有学者对教师专业发展的主体特征进行了探讨，认为教师专业发展是动态的过程，需要教师不断主动吸收新知识，调整自身专业结构，教师自身的发展内驱力是根本因素。并提出了衡量教师专业能力是否发展应具备师德表率化、内驱主动化、学科专业化、发展合作化、见解独到化、教学个性化、学习持续化、思维创新化、经验成果化等九个主体特征。[99]也有研究者认为，教师缺乏专业自主性是制约教师专业发展深化的主要原因，如何实现教师自主发展是解决问题的关键，并提出应相信教师、下移管理重心、加强身份认同以及发掘和提升教师自己的实践理论等四个方面的建议。[100]

有学者针对我国中小学教师专业合作问题，从教师文化视角对教师专业发展中存在的问题进行探析，认为我国教师专业发展存在合作意识缺失、合作形式局限、合作效果低下等问题；并提出通过教师自然合作文化建构教师专业学习共同体，增强教师之间的合作意识，加强学科教师之间的交流，共享经验，形成具有开放与合作特征的教师文化，促进教师专业发展。[101]有学者研究认为，教师在发展方式上由孤立自为走向互助协作，在发展目标上由经验型教书匠走向反思型探究者，是促进教师专业发展的有效途径。并提出教师应以多维培训为先导，在专家引领中更新教育教学理念；以校本研修为依托，在协作探究中提高实践能力；以网络平台为支撑，在交流切磋中实现资源共享；以课程实践为重心，在体验反思中生成实践智慧；以评价改进为手段，促进教师专业成长等五条教师互助协同发展的路径。[102]

有研究者从批判教育学视角出发讨论教师专业发展问题，认为随着工具理性主义泛滥，人们对于教师的精神成长有所忽略；批判教育学视野中的教师成长更多的是针对教师精神层面的，并认为这是教师教育的核心。只有激发教师的意识觉醒，使之回归自由的家园，赋予教师充分的自主权，才能帮助教师真正走上精神成长之路。[103]还有学者研究了校长领导力促进教师专业发展的机理与策略，认为校长领导力与教师专业发展关系密切。校长领导力从物质支持、精神激励、管理服务三个方面影响教师专业发展。校长运用其领导力，通过提升教师主体的发展动机、加强物质和心理支持以及健全培养机制三种策略可以有效提高教师专业发展水平。[104]中小学教师专业发展状况调查与政策分析报告指出，提升教师的入职资质和学历层次依然是改革发展的重心之一，要建立和规范教师教学工作量制度，采取针对性措施减轻教师工作压力；进一步厘清和优化教师的专业发展意识与教科研视野；采取相应措施进一步规范和推动教师教育信息技术的应用；关注教师一般教育能力和信念的增强，全面提升教师效能。[105]

注：

①顾明远、刘复兴：《建设惠及全民的公平教育》，《求是》，2011 年第 19 期。

②顾明远、刘复兴：《建设惠及全民的公平教育》，《求是》，2011 年第 19 期。

③劳凯声：《教育机会平等：实践反思与价值追求》，《北京师范大学学报》（社会科学版），2011 年第 2 期。

④杨道宇、姜同河：《教育公平的理想类型》，《教育与职业》，2011 年第 8 期。

⑤顾明远、刘复兴：《建设惠及全民的公平教育》，《求是》，2011 年第 19 期。

⑥劳凯声：《教育机会平等：实践反思与价值追求》，《北京师范大学学报》（社会科学版），2011 年第 2 期。

⑦郝文武：《教育公平与社会公平相互促进的关系状态和基本意义》，《北京师范大学学报》（社会科学版），2011 年第 4 期。

⑧李淼：《教育公平：政府教育责任伦理的实现》，《中国高教研究》，2011 年第 2 期。

⑨熊春文、陈辉：《西方国家教育机会均等及其观念的历史演进》，《华中师范大学学报》（人文社会科学版），2011 年第 4 期。

⑩薛二勇：《美国教育充足理念的形成、依据及政策影响》，《教育发展研究》，2011 年第 19 期。

⑪李天顺：《以公益普惠的学前教育奠基未来》，《人民教育》，2011 年第 11 期。

⑫庞丽娟：《加快推进〈学前教育法〉立法工作》，《教育研究》，2011 年第 8 期。

⑬洪秀敏、范明丽：《政府主导强力推进农村学前教育三年普及——河北省“三为主”学前教育发展模式的探索和启示》，《学前教育研究》，2011年第11期。

⑭崔世泉、袁连生、田志磊：《政府在学前教育发展中的作用——来自经济学理论和实践经验的分析》，《学前教育研究》，2011年第5期。

⑮庞丽娟：《学前教育经费占同级财政性教育经费比例应不低于7%》，《人民政协报》，2011年3月2日。

⑯宋映泉：《不同类型幼儿园办学经费中地方政府分担比例及投入差异——基于3省25县的微观数据》，《教育发展研究》，2011年第17期。

⑰田志磊、张雪：《中国学前教育财政投入的问题与改革》，《北京师范大学学报》（社会科学版），2011年第5期。

⑱卢新予、刘燕楠：《学前教育师资培养性质辨析》，《中国教育学刊》，2011年第4期。

⑲王彦波：《政策视角下农村幼教师资流失问题的解析》，《教育导刊》，2011年第7期。

⑳庞丽娟、夏婧、韩小雨：《香港幼儿教师法律与政策研究：特点及其启示》，《教师教育研究》，2011年第1期。

㉑方展画、林瑞玉：《区域教育提振之路：以均衡促进发展——“北仑现象”的教育报告》，《教育研究》，2011年第4期。

㉒杨启亮：《转向“兜底”：义务教育优质均衡发展的重心》，《教育研究》，2011年第4期。

㉓柯春晖：《城乡统筹发展中的教育政策取向和政策制定》，《教育研究》，2011年第4期。

㉔孙玉丽、张永久：《区域内校际均衡的公平逻辑与路径选择》，《教育研究》，2011年第5期。

㉕刘光余：《论我国县域内义务教育发展的取向、范式与路径》，《教育理论与实践》，2011年第9期。

㉖栗洪武：《影响区域学校教育均衡发展的基本要素及其相关性——以西安市实施“316”工程为例》，《教育研究》，2011年第4期。

㉗丰向日、杨宝忠：《校际合作：义务教育均衡发展机制探讨——基于天津市河西区小学“教育发展联合学区”调查》，《中国教育学刊》，2011年第10期。

㉘范先佐、郭清扬、赵丹：《义务教育均衡发展与农村教学点的建设》，《教育研究》，2011年第9期。

㉙于发友、赵慧玲、赵承福：《县域义务教育均衡发展的指标体系和标准建构》，《教育研究》，2011年第4期。

㉚任春荣：《县域义务教育均衡发展评估指标的选择方法》，《中国教育学刊》，2011年第9期。

㉛莫丽娟、袁桂林：《普通高中多样化发展动因研究》，《当代教育科学》，2011年第8期。

㉜陶西平：《万类霜天竞自由——普通高中多样化发展的走向》，《中小学管理》，2011年第9期。

㉝莫丽娟、袁桂林：《普通高中多样化发展动因研究》，《当代教育科学》，2011年第8期。

㉞廖军和、李志勇：《从精英到大众：我国普通高中定位之思考》，《教育科学研究》，2011年第2期。

㉟包金玲：《加快管理创新促进高中教育多样化发展——中国教育学会教育行政专业委员会2011年学术年会综述》，《中小学校长》，2011年第9期。

㊱殷桂金：《普通高中学校特色的定位与类型》，《教育科学研究》，2011年第11期。

㊲包金玲：《加快管理创新促进高中教育多样化发展——中国教育学会教育行政专业委员会2011年学术年会综述》，《中小学校长》，2011年第9期。

㊳《如何推动普通高中多样化发展》，《基础教育参考》，2011年第4期。

㊴杨国强、陈渊：《论职业教育中的校企合作模式》，《教育与职业》，2011年第11期。

㊵倪勇：《高职院校校企深度合作的路径研究》，《中国高教研究》，2011年第3期。

㊶陈钢、邱致裕：《职业教育校企合作办学可持续发展的政策和制度保障研究》，《教育与职业》，2011年第12期。

㊷孔德兰：《构建以专业群为单元的校企合作有机体的实践与思考》，《中国高教研究》，2011年第10期。

㊸杨国强、陈渊：《论职业教育中的校企合作模式》，《教育与职业》，2011年第11期。

㊹左崇良、胡刚：《校企合作的五种模式》，《中国高校科技与产业化》，2011年第3期。

㊺张胜军：《职业教育校企合作的“理想类型”》，《职业与教育》，2011年第12期。

㊻湛中乐：《现代大学治理与大学章程》，《中国高等教育》，2011年第5期。

㊼孟繁华：《建立现代大学制度应“去三化”》，《清华大学教育研究》，2011年第3期。

㊽田汉族、孟繁华：《从行政化到去行政化——大学管理本质的回归》，《高教改革与发展》，2011年第8期。

㊾刘宝存，《国际视野下我国大学创新力存在的问题及对策研究》，《比较教育研究》，2011年第1期。

㊿刘亚荣：《我国政府与高校的组织内契约关系探索——基于组织经济学视角的分析》，《教育研究》，2011年第7期。

㉛孟韬：《嵌入视角下的大学网络治理机制解析》，《教育研究》，2011 年第 4 期。

⑫陈学飞、周详：《大学法人与章程性质：以美国殖民地学院章程为例》，《国家教育行政学院学报》，2011 年第 9 期。

⑬焦志勇、杨军：《提升公立大学章程效力的根本途径》，《湖北社会科学》，2011 年第 2 期。

⑭湛中乐：《论大学法人的法律性质》，《国家教育行政学院学报》，2011 年第 9 期。

⑮杨银付：《提升我国人才培养水平的若干思考》（上、下），《人民教育》，2011 年第 21—22 期。

⑯薛澜、刘军仪：《建立现代大学制度　改革高校人才培养体制与机制》，《清华大学教育研究》，2011 年第 5 期。

⑰王伟廉、马凤岐、陈小红：《人才培养模式的顶层设计和目标平台建设》，《教育研究》，2011 年第 2 期。

⑱李波：《按培养模式重构地方高校课程体系》，《教育研究》，2011 年第 8 期。

⑲周光礼：《把握契机探索拔尖人才培养新途径》，《中国高等教育》，2011 年第 1 期。

⑳黄先开、杨鹏、冯爱秋：《地方高校多样化人才培养模式改革与创新的探索与实践——以北京联合大学为例》，《中国高教研究》，2011 年第 5 期。

㉑汪志明：《研究生教育国际化的多元主体培养模式探究——以中国石油大学（北京）为例》，《国家教育行政学院学报》，2011 年第 1 期。

㉒孙进、皮国萃：《新世纪高等教育人才培养的目标：——基于英、德、加三国国家资格框架的分析》，2011 年第 1 期。

㉓王颖：《从中外研究生院大学看创新人才培养》，《学位与研究生教育》，2011 年第 11 期。

㉔屈兵、李国斌：《论成人教育与终身教育的关系》，《成人教育》，2011 年第 2 期。

㉕田山俊、杨桂梅：《诺尔斯成人教育思想的历史贡献及其局限》，《成人教育学刊》，2011 年第 10 期。

㉖种霞、周小翔、付丽霞、张静：《从终身教育的战略角度思考成人教育培训的社会意义与策划》，《时代教育》，2011 年第 5 期。

㉗郭静、朱小蔓：《发展中国家农村成人教育面临的挑战与发展趋势》，《教育研究》，2011 年第 5 期。

㉘张立山、李莹：《学习型社会背景下成人教育开放体系构建研究》，《继续教育》，2011 年第 2 期。

㉙张有声：《从“双轨制”向“单轨制”转变：高等教育的应然选择》，《教育研究》，2011 年第 5 期。

⑩李力：《论北京成人高等学校的现代远程教育发展对策》，《北京教育学院学报》，2011 年第 6 期。

⑪孔良：《从成人学习特点看 EMBA 教育的教学策略》，《中国成人教育》，2011 年第 13 期。

⑫贾国祥：《网络教学中提高学生上网学习机制的研究》，《继续教育研究》，2011 年第 7 期。

⑬任岫林、刘宏欣：《成人教育实践教学多元化探讨》，《继续教育》，2011 年第 11 期。

⑭钟秉林：《我国民办高等教育发展若干重要问题探析》，《中国高教研究》，2011 年第 7 期。

⑮赵应生、钟秉林、洪煜等：《国外及港澳台地区私立高等教育发展的经验与启示——我国民办高等教育改革与发展探析》（五），2011 年第 Z3 期。

⑯刘林、王幡：《探析我国民办高等教育的可持续发展之路——基于社会资本理论的视角》，《北京城市学院学报》，2011 年第 2 期。

⑰王幡、刘振敏：《探析中国民办高等教育的可持续发展问题——基于高等教育成本分担理论的视角》，《北京城市学院学报》，2011 年第 6 期。

⑱赵应生、钟秉林、洪煜：《积极稳妥地推进民办教育分类管理——我国民办教育改革和发展探析》（三），《中国高等教育》，2011 年第 10 期。

⑲王善迈：《民办教育分类管理探讨》，《教育研究》，2011 年第 12 期。

⑳沈剑光、钟海：《民办学校法人财产权与民办教育分类管理》，《教育研究》，2011 年第 12 期。

㉑巩丽霞：《关于民办高校分类管理制度的几点思考》，《中国高教研究》，2011 年第 9 期。

㉒方芳、王善迈：《我国公共财政支持民办高等教育研究》，《北京师范大学学报》（社会科学版），2011 年第 5 期。

㉓陈武元：《中国民办高校如何走出办学水平不高的困境——经费来源结构的视角》，《教育研究》，2011 年第 7 期。

㉔曾小军：《民办高等教育社会捐赠不足的制度分析》，《国家教育行政学院学报》，2011 年第 2 期。

㉕安富海：《新课程改革与“穿新鞋走老路”：教师视角》，《中国教育学刊》，2011 年第 12 期。

㉖纪德奎：《新课改十年：争鸣与反思——兼论新课改如何穿新鞋走出老路》，《课程·教材·教法》，2011 年第 3 期。

㉗余小茅：《究竟是什么导致了新课改中的“穿新鞋走老路”——兼与郭华教授商榷》，《课程·教材·教法》，2011 年第 3 期。

㉘周钧：《建构主义在教育实践中不当应用分析》，《中国教育学刊》，2011 年第 10 期。

㉙邢红军：《中国基础教育课程改革：方向迷失的危险之旅》，《教育科学研究》，2011 年第 4 期。

⑩钟启泉：《“三维目标”论》，《教育研究》，2011 年第 9 期。

㉑姚林群、郭元祥：《新课程三维目标与深度教学——兼谈学生情感态度与价值观的培养》，《课程·教材·教法》，2011年第5期。

㉒魏宏聚：《新课程三维目标在实践中遭遇的尴尬与归因——兼对三维目标关系的再解读》，《中国教育学刊》，2011年第5期。

㉓庞立场：《当前我国教学论研究中存在的问题及改进策略研究》，《教育实践与研究》，2011年第3期。

㉔丁邦平：《"教学论"与"教学理论"概念之辩》，《比较教育研究》，2011年第7期。

㉕李怡明：《教学论研究问题的方法论审视》，《课程·教材·教法》，2011年第10期。

㉖安富海：《我国教学论研究：构建体系抑或关注问题》，《教育理论与实践》，2011年第1期。

㉗赵文平：《教学价值研究：教学论亟须深入关注的领域》，《教育理论与实践》，2011年第3期。

㉘黄济、王晓燕：《历史经验与教学改革——简评凯洛夫〈教育学〉的教学论》，《教育研究》，2011年第4期。

㉙刘旭东、凌寿兰：《教师专业发展的主体特征初探》，《中国教育学刊》，2011年第8期。

⑩汪明帅：《从"被发展"到自主发展——教师专业发展的现实挑战与可能对策》，《教师教育研究》，2011年第7期。

⑩薛正斌、陈晓端：《基于自然合作文化的教师专业学习共同体建构》，《教育科学研究》，2011年第1期。

⑩康淑敏、李保强等：《互助协同发展：中学教师专业发展的有效途径》，《教育研究》，2011年第12期。

⑩姜勇：《论教师的精神成长——批判教育学视野中的教师专业发展》，《中国教育学刊》，2011年第2期。

⑩马焕灵：《校长领导力促进教师专业发展的机理与策略》，《中国教育学刊》，2011年第3期。

⑩"全国中小学教师专业发展状况调查"项目组：《中国小学教师专业化发展状况调查与政策分析报告》，《教育研究》，2011年第3期。

（作者：劳凯声，首都师范大学教授；
刘垚玥，首都师范大学博士生；
秦朝军、张晓雯，首都师范大学硕士生）

心 理 学

许 燕 蒋 奖 冯秋迪

一、学会组织与大型活动

2011年北京市社会心理学会在北京市社科联的直接领导下，在学会部、学术部和科普部等工作部门的帮助和支持下，开展了如下学术活动和科普活动：

（一）组织召开学术前沿论坛

2011年12月24日北京市社会心理学会在北京师范大学英东学术会堂演讲厅成功举办了"2011·学术前沿论坛——北京市社会心理学会分论坛"，分论坛的主题是"社会心理学与社会管理创新"，论坛由北京市社会心理学会理事长、北京师范大学心理学院许燕教授主持，报告人为王登峰教授"心理学研究的中国化与中国人的精神家园"、康萤仪教授"从文化心理学的角度看行贿与裙带关系"、方平教授"情绪调节与心理和谐"、王俊秀副教授"当前社会心态研究"和张西超副教授"EAP的最新进展与中国模式探讨"。参加论坛的专家学者、会员与研究生等约400人，产生了良好的社会反响。

（二）参与和开展科普活动

2011年4—12月，北京市社会心理学会在国家图书馆演讲厅举办了3场科普讲座，分别为张西超副教授的"积极领导力与职业心理健康"、石秀印研究员的"女性的心理素质提升与职业发展——以机关公务员为例"、寇彧教授的"亲社会行为及其培养"。讲座内容普及性高，听众超过800人次。由于5月国家图书馆开始进行一期改造，原定讲座场地被收回，科普讲座也随之延期，其他计划中的7场科普讲座将延至2012年举办。

5月28日，郭效仪研究员出席北京市社科联在顺义区杨镇举办的"2011'人文之光'社科普及下乡活动——纪念建党90周年党史教育进村镇"活动，现场为村民进行社会心理方面的咨询服务。

（三）协办第九届亚洲社会心理学大会

2011年7月28日第九届亚洲社会心理学大会在云南昆明开幕，这是大会首次在中国大陆召开，大会以"社会和谐：亚洲社会心理学的新使命"为主题，出席代表约800人。北京市社会心理学会协办了本次会议，并取得了圆满成功。

（四）组织并参与关于腐败心理的国际研讨会

由北京师范大学心理学院、中科院心理所、新加坡南洋理工大学、新西兰惠灵顿维多利亚大学心理学院的社会心理学研究者们共同探讨具有全球普遍意义的腐败心理问题的研究，在中国北京、新加坡、新西兰、中国云南召开了4次研讨会和专题会议。

二、学术研究进展

2011年心理学的研究特色仍然是研究问题涉猎广泛，前沿问题研究与实践应用研究并驾齐驱，体现了心理学工作者为科学贡献和为社会服务的职业精神。心理学学术研究主要体现在以下五大领域中的丰硕成果。

（一）心理健康、临床心理与咨询研究

心理健康问题的研究成为社会普遍关注的问题，也是心理学应用领域关注的主要问题。此类研究在各类人群中展开。

1. 恐惧与焦虑的研究

恐惧与焦虑是现代人较为凸显的心理健康问题，也成为此领域研究的主要关注点。

一项研究显示，儿童期的适应不良会对之后形成特质焦虑产生影响。对668名大学生进行儿童期创伤问卷（CTQ－SF）、Young图式问卷短版（YSQ－SF）、特质抑郁问卷（T－DEP）以及特质焦虑问卷（T－AI）调查，结果表明早期适应不良图式在儿童期创伤与特质抑郁和特质焦虑间存在中介效应的特异性。①

一些研究结果显示了社交恐惧与自尊的关系。一项研究显示社交恐惧者具有外显自尊低的特征。为了探讨社交恐惧个体是否具有不良的自我图式，要求40名高社交恐惧个体和30名低社交焦虑个体完成了自尊量表和内隐联想任务。结果发现，高社交恐惧个体在自尊量表上的得分显著低于低社交恐惧个体，但在内隐自尊上，他们都有积极的自尊，且无显著差异。②另一项研究探讨评价恐惧在自尊与社交焦虑间的作用。以大学生作为研究对象进行问卷调查，得到655份有效问卷。结果表明，正向评价恐惧量表在本研究的大学生样本中具有良好的信、效度，正向评价恐惧、负向评价恐惧在自尊与社交焦虑间起着部分中介作用，中介效应值为47.17%。结果说明自尊一方面直接影响社交焦虑，另一方面通过负向评价恐惧、正向评价恐惧影响社交焦虑。③

一项研究还显示广泛性焦虑者更偏向注意威胁刺激。点探测注意搜索任务研究了在一般情境下和不确定性情境下广泛性焦虑个体的注意偏向，结果表明高广泛性焦虑个体的注意偏向以对威胁性刺激的注意转移困难为主，不确定性情境会让广泛性焦虑个体更容易处于紧张焦虑的状态当中，从而对情绪性刺激尤其是消极刺激表现出更多的注意偏向和对情绪性刺激直接的注意敏感性。④

2. 突发事件的心理应激研究

近年来非常规突发事件的频繁发生引起了社会各界对突发事件之后受灾者的短长期心理应激特点研究的重视。

（1）受灾民众的心理应激特点研究

一项研究以王家岭矿难中资料完整的81例获救矿工为研究对象，在矿工获救后2周内进行评估，结果表明王家岭矿难获救矿工在获救后的2周内存在明显的急性应激症状。烦恼程度越重、最糟糕的天数越长，应对方式幻想值就越高，则矿工发生急性应激相关障碍的可能性越大。⑤一项历时两年的追踪研究对汶川地震后都江堰地区1573名青少年进行3次测查，研究发现，震后继发负性生活事件不仅直接影响个体的心理健康，还对个体的社会支持系统有损害；震后负性生活事件、主观支持与创伤后应激障碍症状存在联动效应，即三者中任一方面的变化都可能引起其他方面的变化。⑥在“5·12”汶川地震后18个月时对都江堰地区1439名经历地震的青少年进行问卷调查，结果表明感恩、社会支持和心理弹性均与PTSD症状呈显著的负相关。感恩不仅直接影响PTSD症状，而且还通过社会支持和心理弹性的部分中介作用间接影响PTSD症状，中介效应占总效应的62%。⑦对地震地区933名中学生进行的调查发现，震后六个月，约67.6%的青少年患有PTSD或部分PTSD。⑧

（2）援助者的心理反应特征研究

为探讨汶川地震14个月后极重灾区县基层医务人员心理健康状态及相关因素，选取307名被试进行调查。结果显示，震后14个月，极重灾区县基层医务人员仍存在明显的精神痛苦，少数人存在抑郁发作、创伤后应激障碍及自杀倾向。震后多次搬迁可能促使精神痛苦的发生及症状加重。⑨

（3）灾后心理机制的研究

另一项研究是在没有真实伤害的情况下研究重大损失情绪及相应的脑机制。通过一系列行为和脑成像实验，研究者们摸索出了可靠诱发重大损失情绪的范式。研究发现，由于自我防御机制的存在，成功唤起了被迫选择条件下重大损失的情绪。此外，研究还发现金钱补偿和对比效应都是缓解重大损失情绪的有效策略。⑩

3. 长期压力下的慢性应激研究

近年来研究者开始不断重视慢性应激条件下产生的心理症状，慢性应激能够影响学习和记忆等认知功能。将16只雄性SD大鼠随机分为对照组和慢性应激组，采用慢性不可预见温和刺激建立大鼠慢性应激模型，通过Morris水迷宫实验及Y迷宫实验检测学习与记忆功能的改变，并对海马及额叶中FGF2蛋白的表达情况进行Western blot及免疫组织化学检测。结果发现，5周慢性应激导致大鼠学习和记忆能力受损，海马及额叶FGF2蛋白表达下调。因此，FGF2蛋白可能参与慢性应激损害学习记忆能力的机制，提示FGF2可能是诊断和治疗神经系统退行性病变的分子靶目标。⑪

通过对572名连续4—16个月高强度军事训练的军人进行SCL－90测评，研究慢性军事应激条件下军人的海马形态、认知、心理特质和特质应对方式的变化特征。结果表明，在慢性军事应激条件下，特质焦虑个体的海马形态出现双侧萎缩，复杂认知功能下降，更易发生状态焦虑，行为取向表现出积极应对方式降低、消极应对方式增加。[12]

一项调查发现在华外籍高管的压力源主要源自工作特性、人际支持和个人因素，其中工作特性是最主要的压力源；社会文化适应与心理适应显著相关，忍耐型问题解决策略的使用频率与这两种适应成正相关，求助型应对策略使用频率与社会文化适应呈显著负相关；不同性别的外籍高管在工作适应性上有显著差异；不同工作地点的高管在工作适应与忍耐型问题解决策略上差异显著。所以在华外籍高管的压力主要源自工作特性和人际支持，忍耐型问题解决策略有助于提高心理适应性。[13]

4. 心理功能缺损的脑机制研究

临床心理学的研究成果集中于脑机制的研究。通过脑损伤病人所出现的症状来研究脑功能缺损对心理与行为的影响，进而探讨心理的脑机制问题。

（1）对脑外伤病人的研究

一项研究观察额叶、颞叶、额颞叶脑外伤患者的心理推理能力和执行功能的缺陷，并分析两者之间的相关性，对110名局限性颅脑外伤患者和50例正常成人做对比研究，结果表明额颞叶脑外伤患者存在心理推理能力的下降，这种下降与其同时存在的执行功能低下存在正相关，其中错误信念成绩与Stroop测验成绩、解释性任务与威斯康星卡片测验、失言任务与河内塔测验的相关关系较为突出。[14]一项探讨听觉障碍被试检测任务IOR的时程和量是否受听觉剥夺的影响的研究发现，听觉障碍被试的注意脱离快于听力正常被试。听觉障碍被试对外周靶子的反应快于听力正常被试，结果表明听觉障碍人群具有增强的外周注意资源。听觉障碍人群的空间注意更具有效性和策略性。[15]

（2）对儿童脑功能缺损病人的研究

主要集中于多动症和自闭症的研究上。对多动障碍的研究得到深化，研究选取了注意缺损多动障碍（ADHD）儿童39名，正常儿童40名，采用两项选择任务，考察在无反馈和有反馈的情况下，ADHD儿童的错误监控能力是否存在缺损。结果发现无论是否提供反馈，与正常儿童相比，ADHD儿童的错误察觉能力正常，但是错误更正能力落后，这可能是由于ADHD儿童动作调节控制能力落后导致的，反馈提高了ADHD儿童和正常儿童的认知加工速度，但同时降低了他们的警醒水平，导致错误监控能力下降。[16]为探索ADHD儿童在时间维度上的视觉选择性注意的基本机制，揭示其表征搜索能力是否存在缺陷，一项研究采用RSVP范式，结果认为ADHD儿童在视觉选择性注意的基本搜索机制上并不存在明显缺陷。[17]为探讨我国汉族成人注意缺陷多动障碍（attention deficit hyperactive），对30名ADHD患者与24名正常成人做了对比研究，结果表明中国汉族成人ADHD患者在工作记忆方面存在缺陷，而在抑制、转换、计划和流畅性方面无明显缺陷。[18]

自闭症的研究在临床心理学中的地位不容忽视，一项考察自闭症谱系障碍儿童对不同情绪面孔的觉察和加工情况的研究以14名7～10岁ASD儿童和20名同龄正常儿童为被试，结果发现，ASD儿童对不同情绪面孔的觉察时间都显著长于正常儿童，与正常儿童一样，ASD儿童表现出对恐惧面孔的注意偏向；ASD儿童对不同情绪面孔内部特征区的注意分配与正常儿童不同；正常儿童能注意最能展示该类情绪特征信息的区域，如恐惧的眼睛、愉快的嘴巴，而ASD儿童对三类情绪面孔特征区的注意分配方式相似，ASD者对不同情绪面孔的觉察、加工模式与正常儿童相似。[19]改编后的非言语意外内容任务适用于自闭症和智力落后儿童；包括低言语能力个体在内的所有自闭症儿童的心理理论能力显著低于智力落后儿童；智力落后儿童的心理理论能力与以往研究结果相一致；智力落后儿童和自闭症儿童在换位思考上都存在一定的困难；相对于智力落后儿童，自闭症儿童在推测能力方面存在更大障碍。[20]

为了解阿斯伯格综合征儿童对人物基本面部表情的识别能力和特征，对22例ASD儿童和20例正常对照儿童进行测试。结果表明阿斯伯格综合征儿童对人物面部表情的识别能力比正常儿童差，但尚具有一定的面孔整体加工能力，与正常儿童同样具有倒置面孔效应。[21]

（3）老年抑郁症的研究

老年抑郁症是老龄化社会凸显的问题。有关老年抑郁个体注意偏向的研究表明，老年抑郁组在单中性、双中性与单悲伤面孔、中性悲伤面孔、双悲伤面孔线索类型下的反应时差异显著；当线索类型为单悲伤面孔、中性悲伤面孔、双悲伤面孔时，老年抑郁组的反应时间明显长于老年正常组，可以推断抑郁组可能在自动化注意选择分配期存在注意偏向。研究认为，老年抑郁个体的注意偏向可能发生在注意初始分配阶段和解释阶段，且受加工深度的影响。[22]

5. 心理治疗方法的研究

（1）临床治疗方法的研究

对治疗方法的研究正在不断发展。一项研究探讨了双背侧前额叶高频重复经颅磁刺激治疗精神分裂症难治性阴性症状的疗效和安全性，并观察不良反应。研究为双盲随机对照临床试验，研究对象来源于北京大学第六医院和北京安定医院的门诊和住院患者。研究结果表明，治疗组有效率高于对照组。未观察到明显不良反应。这表明抗精神病药合并20Hz双背侧前额叶重复经颅磁刺激治疗精神分裂症难治性阴性症状有效、安全。[23]一项研究用于评价帕罗西汀合用喹硫平治疗双重抑郁症的疗效和安全性。将双重抑郁症的66例门诊及住院患者随机分为两组，研究组给予帕罗西汀合用喹硫平治疗，对照组给予帕罗西汀治疗，疗程12周。结果发现帕罗西汀合用喹硫平治疗双重抑郁症疗效较好，安全性高。[24]为探讨自由基、抗氧化酶在双相障碍抑郁发作病理机制中的作用，对56例双相障碍抑郁发作患者进行研究，选择32名正常健康人作为对照，结果表明氧化应激反应可能参与双相障碍抑郁发作的发生过程，疾病严重程度可能与氧化应激反应失衡有关。[25]为探讨哌甲酯控释剂（OROS－MPH）治疗对注意缺陷多动障碍患者临床症状和父母压力的影响，对73名ADHD患者（年龄6～15岁）使用哌甲酯控释剂（18～54mg/d）治疗8周。结果表明哌甲酯控释剂治疗能有效改善ADHD患者的临床症状和改善患者及其父母的压力，提高社会功能。[26]

（2）团体心理干预方法的研究

为探索团体干预是否有助于缓解地震灾区初中生的创伤后应激症状和抑郁症状，在汶川地震发生后6个月，选取四川彭州地区某学校85名被试，在3个时间点上，干预组得分始终低于对照组，并且两组CDI得分均持续降低，干预组下降程度要高于对照组。结果表明，团体干预能够在短期内降低初中生的创伤后应激症状和抑郁水平。在干预结束后较长时间内，干预的作用持续存在。[27]

（3）图式疗法的研究

一项研究运用图式疗法对一名亲密恐惧得分较高的大学生进行了个体心理咨询。干预后个案的各问题量表分数明显降低，而且3个月后的追踪结果也表明这种疗效可以持续。提示图式治疗可以有效地帮助大学生减轻亲密恐惧，促进亲密关系的建立。[28]对117名ADHD儿童进行为期8周的综合干预，探讨其长短期的干预效果。综合干预以儿童行为干预和父母训练为主、药物治疗为辅，半年后随访长期效果。发现综合干预组只在短期效果上显著好于药物组与对照组，但长期效果不显著。[29]

（二）发展与教育心理研究

1. 心理发展关键期的研究

心理关键期的研究是婴幼儿研究的关键，把握关键期对于促进其未来发展具有重要意义。一个研究以平均年龄为3.5岁的幼儿为被试，结果表明，在几何信息与路标信息同时存在的情形下，幼儿可以整合利用空间中的几何信息与路标信息；即使只有路标信息，幼儿也能依赖路标信息结合左右方位感准确地再定向，这些结果表明幼儿能够充分利用空间中的路标信息以重新确定自己的方位。[30]采用经典类比任务，对3～5岁幼儿进行考察发现，在无主题联想条件下，幼儿的单维类比推理在3～4岁发展迅速，4～5岁发展较为平缓，而双维类比推理在3～5岁仍处于较低水平；在主题—规则冲突条件下，幼儿在单维类比推理中表现出一定的主题联想优势反应；幼儿在双维类比推理中表现出较强的主题联想优势反应，年龄特点为：3岁幼儿有较强的主题联想优势反应，4岁幼儿的主题联想优势反应明显下降，而5岁幼儿又表现出较强的主题联想优势反应。[31]另一项研究发现在众多颜色糖果的选择中，3～4岁幼儿决策判断明显受到可信赖者的影响，即更倾向于选择可信赖者推荐的颜色糖果。在选择性信任形成后，亲社会倾向更多地指向可信赖者。[32]

2. 青少年认知与学习能力的研究

（1）认知与学习能力的发展特征研究

青少年认知与学习能力方面的研究表明，视觉表象产生加工水平会因外界系统训练而发生功能增强的练习效应，也表现出随着个体的发展所呈现出的年龄效应，年幼儿童还不能产生空间表征，9岁左右可能是儿童类别表象产生能力发展的一个重要时期，也是个体视觉表象产生加工能力可塑性最高的时期。[33]

在以104名小学六年级学生为被试的研究结果表明，言语工作记忆广度只影响高难度应用题的解决，视觉—空间工作记忆广度对低难度、中等难度、高难度应用题的解决都存在影响，问题表征方式影响数学应用题的解决，视觉—空间工作记忆广度对应用题的表征方式存在影响。[34]小学高年级学生即时逐项学习判断绝对准确性存在年龄差异，其发展趋势是随年龄增长而提高的，存在年龄差异的原因是判断依据的线索不同。小学高年级学生的逐项学习判断绝对准确性出现延迟学习判断效应。[35]

一项针对青少年结果预期与评价的认知和神经电生理过程关系的研究采用抽奖式赌博任务范式，结果表明青少年对反馈刺激自动的快速结果评价能力已接近成人水平，而对反馈刺激功能意义评价的控制加工能力还未发展成熟。[36]

（2）学习策略与动机的研究

一项对316名初中生自我调节学习的类型的考察发现，初中生自我调节学习分成综合发展型、均衡调节型和策略滞后型3种。其中综合发展型初中生的自我调节学习水平最高，策略滞后型初中生的自我调节学习水平尤其是学习策略水平最低，而均衡调节型初中生的自我调节学习水平处于综合发展型和策略滞后型之间，并且自我调节学习类型对学习动机、焦虑、学习成绩有影响。[37]研究者在对305名小学五、六年级学生进行的问卷调查中发现：自主性动机显著正向预测创造思维，自主性动机在中度控制和创造思维间起完全中介作用，在中度自主、高度自主和创造思维之间起部分中介作用。[38]

(3) 学习困难的研究

阅读障碍对青少年的学习以及发展带来很大的阻碍，这方面的研究不断深入。为探讨发展性阅读障碍儿童汉字识别早期加工事件相关电位的变化，对发展性阅读障碍儿童进行实验，结果表明发展性阅读障碍儿童存在明显的早期感知觉加工问题，对后续的认知活动带来消极影响。[39]为了解汉语阅读障碍儿童认知加工特征，探讨与文章阅读时异常眼动模式的关系，以汉语阅读障碍儿童为对象进行研究，结果表明，汉语阅读障碍儿童智力结构存在不平衡，其知识、分类、词汇、编码及言语理解因子及注意、记忆方面存在缺陷，知觉组织方面无明显缺陷；文章阅读时的异常眼动，可能与其知识面和语词知识广度窄密切相关。[40]

3. 人格与社会性发展的研究

青少年人格发展与社会适应的研究一直是发展心理学的热点。研究发现，青少年期是意向性自我调节发展的关键时期，意向性自我调节既能直接影响青少年发展，又能与家庭、社区等情境因素以及活动经验等近端过程交互作用，从而间接影响青少年发展。[41]

对2157名中学生社会问题解决能力的特点及其与社会适应的关系进行的一项研究发现，从初中到高中，中学生的社会问题解决能力出现下降的趋势；男生在计划制订上显著高于女生，在人际沟通、支持寻求上显著低于女生；班干部的社会问题解决能力显著高于非班干部；中学生的社会问题解决能力可分为建设型、一般型和不良型，所占比例分别为22.9%、42.8%、34.4%，建设型中学生的社会适应状况显著好于一般型和不良型；社会问题解决能力与社会适应状况显著相关，其对积极的社会适应有显著的正向预测作用，对消极的社会适应有显著的负向预测作用。[42]选取某城乡接合部一小学3—5年级898名儿童作为被试进行一年的跟踪调查发现，在个体层面上，圈子成员的社交性、亲社会性、自主性以及同伴接纳显著高于孤立者；儿童会依据社会能力的相似性来组成同伴圈子，且不同圈子之间存在显著差异；儿童的社交性和自主性随着同伴圈子相应能力的提高而呈正向发展趋势；同伴圈子对个体社交性和自主性发展的影响因圈子所注重的社会文化准则的差异而有所不同。[43]

4. 心理发展的影响因素研究

(1) 父母的影响

父母对青少年的发展影响之大众所周知，对519名初中生和高中生的研究发现，青少年父母依恋质量较高；青少年的父母依恋在性别上没有差异；父母依恋的发展呈先降后升的趋势，初一年级最高，初三年级最低；父亲依恋对青少年的心理弹性预测力最强，母亲依恋对心理优势感预测力最强，这种影响通过自尊的部分中介作用而实现。[44]通过对341名学前儿童进行问卷调查和任务测查，结果表明，父亲积极情绪表达对儿童社会能力有正向预测作用；父亲消极情绪表达对儿童社会能力具有负向预测作用，而对外显、内隐行为问题有正向预测作用；儿童的积极情绪性对其外显行为问题与社会能力均有显著正向预测作用；消极情绪性对其社会能力有负向预测作用，而对其外显行为问题有正向预测作用；儿童的努力控制对其外显行为问题有较强的负向预测作用，对其社会能力具有正向预测作用。[45]以2324名中学生为被试的一项调查显示，青少年的父母监控在年级和性别上存在显著差异：在父母对青少年的知晓度方面，女生显著高于男生；在父母对青少年的消极控制方面，男生显著高于女生；青少年的父母监控可以分为民主型、控制型和放任型，它们在青少年群体中的比例分别是38%、30%和32%；不同父母监控类型的青少年在社会适应上的差异达到了极其显著的水平。[46]一项研究选取793名小学生父母为被试进行调查，结果表明，母亲对男孩实施心理攻击的普遍性和频繁性显著高于女孩；父母的心理攻击均具有显著的代际传递效应；父亲对儿童实施的心理攻击对母亲心理攻击的代际传递具有调节作用，母亲心理攻击的代际传递性随着父亲心理攻击水平的增高而降低。[47]

(2) 同伴的影响

同伴对青少年的发展影响也不容小觑。在一项同伴接纳的研究中，对314名1—6年级小学儿童进行的研究发现，小学儿童自我意识情绪理解水平随着年级的升高而提高，1～3年级提高得较快，3年级以后提高速度变缓；小学儿童的自我意识情绪理解水平与亲社会行为、同伴接纳显著呈正相关，并且自豪的理解和亲社会行为对同伴接纳有显著的预测力，羞愧的理解对亲社会行为有显著的预测力。[48]另一项研究以初一至高二234名中学生为被试，发现社会认知复杂性高的学生获得了较多的同伴接纳和社会喜好、较少的同伴拒绝，并具有较高的人际交往能力和学业成就，青少年社会认知复杂性以人际交往能力和学业成就为中介变量间接影响同伴的受欢迎程度。[49]一项以638名小学四年级至初中三年级青少年为被试的研究发现，青少年朋友冲突解决策略类型包括反省和解、说服建议、消极情绪、忽视回避和攻击伤害，女生的反省和解策略得分高于男生，男生的攻击伤害策略得分高于女生。[50]另外有一项研究采用间隔两年的纵向设计，通过对1767名儿童进行调查，结果发现，身体侵害、关系侵害与心理社会适应各指标存在显著的即时与纵向相关关系；儿童心理社会适应结果表现为内化问题、外化问题、同伴拒绝、正常发展4种模式；9岁的同伴侵害（主要为身体侵害）能预测同伴拒绝、外化问题适应结果模式，11岁的同伴侵害（主要为关系侵害）能预测内化问题、同伴拒绝适应结果模式。[51]

5. 网络成瘾行为的研究

在青少年的发展历程中，总会出现各种各样的问题行为，其中最广泛和最常见的当属网络成瘾行为。一项研究在北京市9所中学共抽取3766名中学生，以考察青少年的父子关系、母子关系、孤独感与网络成瘾的关系。结果发现中学生的网络成瘾率为11.2%，且男生的网络成瘾率显著高于女生的成瘾率；重点中学青少年的网络成瘾率显著低于普通中学和职业中学；中学生的亲子关系与自身的孤独感、网络成瘾均呈显著负相关；而中学生的孤独感与自身的网络成瘾呈显著正相关；父子关系不仅可以直接显著负向预测青少年的网络成瘾程度，而且还可以通过影响青少年的孤独感进而间接地负向预测青少年的网络成瘾；而母子关系只通过影响青少年的孤独感而间接地负向预测青少年的网络成瘾。[52]通过对549名初一至高二年级城市青少年的问卷调查，结果发现在所有使用互联网的青少年被试中，网络成瘾群体的检出率为8.93%；女青少年病理性互联网使用的突显性水平高于男青少年。在病理性互联网使用的消极后果上，初一青少年高于初三、高一和高二青少年。疏离感较高的青少年病理性互联网使用的水平也较高，健康的家庭功能可以保护疏离感高的青少年减少病理性互联网使用，但同伴接纳对高疏离感青少年减少病理性互联网使用不具有保护性作用。[53]

6. 弱势群体的子女心理问题研究

弱势群体的子女心理问题研究不断受到重视，主要集中于留守儿童和流动儿童的研究上。研究者选取5—8年级565名留守儿童和640名非留守儿童进行调查，结果表明，不同留守时间下，儿童的公正感得分存在边缘显著性差异。总体上，留守儿童的公正感得分显著低于非留守儿童。具体讲，留守4.5年以下和4.5～10年，儿童的公正感得分均显著低于非留守儿童；各留守时间下，公正感对于生活满意度、积极情感均具有显著正向预测作用，但对于消极情感仅在特定时间具有显著负向预测作用。这些结果表明，留守时间是影响儿童公正感特点及其和主观幸福感关系的重要因素。[54]

研究发现，流动儿童的同伴拒绝显著高于城市儿童和农村儿童；而城市儿童的社交合作显著高于农村儿童和流动儿童；农村儿童的害羞—敏感能够预测同伴接纳；城市和农村儿童的害羞—敏感均能够预测社交性—合作和同伴拒绝；三类儿童的害羞—敏感均能预测受欺负行为。此外，流动儿童的性别与害羞—敏感交互作用能预测消极提名。[55]还有一项研究对四川省成都市五所打工子弟学校329名中小学生进行调查，结果表明，父亲文化程度、父母感情关系、消极性依恋和依赖性依恋、人际安全感、确定安全感可以解释流动儿童自我认同方差变异的35%。所以，不安全亲子依恋关系和流动儿童感受到的不安全感对其自我认同有较大的影响。[56]

（三）统计、心理测评与人力资源研究

1. 心理统计方法的研究

心理统计方法的研究继续深化，修改了过去不合理的统计方法和手段，比较不同情况下采用何种办法对数据的处理更为妥当。通过模拟研究进行比较，发现Delta法与Bootstrap法得到的置信区间相当接近，但用LISREL输出的标准误计算的与Bootstrap法得到的结果相差很大。推荐用Delta法估计合成信度的置信区间（使用Mplus容易实现），但不能直接用LISREL输出的标准误来计算。[57]一项研究深入讨论了与α系数关系密切的同质性信度和内部一致性信度。在一般的条件下，证明了α系数和同质性信度都不超过内部一致性信度，后者不超过测验信度，说明内部一致性信度比较接近测验信度。总结出一个测验信度分析流程，说明什么情况下α系数还有参考价值；什么情况下α系数不再适用，应当使用内部一致性信度（合成信度）。提供了计算同质性信度和内部一致性信度的计算程序，一般的应用工作者可以直接套用。[58]另一项研究详述了三类获得不对称置信区间的方法，包括乘积分布法（M法和经验M法）、Bootstrap方法（偏差校正和未校正的非参数百分位Bootstrap方法、偏差校正和未校正的参数百分位残差Bootstrap方法）和马尔可夫蒙特卡洛（MCMC）方法。比较了三类方法在单层（简单和多重）和多层中介效应分析中的表现，发现三类方法的表现相近，与乘积分布法相比，偏差校正的百分位Bootstrap方法表现较好，但有先验信息的MCMC方法能更有效降低均方误。最后对中介效应不对称置信区间研究的拓展方向做了展望。[59]

当数据符合多水平随机中介效应模型时，使用简化模型将错误估计中介效应及其标准误，得到不正确的统计检验结果；使用多水平随机中介效应模型能够实现对中介效应的正确估计和检验，其中限制性极大似然或极大似然估计方法优于最小方差二次无偏估计方法。[60]一项研究证明在极大似然估计（MLE）与基于贝叶斯的多重借补（MI）这两种处理缺失数据的重要方法中，期望—极大化算法（EM）是寻求MLE的一种强有力的方法。马尔可夫蒙特卡洛方法可以相对简易地实现MI，而且可以适用于复杂情况下的缺失数据处理。[61]在计算交互效应的标准化估计时，应当使用配对乘积指标建模，并且首选极大似然估计。[62]

2. 心理测量方法的研究

心理测评方面的研究成果非常丰富，在计算机化自适应测验（CAT）的研究中，研究者结合极大项目信息量准则（MIC）和a分层法这两种策略的优缺点，对0—1评分下的CAT，通过引入曝光因子、分阶段自动调整区分度的影响以及提高选题准确性等手段，对MIC和a－STR进行改进，引入了两类新的选题策略。计算机模拟实验显示，新的选题方法效果比较理想。[63]项目增补对认知诊断计算机化自适应测验（CD－CAT）中的题库维护至关重要。研究者为将传统CAT中3种有代表性的在线标定方法（MethodA、OEM和MEM）推广至CD－CAT（CD－MethodA、CD－OEM和CD－MEM）建立分析基础，并采用模拟方法对这3种方法进行比较。研究表明：CD－MethodA方法在项目参数的返真性方面优于其他两种方法；自适应标定设计较随机标定设计可以提高项目参数的返真质量。[64]当项目参数相对较小且样本量相对较大时，JEA算法在新题属性向量和新题项目参数估计精度方面表现不错；而且样本大小、项目参数大小以及项目参数初值都影响着JEA算法的表现。[65]

一项研究介绍并引进了现代测量理论中的前沿技术——多维项目反应理论，采用MCMC算法实现了其参数估计；并将MIRT应用于瑞文高级推理测验，以探讨MIRT在心理测验中的具体应用。研究结果表明，自主编制的MIRT参数估计程序基本可行，其估计的精度与国外研究结论相同甚至更好，随着被试和题目样本容量的增加，MIRT参数估计的精度更高且估计的稳定性更强，但随着测验维度的增加，MIRT参数估计精度和稳定性均随之降低，MIRT对心理测验的分析比UIRT能提供更为精确和细致的信息。它对心理测验的编制、开发及评价具有重要的指导和参考价值，值得引进及借鉴。[66]

研究者编制了一批新的测评问卷、量表和其他测验工具，比如大学生性别角色量表、中国面孔表情图片系统、大学生生命意义量表、大学生心理咨询信任度量表、中小学教师心理授权问卷、Asperger综合征筛查量表、学校归属感问卷、大学生学校适应性简明评定问卷、大学生自杀榜样效应认同度量表、生存质量老年人量表简化版、军人睡眠自适应量表、大学生感恩品质量表、开始焦虑图片库、辨认和控制能力精神医学评定量表、基本共情量表、高校生幽默感问卷、大学生学业情绪问卷、同结构标准图形推理测验、工作同盟问卷、学习策略量表、成功恐惧问卷、大学生网络利他行为量表、家庭关系功能量表、农民工社会支持情境问卷、家庭教养方式问卷、留守儿童家庭处境不利问卷、工作场所排斥问卷、工作压力下员工偏离行为问卷、职业生涯韧性问卷、反社会变态人格倾向测验，等等。

3. 组织行为与人力资源的研究

组织行为与人力资源方面的研究进一步扩展，主要体现在以下问题的研究上：

（1）团队研究

对5家企业的250名员工的问卷研究发现，对组织认同的员工会更倾向于主动维护组织利益，而对组织反认同的员工在工作中则敷衍了事。[67]一项研究以负责通信网络监控与维护的106个高技术团队为分析对象，探讨团队的共享心智模型与团队绩效的关系，并揭示团队互依性作为权变因素对共享心智模型与团队绩效关系的调节效应。结果表明，共享心智模型能显著预测团队绩效，而团队互依性则负向调节两者之间的关系，即在互依性程度较低的团队里，共享心智模型才能显著提高团队绩效。[68]另一项研究表明同事支持感会削弱心理契约破坏和组织公民行为的关系的强度，即当个体感知到较高程度的同事支持，虽然个体感受到心理契约被破坏，也会维持较高程度的组织公民行为。[69]

（2）上下级关系的研究

在组织中，上级与下属的关系十分重要，研究者通过问卷法获得54个工作群体的426名下属与主管的对偶数据，结果表明，下属在工作之余对主管的私人关系投入不仅能直接获得主管的工具性资源回报与情感性资源回报，还能通过领导—成员交换而（LMX）间接地获得主管的工具性与情感性资源回报，而在工作群体内基于私人关系进行人力资源管理决策的特征对主管与下属之间的关系互动与关系质量也存在一定程度的影响。[70]在2个时点进行2轮问卷调查的一项研究表明，网络能力、人际影响、社会机敏性、外显真诚4种政治技能调节了领导—部属交换对下属职业成功的直接效应和总效应，在上述4种政治技能的调节下，心理授权在领导—部属交换与下属职业成功之间起着部分中介作用或完全中介作用，人际影响调节了领导—部属交换对下属心理授权的作用，外显真诚调节了心理授权对职业成功的作用。[71]领导者的希望和自我效能感是领导者的主观幸福感的显著正向预测变量；自我效能感在领导者的希望与其主观幸福感之间有显著的完全中介作用；增强领导者的希望与自我效能感水平对提升领导者的主观幸福感有显著的促进作用。[72]

（3）员工创造性研究

近来员工的创造性研究越来越热，企业的自主创新离不开员工的自发性和创造性，员工建言行为研究因此愈加受到重视。通过对长三角地区30名企业员工的访谈而提取建言行为关键事件，编制初始问卷，再通过对159名被试的探索性因素分析，抽取出顾全大局式和自我冒进式两个建言行为维度；另一批159名被试的验证性因素分析结果进一步证实了该结构。以278份配对员工为样本，层次回归分析结果表明，中庸思维与顾全大局式建言存在正相关，与自我冒进式建言存在负相关，且授权对中庸思维与两类建言行为之间关系存在着调节作用。[73]采用问卷调查法，以 286 对上级—下属配对数据为样本，探讨了工作不安全感、创造力自我效能对员工创造力的影响及其内在作用机制。结果表明，工作不安全感对员工创造力呈倒 U 形的影响，中等工作不安全感水平下员工的创造力最高；创造力自我效能对员工创造力有显著的积极影响；工作不安全感与创造力自我效能的交互效应显著，创造力自我效能越高，工作不安全感对员工创造力的影响越小；工作不安全感、创造力自我效能及其交互效应通过内在动机的完全中介效应而影响员工创造力。[74]

（4）情绪劳动的研究

对 160 名接线员情绪劳动进行测量，并比较不同故事情景下员工情绪劳动的差异。结果表明，公平感与员工情绪体验正相关显著，二者均与员工情绪劳动负相关显著；在顾客对员工自身或同事公平的情景下，完成情绪劳动付出的意志努力显著低于在顾客对员工自身或同事不公平情景中付出的意志努力；但在顾客对员工或同事一方不公平及都不公平的情景下，情绪劳动差异不显著，员工完成情绪劳动均需付出较高的意志努力，但会显著高于顾客对员工或同事都公平的情景中完成情绪劳动付出的意志努力，即无论顾客对员工自己不公平还是对同事不公平及二者都不公平，只要有不公平情境的存在，员工都需要付出较多的意志努力完成情绪劳动。[75]通过一个纵向现场准实验设计研究，研究者证实了工作类型的调节作用，即工作丰富化对知识型员工和体力工作者工作产出的影响存在显著差异。这一结果表明，泰勒主义和工作设计思想并无优劣之分。该文的研究结果对人力资源管理实践的发展，具有一定的现实指导意义。[76]运用元分析方法对个体情绪智力与工作场所绩效的关系问题进行探讨。来源于 75 项研究的 87 个独立样本满足了元分析的标准（N = 12882）。元分析结果发现，整体上个体情绪智力与工作场所绩效有中等程度的相关；情绪智力测量工具、绩效衡量标准、实证数据特点和文化差异等会调节它们之间的关系；在多种调节效应中，中国文化背景下，它们之间的关系最强。结果表明，情绪智力能有效地预测工作绩效；情绪智力与工作绩效的关系强度受不同因素影响会发生小幅变化；文化差异对它们之间关系的影响最明显。此结果提供了情绪智力预测工作绩效的精确估计，并能为未来情绪智力研究指引方向。[77]

（四）人格与社会心理学以及行为决策研究

对于人格与社会心理学研究，因其与社会现象关联的紧密性而逐渐成为社会关注的热点心理学问题。

1. 人格心理学问题的研究

对人格的研究近来呈现出跨领域的特性，一个有趣的实验为探索不同情绪状态下说话时单个音素的语音频谱与其人格特质的关系，45 个被试参加了 16PF 人格特质测验，然后对人格测评的虚假结果进行反馈，同时报告自己的情绪感受。结果预示了从语音频谱揭示说话者人格特质的可能性。[78]

为探讨大学生的自立人格能否影响其现实问题解决的质量，对个人、人际高低分组的共 30 名大学生进行了现实问题解决访谈，结果发现，自立人格越高的被试现实问题解决质量也越高。为了探索自立人格与现实问题解决能力的关系，对 101 名有效被试进行了调查，结果发现，自立人格的多个相关维度是日常问题解决相关能力的有效预测变量。两个研究的结果支持了研究假设：自立人格利于个体对现实生活问题的解决；自立人格包含或涉及个体解决现实问题的能力因素。[79]对 674 名有效被试进行的一项调查结果显示，人际自立主要通过人际应激的中介作用负向预测心身症状总分；个人自立则通过应激（包括人际与个人应激）的中介作用负向预测个人性症状。[80]

2. 社会心理问题研究

近年来，社会心理研究更集中于为“和谐社会”和“心理和谐”这些主题服务。主要体现在以下几方面的研究：

（1）生活满意度研究

生活满意度是涉及国民幸福感的主要指标。生活满意度的研究结果显示希望乐观、爱与被爱、社交智慧、洞察悟性等性格优势与主观幸福感密切相关；希望乐观、爱与被爱、谨慎审慎、洞察悟性对幸福体验的回归方程拟合程度最优，而希望乐观、宽容宽恕、社交智慧、创造对生活满意度的拟合程度最优。[81]另一项研究以城市移民子女作为研究对象，研究结果表明，社会支持、学校适应与城市移民子女的生活满意度均呈显著相关，社会支持对城市移民子女生活满意度具有显著的正向预测作用；学校适应在社会支持影响城市移民子女生活满意度中起部分中介作用，即社会支持可以直接影响生活满意度，也可以通过学校适应间接影响生活满意度，但社会支持对生活满意度的直接影响是最主要的影响路径。[82]

（2）亲社会行为研究

亲社会行为及助人行为是近年来备受关注的社会心理课题。亲社会行为的研究结果显示，低自尊个体在负性情绪下的亲社会行为决策存在显著性差异；行为决策对象对大学生亲社会行为决策有显著影响；总体上，大学生亲社会行为决策受自尊水平与情绪效价的交互作用影响，也受行为决策对象及其与自尊水平、情绪效价的三次交互作用的影响。[83]

在初始资源处于相对劣势位置时，亲社会者比亲自我者表现出更高的合作水平。[84]一项以56名大学生为被试的研究探讨大学生观点采择在影响其助人行为的过程中，群体关系与共情反应的不同作用。结果表明，在内外群体关系中，大学生观点采择对助人行为的影响均需要借助于共情反应的中介而发挥作用，群体关系在观点采择对助人行为的作用中发挥了一定的调节作用。在内群体关系中，大学生观点采择对助人行为的影响不仅需要借助于共情反应的部分中介效应而发挥作用，同时也存在一定的直接效应；在外群体关系中，大学生观点采择则完全借助于共情反应的中介效应而发挥作用，不存在显著的直接效应。[85]另一项研究选取96名被试根据量表均分加一个标准差为高、低来划分回避组和焦虑组，使用自选压力视频进行依恋激活和效果检验。结果表明人际吸引的产生可仅仅依靠人们之间的主我分享而非客观相似性；高依恋回避者对主、客观条件相似性表现较少的兴趣；高依恋焦虑者对有、无主我分享表现出过度的喜好评价。[86]

(3) 人际和谐的研究

有关人际信任与人际吸引的研究表明，在不相关情境和对受信者熟悉的条件下，三种情绪对人际信任的影响差异显著。积极情绪条件下的投资信任和直接报告的信任显著高于中性与消极情绪条件下；在不相关情境和在对受信者陌生的条件下，积极情绪条件下的投资信任和直接报告的信任与中性和消极情绪条件下的投资信任和直接报告的信任差异不显著，在相关情境和在对受信者熟悉的条件下，三种情绪对人际信任的影响差异显著，积极情绪条件下的投资信任显著高于中性与消极情绪条件下；在相关情境和对受信者陌生的条件下，三种情绪对人际信任的影响差异显著，积极情绪条件下的投资信任和直接报告的信任显著高于中性与消极情绪，积极情绪对人际信任的影响存在受信者信息与情境线索的依赖性。[87]

(4) 反社会行为研究

人类的攻击性一直是社会心理学的热门话题，近来的最新研究发现思维模式对攻击性具有不可忽视的影响，研究结果显示，辩证思维与攻击性呈显著负相关。在启动被试的辩证思维后，与控制组相比，他们的攻击性行为倾向显著降低。启动操作对攻击性的影响是通过增加辩证思维程度实现的。以上系列研究表明，辩证思维可以降低攻击性行为倾向。[88]为探讨个体对社会暴力信息的注意偏向特点，选取32名男性大学本科生为被试，运用自我评价方法对6对国际情绪图片系统中的暴力和非暴力图片进行暴力信息等级评定，并用眼动仪同时记录被试眼动数据。结果表明，社会暴力信息能够引起个体明显的情绪改变并吸引个体的注意，产生注意偏向，但是否影响个体注意的维持或注意解除有待进一步研究。[89]为考察服刑人员反社会人格障碍的比例，并探讨反社会人格障碍与羞耻感、童年期创伤经历之间的关系，建立三者之间关系的结构方程模型，选取2800名服刑人员，结果表明服刑人员中反社会人格障碍者的比例较高。反社会人格障碍的形成，可能与个体在童年期受到虐待和忽视以及由此而形成的羞耻感有关。[90]

3. 行为决策研究

行为决策研究作为经济学与心理学的一个交叉领域，近年来发展迅猛。

(1) 决策行为与影响因素研究

研究表明，个体根据实际收入水平低于、高于内心预期收入参照点将分别形成损失、收益性的预期收入框架，在损失性收入框架下选择风险性绩效薪酬的概率更高；底薪加提成的薪酬支付模式会让个体形成收益框架，薪酬打包的支付模式会让个体形成损失框架，个体在薪酬打包模式下选择绩效薪酬体系的概率更高；与封闭式目标的考核体系相比，企业采用开放式目标的绩效考核会抑制预期收入框架和薪酬支付框架对个人绩效薪酬选择的影响。[91]研究还发现自己决策比为他人提建议在更大程度上受可行性高低的影响，更为偏爱可行性高的选项；人际相似性能在一定程度上缩小上述差异。[92]一项有意思的研究发现，中国人的“值”是由决策理由的大小和后果的严重程度大小决定的，同时“值”被证实是中国人假设思维的中介变量。研究又比较了中、法两国被试的假设思维，结果再次证明了中国被试的假设思维是由“值”概念决定，相比而言法国被试是由“成本—收益”概念决定的。[93]

影响决策行为的因素有多种，以191名大学生为被试的研究发现，被试在低认知信息详尽度水平下倾向于选择采用“维度比较策略”，而在高认知信息详尽度水平下倾向于选择采用“综合比较策略”。[94]另一项研究发现，问题启动是影响跨时选择的重要因素，不同问题启动下的未来结果价值折扣存在显著差异。Why问题启动使个体的时间距离敏感度降低，How问题启动使个体的时间距离敏感度提高。[95]无论以思维诱导为识解水平的启动条件还是以视觉加工为识解水平的启动条件，被试在高识解水平下更愿意等待或冒险。[96]在反应时上，无意识思维下的决策时间要比有意识思维下的决策时间长；在选择的正确率上，有意识思维决策的结果要优于无意识思维决策的结果；在信息回忆量上，有意识思维决策的回忆量要多于无意识思维决策的回忆量。[97]通过对513名大学三年级学生的问卷调查，研究者发现，大学生对经济发展的信心能预测其职业决策自我效能；内外控制点和主动性人格在此关系中分别都起到了调节的作用；当两者进入同一个调节模型时，主动性人格的调节作用掩盖了内外控制点的作用。这一调节模型丰富了职业决策自我效能的研究理论，对高校职业生涯辅导具有借鉴意义。[98]

进化理论还认为风险行为与求偶有关。被试描述理想约会对象后求偶动机得到激发，相对于描述晴朗天气的控制组，求偶动机让两性更慢地从高风险信息（如滑雪、冲浪等）转移注意力，且两性对风险信息的注意转移与社群性向无关。而且相对于养育后代和奖赏信息，求偶信息可更迅速地促使男性对高风险信息作出判断，但求偶信息让女性比男性更慢地对高风险信息作出判断。[99]

（2）消费与广告心理研究

消费行为是最广泛和最典型的决策行为，有关消费的心理学研究发现，在接触到品牌名称时，具有高水平解释倾向的消费者将比低水平解释倾向的消费者呈现更多的原型性联想；而具有低水平解释倾向的消费者将比高水平解释倾向的消费者呈现更多的范例性联想；在低水平解释条件下，消费者对范例性契合延伸产品的评估要好于对原型性契合延伸产品的评估；而在高水平解释条件下，消费者对原型性契合延伸产品的评估好于对范例性契合延伸产品的评估。[100]当消费者有合适的理由时，他们会放松自我控制。研究通过操纵被试的相对努力程度，发现努力会提高人们对于产品的购买意愿，并且证明负罪感的变化是导致这一影响的内在原因。通过改变产品品类，证明相对于实用品，努力对于人们对享乐品的购买意愿的影响更大。[101]

广告时刻都影响着人们的消费决策，广告心理学因此兴起，并得到长足的发展。一项研究验证了想象广告会显著提高独立自我构念者的购买意愿，但对依存自我构念者影响不显著；自我构念对想象效应的调节作用不因广告场景提示的变化而变化；无论是强说服或弱说服的想象广告都能提高独立自我构念者的购买意愿，而对于依存自我构念者，只有强说服想象广告会收到好的效果。[102]个人卷入和产品卷入的提高都能促进受众的品牌记忆，但个人卷入的变化主要影响品牌外显记忆成绩，而产品卷入的提高则表现为内隐记忆效果的增强。名人代言人的使用可促进广告信息的加工，且受卷入状态的影响较小。[103]网络论坛也是广告的一种形式。研究发现，当论坛不客观时，看帖者对产品的态度较差，而当论坛比较客观时，看帖者对产品的态度较好；说服知识在此过程中起中介作用；品牌强度、看帖者过去对品牌的满意度、跟帖者与楼主的熟悉程度会调节论坛客观性对看帖者态度的影响，当品牌强度相对较弱、看帖者过去对品牌相对不满意、跟帖者与楼主不熟悉或跟帖者与楼主的意见不完全一致时，论坛客观性显著影响看帖者的态度。[104]在怀旧风潮盛行的大背景下，怀旧广告日益受到了广告主的青睐。然而，由于怀旧诉求未能正确匹配目标受众，导致一些怀旧广告的无效甚至起反面效果。研究发现，独立自我程度高的消费者往往偏好于个人怀旧诉求，而互依自我程度高的消费者往往偏好于虚拟集体怀旧诉求。所以怀旧虽是一项很好的广告题材，但在具体应用时，需要注意怀旧诉求与目标受众的匹配性。该研究拓展了自我概念这一重要心理变量在怀旧广告领域的应用，同时研究结果对于怀旧营销、跨文化营销也有一定的启示意义。[105]

（五）记忆、言语与认知神经科学研究

1. 知觉研究

知觉研究一直是认知心理学的重点。一项探讨汉语数字对时间知觉的影响的研究发现，被试具有低估小数字呈现时间和高估大数字呈现时间的倾向。这个结果表明，汉语数字也会对时间知觉产生影响，汉字形式的数字可以纳入到综合的数量理论体系之中。[106]基于功能磁共振成像（fMRI），利用虚幻探测范式对自上而下字母加工的神经网络进行研究，发现当被试从纯噪声图片中“看”到字母时，多个脑区的活动由于受到来自于右侧梭状回的影响而加强。该发现表明自上而下的字母加工网络不但包含负责字母形状和语音加工的脑区，还涉及一些负责高级认知加工的区域。[107]一项研究探讨宽带宽噪音图片的“反倾斜效应”及短期训练对其影响。结果表明，人对倾斜朝向刺激的辨识显著好于主要朝向。并且，被试对所有朝向刺激的辨识经训练后都有显著提高。这提示人们对于这种宽带宽噪音图片的辨识能够学习，但是短期的训练不能使“反倾斜效应”消失。[108]另一项研究发现与局部属性（颜色）相比，拓扑性质在无意识中优先得到加工，拓扑性质知觉理论在非注意状态下是成立的。[109]物体朝向的一致性影响了对称场景中内在参照方向的选择，无论是否存在观察视点的干扰，观察者选择对称轴和物体的一致朝向作为内在参照方向的可能性没有显著差异。[110]

2. 注意研究

在注意的研究方面，研究者发现在室内场景目标搜索过程中存在背景线索效应，该效应基于对背景—目标共变关系的外显记忆；背景线索对搜索的启动和确认阶段无影响，对扫描阶段的注视行为有促进作用，有助于更有效地选择注视区域，将注视更直接地导向目标所在位置。[111]对注视方向的知觉能直接影响注视追随行为，而注视方向抽取受到刺激显著性（注视角度）和知觉适应等因素的调节。在意识状态下，注视知觉与注视追随存在直接联系，即可能存在从注视知觉系统到注意转移系统的皮层加工通路；注视追随并非纯粹的反射式加工，它受自上而下知觉经验的调节。[112]自我参照效应的发生不依赖于与他人参照条件的比较而产生；消极效应也不依赖于积极效价词的存在而发生；注意可能是随意编码条件下自我参照效应产生的原因。[113]

3. 社会认知研究

在情绪的研究方面，研究者通过改进认知评价的操作方法，考察了41名大学生的认知评价对负性情绪的影响。结果发现，拥有有利于情绪调节评价的个体的负性情绪感受降低，皮肤电反应减弱，但心率无变化。研究表明，认知评价影响个体的主观情绪体验，并在一定程度上抑制负性情绪所致的生理唤起的增高。[114]一项研究发现低外显自尊个体对负性情绪信息（愤怒）的注意偏向是一种注意的解脱困难；高内隐自尊个体更易受到情绪性信息（愤怒和高兴）的吸引，是一种选择性的注意维持倾向，表现为注意的解脱困难。[115]负性面孔在高低负载下都具有加工优先性，而且该效应应归因于其本身携带的生态信息。[116]操纵空间频率的一项研究显示，高频空间信息是面孔身份与表情信息分离的有效尺度。[117]

4. 记忆研究

工作记忆一直是记忆研究的热点。近年来结合脑成像、事件相关电位（ERP）以及脑电图（EEG）等现代科学技术，研究成果非常丰富。观察空间工作记忆过程中海马CA1区神经元群的放电特征，同步观察和记录清醒大鼠在执行延迟选择任务时的行为轨迹以及海马CA1区神经元的放电活动，结果发现海马CA1区神经元参与对空间信息的初级编码和加工，并为未来行为决策提供有效信息，而且海马对信息的加工是通过局部神经网络进行，时间编码可能是海马信息加工的重要方式之一。[118]研究表明，工作记忆的中枢执行系统具有高度的灵活性。当语音回路功能受阻后，注意转换仍能借助视空间画板子系统得以完成。与暂时性抑制相比，语音回路功能长期受损后表现出一定的功能代偿。[119]通过记录16名被试在长短两种时间间隔（ISI）条件和有效、中性、无效三种视觉工作记忆内容条件下的行为反应和事件相关电位（ERPs），结果表明当目标出现在与记忆内容相匹配的客体中时，激活了工作记忆中的客体表征，以自上而下的方式优先捕获注意；同时ISI变化对此过程起着调节作用。[120]工作记忆不仅在选择性注意任务中具有认知控制作用，而且这种作用能扩展到注意捕获现象中。注意捕获不是纯粹的刺激驱动的加工过程，它还受到自上而下的认知控制的调节。具体表现为，随着工作记忆负荷水平的增加，无关干扰子产生的注意捕获的程度增大。[121]

5. 言语认知与阅读的研究

一项研究以90名中国大学生为被试，探讨了SOA在57ms、157ms和314ms条件下汉语双字复合词语义、词类和构词法等词汇信息激活的相对时间进程。结果表明，汉语双字复合词识别中最先激活语义信息，接着激活词类信息，构词法信息激活最晚。语义和词类信息激活后，随着SOA增加，其激活强度有增强的趋势。语义信息在整个词汇信息激活中占有优势。[122]刺激的重复性和呈现时间是产生重复知盲的重要条件；重复知盲的产生并未上升到语义加工水平，而是处于知觉加工水平。[123]对双语者的研究发现，熟练中—英双语者语言产生过程中在概念层面上就对非目标语言（不管是一语还是二语）进行了抑制，而非熟练中—英双语者使用一语时可以在概念层面上抑制非目标语言（二语），但使用二语时不能在概念层面上抑制非目标语言（一语），要在词汇层面上才能抑制非目标语言（一语）。[124]另一项研究表明，立即重复产生了最大反应时的易化，随着延迟的增加，易化作用逐渐减小甚至消失。在ERP上，与首次呈现相比，重复呈现的词会诱发广泛分布的更正的波形；并且随着延迟的增加，重复效应出现的时间越来越晚，三种条件下的重复效应分别反映了对再次呈现的词的声学语音特征加工的易化、语义加工的易化和情景信息的提取。[125]情绪词对新异刺激喜好度的调节不依赖于对刺激间偶联关系的意识以及被试的任务状态，是一种自下而上的自动化的联想学习过程。[126]

有关阅读过程的研究常常与眼动技术相结合，研究发现中文读者以词为基本单元对注视点及其右侧文本信息进行加工，且保持词的视知觉完整性对词内再注视眼跳和词间眼跳都有着非常重要的作用；汉语阅读的眼动模式符合认知控制模型的预测，并且中文读者可以并列加工阅读知觉广度内的词汇。[127]当文本阅读中存在数量比较信息时，读者能够进行即时的信息整合，这种整合是自下而上的，支持记忆基础文本加工理论，如果时间足够，这种整合能够达到量化程度。[128]研究表明，不同年级学生在注视时，获取信息的范围及在副中央凹预视时获取信息的类型上均存在一定差异。[129]具有对立谓词的简单的汉语否定句理解的心理模拟过程，并不像两步模拟假设所设想的那样遵循着先模拟被否定状态再模拟实际状态的顺序，而是在理解的初期就完成了对事件的实际状态的模拟。[130]

大脑中的句法加工模式是神经认知科学研究的重要课题，而句法加工是否存在独立性一直是研究者争论较多的问题。通过3T场强功能性磁共振成像，对不依赖形态变化来标记句法变化的汉语句法加工的独立性进行了初步研究。结果表明即使不通过形态改变来标记句法变化，汉语句子加工中的句法加工仍然可以被分离，句法独立性的加工主要由大脑左侧额叶中回及大脑左侧额叶下回等脑区承担，大脑左侧颞叶并未参与汉语句法的独立性加工。[131]综合运用事件相关电位和功能磁共振成像的技术优势初步揭示了原型激活促发顿悟的大脑机制。具体表现为，楔前叶的激活可能与原型激活和关键信息提取有关；左侧额下回、额中回的激活可能与思维定式打破和新异联结形成有关，以及大脑的特定准备状态（额中回、扣带前回的激活）对顿悟的产生有积极的促进作用。[132]

6. 思维研究

思维与创造力属于高级认知能力，研究发现N380可能反映了顿悟中舍弃强外显意义而选择弱内在隐喻意义的认知抉择过程，且右半球在“顿悟”中表现出优势效应。[133]标识和插图都对问题解决的正确率有显著影响，有标识比无标识正确率更高，有插图比无插图正确率更高，并且标识和插图在原型激活率和问题解决正确率上都存在显著交互作用，反映出原型启发的思维过程是复杂的，表现出灵活性、经济性的特点。[134]评估倾向的个体比行动倾向的个体产生更强的反事实思维，两者差异极其显著，同时脑电结果也表明“评估倾向”和“行动倾向”两种不同调控方式的个体在反事实思维强度上存在着显著差异，这在FRN和P300上得到了反映，评估倾向的个体所产生的反事实思维更强，情绪体验也更加强烈。[135]研究发现，自尊与创造力之间存在正相关，但是二者相关受创造力研究取向的影响。[136]

7. 学习研究

学习行为方面的研究成果同样丰富，当前概率类别学习中主要存在多系统和单系统两种观点之争，一项研究采用经典的天气预测任务通过操纵线索位置的呈现方式来进一步探讨其对概率类别学习的影响。结果表明，线索位置的不同呈现方式会影响概率类别学习中外显和内隐学习系统的竞争，研究支持了多系统观点，且概率类别学习的主要策略可能是多线索策略而不是单模式策略。[137]另一项研究利用高密度ERP技术并结合偶极子源分析，从纵向和横向两个方面研究了人工类别学习的神经基础与机制。结果表明，人工类别学习涉及前扣带回、前额叶皮质和内侧颞叶等关键脑区，并在时间序列上显示了这些脑区扮演的不同作用。[138]

内隐学习也是学习行为研究中受到重视的领域，采用“乘法算式答案正误判断的实验室任务”，以“奇偶检查策略”为具体策略研究对象的研究探查内隐奇偶检查策略的存在及其自动性特征。实验结果表明奇偶检查策略可以以内隐方式存在，但经过不断练习可最终上升到意识层面；奇偶检查策略的外显和内隐使用表现出各自独立的优势效应。外显学习策略的优势效应主要表现在正确算式判断的任务中，而内隐学习策略则在错误算式判断任务中表现出“内隐优势效应”的趋势，内隐奇偶检查策略的人为外显化并不能促使个体增加使用该策略的频率，也不能有效提高策略的执行效率。[139]已有人工语法的内隐学习研究中一个关键的问题是被试在不同指导语诱发下究竟形成了什么样的知识表征？实验借助结构知识的测量方式，采用记忆和规则探索两种指导语，考察了两组被试所获得的深层知识表征（结构知识）。结果表明记忆指导语引发了被试基于直觉区分人工语法规则的内隐学习优势效应。[140]

上述研究综述从五个方面回顾了2011年心理学工作者的学术研究成果，引用了140余篇研究论文。综上可见，中国心理学研究的特征表现为研究题目涉猎广泛，研究深度逐步加深，研究技术不断完善等；心理学研究趋势表现出以下特征：①把握国际心理学前沿问题的研究，特别是脑认知与神经科学的研究趋于国际化，发表了大量SCI和SSCI论文，形成了与国际接轨的学术对话局面。②瞄准中国社会重大现实需求，研究中国社会变迁所带来的社会心理问题，为政府决策提供心理学科学依据。③专注民众心理健康，为建设和谐社会服务。

注：

①崔丽霞、罗小婧、肖晶：《儿童期创伤对特质抑郁和特质焦虑的影响：图式中介特异性研究》，《心理学报》，2011年第10期。

②肖崇好、黄希庭：《社交焦虑个体外显与内隐自尊的研究》，《心理科学》，2011年第2期。

③钟佑洁、张进辅：《大学生评价恐惧在自尊与社交焦虑间的中介效应分析》，《心理发展与教育》，2011年第5期。

④杨智辉、王建平：《广泛性焦虑个体的注意偏向》，《心理学报》，2011年第2期。

⑤胡晓东、杜巧荣等：《王家岭矿难获救矿工的急性应激反应》，《中国心理卫生杂志》，2011年第11期。

⑥范方、耿富磊、张岚、朱清：《负性生活事件、社会支持和创伤后应激障碍症状：对汶川地震后青少年的追踪研究》，《心理学报》，2011年第12期。

⑦郑裕鸿、范方、喻承甫、罗廷琛：《青少年感恩与创伤后应激障碍症状的关系：社会支持和心理弹性的中介作用》，《心理发展与教育》，2011年第5期。

⑧聂衍刚、甘秀英、周虹：《震后青少年创伤后应激障碍与社会支持、人格的关系》，《心理科学》，2011年第6期。

⑨谢永标、马弘等：《汶川震后14个月极重灾区县基层医务人员的心理健康状况》，《中国心理卫生杂志》，2011年第11期。

⑩李琦、罗劲：《如何唤起和缓解重大损失情绪——来自行为和脑成像的证据》，《心理科学进展》，2011年第11期。

⑪汤明明、侯公林：《慢性应激损害大鼠学习记忆且抑制海马及额叶FGF2蛋白表达》，《心理学报》，2011年第7期。

⑫王丽杰、孙秋德等：《慢性军事应激致军人海

马形态、认知功能和应对方式的变化》，《心理学报》，2011 年第 7 期。

⑬曹经纬、耿文秀：《在华跨国企业外籍高管的压力应对与适应》，《心理科学》，2011 年第 3 期。

⑭张登科、苏巧荣等：《局限性脑外伤患者的心理推理能力和执行功能缺陷》，《中国心理卫生杂志》，2011 年第 7 期。

⑮刘幸娟、张阳、张明：《听觉障碍人群检测任务基于位置的返回抑制》，《心理科学》，2011 年第 3 期。

⑯金颖、刘翔平、兰彦婷、张功、李开强：《反馈对注意缺损多动障碍儿童错误监控能力的影响》，《心理发展与教育》，2011 年第 4 期。

⑰张微、刘翔平、宋红艳：《注意缺陷多动障碍儿童的表征搜索》，《心理科学》，2011 年第 1 期。

⑱钱英、张小梅、杨莎、杜巧新、王玉凤：《成人注意缺陷多动障碍患者的执行功能》，《中国心理卫生杂志》，2011 年第 4 期。

⑲陈顺森、白学军、沈德立、闫国利、张灵聪：《7～10 岁自闭症谱系障碍儿童对情绪面孔的觉察与加工》，《心理发展与教育》，2011 年第 5 期。

⑳周楠、方晓义：《自闭症儿童非言语错误信念任务的实验研究》，《心理科学》，2011 年第 3 期。

㉑郭嘉、静进、邹小兵、唐春：《阿斯伯格综合征儿童对人物基本面部表情的识别特点》，《中国心理卫生杂志》，2011 年第 1 期。

㉒陈传锋、李湘兰、胡珍玉：《老年抑郁个体注意偏向的发生阶段》，《心理科学》，2011 年第 3 期。

㉓任艳萍、周东丰等：《高频重复经颅磁刺激治疗精神分裂症难治性阴性症状的随机双盲对照试验》，《中国心理卫生杂志》，2011 年第 2 期。

㉔王新法、吴焕、娄涛：《帕罗西汀合用喹硫平治疗双重抑郁症的随机开放试验》，《中国心理卫生杂志》，2011 年第 3 期。

㉕张晨、苑成梅等：《双相障碍抑郁发作患者氧化应激水平》，《中国心理卫生杂志》，2011 年第 4 期。

㉖范娟、徐通等：《哌甲酯控释剂治疗对注意缺陷多动障碍儿童父母压力的影响》，《中国心理卫生杂志》，2011 年第 5 期。

㉗汪智艳、杨凡等：《团体干预对地震灾区初中生创伤后应激和抑郁症状的作用》，《中国心理卫生杂志》，2011 年第 4 期。

㉘罗小婧、崔丽霞、蔺雯雯、郑日昌：《图式治疗减轻大学生亲密恐惧的个案研究》，《中国心理卫生杂志》，2011 年第 8 期。

㉙吴增强、马珍珍、杜亚松：《基于学校的儿童注意缺陷多动障碍综合干预》，《心理科学》，2011 年第 4 期。

㉚李富洪、曹碧华、谢超香、孙弘进、李红：《路标信息在幼儿空间再定向中的作用》，《心理发展与教育》，2011 年第 4 期。

㉛顾本柏、冯廷勇、袁文萍、马晓清：《3～5 岁幼儿在主题—规则冲突条件下的类比推理》，《心理发展与教育》，2011 年第 2 期。

㉜张兰萍、周晖：《幼儿基于信息判断的选择性信任——与亲社会行为及决策判断的关系》，《心理发展与教育》，2011 年第 1 期。

㉝宋晓蕾、游旭群：《视觉表象产生加工的可塑性水平研究》，《心理科学》，2011 年第 1 期。

㉞宋广文、何文广、孔伟：《问题表征、工作记忆对小学生数学问题解决的影响》，《心理学报》，2011 年第 11 期。

㉟贾宁、白学军、彭建国：《小学高年级学生学习判断的发展》，《心理科学》，2011 年第 2 期。

㊱陈晶、索涛、袁文萍、冯廷勇：《青少年结果预期与评价的 ERP 研究》，《心理学报》，2011 年第 2 期。

㊲高丙成、刘儒德、王丹、和美君、袁稹：《初中生自我调节学习的类型及对学习的影响》，《心理发展与教育》，2011 年第 1 期。

㊳张景焕、刘桂荣、师玮玮、付秀君：《动机的激发与小学生创造思维的关系：自主性动机的中介作用》，《心理学报》，2011 年第 10 期。

㊴周路平、李海燕：《发展性阅读障碍儿童汉字识别的早期加工：一项 ERP 研究》，《心理科学》，2011 年第 1 期。

㊵李秀红、静进、杨德胜、王庆雄：《影响汉语阅读障碍儿童文章阅读眼动特征的认知因素》，《中国心理卫生杂志》，2011 年第 5 期。

㊶王国霞、盖笑松：《青少年期的意向性自我调节》，《心理科学进展》，2011 年第 8 期。

㊷杨颖、邹泓、余益兵、许志星：《中学生社会问题解决能力的特点及其与社会适应的关系》，《心理发展与教育》，2011 年第 1 期。

㊸陈斌斌、李丹、陈欣银、陈峰：《作为社会和文化情境的同伴圈子对儿童社会能力发展的影响》，《心理学报》，2011 年第 1 期。

㊹琚晓燕、刘宣文、方晓义：《青少年父母、同伴依恋与社会适应性的关系》，《心理发展与教育》，2011 年第 2 期。

㊺梁宗保、孙铃、张光珍、陈会昌、张萍：《父亲情绪表达与儿童社会适应：气质的调节作用》，《心理发展与教育》，2011 年第 4 期。

㊻张文娟、邹泓、李晓巍：《青少年的父母监控状况及其对社会适应的影响》，《心理发展与教育》，2011 年第 3 期。

㊼刘莉、王美芳、邢晓沛：《父母心理攻击：代

际传递与配偶对代际传递的调节作用》,《心理科学进展》,2011年第3期。

㊽王昱文、王振宏、刘建君:《小学儿童自我意识情绪理解发展及其与亲社会行为、同伴接纳的关系》,《心理发展与教育》,2011年第1期。

㊾张梅、辛自强、林崇德:《青少年社会认知复杂性与同伴交往的相关分析》,《心理科学》,2011年第2期。

㊿张云运、陈会昌:《青少年特质情感、朋友冲突解决策略对友谊质量的影响》,《心理科学》,2011年第1期。

51纪林芹、陈亮、徐夫真、赵守盈、张文新:《童年中晚期同伴侵害对儿童心理社会适应影响的纵向分析》,《心理学报》,2011年第10期。

52张锦涛、刘勤学、邓林园、方晓义、刘朝莹、兰菁:《青少年亲子关系与网络成瘾:孤独感的中介作用》,《心理发展与教育》,2011年第6期。

53徐夫真、张文新:《青少年疏离感与病理性互联网使用的关系:家庭功能和同伴接纳的调节效应检验》,《心理学报》,2011年第4期。

54张莉、申继亮、黄瑞铭、罗曼楠:《不同留守时间下儿童公正感的特点及其与主观幸福感的关系》,《心理发展与教育》,2011年第5期。

55李丹、陈峰、陈欣银、陈斌斌:《文化背景与社会行为和适应:城市、农村和流动三类儿童的比较研究》,《心理科学》,2011年第1期。

56王薇、罗静、高文斌:《影响城市流动儿童自我认同的因素探析》,《心理科学》,2011年第2期。

57叶宝娟、温忠麟:《单维测验合成信度三种区间估计的比较》,《心理学报》,2011年第4期。

58温忠麟、叶宝娟:《测验信度估计:从α系数到内部一致性信度》,《心理学报》,2011年第7期。

59方杰、张敏强、李晓鹏:《中介效应的三类区间估计方法》,《心理科学进展》,2011年第5期。

60刘红云、张月、骆方、李美娟、李小山:《多水平随机中介效应估计及其比较》,《心理学报》,2011年第6期。

61沐守宽、周伟:《缺失数据处理的期望——极大化算法与马尔可夫蒙特卡洛方法》,《心理科学进展》,2011年第7期。

62吴艳、温忠麟、侯杰泰、Herbert W. Marsh:《无均值结构的潜变量交互效应模型的标准化估计》,《心理学报》,2011年第10期。

63程小扬、丁树良、严深海、朱隆尹:《引入曝光因子的计算机化自适应测验选题策略》,《心理学报》,2011年第2期。

64陈平、辛涛:《认知诊断计算机化自适应测验中在线标定方法的开发》,《心理学报》,2011年第6期。

65陈平、辛涛:《认知诊断计算机化自适应测验中的项目增补》,《心理学报》,2011年第7期。

66涂冬波、蔡艳、戴海琦、丁树良:《多维项目反应理论:参数估计及其在心理测验中的应用》,《心理学报》,2011年第11期。

67马力、焦捷、陈爱华、姜翰:《通过法则关系区分员工对组织的认同与反认同》,《心理学报》,2011年第3期。

68白新文、刘武、林琳:《共享心智模型影响团队绩效的权变模型》,《心理学报》,2011年第5期。

69赵磊、沈伊默、魏春梅、张庆林:《心理契约破坏对组织公民行为的影响:同事支持感的调节作用》,《心理学探新》,2011年第6期。

70王忠军、龙立荣、刘丽丹:《组织中主管—下属关系的运作机制与效果》,《心理学报》,2011年第7期。

71李燕萍、涂乙冬:《与领导关系好就能获得职业成功吗?一项调节的中介效应研究》,《心理学报》,2011年第8期。

72刘会贵、潘孝富:《领导者的希望和自我效能感对其主观幸福感的影响》,《心理学探新》,2011年第2期。

73段锦云、凌斌:《中国背景下员工建言行为结构及中庸思维对其的影响》,《心理学报》,2011年第10期。

74周浩、龙立荣:《工作不安全感、创造力自我效能对员工创造力的影响》,《心理学报》,2011年第8期。

75李明军:《顾客公平、情绪体验与员工情绪劳动的关系》,《心理学探新》,2011年第4期。

76涂红伟、严鸣、周星:《工作设计对知识型员工和体力工作者的差异化影响:一个现场准实验研究》,《心理学报》,2011年第7期。

77张辉华、王辉:《个体情绪智力与工作场所绩效关系的元分析》,《心理学报》,2011年第2期。

78胡超、傅根跃:《听音识人——语音频谱与人格特质的关系初探》,《心理科学进展》,2011年第6期。

79夏凌翔、黄希庭、万黎、杨红升:《大学生的自立人格与现实问题解决》,《心理发展与教育》,2011年第1期。

80夏凌翔:《自立人格与心身症状:特质—应激—症状相符中介模型的检验》,《心理学报》,2011年第6期。

81周雅、刘翔平:《大学生的性格优势及与主观幸福感的关系》,《心理发展与教育》,2011年第5期。

82彭彦琴、江波、田婷婷:《社会支持与城市移民子女生活满意度:学校适应的中介作用》,《心理学探新》，2011年第6期。

⑱胡发稳、丁颖：《大学生亲社会行为决策中自尊与情绪信息的交互作用》，《心理学探新》，2011年第3期。

⑲刘长江、郝芳：《不对称社会困境中社会价值取向对合作的影响》，《心理学报》，2011年第4期。

⑳孙炳海、苗德露、李伟健、张海形、徐静逸：《大学生的观点采择与助人行为：群体关系与共情反应的不同作用》，《心理发展与教育》，2011年第5期。

㊶刘泽文、贺泽海：《成人依恋、主我分享与人际吸引的关系》，《中国心理卫生杂志》，2011年第3期。

㊷何晓丽、王振宏、王克静：《积极情绪对人际信任影响的线索效应》，《心理学报》，2011年第12期。

㊸张晓燕、高定国、傅华：《辩证思维降低攻击性倾向》，《心理学报》，2011年第1期。

㊹周红燕、王伟、刘旭峰、黄志强：《大学生对社会暴力信息注意偏向的眼动研究》，《中国心理卫生杂志》，2011年第2期。

㊺李瑶、徐凯文等：《服刑人员的反社会人格障碍及与羞耻感、童年期创伤经历的关系》，《中国心理卫生杂志》，2011年第9期。

㊻贺伟、龙立荣：《薪酬体系框架与考核方式对个人绩效薪酬选择的影响》，《心理学报》，2011年第10期。

㊼徐惊蛰、谢晓非：《解释水平视角下的自己—他人决策差异》，《心理学报》，2011年第1期。

㊽张结海、Jean - Francois Bonnefon、邓赐平：《“值”在中国人的假设思维中的角色》，《心理学报》，2011年第1期。

㊾王晓明、李雯、周爱保：《认知信息的详尽度与锚定对决策策略的影响》，《心理科学》，2011年第1期。

㊿王鹏、刘永芳：《问题启动对跨时选择的影响研究》，《心理科学》，2011年第1期。

96陈海贤、何贵兵：《识解水平对跨期选择和风险选择的影响》，《心理学报》，2011年第4期。

97张凤华、张华、曾建敏、张庆林：《意识思维和无意识思维对复杂决策的影响》，《心理科学》，2011年第1期。

98邝磊、郑雯雯、林崇德、杨萌、刘力：《大学生的经济信心与职业决策自我效能的关系——归因和主动性人格的调节作用》，《心理学报》，2011年第9期。

99李宏利、陆慧菁、张雷：《繁衍线索对风险信息加工的影响》，《心理学报》，2011年第11期。

100柴俊武、赵广志、何伟：《解释水平对品牌联想和品牌延伸评估的影响》，《心理学报》，2011年第2期。

101童璐琼、郑毓煌、赵平：《努力程度对消费者购买意愿的影响》，《心理学报》，2011年第10期。

102姚卿、陈荣、赵平：《自我构念对想象广告策略的影响与分析》，《心理学报》，2011年第6期。

103周象贤、金志成：《卷入对名人广告信息加工效果的影响》，《心理科学》，2011年第1期。

104杜伟强、于春玲、赵平：《论坛客观性与网络口碑接收者的态度》，《心理学报》，2011年第8期。

105柴俊武、赵广志、张泽林：《自我概念对两类怀旧广告诉求有效性的影响》，《心理学报》，2011年第3期。

106马清霞、杨林霖、张志杰：《数量对时间知觉的影响——来自汉语数字的证据》，《心理科学》，2011年第1期。

107刘建刚、田捷、Kang Lee：《基于fMRI的自上而下字母加工神经机制的研究》，《心理科学进展》，2011年第2期。

108杨彬、王芳、张学民、马小丽、宋艳：《宽带宽噪音图片朝向辨识任务上的“反倾斜效应”》，《心理科学》，2011年第1期。

109王钰、吕勇：《非注意状态下拓扑性质优先加工的电生理学证据》，《心理科学》，2011年第1期。

110李晶、张侃：《对称场景中朝向一致性对内在参照系的影响》，《心理学报》，2011年第3期。

111白学军、魏玲、沈德立：《背景线索对室内场景中目标搜索的注意引导》，《心理学探新》，2011年第2期。

112张智君、赵亚军、占琪涛：《注视方向的知觉对注视追随行为的影响》，《心理学报》，2011年第7期。

113周爱保、吴慧芬、史战、张鹏英、李琼、刘沛汝：《注意在随意编码自我参照效应中的作用》，《心理学探新》，2011年第1期。

114原琳、彭明、刘丹玮、周仁来：《认知评价对主观情绪感受和生理活动的作用》，《心理学报》，2011年第8期。

115李海江、杨娟、贾磊、张庆林：《不同自尊水平者的注意偏向》，《心理学报》，2011年第8期。

116张庆、张杰栋、胡思源、刘嘉：《不受知觉负载调节的注意捕获效应：生态信息的作用》，《心理学报》，2011年第11期。

117汪亚珉、王志贤、黄雅梅、蒋静、丁锦红：《空间频率信息对面孔身份与表情识别的影响》，《心理学报》，2011年第4期。

118于萍、袁水霞等：《记忆过程中海马CA1区神经元的集群放电特征》，《心理学报》，2011年第8期。

⑲宣宾、刘振会、张爱青、孙晓凯：《工作记忆中注意焦点转换的代偿机制——来自聋生和发音抑制的证据》，《心理学报》，2011年第9期。

⑳白学军、尹莎莎、杨海波、吕勇、胡伟、罗跃嘉：《视觉工作记忆内容对自上而下注意控制的影响：一项ERP研究》，《心理学报》，2011年第10期。

㉑张斌、张智君、蔡太生：《工作记忆负荷对注意捕获的影响研究》，《心理科学》，2011年第1期。

㉒张金桥：《汉语双字复合词识别中语义、词类和构词法信息的激活》，《心理科学》，2011年第1期。

㉓冷英、陈旭莲：《汉字多音字加工过程中的重复知盲效应》，《心理学报》，2011年第12期。

㉔叶嘉文、王瑞明、李利、范梦：《语言产生过程中非目标语言的激活与抑制》，《心理学报》，2011年第11期。

㉕黄贤军、张钦、丁锦红、郭春彦：《不同延迟条件下语音词的重复效应》，《心理学报》，2011年第6期。

㉖郭晶晶、杜彦鹏、陈玉霞、彭聃龄：《情绪词对新异刺激喜好度变化的调节机制》，《心理学报》，2011年第4期。

㉗刘志方、张智君、赵亚军：《汉语阅读中眼跳目标选择单元以及词汇加工方式：来自消失文本的实验证据》，《心理学报》，2011年第6期。

㉘曾庆、冷英：《文本阅读中数量比较信息整合的过程与内容》，《心理科学》，2011年第1期。

㉙闫国利、王丽红、巫金根、白学军：《不同年级学生阅读知觉广度及预视效益的眼动研究》，《心理学报》，2011年第3期。

㉚高志华、鲁忠义、马红霞：《汉语简单否定陈述句理解的心理模拟过程》，《心理学报》，2011年第12期。

㉛封世文、沈兴安、杨亦鸣：《从使动句加工的功能性磁共振成像看中文句法加工的独立性》，《心理学报》，2011年第2期。

㉜邱江、张庆林：《创新思维中原型激活促发顿悟的认知神经机制》，《心理科学进展》，2011年第3期。

㉝沈汪兵、刘昌、张小将、陈亚林：《三字字谜顿悟的时间进程和半球效应：一项ERP研究》，《心理学报》，2011年第3期。

㉞田燕、罗俊龙、李文福、邱江、张庆林：《原型表征对创造性问题解决过程中的启发效应的影响》，《心理学报》，2011年第6期。

㉟岳玲云、冯廷勇、李森森、李光普、李红：《不同调控方式个体反事实思维上的差异：来自ERP的证据》，《心理学报》，2011年第3期。

㊱邓小平、张向葵：《自尊与创造力相关的元分析》，《心理科学进展》，2011年第5期。

㊲徐贵平、温红博、魏晓玛、莫雷：《线索呈现位置对概率类别学习的影响》，《心理学报》，2011年第3期。

㊳陈安涛：《人工类别学习的认知神经研究》，《心理科学进展》，2011年第1期。

㊴褚勇杰、刘电芝、杨会会：《内隐学习策略的存在及其外显转化》，《心理学探新》，2011年第1期。

㊵郭秀艳、姜珊、凌晓丽、朱磊、唐菁华：《直觉对内隐学习优势效应的特异性贡献》，《心理学报》，2011年第9期。

（作者：许燕，北京师范大学心理学院教授；
蒋奖，北京师范大学心理学院副教授；
冯秋迪，北京师范大学心理学院硕士生）

历　史　学

史学理论及史学史

汪高鑫　周　倩

2011年北京地区的史学工作者辛勤工作、潜心研究，在史学理论及史学史领域取得了丰硕的成果，进一步促进了学科的建设和发展。现将本年度的研究情况综述如下：

一、马克思主义史学研究的再深入

马克思主义史学研究是本年度史学界关注的重点问题之一，北京学者在前人研究的基础上，结合新时代的特征对马克思主义史学进行深入探究，取得不少新成果，把中国马克思主义史学研究继续推向前进。

首先，对马克思主义唯物史观的思想内涵进行再认识。有学者认为，历史唯物主义的基本原理包含六个方面：社会历史观基本问题、物质生活的生产方式、社会的基础和上层建筑、社会的基本矛盾和发展动力、阶级国家革命问题、人民群众与个人在历史上的作用。而其具体研究方法也有六个方面：从历史实际出发，采取实事求是的态度；坚持历史观点和历史主义原则；运用阶级观点和阶级分析方法；掌握和运用历史的辩证法；把对历史的整体研究和部门研究结合起来；要有世界历史的眼光，注意进行比较研究。[①]还有学者认为“革命性与科学性的结合”是马克思主义思想遗产的核心。从李大钊等先驱者撰写的论著已鲜明地显示出这种学术品格。郭沫若的《中国古代社会研究》论证中国近代社会性质为半殖民地半封建社会，而秦至鸦片战争前为封建社会，这些正确结论大大鼓舞了人们的斗志，推进了伟大的革命事业。至抗战时期以翦伯赞、侯外庐、范文澜等为代表从事理论创造，从而使以“革命性和科学性相结合”为基本特征的中国马克思主义史学得到壮大和发展。[②]

其次，对马克思主义史学基本理论问题的讨论。有学者关注了马克思主义论“亚细亚生产方式”问题，认为这一理论概念内涵中属于“五形态”体系说的“原始社会说”，更切合马克思社会形态学说史的实际。亚细亚的原始所有制以及由此构成的“亚细亚生产方式”是东西方都曾经经历过的人类社会的早期阶段。中国原始聚落共同体所有制是“亚细亚的所有制”的最古老形式之一。[③]“五朵金花”是“十七年史学”中最引人关注也是最有影响的史学现象，这场讨论是在全国掀起学习马克思主义理论热潮、中国马克思主义史学主导地位得以确立的背景下，运用马克思主义理论结合中国历史实际对五个重大理论问题的探讨。有学者对“五朵金花”的理论成就和学术意义进行研究，在这五个问题中，古史分期问题是近代史学话语体系中的基本问题；封建土地所有制和资本主义萌芽两个问题是古史分期问题讨论的延伸；对农民战争问题的讨论带有更强的时代色彩；汉民族形成问题的讨论相对薄弱，但在今天却成为最具学术意义和现实意义的重大问题。[④]

再次，对中国马克思主义史学发展动力和研究方法的研究。有学者认为，开放与吸收是中国马克思主义史学发展的不竭动力。中国马克思主义史学的产生，就是80多年前的那些创始者们以开放的心态，选择了马克思主义的唯物史观作为指导历史研究的基本线索。改革开放以来，西方史学又成为我们吸收的丰富来源，这就把开放精神在史学研究中的重要性凸显出来。[⑤]关于马克思主义史学的研究方法，有学者认为毛泽东的“古今中外法”深刻揭示了马克思主义史学的研究方法与认识路径，指出中国共产党人和马克思主义史学家对中国封建社会的认识。著名经济史学家严中平提出的破“四旧”、立“四新”的研究方法，正是遵循了“古今中外法”。在农史研究中也充分运用了“古今中外法”中“古今相继相涵”和“古今互补互证”的原则。[⑥]还有学者看到了马克思主义史学对传统史学方法的继承与创新。中国马克思主义史学家充分吸收了中国传统特别是乾嘉考据学的治学方法和20世纪新历史考据学的方法。这两者的结合，一方面增强了史学研究的效能，另一方面也充实、发展了马克思主义的史学方法本身。[⑦]

最后，对马克思主义史家的研究。有学者对于范文澜理论创造的风格和《中国通史简编》的学术成就进行论述，认为范老在史学理论领域留给了我们一笔宝贵的思想遗产，一是善于提出意义重大的论题；二是勇于摆脱旧规成说，解放思想，大胆创新。[⑧]认为范老的中国通史在叙述中国历史进程所表达的史识上，在讴歌民族精神、阐发民族智慧上，在反映各民族共同创造祖国历史上，在评价历史人物上，在描绘多样的社会生活上等方面都达到很高的境界，成功地向读者展现出一幅幅雄浑壮阔、多姿多彩的历史画面。[⑨]还有学者对郭沫若史学的特色进行了论述，一是善开风气，以唯物史观和创新精神为指导，解决重大问题；二是重视史料，尊重考据学；三是具有“情智交融、传历史神韵”的写作风格。[⑩]

二、对中国史学基本理论问题的思考

（一）历史知识社会化问题

有学者针对当前历史知识社会化大趋势，对其特点、动因、产生的问题和史学工作者的时代责任做了详细的解读，客观、全面、系统地展现出目前历史知识社会化的全貌。[⑪]有学者认为，历史知识社会化有需要遵循的基本原则，一是准确性，二是通俗性，三是教育性，四是蓄德性，五是多途性。[⑫]有学者注意到了吕思勉《三国史话》为目前的历史知识社会化路径提供的启示：第一，要处理好“求真”与通俗化之间的关系；第二，要处理好历史学与文学之间的关系；第三，要把握好历史知识在文本中的选择与分配；第四，历史学家在历史知识社会化中应承担责任。[⑬]有学者对历史知识社会功能的转型与史学形态嬗变的关系发表议论，认为先秦伦理史学和宋明义理史学突出史义，其社会功能主要表现为以伦理道德为旨归的教化类型；汉唐叙事史学和清代考证史学突出史事，其社会功能主要表现为以直书善恶为旨归的取鉴类型，两种类型各有利弊得失，均产生了深刻影响。[⑭]还有学者从全球史学视野，要求借鉴美国公共史学发展的成功经验，重视通俗历史读物的撰写，提高社会上通俗历史读物写手的素质，培养公共历史学家，加速历史知识社会化的普及工作，创新历史教育的形式，提高公众对通俗读物的分辨力和鉴赏力，更好地促进历史知识社会化进程。[15]

（二）中国史学民族性和时代性问题

在中国史学民族性问题上，有学者从思维研究入手，肯定中国古代史学的民族历史思维如通变思维、太极思维、类例思维等，可以直接导引出研究历史、认识社会盛衰变动、思考历史发展大势的各种认识。历史思维与中国近代史学的发展也密不可分，西方新史学思潮传入，实证思维与传统类例、实学思维相结合，成为当时有影响的学术方法论；马克思主义唯物史观传入带来辩证的历史思维，对传统历史思维作了更新。重视民族历史思维问题的研究，对于讨论各个民族的历史思维的相同、相异、互补，以继承自己思维的传统又吸收其他民族的有益的思维，是十分重要的。[16]在中国史学时代性问题上，有学者主张一要坚持"文须有益于天下"的学术旨趣，把治史作为民族兴衰的大业、作为关注民生的大事来看待；二要学术创新，坚持原创与实学相结合；三要怀兼综与融会的胸襟，从建设有民族特点的马克思主义史学高度上，开创出史学发展新途径的必经之路。[17]有学者从时代思潮对史学发展的影响角度探索了中国史学的时代性问题。认为中国古代时代思潮的演变，直接影响了时代史学特点的形成，反映了时代思潮对于史学面貌的强大塑造作用。[18]

（三）中国史学近代化问题

2011年度，北京学者集中从古文经学和近代报刊这两个全新角度，考察了史学近代化问题。

在古文经学与史学近代化问题上，有学者以古文经学代表人物章太炎和刘师培为例，分别考察了他们对史学近代化的贡献。认为章太炎对今文经学主观主义治史方法和庸俗致用观进行批评，同时重视利用西方各种社会学理论作为自己经学思想与史学思想的理论依据，构筑古文学史学系统，最终将古文经学改造为史学。古文经学家兼史学家刘师培重视从传统经学"攘夷""民本"思想中找寻时代需要的民族民主观念。他所撰的《中国历史教科书》通过批判旧史学叙述内容，提出新史学历史教科书的叙述对象；强调以进化论作为观察和研究历史的指导思想，提出新史学的史料观，对构建近代新史学作出了重要贡献。[19]在近代报刊与史学近代化问题上，有学者指出，近代报刊为新史学的产生提供了平台，以《新民丛报》《禹贡》和《史地学报》等最为突出。近代报刊作为中西史学交流碰撞的平台，宣传了新史学思潮，如进化论、实证思潮等；促进了史学理论更新，成为学术争鸣、争论与交锋的阵地，锻炼与培育了新型的史学人才，产生了有影响的史学大师；形成了不同学术旨趣的史学流派和史学思潮，如国粹派、甲寅派、学衡派、古史辨派、食货派、战国策派等。近代报刊对马克思主义在中国的传播也起到十分重要的作用。[20]

（四）其他历史理论和史学理论问题

在历史理论方面，有学者对中国古代历史理论的发展大势进行了宏观梳理。认为先秦、秦汉是中国史学从萌芽到初步发展的时期，先秦史学中出现若干历史观点，两汉初步形成历史理论体系；魏晋南北朝隋唐是中国古代历史理论发展时期，一方面传统理论得到深化，另一方面提出了诸如"天下一家"和国家起源等新的理论问题；五代宋辽夏金元明清是中国古代历史理论繁荣时期，在诸多传统历史理论问题上提出了超越性的进步观点，又于繁荣之中显示出嬗变的趋势。[21]有学者探讨了社会架构与历史演进的问题，认为从公元4世纪到16世纪史家对于社会结构的认识，大致延续了《史记》《汉书》的传统，同时也在不断深入，尤其是对社会经济及其历史意义的认识更是日益丰富。[22]在史学理论方面，有学者着眼当下，就当代中国史学话语体系建构提出自己的看法，认为当代中国史学话语体系的建立必须考虑三个因素：唯物史观、中国史学遗产和世界眼光。应用科学的态度对待马克思主义，用发展着的马克思主义指导新的实践；应加强对中国史学遗产的研究，发掘和梳理其中有价值、有意义的成果，加以继承和发扬；应以更加开阔的视野、更加开放的心胸和气度，借鉴和吸收外国史学的一切积极成果，用以充实、丰富以至于融入中国史学的当代话语体系。[23]有学者认为中国史学以其时代的连续性、内容的丰富性、体裁的多样性，为人们从认识史学走向认识历史、认识文明的传承开辟了广阔的道路。[24]还有学者对具体的史学范畴"史义"进行了分析，认为在中国古代史学本体论的内涵中，史学"求真"和"寓义"是两个最基本的要素。[25]

三、对中国史学史的研究

（一）关于史家与史著的研究

这方面研究成果最多。关于史家研究方面，有学者对刘知幾在史料学上的理论成就进行了剖析，为刘知幾研究提供了一个新角度。《史通》作为中国古代第一部史学理论名著，不仅首次明确划分了史料性著作和史学性著作，还着眼于史料应用的新高度，将林林总总的杂史区分为特点鲜明、史料价值各异的十类，对于小说入史持肯定态度。[26]有学者对王安石的读史诗进行研究，认为王安石通过阅读史书抒发自己对于重要史事或历史人物的见解，既彰显了诗的意境，也反映了史的思想。[27]有学者关注查继佐的南明史论，认为查氏的史论有多种表现形式，如传后发言、总分论结合等，其史论以考索和总结南明败亡的经验和教训为主，从南明覆亡之历史动因、南明帝王作为、私人与国家利益、武将功过、并立政权合作等多方面思考南明覆亡的原因，以寄托思怀故国之情，彰善瘅恶。[28]有学者将刘知幾与章学诚进行比较，认为他们在对撰述旨趣、史家素养和史学精髓的认识上存在差异。刘知幾力主断代为史，而章学诚提倡贯通古今，纂修通史；刘知幾的“史识”侧重对史家器局作出要求，而章学诚的“史德”论则从主体与客体的关系来论述史家的责任与素养；《史通》注重对“史法”的探讨，《文史通义》侧重对“史意”的研究。[29]还有学者将梁启超、胡适、郭沫若的史学特点进行比较，认为梁、胡、郭三位先后引领了中国近代史学的三大潮流，即早期新史学、新历史考证学和历史阐释学。他们的治史特点亦有差异，胡、郭均受梁启超的影响，梁、胡有直接的学术交往而梁、郭没有。胡、郭的学术交往反复曲折，学术论争中夹杂其他因素。[30]

关于史著研究方面，有学者对南宋史家李攸《宋朝事实》一书的价值进行探讨，认为其记载的宋代典制和历史事实，可补宋史研究基本史料的缺漏；记载的典制名物、年代世系、人物事迹等与其他史籍不同，具有考异存疑的价值。[31]有学者对钱大昕《宋史》研究成就进行总结，认为钱氏在“先通官制，次精舆地，次辨氏族”的治史指导思想下，重点从职官、地理、氏族三方面对《宋史》做了大量的勘误和补订工作。[32]有学者对明代学者王圻《续文献通考》的著述成就进行研究，认为该书在门类设置上有所增益，在继承《文献通考》著述规模的同时，也对典制体史书的撰述有进一步的探索和发展。[33]还有学者对张舜徽的《史通》研究成就进行论述，认为其《史通平议》在内容上注疏与评论相结合，具有史学批判精神，问世60余年来，为推进《史通》研究作出了杰出贡献。[34]

（二）关于史学发展史的研究

有学者认为，中国史学的发展大致可以划分为六个阶段：先秦时期为史学的形成阶段，这一时期出现了《春秋》《左传》《国语》《战国策》等一批对后世有诸多影响的史学专著。汉初至唐前期为史学地位的确立阶段，《史记》《汉书》《后汉书》等史学作品相继出现，纪传体史书逐渐取得了“独尊”的地位。中唐至明末为史学的发展阶段，这一阶段中《通典》与“三通”系列的形成、《资治通鉴》及其流派的演变，以及不断续修的纪传体“正史”，构成了中国史学发展的三大主干。清前期为传统史学回光返照阶段，这一时期官修史书大大超过以往任何一个朝代，差不多覆盖了史部的各主要门类，显示着乾嘉时期史学的辉煌。晚清民初为史学裂变阶段，史学发展迎来了“史界革命”的新思潮。民国中后期为新旧史学碰撞阶段，“民主与科学”作为世界历史潮流，以其不可阻挡之势冲撞着中国的旧传统，从而也使中国史学自身发生了某些新的变化。[35]有学者对中国近代史学发展史进行了梳理，具体内容包括：中国马克思主义史学的建立与形成、20世纪30年代马克思主义思潮兴起的原因、半殖民地半封建理论的来龙去脉、《读书杂志》与中国社会史论战等。将中国近代史学史作为一个新旧史学演变的历史阶段来研究，将其放在当时的社会政治、经济、哲学等广阔的视野上加以透视，注意论述近代史学思想的社会政治背景、思想基础和发展的普遍规律，同时注意把握中国近代史学史发展的特殊规律。[36]有学者以近代“新史学”与“新汉学”的百年轮回为主线，系统探讨中国百年史学的变迁，立足于这一时段各派史学对史学内涵的不同理解，以及由此造成的理念方法门径上的分歧，进而就这种差异对史学建设所产生的实际效果加以分析。[37]还有学者试图就民国年间（1912—1949）尘封的史学书刊和纷争的史学问题进行系统和全面的清理与条贯，以期对这一时期史学发展史作出综合论述，对这一时期的史学基本面貌作出系统反映。[38]

（三）关于史学思想的研究

2011年史学思想研究领域最有影响的一件大事是由吴怀祺先生主编的六卷本《中国史学思想通论》的问世。与此前十卷本《中国史学思想通史》以时间为轴进行纵向叙述不同，《中国史学思想通论》按照中国史学思想的重大问题进行横向研究，除了总论外，还包括历史思维论、历史盛衰论、经史关系论、历史编纂学思想和历史文献学思想五大专论。[39]《中国史学思想通论》论说中国史学思想，分析近代史学思想的转向以及新世纪全球化趋势下史学理论的发展，旨在揭示中国民族史学思想的特点，辨析中外史学思想的异同，进而思考历史学的未来走向。六卷本《中国史学思想通论》的问世，对于中国史学史、中国史学思想史的学科建设作出了杰出的贡献。

史学思想的具体研究成果丰硕。有学者认为荀悦的史学思想内涵丰富，包括基于对史学职能、作用的深刻理解，主张恢复建立并完善史官制度，以充分发挥史学借鉴、致用的作用；倡议恢复起居注制度；从“省”和“用”的取材原则出发，提出“立典有五志”；奉行秉笔直书的原则，等等。[40]有学者对司马光的易学历史观进行探析，认为司马光提出“易道”观念，对自然和人类历史发展的普遍性原则作出界定，对自然和人类历史存在的形式进行了阐述，为人类社会历史的发展揭示了其应有的价值目标和方向。[41]陈垣先生的宗教思想研究也得到重视，在基督教研究中，陈垣先生提出“基督教本色化观”，基督教不能替代中华文化，只能成为中华文化的一部分，这是他以中华文化为本位的中华文化观的具体体现。抗战期间，陈垣先生关于佛教、道教的著述表彰遗民、阐扬气节，侧重于中华文化的长久生命力。[42]有学者关注余嘉锡和其著作《四库提要辨证》所体现的辩证思想，认为《四库提要辨证》立足目录学辨证《四库总目》，凝聚着作者丰富的辨证思想，包括坚持实事求是的原则；议论公允，提倡全面分析和看待问题；讲求知人论世。[43]有学者对柳诒徵《国史要义》的特征以及由此引发的对现在史学学术转换问题的思考进行论述，认为柳氏《国史要义》既不似文化守旧者之迂，又不像以西法论史学者与传统史学之隔阂，为我们面对“传统”与“现代”的二元对立观念的纠缠，或在现代的学科格局中，怎样完成传统史学学术的创造性转换，提供了很好的思考契机和案例。[44]还有学者关注中国第一位女教授陈衡哲的世界历史观，陈先生的世界历史观以主张世界和平为基础，强调文化史世界历史的重要内容，文化交流是历史发展的重要推动力，并认为各国的政治和社会发展道路可以有多种选择，这对于中国世界史学科的发展具有重要的启迪意义，但其观念中仍凸显精英意识，这是其思想的局限性。[45]

（四）关于史语所的研究

中央研究院历史语言研究所是民国时期历史、语言研究的最高学术机构，对史语所的研究有助于我们更好地认识民国史学。有学者以傅斯年《历史语言研究所工作报告》为中心，考察、探讨该所前期的工作方针、组织机构、制度建设、学术工作和学术成果。史语所的创建和发展反映了现代学术企业成长的要求，证明了现代学术体制的优势。[46]还有学者将史语所为实现“科学的东方学之正统在中国”的目标所作出的努力进行陈述，在“歧路旁皇，莫知所止”的情况下，要用中国境内丰富的历史学和语言学的材料，借用欧洲的先进研究方法作出新的成就。其中考古组使中国新石器时代的话语权逐渐回归国人，使甲骨学的发展由草创迈向成熟，并预示着后来推进的基本趋势；历史组使简牍学、敦煌学、清史的众多史料不再“坐失毁亡”，并确定了中国古代史研究的基本路向，为20世纪的中国史研究作出无可替代的业绩。历史语言研究所20年间形成以追求“科学”和“客观”为目的，以扩充和整理材料为旨趣，以“求真”和“务实”为风格的研究集体，为历史语言研究规范化和科学化作出了不可磨灭的贡献。[47]

四、对西方史学理论的探究

对西方史学理论的探究主要集中在两个方面：一是西方史学阶段性特征的研究，二是西方史家理论建构的研究。

在西方史学阶段性特征研究方面，古希腊、罗马、西欧中世纪、欧洲近代史学体现出的独特品质都进入学人的研究视野。有学者关注古代希腊史学的普世观念。公元前四世纪，随着马其顿帝国的征服历程，普世作为历史的观念正式形成。希腊化时代的斯多葛学派继续发扬普世的观念，将世界作为一个单一的历史单位。埃弗鲁斯和波利比乌斯是普世史发展历程中最重要的两位史家，埃氏突出希腊霸权的变迁，波氏则建立在罗马统治世界的统一性基础上。[48]有学者关注罗马早期史学的发展脉络。罗马历史记录以大祭司年代记为主，这种历史记述上的严重滞后是导致罗马史学落后于希腊的原因。罗马史学没有从拉丁文化中独立发展起来，而有赖于对先进的希腊史学的大量吸纳，具体表现为政治家著史和注重历史连续性。[49]关于早期基督教的历史理论也有学者予以关注。基督教在早期的发展过程中，对历史分期问题的看法是其历史理论的重要内容之一，大致有帝国更替理论、六时代理论和三分法等，呈现出多样性的特征。出现这种特征的原因是多方面的，既与基督教理论自身的多样性特点有关，也与其欲取得对外的合法性和对内的吸引力的要求有关。[50]有学者关注了18世纪欧洲的古史研究。18世纪史学继承了文艺复兴的遗产，在文献搜集和整理、史实考订、考古学和碑铭学等领域都取得了一定的进展。法国和英国学者在此基础上，撰写了一批多卷本、大部头的古代史、希腊史和罗马史著作。虽然这些著述的质量无法与19世纪专业史学的成果相比，但它们为19世纪的讨论设定了问题的框架，提出了众多值得重视的看法。学者们经世致用的精神为后世树立了良好榜样，对当时实际的政治生活和思想发展都产生了一定影响。[51]还有学者提出美国史学起源的新论。美国殖民地时期史学与欧洲史学是个“自然的同一体”，尤其与英国有密切的联系。美国独特的国家主义不仅是美国史学得以产生的“催化剂”，而且还成为美国史学传统发展的基础和原动力。美国史学与共和国同生共长，从而打上了深深的“美国烙印”。[52]

在西方史家理论建构研究方面，晚期罗马帝国最重要的史学家马赛里努斯引起了学者的关注。马赛里努斯继承和融汇古希腊与古罗马的伟大史学传统，尤其是塔西佗的史学思想，并力图有所发展和超越。他独特的撰史手法主要表现在其“希腊式”的文法风格，对古典传统叙述体裁的突破以及对人性与世界的深刻体察。[53]有学者对波普尔的历史哲学思想进行评价。波普尔把历史主义严格地限定为历史决定论，认为历史是没有规律可循的，因而也是无法预言的，历史的解释不是科学，因为它是不可检验的，历史主义的错误就在于它把历史的解释误认为是科学。他力图把自然科学和社会人文打通，其方法论也被称为“证伪标准论”。波普尔反历史主义的理论有很多疏漏，其中主要论点虽大部分是可疑的，但其贡献在于提出了一个新问题和一种新的思想方法。[54]而对于西方当代史学理论的研究，则主要集中在安克斯密特身上。有学者对安克斯密特在西方当代史学理论背景下的史学理论创建进行了分析。安克斯密特继承了海登·怀特叙事主义理论，在重视历史文本的基础上，注意发掘作为整体的历史文本所具备而为其构成成分所阙如的诸种特性。20世纪90年代以来，他力图超越叙事主义的理论范式，提炼出“历史经验”的概念，即人们有可能突破语言的屏障而获得最本真的历史经验，克服文本主义的局限。但是，其“经验”概念带有明显的神秘性和私人性，仍有许多不足以服人之处。[55]有学者对安克斯密特的“历史经验”理论进行了阐述。该理论认为历史经验最明显的特征是它促使过去从当前分离出去，从而导致历史意识和历史编纂的产生；而历史经验又会通过超越过去与现在的距离或差异，以恢复到过去从当前分离出去之前的状态。安克斯密特的历史经验理论反映了当代哲学、历史哲学以及史学实践领域的变化，企图促成历史哲学的新转向，弥补历史哲学和史学实践之间的隔膜。[56]有学者对安氏关于语言与崇高历史经验关系的论述进行解读：语言是保护我们的盾牌，将我们与“真实”隔开，遮蔽事物，而崇高历史经验之下，过去与现在发生了完全的断裂，在此状态下，先前一切的范畴、语言以及经验已经彻底失效，人们感觉到事物的极端陌生性，从而使得先前的范畴、语言以及经验处于“失语”状态。人们无法做到“以我观物”，而只能“以物观物”，因为个体的小我（主体）及群体的大我（语言）已经彻底瓦解。[57]有学者对安氏的学术追求进行论述，认为安氏的学术旨趣源自他试图改变当前西方政治现状的价值诉求。他最主要的兴趣不在于政治概念的学理推演，而在于政治实际的考量。基于对政治现实的关注，他试图用“再现”概念来沟通史学和政治学；为了激发人们特别是史学家对于当前政治现实的历史敏感度和历史责任感，他提出历史经验的概念。他对历史主义的强调也是服务于其政治目的，要求恢复政治史的地位，发挥历史学的社会政治功能，帮助政治家们解决当前和未来重大的政治问题。[58]有学者对奥克肖特的“历史经验”理论及其当代价值进行论述。英国当代著名历史哲学家奥克肖特在其《经验及其模式》中阐发了一种独特的历史经验理论，存在一种绝对完满和具体的无条件的经验实在，除了哲学经验之外，任何特定的经验模式都不过是对这个经验整体的一种“变更”或“限定”。从经验总体出发，他实际上兼备了“现代”“后现代”的双重视域，对于历史经验的理论也有助于我们深刻理解当前历史哲学领域的“经验”问题。[59]还有学者对美国知名的全球史学家和环境史学家克罗斯比的治史方法进行研究，认为他从全球视野与生态视角来理解欧洲的兴起及其扩张，并试图构建起一种具有普遍解释力的历史研究的“脚本”，即将人作为一个生物体来理解；关注传染病对人类历史的影响；从全球生态系统来理解欧洲的扩张等，这些研究具有开创性，其治史思路与方法值得借鉴。[60]

此外，也有少数学者作了贯通性研究的尝试。如一些学者通过对西方史学发展史进行全面梳理，作出了自己贯通性的研究。其内容上溯古希腊史学萌生，下迄20世纪晚期以来西方史学的发展。从时间上看，包括古代、中世纪、近代和现当代的西方史学；从空间上看，主要指欧洲特别是西欧和北美地区的民族和国家。在具体论述中，作者不回避西方史学发展中提出的重大理论问题或热点问题，密切关注史学思潮与社会思潮的内在联系，强调历史观是一种社会意识形态，同时对马克思主义唯物史观以及马克思主义历史学派对西方史学的深刻影响都进行了较深入的探讨。[61]

五、社会史研究的理论与学科构建

2011年10月，“新中国社会变迁与当代社会史研究”学术研讨会在河北省保定市召开，本次研讨会旨在推进当代社会史研究和当代社会史学科体系的构建。北京学者在会议中就社会史研究的基本原则进行归纳：弄清其内涵、外延和研究对象，结合史学理论和社会学理论，并借鉴运用政治学、经济学等相关学科的理论，高度关注和紧密结合现实的社会问题，并将需要注意的原则浓缩为五条：一要毫不动摇地坚持唯物史观的指导；二要着眼全局，抓住要领，紧紧把握新中国历史发展的主题，从中展开对纷繁复杂的社会现象的深入发掘和分析；三要尊重历史，敬畏历史，发扬实事求是的优良学风；四要旗帜鲜明地同历史虚无主义划清界限；五是加强学术队伍建设。这是学科发展的根本所在，为中国社会史研究指明了方向。[62]

2011年4月，“中国当代社会史研究现状和学科体系”专题研讨会在安徽芜湖召开，本次会议上北京学者就当代社会史研究的意义、学科构建、研究方法等提出了自己的看法，为中国当代社会史的建设建言献策。有学者认为，中国既处于发展的重要战略机遇期，又处于社会矛盾凸显期，社会管理领域面临的问题很多，有针对性地开展中国当代社会史研究具有很强的现实意义。关于学科构建，有学者认为，中国当代社会史作为当代中国的一门专史，既是中国古代社会史、近代社会史的接续，又有其自身的特点，研究重点是当代中国社会的基本构成、社会建设和社会变迁三大部分。在研究方法上，有学者认为应该以科学发展观统领当代社会史研究，立足国情、立足当代，以深入研究重大现实问题为主攻方向。[63]

2011年度探讨社会史理论的文章亦不在少数。有学者对近年来社会史研究进行综述：其一，从新世纪以来中国当代社会史的理论探讨一直比较活跃，但理论探讨存在“区域失衡”，即多集中在中国古代和近代社会史，鲜有结合当代社会史的；其二，当代社会史的研究起步晚，正经历着从整体当代社会史、区域当代社会史向新当代社会史转变的过程；其三，中国当代社会史存在不可回避的问题：缺乏对于研究对象长时段、纵向的全面研究，研究视角和方法需要在中国当代史领域推广。[64]学者们对社会史研究的范式问题也进行了讨论。有学者就如何理解社会史范式提出四点看法：第一，社会史范式可构建为研究理论和方法论、评价研究成果的共同观念和标准；第二，社会史范式的整体性比其他范式更具开放性、整体性，强调多层次、多元主体、多学科理论方法的开放式研究；第三，社会史范式兼容社会史其他诸说的合理性和优点；第四，社会史研究范式在事件中构建为三层次。[65]还有学者指出，社会史学范式的转换是基于新社会史经济决定论的弊病，引发了社会史学的“文化语言转向”，从而催生了新文化史。但新文化史强调文化、符号、话语的首要性，最终走向文化语言决定论的另一个极端，又促使“超越文化转向”的趋势，这种趋势体现在社会史学上则是一种“实践的历史”的新探索。[66]此外，社会史学研究传统问题也得到了学者们的重视。有学者认为20世纪初年“新史学”理论和方法仍可资借鉴，针对传统史学而产生的“新史学”思想曾孕育了众多文化史论著，其中以梁启超为代表，其主要见解对于现在的社会文化史研究仍有借鉴意义。[67]还有学者认为，社会史学起源于“新史学”，以书写人民大众的历史为其区别于其他历史研究的身份特征。战后兴起的新社会史秉承了年鉴学派的总体史追求，它倾向于从经济基础和社会结构寻找社会变迁的终极原因，以建立宏大的历史叙事。[68]

六、对史学理论与史学史学科发展的总结和展望

1961年教育部召开文科教材工作会议，决定编写史学史教材，同年《史学史研究》创刊，自此史学史学科逐渐建立起来。至2011年中国史学史学科已经经历50年的风雨，《史学史研究》也迎来了创刊50周年的纪念，对于中国史学史学科发展建设情况的总结和对未来发展道路的展望，遂成为北京学者思考的重要命题。

首先，北京学者对白寿彝先生在史学史学科上作出的突出贡献进行了全面总结。在中国史学史学科50年的发展历程中，白寿彝先生功不可没。有学者认为，白先生研究中国史学史的优良传统有三：一是重视理论探讨。白先生发表《中国史学史研究任务的商榷》《这三十年》和《谈史学遗产答客问》等文章，对史学史研究的任务、性质、对象、理论与方法等基本问题进行了全面系统的阐述，建立了中国史学史学科的基本体系框架。二是加强综合研究。白先生注意对史学发展史的研究，注意具体研究方法的选择，展示出各个历史时期史学发展的清晰面貌；注意中国史学史各分支学科如历史文献学、史料学、历史编纂学等的研究。三是倡导优良学风。白先生对史学工作者的学风问题非常重视，从刘知幾“三长”说和章学诚“史德”说出发，对新时期史学的学风问题作了具体论述。[69]还有学者提出，白寿彝先生站在学术前沿，强调史学史研究的创新精神。第一，在理论研究上不能把马克思主义理论教条化，而是要用之于建设“有民族特点的马克思主义史学”；第二，中国史学遗产是我们创新的基础，史学研究不可偏离文献，史学研究的创新不可偏离学术传统，学术的创新是在对传统的扬弃中表现出来的；第三，学术的创新需要有开阔的学术视野，白先生强调外国史学史及比较研究的重要性，不研究外国史学就没有一个综合比较研究，也就不能认识各国史学发展的共同规律和我国史学的民族特点。[70]

其次，《史学史研究》杂志自创刊以来，就成为史学史、史学理论研究的重要平台，对中国史学史学科的发展作出了重要贡献。为纪念《史学史研究》创刊50周年，有学者就《史学史研究》对史学史学科形成和发展的贡献进行了阐述。认为从办刊特色上看，《史学史研究》对史学史学科建设具有高度的责任感和前瞻性，登载了大量讨论史学史基本理论问题的文章和总结史学史发展的文章，指示史学发展方向；注重发表原创性研究论文，发表带有创新意义的不成熟之作；多种形式、不同风格的学术文章兼顾并用；重视提携后学，热心培养学术新人。[71]在选稿时重视学术前沿和创新，在国际学术的视野下研究学术前沿动态的热点，对传统学术进行扬弃。[72]指出《史学史研究》在深化和拓展史学史的专题研究方面，在构建史学史学科理论方面，在团结史学史研究的学术队伍方面，在组织史学史的学术活动方面，都发挥了重要作用。该刊是广大史学史研究和教学工作者的精神家园，是他们发表成果的重要阵地。[73]

最后，对史学史学科未来的发展道路提出了自己的看法。2011年10月16日北京师范大学国际学术交流中心召开了“2011年史学理论与史学史国际学术研讨会”上，有学者就中国史学史研究的新路向发表看法，认为就一般情况而言，对于某一史家或某一史书的思想、体裁体例、价值与局限等问题的研究，已成为广泛使用的模式。在运用此模式的同时，中国史学史的研究必须探索新的路向。在理

论研究方面，研究者应以积极的态度看待传统史学理论的遗产，并在继承它的基础上进行创新。专题研究要重视通识，即以“通”的眼光对某专题作考察与论述。比较研究的目的在于以平和心态认识被比较的双方，借鉴各方的优长之处，推动史学发展；比较研究应从大处着眼，不斤斤计较于某一具体问题的长短得失。[74]还有学者认为，目前中国史学理论研究应该把重点放在知识论上，而不是形而上学上，比如推动历史前进的动力是什么？这是带有形而上学色彩的东西，我们应该研究为什么它是推进历史的动力，这才是知识论的问题。在史学创新问题上，则应该各种学科相互促进，这对于史学创新作用会很大。[75]

注：

①谢毅：《马克思主义史学理论与历史研究》，《高校理论战线》，2011年第2期。

②陈其泰：《“革命性与科学性相结合”——谈中国马克思主义史学的思想遗产》，《史学理论研究》，2011年第4期。

③卢钟锋：《“亚细亚生产方式”的社会性质与中国文明起源的路径问题》，《历史研究》，2011年第2期。

④张越：《浅论“五朵金花”的理论成就和学术意义》，《史学史研究》，2011年第3期。

⑤邹兆辰：《开放与吸收：中国马克思主义史学发展的不竭动力》，《史学史研究》，2011年第3期。

⑥李根蟠：《关于马克思主义史学研究方法与路径的思考——学习毛泽东“古今中外法”札记》，《史学史研究》，2011年第3期。

⑦邹兆辰：《马克思主义史学对传统史学方法的继承与创新》，《河北学刊》，2011年第5期。

⑧陈其泰：《马克思主义史学家范文澜理论创造的风格》，《史学史研究》，2011年第3期。

⑨陈其泰：《范文澜〈中国通史简编〉的学术成就》，《淮阴师范学院学报》（哲学社会科学版），2011年第4期。

⑩周文玖：《论郭沫若史学的特色》，《淮北师范大学学报》（哲学社会科学版），2011年第3期。

⑪杨艳秋、卞长军：《当前历史知识社会化趋势刍议》，《史学史研究》，2011年第1期。

⑫汪高鑫：《论历史知识社会化的基本原则——以中国历史知识社会化为例》，《河北学刊》，2011年第4期。

⑬张国荣：《历史知识社会化之路径探析——以吕思勉〈三国史话〉为中心的考察》，《淮北师范大学学报》（哲学社会科学版），2011年第3期。

⑭罗炳良：《中国传统史学形态嬗变与历史知识社会功能转型》，《天津社会科学》，2011年第4期。

⑮韩俐彦：《历史知识社会化与公共史学》，《淮阴师范学院学报》（哲学社会科学版），2011年第2期。

⑯吴怀祺：《历史思维与民族史学》，《史学史研究》，2011年第1期。

⑰吴怀祺：《时代的期待与史学的自觉》，《安徽史学》，2011年第1期。

⑱汪高鑫：《时代思潮与传统史学》，《史学史研究》，2011年第1期。

⑲汪高鑫：《古文经学与史学的近代化——以章太炎、刘师培为考察中心》，《中国社会科学院研究生院学报》，2011年第2期。

⑳吴怀祺：《近代报刊与史学近代化》，《安徽大学学报》（哲学社会科学版），2011年第2期。

㉑瞿林东：《中国古代历史理论发展大势》，《河北学刊》，2011年第6期。

㉒向燕南：《4—16世纪中国史家对于社会结构与历史演进的理解》，《廊坊师范学院学报》（社会科学版），2011年第5期。

㉓瞿林东：《关于当代中国史学话语体系建构的几个问题》，《中国社会科学》，2011年第2期。

㉔瞿林东：《从认识史学到认识历史——中国古代史学观的理性发展》，《学术研究》，2011年第6期。

㉕罗炳良：《史义——中国古代史学的本体问题》，《西北师大学报》，2011年第2期。

㉖赵海旺：《刘知幾的史料学理论成就》，《史学集刊》，2011年第1期。

㉗瞿林东：《诗与史思想意境的交融——王安石读史诗浅议》，《江西社会科学》，2011年第1期。

㉘吴航：《略说查继佐的南明史论》，《聊城大学学报》（社会科学版），2011年第1期。

㉙杨俊光：《刘、章史学比较之三题》，《长春工业大学学报》（社会科学版），2011年第3期。

㉚周文玖：《梁启超、胡适、郭沫若史学特点之比较及其学术关联》，《史学史研究》，2011年第3期。

㉛罗炳良：《李攸〈宋朝事实〉的编撰及其史料价值》，《江西社会科学》，2011年第1期。

㉜张涛、孙世平：《钱大昕的〈宋史〉研究成就》，《理论学刊》，2011年第12期。

㉝毛春伟：《试论明清〈续文献通考〉的史学史意义》，《江西社会科学》，2011年第1期。

㉞赵海旺：《张舜徽先生与〈史通〉研究》，《淮阴师范学院学报》，2011年第1期。

㉟谢保成：《史学史话》，社会科学文献出版社，2011年版。

㊱李红岩：《中国近代史学史论》，中国社会科学出版社，2011年版。

㊲李伯重：《一部探讨百年史学变迁的开新之

作——读王学典、陈峰著〈二十世纪中国历史学〉》，《史学理论研究》，2011 年第 2 期。

㊳谢保成：《民国史学述论稿（1912—1949）》，上海人民出版社，2011 年版。

㊴六卷本《中国史学思想通论》分别为吴怀祺的《总论卷》和《历史思维卷》、汪高鑫的《经史关系卷》、庞天佑的《历史盛衰论卷》、王记录的《历史文献学思想卷》、白云的《历史编纂学思想卷》，福建人民出版社，2011 年出版。

㊵尤佳、周斌：《荀悦史学思想新探——以历史著述思想为中心》，《学术论坛》，2011 年第 4 期。

㊶章伟文：《司马光的易学历史观探析》，《史学史研究》，2011 年第 2 期。

㊷刘贤：《宗教研究与文化关怀——从各宗教史研究析陈垣的中华文化观》，《史学史研究》，2011 年第 2 期。

㊸陈晓华：《余嘉锡〈四库提要辩证〉及其辩证思想》，《史学史研究》，2011 年第 4 期。

㊹向燕南：《关于柳诒徵〈国史要义〉》，《史学史研究》，2011 年第 4 期。

㊺邢科：《世界历史与世界和平——陈衡哲世界历史观初探》，《首都师范大学学报》（社会科学版），2011 年第 5 期。

㊻欧阳哲生：《新学术的建构——以傅斯年〈历史语言研究所工作报告〉为中心的探讨》，《文史哲》，2011 年第 6 期。

㊼谢保成：《历史语言研究所与"科学的东方学之正统在中国"》，《江海学刊》，2011 年第 1 期。

㊽易宁：《古代希腊史学的普世观念》，《史学史研究》，2011 年第 2 期。

㊾杨共乐：《罗马早期史学的发展脉络》，《史学史研究》，2011 年第 2 期。

㊿刘林海：《早期基督教的历史分期理论及其特点》，《史学史研究》，2011 年第 2 期。

51晏绍祥：《18 世纪欧洲关于古典世界历史的学术》，《史学理论研究》，2011 年第 3 期。

52张艳玲：《美国史学起源新论》，《陕西师范大学学报》（哲学社会科学版），2011 年第 6 期。

53刘衍钢：《马赛里努斯的撰史风格——兼与塔西佗比较》，《史学理论研究》，2011 年第 2 期。

54何兆武：《评波普尔〈历史主义的贫困〉》，《社会科学战线》，2011 年第 4 期。

55彭刚：《当代西方史学理论中的安克斯密特》，《史学理论研究》，2011 年第 3 期。

56张安玉：《安克斯密特历史经验理论——历史哲学的新视角》，《史学理论研究》，2011 年第 1 期。

57张云波：《安克斯密特论语言与崇高历史经验的关系》，《史学理论研究》，2011 年第 3 期。

58董立河：《关注政治现实，创新历史思维——谈安克施密特的学术追求》，《史学理论研究》，2011 年第 3 期。

59董立河、李卫红：《奥克肖特的历史经验理论及其当代价值——一种基于经验及其模式的解读》，《史学史研究》，2011 年第 2 期。

60刘文明：《从全球视野与生态视角来考察历史——克罗斯比治史方法初探》，《史学理论研究》，2011 年第 1 期。

61于沛、郭小凌、徐浩：《西方史学史》，高等教育出版社，2011 年版。

62李文：《"新中国社会变迁与当代社会史研究"学术研讨会综述》，《当代中国史研究》，2011 年第 6 期。

63李文：《"中国当代社会史研究现状和学科体系"专题研讨会综述》，《当代中国史研究》，2011 年第 4 期。

64李小尉、朱汉国：《近年来中国当代社会史研究综述》，《重庆社会科学》，2011 年第 3 期。

65杨才林：《论社会史范式》，《社会科学战线》，2011 年第 1 期。

66俞金尧：《书写人民大众的历史——社会史学的研究传统及其范式转换》，《中国社会科学》，2011 年第 3 期。

67罗检秋：《从"新史学"到社会文化史》，《史学史研究》，2011 年第 4 期。

68俞金尧：《书写人民大众的历史——社会史学的研究传统及其范式转换》，《中国社会科学》，2011 年第 3 期。

69汪高鑫：《开创中国史学史研究的新局面》，《史学史研究》，2011 年第 4 期。

70易宁：《历史理论与外国史学史研究的前沿和创新》，《史学史研究》，2011 年第 4 期。

71周文玖：《〈史学史研究〉与史学史学科建设》，《史学史研究》，2011 年第 4 期。

72易宁：《历史理论与外国史学史研究的前沿和创新》，《史学史研究》，2011 年第 4 期。

73周文玖：《〈史学史研究〉与史学史学科建设》，《史学史研究》，2011 年第 4 期。

74瞿林东：《试论中国史学史研究的新路向》，《天津社会科学》，2012 年第 1 期。

75张文涛整理：《何兆武先生访谈》，《史学理论研究》，2011 年第 3 期。

（作者：汪高鑫，北京师范大学教授；
周倩，北京师范大学硕士生）

中国古代史

仝卫敏　周　松

2011年，北京地区中国古代史领域的学者们围绕当前古史研究的前沿热点及重要问题不断探索，在诸多研究领域取得了新的进展，现将本年度研究情况综述如下：

一、主要学术交流活动

本年度北京古史学界组织了多次学术会议。2011年4月28—29日，中国社会科学院国学研究论坛暨“中国社会科学院敦煌学研究回顾与前瞻”研讨会在京召开，本次会议由中国社会科学院文史哲学部主办，来自国内50多位敦煌学代表围绕“敦煌学研究回顾与前瞻”“敦煌文献的整理与研究”“敦煌艺术”“敦煌历史研究”等进行研讨。6月6—7日，“中国社会科学院中国古代史论坛：出土简帛与地方社会”在中国社会科学院召开。此次论坛由中国社会科学院历史研究所主办，来自中国、韩国、日本等地的学者数十人与会，论坛紧密围绕近年来最新出土的战国秦汉及三国吴简等材料，并就出土简帛与地方社会、安徽天长纪庄汉墓木牍、新出简牍的整理与研究、多学科视野下简帛学的传承与创新等四个专题开展探讨与论辩。6月28—29日，由清华大学出土文献研究与保护中心主办的《清华大学藏战国竹简（壹）》国际学术研讨会在北京召开。来自世界各地的50多位学者参会，与会者就清华简（壹）所涉及的文字学、文献学、历史学、哲学等方面的问题展开讨论。10月16—17日，召开由北京师范大学史学理论与史学史研究中心及历史学院主办的“史学理论与史学史国际学术研讨会”，国内外近百位专家学者出席会议。与会者围绕中国与西方史学史重要问题研究、中西史学理论的比较与融通、21世纪史学理论与史学史研究的展望等中心议题进行了深入探讨和交流。

二、出土材料的整理与研究

甲骨卜辞方面，中国社会科学院历史研究所是收藏大宗殷墟甲骨文的公家单位之一，该所藏甲骨达2023片。有学者追踪考订了这批甲骨藏品的来源、流传与收藏事略，这一宝藏起自20世纪50年代，与由郭沫若主编、胡厚宣任总编辑的《甲骨文合集》编集前后相系，有着厚重的当代学术史印迹，又隐现着前贤矻矻业绩与殷殷操守，具有文物和学术史的双重价值。[①]还有学者分析探讨了甲骨学分类断定的基本理论——甲骨组类学，指出“卜人组”和“字体类”是甲骨组类学的两个重要概念，且都是分类的主要标准。通过“卜人组”系联的一个或多个字体类是字体分类的上限，集中体现了“卜人集团”的综合特征。对包含多个字体类的“卜人组”进一步细分，下限就是具体到刻手本人，字体组合和书体风格是我们锁定刻手的方法。“卜人集团”作为时代指向性强、确定的标准被优先采用。作为第二大标准，字体将在甲骨进一步分类和断代中起到关键作用。[②]

金文研究方面，有学者结合甲骨卜辞中的亲属称谓结构形式重新考证了江陵北子诸器中的人物关系，认为《翏簋》中“祖父日乙”当是“祖日乙”与“父日乙”的合称，与殷墟甲骨常见亲属称谓结构——用“亲称+亲称+日名”代表集合的亲属称谓完全相同，是一种常见的省称现象。《翏簋》铭文主要是翏给北子柞作器，用来祭祀其祖父（祖日乙）和父亲（父日乙）。翏与北子柞是兄弟关系，父日乙（父乙）、祖日乙（祖乙）分别是他们的父亲和祖父。身为嫡长子的翏当是宗族长，他赋予其弟北子柞祭祀祖先的权力。从江陵“北子”器群铭文看，“庶子不祭”的情况可能并非始自周人，而早在商人宗族中就已有雏形。[③]

简牍帛书方面，清华简的研究依然引起学界瞩目，有学者着重考证了清华简《楚居》篇所载楚国始祖季连、鬻熊、熊绎的传说事迹，指出季连降居隈山，逆上汌水（均水），娶“盘庚之子”之女“妣隹”，为楚王室所自出。鬻熊即是穴熊，《帝系姓》《楚世家》误为二人。鬻熊及其子熊丽居于“京宗”，疑即荆山之首景山。熊绎则徙至“夷屯”，一直到熊渠都居于该地，应即文献中的“丹阳”。[④]还有学者根据清华简《楚居》及汉魏学者的注疏，分析了《史记·楚世家》所记熊渠分封三子为三王一事，指出所谓熊渠及其三子实际上是祖孙三代。《楚世家》中的世系混乱，主要是因为异说杂糅、文中有错简等原因所致。[⑤]也有学者探讨了清华简《皇门》篇中的君臣观，认为该篇优于今本《逸周书》中的《皇门》，是史官对周公言论的记录。周公的君臣观本于宗法制与分封制，其实践则体现为此后君臣等序之确立、官别其宜、初步完成国家体制之改革。[⑥]对清华简《保训》篇“中”的解说在学界已产生10余种看法，有学者逐一辨析了上述说法的偏颇之处，认为“中”是以数字5为“中”的河图之数。所谓“用受大命”或“身受大命”等，出于对于“中”的“持弗亡”。拥有或持有“中”，就可能拥有“大君”尊位或“身受大命”，这种思想在《周易》中也有非常近似的表达。《保训》及所见之“中”与天数“五”，也是重新认识《周易》的来源与“文王演《周易》”等问题的重要线索。[7]

此外，围绕其他战国简帛的研究也在持续。如有学者考察了上博简《诗论》第29简，从孔子论述《卷耳》“不智（知）人”出发，认为“知人”是孔子师徒的一个重要政治命题，目的在于知人善任，使贤者为官。《左传》及汉儒主张《卷耳》诗旨在于写后妃助君主求贤审官，是符合被编定的《诗·周南·卷耳》篇的意蕴的。《卷耳》篇是王朝遒人“采诗”之后由专门的王朝职官予以整理加工的结果。原创之诗与整编之诗的不同乃是造成《卷耳》篇歧义迭出的主要原因。[8]还有学者综合分析了战国竹简中频繁出现的“敚”，指出该字尤其多见于占卜祭祷简。“敚”的基本含义是以强力、强取的方式达成己愿，其主要方法是以动作击、打，或以言辞责让。“敚”的根本功用是去疾、逐疫、禁祟、禳灾等。“敚”的使用者包括普通民众和高级贵族，从占卜祭祷简中可见贵族对于民间因素浓厚的“敚”法有着不同寻常的依赖。这表明民间信仰与礼乐文化不相统属，不作同步发展，却可并列并行，各有功用。[9]

值得一提的是，《文物》杂志2011年第6期特辟专栏刊发了引起广泛关注的北大藏汉简系列文章，北大出土文献研究所的众位学者分别从总体概述到分篇介绍，按类别如术数类、医简等各个角度详细介绍了这批汉简的情况。[10]可以预见，未来北京乃至全世界古史学界将会掀起一个北大简的研究热潮。

在秦汉史研究领域，对安徽天长纪庄汉墓出土材料的研究日渐升温。有学者考证了天长纪庄汉墓出土书牍收信人谢孟与墓主人的关系，通过对书牍中的收、发信人及其称谓的分析，推测谢孟名高子，曾为东阳尉，其弟名谢蚬，谢子翁极有可能是墓主人，谢孟是他的儿子。[11]还有学者结合河南内黄县三杨庄汉代遗址材料分析了汉代农村民居形式，认为传世文献所描述的“闾里民居”是汉代基层社会聚落较为普遍的形式，而三杨庄汉代遗址“庭院—田园”布局则是在黄河滩地新垦殖区出现的新起庐舍。两者之间的差异正好反映了汉代农村民居形式的多样性。[12]

此外，甘肃武威磨嘴子汉墓群所出的幡物也引起关注。学界一般认为这些幡物即文献记载中的“铭旌”，有学者对此观点提出商榷，通过分析墓葬幡物的源流、时代和形制，包括颜色、长度、安放位置和文字等，并辅之以传世文献和其他考古材料，认为其更准确的名称应当是“旐”。[13]

在魏晋南北朝研究领域，长沙走马楼吴简依然是关注焦点，有学者分析了吴简中记载的“给吏”和“吏子弟”，认为前者源于汉代的“给事”，是秦汉以来官、民为官府工作的一种方式，即临时脱离本职、本机构到其他机构承担某种事务性的工作。东汉后则出现统称“给吏”，吴简所见孙吴初年临湘地区的“给吏”是这一传统做法的延续与发展，发展之处在于担任给吏者已开始向吏家父兄子弟集中。“吏子弟”带有一定的世袭性与身份性，吏子弟在赴官府给吏前，主要任务是耕种子弟限田，向官府交纳子弟限米；充当给吏后与汉代一样也有成为正式员吏的可能。[14]还有学者对比了走马楼吴简户籍书式与秦汉户籍书式的书写格式和记录内容，发现孙吴与秦汉户籍书式具有相似性，孙吴继承了秦汉的户籍制度。但二者也存在着明显差异，这反映了孙吴对秦汉户籍制度所做的发展和变革，也体现了孙吴户籍制度自身的特殊性及进步性。[15]

在隋唐史研究领域，研究仍集中在对敦煌文书等材料的深入开掘。有学者借助敦煌吐鲁番新旧出土的户籍类文书，考察了晋以降丁中制在十六国、北朝等不同时段的发展脉络，认为西晋制度向隋唐演进之主流在北朝而不在南朝。北魏、北齐尤其是北周实现富国强兵的一系列经济措施中包含了对户籍法与丁中制的变革，从而直接促成了“黄小中丁老”制度的诞生，并为隋唐所继承。[16]

三、传统研究领域的新进展

在传统研究领域，北京古史学界也取得了丰硕成果。

（一）政治史研究

新时期以来，中国古代史研究在取得巨大成就的同时，也存在某些隐忧，其中理论思考的缺失或弱化已经成为制约古史各断代研究取得重大突破的瓶颈。先秦史方面，有学者认为近30年来研究取得重大进展的根本原因在于对“五种生产方式说”旧研究范式的超越，而在新范式的重构过程中，先秦史研究的一项重要任务就是努力揭示古代中国社会历史发展的规律，从历史哲学的层面说明古代中国社会历史发展的道路及特色。[17]还有学者缕析了先秦史研究理论模式转换的问题，认为从“社会形态模式”到“国家形态模式”的转换，即用从早期国家向成熟国家的演进过程来取代由奴隶社会向封建社会的发展进步，这一转换使中国先秦史研究的理论探索进入新的广阔天地。[18]秦汉史方面，有学者认为未来秦汉史研究应在理论方面关注以下主题：对秦政理论基础的判断、对汉代学者整合先秦理论创造的理解、对秦汉思想意识的理论说明、秦汉史微观和中观考察的理论指导、秦汉史宏观研究的理论总结、有关秦汉史在整个中国历史和世界历史中的地位的理论思考。[19]还有学者对秦汉史研究今后的发展提出新的期许，认为不仅是宏观研究和微观研究、传统研究领域和新的研究领域、实证研究方法和跨学科研究方法或后现代研究理路之间的平衡和博弈，更重要的在于它需要更多的智力投入，需要对历史现象进行更细致的观察，需要对秦汉时期历史提出具有原创性的解释模式。[20]

著名的乐府诗《陌上桑》中的"使君"，一向被解释为郡守或刺史，依据主要是其车驾"五马"及"使君"之称谓。有学者对此重新考辨，认为汉代二千石郡守或刺史使用驷马，再加上一匹"右骈"，但汉代车驾制度中的"右骈"，并非驾驷马而是驾二马的一个等级。"五马"也可以理解为"一队之马"。汉代存在大量低级使者，他们的车队构成多种多样。把"五马"车队之主看成一位低级使者，大致没有矛盾与反证，可能更符合原诗情境与历史背景。[21]孝廉察举是两汉人才选拔的一项重要举措，始终受到两汉统治者的重视。有学者以文献中记载的曹操举孝廉年龄及相关问题为个案，考察了汉末察举制的变化，指出汉末日益完善的孝廉察举制度与孝廉察举实际施行状况发生了严重背离，这种背离正反映了汉魏之际国家权力与社会秩序间的某种变动关系。[22]还有学者对秦汉时期司空的执掌、职权范围、行政设置等情况进行了系统的探讨，指出从秦到东汉司空职务的发展沿革主要是由于国家统治政策以及刑法、徭役制度发生变化，罪犯劳动在经济领域中的地位和影响严重下降，致使"司空"机构逐步退出历史舞台。[23]

传统"天人合一"的理念贯穿了唐代政治斗争。贞观二十二年李君羡案流传甚广，有学者仔细分析了这一历史事件的阐释历程，认为除了武则天政治的需要以外，古代历史学家的政治天命观念也发挥了作用。[24]唐前期的政治斗争中，天文图谶往往成为宫廷政变、政治革命以及朝臣攻谮的舆论工具。在政治斗争的关键时刻，天象的变化反映出的天命归属意义往往成为政治斗争的合理依据。[25]有学者利用稀见墓志"唐故衡王府长史致仕石府君墓志铭并序"，探讨了唐朝的鞫狱换推、任官避籍等内容，在具体层面上反映了唐朝尤其是唐后期制度的变通性。[26]

宋代的三省制不同于唐代，元丰改制显示着其特有的三省制理念，即制敕文书起草和颁行，也就是"造令"与"行令"在职责主体和程序上的分离，是北宋政治体制中的一个重要特点。[27]封赠制度是中国古代官僚制度体系中一项重要内容，但相关成果较少，有学者对宋代封赠制度进行了研究，指出就概念的基本内涵而言，封、赠间有不同的区分方法，昭示了不同层面封赠概念的存在。对制度起点的追寻与认知，反映并影响着人们对封赠制度的看法。[28]

在辽夏金元政治史领域，有学者结合西夏文文献《天盛律令》指出"契丹"主要是用于指代契丹国，其中有关"契丹"的条目多与马匹管理有关，而对金国的称呼沿用了契丹人的叫法为"女直"；[29]还有学者依据西夏文献寻找并分析《辽史·西夏外纪》里的"团练使"和"刺史"两个官职与西夏官阶的对应关系，认为这种对应正好可以解释《辽史》所记西夏团练使和刺史品级差距过大的缘故。[30]

在明史领域，有学者将整个勋贵集团分为濠州从军、江北归附、渡江后归附等三个内外圈层，在任何一次杀戮事件中，濠州从军者一派从来没有成为君主专门打击的目标，而是一支与君主彼此借重的势力。[31]诏令是古代政治的核心，它的形成过程与政治决策过程是同一的。围绕诏令，可以映现明初政治体制建立与演变的全过程。[32]总兵制度是中国古代社会晚期一项重要的军事制度。有学者在以往研究的基础上，对总兵官的出现时间、职掌权力与制度确立分别展开讨论。[33]边政问题上，有学者认为，明初西北疆界格局与洪武初年明朝、北元、东察合台汗国三方政权在甘肃地区形成的地缘政治格局密切相关。冯胜放弃甘肃的主观原因是他对甘肃自中唐以来"北方民族化"的社会文化面貌觉得隔膜。[34]

在清代政治史方面，有学者继续考证了令人着迷的宫廷疑案，断定孝庄后出于政治考量确曾下嫁多尔衮。[35]明朝的崩溃对于清王朝是重要的历史教训，清朝君臣曾总结为六大原因，学者认为明朝覆灭是长期社会矛盾合力作用的必然结果。[36]文官在清朝政治中的作用是一个十分复杂的问题。有学者以"昆山三徐"为例，探讨了文官对清初政治的影响，揭示出君臣、官僚之间复杂的政治关系。[37]有学者认为科道权力的盈缩变化，风闻奏事的时开时禁，是了解清代政治斗争、政治制度演变的一条重要线索，也是洞悉宋明以来权力格局变化走向的关键落脚点。[38]

（二）经济史研究

在战国秦汉史方面，有学者梳理了汉代文献中习见的胡人商贾群体，指出他们活跃于边境和"天下四会"的内地。当时外国使团中也有被称作"行贾贱人"的商业经营者。汉乐府诗中"酒家胡"称谓，则反映了另一种形式的都市饮食服务业经营。"商胡""贾胡""酒家胡"的活动与汉家商人有一致性，也表现出自己的个性。他们的活动也是促成汉代经济文化在特殊条件下实现进步的因素之一。[39]

在魏晋南北朝史领域，有学者梳理了从汉代郡国官邸到六朝邸店的发展历程，认为官邸的行政公务色彩不断减弱，最终沦为一般商铺的统称。汉代在都城设立的住宿设施"邸"服务郡国官吏。郡县官吏因各种事务到朝廷从事公务而入住郡邸。南朝时期，邸从王公住所发展成为渔利的商铺，称为邸店或邸舍，这种假公济私的做法蔓延南北，南北朝末年南北竞相开始向邸店课税，加上唐代以后法律渐严，其特权地位受到挑战。[40]

在隋唐史方面，有学者从吐鲁番和敦煌文献中"丁女"与"中女"称谓的差异入手，分析考证了两种称谓的来源及其在土地赋役制度中的意义，并明确了两类出土文献的不同承继关系。[41]还有学者对2001年广西桂林新发现之唐代银铤进行了关键释词研究，分析了开元天宝时期户税在唐代赋税制度变革中的意义。[42]

在明清史方面，有学者对晚明海上世界进行了重新解读，提出以整体中国海上力量的高度来看待晚明中国海上力量。[43]有学者梳理了山西煤炭资源从突破开采禁令到官私竞相开采的演变过程。[44]有学者指出明代北京城市居民承担的“买办”之役有两种，即“铺户买办”和“召商买办”，都是由市场交易转化来，但在“权力经济”的制约下，演变成固定化的徭役，给北京城市居民带来深重的灾难。[45]有学者提出在明代中叶，在江南地区出现了一批使用奴婢、从事商品生产的经营地主，以缙绅地主为主。[46]有学者以环境史的视角对清代嘉道以来吉林伯都讷围场土地资源重新调整、分配进行个案分析，指出农耕土地资源私有化局面以及官民双方在资源分配中的利害关系。[47]还有学者分析了道光时期的财政收入状况，认为地丁银始终是最重要而稳定的财政收入，其他各项收入的意义有限，即便此时中国已经开始向近代社会迈进，但基本的财政收入格局并未发生改变。[48]

（三）思想文化史研究

战国中期以后，在统一六国的历史过程中，秦国统治者以法家学说为主导，吸收和整合了儒、墨、道等诸子思想中关于“富国强兵”“君臣关系”和“政权运作”等方面的学说，有效解决了现实政治中一系列重大问题，最终完成了统一大业。[49]

由于现存西汉学者京房的著作真伪混杂，加之京房灾异论数术色彩尤为浓重，历史研究者对京房的《易》阴阳灾异论关注甚少。有学者深入分析了京房《易》学的学术背景，指出它所依据的卦气说属于《易》阴阳之学的一种，学术渊源可以上溯至西汉中前期。虽然京房灾异论数术色彩浓重，但其灾异预言和预言灾异都服务于一定的政治信念和政治理想。京房的灾异论以“儒学为体，数术为用”，属于灾异论的儒学传统，具有与董仲舒及刘向、刘歆父子一致的儒家立场和追求。[50]

汉代以来的墨家学说，常被学界称为“绝学”，认为其势凋零衰颓已甚。有学者特别考察了魏晋墨学流传情况，提出如下论断：当时学者仍多读《墨》用墨，《墨子》和墨学谈不上衰歇，魏晋玄学崛起而形名、名理学甚盛，都与墨渊源甚深，构成了当时出现名、墨新著的基础。墨子还被道教收入神谱，墨学部分成分在道教中承续和变迁。总之，魏晋墨学的生态，说明其并非因儒学独尊而衰，反映了当时子学传播和发展的某些共同问题。[51]

东晋隆安三年王凝之在会稽死事，历来少有人做专门的探究。有学者从道教史的角度分析了王凝之之死的若干史实，认为他的举动并不符合晋宋天师道的相关规定，他不是一个典型的五斗米道信徒。王氏家族乃至东晋高门士族的道教信仰，也更多带有东部地区传统信仰的特色，而非来自汉末汉中的五斗米道。由此可见，早期道教史上的东部传统与西部传统互动交融，不应一味强调“汉末米道—六朝天师道”之间一线单传的模式。[52]

隋唐时期是中国佛教发展的顶峰，有学者利用《房山石经题记汇编》探讨了幽州军人对刻经的贡献、刻经诉求的内容特点和佛教成为政治宣传的工具等三方面内容。[53]在宋元佛教研究方面，有学者在分析《碛砂藏》题记个案的基础上，认为有助于解读南宋时期以平江府为代表的东南地区的历史。[54]元代内迁的畏兀儿人以信仰佛教为主，他们积极从事翻译、校刊佛经和建造、修葺佛寺等宗教活动，有较大的影响。[55]元仁宗对藏传佛教的管理措施为维系多民族国家的统一、达到巩固封建中央集权统治的目的发挥了重要作用，也进一步巩固了中央政府对西藏地方的主权关系。[56]还有学者认为西夏文《德行集》实据白云宗祖师清觉《正行集》的某个略注本译成，是佛教著作，考证西夏文本《正行集》译自元代。[57]

明清断代方面，有学者通过对贺钦学术特点的探讨，提出明中期的学者较多地体现了传统的学术观点。这一现象反映了成化、弘治时期大多数学者共有的即在新旧之间辗转与探索的特点。[58]在明代佛教史研究上，有学者根据稀见密教仪轨资料为切入点，提出由印度、西番僧及其汉人弟子组成的所谓“西域僧团”曾经是明代中国非常有影响力的一个僧伽组织，对藏传佛教于汉地的传播起了非常重要的作用。[59]卜弥格是波兰17世纪来华的著名耶稣会传教士，卜氏著述以往研究较少，有学者对他向西方传播中国文明成就的业绩进行了介绍和评论。[60]纂修《四库全书》是清代学术史上的盛事，有学者详细考证了四库馆开闭的时间，[61]并提出《四库全书考证》即是汇编、加工上述黄签而成的，肯定了《考证》的文献价值。[62]还有学者联系四库开馆，认为探究清中叶的学术变迁时朱筠是一位值得关注的人物。[63]

（四）社会史研究

在20世纪30年代的社会史论战、1949年以后的古史分期讨论以及近30年来社会形态的研究中，西周时期的社会性质始终受到关注。有学者撰文考察了西周封建论的发展历程，认为该说从产生到发展至今，西周封建论者所讨论的主要问题、理论依据以及思考方向都发生了重大的变化。而在当前的西周社会性质研究中，部分学者已不再以五种生产方式考察社会形态，而是立足于揭示西周社会的独特性和早期国家形成的独特道路。[64]

社会称谓是社会等级和社会身份的符号，有学者探讨了秦汉时期社会称谓的“魁”，指出其有首长、领袖之义，还多用于称异族、下众头领而具有鄙薄意味。“魁”字原义谓高大有力，相关称谓“魁帅”“魁率”等从特定层面反映了秦汉社会历史的风貌。[65]

西汉末年，郊祀制初创，遍布全国的祠畤祭祀被罢废，国家祭祀格局在空间上剧烈收缩，作为国家祭祀重要组成部分的山川祭祀也随之发生变革。有学者以流传至今的东汉碑刻史料为中心，探讨郊祀制确立后东汉的国家山川祭祀，认为东汉时期五岳四渎外的绝大部分名山大川的祭祀基本交由地方管理，进入地方祭祀行列。中央王朝也不再以祭祀手段控制地方。在整个山川祭祀体系中，国家祭祀退向边缘，地方色彩渐趋浓厚。[66]

作为唐宋变革研究中的重要组成部分，城市社会生活的探讨尤为关键，有学者认为“场”作为唐朝城市公共空间发挥的重要作用是不容忽视的，至少在唐朝，“市”与“场”还是两个概念，空间范围所指也是两个不同的区域。“市”与“场”的结合、“逢场作戏”成语的出现正是城市从士人社会走向市民社会过程中社会公共空间不断拓展的反映。[67]隋唐帝都作为国际性的大都市吸引了诸多外来民族人士，并形成了颇具特色的胡人聚居区，对此前人较少论及，有学者撰文梳理了隋朝大兴城胡人聚居区的形成与发展过程。[68]针对在中华古史研究中盛行的以士大夫为中心的史观，有学者结合宋代士大夫群体对此观点提出不同见解，强调了提倡名节或气节的重要性。[69]还有学者以孔子和晋国大夫窦鸣犊的形象重塑为中心，指出金元以至明代，晋南及晋东南社会有了长足的进步；而在明清之际，以太原为核心的晋中地区则得以快速发展，由帝国管控力量较强向民间社会力量活跃的方向转变。[70]

清代社会史研究领域中，有学者结合档案史料论述内地人对新疆金矿的开采和清朝的管理措施。[71]也有学者以个案的研究方式，探讨了清代扬州地区市镇经济发展和市民生活状况。[72]另有学者从形制、性质上分析了黄马褂的历史渊源。[73]

（五）民族史研究

华夏民族的形成问题是古史研究中的重要问题。20世纪30年代，顾颉刚先生从缕析古史的角度，考察了战国时期华夏民族的融合。他指出战国时期随着现实中族群的融合，也出现了民族融合的思潮。共同的始祖、共同的地域，以及共同的文化基础，促进了各族属在心理方面的相互认同，保障了华夏民族共同体的形成。顾先生的研究，为此后的相关研究奠定了基础。[74]

隋唐时期也是中国民族关系史上的重要时期。有学者提出唐王朝经营东北的目的能否实现，取决于唐与突厥双方力量的消长变化。[75]还有学者梳理了隋唐时期数批靺鞨人迁入营州地区的源流。[76]元代是多民族统一王朝，元初多数北方汉儒从民族关系变动导致的政治现实出发，主张“用夏变夷”，大力推行汉法，对促进民族融合与推动元朝历史发展产生了重要的影响。[77]

《八旗满洲氏族通谱》是清廷官修的一部旗人谱书，有学者拣选出一些蒙古姓氏名称，就其蒙古语实际发音以及这些部落姓氏到明末为止的大致发展脉络做了考释。[78]有学者认为清史研究中的“汉化论”和美国学者的“特性论”各有优劣得失，今后应整合两种思维的合理之处，走出新的清史研究道路。[79]有学者通过比较研究，认为新疆巡抚取代伊犁将军实现了新疆与内地政治制度的统一，也实现了新疆内部政治体制的统一，是历史发展的必然趋势。[80]

四、北京地方史研究

2011年度北京地方史的研究成果较往年更为突出。有学者结合多种语言材料考证元大都是以万寿山一带为核心设计建造的。[81]还有学者论述了元代两都巡幸制度在维持和强化大都地区军事力量的前提下实现了农牧业经济收益的最大化。[82]目前，中国境内现存的景教寺院遗迹很罕见，有学者介绍北京房山的景教遗存——十字寺的概况和遗迹，另对学界房山十字寺研究进行了总结、评析，提出了有关十字寺之景教身份的三种假设。[83]北京的老城墙承载了北京的历史，[84]这一现象也吸引了外国学者的关注。[85]清代北京的特殊地位决定了清代北京地方史研究在数量和范围要远超过更早的时期，尤其是社会史研究方面最为突出。有学者以清代北京内城商铺为切入点，结合契书资料对旗民关系的变化作了考察；[86]有学者则以个案——1695年北京内城部分旗人因生计而移居城外各教场周边地区这一事件为切入点，探讨此次事件的历史意义和影响。[87]还有学者通过铺底研究，探索了清代北京社会经济生活和房屋租赁关系的变动。[88]在手工业方面，则有学者使用清宫造办处木作档案和田野调查资料等，重点对北京木作进行个案研究。[89]另有学者对“信炮”“信牌”的管理进行了综合述考。[90]

注：

①宋镇豪：《记历史所收藏的殷墟甲骨文》，《中国史研究》，2011年第4期。

②刘义峰：《甲骨组类学》，《中国史研究》，2011年第4期。

③黄国辉：《江陵“北子”器所见人物关系及宗法史实》，《历史研究》，2011年第2期。

④李学勤：《论清华简〈楚居〉中的古史传说》，《中国史研究》，2011年第1期。

⑤李守奎：《根据〈楚居〉解读史书中熊渠至熊

延世序之混乱》，《中国史研究》，2011 年第 1 期。

⑥李均明：《清华简〈皇门〉之君臣观》，《中国史研究》，2011 年第 1 期。

⑦邢文：《“保训”之“中”与天数“五”》，《清华大学学报》，2011 年第 2 期。

⑧晁福林：《〈诗经·卷耳〉再认识——上博简〈诗论〉第 29 简的一个启示》，《文史哲》，2011 年第 3 期。

⑨罗新慧：《战国竹简中的“敓”及其信仰观念》，《北京师范大学学报》，2011 年第 2 期。

⑩分别是朱凤瀚、韩巍、陈侃理：《北京大学藏西汉竹书概说》；朱凤瀚：《北大汉简〈仓颉篇〉概述》；赵化成：《北大藏西汉竹书〈赵正书〉简说》；韩巍：《北大汉简〈老子〉简介》；阎步克：《北大竹书〈周驯〉简介》；阎步克、何晋：《北大汉简〈妄稽〉简述》；傅刚、邵永海：《北大藏汉简〈反淫〉简说》；李零：《北大汉简中的数术书》；陈苏镇：《北大汉简中的〈雨书〉》；陈侃理：《北大汉简数术类〈六博〉〈荆决〉等篇略述》；李家浩、杨泽生：《北京大学藏汉代医简简介》。

⑪杨振红：《天长纪庄汉墓谢孟的名、字、身份及与墓主人关系蠡测——纪庄汉墓木牍所反映的西汉地方社会研究之二》，《浙江学刊》，2011 年第 6 期。

⑫孙家洲：《从内黄三杨庄聚落遗址看汉代农村民居形式的多样性》，《中国人民大学学报》，2011 年第 1 期。

⑬马怡：《武威汉墓之旐——墓葬幡物的名称、特征与沿革》，《中国史研究》，2011 年第 4 期。

⑭侯旭东：《长沙走马楼三国吴简所见给吏与吏子弟——从汉代的“给事”说起》，《中国史研究》，2011 年第 3 期。

⑮张燕蕊：《从走马楼吴简户籍书式看孙吴对秦汉户籍制度的继承和发展》，《中国人民大学学报》，2011 年第 1 期。

⑯徐畅：《隋唐丁中制探源——从敦煌吐鲁番出土户籍文书切入》，《中华文史论丛》，2011 年第 2 期。

⑰晁福林：《关于近三十年先秦史研究范式的超越与重构》，《史学月刊》，2011 年第 8 期。

⑱王和：《改革开放以来先秦史研究的理论模式转换》，《史学月刊》，2011 年第 8 期。

⑲王子今：《秦汉史研究理论认识散谈》，《史学月刊》，2011 年第 5 期。

⑳彭卫：《走向未来的秦汉史研究》，《史学月刊》，2011 年第 5 期。

㉑阎步克：《乐府诗〈陌上桑〉中的“使君”与“五马”——兼论两汉南北朝车驾等级制的若干问题》，《北京大学学报》，2011 年第 2 期。

㉒卜宪群：《从曹操入仕看汉末孝廉察举之变化》，《安徽大学学报》，2011 年第 3 期。

㉓宋杰：《秦汉国家统治机构中的“司空”》，《历史研究》，2011 年第 4 期。

㉔孟宪实：《李君羡案件及其历史阐释》，《北京大学学报》（哲学社会科学版），2011 年第 4 期。

㉕赵贞：《唐前期政治斗争中的天文背景》，《晋阳学刊》，2011 年第 6 期。

㉖宁欣：《从石解墓志看唐后期制度的变通性——志文中的换推、避籍》，《山西大学学报》，2011 年第 4 期。

㉗刘后滨：《“正名”与“正实”——从元丰改制看宋人的三省制理念》，《北京大学学报》，2011 年第 2 期。

㉘孙健：《宋代“封赠”制度考论》，《中国史研究》，2011 年第 2 期。

㉙孙伯君：《〈天盛律令〉中的“契丹”和“女直”》，《东北史地》，2011 年第 2 期。

㉚聂鸿音：《〈辽史·西夏外纪〉中的“团练使”和“刺史”》，《东北史地》，2011 年第 2 期。

㉛李新峰：《明初勋贵派系与胡蓝党案》，《中国史研究》，2011 年第 4 期。

㉜万明：《明初政治新探——以诏令为中心》，《明史研究论丛》，2011 年第九辑。

㉝赵现海：《明代总兵制度的起源》，《明史研究论丛》，2011 年第九辑。

㉞赵现海：《洪武初年甘肃地缘政治与明朝西北疆界政策——由冯胜“弃地”事件引发的思考》，《古代文明》，2011 年第 1 期。

㉟王思治：《“太后下嫁疑案”辨证》，《历史研究》，2011 年第 2 期。

㊱徐凯：《明朝大厦倾覆与社会矛盾的合力作用——清前期对明亡之因探讨的再解析》，《社会科学战线》，2011 年第 11 期。

㊲刘凤云：《昆山三徐与康熙前期政治——兼论文人官僚的经世思想及权力作用》，《中州学刊》，2011 年第 6 期。

㊳刘文鹏：《清代科道“风闻奏事”权力的弱化及其政治影响》，《中州学刊》，2011 年第 4 期。

㊴王子今：《汉代的“商胡”“贾胡”“酒家胡”》，《晋阳学刊》，2011 年第 1 期。

㊵侯旭东：《从朝宿之舍到商铺——汉代郡国邸与六朝邸店考论》，《清华大学学报》，2011 年第 5 期。

㊶张荣强：《唐代吐鲁番籍的“丁女”与敦煌籍的成年“中女”》，《历史研究》，2011 年第 1 期。

㊷李锦绣：《新出唐代阳朔县银铤考释——兼论唐开元天宝年间的户税制度》，《中国史研究》，2011 年第 1 期。

㊸万明：《商品、商人与秩序——晚明海上世界的重新解读》，《古代文明》，2011年第3期。

㊹高寿仙：《从禁地到利数：权力经济下的明代西山煤炭开采》，《社会科学辑刊》，2011年第6期。

㊺高寿仙：《市场交易的徭役化：明代北京的"铺户买办"与"召商买办"》，《史学月刊》，2011年第3期。

㊻方行：《明代地理学家徐霞客家的棉纺织》，《中国经济史研究》，2011年第2期。

㊼赵珍：《清嘉道以来伯都讷围场土地资源再分配》，《历史研究》，2011年第4期。

㊽倪玉平：《有量变而无质变：清朝道光时期的财政收支》，《学术月刊》，2011年第5期。

㊾陆青松：《论学术在秦统一中的作用》，《社会科学论坛》，2011年第7期。

㊿陈侃理：《京房的〈易〉阴阳灾异论》，《历史研究》，2011年第6期。

51楼劲：《魏晋墨学之流传及相关问题》，《中国史研究》，2011年第2期。

52刘屹：《王凝之之死与晋宋天师道的渊源》，《中国史研究》，2011年第2期。

53刘琴丽：《唐代幽州军人与佛教——以〈房山石经题记汇编〉为中心》，《世界宗教研究》，2011年第6期。

54游彪：《〈碛砂藏〉宋人题记的史料价值初探》，《史学史研究》，2011年第4期。

55陈高华：《元代内迁畏兀儿人与佛教》，《中国史研究》，2011年第1期。

56李德成：《元仁宗藏传佛教管理探微》，《世界宗教研究》，2011年第6期。

57孙伯君：《西夏文〈正行集〉考释》，《宁夏社会科学》，2011年第1期。

58张兆裕：《贺钦之学与成化弘治间的学术》，《明史研究论丛》，2011年第九辑。

59沈卫荣、安海燕：《明代汉译藏传密教文献和西域僧团——兼谈汉藏佛教史研究的语文学方法》，《清华大学学报》，2011年第2期。

60张振辉：《卜弥格与明清之际中学的西传》，《中国史研究》，2011年第3期。

61张升：《四库馆开、闭馆时间考》，《图书馆杂志》，2011年第12期。

62张升：《〈四库全书考证〉的成书及主要内容》，《史学史研究》，2011年第1期。

63林存阳：《朱筠与清中叶学术变迁》，《中国史研究》，2011年第1期。

64罗新慧：《说"西周封建论"》，《学习与探索》，2011年第3期。

65王子今：《论秦汉"魁"及相关称谓》，《秦汉研究》，2011年第五辑。

66田天：《东汉山川祭祀研究——以石刻史料为中心》，《中华文史论丛》，2011年第2期。

67宁欣：《唐宋城市社会公共空间形成的再探讨》，《中国史研究》，2011年第2期。

68毕波：《隋代大兴城的西域胡人及其聚居区的形成》，《西域研究》，2011年第2期。

69王曾瑜：《论中国古代士大夫及士风和名节——以宋朝士大夫为中心》，《河北学刊》，2011年第1期。

70赵世瑜：《从贤人到水神：晋南与太原的区域演变与长程历史——兼论山西历史的两个"历史性时刻"》，《社会科学》，2011年第2期。

71贾建飞：《乾嘉时期新疆的金矿开采——以内地人的活动为中心》，《中国边疆史地研究》，2011年第1期。

72王跃生：《清代中期扬州市镇经济水平和民众生活初探——以刑科题本档案资料为基础》，《清史研究》，2011年第2期。

73丁超：《清代黄马褂源流考》，《清史研究》，2011年第2期。

74罗新慧：《顾颉刚先生对古代民族融合的考察》，《史学史研究》，2011年第2期。

75王义康：《唐代经营东北与突厥》，《陕西师范大学学报》，2011年第6期。

76范恩实：《论隋唐营州的靺鞨人》，《中国边疆史地研究》，2011年第1期。

77罗贤佑：《试论元初北方汉儒的民族观及其政治抉择》，《民族研究》，2011年第4期。

78乌兰：《〈八旗满洲氏族通谱〉蒙古姓氏考》，《民族研究》，2011年第1期。

79杨念群：《超越"汉化论"与"满洲特性论"：清史研究能否走出第三条道路?》，《中国人民大学学报》，2011年第2期。

80周卫平：《军府制下的伊犁将军与行省制下的新疆巡抚比较研究》，《云南师范大学学报》，2011年第1期。

81党宝海：《青山（Köke Aγula）与元大都》，《中国史研究》，2011年第4期。

82丁超：《元代大都地区的农牧矛盾与两都巡幸制度》，《清华大学学报》，2011年第2期。

83唐晓峰：《北京房山十字寺的研究及存疑》，《世界宗教研究》，2011年第6期。

84贾若钒：《〈清实录〉中的北京城墙轶事》，《北京档案》，2011年第11期。

85陆奇：《外国学者利用方志研撰京都城墙艺术》，《黑龙江史志》，2011年第22期。

86刘小萌：《清代北京的旗民关系——以商铺为中心的考察》，《清史研究》，2011年第1期。

87赵寰熹：《论康熙朝北京内城旗人的外迁及其

影响》,《中国历史地理论丛》,2011年第3期。

(88)吴丽平:《清代北京铺底研究》,《首都师范大学学报》,2011年第4期。

(89)董晓萍:《鲁班木作与北京清代至民国时期的市民社会》,《西北民族研究》,2011年第1期。

(90)毛宪民:《清代京城信炮信牌管理述考》,《满族研究》,2011年第4期。

(作者:仝卫敏,北京师范大学副研究馆员;周松,北京师范大学博士生)

中国近现代史

张　皓　王　纯

一、政治

鸦片战争到清朝灭亡这段时期,太平天国、洋务运动、戊戌变法、晚清新政等问题历来备受学界关注。随着史料不断增多,学者们对这些关键问题的研究逐步深入,成果颇丰。

太平天国有着激烈的反满倾向,但是迄今专门论述者较少。姜涛对太平天国反满的纲领性文件《奉天讨胡,檄布四方》、攻占南京后太平军对旗人的屠戮以及后期反满政策的转变等三个方面进行了研究。①

张海荣通过分析档案,考证出《公车上书记》作者"沪上哀时老人未还氏"是沈善登。沈出于对康有为及其变法主张的欣赏,不仅撰文对康有为予以褒奖,而且协助他出版了《公车上书记》,给予康有为很大的帮助。②何瑜、赵涛考订了清末新设的官职表。③

茅海建的《戊戌变法史事考二集》于2011年12月由生活·读书·新知三联书店出版发行。这本书是《戊戌变法史事考》的续集,学术价值很高。在本书中,作者对"公车上书"的背后推手、戊戌前后的"保举"及光绪帝的态度、康有为与孙家鼐的学术与政治之争、下层官员及士绅在戊戌期间的军事与外交对策等具体问题进行了细致考证,力求还原历史真实。

1910年日本兼并韩国是近代东亚历史上的重大事件。李细珠考察了该事件对中国政治的影响,认为中国人民在同情韩国的灭亡与谴责日本殖民侵略的同时,更多的是进行自省及对内政改革的诉求,日本兼并韩国在一定程度上加速了中国宪政改革的进程。④

清王朝灭亡后的政治史研究,我们从辛亥革命、共产党历史、国民党历史和国共关系四个方面进行总结。

(一)关于辛亥革命的研究

2011年是辛亥革命爆发100周年,为纪念这一彻底改变中国历史进程的伟大革命,中国近代史学界召开多次学术会议,学者们从多个角度对辛亥革命进行深入研究,取得了丰硕成果。

2011年10月12日,由中国社会科学院和湖北省政府联合主办,中国史学会、中国社会科学院近代史研究所和湖北省社会科学界联合会、武昌辛亥革命研究中心联合承办的"纪念辛亥革命100周年"国际学术研讨会在武昌隆重召开。本次会议共有200余名中外学者参加,为期三天。学者们提交了大批高质量的学术论文,既有从辛亥革命爆发的历史背景、过程、意义,孙中山的历史地位、民主思想等宏观方面的探讨,也有对革命派内部争斗等具体问题的分析。

2011年4月19日,由中国侨联主办的"侨史学界纪念辛亥革命100周年学术研讨会"在北京召开。100余名来自全国各地的侨史专家和侨务工作者参加了研讨会。本次会议共收到专家学者提交的论文53篇,许多研究成果填补了侨史学界的空白,如吴前进、李国梁、郁美兰等学者分别就《孙中山与海外华侨民族主义的关系互动》《再论南洋闽籍华侨与辛亥革命运动》《浅论华侨华人文化与辛亥革命》等专题进行了发言。

除了召开学术研讨会之外,还有大量的学术专著出版。据统计,2011年全国有100多家出版社出版了纪念辛亥革命100周年的图书选题200余种,音像、电子出版物选题22种。

2011年8月30日,中国社会科学院近代史研究所中华民国史研究室主持编纂的《中华民国史》⑤(全36册)在北京首发。这套图书分为《中华民国史》(全16册)、《中华民国史大事记》(全12册)、《中华民国史人物传》(全8册)三部分,以重大历史事件为核心,按"中华民国的创立和南京临时政府统治时期""北洋政府统治时期"和"南京国民政府统治时期"的历史时段,共分为12卷36册。该巨著收集了大量珍贵的原始史料,成为研究民国史的重要参考资料。

中国社会科学院所属的研究所和出版社还出版了一批有关辛亥革命史、中华民国史的著作,如杨卫东和涂文学主编的《辛亥首义百人传》(上下册)⑥,全景式地反映了辛亥首义人物的风采;马勇的《1911年中国大革命》⑦,分四部分介绍了辛亥革命的来龙去脉；《孙中山·辛亥革命研究回顾与前瞻高峰论坛纪实》[8]，收录了2010年11月13—14日在中山市举行的“孙中山·辛亥革命研究回顾与前瞻”高峰论坛上的30篇发言提纲、论坛纪要和52幅图片。此外还有《辛亥革命史资料续编》《中国近代文化思潮》《辛亥革命史话》《辛亥革命时期的香山会社》《辛亥革命前后的满族研究》《历史的碎片：侧击辛亥》《袁来如此：袁世凯与晚清三十年》等。

金冲及的《辛亥革命的前前后后》[9]由人民出版社、上海辞书出版社出版。该书共27节，收录了180余幅珍贵图片。作者介绍了辛亥革命前前后后的重大事件，叙述了100年前中华民族所面临的内忧外患，展现了先辈们为祖国独立、富强和进步所作的思考、呐喊和抗争。

张磊、张苹的《孙中山传》[10]由人民出版社出版。该书立足于孙中山的著述和当时的报刊、文件以及参与者的回忆等原始史料，概述了孙中山一生的革命实践，对孙中山思想进行了深入研究。

除此之外，还有团结出版社的《辛亥著名人物传记丛书》、中国人民大学出版社的《辛亥革命的影像记忆》、中国大百科全书出版社的《辛亥革命实绩汇编丛书》、商务印书馆的《百年国士》（全四册）、华文出版社的传记系列《蒋介石——1887—1975》《蒋氏家族档案全揭秘》《宋氏家族档案全揭秘》《孔氏家族档案全揭秘》《陈氏家族档案全揭秘》等。

2011年，许多学者在以往研究的基础上，就辛亥革命的一些具体问题进行了深入研究，发表了诸多学术论文。这些论文大体集中在辛亥革命的意义、辛亥革命顿挫之因和革命阵营内部的矛盾三方面。

1. 辛亥革命的意义

100年前发生的辛亥革命是中华民族伟大复兴历史进程中的一个重要里程碑。李文海撰文指出，辛亥革命的爆发是历史必然，它打开了中国进步的闸门。[11]郑大华对辛亥革命与中国近代民族国家的初步建立进行了一番探讨，高度赞扬了辛亥革命对中国近代民族国家建立所发挥的重大作用。[12]张海鹏撰文《辛亥革命的伟大历史意义》，从推翻清王朝、打开中国近代闸门等多个方面阐述了辛亥革命的历史意义。[13]

2. 辛亥革命顿挫之因

辛亥革命在开启中国复兴大门之时却遭到了顿挫，对此学界研究颇多，基本上都是归因于资产阶级的软弱性、妥协性和动摇性或者列强迫使革命党人屈服等。张皓在以往研究的基础上指出，辛亥革命之所以遭受顿挫，与革命阵营内的名位之争密切相关。[14]汪朝光撰文称革命派及其领导人缺乏实际的政治历练，空有良好的民主政治理想，缺少实现这一理想的实力支撑，战略战术也缺乏规划，内部动摇不定，因此在民国初期进行民主政治的实验必然会失败。[15]

3. 革命阵营内部的矛盾

辛亥革命时期各省都督人选的遴选及更替往往隐藏着领导权的争夺，浙江都督便是如此。1911年11月至1912年，除了临时都督童保暄之外，浙江经历了汤寿潜、蒋尊簋、朱瑞三任都督的遴选和更替。张皓对这一更替过程进行了深入剖析，揭示了隐藏在背后的领导权之争。[16]张皓和董莹考察了辛亥革命爆发前后至1913年浙江都督从“傀儡都督”到“军民总司”的演变历程。[17]

除了以上三方面之外，郑大华考察了革命派在辛亥革命中的主要作用，即革命宣传、武装起义和暗杀活动、提出“五族共和”的建国主张等方面，得出没有革命派就没有辛亥革命的结论。[18]辛亥革命爆发后，徐世昌秘密赴彰德会见袁世凯之说几乎成为近代史学界的共识。侯宜杰通过考证大量史料对这种说法提出质疑，认为它是不能成立的。[19]李细珠撰文从共和国建设中的政体、政党与议会政治等问题，探讨了孙中山与民初宪政的关系。[20]

（二）关于国民党的研究

国民党内部的派系之争历来是学术界研究的重中之重。在以往研究的基础上，张皓对20世纪20年代后半期国民党各派关于政治分会的设置与存废之争进行了鞭辟入里的分析。这场存废之争，“理论上是国民党政府体制究竟是中央集权还是中央与地方分权，实质上是分权共掌还是个人集权”，由于互不相让，“最终只能靠武力来解决”。[21]他在《北平临时分会的设置与撤销：国民党各派对华北的角逐》一文中继续探究了北平临时分会设置与撤销背后隐藏的国民党各派对华北的激烈争夺。表面上看，北平临时分会是国民党中央设置来“指导”与“监督”河北、热河两省和北平、天津两市的机关，实际上它是国民党各派争夺华北的产物。[22]

抗战胜利后，蒋介石、李宗仁对全局进行了激烈角逐。张皓利用大量史料以汉中行营到北平行营的设置为切入点细致分析了这场角逐的情况。汉中行营的设置是这场角逐的开始，北平行营是继续和发展。李宗仁当选为副总统，为这场角逐画上句号。[23]

在国共战略决战阶段，国民党内部就国共和谈发生了激烈争论。张皓对孙科和蒋介石、李宗仁之间错综复杂的较量进行了研究。他指出，孙科出任行政院长及去职均与这场争论有关，该争论背后隐藏着蒋介石集团、桂系和孙科三大派系的各自企图与国共和谈的真相。[24]在《蒋桂之争与渡江战役发起时间的确定》一文中，他指出渡江战役发起时间的确定，与蒋桂之争和蒋介石的军事部署变化密切相关。根据蒋桂矛盾之演变，中共中央灵活应对，调整和确定了渡江战役的时间。[25]

（三）关于国共关系的研究

1944—1946年，国共两党关于联合政府与一党训政的争论是两种对立的国家政体的争论，是国共两党政治对立的最高表现形态。对于这场长达两年的政争的发生、发展和终结，邓野在《联合政府与一党训政：1944—1946年间的国共政争》[26]一书中进行了系统研究。该书由社会科学文献出版社2011年再次修订出版，它展现了国共两党由政争走向战争的历程。

二、经济

关于近代经济史的研究，以1919年五四运动和1949年新中国成立为界，可划分三个历史阶段进行分析。

方行在《中国经济史研究》2009年第2期上发表了《清代前期的土地产权交易》一文。对于其中"借贷性土地交易"问题的不确切的分析，方行特地撰文《对"借贷性土地交易形式"的反思》对其进行了更正。[27]

对于汉阳铁厂招商承办的经过及其原因，以往学术界多有论述。袁为鹏总结了之前的学术观点，并通过细致考察铁厂招商承办的历史过程及这一时期晚清政局的变化，揭示了甲午战争后晚清政局与人事变动对铁厂经营及其招商承办的影响。[28]

中国是农业国，土地问题关系到农民的根本利益，1919—1949年这段历史时期的土地问题历来为学者们所关注。从孙中山"平均地权""土地涨价归公"的民主革命纲领到当代的土地制度改革，100年来中国农村土地制度变迁留下了许多经验和教训。董志凯就100年来我国农村的土地制度进行了梳理。[29]民主革命时期，毛泽东曾作了大量的农村调查，其中1930年5月的《寻乌调查》和同年10月的《兴国调查》最为详细。罗平汉对这两项调查的内容和毛泽东的思考进行了分析和总结。[30]

此外，樊果对1930—1942年上海公共租界中的电费调整情况进行了考察，并分析了电力公司的调价特点及工部局的监管特点。[31]20世纪的中国先后跨越了资本主义发展模式和苏联社会主义发展模式，走上了具有中国特色的社会主义发展道路。武力专门研究了这两次重大转折，并高度评价了这两次转折的意义。[32]

新中国成立之后，为恢复和发展经济，中共中央采取了一系列措施，过渡时期总路线、社会主义改造、计划经济、农村合作社等都成为研究的重点，成果较多。近来学者们在之前基础上又有了新突破。

过渡时期总路线的提出是中共党史上的重大事件，至于其提出的原因，宏观论者居多，较深入的实证性研究偏少。庞松撰文指出对于过渡时期总路线的酝酿和出台，中央统战部部长李维汉提交的《资本主义工业中的公私关系问题》的调查报告起了"催生"的关键作用。[33]赵学军从产权变革的视角，分析了中国私营银行业的社会主义改造，指出私营银行业的产权变革模式是中国共产党的创造，具有中国特色。这一产权变革模式在资本主义工商业社会主义改造中显现出普遍意义。[34]刘国光对社会初级阶段的基本经济制度的巩固措施、效果等进行了分析。[35]石建国以1964年国民经济年度计划的酝酿和制定为例，详细考察了计划经济时期国民经济年度计划制订的背景、过程、步骤、方法以及制订过程中的有关问题。[36]王丹莉从工业化进程的视角解读了新中国成立60年来农民赋税负担的变动。[37]郑有贵对90年来中国共产党农民合作经济理论与实践进行了全面分析。[38]

除此之外，陈东林系统梳理了20世纪50年代以来的三次西部大开发。[39]朱显灵、丁兆君、胡化凯撰文探讨了"大跃进"时期的深耕土地运动。这项运动通过深耕土地实现在一定的科学范围内增长是可行的，但在翻土深度、进度和数量上层层加码，出现了许多盲目蛮干的事例，未能取得预期的增产效果。[40]姜长青撰文考察了刘少奇关于收入分配问题的思考和探索，这为我们解决当前的收入分配问题提供了历史借鉴和启示。[41]

改革开放以后，关于中国经济发展问题的研究成果非常多。陈东林细致总结了改革开放之前我国的对外经济引进项目。[42]在"发挥中心城市作用"思路影响下，城市经济体制综合改革试点成为20世纪80年代中国探索改革和发展道路的重要内容。陈亚杰撰文探讨了城市综合改革试点的起因、经过、内容和结果。[43]

2011年，中国近代经济史学界还有一件值得关注的大事，即8月29—30日，中国经济史学会和香港科技大学联合举办的"2011年国际经济史论坛"在香港科技大学召开。来自中国、美国、英国、德国等大学和研究机构的30余位学者参加了此次论坛。本次论坛的主题是探讨经济史学的未来发展，推动中外经济史学研究的交流与合作，并为申办2015年国际经济史大会做准备。与会者讨论的议题涉及八方面，即比较经济史、经济史研究的新材料、跨学科经济史、新政治经济史等。

三、军事

关于中国近现代军事问题的研究，主要集中在抗日战争、解放战争、抗美援朝等关键问题的研究上。

（一）关于抗日战争的研究

由中国社会科学院近代史研究所《抗日战争研究》编辑部和杭州师范大学浙江民国史研究中心主办的"抗日战争研究中的史料问题"学术研讨会于2011年1月8—12日在贵阳学院召开。来自中国社会科学院近代史研究所、北京大学、南京大学等多家单位的40多位专家学者参加了本次研讨会。与会者就抗日战争研究中的史料方法论、专题史料现状、区域史料情况和个案史料推介等内容进行了广泛讨论。

抗战期间，毛泽东对国民政府抗战态度的评价，除了当时直接影响到他对时局的判断和对国共关系的处置外，对于后来抗日战争史的研究也有深远影响。曾景忠在以往研究的基础上进一步分析了毛泽东对国民政府抗敌态度的评价，其先后经历积极抗战、反共准备投降、反共投降与反共抗战交替变换、积极反共消极抗战等几个阶段。评断前后不同，是出于政治需要。国民政府"积极反共、消极抗日"说影响巨大，目前史学界有了修正此说的趋势，从史实出发还原历史真相这是值得肯定的。[44]

1942年年底，日本细菌战部队的重要人物增田知贞在实践的基础上形成了系统的细菌战理论。张华撰文从细菌战的特点、细菌战战略以及细菌战的进攻与防御几个方面对增田知贞的细菌战理论进行了解读。[45]

（二）关于抗美援朝战争的研究

李德才、陈飞撰文总结了抗美援朝战争的历史经验，即我国军队要建设成为现代化军队，就应该加快新军兵种建设，不断提高人民军队一体化作战能力；应大力加强武器装备建设，不断提高人民军队应对现代战争的能力；应积极推进人才队伍建设。[46]

（三）关于其他重要问题的研究

1933年二三月间，周恩来、朱德指挥红一方面军实施黄陂和草鞋岗战斗，粉碎了国民党第四次"围剿"。一直以来，很多学者认为这两次战斗创造了红军战争史上前所未有的大兵团伏击战的战例，战绩辉煌。但是目前关于这两次战斗战绩的确认，存在着表述不一、颇为简略甚至相互矛盾的现象。李东朗通过史料细致考证了第四次反"围剿"的战绩：歼灭国民党嫡系部队近3个师2.8万余人，缴获步枪1.6万余支、迫击炮四五十门、重机枪和新式轻机枪三四百挺，另有大批军用物资。[47]

四、思想、文化、教育

（一）关于马克思主义中国化问题的研究

马克思主义中国化无疑是一个历久弥新的话题。在中国革命和建设的道路上，毛泽东将马克思主义与中国革命实践相结合，发展并创新了马克思主义。董志凯分四个阶段介绍了毛泽东在马克思主义中国化实践中的创新历程。[48]陈亚杰对马克思主义中国化的两个环节进行了分析，他指出这两个环节恰好与五四运动和20世纪30年代的新启蒙运动联系起来。[49]于化民探讨了中国早期共产主义者的国家观，他们在传播马克思主义的过程中运用唯物史观的原理，对国家及相关问题进行了理论探索，虽然存在不足，但是由他们确立的观察国家问题的立场和方法，所提出的全新的国家理念，以及解决中国问题的基本思路和主要观点，开启了中国共产党人在马克思主义指导下认识和解决国家问题的进程，成为新民主主义国家思想的理论源头。[50]王海军对马克思主义中国化理论创新的基本特征进行了梳理总结。[51]在《抗战时期马列著作翻译与传播的历史考察——以陕甘宁边区为中心》一文中，他以陕甘宁边区为例分析了抗日战争时期马列著作翻译与传播的主要机构、基本类别、重要特点及其社会影响。[52]

（二）关于五四运动的研究

五四运动是中国近代史上一次重要的思想解放运动，对于它的研究一直没有停止过。

第一次世界大战后，我国知识界出现了"对西方求解放"的思潮。郑师渠撰文对该思潮进行了研究。他指出，有识之士要求重新审视中西文化和世界格局，要求打破"西方文明中心"论，要求否定西方的资本主义，探索中国社会发展的道路，直至取向社会主义。[53]郑大华以《东方杂志》为基础史料，考察了第一次世界大战之后中国知识界对中国自身的诸多思考，这些思考都离不开"爱国"二字。[54]在《论五四前后的世界主义》一文中，郑大华、马英指出以陈独秀为代表的早期共产主义者，以孙中山为代表的国民党人和以梁启超为代表的研究系知识群，作为活跃于彼时中国思想文化舞台上的政治力量，都或隐或现地表现出世界主义思想倾向。[55]在《国民观：从臣民观到公民观的桥梁——论中国近代的国民观》一文中，郑大华、朱蕾指出国民观是从臣民观念到公民观念的桥梁。[56]郑还对中国近代史上激进派与保守派的定义、出现时间以及两派间的相互关系进行了研究。[57]

（三）关于社会主义文化建设的研究

文化建设是社会主义现代化建设总体布局的重要组成部分。新中国成立以来，中国文化发展经历了几个重要时期，即新中国成立后的17年、"文化大革命"时期、改革开放时期。刘国新系统分析了60年来文化建设和文化体制改革的历程，作为当下发展文化事业的重要借鉴。[58]刘国新在《在弘扬中华优秀传统文化的基础上创造中华文化新的辉煌》中指出，当今文化越来越成为综合国力的重要因素，我们必须要以高度的文化自觉和文化自信，大力推进文化改革发展，在中国特色社会主义伟大实践中进行文化创造，让人民共享文化发展成果。[59]

1956年的知识分子会议是中国共产党执政初期一次以知识分子为讨论主题的大型会议。在这次会议上，周恩来宣布知识分子是工人阶级的一部分，号召广大知识分子向科学进军。以此为开端，知识分子的工作和生活条件大为改善，政治地位也有了很大提高。罗平汉对于知识分子会议前知识分子的处境、知识分子会议的召开和之后的措施进行了研究，[60]该研究有利于我们深刻地认识知识分子会议的历史意义。

武力论述了工业化、市场化下的文化发展历程，他将这段历程分为三个时期，分别是改革开放前社会主义价值观的形成、改革开放以来文化发展与价值观的多元化、社会主义核心价值体系的形成。[61]

（四）关于胡适思想的研究

胡适生前死后都是极富争议的人物，学界对他的研究也从未停止过。2011年4月17—18日，由胡适研究会、南京大学中华民国史研究中心、中国社会科学院近代思想研究中心共同主办的“胡适的学术与思想”国际学术研讨会在南京大学举行。参加本次会议的有来自中国大陆、台湾地区及美国、俄罗斯、日本等地的学者70多人，收到论文34篇。这34篇论文按其内容可分为两大类：一类是讨论胡适的思想，这是会议的重点，比如耿云志分析了胡适的《新思潮的意义》，指出胡适这篇带有前瞻性的总结性文章表明他继续坚持思想文艺方面的变革路线，并系统地提出一个建设新文化的纲领。这个纲领同他在“问题与主义”论争中所持的立场保持着紧密的内在联系。[62]耿还在《也谈胡适的〈容忍与自由〉》一文中指出“容忍比自由还更重要”并非胡适一贯的明确主张。[63]第二类是讨论胡适的生平事迹和胡适与他的朋友。对于本次会议的具体情况，欧阳哲生写了《“胡适的学术与思想”国际学术研讨会综述》[64]，进行了详细介绍。

胡适对于反省现代性的态度一直是学者们关注的重点。郑师渠认为胡适既不能接受反省现代性，也不可能认同马克思主义，这在逻辑上是必然。胡适拒绝反省现代性，即反省近代西方资本主义文明，因此也弱化了自己的思想张力。[65]

（五）关于教育的研究

郭卫东探讨了基督教会与近代上海的特殊教育问题。基督教会是创办上海近代特殊教育的先导，上海是近代中国特殊教育事业发展的重镇。20世纪20年代前后，随着“收回教育权运动”等的开展，特殊教育出现转型，由西人兴办渐次转变为国人自办，宗教因素也日益淡化。但是，旧中国特殊教育事业的根本转型和蓬勃发展仍有待新社会。[66]

《近代史研究》2010年第4期上发表了黄岭峻的《1948年关于中国留美学生政治态度的一次问卷调查》，这是唯一以北美基督教学生会为主题的论文，引起了学界对北美基督教学生会的注意。赵晓阳根据自己在美国明尼苏达大学美国基督教青年会档案馆和耶鲁大学神学图书馆特藏部搜集的资料，对于该会的具体情况及其与中共的关系进行了考证分析。[67]此外，他还分析了抗日战争时期中国基督教青年会军人服务部。[68]

（六）关于其他重要问题的研究

欧阳哲生对辛亥革命时期严复的思想演变进行了考察。他指出进入20世纪之后，严复开始走出原有的体制，在教育转型中获取新的权势，为立宪改革探寻理论依据，成为革命与保皇之间的中间势力的典型代表。辛亥革命时期，他与袁世凯密切配合，为袁世凯献计献策，坐享了辛亥革命的成果。[69]

民主思想是孙中山社会政治学说的理论基础，在三民主义理论中居于核心地位，一直为学者关注。欧阳哲生系统研究了孙中山民主思想形成、演变的过程，比较他的思想与欧美近代启蒙思想家民主思想的异同，更深刻地认识了孙中山在中国近代民主革命中的历史地位。[70]

中央研究院历史语言研究所是民国时期历史、语言研究的最高学术机构，备受国际学术界关注。欧阳哲生通过傅斯年《历史研究所工作报告》以及书信、回忆录和史语所出版物等相关材料，对该所前期（1928—1949年）的工作方针、组织机构、制度建设、学术工作和学术成果作了一番考察。[71]

解放战争时期是中国历史发生巨大转变的关键时期，宋庆龄的动向备受关注。张皓、叶维维探讨了她在解放战争时期的思想变化，分析她最终决定北上的心路历程。[72]

五、外交

（一）中日关系

关于中日关系的研究，集中在清末民初和抗日战争两个时期。

侯中军在以往研究的基础上，对北京政府出兵西伯利亚问题进行了考证。他指出，出兵西伯利亚是北京政府在困境中的主动作为，目的在于争取外交上的主动及战后和会上较有利的地位。中日共同防敌协定签订后，日本政府并未邀请北京政府参与筹划中的出兵西伯利亚的计划，甚至予以阻挠。[73]

1935年国民政府的币制改革与日本在华北的利益、金融构想产生了直接冲突，日本外务省、军部相继发表声明表示反对。刘凤华在学术界研究的基础上，以华北地区白银移交和日方华北币制方案为线索，探究了日本对国民政府币制改革的抵制和破坏。[74]

2011年在中日关系的研究领域，有一件大事需要关注，即九一八事变爆发80周年。9月18日，为牢记历史、教育当今，由中国社会科学院主办、中国社会科学院近代史研究所承办的“纪念九一八事变80周年学术研讨会”在北京召开，与会学者共50余人。李东朗指出作为日本最高统治者的裕仁天皇，在九一八事变的演变过程中起了决定性的作用，事变的恶性发展和他的态度、决定紧密联系在一起。曾景忠对于“张学良执行蒋介石不抵抗命令”的说法进行了更正，认为不足为凭。[75]臧运祜就九一八事变之后中日关系的走向、华北事变前后中日关系的状况、全面战争前夕日方有无计划性等三个问题进行了论述。[76]他还运用大量史料深入分析了隐藏在“广田三原则”和“近卫三原则”背后的日本对华政策的实质。[77]

近几年来，中日共同历史研究也取得了很多成绩，中日两国学者就一些具有争议的问题进行了探讨，公布了研究报告。可以参考步平的《中日共同历史研究中的理论与方法问题》（《抗日战争研究》2011年第1期）、《中日历史问题的对话空间——关于中日历史共同研究的思考》（《世界历史》2011年第6期）等。

（二）中美关系

甲午中日战争时期、抗日战争时期、解放战争时期、新中国成立初期的中美关系一直是学界研究的重点。最近，随着一些档案史料的出现，关于中美关系的研究又有了新的进展。

崔志海利用国内外已经出版的中、美、日、法等国的外交文件及相关文献，就美国政府在中日甲午战争时期所做的反应及扮演的角色和原因进行了考证。他指出，1894—1895年美国表面声称中立，实际却偏袒日本。这是因为美国希望借日本之手废除中朝宗藩关系，进一步打开中国大门，同时利用日本削弱英国、俄国等在东亚的影响力。[78]

于化民考察了抗战结束后，在国共两党对日受降权争端背景下中共与美国的关系。美国从自身的利益出发，从一开始就站在国民党一边，拒绝承认中共作为战胜者接受日本投降的正当权利。在对受降权据理力争的同时，中共根据形势的变化，灵活调整对美政策，使以斗争为主、斗争与合作兼而有之成为这一时期中共对美关系的主要特点。[79]

1949年前后，关于中国台湾的法律地位问题，成为中美间一个重要的外交议题。侯中军撰文对此进行了研究。他指出杜鲁门借新中国控诉美国侵台案，企图将台湾问题国际化，借助联合国解决台湾问题。为了寻求最终的平衡，国民党选择了一条中间道路，既不反对美国的建议，也不允许联合国讨论台湾法律地位问题。[80]

（三）中英关系

关于中英两国关系的研究，近些年来主要是集中于西藏问题上，成果颇丰。

1903—1904年，英国发动了第二次武装入侵西藏的战争。梁俊艳通过考证大量中外文史料，探究了英国侵藏的国际背景、原因、英国对西藏的文化掠夺以及《拉萨条约》签订后在当时国际上引发的影响。[81]在《英国对藏政策的调整与“麦克马洪线”的前期策划》一文中，她在分析档案史料的基础上深入探讨了英国关于“麦克马洪线”的前期策划及对藏政策的调整。[82]在《1903—1904年英国入侵者涉藏主要著作初探》一文中，她选取荣赫鹏的《印度与西藏》《荣耀之旅》，大卫·麦克唐纳的《在藏二十年》，坎德勒的《揭开拉萨的面纱》，兰登的《打开西藏》及瓦代尔的《拉萨及其神秘》等著作，从历史文学角度对这些作品进行了研究，重点是考证分析这些著作的异同点、版本及影响。[83]

（四）中俄关系

嘉庆十年，俄国为了扩大对华贸易、解决中俄东段边界问题，特派遣庞大的戈洛夫金使团访华。陈开科就该问题进行了深入研究。他指出，中俄双方由于文化背景差异而在礼仪等问题上发生冲突，导致俄国使团访华半途而废。不过，事后双方基于国际国内的局势，努力维持了外交和局。通过该事件，俄国基本形成了整个19世纪的对华政策，并逐渐获得对华外交优势，而清朝则逐步丧失了对俄外交的优势，为19世纪中叶丧权失地的外交悲剧埋下了伏笔。[84]

（五）其他重要问题研究

中国与越南的历史紧密联系在一起，文化、制度相通、相近。孙宏年的《历史与真实：1949年前的中越关系演变》系统论述了远古时代的传说到新中国成立这段历史时期中越两国的密切往来。[85]

“另起炉灶”“打扫干净屋子再请客”和“一边倒”这三大政策是新中国成立后确立的我国外交工作的指导方针，一直以来也被学界关注。于化民在以往研究的基础上，进一步对这三大政策的历史贡献进行了分析。[86]

六、社会、民族、宗教

关于社会史的研究，主要有三个特点：一是角度有所创新，即从报刊角度来研究，全国其他各地学者是这样，北京学者也是这样。郑大华的《报刊与民国思想史研究》就思想和学术界的同仁刊物异军突起的原因、特点等进行了分析。[87]二是对于一些微观问题作了探讨。侯宜杰就晚清的贿赂问题进行了探讨，他利用档案史料考察了贿赂的种类、数量等。[88]郭卫东以瞽姬的命运为切入点，探讨了民国年间广州世风的丕变。[89]吴超对当代中国社会转型背景下信访制度的创建、改革进行了考察。[90]三是对一些理论问题作了总结。中国当代社会史是社会史研究范畴中的重要组成部分。李小尉从当代社会史的理论探讨、具体研究状况、存在的问题与未来发展三个方面对当代社会史的研究进行了总结。[91]

关于民族和宗教的研究，西藏、新疆等问题一直是重点。2011年恰逢西藏和平解放60周年，关于西藏问题的研究成果比较丰富。

（一）关于西藏问题的研究

2011年5月19日，由中国社会科学院与中国藏学研究中心主办，中国藏学研究中心科研业务办公室、中国社会科学院中国边疆史地研究中心、中国社会科学院民族学与人类学研究所共同承办的“纪念西藏和平解放60周年学术研讨会”在中国藏学研究中心召开。来自中国社会科学院、中国藏学研究中心、中共中央党校、中央民族大学等单位的60多为专家学者出席会议。其中，14位专家从不同角度对“十七条协议”的签订和西藏的和平解放、和平解放在西藏历史上的作用以及和平解放60年来西藏在各个领域所取得的伟大成就等进行了讨论。

2011年7月11日，国务院新闻办公室发表了《西藏和平解放60年》。[92]这是关于西藏的第9个白皮书，它回顾总结了西藏和平解放的实现和西藏60年来波澜壮阔的历史进程。宋月红就这个白皮书专门写了《和平解放西藏是中国人民的一项正义事业》，指出和平解放西藏是历史的选择，是人民的选择，“十七条协议”是友好协商和合法的。[93]

关于西藏和平解放问题的探讨非常多。陈永柱主编的《走到西藏——西藏和平解放亲历往事》[94]，是第一部从云南进军西藏的纪实文学，亲历者讲述了解放军1950年从滇入藏的艰难征程。在西藏和平解放的历史进程中，中国共产党明确提出两个“绝不容许”与和平解放的方针，制定和实施“多路向心进兵”策略，签订《关于和平解放西藏办法的协议》，这三件事情极为关键。宋月红对这三件事进行了考证，指出一些文献档案及著述中存在的谬误之处。[95]她还对西北局和西南局为争取和平解放西藏，在1950年先后四次派出代表或代表团赴藏劝和的具体情况进行了考察，[96]并且撰文指出西藏和平解放后并没有成立军政委员会。[97]在《争取和平解放西藏与昌都战役问题研究》一文中，宋月红以当年西藏地方政府先后派出西藏代表团和中央人民政府筹划实施昌都战役为研究对象，进一步深化了西藏和平解放史的研究。[98]

十三世达赖喇嘛是近代西藏地方的政教首领。近20年来，学术界对他的研究特别是对其功过是非的评价，有不少新的成果。喜饶尼玛和马守平联合撰文总结了近20年来国内十三世达赖喇嘛的研究情况。[99]1949—1959年，达赖、班禅两大系统的关系是中央政府治理西藏的重要问题之一，相关决策也成为共产党和中央人民政府治理西藏总体战略的一个组成部分。孙宏年依据档案文献，论述了这十年间达赖、班禅两大系统的关系的演变过程，并探讨了中央政府相关的治藏政策。[100]张皓、刘杰撰文探讨了十世班禅与西藏和平解放及班禅问题的解决。文章指出，班禅问题得以解决的根本原因是中国共产党维护国家统一和民族团结的决心与正确的方针、步骤，这其中十世班禅也作出了积极的努力和贡献。[101]

此外，张绍庸、喜饶尼玛对清末民初拉萨动乱的性质进行了探讨，认为该动乱不属于辛亥革命起义的一部分，“汉藏冲突”的说法也不妥当，应该称为清驻藏陆军与藏族民间的混战。[102]宋月红对中央人民政府直辖昌都地区人民解放委员会问题进行了研究。[103]她还对昌都地区人民解放委员会的创建及其宗级行政治理进行了探讨。[104]

（二）关于满汉关系的研究

清末满汉关系成为影响清朝政局变动乃至清王朝命运的关键。以往，关于满汉关系的研究，学界多从辛亥革命史的角度，关注革命派的反满问题。李细珠从清政府的满汉政策角度出发，紧紧围绕光绪三十三年慈禧太后化除满汉畛域懿旨这一问题，探讨了清末预备立宪时期清政府对满汉政策所作的新的调整，指出由于该政策并未付诸实施，所以清王朝最终难逃覆亡之命运。[105]

围绕满汉关系，以孙中山为首的革命党人曾与以梁启超为首的立宪派展开过激烈论争。对此，以往国内学者长期局限于单方面论证革命派反满宣传的合理性和必要性。事实上，就满汉关系来讲，当时革命和立宪两派的观点均有值得肯定和批判之处。崔志海就革命派的机关报《民报》与梁启超主办的《新民丛报》围绕这一问题而进行的论战进行了一次还原，揭示了两派的政治立场如何影响他们对满汉关系问题的认识。[106]

此外，冯建勇从民族国家构建角度探讨了辛亥革命前后蒙、藏等边疆地区的政治变迁。[107]孙宏年以中国、越南、朝鲜等国的“疆界观”及其影响为中心，细致考察了清代中国与邻国“疆界观”的碰撞与交融。[108]王建朗以《蒋介石日记》为基础史料，探讨了抗日战争后期新疆逐步回到中央政府直接管治之下的问题。[109]陈夕总结了1921—1949年中国共产党认识和处理民族问题的历史经验。[110]

注：

①姜涛：《关于太平天国的反满问题》，《清史研究》，2011年第1期。

②张海荣：《〈公车上书记〉作者“沪上哀时老人未还氏”究竟是谁》，《清史研究》，2011年第2期。

③何瑜、赵涛：《清末新设官职表订误》，《清史研究》，2011年第4期。

④李细珠：《日韩合并与清末宪政改革》，《近代史研究》，2011年第4期。

⑤中国社会科学院近代史所中华民国史研究室编：《中华民国史》，中华书局，2011年版。

⑥杨卫东、涂文学主编：《辛亥首义百人传》，中国社会科学出版社，2011年版。

⑦马勇：《1911年中国大革命》，社会科学文献出版社，2011年版。

⑧中国孙中山研究会、孙中山故居纪念馆编：《孙中山·辛亥革命研究回顾与前瞻高峰论坛纪实》，

社会科学文献出版社，2011年版。

⑨金冲及：《辛亥革命的前前后后》，人民出版社、上海辞书出版社，2011年版。

⑩张磊、张萍：《孙中山传》，人民出版社，2011年版。

⑪李文海：《辛亥百年的历史思考》，《中华魂》，2011年10月上。

⑫郑大华：《辛亥革命与中国近代国家的初步建立》，《教学与研究》，2011年第9期。

⑬张海鹏：《辛亥革命的伟大历史意义》，《前线》，2011年第10期。

⑭张皓：《革命阵营内的名位之争与辛亥革命的失败》，《北京师范大学学报》（社会科学版），2011年第5期。

⑮汪朝光：《革命的余波回荡百年——民国成立初期的西式民主政治实验及其挫折》，《决策与信息》，2011年第2期。

⑯张皓：《从汤寿潜到朱瑞：浙江辛亥革命的领导权问题与都督位置之争》，《史学月刊》，2011年第9期。

⑰张皓、董莹：《从“傀儡都督”到“军民总司”：辛亥革命时期浙江都督的地位与职权》，《历史教学问题》，2011年第4期。

⑱郑大华：《论革命派在辛亥革命中的历史作用》，《高校理论战线》，2011年第10期。

⑲侯宜杰：《辛亥革命爆发后徐世昌是否密赴彰德会见袁世凯》，《近代史研究》，2011年第3期。

⑳李细珠：《孙中山与民初宪政》，《社会科学辑刊》，2011年第5期。

㉑张皓：《国民党政治分会之设置与存废之争》，《首都师范大学学报》（社会科学版），2011年第4期。

㉒张皓：《北平临时分会的设置与撤销：国民党各派对华北的角逐》，《晋阳学刊》，2011年第5期。

㉓张皓：《从汉中行营到北平行营：蒋介石、李宗仁对战后全局的角逐》，《历史教学问题》，2011年第1期。

㉔张皓：《孙科和蒋介石、李宗仁之争与国共和谈》，《学术研究》，2011年第12期。

㉕张皓：《蒋桂之争与渡江战役发起时间的确定》，《徐州师范大学学报》（哲学社会科学版），2011年第37卷第2期。

㉖邓野：《联合政府与一党训政：1944—1946年间的国共政争》，社会科学文献出版社，2011年版。

㉗方行：《对“借贷性土地交易形式”的反思》，《中国经济史研究》，2011年第3期。

㉘袁为鹏：《清末汉阳铁厂之“招商承办”再探讨》，《中国经济史研究》，2011年第1期。

㉙董志凯：《百年来中国土地制度变迁》，《人民论坛》，2011年10月。

㉚毛泽东：《革命与利益——读毛泽东的〈寻乌调查〉与〈兴国调查〉》，《理论视野》，2011年第6期。

㉛樊果：《近代上海公共租界中的电费调整及监管分析：1930—1942》，《中国经济史研究》，2011年第4期。

㉜武力：《中国经济发展道路的两次伟大转变》，《前线》，2011年第8期。

㉝庞松：《找寻与契合——毛泽东加快过渡理论的关节点》，《中国延安干部学院学报》，2011年第3期。

㉞赵学军：《再论中国私营银行业的社会主义改造——基于产权变革视角的考察》，《中国经济史研究》，2011年第4期。

㉟刘国光：《巩固社会主义初级阶段的基本经济制度》，《中国社会科学报》，2011年1月25日。

㊱石建国：《从一九六四年计划看国民经济年度计划的酝酿与制定》，《中共党史研究》，2011年第4期。

㊲王丹莉：《工业化进程中的农村税费制度演进——对新中国成立以来农民税费负担变化趋势的历史解读》，《中国经济史研究》，2011年第1期。

㊳郑有贵：《指引小农经济通向现代化的灯塔——中国共产党农民合作经济的四大理论成果》，《当代中国史研究》，2011年第3期。

㊴陈东林：《中国共产党领导的三次西部大开发》，《党史博览》，2011年第8期。

㊵朱显灵、丁兆君、胡化凯：《“大跃进”期间的深耕土地运动》，《当代中国史研究》，2011年第2期。

㊶姜长青：《刘少奇关于社会主义收入分配问题的若干思考》，《上海党史与党建》，2011年3月号。

㊷陈东林：《中国改革开放前的对外经济引进》，《党史博览》，2011年第1期。

㊸陈亚杰：《二十世纪八十年代中国城市经济体制综合改革试点述论》，《中共党史研究》，2011年第9期。

㊹曾景忠：《有关毛泽东对国民政府抗战态度评价的研讨》，《抗日战争研究》，2011年第1期。

㊺张华：《对一份日军细菌战文件的解读》，《民国档案》，2011年第2期。

㊻李德才、陈飞：《抗美援朝战争与我军现代化建设》，《军事历史研究》，2011年第4期。

㊼李东朗：《中央苏区第四次反“围剿”战绩考》，《中共党史研究》，2011年第11期。

㊽董志凯：《毛泽东在马克思主义中国化实践中的创新历程辨析》，《毛泽东邓小平理论研究》，2011年第12期。

㊾陈亚杰：《两场启蒙运动与“马克思主义中国化”的两个环节》，《北京党史》，2011年第2期。

㊿于化民：《中国早期共产主义者之国家观探析》，《东岳论丛》，2011年第6期。

51王海军：《马克思主义中国化理论创新基本特征探析》，《理论学刊》，2011年第4期。

52王海军：《抗战时期马列著作翻译与传播的历史考察——以陕甘宁边区为中心》，《中共党史研究》，2011年第5期。

53郑师渠：《欧战后国人的“对西方求解放”》，《北京师范大学学报》（社会科学版），2011年第2期。

54郑大华、郭辉：《第一次世界大战与中国知识界的思考——以〈东方杂志〉为中心的考察》，《浙江学刊》，2011年第4期。

55郑大华、马英：《论五四前后的世界主义》，《吉首大学学报》（社会科学版），2011年第6期。

56郑大华、朱蕾：《国民观：从臣民观到公民观的桥梁——论中国近代的国民观》，《晋阳学刊》，2011年第5期。

57郑大华：《中西与新旧之间：中国近代史上的激进与保守》，《学术研究》，2011年第1期。

58刘国新：《中国当代的文化发展和文化体制改革》，《中国地方志》，2011年第1期。

59刘国新：《在弘扬中华优秀传统文化的基础上创造中华文化新的辉煌》，《当代中国史研究》，2011年第4期。

60罗平汉：《1956：知识分子的早春》，《中国新闻周刊》，2011年6月20日。

61武力：《论工业化、市场化下的文化发展历程和趋势》，《毛泽东邓小平理论研究》，2011年第3期。

62耿云志：《重读〈新思潮的意义〉》，《广东社会科学》，2011年第6期。

63耿云志：《也谈胡适的〈容忍与自由〉》，《现代中文学刊》，2011年第6期。

64欧阳哲生：《“胡适的学术与思想”国际学术研讨会综述》，《徐州师范大学学报》（哲学社会科学版），2011年第6期。

65郑师渠：《“理智化”的偏见：胡适与反省现代性》，《河北学刊》，2011年第6期。

66郭卫东：《基督教会与近代上海的特殊教育》，《社会科学》，2011年第5期。

67赵晓阳：《北美基督教中国学生会及其与中共的关系》，《近代史研究》，2011年第6期。

68赵晓阳：《抗日战争时期中国基督教青年会军人服务部研究》，《抗日战争研究》，2011年第2期。

69欧阳哲生：《辛亥革命时期严复的思想演变及其抉择》，《北京大学学报》（哲学社会科学版），2011年第5期。

70欧阳哲生：《孙中山民主思想平议》，《中国文化研究》，2011年秋之卷。

71欧阳哲生：《新学术的建构——以傅斯年〈历史语言研究所工作报告〉为中心的探讨》，《文史哲》，2011年第6期。

72张皓、叶维维：《北上：新中国成立前宋庆龄的心路历程》，《党的文献》，2011年第5期。

73侯中军：《北京政府出兵西伯利亚与中日交涉再研究》，《史学月刊》，2011年第10期。

74刘凤华：《日本军银系统对国民政府币制改革的抵制和破坏》，《抗日战争研究》，2011年第4期。

75臧运祜：《笔谈：九一八事变与中日关系史研究》，《抗日战争研究》，2011年第4期。

76臧运祜：《中日战争可以避免吗?》，《抗日战争研究》，2011年第2期。

77臧运祜：《从“广田三原则”到“近卫三原则”——抗战爆发前后日本对华政策的“表”与“里”》，《社会科学研究》，2011年第5期。

78崔志海：《美国政府与中日甲午战争》，《历史研究》，2011年第2期。

79于化民：《对日受降权争端背景下的中共与美关系》，《史学月刊》，2011年第12期。

80侯中军：《新中国控诉美国侵台背景下的台湾地位问题再探——以国民党当局的应对为中心》，《中共党史研究》，2011年第11期。

81梁俊艳：《英国第二次入侵西藏的相关问题研究》，《社会科学战线》，2011年第4期。

82梁俊艳：《英国对藏政策的调整与“麦克马洪线”的前期策划》，《中国边疆史地研究》，2011年第4期。

83梁俊艳：《1903—1904年英国入侵者涉藏主要著作初探》，《中国藏学》，2011年第S2期。

84陈开科：《失败的使团与失败的外交——嘉庆十年中俄交涉述论》，《近代史研究》，2011年第4期。

85孙宏年：《历史与真实：1949年前的中越关系演变》，《世界知识》，2011年第4期。

86于化民：《“三大政策”：新中国外交的奠基石》，《党史博览》，2011年第2期。

87郑大华：《报刊与民国思想史研究》，《史学月刊》，2011年第2期。

88侯宜杰：《晚清的贿赂名堂》，《领导文萃》，2011年第6期。

89郭卫东：《瞽姬的命运：民国年间广州世风丕变的一个缩影》，《广东社会科学》，2011年第1期。

90吴超：《当代中国社会转型与信访制度》，《毛泽东邓小平理论研究》，2011年第11期。

91李小尉、朱汉国：《近年来中国当代社会史研究综述》，《重庆社会科学》，2011年第3期。

⑨²中华人民共和国国务院新闻办公室编：《西藏和平解放60年》，人民出版社，2011年版。

⑨³宋月红：《和平解放西藏是中国人民的一项正义事业——读〈西藏和平解放60年〉政府白皮书》，《人权》，2011年第6期。

⑨⁴陈永柱：《走到西藏——西藏和平解放亲历往事》，长征出版社，2011年版。

⑨⁵宋月红：《西藏和平解放若干史实考释》，《中国藏学》，2011年第2期。

⑨⁶宋月红：《千里奔走：为了西藏和平解放》，《百年潮》，2011年第4期。

⑨⁷宋月红：《西藏和平解放后没有成立军政委员会》，《党的文献》，2011年第5期。

⑨⁸宋月红：《争取和平解放西藏与昌都战役问题研究》，《中国边疆史地研究》，2011年第2期。

⑨⁹喜饶尼玛、马守平：《近二十年来国内十三世达赖喇嘛研究动态述评》，《西南民族大学学报》(人文社会科学版)，2011年第4期。

⑩⁰孙宏年：《达赖、班禅关系与新中国治藏方略研究（1949—1959)》，《中国边疆史地研究》，2011年第2期。

⑩¹张皓、刘杰：《十世班禅与西藏和平解放及班禅问题的解决》，《当代中国史研究》，2011年第2期。

⑩²张绍庸、喜饶尼玛：《清末民初拉萨动乱性质初析》，《中国藏学》，2011年第1期。

⑩³宋月红：《中央人民政府直辖昌都地区人民解放委员会问题研究》，《中共党史研究》，2011年第4期。

⑩⁴宋月红：《昌都地区人民解放委员会的创建及其宗级行政治理》，《当代中国史研究》，2011年第2期。

⑩⁵李细珠：《清末预备立宪时期的平满汉畛域思想与满汉政策的新变化——以光绪三十三年之满汉问题奏议为中心的探讨》，《民族研究》，2011年第3期。

⑩⁶崔志海：《辛亥革命时期满汉关系问题论争的再考察——以〈民报〉和〈新民丛报〉为中心》，《史林》，2011年第4期。

⑩⁷冯建勇：《构建民族国家：辛亥革命前后的中国边疆》，《中国边疆史地研究》，2011年第3期。

⑩⁸孙宏年：《清代中国与邻国“疆界观”的碰撞、交融刍议——以中国、越南、朝鲜等国的“疆界观”及影响为中心》，《中国边疆史地研究》，2011年第4期。

⑩⁹王建朗：《试论抗战后期的新疆内向：基于〈蒋介石日记〉的再探讨》，《晋阳学刊》，2011年第1期。

⑪⁰陈夕：《中国共产党认识和处理民族问题的历史经验（1921—1949)》，《中共党史研究》，2011年第8期。

（作者：张皓，北京师范大学教授；
王纯，北京师范大学硕士生）

中国共产党历史

张静如　王炳林　韩艳梅

2011年是中国共产党成立90周年、辛亥革命100周年，以及《关于建国以来党的若干历史问题的决议》通过30周年，北京地区党史研究呈现出活跃态势，研究内容更为广泛深入，研究成果更为丰富，举行了多种规模的纪念会、党史讲座和学术研讨会，使党史研究又上了新台阶。

一、主要学术活动和学术著作

（一）隆重庆祝中国共产党成立90周年

7月1日，庆祝中国共产党成立90周年大会在北京人民大会堂隆重举行。中共中央总书记胡锦涛在会上发表重要讲话，回顾了中国共产党90年的光辉历程和取得的伟大成就，总结党和人民创造的宝贵经验，提出新的历史条件下提高党的建设科学化水平的目标任务，阐述了在新的历史起点上把中国特色社会主义伟大事业全面推向前进的大政方针。全国各界代表6000多人出席大会。

胡锦涛指出，回顾90年中国的发展进步，中国共产党团结带领人民在中国这片古老的土地上，书写了人类发展史上的壮丽史诗，集中体现为完成和推进了三件大事。第一件大事，我们党紧紧依靠人民完成了新民主主义革命，实现了民族独立、人民解放。第二件大事，我们党紧紧依靠人民完成了社会主义革命，确立了社会主义基本制度。第三件大事，我们党紧紧依靠人民进行了改革开放新的伟大革命，开创、坚持、发展了中国特色社会主义。这三件大事，从根本上改变了中国人民和中华民族的前途命运，不可逆转地开启了中华民族不断发展壮大、走向伟大复兴的历史进程，使中华民族伟大复兴展现出前所未有的光明前景。90年来，中国社会发生的变革，中国人民命运发生的变化，其广度和深度，其政治影响和社会意义，在人类发展史上都是十分罕见的。事实证明，在近代以来中国社会发展进步的壮阔进程中，历史和人民选择了中国共产党，选择了马克思主义，选择了社会主义道路，选择了改革开放。

5月31日由中共中央党史研究室、中国中共党史学会和中国中共党史人物研究会联合举办的全国党史界纪念中国共产党成立90周年学术研讨会在北京举行。全国党史系统、党校、军队、社会科学院、高校的160多位专家学者参加会议，专家学者围绕“中国共产党领导革命、建设和改革的成功实践、基本理论和宝贵经验”的主题进行了研讨。通过研讨，与会专家学者进一步深化了对党的历史发展的主题和主线、主流和本质的认识与研究，深化了对共产党执政规律、社会主义建设规律、人类社会发展规律的认识与研究。

（二）纪念辛亥革命100周年

10月9日纪念辛亥革命100周年大会在人民大会堂隆重举行。中共中央总书记、国家主席、中央军委主席胡锦涛出席大会并发表重要讲话。胡锦涛高度评价了辛亥革命的伟大意义，全面回顾了辛亥革命100年来中国人民百折不挠、顽强拼搏的奋斗历程，深刻阐述了新形势下实现中华民族伟大复兴的历史使命，进一步提出了发展两岸关系、促进国家完全统一的殷切希望。全国各界代表3000多人出席大会。

胡锦涛强调，中国共产党人是孙中山先生开创的革命事业最坚定的支持者、最亲密的合作者、最忠实的继承者，不断实现和发展了孙中山先生和辛亥革命先驱的伟大抱负。两岸同胞是血脉相连的命运共同体，大陆和台湾是两岸同胞的共同家园。当今时代，两岸中国人面临着共同繁荣发展、共谋中华民族伟大复兴的历史机遇。携手推动两岸关系和平发展、同心实现中华民族伟大复兴，应该成为两岸同胞共同努力的目标。

（三）纪念《关于建国以来党的若干历史问题的决议》通过30周年

6月25日中华人民共和国国史学会和中国史学会在当代中国研究所联合召开“纪念《关于建国以来党的若干历史问题的决议》通过30周年”学术座谈会。与会者认为，该决议分析了党在32年执政历程中的得失，否定了“文化大革命”，全面评价了毛泽东同志的功过是非，对于解放思想、打破个人崇拜起了不可估量的作用，体现了老一辈革命家的高超政治智慧。与会者总结中国共产党90年的历史，认为可以得出一个基本结论，就是只有中国共产党才能够领导中国的革命、建设、改革事业，才能够承担起中国人民和中华民族的历史重托，才能够在剧烈变动的国际国内环境中率领中国人民始终立于不败之地，才能够推进社会主义现代化。

（四）全国中共党史党建学位点会议

6月25—26日，2011年全国中共党史党建学位点会议在北京师范大学召开。全国高校党史党建学位点负责人和博士、硕士研究生及有关党史研究部门的同志200余人参加此次会议。会议主题为“辉煌成就与中国特色社会主义道路”，专家学者围绕党的辉煌历程和新时期高校党史党建工作的创新发展展开了沟通和交流。与会学者一致认为，开展党史学习教育，是加强党的思想理论建设、推进社会主义核心价值体系建设的重要任务，是提高党员、干部、群众和青少年思想政治素质的重要方式，是巩固马克思主义在意识形态领域的指导地位、巩固全党全国各族人民团结奋斗的共同思想基础的重要途径。

（五）北京市纪念中国共产党成立90周年理论研讨会

6月28日，北京市纪念中国共产党成立90周年理论研讨会举行。研讨会从不同角度共同回顾了中国共产党成立90年来的光辉历程和伟大成就，探讨了党在推进理论和实践创新、做好群众工作、坚持和发展党的先进性等方面的宝贵经验，总结了市党建工作的实践探索和丰硕成果，进一步坚定了在党的坚强领导下走中国特色社会主义道路、实现中华民族伟大复兴的信心和决心。会议指出，北京的发展建设历程，充分证明了党的领导是我们一切事业取得胜利的根本保证。首都广大理论工作者牢牢把握正确方向，紧紧围绕国家和首都工作大局，深入研究阐释重大理论和现实问题，为推动首都的科学发展和党的建设作出了重要贡献，发挥了不可替代的巨大作用。

（六）北京市党史工作30周年座谈会和北京市区县党史办公室主任会议召开

3月17—18日，北京市委党史研究室召开区县党史办公室主任会议，主题是传达全国党史研究室主任会议精神，交流落实市委加强和改进新形势下党史工作实施意见的情况。会上传达了习近平同志接见全国党史研究室主任会议代表时的讲话精神，并且就如何学习贯彻市委加强和改进新形势下党史工作的实施进行了全面部署。

12月17日，北京市党史工作30周年座谈会在北京会议中心召开。会议回顾了北京市党史工作走过了30年不平凡的历程，工作领域不断扩大，在史料征集、党史研究、宣传教育三大方面取得累累硕果。会议总结了30年间北京党史工作出现的四个可喜的转变和深化：一是任务由单纯资料征集向征集、研究与宣传并举的方向转变；二是研究领域和研究重点由新民主主义革命时期向社会主义革命和建设时期、向改革开放新时期转变和深化；三是研究成果由理论分析、史学探索向深化宣传教育、提供社会利用转变和深化；四是研究力量由单靠研究室自身向纵向延伸、横向联合、开门办史的方向转变。

（七）《中国共产党历史》第二卷等著作出版

中共中央党史研究室编著的《中国共产党历史》（第二卷）由中共党史出版社出版，该书反映的是中国共产党1949—1978年中国共产党带领全国人民艰辛探索中国自己的社会主义道路的历史，着重反映党在这29年里不懈奋斗的主流、本质和主题主线，代表了目前对这29年历史研究的最高水准。

中共北京市委党史研究室编著的《中国共产党北京历史》（第二卷）由北京出版社出版，该书以中共北京地方组织发展和建设为主体，全面反映党领导首都人民进行社会主义革命和建设的历史，对该时期北京地方党史进行了系统的历史梳理和理论概括的尝试，从一个特定角度丰富了党的历史内涵和理论创新，具有鲜明的北京地方特色和首都特色。

张静如主编、北京市社会科学界联合会和北京市中国特色社会主义理论体系研究中心策划的《中国共产党辉煌90年》由北京出版社出版，该书共10卷，全面反映了90年来中国共产党的奋斗史、探索史和自身建设史，是北京出版社《纪念中国共产党成立90周年文库》之一，被国家新闻出版总署列入庆祝建党90周年、纪念辛亥革命100周年重点出版物。

二、主要学术观点

（一）关于90年历史经验的研究

1. 中国共产党的革命和改革道路的经验

学术界从不同角度深入总结了中国共产党90年的基本经验。有学者指出，回顾党的历史，可以得到三点经验启示：第一，党必须同时肩负民族的和阶级的历史使命，把长远奋斗目标同当前的奋斗纲领紧密结合起来，才能实现马克思主义同中国实际相结合。第二，党必须善于审时度势，充分反映人民意愿，制定和实施革命、建设、改革的发展战略。第三，党必须抓住机遇，求真务实，以自己的先锋模范作用带领广大人民群众共同奋斗，使党的纲领化为中华民族的自觉实践。①

有学者从历史本质的角度认为中国共产党奋斗历程主要是带领中国人民开辟了三条道路：从党的建立到社会主义制度的确立，党带领人民开辟了中国特色革命道路；从社会主义制度的确立到改革开放前，开辟了全面建设社会主义探索中国自己的建设道路；改革开放至今，党带领人民开辟了中国特色社会主义道路。90年奋斗的历史本质就是把马列主义基本原理同中国实际相结合，走自己的路，变农业国为工业国，逐步实现社会现代化、人民幸福和民族伟大复兴。②

也有学者从历史作用方面认为中国共产党是近代中国社会深刻变迁、进步的产物，在历史进程中主要起到三个作用，首先使20世纪中国社会由新民主主义走向社会主义的正确方向。其次中国共产党开启了20世纪中国历史发展的新纪元。最后是中国共产党作为改革开放和现代化建设的坚强领导核心，开辟了实现中华民族伟大复兴的中国特色社会主义道路。③

有学者回顾中国共产党的革命、建设和改革过程，党对三件大事历史经验的总结，逐步深化了对民主革命规律、执政规律、社会主义建设规律和人类社会发展规律的认识，善于在历史的关键时刻和转折关头科学地总结经验，成为中国共产党始终保持旺盛生命力、巨大凝聚力和鲜明先进性的重要原因。④

2. 中国共产党的理论思想传播和发展

有研究者认为，因为90年中世界大变动、中国大变动的历史要求，启动了中国共产党的成立并且要求马克思主义新觉醒；而中国共产党所实现的马克思主义新觉醒，又反过来持续启动和引导了中国的历史大变动。中国共产党的马克思主义新觉醒包括五个方面：一是什么是马克思主义、怎样对待马克思主义。二是进行什么样的中国革命、怎样进行中国革命。三是什么是社会主义、怎样建设社会主义。四是建设什么样的党、怎样建设党。五是实现什么样的发展、怎样发展。改革开放新时期的实践是后三种觉醒的成功经验和表现。⑤

有学者从思想发展的角度总结党的经验，认为中国共产党的思想史应当是科学思想发展和价值观演进相互结合的历史，中共在“价值本位论”上经历了从以人民为本位到以工农为本位的变迁，再到以人民为本位的复归，进而实现向“以人为本”的转进。在“价值内涵论”上，进入社会主义历史阶段，中共曾经倡导“为公”“兴国”“团结”“勤俭”；而到了“以人为本”的当代，中共的价值内涵进展到强调“公平正义”，倡导精神上的“爱国主义”、经济上的“共同富裕”、政治上的“人民民主”、社会上的“和谐发展”。⑥

3. 中国共产党自身制度建设和执政制度建设方面的经验

有学者指出，90年来党的制度建设以党章的修改完善为主线、以民主集中制的健全为核心，伴随着党对制度建设重要性认识的深化和探索、实践的展开，逐步形成由党的代表大会制度、党内选举制度、党员权利保障制度、党的干部制度、党内监督制度、党的具体工作制度等相关的配套制度建设共同构成的党的制度建设体系。党内政治生活逐步向制度化、民主化迈进。⑦

也有学者从执政制度建设方面总结90年的经验，认为中国共产党善于执政，表现在全面执掌国家政权后，中国共产党在制度方面建立了人大、政府、政协、司法机关等依照法律和各自章程独立负责、协调一致地开展工作，坚持党的领导、人民当家做主、依法治国的有机统一，发挥了社会主义政治制度的优越性。[⑧]

（二）马克思主义中国化的发展历程

有学者认为马克思主义中国化是党的理论和实践的双向要求。中共90年马克思主义中国化之路的基本经验可以总结为：第一，破除迷信，解放思想，弄清马克思主义的精髓和马克思主义中国化的实质。第二，真正地了解中国实际，开展深入实际的科学调查研究，一切从中国国情出发。第三，继承优秀历史文化，创造马克思主义的民族形式，形成中国特色。第四，坚持世界眼光，与时俱进，不断吸收人类文明优秀成果。第五，总结群众实践经验，让理论掌握群众、改造中国。[⑨]

有学者把不同的领导集体对马克思主义中国化的贡献概括为：以毛泽东为代表的共产党人提出马克思主义中国化的科学命题，阐明马克思主义中国化的科学内涵，从哲学高度论证马克思主义中国化的基本问题，创立毛泽东思想。以邓小平为代表的共产党人阐明正确对待马克思主义中国化的科学态度、思想原则，正确坚持和发展毛泽东思想，创立了邓小平理论。以江泽民为代表的共产党人提出科学对待马克思主义的两大基本要求，把邓小平理论确立为党的指导思想，创立“三个代表”重要思想。以胡锦涛为代表的共产党人提出新形势下推进马克思主义中国化的科学思路，提出科学发展观，构建社会主义和谐社会和社会主义核心价值体系。[⑩]

（三）关于《建国以来党的若干历史问题的决议》的研究

1. 关于《建国以来党的若干历史问题的决议》的贡献和评价的研究

《建国以来党的若干历史问题的决议》对中国改革开放和中国共产党的历史进程都具有特殊的意义。有学者认为该决议既是渐进式改革的产物，也是它的基石。该决议创造了渐进式改革的前提和基础，为循序渐进的改革提供了良好的条件，减少了改革的阻力。该决议对历史问题高度概括的叙述和判断具有政治的智慧，也给历史研究者留下了许多发挥的空间，应该用历史的眼光看待该决议本身受到的时代限制。[⑪]

有学者认为《建国以来党的若干历史问题的决议》主要坚持了科学历史观，要坚持和弘扬实事求是的科学历史观，要做到与时俱进，坚持该决议与党的文献相关论述的统一，从历史实际出发，坚持实事求是的事实判断与价值判断的统一，坚持党性与科学性的统一，警惕和防止从该决议已经取得的成果基础上后退的情况。[⑫]

有研究者总结了《建国以来党的若干历史问题的决议》的理论贡献：首先，该决议为回顾总结党的建设的光辉历程和宝贵经验树立典范；其次，该决议提出了党在新的历史时期的奋斗目标和工作重点，为加强新时期党的建设确立了根本原则；再次，提出了新时期党的建设的根本主题，为形成新时期党的建设的主线指明了方向；最后，该决议对全面加强新时期党的建设作出系统部署，为党的建设总体布局的形成奠定了基础。[⑬]

2. 关于《建国以来党的若干历史问题的决议》与党史研究和理论宣传

有学者认为，《建国以来党的若干历史问题的决议》中最核心的一条就是“确立毛泽东同志的历史地位，坚持和发展毛泽东思想”，该决议为统一思想，维护全党、全国人民的团结奠定了重要的政治和思想基础，更是我们进一步搞好党史特别是新中国成立后党史的研究、编撰和宣传的重要向导。党史是一门党性很强的学科，是在思想斗争最前线的一项战斗性的工作，要自觉地把党性和科学性有机地结合起来，把党史工作当做一项严肃的科学工作来对待。[⑭]

有研究者总结了《建国以来党的若干历史问题的决议》在思想理论建设方面的作用，认为该决议将马克思主义的思想路线、认识路线及其认识论具体应用于研究党的历史、总结党的历史经验，对于推进马克思主义中国化作出了重要理论贡献。在新的历史条件下，将党的思想建设的历史经验运用于提高党的建设科学化水平，就是要必须始终坚持解放思想、实事求是、与时俱进，大力推进马克思主义中国化、时代化、大众化。[⑮]

也有学者认为《建国以来党的若干历史问题的决议》是对新中国成立的头30年进行的系统总结，即使是党的决议，也是党的最高层研究历史的过程，对历史研究有着理论上和方法上的重要贡献。第一，研究历史特别是研究中国当代史要有大局观；第二，研究历史要实事求是地放在当时历史条件下分析判断；第三，研究历史要放在历史的长河中去考察全貌，不能片面孤立地下结论；第四，提出了认识、研究历史的科学方法。[⑯]

3. 邓小平与《建国以来党的若干历史问题的决议》

有学者研究了邓小平与《建国以来党的若干历史问题的决议》的出台，认为邓小平站在全局的高度，适时提出对“文化大革命”进行总结，领导该决议起草的全过程，展现了一个无产阶级革命家的高超智慧和坦荡胸襟。他率先批评“两个凡是”，提出正确对待毛泽东思想，支持关于真理标准问题的讨论，为起草决议提供了正确指南；他指导国庆30周年讲话稿的起草，为起草决议奠定了基础，确定了起草决议的指导思想，并对决议的大体框架作了设计。[17]

有学者从社会主义道路的角度总结了邓小平对该决议的贡献，认为邓小平在《坚持四项基本原则》的讲话中，提出了“走出一条中国式现代化道路”的目标、任务，随后他主持起草该决议，对“一条适合中国情况的社会主义现代化建设的正确道路”是什么样的道路，从主要矛盾、工作重点、经济建设、政治建设、文化建设、国防建设、民族政策、外交政策和执政党党风建设等方面第一次作了阐述，以指导全党继往开来、开拓前进。[18]

（四）中国共产党与辛亥革命问题的研究

1. 中国共产党对辛亥革命的纪念

有学者研究了抗日战争时期中共对辛亥革命的纪念，认为抗日战争时期，中共通过多种形式开展了一系列纪念辛亥革命的活动。中共借助辛亥革命纪念活动的开展，通过媒体向民众表达其政治诉求，以求实现其纪念目的。借助纪念辛亥革命，共产党人解读辛亥革命的精神遗产，进行抗战救国动员；协调国共关系，维护抗日民族统一战线；分析革命时局，阐释中共革命主张。[19]

也有学者研究了新中国以后中共对辛亥革命的纪念，认为新中国成立以来纪念辛亥革命往往和纪念孙中山结合在一起，可以分为两个时期：一是社会主义革命和建设时期中共纪念辛亥革命的突出特点是言语中流露出比较强烈的党派意识，强调中共革命与辛亥革命的继承性，以此来显示中共政权的正统性。二是改革开放和社会主义现代化建设新时期，纪念活动强调通过“和平”达到“统一”，淡化党派色彩，淡化正统意识，以爱国主义作为号召海内外炎黄子孙的有力武器。在辛亥革命的纪念活动中诉诸了中共自身的诉求，高规格纪念辛亥革命与政治形势紧密联系，充分体现谋求国家和平统一的诚意，同时弘扬爱国主义主旋律。[20]

2. 关于辛亥革命的历史作用的研究

关于辛亥革命的积极意义，有学者认为辛亥革命是20世纪中国的第一次历史性巨变，其主要历史功绩体现在三个方面：一是开创了完全意义上的近代民族民主革命；二是推翻了统治中国2000多年的君主专制制度；三是带来了民主意识的高涨和思想的大解放。[21]

有研究者从中国共产党创建的角度研究了辛亥革命的历史意义，认为创建中国共产党这一重大事件的发生是由于辛亥革命后特殊的历史环境提供了特殊历史契机，表现在四个方面：一是辛亥革命为创建中国共产党提供了有利的政治环境和社会环境；二是辛亥革命为中国工人阶级队伍的成长壮大和中国共产党的阶级基础的形成创造了条件；三是辛亥革命为西方社会主义思潮在中国的传播提供了有利的环境，为创建中国共产党提供了一定的思想条件；四是辛亥革命为中国共产党的诞生准备了一定的干部条件。[22]

有学者分析了辛亥革命对中国共产党建构革命话语的作用，认为新民主主义革命时期，中国共产党在建构革命话语过程中运用了辛亥革命这一中国革命的历史样本，诠释了中国革命的正当性与中国革命的任务、道路等问题，使中国革命赢得了民众的理解、认同和支持。中国共产党在建构革命话语的过程中之所以要借助辛亥革命，是由辛亥革命和孙中山的社会影响力、国共关系、共产国际要求中共运用辛亥革命的政治主张以动员民众参加革命等因素决定的。[23]

（五）关于革命根据地建设的研究

1. 抗日革命根据地的政治动员

成功的政治动员是中共取得胜利的重要原因。有学者分析了20世纪三四十年代中共对华北乡村春节文娱改造，认为中共进行了有效的政治动员，并用群众运动的方式推广，有力地配合了抗战动员工作。随着战争形势和社会环境的变化，春节文娱不再是单纯的娱乐，而是民众生活斗争、自身教育的反映，是民众寻求政治意愿表达的重要途径。这种新变化不仅是中共政治动员有效性的体现，也是包括春节文娱在内的民俗文化在新的时代环境下得到继承和发展的体现。[24]

有学者研究了冀东抗日根据地农民的政治参与，认为以日军的入侵为契机，以中共艰难的动员为“催化剂”，抗战时期冀东农民的政治态度实现了从冷漠到踊跃参与的转变。在抗日军队弱小与日伪军事力量强大的冀东特殊环境中，农民的政治参与成为抗日根据地的创建以及夺取冀东抗战胜利的重要条件。[25]

有研究者考察了华北抗日根据地的减租减息运动，认为在政治动员中，减租减息运动的“斗争”不仅限于一种行为和手段，同时形成了一种政治运作模式。运作过程中，注重培养农民的阶级意识，注意根据运动发展阶段及斗争对象的差异，既要调动农民斗争的积极性，又要把斗争控制在一定范围内。通过“斗争”模式的具体运作，中共唤醒了农民的阶级意识，动员广大农民投身抗日洪流，并将农民和乡村社会纳入现代国家政权建设之中。[26]

2. 根据地建设与发展的经验和教训

在民主革命时期，中国共产党在各根据地进行了长时期的局部执政实践，开展了政治、经济、文化和社会建设，把落后的农村变成了先进的红色区域，取得了丰富而宝贵的局部执政经验，为中国共产党走上全国执政地位奠定了重要基础。首先，局部执政直接为新中国中央政权和地方政权的建立准备了条件。其次，为新中国建立后党走上全国执政舞台准备了干部条件。最后，为新中国建立后党迅速而成功地走上全国执政的舞台做了重要准备和创造了有利条件。[27]

有学者研究了中央革命根据地的经验和教训，认为中央革命根据地的发展历程说明，在民主革命时期革命事业的发展同样是硬道理，是第一要务。如果革命事业不能发展，就谈不上胜利。但是，发展的思路、方针正确与否是极其重要的，从实际出发，正确判断政治军事形势，正确估计敌我力量，抓住发展的有利时机，才能使革命根据地真正地发展[28]。

有研究者专门分析了陕甘边革命根据地的经验，认为土地革命战争后期，陕甘边革命根据地能够“硕果仅存”，有思想、政治、军事、经济、组织、群众等各方面的历史原因，即领导人始终坚持党的领导，在克服“左”右倾错误的过程中形成了一个坚强的领导集体；探索出在流动中创建根据地的新模式；建立广泛的统一战线，取得社会各阶层和多种势力的支持；全面开展根据地建设，促进根据地的巩固和发展；从实际出发，做好根据地内外群众工作，奠定了广泛的群众基础；充分利用特殊的“地缘”环境，使之转化为根据地巩固和发展的优势。[29]

（六）党史研究学科建设

1. 党史研究的作用

关于党史研究与党的建设的联系，有学者提出要科学认识党史研究与党的建设的内在联系，党史研究既为党的建设提供历史镜鉴和历史经验，也为其提供理论支撑和精神动力。[30]

有学者认为党史研究与党的事业、党的建设有着相辅相成的紧密关系，具体为党史研究与党的思想理论建设的两次历史性飞跃紧密相关、与党形成稳定成熟的中央领导核心紧密相关、与党形成优良作风紧密相关。[31]

有学者研究了党史研究对军队中党的建设的作用，认为党史研究对筑牢军魂具有凝聚作用，并可以培育党性修养、弘扬优良传统，并且对新时期军队党的建设具有推进作用。[32]

有研究者认为党史研究对党性训练具有独特意义，共产党员的理性修养问题并不仅仅是一个现实问题，而是历史问题。针对党员特别是党的领导干部的现实思想状况，要发挥党史研究的作用，尤其要强调坚持“实事求是”的历史观和思想原则，深入进行党的“历史决议”的教育。当代中国马克思主义最主要的理性特征之一就是从思想、理论到实践彻底告别“以阶级斗争为纲”，彻底摆脱斯大林主义的影响，向真正的马克思主义回归。[33]

2. 党史教育与宣传

关于研究党史的态度，有学者提出最根本的就是坚持马克思主义的辩证唯物主义与历史唯物主义。要坚持用辩证唯物主义与历史唯物主义的理论和方法指导和研究历史；就要用实事求是的精神，辩证地、历史地、全面地对待历史；就要用辩证的逻辑、发展的思维思考历史问题、看待历史问题；就要用历史的智慧和时代的眼光评价历史人物、评述历史真相；而绝不能以孤立的、静止的、片面的、僵化的、一成不变的观点研究历史、评价历史人物、评述历史。[34]

关于宣传党史的态度，党史宣传要抓住时机、贴近群众、凝聚力量、有所作为，更好地发挥资政育人的作用。党史宣传必须适应群众的习惯而采用群众喜闻乐见的手段、方法，做到入心入脑。[35]

注：

①李捷：《中国共产党与两大历史任务》，《中共党史研究》，2011年第7期。

②郑德荣、牟蕾：《中国共产党九十年奋斗的历史本质》，《中共党史研究》，2011年第8期。

③柳建辉：《在推动中国社会不断变迁中成就历史伟业——论中国共产党90年的历史作用》，《当代中国史研究》，2011年第3期。

④李正华：《中国共产党对三件大事历史经验的总结》，《当代中国史研究》，2011年第5期。

⑤郑必坚：《从九十年波澜壮阔的历史大变动看中国共产党的马克思主义新觉醒》，《中共党史研究》，2011年第9期。

⑥陆剑杰：《论中国共产党基本价值观的历史演进》，《中共党史研究》，2011年第7期。

⑦王旸：《党的制度建设的历史探索及主要特点》，《中共党史研究》，2011年第7期。

⑧申富强：《论中国共产党的中国特色执政道路》，《当代中国史研究》，2011年第4期。

⑨石仲泉：《中国共产党与马克思主义中国化》，《中共党史研究》，2011年第1期。

⑩韩振峰：《中国共产党人对马克思主义中国化的理论贡献》，《当代中国史研究》，2011年第3期。

⑪郑谦：《历史决议与中国的渐进式改革》，《中共党史研究》，2011年第11期。

⑫石仲泉：《坚持和弘扬〈历史决议〉的科学历史观》，《中共党史研究》，2011年第11期。

⑬张晓明：《简析〈关于建国以来党的若干历史问题的决议〉的理论贡献》，《北京党史》，2011年第4期。

⑭沙健孙：《科学地研究和宣传党的历史——纪念〈建国以来党的若干历史问题的决议〉通过30周年》，《当代中国史研究》，2011年第4期。

⑮宋月红：《两个〈历史决议〉的认识论基础》，《当代中国史研究》，2011年第4期。

⑯陈东林：《中国共产党的第二个〈历史决议〉与历史研究的理论和方法》，《中共党史研究》，2011

年第12期。

⑰刘金田：《邓小平领导起草第二个“历史决议”的历史贡献及其启示》，《党的文献》，2011年第3期。

⑱程中原：《〈历史决议〉与中国社会主义道路的探索》，《中共党史研究》，2011年第11期。

⑲朱斌：《论抗日战争时期中国共产党对辛亥革命的纪念》，《中共党史研究》，2011年第10期。

⑳朱险峰：《新中国成立以来中共纪念辛亥革命的历史演进》，《北京党史》，2011年第6期。

㉑金冲及：《从辛亥革命到中国共产党的建立》，《党的文献》，2011年第4期。

㉒刘宋斌：《论辛亥革命对中国共产党创建的历史推动作用》，《中共党史研究》，2011年第10期。

㉓陈金龙：《辛亥革命与中国共产党早期革命话语的建构》，《中共党史研究》，2011年第10期。

㉔李军全：《二十世纪三四十年代华北根据地春节文娱述评》，《中共党史研究》，2011年第2期。

㉕朱德新：《从冷漠到投入：冀东抗日根据地农民的政治参与》，《中共党史研究》，2011年第1期。

㉖徐建国：《华北抗日根据地减租减息运动中“斗争”模式分析》，《中共党史研究》，2011年第6期。

㉗刘宋斌：《党在革命根据地的局部执政实践及其历史经验》，《北京党史》，2011年第4期。

㉘王新生：《试论中央革命根据地发展的历史经验与教训》，《中共党史研究》，2011年第6期。

㉙陕甘边根据地与中国革命研究课题组：《论陕甘边革命根据地“硕果仅存”的历史必然性》，《中共党史研究》，2011年第10期。

㉚肖贵清：《党史研究对加强党的建设的重要意义》，《北京党史》，2011年第4期。

㉛陈述：《党史研究与党的建设紧密相关》，《北京党史》，2011年第4期。

㉜秦利：《充分发挥党史研究在军队党的建设中的作用》，《北京党史》，2011年第4期。

㉝侯且岸：《历史文化教育与党性训练》，《北京党史》，2011年第4期。

㉞薛庆超：《正确认识和科学对待党的历史》，《北京党史》，2011年第3期。

㉟刘岳：《党史宣传要贴近群众》，《北京党史》，2011年第3期。

（作者：张静如、王炳林，北京师范大学教授；韩艳梅，北京师范大学硕士生）

世界史

刘林海　郭家宏　王广坤

一

（一）学术会议

5月14日，中国社会科学院世界历史研究所在北京举办“全国社会科学院世界历史研究联席学术研讨会”，40余位专家学者参加会议，商讨如何加强中国世界历史学科的建设和发展等问题。[①]10月15日中国社会科学院老专家协会和首都师范大学历史学院共同主办“世界史发展进程的回顾与展望”研讨会，梳理中国世界史学科的发展脉络，总结经验，规划未来。[②]10月16—17日，由北京师范大学史学理论与史学史研究中心、历史学院主办，北京市历史学会协办的“2011年史学理论与史学史国际学术研讨会”召开，100多位学者参加了会议。[③]

（二）世界史学科综述及学科建设

学术界对近几年的中国世界史研究做了梳理和总结，如“十一五”期间的亚洲史[④]、非洲史[⑤]。郭小凌梳理了中国世界史学科的过去与现状，指出在新形势下世界史学科升级的必要性。[⑥]黄春高梳理了2004—2009年中国世界中古史的研究状况。[⑦]毕健康梳理了埃及史研究状况，指出了国内研究与国外存在的差距以及未来努力的方向。[⑧]中国社科院日本研究所召开日本研究学术年会，对近30年中国的日本研究进行梳理，其中涉及30年来的日本史研究综述。[⑨]彭小瑜指出，历史研究无法避免道德趋向和价值观念的影响，对于域外的研究成果要避免“一边倒”的错误，要敢于提出自己的观点，创建中国世界中古史研究学派。[⑩]钱乘旦、吕一民、徐健在总结了“十一五”期间我国的世界近代史研究状况后认为，大国兴衰问题、世界近现代史学科建设体系问题、文艺复兴领域、二战史研究、世界现代化问题、民族主义和民族国家问题都得到系统关注，成绩卓著。在国别史研究中，他们着重介绍了英国、法国与德国三国的历史研究状况，认为学者们对前两个国家的研究非常深入，成果巨大，但对德国历史研究仍需加强，亟待组织人力物力强化对德国史的国际前沿学术文章进行翻译与编纂，同时强化对德国史学理论的研究与引进工作。[⑪]李世安和庞永锋对“十一五”期间的世界现代史研究作了总结性的综述，在明确了成就的同时也指出了不足，认为我国学者在“十一五”期间为世界现代史研究作出了大量贡献，出版相关著作300多部，发表文章300多篇。在资本主义问题、社会劳工问题、社会主义问题等领域的研究取得了突破性成就，而在世界现代史的主线和学科体系问题、世界现代化研究、“一体化和全球化”问题、二战史研究以及冷战史研究等方面也取得了进展，受到特别关注。其不足之处主要表现在我国学者的当代史研究成果较少、学术成果在国际学术界中的地位不高、对某些发展中国家的研究明显滞后等，这些都需要后来者完善。[12]朱孝远出版了《如何学习研究世界史》一书。[13]

（三）史学理论与外国史学史

当代历史哲学家安克斯密特是关注的重点。彭刚指出，近30年来安克斯密特的理论探索，从侧面展现了当代西方史学理论前沿的变化和动向。[14]董立河指出，安可斯密特的学术研究与其政治上的价值观密切相关，他对历史主义的强调是服务于其政治目的的。[15]张安玉指出，安克斯密特的历史经验理论反映了当代哲学、历史哲学以及史学实践领域的变化，企图促成历史哲学的新转向，弥补历史哲学与史学实践之间的隔膜。[16]张云波探讨了安克施密特关于语言与崇高经验关系的看法。[17]董立河指出，奥克肖特关于历史学性质的看法兼具“现代”与“后现代”双重特点，有助于超越现代和后现代，形成一种对历史学相对合理的认识。[18]姜芃以德国史学理论家约恩·吕森主持的“赋予历史意义：对历史意识的结构、逻辑和功能的跨学科研究——跨文化比较”项目为分析对象，探讨了在跨文化研究中学者们所采取的观念立场、理论范式和研究方法，尤其是跨文化的历史思维问题。[19]俞金尧指出，微观史研究本身并非必然引起史学的碎片化，而是宏大的历史架构下的深化和发展，微观史学与宏大叙事不应是对立关系。[20]他还指出，新文化史研究大众文化，具有社会史学的属性。新社会史经济社会决定论的弊病催生了新文化史，而后者又走向文化、语言决定论的另一个极端，从而出现了“超越文化学转向”的趋势。[21]学者们还讨论了互联网的兴起对史学研究的影响。[22]

易宁指出，古希腊哲学斯多葛学派与史学家埃浮鲁斯和波利比乌斯的普世观念，反映了哲学家与史学家对历史认识的重大区别。埃浮鲁斯突出希腊霸权的变迁。波利比乌斯以罗马征服世界为不变基点，力求时空的统一性，深受希腊传统哲学“知识论”的影响。[23]他还指出学术期刊的历史理论和外国史学史等栏目在拓宽国际视野、实现学术创新方面的作用。[24]杨共乐指出，罗马史学是在希腊史学的影响下发展起来的，其源头则在于大祭司年代记，政治家撰史和重视历史连续性是其重要特点。匹克多、迦图和萨鲁斯特等人的著作反映了罗马史家对民族史学认识自觉性的不断增强。[25]刘林海指出，早期基督教的历史分期理论主要有“帝国更替说”“六时代说”和“三分法”三大类。基督教历史分期理论存有多说，其原因在于神学家对《圣经》的诠释有异，它同时表明，历史只能成为神学论证的注脚。[26]李隆国梳理了“公元前”纪年法的兴起过程及其在中国的发展，系统介绍了“世界纪年法”。指出1700年左右，“公元前”纪年法兴起，取代“世界纪年法”，并与原有的“公元”纪年法结合，成为流行的纪年法体系。[27]

刘文明与曾金花指出，20世纪90年代澳大利亚高校的历史专业曾经历了一场“史学危机”，这场危机推动了该国各高校历史专业为生存与发展而进行的课程改革。他们指出这次改革的特点是：增加开课领域，新开设的课程有朝主题化、专题化并且跨学科方向的发展趋势。除此之外，宏观世界史或全球史课程在高校历史专业中开始占据重要地位。强调我们要重视这次改革的意义，可以借鉴其方法，促进我国高校历史学科的发展与进步。[28]董经胜指出，墨西哥革命史学思潮的发展趋势与革命后墨西哥经济、政治、思想和学术潮流的变化密不可分。认为从革命期间一直到20世纪30年代，各革命派系皆站在自身的立场上评价墨西哥革命；30年代后，为了促进国家统一，在墨西哥政府和执政党的直接倡导与参与下，墨西哥创立了革命色彩浓厚的官方史学；而步入四五十年代之后，尤其是在1968年“特拉特洛尔科”事件后，随着墨西哥经济增长和政治稳定“奇迹”的终结，加上国内历史学科的发展和国际学术交流的影响，产生了与革命史学相对立的修正派史学。然而，到20世纪80年代以后，修正派史学在某些方面也受到广泛质疑。[29]

二

（一）上古史

王海利论述了著名德国埃及学家阿道夫·埃尔曼对埃及学的杰出贡献。[30]郭子林指出，托勒密王朝在埃及法尤姆地区进行的农业开发，缓解了尼罗河谷的人口压力，促进了经济发展，增强了军队战斗力，使托勒密王朝一度成为地中海世界的强国，但也在一定程度上破坏了该地区的自然环境。[31]

刘欣如指出，对于印欧语言发源地的研究促进了对欧亚草原上的游牧民族的研究，但游牧民族并非只有印欧民族。学者在研究时，往往忽视了非印欧语言民族的游牧民族在世界历史发展中的作用。可以通过了解印欧语系的发展史，探讨游牧社会与农耕帝国既依赖又冲突的关系。[32]

王大庆指出，虽然“平等”的观念是奥林匹亚赛会的基本理念之一，也贯穿在希腊社会生活中，但在赛会的举办过程中，既表现出“平等”的一面，也存在着十分明显的“不平等”的一面。希腊“平等”观念的内部结构具有复杂性。[33]李永斌指出，阿波罗最初并非希腊本土神，而是一个多种文化元素融合后塑造成的希腊本族神。阿波罗崇拜的形成过程中所体现的文化交流和融合正是希腊文明吸收周边文明的具体体现。[34]德尔斐神谕的内容涉及社会生活的各个层面，对古代希腊社会的政治、文化、思想等方面都产生了深远的影响。[35]朱毅璋分析了洛布版德谟斯提尼演说词的英译问题。[36]晏绍祥指出，18世纪欧洲的古史研究继承了文艺复兴的遗产，在各方面都有很大的成绩，奠定了19世纪的研究基础，对当时的政治生活和思想发展都产生了影响。[37]

胡玉娟指出，罗马起源传说形成于公元前5世纪—前3世纪，其渊源可追溯到史前的图腾崇拜、圣火崇拜等原始信仰。这些传说可能并非凭空虚构，而是隐含着人们对史前社会演进的历史记忆。本地的和在希腊人中流传的罗马起源传说各不相同，它们平行发展，并在发展过程整合到一起。[38]刘衍钢梳理了帝国晚期的罗马工兵装备。[39]

（二）中西交通史

杨共乐出版了《早期丝绸之路探微》一书，[40]本书分为交往篇、质疑篇、重新思考篇、考据篇、材料篇五部分，从多个角度、多层面对早期丝绸之路的一些重要问题进行了研究。他指出，“从现有的材料看，丝绸是连接东西方古代文明的最重要的物品，东西方各文明区之间早在公元前1—前8世纪就形成了一个较为完整且自成一体的‘丝绸世界’。这个世界从产丝的中国开始，转经中亚、波斯和印度，再到买丝消费的罗马。这是世界上出现的一种独特的跨文明区但同时又超越跨文明区的文明现象”。他还梳理了丝绸之路的具体路线和经济作用。[41]此外，还有关于罗马与丝绸之路以及早期拜占庭的丝织业研究。[42]

（三）中世纪史

李隆国指出，马克垚教授的新著《封建政治经济概论》以实证研究为主、以理论辨析为辅，结合封建时代各地区的历史资料，作者重建了封建社会的社会结构模式，开拓了封建社会或者中世纪研究的新篇章。[43]侯树栋介绍了学术界对罗马文明与中世纪早期文明关系的研究状况，尤其是关于连续与断裂的理解。[44]赵文洪指出，中世纪欧洲的公地制度在一定程度上体现着民主、平等和法治的精神。法治精神体现在法律至上、法律面前人人平等、重视法律程序等方面。民主平等的法治精神是公地制度留给后世的政治学遗产。[45]

陈志坚指出，中世纪英格兰盛行的长子继承制虽然有不合理的因素，但并未造成严重的社会问题，这是因为当时社会中有很多保护性的缓冲因素。教会作为一个重要的缓冲因素，在保护私生子这一弱势家庭成员权利方面作用巨大。[46]张炜指出，在近代早期英国教育领域的全方位变革中，印刷媒介发挥了重要作用，是这场变革的主要推动力。[47]孟广林、鞠长猛研究了亨利八世时期关于叛逆罪的立法问题。[48]此外，在中世纪英格兰经济、英国犹太社团、意大利及地中海地区的贸易方面也有一些研究。李隆国出版了《分化与突破：14—16世纪英国农民经济》一书。[49]

何平以布鲁内勒斯基和达·芬奇为例，分析了文艺复兴时期艺术对近代科学研究方法和理论观念的影响。科学试验方法在文艺复兴时期的形成有某种偶然性，与那个时代艺术家的审美倾向和技艺实践的多样性相关。他们的研究已初步具有近代科学研究活动的属性。[50]孟广林指出，在从中世纪向近代过渡的时期，东西方的思想启蒙并没有一个完全标准化与同质化的样本或模式，在运动的主旨、方式、话语、对社会的渗透及发酵程度方面也各不相同。西方以现代性为目标，东方则将现代性与救亡图存结合起来。这取决于社会变革的程度及需要。[51]

朱孝远出版了《宗教改革与德国近代化道路》一书，该书共九章，讨论了宗教改革与德国近代化的关系。[52]彭小瑜指出，与韦伯标榜的学术中立不同，托尼在著作中对资本主义进行了尖锐批评，在政治实践中则努力实现自己的社会公平理想。他对哈耶克的经济自由主义进行了反驳，认为真正让人们奴化的恰恰是资本主义制度固有的贪婪。[53]他还指出，受启蒙运动以来的西方非基督教思想的影响，中国学者对西方传教士在华的历史认识有不足之处。传教士的行为和思想方式既受到中国社会和文化因素的影响，也受制于他们的西方背景。传教史研究需要关注西方教会史和修道传统研究中的学说史和文化史，需要全球史的视野。[54]高铁军指出，著名学者爱森斯坦的观点虽然具有一定的问题，但对于思考印刷术对德国宗教改革的影响具有启发意义。[55]贾平平分析了慈温利的神权政治思想。[56]

三

（一）法国史

陈玉瑶认为在法兰西走向统一、形成一个整体民族的过程中，一定程度的民族感情是基础，民族经济中心和文化中心的形成是必要条件，领土完整性和稳定性是重要保证，随着“自由”“平等”等公民意识的深入人心，广大法国人民逐渐形成了法兰西民族的普遍认同，超越了自中世纪以来的地方认同。在此民族认同化过程中，法国大革命的爆发是一个催化剂，促使各种民族统一的有利因素发挥了作用。而且，法国民族认同的有利条件并不是在同一历史时期内形成的，而是在大革命之前漫长的不同历史阶段分别酝酿而成。[57]

（二）美国史

李剑鸣认为，世界近现代史上的革命往往也是一种意识形态事件，而革命史写作与意识形态之间也有着复杂的关联。美国史学界关于美国革命的历史叙事，经历了从“辉格主义范式”向“新美国革命史学”的转变，“建国之父”领导的政治革命被改写成了一场由普通民众和边缘群体扮演主角的全面变革。他强调这种经过重构的美国革命史带有浓厚的意识形态色彩，已经从学术的边缘走向了中心，并为当前美国社会各种激进的意识形态提供了新的能量。[58]他还指出，在美国的建国历程中，古典传统究竟发挥了什么作用乃是学术界极富争议的问题，研究古典学的学者通常过分强调古典传统的影响，而研究现代史的学者则往往低估美国建国与古代经验的联系。他认为两种看法都有偏颇，实际上美国的建国者们既充分吸收了古代历史的经验教训，但也未完全认同，而是借助自己的政治智慧和现实关怀对两者进行了改造和转化，最终超越了古典传统，确立了一种新型政体与意识形态。[59]安然、罗卫华和朱宇以美国著名小说《屠场》为考察对象，认为这部作品的本意在于宣扬社会主义的激进思想，但结果却推动了美国食品卫生立法的出台。指出这是社会改革从激进转向改良的典型代表，说明在适当的社会结构与制度框架下，舆论开放和政治稳定是可以兼顾的。美国成熟的民主社会中存在一种内在的稳定机制，能够为舆论功能的发挥设定界限，避免政治动荡。[60]安然还指出，坦慕尼协会是美国政党机器的代表，它的兴衰折射了美国式腐败从泛滥到衰落的过程。认为美国式腐致的生成缘由乃是公共权力体系制度设计的不完善、职能发育的不健全，只有当公共权力对社会资源不具有垄断独占性，腐败才能得到有效治理。[61]茹莹认为，在1905—1917年的俄国革命期间，美国的态度曾发生过极大的变化：对1905年的革命，美国先是表示支持，后又反对；到1917年，美国先是支持二月革命并立即承认临时政府，后却对十月革命表现出极度的敌视，指出美国的俄国观、使命观与革命观是导致其立场变化的重要原因。[62]兰教材认为，从19世纪中后期开始，随着城市化与工业化的快速发展，美国的食品药品质量迅速恶化，致使当时的民间改革者为改善自身的生存环境而奋起抗争，力求通过一部全面的纯净食品药品法。指出经过重重斗争后，美国政府最终在1906年通过了第一部全面的纯净食品药品法，认为这部法案是美国食品药品管制史上的一个重要里程碑，标志着美国正式开始通过社会立法来促进民众福利。[63]

（三）英国史

吴必康认为，民生问题是政党执政和国家治理的关键所在。英国民生政策与理论发展的核心在于资本的利润追求与百姓的柴米油盐之间社会利益关系的相对平衡，实质上是为防止民生问题恶化失控而危及资本统治，英国各大政党的执政本质都是致力于维护资本的根本权益并维持民生底线。[64]郭家宏认为，在19世纪，英国民间慈善事业得到飞速发展，渗透到社会生活的各个方面。到19世纪中期，慈善组织收到的善款甚至超过了国家在济贫方面的总费用，发挥了重要作用；而在此发展过程中逐渐形成的以私人慈善、工人自助互助与政府救济为主要形式的多元救助体系，对稳定社会秩序、进行社会调控也发挥了重大作用。[65]他和王广坤指出，在19世纪下半期，为应付国家政府管理职能不断扩大、公共开支日益增加、政府财政负担逐渐加重的局面，缓解日益严重的贫困与贫富差距现象，英国政府进行了以所得税、遗产税等为内容的财税制度改革，使得政府财政收入大大增加，从而得以加大民生投资，一定程度上减轻了工人阶级的负担，缓解了贫困与贫富差距现象，为20世纪英国走向福利社会奠定了基础。[66]杭聪认为，二战后，英国对于英属黑非洲殖民地的公职人员的政策有过三次调整，分别以扩招、稳定与留任为重点，很好地配合了英国的殖民政策。但这些政策并没有解决独立前后殖民地公职人员缺乏的状况，直接原因在于英国撤退得过快，深层原因则在于其长期以来对殖民地社会发展的忽视。[67]许海云指出，二战后，英国对德政策的指导思想是限制和防范。但在美苏冷战的刺激下，英国调整对德政策，实施使西部德国融入西方阵营的政策。朝鲜战争爆发后，英国主张对西德实施“有限武装”，随着战争进程的深入，又倡导“全面武装”。认为这种政策变化不仅影响了西德的政治、经济与安全，也影响到英国自身以及北约防务体系建设。[68]许志强认为，18世纪上半期，在伦敦向消费社会转型的过程中，下层民众中出现了一股被称为“杜松子酒之靡”的酗酒之风。各阶层分别从自身利益出发，围绕酗酒问题与酒水立法展开了一场广泛的社会争论。最终，政府通过的杜松子酒法案遭到了民众的极力反对，1736年颁布的法案还引发了多次反禁酒运动。英政府的酒水立法曲折性不仅体现出伦敦各社会群体的利益博弈，也反映了英国在社会转型时期的张力。[69]他还认为，英国在近代早期的主日学校运动是当时中产阶级知识精英为解决童工教育问题所作出的一种尝试，有着特定的社会背景和观念源起。指出在工人阶层的广泛参与下，到19世纪中期，多达半数以上的英国儿童都得以在主日学校中注册学习，使得主日学校既是工人子弟提高识字水平、接受宗教教育的场所，也是其文化生活的重要纽带。[70]他还认为，重述历史是为当下现实提供某种合法性的重要方式。而英国之所以在19世纪将中世纪传说中的“亚瑟王”和“罗宾汉”形塑为民族英雄，也有试图加强民族认同，促进民族统一的现实考虑。随着这两大角色的深入人心，致使民族形象的构建经历了从宏大政治话语向多面现实生活的转变。亚瑟王和罗宾汉两大形象的差异也体现出英国民族性中对立、复杂和多元的一面。[71]

（四）德国史

徐健认为，在近代早期的东西方贸易中，德意志商人一直追随伊比利亚半岛国家葡萄牙和西班牙从事海外拓殖活动，在东、西印度以及包括中国澳门在内的西太平洋经济区留下了商业足迹。她选取威尔瑟商社和福格尔商社进行个案研究，特别关注威尔瑟—福格尔商社驻亚洲代表费迪南德·柯隆在果阿、马六甲和中国澳门的商业和政治活动，指出德意志商人在近代早期欧洲大国错综复杂的争霸斗争中所起的作用，他们在以欧洲为中心的世界市场形成过程中起到重要作用。[72]孙立新与崔文龙认为，自20世纪90年代起，德国柏林自由大学东亚研究所以罗梅君教授为首的中德关系史研究小组曾经一反传统的、以政治外交为重点的中德关系史编纂模式和现代化理论，提出了“跨文化相互作用”的新理论，并通过具体实践，把这一理论付诸运用，取得了重要的研究成果。这种“跨文化相互作用”的理论和实践不仅颠覆了“欧洲中心论”在近代中德关系史研究中的霸权地位，而且为近代中德关系史研究提供了切实可行的理论方法论工具和值得借鉴的范例。[73]

（五）俄苏史

张建华认为，第二次世界大战后，东欧社会主义国家主动或被动地采纳了高度集中的苏联模式。在此背景下，米洛凡·吉拉斯提出了“新阶级”理论，对苏联模式和社会主义道路进行了反思，将社会主义建设和各国领导阶层中出现的腐败现象视为“新阶级”问题。这种理论虽然在结构上并不严谨，但却提出了一些关于社会主义建设的具体建议，对我们有极深刻的启发意义。[74]他还认为，苏维埃文化建设是俄国社会主义革命的重要组成部分。历来为各个阶段的领导人所重视，在苏维埃政权创建之初，红色革命的领袖列宁、斯大林和布哈林均以极大精力去关注苏联的“文化革命”和“文化建设”，但三者的思想认识和政策结果都不尽相同。[75]他还指出，在冷战时期，苏联共产党和政府运用了“敌人形象”的特殊影响，借以整合和唤起苏联公民的“苏维埃爱国主义”意识，以对抗美国与西方的文化和政治压力。苏联国内政治中的“敌人形象”主要是反“世界主义”运动和意识形态领域里的大批判运动。[76]张树华认为，我们在苏联解体、苏共垮台20周年之际，应该重新回顾和总结苏联政治改革与民主化的教训，需要在以下几个方面引以为戒：一是改革是社会主义自我完善的手段，改革不能变成“信仰放弃、方向背弃、主义抛弃”；二是苏共是苏维埃政权和政治体系的根本和核心，失去了苏共也就没有了苏联；三是改革是社会主义制度的自我完善，必须要坚持社会主义方向，必须在党的领导下进行。政治改革必须有利于国家稳定和民族团结，必须有利于提升政治民主、政治稳定和政治效率。[77]王晓菊指出，近五年来国内学者的俄罗斯史研究成果突出，在俄国史研究的俄国现代化问题、农村公社问题以及俄国思想文化史等领域都有突破性进展；在苏联史研究上，有关斯大林模式与苏联解体问题仍然是学界关注的热点，但外交史与社会史的研究也取得突破，在一直薄弱的地区史研究上也有突破；不足之处主要表现在对日常生活史研究缺乏关注、实证性研究欠缺、学术视野未能拓展，这些都需要后来者努力改进[78]。

（六）日本史

宋成有指出，日本学者安重根与福泽谕吉是东亚近代思想史上的知名人物，他们都关注东亚现状、发展趋势及对策方案，各自都提出过“东洋论”。前者立足于世界和平，主张韩日清三国平等合作、友好共处，倡导“东洋和平论”，展现出超时空的宏大眼光与胸怀。而后者则从“文明论”的立场出发，主张突出日本一国权益并主导东亚的“东洋政略论”，给东洋地区带来硝烟战乱。[79]文春美认为，二战前在日本两大政党内阁中宪政会、民政党与政友会的对华政策变幻不定，缺乏一贯性。宪政会以“日英同盟”为基轴，强调维护从“二十一条”中获利的外交路线；但在护宪三派内阁以后，却转变为以国际协调、不干涉中国内政为内容的“币原外交”。政友会的中国政策则从原敬内阁时期的对美协调、对中国内政不加干涉，转变为田中义一内阁时期的“自主外交”。而且，同一政党的不同时期，甚至同一人物主持内阁的不同时期，对中国政策的变化幅度也极大。指出导致这种转变的原因不仅有中国民众日益高涨的反日爱国民族主义运动，也与国内经济环境的变化息息相关。认为支持政党组阁势力的经济利益，才是日本对华政策调整的决定性因素。[80]唐利国认为日本幕末变革思想深受日本近世（17世纪初至19世纪中叶）传统兵学的影响。吉田松阴是这种兵学思想的创始人，他自幼奠定了以山鹿流兵学为中心的学问基础，从根本上塑造了他独特的变革逻辑，使他对“约”和“博”的辩证关系有着较为深刻的体认，对其他流派的兵学以及各种学问都抱有积极开放的求知态度；而他对“理”与“变”的辩证关系也有着较为深入的了解，形成了以不变的“理”为指导且与时俱变的理念；他所服膺的日本近世兵学具有强烈的政治关怀，促使他不仅能在军事上随机应变，且在政治上也日渐萌发出独特的变革意识，致使他和他的门下前仆后继地投身于倒幕维新运动，推动日本走上了近代化之路。[81]王立新认为，自从1955年开始，日本经济就进入高速增长期。随着工业化与城市化的发展，大量人口从农村流入城市，其中大多数人沦为城市“边缘人”，成为弱势群体。此时，代表着城市低收入阶层的宗教团体——“创价学会”所采取的人文关怀行为和“人性革命”等主张顺应了弱势群体的心理与价值观的需求，成为吸引弱势群体入会的有力手段。而且，为了更好地维护团体利益，创价学会还积极参与政治，其政治代表公明党奉行的“中道政治”使其可以灵活地调整自己的政治策略，从而为提高影响力并逐步走上联合执政之路奠定了基础。[82]

（七）城市史研究

俞金尧认为，20 世纪以来，发展中国家的城市化历史为我国今后的城市化提供了三个方面的重要启示：把握好城市化速度与城市居民生活质量的关系，使得两者和谐发展，不可偏废其一；将乡村发展与健康的城市化进程结合起来，让乡村建设成为城市化发展的基石；要处理好工业化与城市化的关系，不要盲目追求新型的工业化战略，而要立足实际，大力发展劳动密集型工业以缓解就业压力。[83]

（八）环境史

梅雪芹认为，环境史在推动中国世界史学科发展方面起到了重要作用。它不仅有助于世界史研究观念的转变、世界史研究领域的开拓，而且还能将世界史研究与现实需要结合起来，更大程度地体现史学的实际功用，加强与现实的联系；推动生态文明建设所需要的经济运行模式、科技与制度甚至民众观念的全面转变；世界史研究应该大力发展以研究全人类整体宏观历史，发挥关心民族和人类的命运的世界史学科研究价值，促进环境史研究，抓紧编撰绿色（环境）世界史，为追求、建设生态文明，塑造生态文明下的个人素养奠定基础。[84]毛达指出，城市环境史在其近 20 年的发展历程中，出现了一些值得思考的学术现象。首先，一场关于城市是不是环境史研究对象的学术争论，不仅肯定了城市环境史研究的必要性，更推进了环境史的理论思考。其次，在城市环境史研究范式的转变上，新一代学者提出了用“政治文化路径”分析补充“技术路径”分析的主张，并最终改变了城市环境史研究的面貌。最后，因为空间尺度和研究对象的差异，城市环境史研究出现了“内在论”和“外在论”两种方向。不同学者在坚持各自方向的同时，也在尝试进行综合，力图写出更全面的城市环境史。[85]高国荣认为欧洲的环境史研究虽然起步较晚，但却成绩斐然，研究成果丰厚。欧洲历史研究中的历史地理学、法国年鉴学派与汤因比的有关著作，都为环境史在欧洲的兴起提供了充足的理论滋养。从总体上看，欧洲的环境史研究具有更多的跨学科研究特色与更为宏观的全球史研究视野，而且从一开始就重视城市环境问题。[86]他还指出，美国的环境正义运动兴起于 20 世纪 70 年代，其实质是社会底层尤其是少数族裔和低收入民众争取环境权益平等的运动。这场运动之所以产生，乃是由于美国的毒害废弃物集中分布在了低收入社区以及有色人种社区，而具体运动的开展一开始就受到民权运动的推动。此后，1982 年的沃伦抗议、1987 年《美国的有毒垃圾与种族：关于有害废弃物处理点所在社区的种族和社会经济性质的全国报告》调查报告的发布、1991 年第一届有色人种环境领导人峰会的召开，都将环境正义运动逐渐引向深入，对美国的环保运动及政府的环境政策产生了深远的影响。[87]他还认为，从 20 世纪 80 年代开始，美国主流环保组织的体制化趋势十分明显。主流环保组织的体制化主要体现为环保组织自身建设的加强、环保组织间长效合作机制的建立及环保组织斗争方式的改变等三大方面。这种主流环保运动的体制化有利于扩大它们的社会影响，促使美国民众的环保意识、美国社会的生产和消费及美国的环境政策都因此而发生一系列改变。但是，环保运动的体制化也使它在结构、制度和指导思想等方面存在诸多缺陷，从而限制了环保运动的纵深发展。[88]

（九）全球史

刘新成梳理了全球史观在中国的情况。[89]董正华认为，“全球史”要求从“一体化”或“整体性”的角度研究和编纂世界史，反映了全球化的大趋势。全球史的第一要义乃是运用“世界—历史的”方法进行跨民族、跨文化的研究，在此研究中应当有一个包括世界经济体的生成与发展、民族国家体系的全球扩展、多样的现代性以及普通人的日常生活等在内的多层级叙述结构。如何认识工业资本主义在近现代世界历史上的地位，仍然是“全球史观”争论的核心问题。[90]何顺果认为各民族“普遍联系”论和“社会形态”演进论可以视为“世界历史”概念及思想体系的两个要点或思路，将有关“世界历史”的横向发展与纵向发展涵括其中，系统揭示出马克思“世界历史”概念的丰富内涵，论证人类社会的演化而非横向联系才是构成世界历史的主线，“大工业”的发展仅是世界历史中两种趋势发生“交集”的开始，而“国际社会”的形成和发展才是两种趋势的“真正交集点”。据此，他认为西方的全球史并不是完整的世界史，因而不能取代传统世界史。[91]刘文明认为，近年来传染病研究已经成为全球史研究领域的重要组成部分。麦克尼尔与克罗斯比都通过这种全球史视域下的传染病研究，试图从疾病传播的角度来看待人类文明的发展以及欧洲殖民大扩张，并相继提出了“文明病”“寄生梯度”“处女地传染病”“微寄生”与“巨寄生”等概念与分析范畴，为我们理解跨文化接触中的重大历史现象提供了一个崭新视角。[92]他还认为，克罗斯比的代表性著作《哥伦布交流》《生态帝国主义》与《病菌、种子和动物》都是从全球视野与生态视角来理解欧洲的兴起与扩张，并试图构建起一种具有普遍解释力的历史研究之“脚本”。指出这一“脚本”的具体内涵包括：将人当作一个生物体来理解；关注传染病对人类历史的影响；从全球生态系统来理解欧洲的扩张，借用地理学、生物学、生态学等其他学科的方法来研究历史等。[93]

（十）思想文化史

刘文明认为，在19世纪，欧洲在对外扩张过程中建构起一套“文明”话语，将世界分为文明、半文明和野蛮三类地区，“文明”成为欧洲称霸世界的意识形态。到19世纪下半叶，在中国与欧洲互动的过程中，一方面，西文 civilization 与中文“文明”在日本对译起来并传到中国，使原有中文“文明”一词具有了新义。另一方面，欧洲“文明”话语对晚清涉外官吏和知识分子发生作用，尤其是国际法对“文明”的要求和日本“文明开化”的示范，使他们对欧洲“文明”的内涵有了更感性的认知。[94]他还认为，西义“文明”的基本内涵在东渐过程中，从基佐到福泽谕吉再到梁启超，有一条清晰的承继脉络，同时也有吸收过程中的本土化改造。福泽谕吉和梁启超都是在这个欧洲主导的话语体系中试图为本国寻找富强之路，在不断吸收中建构起适合于本国的“文明”。但是，由于国情不同，西义“文明”在日本和中国本土化的结果差异显著。[95]高毅认为，“现代性”之所以被很多人视为纯西方的东西，主要都是受“西方中心论”的影响。这种影响却长期得不到西方主流学界应有的承认。现代性的两个最根本的价值——自由和平等，都是在中华文明的某些积极要素的启迪作用下由法国主流启蒙思想家们建构、确立起来的。[96]钱乘旦认为辛亥革命是在西方列强向全世界所有文明核心区发动全面进攻并几乎要取得成功时，整个世界作出剧烈反弹的一个重要环节。辛亥革命是正当“西方的优势”几乎要湮没所有其他文明的时候，中国精英阶层通过向西方学习、试图将古老的中华文明转变成先进西方文明的典型。强调辛亥革命不是“文明的冲突”而是“文明的回归”，体现出世界上的每一个文明都正在重新找回自身的价值，是世界历史上文明发展的一个转折点。[97]

注：

①杭聪：《全国社会科学院世界历史研究联席学术研讨会综述》，《世界历史》，2011年第6期。

②王若茜、胡明岚：《“世界史发展进程的回顾与展望”研讨会综述》，《世界历史》，2011年第6期。

③刘亮、赵琪：《“2011年史学理论与史学史国际学术研讨会”综述》，《史学史研究》，2011年第4期。

④毕健康、宋丽萍、许亮：《“十一五”期间我国亚洲史研究状况》，《世界历史》，2011年第4期。

⑤刘兰：《“十一五”期间非洲史研究状况》，《世界历史》，2011年第4期。

⑥郭小凌：《中国世界史学科的前世今生》，《河北学刊》，2011年第1期。

⑦黄春高：《2005—2009年中国世界中世纪史研究综述》，《世界历史》，2011年第1期。

⑧毕健康：《埃及国别研究综述》，《西亚非洲》，2011年第5期。

⑨《30年来中国的日本研究概况——中华日本学会2011年年会暨学科综述研讨会发言摘要》，《日本研究》，2011年第3期。

⑩彭小瑜：《道德关怀与当前中国中古世界史研究的域外借鉴》，《河北学刊》，2011年第1期。

⑪钱乘旦、吕一民、徐健：《“十一五”期间的世界近代史研究》，《世界历史》，2011年第4期。

⑫李世安、庞永锋：《“十一五”期间的世界现代史研究》，《世界历史》，2011年第1期。

⑬朱孝远：《如何学习研究世界史》，北京大学出版社，2011年版。

⑭彭刚：《当代西方史学理论中的安克斯密特》，《史学理论研究》，2011年第3期。

⑮董立河：《关注政治现实，创新历史思维——谈安克施密特的学术追求》，《史学理论研究》，2011年第3期。

⑯张安玉：《安克斯密特历史经验理论——历史哲学的新视角》，《史学理论研究》，2011年第1期。

⑰张云波：《安克斯密特论语言与崇高历史经验的关系》，《史学理论研究》，2011年第3期。

⑱董立河、李卫红：《奥克肖特的“历史经验”理论及其当代价值——一种基于〈经验及其模式〉的解读》，《史学史研究》，2011年第2期。

⑲姜芃：《跨文化研究的话语——关于历史思维的讨论》，《山东社会科学》，2011年第3期。

⑳俞金尧：《微观史研究与史学的碎化》，《历史教学》，2011年第24期。

㉑俞金尧：《书写人民大众的历史：社会史学的研究传统及其范式转换》，《中国社会科学》，2011年第3期。

㉒《互联网与史学观念变革》，《史学理论研究》，2011年第4期。

㉓易宁：《古代希腊史学的普世观念》，《史学史研究》，2011年第2期。

㉔易宁：《历史理论与外国史学史研究的前沿和创新》，《史学史研究》，2011年第4期。

㉕杨共乐：《罗马早期史学的发展脉络》，《史学史研究》，2011年第2期。

㉖刘林海：《早期基督教的历史分期理论及其特点》，《史学史研究》，2011年第2期。

㉗李隆国：《说“公元（前）”》，《首都师范大学学报》（社会科学版），2011年第2期。

㉘刘文明、曾金花：《20 世纪末澳大利亚的“史学危机”与高校历史课程改革》，《湖南科技大学学报》（社会科学版），2011 年第 6 期。

㉙董经胜：《墨西哥革命：从官方史学到修正派史学》，《史学集刊》，2011 年第 6 期。

㉚王海利：《阿道夫·埃尔曼的埃及学研究》，《史学史研究》，2011 年第 4 期。

㉛郭子林：《古埃及托勒密王朝对法尤姆地区的农业开发》，《世界历史》，2011 年第 5 期。

㉜刘欣如：《从雅利安人到欧亚游牧民族：探索印欧语系的起源》，《历史研究》，2011 年第 6 期。

㉝王大庆：《从奥林匹亚赛会看古希腊人的平等观念》，《史学理论研究》，2011 年第 2 期。

㉞李永斌、郭小凌：《阿波罗崇拜的起源与传播路线》，《历史研究》，2011 年第 3 期。

㉟李永斌：《德尔斐神谕探析》，《世界宗教研究》，2011 年第 5 期。

㊱朱毅璋：《洛布版〈德谟斯提尼演讲词〉（Ⅱ）部分英译问题商榷》，《世界历史》，2011 年第 1 期。

㊲晏绍祥：《18 世纪欧洲关于古典世界历史的学术》，《史学理论研究》，2011 年第 3 期。

㊳胡玉娟：《试论罗马起源传说的生成与演变》，《世界历史》，2011 年第 3 期。

㊴刘衍钢：《马塞里努斯笔下的罗马工兵装备考》，《古代文明》，2011 年第 1 期。

㊵杨共乐：《早期丝绸之路探微》，北京师范大学出版社，2011 年版；《“丝绸西销导致罗马帝国经济衰落说”源流辨析》，《史学集刊》，2011 年第 1 期；《古代罗马作家对丝之来源的认识》，《北京师范大学学报》（社会科学版），2011 年第 3 期；《关于古希腊有过中国丝的质疑》，《河北学刊》，2011 年第 4 期；《丝路石城方位考》，《世界历史》，2011 年第 5 期。

㊶杨共乐：《早期丝绸之路探微》，北京师范大学出版社，2011 年版。

㊷郭小红：《古罗马向东方的探索与丝绸之路》，《首都师范大学学报》（社会科学版），2011 年增刊。吴琼：《早期拜占庭帝国的丝织业》，《科学技术哲学》，2011 年第 2 期。

㊸李隆国：《什么是封建社会——读马克垚〈封建经济政治概论〉》，《史学理论研究》，2011 年第 4 期。

㊹侯树栋：《断裂，还是连续：中世纪早期文明与罗马文明之关系研究的新动向》，《史学月刊》，2011 年第 1 期。

㊺赵文洪：《欧洲公地制度的政治学遗产》，《学海》，2011 年第 2 期。

㊻陈志坚：《试析中世纪英格兰教会对私生子权利的保护》，《首都师范大学学报》，2011 年第 3 期。

㊼张炜：《论印刷媒介对近代早期英国教育变革的影响》，《杭州师范大学学报》（社会科学版），2011 年第 2 期。

㊽孟广林、鞠长猛：《论亨利八世在宗教改革时期的叛逆罪立法》，《黑龙江社会科学》，2011 年第 3 期。

㊾李隆国：《分化与突破：14—16 世纪英国农民经济》，北京大学出版社，2011 年版。

㊿何平：《意大利文艺复兴艺术家与近代科学革命——以达·芬奇和布鲁内勒斯基为中心》，《历史研究》，2011 年第 1 期。

51孟广林：《从中世纪向近代过渡时期的思想启蒙》，《学海》，2011 年第 1 期。

52朱孝远：《宗教改革与德国近代化道路》，人民出版社，2011 年版。

53彭小瑜：《“经济利益不是生活的全部”——理查德·亨利·托尼的资本主义批判》，《史学集刊》，2011 年第 4 期。

54彭小瑜：《“爱天主之效，莫诚乎爱人”——全球史语境中的近代早期耶稣会》，《华中师范大学学报》（社会科学版），2011 年第 5 期。

55高铁军：《传播的革命：印刷术对德国宗教改革的影响——由爱森斯坦的观点引发的思考》，《长沙大学学报》，2011 年第 6 期。

56贾平平：《慈温利神权政治的思想和实践》，《长春理工大学学报》（社会科学版），2011 年第 8 期。

57陈玉瑶：《促使法兰西民族走向统一的有利条件》，《世界民族》，2011 年第 2 期。

58李剑鸣：《意识形态与美国革命的历史叙事》，《史学集刊》，2011 年第 6 期。

59李剑鸣：《在雅典和罗马之间——古典传统与美利坚合众国的创建》，《史学月刊》，2011 年第 9 期。

60安然、罗卫华、朱宇：《从激进到改良——从小说〈屠场〉看美国政治稳定与舆论开放的兼容性及其起源》，《内蒙古师范大学学报》（哲学社会科学版），2011 年第 5 期。

61安然：《从坦慕尼协会的兴衰看美国式腐败生成与治理的根源》，《社会科学战线》，2011 年第 10 期。

62茹莹：《试析美国对俄国革命的反应（1905—1920）》，《世界历史》，2011 年第 2 期。

63兰教材：《美国 1906 年纯净食品药品法之由来》，《史学月刊》，2011 年第 2 期。

64吴必康：《英国执政党与民生问题：从济贫法到建立福利国家》，《江海学刊》，2011 年第 1 期。

65郭家宏：《19 世纪英国民间慈善活动探析》，

《学海》，2011 年第 2 期。

(66)郭家宏、王广坤：《论 19 世纪下半期英国的财税政策》，《史学月刊》，2011 年第 8 期。

(67)杭聪：《略析战后英国在英属黑非洲的公职人员政策（1945—1963）》，《唐山学院学报》，2011 年第 2 期。

(68)许海云：《英国"重新武装西德"政策再辨析》，《社会科学战线》，2011 年第 10 期。

(69)许志强：《伦敦"杜松子酒之靡"：社会转型与酗酒问题》，《史林》，2011 年第 1 期。

(70)许志强：《英国主日学校运动的背景、发展与影响》，《历史教学》，2011 年第 14 期。

(71)许志强：《19 世纪英国民族形象的历史建构——以形塑亚瑟王与罗宾汉为例》，《东方论坛》，2011 年第 3 期。

(72)徐健：《十六七世纪德国威尔瑟—福格尔商社在东方的贸易活动》，《世界历史》，2011 年第 5 期。

(73)孙立新、崔文龙：《"跨文化相互作用理论"与近代中德关系史研究》，《理论学刊》，2011 年第 1 期。

(74)张建华：《"新阶级"与"特权阶层"：吉拉斯对苏联政治与社会结构演变的分析》，《黑龙江社会科学》，2011 年第 1 期。

(75)张建华：《红色领袖列宁、布哈林、斯大林——对"文化革命"和苏维埃文化的理解与阐释》，《俄罗斯学刊》，2011 年第 1 期。

(76)张建华：《政治动员背景下苏联国内政治中的"敌人形象"》，《史学月刊》，2011 年第 4 期。

(77)张树华：《苏联政治改革与民主化的教训——苏共败亡20 年祭》，《政治学研究》，2011 年第 5 期。

(78)王晓菊：《近年国内的俄罗斯史研究》，《世界历史》，2011 年第 2 期。

(79)宋成有：《安重根"东洋和平论"与福泽谕吉"东洋政略论"评述》，《大连近代史研究》，2011 年第 8 卷。

(80)文春美：《二战前日本政党内阁对中国政策变化的原因分析》，《史学集刊》，2011 年第 2 期。

(81)唐利国：《论日本传统兵学对幕末变革思想的影响——以山鹿流兵学家吉田松阴为例》，《北京师范大学学报》（社会科学版），2011 年第 1 期。

(82)王立新：《战后日本的宗教与政治——以"创价学会"与公明党为例》，《临沂大学学报》，2011 年第 3 期。

(83)俞金尧：《20 世纪发展中国家城市化历史反思——以拉丁美洲与印度为主要对象的分析》，《世界历史》，2011 年第 3 期。

(84)梅雪芹：《环境史研究与当前世界史学科的发展》，《河北学刊》，2011 年第 1 期。

(85)毛达：《城市环境史研究发展过程中的重要学术现象透析》，《世界历史》，2011 年第 3 期。

(86)高国荣：《环境史在欧洲的缘起、发展及其特点》，《史学理论研究》，2011 年第 3 期。

(87)高国荣：《美国环境正义运动的缘起、发展及其影响》，《史学月刊》，2011 年第 11 期。

(88)高国荣：《1980 年代以来美国主流环保组织的体制化及其影响》，《陕西师范大学学报》（哲学社会科学版），2011 年第 6 期。

(89)刘新成：《全球史观在中国》，《历史研究》，2011 年第 6 期。

(90)董正华：《论全球史的多层级结构》，《贵州社会科学》，2011 年第 11 期。

(91)何顺果：《世界历史：马克思的概念及思想体系——兼谈西方全球史学的成就与局限》，《世界历史》，2011 年第 4 期。

(92)刘文明：《全球史视野中的传染病研究——以麦克尼尔和克罗斯比的研究为例》，《上海师范大学学报》（哲学社会科学版），2011 年第 1 期。

(93)刘文明：《从全球视野与生态视角来考察历史——克罗斯比治史方法初探》，《史学理论研究》，2011 年第 1 期。

(94)刘文明：《19 世纪欧洲"文明"话语与晚清"文明"观的嬗变》，《首都师范大学学报》（社会科学版），2011 年第 6 期。

(95)刘文明：《欧洲"文明"观念向日本、中国的传播及其本土化评述——以基佐、福泽谕吉和梁启超为中心》，《历史研究》，2011 年第 3 期。

(96)高毅：《中华文明对欧洲启蒙运动的贡献之我见》，《贵州社会科学》，2011 年第 5 期。

(97)钱乘旦：《论辛亥革命在世界历史上的定位》，《中共中央党校学报》，2011 年第 5 期。

（作者：刘林海、郭家宏，北京师范大学教授；王广坤，北京师范大学博士生）

考古学

考 古 学

高崇文

2011年，北京地区各科研单位及高校陆续发表了一系列新的考古资料和研究成果，在众多研究领域均取得了重要进展。现综述如下：

一、重要学术会议

2011年1月11日，由中国社会科学院考古研究所主办、《考古》杂志社承办的第十届“中国社会科学院考古学论坛·2010年中国考古新发现”召开，会议听取了江苏苏州市木渎春秋城址、浙江东苕溪中游商代原始瓷窑址、山西翼城县大河口西周墓地、新疆吐鲁番鄯善县吐峪沟石窟、湖南永顺老司城遗址、广东汕头市“南澳Ⅰ号”明代沉船等6个重要遗址的发现情况，与会专家学者展开了深入讨论，研究了这6处遗址的重要学术意义。[①]

2011年6月9日，由国家文物局主办、中国考古学会协办、中国文物报社承办的“2010年度全国十大考古新发现”评选结果揭晓，入选项目是：河南新郑望京楼夏商时期城址，山东济南大辛庄商代遗址，山西翼城大河口西周墓地，江苏苏州木渎古城遗址，陕西西安凤栖原西汉家族墓地，新疆鄯善吐峪沟石窟群和佛寺遗址，陕西蓝田北宋吕氏家族墓园，湖南永顺老司城遗址，江苏南京大报恩寺遗址，广东汕头市“南澳Ⅰ号”明代沉船遗址。[②]2012年4月13日，“2011年度全国十大考古新发现”评选结果揭晓，入选项目是：河南郑州老奶奶庙旧石器时代遗址，福建漳平奇和洞遗址，浙江余杭玉架山史前聚落遗址，内蒙古通辽哈民史前聚落遗址，四川宜宾石柱地遗址，湖北随州叶家山西周早期曾侯墓地，辽宁建昌东大杖子战国墓地，江苏盱眙大云山江都王陵，山西大同云冈石窟窟顶北魏辽金佛教寺院遗址，山东京杭大运河七级码头、土桥闸与南旺分水枢纽遗址。[③]

2011年8月19—21日，由北京联合大学文化遗产研究所和北京联合大学应用文理学院历史文博系主办的“文化上‘早期中国’的形成和发展学术研讨会”在北京召开，有相关科研单位及高校的40余位学者参加了研讨会。研讨会主要围绕商代以前“早期中国”文化的统一性和多样性、各区域文化的特点及相互交流等问题进行了研讨。此次研讨会对“早期中国”文化多元一体、连续发展的本质特点，对早期中国文明在古代世界的重要历史地位等问题进行了深入研究。[④]

2011年10月19日，由中国国家博物馆、韩国国立海洋文化财研究所联合举办的“第一届中韩水下考古学术研讨会”在北京召开，中韩40余名水下考古专家学者参加了研讨会。研讨会就中国水下考古调查与发现、韩国泰安马岛3号沉船发掘成果、华光礁1号沉船出水陶瓷器、水下考古发现的高丽时代木简，以及水下考古发掘方法等问题进行了研讨，取得了良好效果，促进了双方交流。[⑤]

2011年11月6—8日，由中国社会科学院、国家文物局主办的“仰韶和她的时代——仰韶遗址发现90周年国际学术研讨会”在河南渑池召开，有国内外100多位学者参加了研讨会。研讨会共分三个议题：一是回顾和总结了仰韶文化发现和研究的巨大成绩；二是仰韶文化的新发现及多学科研究；三是探讨了仰韶文化的各阶段与其他地区文化的交流。此次研讨会是对90年来仰韶文化发现和研究的回顾与总结，同时提出了仰韶文化今后的研究方向，这将有力地促进仰韶文化研究更加广泛深入地发展。[⑥]

二、考古遗址公园规划研究、北京古城规划研究

国家文物局局长单霁翔的《试论考古遗址公园的科学发展》一文从确立科学保护理念、重视揭示文化遗产价值、实现遗址整体保护、推动考古学科发展、普及公共考古知识、整合文化遗产资源、创新保护展示理念、突出城市文化特色、形成优美生态环境、促进经济社会发展、改善民众现实生活、动员各界参与保护等方面，论证了考古遗址公园设立的必要性，探索了考古遗址公园建设模式。[⑦]北京市文物局局长孔繁峙连续撰文，阐述了古都北京的历史文化内涵和特点，论证了古都北京在都城发展史上的重要地位，指明了北京城“中轴线”申报世界文化遗产的战略意义。[⑧]

三、重要考古发现与研究

（一）旧石器时代考古发现与研究

北京大学考古文博学院与郑州市文物考古研究院于2010年和2011年先后联合发掘了河南新密市李家沟遗址和郑州老奶奶庙遗址。李家沟遗址距今

10500年至8600年左右，包含了旧石器到新石器时代早期文化叠压关系的地层剖面，为研究中原及邻近地区旧、新石器时代过渡及新石器文化的起源提供了重要资料。[9]老奶奶庙遗址距今约4万年，发现数量众多的文化遗物和以灰烬堆积为中心的活动面遗迹。在嵩山东麓一带调查发现数百处旧石器遗址群。研究者指出，老奶奶庙遗址及嵩山东麓旧石器遗址群的新发现确切证明，早在距今3万—5万年前中原地区已有繁荣的旧石器文化与复杂的栖居形态。晚更新世人类在这一地区繁衍生存的辉煌历史，不但是探讨中华文明之源的重要资料，而且更进一步展示出多项与现代人行为密切相关的新文化特征。这些新发现，与中国及东亚现代人起源于非洲的论断明显相悖，而很清楚地展示了我国境内更新世人类发展的连续性特点，为研究现代人类及其行为在东亚地区出现与发展提供了非常重要新视角。[10]

2011年4—10月，陕西省考古研究院、中国科学院古脊椎动物与古人类研究所等单位对陕西洛南盆地的张豁口旧石器遗址进行了发掘，出土各类石制品1.6万余件，包括石料、石锤、石砧、石核、石片及经加工修理的手斧、手镐、薄刃斧、砍砸器、大型石刀和石球等重型器物。在洛南盆地调查发现有300余处旧石器地点，大致分为距今60万—80万年、30万—40万年和10万—20万年三个时期。研究者指出，洛南盆地旧石器遗址群构建了区域内完整而系统的人类演化历史和考古学发展序列。[11]

（二）新石器时代考古发现与研究

2007年7月—2008年1月，北京大学考古文博学院对河北临城县补要村遗址北区进行了发掘，发现了仰韶文化晚期遗存，从文化面貌看，受到了来自冀中北部雪山一期文化类型和来自冀南地区大司空文化类型的影响，又有明显的本地文化特点，可命名为“仰韶文化补要类型”。[12]2011年春季，中国国家博物馆田野考古研究中心、山西省考古研究所等单位对山西绛县周家庄遗址进行了发掘，发现了龙山期壕沟、房址、陶窑、灰坑、墓葬等，其中发掘土坑竖穴墓58座、瓮棺葬64座。此墓地保存比较完整，墓葬数量多，排列有序，这为研究该聚落的社会组织结构、儿童死亡率、人口构成、社会等级分化等问题都提供了直接的资料。[13]河南省文物考古研究所、首都师范大学历史学院等单位发表了1995年发掘的河南煤山龙山文化墓葬简报，共发现龙山时期的墓葬6座，其中3座墓出土了较多彩绘陶器。简报指出，此时期此类墓葬在河南省是第一次发现。[14]袁广阔详细论证了煤山墓葬所表现的社会等级化和中原地区龙山文化与江汉地区石家河文化的交流等问题。[15]

1961年发掘的北京昌平雪山遗址，因各种原因使资料没有得到系统整理。曾参与发掘和初步整理的韩嘉谷利用近些年北京地区新发现的考古资料，对雪山遗址一至四期的时代、文化性质及形成因素等进行了详细论证，基本理清了雪山遗址考古学文化的发展谱系，对认识北京地区的史前文化具有重要的学术意义。[16]吕砚对北京门头沟东湖林遗址、房山镇江营遗址、平谷上宅遗址的孢粉进行了研究，揭示了北京地区新石器时代气候和生态环境的变化，认为新石器时代落后的生产力使得同时代不同地点的人类选择相似的生活环境，优良的气候和自然地理环境促进人类文明快速持续地发展。[17]魏兴涛对河南灵宝底董遗址出土的仰韶文化典型陶器进行了研究，将其分为紧密相接的两期五段，认为一期应为仰韶初期遗存，这为学术界对颇有争议的同类遗存的文化性质与年代的判断得以参照。[18]赵志军对西辽河流域、黄河下游、黄河中游、黄河上游、长江下游、长江中游等15处考古遗址中的植物遗存进行了研究，认为在中华文明的形成时期各地区的农业生产特点不尽相同，其中有北方旱作农业、南方稻作农业、稻旱混作农业等，而黄河中游地区的农业呈现出由单品种农作物种植制度向多品种农作物种植制度转变的特点，这种特有的农业发展模式应该与中华文明的形成之间存在着某种相应关系。[19]韩建业撰文论述了山东、江淮、江浙地区新石器时代各考古学文化的形成与交流，认为山东大汶口文化是在北辛文化的基础上，接受江淮地区龙邱庄文化北上的强烈影响而成，此后又与江淮、江浙地区文化不断交流，加上仰韶文化同时向两地施加影响，从而使得海岱和江淮、江浙地区的文化面貌越来越近似，逐渐在东部沿海地区形成“鼎豆壶杯鬶（盉）文化系统”。[20]

（三）夏商西周时期的考古发现与研究

2010年春季到2011年春季，中国社会科学院考古研究所对河南偃师二里头遗址宫殿区进行了勘探和发掘，发现了由三进院落组成的大型宫室基址，这一发现对研究二里头宫城的总体布局、宫室建筑形制等，提供了重要资料。[21]2007年春季和2008年春季，中国社会科学院考古研究所河南第二工作队对偃师商城西城墙进行了全面复查和勘探，发现西城墙设有三座城门，推测东城墙也应设三座城门。认为这与《考工记》所记“匠人营国，方九里，旁三门”的情形是一致的。在西一城门外找到了商代早期的桥梁遗迹，为了解当时人们的过河方式提供了新资料。[22]2007—2008年，北京大学考古文博学院对河北临城县补要村遗址南区进行了发掘，其中的先商文化遗存较为重要，反映了商人族群虽逐步南下，但对于北部的根据地并未完全放弃，补要村遗址可作为冀中南部先商时期考古学文化的代表。[23]2008—2010年，山东省文物考古研究所在山东高青县陈庄发掘了西周时期的城址、墓葬、车马坑等，并首次发现带有“齐公”字样的铭文资料，表明该城址应与齐国有关，这一发现对研究早期齐国历史具有十分重要的意义。[24]李学勤、李伯谦、刘庆柱、李零、朱凤翰等对该城址、墓葬的时代、铜器铭文的内容、“齐公”与“丰启”的辈分等发表了各自的见解，基本确定“齐公”即齐国始封君姜尚姜太公，“丰启”可能是姜太公第三代孙，该城址可能是齐之营丘或薄姑，也可能是丰启的封邑。[25]2011 年上半年，湖北省文物考古研究所等单位对随州叶家山西周曾国墓地进行了发掘，已发掘墓葬 63 座、马坑 1 座，出土各类文物 700 余件（套），其中铜器 300 余件（套），部分铜器铸有铭文，为研究西周及曾国历史提供了重要的实物资料。[26]李学勤、李伯谦、朱凤翰、刘绪等对叶家山墓葬的时代、铜器特点、铭文内容等发表了各自的见解。[27]可以确定，随州境内在西周早期同时存在着曾、鄂两个封国，基本解开了长期以来争论的“曾国之谜”，也为探讨西周初年周王朝在汉阳（汉东）的封国历史提供了新的证据。2003 年与 2004 年春季，由北京大学考古文博学院和中国社会科学院考古研究所分别主持，发掘了陕西周原庄李西周铸铜遗址，根据发掘资料推测，铸铜作坊的年代可从西周早期一直延续到晚期。这批资料对研究商周时期铸铜工艺的传承和创新，以及西周时期铜器铸造工业的管理、分工等问题提供了重要资料。[28]2011 年 8—11 月，早期秦文化课题组在甘肃清水李崖遗址发掘了 15 座竖穴土坑墓，通过对墓葬形制、葬式、随葬品特征等分析，这批墓很可能是西周时期的嬴姓秦人墓，这为研究秦人的来源及早期活动地域提供了重要资料。[29]

张智勇撰文研究了北京地区夏商西周时期的大坨头文化、围坊三期文化、张家园上层文化、西周燕文化的特征及相互关系，认为此四支考古学文化可以武王克商封燕为界，分为以土著文化为主导的阶段和以西周燕文化为主导的阶段。其中的土著文化即大坨头文化、围坊三期文化、张家园上层文化年代相继、分布地域部分重合且部分文化因素作为传统而承继下来，表明这几支土著文化是北京地区具有一定渊源关系且连续发展的考古学文化。西周燕文化的形成和发展，结束了土著青铜文化居主导地位的局面，使北京地区青铜文化的发展进入到一个新的阶段。[30]韩建业对北京昌平百浮 M2 的墓葬形制、随葬品及年代重新进行了研究，认为此墓当属于商遗民性质的燕国墓葬，墓主人可能为燕国女将军。其中随葬的少量北方系兵器可能是其与北方民族打仗时缴获，并不能作为其为狄人女首领的证据。[31]冉宏林对北京南部、保定地区北部、太行山以东、天津以西地区发现的商周遗存年代重新进行了研究，提出了辨识晚商、西周遗存的标准。[32]何毓灵、岳洪斌撰文，回顾了河南安阳洹北商城的发现与发掘以来十年间的研究情况，梳理了洹北商城的城址布局，在综合分析洹北商城年代的基础上，指出洹北商城应是盘庚迁殷的最初地点。[33]张敏通过对安阳殷墟王陵上的晚期遗存研究，认为商王陵被盗的年代上限不早于西周中期，下限不晚于汉代。[34]施劲松对成都金沙遗址祭祀区出土遗物的文化特点、面貌、性质等进行了研究，认为金沙地域大约在商末至西周晚期时成为成都平原的区域文化中心，其出土遗物所代表的文化是对三星堆文化的延续并变得更为独立。但这类遗存自西周以后便不见了，其去向值得关注。[35]曹斌通过对商文化遗存在南方分布情况进行了分析，探讨了商文化在南方的发展与变化，认为在二里岗上层至殷墟一期阶段，商文化向南已经越过安徽的霍山，发展到安庆一带，强盛时突破了湖南石门至岳阳一线，推进到江西樟树附近。在西南方要远至陕西商洛地区，东南方可达江苏的盐城。但至殷墟二期至四期，商文化在南方全面收缩，反映了商王朝对南土控制力的下降。[36]何晓琳对陕豫鄂三省交界地区出土的西周陶器进行分析，确定此地区在西周时期存在一个独特的考古学文化，可称为“过风楼类型文化”，此类型文化可能就是西周时期的楚文化。[37]高崇文将清华简《楚居》内容与考古资料相结合，探讨了楚早期居地的有关问题，认为楚人最初活动于丹江流域，周初时归附于周，常居宗周佐事周王，鬻熊等所居“京宗”即指西周都邑镐京宗周之地。周成王时封熊绎居丹水之阳的“夷屯”，楚正式建国立都。熊渠之后又沿汉水数次东迁，至西周末熊仪徙居丹淅之会的“若”地。春秋初楚进入宜城平原之诸“郢”，开启了东周时期在江汉地区的大发展。“过风楼类型”考古学文化的发展轨迹与《楚居》所载的楚先祖居地迁徙路径正好相吻合。[38]

（四）东周时期的考古发现与研究

2011 年，北京市文物研究所发掘了北京延庆胡家营东周聚落遗址，发现房址 24 座、灰坑 21 座、灶址 11 座、沟 4 条，出土有陶器、石器、骨器、铁器、铜器等五大类遗物，发现的房址多呈不规则形的半地穴式，陶器也多具独特风格。这批资料为探究该地区文化的族属及南北文化间的交流提供了全新的材料。[39]2006 年 10 月—2007 年 1 月，北京市文物研究所在湖北丹江口市莲花池发掘了 58 座战国秦汉墓，是研究丹江地区楚文化、秦文化和西汉历史文化的重要考古资料。[40]2009 年以来，中国社会科学院考古研究所、苏州市考古研究所对苏州市木渎盆地及周边地区古城址、墓葬等进行了考古调查与发掘，初步推断苏州西南部一处大型遗址可能是春秋晚期具有都邑性质的城址。这项发现为寻找文献记载的东周时期吴国都城提供了重要的考古学线索，还为解读苏州地区东周时期历史文化提供了重要基点。[41]

于璞对北京地区出土的燕瓦当进行了形式分析，推断燕瓦当在北京地区主要流行于战国中期和晚期，主要出土于房山区拒马河流域的战国古城址。拒马河流域地处燕国西部要冲，北拒邻近地区的山戎，结合这些古城址的形制及出土文物，认为此地区的战国古城属军事防御性质。[42]唐际根、彭安保对江西萍乡田中古城的文化面貌、年代、性质等进行了研究，认为此城有可能建于西周时期，毁于春秋晚期，春秋晚期以前的田中古城不属于楚，也不大可能属吴，而应是以百越文化为背景的百越政权所属的古城。[43]张闻捷研究了东周时期中原与楚地用豆制度，认为中原地区的铜豆似较遵循《周礼》的记载，盖豆、方坐豆和浅盘无盖高柄豆分别对应了礼经中的馈食之豆、朝事之豆和羞豆，并以身份等级的不同而取用不同的数量。楚地的漆豆则遵循《礼记·礼器》的记载，“天子之豆二十有六，诸公十有六，诸侯十有二，上大夫八，下大夫六”，并主要有“皇豆”和“合豆”组合而成。[44]

（五）汉唐时期的考古发现与研究

2005年11月—2006年1月，中国社会科学院考古研究所长安城工作队发掘了汉长安城长乐宫六号建筑遗址。其中的房基F2早于六号建筑，出土砖瓦戳印有“宫”“寺”“左司”等，推测F2的年代为秦代或战国秦时期，这一发现不仅为寻找秦的兴乐宫提供了线索，而且也为西汉长乐宫是在秦兴乐宫基础上兴建的文献记载提供了考古方面的证据。六号建筑兴建于西汉早期，一直沿用至王莽时期，初步推测可能是长乐宫的前殿遗址。[45]2010年10月—2011年11月，中国社会科学院考古研究所对汉魏洛阳城北魏宫城五号建筑遗址进行了发掘，廓清了汉魏洛阳故城北魏宫城的空间范围，明确了该宫城始建不晚于魏晋时期，北魏和北周时期沿用，还发现汉晋和北魏时期的河渠遗迹，这些发现对于深入探讨汉魏洛阳故城的城市布局、河道水系的构成和演变等均具有重要的意义。[46]2008年，北京市文物研究所在北京市西城区金融街丰盛胡同附近抢救性发掘了一座唐代壁画墓，壁画内容较完整，主要是牡丹鸽子图、松树假山图等，描绘出一幅园林景致，为了解唐代的绘画艺术提供了实物资料。墓中出土一方墓志，记载了墓主人的生平、官职等信息，并记明该墓葬位于当时的幽都县礼贤乡胡村。这对于研究北京历史地理具有重要价值。[47]

白岩对北京大葆台汉墓中出土的一些文物的定名、功用等重新进行了研究，并指出了某些器物、遗迹在复原中的不准确之处，这为今后利用这些资料进行研究提供了方便。[48]高崇文对湖北云梦出土的汉简《葬律》所载祭奠制度进行了研究，认为西汉的祭奠制度是承之于先秦周代之礼制，与这些祭奠有关的其他殡葬仪式也多承袭先秦周制，目前发现的西汉墓葬印证了《葬律》所记葬制的实际使用及变化情况。[49]杨哲峰对湖北蕲春罗州城汉墓出土的陶瓷器重新进行了梳理，对来自江东、岭南的陶瓷产品进行了甄别。[50]杨勇将云贵高原出土的青铜扣饰分为七个类型，分类探讨了年代、族属、功用、起源等问题，认为云贵高原的铜扣饰大约出现于战国晚期，流行于西汉，东汉时还偶有所使用，其中各类型流行时间也有差异。推断这些青铜扣饰主要是滇人及与之关系密切的靡莫等族所遗留，属滇文化的典型器物之一。[51]倪润安对内蒙古三道湾和东大井墓地出土随葬品据其特征分为五组，逐一考察了各组的文化属性及来源，认为A组属早期的拓跋文化，B组属匈奴式器物，C组与嫩江流域平洋文化关系密切，D组属汉式器物。E组的陶器及铜饰牌具备自身特色而相对独立，是此两墓地中占主导性的文化因素，被推定为檀石槐鲜卑遗存。檀石槐鲜卑遗存的确认，可以真实地反映东汉晚期北方草原民族的发展状况。[52]韦正对山西大同南郊北魏墓地所出陶器进行了类型学分析，将167座墓重新分为先后衔接发展的五组，在此基础上，对墓地形成过程作了推演。[53]李梅田对山西怀仁北魏丹扬王墓从墓葬形制、图像及“丹扬王墓砖”铭进行了研究，认为这是一座典型的北魏前期高等级墓葬，墓葬形制体现了从晋制向北魏墓葬制度的转变，文化内涵反映了鲜卑文化与中原文化融合，墓主最有可能是卒于太延三年（437年）的丹扬王叔孙建。[54]胡传耸将北京地区发现的隋唐墓葬分为四期，论证了各期墓葬的形制、典型器类的特点及演变规律，为北京地区隋唐考古的研究提供了重要的参考价值。[55]

（六）宋元明清时期的考古发现与研究

2011年10—11月，北京市文物研究所等单位对北京延庆水泉沟辽代冶铁遗址进行了发掘，清理炼铁炉四座，出土冶炼原料、燃料、耐火材料及大量炉渣等遗物。据调查，在燕山南北地区已发现四五十处辽代冶铁遗址，其中水泉沟遗址是保存最佳的一处。这一发现为研究辽代的冶铁技术提供了弥足珍贵的资料。[56]2007年和2010年中国社会科学院考古研究所内蒙古第二工作队等单位先后对辽祖陵部分遗址进行了发掘。龟趺山建筑遗址坐落于内蒙古巴林左旗辽祖陵陵园“黑龙门”入口东侧山丘上。建筑基址坐北朝南，由台基、主体建筑和两侧登山路等部分组成，主体建筑平面呈方形，南面正中辟一门，室中央供奉一大型石龟趺碑座，在四周发掘出数百块带字石碑残片，有契丹大字和汉字两种，碑文内容主要记载辽太祖耶律阿保机的历史功绩。根据碑文内容推定，此基址应是“辽太祖纪功碑楼”之所。[57]辽祖陵陵园四面环山，仅在东南方向有一狭窄通道，筑有一座陵门，即《辽史》记载的“黑龙门”，经发掘得知，黑龙门由门道、墩台、陵墙、漫道、涵道等和高大的城楼建筑组成。这一发现为研究和复原辽代城门或陵门建筑等提供了珍贵资料。辽祖陵园中的四号建筑基址位于一号陪葬墓东南，坐西朝东，面阔和进深各五间，是一规整的方形建筑，此应是一号陪葬墓“献殿”性质的建筑基址。[58]2011 年 7—10 月，社科院考古研究所内蒙古第二工作队等单位对位于内蒙古巴林左旗的辽上京皇城乾德门遗址进行了发掘，乾德门是辽上京皇城西墙中部门，城门遗址由单门道、路面和南北两侧的夯土墩台等组成，其外设有瓮城。通过钻探还在皇城东、西、北三面城墙外发现了护城壕。[59]

魏坚将蒙古高原发现的石雕人像分为 A、B 两型，认为 A 型应属于 6—9 世纪突厥人的文化遗存，B 型应属于 13—14 世纪蒙古人的文化遗存。并对出土石雕人像的内蒙古锡林郭勒盟正蓝旗元上都遗址西北的羊群庙遗址进行研究，认为羊群庙遗址应是元代皇家和贵戚为祭天和祭祖而建立的祭祀场所，其中 4 处大型建筑基址应为燕铁木儿家族的宗庙遗址，所出 4 件汉白玉石雕人像应是代表燕铁木儿三代祖先及其本人。由此而论，在蒙古高原其他地区发现的同时代相类似的石雕人像亦属于不同的蒙古家族，只是规格、级别不同。[60]董坤玉对北京地区辽金壁画墓的分布、墓葬形制、壁画内容及随葬品等进行了研究，认为壁画题材主要沿用中原地区惯用的内容，壁画中人物形象主要为汉族，少有契丹族的形象与服饰，应是契丹族汉化比较彻底的一种表现。[61]王霞对努尔哈赤和后金政权最初的首都赫图阿拉城址出土明代瓷器的来源进行了研究，认为努尔哈赤政权虽然能从明中央得到一定数量的御窑瓷器作为赏赐品，但主要局限于政治外交层面上而不能满足所有的日用生活需求，所以商贸手段仍是获取瓷器最主要的方式。该城址出土的三件克拉克风格瓷器，表明此种瓷器除了远销欧洲市场外，并不排斥国内市场。[62]王光尧对江西景德镇御窑遗址特点及时期进行了分析，认为景德镇从事生产的官府窑厂在明代的始烧时间不晚于洪武四年（1371 年），作为管理机构的御器厂建立于洪熙元年（1425 年）宣德皇帝即位以后，而御器厂从饶州迁往景德镇与生产窑厂合并是正德六年（1511 年）以后的事。[63]林梅村分析了非洲南部至马六甲再至中国广州等地商路的开通，研究了葡萄牙人与明王朝的贸易情况，并考察了 15—16 世纪葡萄牙人定制的正德民窑青花瓷外销历史。[64]董坤玉对清代公主园寝进行了调查，分析了选址和营建的规律，认为清代公主死后园寝地点的分布最主要的是受公主出嫁与否的影响，未出嫁的公主丧事由内务府负责，园寝都建在其父皇陵区内。出嫁后去世的公主丧事与园寝的修建，一般都由额驸家族自行出资操办，因此公主园寝多修建在其生前居住地。一般说来，清代早中期公主多居住在额驸部落所在地，中期以后在北京长期居住者增多，故而她们的园寝也多分布在部落属地和北京。[65]

（七）*石窟寺考古的发现与研究*

2010 年，中国社会科学院考古研究所等单位对新疆鄯善县吐峪沟石窟寺遗址进行了发掘，在沟东区北部发掘洞窟 56 处，在沟西区北部发掘出一处石窟寺组群，在南部发掘出一处回鹘时期的地面佛寺遗址。窟中壁画风格均显现出较早的时代特征，与中亚犍陀罗风格较为接近，而与河西、龟兹、于阗等地有所不同。推测两处礼拜窟开凿于公元 5 世纪前后，属于吐峪沟早期的洞窟。此次发掘还发现了数量众多的多种文字的文书及印刷品，包括汉文、粟特文、藏文、回鹘文、婆罗迷文等。这些文书有佛经写本、世俗文书和古书注本等。部分文书保存较完整，并有纪年题记。最早的文书字体风格可追溯至公元 4—5 世纪。此外，还有绢画、纸画、纺织品及其他遗物。这些都为研究吐鲁番地区的历史文化提供了新资料。[66]

（八）*水下考古发现与研究*

自 2007 年以来，中国国家博物馆水下考古研究中心联合相关单位分别对西沙群岛北礁 19 号水下遗存、石屿二号沉船遗址、福建平潭分流尾屿沉船遗址、浙江宁波渔山小白礁一号沉船遗址进行了调查与发掘。西沙北礁 19 号水下遗址出水铜钱 1030 枚，有开元通宝、皇宋通宝、熙宁元宝、元丰通宝、绍圣元宝、洪武通宝、永乐通宝等 25 种，铜钱以明代永乐通宝年代最晚，且数量最多，初步断定该遗址属明代永乐时期，可能与明永乐时期郑和下西洋有着密切联系。[67]在西沙石屿二号沉船遗址采集有元代青花、卵白釉、白釉、青灰釉、酱釉等几类瓷器，分别产自江西景德镇、福建德化窑、晋江磁灶窑以及福建地区的其他窑厂，均是当时重要的对外输出商品，是研究元代南洋地区海外贸易及航线的重要参考资料。[68]分流尾屿沉船位于福建平潭海域海坛岛西南，出水遗物均为青釉瓷器，有碗、碟、盏托等，判定为五代时期的越窑产品，也是当时销往海外的重要船货。[69]小白礁一号沉船遗址位于宁波渔山列岛海域，出水了一大批瓷器、铜钱、石板材等文物，并有少量铜器、锡器、印章、银币等，其中瓷器以青花为主，还有少量五彩、酱釉瓷器，推断是一艘清代晚期的远洋商船。[70]“南澳 I 号”沉船位于汕头南澳岛东南三点金海域的乌岛和半潮礁之间，处于南中国海、台湾海峡入口。该沉船船体长约 27 米，最宽部位约 7.5 米，出水瓷器 10624 件、陶器 140 件、金属器 113 件。瓷器以漳州窑青花瓷为大宗，还有相当数量的景德镇所产的青花瓷器与五彩器物，器类有盘、碗、钵、罐、杯、盏、瓶、盒等。“南澳

I号”沉船所处时代应在明代隆庆年间。南澳海域位于闽、粤、台交界海面，地扼台湾海峡南出口，濒临海运主航线，自古以来即为东南沿海通商的必经泊点和中转站，早在明朝就有“海上互市”的称号。“南澳I号”沉船的发掘为研究这条海上航线及明代的中外贸易提供了重要的实物资料。[71]

（九）科技考古研究

王树芝等研究者对陶寺遗址出土木炭进行了测定与研究，考察了陶寺文化时期居民对木材的利用及当时的生态气候等问题。[72]赵春燕等研究者用锶同位素比值分析法，对二里头遗址出土动物的来源进行了推断，认为猪由当地饲养的可能性最大，当地饲养羊的数量可能已占多数。二里头文化第二期时当地已开始饲养黄牛，后期消费的黄牛可能大部分来自当地，但始终也存在外地来源。[73]李志鹏对殷墟出土羊骨进行了研究，认为殷墟居民供应羊肉的养羊户主要是以产肉为目的，反映了晚商时期养羊经济可能为以开发肉产品为主要目的的畜牧业方式，同时还分析了商代城乡经济模式。[74]崔剑锋对山东寿光双王城制盐遗址出土遗物进行了测定与研究，揭示了商周时期采用地下卤水制盐的工艺流程，首先从卤水井中汲取卤水，置之坑池经日晒去除部分杂质，最后再经蓄卤坑池提浓后进入煎煮阶段。进入西周时期，采用草木灰淋滤以提高卤水浓度、去除杂质，制盐工艺有了进一步提高。[75]

注：

①付兵兵：《“中国社会科学院考古学论坛·2010年中国考古新发现”纪要》，《考古》，2011年第7期。

②《2010年度全国十大考古新发现结果揭晓》，中国文物信息网，2011年6月16日。

③《2011年度全国十大考古新发现结果揭晓》，中国文物信息网，2012年4月13日。

④张致政等：《文化上“早期中国”的形成和发展学术研讨会纪要》，《南方文物》，2011年第4期。

⑤孟原召、王霁：《中国国家博物馆举办中韩水下考古学术研讨会》，《中国国家博物馆馆刊》，2011年第12期。

⑥考古期刊记者：《仰韶和她的时代——仰韶遗址发现90周年国际学术研讨会在河南渑池召开》，《考古》，2011年第12期。

⑦单霁翔：《试论考古遗址公园的科学发展》，《中国国家博物馆馆刊》，2011年第1期。

⑧孔繁峙：《保护和延续北京古都“中轴线”的历史文化价值》《关于北京城“中轴线”的文化意义及特征》《古都中轴线“申遗”与“人文北京”建设》《挖掘古都历史文化资源，推动北京“文化之都”建设》，《北京文博》，2011年第1—4辑。

⑨北京大学考古文博学院、郑州市文物考古研究院：《河南新密市李家沟遗址发掘简报》，《考古》，2011年第4期。

⑩王幼平、张松林、顾万发、吴小红、汪松枝：《郑州老奶奶庙遗址暨嵩山东南麓旧石器地点群》，《中国文物报》，2012年1月13日。

⑪《洛南盆地旧石器考古发掘现场会纪要》，《中国文物报》，2011年12月14日。

⑫北京大学考古文博学院等：《河北临城县补要村遗址北区发掘简报》，常怀颖：《试论河北补要村遗址仰韶文化晚期遗存》，《考古》，2011年第3期。

⑬《山西绛县周家庄遗址》，中国文物信息网，2012年2月28日。

⑭河南省文物考古研究所、首都师范大学历史学院、郑州大学历史学院：《河南汝州市煤山龙山文化墓葬发掘简报》，《考古》，2011年第6期。

⑮袁广阔：《河南汝州市煤山龙山文化墓葬的发现与认识》，《考古》，2011年第6期。

⑯韩嘉谷：《昌平雪山H66的年代、文化兴致及其他》，《北京文博》，2011年第3辑。

⑰吕砚：《浅议北京地区新石器时代人类生存与遗址环境》，《北京文博》，2011年第3辑。

⑱魏兴涛：《灵宝底董仰韶文化遗存的分期与相关问题探讨》，《中国国家博物馆馆刊》，2011年第1期。

⑲赵志军：《中华文明形成时期的农业经济发展特点》，《中国国家博物馆馆刊》，2011年第1期。

⑳韩建业：《龙邱庄文化的北上与大汶口文化的形成》，《江汉考古》，2011年第1期。

㉑《河南偃师二里头遗址宫殿区5号基址》，中国文物信息网，2012年2月28日。

㉒中国社会科学院考古研究所河南第二工作队：《河南偃师商城西城墙2007与2008年勘探发掘报告》，《考古学报》，2011年第3期。

㉓北京大学考古文博学院等：《河北临城县补要村遗址南区发掘简报》，《考古》，2011年第3期。

㉔山东省文物考古研究所：《山东高青县陈庄西周遗存发掘简报》，《考古》，2011年第2期。

㉕《山东高青县陈庄西周遗址笔谈》，《考古》，2011年第2期。

㉖湖北省文物考古研究所随州市博物馆：《湖北随州叶家山西周墓地发掘简报》，《文物》，2011年第11期。

㉗《湖北随州叶家山西周墓地笔谈》，《文物》，2011年第11期。

㉘周原考古队：《周原庄李西周铸铜遗址2003与2004年春季发掘报告》，《考古学报》，2011年第2期。

㉙赵化成、梁云、侯红伟、游富祥、王小荣：《甘肃清水李崖遗址考古发掘获重大突破》，《中国文

物报》，2012 年 1 月 20 日。

㉚张智勇：《北京夏商西周考古学文化的类型谱系》，《北京文博》，2011 年第 2 辑。

㉛韩建业：《略论北京昌平百浮 M2 墓主人身份》，《中原文物》，2011 年第 4 期。

㉜冉宏林：《京南保北晚商、西周遗存辨析》，《北京文博》，2011 年第 4 辑。

㉝何毓灵、岳洪斌：《洹北商城十年之回顾》，《中国国家博物馆馆刊》，2011 年第 12 期。

㉞张敏：《殷墟王陵上的晚期遗迹及早期盗墓坑年代辨析》，《中国国家博物馆馆刊》，2011 年第 12 期。

㉟施劲松：《金沙遗址祭祀区出土遗物研究》，《考古学报》，2011 年第 2 期。

㊱曹斌：《从商文化看商王朝的南土》，《中原文物》，2011 年第 4 期。

㊲何晓琳、高崇文：《试论"过风楼类型"考古学文化》，《江汉考古》，2011 年第 1 期。

㊳高崇文：《清华简〈楚居〉所载楚早期居地辨析》，《江汉考古》，2011 年第 4 期。

㊴北京市文物研究所：《北京延庆发现东周时期聚落遗址》，《中国文物报》，2011 年 7 月 15 日。

㊵北京市文物研究所、湖北省文物局南水北调办公室：《湖北丹江口市莲花池墓地战国秦汉墓》，《考古》，2011 年第 4 期。

㊶中国社会科学院考古研究所、苏州市考古研究所：《江苏苏州市木渎春秋城址》，《考古》，2011 年第 7 期。

㊷于璞：《试论北京地区出土的燕瓦当》，《北京文博》，2011 年第 1 辑。

㊸唐际根、彭安保：《田中古城背后的楚与百越》，《考古》，2011 年第 2 期。

㊹张闻捷：《略论东周用豆制度》，《考古与文物》，2011 年第 1 期。

㊺中国社会科学院考古研究所汉长安城工作队：《西安市汉长安城长乐宫六号建筑遗址》，《考古》，2011 年第 6 期。

㊻中国社会科学院考古研究所洛阳汉魏城队：《汉魏洛阳故城北魏宫城五号建筑遗址的发掘》，《中国文物报》，2012 年 3 月 31 日。

㊼北京市文物研究所：《西城区丰盛胡同唐代壁画墓发掘简报》，《北京文博》，2011 年第 1 辑。

㊽白岩：《北京大葆台汉墓文物定名及复原商榷》，《北京文物》，2011 年第 3 辑。

㊾高崇文：《论汉简〈葬律〉中的祭奠之礼》，《文物》，2011 年第 5 期。

㊿杨哲峰：《蕲春汉墓所见江东与岭南陶瓷产品及相关问题》，《江汉考古》，2011 年第 4 期。

(51)杨勇：《云贵高原出土青铜扣饰研究》，《考古学报》，2011 年第 3 期。

(52)倪润安：《内蒙古三道湾和东大井墓地为檀石槐鲜卑遗存论》，《考古》，2011 年第 3 期。

(53)韦正：《大同南郊北魏墓群研究》，《考古》，2011 年第 6 期。

(54)李梅田：《丹扬王墓考辨》，《文物》，2011 年第 12 期。

(55)胡传耸：《北京地区隋唐墓葬分期与年代研究》，《北京文博》，2011 年第 1 辑。

(56)郭京宁、刘乃涛：《北京延庆水泉沟冶铁遗址》，《中国文物报》，2011 年 12 月 5 日。

(57)中国社会科学院考古研究所内蒙古第二工作队、内蒙古文物考古研究所：《内蒙古巴林左旗辽代祖陵龟趺山建筑基址》，《考古》，2011 年第 8 期。

(58)中国社会科学院考古研究所内蒙古第二工作队、内蒙古文物考古研究所：《内蒙古巴林左旗辽代祖陵陵园黑龙门址和四号建筑基址》，《考古》，2011 年第 1 期。

(59)董新林、陈永志、汪盈、康立君、肖淮雁：《内蒙古巴林左旗辽上京城遗址》，中国文物信息网 2012 年 2 月 28 日。

(60)魏坚：《蒙古高原石雕人像源流初探——兼论羊群庙石雕人像的性质与归属》，《文物》，2011 年第 8 期。

(61)董坤玉：《北京地区辽金壁画墓研究》，《北京文博》，2011 年第 3 辑。

(62)王霞：《关于赫图阿拉城址出土明代瓷器的思考》，《南方文物》，2011 年第 2 期。

(63)王光尧：《再论御器厂的建立时间——明代御窑遗址的考古学分期》，《南方文物》，2011 年第 4 期。

(64)林梅村：《澳门开埠以前葡萄牙人的东方贸易——15～16 世纪景德镇青花瓷外销调查之二》，《文物》，2011 年第 12 期。

(65)董坤玉：《清代公主园寝调查》，《文物》，2011 年第 3 期。

(66)中国社会科学院考古研究所边疆民族考古研究室、吐鲁番学研究院、龟兹研究院：《新疆鄯善吐峪沟石窟寺遗址》，《考古》，2011 年第 7 期。

(67)中国国家博物馆水下考古研究中心、海南省文物局：《西沙群岛北礁 19 号水下遗存的考古调查》，《中国国家博物馆馆刊》，2011 年第 11 期。

(68)中国国家博物馆水下考古研究中心、海南省文物局：《西沙群岛石屿二号沉船遗址调查简报》，《中国国家博物馆馆刊》，2011 年第 11 期。

(69)中国国家博物馆水下考古研究中心、福建博物院文物考古研究所：《福建平潭分流尾屿五代沉船遗址调查》，《中国国家博物馆馆刊》，2011 年第 11 期。

⑰中国国家博物馆水下考古研究中心、宁波市文物考古研究所：《浙江宁波渔山小白礁一号沉船遗址调查与试掘》，《中国国家博物馆馆刊》，2011年第11期。

⑱广东省文物考古研究所、国家水下文化遗产保护中心、广东省博物馆：《广东汕头市“南澳Ⅰ号”明代沉船》，《考古》，2011年第7期。

⑲王树芝、王增林、何驽：《陶寺遗址出土木炭研究》，《考古》，2011年第3期。

⑳赵春燕、李志鹏、袁靖、赵海涛、陈国梁、许宏：《二里头遗址出土动物来源初探》，《考古》，2011年第7期。

㉑李志鹏：《晚商都城羊的消费利用与供应》，《考古》，2011年第7期。

㉒崔剑锋：《山东寿光双王城制盐遗址的科技考古研究》，《南方文物》，2011年第1期。

（作者：北京大学教授）

语 言 学

中国语言学

宋作艳 李子鹤 杜兆金 傅 林 邱立坤 陈保亚

一、现代汉语

（一）语音研究

在声调感知与习得方面，有学者通过三个心理—物理实验研究了以韩语为母语的普通话学习者对汉语普通话阴平和阳平、阳平和上声的分辨。实验结果显示：阴平和阳平的感知呈现一定的范畴化特点；对阳平和上声的区分基本没有范畴化倾向；不凭借音高曲线前半程的下降来辨认上声。[①]另有学者通过声调产出实验考察了无声调母语者的声调范畴习得，发现随语言水平的提高，学习者能区分的调类范畴增多，调值起点和中点区分度提高，但末点区分度并非线性进步。[②]

重音研究方面，有学者基于大规模连续普通话语音数据库，从韵律层级和调型组合两方面分析了韵律词重音感知。结论是随着韵律层级的上升，时长和基频都随着重音级别的增大而增大，但基频对重音感知的影响更大；在相斥的调型组合下，时长对重音感知的作用显著高于其在相容调型组合下的作用；连续语流中双音节韵律词的重音模式没有显著稳定性。[③]另有学者通过感知实验和声学分析考察了普通话中同音异构双音组的重音类型，认为普通话双音组中具有区别意义的重音类型为左重；单念情况下的非轻声双音组不存在音位性词重音；受末音节时长延长影响，多数两字组倾向于右重，重音分布与句法结构无关。[④]

动态腭位技术是语音学研究中的新技术。有学者建立了一个规模较大的普通话语音动态腭位数据库，采用接触面积比、接触指数和约束度等指数研究了普通话辅音发音的生理特点和双音节环境中协同发音的情况。发现了鼻韵尾与后一音节声母辅音之间的逆同化规律和辅音声母在协同发音中的约束度等级。[⑤]另有学者利用动态腭位技术进行了普通话语音的若干专题研究。对普通话双音节 V1#C2V2（元音韵母与后一音节辅音声母+元音韵母）的研究表明：C2 和 V2 对 V1 后过渡段的腭位以及 F2 轨迹的方向和变化幅度有影响；C2 对 V1 以及 V2 对 V1 的影响受到 C2 舌体发音限制条件的制约，但是 V2 的圆唇特征对 V1 的影响不受 C2 发音限制条件的制约。[⑥]

（二）词汇研究

汉语词法的特点是什么？跳出词法的自身范围也许看得更清楚。《基于单字的现代汉语词法研究》一书对此做了很好的尝试。此书收入了作者近十几年来汉语词法方面的18篇论文，以汉语跨音系、语法两层面的结构关联点——“单字”为基点，从一个全新的视角观察和描写汉语词法。每篇后面加了补记，更能展现研究的系统性，也便于读者研读。[⑦]

有学者系统研究了动源职事称谓（如管教、统帅），发现表示特异职事和高级职事的动词分别比表示普通职事和低级职事的动词更具有转指优势；动词所表动作行为如果不限于与职事相关或及物动词可搭配的宾语成分义类丰富，动词直接转指施动者就会受到限制；动源职事称谓衍生的语义限制主要是由转喻认知模型中源概念与目标概念的邻近性特征和源概念在认知上的“显著度”决定的，而动源职事称谓衍生的义类优势序列则与特异职事和高级职事在社会分工体系中的高“显著度”相关。[⑧]另有学者探讨了词群中由语义关系引起的语义类推现象，发现语义类推不止是发生在同义和反义词群，而且还发生在同位、上下位、主题等词群中。文章分析了当代汉语中几组牵涉到语义类推的词群，深入探讨了语义类推的三个心理制约，即结构的一致、对关系的聚焦及系统性。[9]

（三）语法研究

词类问题依然是本年度的一个热点。学者们分别从理论和工程应用的角度探讨了这一问题，提出了不少新观点。理论方面主要集中在形容词和叹词的研究上。形容词方面，有学者认为汉语首先是大名词和摹状词的区别，大名词里包括动词和形容词，大名词通过重叠形成摹状词。形容词的双音化是一种准重叠手段，双音形容词也具有摹状词的性质。按照这个新认识，在划分形容词内部小类的时候应该拿单音双音的区分作为首要的标准。[10]另有学者指出，形容词在不同的语言里有偏谓词性和偏体词性的两种倾向，偏体词性的语言里，形容词做谓语依赖系词性句法标记。汉语形容词在句子平面上做谓语就依赖句法标记。文章首先论述了汉语形容词做谓语时"很""不"等程度副词都有系词的性质，然后提出"状态形容词"不是词，是汉语形容词独有的形态化的谓语形式。综合这两方面的观察后总结出：程度副词、形态化谓语形式和"是……的"框架是现代汉语形容词做谓语的三种主要句法手段。最后指出汉语性质形容词不加标记直接做谓语只出现在主谓谓语句和动补结构这种低于句子平面的结构里。[11]叹词方面，有学者对其本质提出了新解，认为叹词的本质是代句词，在词类中与代词的性质最接近，即代词代替词语，叹词代替句子。叹词单词成句的功能具有一定的原始性，在语音上也超出常规音系，有一些词形体现了语音相似性或直觉生理反应。叹词能代替的句子功能类别包括陈述、疑问、祈使、感叹、称呼等。[12]还有学者从语言工程的视角讨论汉语词类问题，认为语义对于汉语词类体系有基础性的作用，语法功能分布有词例分布和集合分布之区别。词例分布指的是用词例在语境中的句法角色决定它的词性，而集合分布指的是词例的词类性质取决于与它同形同义的词例的集合。汉语词类划分标准大体上是依据集合分布法制定的。文章分析了集合分布法下兼类处理中的一些问题，从逻辑语义和实践操作的角度说明集合分布法无法用于词例的词性标注。进而指出汉语词类划分与同一性认定难分难解，导致汉语词类划分操作的主观性。特别指出汉语词例的同一性区分中经常出现一种两可性歧义，这种歧义无法消除也不必消除，但它与词性标注的目标是冲突的。[13]

语义方面，有学者指出了"Neg + Wh + VP"（没有谁笑）和"Wh + Neg + VP"（谁也没有笑）两种格式在逻辑意义上的相同之处及其形成机制（否定存在 = 全称否定），还从焦点结构和信息结构上分析了这两种格式在语气表达方面存在差别的原因（常规焦点的语义否定对比焦点的语用否定）。然后讨论了这两种格式中 Wh 的意义差别及其原因，揭示了 Wh 的周遍性意义的形成机制。最后讨论了全称否定的排他性保留和特称容忍现象及其逻辑机制。[14]有学者研究发现"全"有注重整体性的性质，不仅要求被总括对象之间有着较近的心理达及距离，是一个完备的整体，也要求谓语部分所表示的事件具有高现实性，是一个完备的事件；具有总括扫描的性质，有着特定的取景功能；传递了说话人的一种认识，说话人用"全"来确认自己对某个事件及其参与者具有比较高的熟悉程度。[15]另有学者基于生成词库理论和轻动词假设，对现代汉语中"赶（写）论文"一类事件的强迫（coercion）现象作了系统研究，提出了一种基于生成词库理论和轻动词假设的处理方案，并给出了事件强迫的形式判定标准，使之可以对更多的现象作出统一的解释。在此基础上，文章对现代汉语述宾结构中的事件强迫（宾语强迫）进行了系统的考察，重点分析了事件动词、隐含动词和宾语名词的特点，并把宾语强迫分成了六类，即事件隐含、活动隐含、句法补位、词汇化、事件实体和轻动词补位。[16]

在时体范畴方面，有学者以构式压制（coercion）理论为框架，研究了汉语体系统的各个子类所可能发生的体压制现象。文章认为，汉语的体系统应该分为动词词汇体、述谓体和语法体三个层次，各层次间相互融合、相互作用，不同的体压制现象凸显了不同层次上的变化。同时，构式本身对体压制的作用非常重要，可以贯穿以上三个体层次。[17]有学者指出，现代汉语的动结式结构如果处在逐渐或者缓慢进行的语义下，有一部分可以用于进行体。动结式结构的终结性取决于相关论元所指称对象的某方面性质与补语谓词所指称的事件之间的同态关系。如果该终结性的获得需要一个逐渐发展的内部过程，那么就可以用于进行体，具有持续性；反之，不能用于进行体，只表达瞬间的事件。[18]另有学者通过说明情状与时态的本质特征和相互关系分析了"动词 + 结果补语"和"动词重叠式"两种语法形式的非时态性质。认为二者仅分别通过词汇意义和特定的语法形式构成具有特定性质的情状，并不能单独用来表示时态，不是时态标记。[19]

复句方面，有学者对"为"类目的小句为何大多前置作出了新解释，认为它与后置的目的小句完全不同，在句法功能上，前者相当于句首状语，而后者相当于补语；在篇章功能上，后者不具备任何话题性质，一般只是承上，而前者则具有很强的话题性，甚至可看作话题，具有很强的启下力，理应前置。[20]另有学者考察了"由于"与"因为"的差异，发现其不同主要表现在四个方面：因果配位、主客观性、语用强化、衔接指向。[21]

类型学方面，有学者倡议建立语言类型学的新分支——语言库藏类型学。语言库藏（linguistic inventory），是指特定语言系统或某一层级子系统所拥有的语言手段的总和，包括语音及韵律要素、词库、形态手段，句法手段包括虚词、句法位置等。文章指出，一种语言拥有哪些语言手段，哪些范畴在语言形式中成为显赫范畴并扩展至其他范畴的表达，哪些范畴在语言中缺乏专用手段而要靠其他手段来表达，这些库藏方面的语种差异使跨语言的形—义关系更加复杂，是语言类型的重要成因。类型学传统上主要从语义、语用范畴出发，看它们在语言形式中如何表达。语言库藏类型学关注语义语用范畴和形式手段的双向互动，尤其关注形式手段及其显赫性的差异对范畴表达的影响，并关注语言库藏差异中表现出来的语言共性。[22]

二、计算语言学

计算语言学界对中文信息处理研究进行了系统的反思。有学者对大规模汉语词性标注语料库和句法树库的建设提出了质疑，认为现有的语料库建设缺乏一个广泛接受的理论体系作为支撑，存在着许多难以调和的矛盾；并提出未来的中文语言资源建设的一些设想，包括以语义取代现有的句法，以深度标注取代现有的浅层标注，具体体现为标注目标的定点化、内容的多样化、步骤的阶段化、标注人员的大众化和群体化。[23]另有学者提出了“基于互联网自然标注资源的自然语言处理”的学术思想，并从自然标注资源的定义和基本类型、基于自然标注资源的计算、方法论层面上的初步思考等三个角度对这一学术思想进行了初步的阐发。[24]还有学者从计算的角度分析了汉语缩略语的特点，对汉语缩略语的构成形式作了总结，对汉语缩略语处理的问题作了划分，并针对不同的问题，重点介绍了在汉语中的研究现状；之后简要比较了汉语缩略语与英语缩略语的差异，并对英语缩略语处理的一些典型方法作了分析。[25]

三、汉语史

在汉语音韵学方面，主要是对新材料的研究和研究方法的探讨。有学者论证了《广韵》歌戈、痕魂韵在《集韵》中的混置，指出《广韵》歌韵在《集韵》中的混置反映了时音的变化，《广韵》魂韵中的混置是方音影响的结果。[26]有学者研究了《篆隶万象名义》一书中重纽韵舌齿音的归属问题，发现书中重纽韵的舌齿音明显分为两类：章组、精组、日母和以母都应该归属于重纽四等；而来母、知组、云母和庄组则应该归属于重纽三等。[27]另有学者对《集韵》音系特征做了全面研究，对《集韵》中的重出、混切等现象做了解释，梳理了《集韵》和《广韵》的关系，给出了音节表和声韵配合规律。[28]

在词汇语义方面，有学者分析了“吃饭”“穿衣”这两个概念在汉语不同历史阶段的表达形式的差异，指出人们对一个事件中动作和对象的认知，有时是把它们包含在一个词的语义构成中来表达，有时是用两个词的语法组合来表达，词的语义构成不同，它所能进入的语法组合也就不同，这反映了词汇和语法的关联性。[29]有学者论证了音变构词研究对汉语史的研究、大型古汉语语文工具书编纂修订以及古文献解读整理的重要意义。[30]另有学者分析了现代汉语“化”缀的演变及其结构来源，指出“化”缀的形成有汉语自身语法化的动因，而西方语言的影响是其进一步语法化并扩大使用范围的诱因。[31]

在语法方面，专书、断代语法研究和语法化研究是热点。有学者对《朱子语类》中的反复问句进行了全面考察，分析了《朱子语类》反复问句的句法语义特点，并就反复问句的历史发展特点及其相关问题进行了讨论。[32]在断代研究方面，有学者对两汉语料中词语附加、量词等进行了专题描写和比较，[33]在语法化研究领域，有学者探讨了汉语空间量构式的历时变化，认为上古、中古汉语只有“形+数量”形式而没有“数量+形”形式，后者初见于唐诗，后进一步发展，而前者逐渐萎缩。“数量+形”是通过重新分析从唐诗中糅合的连谓结构语法化而来。指出该形式能够语法化并最终趋于取代“形+数量”式，与相关构式（数量名结构、平比句）历史演变的类推有关。[34]在具体语法现象方面，有学者论证了先秦语气词“夫”具有传信功能，即传达说者对命题的确信情态，并指出此分析可以统一解释“夫”的句类分布限制。[35]另有学者分析了动词后不用“之”来回指受事主语的受事主语句，指出这类受事主语句在汉译佛典中有较多用例，其产生和发展一方面是汉语自身的因素所致；另一方面更重要的则是受到佛经原典语OV结构的影响。该文通过梵汉对勘材料证明了这种影响，并在此基础上分析了佛经翻译这种通过书面语言接触而影响汉语语法发展的基本模式。[36]

四、方言

汉语方言分类是本年度的热点问题，多位学者对此进行了理论探讨与实践。有学者认为中古全浊声母今读类型是有效的汉语方言分类标准，并进一步从汉语方言分类的全局出发，认为两广毗连地区的勾漏片粤语和桂南平话是中古全浊声母今读不送气清音的一大方言。[37]另有学者认为吴、闽方言入声读喉塞音韵尾可作为汉语方言分化的一个节点，“共享创新”有时不宜作为汉语方言分类的标准。作者给出了容纳横向影响和平行创新的官、粤、吴、闽四大方言分类图，并进一步论证了元音分长短、缺乏介音、古心母字读边擦音或齿间擦音三个独享创新特征是区分粤方言的标准。[38]

在方言历史音变方面，有学者探讨了原始闽语的构拟和历史比较法如何用于汉语语音史研究的问题，认为原始闽语系统的复杂性仍会影响到汉语语音史的重建，对这一问题的不同看法源自对闽语与《切韵》关系的不同理解。原始闽语的构拟需要特别注意鉴别借用成分并区别对待。[39]有学者分析了吴、闽语的文白异读，认为：1）寒韵字在吴、闽语同有两个层次，一层相当于《切韵》（南朝）的音类格局；另一层符合晚唐—北宋以后北方官话的音类特点。北部吴语是探讨吴、闽关系时值得注意的材料。[40]2）南朝层次的虞韵白读在常熟、南部吴语、闽语中表现一致，苏州则发生了创新；南宋层次的鱼韵白读在北部吴语有多种表现，是各自创新的结果。[41]另有学者讨论了晋西、陕北黄河沿岸的一些晋语里果摄字今读鼻音韵的原因，认为果摄先与宕江摄或曾梗摄合流，然后由于宕江、曾梗摄读鼻音韵的官话方言的叠置，果摄字与这些摄的字一起出现了鼻音韵的读音。从与周边晋语的比较来看，这些方言的开口呼字只保留外来读音，而合口呼字只保留本地读音。[42]

学者们还特别关注了语音与语法层面的相互影响。有学者考察了汉语方言不同阶段的儿化和儿化韵的整合，认为不同方言中不同的儿化形式反映了不同历史层面的儿化。儿化的演变有三方面：语音系统中儿化的变化、词汇系统中儿化词的变化、语法及功能方面儿化的变化。语音系统的变化表现为儿化韵数目增加—整合—衰落；词汇系统的变化表现为词类及数量上的变化；语法及功能方面的变化表现为小称义的磨损消亡。[43]还有学者比较了林州方言与邻近方言的名词后缀“-子”的读音，认为林州方言“-子”的各种读音反映了从独立音节的“-子”尾到子变韵的演进过程，可以衔接前人已有研究的子尾、子变韵两条演变链。[44]

对方言地理学方面的研究也有较多成果。有学者以《汉语方言地图集》为依据，从宏观的角度考察了汉语方言主要的地理分布类型，将其分为对立型和一致型。对立型主要包括秦淮线型、长江线型、阿那线型；一致型主要包括长江流域型、江南漏斗型、东南沿海型。[45]另有学者分析了汉语方言卷舌音类的地理分布，结果表明汉语卷舌音类在辅音和元音上均有表现，南北以淮河—大巴山为界，北方卷舌音较多，南方卷舌音较少；东西以淮河为界，东部基本上是一个方言中卷舌辅音和卷舌元音同时存在或同时缺少，西部二者有差异，卷舌辅音以大巴山为南界，而卷舌元音分布到西南大部分地区。[46]还有学者回顾了汉语方言地理学的历史发展及其与西方的差异，讨论了20世纪末汉语方言地理学热的原因及其将来的发展，认为汉语方言地理学的发展历程是外来研究方法与本土语言和研究传统相互影响并融合的体现。[47]

五、民族语言

本年度语音（尤其是声调）方面的研究，仍保持强劲的发展势头，民族语言关系、民族语文献等方面的研究力度增强。

在语音方面，有学者通过对广西钟山县清塘镇壮语方言中第六调（一种带嘎裂声的声调）的研究，讨论嘎裂声对音高和调型的影响，认为用嘎裂声来定义这个声调比用音高和调型来定义更切合实际。[48]有学者详细讨论了重构原始语言的若干原则，并根据中国境内六种彝语方言的材料，重构了原始彝语的声调系统。文章认为应坚持完全对应的原则；一套独特的对应即支持一种原始形式，对应模式上的差异应在原始形式上体现出来；重构应该建立在穷尽对应模式的基础上；一致对应是区分不同时空对应层次的必要条件，与核心语素一致的对应应该是构拟原始形式的主要依据。[49]有学者的著作以《文法根本三十颂》和《字性法纲要》为基本框架，以大规模藏语词典数据库和近几年调查获得的藏语方言数据库为基础，对藏语的古音韵进行了一些考证研究和整理，制订了藏语方言调查表。[50]另有学者基于大量声学数据的记录和分析，总结了贵州三洞水语单字调系统以及各声调在双音节前字和后字上的表现，结合时长材料的分析，认为前字时长短是声调简化的主要原因。[51]还有学者从音位负担和语音学角度对武鸣壮语双音节声调的声学分布空间进行聚类分析，总结得出双音节声调的实际分布模式。[52]

在民族语关系研究方面，有学者从核心词中选取五十个常用身体词，通过考察它们在汉藏语间的对比，发现所列词表可见五十词几乎都可对上，但每组对比的价值不一样；五十个常用身体词对比清楚，确认的程度高，像“乳、胞衣”这样的词都一样，充分说明汉藏确是“一奶同胞”。[53]有学者在汉语和民族语关系语素数据库的基础上，通过绝对有阶分析、相对有阶分析以及统计学的聚敛分析等方法，讨论了侗台语和南岛语、南亚语、苗瑶语、汉语的语源关系，提出一个澳越语系，并对这个语系进行了谱系分类。[54]还有学者根据原始白语和原始彝语之间关系语素的变化，结合词阶法分析，认为在应用词阶法分析语源关系时应严格坚持普遍对应以最大限度剔除晚期借用的干扰，而在关系语素数量不足的情况下可以适当放宽完全对应方面的要求。[55]此外，有学者通过一些民族语言的实例，探讨了我国民族语言的沟通度和语言群体认同问题。[56]

在语言接触对民族语演变的影响方面，有学者通过缅语古今对比、缅语与亲属语言的比较，认为缅语的浊塞音、浊塞擦音在历史上几乎消失，现代缅语浊塞音、浊塞擦音在音位系统的恢复，主要是由语言接触借用外来词引起的。[57]有学者考察了公元11世纪《突厥语词典》中涉及ol的3个独立词条和一个非独立词条（可标记为ol4），认为作为标记性关系代词的ol4出现于突厥语，应被解释为语言接触的结果，其对应形式是波斯语的关系代词ke。[58]

民族语文献研究方面，有学者结合八思巴字的创制、实际使用等，认为存世八思巴字资料中的音译佛经咒语，是参考藏文或者汉文转写而成的，此前学界所谓“八思巴字梵语”提法缺乏史实依据。[59]另有学者首次对20世纪80年代出土的两叶回鹘文《慈悲道场忏法》残叶进行原文换写、原文拉丁字母转写、汉译文和注释，并对相关问题进行探讨。[60]还有学者根据四川凉山彝族吉木家支传世文献的部分资料和吉木毕摩的发音来描写、整理其语音系统。[61]

六、语言与文化

语言与文化的关系逐渐成为学界关注的热点。有学者从保护文化多样性和非物质文化遗产的角度，讨论了保护濒危语言的必要性，并提出了对策性建议。[62]有学者论证了汉语的“宽式”语言特征对汉语诗歌意境美学效果形成的影响。[63]有学者通过观察汉藏语言中“茶”“马”“酒”三词的语音对应关系，划分出了历史、语言、文化影响的不同文化圈。[64]另有学者从语言和文化两种角度论证了汉代酒器量词增多的原因。[65]还有学者以语言普遍论和语言相对论争论的三大问题为线索，对云南少数民族的颜色认知进行了研究，考察了不同民族的语言和文化差异是否会导致颜色认知的不同。结果显示，彝族、白族、纳西族和汉族大学生对11个基本颜色词的分类既有共性又有差异；“蓝”“绿”混用的纳西族对蓝、绿的辨识比汉族困难；彝族、白族、纳西和汉族大学生对黑、白颜色的认知结果与其黑、白文化相一致。语言和文化对颜色认知具有重要影响。[66]

注：

①王韫佳、李美京：《韩语母语者对普通话阳平和上声的知觉》，《语言教学与研究》，2011年第1期。

②陈默：《无声调语言母语者汉语声调范畴习得的实验研究》，《华文教学与研究》，2011年第4期。

③李雅、卢颖超、许小颖、陶建华：《连续语流中韵律层级和调型组合对重音感知的影响》，《清华大学学报》（自然科学版），2011年第9期。

④贾媛：《普通话同音异构两音组重音类型辨析》，《清华大学学报》（自然科学版），2011年第9期。

⑤鲍怀翘、郑玉玲：《普通话动态腭位研究》，《南京师范大学文学院学报》，2011年第3期。

⑥李英浩、孔江平：《普通话双音节$V_1\#C_2V_2$音节间的逆向协同发音》，《清华大学学报》（自然科学版），2011年第9期。

⑦王洪君：《基于单字的现代汉语词法研究》，商务印书馆，2011年版。

⑧张博：《汉语动源职事称谓衍生的特点及认知机制》，《汉语学习》，2011年第4期。

⑨朱彦：《从语义类推的新类型看其认知本质、动因及其他问题》，《世界汉语教学》，2011年第4期。

⑩沈家煊：《从韵律结构看形容词》，《汉语学习》，2011年第3期。

⑪张伯江：《现代汉语形容词做谓语问题》，《世界汉语教学》，2011年第1期。

⑫刘丹青：《叹词的本质——代句词》，《世界汉语教学》，2011年第2期。

⑬宋柔、邢富坤：《再从语言工程看汉语词类》，《语言学论丛》，第44辑，商务印书馆，2011年版。

⑭袁毓林、王明华：《“Neg + Wh + VP”和“Wh + Neg + VP”意义同异之辨》，《中国语文》，2011年第3期。

⑮周韧：《“全”的整体性语义特征及其句法后果》，《中国语文》，2011年第2期。

⑯宋作艳：《轻动词、事件与汉语中的宾语强迫》，《中国语文》，2011年第3期。

⑰袁野：《试论汉语的体压制》，《世界汉语教学》，2011年第3期。

⑱王媛：《现代汉语动结式的进行体》，《语言科学》，2011年第1期。

⑲杨国文：《“动词+结果补语”和“动词重叠式”的非时态性质》，《当代语言学》，2011年第3期。

⑳尹洪波：《汉语目的小句的标记、位置及其解释》，《语言科学》，2011年第4期。

㉑李晋霞：《论“由于”与“因为”的差异》，《世界汉语教学》，2011年第4期。

㉒刘丹青：《语言库藏类型学构想》，《当代语言学》，2011年第4期。

㉓董振东、董强、郝长伶：《下一站在哪里?》，《中文信息学报》，2011年第6期。

㉔孙茂松：《基于互联网自然标注资源的自然语言处理》，《中文信息学报》，2011年第6期。

㉕王厚峰：《汉语缩略语自动处理研究现状》，《中文信息学报》，2011年第5期。

㉖刘芹：《〈集韵〉歌戈、痕魂韵系开合混置语音性质说》，《广西社会科学》，2011年第4期。

㉗郑林啸：《〈篆隶万象名义〉所反映的重纽韵舌齿音的归属》，《语言科学》，2011年第6期。

㉘邵荣芬：《集韵音系简论》，商务印书馆，2011年版。

㉙蒋绍愚：《词汇、语法和认知的表达》，《语言

教学与研究》，2011 年第 4 期。

㉚孙玉文：《略论汉语音变构词》，《江苏大学学报》，2011 年第 5 期。

㉛朱庆祥、方梅：《现代汉语“化”缀的演变及其结构来源》，《河南师范大学学报》，2011 年第 2 期。

㉜刘子瑜：《〈朱子语类〉反复问句研究》，《长江学术》，2011 年第 3 期。

㉝魏兆惠：《两汉语法比较研究》，高等教育出版社，2011 年版。

㉞杨永龙：《从“形＋数量”到“数量＋形”》，《中国语文》，2011 年第 6 期。

㉟华建光：《试证先秦语气词“夫”的“传信”功能》，《海南大学学报》，2011 年第 4 期。

㊱朱冠明：《中古佛典与汉语受事主语句的发展》，《中国语文》，2011 年第 2 期。

㊲李小凡：《两广毗连地区汉语方言的归属》，《语文研究》，2011 年第 1 期。

㊳麦耘：《粤方言的音韵特征——兼谈方言区分的一些问题》，《方言》，2011 年第 4 期。

㊴王福堂：《原始闽语构拟和历史比较法》，《语言学论丛》第 43 辑，商务印书馆，2011 年版。

㊵郑伟：《〈切韵〉寒韵字的演变特征与现代吴语》，《中国语文》，2011 年第 4 期。

㊶郑伟：《吴语音韵史中白读音的保守与创新》，《语言科学》，2011 年第 1 期。

㊷沈明：《晋语果摄字今读鼻音韵的成因》，《方言》，2011 年第 4 期。

㊸丁崇明、荣晶：《汉语方言不同阶段的儿化及儿化韵的整合》，《语文研究》，2011 年第 2 期。

㊹陈卫恒：《林州方言“子”尾读音暨子尾、子变韵两条演变链的衔接》，《语言学论丛》第 44 辑，商务印书馆，2011 年版。

㊺曹志耘：《汉语方言的地理分布类型》，《语言教学与研究》，2011 年第 5 期。

㊻张维佳：《汉语方言卷舌音类的地理共现与共变》，《语言研究》，2011 年第 4 期。

㊼高晓虹：《汉语方言地理学历史发展刍议》，《语言教学与研究》，2011 年第 5 期。

㊽麦耘：《从广西钟山清塘壮语第六调看嘎裂声》，《民族语文》，2011 年第 1 期。

㊾Chen，Baoya and Feng Wang：On Several Principles in Reconstructing a Proto-language—With the reconstruction of tone and pre-initial ＊h-and ＊□-of Proto-Yi，*Journal of Chinese Linguistics*，39（2），2011。

㊿孔江平、于洪志等：《藏语方言调查表》，商务印书馆，2011 年版。

51汪锋、孔江平：《水语（三洞）声调的声学研究》，《民族语文》，2011 年第 5 期。

52潘晓声、孔江平：《武鸣壮语双音节声调空间分布研究》，《民族语文》，2011 年第 2 期。

53郑张尚芳：《五十身体词的藏汉对应》，《民族语文》，2011 年第 4 期。

54陈保亚、汪锋、何方、陈泽浩：《论澳越语的语源关系及其谱系关系》，见丁邦新、孙宏开主编：《汉藏语同源词研究》（四），广西民族出版社，2011 年版。

55汪锋：《语音对应的两种放宽模式及其后果》，《语言学论丛》，第 44 辑，商务印书馆，2011 年版。

56黄行：《我国民族语言的沟通度与语言群体认同》，《云南师范大学学报》，2011 年第 2 期。

57戴庆厦：《语言接触与浊音恢复》，《民族语文》，2011 年第 2 期。

58赵明鸣：《〈突厥语词典〉中的 ol》，《民族语文》，2011 年第 6 期。

59聂鸿音：《论“八思巴字梵语”》，《民族语文》，2011 年第 2 期。

60张铁山：《吐鲁番柏孜克里克出土两叶回鹘文〈慈悲道场忏法〉残叶研究》，《民族语文》，2011 年第 4 期。

61曲木铁西：《彝族吉木毕摩家支传世文献的音系及文字特点》，见戴庆厦主编《汉藏语学报》第 5 期，商务印书馆，2011 年版。

62孙宏开：《语言濒危与非物质文化遗产保护》，《云南师范大学学报》，2011 年第 2 期。

63陈保亚：《宽式语形：汉诗意境形成的诗学根源》，《北京大学学报》，2011 年第 1 期。

64汪锋：《从汉藏语言看酒文化圈与茶马古道》，《科学中国人》，2011 年第 10 期。

65魏兆惠：《论汉代的酒器量词》，《兰州学刊》，2011 年第 11 期。

66张启睿、谢书书、张积家：《云南少数民族语言与文化对颜色认知的影响》，《华南师范大学学报》，2011 年第 4 期。

（作者：宋作艳，北京师范大学讲师；
李子鹤、傅林、杜兆金，北京大学博士生；
邱立坤，鲁东大学讲师；
陈保亚，北京大学教授）

英语语言学

王逢鑫

冯志伟经过对计算语言学中战略转移的分析后指出，传统语言学的方法正面临着经验主义的严峻挑战，一种新的“基于语料库”的研究方式或者“语料库驱动”的研究方式将逐渐地代替传统的依靠“内省”和“诱导”的研究方式。但是，这种基于语料库的研究方式或者语料库驱动的研究方式离不开语言学家对于语言现象的“洞察力”，我们绝不能忽视理性思维的重要作用；把理性主义与经验主义结合起来，是当前语言学战略转移的正确方向。①

语言分析的根本是对语言背后的逻辑推理的分析。弗雷格开创了对语言进行逻辑分析的先河，通过分析语言中的量词变元揭示了句子的逻辑结构，进而说明了命题的性质。罗素的摹状词理论则是充分利用逻辑分析方法处理句子结构的典范。但与此不同，概念分析则是通过概念联系突出命题的概念内容。这种分析的重点不是语言表达式本身，而是语词或句子所表达的概念。江怡认为概念分析的方法并不是追问概念本身的意义，而是寻求正确使用概念的条件，这在摩尔、后期维特根斯坦和斯特劳森的思想中得到了充分表现。②

索绪尔的语言本体论实际上是建立在社会规范上，困境在于无法摆脱语言与社会规范之间的恶性循环。海德格尔坚持语言本质不在语言之外，而在语言自身。叶起昌认为，这两种本体论观点的主要焦点不能简单地划归为社会决定语言还是语言决定社会的论争之上，而是语言本体论问题必须是开放的，不应该拥有一劳永逸的答案，而要在考察全部人类思想和实存的“语言条件”的前提下追问。从这个角度看，索绪尔和海德格尔仅仅提出了各自的假设而非语言本质的定论。③

莱布尼茨是伟大的哲学家，其语言思想在欧洲一向为研究热点。莱布尼茨的语言思想与其“单子论”和“前定和谐”等哲学概念紧密相连。对于中国莱布尼茨研究者尤具意义的是，莱布尼茨还是他那个时代欧洲对汉字研究最深入的大家之一，他几乎一生都在考虑以汉字为摹本创建可用于概念运算的“通用字符”。冯晓虎认为莱布尼茨的语言思想却并不局限在语言本身，他的追求远远超出语言学的研究范围，而这才是他远远超出索绪尔和乔姆斯基的地方。④

博弈论和语用研究都假定行为主体的理性，因而二者跨学科式的借鉴是经济学“语言转向”的必然结果。经典博弈论对于语言交际的分析和演化博弈论对语言演变的解释为我们理解人类语言提供了一个全新的方式和思路。向明友、夏登山认为虽然博弈语用学存在一些局限性，但它仍是一个前景广阔的领域。⑤

逻辑学对模态的研究为语言学研究情态提供了重要的研究方法，但未对模态词做语义学分析，也未能为分析自然语言的情态提供一套系统的模式。封宗信认为 Halliday 从命题之间的逻辑关系出发，概括了归一性系统中两极之间的中介模态选项，构建了一个情态系统，吸收了 20 世纪的多值逻辑学、模糊逻辑学的理念和模糊语义学对传统真值语义学的批判。同时，他通过对情态词扩展使用的描述，发现了语法隐喻层面的情态隐喻，把情态语义学研究推上了语篇语义学和语用学层次，为批评性话语分析等学科提供了科学的分析方法。⑥

近几年在国际应用语言学界，动态系统理论得到发展。李兰霞认为动态系统理论之所以具有革命性意义，在于它不但在理念上超越传统科学尊奉的简化论，直面复杂、动态的第二语言学习过程，而且发展出了相应的研究方法和工具，使我们能从新的角度考察真实语言的变异性和复杂性。⑦

近年来汉语界对汉语语法研究中的“本位”理论存在不少评述。胡壮麟认为要明确讨论“本位”理论的基础是句法学、语法学，还是语言学或广义语法学；对语言“本位”的不同理解和选择也是当代西方语言学理论发展的基础之一；从中西方语法研究中有关“本位”的讨论可以发现“本位”是语法研究中对切入点的选择；“本位”研究已从句法范畴向广义语法学发展；对“本位”的讨论不仅是汉语语言学的命题，也是普通语言学的命题；从层级式知识结构和水平式知识结构的关系讨论“本位”具有积极意义。⑧

名化是语言语法化普遍而复杂的现象，王立非、刘英杰对 1980—2010 年国内英语名化研究的现状进行了统计分析，从理论视角、研究重点、研究方法和研究发现等方面进行总结。研究发现：1）30 年来国内英语名化研究不断发展，2001 年以后期刊关注度和论文发表量均呈现增长趋势，出现了理论视角与研究方法的转向。2）30 年来名化研究从结构主义理论走向功能主义和认知理论共存。3）研究重点和研究方法呈现不平衡的特点，句法名化和实证研究需加强。⑨

戴曼纯探讨了原则与参数体系下的格理论及其发展。分析显示：结构格与内在格的区分及赋格方式存在较大的问题。不是每一个名词短语都需要通过 Chomsky 所定义的格过滤。格过滤的基础是赋格者与受格者并存。限制格过滤的条件是：1）赋格者要求必须有受格者接受赋格并核查其格特征；2）赋格者必须局部成分统制受格者；3）潜在的受格者在没有赋格者的情况下免于格过滤，带默认格；4）在有赋格者的情况下，如果同时有两个潜在受格者，那么带显性格形态标记的潜在受格者必须通过格过滤。名词短语的中心语实现格特征，短语内部名词性成分的格取决于参数设置。[10]

更简句法是生成语法领域新近出现的一种全新的句法理论。它一反主流生成语法以句法为中心和句义统一的传统，用句法、音系、语义平行构建的理论模式对句法和语义的分工进行了重新界定。主流生成语法将约束定义为以成分统制为前提的纯粹的结构关系，而更简句法则认为约束是一种语义关系，可以应用于语法功能（GF）和概念结构（CS）两个层次。这种理念不仅为汉语反身代词“自己”约束特性的解释提供了新的视角，而且还能有效地解决主流生成语法在进行相关分析时所面临的一些难题。周长银根据更简句法的精神，将约束关系的前提由结构上的成分统制关系修改为语义上的 CS 统制关系，从而有效地解释了汉语反身代词“自己”与介词宾语在约束关系上为何呈现出不同质的问题。[11]

传统语法、悉尼语法、加的夫语法框架内的句法分析方式各不相同。何伟、高生文从三者对同一类语言现象的解释谈起，来探讨它们的句法描述思想。讨论表明：三者的句法描述观存在差异。传统语法注重语言的形式；悉尼语法一方面强调语言的功能，另一方面关注语言的形式；加的夫语法则以语言的功能为中心。[12]

在加的夫语法中，数量词组是一个全新的词组类型，数量词组完成语是数量词组的一个主要成分。Fawcett 指出，数量词组完成语主要表达比较意义。何伟、张悦芹在此基础上对数量词组完成语进行研究，提出强调完成语和范围完成语两种新的完成语类型。[13]

Harris 第一个明确提出“语篇分析”，但是他的语篇分析到底有什么意义，对此讨论的人并不多。姜望琪从历史的角度全面、深入地研究了 Harris 的理论和实践，肯定了他打破句子局限、坚持研究实际话语等伟大历史功绩，同时指出其不足在于对意义的排斥。[14]

程晓堂、王璐根据语篇连贯框架，以学术期刊收到的稿件样本为语料，对欠连贯语篇中存在的概念连贯问题进行了全面的分析。通过对语料的分析发现，欠连贯语篇在概念连贯方面确实存在问题，其中话题连贯问题和连贯关系问题尤为突出。前者与语篇的话题有关，表达语篇的经验意义，后者涉及小句之间的关系，体现语篇的逻辑意义。概念连贯问题是导致学术语篇欠连贯的主要原因之一。[15]

场景和处所是一对地点语义角色。郭巍、王义娜依据 Langacker 的相关分析，讨论了两者的概念角色差异及其与其他角色的概念关联度，指出从概念原型看，处所是场景的一部分，但从角色作用看，处所与事件参与者的概念联系更紧密，其凸显度高于场景；而场景与事件观察者的概念关联紧密，倾向于成为事件认知的视角出发点；从编码表现看，两者的概念层级不同，处所内在于句式语义，场景却是特定的话语表达需要。存现句中 There 前置属于抽象场景主语化，其编码凸显度高于处所。[16]

基于社会符号语言观，董敏比较了五种有代表性的语类研究方法，发现语类研究的根本问题可以归结为与语类相关的文化语境的描述，体现并建构该语类语境的语篇化语义模式的描述两个方面。从实践型社会符号视角构建实践型社会符号语类框架，语类的话语社团语境界定为准则化社会实践、准则化话语社团主体之间的杂语社会关系以及准则化符号组织三大变量构成的符号配置，语篇化语义模式由经验、人际和语篇三大元功能维度下语类结构语义模式和特定语类结构段的语义配置两个层面构建。语类由此界定为建构话语社团语境和语篇化语义模式功能关系复合体的语类语义配置。[17]

Jackendoff 提出的平行构架理论将词汇和词汇规则看作是存储于长期记忆中的语言构件。语音、句法、语义分别是独立的具有生成能力的部分，三者由接口规则相联系，并运用非定向的、平行的、由规则制约的形式化方法来研究语言。高明乐、方环海指出除了理论优势外，平行构架理论还可直接用于语言处理。[18]

李美霞、焦瑗珲基于“语料库数据驱动”方法对当代中国外语界英语语言学的发展现状及趋势进行了全面的剖析。首先，采用“语料库数据驱动”方法，对近 5 年（2005—2009）来 7 种外语类核心期刊上所刊载的所有英语语言学（理论性）研究的学术文章、中国社科项目中外语界英语语言学研究的所有项目以及在国内外语界非常活跃的英语语言学学术团体（或协会）进行了归类和分析，得到了 2005—2009 年我国外语界英语语言学研究的热点区域；其次，对比分析了 20 世纪 90 年代与近 5 年来学术研究热点的变化，并指出了目前研究中存在的问题；最后，探讨了我国外语界英语语言学的未来发展趋势。[19]

近期国内英语听力元认知策略应用研究综述显示：学生在计划、评估和监控策略方面存在数量和质量的差异，可以通过有针对性的培养提高元认知策略和英语学习成绩，但此类研究较少。牛曼漪、李静、张禹建议扩大被试范围，纳入多种变量，研制更有效的工具和重视数据的统计分析。[20]

描述翻译学以目的语文化为导向，以探讨操纵翻译行为的翻译规范为核心，自图里构建其理论框架以来，对翻译学研究的发展产生了重大影响。文晓莹、李建华认为描述翻译学将翻译当作文化事实，注重制约翻译行为的历史、文化、政治、意识形态等因素，经历了从20世纪80年代集中于翻译的外部因素到90年代以来内外因素相结合的趋势，理论体系得到了不断的更新与扩充。[21]

语料库翻译学近年成果集中表现在两方面：一是对翻译共性、译者风格等原有课题的认识深化；二是基于翻译语料库的语言变化探索和多模态口译语料库建设等新课题的开拓。黄立波、王克非认为今后的趋势是：1）关注点从翻译本身扩大到翻译外部，从翻译文本转向制约翻译文本生成的各类因素以及翻译带来的语言互动与变化；2）从描写转向解释，实证性和跨学科性进一步增强；3）打破了从前单语类比或单语类比加双语平行的综合研究模式，转变为根据实际研究需要建立的多重复合对比模式，并由对比模式向过程和因果模式过渡。[22]

口译研究是一个新兴的研究领域，在国内外正引起不同领域人员的持续关注。中外口译研究的相同之处主要表现在共同的发展历程、相近的研究特点、类似的难题和困惑等方面；同时，在研究主题、研究焦点、实施方法、理论构建、研究人员等方面，中外口译研究又存在着明显差异，而且也可以从社会环境、研究环境与机制、学术传统、研究价值取向等方面探究其形成原因。基于上述分析，张威认为在研究指导思想、研究范围、方法意识等环节上，中国口译研究应该有更明确的发展战略，以保证口译研究的健康发展。[23]

张威研究调查分析了现场口译中口译员与口译使用者对口译质量的期待。结果显示：1）口译员对口译质量的期待没有显著变化，但口译使用者对口译质量的期待有较大差异；2）口译员对口译质量的期待一般高于口译使用者，但特殊场合下，口译使用者对具体口译质量因素有着更高的期待；3）口译内容要素一般比口译形式要素更受重视。但具体情况下，口译形式要素的期待程度更高。这些结论对完善口译质量评估体系、推动口译教学改革、提高口译实践策略应用效果，均有积极的启示意义和现实的应用价值。[24]

多模态性的研究旨在说明人们在表达意义时对不同符号特性的掌握和运用，以及对不同符号体系之间相互关系的了解。随着计算科学的发展，多模态小品在21世纪开始流传。所谓多模态小品，是胡壮麟借用“小品文”的概念命名的，即生动活泼的说理抒情的短篇散文或作品，但它是多模态的。这些小品中的模态有不同的组合，如文字、乐曲、图象、动作。对同一语篇意义的表达可以采用不同模态。这些模态可以分别使用，也可以同步使用。在多种模态同步使用的情况下，其中一至二种模态是主体的，其余模态起陪衬作用。人们从一种模态发展为更多地使用另一种模态，这与社会进程是分不开的。[25]

周燕、高一虹、臧青结合量化和质化研究方法，在基础阶段跟踪研究的基础上，继续对北京五所高校970余名本科生在高年级阶段的英语学习动机类型、强度进行考察。结果显示，高年级大学生的英语学习动机在与低年级阶段保持总体连续性的同时，“内在兴趣”“出国”和“学习情境”动机上升；“信息媒介”和“个人发展”动机略有下降；“成绩”和“社会责任”动机以及动机强度基本稳定。质的材料与量化数据基本一致，也反映了更丰富复杂的动机发展状况。[26]

边永卫运用定量和质性的研究方法，在对一、二年级大学生跟踪研究的基础上，继续考察三、四年级大学生的英语学习者的认同变化。研究对象是一所涉外文科院校2005级非英语专业学生。结果表明，高年级阶段的学习者认同继续发生的变化与基础阶段基本一致，但又有所不同。自信认同的变化并不显著；出现显著增长的削减性和生产性文化认同变化在程度上继续加深，且范围有所拓宽。[27]

刘梅华使用交叉时序滞后设计的方法，考查了清华大学、合肥理工大学和北京联合大学的934名不同专业的公外大一新生的说英语的低自信和英语课堂表现焦虑与他们的英语学习成绩之间的准因果关系。结果表明：1）总体而言，学生在学期初的说英语的低自信能够显著地负向预测他们在学期末的英语学习成绩；然而，他们在学期初的课堂表现焦虑与其学期末的学习成绩没有因果关系。2）具体到上述三所学校的学生，所测焦虑变量与英语学习成绩之间的关系存在差异。[28]

基于文献回顾与先导研究，文秋芳、任庆梅提出了我国高校外语教师互动发展新模式，包含人员、中介、机制、目标四大要素，主张以研究者—教师合作为平台，以课堂关键问题为抽象中介，以课堂录像、教师反思日记等为具体中介，通过情感互动与认知互动，实现团队成员共同成长。[29]

王艳从对实践性知识的实践性、个人化和情境性等的理解出发，探讨优秀大学外语教师的实践性知识。研究的核心问题包括优秀外语教师实践性知识的构成与特点、外语教师实践性知识的来源与影响因素以及学生在教师实践性知识建构中发挥的作用。研究采取定性个案研究方法，以课堂观察、深度访谈和问卷调查为主要研究工具。通过对教师行为的呈现以及教师自己的意义解释，揭示优秀外语教师实践性知识的内涵。[30]

由于语言具有承载与构建文化和标记国家与民族的社会文化功能，语言战略对国家十分重要。语言战略主要由语言规划、语言政策以及语言教育等方面构成。我国是一个多民族、多语言的国家，语言格局复杂，同时我国正处在改革开放经济腾飞时期，外语教育十分兴旺。蔡永良认为我们必须深刻思考与深入研究语言战略，作出相应调整，进一步增强关于语言的民族文化意识，爱护母语，保护少数民族语言和方言，维护语言文化多元生态；认真考察外语教育的实际需求，进一步规范和计划外语教育，有效地抵制与规避外语教育对民族语言文化包括思想意识的负面影响。[31]

王克非围绕13个代表性国家和地区外语教育的基本情况、语言政策、教育政策、外语教育政策及外语教学，组织过对这些国家和地区外语教育现状及政策的调研。基于这一调研，分析了外语教育政策与社会经济发展的互动关系。王克非认为社会经济发展需要强化外语教育，外语教育发展反过来会促进社会经济和全球一体化进程。根据政治、经济、学术以及现实各方面的要求，重视以英语通用语为主的外语教育，把外语教育放在国家战略发展的高度，有利于国家软实力的提升，适应持续稳健的经济社会发展的需要。[32]

我国长期以来外语教育规划严重滞后，产生了不少问题。首先是通用语种的发展缺乏计划。一方面，英语专业点设置过多、过快，在有的地区由于大量招生而无法保证教学质量；另一方面，英语和其他通用语种的高水平人才培养跟不上国家的需要。其次，外语教育中语种单一化倾向严重。我国中小学可供学生选择的外语仅为英语、俄语和日语，但开设俄语和日语的学校逐渐减少，选学这些语言的学生人数不断下降。最后，从我国的大国地位和今后发展来看，外语语种的设置还不能满足需要。外语教育规划是语言规划的一部分，许多国家的政府部门对于语言规划（包括外语教育规划）都给予极大重视，因为这涉及一个国家的政治、经济、外交、军事、安全等重大问题。胡文仲认为，首先，我国迫切需要建立相应的机构以统管外语教育，并制订长远的规划。其次，我们必须加强外语教育规划方面的研究，包括对其他国家在外语教育规划方面的政策和法规的研究以及理论框架的研究等。最后，应该对我国外语使用和需求的现状作深入调查，在掌握可靠详尽数据的基础上才有条件制订出科学的规划。[33]

随着经济全球化浪潮和现代通讯媒体的蓬勃发展，英语逐渐成为世界第一通用语言和中国事实上的第二语言。从语言环境和语言意向角度分析汉语与英语的关系，既可以审视英语在我国的使用现状，也能将汉、英语关系纳入国际视野考量。目前，语言帝国主义、语言人权论、语言资源观和生态语言学观点各有其优势，李建华、钟玲、叶湘认为借鉴各派观点提出的语言关系论框架，和谐共生的科学语言发展观可以从新视角对我国当前的外语教学、社会语用和语言政策方面补充一些建议。[34]

顾曰国勾画了当代语言学波形发展的第三条主线，即语言跟媒介载体和技术的关系。与此相联系的语言学分支有语言哲学、概念语义学、语音学、语汇学、文字学、人工智能、语料库语言学、计算语言学、机器翻译、人机对话等。这些分支殊途同归，汇聚成一个整体。上面提到的各分支存在逻辑关系，它们之间相互依存、相互交叉、存在需要作分层并行处理的交互作用。[35]

中国是世界上少数具有对外文学翻译传统的国家之一。在文学创作和文学翻译陷入空前低潮的“文革”时期，对外文学翻译仍然保持一定规模。这期间，国内各种重要的文学现象都在对外翻译中得到较为充分的反映。马士奎认为除了毛泽东诗词英译本之外，多数作品没有在目的语文化中引起大的影响。[36]

考试策略是受试在考试过程中有意识地选择的解题步骤和程序，是效度验证的必要证据。纵览国外考试策略研究的50年历史（1958—2009），20世纪50年代末到80年代中期的研究重点是考试智慧策略，之后研究重心向语言学习者策略和考试掌控策略转移。胥云、武尊民指出未来考试策略研究应在平衡研究话题、完善考试策略分类和验证研究工具几个方面加大研究力度，并进一步促使考试策略研究在考试开发和效度验证中发挥更大作用。[37]

注：

①冯志伟：《论语言学研究中的战略转移》，《现代外语》，2011年第1期。

②江怡：《语言分析与概念分析》，《外国语文》，2011年第1期。

③叶起昌：《索绪尔与海德格尔语言观——本体论层面比较》，《外语学刊》，2011年第1期。

④冯晓虎：《莱布尼茨的语言思想》，《外国语》，2011年第3期。

⑤向明友、夏登山：《博弈语用学述评》，《山东外语教学》，2011年第4期。

⑥封宗信：《系统功能语言学中的情态系统：逻辑、语义、语用》，《外语教学》，2011年第6期。

⑦李兰霞：《动态系统理论与第二语言发展》，《外语教学与研究》，2011年第3期。

⑧胡壮麟：《谈语法研究中的本位观》，《外国语》，2011年第1期。

⑨王立非、刘英杰：《我国英语名化研究三十年：回顾与思考》，《外国语》，2011年第6期。

⑩戴曼纯：《最简句法的格问题》，《外国语》，

2011 年第 2 期。

⑪周长银：《更简句法理论与一个“自己”约束难题的解决》，《山东外语教学》，2011 年第 6 期。

⑫何伟、高生文：《传统语法、悉尼语法、加的夫语法的句法描述思想——从三者对一类语言现象的分析谈起》，《中国外语》，2011 年第 6 期。

⑬何伟、张悦芹：《加的夫语法数量词组完成语研究》，《天津外国语大学学报》，2011 年第 5 期。

⑭姜望琪：《Harris 的语篇分析》，《外语教学》，2011 年第 4 期。

⑮程晓堂、王璐：《语篇中的概念连贯问题》，《当代外语研究》，2011 年第 4 期。

⑯郭巍、王义娜：《场景与处所的概念角色关系》，《西安外国语大学学报》，2011 年第 3 期。

⑰董敏：《论实践型社会符号语类框架》，《外语教学》，2011 年第 3 期。

⑱高明乐、方环海：《词库与句法关系的新视野——平行构架理论的词汇及语义倾向性分析》，《外语教学与研究》，2011 年第 3 期。

⑲李美霞、焦瑗珲：《语料库数据驱动下的中国外语界英语语言学发展现状及趋势研究》，《北京第二外国语学院学报》，2011 年第 12 期。

⑳牛曼漪、李静、张禹：《近期国内英语听力元认知策略应用研究综述》，《北京第二外国语学院学报》，2011 年第 2 期。

㉑文晓莹、李建华：《描述翻译学理论发展概述》，《天津外国语大学学报》，2011 年第 2 期。

㉒黄立波、王克非：《语料库翻译学：课题与进展》，《外语教学与研究》，2011 年第 6 期。

㉓张威：《中外口译研究对比分析》，《中国外语》，2011 年第 5 期。

㉔张威：《会议口译质量评估调查——译员与使用者的对比分析》，《解放军外国语学院学报》，2011 年第 2 期。

㉕胡壮麟：《谈多模态小品中的主体模态》，《外语教学》，2011 年第 4 期。

㉖周燕、高一虹、臧青：《大学高年级阶段英语学习动机的发展——对五所高校学生的跟踪调研》，《外语教学与研究》，2011 年第 2 期。

㉗边永卫：《英语学习与学习者认同的发展——涉外文科院校非英语专业学生高年级阶段跟踪研究》，《解放军外国语学院学报》，2011 年第 5 期。

㉘刘梅华：《论低自信和课堂表现焦虑对大学生英语学习的影响：交叉滞后研究》，《外语教学》，2011 年第 5 期。

㉙文秋芳、任庆梅：《探究我国高校外语教师互动发展的新模式》，《现代外语》，2011 年第 1 期。

㉚王艳：《优秀外语教师实践性知识的个案研究》，《外语教学理论与实践》，2011 年第 1 期。

㉛蔡永良：《关于我国语言战略问题的几点思考》，《外语界》，2011 年第 1 期。

㉜王克非：《外语教育政策与社会经济发展》，《外语界》，2011 年第 1 期。

㉝胡文仲：《关于我国外语教育规划的思考》，《外语教学与研究》，2011 年第 1 期。

㉞李建华、钟玲、叶湘：《从语言环境和语言意向看我国的汉、英语关系》，《中国外语》，2011 年第 2 期。

㉟顾曰国：《当代语言学的波形发展主题三：语言、媒介载体与技术》，《当代语言学》，2011 年第 1 期。

㊱马士奎：《特殊时期的文化输出——“文革”十年间的对外文学翻译》，《山东外语教学》，2011 年第 5 期。

㊲胥云、武尊民：《国外考试策略研究综述——五十年回顾》，《外语教学理论与实践》，2011 年第 1 期。

（作者：北京大学教授）

外国语言学（英语除外）

鲍 红

一、语言学与语言哲学

李洪儒将语言界定为一种特殊实在，把语言哲学的主要流派区分为分析性语言哲学和本体论语言哲学，进而提出语言哲学是以语言这一在者/是者为对象，通过语言分析和解释来揭示人和人的世界的科学。与一般本体论相比，本体论语言哲学的独特之处在于需要科学论证语言是在者/是者。作者通过追问语言本质、反思哲学以及界定语言哲学三个环节，初步呈现出中国语言哲学的发展之路。[①]隋然明确指出语言学的语义、句法和语用三种范式在一定程度上都是一个完整的逻辑体系，同时也是语言学研究的三个维度。语言的三维空间一直是语言哲学研究的基本问题，也是最普遍的三种语言研究方法，揭示其在语言哲学领域中的渊源、形成和发展有助于理解和认识语言学研究的深层次问题。[②]梁雪梅分析了斯特劳森的本体论哲学，强调他将形而上学引入到分析哲学的研究视野，把本体论研究推进到了一个新的阶段，同时概念结构与现实联系的问题带给语言学研究重要的启示，成为当今语言学研究的主流。作者还与蔡晖分别从参项分类类别的确定、词义区分功能、分类类别的次类别特征以及与参项语义角色之间的相互关系出发对这一词义动态模式研究中的重要参数概念进行了分析和阐发。③

赵爱国强调指出，20 世纪俄罗斯几乎在语言学的各个领域都对世界语言学的发展作出了巨大贡献，但至今国内外文献中仍鲜见对其发展阶段的研究，更难发现从学理演变视角对其进行必要的梳理。作者试图从“传统主义”“马尔主义”“后马尔主义”和“人类中心主义”四个阶段来审视 20 世俄罗斯语言学的学理发展文脉，以展示其学术成果所具有的独特价值。④周民权简述了中国俄语学界在社会性别语言学研究方面的总体状况，指出同俄罗斯和西方学界的相关研究相比，尚存在着研究力量较为薄弱、研究内容较为窄浅、缺乏原则性、本土化研究较为滞后以及研究方法较为单一等几个亟待解决的问题。⑤

二、语义学与语用学

张家骅探讨了俄罗斯语义学若干重要理论问题，并实证研究了相关语言个案，侧重词汇语义学，涉及词义、指称、义素分析、预设、配价、词汇函数和体貌范畴等语义学基本问题；词义与指称重点讨论指物意义与概念意义的属性和功能；义素分析和预设理论深入到语义的微观结构层次，重点阐释莫斯科语义学派的语言集成描写思想；语义配价和词汇函数直接论及语义—句法界面；体貌范畴语义则是俄罗斯语义学的传统话题。作者还注意运用俄罗斯当代语义学理论与方法分析汉语，进行俄汉语言对比研究，并试图将俄罗斯语义学问题置于西方语言哲学及中国相关研究的语境中论述，坚持语词的语法属性和句法行为大都可以从它们的语义、语用分析中求得解释的研究思路。⑥王福祥和吴汉樱梳理了欧美语用学的滥觞、创立、发展、研究领域和内容、主要分支学科、流派和发展趋势，介绍了俄罗斯语用学和中国语用学的兴起、发展、理论研究、应用研究、发展趋势，内容涉及中国英语界、俄语界、汉语界的语用学研究，涉及语用学与修辞、语用学与翻译等话题。⑦汪吉从社会语言学、社会心理学、俄语语用学和语法学相结合的角度，从语法、语义和语用三个方面对现代俄语中的称呼语进行了比较全面而系统的描述，界定了俄语称呼语及其表达手段，对其进行了词汇—语义分类，研究了称呼语的语音语调特征及称呼语变异使用的语用机制和语用功能。⑧杜桂枝试图根据现代俄语语言学中关于句子各个层面的非对称性这一重要理论，对句子形式结构中的主语、意义结构中的主体之间非对称性的表现形式、句法特征和逻辑语义功能进行研究和描述，以揭示语言形式与意义非对称性的本质。⑨蔡晖强调 Е. В. Падучева 使用动态模式解决词汇语义扩散问题，探寻语义变化与形式变化之间的存在联系，富有创见地将对语义现状作出解释的能力和语义发展进行预测的能力作为多义词研究的基本诉求，反思结构主义的词汇系统观，引入衍生概念和词义研究的参数化，继承并发展了莫斯科语义学派的思想，开辟了词义研究新途径。⑩罗苹认为俄语界尚无对俄语反义词标记现象的系统研究，对标记关系判别标准的探讨多停留在具体标准相对于具体对象的适用性，疏于对标准制定的依据及各条标准之间的关系进行深入探索。实际上，从语言系统观出发可以建构较为系统的俄语反义词有无标记判别标准。作者还揭示了反义词语对立的内涵，对概念“对立”从语义上进行了限定，并对语义对立进行了分类，以期对反义词有更准确的理解和研究。⑪武瑗华与曹阳将对等原则看作是通过外交代表的职业习惯和智能反映出来的一种谈话逻辑，根据这种逻辑展开的谈话主题、达成的言辞对等、言语行为对等以及所实施的一系列言语交际策略对外交话语具有典型意义，并具有某种程度的程式化倾向。分析表明，当机构话语行使职能时，机构规则的约束力大于一般会话原则。⑫郑秋秀依据莫斯科语义学派的观点，对配价、题元的概念及其与句式的关系进行了阐释，指出配价是动词的语义成分，是词汇语义层面的概念，而题元是命题的参与元素，是句子层面的概念。当动词上升到句子层面，配价通过支配模式的填充体现为题元，而题元的数量及组配总是受到词汇语义、句法特别是句式意义的制约。⑬徐涛利用词汇函数符号作为一种描写手段，尝试对动词体的变体意义进行形式化描写，以期这种描写能对动词体的研究和《意思〈 = 〉文本》模式理论自身的完善有所贡献。⑭葛晶以莫斯科语义学派的整合性描写原则为理论基础和原则，从共时层面的角度对词汇多义问题进行了探讨和分析。⑮许宏分析了含有语义虚化的视听觉动词形式的话语词，认为它们虽然形式结构各异，但其结构中动词的语义已经虚化，结构已固化成话语词，在言语交际中传递着一定的语用信息。⑯吴梅将成功运用于名词和形容词的配价理论移植到前置词的研究中，从语义配价、句法配价和语用配价三个层面来探讨前置词的配价能力，其中涉及预示性、述体配价论和逆向配价论。⑰颜志科对俄语隐喻性言语动词进行了认知分析，指出其语义源自不同的概念域，但与动词的初始语义有着密切的联系，存在理据性。从修辞色彩看，隐喻性言语动词多数带有否定的感情色彩，属于口语和俗语。⑱

三、语篇学

安利阐明了词汇重复的语篇衔接功能，指出作为语篇衔接手段的词汇重复，其用法受到一系列因素的制约，包括指称对象的多少、语法规则的限制、话题展开的模式、回指方式的更迭以及修辞语用目的等。作者通过对俄汉语料的分析，探索了词汇重复作为语篇衔接手段的制约机制。[19]陈勇论述了篇外语境与语用连贯之间的联系。篇外语境是篇章所处的外部交际环境，从情境语境和背景语境两个方面借助一定的实体手段或语境关联成分影响篇章连贯性的建立，此时的连贯为语用连贯，其中情境语境主要是以类型化的角色关系和交际意图两种要素影响着语用连贯的实现；背景语境主要通过填补篇章中由背景关联成分所标示的语义空缺而使篇章达到语用连贯，其中互文性成分是一种最典型的背景关联成分。[20]王辛夷以 И. Р. Гальперин 关于语篇信息性的理论为主要依据，探讨了语篇信息性及其解读的相关问题，并同时认为，对于语篇信息的理解还应采用对信息进行“整合”的理论方法，对应于对语篇理念内容信息的解读。[21]田秀坤试图通过传统视角和语义视角揭示俄语称名句中的语言感知成分及感知性。语言中的感知性概念是与一些词和结构的语义成分相关的，它涉及诸多方面，如被感知对象的时空处所、观察者、感知主体、感知语义、感知情景、语篇形象性等。[22]刘宏研究了俄语篇章的语言信息单位过程化，指出在一个篇章中可以包含多种语言信息单位类型，篇章与这些语言信息单位形成了活跃的互文关系，篇章具有整合的功能和张力。语言信息单位历经了文本浓缩的过程，成为篇章的标志、符号和象征，俄语篇章在语言信息单位过程化进程中表现出诸多特征。[23]

四、语法学与修辞学

凌建候与杨波从语言学诗学的视角阐述了现代俄语词汇系统关系，既全面、翔实地介绍了现代俄语词汇学的各个组成部分，又遵循了将语言研究与言语研究相结合的原则，试图通过语言学与诗学交叉研究的方法在词汇层面上揭示艺术语言的特点，理论阐述都紧密围绕文学文本的实例分析，并尝试用词汇学知识对特定文学作品进行综合考察。两位作者还从规律运用的“变”与“不变”出发，在收集并分析语料的基础上，确立“返本”这个“不变”原则以及围绕使用者所选“核心词”如何花样翻新这个“变”标准，为成语活用手法的进一步研究而探索出另一种新方向。其研究对从成语角度考察文学语言和作品言语风格具有重要意义。[24]张会森分析了近些年中国俄语语法研究冷寂的状况及原因，强调俄语语法远没有研究透彻，还有许多新老问题等待探索。作者还介绍了俄罗斯学者在俄语语法领域的新成果，指出一些有争议的语法课题，呼唤新形势下中国俄语界语法研究的复兴。[25]丁鑫通过分析俄语中的外来新词 онлайн，探讨了当前俄语外来词借用的新趋势和当前俄语词法的新特点，指出当前俄语中的外来词数量快速增长，外来词的形态也趋于简约，构词更为灵活，外语夹杂词的使用更为频繁。[26]曾婷梳理和研究了俄语“独词句”的界定和地位问题，认为独词句不是句子的一种类型，而是一类不按照句法模式构成的特殊交际单位，是句子的情感—语义等价体，与作为规范语句的句子相对立，共同组成语句的两种类型。[27]刘娟详细介绍了 А. И. 戈尔什科夫在篇章修辞学和功能修辞学领域的研究成果和学术思想，并对该学者的俄语修辞观进行了分析。[28]

五、俄汉语对比研究

李勤等阐述了俄语和汉语简单句语义类型对比研究的理论和方法，对比分析了俄汉语句子命题结构和句子情境结构，探讨了指涉理论。他们所做的前沿性研究具有一定的理论价值，为促进俄语和汉语的句法语义研究和教学实践均具有积极的指导作用。[29]刘永红强调目前句法研究的重点已经由“字（词）中心”转向“句中心”，由信息“词处理”转向“句处理”，成为逻辑学、语言学和信息处理等领域关注的焦点，而作为句法核心的小句，自然成为其研究的重心。作者根据小句研究的现状和得失，运用“组合语法”的思想，深入探讨了俄汉小句对比研究的思想、方法和选点等问题。[30]俄汉句际关系之间不仅有交际接应和意义接应，还有结构接应，其句际句法联系主要可通过词汇、语法手段实现，有时亦可依靠意义、修辞、语用方式实施。陈倩从指代、回指、词语重复、同根词语、反义词、词语照应、谓语时体对应等11个方面对其进行了对比研究。[31]张红对俄汉情感状态谓词从语义—句法的角度进行了对比描写，强调虽然二者的语义成分一致，但它们的语义配价在表层句法结构的体现上不尽相同，所支配的客体在很大程度上制约着它们及其个别意义之间的对立，对比分析了客体配价在表层结构中的体现，揭示了它们在词汇语义单位上的对应关系。[32]曾婷研究了俄汉语中的或然性范畴及其表达手段，指出词汇手段是核心手段，它们数量众多、语义丰富、使用灵活，有着强烈的表现力。其中情态词是俄语的专门手段，而语气副词则是汉语的特殊手段。此外，形态特征极为丰富的俄语具有表达或然语义的专门句法结构和词法—句法手段。[33]

六、翻译学与教学法

谢云才以当代诠释学关于文本意义理解和诠释的哲学思想为理论，从翻译视角针对文学翻译的核心问题——文本意义的诠释与翻译的本质内涵、基本概念、语际理解与翻译诠释的主客观因素、翻译的诠释度以及文本的形象意义翻译转换的特点等一系列问题，展开了较为深入而系统的论述。作者还指出文学翻译实际上就是诠释并转换出源语文本的形象意义，其本质体现的应该是形象转换的重塑性。[34]朱达秋分析了别尔嘉耶夫的《俄罗斯思想》中译本中的误译现象，把它们作为实例进行了学术著作翻译如何实现忠实原则的深入思考，以期引起学术界对常态性翻译实践批评的重视。[35]杨仕章探讨了翻译中的文化连贯问题，指出文化连贯是借助文化知识实现的一种连贯形式，对于译语文化成员（含译者）而言，原文中的文化连贯有显性与隐性之分，为了在译文中重构文化连贯，需要以原文中的文化词为线索，考虑译语读者的认知语境，在补充相关文化图式知识时遵循最佳关联与对等明示的原则。[36]赵红强调文学翻译要再现原作艺术风格，辨识原作的修辞非常关键。修辞辨识是一种确认原作各种修辞功能和意义的方法，翻译中译者可以而且必须依赖修辞辨识，才能更加透彻地理解原文中的各种意义，正确把握情感，进而调动自身审美情趣，进入翻译最佳状态。[37]胡谷明与沈曼以汉译俄的语料为基础，对文化空缺这一翻译中的文化现象的传译从词汇层面进行了探讨，并从词汇的定义、分类和翻译等方面展开了研究，归纳总结出解决这一问题的若干对策。[38]袁新论证了文学翻译中的精确与模糊之间的辩证关系，强调文学语言的模糊化是作家对语言进行艺术处理的结果，是更高层次上的精确。模糊在很多情况下是达到"精确"转换的重要途径，两者的关系是辩证统一的。[39]关秀娟从上下文语境、情境语境、文化语境及分别组合的角度，在实际语料的基础上研究了以平行、交叉和递进等方式对原文理解、语际转换、译文表达的影响。对翻译语境作用进行了动态分析，比较全面地反映了翻译语境的作用机制。[40]安新奎以认知心理学和文学翻译理论为理论基础，分别从形象感知、形象存贮、形象提取、形象再现等几个方面分析和研究了文学翻译中译者的形象思维机制。[41]童丹和王利众认为，从语言文化学先例理论视角来看，中国古诗词的意象中饱含极为丰富的先例现象。诗词翻译中常常出现文化意象的失落，造成这种失落的原因是译者对意象深层蕴含的先例现象存在不解或误读，对先例现象的正确解读及处理是传递诗情的重要环节。[42]李向东探讨了如何运用语言个性理论的原则和方法指导对外俄语教学，并设计了一些切实可行的训练方法，将语言个性的常量内容，特别是共同的俄罗斯语言类型的基本特征植入词汇教学实践过程。[43]姜雅明从俄语无人称句的概念分析入手，分析了无人称句的结构语义特色，其中重点讨论了其状态意义、情态意义和语法修辞特色，并探讨了无人称句的教学法问题。[44]赵芳丽用语音分析与合成软件和俄语语音输入软件，对中国学生的语音符号和俄罗斯标准语的语音信号进行声学特征的对比分析，研究了中国学生在音素、音节、重音、音调、节奏、语调等方面存在的差异，提出了利用俄语语音测试训练系统来增强教学效果的训练对策。[45]

注：

①李洪儒：《中国语言哲学的发展之路》，《外语学刊》，2011 年第 6 期。

②隋然：《语言哲学理论之语言学范式及语言三维空间问题》，《中国俄语教学》，2011 年第 2 期。

③梁雪梅：《世界 · 思维 · 语言问题探析》，《中国俄语教学》，2011 年第 1 期；梁雪梅、蔡晖：《词义动态模式研究参数之一》，《中国俄语教学》，2011 年第 4 期。

④赵爱国：《从学理演变视域看 20 世纪俄罗斯语言学的发展阶段》，《中国俄语教学》，2011 年第 3 期。

⑤周民权：《国内俄语学界社会性别语言学研究略论》，《中国俄语教学》，2011 年第 2 期。

⑥张家骅：《俄罗斯语义学——理论与研究》，中国社会科学出版社，2011 年版。

⑦王福祥、吴汉樱：《欧美、俄罗斯、中国语用学》，外语教学与研究出版社，2011 年版。

⑧汪吉：《现代俄语称呼语的结构—语用研究》，复旦大学出版社，2011 年版。

⑨杜桂枝：《现代俄语中形式与意义的非对称性问题》，《外语学刊》，2011 年第 6 期。

⑩蔡晖：《多义词研究的崭新视角》，《外语学刊》，2011 年第 4 期。

⑪罗苹：《语言系统观与俄语反义词有无标记判别标准的建构》，《中国俄语教学》，2011 年第 4 期；《反义词的语义对立》，《中国俄语教学》，2011 年第 1 期。

⑫武瑗华、曹阳：《对等原则与外交话语》，《外语学刊》，2011 年第 4 期。

⑬郑秋秀：《论配价、题元及句式》，《外语学刊》，2011 年第 1 期。

⑭徐涛：《基于词汇函数理论的动词体变体意义的形式化描写》，《中国俄语教学》，2011 年第 1 期。

⑮葛晶：《整合性描写棱镜下的词汇多义性》，《中国俄语教学》，2011 年第 1 期。

⑯许宏：《俄语中语义虚化的视听觉动词的语用信息研究》，《中国俄语教学》，2011 年第 2 期。

⑰吴梅：《前置词配价研究》，《中国俄语教学》，2011 年第 3 期。

⑱颜志科：《俄语隐喻性言语动词的认知分析》，《中国俄语教学》，2011 年第 4 期。

⑲安利：《词汇重复的语篇衔接功能》，《中国俄语教学》，2011 年第 1 期。

⑳陈勇：《篇外语境与语用连贯》，《中国俄语教学》，2011 年第 2 期。

㉑王辛夷：《语篇的信息性与语篇理解》，《中国俄语教学》，2011 年第 2 期。

㉒田秀坤：《俄语称名句的篇章感知性》，《中国

俄语教学》，2011 年第 4 期。

㉓刘宏：《俄语篇章的语言信息单位过程化研究》，《中国俄语教学》，2011 年第 3 期。

㉔凌建候、杨波：《词汇与言语》，北京大学出版社，2011 年版；《俄语成语个性化使用手法重议》，《中国俄语教学》，2011 年第 1 期。

㉕张会森：《俄语语法研究：现状和问题》，《中国俄语教学》，2011 年第 1 期。

㉖丁鑫：《从 онлайн 的使用看俄语外来词的发展趋势》，《中国俄语教学》，2011 年第 4 期。

㉗曾婷：《俄语独词句的界定和地位》，《中国俄语教学》，2011 年第 4 期。

㉘刘娟：《论述 А. И. 戈尔什科夫的俄语修辞观》，《中国俄语教学》，2011 年第 3 期。

㉙李勤、钱琴、刘阳、安洋：《句法语义研究新探》，上海外语教育出版社，2011 年版。

㉚刘永红：《论俄汉小句对比研究的思想、方法与选点》，《中国俄语教学》，2011 年第 1 期。

㉛陈倩：《俄汉句际关系中的结构接应之对比研究》，《中国俄语教学》，2011 年第 3 期。

㉜张红：《俄汉情感状态谓词的语义—句法对比描写》，《中国俄语教学》，2011 年第 3 期。

㉝曾婷：《俄汉语中的或然性范畴及其表达手段》，《中国俄语教学》，2011 年第 1 期。

㉞谢云才：《文本意义的诠释与翻译》，上海外语教育出版社，2011 年版；《文学翻译形象转换的重塑性》，《中国俄语教学》，2011 年第 3 期。

㉟朱达秋：《谈学术著作翻译的常态性批评》，《中国俄语教学》，2011 年第 1 期。

㊱杨仕章：《翻译中的文化连贯问题》，《中国俄语教学》，2011 年第 2 期。

㊲赵红：《修辞辨识与文学翻译略论》，《中国俄语教学》，2011 年第 1 期。

㊳胡谷明、沈曼：《汉俄翻译中文化空缺词汇的翻译策略》，《中国俄语教学》，2011 年第 1 期。

㊴袁新：《文学翻译中的精确与模糊》，《中国俄语教学》，2011 年第 2 期。

㊵关秀娟：《翻译语境作用机制论》，《中国俄语教学》，2011 年第 3 期。

㊶安新奎：《文学翻译中译者形象思维的认知心理学透视》，《中国俄语教学》，2011 年第 4 期。

㊷童丹、王利众：《先例现象与诗词翻译中文化意象的失落》，《中国俄语教学》，2011 年第 4 期。

㊸李向东：《语言个性理论与外语教学实践》，《中国俄语教学》，2011 年第 2 期。

㊹姜雅明：《俄语无人称句语义特色及教学策略》，《中国俄语教学》，2011 年第 4 期。

㊺赵芳丽：《中国人说俄语声学特征的实验分析及训练对策》，《中国俄语教学》，2011 年第 3 期。

（作者：北京大学副教授）

文 学

文 艺 学

吴子林

一、学术活动概况

2 月 19 日，由中国社会主义文艺学会、文艺理论与批评杂志社联合举办的“陈涌文艺思想暨社会主义文艺理论建设学术研讨会”在北京惠侨饭店召开。研讨会总结和研究了陈涌的文艺理论和美学思想，探讨了中国文艺现状及其走向、如何建设社会主义文艺、如何实现马克思主义文艺理论中国化等重要问题。

2 月 20 日，“中国文学人类学理论与方法研究”开题论证会在中国社会科学院文学研究所举行。该会议旨在对文学所叶舒宪研究员主持申报的 2010 年国家社科基金重大招标项目“中国文学人类学理论与方法研究”的立项、内容和意义做深入研讨和广泛交流，对具体实施方案和重难点问题做初步规划，以期课题组能够全面有效地展开高质量的研究，带动国内本学科的创新工作。

3 月 26 日，由中国作家协会主办的《张炯文存》出版座谈会在北京中国现代文学馆召开。中国作协主席铁凝出席并致辞，指出该文存洋洋五百万言，纵横古今，史论兼备，展示了作者丰厚的学养和丰沛的才情，是中国当代文学的一份宝贵财富。全国人大常委、教科文卫委员会副主任委员、中国作协副主席金炳华，中国作协名誉副主席翟泰丰，中国社会科学院党组副书记、副院长李慎明等 50 多位专家学者与会。中国作协名誉副主席贺敬之发来贺信。

为庆祝中国共产党成立 90 周年，由中国艺术研究院主办、中国艺术研究院马克思主义文艺理论研究所承办的“中国共产党与先进文化建设——纪念建党 90 周年专题研讨会”于 6 月 2 日在中国艺术研究院举行。与会专家回顾了 90 年来我党领导文化建设的历史，总结了我党在文化建设上的理论探索和实践经验，并结合当前社会文化领域出现的新问题，就如何在当前的语境下更好地坚持中国化马克思主义方向，进一步推进先进文化建设，使先进文化更好地促进整个社会的和谐发展等问题进行了深入的研讨。

6 月 17—19 日，北京师范大学文艺学研究中心在虎峪山庄召开了由童庆炳教授、李春青教授主持的教育部重点研究基地重大项目“中国文学艺术思想通史”的工作会议。该通史的研究范围从先秦一直到现代文学艺术思想，拟分八编，预计在 2015 年结项，目前已经完成了先秦、两汉卷的撰写。本次会议一方面总结前一阶段的研究经验，进一步明确此套通史的编写主旨和目标；另一方面为下一阶段研究的展开部署工作。会议邀请了校内外相关领域的专家学者为这项集体研究项目出谋划策，在会上围绕相关问题展开了热烈的讨论。

7 月 14—16 日，由北京文化战略研究院（筹办中）、《文艺研究》编辑部和首都师范大学文艺学与文化研究中心共同主办的“当代中国大众文化价值取向”学术研讨会在北京西郊香山饭店举行。大会主要讨论了大众文化的价值取向，并对当下热点文化现象进行了分析，探讨了新型大众传播媒介研究、大众文化相关理论等问题。

8 月 27—28 日，“中荷文化交流：文学、美学与历史”论坛在北京香山饭店隆重举行。该论坛是中国社会科学院为落实与荷兰教科部签署的双方科学合作交流谅解备忘录中所确立的双方开展联合科学专题研究项目（JSJP）的实施，启动与促进中国和荷兰在人文科学领域的学术合作与研究，委托中国社会科学院文学研究所与荷兰莱顿大学联合筹办的。30 余名中荷学者就全球化对中国和荷兰文学艺术的影响、地方性知识在全球化时代建构文学和艺术的积极意义、中国与欧洲不同的美学传统及其相互对话的可能性、文学艺术研究的新视角及其意义、媒介文化与互联网对文学研究的启示等问题，展开了深入的对话与探讨。

10 月 22—23 日，由北京师范大学文艺学研究中心主办的“文艺学新问题与教学改革”学术研讨会在北京香山饭店隆重举行。来自国内 100 多所高校和科研院所的 170 多位教师和学者参加了这次大会。大会开幕式由北京师范大学文艺学研究中心主任李春青主持。北京师范大学资深教授童庆炳、北京师范大学文学院院长张健、南京大学文学院教授赵宪章分别为本次大会致辞。本次会议围绕着当前国内外文艺学研究出现的新问题以及相关的文艺学教学改革两大基本问题进行了深入细致的探讨。学者们从各个角度和层面展开的探讨，不仅拓展了学科发展的前沿，揭示了新的问题，尤其是通过这一平台就文艺学相关课题的教学改革进行了丰富、深入和高效的探讨。

10 月 29 日，“马克思主义文艺理论研讨暨陆贵山教授学术生涯五十周年并文集出版座谈会”在中国人民大学隆重举行。会议围绕陆贵山教授关于马克思主义文艺理论的学术成就和研究特点等一系列话题展开了热烈而富有建设性的讨论。

二、主要著作

2011 年，文艺学研究在各个方面都取得了丰硕成果，各类著作颇丰。

（一）专著

李云雷的《如何讲述中国的故事》（作家出版社）分上、中、下三编。上编结合一些具体作品分析，从叙述学的角度研究当前文学创作与“中国故事”的关系；中编对时下的“底层文学”思潮进行了较为详尽的分析；下编结合“三农问题”的讨论，对 20 世纪 50 年代至今具有代表性的农村题材作品作出了自己的分析。全书以“中国故事”“底层文学”“农村作品”为三大支点，直面中国当下的底层文学热潮，在细致阐释作品的基础上进行理论提升，探讨如何讲述“中国故事”，思索底层文学的突围之路。

金永兵等的《当代文学理论范畴导论》（北京大学出版社）从中国当代文学理论语境中选取了文学性、审美性、形式、意识形式、艺术生产、互文性、话语、文学符号、理解与解释等九个常用的理论范畴进行考源辩流，试图呈现每一范畴所包含的独特的思维方式与知识范型、丰富复杂的生成背景与文化语境以及曲折的传播方式和接受心态，并尽力勾画出概念、范畴的理论谱系，彰显其与世界哲学、美学和文学思潮的密切关系，以揭示文学理论“术语革命”的奥秘。

丁国旗的《马尔库塞美学思想研究》（社会科学文献出版社）对马尔库塞与海德格尔、马克思、弗洛伊德等人的学术渊源进行深入探讨，并集中论述了马尔库塞的“艺术形式”思想，详细阐释和讨论了马尔库塞对发达工业社会呈现出的整体性文化危机所进行的无情批判，并进一步探讨了马尔库塞关于艺术对于未来社会的审美建构功能，以及美作为一种“更高”的法则对于解放的承诺，从而为一个美好的“新社会”的到来与人的最终解放探寻一剂良方。

《陆贵山论集》（两卷本）（中国人民大学出版社）和《陆贵山文集》（八卷本）（作家出版社）是陆贵山从事教学与科研50年学术成果的汇总，主要收录马列文论、文艺理论研究、文艺批评研究与文艺思潮研究四部分的论文和专著，从一个侧面展现了新时期以来我国文艺理论的演变和发展历程。

杨劼的《普通小说学》（江苏文艺出版社）提出了“普通小说学”概念，从古今中外的小说作品中抽取有共性之处，从小说文本结构，小说技巧，作家主体性，读者、接受和社会传播，小说审美理论建构及批评方式，小说史、作品之间的影响和借鉴等六大方面，整合与建构关于小说的基本理论。

刘悦笛、李修简的《当代中国美学研究(1949—2009)》（中国社会科学出版社）从艺术史的视角，呈现了新中国成立以来中国美学60年的发展历程，从“美的本质观”“美学本体论”“美学原理”“中西美学史”四个方面对当代美学发展的历史经验与现实教训进行了系统化的总结与反思，试图为中国美学的未来发展奠定坚实的基础。

杜书瀛的《李渔美学心解》（中国社会科学出版社）收集了翔实的资料，全面论述了李渔主要的美学思想，分为戏曲篇、园林篇、诗词篇、服饰篇、仪容篇、饮馔篇、花木篇、颐养篇八章，强调《闲情偶寄》是一部“美学小百科”和中国古典园林美学的标志性著作，指出李渔是“中国古代日常生活美学大师”，对学界以往很少论述的李渔诗词美学（主要是其《窥词管见》）进行了详细论述，强调李渔曲论的突破性贡献在于张扬和推进两个“转变”，即从抒情中心向叙事中心转变和从案头性向舞台性转变。

（二）编著

童庆炳主编的《新编文学理论》（中国人民大学出版社）分“文学与世界”“文学与作者”“文学作品”“文学与读者”和“文学的价值”五个专题，将中国古代文论和西方文论分开叙述，再分别作扼要的比较或对话。本书有三大优点：其一，忠实于学术本身，对于中国古代文论和西方文论不同的问题意识，对于问题基于文化历史根本差异而产生的不同回答，都力求原原本本展现在读者面前，从而不失中西文论不同的原貌；其二，充分展现中西文论的异之同和同中之异，既凸显中国古代文论的特色，了解中国古人对文学问题的独特思考，也显示西方文论的风貌，了解西方文学理论的发展轮廓；其三，解决长期以来文学理论教材编写中中西“一锅烩”的弊端，提供真实的而非似是而非的知识。

党圣元主编的《新世纪文论读本》丛书（中国社会科学出版社）选取读图时代、身体写作、生态美学、世界文学、文学史理论、艺术终结论、审美现代性、消费社会等八个近十年来中国文论界普遍关注的重大理论问题，从某种意义上构成了21世纪以来我国文学理论转型演变的问题史、观念史，并且在整体上展现出21世纪中国文论的知识和思想状况。

三、学术研究概述

（一）马克思主义文论

1. 对马克思主义文艺学学术史的勾勒

丁国旗认为，新时期以来我国的马克思主义文论研究主要包括以下内容：一是关于文艺与政治关系的理论探讨，“文艺为社会主义服务，为人民服务”“美学的、历史的”标准、“文学是人学”等一系列命题的提出，使文艺彻底摆脱了政治的附庸地位，在最大程度上恢复了文艺的本来面目。二是讨论马克思主义文艺理论体系的系统性问题，对马克思主义文艺理论作了基础性编注工作，并致力于马克思主义文艺体系的构建。三是关于“方法论”中的马克思主义“主元”地位的讨论，西方众多新观念、新方法的涌入加深了对于马克思主义主导地位的认识。四是对“现实主义”创作方法的深入研究，提出西方现代主义与马克思主义“现实主义”并不是水火不相容的，而是可以互相借鉴和学习的。五是对于马克思主义文艺理论中国化的探索，越来越多学者开始关注当下中国的现实问题，试图形成具有中国特色的、中国化的马克思主义文艺理论成果。①

2. 西方文论与马克思主义的关系

冯巍提出，马克思主义所倡导的社会—历史维度是纽约学派文化批评的重要理论来源。论者细致分析了纽约学派四位代表性批评家对马克思主义的接受情况：威尔逊混合美学批评和社会批评，扩大文学历史维度的阐释；菲利普斯则特别重视马克思主义批评的灵活性；拉夫更具有政治倾向性；而蔡斯坚持大规模的文化批评事业，强调文化批评的政治视角。纽约学派追求公共知识分子的思想自由与言论自由，即不附属于政治派别但又具有政治关怀的批评立场，而这种政治关怀只是文化批评的一个组成部分。纽约学派反对把马克思主义视作一个恒定不变的真理的态度对我们颇有启发。②

钱翰认为，马克思主义对资本主义的无情抨击是后现代思潮反抗西方现存政治、社会、文化制度的重要精神资源。如“幽灵”是德里达对马克思主义当下处境的精微体验，一方面马克思主义不再是西方思想的主流；另一方面资本主义社会的不公正仍然存在，人们需要马克思主义作为批评资源。可是马克思进行批判的伦理起点——正义，在德里达那里成为批判的终点，不论是在经济体制还是政治体制上，德里达都没有提出新的社会构想。由于现代性所预示的“人的解放和完成”迟迟没有到来，人们对于现实的政治经济状况的满足使得社会变革不可能出现，解构主义者开始质疑启蒙时期的现代性规划甚至一切大叙事，试图通过这种方式来完成对现实的批判，动摇资本主义的合法性基础。然而，由于他们的理论取消了一切“大叙事”的合法性，他们自身也难以树立起替代性的规划，从而使以德里达为首的后现代批判理论陷入极为尴尬的境地。[③]

3. 马克思主义文艺理论的研究

陈奇佳从马克思整体思想建构的视角出发，讨论马克思主义文艺理论的重要基石——艺术生产理论，着重论述了以下三个问题：第一，艺术生产理论能否作为一般的艺术理论解释人类艺术活动的整体现象；第二，如果以艺术生产理论考量资本主义时代的文化艺术，市场体制到底对艺术活动产生了怎样的整体影响；第三，以生产理论的观点看，艺术有何独立的价值意义，并指出当今时代已经不同于马克思的时代，而且马克思对于艺术生产的论述并不全面。因此，我们当下研究必须结合现实语境来探寻马克思主义艺术理论。[④]

4. 马克思主义文艺理论中国化

关于毛泽东文艺思想的理论功绩，有学者在驳斥了“全盘否定”说、“功能变异”说、“庸俗社会学”说和“功利主义”论等对于毛泽东文艺思想的批评性意见的基础上，指出毛泽东文艺思想对于改变我们当下文艺理论和文艺创作的诸多弊端无疑是一剂良方，重新学习毛泽东文艺思想是非常必要的。[⑤]高建平的《发展中的艺术观与马克思主义美学的当代意义》通过对艺术观的回溯，特别是对康德美学和杜威美学的分析，揭示出马克思主义美学的科学性就在于肯定艺术对物质财富生产所带来的社会变化起到调整、制约和平衡的作用，进而肯定其当代意义就在于美学应回到一种批判的立场，在争论中使自身得到发展，通过阐释给社会所需要的艺术提供支持，使人们过上有品位的生活。[⑥]

（二）西方理论研究之反思

1. 对西方文艺理论家的研究

吴子林对罗曼·英伽登的文学作品结构理论作出了新的阐释，认为英伽登对胡塞尔现象学推崇备至，吸收并进一步拓展了“意向性”这一概念，在本体论上将“文学的艺术作品”的存在方式界定为一种“意向性客体”，必须依靠作者意识的意向性创造与读者意识的意向性重构才能够存在。文学作品是由语音层、意义层、再现客体层和图式观相层构成的一个整体，这些结构层次形成“复调和声”，创造出作品独特的审美价值。这四个层次只是一种图式化结构，只有当这些以潜在方式存在的构成要素在阅读过程中被读者具体化时，文学的艺术才能成为审美对象。英伽登还指出，“形而上学质”是作品最本质的因素，这种只有伟大艺术作品才具有的因素显示着人的存在的意义和价值。这些体现了现象学美学将美学与人的存在紧密联系的特点。[⑦]

金永兵、陈曦对哈罗德·布鲁姆“文学经典”理论进行剖析，认为其以一种“对抗性的批评”抗争大众文化时代的多元文化主义，坚定地守护着西方文学与审美传统，通过对文学经典的阐释，从坚持审美自主、高扬个人精神、重塑宗教文化、寻找民族个性等方面赓续、构建了美国文化精神。哈罗德·布鲁姆认为文学研究的最终目的就是探寻能够超越一时之社会需求及特定成见的某种价值观，这种批评理念及其对文化的建构作用，对于我们在中国当下文化语境中发挥美学和文学批评的文化制衡、重构作用具有启发意义。在文化研究如火如荼的时候，布鲁姆以矫枉过正的理论态势维护着文学的审美性，尽管存在着精英主义、西方中心主义、审美乌托邦等倾向，其勇气与人文立场值得我们学习。[⑧]

2. 文化研究

金惠敏认为，文化研究已然进入到了一个全球化的时代，全球化文化研究既不简单认同现代性，也不是后现代性的产物，而是对二者的综合和超越。这样就需要有新的理论纲领，并以现代性研究和后现代研究对“文化帝国主义”的批判所存在的缺憾为例，提出将“全球对话主义”作为未来文化研究的理论基础，将“主体间性”推进为“他者间性”（即他者作为他者，将自己也视为他者），进而为本体性的“文化间性”，以此为基础实现全球化时代的不同文化之间的真正对话。[⑨]

盛宁认为，十多年来文化研究虽然搞得轰轰烈烈，但真正有分量的成果不多，造成这一困境的首要原因是把本应是批评实践的文化研究误当作是理论依据来研究。法兰克福学派、伯明翰学派和美国文化批评尽管在某些研究上有共通之处，但认识预设和理论基础迥异，并且只是一种流行一时的学术思潮。文化研究是一种对理论的消费而不是对理论的生产，我们应该把对文化研究的理论兴趣转向具体的个案分析，立足于中国的社会现实，以探究和当下文化现状密切相关的问题，避免以政治利害作为评判思想是非的标准，而是在义理层面对各种文化现象进行全方位的研究。[⑩]

3. 文艺学美学的生活论转向

王一川通过对百余年来中国现代美学史的回顾，提出中国现代美学在其开端就是从生活论视野切入的，并分为中国现代美学Ⅰ（清末到20世纪70年代末80年代初）和中国现代美学Ⅱ（20世纪80年代后期至今），现代美学Ⅰ产生于社会革命背景之下，主张物质生活从属于精神生活的心化美学，而现代美学Ⅱ则转变为改革年代的物化美学。物化美学又可分为正物化美学与反物化美学，其中反物化美学保持心物平衡的主张更值得我们重视。论者提出兴辞美学作为一种反物化美学范式，既沟通心化美学，同时也复兴中国古典感兴美学传统，又借鉴了西方体验美学范式和现代修辞论美学范式，在物化现实中追求人的心灵自由，由此来反抗人的异化。⑪

金浪认为，日常生活在西方一直是一个变化着的概念，充满了复杂性与矛盾性，而对日常生活研究最为典型的两种形态就是批判理论和实用主义。新的理论建构必须基于对理论和现实的双重考量，当下中国在全球化进程中复制西方理论的问题与难题的同时，又因自身历史与时代的特殊性而出现错位，在20世纪80年代出现对物质生活极度匮乏时没有产生转向生活的诉求，反而在物质丰富的消费社会提出生活论。可是国内对于“日常生活”定义的不明确、理论与现实之间批判距离的消失、伦理维度的缺失等问题，使得“生活美学”的建构不太现实。当下中国与其说需要一种“生活美学”的“范式”，不如说更急需一种关于审美的伦理学与政治学。⑫

（三）视觉文化与文学

在现代传媒语境下，文学与媒介的相互关联、相互影响以及视觉文化语境中文学理论所面临的挑战与机遇等，都已成为当前文学理论研究迫切需要探讨的重大学术问题。

1. 视觉时代文学的命运

赵勇对小说的命运持比较悲观的态度，认为小说在视觉文化时代面临着严峻的挑战。20世纪八九十年代，第五代导演与先锋作家的合作是建立在精神气质、叙事模式等方面相似的基础上，是精英文化之间的对话；而在市场经济冲击下文化开始转型，作家与导演之间的关系也发生变化，由精英文化转为大众消费文化。这引发了视觉思维与影视逻辑对于小说构成的渗透，导致了小说生产方式逆向化、叙事手法剧本化、语言运用能力退化、故事通俗化、思想肤浅化等问题。现在小说创作的繁荣只是一个假象，实际上小说的“闲”与“慢”的阅读传统已经被视觉文化所扼杀，而影视化小说用视觉思维和影视逻辑所创作出来的快节奏小说不可能成为文学的救世主，因为其所追求的画面感、节奏感不断满足人们的感官刺激，使小说成为一种消遣，进一步摧毁着小说阅读。所有这些使得小说在视觉文化时代命运岌岌可危，不可能有大的作为。⑬

2. 网络文化与网络文学

杨玲将网络文化视为一个打破了传统文学秩序的新兴文学场，网络文学创作不再仅仅是少数文学天才和专业作家的舞台，而是一种全民参与的日常文化实践。网络文学的作者和读者是完全平等而又相互交融的主体，甚至由单一创作者转向了网民集体创作。网络文学的传播不再依靠出版社、文学期刊等非读者因素，而是作者—读者间的点对点传播。并且资本逻辑对网络文学的收编，也使网络文学摆脱了边缘地位，获得了合法地位。当然在网络为文学提供了一个更为开放、自由的平台的同时，也出现了量多质劣的弊端。⑭

3. 手机文学

王绯指出，每一次文学形态的变化都会产生相应的游戏规则，但手机短信小说的游戏规则并不是出于审美需求，而是受制于科学技术。这种被技术牵制同时也被商业逻辑控制的小说在题材、内容与主题上，适应手机大众的欣赏趣味和阅读需求，以娱乐、消遣、游戏为主旨，不追求崇高，更不追求文化的历史厚度和价值深度，文体浅白单纯，语言追求冲击力和刺激性，故事架构如漫画轮廓、情节演绎刻意营造兴奋点，从美学角度看，已经达到浅白的极限。而适应此种文学形态的“大脑腹侧通路阅读”一旦成为国人的主流阅读习惯，必将引发人之异化。⑮

4. 媒介与文学的关系

陈定家提出，可将“文学媒介”定义为使作者、作品、读者、社会等文学要素之间发生关系的人或事物，直接将媒介作为文学要素，以适应当下多种传播媒介并存的时代潮流。从媒介角度看，以前所形成以纯文学为主导的统一文学场，在以网络为代表的新媒介的冲击下裂变成为许多次一级的文学场，但是技术的作用在文化中不断上升，不可避免地出现了工具理性凌驾于表现理性之上，孕育着创造力衰减的危机。媒介对文学艺术最深层的影响在于：它已经作为一种意识形态悄然改变了人们的思维模式和审美习惯。⑯

5. 视觉文化的理论研究

吴琼指出，19世纪开始的视觉转向不同于以往之处就在于，充当观看中介的是真正的机器，因而将改变原有的观看手段、观看机制、观看主体、权力配置等。在法国新理论启示下的机器理论侧重于对机器的语言学分析，这种研究尤为关注机器对主体位置的建构，主体对机器的认同以及由此而来的权力配置问题。视觉机器在呈现的同时也遮蔽掉了一些东西，从而传播和强化相关的意识形态，并促使主体按照意识形态的要求来完成象征性的认同。而权力对欲望的编码和流动的欲望对权力的编码，则在视觉机器中形成一种流动的权力配置。视觉机器作为一种批评理论，只有对机器作解构式的批评才可能为观众摆脱机器的配置提供一条路径。⑰

（四）古代文论

2011年古代文论对于中国传统文论经典的研究，不论是从数量上还是质量上看都取得了丰硕成果。

1. 对古代诗学命题的系统诠释

“《尧典》可以观美”不断为人所提及，但是“美”在何处却鲜有阐发者。马士远从时代精神和民族文化双重视角来审视“《尧典》可以观美”这一命题，对《尧典》之“美”进行了深层次的诠释，认为《尧典》篇以一系列中和之美的语词为中心形成了天下为公、顺天应人的美政理念，从“求融通、致中和”之美、科学理性之美、和谐“官人”之美、政绩考查之美、睦邻友好之美、德主刑辅之美、“克谐”文教之美等方面揭开美之真面目。同时《尧典》的核心思想长久以来影响着我国的政治、伦理、法律、文艺、哲学等多方面。该文在对古代史实还原的基础上，与当下社会积极对话，发掘《尧典》的现代价值。[18]

吴子林对“《诗》可以兴、可以观、可以群、可以怨”这一孔子诗学命题作了全新的系统阐释，认为该命题所论为“学诗之法”，并非所谓的诗歌功能论。在“学诗之法”之中，最重要、最根本的意见是《诗》“可以兴”，审美的优先性毋庸置疑。这篇论文颠覆了20世纪以来郭绍虞、刘若愚、李泽厚等对孔子诗学思想的论说，提出与其说孔子的诗学思想是“实用理论”，毋宁说是重视人格修养之人生实践的生命诗学，追求理想的人格精神和生命存在的完美境界是其最高旨趣；在培育生命意识，涵养人的情性，协调理性与感性、理想与现实，造就一个充实、整全、和谐的社会等方面，孔子的诗学之思有着极其重要的现代意义。[19]

童庆炳的《〈文心雕龙〉“物以情观”说》以刘勰《文心雕龙》反复提出的“情”的范畴为讨论对象，论文分三部分：首先，刘勰提出“情”的问题是有现实针对性的。刘勰既肯定那种以《诗经》为传统的情志，也肯定因自然景物的变化而变化的人的自然情感，既肯定社会的、群体的、理性之“情”，也肯定个体的、自我的、感性之“情”，刘勰在“情”的问题上是在古典与新声中徘徊，反映出他的折中主义思想倾向。其次，刘勰全面揭示了情感在文学创作中的运动。“情以物兴”是情感从外物移出到作家内心的过程，“物以情观”则是情感从作家内心移入到对象的过程。从“物以情兴”（“物感”）到“物以情观”（“情观”），是情感的兴起到情感评价的过程，是审美的完整过程，它们构成了诗人在创作中的全部情感运动。最后讨论了中华古文论中情感的表现方式。长期以来，人们只是注意到“物感”说，而忽略了“情观”论即情感的移出过程。此文对于“物以情观”的再发掘，突破了以往的研究，完整揭示了刘勰的情感表现理论。[20]

2. 中国文论的独特性

张晶指出，在论述审美主客体关系中，中国古代文论体现了以下特征：第一，感兴是审美主客体之间在并无预先立意的情况下偶然的碰撞与交融，“触物”（审美客体）之偶然激发艺术家（审美主体）无法复制的极致情感体验，同时感兴地触遇又使物充满生机与灵性，主客之间互为主体性。第二，意象是作家、艺术家观照物象而以主体的审美感情提摄而成的，而“兴象”作为中国古代文艺理论中独具创造性的理论范畴，最清晰地揭示了感兴生成意象的过程。第三，审美主体与审美客体同样都需具有特殊品格，审美主体除应具有深厚的艺术修养和出色的表现能力外，更重要的是胸襟情怀与人格修养；而审美客体则蕴涵着宇宙生命感，单一主体所面对的是超时空的客体。从审美关系角度考察中国古代文艺理论，有助于我们进一步研究和探索。[21]

3. 借鉴西方视角对中国文论的再发掘

李春青借鉴法国社会学家皮埃尔·布迪厄的理论，从“贵族趣味”的角度对中国古代“文统”生成的历史轨迹进行探讨。西周通过“制礼作乐”使既定的贵族身份不断得到强化，政治制度与精神文化融为一体。西周至春秋时期的贵族趣味在社会生活层面上表现为身份意识与荣誉感，而精神层面表现为对“文”与“和”的追求。“文”在贵族趣味中是指全部的典章制度、礼乐仪式以及官方话语系统，到后来演变为文化形式；“和”在贵族趣味中主要表现为对音乐的审美诉求，而到了后世就渐渐演化为“温柔敦厚”的审美风格，对于中国文艺思想史发展演变起着重要作用。而趣味所要求的阶级区隔以“文”的形式表现，因而在文统形成过程中具有重要作用。[22]

（五）文学研究的观念与方法

1. 跨学科研究

金元浦展开了文艺经济学的研究，认为马克思主义尤为注重从经济学视角来研究文学问题，把艺术和美学作为一种特殊的生产实践，作为奠基于一定经济关系之上的社会实践来理解。马克思和恩格斯所说的“艺术生产”并不是如过去人们通常所理解的那样是对历史上所有艺术创作活动的隐喻式借用，而具有与物质生产的“生产”相同或相近的含义。马克思创造性地提出精神生产力与文化生产力，否定了物质决定论和精神决定论，在表明艺术作为一种大规模社会生产的同时揭示艺术生产的特殊性，这对于研究我国蓬勃发展的文化产业与艺术经济是有重要意义的。而当前我国文化发展的产业性与文化性之间的矛盾，是文艺经济学不得不解决的问题。[23]

2. 走向历史的文学理论

李春青认为，文学理论作为一种继发性的话语系统，自产生之日起就始终徘徊在哲学与历史这两种原发性言说之间。文学理论必须从哲学走向历史，必须以文学现象本身为关注点，采用对话的态度，运用归纳、推理、分析、综合的方法，阐发文学对象及其各种关联性因素，揭示出某些被遮蔽的固有含义与意蕴，或者呈现出人们尚未发现的某些价值与意义。文学理论走向历史有两大路径：一是语境化，即把作为研究对象的文学问题置于具体文化语境中，考察其形成与展开的具体过程，揭示其复杂的具体关联；二是把文学理论的研究置于学科史的内在关联与流变中，并从中发现问题、提出问题、解决问题。只有走向历史才能使文学理论解释特定文学现象背后的复杂关联性，恰当地进行价值判断，成为人类自我理解、自我提升的一个独特维度。[24]

3. 文案、学案研究

童庆炳的《当前文学理论发展新趋势》[25]一文以罗钢集十余年之力完成的王国维《人间词话》学案研究为例，指出必须破除“学说的神话”，必须革新研究的方法，真正的学者需要一种持久坚韧的研究精神。目前，文艺学研究似乎陷入了危机状态，摆脱危机的办法有两种：一是加强文学理论与当下创作实际的联系；二是静下心来，反思百年来文学理论走过的路。文案研究、学案研究是反思百年现代文学理论的节点，现在进行这种研究正当其时，是目前文学理论研究的新趋势。文案研究、学案研究将从历史与现实的文学经验中汲取新的营养，使一些常谈常新的话题产生新的活力，使文艺理论研究切实地建筑在历史与现实的实践之上，做到不浮躁、不大言欺人、不贩卖移植，真正具备“接地”或“及物”的理论品格。

注：

①丁国旗：《对新时期马克思主义文论的历史考察》，《湖北大学学报》（哲学社会科学版），2011年第2期。

②冯巍：《纽约学派文化批评的马克思主义纬度》，《文艺理论与批评》，2011年第3期。

③钱翰：《德里达的解构视野与马克思主义》，《文艺理论研究》，2011年第2期。

④陈奇佳：《关于马克思艺术生产理论的反思》，《江苏社会科学》，2011年第4期。

⑤董学文：《毛泽东文艺思想的历史地位和当代价值——献给中国共产党成立九十周年》，《文艺理论与批评》，2011年第4期。

⑥高建平：《发展中的艺术观与马克思主义美学的当代意义》，《文学评论》，2011年第3期。

⑦吴子林：《罗曼·英伽登的文学作品结构理论新解》，《温州大学学报》（社会科学版），2011年第5期。

⑧金永兵、陈曦：《文学经典的阐释与美国精神的建构——哈罗德·布鲁姆“文学经典”理论解析》，《北京大学学报》（哲学社会科学版），2011年第4期。

⑨金惠敏：《走向全球对话主义——超越“文化帝国主义”及其批判者》，《文学评论》，2011年第1期。

⑩盛宁：《走出“文化研究”的困境》，《文艺研究》，2011年第7期。

⑪王一川：《物化年代的兴辞美学——生活论与中国现代美学Ⅱ》，《文艺争鸣》，2011年第1期。

⑫金浪：《日常生活的美学困惑——兼谈美学的生活论转向中的几个问题》，《文艺争鸣》，2011年第1期。

⑬赵勇：《影视的收编与小说的末路——兼论视觉文化时代的文学生产》，《文艺理论研究》，2011年第1期。

⑭杨玲：《网络文学：一个新文学场的确立》，《济宁学院学报》，2011年第1期。

⑮王绯：《中国制造：当文学被“绑嫁”——关于手机文化与文学形态的观察与思考》，《文艺研究》，2011年第12期。

⑯陈定家：《从“媒介为先”原则看“文学场”的裂变》，《温州大学学报》（社会科学版），2011年第3期。

⑰吴琼：《视觉机器：一个批判的机器理论》，《文艺研究》，2011年第5期。

⑱马士远：《“〈尧典〉可以观美”臆说》，《艺术评论》，2011年第2期。

⑲吴子林：《超越“实用”之思——孔子诗学思想之再释与重估》，《思想战线》，2011年第2期。

⑳童庆炳：《〈文心雕龙〉“物以情观”说》，《北京师范大学学报》（社会科学版），2011年第5期。

㉑张晶：《中国古代文艺理论中审美关系的特征》，《社会科学战线》，2011年第8期。

㉒李春青：《中国文论中“文统”观念的文化渊源》，《文学评论》，2011年第2期。

㉓金元浦：《论文艺与经济》，《文学评论》，2011年第6期。

㉔李春青：《文学理论——从哲学走向历史》，《探索与争鸣》，2011年第10期。

㉕童庆炳：《当前文学理论发展新趋势》，《探索与争鸣》，2011年第9期。

（作者：中国社会科学院副编审）

先秦两汉文学

刘书刚　常　森

2011年，北京地区先秦两汉文学研究的成果主要集中在元典、写作体式及文章批评方法、学术传播史、制度史以及文化史研究等方面，与先秦“大文学观”密切相连。先秦文学研究呈现了高度多元化的趋势。

一、元典研究

《尚书·康诰》历来被视为周初封建卫国时的册封文诰，即所谓“命书”。李山援据金文否定了这一说法。他认为《康诰》非“诰”，《左传》定公四年祝佗提及的《康诰》与《尚书·康诰》并非同一篇章。他依克罍、宜侯夨簋铭文之记载，提出用于封建的命书需明确说明诸侯所管辖土地范围及人民，《尚书·康诰》则完全缺乏这类内容。当时命书作为重要文献而在卫国得到保存，并为祝佗引用，这份命书在王室当然也有存留，但它对于周朝的重要性显然要小得多，西周史官所看重的是册命后周公对康叔的富含政治智慧的谆切教诲，此即《尚书·康诰》。弄清其文体性质，对理解其内涵是十分重要的。①

李山又参照西周金文中一些语词的出现时间，讨论了《尚书》中“商周书”的编纂年代，认为其中一些篇章并不止是原始谈话的记录，在西周中期有过深度的加工。他重点考察了“拜手稽首”“王若曰”“雩若”“雩”等语词，指出金文中“拜手稽首”在西周时已使用；“王若曰”最早出现于穆王时的器铭，与西周中期朝廷册命礼仪的强烈形式化的变革是息息相关的，此三字在《尚书》周初诸篇中出现乃后人整理加工的结果；“雩若”“雩”等带有装饰性表示语气和连接作用的语词，大体在西周早中期之交便开始出现并流行，在穆王、恭王时特别时兴，因此《尚书》周初诸篇中出现的“越若”“越”“曰若”等同样是出自后人之手。所以，《尚书》中11篇周初文献，一方面保持了周初文字的渊懿古奥；另一方面也带有西周中期文字用语的一些显著特征，是西周中期或中期稍后的史官对周初档案文献进行整理的结果。同理，商书各篇也可能写于西周中期。西周中期史官的整理编修主要以如下方式进行：一是将主题相关相类的记录整理为一篇文献，如《洛诰》即整合了发生于不同时间和地点的君臣对话，并增添了史官“按语”；二是整理文献、编纂史书时注重文献的思想价值，如《康诰》是册封卫侯后周公对他的一番叮咛嘱咐，本非诰命之书，西周中期史官将其编纂成文，称之为《康诰》。总之，西周中期史官在整理文献时，有突出主题、重视思想的倾向。这或许与当时的社会变迁有关。②

《离骚》云：“朝饮木兰之坠露兮，夕餐秋菊之落英。”史上对“落英”“坠露”两词尤其是前者的训释有较大争议，姚小鸥、李文慧以总结前人观点为基础，对二者做了考辨。学者多将“落英”之“落”训为“堕”，而吴曾、史正志、吴仁杰等则训为“始”，以为“落英”乃始生之花蕊，故可采撷食用。姚小鸥等赞成此说，指出屈原餐“落英”乃是取其纯洁美好，若将其解为腐败衰朽之臭物，则与《离骚》比兴手法及其思想内涵不合。“坠露”也不是已坠落之露，而是悬于草木之上将坠未坠之露，饮露这一行为也蕴含着屈原对高洁品质的追求。《离骚》中有“朝”“夕”并举的语句，其内容或为追求美好事物，或为向往理想之境，均以时间的持续性来表明屈原追求高洁人格理想的恒定不懈，体现了他的敬慎态度。因此“坠露”只能是未坠之露，“落英”必然为初生之菊。③

傅刚从传记文学的角度研究《史记》，指出司马迁在史家实录传统的基础上开创了传记文学的传统。司马迁将探讨天人之际、古今之变建立于对人物活动的叙述中，这是他深刻观察与思考人类历史发展的结果。以人物为历史创造者的观念，是其人物传记取得崇高文学成就的基础。他本无文学性的考虑，也无后人的文学观，只是努力写活人物，抓住人物的精神，从人物的活动、人物在事件中表露的性格及心理，揭示历史变化的内在因素，表现对历史的评判，这恰恰开创了传记文学的传统。中国直书实录的史学传统早已确立。战国以来，在不违背历史真实的基础上生动地叙事，乃至在叙述中插入悬想式的细节及对话、心理描写，成为历史写作的一种趋势。司马迁正是顺应了这一潮流，将史书写作的夸饰艺术发挥得淋漓尽致，为后世传记文学开辟了道路，《史记》也因此成为文学史上的典范之作。④

汉乐府《古诗为焦仲卿妻作》首句为“孔雀东南飞，五里一徘徊”，对于其含义和用法，学界最流行的观点是陈祚明“用《艳歌何尝行》语，兴彼此顾恋之情”，安小兰对此说提出了质疑。她指出，汉魏《双白鹄》《艳歌何尝行》等“白鹄”母题诗，主题上与《孔雀东南飞》并不一致，“白鹄”何以被置换为“孔雀”也得不到明晰有力的解释，因此《孔雀东南飞》首二句出自“白鹄”母题诗的说法难以成立。孔雀不善飞，难以做到“五里一徘徊”；其习性缺乏忠贞不渝的性格特征，历来并不被用作情侣的喻体，故此二语又很难说有“兴顾恋之情”的功用。《古艳歌》非但篇首有“孔雀东飞，苦寒无衣”之语，内容也与《孔雀东南飞》开篇一段相近，有为人作妻夜夜织作却依然遭受埋怨的情节，因此《孔雀东南飞》应是在《古艳歌》基础上经过更多艺术加工和演绎而成的。而“孔雀东飞”的含义当与季节变换以及由此而来的织衣主题有关，这一点萧纲的《中妇织流黄》诗中的“浮云西北起，孔雀东南飞”等句可为佐证。《古艳歌》中尚无孔雀“五里一徘徊”这种违背其习性的说法，此句可能是魏晋时人为追求句式的对称和华美而增加的。⑤

二、写作体式及文章批评方法研究

过常宝辨析了《老子》的文体特征，指出格言、解释、训诫是《老子》文本的三个基本要素，而根据其组合方式之别，可大致将全书各章文本结构归纳为四种类型：1）由一个或多个格言构成，而不包括其他元素；2）包括格言和解释两种元素；3）包括格言和训诫两种元素；4）格言、解释、训诫全都具备。由此可见格言是《老子》文本的核心，其他两部分则通过阐释和发挥，将格言的意义最终落实到君王的政治实践上；《老子》具有传释性质，格言是最初收集而来的“语”类汇编。《逸周书·周祝解》和帛书《称》篇都可证明在《老子》出现的时期存在着“语”类纂辑文献，《周祝解》作为一个以“语”为基础的传释性文献，尤其有助于理解《老子》的文本结构和文化渊源。“祝”有训诫之责，往往征引权威性的“语”来履行这一职能，这使他们注重收集“善言”，而形成职业性文献。这些文献最初只是具教训意味的“语”的辑本，不断增添进解释和引申的内容，最终成为有着复式结构的传释性文本。先秦祝史连称，老子相传为史官，其职事有可能偏向“祝”一类，《老子》一书也可能是对《周祝解》这类职业文献的模仿。当然，《老子》在汇集“语”时，可能依自己的思想做了精心选择，甚至有所创作，表现出更强烈的个性化、系统化特点。⑥

常森反思了中国寓言研究所存在的问题，并初步勾勒了战国以来传统寓言视野的基本框架。他认为，Aesop's fables 被迻译为“伊索寓言”后，在中国产生了巨大影响，以至于这原本并非“寓言”的域外故事成了近现代学者观照中国寓言的绝对范式，中国现代学术中的寓言观和寓言史观因此严重偏离了实际。人们甚至认为，直到 20 世纪初用“寓言”对译西文“fable”等术语后，国人才转而将本国古代寓言作品称为“寓言”，晚清前我国寓言实则从未获得过“寓言”之名。事实绝非如此。在“寓言”成为 Aesop's fables 等域外故事的确定译名以前，中国寓言之名实关系不仅已经确立，而且绵延了大约 2000 年的时间。西方观念借助国人的心手而成功屏蔽和肢解了中国的传统，使国人看不到历史的真相，这种事情看起来十分怪异，但近代以来却是屡见不鲜的。当国人奉 Aesop's fables 为寓言的绝对范式时，中国寓言的真实历史已注定要被扭曲了：原本就是寓言的作品仅有一部分被“寓言”学者接纳，不少非常重要的寓言作品则被毫无道理地驱逐。常森揭示了那被屏蔽和遗忘的传统寓言视野，使现代寓言研究、寓言观及寓言史观的偏谬一目了然。⑦

常森还研讨了屈原诗歌比体艺术的实质和发展轨迹，指出传统诗学中的比不应被理解为通常的比喻，比是主体对象化的重要艺术途径，屈子不少篇章实为比体艺术的标杆。就今存作品言，屈作比体艺术肇始于《橘颂》，至《离骚》而蔚为大观，至《招魂》《九歌》而登峰造极；起初主体对象化而生成的能指尚缺乏独立性和整一性，其后能指的独立性大大增强，最终可在很大程度上自主地展开而不为主体拘囿，屈子诗歌艺术也因此达到了极高的境界。《诗经》兴多比少，屈作比多兴少，关键就在主体对象化的程度不同。屈子的比体艺术凸显了他对“有意味的形式”的营求，蕴含着独特的游戏意味。⑧

李炳海依据先秦诗歌句末语气词的来源，将其大致分为三类，并分析了其各自的声调和功能：1）来自表示人吐字发声的词语。如“兮”字作为表示话语停顿的词汇，其本义指语调高远而悠长，吐气舒缓，声高而辐射面大，声波所及空间广远，用于诗歌句末，具有响亮而舒缓的韵味。“乎”字则是将前面话语未尽之意加以绵延，发挥的是承继作用，在诗歌句末往往带有疑问感叹语气。“只”字在其初始阶段读开口音，这种发音方式使其被用作语气词时多表达强烈的感情。2）来自表示人体器官的词语。“止”字本义为位于人体下部的脚，自然而然演变成书写时位于一句最下部的语气词。“也”字本义为女阴，同样位于人体下部，用于句末语气词时多出现在以判断为主的句式中，并呈现为柔性。“矣”字从“厶”，“厶”本义为男子生殖器，又从“矢”，“矢”有延缓、陈展之义，用作语气词时具有舒缓、悠长的韵味。“邪”本义为长得过大的牙，是在正常牙齿体积之外又生出的多余部分，而语气词正是诗歌主体的剩余部分；“邪”有多余、剩余之义，作语气词时所抒发的感情也往往是强烈的、超出限度的。3）来自表示人的行为方式的词语。“且”字兼具“前进”“停止”两种意义，反映的是人的两种不同行走方式，这与句末语气词既表示意犹未尽，又表示句子结束的双重功能相吻合。《招魂》中的“些”字，本是两个“此”字的叠用，“此”的原始本义是多人相继停留止步，用于句末正表示诗句的结束。这些语词的种种特点，使其具有转变为语气词的内在契机。⑨

古人读书时，随手在字里行间或书页上、下及旁边空白处写下自己的体会，并对精美字句加以圈点，叫评点。作为鉴赏、分析和批评辞章常用的方式，评点之风殆始于宋，盛于明，延及清末民初。但晚清以降，对评点持负面评价的学者相当多，以至于在建立古代文学批评与研究的现代范式时，人们弃评点若弃敝屣。常森反思评点的本质，认为评点固有其弊，亦自有其妙焉。古代高明的评点，其妙处就在于着眼于有限却超越了有限，以有限尽无限，以瞬间尽永恒。借助评点，评家和文本建构了一种生动、互融的关系，并力图将其他普通读者也引入这种关系模式中；评家和文本一起充当着读者阅读的对象，评家的声音一直伴随着阅读，介入和干预阅读的进程，不断将阅读提升到与自己接近的水平上。总之，评点是读者、评家与文本间的一种特殊的关系方式，他们借此在作品中诗意地栖居。[10]

三、学术传播史、制度史及文化史研究

（一）学术传播史研究

帛书、简书《五行》篇自问世以来，深受海内外学界重视，整理考释或从思想学术史角度进行研究的成果相当多，却很少有学者将这部重要文献放到《尚书》学背景上来深入研讨。常森认为这有两大弊端：一是影响了对《五行》本身的解读；二是阻碍了对早期《尚书》学发展轨迹的考察。《五行》的一些重要理念是在《尚书》学背景上建立的，是以弘扬《尚书》思想或解读其相关内容为基础构建的，它的某些特性可以从《尚书》学传统中得到合理解释；《五行》所受《尚书》学的基本影响并非来自《洪范》之“五行”学说，而是来自它所倡言的“五事”。明白了《五行》篇与《尚书》学的关联，中国思想学术史上的一些重要脉络就可以复原。首先，七十子后学时代，《尚书》学有极大的影响力。其次，《荀子·非十二子》篇谓子思“案往旧造说，谓之五行”，得到了确切的证明。最后，“《书经》之学，虽有孔子授漆雕开，然师说无传，惟孔氏世传其书，九传而至孔鲋”的说法（见刘师培《经学教科书》），至少在子思这个环节上得到了部分的确证。[11]

马银琴考察了周秦时代儒学在秦地的传播，而兼及《诗经》。她说，秦人在兴起壮大的过程中形成了以崇尚武功、追求利益为重要特点的统治集团。穆公时代，称霸中原的愿望促使秦人积极参与风行于外交场合的赋诗、引诗活动，但在随后的历史发展中，军事贵族势力的壮大始终挤压着礼乐的功能与效应，最终商鞅变法以法律的形式确立了军事贵族的地位。但这并不意味着儒学在秦地全无生存空间，《商君书》反对儒学的坚定态度恰可反证作为门徒弟子众多的民间学派，儒学虽不能进入秦国的主流意识形态，却仍有其影响力，商鞅变法后，儒者的存在亦未被完全禁绝。以商鞅、韩非为代表的法家虽有迥异于儒学的面貌，但法出于儒的思想渊源又使二者具有内在的同一性，这就从学理上决定了商鞅变法不可能对儒者赶尽杀绝。商鞅之后，对秦国历史产生重大影响的客卿如范雎、蔡泽、吕不韦等人，都能兼采百家之长，为各家学说的发展保留了生存空间。《吕氏春秋》中丰富的儒家思想，正是秦统一六国之前儒家一直有活动的证据。因此，荀子称秦国无儒，主要是指儒者不能跻身秦国的统治阶层，未能在政治中发挥作用。秦朝的焚书本意是统一思想，使天下无异议，与其说是针对儒家，不如说是要以秦国专有的法家文化来取代六国文化。而坑儒则是极具偶然性的事件。焚书坑儒之后，也仍有一部分功名利禄之儒继续担任秦博士一职，直到叔孙通出亡，儒者跟秦朝政权才彻底决裂。《诗》作为儒家学者的入门课本，必然随着不绝如缕的秦国儒学得到传播，其中《吕氏春秋》引诗、论诗有如下特点：逸诗比重大；引《诗》与汉代四家诗文字差异大；引诗方式与战国时期文献颇有不同等。逸诗多为不见于《诗》的“谚”，以“谚”为“诗”，反映了“《诗》”名对非儒士人所具有的权威性，也反映了非儒士人对《诗》的尊崇。所以，《诗》的传播具备非常广阔的社会基础。这也是《诗》经秦火却能完整保存下来的原因。[12]

马银琴又推出了专著《周秦时代〈诗〉的传播史》，详细考察了《诗经》在周秦时代的流传状况。其第一章为“周代礼乐制度下诗歌的传授系统”，从周代教育制度入手，探究在周代礼乐体制下《诗》代代传承的制度模式。指出此时诗歌传授存在瞽矇之教与国子之教两个系统，前者注重诗之“声”，后者注重诗之“言语”和“德义”。随着周代礼乐文化制度的发展变革，诗之“声教”与“德义”之教间的关系不断变化。大致说来，西周时以“声教”为主导，春秋时“声教”“义教”并重，战国时“声教”衰落而“义教”独行。第二章为“春秋时代赋引风气下《诗》的传播”，着重讨论春秋《诗》传播的三种主要方式，即乐工歌诵、赋诗言志、引诗证事，进而又论述了赋引风气盛衰与诸侯争霸之政治现实的密切关系。第三章为“战国时代《诗》的流传及特点”，在廓清了《诗》在战国时代传播的历史背景后，分别讨论了《诗》在官方和民间的不同遭遇。一方面，《诗》及与之相关的礼乐德义失去了带来现实政治利益的功效，受到统治阶层的冷遇；另一方面，《诗》在儒墨等私家学派中得到传习，在民间广泛传播。第四章为“战国时代儒学的地理分布与《诗》在各诸侯国的传播”，通过梳理儒家学者的聚集与流动，着重讨论了鲁、三晋、齐、秦、楚等国儒学的发展以及《诗》随儒学传播的基本状况。第五章为“儒家诗教与儒学传统中的《诗》”，选取

孔子、子夏、孟子、荀子等在早期《诗》的传播史上占据重要地位的儒家学者为对象，分析其诗学观念，揭示《诗》成为儒家经典的演进过程。《诗》成为“经”之后，最终在汉代的文化重建中再一次成为王官之学的组成部分。不过，几百年儒学的发展给《诗》带来了巨大的变化，原本在周代礼乐制度上作为乐教成果而产生的诗文本，成了汉代为社会政治服务的经学的重要组成部分。⑬

李炳海考察了春秋后期引诗、赋诗、说诗的样态及其走向，认为春秋后期的诗歌传播可划分为襄昭、定哀两段。襄昭时期，引诗已成为社会风尚，不同人员引诗时，由于关注焦点不同，表现出鲜明的个人特色。襄公时期人们对诗作往往广征博引，昭公时期则多援引一例，这或是由于礼坏乐崩的加快致使人们疏离了经典，或是由于《诗经》在贵族阶层的普及使他们对反复征引产生了厌倦，转而追求简洁明快。昭公时期引诗次数虽多，其繁荣表象下却隐藏着危机，至定哀之时引诗已寥寥无几。赋诗也经历了类似的过程。襄昭时期赋诗活动达到高潮，但与春秋中期相比，赋诗由双方以诗交流互动，变成了赋诗者单方面的表达，活动的群体属性被削弱了；赋诗活动也渐渐疏离了礼仪，审美娱乐属性增强，而道德熏陶色彩淡化。这些也使赋诗在定哀时期消歇。与此同时，说诗却经历了一个由简人繁的演变过程，词义训诂、以义理说诗、以事说诗等多种阐释方式均已出现，孔子对后两方面十分看重。其说诗活动标志着说诗场所由朝廷转向私学、说诗人员由朝廷大夫变为儒家成员，诗歌讲说的接受对象也以私学生员为主。可以说，是孔子的私学承担起诗歌传承的责任，培养出一批专门说诗的经师。⑭

于雪棠分析了《韩诗外传》的解经方式及其文学教育意义，认为《韩诗外传》之解《诗》不注重探求诗人的情志及诗之本义，也不注重揭示诗作的表现手法、表现技巧，而特别关注诗所言说对研习者有何启示，重在从诗中寻求思想上的体悟与发现，激活研习者的联想。这种启悟式解经主要表现在两个方面：一是以故事解说诗句，具体说来有将抽象的道德品质故事化、用故事解说抒情性诗句、用故事解说描述性诗句、将叙事兼抒情的诗句演绎为故事等形式；二是对同一节诗做多角度解说，其间又有对同一节诗解说相同但角度各异、对同一节诗解说相同但例证不同、对同一节诗多角度、多层次地加以解说等方式，其中对同一节诗提供多种解说更形成了一个开放式的多义共存的解说系统，最具启示性。《韩诗外传》继承了战国以来以事解经的传统，使研习者在学习过程中不断思索故事与诗句之间的关联，获得思想的激发。多义并存的解说系统则体现了《外传》对知类通达的追求，这正是战国以来大学教育的最高理想。⑮

赵明正梳理了《史记》在汉代的传播，认为司马迁在著书之始就有着强烈的传播意识，《史记》作为一部为传而作的史书，最初有正副二本，正本“藏之名山”，副本“副在京师”，以俟“传之其人”。但无论正本还是副本，《史记》在汉代并未得到迅速传播，其原因有四：1）《史记》因“贬天子”的问题被苛责为李陵之祸的牢骚之作，视为“谤书”，其中触犯时忌的内容在流传中被删除；2）《史记》因事关国家权柄，而受官方的政治羁绊和严格控制；3）《史记》的“成一家之言”和违经现象遭到了学者的严厉非难和尖锐批评；4）手抄和传写的方式不利于巨帙的传播。尽管如此，《史记》靠其自身魅力而突破藩篱，获得了有限的传播。藏于秘府的副本主要为官僚、博士等人阅读使用，“藏之名山”的正本则是在司马迁死后由其外孙杨恽在宣帝时公布于世的，西汉末已获得较为广泛的流通。《史记》早期还以单篇流行的方式传播，而学者的效仿、续补和正面评价对其传播也有所推动，传播地域逐渐由京师长安辐射向诸侯国及边郡戍所。⑯

常森论析了闻一多在研究《周易》《诗经》《庄子》《楚辞》等古籍上的巨大创造和卓越贡献，认为在现代学术大潮中，闻一多古典研究的意义不易被准确认知，其在传统层面上的高度往往不被发现，其在创新层面上的意义则往往备受扭曲。闻一多继承了古代学者特别是有清朴学的传统，立足于通过实证来寻求真知。他提出了一系列创见，至今仍富有启发意义。其考释常使诗文意趣盎然，或者发千百载之覆。在文本校勘方面，他也有一系列创获。《易》《诗》《庄》《骚》之学积千百年，大家云集，经典如林，闻一多常以独见之明推翻前人旧说，故《古典新义》多吉光片羽，难能可贵。从研究方法上说，闻一多充分利用了系统中相关要素之互相规定和发明的关系，以建立基本的结论，辅以群书之旁证，穷尽各方面之关联，故每每立于不败之地，显示了朴学大家的风范。可以说，他用现代科学的致密提升了传统的朴学。另外，闻一多注重从文化学立场上研究古典，着眼于掘发具有群体特征的模式化的母题（即在群体成员之行为、思维和情感中反复出现的共有的标志性元素）。这一类信息往往超越文本字面，不为传统小学所重，文化学方法和视角恰恰启示也弥补了传统小学的缺陷。从对传统朴学与对文化学的实践两方面看，闻一多几乎是空前绝后的。一位充满斗士精神、向旧说不断发起挑战的学者，其论说肯定有这样或那样的问题，但这无损于先驱者的伟大。⑰

（二）学术制度史研究

姚小鸥对《周颂》农事诗作了考释，认为《周颂》中除了郭沫若所举五篇外，《思文》也应纳入农事诗范围。这六首诗几乎都涉及祭祀，可内容各有侧重，具有很强的互补性。它们所记载的周代农事中最重要的典礼——“籍礼”，与《国语·周语》的相关记述几乎完全一致。其中《臣工》《噫嘻》叙述了“籍礼”中除“馌尝”之外的大部分议程，包括周王“昭假”诸神、享神、戒农用与耕作等内容。《载芟》《良耜》叙述了周王携王后及百官、庶民共同参加籍礼的宏大场面，重点突出了仪式中的尝食部分及祝祷之词，对耕作部分也有所表现。《思文》《丰年》则是在籍礼之外的其他祭祀场合使用的农事祭歌。前者为周人开始重视麦类作物后，将功劳归于先祖后稷的颂美之歌；后者与《载芟》结尾相似，可能也是农事典礼中的祝祷词。从时代来讲，《臣工》《噫嘻》《思文》三篇应是周初作品，《载芟》《良耜》可能作于周人居豳时期，《丰年》则是从较早的祭祀乐歌中撷取的片段，有较为长久的历史传承。⑱

周礼的许多具体仪节在礼书中未得到全面的记载，姚小鸥、李文慧根据《周颂·有客》及相关文献，考察了周代的宾礼。《有客》描述周王与前来朝觐的宋君主客间揖让周旋的过程，涉及诸多宾礼仪节的施行。诗歌开篇描述了宋君的威仪，继而描写周王室隆重的接待，并对其中“送宾”一节着重加以铺写，“授絷”仪式作为最具代表性的礼节而受到特别的关注，在这一环节中，主人将以绳索制成的马具“絷”赠予来客，表达对来客的挽留之意和敬重之情。此后，诗篇又有周王亲自饯送宋君的场景。宾礼作为周礼的重要组成部分，是周王朝纪纲天下、怀柔诸侯的重要政治手段，从周代贵族社会的道德规范来说，“敬”是这一系列仪式的精神核心，《有客》对宾礼的描述即体现了周礼性质的这一侧面。⑲

姚小鸥、李文慧又辨析了《周颂·振鹭》中的成语，并阐释了其历史文化内涵。《振鹭》前半是对来朝诸侯主要是宋君的赞美之词，后半则为勖勉之语，其中“无斁”“宿夜”“永终”皆为成语。结合《诗》《书》及金文来看，“无斁”是对人们“无怠于事”这一美德的赞语；“宿夜”一词字面含义为“早晚”，但在使用时主要侧重于“敬”这一思想内涵；“永终”则是对已经达成或意欲达成的功业的赞语。这些成语是在礼的揖让周旋的过程中，为表达特定的内涵而形成的具有固定搭配的词语，其产生过程反映了礼法用语的逐渐典章化。它们在使用时虽仍保留着其中单语的字面意义，但更重要的却是承载着古人关于社会、历史、文化、自然等诸般观念。《振鹭》多处运用此类成语，表现出灵动而不失典雅的语言特色。⑳

傅刚梳理旧说，论析了中国上古的史官传统。他认为上古时期，在以祭祀天神和先祖为主要活动的社会里，可能并无记史事以为镜鉴的目的，巫、祝、史都是宗教活动的主要参与者，因分工不同而名称各异，史可能只掌管与典册一类相关的事务。随着社会活动的开展与实践经验的丰富，从前人往事中得到更为现实的借鉴变得日益迫切，于是史官在记录与祭祀活动有关的内容以外，有人便专司记录王室的社会活动事件，真正意义上的史官由此诞生。后人将史官的记事原则归纳为“不虚美、不隐恶”的实录，但这与上古史官有闻必录的行为方式并不相符。“史”字最初并无持中正之义，仅指“载笔执简之人”，其记事不过是如实记录事件活动而已，无关乎隐恶与否。所谓“不隐恶、不虚美”的“实录”原则，乃是后人据后世史官职能概括出来的史学思想，有浓重儒家色彩。㉑

过常宝则指出：西周时期，瞽、史、祝、宗等宗教人员同时有谏诫王侯的世俗职责，其谏诫方式与其宗教技能有关。具体来说，师工瞽矇最初都是为祭祀服务的音乐人员，而在古人心目中音乐颇具神秘性，乐师们合六律、辨阴阳，通过对声音的识别来把握天命神意，以指导人的行为。在周代，乐人又掌管学政，负责教授国子们乐德、乐语、乐舞，其中的“德”和“语”由一种宗教伦理渐渐发展为具有政治内涵的社会伦理，这同样赋瞽矇等以教导社会、评判政治的权力。史官原为巫师中专事记录者，也主持占卜和祭祀，并逐渐成为巫祭人员的核心。在周代，史官地位空前高涨并分化出多种职事，大致说来，主要包括传统的宗教职能和与世俗政治事务相关的文献职能。因此史官既有沟通天人的权力，又因职掌文献而承担咨政之责，最终获得了主动进行谏诫的话语权。“祝”有沟通鬼神的职能，又掌管假神灵以颁行政令的“六辞”，“宗”负责与祭祖有关的宗族性礼仪活动，他们同样拥有训告劝诫的责任。瞽史祝宗等兼具圣、俗两重职能，在西周是一种制度性的安排。周朝成立之初，以周公为首的有识之士对殷商宗教文化作了深刻反省，通过制礼作乐将巫政改造成教化政治。政治训诫传统的构建和推广，与周公本人的政治实践是密切相关的，周公和《尚书》建立的谏诫政治即使并不完全属实，至少也作为一种理论模式对后世政治和士人阶层产生了重要影响。㉒

（三）学术文化史研究

鲁洪生讨论了商周文化对《周易》的影响。他认为，从《周易》内容与表现形式看，其成书经历了一个漫长的过程，大致草创于夏商，写定于西周初。影响它的历史文化的原因主要有四个方面：1）天人合一的哲学观。《周易》作为依据天象推演天意、预测未来的算卦书，其推天理明人事的思维方式、格物类比的论证方法、天人合德的道德观念、天人和谐的社会理想，都衍生自商周时期天人一体、天人相通、天人合一的文化观念。2）等级森严的宗法制。宗法制是周代社会政治的基本特征，为适应这一制度之需要，在祖先崇拜的基础上，“法先王”观念的确立，对《周易》产生了十分巨大的影响，乘、承、比、应、位等象数观念即是对等级宗法观念的反映。3）以天为师的道德观。周人一方面需要论证以周代商的合法性；另一方面试图总结殷商覆亡的历史经验，故西周初期的文献对“德”的论述逐渐增多，促成了中国古代思想史上由唯天为尊的天命观向以德配天的道德观的转变。与此相应，在《周易》有关祭祀的卦爻辞中，祭祀主体的“德”与祭祀对象的“福”密切联系在一起，德行的价值受到重视。4）主文谲谏的政治目的。易筮的操作过程即是决策获得合法性和权威性的过程，是古人沟通天人的途径，是实行神权政治的手段，掌管卜筮的文化官员有借助上帝意志左右统治者的可能，《周易》因此具有借天意以行讽谏的政治目的。㉓

李炳海讨论了五行之神的历史原型及其形象演变。他首先从文字训释的角度解释了五行之神名称的由来。东方之神为句芒，“句”指蕴藏着生命张力的屈曲状态，“芒”既指模糊不清，又有顶端、尖端之义，“句芒”正是概括太阳跃出地平面之前处于隐蔽状态，又充满张力的跃跃欲升之象。南方之神为祝融，“祝”指增益、滋长，“融”指光明，祝融之称指的是太阳出现于南方之际大放光明。西方之神为蓐收，“蓐”指底部，“收”谓收敛，蓐收之称意指太阳在傍晚时降到地平线以下的收敛之象。北方之神为玄冥，其称有幽暗不明之义，意味着太阳降落之后进入夜晚。中央之神为后土，亦即主宰大地的天神，具体来说即太阳神，称之为后土，取其临照、监管下土之义。可见，五行之神的原型是太阳在一日之内运行轨迹的写照，当它们演化为社会角色之后，尽管与其原型间还保留着或多或少的联系，彼此的相通之处已经比较隐晦。因此，神话与历史传说中的五行之神的形象存在着明显的差异。㉔

李炳海研讨了《五藏山经》中有关精灵音乐的记载，指出诸精灵具有乐音性质的鸣叫出自先民的想象和虚拟，承载着先民对生命的体认、对艺术生成的理解等。神耆童、魮鱼、鸣蛇、狰等精灵都能发出敲击玉磬一般的声音，是由于其所依托之山皆产玉，而玉正是作磬的原料。玉有润物功能，可以将自身能量及属性传导给予其接触的对象，因此先民在想象中将玉与其所在之地的精灵相沟通，把玉的音乐资质传导给这些精灵。刚山盛产的漆树是制作琴瑟等乐器的材料，空桑之山也盛产可制琴瑟的木材，两山的精灵“其声如钦”，可发生轻松优雅的乐音，这正是得益于山上的物产。雄黄对于毒蛇等害虫具有威慑力，有祛灾镇邪之功能，而槐江之山的精灵神英招、谯明之山的精灵孟槐都因生活在盛产青雄黄之地，声如猫头鹰，令外界恐惧，能抵御凶险。中曲之山的精灵駮声如击鼓，可吞食虎豹、抵御战争，同样与其山多产雄黄有关。《山经》中记载的这些精灵乐声，可以印证先民音乐取法于自然的观点，并反映了精气相通、生命一体的原始哲学理念。㉕

李炳海还梳理了《山海经》中有关江汉沿岸冢陵的记载，试图依此勾勒先楚集团及楚族由川入鄂的迁徙轨迹，揭示楚文化与巴蜀文化的关联。《中山经》所载属于长江系列的山冢，墓主皆为楚族成员。《中次九经》所载的岷山、勾檷之山、风雨之山、䰠山，其墓主所属时段从颛顼之前一直延续到楚国建都秭归期间。《中次八经》所载骄山则已到了楚昭王及其以前的时期。对此加以排列，可见楚族自其发祥到春秋时期的迁徙路线。从颛项氏开始，楚族即开始离开若水流域，沿长江向东迁徙，一路留下多处墓葬，最终进入江汉地区，因此在巴蜀之地可以发现许多楚文化遗迹。李炳海特别关注颛项转生和墓葬的问题，认为颛项化鱼转生的传说生成于巫山附近。先民不相信人会死亡，往往设想死者转生变形而生存于另一个世界，而巫山附近丙穴之鱼冬藏夏出的活动规律就演变为颛项转生为鱼的传说，丙穴也被看作颛项陵墓所在之地。㉖

注：

①李山：《〈康诰〉非“诰”》，《文学遗产》，2011 年第 6 期。

②李山：《〈尚书〉“商周书”的编纂时代》，《西北师大学报》（社会科学版），2011 年第 6 期。

③姚小鸥、李文慧：《〈离骚〉的“坠露”与“落英”》，《中国文化研究》，2011 年春之卷。

④傅刚：《〈史记〉与传记文学传统的确立》，《上海大学学报》（社会科学版），2011 年第 5 期。

⑤安小兰：《“孔雀东南飞，五里一徘徊”句新解》，《广西民族大学学报》（哲学社会科学版），2011 年第 4 期。

⑥过常宝：《〈老子〉文体考论》，《首都师范大学学报》（社会科学版），2011 年第 2 期。

⑦常森：《中国寓言研究反思及传统寓言视野》，《文学遗产》，2011 年第 1 期。

⑧常森：《论屈原诗歌的比体艺术》，《北京大学学报》（哲学社会科学版），2011 年第 5 期。

⑨李炳海：《先秦诗歌句末语气词的来源及其声调、功能》，《学术研究》，2011 年第 8 期。

⑩常森：《说评点》，《文史知识》，2011 年第 11 期。

⑪常森：《简帛〈五行〉篇与〈尚书〉之学》，见香港中文大学中国语言及文学系、中国文化研究所中国古籍研究中心主编：《先秦两汉古籍国际学术研讨会论文集》，社会科学文献出版社，2011 年版。

⑫马银琴：《周秦时代秦国儒学的生存空间——兼论〈诗〉在秦国的传播》，《文学遗产》，2011 年

第4期。

⑬马银琴:《周秦时代〈诗〉的传播史》,社会科学文献出版社,2011年版。

⑭李炳海:《春秋后期引诗、赋诗、说诗的样态及走向》,《社会科学战线》,2011年第1期。

⑮于雪棠:《〈韩诗外传〉解经方式及其文学教育意义》,《学术交流》,2011年第1期。

⑯赵明正:《几经删禁为谤书,筚路蓝缕破藩篱——〈史记〉在汉代的艰难传播》,《名作欣赏》,2011年第34期。

⑰常森:《学术上的闻一多:论〈古典新义〉之新》,收入《古典新义》(中华现代学术名著丛书),商务印书馆,2011年版。

⑱姚小鸥:《先秦礼乐文化与〈周颂〉农事诗的历史演变》,《学术界》,2011年第11期。

⑲姚小鸥、李文慧:《〈周颂·有客〉与周代宾礼》,《学术研究》,2011年第6期。

⑳姚小鸥、李文慧:《〈诗〉〈书〉成语与〈周颂·振鹭〉篇的文化解读》,《中州学刊》,2011年第6期。

㉑傅刚:《略说中国上古的史官传统》,《中国典籍与文化》,2011年第2期。

㉒过常宝:《试论西周瞽史的谏诫职责》,《陕西师范大学学报》(哲学社会科学版),2011年第5期。

㉓鲁洪生:《论商周文化对〈周易〉的影响》,《学术论坛》,2011年第4期。

㉔李炳海:《五行之神的历史原型及其形象演变》,《甘肃社会科学》,2011年第4期。

㉕李炳海:《上古虚拟世界的天籁之音——论〈五藏山经〉有关精灵音乐的记载》,《文艺研究》,2011年第2期。

㉖李炳海:《〈山海经〉江汉沿岸的冢陵传说及楚族的自川入鄂——兼论楚文化与巴蜀文化的关联》,《江汉论坛》,2011年第7期。

(作者:刘书刚,北京大学博士生;
常森,北京大学教授)

魏晋南北朝隋唐五代文学

马自力 贺同赏

2011年北京地区的魏晋南北朝隋唐五代文学研究,在认真讨论与反思的良好氛围中稳步前进。

6月中旬,《文学遗产》2011年度编委会扩大会议在京召开。与会学者就新时期特别是进入新世纪十年以来中国古典文学研究所取得的成绩,当前古典文学研究中所存在的困难、机遇和发展前景等问题进行了集中讨论。大家认为,古典文学研究自有其重要的价值和意义;大文学、杂文学的文学史观的兴起是好事;要以文学作品为本位,展开多层次、多元关系的研究,要重视对文学经验、文学原始细节、特殊时空之下的文学风貌的研究;要密切关注并借鉴国际汉学界的优秀学术成果,要形成有中国特色的话语体系,要重视研究者自身的感受和心得;要促进数字文献的开发使用,要重视新出土文献的利用,要继续倡导实证研究;要有贯通的理念和大局观,要追求贯通古今、融会“四部”的学术境界;务必保持“多闻阙疑”的严谨学风,等等。①虽然与会者来自全国各地,探讨范围涵盖先秦以迄近代,但是此次会议形成的若干共识与原则,对于北京地区魏晋南北朝隋唐五代文学的研究者仍然具有重要的指导与借鉴意义。

除了上述《文学遗产》会议,2011年度在北京召开的与魏晋南北朝隋唐五代文学研究相关的几次学术会议也需稍作提及。4月下旬,“国家社科基金重点项目《中国诗歌通史》成果鉴定会”召开。该通史由赵敏俐主编,包括魏晋南北朝卷、隋唐五代卷在内,共分为11卷。评审专家认为,该通史的写作超越了以往的诗歌史写作框架,追寻中国诗歌发生的文化形态,对中国诗歌原典进行了新的解读,揭示出中国诗歌的民族特点。5月上旬,“中国王维研究会成立二十周年国际学术研讨会”召开。与会学者围绕王维的生平思想、人格心态,王维的乐府与歌诗,王维的影响与接受诗等论题展开了热烈讨论;对近20年的王维研究做了回顾,对今后的王维研究做了展望。吴相洲当选为新一届中国王维研究会会长。8月下旬,“第三届乐府歌诗国际学术研讨会”召开。会议探讨范围涉及音乐学、文学、文献学、宗教学等各个领域。8月底,首届“海峡两岸唐代文学研讨会”召开。学者们就海峡两岸唐代文学的研究现状、今后的交流与合作提出了很多建设性的意见和建议;在提交的论文方面,宏观课题与个案研究并存,且多有独到见解。

概而言之,以文学为本位、以审美感悟为基础,重视多学科渗透、强调实证等,乃是上述学术会议所达成的基本学术共识与研究原则。

在这样的学术背景下,北京地区致力于魏晋南北朝隋唐五代文学研究的学者们各展所长,取得了若干可观的学术实绩。

一、歌诗与乐府研究成果较为丰硕

中国古代诗歌与音乐、舞蹈相伴而生，古代（特别是汉魏至唐代）的歌诗与乐府研究前途广阔、大有可为。近十年以来，以赵敏俐、吴相洲等为代表的一批学者同心戮力，极大地推动了歌诗与乐府研究的发展，“乐府学”亦应运而生。2011 年度，这一研究领域收获了较为丰硕的成果。

其中，最引人注目是两部有关乐府、歌诗的学术著作的出版。一部是钱志熙的《汉魏乐府艺术研究》[②]。该书由上、下两编构成，上编系统梳理了汉魏乐府艺术的生成、演变、发展及其与历史文化背景的关系。下编则是对汉魏乐府的若干音乐事实与文献问题的具体考证，主要有“论蔡邕叙‘汉乐四品’之第四品应为相和、清商乐”“周汉‘房中乐’考论”“相和歌辞与清商三调关系问题”“乐府‘行’之本义再探讨”“关于李延年依胡乐造‘新声二十八解’的问题”等。该书上编脉络清晰、下编考证谨严，是一部汉魏乐府研究的优秀之作。另一部学术专著则是刘航的《汉唐乐府中的民俗因素解析》[③]。该书系国家社会科学基金后期资助项目“汉唐乐府产生及其流变中的民俗因素解析”的最终成果，着重考察了乐府诗的本事、主旨、人物、模式化意象和情节等是在怎样的民俗环境中被创造出来的，又是如何随着民俗文化的变迁而发展变化的，乐府诗在民俗生活中所发挥的作用及其对民俗文化的影响。其学术价值主要体现在以下三方面：其一，较全面地探究了民俗对汉唐乐府产生及流变的影响，涉及许多久为学界忽视的重要问题；其二，关注乐府诗对汉唐风俗的反作用，为乐府研究提供了新的视角；其三，对乐府人物和具有民俗意义的情节、意象的思索，填补了乐府诗研究的重要空白。

除此书以外，刘航还发表了两篇相关论文：《论乐府艺术对人物传说流布与演变的影响》[④]和《断肠声里忆先朝——从何满子传说看中晚唐社会心态及其对诗歌走向的影响》[⑤]。前者指出，乐府诗涉及诸多人物，乐府艺术在人物传说的传播与演变进程中扮演了不可忽视的重要角色。后者则认为，何满子临刑献曲的诸般传说，是在中晚唐人追念大唐盛世的社会氛围中产生的，这类以何满子为题材的诗作除了始终萦回着的感伤情调之外，写作重心从中唐的侧重猎奇，逐渐转为晚唐的侧重反思，而后者在一定程度上推动了晚唐咏史诗的发展。

还有三篇重要论文，均对各自论题多有创见。吴相洲的《论王维乐府诗的文献留存和音乐形态》[⑥]一文是一篇考辨精审的力作。它探究了王维乐府诗的文献留存和音乐形态；辨析了王维歌诗是否被朝廷音乐机构集中采录、《乐府诗集》与《王维集》所收乐府差异等问题；描述了王维乐府诗的创调、表演、流变、创作等情况。见识深刻，多发他人所未发。梁海燕的《中唐乐府诗人尚俗思想再思考》[⑦]一文指出：中唐新乐府诗人希望在真正意义上恢复乐府诗“观风知政”的原始功能，张籍、王建、白居易等中唐乐府诗人的尚俗诗学思想及其创作实践体现了文人诗学中的个体成员对于民间群体诗学的又一次向往。雷乔英的《论初盛唐燕飨歌辞与盛唐之音的关系》[⑧]一文认为：初盛唐燕飨歌辞仪式之弱化、内容之丰富、体式之新潮、风格之自由，使其区别于郊庙歌辞，并对乐府诗的变革以及盛唐之音的形成产生了极大的影响。

二、跨学科、大文化视野下的文学研究势头强劲

基于“文学即人学”的基本体认与中国古代文学与其他学科如史学、哲学等联系尤其紧密的具体特质，跨学科、大文化视野下的文学研究一向为众多学者所认同与运用。2011 年度该研究领域的发展势头依然强劲。

范子烨的专著《中古文学的文化阐释》[⑨]的出版，就是这一强劲势头的一大标志。该书自大文化角度切入，主要涉及嵇康与阮籍的游仙思想与诗歌创作，《洛阳伽蓝记》的文化特质与文体特征，中古时代的“啸”，《江南》古辞，六朝“江南体”诗歌，中古时代的喉音艺术，陶渊明的音乐文化、宗教信仰及其若干作品的深层意蕴等一系列重要论题。学术视野开阔，论证深细，多有新见，具有较高的学术水准和一定的方法论意义。

其他若干学者的此类学术论文也很有分量，不容忽视。

李山的《魏晋士人文化的“展现形态”》[⑩]一文，通过对大量材料的爬梳，深入地探讨了魏晋士人文化的三种“展现形态”，即名士、清谈和重才性表现的文章，并强调“魏晋文学的丕变，实源于士大夫精神上‘展现形态’的确立”。刘跃进的《兰亭雅集与魏晋风度》[⑪]精辟地指出，魏晋风度有三点时代特征：从德与才的论争，可以透视汉魏之际高门与寒门的较量；从药与酒的沉溺，可以窥探竹林七贤的无奈选择；从道与佛的兴盛，可以探析东晋名士的追求。作为魏晋风度的具体体现，兰亭雅集名士在享受集会欢乐的同时也颇流露出人生的无奈。詹福瑞的《布衣及其文化精神》[⑫]一文的主要观点是：自先秦到唐代，布衣逐渐由下层平民的代称转变为未仕的士人的代名词；而布衣精神主要表现为以天下为己任的责任情怀，安贫乐道的士人气节和平交王侯的布衣立场。作者对布衣精神在魏晋至唐作家作品中的表现的分析尤其精到。刘航的《〈文康乐〉与汉魏六朝戏剧艺术的发展》[⑬]一文视角广阔，指出《文康乐》在中国古代文艺史上的三点重要意义：“由此滥觞的‘戏中套戏’，在后代戏剧的发展史中屡现芳踪；翻新出奇的音乐设计，日益成为古代戏剧创新的重要途径；针线绵密的剧情设计与安排，更是后世剧作家在戏剧创作中的不懈追求。”梁海燕以新出土的唐人题诗墓志盖为依据，对此前学界公布的唐人墓志盖题诗重新予以校证，并辑录出新见题诗八首；认为这些题诗体现了唐代诗歌与该地区民间丧葬礼俗结合的特殊文化形态，对于研究唐代民间诗歌文化具有重要意义。[14]

康震、李丽的《柳宗元的文学教育实践与文学教育思想》[15]一文，从文学与教育相结合的视角指出：柳宗元作为一名文学教育的受教者，中唐时期良好的文学教育机制及其环境促进其文学素养的养成与文学创作的成熟；作为一名施教者，柳宗元的文学教育思想与实践培育着中唐文学创作者的成长，推动了中唐诗文创作的发展。康震、邓金艳的《史才·诗笔·华选——论唐代传奇创作与进士科制度的关系》[16]认为：主要在科举制度的影响下，唐传奇形成了“文备众体”的写作体制；科场奔竞贵奇的心态也促使传奇作者刻意追求奇异文风。此外，康震主持的一项国家社科课题“唐代两京都城文化、空间形态与唐代诗歌若干重要主题、风格流派的生成和演变研究”于2011年度获准立项，在某种程度上显示了跨学科、大文化视野下的古典文学研究的广阔天地。

此外，钟涛、程兴家的《试论陆倕的骈文创作与其政治活动的关系》[17]、张宇慧的《李白“谪仙”角色扮演的角色理论分析》[18]、李小华的《永州与柳宗元的辞赋创作》[19]等文章分别涉及文学与政治、文学与社会角色、文学与地理等交叉学科，也值得注意。

三、诗歌体裁及相关文学史问题的中观研究扎实推进

对于文学体裁特别是诗歌体裁及相关文学史问题的中观探讨，是文学内部研究的一项重要课题。2011年度，葛晓音、钱志熙、杜晓勤等学者在这一研究领域继续勤奋劳作，各有收获。

葛晓音的《陈子昂与初唐五言诗古、律体调的界分——兼论明清诗论中的“唐无五古”》[20]一文指出：“初唐五言古介于‘宋齐之政’有其具体的创作背景；陈子昂效仿汉魏古诗，在界分初唐五言古、律体调方面的努力意义重大；唐代五古风貌的形成与陈子昂及其同时代诗人宋之问的复古径路关系密切；陈、宋在五古创作上都把握了古诗无论句式散偶均应以散叙意脉贯穿的原理和抒情直白、曲折尽意、不避繁复、结构多变的特征，综合了汉魏到宋齐古诗的各种艺术经验并融入了近体诗的某些特点，使古诗的表现获得了前所未有的包容和自由度。唐代五古也因此形成了不似汉魏古诗而自‘有其古诗’的独特风貌。”葛晓音的另一篇论文则从明代诗论逆推，探究杜甫七律“变格”的原理和意义。杜甫七律被明清诗家公认为“变格”，其深层原因在于杜甫探索七律体式原理和发掘其表现潜力的自觉意识。这些探索的意义在于从多种角度发掘了七律体式对各类题材的适应性，大大拓展了七律的抒情和议论功能，使七律在体调和表现上进一步与七言古体区别开来，并以其能“融各体之法，各种之意”的巨大容量成为中唐以后应用最广的诗歌体裁。[21]两篇文章均可谓视野开阔、见识透辟、功力深湛。

杜晓勤的《盛唐“齐梁体”诗及相关问题考论》[22]一文深刻地指出：“齐梁体”诗是盛唐诗人在近体律诗定型后刻意仿效齐梁诗风或诗律而创作的一种新诗体。杜甫戏作的“吴体诗”《愁》与唐人所作、所论“齐梁体”在诗歌体式和格律方面均有显著差异。盛唐人不太热衷创作“齐梁体”诗的主要原因，是时人普遍对齐梁绮靡诗风和严苛诗律持批判态度。钱志熙的《论初盛唐时期古体诗体制的发展》[23]一文认为：唐人古体作为唐诗的一种体裁，有它确立与发展的过程。其真正确立，则是与近体诗体制的完全确定分不开的。唐诗古体的发生、确立与发展的过程，不仅是对汉魏晋宋诗体的继承，更是对齐梁陈隋诗歌体制与创作程式逐渐摆脱的过程。他的另一篇同类文章《论齐梁陈隋时期诗坛的古今分流现象》[24]的主要观点是：齐梁陈隋时期诗坛上存在着古今两种体制的情况，这种古今体分流是唐代古近体分流的前期形态。陆平的一篇文章以大量诗歌作品为基础，在综合考察、比较王维与其他盛唐诗人（杜甫除外）的律诗成就以后，提出了“王维：盛唐律诗第一高手”的鲜明论点。她指出，在盛唐诗坛，王维的五律可与李白并称冠军，王维的七律则独占鳌头，王维的律诗是盛唐律诗通向杜甫律诗艺术高峰的一座主要桥梁。[25]

此外，谭显宗从元稹的《唐检校工部员外郎杜君墓系铭》入手，以“文质”两存的理路，阐释了唐诗的艺术特质，论述了唐人“格律诗”组成元素及其渊源。[26]

四、具体作家作品研究在多个层面皆有收获

2011年度，关于具体作家作品的研究成果依然在数量上占绝对优势，下面从五个小的层面加以概述：

（一）具体作品深层意蕴的阐释

邓小军的《杜甫曲江七律组诗的悲剧意境》[27]一文指出：“‘一片花飞减却春’，隐喻每一个人都是人类的一部分，每一个人受到伤害，都使人类受到伤害。杜甫曲江七律组诗，以唐代七律前所未有的重大时事内容，近于宗教道德的精神境界，人从大自然获得心灵复苏的哲学境界，和直面承当悲剧的精神境界，及其融为一境、臻于化境的高度艺术造诣，标志唐代七律发展到巅峰，是诗中有史有玄的七律典范。”作者兼用以史证诗与审美体悟两种研究方

法，烛幽发微，给人以多方面的学术启迪。而范子烨发挥个人长于考辨的学术优势，阐发具体作品深层意蕴的文章则有四篇。其《〈桃花源记〉的文学密码与艺术建构》[28]揭示了这篇经典名文的真意和陶渊明的隐衷；同时指出，桃花源的境界代表着诗人的生活理想和社会理想，具有深厚的哲学底蕴。其《诗意地栖居与沉静的激情——对陶渊明〈归园田居〉五首的还原阐释》[29]则对相关文本异文进行了甄别；最后得出结论："陶渊明是集诗人、历史学家和哲学家于一身的文化巨人。"他的其余两篇文章[30]（后续文章待发）则对陶渊明的《拟古》九首进行了互文性阐释，初步引导读者进入了久被遮蔽的《拟古》九首的艺术世界和思想天地。而孙明君的《谢灵运〈劝伐河北书〉辨议》[31]一文，断定谢灵运上书的根本动机在于：鉴于自己与宋文帝之间的摩擦，借上书以表白自己对文帝及刘宋政权的政治态度，以求得到文帝的理解；同时在书中也表明了自己从此将归隐林泉的人生志向。此外，过常宝对李贺的《秦王饮酒歌》[32]、李鹏飞对庾信的《杨柳歌》[33]的解读也各有自己的独到见解。

（二）具体作家文学史地位与创作源流等的探讨

钱志熙的《论王维"盛唐正宗"地位及其与汉魏六朝诗歌传统之关系》[34]一文认为：王维在诗歌史中实居于"盛唐正宗"的地位，其诗歌创作处于汉魏至初盛唐诗歌史发展的主脉上。其创作渊源，一为"弥工建安体"，一为"盛得江左风"。而这两种传统的结合，造成了王维诗歌风格上华绮与朴质相兼的奇妙结合。吴相洲撰文对刘希夷的文学史地位进行重新估价：刘是初唐时期唯一同时兼备骨力遒劲、兴象玲珑、神采飘逸、平易自然四种风格的诗人，这使他成为初唐诗发展的总结者，他以实际诗歌创作预示着盛唐之音即将到来。[35]范子烨则从西方的"互文性"文本理论出发，揭示了陶渊明与张衡、束皙的关系，并对锺嵘《诗品》品陶之说做了补充。[36]此外，张厚知的《论陶弘景的文学创作》[37]一文也值得注意。

（三）作品意象、形式及美感的研究

上官云、张晶的《唐诗中城市意象的空间意义——以桂林为例》[38]一文指出，桂林在作为"贬谪地"的城市意象出现在唐诗中，承载着诗人的离愁和愤懑，构建了一个与众个别的精神空间与美学空间；同时，它又承载着诗人的城市观念和文学理想，视角新颖，见解颇深。张海明、张彦的《略论唐诗处理历史题材的三种模式》[39]一文认为：唐代诗人善于选择历史传记式、历史论赞式、历史情境式等文本模式及其组合方式来建构历史要素，使历史成为诗歌内容的主体或局部结构，以此达到史在形式上向诗歌的转化。取径宏阔而论不虚发。相对于此，张超的《在自然与平淡的背后——陶诗用典艺术举隅》[40]、卢春艳的《"文思清丽"与"獭祭鱼"——李商隐骈文与唐代骈文文风的关系》[41]和《李商隐骈文的对偶》[42]则从微观角度，对各自论题做了细致探析。另外，有两篇以审美感悟见长的论文也值得关注。张超的《唐代诏敕的"典雅"之美》[43]一文，着力探讨了唐代诏敕的"典雅"之美的表现与成因。而张旭的《王徽之：雅量高致有爽气》[44]一文则表达出作者对《世说新语》中王徽之形象的审美体悟，而"文章的作者是一位本科在读的大二学生"（《名作欣赏》编者按）。

（四）具体作品版本、作年及文字细节的考辨

潘建国的《〈世说新语〉明正德四年赵俊刻本考——兼论袁寒云旧藏本非为元刻本》[45]一文，认为正德本乃以元初刘应登刊本翻刻而成，但版本不佳；考定袁寒云旧藏"元刻本"《世说新语》，实即明正德翻元刻本。范子烨的《〈桃花源记〉的"草本"与"定本"问题——陈寅恪〈桃花源记旁证〉补说》[46]一文，肯定了陈寅恪提出的《桃花源记》有两种差异很大的文本的观点的正确性；同时，又纠正了陈氏关于《搜神后记》本桃花源故事"渔人姓黄，名道真"的七字夹注出自陶渊明本人之手的错误观点。孙明君的《庾信〈哀江南赋〉作年辨正》[47]一文认为，此赋当创作于北周明帝元年（557）至明帝武成二年（560）之间。张佩的《四库馆臣对李白〈胡无人〉的改动及其效果》[48]一文指出，四库馆臣对李白的《胡无人》的修改虽然达到了避讳的目的，却降低了该诗的艺术价值。此外，范子烨的《"王凝之谢夫人既往王氏"释证》[49]、张宇慧的《个体记忆的保存——对白居易自编文集现象的解读》[50]也都就相关问题提出了个人的见解。

（五）作家别集的校勘注释

2011 年度，谢思炜的《白居易文集校注》[51]的问世，无疑是我国古代作家别集整理工作的一份可喜收获。该书对白居易诗歌以外的全部存世作品做了全新校勘与注释。其中校勘部分以白氏本集的 16 个版本、总集的 6 个版本参校；注释部分则广泛吸收了迄今为止海内外学者的研究成果，堪称一部参校最广、注释精湛的白氏文集整理本。该书为久享盛誉的中华书局"中国古典文学基本丛书"之一种。

五、关于文艺理论、文学思想及诗学批评问题的探讨有所深化

对于古典文艺理论、文学思想及诗学批评的探讨，有助于深化对于文学本体的认知。2011 年度，在该研究领域也产生了一些学术含量较高的成果。

首先，韩经太的两篇分别探讨唐宋诗歌艺术和诗画理论的文章值得称道。其中的《宋诗学阐释与唐诗艺术精神》[52]一文指出："宋诗学阐释的特殊思想魅力，体现在关乎唐诗艺术精神之提炼的精粹阐释之中。"宋人"集大成"说，包含着文明史自然集

成与唐人自觉集成的双重内蕴；宋诗学兼取盛唐集成与晋宋雅意的思想，有助于世人双向认知诗国的“盛唐气象”；宋人将清淡诗美格调、心源澄静境界与温柔敦厚诗教关联起来，构建起“精意相高”诗艺学境界；以苏轼为代表的宋诗学“诗中有画”说，生成于唐代王昌龄“诗有三境”与司空图“目击可图”之说的历史积淀。另一篇题为《中国诗画交融若干焦点问题的美学思考》[53]的文章则认为：中国诗画艺术的交融以及缘此而形成的诗画交融的艺术，是中国美学精神的典型体现；作者对其中的若干焦点问题，如“绘事后素”“目送归鸿难”“情景交融”等，提出了自己的一些理论思考。这两篇文章皆具有视野广阔、思辨性强的鲜明学术个性。

其次，下面的以《文心雕龙》为研究对象的一组文章，[54]作者亦各有所见。高宏洲指出：《文心雕龙》的“文之枢纽”部分，即《原道》《征圣》《宗经》《正纬》《辨骚》五个单元，既相互独立又构成一个整体，它们围绕着一个共同的主题，即如何寻求“理想之文”。张超得出“杼轴献功”的内涵主要是指对拙辞与庸事的经营组织的结论。张佩则认为，《文心雕龙》对“文”的思索不仅精深而且完整，从本体到具体，最后复归本体。

再次，在文学思想研究方面，有袁济喜等学者的几篇文章值得一读。袁济喜、李俊的《论北魏后期两代士人文学旨趣之异同》[55]一文指出：北魏后期两个阶段的文学异趣体现为对创作个性和藻饰的不同主张，这种区别是由两代作家所受南朝文学影响之深浅程度不同所致；同时，无论是实际创作还是理论探讨，北人显然又有一致的兴趣取向。袁、李合作撰写的另一篇文章[56]则探讨了西魏、北周之际文学复古思想的兴起与衰落的实际情形：苏绰等的复古思想的兴起乃是缘于当时仍然流行的“文质相革”的思想传统，同时包含着转换西魏集团内部山东士人政治认同的现实需要；在苏绰死后，山东士人复又占据优势地位，使得他们所秉承的“洛阳文风”复兴。而杨冬晓的《从〈玉台新咏〉看齐梁文学抒情、审美、娱乐的价值取向》[57]、左杨的《殷璠“诗笔双美”论析——以陶翰评论为中心》[58]也都是自相关作品来寻绎文学思想而各有新见的文章。

最后，蒋寅分别考察了清初二位诗评家陈祚明、王夫之的先唐、唐代诗歌观的两篇文章，[59]隔代论学，前后映发，对理解魏晋南北朝隋唐五代诗歌不无裨益。

六、关于学术史的回顾与当代学者学术成就的评介值得注意

鉴往可以知今，转益多师有利于完善自我。因此，关于学术史回顾与当代学者学术成就评介的论著，也就不容忽视。

刘跃进的论文集《回归中的超越：文学史研究的多种可能性》[60]于2011年出版。该书共分三辑：第一辑中的文章多从宏观视野讨论中国文学史研究在新世纪的趋势与规律；第二辑则是对数位以治中古文学为主的近现代学术名家的立体考察及其著作评论；第三辑是一些专题论著的序跋。作者认为，近十年间古代文学研究，“有回归，有超越，呈现多元发展的态势，而这也许是我们的文学史研究逐渐走向成熟的标志”。

董希平、庄永的《博采众长、独辟蹊径——袁行霈先生的中国文学研究》[61]，则评介了当代著名学者袁行霈先生从事中国文学研究所采用的学术方法和所取得的学术成就，即诗歌艺术研究的纵横贯通，关于陶渊明的文献考辨与跨学科研究，以文学为本位的，多侧面透视与立体阐述的文学史研究，以及三古七段双视角的文学史分期主张；而博采众长、独辟蹊径，则是袁行霈先生最大的治学特点。

由上述研究者的年龄构成，我们可以窥见一个令人欣喜的信息，即老一辈学者厚积薄发，中年学者砥柱中流，青年学者扎实起步。因此，我们有理由期待，魏晋南北朝隋唐五代文学的研究今后一定会取得不断的进步。

注：

①张晖：《在探索中前行——〈文学遗产〉2011年度编委会扩大会议纪要》，《文学遗产》，2011年第5期。

②学苑出版社，2011年版。

③商务印书馆，2011年版。

④《天津社会科学》，2011年第1期。

⑤《浙江社会科学》，2011年第11期。

⑥《文学遗产》，2011年第6期。

⑦《文艺理论研究》，2011年第4期。

⑧《文艺评论》，2011年第2期。

⑨台湾成文书局，2011年版。

⑩《文史哲》，2011年第1期。

⑪《安徽大学学报》（哲学社会科学版），2011年第4期。

⑫《清华大学学报》（哲学社会科学版），2011年第2期。

⑬《文艺研究》，2011年第2期。

⑭梁海燕：《唐代墓志盖题诗考论》，《中国典籍与文化》，2011年第4期。

⑮《陕西师范大学学报》（哲学社会科学版），2011年第5期。

⑯《文史杂志》，2011年第4期。

⑰《青海师范大学学报》（哲学社会科学版），2011年第3期。

⑱《求是学刊》，2011年第3期。

⑲《南华大学学报》，2011年第1期。

⑳《文史哲》，2011年第3期。

㉑《论杜甫七律“变格”的原理和意义——从明诗论的七言律取向之争说起》，《北京大学学报》（哲学社会科学版），2011年第6期。

㉒《北京大学学报》（哲学社会科学版），2011年第2期。

㉓《南开学报》（哲学社会科学版），2011年第5期。

㉔《河南师范大学学报》（哲学社会科学版），2011年第1期。

㉕《王维：盛唐律诗第一高手》，《文学遗产》，2011年第6期。

㉖《论唐人“格律诗”组成之元素》，《唐都学刊》，2011年第3期。

㉗《北京大学学报》（哲学社会科学版），2011年第4期。

㉘《文学评论》，2011年第4期。

㉙《文学遗产》，2011年第5期。

㉚《陶渊明〈拟古〉九首揭秘》（一）、（二），《名作欣赏》，2011年第28、31期。

㉛《北京大学学报》（哲学社会科学版），2011年第3期。

㉜《秦王游天之乐与悲——读李贺〈秦王饮酒歌〉》，《文史知识》，2011年第1期。

㉝《惚兮恍兮，其中有象——析庾信的〈杨柳歌〉》，《文史知识》，2011年第9期。

㉞《北京大学学报》（哲学社会科学版），2011年第4期。

㉟《刘希夷历史地位重估》，《北京大学学报》（哲学社会科学版），2011年第2期。

㊱《陶渊明与张衡　束晳之关系发微——“其源出于应璩，又协左思风力”说续貂》，《九江学院学报》（哲学社会科学版），2011年第1期。

㊲《聊城大学学报》（社会科学版），2011年第1期。

㊳《广西社会科学》，2011年第11期。

㊴《清华大学学报》（哲学社会科学版），2011年第6期。

㊵《文史知识》，2011年第8期。

㊶《中国文学研究》，2011年第2期。

㊷《井冈山大学学报》（社会科学版），2011年第3期。

㊸《名作欣赏》，2011年第5期。

㊹《名作欣赏》，2011年第5期。

㊺《中国典籍与文化》，2011年第1期。

㊻《中国典籍与文化》，2011年第2期。

㊼《古典文学知识》，2011年第4期。

㊽《文献》，2011年第2期。

㊾《淮阴师范学院学报》（哲学社会科学版），2011年第1期。

㊿《学术交流》，2011年第12期。

51中华书局，2011年版。

52《文学遗产》，2011年第2期。

53《北京大学学报》（哲学社会科学版），2011年第3期。

54高宏洲：《“理想之文”的寻求——〈文心雕龙〉“文之枢纽”新解》，《江西社会科学》，2011年第4期；张超：《究竟何为“杼轴献功”——也谈〈文心雕龙·神思〉中“杼轴献功”的蕴意》，《吉林师范大学学报》（人文社会科学版），2011年第2期；张佩：《试论〈文心雕龙〉中“文”之意蕴》，《作家杂志》，2011年第5期。

55《求是》，2011年第3期。

56《再论西魏、北周之际文学复古思想的兴起与衰落——兼论陈寅恪先生之“关陇文化本位政策”》，《江海学刊》，2011年第3期。

57《兰州学刊》，2011年第12期。

58《中国社会科学院研究生院学报》，2011年第2期。

59《一个有待于重新认识的批评家——陈祚明的先唐诗歌批评》，《中国社会科学院研究生院学报》，2011年第3期；《王夫之的诗歌评选与唐诗观》，《文学与文化》，2011年第2期。

60凤凰出版社，2011年版。

61《高校理论战线》，2011年第3期。

（作者：马自力，首都师范大学教授；
贺同赏，首都师范大学博士生）

宋元明清文学

金达芾　李鹏飞

一、诗文词的研究

2011年度宋元明清诗文词研究中一个显著的现象就是诗歌和诗学研究的繁荣。而宋诗和明清诗歌的研究又是成果特别集中的部分。相比诗歌研究的众声喧哗，词、文的研究略显沉寂，但也涌现出了不少优秀的研究成果。

杨庆存的《宋代散文研究》第二版对十年前出版的第一版进行了较大的修订与改动，在体式方面恢复了因为第一版丛书排版需要而删去的脚注和引言；在内容方面增补了黄庭坚的散文研究；在结构方面将原版的十章调整扩充为十二章，对其中的一些问题进行了更为深入的探讨和研究。作为研究宋代散文的重要专门著作，《宋代散文研究》的修订再版的过程也体现了作者研究的深入所带来的观念上的变化，对宋代散文研究也是一个推进。[①]

王永对以往研究相对较少的金代散文作了比较深入、系统的研究。他打破了一般文学史著作所认定的金代散文三期说，而提出了“借才异代”“国朝文派”“金文极盛”“遗民余音”四期的分段方法。在具体研究层面，王永以元好问、王若虚为重点人物，历述了金代散文创作的成就；从宋代文学的影响和女真民族的民族个性两个方面探讨了金代散文独特风貌的形成过程。采用以人为纬、以史为经，全面分析与个案研究相结合的方法，反映出了金代散文发展的全貌。[②]

近代以来文学史研究中，历代诗歌选本的价值并未受到应有的重视。即使专门研究选本的学者也一般注重于各代选本的史实勘察，着力从事其存量、版本、种类等资料层面的研究。而王兵的《清人选清诗与清代诗学》试图更进一层，从选本与诗歌批评的关系入手，窥探选本产生的内在机制及清代诗学的变迁关系。对文学活动中二次性再生产的意义进行了重估，并将这种二次性再生产的选本活动与更广阔的诗学、政治文化等层面相联系，从而建立起一个新的研究坐标。[③]

2011 年度宋元明清诗歌研究中，宋诗以及宋代诗学的研究非常活跃，学者们从不同的思路和角度对宋诗作出了多元化的研究和阐释，提出了很多新颖的观点，大大拓宽了宋代诗歌和诗学的研究视野，取得了令人欣喜的成果。钱志熙在从诗歌艺术发展的普遍规律的角度探讨了宋诗创作学理化的问题时指出，“通而能变，变而能复”是宋诗发展的最基本主题。具体来说主要表现为“善继”和“善变”两个方面。钱志熙认为，宋人既有善于继承和学习传统的一面，也有善于发展创新的一面。更多时候是一个创造性继承和学习的过程。要合理地理解宋诗的这一特质，就必须对宋代政治、社会、文化进行全面、系统的考察。[④]漆永祥以《全宋诗》中涉及王昭君的 170 余首诗歌为研究对象，通过研究其中对昭君出塞这一历史事件的不同看法，发掘宋人观念中的华夷关系问题。漆永祥认为，宋人对昭君和亲这一政策的强烈否定背后隐藏着有宋一代始终弥漫全国的悲愤情绪。强烈的民族自尊心与现实之间的落差决定了宋人“以和亲为耻”的集体心理，这种心理是造成宋代咏昭君诗中正面肯定昭君功绩的作品少之又少现象的根本原因。[⑤]

王培友对两宋理学诗的研究首先从理解“理学”这一概念入手，详述了理学发展之源流，以此为切入点分三个阶段考察了理学诗内涵的发展变化，厘清了以往学者对理学诗认识的一些旧误，并在此基础上归纳了“理学家诗”和“理学诗派”的相关概念。[⑥]谢琰考察了屈骚传统在唐宋之际的失落过程，从“荒幻的削弱”“怨谤的平复”“悲哀的扬弃”三条线索出发，厘清了宋诗“反荒幻”“反怨谤”“反悲哀”的“反骚”情感特征的形成过程。并指出这种情感特征形成的深远意义在于：古典抒情诗从此丧失了开拓新境界的能力。[⑦]

逯铭昕以《石林诗话》为中心，结合叶梦得的其他几部笔记作品，对叶氏如何理解“气格”这一问题进行了较为深入的探讨和研究。逯铭昕从一个比较新的角度揭示了叶梦得论诗主气格的多层内涵，他认为身处党争之中的叶氏对“气格”的理解已经不仅仅局限于诗歌艺术层面，更包含有他对时事政治的看法。[⑧]

随着明清诗文研究的蓬勃发展，明清诗文研究方法的问题也日益得到学术界的重视。石雷从学术论文编辑的视角出发，深入地探讨了在研究明清诗文时的选题前沿性与“填补空白”之间的辩证关系，并专门对文献考订类文章及文献与文学理论互动等学术问题进行了深入阐发，总结了目前明清诗文研究中存在的问题，提出了解决这些问题的一些参考意见。[⑨]

左东岭则力图探讨明代诗文研究中的一些具有普遍性的宏观问题，包括从发展线索、体式、地域性等层面对明代诗歌布局进行再认识这样的宏大命题。他认为在明代诗歌研究中，研究者需要具备开阔的历史视野，充分重视理论与创作的关系。同时研究的视角应当多样化，例如可以从流派发展、诗体与格调、性灵与复古、创作心态变化等各种视角来对明代诗文进行全方位的研究。[⑩]

蒋寅以一系列论文探讨了王夫之诗学的相关问题，他在《王夫之诗论的批判性、独创性与诗歌批评的缺陷》一文中，通过梳理王夫之有关诗歌理论著作，充分肯定了王夫之诗学中具有批判性、独创性的内容，包括对温柔敦厚的诗教的激烈否定、对情景关系与音言关系的探讨等一系列富有见地的观点。但同时也指出由于王夫之不治考据之学，导致其论诗评诗存在着好作大言、率性随意、概念杂糅、有名士的浮夸气等诸多缺点。[⑪]对于王夫之诗论中关于情景关系的部分，蒋寅认为虽然唐以来情景关系的论说层出不穷，但一直停留在比较表面肤浅的层次，直到王夫之的手中才完成了理论化的提炼，使情景关系这一诗学中的重要命题得以以更明确的面貌出现。王夫之对情景关系的研究，不仅阐明了情景关系本质上是一种主体性感受，还分析了情感与景物情调的对应关系，揭示景语独立的表情功能，即意象化的本质。[⑫]王夫之的诗学理论虽然备受学术界重视，研究成果相当多，但蒋寅认为作为其诗学核心观念之一的有机结构观并未受到学术界重视。因此他在《略论王夫之的文本有机结构观》一文中，对王夫之的有机结构观作了四个方面的总结和概括，并指出王夫之将诗歌视为有机整体的观念，是他对诗歌全面认识的基础，也是其诗学独特思想方法的体现，具有深入系统研究的学术价值。⑬

姚爱斌也撰文探讨了王夫之诗学的相关问题，《王夫之〈诗·小雅·采薇〉评语的症候式解读》一文指出王夫之评语中提出的“以乐景写哀，以哀景写乐”的评语既不合原诗的诗意，也有悖于其本人的诗歌情景观。“乐景”与“哀情”、“乐情”与“哀景”的分组方式虽然出新，但似有“分疆情景”之嫌。《采薇》的感人之处在于真情实景和整体意境，而非相反相成的情景设置。⑭

傅璇琮对所见的清初宁波地区的著名学者董正国诗集《南墩诗稿》进行了详细的辨正考析，知其即为旧藏于上海图书馆的馆藏本，确定了其为孤本的性质，同时也考证了其为抄本重装本而非稿本的事实。在考证过程中指出了各家著录在细节处存在的错误。通过此诗集还可以考证董正国之生卒年，以及当时宁波、绍兴两地的文化交流的情况。诗集所存之评语，也体现了当时浙东的务实文风。⑮

白一瑾对清初诗坛的一股重要创作力量——贰臣诗人群体进行了细分，根据贰臣诗人对前明依赖度、认同感及其对诗歌创作的影响，将其分为钱谦益、吴伟业为代表的“胜国遗贤”，龚鼎孳、刘正宗为代表的过渡诗人，以及以王士祯为首的近乎纯正的庙堂诗人。这一划分勾勒出了贰臣诗人群体作为一个特殊的文人群体在急剧变化的社会历史潮流中的心理轨迹，并重现了其诗风从黍离变雅到庙堂正雅的转变过程。⑯

唐宋诗之争是清初诗坛一个引人瞩目的现象。唐宋诗之争起于南宋，随着清初诗坛大规模效法宋诗风气的形成，这一优劣之争被重新提起。张晖在研究这一诗歌史现象时指出，与同时代的其他人纠缠于唐宋诗孰优孰劣不同，黄宗羲、钱澄之等人引入“性情”理论来否定这种争论的努力值得关注。黄宗羲等人这种立场与他们长期从事的反清复明运动有着紧密联系，他们对诗歌创作的思考与实践对清初诗坛产生了重要影响。⑰

张剑认为，清代文学史上颇为重要的“宋诗派”是否属于真正严格意义上的诗歌流派是一个值得探讨的问题。他指出“宋诗派”既不存在一个明确的主盟，也没有比较系统的诗歌理论，其成员之间的创作风格也非常多元化。这些特征与一般意义上的诗歌流派有所不同。最早将其归为一派的陈衍虽为一代大家，但其诗歌理论也难免有其局限性，他将程恩泽、祁寯藻、曾国藩、何绍基等人归为一个流派的观点值得商榷。⑱

刘宁系统分析了茅坤对“风神”的运用情况后发现，茅坤论“风神”主要是针对叙事类文章所发。论者通过研究茅坤对《史记》的评价来看他的“风神”观的内涵及其与叙事文体的关系。并进一步对被茅坤视为深具“风神”之美的欧阳修的文章的叙事之道进行了细致的分析，证明在理解“风神”“六一风神”等概念的审美特质及其成因时应对“叙事”给予充分的重视，并将“情韵”与“叙事”之艺术联系起来观察。⑲

“以诗为词”是苏轼研究乃至整个词史研究中的一个重要命题，诸葛忆兵试图采用还原历史场景的方式追本溯源，以探讨在宋人语境中的“以诗为词”的准确含义。他在《“以诗为词”辩》一文中指出，宋人所论“以诗为词”或者诗词对举，都不是从是否合乐而是从其创作内容和创作功能来区分两种文体的。词体从诞生之初就与音乐、娱乐、艳情有着天然的联系，这种天然的联系在苏轼手中随着他对词体大刀阔斧的革新而被切断了。苏轼将诗歌所能触及的题材全都纳入到词体中，从而确立了“以诗为词”的作风，虽然提高了词体的地位，但其消极影响在于淡化了词的文体独立性。⑳

李飞跃通过梳理前人关于“词的起源”问题的争论及研究思路，分析了以往对词体本质认识的片面性、判断标准的模糊性以及持论的不确定性。在此基础上辨析了“词的起源”与“词体起源”“词体形成”的异同，指出词体的起源与形成经过了词有定调、调有定格、格有定律等阶段，是词体的不同形态特征的分别来源及其发展演变，而“词的起源”是指词之为词的第一种形态特征的来源。㉑清词号为中兴，是继宋代之后词的创作流传最繁荣的一个时期，因此具有相当高的学术研究价值。如果从词的保存和传播的角度进行研究，就会发现词集丛刻在清词的发展繁荣和流传中的重要作用。孙赫男系统地梳理了清代前、中、后三个时期词集丛刻的不同状况，详述了从清代前期的保存“当代”名家词集成风到中期刊刻侧重中小作家、浙西词派的倾向，再到晚清搜集宋元旧集，开启词集校勘之风的流变过程，并指出了词集丛刻对清代词学的重要贡献和独特的文献价值。㉒

二、小说的研究

2011年度小说研究视角多元化、内容多样化的特征非常显著，既有对小说艺术特色、艺术原理的宏观探索，也有对具体小说文本的深入剖析。这表明古代小说研究正在进一步走向深化，涌现出越来越多具有学术个性的研究成果。在研究专著方面，以论文集形式出版的两部作品分别探讨了古代小说思想艺术这样的宏观命题和《红楼梦》版本学这样的传统热点问题。李汉秋对吴敬梓作品的考订是2011年度小说相关文献考订的一个重要成果。孙一珍的《明末白话短篇小说抉美》专注于对某一小说文体展开深入探讨。

周先慎的《古典小说的思想与艺术》一书是其最近十余年来学术研究成果的一个总结。所收入的文章讨论的范围相当广泛，从早期小说的文体意义到唐传奇、宋话本的文化背景和意蕴，再到多元化、多视角的明清小说研究，几乎涵盖了整个古代小说史的各个发展阶段。周先慎通过对具体作品的论析，总结了中国古典小说的审美特征、艺术传统及其形成的思想条件和历史条件。同时通过介绍吴组缃先生、林庚先生等前辈学者的学术成果、研究方法、学风，从理论的高度进一步认识古典小说的思想艺术。㉓

版本研究一直以来都是红学研究中一个非常重要的问题，既有很多的研究成果，也伴随着无数的争论。曹立波、周文业主编的《一百二十回本〈红楼梦〉版本研究和数字化论文集》一书收录了《红楼梦》版本研究相关论文计40篇，一方面继续从传统的文献学的思路和方法研究百二十回本《红楼梦》的版本及相关问题，另一方面则介绍了包括《红楼梦》在内的一批古代小说不同版本的数字化研究的最新动向。提倡了一种以科学研究推进红学研究的新方法，既是对目前百二十回本《红楼梦》版本问题研究状况的一个总结，也为整个古代小说版本研究提供了一个比较新颖的思路和角度。㉔

明代白话短篇小说理应在中国小说史乃至整个文学史上写下浓墨重彩的一笔。而对整个明代白话短篇小说而言，明代后期的冯梦龙、凌濛初等优秀作家的崛起，一大批杰作的诞生才真正宣布其高潮的到来。孙一珍的《明末白话短篇小说抉美》以美学作为研究的主要视角，从“真实美”“委曲美”“赡富美”“简洁美”等12个角度探讨了明末白话短篇小说的美学特质和文学意义。以作家作品研究为经，以不同层次的美学特质为纬，全面立体地观照明末白话短篇小说的繁荣，为小说史研究提供了一个新的思路。㉕

《吴敬梓集系年校注》一书历经十余年终于面世，该书由题笺和校注两部分构成。题笺对写作时间、写作背景、赠答对象及其他相关的人和事作出了比较详尽的考察和梳理；校注则重在考证典故，探究出处，诠释词源；书后的附录记载了吴敬梓重要传记资料、年谱及吴氏著作序文等。该书的出版对于研究《儒林外史》的作者吴敬梓的生平、文学思想、艺术观念的变化等问题都有很重要的意义，具有相当高的小说史和文献学研究价值。㉖

近些年来，《北京大学学报》主办的《古代小说前沿问题丛谈》一直致力于在古代小说研究新领域的探索与新方法的提倡方面进行努力。该栏目2011年度主要研究的问题是小说主题。虽然近年来有不少学者提倡小说研究应该扬弃主题的思路，但纵观中国古代小说史，对主题或意图的表达乃是中国古代众多小说家的自觉追求，小说的接受也与读者对主题的探索、理解有着密切关系。因此小说的主题研究仍应受到相当的重视。古代小说体例的千差万别、题旨的晦明不定，这些差异的存在让主题研究变得非常复杂。但实际上无论小说文本多么变化莫测，其表达主题的方式也还是有迹可循的。潘建国在对大量古代小说文本进行分析归纳的基础上，总结出“借‘说书人’之口宣讲”“依靠文本体制烘托主题”“通过‘故事新编’催生新主题”等三类古代小说表达主题的常用策略，从宏观层面理清了这一问题的脉络。㉗刘勇强认为，在古代小说主题研究中，切忌对主题进行浮泛而单一的研究，他在《古代小说主题意识的双重性》一文中指出，主题研究更应该是一种主题意识的研究，即从作者表现和读者体认两个向度来探索作品主题。文章试图从古代小说思想倾向概括方式、主题意识特征、体现方式、阐释向度、意义探询等五个层面厘清“主题意识”存在的双重性问题，并借此认识主题在文本中的存在与价值。㉘李鹏飞认为，小说主题研究领域中认为“每部作品都应该有自己主题”的观点和“主题模糊说”“无主题说”甚至“扬弃主题说”这些观点都是值得重视的。古代小说主题情形至少可以分为只有一个统一主题、包含众多主题、无主题三类。这种情况的存在使主题问题非常复杂，难以一概而论。因此主张在研究古代小说时，可以从题材、母题的传承演变入手，深入了解小说主题如何变化。㉙

2011年度小说研究中，《三国演义》的相关研究十分繁荣，不少学者从一些比较新颖的角度重新审视这部经典名著。在《三国演义》的相关文献研究中，刘世德、夏薇对韩国发现的《三国志演义》两个版本的考论颇值得重视。近年来在韩国相继发现的《三国志演义》朝鲜翻刻本和朝鲜铜活字残本对于研究《三国演义》的版本和传播都具有重要意义。刘世德从书名、作者及出版者署名、分卷、行款、正文、有无静轩诗、避讳等七个方面论证了铜活字残本的底本问题，并探讨了两个版本发现的重大文献价值和其对中国古代小说史的重要意义。㉚

裴云龙以《三国志演义》漫长而复杂的版本演化中改变幅度最大的成分——论赞诗文作为研究对象，探讨了周静轩诗和书坊主评论的孱入与毛宗岗删汰改换论赞诗文这两个在版本演进过程中具有标志性意义的现象与小说传播者思想观念改变之间的关系。论者尤为详细地考察了毛宗岗对周静轩诗的去取情况，并以此为门径探寻毛氏以儒家正统观念对小说进行“规范化”的用心。㉛孙勇进发现毛评本《三国演义》第六十五回中马超与张飞大战的一些细节描述与整部小说存在不相融之处。论者从马超在全书中仅此一次使用暗器铜锤这一特例作为研究出发点，援引民间传说、元代杂剧、笔记记载等文献资料，提出在民间三国故事中除了存在一个“长枪马超”的故事系统之外，还存在一个“飞挝马超”的故事系统。并通过研究从“飞挝”到“铜锤”的细节演变探寻两个故事体系合流的痕迹，试图为《三国演义》的版本研究提供一条新的线索。[32]

李鹏飞在分析研究大量小说文本的基础上，提出了古代小说中的“功能性物象”这一概念。所谓“功能性物象”，指的是古代小说中由具体物品担当的，用以加强小说内部结构，强化情节、叙事要素之关联，以及辅助人物塑造与主题表达的重要艺术手段。李鹏飞从小说史的角度系统地梳理了这一艺术手段从唐宋萌芽与发展至明清被广泛自觉运用的过程，详论了“功能性物象”在小说结构、情节、叙事和象征性方面的意义，为研究中国古代小说的艺术特色与创作原理提供了一个新的思路。[33]此外，李鹏飞还对《西湖二集》中大量故事的来源进行了细致的考证。关于《西湖二集》一书素材的来源，前贤研究颇多，但前人所整理的源流或有遗漏，李鹏飞通过查阅各种文献资料，发现了若干未被诸家论著考出的素材来源，以及散见于各书之中的与《西湖二集》所叙之事相似或相近的故事。这些素材来源的整理有助于研究者更全面地把握《西湖二集》的创作方法与艺术特征。[34]

潘建国对《世说新语》正德本的考论颇值得重视。作为《世说新语》在明代最早的刊本，正德本在学术界却始终乏人问津，这不能不说是一种遗憾。潘建国首次比较精细地考察了刊刻者赵俊的生平事迹以及其所刻正德本所依据的底本这两个具有高度学术价值的问题，认为正德本乃是以元初刘应登刊本翻刻而成，并指出了民国藏书家袁寒云旧藏的“元刻本”实际上就是明正德翻刻本这一事实。[35]

刘勇强从分析“国学”涵盖的领域及其本身的学科性质、路径入手，深入探讨了中国古代小说是否可以归入“国学”范畴、小说与“国学”的关系等宏观问题，力图以一种区别于以往文学史视野的“国学视野”来重新审视和定位中国古代小说。刘勇强认为，只要不放弃“国学”概念，古代小说就不应该被排斥在“国学”之外。同时，将古代小说纳入“国学”范畴，也可以从内部为“国学”确立一个坐标，有助于我们更好地认清“国学”的边界和内涵。[36]此外，刘勇强还对叙事学理论与中国古代小说的关系作了深入探讨。他认为，叙事学理论进入中国对于古代小说研究而言的最大意义在于改变了以往小说艺术分析的单一思路，但作为一种源于西方的文学理论，其与中国古代小说之间自有难以完全兼容之处。因此探寻适合中国古代小说的叙事学命题这一工作就显得十分必要。在运用西方叙事学理论研究中国古代小说时，要在古今中外的思维碰撞中，提炼更具包容性的理论框架与命题。同时，鉴于中国传统小说理论与小说文本之间存在着极为密切的联系，在用叙事学理论对传统小说理论进行任何激活时，都应该注意与小说文本结合起来。[37]

小说故事题材、情节的辗转袭用、演变是古代小说研究中的一个重要问题。林嵩考察了脱胎于《三现身》故事的一系列小说文本，包括文言系的《粤东狱》《星士埋奸》和白话系的《清风闸》以及外国人高罗佩的《四漆屏》在内的各种故事版本。这一梳理清晰地描绘出了《三现身》故事流传、演变的小说史轨迹，证明了此类情节驱动型的小说作品具有强大的生命力和艺术魅力。[38]

小说评点与小说研究在传统的古代小说研究中始终存在着极为紧密的联系。侯忠义在对崇祯本《金瓶梅》评语作出详尽的分析研究后撰文指出，此本评语对全书的人物、叙事及内容的点评精准客观，评语中潘金莲的形象可以归纳为情、毒、淫、贪四大特点。这一抽象概括有助于我们更好地认识和了解潘金莲这一古代小说中的经典人物形象。[39]

邵颖涛从心理体验的角度对笔记小说中非常习见的巡游地狱类故事进行研究后指出，这一类小说所描写的地狱惩罚是一个接受宗教审判和精神折磨的心理过程。在这个过程中，巡游者通过一场濒死体验获得目睹地狱的心理感受；而巡游者巡游地狱的过程又是一个接受宗教洗礼、宗教磨砺或加深民间信仰的心理过程。[40]

颜彦以明清小说插图为研究对象，总结小说插图时空呈现的形式技巧，归纳出“一时一地”“同时异地”“同地异时”“异时异地”四种时空表现的构成类型，具体分析时空叙事的情节性、动态性和情境性，从对时空图式的阐释中发现明清小说插图与文本之间的关系。文章通过一个全新的视角审视了小说的接受以及创作与接受的互动等重要问题，为古代小说研究提供了一个比较新的思路。[41]

莎日娜将《醒世姻缘传》作为一部“官场小说”进行解读，以此作为研究的出发点对小说中“两世”描写官场的情况作了细致的总结归纳，得出了“前一世”重在揭示官场的规则与官员的贪酷、“后一世”重在批判官场秩序的混乱和官员的腐朽无能这样的结论，并总结了官场描写对于《醒世姻缘传》这一小说提升文学史价值方面的重要意义。[42]

三、戏曲的研究

2011 年度戏曲研究呈现出两大特色：一是对古代戏曲的研究逐渐上升到理论的层面，文本分析和理论研究的联系更为紧密；二是注重戏曲与时代、历史的关系，2011 年度很多论文都将戏曲作品还原到所处的时代中，以历史的视角审视和把握戏曲发展的脉络。

中国古代有无“悲剧”在学术界一直是比较有争议的话题，持“有悲剧”论的学者往往用“苦情”“怨情”这些中国戏剧中的美学特征去反驳基于西方正统悲剧观而提出的“无悲剧”论。而张之薇的《献祭——中国古典戏剧悲剧精神论》一书则认为并不需要通过扩大“悲剧”这一概念的外延来论证中国悲剧的有无，即使完全从西方正统悲剧理论出发，中国古典戏剧中同样有大量的悲剧作品。张之薇指出，以传统“士人”为主角的戏剧中存在着庄严的使命感和为了群体利益坦然走向死亡的牺牲精神。这种“士人献祭”精神的存在，决定了这些戏曲作品“严格意义上的悲剧”的属性。[43]

李志远在着力收集、补充现有戏曲序跋整理成果中未录存的序跋的基础上，系统考察了序跋与作者、戏曲文献、社会文化之间的关系。整理了收集、录存的序跋版本，探讨了明清戏曲序跋中同文异主的现象。对明清戏曲序跋的功用和理论价值进行了总结和评估。[44]

傅晓航注意到，在杂剧蓬勃发展的唐宋时期，存在一类专门讽谏、调笑孔子的戏剧，非常值得关注。他在《唐宋杂剧中的“弄孔子”》一文中，以历史文献为基础，考察了孔子与俳优群体之间的历史矛盾，以此来解释演出中徇为常见的“弄孔子”现象，同时也探讨了这种戏谑讽刺手法对杂剧、南戏等多种艺术样式的重要影响。[45]

吴书荫对霍建瑜在2010年发表的《〈牡丹亭〉成书年代新考》一文中所主张的“万历戊子”（万历十六年）本《牡丹亭》系汤显祖初稿之说提出了质疑。吴文从汤显祖生平和文献资料的理解、诠释、运用等方面，对徐渭是否批阅《牡丹亭》、《牡丹亭》是否可能成书于南京、潘之恒何时在南京观看《牡丹亭》等关键问题作出了详尽而系统的考证，并指出所谓的《牡丹亭》两个版本系统之说实属谬误，不可采信。[46]

傅承洲从文献记载中梳理了冯梦龙为其同乡——苏州派剧作家群改订剧目以及奖掖、提携后进的情况，并从剧目选材与改编、严守曲律的戏曲创作观念和文学教化观三个方面系统分析了冯梦龙对苏州派戏剧创作的深远影响的重要意义，指出冯梦龙不仅是一位著名的小说家，而且对明末清初的戏剧艺术的发展作出了重大贡献。[47]

郭英德详细考证了清代传奇剧《海烈妇传奇》的故事本源、主人公海氏的生平事迹、剧本的创作及其传播等方面后指出：海烈妇的故事之所以在清初的江南地区广为传播，有其深刻的历史原因。故事主人公海氏在危难之际所表现出来的“丈夫人格”契合了特定历史条件下的江南士人对生存智慧和道德自赎的精神需要。并以此为契机进一步深入探讨了戏曲作为文人叙事的独特样式所蕴含的文化意蕴和文化价值。[48]

李锋从大量的史料文献出发，概述了顺治和康熙两朝宫廷演剧、观剧以及官方宣传戏剧的盛况，并总结指出，清军入关之初非常重视通过戏曲来表达他们对中华文化的认同，同时也借戏曲的教化功能和宣扬的“忠孝”观念巩固其统治。清初帝王对戏曲的热衷和重视，为清代戏曲的整体繁荣奠定了坚实的基础。[49]

范方俊将梁启超的戏曲创作置于晚清历史的大环境中进行审视，以文本细读的方式从梁启超创作的剧本的字里行间探寻其“觉世救心”的创作用意。他在论及梁启超的戏曲创作时指出，梁启超的戏曲作品具有在形式上因袭传统和在观念手法上对传统进行革新的双重性，因此其创作活动本质上具有一种“过渡”的性质。[50]

不少学者致力于戏曲理论、观念的研究，并取得一定成果。吕薇芬认为，在以往的曲学研究中，目格律为小道的观点在一定范围内有其合理性，但对于大部分研究者而言，格律作为曲学研究的基础，其重要性还是不可替代的。《从北曲格律看词曲渊源》一文系统地梳理了自元代以来，北曲格律研究的文献资料和主要成果，并在此基础上进一步探讨了北曲格律中衬字、用韵、句法、对偶、平仄等具体问题，从事实的角度证明了格律对于曲学研究的重要意义。[51]

刘小梅以述史的思路梳理了宋元时代数百年间戏曲发展的历程，《宋元戏曲艺术思想概述》一文从戏曲发展史的历史事实出发，探讨了文学史现象背后的思想文化变迁。例如市民文艺的兴起、雅俗文化的交融、勾栏瓦舍的繁荣和书会才人的涌现共同推动了宋代戏曲的蓬勃发展；而金末元初、元代早期、元代中后期戏曲艺术的兴衰历程背后，都暗藏着社会思想文化潮流的变迁。[52]

李贺军认为，传统上将王国维的戏剧观念定位为文学本位是有所偏差的，王国维在《宋元戏曲考》中屡次提及的“文学”所指乃是大文学的范畴，与今人所理解的文学所涵盖的范围有一定出入。他从王国维追溯戏曲起源的立足点、对戏剧的定义、对戏剧各方面的综合观照、以西方戏剧观为基础的戏曲评论观以及其讨论戏曲形态的角度五个方面论证了王国维戏剧观念的剧学本位。[53]

四、其他研究

党圣元的《返本与开新：中国传统文论的当代阐释》一书收录了其自1986年至今25年间学术研究的主要成果，围绕古代文论研究中的一些诸如概念范畴、古代文论典籍、文论家、古代文体批评现象、文论史现象，以及关于古代文论研究的学术理念、学术方法论等问题发表议论。提倡一种文学观念史和外在思想文化史并重的研究思路，以及建立一种国学视野下的“文化通观意识”和“大文论”观念。[54]

关于古代文学学科发展和建设的问题，廖可斌主张进一步推进古代文学研究的国际化，更好地推进本土研究与海外汉学研究之间的交流活动。本土学者的研究虽然具有研究队伍、资料、学术传统方面的优势，但海外汉学研究者由于较少受到理论教条的限制，也很少受到硬性学科分类的限制，加之特别重视文本细读和文献收集，因此他们的研究方法、思路和成果往往能补本土研究之不足。加强这种国际化研究的趋势，有利于古代文学研究持续稳定健康发展。[55]

詹福瑞认为，当前古代文学研究中存在着缺乏鲜明的学术个性的问题，应该进一步强调研究者学术个性的自觉，即不受已有的学术研究成果的束缚，在学术观念、研究路数和方法等方面追求独特性的一种自觉。鼓励学者对社会人生、文学、学术形成自己独特的思考，以开放的心态吸纳古今中外各种研究方法，探索适合自己的研究路数。[56]

文学家的日常生活、交游结社等活动对于文学创作的影响非常大，也引起了不少学者的关注。潘建国以孔尚任别集未收的题陈洪绶《饮酒读书图》的四则跋文为研究起点，对袁世硕所编的《孔尚任年谱》进行了补阙。他通过对孔氏艺术鉴藏活动的系统回顾梳理，论述了其与孔氏诗文创作、诗论、戏曲创作之间的关系。尤为重要的是，作为孔氏最重要的文学作品《桃花扇》以及此剧之前的文学实验性作品《小忽雷》这两种传奇的创作都与孔氏的艺术鉴藏活动有着密切联系，剧中很多细节都折射出作者现实鉴藏活动的影子。可以说，孔氏的艺术鉴藏活动很好地推动了其文学创作活动，具有较高的研究价值。[57]

张德建从嘉靖中期后七子刑部结社之初的政治环境入手，对嘉靖前期的政治背景、刑部执掌以及工作环境进行考辨。驳斥了将结社活动归因于刑部“清简”的观点，同时将后七子文学活动置于嘉靖以来的学术风尚、政治风气的变迁中进行梳理分析，探讨了后七子文学观念的形成。从一个比较全面的视角去理解以后七子为代表的刑部文学活动。[58]

谷春侠通过整理袁华在与杨维桢及顾瑛的交游情况后总结指出：铁崖体在被玉山雅集接受的过程中，杨维桢的个人魅力所起到的作用十分有限，并不如一般论者所说的那样是关键的决定性因素。顾瑛固然对其推崇有加，但杨维桢的诗学思想并没有达到能完全左右玉山雅集的地步。谷春侠认为，正是杨维桢的弟子袁华在20多年中贯穿玉山雅集活动始终，并通过自身的创作和宣传促进玉山雅集对铁崖体的接受，为铁崖体的传播作出了重要贡献。[59]

注：

①杨庆存：《宋代散文研究》，人民文学出版社，2011年版。

②王永：《金代散文研究》，中国社会科学出版社，2011年版。

③王兵：《清人选清诗与清代诗学》，中国社会科学出版社，2011年版。

④钱志熙：《宋诗与宋代诗学概谈》，《古典文学知识》，2011年第3期。

⑤漆永祥：《从〈全宋诗〉中的咏昭君诗看宋人的华夷观念》，《中国典籍与文化》，2011年第1期。

⑥王培友：《两宋理学诗辨析》，《文学评论》，2011年第5期。

⑦谢琰：《屈骚传统的失落与宋诗情感特征的形成》，《安徽师范大学学报》（人文社会科学版），2011年第1期。

⑧逯铭昕：《叶梦得的“气格”论及其意义》，《中国文化研究》，2011年第3期。

⑨石雷：《明清诗文研究的观念、方法和格局漫谈》，《文学遗产》，2011年第3期。

⑩左东岭：《明代诗歌研究的几个问题》，2011年第3期。

⑪蒋寅：《王夫之诗论的批判性、独创性与诗歌批评的缺陷》，《中国文化研究》，2011年第1期。

⑫蒋寅：《王夫之对情景关系的意象化诠释》，《社会科学战线》，2011年第1期。

⑬蒋寅：《略论王夫之的文本有机结构观》，《文学评论》，2011年第3期。

⑭姚爱斌：《王夫之〈诗·小雅·采薇〉评语的症候式解读》，《北京师范大学学报》（社会科学版），2011年第5期。

⑮傅璇琮：《清董正国〈南墩诗稿〉》，《中华文史论丛》，2011年第4期。

⑯白一瑾：《从黍离变雅到庙堂正雅——论清初贰臣诗人的诗风演化》，《北京大学学报》（哲学社会科学版），2011年第1期。

⑰张晖：《清初唐宋诗之争与“性情”论》，《北京大学学报》（哲学社会科学版），2011年第2期。

⑱张剑：《道咸“宋诗派”的解构性考察》，《中国文化研究》，2011年第4期。

⑲刘宁：《叙事与“六一风神”——由茅坤“风神”观切入》，《文学遗产》，2011年第2期。

⑳诸葛忆兵：《“以诗为词”辨》，《北京大学学报》（哲学社会科学版），2011年第1期。

㉑李飞跃：《“词的起源”新论》，《北京大学学报》（哲学社会科学版），2011年第5期。

㉒孙赫男：《清代词集丛刻的文献价值与词学贡献》，《北京大学学报》（哲学社会科学版），2011年

第 5 期。

㉓周先慎：《古典小说的思想与艺术》，北京大学出版社，2011 年版。

㉔曹立波、周文业：《一百二十回本〈红楼梦〉版本研究和数字化论文集》，首都师范大学出版社，2011 年版。

㉕孙一珍：《明末白话短篇小说抉美》，中国社会科学出版社，2011 年版。

㉖李汉秋、项东升：《吴敬梓集系年校注》，中华书局，2011 年版。

㉗潘建国：《试论古代小说主题表现的若干策略》，《北京大学学报》（哲学社会科学版），2011 年第 3 期。

㉘刘勇强：《古代小说主题意识的双重性》，《北京大学学报》（哲学社会科学版），2011 年第 3 期。

㉙李鹏飞：《古代小说主题的接受、传承及其研究》，《北京大学学报》（哲学社会科学版），2011 年第 3 期。

㉚刘世德、夏薇：《〈三国志演义〉朝鲜铜活字残本试论》，《文学遗产》，2011 年第 1 期。

㉛裴云龙：《新论〈三国志演义〉中论赞诗文的演化》，《明清小说研究》，2011 年第 1 期。

㉜孙勇进：《飞挝、铜锤与〈三国演义〉成书的若干问题》，《明清小说研究》，2011 年第 4 期。

㉝李鹏飞：《试论古代小说中的“功能性物象”》，《文学遗产》，2011 年第 5 期。

㉞李鹏飞：《〈西湖二集〉的素材来源丛考》，《中国典籍与文化》，2011 年第 2 期。

㉟潘建国：《〈世说新语〉明正德四年赵俊刻本考》，《中国典籍与文化》，2011 年第 1 期。

㊱刘勇强：《“国学”视野下的古代小说》，《江西社会科学》，2011 年第 3 期。

㊲刘勇强：《中国古代小说的叙事学研究反思》，《明清小说研究》，2011 年第 2 期。

㊳林嵩：《三现身故事之流变及其影响》，《明清小说研究》，2011 年第 1 期。

㊴侯忠义：《论崇祯本评语中的潘金莲形象》，《明清小说研究》，2011 年第 2 期。

㊵邵颖涛：《古代巡游地狱小说的心理体验与文化内涵》，《西华大学学报》（哲学社会科学版），2011 年第 5 期。

㊶颜彦：《明清小说插图叙事的时空表现图式》，《中国文化研究》，2011 年第 1 期。

㊷莎日娜：《〈醒世姻缘传〉官场描写管窥》，《廊坊师范学院学报》，2011 年第 2 期。

㊸张之薇：《献祭——中国古典戏剧悲剧精神论》，学苑出版社，2011 年版。

㊹李志远：《明清戏曲序跋研究》，知识产权出版社，2011 年版。

㊺傅晓航：《唐宋杂剧中的“弄孔子”》，《戏曲艺术》，2011 年第 2 期。

㊻吴书荫：《〈牡丹亭〉不可能成书于万历十六年——与〈《牡丹亭》成书年代新考〉作者商榷》，《文学遗产》，2011 年第 5 期。

㊼傅承洲：《冯梦龙与苏州派剧作家》，《北京大学学报》（哲学社会科学版），2011 年第 4 期。

㊽郭英德：《〈海烈妇传奇〉与清初江南士人的生活与思想》，《文学遗产》，2011 年第 6 期。

㊾李锋：《浅论清初戏曲的忠孝观》，《戏曲艺术》，2011 年第 4 期。

㊿范方俊：《觉世与救心：梁启超的清末戏曲改良及其“过渡”性质》，《中国人民大学学报》，2011 年第 4 期。

51吕薇芬：《从北曲格律看词曲渊源》，《文学遗产》，2011 年第 2 期。

52刘小梅：《宋元戏曲艺术思想概述》，《戏曲艺术》，2011 年第 3 期。

53李贺军：《论王国维剧学本位的戏剧观念》，《戏曲研究》，2011 年第 1 期。

54党圣元：《返本与开新：中国传统文论的当代阐释》，河南大学出版社，2011 年版。

55廖可斌：《古代文学研究的国际化》，《文学遗产》，2011 年第 6 期。

56詹福瑞：《关于古代文学研究的学术个性问题》，《文学遗产》，2011 年第 6 期。

57潘建国：《孔尚任艺术鉴藏与文学创作之关系考论——以新见孔氏题陈洪绶〈饮酒读书图〉跋文为缘起》，《文学遗产》，2011 年第 6 期。

58张建德：《明代嘉靖间刑部的文学活动》，《中国文化研究》，2011 年第 4 期。

59谷春侠：《袁华与“铁崖体”的传播》，《文学遗产》，2011 年第 2 期。

（作者：金达芾，北京大学硕士生；
李鹏飞，北京大学副教授）

中国现代文学

李培艳

文学史研究是现代文学确立的一个基本的学科前提，而文学史观念的变迁也预示着对现代文学学科整体视野理解的变迁与反思。2011年的现代文学研究，关于文学史观的讨论似乎重新成为本年度的学术热点。首先，5月中国现代文学馆与现代文学研究会等联合召开了“严家炎主编《二十世纪中国文学史》学术研讨会”，2011年第9期《中国现代文学研究丛刊》编发了关于此次研讨会的笔谈。笔谈主要围绕《二十世纪中国文学史》的学术争议性与创新性展开。主编严家炎认为其最大的创新性在于通过新史料的发掘，将现代文学的起点“前移”到了19世纪80年代末90年代初，边界的移动对既有的文学史秩序提出了挑战。[①]钱理群同样认为这是一本“守正出新”的文学史，通过史料的发掘达到对现代文学的重新认识。[②]吴福辉则认为这套文学史是从“晚清”寻找“五四”现代性发端的又一支，开创性在于其对文学时空的处理上，是由“观念革新”“中外交流”“开端作品”组成的综合性时空。[③]然而，起点的“前移”既是这套文学史的创新性所在，同时也是其存在争议的所在。温儒敏在肯定严本文学史“多元共生”的同时，就质疑其对现代文学起点的“迁移”，认为晚清的“新变”还只是一个“量变”，并不能从根本上取代“五四”的“质变”。[④]黄子平、李怡、刘勇等同样对20世纪文学史的提法存在质疑。[⑤]实际上，早在第3期《中国现代文学研究丛刊》就刊载了袁晓波、丁帆关于文学史观讨论的两篇文章。袁晓波写出了愿景中的整体文学史。[⑥]丁帆则认为“晚清”是新文学发轫的背景，但不是新文学的起点。[⑦]

其次，文学史观讨论的另一热点在于对20世纪80年代重写文学史的反思，反思的基本共识在于将80年代作为当下学术与思想确立的起点。程光炜认为80年代不是一个完全封闭的历史范畴，当下学术看待过去与未来的眼光基本在80年代形成。[⑧]张伟栋持同样的观念，认为中国现代文学的支撑性观念，如“五四”“启蒙”与“现代化”等，都是在80年代建构的，其背后所包含的是现代性叙事、知识话语和历史启蒙的认知视角。[⑨]杨庆祥则从新批评家圈子的形成角度入手，分析80年代“新潮批评”与“重新文学史”之间的隐秘关联。[⑩]谈到80年代的现代文学学科的建设与确立，不能不提到对80年代现代文学研究作出重要贡献的学者樊骏的逝世。《新文学史料》与《中国现代文学研究丛刊》分别出版了纪念专辑。[⑪]严家炎、刘再复、吴福辉、商金林等分别写了回忆与纪念文章。[⑫]钱理群从樊骏的研究与现代文学学科建设之间的关系、学科评论研究模式等角度，详细阐述了樊骏先生对于现代文学精神与学术传统建构的参与。[⑬]程凯则以“时代”为视角反思了樊骏先生对于老舍研究，以及80年代现代文学研究所作的贡献。[⑭]此外，关于2011年度的文学史研究，另一项重要成果在于北京大学中文系潘建国教授发现了林庚先生1937年在国立北平师范大学的授课讲义《新文学略说》。在孙玉石、吴晓东看来，林庚先生的《新文学略说》呈现了抗战前新文学简约而完整的发展图景，是中国新文学20年的一部反思录，是新文学研究学术史的重要组成部分。[⑮]最后，对于文学史问题的具体研究，近几年较受关注的民族国家与现代性视角[⑯]、语言学视角[⑰]，以及报刊研究[⑱]、社团研究[⑲]，依旧是2011年的研究重心，在此不一一详述。

鲁迅研究状况既是现代文学研究的重点之一，也是体现学科发展的重要风向标。2011年是鲁迅先生诞辰130周年，大量的研究中不乏新的研究视角和思路。首先值得一提的是刘禾的长文《鲁迅生命观中的科学与宗教》，从鲁迅早年翻译的科幻小说《造人术》谈起，以20世纪初的文学想象和文学实践如何介入进化论所提出的生命问题的思考为问题思考的源起，反思鲁迅如何在文学写实主义成为广泛的生物模仿技术的氛围中，创造了文学独立的思想园地。[⑳]特殊的论述视角与内在知识结构的支撑，使研究思路显得新颖而独特。李泽厚与刘再复则就李泽厚在20世纪80年代写作的《略论鲁迅思想的发展》展开对谈，在新的历史条件下重谈鲁迅思想的意义与特殊性。[㉑]自80年代强调启蒙与个人主义的思想价值观念开始，《野草》一直就是鲁迅研究界关注的热门话题，2011年度《野草》依旧多元丰富，颇具代表性的是闵抗生与李国华对《野草》思想资源的分析。闵抗生着重分析了《野草》写作的外部思想资源，将尼采的《尼采反对瓦格纳》与《野草》做主题的对比性分析，从思想的颓废层面揭示了二者的思想关联。[㉒]李国华的《〈野草〉：梦与忆之诗》在梳理《野草》自1920年发表以来研究状况的基础之上，详细地分析了《野草》与古今文化资源的关系，特别是野草“梦的诗学”与古典文化之间的关联。[㉓]同时，由于2011年是辛亥革命100周年，而辛亥革命是鲁迅写作与思考不可跨越的思想起点，鲁迅小说所描述的几乎都是辛亥前后发生在中国的社会现实，鲁迅与辛亥革命的关系研究重新成为研究者关注的热点视角。刘家鸣[24]、张铁荣[25]、陈漱渝[26]分别梳理了鲁迅在小说、书信、杂文等各类文体中对于辛亥革命时期的历史人物和事件的评论，并以此为基础重新反思鲁迅改造国民性的话题，及其与孙中山对于辛亥革命理解的区分所在。最后，在海外鲁迅研究方面较有代表性的是勒林丛、哈赛宁、李大可的研究。

勒林丛详细地分析了竹内好笔下鲁迅精神与日本文化的交锋，进而思考竹内好如何凭借鲁迅来反思日本的“优等生文化”和“无望的人道主义”。[27]哈赛宁则详细的勾勒了20世纪50年代以来，埃及、叙利亚、伊拉克等几个阿拉伯国家翻译出版的鲁迅作品的情况，以及阿拉伯文坛对于鲁迅的赞誉与研究状况。[28]李大可以韩国知识分子李泳禧对于鲁迅思想的接收为中心，分析鲁迅在20世纪七八十年代韩国社会变革中的接受方式。[29]

对于鲁迅之外作家的研究，2011年度的热点主要是围绕萧红、张爱玲、曹禺三位作家展开，此外老舍、郭沫若、丁玲、张恨水等作家同样受到较多的关注。2011年是萧红诞辰100周年，《中国现代文学研究丛刊》与《新文学史料》分别出版了萧红专辑，无论在文本研究还是史料发掘方面都有所收获。首先值得一提的是季红真的《萧红小说的文化信仰与泛文本的知识谱系》[30]与郭冰如的《萧红小说的话语方式的悖论性与超越性——以〈生死场〉和〈马伯乐〉为例》[31]，两者的研究重心与视角虽然不同，但都以突出萧红的独特自我与个性气质为潜在指向。前者提出“泛文本知识谱系”概念，着重分析萧红通过对民间思想和精神的借用，所确立的独特的精神自我与生命伦理视角新颖，后者则着重分析了萧红抗战时期如何处理自身写作与文学主潮的关系，进而突显了萧红独特的叙事立场与个性气质。此外，王彬彬详细梳理了20世纪30—80年代的萧红的评价史[32]，秦林芳则从童年视觉分析了《呼兰河传》的文本构成[33]。在史料发掘方面，颇值得一提的是晓川发现了萧军研究萧红的短篇小说《手》的讲义提纲《关于〈手〉》[34]，以及袁权所发现的萧红30年代刊登在《大公报》上的三篇日记[35]，为解读萧红的生平提供了新的视角和材料。继2009年《小团圆》出版所引发的研究热，2011年度张爱玲依旧受到较多的关注。朱崇科提出超越单纯的道德判断立场来看待《色，戒》，新颖之处在于捕捉到张爱玲与鲁迅在精神层面的相通之处——对人性的洞察与锐利批判。[36]陈晖提出应该注重《十八春》在张爱玲创作中的价值和意义，以考察作家创作风格的演进与变化。[37]对于《小团圆》，杨联芬将其放在中国现代文学自叙传的谱系中来考察，重点分析其对中国现代文学自叙传形式的超越[38]，许子东则透过对其中母亲形象的分析，反思张爱玲对自身与时代及传统关系的处理。除此之外，蔡登山、邵迎建、陈娟等从张爱玲上海十年的文坛交往、其与许地山的师承关系，以及张与外国文学的关系等方面补充关于张爱玲的研究史料，有利于研究者从更清晰的、全方位的角度把握张爱玲的创作。[39]

老舍研究在原本已经相当成熟的问题视角下展开，但在市民社会研究、传统文化批判主题方面都有所推进。《中国现代文学研究丛刊》第6期刊载了樊骏先生生前的未完成稿《论老舍的“俗”》，以中国文学向现代转型的发展轨迹作为历史背景，从老舍与市民社会及市民阶层的生活上、思想感情上、审美心理上的联系，考察其为文学的世俗化、平民化所作出的努力。[40]同类文化学视角下的老舍研究，还包括杨新刚的《新中国建立前老舍作品的英雄叙事》[41]与岳凯华的《老舍小说与儒家文化》[42]，两者都注意到了老舍作品所体现出的作者对传统儒家文化既批判又眷恋的态度。魏韶华[43]与谢昭新[44]则不约而同地注意到了老舍小说中自觉的国家形象塑造意识，前者通过对《四世同堂》的译介活动与模式的分析，考察了作者的国家形象传播意识，后者强调从启蒙主义“现代性”的视角看待老舍对中国形象的塑造。郭沫若研究的成绩主要集中在史料层面。在《新文学史料》第3期的郭沫若专辑中，蔡震考察了郭沫若流亡日本十年的旧体诗创作，提供了解郭沫若流亡日本期间的精神心态、人际交往的重要史料；陈俐从广阔的政治社会视野出发，考察了郭沫若在政治转向中与留日同乡、共产党人特别是与国家主义者曾琦的交往。[45]此外值得一提的是吕周聚与陈留生从语言层面对郭沫若新诗与话剧创作的考察。吕周聚提出郭沫若早年以“情绪”为核心来构建自己的诗学观念，并建立与其相适应的语言形式。[46]陈留生将郭沫若、田汉的话剧放在一起考察，认为其以抒写主观情志为主要特征的话剧语言方式确立了写意话剧的语言范式。[47]对丁玲的关注依旧在女性主义文学创作的框架内展开，但有超出女性主义与民族革命二元对峙框架的思考趋向。黄丹銮从女性主义文学创作的角度重评《太阳照在桑干河上》，认为其虽为革命文学作品，但丁玲此时期的创作并没有完全斩断延安前期的创作。[48]吴晓佳以《在医院中》为个案，提出应该跳出妇女与民族革命二元对峙的框架，看待中国妇女与中国革命的复杂关系。[49]最后，2011年度作家受到较多关注的是通俗文学作家张恨水。既有石娟[50]与姜友芝从影视与传媒视角对张恨水小说创作的外部考察，又有朱周斌与陆山花从文化批判视角对其文化观念的内部考察。[51]

话剧研究继2010年曹禺诞辰100周年所激发的研究热点，2011年度话剧研究的主要成绩依旧体现在曹禺研究中。但对郭沫若、田汉等的话剧研究同样有所收获。就曹禺研究而言，研究视角与模式有所更新的有邹红从音乐元素这一特殊的视角对曹禺早期创作的重新考察[52]，以及李扬所提到的一直被研究者所忽视的美国作家辛德斯对曹禺创作的影响[53]。以诞辰百年反思为契机，廖奔整体性地回顾了曹禺创作的历程，进而反思曹禺中年以后未能写出像样的作品背后的政治文化与社会动因。[54]鉴于曹禺诞辰百年之际，《雷雨》被改编为苏州评弹在各大高校上演，朱栋霖对改编后的《雷雨》做了重读，特别是其对繁漪形象的重新塑造，以此折射20世纪30年代到21世纪的时代转折。[55]在曹禺研究之外，2011年度话剧研究的收获还有惠雁冰对“样板戏”与延安戏改、50年代的旧戏改革、60年代的戏剧运动三个特定历史时期戏剧现代化实验关系的研究[56]，徐群晖对中国现代戏剧“莎士比亚化”的研究[57]，以及彭林祥对郭沫若改编《西厢记》的阐释与研究[58]。特别是徐群晖的《论中国现代戏剧的“莎士比亚化”》提出莎士比亚对中国现代戏剧的影响是通过“莎士比亚化”实现的，其既是一种创作手法，又是一种审美主义原则，令人耳目一新。在史料发掘层面，颇为值得一提的是刘子凌在爱美剧运动、戏剧职业化问题的讨论、民初学制改革的背景下，对20世纪20年代北京人艺戏剧专门学校成立过程的再考察，从深层发掘其办学背后塑造的更多的戏剧主体的思想。[59]

相对而言，2011年度的新诗研究成绩突出而丰富。首先，2011年6月“中国现代诗歌的语言”国际学术研讨会召开，会议着重讨论了中国新诗“口语化”的特点，会中王光明重新审视了“五四”白话新诗的语言革命，认为其通过分享日常语言的感性和活力，改变了传统诗歌把握与想象世界的方式，姜涛则认为讨论当代诗歌的问题不能仅仅从诗歌的内部来谈，而应将其视为一个大的社会文本。[60]此外，在新诗的语言问题上，彭秋芬就刘半农发表在《新青年》《中华小说界》上的理论、诗歌创作与翻译，说明早期新诗“语言”如何影响“体式”的问题[61]，刘长华通过对冯至的神话、传说叙事诗与《十四行集》的对读，分析了前者的“语言崇拜”对后者“本真”语言的生存体验的参与[62]。对新诗语言的理解提供了新的视野与方法。诗歌的形式问题同样受到较多的关注。江锡铨从“自然诗”的概念、“理想的诗行”、九言格律诗的“五四体”等方面，着重分析了林庚对新诗的美学形式建设的思考。[63]郑成志以刘半农、赵元任和陆志韦等为对象，思考了初期白话诗的声调、押韵、节奏等形式要素在新诗形式建设中的地位和作用。[64]对诗学观念与新诗现代化问题的思考是2011年度另一个重要诗歌议题。李怡重估了袁可嘉的“新诗现代化”思想，认为其本质上是对中国诗歌创作现象的分析，回应与解答的是中国自己的“现代”问题。[65]孙玉石重读了袁可嘉20世纪40年代诗论史料札记，但其所关注的是袁在现代化诗学理论之外一些被掩蔽的思考，同时提出新诗现代化理论背后更深的驱动力是关于五四运动以来整个新文学发展更带整体性的一些问题，很值得以后的研究者反思。[66]王家新则通过对卞之琳、穆旦、王佐良等诗人在不同时期对奥登的翻译的研究，认为奥登在中国的接受是新诗“现代化”追求的一部分。[67]在诗学观念研究方面，值得注意的是冷霜对废名20世纪30年代新诗观念形成过程的考察[68]，以及张松建对朱光潜及《文学杂志》同仁对“新诗理论”的贡献[69]。最后，在史料发掘与辨析层面同样有所收获，特别是关于穆旦的研究。易彬写作的《穆旦年谱》于2011年度出版，是第一部对穆旦人生及创作、翻译史实进行详尽梳理的年谱。[70]同时，他还就穆旦诗歌创作不断修改的特点，提出文献学视野下的穆旦诗歌研究。[71]另外，马绍玺发现了穆旦发表在西南联大文学刊物《文聚》第一卷第五六期合刊上的《记忆底都城》。[72]

对某一年度的学科研究进行总结，难免会有疏漏的地方。2011年度散文研究的成果虽然较少，但收获颇多。限于篇幅，不再一一评述。从整体上来看，2011年度现代文学研究在稳固的学科研究格局与扎实的史料整理基础之上，细部研究思路多有创新，而且具有明显的新的学科反思意识，一些新的超越文学与政治/社会二元对立的框架，统和内部研究与外部研究的可能性的研究思路已经蕴含其中。“启蒙”与“现代化”的视角依旧是支撑大部分研究者的内在观念与思想前提，使我们的学科在这个日趋多元的社会文化价值氛围中，依旧可以保持时代判断与反思的风向标地位。

注：

①严家炎：《让文学史真正成为文学自身的历史》，《中国现代文学研究丛刊》，2011年第9期。

②钱理群：《“守正出新”——严家炎主编的〈二十世纪中国文学史〉对当下现代文学研究的启示》，《中国现代文学研究丛刊》，2011年第9期。

③吴福辉：《突破·调适·推进——读严家炎主编的〈二十世纪中国文学史〉》，《中国现代文学研究丛刊》，2011年第9期。

④陈艳：《严家炎主编〈二十世纪中国文学史〉学术研讨会综述》，《中国现代文学研究丛刊》，2011年第9期。

⑤陈艳：《严家炎主编〈二十世纪中国文学史〉学术研讨会综述》，《中国现代文学研究丛刊》，2011年第9期。

⑥袁晓波：《我愿景中的“中国‘现代’‘文学史’”书写》，《中国现代文学研究丛刊》，2011年第3期。

⑦丁帆：《给新文学史重新断代的理由——关于

"民国文学"构想及其他的几点补充意见》,《中国现代文学研究丛刊》,2011年第3期。

⑧程光炜、颜水生:《当代文学史研究中的"年代学"问题——程光炜教授访谈》,《中国现代文学研究丛刊》,2011年第6期。

⑨张伟栋:《现代性叙事、知识话语与历史启蒙——李泽厚与80年代现代文学史的重写》,《中国现代文学研究丛刊》,2011年第6期。

⑩杨庆祥:《"新潮批评"与"重写文学史"观念之确立》,《中国现代文学研究丛刊》,2011年第6期。

⑪《新文学史料》2011年第2辑,《中国现代文学研究丛刊》,2011年第4期。

⑫《新文学史料》2011年第2辑,《中国现代文学研究丛刊》,2011年第4期。

⑬钱理群:《樊骏参与建构的中国现代文学研究传统》,《文学评论》,2011年第1期。

⑭程凯:《学科评议、"时代"与文学研究中的总体意识——对樊骏先生学术工作的一些初步理解》,《中国现代文学研究丛刊》,2011年第4期。

⑮孙玉石、吴晓东:《元气淋漓的"新文学之当代史"——读林庚〈新文学略说〉》,《中国现代文学研究丛刊》,2011年第1期。

⑯杨剑龙、陈海英:《民族国家视角与中国现代文学研究》,《中国现代文学研究丛刊》,2011年第2期。

⑰曹万生:《现代文学语言研究的突破与经典的当代阐释》,《文学评论》,2011年第1期。

⑱柯希璐:《革新〈小说月报〉前后——1920年代初文坛的"旧"与"新"》,《中国现代文学研究丛刊》,2011年第5期。

⑲姜涛:《"无须社"与1920年代北京的文学小社团》,《新文学史料》,2011年第4辑。

⑳刘禾:《鲁迅生命观中的科学与宗教》(上、下),《鲁迅研究月刊》,2011年第3、4期。

㉑李泽厚、刘再复:《彷徨无地之后又站立于大地——鲁迅为什么无与伦比》,《鲁迅研究月刊》,2011年第2期。

㉒闵抗生:《尼采反对瓦格纳——〈野草〉重要的思想、艺术资源》,《鲁迅研究月刊》,2011年第2期。

㉓李国华:《〈野草〉:梦与忆之诗》,《鲁迅研究月刊》,2011年第5期。

㉔刘家鸣:《鲁迅回顾和评议辛亥革命》,《鲁迅研究月刊》,2011年第9期。

㉕张铁荣:《在骨子"依旧"中上下求索——鲁迅小说中的辛亥革命言说》,《鲁迅研究月刊》,2011年第9期。

㉖陈漱渝:《孙中山与辛亥革命——兼谈鲁迅的有关论述》,《鲁迅研究月刊》,2011年第6期。

㉗勒林丛、李明晖:《竹内好:凭借鲁迅的文化反思》,《文学评论》,2011年第5期。

㉘(埃及)哈赛宁:《鲁迅在阿拉伯世界的传播与研究》,《鲁迅研究月刊》,2011年第4期。

㉙李大可、全炯俊:《鲁迅在韩国社会变革运动中的接受方式——以李泳禧为中心》,《鲁迅研究月刊》,2011年第6期。

㉚季红真:《萧红小说的文化信仰与泛文本知识谱系》,《中国现代文学研究丛刊》,2011年第6期。

㉛郭冰如:《萧红小说话语方式的悖论性与超越性——以〈生死场〉和〈马伯乐〉为例》,《中国现代文学研究丛刊》,2011年第6期。

㉜王彬彬:《关于萧红的评价问题》,《中国现代文学研究丛刊》,2011年第8期。

㉝秦林芳:《童年视角与〈呼兰河传〉的文本构成》,《中国现代文学研究丛刊》,2011年第9期。

㉞晓川:《萧军佚文〈关于《手》〉的发现及解读》,《新文学史料》,2011年第2期。

㉟袁权:《新近发现的"萧红日记"——写在萧红诞辰百年之际》,《新文学史料》,2011年第3期。

㊱朱崇科:《重读张爱玲〈色,戒〉》,《中国现代文学研究丛刊》,2011年第2期。

㊲陈晖:《〈十八春〉在张爱玲小说创作中的价值与意义》,《中国现代文学研究丛刊》,2011年第9期。

㊳杨联芬:《〈小团圆〉:张爱玲的"忏悔录"》,《中国现代文学研究丛刊》,2011年第3期。

㊴《新文学史料》,2011年第1期,《张爱玲专辑》。

㊵樊骏:《论老舍作品的"俗"》,《中国现代文学研究丛刊》,2011年第6期。

㊶杨新刚:《新中国建立前老舍作品的英雄叙事》,《中国现代文学研究丛刊》,2011年第7期。

㊷岳凯华:《老舍小说与儒教文化》,《文学评论》,2011年第5期。

㊸魏昭华:《〈四世同堂〉英译与老舍的国家形象传播意识》,《文学评论》,2011年第4期。

㊹谢昭新:《论老舍小说的中国形象》,《中国现代文学研究丛刊》,2011年第9期。

㊺《新文学史料》,2011年第3期,《郭沫若专辑》。

㊻吕周聚:《论郭沫若的"情绪"诗学观》,《中国现代文学研究丛刊》,2011年第8期。

㊼陈留生:《浅析郭沫若、田汉写意性话剧语言的意义》,《中国现代文学研究丛刊》,2011年第10期。

㊽黄丹銮:《寻找丁玲"自己的声音"——重评〈太阳照在桑干河上〉中的女性视角》,《中国现代

文学研究丛刊》，2011 年第 9 期。

㊾吴晓佳：《革命实践与女性话语：分裂抑或缝合？——以丁玲〈在医院中〉为个案研究》，《中国现代文学研究丛刊》，2011 年第 5 期。

㊿石娟：《〈啼笑因缘〉缘何轰动》，《中国现代文学研究丛刊》，2011 年第 2 期。

51《中国现代文学研究丛刊》，2011 年第 11 期，《张恨水研究》。

52邹红：《试论曹禺前期剧作中的音乐元素》，《文学评论》，2011 年第 2 期。

53李扬：《〈蜕变〉与〈莫斯科天空下〉——从一篇佚文看曹禺的思想与创作》，《中国现代文学研究丛刊》，2011 年第 9 期。

54廖奔：《曹禺的苦闷——曹禺百年文化反思》，《文学评论》，2011 年第 2 期。

55朱栋霖：《经典〈雷雨〉：从话剧到苏州评弹》，《文学评论》，2011 年第 2 期。

56惠雁冰、宋剑华：《从“延安戏剧”到“样板戏”——传统戏曲现代化探索过程中的一种结构性关系》，《中国现代文学研究丛刊》，2011 年第 9 期。

57徐群晖：《论中国现代戏剧的“莎士比亚化”》，《中国现代文学研究丛刊》，2011 年第 8 期。

58彭林祥：《论郭沫若对〈西厢记〉的改编和现代阐释》，《中国现代文学研究丛刊》，2011 年第 3 期。

59刘子陵：《20 世纪 20 年代北京人艺戏剧专门学校成立过程的再考察》，《中国现代文学研究丛刊》，2011 年第 10 期。

60罗麒：《“中国现代诗歌的语言”国际学术研讨会综述》，《中国现代文学研究丛刊》，2011 年第 11 期。

61彭秋芬：《“自造一完全直译之文体”——刘半农的诗歌试验》，《中国现代文学研究丛刊》，2011 年第 1 期。

62刘长华：《从浪漫神话到诗化哲学——冯至的神话、传说叙事诗与〈十四行集〉对读》，《中国现代文学研究丛刊》，2011 年第 9 期。

63江锡铨：《新诗的形式美学建设与林庚的探索》，《中国现代文学研究丛刊》，2011 年第 1 期。

64郑成志：《初期白话诗的另一种形式构想——以刘半农、赵元任和陆志韦等人为例》，《中国现代文学研究丛刊》，2011 年第 7 期。

65李怡：《“新诗现代化”及其中国意义》，《文学评论》，2011 年第 5 期。

66孙玉石：《新诗现代化理论遮蔽的严肃思考——读袁可嘉诗论史料札记》，《新文学史料》，2011 年第 1 期。

67王家新：《奥登的翻译与中国现代诗歌》，《中国现代文学研究丛刊》，2011 年第 1 期。

68冷霜：《废名新诗观念的形成与 1930 年代中期北平学院诗坛氛围》，《中国现代文学研究丛刊》，2011 年第 6 期。

69张松建：《〈文学杂志〉与中国现代诗学》，《中国现代文学研究丛刊》，2011 年第 8 期。

70《〈穆旦年谱〉出版》，《新文学史料》，2011 年第 2 期。

71易彬：《文献学视野下的穆旦研究》，《中国现代文学研究丛刊》，2011 年第 5 期。

72马绍玺：《穆旦轶诗〈记忆底都城〉与“文聚丛刊”》，《中国现代文学研究丛刊》，2011 年第 5 期。

（作者：北京大学博士生）

中国当代文学

邵燕君　闫作雷

2011 年的中国当代文学研究较之往年的特点在于：“新世纪文学”研究升温，这方面的研究较往年大为增多，尤其是对“新媒体”文学的关注度提高；“底层文学”研究退潮，这或许与“底层文学”本身的困境有关。20 世纪 50—70 年代文学研究亦有渐成热点之势。“20 世纪 80 年代文学”研究热度不减，依然是 2011 年度的热点之一。

一、20 世纪 50—70 年代文学研究

2011 年对 20 世纪 50—70 年代文学的研究比以往多，既有总体性的概观和方法论的研究，也有对具体作家作品的研究。

洪子诚通过给 1962 年“大连会议”的材料作注释的形式，以“文革”发生后侯金镜、邵荃麟交代的材料为主线，辅之以当事人的回忆录等史料，还原了当时的社会、政治环境和作家、文艺评论家的文学思想状况。由于那些交代材料是在“文革”中的巨大压力下产生的，故洪子诚对这些材料交代的事实的真实性做了极为认真的辨析和考证；同时采用批注的形式对材料做了编排，其目的是为了还原历史的细节，以此了解历史必然中的“偶然”以及当时的“文学权力机制的运作”和文学“症结”。[①]在一篇访谈中，李杨回应了 20 世纪 90 年代之后兴

起的“再解读”的研究方法的“学科史”意义，同时分析了“反现代的现代性”这一命题在当代文学研究中的含义。他在对“再解读”进行“解读”时，指出“再解读”破除了那种启蒙与救亡、现代与传统对立的思路。同时，“反现代的现代性”的命题亦打破了左翼革命文艺与五四文学的断裂论，进而主张启蒙并非救亡的中断，启蒙本身就包含了“救亡”的主题；也即五四文学蕴含的民族国家、阶级认同这些元素是其走向延安文艺的内在动力，而延安文艺的“大众意识”正是五四新文学传统的“大众文艺”诉求“真正得以实现的条件”。另外李杨还分析了“再解读”的文化研究性质，及其通过文本打开历史、政治的总体性和历史化视野等问题。②

对于“七十年代文学”，程光炜认为对其研究应该具备两种视角：新时期文学视角和七十年代文学视角。因为，“它们是在一种新的辩证关系中出现的新的历史视野。没有新时期文学的视角，70 年代小说可能永远都会打上官印而窒息在历史的棺木中，那些思想亡灵和工农兵作者大概不会幽灵重现。而没有 70 年代这个起点性的视角，也不会出现新时期文学对历史的叛逆，出现历史的觉醒，70 年代小说通过自己的没有意义才换来新时期文学的崭新意义的”。因此，作者主张研究 70 年代小说，应该从 70 年代再出发，深入考察当时的历史状况。如果在历史中理解 70 年代的文学作品及其主人公，70 年代的小说其实可以作为那个时代的真切的史料。作者以浩然《金光大道》中的相关描写为例说明了这一观点。另外，他还反省了 20 世纪 80 年代以来形成的文学观念对 70 年代文学研究的束缚，所以作者主张打破文学与政治、“显流文学”与隐流文学的对立。③

姚丹对蔡翔研究“十七年”文学—文化的新书《革命/叙述》做了评论，姚丹将“‘革命中国’的政治正当性”作为蔡翔新书的“核心主题”。她认为《革命/叙述》在一个广阔的理论视野和丰富的文学文本中，为“革命中国”“招魂”，让其重新成为关注和思考的对象，“其意义似乎并不仅在亦步亦趋地追寻‘历史的真实’，而是努力抵达历史逻辑深处，在那份‘乌托邦’中找到批评现实与设计未来的资源”。作者从“革命中国”的定义、“结构性还原”的方法论、未来的可能性等方面做了具体分析；同时作者注意到蔡翔新书对工农的“文化身份”的确立关注不够，亦没有将工人和军人出身的作者纳入研究视野，这影响了对“无产阶级”主体性建构的整体描绘。④

对于共和国前 30 年文学的研究，张清华肯定了以前通过挖掘“民间因素”和“民间隐形结构”来寻找其“文学性”的研究方式，作者认为这方面的研究工作仍有大量空白。他认为“十七年时期”的作家，其主要的文学资源是中国传统文学，因此应该关注红色经典中“传统的叙事资源”——它们构成了这一时期文学的“潜结构”。作者以《铁木前传》《烈火金刚》《红旗谱》《创业史》等经典作品为例说明了“传统叙事资源”在这些作品中的存在。⑤

具体到作家作品的研究，贺桂梅认为对中国当代文学的考察，不应仅仅局限于马克思主义—社会主义的脉络中，“而需要同时也纳入作为历史语境的民族—国家建构和民族主义话语的运行形态”。她主张将“文学文本”“历史语境”与“理论问题”三者结合起来讨论“当代文学”的“民族形式”问题：“当代文学那些超越性的现代/社会主义议题，总是需要经过民族形式的转化才得以呈现。”作者对《红旗谱》的分析遵循了这一原则，同时探讨了“40—60 年代这段时间中中国革命书写与民族叙事间的独特关系”。作者在具体分析《红旗谱》这一作品时认为，《红旗谱》对于历史想象、革命理想、民族形式和文本情调的呈现，都确立在“民族气魄”这一支点上；在“民族气魄”这一点上，“革命愿景与乡愁情调才得以结合在一起”。而这与“40—60 年代以地方形式、方言土语作为主要内容的地域文化进入民族性建构的想象方式相关”⑥。贺桂梅还以浩然为例，对“当代文学的激进实践”进行了重读。她认为应该打破那种对浩然的“表态式研究”，不应将浩然仅仅作为一个激进政治的象征符号，也不应将浩然作品中所表达的政治理念仅仅视为被动图解的结果。总之，要反思政治—文学、压迫—反抗的研究模式，对具体作品的研究应该历史化。对于浩然的小说，贺桂梅认为它提供了一个超越上述研究模式的“历史个案”，因其在政治理念与文学传统和个人经验、现实主义与反现实主义之间保持了张力，由此形成了自己独特的“政治美学实践形态”。作者的研究尤其注意到，浩然“文革”作品的主人公是直接参与到当时的“政治辩论”中去的，正是这一“政治辩论”的形式使那些作品具有了合情合理的效果。⑦

徐刚在对 20 世纪 50—70 年代中的社会主义工业题材小说的考察中，发现这些小说存在着“‘激情’与‘理性’的争斗”的结构。在发展社会主义工业和推进“社会主义现代化”的过程中，毛泽东认为应该走群众路线，发挥工人等劳动者的创造热情，即通过政治革命和文化革命将“生产力的解放”与“人的解放”结合起来。在徐刚看来，这一过程实际上完成了对科学“规程”与“技术理性”的批判。而且这种批判在“大跃进”之前和之后有很大不同。⑧在另一篇文章中，徐刚认为老舍的《龙须沟》在当代文学中开创了将城市环境治理与人民政权合法性建构联系起来的先例。“龙须沟治理”不仅包含了“意识形态重构”的重要意义，而且呈现了“社会主义城市的现代性”，因此《龙须沟》具有历史和政治的双重功能。⑨

董之林通过对《李自成》的研究，发现它与“五四”有着密切的精神联系，因此不能把它“仅仅归结为‘以阶级斗争为纲’年代的政治观念的产物”。作者认为对姚雪垠的纪念以及对《李自成》所讲历史的回顾，可以复现中国现代历史中的“人文内涵”与“五四精神”。⑩作者对赵树理的研究遵循了类似的思路，她认为赵树理努力利用和改造传统戏剧、传统评书、鼓词等曲艺形式，并力图在其作品中“实现传统因素和启蒙精神结合”。作者认为赵树理以“五四精神”、平等自由态度对待小说艺术的“作家情怀”，往往遭到新文化人的“误解和打击”，“但在激进、专断、容不得不同艺术见解的时代潮流中，赵树理韧性的坚守，却是对启蒙精神能够在本土获得接受最有力的证明”。因此作者认为赵树理的小说并不是对启蒙精神的背叛，“而是对其风格的修正和发展”；赵树理的“小调”的介入，是启蒙文学的另一种形式，“它不仅是现代宏大叙事的抒情方式，而且为20世纪末至21世纪初的文学发展开创了先河”。⑪

徐勇认为“十七年”农村题材小说中两条道路的斗争“实际上是‘传统’和‘现代’的时间观念之间的对话和斗争。现代的时间观念要想战胜传统所代表的时间观，其采取了一系列的叙事策略”。作者注意到传统和现代并非尖锐对立，传统可以作为新的因素出现在新时代。⑫杨天舒从“戏曲丑角的造型、表演、脸谱等艺术特征和审美思维”的角度重新阐释了赵树理小说中“丑角系列的落后人物”⑬。

二、20世纪80年代文学研究

2011年的“80年代文学”研究有一种历史化的趋势，将文学文本与社会学、政治经济学和历史语境结合起来的研究增多。

最能体现这种历史化趋势的是吴舒洁对《重放的鲜花》与“拨乱反正”关系的研究。作者认为“十七年”与“新时期”的“移植/错位关系”，“不仅是‘文革’结束后的历史反思的内在组成，而且实际上参与并决定了以‘拨乱反正’为起点的改革的意识形态轨迹”。作者注意到《重放的鲜花》出版后，“一九五七年”仍然存在许多无法言说的地方，因为这牵扯到如何评价“十七年文艺”和“反右”的问题；同时《重放的鲜花》的出版也并不意味着文艺为政治服务的终结，相反，它恰恰是要以“反官僚主义”来批判前30年极左思想并干预现实政治。然而更重要的是，作者注意到了《重放的鲜花》所谓的“官僚主义”是对“百花时期”的“官僚主义”的重写。它将毛泽东及其追随者以“群众路线”和“大民主”（阶级斗争）来反对官僚主义的方式，做了一次意识形态的置换，即变为依靠“社会主义民主”和“社会主义法制”来寻求“安定团结”的“秩序”的方式。一句话，新时期初期所谓的“反官僚主义”通过将官僚主义算在“封建主义”头上的方式，实际上内含了重建“官僚理性”（包括技术理性）的意识形态诉求。在这一置换中，不仅文学转换了新的功能，而且整个社会也开始了“去政治化”的过程。⑭

程光炜从社会学、政治经济学的角度解读了刘震云的《塔铺》这篇小说。作者认为以往的批评家往往是在“文学”范围内来考察这篇小说，然而社会学和政治经济学视角的缺乏，使《塔铺》的意义无法充分呈现。作者从20世纪70年代恢复高考后“农村考生的政治经济学”、当时的城乡二元体制等视角出发，结合文本细读，呈现了20世纪70年代末的高考之于农村考生的意义以及之后他们的不同命运。因此，作者认为社会学、政治经济学的批评打开了20世纪80年代的历史。⑮与此类似，程光炜对莫言的《透明的胡萝卜》的解读采用的也是文本细读和社会学结合的方式，通过这种方式，作者试图“还原20世纪70年代人民公社化时期农民的真实生活”，通过分析黑孩现实感官的“关闭”和幻想世界的开放，展示作品试图颠覆原有的社会主义的农村叙事并构建另一种新的“真实”的农村现实的企图。⑯另外，作者还从传统的“当代化”，“文化之根”的“国际化”，“穷乡僻壤”的建构，以及寻根小说与乡土小说、农村题材小说的“共时性和差异性”等角度，考察了在“寻根小说”的“周边”“究竟发生了什么”。作者认为，传统的“当代化”建构完成的是以理性化的传统修复20世纪80年代之前的“文化崩溃”的任务；“文化之根”的“国际化”和对“穷乡僻壤”的挖掘，其背后是欧洲“汉学视野”及其文化霸权话语。⑰同时，程光炜还从文化研究的角度，并结合20世纪80年代的具体历史语境，考察了徐星的《无主题变奏》与“当代社会转型”之间的关系。作者认为《无主题变奏》的意义在于，“十分鲜活地为那个时代‘留了像’”⑱。

杨庆祥的研究发现，路遥的《人生》中高加林的最后回归乡村当农民，只能是一种美学上的“权宜之计”，事实上，他已经无法再回到乡村生活；他还会以另外的方式离开农村，进入城市。路遥对于“人生”的选择并没有给出明确的答案，作者说道：“或许路遥本人也是一本糊涂账，他显然并不认同高加林这种将个人利益和社会利益对立起来的奋斗之途，但是他又朦胧地意识到了自我意识和个人伦理的确立却是个人获得自由和解放的条件之一，他试图调和个人的解放和他人的解放、社会解放之间的关系，或者说他试图通过小说美学来调和这个问题，因此他只能用一种暧昧态度来书写高加林的人生故事。”而这正好造成了《人生》情感的矛盾性和丰富性，而缺失了这种矛盾性的《平凡的世界》则较《人生》“乏味”多了。[19]在另一篇研究文章中，杨庆祥从“新潮批评家圈子”的形成以及新潮批评观念的传播等角度，分析了新潮批评与“重写文学史”之间的关系，同时彰显了上海这一特殊文化空间的作用。作者认为，“‘新潮文学’/‘新潮批评’对于‘重写文学史’的影响，主要是通过新潮批评话语的传播和交流来完成的，正是在‘话语’中蕴含了一种新的文学观念和批评标准，从而对当时的文学评价标准和评价体系形成冲击和改写”[20]。

张清华认为之所以要对20世纪80年代文学作整体的宏观考察，主要目的是考虑到历史研究和知识考古等研究方法在重返80年代时，也会“失路于历史的迷津”，“所以，在微观历史研究的同时重新考虑一下历史的大逻辑，也许是一种补充”；作者认为当时中国的社会和历史进程富有喜剧性和“诗意的逻辑”，如若“离开了‘大势’的想象和整体性的修辞”，历史研究就会变得破碎和枯燥。因此作者希望出现一本“宏观的历史逻辑加诗意修辞构造出来的‘有意思的文学史’”[21]。注重“总体性想象”和大的历史逻辑的建构，这是张清华考察一个时期文学的方法论，他也使用这种方法考察了“90年代文学”[22]。说到“90年代文学”，陈晓明认为王小波的《我的阴阳两界》通过“身体的困扰来思考社会压抑与个人存在的自由问题”；阴阳两界的辩证法，即“阴与阳”“戏谑与批判”“逃脱与自由”“爱欲与死亡”等方面，体现了小说的独特叙事结构；王小波建构的独特小说世界，“显示出汉语小说在90年代所达到的思想深度和力度”[23]。

三、“新世纪文学”研究

（一）新媒介文学和文学生产机制转型研究

关于新媒体文学的发展趋势，邵燕君认为新世纪以来网络文学的迅速发展，可能使网络文学在十年之后成为当代文学的主流；这一预测的前提在于，网络文学的繁荣和传统文学生产机制出现危机。作者认为当下网络文学已经与主流文学生产体制脱钩，主流文学已失去了对网络文学的文化领导权，因此面对网络文学的冲击，反思五四运动以来新文学的精英标准已经十分必要。同时，在纯文学“价值模糊”“趣味中庸”的“小叙事”已成为“‘主流文学’的创作主流”的情况下，现实主义原则实际上也已经丧失了反映现实的功能，而能够填补主流文化“空缺的匮乏”的正是网络文学。而要理解网络文学就需要破除“欲望”与“匮乏”一定为负面的东西的误区。其实，网络文学营造的“异托邦”里有着“现实的相关性”，其中的优秀作品在其虚构世界中完成了对现实的颠覆。网络文学正是以此介入现实：“建构一个‘第二世界’并在其中重新‘立法’，‘异托邦’中的‘新现实主义’突破了传统现实主义的价值观困境。”因此作者认为对网络文学的研究不在于分析其怎样虚构了一个世界，而在于这个虚构世界投射了怎样的现实认识和讲述这种认识的方法。作者最后提倡一种以“学者粉”的姿态深入网络文学内部的“介入分析”的研究方式。[24]在另一篇文章中，作者也指出“当下性”在主流文学中已经“相当稀薄”，而在网络文学中却得到更多体现；主流作家的“圈子化”导致主流文学的边缘化，而网络文学却“恢复了民众的文学梦”。因此进入网络文学内部建立一套“有效的批评标准和批评话语体系”就十分必要了。[25]

张颐武认为“新世纪文学的新空间”实际上是对中国的重新想象，新世纪文学正在跨出“历史边界”而走向一种新形态，对新世纪文学的思考同时必然是对中国和世界新格局思考的一部分。中国的崛起和经济发展使新文学的话语被悄然转换，文学不再是中国社会文化的想象中心；另一方面，在世界华语文学中，中国文学已经走向中心，成为全球想象不可或缺的“构成”部分。新世纪文学对中国重新想象的变化在于，中国从一个自认为世界的特殊的边缘存在变成了世界的有机的“构成”存在。新世纪文学已经在全球化和市场化的环境中得以“常态化”运行。作者同时还分析了网络文学和青春文学提供的新的文学可能性及其对传统文学格局的影响。[26]另外，张颐武还通过对第八届茅盾文学奖的分析，认为30年来茅盾文学奖发生了三个“根本性的变化”，即“从反映文学的‘全部’到反映文学的‘局部’”；“从反映文学的总体走向反映‘纯文学’的特定趣味”；“从汇聚公众的阅读倾向到向公众推介作品”。茅盾文学奖虽然近年来试图将网络文学、类型文学纳入其关注范围，但并“没有现实的可操作性”，因而茅盾文学奖“亟须应对当代中国文学的复杂处境”。同时作者还分析了新世纪以来文坛格局的深刻变化和青春文学的崛起及其写作特点，这些特点包括感觉式的和私人体验性的写作方式，既叛逆主流价值又顺应市场逻辑的矛盾等。作者认为，青春文学和网络文学的影响力超越了五四运动以来的“新文学”模式，“中国文学传统的现代框架已经被代替了”。而“纯文学”则形成了形式探索、心理描写和写实主义的“混合风格”，且在国际上具有了“小众化”的影响力。[27]作者在另一篇文章中表达了类似的观点。[28]

白烨的分析显示，新世纪文学与以往文学在“发展形态”上的一个不同在于，在创作和批评之外多了一条以纷争、事件形式出现的副线。不同于20世纪80年代的文学演进以政治浪潮为主导，20世纪

90年代的文学演进以经济浪潮为主导，新世纪文学的演进不仅包括政治经济，同时还包含媒介、网络、信息等多种因素。作者认为新世纪文学已经呈现出“‘三分天下’的新的格局”：依托文学期刊的“传统型文学”、依托商业出版集团的“市场化文学”（“大众文学”）、以网络媒介为平台的“新媒体文学”（“网络文学”）。新世纪文学具有“繁盛性”“新异性”“外延性”等特点，面对新世纪文学的现状，应该在文学导向、观念、批评与教育等方面作出适应新情况的调整。[29]

陈福民认为“新世纪文学”中的网络文学等“异质因素”并没有受到主流文学忽视。新世纪文学的演进不是“体制内外”之争，也不是一种“从天而降的审美观念的更迭嬗变”，它是依附于传统农业社会的中国文学进入现代、后现代的结果。因此，在这一历史转型时期，传统文学和网络文学难免会发生隔膜。作者认为应该结束传统文学与网络文学间的“隔膜与分离”，二者应该走向“整合融容”。[30]

（二）“新世纪文学”美学特征及具体作品研究

关于“新世纪文学在美学上最显著的变化”，张清华认为是“喜剧和戏谑化”。作者分析这种变化的现实物质基础是时代的变化和网络新媒介的广泛应用；而新文化的“急剧发育”和财富的分配不公，导致了狂欢和精神伦理上的矛盾情境；新世纪文学在美学上的特征正是“喜剧性和混乱感”成为当下中国人经验的反应。[31]

陈晓明对于新世纪以来长篇小说的文本叙事策略的分析主要集中在“历史化”与“去历史化”这一点上，他具体从中西文学历史化之不同、重新历史化的文学意义、去历史化的多重文本策略等方面论述了这一问题。作者认为新世纪文学有意于“破解历史叙事的线性体制”，回归于文本和汉语特性。[32]在另一篇分析新世纪文学美学特征的文章中，陈晓明从几位作家入手，分析他们的个人经验在小说叙事中的作用，以此来理解“新世纪文学的意义和审美价值”以及新世纪文学对“汉语文学自己的路径”的探寻。作者认为这些个人经验和个人化叙述是新世纪小说的重要特征，它们呈现了“当代中国的某些隐秘的历史经验”，或者“从神话叙述的人性挽歌的角度感慨现实变迁”，或者从中西文化的差异表现“种族文化的处境”，或者“从后改革时代的经验去书写土地的主题”等。[33]

白烨从“乡土与大地”“边地与要津”“历史与个人”“都市与时弊”“青春与成长”等角度梳理和评析了2010年出版的重要长篇小说。[34]陈福民从“说话”与“倾听”、逃离与建构、“呐喊”到“喊丧”等角度概评了刘震云的新作《一句顶一万句》，认为它是“一部中国底层社会的历史”“一部世道人心之书”。[35]徐刚梳理了百年来中国科幻小说的流变，并对新世纪以来科幻小说中的重要作品做了分析。他认为，现在中国科幻小说已经走在了“纯文学”的前面，更具世界影响。[36]杨庆祥认为贾平凹的新作《古炉》的写作方式是“反现代”的，不同于西方的成长类型小说，贾平凹的小说没有目的论，在结构上是循环的，他称这种写作方式为“现代的古典写作”[37]。

（三）“底层文学”研究

李云雷概述了“底层文学”出现的原因：20世纪90年代以来社会整体的变动；90年代思想界中“新左派”与“新自由主义”的论争；对80年代以来“纯文学”观念的反思。“底层文学”建立了与现实世界的有机联系，创造了新的美学，它不仅深植于中国的社会结构中，也深植于我们的精神结构中；作者认为只有现实的社会结构和我们的精神结构发生了变化，“底层文学”才完成它的历史使命。[38]另外，李云雷还分析了“底层文学”与青年作家之间的关系。他注意到当前的不少青年作家都以自己的方式关注了“底层”，这使他们与“底层文学”有一种互动关系，即“底层”作为一种现实成为他们生命体验的一部分，同时他们的创作也丰富了“底层文学”。但作者也看到这些青年作家并没有“对‘底层’关注的自觉意识，在既有的美学概念与现实体验之间还存在着一定的断裂”，因此作者认为突破既有美学概念的限制，以艺术的方式呈现其真切的现实人生体验，“从而创造出新的文学经典，将会是他们面临的挑战”[39]。

鲁太光则注意到，“底层文学”的“泛化”导致了其面孔日益模糊。同时“底层文学”还面临另外两个问题：一是“底层文学”所包含的现实力量和艺术力量可能被“叙述”本身和其所讲述的故事所抵消；二是“底层文学”“泛人道主义化了”，左翼文学资源在“底层文学”中发挥的作用相当少。[40]

注：

①洪子诚：《“大连会议”材料的注释》，《海南师范大学学报》（社会科学版），2011年第4期。

②曾令存、李杨：《“再解读”与“反现代的现代性”》，《中国现代文学研究丛刊》，2011年第12期。

③程光炜：《为什么要研究七十年代小说》，《文艺争鸣》，2011年第12期。

④姚丹：《重构“革命中国”的政治正当性：劳动、主人及文学叙述》，《文艺理论与批评》，2011年第1期。

⑤张清华：《当代革命文学中的“潜结构”与文学性——以几部代表性作品为例》，《东吴学术》，2011年第1期。

⑥贺桂梅：《革命与“乡愁”——〈红旗谱〉与民族形式建构》，《文艺争鸣》，2011年第4期。

⑦贺桂梅：《打开文学的历史视野——浩然与当代文学的激进实践重读》，《玉溪师范学院学报》，2011 年第 3 期。

⑧徐刚：《“激情”与“理性”的争斗——1950 至 1970 年代工业题材文学及其文化政治》，《文艺理论与批评》，2011 年第 5 期。

⑨徐刚：《〈龙须沟〉与北京城市改造的文学表述》，《河北科技大学学报》（社会科学版），2011 年第 1 期。

⑩董之林：《由历史小说看“五四”时代的延续——论〈李自成〉研究再度兴起》，《现代中文学刊》，2011 年第 2 期。

⑪董之林：《韧性坚守与“小调”介入——赵树理小说再分析》，《甘肃社会科学》，2011 年第 1 期。

⑫徐勇：《传统非传统，现代非现代——论“十七年”农村题材小说中的时间意识》，《中国现代文学研究丛刊》，2011 年第 1 期。

⑬杨天舒：《论赵树理小说人物的戏曲丑角化》，《南京师范大学文学院学报》，2011 年第 4 期。

⑭吴舒洁：《〈重放的鲜花〉与拨乱反正》，《当代作家评论》，2011 年第 3 期。

⑮程光炜：《〈塔铺〉的高考——1970 年代末农村考生的政治经济学》，《上海文化》，2011 年第 2 期。

⑯程光炜：《颠倒的乡村——再读莫言的〈透明的胡萝卜〉》，《南方文坛》，2011 年第 5 期。

⑰程光炜：《在“寻根文学”周边》，《解放军艺术学院学报》，2011 年第 1 期。

⑱程光炜：《“我”与这个世界——徐星〈无主题变奏〉与当代社会转型的关系问题》，《南方文坛》，2011 年第 3 期。

⑲杨庆祥：《妥协的结局和解放的难度——重读〈人生〉》，《南方文坛》，2011 年第 2 期。

⑳杨庆祥：《“新潮批评”与“重写文学史”观念之确立》，《中国现代文学研究丛刊》，2011 年第 6 期。

㉑张清华：《重审“80 年代文学”——一个宏观的文学史考察》，《文艺争鸣》，2011 年第 12 期。

㉒张清华：《重审“90 年代文学”——一个文学史视角的考察》，《文艺争鸣》，2011 年第 10 期。

㉓陈晓明：《重读王小波的〈我的阴阳两界〉》，《中国现代文学研究丛刊》，2011 年第 12 期。

㉔邵燕君：《面对网络文学：学院派的态度和方法》，《南方文坛》，2011 年第 6 期。

㉕邵燕君：《网络文学将成为主流?》，《北京日报》，2011 年 12 月 22 日。

㉖张颐武：《重新想象中国：新世纪文学的新空间》，《文艺争鸣》，2011 年第 2 期。

㉗张颐武：《“茅盾文学奖”亟须应对当代中国文学的复杂处境》，《探索与争鸣》，2011 年第 10 期。

㉘张颐武：《从“茅盾文学奖”反思文学》，《艺术评论》，2011 年第 10 期。

㉙白烨：《新变、新局与新质——为新世纪文学把脉》，《海南师范大学学报》（社会科学版），2011 年第 1 期。

㉚陈福民：《中国当代文学走向整合融容》，《中国社会科学报》，2011 年 5 月 10 日。

㉛张清华：《新世纪以来文学的喜剧趣味与混乱美学——一个宏观的文化考察》，《东岳论丛》，2011 年第 2 期。

㉜陈晓明：《历史化与去历史化——新世纪长篇小说的多文本叙事策略》，《杭州师范大学学报》，2011 年第 2 期。

㉝陈晓明：《新世纪小说开辟的个人经验》，《东岳论丛》，2011 年第 2 期。

㉞白烨：《多焦的视点与多重的变奏——2010 年长篇小说概评》，《小说评论》，2011 年第 2 期。

㉟陈福民：《〈一句顶一万句〉：跋涉人心与历史间距的精神旅程》，《文艺报》，2011 年 9 月 19 日。

㊱徐刚：《新世纪中国科幻小说的流变》，《粤海风》，2011 年第 6 期。

㊲杨庆祥、杨晓帆、陈华积：《历史书写的困境和可能——〈古炉〉三人谈》，《文艺争鸣》，2011 年第 4 期。

㊳李云雷：《“底层文学”：提出问题的方式》，《文艺理论与批评》，2011 年第 5 期。

㊴李云雷：《“底层文学”与青年作家》，《艺术评论》，2011 年第 9 期。

㊵鲁太光：《“底层文学”：一张日益模糊的面孔》，《文艺理论与批评》，2011 年第 5 期。

（作者：邵燕君，北京大学副教授；
闫作雷，北京大学博士生）

东方文学

魏丽明 艾 葳

2011年适逢泰戈尔诞辰150周年，11月3日中国印度文学研究会、北京大学南亚学系和印度研究中心联合举办泰戈尔国际学术研讨会。此次与会的国内外正式代表近百名。泰戈尔与中印关系是学者们最关注的议题。6月24—27日，山东大学召开“东方文学与东亚文学：观念与现实”学术研讨会。会议议题分为“东方区域文学与世界文学”“朝韩文学与中韩比较文学”“日本文学与中日比较文学”。10月15—16日，由北京师范大学外文学院主办的“东亚中的日本文学：训读、翻案与翻译”国际学术研讨会在该校举行，大会分为四个单元：训读、假名与东亚的汉文世界；中日翻译文学研究；中日翻案文学研究；东亚文学与文化越境。9月18日，中国社会科学院日本研究所和日本社会文学会联合举办、清华大学东亚文化讲座协办的“‘九一八’事变80年：思考中日关系中的社会、文化与文学”国际学术研讨会在北京召开，中日双方50余名专家学者出席了会议。此外，6月29日—7月12日，北京大学东方文学研究中心和外国语学院在北大研究生院的支持下继续举办为期两周的全国研究生东方文学暑期学校，这一期的题目为“东方文学研究：理论、方法与新的视野”。本期暑期学校是北京大学举办的第三届全国东方文学暑期学校。2011年共有38所国内高校以及海外的95名学员参加了本届暑期学校的学习。来自美国哈佛大学、尼日利亚伊巴丹大学、法国Artois大学、比利时皇家科学院、中国社会科学院和北京大学等高校研究机构的19位本领域的知名学者就东方文学研究的理论、方法进行了18次精彩的演讲，让学员们感受到了东方文学研究的新视野。

5—7月，非洲文学批评家、哈佛大学非洲与非裔研究系教授、北大亚非系海外讲席教授拜尔顿·杰伊夫（Biodun Jeyifo）在北大开设“非洲小说研究”与“非洲戏剧与表演艺术”课程。被誉为索因卡之后非洲最重要的剧作家之一的尼日利亚剧作家、伊巴丹大学戏剧系教授费米·奥索菲桑（Femi Osofisan）也随后抵达北大讲学。6月28日，应中国社会科学院外国文学研究所邀请，两位非洲学者访问外文所并作专题演讲。在演讲《非洲戏剧与表演艺术》中，杰伊夫教授从跨文化对话的视角简要介绍了非洲戏剧的多元文化特征，尤其强调非洲戏剧对表演传统的重视；奥索菲桑在演讲《来自非洲的剧作家》中结合非洲的历史、政治、文化背景畅谈自己的思想发展与创作历程。

一、综合类

2011年是国内东方文学学科创始人季羡林先生的百年诞辰，王邦维主编的《季羡林先生与北京大学东方学》①一书分上、下卷出版，上卷收录相关学者回忆季老或追述季老与东方学学科关系的文章22篇；下卷收录北大学者新近的研究成果32篇，研究范围涉及东方总体文学、比较文学、民间文学、国别文学等诸多领域。王邦维主编的《东方文学研究：文本解读与跨文化比较》②收录了东方文学研究领域学者的19篇论文，涉及日本、韩国、蒙古、印度、菲律宾、以色列、伊朗等国文学。黎跃进撰写的《东方现代民族主义文学思潮发展论》③一书在19世纪中叶以来和整个20世纪150余年间东方文学的主潮——民族主义文学思潮的关照下，横向上分析了亚非各国现代文学之间的联系，纵向上梳理了启蒙主义文学思潮至当下的后殖民文学研究的发展脉络。钟智翔主编的《东方文学论集》④分为文学综论、作家作品分析、比较文学研究三部分，共收录相关研究成果39篇，总体上偏重国别文学研究下的作家作品研究，除了有关日本、印度、伊朗、埃及等国家或地区的论文外，还有部分论文涉及尼泊尔、巴基斯坦等国内东方文学研究相对薄弱的领域。

此外，陈岗龙在《民间文学的学科定位与东方民间文学》⑤中结合学科划分与教学研究现状梳理了东方民间文学学科的范畴、发展与现状。徐溯、杨小雨的《从典型作品看东方文学中的文化抵抗和本土情结》⑥指出，本土情结和文化抵抗是东方文学乃至东方文化中的典型现象，并以马哈福兹的《开罗三部曲》和库切的《耻》为范本进行阐释。

二、比较文学

孟昭毅主编的《20世纪东方文学与中国文学》⑦是2011年度东方比较文学领域的重要收获。全书按东亚、东南亚、南亚、西亚北非四个区域分章，每章叙述该区域文学与中国文学的互动影响关系，设专节对互动影响中的典型个案进行论述。该书作者对中国现代文学背景、海外汉学研究和东方国别文学特征加以梳理，试图打通不同领域的知识语境。林丰民等的《中国文学与阿拉伯文学比较研究》⑧由七位从事阿拉伯语文学研究的学者分工撰写，以时间为顺序研究了六个中阿文学比较专题，涉及盛唐诗歌与阿拔斯王朝诗歌、《一千零一夜》与中国文学、中阿文学的现代化与西方的影响、近现代中国海外华文文学与阿拉伯旅美文学等。王立、刘卫英合著的《〈聊斋志异〉中印文学溯源研究》⑨一书按

《聊斋志异》中的故事题材分为五编，每编按该类题材涵括的民间故事母题类型分章，全书共追溯了26个母题类型在印度神话、史诗、民间故事及汉译佛经故事中的来源，勾画出一条中国叙事文学受印度文学影响的具体线索，关注了这些母题类型在《聊斋志异》前后的叙事文学中的发展脉络。

张龙妹在《东亚基督教文学比较研究的可能性》[10]一文中概述了基督福音在东亚文化圈传播的始末，结合文献指出中、日、朝、越等国在接受基督教影响时所体现出的相似特点，如从禁教到开国开教的相似历程。在此基础上，该文进而探寻烙有中国文化印记的基督教典籍在东亚接受基督教历史上所起的作用。徐志红在《“日本靈異記”龟报恩谭考——以中国“毛宝白龟”传说的比较为中心》[11]一文中考察了中、日龟报恩谭的特点和相互间的关系，指出带有奇异谭性质的“毛宝白龟”等龟报恩谭流传到日本后与当地的风土文化渐渐融合，在宣扬佛教教义的编纂意识下演变成了现在的版本。孟昭毅的《中印古典戏剧叙事对话点滴》[12]一文探讨和分析了梵剧对中国戏剧发展的影响。金勇的《泰文〈三国演义〉经典译本产生的原因分析》[13]一文结合泰国历史，深入分析了昭帕耶帕康受曼谷一世王推动《三国演义》一书翻译和传播的政治谋略。

三、东亚文学研究

金宽雄与金晶银合著的《韩国古代汉文小说史略》[14]一书侧重对具体作品的分析，通过分析作品的演变，梳理出上古至近代开化期的朝韩古代汉文小说的发展脉络。李宝龙的《韩国高丽词文学研究》[15]勾勒了高丽词文学传播和发展的历史，对李奎报与李齐贤的创作进行个案研究，并对高丽词文学与中国词文学的异同加以比较。张哲俊的《韩国檀君神话中的三个天符印》[16]反驳了学界认为檀君神话中的三个天符印是三个神器的观点，考证出三个天符印是源于佛教的史料。崔雄权与褚大庆在《韩国古典汉文小说〈姜虏传〉的文本结构及其文化意蕴》[17]中对《姜虏传》进行了综合研究，结合具体历史文化语境分析作品的文化意蕴。李宏伟的《〈玉楼梦〉小说艺术研究》一书[18]分析了《玉楼梦》的文化意义、人物形象及其艺术形态，并运用叙事学的研究方法探究小说的叙事结构、叙事视角、叙事节奏等方面的特征。

2011年度日本古代文学及现（近）当代文学的研究成果在数量上都非常丰富，但相对而言，古代文学研究的视野与角度更为宽阔。陈福康的《日本汉文学史》[19]分上、中、下三卷，梳理了从王朝时代到明治以后日本汉文学的发展历程，并将琉球的汉文学发展状况作为附录纳入全书。王晓平在《〈日本灵异记〉上卷疑难词语考辨》[20]中指出，《日本灵异记》上卷中使用了许多中国中古时期流行的俗字并在辗转传抄的过程中出现误写和磨损，作者借鉴敦煌俗字通例研究的方法，对书中的疑难字句加以考辨。聂友军在《张伯伦的〈古事记〉研究》[21]中梳理了英国学者张伯伦对《古事记》的研究历程，发掘其方法论意义。王向远在《释“幽玄”——对日本古典文艺美学中的一个关键概念的解析》[22]中结合幽玄概念的形成轨迹深入剖析其内涵。在论文《日本和歌的节奏》[23]中，武继平从音韵学的角度，对发声形态呈线状而非点状的和歌节拍长短以及吟咏时休止与延长音的使用提出自己的见解。在《〈源氏物语〉的“唐物”、唐文化与唐意识》[24]一文中，丁莉通过具体物象乃至与物象相关的情节，从文学形象学的角度去把握《源氏物语》中的“唐”，并对其中的“唐物”“唐文化”以及“唐意识”作出具体的论述和分析，指出作品把“唐”（中国）作为一种权威和理想，与此同时作品更关注“和”（日本）的存在，强调“和”的亲切感，二者形成复杂的多重对照。在《日本明治时期“虞初体”汉文小说集述略》[25]一文中，孙虎堂以近藤元弘的《日本虞初新志》和菊池纯的《本朝虞初新志》为中心，探究它们在编创体例、旨趣、方法以及作品问题等方面的特征，并进而论述作品对清人涨潮编选的《虞初新志》的模仿与创新。

在日本现（近）当代文学方面，甘丽娟的《〈小说神髓〉与日本近代的写实主义文学》[26]概述坪内逍遥的《小说神髓》中所提倡的写实主义的形成、内涵与意义，分析二叶亭四迷、幸田露伴等作家在创作中对这一理念的接受。在作家作品研究方面，学者大都将研究目光集中在夏目漱石、芥川龙之介、三岛由纪夫、大江健三郎、村上春树这五位作家身上。曹瑞涛在《为“明治精神”而殉——夏目漱石〈心〉中“先生”之死分析》[27]的论文中借文学文本探寻历史文化意义。论文以“先生”的遗书里提及的“明治精神”为切入点，考察夏目的思想历程，探讨日本知识分子的生存境遇和最终命运。于丽在《幽默在“异类叙述者”话语中的体现——以夏目漱石的〈我是猫〉为例》[28]中通过猫的思维、价值判断等方面的特征分析其言语中反映出来的作为不同于人的“异类叙述者”的异常心理和性格，探究《我是猫》中幽默叙述的特点。李征在《“口吃”是一只小鸟——三岛由纪夫〈金阁寺〉的微精神分析》[29]中通过挖掘主人公“口吃”特征解读文本，指出“英语”是主人公逃脱言说共同体的一种方式。许金龙在《“杀王”：与绝对天皇制社会伦理的对决——试析大江健三郎在〈水死〉中追求的时代精神》[30]中指出，日本昭和时代精神在绝对天皇制被象征天皇制取代之后依旧存在并影响至今。论文分析了《水死》中三位不同人物所代表的不同时代精神，指出大江所选择的为新的民主主义之时代精神殉死的决心。在《村上春树与日本文学》[31]中，张昕宇通过梳理村上对日本文学的认识和理解，重新探讨村上文学的特质及其变化。顾蕾在《近代女性的流浪：从〈放浪记〉到〈浮云〉》[32]一文中将日本现（近）代作家林芙美子的成名作《放浪记》和晚年的代表作《浮云》中两个过着流浪生活但结局不同的女主人公加以比较，反观其遭遇与帝国扩张之间的关系，认为谋求“越界”以挣脱传统性别角色束缚的现（近）代日本女性并未得到真正自由。在《个体家族献祭的悲剧——岛崎藤村〈家〉的文化阐释》一文中，[33]李永东指出《家》揭示出日本现（近）代家族制度所存在的文化症结。郭勇的专著《中岛敦文学的比较研究》[34]通过大量文献资料并结合中岛敦的经历与创作，对多元文化语境中作家的思想生成及发展变迁进行了深入探究。与之相呼应，李志颖在《中岛敦文学与南洋殖民地体验——解读中岛敦的作品集〈南岛谭〉》[35]一文中通过细读《南岛谭》文本，深入探究中岛对南洋、对日本乃至对文化碰撞的认识与思考。宋刚的《概论日本手机小说》[36]一文从社会心理学的角度，运用文献和数据对日本手机小说的定义、历史和未来发展趋势加以解读。

胡格吉乐图在《论〈大元史〉对〈青史演义〉的影响》[37]一文中，通过文献比较与考据，发现蒙古文学史上第一部长篇章回体历史演义小说《青史演义》深受《元史》的影响，并指出这种影响是通过由满文转译成蒙古文的《大元史》来实现的。在《宝剑锋从磨砺出，梅花香自苦寒来——再读史习成〈蒙古国现代文学〉》[38]一文中，王浩从蒙古国现代文学史研究现状入手，探讨《蒙古国现代文学》一书的文学史结构、叙事形式和文学史观。

四、南亚文学研究

王邦维与谭中合编的《泰戈尔与中国》[39]一书涉及泰戈尔对中国文化的认知、泰戈尔与中国作家的关系、泰戈尔访华的意义、泰戈尔在当下的意义等多个方面。魏丽明等的《“万世的旅人”泰戈尔——从湿婆、耶稣、莎士比亚到中国》[40]一书从泰戈尔作品中的湿婆形象、泰戈尔对莎士比亚的认知、泰戈尔的民族主义思想、泰戈尔对基督教的认知、泰戈尔与中国的关系等专题研究入手，力求从多个角度深入把握泰戈尔的伟大思想。郁龙余、董友忱主编的《泰戈尔作品鉴赏辞典》[41]精选泰戈尔百部作品加以鉴赏导读，展现了泰戈尔博大精深的文学成就与创作特色。王燕的《泰戈尔访华：回顾与辨误》[42]结合新文化运动的背景以及陈独秀、茅盾、郭沫若、鲁迅在运动中的表现和经历，探究了前三人对泰戈尔的立场转变之动因，辨析了鲁迅态度的局限，并对此前相关课题研究中的误解和误读进行了考辨。尹锡南在《泰戈尔诗歌在西班牙语世界的传播和接受》[43]中结合史实，梳理《吉檀迦利》在西班牙语的翻译历史，分析阿根廷女作家奥坎波和西班牙诗人希梅内斯对泰戈尔诗歌的接受与传播，探讨了泰戈尔诗歌对西语诗人产生影响的原因。在《泰戈尔与苏联》[44]中，刘建对泰戈尔的《俄罗斯书简》等文献加以梳理，结合作家的文化经历与思想体系，分析作家访问苏联的史实及其对苏联的正反两方面评价的内在原因。中国第二历史档案馆提供的《中国文化机关团体举行泰戈尔追悼大会史料选》[45]，对研究中印关系及泰戈尔在华影响等问题均有重要参考价值。

唐孟生、薛克翘等的《印度中世纪宗教文学》[46]一书宏观梳理了印度中世纪多语种宗教文学的发展轨迹。该书对印度古代文学乃至对印度整体文学研究都具有启示意义。韩辉在《印度神话中因陀罗地位职能演变探析》[47]一文中探究因陀罗与雅利安人的迁徙及思想演变乃至印度教和佛教的兴起之间的关联。尹锡南的《梵语诗学中的虔诚味论》[48]结合梵语诗学中味论的发展历程，概要介绍了虔诚味论的产生背景、概貌、价值及影响。拉先加的《简论迦梨陀娑的藏译作品及其对藏族文学的影响》[49]介绍了迦梨陀娑作品在藏语中的译介情况，并评述其作品对藏族文学的影响。

五、东南亚文学研究

多语言、多民族、多文化交汇的东南亚一直是国内东方文学研究中相对薄弱的领域。可喜的是2011年出版了两本东南亚文学史，弥补了东南亚区域总体文学研究的空白，对今后深化东南亚文学研究起到了促进作用。庞希云、李志峰、李志艳主编的《东南亚文学简史》[50]基本按国家分章，每章基本分为概述、古代文学、近代文学、现当代文学等节，分国别、分时代梳理各国文学的发展历程。尹湘玲主编的《东南亚文学史概论》[51]注重把握区域文学的整体性，根据文学的萌发、传统的成型、近代的转型与现代的发展将东南亚各地区文学史统一分为中古、近古、近代、现代四个时期。中古和近古部分通过民间文学文体演变来论述区域文学的发展历程，而近现代则通过文艺思潮来把握区域文学的共通性。刘延超的《新加坡英语文学研究》[52]一书在2011年度出版。全书分为两篇，上篇为总体研究，将新加坡英语文学纳入到新加坡整体文学视野之中，分类论述文学形象、主题、创作风格、语言特征等；下篇为作家作品研究，研究者选取了四位具有代表性的作家为个案，研究其生平与创作。史阳的《菲律宾民间文学》[53]和金勇的《泰国民间文学》[54]在2011年度同时出版。两位学者曾分别参与撰写四卷本《东方民间文学概论》，[55]这两本书是对《东方民间文学概论》中泰国和菲律宾民间文学部分的扩展、补充与深化。薛松的《〈马来纪年〉研究综述》[56]从版本研究、内部研究和外部研究三个方面总结和整理了

《马来纪年》的研究成果。

长期以来，东南亚文学中最为国内学者关注的领域是新马华文学。《20世纪东方文学与中国文学》和《东南亚文学简史》都对此有专门的介绍。从事这一领域研究的多是中文系从事海外华文文学研究的学者。新马华文学是东南亚文学的重要组成部分，对这一领域的研究也应该是东方文学研究的组成部分，但因为学科划分的壁垒，东方文学研究界与海外华文文学研究界之间的对话仍需加强。

六、西亚北非文学研究

梁工主编的《圣经文学研究》到2011年为止出版至第五辑，[57]这一辑译介了罗兰·巴尔特、加里·伦茨伯格等多位海外学者的研究成果，并将其与国内学者的研究并置，稳步地促进了国内圣经文学研究的发展。其中黄保罗在《大国学视野中的汉语圣经文学》一文中重新界定“大国学”概念，深入论述了该视野中的汉语学术圣经学以及汉语学术圣经文学的意义。卓新平的《圣经文学在现代中国的意义》深入点评了圣经文学在新文化运动和新时期文学中的参与及贡献。

在希伯来语现当代文学方面，钟志清的《简论希伯来女性文学传统》[58]简述了希伯来女性文学在父权制为基础的传统文化中萌生、发展的历程，并着重介绍了以布鲁姆、罗泰姆为代表的当代以色列文坛上具有代表性意义的女性作家。

穆宏燕的《波斯古典诗学研究》[59]一书共分十章，前五章分别为波斯古典诗学生成的社会文化背景、诗以载道、诗歌和诗人地位之争、诗歌神授、诗人素质，侧重于外部研究；后五章为诗歌要素、诗歌体用、韵律、格律、修辞，侧重于内部研究，从微观角度梳理前一语境下的诗歌本体。全书的章节划分暗含着从外到内、从宏观到微观的逻辑顺序。在《后殖民主义翻译理论在世界文学中的应用——以欧玛尔·海亚姆的〈鲁拜集〉翻译为例》[60]一文中，沈一鸣以《鲁拜集》的英译本和中译本为例，运用后殖民主义翻译理论，分析不平等竞争模型在以英文为中介的两个半殖民地语言文化之间的表现。

甘丽娟的《纪伯伦在中国》[61]全面辨析了纪伯伦作品在中国的广泛流传与研究失衡的现象及其原因，总结纪伯伦作品在中国传播的特点。此外，作者还梳理了纪伯伦在国内文学史教材和网络传媒中经典地位的确立过程，并认为纪伯伦在中国不仅对精英文化和大众文化具有显性影响力，而且还具有深度的隐性影响空间。

七、黑非洲文学研究

2011年度夏艳就非洲文学连续发表两篇论文。《非洲文学研究与中非交流与合作》[62]简单梳理了国内的黑非洲文学研究状况，指出学界的关注只囿于少量作家作品的分析研究，缺乏对非洲文学的历史梳理和理论总结。在《种族主义与黑非洲文学：从传统到现代》一文中，[63]夏艳从宏观视野梳理了20世纪黑非洲文学从传统到现代的转折，并简析了转折中黑非洲文学的民族认同及其深刻影响。这一年，学界对非洲文学的研究确实依旧集中在少数几位作家尤其是诺贝尔文学奖得主身上。如姚峰在《阿契贝的后殖民思想与非洲文学身份的重构》[64]中利用霍米·巴巴的后殖民理论研究阿契贝，指出作家通过改写和挪用帝国语言等策略达到了对殖民话语的消解和颠覆的效果，并由此引入对非洲身份重构的探讨。高文惠在《索因卡的“第四舞台”和“仪式悲剧”——以〈死亡与国王的马夫〉为例》[65]一文中借助索因卡的论文“第四舞台”的观点分析约鲁巴悲剧的根源。王旭峰的《〈无人伴随我〉与后种族隔离时代的“政治正义”》[66]对作品主题进行诠释，分析小说中论及的物质正义、性别正义和民主正义三者的内涵与关系。学界对库切的研究在2011年度的成果丰硕，究其原因，除了每年都有不同背景的学者研究库切以外，还有一个客观情况便是2010年11月19—21日由《外国文学研究》编辑部、湖北省外国文学学会、中南财经政法大学外国语学院联合主办的“库切研究与后殖民文学”国际学术研讨会的召开，这次会议吸引了更多学者关注库切。蔡圣勤与谢艳明合编的论文集《库切研究与后殖民文学》[67]出版。蔡圣勤的《神话的解构与自我解剖——再论库切对后殖民理论的贡献》[68]指出库切作品对帝国文学神话的解构以及对帝国内部意识的自我解剖构建起他的后殖民语境下的文学思想。邵凌在《库切与创伤书写》[69]中指出创伤书写贯穿了库切的创作生涯，研究者可以从历史文化语境以及库切的思想历程探析其创伤心理的缘起，进而整体把握他的创伤书写的发展历程。石云龙在《他者·他性——库切研究》[70]中结合库切的作品分析了库切笔下的他者群像，并从库切的自身经历与文学创作语境中探寻库切善于为他者代言的原因。庄华萍的论文《〈凶年纪事〉的叙事形式与“作者时空体”》[71]也在探讨库切模糊虚构与现实的界限的写作特点。作者认为，库切是在借自己的作品提醒读者回归到对现代性危机的深刻关切和对人类自身处境的持续反思。与帕慕克研究相比，学界对库切的研究角度更为多元。但不可否认的是，依旧很少有学者能将库切研究放回到南非文学乃至黑非洲文学的语境下进行考察。

综上所述，2011年北京市东方文学界学术活动交流频繁，集中出版了一批具有创新意义的学术专著，尤其可喜的是学界对较为薄弱的研究领域的拓展和深化，如开展非洲文学学科建设，稳步推进东南亚文学研究的深化，大力推动东方比较文学和总体文学的深入研究。2011年度东方作家文学的研究热点明显集中在对泰戈尔和库切的关注上，他们的思想和创作受到学者们日益系统深入的考证与阐发。而这一年的研究亮点则出现在原本较为薄弱的东南亚文学史研究上。这一切对于东方总体文学研究的日益完善都将具有不容忽视的积极意义。

注：

①阳光出版社，2011 年版。

②阳光出版社，2011 年版。

③中国社会科学出版社，2011 年版。

④世界图书出版公司，2011 年版。

⑤《温州大学学报》，2011 年第 6 期。

⑥《广州广播电视大学学报》，2011 年第 2 期。

⑦中国社会科学出版社，2011 年版。

⑧昆仑出版社，2011 年版。

⑨昆仑出版社，2011 年版。

⑩《日语学习与研究》，2011 年第 2 期。

⑪《日语学习与研究》，2011 年第 6 期。

⑫《南亚研究》，2011 年第 4 期。

⑬《解放军外国语学院学报》，2011 年第 2 期。

⑭北京大学出版社，2011 年版。

⑮人民出版社，2011 年版。

⑯《西北民族大学学报》（哲学社会科学版），2011 年第 6 期。

⑰《外国文学研究》，2011 年第 1 期。

⑱社会科学文献出版社，2011 年版。

⑲上海外语教育出版社，2011 年版。

⑳《日语学习与研究》，2011 年第 2 期。

㉑《外国文学》，2011 年第 1 期。

㉒《广东社会科学》，2011 年第 6 期。

㉓《外国文学》，2011 年第 1 期。

㉔《国外文学》，2011 年第 1 期。

㉕《国外文学》，2011 年第 3 期。

㉖《文艺理论与批评》，2011 年第 4 期。

㉗《外国文学评论》，2011 年第 1 期。

㉘《日本文学研究》，2011 年第 5 期。

㉙《外国文学评论》，2011 年第 3 期。

㉚《日本学刊》，2011 年第 2 期。

㉛《当代外国文学》，2011 年第 2 期。

㉜《外国文学》，2011 年第 5 期。

㉝《外国文学研究》，2011 年第 5 期。

㉞北京大学出版社，2011 年版。

㉟《东南亚研究》，2011 年第 5 期。

㊱《日本研究》，2011 年第 3 期。

㊲王邦维：《东方文学研究：文本解读与跨文化比较》，阳光出版社，2011 年版。

㊳王邦维：《季羡林先生与北京大学东方学（下）》，阳光出版社，2011 年版。

㊴中央编译出版社，2011 年版。

㊵中央编译出版社，2011 年版。

㊶上海辞书出版社，2011 年版。

㊷《南亚研究》，2011 年第 1 期。

㊸《南亚研究》，2011 年第 1 期。

㊹《南亚研究》，2011 年第 1 期。

㊺《民国档案》，2011 年第 3 期。

㊻昆仑出版社，2011 年版。

㊼《外国文学研究》，2011 年第 3 期。

㊽《南亚研究季刊》，2011 年第 3 期。

㊾《中国藏学》，2011 年第 S2 期。

㊿人民出版社，2011 年版。

(51)世界图书出版公司，2011 年版。

(52)中国社会科学出版社，2011 年版。

(53)宁夏人民教育出版社，2011 年版。

(54)宁夏人民教育出版社，2011 年版。

(55)昆仑出版社，2006 年版。

(56)《东南亚南亚研究》，2011 年第 2 期。

(57)人民文学出版社，2011 年版。

(58)王邦维：《东方文学研究：文本解读与跨文化比较》，阳光出版社，2011 年版。

(59)昆仑出版社，2011 年版。

(60)王邦维：《东方文学研究：文本解读与跨文化比较》，阳光出版社，2011 年版。

(61)中国社会科学出版社，2011 年版。

(62)《云南民族大学学报》（哲学与社会科学版），2011 年第 2 期。

(63)《外国文学评论》，2011 年第 1 期。

(64)《外国文学研究》，2011 年第 3 期。

(65)《外国文学研究》，2011 年第 3 期。

(66)《当代外国文学》，2011 年第 2 期。

(67)武汉大学出版社，2011 年版。

(68)《外国文学研究》，2011 年第 5 期。

(69)《当代外国文学》，2011 年第 1 期。

(70)《外语研究》，2011 年第 2 期。

(71)《当代外国文学》，2011 年第 1 期。

（作者：魏丽明，北京大学研究员；
艾葳，北京大学研究生）

西方文学（不含英美）

刘海英　刘一南　喻天舒

2011年北京学者的西方文学研究除了继续关注西方文学史上的经典作家之外，对某些知名度较小的作家，如西班牙黄金世纪诗人圣胡安·德拉·克鲁斯等，也给予了必要的评介，取得了一定的研究成果。以下我们分德语文学研究、法语文学研究、西班牙语文学研究和文学理论研究四部分，就笔者掌握的资料，对2011年北京学者的西方文学研究状况进行一番综述。

一、德语文学研究

托马斯·曼作为20世纪德语文学的巨匠，年仅26岁便发表了第一部长篇小说《布登勃洛克一家》，并由此一举成名。1929年，他还获得了诺贝尔文学奖。

2011年，共有三位北京学者对他的作品进行了阐释。李昌珂撰文分析了托马斯·曼的歌德题材小说《歌德与绿蒂》的思想内涵及其作品的重要意义。文章认为，与一般的历史小说不同，托马斯·曼的这部作品既不发挥艺术家的特别想象去敷演故事，也未踵事增华地丰富故事情节，而是让作品中一个个人物的讲述、对话、回忆、思绪、内心活动和独白发挥最大作用，成为小说的结构主体。这种从侧面表现歌德的整体构思方法，类似于中国画的“散点透视”法，使小说家成功地展示了歌德性格上的“两个”矛盾点：一是“旧的”歌德所代表的德国传统文化精神，二是“新的”歌德所体现的历史理性化身。而这“两个”歌德的融合，则完成了对“历史小说”的一种创新，完成了时代的政治要求，完成了德国流亡作家自我意识的提升过程。小说假托歌德之口，呼唤建立流亡者的精神自我，这不仅谱写了小说作者自己的心声，同时也表达了德国流亡者们对自我的莫大期许，体现了他们在人生命运遭遇流亡艰蹇中的坚守、突围和追求。①

黄燎宇的论文将托马斯·曼于1924年出版的小说《魔山》视作一部启蒙启示录，认为《魔山》通过小说主人公汉斯·卡斯托尔普滞留疗养院七年的经历，反映了日常化和德国化的启蒙与反启蒙斗争的历史。论文作者认为，《魔山》所刻画的发生在启蒙与浪漫之间的现代思想大碰撞，一方面揭示了德意志文化与重理性、反宗教、致力于社会变革的启蒙文化的诸多不兼容现象，另一方面又反映了牢牢植根于德意志浪漫文化之中的托马斯·曼对启蒙和浪漫所产生的矛盾心态。论文在分析了托马斯·曼的启蒙观后，又就“能否把德国视为一个具有深厚启蒙传统的国家”和“艺术家能否既坚持政治正确即维护启蒙价值，又保持思想和艺术的绝对自由”两个问题，作出了自己的回答。②

黄河清的论文指出，在托马斯·曼的各部小说中，从他的长篇小说处女作，到他的中篇佳作《死于威尼斯》，再到他后期的集大成之作《魔山》《约瑟夫和他的兄弟》以及《浮士德博士》，疾病和死亡是这些作品经常出现的主题，而疗养院则是这一主题展开的特殊舞台背景。欧洲的疗养院是为肺病患者在高山地域或森林茂密的平原地区建立的康复机构，《魔山》和《特里斯坦》的故事都发生在疗养院里，这个特殊地点是疾病与健康、死亡与生命之间的混沌地带。在曼式神话原型与宗教语言的转借处理下，这里处处打上了人工炼狱的烙印，成为世纪之交滋养颓废派艺术的土壤。③

台奥多尔·冯塔纳是19世纪杰出的德国批判现实主义作家，其代表作品《沙赫·封·乌特诺夫》《艾菲·布里斯特》和《燕妮·特赖贝尔夫人》等，对当时的德国文学界产生了重要的影响。吴晓樵的论文对冯塔纳晚年的作品《卜根普尔一家》进行了评述。文章认为，作家在这部柏林小说中，尝试与传统叙述诗学决裂，运用新的叙述形式，即小说的现代性，体现于隐藏在现实主义文本下的水的寓意、饮食类比以及由作者借人物之口而着意隐蔽的写作意图和叙述方式所构成的自我影射中。正是这些隐藏的文本游戏，体现了该作品的审美现代性。文章还指出，冯塔纳在小说中借卜根普尔家的特雷泽之口，阐明了自己对19世纪后期的“当代艺术”的观点，即反对以自然主义为代表的现代艺术中的“直露”倾向，认为小说的精华应该是“或多或少隐蔽着的作者的自我表白”。④

威廉·海因泽（1746—1803）的代表作品《阿尔丁海洛与幸福岛》，是德国文学史上第一部描写艺术家生活的小说，它讲述了生活于意大利文艺复兴时期的主人公阿尔丁海洛由一位画家、艺术鉴赏家、学者、作家和音乐家，发展成为海盗和乌托邦建立者的故事。赵蕾莲认为，海因泽借助小说主人公与哲学家之间进行的关于泛神论的对话等方式，表达了出现于18世纪的泛神论争论中的“一即万有，万有为一”的观点；而海因泽的宇宙和谐观和他对天父“以太”的认识，此后又影响了荷尔德林的颂歌《和谐女神颂》和小说《许佩里翁》等作品的创作，促使荷尔德林将海因泽小说中以感官享受为特征的泛神论，升华为以对立因素的和解与平衡为特征的和谐观。⑤

叶隽选择了若干中国的日耳曼学者为个案群体，将其区分为出身于北大的冯至和出身于清华的季羡林、李长之、杨业治等两个派别，由此探讨现代中国荷尔德林接受史的一个层面；进而从荷尔德林的中国结缘出发，讨论德文学科史的深层问题，并强调学者学术趣味之形成受到学术语境和生性选择的双重制约。叶隽在论文中还探讨了学术传承的代际迁变、中外文化激荡氛围中的刺激成长和中国日耳曼学传统的初步建构之间的关系，认为中国日耳曼学的建构和形成与本土问题所引发的主体意识之形成过程密切相关。[⑥]叶隽的另一篇论文则选择了现代中国的三个断点——20世纪10年代、30年代、50年代，分别以辛亥革命时期的革命家和翻译家马君武、抗战时期的戏剧家陈白尘和新中国成立初期的文学研究者冯至、张威廉为代表，通过分析他们所译介和改编的一系列作品，探讨瑞士民间传说中的英雄威廉·退尔这一形象在他们笔下的建构和演变，从而阐明了这一形象在中国不同时代、不同语境中被赋予的不同意义。[⑦]此外，叶隽还通过解读歌德青年时代的诗歌代表作《普罗米修斯》，探讨了诗人早期思想形成过程中体现出来的救世思想与现实困境之间的矛盾，进而总结出了普罗米修斯的故事所彰显的“宿命叛逆”现象。[⑧]叶隽又以歌德的戏剧《埃格蒙特》为研究对象，指出该剧是歌德思想由浪漫思脉向启蒙思脉转向的重要转折点。[⑨]同时，叶隽还梳理了战后德国歌德学研究的历史，强调了歌德学研究的现代性意义。[⑩]

霍夫曼是19世纪德国浪漫派中的“怪诞”和“幽灵”作家。丁君君的论文认为，霍夫曼的长篇小说《雄猫穆尔》是反成长小说的一个经典范例。文章指出，该小说以一只猫为第一人称叙述者，采用双重叙事结构，描述了个体在社会化过程中所遭遇到的不可解决的危机、艺术与现实的分离、主体与世界的疏离以及主体自身的分裂状况。小说以主人公的失败或错位为主题，反向讨论个人教育的问题。论文作者强调，作为一部反成长小说，《雄猫穆尔》既延伸了德国文学的成长教育理念，也针对这一传统提出了质疑和反思。[⑪]

王炳钧的论文从考察人在理解自身的过程中所依赖的上帝、动物、机器等参照体系入手，探讨了1900年前后工业化进程中德语诗歌话语中人与城市、身体、机器之间的关系，并重点探究了城市化进程在人的身体、感知好交往方式方面造成的困惑。同时，他也讨论了在德语文学话语中，城市经验模式与感知模式的转换过程。[⑫]

王家新的论文分析了德语诗人策兰的长诗《带着来自塔露萨的书》的启示性意义。文章认为，诗人之所以能够写出这样一首诗歌杰作并以此展开他的创伤之翅，是和他的全部生活经历息息相关的。策兰出生在今天东欧乌克兰境内的泽诺维兹城，他的父母都是犹太人、东正教徒，家庭用语为德语。他的特殊身份使他不仅要更多地挖掘自身的希伯来精神基因，也要转向相对于德语诗歌而言的“他者”。他把一本“来自塔露萨的书”带在身上，是因为他能从中发现一个朝向东方的、家乡的、反日耳曼的家园。作为一名诗人，策兰的伟大正在于他以自己的生命喂养他的创伤，让它孵化成诗。[⑬]

何宁撰文指出，德国文学在经历了20世纪90年代初期的危机后，在90年代中期迎来了它的繁荣时期。何宁对这个时期的德国文学现象进行了梳理和分析，指出当代德语文学呈现出历史与日常并置的局面：一方面，它延续了反思历史的传统；另一方面，日常生活的经验得到了充分展现，而历史就隐含在日常的小事里，这些小事构成了德国真实的、正在成长的历史。[⑭]

年轻女作家朱迪特·赫尔曼的小说集《除了幽灵，别无他物》，是德国近十年来最成功的文学作品之一。何宁和丁越的文章认为，视觉感知是当代人的重要认知方式之一，他们的文章通过研究赫尔曼小说中的视觉元素，如照片、图片和明信片等，以把握小说的视觉性，从感知研究的角度阐释作品。论文着重分析了小说中的视觉元素、视觉性和个体叙述、回忆、思考等因素之间的关系，阐发了“看”与“不看”在小说家的作品里的意义，同时也探讨了该小说集所体现出来的作家朱迪特·赫尔曼对当今图像时代的态度和立场。[⑮]

二、法语文学研究

19世纪后期自然主义文学的代表人物埃米尔·左拉，主要活跃在19世纪下半叶的法国，而他的影响则在20世纪逐渐扩展到整个世界。吴岳添在其论文中，把法国的左拉学术史研究分为19世纪和20世纪两个阶段，并着重考察了左拉19世纪60、70、80年代这段时间里的创作和研究情况。[⑯]

梅洛-庞蒂发表的书评《小说与形而上学》评述的是西蒙娜·德·波伏娃的半自传性小说《女宾》。张颖撰文指出，梅洛-庞蒂实际上将波伏娃的《女宾》解读为一部有关与他人共存的主体经验的哲理小说，这部小说所上演的那场形而上学剧的最大教益在于，它告诉人们，每一个存在者都不可能是一个孤零零的个体意识，人的存在是“在世界之中的存在”。而这就意味着，“他者”将作为比我们自身更加基本的东西，伴随着我们的经验世界的始终。于是，“相异性”这一根本上的差异与冲突，就必将恒久地为人生带来不安，那种以对象化的方式来消除他者存在所带来的不安的企图，必然是以取消主体的存在经验为代价的。而主体对于自我的认识，正是在自身与他者的差异和冲突之中逐渐得以确立的。[⑰]

《一个循规蹈矩的少女的回忆》是西蒙娜·德·波伏娃回忆录的第一卷。陈静在论文中对这部作品进行了分析，认为《一个循规蹈矩的少女的回忆》作为波伏娃的一部自传性作品，她所坚守的写作原则是一种被菲利普·勒热讷称作“主观客观性”的诚信原则。在此，诚信并不意味着言尽一切，而是传记作者有选择地围绕一个中心记述往事。回忆自己的少女时代是波伏娃拯救过去的方式。通过回忆，她赋予自己的生活以一定的连贯性，而读者则可以从中了解到传主个性史的起源。[18]

法国新小说派的领军人物萨洛特，对小说主体的刻画可以说是独辟蹊径，她在其后期代表作《你不喜欢自己》中把作品的主体定位于“什么都是”与“什么都不是”之间，即在“我”是“一切”的同时，“我”又是“虚无”。王晓侠的论文从“意识的崩裂”“自我同他者的关系”以及“变动不居的向性真实”等几个层面来剖析这种主体的特点，展示了萨洛特独到的创作手法及其对“自我”这个哲学概念的特别理解。[19]王晓侠在另一篇关于萨洛特的论文中，从萨氏作品中一个非常特别的语言现象，即“元语言现象”出发，结合具体的文本分析，说明了萨洛特的作品致力于一种“向性真实”表达的特点。王晓侠认为，萨洛特在作品中将字词与人物等量齐观，在字词意义的惯常用法之外、人物感受的情理之中和选择词汇的犹疑之间，向读者展示了一个变幻莫测却又充满潜在活力的向性世界。在这个隐秘的内心世界里，“我”的存在经由字词的存在而得以展现，“我”与“他人”的关系如同字词之间的关系，无边的不确定性反而创造了相互交融的条件，反映了存在与虚无的微妙辩证。[20]此外，王晓侠还撰文就法国新小说家的四位主要代表及中国20世纪80年代涌现的一批新试验小说家之间的关系进行了比较研究。文章认为，不论是法国新小说还是中国新试验小说，都致力于宣扬一种“新现实主义”，并将其作为小说创作的出发点。如果说法国新小说对中国的新实验小说确实产生了某种影响，使得新小说的某些叙述形式渗透到中国当代小说艺术创作中，那么这种影响的可能性正是来自于中法小说家对“现实”和“现实主义”的共同理解，而非单纯的技巧模仿。[21]

由车槿山翻译、人民文学出版社出版的法国当代作家让-马克·帕里西的小说《恋人》，讲述了一段感人的爱情故事。车槿山认为，像《恋人》这样一部简单得近乎透明的小说，取得成功的主要原因除了作品叙述方式和语言的特色外，还因为它指向20世纪80年代的法国社会特别是巴黎社会生活的现实，塑造了爱娃这样一个栩栩如生、极具个性的女人形象。该小说还反映出了法国文学的一种自恋和自反，是对文学传统的检讨与反思。[22]

让·埃什诺兹是法国当代的杰出作家，他因独具一格的叙述手法而享有盛名。宋莹撰文指出，文学创作与电影艺术的巧妙结合是埃什诺兹小说创作的独特之处。文章认为，埃什诺兹的作品娴熟地运用如“交错蒙太奇”一类的电影技巧，使小说叙述不落窠臼，同时作家还乐于将电影人物移植到自己的小说中，以凸显叙述效果，并加强了他的小说创作的现代性。[23]

安德烈·马尔罗是西方社会中最早揭示人类生存荒诞性的作家之一，也是一个在文学形式上喜欢标新立异的小说家。刘海清的论文以全新的视角审视马尔罗小说建构的精神动因和美学机制，认为该作家所缔造的“想象的博物馆—图书馆”的美学体系和其小说创作构成“互文”机制，作家的所有作品均可被视作一个连续的文本来阅读，其主题的共鸣、艺术的参照和场景的互涉，共同组织成一个巨大而开放的文学符号体系和彼此呼应的小说文本结构，从历史、文化和艺术的多元角度，阐述了人类对荒诞境遇的反抗和挑战。[24]

当代法国诗歌接受了诗歌传统的历史遗产和东西方各国诗歌的积极影响，将传统与现代、现代与后现代、怀旧与先锋、诗歌与散文、抒情与客观等一系列对立元素融会贯通。车琳的文章认为，法国当代诗人们或回归传统，或继续探索求新，辛勤地耕耘着诗歌这片田地。当代诗坛虽不见一枝独秀的局面，却呈现出一种百花齐放的态势。尽管没有波澜壮阔的诗歌运动、没有统一的思潮和流派，但这种前所未有的多元化创作实践，体现了法国诗歌强盛的生命力和法国文化的包容性。车琳的论文考察了20世纪80年代以来当代法国诗坛的面貌和发展趋势，并对其中的主要创作倾向以及一些具有代表性的创作实践活动进行了梳理和评述。[25]

三、西班牙语文学研究

上海译文于2011年出版了赵德明翻译的小说《2666》。小说作者是出生于智利的作家罗伯特·波拉尼奥。赵德明撰文介绍了这部小说的背景资料，也谈到了他在翻译、阅读该书过程中的体会。赵德明指出，《2666》揭示的是整个人类的发展过程中人性恶的膨胀，体现了人们对自然和谐以及真、善、美境界的追求与渴望。他认为，《2666》这部作品对于研究欧美国家的社会历史文化，具有很高的参考价值。[26]赵德明在另一篇论文中指出，作为一名优秀的作家，2010年诺贝尔文学奖获得者巴尔加斯·略萨50年来对文学的热爱和对创作孜孜以求、锲而不舍的精神令人钦佩。在经济拮据的年代里，他坚持写作；在功成名就的岁月里，他依然坚持写作。多年来，他相继写出了《世界末日之战》《绿房子》《天堂在另外的街角》和《公羊的节日》等作品，而在这期间他获得过数项国际文学奖，同时社会公务性活动也让他忙得不可开交。因此，他创作取得成就的关键在于勤奋，为此他获得诺贝尔文学奖也是当之无愧的。[27]

陈众议也撰写了一篇讨论略萨作品的文章。在该文中，陈众议通过解读《城市与狗》《绿房子》《酒吧长谈》《潘达雷昂上尉与劳军女郎》等作品，探究了略萨作品中所表现出来的自由主义精神。文章认为，略萨作品在“浓重的载道色彩和介入情怀的背后其实一直涌动着自由主义的潜流”。[28]此外，陈众议在常熟理工学院“东吴讲堂”上还发表了一篇以“文艺复兴的另一个维度”为议题的讲话。在这篇讲稿中，陈众议强调了文艺复兴运动的一个向度，即巴赫金所谓的狂欢性质，但陈众议对狂欢倾向采取的却是批判的态度。他自但丁始至塞万提斯结束，探讨了西方神学和但丁所说的真理或传统价值是如何在文艺复兴运动参与者的“人间喜剧”般的调笑、狂欢中受到颠覆和瓦解的。他指出，塞万提斯的作品所取法的乃是以其道还治其身，即用调笑嘲讽了人性所蕴涵的丑恶以及骑士小说对骑士道的歪曲，从而写出了人性的高低、世界的悲喜。[29]陈众议发表的第三篇论文中对塞万提斯及其文学作品成为经典的一般规律和特殊形态阐述了自己的见解。他分别从塞万提斯与“洛佩·德·维加最初的是非恩怨”“滑稽的堂吉诃德”“崇高的堂吉诃德”和“堂吉诃德在境外”四个方面对塞万提斯研究史进行了概述。文章指出，虽然“黄金世纪”诗人对堂吉诃德这个人物不无讥嘲，却并未因此而否定塞万提斯，而真正为《堂吉诃德》研究鸣锣开道的是19世纪的海涅、拜伦等一大批欧洲浪漫主义者，他们“拨乱反正”，奉塞万提斯或堂吉诃德为一尊，甚至干脆将自己“等同于哭丧着脸的游侠骑士”，他们的许多观点至今仍对学术界的研究有启发意义。[30]

范晔的论文选取西班牙黄金世纪经典诗人圣胡安·德拉·克鲁斯的代表作《灵歌》第11节进行解读。在翻译原诗句的同时重建其所在文本的互文情境：从文人诗、民间诗歌和圣经解经传统等不同角度，围绕“视”与“死”的主题，将相关文学、宗教及社会文化的互文文本以开放性的注疏方式一同呈现，尝试激活文本“断片”作为“方向标”或“引路人”的功用，以“笺注”的方式将异时空、异文化传统中的读者引入诗人的“心灵空间”，以便努力寻回些许“翻译中所丧失的东西”。[31]

反讽使塞万提斯的《堂吉诃德》充满了喜剧或悲喜剧效果，奠定了小说的基本格调。但塞翁反讽风格的成因，却一直是个未解之谜。宗笑飞的论文以马科斯·缪勒对《五卷书》的研究为例，对《堂吉诃德》反讽风格的一个可能源头提出了自己的看法。文章作者认为，从拉丁俗语文学的角度看，西班牙文学充满了东方文学基因，阿拉伯人在西班牙创作的文学作品及其影响无处不在，《堂吉诃德》和《卡里来和笛木乃》关系紧密，更为重要的是，《卡里来和笛木乃》的讽刺意味和戏谑精神同《堂吉诃德》具有明显的相通之处。[32]

李德恩的论文认为，塞万提斯虚构了《堂吉诃德》，又由堂吉诃德虚构了魔法师和杜尔西尼亚。堂吉诃德的魔法师分为与上帝作对的魔鬼魔法师和人间的魔法师两类。堂吉诃德相信，魔鬼魔法师支持人间的恶人，在他与恶人厮打时会站在恶人背后助战，以致他不是输给恶人，而是败在了魔鬼魔法师撒旦手里；而人间的魔法师则是好魔法师，他们拥有耶稣般的法术，像耶稣那样拯救垂危的病人，这些魔法师的存在势必会动摇虔诚的信徒对上帝的信仰。所以他们被教会视为异教徒，是宗教裁判所镇压的对象。另外，堂吉诃德所虚构出来的杜尔西尼亚，则体现了主人公对女性的关注和呵护。在与魔法师的搏斗中，堂吉诃德是个铁骨铮铮的硬汉，而在他对杜尔西尼亚的挚爱、思念中，则显示出了堂吉诃德柔情似水的痴情汉的一面。李德恩指出，流传至今的堂吉诃德形象受到了误读的歪曲，人们只把他视为敢冲敢打的莽撞骑士，而他作为温情脉脉的男人的性格特征则被忽略了。[33]李德恩在另一篇论文中则强调，拉美文化是一种混合文化，它具有强大的凝聚力和较小的排他性。因为混合文化本身就是由不同文化因子组合的，所以比较容易吸收外来的文化。在拉美文学中各种不同流派的发生和形成的一个重要的因素就是它们对外来文化的借鉴和吸收。其中，魔幻现实主义便是阿斯图里亚斯、乌斯拉尔·彼特里、卡彭铁尔等人将法国超现实主义的创作原则运用于拉美文学作品创作之中的结果。因此可以说，一方面，拉美的各种文学流派是世界文学思潮在拉美文学创作领域的投影；另一方面，拉美文学又从未被其他文学所同化、取代，拉美文学本身就有一种自我净化的系统，这就是拉美文学作家继承于自身传统的历史使命感和社会责任感。[34]

玛丽娜·马约拉尔是当代西班牙的学者型女作家。杨玲的论文主要从以下两个方面解读马约拉尔的作品：首先，姐妹情谊是马约拉尔独特的视角和偏爱的主题，可以视作她对女权主义所持有的一种温和的探讨和平静的反思态度；其次，狂欢式对话是马约拉尔采取的主要叙事策略，在她的小说中，各种形式的对话被精心设计并且巧妙地安插，与其姐妹情谊的主题互相辉映、相得益彰。[35]

贡戈拉在文艺复兴时期的西班牙文坛是与塞万提斯、洛佩·德·维加齐名的重要诗人，其诗歌在西班牙文学界具有奠基和集大成的意义。他的诗歌风格多变，前期作品大多清新俊逸、充满幻想与唯美之风，后期作品则繁复艰深、晦涩难解。蔡乐的论文通过对贡戈拉早期作品的分析，探究了贡戈拉早期写作的内容特点及思想内涵。[36]

巩云霞的论文分析了加西亚·马尔克斯的小说《百年孤独》中人物的孤独特性。文章认为，小说家所塑造的人物身上体现出来的孤独都带有一定的矛盾特点，即这些人物既想走出孤独，又想保持孤独，而这种带有矛盾性的孤独在作家那里又有着深刻的寓意——孤独是人类本体存在的一种状态。[37]

四、文学理论研究

陈跃红撰文认为，如果不是在把握当下多元文化世界特征的基础上重新认识世界文学的观念和存在形态，而仅仅依靠经典扩容、文学史加料、外国文学课程中非西方文学章节的添加，以及类似的学科框架改良，是不可能成为真正的世界文学的。因为基于单一价值标准的“世界文学”理念，在面对各民族历史上灿若群星的成果和现实文学创造活动的时候，完全无法从文学的生成源流分野、跨文化意识形态冲突、审美价值标准差异以及文学接受族群的历史影响认知等诸方面，真正与民族文学达成共识。因此，目前迫切需要从思想史、学术史和学科生成史的跨文化综合视域去深化人们对世界文学观念的认知，以求超越各种中心主义，有效地描述世界文学的历史图景和现实生态。[38]

王宁的文章将“世界文学”的概念比喻为一种“旅行”，这种旅行并非是从西方到东方的单向运动，其基因一开始来自东方，之后又在西方逐步形成一个理论概念，再旅行到东方乃至整个世界，这就是“双向旅行”的含义。王文指出，称得上是世界文学的作品，必定是流传甚广的文学杰作，它的流通必定跨越了特定的民族、国家和语言的界限，通过翻译的中介，在使用不同语言的国家和民族间流传。因此，重提世界文学的概念，有助于使中国文学走向世界。中国现代文学为了跻身世界文学之林，曾通过大量翻译西方文学作品以达到与世界文学接轨的目的。在全球化时代的今天，经中国学者的重新建构，世界文学的概念从假想成为审美现实，增加了东方文学的精神和内涵，真正实现了它的双向旅行。[39]

古希腊哲人伊壁鸠鲁的反宗教思想影响贯穿了整个西方思想史。刘小枫的论文通过考察卢克莱修的《物性论》这部古罗马文学经典对伊壁鸠鲁的反宗教精神的赞美行为，探讨了西方宗教批判的思想渊源及其与启蒙文学的内在关联。[40]

叶隽撰文探讨了西方元思维的“逻各斯—秘索思”结构，强调了德国思想史中“启蒙思脉—浪漫思脉”的二元对立。叶隽选择作为德国知识精英代表的瓦尔泽、格拉斯、哈贝马斯三人，对他们的“文学话语—哲学话语”对话结构进行梳理，既凸显了他们作为20世纪后期精英难以回避的“战争背景”，又指出了他们面对历史浩劫与民族重生的局面勇于担当的“智识勇气”和“创辟实绩”。论文结尾提出了一个基本追问：20世纪后半期直至今日的西方思想史，为何在名家辈出的同时却未能为人类发展提供明显亮色？作者在此引入中国文化传统的《易经》思维，使西方二元论思维获得一个立足于三的支撑点。这样一来，格拉斯尝试以浪漫的手法来坚持启蒙的目标以及瓦尔泽以浪漫的手段来调试启蒙的不足，就都显示出其合理之处；而哲学话语系统的哈贝马斯对启蒙传统的“执善固执”，也更显出文学话语的灵活性与诗性创发对于思想史发展的特殊意义。[41]

方维规撰文指出，布莱希特的“叙事剧”理论和实践，与西方哲学有着千丝万缕的联系。布莱希特着眼于“旧”与“新”的区分，不断探索戏剧的创新形式，追求旨在表达哲学认识的戏剧叙事化、陌生化、历史化的审美方法。源于自己独特的审美原则，布莱希特称之为叙事的、反亚里士多德式的、反心理主义的“戏剧叙事”，这是开创现代戏剧的一种尝试，是为现代的“科学时代”所提供的一种戏剧样式。在布莱希特看来，他的“叙事剧”创作的缘由，在于旧的戏剧形式已经无法把握变化了的社会状况；要拯救戏剧艺术，就必须让它挣脱束缚，顺应新的时代；艺术被看作是克服异化、实现人的自我解放的工具。除了马克思主义的深刻影响之外，布莱希特的戏剧创新也从其他不少理论资源和表演艺术中汲取了丰富的养料。[42]方维规的另一篇论文对当代著名德国作家、诺贝尔奖获得者格拉斯的美学思想进行了论述。格拉斯强调自己既是作家也是公民，他把参与和批判视为自己的社会使命。在他看来，作家作为“同时代人”，应当抵抗占主导地位的“时代精神”，这是基于他对荒诞现实的认识。因此，他不断努力拓宽现实主义概念，试图把下意识、想象、梦幻、虚构这些常被看作空幻的东西引入认识视野。而且，他认为神话和童话也具有某种领悟真实的创造性维度，能在碎片中（亦即被打碎的真实）中重建过去、现在和未来之间的关联。[43]

韩瑞祥的论文指出，马赫的感知哲学与弗洛伊德的精神分析学一同孕育了当年与德国自然主义并立的维也纳现代派的重要哲学观念。马赫由自然科学上的实证主义出发所创立的从根本上改变了人对社会存在和自身存在的感知模式的感知哲学，构成了维也纳现代派心理艺术的哲学认知基础。在马赫感知哲学的影响下，维也纳现代派艺术作品的审美感知体现了鲜明的反传统的审美意识，走上了主体化的感知道路。对这一派别而言，心灵的瞬间感知，成为文学表现的唯一兴趣所在。换言之，马赫的感觉分析和对自我的认识，是维也纳现代派抗衡艺术中的自然主义倾向的不可缺少的审美基础。[44]

德里达的《马克思的幽灵》在国内出版以后，

引起了很大的反响和争议。大家集中讨论的问题是：德里达的思想是对马克思主义的发展，抑或是对马克思的歪曲或者幽灵化？较少有人把德里达的解构思想与马克思主义的关系置于法国1968年“五月风暴”以后的左派整体思想运动的大背景中加以讨论。钱翰认为，只有在欧洲20世纪末的思想史背景中，我们才能真正考察清楚德里达的解构思想与马克思主义之间的既紧密又紧张的关系。文章认为，德里达的解构一方面保持了对资本主义的持续批判，另一方面又由于无法提出替代性的社会前景，走向了与马克思主义不同的道路。[45]存在主义是20世纪发生在西方的重要文化思潮，其主要特征是反对黑格尔式的本质主义，关注具体的存在问题，它对中国现代和当代思想界与文学界都产生了不容忽视的影响；尤其是在20世纪80年代的思想解放运动中，存在主义成为中国“人学”研究的重要思想资源，在中国当代文学中打下了深深的烙印。钱翰的另一篇论文，联系具体的东、西方历史语境，考察了中国接受存在主义的过程，重点分析了它在新时期中国文论建设中的作用，并认为存在主义将继续成为中国文论重要的理论资源之一。[46]

《文学在危难中》是托多罗夫发表于2007年的一部反思之作。郭宏安的文章认为，它比托氏之前的《批评之批评》思考的范围更深广、诘问的语气更直白、判断的态度更斩截、思考的气氛更浓重；因此，针对《文学在危难中》的赞成和反驳的意见也更激烈，甚至更火爆。因为《批评之批评》的范围仅限于文学观念和文学批评，而《文学在危难中》则涉及整个文学，即文学作品、文学理论及文学批评，其宗旨首先是考察20世纪人们如何看待文学和文学批评，厘清关于文学和文学批评的正确思想；其次是分析20世纪对文学的思考所表现出来的主要潮流，并阐明何种意识形态的立场更有道理。它是对法国当代文学理论、文学作品及其批评的一种挑战、一种抨击，以及一种悔恨中的反思。[47]

注：

①李昌珂：《“两个”歌德的融合——托马斯·曼的长篇小说〈歌德与绿蒂〉》，《外国文学研究》，2011年第6期。

②黄燎宇：《〈魔山〉：一部启蒙启示录》，《外国文学研究》，2011年第1期。

③黄河清：《遁入炼狱——托马斯·曼的疗养院图式》，《东方论坛》，2011年第3期。

④吴晓樵：《柏林：帝国时代的“沼泽”——论冯塔纳〈卜根普尔一家〉的潜结构》，《外国文学评论》，2011年第1期。

⑤赵蕾莲：《论威廉·海因泽的小说〈阿尔丁海洛与幸福岛〉对荷尔德林和谐观的影响》，《德国研究》，2011年第4期。

⑥叶隽：《现代中国的荷尔德林接受——以若干日耳曼学者为中心》，《中国比较文学》，2011年第2期。

⑦叶隽：《退尔镜像的中国变形及其所反映的文化转移》，《南京师范大学文学院学报》，2011年第2期。

⑧叶隽：《救世理想与现世艰难——〈普罗米修斯〉片断中的“宿命叛逆”现象及其思想史元素》，《德国研究》，2011年第2期。

⑨叶隽：《逝去未尽英雄志——“埃格蒙特—奥兰宁结构”的意义》，《外国文学研究》，2011年第6期。

⑩叶隽：《战后六十年的歌德学（一九四五—二〇〇五）（续）——歌德学术史研究》，《东吴学术》，2011年第4期。

⑪丁君君：《成长的怪诞——从反成长小说的角度看〈雄猫穆尔〉》，《外国文学》，2011年第4期。

⑫王炳钧：《1900年前后德语诗歌中的城市与感知》，《外国文学》，2011年第4期。

⑬王家新：《创伤之翅——读策兰〈带着来自塔露萨的书〉》，《名作欣赏》，2011年第10期。

⑭何宁：《历史与日常的并置——上世纪90年代中期以来的德国文学》，《德国研究》，2011年第1期。

⑮何宁、丁越：《图像时代的视觉感知——论朱迪特·赫尔曼的小说集〈除了幽灵，别无他物〉》，《东北师大学报》（哲学社会科学版），2011年第3期。

⑯吴岳添：《左拉学术史——十九世纪法国的左拉研究》，《东吴学术》，2011年第4期。

⑰张颖：《存在于世的含混境况——论梅洛-庞蒂对〈女宾〉的解读》，《法国研究》，2011年第2期。

⑱陈静：《诚信契约：〈一个循规蹈矩的少女的回忆〉》，《法国研究》，2011年第3期。

⑲王晓侠：《萨洛特〈你不喜欢自己〉的主体评析》，《外国文学评论》，2011年第4期。

⑳王晓侠：《萨洛特作品中的语言学——一种“向性真实”的表达》，《外国语文》，2011年第1期。

㉑王晓侠：《法国新小说与中国新试验小说对新现实主义的共同理解》，《法国研究》，2011年第1期。

㉒车槿山：《让-马克·帕里西斯和他的小说〈恋人〉》，《法国研究》，2011年第1期。

㉓宋莹：《埃什诺兹与电影参照》，《法国研究》，2011年第4期。

㉔刘海清：《写作的想象——论马尔罗小说互文美学》，《当代外国文学》，2011年第3期。

㉕车琳：《从文本回归抒情——法国当代诗歌评述》，《外国文学》，2011 年第 2 期。

㉖赵德明：《〈2666〉初探》，《东方论坛》，2011 年第 4 期。

㉗赵德明：《巴尔加斯·略萨作品的艺术世界》，《解放军艺术学院学报》，2011 年第 1 期。

㉘陈众议：《来自巴尔加斯·略萨的启示》，《当代作家评论》，2011 年第 1 期。

㉙陈众议：《文艺复兴的另一个维度——在常熟理工学院“东吴讲堂”上的讲演》，《东吴学术》，2011 年第 2 期。

㉚陈众议：《塞万提斯学术史研究》，《东吴学术》，2011 年第 2 期。

㉛范晔：《“秘响旁通”之道：以圣胡安·德拉·克鲁斯〈灵歌〉第 11 节例》，《国外文学》，2011 年第 4 期。

㉜宗笑飞：《塞万提斯反讽探源》，《外国文学评论》，2011 年第 3 期。

㉝李德恩：《论〈堂吉诃德〉中的缺席者：魔法师和杜尔西尼亚》，《外国文学》，2011 年第 5 期。

㉞李德恩：《多元化的拉美文学与拉美文化》，《深圳大学学报》，2011 年第 5 期。

㉟杨玲：《隐秘的和谐：论西班牙当代女作家马约拉尔》，《外国文学研究》，2011 年第 3 期。

㊱蔡乐：《浅析贡戈拉早期作品》，《西南农业大学学报》（社会科学版），2011 年第 8 期。

㊲巩云霞：《论〈百年孤独〉中人物孤独的寓意》，《文学界》（理论版），2011 年第 11 期。

㊳陈跃红：《什么“世界”？如何“文学”？》，《中国比较文学》，2011 年第 2 期。

㊴王宁：《世界文学的双向旅行》，《文艺研究》，2011 年第 7 期。

㊵刘小枫：《伊壁鸠鲁与启蒙文学——卢克莱修〈物性论〉对伊壁鸠鲁的颂扬》。

㊶叶隽：《启蒙的现代传承、化生与超越——以瓦尔泽、格拉斯、哈贝马斯等为中心》，《同济大学学报》（哲学社会科学版），2011 年第 2 期。

㊷方维规：《“科学时代的戏剧”——重读布莱希特》，《社会科学论坛》，2011 年第 5 期。

㊸方维规：《奥斯威辛后的写作——论格拉斯的美学思想》，《同济大学学报》（社会科学版），2011 年第 2 期。

㊹韩瑞祥：《瞬间感知：论维也纳现代派的哲学认知基础》，《外国文学评论》，2011 年第 4 期。

㊺钱翰：《德里达的解构视野与马克思主义》，《文艺理论研究》，2011 年第 2 期。

㊻钱翰：《存在主义的中国之旅》，《法国研究》，2011 年第 3 期。

㊼郭宏安：《脆弱的平衡——读兹维坦·托多罗夫的〈文学在危难中〉》，《外国文学评论》，2011 年第 4 期。

（作者：刘海英、刘一南，北京大学博士生；喻天舒，北京大学教授）

英语文学

丁林棚

2011 年，对于北京英语文学界的学者们来说是硕果累累的一年。这一年里，学者们在英美文学及其他英语国别文学方面的研究表现出了强烈的兴趣，在文学批评以及理论研究方面都取得了令人瞩目的成就，研究视角较之以往更加广阔，涵盖了文本细读、历史研究、社会批评、文化研究等诸多领域，呈现出百花齐放的绚丽景色。纵观这一年的研究，其显著特征有：在英国文学方面，对于经典作家及其作品，学者们给予了持续密集的关注，有关华兹华斯的论述尤其引人注目；在美国文学方面，除了对经典作家如庞德、狄金森的论述之外，对后现代文学的关注尤其令人瞩目；在其他英语国别文学方面（如爱尔兰文学、大洋洲及加拿大文学）等方面研究也继续深入，表现出学术兴趣的进一步延伸和扩大；在理论方面，学者们继续从文化、审美、道德、宗教、社会等多元视角进行了深入探讨。限于篇幅，本文拟选取最具代表性的研究成果，向读者展示 2011 年北京地区学者的研究成果。

一、美国文学

在美国文学方面，学者们的兴趣主要集中在经典作家和作品之上，例如霍桑的《红字》、庞德和狄金森的诗歌，以及艾略特的《荒原》等。除此之外，美国当代文学中后现代主义文学也成为学者的兴趣点，出现了对冯古内特、品钦的后现代作品的多篇文章。在研究角度上，学者们不拘一格，从历史、叙事学、宗教研究、文体学、女性主义等各方面着手对文本进行深度解读，充分展示了美国文学的新气象。下面是对 2011 年度美国文学研究的一些代表性论文的总结。

艾米莉·狄金森的诗歌历来是研究焦点，因其意象突兀、措辞隐晦、主题抽象等特点引起了学者们的广泛兴趣，对于如何理解诗人的思想哲学，其中也不乏争议。例如，阮敏桑通过细读，分析了狄金森诗歌中死亡、知识和语言的关系，论文指出，狄金森诗歌中所主张的认识世界的方式并非抽象的推理，而是康德式的主体感知模式。他认为在狄金森的诗歌中，诗人感知死亡的方式就是将死亡内化为意识中的空白，然后通过定义这个空白的边界来认识死亡。论文进一步分析了狄金森的"神圣之伤"这一意象，指出该意象所承载的"在删除中铭刻"的思想构成了狄金森解构主义式的悖论诗学，在诗歌中引入空白，从而以抽象或含混的语言表达不可表达的，展现出狄金森独特的通过诗歌语言对死亡的表达方式。①

针对狄金森诗歌中的死亡、永生、真理等哲学命题，刘晓辉则试图把狄金森归入思想家的行列，讨论其诗歌的哲学维度与思辨性，并通过分析狄金森与尼采对基督教来世信念与启蒙主体性的双重反思和质疑，揭示狄金森诗学思想与尼采的透视主义认识论的契合与分歧。刘文指出，虽然狄金森与尼采并未发现有任何形式的直接联系，但二人在认识论问题上却表现出某种程度的相通，即二者都认为人的智慧对自然的探索无法达到真理性的认识，而个体认识不可避免的局限造成了真理的多元化和透视性，只不过相同的怀疑主义展示了不同的发展轨迹，导致尼采虚无思想的怀疑论及不确定性，却恰恰成为狄金森诗学崇高感的源泉。文章指出，对诗人来说，对知识的怀疑是"甜蜜的怀疑"。如果怀疑情绪会造成认知的"恐惧"，确定的知识则会让人丧失对自然的敬畏感和神奇感，而要保持敬畏及随之而产生的"狂喜"，在"知"与"不知"之间寻求平衡才是最有效的方法。②

诺贝尔文学奖得主福克纳的小说《押沙龙，押沙龙!》自1936年问世以来，以其丰富深刻的艺术思想及精湛新颖的表现手法受到了国内外学者的广泛关注和普遍肯定，一直被公认为福克纳最优秀的作品之一。福克纳本人甚至称之为"有史以来美国人所写的最好的小说"。鲍忠明和辛彩娜共同撰文，对《押沙龙，押沙龙!》进行了新历史主义的解读。他们指出，新历史主义凸显"权力"和"话语"因素在文本中的运作，开掘了对历史与文本的双向关注，揭示了话语之间存在"颠覆"与"遏制"的关系。基于这一视角，文章探讨了小说中体现的"历史的文本性"和"文本的历史性"，从而揭示出文本中所反映的反种族主义与白人至上主义的冲突。文章认为，福克纳利用文学创作这面"镜子"反映了历史，又用这盏"明灯"照亮了现实，实现了文学与历史的互动。③

庞德的诗歌在美国文学史中占有非常重要的地位，其《诗章》往往被称颂为一部"现代的《神曲》"。孙宏和李英撰文指出，尽管学界对庞德《诗章》作出了肯定，但是庞德1960年的访谈和达森布罗克最近的研究都否定了这一论断。纵观《中美诗章》及其他部分，庞德堆砌了大量史料讴歌君主制，并频频颂扬墨索里尼，构筑了一条从中美历史到法西斯意大利的通衢。这一格局与14世纪的《神曲》判然有别，却酷似16世纪的《君主论》。马基雅维利当年将此书献给佛罗伦萨统治者洛伦佐·梅第奇，旨在为巩固意大利专制统治出谋划策。庞德追随马基雅维利，在《诗章》里曲用历史为法西斯"继续革命"理论正名，给墨索里尼呈上一部20世纪的《君主论》。④

托马斯·品钦的《V.》常常被视为美国后现代主义小说的典型代表，自20世纪60年代发表以来，受到了文学批评界的广泛关注。王建平对品钦的作品进行了持续的关注和研究，2011年度共有三篇论文发表。他首先从后殖民主义角度出发，审视了《V.》这部具有深远影响的著作的历史意义。论文指出，对殖民主义一般性问题的持续关注、对特定被殖民群体的再现和对殖民主义历史遗产的审视与批判，使品钦的创作具有一种全球视野和历史维度，也印证了其小说中历史话语的当代品性。《V.》追寻欧洲殖民主义演进的轨迹，致力于描绘一幅横贯历史时空的全景图，揭示了20世纪历史的内在逻辑。论文认为，品钦的反殖民话语意在揭示殖民掠夺、种族暴力、政治压迫和文化同化之间的内在联系。通过重新想象历史，品钦对渗透着殖民主义认知暴力的历史叙事做了全面改造，使《V.》成为作者系统地清算殖民主义历史遗产的重要作品之一。品钦通过追溯欧洲殖民主义演进的轨迹来把脉20世纪的历史逻辑，为解密这个神秘符号的象征意义提供了一个独特的视角。⑤

王建平在另外一篇论文中对《V.》的隐喻结构和历史叙述的关系进行了发掘。他指出，这部小说有着强大的隐喻结构，符号V.的无限繁衍扩散导致能指与所指的断裂，造成形式的迷宫，也使得对V.的"形而上意义"的探寻成为情节发展的主导性动力。但同时，小说中高密度的历史存在又不容忽视，在整个叙述的背后渗透着凝重的历史意识和阐释历史的愿望，暗示着一种历史探寻的主题。论文指出，虽然《V.》演绎了历史书写的逻辑，但品钦并没有迷失在历史怀疑论的虚幻空间里。《V.》以厚重的笔触和丰富的历史质感"重新创造20年前的德意志——西南非"，同时留给我们关于历史书写本身的思考，彰显小说美学与历史话语之间的张力。这种双重写作策略为我们分析品钦此后的作品提供了一个范例。⑥

对品钦的解读常常涉及其创作与美国早期历史的关系，但具体到《万有引力之虹》的清教主题与历史意识的关系，国内学界并无太多论述。王建平在2011年度的第三篇论文针对品钦的这部作品中的美国清教遗产进行了反思，对人类环境和命运等相关问题进行了深入发掘，并指出这部作品使品钦对晚期资本主义社会的批判达到了新的高度，也为我们探究品钦历史意识的缘起提供了一个案例。[7]

美国女作家凯瑟琳·安·波特因为反对一切形式的思想禁锢和极权主义而获得了“激进派”的标签，而波特质疑一切既定价值体系的态度引起了学界的重视。然而，评论家一直未能找出波特作品中的肯定价值，只好将之笼统地称为“拒绝的艺术”或“模糊的艺术”，却忽略了对她反抗思想的方式进行研究。周铭撰文指出，作为现代主义作家，波特并没有在思想上突破这个定义的框架。她作品的独特性在于揭示当时文化语境下群体价值体系运转的方式，并对其进行批判。从波特创作时的文化语境来看，大众传媒和“流言”是当时主导性的话语系统运转方式，发挥着社会表征和权力实践的功能。周铭借助流言理论，对波特作品与当时社会话语的关系进行了分析。波特在其作品中揭示了大众流言的本质是“群体性话语建构”，意图通过刻画一个“真切”表现生活的对抗话语来超越流言，以此对流行的社会思潮进行反思和批判。[8]

美国犹太作家马拉默德一直在其作品里孜孜不倦地探讨人类不断受苦的主题：种族迫害，牢狱之灾，为艺术追求而迷，为赎罪所困，为情欲所羁，为责任所累等。这些痛苦很大一部分似乎都源于自我的迷失。杨卫东以马拉默德的两部作品《房客》和《杜宾的人生》为例，从“比喻的写作”这一视角出发，探讨了这两部以“写作”为主题的作品都在循环重复的结构中探讨现代人的身份问题。文章指出，前者让读者看到现代社会人性的分裂、爱的缺乏，后者则通过暗示表明爱与责任心可以为混乱、缺乏本质意义的人生重建秩序。马拉默德在两篇以写作喻人生而且有类似循环结构的小说里发人深省地探讨了爱的含义，让我们得以直面爱的复杂性，看到绝望中也有爱的可能，也让读者能够深刻回味他所说的“爱让人生变得伟大”这句意味深长的话。[9]

沃克·珀西是美国南方文学的代表，其创作具有浓郁的基督教末世论色彩。美国南方文化中的非理性因素源于南方的历史和文化记忆，而现实也只能在历史和记忆中才能被理解。王建平撰文指出，在对《圣经》教义的理解和对美国历史的阐释方面，美国南方文学显露出独特的地理文化和社会心理特征，而珀西又将关于末世的隐喻转化为普世性神话，以此表达他对人性和存在之本质的终极关怀。珀西的末世情结源于他对历史灾难的感悟、对当代文化价值衰落的体察和对美国南方历史命运的洞见，其历史悲观主义渗透着强烈的救赎意识，这种持久的道德二元论贯穿在珀西的全部作品之中，充满了凝重的宗教和哲学沉思。[10]

尤金·奥尼尔是美国著名剧作家，《奴役》《与众不同》和《奇异的插曲》三部剧作是奥尼尔书写“变化”主题的代表性作品。围绕书、读者和作者，他描画出一个在现代化进程中急剧变化的美国和一群被外力不断推动向前并为巨变付出巨大代价的人们。时晓英指出，书作为剧作的重要道具和社会文化的重要载体，融入了人物的塑造之中，充分体现出奥尼尔的社会观察与文化思考。书承载的文化重负、引领的社会巨变、引发的个体反应是他关注的核心问题。从书桌上的杂书到书橱再到书房，他不断增加书的分量，描绘出一个急剧变化中的美国。他对书引发的冲突与变化态度复杂，同情、理解与调侃兼具。他早期的保守态度慢慢变得激进，他始终以怀疑但却不失友好的眼光审视着有书的世界。[11]

路易斯·厄德里克是美国印第安文艺复兴第二次浪潮中的代表人物，其代表作是“北达科他州四部曲”。四部曲之一《甜菜女皇》的出版备受质疑，并引起了广泛争论。尽管厄德里克和支持她的学者都强调该小说具有政治性，但她们貌似相左的观点却反映出对立双方的“共识”，即印第安作家应该书写与种族、政治有关的东西，这两种元素的存在或缺失是判定作品族裔性和优劣的重要标准。但是，族裔性是否只能通过政治、种族等问题得以表达？是否还有其他的书写方式来传承民族文化？李靓从结构、叙事和空间书写三个方面出发，探讨了《甜菜女皇》中的印第安性，考察厄德里克如何通过游离于政治种族之外、回归审美层面的写作方式传承印第安文化。论文指出，厄德里克通过“非印第安”的书写方式传达印第安传统价值观和思想的创作有其价值和意义，它提示了另一种形式的文化表达，期望通过建构超越种族的阅读空间来还原现实生活中的伦理、道德等社会关系，避免过于强调作品的族裔性而使其沦为政治或种族问题的记事簿，最终阻碍族裔文学的整体发展。[12]

二、英国文学

2011年北京学者在英国文学研究领域的兴趣主要集中在经典作家和作品之上，尤其是文艺复兴时期的戏剧、18—20世纪现代主义小说，对当代作家如拜厄特和卡特也均有论述，呈现出一派欣欣向荣的学术景象。

华兹华斯是英国浪漫主义诗歌的代表，他的作品经久不衰，长期以来是国内外学者的研究焦点。2011年度有多篇论述对华兹华斯的诗歌进行了不同角度的发掘。例如，李玲以华兹华斯的诗歌《毁塌的茅舍》为文本基础，结合希尼、爱德华·托马斯和乔·贝特三人有关“地方”论述中的两个概念“谙熟”“命名”为理论框架，从诗歌中玛格丽特与地方的关系和商贩与地方的关系两条主线出发，分析了玛格丽特的悲剧根源，并探讨了地方与悲情的联系。论文包括三部分的主要内容，分别由三个纲领性的问题加以概括：玛格丽特为何陷在悲剧里不能自拔？老商贩为何可以超越悲剧并从中获取智慧，以抚慰和教导他人？他的哲理是什么？⑬

华兹华斯的《我孤独地漫游，像一朵云》是最为脍炙人口的诗作，几乎所有华兹华斯诗歌选集和英国诗歌选集中都会出现这首诗作。然而，自这首诗作问世时开始，它的题目就一直是一个令人迷惑的问题。这首诗歌的英文版本一直存在的两种题目，在认识和理解华兹华斯诗歌的精神内涵时也各有侧重，而其汉译的两种题目也均显示了各自的不同风格。然而，从中西诗学所关注的不同侧面来看，两种题目和两种译文所取得的阅读效果是不同的，由此可以看出中西诗学中的差异以及这种差异在阅读时引发的不同感悟。围绕这些问题，章燕对这两种诗题进行了版本考证，并指出两种题目的不同效果。她认为以首行做题，侧重诗人的精神状态和精神求索的过程；以“水仙”做题，侧重精神求索的最终结果归于人在自然中的觉醒。而对于中国读者来说，以“水仙”做题还可以感悟到诗人与水仙之间的精神交合关系。不同的选择可产生不同的感悟，诗本身可在不同的选择中产生不同的诗意效果，多样的审美趋向也由此生发开来。⑭

华兹华斯诗学强调好诗是强烈情感的自然流露，如果将华兹华斯诗歌创作的源泉仅仅理解为单纯情感的流露，这是对其诗学思想的一种褊狭认识。相反，诗人认为，沉思的习惯促动并调节了情感，以至于对事物的描写强烈地激发了情感，在这个过程中诗的目的随之而来。章燕的另一篇论文考察了华兹华斯的诗歌中所折射出的语言观。论文指出，非理性想象因素在华兹华斯诗学思想和诗歌作品中起到重要作用。在诗歌的非理性想象中，华兹华斯有意或无意地思考了这种想象与语言之间的关系，这种关系隐含在其诗歌中的非理性想象背后，预示着现代人对语言与思维之间关系的认识。归纳起来说，他的非理性想象因素中折射出来的语言观在三个层面引发人们的思考，即以语言表达来抗拒逻辑理性，以失语来抗拒逻辑理性，以语言的缺失来开敞想象和意义的空间。⑮

华兹华斯的许多视觉意象都是极富诗意的，并非所有的画面都具有专制性。然而，在18世纪，视觉的专制却是一个较为普遍的现象。朱玉针对这一特殊的文化现象，撰文论述了华兹华斯“视觉的专制”的诗性回应。论文首先从欧洲思想史出发探讨了视觉主导的重要方面和体现，结合华兹华斯所谓的眼睛是“最霸道的感官”陈述，探讨了诗人是如何在此视觉专制的背景下，用艺术的形式和语言阐述“大自然如何/刻意使用各种手段，挫败视觉的/专制”。对华兹华斯来说，听觉更体现出一种“明智的被动性”。这种倾听能力在以视觉专制为主体的现代物质社会中显得尤为必要，它让我们得以在目不暇接、光怪陆离的表象背后感知到更高级的精神存在，在探索的同时学会虔敬。⑯

英国文学研究领域中，文艺复兴时期的诗歌和戏剧，尤其是莎士比亚研究，历来是研究的重中之重。与莎士比亚的悲剧和喜剧相比，他的历史剧则是国内学者研究较为薄弱的环节。张沛对莎士比亚的历史剧的创作意图进行了探讨，他指出，莎士比亚一生创作了十部英国历史剧，它们讲述了一个完整的“英国故事”。他认为，莎士比亚首先讲述了这个故事的后半部分（第一四联剧），然后追叙了它的前半部分（第二四联剧），并且在中间插入了一个新的开端（《约翰王》），从而重新演绎了这个“英国故事”，其中“亨利三部曲”同时构成了它的孪生故事，最后莎士比亚则以《亨利八世》结束了这个“英国故事”。通过这一系列历史剧，莎士比亚讲述了英国的成长历程和最后胜利，即构成了戏剧诗人——政治哲人莎士比亚的“作者之意”。⑰

托马斯·哈代的《苔丝》可谓一部内涵丰富的文学巨著，然而自其出版以来却备受争议。作者通过小说中的主人公苔丝到底塑造了一种什么样的女性形象？这个问题中外研究者历来众说纷纭。在国内学界，长期以来一直将苔丝视为一个典型的叛逆形象，是“反传统的先驱”，从而被冠以“新女性”之称。然而，张中载指出，细读小说文本，事实上很难看出苔丝是任何意义上的“新女性”，哈代在小说中或小说外也从未明说或暗示苔丝是新女性。其实，哈代在书中不乏对她的守旧思想的尖锐批评。张中载针对学界以“新女性”对苔丝形象的定位及相关误读，从苔丝形象产生时代的一般道德风气特别是城乡性文化习俗取向的差别，对苔丝进行再阐释，体会哈代作为进化论者面对农业衰退历史时期的思想和情感矛盾。论文指出，哈代用一种非常矛盾的心理来写苔丝，这反映出了作者感情和理智的冲突，体现出他对旧农村经济秩序田园风光的眷恋和作为进化论者的预感之间的矛盾。哈代之所以选择苔丝死亡，是因为他必须制造一个置其于死地的缘由——她象征一个正在死亡的时代。⑱

劳伦斯的小说《虹》《恋爱中的女人》和《查特莱夫人的情人》在20世纪文学史上占有重要地位，但由于其中对两性关系的大胆描写，不仅出版之际被全面查禁，且作者本人被冠以色情作家的恶名。然而，具有反讽意义的是，劳伦斯不仅是一位才华横溢的作家，也是一位对小说中的道德问题执着探寻的探索者。蒋虹对劳伦斯有关信件和文评进行了分析，论述了劳伦斯对俄罗斯作家“道德体系”

的理解和批判，揭示劳伦斯的小说观及道德主张的形成与俄罗斯作家之间的关系，以期对他作为现代主义作家的发展过程有更完整的认识。论文从劳伦斯对托尔斯泰和陀思妥耶夫斯基的“道德体系”的批评入手，阐述了劳伦斯的小说道德理念及其“血性哲学”“血性生命”和“菲勒克想象”的含义，以及劳伦斯小说观的生成背景和洛扎诺夫对其后期创作的影响，指出劳伦斯独特的小说观的形成与他对俄罗斯作家的阅读和批判是分不开的。[19]

伊丽莎白·盖斯凯尔的《克兰福德镇》常常被解读为女性主义著作，作品尤其关注女性集体道德权威所面临的困境。陈礼珍对此进行了探讨，她指出，《克兰福德镇》虚构了一个具有乌托邦色彩的女性社区，但它的内部存在着各种异质性和分裂性的力量，从而使小说在话语层与故事层之间的断裂不断加大，直到这个女性乌托邦在叙事进程中慢慢幻灭。小说体现了作者盖斯凯尔构建女性乌托邦的困境，其中的叙事策略揭示出盖斯凯尔思维意识的双重性。她用女性社区的集体道德权威来抵抗现代化进程中的消极因素；同时，她又时刻揭示出抵抗行为本身的尴尬处境。这一正一反双重批判的锋芒所指都是父权制社会，即女性社区所表现出来的局限性归根结底还是父权制社会力量对其进行限制和压制的结果。[20]

英国著名小说家艾丽丝·默多克以广博的哲学思想和丰富而深刻的小说作品而著称，其小说文本游刃于后现代小说主流与传统小说之间，具有多元化的创作风格。近些年来，默多克作品的研究在国内不断呈现上升趋势，前期学者的研究多集中在她的哲学思想对其小说创作的影响方面。后期研究者从女性主义、宗教哲学、心理分析及后现代叙事学等角度对其作品进行多方位的讨论。马慧琴通过对默多克小说《大海啊，大海》中的不可靠叙事策略的分析，从文本结构与叙述结构、文本事实与叙述事实、交叉叙事与单一叙事等角度探讨其实验性创作逻辑，揭示了其后现代语境下的叙事伦理特征。论文指出，小说结合后现代文学不可靠叙事元素，在现代主义美学基础上强调了小说的伦理性，体现了对当代文化环境下道德生活含混和无序的认知焦虑，有效地质疑了理性话语对他者进行的粗暴的客体化界定。[21]

英国作家毛姆的《彩色面纱》因其异国描写而成为国内研究者的关注对象。王丽亚剖析了小说叙事形式与中国形象描述之关系，分析叙事视角折射下的异国想象，揭示作品描述人物感知到想象呈现的两种形象：停滞落后的殖民地与淳朴宁静的田园乐土。文章指出，这两种想象并非作为一个对立结构同时出现在作品中，而是伴随故事情节发展先后出现在人物的意识中。从故事层讲，这种突出认识转变的描写方式代表了异域经验中的乌托邦想象；从作者与作品关系的角度看，两个形象反映了毛姆对已有中国形象套话叙事的历史移置与重新利用，在一定程度上表现了20世纪初西方文化想象对古代东方的重新发现，在质疑西方文明的也同时隐含了对中国现代性的否定。[22]

A. S. 拜厄特是当代英国具有重要影响的一名女作家。她在“新维多利亚小说”《天使与昆虫》的“尤金尼亚蝴蝶”篇中，以嵌入文本及类比的方式，通过描写青年科学家威廉·亚当森的自我认知及情感认知故事，揭示了变形与成长之间的密切关系，从而将蕴涵在19世纪诸多思想和创作中的两个重要元素结合在一起。金冰的论文指出，与一般成长小说不同的是，“尤金尼亚蝴蝶”没有以主人公成功融入社会或有情人终成眷属作为结尾，而是以远行和出发的场景结束，使故事呈现出一种不确定的开放性。小说的叙述重心在于威廉自我认知及情感认知的过程，尤其是他对各种不同生命形式及其形态变化的认识，以及在此基础上的精神成长轨迹。这样，拜厄特通过嵌入文本，将变形的主题与成长的主题巧妙结合在一起。[23]

三、其他国别英语文学及文学、文化理论

爱尔兰文学是世界英语文学中的一朵奇葩，有许多著名的文学大师蜚声世界，如乔伊斯、萧伯纳、奥登等。早在20世纪20年代，爱尔兰文学就已被介绍到了中国，我国文学先行者鲁迅、郭沫若、茅盾等都曾高度评价并译介过爱尔兰文学。陈恕撰文对20世纪以来爱尔兰文学在中国的接受进行了历史考察。论文指出，自20世纪30年代起，爱尔兰文学在中国的译介进一步扩大和丰富。1949年以后，尤其是20世纪80年代以来，爱尔兰文学的译介和研究形成了蓬勃发展之势，取得了广泛而丰硕的成果。随着我国爱尔兰研究机构的设立和各类爱尔兰文学研讨会的举行，我国学者对爱尔兰和爱尔兰作家的研究领域将会不断地扩大和深入。[24]

爱尔兰作家詹姆斯·乔伊斯的名作《尤利西斯》一问世就震动了整个欧美世界，这不仅指它对性与身体的大胆描写所引起的“一个抵抗出版的伟大运动”，更指它以前所未有的创新形式给文学带来的巨大冲击。郭军以巴赫金的理论为主要框架，对《尤利西斯》进行了解读。论文指出，《尤利西斯》借用的是《荷马史诗》的框架，却不用史诗的庄重风格，而以巴赫金意义上的“小说精神”即笑谑风格进行叙事，不再颂扬与缅怀，而是批判与颠覆。所针对的对象，不仅是殖民历史，更是民族叙事，由此乔伊斯既揭批帝国，又反思民族，对两者的清醒认识正是乔伊斯所认为的民族解放的双重步骤。《尤利西斯》用最辛辣、最具颠覆性的笑谑艺术上演了这两个步骤，其目的则既是为自己追求艺术的自由和心灵的解放，更是为民众祛魅解幻和提升知性。[25]

爱尔兰戏剧有着悠久的传统，自19世纪末以来，随着爱尔兰民族和文化运动的高涨，爱尔兰戏剧就一直力求摆脱英国戏剧的阴影，而彰显其自身的特质。玛丽娜·卡尔已成为爱尔兰当代最著名的女性剧作家，曾多次获得国际大奖。李元对卡尔的剧作《猫原边……》中的女性叙事进行了探讨。论文指出，面对国家、民族、宗教以及父权话语中对女性的传统界定，玛丽娜·卡尔借用古希腊以及本土的神话框架，把女性从传统角色中置换出来，聚焦从民族独立到当代凯尔特老虎时代过程中被边缘化的爱尔兰女性，让观众直面女性的异类与反抗，发展出对传统女性形象的抵抗叙事。在《猫原边……》中，卡尔塑造出女主角海斯特这一精神独立的“她者”在剧中身份的悬挂和不确定，具有典型的阈限特征。但正是由于她的阈限性，使其能站在主流文化之外，反对和摒弃社会的陈规习俗和价值观念剧中的爱尔兰传统景观——伯格原反映着海斯特的阈限，成为其情感和心理的景观。[26]

南非诺贝尔文学奖得主库切的作品自2003年以来引起了全球瞩目。国内的库切研究大多聚焦于其作品中后殖民或后现代性主题。邵凌则从创伤写作的角度诠释了他的作品。论文指出，创伤书写几乎贯穿了库切的创作生涯。库切对创伤的关注与他独特的成长经历有关，是后殖民、后现代两股思潮相互碰撞的产物，与20世纪西方文化的创伤情结相映成趣。库切敏锐的目光洞察了南非漫长的种族隔离史遗留下来的创伤记忆，将殖民、反殖民的历史主题与后现代的自由言说精神有机链接，谱写出一系列镶嵌在历史与当下的创伤叙事。创伤气息弥漫在库切作品中，不仅涉及主题与人物塑造，还在小说的意识与结构中融入了创伤的节奏、过程与不确定性。[27]

邵凌的另外一篇论文则聚焦于库切的近作《凶年纪事》。在这部作品中，库切一改对传统现实主义的不屑，对19世纪俄罗斯现实主义经典小说大加赞美。绍凌对库切的这种态度转变作出了解读。作者认为，这种转变体现了经历后现代思潮后的库切开始把创作重心转向回归道德、回归生活的意旨。然而，在艺术表现手法上，库切依然故我，坚持后现代主义的创新之路，这种转向无疑影响了库切的后期写作，即在传统与创新、道德与艺术关系的探索中前进。显然，把这种转变理解为作家对现实主义传统的迎合或对后现代思想的背离都是片面的。库切对现实主义的示好不是简单地回归现实主义传统，而是在承继了后现代艺术与思想精华之后的道德回归和生活回归，这也标志着库切的创作迈入了一个新的阶段。[28]

在当今学术界热谈世界文学的情境下，重新探讨后殖民文学的当代意义无疑是一个前沿理论课题。在这方面，西方学者已经做了一些奠基性的研究，但国内学界却在大谈后殖民理论的同时很少通过细读文学文本来研究后殖民写作的历史价值和当代意义。王宁指出，探讨后殖民文学时应当将讨论的触角涉及用英语撰写的前殖民地，或现称“后殖民地”的文学。通过对这些文学的一些共同特征的归纳来证明，后殖民理论的形成是基于殖民地和后殖民地写作的。正是那些浩如烟海的以殖民地问题为题材的文学作品为后殖民理论家的理论建构提供了鲜活的文本资源。论文认为，后殖民文学既包括当今已经获得独立的“后殖民地”国家/民族的文学，同时更应该追溯到历史上那些专门描写殖民地题材的作家及其作品，正是他们的奠基性作品预示了后来的理论家对诸如“东方主义”、流散写作、民族和文化身份这些理论概念的建构。同时，也正是这些早期的殖民/后殖民文学的重要作品为西方中心主义的文学经典的消解和世界文学经典的重构作出了重要的贡献。[29]

回溯美国批评界接受文学理论的路径，虽然时间晚于欧洲，但后现代批评理论一度如日中天。经过几十年的理论洗礼，后现代对美国文学究竟意味着什么？它给美国学界带来了怎样的变化？近十年美国理论界的微妙变化，是否预示着整个“后理论”的前景？它对中国学界反思“后学”有何借鉴？针对这些问题，王炎梳理了美国文学界引进、消化理论的历史脉络，借此揭示后现代理论盛行的真正原因。论文指出，继欧陆学界的语言学转向之后，美国批评界所谓的“理论转向”出现在20世纪60年代，美国传统批评方法从强调直觉、意识和经验的审美转向了以诸如接受美学和后现代理论。经过几十年的发展理论已经从前景转入背景，后现代思潮已经内化在学者思考之中。当然，这期间也不乏对理论的反抗，例如扎瓦扎德与莫顿指出，理论术语含义的不确定性与炫奇惑人的游戏色彩实际上应和了晚期资本主义自我再生产的方式。但是，我们需要认识到，现代与后现代知识之间不是断裂的，“后理论”也不是对现代知识的整体性批判。在现代知识处于危机时，“后理论”给后现代与经典之争提供了崭新视角，也为中国学界翻译、介绍“后”理论提供了参照。[30]

对叙述话语功能的探讨以故事与话语之分为基础，这一区分是叙事学不可或缺的前提，但也遇到了各种解构性的挑战，其中最有代表性的是著名美国文论家乔纳森·卡勒对这一区分的解构。申丹对此进行了深入发掘，她首先对卡勒的解构进行更有说服力的反解构，然后探讨叙述话语的三种主要功能，即选择、组织、评论故事成分。就选择功能而言，以往的批评家或者忽略这一功能或者聚焦于话语如何选择事件来组成情节，申丹则聚焦于话语如何为了特定目的而选择偏离情节的故事成分，并加以前景化的再现。就评论功能而言，我们也尤其需要关注偏离规约、打破读者阐释期待的叙述评论。就话语的组织功能而言，申丹着重探讨话语如何微妙地组织两个并行的叙事进程，一个是表层的，另一个是深层的，后者承载作品的深层主题意义。[31]

注：

①《“神圣之伤”：论狄金森诗歌中死亡的认知意义》，《外国文学》，2011 年第 1 期。

②《狄金森与透视主义真理观》，《外国文学》，2011 年第 1 期。

③《镜与灯：〈押沙龙，押沙龙!〉的新历史主义解读》，《外国文学》，2011 年第 1 期。

④《为君主撰写教科书：埃兹拉·庞德对历史的曲用》，《外国文学评论》，2011 年第 2 期。

⑤《〈V.〉：托马斯·品钦的反殖民话语》，《外国文学研究》，2011 年第 1 期。

⑥《〈V.〉的隐喻结构与叙述视角》，《国外文学》，2011 年第 4 期。

⑦《解析〈万有引力之虹〉的清教主题》，《外国文学评论》，2011 年第 1 期。

⑧《“流言”的政治功能——波特的“故事”与“诗”》，《外国文学评论》，2011 年第 2 期。

⑨《作为比喻的写作：马拉默德小说中对爱的探索》，《外国文学评论》，2011 年第 4 期。

⑩《沃克·珀西的末世情结与美国南方的历史命运》，《国外文学》，2011 年第 2 期。

⑪《书的变奏曲——论奥尼尔戏剧中的“变化”主题》，《国外文学》，2011 年第 3 期。

⑫《印第安性的非印第安书写：评〈甜菜女皇〉中的印第安思想内涵》，《外国文学评论》，2011 年第 4 期。

⑬《论华兹华斯〈毁塌的茅舍〉中的地方与悲情》，《外国文学》，2011 年第 2 期。

⑭《华兹华斯诗歌两种题目的考证与比较》，《外国文学》，2011 年第 2 期。

⑮《试论华兹华斯诗歌中非理性想象因素及其折射出的语言观》，《国外文学》，2011 年第 1 期。

⑯《华兹华斯与“视觉的专制”》，《国外文学》，2011 年第 2 期。

⑰《莎士比亚英国历史剧的创作意图》，《国外文学》，2011 年第 4 期。

⑱《被误读的苔丝》，《外国文学评论》，2011 年第 1 期。

⑲《智性交锋：劳伦斯与俄罗斯作家》，《国外文学》，2011 年第 4 期。

⑳《〈克兰福德镇〉故事与话语的断裂》，《外国文学》，2011 年第 2 期。

㉑《虚构事实——小说〈大海啊，大海〉的不可靠叙事策略分析》，《当代外国文学》，2011 年第 3 期。

㉒《论毛姆〈彩色面纱〉中的中国想象》，《外国文学》，2011 年第 4 期。

㉓《论“尤金尼亚蝴蝶”中的变形与成长》，《外国文学研究》，2011 年第 1 期。

㉔《爱尔兰文学在中国——世纪回眸》，《外国文学》，2011 年第 4 期。

㉕《〈尤利西斯〉：笑谑风格与宣泄——净化的艺术》，《外国文学评论》，2011 年第 3 期。

㉖《玛丽娜·卡尔的女性叙事——〈猫原边……〉中的她者与阈限》，《外国文学》，2011 年第 6 期。

㉗《库切与创伤书写》，《当代外国文学》，2011 年第 1 期。

㉘《从库切对现实主义态度的转变看库切创作的新方向》，《外国文学》，2011 年第 1 期。

㉙《逆写的文学：后殖民文学的历史意义和当代价值》，《外国文学研究》，2011 年第 5 期。

㉚《理论话语与美国学界》，《外国文学》，2011 年第 1 期。

㉛《从叙述话语的功能看叙事作品的深层意义》，《江西社会科学》，2011 年第 11 期。

（作者：北京大学副教授）

俄罗斯文学

赵桂莲　崔艺学

总的来看，2011 年的俄罗斯文学研究形成了四个比较集中的热点研究，一是陀思妥耶夫斯基研究，二是回顾苏联解体 20 年中俄罗斯文学的发展历程，三是白银时代文学研究，四是符号学理论研究。研究视角比较新颖，视野有所拓展，某些方面有填补空白的成就。

一、19 世纪俄罗斯文学研究

宋德发、张铁夫[①]的关注对象是作为历史文学作家的普希金，认为真实性、历史细节的典型性和全局性是其历史文学的主要特点，普希金创作历史文学的动机是为了表达对俄国历史的观察。通过历史文学作家或发掘俄罗斯的历史精神，讽喻现实，或重新评价历史人物，传达自由、平等、公正的理念，或辩证地评判英雄伟人，张扬历史理性，或思考民众在历史进程中的作用和局限。张杰、管月娥[②]运用俄罗斯符号学家乌斯宾斯基提出的艺术文本结构的视点理论、以浪漫主义长诗《鲁斯兰与柳德米拉》和现实主义诗体小说《叶甫盖尼·奥涅金》为比照对象剖析了普希金创作的现实性与真实性。研究者的结论饶有趣味：在创作现实主义诗体小说时，作家创作的视点与现实之间保持的是共时性的内视点关系，即作家是对自身所处现实的再现；其浪漫主义长诗不在于反映现实生活，而在表现富于主观幻想性的内心世界。由于对现实的再现多采用外视点，所以对这种内心世界的表现往往超过对客观世界的反映，不受任何现实的羁绊，反而更加真实。因此，浪漫主义作品由于叙述视角的独特性可以超越现实意识形态环境，在表现真实的程度上并不逊色于现实主义作品。王立业[③]对普希金小说《驿站长》的解读颇具新鲜感，作者一反已成定论的对该小说主题思想的认识，认为作为"小人物"的驿站长的悲剧主要并非来自社会等级压迫，与阶级对立无关，是他自身框定的伦理信条使其陷入"人性的尴尬"、爱的褊狭，直至窒息而死，因而小说的魅力不在于对"小人物"厄运的描写，而在于对其人性与人格的揭示。

胡学星[④]发现，在果戈理的创作中始终存在着日常生活的"闯入者"形象，早期是魔鬼、巫师等魔法形象，之后是神奇物和现实人物，这些形象虽各不相同，但都拥有超出寻常的魔力，在叙事中发挥着推动情节发展的功能，其存在使生活常态趋于怪诞化，其作用是便于作家展现和揭示现实生活的本质。陈新宇[⑤]比较了莱蒙托夫的"恶魔"与为其长诗创作插图的画家弗鲁贝尔的"恶魔"之间的关系，着眼点主要在二者的差异上。诗人的恶魔是矛盾的集合体，既是具有诗人本人气质的艺术象征形象，又是福音书和俗世意义上的反基督形象，其矛盾性体现了诗人本人理解世界的矛盾性；画家的恶魔同样融入了自身多年来对该形象的思考，他的恶魔是象征形象，不是宗教意义上的"魔"和"鬼"，而是"灵魂"，是渴望远离俗世、笑傲江湖、冷观世事的高傲灵魂。诗人的恶魔与画家的恶魔结合起来所达到的认识高度是单纯的诗或画都难以企及的，二者相得益彰、相辅相成。袁新、郑海凌[⑥]以屠格涅夫的汉译作品为分析对象，关注的是文学翻译中的虚实问题，认为通过画面的流畅性、语言的音乐性和语义的互文性可以使译文虚实相映，最大限度地呈现"美文大师"屠格涅夫的风范，实现审美层次上的追求。

2011年陀思妥耶夫斯基诞辰190周年、逝世130周年，与此相关，从不同角度关注该作家的论文比较集中。2010年《陀思妥耶夫斯基全集》中文版终于问世了，程正民对22卷本的《全集》作了全面评价，认为客观性、学术性是其突出特点，其最值得肯定、最有价值的是"总序""题解"和"译者序"，因为就其材料的系统、丰富和分析的深入程度来说，它们体现了中国当前陀氏研究的水平，是作者长期研究的成果和结晶，而该全集的出版为中国的陀氏研究在世界范围内发出自己的声音提供了条件。[⑦]张变革解读的是陀思妥耶夫斯基对自身创作的定义，即他的创作是"最高意义上的现实主义"，理解这种现实主义必需在整体把握作家世界观和价值取向的前提下才能实现，作家世界观的核心是对上帝和灵魂不朽的信仰，从信仰视角考察陀氏创作方能洞察本质，并进而深刻认识其结构恢宏的文本世界。[⑧]张虎从比较文学的角度研究了陀氏的《双重人格》与土耳其作家、诺贝尔奖得主帕慕克的《白色城堡》，认为二者从文本层面看具有一致性，情节和叙事皆围绕身份的双重性展开，但二者的主题思想却完全不同，《双重人格》思考的是人的"神性"与人性之争，《白色城堡》则借伊斯兰神秘主义中的"双重真理说"反思东西方的文化关系。尽管如此，从文化渊源上看，二者却异途同归，统一于俄罗斯与土耳其民族文化的精神分裂，而这正是两位作家青睐影身文学或曰同貌人文学的根本原因。[⑨]曾思艺的研究也属于比较研究，在欧洲"成长小说（或教育小说）"的大背景下考察了《少年》的特色：在主题内涵上该小说比以往的教育小说更为丰富，现代色彩更加浓厚；从艺术表现手法看，该小说具有现代成长小说的叙事高度，同时集社会小说、悬疑小说、心理小说等多种类型的小说与教育小说于一体。[⑩]刘锟重点研究的是陀氏对俄国白银时代象征派小说家创作的影响，该影响具体体现在宗教精神探索、对人存在本质的终极追问、人格分裂的意义表达和神话诗学特征等方面。[⑪]许志强具体论述了陀氏小说《群魔》对加西亚·马尔克斯小说《枯枝败叶》的"主体性"影响：《群魔》对《枯枝败叶》中"死者形象"的塑造至关重要，二者在人物形象、叙事方式和哲理逻辑方面具有多重关联。[⑫]单世联评述了陀氏与车尔尼雪夫斯基围绕"水晶宫"的理想是否现实展开的论争，二者的认识针锋相对，这也是长期以来陀氏"反动"、车氏"进步"观点的由来。车氏相信人类的未来是像水晶宫一样的理想社会，但陀氏却不这样认为，在他看来，在理性和利益之外人还有愿望、意志、任性等，人性和人类社会都不像水晶宫那样透明，因此如果相信人类拥有共同的利益、拥有社会可以实现普遍和谐的信念及其实践，这只会否定、消除两者间的差异和人类自由。[⑬]研究者最终的结论是：围绕"水晶宫"所展开的论争开启了科学理性能否解释人类生活以及"乌托邦”能否成立的重要议题，是启蒙与反启蒙两种观念的交锋。何云波以《卡拉马佐夫兄弟》为例分析了陀氏的“哲学叙事”特点：陀氏虽被公认为是“哲学家”，但他的“哲学叙事”与追求完整体系、严密逻辑的理论哲学不同，其叙事哲学复杂，具有对话性和未完成性，充满悖谬、矛盾，作家思想的探索总是与对小说人物命运的关注紧密联系在一起，思想表达张力十足，而这正是陀氏“叙事哲学”的魅力所在。[14]夏忠宪的研究可谓与时俱进，围绕“作者话语”“非作者话语”“作者形象”等问题探讨了陀氏《作家日记》的叙事策略和话语建构，认为早在19世纪作家就率先以个人媒体的角色进入了公共空间，以公共性的私语实践推行其倡导的理念，他的《作家日记》就是当今网络时评的原型，其诗性的追求和高远的立意具有现实意义，对于网络文学的健康发展具有珍贵的借鉴意义。[15]陈杨从对待上帝的态度、道德与政治的关系、实现神权政治的方式三个方面阐释了陀氏与宗教哲学家、诗人索洛维约夫的异同：二者皆信仰上帝和神人，只是对于陀氏来说，宗教信仰实体性的载体只存在于“人民的灵魂”之中，这里体现的是其民粹主义动机，而索氏却完全摆脱了民族主义，在他看来，教会而非人民才是“基督的神秘的身体”；二者皆主张政治要绝对服从道德，反对通过暴力达到政治目的；二者皆认为国家应该而且可以成为教会，但拒绝天主教的陀氏不可能接受索洛维约夫寻找的实现神权政治的道路，即克服教会分裂、把东正教和天主教联合起来。[16]

彭甄的考察对象是契诃夫的短篇小说《新娘》。通过对女主人公“出走”行动的“动力资源”“出发位置”以及“出走”后史进行系统分析，研究者揭示出小说文本叙事在父权意识形态规导下对前期“女性行动”（出走）及其方式的设计和操控，以及后期“女性行动”（“后出走”）的叙事对以男性价值主导为书写目标的叙事策略的突破。作者的研究结论是：对文学史上“女性解放”母题的修订使这篇小说在结构和意义旨向等方面具有了更为深刻和普泛的精神史意义。[17]谢春艳特别关注了契诃夫创作中的犹太女性，更准确地说，通过具体分析契诃夫两部作品中的犹太女性形象展现了作家对犹太问题的看法：契诃夫通过生动真切的艺术形象道出了犹太人“同化”的实质，即“同化”了的犹太人依然是犹太人，无论他们在同化过程中如何倾心于异族文化，终究还是要回到犹太文化中去，终究还是“无根”的人。[18]黄莹莹、黄幽燕以契诃夫的多幕剧《三姐妹》和《樱桃园》为例分析了剧作家创作思想的革新和创作手法的改变，创新和改变与象征手法的运用密不可分，作家运用象征的特点是系统性、多样性和对立性，通过具有象征意义的人或事物等具体形象，作家表现了抽象的概念、思想、情感，表现了其中蕴含的深远的社会意义。[19]董晓认为，契诃夫的戏剧呈现出一种“静态性”的美学特征，这种特性淡化了人与人之间外在的冲突，同时却强化了人与环境和时间的冲突，体现了剧作家对人的荒诞生存状况的忧虑。契诃夫静态化戏剧对20世纪世界戏剧的发展产生了深远影响，荒诞派戏剧就把这种静态性特征发挥到了极致，中国的现代戏剧同样借鉴了契诃夫戏剧对静态性的追求。[20]

二、20世纪和21世纪的俄罗斯文学研究

刘胤逵分析了白银时代未来主义文学艺术与对其出现产生过影响的西方现代主义文学艺术的差异。作为西方现代主义同类文学现象的对应物，俄国唯美主义和早期象征派对于“纯”艺术的追求或多或少地体现了现代主义的一个重要倾向——分化，但是这种倾向在俄国语境中只是一个暂时现象，随后出现的未来主义明确表现出对于这种倾向的反对态度，通过融汇不同种类的艺术，俄国未来主义创造出了许多新的艺术形式，并为后来的莫斯科概念主义即俄罗斯后现代主义的主体提供了本土资源，与此同时，俄罗斯未来主义艺术试验也体现了当代艺术中的一个倾向——去分化。[21]王宗琥从对“元叙事”的质疑和“相对性”创作原则两个方面论述了20世纪20年代末的文学流派“现实艺术协会”，由其解构语义、语法、逻辑、因果关系等基本认知要素并建立全新的认知世界的荒诞诗学这些特点得出结论，即该文学流派是俄罗斯后现代主义文学的先声。[22]借助西方符号学理论，管海莹剖析了象征主义作家安德烈·别雷的长篇小说《彼得堡》，认为安德烈·别雷不仅是象征主义理论家，而且通过自身的创作实践反映了其对形式美学问题的科学总结，而《彼得堡》就是最好的例证。结合文本对作为俄罗斯历史乃至世界历史不和谐发展之化身的“彼得堡”这个标志性符号以及由“彼得堡”转化出的基本编码模式及其在小说各层面的记号过程予以分析之后，研究者总结道：《彼得堡》的叙事结构具有多元、动态、开放的性质。[23]有“二十世纪第一诗人”之美誉的女诗人茨维塔耶娃在我国却少有人研究，论著一直寥寥，对其长诗的关注更是罕见，黄玫的研究多少弥补了这方面的缺憾。通过对诗人长诗主题的分析，研究者指出，爱情与死亡、鄙俗的生活与崇高的精神、诗人与创作等主题与其更为人熟悉的抒情诗主题一脉相承，这些主题在长诗中甚至表现得更为集中、深刻。[24]

陈辉的论文研究的是同时期的现实主义作家、俄罗斯第一位诺贝尔文学奖得主布宁的“爱的百科全书”《幽暗的林荫道》，作者特别强调的是，与之前具有典型性的现实主义文学创作不同，布宁的创作具有短小叙事、存在叙事、哲学叙事等“新现实

主义”特点，是传统与现代之间的过渡。[25]多年从事哈尔滨俄罗斯侨民作家作品搜集、整理和研究的李延龄通过比较中国的俄罗斯侨民文学及其文学思潮和同时期的俄罗斯文学及其文学思潮得出结论：中国的俄罗斯侨民文学是俄罗斯白银时代文学的延续和组成部分，其中也包括新现实主义、现代主义、浪漫主义等文学思潮，因此有理由把它命名为“哈尔滨俄侨白银时代”。[26]汪介之从叙事学角度剖析了高尔基长篇小说《克里姆·萨姆金的一生》的艺术特色：小说采用第三人称人物的有限视角展开叙述，却巧妙地使主人公成为“不可靠叙述者”，从而隐秘地传达出对他的讽刺态度；作品设置了一个贯穿始终的哈姆雷特式的问题，即“这里真的来过一个小孩吗”？运用梦境和幻觉描写及“多棱聚焦”的结构原则表现人物的心理状态和性格矛盾；作品中的“杂语风暴”恰当地传达出特定时代的精神气候和文化氛围。这种叙事特点显示出高尔基晚年对新的艺术形式和表现手法的探索，但“思想的超载”却影响了小说的可读性。[27]该作者的另一篇文章以俄国知识分子为切入点重新认识了该小说及其主人公。作者不认同小说是“对资产阶级知识分子的判决书”，相反，他认为这并非一部谴责和批判知识分子的作品，而是作家对以往创作的知识分子题材作品的总结，体现了他关于知识分子的原有认识的更新和深化。小说的主人公既是旁观者又是“反英雄”，借助该形象高尔基对俄罗斯人的灵魂进行了文化审视，强调知识分子历史作用的发挥与民族文化心态的根本性转换之间存在的是互为条件的关系。[28]王丽欣“重评”该长篇小说的视角是其中乃至高尔基多数作品中蕴含的存在主义思想意识，作者认为，这种意识是作家人学思想的组成部分，是西方存在主义思想和俄国哲学精神相结合的产物，该意识在小说中从主题到艺术形式的具体表现是：个人与集体的关系、主人公的边缘化存在和叙事风格的意识流。[29]

对于俄罗斯“第三浪潮”侨民作家谢尔盖·多甫拉托夫的创作公认的自传性，葛灿红有自己独到的见解，认为这种自传是经过精心包装的“自传”，它具有伪纪实性。其创作的“纪实感”是通过心理学上的第一印象效应、控制叙事距离等手法达到的，这些手法的运用产生了虚实不分或虚实相生的效果。[30]吴嘉佑的研究对准的是该作家的小说《一个多余人》，指出该作家的“多余人”形象虽然继承了俄罗斯文学的“多余人”创作传统，但不同的是，作家强化了当代“多余人”身上的现代意识，凸显了世界、生命、存在的荒诞性。[31]汪树东的研究让近年来有些寥落的名字“艾特马托夫”又重新进入人们的视野。艾氏2006年的遗作《崩塌的山岳》与其以往创作的总体思想一脉相承，表现了作家对全球化背景下人类精神危机、生态危机、大众文化侵蚀高雅文化的忧虑。[32]闫吉青从女权主义视角分析了2010年俄语布克奖获奖小说《鲜花十字架》的女主人公形象，研究者认为，虽然女主人公是男权统治下的“他者”，即父亲的工具、情人的玩偶、丈夫的私有财产、牧师畸形欲望的试验品，但与此同时她又是一个具有强烈主体意识的女性，经历种种磨难之后，她突破了男权的桎梏，改变了“他者”的地位，呈现出完全独立的主体形象。[33]

在追溯俄罗斯后现代主义文学的起源时，林精华把时间点推向了18世纪初的彼得大帝时期，因为正是这个时期俄罗斯开始以国家形式推进现代化进程，形成了强大的国家意识形态和严厉的报刊检查制度，而与此同时，现代化进程又培育出追求个性自由精神的知识分子，他们在文学艺术中批判这种国家进程，但在维护国家框架内的批判却无助于俄罗斯问题的解决，这种矛盾性在苏联时期尤甚，而苏联的后现代主义文学正是在这种强大的国家意识形态的压力下产生的，这些“另类文学”是对官方话语文本的消解。[34]温玉霞进行的是后现代主义文学的个案分析，在该研究者看来，索罗金的“审丑”叙事模式可以概括为“粪土化”“丑陋化”和“妖魔化”三种基本形态，该模式的目的是打破封闭、单调、机械的审美艺术模式，同时也是对苏联社会政治统一尺度下鲜见审丑的反拨。[35]

2011年苏联解体20年，回顾总结20年来俄罗斯文学的变化、发展、得失成为一个研究的热点。张建华认为在苏联解体后的后现代文化转型中现实主义文学能够焕发新的生机，重新得以兴盛，这是现实主义作家对俄罗斯文学经典精神资源的守望，是对具有深厚民族文化根基的俄罗斯文学基本思想和艺术元素的坚守。[36]对于现实主义文学的“回潮”现象，王树福同样看到了其中传统所发挥的强大作用，但20世纪末21世纪的俄罗斯现实主义文学与以往各个时期的现实主义又有所不同，既保留了传统内核，又融汇吸收了多种文学流派的艺术表现手法，这是西方外来文学思潮与俄罗斯本土文学因素相结合的具体呈现。[37]侯玮红以“20年回顾”为主题的论文从文学的外部环境、文学的地位与作用、创作队伍、创作倾向与创作内容、创作风格等方面总结了苏联解体后俄罗斯文学的态势，总的说来，这20年来的俄罗斯文学存在一定程度的连续性和继承性，创作内容和形式具有多元化特点。[38]在林精华看来，东正教进入文学叙述领域，同时更是文学家理解俄罗斯问题的思想资源，这是后苏联文学的特色。具体说来，在后苏联文学的创作中“末世论”成为解释俄国历史问题的方法，“弥赛亚”成为重新叙述苏联问题的有效途径，而“复活”被用来认识后苏联俄国问题的重要观念。[39]与此认识相关，对于后苏联文学所显示的旺盛生命力，该研究者从民族主义和帝国传统的角度找到了答案，即后苏联文学的兴盛正在于帝国传统公开化、合法化了，帝国传统使俄国重建有了国民认同的依据，而文学则成了在审美上促成国民认同俄罗斯国家的重要力量。[40]在评述苏联解体后十年内反映苏联时期的历史文学产生的原因时，该作者认为，由于该文学的创作者皆为苏联的亲历者，所以批判与否定苏联成为其主流，十年之后批判与否定被怀旧叙事取而代之。[41]

三、文学理论研究

卢永和集中研究了19世纪后半期、20世纪初文学理论家维谢洛夫斯基对文学史建构的看法。该理论家的创见在于打破以经典作家作品为主要线索建构文学史的传统，主张以艺术形式作为文学史的叙述本位，挖掘潜在于单个文本背后的世界共通的艺术形式演进脉络，由此建构新的诗学命题，以别样的方式描述文学史。[42]

管月娥梳理了塔尔图-莫斯科符号学派产生的政治文化背景、名称由来、学术研究风格及其与欧美符号学研究的区别等，指出该学派从事的是文化类型学研究，强调研究中形式和内容的融合，既分析文本的内部结构，又注重文本和外部社会文化环境的关系。此外，充分融合莫斯科语言学思想和列宁格勒文艺学思想这种独特研究风格的形成与俄罗斯文化发展的两极性及两极文化的碰撞与融合密切相关，这种风格使其在世界符号学研究中占有重要地位。[43]张良林、胡志红关注的同样是符号学理论，借助洛特曼的文化符号学，两位研究者廓清了传达符号学和意指符号学的差异，其主要差异表现在符号运行代码、研究对象、传达意图、符号运行路径和适用范围等方面。具体说来，传达符号学与意指符号学的不同点表现在代码的有无或强弱上；二者研究对象不同，前者的对象是人为的、具有统一代码的标志，后者的对象是具有较强任意性的符号；从传达意图上说，前者仅研究存在发送者意图的符号，而后者不把发送者意图看作唯一衡量标准，而把符号现象对于解释者的意指作用提到中心地位；就符号运行路径而言，前者的“符号—代码—解读”偏于正向单向过程，后者的“所指能指即时匹配—代码产生—解读”偏于逆向双向或多向过程；就适用范围来说，前者适用于对第一符号系统、包括天然语言和人工语言的解释，后者适用于对第二符号系统、主要包括文学艺术系统的解释。[44]王铭玉的研究集中分析了洛特曼理论中符号的模式化系统思想和符号域思想。以语言为代表的第一模式化系统和以文化现象为代表的第二模式化系统彼此互为方法、相互影响，促进了语言文化学的发展；符号域作为符号学视野下的文化观是民族文化符号系统产生、活动、发展的空间和载体，其典型特征是在“动态平衡”中体现文化要素的性质，因而是研究语言文化学的有效方法和途径。[45]同样是研究符号学的王永祥、潘新宁探讨了语言研究史中两种不同的研究视角，以索绪尔为代表的侧重语言符号普遍形式系统的系统论研究和以巴赫金为代表的侧重语言符号与其使用环境之间多元动态关系的关系论研究，二者的研究具有互补性、对话性。该论文虽为语言符号学研究，但对于文学文化研究具有启迪意义。[46]与上文类似，李曙光的研究对文学文化研究同样具有借鉴价值。该文比较研究的也是语言学思想，剖析的是巴赫金语言学思想与生成语言学创始人乔姆斯基语言学思想及其方法论之间的关系。通过具体分析，该研究者发现，作为人文学者的巴赫金与作为科学家的乔姆斯基之间存在的不是学派上的差异，而是学科上的不同，但与此同时二者又存在诸多相同点，即二者的目的都在于通过研究语言揭示人类心智的奥秘；都力图重建语言学与其他学科之间的关系；在对待共同关注的前辈洪堡特的态度上都是各取所需，对洪堡特的理解皆为一种积极的对话式理解，并以其为中介实现了二者之间的对话。[47]赵晓彬、韩巍从先锋派艺术、语言符号学、诗学等不同维度阐释了另一位符号学家、形式主义文论奠基人雅各布逊的时空理论，得出的结论是：该理论家的时空研究表明，语言在历时组合过程中必然受共时聚合行为的影响，而共时聚合过程也会受到历时组合的制约，在研究文学语言时雅各布逊已经注意到从历史的角度去探讨；其语言符号学和诗学研究中的空间概念更为宽泛，揭示了横向与纵向的空间融合体。[48]

吴元迈以历史为脉络、聚焦于文学形式与表现手段，论述了俄国现实主义诗学的变化过程，指出该变化与国际文艺思潮的变化和不同时期的各种重要论争密切相关，从20世纪30年代中期卢卡契模式之“伟大现实主义”主张的单一性和社会庸俗学公式到始自50年代中期认可多流派或多类型特点，现实主义诗学经历了一个不断丰富的发展过程。[49]刘涵之、马丹以车尔尼雪夫斯基的美学思想为核心探讨的同样是现实主义文艺理论，认为车氏提出的“艺术的第一目的是再现现实生活”“艺术的另一作用是说明生活”是其重要定义“美是生活”的具体运用，其中既显示出理论家的唯物哲学倾向，同时又是该审美范式转换的逻辑结果。[50]

周启超以翔实的资料为基础总结了最近20年来俄罗斯文论的主要特征，即多方吸纳国外资源与深度开采本土资源相结合，既开放又恪守，既解构又建构，由此实现了它的自我更新。[51]王加兴在较为全面梳理苏联解体后各种文论读本的基础上发现，不同版本的读本具有一个共同的特点，那就是文本分析和研究是各种读本选篇的主要取向，这样做的目的源于把以往割裂开的文学理论研究与文本分析实践结合起来，使文学理论不仅停留在理论层面，而是成为文本分析的工具，这一点正是当今俄罗斯文论的主流特征。[52]孙超对俄罗斯当代文学批评家叶兴的著作《分析文学作品的原则和方法》的评析印证了上文的观点。该书是在实践中灵活运用理论的“经典”之作，作者研究的核心内容是揭示文学作品的内在构成要素及分析这些要素的基本方法和技巧，是理论联系实际的典范。[53]通过具体分析20世纪初俄罗斯科学院高尔基世界文学研究所相继出版的四卷本《文学理论》（目前出版了三卷），姚霞对当今俄罗斯文艺理论状况的看法有所不同，认为1990年以来俄罗斯文学学（即文学理论）领域的建树渗透着过渡性质的“后苏联”时期独具的风格和特征，文学理论建设的多元尝试一方面取得了飞跃性的进展，另一方面又显示出矛盾性的特质。[54]比较四卷本《文艺理论》与20世纪60年代苏联科学院编撰的三卷本《文艺理论》更能清楚地发现前者的过渡性、矛盾性，虽然表现出强烈的去意识形态化特征，但四卷本《文艺理论》与三卷本《文艺理论》的编著宗旨本身并不存在根本的、实质的区别，二者“若即若离”的关系反映了世纪之交俄罗斯文学学矛盾性的、过渡性的特质，其中发挥效力的是俄罗斯文化发展所呈现的极端性，即从一个极端急剧转向另一个极端，具体到四卷本《文艺理论》，则是从马克思主义方法论急剧转向一切非马克思主义方法论。

注：

①《论普希金的历史文学创作》，《外国文学研究》，2011年第3期。

②《现实与真实之间：普希金创作叙述的时空视点分析》，《外国文学研究》，2011年第5期。

③《人性的爱与悲——普希金小说〈驿站长〉赏析》，《俄罗斯文艺》，2011年第4期。

④《试析果戈理笔下的“闯入者”形象及其叙事模式》，《俄罗斯文艺》，2011年第1期。

⑤《莱蒙托夫和弗鲁贝尔的恶魔形象》，《俄罗斯文艺》，2011年第4期。

⑥《文学翻译中的虚与实——以屠格涅夫作品汉译为例》，《俄罗斯文艺》，2011年第3期。

⑦《客观展现一个完整的陀思妥耶夫斯基——谈陈燊主编的〈陀思妥耶夫斯基全集〉》，《俄罗斯文艺》，2011年第3期。

⑧《最高意义上的现实主义——陀思妥耶夫斯基超越的视角及繁复的文本世界》，《俄罗斯文艺》，2011年第1期。

⑨《〈双重人格〉与〈白色城堡〉的比较研究》，《俄罗斯文艺》，2011年第3期。

⑩《独具特色的成长小说——试论陀思妥耶夫斯基的〈少年〉》，《俄罗斯文艺》，2011年第3期。

⑪《陀思妥耶夫斯基对俄国象征主义小说的影响》，《俄罗斯文艺》，2011年第3期。

⑫《“犬儒主义者”的悲剧和死亡——试论〈群魔〉对〈枯枝败叶〉的创作影响》，《俄罗斯文艺》，2011年第3期。

⑬《“水晶宫”与现代文化的分裂——重思车尔尼雪夫斯基与陀思妥耶夫斯基之争》，《外国文学评论》，2011年第2期。

⑭《〈卡拉马佐夫兄弟〉与陀思妥耶夫斯基的“叙事哲学”》，《俄罗斯文艺》，2011年第3期。

⑮《〈作家日记〉VS博客——陀思妥耶夫斯基的叙事策略和话语建构》，《俄罗斯文艺》，2011年第3期。

⑯《索洛维约夫与陀思妥耶夫斯基的关系：一种新阐释》，《俄罗斯文艺》，2011年第3期。

⑰《“出走”作为仪式——契诃夫短篇小说〈新娘〉主题解析》，《外国文学》，2011年第4期。

⑱《契诃夫笔下的犹太女性——以〈泥潭〉、〈伊万诺夫〉为例》，《俄罗斯文艺》，2011年第2期。

⑲《契诃夫多幕剧中象征手法的运用》，《俄罗斯文艺》，2011年第3期。

⑳《论契诃夫戏剧的静态性》，《外国文学研究》，2011年第5期。

㉑《疆界的消失：俄罗斯未来主义与艺术的“去分化”》，《外国文学》，2011年第2期。

㉒《俄罗斯后现代主义文学的先声——简论先锋艺术团体“现实艺术协会”》，《俄罗斯文艺》，2011年第4期。

㉓《论〈彼得堡〉的多元叙事结构》，《俄罗斯文艺》，2011年第4期。

㉔《诗人的天空——茨维塔耶娃长诗创作中生活与存在的矛盾》，《俄罗斯文艺》，2011年第4期。

㉕《新现实主义美学视角下的〈幽暗的林荫道〉》，《俄罗斯文艺》，2011年第1期。

㉖《论哈尔滨俄侨白银时代文学》，《俄罗斯文艺》，2011年第3期。

㉗《〈克里姆·萨姆金的一生〉的叙事艺术与形式特色》，《俄罗斯文艺》，2011年第3期。

㉘《关于俄国知识分子的一种文化审视——〈萨姆金〉与萨姆金形象的重新评价》，《外国文学评论》，2011年第2期。

㉙《存在主义意识：〈克里姆·萨姆金的一生〉的重评》，《俄罗斯文艺》，2011年第3期。

㉚《真实和虚构：多甫拉托夫小说的叙事策略》，《俄罗斯文艺》，2011年第2期。

㉛《多甫拉托夫笔下的当代“多余人”》，《外国文学研究》，2011年第3期。

㉜《全球化时代精神与生态的双重危机——论艾特马托夫〈崩塌的山岳〉的叙事伦理》，《俄罗斯文艺》，2011年第4期。

㉝《女性自我主体性的确立——从女权主义视角解读〈鲜花十字架〉女主人公费奥多西娅的形象》,《俄罗斯文艺》,2011年第2期。

㉞《苏联后现代主义文学起源和发展考》,《外国文学评论》,2011年第1期。

㉟《索洛金小说中的"审丑"叙事模式》,《俄罗斯文艺》,2011年第1期。

㊱《守望经典——后苏联俄罗斯现实主义文学谈》,《俄罗斯文艺》,2011年第1期。

㊲《当今俄罗斯现实主义之发生考论》,《俄罗斯文艺》,2011年第1期。

㊳《俄罗斯文学20年回顾》,《俄罗斯文艺》,2011年第4期。

㊴《末世论和复活:后苏联文学和俄国东正教》,《南开学刊》(哲学社会科学版),2011年第1期。

㊵《俄联邦的俄罗斯帝国传统——关于认识后苏联文学的方法论问题》,《俄罗斯研究》,2011年第2期。

㊶《后苏联俄国最初十年的历史文学:苏联作为被否定性再叙述的生活》,《黑龙江社会科学》,2011年第2期。

㊷《维谢洛夫斯基"历史诗学"中的文学史问题》,《俄罗斯文艺》,2011年第2期。

㊸《乌斯宾斯基与塔尔图-莫斯科符号学派》,《俄罗斯文艺》,2011年第1期。

㊹《传达符号学与意指符号学的差异——洛特曼文化符号学视角》,《俄罗斯文艺》,2011年第2期。

㊺《符号的模式化系统与符号域——洛特曼符号学思想研究》,《俄罗斯文艺》,2011年第3期。

㊻《语言符号学:从索绪尔到巴赫金》,《俄罗斯文艺》,2011年第3期。

㊼《理论的对话——巴赫金与乔姆斯基语言哲学思想之间的张力》,《俄罗斯文艺》,2011年第3期。

㊽《雅各布逊时空论的多维阐释》,《俄罗斯文艺》,2011年第2期。

㊾《简论现实主义诗学》,《俄罗斯文艺》,2011年第1期。

㊿《车尔尼雪夫斯基"美是生活"的美学思想与现实主义艺术观——以〈艺术与现实的审美关系〉为中心》,《俄罗斯文艺》,2011年第1期。

(51)《在"开放"与"开采"中自我更新——苏联解体以来俄罗斯文论气象手记》,《俄罗斯文艺》,2011年第2期。

(52)《文本分析:俄罗斯文论的当代追求——评文论读本〈俄罗斯语文学〉》,《俄罗斯文艺》,2011年第3期。

(53)《一部理论诗学的实践经典——评〈分析文学作品的原则和方法〉》,《俄罗斯文艺》,2011年第3期。

(54)《"历史性的文学理论"之建构探索——评四卷本〈文学理论〉》,《俄罗斯文艺》,2011年第4期。

(作者:赵桂莲,北京大学教授;崔艺苧,北京大学博士生)

管　理　学

工商管理学

邓荣霖　高　杰

一、企业管理

2011年,北京学者围绕企业管理的学科理论价值、实践应用价值、具体运用过程三方面研究取得了新进展,现综述如下。

(一)企业管理的学科理论价值

关于企业管理的学科理论价值,有的学者认为,管理理论从以科学管理原理为诞生标志至今,经历了生产效率导向、运营管理导向、战略优势导向、合作竞争导向和战略博弈观的演进路径,各阶段都有其特定的代表性理论。社会的变革推动着管理理论的演进,特定历史阶段的生产力等要素要求特定的管理理论导向。进入21世纪后,博弈论迅速从数学和经济学领域进入社会科学诸领域,在战略管理乃至整个企业经营活动层面都具有广阔的应用前景,战略博弈观日渐成为新时代管理理论的一个重要特征。[①]有的学者根据资源依赖理论、知识管理和权变管理理论，探讨了不同内部社会资本条件下组织间社会资本对组织短期绩效和增长绩效的不同作用机制。通过对高科技行业和制造业企业的实证研究发现，相对于短期绩效而言，组织间社会资本和内部社会资本对增长绩效的影响程度更高；相对于显性知识创造而言，组织间社会资本和内部社会资本的影响程度更高。相对于低水平的内部社会资本而言，在高水平的内部社会资本条件下，组织间社会资本通过增强对隐性知识创造的影响程度来提升增长绩效。②

有的学者将以知识经济时代为背景的人本管理理念运用到企业战略管理中，构建了解决战略目标与战略行动协调、激励与利益协调、静态管理与动态管理协调的管理策略模式，给出企业管理与时代背景相结合的范式。③有的学者提出，战略本身作为一种风险规避的手段，随着环境的变化，战略管理的内容也在不断演变，同时战略本身的风险也因环境的变化而在不断增加；战略风险产生的根源是战略、企业资源和能力与环境动态匹配失衡的结果，战略风险来源于战略、资源能力及环境各要素之间的不匹配以及战略管理过程的不确定。战略风险与战略相伴而生，随着战略风险重要性的提高，战略风险将不断融入战略管理过程，成为战略管理的有机组成部分。④有的学者创造性地提出并界定了狭义的相对核心能力概念：在具体的竞争情境下，企业拥有有价值的、稀缺的、难模仿的和不可替代的累积性学识，即在具体竞争情境下满足核心能力的判定标准。进而构建了一个具有较高理论价值和现实意义的一般分析框架，从商业模式、组织学习角度入手分析如何构建企业相对核心能力。⑤

（二）企业管理的实践应用价值

关于企业管理的实践应用价值，有的学者以我国大型上市企业为观察对象，从新制度主义视角提出了组织结构趋同的现象和原因，并在通过数据的收集和分析验证了这一趋势，为企业战略选择和组织结构演进提供借鉴。⑥有的学者根据低碳经济下社会责任的特点，研究低碳经济下社会责任的内容，设计以每股收益为基础的社会责任量化模型，计算每股贡献值，即社会贡献值，据此评价企业承担的社会责任。⑦有的学者基于对现存研究缺口的认识，构建了包含中介环节的调节效应概念模型，并通过中国297家企业样本的实证检验，得出了以下结论：企业高层领导者的变革型领导行为对组织绩效具有正向的影响，且探索式技术创新在其中承担部分中介的作用；环境动态性对变革型领导行为与组织绩效之间的关系具有调节作用，但在这种调节作用产生效应的过程中，探索式技术创新起了完全中介的作用。⑧

有的学者通过案例方法，以处于战略转型中的中国长江三峡集团公司为研究对象，分析、总结其从工程建设阶段到运营管理阶段所处环境的变化、组织目标以及组织形态的演变。研究发现，组织目标作为组织边界上链接环境与组织的机制，是整合组织内外部力量和要求并赋予组织主体性的关键要素；在追求目标实现的过程中，结构安排与文化控制塑造了组织形态。环境影响组织的力量并非是单一纯粹的，而是社会性、经济性和技术性力量的混合甚至是变异；同时，环境力量是在与组织内部动机、需求的共同作用下影响组织目标的。⑨有的学者从产业创新系统的基本理论出发，结合国外发展大型飞机产业的经验，归纳了大飞机产业创新系统的主要特点，进而提出了适合中国国情的大飞机产业创新系统的模型框架，并提出了相关政策建议。⑩有的学者基于战略群组的基本理论，以2004—2008年中国保险行业公司为样本，关注战略群组的结构特征及其对企业绩效的影响，展开了围绕战略群组的三方面研究。首先，通过实证结果验证各个战略群组之间存在显著的绩效差异；其次，行业内战略群组的数量和成员构成是随时间不断变化的，同时由于共同认知与移动壁垒的存在，企业在不同战略群组之间的移动率较低，表明战略群组是一种动态又稳定的竞争结构；最后，通过对行业内几个典型的战略群组竞争战略的剖析，使战略群组真正成为帮助企业进行行业竞争结构分析的有效工具。⑪

（三）企业管理的具体运用过程

关于企业管理的具体运用过程，有的学者提出，管理学在企业实践中的具体运用，同管理者本人对管理理论和管理信息的理解及其自身的个性特征密切相关，尤其是受到管理者个人在管理工作中的手感、质感、分寸感、操作感及其对人物与事件的判断、选择、微调能力的影响。⑫有的学者用实验研究的方法，研究绩效考核和激励制度相结合对雇员努力的强度和努力的持久度的影响。研究结果表明：绩效指标与奖惩挂钩可以提高对应的绩效指标的业绩；激励制度可以有效提高雇员努力的持久度，但是对努力的强度并没有明显的提升。⑬有的学者通过研究2008年汶川地震后中国上市公司的捐赠行为，发现慈善捐赠对于股东财富来说是一把“双刃剑”，即不论从短期还是长期来看，累计超额回报率均和捐赠排名正相关，表明了慈善捐赠能够提升股东财富；而对于成长性高的公司而言，其捐款的机会成本较高，企业的捐赠活动降低了股东财富。更重要的是，慈善捐赠对于股东财富的提升仅体现在大股东非绝对控股和机构持股的公司中，说明只有有效的公司治理机制才能够确保企业作出最大化股东财富的捐赠行为。⑭

有的学者在对企业采购管理流程、主要风险点进行分析的基础上，结合我国国有企业采购管理的现实情况，在借鉴通用电气在采购管理中的先进经验，从权力制衡的视角，提出通过信息化平台的建设，将对供应商、采购管理中的相关部门和人员的考核、评价实施定量化、固化，形成永久可追溯机制，并通过不同部门之间以及部门内部的权力的相互制衡，实现隐蔽权力公开化、集中权力的分散化。[15]有的学者结合高阶理论和制度理论，提出了高管特点与企业行为关系的假设，以及企业所有制对高管特点与企业行为关系的调节作用，并选择了制造业中的能源、汽车及配件和耐用日用品行业的上市公司作为样本。研究发现：高管特点对企业行为产生直接影响，高管的高学历和过程型工作背景对提高企业效率有积极作用；高管的产出型工作背景不利于企业的市场多元化；高管的政治资本提高了企业的财务风险，且对企业的行业多元化和市场多元化均产生显著影响；企业所有制对高管特点和企业行为有调节作用。[16]对中国企业培训实践中培训效果不佳的现状，有的学者跳出现有研究中解释培训效果的理论视域局限，基于企业培训前涉因素的新视角，首次在中国情境下探讨培训前涉因素与企业培训效果之间的内在关系。通过对有效样本数据的研究发现，企业培训前涉因素的五个主要维度对培训效果均有显著正向影响；企业培训前涉因素中的元认知策略对注意性告知与培训效果之间的关系具有负向调节作用，对先行组织者与培训效果之间的关系具有正向的调节作用；工作满意度对培训前涉因素与培训效果的关系中存在部分中介效应。[17]

二、会计与财务管理

2011年，北京地区的专家学者主要围绕会计准则变迁的应对、公允价值与稳健性、制度变迁下的公司治理与社会责任、内部控制信息披露和实施模式等问题进行了深入的研究和探讨。

关于会计准则变迁的应对，有的学者提出，在当前国际金融监管框架正在重新构建、国际会计格局正在发生重大调整、国际会计准则制定机构正在积极推动治理结构改革的新形势下，我国需要审时度势，顺势而为，选择适应国情需要的会计准则国际趋同策略。[18]有的学者通过研究发现，我国上市公司与公允价值相关的信息具有一定的价值相关性。新会计准则对公允价值的引入在一定程度上提升了财务报告信息的信息含量，公允价值信息的价值相关性未明显受到金融危机的影响。[19]有的学者提出，财政部联合国家标准化管理委员会发布的技术规范系列国家标准和企业会计准则通用分类标准，是我国继发布实施企业会计准则、内部控制规范之后的又一重大系统工程，是全面推进我国会计信息化建设、促进会计更好地服务经济社会发展的重要举措。[20]有的学者对现有国际财务报告准则相关文献进行了梳理和回顾，具体包括自愿采用国际财务报告准则的相关研究，强制采用与自愿采用国际财务报告准则的应用效果存在差异的原因探析，以及强制采用国际财务报告准则的相关研究。[21]

关于公允价值与稳健性，有的学者从财务报告模式的转换方面讨论了建立与财务报表目标、会计信息质量特征和要素定义相符的计量标准，进而分析了现行主要准则体系中公允价值计量与资产减值会计计量的分离及其不利后果，在此基础上提出了基于财务报告“价值观”的要求统一公允价值计量与资产减值会计计量的可能途径。[22]有的学者利用银行起诉上市公司违反债务契约的法律诉讼数据，分析银行是否要求被起诉企业采取更稳健的会计政策（起诉前两年、前一年和当年），以及不同类型的银行对稳健性的需求是否存在差异。研究发现，相比未被银行起诉的企业，被银行起诉的企业会计政策更为稳健，而且非四大国有银行对会计稳健性的要求更高。[23]还有的学者采用问卷调查方式对实务界进行了调查，发现被调查者对公允价值相关知识有一定的了解，但了解程度并不深；公允价值在我国企业中有一定的应用，也具有较好的经济后果，但应用程度较低；大部分被调查者对我国公允价值的应用前景充满信心，而且不少企业也为大规模采用公允价值采取了积极措施。[24]

关于制度变迁下的公司治理与社会责任。有的学者通过研究发现，社会责任的履行会影响投资者对企业盈利持续性的判断，企业社会责任表现越好，市场评价越高，会计盈余的信息含量也越高。而社会责任战略的制定与实施、社会责任行为的履行以及社会责任信息的披露都将影响市场对企业发展以及盈余信息含量的评价。[25]还有的学者发现在公司代理冲突程度较高和业绩表现较差时，公司内部治理水平的提升显著改善了盈余质量；相对于代理冲突程度的影响而言，业绩水平在影响公司内部治理与盈余质量的相关关系中起主导作用。[26]有的学者通过对10家设立财务公司或结算中心的集团公司的结构式访谈及调研发现，财务公司治理结构与风险控制机制相对于结算中心更健全，但作为财务公司风险最终承担者之一的集团董事会在风险管理中的责任及功能被弱化。[27]还有的学者提出，董事会的基本功能是决策功能，董事会的结构是否合理，应该以是否影响决策效率为标准。[28]

关于内部控制信息披露和实施模式，有的学者提出，内部资本市场的经济后果受到集团产业战略和投资者保护程度的双重影响。[29]还有的学者认为，内部控制缺陷的认定是评价内部控制是否有效的关键。把握内部控制缺陷的实质、厘清内部控制缺陷和内部控制局限性是认定内部控制缺陷的基础。[30]还有的学者构建了体现我国特色的内部资本市场理论研究框架体系：以内部资本市场环境为起点、内部资本市场功能为主线，研究内部资本市场运作及其经济后果的交互作用关系，最终传递到公司价值的形成。[31]有的学者将并购交易分为边界清晰的决策、接管、整合及评价四个流程，并明确了相应流程的风险所在及内控重点，构建出一套包含控制目标、执行主体、监督主体、控制内容与控制方法的较为完整的并购内控评价体系。[32]

三、技术经济与管理

知识产权经济与知识产权战略、评估理论与方法、产业技术创新与区域发展、低碳经济与循环经济是2011年北京地区专家学者在技术经济与管理领域较为关注的热点问题。

关于知识产权经济与知识产权战略，有的学者基于技术创新与制度创新相互作用机制，一方面研究了标准化和知识产权两种制度创新的互补作用，另一方面分析了以技术选择定位的标准化制度对技术创新的“双刃剑”作用，探讨了以激励为导向的知识产权制度对技术创新的双面作用。[33]还有的学者认为，技术创新联盟对知识产权共享的要求以及知识产权外部效应与知识产权垄断属性之间的矛盾，决定了联盟成员之间的知识产权利益冲突。[34]有的学者提出完善创新型企业知识产权管理的政策建议：1）系统实施知识产权战略，从战略角度进行知识产权部署；2）充分利用外围专利申请和专利交叉许可战略，用多维激励手段提高知识产权拥有量；3）建立矩阵式知识产权管理组织；4）提高知识产权部门的管理水平，改进知识产权交易效率；5）政府应营造有利于知识产权创造、运用和保护的环境。[35]

关于评估理论与方法，有的学者提出，寿命周期成本理论、价值工程与管理作为技术经济与管理学科的重要组成部分，其研究既有理论意义，又有实践价值。并基于寿命周期成本概念、经济学成本理论与价值工程原理，导出寿命周期成本最小化模型，论述价值工程与价值管理及其新进展，进而提出全面价值集成管理的理论与方法。[36]还有的学者提出了一个由投资项目自身的技术经济学特征、市场竞争特征、外部环境特征和企业自身特征等要素构成的项目投资四维决策框架体系，并结合电网企业的特点简要分析了该四维框架模型的应用设想。[37]有的学者通过筛选个人信用风险评级指标体系准则层和目标层的指标，通过 Fisher 判别分析模型构建了基于某银行实际样本的贷款临界值模型。[38]有的学者结合变权理论，构建了多层次、多目标的变权综合评价模型，计算项目风险的变权综合评价值。[39]

关于产业技术创新与区域发展，有的学者拓展了高技术企业进行能力重构的动力源，提出用创造性搜索活动、上下级直接沟通、战略释意活动、战略性实验方法来充分利用各种动力源促进企业的能力重构。[40]还有的学者尝试运用自组织理论的原理和方法，探讨了区域综合运输体系结构变化的影响因素和自组织机制，应用涌现原理、反馈原理、涨落原理和环境选择原理分析运输系统结构演化的过程，建立了运输结构自组织演化的 Logistic 模型。[41]有的学者提出，战略性新兴产业是以重大技术突破和重大发展需求为基础，对经济社会全局和长远发展具有重大引领带动作用，成长潜力巨大的产业，是涉及国家竞争力、国家影响力、国家安全和国家战略目标实现的产业。[42]还有的学者针对物流企业如何通过理念和制度创新、服务创新、技术创新、组织创新等形成企业的核心竞争力展开了研究，并提出：1）物流企业应树立合作共赢理念，与客户合作、与其他物流企业合作；2）创新服务内容，为客户设计、开发个性化服务项目，注重服务质量，增加知识性服务；3）重视信息技术在物流领域的应用创新，重视物流装备技术创新；4）建立鼓励并奖励创新的组织形式和制度体系等。[43]

关于低碳经济与循环经济，有的学者从规模效应、结构效应以及技术效应3个方面分析工业部门的能源消耗和污染物排放，研究结果表明：“十一五”期间，经济规模的快速扩大带来的规模效应是我国工业能源消耗和 SO_2 排放增加的唯一原因；单位 GDP 的能源消耗降低、减排技术的改进带来的技术效应对抑制能源消耗和污染排放起到了极其重要的作用；工业内部结构变化带来的结构效应一定程度上发挥了抑制能源消耗和污染排放的作用。[44]有的学者从经济增长、能源消费与碳排放的关系入手，首先利用能源消费弹性系数、能源消费强度和节能率等指标分析了改革开放后我国经济增长与能源消费的关系；然后运用碳排放总量、人均碳排放量和碳排放弹性系数分析了经济增长、能源消费对碳排放的影响以及碳排放特征；最后提出了具有针对性的节能减排对策。[45]还有的学者以北京市为例分析了绿色消费的发展现状和影响因素，提出应从绿色消费立法、宣传教育、政府引导、企业完善绿色产品营销战略等方面促进北京市绿色消费体系的建设。[46]

四、旅游管理

旅游产业发展、旅游法规体系、出境旅游和旅游营销是2011年北京地区专家学者在旅游管理领域较为关注的热点问题。

关于旅游产业发展，有的学者提出，加快推进旅游业与其他产业融合发展，可以延伸产业链，进而拓宽产业面，继续集聚产业群，不仅加快培育新的产业空间，形成新的消费热点，更可以形成新兴的交叉优势产业。[47]还有的学者认为，融合化发展是当前世界产业发展的一个重要趋势，被称为新经济条件下促进就业与增长的一个强有力的发动机。[48]有的学者提出，政府应在实现旅游业融合发展中积极发挥宏观管理作用，如战略规划作用；产品标准制定；提供公共服务产品；加强市场监管。[49]有的学者提出，旅游产业融合的基础和前提是：1）居民生活水平提高，生活品质改善，生活方式转变，消费观念更新，旅游需求升级和日趋多样，超越传统的旅游吸引物和旅游资源观念；2）与旅游业相关的传统产业的发展需要开发新产品、刺激新需求、开拓新市场、培育新业态；3）能否基于互联网技术，充分发挥互联网的大规模定制和需求方规模经济效应；4）一些地方政府出台鼓励和支持发展包括旅游业在内的产业政策。[50]

关于旅游法规体系，有的学者认为，正在进行的旅游立法应当以旅游经营者市场化和实现旅游者的权利为立法宗旨，即旅游立法应当确立市场化原则，降低旅游经营者准入门槛；旅游立法应树立保护、实现和保障旅游者权利的宗旨。[51]还有的学者提出，在不同的立法体例下，对旅游合同会有不同的概念阐释；旅行社的责任应当是立法的重点，在合同法严格责任的制度框架下，应当在旅游合同的归责原则方面作出过错责任的制度设计。[52]有的学者指出，旅游立法的核心问题是明确立法精神和价值取向。由此出发，旅游立法的根本宗旨只可能是指向公民旅游权利的实现和旅游权益的保障，而不应当是为了调整部门权力关系和商业机构的利益分配。[53]还有的学者根据对象国旅游法的内容，将旅游立法模式划分为旅游促进法、旅游组织法、旅游合同法、旅游综合立法4种典型立法模式，旅游综合立法模式是我国旅游立法应当选择的较为符合我国国情、有利于我国旅游业发展的理想模式。[54]有的学者提出，在当下的中国语境中谈论国家层面的旅游立法，要考虑的问题具有多向延伸的特点：1）要观照我国现时的整体立法环境，审视我国法律体系的基本结构，从而为旅游法确定其应有的位置；2）要对法律本身进行优化设计，呈现最确切的法律价值观；3）技术层面上要先解决好上下位法之间的冲突问题，以预防新法执行的不顺畅。[55]

关于出境旅游，有的学者认为，中国出境市场是充满生机的市场，需要更多、更深入的研究。这既包括对宏观趋势变化的研究，也包括对市场微观特征的研究；既包括对洲际分布特征的研究，也包括具体国别的研究；既包括从经济层面的研究，也包括从社会层面的研究；既包括在传统格局下的细化研究，也包括在变动格局下的跟踪研究。[56]还有的学者提出大众时代的出境旅游，给我们提出了新的课题：1）尽可能地提升各社会阶层出境旅游的便利度；2）尽可能地提供细分市场满意的出境游产品；3）尽可能地借助现代技术的力量。[57]有的学者认为，中国公民出境旅游消费异化现象显著，包括出境旅游消费的失衡和出境旅游消费的炫耀，其根本原因在于旅游者理性消费意识的缺失、经营企业短视的恶性竞争、政策引导规制的诸多空缺。[58]

关于旅游营销，有的学者结合旅游产业的实践，讨论了敏感性与脆弱性的差异，旅游业危机的二层面三维度的衡量原则，以期促进对突发事件和危机管理认知的深化，从而揭示危机管理研究对旅游管理学与旅游市场营销学的推进作用。[59]还有的学者认为，应根据新现实来调整衡量营销是否成功的测量指标，因而社交媒体营销的成功不能用"投资回报"而是用"参与回报"来衡量。[60]有的学者基于包含6项结构变量、21项观测变量的游客满意度结构方程模型，利用2010年50个样本城市的23531份国内游客现场调查问卷数据，结合方差分析、时间序列模型等方法，全面分析旅游形象、游客预期、游客感知质量、游客感知价值、游客满意度和游客忠诚的内在机理和时空特征。[61]

注：

①陶金元、东岗：《战略博弈观的生成机制及路径：基于管理理论导向的分析》，《现代管理科学》，2011年第6期。

②陈建勋、王岚：《组织间社会资本的影响路径》，《财经科学》，2011年第9期。

③周红：《企业战略管理中人本策略模式选择》，《现代管理科学》，2011年第5期。

④商迎秋：《企业战略管理理论演变与战略风险思想探析》，《技术经济与管理研究》，2011年第3期。

⑤关鑫、吴维库：《企业相对核心能力：概念内涵与理论框架》，《经济与管理研究》，2011年第9期。

⑥楼园、魏文姬：《大型上市企业组织结构趋同的实证分析——基于新制度主义视角》，《经济与管理研究》，2011年第7期。

⑦徐泓、林永峰、尹世芬：《低碳经济下社会责任的量化研究》，《经济与管理研究》，2011年第11期。

⑧王凤彬、陈建勋：《动态环境下变革型领导行为对探索式技术创新和组织绩效的影响》，《南开管理评论》，2011年第1期。

⑨葛建华、王利平：《多维环境规制下的组织目标及组织形态演变——基于中国长江三峡集团公司的案例研究》，《南开管理评论》，2011年第5期。

⑩彭勃、雷家骕：《基于产业创新系统理论的我国大飞机产业发展分析》，《中国软科学》，2011年第8期。

⑪杨鑫、金占明：《基于战略群组理论的行业竞争格局分析——以中国保险行业为例》，《中国软科学》，2011年第6期。

⑫邓荣霖：《用心管理与用力管理》，《企业管理》，2011年第9期。

⑬袁光华、付磊：《绩效考核和激励制度对员工努力的影响》，《经济与管理研究》，2011年第2期。

⑭郑杲娉、徐永新：《慈善捐赠、公司治理与股东财富》，《南开管理评论》，2011年第2期。

⑮郑海航、牛晓娟、李东升：《国有企业采购管理中的权力制衡——通用电气（中国）对我国国有企业采购管理的启示》，《经济与管理研究》，2011年第4期。

⑯李茜、张建君：《高管特点，所有制与企业行为》，《经济与管理研究》，2011年第6期。

⑰李辉、刘凤军、汪蓉：《企业培训研究新视角：培训前涉因素与培训效果关系研究——兼论工作满意度的中介效应》，《南开管理评论》，2011年第4期。

⑱杨敏、陆建桥、徐华新：《当前国际会计趋同形势和我国企业会计准则国际趋同的策略选择》，《会计研究》，2011年第10期。

⑲刘永泽、孙翯：《我国上市公司公允价值信息的价值相关性——基于企业会计准则国际趋同背景的经验研究》，《会计研究》，2011年第2期。

⑳王军：《深入学习贯彻企业会计准则通用分类标准 促进会计更好地服务经济社会发展》，《会计研究》，2011年第2期。

㉑姚立杰、程小可：《国际财务报告准则研究的回顾和展望》，《会计研究》，2011年第6期。

㉒毛新述、戴德明：《论公允价值计量与资产减值会计计量的统一》，《会计研究》，2011年第4期。

㉓祝继高：《会计稳健性与债权人利益保护——基于银行与上市公司关于贷款的法律诉讼的研究》，《会计研究》，2011年第5期。

㉔张敏、简建辉、张雯、汪晓庆：《公允价值应用：现状·问题·前景——一项基于问卷调查的研究》，《会计研究》，2011年第4期。

㉕朱松：《企业社会责任、市场评价与盈余信息含量》，《会计研究》，2011年第11期。

㉖马忠、陈登彪、张红艳：《公司特征差异、内部治理与盈余质量》，《会计研究》，2011年第3期。

㉗袁琳、张宏亮：《董事会治理与财务公司风险管理——基于10家集团公司结构式调查的多案例分析》，《会计研究》，2011年第5期。

㉘谢志华、张庆龙、袁蓉丽：《董事会结构与决策效率》，《会计研究》，2011年第1期。

㉙叶康涛、曾雪云：《内部资本市场的经济后果：基于集团产业战略的视角》，《会计研究》，2011年第6期。

㉚杨有红、李宇立：《内部控制缺陷的识别、认定与报告》，《会计研究》，2011年第3期。

㉛王化成、蒋艳霞、王珊珊、张伟华、邓路：《基于中国背景的内部资本市场研究：理论框架与研究建议》，《会计研究》，2011年第7期。

㉜崔永梅、余璇：《基于流程的战略性并购内部控制评价研究》，《会计研究》，2011年第6期。

㉝李保红、吕廷杰：《基于技术创新与制度创新互动的ICT标准化和IPR探究》，《北京邮电大学学报》（社会科学版），2011年第5期。

㉞蒋玉宏、黄勇、江山：《技术创新联盟的知识产权规则研究》，《中国科技论坛》，2011年第1期。

㉟邸晓燕、张杰军：《创新型企业知识产权管理的现状、问题及对策——基于部分创新型企业的案例分析》，《中国科技论坛》，2011年第4期。

㊱张文泉：《寿命周期成本评价与全面价值集成管理》，《技术经济与管理研究》，2011年第4期。

㊲陈武：《企业项目投资决策方法综述——兼论四维决策框架体系》，《工业技术经济》，2011年第1期。

㊳张雪丽、朱天星、于立新：《基于判别分析的商业银行个人信用风险评价模型研究》，《工业技术经济》，2011年第10期。

㊴商梅梅、张宝生、王连杰、袁亚骞：《国际油气勘探开发项目风险研究——基于变权理论》，《技术经济与管理研究》，2011年第11期。

㊵尹丽萍：《高技术企业能力重构的动力源——拓展与利用》，《技术经济与管理研究》，2011年第7期。

㊶刘奕、贾元华、税常峰：《区域运输结构的自组织演化机制研究——基于logistic模型的分析》，《技术经济与管理研究》，2011年第9期。

㊷王新新：《战略性新兴产业发展规律及对策取向研究》，《技术经济与管理研究》，2011年第9期。

㊸杜红平、唐长虹：《基于核心竞争力的物流企业创新研究》，《技术经济与管理研究》，2011年第7期。

㊹倪红福：《经济发展对能源和环境的影响因素分析》，《工业技术经济》，2011年第10期。

㊺张丽峰：《我国经济增长、能源消费对碳排放影响分析》，《工业技术经济》，2011年第1期。

㊻王渊博：《发展绿色消费的现状及对策——以北京市为例》，《技术经济与管理研究》，2011年第10期。

㊼石培华：《旅游业与其他产业融合发展的路径与重点》，《旅游学刊》，2011年第5期。

㊽宋子千：《旅游业应增强产业融合的主动性》，《旅游学刊》，2011年第4期。

㊾吴三忙：《旅游业融合发展中政府的作用》，《旅游学刊》，2011年第6期。

㊿张凌云：《旅游产业融合的基础和前提》，《旅游学刊》，2011年第4期。

(51)柯永校、邹荣标：《旅游立法应当以市场化和旅游者权利为导向》，《旅游学刊》，2011年第2期。

52郑晶：《旅游合同立法的几个基础性问题》，《旅游学刊》，2011年第4期。

53戴斌、李仲广、战冬梅：《论旅游权利应是旅游立法的宗旨和目标》，《旅游学刊》，2011年第3期。

54韩玉灵：《基于比较的中国旅游立法模式选择》，《旅游学刊》，2011年第1期。

55刘红婴：《确立旅游立法的坐标定位和价值取向》，《旅游学刊》，2011年第1期。

56厉新建：《中国出境旅游市场研究亟须深入》，《旅游学刊》，2011年第7期。

57杨劲松：《大众时代的出境旅游和解决方案》，《旅游学刊》，2011年第7期。

58白凯：《出境旅游的消费异化：现象、原因与解决途径》，《旅游学刊》，2011年第8期。

59曹福荣：《旅游业敏感性及危机管理的适当解读——冷静后的再研究与实证分析》，《旅游学刊》，2011年第7期。

60邵隽：《中国游客出境游目的地选择与社交媒体营销》，《旅游学刊》，2011年第7期。

61何琼峰：《中国国内游客满意度的内在机理和时空特征》，《旅游学刊》，2011年第9期。

（作者：邓荣霖，中国人民大学教授；
高杰，中国人民大学博士生）

公共行政学

孙彩红

2011年是“十二五”规划的开局之年，又是中国共产党建党90周年，同时中央还提出了加强社会管理创新的政策和要求，国务院公布了关于加强政府公共服务的文件……这些重大事件对公共行政学研究产生了很大影响。而且，政府管理领域中面临着一些新问题和新挑战，包括网络的快速发展、贫富差距等社会矛盾的凸显、社会组织的发展都使得政府管理的行政环境更加错综复杂，这也成为公共行政学研究的现实基础。行政学研究也正在为政府管理中的这些现实的重大问题寻求解决之道。

通过检索社会科学类核心期刊、行政学类主要期刊，其中选择了600多篇北京公共行政学界专业学术论文；同时，检索了2011年《人民日报》《北京日报》《光明日报》等重要报纸上的行政学文章200多篇；查阅了2011年度出版的重要行政学著作与译著，这些构成了本研究综述的主要资料来源。

一、2011年度的主要学术会议和学术著作

北京地区行政学界对政府管理和改革问题进行了深入而广泛的研究，重要体现就是举办、召开学术研讨会和出版学术著作。

（一）主要学术活动

2011年北京地区行政学界召开了许多研讨会，就当前政府管理中的一些现实问题进行了探讨与交流，下面按时间顺序分别简述如下。

3月15—16日，中国政法大学等单位主办了“包容性增长与中国NGO的新走向”学术研讨会，与会者分别从政治学、社会学、行政管理学和法学的角度探讨了NGO的作用、自身建设和发展趋向，有助于为NGO的现实发展提供理论支撑。

4月8日，由中国人民大学、北京大学等共同主办的“均等、公平、可持续：城乡统筹背景下的中国土地制度改革”国际研讨会召开，来自国内外的专家学者就中国城乡统筹发展、土地集约节约利用以及在土地开发过程中的公平等问题进行了讨论。

5月19日，清华大学公共管理学院在北京举办了社会管理与社会创新研讨会。会议围绕新时期社会管理与社会创新的概念与议题、政府角色、国家与社会的关系、经验模式与方法等问题展开了热烈讨论。

5月29—30日，由中国人力资源和社会保障部等共同举办的亚洲公共行政改革研讨会在北京召开。来自亚洲15个国家的多位政府官员与专家学者与会，围绕“公共治理与公务员能力建设”主题深入交流研讨。这不仅为亚洲国家交流行政改革实践和理论成果搭建了平台，还有利于促进亚洲国家行政实践的创新。

7月10日，中国行政体制改革研究会举办了第二届中国行政改革论坛，论坛的主题为“十二五：转变经济发展方式与行政体制改革”，提出了一些重要观点，为“十二五”期间深化行政体制改革出谋划策。

9月29日，由北京市社会工作委员会主办的“加强社会建设，创新社会管理年会”召开，围绕如何加强社会建设的政策规划、体系设计以及创新社会管理中的热点和难点问题进行了广泛深入的交流，多个省市介绍了社会建设与社会管理的做法和经验。

10月24—25日，由国家行政学院主办的“2011中欧社会管理论坛”召开，主题是“新形势下的社会管理：挑战与机遇”，其中对于社会管理的总体思路和体系建设、面临的挑战、重要手段、政府社会

管理职能转变、城市化过程中的社会治理等问题进行了研讨，对于实践中的社会管理创新与实效具有重要意义。

11月14—16日，中国行政管理学会召开2011年年会暨“加强行政管理研究，推动政府体制改革”研讨会，围绕健全政府运行机制、加强和完善社会管理格局、改进政府管理方式、强化网络应对能力等问题进行了充分研讨，在若干理论和现实问题上达成的共识对于行政体制改革的实践具有一定导向作用。

（二）重要学术著作及其价值

2011年度出版的行政学著作呈现出丰富多样的特征。大概有以下几类：

一是对政府管理理论研究或整体上较为宏观的探讨。例如，《转型期的政治建设与政府治理》[①]一书围绕着如何在政治与政府治理层面上推动构建中国特色的和谐社会这个主题，分别对政治文化、政治民主、政治经济学与公共政策这几个领域的一些议题展开了阐述和研究分析。《国家、市场与多中心：中国政府改革的逻辑基础和实证分析》[②]一书以中国政府改革为主题，试图提出改革变迁和逻辑演进的解释性框架，核心观点认为中国政府改革遵循了从国家逻辑向市场逻辑的转变。

二是对地方和基层政府管理及相关问题的研究。主要有：《北京公共服务发展报告：2010—2011》[③]一书从北京的科技管理、基础教育、社会保障、公共安全等公共服务领域进行实证分析。《社会和谐视角下地方政府社会管理职能研究》[④]一书对社会和谐的指标体系进行探讨，并设计出地区和谐社会指标体系的基本框架，对实践中的地方政府社会管理职能运行状况进行考察分析。偏重探讨和研究某一问题的行政学著作还有《新形势下加强和创新社会管理研究》（魏礼群主编，国家行政学院出版社，2011年版）、《追问政府的钱袋子：中国公共预算改革的理论与实践》（刘小楠主编，社会科学文献出版社，2011年版）等。

三是对国外一些行政学经典著作的翻译。一些代表性译著包括：《政府的价格：如何应对公共财政危机》[⑤]一书分析了美国联邦政府和地方政府持续财政危机的现状，从总体战略、政府公共服务创新、提高政府行动绩效和提高政府领导力等方面阐述了解决公共财政危机的思路与实施步骤。《公共政策导论》[⑥]一书从历史角度提供了研究美国公共政策的框架，分析了从议程设置到终止等公共政策的各个步骤，重点探讨了与政府行为的原因、方式和效果相关的理论。《十步法：以结果为导向的监测与评价体系》[⑦]一书介绍了设计并建立以结果为导向的监测与评价体系的整个过程，包括选择关键指标、收集指标数据、结果导向监测等。

二、重要研究领域的主要观点

在2011年度，北京地区公共行政学研究主要集中在行政管理体制改革、社会管理创新以及社会组织问题、网络参与和网络问政的研究、政府绩效评估的问题、公务员与人事制度的问题、对国外政府领域的研究。

（一）行政管理体制改革的多角度探讨

行政管理体制改革是行政学领域的基本问题，2011年度继续保持了其研究的重点地位。主要问题大概有如下几个方面：

1. 对我国行政管理体制改革发展的历史总结与判定

主要观点认为，“从以精简机构人员为重点转向以科学配置政府职能为核心；从主导经济发展转向注重社会管理；从管制转向服务；从结构调整转向机制建构。这是一个由表及里、由浅入深、由易到难、相互衔接的渐进过程”[⑧]。由此可见，行政改革的总体发展趋势是与中国的经济社会发展现实相契合的。对党的十七大以来行政体制改革各项工作的总结主要是，“政府职能加快转变，社会管理和公共服务职能显著增强；政府机构改革初见成效，事业单位改革开始启动；法治政府建设进程加快；政府管理方式不断创新，应急管理体系不断完善”[⑨]。这些成就的取得为实现深化行政管理体制改革的总体目标打下了坚实基础。在进一步深化改革方面占主流的观点是，我国的行政管理体制改革要坚持以人为本、执政为民，把保障和改善民生作为改革的出发点和落脚点，建设人民满意的政府，逐步建立起比较完善的中国特色社会主义行政管理体制。

2. 深入推进行政体制面临的困境的研究

有观点认为，深化行政体制改革将触动行政体制的一些深层次的问题，社会利益多元格局使行政体制改革推进的难度加大。为此要采取针对性措施，“积极探索行政方式、行政文化的发展与创新，对‘上下同构’的传统行政领导体制作出适应性调整”[⑩]。另一种观点是从宪政经济学视角提出解决改革困境的，“关键在于对改革进行立宪选择的约束，尊重利益主体的改革需求，加强伦理道德动力挖掘”[⑪]，这也是在寻求行政体制改革有效开展的动力机制。还有观点认为，解决行政体制改革难题，“必须加强立足于现实的社会性和文化性的反思，必须把人们对行政体制改革的认识引入一个更宏观、更符合中国国情且更有利于地方长远发展的视野中来”[⑫]。

3. 行政体制改革转变经济发展方式的探讨

有学者从分析与理解之间的辩证关系出发，认为发展方式转变的程度决定着行政体制改革的深度，行政体制改革的力度影响着发展方式转变的进度，提出从二者紧密结合的环节切入，要以加快转变政府职能促进加快转变发展方式，要以行政方式创新带动发展方式创新，要以全面推进依法行政以保障经济发展方式转变。[13]通过这些难点的改革，充分发挥行政体制改革对经济发展方式转变的推动作用。

（二）社会管理创新与社会组织的研究

2011 年 2 月 19 日，胡锦涛总书记在省部级主要领导干部社会管理及其创新专题研讨班上发表了重要讲话。加强和创新社会管理成为各级政府亟待探索的一项重要课题，因此社会管理与社会组织也成为行政学界研究的热点和重点问题。

1. 对社会管理发展之路的探讨

典型观点是，社会管理创新要从理论思路、体制机制和方法手段上，“走出一条有中国特色的社会管理创新之路，建设科学完备的中国特色社会主义社会管理体系”[14]。另有观点强调了完善中国社会管理体系要处理好几对关系：“坚持标本兼治，处理好社会管理与社会建设的关系；坚持以人为本，处理好管理与服务的关系；坚持总揽全局，处理好党的领导与发挥社会积极性的关系。”[15]总之，只有尊重和保障民众的基本权利需求，不断提高社会管理科学化水平，才能建立完善的符合人民意愿、具有中国特色的社会主义社会管理体系。

2. 对社会管理的基本原则或准则的探讨

有学者认为，社会管理创新需要坚持五项原则：“坚持党的领导、走法治化道路的原则，坚持社会管理服务化原则，坚持政府信息公开原则，坚持以市场化为导向的社会管理创新原则，坚持社会协同、政府诚信的原则。”[16]另有学者认为，加强社会管理要坚持三个准则：“前提准则是政治领域和社会领域的良性互动，基本准则是经济发展和社会福利的协调发展，操作准则是社会控制和社会政策的有机结合。”[17]还有一个基本原则就是社会管理中要发挥多元主体的作用，包括政府、社会组织、社区、公民参与的作用。这也是基本达成共识的一个观点，或者说是多数学者持有的主流观点。只有坚持这些准则，才能为创新社会管理提供基础支撑。

3. 对当前社会管理面临的问题和重点内容的探讨

代表性观点认为，社会管理中的主要问题表现为，“法制建设仍然很滞后；基本上仍然是政府唱独角戏，缺乏政府与民间沟通和协调；重管理轻服务和某些领域改革政策设计的扭曲；公共服务的公平性差”[18]。这些挑战正是加强和创新社会管理所要解决的重点问题。进一步讲，城市和农村面临的社会管理问题和需求是不同的，有学者认为，城市社会建设和管理至少包括“科学规划构建现代城市社会管理的框架，改革现行的农民工体制，破解城市内部二元结构的难题，加强建设健全的基本公共服务体系”[19]。对不同地方社会管理创新的个案分析也成了一个研究侧面。例如，对北京市朝阳区的社会管理方式创新的分析，该区基于无缝隙政府理念，在网格化管理的基础上，通过实施系统整合和信息集成，构建了一种新型社会管理系统，在提升政府回应性等方面取得了显著效果。

4. 对社会管理创新的法治化问题的探讨

代表性观点认为，“社会管理创新不能以侵犯法律为代价”，“只有政府在法治的框架下不断创新社会管理方式和内容，才能够解决社会管理中出现的各种新问题”[20]。社会管理必须坚持法治化的发展方向，要实行“法治型社会管理模式”[21]。我国当前社会管理创新工作是在依法治国、建设社会主义法治国家的历史大背景下展开的，因此社会管理创新也要依法进行，实现法治化。

5. 对社会组织管理和发展问题的探讨

社会组织管理与发展是社会管理的一项重要内容。对于如何发展社会组织，有观点认为，“社会组织的发展应当以马克思主义关于国家与社会、政党与群众关系的理论为指导，进一步完善党对社会组织的领导体制，引导、整合社会组织的政治诉求，创新社会组织的管理体制”[22]。关于社会组织的监管和管理体制，代表性观点指出，管理体制改革有三种战略，即发展型战略、控制型战略、规范型战略，三种不同战略思路因其内在发挥作用的制度创新成为主导力量而逐渐统一起来。[23]另有观点认为，“社会组织管理体制正逐步从分类控制转向嵌入型监管”[24]，这对于改革社会组织管理体制、改变中国传统的国家与社会的关系、促进社会管理创新具有重要意义。还有对地方社会组织发展状况的案例分析。例如，有学者评述了北京市社会组织发展状况及问题，通过建设“枢纽型”社会组织，逐步实现“管办分离”的管理体制。[25]

（三）对网络参与和网络问政的研究

随着互联网和新媒体兴起及其在政府管理领域产生的影响，对网络参政或网络参与的研究也逐渐升温，成为 2011 年度的研究热点之一。研究的主要问题如下：

1. 对政府如何回应公民网络参与的研究

有学者指出，政府应认清我国网民的主要特点之一，即参与网络热点的讨论主要是为了满足成就感和“被重视”的感觉，因此政府应该以一种积极、豁达的主动心态来应对。[26]

2. 对政府利用微博的研究

微博作为一种新兴媒体工具，具有即时、广泛、互动的传播优势，广受网民喜爱，也迫使政府加入进来。对此研究也就成为政府管理中的一个现实问题。政府通过微博新媒体平台为公众提供服务还存在一些问题：把开微博作为一种时尚，使得微博成为“政府网站的缩写版”；有的政府微博成了走过场，缺少实质内容；对网络的问题和投诉没有积极回应，与网民互动性差。[27]因此，政府开设微博必须切合公众的现实需求，加强与网民的互动，才能得到社会群众的认可与信任。

3. 对于网络问政的研究

这是近几年的研究热点之一。有学者把网络问政分为“领导或者官员推动的姿态型网络问政，利用网络交流平台的引导型网络问政以及由于典论或者网络性事件导致的压力型网络问政三类”[28]，通过分析各种模式的利弊，提出在面对网络问政的挑战下，政府要充分把握网络媒介的差异，探索制度化的网络问政体制机制。另有学者从公众满意度和电子治理等多种视角研究了网络政治生态及其危机治理问题。[29]网络问政是一把双刃剑，“需要政府辩证对待网络上的意见，领导干部需克服对互联网的隔膜、恐惧和排斥心理”[30]。只有在相互信任的前提下，政府与网民的真诚互动，才能利于社会问题的解决。还有对网络问政的具体案例研究，较有代表性的是对广东政府实行网络问政实践做法的总结，网络问政要实现三个转变，即“由交办具体问题向交办普遍性问题转变；由推行网上信访和手机信访向创设网上信访大厅转变；由注重收集交办向建立健全收集交办、督察落实全程机制转变”[31]。要使网络留言及其处理制度坚持和完善下去，应当以立法的形式将其固定下来，使之成为一种常态的制度。

（四）政府绩效评估的研究

近些年政府绩效评估作为行政管理创新和有效管理工具，已越来越受重视。全国不同地方政府在评估类型、评估方式、评估技术等方面有不同程度的进展，也引起了学界关注。其中，由中国行政管理学会绩效管理研究会主编的2011年出版的《中国政府绩效管理年鉴》(创刊卷)，是我国第一部关于政府绩效管理的综合性、史料性大型工具书，以中国政府绩效管理改革和发展为主线，记录了中国政府绩效管理领域理论研究和实践发展的年度进展。

1. 对绩效评估理论问题的探讨

我国政府绩效评估实践取得了一定进展，但在对绩效评估理论的研究方面还是比较欠缺。代表性观点认为，“需要着力解决政府绩效评估中的价值取向问题、本土化问题、公民参与问题、结果运用问题”[32]。另有观点提出“政府职能是政府绩效改进的前提和基础”[33]，政府职能的动态转变表明，政府绩效管理必须从变革和动态视角来看待，走向以政府职能为基础的绩效改进。

2. 对绩效评估发展方向和模式的探讨

代表性观点是，从评估目的、评估内容、评估主体、结果应用四个方面指出了解决绩效评估实践问题的方向。就服务目标而言，我国的政府绩效评估需要实现从“内部控制型”到“外部责任型”的模式转换；从主体角度看，绩效评估应该是多元主体组成的复合结构。[34]关于评估模式，有观点指出，各级政府部门必须树立科学的绩效评估导向，明确绩效评估的基本目的，深入把握各种评估方式的内涵，充分考虑绩效评估的基础环境，同时注意设计和实施成本问题。[35]

3. 对评估指标体系的研究与设计

有学者根据服务型政府建设的内在逻辑构建一个结构体系，对服务结果、服务能力、服务过程三个维度进行评估。[36]这样的指标体系不仅可以衡量一级政府的服务型政府建设的水平，而且也能为服务型政府建设指明方向、提供路径。

（五）公务员管理问题的研究

人的问题是政府管理的关键内容之一，2011年度这一领域的研究主要涉及人事管理的选拔、培训和退出等几个环节。

1. 公务员管理中的问题

在这方面探讨最多的是公务员的培训与退出问题。尽管《中华人民共和国公务员法》已实施5年，但实践中在激励、考核、退出机制上依然有许多需要改进的地方。代表性观点是，“尽快制定编制法，完善公务员法的前置法律体系，形成完善的法治化管理系统。完善和强化公务员退出机制，通过公务员退出机制倒逼公务员管理优化”[37]。目前公务员培训中仍然存在的问题是，“培训机制不健全、培训资源不匹配、培训内容不适当和培训效益不显著等焦点问题”[38]。有人结合北京公务员培训的实践，提出一般的公务员培训方法的建议：综合运用多种培训方法，由单一教学向多元教学转变，公务员由被动听从向主动参与转变，并通过质量评估来检验创新的实效。[39]

2. 关于公务员退出问题的研究

干部和公务员的“能上不能下”是人事管理领域的一个老问题，一直受到关注，也成为公务员管理制度改革的一个难点。有些学者指出，退出难的主要原因集中在公务员掌握着丰富的社会资源、考核中存在形式主义、退出往往与惩罚机制联系在一起等方面。因此，“加强考核中的公众监督，站在全国的高度重新统一规范公务员待遇，取消公务员特有的利益和特权，实现社会保障等方面的全民化、公平化，为公务员自主自愿退出建立配套的环境，在政府用人机制中导入市场原则”[40]。只有通过严格落实公务员法律法规，增强公开竞争和透明度，才能建立起正常的进入和退出机制。

3. 对干部选拔工作的探讨

领导干部选拔一直是干部人事工作的重点之一，也是政府管理中的关键问题。有学者针对公选制存在的问题，就公选制如何改进竞聘者理论上的广泛性与实际中的有限性、评价主体的多元性与价值观的不一致性、方法的多样性与评价成本的控制性、提高公信度与政治安全性等六大问题提出了相关的对策与建议。[41]只有这种针对性与公平性相结合、综合性与成本性相结合，才能保证领导干部选拔任用制度的先进性，保证我国保持公选制与国家民主政治制度、国家整体的发展战略的一致性。

（六）对国外政府管理领域相关问题的探讨

介绍和研究国外政府管理领域的实践做法与问题，旨在促进中国政府管理的发展以及中国行政学研究的进展。研究的主要成果如下：

一是对国外社会管理创新的介绍。针对我国社会管理创新的发展要求，有学者概括介绍了国外社会创新的实践前沿，以及国外政府、企业和社会组织为推动社会创新的发展而进行的实践探索。总结了这些社会创新的三个原则："参与原则，即利益相关者的参与；公平原则，即要保护弱势群体利益；发展原则，即在结果上更注重新的问题解决方法的有效性和持久性。"[42]我国社会管理创新可针对性地借鉴这三个原则，寻求解决社会问题的新方法。

二是对国外公务员培训制度的研究。有学者对美、英、法等国的公务员培训质量评估的共同特征与基本规律进行了总结，为我国公务员培训提供有价值的借鉴，即"不断创新培训质量评估的技术与手段，精心设置科学合理的质量评估指标体系，高度重视评估结果的反馈与运用，积极推动培训质量评估的制度化、规范化"[43]。

三是对国外行政改革实践的分析与探讨。比如，对印度行政改革具体实践做法的总结与评价，对中国进一步深化行政体制改革的重要启示，即行政改革要坚持以人为本和体现对人民群众的回应性；要注重解决国内面临的经济社会发展难题和改革的实际效果；与中国国情和根本政治制度相结合。[44]又如，有学者对日本政府改革进行了探究，阐述了20世纪90年代中后期日本整体政府改革的重要举措，包括结构性协同机制安排与程序性的协同机制。[45]这在跨部门协调机制方面对中国的改革具有借鉴意义。

四是对国外公共政策影响因素的研究。比如，有学者探究了俄罗斯民意调查在政策过程中的作用。[46]我国政府公共决策过程中，也应尽量把民意调查作为一个重要参考因素，促使政府在制定涉及重要民生问题的计划和措施中吸收民意，并以此调整工作方向。

另外，2011年度行政学研究较多的问题还有：行政管理学的理论探讨[47]，公共政策制定问题；群体性事件研究、北京的案例研究（为建设世界城市而创新政府管理），中央与地方关系（省管县体制、垂直腐败问题）、政府机构改革问题；电子政务、法治政府问题等。

三、对2011年度行政学研究的简要评价

总体上，北京地区2011年度行政学研究能够与政府管理的宏观环境和重大问题联系起来，具备为政府管理实践提供服务和智力支持的意识。尤其是在社会管理与社会组织研究、行政管理体制改革研究、网络参与和网络问政研究，以及结合现实重大问题开展的学术研讨会等方面更能体现这种责任意识。

从研究的重点领域与主要问题来看，涵盖了公共行政的基本内容，有管理体制的问题，也有管理职能的问题；有管理方式的问题，也有人事制度的问题；有基础性问题的继续深入探讨，也有前沿性问题的广泛探究。

但是，2011年度行政学研究中还存在一些不能回避的缺陷：

从研究方法上看，实证性的研究比较少，多数是理论和规范研究，还有的直接是逻辑论证，凸显不出政府管理的现实意义。比如，对行政管理体制改革的研究，偏重于对改革历史的总结、所坚持的理论原则、面临的困境分析等方面，而真正涉及如何进一步深入推进改革的实证性研究则比较少。因此，这些研究的现实价值就打了折扣。

从研究内容来看，对于行政学基础理论的研究还比较薄弱，这方面的成果很少。京外有些学者反思了公共行政学的理论、公共行政学的身份和角色、行政学理论的本土化等问题。而北京学者在这方面的思考成果则较少，因此需要加大对公共行政学科建设和理论建构的研究。另外，对于国外政府管理领域的研究，还没有能够完全抓住国外理论与实践前沿问题。

从研究的热点问题来看，比如绩效评估、网络问政等领域的研究中重复性成果较多，创新性成果较少，这也是值得注意的现象。拿绩效评估来讲，2011年度行政学研究主要是绩效评估理论、发展方向、指标体系方面。但是，从发表的成果来看，这几个方面的研究又显得很单薄，创新性的成果又少。连基本的绩效评估指标体系的设计都在研究深度上存在欠缺。

今后行政学研究需要进一步解决上述问题，从而切实提高研究层次、质量和水平。

注：

①社会科学文献出版社，2011年版。

②社会科学文献出版社，2011年版。

③张耘主编，社会科学文献出版社，2011年版。

④暨南大学出版社，2011年版。

⑤上海译文出版社，2011年版。

⑥中国人民大学出版社，2011年版。

⑦中国财政经济出版社，2011年版。

⑧潘小娟等：《改革开放以来中国行政体制改革

发展趋势研究》，《国家行政学院学报》，2011 年第 5 期。

⑨马宝成：《党的十七大以来行政管理体制改革的主要成效评价》，《上海行政学院学报》，2011 年第 6 期。

⑩郎佩娟：《当前行政体制改革发展动向探析》，《中国机构改革与管理》，2011 年第 4 期。

⑪吴新星：《行政体制改革动力的宪政经济学思考》，《中国矿业大学学报》，2011 年第 2 期。

⑫张帆：《我国行政体制改革文化因素研究的意义》，《学习与探索》，2011 年第 3 期。

⑬袁曙宏：《围绕加快转变发展方式 谋划“十二五”行政体制改革》，《学习时报》，2011 年 4 月 25 日。

⑭周本顺：《走中国特色社会管理创新之路》，《求是》，2011 年第 10 期。

⑮杜飞进等：《探索中国特色社会主义社会管理体系》，《人民日报》，2011 年 7 月 30 日。

⑯王勇：《社会管理创新的主要原则》，《行政管理改革》，2011 年第 6 期。

⑰张云飞：《社会管理准则初探》，《中国人民大学学报》，2011 年第 6 期。

⑱葛延风：《社会管理方式面临严峻挑战》，《社会科学报》，2011 年 9 月 1 日。

⑲张林江：《加强城市社会建设和社会管理刻不容缓——访著名社会学家陆学艺教授》，《国家行政学院学报》，2011 年第 6 期。

⑳马怀德：《依法行政是加强和创新社会管理的关键》，《学习时报》，2011 年 4 月 4 日。

㉑付子堂：《法治是社会管理创新的最优模式》，《法制日报》，2011 年 11 月 16 日。

㉒白平则：《如何认识我国的社会组织》，《政治学研究》，2011 年第 2 期。

㉓王名、孙伟林：《社会组织管理体制：内在逻辑与发展趋势》，《中国行政管理》，2011 年第 7 期。

㉔刘鹏等：《走向嵌入型监管》，《经济社会体制比较》，2011 年第 4 期。

㉕李晓壮：《北京市社会组织的发展研究》，《北京社会科学》，2011 年第 3 期。

㉖《网络舆情：忌用鸵鸟政策应对》，《人民论坛》，2011 年 11 月（下）。

㉗张玲：《政府微博应用若干问题的探究》，《北京行政学院学报》，2011 年第 5 期。

㉘孟庆国：《网络问政的意涵、形式与特征》，《电子政务》，2011 年第 9 期。

㉙史达：《政府网络与网络政治：多维视角的研究》，东北财经大学出版社，2011 年版。

㉚人民网舆情监测室：《善待网民和网络舆论》，人民网，2011 年 7 月 11—12 日。

㉛张蓓蕾：《网络问政的广东力量》，《瞭望》，2011 年第 10 期。

㉜朱明春：《推进政府绩效评估需要解决的几个问题》，《理论界》，2011 年第 1 期。

㉝董克用等：《从政府职能的视角理解政府绩效改进》，《中国机构改革与管理》，2011 年第 1 期。

㉞周志忍：《我国政府绩效评估需要思考的几个问题》，《行政管理改革》，2011 年第 4 期。

㉟徐相锋：《政府绩效评估方式的分析与建议》，《郑州大学学报》，2011 年第 4 期。

㊱卢海燕：《论服务型政府绩效评估指标体系的逻辑与框架》，《新视野》，2011 年第 5 期。

㊲翟校义等：《〈公务员法〉实施 5 年调查》，《决策》，2011 年第 5 期。

㊳肖海鹏等：《我国公务员培训存在的焦点问题解决路径》，《人事天地》，2011 年第 3 期。

㊴王芳婷：《论公务员培训方法创新及发展趋势》，《北京行政学院学报》，2011 年第 5 期。

㊵李松：《公务员如何“正常退出”》，《瞭望》，2011 年第 16 期。

㊶萧鸣政：《关于当前我国领导干部公选制问题的探讨》，《北京大学学报》，2011 年第 6 期。

㊷郑琦：《国外社会创新的理论与实践》，《中国行政管理》，2011 年第 8 期。

㊸杜保友等：《国外公务员培训质量评估制度的经验借鉴与启示》，《湖北行政学院学报》，2011 年第 4 期。

㊹孙彩红：《印度行政改革的主要举措及启示》，《政治学研究》，2011 年第 6 期。

㊺蒋敏娟：《整体政府改革：日本的实践经验及启示》，《中共浙江省委党校学报》，2011 年第 6 期。

㊻徐向梅：《民意调查在俄罗斯政治决策中的独特作用》，《北京日报》，2011 年 8 月 22 日。

㊼亓光、杨海蛟：《公共行政理论的反思与阐释》，《行政论坛》，2011 年第 3 期。

（作者：中国社会科学院助理研究员）

新闻传播学

新闻传播学

郭庆光　来向武

总体来看，研究者们对2011年度所关注的热点议题表现出一定的分散性，国际传播以及中国的对外传播、网络舆论、媒介融合、微博等新媒体的传播等领域成为研究重点。同时，对传播学研究的本土化讨论，对新闻教育的适应性反思等问题，也成为2011年度重要的研究内容。在2011年度，由教育部社会科学委员会完成的《新闻学与传播学"十二五"战略发展方向及目标》[①]发布，其内容对本学科在未来发展的影响在2011年度即已有所表现。

一、新闻理论

在新闻理论研究领域，有研究者站在"十二五"开局的时间节点下，对未来新闻理论研究的学术姿态、学术目标、学术重点和方法论观念等问题进行了宏观分析。研究提出，在新的时代背景下，新闻理论研究应该坚持的基本姿态是：中国根基，世界眼光，人类胸怀，时代特色，学科融合，原创精神。只有这样，才能全面提升新闻理论研究的学术质量和水平。[②]与这一研究相关联，有研究者对中国新闻传播研究的自主性问题进行了分析，研究认为，社会科学的自主性，要求学者通过独立和反思性的研究，定义自身角色，承担道德和政治义务，以提出真问题、提供理解洞见的方式生产并推动学科的知识积累，并以此建构起与其他实践领域的合理关系。这要求新闻传播学者对自身与研究对象的关系，以及渗透在研究对象、知识工具和学科建制背后的各种价值做彻底的质疑和反思。[③]

关于新闻定义，2011年度的研究提出一种"呈现说"，即"新闻是现实权力关系新近变动的建构性呈现"。研究认为，既有的"报道说"和"信息说"相信存在外在于我们的客观事实，新闻是对客观事实意义的完整呈现，而没有注意到新闻生产等过程中的不平等的社会结构和权力关系，新定义突出了新闻的社会特征。[④]有研究者提出，长期以来，作为西方新闻理论核心的"客观新闻学"存在着一定的问题，当前兴起的"对话新闻学"能够修正、补充和完善"客观新闻学"存在的种种缺陷及其不适应新的媒介和社会生态变化的那些部分。同时，"对话新闻学"也是为了解决西方中心主义与当今世界多极化、经济全球化、文明多样化之间存在的深刻矛盾，为第三世界国家取得话语权、消解西方的话语霸权、实现真正的新闻传播民主化提供替代性的解决方案。因此，建设有中国特色的新闻理论则应当吸收"客观新闻学"和"对话新闻学"的精髓，结合中国的具体语境和实践，为破除新闻理论界中存在的西方中心主义倾向进行尝试。[⑤]

2011年度的研究还发现，以往对毛泽东新闻思想的研究存在着逻辑偏差和视角偏差，毛泽东作为一位政治家，他对新闻媒体的认识和理解，他的新闻思想体系，自始至终都是为其政治理想服务的，其对新闻功能的认识经历了从扩大宣传、制造舆论到教育群众、争取支持，到集体"喉舌"，到阶级斗争的工具，再到一把手的"驯服工具"这样一个发展过程。[⑥]

二、新闻史研究

松本君平的《新闻学》是中国近代第一部新闻学译著，在2011年度的研究中，有研究者通过研读东京博文馆藏版《新闻学》，发现中译本正文大约存在750处翻译问题。该书是松本君平唯一一部新闻学著作，是他在东京政治学校所开新闻学课程的讲义，是基于其本人的新闻工作经验和对欧美新闻业的观感而编成，以新闻事业为论述重心，涉及政治、经济、文化等社会生活的诸多方面，对新闻事业本身也不乏批判精神。研究提出，松本君平的政治新闻学定位是评价其影响力的关键所在。[⑦]

针对世界广播电视史，有学者提出，既有的研究存在结构性缺憾，而从分散走向整体的体系架构可以弥补这些缺憾。受传媒新技术尤其是卫星电视技术，以及新自由主义思潮的影响，世界广播电视史应是一部从分散走向整体的历史。具体表现为，广播电视从国内媒介发展为国际媒介，各国节目的相互依赖性和同质化增强，同时广播电视管理体制出现趋同趋势。[⑧]

有研究者深入回顾了新中国成立初期新闻界学习苏联经验的问题，指出向苏联学习，当时只是毛泽东在外交策略上的考虑，但却一下子变成了一种全国性的热潮，新闻界在其中最为积极。而其负面效果是明显的，即在全国实现了党媒国媒一体化，建立起了控制本位的新闻体制，加快了民营报纸集体退场的进程，思想界出现舆论一律、新闻批评难以实行等。[9]

三、新闻业务

有研究者认为，当前市场逻辑对中国新闻业的影响是积极的，这与美国麦克马纳斯市场新闻业理论有很大差异。中国的市场化改革不仅催生出新的媒体品种，改变了传媒格局，也催生出中国媒体的受众意识和责任意识，使新闻产品的质量得到了提升。同时，市场逻辑的负面效应也开始显现。考察中国的有限商业化新闻生产，需要将其置入当代中国的独特语境中，既看到各种社会结构性因素的制约，也承认包括新闻工作者、受众、广告商、消息来源等在内的各个行为主体的能动性，以主体间性的视角来考察他们之间的互动，从而真正揭示中国当代有限商业化新闻生产的逻辑，建构本土的原创性理论。[10]

在2011年度，研究者们对中国调查记者行业进行了首次总体普查，结果发现：调查记者行业主要由男性主导，年纪较轻，学历较高；普遍有8年从业经历，服务媒体和工作地点主要集中在北京、广州和上海；他们具有相似的价值观和职业意识，强调媒体的监督、启蒙作用；具有较强的判断能力和职业水平，不轻易受名利诱惑，不愿意被行政权力和商业利益制约，更加具有自主性。不过，他们的生存状态似乎并不理想，有40%的调查记者“不打算继续”从事调查性报道。[11]

口述历史近年来成为人文社会科学领域研究的新方法。但是，以问答形式出现的文章或影像都是口述历史吗？口述历史访谈与新闻采访有何异同呢？有研究者指出，新闻采访与口述历史访谈的相似之处很多，但在操作规则、指导观念上又有区别，如记者的提问方案是从受众角度拟定的，而口述历史访谈的目的是抢救活态信息，探究历史真相，是从学术研究角度拟定问题提纲。口述历史访谈更强调完整性——全程录音、全部整理。[12]

通过对比近两年获中国新闻奖和普利策奖的新闻评论作品，研究者发现，中国新闻评论在表达上多采用以观点为轴心的逻辑论证，旨在建立观点。美国新闻评论多围绕事件展开调查与批评，旨在批评当事人的行为，具体干预事情的变化。中国新闻评论在评判事物、形成观点上，多采用演绎和类比的方法。美国多是通过对事件的具体剖析作出判断，形成观点。研究者认为，表达方法差异的背后是意识形态的分野。[13]还有研究者通过历史的考察提出，中国目前正处在剧烈的社会转型时期，所以也是言论繁盛的时期。在这样的环境下，以习惯、道德、法律为表现形态的社会规范，仍然应该是言论的准则。研究者还在此基础上，提出了详细的新闻评论的一般规范性原则。[14]

四、新闻教育

在新的传播环境下，新闻传播学教育该如何适应实践的要求？结合我国新设立的国际新闻传播硕士项目的教育，研究者们在2011年度展开了一系列的思考和讨论。有研究者提出了一种课程设计的新思路：课程设计应关注未来所需的三种核心能力的培养，包括国际传播能力、新媒体传播能力和宏观逻辑分析能力。[15]

还有研究者对我国新闻传播博士教育进行研究后提出，我国新闻传播博士教育规模尚在可承受区间，但亦面临巨大的扩张压力，博士规模正处在一个临界值，并提出未来的规划思路：在新闻传播学博士培养的规模上，坚持“严格准入、适度从紧”原则；在培养结构上，坚持“分类型、多样化和国际化”原则；在培养质量标准上，坚持“适当延长学制、增加淘汰比例”原则。[16]还有研究者认为，师资结构问题是当前制约中国传媒教育发展的重大瓶颈。要破解这一瓶颈，须从战略的高度寻求制度设计的改变，改革教师绩效考核指标体系，实行灵活的用人制度，创新院系文化。还要最大限度地延揽业界精英，引进国外一流大学的教授、博士，完善新闻传播院系的师资队伍结构，提高师资队伍的学术水平和专业能力。只有这样，才能满足业界对于传媒教育的期待。[17]

五、传播理论

在近年传播学研究“对国外成果的引进告一段落”的情况下，传播学研究的本土化问题被再度提出。有研究认为，长期以来形成的“以西方理论为基础，以中国经验为研究对象的认识论二元框架”，从认识论和方法论层面来看，不仅存在着自身无法克服的认识论悖论，而且它对西方理论和中国经验的理解是非学术化和教条主义的。传播的本土化应当是一种多元化的学术自觉，总体上可以被形容为中国学者在与西方学术对话过程中的批判意识。[18]针对同一问题，有学者在对本土化问题的提出方式、标准以及话语维度等问题进行深入梳理之后，提出了本土化研究的四个行动路径，并且强调在这一过程中不应简单追求一个统一标准，而应提倡多个标准的竞争与对话。[19]在对这一问题的讨论过程中，研究者们还注意到，当下我国的传播研究大都可归到传播史和传播应用研究，而基本没有以创新为标准的理论研究，即有应用与历史，而无理论。[20]

研究者们提出，中国的传播学界能否为自己的学科发展提供更大价值的学术贡献，其中的一个使命是要挑战西方理论和本土经验的学术不平等关系。其突破点在于：只有回到本土语境，重新梳理本土文本，从文献到考证，从事实到经验，从模式到理论，从中提炼中国革命和中国社会的传播学叙事。今天中国面临的传播学的学术挑战是一个二元命题：

既有技术扩散与社会转型的复杂角色冲突，更有源于研究对象的本土性所提出的本体论意义上的挑战，即现代性的挑战。[21]基于“传播研究从一开始引入中国到现在，本身就是一个跨文化传播过程”的认识前提，有研究者提出，传播研究的延伸，需要将传播研究“归位”，即把大众媒体置放到文明演进和文化变迁的社会话语系列中去研究，首先要深化，即以语言学为突破口，深刻认识“话语”的意涵，深化“话语”视角的理解和在传播研究中的运用，其次要转向，即深入理解数字技术新媒介（medium）所带来的冲击，将传播研究的对象从作为复数形式的media（媒体）转向单数的medium（媒介），研究信息在媒介言语、媒介语言进而媒介话语中的整合效应，将整合传播的理念从逻辑上予以清晰化。[22]

针对“传播学究竟是一门什么样的学科”的困惑，有研究者通过“基于不同学科合法性逻辑的社会科学场域类型”与“传播学在各类型场域内的相对位置”两项维度，对不同的传播学学科认知观进行了辨识、比较与整合，并在此基础上分析了传播学在发展取向问题上基于不同场域认同而面临的机遇与限制。[23]

有学者提出，当今世界正处于全球化发展过程中的一个转折点，资本的全球化流动所带来的政治、经济、社会、文化与生态等方面的危机不断加深。作为对资本主义的批判和对人类解放的想象与信念，马克思主义在这些新的问题与危机中，在新的历史条件下获得了生机。马克思主义传播学批判理论一直坚持不懈地从理论和实践层面推动传播学的发展，促进传播制度朝着更平等、更公正的方向转型，并为传播学理论的多元化作出重要的贡献。今天，时代要求在世界范围内汇聚新马克思主义传播学研究的各种力量、视角和方法，对当代社会的危机与问题作出正确的回应，为以马克思主义为基础的新的批判理论的发展探索道路。[24]

在深入分析了当前的生活方式后，有研究者认为，人们已经走出了那些边界明确、结构严谨的组织，形成了以个人为中心的社会网络。原有的组织对于个人的控制越来越弱；跨越组织边界而形成的多元、动态关系则在个人生活中扮演了越来越重要的角色。如此一来，传统的组织传播研究也遭遇了严峻的挑战，不得不将研究重点从封闭的、静态的结构模式向开放的、动态的过程机制转移。[25]

社会思潮在网络上的传播，也成为2011年研究者们关注的问题，研究认为，社会思潮具有符号或思想观念的特征，它非常容易在凝聚人气、放大舆论的互联网上传播。网络思潮的产生有着各种不同的源头，在其传播过程中，多重性的交流主体畅所欲言，拒斥统一的思想空间和文化符码。虚拟空间中多样化思潮凝聚的不同意见、态度和倾向，反映了现实世界真实的话语冲动、欲望表达和利益诉求。[26]

六、传媒经济研究

对于我国传媒经济理论的发展，有研究者提出，既有的以实践拉动型模式演进的积累性研究，因缺乏质的突破，越来越滞后于传媒产业实践。因此，在原有的基础上进行科学宏观的建构成为理论突破的必然。研究还提出，厘清学科归属是本学科获得发展突破并能有效培养人才的基本前提，原则上传媒经济学与传播学更近一些。[27]

有研究者分析提出，新媒体和传统媒体其实是有着质的区别的两大领域，传统媒体过去的优势恰恰可能成为制约其向新媒体拓展的障碍，新媒体与转型中的媒体面对的是两个不同的市场，跨界经营存在壁垒，报纸和广播电视的传统内容优势很难直接地延伸到新媒体中，因此传统的媒体行业可以在数字化的背景下寻求与新媒体的共存，也可以重新评价自己的优势与劣势，以投资者的眼光和心态进入新媒体市场。[28]

有研究者总结了互联网内容和广告营销方面的巨大变革，认为互联网的内容运营模式包括对传统媒体内容的盘剥和压榨模式、数据库构建内容的模式以及发动用户参与构建内容的模式。互联网的广告营销模式包括“一对多”式的广播式营销，广告主和用户、用户和用户之间的互动式营销，为广告主提供以精准为目标的数据库式营销，发动用户参与广告主的线下活动式营销等。[29]同时，有研究认为，传媒要确定新闻产品的价值创造，就要在实现增值的过程中考虑其利益相关者。面对未来，传媒可以选择五种策略来进行价值创造，依据其优先次序，分别是：提供专门的新闻产品、提供独家的新闻产品、利用跨媒介重复使用新闻、提高新闻产品生产和传播的速度、增加新闻产品的数量。[30]

三网融合问题在2011年度继续得到学者们的关注，有研究者提出，中国特色的三网融合游走于市场和国家意志之间，其融合模式从最初的“3+1”模式到现时的“1+3”模式，可能还会出现其他变局。但是不管怎样，参与各方要知道网络升级改造不是最终目的，更不能迷失于纯粹的经济利益，而是要有媒介思维，要保障信息传输安全可控，在商业模式和公共服务之间取得平衡。[31]有研究者基于媒介技术的视角，引入“界面”概念来考察媒介发展进程，认为用户界面是达成用户满意的基本要素，互动界面是衡量媒介进化程度的重要指标。在新旧媒介加速融合、数字媒介将主导融合进程的大背景下，界面传播能力考验着媒介经营者的智慧，并决定着媒体在行将到来的数字化生存时代中的位置。[32]

面对当前中国电视“走出去”的困境，有研究者认为，在缺乏国际信任的情况下，走出去的经济代价很大，而传播效果并不确定。对此，可采取的策略是：可以鼓励民营媒介参与，主要面向华人市场，重视华语传播，采取娱乐文化方式。由此出发，一步步走向全球，进而产生全面的文化和政治影响力。[33]

七、新媒体研究

与近几年的研究相似，新媒体仍然是2011年度研究者们关注较多的一个领域。值得关注的是，有研究者在2011年度完成了一项大规模的手机用户随机电话调查，并提出以互联网、手机媒体为代表的新媒体已经成为了主流媒体，而且在不久的将来，手机媒体将超越第一代有线网络媒体，成为新媒体的主流。[34]

新媒体的未来会怎么样？有研究者提出，新媒体在未来必定从四个方面推动社会的进步与发展，即新媒体凝练技术成果、新媒体改变产业结构、新媒体影响传播方式、新媒体构建社会形态。并且判断，数字媒体之后，生物媒体将是未来最可能出现的新媒体形态。一种新型的传播方式——虚拟遥在和沉浸式传播将随之到来。[35]从发展趋势看，移动互联网、智能便携终端、云计算将形成各种各样的信息服务，改变信息交流的结构与模式，从而使公共信息的提供方式、社会关系的经营方式、社会结构的演进方式发生革命性改变。目前已经可以看到的改变体现在四个方面，即网融合：信息集散的全新物理结构呈现；微传播：信息集散的全新基础单元生成；泛关联：信息集散的全新社会能量开启；大协作：信息集散的全新创造模式形成。[36]

有研究者以2010年34个热点网络事件为研究对象，提出网络事件的场域传播中，网民关注度变化阶段可以划分为潜伏期、爆发期、蔓延期、反复期、缓解期、长尾期等六阶段。研究发现，各阶段的平均时长为：潜伏期1.7天，爆发期2.3天，蔓延期1.6天，反复期42.9天，平均时长为19.2天。而一旦一个事件的搜索指数达到五位数，该事件如不进行有效介入，则极有可能进一步蔓延。[37]另有相关联的研究发现，灾难事件之后往往伴随着以谣言频发为特征的网络舆论危机，其传播规律是谣言风暴在灾难发生的48小时呈现萌芽状态，从第3天至第5天达到高潮，第4天呈现最高峰。新闻媒介从某种程度上在谣言风暴中扮演了“幕后推手”与“宣传辟谣”的双重角色。[38]还有研究者对突发事件中的微博舆论进行了深入探究，结果发现：目标主体与突发事件的相关度越高，舆论集结的可能性也就越大，即突发事件关联方的政务微博、当事人或“爆料者”微博以及相关领域的名人微博是突发事件中微博舆论的“风暴眼”所在。同时，突发事件背景下的微博是匿名主体的表现舞台，而绝大多数实名主体则因有所顾忌而选择沉默，使“沉默的螺旋”理论演绎出与以往截然相反的逻辑。[39]

在2011年度关于新媒体的研究中，有研究者依托2010年上海世博会，根据一手资料，对世博会新媒体运用的表现形态进行了梳理，发现上海世博会上使用新媒体的特点为：终端应用多样化，三屏融合加速，传播载体全覆盖，内容整合加速，参与主体多元化，产业合作加速等。研究者还提出，通过世博会的实战演练，上海运用新媒体传播国际大型活动的能力和效率都得到了提升，而新媒体产业参与主体间也加快了融合。[40]

注：

①教育部社会科学委员会“语言文学、新闻传播学和艺术学学部”新闻学与传播学学科“十二五”战略规划研究报告课题组：《新闻学与传播学“十二五”战略发展方向及目标》，《国际新闻界》，2011年第8期。

②杨保军：《我国新闻理论研究的宏观走向》，《当代传播》，2011年第2期。

③孙藜：《问题意识、知识生产与关系建构——关于中国大陆新闻传播研究自主性的思考》，《新闻大学》，2011年第1期。

④尹连根：《现实权力关系的建构性呈现——新闻定义的再辨析》，《国际新闻界》，2011年第4期。

⑤史安斌、钱晶晶：《从“客观新闻学”到“对话新闻学”——试论西方新闻理论演进的哲学与实践基础》，《国际新闻界》，2011年第12期。

⑥吴廷俊、王大丽：《试论“从政治家的角度解读毛泽东新闻思想”》，《新闻大学》，2011年第4期。

⑦周光明、孙晓萌：《松本君平〈新闻学〉探析》，《新闻大学》，2011年第2期。

⑧王琼、刘建明：《从分散走向整体——世界广播电视史研究的新架构》，《现代传播》，2011年第7期。

⑨吴廷俊：《对“学习苏联新闻工作经验”的历史考察》，《国际新闻界》，2011年第7期。

⑩田秋生：《市场逻辑如何影响新闻生产——麦克马纳斯市场新闻业理论再审视》，《新闻大学》，2011年第4期。

⑪张志安、沈菲：《中国调查记者行业生态报告》，《现代传播》，2011年第10期。

⑫蒋蕾：《口述历史访谈与新闻采访的异同》，《新闻记者》，2011年第9期。

⑬顾建明、王青：《中美报纸新闻评论表达方法的比较》，《新闻大学》，2011年第2期。

⑭周建明：《社会转型中的新闻评论与社会规范》，《国际新闻界》，2011年第6期。

⑮邓建国：《培养三种核心能力：国际新闻传播硕士课程设计的新思路》，《新闻大学》，2011年第

1 期。

⑯吴锋、张先龙：《扩张还是紧缩：对中国新闻传播学博士教育规模的审思》，《现代传播》，2011 年第 2 期。

⑰张昆：《中国传媒教育发展的师资瓶颈》，《新闻记者》，2011 年第 7 期。

⑱胡翼青：《传播研究本土化路径的迷失——对“西方理论，中国经验”二元框架的历史反思》，《现代传播》，2011 年第 4 期。

⑲刘海龙：《传播研究本土化的两个维度》，《现代传播》，2011 年第 9 期。

⑳邹利斌、孙江波：《在“本土化”与“自主性”之间——从“传播研究本土化”到“传播理论的本土贡献”的若干思考》，《国际新闻界》，2011 年第 12 期。

㉑陈卫星：《关于中国传播学问题的本体性反思》，《现代传播》，2011 年第 2 期。

㉒姜飞：《从媒体（media）转向媒介（medium）：建构传播研究内生话语系统》，《新闻与传播研究》，2011 年第 4 期。

㉓陈蕾：《传播学的身份定位与发展取向——在三种社会科学合法性逻辑的思想张力之间》，《新闻与传播研究》，2011 年第 6 期。

㉔童兵：《重构批判研究的理论视野》，《新闻大学》，2011 年第 1 期。

㉕谢静：《经由传播而组织——一种动态的组织传播观》，《新闻大学》，2011 年第 4 期。

㉖陈伟军：《互联网上的思潮激荡与利益诉求》，《现代传播》，2011 年第 11 期。

㉗韩运荣：《如何建构性发展我国传媒经济理论》，《国际新闻界》，2011 年第 6 期。

㉘支庭荣：《新媒体不是传统媒体的延伸——融合背景下“转型媒体”的跨界壁垒与策略选择》，《国际新闻界》，2011 年第 12 期。

㉙周艳：《解析互联网媒体的内容运营和广告营销新模式》，《现代传播》，2011 年第 12 期。

㉚曾凡斌：《传媒价值创造盈利模式的内涵、策略与应用》，《国际新闻界》，2011 年第 4 期。

㉛黄升民：《游走于市场需求和国家意志间的三网融合内在逻辑》，《现代传播》，2011 年第 7 期。

㉜张佰明：《界面传播视域下的媒介嬗变趋势分析》，《新闻大学》，2011 年第 4 期。

㉝郭镇之：《对外传播与中国电视》，《现代传播》，2011 年第 9 期。

㉞匡文波：《新媒体是主流媒体吗——基于手机媒体的定量研究》，《国际新闻界》，2011 年第 6 期。

㉟熊澄宇：《对新媒体未来的思考》，《现代传播》，2011 年第 12 期。

㊱高钢：《多网融合趋势下信息集散模式的改变》，《国际新闻界》，2011 年第 10 期。

㊲李彪：《网络事件传播阶段及阈值研究》，《国际新闻界》，2011 年第 10 期。

㊳孙燕：《谣言风暴：灾难事件后的网络舆论危机现象研究》，《新闻与传播研究》，2011 年第 5 期。

㊴夏雨禾：《突发事件中的微博舆论：基于新浪微博的实证研究》，《新闻与传播研究》，2011 年第 5 期。

㊵陆柳：《上海世博会新媒体运用的形态、特点及启示》，《新闻大学》，2011 年第 1 期。

（作者：郭庆光，清华大学教授；来向武，清华大学博士后）

军 事 学

军 事 学

昝瑞礼

2011 年是中国共产党成立 90 周年，中国人民解放军成立 84 周年，钱学森诞辰 100 周年，人民军工创建 80 周年，红军长征胜利会师 75 周年，军事医学院创建 60 周年，航天事业创建 55 周年，第二炮兵部队成立 25 周年，“十二五”开局之年，也是军队反腐倡廉建设理论研究中心成立之年，中国航天工程科技发展战略研究院成立之年，全军首个炮兵训练基地成立之年，全军首个战略卫勤模拟与评估实验室建成之年。这是不平凡的一年。“天宫”一号与“神舟”八号在太空完美对接，为中国航天事业添上了浓墨重彩的一笔。航母试验性下水、隐形战机试飞成功，我军维和部队进行了首次演练，标志着我军现代化建设在新的起点上又向前迈进了一大步。2011年3月11日，总后军事工程建设预防腐败制度研究中心在后勤工程学院正式成立，这标志着我军预防工程建设领域腐败工作进入了新的阶段。2011年6月30日总参信息化部成立，2011年11月22日中国人民解放军战略规划部成立，都必将成为我军发展史上的里程碑事件。经胡主席和中央军委批准，总参谋部颁发《“十二五”时期军事训练改革总体方案》，明确军事训练改革指导思想、目标任务和方法步骤，在新起点上描绘出我军军事训练科学发展蓝图。现将2011年军事学研究新进展综述如下：

一、军事理论研究学术活动活跃

2011年1月9日召开了全军政法工作会议，明确强调要“切实做好军队政法工作”。5月26日，在军事科学院召开了全军军事翻译工作研讨会。6月29日我军首次联合举办了“军队法制宣传与法治实践学术研讨会”。2011年是中国共产党成立90周年，全军于7月3日在北京召开了纪念中国共产党成立90周年理论研讨会。7月8日，国防大学举办了全军“加快转变战斗力生成模式理论研讨会”。8月30日，中国军控与裁军协会在京举行成立10周年纪念大会。9月7日在总后勤部召开了全军后勤系统“深入贯彻主题主线重大战略思想，加快全面建设现代后勤步伐理论研讨会”。9月9日在北京召开了第七次全军军事科学研究工作会议，这次会议的主要任务是总结“十一五”期间全军军事科学研究工作，交流军事科研管理经验，部署“十二五”期间全军军事科学研究任务。9月22—29日，总政组织全军优秀基层干部骨干带兵经验巡回报告团在京内外举行了13场报告会，听众达32万多人次。9月29日国防大学与光明日报社联合召开“军队发展与民族兴衰”主题研讨会，围绕军事道路、军事理论、军事体制、军事技术、军事文化、军事伦理等军队先进性构成要素展开讨论。2011年11月10日由国际军事法和战争法学会、解放军军事科学院共同主办了“国际军事法和战争法学会”国际研讨会。12月8日由国防大学与南京军区联合举办的全军“军队领导与管理论坛”主题研讨活动在南京军区某集团军举行。这些会议着重研讨了深刻理解贯彻主题主线重大战略思想的重大意义、弄清主题主线重大战略思想与建设信息化军队、打赢信息化战争的内在联系和本质要求等问题。

二、军事理论研究学术著作成就明显

2011年是中国共产党成立90周年。国防大学出版社2011年出版了《全军纪念中国共产党成立90周年理论研讨会文集》。在全国庆祝中国共产党成立90周年出版的200种优秀图书中，其中军队出版社出版的军事优秀图书有《中国共产党建军治军理念》（国防大学出版社）、《遵义！遵义！》（解放军文艺出版社）、《中国人民解放军军史》（6卷）（军事科学出版社）、《中国共产党军队政治工作史》（上、下卷）（军事科学出版社）、《星火燎原全集》（解放军出版社）、《建国以来毛泽东军事文稿》（军事科学出版社、中央文献出版社）以及《解放战争》《井冈山革命根据地全史》《淮海战役》（八卷）、《中国人民解放军简史》等。

与此同时，《中国共产党90年创新实录》是著名党史专家邵维正为庆祝建党90周年专门创作的一部重点图书。作品以党史为主线，紧紧围绕革命、改造和建设三大主题，全景式展现了中国共产党90年的创新历程。新版《中国人民解放军军语》已于12月21日颁发全军施行。编修出版新版《军语》是中央军委决策部署的一项全军性的工作，是军事科学院在全军军事术语管理委员会的统一领导下，组织全军各有关单位历时4年共同研究完成的一项重大科研成果，内容涵盖了军事、政治、后勤、装备等各专业领域，汇集了我军军事理论和军事实践创新的最新成就。《军队政治工作学》出版是推进军队政治工作理论创新的成功探索。尤其是军事优秀图书通过对90年的党史和84年军史的总结，升华了对中国共产党建设军队的基本经验和治军规律的科学认识，最根本的就是我军的一切成就都是在党的领导下取得的；我军的发展与进步，都是在党的旗帜正确指引的结果；我军的光荣和辉煌，都与党的正确领导紧密联系在一起。

三、军队建设的基本理论和基本经验

（一）人民陆军建设的基本理论和基本经验

吴清丽、王鹏飞、夏成效在《中国共产党领导人民陆军建设的基本经验》一文中认为，中国共产党在领导人民陆军建设的实践中，始终坚持人民军队的性质和宗旨，使陆军成为夺取革命胜利和捍卫国家政权的基本力量；坚持以国家安全发展利益为最高需求，通过拓展使命任务为陆军提供不竭的发展动力；坚持以现代化为中心任务，不断加强陆军的全面建设；坚持以改革创新为动力，不断优化陆军的力量结构；坚持根据战争形态变化，不断提升陆军打赢战争能力；坚持以科学发展观为指导，积极推进陆军全面转型。这些是陆军从小到大、由弱变强的基本经验，必须努力继承和发扬光大。①

（二）人民海军建设发展基本经验

唐复全、王起奎、王玉东在《中国共产党领导人民海军建设发展基本经验》一文中认为，人民海军从无到有、从小到大、从弱到强，已经建设发展成为一支正向现代化迈进的战略性、综合性、国际性军种。中国共产党领导人民海军建设发展的基本经验有八个方面：反思历史直面现实，高度重视海军地位作用；秉持我军性质宗旨，牢牢把握海军发展方向；着眼战略运用实际，科学定位海军军种特性；基于国家利益需求，多向赋予海军使命任务；适应海上斗争规律，明确规定海军奋斗目标；应对各种复杂因素，精心制定海军建设方针；根据形势任务变化，适时推进海军战略转型；注重要素整体优化，系统筹划海军建设举措。②

（三）人民空军建设的基本理论和基本经验

尚金锁、李振、李黎光、叶海源在《中国共产党领导人民空军建设的基本理论和基本经验》一文中认为，中国共产党在领导人民空军建设的长期军事实践中，逐步形成了由人民空军观、人民空军建设思想、人民空军运用思想构成的基本理论，创造了以铸牢军魂夯实政治根基、以使命任务牵引能力建设、以现代化为中心推进科学发展、以基本目标引领人民空军长远发展等基本经验。③

（四）人民军队军事训练的丰硕成果

陈照海、贺江波在《人民军队军事训练在党的领导下科学发展的实践与启示》一文中认为，军事训练是生成和提高战斗力的基本途径，是和平时期军队最基本的实践活动和经常性的中心工作。人民军队军事训练取得的新成果主要有：一是人民军队军事训练经历了四次转变：由“从战争中学习战争”向现代化正规化训练转变；由重点抓单一兵种训练向重点抓诸军兵种合同训练转变；由传统练兵向科技练兵转变；由机械化条件下训练向信息化条件下训练转变。二是人民军队军事训练取得了五大成就：军事训练生成提高了核心军事能力，为军事斗争提供了强大的战斗力保证；军事训练全面锻造了部队非战争军事行动能力，为维护国家稳定和发展提供了坚实的战略支撑；军事训练培养造就了高素质群体，为社会主义建设提供了源源不断的人才支持；军事训练充分发挥了实践验证功能，为促进国防和军队建设又好又快发展提供了客观的检验平台；军事训练丰富拓展了治军管理手段，为推进部队正规化建设提供了行之有效的重要抓手。三是人民军队军事训练彰显的六点启示：必须着眼国家安全和发展形势，始终坚持训战一致；必须紧跟时代发展要求，始终坚持改革创新；必须发挥广大官兵主体作用，始终坚持以人为本；必须适应战斗力生成模式转变，始终坚持科学练兵；必须依托国家经济建设和社会发展，适应国防和军队现代化建设进程，始终坚持融合发展；必须大力加强训练作风建设，始终坚持求真务实。④

四、军事思维研究新进展

（一）战略思维与军事决策

李际均在《战略思维与军事决策的十一个问题》一文中认为，运用战略思维，进行军事决策，必须正确认识和解决下列问题：战略思维是实践的产物而非思辨的产物；战略思维与军事决策的本质是实现国家利益；军事行动与政治原则；掌握科学的战争认识论与方法论；战略目标与力量和手段的协调平衡；军事传统的二重性与变革的绝对性；国防与战争的整体性、系统性与战略管理；战略预见与战略预置；军事斗争的对应性与动态对抗；战略思维创造性和立足现实；在变动的世界局势中的战略定位与战略选择。⑤

（二）党的战略思维与革命战争胜利

刘继贤在《党的战略思维与革命战争胜利——为纪念中国共产党成立90周年而作》一文中认为，战略思维是从总体上运筹与思考问题的高级思维，是对全局性、长远性重大问题作出决策的科学思维。战略思维的高低、优劣直接决定着战争的胜负、事业的成败。党的战略思维是决定中国革命战争胜利的基本条件和重要因素。在中国革命战争过程中，我们党形成了内涵丰富、内容完整的战略思维体系，包括敢于斗争的战略思维、驾驭全局的战略思维、把握枢纽的战略思维、科学预测的战略思维和注重结合的战略思维。它们是我们党革命战争实践的结晶，是值得我们永远学习和弘扬的宝贵财富。⑥

（三）治军战略思维与治国战略思维

金一南在《保持我们的制胜优势——十论战略思维之十》一文中认为，战略上胜人一筹一直是我党的优势。建立战略思维在今天仍然有重大的意义，不仅治军需要战略思维，治国也需要战略思维。⑦

（四）军队建设思维路径：从平面立体思维到网状体系思维

李光玉在《从平面立体思维到网状体系思维——加快转变战斗力生成模式的关键性抓手》一文中认为，思维方式同其他任何事物一样，是一种历史发展的产物。在人类思维历史发展的长河中大致经历了古代、近代和现代思维方式的演进。其主要特征分别是古代思维方式以直观猜测性、朴素整体性和模糊综合性为特征；近代思维方式则表现出分析性、静态性和机械性特点；现代思维方式以系统综合性、动态开放性和自觉创造为特征。网状体系思维作为现代思维的一种表现形式，它是现代信息技术、网络技术、通信技术、系统工程技术等高度融合发展而催生的，除具备现代思维的共性特征外，还具有整体联动性、交互开放性、共享融合性和实时可视性等特征。现在战争形态已由机械化条件下的战争向信息化条件下战争转型，要求我们必须确立与之相适应的新型思维方式——信息化条件下网状体系思维，这是加快转变战斗力生成模式的关键，是军队建设思维的基本路径。⑧

（五）创新军事思维的一个新视角

韩毅在《军事思维的一个新视角》一文中认为，从复杂适应系统的层面考察军事组织和战斗力模式转变等问题，有助于我们创新军事思维。基于复杂适应系统考察军事运动规律，是创新军事思维的一个新视角。军事系统作为复杂适应系统，其系统的适应性在军事系统演化中具有重要的地位和作用。能动的“适应性主体”是军事复杂系统的基础，系统的适应性是军事系统演化的主要动力，适应能力是军事能力体系的关键要素。系统的适应性造就了新的军事形态，新的军事形态是适应系统整体涌现性的过程。从复杂适应系统的层面考察战斗力，传统的战斗力“三要素”构成的观点存在明显不足，应当创新“战斗力系统新三要素”生成的理论。[9]

（六）确立信息化思维

于雷的《科学发展观国防和军队建设的新篇章》一文中认为，建设信息化军队，打赢信息化战争，必须确立信息化思维。信息化思维不确立，信息化观念的确立也是很不牢固的，甚至是虚假的，同时思想认识也很难统一。信息化思维与机械化思维相比有一系列特征。就思维的认识对象看，一个是以计算机为核心的信息技术支撑，一个是以发动机为核心的机械技术支撑；一个主要是信息，一个主要是物质；一个可反复再生，一个不可再生；一个主要表现在微观空间，一个主要表现在宏观空间；一个更多的是隐形，一个更多的是显形；一个更多的是不可视，一个更多的是可视。[10]

五、军事理论研究亮点聚焦

随着我军战斗力生成模式转变步伐加快，军事理论研究亮点频闪，具体表现为：

（一）党的军事指导理论的最新成果

姜铁军、释清仁在《胡锦涛关于国防和军队建设重要论述对党的军事指导理论的创新发展》一文中认为，党的军事指导理论的最新成果有下列几方面：一是把科学发展观作为重要指导方针，为推进新形势下国防和军队建设又好又快发展提供了根本遵循；二是提出新世纪新阶段我军历史使命，明确了新形势下国防和军队建设的发展目标和任务；三是强调把思想政治建设作为军队的根本性和基础性建设抓紧抓好，明确了军队建设正确的政治方向；四是坚持以军事斗争准备为龙头带动军队现代化建设整体发展，明确了国防和军队建设的战略牵引；五是提出以加快转变战斗力生成模式为主线，明确了国防和军队现代化建设的发展路径；六是强调加强科学管理，明确了国防和军队建设科学发展的效益保证；七是强调深化国防和军队改革，为推动国防和军队建设科学发展提供更具活力的体制机制保证；八是强调深入推进军民融合式发展，明确了富国与强军相统一的发展方针。[11]

（二）中国共产党的军事大智慧

王法安在《中国共产党的军事大智慧》一文中认为，90年来中国共产党亲手缔造和领导了一支新型人民军队，直接指挥了长达20多年的人民革命战争，以非常落后的武器装备打败了国内外优势装备的敌人，并在一穷二白基础上建起了具有一定现代化水平的国防体系。纵观近代以来世界政党史，没有哪一个政党像中国共产党这样具有如此丰富的军事实践，也没有哪一个政党像中国共产党这样创造了如此辉煌的军事伟业。这当中，除了从事战争的正义性之外，更重要的是具有非凡的军事大智慧。一是武装割据大智慧：走农村武装割据道路，在缺少庞大产业工人的条件下找到了最广大的革命力量；二是战争指导大智慧：实施人民战争，在不掌握全国经济的条件下，陷敌于灭顶之灾的汪洋大海；三是军队建设大智慧：党指挥枪，在武器装备极其落后的条件下，建成了一支令国内外敌人闻之丧胆的新型人民军队；四是国防建设大智慧：非对称发展。在一穷二白的条件下，以较小投入使国防现代化快速发展。中国共产党的军事大智慧，最重要的实践基础就是广大党员、部队官兵和广大群众，群众是实践的主体，群众中蕴藏着无限智慧。[12]

（三）创新作战理论

杨凯、申天良在《对深入推进我军作战理论，创新的认识与思考》一文中认为，我军作战理论创新必须从国家战略的高度把握创新的方向和重点。一是着眼有效维护国家根本利益，创新有效应对强敌的作战理论体系。二是着眼有效维护国家核心利益，创新维护和完成国家统一的作战理论体系。三是着眼有效维护国家发展利益，创新相关利益空间的作战理论体系。创新作战理论，要着眼于抢占新的战略制高点，高度关注与国家利益相关空间的作战问题，为国家战略利益的拓展提供理论支撑。[13]

陆建飞、陈意、吴超在《构建以作战理论发展为牵引的战斗力生成模式探析》一文中认为，不断创新发展我军作战理论，需要把握以下几点：一是作战理论发展要以国家战略需求为前提。二是作战理论发展要以适应战斗力物质条件更新为基础。三是作战理论发展要以提高体系作战能力为立足点。四是作战理论发展要以打赢未来信息化战争为目标。[14]

（四）中国国防软实力理论研究新成果

肖敬民在《关于中国国防软实力理论探讨》一文中认为，国防软实力是继“国家软实力”一词出现之后延伸的新概念。它是以国防硬实力的存在为基础，与国防硬实力相互依存、相辅相成。国防软实力不能脱离硬实力而独立存在和发挥作用。它集中体现了维护国家安全的国防意识、思维理念和传统文化，是为实现国家安全与发展利益的战略意志、战略智慧和战略运筹的坚定、灵活、能动的精神力量。国防软实力是源自国际政治学领域对“国家软实力”理念的延伸和深化，它是国家实力的组成部分，蕴含在国家综合国力体系内，存在于国防实力和潜力中，是对内和对外释放威力与影响，并凝结在国家民族思维意识中的国防意志及精神力量。从国家安全的视角看，中国国防软实力不单是战略研究学者思考的学术问题，更是一个综合运用国家力量，参与国际战略博弈与对抗的理论和现实问题。发展国防软实力，必有其可遵循的原则：一是必须坚持国家利益至上；二是必须坚持走中国特色的发展道路；三是必须坚持以科学发展观为指导；四是必须坚持以现代化为目标。[15]

（五）关于加快转变战斗力生成模式的理论基点

刘继贤在《略论加快转变战斗力生成模式的理论基点》一文中指出，所谓加快战斗力生成模式转变，就是要加紧、提速、迎头赶上。战斗力生成模式究竟向哪里转变，就是要推动战斗力生成模式向信息主导转变、向管理创新转变、向军民融合转变。其中，信息主导是转变的目标方向，管理创新是转变的保障措施，军民融合是转变的重要途径，三者构成有机联系的整体。战斗力生成的新模式主要新在科学化、体系化和实战化上。所谓科学化，就是要坚持以科学发展观为指导，形成有利于提高战斗力的科学发展模式。所谓体系化，就是着眼提高基于信息系统的体系作战能力，形成有利于提高战斗力的体系建设模式。所谓实战化，就是着眼打赢信息化条件下局部战争，大力培育敢战、能战、胜战的战斗精神，形成有利于提高战斗力的体系英勇善战模式。[16]

（六）国防和军队建设的主题与主线科学内涵

颜晓峰、刘光明在《论国防和军队建设的主题与主线》一文中指出，以推动国防和军队建设科学发展为主题，就是要把科学发展观作为国防和军队建设的重要指导方针，把在国防和军队建设中贯彻落实科学发展观作为军队建设的战略任务，努力提高国防和军队建设科学发展水平，不断开创国防和军队建设科学发展新局面。以加快转变战斗力生成模式为主线，就是自觉运用科技进步推动战斗力生成模式转变的规律，把战斗力生成模式切实转到以信息为主导、以新型作战力量建设为增长点、提高基于信息系统的体系作战能力上来，转到依靠科技进步、官兵素质提高、管理创新上来，转到走军民融合式发展路子上来，在新的起点上推动国防和军队现代化建设又好又快发展。坚持主题与主线的统一，就要切实体现在“五个更加注重”上。即更加注重从思想上、政治上建设部队，是贯彻主题主线的思想政治要求，思想政治建设增强了贯彻主题主线的自觉性和坚定性；更加注重拓展和深化军事斗争准备，是贯彻主题主线的军事职能要求，军事斗争准备蕴涵了贯彻主题主线的指向性和迫切性；更加注重改革创新，是贯彻主题主线的动力机制要求，改革创新促进了贯彻主题主线的进展和深化；更加注重依法治军、从严治军，是贯彻主题主线的治军方针要求，依法治军、从严治军提供了贯彻主题主线的法制基础和纪律保障；更加注重提高军队建设质量和效益，是贯彻主题主线的质量效益要求，质量效益确立了贯彻主题主线的价值准则和检验标准。“五个更加注重”突出了贯彻主题主线的着力点，从不同方面加强了主题与主线的统一。[17]

六、我军现代军事物流理论研究的新进展

（一）我军首家新型军事物流基地建成

2011年9月我军首家新型军事物流基地建成，标志着基于统一技术体制和集成运行平台，纵贯后勤机关、保障实体、受供部队，横跨军地物流业务主管部门，融合物资保障全要素、全流程的物资保障大系统正逐步形成。[18]

（二）现代军事物流体系是全面建设现代后勤的基础

仲轩在《坚持以信息主导综合集成为根本方法加快全面建设现代后勤步伐》一文中认为，加快全面建设现代后勤步伐，必须以加快现代军事物流体系建设为基础，构建“集采购、仓储、运输、配送于一体的现代军事物流体系”，需要以保障打赢信息化战争为目标，以现代物流理论为指导，遵循物资保障有关信息流动规律，对现有的物资保障体系进行综合集成，加快构建综合保障能力强、快捷高效的军事物流体系，打牢后勤保障的物质基础。一是要利用现代物流理论搞好军事物流体系的顶层设计。二是要利用现代物流技术加强军事物流中心建设。三是要利用国家交通运输业发展成果提高战略投送能力。[19]

（三）加快我军现代军事物流体系建设的着力点

肖思科、赵辉在《深入贯彻主题主线重大战略思想，加快全面建设现代后勤步伐理论研讨会综述》一文中指出，加快我军现代军事物流体系建设，应着重把握以下三点：一是既依托后勤体制平台，又不完全受制于现行体制所带来的影响，充分发挥信息的主导作用，用“信息链”打通“供应链”，用“信息流”控制“物资流”，用“信息联”促进“体制联”，提高精确高效保障能力。二是先从总部层面抓起，搞好总体规划设计，调整理顺职能关系，完善工作协调机制。三是着力构建完善体系，主要包括“六大功能系统”，即集约型计划系统、专业化采购系统、立体式运输系统、兼容型仓储系统、集成式配送系统和信息化管理系统。[20]

（四）军事物流技术创新若干问题研究

王宗喜、黄剑炜在《军事物流技术创新若干问题研究》一文中指出，军事物流技术是军事物流事业发展的基础，军事物流技术创新是军事物流技术发展的不竭动力。只要我们把握好技术需求特色，追踪好军事物流关注的热点，在通与专、软与硬、军与民以及新与老四个结合上寻求突破，军事物流事业就会取得更加辉煌的成绩。[21]

七、兵棋理论研究最新成果

（一）兵棋基本概念与特征

彭希文在《兵棋基本概念与特征》一文中认为，目前对兵棋的准确定义，还有不少争议。笔者认为，兵棋是指运用形象化的表示战场环境和军事力量的地图和棋子，依据从战争经验、演习训练和研究实验中抽象积累的规则和数据，通过建立行动概率表体现战场不确定性，运用随机方式体现战场偶然性，用回合制抽象作战时间和指挥周期，对博弈双方一系列决策活动进行模拟推演和分析研究的工具。这个定义包含四个要点：一是明确了兵棋是由棋子、棋盘和规则等要素构成；二是明确了兵棋模拟战争不确定性和偶然性的方法；三是明确了兵棋是按回合制进行推演；四是明确了兵棋的适用范围，主要用来研究分析作战行动与结果，辅助拟制完善作战方案，对指挥员和参谋人员实施谋略对抗训练，研究创新作战理论和战法。兵棋虽然历经了200年的发展演变，但至今仍保留着自身特有的本质属性，即博弈性、实践性、随机性、简约性、趣味性，这是兵棋的基本特征。[22]

（二）兵棋的基本要素

王志闻、任邵东在《兵棋的基本要素》一文中认为，兵棋是对战争的演绎与再现。无论是战略级兵棋、战役级兵棋还是战术级兵棋，其构成要素基本相同。一套完整的兵棋通常由棋盘（地图）、棋子、规则等组成。一是作战空间的抽象——棋盘；二是作战力量的抽象——棋子；三是作战行动的抽象——规则；四是作战偶然性的抽象——骰子。[23]

（三）兵棋在指挥训练中的“八个特性”

黄贤军在《浅谈兵棋推演在指挥训练中的“八个特性”》一文中认为，与传统模拟对抗演习相比，兵棋推演更加强调指挥控制的精确性、作战行动的对抗性、制胜因素的综合性，在指挥训练中具有“八个特性”，即训练与作战的高度一致性、指挥流与信息流的融合性、联三军与练三军的统一性、指挥训练环境的复杂性、指挥训练内容的科学性、指挥对抗训练的真实性、指挥关系与程序的实用性、决心方案评估的严谨性。[24]

八、军事历史学术研究新进展

（一）“不战而屈人之兵”新解

鲍斌在《也说“不战而屈人之兵”》一文中认为，“不战而屈人之兵”说的不是战争问题，也不是战争指导问题，而是政治问题、政策问题。孙子说得够明白，“不战”已经把“战”排除在外。从战争本身的特性看，任何战争都是激烈的流血冲突。战争的胜负是一个必须由战争本身来解决的问题。战而屈人之兵是战争的常态，“不战而屈人之兵”是在局部和较低层面的特例，从未有过在战争全局和战略层面的经验实例。战而屈人之兵是大局，“不战而屈人之兵”是局部。是战而屈人之兵的势催生出“不战而屈人之兵”的果。纯粹的“不战而屈人之兵”战例几乎找不到。我们应该怎样理解孙子所说的“不战而屈人之兵”？我想，这句话所表达的意思很明确，就是不希望发生流血杀戮的战争。[25]

（二）中国历史上的“和军”理论

何清成在《中国历史上的“和军”理论》一文中指出，“和军”是中国历代军事安全和军队建设的一个重要命题。“和军”思想源远流长、内容丰富，主要包含军民和、君臣和、将相和、将帅和、官兵和等方面。[26]

（三）中日钓鱼岛之争的历史溯源

刘君然、张焱的《中日钓鱼岛之争的历史溯源》一文中认为，从历史角度看，钓鱼岛原本是中国的固有领土，是中国台湾地区的附属岛屿。在春秋战国时期，中国就发现了钓鱼岛。自东吴起，开始派遣水军前往琉球招谕，并开辟了福州（或广东潮州）至琉球的航海水道，开始控制、使用钓鱼岛。到明朝时期，钓鱼岛列岛已被列入中国的海防范围。清朝时期，钓鱼岛列岛的名称已得到核定，并确定了正式名称。在中国早年对钓鱼岛列岛的经营管辖过程中，从未有任何国家提出过主权异议。日本先侵吞琉球后发动甲午海战，逐步实现对该岛屿的控制。二战后期，美军通过冲绳岛战役从日军手中夺取岛屿控制权，后又“私相授受”给日本，这种复杂的历史背景是造成钓鱼岛争端现状的重要原因之一。维护钓鱼岛主权，我们要在认清历史真相的前提下开拓创新，努力探寻更好的解决办法。[27]

（四）人民战争理论新说

夏征难在《人民战争理论历史嬗变新说》一文中认为，说到人民战争理论，人们通常都认为是恩格斯最先使用了人民战争的概念，并同马克思一道运用唯物史观在军事领域创立了这一理论。而事实上，人民战争理论在马克思主义军事理论诞生前就已出现，并且其经历了一个不断发展演变的过程。在军事思想发展史上，克劳塞维茨最早提出了人民战争的概念，并对人民战争理论作了初步探讨。若米尼和鲁登道夫也对人民战争理论作过专门论述。而马克思和恩格斯则运用唯物史观考察历史上不同规模的人民战争，并通过对人民战争概念的本质界定等为无产阶级人民战争理论的产生和形成奠定了重要的理论基础。列宁、斯大林则在继承的基础上根据苏联人民革命战争的丰富经验，使马克思主义人民战争理论趋于成熟。毛泽东则在领导中国人民进行反对帝国主义、封建主义和官僚资本主义的长期武装斗争中，将马克思主义人民战争理论创造性地运用于中国革命战争的具体实际，使马克思主义人民战争理论得到了极大丰富和发展。[28]

（五）战斗力生成模式转变的历史

黄成林在《适应战斗力生成模式转变　加快武器装备信息化建设》一文中认为，军队战斗力是在一定的社会、经济、技术和军事条件下形成的。在不同的历史条件下，有着不同的战斗力，也有着不同的战斗力生成模式。纵观人类军事史，曾经发生了三次大的军事变革，即冷兵器变革、火器变革和机械化变革。伴随着这三次军事变革，先后产生了三种不同的战斗力生成模式，这就是金属化战斗力生成模式、火药化战斗力生成模式以及机械化战斗力生成模式。同时，也实现了战斗力生成模式的三次革命性转变，即从徒手化到金属化，从金属化到火药化，再从火药化到机械化的转变。战斗力生成模式的每一次重大转变，都带动人类军事和战争形态发展到一个新的阶段。[29]

（六）中国历代军队战斗作风养成研究新进展

刘粤军在《中国历代军队战斗作风养成》一文中认为，战斗作风是军队战斗力的重要组成部分。中国历代军队无不重视战斗作风养成，既在理论上进行了深刻阐述，也积累了丰厚的实践经验。重要亮点有："知义明耻"——培育军队战斗作风，"常备不懈"——激发军队战斗作风，"严训苦练"——提高军队战斗作风，"严明军纪"——保障军队战斗作风，"治气励志"——增强军队战斗作风，"军乐歌舞"——激励军队战斗作风。[30]

（七）我军先进军事文化发展的历史回顾与启示

宫春科在《大力弘扬优良传统推动先进军事文化繁荣发展——我军先进军事文化发展的历史回顾与启示》一文中认为，在80多年的长期实践中，我军先进军事文化在土地革命战争中生根发芽、在抗日战争的炮火洗礼中砥砺成长、在解放战争的重大考验中走向成熟、在和平建设时期丰富充实。总结弘扬我军军事文化优良传统给我们的启示有四。启示之一：繁荣发展先进军事文化必须首先坚定正确的政治方向。文化的指导思想和理论作为文化的灵魂，决定着文化的性质和方向。启示之二：繁荣发展先进军事文化必须围绕中心发挥好服务作用。启示之三：繁荣发展先进军事文化必须加强思想政治建设。启示之四：繁荣发展先进军事文化必须运用寓教于乐的活动形式。[31]

（八）后勤管理科学化是我军后勤管理史上的第四次转变

科学管理是后勤工作的永恒主题，是后勤建设中一项带根本性和全局性的基础工程。我军成立以来，伴随着社会环境变化和科学技术的发展，后勤管理经历了战争年代的"民主化管理"、新中国成立初期的"正规化管理"和改革开放之初的"法制化管理"等三次大的转变，后勤管理科学化是我军后勤管理史上的第四次转变，也是带根本、革命性的转变。[32]

（九）专家称无人机或成第七代战争重要标志

国内外军事专家普遍认为，至目前为止，人类社会经历了6种战争形态，其主战兵器是人类社会战争形态的重要标志。比如，第五代战争是以使用核武器为标志，第六代战争是以核威慑条件下的高技术精确制导武器为标志。那么，无人机的大量涌现，将有可能成为第七代战争的重要标志。[33]

九、世界军事学术研究新进展

（一）世界军事安全格局新变化

陈舟、李瞰在《十年世界军事安全格局变化》一文中认为，2011年是进入21世纪以来具有里程碑意义的一年。利比亚战争以及中东危局都预示着世界军事安全格局正发生重大异变。战争形态由机械化战争向信息化战争加速演变。信息技术的进步引发了作战方式的巨大变化。战争形态的演变不仅依赖于信息技术迅猛发展的"支撑力"，还得益于军事理念超前发展的"牵引力"。随着隐形和无人作战平台的发展和大量运用，有人甚至预言未来战争将是"三无战争"（无人、无声、无形）。军事转型步伐加快，新一轮军备竞赛异常激烈。伴随着国际战略竞争和矛盾的发展，主要军事大国纷纷加快推进转型，以尽快抢占未来战争的制高点。这一次的军事转型主要是调整改革指挥体制、加强横向联合以满足信息化战争和联合作战需要，同时全面提升武器装备作战能力并发展全新的兵种。随着太空争夺的加剧，空天武器的战略性日益凸显。此外，在军种进一步走向融合的同时，新的军种不断出现，有人甚至预言天军、网军、生物军将取代传统的陆海空三军。安全机制呈现分化，军事干涉模式再度翻新。经济军事互动加剧，亚太地区热度明显提升。美国强化了在亚太地区的军事部署，增派了航母战斗群、战斗机及濒海战斗舰艇，可以说亚太地区集中了全球最大的军火库。[34]

（二）关于世界新军事变革的核心和基本标志

王喜斌在《加快战斗力生成模式转变推动国防和军队建设科学发展》一文中指出：发端于20世纪中后期的信息技术革命，在军事领域引发了一场以信息技术广泛应用为主要标志的世界性新军事变革。这次新军事变革的核心是信息化，实质是从工业时代的战斗力生成模式向信息时代的战斗力生成模式转变，基本标志是全面形成基于信息系统的体系作战能力。[35]

（三）美国大战略研究综述

夏征难在《美国大战略研究综述》一文中指出，有学者提出，大战略是大国的奢侈品。而美国又素以大战略谋划著称，在其崛起的各个关键历史阶段都有其大战略，如从18世纪华盛顿的孤立主义战略到19世纪初确定其美洲霸主地位的“门罗主义”，从19世纪开始的逐步扩张战略到第一、二次世界大战期间走向西方世界领导地位的渐进战略，从冷战期间的遏制战略到冷战结束后的接触加遏制战略，从冷战结束以来的单边主义与多边主义战略摇摆到单边主义大战略等，都从中体现出一种大战略的深谋远虑的能力。尤其是近几年美国学者又有一批大战略研究的论著相继面世，虽然他们往往从维护美国霸权的立场出发研究问题，使得一些观点带有某种偏颇性，但他们对大战略问题的一些思考，对我们把握美国的大战略、发展与创新中国自己的大战略仍有某些借鉴和启示作用。㊱

（四）关于美军的“混合战争”理论研究新进展

赵荡亮、杨延波在《试析美军的“混合战争”理论》一文中认为，美军的“混合战争”理论是指综合运用正规与非正规、传统与非传统、对称与非对称的战术、技术和力量，力求在战争的所有层面均取得理想效果的一种战争样式。“混合战争”理论的本质特征：一是美国“实用主义”哲学观在战争领域的具体体现；二是美军对其传统军事理论的继承与发展；三是基于对未来战争形态的分析与判断；四是建设一支无所不能的“总体部队”的需要。“混合战争”理论对美国军事战略各个层面正在产生着重要影响。㊲

（五）《空中战役》军事理论著作的地位和作用

闵永顺在《约翰·A. 沃登的〈空中战役〉思想研究》一文中指出，《空中战役》是第二次世界大战以来第一部由一名美国现役军官撰写的有关空中力量作战理论的学术著作，被誉为可与克劳塞维茨的《战争论》、马汉的《制海权》比肩的军事理论著作。《空中战役》具有重要的理论价值，对信息化条件下的局部战争实践产生了重要影响。一是填补了空军学术思想史上关于空中战役理论研究的空白；二是奠定了战略瘫痪理论、五环重心理论和并行打击理论的基础；三是该书中的重要思想被成功地运用于现代局部战争的实践。㊳

（六）冷战后的日本国家安全战略调整

袁杨在《冷战后日本国家安全战略的三次调整》一文中认为，冷战结束后，日本在国际政治舞台的活动空间增大，以“政治大国”为首要目标的国家战略更为明确。日本的国家安全战略先后进行了三次重大调整。三次调整的主要内容，体现在首相私人咨询机构分别于1994年、2004年和2009年提交的“恳谈会报告”中。上述三份报告提出的“能动的建设性安全保障战略”“统合安全保障战略”“多层次安全保障战略”，对冷战后的日本国家安全战略作了系统的理论阐释，反映其调整与发展的脉络。㊴

（七）2011年国际军事走势

邓红洲在《盘点2011年国际军事走势》一文中指出，2011年世界军事的发展与动荡、变革与危机、合作与竞争交织互动，形势变化的速度之快、范围之广、程度之深令人惊心动魄。国际军事走势呈现出战略大调整、军备新竞争、小战乱不断的特点，世界军事格局在不断发展中发生了新的变化。美国全球战略重心东移，亚太成为大国地缘角逐主战场；核天网领域竞争升温，大国谋求战略制高点；大战不起、小战不已的趋势延续，军事强国瞄向未来高端战争。㊵

注：

①吴清丽、王鹏飞、夏成效：《中国共产党领导人民陆军建设的基本经验》，《中国军事科学》，2011年第3期。

②唐复全、王起奎、王玉东：《中国共产党领导人民海军建设发展基本经验》，《中国军事科学》，2011年第3期。

③尚金锁、李振、李黎光、叶海源：《中国共产党领导人民空军建设的基本理论和基本经验》，《中国军事科学》，2011年第3期。

④陈照海、贺江波：《人民军队军事训练在党的领导下科学发展的实践与启示》，《全军纪念中国共产党成立90周年理论研讨会文集》，国防大学出版社，2011年版。

⑤李际均：《战略思维与军事决策的十一个问题》，《国防大学学报》，2011年第1、2期。

⑥刘继贤：《党的战略思维与革命战争胜利——为纪念中国共产党成立90周年而作》，《军事学术》，2011年第5期。

⑦金一南：《保持我们的制胜优势——十论战略思维之十》，《学习时报》，2011年10月10日。

⑧李光玉：《从平面立体思维到网状体系思维——加快转变战斗力生成模式的关键性抓手》，《中国军事科学》，2011年第2期。

⑨韩毅：《军事思维的一个新视角》，《中国军事科学》，2011年第1期。

⑩于雷：《科学发展观——国防和军队建设的新篇章》，《军事学术》，2011年第5期。

⑪姜铁军、释清仁：《胡锦涛关于国防和军队建设重要论述对党的军事指导理论的创新发展》，《中国军事科学》，2011年第4期。

⑫王法安：《中国共产党的军事大智慧》，《国防》，2011年第7期。

⑬杨凯、申天良：《对深入推进我军作战理论创新的认识与思考》，《国防大学学报》，2012年第3期。

⑭陆建飞、陈意、吴超：《构建以作战理论发展为牵引的战斗力生成模式探析》，《国防大学学报》，

2011 年第 12 期。

⑮肖敬民：《关于中国国防软实力理论探讨》，《中国军事科学》，2011 年第 3 期。

⑯刘继贤：《略论加快转变战斗力生成模式的理论基点》，《国防大学学报》，2011 年第 9 期。

⑰颜晓峰、刘光明：《论国防和军队建设的主题与主线》，《国防大学学报》，2011 年第 9 期。

⑱张连松、赵春海：《以“四化”要求为导向加快整体推进全面建设现代后勤步伐》，《后勤学术》，2012 年第 1 期。

⑲仲轩：《坚持以信息主导综合集成为根本方法加快全面建设现代后勤步伐》，《后勤学术》，2012 年第 1 期。

⑳肖思科、赵辉：《深入贯彻主题主线重大战略思想，加快全面建设现代后勤步伐理论研讨会综述》，《后勤学术》，2012 年第 1 期。

㉑王宗喜、黄剑炜：《军事物流技术创新若干问题研究》，《后勤学术》，2012 年第 1 期。

㉒彭希文：《兵棋基本概念与特征》，《国防大学学报》，2011 年第 11 期。

㉓王志闻、任邵东：《兵棋的基本要素》，《国防大学学报》，2011 年第 12 期。

㉔黄贤军：《浅谈兵棋推演在指挥训练中的“八个特性”》，《国防大学学报》，2011 年第 11 期。

㉕鲍斌：《也说“不战而屈人之兵”》，《中国军事科学》，2011 年第 1 期。

㉖何清成：《中国历史上的“和军”理论》，《中国军事科学》，2011 年第 3 期。

㉗刘君然、张焱：《中日钓鱼岛之争的历史溯源》，《军事学术》，2011 第 1 期。

㉘夏征难：《人民战争理论历史嬗变新说》，《中国军事科学》，2011 年第 1 期。

㉙黄成林：《适应战斗力生成模式转变 加快武器装备信息化建设》，《国防大学学报》，2012 年第 1 期。

㉚刘粤军：《中国历代军队战斗作风养成》，《中国军事科学》，2011 年第 2 期。

㉛宫春科：《大力弘扬优良传统推动先进军事文化繁荣发展——我军先进军事文化发展的历史回顾与启示》，《军队党的生活》，2012 年第 1 期。

㉜张连松、赵春海：《以“四化”要求为导向加快整体推进全面建设现代后勤步伐》，《后勤学术》，2012 年第 1 期。

㉝王修柏：《军事专家称无人机或成第七代战争重要标志》，《中国青年报》，2011 年 11 月 4 日。

㉞陈舟、李瞰：《十年世界军事安全格局变化》，《学习时报》，2012 年 2 月 13 日。

㉟王喜斌：《加快战斗力生成模式转变推动国防和军队建设科学发展》，《求是》，2011 年第 23 期。

㊱夏征难：《美国大战略研究综述》，《中国军事科学》，2011 年第 2 期。

㊲赵荡亮、杨延波：《试析美军的“混合战争”理论》，《中国军事科学》，2011 年第 3 期。

㊳闵永顺：《约翰 · A. 沃登的〈空中战役〉思想研究》，《国防大学学报》，2011 年第 12 期。

㊴袁杨：《后日本国家安全战略的三次调整》，《中国军事科学》，2011 年第 1 期。

㊵邓红洲：《盘点 2011 年国际军事走势》，《解放军报》，2011 年 12 月 31 日。

（作者：国防大学研究员）

北京研究

北京经济

孟 斌 郑丽敏 湛东升 贾晓明

一、重要学术会议简介

2011 年首都经济学界新春论坛于 2011 年 1 月 15 日在北京举行，论坛的主题为“2011 年全球和中国经济展望”。会议就首都以及全国过去一年的经济形势进行了分析，结合国际大背景，对首都以及整个中国经济的未来发展趋势进行了探讨。

2011 年 1 月 10 日，北京绿色经济论坛暨中德塑料循环利用技术交流会举行，论坛的主题为“加强绿色经济创新，探索低碳发展之路，推动生态文明和谐”。论坛对塑料的生产与回收技术展开了深入的研讨，在资源短缺、生态破坏、环境污染已成为全球关注的重大战略问题的背景下，本论坛为绿色经济的发展提供了交流平台。

2011 年 1 月 19 日，第二届中国绿色经济 TIO 峰会在北京召开。峰会以“务实合作，联盟发展，全面推动中国企业绿色能力建设”为主题，聚焦绿色发展战略，创建集“技术、集群、资本”为一体的能力建设平台，致力于推动中国企业绿色能力建设，促进中国绿色经济发展。

2011年3月17日在北京市举办加强和改善工商联工作会议，会议提出切实加强新形势下工商联工作，为推动首都科学发展和建设中国特色世界城市汇集力量。

2011年5月举办了以“首都经济圈，发展新商机”为主题的2011年京津冀区域合作高端会议，会议就京津冀一体化、首都经济圈等热点议题，为河北建设环首都绿色经济圈建言献策。

2011年5月21日，第六届中国循环经济发展论坛在北京举行，论坛探讨了中国循环经济的发展现状，共同展望了中国循环经济发展的趋势，思考了如何推动中国循环经济产业化和规模化发展。

现代制造业与首都经济发展报告会于9月22日在北京举行，会议提出北京具有发展现代制造业的科技优势、人才优势、区位优势，正在形成以现代制造业为主体的特色工业。应当进一步发挥现代制造业作为首都经济的重要支撑作用，大力培育、发展战略性新兴产业，改造、提升传统制造业，促进产业集聚发展，促进工业化与信息化融合，促进研发、制造联合发展，发展技术服务，体现“北京服务”“北京创造”品牌。

2011年10月21—22日，“2011‘人文北京与文化创新’主题论坛”在北京举行。本次论坛的主题是“历史与现实的对话：人文北京与文化创新能力建设”。

2011年11月12日，首都经济学家论坛在北京召开了第十次学术研讨会，主题为“经济发展与改善民生”。与会专家学者从理论和实践的不同层面和角度探讨了经济发展与改善民生的相关问题，如经济发展方式转变、收入分配制度改革和收入分配差距、公共领域改革、国有经济改革和发展、就业等问题。会议重点关注经济发展、改善民生、特殊群体、公共服务等问题。

2011年11月17日，召开2011年西部地区转型发展成果发布会，会议认为，一年来通过市政府各部门、西部四区和重点企业的共同努力，北京西部经济实现与全市同步增长，“一核、两区、三带”规划建设全面启动，新兴产业引进培育提速。大力实施重点区域功能提升工程，全面推动重点功能区开发建设。

二、重要学术著作简介

2011年出版的有关首都经济方面的主要论著有：《北京经济发展报告（2010—2011）》（2011版）（梅松、谭维克，北京市社会科学院、社会科学文献出版社），本报告在简要分析国际国内经济形势的基础上，对北京2010年经济形势进行了详尽分析，并对2011年经济走势进行了预测。本报告简要回顾了北京“十一五”期间经济发展的主要成就，并深刻总结了“十一五”期间北京经济发生的三大转变。本报告集中探讨了北京建设世界城市的一些理论和实践问题。本报告深入分析了2010—2011年北京通胀形势以及房地产市场发展形势，重点关注了北京绿色低碳产业方面的发展问题。

《2011北京市经济形势分析与预测》（刘骏，中国财政经济出版社）一书采取定性与定量分析相结合的方式，对2010年北京市经济形势变化进行综合分析，挖掘内在规律，跟踪热点问题，破解突出矛盾，在综合分析国内外发展环境和影响因素的基础上，对2011年北京市经济发展态势进行预测，并给出相关政策建议，期望为政府决策、企业战略、研究机构开展相关工作提供参考。

《北京财政支出的经济效果评价研究——理论研究与实证分析》（马立平，首都经济贸易大学出版社）一书认为，财政支出是政府将税收收入和其他非税收入运用到社会的各个方面。作为财政收支工作的两个基本面之一，财政支出体现着财政目的和政府职能的基本内涵。政府的基本职能不仅包括对资源配置的干预、对收入分配的干预，同时还具有经济干预的基本职能。应该说，国民经济的健康发展，不仅仅取决于市场的力量，同时还受到政府行为包括政府财政支出有效性的影响。

《北京现代服务业与经济增长实证研究》（李朝鲜、方燕等，经济科学出版社）一书研究了北京现代服务业对经济增长的贡献，运用大量图表文字翔实阐述了北京现代服务业发展状况和未来趋势，主要对北京现代服务业现状及整体发展态势进行阐述，并分别对现代服务业中不同行业进行研究。《首都发展战略研究：北京市“十二五”规划前期研究成果汇编》（共4册）（张工，中国人口出版社）的内容涵盖了北京市国民经济和社会发展的主要领域，共完成72项400多万字。

《北京沟域经济发展研究》（何忠伟，中国农业出版社）一书提出山区是首都可持续发展的战略腹地，是建设“人文北京、科技北京、绿色北京”的资源支撑区，是破除二元结构、推动体制与机制创新的先行示范区。推动山区科学发展、促进山区社会和谐，必须牢牢把握发展这个第一要务，千方百计加快发展步伐、壮大经济实力。山区经济既注重发展速度又注重发展质量，实现速度、质量、效益相统一。改革开放以来，北京市十分重视山区建设，政府先后出台了“富民养山”“流域综合治理”等一系列促进山区发展的倾斜政策，有力地促进了山区可持续发展，增强了山区生态服务功能，更好地发挥其生态涵养区的功能。

《经济增长机制与增长潜力的实证研究·北京经济新的增长点与制约要素》（王琴英，经济科学出版社）一书认为北京城市规划与城市发展定位决定了北京经济社会发展的方向和经济增长的动力与机制。从工业化城市向服务型城市转型，从以高技术产业为主导到重点建设六大高端产业，北京经济增长由剧烈波动型转向了持续平稳的快速增长。首都经济机制、总部效应、人才资源优势、服务业型经济以及全国的市场中心与贸易中心地位，不仅推动着北京经济增长方式的转变，而且不断地提升北京经济中长期增长潜力。

《中国经验与北京模式：北京市科技促进区域可持续发展的实践探索》（王玉海、程连升、魏伟等，社会科学文献出版社）一书以可持续发展问题为核心，以北京的典型实践模式为载体，从可持续发展的实践出发，探讨可持续发展的中国经验与北京模式。本书作者认为，可持续发展的中国经验是“实践先行、行政主导、科技促进、以点带面”。北京市可持续发展的实践模式包括“完全城区型、近郊新城型和远郊生态型”三大类型。

三、“首都经济”研究

2011年是“十二五”开局之年，在复杂多变的内外部环境中，北京市委、市政府全面贯彻落实党的十七大和十七届三中、四中、五中全会，以及中央经济工作会议和市委十届八次全会精神，深入贯彻落实科学发展观，着力建设中国特色世界城市，全面实施“人文北京、科技北京、绿色北京”战略，加快转变经济发展方式，总体经济运行基本稳定，调结构、转方式取得积极进展，实现了“十二五”时期的良好开局。

首都经济发展取得了新的成果，但仍然面临严峻的挑战，需要进一步转变经济发展方式以顺利实现可持续发展，对此，有学者提出建议：一是以低碳经济为契机，推进首都经济发展方式转变。二是重点实施科教兴国战略，完善技术创新体系。三是加大产业结构调整力度，提高首都经济的集约化水平。四是充分发挥社会主义市场经济体制作用，为转变经济增长方式提供体制保证。五是重视人力资源开发，提高劳动素质，为经济增长方式转变提供人力、智力支持。六是节约资源，保护环境，实现可持续发展。①

2011年首都经济的研究成果丰富，研究视角也比较全面，主要包括总部经济、沟域经济、文化创意产业、首都经济圈等方面。

（一）“首都经济圈”——首都经济发展的新机遇

“首都经济圈”是指以首都功能的充分发挥为核心，通过首都资源与周边区域资源的高效配置形成的紧密联系、分工合作、协调发展的一体化区域。首都经济圈发展定位应包括以下层面：首都经济圈是国家参与全球经济竞争的核心功能区；首都经济圈是国家区域发展总体战略的重要组成部分；首都经济圈是建设中国特色世界城市的承载区。“首都经济圈”战略的实施，不仅有助于促进区域经济合作与发展，同时也为首都经济发展提供了新的机遇。

中共北京市委研究室“首都经济圈研究”课题组认为，首都经济圈概念的提出，是对首都经济概念的发展和延伸。首都经济圈建设作为国家战略，当前应优先考虑以下战略举措：一是明确首都经济圈的国家功能及城市功能定位：既要着眼于首都发展和国家南北协调发展等“眼前”问题，更要打造国家长远核心竞争力；明确各城市的性质和功能定位，发挥比较优势，形成一个有机的功能共同体。二是构建与首都经济圈发展相适应的体制机制：建立统一高效的统筹协调体制，保障首都经济圈发展规划的贯彻落实。三是加快以交通为核心的基础设施网络建设：加快推进现代化立体交通体系建设；大力推进能源、信息等城市基础设施建设。四是推动以创新为核心的产业一体化布局：产业布局要围绕科技创新、文化创新这两大动力进行要素分配和重组。五是统筹以水资源保护利用为核心的生态环境建设：应建立跨省市的水资源综合管理机制，合理开发利用水资源；提高植被覆盖率，增强区域环境承载能力。六是搭建通用共享的平台和政策体系：建立通用共享的平台和政策体系；实行相对统一的开发开放政策。②

（二）总部经济

总部经济是指某区域由于特有的资源优势吸引企业将总部在该区域集群布局，将生产制造基地布局在具有比较优势的其他地区，而使企业价值链与区域资源实现最优空间耦合，以及由此对该区域经济发展产生重要影响的一种经济形态。总部经济具有以下六个特点：知识性、集约性、层次性、延展性、辐射性和共赢性。其形成机理主要包括：空间集聚的外部经济、中心—外围发展模式、信息的意会性和不对称性、中间层组织的交易成本优势。

北京“十二五”规划中明确指出，总部经济是首都经济的重要特征之一。有专家认为，发展总部经济对促进北京产业升级和经济转型，提升北京城市控制力、影响力具有积极的作用。北京从以下几个方面着手加快推动“世界高端企业总部之都”建设，并取得了积极的成效：一是立足资源优势和产业特色，推动位于中心区的传统产业区向高端综合商务区转型提升。二是充分发挥总部对产业要素的辐射带动作用，推动产业空间格局优化调整。三是加快首都经济圈建设，以总部经济模式强化北京与周边区域的分工合作。③

（三）文化创意产业

文化创意产业成为北京经济发展中新的亮点，发展文化创意产业，是推进北京产业结构升级和经济方式转变的必然选择。北京市文化创意产业发展的模式主要包括龙头企业带动发展模式、产业关联发展模式、科技支撑发展模式、体制转型发展模式、公共平台支撑发展模式、产业集聚区发展模式。

有专家提出了北京文化创意产业发展的重点举措：一是积极推动建立首都文化建设的领导机构。二是组建北京市国有文化资产监督管理委员会。三是设立北京文化发展专项资金。四是制定出台推动文化发展的配套政策。五是积极打造一批骨干文化企业、上市公司和文化“航母”。六是着力推进一批重点文化园区和文化项目建设。七是加强对区域文化发展的规划引导。④

（四）沟域经济

沟域经济是北京近年来探索出的一种新型的山区发展模式，是指在北京城市发展推动下形成的外延式或需求拉动式的生态沟域经济，主要以生态涵养与保护为基础，以生态建设与休闲旅游产业为龙头，集生态涵养、旅游观光、经济发展和人文价值于一体，打造统一规划、形式多样、产业融合、集约经营、规模适度、特色鲜明的产业经济带，实现山区发展与农民致富的一种经济形态。发展沟域经济是加快山区社会主义新农村建设的一条重要途径，也是统筹城乡发展、缩小城乡差距的重要突破口。北京沟域经济发展的主要模式包括自然风光旅游沟域、民俗文化展示沟域、都市农业发展沟域、生态治理示范沟域。

有学者认为，北京沟域经济的主要特征：一是坚持生态优先，促进人与自然和谐的发展理念。二是实行“以点带面，多点成线，产业互动”的产业布局。三是突出特色，以打造北京沟域品牌为主要营销方式。四是坚持以“服务首都，富裕农民”为发展宗旨。近年来，北京沟域经济发展不仅提高了山区农民的收入水平、改善了山区生态环境质量，而且丰富了人们的休闲旅游场所，取得了非常有效的成果。⑤

四、北京经济的发展目标、重点及对策研究

（一）北京经济的发展目标、重点

近年来，北京市经济始终保持平稳较快增长，总量迅速扩大，结构不断优化，现代服务业、高新技术产业、现代制造业得到快速发展，服务型主导、消费拉动的增长格局对全市经济稳定发展的作用愈加显著，集团总部型等经济特征表现更加明显。同时，北京市经济的快速、健康发展，以及在科技创新、文化创意、综合服务等方面具有的独特优势，特别是经济发展中不断出现的新特点、新变化，为经济的发展带来了前所未有的发展机遇。⑥

当前，世界经济格局正在发生深刻复杂变化，我国仍处于重要战略机遇期，经济发展长期向好的趋势没有改变。北京经济发展面临着难得的机遇，也面对着严峻的挑战。2011 年北京经济发展的任务是：以加快转变经济发展方式为主线，着力建设创新驱动的发展格局，着力扩大内需，着力提高人民生活水平，着力推动文化繁荣发展，着力创新政府服务，着力抓好城乡一体化建设，着力提高城市精细化管理和宜居健康水平，实现经济平稳较快发展和社会和谐稳定。⑦

1. 着力创新政府服务

服务型政府的建设不仅关系到公众的生活水平、经济社会的发展水平，而且关系到国家和社会的发展步伐，具有极其重要的作用。政府的服务企业职能是政府众多服务职能中的一种，也是在新时期下最直接干预市场的服务类别。为了适应新形势下的需要，北京各级基层政府尤其是经济技术开发区这类特殊区域的政府职能改革势在必行，积极探索和研究北京经济技术开发区的服务型政府建设，打破政府原有的经济管理模式，强化政府服务企业服务、市场的意识，创建人民满意、企业满意的政府服务体系显得极为重要。⑧

2. 大力发展高新技术产业

近年来，北京的经济发展速度大大加快，以现代服务业、高技术产业、现代制造业等高端产业为主的首都经济格局基本确立，金融业、商务服务业、文化创意产业等核心产业的国际竞争力显著增强，产业的节能降耗减排水平位居全国前列，自主创新能力及创新辐射能力进一步增强，产业布局调整取得明显进展。其中北京高技术产业发展迅速，高技术产品出口快速增长，高技术产业在北京经济中的重要作用日益凸显。在今后的发展中应大力扶植高新技术产业。

3. 大力发展循环经济

北京产业发展与人口增长、资源环境承载能力之间的不协调、创新成果本地转化率低、区域产业统筹协调发展力度不足等问题也越来越突出，而如何准确把握产业发展规律，大力整合各方资源，充分发挥首都优势是北京走出一条持续、稳定、健康的经济发展道路的关键，也是今后北京经济发展的重点所在。⑨

4. 加强民生建设

党的十七大报告把“加快发展社会事业，全面改善人民生活”作为全面建设小康社会奋斗目标的新要求，强调必须在经济发展的基础上，更加注重社会建设，着力保障和改善民生。国家“十二五”规划更是把民生作为整个规划的出发点和落脚点，提到了“社会的生存、国民的生计、人民的生命”的高度来认识。⑩当前，北京人均 GDP 已经超过 1000

美元，已达到较高的发展水平，进入现代社会，正向以知识化、信息化、国际化特点的后现代社会迈进。如果说北京的CBD表现出现代社会的繁华景色，那么798艺术区则更具有后现代的特征。北京的社会建设要立足于这一背景下向前推进。北京的社会建设不排除民生建设，但是基于这一背景，更应该考虑比民生建设更高的目标、更高的定位。⑪

5. 建设世界城市

建设世界城市一直是北京经济社会建设与发展的追求目标，近几十年来，北京的经济实力逐步增强，城市环境显著改善，交通设施持续建设发展，在一定程度上具备了建设世界城市的基础条件。但是，世界城市的形成发展与所在都市圈存在着共生互动的内在关系。世界城市必然崛起于世界增长重心地区最具实力的城市群之中；世界城市的形成发展需要所在城市区域的强大支撑；世界城市是中心城市与周边地区相互作用的产物。北京依托首都圈建设世界城市，有利于疏解人口资源环境交通等压力，有利于增强其经济整体实力及对全球经济的影响力和控制力。⑫

（二）对策

1. 深入推进产业结构调整

加大产业结构调整力度，提高首都经济的集约化水平。调整产业结构，推动产业结构高级化，是实现资源优化配置，提高集约化水平，进一步推动经济增长方式转变的重要环节。措施有：优先发展高新技术产业；大力发展第三产业；调整工业内部结构；积极发展现代化城郊型农业。制订实施培育发展战略性新兴产业的意见，加快发展新一代信息技术、节能环保、生物医药、新能源、新材料等新兴产业。认真落实重点规划建设产业，加快北京现代三工厂、数字电视产业园、中核科技园等重点项目建设，提升高技术产业和现代制造业发展水平。大力发展金融产业，促进商务中心区功能集聚，推进丽泽金融商务区建设，增强服务国家金融决策、管理、信息中心功能，加快打造具有国际影响力的金融中心城市。认真落实与中央单位签订的战略合作协议，加快推进合作产业基地建设，促进军民融合式发展。

2. 深入调整优化投资结构

坚持投资适度增长与优化结构、提高质量效益并重，着力抓好重大项目建设，努力扩大产业投资，实现固定资产投资增长10%以上。一是切实用好政府投资。2011年市政府固定资产投资拟安排347亿元，重点保障在建、续建项目，优先支持结构调整、自主创新、高新技术产业、公共设施、民生工程等领域。进一步完善融资体系，多渠道筹集资金，保障重点项目和产业发展的资金需求。二是积极扩大民间投资。出台促进民间投资的实施意见，鼓励引导民间资本进入基础产业和基础设施、市政公用事业、社会事业等领域。三是统筹促进产业投资。实施重大产业项目带动工程，完善股权投资体系，加强创业发展引导，鼓励企业加大研发产业化和技改投入，不断增强产业发展后劲。四是进一步调整房地产投资结构，加大政策性住房投资力度，优化土地一级开发。

3. 多方合作，推动区域协调发展

在国家的统一协调下，积极争取国家对首都圈发展的进一步支持，推动京津冀区域协调发展。认真总结国内外都市圈发展的经验，形成京津冀各地新的比较优势，推动京津冀区域一体化进程，引导生产力的合理布局，打破行政区划界限，加强京津冀都市圈城市间的发展规划、产业布局、基础设施、生态环保、公共服务等方面的沟通合作，探索科学发展的经验，实现分工协作、优势互补，提升京津冀都市圈在促进国内经济增长上的能级，在京津冀都市圈内形成区域产业体系，提升区域竞争力。⑬

4. 培育自主创新的能力

充分利用北京科研资源优势，培育高技术企业的自主创新能力和提升产品出口竞争力。加强科研机构、高等院校与企业的联系，通畅企业与科研机构、高等院校在技术创新上的结合，为企业提供技术支持和创新指导。科研机构、高等院校在基础研究、基础应用研究方面具有优势，企业直接面对市场，应用技术方面具有优势，相互结合可以发挥各自优势，有利于推动创新。搞好国际技术合作。以联合研发和技术交流为纽带，促进高技术企业的对外技术合作。包括产、学、研之间的各级各类合作，以分散风险和发挥国内国外两个优势。创新若取得成功将获得巨大的经济效益，同时创新也面临着一个或多个企业、科研机构、高等院校无法承担的巨大风险。因此，搞好和深化国际技术合作，不仅可以发挥国内国外各自的技术优势，更能共同应对风险。⑭

5. 大力推进自主创新，建设技术创新体系

大力实施“科技北京”战略，推动首都经济率先进入创新驱动、内部增长的发展轨道。政府要制定有利于创新的政策和法律，维护公平竞争的环境，促进创新。进一步发挥首都科技条件平台作用，健全产学研用合作、企业创新激励、科技与资本对接、政府资金支持等方面的机制。实施人才高地战略，加大对人力资本的投资力度，造就高素质的人才队伍，并吸引国内外优秀人才到北京发展。加快中关村国家自主创新示范区建设，着力研发和转化一批国际领先的科技成果，做大做强一批具有全球影响的创新型企业。打破垄断，引入竞争，让企业间充分竞争，优胜劣汰。通过充分的市场竞争建立起以企业为主体的技术创新体系。

6. 充分整合和利用首都资源优势，强化核心产

业优势

掌握总部管理、高端研发、市场推广等价值链核心增值环节，通过对高端要素的集聚实现对区域发展的引领。CBD、金融街、中关村、亦庄、奥体中心区等生产性服务业集聚区应根据自身的条件积极吸引各类企业总部及高端服务业。与此同时，还应积极引进各类政府间和非政府间国际组织，全方位提升北京在经济、政治、文化等领域的国际影响力。

7. 大力发展节约、循环经济

推进节能减排降耗，大力发展循环经济、绿色经济，制定有关产品能耗标准、企业综合能耗标准及大型公建用能定额，建立分门别类、符合实际的标准体系和评价体系。加快发展循环经济，抓紧做好国家循环经济试点城市的实施方案。积极推广可再生能源，优化能源结构。大力发展轨道交通，优化城市人口居住地与工作地之间的配置关系，缓解交通压力，降低能源消耗。在建筑能源消耗方面，多建造节能建筑。倡导绿色消费，营造倡导节约的社会良好风尚，逐步形成有利于节约资源的产业结构和消费方式。要依靠科技、管理、经济等综合手段深入推进节能减排，大力发展循环经济、低碳技术、清洁能源和环保产业，增强可持续发展能力。

8. 淡化 GDP 考核，建立新的官员考核制度

要淡化区县一级 GDP 核算，同时在区县一级建立突出区域功能定位的特性指标。研究制定能全面反映经济社会协调发展的指标体系，使政府人员追求政绩的努力与实现协调、可持续发展相一致。建立差异性考核指标体系，对区县不再规定 GDP 增长目标。不再将 GDP 作为考核政绩的唯一指标，完善促进科学发展的干部考核评价机制，在考核发展速度和规模的同时，更加注重考核经济结构的优化、自主创新水平的提高、民生质量的改善、节能减排情况的落实、生态环境的保护等情况。

注：

①潘建伟、王汝芳：《北京经济运行：历史考查与特征分析》，《商业研究》，2011 年第 2 期。

②中共北京市委研究室“首都经济圈研究”课题组：《首都经济圈建设的战略举措——打造首都经济圈解读》，《前线》，2011 年第 10 期。

③洪继元：《北京：站在更高起点发展总部经济》，《投资北京》，2011 年第 9 期。

④王海平：《北京文化创意产业发展的思路和举措》，《行政管理改革》，2011 年第 12 期。

⑤李鹏、韩洁等：《北京山区发展现状与沟域经济发展研究》，《农业科技管理》，2011 年第 1 期。

⑥刘明坤、刘文庆：《北京市经济特点及银行业发展机遇研究》，《特区经济》，2011 年第 11 期。

⑦郭金龙：《北京市第十三届人民代表大会第四次会议报告》，《北京日报》，2011 年 1 月 16 日。

⑧李桐、李洪山：《北京经济技术开发区政府服务企业职能完善研究》，《北京林业大学学报》，2011 年第 4 期。

⑨和朝东：《北京产业发展总体特征与未来发展策略》，《北京规划建设》，2011 年第 6 期。

⑩冯晓英：《重视基层社会组织在提升北京民生建设水平中的主体作用》，《科学发展：社会管理与社会和谐——2011 学术前沿论丛》（上），2011 年 12 月 1 日。

⑪马福云：《社会建设的北京模式：起点与定位》，《国家行政学院学报》，2011 年第 1 期。

⑫祝尔娟、吴常春、李妍君：《世界城市建设与区域发展——对北京建设世界城市的战略思考》，《现代城市研究》，2011 年第 11 期。

⑬罗智渊：《北京率先转变经济增长方式实践研究》，《商业时代》，2011 年第 9 期。

⑭张薇、杨旸、郭静、李英华、董艺：《北京高技术产业现状、问题及建议》，《商场现代化》，2011 年第 8 期。

（作者：孟斌，北京联合大学北京学研究所副所长；郑丽敏、湛东升、贾晓明，北京联合大学硕士生）

北京历史与文化

佟　洵　吕忠霖

一、重要的学术会议与学术论著简介

2011 年 1 月 28 日下午，中国五大全国性宗教团体在北京举办“倡导宗教和谐”座谈会，发表了《倡导宗教和谐共同宣言》。会议认为，宗教和谐是宗教关系的新境界，是全球化时代的新理念。保持和促进宗教和谐，对于构建社会主义和谐社会、共同建设和谐世界具有重要意义。该宣言提出了坚持爱国爱教、主张平等包容、弘扬和谐理念、反对歪曲利用、发挥积极作用等六项原则主张，呼吁广大信众积极行动起来，加强合作、共担责任，同心同德、携手并进，践行和谐理念，为构建社会主义和谐社会，共建持久和平、共同繁荣的和谐世界共同努力。

2011 年 5 月 14 日，北京史研究会与北京学研究基地联合举办了“北京中轴线历史文化遗产保护与申遗座谈会”。此举是为了进一步促进北京中轴线历

史文化遗产的保护，推动中轴线申遗工作的开展，参加座谈会的专家学者共计17人，座谈期间与会专家各抒己见，针对北京中轴线历史文化遗产保护与申遗问题建言献策。会议一方面讨论了北京中轴线的文化特征、功能作用，肯定了中轴线的宝贵价值以及申遗的必要性；另一方面讨论了北京中轴线保持完整风貌的紧迫性，指出了中轴线遗产保护以及申遗面临的难题。与会专家还就如何解决北京中轴线历史文化遗产保护与申遗中的争议问题提出了一些建设性的意见和建议。

2011年6月15日，“北京线性文化遗产保护与传承——第十三次北京学学术研讨会”在北京召开，此次会议由北京联合大学北京学研究所（北京市哲学社会科学北京学研究基地）、北京市政协文史和学习委员会、北京地理学会共同举办，本次研讨会吸引了来自北京30余家著名研究机构和学术团体的120多位专家学者和部分研究生参加。会议也受到《前线》《中国文化报》《文化月刊·遗产》《北京日报》《北京晚报》等媒体界朋友们的关注。与会代表们围绕“北京线性文化遗产保护与传承”主题展开热烈的讨论，大家各抒己见，畅所欲言。通过会议交流，大家比较全面深入地研讨了北京线性文化遗产的历史与现状、意义和价值、保护规划和措施等问题。

2011年9月29日，第十一期《北京历史文化名城保护》论坛在京召开，本次论坛是由北京历史文化名城保护委员会办公室统筹，北京市地方志编纂委员会办公室、北京地方志学会、北京史研究会联合主办的。与会领导和专家近120人，论坛的主题是“方志传承历史留住古都记忆”，论坛突出以方志为代表的历史文献资料在传承、弘扬北京历史文化中的积极作用和重要价值。

2011年10月31日，“地方学与地方文化——理论建设与人才培养学术研讨会”在京召开，本次会议共收到论文50余篇，与会学者就地方学学科基本理论框架体系、地方学研究方法、地方学与地方志的关系、地方文化基本理论问题、地方文化与区域发展的关系、地方学与地方文化的国际国内比较、地方学与地方文化研究人才培养与队伍建设等问题进行了集中而深入的探讨。

2011年11月5日，第五届北京文化创意产业投融资论坛在北京大学成功举办，此次论坛活动由北京大学文化产业研究院与北京商报社联合举办，来自政府部门、文化创意产业与投融资领域的专家学者及企业精英，共同把脉“文化强国”战略下文化创意产业所面临的创新与发展、繁荣与挑战。围绕“机遇与羁绊——文创产业面临重大历史发展机遇”“改制与融合——文创产业与金融渐入‘蜜月期’”“发展与完善——文化产品评价体系与激励机制缺失”以及“思考与前行——群英支招‘文化航母’建设”四个议题，展开深度讨论。

2011年12月17—18日，北京市道教协会举办了道教文化与北京精神研讨会。此次研讨会围绕道教思想与爱国精神、道教思想与创新精神、道教思想与包容精神、道教思想与厚德精神、道教徒如何自觉践行北京精神等五个主题进行研讨。研讨会旨在深入理解北京精神的内涵，探讨道教思想、文化理念与北京精神契合之处；通过专家学者、道教教职人员共同研讨的形式，展示道教界对北京精神的认知和思考；会议以发布“修道养德歌”征求意见稿的方式，倡导首都道教界在践行、弘扬北京精神主旋律中发挥积极作用。

在北京历史、宗教、文化研究方面出版的主要论著如下：

《传奇老北京——〈日下旧闻考〉解读》（高桂莲，中共党史出版社）一书呈现了老北京异彩缤纷的故事，追寻了老北京的历史足迹。

《民国北京宗教社团——文献、历史与影响》（左芙蓉，宗教文化出版社）一书通过对民国时期北京宗教社团的相关文献的梳理、历史事实的考察、影响和作用的分析，展现宗教发展与社会变迁的关系，有助于总结历史经验，积极探索宗教与社会主义社会相适应的途径，为当代宗教团体更好地服务社会提供借鉴。

《首都网络文化发展报告（2010—2011）》（李建盛、陈华、马春玲，人民出版社）是在建设“三个北京”、中国特色世界城市和先进文化之都、提升首都文化软实力的背景下，紧紧围绕2010年度北京网络文化发展的实际，对北京网络文化主题内容和框架结构、专题分析和问题考察、数据和图表等方面都作出了进一步的丰富和完善。

《北京文化发展报告（2010—2011）》（李建盛，社会科学文献出版社）一书是从文化战略与文化政策、文化经济与创意产业、文化事业与公共文化服务、文化遗产与文化保护、文化交流与文化传播等方面，总结首都文化的现状和趋势，分析问题，提出对策和建议。

《宫墙内外的老北京文化》（朱洪、马慕良，北京工艺美术出版社）一书是“北京工艺美术丛书”之一，全书分为明清北京的文化特色、宫廷工艺美术、宫廷书籍的编纂、民间工艺美术、曲艺的繁盛与发展、北京工艺美术对老北京文化的传承等内容。记录了北京工艺美术的形成受历史、风俗、民情、文化以及地理环境的影响，尤其是受到宫廷文化的影响。

《古代诗歌与北京文化》（王强、左汉林，经济科学出版社）一书把古代诗歌与北京文化合起来说，在以诗歌为切入点作北京文化之分析时，一方面着重在北京人的生活方式，另一方面则着重于北京人的情感方式。该书也是分析北京文化的重要著作。

《这里是北京》（《这里是北京》栏目组，华艺出版社）一书探寻古都北京风物，传承人文风情，以独特的视角，展现北京历史文化名人掌故，在变化中看传统的北京，在变化中看现在的北京。

《宗教与社会主义和谐社会建设——以北京地区为例》（佟洵等，宗教文化出版社）一书是国家哲学社会科学基金规划项目成果，以北京地区的宗教为例，阐述了北京地区自古以来就是多种宗教共同发展的所在，不仅五大宗教齐全，而且是四个全国性宗教团体所在地，集中了大批宗教界代表人物。北京地区的宗教来自世界各地，又在中国本土宗教的基础上发展升华，并形成了五大宗教多元和谐共存的局面，凸显出首都北京海纳百川、亲和多元文化共存的胸怀，以及引领全国的气魄。本书从理论上详尽地阐释了各大宗教中的和谐理念与和谐社会观，阐释了道家和道教和谐社会观的理论基础，以及道教和谐观的现代意义；佛教和谐社会观和佛教“净土信仰”和谐社会观的理论基础，人间佛教思想、佛教修行、佛教伦理等和谐社会观的实践基础；天主教和谐社会观的理论基础与天主教文化和谐社会观的实践基础；基督教和谐社会观的理论基础，基督教和谐社会观的实践基础，以及基督教社会观、生态和谐观、经济观的价值与意义；伊斯兰教和谐社会观的核心理念、伊斯兰教和谐社会观、和谐生态观、伦理和谐社会观的实践基础。揭示了北京宗教在构建和谐社会中可调动的积极因素，并且用大量事例论证了北京宗教在促进中外文化交流和世界和平中所发挥的重要作用，特别是首都道教与首都佛教在构建和谐海峡、维护祖国统一和社会稳定、加强海峡两岸道教与佛教文化交流中所起的积极作用。北京宗教团体与宗教活动场所本身就是展示中国宗教信仰自由政策的窗口，无论是在对外交流、北京成功申办2008年奥运会、构建和谐世界中都起着至关重要的作用。本书对北京地区的宗教在构建和谐社会主义社会中所处的地位与作用首次进行了系统研究，指出北京地区的宗教与建设和谐社会是一种良性的互动关系，对首都人文精神的塑造、对增强首都的凝聚力、对全国各地宗教发展的示范效用，以及对外宣传我国宗教政策和民族政策等都有积极的作用。把宗教与社会的关系放在一个现实的时空坐标中进行全方位的动态研究是该著作在方法上的创新。

《北京胡同》（陈光中，黄山书社）一书从北京胡同的来历讲起，详细介绍了北京特有的城市小巷——胡同，还描述了北京四合院、名人故居、王府宅邸、寺庙道观、商街会馆等名胜古迹。北京的胡同作为历史文化发展的标本，它见证了历史的变迁、时代的风貌，留下了社会生活的印记，保留了原汁原味的老北京风情。

《海纳百川　有容乃大——北京大学文化研究》（杨河，高等教育出版社）一书通过回顾北京大学“爱国、进步、民主、科学”的光荣历史，剖析“勤奋、严谨、求实、创新”的优良学风和“思想自由，兼容并包”的学术传统，总结北京大学代代相传“追求真理、追求卓越、培养人才、繁荣学术、服务人民、造福社会”的办学理念和管理风格，以及在新时期下北京大学的文化品格，全面分析了“北大文化”的内涵和外延。

《北京文化创意产业发展的金融支持研究》（徐丹丹，经济科学出版社）一书主要为北京市文化产业发展提供政策参考。作者注重实际，以发放问卷、实地走访和座谈等形式进行了大量实际调研，掌握了宝贵的第一手资料，并从供需角度对北京市文化产业融资现状进行分析，提出了影响产业融资的因素。本书既有实证研究，又有规范分析，提出的政策建议具有一定的科学性和实用性。对于政府如何构建良好的金融环境，促进文化产业健康发展具有一定的借鉴；为金融部门如何针对文化产业开展金融服务提供了参考；对于文化企业如何根据自身情况摆脱融资困境、启发思路，也是一本很好的读物。

《中华文化四十七堂课：从北大到台大》（余秋雨，岳麓书社）一书的主体内容是余秋雨先生以整整一年时间，为北京大学中文系、历史系、哲学系、艺术学院的部分学生开设的一门课程，内容是中华文化史。它与大学规范的文化史课程不同，只探讨一个现代人应该对漫长的中华文化史保持多少记忆。本书采用了一个新颖的形式来解读中华文化，即采用课堂讨论的形式，再加上课后与学生间的“闪问”“闪答”，使该书精彩纷呈而明白晓畅。对于中华文化史的讲述，该书也不是按部就班地泛泛而谈，而是以点带面。对于文明早期特别强烈的文化亮点，在余先生看来，它安顿了中华文化的精神魂魄，重点论述；而对于后期那些漫长的历史走廊，则快步走过。这是余秋雨心中的一部中华文化史，也是一部充满强烈色彩感的中华文化史。余先生以其饱学和情感，向国人传递文化记忆，以人类四大古文明中保留最完整也最璀璨的中华文化敲响世界文明之钟。

《北京专史集成——北京商业史》（齐大芝，人民出版社）一书描述了北京这座充满魅力的城市，曾经演绎过无数悲壮伟烈的历史大剧，发生过许多奔放激越的人间情事。在它身上显现的那份浓郁而强烈的文化特质，吸引了古往今来各类人群的目光，人们从不同的角度理解和品味着这个伟大的城市。

《图说北京历史上的今天》（北京晚报社，中央编译出版社）一书以《北京晚报》库存历史资料图片为基础，结合新华社、西城区档案馆等媒体和民间人士的稿件，以天为单位，每日精选1~3件具有一定代表性且能反映北京某一历史阶段特征的事件，用精炼文字配合600余幅图片，使一部波澜壮阔的“新北京”发展史跃然纸上。该书也是目前京城唯一一部以“画说日记”的形式记录北京城市发展变迁的书籍。作为第一本以图文并茂的形式记述60余年京城变迁的书籍，该书改变“历史上今天”这一命题即是“大事记”的定势思维，将内容由发生在北京的大事扩展至百姓小情，将一件件当年看来稀松平常的往事画面及不同节点上的重大事件重新编辑梳理，使厚重的历史读物多了轻松气息。书中既不乏开国大典、十大建筑落成、粉碎“四人帮”、北京奥运会开幕等大事件；也有第一辆无轨电车上路、第一座过街天桥建成、大白菜退出统购统销、城区最后一个旱厕退出使用的民生小情。这些交替出现的大事小情，使得全书严肃而不失轻松，正统又不乏趣味，这种“混搭”的编辑风格恰当地反映出了新北京60余年的辉煌历程。

《史说北京：一本书读懂北京（插图本）》（北京市社会科学界联合会、北京史研究会、首都图书馆组，中国人民大学出版社）一书通过大量图片来展现北京的历史发展过程，通俗易通，介绍了从周口店“北京人”到燕国、从蓟城到幽州城、从金中都到元大都、从明清时期的北京到民国时期的北平，千年古都北京的辉煌历史。

《北京藏传佛教史》（于洪，宗教文化出版社）一书详尽地阐述了北京是辽、金、元、明、清五朝古都，也是新中国多民族大家庭的首都，在漫长的历史进程中，不少民族在首都留下了自己的生活风俗、宗教信仰、文学艺术、文物典籍和优美的建筑，构成了今日北京独有的文化景观和文化特色。这些文化是弥足珍贵的，因为它是历史的独有见证。对于我们弘扬爱国主义、推进族团结进步事业具有重要的现实意义，对于各民族团结进步事业具有重要的现实意义，是民族交往交流和共同建设国家的鲜活教材。该书以藏传佛教在北京地区的传播、发展为主线，较为深入地探索了元、明、清、民国对藏传佛教的政策，介绍了不同历史时期知名的藏传佛教高僧与著名的藏传佛教寺院、经书刻译和造像艺术，展现了不同时代北京藏传佛教的发展脉络、作用和文化特点，可谓难能可贵。该书的出版将会对建设文化北京起到添砖加瓦的作用。

二、北京历史研究

2011年北京历史研究方面是多角度的，研究成果丰富，尤其是在北京历史文化名城保护方面论文成果较多。

要讲历史文化，首先得知道该地方的自然、历史和社会情况；要建设城市，要管理城市，就要懂得城市的文化性格。北京城市的文化性格有三点：一是包容性，二是地域性，三是时尚性。它的形成，有自然、历史和其他方面的原因。北京的历史有四大特点：一是五朝帝都四朝少；二是五大宗教四城绕；三是五方杂处四季好；四是五行相生四郊找。了解北京的城市性格后，我们就要有针对性地制定保护方针，即保护为主，抢救第一，合理利用，加强管理。这既是针对物质文化遗产的，也是针对非物质文化遗产的。只有这样，北京城才能发展得更好。①

有学者详细介绍了从公元938年以来，北京城内的街道分类和变迁，元、明、清、民国以来北京街道的称呼演变过程。最终称号基本上是大街、街、胡同、巷（很少），乡村则是村、务、庄、营等，并增加了一些外地的街名，如里、纬路、经路等称呼。②

有学者描述了朝阜大街上的妙应寺白塔、历代帝王庙、北平图书馆、北海公园和孚王府等名胜古迹，还有在此发生的历史事件，勾起了读者对老北京街道的美好回忆。几百年来，朝阜大街与北京的中轴线交叉，形成的一轴一线撑起了北京的历史文化骨架。朝阜大街最早形成于元代，元大都面积涵盖今天的元大都土城遗址，南至长安街，东西至二环路。③

北京历史文化资源丰富，旧城风貌独具特色，中轴线和棋盘格式道路网奠定了旧城的基本格局，紫禁城是世界建筑瑰宝，“胡同—四合院”传统居住形态和传统建筑色彩，具有突出的历史文化价值和城市建筑艺术魅力。深厚的物质文明和精神文明积淀，形成了北京丰厚的历史文化遗产，北京成为当之无愧的东方文明代表城市。④

北京历史文化名城的保护规划，寄希望于“十二五”时期的北京，不仅仅追求物质上的温饱，更注重精神文化层次上的追求；不仅仅追求短期的经济效益，更要考虑长远的发展；不仅仅注重自身的成长，还要带动北京周边地区共同繁荣。这样的北京才能持续、平衡、包容地前进，成为世界历史文化名城和宜居城市的典范。⑤

对北京历史文化名城保护工作而言，政府无疑负有重要的责任，但同时必须动员全社会力量积极参与。要坚持政府主导，充分发挥市场机制的作用，通过深化改革开放、创新体制机制，不断改进历史文化遗产保护和修缮方式。积极鼓励多元化运作，大力支持相关权利人按照规划和风貌保护的要求，参与进行旧城房屋保护性修缮和改造，通过建立历史文化遗产保护的长效机制，使首都文化遗产实现可持续保护，并得到新的弘扬和繁荣。要通过创新机制，既能实现疏散旧城人口、改善群众生活的目标，又能让四合院、胡同等古都风貌得以保护。⑥

北京作为文化名城，尚缺少明确的城市文化定位。城市文化竞争力取决于文化的定位与个性，对于统一各行各业的发展目标，以及城市的发展和转型具有决定性作用。而北京作为历史文化名城尚缺少明确的文化定位，城市文化设施与文化服务水平有待提升，目前北京的公共文化设施数量并不少，但存在分布不均衡、社区及乡村文化设施不足等问题，缺少科学体系与布局规划。城市建筑形象与公共空间环境品质有待提升，精细化的城市环境品质是城市文化魅力的最终体现。但是，北京的城市建筑与公共空间环境的品质与文化名城的要求还存在一定的差距。⑦

在北京城市历史的文化保护方面，有学者对北京城市的西四北头条到北八条作了研究。⑧还有学者对保护历史名城的意义作了论述。⑨

在北京宗教历史方面，有学者通过对北京道教东岳庙的个案研究，由于社会环境与宗教生态的变化，至今又出现了新的因素。反观历史，有助于我们更好地把握当前中国社会种种色彩斑斓的宗教现象，对于探索与构建中国特色的宗教理论体系也有积极意义。⑩

三、北京文化研究

2011年北京文化研究成果丰富，研究的角度也是多方面的，包括北京文化名城、北京世界城市和北京精神、北京文化体制改革、北京网络文化、北京旅游文化等方面。

在北京创建世界城市文化方面，有学者提出通过梳理世界城市观念的演进，分析北京市创建世界城市过程中文化空间建设现状，发现北京市文化空间存在总量不足、分布不均、过度商业化等问题，指出在文化空间建设策略上，除应强调政府重视、政策切实、导向明确外，更应该注重创意人才的培养，并关注普通居民的日常实践对文化创意空间形成的积极贡献。⑪

北京在迈向“世界城市”的进程中，一方面应加强已有城市文化符号的维护和传播，另一方面更应有意识地新建一系列足以代表北京的“世界城市”特征的新型城市文化符号。总体上应把握好三个维度：一是新北京、新符号。北京作为新兴的“世界城市”，应当新建一系列同这个“新”相应的城市文化符号。二是创意符号优先。北京应在全面实施文化符号建设的基础上，把创意文化符号建设放在更加突出的位置。三是全球符号与地方符号并重。北京需要在发展三种文化符号即全球符号、全国符号和地方符号的过程中，特别加强属于全球符号和地方符号的城市文化符号建设。⑫

北京正处在一个新的时代经纬点，为适应建设繁荣、文明、和谐、宜居的首善之区和世界城市的目标要求，我们必须树立科学的文化发展观，在把握优势、认清问题的基础上，以改革创新的精神不断推进城市文化创新、建设世界城市的新飞跃。⑬

弘扬与培育北京精神，推进北京文化建设，是当前北京市推进文化大发展大繁荣、践行核心价值体系所面临的重大任务。众所周知，城市精神是一个城市独具特质的精神品格，是一种文明素养与文化特色的精确提炼，也是展示城市形象、引领城市发展的内在力量。⑭

在北京文化体制改革方面，有学者总结了近20年来北京文化体制改革的历程、经验与启示，指出对北京文化体制改革的总体评价，有两个基本视角：一是改革的基本特点，它是基于北京实践基础的深刻理解；二是北京特色的一些规律和特征，它是基于北京实践的总结概括。⑮

对于北京文化创意产业现状，有学者指出当前北京文化创意产业发展面临的问题，即北京的一些文化创意产业的发展不是市场主导的，而是由政府扶持起来的，因此存在市场化程度不高的问题。政府职能还未转变到位，政企不分现象依然存在，市场配置资源的基础性作用未得到充分发挥。如在文化艺术、新闻出版、广播影视领域中非公有制经济发展相对薄弱，渠道垄断、资源垄断等问题比较突出，这在一定程度上影响了资源配置的效率和产业发展的活力。

针对这些问题，学者提出推动北京文化创意产业发展的建议：一是市场主导，关键是建立文化创意产业的独特市场体系；二是健全知识产权保护体系；三是完善产业链；四是提升企业自主创新能力。⑯

有学者在北京文化创意产业分析和一般公共服务平台构建理论研究的基础上，通过对北京文化创意产业公共服务平台进行调研访谈，从文化创意产业生命周期和公共服务平台构建过程两个方面提出了公共服务平台构建思路。

在构建主体上，需要政府发挥出智慧，优化整合协调社会各方力量；在构建原则上，实现构建宏观层面与微观层面的结合、时间维度与空间维度的结合、国内经验与国外经验的结合；在构建内容上，形成全产业链支持的公共服务平台有机体系；在构建思路上，要基于产业周期而始终把握并适度超前于产业需求、以平台的科学发展为导向。⑰

文化创意产业的兴办与发展必须以文化资源为依托。离开文化资源这一基础，文化创意产业只能是无本之木、无源之水。北京是历史文化名城，文化资源异常丰富。这些文化资源种类繁多，文化蕴含丰富，与经济的可渗透性强，可开发程度高，这就为北京文化创意产业的发展奠定了总体优势。⑱

在北京网络文化方面，北京是全国网络最发达的城市之一。推动北京文化大发展大繁荣，应充分发挥首都网络的技术优势和文化优势，进一步提高管理理念，转变和创新首都网络文化的发展方式，提高网络建设的文化自觉、文化创新和科技创新。

全面深入推进网络建设，充分发挥网络文化在城市文化总体格局中的重大作用，提高文化建设的网络自觉和网络建设的文化自觉，加强网络文化与北京文化的紧密融合，深化与拓展首都文化发展的新空间，实现首都城市文化的全面协调和持续创新发展。⑲

北京的文化建设要站在国家首都文化发展的战略高度，履行全国文化中心的职能，推动首都城市四位一体的全面协调发展。应着力改变目前北京文化创意产业粗放型、分散型和低效型的发展现状，加快文化创意产业的规模化、集约化、专业化和品牌化建设，优化文化创意产业的结构；坚持走内容创新的道路，提高文化产业产品的文化内涵和文化价值，高质量、高品位和高标准的文化产品才有市场竞争力和文化竞争力，才能产生持久的文化效益和经济效益；尤其要发挥首都人才资本、文化资本和智慧资本的优势，努力提高北京创意设计的水平，推动创意之都的建设发展。⑳

在北京旅游文化方面，有学者研究分析了北京文化旅游产业的国际化发展，分析指出要保持旅游产业持续、快速的增长势头，面对国外旅游产业的激烈竞争，维持旅游产业对国外客源市场的吸引力，就需要在旅游产业对外开放的同时，开创旅游产业国际化的发展模式。作为全国文化中心的首都北京，必须从城市发展战略高度，确立优先发展文化产业的战略思路，加强城市的研发园区、创新服务基地的规划和建设，不断优化文化产业包括知识产业的发展环境，完善相应的政策和服务，使文化产业成为城市发展的主导产业。㉑

北京旅游业要得到突破性的发展，必须对现有的旅游资源增加创意性思维，进行深度开发。随着女性旅游者的比例越来越大，现代女性逐渐成为旅游市场的重要组成部分，女性旅游市场逐渐成为旅游市场开发的新目标。应根据女性旅游者的喜好和消费心理，设计出适合女性的特色文化旅游产品，大力开发女性旅游市场。㉒

注：

①赵书：《北京历史文化的保护与传承》，《北京规划建设》，2011年第3期。

②李友唐：《北京历史上对街道的称谓》，《北京档案》，2011年第8期。

③周冉：《朝阜大街：串起老北京历史的最美街道》，《文史参考》，2011年第5期。

④金良浚：《北京历史文化名城保护的几点规划思路》，《北京规划建设》，2011年第4期。

⑤毛其智：《北京历史文化名城保护工作的再思考》，《北京规划建设》，2011年第3期。

⑥张玉平：《充分发挥部门合力、专家作用和社会力量　积极推进北京历史文化名城保护工作》，《北京规划建设》，2011年第3期。

⑦赵晔：《北京历史文化名城保护之关键对策思考》，《北京规划建设》，2011年第6期。

⑧温宗勇、龚渤、李伟、臧伟：《西四北头条到北八条历史文化保护区实录》，《北京规划建设》，2011年第4期。

⑨陈刚：《保护历史文化名城　彰显首都文化魅力》，《北京规划建设》，2011年第3期。

⑩郑永华：《为有掸尘诸会友，仰游福利拜齐天——北京传统道教民俗》，《世界宗教文化》，2011年第5期。

⑪李伟东：《“世界城市”视角下的北京文化空间建设》，《解放军艺术学院学报》，2011年第4期。

⑫王一川：《北京文化符号与世界城市软实力建设》，《北京社会科学》，2011年第2期。

⑬韩华：《城市文化创新视野下的北京文化科学发展》，《创新驱动与首都“十二五”发展——2011首都论坛文集》，2011年。

⑭韩华：《北京精神：北京文化建设的精神动力》，《北京精神：构建精神家园　提升文化软实力——第五届北京中青年社科理论人才“百人工程”学者论坛论文集》，2011年。

⑮孔建华：《20年来北京文化体制改革的历程、经验与启示》，《首都科学发展论坛》，2011年第1期。

⑯陈树文、任筱楠：《基于创新驱动的北京文化创意产业发展研究》，《创新驱动与首都“十二五”发展——2011首都论坛文集》，2011年。

⑰赵继新、楚江江：《北京文化创意产业公共服务平台构建研究》，《北方工业大学学报》，2011年6月。

⑱冯楚淇：《北京文化创意产业与构建文化软实力的关系》，《科技风》，2011年第1期。

⑲徐翔：《发挥首都网络优势促进北京文化发展》，《北京社会科学》，2011年第6期。

⑳李建盛：《关于推动北京文化大发展大繁荣的战略思考和建议》，《北京社会科学》，2011年第6期。

㉑吕亚静：《北京文化旅游产业国际化发展研究》，《中国产业》，2011年第5期。

㉒周梦迪、李炯华：《北京文化旅游对女性旅游者的吸引力及开发对策》，《现代商业》，2011年第36期。

（作者：佟洵，北京联合大学教授；
吕忠霖，北京联合大学硕士生）

北京建设中国特色世界城市

刘洪波

北京市第十一次党代会第一次以党代会文件的形式确定建设世界城市的目标任务。2011 年以来，围绕着筹备市第十一次党代会，全市上下不断深化世界城市研究，拿出了一批高水平的研究报告。随着研究工作的深入推进，全市在建设中国特色世界城市上进一步统一思想、凝聚共识，建设中国特色世界城市成为市第十一次党代会的主题，指导和推动今后五年乃至更长一个时期首都的工作。

一、关于建设中国特色世界城市的总体研究

北京市第十一次党代会明确提出，把建设中国特色世界城市建设作为全市的新任务，进一步明确了建设中国特色世界城市的基本内涵，包括五条：提升发展质量；完善城市功能；提高群众生活水平；在世界城市体系中发挥更加重要的作用；更好地服务国家的发展。这 5 条是北京进一步强化首都意识，更好地履行大国首都职责的体现，也是将中国特色世界城市建设与创造人民群众幸福美好生活紧密结合的体现，集中体现了世界城市建设的中国特色。在具体工作要求上，党代会报告指出，建设中国特色世界城市，要做到“四个牢牢把握”：一是一定要牢牢把握首都的工作职责，以更高标准履行好“四个服务”，以可能达到的最高标准，努力创造一流的工作成绩和工作经验，努力使各项工作走在全国的前列。二是一定要牢牢把握推动首都科学发展的神圣使命，在国家发展战略中更好地发挥支撑、引领和示范“三大作用”。“支撑”，就是率先形成科技创新、文化创新“双轮驱动”的发展模式，在建设创新型国家战略中发挥支撑作用。“引领”，就是进一步提升城市运行管理的精细化水平，在国家工业化、城市化快速发展的进程中起到引领作用。“示范”，就是加大文化建设，大力弘扬践行北京精神，在国家实施文化强国战略中发挥首都文化中心示范作用。三是一定要牢牢把握加快转变经济发展方式的重要任务，着力推动创新发展、包容发展、和谐发展、绿色发展、开放发展。四是一定要牢牢把握立党为公、执政为民的基本要求，把以人为本理念贯穿于首都工作的全过程和各个方面，努力做好保障和改善民生的各项工作。

市发改委课题组在“北京 2030：世界城市战略研究”中，对北京建设中国特色世界城市进行系统性研究，研究报告明确了建设中国特色世界城市的总体思考。坚持首都的战略定位；坚持硬实力与软实力并重、功能完善与城市再造并重、自身发展与区域协同并重、服务提升与惠及市民并重四大原则。从国际、国家、城市和民众等角度提出建设世界城市的四大着力点：运用特色巧实力，提升发展能级；依托国家力量、承担战略职责；破解难题、引领世界城市发展潮流；服务市民、建设市民的世界城市。支撑中国特色世界城市可持续发展的战略举措：一是构建具有世界影响力的运筹决策中心；二是建设中国特色社会主义文化之都；三是形成大金融与大创新“双轮驱动”的城市发展格局；四是构建跨国经营的高端综合服务平台；五是构筑由区域支撑的世界城市空间网络；六是建设更清洁、更环保、更宜居的生态城市；七是营造便捷、高效、包容的国际环境。

市社科院承担的“北京世界城市建设路径和近期建设重点研究”，对北京建设世界城市全球化评价、问题和挑战、愿景设计、建设路径和近期重点开展研究。主要观点包括：一是北京建设世界城市愿景设计，即顶级世界文化城市、世界科技创新中心，可持续协调发展的生态城市、国际商务中心城市。二是北京世界城市建设路径，包括提高支撑能力，为世界城市建设提供坚实基础；塑造“北京影响力”，形成世界城市核心功能；在全面发展中建设世界城市。三是近期的建设重点，包括建设创新城市、活力城市和畅通城市。

市委研究室课题组承担的“关于进一步提高北京全球资源配置能力的思考”，提出了北京提高全球资源配置能力的战略重点，包括着力做好政策体系顶层设计；着力强化全球创新中心、管理运营中心、国际商贸中心“三个中心”功能优势；着力汇聚跨国公司及企业总部、国际组织和机构、节点枢纽型项目、国际顶尖专业人才以及国际知名品牌活动五种关键基础要素；着力壮大决策、投融资、交易、结算和展示全球资源配置的五个核心环节；着力提升金融资本集合、信息传播影响、大宗商品定价、国际贸易匹配、科技创新推动五项经济配置能力。

市委研究室余钟夫课题组承担的“北京建设五个之都”，明确了“五个之都”建设的总体思路和对策建议，主要在以下方面取得新的进展：一是进一步深化对“五个之都”内涵的理解，深入阐述了“五个之都”和世界城市的关系、“五个之都”与“三个北京”的关系，明确了打造“五个之都”的基本原则。二是提出大力推进“五个之都”建设的对策建议，即着力汇聚国际高端要素，打造国际活

动聚集之都；优化发展环境，打造世界高端企业总部聚集之都；整合世界高端智力资源，打造高端人才聚集之都；拓展历史文化名城内涵，打造社会主义先进文化之都；构建和谐首善之区，打造和谐宜居之都。

二、关于建设中国特色世界城市专题研究

在推动世界城市研究进程中，全市上下围绕中国特色世界城市重点领域特别是打造“五个之都”，开展了深入的专题研究。

（一）关于加快转变发展方式研究

市委研究室课题组承担的“加快转变发展方式研究”，通过研究系统梳理了21世纪前十年北京转变经济发展方式的重大举措，明确了新时期转变发展方式的思路和若干重大问题的思考。主要观点包括：一是系统梳理十年来北京加快转变发展方式的战略举措。二是加快转变首都经济发展方式总体要求。推动首都发展与城市性质和功能相协调、与人口资源环境的承载力相适应、与人民群众新期待相符合。三是加快推进转变发展方式的战略重点，包括加快形成创新驱动的新优势、大力扩大产业发展的新优势、着力强化绿色发展的新优势、提升城乡一体化发展的新优势、全面提高城市规划建设管理的新优势、深入拓展区域协调发展的新优势、不断增强和谐社会首善之区的新优势、争创体制机制的新优势等八大举措。

（二）关于打造社会主义先进文化之都

全市上下围绕着发挥全国文化中心作用、打造社会主义先进文化之都而开展深入研究。

市委、市政府认真学习贯彻落实党的十七届六中全会精神，培育和提炼出以“爱国、创新、包容、厚德”为主要内容的北京精神，其中“爱国”是北京精神的核心，“创新”是北京精神的精髓，“包容”是北京精神的特征，“厚德”是北京精神的品质。

市人大常委会组织200位代表分成11个调研组，并委托16个区县人大常委会和部分科研单位协同，提出一个综合建议和10个专项调研报告，形成《市人大常委会关于推进全国文化中心建设的建议》，主要成果集中体现在：明确全国文化中心的功能定位和全国文化中心建设在首都发展中的战略定位；提出推进全国文化中心建设的总体目标和工作布局；提出首都文化建设的前进方向和首要任务；提出推动首都文化科学发展和转变文化发展方式的思路和对策；提出建立全国文化中心建设的首都体制和组织形式。

市委宣传部课题组围绕北京市文化改革发展基本情况、面临的主要问题以及下一步工作思路举措等，进行了深入研究，形成《关于加快推进首都文化改革发展的调研报告》，主要成果集中体现在：一方面，总体思路上坚持统筹协调、分类指导，开放合作、融合发展，聚焦突破、整体提升，央地互动、合力推进的原则。借鉴中关村国家自主创新示范园区的模式和经验，以更大力度推动文化改革发展。大力实施科技创新和文化创新“双轮驱动”的城市发展战略，在体制创新、内容生产、发展方向、文化创意、产业集聚、人才培养、消费业态、文化品牌等八大战略领域先行先试、率先突破，努力打造中国特色社会主义先进文化之都，努力建设具有重大国际影响力的文化中心。另一方面，重点措施包括组建相关工作机构、加大财政投入力度、加大政策扶持力度、努力提升产业集聚效应、积极推动文化体制改革、创作推出更多精品力作、不断提升公共文化服务质量和水平、大力推动文化走出去、扎实推进社会主义核心价值体系建设、切实加强文化领域管理、加大人才培养力度等11条举措。

市社科联组织相关领域专家学者开展北京精神、文化创新能力与文化体制改革、中国特色社会主义先进文化之都、文化生态圈与北京城市整体布局开发等数十个课题研究，形成了《2010—2011年北京文化发展报告》。该报告在对北京文化建设中诸多难点问题进行了深入调研的基础上，系统研究梳理出北京文化发展的独特性和闪光点，对存在的问题进行了认真的探讨和思考。为市委、市政府文化决策提供具有战略性、前瞻性的发展思路。

（三）关于打造国际活动聚集之都研究

市外办承担“关于吸引国际组织落户北京问题研究”，对吸引国际组织落户北京、建设国际活动聚集之都作了深入研究。主要观点集中在：一是常驻北京的国际组织基本情况及相关规定。进一步摸清在京国际组织的详情，厘清非政府间国际组织在京设立机构的规定和情况、国际组织落户北京的一般程序。二是深入分析北京吸引国际组织落户面临的形势。三是北京市吸引国际组织落户的政策建议。一是在工作思路上建立与中央部委对接的合作机制、统筹全市资源的工作协调机制、对国际组织的高效服务和有效管理三大制度体系。二是在工作目标上，坚持以“促进我市经济发展方式转变的非政府间国际组织为核心、以联合国系统科教文卫体领域组织分支机构为重点，以服务好在京国际组织为基础和保障”为工作方向。三是提出四大工作举措，包括同中央部委保持密切联系，努力争取中央层面的支持；完善涉外服务体系，重点加强国际语言环境建设；通过公共外交推介城市品牌，提升国际化大都市魅力；尽快启动吸引国际组织落户的系统工程，筹建专门机构和专项资金开展工作。

（四）关于打造高端人才聚集之都研究

市委组织部课题组承担的“首都人才发展总体战略研究”，对新时期首都人才队伍建设特别是高端人才队伍建设做了深入研究。主要观点有：明确人才工作重大任务，包括推进人口人才化、建设高层次人才队伍、引导人才集群发展、优化人才空间结构、创新人才发展体制机制、提升地方品质、提升人才对外开放的水平和层次。提出首都人才发展战略举措，包括加大人才投入，推进教育现代化；建立完善人力资源市场，推进央地人才一体化；提升人才载体，提高人才对外开放水平等。

（五）关于打造和谐宜居之都研究

市委研究室课题组承担的“对生态发展、绿色就业的研究”，提出以下主张：进一步创新就业模式，把造林工程建设、生态农业发展与农民就业有机结合起来，发展绿色就业，既加大生态环境建设的力度，又拓宽就业渠道。加强就业政策与产业政策、环保政策的协调，通过发展绿色经济推动绿色就业，通过推动绿色就业促进绿色经济，建立“生态受保护、农民得实惠”的长效机制，实现首都经济发展与扩大就业的良性互动。市委政法委课题组承担的“关于构建社会矛盾多元调解体系的调研报告”，在综合分析首都矛盾调解体系现状、问题的基础上，研究提出以下办法：坚持以人民调解为基础、行政调解为骨干、司法调解为主导、其他社会力量广泛参与，纵向覆盖各区县、街道乡镇、社区村、楼门院组，横向遍及各行业、团体、企事业单位的调解组织网络；建立调解方式多样、既能充分发挥作用又能相互衔接配合的高效社会矛盾多元调解格局，实现各类社会矛盾纠纷解决在基层、化解在萌芽状态。市委社工委课题组承担的“关于加强和创新在京境内外社会组织管理服务的调研报告”，在深入分析境外社会组织在京规模、管理办法和存在问题的基础上，研究提出加强境外社会组织管理服务的对策和措施，包括不断完善社会组织“枢纽型”工作体系，进一步完善政策体系；切实解决目前制约社会组织发展的有关问题；进一步完善对社会组织进行监督和管理的体制机制；进一步加强和完善对境外非政府组织的管理服务。

（六）关于首都经济圈研究

市发改委按照中央和市委、市政府统一部署，围绕编制“首都经济圈”规划，动员市委研究室、市政府研究室、市科委、市经济信息化委、市环保局、市商务委、市旅游委、市统计局、市园林绿化局等25个部门就首都经济圈发展思路、功能定位、产业分工和城镇布局等14个方面的重大问题开展研究，委托北京大学、中国科学院等研究单位深入开展了首都经济圈发展战略、功能定位、空间布局、综合运输体系、资源能源保障、生态环境、科技创新、产业发展、公共服务与社会管理等一系列重大问题研究。通过研究，进一步明确了首都经济圈的本质内涵、区域范围、重点问题和发展路径。市委研究室课题组承担了“首都及首都经济圈功能定位研究”，提出要进一步强化北京的全国政治中心、文化中心、科技创新中心和国际交往中心的地位，加强北京与周边地区的合作与分工，努力将首都经济圈打造成为加快转变经济发展方式先行区、全国文化创新示范区、国家科技创新中心区和中国特色世界城市承载区。

（作者：中共北京市委研究室）

人文北京

金元浦 王林生

2011年既是“十一五”的收官之年，也是“十二五”的开局之年。在承前启后的年份里，恰逢中央提出文化大发展大繁荣的战略目标，以及北京市委、市政府的《北京市“十二五”时期人文北京发展建设规划》《关于发挥文化中心作用加快建设中国特色社会主义先进文化之都的意见》的适时颁布与实施，而且建设有中国特色的世界城市也作为北京今后的奋斗目标和战略任务写入2012年北京市第十一次党代会的报告中，并成为贯穿报告始终的主题。这不仅意味着人文北京建设进入了一个全新的阶段，有了更高的目标和起点，而且建设社会主义文化之都也成为践行人文北京理念、促进首都文化大发展大繁荣的客观要求，是首都文化自觉和文化自信的重要反映。可以说，有中国特色的世界城市建设和社会主义文化中心建设成为了2011年中人文北京理论探讨的焦点。

综观这些论述，视野开阔，针对性强，思维多元，有前瞻性，充满了学术的睿智，为促进首都文化的全面发展和提升首都的人文建设提供了智力支持。其关注的要点主要集中在以下几个方面：

一、建设有中国特色世界城市的新进展

自2010年第一次由北京市原市委书记刘淇提出北京建设世界城市以来，世界城市的建设就成为理论界关注的焦点。随着实践的逐步深入，对世界城市的理论认识也取得了新的进展。

金元浦论述了建设有中国特色世界城市的战略性意义。他认为，北京建设世界城市是从人文奥运到人文北京之后北京发展的更高阶段和更高要求。

人文奥运、人文北京和世界城市是北京发展三步走的伟大战略部署，是北京发展过程中的三次巨大飞跃。[①]北京建设有中国特色的世界城市，其意义体现在：要实现中华民族伟大复兴，这是重大的历史要求；是承担中国走向世界的国家队的重大责任；是应对全球竞争严峻形势的需要；是应北京内在发展的必然要求；是带动京津冀城市圈与环渤海协作区区域经济快速发展的要求。同时，金元浦还指出，从全球来看，过去单纯以经济要素来衡量世界城市的标准近年来已经发生了深刻变化。2008 年 10 月，美国《外交政策》杂志、A. T. Kearney 咨询公司和芝加哥全球事务理事会联合发布了全球城市的排名，排名是基于对 24 种度量方法的评估，评估内容超出经济领域，包含五个方面：商业活动、人力资本、信息交换、文化体验和政治参与。2009 年 10 月，东京墨里基金会的城市战略研究所发布了全球影响力城市指数，对全球城市进行的一次全面研究。排名依据分为六大类、69 个个体指标，这六大类是：经济、研究与发展、文化活动、宜居度、生态和自然环境、容易接近的程度。这些指数都强调了文化体验、文化活动、生态环境和信息交换。这对北京建设中国特色的世界城市具有重要启示意义。

牛文元也探讨了什么是中国特色的世界城市的内涵。他说，既然叫作世界城市，无论是北京还是别的什么城市，一般都应当具有世界城市的基本特点或者共性，同时还要加上自己的个性和特色。世界城市是一个时代人类发展进程中全球集中关注的综合城市体。世界城市是指在世界经济文化以及政治层面直接影响全球事务的城市，它应当是在全球尺度上体现国际价值、经济价值、金融价值、服务价值、人居价值、生态价值、文化价值和哲学价值的综合系统。一旦建成世界城市，它就对整个社会的发展负有责任。这个责任表现在它的创新能力、示范能力、包容能力和推广能力的领袖气质。他还提出了北京建立中国特色世界城市的动力元素。北京的理性思维、科学发展、制度创新、技术进步及其可持续性构成了推进北京中国特色世界城市建设的动力表征。科学配置、生产资本、人力资本和社会资本的能力以及追求上述四大资本优势配置的最大化是我们建设中国特色世界城市总体道路中时时刻刻要考虑的基本问题。以观念创新、制度创新为起点，以解放生产力、提升生产力为核心，以调试生产关系、寻求效率与公平的黄金分割为基础，以内生性增长、包容性增长、可持续性增长为标志，充分获得超越历史陷阱的真实的发展红利。作为世界城市，就必须要对全球经济的健康发展负有重大的责任。[②]

王一川在论证中也指出了建设规划对北京建设世界城市的重要性，但他更为强调城市文化精神建设在未来城市发展中的地位和作用。[③]他指出，文化建设是北京建设世界城市的重要内容，应纳入北京世界城市的建设规划中，要纳入城市文化精神的建设筹划中。同时，在世界城市的建设中，也应该让更多的北京市民及外地居民都理解并参与到这种建设之中，共同为北京城市文化精神建设出力。王一川认为，自觉的城市文化精神建设规划和市民的广泛理解、同情和参与是世界城市建设的必要条件，也应有意识或自觉地筹划和实施既具有普遍性又拥有独特性的“世界城市”。与王一川强调文化的自觉相比，刘茜、刘欣葵虽然强调北京世界城市建设的国家视角，但最终认为建设世界城市的国家视角和市民视角是在冲突中协调统一，也就是强调文化的自觉性。[④]他们强调市民参与，市场与规划配合，实现规划师角色从技术专家到“沟通者”的转变，将城市规划看作一个在环境不断变化的情形下持续地监视、分析、干预的过程，而不是为理想中的城市未来形态制订一个“一劳永逸”的蓝图。

付宝华在对城市发展的论述中，则更为强调城市中的文化主题。[⑤]在他看来，城市主题文化是世界语境对一个城市在世界名牌城市格局中的认知和鲜明符号象征，是中国城市文化建设、特色城市建设和世界名牌城市建设的一种崭新追求，是中国特色城市建设的题中应有之义。城市的主题文化不仅体现着城市文化自觉的时代高度，而且是城市向更高级文明城市进发的一个时代标志。对城市主题文化的构建，是城市参与世界品牌城市格局的竞争行为，是每一个城市自主题化和他主题化博弈的过程。付宝华最后认为，城市主题文化是城市核心竞争力的重要表现，它的构建虽然是城市软实力的象征，但仍需要城市硬实力的支撑，硬实力与软实力之间是相辅相成的。

那么，如何构建城市主题文化呢？曹淑艳侧重于文化创意产业的视角，认为文化创意产业对北京打造“中国文化创意产业之都”有巨大的推动作用。[⑥]在她看来，创意文化是世界城市发展的重要组成部分，根据北京的实际，北京在文化的发展上应着重发展以下内容：以数字娱乐为主要内容，利用现代信息网络技术，重点发展软件、游戏、动漫等行业的文化创意产业集聚区；以北京市传统工业资源为基础发展起来的文化创意产业集聚区；以大型文化创意企业集团为龙头，带动上下游其他企业聚集而形成的文化创意产业集聚区。王新新则从以下六个方面阐释了特色世界城市的构建。[⑦]这六个方面分别是：转变经济发展方式，构建现代产业体系；坚持科技创新，为城市建设提供有力支撑；弘扬传统文化，提高城市软实力；构筑京津冀经济圈，注重区域经济一体化发展；提高城市管理和服务水平，提高居民生活质量和幸福指数；加大城市对外开放程度，提升城市的吸引力。与曹淑艳、王新新所代表的创意新文化思想相比，赵书则明显代表了另一种思路。赵书在文章中指出北京的民俗历史研究在丰富北京世界城市文化内涵中的重要性。[8]在文章中，赵书提出了三点建议：一是开拓北京史的研究，开展富有影响的学术文化活动；二是把非物质文化史列入北京史研究视线，从典籍史料扩展到活态文化史的研究中；三是利用重大历史纪念日扩大北京史研究的社会影响，做好迎接2013年北京建都960周年的准备。

当然，不可否认的是，在积极探索如何以人文来推进世界城市建设时，有学者也认识到世界城市建设中北京所面临的问题，在某种意义上可以说，对北京发展面临问题的思索，有时比单单指出发展的优势对城市的发展而言更有价值。

金元浦指出，高速度发展的北京尽管取得了许多显著的成绩，但也带来了一系列深层次的矛盾和问题。[9]这些矛盾和问题涉及群众切身利益的一些民生问题有待进一步解决；文化发展的质量和水平迫切需要提高；高科技与高速发展的现代传播手段不断改变着人民群众的生活方式；社会服务、管理水平和不断扩大的对外开放，与首都经济社会发展的新要求还不适应。与金元浦的观点相似，杨开忠也直接指出了北京在城市建设转型中所遇到的问题。[10]他指出，在创新驱动推动世界城市建设的发展转向中，在四个层面上存在着发展的“陷阱”。第一，舍弃密集使用初级生产要素的机会成本大；第二，舍弃集约利用规模利益的机会成本大；第三，存在创新的制度瓶颈；第四，社会的“M”形化。这四个“陷阱”的直接后果是“发展中世界城市病”。可以说，杨开忠的观点对北京城市规模日益膨胀并快速向周边扩张的发展情势而言是中肯的，而这也是发展中国家向更高层次迈进中都可能遇到的问题。

从以上各个学者的论证中，不难发现，对世界城市的理论探讨已并非仅仅停留在建设的必要性、存在的条件以及世界城市本身的内涵等层面上了，而是将理论的视角延伸至如何建设和怎么建设的维度中。论者观点和思路的驳杂与不统一，不仅反映着学术百家争鸣的价值追求，而且彰显了北京建设有中国特色的世界城市本身就是一个复杂的系统。这种复杂性不仅体现在世界城市的相关探讨中，对社会主义文化中心的分析也存在着同样的境遇，并且北京文化中心或文化之都建设作为刚刚提出的理论问题，其理论和现实的涵容性和生长性也尤为突出。

二、社会主义文化中心的内涵

社会主义文化中心首先强调的是文化或人文在城市发展中的重要性，它是城市综合实力在文化领域的集中体现。也就是说，社会主义文化之都建设意味着文化在国家战略中整体地位的提升，人文成为了国家或城市竞争力的重要制约，因此人文也成为文化中心建设的重要内容。

《全国文化中心的内涵和主要功能调研报告》（以下简称《调研报告》）对文化之都的主要内涵进行了概括性的总结。[11]在《调研报告》看来，对文化中心内涵的认识要从历史和辩证的视角来看，也即文化中心的内涵是发展变化的，是随着社会经济的快速发展而逐步明确和深入的。在内涵上，北京作为全国文化中心表现在七个方面：实践社会主义核心价值体系的首善之区、国家文化象征和民族优秀传统文化的代表地、国家文化体制改革和文化政策策源地、文化人才聚集和国内外文化交流的中心、全国人民文化需求和文化消费的服务中心、公共文化服务体系比较完善的城市、文化创意产业快速发展的聚集区。正是在这七个方面的建设上，充分发挥北京在文化建设中的代表展示功能、示范带动功能、向心凝聚功能、服务保障功能、辐射影响功能，从而在改革和发展的道路上，提升文化自信和文化自觉，推动首都科学发展，通过吸收各地区、各民族的优秀文化成果，向世界展示北京的文化形象。从整体而言，《调研报告》在内容上从战略发展的高度囊括并简述了文化中心内涵的核心要素，对文化中心的特征与功能也做了一定的阐释。

李建盛从北京城市的性质、城市的文化和结构的层面阐释了北京作为文化之都应具有的八大含义，较之《调研报告》对文化中心建设内涵和各要素划分依据的阐释也更为详细、全面。[12]他指出，北京作为中国的首都，以及全国的政治、文化和国际交往中心，在城市的性质、功能和内涵上超过了北京作为一个地域性城市的理解。结合北京作为城市、首都、国际交流中心的职能，以及现有的文化资源和文化优势，作为建设社会主义文化之都，在内涵和功能上包括八大文化结构。其一，国家首都文化，体现的是文化建设中应包涵国家文化意识形态和文化价值导向的社会主义先进文化，与北京作为首都城市的功能相对应。其二，中华传统文化，彰显的是北京作为全国的文化中心，应发挥汇聚、继承、传播和弘扬中华传统优秀文化的作用。其三，历史名城文化，这是基于北京具有的3000多年建城史和800多年建都史历史渊源的考量，挖掘、保护和弘扬历史名城文化是北京文化建设发展理应担负的重要责任。其四，现代国际文化，它针对的是北京作为国家首都和国际交往中心，应发挥国际文化交流和建构现代国际文化的重要职能。其五，科教创新文化，指的是北京作为国家的科技、教育中心有着丰厚的人才优势和文化创新优势，在文化建设中要发挥文化人才培养、文化创新和文化发展的支撑性作用。其六，北京特色文化，是对北京作为一个地域城市而言的，指的是在现代化的进程中北京应将在历史中形成的丰富、浓郁和深厚的地域特色文化融入到城市文化的建设中。其七，创意产业文化，指的是文化创意产业作为北京文化的重要构成部分，应发挥文化与经济融合、创新发展的作用。其八，宜居城市文化，针对的是北京有比较丰富的公共文化资源，公共文化服务体系的建设要塑造北京特有的文化魅力、文化形象、文化精神，使宜居城市文化成为北京城市文化的重要组成部分，并发挥重要的作用。李建盛对北京文化建设的概括立足北京，面向全国，指明了首都文化建设应发挥的文化功能，同时揭示了北京应在价值导向、文化传播和文化创新中所发挥的作用，较为细致和多维度地阐释了社会主义文化之都建设应具有的内涵。

与李建盛全面多维度审视北京作为全国文化中心的观点相似，张小乐也从多个层面对国家文化中心的内涵进行了探讨。[13]他认为，文化之都建设不仅要在文化发展的方向上发挥主导作用，也是国际文化汇聚和辐射的中心，要能够反映国家的文化精神、文化形象和文化价值，从整体上体现国家的文化软实力和国际竞争力。张小乐尤其强调了国家文化中心相较于地域城市所具有的特性，他从一般国家文化中心和社会主义国家文化中心两个层面剖析了文化之都应具有的九大特征。一般国家文化中心应具有对全国文化发展方向的主导性、文化创新发展方向的引领性、国家文化传统的集大成性和影响世界文化格局的世界性。作为中国特色社会主义国家文化中心的特征体现在：其一，在多元文化发展的格局中，应具有先进文化的引领性；其二，在推进民生发展、文明发展与和谐发展中，要体现和谐宜居；其三，要能够驱动文化创新，以高端引领文化发展，将北京打造成全国文化创新的中枢高地；其四，要彰显东方文化魅力，以在全球价值重建的时代潮流中培养并彰显北京的文化自信和独特魅力；其五，要拥有恒久的活力，这是在全球多元文化的激荡中，不断进行文化创新和创意，坚持与时俱进的重要保障。

罗先武在引证了巴黎和纽约等公认的世界文化中心的文化设施、文化建设之后，指出了文化中心具有的六大要素。[14]他指出，作为文化中心，一是城市要成为一个国家或民族的精神文化象征；二是要具有强大的国际影响力和巨大的文化辐射作用，并能够形成相当规模的文化产业；三是具有自由、活泼的文化氛围，能够成为世界上艺术家和学者，尤其是年轻人的向往之地；四是著名的国际文化交流中心，每年会有大量的国际性文化、体育活动；五是拥有现代化的服务设施，能够成为众多国际组织的驻地和国际会议的承办地；六是市民要具有良好的文化素质，城市要有各种完备的社会保障制度。

与以上论者多角度、多层次阐释文化中心的内涵不同，陶东风在理解国家文化建设时，重点强调了北京作为国家文化中心建设和历史文化名城的关系。他指出，国家文化中心在应具有物质设计和硬件标准的同时，尤其强调了人文因素对社会主义文化中心城市建设的意义。[15]他认为，文化中心的软件指标在于文化的影响力和创造力，其核心在于城市在价值观和生活方式上应具有的引导力和影响力。由此，陶东风探讨了国家文化中心建设和历史文化名城的关系，他指出北京的城市发展一方面要参照现有的世界城市的标准，扩展城市文化现代性的品格，扩展北京的开放性、多元性和包容性；同时，强化北京历史文化名城的城市性质，使城市的文脉在现代化的建设中得以延续。在此，陶东风对新中国成立以来在处理历史文化名城和建设国际化大都市关系时的一些措施，表现出了一种悲悯的人文情怀，指出北京城市文化的现状在经历了“翻天地覆的变化”之后，不仅使城市建筑的整体面貌全非，历史遗迹成为散落在现代化大都市中的“孤零零的文物古建”，“北京的历史文化名城性质已经被改变了很多”。

从总体而言，对文化中心中内涵的阐释，诸位论者的分析既有理论层面和宏观视角的把握，又有对国际公认文化中心城市的横向对比，维度和视角的不同不仅彰显的是论者思维的多元，更体现了文化建设本身所具有的巨大包容性，而这一点在下面的议题中体现得更为明显。

三、社会主义文化中心建设的路径

人文在文化中心建设中作用的凸显，不仅体现了北京作为历史文化名城所拥有的文化底蕴，而且彰显着文化作为当代城市发展的动力。因此，如何从文化的视角推动文化之都的建设也便成为另一个被关注的话题。

对这一问题的探讨，周熙明认为应该首先明确的是文化中心建设存在哪些亟待解决的问题，只有明确了问题才能有的放矢地推进文化的建设。周熙明从五个方面对文化建设中存在的问题进行了阐释。[16]其一，突破对文化的狭隘的碎片化理解的局限，放宽视野看文化，它的中心议题是“文化是什么”。其二，突破对文化功能表象的极端功利化的理解，把握文化的本质性力量，它的中心议题是“文化能做什么”。其三，突破古典时代和经济时代的思维局限，未雨绸缪，为文化时代的来临做好充分准备，它的中心议题是“为什么是文化引导未来”。其四，改变对本民族历史文化传统的简单肯定或粗暴否定态度，在理性反省历史、坦然接纳传统中获取走向未来的智慧，它的中心议题是“传统是债务还是资产”。其五，摆脱长期以来形成的至今根深蒂固的旧意识形态的思维惯性，在思维方式层面进行一场新的“思想解放”。其中心议题是对中央提出的“三个解放出来”在文化建设领域如何落实？对这五个存在问题的认识，其实质是我们在认识文化时的迷思，这一迷思一方面隐藏着要推翻一切，然后重建的冲动；另一方面暗含着对文化无菌化存在的认同，尤其是在面对文化与产业结合而使得文化的商业和产业的特征被开掘出来后，所表现出的对“被污染了的”文化现状的忧虑；同时，还暗指一揽子解决人类所有问题的迷思。其实，文化在当前地位的凸显，仅是文化在社会发展的各种要素中的突前，是居于主导地位的体现。但主导并不意味着推翻或打倒其他一切因素，而仅仅在社会发展中发挥了比其他因素显得更为重要的作用而已，并不能将一切问题的解决归结于文化。因此，建设文化之都，促进文化的大发展大繁荣，关键一点是要转变对文化的认识观，并重构对文化的一种陈述。

与周熙明不同，沈望舒在认识文化中心建设这一问题时，更为强调与首都城市的性质相联系，将体现首都城市的文化价值作为文化中心城市建设的基本命题。[17]在沈望舒看来，第一，价值主题应是文化中心建设的切入点，并倡议在“北京学”和“古都学”的研究之外创立“首都学”，从价值或价值传播的层面来审视首都城市的性质与功能，找出首都城市的功能缺陷，剖析首都城市与周边城市所形成的梯次结构的供应链、产业链和价值链。第二，首都文化建设应致力于头脑型、智慧型、领跑类的本质塑造，也就是说，北京的优势在于文化，而非经济或金融，以文化来发展特色经济是北京正确的选择。第三，注重文化的灵魂、旗帜、纽带和效果，也就是说只有真正地发挥文化的效果，才能真正实现文化的功能。第四，构建北京的“首善”形象，通过在文化产品、文化服务、文化活动、文化项目和消费中心市场的建设，积极培养健康向上的文化，进而增强北京文化的向心力和吸引力。第五，要努力扭转缺乏文化见识、自信、自觉和运作能力的局面，在文化中心的建设中要努力实现以人为本，切实尊重文化生产力的主体性，强化文化规划中对文化需求状况的认识，从而增强人们的文化自信和文化自觉的意识。

陶东风认为应该从以下两个层面来推进文化中心的建设。[18]其一，突出艺术和审美等精神内涵，这主要是基于人本主义城市社会学的考虑，或者说，人本主义城市论的目标是让居住于城市中的人“活得更好”，而为了实现这一目的，则要借助非功利的艺术与文化以及各种健全的可以保护艺术与文化的政治制度与理念。其二，要采取以文化创造力、文化创意产业为核心的经济发展模式。文化创意产业是激发文化生产力，开掘固有文化资源，将艺术与经济、审美与使用、自由需要与现实需求相结合的最佳产业形态，推进文化中心建设的关键是要整合文化资源，提升文化的创造力。

罗先武则指出，建设社会主义文化中心的重要环节是体制和观念的创新。[19]在他看来，体制的创新和观念的更新是首都文化建设得以提升的关键，它包括建立合理、公平的公民收入调节机制和社会保障体系，转变不重视文化产业的观念，积极推动文化产业和文化产品为底层民众服务，转变整个社会“重技术、轻文化”的氛围等几个方面。

姜伯军则从三大创新的视角来推动文化中心的建设。[20]首先，是创新文化理念，在文化发展观的指导下，推动文化建设和经济建设。其次，要创新文化体制，包括创新运营体制、创新投入机制和创新人才机制。最后，要通过包括制订科学合理的发展规划、加快文化结构调整和坚持高新技术与文化创意产业项目的结合在内的一系列措施来创新文化产业发展思路，大力推动文化创意产业建设。

如果说，以上论者在文化中心建设路径的探讨上较为侧重全面性的分析基于一种发展战略的高度和宏观的视野，那么以下论者在对文化中心建设路径的探讨上则凸显的是文化建设的某一方面，他们站在不同的立场上，从某一视角对文化中心建设进行了不乏启迪性的探索。

金元浦尤其强调了文化创意产业在文化中心建设中的作用。[21]他认为，文化创意产业的根本观念是通过“越界”促成不同行业、不同领域的重组、提升与合作，在寻找提升第二产业、融合二三产业的新的增长点、推动文化与经济融合发展上有积极的意义。在此，金元浦强调促进文化中心建设，不仅仅是经济领域的问题，更涉及文化产业自身的转型与升级，而这是北京在文化中心建设时必须要面对的问题。针对文化建设以及创意产业发展的实际，金元浦指出了当下创意产业发展中存在的十大问题：新圈地运动，借文化产业要地、拿地，凸显房地产利益；文化产业分类、标准、指数滞后和无统一标准问题；一刀切，忽视中国经济发展的不平衡问题，北京、上海和西部文化产业的多阶梯与多模式，以及多业融合问题；对于文化产业的新阶段创意产业认识不清，对于创意为核心缺乏认识；党政协调，宣传口与发改委、经委一直存在协调统一的问题，部门壁垒、行业壁垒、地域壁垒问题；造大船与民营经济问题，国进民退问题；忽视行业差距，多业一策，忽视分类管理；文化体制改革滞后，经济领域与文化领域管理人才横向移动艰难；将文化产业与公共文化服务混为一谈，难以厘清文化产业与非物质文化遗产的关系；不问需求，市场需求缺失，政府在第一推动之后如何退出，缺乏市场化运营。而这十大问题也是在推进通过以文化创意产业为内容之一的文化建设时所必须要给予认真应对的。

针对文化建设存在的问题以及创意产业升级换代的迫切需求，金元浦提出做好“顶层设计”，推动文化体制改革是文化发展方式转变的关键命题。[22]在他看来，只有打破计划经济的文化发展模式，整合机构、转企改制，实行政事分开、管办分离，走向市场，投身于市场经济中，特别是到国际市场去参与竞争，这才是当前文化体制改革的重中之重。文化体制改革无疑在全面解放文化生产力方面意义重大，但金元浦也不无忧虑地指出，我国文化体制改革已经尝试多次，但“收效甚微，如何真刀真枪，动真格，还拭目以待”。在“顶层文化”的设计这一问题上，邓丽丽从北京市整体环境的基础为视角，提出进行“顶层文化”设计的首要之处在于对北京文化创意产业的发展状况进行全面调研摸底，要在理解北京市文化创意产业的使命理念、设计北京市文化创意产业的阶段性目标、清晰梳理文化创意产业主体结构、发展模式、人才队伍、基本成效及评价标准的基础上，为文化建设的“顶层设计”做好发展定位。[23]

在如何通过发展文化创意产业来推动文化中心建设的路径上，马朝军提出，北京在机遇面前“有两点需要引起注意，甚至需要警惕。一是避免大干快上、唯GDP论英雄的‘运动式’发展方式，而是强调遵循文化产业发展的市场规律。把握市场消费需求，深化市场要素参与，实现产业结构升级。二是避免简单地跟其他省、区、市争各种‘中心’的名号，强调北京在全国当‘老大哥’而不是‘老大’，真正发挥北京在全国文化产业中的引领、示范作用”[24]。宋慰祖阐释了产业园区对文化建设的重要性。[25]在他看来，产业园区是在特定时空条件下集聚的一个或多个产业链的关联产业群，可以通过政策聚焦、服务配套、资源共享、降低成本、扩大市场、提高能力而形成企业间的相互支撑、相互依托、相互合作的产业集群，在提高产业效率、加强产业合作等方面有利于实现创意产业的跨越式发展。金元浦则与之思路不同，金元浦更多地强调了文化新业态对文化产业自身的升级换代和文化中心建设的意义。[26]他认为，发展文化创意产业，推动文化中心建设，要充分利用互联网数字化的高新技术，培育新的业态，不断创造新的需求，将文化产业从传统的发展模式中解放出来。根据北京文化创意产业九大领域的收入构成，金元浦指出，除其他辅助服务领域以外，收入位居前三位的领域分别为软件网络及计算机服务、广告会展和新闻出版，三大领域合计占全市的比重达57.7%，而这三大领域均与数字化高科技相关的软件、网络及计算机服务相关。因此，积极利用互联网数字化技术，培育新业态，使得科技与文化交融于创意，从而发展和建设创意文化。

与金元浦对新业态探讨的思路相异，张祖群和林姗则强调了在乡村旅游中出现的八种新业态，并以北京市为例分析了城乡文化品位建设与社会主义文化中心建设的关系。[27]这八种新业态分别是国际驿站、乡村酒店、采摘篱园、生态渔村、休闲农庄、山水人家、养生山吧、民族风苑，它们是北京旅游局对全市乡村旅游的发展实践深入调研的基础上总结出来的。这八种新业态是乡村旅游与休闲农业在国民经济中的历史性突破，是北京定位世界城市对乡村旅游与休闲农业的发展提出的国际化要求，在使山区与平原各自优势与特色得以强化的条件下，为休闲农业的发展开拓了空间。同时，创意农业的出现也打破了以往以“吃农家饭、住农家屋、干农家活、享农家乐”为主要内容的民俗旅游的经营模式，是经营模式与经营业态的升级与创新，进而也是对北京文化建设的提升。

为了更好地推进文化之都建设，唐永忠还从社会主义先进文化之都评价体系构建的层面阐释了评价体系对文化之都建设的意义。[28]指标体系展示的是社会发展与人们之间的互动关系，是对社会、经济、文化整体发展状况的理性概括。在唐永忠看来，构建文化之都指标体系和推进文化建设要遵从以下四大原则：全面评价和主动评价的一致性原则、协调性评价和改革性评价一致性原则、先进性评价和适应性评价一致性原则、民族性评价和世界性评价一致性原则。在此基础上，唐永忠从文化体系的层次维度、文化发展的阶段维度、文化商品的周转维度、文化中心的辐射维度、文化群体的欣赏维度和文化活动的心理维度等六个层面与四大原则相结合，探讨文化建设中所涉及的核心要素、各要素的协调难度和排序、需要改革的成分以及需要适应性的因素等。从研究思路来说，评价体系的建构为文化中心建设提供了可资参考的理论依据和学理性的支持。需要指出的是，他在指标体系的建构中虽然内容全面、结构完整，能够为文化中心的建设指明所要发展的路径和应该主张的因素，并能够基于特殊的国情和北京的地域特点进行有针对性的分析，但需要测量的数据不易掌握，因此缺乏操作性和准确性。

郝立新在论述文化建设中则凸显了哲学自觉的作用。[29]他认为，哲学是文化的核心和基础部分，文化的自觉必先做到哲学的自觉，哲学的自觉是文化自觉的前提，进而也是文化自信、自强的重要精神条件。哲学的自觉不仅在于它要以自身特有的方式能动地体现时代精神的精华，能在喧嚣浮躁的世界中获得灵魂的安宁和深刻的思想，而且能反映时代发展进程中的价值诉求对文化建设和社会发展起到的根本性的指导作用，对纷繁复杂的重大问题作出富有现实感的哲学解答。在文化软实力的提升上，郝立新从文化自觉的维度出发指出了五种转变的路径。[30]其一，由自发的文化意识向自觉的文化意识转化；其二，由文化的观念形态向文化的实践形态转化；其三，由文化资源向文化现实力量转化；其四，由价值理念向价值表现方式转化；其五，由民族文化向世界文化转化。

此外，赵书探讨了加强民俗文化的应用对文化中心建设的意义，认为民俗文化是建设世界城市的根本。[31]陈斌从发掘历史文化遗产价值等视角，探讨了历史文化遗产的特点，如世界绝无仅有的历史规划和建筑体系、兼容并包、有世界影响等，认为应从战略的高度提高对历史文化遗产的认识，从而推动先进文化之都的建设。[32]在开掘和保护文化遗产、建设文化之都方面，单霁翔比陶东风所持有的悲悯情怀更进一步，直面在文化建设中北京所面临的问题，并指明了文化保护在中心城市建设中的意义。在单霁翔看来，文化中心建设必须要审视现代化进程中对城市文化的破坏，只有正视文化存在的问题，才能在“功能城市”向“文化城市”的转向中取得进展。[33]他指出，当前城市文化的发展存在八个方面的问题：城市记忆的消失、城市面貌的趋同、城市建设的失调、城市形象的低俗、城市环境的恶化、城市精神的衰落、城市管理的错位和城市文化的沉沦。因此，加强文化保护，给文化遗产以足够的尊重，使文化遗产保护的成果惠及广大民众，在文化建设和文化遗产保护之间形成一种良性循环，从而提升城市的文化竞争力，使城市文化成为城市发展的驱动力，使城市文化包含的优秀传统文化价值观潜移默化到人们的认识中，推动“文化城市”的建设。

可以说，在如何推进文化中心的建设上，无论是宏观的把握还是微观的剖析，其思考都是多方位的。多方位举措对应的不仅是文化中心多层次的内涵，更是映射了文化中心的建设是一个长期、复杂而艰巨的系统性工程，需要统筹安排、有序推进，以使文化中心的建设取得实效。

四、北京精神与文化中心建设的关系

文化中心建设不仅是北京迈向世界城市的重要战略，也是推动人文中国建设的重要步骤，没有人文精神的城市可以说是一个没有生命根基的城市。北京精神提出后，也使得北京精神与文化中心建设的关系成为了理论探讨的焦点。

刘淇在《论北京精神》中从发展战略的高度指出，北京精神和“人文北京、科技北京、绿色北京”以及建设有中国特色世界城市之间的关系的一致性。[34]他指出，北京精神是“人文北京”最重要的内容，“人文”就是理想信念，包容和厚德；“科技北京”和“绿色北京”也需要北京精神的支撑，需要人与自然和谐的中华文化的支撑。因此，贯彻“三个北京”战略的思想支撑就在于北京精神，而北京精神也是推进文化中心建设所必不可少的组成部分。北京精神在团结、凝聚全市人民，形成共同理想和价值追求，继承中华民族“厚德载物、自强不息”的精神，弘扬中华民族优秀的传统文化，以文化人，提升市民的道德素质，提升人的品质等方面有重要的价值。

文化中心内涵丰富而多元，文化中心建设更是一个复杂而系统的工程。冯惠玲在阐释北京精神与文化建设时，首先强调了北京精神与奥运精神的联系。[35]奥运精神激活和强化了北京精神的若干特质，北京奥运使中国传统文化中的丰富内涵和精华要素得到了更细致的梳理和更广泛的认同，奥运精神所囊括的“小我大爱、赤心奉国”“创造不息、旧邦新命”“包纳四海、有容乃大”“深仁厚泽、明德惟馨”等内容与北京精神所承载的内容相一致，从某种意义上，也可以说奥运精神的阐释和提炼为北京精神的开掘和提炼，特别是升华和普洽提供了难得的历史契机。

在与奥运精神相联系之外，金元浦、王一川等学者还重点阐释了北京精神的内涵。金元浦深入解读了北京精神中的“包容”“厚德”，认为城市精神是城市的灵魂。[36]他认为，北京精神中有包容，是因为它有着那种宽阔的胸襟、恢弘的气势，和合理念是包容的渊源和理念的根本；厚德的内涵随着社会的变迁而演进，厚德在今天具体表现为在核心价值观念下要讲究社会公德，在每个人所具有的操守中要讲究职业道德，在家庭中要主张家庭美德，在个人品质上要讲究修身齐家。王一川在对北京精神的论述时，则从五个方面重点阐释了厚德的内涵，即方正之厚德、仁义之厚德、容让之厚德、实诚之厚德、厚德之象征物等。[37]他认为，北京人的厚德是北京独特城市文化土壤孕育的独特产物，有着深深的北京城市印记，凝聚着今天人们在文化建设中应特别珍视和探寻的精神。

在文化中心中核心价值建设是重要的内容。杨生平在阐释北京精神时，尤其强调了北京精神与核心价值体系的关系，并明确指出北京精神是社会主义核心价值体系的生动体现。[38]他认为，北京精神体现了科学发展观的指导思想，明确了中国特色社会主义共同理想与价值目标，凸显了创新这一社会主义核心价值体系的精髓，彰显了社会主义荣辱观这一社会主义核心价值体系的基础。总之，北京精神集中体现了社会主义核心价值体系引领下的城市精神特性，是文化建设的重大突破。

姚桓也指出了北京精神与社会主义核心价值体系建设的关系。[39]与杨生平相比，他更强调北京精神在推进社会主义核心价值体系建设中的实践性。姚桓认为，设社会主义核心价值体系是要把爱国、创新、包容、厚德这四个方面融入国民教育和精神文明建设的全过程，融入经济、政治、文化、社会建设的各个领域，使之成为全民族奋发向上的精神力量和团结和睦的精神纽带。在北京精神的弘扬和传播中，要培养城市的灵魂、市民的思想道德，以及共同追求的精神价值。王伟在涉及这一关系时，则强调践行北京精神要以增强公民意识为基本出发点，更多地与公民的道德建设相结合，同时大力实施公共文明工程，在城市文明风尚、公共秩序、社会服务、环境面貌等方面推动城市建设。[40]

孙照红的文章在阐明北京精神与文化中心建设的关系的同时，还将其与世界城市相联系，认为北京精神是北京建设世界城市、构建文化中心的精神力量。[41]他将北京精神与“人文奥运”“人文北京”建设联系起来，指出“人文奥运”“人文北京”为培育“北京精神”提供了宝贵的实践经验。孙照红尤其指出，北京确立了建设中国特色的世界城市和社会主义先进文化之都的目标和定位，需要依据北京精神而为此目标定位和谋划北京城市更高层次的发展，要努力培育一流的市民素质、一流的人文环境、一流的城市形象，展现自身的文化魅力和影响，引领中国文化走向世界。同时，建设中国特色的世界城市和社会主义先进文化之都也是培育北京精神的有利时机，使北京的城市理念、价值观以及文化影响力向全国和全世界渗透和扩散，从而提高北京的知名度，提高北京在世界城市体系中的地位和作用。

与其他论者不同，段柄仁则阐释了北京精神和首都意识的异同，可谓在北京精神的理解中另辟蹊径。[42]他指出，首都意识和北京精神都是实现北京现代化宏伟目标的出发点和落脚点，是为城市的进步寻找巨大的精神源泉和不竭动力。但其不同之处在于，两者的指向和范畴有别、蕴涵的时段有别、起点要求有别。但三者归结到一点，就在于首都意识，可以针对一切首都城市，但北京精神已经超出了首都城市的文化局限，它是对首都意识的弘扬和提炼，是在更高水平和更深层次上对首都意识的延伸和扩充。换言之，在文化中心的建设上，北京精神比首都意识表述更精练、内容更丰富、视野也更开阔，在推进文化建设上作用也更明显。

如果说，段柄仁只是说明了北京精神与推进文化建设存在关系，并没有详细阐释如何以北京精神推进北京文化建设，那么韩华的论述则弥补了这一缺陷。[43]他指出，以北京精神推进北京文化建设可以从以下四个方面予以考虑：其一，弘扬与培育“爱国”精神，发挥文化中心的示范作用；其二，弘扬与培育“创新”精神，推动北京文化的改革创新；其三，弘扬与培育“包容”精神，整合文化资源的优势力量；其四，弘扬与培育“厚德”精神，注重先进文化的道德功能。在爱国、创新、包容和厚度的全方位推进下，提高人们的文化自觉和文化自信，培养城市独特的精神品格，最终在文化多元的时代展示北京的文化魅力，使文化成为引领北京发展的内在力量。

总体看来，关于如何理解北京精神与文化建设关系的论述，观点各异，但最终目标均是为了北京的文化建设，促进文化的大发展大繁荣。可以说，文化中心城市的建设使“人文北京”建设在时代潮流的推进下又融入了新的内涵，也对“人文北京”建设提出了更高的要求。尤其是在全球文化转向和追求文化创意的大背景下，“人文北京”建设在培育城市精神、激发城市活力、开掘文化资源和文化遗产、推进城市建设等方面的重要性日益凸显，而这也正是探索文化中心内涵，以及如何推进文化中心建设的价值和意义所在。

注：

①金元浦：《从人文北京到世界城市》，见北京社会科学界联合会、北京师范大学编：《前沿　创新　发展——学术前沿论坛十周年纪念文集（2001—2010年）》，北京师范大学出版社，2011年版。

②牛文元：《建立中国特色世界城市要有动力还要讲质量元素》，在《北京世界城市论坛》上的讲演，见新华网，2011年3月30日。

③王一川：《通向北京城市文化精神》，见北京社会科学界联合会编：《创新驱动与首都“十二五”发展——2011首都论坛文集》，北京出版社，2011年版。

④刘茜、刘欣葵：《“国家视角”下的北京城市意象及其元素表达》，见首都经济贸易大学、北京市社会科学界联合会编：《2011城市国际化论坛——全球化进程中的大都市治理》，2011年10月。

⑤付宝华：《城市主题文化乃中国城市立足于世界民族之林的最强动力》，见首都经济贸易大学、北京市社会科学界联合会编：《2011城市国际化论坛——全球化进程中的大都市治理》，2011年10月。

⑥曹淑艳：《北京市文化创意产业发展研究——基于北京市建设世界城市的视角》，《对外经济贸易大学学报》，2012年第2期。

⑦王新新：《北京建设中国特色世界城市的路径选择》，《城市问题》，2012年第2期。

⑧赵书：《重视北京民俗历史研究丰富世界城市文化内涵》，见北京史研究会编：《史苑撷萃：纪念北京史研究会成立三十周年文集》，经济出版社，2011年版。

⑨金元浦：《全面提升人文北京建设的整体水平》，《前线》，2011年第10期。

⑩杨开忠：《中国特色世界城市建设理论与实践》，见北京社会科学界联合会、北京师范大学编：《前沿　创新　发展——学术前沿论坛十周年纪念文集（2001—2010年）》，北京师范大学出版社，2011

年版。

⑪《全国文化中心的内涵和主要功能调研报告》，见北京市人大常委会课题组编：《推进全国文化中心建设》，红旗出版社，2012 版。

⑫李建盛：《转变文化发展方式　促进全国文化中心建设》，《北京联合大学学报》，2012 年第 1 期。

⑬张小乐：《国家文化中心的内涵与特征初探》，《人民论坛》，2012 年第 3 期。

⑭罗先武：《先进文化之都含义及其在首都建设中的地位》，《2011 北京文化论坛——打造先进文化之都培育创新文化论坛文集》，首都师范大学出版社，2011 年版。

⑮陶东风：《人文北京的内涵与北京的国家文化中心建设》，《北京人大》，2011 年第 9 期。

⑯周熙明：《我国文化建设亟须解决的几个问题》，见北京市人大常委会课题组编：《推进全国文化中心建设》，红旗出版社，2012 版。

⑰沈望舒：《略谈全国文化中心的内涵与功能建设》，见北京市人大常委会课题组编：《推进全国文化中心建设》，红旗出版社，2012 版。

⑱陶东风：《人文北京的内涵与北京的国家文化中心建设》，《北京人大》，2011 年第 9 期。

⑲罗先武：《先进文化之都含义及其在首都建设中的地位》，《2011 北京文化论坛——打造先进文化之都培育创新文化论坛文集》，首都师范大学出版社，2011 年版。

⑳姜伯军：《依托京味儿文化，打造创新之都》，《2011 北京文化论坛——打造先进文化之都培育创新文化论坛文集》，2011 年 7 月。

㉑金元浦：《我国文化创新与创意产业发展》，见北京市人大常委会课题组编：《推进全国文化中心建设》，红旗出版社，2012 版。

㉒金元浦：《做好文化“顶层设计”，转变文化增长方式》，《福建论坛》，2011 年第 10 期。

㉓邓丽丽：《北京文化创意产业发展的思考》，见北京市人大常委会课题组编：《推进全国文化中心建设》，红旗出版社，2012 版。

㉔马朝军主编：《〈发展中的北京文化产业〉前言》，红旗出版社，2012 版。

㉕宋慰祖：《打造先进文化之都，构建世界文化创意产业中心》，《2011 北京文化论坛——打造先进文化之都培育创新文化论坛文集》，2011 年 7 月。

㉖金元浦：《走向新业态：文化产业自身要加快转型升级》，《第三届“文化创意产业与品牌城市”国际论坛论文集》，2011 年 11 月。

㉗张祖群、林姗：《首都城乡建设的文化品位与中国特色社会主义先进文化之都建设——基于北京乡村旅游八种新业态的分析》，《中国软科学》，2011 第 S2 期。

㉘唐永忠：《中国特色社会主义先进文化之都评价体系研究》，《2011 北京文化论坛——打造先进文化之都培育创新文化论坛文集》，首都师范大学出版社，2011 年版。

㉙郝立新：《哲学的自觉及其在文化建设中的作用》，《光明日报》，2011 年 10 月 26 日。

㉚郝立新：《文化软实力的特点与提升路径》，《人民日报》，2012 年 2 月 16 日。

㉛赵书：《加强对民俗文化的研究应用，为打造先进文化之都而服务》，《2011 北京文化论坛——打造先进文化之都培育创新文化论坛文集》，首都师范大学出版社，2011 年版。

㉜陈斌：《发掘历史文化遗产价值，打造先进文化之都》，《2011 北京文化论坛——打造先进文化之都培育创新文化论坛文集》，首都师范大学出版社，2011 年版。

㉝单霁翔：《从“功能城市”走向“文化城市”》，见北京市人大常委会课题组编：《推进全国文化中心建设》，红旗出版社，2012 版。

㉞刘淇：《论北京精神》，《前线》，2012 年第 3 期。

㉟冯惠玲：《“奥运精神”与“北京精神”》，《北京日报》，2011 年 11 月 10 日。

㊱金元浦：《北京精神——北京城市的灵魂》，http：//www. xj71. com/2012/0214/658641. shtml

㊲王一川：《谈谈“北京精神”中的“厚德”》，《北京社会科学》，2012 年第 1 期。

㊳杨生平：《北京精神：社会主义核心价值体系的生动体现》，《北京精神：构建精神家园　提升文化软实力——第五届北京中青年社科理论人才“百人工程”学者论坛论文集》，2011 年 11 月。

㊴姚桓：《践行北京精神，推进社会主义核心价值体系建设》，《北京支部生活》，2012 年第 3 期。

㊵王伟：《践行北京精神的着力点》，《前线》，2012 年第 3 期。

㊶孙照红：《培育“北京精神”是首都文化建设的实践载体——兼论北京建设世界城市的精神力量》，《城市管理与科技》，2012 年第 1 期。

㊷段柄仁：《“北京精神”与“首都意识”的异同》，《前线》，2011 年第 11 期。

㊸韩华：《北京精神：北京文化建设的精神动力》，《北京精神：构建精神家园　提升文化软实力——第五届北京中青年社科理论人才“百人工程”学者论坛论文集》，2011 年 11 月。

（作者：金元浦，中国人民大学教授；
王林生，北京市社会科学院助理研究员）

绿色北京

陈　剑　毛雪峰

一、有关“绿色北京”建设的重要观点

9月14日，《凤凰资讯》刊登署名为屠海鸣的文章《“绿色北京”带来城镇化反思》。文章提出，《北京市“十二五”时期绿色北京发展建设规划》提出通过把医疗、教育资源向外迁移来缓解交通拥堵问题，但舆论认为，拥堵问题的根本原因是人口过剩。外迁不仅不能根除拥堵问题，反而可能造成新的拥堵。文章认为，北京“大城市病”表征之一的根源在于快速集中的人口，远远超过了城市的配套能力，超过了北京此前所预设的“超前规划”。文章提出，《北京市“十二五”时期绿色北京发展建设规划》尚未超前建设郊区的基础设施，如市政、公用、水、电等行业，还存在着先管城、后管乡，或者重城轻乡、城乡分治的老框框。因此，北京绿色发展规划可以解读为“重症下猛药”的无奈之举，但同时也提供了反思中国城镇化的蓝本。

北京市交通拥堵是“绿色北京”建设中的难点问题。针对该规划中提出的“将研究制定重点路段或区域交通拥堵收费方案”，引起广泛讨论。许多学者对于拥堵费的提法普遍表示理解，但对于拥堵费的收取方式及费用的后续用途产生疑问。北京交通大学教授欧国立认为，应对公众的质疑和反对，需要讨论科学合理的拥堵费收取方式，包括收取费用多少、区域地点、时间选择、何种途径等问题。中国人民大学教授彭刚则认为，对于新立税费收取、使用的透明监督至关重要，这是在一项政策实施后得以顺利有序推进的重要前提。

针对征收交通拥堵费的话题，民间亦有不同看法。9月2日《京华时报》发表署名朱四倍的评论，评论认为：实施拥堵收费的本质在于引导人们理性选择出行，进而缓解城市交通拥挤，但事实上我国许多城市都试图收取交通拥堵费，但都以失败告终。原因在于各地提出拥堵收费时，都有意或无意地忽视了拥堵收费所需要的前提——民意，拥堵收费是否可以收、如何收，应取决于民意和民众支持。9月18日，中国交通新闻网刊登署名陈酒的文章《开征拥堵费，配套鼓励应跟进》。文章认为，拥堵费要发挥效果，除了要正视各种客观交通需求之外，公众的认识亦不容忽视。目前舆论有相当大的抵触声音，很大程度是因为公众对这项交通需求管理措施的认识还非常不充分，认为征收拥堵费就是“用钱卡人”。为了让大家少些反感、多些理解，在制定相关政策和进行宣传说明之时，鼓励应再多一点、直接一点。鼓励的多少、鼓励措施是否到位将直接影响公众对拥堵费的态度。

11月5日，北青网发表署名为蔡方华的评论员文章《改善空气质量“三板斧”值得期待》。文章针对北京市副市长洪峰提出的目前可行的改善北京空气质量“三板斧”给予肯定。文章同时认为，目前北京市机动车数量不断攀升、建筑扬尘治理缺乏持续性，高排放能源使用仍然存在等因素，导致北京大气质量并不稳定，而且北京周边地区的落后产能也让北京大气面临考验。因此，从以上方面入手，加大治理、控制、改造和优化力度，是建设绿色北京的必然途径。文章强调，在北京已经进入汽车社会的情形下，机动车的负面作用尤其是污染物排放成为挥之不去、治理困难的城市病。如果不实行最严格的排放标准，数量不断增加的机动车将成为蓝天下的另一种阴霾。

人民网刊载署名万建民的文章《城市交通规划别忘了自行车》。文章认为，北京市发布的《“十二五”绿色北京规划》提出的“积极鼓励市民自行车出行”，但要实现规划的目标就需要细化制度设计。例如，开辟自行车道怎么和地铁、公交的换乘结合，以哪种模式提供租车服务才能维持日常运营等。他认为光靠财政或者企业投入都不现实，需要找到一个可持续的办法。

针对自行车出行问题，北京国际城市发展研究院院长连玉明建议：交通和建设部门应对现有自行车出行道路进行整治和改善，设置隔离栏以保障自行车出行安全；在今后的道路建设中，加大对城市自行车专用道的建设和管理，在新建地铁站点、大型广场、商业中心等规划过程中优先考虑自行车停车场所和租赁站点的建设。加大对“绿色北京”“绿色出行”理念的宣传。

针对美使馆公布的北京环境指数引起的关注，北京市环保局副局长杜少中认为公布的方式不是很严谨的做研究的态度。对此，“绿色北京绿色行动宣讲团”成员李皓认为，人们的实际感受和环保部门公布的空气质量报告有较大反差，一个重要原因在于我国的空气质量评语使用过于宽松、模糊，容易产生很大的误导，评语难以让公众明白空气到底是安全还是不安全、对健康影响有多大。李皓认为，我国应尽快修改空气质量报告的评语，与世界接轨，更好地满足公众的知情权，防止健康受到危害，又有助于公众了解中国面临的空气污染挑战的严峻性，激发全民为净化空气出力。

针对空气中雾霾增加、污染加重的问题，一些

市民建议，污染较重的城市应该学习江苏省江阴市、河南省平顶山市等地的做法，把“幸福指数”纳入到对当地官员的政绩考核中，民众用自身行动减少污染，比如少开一天车，低碳生活才是长远、积极和负责任的行为。

二、重要论坛和研讨会

1月10日，北京市发展和改革委员会等单位组织举办“2011年北京（国际）低碳技术论坛”。论坛主题是“新理念、新技术引领和支撑北京低碳城市建设”，论坛目的是搭建国际和国内的交流与合作的平台，借鉴国际低碳城市建设经验，推动低碳领域的产业与技术发展；建设北京低碳技术国际合作平台，促进国际低碳技术向北京转移并产业化；进一步确定与英国伦敦发展署、欧中太阳能促进会的战略合作，为借鉴、引入、消化再吸收欧洲的低碳技术或管理经验奠定基础。北京市科委与英国伦敦发展署签署了共同建立“北京—伦敦低碳技术合作中心”谅解备忘录。

3月20日，北京市环保局组织召开“北京市挥发性有机物（VOCs）污染源普查”总结汇报会。会议总结了北京市挥发性有机物污染源普查工作。北京市挥发性有机物污染源普查是北京市根据大气污染控制的总体目标和目前面临的臭氧超标问题，首次针对挥发性有机物污染源开展的专项调查。在会上，李晓华发言认为：“北京市挥发性有机物污染源普查”是一项开创性的工作，但排放量估算方法和排放因子的选取等方面还需要进一步完善。下一步应该继续开展各类VOCs污染源专题研究，提高排放清单的准确性，为北京市制订VOCs减排和总量控制政策提供科学数据支持。

6月11日，国家发改委、北京市人民政府共同举办“2011年全国节能宣传周暨北京市节能宣传周”活动。北京市主题为“节能我行动，低碳新生活——我为绿色北京做贡献”。宣传周的七大节能宣传主题活动分别是绿色启动日活动、绿色消费日活动、低碳校园日活动、低碳办公日活动、国际交流日活动、绿色旅游日活动、低碳社区日活动。

7月26日，北京市环境科学研究院等单位召开“污染场地风险管理与修复”学术研讨会。研讨会作了《北京市污染土地治理修复经验》的报告，介绍了北京市污染场地研究进展；介绍了场地调查与风险评价、场地风险管理、场地修复；介绍了如何确定土壤和地下水污染类型、主要污染物及其分布规律、污染程度和范围、如何进行健康风险评价及土壤污染的治理和修复等。

11月30日，北京市政协城建环保委、北京市交通委等单位举办“2011绿色北京论坛”。论坛主题是推进城市精细化管理。与会代表围绕加强城市精细化管理、提升首都城市管理水平提出对策和建议。与会专家认为，作为发展中的特大型城市，北京在实施“人文北京、科技北京、绿色北京”发展战略中，应正确认识城市管理所面临的压力和挑战，改变城市管理粗放、条块分割的状况，进一步加强精细化管理。与会专家同时提出了加强城市管理体制机制创新、加强法制建设和信息化建设等意见和建议。

三、重要研究课题和项目

《北京市后奥运重点环境问题的技术保障体系建设》课题的委托单位是北京市科学技术委员会，承担单位是北京市环境保护科学研究院。课题开展了北京市污染场地风险管理保障体系、大气污染源在线监管支撑体系、温室气体综合管理和减排支持系统的研究。根据北京市后奥运时期突出的重点环境问题，课题编制了污染场地修复验收和重金属污染土壤填埋场建设与运行技术规范，编写了《场地与生产设施环境风险评价及修复验收手册》一书，进行了北京市污染场地管理与修复标准体系研究，研发了北京急需的土壤热脱附、地下水空气注射两项修复技术；建立了PM10采样器和颗粒物在线监测仪器检定溯源装置以及测试方案；建立了城市温室气体清单核算方法和北京市温室气体综合管理系统平台。

《北京市VOCs污染治理技术筛选评估研究》项目，由北京市环保局组织开展，中国环境保护产业协会、中科院生态环境研究中心等单位共同承担。本项目主要研究内容包括对装备制造业涂装、机动车制造与维修、包装印刷等六个典型行业的VOCs排放情况进行现场采样和监测；在实验室利用预浓缩进样系统+色质联机完成各类VOCs污染源排放组分的定性定量分析；对各类VOCs污染源排放特征和排放量核算方法进行分析研究；对国内外成熟、实用的VOCs治理技术进行总结评估；完成VOCs最佳实用技术（BAT）的筛选和评估。

四、重要的规划和政策措施

《北京市“十二五”时期绿色北京发展建设规划》的主要目标是按照在推动科学发展、加快转变经济发展方式中当好标兵和火炬手，走在全国最前面的要求，努力推动北京率先形成“创新驱动、内涵促降”的科学发展新格局，初步形成人与自然和谐共处的集约、高效、生态型绿色城市发展新模式，打造成为生产清洁、消费友好、环境优美的绿色发展先进示范区。该规划提出：着力打造绿色生产体系，构筑绿色经济新格局；努力构建绿色消费体系，引领生态文明新风尚；深化建设绿色环境体系，打造生态宜居新家园；严格水资源管理制度，夯实绿色发展的基石；健全创新绿色发展机制，增强持续发展动力；加强规划实施管理。该规划首次提出“资源产出率”指标，更加注重引导提高资源综合产出效率，首次提出建设“城市矿产”示范基地，推动循环经济发展形成首都特色。

《重金属污染土壤填埋场技术规范》是北京市地方标准。该规范的主要内容涉及污染土壤入场条件、填埋场选址、填埋区、填埋场施工、填埋场运行管理、填埋场封场、环境监测等 11 部分内容，为北京市重金属污染土壤的填埋提供了强有力的技术支持。该技术规范填补了北京市污染土壤治理技术的空白，对于促进污染土壤填埋相关技术的发展、防止填埋土壤的二次环境污染都具有重要意义。

《北京市绿色建筑评价标准》由北京市住房和城乡建设委员会发布，12 月 1 日起正式实施。该标准主要针对新建、改建、扩建住宅建筑和公共建筑两类，并按照不同的标准分为一星、二星、三星三个等级。评价标准分为节地与室外环境、节能与能源利用、节水与水资源利用、室内环境、运营管理等多项。该标准提出控制人均用地的上限指标。居住用地面积包括住宅用地、公建用地、道路用地和公共绿地四项用地面积；居住区人口按每户 2.8 人计算，人均居住用地指标为低层不高于 49 平方米、多层不高于 32 平方米等。绿色建筑如需评星级，还需满足一定数量的“一般项”和“优选项”要求，并对“一般项”和“优选项”作出了具体规定。

五、与“绿色北京”相关的重要概念

由美、英、日、韩、马来西亚等 10 个国家和地区的 14 家华文媒体代表围绕“人文北京”“科技北京”“绿色北京”三大主线进行评议，全市共有 181 个当代景观参与评选，通过提名、推荐、自荐等方式，最终有 24 个景观入选。其中“绿色北京新八景”为朝阳循环经济产业园、蟒山森林公园、大杨山国家森林公园、怀柔雁栖湖景区、小汤山温泉集聚区、平谷桃花海景区、温都水城、张裕爱斐堡国际酒庄。

“巾帼·家庭——绿色北京‘百千万’行动计划”由北京市妇联与首都绿化办联合实施，活动内容：百名女企业家争当低碳节能女使者；千个“妇”字号基地女能人争做绿化美化巾帼先锋；万户家庭争创绿色家庭。该项计划以“三八”绿色工程为载体，动员妇女和家庭从自身和身边做起，影响和带动家庭成员、企业员工积极参与单位庭院绿化、社区绿化、林木绿地认养以及碳汇造林等。“身边爱绿、身边护绿、身边建绿”活动以各种形式支持首都绿化美化建设。

六、政策建议

中国科学院院士何祚庥认为，“绿色北京”城乡建设中的一个重要难题在于：北京市的电力主要来自煤电。他建议，可以向上海学习，出钱购买或投资太阳能资源丰富地区来大力发展光伏发电输入北京，还可以考虑在太阳能供电、供热上做一些“样板”示范工程，或者在屋顶上放置第三代光伏技术，以供应广告照明用电等。

北京生产力学会高级经济师朱越生认为，发展北京战略性新兴产业应倡导绿色包装。他建议，强化绿色包装的意识；制定绿色包装必须具备的要求，选用环保型、可再生的材料、可食性材料、可溶解材料、天然纸质材料等环保型材料作包装物；制定绿色包装的政策、法律、法规。

北京西部地区是首都重要的绿色生态屏障，针对北京西部地区的发展，北京市人大财政经济委员会提出四点建议，即坚持科学发展，立足西部地区的整体功能定位，走转型发展的可持续之路；坚持转变经济发展方式，大力培育新兴替代产业，走科学创新和文化创新发展之路；坚持保障和改善民生，加强生态环境建设，打造宜业宜居的绿色发展新区；坚持统筹协调、统一规划，创新发展模式，为首都“绿色北京”建设树立典范。

政协委员李丽萍建议：在市级层面建立全市统一的城市精细化管理空间信息承载服务平台，在全市地理空间上，容纳如交通、市政、电力、排水等承载城市的各行业数据，满足全市各类用户的空间信息应用需求；并通过对空间信息的提取和挖掘，为北京市加大交通建设管理力度等方面采取有力措施，加强城市运行和服务保障能力，提供辅助分析数据。

交通拥堵是北京城市发展中的难题。针对这个问题，市政协委员朱良建议：应进一步拓宽思路，把通勤快车放在大交通的总体构思中考虑，让通勤快车舒适、便捷、经济，争取让相当一部分上班族放弃开车而选择搭乘通勤快车。同时，通勤快车应逐步打破区县界限，发展成全市统一管理的公共交通新模式，政府择优筛选通勤快车的运营企业，必要时可以组建专业运营公司。海淀区政协城建城管和环保委员会建议，应在一些易堵路段建立智能交通信号控制系统。根据路口及相邻影响区域各个方向的车流量，实时调整信号时间间隔。交通运输部科学研究院副总工程师江玉林建议尽快出台《城市公共交通条例》，让城市公交有序、健康、可持续发展。

针对公共建筑节能问题，倪燕欣建议，加强对公共建筑的设备监控管理系统应用的重视程度，大力培养专业人员，做好建筑物运行的监管措施；充分利用建筑设备监控系统实现机电设备科学管理；树立对建筑物能耗的节约价值理念，倡导低碳生活模式。

《北京科协》刊登文章《北京居住小区环境绿化存在的问题及建议》。文章认为，北京居住小区的环境绿化工作存在以下问题：管理力度不够；设计理念脱离实际；资金投入不足；技术力量严重缺乏；

植物配置不合理；绿地处理不当。针对以上问题，文章建议：强化对北京居住小区绿地规划的验收与管理；严格把好居住小区“水景工程”规划关口；解决居住小区绿化资金短缺的困境；加强居住小区绿化技术力量；合理调整居住小区植物配置；增加植物种类，丰富植物景观；加强对土壤层进行检查验收和改造；建立居住小区绿化档案。

注：

主要参考百度网站新闻栏目，北京市人民政府、北京市发展和改革委员会、首都科技网、北京市环保局等相关网站，《中国环境报》等资料。

（作者：陈剑，北京改革和发展研究会会长、研究员；毛雪峰，北京改革和发展研究会秘书处主任、经济师）

科技北京

陈 剑 毛雪峰

一、有关“科技北京”建设的重要观点

“十二五”期间，科普工作成为建设科技北京的一项重要内容。2011年，北京市颁布《北京市“十二五”科学技术普及发展规划》，提出“打造科普之都，建设科技北京”的要求。北京市科委副主任朱世龙认为，普及科学技术、提高公民科学素质是实现北京“十二五”科技发展目标的重要保障。因此应促进科学研究与科学普及的相互衔接与渗透，创造条件，吸引市民关注科技发展，使公众适应科技创新、支持科技创新、服务科技创新，推进创新型城市建设。

针对《北京市“十二五”科学技术普及发展规划》提出的设立“社会开放日”，金海燕认为，“社会开放日”是科研单位的社会责任，中国的科研力量并不薄弱，但在科学普及方面做得不好，设立“社会开放日”不仅是普及科学知识、提高公民科学素养的需要，也是作为大学和科研单位对社会应尽的责任和义务。

科技与市场应该如何结合的问题是我国科技体制改革没有能够很好解决的一个问题，主要表现在科技成果转化难、市场效益少、企业和科技不搭界。对于产生这个问题的根本性原因，有各种不同的分析：一种观点认为，问题出现在科研系统本身，原因是科研系统对于市场不够了解，技术成果本身的成熟化、配套不够，因此改革就应该使科研与企业为主题，以市场为导向。另外一种观点认为，问题主要在于经济发展对于科技需求的不足，企业普遍追求短期效益，对科研的兴趣和动力不足。

北京市政协委员焦志忠认为，20世纪90年代北京市科技体制改革出现的科研机构企业化导致过度市场化和公立化的现状，致使其研究功能弱化。他提出借鉴台湾公研院的模式，对于首都科技资源整合，建议开展非营利机构体制引入到科技服务机构的研究，解决好非营利机构研究所与所占有公共资产的隶属关系，同时解决好政府资助、政府监管的问题，利用中央给北京的科技创新实验区的有利条件，走出北京的创新之路。

针对以上问题，北京民营科技实业家协会会长王小兰认为，问题在于在如何建立以企业为主题、以市场为导向，产、学、研相结合的创新体制上缺乏共识。她认为，产、学、研相结合的创新平台，更多的应该是一种能够应对市场变化而独立存在，涉及政府如何处理与社会组织的身份问题。目前北京对于科技资源的整合，更多的是一种政策性行为，而缺乏制度性的保障。

针对绿色建筑中一些企业研发的绿化技术，中国可持续发展研究会副秘书长王凯悦提出：绿色建筑是民生问题，企业应该站在老百姓的立场上考虑问题，安装施工要更加简单方便；要以更低的一次性投入成本进入市场，使大家更容易接受；进一步提升功能，如防渗防漏。老百姓从科技成果中得到实惠，科技创新能够惠及百姓民生，企业才会发展。

二、重要论坛和研讨会

7月15日，北京市科学技术研究院等单位举办“重大科技成果转化和产业化”政策专题会。会议就北京市科技项目储备制度、首都科技条件平台、“生物医药领域成果转化与承接平台”等政策和内容进行解读。北京市科委向与会院、所的人员发放《高校（科研院所）科技成果转化调查问卷》，了解相关政策的落实情况，收集高校（科研院所）的政策需求。

10月12日，北京市科学技术协会举办“科技成果转化与中关村国家自主创新示范区发展北京论坛”。论坛议题是如何进一步深化促进科技成果转化的体制机制改革、提供促进科技成果转化的政策支撑、把中关村科技园区建设成为科技创新与科技成果转化及辐射为核心的全球科技创新中心等。论坛研讨了国有、民办、股份制等企（事）业单位在人才资源、科技创新、股权激励、科技金融、知识产权、技术转移、成果转化、公共服务等方面存在的问题、政策需求及对策。

10月13日，北京通信学会等单位举办“2011

年北京信息产业发展论坛”，论坛主题为“打造都市数字化名片”。主要议题包括北京市信息化发展现状及未来演进趋势、数字北京发展策略研究、北京移动互联网发展趋势等。论坛围绕物联网、云计算为切入点，就北京市信息化建设的最新发展、业务应用、产业规模展开交流，挖掘了在京单位承担的信息化国家科技重大专项项目及其成果。

10 月 17 日，北京科技协作中心、北京安全防范行业协会等单位举办“科技北京国际论坛·城市安全技术交流会”，会议宗旨是搭建国际科技交流平台，推动科技成果落地转化。会议主题是技术引领、协同创安。会议设立“太赫兹成像技术应用”和“中俄安防技术交流”两大专题论坛。中外专家围绕太赫兹成像技术、太赫兹安检系统设计及大功率器件制备、非致命性自卫武器系统及机载光谱分析仪等项目进行交流。北京市科委副主任伍建民认为，北京作为中国政治、文化、经济中心的首都，应更为关注城市安全、关注技术对城市安全的支撑、关注城市安全产业的发展，该领域不仅是保证城市发展的重要领域，同时也是新兴产业且具有战略性意义，对推进北京世界城市建设、保证国家稳定具有至关重要的意义。

11 月 2 日，北京市科学技术委员会举办“学习贯彻十七届六中全会精神暨科技支撑文化发展研讨会”。会议议题是促进科技与文化的结合、科技创新支撑首都文化发展、科技成果在文化领域的推广应用以及体制机制创新等。针对北京市“建设具有世界影响力的文化中心”的目标，北京市科委提出“北京构建科技文化‘双轮驱动’模式”的观点。北京市科委主任闫傲霜提出应“全方位、多渠道、推动科技与文化融合”。中科院研究员宋延林赞同这一观点，他认为没有文化的科技就没有灵魂，没有科技的文化就没有未来。

11 月 6 日，国务院台办、北京市政府联合台北世贸中心等近 20 家中国台湾机构共同主办“第十四届京台科技论坛暨 2011 年北京台湾名品博览会”，论坛以“合作创新，共赢未来”为主题，围绕云计算、物联网、新能源、生物医药、食品安全、农业合作等 10 多项议题进行研讨。本次论坛中的食品安全议题备受关注，中关村管委会副主任杨建华认为，食品产业是近几年来备受关注的新兴产业，食品产业的发展离不开高科技手段的支撑。中国农业大学副教授张建胜博士阐述了“高科技手段在食品产业中发挥的作用”。北京时代凌宇科技有限公司董事长黄孝斌对“物联网技术在食品安全中的应用”以及社会和经济效益等进行了分析，他呼吁利用高科技扭转食品安全现状，发挥物联网技术优势，利用 RFID 技术实行食品安全信息溯源。台湾区农业暨食品电子商务协会理事许素华提出建立可追溯食品安全产销履历的机制，以保障民众消费健康安全，推动两岸优良食品标准，强化企业社会责任。台湾食品产业发展协会顾问林旭莹介绍了软件平台如何实现食品可追溯性与合规性等情况。

三、重要研究课题

“北京创新方法应用推广策略研究”系列软科学课题由北京市科学技术委员会承担。课题共设有 4 个方面分别是“北京创新方法应用推广策略研究”“北京推广应用 Living Lab 创新方法研究”“北京推广应用‘高科技价值链’创新方法研究”“北京高校普及应用创新方法研究”，分别由北京科学学研究中心、中科院政策所、北京邮电大学和北京信息科技大学等单位承担。4 个课题成果最终形成了“创新方法与科技北京建设研究”总报告。该系列课题从推进“科技北京”建设的需求出发，结合北京的创新基础和产业发展特点，总结研究了 TRIZ、Living Lab、高科技价值链等三类创新方法的理论框架、应用状况和推广前景，并提出了创新方法在高等教育工作中的应用策略，该课题研究成果提出北京创新方法推广路径，即以政府为主导，以产学研合作为依托，按照九个社会经济领域和四个层面的推进路径，在北京地区大规模、大范围、综合性地宣传、推广、应用创新方法，以全面提升北京区域自主创新能力。九个社会经济领域包括战略性新兴产业、高技术产业和现代制造业、现代服务业和科技服务业、现代高端农业、文化创意产业、民生产业、低碳经济与生态建设、资源与环境、城乡建设与管理等。四个层面包括企业创新层面、服务经济层面、高端创新层面、教育层面。该课题对创新方法在北京的推广应用具有重要的参考价值。

“北京市典型场地污染的关键异位修复技术研究与示范”课题是北京市科委科技项目，由北京市环境保护科学研究院承担。课题根据北京市企业搬迁场地环境污染现状，研究了异位通风、生物堆、土壤洗涤和泥浆反应器等多项异位修复技术，并对各项技术的适用性进行了系统分析。实现主要污染物去除率达到 90% 以上，修复成本只有国外平均水平的 50%，关键设备国产化率达到 100%。该课题研发技术的实施，能够有效解决高浓度、高致癌、难降解有机污染土壤修复难题，填补了国内污染场地异位修复技术研究领域的空白，并形成具有我国自主知识产权的污染土壤修复技术体系，推动污染土壤修复技术的研发及产业化应用。为北京市开展污染场地修复工作提供了强有力的支撑，具有重要的理论和实际应用价值。

“科技促进和谐社区建设研究与示范项目”课题由西城区科委和西城区生产力促进中心共同承担。课题分三个子项：“西城区城市家庭贫困指数模型的应用研究”“什刹海水质净化生态野鸭岛建设研究与示范”“区科技工作协调联动机制建设，提升科技协调员素质工程”。课题采集到全区贫困家庭数据3461条（约占全区低保家庭的1/3），实现了与“西城区综合救助信息系统平台”的成功对接，建立起了西城区贫困家庭数据库，明确了贫困指数与救助标准相结合的评定制度。课题的实施有效去除了野鸭岛的污染物，维护了野鸭岛周边水体良好的景观效果。

《北京地区地面沉降监控关键技术及其工程应用》课题由首都师范大学与北京市水文地质工程地质大队联合完成。课题针对北京市过量开采地下水而引起的区域地面沉降问题，开展地面沉降监测、机理、预测集成研究。在多网监测结果、含水层系统释水形变机理分析基础上，建立三维地下水地面沉降耦合模型。结合南水北调客水进京工程，建立一套多目标约束下的地面沉降调控模型。该研究涉及测绘学、水文地质学、土力学等交叉学科的前沿问题，系统解决了地面沉降多维监测的关键技术问题，揭示了二元作用下的区域地下水动力场演变机制，探明了含水层系统释水形变机理与科学调控模式，并将成果成功应用于国家、地方重大工程，为推进对地观测领域与水文地质等领域交叉学科的发展起到了示范作用。

四、相关的重要项目

一是北京创新驿站。科技部火炬中心借鉴欧盟创新驿站成功经验，结合中国国情，开展中国创新驿站试点工作，北京市成为首批试点地区之一。北京创新驿站按照“资源汇聚为重点、企业需求为导向、创新服务为主线、信息网络为手段”的基本思路，探索建立跨地区、跨行业、跨领域的创新服务体系，推动研发和技术转移服务业发展，服务于企业技术创新、促进科技成果转化、产业化和战略性新兴产业发展。其主要功能是挖掘并服务企业创新需求、科技创新引导和促进科技成果转化与产业化、推动产业技术合作和战略性新兴产业发展、培育科技中介服务机构、加强跨区域的技术交流与合作。服务体系主要由区域站点、基层站点、工作站、专家团队和驿站合作伙伴群等组成。

二是首都科技条件平台。该平台是北京市科委联合中国科学院、军事医学科学院、北京科技大学等12家开放科技条件资源过亿元的高校院所共建的研发实验服务基地。该平台是首都区域创新体系建设的基础工程之一，以“撬动科技资源、促进开放共享、服务企业需求、促进社会发展”为宗旨，通过促进高校和科研院所资源开放共享，激活科技条件资源，面向企业、社会提供研发实验服务，推动首都创新型城市建设。平台体系分3个层次：1个总平台、6个领域平台、12个研发实验服务基地，包括生物医药、新材料、电子信息、能源环保、装备制造和技术转移等多个领域。目前平台已形成“小核心大网络”的工作和服务体系，开放资源量累计达145亿元，涉及550个国家级、北京市级重点实验室和工程中心，7000多家企业享受到平台的服务，服务合同额达16亿元。

三是国家现代农业科技城。这是科技部与北京市政府合作项目，该项目计划通过5~10年时间把农业科技城打造成全国农业科技创新中心和现代农业产业链创业服务中心，为全国现代农业发展提供技术引领和服务支撑，引进国内外企业、科研院所和高校在科技城建立总部研发机构，打造总部企业密集的产业经济中心，带动区域经济增长。科技城采取“一城多园”布局，以“五个中心”为平台，以“多园”为载体，形成“中心”与“园区”互动、科技城与外埠园区网联的发展格局。“五个中心”包括农业科技网络服务中心、农业科技金融服务中心、农业科技创新产业促进中心、良种创制与种业交易中心和农业科技国际合作交流中心。“多园”是指在科技城内建设若干特色鲜明、专业性强、辐射面广，具有现代农业高端形态的特色园区。先期将选择昌平小汤山国家农业科技园区、顺义国际鲜花港等作为“多园”试点。

五、重要的规划和措施

一是《北京市“十二五”科学技术普及发展规划纲要》。该纲要的基本原则是坚持服务大局和中心任务，坚持与科技创新相结合，坚持政府引导与市场机制相结合，坚持充分发挥各方面的积极性。该纲要的总体目标是到2015年，初步形成与首都地位相符合、与中国特色世界城市建设相适应的科普服务能力和科学传播体系；塑造一批在国内外有影响力的科普场馆、科普活动、科普栏目等科普品牌，“北京科普”的影响力和知名度不断提升；社会力量参与科普工作更加广泛，科普资源更加丰富；成为国家科普资源的集聚区、科普活动的展示区、科普能力的示范区。该纲要的具体目标是公众科学素质显著提高，公众科学素质达标率超过12%；培育一批科普活动品牌。推出一批市民学科学活动品牌，科普能力进一步增强，科普原创水平不断提升，科普资源开发共享成效显著。重点任务是实施《全民科学素质行动计划纲要》；实施市民学科学工程，引导市民科学生活；实施创新精神培育工程，营造良好的创新创造氛围；实施科普能力提升工程，全面加强首都科普能力建设；实施科普精品工程，打造科普原创之都；实施科技资源科普化工程；加强交流合作，提升首都科普资源的集聚力和辐射力。该纲要同时提出实施以上目标的保障措施。

二是北京科技新星计划。科技新星计划是北京市科委组织实施的青年科技人才培养计划，面向35岁以下青年科技人才进行选拔，通过资助其独立开展科研工作，参与国际合作与交流，促其脱颖而出，成长为具有自主创新能力的战略性科技后备人才。从 2011 年开始，科技新星计划将组织入选人员开展跨学科合作项目研究，促进新星间的交叉学科合作研究，鼓励联合创新和团队合作，培育高水平的科研项目。2011 年新星计划重点围绕中关村人才特区建设，积极推动企业自主创新，充分发挥人才单位的积极性和主体作用。

三是雏鹰计划。“雏鹰计划”是在“翱翔计划”的基础上，由北京市教委、北京市科委共同推出的增强基础教育、加强创新人才培养的重大举措。该计划构建指导专家、骨干教师、志愿者的工作团队，将科技资源转化为创新教育课程，成功地应用于学校教学实践。通过挖掘科技项目、科研成果以及科普基地的教育价值，使科研工作者与教育工作者联手，将前沿科技成果和研发过程转化为课程教学资源，丰富基础教育资源。

六、与“科技北京”相关的重要概念

一是北京模式。北京市科委与中央在京单位共建“首都科技条件平台研发实验服务基地”，整合高等院校、科研机构和大企业的科技资源，引入专业服务机构作为核心运营载体，以机制创新为核心，以市场化运作为手段，促进首都科技资源向社会开放共享，支撑企业自主创新，形成政府主导、所有权和经营权相互分离的科技资源共享模式。

二是部市会商。2011 年 4 月 1 日，科技部与北京市政府共同签署《科学技术部、北京市人民政府工作会商制度议定书》，建立部市工作会商制度（简称“部市会商”）。该议定书确定了全面推进中关村国家自主创新示范区建设、加快实施国家科技重大专项、共同建设国家现代农业科技城、加快实施国家技术创新工程、建设开放条件下的创新型示范城市等五方面会商内容，以及成立“部市合作委员会”等会商机制。“部市会商”对推动北京更好地服务国家科技进步与创新、率先形成创新驱动发展格局具有重要意义。

三是“科普原创之都”。这是北京市科委在《北京市“十二五”科学技术普及发展规划》提出的概念，即在“十二五”期间，通过实施科普精品工程，将北京打造成为“科普原创之都”。具体措施是探索科普产业发展路径，研究制定促进科普产业发展的扶持政策；选择部分科技（普）文化资源密集、科普产业发展基础较好的区域，建设若干科普产业集聚区和科普设计示范基地。在此基础上，积极促进科普与设计、出版、影视、动漫、游戏、会展等产业的融合，推动科普出版、科普展览展品开发制作、科普影视文艺作品创作、科普软件开发等科普产业竞争力提升，推动科普产业跨越式发展。研究制定科普产品评价标准，提高原创产品的数量和质量，创造有中国特色和国际影响力的“北京科普”品牌，将北京建设成为辐射全国的科普产业中心和原创之都。

七、政策建议

针对北京市青年科技人才培养问题，北京市科协建议：应高度重视青年科技人才工作，构建具有首都科技团体特色的人才成长体系；搭建各具特色、不同功能的学术交流平台，广泛发现和培养科技人才；着眼国家科技创新中心建设，努力在实践中培养使用青年科技人才；大力宣传举荐优秀科技人才，激励和促进科技人才脱颖而出；广泛开展科学道德和学风建设工作，促进科技人才健康成长。

北京市环境保护科学研究院研究员申立贤提出“关于加强北京建筑节能综合评估与管理的建议”。他认为，目前北京地区建筑节能存在以下问题：节能技术与材料均仍处于初级阶段；建筑节能材料的质量问题严重，监管不力；现有建筑（老房）节能改造管理不严，住宅装修缺乏管理标准与办法；对建筑节能的标准规范要求、绿色建筑、低碳生活理念的宣传教育不够。他建议建立和完善绿色建筑的评估体系，提升建筑设计、建筑施工、建筑装修、建筑装饰工程标准化评估管理水平；推行成熟可靠的各种新技术、新工艺、新材料、新设备，加强建筑节能的技术开发、评估与推广应用的规范化管理，实施跟踪调查与诚信考核制度；将建筑节能纳入市住建委建筑领域专项管理；加强绿色建筑标准化规范化建设，发展低碳的工业化系列住宅产品，有完善的生产流程与质量控制；建立北京市建筑节能科普宣传教育基地，倡导和提高公民的节能认识，培养低碳的生活习惯。

针对近年来北京市社区冬季供热出现的问题，北京企业技术开发研究会组织供热专家对 2009—2010 年和 2010—2011 年两个供热年度的供热状况进行了专项调研，总结分析出影响北京市社区冬季供热常见的 26 种技术故障，认为社区供热技术故障按其分布范围大体分为五部分，即室外管网系统设备技术故障、室内供热系统设备技术故障、换热系统设备技术故障、人员操作技术故障和热源系统设备技术故障。其中前四类故障为多发性、常见性故障。通过分析提出社区供热技术保障工作的建议：加强供热行业员工队伍建设，提高技术水平；加强供热和节能减排新技术的推广应用；结合城六区老旧社区供热系统技术改造，加快发展城区热力网集中供热；加强停暖期间供热设施、设备的维修管理工作。

北京生产力学会高级经济师朱越生认为，北京战略性新兴产业要有选择性地发展低碳经济的模式，并建议北京已制定的战略性新兴产业，根据具备的基础和条件，逐步调整产业结构，在实施低碳技术和节能减排的前提下，分门别类以新兴产业链顺序、配套进行开发和发展；按照新兴产业的战略性，重点以新材料、新能源为基础；加大新材料的研发力度；开发利用新能源；构建一体化的投融资体系，从政策、资金、税收、人才、科研、产业化等方面给予扶植和提供方便，同时引导民间资本、境外资本参与新兴产业的建设。

注：

主要参考百度网站新闻栏目，北京市人民政府、北京市发展和改革委员会、首都科技网、北京市科学技术委员会等网站，《科学时报》及其他相关资料。

（作者：陈剑，北京改革和发展研究会会长、研究员；毛雪峰，北京改革和发展研究会秘书处主任、经济师）

北京城市建设与管理

孟　斌　郑丽敏

2011年是中国共产党成立90周年，也是“十二五”时期的开局之年。世界经济格局正在发生深刻复杂的变化，我国仍处于重要战略机遇期，首都发展面临着难得的机遇，也面对着严峻的挑战。在实施“人文北京、科技北京、绿色北京”的战略指导下，北京市的城市建设与管理建设取得了较大的成就，主要的成果集中在低碳城市建设、宜居城市建设、世界城市建设以及历史文化保护等方面。

一、重要学术会议与学术论著简介

2011年10月21—22日，“2011‘人文北京与文化创新’论坛”在北京举行。本次论坛的主题是“历史与现实的对话：人文北京与文化创新能力建设”。与会专家学者既回顾了北京厚重的历史文化传统，又就构建当前“人文北京”建设等提出了许多新思路、新想法，对北京城市人文的变迁、当前与未来北京社会的文化建设、文化及文化创新等理论与实践问题，进行了广泛而深入的研讨。建设人文北京需要借鉴历史经验，通过对既有的历史文化资源再发现、再认识、再整合和再利用，可以为北京文化城市的发展提供理论和现实参考；而以中央发出的“关于深化文化体制改革、推动社会主义文化大发展大繁荣”号召为契机，人文北京与文化创新建设必将大有作为，不断取得新成就、开拓新局面。

2011年3月23日，以“汇聚力量，建设人文北京；凝聚智慧，共言名城保护”为题的“北京历史文化名城保护论坛”在北京市规划委员会召开。论坛形成以下基本共识：其一，北京历史文化名城保护面临严峻形势，需要法律制度层面的进一步完善、程序方面的细化，以及实施层面的认真执行。其二，历史文化名城保护是全社会的责任，公众参与保护的深度和广度尚需进一步拓展。其三，论坛搭建了很好的平台，这种面对面的交流形式拉近了政府与市民的距离，让政府更好地了解民意，有利于形成良性互动。同时，也对规划编制和实施有参考意义。其四，公众参与能发挥社会各界人士的合力，为北京历史文化名城保护凝聚智慧，且能在实施和操作层面探索如何更好地与市民及NGO组织结合，把工作稳步地向前推进。其五，责任规划师试点的建立就是要起到纽带作用，更好地联系政府和市民，随时解决实际问题。其六，媒体的作用不容忽视。同时，论坛还提出了北京历史文化名城保护工作的一些建设性意见与建议。第一，涉及历史街区四合院拆除和居民搬迁等活动，应当根据有关法规要求，组织居民、志愿者、NGO组织、专家及民意代表举行听证会，确保听证参加人对有关事实和法律问题进行平等、充分的质证和辩论，并吸收和采纳听证中提出的合理意见和建议，确保决策的科学化与民主化。第二，应建立制度化的公众参与机制，涉及名城保护的重大决策事项要公示、听证并提交人大审议。公众参与应在重视专家意见的基础上充分听取当地居民意见。要建立独立、透明、制度化的专家论证制度，组成人员应包括规划、历史、建筑、考古、经济及其他社会科学各方面的专家。完善专家论证的程序和规则，建立必要的公示制度、回避制度等，专家意见要接受公众监督。第三，NGO组织在历史文化名城保护中的作用主要是推动公众（特别是居民）对城市的理解、尊重和责任。独立、规范的NGO组织能够在历史文化名城保护中发挥作用。第四，北京旧城整体环境持续恶化的局面还没有根本扭转，如对于旧城棋盘式道路网骨架和街巷、胡同格局的保护力度不够。第五，据2006年清华大学根据卫星影像图作出的分析报告，经历持续的拆除，旧城仅残存约1/4的面积。面对如此情形，必须将旧城残存的部分进行最完整的保护，不能再以分片保护的方式予以进一步的肢解并继续制造城市的功能障碍。第六，根据《北京城市总体规划（2004—2020年）》提出的“推动房屋产权制度改革，明确房屋产权，鼓励居民按保护规划实施自我改造更新，成为房屋修缮保护的主体”，以居民为主体的旧城保护机制须得到认真执行。第七，要改变目前“重建设、轻管理”的问题，房管部门应通过管理手段在相当程度上缓解“大杂院”状况，并形成长效机制。第八，旧城之内不应再以 GDP 为纲，必须实事求是，将历史文化名城保护作为对旧城区干部政绩考核的重要内容。第九，必须采取有力措施，将中央各部门的建设活动，统一纳入北京城市总体规划确定的轨道上来。第十，在涉及旧城有关问题时，需要给老北京人更多的话语权，并且做到让公众优先表达。[①]

2011 年 10 月 28 日，第二届北京城市发展战略论坛“北京城市发展战略研究：科技、人文、生态建设”在北京科技大学举办。本次论坛是北京市科协学术活动月项目之一，论坛围绕城市发展、科技创新与信息之都、人文关怀与创意之都、生态和谐与绿色城市、战略规划、人才开发等六个主题举行了四个单元的报告。

《人文北京与世界城市建设 2010 年北京学国际学术研讨会论文集》（张妙弟主编，同心出版社）是北京联合大学北京学研究所和加拿大文化更新研究中心共同举办的“人文北京与世界城市建设”2010 年北京学国际学术研讨会的成果。论文集分世界城市探讨、建设人文城市、城市文化研究等三个部分，围绕“人文北京与世界城市建设”作了深入探讨。

《人文北京建设探究》（李丽娜主编，中国经济出版社）全书分为社会综合篇、和谐社会篇、市民素质篇、文化产业篇四篇，探讨寻找人文北京建设的新思路和新方法，通过“和谐、文明、创意”的视角，提出了人文北京建设的具体路径。

《绿色北京环境优化》（彭文英著，经济科学出版社）在长期对北京市环境特征实地调研的基础上，从不同层面探讨了当前大城市的主要环境问题，剖析了环境及其优化内涵，梳理了环境优化技术路线，从发展过程和目标两方面指出了环境优化趋势；探索了新时期北京市环境优化理念及基本思路，提出了环境优化的近期任务，并重点以绿色北京及其环境优化途径，以及北京市旅游环境、功能拓展区环境、农村基础设施建设等的优化问题进行了深入系统的研究。

《2011 中国绿色发展指数年度报告》（北京师范大学、西南财经大学、国家统计局中国经济景气监测中心著，北京师范大学出版社）对绿色发展指数的指标有增有减；与此同时，新构建了中国 34 个直辖市、省会城市和计划单列市的城市绿色发展指数指标体系。报告还针对中国绿色发展的热点、难点问题，进行了专题阐释。

《首都标准化：中关村科技园区实证研究》（赵朝义等著，科学出版社）从中关村科技园区标准化发展所面临的环境入手，总结了高新技术产业发展所面临的国际背景，分析了园区六个重点产业领域的发展现状及园区企业参与标准化活动的情况，阐述了标准与知识产权、高新技术产业联盟标准化及标准重点领域选择等关键问题，确定了园区标准化发展的战略目标、战略选择和战略任务，提出了园区标准化发展重点及园区实施标准化战略的措施与建议。

《北京市居民职住分离调查研究》（孟斌等著，学苑出版社）以实际问卷调查为基础，对职住分离调查研究框架、北京居民通勤时间与通勤距离分析、个人社会属性与职住分离、居住行为与职住分离等进行研究，指出北京市居民平均通勤时间近年来增加较多，对城市交通和城市可持续发展造成重大影响。

二、“十二五”期间的北京城市建设与管理

2011 年 1 月 16 日在北京市第十三届人民代表大会第四次会议上，北京市人民政府提出的《“十二五”规划纲要（草案）》中提出：

（一）“十二五”时期北京城市建设的指导思想和主要目标

“十二五”时期是推动首都科学发展的关键时期，应在新时期里全面贯彻落实科学发展观，以科学发展为主题，以加快转变经济发展方式为主线，顺应人民群众过上更好生活的新期待，深化改革开放，全力推动“人文北京、科技北京、绿色北京”战略，进一步提高“四个服务”水平，努力打造国际活动集聚之都、世界高端企业总部聚集之都、世界高端人才聚集之都、中国特色社会主义先进文化之都、和谐宜居之都，推动北京向中国特色世界城市迈出坚实的步伐。在“十二五”期间全市实现经济平稳较快发展，居民收入较快增加，城乡环境更加宜居，社会发展和谐稳定，文化大发展大繁荣，改革开放深入推进。

（二）“十二五”时期北京城市建设的主要任务

《“十二五”规划纲要（草案）》对“十二五”时期的北京各方面的建设工作进行了全面部署，提出了明确的任务和政策措施。其一，将自主创新和结构调整作为今后五年的首要任务，强调要努力推动首都经济走上高端引领、创新驱动、绿色发展的轨道；其二，注重统筹经济社会协调发展，全面提升社会服务管理水平，使发展成果更好地惠及人民；其三，把文化软实力建设放在更加突出的位置，树立“大文化”发展观念，努力打造中国特色社会主义先进文化之都；其四，着眼于城市服务生活，构筑城乡区域协调发展格局，建设系统完善的基础设施，构建精细智能的城市管理；其五，明确提出污染治理、绿化美化、节能减排和应对气候变化的目标任务；其六，提出要加快转变经济发展方式，着力推进重点领域和关键环节改革，不断完善社会主义市场经济体制。[②]

（三）“十二五”期间北京城市管理面临的新要求

“十二五”期间是推动首都科学发展的关键时期，也是全面提高科学管理城市的能力和水平，实现北京城市管理精细化、智能化的关键时期。《中共北京市委关于制定北京市国民经济和社会发展第十二个五年规划的建议》对北京城市管理提出的新要求是，要以科学发展为主题、以加快转变经济发展方式为主线、全面推动“三个北京”战略、进一步提高“四个服务”水平、建设“五个之都”是北京市制订“十二五”规划的主要指导思想。“五个之都”是对“三个北京”“四个服务”的进一步升华和细化，是贯彻一个主题、一条主线的具体体现。并明确提出要健全基础设施保障体系，大幅提升基础设施承载能力和能源资源保障能力。建立健全城市运行管理机制，加强首都防灾减灾体系建设，提高城市抗灾应急能力和重特大安全事故应急能力，完善政府重要物资储备制度，保障城市安全协调运行。明确垃圾处理的属地责任，提高垃圾处理能力，建立源头减量、全封闭运输、全过程分类管理体系，提高垃圾处理资源化水平，努力解决城市垃圾处理问题。提高污水处理能力，完善政策，整合资源，提高水资源循环利用水平。③

三、城市建设问题

（一）人文北京建设

《北京城市总体规划（2004—2020）》将北京的发展目标确定为国家首都、世界城市、文化名城和宜居城市，到新中国成立100周年建设成为经济、社会、生态全面协调可持续发展的城市，进入世界城市行列。为此，北京市委、市政府提出了具体的发展战略即“人文北京、科技北京、绿色北京”，其中人文北京具有特别重要的地位。《北京市“十二五”时期人文北京发展建设规划》提出，坚持以文化科学发展为主题、以加快转变文化发展方式为主线，以深化文化体制改革为根本动力，以实现文化事业和文化产业全面协调可持续发展为基本要求，以引进、培养、聚集高端文化人才为主要着力点，不断繁荣发展文化，构建文明和谐环境，促进人的全面发展，显著提升首都的人文影响力、文化软实力和文明感召力，为建设更加繁荣、文明、和谐、宜居、健康的社会主义和谐社会首善之区和中国特色世界城市奠定坚实的基础。

肖建杰在《世界城市视角下的人文北京建设》中认为，人文北京建设是以世界城市为远景目标，这决定了其在北京建设世界城市过程中的重要地位和作用。人文北京诠释了北京建设世界城市的核心理念，体现了北京作为世界城市的根本特质，为北京打造世界城市提供了诸多具体路径。④

耿波在《北京建设世界城市的范式创新与文化使命》中认为北京建设世界城市不应照搬西方的“世界城市”观念框架，而是应立足于经济全球化与城市扩张自身包含的辩证性，实现经济同质化与地方多元化相博弈的世界城市范式创新，并提出了北京城市中以日常文化为代表的六大文化完整性传统所担负的文化使命。一是明清皇家文化，二是传统士人文化，三是传统市民文化，四是现代红色文化，五是当代群落文化，六是国家窗口文化。北京建设世界城市符合世界性期待，但建设内含全球资本逻辑与文化反向渗透的博弈张力的城市新范式，应成为北京建设世界城市的目标所在。而经济全球化及城市扩张自身包含的博弈性张力则为这一范式的实现提供了基础。文化建设在这一范式创新工程中的使命，在于通过对以日常生活文化为代表的城市文化完整性的保护和发展，并以此实现向资本逻辑的反向渗透。⑤

赵伟在《北京世界城市建设中的地域文化元素》中强调了北京市的地域文化特征，提出了大力发展文化创意产业、发掘文化魅力的建议。并认为文化是一座城市不可替代、能够复制的“胎记”，传承着城市记忆，提炼着城市精神，构成一个城市独特的凝聚力与竞争力。因此，我们应当在世界城市建设的过程中，在挖掘北京地域文化的丰富内涵的同时，发展文化创意产业，提高北京文化影响力，让其更富有生命力。⑥

张景秋、郭捷在《北京城市办公活动空间满意度分析》中认为城市工作者需要更加舒适的工作环境，对于北京城市工作场所的满意度研究将有助于对城市从人的满意度和幸福感出发进行规划和建设。北京城市今后应注重对办公空间的整体规划，并依据功能定位和作用进行重点建设，从地方文化入手建设有中国特色和北京特点的办公空间，以办公空间优化引导北京南北城区之间均衡发展。⑦

（二）科技北京建设

1. 数字城市建设

建设数字城市是我国实施构建数字中国重大战略的关键所在，近几年已经在许多方面迈出了实质性的步伐。城市是社会经济发展的重要载体，如何面对城市信息化问题是国民经济产业结构优化的关键。环顾世界各地，可以看到以信息化带动产业化，以信息化推动现代化，这是一个逐渐取得共识的发展思维。

叶大华在《北京数字城市建设的特征和趋势》中指出，北京数字城市建设推进了首都信息化高速发展最现实的需求，为城乡规划提供了创新路径、搭建了精细化管理新平台，实现创新驱动发展，成为“人文北京、科技北京、绿色北京”城市发展理念最有价值的品牌和最直接的动力之一。北京的数字城市建设有利于提高城乡规划管理的水平，有利于提高规划编制研究的水平，有利于规划服务民生以提高幸福指数；使得城市规划与设计精细化，政府公共服务便利化，城市交通效率优化，数字社区的服务多元化，城市管理的综合化；促进城市管理方式转型，促进地理信息产业发展，促进信息化。⑧

2. 信息化建设

目前，北京市已初步建成国内最好的3G网络、20兆宽带覆盖最广的信息网络以及用户最多的高清交互式数字电视网络，城市信息化建设已达到世界发达国家主要城市的中上等水平。

方彬楠在《从“数字城市”迈向“智慧城市”：北京“十二五”期间加快城市智能化建设步伐》中指出，北京市率先建成并开通移动政务管理服务平台，出台电子政务运维支撑系统地方标准；政务地理空间信息资源共享服务体系建设与应用成果显著，专家鉴定达到国际领先水平；缓解拥堵限购小客车系统建设完成，人口基础数据库一期投入使用，城市网格化管理、应急指挥、智能交通等一大批重要系统进一步发挥作用。⑨

于晓静在《世界城市视野下北京信息化城市管理发展的基本趋势》中认为，北京正处于从国际城市迈向世界城市的战略转型期，信息化城市管理工作迎来了难得的历史机遇，更面临巨大挑战。北京市现在的信息化城市管理存在系统建设运行还缺乏法律法规的支撑和统筹规划指导，市级平台综合协调力度有待进一步提高，市级监督评价约束力不强，现有城管监督员队伍整体素质不高等都成为束缚信息化城市管理工作发展的障碍。未来的发展趋势为高位协调，组织机构权威化；预防为主，城市管理前置化；机制创新，服务决策制度化；内外监督，行政绩效透明化；拓展功能，整合信息标准化；以人为本，队伍建设专业化。⑩

3. 科技创新能力建设

科技创新能力是世界城市影响力、控制力形成与发展的基础。北京建设世界城市的过程，本质上是不断提升北京国际影响力与控制力的过程。国际科技创新枢纽建设的核心是强化枢纽功能，是对北京科技体系在国际、国家科技体系中的功能定位的概括。因此，强化北京国际科技创新枢纽功能是推进北京世界城市建设的战略突破口和着力点。

张耘在《北京国际科技创新枢纽建设与世界城市战略研究》中认为，北京建设国际科技创新枢纽应主要围绕科技创新资源的凝聚力、科技创新要素的整合力、科技创新成果的辐射力这三大能力建设展开。枢纽建设的目标是：转变我国产业关键技术依赖于外国的被动局面，成为在国际科技创新体系中具有不可替代地位、具有主动权的国际科技发展极。⑪

（三）绿色北京建设

“城市的碳排放量占全球碳排放总量的70%。”北京市长城企业战略研究所经理李强日前在北京市科委举办的“2011年北京（国际）低碳技术论坛”上披露。有研究显示，占碳排放总量90%以上的三大领域是交通、建筑、生产，而这三大领域正是城市发展的重要标志。低碳城市是指以低碳经济为发展模式及方向，市民以低碳生活为理念和行为特征，政府公务管理层以低碳社会为建设标本和蓝图的城市。近年来，北京市科委高度重视低碳城市建设的科技工作，从低碳城区、低碳园区、低碳社区以及北京市可持续发展实验区等各个层面开展低碳技术的示范与应用，推动低碳领域的产业与技术发展。⑫

1. 资源

城市能源和水资源节约是低碳城市建设的重要领域。水是基础性的自然资源和战略性的经济资源，随着人口的增长、工业化和城市化进程的不断加快，水资源短缺已成为很多城市发展的瓶颈。积极采取有效措施建设高标准的节水型城市，成为北京城市发展的必然选择，对北京城市可持续发展具有战略性意义。

金良浚在《低碳之路：北京建设节水型城市对策》中认为，北京水资源开发利用存在的问题：一是上游来水衰减趋势明显；二是地下水超采严重；三是水质有待继续改善；四是污水资源化程度有待提高；五是水资源利用效率较低。由于北京人口增加、经济社会发展和环境建设，对水资源的需求仍在刚性增长。北京的地表水可用量和地下水可用量逐年减少，水资源问题非常严峻。针对一系列问题提出的对策为：调整产业结构和淘汰高耗水产业；实施阶梯式水价和季节性水价；积极探索和推行分质供水体系；加大再生水的开发利用强度；加大再生水的开发利用强度；推广应用生活节水器具和节水技术；推进节水社会文化体系建设。⑬

2. 环境

城市环境建设是绿色北京的重要内容，其中城市生活垃圾处理是不容忽视的。

孙跃强在《北京城市生活垃圾管理体系研究》中指出，生活垃圾处理是城市管理和环境保护的重要内容，是社会文明程度的重要标志，关系到人民群众的切身利益。近年来，我国生活垃圾收运处理工作日趋完善，垃圾处理能力不断提高，城市环境总体上有了较大改善。但也要看到，由于城镇化快速发展，城市生活垃圾激增，垃圾处理能力相对不足，一些城市面临“垃圾围城”的困境，严重影响城市环境和社会稳定。当前北京市在垃圾管理上存在一些难点，如监管体系不完善，垃圾处理设施建设缓慢，垃圾分类体系不完善等。进一步提出完善法律体系、健全行政监管、建立科技支撑等措施。⑭

3. 基础设施

在建设低碳城市的期间，绿色出行受到大力提倡，因此，城市基础设施的建设起到很大的作用。

“十二五”期间，北京拟重点建设九个交通枢纽，构建以“人文交通、科技交通、绿色交通”为特征的新北京交通体系的重要组成部分，全面打造公交城市。

赵华甫、张莉等在《北京城市生态基础设施建设之都市农业途径》中认为，都市农业是我国大城市现代农业的发展方向，也是城市生态基础设施建设的重要内容。快速推进的城市化进程使城郊普遍存在优质耕地流失和土水资源污染问题。如何协调农业发展空间与城市生态建设的关系是当前城市绿地建设中的争议焦点之一。重视城市绿地系统、林业系统之外的其他系统尤其是农业系统的作用，是密切城市与临近地区内在联系、建设生态城市的必然要求。[15]

孟斌、郑丽敏等在《北京城市居民通勤时间变化及影响因素》中认为北京市交通基础设施的建设，特别是轨道交通的发展对改善北京市居民的交通出行环境有巨大贡献。[16]

（四）宜居北京建设

秦红岭在《北京建设世界城市的人文追求：宜居与乐居的家园——兼与东亚世界城市东京的经验比较》中指出，北京建设世界城市的理念不仅要抓住“世界城市”所要求的反映城市经济发展总体水平的控制性量化指标，更要强调从市民生活视角出发的宜居与乐居程度的人文发展指标。从北京建设世界城市的人文追求出发，对比东亚世界城市东京的经验，强调宜居与乐居的理想目标是创造人与自然、人和人相和谐的具有公平、包容特征的城市精神与独特文化吸引力的人居环境。[17]

石晓冬和廖正昕在《面向宜居城市的北京住房建设规划》中探讨了面向宜居城市的北京住房建设规划中的作用，认为在“十一五”期间北京市的住房建设存在一定的问题，表现为住房供需矛盾更加突出，住房保障供应体系结构不尽合理；居住用地布局对职住均衡发展的作用尚未凸显，保障性住房布局有待完善；存量住房市场仍有待培育，住房消费观念仍有待扭转等。指出未来的工作重点为：完善以公共租赁住房为主体、覆盖城乡、惠及外来人口的基本住房保障制度，建立多元化、多层次住房供应体系；进一步优化保障性住房供应结构，实现向“以租为主”的转变；用地布局符合城市空间结构调整方向，强化公交引导，加强职住均衡和供需平衡，实现公共服务均等化，促进社会公平与融合；加强首都人口管理与服务，健全人口、就业与居住的联动调控机制。[18]

李永乐在《北京建设世界城市之民生住房保障体系对策研究》中认为，稳定的社会环境是北京建设世界城市的根基。在考察北京的阶层收入差距、北京房价和北京的经济实力以及进一步城市化的需求基础上，指出北京建设世界城市要加强民生住房保障体系建设和管理。保障性住房是一个涉及民生、事关国家大计的复杂性系统工程，在当前高房价与收入差距日益拉大的形势下研究保障性住房，探索保障性住房的一体化对策显得意义重大。尤其是，在北京建设世界城市这个战略目标下更为重要。北京建设世界城市需要一套科学系统的保障性住房管理办法，使之形成长效机制，应遵循的基本思路是：需求—分级—分配—流转—退出一体化；土地—资金来源多元化、用途专一化；法律—法规—政策—监控一体化，这三者形成统一整体，统一执行。[19]

（五）和谐北京建设

我国城市正处在大规模发展和建设阶段，城市中也出现了一些社会治安问题突出的区域，我国首都北京也不例外。为应对这种城市发展中伴随的问题，党的十六届六中全会通过了《关于构建社会主义和谐社会若干重大问题的决定》。

马瑞和朱文一在《整治城市社会治安的空间策略初探——以当代北京城市建设为例》中指出，“彻底拆除”是当代北京结合城市建设整治社会治安中正在使用的空间策略，“专项改造”是当代北京结合城市建设整治社会治安中非常重视的空间策略，主要可以概括为人防、物防、技防三种方式，简称“三防”，“综合治理”是当代北京结合城市建设整治社会治安中亟待加强的空间策略。这三种方法都有助于改善和提升当代北京城市空间品质。[20]

四、北京城市管理

建设服务型政府是市场经济条件下我国政府管理创新的基本价值取向。世界城市建设的目标定位，在管理理念、管理目标、管理模式、管理体制、管理方式等方面对当前北京的政府管理提出了严峻挑战。着眼于世界城市建设，北京的政府管理创新要始终贯彻公平正义、开放透明、合作共治、法治责任、协调发展的基本价值理念，理顺政府城市管理体制，培养和扶持非政府组织等社会治理主体，完善政府责任机制，扩大非权力行政方式的运用空间，推进电子政务建设，提高政府行政人员的国际化视野和素质能力，建设管理高效化、民主化、规范化、人性化、信息化、专业化的服务型政府。[21]

叶立梅在《对北京城市运行管理的思考》中指出，北京在城市运行中暴露出来的问题，提示城市管理者应该在城市运行管理中认真查找问题，寻求解决之道，全面提高城市运行管理水平，以适应北京在新的发展阶段的新要求。[22]

注：

①《凝聚社会智慧　共言名城保护——北京历

史文化名城保护论坛 & 访谈》，北京规划建设编辑部，2011 年。

②《2011 年政府工作报告》，《北京市第十三届人民代表大会第四次会议》，2011 年第 1 期。

③宋洁尘：《“十二五”期间北京城市管理面临的新要求与发展趋势》，《城市管理与科技》，2011 年第 1 期。

④肖建杰：《世界城市视角下的人文北京建设》，《北京建筑工程学院学报》，2011 年第 3 期。

⑤耿波：《北京建设世界城市的范式创新与文化使命》，《城市问题》，2011 年第 1 期。

⑥赵伟：《北京世界城市建设中的地域文化元素》，《北京规划建设》，2011 年第 4 期。

⑦张景秋、郭捷：《北京城市办公活动空间满意度分析》，《地理科学进展》，2011 年第 10 期。

⑧叶大华：《北京数字城市建设的特征和趋势》，《北京规划建设》，2011 年第 5 期。

⑨方彬楠：《从“数字城市”迈向“智慧城市”：北京“十二五”期间加快城市智能化建设步伐》，《中国建设》，2011 年第 3 期。

⑩于晓静：《世界城市视野下北京信息化城市管理发展的基本趋势》，《城市管理与科技》，2011 年第 3 期。

⑪张耘：《北京国际科技创新枢纽建设与世界城市战略研究》，《开放导报》，2011 年第 10 期。

⑫晁毓山：《开展国际合作北京加快低碳城市建设步伐》，《中国高新技术产业导报》，2011 年第 1 期。

⑬金良浚：《低碳之路：北京建设节水型城市对策》，《北京规划建设》，2011 年第 4 期。

⑭孙跃强：《北京城市生活垃圾管理体系研究》，《中国资源综合利用》，2011 年第 11 期。

⑮赵华甫、张莉等：《北京城市生态基础设施建设之都市农业途径》，《资源与产业》，2011 年第 8 期。

⑯孟斌、郑丽敏等：《北京城市居民通勤时间变化及影响因素》，《地理科学进展》，2011 年第 10 期。

⑰秦红岭：《北京建设世界城市的人文追求：宜居与乐居的家园——兼与东亚世界城市东京经验比较》，《北京建筑工程学院学报》，2011 年第 3 期。

⑱石晓冬、廖正昕：《面向宜居城市的北京住房建设规划》，《北京规划建设》，2011 年第 4 期。

⑲李永乐：《北京建设世界城市之民生住房保障体系对策研究》，《北京社会科学》，2011 年第 2 期。

⑳马瑞、朱文一：《整治城市社会治安的空间策略初探——以当代北京城市建设为例》，《北京规划建设》，2011 年第 4 期。

㉑李涛、刘雪焕：《世界城市建设与北京市政府管理创新》，《首都科学发展论坛》，2011 年第 3 期。

㉒叶立梅：《对北京城市运行管理的思考》，《前线》，2011 年第 8 期。

（作者：孟斌，北京联合大学北京学研究所副所长；郑丽敏，北京联合大学硕士生）

2011 年北京市哲学社会科学规划项目成果综述

席学钧　张馨元

一、基本情况

2011 年，既是北京市哲学社会科学“十二五”规划的开局之年，同时又是“十一五”规划项目研究成果的丰收之年。这一年来，在中共北京市委宣传部和市社科规划领导小组的正确领导下，在首都哲学社会科学工作者共同努力下，北京市哲学社会科学规划项目紧紧围绕北京市经济社会发展的重大理论和现实问题开展深入研究，取得了丰硕的研究成果。2011 年度共有 262 项北京市哲学社会科学“十一五”规划项目通过鉴定并结项，结项数量为历史之最。其中 226 项成果通过了通讯或集中鉴定，141 项成果等级为优秀，85 项成果等级为合格，合格率 100%，优秀率 62.4%，成果优秀率较之 2010 年的 53.8% 又有了明显的提高，36 项成果符合条件免于鉴定。

从规划项目成果形式看，主要有研究报告、专著和论文集等，其中研究报告 172 项（其中 20 项除研究报告外，还包含专著或论文、论文集等其他形式成果），占 65.6%；专著 82 项，占 31.3%；论文集和其他形式 8 项，占 3.1%。从学科分布情况看，262 个项目中哲学学科 9 项，科社 · 党建 · 政治学学科 33 项，经济 · 管理学科 85 项，法学学科 24 项，教育学学科 23 项，社会学学科 21 项，城市学学科 4 项，历史学学科 12 项，语言 · 文学 · 艺术学科 10 项，综合学科 41 项，涵盖了“十一五”规划项目的全部学科。

已结项目中，有 40 项最终成果或阶段成果在各项评奖中获奖，其中 14 项最终成果获得省部级以上奖项，名单如下：

序号	成果名称	负责人	所在单位	奖项名称
1	《大都市统计体系研究》	崔述强	北京市统计局	第九届全国统计科学研究优秀成果三等奖
2	《北京市宏观经济预警预测体系研究》	于秀琴	北京市统计局	第十届全国统计科学研究优秀成果三等奖
3	《北京改革开放简史》	谢荫明	中共北京市委党史研究室	北京市第十一届哲学社会科学优秀成果二等奖
4	《北京建设世界城市监测评价体系及实证研究》	苏辉	北京市统计局	2010—2011 年度北京市优秀调查研究成果一等奖
5	《北京市领导干部工作价值观的调查与研究》	张军	中共北京市委党校	北京市第八届优秀调查研究成果二等奖
6	《购买服务背景下的社区基本公共服务体系研究》	宋贵伦	中共北京市委社会工作委员会	北京市第九届优秀调查研究成果二等奖
7	《首都人才总体发展战略》	张志伟	中共北京市委组织部	2010—2011 年度北京市优秀调查研究成果二等奖
8	《首钢搬迁调整后社会建设管理问题研究》	荣华	中共北京市石景山区委	2010—2011 年度北京市优秀调查研究成果二等奖
9	《北京建设世界城市的指标体系和努力方向研究》	段霞、文魁	首都经济贸易大学	2010—2011 年度北京市优秀调查研究成果二等奖
10	《关于完善案例指导制度的调研报告》	秦正安	北京市高级人民法院	北京市第八届优秀调查研究成果三等奖
11	《奥运后北京人口问题研究》	史利国	北京市政府研究室	2010—2011 年度北京市优秀调查研究成果优秀奖
12	《北京市非公有制企业劳动关系现状分析及和谐构建研究报告》	张卫江	北京市工商联	2010—2011 年度北京市优秀调查研究成果优秀奖
13	《北京市食品追溯体系的利益主体与监管机制研究》	乔娟	中国农业大学	2010—2011 年度北京市优秀调查研究成果优秀奖
14	《以有效控制费用为目标的医疗服务预付费方式的选择研究》	常文虎	首都医科大学	2010—2011 年度北京市优秀调查研究成果优秀奖

2011 年 12 月，首批北京市哲学社会科学规划重大项目进入结项阶段，市社科规划办组织召开了重大项目成果鉴定暨宣传推介会。这是一种融成果鉴定、宣传推介为一体的成果管理方式的创新，不仅保证了成果鉴定科学公正，提高了工作效率，而且搭建了鉴定专家与课题组之间互相交流和沟通的平台，开辟了成果宣传的新途径。首批 9 项重大项目全部通过了专家的评审鉴定，其中 5 项被评为“优秀”等级，3 项被评为“良好”等级，1 项被评为“合格”等级。成果鉴定及宣传推介会后，《光明日报》《中国社会科学报》《中国教育报》《北京日报》和全国社科规划办网站、新华网、人民网、千龙网等多家媒体进行了报道，产生了广泛的社会影响。之后，市委研究室、市发改委等多个职能部门调用研究成果作为起草报告和制定政策的参考。

2011 年，为扩大北京市哲学社会科学规划项目的社会影响力，推动研究成果发挥理论和应用价值，市社科规划办继续加大对“十一五”规划项目优秀成果的资助力度，《北京回族服饰文化研究》《首都市民价值观调查模型建设研究》《价值的自觉——领导者工作价值观引论》等 14 项成果获得了出版资助，资助总金额为 32.5 万元。

2011 年，为进一步加强对规划项目研究成果的宣传和推介，市社科规划办编辑了《北京市哲学社会科学规划项目优秀成果选编》（第一辑）和《2011 北京市哲学社会科学规划项目阶段成果汇编》，分别收录了 64 篇市社科“十一五”规划项目最终成果和 59 篇 2010—2011 年度优秀阶段成果。两本书均由首都师范大学出版社公开出版，其中《2011 北京市哲学社会科学规划项目阶段成果汇编》是 2002 年市社科规划办组织规划项目阶段成果汇编以来首次公开出版。为更好地发挥市社科规划项目研究成果服务决策的作用，2011 年 3 月市社科规划办创办了北京社科规划项目《成果要报》，旨在为专家学者和决策者之间架起通畅的建言渠道，为北京市委、市政府提供决策参考和学理支持。2011 年共编发 30 期，有 8 期涉及人文北京建设、农村基层党组织建设、社会主义核心价值体系建设、园林文化建设、北京精神建设等问题的《成果要报》分别得到市委书记刘淇、市委副书记王安顺、市委常委宣传部部长鲁炜等领导同志的批示，产生了一定的影响力。

二、研究内容

在中共北京市委宣传部和市社科规划领导小组的领导下，北京市哲学社会科学规划办公室积极引导市社科规划项目紧紧围绕“推动文化体制改革”“‘三个北京’建设”“建设中国特色世界城市”等重大理论和现实问题以及北京市经济社会发展的实际开展研究，范围涉及政治、经济、社会、文化、教育、法律、历史等各个领域，既有理论问题的探讨，又有应用对策的研究。如研究“三个北京”问题的“‘人文北京’行动计划研究”“‘科技北京’建设研究”“‘绿色北京’建设研究”“‘人文北京’的精神实质及其实现路径”等；研究“建设中国特色世界城市”问题的“北京建设世界城市的战略研究”“从奥运城市到世界城市”“世界城市宜居商业模式研究”等；科学社会主义、党史党建、政治学方面的研究非常丰富，如“用社会主义核心价值体系引领首都精神文明建设研究”“马克思主义中国化 60 年”“中国共产党马克思主义观与中国现代化研究”“十六大以来党的执政理论创新与发展研究”“北京人民政协的政治协商制度建设研究”“建立健全北京市领导干部作风建设的长效机制研究”“北京市基层党组织加强和改进群众工作研究”“党员权利实现与党内民主建设研究”“‘以人为本’的政治理念研究”等；经济学、管理学领域的研究成果最丰富，内容涵盖金融业、制造业、房地产业、服务业、旅游业、文化创意产业等，其中除了“低碳”“环保”“新能源”等方面的研究如“北京能源消费结构问题的统计研究”“北京新能源与可再生能源开发利用政策与立法研究”“北京市经济增长与环境污染水平动态关系实证研究”“北京市对周边水源区的生态补偿机制与协调对策研究”“北京市建设节水型城市问题研究”等继续成为研究的焦点外，有关“文化发展、文化产业”的研究占到很大的比重，如“北京文化发展报告”“新媒介发展研究”“北京软实力及相关优势产业研究”“北京报业数字化发展现状与对策研究”“大学研发、知识溢出与首都区域自主创新研究”“北京市传媒产业的发展机制与发展模式研究”“文化创意产业背景下北京服装区域品牌发展对策研究”“北京市文化创意产业集聚区评价指标体系研究”等；法学方面的研究主要侧重于立法问题、弱势群体的权益保障问题以及通过法律途径解决社会难点问题的探索，如“北京地方立法的民主性与科学性研究”“地方立法价值取向问题研究——以北京市地方性法规为例”“京郊被征地农民的权益保护问题研究”“北京市进城务工人员劳动报酬保障机制研究”“北京市道路交通事故赔偿纠纷处理机制研究”等；教育学方面既突出了宏观教育制度的研究，如“新时期我国基础教育管理体制改革研究”“首都高等教育发展战略创新研究”“教育治理与教育管理体制改革研究”等，又包含从教育方式、德育、心理学等多个角度进行的涵盖儿童、中小学、大学等各个不同受教育群体的多层次研究，如“学习中思维的全面、协调和可持续发展研究”“利用课堂中的学生资源，提升教师教育智慧的研究”“友善用脑学习理论的探索与实验”“北京市市属大学生心理健康现状调查及特殊群体复原力研究”“北京市中小学生主体性文化建设研究”“首都未成年人中华美德教育推广与深化研究”等；社会学方面的研究重点主要集中在三方面：一是社会建设方面的研究，如“社会建设与枢纽型社会组织研究”“社会组织参与民生建设的理论与实践研究”等；二是一些社会热点、难点，并与百姓生活密切相关问题的研究，如研究医疗改革问题的“首都卫生管理与政策研究报告”“以有效控制费用为目标的医疗服务预付费方式的选择研究”“医院细节文化建设对构建和谐医患关系的作用研究”，研究食品安全问题的“北京市食品安全信用评价体系模式探索”“北京市猪肉可追溯系统中农户行为研究”，研究就业问题的“北京市加快实施就业准入制度建设对策研究”“北京地区高校大学生就业的实验经济学分析”“新时期北京市农村劳动力转移就业对策研究”，研究收入分配问题的“北京市城镇居民收入分配制度改革研究——基于消费需求视角”等；三是对弱势群体相关问题的研究，如“在京外地农民工的社会融合问题研究”“北京市流动人口社会认同的跟踪研究”“北京市流动儿童身份认同研究”“北京市城乡结合部外来流动人口城市适应模式和社会控制对策研究”“北京市老年人服务设施需求研究”等；北京历史文化方面的研究也非常丰富，如“北京改革开放简史”“北京革命纪念建筑物历史文化价值的发掘与利用问题研究”“北京宗教史”“北京岁时节日研究”“北京建筑文化研究”“宣南历史地图集”“北京电影发展史”“北京地区名胜景点遗存文献整理研究”“北京市非物质文化遗产传承人才培养”等，这些研究对记述历史、弘扬文化、传承文明都具有重要的意义。其他一些项目的研究还涉及城乡一体化建设、自主创新、人才培养、三农问题、交通问题、互联网管理问题等。

三、成果转化应用情况

2011年结项的262个“十一五”规划项目和首批9个重大项目中，截至目前，共有158项成果以各种形式得到直接转化和社会认可，成果转化率达到58.3%，成果转化方式呈多样化。

（一）12项成果进入北京市领导的决策视野

如中国人民大学冯惠玲教授的《“人文北京”行动计划研究》和《从奥运城市到世界城市》、北京市社会科学院院长谭维克的《北京建设世界城市的战略研究》、首都经济贸易大学张强教授的《首都城市化进程中城乡一体化问题研究》、中共北京市委党校韩玉芳研究员的《用社会主义核心价值体系引领首都精神文明建设研究》、北京市社会科学院杨奎研究员的《关于推进首都社会主义核心价值体系建设对策与建议的报告》、北京市社会科学院高勇研究员的《进一步创新社会组织治理方式的五个着力点》7项研究成果分别获得中共中央政治局委员、中共北京市委书记刘淇同志的批示；北京市社科院原副院长戚本超的《“十二五”期间首都应急能力建设研究》，北京市社会科学院殷星辰研究员的《“平安北京”建设研究》分别获得北京市委副书记、政法委书记王安顺的批示等，其中一些成果先后多次获得市领导的批示。

（二）78项课题研究成果被北京市党政机关和有关单位参考采纳

如北京市政府军队离退休干部安置办公室叶金莲研究员的研究成果《转型期军休服务管理模式探索》引起了民政部、解放军总政治部、北京市民政局等部门有关领导的高度重视，相关成果已被吸纳进民政部优抚安置局的相关决策当中和北京市政府军队离退休干部安置办公室的“十一五”发展实践及“十二五”发展规划当中；北京市社会科学院许传玺研究员的研究成果《“人文北京”的精神实质：以人为本、以文化人》的主要内容被《“人文北京”行动计划（2010—2012年）》采用，《“人文北京”的实现路径》部分内容被《“十二五”时期“人文北京”建设发展规划》（意见征集稿）采用；北京财贸职业学院赖阳教授主持完成的《世界城市宜居商业模式研究》的核心观点作为北京市发改委开展的《北京市国际商贸中心和物流业发展建设重大项目规划储备前期研究》的重要内容，成为发改委指导北京国际商贸中心建设的重要支持；北京市高级人民法院秦正安院长的研究成果《关于完善案例指导制度的调查研究》不仅在审判实践中发挥了重要作用，而且得到了市委、最高人民法院等有关领导的充分肯定，最高人民法院在参考该调研报告的基础上，制定了《最高人民法院关于完善案例指导制度的规定》；北京市政协沈宝昌同志的《人民政协政治协商及其制度化、规范化、程序化建设研究报告》为中共北京市委召开第三次政协工作会议、制定《关于加强人民政协政治协商制度建设的意见》（京发〔2010〕13号）提供了依据和参考；对外经济贸易大学林汉川教授主持完成的《中国企业国际化经营研究报告》被北京市贸促会、中石油、中石化、中粮、五矿等省部级有关实际部门和特大型企业参考采纳等。

（三）74项课题研究成果正式出版

如分别由中国人民大学郑杭生、秦宣、葛晨虹、翟振武教授，清华大学王振民教授，首都经济贸易大学文魁教授主持完成的《新中国60年学界回眸》系列著作；北京市第二外国语学院李小牧教授的《首都文化贸易发展报告（2009）》；北京市委党史研究室温卫东研究员的《北京记忆》；北京工业大学丁云教授的《农村基层政权变革》；中国农业大学乔娟教授的《北京市食品追溯体系的利益主体与监管机制研究》；北京印刷学院张新华教授的《突围与转型——北京报业数字化发展研究》；华北电力大学黄庆业教授的《北京市新能源与可再生能源开发利用政策与立法研究》；北京青年政治学院王殿卿教授的《21世纪学校德育初探——首都未成年人中华美德教育实验研究》；北京市社会科学院李建盛研究员的《公共艺术与城市文化》；北京联合大学佟洵教授的《当代北京宗教史》等都在2011年先后出版。

（四）496项课题研究成果在各类报刊上发表，其中一些成果是在核心报刊上发表

如中国人民大学冯惠玲教授的研究成果《从奥运城市到世界城市》全文载于2011年1月17日《北京日报》理论版；北京市社会科学院杨奎研究员的《加强北京市民社会主义价值观建设》载于2011年第6期《前线》杂志等。这些优秀社科研究成果的公开发表，产生了广泛的社会影响力，对促进优秀社科研究成果有效转化和实现其应用价值起到了积极的推动作用。

四、获奖（省部级）项目成果介绍

（一）《大都市统计体系研究》（06AaJG030）

该项目由北京市统计局原局长崔述强主持完成。该成果通过分析大都市的特征、功能，并通过和国

际组织及有关国家大都市统计体系进行比较研究，对大都市统计体系问题进行了系统描述、分析和概括，并总结出规律性认识。成果结合中国和北京市实际情况，通过对北京市多年来构建大都市统计实践的归纳，对构建大都市统计体系的路径和我国城市统计改革进行了探索，提出了大都市统计体系的整体框架，包括数据设计、调查、管理、开发、法律保障、组织实施等一系列的问题，对北京市大都市统计体系建设具有直接应用价值，对探索我国城市统计制度改革具有重要实际意义。成果提出的大都市统计体系构建的三大基础系统（统计指标系统、数据采集系统、统计服务系统），两大支撑系统（人才支撑系统、技术支撑系统），三大保障系统（法制保障系统、体制保障系统、宣传保障系统）是发展现代统计生产与应用的科学分析研究结果，具有推广应用价值。该成果荣获“第九届全国统计科学研究优秀成果三等奖”。

（二）《北京市宏观经济预警预测体系研究》(09AbZH141)

该项目由北京市统计局副局长于秀琴主持完成。该成果以北京市宏观经济预警预测作为研究对象，结合北京市统计局开发的“北京经济走势监测预警系统”应用软件和近20年的宏观预警工作实践，从宏观经济预警理论、预警预测统计方法、数据处理、模型预测等多方面研究归纳了宏观经济预警预测的方法体系。成果的主要特色在于借鉴系统论的思想，将宏观经济预警预测体系分为“指标体系+数据库+三个系统”的逻辑体系。三大系统分别是以预测经济走势为重点的先行指数系统，以评价国民经济运行状态为目标的景气灯号系统，以量化描述主要经济指标发展水平为重点的模型预测系统。成果的实证部分对项目所建立的“北京市客观经济预警预测体系”进行了充分验证，证明先行指数系统对北京区域经济波动具有预警作用，景气灯号系统对各主要经济领域的景气状况具有很好的监测评价作用，联立方程模型等模型预测方法在区域经济发展中可以发挥较好的预测作用。该项目研究成果与北京市相关管理部门开发的“北京经济走势监测预警系统”直接实现对接，对客观经济预警预测的相关关联模块有机整合，使该成果具有了高度的可操作性。该成果为北京市政府及时了解、掌握区域经济运行状况，对区域经济进行调控提供了重要依据，同时也为北京市企业的经营决策提供了参考。该成果荣获“第十届全国统计科学研究优秀成果三等奖”。

（三）《北京改革开放简史》(06BaLS016)

该项目由中共北京市委党史研究室主任谢荫明主持完成。《北京改革开放简史》是第一部描述北京改革开放历史的专著，内容涵盖北京政治、经济、社会、文化等各个方面，立体地再现了北京改革开放这一复杂、纵横交错的历史进程。记述的时间范围是从党的十一届三中全会到2008年北京奥运会结束。全书分为8章，约25万字。按照四个阶段展开叙述，即改革开放的起步（1978年12月—1984年）、改革开放的全面展开（1984—1992年）、改革开放的系统推进（1992—2002年）、改革开放的新起点（2002年以来），对北京改革开放的历程进行了梳理，系统反映出北京改革开放的决策、执行和成就的大致脉络，最终得出三个基本观点：改革开放是一个曲折前进的过程；改革开放成就巨大，经验宝贵；改革开放任重道远。该成果荣获“北京市第十一届哲学社会科学优秀成果二等奖”。

（四）《北京建设世界城市监测评价研究》(10AbJG335)

该项目由北京市统计局局长苏辉主持完成。研究成果以世界城市理论为依托，参考西方发达国家主要世界城市的发展经验，从世界城市的内涵、特征和北京市发展实际出发，从分析世界城市评价标准的演变历程入手，梳理出现代意义的世界城市的特性和全球城市网络体系中若干节点的核心地位，提出“识别导向类”“比较导向类”和“规划导向类”三种指标，并将其有机结合。在此基础上，项目研究本着体现共性特征的同时，要更加突出北京特色、更加简洁明了、更加具有工作导向性，提出了《北京建设世界城市监测评价体系（2010—2020年）》。该体系的总体框架包括“维度层”“领域层”“要素层”和“代表性指标层”四个层次。课题组按照北京建设世界城市监测评价体系的指标设定，收集了2005年、2008年、2009年的北京城市数据，并有针对性地选择了包括以纽约、伦敦、东京、巴黎为代表的全球公认的顶级世界城市；以新加坡、首尔为代表的亚洲新兴世界城市和以香港、上海为代表的国内领先城市等三类城市开展比较研究，分别运用“定基指数法”测算北京建设世界城市发展指数，运用“标杆法”测算北京建设世界城市比较指数，从而得出尽管北京城市发展已经取得了长足进步，但与主要世界城市相比，差距依然明显，建设世界城市的任务依然任重道远的结论。该项目成果荣获“2010—2011年度北京市优秀调查研究成果一等奖”。

（五）《北京市领导干部工作价值观的调查与研究》(06AaZX008)

该项目由中共北京市委党校张军研究员主持完成。该成果从领导者工作价值观的内涵定义、生成基础、结构系统、分类维度等方面进行了深入的学理分析和阐述，并对当代中国领导者工作价值观的建设演进、现实表现、内在冲突的原因等进行了审视，在此基础上对现代社会领导工作的价值准则和领导工作价值观的核心理念、构建基础、实现机制等提出了构建设想，从而得出“领导者只有在自觉、理性、科学的工作价值观的引领下，才会有自觉、理性、科学的工作实践”的结论。该成果的主要特色和建树在于：一是较为系统地提出了领导者工作价值观研究的路径和方法。通过对基本价值观与工作价值观的比较、公共领域价值观与私人领域价值观的比较、生活价值观与工作价值观的比较等，阐释出在不同社会和文化背景下领导者工作价值观的生成机制、基本特质、概念系统、功能表现和研究路径等内容。二是较为深入地研究了领导者工作价值观的观念评价系统。一方面，通过对领导者工作价值观的结构和系统问题的研究，阐述了领导者工作价值观作为一个理性的评价标准体系，其内在地包含着工作价值主体意识、工作秩序信念、行为规范意识、工作价值实践思维和工作价值本位五大结构要素。另一方面，通过对领导者工作价值观分类维度的辨析，明确判明领导者工作价值观作为一种主观评价形态，包含和体现着“理性—非理性”“个人—社会”“工具性—终极性”等不同的价值诉求和取向。三是提出了新时期领导者工作价值观建设的新举措。通过对领导者工作价值观建设的当代审视，揭示了当前领导者观念建设的矛盾特征，并从内源性和外源性两个路径提出了领导者工作价值观建设的方式和方法。四是初步完成了领导干部工作价值观的理论分析和评价体系模型，并在此基础上开展了相关内容的调查与研究。该成果是国内首部系统研究领导者工作价值观的专著，填补了该研究领域的学术空白，对于完善工作价值观的理论体系、深化价值观念理论的研究、丰富现代公共管理理论和领导学的理论内容都具有一定的理论价值，对于构建适应现代社会发展需要的领导人才素质评价体系具有一定的借鉴意义。该项目成果荣获“北京市第八届优秀调研成果二等奖”。

（六）《购买服务背景下的社区基本公共服务体系研究》（09AaZH153）

该项目由中共北京市委社会工作委员会书记宋贵伦主持完成。研究认为，当前全市社区公共服务总体呈上升发展态势，但依然存在诸多亟待解决和改进的问题，最主要的是社区公共服务供需矛盾比较突出。成果借鉴国内外公共服务成功经验和做法，结合全市社区公共服务实际，按照“政府主导、需求导向、社会参与、市场竞争、规范监管、专业评估”的原则，选择以政府购买服务为基本路径，初步构建社区公共服务体系总体框架和基本模式，即政府一元化主导、居民需求化牵引，社会化参与、市场化提供，多元化投入、非营利化经营，项目化运作、精细化实施，规范化监管、专业化评估。并提出了主要对策和措施：理顺体制：以街道为枢纽分级负责；创新机制：推进政府购买服务；规范项目：形成基本服务指导目录；优化模式：项目制运作实施供给；破解瓶颈：培育发展社会组织；保障绩效：规范监管和专业评估；科学发展：纳入“十二五”规划推进。项目研究的主要创新在于：依托清华大学等9家研究基地资源，系统梳理政府购买公共服务及社区公共服务、社会组织培育发展等理论及实践信息；科学界定和规划社区基本公共服务项目及分类，以规范和推动社区基本公共服务体系建设；系统研究政府向社区社会组织购买服务的途径与方式，建立政府、市场和社会组织共同参与、相互补充的公共服务供给体制机制。该研究成果为市委和市政府加强社区基本公共服务相关决策提供了参考和建议，并且在本课题调研基础上，市社会建设工作领导小组印发了《北京市社区基本公共服务指导目录（试行）》（京社领办发〔2010〕7号），并确定第一批600个城市社区开展基本公共服务全覆盖试点工作，成立100个“一刻钟社区服务圈”示范点，逐步推进全市社区基本公共服务工作。该项目成果荣获“北京市第九届优秀调查研究成果二等奖”。

（七）《首都人才总体发展战略研究》（08AaZH094）

该项目由中共北京市委组织部常务副部长张志伟主持完成。该成果总结了首都人才发展的成就和经验、面临的挑战与发展趋势，提出了首都人才发展的指导思想、基本原则、指导方针、发展目标、主要任务，并提出如下对策建议，即加大人才投入、推进教育现代化、建立完善人力资源市场、推进央地人才一体化、提升人才载体、提高人才对外开放水平、培育人才的核心价值观、完善人才发展管理八项战略举措和实施保障。本研究的突出特色在于把人才发展研究与经济社会发展紧密结合在一起，以实现人才引领发展为主要方向，得出了一系列具体发展思想和重大措施。该成果已经成为《首都中长期人才发展规划纲要（2009—2020年）》的主体框架和内容，其中提出的指导思想、发展目标、主要任务和重大工程已经被中长期规划大量吸收，为规划编制工作提供了重要的支撑，该成果将成为未来首都人才发展重大指导性研究成果，具有重大应用价值。该成果荣获“2010—2011年度北京市优秀调查研究成果二等奖”。

（八）《关于首钢搬迁调整后社会建设等若干难点问题与对策研究》（08AaSH040）

该项目由中共北京市石景山区委书记荣华主持完成。该成果针对首钢涉钢产业的搬迁调整对经济发展产生的重要影响和对社会建设管理带来的严峻挑战等问题，开展了广泛深入的调查研究。本项目成果由1个主报告、5个分报告和8个子报告组成，内容涉及公共服务体系建设、社会建设管理、社区党建、人口管理、教育、就业、社会救助、环境保护、市政建设、小区物业管理等方面。课题组通过大量的调研，摸清了首钢社会建设管理的基本情况和特点，总结了新中国成立以来首钢社会建设管理的突出成就，分析了首钢搬迁调整后社会建设管理面临的主要问题，提出了首钢搬迁调整后社会建设管理的思路。研究认为，一要加强首钢搬迁调整后社会建设管理的统筹规划，将其纳入经济社会发展总体战略，做到与经济建设同步规划、同步部署、同步实施、同步推进。二要进一步深化首钢搬迁调整后社会建设管理体制改革，发挥政府的公共服务职能，明确企业责任，发挥市场作用。三要切实维护首钢搬迁调整后的社会和谐稳定，从着力保障民生、完善维稳工作网络、加强思想政治工作和扎实推进公共服务均衡优质发展等方面，深入推进“平安石景山”建设。四要加快基础设施建设，强化环境综合整治，逐步恢复自然生态环境，全面统筹全区社会公共事业发展。五要加强社区建设、管理和服务，进一步完善首钢搬迁调整后社会建设管理保障机制。该项目成果荣获“2010—2011 年度北京市优秀调查研究成果二等奖”。

（九）《北京市建设世界城市的指标体系和努力方向研究》(10BaZH170)

该项目由首都经济贸易大学段霞教授主持完成。课题组在理论研究和国际比较基础上，通过调查问卷、座谈、个别访谈等形式，对北京的城市国际化水平进行调查研究，力求准确把握城市国际化特别是世界城市基本内涵与特征基础上，通过建立一套比较完整地反映城市国际化水平和北京当前发展阶段特征的指标体系和评价方法，分析北京的现实国际化水平、优势、潜力与差距，提出北京建设世界城市的发展目标与测评指标，并就其努力方向和发展战略提出政策建议。该成果第一次从世界城市建设应有之流量、体量、容量、储量和能量出发，分析世界城市建设功能、规模、基础、禀赋和品质指标，构建基于全景观察的世界城市指标评价体系。对全球城市体系中相对前位的 30 个样本城市进行比较分析，共 5 类 26 个指标。克服了当前国内研究多以个别城市国际化水平作为城市国际化水平提升或北京建设世界城市参照的片面性和局限性，为城市国际化战略提供国际比较依据、测评指标和理论参考。该成果填补了国内研究的不足，在世界城市基本内涵、主要特征、评价体系以及城市国际化水平分级评价等方面取得突破性进展。通过理论分析、国际比较和数据求证，率先对北京所处的历史发展阶段作出了重要的判断，指出北京已跨过后工业社会的门槛，应重点研究这一发展阶段的世界城市特征与发展趋势，精心培育适应新的社会发展阶段要求的新要素、新动力、新产业、新机制与新环境。该成果荣获“2010—2011 年度北京市优秀调查研究成果二等奖”。

（十）《关于完善案例指导制度的调研报告》(06AaFX001)

该项目由北京市高级人民法院秦正安院长主持完成。成果结合我国特定的法律文化传统和法治具体环境，在不违反宪法原则基础上，分析了我国现行案例指导制度的现状，总结了案例指导工作中存在的问题，如关于案例指导的“定位”问题认识不统一，一些法院和法官对案例指导工作不够重视；目前的案例指导工作具有明显的区域局限性，影响了国家法律的统一实施；四级法院都实行案例指导制度，降低了案例指导的权威性；不同法院案例指导的具体做法不统一，缺乏规范化；典型案例本身存在数量不多、一些典型案例质量不高的问题；确立案例指导的法律地位与实际审判工作如何有机结合存在问题。在此基础上分析了导致目前案例指导工作存在诸多问题的原因：不少人受传统观念的束缚，没有充分认识到我国建立案例指导制度的重要意义；案例指导制度的推行没有“依法”进行，导致各地法院各行其是；案例指导制度目前尚属实践探索阶段，问题的存在具有历史必然性；案例指导制度所需的配套制度尚不完善，是问题存在的外在原因。最后，有针对性地提出了进一步完善案例指导制度的建议：统一思想，进一步提高对案例指导制度意义的认识；制定统一的全面完善和规范案例指导制度的意见；建立完善的案例指导激励与监督机制；完善配套制度，为建立和完善案例指导制度提供保障。该成果不仅填补了相关研究的理论空白，为立法和司法提供了依据，并得到了市委、最高人民法院的充分肯定。最高人民法院在参考该调研报告的基础上，制定了《最高人民法院关于完善案例指导制度的规定》。该成果荣获“北京市第八届优秀调查研究成果三等奖”。

（十一）《奥运后北京人口发展问题研究》(09AbSH057)

该项目由北京市人民政府研究室副主任史利国主持完成。该成果对奥运后北京人口的发展调控及人口老龄化等问题进行了系统的梳理和综合性的分析研究，以丰富的资料和数据描述了北京人口发展的总体状况和形成这一趋势的主要动因，并以发展的现状和预测为基础提出了相关的对策建议。该项目成果荣获“2010—2011 年度北京市优秀调查研究成果优秀奖”。

（十二）《北京市非公有制企业劳动关系现状分析及和谐构建研究》(08BaZH099)

该项目由北京市工商业联合会副主席张卫江主持完成。该成果从把握首都经济和社会发展的新变化、新特点，非公有制经济在科学发展中遇到的新情况和新问题出发，围绕构建和谐劳动关系主题，在深入调查研究的基础上，对非公有制企业构建和谐劳动关系的重点和难点问题进行深入分析，从理论与实践的结合上提出具有科学性和可操作性的意见和建议。成果结合北京非公有制企业劳动关系和谐构建的实际情况，分析了非公有制企业劳动关系现存问题的各种影响因素，对构建中国特色和谐劳动关系体制机制进行了深度探讨和思考，提出了构建非公有制企业和谐劳动关系的思路、对策与措施。为确保劳动关系特别是非公有制企业和谐劳动关系的长期和谐、稳定发展具有正确引导价值，对探索我国和谐劳动关系的构建具有重要实际意义。成果提出的着力构建和谐劳动关系的新模式（社会保障型模式、多元共建模式）、三种保障实践路径（创新社会管理、电子化保障系统、现代人力资源理念）具有推广应用价值。该项目成果荣获“2010—2011年度北京市优秀调查研究成果优秀奖”。

（十三）《北京市食品追溯体系的利益主体与监管机制研究》（07AbZH064）

该项目由中国农业大学乔娟教授主持完成。该课题分析了北京食品安全问题的现状，并通过研究生产者、消费者和政府等各自的行为，提出了食品质量安全信息不对称是实施食品追溯体系的主要原因。食品追溯体系具有公共产品的属性，政府的监管是其必要的责任；实施食品追溯体系必须有科学的供应链构建，生产经营者的参与食品追溯体系的程度主要取决于所获经济利益大小，食品追溯体系的实施绩效还要取决于消费者的行为，因此实施食品追溯体系是多方博弈的结果，这些观点和结论对食品追溯体系的理论方面有所创新和拓展。课题不仅客观地研究了生产者的行为特征及影响因素，还研究了消费者的行为特征及影响因素，这些实证分析对科学合理地构建食品追溯体系具有重要的参考价值。在此基础上，课题还深入研究了政府行为特征与监管绩效，提出了政府管制、行业自律、生产者控制和社会监督相契合的食品追溯体系的监管机制。该成果还提出了从经济学角度研究食品追溯体系的理论框架，重点分析了各利益主体的特征、行为模式，影响因素，得出纵向协调的生产供应链全过程的透明度、组织度、生产经营者的利益关联度、消费者风险认知及行为能力、政府的监管和处理能力等是追溯体系实施的关键因素的结论，拓展和构建了食品经济管理的观点和理论体系。该成果为北京市解决食品安全，缩小安全危机事件的影响和损失提供了决策依据，有很强的应用价值。该项目成果荣获“2010—2011年度北京市优秀调查研究成果优秀奖”。

（十四）《以有效控制费用为目标的医疗服务预付费方式的选择研究》（07BeJG194）

该项目由首都医科大学常文虎教授主持完成。这是国内第一项全面调查研究医疗费用支付方式改革相关问题的研究课题。该研究在分析北京市医疗服务付费方式现状的基础上，指出了现行医疗服务费用支付方式存在的问题即医疗服务费用上涨过快，深入探讨了北京市付费方式改革的目标，通过与其他付费方式的深入对比，分析论证了DRGs－PPS（按疾病诊断相关分组定额预付制）方式的优点，提出通过医疗服务预付费方式的改革，控制医疗费用过快增长，实现以低廉的费用为患者提供比较优质的医疗服务的重要对策和建议，具有重要的理论意义和现实意义。该成果为北京市医疗付费方式的改革和有关政策的制定提供了政策支持，北京市有关部门已经决定在本市部分医院实施DRG付费方式的试点。该项目成果荣获“2010—2011年度北京市优秀调查研究成果优秀奖”。

五、优秀理论研究成果介绍

2011年，涌现出一批具有开创性、创新性和填补空白作用的优秀理论研究成果。这些成果或是进行了新的理论探索，提出了的新的理论观点或思路，进行了新的总结、概括和阐释，具有重要的学术价值和理论价值；或是对相关资料进行了开创性的挖掘、收集、整理、汇编和研究，具有重要的填补研究领域空白的作用，对弘扬历史文化、传承文明具有重要的历史意义。举例介绍如下：

（一）《中国和平发展的理论与现实对策研究》（06AaKD008）

该项目由中国人民大学李景治教授主持完成。该成果以研究国际关系的多个层面的具体问题为基础，探讨中国和平发展道路与和谐世界理念之间的互动关系，在理论内容创新方面进行了有益的尝试。成果的第一部分全面论述了中国和平发展道路与和谐世界理念的提出和过程，在梳理、评析已有研究成果的基础上，把握两者的内涵和价值；在回顾、总结历史上大国崛起模式的基础上，突出两者的理论创新和探索。第二部分从秩序、安全、外交、经济、文化、环境、两岸关系等多个角度，探讨中国和平发展道路与和谐世界理念面临的各种机遇和挑战，从实践的角度揭示中国走和平发展道路与构建和谐世界理念的重要价值。第三部分全面阐述中国的和平发展道路与和谐世界理念之间的密切关系。与同一研究领域的其他研究成果相比，本项目的研究成果的最大价值在于，它将和平发展道路与和谐世界理念两者结合起来研究当前中国对外战略面临的现实和理论问题。和平发展道路与和谐世界理念两者不仅是对改革开放后中国对外战略思想的继承和发展，而且互相配合、连为一体，丰富了中国的国际战略思想，向国际社会传达了一个负责任大国的意愿和抱负。该项目最终成果入选《国家哲学社会科学成果文库》。

（二）《国外马克思主义中国化研究评析》（06AeKD003）

该项目由北京联合大学梁怡教授主持完成。研究以探寻国外马克思主义中国化研究情况为主线，运用历史唯物主义和比较研究的方法，对国外马克思主义中国化研究状况、特点、规律特别是理论研究成果作出了评析，同时对大量具有典型意义的学术观点和文献资料作了介绍。该研究成果是国内该领域的一项重要研究成果，具有创新价值和填补空白的作用。研究认为，国外马克思主义中国化研究具有以下特点：一是重视对原版著作和与其相关的文献资料的收集、编译和整理，其中以关于毛泽东的最多；二是重视领导人物个人传记的撰写，以及个人魅力、思想渊源的分析；三是重视以国际、国内形势的变化为背景而及时调整研究的侧重点；四是对毛泽东、邓小平的研究形成了一定的学术研究范式，涌现出一批国际知名学者；五是研究程度和热点参差不齐。针对以上特点，研究者认为国外马克思主义中国化的研究趋势有八个方面：一是毛泽东研究将成为长久不变的研究主题和学术派别，并定会周期性出现研究热潮。二是邓小平理论研究将随着对中国改革开放实践成果的验证而进一步深入到马克思主义理论体系本身去分析，并给予一定的定位和定性的评价。三是对“三个代表”重要思想研究理论分析不足的部分将有所补充和修正。四是对科学发展观研究的现实意义与理论体系归属会深入展开讨论。五是跨国界、跨学科的分析将成为一种新的研究方式，职业研究者、社会各界共同关注中共的指导思想将越来越明显。六是对马克思主义中国化理论体系一脉相承的研究将得到进一步深入，民族化和时代化相结合的研究将会增加。七是纯学理性的研究和关于理论对现实指导作用的分析将并行于以后的研究之中。八是对当代中国研究中进一步受到重视的中国模式、中国道路、中国经验的研究占有相当大的比重，而马克思主义中国化等纯理论性研究将趋于减弱。该项目成果 2011 年获准国家社科基金后期资助项目立项。

（三）《全球化时代的文化认同问题研究》（06BaZX023）

该项目由北京师范大学韩震教授主持完成。该成果从认同生发的全球化语境出发，在探讨认同及其基本特征的基础上，从消费、族群（民族）、国家、大众传媒、华人华侨等几个角度详细剖析了全球化条件下文化认同问题的表现以及相应的应对策略。在此基础上，提出了全球化时代民族文化认同的重建思路。课题组围绕认同的含义、文化认同发生的条件、文化认同的特征、国家认同与民族认同、文化认同的关系、公民教育与国家和民族文化认同的关系等进行了细致的分析和研究。这些研究既具有比较高的理论深度，同时也具有比较强的应用价值，为相关部门的决策提供了理论支撑。例如，在新形势下如何加强公民教育以便强化国民的国家认同感，如何加强侨务工作以便增进华侨华人的中华文化认同感，如何有效利用大众传媒以增进中华民族共属一体之感，提升国家的文化软实力，如何认识和把握社会主义和谐社会建设中的文化认同问题等，这些研究及其提供的建议和对策具有较强的启示意义。其中，全球化条件下如何增进华侨华人的中华文化认同感的研究就得到了国务院侨办的高度评价。

（四）《北京文化发展报告》（06AfZH049）

该项目由北京师范大学刘勇教授主持研究。成果由《2006 年北京文化发展报告》《2007—2008 年北京文化发展报告》《2008—2009 年北京文化发展报告》和《2009—2010 年北京文化发展报告》组成，包含 100 多个子课题，总字数达 200 多万字，由文化艺术出版社出版。该报告从不同角度切入北京文化发展的实际，涉及各个年度北京文化发展中的各种热点问题、重点问题和难点问题。主要内容包括：北京世界城市建设研究、北京文化创意产业研究、北京社会民生文化研究、北京和谐文化建设研究、北京教育文化研究、北京文学艺术研究、北京文化比较研究、北京历史文化研究、北京区县文化研究等。该成果的主要特色在于：一是资料性很强，课题组多次组织学者进行实地调研，获取了大量第一手资料；二是理论性强，研究方法多有创新，课题研究不再局限于以往对北京文化的静态分析，而是把北京文化置于发展的动态中进行深入挖掘和阐释，同时把北京纳入到立体交叉的比较场中进行研究，从而开启了北京文化研究的新路子；三是实用性强，课题参加人员一部分来自北京市相关文化部门，他们不仅具有丰富的实际工作经验，而且掌握着第一手的数据资料，保证了本课题的研究既具有较强的理论深度，又具有较强的实用性。

（五）《北京宗教史》（07AbLS028）

该项目由北京联合大学佟洵教授主持研究。其核心研究成果《当代北京宗教史》以道教、佛教、天主教、伊斯兰教及基督教（新教）五大宗教为切入点，从新中国成立以来北京各大宗教发生翻天覆地变化的事实依据出发，对五大宗教在不同历史时期所处的地位、作用和影响进行了探讨与研究，客观地总结了新中国成立以来北京宗教演进历程，中国宗教工作正、反两方面的基本经验和教训，以及改革开放以来北京宗教的繁荣与发展，阐释了北京是多种宗教共同发展的所在。该研究成果从理论上率先提出“首都宗教是构建社会主义的重要因素之一”“北京宗教文化是千年古都北京的重要标志之一”“北京宗教文化是北京历史文化的重要组成部分”“首都宗教不仅是构建和谐社会主义的重要因素，而且是促进祖国统一、构建和谐海峡的重要因素”等重要观点。《当代北京宗教史》2010 年由北京出版社正式出版发行，成为宗教学与历史学研究领域中的补白之作。该研究项目还完成了《北京道教石刻》《北京天主教史》和《北京汉传佛教史》等系列宗教史研究成果，并先后由宗教文化出版社出版。这些研究成果进一步完善了对北京区域宗教的研究，成为中外人士了解北京宗教形成与发展的窗口。

（六）《北京审美文化史》（06BaZX025）

该项目由首都师范大学邹华教授主持完成。《北京审美文化史》为三卷本，第一卷为上古至元代，第二卷为明代，第三卷为清代。审美文化是古今中外所有民族文化的精髓和最高境界，是整个人类文化的重要组成部分，是文化中具有感性特征的、具体生活的审美现象。首都北京是现代化的国际大都市，又是历史文化名城，具有 3000 多年的审美文化历史。《北京审美文化史》首次完整系统地梳理了北京地区的审美文化发展史，具有填补空白的意义。成果既显示出北京地域文化的特色，又集中体现了中华审美文化的一般特点，对于了解北京乃至整个中国的美学和艺术的历史发展，具有重要的学术价值。该成果首次提出“北京审美文化三边构架和三点轮动”的理论，视野开阔，富有历史感，对于重新审视和宏观整合北京丰富而独特的审美文化资源，具有重要意义；对于弘扬北京文化传统以及提升和拓展北京文化产业发展战略，具有重要的应用价值。该项成果 2011 年获准国家社科基金后期资助项目立项。

（七）《北京宣南历史地图集》（07AaLS025）

《北京宣南历史地图集》由原北京市宣武区委宣传部丁力同志主持完成。

《北京宣南历史地图集》用 60 余幅地图详细著录了宣南地区上起北京城起源、下至民国各历史时期的山川地望、宫苑官署、会馆寺庙、名人故居、园林学校、街市商肆、人口分布，内容涵盖了当时的政治、经济、文化、城市建设、地貌变迁以及社会生活、民俗等诸多方面，用地图这一直观的形式展现了宣南地区从周代至民国的各个历史时期的历史文化特征和地理景观面貌，勾勒出它们的空间分布关系和演变脉络。其内容分为沿革和专题两大部分，除了少量体现政区的附图外，其余主图都是新设计绘制的，体现出了学术研究的新成果以及近些年来的野外调查成果。《北京宣南历史地图集》以地图的形式表现宣南地区的历史文化，直观地体现宣南文化的诸多内容，这是中国第一部小区域的城市历史地图集，也是宣武地区的第一部历史地图集，国内外尚未见到此种城市局部区域的独立的完整历史地图集。该成果受到专家学者的高度评价，认为其具有重要的史料价值，将进一步推动对宣南文化的挖掘和弘扬。

（八）《北京高腔研究》（07BaWY041）

该项目由中国传媒大学路应昆教授主持完成。北京高腔（又称弋阳腔、弋腔、北弋、京腔等）是戏曲的“四大声腔”（数十年来学界常将昆腔、高腔、梆子、皮黄称为清代“四大声腔”）之一，在北京剧坛上曾盛行一时，然而至清末民国时已濒临灭绝。课题组通过对稀少的现存资料进行甄别解析、归纳演绎，在多方考证、研究的基础上，对戏曲史上几乎已被淡忘的北京高腔进行了深入的发掘和探讨，厘清了北京腔的概念和范围，细致辨析了弋阳腔、弋腔、高腔、京腔等名称的关系，梳理了北京高腔的源流、演化和起落曲线，对决定声腔兴衰的艺术、社会等因素和条件进行了总结，揭示了高腔在不同历史时期的主要面貌（包括曲牌结构、演唱形式、板式运用、腔调处理等），得出了一系列新的见解，如研究认为，高腔在北京活动范围广，即从宫廷到民间；参与演唱创作者既有艺人也有文人，使之在“雅”“俗”之间横跨；声腔面貌呈现出复杂多变及“多面并存”、以俗趋雅等，大大拓展了对这一对象的认识。该项目研究是一次发掘式的研究，在戏曲声腔史和北京文化史的研究中具有填补空白的意义。

（作者：席学钧，北京市哲学社会科学规划办公室主任科员；张馨元，北京市哲学社会科学规划办公室副主任科员）

附：

2011 年理论视野中的若干热点问题

陈士平　陆　岩

一、关于“经济增长率调低”问题

作为“十二五”规划的开局之年，2011 年被称为“中国经济转型元年”。3 月召开的全国“两会”聚焦的热点话题，就深刻体现了学界对经济转型问题的关注。

有学者认为，“十二五”规划是一整套非常复杂的经济结构转型计划。如果这一计划能够得到有效实施，中国经济就会获得可持续增长。温家宝总理在“两会”上提出将今后五年经济增长预期目标设定在年均增长7%。学者认为这是“明智之举”，数字调低的背后是发展理念的巨大提升。发展方式的转变首先是人的转变、观念的转变。从“被动转”到“主动转”“加快转”，转变发展方式的理念日益深入人心，成为共识。

也有专家指出，经济增长速度放缓也是经济转型期的一个趋势，这样的增长阶段转换是一个过程，需要若干年的时间。那么，对这种阶段转换怎么看？第一，这是一个正常现象，体现了经济增长的规律。第二，中长期潜在增长率在下降。第三，中国经济增长从10%左右降到6%～7%这样的水平，从国际范围来讲仍然是较高的速度。

学者进一步指出，对于当代中国而言，经济转型不是单项动作，转变经济发展方式不仅是一个经济问题，更是经济社会领域的深刻变革。发展方式转变在许多方面尚未取得实质性突破，经济社会虽然有矛盾，但仍在发展和积累，根本在于体制机制的原因。一些重要领域的改革滞后，直接导致发展方式转变的滞后。国有企业改革、行政体制改革、财税体制改革、金融体制改革、资源性产品价格和要素市场改革，以及科技、教育、文化、卫生等各方面改革在“十二五”时期都应向“深水区”推进。学者指出，经济、社会、行政管理等领域改革要齐头并进、形成合力，加快转变发展方式的体制机制障碍才能破除，社会才能更加和谐。

二、关于“法治灵魂”问题

3月，吴邦国委员长宣告中国特色社会主义法律体系形成，理论学术界对这一问题进行了深刻的解读，并对社会主义法治问题进行了深入思考。有学者认为，中国特色社会主义法律体系夯实了立国兴邦、长治久安的法制根基，为培育社会主义法治文化、提高全民的法律意识，提供了重要法律平台和法治保障。

有学者对“法治灵魂”问题进行了思考，指出法治的灵魂在于公正，法律的生命在于实施。完善社会法律体系，更要切实保障宪法和法律的有效实施。应当更加重视立法与执法、司法、守法、法律监督的衔接与配合，实现法律体系构建与宪法法律实施协调发展；更加重视公民法律意识和法治观念的培养，充分发挥宪法和法律在政治生活、经济生活和社会生活中的作用，使我国法律体系不仅形成和表达于条文规范的形式之上，而且完善和落实于现实生活的实践之中，真正成为全体公民信仰和遵从的行为规范。

也有学者指出，不应把中国特色社会主义法律体系的“形成”简单地理解为中国特色社会主义法律体系“已经完成了”或者“完全形成了”，而应理解为“基本形成了”。我国法律体系形成后，立法任务依然十分繁重。在立法思路方面，应当从数量型立法向质量型立法转变，不仅要考察立法的数量，更要关注立法的质量和实效；在立法内容方面，要高度重视新形势下政治、经济、社会、文化以及环境生态建设对完善法律体系提出的新要求，高度重视人民群众对完善法律体系提出的体现民意、维护民权、保障民利的新期待。

还有学者指出，中国特色社会主义法律体系虽然已经形成，但法治建设的任务却并未完成，下一步就是要建设“中国特色社会主义法治体系”。这个过程需要的时间更长，任务也更艰巨。法律体系是为建设法治国家的目标服务的，后者比形成法律体系的要求更高。法律体系是法治体系的逻辑起点，法治体系开始于法律体系的形成。法律体系形成之后还要完善、发展，它的高级形态就是达到完备状态。从这个意义上说，社会主义法治还有很多工作要做，需要走的路还很长。

三、关于“社会公信力”问题

也许，人们对于2011年3月发生的“抢盐潮”事件已经淡忘，但是由“谣盐”引起的关于公共突发事件中如何建立社会公信力的问题，还需要进行更多的理论思考。

有学者从政府管理学、传播学以及心理学等角度对谣言的发生机制进行分析。学者认为，恐慌多起于未知，未知则不可控。政府对知识宣传不到位、最新信息披露不到位则造成了人们的恐慌心理。还有学者指出，人在社会认知过程中会产生非理性的认识，特别是在社会出现不确定事件时，群体的非理性行为会有推波助澜的作用。群体中的这种“羊群效应”会把个人的认知偏差急剧放大。如果主流信息不通畅，个体又受到生命安全的威胁，谣言就更容易传播。

更多的学者从社会公信力等方面作出理论思考。有专家指出，有时候事情的本身并不严重，但由于传闻造成的社会性恐慌的影响是不容低估的。当一个社会面临公共危机性事件的时候，非常需要社会公信力起作用。因为只有具公信力的权威性说法，才能使人们形成正确的判断。还有学者指出，人们总是关注建立和维护公信力的代价，而忽视公信力被削弱的代价。

如何重建社会公信力是讨论的一个焦点。有专家认为，政府公信力是社会信任的基础，因此重构公信力应首先从政府着手。只要政府能够切实推行“鱼缸”式透明操作，全面保障老百姓的知情权、参与权和监督权，让公共权力真正在阳光下运行，曾经的“权威声音”就一定能够重新赢得民众的信任。学者进一步指出，专家、媒体的公信力重构同样离不开相应的制度保障。必须要从制度层面着手，建立维护其社会公信力的长效机制。一方面要建立相应的利益保障机制，使专家媒体能够有说真话的底气，同时也要建立必要的惩处机制，对于损害公信力的做法实行最严格的处罚，提高失信的成本，只有这样才能恢复社会公信力，扰乱大众视线的谣言才会不攻自破。专家总结认为，重建社会公信力固然涉及诸多方面，但首先是那些掌握着重要社会资源、对社会秩序的维持起着重要作用的部门，比如政府、司法、传媒、社会团体和科研部门等，因为社会赋予了这些部门的权威，它们也是社会公信力的最主要载体。

四、关于“婚姻法与社会转型”问题

有人说，或许没有哪一部法律能像婚姻法的修改那样被万众瞩目和众说纷纭，这不仅是因为婚姻法与每个公民的基本人权和千家万户的生存质量有关，还在于婚姻法是一个时代变迁和社会文化转型的晴雨表。2011年4月通过的关于修改《中华人民共和国婚姻法》的决定，引起了学界的热切关注。

有学者认为，此次婚姻法修改幅度之大、涉及范围之广、增补内容之多、创新色彩之浓，为中国现代婚姻家庭立法史所少见。就修正案的内容来看，修改的重点集中在家庭关系、结婚制度、离婚制度、救济措施与法律责任等方面，但媒体解读和公众关注的焦点却似乎集中在了离婚制度中关于婚前财产的归属问题上。婚姻法修正案增加了第十八条：“有下列情形之一的，为夫妻一方的财产”，其中第一情形就是“一方的婚前财产”，这意味着一方的婚前财产在婚后将不再为夫妻双方所共有。有专家认为，这一修改不是简单的家庭经济问题、男女社会地位问题，而是体现出当今社会对财富分配的主流思潮和司法原则，也体现了社会文明的进步。

有专家认为，应该承认，新婚姻法在原来司法解释基础上用更明确的成文条款进一步保护了有产者的利益。同时，新婚姻法也没有禁止经济条件差的一方在婚前或婚后对另一方提出重新分配财产的要求。但也有专家表达了不同看法，认为在目前房产成为家庭主要财产的情况下，这种修改显然有利于实际购房的一方，在实际操作上不利于有效约束社会家庭稳定。也有专家坦言：“合法”的财富未必是符合某一种道德体系的财富，也未必是符合当前价值观的财富。在法律上承认女性家庭角色的隐性贡献，使她们在婚姻存续期间的付出和投资在离婚时获得回报和补偿，既体现了法律的公正性，同时在维护女性合法权益方面也实现了质的飞跃。

五、关于“个税调整”问题

6月30日，关于修改个人所得税法的决定引起了学界的热议。根据决定，个税起征点提高到3500元。这是自1994年现行个税法实行以来第3次提高个税免征额，也是近年来我国个税改革中提高免征额力度较大的一次。这也是在日益拉大的收入差距灼痛着国人神经的大背景下，国家为缩小收入差距而做的一次努力。

有专家认为，此次修正离个税改革的终极目标仍相距甚远，此次个税修法依旧是在原有框架上的小步微调，没有实质进展。专家认为，实现综合与分类相结合的税制改革难度之大，主要体现在征管难度较大、征收成本高昂、个人纳税意识尚不强等方面，而如何加大高收入人群“灰色地带”收入的征管力度，或将成为下一步改革的重点。

另外，这次个税法调整过程中，民众的积极参与也是一个值得注意的现象。有专家甚至认为，这次将个税起征点提升至3500元，主要是考虑了个税征求意见中民众的呼声，这次个税调整契合了大部分纳税人的意愿，是税收民主的一次精彩演练。随着公众权利意识的增强，人们越来越认识到，政府的一切征税活动需要最严格的民认控制和畅通的利益表达机制，以使公众的意愿能够真正地约束征税权。此次个税所得税法草案，不仅体现了税收法定原则，而且还通过网络媒体等各种方式向公众征求意见，为利益相关方提供了一个能充分表达意见的平台。这不仅是保障税法公正和公平的前提，而且也为我国税收民主开了一个很好的先例。

六、关于“见义勇为”问题

社会发展的不同阶段有不同阶段的矛盾，无论是社会发展得快与慢，社会价值的一元化与多元化的冲突都是我们要面对的现实。随着我国社会转型的加快，人们对诸如真诚、信任、善良、救助、见义勇为等基本社会价值的认同和呼唤显得愈发强烈。2011年7月，杭州一名2岁女童坠楼，一位女业主奋不顾身用左臂接住了孩子，致使女业主手臂骨折，她被网友尊称为“最美妈妈”。有学者认为，在当前这个泛娱乐化的时代，“最美妈妈”受到超越明星一般的社会关注，无疑证明了道德之真与人性之美天然具有动人心弦的力量。也有学者指出，这一义举在某种意义上说，可以视为一个公民的“底线伦理”，即一个有良知的人都不该漠视他人的危难，而应及时伸出援助之手，这是人性和道德的基本要求。从这个意义上说，“最美妈妈”获得了超越常规的热捧，“不仅感动中国还感动了世界”，让人不仅看到了被过度拔高的道德精神，也让人看到了社会上道德底线和道德标准的退化。而10月发生的“小悦悦事件”让我们看到了学者的这种担忧。

究竟是什么原因让那么多的过路人对见义勇为敬而远之？有专家认为，根源在于社会缺乏公平正义的精神。若缺乏公平正义的价值观，大多数人会因没有安全感而自保，势必会出现个人无公德、社会无公义的现象。也有专家认为，价值偏离、底线失守、秩序失范是造成悲剧的社会根由，是信任、诚信等一些基础社会秩序出了问题。过去一段时间，我们更加重视具体社会制度的变革，而忽视了社会基础秩序的建设。

也有专家从心理学角度分析了有的人不敢见义勇为的现象，并称之为“旁观者效应”，即假如只有一个人遇到某个事件的话，那么毫无疑问他会积极干预。但是，如果有很多人或者预料到很多人可以见到，这样他的责任就会分散，在这种情况下，他会期待别人去做，或者是哪怕自己不做的时候，他自己的内疚感、自责和负罪感也会减轻。也有专家认为，这个现象不单纯是“旁观者效应”所能解释的，而是由于道德秩序紊乱引起的。真正的道德是勇于揭露事实，而不是急于谴责。过路者虽然未施援手，但也未作恶。挽救道德应该重奖见义勇为者、重罚作恶讹诈者。忽略那些极好的和极坏的人，而将重心放在无所作为的人，对道德建设毫无帮助。这种舆论导向只能让被冷落的好人寒心、让被忽略的坏人逍遥法外。

有专家呼吁用法律规制“见死不救”“见义不为”，建议设立“见死不救罪”。但也有专家认为，针对中国目前的状况，“见死不救”不宜入罪。“小悦悦事件”反映更多的是道德层面的事情，法律是把“双刃剑”，用法律规制“见死不救”会混淆犯罪和违背道德的界限，设立“见死不救罪”应慎之又慎。所以，有专家建议，当前道德建设中根本任务有三条：一是确立一个进步的、以人为本的社会价值观导向；二是守住一条公平、正义、广泛认同的基础秩序底线；三是维护一个自我修复、自我平衡的社会生态机制。只有这样，才能建构起一个基于我国经济社会发展大厦之上的社会价值体系。

七、关于“危机公关”问题

2011 年的一些热点事件还引发了“危机公关”问题，尤其是对公共危机公关的思考。对危机处理、危机防范、危机的信息传播、危机的舆论引导等问题，以及政府如何进行有效的危机应对等问题的研究和思考逐渐深入。有专家认为，公共事件以及由一些热点事件所引导的公共事件涉及社会广泛利益，影响面广，社会关注度高，妥善处置和应对公共事件是党的执政能力建设的重要组成部分。而如何有效主导信息发布、有效影响和引导舆论成为公共事件处置中不可或缺的环节，媒体和舆论引导的效果直接影响公共事件处置的成败。2011 年 6 月，网络上出现的“郭美美事件”引发了一场对红十字会的信任危机，而如何应对舆论则成为有关方面“危机公关”的关键。有专家认为，网络的兴起已然改变了官民之间的对话模式和监督模式。“危机公关”将是公权部门的常态，要做到任何时间、任何地点都光明磊落，经得起“围观”，还是要做好本身的制度完善、信息公开的工作。

引发学者深入关注“危机公关”问题的还有“动车追尾事故”。事故发生后，一场公共信任危机迅速发酵，从事故原因，到事故救援，再到事故善后处理，都引起社会公众的普遍关注，有关部门在掌握、应对网络舆情中的不足也再次表现出来。有专家认为，中央要求“彻查事故”直指事故的实质和核心，亦切中社会公众的主要关注点。事故信息发布的公开、透明是公众与事故之间形成良性互动的重要前提，是消弭对事故的各种传谣的最好武器。这种互动与辟谣，也是事故调查本身树立权威公信力、凝聚各方信任期待的重要途径。

在马克思和恩格斯看来，舆论是“不可数的无名公众的意见”，“危机公关”与媒体舆论引导密不可分。在当今这个“人人都有麦克风”的时代，信息传播主体多样、传播方式多变、传播内容多元，舆论因而带有许多新的特点。有专家指出，随着网络在我国社会生活中的快速普及和深入应用，如何才能正确处理网络负面舆情、应对舆论监督，已成为政府部门进行“危机公关”的必修课。新闻媒体的舆论监督是社会的稳定器，进行舆论监督是人民群众的愿望。邓小平同志在《共产党要接受监督》一文中指出，群众有气就要出，我们的办法是使群众有出气的地方、有说话的地方。因此，正确开展舆论监督有利于化解社会矛盾、有利于社会和谐。但现实中有的部门因维护部门利益而抵触或阻挠舆论监督，也有一些经济利益团体干扰和阻挠舆论监督，也有一些官员因不懂得新的舆论特点而漠视舆论监督，这都不是正确应对舆论监督的做法。

有传播学专家认为，应对公共事件的信息危机，有效引导舆论，必须坚持“及时准确、公开透明、有序开放、有效管理、正确引导”的原则，抓好四个方面：一是主动设置议题，占据舆论空间；二是密切关注舆情，有效引导舆论；三是加强媒体服务，寓管理于服务；四是注重统筹协调，形成工作合力。

有专家对新闻发言人体制也进行了一些思考，认为在网络时代，公众对新闻发言人的语境、字句、情感、仪表等细节都有着超乎寻常的挑剔。尤其在这个“围观”不再是很难、很遥远的舆论境况下，稍有不慎，新闻发言人便会瞬间演变成“新闻当事人”，饱受舆论风暴的考验。风险大意味着责任更大，这风险其中蕴含着公众对发言人职业水准的期待，更有对信息公开透明、社会公平进步的渴求。在转型期的中国，成熟稳健的新闻发言人无疑可在沟通官民、减少对立、消除误解、营造共识等方面发挥重要作用。

八、关于“文化自觉”问题

“文化自觉”是费孝通提出的一个学术概念，是学界持续关注的一个重要理论。2011年，胡锦涛同志在“七一”讲话中提出了“文化自觉”的问题，党的十七届六中全会提出要培养高度的“文化自觉”和“文化自信”，引发了学界对“文化自觉”问题的深入研究。

文化自觉主要是指我们在文化上的觉悟和觉醒，以及对文化的地位与作用、发展规律和建设使命的深刻认识和准确把握。针对有人认为“文化自觉”就是“文化回归”的这种理论误区，有学者进行批驳时指出，“文化自觉”是指生活在一定文化中的人们对其文化有“自知之明”，明白它的来历、形成过程、特色及发展趋向，不带任何“文化回归”的意思，不是要“复归”。有“自知之明”是为了加强文化转型的自主能力，取得适应新环境、新时代对文化选择的自主地位。“自知之明”就是要充分认识自己的历史和传统，认识自身文化延续下去的根和种子。在具体的实践中，要在历史和现实中探索文化新起点。

关于“文化自觉”的主体应该是谁，学界也做了深入探讨。有学者认为“文化自觉”重要的是全社会的自觉，是党和国家的“文化自觉”。党和国家要有文化的使命感，还要有清晰的时代性的文化方略，只有党和国家在文化上自觉，社会文明才有保障。也有学者认为，现在对于“文化自觉”理念的诠释，人们过多地强调了其属于“宏大叙事”范畴的层面，重视了学理的层面，而轻视了其实践的层面，忽视了其本身具有的提升全社会文化自觉精神的内涵。如果说“文化自觉”命题和理念属于“大学之道”的话，那么现阶段所要追求的目标就不是“止于至善”的问题，而是要“明明德”、要“新民”的问题。其中，“新民”是更重要的一步，即个人的“文化自觉”，对于文化建设尤其不可或缺。

有专家指出，在现实中实现“文化自觉”的关键在政府的执行层面上。或由于长期以来重经济轻文化，或由于与政绩难以挂钩，致使文化在经济社会中处于弱势。文化的缺失不会显现在任何一级政府当年的统计表中，但日久天长便体现于各种社会弊端上，并积重难返。因此说，政府的执行层面的“文化自觉”成了关键。若要使这一层面具有“文化自觉”，就必须要有切实办法。否则，文化在这个层面必然化为轰轰烈烈、明星云集的文化节和一大片斥资数亿的文化场馆，或者流于某个空洞的口号。当前文化的遭遇，往往是要么依附于政绩，要么与经济开发挂钩而化为GDP。文化失去了本身最神圣的功能——对于文明的推进，还有自身的发展与繁荣。任何事物的发展只有顺从其本质与规律，才是科学的发展。违反其规律与本质就是反科学，在文化上就是反文化的，当然这就更说不到“文化自觉”了。

（作者：中央财经大学、国家行政学院）

（原载2011年12月26日《北京日报·理论周刊》）

2011年学术界新论点要览

一、经济学篇

（一）关于转变经济发展方式与包容性发展的问题

包容性发展是2011年4月以后引起我国经济学界高度关注的一个概念。有学者指出，包容性发展是当今国际社会的一个共同课题，当前我国经济正处于从中等收入国家向高收入国家行列迈进的重要阶段，能否成功跨越“中等收入陷阱”，关键是体制机制和组织管理的变革，而重点之一就是要实现科学发展和包容性发展。

还有的学者探讨了转变经济发展方式与包容性发展的关系问题，指出“十二五”规划提出要以转变经济发展方式为主线，转变经济发展方式本质上就是要实现包容性发展。因为按照转变发展方式的要求，需要实现五个转变：第一个转变是要改变经济增长过度依赖投资和出口的理念，重点是扩大消费对经济增长的拉动作用。第二个转变是要改变经济增长过度依赖第二产业的局面，加快发展第三产业。第三个转变是要改变经济增长过度依赖物资资源消耗的状况，主要通过技术进步、改善管理、提高劳动者素质来实现增长。第四个转变是要实现城乡协调发展，通过加快农业现代化，使更多农村劳动力转移到二、三产业，大幅度提高农业劳动生产力，使农村人口像城市居民一样过上现代化生活。第五个转变是在国内经济和国外经济关系方面，从过去以引进来为主，走向以引进来和走出去同时并重的方向。因此，“十二五”中国经济发展方式转变，应该是实现包容性增长的一个重大转变。

（二）关于通胀率的调控问题是学界关注的一个焦点

在我国宏观调控政策的作用下，不断升高的物价指数得到有效抑制，但今后物价走势如何？对此，学界有多种看法。

有学者认为，此轮物价上涨已接近尾声，自CPI

在年内“见顶”后，不会再出现过大的通胀危险。也有学者认为，在经济复苏回升时期价格往往是上涨的，特别是对经济快速发展、加速转型的新兴经济体来说，物价上涨速度快的特点比较明显，因此通胀只是一个短期危险，并不影响经济的长期发展，不能要求经济回升、收入增长、就业增加而没有物价上涨。

还有学者认为，我国有可能步入高通胀时代，今后成本推动型物价上涨压力可能会进一步显性化。劳动力结构性短缺导致用工成本不断上涨，油价、电价上调以及原材料涨价等也使农户和企业生产成本大幅提高。

（三）关于房价是否真正回落的问题，学界存在分歧

调房价是当今国家宏观调控的一项主要目标，我国房地产价格和国家调控政策之间的博弈关系引起了学界的高度关注。

有专家指出，以限购令为主的新一轮调控更加严厉，很多城市的房价会出现下降的现象。不过，房价跌幅不会超过15%。也有专家认为，现在谈楼市拐点还为时尚早，价格将面临较大的下行压力，楼市库存上升体现了调控政策的效力，这主要是因为在限购、限贷作用下，投机性购房需求受到了抑制。房价有所下降是因为宏观调控政策的打压，但开发商的资金链仍然能够运转，而我国城市化所带来的巨大的新增购房需求仍然没有消化，加上中国正处在快速城市化时期，城市化带来的住房刚性需求，以及地区发展的差距造成的一线城市住房的较高位需求，这些都使楼市还存在继续保持上扬的动力。

（四）关于国家货币政策是保持宽松还是适度从紧的问题，存在很大争论

有关央行是否应放松紧缩货币政策的问题引起了专家关注。专家认为，进入2011年以后，央行多次上调存款准备金率，稳健的货币政策渐次推进，紧缩货币政策的代价可能使得经济增速有加速下滑的风险，但通胀压力依然严峻。也有专家认为，央行一系列上调存款准备金率的举动阻断了较小借贷者获得信贷的通道，打压了中小企业的发展。还有一些专家认为，央行货币政策面临两难选择：如果收缩信贷，经济增长可能乏力；如果保持宽松，物价有可能快速上涨。也有专家认为，央行加息和上调存款准备金率是货币政策转向的明显信号，可以看作是刺激政策退出的开始。

（作者：孙咏梅，中国人民大学中国经济改革与发展研究院副教授；王颖，首都师范大学研究生院）

二、哲学篇

（一）马克思主义中国化问题受到持续关注

关于马克思主义中国化、时代化、大众化的内在关系和任务的问题，有学者认为，马克思主义中国化蕴含着时代化和大众化的思想，时代化、大众化是马克思主义中国化在新形势下的延伸和必然要求，也是针对新情况、回答新问题的迫切需要。马克思主义时代化、大众化在于开拓马克思主义中国化的新境界，用发展着的马克思主义武装全党和广大人民，加快建设先进的马克思主义政党，加快推进改革开放和社会主义现代化建设进程，实现广大人民的根本利益。

关于如何深化对马克思主义中国化含义的领悟和把握问题，我国学者对西方汉学家提出的诸如对马克思主义中国化是“民族主义”还是马克思主义的一贯要求，是“拒斥普遍规律的异端”还是理念论践相结合导致革命胜利和理论发展等问题进行辨析。学者认为，把握西方汉学家对马克思主义中国化的理解正出现摆脱主观臆测的发展趋向，将有益于深化对马克思主义中国化含义的领悟和把握，巩固和发展在马克思主义中国化问题上的话语权，提高坚持马克思主义中国化的自觉性和坚定性。

（二）国内外学界关注“马克思为什么是对的”

2011年7月，国内翻译出版了《马克思为什么是对的》一书，这本著述的作者是西方最具影响力的马克思主义理论家之一、当代英国最杰出的文艺理论家和思想家、西方新马克思理论研究的代表人物——特里·伊格尔顿。此书受到了国内外的广泛关注。

这部著作于2011年4月由耶鲁大学出版社出版后即引起西方社会的普遍关注和议论。比如，有评论认为，面对当前已经如行尸走肉般的资本主义，这本书回归到马克思的基本思想，并发掘出其哲学理论中的本质力量。他没有回避马克思思想中的不足，但又充分阐述了马克思对当今社会大的影响力。

国内一些学者指出：在全球化背景下，资本主义内部的各种痼疾纷纷显露，特别是2008年金融危机的爆发，更让西方人开始质疑资本主义制度的合理性和生命力，种种迹象显示，现在正是引人入胜地讲述马克思主义与当今世界关联性的正确时刻。作者希望通过这部书厘清人们对马克思主义的错误认识，他在书中反驳了“马克思主义终结了”“马克思主义在理论上都是正确的，但是缺乏对实践的指导意义”“马克思主义是一种宿命论”“马克思主义是乌托邦梦想”“马克思主义将世间万物都归结于经济因素”“马克思主义的阶级学说是最无用的”等观点，进一步阐明了在马克思主义理论指导下运作市场经济体系的可行性，同时还为马克思主义与可持续发展观找到了一个极佳的契合点。还有一些学者指出，此书基本上代表了西方关于马克思理论研究的最新成果，为我们以世界眼光多种视角研究马克思主义提供了新的思路，它的出现说明西方学者对

资本主义的批判正在向纵深发展，意味着马克思主义重新为人们所重视。

（三）如何提炼社会主义核心价值观的问题受到关注

自从我党提出“建设社会主义核心价值体系”这一重大命题之后，全社会十分关注社会主义核心价值体系的建设。为了更好地掌握和践行这一价值体系，学界又进一步关注社会主义核心价值观的提炼问题。

关于提炼社会主义核心价值观的必要性和重要性问题，有学者提出：在关于价值和价值观念的问题上，我们需要一种基于马克思主义哲学、适合于价值思考的理论和方法。我们今天积极地探索自己的价值体系，表达价值观念，与过去根本不承认社会主义代表一种社会价值体系的“左”的观念相比是一个历史性的变化，它代表着中国特色社会主义事业所含有的一种文化觉醒和文化自觉。学者认为，提炼社会主义核心价值观的目的在于总结我国社会主义事业的精神文化成果，以凝聚其精华、归结其要义、展现其魅力。具体来说，就是要把社会主义核心价值观作为我们最根本的目标和共识，动员和凝聚全国人民投入中国特色社会主义事业，使之创造奇迹，并将继续引领我们前进的那种物质力量和精神力量，加以最准确、最精炼的概括，给全国乃至全世界提供一个富有说服力和号召力的表达与承诺。因此，这一举动的意义，无论怎样说都是极其重大而深远的。

关于社会主义核心价值观的表述问题，目前学者提出了多种表述，诸如“富强、民主、文明、和谐”“人的自由全面发展”“人本、公正、民主、和谐”“共同富裕、公正民主、科学文明、人本和谐”“劳动优先、共同富裕、公平正义” “集体主义”“共享共建”“民主、平等、公正、互助”等。但在这个问题上，到目前为止学界尚未达成共识。

（四）北京精神成为理论界关注的热点

北京精神的表述语公布后，北京精神随即成为理论界关注的热点。有学者提出：“爱国、创新、包容、厚德”是一个有机整体，充分体现了城市精神与核心价值的相互协调、城市共性与北京个性的相互兼容、历史底蕴与未来取向的相互统一、城市特色与市民气质的相互融合，反映了北京特有的文化品位和首善特质；作为城市精神，它是首都人民长期发展建设实践过程中所形成的精神财富的概括和总结。

有学者对如何践行北京精神的问题进行了研究，认为这是时代的要求，因为首都发展已经进入了一个新的阶段，要贯彻落实党的十七届六中全会精神、发挥首都国家文化中心的示范作用、打造中国特色社会主义先进文化之都、建设有世界影响力的文化中心，就迫切需要有强大的精神动力和巨大的智力支持。弘扬北京精神的目的就是要更好地凝聚首都市民的智慧和力量，激发起首都市民的满腔热情和干劲，更好地推动首都的科学发展。

（五）马克思主义哲学的创新是学界讨论的热点

2011年，由黄枬森教授主持的《马克思主义哲学创新》的出版，为哲学创新理清了思路，提供了方法和途径。这套丛书由四部组成：第一部《马克思主义哲学体系的当代构建》、第二部《时代精神与马克思主义哲学创新》、第三部《现代科学技术与马克思主义哲学创新》、第四部《中西哲学的当代研究与马克思议哲学创新》。这套丛书对马克思主义哲学体系给予了阐述，认为马克思主义哲学体系为：一个整体——辩证唯物主义世界观，五个部门哲学——辩证唯物主义历史观、辩证唯物主义人学、辩证唯物主义认识论、辩证唯物主义价值论和辩证唯物主义方法论。哲学创新应该从全球和中国实践出发，从哲学高度看时代、从时代高度看哲学。此外，马克思主义哲学创新的基本内容和实践路径也应当借鉴中国哲学和西方哲学当代研究的视角。

（六）社会转型期道德问题是学界关注的焦点

2011年4月，温家宝总理指出：近年来相继发生的食品安全事件足以表明，诚信的缺失、道德的滑坡已经到了何等严重的地步。结合社会上出现的一些不道德现象和问题，学界对社会转型期的道德问题进行了深入的研究。归结起来有三个核心问题：道德状况如何评价？为何如此？怎么办？

关于道德状况的总体评价问题，学界有两种基本观点，即“道德滑坡”和“道德爬坡”。两种观点都有大量事实作支撑。“滑坡”论指出了整个社会都在关注的道德问题，指出道德状况处于“崩溃”的边缘。而“爬坡”论指出，评价中国人的道德，要分清主流和支流，从主流上看中国人呈现了良好道德风貌。要判定某个社会或某个时期社会道德水平是个极其困难的问题。

学者普遍承认，当前中国的社会道德存在一些失范现象。虽然社会转型期必然带来道德的阵痛，但这并不是说我们无计可施。只要针对具体原因，采取相应的措施，社会转型期的道德问题就可以得到缓解乃至解决。

（七）政治哲学仍然是2011年的“显学”

哲学各学科从各自的学科角度对政治哲学的相关内容和问题进行了进一步的研究。学者认为，马克思主义哲学的政治哲学研究有两个维度：一是马克思主义与政治哲学的内在关系，讨论马克思主义有没有自己的政治哲学、马克思主义政治哲学与历史唯物主义是什么关系、如何建构当代形态的马克思主义政治哲学等基础性问题；二是从马克思主义的角度来看待和解决政治哲学以及现实社会的相关问题。

中西方哲学研究的视角在于对人类历史上著名哲学家的政治哲学思想进行梳理，为现代政治哲学的建构提供思想的资源。从亚里士多德到孔子，从古典时代到现当代，涉及人物、理论众多。伦理学从政治伦理的角度，讨论政治哲学中的伦理问题。权利、公平、正义、自由、和谐、公共理性、全球伦理等都被纳入到政治伦理的讨论中。

（作者：郭清香，中国人民大学哲学院副教授；董明发，国家行政学院研究生部）

三、政治学篇

（一）党内民主受到学界广泛热议

有学者认为，民主和法治是加强和改进新形势下党的建设的科学之路，其关键是大力推进党的民主执政和民主决策，实现党与国家机构关系的民主化和党内的民主化。从民主模式的选择来看，我国需要通过党内民主的制度化来逐步实现国家政治生活的民主化，形成一种非政党竞争的体制。

关于民主集中制问题，有学者认为，“民主集中制是民主基础上的集中和集中指导下的民主相结合”，这是我党对民主集中制作出的最具创新性的理论概括。这个定义式的论述表明：民主集中制包含着两个基本过程，即“民主基础上的集中”和“集中指导下的民主”；四个关键的要素，即“民主”“集中”“指导”和“相结合”。要加强党的制度建设，正确理解和执行民主集中制，就要科学、合理地解读这四个要素。民主集中制的实质在于民主，它要求把集中与民主相联系，使之从属于民主制度，在党内充分实行民主。

（二）“政治参与”成为讨论热点

关于政治体制改革的问题，不少学者对在现有政治基本体制框架下扩大政治参与问题进行了探讨。

有学者认为，民主政治的发展可以有不同的路径。西方民主的发展是先通过选举制度解决政治竞争问题，然后不断扩大政治参与的包容性，最后将民主深化至社会领域。从中国的现实出发，可以考虑采取一条在非选举领域进行民主建设的道路，即先发展行政民主，后发展政治民主。

也有学者认为，从古今中外的各种社会治理形态来看，大多数国家政治无非是精英主义与平民主义两种要素不同程度的混合；所谓良政，就是要保持精英政治和平民政治的平衡，让精英团队保持领导力，让平民团队保持影响力。从当前中国的情况来看，政治天平存在某种向精英政治方向倾斜的倾向，平民团队则由于政治参与和利益表达途径不畅而常常变得“火气十足”。

（三）关于如何加强权力的制约和监督的问题

学界现有研究的一个共识是，腐败问题没有从根本上得到遏制的原因在于权力过分集中，得不到有效的制约和监督。

有学者认为，建立科学的权力制衡体系是反腐败的基础性工程，党的十七大提出的“决策权、执行权、监督权既相互制约又相互协调的权力结构和运行机制”具有远期合理性，但在目前还只是一个宏观框架性方案，不具备可操作性，从短期来看，应将强化监督权作为加强权力制约的突破口，建立一个独立性强、授权充分、职业化的反腐败机构。也有学者认为，腐败多发的根源在于权力结构的设置不够科学。反腐要进一步，就要把决策权、执行权和监督权分开，并使其相互制衡。

（四）基层治理是学界讨论的热点

有学者认为，在目前城市社区治理以政府和居委会为主体的情况下，政府应扮演社区治理规制者、社会公共服务供给者和社区自治指导者三重角色，居委会则应扮演社区公共服务供给者、社区居民权利代言人和政府社区事务助手三重角色。但实际上，政府和居委会均存在角色迷失问题，其根源在于社会自治能力不足、社会管理体制转型滞后、政府职能转变缓慢以及居委会的资源约束和自身利益驱使。

也有学者认为，取消农业税以后，乡村治理机制发生了重大转变，但作为治理资源的农村传统力量不仅未生长起来，反而进一步瓦解衰落。随着国家资源的输入，乡村社会中出现了分利集团，由此带来的结果是，一方面国家输入农村的资源被地方分利集团截留，乡村社会的公共利益被侵蚀；另一方面国家在对付妨碍乡村善治的各种离散力量而强烈要求农民支持的时候，却难以获得回应。

（作者：许耀桐，国家行政学院教授；刘晓洲，北京大学政府管理学院博士）

四、法学篇

（一）如何处理犯罪控制与人权保障的关系问题受到关注

学者认为，刑事诉讼法的修改应力求犯罪控制与人权保障的动态平衡与理性协调。我国现行刑诉法的控制犯罪与保障人权关系的处理上还存在不足。

基于我国立法更倾向于犯罪控制而忽视人权保障的状况，有学者建议将刑诉法中的“惩罚犯罪，保护人民”修改为“惩罚犯罪，保障人权”。我国2004年修改后的宪法第33条第3款规定“国家尊重和保障人权”，刑事诉讼法作为“小宪法”应当对此有所体现，毕竟“人民”不是一个法律概念，而是一个政治概念。如果将“保障人权”写进刑事诉讼法，有利于增强我国在国际人权对话交流的主动性，增强我国在国际人权对话与斗争中的砝码。

（二）关于刑事诉讼法的基本原则问题

有学者建议：将不得强迫自证其罪原则确立为总则中的刑事诉讼的基本原则，而不是附庸于证据制度部分。仅仅一个原则性的确定，并不意味着不得强迫自证其罪原则的措施到位，草案并没有解决与强迫自证其罪相关的一系列问题。比如草案并没有删除刑诉法第九十三条规定的“应当如实回答”的义务，随之而来的必然导致犯罪嫌疑人、被告人的不得强迫自证其罪权利和应当如实回答义务的冲突。此外，将“不得强迫任何人证实自己有罪”规定在第四十九条中，淹没在证据制度中，而不是规定在总则中，实际上限制了不得强迫自证其罪原则的适用范围。

（三）学者进一步探讨了民事证据的证明责任问题

有学者认为，现行民诉法第六十四条第一款解决的是行为意义上的举证责任，没有解决结果意义上的举证责任，即本质问题。

学者认为，行为意义和结果意义上的举证责任都有必要规定，最高法院的民事证据规定也分两个层面，即行为意义与结果意义。但是，如何规定结果意义上的举证责任有难度，像德国、日本都没有规定。对于举证责任制度，我国在修订民事诉讼法时有以下方案可供选择：保留民事诉讼法第六十四条第一款的规定，只规定行为意义上的举证责任，至于举证责任的分配原则，将来制定民法典时再规定；或者，在保留民事诉讼法第六十四第第一款的同时，增设举证责任分配基本原则的条款。

（四）关于扩大法官依职权调查证据的范围问题

有学者认为，应适当扩大法官依职权调查证据的范围，如果没有这一权力，法官内心确信的程度和事实发现的准确性将大大降低，而根据证明责任下裁判的可能性会大大提高。所以，法官依职权调查证据的范围应有所扩大，应将涉及身份关系的事实列入法官取证范围，同时人民法院为审核对案件事实有重要作用的证据，或有重大疑点的证据，需要进行勘验等取证活动，不应受取证范围的限制。还有学者提出，完善法官调查取证应确立以下制度：文书提出义务制度、当事人讯问制度、谨慎排除非法证据制度、法官勘验制度。

（五）关于如何认识调解优先与诉权保障的关系问题

有学者认为，近年来有关调解的各项改革措施使我国的法院调解呈现出一种强势作为。这些措施在一定程度上丰富了我国民事诉讼制度，使法院调解程序更具制度理性和实践可操作性。然而，作为一种非诉讼纠纷解决方式，调解程序相较于诉讼制度的功能优势而绝不能成为其弱化公民诉权的依据。

一些学者认为，从保障民众诉权、促进社会正义角度看，现行制度仍有若干需改进之处，即应进一步强化自愿原则，切实保障当事人的调解自主权；应加强审前调解，实行适当的调审分离；应规范调解中法官释明权的行使。

（六）对人民调解协议司法确认程序性质的再认识

有学者认为，人民调解协议本质上是民事和解契约，但民诉法第十六条第二款在很大程度上消解了其契约性质的立法意蕴，结果人民调解作为非诉解决纠纷方式所应有的功能被大大削弱。

学者认为，人民调解协议司法确认本质上是人民法院赋予人民调解协议以强制执行力之非讼程序。但是，人民调解法第三十三条规定：人民调解协议是否有效需经司法确认，这无论从实体法还是程序法上讲都是不能立足的。有学者提出了改革建议：人民法院对人民调解协议的司法确认采用裁定形式；司法确认人民调解协议时，应围绕协议所约定的给付义务是否适于强制执行而非是否有效；人民调解协议司法确认需由当事人双方共同申请才能启动。

（七）社会管理创新成为法理学界的研究热点

社会管理创新的关键是以法律为内核的社会管理机制的创新。有学者提出，社会转型致使中国正处在社会矛盾的凸显期，如欲标本兼治，就应进行社会管理机制的创新，而法律是社会管理的最重要方式，因此应当在法哲学的高度辨证施治，构建五大创新机制，即坚持情理法结合的原则，建立释法说理机制；坚持治患与防患相结合的原则，建立社会风险评估法律机制；坚持调解的类型化与科学性相结合的原则，建立新型纠纷解决法律机制；坚持程序之形式正义与实质正义相结合的原则，建立法律协作联动机制；坚持命令式执法与互动式执法相结合的原则，建立民意表达释放机制。

（作者：刘武俊，司法部司法研究所研究员）

五、新闻传播学篇

（一）新闻传播学研究的一个重要关键词：“跨界”

2011 年，我国新闻传播学研究的一个重要关键词是传媒产业发展的“跨界”。由于既往传媒业固有的业态边界正在被打破，诸如传播者角色的跨界、传播渠道的跨界、传播内容的跨界、产业资源的跨界、媒介市场的跨界等。由此，拓宽了原有的市场边界，给传媒谋取更大的市场版图提供了条件。

研究者认为，中国媒体产业经营在“跨界”意义上实现了五个突破：跨媒体经营——破除媒体资源配置单一制；跨地域经营——破除媒体市场采邑制；跨级别经营——破除媒体行政本位制；跨所有制经营——破除媒体企业身份制；跨行业经营——破除媒体产业垄断制。

（二）国家形象传播成为关注的焦点

2011 年，中国 GDP 总量首次居世界第二，伴随着中国国家形象片在纽约时报广场的大屏幕以及 CNN 等频道高频次播出，国家形象传播成为关注的焦点。

研究者认为，在国家影像表达的后面，价值传达应有一定的层次和顺序，对真、善、美的普遍追求应先于在个别价值判断上的差异性追求。审美价值应先于民族与宗教的追求。应该更多地考虑到现实中传播主体与受众等的复杂性与不确定性，克服内容针对性和投放时机上的造势意图，防止硬广告式的符号化传播，否则不仅起不到传播效果，反而会强化受众原先对中国的刻板印象。

（三）新闻打假是新闻传播学界关注的话题之一

面对每天大量出现的网络信息和网络意见，一些传统媒体盲目从非理性的网络意见，而忽略核查事实。因而研究者指出，传统媒体在微博时代更应该坚持新闻专业主义，需要有超越于网络舆论、网络议程设置之外的关注视野。同时还要注意到，在职业新闻产生过程中存在诸多力量的较量，新闻职业道德往往是被最先放弃的“那一个”。这与我国整体的社会环境和道德意识薄弱有关。

2011年，因日本地震、海啸、核泄漏而在中国一度“谣盐”四起，引发学界的探讨。中国人民大学新闻学院舆情组通过调查和统计分析认为，此次“谣盐”的传播路径主要是通过传统的人际口头传播、电话和手机传播，微博等新媒体并不是主要的流言传播渠道。而且，在抵制“谣盐”的整个过程中微博显示出了积极的作用。这一实证研究为“微博与谣言有天然姻缘”的想象作了一次“基因修正”，微博机制对谣言的“自净化”功能得到关注。

（四）关于政务微博与“网络问政”的问题受到关注

就政务微博的现状而言，研究者指出，网络问政主体不均衡，多局限于网民问政于官，官员问政于民的局面没有形成，问政信息流向主要是网民流向官员，官员多处于被动应付状态；网络问政形式局限于问答式帖子，缺乏多样立体化的问政形式；网络问政效果取决于官员和部门的思想开明而并非制度制约，没有形成普遍的网络问政绩效考核机制。这需处理好三个关系：公关与服务的关系、发布与参与的关系、突发与常态的关系。

（五）乔布斯的去世引发学界关于传播科技的反思

2011年是著名传播学者马歇尔·麦克卢汉诞辰100周年，苹果电脑创始人史蒂夫·乔布斯的离世引发学界关于传播科技的反思。

研究者指出，现在宽泛地以麦克卢汉的学说为基础并加以发展，已经构成了不同于简单乐观主义技术论的另一个取向，其结论和分析趋向多元，其中警惕技术对人的控制，尤其令人关注。而纪念乔布斯，不仅是因为他创造了一个真正意义上富可敌国的商业组织，更重要的是他给了我们一个延伸的工具。而至于究竟工具是我们的延伸还是我们是工具的延伸，则需要我们去缅怀和反复咀嚼麦克卢汉。

（作者：陈力丹，中国人民大学新闻学院教授）

六、文化学篇

（一）关于“文化再生产”问题

学者指出，经济学上把循环往复的生产过程称为物质再生产。文化传承和创新周而复始的延续过程也可看作一种再生产，即文化再生产。当今世界，文化与经济融合所产生的竞争力，正在成为一个国家核心竞争力的重要组成部分。研究文化再生产的特征和规律，有利于解决我国长期存在的文化与经济发展“两层皮”现象，进而推动提高文化生产力和文化产业竞争力。与物质再生产各环节有所不同，文化再生产可分为创作、生产、传播和消费四个环节。

（二）“建设社会主义文化强国”备受关注

党的十七届六中全会聚焦文化议题，首次提出了“建设社会主义文化强国”的战略目标，引起了学界的高度关注。

学者认为，当今时代互联网、手机等新媒体的应用和普及，极大方便了人们的交往。全球化进程加快，使国际文化交流碰撞更加直接。在全球化的大格局下，文化在综合国力竞争中的地位和作用更加凸显。我国已经进入了全面建设小康社会的关键时期和深化改革开放、加快转变经济发展方式的攻坚时期，文化越来越成为民族凝聚力和创造力的重要源泉、越来越成为综合国力竞争的重要因素、越来越成为经济社会发展的重要支撑。建设社会主义文化强国，是中华民族追求自强的必然选择，是我国从经济大国走向经济强国的必然选择，是中华民族复兴的必然选择。

（三）关于如何发展文化事业与文化产业的问题

学者认为，文化事业应坚持公益性。近年来，我国各地的有关部门按照公益性、基本性、均等性和便得性的原则要求，坚持以政府为主导、以公共财政为支撑、以基层特别是农村为重点，大力发展公益性文化事业。通过政府主导，引导多元投入，各地公共文化服务投入方式日趋多样化，多元投入机制正在形成，促进文化事业投入大幅增长。

学者提出，中华文化的悠久历史资源使我国文化产业孕育着产生巨大财富的机遇，文化产业吸引投资的领域不断扩大，从过去基本上是以国有资金为主逐步转向多元投资机制：一是政府以文化产业的投资基金、奖励性资金、扶持资金、专项资金等各种形式加大了对文化产业的投入；二是银行等金融机构对文化产业的扶持贷款力度加大；三是文化企业进入资本市场融资；四是各类投资基金投资于文化产业；五是国家对文化产业大力扶持，激发了民间资本对文化产业的投资热情。对文化产业多元投融资机制的形成，使近年来文化产业投融资呈加速发展趋势。因此，党的十七届六中全会提出的“推动文化产业成为国民经济支柱性产业”，是有深刻现实背景的。

（四）关于社会主义先进文化的精髓问题

党的十七届六中全会提出，社会主义核心价值体系是兴国之魂，是社会主义先进文化的精髓，决定着中国特色社会主义发展方向。如何理解这个论断呢？

有学者提出，这个论断深刻地阐述了社会主义核心价值体系在当代中国文化建设乃至整个中国特色社会主义建设中的历史地位，同时也提示了社会主义核心价值体系的科学内涵。有学者认为，社会主义价值作为一种文化的积淀表现在各方面，人们可以从不同角度进行归纳。但是，只有“核心价值”才是决定社会主义先进文化的具体形态——中国特色社会主义文化的基本要素。围绕“核心价值”形成的各种观念构成了“核心价值体系”。多数学者认为，建设社会主义核心价值体系的目的在于增强人们对于社会主义的认同感，形成中华民族奋发向上的精神力量与团结和睦的精神纽带，加固中国特色社会主义事业的精神支柱。

（作者：靳晓霞，河海大学公共管理学院副教授）

七、管理学篇

（一）关于如何应对社会群体性事件的研究引起关注

当前一些社会群体性事件的频发，表明我国社会治理模式尤其是基层治理模式存在着问题。

有些学者提出，走向现代公共治理是有效应对社会群体性事件、构建和谐社会的正确道路。在各级政府主导下，多元社会主体制度化参与公共治理过程，并在完善公共治理基础上，地方公共治理、跨区域的政府间合作治理、官民合作治理、社区公民治理等四个方面的有效衔接与良性互动，可能是减少社会群体性事件的可行之道。

也有学者认为，社会预警机制是防范和解决社会矛盾的基础，是社会稳定和发展的指示器。建立社会预警机制就要求有多层次、覆盖广泛的信息网络系统，就要重点进行社会调查，研究涉及群众切身利益如国有企业改制、职工下岗分流、征地拆迁补偿、集资还款、农民负担、土地承包中的问题，并预测可能会引发的矛盾和冲突。

（二）如何准确界定社会建设和社会管理的内涵问题

今后政府工作重心将会从经济建设向社会建设和社会管理上逐渐转移。这是学者们的一种看法，也是来自管理者的看法。

关于社会建设，有学者认为，既不适用于“小社会”的概括，也不适用“大社会”的概括，而可用“中社会”来界定其范围，即它是涵盖了经济以外的所有社会领域，包括政治、文化、科技、教育、卫生和民生等。有的学者认为，社会建设是在经济增长的基础上大力发展社会事业、改进社会治理、增加社会融合，全面提升当代和后代人的福利水平，实现社会和谐与持续发展。还有的学者认为，社会建设的核心是提供均等化的公共服务，如果能实现“学有所教，劳有所得，病有所医，老有所养，住有所居”的普遍公平的公共服务，就会实现社会和谐。为此，建设要求政府以发展社会事业和解决民生问题为重点，把所掌握的资源更多地向公共服务领域投放，而且尤其要向农村地区、欠发达地区和弱势群体倾斜，着力解决就业、就学、就医、养老等问题。

关于社会管理，有学者认为，它是隶属于社会建设的概念领域。广义的社会管理既包括社会持续和公共安全的管理，也包括社会保障、社会救助、社会慈善、社会组织的管理。社会管理的基本任务是协调社会关系、规范社会行为、解决社会问题、化解社会矛盾、促进社会公正、应对社会风险、保证社会和谐等。社会建设和社会管理同是实践领域。社会建设更加系统和全面，而社会管理则渗透在这个系统工程中从规划到实施的每一个环节。

（三）学界从不同侧面讨论“网络群体事件”及其应对问题

在网络与媒体从发展走向发达的新时期，网络群体事件（在互联网上发生的有较多网民参与和讨论的事件）逐渐增加。但是与早几年一些人将网络聚集事件视为洪水猛兽不同，学者们在研究中的心态、认识、观点、立场逐步走向平和、理性和客观。意识形态话语逐渐淡化，政治判断的倾向越来越少，而是开始与简单化的对立性批判话语与情绪保持一定的距离。一些学者认为，作为社会转型中秩序重建的产物，网络群体性事件本身并不可以简单地用“善、恶”来定论，网络群体性事件在对政府工作形成挑战的同时，也折射出常规民意表达渠道的阻碍和渠道拓展问题，并及时发挥了社会舆论和社会监督的重要作用。

在这个大的网络时代背景下，对网络群体事件的分类、对实践中民间舆论群体的探讨等，也成为学者们广泛关注的目标。一些管理学者侧重于从利益平衡角度提出对策；一些政法类学者从控制社会秩序的角度提出管理方案；一些新闻传播类学者从信息传播规律的角度提出了舆论引导的措施；而一些具有社会学和政治学背景的学者则从网络参与和网络社会建构的角度提出了公权与私权互动的观点。

（四）如何建构新农村建设参与主体合理格局的问题成为学者思考的重点

在社会建设的大背景下，农村建设的思路和方向也成为很多学者思考的重点之一。一些学者认为，社会发展的主体多元化是一个必然的方向。我国新农村建设作为社会发展的一种实践，同样需要调动多元主体参与其中。第一，国家参与的主导地位无可替代。宏观层次和政策支持能够提供必需的制度资源，包括经济资源和政治合法性等，这是国家职责和国家力量的体现。第二，充分动员市场力量。市场经济迅猛发展，新农村建设当然离不开市场力量。市场组织的参与方式至少有两种：一是市场组织可以与农民组织建立产销一体化机制，让农民有效参与市场和分享市场的效能；二是市场参与提供一种能力训练，农民在参与市场的过程中可以加强自身的经营能力，提高市场意识。第三，鼓励和引导非政府组织的参与。第四，引导和动员农民的积极参与，他们是新农村建设的主力军。

（作者：马庆钰，国家行政学院公共管理部教授、博士生导师）

八、社会学篇

（一）关于加强和创新社会管理的问题受到关注

有学者认为，我国原有的行之有效的社会管理体制在某些方面已经难以适应我国社会发生的巨大而深刻变化的情况，因此加强和创新社会管理实际上涉及社会管理体制的改革。从国家的长治久安来看，最重要的就是建立和完善一整套行之有效的适应时代变化的新的社会管理体制机制，也就是顶层设计。有学者认为，从顶层设计看社会管理创新，重点要在推进三个方面的结合上下功夫：一是推进社会管理和社会服务相结合；二是推进维护稳定和保障社会公平正义相结合；三是推进社会公共治理和社会体制改革相结合。还有学者提出，当前加强和创新社会管理还必须处理好政府负责与社会协同的关系、管理与服务的关系、维护社会稳定与维护群众利益的关系。

（二）社会保障研究取得重大进展

在社会保障研究中，社会保障的基本理论研究、社会保障的制度体制研究和社会保障体系建设的技术问题研究都取得了重大进展，尤其是提出了我国社会保障体系建设的目标。有学者提出，我国覆盖城乡居民的社会保障体系建设的目标，可以分为近期目标和远期目标。近期目标是到2020年全面小康社会建成之时，实现“人人享有基本生活保障”的目标；远期目标则是到2049年中华人民共和国成立100年时，把我们国家建设成为中国特色社会主义福利社会。

根据现实需要与发展可能，依据从社会保障体系残缺不全到制度健全和完备、从选择性保障制度安排到公平和普惠的社会保障制度安排、从只能维护人的生存条件到维护人的自由平等与尊严的思路，中国社会保障发展战略目标的实现分三步走。第一步（2008—2012年）的目标任务是构建起“三免除一解除”（通过强力构建覆盖全民的最低生活保障制度、医疗保障制度和养老保障制度，让全体人民享有起码的社会保障，能够免除生存危机、疾病忧患和从制度上解除养老的后顾之忧）的社会保障制度支架，为建设健全、完备的中国特色社会保障制度奠定坚实的基础。第二步（2013—2020年）是到2020年全面小康社会建成之时，实现中国特色社会保障制度的全面定型和稳定发展。第三步（2021—2049年）是到中华人民共和国成立100年时，在进一步完善中国特色社会保障制度并实现这一制度可持续发展的同时，不断提高保障水平，确保国民的生活质量，全方位满足国民对社会保障及其相关服务的需求，真正迈向中国特色社会主义福利社会。

（三）“边缘化”现象引起学者关注

边缘化是指从中心和主流逐渐被移除而走向非中心、非主流的过程。在社会变革的这30多年里，有部分社会群体或阶层出现了从社会中心、主流到外围、边缘的位移现象。出现边缘化的群体或阶层主要是工人、农民等弱势群体，是处于社会层级结构当中较低地位的阶层。边缘化体现为经济收入水平的相对下降、政治上话语权的不足和社会地位的相对降低。从本质上讲，边缘化是社会资源分配不公的表现。制度的不完善是造成边缘化的重要因素。边缘化与社会价值观的变迁也有密切关系。

边缘化作为社会急剧变迁过程中产生的现象，必然会带来各种各样的负面影响，主要是：一方面，边缘化现象就像横在人们面前的一条鸿沟，将社会分为中心与外围、主流与边缘等不同的甚至在某些方面截然对立的部分，直接加大了社会融合的难度。加上被边缘化的群体与阶层原本的优势地位的丧失，容易滋生相对剥夺感和更为强烈的对社会不公的感受，导致社会怨恨的产生，进一步加大了和谐社会建设的难度。另一方面，被边缘化的这些群体与阶层由于其特殊的政治地位和巨大的、潜在的社会能量，一旦被边缘化以至于长期不能够改变其现实处境的话，显然是不利于社会稳定与可持续发展的。

（作者：青连斌，中共中央党校社科部教授；郭红霞，中央社会主义学院讲师）

九、人口学篇

（一）关于中国人口城市化的状况问题

根据第六次人口普查的数据，中国大陆人口已达13.39亿左右。在这13.39亿之中，有49.68%的人口为城市常住人口，有50.32%的人口为乡村常住人口。如果将普查时居住在城镇的不满6个月的乡村人口也计算在内，即以所有普查时点人口计，则截止到2010年年底，中国的城市化水平已经超过了50%。也就是说，中国已经在2010年年底跨入了城市社会的门槛，即已经从以乡村人口为主的社会进入到了以城镇人口为主的社会，完成了现代化过程中最为艰辛的人口转型。中国人口城市化水平的质的变化，不仅彻底改变了中国国内的社会结构与经济结构，而且还在全球人口层面改变了整个世界人口的城乡布局。

（二）农民工问题的研究进一步深化

有学者认为，中国的城镇化进程得益于中国农民工极其强烈的草根性流动冲动，也得益于一代又一代农民工坚韧不拔的持续性身份转变努力。现在，跨乡镇流动的农民工已达1.7亿人左右，如果将大约1亿以上的“离土不离乡”的农民也包括在内，则除去重复计算，在非农就业的具有农业户口的非农产业“农民”的总数至少已超过2.5亿。“离土不离乡”农民的就近就地市民化、跨乡镇流动农民工的产业工人化已经成为当前城市社会工作面临的重要问题。还有的学者认为，不管是内需的启动还是社会建设项目的设计，以及社会管理机制的创新等，都离不开对农民工问题的研究。但正是在这一大背景下，以农民的市民化与农民工的产业工人化为主要特色的社会融合问题，才成为当前中国社会最关切的问题。这个问题将长期贯穿于现代化、工业化与城镇化过程之中。

（三）“家庭分割”现象受到学界关注

“家庭分割”现象受到学界关注。有学者认为，改革开放之前，一个家庭中的所有成员往往共同居住在同一屋檐下（或同一居室）。但在改革开放以后，大规模的人口流动开始将具有同一经济支出与消费关系的夫妇家庭、未婚子女与其赖以维生的成年父母家庭、成年已婚子女与其所赡养的父母家庭等分割在农村与城市、城市与城市或同一城市的不同地区。这就使当前的家庭居住安排表现得极其复杂。从流动与未流动的角度说，存在流动家庭成员与留守家庭成员的分割；从整个流动人口群体来说，存在流动到不同城市之间的分割；从大城市内部居民的角度来说，由于存在较高的交通成本，平时居住在单位附近但在周末团聚的所谓“周末夫妻”的比例也增加了。这一方面重塑了中国家庭成员之间的关系结构，另外一方面也对人们的生活方式产生了重大影响。

（作者：张翼，中国社会科学院人口与劳动经济研究所研究员）

十、行政学篇

（一）关于“大部门制”改革的推进路径及突破口问题

关于“大部门制”改革，是中央一再强调的一项改革议程。一些学者认为这项改革推进的路径为：一是需要真正认识清楚“大部门制”的本质，即大部门加执行机构加合约管理。大部门要少，执行机构要多，两者之间的管理运行机制是合同管理。这不仅体现了决策与执行相对分离又相互协调的原则，而且也是这些年来全球行政改革中政府内部管理机制趋于企业式的追求。二是按照小决策、大执行的要求，加大一线与窗口服务人员比例，真正解决官僚机构多、执行机构少，决策人员多、执行人员少的弊端。三是将事业单位改革作为政府下一步“大部门制”改革的突破口。我国几乎每一级政府中都有大量的事业单位，可以结合分类对那些承担公共服务职能的机构纳入大部门制改革的范围，将其改造为执行机构，由核心部门通过合约进行管理，预期获得强化责任、降低成本、提高效率的效果。

（二）“中国模式”研究的多种视角

“中国模式”是备受关注的学术议题之一。有人从改革角度谈模式，认为中国是渐进改革的样板；有人从发展的角度谈模式，认为中国是落后国家通过市场经济赶超先进国家的典型；有人从现代性角度谈模式，认为中国是利用和发展自己的特色而与早发的欧美现代化价值相抗衡的力量；有人从经济增长角度谈模式，认为中国是国家权力主导经济增长的实验者。还有学者从政府管理的角度谈模式，认为中国是市场经济与权力相对集中管理相结合的范本。

对于最后一种模式，有些学者进行了深刻分析，提出的观点包括：第一，这种市场经济加相对集权管理的特殊模式具有中国特色，在过去30多年的经济增长中发挥了重要作用，但是这种作用在未来的可持续性有待观察。第二，市场经济是一种有效而自由的资源配置机制，但是它对于政府管理的要求比之于计划经济更加严格，需要一个民主法治成熟的制度环境。第三，经济人理性和权力的资源分配性的结合，最终会成为对于市场经济运行和社会公平正义的潜在威胁，而预防威胁成为现实的关键途径就是行政道德教育加民主法治的制度建设，而后者带有根本性。第四，中国式政府管理的可持续性，依赖一个正确的调整方向和一系列改革措施的出台。这个方向是从政府权力相对比较集中行政转向公共行政。为此，要在继续遵循渐进改革和适度改革原则的同时追求系统改革原则。

（作者：马庆钰，国家行政学院教授、博士生导师）

（原载2011年12月26日《北京日报·理论周刊》）

亮点：建党 90 年、辛亥革命百年之新论

王为衡

2011 年是中国共产党成立 90 周年、辛亥革命 100 周年。围绕这两个纪念主题，学术界研究活跃，提出了一系列较之以往研究有所创新与突破的新观点。本文摘要整理，供研究参考。

一、关于党的早期组织的群体特征

张静如、王峰认为，党的早期组织具有相似的群体特征：肇造者出身相似，几乎全是知识分子；地理环境相同，都是近代以来中国商品经济比较发达或水陆交通比较便利的通商口岸和中心城市；马克思主义理论水平并不高，在一些重大问题上认识不够深刻；注重理论联系实际；直接或者间接受到过陈独秀的指导和帮助。

二、关于党的早期组织名称等问题的新考证

关于中共上海早期组织名称，张旭东考证认为，上海共产主义小组最初名称既不是“社会共产党”，也不是“中国共产党”，而是“社会党”，但这个名称只使用了很短时间就改为“共产党”了。

通过研究《四川省重庆共产主义组织的报告》，李蓉认为，对 1920 年 3 月 12 日四川省重庆成立共产主义组织应持肯定态度。它的出现说明中国共产党是在中国各种共产主义组织纷纷成立的基础上产生的，说明中国革命、中国共产党选择马克思主义的历史必然。至于这份报告为什么没有像北京共产主义组织和广州共产党的报告那样提供给党的代表大会，她认为有以下几点原因：没有能够与中国共产党发起组及时取得直接联系；报告送达后，由于各种原因，和组织失去了联系；被认为是无政府主义组织，没有得到承认。

三、关于无产阶级政党建党原则的论争

高正礼认为，在早期马克思主义者内部，围绕无产阶级政党建党原则，展开了如下论争：在中央与地方关系上，是实行地方分权还是中央集权制；关于中共同其他党派关系，是坚持完全独立还是建立革命联合阵线；关于中共同共产国际的关系，是否依靠共产国际的援助开展革命，是否完全接受共产国际的领导和指示；共产党员能否到政府中做官、参与议会，等等。通过这些论争，进一步宣传了马克思主义，提高了中国早期马克思主义者的理论水平，产生了积极效果。

四、关于陈独秀、张国焘的评价问题

金冲及认为，过去对陈独秀应该肯定的没有做足够的肯定，把有些不能完全归于他的责任也比较多地归于了他。这是不对的。但反过来，从一个极端走到另一个极端，对陈独秀什么都肯定、认为他什么都对，那也是不客观的。

有学者提出，要尊重历史、实事求是，不能因为后来的“过”就否定前期的“功”。张国焘对中共创建有重要贡献：一是参与了中共创建的筹备工作；二是主持了中共一大会议；三是党成立后的一个重要时期领导了全国工人运动。

五、关于党的一大为什么选择在上海法租界召开

熊月之认为，这是因为法租界（特别是新区）在上海城市化进程中较之公共租界与华界占有后发优势，规划严格，环境幽雅，交通便利，人口密度不高，房租适中，安全又有保障，这些因素正是陈独秀、李汉俊、李达等政治、文化精英聚集在法租界的根本原因。同时，俄侨主要生活在法租界，这就为吴廷康、马林、尼科尔斯基等人活动提供了方便。所以，党的一大选择在法租界举行也就顺理成章。

六、关于陈独秀为什么没有出席党的一大

学术界有因事、抵制外国人包办、安全考虑、对大会不重视等说法。黄爱军认为，真正原因有二：一是此时陈独秀不能也不便离开广州。一方面，他在广州进行全面教育改革探索，而守旧势力对他进行口诛笔伐，在此情况下，性格倔强的陈独秀不会一走了之。另一方面，建党及宣传活动在广州开展顺利，局面正在打开，但建党基础并不巩固，如果此时离开，对广州建党势必带来不利影响。二是陈独秀根本就不打算出席，这是根本原因，他有多方面考虑：其一，党的一大主要议程已基本商定，是否出席对整个会议影响不大；其二，他不愿和马林直接打交道，并避免就中共与共产国际关系问题发生正面冲突；其三，他不愿和李汉俊等人就一些基本问题发生正面争吵。

七、关于共产国际代表吴廷康在建党中的作用

俄罗斯学者 И. Н. 索特尼科娃认为，应重视俄共（布）和共产国际代表吴廷康在中国共产党创建过程中的积极作用，是他把社会主义拥护者们的追求引上建立中国共产党实际工作的轨道，并给予政治、组织和财政上的援助。

八、关于尼克尔斯基的新考证

关于党的一大参加者尼克尔斯基来华的工作任务、具体职务、为何出席等问题，张伟良认为，过去的看法一直存在以讹传讹之嫌。尼克尔斯基既不是作为共产国际远东书记处的全权代表专程赴上海出席党的一大，更不是党的一大召开的具体发起建

议者。他被共产国际远东书记处派往上海是负责联络处信件交往、情报收集、掌管经费等工作。鉴于他的特殊工作任务性质，共产国际远东书记处要求他“出席所有党的会议”。在这种背景下，尼克尔斯基参加了一大。

九、关于民主革命时期党的全国代表大会制度

李颖认为，从党的一大到七大，党的代表大会制度的形成具有规模逐渐扩大、相关制度规定逐步规范、代表由指派推荐向民主选举发展、召开方式逐步形成民主传统、在长期受共产国际深刻影响后最终走向独立自主等特点。总结民主革命时期党的全国代表大会制度发展的历史经验，具有重要现实意义，即定期召开党的全国代表大会是发挥其作用的基本前提；民主选举党代表和党的领导机构是完善党的全国代表大会制度、发展党内民主的重要条件和标志；保证党代表畅所欲言是提高党的全国代表大会民主程度和议事质量的关键环节；加强党的全国代表大会的制度建设是充分发挥其作用的重中之重。

十、关于早期党团之争

黄金凤认为，中共早期规定青年团在政策上服从共产党，但组织上保持独立的党团关系，这是一个两难。因为早期青年团在组织、人才和工作上强于共产党，在五四运动前，青年团影响超过了共产党的影响，甚至出现“第二党”的倾向，为了防止团的“第二党”倾向，党中央调整了党团关系，对团的职权和活动范围作出限制，但竞争与矛盾依然存在。直到党的六大才对团的性质进行定位，团的五大将党团关系写入团章，党对团的政治领导关系才得到制度保证，但是直到1935年青年团取消，党团矛盾都或多或少存在。1949年，在青年团重建时，共产党接受早期党团纠纷的教训，放弃了青年团保持组织独立性这一传统，使团在政治与组织上完全从属于共产党。

十一、关于共产国际经费问题

如何评价中共诞生初期共产国际的经费支持，徐元宫认为，首先应该肯定其重要作用，但也应该意识到除发扬国际主义精神、推进“世界革命”的因素外，在一定程度上也包括利己动机和实用主义因素，而且需要强调指出的是，在接受经费支持的同时，中国共产党一直没有放弃自筹经费的努力。

十二、关于开除陈独秀党籍问题

朱洪认为，在开除陈独秀党籍问题上，共产国际、斯大林与中共中央的向忠发、李立三等人存在分歧。斯大林的重点打击目标是托洛茨基，加上其他原因，开除陈独秀党籍并不是斯大林所希望的选择。在这个背景下，在苏联中国问题研究院召开三次研讨会讨论中国的“机会主义”和中国大革命历史之后，共产国际经中共中央转给陈独秀电报“敦促他去莫斯科”重新讨论他的党籍问题，但考虑到在中国大革命失败的责任问题上“斯大林没有让步余地”，因而陈独秀拒绝去莫斯科讨论自己的党籍问题。

十三、关于共产国际为何支持毛泽东为中共领袖

李卫红、徐元宫分析俄罗斯解密档案认为，共产国际之所以支持毛泽东为中共领袖，是因为共产国际和苏联领导人非常清楚王明缺乏中国实际革命经验，而毛泽东是经过中国革命实践锤炼出来的领袖；王明在西安事变之初主张杀掉蒋介石，激起了斯大林对他的不满、猜忌和愤怒；最后，陈云、任弼时、刘亚楼等向共产国际客观反映中国实际情况，有助于共产国际和苏联领导人了解中国实际情况，从而支持毛泽东为中共领袖。

十四、关于马克思主义中国化、时代化、大众化

高正礼认为，在研究马克思主义中国化的“马克思主义”时，有两点需要注意：一是关于斯大林主义。改革开放以来，谈及马克思主义中国化的理论依据和思想缘起时都不再提“斯大林主义”，这是应该的，也是可以理解的。但作为历史研究，必须回归历史实际。20世纪20—60年代，中国共产党人作为指导思想所坚持的马克思主义一直包括斯大林主义。二是关于西方马克思主义。尽管西方马克思主义有这样或者那样的缺陷，但其中不乏一些反映人类社会和社会化生产等发展规律的思想观点，可供我国建设和发展中国特色社会主义借鉴、参考。因此，在新世纪新阶段，被中国化的马克思主义还包含了西方马克思主义的合理成分。

胡为雄认为，马克思主义哲学大众化第一人应是1921年就开始大众化工作的高语罕。其《白话书信》《理论与实践：从辩证法唯物论的立场出发（书信体）》《青年书信》三本书是我国历史上最早推动马克思主义哲学大众化的通俗著作，其出版时间要比艾思奇的著作早得多。

十五、关于中国特色社会主义道路

陈晋概括认为，今天人们习惯上说的中国道路的开端是马克思主义的传播和中国共产党的成立，它的指向是一个现代化的社会主义国家，它的形成和发展历程就是在革命、建设、改革的不同时期，自觉地不断推进马克思主义中国化，并形成了马克思主义中国化的两大理论成果——毛泽东思想和中国特色社会主义理论体系，它的灵魂就是解放思想、实事求是、与时俱进。它的实践形态或者说它在今天的名字，就叫中国特色社会主义，它的未来是中华民族的伟大复兴。

十六、关于党的创新力与修复力

刘建军认为，中国共产党具有创新力（指突破传统约束、吸收新兴要素的能力）和修复力（指使日益变革的社会不偏离或脱离中轴价值轨道的能力）于一身的特性，从而缔造了中国独特的发展模式，这一点在改革开放中表现得尤为明显，并且暗含一个趋势，即创新力愈强的时候，对修复力的要求也就越高；创新力展开的强度越大的时候，修复力的反哺程度也就越强。

十七、关于社会主义核心价值体系

韩震认为，社会主义核心价值理念是与社会主义核心价值体系相适应的，“民主、公平、和谐”应是社会主义核心价值体系的内在精髓和根本体现。首先，社会主义核心价值理念的规定必须确立在国家制度文化层面，必须是一种社会制度和意识形态的诉求，而不能变成仅仅是对公民的行为要求和道德规范。其次，社会主义核心价值理念的规定必须定位在战略性层面上，而且必须定位在战略的核心理念层面。最后，社会主义核心价值理念应致力于国家内部制度文化认同，提升民族凝聚力和向心力，同时也必须具有强大的国际竞争力，必须是引领世界历史发展方向的价值。

十八、关于中国共产党与中国现代化

庞松认为，应从中国近现代历史进程来把握两者关系，并指出研究中国现代化离不开历史基础，即近代以来一切现代化探索的理论与实践；离不开制度基础，即近代以来尤其是中国共产党成立以来现代化发展中的制度建设；离不开认识基础，即近代以来尤其是新中国成立以来现代化建设正、反两方面经验的总结；离不开物质基础，即中国共产党成立以来特别是新中国成立以来党领导人民取得的一切物质建设成就。

刘国新认为，中国共产党成功的原因之一就是根据主客观条件和环境的变化，及时调低或者调高社会主义现代化建设的奋斗目标，使规划更加实事求是。同时，使现代化建设目标又以经济为主演变为经济、政治、文化、社会、生态五位一体全面的综合的指标体系。

十九、关于辛亥革命性质的争论

针对有的学者提出的“把辛亥革命定性为资本主义革命是不正确的”这一认识，吕明灼认为，不能因为当时孙中山主张中国实行社会主义，主张由分权制向集权制、多党制向一党制、地方自治向中央集权转变、主张解决农民土地问题而否定辛亥革命的资产阶级性质。把辛亥革命定性为资产阶级民主革命，一点也没有贬低其伟大意义的意思，相反，这是很崇高、伟大、光彩的。在无产阶级登上历史舞台前，资产阶级的民主共和思想是当时最进步、最革命的思想，是推动中国社会前进的动力。而杨天石则认为，辛亥革命是资产阶级革命，这个看法未必准确。因为辛亥革命的目的是推翻清王朝的统治，最要紧的任务是救亡，而不是为了发展资本主义。同时，西方资产阶级革命后会马上和工人阶级产生矛盾冲突，而孙中山特别讲到，要让中国的工人阶级避免受剥削的痛苦。辛亥革命的性质应是民主共和革命，领导力量是“共和知识分子”或“平民知识分子”。彭剑认为，各方对辛亥革命性质的讨论，基本都是从领导者性质入手，但从政体转型角度来看，辛亥革命的一个基本面是共和制和君主制的较量。

二十、关于辛亥革命的动力和历史必然性

李文海认为，辛亥革命的发生并非偶然，既不是由于“西方思想的影响”激起的“骚动和不安”，也不是在少数人“极端感情”或“革命狂热”煽动下的“幼稚与疯狂”，而是社会矛盾运动的产物，有着深刻的历史和社会根源。谢放认为，辛亥革命的发生受到多种因素影响，革命运动是原动力、立宪运动是助推手，清末新政是催化剂。同时认为，过多强调立宪运动、清末新政的改良性质和责难革命的破坏作用，不利于研究的深入。

二十一、关于辛亥革命的历史功绩与意义

金冲及认为，过去很长时间，人们对辛亥革命认识不够，讲消极和失败的方面较多，讲历史意义和对中国历史的推动作用较少。现在已经过去 100 年，我们自然可以对辛亥革命的历史功绩作出更冷静、更全面、更客观的评价。

马勇给予辛亥革命较高评价，认为是参与各方共同努力、相互让步的结果，是历史上从未有过的“不战而屈人之兵”的成功案例，是中国智慧的最高体现。杨天石认为，辛亥革命为“振兴中华”这篇大文章开了个好头，写好了第一段。

李文海认为，辛亥革命的意义并不仅仅在于赶跑皇帝，推翻封建君主专制制度，更在于在两个重大政治原则问题上对传统思想作了根本性颠覆。一是将曾被认为至高无上、神圣不可侵犯的专制独裁政治宣布为罪恶和黑暗的，“不是平等自由的国民所堪受的”，公开声称“敢有帝制自为者，天下共击之”！这是对以往政治是非的一个根本颠覆。二是过去被认为是卑贱的、可以任意生杀予夺的“愚民”“草民”则被宣布为国家的主人，这是又一个根本性颠覆。这两条虽然在现实政治生活中没有立即实现，但至少在法律、观念上得到了认可，成为绝大多数人的共识。

二十二、关于辛亥革命的遗产

章开沅认为，应该正确对待辛亥革命遗产中的正面和负面因素，不可只讲一面，而回避另一面，还应努力讲够、讲透。例如，“共和国观念从此深入人心”之类话语就存在讲够但未讲透的问题。同时，他还主张放大眼界，将海峡两岸作为一个整体来研究辛亥革命以来的中国民主进程，这样可以获得更多真知灼见。

姜义华认为，辛亥革命在形式上打破了王朝体系，但贯穿于王朝体系运行中的各项基本原则，并没有随之湮灭，在很大程度上仍然影响着20世纪中国的政治生活，这是一份不可回避的历史遗产。诸如，大一统国家体系之类的基本原则，我们应将其与现代化紧密结合，与每个人自由而全面的发展紧密结合，方能继续保持其旺盛的生命力。

傅国涌认为，辛亥革命给予我们的最大遗产就是尽量避免走弯路，少付出一些沉重代价，以节制、渐进却是坚定的方式走出一条新路，建立起一个能充分保障公民基本权利，让每个中国人都活得既富足又有尊严的制度。

二十三、关于辛亥革命与中国现代化

师泽生、林毅认为，以辛亥革命为分水岭，之前中国的现代化模式主要是接受、理解外来的现代化理念，以此颠覆不利于实现现代化的传统因素，而革命后自然转变为更多考虑中国现代化的实际条件，规划符合中国革命自身需要的现实方案。

吴剑杰认为，混乱和无序是大变革的常态。但无序也是一种序，并且是走向新的有序的必经阶段。民国即使变成一块空招牌，但有与没有也不大一样，因为民主共和的观念已深入人心，不管道路如何曲折，想要砸掉这块招牌的人无一例外都身败名裂。辛亥革命在真正意义上开启了中国近代政治民主化、现代化的进程，后来孙中山发动的国民革命、中国共产党进行的新民主主义革命实际上都是在不同时代条件下以不同方式延续和推进这一进程。这是不可逆转的时代潮流。辛亥革命带给人们社会生活、价值理念以及思想文化、教育科技等方面的进步，都是现代化因素的不断积累。

关于辛亥革命是否促进了经济现代化，张佳坚认为，将转变中国传统经济思想的功劳算到辛亥革命头上不太恰当，辛亥革命的突出之处只是在于政府比较彻底地放弃了对经济的干预，使资本主义的自由主义经济思想得以延续、加强。而张翔等学者通过分析1895—1926年宏观经济数据，则认为辛亥革命确实在一定程度上促进了中国经济特别是实业经济的发展，同时推动了教育的进步，并认为辛亥革命振兴实业、教育革新的理念对未来中国产生了积极导向作用。

二十四、关于辛亥革命与中国政治发展

师泽生、林毅认为，辛亥革命对于当代中国政治发展的意义在于开启了中国现代民主政治发展的新篇章，重构了中国社会的阶级阶层结构，开始了根除封建专制主义消极影响的进程，是新民主主义革命和社会主义革命的总预演和必要过渡阶段。

关于辛亥革命后为什么民主政治没能实行的问题，许耀桐认为，关键在于在工业化浪潮下，当时中国的执政者或者执政党没有进行民主实践的意愿和决心，以及作为民主政治赖以生存的经济基础——经济市场化也较为欠缺。

王先明认为，无论从革命主体还是从革命话语而言，辛亥革命都是20世纪的革命之源。孙中山“不断革命”的遗嘱成为一种历史正当性的标志。但民国之后，革命话语日渐“普泛化”，其真实本义却常常被淡化或者异化。焦洪昌、许婕认为，辛亥革命发生前后，人们所接受的“共和”观念远非现代意义上的“共和”。对“共和”词义理解的含混与类型化，使国人较为广泛地将其与民主等同、与革命相连，视立宪法、开议会为标志。在革命的各个阶段，这些理解起到了截然不同甚至相反的作用。高瑞泉认为，辛亥革命第一次在国家根本大法层面上肯定了“平等”的价值，并承诺将其转变为社会政治法律方面的制度安排。但孙中山主张机会平等，反对实质平等或结果平等，其经济平等的诉求远比政治平等的要求激进，同时主张依赖“全能政府”来实现平等。

二十五、关于孙中山思想的价值

林家有认为，对于孙中山的评价不应仅停留在革命先行者的层面，真实的孙中山还是中国近代化事业建设的先驱。刘学照认为，孙中山是20世纪中国第一位具有“百年发展思想”、提出全面建设现代中国方略的革命家，也是中国第一位自觉出于历史实际需要用现代科学思想重新诠释传统知行话语的思想家。今日重新解读其“行易知难”说，应该据历史、凭事实，重新焕发其“学问革命”的历史本义与尚理想、重实行的人文主义精神。

宋志明认为，孙中山以现代视角和开放心态看待并转化传统，使之适应中国社会发展的需要，预见到了儒学的现代价值，在厘清儒学范畴、构想现代儒者人格方面均有重要建树，对于现代新儒学思潮的兴起具有前导和先驱的作用。

章元沅认为，孙中山及其后继者设计的多种具体方案很难解决当前社会复杂的深层次问题，但“一手抓土地流转（平均地权），一手抓投资调控（节制资本）”的思路仍有启发作用，他晚年对世界主义特别是世界主义与民族主义之间关系的思考，在经济全球化的今天仍发人深省。当前，“全球地方关系”或“全球地方化”等理念与孙中山的思路正相呼应。

二十六、关于孙中山思想的内在矛盾

张海鹏认为，孙中山思想的内在矛盾已为学术界关注，其民生主义思想的内在矛盾就较为明显。例如，呼唤社会主义，又极力预防社会主义革命的发生；高度评价马克思主义，却又明确反对马克思主义的唯物史观、剩余价值理论和阶级斗争学说，极力反对用阶级斗争的手段达到社会主义的目的；有时说共产主义是民生主义的最高理想，但有时又把社会主义、共产主义放在民生主义之内；同情劳工阶级，但又反对无产阶级成为未来社会主义国家的领导阶级。从世界观角度看，孙中山的民生主义确有同唯物史观相抗衡的一面，但在现实政治中又与唯物史观、科学社会主义有相亲近的一面。

二十七、关于辛亥革命与中国共产党的创建

金冲及认为，辛亥革命推翻君主专制制度，为中国共产党诞生创造了适宜的社会条件。同时，辛亥革命没有明确的科学革命纲领，没有充分地依靠最广大的人民群众，没有一个坚强的革命核心力量，所以中国共产党能够建立起来也正是吸取了辛亥革命的教训。

李文海认为，辛亥革命导致的思想解放，为包括马克思主义在内的各种政治和社会学说的传播提供了环境和条件；辛亥革命追求资产阶级共和国梦想的破灭，促使人们在怀疑和失望中另觅新路，为选择社会主义打下了思想基础；辛亥革命后民族资本主义的发展，壮大了无产阶级的力量，为中国共产党成立准备了阶级基础；同时，辛亥革命还为中国共产党的成立准备了干部条件。

刘宋斌认为，正是因为辛亥革命既成功但又失败了，中国社会既前进但又更加混乱了，人民开始觉醒但生活又未得到根本改善，所以才出现了辛亥革命爆发10年后就产生了中国共产党的历史现象。这是辛亥革命后特殊的历史环境给予了创建中国共产党的特殊历史契机。

（作者：中央文献研究室）

（原载2011年12月26日《北京日报·理论周刊》）

·科研课题·

概　述

本栏目记述2011年度3个国家省部级社科研究课题指南，8个国家省部级（北京地区）和5个北京市级单位在人文社会科学研究方面已立项和已通过评审计划立项的课题，这些课题涉及20多个学科及其众多研究领域，包括重点项目、一般项目、青年项目等，以及这些课题的项目名称、承担单位、项目负责人、成果形式及完成时间等内容；记述北京地区各高校、科研单位承担的省部级以上人文社会科学研究项目及部分院校文科项目等内容。这些信息反映了首都社科研究的概貌及2011年度社科研究的重点和特点。

2011年度国家社会科学基金项目课题指南

申报说明

一、申报国家社科基金项目的指导思想是，高举中国特色社会主义伟大旗帜，以邓小平理论和“三个代表”重要思想为指导，深入贯彻落实科学发展观，贯彻落实党的十七大和十七届三中、四中、五中全会精神，解放思想，实事求是，与时俱进，以重大理论和现实问题为中心，坚持基础研究和应用对策研究相结合，大力推进哲学社会科学学科体系、学术观点、科研方法创新，为党和国家工作大局服务，为推动社会主义文化大发展大繁荣服务。

二、申报国家社科基金项目，基础理论研究要力求具有原创性和开拓性，应用对策研究要具有针对性和可操作性，着力推出代表国家水准的哲学社会科学研究成果。

三、课题申请人须符合以下条件：重点项目和一般项目申请人须具有副高级（或相当于副高级）以上专业技术职务；青年项目申请人（包括课题组成员）年龄不得超过39周岁（1972年3月10日后出生），不具备副高级以上专业技术职务的，须由两名具有正高级专业技术职务的同行专家推荐；申请人必须从事实际研究工作并真正承担和负责组织项目的实施；课题参加者或推荐人须征得本人同意，否则视为违规申报。

四、课题申请单位须符合以下条件：在相关领域具有较雄厚的学术资源和研究实力；设有科研管理职能部门；能够提供开展研究的必要条件并承诺信誉保证。

五、课题申报范围涉及23个学科，均须按照《国家社科基金项目申报数据代码表》填写申请书。跨学科课题要以“尽量靠近”原则选择主要的学科申报。教育学、艺术学、军事学单列学科的申报分别由全国教育科学规划办、全国艺术科学规划办、全军社科规划办另行组织。

六、课题指南条目一般只规定研究范围、研究方向和研究重点，申请人要自行设计具体题目，没有明确的研究对象或问题指向的申请一般不予受理。

只要符合课题指南的指导思想和基本要求，23 个学科均可申报自选课题。申报自选课题与按课题指南申报的选题在评审程序、评审标准、立项指标、资助强度等方面同样对待。

七、2011 年度国家社科基金项目将实行限额申报，限额指标另行下达到各地社科规划办和在京委托管理机构。各地要参考科研生产力布局情况及往年通讯初评入围率、立项率等因素，科学合理分配限额指标，努力提高申报质量和层次。

八、申报课题的平均资助额度为：重点项目 20—25 万元，一般项目 12—15 万元，青年项目 10—12 万元。申请人应根据需要提出适当的资助经费，并按照《国家社科基金项目经费管理办法》编制合理的经费预算。

九、国家社科基金项目的完成时限，基础理论研究一般为 2—3 年，也可根据研究工作的实际需要适当延长；应用对策研究要根据研究问题的时效性确定。

十、申报课题的负责人同年度只能申报一个项目。在研国家社科基金和国家自然科学基金各类项目（以结项证书标注日期为准）负责人不能申报新项目。申报国家社科基金项目的负责人同年度不能申报国家自然科学基金或其他国家科技计划项目，其课题组成员也不能作为负责人以内容相同或相近课题申报国家自然科学基金或其他国家科技计划项目。申报单位科研管理部门要认真审核把关，如违规申报，所在单位将被通报批评。

十一、申报课题须按照《国家社科基金项目申请书》要求如实填写材料，并保证没有知识产权争议。凡弄虚作假者，一经查实取消 3 年申报资格；如获立项即予撤项并通报批评。为保证申报评审的公正性和严肃性，评审会议召开前申报单位或个人不得以任何名义走访、咨询学科评审组专家或邀请学科组专家进行申报辅导。凡行贿评审专家者，一经查实将予通报批评；如获立项即予撤项，5 年内不得申报国家社科基金项目。

十二、申报课题全部实行同行专家通讯初评，初评采用活页匿名方式，活页论证字数不超过 4000 字，要按规定方式列出前期相关研究成果。

十三、课题负责人在项目执行期间要遵守相关承诺，履行约定义务，按期完成研究任务。最终成果实行匿名通讯鉴定，鉴定等级予以公布。除特殊情况外，研究成果须先鉴定后出版，擅自出版者视为自行终止资助协议；经批准同意出版的成果须报送全国社科规划办两套样书。凡以“国家社科基金项目”名义公开发表成果或接受媒体采访时，若涉及政治敏感问题事前须征得我办同意。成果鉴定为优秀或被登载于《成果要报》及《成果文库》的项目负责人、信誉良好的鉴定专家和通讯评审专家，申请新项目时将享受一定的倾斜政策。

十四、项目申报材料（包括课题指南、申请书、活页、代码表等）从我办网站“项目申报”栏下载（http：//www.npopss-cn.gov.cn），或向受理单位索取。申请书须计算机填写、A3 纸双面印制、中缝装订，经所在单位审查盖章后，报送各地社科规划办或在京委托管理机构。

十五、各地社科规划办、在京委托管理机构和基层科研单位要加强对申报工作的组织和指导，严格审核申报资格、前期研究成果的真实性、课题组的研究实力和必备条件等，签署明确意见。

十六、各省（区、市）社科规划办受理当地的课题申报，新疆生产建设兵团社科规划办受理兵团的课题申报，中国社科院科研局受理本院的课题申报，中央党校科研部受理中央国家机关及在京直属单位的课题申报，教育部社科司受理中央各部委所属在京普通高等院校的课题申报，全军社科规划办受理军队系统（含地方军队院校）的课题申报。全国社科规划办不直接受理个人申报。

十七、各地社科规划办、在京委托管理机构和基层科研管理单位要做好申报数据录入、打印报表和申请书汇总报送等工作。数据录入须采用《国家社科基金项目申报管理信息系统》（2010 年版），不录入“参加者”“推荐人”“课题设计论证”3 项内容。报送我办的材料包括：申请书一式 5 份，活页夹在申请书内；用《国家社科基金项目申报管理信息系统》汇总的申请书“数据表”数据（即 xmsbsj.dbf 文件）；用管理系统打印的《国家社科基金项目申请书清单》和《各学科分类申报数量汇总统计表》。

十八、课题申报时间为 2010 年 12 月 10 日至 2011 年 2 月 25 日。各省（区、市）和兵团社科规划办、在京委托管理机构务必于 2011 年 2 月 28 日前将汇总的申请书“数据表”数据发至我办邮箱（E-mail：npopss@vip.163.com），并确保电子数据和申请书“数据表”一致；务必于 3 月 5 日前将申请书和统计表报送至我办，逾期不予受理。

马克思主义·科学社会主义

1. 马克思主义基本理论与重要著作研究
2. 科学社会主义学科建设研究
3. 毛泽东思想、邓小平理论、“三个代表”重要思想和科学发展观研究
4. 十七大以来科学发展观的新发展研究
5. 马克思主义中国化、时代化、大众化研究
6. 建设社会主义核心价值体系研究
7. 中国特色社会主义与人类文明发展道路研究
8. 中国特色社会主义理论体系基本内容研究

9. 以公有制为主体多种所有制经济共同发展的社会主义基本经济制度研究

10. 中国特色社会主义政治发展道路对马克思主义民主政治理论的继承与发展研究

11. 中国特色社会主义民族、宗教理论与实践研究

12. 新形势下坚持马克思主义在意识形态领域指导地位研究

13. 马克思主义理想信仰问题研究

14. 社会主义和谐社会与社会矛盾研究

15. 中国特色社会主义妇女理论研究

16. 加强军队思想政治建设研究

17. 我国工业化与生态文明建设研究

18. “十二五”时期文化体制机制改革创新研究

19. 繁荣发展文化事业与文化产业研究

20. 列宁时期党内民主理论与实践研究

21. 国外学者对马克思主义研究评析

22. 国外对当代中国发展道路和发展模式研究评析

23. 西方左翼学者对当代资本主义研究的新趋势

24. 国际金融危机与资本主义新变化研究

25. 国际金融危机与社会主义的历史命运研究

26. 当代世界社会主义重大理论与现实问题研究

党史·党建

一、中共党史研究

1. 新中国成立以来，党科学制定和实施国民经济和社会发展五年计划的基本历史经验研究

2. 新中国成立以来，党不断提高领导经济社会发展能力和水平的历史考察和经验总结

3. 新中国成立以来，党推进社会主义文化发展的基本历史经验研究

4. 新中国成立以来，党推进民族团结进步事业的历史进程和基本经验研究

5. 新中国成立以来，党根据和平共处原则积极发展同周边国家关系的历史进程和基本经验研究

6. 改革开放以来，党充分发挥社会主义制度的政治优势，推进经济发展和社会进步的历史考察和基本经验研究

7. 改革开放以来，党积极稳妥推进社会主义政治体制改革的历史考察和基本经验研究

8. 改革开放以来，党应对各种风险和挑战的历史考察和基本经验研究

9. 改革开放以来，党实施东西部对口支援的历史考察和经验总结

10. 中国共产党历史的分时期综合性研究

11. 中国共产党专题史研究

12. 中国共产党重大决策与事件、重要会议与人物研究

13. 中共党史资料的收集、整理与研究

14. 中共党史学科建设与发展研究

二、党的建设研究

15. 提高党的建设科学化水平研究

16. 建设马克思主义学习型政党和学习型党组织研究

17. 中国共产党成立90周年党的建设基本经验研究

18. 马克思主义关于工人阶级政党学说中国化的历史进程、理论成就和基本经验研究

19. 毛泽东党的建设思想及其当代意义研究

20. 中国特色社会主义理论体系关于党的建设思想研究

21. 十六大以来党的建设理论发展创新研究

22. 党的建设科学化的内涵、主要任务、存在问题及对策研究

23. 党的执政能力建设和先进性建设同实现科学发展、促进社会和谐内在联系和有效措施研究

24. 不断巩固党长期执政的经济基础、政治基础、文化基础、社会基础研究

25. 贯彻党要管党、从严治党方针的难点及对策研究

26. 在全党增强党的意识、宗旨意识、执政意识、大局意识、责任意识研究

27. 增强党员领导干部学习、践行社会主义核心价值体系的实效性研究

28. 发扬党内民主、贯彻民主集中制的绩效评估研究

29. 增强农村基层党组织凝聚力的工作思路和办法创新研究

30. 建立健全决策权、执行权、监督权既相互制约又相互协调的权力结构和运行机制研究

31. 党的建设工作网络化、信息化建设研究

32. 围绕公正执法强化政法系统党的建设，加强反腐倡廉工作研究

哲学

1. 中国共产党建党90周年与当代中国马克思主义哲学发展史研究

2. 马克思主义同中国实际相结合的历史与理论的哲学研究

3. 马克思主义哲学中国化实现途径和方式研究

4. 马克思主义哲学的大众化与马克思主义哲学工作者的历史使命研究

5. 马克思主义哲学的现时代特征研究

6. 马克思恩格斯历史观及其当代价值研究

7.《马克思恩格斯文集》（或其中有关卷次、著作）的哲学思想研究

8.《列宁专题文集·论辩证唯物主义和历史唯

物主义》研究

9. 毛泽东哲学思想的当代价值研究

10. 科学发展观与加快转变经济发展方式的哲学研究

11. 社会主义社会基本矛盾、人民内部矛盾理论与当代中国现实研究

12. 历史唯物主义与政治体制改革研究

13. 历史唯物主义与文化软实力建设研究

14. 维护国家文化安全问题研究

15. 社会主义核心价值观研究

16. 马克思主义意识形态理论与当代现实研究

17. 马克思主义哲学教育研究

18. 马克思主义哲学关注现实、指导实践和理论创新的方法研究

19. 中国特色社会主义发展道路与经验的哲学研究

20. 国外马克思主义哲学流派研究

21. 马克思主义哲学与中国传统文化研究

22. 中国哲学史的方法论研究

23. 中国传统文化的形成、发展与儒道释的关系研究

24. 中国近现代思潮中的哲学问题研究

25. 中国哲学与西方哲学比较研究

26. 西方哲学史的编纂和方法研究

27. 外国哲学史、断代史和国别史研究

28. 当代国外哲学思潮、流派和前沿问题研究

29. 马克思主义经典作家伦理思想研究

30. 中国共产党90年与中国革命道德传统研究

31. 中国特色社会主义的道德理论与实践研究

32. 西方伦理思想史研究

33. 当代西方伦理思潮研究

34. 马克思主义科学思想和技术思想研究

35. 技术哲学基础理论研究

36. 当代科学前沿的哲学研究

37. 科技哲学新兴分支研究

38. 科学、技术与社会（STS）基础理论与实践研究

39. 中西逻辑思想史及其比较研究

40. 逻辑哲学问题研究

41. 现代逻辑研究

42. 逻辑学的理论运用与社会运用研究

43. 马克思主义经典作家美学思想研究

44. 中国传统美学研究

45. 近现代欧美重要美学流派和美学发展趋势研究

46. 美学与中国文化创意产业发展研究

理论经济

1. 马克思主义经济学中国化研究

2. 加快转变经济发展方式与经济平稳较快发展关系研究

3. 加快转变经济发展方式与经济结构战略性调整关系研究

4. 加快转变经济发展方式与科技创新关系研究

5. 加快转变经济发展方式与改善民生关系研究

6. 加快转变经济发展方式与建设“两型社会”关系研究

7. 加快转变经济发展方式的体制和机制改革研究

8. 加快转变经济发展方式的经验研究

9. 中国迈过“中等收入陷阱”战略研究

10. 中国从经济大国向经济强国转变研究

11. 统筹城乡经济一体化经验研究

12. 城乡公共服务均等化研究

13. 新型农村合作医疗可持续发展研究

14. 我国人口红利及其对经济发展的影响研究

15. 产业结构由工业为主向服务业为主的转型研究

16. 国外服务业规模、结构演进的历史经验及借鉴意义研究

17. 新兴战略产业的培育机制研究

18. 构建扩大内需长效机制问题研究

19. 我国经济可持续发展的资源保障研究

20. 我国经济可持续发展的环境承载力研究

21. 我国现阶段经济潜在增长率研究

22. 虚拟经济和实体经济协调发展研究

23. 后金融危机时代的通货膨胀治理机制研究

24. 我国形成区域经济发展新格局的战略研究

25. 西部大开发中的自我发展能力构建研究

26. 提高劳动者报酬所占比重的理论基础和途径研究

27. 居民收入来源结构优化研究

28. 中国国有企业竞争力研究

29. 鼓励民间投资的体制和机制改革研究

30. 中小企业转型成长研究

31. 建立符合我国国情的城镇住房体系研究

32. 提高居民消费能力长效机制研究

33. 我国发展低碳经济问题研究

34. 我国城镇化推动农村经济发展机制研究

35. 农民工市民化的困难和途径研究

36. 林权制度改革跟踪研究

37. 深化农村流通体制改革与开发农村消费市场研究

38. 现代农业可持续发展问题研究

39. 后金融危机时代反国际垄断问题研究

40. 完善我国对外开放格局的战略研究

41. 转变外贸发展方式的机制研究

42. 后金融危机时代应对国际贸易保护主义扩大外需政策研究
43. 世界经济发展不平衡与中国经济协调发展关系研究
44. 国际价值规律与当代国际市场规则研究
45. 后金融危机时代的国际经济秩序变革研究
46. 我国从贸易大国向贸易投资大国转变研究
47. 国外经济学理论前沿问题研究
48. 中外经济史重大专题研究
49. 中外经济思想史重大专题研究
50. 经济学科基础理论研究

应用经济

1. “十二五”时期我国经济运行新特征与对策研究
2. “十二五”时期我国内需外需协同拉动经济增长研究
3. “十二五”时期我国投资率合理水平研究
4. “十二五”时期调整和优化投资结构研究
5. “十二五”时期居民收入和经济同步增长研究
6. “十二五”时期劳动报酬率与劳动生产率同步提高研究
7. “十二五”前期价格上涨趋势和主要影响因素分析
8. “十二五”时期完善城镇化布局研究
9. “十二五”时期重大项目建设的社会影响评价研究
10. “十二五”时期深化我国垄断性行业改革研究
11. “十二五”时期加快发展现代服务业对策研究
12. 新形势下国家经济安全面临的问题与对策研究
13. 实施新一轮西部大开发战略跟踪研究
14. 振兴东北老工业基地战略跟踪研究
15. 中部崛起战略跟踪研究
16. 现阶段影响我国消费率和储蓄率变化因素研究
17. 我国投资效率及国际比较研究
18. 公共政策影响居民消费率的实证研究
19. 海外投资环境研究
20. 建立多元环保投融资机制研究
21. 严格规范矿产资源开发秩序研究
22. 国际气候变化博弈与我国对策研究
23. 碳交易市场研究
24. 新能源和可再生能源发展战略研究
25. 我国能源消费总量控制与对策研究
26. 促进房地产市场平稳健康发展对策研究
27. 我国特大城市承载力研究
28. 我国收入差距现状和趋势研究
29. 工资提高对企业经营影响程度评价及优化建议研究
30. 我国隐性收入问题研究
31. 维护我国海外权益战略与对策研究
32. 我国沿海地区产业发展转型升级研究
33. 粤港澳区域经济合作机制与路径研究
34. 我国促进区域产业转移和协调发展研究
35. 我国工业化与城市化空间协调布局研究
36. 实施主体功能区战略问题研究
37. 综合配套改革试验区实施情况研究
38. 区域发展规划与政策评价研究
39. 中小城镇发展与城乡一体化关系研究
40. 地方统筹户籍、土地、公共服务的改革研究
41. 我国战略性新兴产业发展趋势和对策研究
42. 自主创新政策国际比较研究
43. 自主创新过程中的技术成果产业化研究
44. 我国发展生态经济对策研究
45. 淘汰落后产能的治理机制研究
46. 我国重化工业发展现状、趋势和对策研究
47. 加快国有大型企业改革研究
48. 我国产业绿色、低碳发展研究
49. 发展物联网等服务业新业态研究
50. 制造业产业竞争力研究
51. 我国海洋经济发展战略研究
52. 构建中国特色国际贸易理论与政策体系研究
53. 我国对外贸易利益分配问题研究
54. 推动建立均衡、普惠、共赢的多边贸易体制研究
55. 应对贸易保护主义的政策预警和储备制度研究
56. 我国对外贸易和投资与对外援助的互动关系研究
57. 我国服务贸易统计制度研究
58. 我国大宗资源类产品贸易定价权问题研究
59. 我国稀有资源类产品进出口政策体系研究
60. 资源循环利用产业发展研究
61. 我国贸易政策绩效评估和保障体系研究
62. 推动文化产业成为国民经济支柱性产业研究
63. 我国知识产权贸易与建设创新型国家研究
64. 我国行业协会在对外贸易中的定位、作用和战略转型研究
65. 我国进出口互动对策研究
66. 加快发展我国对外投资战略与政策研究
67. 我国海外投资风险及对策研究
68. 我国跨境资本流动的风险防范研究
69. 我国主权财富基金对外投资战略研究

70. 我国参与国际区域经济合作战略研究
71. 区域经济协调发展与完善财政转移支付研究
72. 我国县级政府财政基础和能力建设研究
73. 财政管理绩效考评研究
74. 优化分税制财政管理体制研究
75. 建立社会保障税问题研究
76. 房地产税改革研究
77. 资源税改革研究
78. 环境税改革研究
79. 个人所得税改革研究
80. 遗产税和赠予税问题研究
81. 公益性捐助的税收问题研究
82. 我国宏观税负合理性研究
83. 加强和规范地方政府融资平台管理研究
84. 规范政府土地转让收入问题研究
85. 房地产市场资产价格风险研究
86. 构建逆周期的金融宏观审慎管理制度框架研究
87. 股票市场资产价格风险研究
88. 农村新型金融组织创新研究
89. 我国区域性金融中心布局研究
90. 主要经济体货币政策发展趋势及对我国影响研究
91. 进一步完善人民币汇率形成机制问题研究
92. 深化资源性产品价格和要素市场改革研究
93. 我国外汇储备的收益、风险和投资途径研究
94. 人民币跨境贸易结算和资本账户可兑换问题研究
95. 美国美元汇率战略对我国影响研究
96. 国际货币体系改革与人民币国际化问题研究
97. 金融资产结构合理化问题研究
98. 发展我国债券市场问题研究
99. 碳金融研究
100. 我国主要失业类型及其发展趋势研究
101. 我国现阶段经济增长、结构调整和就业关系实证研究
102. 我国现阶段技术进步、职业变迁中结构性失业研究
103. 特殊群体就业问题研究
104. 调整人口就业年限的影响及对策研究
105. 新形势下促进就业与改善收入分配关系实证研究
106. 提高低收入群体收入水平对策研究
107. 影响农村劳动力就业的因素及对策研究
108. 从制度上保障农民工权益问题研究
109. 人口老龄化对储蓄、消费和社会保障的影响研究
110. 实施新《劳动合同法》追踪研究
111. 提高我国农产品国际竞争力研究
112. 粮食安全政策国际比较与我国粮食安全对策研究
113. “十二五”时期加大强农惠农力度研究
114. 完善农村基本经营制度研究
115. 农村土地管理制度改革研究
116. 创新和发展新型农村经济组织研究
117. 改善农村人居环境对策研究
118. 提高农业综合生产能力研究
119. 农产品价格波动与调控对策研究
120. 加强农村三级医疗卫生服务网络建设研究
121. 提高我国林产品国际竞争力研究
122. 发展我国碳汇林业研究
123. 改善农村水利基础设施问题研究
124. 现代农业示范区建设相关问题研究
125. 发展节水农业问题研究
126. 粮食主产区投入和利益补偿机制研究
127. 空间计量经济学模型的理论、方法与应用研究
128. 数量经济学方法在创新型国家测度中的应用研究
129. 国防经济资源保障研究
130. 应用经济学科相关基础理论研究

统计学

1. 国民经济核算体系研究
2. 政府统计标准问题研究
3. 行政记录与官方统计——国际经验与启示研究
4. 生产率分析方法新进展研究
5. 基尼系数等社会和谐相关指标测算方法研究
6. 抽样检验理论、方法与应用研究
7. 国民经济相关领域价格指数编制方法研究
8. 人口普查数据资料开发与应用研究
9. 宏观统计数据质量相关问题研究
10. 虚拟经济形态下有关统计问题研究
11. 统计数据的标准化问题研究
12. 统计组合预测理论与方法研究
13. 贫困问题的统计学研究

政治学

1. 科学发展观对马克思主义政治学的继承与发展研究
2. 我国社会主义制度的政治优势和实现方式研究
3. 中国特色社会主义公平正义理论研究
4. 我国社会发展公平正义评估指标体系研究
5. 积极稳妥推进政治体制改革重大理论和实现路径研究
6. 中国共产党的建设与国家建设的互动关系

研究

7. 推进和深化党内民主制度和机制建设研究

8. 以党内民主带动人民民主发展的机制研究

9. 完善人民代表大会制度与党的执政方式转变的关系研究

10. 完善我国人民代表选举制度跟踪研究

11. 我国执政党建设与参政党建设的相互促进研究

12. 新时期巩固和壮大最广泛的爱国统一战线研究

13. 转变我国经济增长方式的政府治理机制研究

14. 健全党和政府主导的维护群众权益机制研究

15. 严格规范政府机关公正文明执法研究

16. 维护社会政治稳定发展的民主基础研究

17. 正确处理人民内部矛盾的制度体系和平台机制建设研究

18. 重大群体性事件源头阻断机制研究

19. 完善公共安全事件预防预警和应急处置体系研究

20. 社会和政治稳定风险评估机制研究

21. 法治政府建设与依法科学民主决策程序和机制研究

22. 政务公开与公民知情权的保障和实现机制研究

23. 公民诉求表达、利益协调、权益保障渠道建设研究

24. 党和工会在建立和谐劳动关系和利益共享机制中的作用研究

25. 合理调整国民收入分配格局的政府职能研究

26. 公民参与和监督与建设廉洁政府研究

27. 完善公共权力制约和监督体系与发展人民民主政治研究

28. 严格执行党风廉政建设责任制研究

29. 加强和改进新形势下群众工作与中国特色的民主实践研究

30. 新时期妇女参政议政新趋势研究

31. 完善预算编制和执行管理制度研究

32. 新时期我国政府间财政分配关系研究

33. 健全我国省级政府税政管理权限研究

34. 加强县级政府提供基本公共服务财力保障研究

35. 中西方国家公共财政体制比较研究

36. 我国政府公信力及其提高途径和措施研究

37. 责任政府建设与强化行政监督和问责制度研究

38. 我国人才管理方式和体制机制改革研究

39. 创新党政领导干部选拔任用机制研究

40. 健全领导班子和领导干部考核评价制度研究

41. 加强干部决策和执行能力机制与途径研究

42. 建设服务型政府与完善我国国家公务员制度研究

43. 公共政策制定过程中专家咨询的程序和机制研究

44. 我国政府公共政策执行力与政策效能研究

45. 实现文明、节约、绿色、低碳消费模式的公共政策研究

46. 政府绩效与行政成本国际比较研究

47. 促进城乡公平发展与我国户籍制度改革研究

48. 深化行政审批制度改革跟踪研究

49. 公共政策制定和执行过程中的政策协调问题研究

50. 建设国家创新体系与机制研究

51. 政府对垄断性行业的管理体制改革研究

52. 深化事业单位治理和收入分配制度改革研究

53. 国家电子政务网络建设与提升政府公共服务和管理能力研究

54. 国家基础信息网络和重要信息系统安全研究

55. 我国公民网络政治参与的法治保障研究

56. 我国公民意识实证调查跟踪研究

57. 新生代农民工政治意识和政治行为方式研究

58. 区域基本公共服务均等化与区域公共管理研究

59. 地方政府治理与公民参与机制创新比较研究

60. 我国城乡社区自治和服务机制与能力建设研究

61. 健全城市社区居民委员会组织体系和职责研究

62. 党的基层组织在社会治理结构中的地位与作用研究

63. 城乡基层社会组织、宗教组织与治理机制研究

64. 公共资源产权制度改革与基层治理研究

65. 城乡基层社会风险防范与群体性事件治理研究

66. 我国民族关系的新特点与建设和谐民族关系研究

67. 我国边疆多民族地区的基层治理机制研究

68. 粤港澳合作与区域公共管理机制创新研究

69. 构建台湾海峡两岸关系和平发展框架研究

70. 台湾海峡两岸交往机制化研究

71. 我国侨务政策与促进海内外同胞关系和谐研究

72. 当代西方国家政治制度构成和运行机理研究

73. 中国传统政治和谐思想及其现代价值研究

74. 当代西方政治思潮与政治理论跟踪研究

法学

1. 全面深入贯彻科学发展观的法律制度建设问题研究
2. 经济发展方式根本转变与法制改革问题研究
3. 包容性增长的法律制度建设问题研究
4. 依法执政的理论与实践问题研究
5. 完善和发展中国特色社会主义法律体系的理论与实践问题研究
6. 加强对权力的监督与制约，保证权力依法正确行使的法律机制研究
7. 人民代表大会职权更好行使的法律机制研究
8. 民主政治与法治发展研究
9. 选举民主与协商民主法律制度研究
10. 国家财政和税收法律制度改革研究
11. 建立健全严格、平等的反腐倡廉法律制度问题研究
12. 刑罚体系与结构完善研究
13. 死刑的司法适用标准及控制研究
14. 社会转型与犯罪治理控制研究
15. 21 世纪中国民法典制定研究
16. 民法精神的实现与中国法治进步
17. 宏观调控法律制度研究
18. 建立保障与改善民生问题法律制度研究
19. 实现扩大内需战略的法律机制研究
20. 推进战略性新兴产业发展的法律对策研究
21. 新型城镇化法治问题研究
22. 法院审判中的法律适用方法研究
23. 司法改革与证据制度研究
24. 互联网系统化治理研究
25. 规范和保障民间慈善事业发展法律制度研究
26. 农村发展与农民利益保护的法律问题研究
27. 中国涉外民事关系法律适用法实施研究
28. 中央与地方关系法律问题研究
29. 政府推动经济持续发展中的法律问题研究
30. 宪法运行机制与程序完善研究
31. 全面推进依法行政的理论和实践问题研究
32. 公共财政监督制度研究
33. 行政问责制度研究
34. 区域经济协调发展与区域法治建设研究
35. 行政侵权的救济机制研究
36. 社会管理创新与行政法改革
37. 网络时代的行政管理改革研究
38. 现代乡村治理结构及运行机制研究
39. 县域经济发展与依法治县研究
40. 社区矫正研究
41. 死刑的司法适用标准及控制研究
42. 安全生产事故犯罪及其刑法治理对策研究
43. 传染病防治的刑法对策研究
44. 现代交通安全的刑法对策研究
45. 黑社会性质组织犯罪研究
46. 社会转型与犯罪治理控制研究
47. 国际恐怖主义犯罪研究
48. 低碳经济时代的刑法完善研究
49. 贪污贿赂与渎职犯罪的刑法对策研究
50. 民法的理论体系研究
51. 民法方法论研究
52. 农村土地产权制度与流转制度研究
53. 农村建设用地法律制度研究
54. 信息时代公民隐私权保护问题研究
55. 城乡一体化与民法制度完善
56. 物权法实施研究
57. 侵权责任法实施研究
58. 征收、征用法律制度完善研究
59. 杜绝自然资源转让中权力寻租现象的法律对策研究
60. 社会诚实信用体系建设研究
61. 公司法实施研究
62. 保险法实施研究
63. 投资基金法律制度的完善与发展
64. 金融机构破产与重整法律制度研究
65. 司法基础理论研究
66. 法院实施宪法规定的依法独立行使审判权的理论与实践研究
67. 涉讼信访制度研究
68. 司法职权优化配置研究
69. 司法机关经费保障制度研究
70. 司法公正保障机制研究
71. 民事诉讼调解制度研究
72. 完善刑事诉讼立法研究
73. 和谐司法理念指导下的民事司法制度改革研究
74. 检察院参与与监督民事诉讼问题研究
75. 改革与完善群体诉讼制度研究
76. 合作式司法改革研究
77. 民、行（刑）诉讼交叉问题研究
78. 证据法基本理论研究
79. 实施国家知识产权战略法律对策研究
80. 商标法的制度变革与理论创新研究
81. 网络环境中的著作权保护研究
82. 知识产权许可合同研究
83. 版权保护政策研究
84. 植物新品种和生物技术保护研究
85. 建立知识产权上诉法院可行性研究
86. 经济法基础理论研究
87. 经济法实施与程序研究
88. 区域协调发展与法制建设研究

89. 市场监管法基础理论研究
90. 反垄断法实施研究
91. 反不正当竞争法研究
92. 消费者权益保护法研究
93. 维护食品安全法律制度研究
94. 药品监管法实施研究
95. 预算法研究
96. 金融监管法律问题研究
97. 信息时代的证券权利及其保护法律问题研究
98. 维护房地产市场稳定发展法律对策研究
99. 产业政策法研究
100. 促进现代服务业发展法律对策研究
101. 循环经济促进法实施问题研究
102. 低碳经济法律问题研究
103. 收入分配改革法律问题研究
104. 工业园区法律问题研究
105. 社会法价值基础与制度体系研究
106. 和谐劳动关系的法律机制研究
107. 多元劳动关系的法律整合研究
108. 集体劳动谈判法重大问题研究
109. 劳动基准法重大问题研究
110. 保证劳动报酬与经济发展同步增长法律对策研究
111. 促进就业法律机制研究
112. 劳动保障监察和劳动争议处理重大法律问题研究
113. 社会保险法实施研究
114. 社会救助法律问题研究
115. 建立健全基本公共服务体系法律制度研究
116. 应对气候变化的法律问题研究
117. 建设资源节约型、环境友好型社会法律对策研究
118. 环境权与环境正义研究
119. 加强生态保护和防灾减灾法律体系建设
120. 实施互利共赢开放战略的国际法律问题研究
121. 国家主权权利的发展与限制研究
122. 联合国集体安全机制的改革与完善研究
123. 国际刑法与国际刑事法院研究
124. 国际法治发展趋势及对我国和平发展的影响研究
125. 国际领域内打击恐怖主义的协作机制研究
126.《联合国反腐败公约》的适用研究
127. 国际海洋法的发展与完善研究
128. 海洋矿产资源开发中的国际法问题研究
129. 中国东海和南海油气资源开发问题研究
130. 国际人权法律制度的发展和完善研究
131. 国际人权公约的履约研究
132. 少数人权利保护研究
133. 难民权利保护问题研究
134. 文化遗产的国际法保护研究
135. 环境保护与国际贸易的关系研究
136. 淡水资源的国际保护研究
137. 跨界损害问题的归责与赔偿研究
138. 涉外民事关系法律适用法实施研究
139. 金融开放与金融法律制度建设研究
140. 经济全球化与中国法制改革问题研究
141. 应对西方国家贸易保护主义法律问题研究
142. 推动国际经济体系改革的法律问题研究
143. 推进两岸关系和平发展的法律问题研究
144. 能源安全法律问题研究
145. 气候变化与技术创新及转让问题研究
146. 气候变化背景下碳捕捉与储存利用法律问题研究
147. 对外投资法律保障机制研究
148. 金融创新与金融安全法律问题研究
149. 全球化背景下国际税收行政合作法律问题研究
150. 农村婚俗、法律规制与女性权益保护研究
151. 古代法制发展规律与逻辑体系研究
152. 中国古代法律与文化研究
153. 宋天圣令和元典章研究
154. 明清律例会典研究
155. 中国古代的情理法研究
156. 中国古代契约制度及文化研究
157. 中国古代司法结构与运作研究
158. 中国司法传统中的理性与经验研究

社会学

1. 中国特色社会学理论体系研究
2. 现阶段我国转变经济发展方式的社会政策研究
3. 社会建设与社会管理的理论研究
4. 社会建设中的国家规制研究
5. 经济发展方式转变中的社会心理研究
6. 我国促进低碳经济发展的社会学和社会政策研究
7. 改善民生的障碍及路径研究
8. 我国扩大内需的社会学和社会政策研究
9. 西方社会学理论的借鉴与反思研究
10. 中国社会思想史及其研究方法探索
11. 中国社会现代化的历程研究
12. 中国社会变迁的分析范式研究
13. 我国构建和谐劳动关系的社会政策研究
14. 我国现阶段社会矛盾与冲突研究
15. 企业社会责任研究
16. 产业更新形势下的再就业问题研究

17. 社会转型过程中婚姻家庭问题研究
18. 流动人口家庭社会服务需求调查与对策研究
19. 现阶段我国居住问题的社会学研究
20. 中国村落研究的理论与方法论问题
21. 城市化进程中的村落变迁研究
22. 农村社会管理体制研究
23. 农村社区社会服务体系建设研究
24. 城乡统筹视野下的农村“村改社区”组织建设研究
25. 农村社会安全和转变维稳方式研究
26. 社会建设背景下的农村合作社发展经验与理论研究
27. 城市化进程中的农民工社会政策研究
28. 新生代农民工创业与城市社会适应的社会学研究
29. 新生代农民工的社会心态研究
30. 我国社会组织管理体制研究
31. 志愿者组织在转型期的社会动员与社会参与研究
32. 新时期中国社会企业运作模式研究
33. 中国慈善业成长与发展研究
34. 巨灾捐赠财产使用与分配的社会学研究
35. 转变经济发展方式下的社会保障新问题研究
36. 我国适度普惠型社会福利制度研究
37. 风险社会中的社会工作研究
38. 农村社会工作与社区建设研究
39. 企业社会工作研究
40. 专业社会工作者职业生涯发展研究
41. 网络社会中的信息传播与组织动员机制研究
42. 网络社会运动及其控制研究
43. 社会转型背景下大众文化的生产、接受与社会管理研究
44. 庆典仪式与民族国家建构研究
45. 民族地区社会现代化与社会稳定研究
46. 民族地区城市民族居住格局变迁研究
47. 民族地区农（牧）村少数民族人口就业和外出务工情况调查研究
48. 我国老年人精神状况研究
49. 老年人长期照护服务体系研究
50. 艾滋病污名与歧视的社会学（人类学）研究
51. 残疾人社会权利研究
52. 社会变迁中的青年问题研究
53. 城市新白领生存压力与社会信心研究
54. 中国女性社会学发展脉络与趋势研究
55. 社会冲突中的性别问题研究
56. 女性流动与社会分层研究
57. 新时期婚姻家庭文化观念变迁研究
58. 完善农村社会保障体系建设研究
59. 完善农业社会化服务体系相关问题研究
60. 产业治理中的社会微观秩序研究

人口学

1. 第六次全国人口普查相关问题研究
2. 人口年龄结构变动与加快经济发展方式转变研究
3. 人口城市化与产业结构调整研究
4.“十二五”时期就业形势与对策研究
5. “十二五”时期治理出生性别比升高对策研究
6. “十二五”时期提高新生儿素质研究
7. “十二五”时期生育政策决策选择研究
8. 中国特色城市化道路研究
9. 农民工融入城市问题研究
10. 城市人口规模和结构发展趋势研究
11. 城乡老龄人口生存状况研究
12. 养老保障体制机制改革研究
13. 出生性别比升高与生育政策关系研究
14. 生育政策与老龄化关系研究
15. 大学生就业研究
16. 人口与气候变化关系研究
17. 自然灾害多发地区人口分布与迁移研究
18. 婚姻家庭新问题研究
19. 城乡网络家庭研究
20. 国际人口迁移及其影响研究
21. 边境地区少数民族人口调查研究
22. 人口普查数据开发应用研究
23. 女性人口老龄化问题研究

民族问题研究

1.“十二五”时期边疆民族地区跨越式发展与长治久安理论研究
2. “十二五”时期经济社会发展与完善民族区域自治制度研究
3. 民族区域自治与长治久安研究
4. “十二五”时期少数民族地区经济结构调整与主体功能区战略研究
5.“十二五”时期西部地区跨越式发展与转变经济发展方式研究
6. 西部经济社会发展中可资借鉴的“东部经验”研究
7.“十二五”时期东部地区援助与西部省区自我发展能力研究
8. 西部地区城镇化布局与发展小城镇研究
9. 西部地区旅游资源开发与城镇化建设研究
10. 少数民族地区旧城改造与传统文化保护研究
11. 草原地区矿产资源开发与生态环境保护研究
12. 牧区生态移民生产生活安置效益评估研究

13. 增强少数民族地区防灾、减灾、救灾能力研究

14. 因地制宜推进少数民族地区“双语教育”改革研究

15. 西部少数民族学生“内地班”教育成效调查研究

16. 少数民族自治地方区域经济发展与人的发展研究

17. 少数民族（山区、牧区）民生改善调查研究

18. 少数民族地区农牧民增收问题研究

19. 西部地区社会转型加快进程中的社会问题研究

20. 西部地区维护社会稳定的民族政策保障研究

21. 西部地区少数民族农（牧）民流动人口调查研究

22. 西部城镇中少数民族农（牧）民工就业调查研究

23. 中国少数民族史（志）研究

24. 国际移民问题及对西欧国家影响研究（可分国别）

25. 国外民族区域自治模式研究（国别、类型）

26. 少数民族民俗文化变迁的社会性别研究

国际问题研究

1. 马克思主义国际问题基本理论研究

2. 国外国际关系前沿理论研究

3. 新形势下邓小平“韬光养晦、有所作为”国际战略思想研究

4. 从“三个世界”划分到构建和谐世界理论研究

5. 金融危机引发的政治思潮研究

6. 全球经济“失衡”原因与“再平衡”途径研究

7. 低碳经济与全球经济增长模式的发展趋势研究

8. 解决全球性问题的多边机制研究

9. 联合国改革与20国集团机制机理研究

10. 世界金融货币体系改革研究

11. 国际金融垄断集团和跨国公司研究

12. 世界格局变化与中国安全发展战略研究

13. 国际金融危机现状、趋势对我国的影响及对策研究

14. 我国外汇储备风险对策研究

15. 国际汇率博弈的实质及我国对策研究

16. 全球大宗商品价格今后走向与我国经济安全研究

17. 经济全球化背景下我国产业安全研究

18. 国际贸易保护主义对我国外贸影响及对策研究

19. 新形势下中国企业走出去发展战略研究

20. 中医中药走出去战略研究

21. 美国“21世纪新资本主义”研究

22. 国际金融危机冲击下欧洲发展模式前景研究

23. 气候变化问题中的国际政治博弈研究

24. 转基因问题研究（鼓励哲学社会科学与自然科学工作者联合申报）

25. 国际关系中的文化自主性问题及话语权研究

26. 西方媒体在国际政治中的角色与作用研究

27.“普世价值”在美国战略中的地位作用及其推行途径和对策研究

28. 网络文化与我国国家软实力建设研究

29. 现代战争前沿理论与外国军队改革转型研究

30. 新形势下我国国家安全体系创新研究

31. 军民融合式我国国防建设研究

32. 我国军事危机的预警、控制与管理研究

33. 国际海盗兴起原因及其治理研究

34. 进一步加强我国与周边国家关系的战略研究

35. 钓鱼岛问题研究

36. 亚洲区域经济合作的路径及我国参与区域经济合作的战略选择研究

37. 加快实施自由贸易区战略研究

38. 维护东南亚地区安全稳定的合作机制研究

39. 中美关系现状、发展趋势及对策研究

40. 中欧关系现状、特点及发展趋势研究

41. 日本对外关系调整及中日关系前景研究

42. 中俄关系在当今国际格局中地位及发展前景研究

43. 中印关系现状、发展趋势及对策研究

44. 核不扩散的双重标准与中国、朝鲜、伊朗关系研究

45. 新形势下中国非洲国家关系研究

46. 新形势下中国拉美国家关系研究

47. 全球贫富差距急剧拉大与左翼和社会主义思潮复兴研究

48. 世界左翼运动提出的资本主义替代方案研究

中国历史

1. 唯物史观与中国特色社会主义理论体系研究

2. 唯物史观与中国历史学发展研究

3. 马克思主义国家起源学说与中西方文明起源道路比较研究

4. 地域文化遗产保护与文化产业开发研究

5. 传统文化与建设中华民族共有精神家园研究

6. 中国历史上的民族认同研究

7. 中国古代宗教与神话研究

8. 敦煌宗教典籍的历史学考察

9. 敦煌社会历史文书整理研究

10. 中国历史上的无神论研究
11. 中国传统文化中的科学思想和科学方法研究
12. 中国传统文化中的理想政治模式研究
13. 中国古代“民本”与“富民”思想研究
14. 中国古代礼文化研究
15. 中国古代儿童教育研究
16. 中国古代国家管理制度与社会阶层互动研究
17. 中国历史上乡村社会与国家关系研究
18. 中国历史上的谏官制度研究
19. 中国道家思想研究
20. 儒释道相互渗透补充及其对中国文化的影响研究
21. 历史时期域外引进作物的本土化研究
22. 中国历史上人口、资源、环境与社会关系研究
23. 中国历史上自然灾害与救灾机制研究
24. 中国古代水利建设历史经验研究
25. 中国古代仓储制度研究
26. 古代长江流域水资源环境与社会变迁研究
27. 清代以来黄河中游生态变迁研究
28. 金文所见西周世族研究
29. 中国中古时期的社会流动与区域社会变迁研究
30. 历史上辽海地区的海事与汉文化东渐研究
31. 郑玄会通《三礼》研究
32. 隋唐时期黄河中游城市发展研究
33. 宋元明清北方民族农业化进程与生态环境变迁研究
34. 明清地域商帮比较研究
35. 明清时期科举人才与地域社会关系研究
36. 清代北方土地问题研究
37. 官箴书整理与清代地方司法实践研究
38. 清代中期以来东北地区人口与社会历史资料整理研究
39. 清代重庆地区商业制度及其近代变迁研究
40. 近代中国乡村社会变迁研究
41. 近代中国城市化进程中城乡关系研究
42. 中国近代社会保障问题研究
43. 辛亥革命与百年中国研究
44. 民国时期边疆地区与中央政府关系研究
45. 抗日战争时期革命根据地乡村社会研究
46. 新中国成立以来农田水利建设与农村社会变迁研究
47. 近代西方人士在我国西部内陆地区的科学考察活动及其影响研究

世界历史

1. 世纪之交的西方史学思潮研究
2. 古代世界社会、政治、经济与文化史研究
3. 近代西方殖民帝国的历史及其在20世纪的崩溃研究
4. 欧美近现代政治观念的演变研究
5. 近现代欧美劳工史和工人运动史研究
6. 十月革命的影响与马克思列宁主义在亚非拉地区的传播研究
7. 社会主义发展史中的重大问题研究
8. 国际共产主义运动的历史、现状与发展研究
9. 金融危机与世界格局变化的历史考察研究
10. 欧美发达国家外来移民和族裔政治发展史研究
11. 近现代欧美社会大变动时期底层和边缘群体的经历研究
12. 区域一体化进程中的国际关系史研究
13. 苏联等原社会主义国家宗教问题研究
14. 黑非洲文明史研究
15. 世界历史中大国的文化软实力研究
16. 欧洲宗教改革时期的人与社会研究

考古学

1. 旧、新石器文化过渡遗存研究
2. 史前考古学文化分期分区研究
3. 夏商周时期考古学文化研究
4. 中国文明起源和形成的考古学研究
5. 中国古代城市与村、镇的考古学研究
6. 中国古代手工业遗存的考古学研究
7. 中国古代佛教遗存的考古学研究
8. 中国现代考古学史研究
9. 中国田野考古重要报告研究

宗教学

1. 马克思主义宗教学学科体系研究
2. 国外无神论思潮研究
3. 中国无神论史研究
4. 发挥宗教界人士与信教群众在当代中国发展中的积极作用研究
5. 宗教与社会建设关系研究
6. 宗教与文化建设关系研究
7. 在文化产业中如何弘扬宗教优秀文化传统研究
8. 宗教文化与非物质文化遗产研究
9. 宗教学发展研究
10. 新兴宗教及其对我国的影响研究
11. 各宗教历史、流派及其思想理论研究
12. 中国文化及其宗教因素研究
13. 当代中国社会宗教与准宗教现象发展趋势与社会转型的关系研究
14. 宗教文献、经典及宗教学研究著述整理与研究
15. 中外宗教及宗教学名著翻译与研究

16. 边疆民族地区多元宗教和谐相处的经验和对策研究

17. 少数民族宗教与民族地区文化建设研究

18. 妇女信教问题调查研究

中国文学

1. 社会主义核心价值观与文学评价研究

2. 中国文学的跨学科交叉研究

3. 文学理论基本问题创新研究

4. 中外马克思主义文艺理论不同模式比较研究

5. 文学史编写的得失及其科学模式研究

6. 古今地域作家群研究

7. 历代著名作家作品研究

8. 20世纪中外文学与文论的影响研究

9. 海外华文文学之诗学研究

10. 海外中国文学研究新动向研究

11. 少数民族文学跨民族、跨地域研究

12. 民间文学与当代社会关系研究

13. 地域、民俗、文化习尚与中国历代文学关系研究

14. 儿童文学幻想题材（包括玄幻、科幻）创作研究

15. 重要文学资料整理和笺注研究

16. 文学叙事与性别文化研究

外国文学

1. 外国马克思主义文论学派研究

2. 城市化进程与都市文学、文化研究

3. 20世纪下半期社会转型期外国文学研究

4. 外国民间文学传统研究

5. 新兴媒体与外国文学、文化研究

6. 外国儿童文学重要理论、流派及作家作品研究

7. 外国现当代“边缘区域文学”研究

8. 外国重要作家作品研究

9. 外国重要文论家、批评家研究

10. 外国文学接受与影响力研究

语言学

1. 濒危语言调查研究

2. 语言或方言的接触与演变研究

3. 汉语与亲属语言比较以及汉语方言分区的原则研究

4. 语音、词汇、语法、汉字的习得与认知心理研究

5. 方言、民族语语音与信息安全研究

6. 外向型词典的编写及相关研究

7. 词汇研究的中文信息处理研究

8. 汉语句法语义研究（句法与韵律的互动、事件结构的句法表达、句法结构与指称的关系、汉语话语标记的形式等）

9. 汉语方言重点调查研究（濒危方言、少数民族转用汉语方言状况、跨境方言、方言区边界、语言区域与语言特征分布的相关性、民族语言与汉语的相互影响等）

10. 地理语言学与汉语方言研究

11. 汉语方言在教学、刑侦方面的应用研究

12. 汉语语法史研究（实词虚化历史、常见构式的词汇化和语法化历史等）

13. 汉语历史语法与汉语方言语法、周边民族语法的结合研究

14. 汉语词汇史研究（常用词、专书或断代词汇系统等）

15. 现代汉字的系统及其起源、演变、断代等历史研究

16. 汉语语音史研究（专书音系、断代语音史等）

17. 汉藏历史比较语言学研究（汉藏语与上古音研究的关系、侗台语与汉语上古音的比较研究等）

18. 汉语训诂学研究（专书、断代训诂和词源研究等）

19. 面向信息处理的汉语词汇及句法语义研究

20. 中文语料库的标准和规范研究

21. 外语教学理论与方法研究（教学方法和教学模式、教学与文化、认知与学习规律等）

22. 当前我国语言生活调查研究（地方普通话、城市语言、濒危语言或方言、网络语言等）

23. 心理语言学与神经语言学专题研究（汉语失语症、发展性阅读障碍、聋哑人手语的神经机制等）

24. 民族语言现状和历史研究

25. 民族古文字文献搜集整理研究

26. 国外主要语言学流派及分支理论方法比较研究

27. 语言学各分支学科数据库建设研究

新闻学与传播学

1. 马克思主义新闻理论体系建设研究

2. 社会主义核心价值观引领民生新闻发展走向研究

3. 现代文化传播体系建设研究

4. 提升中国媒体国际化与传播影响力研究

5. 媒介新技术条件下融合媒体与融合新闻研究

6. “三网融合”与广播电视新闻传播研究

7. “三网融合”对传统媒介和网络媒介的影响研究

8. 国家形象及其软实力与跨文化研究

9. 新媒体语境下国家形象传播研究

10. “中国模式”国际影响力与国际新闻传播话语权研究

11. 虚假新闻治本机制研究
12. 媒体融合背景下党报党刊研究
13. 加强民族宗教舆论引导工作研究
14. 广告传播研究
15. 现当代中国新闻传播史研究
16. 网络舆情监测与引导机制研究
17. 网民的数据安全与隐私保护研究
18. 广播电视突发事件应急机制研究
19. 广播电视制播分离及广播电视体制机制改革研究
20. 网络著作权研究
21. 电子书出版及发展研究
22. 报纸期刊退出机制研究
23. 报刊质量评估体系研究
24. 重大突发公共事件依法报道的新闻机制研究
25. 重大突发公共事件与新媒体研究
26. 重大突发公共事件与新闻生态研究

图书馆、情报与文献学

1. 当代情报学研究方法创新与学科建设
2. 泛在信息社会（Ubiquitous Society）研究
3. 我国信息服务业发展战略研究
4. 中西部地区文化信息共享工程实施效果与问题研究
5. 以公众为中心的政府公共信息服务体系研究
6. 信息服务市场竞争环境下的图书馆管理理论与实践创新研究
7. 图书馆学情报学知识图谱研究
8. 我国文献信息标准体系框架研究
9. 新信息环境下图书情报教育和课程体系改革研究
10. 认知心理学视角的情报分析过程研究
11. 维护安全与发展战略的情报理论与体系研究
12. 基于应急与危机管理的情报预警研究
13. 国家重要基础性信息资源库建设的优化发展研究
14. 政府信息资源管理创新的理论与方法
15. 公共部门信息资源深度开发与公益性利用研究
16. 政府信息资源集成模式研究
17. 中西方信息资源安全政策法律评价与研究
18. 科研组织的知识管理研究
19. 资源描述与检索（RDA）研究
20. 关联数据的理论与应用研究
21. 基于知识组织的术语服务研究
22. 基于语义互操作的政务知识协同体系研究
23. 信息组织语言工具的语义化研究
24. 企业转型过程中的知识转移研究
25. 提升国际竞争力的知识管理策略研究
26. 基于知识管理的风险防范模式研究
27. 基于知识挖掘的战略性新兴产业布局与对策研究
28. 联合虚拟咨询系统的知识管理研究
29. 面向移动信息服务的图书馆业务整合和系统集成研究
30. 信息技术新环境下文献编目与编目员价值研究
31. 虚拟社区中的信息交流及其引导机制研究
32. 网络环境下学术研究人员信息查询行为与创新行为实证研究
33. 我国农民信息需求特征及其影响因素研究
34. 城市低收入者日常生活信息查询行为研究
35. 基于网络日志的用户信息行为研究
36. 社会网络环境下的信息组织与共享模式研究
37. 信息组织工具互操作研究
38. 图书馆企业信息服务理论与实践研究
39. 中国科技报告资源体系与服务模式研究
40. 图书馆与其他企事业单位合作模式研究
41. 图书馆员职业化问题研究
42. 图书馆信息计量学服务（Informetrics Services）研究
43. 公共图书馆服务体系建设制度设计研究
44. 公共图书馆服务质量评价研究
45. 少儿图书馆学的理论探索与教学设计
46. 基于图书馆学、情报学学科理论的数字图书馆可用性问题研究
47. 基于用户交互信息行为的数字图书馆评估模型与应用研究
48. 全国数字图书馆资源共享工程研究
49. 图书馆数字资源利用状况与发展趋势研究
50. 图书馆电子书管理和利用研究
51. 网络信息资源永久保存问题研究
52. 叙词表的自动生成、更新与维护研究
53. 中国周边国家文献的国家保障研究
54. 以图书馆馆藏开展中国典籍西译研究
55. 石刻文献书目控制与数字化研究
56. 政府信息公开成效评估模型构建与实证分析研究
57. 高校信息公开制度的构建与实施研究
58. 地方电子政务公共服务的公众接受状况与推进策略实证研究
59. 信息资源安全保障研究
60. 文件与档案管理融入业务活动的理论与实践研究
61. 任务型组织的档案管理机制及其实效研究
62. 国家综合档案馆代表性微观馆藏建设的原理与方法研究

63. 档案资源集成管理研究

64. 电子文件信息安全管理研究

65. 妇女组织、人物、事件档案文献整理研究

体育学

1. 科学发展观指导下的体育发展方式研究

2. 当代中国体育社会功能演进研究

3. 体育与社会保障关系研究

4. 体育文化与体育强国研究

5. 体育公共服务现状及对策研究

6. 以人为本的体育理念研究

7. 体育学学科建设急需解决的理论与实践问题研究

8. 有区域特色的体育发展战略研究

9. 促进体育产业健康发展政策研究

10. 竞技体育管办分离问题研究

11. 体育资源科学配置问题研究

12. 运动员培养体制机制研究

13. 体育服务性消费研究

14. 体育赛场秩序与社会和谐研究

15. 体育道德建设研究

16. 体育设施建设和布局的经济学分析

17. 体育竞赛中违规行为及对策研究

18. 我国民族传统体育的发展困境和出路研究

19. 学校体育课程改革研究

20. 我国青少年的体育取向研究

管理学

1. 贯彻落实科学发展观与管理学理论创新研究

2. 中国特色管理理论体系研究

3. 我国管理思想发展研究

4. 企业管理、非营利组织管理和政府管理比较研究

5. 管理哲学的功能与任务研究

6. 管理学研究范式的科学化问题研究

7. 德鲁克的实践性管理理论研究

8. 新现代泰罗主义研究

9. 知识管理理论与管理问题研究

10. 复杂系统理论框架下组织结构及其运行研究

11. 自我管理理论研究

12. 东西方管理思想比较研究

13. 跨文化企业管理模式研究

14. 国际化背景下我国管理学研究的方法论问题

15. 我国管理理论教育的挑战与改革研究

16. 发展新型文化业态研究

17. 文化“走出去”模式的创新研究

18. 我国宏观经济管理的目标、内容、方式、手段和运作机制研究

19. 提高我国货币政策有效性的体制机制研究

20. 国家“十二五”经济社会发展规划实施情况跟踪研究

21. “十二五”期间我国工业化、城市化进程研究

22. 全球气候变暖背景下的绿色供应链研究

23. 后国际金融危机背景下企业风险预警和应急管理研究

24. 公司治理评价标准和治理绩效评估研究

25. 经济结构调整背景下的企业节能减排战略研究

26. 现代农业经营服务体系及其管理模式研究

27. 城镇化和工业化进程中民营企业的战略定位和比较优势研究

28. 中国企业集团成长模式研究

29. 制度创新与企业集团技术创新能力研究

30. 金融机构治理风险的产生机理与传导机制研究

31. 社区小银行的经营管理和风险控制研究

32. 社会转型背景下中国企业的人力资源管理问题研究

33. 不同所有制企业的和谐劳动关系建设研究

34. 新型媒体的发展与企业营销战略研究

35. 现代信息技术条件下的企业内部控制方法研究

36. 国际化经营环境中的企业会计准则研究

37. 中国企业跨国营销策略研究

38. 董事会特征对企业行为和企业绩效的影响研究

39. 企业所有制与政企关系研究

40. 商务运作管理理论及其应用研究

41. 公司治理、社会责任及商业道德间的关系研究

42. 深化财税体制改革与调整中央和地方利益关系研究

43. 调整收入分配结构研究

44. 提高服务业国际化水平研究

45. 各国应对国际金融危机的宏观经济政策比较研究

46. 改善我国金融监管研究

47. 后国际金融危机背景下各国加强金融监管比较研究

48. 完善公共财政体制与实现全覆盖预算管理研究

49. 财政政策在我国宏观经济调控中的地位和作用研究

50. 我国政府债务规模研究

51. 我国劳动力供给和就业趋势研究

52. 我国农村劳动力转移研究

53. 后国际金融危机背景下的价格监管机制和手

段研究

54. 垄断性行业与公益性事业产品和服务的价格形成机制及管理研究

55. 发展现代服务业研究

56. 我国交通运输业协调发展研究

57. 公共治理理论与实践的国际比较研究

58. 政府角色定位与政府职能转变研究

59. 我国公共政策制定过程及体系研究

60. 社会建设与第三部门监管研究

61. 政府与各种社会组织间的关系研究

62. 转型期我国政府治理结构变革研究

63. 政府内部权力配置及运行机制研究

64. 区域公共管理的合作和竞争研究

65. 公共财政框架下的公共治理结构与制度设计研究

66. 公共部门绩效评估体系和方法研究

67. 适应公共服务型政府建设要求的政府流程再造研究

68. 国有资产管理和国有企业监控模式研究

69. 公共组织特征、类型及其与私人组织的关系研究

70. 公共部门人力资源管理研究

71. 服务型政府的组织结构和制度特征研究

72. 公共服务的提供机制及方式研究

73. 公共服务目标群体的需求表达机制研究

74. 中国电子政务建设现状与问题研究

75. 创新型国家的技术政策与创新管理研究

76. 经济体制转型与金融风险监管研究

77. 非常规国家安全管理研究

78. 突发事件应急体系及其管理研究

79. 城镇化与国土资源管理研究

80. 城镇化背景下的城市管理创新研究

81. 和谐社会建设与非政府组织政策研究

82. 社区自治组织的发展研究

83. 城市社区组织和农村社区组织比较研究

84. 非政府组织的结构和布局研究

85. 各类非政府组织的治理结构研究

86. 非政府组织参与公共服务供给的方式和机制研究

87. 我国社会保障体系管理的重点和难题

88. 公共卫生管理模式创新和体制改革研究

89. 文化教育体制改革和管理创新研究

90. 中国特色老龄社会管理模式研究

91. 扶贫救助管理和模式创新研究

92. 非政府防灾救灾应急体制研究

93. 重大工程项目建设和重大政策制定的社会稳定风险评估机制研究

94. 加快社会事业体制改革研究

95. 推进非基本公共服务市场化改革研究

96. 再生资源回收体系和垃圾分类回收制度研究

97. 女性人才的社会网络结构特征与成长规律研究

98. 大中城市公共交通建设与管理问题研究

99. 城市交通发展与土地利用一体化研究

100. 提高文化产业国际竞争力战略和对策研究

101. 建设公共文化服务体系研究

102. 发展新型文化业态研究

103. 加强文化遗产保护与传承研究

（全国哲学社会科学规划办公室供稿）

2011年度国家社会科学基金项目立项课题（北京地区）

马克思主义·科学社会主义

重点项目

项目名称	负责人	工作单位	预期成果	完成时间
中国特色社会主义妇女理论研究	彭珮云	全国妇联	专著	2014. 6. 30

一般项目

项目名称	负责人	工作单位	预期成果	完成时间
科学发展研究	邱耕田	中共中央党校马克思主义理论教研部	专著	2013.9.1
马克思主义时代化研究	陶文昭	中国人民大学马克思主义学院	论文集	2014.6.30
以马克思主义意识形态为指导构建当代中国文化软实力研究	桂　翔	中国矿业大学（北京）	专著	2014.8.31
环境正义研究	崔建霞	北京理工大学人文与社会科学学院	研究报告	2014.9.30
苏东剧变以来原苏东社会主义运动与思潮研究	朱可辛	中共中央党校科学社会主义教研部	专著	2014.1.31
当代西方“新批判理论”研究	陆　俊	北京科技大学文法学院	专著	2014.6.30
社会主义核心价值观基本范畴研究	侯衍社	中国人民大学马克思主义学院	专著	2013.12.31
人文城市理念的中国化实践研究	陈宇飞	中共中央党校文史教研部	专著	2013.12.31
农民工市民化与中国户籍制度改革研究	吴学凡	中国青年政治学院中国马克思主义学院	专著	2013.12.12
马克思主义中国化、时代化、大众化的历史进程、基本态势及未来走势	林建华	北方工业大学	专著	2014.5.31

青年项目

项目名称	负责人	工作单位	预期成果	完成时间
晚年恩格斯重要著作的内在逻辑及其当代意义研究	臧峰宇	中国人民大学哲学院	专著	2014.6.30
中国特色社会主义与人类文明发展道路研究	曹鹏飞	中共中央党校马克思主义理论教研部	专著	2013.9.19
和谐社会视域下社会组织参与社会矛盾化解的对策研究	康晓强	中共中央党校科学社会主义教研部	专著 研究报告	2013.12.15
系统论视域下思想政治教育方法创新机理研究	张毅翔	北京理工大学人文与社会科学学院	论文集 研究报告	2013.12.31
社会转型期价值观的分化与整合	王虎学	中共中央党校马克思主义理论教研部	专著	2013.12.30
马克思晚年社会发展思想研究	李百玲	中共中央编译局	专著	2014.9.30
中国国民幸福质量研究	王　艺	中国社会科学院马克思主义研究院	研究报告 专著	2013.12.30
市场社会主义劳动产权与我国收入分配结构调整研究	姜国权	首都师范大学发展规划办公室	专著	2014.7.1

党史·党建

一般项目

项目名称	负责人	工作单位	预期成果	完成时间
集体化时期基层干部政策行为的历史考察及启示研究	张海荣	北京师范大学	专著 研究报告	2014. 3. 30
社会和谐与党的执政能力建设研究	蔡志强	中共中央党校党的建设教研部	专著	2013. 5. 30
台湾中共地下党研究（1946—1957）	杜继东	中国社会科学院近代史研究所	专著	2014. 12. 31
“大跃进”时期农田水利建设研究	王瑞芳	当代中国研究所	专著	2013. 9. 30
毛泽东群众观及其当代意义研究	戴立兴	中国社会科学院马克思主义研究院	专著	2013. 3. 30
国外主流政党基层组织建设的经验教训及对我党的借鉴与启示	秦德占	中共北京市委党校	研究报告	2012. 5. 31

青年项目

项目名称	负责人	工作单位	预期成果	完成时间
抗日战争时期中国共产党的政治动员与乡村治理结构的嬗变	张孝芳	对外经济贸易大学国际关系学院	专著	2013. 12. 13
21 世纪以来美国的中共党史研究评析	韦　磊	中国地质大学（北京）思想政治教育学院	专著	2014. 1. 1
建立健全决策权、执行权、监督权既相互制约又相互协调的权力结构和运行机制研究	宁东升	中央纪委监察部第五纪检监察室	研究报告	2013. 12. 31

哲　学

重点项目

项目名称	负责人	工作单位	预期成果	完成时间
我国绿色发展的理论建构与动力机制研究	赵建军	中共中央党校哲学教研部	专著	2013. 10. 31
儒家道德哲学和基督教道德哲学的比较研究	赵士林	中央民族大学哲学与宗教学学院	专著 研究报告	2013. 10. 1
权力、资本、劳动的制度伦理考量研究	靳凤林	中共中央党校哲学教研部	专著	2014. 6. 30

一般项目

项目名称	负责人	工作单位	预期成果	完成时间
《马克思恩格斯全集》历史考证版第二版资料卷中的马克思文献学清理研究	鲁克俭	北京师范大学哲学与社会学学院	专著	2013. 12. 31
马克思意识形态概念的理解史及其现实意义	张秀琴	中国政法大学人文学院哲学系	专著	2014. 7. 31
马克思主义哲学在中国传播与发展的百年历史	胡为雄	中共中央党校哲学教研部	专著	2013. 12. 30
特殊科学哲学前沿研究	王　巍	清华大学科技与社会研究所	专著 论文集	2014. 12. 31
中国古代哲学研究方法新探	宋志明	中国人民大学哲学院	专著	2014. 12. 30
道教易学研究	章伟文	北京师范大学哲学与社会学学院	专著 论文集	2014. 12. 30
斯多亚人性论思想研究	王文华	国际关系学院英语系	专著	2014. 7. 15
现代西方公民观反思研究	王　律	北京师范大学哲学与社会学学院	专著	2013. 12. 31
汉代今文经学道德价值观研究	王文东	中央民族大学哲学与宗教学学院	专著	2014. 12. 31
全球正义研究	徐向东	北京大学哲学系	专著 论文集	2013. 12. 31
三论宗哲学研究	成建华	中国社会科学院哲学研究所	专著	2013. 12. 31
影像或图像哲学研究	尚　杰	中国社会科学院哲学研究所	专著	2014. 12. 31
文化全球化基本矛盾、特征和意义研究	杨生平	首都师范大学政法学院哲学系	专著 论文集	2013. 6. 30

青年项目

项目名称	负责人	工作单位	预期成果	完成时间
市民社会批判视域中的马克思历史观及当代价值研究	王代月	北京航空航天大学思想政治理论学院	专著	2013. 12. 30
当代整体论“整体与部分”思想的梳理与整合研究	刘劲杨	中国人民大学哲学院	论文集 研究报告	2013. 12. 30
技术范式生态化变迁研究	李　平	清华大学深圳研究生院	专著 研究报告	2013. 6. 30
《孟子》与清代学术研究	李畅然	北京大学《儒藏》编纂与研究中心	专著	2014. 12. 31
中世纪哲学盛期《论灵魂》评注研究（1240. 1400）	吴天岳	北京大学哲学系	专著 译著	2014. 9. 1
梅洛·庞蒂与唯心论研究	刘　哲	北京大学哲学系	专著	2014. 1. 17
基于协议的动态认知逻辑研究	王彦晶	北京大学哲学系	论文集	2014. 9. 1

续表

项目名称	负责人	工作单位	预期成果	完成时间
共和政体的道德基础研究	陈文娟	中央财经大学	专著	2014. 6. 30
亚里士多德实践哲学研究	刘　玮	中国人民大学哲学院	专著	2013. 12. 31
生态和谐社会伦理范式阐释研究	周国文	北京林业大学人文社科学院	专著 研究报告	2013. 12. 30
后结构主义美学理论研究	李科林	中国人民大学哲学院	专著	2014. 7. 31
晚年马克思五个重要笔记新探讨	林　锋	北京大学马克思主义学院	专著	2014. 4. 30
历史唯物主义世界观的当代阐释	王海锋	中国社会科学院中国社会科学杂志社	专著	2013. 3. 10
后社会建构论与存在论转向研究	孟　强	中国社会科学院哲学研究所	专著	2014. 6. 30
机械论的起源、演变及其问题研究	张卜天	中国科学院自然科学史研究所	专著 译著	2013. 12. 31
中国近世儒学民间化转向的理论与实践研究	马晓英	中国社会科学院哲学研究所	专著	2013. 12. 31
《资本论》的双重批判维度研究	田　园	北京工业大学人文社会科学学院	专著 论文（集）	2013. 12. 31

经济理论

重点项目

项目名称	负责人	工作单位	预期成果	完成时间
马克思主义经济学中国化的方法论与中国政治经济学范畴体系研究	刘永佶	中央民族大学经济学院	专著	2015. 6. 30
后金融危机时代我国参与国际货币体系改革与人民币国际化问题研究	保建云	中国人民大学国际关系学院	专著 研究报告	2015. 12. 30
低碳经济环境下我国对外贸易发展方式转变研究	赵春明	北京师范大学经济与工商管理学院	论文（集） 研究报告	2013. 12. 30
虚拟经济与实体经济协调发展研究	殷剑峰	中国社会科学院金融研究所	专著 研究报告	2012. 12. 31

一般项目

项目名称	负责人	工作单位	预期成果	完成时间
完善县级财政体制与加快转变经济发展方式研究	欧阳日辉	中央财经大学	专著	2013. 12. 30
近些年西方学者对马克思和恩格斯经济学文本的研究及评析	郑吉伟	中国人民大学马克思主义学院	专著	2014. 9. 30

续表

项目名称	负责人	工作单位	预期成果	完成时间
我国保障性住房基金及发展模式问题研究	刘　园	对外经济贸易大学	研究报告	2013. 7. 1
行为宏观经济学在中国经济波动理论和政策中的应用研究	李　彬	中央财经大学	研究报告	2013. 9. 1
扩大居民消费需求长效机制研究	赵振华	中共中央党校经济学部	研究报告	2013. 6. 30
政府支持中小企业创新研究	魏　杰	清华大学经济管理学院	研究报告	2013. 6. 30
汇率冲击、贸易摩擦对中国直接投资流出的诱发机制研究	孙文莉	北京外国语大学	专著	2013. 12. 30
我国经济可持续发展的自然资源价格理论研究	王天义	中共中央党校经济学部	专著	2013. 12. 31
区域发展战略中的资源共享问题研究	王玉海	北京师范大学资源经济与政策研究中心	论文（集） 研究报告	2014. 12. 1
我国农村退耕还林工程的可持续发展研究	杨伟勇	对外经济贸易大学	论文（集） 研究报告	2014. 3. 5
转变经济发展方式的创新劳动理论研究	裴小革	中国社会科学院经济研究所	专著	2014. 6. 1
中国产业结构演变中的大国因素研究（1949—2010）	武　力	当代中国研究所	专著 研究报告	2013. 12. 31

青年项目

项目名称	负责人	工作单位	预期成果	完成时间
社会资本、信任与地区金融发展问题研究	崔　巍	北京大学经济学院	论文（集） 研究报告	2014. 12. 31
提高中国制造业中劳动者报酬所占比重的理论基础和途径研究	张　杰	中国人民大学中国经济改革与发展研究院	论文（集）	2012. 12. 30
教育、医疗公共品供给均等化与城乡收入差距缩小的关系研究	高连水	北京大学经济学院	论文（集） 研究报告	2013. 6. 30
中国外汇储备投资风险管理研究	李　杰	中央财经大学	专著 论文（集）	2014. 7. 1
过度外部失衡参考性指标构建研究	李　昕	北京大学国家发展研究院	专著 研究报告	2013. 3. 30
工业领域低碳技术和低碳产业发展的国际比较、国内促进及经济气候效应研究	马建平	中华女子学院	论文（集） 研究报告	2013. 12. 31
对外贸易与收入不平等的理论模型与经验分析研究	张　艳	中央财经大学	专著	2013. 9. 1

续表

项目名称	负责人	工作单位	预期成果	完成时间
近代外国在华直接投资与中外竞争研究	梁　华	中国社会科学杂志社	专著	2014. 12. 31
农民工市民化的障碍和途径研究	王　震	中国社会科学院经济研究所	论文（集） 研究报告	2013. 7. 1
社会资本视角下的我国区域协调发展战略研究	赵家章	首都经济贸易大学经济学院	专著	2013. 12. 30

应用经济

重点项目

项目名称	负责人	工作单位	预期成果	完成时间
应对贸易保护主义的政策预警和储备制度研究	张汉林	对外经济贸易大学中国 WTO 研究院	专著	2012. 12. 31
基于构建橄榄型分配格局目标的我国直接税体系建设研究	崔　军	中国人民大学公共管理学院	论文（集） 研究报告	2013. 3. 31
风险管理与公司价值关系研究	王　稳	对外经济贸易大学保险学院	论文（集） 研究报告	2013. 12. 31
“十二五”前期价格上涨趋势和主要影响因素分析研究	李朝鲜	北京工商大学经济学院	研究报告	2013. 12. 31

一般项目

项目名称	负责人	工作单位	预期成果	完成时间
我国沿海地区二次产业结构升级研究	杨运杰	中央财经大学	专著 研究报告	2013. 6. 30
中国城市公共产品空间失配的纾解策略研究	陆　军	北京大学政府管理学院	专著 研究报告	2013. 6. 30
庇古税对中国重点行业节能和温室气体减排效果研究	毛显强	北京师范大学	研究报告	2012. 12. 31
中国钢铁产业产能过剩预警与调控体系研究	冯　梅	北京科技大学经管学院	专著 研究报告	2013. 12. 31
基于土地发展权的农村居民点整理利益分配理论与实证研究	张占录	中国人民大学公共管理学院	专著 论文（集）	2013. 9. 30
农产品价格波动与调控对策研究	张立中	北京林业大学经管学院	专著 研究报告	2013. 9. 30
影响我国消费率偏低的心理因素及对策研究	江　林	中国人民大学商学院	研究报告	2013. 12. 31
我国宏观税负合理性研究	梁　朋	中共中央党校经济学教研部	研究报告	2013. 9. 10
我国高铁投资效率及国际比较研究	梁　蓓	对外经济贸易大学	论文（集） 研究报告	2014. 12. 31

续表

项目名称	负责人	工作单位	预期成果	完成时间
跨国公司在华研发投资与中国区域自主创新互动发展研究	章文光	北京师范大学管理学院	专著	2013.12.31
城市化、集聚效应与可持续增长	陈昌兵	中国社会科学院经济研究所	研究报告	2013.5.20
中国新能源产业化发展的影响因素及其作用机理研究	李　萌	中国社会科学院城市发展与环境研究所	专著	2013.12.31
我国稀土产品出口政策体系研究	杨丹辉	中国社会科学院工业经济研究所	专著 研究报告	2012.12.31
我国社会保障公平的非均衡发展研究	吕学静	首都经济贸易大学劳动经济学院	专著 研究报告	2013.11.30
自主技术标准化对中国装备制造业经济增长贡献测度研究及实证分析	郭卫东	首都经济贸易大学工商管理学院	专著 研究报告	2013.12.30
面向城市需求的鲜活农产品冷链物流管理体系研究	翁心刚	北京物资学院物流学院	专著 研究报告	2012.12.31

青年项目

项目名称	负责人	工作单位	预期成果	完成时间
新形势下国家经济安全面临的问题与对策研究	戴　臻	对外经济贸易大学	专著	2012.12.31
残疾人就业问题研究	廖　娟	北京大学教育学院教育经济研究所	研究报告	2013.12.31
我国都市圈空间组织的经济绩效与空间结构优化研究	孙铁山	北京大学政府管理学院	论文（集）	2013.12.30
区域性碳交易模式选择及其经济效应分析研究	蔡宏波	北京师范大学经济与工商管理学院	论文（集） 研究报告	2013.6.30
发展节水农业的水权和农民用水合作制度设计研究	李　鹤	中国农业大学人文与发展学院	专著 研究报告	2013.6.30
我国政府公共服务支出对居民消费率影响研究	丁　颖	北京大学中国教育财政科学研究所	专著 研究报告	2013.4.15
中国养老保险制度“参量式”改革效应评估及政策应用研究	郑　伟	北京大学经济学院	专著 研究报告	2013.12.30
新社会责任国际标准对我国企业“走出去”的冲击与对策研究	李　丽	对外经济贸易大学国际经济研究院	研究报告	2013.8.31
环境库兹涅茨曲线形成的原因是收入增加还是污染转移研究	陆　旸	中国社会科学院人口与劳动经济研究所	研究报告	2013.6.30
劳动报酬与劳动生产率增长的关系研究	曲　玥	中国社会科学院人口与劳动经济研究所	研究报告	2013.7.30

续表

项目名称	负责人	工作单位	预期成果	完成时间
城乡建设用地增减挂钩中农民土地收益分配机制研究	穆向丽	农业部管理干部学院	研究报告	2012. 12. 31
“十二五”期间加快发展现代服务业实证调查与国际经验研究	乔为国	中国科学院科技政策与管理科学研究所	专著	2012. 6. 30
“十二五”时期加快发展现代服务业的区域对策研究	刘　奕	中国社会科学院财政与贸易经济研究所	专著 研究报告	2013. 12. 31
主要经济体货币政策发展趋势及对我国影响研究	谢怀筑	中国人民银行研究生部	研究报告	2013. 12. 31
金融网络视角下的宏观审慎管理实证研究	贾彦东	中国人民银行金融研究所	研究报告	2013. 12. 31
中国旅游企业跨国经营潜力评估与发展战略	厉新建	北京第二外国语学院旅游管理学院	专著 研究报告	2013. 6. 30

统计学

一般项目

项目名称	负责人	工作单位	预期成果	完成时间
我国税源核算的统计体系与应用研究	宋旭光	北京师范大学国民核算研究院	研究报告	2012. 12. 31
中国环境保护支出核算体系研究	李静萍	中国人民大学统计学院	研究报告	2013. 12. 31
普查数据质量的事后抽查理论及其应用研究	金勇进	中国人民大学统计学院	论文（集）	2013. 12. 31
金融危机背景下中国企业债券信用风险统计研究	王海妹	中央财经大学	研究报告	2013. 7. 1
我国交通能源消耗统计指标和评估研究	张秀媛	北京交通大学	研究报告	2013. 12. 30
经济发展方式转变成效评价研究及其实证分析	李　群	中国社会科学院数量经济与技术经济研究所	研究报告	2012. 6. 30
中国现行社会福利保障制度下城镇贫困人口的统计研究	刘黎明	首都经济贸易大学统计学院	专著 研究报告	2014. 7. 1

青年项目

项目名称	负责人	工作单位	预期成果	完成时间
高维数据的稀疏主成分分析及应用研究	刘　超	北京航空航天大学数学与系统工程学院	论文（集）	2013. 12. 31
追踪调查中小域估计的方法及其应用研究	吕　萍	北京大学中国社会科学调查中心	论文（集）	2014. 6. 30

续表

项目名称	负责人	工作单位	预期成果	完成时间
基于能源消耗的中国进出口贸易承载二氧化碳排放的统计研究	刘卫国	北京石油化工学院能源经济研究中心	研究报告	2013. 12. 31

政治学

重点项目

项目名称	负责人	工作单位	预期成果	完成时间
权力运行廉政风险防控制度研究	崔海容	国家预防腐败局	研究报告	2013. 12. 30
我国县级政府公共产品供给体制机制研究	周庆智	中国社会科学院政治学研究所	专著 研究报告	2015. 6. 30
国家电子政务网络建设与提升政府公共服务和管理能力研究	董礼胜	中国社会科学院研究生院	专著	2013. 12. 31

一般项目

项目名称	负责人	工作单位	预期成果	完成时间
新生代农民工政治效能感实证研究	熊光清	对外经济贸易大学国际关系学院	论文（集） 研究报告	2013. 12. 30
西方政治文化研究复兴新成果跟踪研究	丛日云	中国政法大学政治与公共管理学院	论文（集）	2014. 9. 30
“十二五”时期影响政治稳定因素研究	马振超	中国人民公安大学	研究报告	2013. 12. 30
提升县级辖区公共服务能力的参与式财政分权研究	童　伟	中央财经大学财经研究院	研究报告	2013. 12. 30
健全和完善党政领导干部绩效考核机制研究	洪向华	中共中央党校科研部	专著	2013. 6. 10
香港特别行政区行政主导制研究	朱世海	中央社会主义学院统战理论教研部	专著	2012. 12. 30
公共服务体系国际比较与我国公共服务体系构建研究	李军鹏	国家行政学院公共管理教研部	专著	2013. 7. 30

青年项目

项目名称	负责人	工作单位	预期成果	完成时间
基于自组织理论构建台湾海峡两岸关系和平发展框架研究	张仕荣	中共中央党校国际战略研究所	专著	2013. 12. 31
领导干部“网络执政能力”建设研究	王彬彬	国家行政学院教务部	专著	2013. 12. 31

法　学

重点项目

项目名称	负责人	工作单位	预期成果	完成时间
完善和发展中国特色社会主义法律体系的理论与实践问题研究	冯玉军	中国人民大学法学院	论文（集） 研究报告	2013. 7. 30
中国民法理论体系构建问题研究	柳经纬	中国政法大学	专著	2014. 12. 31
收入公平分配的财税法促进与保障研究	张守文	北京大学法学院	专著	2014. 9. 30
中国碳排放交易法律制度研究	曹明德	中国政法大学民商经济法学院	专著	2013. 8. 31
劳动基准法律问题研究	林　嘉	中国人民大学法学院	专著 研究报告	2014. 8. 31
中央与地方事权关系法律问题研究	熊文钊	中央民族大学法治政府与地方制度研究中心	专著	2013. 7. 30
风险社会交通犯罪的刑法规制	谢望原	中国人民大学法学院	专著	2014. 6. 30
刑事司法业务考评指标实证研究	宋英辉	北京师范大学刑事法律科学研究院	论文（集） 研究报告	2013. 12. 31
明清则例研究	徐立志	中国社会科学院法学研究所	专著	2014. 6. 30

一般项目

项目名称	负责人	工作单位	预期成果	完成时间
当代中国立法与习惯法研究	高其才	清华大学法学院	专著	2012. 12. 30
保险法的理念与制度实施研究	任自力	北京航空航天大学法学院	专著	2013. 12. 31
道路交通事故社会救助法律问题研究	李青武	对外经济贸易大学保险学院	论文（集） 研究报告	2013. 12. 31
网络环境下版权综合管理体制机制研究	苏　静	北京邮电大学	专著 研究报告	2014. 2. 20
信息时代的证券权利及其保护法律问题研究	王　静	中共中央党校政法教研部	专著	2013. 9. 1
逆周期金融宏观审慎管理法律问题研究	徐孟洲	中国人民大学法学院	研究报告	2013. 9. 20
银行破产风险处置和重整法律制度研究	王卫国	中国政法大学民商经济法学院	专著	2014. 9. 1
应对气候融资的中国碳金融法律机制研究	朱家贤	中央财经大学	专著 研究报告	2013. 8. 31
社会法的中国理论：比较视野与本土构建	叶静漪	北京大学法学院	专著	2014. 7. 31
集体劳动关系法律规制体系研究	常　凯	中国人民大学劳动人事学院	专著 论文（集）	2013. 4. 30

续表

项目名称	负责人	工作单位	预期成果	完成时间
相对集中行政许可权研究	王敬波	中国政法大学法治政府研究院	专著	2013.6.30
中国行政争议多元解决机制经验研究	汪庆华	中国政法大学法学院	论文（集）	2014.8.31
风险治理视野下食品安全法治研究	沈　岿	北京大学法学院	专著	2014.12.31
科技风险的管理与公共安全的刑法保障研究	刘志伟	北京师范大学刑事法律科学研究院	专著	2014.7.31
侦查程序被害人权利保护研究	兰跃军	中国政法大学诉讼法学研究院	专著	2013.8.1
社会救助法律问题实证研究	赵国玲	北京大学法学院	专著	2014.12.31
民商事审判方法研究	傅郁林	北京大学法学院	专著	2014.12.31
我国刑事证据规则体系的构建与完善研究	刘　玫	中国政法大学	专著	2013.12.31
国际刑事法院的理论与实践	凌　岩	中国政法大学国际法学院	专著	2014.6.30
跨界损害问题的归责与赔偿研究	林灿铃	中国政法大学	专著	2013.12.31
中国执行安全会金融制裁决议法律问题研究	黄　风	北京师范大学刑事法律科学研究院	专著 研究报告	2014.3.31
我国行政裁量基准制度研究	王天华	中国政法大学法学院	专著	2013.9.30
我国刑事司法对刑法基本原则的挑战与应付	左坚卫	北京师范大学刑事法律科学研究院	专著	2014.12.31
刑事证据潜规则研究	房保国	中国政法大学证据科学研究院	专著	2013.12.31
国外对华反补贴案例及对策研究	杨荣珍	对外经济贸易大学中国WTO研究院	专著 论文（集）	2013.8.31
中国特色法律服务制度构建研究	段正坤	司法部	专著	2013.12.31
私募股权基金监管制度研究	文学国	中国社会科学院研究生院	专著	2013.12.31
社区矫正执行体系研究	郑霞泽	司法部预防犯罪研究所	专著	2013.6.30
司法效率改革的有效途径探索	黄　斌	中国应用法学研究所	研究报告	2013.6.30
刑事纠纷的多元化解决机制实证研究	郭云忠	国家检察官学院科研部	专著	2013.12.31
《联合国反腐败公约》在中国适用问题研究	陈　雷	最高人民检察院反贪污贿赂总局	专著	2014.12.30
中国接受人权条约个人申诉机制的挑战与机遇研究	赵建文	中国社会科学院国际法研究所	专著 研究报告	2013.5.30
立体刑法学	刘仁文	中国社会科学院法学研究所	专著	2014.9.1
侵权责任法视角下我国专利间接侵权规则审视与立法设计	刘筠筠	北京工商大学法学院	专著	2014.6.30

续表

项目名称	负责人	工作单位	预期成果	完成时间
小额诉讼程序的理论研究与制度设计研究	张　艳	北京工商大学法学院	专著	2014. 6. 30

青年项目

项目名称	负责人	工作单位	预期成果	完成时间
网络危险言论监管的法理研究	时　飞	北京邮电大学人文学院	专著	2013. 6. 30
中国特色社会主义法律体系与基本权利保障研究	徐　爽	中国政法大学人权与人道主义法研究所	专著 研究报告	2014. 5. 30
明清健讼社会的法文化研究	尤陈俊	中国人民大学法学院	专著	2014. 9. 30
规制性规范的违反与侵权责任的构成研究	朱　虎	中国人民大学法学院	专著	2014. 6. 30
网络服务提供者的安全保障义务研究	刘文杰	中国传媒大学	专著	2013. 9. 30
保险法司法解释及实施问题研究	梁　鹏	中国青年政治学院法律系	专著	2014. 6. 30
少数民族地区实施国家知识产权战略法律及对策研究	邹龙妹	中央民族大学法学院	专著 研究报告	2013. 12. 31
社会转型时期宪法与社会变迁关系的实证研究	秦　强	中国人民大学社会与人口学院	专著	2013. 12. 31
行政法视野下的自我规制研究	高秦伟	中央财经大学法学院	研究报告	2013. 11. 1
行政处罚与刑罚处罚衔接问题研究	张　红	北京师范大学法学院	研究报告	2014. 6. 30
比较视野下我国监禁刑的适用规模研究	江　溯	北京大学法学院	专著	2014. 12. 31
死刑控制的宪政分析研究	黄晓亮	北京师范大学刑事法律科学研究院	专著	2013. 12. 31
秘密侦查立法问题研究	程　雷	中国人民大学法学院	专著	2012. 12. 31
民事证据排除程序研究	戴　锐	中国政法大学证据科学研究院	专著	2013. 12. 31
国际刑事法治的发展趋势及对我国和平发展的影响研究	蒋　娜	北京师范大学刑事法律科学研究院	专著 研究报告	2014. 2. 22
联合国人权理事会普遍定期审议机制研究	朱利江	中国政法大学国际法学院	专著	2013. 12. 31
征信时代下的公民人格权保障研究	艾　茜	中央财经大学法学院	专著 研究报告	2013. 6. 30
主权财富基金投资法律风险及监管模式研究	郭　雳	北京大学法学院	专著	2014. 12. 31
生态整体主义视角下的自然资源权体系及实施机制研究	刘卫先	清华大学法学院	研究报告	2014. 6. 30

续表

项目名称	负责人	工作单位	预期成果	完成时间
南京国民政府时期行政诉讼制度研究	宋　玲	中央民族大学法学院	专著	2014. 3. 1
刑法中的自己决定权理论与实务研究	钱叶六	清华大学法学院	论文（集）	2014. 6. 30
刑事政策与刑法理论的建构研究	劳东燕	清华大学法学院	专著	2014. 8. 31
低碳技术创新、转移与知识产权问题研究	尹锋林	中国科学院研究生院人文学院	专著	2013. 12. 30
中国现代法学与法学教育的创建与发展研究	金　英	中国社会科学院法学研究所	专著	2013. 5. 31
信托税收法律制度研究	郝琳琳	北京工商大学法学院	专著 研究报告	2013. 12. 30

社会学

重点项目

项目名称	负责人	工作单位	预期成果	完成时间
社会冲突治理与新中国信访制度的演进研究	冯仕政	中国人民大学社会与人口学院	论文（集）	2014. 8. 31
当代青年网络政治参与状况及对策研究	陆士桢	中国青年政治学院青年发展研究院	专著 研究报告	2014. 12. 31
包容性增长的社会基础与我国社会政策发展的研究	熊跃根	北京大学社会学系	论文（集） 研究报告	2014. 3. 30

一般项目

项目名称	负责人	工作单位	预期成果	完成时间
中国传统礼仪形态与当代社会生活规范研究	萧　放	北京师范大学文学院	专著	2013. 12. 31
社会建设与社会管理中法律的新功能研究	何珊君	中国政法大学	专著 研究报告	2013. 12. 30
城市化进程中的农民工社会政策研究	韩克庆	中国人民大学劳动人事学院	研究报告	2013. 12. 31
新生代农民工创业与城市适应研究	郭星华	中国人民大学社会与人口学院	专著	2014. 7. 1
新疆/西藏内地办学项目发展状况及其对我国民族关系影响的社会效果评估研究	马　戎	北京大学社会学系	研究报告	2013. 12. 31
金融社会学的历史、理论与现实研究	王水雄	中国人民大学社会与人口学院	论文（集）	2014. 9. 30

续表

项目名称	负责人	工作单位	预期成果	完成时间
新时期中国社会企业运作模式研究	时立荣	北京科技大学文法学院社会学系	论文（集） 研究报告	2014. 9. 30
物质主义的结构分析及民众物质主义现状调查研究	李　原	中国社会科学院社会学研究所	论文（集）	2013. 12. 31
社会结构分化与扩大内需的政策选择	赵卫华	北京工业大学人文社会科学学院	专著 研究报告	2012. 12. 31

青年项目

项目名称	负责人	工作单位	预期成果	完成时间
新生代农民工城市融合问题研究	王道勇	中共中央党校科学社会主义教研部	专著	2012. 12. 31
以农民为主体的乡村秩序维系及其机制研究	陈文玲	中国传媒大学	专著 研究报告	2013. 9. 1
庆典仪式与中华民族国家凝聚力研究	高小岩	北京大学社会学系	研究报告	2013. 12. 31
我国文化产业发展中的政府角色定位与治理结构研究	张　森	中国政法大学新闻与传播学院	专著	2013. 12. 31
信任的代际传递机制研究	池丽萍	中华女子学院	研究报告	2014. 10. 1
人类学视角下的自助组织建构和志愿服务方法革新研究	富晓星	中国人民大学社会与人口学院	研究报告	2013. 12. 30
现阶段劳资冲突及其治理机制研究	刘泰洪	中国劳动关系学院公共管理系	论文（集） 研究报告	2013. 12. 31
后金融危机时期中国城镇贫困者问题与相关社会政策研究	姚建平	华北电力大学人文与社会科学学院	研究报告 专著	2014. 8. 31
农村慢性病人的社会适应与生存策略研究	郇建立	北京科技大学文法学院	论文（集） 研究报告	2013. 9. 1
中国残疾人自助组织发展策略研究	何　欣	中国人民大学社会与人口学院	论文（集） 研究报告	2013. 12. 31
中国气候变化政策网络模型的构成、作用与前景研究	晋　军	清华大学人文社会科学学院社会学系	专著 研究报告	2012. 12. 31
创新联盟的形成、扩散和治理研究	李国武	中央财经大学	论文（集）	2013. 12. 30
要素市场的政商关系研究	吕　鹏	中国社会科学院社会学研究所	研究报告	2013. 2. 20
群体情绪、群体认同与行动倾向的关系研究	陈满琪	中国社会科学院社会学研究所	研究报告	2014. 12. 30
农村社会资本影响老年健康的机制研究	王　晶	中国社会科学院社会学研究所	研究报告	2013. 12. 20

人口学

一般项目

项目名称	负责人	工作单位	预期成果	完成时间
围孕期体力活动模式与不良出生结局的风险研究	卢福泉	北京大学体育部	专著 论文（集）	2014. 12. 31
大学生就业能力的结构及其与就业结果的关系研究	乔志宏	北京师范大学心理学院	研究报告	2014. 6. 30
基于婚姻家庭新问题的家庭发展政策研究	王军平	中国人口与发展研究中心	研究报告	2012. 9. 30

青年项目

项目名称	负责人	工作单位	预期成果	完成时间
人口变动与收入不平等的关系研究	巫锡炜	中国人民大学社会与人口学院	研究报告	2013. 12. 31
基于系统论的新生代农民工城市融入问题研究	李全喜	北京邮电大学马克思主义教学与研究中心	专著	2014. 5. 31
中国农民工二代初中后流向及其影响因素研究	侯佳伟	中央财经大学	研究报告	2014. 8. 30
老年家庭照料对城市中青年女性职业发展的影响	马　焱	全国妇联妇女研究所	研究报告	2012. 12. 31
贫困地区通婚圈变动与男性婚配困难问题研究	王　磊	中国社会科学院人口与劳动经济研究所	论文（集） 研究报告	2013. 12. 31
人口惯性与“十二五”时期生育政策决策选择研究	茅倬彦	国家人口计生委科学技术研究所	研究报告	2014. 6. 30

民族问题研究

重点项目

项目名称	负责人	工作单位	预期成果	完成时间
西部少数民族农民人口流动调查研究：缘起、性状及理论意涵研究	潘　蛟	中央民族大学民族学系	专著	2013. 12. 31
当代中国民族理论发展史研究	王希恩	中国社会科学院民族学与人类学研究所	专著	2014. 12. 31
当代国际移民的发展趋势、政策和理论研究	曾少聪	中国社会科学院民族学与人类学研究所	专著 研究报告	2014. 6. 30
青奥会与奥运会主要特点之比较——兼论对南京青奥会的启示	孙葆丽	北京体育大学	专著 研究报告	2013. 6. 30

续表

项目名称	负责人	工作单位	预期成果	完成时间
我国体育产业发展与政策研究	鞠传进	北京大学校长办公室	专著 研究报告	2013. 12. 31

一般项目

项目名称	负责人	工作单位	预期成果	完成时间
藏文史籍《贤者喜宴·噶玛噶仓》汉译与研究	周润年	中央民族大学藏学研究院	译著 研究报告	2014. 2. 28
鄂伦春族口述家族史	吴亚芝	中央民族大学民族博物馆	专著	2013. 12. 30
从苏联到俄罗斯：民族区域自治问题研究	左凤荣	中共中央党校国际战略研究所	专著	2014. 10. 30
牧区生态移民安置的效益评估及其指标体系研究	张丽君	中央民族大学经济学院	专著	2013. 12. 31
黑水城出土西夏文藏传佛教史料研究	孙伯君	中国社会科学院民族学与人类学研究所	专著	2013. 12. 1
少数民族权利保护的价值理念问题研究	周少青	中国社会科学院民族学与人类学研究所	专著 研究报告	2014. 5. 30
清初满蒙关系演变研究	哈斯巴根	北京市社会科学院满学研究所	专著	2013. 6. 30
我国体育科技创新体系建设研究	蔡有志	北京体育大学	研究报告	2013. 12. 30
新制度经济学视野下中国职业体育制度创新	王　莉	北京体育大学	研究报告	2013. 10. 31
鄂伦春族传统狩猎文化的变迁对聚集区村民健康的影响	方　征	中央民族大学体育学院	专著 研究报告	2013. 12. 31
我国优秀运动员教育培养目标（研究生）研究	李　静	北京体育大学	研究报告	2013. 12. 30
我国优秀运动员素养教育课程体系构建与实施	张　凯	北京体育大学	专著 论文（集）	2013. 12. 31
“以人为本”体育理念的价值选择研究	颜天民	首都体育学院教务处	专著 研究报告	2012. 12. 31
首都北京体育发展战略研究	王守恒	首都体育学院科研处	研究报告	2012. 11. 30

青年项目

项目名称	负责人	工作单位	预期成果	完成时间
中国跨界民族问题与边疆地区社会稳定研究	吴月刚	中央民族大学马列主义学院	研究报告	2013. 12. 31
湘西凤凰声音民族志研究	刘　嵘	中国音乐学院	研究报告	2014. 9. 30
集中连片特困民族地区反贫困问题研究	刘璐琳	中央民族大学管理学院	论文（集） 研究报告	2013. 10. 31

续表

项目名称	负责人	工作单位	预期成果	完成时间
驯鹿民族的生态文化与森林治理的跨国比较研究	谢元媛	中国农业大学人文与发展学院	研究报告	2014. 6. 30
预防和处置藏区突发性群体事件研究	李亚群	中央纪委监察部第五纪检监察室	研究报告	2013. 12. 31
体育强国目标建设中运动员社会保障政策法规问题研究	马法超	中央财经大学体育经济与管理学院	论文（集） 研究报告	2013. 6. 30
体育伤害的侵权责任分析	韩　勇	首都体育学院体育产业与休闲教研室	专著	2013. 12. 31

国际问题研究

重点项目

项目名称	负责人	工作单位	预期成果	完成时间
美国全球战略中的"普世价值"研究	刘建飞	中共中央党校国际战略研究所	论文（集） 研究报告	2013. 7. 30
二十国集团面临的全球治理重点问题研究	高海红	中国社会科学院世界经济与政治研究所	专著	2014. 4. 30
中欧关系的现状、特点及发展趋势研究	周　弘	中国社会科学院欧洲研究所	专著	2013. 12. 31
新中国军控与裁军史研究	滕建群	中国国际问题研究所	专著	2013. 6. 30
我国战略性新兴产业创新主体胜任力模型构建与开发机制研究	王建民	北京师范大学管理学院	专著 研究报告	2013. 12. 31
理工科大学生知识创业能力的培养模式研究	刘丽君	北京理工大学教育研究院	专著 研究报告	2014. 12. 31
特殊重大工程项目社会稳定风险评估及预警模型研究	胡象明	北京航空航天大学	专著	2013. 12. 30
城镇化与省直管县改革研究：模式、战略与政策	张占斌	国家行政学院经济学教研部	专著 研究报告	2013. 6. 30

一般项目

项目名称	负责人	工作单位	预期成果	完成时间
国际视野中的民族冲突与管理	赵　磊	中共中央党校国际战略研究所	专著	2013. 6. 30
有限度的贸易保护主义及其对我国产品出口的影响与对策研究	彭红斌	北京理工大学管理与经济学院	研究报告	2013. 12. 31
对外国投资的国家安全审查与贸易保护主义研究	陈　波	中央财经大学	专著	2014. 12. 30
冷战后美国各州国会议员对话态度分析	李期铿	北京外国语大学	专著 研究报告	2014. 6. 30

续表

项目名称	负责人	工作单位	预期成果	完成时间
我国加入《政府采购协议》谈判研究	屠新泉	对外经济贸易大学中国 WTO 研究院	论文（集） 研究报告	2013. 12. 31
国际组织分析的社会学路径研究	袁正清	中国社会科学院世界经济与政治研究所	专著	2013. 12. 31
中国管理哲学特质研究	邢文祥	中央财经大学	专著 研究报告	2013. 12. 31
绿色发展与多重转型背景下中国企业人力资源战略竞争优势动态提升转换研究	李宝元	北京师范大学经济与工商管理学院	专著 研究报告	2013. 12. 30
党政领导干部民主测评的优化与完善研究	刘　昕	中国人民大学公共管理学院	论文（集） 研究报告	2013. 12. 30
交互式创新扩散的社会系统影响机制研究	刘　丹	北京邮电大学	专著 研究报告	2014. 6. 30
后国际金融危机背景下企业风险预警和应急管理研究	浦　军	对外经济贸易大学国际商学院	专著 论文（集）	2013. 12. 31
快速发展中的城市轨道交通政府补贴机制研究	欧国立	北京交通大学经济管理学院	研究报告	2013. 10. 30
媒体数字内容资产的版权定价机制研究	宋培义	中国传媒大学	研究报告	2014. 6. 30
企业高管薪酬差距对企业绩效的影响及政策研究	陈胜军	对外经济贸易大学	专著 论文（集）	2014. 7. 31
中国企业管理会计控制系统框架与应用研究	刘俊勇	中央财经大学会计学院	专著 研究报告	2014. 12. 31
转型期中国企业人力资源管理变革研究	周文斌	中国社会科学院工业经济研究所	论文（集） 研究报告	2013. 12. 31
农业产业化龙头企业社会责任研究	张照新	农业部农村经济研究中心	研究报告	2013. 6. 30
我国政府绩效管理本土化策略的实证研究	刘旭涛	国家行政学院领导人员考试测评研究中心	专著 研究报告	2013. 3. 31
跨国资本运营中的会计准则趋同研究	杨有红	北京工商大学商学院	研究报告	2013. 7. 31
内部资本市场对企业集团成长的作用机制研究	王峰娟	北京工商大学商学院	研究报告	2013. 12. 31

青年项目

项目名称	负责人	工作单位	预期成果	完成时间
大湄公河水资源安全合作机制研究	郭延军	北京大学国际关系学院	专著 研究报告	2014. 2. 1

续表

项目名称	负责人	工作单位	预期成果	完成时间
全球大宗商品价格走向及其对我国经济安全的影响	陈绍锋	北京大学国际关系学院	专著 研究报告	2013. 10. 31
全球正义视域中的转基因问题研究	谢　军	中国政法大学马克思主义学院	专著 研究报告	2014. 7. 1
金融危机后新兴经济体参与全球经济治理的挑战及我国对策研究	徐秀军	中国社会科学院世界经济与政治研究所	专著	2012. 12. 30
美国主权债务可持续性与中国外汇储备管理研究	王永中	中国社会科学院世界经济与政治研究所	专著	2013. 12. 31
低碳经济时代中美发展清洁能源的合作与冲突及我国对策研究	徐洪峰	中国社会科学院俄罗斯东欧中亚研究所	专著 研究报告	2012. 5. 16
提升中国服务业企业国际化水平实证研究	樊　瑛	对外经济贸易大学	论文（集） 研究报告	2014. 8. 30
基于社会网络分析的公司舞弊行为研究	王茂斌	对外经济贸易大学金融学院	专著 研究报告	2014. 6. 30
林木生物质能源发展潜力评价与产业形成机制研究	张　兰	北京交通大学中国产业安全研究中心	专著	2014. 12. 31
西方林产品绿色政府采购绩效评价及我国实施前景研究	李小勇	北京林业大学经济管理学院	研究报告	2013. 9. 30
劳动密集型和知识密集型私营企业劳动关系策略模式比较研究	朱　飞	中央财经大学	论文（集） 研究报告	2014. 6. 1
基于模糊理论的地方政府绩效评估的元评估指标体系研究	曹堂哲	中央财经大学	专著 研究报告	2013. 12. 15
在校流动儿童健康需求及对策研究	纪　颖	北京大学公共卫生学院	研究报告	2013. 12. 31
我国文艺演出院线运行机制研究	王文杰	对外经济贸易大学公共管理学院	专著	2014. 10. 20
医疗保险体系隐性负债、基金负债与财政压力评估	胡宏伟	华北电力大学法政系	专著 论文（集）	2013. 12. 30
提升公众环境意识的嵌入模式研究	李金兵	北京大学国家发展研究院	论文（集） 研究报告	2014. 12. 31
基于信息的适应性政府应急决策机制研究	钟开斌	国家行政学院应急管理培训中心	研究报告	2012. 12. 31
文化遗产领域社会组织作用机理研究	刘爱河	中国文化遗产研究院	研究报告	2014. 6. 30
我国公立医院补偿机制系统建模与仿真研究	徐　敢	国家药监局执业药师资格认证中心	研究报告	2014. 10. 30

续表

项目名称	负责人	工作单位	预期成果	完成时间
基于会计的投资者保护评价体系及指数建设研究	张宏亮	北京工商大学商学院	专著	2014.12.31
上市公司大股东关系、董事会履职与盈余质量研究	刘亭立	北京工业大学	论文（集） 研究报告	2013.12.31
大学筹资结构、行为与办学绩效	王寰安	首都师范大学教育学院	研究报告	2013.6.20
基于复杂系统理论的城市物流系统运行机制研究	杨浩雄	北京工商大学	研究报告	2013.7.31

中国历史

一般项目

项目名称	负责人	工作单位	预期成果	完成时间
明清时期的官箴书与地方司法实践研究	张小也	中国政法大学法律古籍整理研究所	专著	2014.6.30
中国古代儿童教育原则与方法研究	徐　勇	北京师范大学教育学部教育历史与文化研究院	专著	2013.12.30
民国地理学研究与现代中华民族认同研究	郭丽萍	北京理工大学人文与社会科学学院	专著	2014.6.30
域外资源与晚清语言运动：以圣经中译本为中心	赵晓阳	中国社会科学院近代史研究所	专著	2014.5.1

青年项目

项目名称	负责人	工作单位	预期成果	完成时间
西周金文所见世族通考	韩　巍	北京大学历史学系	专著	2014.12.31
国家权利视域下民国首都南京的营造政治与现代想象（1927—1937）	董　佳	中国人民大学马克思主义学院	专著	2014.6.30
清代藏传佛教首领朝觐与国家认同研究	张双智	北京师范大学文学院	专著	2014.5.30
元代新安理学研究	刘成群	北京邮电大学民族教育学院	专著 论文（集）	2013.12.31
民国时期中央政府对边疆地区之统合研究	冯建勇	中国社会科学院中国边疆史地研究中心	专著 研究报告	2013.12.20
战后国共对美政策演变研究（1945—1949）	吕　迅	中国社会科学院近代史研究所	专著	2012.12.31
近代中国准条约问题研究	侯中军	中国社会科学院近代史研究所	专著	2014.6.1

世界历史

重点项目

项目名称	负责人	工作单位	预期成果	完成时间
英帝国的形成、发展及其在20世纪的崩溃	钱乘旦	北京大学历史学系	专著	2014. 7. 1

一般项目

项目名称	负责人	工作单位	预期成果	完成时间
欧洲宗教改革时期社会与民生变迁研究	刘明翰	中国青年政治学院	专著	2014. 12. 31
20世纪国际社会对族群冲突的应对研究	茹　莹	北京师范大学历史学院	专著	2014. 12. 31
南非种族隔离制度与资本主义经济关系的历史考察	刘　兰	中国社会科学院世界历史研究所	专著	2015. 12. 31
19世纪晚期至20世纪初英帝国防御研究	赵军秀	首都师范大学历史学院	专著	2014. 7. 31

考古学

重点项目

项目名称	负责人	工作单位	预期成果	完成时间
汉长安城遗址骨签考古研究	刘庆柱	中国社会科学院考古研究所	专著 研究报告	2014. 12. 31

一般项目

项目名称	负责人	工作单位	预期成果	完成时间
宜川龙王辿——旧石器时代晚期遗址发掘报告	王小庆	中国社会科学院考古研究所	专著 研究报告	2013. 12. 30
辽代祖陵陵园考古发掘报告	董新林	中国社会科学院考古研究所	专著	2014. 7. 31
海岱地区两周时期文化格局与社会变迁的考古学研究	钱益汇	首都师范大学历史学院	专著	2014. 6. 30

青年项目

项目名称	负责人	工作单位	预期成果	完成时间
新疆于阗古国山普拉墓地出土玻璃器产地与工艺的科学研究	成　倩	中国文化遗产研究院	研究报告	2014. 2. 28

宗教学

一般项目

项目名称	负责人	工作单位	预期成果	完成时间
日本近代佛教改革的思想史意义研究	王　颂	北京大学哲学系	专著	2014. 3. 1
西南民族村寨民众信仰的考察研究	黄剑波	中国人民大学社会与人口学院	专著	2014. 9. 1
天主教、基督教教职人员队伍和爱国宗教团体力量建设研究	张训谋	国家宗教事务局宗教研究中心	论文（集） 研究报告	2012. 12. 31

青年项目

项目名称	负责人	工作单位	预期成果	完成时间
汤用彤与20世纪宗教学研究新证	赵建永	北京大学哲学系	专著	2014. 5. 1
西方宗教心理学最新进展	梁恒豪	中国社会科学院世界宗教研究所	专著 研究报告	2014. 12. 31
中国特色社会主义宗教理论文献研究	毛　胜	中共中央文献研究室	专著	2013. 12. 31
安萨里《哲学家的矛盾》译介研究	王　希	中国社会科学院世界宗教研究所	译著 专著	2013. 12. 31
伊斯兰教义学的发展及其在当代中国的影响	贾建萍	国家宗教事务局宗教研究中心	专著	2013. 12. 1

中国文学

重点项目

项目名称	负责人	工作单位	预期成果	完成时间
《十三经注疏校勘记》研究	刘玉才	北京大学中国语言文学系	专著 研究报告	2014. 9. 15

一般项目

项目名称	负责人	工作单位	预期成果	完成时间
六朝文学在和歌生成史上的功能研究	何卫红	北京外国语大学	专著	2014. 12. 31
唐代两京都城文化、空间形态与唐代诗歌若干重要主题、风格流派的生成和演变研究	康　震	北京师范大学文学院	专著 论文（集）	2015. 9. 1
元人诗序整理与研究	韩格平	北京师范大学古籍与传统文化研究院	专著 工具书	2014. 10. 31
明清戏曲序跋全编	郭英德	北京师范大学文学院	专著	2013. 5. 30

续表

项目名称	负责人	工作单位	预期成果	完成时间
鲁迅俄文藏品与俄译本藏品研究	孙　郁	中国人民大学文学院	专著	2014. 2. 15
爱荷华“国际写作计划”与当代汉语写作的“国际化”研究	邓如冰	对外经济贸易大学中文学院	专著	2014. 9. 1
当代文学史资料长编	程光炜	中国人民大学文学院	专著	2014. 9. 30
西方性别理论与中国现代文学思潮研究	杨联芬	北京师范大学文学院	专著	2014. 12. 31
中国神话的当代传承——以遗产旅游和电子传媒的考察为中心	杨利慧	北京师范大学文学院	专著	2014. 12. 30
民间传说的动力机制及其与当代社会思潮研究	陈泳超	北京大学中国语言文学系	专著	2013. 7. 1
重回文学的历史现场：社会调查、文本细读与现当代文学中的农村视野	何吉贤	中国社会科学院文学研究所	专著	2014. 1. 30
卡尔梅克民间故事及比较研究	旦布尔加甫	中国社会科学院民族文学研究所	专著	2014. 12. 30
籍载与口传南方民族四大族源神话研究	刘亚虎	中国社会科学院民族文学研究所	专著	2014. 6. 30
台湾女性小说性别叙事转型研究	艾　尤	首都师范大学文学院	专著	2014. 6. 30

青年项目

项目名称	负责人	工作单位	预期成果	完成时间
文本、历史与经学的融合——文化诗学视域中的“春秋笔法”	肖　锋	中国传媒大学	专著	2013. 12. 31
玛拉沁夫文学观研究	吴哈斯塔娜	中央民族大学蒙古语言文学系	专著	2013. 12. 30
中国古代的文人庭园与文学写作研究	马东瑶	北京师范大学	专著	2014. 2. 10
先唐时期文学史书写研究	任　慧	中国艺术研究院	专著	2013. 12. 31
南明诗史	张　晖	中国社会科学院文学研究所	专著	2013. 12. 30
外交事件和中国现代文学民族话语的发生研究（1919—1932）	冷　川	中国社会科学院文学研究所	专著	2013. 12. 30

外国文学

一般项目

项目名称	负责人	工作单位	预期成果	完成时间
里德与文化多元主义研究	王丽亚	北京师范大学外国语言文学学院	专著	2013. 12. 30
伊格尔顿"非文学理论"著述中的文学思想	耿幼壮	中国人民大学文学院	专著	2014. 9. 30
跨文化的文学场：20 世纪中英现代主义的对话与认同研究	陶家俊	北京外国语大学	专著	2014. 12. 31
东亚视域中的日本古代女性散文体叙事文学研究	张龙妹	北京外国语大学	专著	2014. 12. 31
阿拉伯当代文学的转型与嬗变研究	余玉萍	对外经济贸易大学	专著	2014. 6. 30
加拿大文学的民族性构建研究	丁林棚	北京大学外国语学院英语系	专著	2014. 9. 1
后世俗美国小说研究	刘建华	北京大学英语系	专著	2014. 12. 31
墨海书馆西学书籍的翻译、传播与中日社会近代化研究	王立群	北京科技大学文法学院艺术教育中心	专著	2014. 12. 31
当代俄罗斯现实主义小说的新趋势研究	侯玮红	中国社会科学院外国文学研究所	研究报告	2012. 12. 31
俄国城市化进程与俄罗斯大众文学研究	林精华	首都师范大学	专著	2014. 7. 5

青年项目

项目名称	负责人	工作单位	预期成果	完成时间
英国基督教浪漫主义的文学理论与实践：从柯尔律治到托尔金	张　欣	北京师范大学文学院	专著 译著	2014. 12. 30
《三国演义》在泰国的传播模式研究	金　勇	北京大学外国语学院东南亚系	专著	2014. 12. 31
爱丽斯·默多克叙事伦理研究	马惠琴	对外经济贸易大学	专著	2014. 12. 30
法国小说建构与绘画美学交汇史	刘海清	中国人民大学外国语学院	专著	2014. 9. 30

语言学

一般项目

项目名称	负责人	工作单位	预期成果	完成时间
西方汉语研究史：16—20 世纪西方汉语观之嬗变	姚小平	北京外国语大学	专著	2014. 12. 31

续表

项目名称	负责人	工作单位	预期成果	完成时间
汉英时间系统体现方式之系统功能语言学视角对比研究	何　伟	北京科技大学外国语学院	专著 论文（集）	2013. 12. 30
英汉语法中的高层转喻机制研究	陈香兰	对外经济贸易大学	专著	2014. 5. 30
英汉语篇信息组织的句法过程	苗兴伟	北京师范大学外国语言文学院	专著 论文（集）	2014. 6. 30
基于语料库的科技论文摘要的汉英翻译研究与对比研究	钱多秀	北京航空航天大学外国语学院	专著 研究报告	2014. 12. 31
汉英双语者第二语言语法加工的影响因素研究	陈宝国	北京师范大学心理学院	研究报告	2014. 12. 31
国际汉语教学中的基本层次范畴词库建设研究	杨吉春	中央民族大学文学与新闻传播学院	论文（集） 电脑软件	2014. 12. 31
汉语和非汉语母语者加工普通话声调的 ERP 研究	王韫佳	北京大学中文系	论文（集）	2014. 12. 31
服务信息检索的自然语言	熊文新	北京外国语大学	研究报告	2014. 6. 30
通用型汉语中介语语料库标注规范研究	张宝林	北京语言大学汉语水平考试中心	研究报告	2013. 9. 30
汉语农业词汇历时演变与共时分布研究	李润生	北京语言大学汉语进修学院	专著 研究报告	2013. 9. 30
汉语医学名物词研究	王育林	北京中医药大学	专著	2013. 12. 31
汉语构式语法化的历时研究	龙国富	中国人民大学文学院	专著	2014. 9. 30
汉语疑问词形态——句法界面研究	张和友	北京师范大学文学院	专著 论文（集）	2014. 12. 31
汉语普通话儿童句末助词习得研究	杨小璐	清华大学外国语言文学系	专著	2013. 12. 30
现代汉语类词缀的定量与定性研究	曾立英	中央民族大学国际教育学院	专著 论文（集）	2013. 12. 31
语言结构异态范畴的功能表现研究	王海峰	北京大学对外汉语教育学院	专著 研究报告	2013. 12. 31
撒拉语参考语法	米娜瓦尔·艾比布拉	中央民族大学维吾尔语言文学系	专著	2013. 12. 31
中国俄罗斯族语言研究——以新疆、内蒙古俄罗斯语田野调查材料为依据	白　萍	中央民族大学外国语学院	专著	2014. 4. 30
清末报纸与译著中的日语借词研究	朱京伟	北京外国语大学	专著 研究报告	2014. 12. 31
俄语功能交际语法研究	郭淑芬	北京外国语大学	专著	2014. 3. 1
汉语使成表达的类型学研究	项开喜	中国社会科学院语言研究所	专著 其他	2013. 12. 31

续表

项目名称	负责人	工作单位	预期成果	完成时间
中缅跨境孟高棉语研究	陈国庆	中国社会科学院民族学与人类学研究所	专著 论文（集）	2014. 12. 31
翻译教学理论、教学体系和教学模式的研究与翻译语料库的建设	邱　鸣	北京第二外国语学院	专著 工具书	2014. 6. 1
基于实证方法的对外汉语教学模式创新研究	付玉萍	首都师范大学国际文化学院	研究报告	2013. 12. 31
现行盲文隐性标调问题研究	钟经华	北京联合大学特殊教育学院	论文（集） 工具书	2013. 9. 30
上古汉语指示代词的语用学研究	洪　波	首都师范大学文学院	专著	2013. 12. 31

青年项目

项目名称	负责人	工作单位	预期成果	完成时间
西学翻译与晚清“救国良策”的探索	卢明玉	北京交通大学语言与传播学院	专著 研究报告	2014. 6. 30
专用英汉互译机助评分系统的研制	江进林	对外经济贸易大学	论文（集） 研究报告	2013. 12. 31
黄河沿线方言的社会与地理研究	周晨萌	对外经济贸易大学中文学院	专著	2013. 12. 30
中国少数民族语言互联网络发展状况的研究	王志娟	中央民族大学信息工程学院	专著	2013. 12. 31
自媒体影响下语言文字热点舆情量化研究及语言舆情库建设	张　挺	教育部语言文字应用研究所	研究报告 电脑软件	2013. 5. 31
语块教学策略对提高学生会议口译能力的实证研究	王建华	中国人民大学外国语学院	研究报告	2014. 5. 1
汉语口语测试任务难度研究	聂　丹	北京语言大学汉语水平考试中心	专著	2013. 5. 31
非汉字文化圈国家学生错别字数据库建设及错别字类型研究	戴媛媛	北京语言大学教务处	电脑软件 论文（集）	2013. 12. 20
马礼逊《汉英英汉词典》研究	杨慧玲	北京外国语大学	专著	2014. 3. 1
基于大规模语料的北京话语法系统历时演变研究	刘　云	对外经济贸易大学中文学院	研究报告	2014. 5. 1
藏语甘孜话现状与历史研究	燕海雄	中国社会科学院民族学与人类学研究所	专著	2012. 12. 31
首部藏文全集类《目录加持速降》翻译校勘研究	先　巴	中国民族图书馆	专著	2013. 6. 30
话语标记语的社会语用研究	郑　群	中国科学院研究生院外语系	专著	2014. 12. 31

续表

项目名称	负责人	工作单位	预期成果	完成时间
再论聋人手语的语言地位——基于手语符号任意性的实验研究	刘润楠	首都经济贸易大学外语系	研究报告	2014.6.30
现代汉语的依附性否定句及其语用功能	郝　琳	北京第二外国语学院汉语学院	专著 论文（集）	2014.5.31
现代汉语话题标记的功能研究	李秉震	首都师范大学国际文化学院	论文（集）	2013.12.31

新闻学与传播学

重点项目

项目名称	负责人	工作单位	预期成果	完成时间
国际传播学科发展前沿研究	陈卫星	中国传媒大学	专著 译著	2014.9.30
网络舆情监测与引导机制研究	喻国明	中国人民大学新闻学院	专著 工具书	2012.12.31
多语种国际频道的传播策略和影响力研究	魏地春	中央电视台	专著 研究报告	2013.12.31
我国媒体参与构建国际舆论传播新格局的范式研究	王庚年	中国国际广播电台	专著	2012.12.1

一般项目

项目名称	负责人	工作单位	预期成果	完成时间
报纸期刊退出机制研究	谭云明	中央财经大学文化与传媒学院	专著 研究报告	2012.12.31
我国纪实影像的国际传播与影响力研究	何苏六	中国传媒大学	专著 研究报告	2013.12.31
社会网络中的舆情演变机制研究	金兼斌	清华大学新闻与传播学院	论文（集） 研究报告	2014.5.30
中国国家形象及其软实力与跨文化传播研究	王异虹	北京大学	专著 研究报告	2014.12.30
社交网络中的隐私侵权问题研究	徐敬宏	北京邮电大学人文学院	专著 论文（集）	2012.12.31
突发公共事件中谣言传播的机制及其治理研究	王颖吉	北京师范大学文学院新闻与传播研究所	专著 论文（集）	2013.8.30
新媒体在“茉莉花革命”中的作用机理研究	匡文波	中国人民大学新闻学院	专著 论文（集）	2014.12.31
“三网融合”对传统媒介和网络媒介管理体制与监管机制的影响及其对策研究	杨明品	国家广播电影电视总局广播影视发展研究中心	专著	2012.12.31

青年项目

项目名称	负责人	工作单位	预期成果	完成时间
新时期新闻评论发展研究（1978—2013）	李　舒	中国传媒大学	研究报告	2014. 9. 1
国外电视新闻频道涉华报道研究	王维佳	清华大学	研究报告	2012. 12. 31
“美国之音”国家形象建构研究及其对中国对外传播的启示	宋　颖	北京外国语大学	专著	2013. 9. 30
新媒体背景下城市居民社区沟通机制研究	王　斌	中国青年政治学院新闻与传播系	研究报告	2014. 5. 1
植入式广告的效果评测与定价体系研究	李　彪	中国人民大学	研究报告	2012. 12. 31
新媒体环境下职工舆情与舆论导向研究	苏林森	中国劳动关系学院文化传播学院	论文（集）	2013. 12. 31

图书馆、情报与文献学

重点项目

项目名称	负责人	工作单位	预期成果	完成时间
面向泛在信息社会的国家战略及图书馆对策研究	朱　强	北京大学图书馆	专著 研究报告	2014. 7. 1
北方少数民族家谱整理与研究	李小文	中国民族图书馆	专著	2013. 12. 31
中国科技报告资源体系构建研究	贺德方	中国科学技术信息研究所	专著	2013. 6. 30

一般项目

项目名称	负责人	工作单位	预期成果	完成时间
基于用户体验的移动数字图书馆服务整合与系统集成研究	张成昱	清华大学图书馆	论文（集） 电脑软件	2014. 6. 30
基于多方法融合的中外图书馆学情报学知识图谱实证研究	肖　明	北京师范大学管理学院信息管理系	论文（集） 研究报告	2013. 12. 31
我国与欧美政府信息公开中信息安全审查机制及保障制度比较研究	周庆山	北京大学信息管理系	专著 研究报告	2014. 7. 30
政府信息资源管理创新的理论与方法	赖茂生	北京大学信息管理系	论文（集） 研究报告	2013. 12. 31
档案社会化服务的理论基础与实践发展研究	黄霄羽	中国人民大学信息资源管理学院	研究报告	2014. 8. 30
科研组织的智力资本结构及其协同机制研究	肖建华	中国科学院研究生院	专著 研究报告	2013. 12. 31

续表

项目名称	负责人	工作单位	预期成果	完成时间
社会科学院系统图书馆绩效评估研究	王超湘	北京市社会科学院图书馆	研究报告	2013. 12. 31

青年项目

项目名称	负责人	工作单位	预期成果	完成时间
云计算环境下图书馆信息资源安全政策法律研究	黄国彬	北京师范大学管理学院	专著 研究报告	2013. 12. 31
关联数据中潜在知识关联的发现方法研究	洪　娜	中国医学科学院医学信息研究所	论文（集） 电脑软件	2013. 7. 30
虚拟社区中的信息交流与导控机制研究	谢晓专	中国人民公安大学	论文（集） 研究报告	2013. 4. 30
馆藏资源元数据的语义描述及关联网络构建研究	成　全	国家图书馆研究院	研究报告	2014. 12. 31
我国科学院系统图书馆数字资源利用状况与发展趋势研究	苏金燕	中国社会科学院图书馆	论文（集） 研究报告	2014. 6. 30
我国文献信息标准体系框架研究	刘　华	中国科学技术信息研究所	论文（集） 研究报告	2013. 7. 1
基于知识组织的术语服务研究	宋培彦	中国科学技术信息研究所	论文（集） 研究报告	2013. 12. 31
面向文献相关性度量的共词与引文综合分析方法研究	王立学	中国科学技术信息研究所	论文（集） 电脑软件	2013. 6. 30
基于网络日志的知识地图构建及其应用研究	张　梅	北方工业大学信息工程学院	论文（集） 电脑软件	2014. 12. 30

体育学

重点项目

项目名称	负责人	工作单位	预期成果	完成时间
青奥会与奥运会主要特点之比较——兼论对南京青奥会的启示	孙葆丽	北京体育大学	专著 研究报告	2013. 6. 30
我国体育产业发展与政策研究	鞠传进	北京大学校长办公室	专著 研究报告	2013. 12. 31

一般项目

项目名称	负责人	工作单位	预期成果	完成时间
“以人为本”体育理念的价值选择研究	颜天民	首都体育学院教务处	研究报告 专著	2012. 12. 31

续表

项目名称	负责人	工作单位	预期成果	完成时间
我国体育科技创新体系建设研究	蔡有志	北京体育大学	研究报告	2013. 12. 30
首都北京体育发展战略研究	王守恒	首都体育学院科研处	研究报告	2012. 11. 30
新制度经济学视野下中国职业体育制度创新	王　莉	北京体育大学	研究报告	2013. 10. 31
鄂伦春族传统狩猎文化的变迁对聚集区村民健康的影响	方　征	中央民族大学体育学院	专著 研究报告	2013. 12. 31
我国优秀运动员教育培养目标（研究生）研究	李　静	北京体育大学	研究报告	2013. 12. 30
我国优秀运动员素养教育课程体系构建与实施	张　凯	北京体育大学	专著 论文（集）	2013. 12. 31

青年项目

项目名称	负责人	工作单位	预期成果	完成时间
体育强国目标建设中运动员社会保障政策法规问题研究	马法超	中央财经大学体育经济与管理学院	论文（集） 研究报告	2013. 6. 30
体育伤害的侵权责任分析	韩　勇	首都体育学院体育产业与休闲教研室	专著	2013. 12. 31

管理学

重点项目

项目名称	负责人	工作单位	预期成果	完成时间
我国战略性新兴产业创新主体胜任力模型构建与开发机制研究	王建民	北京师范大学管理学院	专著 研究报告	2013. 12. 31
理工科大学生知识创业能力的培养模式研究	刘丽君	北京理工大学教育研究院	专著 研究报告	2014. 12. 31
城镇化与省直管县改革研究：模式、战略与政策	张占斌	国家行政学院经济学教研部	专著 研究报告	2013. 6. 30
特殊重大工程项目社会稳定风险评估及预警模型研究	胡象明	北京航空航天大学	专著	2013. 12. 30

一般项目

项目名称	负责人	工作单位	预期成果	完成时间
中国管理哲学特质研究	邢文祥	中央财经大学	专著 研究报告	2013. 12. 31
绿色发展与多重转型背景下中国企业人力资源战略竞争优势动态提升转换研究	李宝元	北京师范大学经济与工商管理学院	专著 研究报告	2013. 12. 30

续表

项目名称	负责人	工作单位	预期成果	完成时间
转型期中国企业人力资源管理变革研究	周文斌	中国社会科学院工业经济研究所	研究报告 论文（集）	2013.12.31
党政领导干部民主测评的优化与完善研究	刘　昕	中国人民大学公共管理学院	论文（集） 研究报告	2013.12.30
跨国资本运营中的会计准则趋同研究	杨有红	北京工商大学商学院	研究报告	2013.7.31
内部资本市场对企业集团成长的作用机制研究	王峰娟	北京工商大学商学院	研究报告	2013.12.31
交互式创新扩散的社会系统影响机制研究	刘　丹	北京邮电大学	专著 研究报告	2014.6.30
后国际金融危机背景下企业风险预警和应急管理研究	浦　军	对外经济贸易大学国际商学院	专著 论文（集）	2013.12.31
农业产业化龙头企业社会责任研究	张照新	农业部农村经济研究中心	研究报告	2013.6.30
我国政府绩效管理本土化策略的实证研究	刘旭涛	国家行政学院领导人员考试测评研究中心	专著 研究报告	2013.3.31
快速发展中的城市轨道交通政府补贴机制研究	欧国立	北京交通大学经济管理学院	研究报告	2013.10.30
媒体数字内容资产的版权定价机制研究	宋培义	中国传媒大学	研究报告	2014.6.30
企业高管薪酬差距对企业绩效的影响及政策研究	陈胜军	对外经济贸易大学	专著 论文（集）	2014.7.31
中国企业管理会计控制系统框架与应用研究	刘俊勇	中央财经大学会计学院	专著 研究报告	2014.12.31

青年项目

项目名称	负责人	工作单位	预期成果	完成时间
提升中国服务业企业国际化水平实证研究	樊　瑛	对外经济贸易大学	论文（集） 研究报告	2014.8.30
基于社会网络分析的公司舞弊行为研究	王茂斌	对外经济贸易大学金融学院	专著 研究报告	2014.6.30
基于会计的投资者保护评价体系及指数建设研究	张宏亮	北京工商大学商学院	专著	2014.12.31
上市公司大股东关系、董事会履职与盈余质量研究	刘亭立	北京工业大学	论文（集） 研究报告	2013.12.31
林木生物质能源发展潜力评价与产业形成机制研究	张　兰	北京交通大学中国产业安全研究中心	专著	2014.12.31

续表

项目名称	负责人	工作单位	预期成果	完成时间
西方林产品绿色政府采购绩效评价及我国实施前景研究	李小勇	北京林业大学经济管理学院	研究报告	2013.9.30
劳动密集型和知识密集型私营企业劳动关系策略模式比较研究	朱　飞	中央财经大学	论文（集） 研究报告	2014.6.1
基于模糊理论的地方政府绩效评估的元评估指标体系研究	曹堂哲	中央财经大学	专著 研究报告	2013.12.15
大学筹资结构、行为与办学绩效	王寰安	首都师范大学教育学院	研究报告	2013.6.20
在校流动儿童健康需求及对策研究	纪　颖	北京大学公共卫生学院	研究报告	2013.12.31
基于信息的适应性政府应急决策机制研究	钟开斌	国家行政学院应急管理培训中心	研究报告	2012.12.31
基于复杂系统理论的城市物流系统运行机制研究	杨浩雄	北京工商大学	研究报告	2013.7.31
我国文艺演出院线运行机制研究	王文杰	对外经济贸易大学公共管理学院	专著	2014.10.20
文化遗产领域社会组织作用机理研究	刘爱河	中国文化遗产研究院	研究报告	2014.6.30
医疗保险体系隐性负债、基金负债与财政压力评估	胡宏伟	华北电力大学法政系	专著 论文（集）	2013.12.30
提升公众环境意识的嵌入模式研究	李金兵	北京大学国家发展研究院	论文（集） 研究报告	2014.12.31
我国公立医院补偿机制系统建模与仿真研究	徐　敢	国家药监局执业药师资格认证中心	研究报告	2014.10.30

（全国哲学社会科学规划办公室供稿）

2011年度全国教育科学课题指南

选题说明：课题指南旨在引领和团结广大教育科学工作者，围绕推动教育事业科学发展、建设人力资源强国大局，研究贯彻落实《国家中长期教育改革和发展规划纲要》中的重大理论和现实问题，回应国家需要和群众关切的教育重点领域与关键环节问题。重视以创新为导向的基础研究，加强基于证据的决策研究，强化以标准和模式为主导的实践研究，体现教育科学研究的战略性、前瞻性，提高选题的针对性、实效性，鼓励推动教育改革发展的创意和先进经验，促进研究成果转化，使教育研究为人所信、所思、所悟、所用。

一、国家重点招标课题（10项）

反映重大教育理论和现实问题，立足国情，国际视野，联系实际，注重调查，强调实证，依靠证据，集成创新。

1. 基本教育公共服务体系建设研究

2. 省域基本实现教育现代化的有效路径和进展评价研究

3. 基本建成学习型社会的指标体系和实践途径研究

4. 产学研合作培养应用型和复合型人才模式研究

5. 青少年人文素养和科学素养调查研究

6. 保障适龄儿童接受基本而有质量的学前教育政策和机制研究

7. 非英语国家英语教学特色比较研究

8. 中学生学科能力表现研究

9. 高校招生制度改革研究

10. 地方政府推动教育科学发展政绩考核体系与问责机制研究

二、一般课题

反映学科领域和研究方向，选题要求深化、细化，以小见大、小题大做、结合实际、突破重点、有所创新。

（一）教育理论和教育史研究

马克思主义教育理论研究；促进学生的全面而有个性的发展研究；现代教育思潮和流派研究；教育核心价值研究；人才健康成长规律研究；学生身心发展关键期研究；教育学科建设研究等。

教育思想演进研究；教育制度变迁研究；教育史志研究；教育历史人物研究；教育家办学研究；教育历史事件研究；教育历史名著研究；教育专题史研究；教育活动史研究；教育交流史研究等。

（二）教育发展战略研究

教育应对国际化、区域化发展战略研究；国际教育发展趋势研究；大国崛起中的教育发展研究；应对经济衰退的教育发展研究；教育惠及边缘化群体战略研究；国际教育合作中的国家主权和安全保护研究等。

中国特色教育发展道路与模式研究；科学民主教育决策的模式研究；区域教育服务产业调整与经济发展方式转变的实证研究；内地与港澳台教育合作和协同发展研究；省际教育协调发展战略研究；省级政府教育统筹综合改革研究；城镇化进程中的城乡教育一体化发展战略研究；教育综合改革实验区发展模式研究；区域教育发展规划研究；学校发展战略研究；国家教育管理信息系统建设研究等。

（三）教育经济与管理研究

教育预算管理研究；公共教育财政适应国家财政体制改革研究；提高省级政府财政教育支出占财政总支出比例的研究；各级教育社会收益率的实证研究；各级教育个人收益率的实证研究；学校财务安全问题研究；学前教育成本研究；普通高中教育成本研究；普通教育和职业教育收益率实证比较研究；各级学校学生人均经费基本标准与学生人均财政拨款基本标准研究；大中专毕业生薪酬研究；非义务教育教师收入水平校际比较研究；非义务教育学费变动研究；教育对经济社会的贡献研究；家庭教育消费研究；教育基金会运作研究等。

学制改革实验研究；学校建设标准研究；学校品牌建设研究；不同类型学校（班级）适度规模研究；校长领导力建设研究；校长队伍专业化研究；教师岗位测评研究；城乡教师队伍交流机制研究；教育突发事件危机应对能力研究；教育舆情分析研究；省级政府教育统筹权研究；集团化办学模式研究；教育督导评估问责制度研究；现代学校制度研究；教学管理模式研究；民办学校分类管理研究；学校正当竞争机制研究；高考加分政策研究；教育中的歧视现象研究；非政府（NGO）教育组织发育研究等。

（四）基础教育研究

基础教育课程改革实施成效研究；基于终身学习的基础教育教学改革研究；缩小校际教育质量差距研究；减轻学生课业负担研究；高效课堂和有效教学模式研究；大班额条件下的因材施教研究；小班化教学研究；农民工子女文化融合教育研究；农民工子女在流入地义务教育后升学考试问题研究；学习困难学生援助机制研究；理科实验教学研究；学生阅读、计算和表达能力培养研究；义务教育学校布局调整问题研究；学生综合素质评价研究；普通高中选修课多样化研究；高中毕业生出国留学现象研究；高中教育与大学教育衔接问题研究等。

新建小区配套幼儿园建设模式研究；幼儿园收费制度研究；托幼一体化研究；幼儿教师职业准入标准研究；幼儿教师供给保障机制研究；幼儿教学资源开发研究；幼儿园保教结合研究；幼儿游戏教学研究；幼儿园教育质量评估研究；超常儿童早期教育追踪研究；幼儿亲子教育研究；幼小衔接研究等。

特殊儿童随班就读分类研究；特殊教育学校专业化研究；特殊儿童职业教育模式研究；特殊儿童全纳教育研究等。

（五）高等教育研究

高校特色办学研究；大学章程研究；高校学科建设研究；高等工程教育、农科教育、文科教育改革研究；高校教材开发研究；高校实践教学研究；高校学风建设研究；大学生通识教育研究；大学生创业教育研究；大学生科研能力培养研究；学科和专业学位研究生培养模式比较研究；基础学科拔尖学生培养试验研究；学科带头人成长规律研究；高校产学研结合研究；高校社会服务模式研究；高职教育与应用型本科教育衔接研究；国外知名高校来华合作办学政策与机制研究；高校在继续教育中的作用和模式研究等。

（六）职业技术教育研究

国家示范性职业学校建设研究；校企合作长效机制研究；工学结合有效模式及政策制度研究；职业院校“双师型”教师队伍建设研究；职业教育学生核心能力培养研究；职业院校学生职业性向测验研究；职业技能比赛研究；职业教育实训教学研究；能力导向的职业资格认证制度研究；职前职后并举、

学历教育与非学历教育并举开放式职业教育办学研究；行业企业参与职业教育办学研究；中职和高职教育有效衔接研究；中等职业教育与普通高中教育融合研究等。

（七）德育研究

公民教育实践模式研究；学校德育有效衔接研究；学生社会实践和志愿服务育人功能研究；学生社会责任感养成研究；学生诚信教育、关心他人和团结合作教育研究；学生文明礼仪教育研究；校园网络语言和流行语教育价值研究；学校劳动技术教育研究；学生社团组织建设研究；学生自主能力培养研究；学生互助合作能力培养研究；学生环保和低碳生活教育研究；适宜青少年的大众娱乐节目分级制度研究；青少年犯罪预控研究；学校禁烟、反毒品教育研究；教师专业伦理研究；教书育人楷模研究；大众传媒对学生品德影响的调查研究等。

（八）教育心理研究

学生心理素质模型研究；学生积极心理品质研究；学生应激和抗挫折心理训练研究；学生认知诊断技术研究；儿童异常行为干预研究；学生心理发育特征研究；学生领导能力培养研究；具身认知的心理机制及其在教育领域中的应用研究；学生性别角色社会化教育研究；教学改革的心理学基础研究等。

（九）体育卫生艺术教育研究

学生体育运动标准研究；体育学力及其评价研究；阳光体育阶段性总结及实效效果评估研究；教体结合培养高水平运动员有效模式研究；学校健康体育实施模式研究；学生竞技运动能力研究；学校趣味体育研究；学校运动队和运动会竞赛制度改革研究；体育专业升学考试制度改革研究等。

学校建筑美学和卫生学研究；学校卫生设施建设研究；学校卫生教育标准研究；学校医教结合研究；学校营养配餐研究；学生作息时间研究；学生健康行为养成教育研究；学生肥胖症防控研究；学生近视预防和矫正研究；学生逃生避难教育研究等。

学校美术教育课程研究；学校音乐教育课程研究；艺术特色学校研究；学校艺术教学质量标准研究；学生规范书写能力研究；学生艺术素养培养研究；学生特殊才艺能力培养研究等。

（十）教育技术与传播研究

教育信息技术开发转化研究；电子教科书研究；师生信息素养研究；数字化资源共享及其权益保护机制研究；教育信息化使用效益研究；农村智能学校研究；数字化校园网研究；网络新技术对教学方式的影响研究；网络交互教学成效研究等。

（十一）继续教育与终身教育研究

在职人员学习状况调查研究；校外农村青年学习需求研究；不同类型在职人员继续教育质量标准体系研究；继续教育发展模式研究；教师、校长、教育行政领导培训模式创新研究；企业员工岗前培训制度研究；农村富余劳动力转移培训研究；农村功能扫盲教育研究；继续学习成果认定和转换制度研究；非正规教育体系研究；社区学院能力建设研究；学习型社区教育运行机制研究；家庭健康教育研究；社会教育培训机构经营资质和模式研究等。

终身学习体制机制创新研究；不同行业在职人员继续教育制度和激励机制研究；农民工培训状况、效果和管理机制研究；学习型组织的内涵、发展机制和评估指标体系研究；学习型社区建设的基本经验和评估指标体系研究。

（十二）民族教育研究

民族双语教学规律研究；民族学校教学质量研究；少数民族地区乡土教材开发研究；少数民族学生国家认同和文化融合研究；人口较少民族的教育特色研究；民族学校建设标准研究；跨境民族教育研究；学校教育传承民族文化的途径研究等。

（十三）国际与比较教育研究

国际教育组织重要政策研究；欧盟教育标准框架研究；周边国家教育发展现状研究；国外高校内部治理结构研究；国外教育捐赠制度研究；海外留学预警机制研究；国际教育援助策略研究；国外移民教育政策研究；国外教育机构对华招生状况研究；国际教育竞争力比较研究；拔尖创新人才培养模式的国际比较研究；不同类型学校教师能力标准的国际比较研究等。

（全国教育科学规划领导小组办公室供稿）

2011年度全国教育科学立项课题（北京地区）

课题名称	姓名	课题批准号	课题类别	工作单位	备注
以科学发展为主题转变教育发展方式研究	褚宏启	AFA110001	国家重点	北京师范大学	招标

续表

课题名称	姓名	课题批准号	课题类别	工作单位	备注
教育在国家从中等偏下向中等偏上收入水平发展过程中的作用研究	杜育红	AFA110002	国家重点	北京师范大学	招标
我国现代职业教育体系研究	姜沛民	AJA110003	国家重点	北京市教育委员会	招标
中小学生学科能力表现研究	王　磊	AHA110005	国家重点	北京师范大学	招标
地方政府推动教育科学发展政绩考核体系与问责机制研究	石立英	AGA110006	国家重点	中国教育发展战略学会	招标
基本建成学习型社会的指标体系和实践途径研究	张　力	AGA110007	国家重点	教育部教育发展研究中心	招标
我国中小学教学研究小组发展史研究	胡　艳	BAA110012	国家一般	北京师范大学	
创新人才培养始于人生开端期的研究——基于早期大脑发育规律	刘文利	BBA110017	国家一般	北京师范大学	
信息技术促进区域教育均衡发展的实证研究	刘雍潜	BCA110020	国家一般	中国教育技术协会	
教育体制改革试点的舆论分析研究	蒋建华	BFA110028	国家一般	首都师范大学	
我国高等教育资源配置转型程度趋势研究	康　宁	BFA110031	国家一般	中国教育电视台	
青少年社会主义法治理念教育研究	孙霄兵	BEA110036	国家一般	教育部政策法规司	
义务教育均衡发展评价体系及战略研究	翟　博	BHA110046	国家一般	中国教育报	
营利性与非营利性民办教育分类管理改革试点跟踪研究	王　烽	BFA110047	国家一般	教育部教育发展研究中心	
校长课程领导的策略研究	鲍东明	BFA110054	国家一般	中国教育学会	
学术性高中的内涵和实践研究	果淑兰	BHA110057	国家一般	北京市第十一中学	
舞蹈美育与人的全面发展研究	平　心	BLA110092	国家一般	北京舞蹈学院	
关于软式垒球运动对我国中小学生身心健康影响的研究	尚大鹏	BLA110093	国家一般	中央教育科学研究所	
20世纪80年代美国“学校大辩论”研究	陈露茜	CAA110099	国家青年	中国人民大学	
基于Web 2.0应用的青少年网络社会行为研究及网络道德心理课程设计	王　芳	CBA110104	国家青年	北京师范大学	
初中电子教材学科应用路径研究	陈　桄	CCA110107	国家青年	北京师范大学	

续表

课题名称	姓名	课题批准号	课题类别	工作单位	备注
国际组织人才聘用标准及中国对策研究——以联合国组织系统为例	滕　珺	CFA110111	国家青年	北京师范大学	
我国普通高中教师收入校际差异研究	赖德信	CFA110119	国家青年	北京教育科学研究院	
国家教育决策科学民主模式研究	涂端午	CFA110123	国家青年	教育部教育发展研究中心	
高校管理类学科学术与专业学位研究生培养模式比较研究	黄　锐	CIA110143	国家青年	中央民族大学	
美国精英文理学院的本科教学模式研究	王春春	CIA110147	国家青年	中央教育科学研究所	
民族类院校音乐教育中的小型器乐曲创作课程教学改革探索	刘洋洋	CLA110165	国家青年	中央民族大学	
我国体育教育专业武术课程教材内容体系的创新研究	杜晓红	CLA110166	国家青年	北京师范大学	
教育与村寨变迁研究：水族M村的十年（2000—2010年）	丁月牙	CMA110168	国家青年	国家教育行政学院	
少数民族濒危文化传承与学校教育研究——以云南丽江纳西族东巴舞蹈文化为个案	胡迪雅	CMA110169	国家青年	中央民族大学	
广西壮汉双语教育现状调查与对策研究	海　路	CMA110171	国家青年	中央民族大学	
实践教育学范式研究	余清臣	DAA110174	教育部重点	北京师范大学	
促进中学生思维品质发展研究	邢红军	DBA110180	教育部重点	首都师范大学	
基于学生发展的校本评估对教学有效性的促进研究	李凌艳	DBA110184	教育部重点	北京师范大学	
中国教育技术装备发展史研究	李兴植	DCA110188	教育部重点	中国教学仪器设备总公司	
教育电子政务投资效益评估研究	安　宏	DCA110193	教育部重点	教育部教育管理信息中心	
运用现代教育技术装备促进基础教育实践教学模式的改革与创新研究	刘　强	DCA110195	教育部重点	教育部教学仪器研究所	
宪法认同与公民教育实践模式研究	刘　丹	DEA110210	教育部重点	北京师范大学	
大学生低碳生活教育及其德育功能实现研究	张　馨	DEA110211	教育部重点	北京化工大学	

续表

课题名称	姓名	课题批准号	课题类别	工作单位	备注
残疾人高等教育院校教师专业化特色研究	滕祥东	DFA110214	教育部重点	北京联合大学	
我国发达地区构建现代化公共教育服务体系政策研究	桑锦龙	DGA110223	教育部重点	北京教育科学研究院	
中国特色基础教育教学研究制度创新研究	梁　威	DHA110230	教育部重点	北京师范大学	
教学过程设计的价值取向研究	张　菁	DHA110235	教育部重点	首都师范大学	
区域内缩小校际教育质量差距的伙伴协作研究	刘晓玫	DHA110237	教育部重点	首都师范大学	
普通中学建立现代书院学习机制创新个性化人才培养模式的行动研究	魏　勇	DHA110239	教育部重点	北京十一学校	
高中数学有效教学课例研究	周建华	DHA110240	教育部重点	中国人民大学附属中学	
基于“全人格”教育理念下的创新人才培养模式研究——以北师大附中钱学森班为对象	刘　沪	DHA110244	教育部重点	北京师范大学附属中学	
我国普通高中多样化发展的制度保障体系研究	杨润勇	DHA110248	教育部重点	中央教育科学研究所	
我国高校毕业生社会化就业服务体系的构建及有效运行研究	李业昆	DIA110273	教育部重点	北京工商大学	
地方本科高校文科专业群综合实践教学研究	张宝秀	DIA110276	教育部重点	北京联合大学	
世界城市建设背景下旅游类高职学生核心能力培养研究	王美萍	DJA110290	教育部重点	北京联合大学	
中小学教师远程培训绩效研究——以“国培计划”远程项目为例	蔡　可	DKA110299	教育部重点	中央教育科学研究所	
非物质文化遗产校园传承研究	田　青	DLA110302	教育部重点	中国艺术研究院	
基础教育体育教学质量内涵及有效促进策略研究	于素梅	DLA110303	教育部重点	中央教育科学研究所	
多元文化视域下高等教育在民族认同、国家认同中的功能探究	靳晓芳	DMA110311	教育部重点	中央民族大学	
民族地区农村中小学布局调整政策执行研究	江凤娟	DMA110312	教育部重点	中央民族大学	
多元文化视野下的民族高校隐性课程研究——以五所民族高校为例	丛　静	DMA110316	教育部重点	中央民族大学	

续表

课题名称	姓名	课题批准号	课题类别	工作单位	备注
流动超常儿童心理发展追踪研究与教育模式探析	程　黎	EBA110325	教育部青年	北京师范大学	
青少年人格坚韧性对心理健康的作用机制	张登浩	EBA110328	教育部青年	中国人民大学	
基于信息流的面对面协作学习交互分析方法的研究	郑兰琴	ECA110330	教育部青年	北京师范大学	
中美高等教育捐赠制度比较研究	张小萍	EFA110346	教育部青年	中央教育科学研究所	
职业教育科学发展的政策保障体制研究	李兴洲	EFA110348	教育部青年	北京师范大学	
大众儿童观的社会阶层比较研究	肖索未	EHA110361	教育部青年	北京师范大学	
基础教育高中阶段少数民族精英人才发现和培养模式探究	田　琳	EHA110364	教育部青年	中央民族大学附属中学	
我国高校教师专业发展保障体系的建设	林　杰	EIA110373	教育部青年	北京师范大学	
建设高等教育强国背景下地方高水平大学发展战略研究	金保华	EIA110382	教育部青年	北京工业大学	
残疾青少年学生思想行为特征及思想政治教育对策研究	宋志强	EIA110389	教育部青年	北京联合大学	
在职研究生学习倦怠调查研究	刘在花	EJA110400	教育部青年	中央教育科学研究所	
中国社会音乐考级研究	张力元	ELA110402	教育部青年	中央音乐学院	
高中舞蹈课程的开发与实践研究	肖　燕	ELA110403	教育部青年	北京市第八十中学	
中小学书法艺术教育的策略与模式研究	虞晓勇	ELA110405	教育部青年	北京师范大学	
非在职少数民族高层次骨干人才计划毕业生履约就业问题研究	白　勇	EMA110409	教育部青年	中央民族大学	

（全国教育科学规划领导小组办公室供稿）

2011 年度国家社会科学基金艺术学项目课题指南

《2011 年度国家社会科学基金艺术学项目课题指南》的指导思想是：高举中国特色社会主义伟大旗帜，以邓小平理论和“三个代表”重要思想为指导，深入贯彻落实科学发展观，贯彻落实党的十七大和十七届三中、四中、五中全会以及中央经济工作会议精神，坚持解放思想，实事求是，与时俱进，大力推进学科体系、学术观点、科研方法创新，努力繁荣发展艺术科学，为党和国家工作大局服务，为促进社会主义文化大发展大繁荣服务。

申报2011年度国家社会科学基金艺术学项目，要以重大理论和现实问题为中心，坚持基础研究和应用对策研究相结合，紧密联系我国改革开放与中国特色社会主义建设特别是文化艺术建设实践，推进、完善中国特色社会主义艺术科学学科理论体系建设，深化、拓展我国文化建设实践中的重大现实问题研究，着力推出代表国家水平的艺术科学研究成果。

为进一步突出重点，针对我国艺术科学各门类学科理论体系建设中的薄弱环节、我国文化建设中亟待研究回答的重大理论与实践问题，本《课题指南》确定了若干重点领域和指定研究方向（以*标注），并根据具体情况对原有学科分类及名称进行了适当调整，为全国艺术科研机构、科研人员和社会各界有关人士提供研究参考，具备相应学术积累、学术资源和研究实力的申请者可在相关的范围和方向下自行拟定题目，其中指定研究方向的申报课题一经获准立项，可根据研究工作的实际需求，适度放宽资助额度。基础研究要具有原创性和开拓性，应用研究要具有现实性、针对性和时效性；鼓励艺术科学学科理论体系建设重要领域、方向与我国文化建设重大现实问题研究的集体攻关项目，鼓励这些研究领域与方向中优势学术资源的整合；努力推动传统学科、新兴学科和交叉学科健康发展，力求居于学科前沿，避免低水平重复。除重要的基础研究外，鼓励以论文和研究报告作为最终研究成果进行申报。

为切实提高规划水平和研究水平，2011年度国家社会科学基金艺术学项目的评审立项要与学科建设、队伍建设、基地建设、人才培养及科研结构调整、合理布局结合起来，加强协同攻关，加强整合创新。在选题上应注意处理好几个方面的关系：

1. 注意处理好总结历史、研究现实以及准确把握未来三者之间的关系，努力使研究项目体现出科学性、时代性和前瞻性。

2. 注意处理好理论与实践统一的关系，防止理论与实践脱节的倾向。

3. 注意处理好共性和个性的关系，既要认真开展对当前艺术学发展有普遍指导意义的课题研究，也要针对本学科领域和本地区存在的特殊问题，深入开展个案研究和实证性研究。

4. 在数量和质量上注意做到缩短战线，控制规模，注重立项课题的质量，杜绝低水平重复选题，切实提高全国艺术科学研究的整体水平。

5. 在研究方法上，提倡运用现代科技手段，提倡定性研究与定量研究、理论研究与实证研究相结合，实现研究方法的科学性、规范性和严谨性。

根据突出重点，兼顾一般，控制规模，提高质量的要求，本年度项目将对我国文化建设实践中的重大现实问题研究给予重点关注，推出一批有代表性和重要社会影响的应用对策研究项目，以充分发挥项目的决策咨询功能，更好地为社会主义文化建设大局服务。同时，对在学科建设方面具有填补空白意义的基础理论研究、民族民间艺术研究等集体攻关课题以及边远贫困地区和少数民族地区特别是西部地区艺术研究给予一定倾斜。

艺术基础理论研究

（艺术基础理论研究，包括艺术学原理、艺术社会学、艺术批评学以及艺术史学等研究）

马克思主义艺术学原理研究

中国现当代艺术理论研究

地方艺术史研究

新中国成立以来艺术发展道路、主要成就与基本经验研究

新时期艺术理论、艺术学发展历程回顾与未来趋势展望

新世纪以来我国艺术学的新动向与新发展

艺术社会学发展状况及学科建设研究*

中国当代艺术与社会的互动关系研究*

20世纪重要艺术理论家研究

口述艺术史资料整理研究

西方现当代艺术哲学研究

戏剧（含曲艺、木偶、皮影、杂技、魔术）研究

（戏剧研究，包括话剧、戏曲研究。含曲艺、木偶戏、皮影戏、杂技、魔术等研究）

中国各剧种史论研究

中国戏剧史断代研究

民间仪式戏剧研究

中国少数民族戏剧创作观念与发展路径研究

当代科技对戏曲艺术的影响研究

地方剧种文献文物整理与研究

中国戏剧（戏曲、曲艺、木偶、皮影、杂技、魔术）艺术家、剧本、影像信息资料数据库建设与研究

中国话剧口述史

中国现当代剧场研究

话剧与城市发展关系研究

当代话剧、戏曲批评研究

戏剧表演团体体制改革与戏剧产业化研究*

乡村曲艺现状的调查研究

曲艺曲本创作与革新研究

木偶戏、皮影戏、杂技、魔术史论研究

电影、广播电视及新媒体艺术研究

（影视类研究，包括电影、广播电视及新媒体艺

术等方面的研究）

现当代中国电影史

影视导演和表演艺术家研究

电影、电视文化研究

电影生态学研究

电影、电视剧批评及其价值取向研究

影视发展与国家文化政策研究 *

电影体制改革与创新机制研究

电影产业链问题研究

低成本电影营销研究

电影产业与电影院线建设及营运研究

中外电影关系史研究

好莱坞电影的生产与传播体系研究

宝莱坞电影研究

世界动漫作品中动画形象及影响研究

广播艺术研究

音乐研究

（音乐研究，包括音乐史学、民族音乐学、系统音乐学等研究）

音乐史学基础理论研究

中国古代音乐史的断代研究

中国古代音乐史的专题研究

音乐学各分支领域发展史研究

中国传统音乐结构研究

中国传统音乐宫调理论研究

乐律学理论的应用实践研究

古琴的打谱研究

中国少数民族传统音乐形态研究

区域音乐研究

音乐古籍、民间传谱、音像文献资料整理及数字化研究

音乐类非物质文化遗产数据库建设与研究

20 世纪中国音乐界重要学者研究

中国当代音乐作品与作曲家研究

中国流行音乐的现状及发展趋势研究 *

舞蹈研究

（舞蹈研究，包括舞蹈学原理、民族舞蹈学、舞蹈文化学、舞蹈批评学、舞蹈史学、舞蹈创作学、舞蹈传播学等研究）

中国现代舞史

中国当代舞蹈“口述史”研究 *

中国民间舞蹈研究

舞蹈编导学研究

舞蹈表演学研究

舞蹈人体科学研究

舞蹈批评学研究

舞蹈记录方式数字化研究

群众舞蹈的文化功能研究

舞蹈文化产业研究

舞蹈市场运行研究

美术研究

（美术研究，包括绘画、雕塑等研究）

民间美术传承人口述史研究

民国时期的美术社团研究

移居海外的华人艺术家群体研究

当代艺术家群体与艺术产业园区的关系研究

信息技术在美术创作、保护中的应用研究

美术批评研究

美术作品评奖机制研究

美术年展现状、问题与对策研究

中国当代城市雕塑研究

当代城市公共艺术规划研究

摄影艺术研究

艺术品消费行为与消费模式研究

当代中国艺术品市场现状、问题与对策研究

中外艺术品市场政策法规比较研究 *

设计艺术研究

（设计艺术研究，是指作为实用艺术的设计艺术研究）

《天工开物》与中国传统造物艺术思想研究

20 世纪中国著名设计艺术家研究

当代中国设计艺术理论与实践研究

当代设计艺术批评理论体系研究

中国元素的数字化艺术设计与实践应用研究

中国设计行业与包豪斯的关系研究

设计艺术与文化创意产业发展的关系研究

当代中国文化会展（博览会）中的艺术设计实践研究

新媒体艺术中的交互技术应用研究

数字艺术中的虚拟形象研究

国际重要设计年展研究

中外设计艺术产业竞争力比较研究 *

艺术文化综合研究

（艺术文化综合研究，是与艺术科学发展密切相关的我国文化建设理论与实践问题的综合性研究）

中国特色社会主义文化发展道路研究

文化创新体系的理论架构与实践模型研究

“文化 GDP”理论架构与实践问题研究

文化领域主要统计指标体系研究

我国大众文化消费结构调查与研究

我国公共文化服务体系建设保障机制研究 *

当代文化发展繁荣与文化立法的关系研究

转变文化产业发展方式研究

我国文化产业投融资体系建设研究

国有表演艺术院团改革的支撑体系研究

民营艺术表演团体现状调查与研究

艺术消费市场调查与研究

文化市场监管体制机制与能力建设研究

网络文化发展对社会文化生活的影响研究
区域非物质文化遗产保护与开发研究
信息技术在非物质文化遗产保护中的应用研究
我国文化艺术行业的人才队伍现状与对策研究
推进文化与科技融合的政策与措施研究
（＊为指定研究方向）

（全国艺术科学规划领导小组办公室供稿）

2011年度国家社会科学基金艺术学“十二五”规划项目（北京地区）

项目名称	负责人	负责人所在单位	批准号	项目类别	预期成果形式	计划完成时间
清代戏曲音乐史	路应昆	中国传媒大学	11AB001	国家重点项目	专著	2014.12.31
澜沧江—湄公河流域跨界民族音乐文化实录	赵塔里木	中国音乐学院	11AD002	国家重点项目	研究报告 其他	2014.12.31
当代城市公共艺术规划研究	罗　丽	中国艺术研究院	11AF004	国家重点项目	专著	2014.12.31
设计艺术中的材料色彩表面装饰（CMF）知识体系和数据库框架研究	左恒峰	清华大学	11AH006	国家重点项目	论文 研究报告	2014.12.31
视觉性与视觉文化：理论、实践与批评	吴　琼	中国人民大学	11BA009	国家一般项目	专著	2013.12.31
现代性视域中的西方艺术思潮	李世涛	中国艺术研究院	11BA010	国家一般项目	专著 论文	2013.12.31
新时期以来中国艺术家艺术观念谱系性研究	王文革	北方工业大学	11BA011	国家一般项目	专著 研究报告	2013.12.31
中国话剧现状考察与研究	刘彦君	中国艺术研究院	11BB015	国家一般项目	专著	2014.12.31
中国采茶戏的本体研究与族群分析	朱飞跃	文化部民族民间文艺发展中心	11BB017	国家一般项目	专著	2013.12.31
粤剧神功戏与岭南民间信仰	毛小雨	中国艺术研究院	11BB020	国家一般项目	专著	2013.12.31
京剧通论	傅　谨	中国戏曲学院	11BB022	国家一般项目	专著 论文	2013.12.31
当代中国电影明星研究	陈晓云	北京电影学院	11BC023	国家一般项目	专著 论文	2013.12.31
新形势下中国影视文化发展创新研究	胡智锋	中国传媒大学	11BC024	国家一般项目	专著 论文	2013.12.31
全球化·产业化·类型化——中国类型电影：历史、现状及其发展战略	饶曙光	中国电影艺术研究中心	11BC025	国家一般项目	专著 研究报告	2014.12.31
音乐文本编辑理论与实践	陈荃有	中央音乐学院	11BD031	国家一般项目	专著	2013.12.31

续表

项目名称	负责人	负责人所在单位	批准号	项目类别	预期成果形式	计划完成时间
民间信仰的多元性与民间音乐的多重结构——以湘中礼俗仪式音乐为例	齐　琨	中国艺术研究院	11BD036	国家一般项目	专著	2014. 12. 31
中国当代舞蹈口述史研究	刘青弋	中国艺术研究院	11BE043	国家一般项目	专著	2014. 12. 31
舞蹈人体科学理论与实践研究	温　柔	北京舞蹈学院	11BE044	国家一般项目	专著 论文	2013. 12. 31
江西赣南采茶舞蹈保护与实践研究	郭　磊	北京舞蹈学院	11BE045	国家一般项目	专著 其他	2012. 12. 31
美国当代艺术研究	王瑞芸	中国艺术研究院	11BF046	国家一般项目	专著	2014. 12. 31
中国书法与中国文学	刘守安	首都师范大学	11BF047	国家一般项目	论文	2014. 12. 31
美术史视野下中国古代建筑的初步研究	郑　岩	中央美术学院	11BF051	国家一般项目	专著	2013. 12. 31
西域佛教艺术史	古丽比亚	中国艺术研究院	11BF052	国家一般项目	专著	2014. 12. 31
冷战时期的东西德美术	李黎阳	中国艺术研究院	11BF053	国家一般项目	专著	2014. 12. 31
中国色彩应用体系研究	牛克诚	中国艺术研究院	11BF056	国家一般项目	专著	2014. 12. 31
改革开放以来的中国设计艺术与理论研究	曹小鸥	中国艺术研究院	11BH059	国家一般项目	专著	2014. 12. 31
汉唐工艺美术史料库	尚　刚	清华大学	11BH063	国家一般项目	专著	2014. 12. 31
可持续设计与文化创意产业发展的关系研究	刘　新	清华大学	11BH064	国家一般项目	论文 研究报告	2012. 12. 31
文化与科技融合背景下新型文化业态复合型人才的需求与培养	许一新	中国传媒大学	11BG069	国家一般项目	论文 研究报告	2012. 12. 31
文化产业公共服务平台建设标准与服务规范	牛维麟	中国人民大学	11BG070	国家一般项目	研究报告	2011. 12. 31
国有表演艺术院团改革及其国际化发展战略研究	李嘉珊	北京第二外国语学院	11BG072	国家一般项目	论文 研究报告	2012. 12. 31
电影产业链问题研究	刘　藩	中国艺术研究院	11CC089	国家青年项目	论文 研究报告	2012. 12. 31
联华公司及其电影创作研究	员晓明	中国艺术研究院	11CC090	国家青年项目	专著	2014. 12. 31
中国当代电影的历史叙事研究	储双月	中国艺术研究院	11CC091	国家青年项目	专著 论文	2013. 12. 31
经典电视剧主创者“口述历史”及理论溯源	张金尧	中国传媒大学	11CC092	国家青年项目	专著 论文	2013. 12. 31
中国电影海报史	陈清洋	中国电影艺术研究中心	11CC093	国家青年项目	专著 研究报告	2012. 12. 31
土家族毛古斯舞的调查与研究	金　娟	中国艺术研究院	11CE104	国家青年项目	专著	2013. 12. 31

续表

项目名称	负责人	负责人所在单位	批准号	项目类别	预期成果形式	计划完成时间
首饰工艺文化研究	潘　妙	清华大学	11CH112	国家青年项目	专著 研究报告	2013. 12. 31
当代汉字艺术造型理念与构形研究	刘　钊	中央美术学院	11CH115	国家青年项目	专著	2014. 12. 31
中国当代舞台艺术与国家形象塑造	唐　凌	中国艺术研究院	11CG119	国家青年项目	专著 论文	2013. 12. 31
我国演艺产业发展与政策研究	陈思宇	文化部	11CG123	国家青年项目	论文 研究报告	2012. 12. 31

批准号释义：

一、“11”：2011 年度。

二、第一个英文字母分别代表：A——国家重点项目；B——国家一般项目；C——国家青年项目。

三、第二个英文字母分别代表：A——艺术基础理论研究；B——戏剧（含曲艺、木偶、皮影、杂技、魔术）研究；C——电影、广播电视及新媒体艺术研究；D——音乐研究；E——舞蹈研究；F——美术研究；H——设计艺术研究；G——艺术文化综合研究。

四、最后三位数字为序号。

（全国艺术科学规划领导小组办公室供稿）

全国艺术科学各学科“十二五”规划重点研究课题（北京地区）

一、艺术基础理论研究

（艺术基础理论研究，包括艺术学原理、艺术社会学、艺术批评学以及艺术史学等研究）

1. 艺术学的学科反思与学科建设研究
2. 马克思主义艺术学原理研究
3. 马克思主义艺术理论中国化进程研究
4. 中国艺术通论
5. 中国现代艺术体系的形成与发展研究
6. 中国传统艺术当代价值研究
7. 中国当代艺术思潮史
8. 中国艺术批评史

二、戏剧研究

（戏剧研究，包括话剧、戏曲研究。含曲艺、木偶戏、皮影戏、杂技、魔术等研究）

1. 中国戏剧理论研究
2. 中国戏曲表演理论与体系研究
3. 中国戏曲音乐理论与体系研究
4. 20 世纪戏曲研究与戏曲学术史
5. 中国现当代剧场史
6. 当代话剧、戏曲导演与编剧研究
7. 当代话剧、戏曲批评研究
8. 民营话剧、戏曲剧团的生存现状与发展路向调查与研究
9. 城乡新兴曲艺班社研究
10. 木偶、皮影、杂技、魔术发展现状及趋势调查与研究

三、电影、广播电视及新媒体艺术研究

（电影、广播电视及新媒体艺术研究，包括电影、电视剧及其他电视艺术、广播艺术、新媒体艺术等方面的研究）

1. 电影学、广播电视学学科现状与前沿问题研究
2. 中国电影通史及专题研究
3. 动画电影历史与理论研究
4. 中国电影、电视剧创作现状研究
5. 中国原创动漫的价值取向研究
6. 电影、电视剧批评与评价标准研究
7. 我国动漫产业的国际竞争力研究
8. 中国电影与国家文化软实力研究
9. 数字电影研究

四、音乐研究

（音乐研究，包括音乐史学、民族音乐学、系统音乐学等研究）

1. 中国传统音乐体系研究

2. 中国音乐通史

3. 音乐古籍、民间传谱、音像文献资料整理及数字化研究

4. 音乐类非物质文化遗产数据库建设与研究

5. 20世纪中国音乐界重要学者研究

6. 中国当代音乐作品与作曲家研究

五、舞蹈研究

（舞蹈研究，包括舞蹈学原理、民族舞蹈学、舞蹈史学、舞蹈编导学、舞蹈生态学、舞蹈文化学、舞蹈批评学、舞蹈传播学等研究）

1. 中国舞蹈文化史

2. 舞蹈编导学研究

3. 舞蹈表演学研究

4. 舞蹈人体科学研究

5. 舞蹈生态学概论

6. 民族舞蹈学研究

7. 舞蹈民俗学研究

8. 舞蹈批评学研究

9. 舞蹈管理学研究

10. 舞蹈传播学研究

11. 舞蹈记录方式数字化研究

六、美术研究

（美术研究，包括绘画、雕塑等研究）

1. 18世纪以来中西美术发展史比较研究

2. 中国现代美术发展现状研究

3. 20世纪中国主题绘画创作研究

4. 20世纪中国著名美术家研究

5. 中国宗教艺术研究

6. 当代中国城市雕塑研究

7. 当代城市公共艺术规划研究

8. 信息技术发展对美术行业的影响研究

9. 当代中国艺术品拍卖法律研究

七、设计艺术研究

（设计艺术研究，是指作为实用艺术的设计艺术研究）

1. 中国设计艺术史研究

2. 20世纪中国著名设计艺术家群体研究

3. 当代中国设计艺术理论与实践研究

4. 当代中国设计艺术行业的现状与发展趋势研究

5. 信息技术在设计艺术行业中的应用研究

6. 当代设计艺术批评理论体系研究

7. 中外设计艺术产业竞争力比较研究

八、艺术文化综合研究

（艺术文化综合研究，是与艺术科学发展密切相关的我国文化建设理论与实践问题的综合性研究）

1. 中国特色社会主义文化发展道路研究

2. 中国特色社会主义文化强国的理论与实践研究

3. 深化文化体制改革的理论与政策研究

4. 我国公共文化服务体系建设保障机制研究

5. 我国文化产业发展的政策体系研究

6. 我国文化市场理论与实践研究

7. 文化遗产保护的理论与政策研究

8. 中国特色社会主义文化立法研究

9. 文化与科技融合的政策与保障机制研究

（全国艺术科学规划领导小组办公室供稿）

2011年度教育部在京高校国家社会科学基金重大项目

批准号	首席专家	课题名称	责任单位
11&ZD031	贾俊玲	和谐劳动关系协调机制的法律构建研究	北京大学
11&ZD082	张玉安	东方文化史	北京大学
11&ZD086	王中江	出土简帛文献与古代中国哲学新发现综合研究	北京大学
11&ZD095	朱玉麒	清代新疆稀见史料调查与研究	北京大学
11&ZD120	王幼平	中原地区晚更新世古人类文化发展研究	北京大学
11&ZD183	莫多闻 袁　靖	环境考古与古代人地关系研究	北京大学
11&ZD173	胡象明	大型工程的社会稳定风险评估研究	北京航空航天大学

续表

批准号	首席专家	课题名称	责任单位
11&ZD042	宋维明	我国西部林业生态建设政策评价与体系完善研究	北京林业大学
11&ZD045	宋旭光	中国能源—环境—经济综合核算体系研究	北京师范大学
11&ZD103	过常宝	中国上古知识、观念与文献体系的生成与发展研究	北京师范大学
11&ZD109	周少川	百年中国古籍整理与古文献学科发展研究（1911—2011）	北京师范大学
11&ZD186	韩在柱	脑神经系统疾病及语言障碍的语言学研究	北京师范大学
11&ZD004	施建军	“十二五”时期我国发展的创新驱动战略研究	对外经济贸易大学
11&ZD007	桑百川	我国新一轮对外开放的战略布局、主要目标与政策选择研究	对外经济贸易大学
11&ZD167	张　浩 王　强	极端气候事件的区域分布、变化规律和应对机制研究	对外经济贸易大学
11&ZD063	阎学通	我国公共外交研究：战略与策略	清华大学
11&ZD067	肖贵清	中国特色社会主义制度研究	清华大学
11&ZD125	张美兰	近代汉语常用词词库与常用词历史演变研究	清华大学
11&ZD058	郎维伟 余梓东	马克思主义民族理论中国化与民族政策的完善创新研究	西南民族大学 中央民族大学
11&ZD075	荆学民	中国特色政治传播理论与策略体系研究	中国传媒大学
11&ZD009	张正河	同步推进工业化、城镇化和农业现代化战略研究	中国农业大学
11&ZD005	马龙龙	大国赶超经济与可持续发展背景下的内外需关系调整研究	中国人民大学
11&ZD015	杜子芳	CPI 理论重建及编制方案改进研究	中国人民大学
11&ZD032	孙柏瑛	基层政府社会管理体制机制创新研究	中国人民大学
11&ZD052	王志刚	供应链视角下食品药品安全监管制度创新研究	中国人民大学
11&ZD083	梁　涛	中国孟学史	中国人民大学
11&ZD090	李秋零	康德往来书信全集译注	中国人民大学
11&ZD107	朱万曙	《全清戏曲》整理编纂及文献研究	中国人民大学
11&ZD119	何建明	中国地方志佛教道教文献汇纂（1949 年前）	中国人民大学
11&ZD157	赵彦云	经济社会公共数据的空间统计样本数据开发及应用研究	中国人民大学
11&ZD187	刘晓力	认知科学对当代哲学的挑战——心灵与认知哲学重大理论问题研究	中国人民大学
11&ZD164	罗东坤	基于中国石油安全视角的海外油气资源接替战略研究	中国石油大学（北京）
11&ZD175	张　军	诉讼证据规定研究	中国政法大学
11&ZD130	阿不都热西提·亚库甫	中国突厥语族诸语言词源研究	中央民族大学
11&ZD135	张海洋	后冷战世界的民族冲突与治理特点研究	中央民族大学

（高校社科管理中心白晓供稿）

2011 年度教育部人文社会科学研究一般项目（北京地区）

学科门类	学校名称	项目类别	项目名称	项目批准号	申请人
管理学	北方工业大学	规划基金项目	价值工程在机械制造企业低碳生产中的应用研究	11YJA630198	张铁山
管理学	北方工业大学	青年基金项目	有色金属期货市场多重分形特征及仿真研究	11YJC630299	郑 丰
交叉学科/综合研究	北方工业大学	青年基金项目	大众消费文化场景下的中国建筑形式创作研究	11YJCZH176	王又佳
艺术学	北方工业大学	规划基金项目	中国古典建筑彩画继承与发展	11YJA760036	李 沙
艺术学	北方工业大学	青年基金项目	表征、延异与生成：法国当代批评理论的艺术之思	11YJC760015	董树宝
教育学	北京城市学院	规划基金项目	我国民办高校分类管理机制研究	11YJA880110	魏 真
法学	北京大学	规划基金项目	我国原子能立法研究	11YJA820067	唐应茂
法学	北京大学	规划基金项目	国际视野中的我国反洗钱立法与完善	11YJA820078	王 新
法学	北京大学	青年基金项目	风险规制与行政法治——基于公私区分与互动的视角	11YJC820047	金自宁
管理学	北京大学	规划基金项目	政府基本公共服务标准化和可持续问题研究	11YJA630052	梁鸿飞
管理学	北京大学	青年基金项目	中国消费者对同一品牌国产与进口产品认知差异及原因分析	11YJC630271	袁胜军
教育学	北京大学	规划基金项目	一体化：中国现代教育的形成(1862—1927)	11YJA880048	李剑萍
教育学	北京大学	规划基金项目	区域教学信息化促进教育公平的效能研究	11YJA880117	吴筱萌
经济学	北京大学	规划基金项目	中国教育金融抑制：理论与实证——基于教育需求方视角	11YJA790025	窦尔翔

续表

学科门类	学校名称	项目类别	项目名称	项目批准号	申请人
经济学	北京大学	青年基金项目	基于意愿的企业迁移决策行为及迁移引导政策研究	11YJC790087	李彦军
经济学	北京大学	青年基金项目	农业土壤碳汇实现机制研究	11YJC790126	刘　奕
经济学	北京大学	青年基金项目	农村清洁发展机制项目益贫效应的评估——以世界银行社区发展碳基金沼气项目为例	11YJC790250	于　敏
历史学	北京大学	规划基金项目	明代行政区划制度研究	11YJA770024	李新峰
历史学	北京大学	规划基金项目	鸦片战争以前西方人士的“北京经验”研究	11YJA770040	欧阳哲生
历史学	北京大学	青年基金项目	从《日清修好条规》到“大东亚交易圈”：近代中日贸易关系研究	11YJC770051	宋芳芳
历史学	北京大学	青年基金项目	阿卡德王朝中央官制研究	11YJC770061	王献华
马克思主义理论/思想政治教育	北京大学	规划基金项目	新中国成立以来思想政治教育的历史和经验研究	11YJA710080	祖嘉合
民族学与文化学	北京大学	规划基金项目	藏族跨区职业技术教育及其对经济社会的影响研究——以四川藏区9+3援藏教育工程为例	11YJA850022	文艳林
社会学	北京大学	规划基金项目	变迁社会中的政教关系：以基督教和天主教的地下教会为例	11YJA840009	卢云峰
社会学	北京大学	青年基金项目	农村进城务工女性社会网络研究——以北京地区家政服务员为例	11YJC840021	李春霞
图书馆、情报与文献学	北京大学	规划基金项目	中国现代服务业创新能力评价的理论与实证研究	11YJA870020	申　静
图书馆、情报与文献学	北京大学	青年基金项目	《清儒学案书札》的整理与研究	11YJC870022	沙志利
图书馆、情报与文献学	北京大学	青年基金项目	我国图书馆标准化体系及其发展战略研究	11YJC870034	张广钦
外国文学	北京大学	青年基金项目	波斯语手抄本《中国医学宝书》校注与研究	11YJC752017	时　光
新闻学与传播学	北京大学	规划基金项目	当代影像产业中奇观文化的经济分析和文化研究	11YJA860025	吴　靖
艺术学	北京大学	青年基金项目	北京建设世界城市公共艺术空间规划研究	11YJC760045	梁盛平
语言学	北京大学	青年基金项目	基于语篇与语体的连词主观性研究	11YJC740145	张文贤

续表

学科门类	学校名称	项目类别	项目名称	项目批准号	申请人
哲学	北京大学	青年基金项目	儒学的超越性传承与体认：美国波士顿儒学与夏威夷儒学研究	11YJC720062	郑秋月
中国文学	北京大学	规划基金项目	两岸关系视阈中的文学深层议题	11YJA751025	计璧瑞
管理学	北京第二外国语学院	规划基金项目	基于价值链的风险溢出与投资转移研究	11YJA630179	尹美群
管理学	北京第二外国语学院	规划基金项目	制度压力对中国企业社会责任影响机制研究——以服务企业为例	11YJA630022	谷慧敏
交叉学科/综合研究	北京第二外国语学院	规划基金项目	美国崛起之政治经济学分析（1865—1945）	11YJAZH119	张　爽
经济学	北京第二外国语学院	青年基金项目	高速铁路对旅游客流影响的区域差异研究	11YJC790193	王　欣
外国文学	北京第二外国语学院	青年基金项目	文学思想与政治意识：俄国民粹派文学创作思想研究	11YJC752033	许传华
语言学	北京第二外国语学院	青年基金项目	中国英语学习者词汇习得与认知神经研究	11YJC740112	吴建设
语言学	北京第二外国语学院	青年基金项目	汉日致使句式中役事论元隐现及其机制的对比研究	11YJC740105	王　鹏
中国文学	北京第二外国语学院	规划基金项目	宋代诗人易学与诗学的演进	11YJA751039	李瑞卿
艺术学	北京服装学院	青年基金项目	北朝晚期至唐朝青齐佛教美术区域史研究	11YJC760064	邱忠鸣
艺术学	北京服装学院	自筹经费项目	傣族小乘佛教壁画研究	11YJE760004	赵云川
法学	北京工商大学	规划基金项目	体育知识产权保护问题研究	11YJA820090	徐康平
法学	北京工商大学	青年基金项目	失地农民融入城市社区过程中的利益冲突及其法律调整研究	11YJC820016	董　彪
管理学	北京工商大学	规划基金项目	跨组织控制：激励模式与合作绩效研究	11YJA630080	穆林娟
管理学	北京工商大学	规划基金项目	集团董事会治理与财务公司（结算中心）风险控制	11YJA630186	袁　琳
管理学	北京工商大学	青年基金项目	上市公司股利变更研究	11YJC630194	童　盼
交叉学科/综合研究	北京工商大学	青年基金项目	网络隐私权的侵权问题与法律保护研究	11YJCZH116	路　鹃
交叉学科/综合研究	北京工商大学	青年基金项目	关系网络扩展与农业交易治理机制创新：湘鄂三县葡萄种植业的比较案例研究	11YJCZH205	徐振宇

续表

学科门类	学校名称	项目类别	项目名称	项目批准号	申请人
交叉学科/综合研究	北京工商大学	青年基金项目	中国对外政策中的国内舆论引导机制研究	11YJCZH219	余金城
经济学	北京工商大学	规划基金项目	促进区域经济协调发展的立体财政转移支付模式研究——基于政府行为视角	11YJA790167	吴　强
经济学	北京工商大学	青年基金项目	主观业绩评价及其制度效果——基于组织公正中介作用的路径研究	11YJC790043	高　晨
经济学	北京工商大学	青年基金项目	我国就业机会不平等与收入差距扩大的相互关系研究	11YJC790220	徐秋慧
马克思主义理论/思想政治教育	北京工商大学	青年基金项目	中国共产党执政以来领导农村基层政权建设的历史与经验研究	11YJC710020	江　燕
法学	北京工业大学	规划基金项目	后金融危机时代中国制造业产业升级的知识产权战略研究	11YJA820032	靳晓东
法学	北京工业大学	规划基金项目	内幕交易监管的困境及其对策研究	11YJA820051	聂孝红
管理学	北京工业大学	规划基金项目	企业文化对物流外包关系及企业绩效的影响：基于中国的实证研究	11YJA630160	谢　琍
教育学	北京工业大学	规划基金项目	中国特色高校治理评价指标体系研究	11YJA880108	王绽蕊
法学	北京航空航天大学	青年基金项目	基本权利的概括限制研究——以我国宪法第51条为中心	11YJC820118	王　锴
管理学	北京航空航天大学	规划基金项目	产品在线口碑活跃度的演化测算和异质性研究	11YJA630044	李　红
管理学	北京航空航天大学	青年基金项目	投资者情绪、定向增发与财富效应	11YJC630037	邓　路
交叉学科/综合研究	北京航空航天大学	青年基金项目	面向丝绸等各向异性材质的真实感建模技术研究	11YJCZH064	胡　勇
教育学	北京航空航天大学	青年基金项目	研究型大学新入职教师的教学预备、教学信念、教学自我效能现状及其关系研究	11YJC880093	宋中英
教育学	北京航空航天大学	青年基金项目	基于高校课程视角的创新人才培养模式研究	11YJC880134	闫飞龙
经济学	北京航空航天大学	规划基金项目	中国健康、意外保险欺诈的识别及预警研究	11YJA790223	周建涛
语言学	北京航空航天大学	规划基金项目	基于语料库的中外科学家学术论文话语特征对比研究	11YJA740030	何宇茵
语言学	北京航空航天大学	青年基金项目	基于语料库英汉指令言语行为对比与语力翻译研究	11YJC740030	管兴忠

续表

学科门类	学校名称	项目类别	项目名称	项目批准号	申请人
管理学	北京化工大学	规划基金项目	贫困标准的变迁与反贫困政策——美国的经验及其对当代中国的启示	11YJA630017	甫玉龙
管理学	北京化工大学	规划基金项目	基于多目标决策的政策性财政项目支出绩效评价模式研究	11YJA630131	王淑慧
管理学	北京化工大学	青年基金项目	有限理性情景下租赁业供应链上协同决策与优化研究	11YJC630123	刘　斌
交叉学科/综合研究	北京化工大学	青年基金项目	基于申请量预测的我国化工行业专利预警研究	11YJCZH004	蔡中华
法学	北京交通大学	青年基金项目	刑事诉讼视野下的犯罪构成要件——基于刑事诉讼法与刑法互动的研究	11YJC820108	陶　杨
交叉学科/综合研究	北京交通大学	青年基金项目	中国新能源汽车产业联盟绩效影响因素研究	11YJCZH114	刘颖琦
经济学	北京交通大学	规划基金项目	中国现代劳动经济史研究	11YJA790130	史振磊
马克思主义理论/思想政治教育	北京交通大学	规划基金项目	当代中国社会主义意识形态话语发展研究	11YJA710011	郝潞霞
外国文学	北京交通大学	规划基金项目	狄金森与后浪漫主义诗学研究	11YJA752011	刘晓晖
哲学	北京交通大学	规划基金项目	马克思与青年黑格尔派关系再考察——《神圣家族》文本学研究	11YJA720016	刘秀萍
管理学	北京科技大学	青年基金项目	基于协作理论的大型钢铁企业组织设计研究	11YJC630108	李晓辉
社会学	北京科技大学	青年基金项目	社会变迁与共和国同龄人的生命历程	11YJC840001	边　静
哲学	北京科技大学	青年基金项目	西方女性主义科学史理论研究	11YJC720059	章梅芳
法学	北京理工大学	青年基金项目	欧盟民法典草案研究	11YJC820022	付俊伟
管理学	北京理工大学	规划基金项目	低碳产品消费行为影响因素及作用路径：模型与实证研究	11YJA630138	王月辉
管理学	北京理工大学	青年基金项目	当前大学生群体危机的社会机理与干预方法研究	11YJC630024	陈　妍
管理学	北京理工大学	青年基金项目	国际碳市场价格多尺度预测方法及其应用研究	11YJC630304	朱帮助
管理学	北京理工大学	自筹经费项目	环境金融运行模式研究	11YJE630003	逄金辉
交叉学科/综合研究	北京理工大学	规划基金项目	货币国际化模式的选择标准和理论支持模块研究	11YJAZH066	罗　斌

续表

学科门类	学校名称	项目类别	项目名称	项目批准号	申请人
教育学	北京理工大学	规划基金项目	高校大学生专业选择机制研究	11YJA880078	庞海芍
教育学	北京理工大学	青年基金项目	20世纪上半期社会教育“中国化、平民化、乡村化”研究	11YJC880137	杨才林
教育学	北京理工大学	青年基金项目	我国学前教育发展公私合作伙伴关系（PPP）运行机制及其评价研究	11YJC880170	周　玲
经济学	北京理工大学	青年基金项目	要素参与收入分配问题研究——收入分配中的劳动与资本	11YJC790020	陈秀梅
经济学	北京理工大学	青年基金项目	后危机时期跨国流通企业买方市场势力及其反竞争效应研究	11YJC790156	宋宪萍
马克思主义理论/思想政治教育	北京理工大学	规划基金项目	数字化环境下高校思想政治教育教学路径创新研究	11YJA710022	李林英
心理学	北京理工大学	青年基金项目	提升大学生幸福感——基于心智觉知的团体干预模式研究	11YJC190011	李　波
法学	北京联合大学	青年基金项目	生物技术背景下植物育种创新的知识产权保护研究	11YJC820055	李菊丹
交叉学科/综合研究	北京联合大学	青年基金项目	和谐社会建设时期群体性劳资冲突事件的演化及其应对体系构建研究	11YJCZH051	何　勤
教育学	北京联合大学	青年基金项目	“90后”大学生人际价值观与行为模式教育研究	11YJC880023	高　蕾
经济学	北京联合大学	青年基金项目	流域保护政策有效性及其影响效应研究——以京津冀都市圈海河流域为例	11YJC790300	郑海霞
历史学	北京联合大学	青年基金项目	西周世族研究	11YJC770082	张　经
社会学	北京联合大学	青年基金项目	人口承载力理论研究与政策应用——基于发展方式角度	11YJC840027	刘　洁
管理学	北京林业大学	规划基金项目	京津风沙源治理工程生态影响价值计量及后续政策研究	11YJA630127	王立群
交叉学科/综合研究	北京林业大学	规划基金项目	我国农户对农村信息服务技术的采纳行为研究	11YJAZH098	温继文
交叉学科/综合研究	北京林业大学	青年基金项目	农村政策性小额林权抵押贷款模式研究	11YJCZH258	周　莉
经济学	北京林业大学	青年基金项目	我国城镇住宅市场泡沫测度研究	11YJC790264	张宝林
心理学	北京林业大学	青年基金项目	虚拟现实暴露疗法治疗考试焦虑研究	11YJC190024	王广新
语言学	北京林业大学	青年基金项目	语用习得的实验研究：以等级隐涵与标记性焦点为切入点	11YJC740024	范　莉

续表

学科门类	学校名称	项目类别	项目名称	项目批准号	申请人
法学	北京农学院	青年基金项目	农业转基因生物国际贸易的法律调整——基于中国视角的研究	11YJC820110	佟占军
经济学	北京农学院	规划基金项目	基于供应链管理的“农超对接”中农产品生产者与超市合作行为实证研究	11YJA790182	杨为民
法学	北京师范大学	规划基金项目	事业单位改革中法人治理结构及其法律调控模式研究	11YJA820085	夏利民
法学	北京师范大学	青年基金项目	刑民交叉案件的程序处理	11YJC820082	毛立新
管理学	北京师范大学	青年基金项目	广告时长信息对电视换台行为及广告效果的影响机制研究	11YJC630183	苏　淞
国际问题研究	北京师范大学	规划基金项目	全球政治理论创新研究	11YJAGJW012	刘小林
交叉学科/综合研究	北京师范大学	青年基金项目	数字谚语民俗地图研究	11YJCZH078	赖彦斌
教育学	北京师范大学	规划基金项目	现代教育的探索：杜威的问题与范式	11YJA880026	郭法奇
教育学	北京师范大学	规划基金项目	关于幼儿发展性评价的实践研究	11YJA880033	黄　珊
教育学	北京师范大学	规划基金项目	运动干预对青少年身体姿势健康促进的模式研究	11YJA880037	纪仲秋
教育学	北京师范大学	青年基金项目	社会分层视角下的城市教育补习行为选择研究	11YJC880004	陈彬莉
教育学	北京师范大学	青年基金项目	政府对民办高等教育的财政支持制度研究	11YJC880021	方　芳
教育学	北京师范大学	青年基金项目	学前教育普及中政府主导的保障机制创新研究	11YJC880028	洪秀敏
教育学	北京师范大学	青年基金项目	“一对一”环境下的班级文化建设研究	11YJC880077	马　宁
教育学	北京师范大学	青年基金项目	普通高中科学课程中“学生职业素养发展体系”的架构与课程资源开发	11YJC880122	魏　锐
教育学	北京师范大学	青年基金项目	西方课程研究中的知识谱系及其实践效应的比较研究	11YJC880140	杨明全
教育学	北京师范大学	青年基金项目	我国民办教育分类管理研究	11YJC880166	赵应生
教育学	北京师范大学	青年基金项目	教育投资机会与教育成就的性别差异研究	11YJC880168	郑　磊
经济学	北京师范大学	青年基金项目	盈余波动性成因及其市场反应研究	11YJC790132	吕兆德

续表

学科门类	学校名称	项目类别	项目名称	项目批准号	申请人
经济学	北京师范大学	青年基金项目	低碳经济视角下中国企业技术创新绩效研究	11YJC790270	张江雪
历史学	北京师范大学	青年基金项目	近代中国武术的转型与再造：民国时期的国术改良运动研究	11YJC770028	林辉锋
马克思主义理论/思想政治教育	北京师范大学	青年基金项目	高校基层党组织建设的历史与经验研究（1949—1976）	11YJC710082	周良书
民族学与文化学	北京师范大学	青年基金项目	裕固族国族认同建构的社会过程：一项历史与政治民族志研究	11YJC850002	巴战龙
社会学	北京师范大学	青年基金项目	“蚁族”社会支持网络研究	11YJC840006	陈家伟
统计学	北京师范大学	青年基金项目	基于国际核算标准的我国税源统计体系研究	11YJC910006	席　玮
图书馆、情报与文献学	北京师范大学	青年基金项目	基于大众参与的图像感性特征标引机制与方法研究	11YJC870010	黄　崑
心理学	北京师范大学	青年基金项目	早期教养经历对儿童心理发展影响的纵向研究	11YJC190013	李燕芳
心理学	北京师范大学	青年基金项目	流动儿童歧视知觉的产生机制及与情绪适应的关系	11YJC190015	刘　霞
心理学	北京师范大学	青年基金项目	中小学生人格测评中的社会称许性反应研究	11YJC190016	骆　方
艺术学	北京师范大学	青年基金项目	新中国工笔画中女性形象研究（1949——2010）	11YJC760079	王　鹏
艺术学	北京师范大学	青年基金项目	“入世”十年中国电影产业发展得失及对策研究	11YJC760116	张　燕
语言学	北京师范大学	规划基金项目	高等教育中的日语教育基础研究——关于国内日语学习者外语学习观的调查研究	11YJA740042	冷丽敏
语言学	北京师范大学	青年基金项目	基于计算的汉语词汇筛选机制研究	11YJC740116	谢永芳
语言学	北京师范大学	青年基金项目	句法与语用的接口：汉语句子信息结构研究	11YJC740161	周士宏
中国文学	北京师范大学	规划基金项目	日本五山僧的抄物《三体诗幻云抄》中汉籍征引状况与室町时代的汉籍流布研究	11YJA751047	刘　玲
法学	北京外国语大学	规划基金项目	社会转型期的群体性暴力事件与“仇恨犯罪”治理控制研究	11YJA820077	王文华
法学	北京外国语大学	青年基金项目	民事无财产可供执行案件研究	11YJC820069	刘　静

续表

学科门类	学校名称	项目类别	项目名称	项目批准号	申请人
管理学	北京外国语大学	规划基金项目	高等院校教师的胜任特征研究	11YJA630048	李淑敏
国际问题研究	北京外国语大学	青年基金项目	美国联盟体系与地区经济发展	11YJCGJW021	杨　毅
历史学	北京外国语大学	青年基金项目	第三共和国前期法国民族记忆的建构	11YJC770013	顾　杭
外国文学	北京外国语大学	规划基金项目	阿拉伯文学在中国的接受与影响研究	11YJA752002	丁淑红
管理学	北京物资学院	规划基金项目	食品可追溯信息有效传递的激励机制研究	11YJA630140	魏国辰
图书馆、情报与文献学	北京协和医学院	青年基金项目	基于知识组织体系的科技文献新主题监测研究	11YJC870001	安新颖
图书馆、情报与文献学	北京协和医学院	青年基金项目	基于决策树的热点识别与趋势预测方法研究	11YJC870008	洪　娜
管理学	北京信息科技大学	青年基金项目	基于知识获取的创业者破坏性创新行为形成机制的实证研究	11YJC630036	崔　瑜
图书馆、情报与文献学	北京信息科技大学	青年基金项目	面向个性化情报检索的隐私泄露与保护研究	11YJC870011	康海燕
中国文学	北京信息科技大学	青年基金项目	主体、想象与表达——1949—1966 年工农兵写作的历史考察	11YJC751094	谢保杰
新闻学与传播学	北京印刷学院	青年基金项目	移动互联网时代，我国电子阅读产业的现状与发展趋势研究	11YJC860045	王　平
艺术学	北京印刷学院	规划基金项目	消费文化视域中的西方现代设计	11YJA760018	龚小凡
管理学	北京邮电大学	规划基金项目	基于网络信息传播理论的团购营销策略研究	11YJA630081	宁连举
管理学	北京邮电大学	规划基金项目	西部及欠发达地区微型企业生存发展边界研究	11YJA630109	孙启明
艺术学	北京邮电大学	青年基金项目	表现情感认知的数字媒体无障碍交互色彩设计研究	11YJC760041	李　霞
管理学	北京语言大学	规划基金项目	XBRL 统一报告研究：基于本体论视角	11YJA630012	杜美杰
外国文学	北京语言大学	规划基金项目	司马辽太郎研究：日本历史小说家的东亚观	11YJA752003	关立丹
新闻学与传播学	北京语言大学	青年基金项目	社会性媒体的政治功能研究	11YJC860062	郑一卉
语言学	北京语言大学	规划基金项目	对外汉语语篇语法框架构建与研究	11YJA740082	田　然

续表

学科门类	学校名称	项目类别	项目名称	项目批准号	申请人
语言学	北京语言大学	青年基金项目	汉语并立式复合词及其习得机制研究	11YJC740057	李艳华
语言学	北京语言大学	青年基金项目	非母语者汉语话语标记习得与使用情况研究	11YJC740066	刘丽艳
语言学	北京语言大学	青年基金项目	第二语言学习者汉语疑问句系统的习得与认知研究	11YJC740086	施家炜
语言学	北京语言大学	青年基金项目	基于认知语义学的口译传译单位研究	11YJC740119	许　明
交叉学科/综合研究	北京中医药大学	规划基金项目	基于语料库的中医病机术语英译研究	11YJAZH022	都立澜
交叉学科/综合研究	北京中医药大学	规划基金项目	中医专业人才自主选拔评价体系研究	11YJAZH062	刘雯华
交叉学科/综合研究	北京中医药大学	规划基金项目	医疗纠纷人民调解处理机制研究	11YJAZH092	王梅红
交叉学科/综合研究	北京中医药大学	青年基金项目	国际化背景下中医药专业的英语教学现状调查与对策研究——以京、鄂、滇中医高等院校为例	11YJCZH062	胡丽萍
交叉学科/综合研究	北京中医药大学	青年基金项目	基于企业边界理论的医药分开研究	11YJCZH192	武　锋
教育学	北京中医药大学	青年基金项目	新医改背景下“医药兼通”的中药学复合型创新人才培养模式与方法研究	11YJC880156	翟华强
图书馆、情报与文献学	北京中医药大学	青年基金项目	《四库全书总目·医家类》研究	11YJC870031	杨东方
心理学	北京中医药大学	青年基金项目	基于意境作业诱发 ERP 的具象思维养心安神机制研究	11YJC190027	魏玉龙
法学	对外经济贸易大学	规划基金项目	中国发展低碳金融的法律保障体系研究	11YJA820014	丁　丁
法学	对外经济贸易大学	规划基金项目	我国证券市场国际板设立中法律问题研究	11YJA820050	马其家
法学	对外经济贸易大学	青年基金项目	“国家与社会”视角下的民事司法改革	11YJC820006	陈杭平
法学	对外经济贸易大学	青年基金项目	生命权的伦理反思和制度重构	11YJC820081	马　特
管理学	对外经济贸易大学	规划基金项目	会计信息质量、资源配置效率与产业升级研究	11YJA630085	钱爱民
管理学	对外经济贸易大学	规划基金项目	中国跨国企业集团网络治理研究	11YJA630111	汤谷良
管理学	对外经济贸易大学	规划基金项目	我国央企产融结合风险的微观治理研究	11YJA630134	王秀丽

续表

学科门类	学校名称	项目类别	项目名称	项目批准号	申请人
管理学	对外经济贸易大学	规划基金项目	原产地领域研究及其政策实用性分析	11YJA630166	徐进亮
管理学	对外经济贸易大学	规划基金项目	城乡统筹视角下新农保的财政保障能力与保障机制研究	11YJA630218	周志凯
管理学	对外经济贸易大学	青年基金项目	企业集团、金字塔式控制结构与公司价值	11YJC630198	王　蓓
管理学	对外经济贸易大学	青年基金项目	企业社会责任战略的前置因素及竞争优势转化路径——中国本土典型案例与经验证据	11YJC630264	尹珏林
管理学	对外经济贸易大学	青年基金项目	网络创业持续发展影响机制研究：基于网店模式	11YJC630069	华　迎
国际问题研究	对外经济贸易大学	青年基金项目	亚太区域合作制度化视角下“跨太平洋伙伴关系协定”发展前景研究	11YJCGJW019	熊李力
国际问题研究	对外经济贸易大学	青年基金项目	日本的文化政策及文化发展战略研究	11YJCGJW023	赵　敬
交叉学科/综合研究	对外经济贸易大学	规划基金项目	北非政局动荡对我国投资该地区及非洲的影响与对策研究	11YJAZH111	杨国亮
交叉学科/综合研究	对外经济贸易大学	青年基金项目	同声传译认知加工能力研究	11YJCZH037	高　彬
教育学	对外经济贸易大学	青年基金项目	英国科研评估体制下研究型大学学科发展机制研究	11YJC880003	常文磊
经济学	对外经济贸易大学	规划基金项目	我国私募股权基金投资研究——基于制度背景视角	11YJA790059	江　萍
经济学	对外经济贸易大学	规划基金项目	新兴市场金融的理论与实证研究	11YJA790195	于　瑾
经济学	对外经济贸易大学	青年基金项目	产业转移、再集聚与区域协调发展研究	11YJC790033	邓慧慧
经济学	对外经济贸易大学	青年基金项目	促进消费视角下的政府支出选择	11YJC790085	李晓嘉
经济学	对外经济贸易大学	青年基金项目	企业风险管理的传导路径：理论与实证研究	11YJC790173	王　东
经济学	对外经济贸易大学	青年基金项目	不完全信息、激励契约与中国资产管理业组织形式演进研究	11YJC790215	肖欣荣
经济学	对外经济贸易大学	青年基金项目	中国对外贸易隐含碳与减排政策研究：基于MRIO模型的评估	11YJC790226	闫云凤
经济学	对外经济贸易大学	青年基金项目	构建知识产权制度与自主创新效应研究——基于日本的经验与教训	11YJC790298	赵旭梅
图书馆、情报与文献学	对外经济贸易大学	规划基金项目	基于微博客的危机事件群体情绪感知研究	11YJA870017	李　兵

续表

学科门类	学校名称	项目类别	项目名称	项目批准号	申请人
外国文学	对外经济贸易大学	青年基金项目	十九、二十世纪英国作家的印度书写	11YJC752010	李秀清
语言学	对外经济贸易大学	规划基金项目	大学外语专业学生跨文化能力培养研究	11YJA740069	潘亚玲
语言学	对外经济贸易大学	规划基金项目	汉文化经典外译：理论与实践	11YJA740103	徐　珺
语言学	对外经济贸易大学	青年基金项目	认知心理视角下的英语课堂反馈研究	11YJC740133	杨颖莉
语言学	对外经济贸易大学	青年基金项目	现代汉语双音复合词前位形语素语义组合规律研究	11YJC740160	周　琳
法学	首都经济贸易大学	规划基金项目	新媒体法律规制研究	11YJA820119	郑文明
法学	首都经济贸易大学	规划基金项目	国际组织在我国的法律地位	11YJA820088	谢海霞
管理学	首都经济贸易大学	规划基金项目	国有非上市企业执行新会计准则问题研究	11YJA630099	石彦文
管理学	首都经济贸易大学	规划基金项目	“十二五”时期农民工城市就业问题及路径研究	11YJA630123	王　静
管理学	首都经济贸易大学	规划基金项目	基于高新技术企业信息化风险的人机治理模式研究	11YJA630120	王凡林
管理学	首都经济贸易大学	青年基金项目	中小学校长领导力模型构建与发展实证研究	11YJC630020	陈小平
交叉学科/综合研究	首都经济贸易大学	青年基金项目	高水平射击运动员专项认知眼动特征的研究	11YJCZH095	廖彦罡
经济学	首都经济贸易大学	规划基金项目	我国新农村建设中支农资金的配置效率研究	11YJA790097	龙　菊
经济学	首都经济贸易大学	规划基金项目	基于消费者信心的消费行为影响因素实证分析与经济仿真研究	11YJA790122	任　韬
经济学	首都经济贸易大学	规划基金项目	理性疏忽框架下的经济周期理论研究	11YJA790148	王　军
经济学	首都经济贸易大学	规划基金项目	经济波动、宏观调控与产业升级的关联度分析	11YJA790225	周明生
经济学	首都经济贸易大学	规划基金项目	全球金融监管重建与中国宏观金融审慎监管的建立	11YJA790116	祁敬宇
经济学	首都经济贸易大学	青年基金项目	我国审计市场“桑梓情结”之因果与对策研究	11YJC790251	于　鹏
交叉学科/综合研究	首都师范大学	规划基金项目	逻辑思维能力与创新型人才培养研究	11YJAZH026	冯　艳

续表

学科门类	学校名称	项目类别	项目名称	项目批准号	申请人
交叉学科/综合研究	首都师范大学	青年基金项目	壮族村寨声景生态文化遗存的个案研究	11YJCZH026	邓志勇
交叉学科/综合研究	首都师范大学	青年基金项目	高校交叉学科建设分析与对策研究	11YJCZH254	郑文涛
教育学	首都师范大学	规划基金项目	教学论学科群对教师专业成长的作用：欧洲经验	11YJA880016	丁邦平
教育学	首都师范大学	规划基金项目	以"UDS 合作实践共同体"为孵化器，促进教育学知识创新与实践转化的行动研究	11YJA880134	杨朝晖
教育学	首都师范大学	青年基金项目	运用"一对一"图形计算技术促进学习者的数学高阶思维发展研究	11YJC880069	刘　军
教育学	首都师范大学	青年基金项目	视频案例多元分析视角下的教师专业发展策略研究	11YJC880099	孙　众
教育学	首都师范大学	青年基金项目	中小学生科学探究能力评价的理论与实践研究	11YJC880110	王晶莹
教育学	首都师范大学	青年基金项目	现象学教育学视野下学生学习的生活体验研究	11YJC880114	王攀峰
教育学	首都师范大学	青年基金项目	民办幼儿园分类准入制度的研究	11YJC880135	严　冷
教育学	首都师范大学	青年基金项目	教师伦理困境及教师专业伦理建设研究	11YJC880141	杨启华
考古学	首都师范大学	青年基金项目	继承与变革：蒙元时期北方地区墓葬研究	11YJC780004	袁　泉
历史学	首都师范大学	规划基金项目	古典世界的民主与共和政治	11YJA770059	晏绍祥
马克思主义理论/思想政治教育	首都师范大学	青年基金项目	新中国成立以来中国共产党价值观建设的历史经验研究	11YJC710011	韩　华
马克思主义理论/思想政治教育	首都师范大学	青年基金项目	当代马克思主义在青年中传播的研究：基于一项实证调查的深入分析	11YJC710045	石国亮
民族学与文化学	首都师范大学	青年基金项目	南欧族群关系与希腊民族区域自治问题研究：人类学的视角	11YJC850013	刘　珩
语言学	首都师范大学	青年基金项目	类型学视野中的汉语条件句研究	11YJC740098	王春辉
语言学	首都师范大学	青年基金项目	现代汉语标记性构式研究	11YJC740135	杨玉玲
中国文学	首都师范大学	青年基金项目	后现代翻译理论研究：以劳伦斯韦努蒂的翻译思想为例	11YJC751036	蒋　童

续表

学科门类	学校名称	项目类别	项目名称	项目批准号	申请人
中国文学	首都师范大学	青年基金项目	新世纪中国儿童文学与儿童阅读研究	11YJC751076	王　蕾
心理学	首都体育学院	规划基金项目	有氧锻炼促进情绪调节的脑神经机制研究	11YJA190008	蒋长好
管理学	首都医科大学	青年基金项目	新医改后公益性视角下的公立医院法人治理结构研究	11YJC630052	郭　蕊
交叉学科/综合研究	首都医科大学	规划基金项目	新医改背景下生命临终关怀机构建设标准的研究	11YJAZH052	李义庭
马克思主义理论/思想政治教育	首都医科大学	规划基金项目	艺术教育对医学生创新能力的培养及教育模式研究	11YJA710028	刘　芳
心理学	首都医科大学	规划基金项目	儿科医务人员心理健康状况和生活质量现状调查及影响因素分析	11YJA190019	王　旭
心理学	首都医科大学	青年基金项目	心理契约视角下医务人员主观幸福感的实证性研究	11YJC190032	于丽玲
哲学	首都医科大学	规划基金项目	危重病人生命终末期的医学伦理问题	11YJA720029	席修明
管理学	中国传媒大学	规划基金项目	转型环境下企业间竞合关系对创新绩效的影响研究	11YJA630119	王　栋
交叉学科/综合研究	中国传媒大学	规划基金项目	中国电影产业理论构架及其应用	11YJAZH070	蒲　剑
交叉学科/综合研究	中国传媒大学	青年基金项目	电影院与中国现代城市文化	11YJCZH237	张一玮
新闻学与传播学	中国传媒大学	规划基金项目	新媒体环境下重大突发危机事件谣言传播与控制研究	11YJA860017	王灿发
新闻学与传播学	中国传媒大学	青年基金项目	加强我国广电传媒国际传播能力建设研究	11YJC860010	段　鹏
新闻学与传播学	中国传媒大学	青年基金项目	我国电影产业国际竞争力测度研究	11YJC860019	金雪涛
新闻学与传播学	中国传媒大学	青年基金项目	三网融合背景下内容提供商的产业地位重塑及发展战略研究	11YJC860002	卜彦芳
新闻学与传播学	中国传媒大学	自筹经费项目	奥运传播理论体系下的体育国际传播发展策略研究	11YJE860001	王大中
艺术学	中国传媒大学	青年基金项目	当代中国纪录片的历史与美学	11YJC760077	王　迟
艺术学	中国传媒大学	青年基金项目	表演理论——口头艺术的诗学与社会学研究	11YJC760078	王杰文
中国文学	中国传媒大学	青年基金项目	当代文学批评视野下的现实主义理论创新研究	11YJC751116	张　宏

续表

学科门类	学校名称	项目类别	项目名称	项目批准号	申请人
艺术学	中国传媒大学南广学院	青年基金项目	声音重塑——当代中国电影声音创作的跨文化状态及特征研究	11YJC760057	吕　甍
马克思主义理论/思想政治教育	中国地质大学（北京）	青年基金项目	国际视域中的当代中国马克思主义研究	11YJC710032	刘武根
管理学	中国农业大学	规划基金项目	基于粮食安全和农户收益双重视角的中国粮农种植规模研究	11YJA630223	朱俊峰
交叉学科/综合研究	中国农业大学	青年基金项目	农民专业合作社的社会资本及其作用机制研究：基于宏观、中观与微观相结合的视角	11YJCZH096	廖媛红
经济学	中国农业大学	青年基金项目	我国大豆产业纵向关联价格传递问题研究：基于跨国市场力量视角	11YJC790104	刘宏曼
社会学	中国农业大学	青年基金项目	农村中小学布局调整对贫困地区农村社区发展的影响研究	11YJC840043	饶　静
社会学	中国农业大学	青年基金项目	农村采矿业污染带来的健康风险与应对——以湘西铅锌矿区为例	11YJC840034	陆继霞
图书馆、情报与文献学	中国农业大学	青年基金项目	全民阅读背景下流动儿童的阅读现状与保障体系建设研究	11YJC870037	张曼玲
法学	中国青年政治学院	青年基金项目	中国参与若干重要多边环境条约的修订发展与实施问题研究	11YJC820010	陈晓华
教育学	中国青年政治学院	青年基金项目	校园暴力的旁观者研究	11YJC880091	宋雁慧
马克思主义理论/思想政治教育	中国青年政治学院	青年基金项目	当代中国社会阶层变迁与党的群众工作方式创新研究	11YJC710072	于　昆
社会学	中国青年政治学院	规划基金项目	覆盖全民的养老金体系构建研究	11YJA840027	杨　娟
社会学	中国青年政治学院	青年基金项目	流动儿童社会融合教育实践研究	11YJC840014	何　玲
新闻学与传播学	中国青年政治学院	青年基金项目	互联网使用与青年农民工社会发展——基于京广沪三地的实证研究	11YJC860014	何　晶
艺术学	中国青年政治学院	青年基金项目	新启蒙时期大陆和台湾纪录片创作比较研究	11YJC760076	汪方华
哲学	中国青年政治学院	规划基金项目	信息技术哲学研究	11YJA720030	肖　峰
法学	中国人民大学	规划基金项目	现行宪法颁布30年实施状况研究	11YJA820021	韩大元
法学	中国人民大学	规划基金项目	关于“错法”及其纠正机制问题研究	11YJA820059	史际春

续表

学科门类	学校名称	项目类别	项目名称	项目批准号	申请人
法学	中国人民大学	青年基金项目	行政审判中的法律适用方法研究	11YJC820124	王 旭
法学	中国人民大学	青年基金项目	公私合作制与行政法改革	11YJC820157	喻文光
法学	中国人民大学	青年基金项目	财产法中的基本权利问题研究	11YJC820170	张 翔
法学	中国人民大学	青年基金项目	康德法学思想研究及其对我国法治建构的启示	11YJC820172	张 龑
管理学	中国人民大学	青年基金项目	城市边缘区村镇发展模式与土地利用政策协调机制研究——以武汉市为例	11YJC630101	李 强
管理学	中国人民大学	青年基金项目	基于推荐的病毒营销用户影响研究	11YJC630268	余 力
管理学	中国人民大学	青年基金项目	转型经济下中国风险投资的投资后管理行为研究	11YJC630270	袁蓉丽
国际问题研究	中国人民大学	规划基金项目	能源安全视角下的国际政治博弈及中国参与国际新能源合作的对策研究	11YJAGJW002	陈小沁
交叉学科/综合研究	中国人民大学	青年基金项目	汉字部首的语义模型研究	11YJCZH060	胡 鹤
交叉学科/综合研究	中国人民大学	青年基金项目	价格机制与在线交易的关系机理：基于心理账户的研究	11YJCZH133	钱明辉
交叉学科/综合研究	中国人民大学	青年基金项目	世界遗产地旅游发展中的社区参与机制研究——以北京地区为例	11YJCZH145	苏明明
交叉学科/综合研究	中国人民大学	青年基金项目	基于多主体的金融市场杠杆风险监管策略研究	11YJCZH148	孙彩虹
经济学	中国人民大学	规划基金项目	基于成本控制的农产品流通体系建设研究	11YJA790078	李先国
经济学	中国人民大学	规划基金项目	基于微观数据的我国居民税负分布测算及调整政策研究	11YJA790170	谢波峰
经济学	中国人民大学	规划基金项目	激活我国商品房租赁市场沉淀房源、优化供给政策研究	11YJA790187	叶剑平
经济学	中国人民大学	青年基金项目	各层次养老保险管理机构最优管理策略问题研究	11YJC790056	何 林
经济学	中国人民大学	青年基金项目	农村新型金融组织功能定位及其可持续发展的影响因素研究	11YJC790135	满明俊
经济学	中国人民大学	青年基金项目	房地产市场调控与企业异质性——基于混合寡头模型的研究	11YJC790244	叶光亮
经济学	中国人民大学	青年基金项目	迈过“中等收入陷阱”的水资源支撑问题研究	11YJC790276	张培丽

续表

学科门类	学校名称	项目类别	项目名称	项目批准号	申请人
社会学	中国人民大学	青年基金项目	我国基本养老保险管理体制中的中央与地方关系研究	11YJC840033	鲁　全
统计学	中国人民大学	规划基金项目	国民经济核算理论方法国际新进展及其对中国适用性研究	11YJA910002	高敏雪
统计学	中国人民大学	青年基金项目	消费者网络团购行为的统计建模研究	11YJC910004	吕晓玲
图书馆、情报与文献学	中国人民大学	规划基金项目	我国手工造纸术综合性保护规划研究	11YJA870028	张美芳
心理学	中国人民大学	青年基金项目	家庭微系统影响学业情绪的纵向研究	11YJC190007	董　妍
新闻学与传播学	中国人民大学	青年基金项目	中国大陆网络广告发展研究	11YJC860016	黄　河
艺术学	中国人民大学	青年基金项目	20世纪前期中国设计与美术的关系研究	11YJC760080	王树良
政治学	中国人民大学	青年基金项目	当代西方政党转型理论研究	11YJC810004	陈　崎
中国文学	中国人民大学	青年基金项目	《汉书·艺文志》百年学案研究	11YJC751096	徐建委
法学	中国人民公安大学	规划基金项目	我国社会转型期的警察权配置问题研究	11YJA820019	高文英
交叉学科/综合研究	中国人民公安大学	规划基金项目	当前中国个人极端暴力杀人犯罪个案研究	11YJAZH042	靳高风
交叉学科/综合研究	中国人民公安大学	青年基金项目	新生代打工妹自杀的深层次原因剖析	11YJCZH257	周俊山
社会学	中国人民公安大学	规划基金项目	群体性事件中谣言的传播对集群行为的影响	11YJA840004	寇丽平
政治学	中国人民公安大学	规划基金项目	中美警察制度比较研究	11YJA810027	张小兵
艺术学	中国戏曲学院	规划基金项目	呐子演奏与吹腔艺术研究	11YJA760012	单振岳
艺术学	中国戏曲学院	规划基金项目	汉族戏曲声腔剧种音乐综合研究	11YJA760021	海　震
艺术学	中国戏曲学院	规划基金项目	戏曲音乐配器技术研究	11YJA760066	田春明
法学	中国政法大学	规划基金项目	投资非洲争议解决问题研究	11YJA820054	祁　欢
法学	中国政法大学	规划基金项目	法律硕士研究生培养模式和培养质量评价体系研究	11YJA820080	王振峰

续表

学科门类	学校名称	项目类别	项目名称	项目批准号	申请人
法学	中国政法大学	规划基金项目	社会保障权救济模式研究	11YJA820092	薛小建
法学	中国政法大学	规划基金项目	电子商务中的商标使用和商标侵权研究	11YJA820109	张　今
法学	中国政法大学	规划基金项目	跨国破产法适用问题比较研究	11YJA820112	张　玲
法学	中国政法大学	规划基金项目	集体土地所有权的宪法地位及其效力研究	11YJA820113	张吕好
法学	中国政法大学	青年基金项目	刑事推定规制之实证研究	11YJC820012	褚福民
法学	中国政法大学	青年基金项目	南海争端被提交第三方程序的可能性研究	11YJC820023	高健军
法学	中国政法大学	青年基金项目	高校司法鉴定机构质量管理体系构建与运行	11YJC820031	郭兆明
法学	中国政法大学	青年基金项目	后京都时代气候变化国际制度的实施	11YJC820049	兰　花
法学	中国政法大学	青年基金项目	事业单位改革中的公法人制度构建	11YJC820096	秦奥蕾
法学	中国政法大学	青年基金项目	外资并购境内企业安全审查法律规制研究	11YJC820133	武长海
法学	中国政法大学	青年基金项目	DNA证据相关问题研究	11YJC820158	袁　丽
法学	中国政法大学	青年基金项目	当代民事诉讼思潮研究	11YJC820032	韩　波
法学	中国政法大学	青年基金项目	规范、逻辑与法律论证	11YJC820050	雷　磊
法学	中国政法大学	自筹经费项目	律师公共责任研究	11YJE820003	许身健
国际问题研究	中国政法大学	规划基金项目	“西藏问题”的国际化及中国对策	11YJAGJW001	曹　兴
国际问题研究	中国政法大学	规划基金项目	21世纪中印美三角外交关系研究	11YJAGJW016	卫　灵
交叉学科/综合研究	中国政法大学	规划基金项目	传闻证据规则的语言学研究	11YJAZH133	邹玉华
经济学	中国政法大学	规划基金项目	碳税、规模经济与重工业产业组织结构的调整：以钢铁业为例	11YJA790011	陈明生
经济学	中国政法大学	规划基金项目	贸易救济措施重叠使用的政治经济学分析	11YJA790043	宏　结

续表

学科门类	学校名称	项目类别	项目名称	项目批准号	申请人
经济学	中国政法大学	规划基金项目	增长主义发展模式及其转变研究	11YJA790047	胡　明
经济学	中国政法大学	规划基金项目	扩大就业战略背景下我国大学生就业质量问题研究	11YJA790153	王　霆
经济学	中国政法大学	规划基金项目	我国优势稀有金属类产品出口管制政策体系研究	11YJA790209	张淑静
历史学	中国政法大学	规划基金项目	清末民初的中美交往与中国政局——以美国公、私英文资料中的伍廷芳为中心	11YJA770013	郭世佑
新闻学与传播学	中国政法大学	青年基金项目	基于受众价值增值的视频内容产品创新模式研究	11YJC860046	王天铮
语言学	中国政法大学	规划基金项目	法律英语学科规划研究	11YJA740046	李　立
哲学	中华女子学院	青年基金项目	从资本逻辑到符号逻辑——马克思人的解放思想的当代性研究	11YJC720040	王　欢
管理学	中央财经大学	规划基金项目	教育优先发展与教师体面劳动研究	11YJA630106	孙殿明
管理学	中央财经大学	规划基金项目	公民友好型政府预算报告模式研究	11YJA630137	王雍君
管理学	中央财经大学	规划基金项目	国有企业财务分配公平与效率模型研究	11YJA630084	祁怀锦
管理学	中央财经大学	青年基金项目	基于民生视角的政府投资项目监管体系研究——G－BSC 构建与应用	11YJC630301	周　君
管理学	中央财经大学	青年基金项目	整体性治理视角下的我国大都市区地方政府跨界公共事务协作研究	11YJC630033	崔　晶
管理学	中央财经大学	青年基金项目	互联网企业成长机理及模式研究	11YJC630288	张　巍
交叉学科/综合研究	中央财经大学	青年基金项目	虚拟公共领域功能实现模式研究——基于网民“热点行为”的群体动力学实证分析	11YJCZH006	曹怀虎
交叉学科/综合研究	中央财经大学	青年基金项目	基于关系的中小节能服务企业贷款模式研究	11YJCZH072	黄志烨
教育学	中央财经大学	规划基金项目	教育对区域软实力贡献度：理论与方法——基于 25 个城市的研究	11YJA880049	李　军
教育学	中央财经大学	青年基金项目	大学章程的国际比较与中国特色大学章程建设研究	11YJC880083	聂建峰
教育学	中央财经大学	青年基金项目	移动技术扩散视角下网络交互教学效果研究	11YJC880163	张艳梅
经济学	中央财经大学	规划基金项目	人民币汇率的福利效应：理论与实证研究	11YJA790051	黄昌利

续表

学科门类	学校名称	项目类别	项目名称	项目批准号	申请人
经济学	中央财经大学	青年基金项目	中国税收契约优化与税收信用体系构建研究	11YJC790003	蔡　昌
经济学	中央财经大学	青年基金项目	我国商业银行风险收益平衡最优信贷审批策略	11YJC790015	陈暮紫
经济学	中央财经大学	青年基金项目	我国环境自愿协议制度研究	11YJC790114	刘　倩
经济学	中央财经大学	青年基金项目	基于新开放宏观经济学的金融危机模型与货币政策协调研究	11YJC790237	杨　武
经济学	中央财经大学	青年基金项目	基于内生人口增长视角的中国人口转型与经济增长研究	11YJC790296	赵文哲
经济学	中央财经大学	青年基金项目	中国的收入分配与经济增长——避免“中等收入陷阱”的理论与实证分析	11YJC790046	高　伟
马克思主义理论/思想政治教育	中央财经大学	规划基金项目	当代大学生学校归属感实证研究和理论分析——以北京市高校为例	11YJA710010	哈战荣
马克思主义理论/思想政治教育	中央财经大学	规划基金项目	人的网络实践活动及其规律与网络思想政治教育的创新	11YJA710014	胡树祥
政治学	中央财经大学	规划基金项目	宅基地产权制度改革与农村社区治理创新研究	11YJA810012	刘庆乐
政治学	中央财经大学	青年基金项目	我国慈善事业发展中的政府角色定位及职能转变研究	11YJC810012	耿　云
艺术学	中央美术学院	规划基金项目	辽金皇家艺术工程研究	11YJA760091	张　鹏
法学	中央民族大学	青年基金项目	少数民族非物质文化遗产法律保护研究	11YJC820109	田　艳
法学	中央民族大学	青年基金项目	社区司法模式：转型期中国轻罪治理的刑事一体化选择	11YJC820120	王　琪
管理学	中央民族大学	青年基金项目	少数民族贫困地区社会救助的政府与NGO合作机制研究	11YJC630082	金红磊
教育学	中央民族大学	规划基金项目	民族院校差异教学法研究	11YJA880092	苏玉成
民族学与文化学	中央民族大学	规划基金项目	当代民族地区博物馆发展研究：成就、问题与对策	11YJA850007	雷虹霁
民族学与文化学	中央民族大学	自筹经费项目	城市少数民族流动人口生活适应性研究——以北京市为例	11YJE850001	马胜春
社会学	中央民族大学	青年基金项目	企业技术进步与部门间关系结构：基于“一汽轿车”和“一汽大众”的个案比较分析	11YJC840050	王旭辉

续表

学科门类	学校名称	项目类别	项目名称	项目批准号	申请人
语言学	中央民族大学	规划基金项目	彝族史诗《勒俄特依》的语言学研究	11YJA740032	胡素华
语言学	中央民族大学	青年基金项目	中国第一历史档案馆藏清代哈萨克语文献研究	11YJC740021	杜山那里·阿不都拉西木
中国文学	中央民族大学	青年基金项目	唐宋俗词的传播与接受——以宋代为中心	11YJC751026	何春环
宗教学	中央民族大学	规划基金项目	伊斯兰教新兴教派赛莱菲耶研究	11YJA730006	杨桂萍
艺术学	中央戏剧学院	青年基金项目	德国戏剧构作制度考察	11YJC760042	李亦男
艺术学	中央音乐学院	规划基金项目	虞山琴派研究及文献史料编纂	11YJA760092	章华英

（高校社科管理中心白晓供稿）

2011 年度教育部哲学社会科学研究重大攻关项目（北京地区）

项目批准号	课题名称	中标单位	首席专家
11JZD015	提高居民收入在国民收入分配中的比重研究	北京师范大学	李　实
11JZD026	社会管理体制创新研究	北京师范大学	魏礼群
11JZD029	社会稳定风险评估与社会矛盾预防研究	清华大学	彭宗超
11JZD033	新时期社会治安防控体系建设研究	中国人民公安大学	宫志刚
11JZD035	中国方言文化典藏	北京语言大学	曹志耘
11JZD037	普通高中学生发展指导制度研究	北京师范大学	方晓义
11JZD040	拔尖创新人才成长规律与培养模式研究	北京师范大学	林崇德
11JZD041	学生语言能力发展研究	北京师范大学	舒　华
11JZD043	民办学校分类管理政策研究	北京师范大学	周海涛
11JZD048	扩大我国油气战略储备研究	中国石油大学（北京）	董秀成

（高校社科管理中心白晓供稿）

2011年度教育部哲学社会科学研究后期资助项目（北京地区）

项目批准号	学校	负责人	项目名称	立项类别
11JHQ003	北京大学	陈 刚	中国乡村调查	重大
11JHQ053	北京大学	李大遂	系统学汉字字典	一般
11JHQ058	北京服装学院	张玉安	嵇康乐论研究	一般
11JHQ016	北京航空航天大学	明 辉	现代西方法理学研究	一般
11JHQ019	北京航空航天大学	赵婷婷	学术自由的空间——20世纪中叶以来美国大学教师学术自由影响因素研究	一般
11JHQ054	北京航空航天大学	袁 野	构式语法的理论、流派及应用	一般
11JHQ044	北京师范大学	廖申白	希腊伦理学简史	一般
11JHQ045	北京外国语大学	张建华	后苏联文学转型期的小说研究	一般
11JHQ022	北京邮电大学	傅四保	中国信息通信业省际间发展差距基尼系数研究	一般
11JHQ062	北京语言大学	高明乐	论元论——词汇语义与句法接口	一般
11JHQ061	对外经济贸易大学	窦卫霖	官方话语与对外宣传研究	重点
11JHQ013	中国人民大学	陈满华	历史比较语言学的先驱威廉·琼斯研究	重点
11JHQ043	中国人民大学	李 萍	现代化视镜下中国公民道德探析	一般
11JHQ014	中国政法大学	于志刚	中国犯罪记录制度的体系构建	一般
11JHQ030	中央财经大学	兰日旭	中国在对外经济关系中的地位变迁与展望	一般

（高校社科管理中心白晓供稿）

2011年北京市哲学社会科学规划项目

序号	项目编号	项目名称	负责人	申报学科	项目类别	信誉保证单位	最终成果形式	计划完成时间
1	11CSA001	北京学研究报告	张宝秀	城市学	重点项目	北京联合大学	专著	2011. 12. 30
2	11CSA002	北京市国家文化中心建设的国际比较研究——以伦敦、巴黎、纽约和东京为例	席文启	城市学	重点项目	北京市人大民族宗教侨务办公室	研究报告	2013. 6. 30
3	11CSA003	北京市建设中国特色世界城市研究	顾朝林	城市学	重点项目	清华大学	研究报告	2013. 12. 1

续表

序号	项目编号	项目名称	负责人	申报学科	项目类别	信誉保证单位	最终成果形式	计划完成时间
4	11CSB004	北京地区住宅外墙保温的现状调研及节能对策研究	穆静波	城市学	一般项目	北京建筑工程学院	研究报告	2013. 12. 31
5	11CSB005	北京“五个之都”建设功能区布局优化及实施对策研究	张景秋	城市学	一般项目	北京联合大学	研究报告	2013. 6. 30
6	11CSB006	人文北京与社区公共空间建设	杨宏山	城市学	一般项目	中国人民大学	研究报告	2012. 12. 30
7	11CSC007	精细化管理视角下的北京城市地下管线综合协调管理体系框架构建研究	尚秋谨	城市学	青年项目	北京城市系统工程研究中心	研究报告	2013. 1. 31
8	11CSC008	北京建筑装饰产业可持续发展战略研究	滕学荣	城市学	青年项目	北京建筑工程学院	研究报告	2013. 12. 31
9	11CSC009	悖论与紧张——北京社区公共生活的现状与未来走向	宋　梅	城市学	青年项目	北京市社会科学院	研究报告	2012. 12. 1
10	11CSC010	北京市建设节水型城市研究	鹿春江	城市学	青年项目	首都社会经济发展研究所	研究报告	2011. 12. 30
11	11CSC011	以色列移民管理政策及对我市的启示	张　燕	城市学	青年项目	首都社会经济发展研究所	研究报告	2012. 2. 1
12	11FXA001	以北京市为视角——女性毒品犯罪及其防治	赖修桂	法学	重点项目	中国监狱工作协会	专著	2013. 12. 31
13	11FXA002	信访与多元纠纷解决途径衔接机制研究	王敬波	法学	重点项目	中国政法大学	研究报告	2013. 6. 30
14	11FXB003	北京市房地产登记法律制度建设研究	常鹏翱	法学	一般项目	北京大学	研究报告	2012. 12. 31
15	11FXB004	数字图书馆的知识产权问题研究	张慧霞	法学	一般项目	北京化工大学	研究报告	2014. 6. 30
16	11FXB005	著作权默示许可制度研究	王　鹏	法学	一般项目	北京化工大学	研究报告	2013. 7. 30
17	11FXB006	阳光法案的功能定位与风险对策	崔英楠	法学	一般项目	北京联合大学	专著 研究报告	2013. 10. 31
18	11FXB007	社会管理创新的法治化实现路径研究	周　信	法学	一般项目	北京市法学会	研究报告	2012. 6. 30
19	11FXB008	“十二五”期间首都地方立法研究	许传玺	法学	一般项目	北京市社会科学院	研究报告	2012. 12. 30

续表

序号	项目编号	项目名称	负责人	申报学科	项目类别	信誉保证单位	最终成果形式	计划完成时间
20	11FXB009	北京市医疗纠纷非诉讼纠纷解决机制研究	范　贞	法学	一般项目	北京卫生法学会	研究报告	2013. 3. 1
21	11FXB010	北京市医疗纠纷人民调解机制研究	王梅红	法学	一般项目	北京中医药大学	研究报告	2013. 9. 30
22	11FXB011	法院网络舆情的引导与应对研究	朱　昆	法学	一般项目	国家法官学院	研究报告	2013. 12. 31
23	11FXB012	审判与调解程序保障机制研究	毕玉谦	法学	一般项目	国家法官学院	专著	2014. 10. 30
24	11FXB013	北京市废物管理法律制度研究	陈维春	法学	一般项目	华北电力大学	研究报告	2013. 12. 30
25	11FXB014	土地管理制度改革与农民权利保障问题研究	邓海峰	法学	一般项目	清华大学	其他	2013. 12. 31
26	11FXB015	地方人大调查权与审判独立关系研究	郑贤君	法学	一般项目	首都师范大学	论文集	2014. 9. 1
27	11FXB016	北京市治理交通拥堵的法律对策研究	金国坤	法学	一般项目	中共北京市委党校	研究报告	2013. 7. 31
28	11FXB017	集体劳动争议处理的法律制度研究	姜　颖	法学	一般项目	中国劳动关系学院	研究报告	2013. 7. 31
29	11FXB018	北京地区民警执法权益受损应对策略研究	任士英	法学	一般项目	中国人民公安大学	研究报告	2013. 11. 20
30	11FXB019	北京市治理交通拥堵的监管措施研究	张　卿	法学	一般项目	中国政法大学	研究报告	2013. 6. 30
31	11FXB020	中国加入《WTO 政府采购协议》的法律问题及对北京市的影响分析	郝　倩	法学	一般项目	中国政法大学	研究报告	2013. 8. 31
32	11FXC021	地方立法的备案审查制度研究	王　锴	法学	青年项目	北京航空航天大学	研究报告	2013. 7. 1
33	11FXC022	北京食品安全法律对策研究——以促使生产经营者自律为中心	龚刚强	法学	青年项目	北京农学院	研究报告	2012. 12. 31
34	11FXC023	新北京农村婚俗与妇女合法权益保护问题研究	许莲丽	法学	青年项目	北京青年政治学院	论文集	2013. 12. 30
35	11FXC024	北京市流动人口规模调控的法律问题研究	张真理	法学	青年项目	北京市社会科学院	研究报告	2012. 12. 31

续表

序号	项目编号	项目名称	负责人	申报学科	项目类别	信誉保证单位	最终成果形式	计划完成时间
36	11FXC025	侵权责任法实施研究——以要件事实审判为视角	许　可	法学	青年项目	国际关系学院	研究报告	2013. 6. 19
37	11FXC026	刑事复审程序中的证据规则研究	郑未媚	法学	青年项目	国家法官学院	专著	2013. 6. 25
38	11FXC027	现代社会大规模侵权责任之研究	程　啸	法学	青年项目	清华大学	专著	2013. 1. 30
39	11FXC028	北京市刑事法律援助制度问题研究	郭　婕	法学	青年项目	司法部法律援助中心	研究报告	2013. 12. 30
40	11FXC029	北京市食品安全法律对策研究——以刑法为中心	李立众	法学	青年项目	中国人民大学	研究报告	2012. 12. 31
41	11FXC030	食品安全法实效性的双重保障	王贵松	法学	青年项目	中国人民大学	论文集	2013. 12. 31
42	11FXC031	博弈论视野下的环首都警备合作机制研究	刘为军	法学	青年项目	中国人民公安大学	研究报告	2013. 9. 30
43	11FXC032	司法自由裁量权之规制研究——以刑事推定为例的分析	褚福民	法学	青年项目	中国政法大学	专著	2012. 12. 31
44	11JYA001	终身教育视域下的北京现代大学制度建设研究	张海英	教育学	重点项目	北京航空航天大学	研究报告	2013. 12. 30
45	11JYB002	北京市高校教育质量的评价体系研究——基于全程性、发展性的视角	鲍　威	教育学	一般项目	北京大学	研究报告	2013. 12. 31
46	11JYB003	中国特色高校治理评价指标体系开发及其在首都高校的应用研究	王绽蕊	教育学	一般项目	北京工业大学	专著	2014. 12. 30
47	11JYB004	知识社会学成果引入大学生思想政治教育领域研究	林建成	教育学	一般项目	北京交通大学	专著 研究报告	2013. 7. 1
48	11JYB005	北京市中小学推进教育国际化的策略研究	马宪平	教育学	一般项目	北京教育学院	专著 研究报告	2013. 9. 30
49	11JYB006	首都科技拔尖人才成长因素研究	刘文霞	教育学	一般项目	北京科技大学	研究报告	2013. 12. 1
50	11JYB007	北京市义务教育阶段教育质量监测与评价体系研究	边玉芳	教育学	一般项目	北京师范大学	研究报告	2013. 5. 31

续表

序号	项目编号	项目名称	负责人	申报学科	项目类别	信誉保证单位	最终成果形式	计划完成时间
51	11JYB008	北京市超常儿童培养模式研究	张景斌	教育学	一般项目	首都师范大学	研究报告	2013. 6. 30
52	11JYB009	社会经济地位差距对婴儿脑社会认知功能的影响及潜在机制；北京市农民工流动家庭与普通城市家庭比较研究	王争艳	教育学	一般项目	首都师范大学	研究报告 论文集	2014. 12. 31
53	11JYB010	首都中学生博物馆接触度与参观行为研究	邢建毅	教育学	一般项目	中国电影博物馆	研究报告	2012. 12. 31
54	11JYB011	儿童参与视野下的生态道德教育的理论与实践探索	朱晓宇	教育学	一般项目	中国儿童中心	研究报告	2013. 6. 30
55	11JYC012	首都高校课堂教学中信息技术使用效能研究	任秀华	教育学	青年项目	北京航空航天大学	研究报告	2013. 7. 1
56	11JYC013	北京高校教学资源共享机制研究	王新凤	教育学	青年项目	北京教育科学研究院	研究报告	2013. 6. 30
57	11JYC014	基于教师改变的专家引领下的教师培训模式研究	马效义	教育学	青年项目	北京教育学院	研究报告	2013. 10. 30
58	11JYC015	北京市义务教育均衡发展的政策创新	薛二勇	教育学	青年项目	北京师范大学	研究报告 论文集	2012. 12. 31
59	11JYC016	首都高校实用型翻译人才培养研究	许　明	教育学	青年项目	北京语言大学	专著	2014. 12. 31
60	11JYC017	北京市教育国际化问题研究——来京留学生学习经验及就学满意度的国际比较研究	文　雯	教育学	青年项目	清华大学	研究报告	2013. 1. 30
61	11JYC018	北京市幼儿体质发展策略研究	张　莹	教育学	青年项目	首都体育学院	研究报告	2013. 12. 31
62	11JYC019	北京市中小学合作学习中的创造力培养	王　静	教育学	青年项目	中国青年政治学院	研究报告	2013. 9. 1
63	11JYC020	校园暴力中旁观者的角色建构过程研究	宋雁慧	教育学	青年项目	中国青年政治学院	研究报告	2013. 6. 30
64	11JYB021	首都高等教育发展研究报告（2008—2010）	雷　庆	教育学	一般项目	北京航空航天大学	研究报告	2011. 12. 30
65	11JGA001	北京城乡一体化居民医疗保障制度研究	王红漫	经济管理	重点项目	北京大学	研究报告	2013. 6. 30

续表

序号	项目编号	项目名称	负责人	申报学科	项目类别	信誉保证单位	最终成果形式	计划完成时间
66	11JGA002	北京市旅游资源价值评价研究	尹美群	经济管理	重点项目	北京第二外国语学院	研究报告	2013.6.30
67	11JGA003	北京零售企业集团并购能力研究	陈　轲	经济管理	重点项目	北京工商大学	研究报告	2013.12.10
68	11JGA004	北京现代服务业发展机制创新研究	孙永波	经济管理	重点项目	北京工商大学	研究报告	2013.12.31
69	11JGA005	北京市生活垃圾源头减量化对策研究	李　颖	经济管理	重点项目	北京建筑工程学院	研究报告	2013.6.30
70	11JGA006	北京居民消费价格指数波动规律及其驱动因素研究	李孟刚	经济管理	重点项目	北京交通大学	研究报告	2013.4.30
71	11JGA007	北京市创建中国特色世界城市的人才支撑体系研究	叶　龙	经济管理	重点项目	北京交通大学	研究报告	2012.12.31
72	11JGB008	北京市构建现代产业体系研究	梁昊光	经济管理	一般项目	北京市社会科学院	研究报告	2012.12.20
73	11JGA009	北京市城乡居民收入与经济发展协调增长机制研究	潘　璠	经济管理	重点项目	北京市统计局	研究报告	2012.7.31
74	11JGA010	北京市生物质能源产业现状与发展对策研究	檀勤良	经济管理	重点项目	华北电力大学	研究报告	2013.12.31
75	11JGA011	生态经济结构视角下北京产业升级与区域产业协调发展研究	邹昭晞	经济管理	重点项目	首都经济贸易大学	研究报告	2012.6.30
76	11JGA012	首都经济圈的目标定位及战略重点研究	文　魁	经济管理	重点项目	首都经济贸易大学	研究报告	2013.12.31
77	11JGA013	北京加快转变经济发展方式研究	王力丁	经济管理	重点项目	首都社会经济发展研究所	研究报告	2012.2.20
78	11JGA014	北京生产性服务业集群发展的资源禀赋、模式选择与空间布局研究	张晓涛	经济管理	重点项目	中央财经大学	研究报告	2013.6.30
79	11JGB015	北京市能源消耗与碳排放的历史特征及发展趋势研究	王　立	经济管理	一般项目	北京城市系统工程研究中心	研究报告	2013.12.31
80	11JGB016	北京应对城市突发暴雨灾害机制研究	邢　涛	经济管理	一般项目	北京城市系统工程研究中心	研究报告	2012.12.31
81	11JGB017	北京财政可持续发展的预警体系研究	苏　剑	经济管理	一般项目	北京大学	研究报告	2014.6.30

续表

序号	项目编号	项目名称	负责人	申报学科	项目类别	信誉保证单位	最终成果形式	计划完成时间
82	11JGB018	海归人才和北京市高科技企业创新研究	路江涌	经济管理	一般项目	北京大学	论文集	2013. 12. 31
83	11JGB019	中关村自主创新示范区深化发展路径研究	李连发	经济管理	一般项目	北京大学	专著	2014. 5. 31
84	11JGB020	北京乡村旅游新业态精益管理模式与政策研究	谷慧敏	经济管理	一般项目	北京第二外国语学院	研究报告 论文集	2012. 12. 31
85	11JGB021	首都旅游市场定量预测技术的开发与应用	张国胜	经济管理	一般项目	北京第二外国语学院	研究报告	2013. 12. 31
86	11JGB022	北京艺术类大学生自主创业现状与对策研究	廖　青	经济管理	一般项目	北京服装学院	研究报告	2012. 12. 30
87	11JGB023	低碳经济下纺织品服装贸易与环境关系的实证研究	姚　蕾	经济管理	一般项目	北京服装学院	研究报告	2013. 3. 31
88	11JGB024	基于服装产业的北京市生产性服务业发展战略研究	陈桂玲	经济管理	一般项目	北京服装学院	研究报告 论文集	2013. 12. 31
89	11JGB025	北京市建立扩大消费需求长效机制研究	杨德勇	经济管理	一般项目	北京工商大学	研究报告	2013. 12. 31
90	11JGB026	流通成本分摊视角的北京蔬菜价格波动研究	徐振宇	经济管理	一般项目	北京工商大学	研究报告	2013. 6. 30
91	11JGB027	碳金融发展背景下的企业财务创新研究	王峰娟	经济管理	一般项目	北京工商大学	研究报告 论文集	2013. 12. 31
92	11JGB028	中关村自主创新示范区产业集群发展的共生机制研究	田　芬	经济管理	一般项目	北京工商大学	研究报告	2013. 12. 31
93	11JGB029	北京上市现代制造业公司的信用风险研究：基于KMV模型的测量与计算分析	曾诗鸿	经济管理	一般项目	北京工业大学	研究报告	2014. 12. 30
94	11JGB030	北京制造业节能减排潜力与评价的研究	王　虹	经济管理	一般项目	北京工业大学	研究报告	2013. 12. 31
95	11JGB031	产业集聚、产业转移和京津冀区域分工与协调发展研究	张英奎	经济管理	一般项目	北京化工大学	研究报告	2012. 12. 31
96	11JGB032	基于绿色北京的建筑节能链条研究	李英子	经济管理	一般项目	北京建筑工程学院	研究报告 论文集	2013. 12. 20

续表

序号	项目编号	项目名称	负责人	申报学科	项目类别	信誉保证单位	最终成果形式	计划完成时间
97	11JGB033	北京城市交通体系中新能源汽车发展对策研究	刘颖琦	经济管理	一般项目	北京交通大学	研究报告	2013.3.31
98	11JGB034	北京市交通拥堵综合治理的制度障碍和对策研究	周耀东	经济管理	一般项目	北京交通大学	研究报告	2012.6.30
99	11JGB035	生态安全视角下的北京有机农业发展研究	张新民	经济管理	一般项目	北京交通大学	研究报告	2013.3.31
100	11JGB036	首都文化创意产业创新型人才培养模式研究	卓思廉	经济管理	一般项目	北京教育学院	研究报告	2012.12.30
101	11JGB037	北京市突发食品安全事件应急管理研究	何维达	经济管理	一般项目	北京科技大学	研究报告	2013.8.31
102	11JGB038	北京市人才中介组织发展中的问题与对策研究	陈闽红	经济管理	一般项目	北京科技大学	研究报告	2012.9.1
103	11JGB039	北京市服务外包产业知识协同与演化发展研究	陈建斌	经济管理	一般项目	北京联合大学	研究报告	2013.12.30
104	11JGB040	北京市高端产业园区企业网络化成长行为研究	陶秋燕	经济管理	一般项目	北京联合大学	研究报告	2013.6.30
105	11JGB041	首都核心功能区旅游发展新模式研究	宁泽群	经济管理	一般项目	北京联合大学	研究报告	2013.11.30
106	11JGB042	北京现代都市农业发展中市民农园发展状况调查与对策研究	田明华	经济管理	一般项目	北京林业大学	研究报告	2013.9.31
107	11JGB043	北京“农超对接”蔬菜流通体系实证研究	杨为民	经济管理	一般项目	北京农学院	论文集	2013.12.25
108	11JGB044	北京农村社区型股份合作制研究——以大兴区狼垡二村等为例	赵连静	经济管理	一般项目	北京农学院	研究报告	2012.12.1
109	11JGB045	城乡统筹背景下北京农民工社会保障政策效应评估研究	李瑞芬	经济管理	一般项目	北京农学院	研究报告	2013.9.30
110	11JGB046	北京发展消费金融扩大消费需求研究	王　燕	经济管理	一般项目	北京青年政治学院	研究报告	2013.10.31
111	11JGB047	北京市废旧物品回收业的现状及其规范性发展研究	罗道全	经济管理	一般项目	北京石油化工学院	研究报告	2013.12.31

续表

序号	项目编号	项目名称	负责人	申报学科	项目类别	信誉保证单位	最终成果形式	计划完成时间
112	11JGB048	北京市实施可再生能源配额制政策综合效益研究——基于电力企业的实例研究	刘广斌	经济管理	一般项目	北京石油化工学院	研究报告	2013. 6. 30
113	11JGB049	城乡一体化进程中北京都市型现代农业发展瓶颈研究	苗润莲	经济管理	一般项目	北京市科学技术情报研究所	研究报告 论文集	2012. 12. 30
114	11JGB050	国外农村生活污水治理机制及对北京的借鉴研究	李　纯	经济管理	一般项目	北京市科学技术情报研究所	研究报告	2012. 12. 10
115	11JGB051	北京市农民工社会保障政策效应评估研究	龚　晶	经济管理	一般项目	北京市农林科学院	研究报告	2012. 12. 31
116	11JGB052	从北京市经济社会发展宏观数据库建设探索政府信息资源共享的有效途径	侯小维	经济管理	一般项目	北京市统计局	研究报告	2011. 12. 31
117	11JGB053	企业物流风险预警的运行机理研究——以北京市为例	刘永胜	经济管理	一般项目	北京物资学院	研究报告 论文集	2012. 12. 31
118	11JGB054	北京市食品供应链核心企业内部控制体系研究——基于COSO企业风险管理整体框架的视角	秦江萍	经济管理	一般项目	北京物资学院	研究报告 论文集	2012. 12. 31
119	11JGB055	基于质量安全的北京市食品供应模式研究	沈小静	经济管理	一般项目	北京物资学院	研究报告 论文集	2013. 12. 31
120	11JGB056	北京市低碳循环经济发展与环境管理会计研究	卢　静	经济管理	一般项目	北京信息科技大学	论文集	2013. 12. 31
121	11JGB057	北京市金融控股公司风险传递的建模研究	徐文彬	经济管理	一般项目	北京信息科技大学	研究报告	2013. 12. 31
122	11JGB058	基于知识管理的北京服务型政府建设研究	程桂枝	经济管理	一般项目	北京信息科技大学	研究报告 论文集	2013. 12. 31
123	11JGB059	基于知识管理的北京市软件企业融资模式研究	岳宝宏	经济管理	一般项目	北京信息科技大学	研究报告 论文集	2013. 12. 30
124	11JGB060	基于知识流动的北京科技园区产学研技术创新网络研究	谢　群	经济管理	一般项目	北京信息科技大学	专著	2013. 12. 31
125	11JGB061	北京数字出版产业创新体系及其发展研究	陈　丹	经济管理	一般项目	北京印刷学院	研究报告	2013. 7. 1

续表

序号	项目编号	项目名称	负责人	申报学科	项目类别	信誉保证单位	最终成果形式	计划完成时间
126	11JGB062	数字出版产业促进政策研究	周艳敏	经济管理	一般项目	北京印刷学院	研究报告 论文集	2013. 6. 30
127	11JGB063	北京市数字内容产业微观主体培育研究	孙启明	经济管理	一般项目	北京邮电大学	研究报告	2012. 12. 20
128	11JGB064	虚拟世界对北京经济与社会的影响及政府监管对策	吴　洪	经济管理	一般项目	北京邮电大学	研究报告 论文集	2013. 6. 30
129	11JGB065	北京发展生物医药服务外包的路径与实施对策研究——基于全球价值链的视角	刘世敏	经济管理	一般项目	对外经济贸易大学	论文集	2014. 6. 30
130	11JGB066	北京高校人文社科研究组织管理模式的探索与创新	张　瑞	经济管理	一般项目	对外经济贸易大学	研究报告	2013. 8. 31
131	11JGB067	北京市加快发展国际私募股权投资研究	江　萍	经济管理	一般项目	对外经济贸易大学	研究报告	2013. 12. 31
132	11JGB068	电子商务环境下北京社会信用制度体系建设实证研究	秦良娟	经济管理	一般项目	对外经济贸易大学	研究报告 论文集	2012. 12. 30
133	11JGB069	区域文化规划理论与实践的创新	吴承忠	经济管理	一般项目	对外经济贸易大学	研究报告	2013. 9. 30
134	11JGB070	北京可再生能源产业协调发展的激励机制与产业政策研究	李泓泽	经济管理	一般项目	华北电力大学	研究报告	2012. 12. 31
135	11JGB071	北京市二氧化碳减排潜力分析研究	王　怡	经济管理	一般项目	华北电力大学	研究报告	2013. 7. 1
136	11JGB072	北京现代籽种产业发展问题研究	朱守银	经济管理	一般项目	农业部管理干部学院	研究报告	2012. 6. 30
137	11JGB073	北京市零供企业和谐发展、流通效率与社会福利研究	董烨然	经济管理	一般项目	首都经济贸易大学	研究报告	2013. 12. 31
138	11JGB074	东京新宿 CBD 现代服务业集聚模式及知识创新研究	陈立平	经济管理	一般项目	首都经济贸易大学	研究报告	2013. 12. 31
139	11JGB075	京津区域金融一体化发展研究	谢太峰	经济管理	一般项目	首都经济贸易大学	专著	2014. 6. 30

续表

序号	项目编号	项目名称	负责人	申报学科	项目类别	信誉保证单位	最终成果形式	计划完成时间
140	11JGB076	首都经济圈经济发展水平及地区差异变化的仿真研究——基于财政支出政策效应空间差异性分析	马立平	经济管理	一般项目	首都经济贸易大学	研究报告	2013.7.30
141	11JGB077	以云技术及评价推动北京信息资源配置效率提升的研究	马　慧	经济管理	一般项目	首都经济贸易大学	研究报告 论文集	2013.12.31
142	11JGB078	CBD高端企业总部集聚效应研究	周明生	经济管理	一般项目	首都经济贸易大学	研究报告 论文集	2013.12.20
143	11JGB079	北京市医院管理体制改革对公立医院公益性影响的研究	韩优莉	经济管理	一般项目	首都医科大学	研究报告	2013.12.31
144	11JGB080	北京市综合医院门急诊患者流管理与对策研究	赵国光	经济管理	一般项目	首都医科大学	研究报告	2013.12.31
145	11JGB081	优化产业布局，促进北京人口、资源、环境协调发展研究	杨　莉	经济管理	一般项目	外交学院	专著	2014.8.30
146	11JGB082	"政务微博"在北京创新社会管理中的运用研究	张　玲	经济管理	一般项目	中共北京市委党校	研究报告	2012.12.10
147	11JGB083	北京高端服务业发展研究	朱晓青	经济管理	一般项目	中共北京市委党校	专著	2013.12.30
148	11JGB084	当前北京居民消费观念及消费意愿调查	丁　青	经济管理	一般项目	中共北京市委党校	研究报告	2012.10.30
149	11JGB085	北京市人口老龄化对社会保障长期可持续发展的影响研究	王晓军	经济管理	一般项目	中国人民大学	研究报告 论文集	2013.12.31
150	11JGB086	基于产业升级视角的北京市汽车产业竞争能力研究	王保林	经济管理	一般项目	中国人民大学	研究报告	2013.3.31
151	11JGB087	北京建设高端人才聚集之都研究	林新奇	经济管理	一般项目	中国人民大学	研究报告	2013.12.30
152	11JGB088	北京市交通可持续发展研究：基于财税政策角度的分析	马海涛	经济管理	一般项目	中央财经大学	专著 研究报告	2013.9.10
153	11JGB089	北京市人口老龄化对储蓄、消费和社会保障的影响——基于OLG模型的研究	杨再贵	经济管理	一般项目	中央财经大学	论文集	2014.7.31

续表

序号	项目编号	项目名称	负责人	申报学科	项目类别	信誉保证单位	最终成果形式	计划完成时间
154	11JGB090	北京市知识产权质押融资模式运行中的问题及其对策研究	刘红霞	经济管理	一般项目	中央财经大学	研究报告	2013.6.30
155	11JGB091	财政监督视角下的全口径、多维度政府预算报告体系构建研究——基于北京市现实	李　燕	经济管理	一般项目	中央财经大学	专著 研究报告	2013.9.10
156	11JGB092	电子商务产业集聚的动力效应及路径演化研究——北京电子商务聚集区战略选择	张　巍	经济管理	一般项目	中央财经大学	研究报告	2014.6.30
157	11JGC094	如何激励新生代员工：领导下属价值观匹配的观点	张　燕	经济管理	青年项目	北京大学	研究报告	2013.12.31
158	11JGC095	北京城市休闲功能提升及评价研究	吕　宁	经济管理	青年项目	北京第二外国语学院	研究报告	2013.6.30
159	11JGC096	北京世界旅游城市建设与旅游企业竞争力研究	李　伟	经济管理	青年项目	北京第二外国语学院	研究报告	2012.12.31
160	11JGC097	北京发展高级服装定制的模式及对策研究	席　阳	经济管理	青年项目	北京服装学院	研究报告 论文集	2013.6.30
161	11JGC098	北京市乡村旅游全产业链发展模式研究	侯晓丽	经济管理	青年项目	北京工商大学	研究报告	2013.12.31
162	11JGC099	北京市政府资助科技型中小企业技术创新实施效果研究	王　楠	经济管理	青年项目	北京工商大学	研究报告 其他	2013.12.30
163	11JGC100	金融共生视角下的北京市绿色农业金融发展机制研究	张　伟	经济管理	青年项目	北京工商大学	研究报告	2013.6.30
164	11JGC101	世界城市视角下北京市重点小城镇可持续发展研究	赵之枫	经济管理	青年项目	北京工业大学	研究报告	2012.12.31
165	11JGC102	北京市房地产投机对北京市物价及社会福利的影响研究	郑海涛	经济管理	青年项目	北京航空航天大学	研究报告 论文集	2014.6.30
166	11JGC103	北京建设国际一流旅游城市研究	陈怡宁	经济管理	青年项目	北京交通大学	研究报告	2012.12.30
167	11JGC104	基于政府会计体系的节约型北京市政府部门行政经费运行与管理研究	张曾莲	经济管理	青年项目	北京科技大学	研究报告	2012.12.31

续表

序号	项目编号	项目名称	负责人	申报学科	项目类别	信誉保证单位	最终成果形式	计划完成时间
168	11JGC105	北京市能源消耗与碳排放的历史特征及节能减排对策研究	廖　华	经济管理	青年项目	北京理工大学	论文集	2012. 12. 31
169	11JGC106	北京重大突发性事件应急疏散与交通管控措施优化研究	李　果	经济管理	青年项目	北京理工大学	研究报告 论文集	2013. 12. 30
170	11JGC107	基于北京文化创意产业的社会服务与实践社区互动支持体系研究	季　皓	经济管理	青年项目	北京联合大学	研究报告	2012. 12. 31
171	11JGC108	北京市高新技术企业绿色创业导向与路径优化研究	李华晶	经济管理	青年项目	北京林业大学	研究报告	2013. 12. 31
172	11JGC109	北京市绿色行政管理体系建设的调查与研究	张玉静	经济管理	青年项目	北京林业大学	研究报告	2013. 12. 31
173	11JGC110	北京“农超对接”绿色物流发展模式研究	桂　琳	经济管理	青年项目	北京农学院	研究报告	2012. 12. 1
174	11JGC111	北京市农业保险发展模式的动态模拟及可持续发展政策建议	吕晓英	经济管理	青年项目	北京农学院	研究报告	2013. 6. 30
175	11JGC112	北京农村地区民间金融现状与发展研究	樊　钰	经济管理	青年项目	北京农业职业学院	研究报告	2013. 10. 31
176	11JGC113	北京城市通勤成本与住宅价格关系研究	王宏新	经济管理	青年项目	北京师范大学	论文集	2012. 5. 31
177	11JGC114	农民市民化的成本障碍与制度安排研究——以北京郊区为例	陈雪原	经济管理	青年项目	北京市农村经济研究中心	研究报告	2013. 6. 30
178	11JGC115	土地流转过程中农民土地权益的保障机制研究	刘睿文	经济管理	青年项目	北京市农村经济研究中心	研究报告	2013. 5. 30
179	11JGC116	北京市休闲功能定位以及休闲设施空间布局研究	郭　茜	经济管理	青年项目	北京物资学院	研究报告	2013. 12. 31
180	11JGC117	低温乳制品在冷链物流供应中的品质管理研究	陈　静	经济管理	青年项目	北京物资学院	研究报告 论文集	2013. 12. 31
181	11JGC118	北京高校科技管理创新体系研究	闫　健	经济管理	青年项目	北京信息科技大学	论文集	2013. 6. 30
182	11JGC119	基于知识管理的首都绿色金融体系的构建	孙　静	经济管理	青年项目	北京信息科技大学	研究报告	2013. 12. 30

续表

序号	项目编号	项目名称	负责人	申报学科	项目类别	信誉保证单位	最终成果形式	计划完成时间
183	11JGC120	外部知识网络嵌入、组织学习和企业能力跃迁——以北京市文化创意产业为例	崔　瑜	经济管理	青年项目	北京信息科技大学	研究报告	2013. 6. 30
184	11JGC121	北京提升软件与信息服务业国际化水平研究	王　琦	经济管理	青年项目	北京邮电大学	研究报告	2012. 12. 30
185	11JGC122	ISO26000 背景下北京市中小企业履行社会责任问题研究	祝继高	经济管理	青年项目	对外经济贸易大学	论文集	2013. 6. 30
186	11JGC123	北京城市社区养老服务中照护人力资源开发研究	方黎明	经济管理	青年项目	对外经济贸易大学	研究报告	2014. 12. 30
187	11JGC124	北京市商业银行竞争对区域中小企业融资的影响研究	张海洋	经济管理	青年项目	对外经济贸易大学	论文集	2012. 12. 31
188	11JGC125	地方政府“政策从众”行为与政策阻滞研究	梅赐琪	经济管理	青年项目	清华大学	论文集	2013. 10. 30
189	11JGC126	低碳约束下北京外贸商品结构优化研究	王明荣	经济管理	青年项目	首都经济贸易大学	研究报告	2012. 11. 30
190	11JGC127	目标管理模式下北京市实现碳强度目标的机制与路径研究	范合君	经济管理	青年项目	首都经济贸易大学	研究报告	2013. 6. 30
191	11JGC128	全球经济在平衡背景下经常账户适度性与逆转冲击效应研究	朱　超	经济管理	青年项目	首都经济贸易大学	论文集	2013. 6. 30
192	11JGC129	北京旅游形象感知偏差测评研究	姚长宏	经济管理	青年项目	首都师范大学	研究报告	2012. 12. 31
193	11JGC130	人口老龄化与北京世界城市可持续发展问题研究	刘亚娜	经济管理	青年项目	首都师范大学	专著	2013. 6. 30
194	11JGC131	北京市城乡医保一体化筹资测算及可行性研究	李　丹	经济管理	青年项目	首都医科大学	研究报告	2013. 12. 31
195	11JGC132	北京市清洁能源发展模式与国际合作机制研究	闫世刚	经济管理	青年项目	外交学院	研究报告	2013. 6. 30
196	11JGC133	北京慈善事业运营管理模式研究	孔祥利	经济管理	青年项目	中共北京市委党校	研究报告	2012. 12. 31

续表

序号	项目编号	项目名称	负责人	申报学科	项目类别	信誉保证单位	最终成果形式	计划完成时间
197	11JGC134	北京文化创意产业集聚区发展机制创新研究	贺 艳	经济管理	青年项目	中共北京市委党校	研究报告	2013. 7. 30
198	11JGC135	北京市新能源汽车充电设施供给的 PPP 模式选择和政策支持研究	葛建平	经济管理	青年项目	中国地质大学(北京)	研究报告	2012. 12. 31
199	11JGC136	北京服务外包业竞争力与发展战略研究	章 宁	经济管理	青年项目	中央财经大学	研究报告	2013. 10. 31
200	11JGC137	北京高校实施三维度绩效预算问题研究	许江波	经济管理	青年项目	首都经济贸易大学	研究报告	2013. 9. 1
201	11JGB138	促进北京市文化创意产业发展的财税政策研究	丁 芸	经济管理	一般项目	首都经济贸易大学	研究报告	2014. 12. 31
202	11KDA001	马克思主义学习型党组织建设研究	刘川生	科社 党建政治学	重点项目	北京师范大学	专著 研究报告	2012. 12. 30
203	11KDA002	价值观多元下首都大学生社会主义核心价值体系研究	张建国	科社 党建政治学	重点项目	大学生杂志社	研究报告	2012. 10. 30
204	11KDA003	国外媒体涉华舆情与中国安全研究	王雯姝	科社 党建政治学	重点项目	清华大学	研究报告	2014. 12. 31
205	11KDA004	创先争优活动重要理论与实践问题研究	姚 桓	科社 党建政治学	重点项目	中共北京市委党校	论文集	2012. 12. 30
206	11KDA005	中国共产党在革命时期做群众工作的历史经验与启示	殷庆言	科社 党建政治学	重点项目	中共北京市委党校	研究报告	2013. 12. 31
207	11KDA006	北京市学习型党组织建设考核办法及评价指标体系	贺亚兰	科社 党建政治学	重点项目	中共北京市委宣传部	研究报告	2011. 9. 15
208	11KDA007	以“领航工程、聚力工程、先锋工程”为载体深化创先争优活动，为首都科学发展提供动力和保证	吕锡文	科社 党建政治学	重点项目	中共北京市委组织部	研究报告	2011. 11. 30
209	11KDA008	创先争优推动首都高校基层党组织建设经验研究	张维维	科社 党建政治学	重点项目	北京航空航天大学	研究报告 论文集	2011. 11. 31
210	11KDB009	基于创先争优活动的北京高校推进党的建设科学化的探索	张 革	科社 党建政治学	一般项目	北京工业大学	研究报告 论文集	2012. 7. 18

续表

序号	项目编号	项目名称	负责人	申报学科	项目类别	信誉保证单位	最终成果形式	计划完成时间
211	11KDB010	首都高校基层党组织创先争优经验及理论思考	高俊梅	科社党建政治学	一般项目	北京航空航天大学	研究报告	2013. 12. 30
212	11KDB011	国际化与思想政治教育学科创新发展研究	欧阳林	科社党建政治学	一般项目	北京交通大学	研究报告论文集	2013. 6. 30
213	11KDB012	统一战线服务两新组织发展研究	楚国清	科社党建政治学	一般项目	北京青年政治学院	研究报告论文集	2012. 9. 30
214	11KDB013	中国共产党领袖产生与新老交替机制建设90年基本经验研究	沈友军	科社党建政治学	一般项目	北京师范大学	研究报告论文集	2014. 6. 15
215	11KDB014	北京社会主义核心价值观建设与理论提升研究	杨　奎	科社党建政治学	一般项目	北京市社会科学院	专著	2014. 12. 31
216	11KDB015	正确处理创先争优的若干辩证关系	左宪民	科社党建政治学	一般项目	北京市社会科学院	论文集	2011. 11. 31
217	11KDB016	加强党的建设对推动北京市非公企业科学发展情况调查	陈建领	科社党建政治学	一般项目	北京市思想政治工作研究会	研究报告	2013. 6. 30
218	11KDB017	北京市近十年信访矛盾分析与实证研究	张宗林	科社党建政治学	一般项目	北京市信访办公室	研究报告	2012. 12. 31
219	11KDB018	外媒舆情分析与北京“世界城市”建设	高金萍	科社党建政治学	一般项目	北京语言大学	研究报告	2013. 12. 31
220	11KDB019	北京市新形势下做好党的群众工作问题研究	李明伟	科社党建政治学	一般项目	中共北京市委党校	专著	2014. 10. 10
221	11KDB020	执政危险的考验及其解决路径研究	江　伟	科社党建政治学	一般项目	中共北京市委党校	专著	2013. 6. 30
222	11KDB021	中国特色社会主义的时代特色	辛国安	科社党建政治学	一般项目	中共北京市委讲师团	专著	2012. 12. 30
223	11KDB022	智慧的宣讲	崔耀中	科社党建政治学	一般项目	中共北京市委讲师团	专著	2012. 10. 30
224	11KDB023	公开选拔领导干部工作科学化研究	李燕林	科社党建政治学	一般项目	中共北京市委前线杂志社	研究报告	2012. 10. 31
225	11KDB024	北京农民工市民化与户籍制度改革问题研究	吴学凡	科社党建政治学	一般项目	中国青年政治学院	论文集	2013. 7. 1
226	11KDB025	农民阶层分化与巩固党在农村的执政基础研究——基于北京市3个村的调查与思考	于　昆	科社党建政治学	一般项目	中国青年政治学院	研究报告	2013. 6. 30

续表

序号	项目编号	项目名称	负责人	申报学科	项目类别	信誉保证单位	最终成果形式	计划完成时间
227	11KDB026	信息化条件下的政党组织建设——国外经验与中国特色	陈　崎	科社党建政治学	一般项目	中国人民大学	专著	2013.6.30
228	11KDB027	中共党史90年关于实现和维护国家统一的理论与实践及其基本经验研究	齐鹏飞	科社党建政治学	一般项目	中国人民大学	专著	2014.12.30
229	11KDC028	Web3.0环境下的网络舆论深化规律及管理模式研究	杜智涛	科社党建政治学	青年项目	北京市科学技术情报研究所	研究报告	2012.6.30
230	11KDC029	科学发展观视角下的网络社区发展与管理研究	张　瑜	科社党建政治学	青年项目	清华大学	研究报告	2014.6.30
231	11KDC030	1949年以来社会主义价值观的确立及演变研究	韩　华	科社党建政治学	青年项目	首都师范大学	论文集	2013.12.31
232	11KDC031	中非关系视野中的中国对非洲传播战略	冉继军	科社党建政治学	青年项目	外交学院	专著	2014.7.1
233	11KDC032	社会主义核心价值体系与当代中国的国家认同问题研究	吴玉军	科社党建政治学	青年项目	中共北京市委讲师团	专著	2014.6.30
234	11KDC033	北京市公共文化产品和服务供给机制研究	周晓丽	科社党建政治学	青年项目	中央民族大学	研究报告	2013.6.30
235	11KDA034	深入开展创先争优活动，推动首都科学发展	王力丁	科社党建政治学	重点项目	中共北京市委研究室	研究报告	2011.11.31
236	11KDB035	首都高校党建研究报告（2012）	姚小玲	科社党建政治学	一般项目	北京航空航天大学	研究报告	2012.2.28
237	11LSA001	北京城中轴线保护研究	张宝秀	历史学	重点项目	北京联合大学	研究报告	2012.12.31
238	11LSA002	续编《京剧史照》	许　文	历史学	重点项目	北京市青年联合会	专著	2011.12.31
239	11LSA003	北京太医院医事制度研究	张其成	历史学	重点项目	北京中医药大学	研究报告	2014.8.31
240	11LSB004	北京旧石器时代文化研究	冯小波	历史学	一般项目	北京联合大学	专著	2014.6.30
241	11LSB005	民国以来的北京满族研究——基于中华民族现代自觉的考察	常书红	历史学	一般项目	北京师范大学	专著	2013.12.31

续表

序号	项目编号	项目名称	负责人	申报学科	项目类别	信誉保证单位	最终成果形式	计划完成时间
242	11LSB006	国家档案馆公共服务建设研究	陈乐人	历史学	一般项目	北京市档案局	研究报告	2013. 6. 30
243	11LSB007	北京文化名人收藏的北京地方文献状况调研	侯宏兴	历史学	一般项目	北京市地方志编纂委员会办公室	研究报告	2012. 10. 31
244	11LSB008	北京历史名园保护与管理研究	高大伟	历史学	一般项目	北京市公园管理中心	研究报告	2013. 5. 31
245	11LSB009	北京东周时期玉皇庙文化青铜带钩与带饰研究	王继红	历史学	一般项目	北京市文物局	其他	2013. 12. 30
246	11LSB010	传统节日的当代社会实践	李彩萍	历史学	一般项目	北京市文物局	研究报告	2013. 12. 30
247	11LSB011	颐和园部分建筑遗址复原案例分析与试点展示研究	丛一蓬	历史学	一般项目	北京市颐和园管理处	研究报告	2011. 12. 31
248	11LSB012	新中国成立以来北京的科技发展	张　蒙	历史学	一般项目	当代中国研究所	专著	2014. 6. 30
249	11LSB013	从"天下"到"世界"——汉唐时期的域外探索及其对世界的认知	王永平	历史学	一般项目	首都师范大学	论文集	2014. 9. 30
250	11LSB014	北京有形文化遗产表现形态的净化与提升研究	王清淮	历史学	一般项目	中国人民公安大学	其他	2013. 8. 30
251	11LSC015	京绣的文化传承与创意设计研究	蒋玉秋	历史学	青年项目	北京服装学院	研究报告 其他	2013. 7. 1
252	11LSC016	近代北京的疾疫与社会变迁研究	王　娟	历史学	青年项目	北京理工大学	论文集	2015. 7. 1
253	11LSC017	元大都出土瓷器与大都的商业交通研究	宋　蓉	历史学	青年项目	北京联合大学	研究报告	2013. 7. 31
254	11LSC018	基于现代化视角下的传统节日文化研究——以北京市加强传统节日文化建设为例	张慧玲	历史学	青年项目	北京市思想政治工作研究会	研究报告	2012. 12. 31
255	11LSC019	北京历史上的民族融合与历史文化认同研究——以清代为中心	赵　阳	历史学	青年项目	北京市文物局	研究报告	2013. 7. 1
256	11LSC020	移民影响下北京多元文化形成的历史机理及对建设世界城市的启示	李青淼	历史学	青年项目	首都经济贸易大学	研究报告	2013. 12. 31

续表

序号	项目编号	项目名称	负责人	申报学科	项目类别	信誉保证单位	最终成果形式	计划完成时间
257	11LSC021	明北京营建物料采办研究	王毓蔺	历史学	青年项目	首都师范大学	专著	2013. 6. 30
258	11LSC022	北京地区古城址现状调查与保护研究	刘新光	历史学	青年项目	中国人民大学	研究报告	2014. 8. 31
259	11LSC023	清末新政时期“融合满汉畛域”问题研究	崔　岷	历史学	青年项目	中央民族大学	研究报告	2013. 12. 30
260	11SHA001	中国志愿者组织与政府的合作关系	梁绿琦	社会学	重点项目	北京青年政治学院	专著	2013. 12. 30
261	11SHA002	首都人口有序调控思路及对策研究	嘎日达	社会学	重点项目	中共北京市委党校	研究报告	2012. 12. 31
262	11SHA003	北京社会管理体制机制创新研究	宋贵伦	社会学	重点项目	中共北京市委社会工作委员会	研究报告	2012. 12. 30
263	11SHA004	近30年北京市青年流动人口社会融入变动趋势研究	杨菊华	社会学	重点项目	中国人民大学	论文集	2012. 12. 31
264	11SHB005	老旧社区现状分析与和谐治理实证研究	刘承水	社会学	一般项目	北京城市学院	研究报告	2012. 12. 31
265	11SHB006	北京市社区精神卫生服务模式探索和建设对策研究	关丽征	社会学	一般项目	首都医科大学	研究报告	2013. 12. 31
266	11SHB007	北京市流动人口随迁子女学校适应研究	胡玉萍	社会学	一般项目	中共北京市委党校	研究报告	2013. 6. 30
267	11SHB008	社会建设中的社会服务和老龄工作模式研究	李　兵	社会学	一般项目	中共北京市委党校	论文集	2013. 12. 10
268	11SHB009	北京市居民心理安全特点及发展变化规律追踪研究	刘海燕	社会学	一般项目	中国地质大学(北京)	研究报告 论文集	2013. 12. 31
269	11SHB010	北京市郊区化过程中的人口合理分布研究	王　放	社会学	一般项目	中国青年政治学院	研究报告	2013. 6. 30
270	11SHB011	社会建设中的老龄工作模式研究	姜向群	社会学	一般项目	中国人民大学	研究报告	2014. 9. 30
271	11SHB012	志愿者组织社会动员与社会参与研究	魏　娜	社会学	一般项目	中国人民大学	研究报告	2013. 4. 30
272	11SHB013	群体性事件中的动员组织机制研究	曹　英	社会学	一般项目	中国人民公安大学	研究报告	2013. 7. 10
273	11SHB014	北京市老年人长期照护服务体系中照护基准时间的研究	艾　斌	社会学	一般项目	中央民族大学	研究报告 论文集	2013. 6. 30

续表

序号	项目编号	项目名称	负责人	申报学科	项目类别	信誉保证单位	最终成果形式	计划完成时间
274	11SHB015	新时期北京市转制民族和谐社区建设研究	良警宇	社会学	一般项目	中央民族大学	研究报告	2013. 12. 31
275	11SHC016	北京市老年人居住安排对家庭养老功能的影响	刘　岚	社会学	青年项目	北京大学	论文集	2013. 7. 1
276	11SHC017	首都基层纠纷解决机制创新研究	朱　涛	社会学	青年项目	北京工业大学	研究报告	2012. 12. 31
277	11SHC018	新生代农民工的城市融合研究	包路芳	社会学	青年项目	北京市社会科学院	研究报告	2013. 6. 30
278	11SHC019	社会生态的基本维度与核心变量	晋　军	社会学	青年项目	清华大学	研究报告	2013. 6. 30
279	11SHC020	公共服务视域下的北京市体育社团发展研究	汪　流	社会学	青年项目	首都体育学院	研究报告	2012. 12. 30
280	11SHC021	北京市外来务工人员卫生服务利用现状与发展对策研究	郭　蕊	社会学	青年项目	首都医科大学	研究报告	2013. 12. 31
281	11SHC022	城市网络化社会管理的创新与完善对策研究——以北京市东城区为例	何　军	社会学	青年项目	中共北京市委党校	研究报告	2012. 7. 10
282	11SHC023	微博传播与北京社会管理创新研究	谢进川	社会学	青年项目	中国传媒大学	论文集	2013. 8. 31
283	11SHC024	首都经济圈有条件现金转移支付（CCT）发展战略研究	唐丽霞	社会学	青年项目	中国农业大学	研究报告	2013. 6. 30
284	11SHC025	北京市新生代流动人口婚育特征及对策研究	宋月萍	社会学	青年项目	中国人民大学	论文集	2013. 6. 30
285	11SHC026	社会管理创新视角下的北京地区虚拟社区综合治理机制研究	谢晓专	社会学	青年项目	中国人民公安大学	研究报告	2013. 12. 1
286	11SHC027	城市退休老人社会适应现状及影响因素研究	丁志宏	社会学	青年项目	中央财经大学	研究报告	2013. 5. 30
287	11WYA001	晚清民国时期的北京话系统及探源研究	王洪君	语言文学艺术	重点项目	北京大学	研究报告	2013. 12. 30
288	11WYA002	中国电影摄影创作研究	张会军	语言文学艺术	重点项目	北京电影学院	专著	2014. 6. 1

续表

序号	项目编号	项目名称	负责人	申报学科	项目类别	信誉保证单位	最终成果形式	计划完成时间
289	11WYA003	世界设计之都视角下北京自主服装品牌形象研究	贾荣林	语言文学艺术	重点项目	北京服装学院	研究报告	2012. 12. 31
290	11WYB004	甲骨文旅行刻辞研究	常耀华	语言文学艺术	一般项目	北京第二外国语学院	研究报告	2013. 11. 30
291	11WYB005	中美高票房影片：场景功能与叙事的定量分析与比较	戴德刚	语言文学艺术	一般项目	北京电影学院	论文集	2012. 12. 31
292	11WYB006	北京文化创意产业投融资机制创新研究	俞剑红	语言文学艺术	一般项目	北京电影学院	专著	2013. 12. 31
293	11WYB007	首都动画产业产业链构建研究	陈淑姣	语言文学艺术	一般项目	北京电子科技职业学院	研究报告 论文集	2014. 11. 30
294	11WYB008	北京高校与社区文化共建共享研究	石　峰	语言文学艺术	一般项目	北京师范大学	研究报告	2013. 12. 31
295	11WYB009	北京公共文化服务体系与全国文化中心建设	李建盛	语言文学艺术	一般项目	北京市社会科学院	研究报告	2012. 6. 30
296	11WYB010	英国马克思主义文论史	赵国新	语言文学艺术	一般项目	北京外国语大学	专著	2014. 7. 1
297	11WYB011	消费文化视域中的西方现代设计发展研究	龚小凡	语言文学艺术	一般项目	北京印刷学院	其他	2013. 9. 30
298	11WYB012	北京地名的文化语言学研究	杨建国	语言文学艺术	一般项目	北京语言大学	研究报告	2013. 12. 30
299	11WYB013	邓拓在北京时期的文化实践	李　玲	语言文学艺术	一般项目	北京语言大学	论文集	2012. 12. 30
300	11WYB014	京派文学的地域性与超地域性	李春雨	语言文学艺术	一般项目	北京语言大学	专著	2013. 12. 30
301	11WYB015	房山石经医药养生语词的考释研究	李良松	语言文学艺术	一般项目	北京中医药大学	专著 研究报告	2013. 8. 31
302	11WYB016	英国小说城市书写研究	吴庆军	语言文学艺术	一般项目	外交学院	专著	2013. 5. 31
303	11WYB017	16 世纪以来昆曲在北京的传承与演变	路应昆	语言文学艺术	一般项目	中国传媒大学	研究报告	2014. 6. 30
304	11WYB018	北京大型商业区声景设计研究——以前门大街为例	韩宝强	语言文学艺术	一般项目	中国音乐学院	研究报告 论文集	2012. 12. 31
305	11WYB019	法庭语言证据实证研究——以北京市法院案件为例	邹玉华	语言文学艺术	一般项目	中国政法大学	研究报告 论文集	2013. 7. 1

续表

序号	项目编号	项目名称	负责人	申报学科	项目类别	信誉保证单位	最终成果形式	计划完成时间
306	11WYB020	老北京土话的比较研究	卢小群	语言文学艺术	一般项目	中央民族大学	专著	2014. 12. 30
307	11WYC021	宋元时期华夏美学的新变研究	李艳婷	语言文学艺术	青年项目	北京农业职业学院	研究报告	2013. 9. 30
308	11WYC022	清初小说创作研究	杨　琳	语言文学艺术	青年项目	北京青年政治学院	研究报告	2012. 12. 31
309	11WYC023	北京市汉英口译人才的培养策略研究	蒋凤霞	语言文学艺术	青年项目	北京外国语大学	专著	2012. 12. 12
310	11WYC024	文学中的城市文化：巴黎与北京	张迎旋	语言文学艺术	青年项目	北京外国语大学	论文	2013. 10. 1
311	11WYC025	大学英语任务型教学的课堂任务资源库建设	师庆刚	语言文学艺术	青年项目	北京邮电大学	研究报告	2013. 2. 28
312	11WYC026	《汉语大词典》宏观层面研究——以词条首见年代为视角	邱　冰	语言文学艺术	青年项目	北京语言大学	研究报告	2013. 12. 31
313	11WYC027	大规模语料库支持下的北京话词汇系统断代构拟与历时演变研究	刘　云	语言文学艺术	青年项目	对外经济贸易大学	研究报告	2013. 10. 30
314	11WYC028	世界城市视野下的北京青年文化建设研究	胡疆锋	语言文学艺术	青年项目	首都师范大学	研究报告	2014. 12. 31
315	11WYC029	打造"东方影视之都"与北京电视剧创作传播机制研究	张国涛	语言文学艺术	青年项目	中国传媒大学	研究报告	2012. 12. 30
316	11WYC030	清末民初北京的文化生态与文学转型研究	颜　浩	语言文学艺术	青年项目	中国传媒大学	专著	2014. 8. 31
317	11WYC031	八十年代文学的转折——以 1985 年为中心	杨庆祥	语言文学艺术	青年项目	中国人民大学	专著	2014. 6. 16
318	11ZXA001	生态文明与非物质经济	卢　风	哲学	重点项目	清华大学	专著	2014. 7. 31
319	11ZXA002	马克思主义人的发展理论当代形态研究	陈新夏	哲学	重点项目	首都师范大学	专著	2014. 12. 31
320	11ZXB003	马克思与青年黑格尔派关系再考察——《神圣家族》文本学研究	刘秀萍	哲学	一般项目	北京交通大学	论文集	2014. 5. 30
321	11ZXB004	双主体博弈逻辑形式系统建构及模型检测研究	张　峰	哲学	一般项目	北京理工大学	研究报告	2013. 12. 31

续表

序号	项目编号	项目名称	负责人	申报学科	项目类别	信誉保证单位	最终成果形式	计划完成时间
322	11ZXB005	德文哲学术语汉译研究	刘立群	哲学	一般项目	北京外国语大学	专著	2013. 12. 31
323	11ZXB006	“文明以止”：中华民族的人文精神与文明特征研究	林存光	哲学	一般项目	中国政法大学	论文集	2014. 9. 30
324	11ZXC007	全球化时代中西方人文精神融合的哲学思考	王　平	哲学	青年项目	北京财贸职业学院	研究报告	2013. 12. 31
325	11ZXC008	儒学的核心价值与当代中国道德的重建：以北京高校为试点	孔德立	哲学	青年项目	北京交通大学	研究报告	2012. 12. 30
326	11ZXC009	全球化时代的身份认同问题与公民教育研究	刘　丹	哲学	青年项目	北京师范大学	专著	2012. 11. 1
327	11ZXC010	社会转型期我国公民道德建设的模式构建	胡虹霞	哲学	青年项目	北京印刷学院	专著	2013. 6. 30
328	11ZXC011	北京乡村基督教群体的信仰与生活研究——对京西斋堂地区乡村基督教群体的实证考察	曹　荣	哲学	青年项目	中国劳动关系学院	研究报告	2013. 6. 15
329	11ZXC012	公共性、公共领域与公共价值——公共哲学重要论题初探	黄皖毅	哲学	青年项目	中国青年政治学院	研究报告	2013. 6. 30
330	11ZHA001	北京文化发展报告	刘　勇	综合	重点项目	北京师范大学	专著	2015. 12. 30
331	11ZHA002	首都卫生管理与政策研究报告	王晓燕	综合	重点项目	首都医科大学	专著	2011. 10. 31
332	11ZHA003	第二批北京市哲学社会科学研究基地二期建设绩效考核研究	葛新权	综合	重点项目	北京信息科技大学	研究报告	2012. 5. 31
333	11ZHA004	日本实现城乡经济社会发展一体化政策研究及对我市的启示	王　微	综合	重点项目	首都社会经济发展研究所	研究报告	2012. 1. 30
334	11ZHB005	新型农村社区建设简明读本	张林成	综合	一般项目	北京市顺义区三农研究会	专著	2011. 12. 30
335	11ZHB006	北京市文化创意产业发展体制机制创新研究	梅　松	综合	一般项目	北京市文化创意产业促进中心	研究报告	2011. 12. 31
336	11ZHB007	北京市三级医院实施优质护理服务示范工程的现状和分析	李　军	综合	一般项目	首都医科大学	研究报告	2013. 12. 31

续表

序号	项目编号	项目名称	负责人	申报学科	项目类别	信誉保证单位	最终成果形式	计划完成时间
337	11ZHB008	京城针灸名家学术思想脉络研究	王麟鹏	综合	一般项目	首都医科大学附属北京中医医院	研究报告	2014. 10. 1
338	11ZHC009	日本缩小城乡差距政策研究	张晓冰	综合	青年项目	首都社会经济发展研究所	研究报告	2011. 12. 20

（北京市哲学社会科学规划办公室供稿）

第二批北京市哲学社会科学规划重大项目

序号	项目编号	项目名称	首席专家	申报学科	信誉保证单位	最终成果形式	计划结项时间
1	11ZDA01	北京依靠创新转变经济发展方式的思路与对策研究	李　涛	经济管理	中央财经大学	研究报告	2012. 12
2	11ZDA02	首都人口有序调控思路及对策研究	段成荣	综合	中国人民大学	研究报告 专著	2012. 12
3	11ZDA03	北京城市交通可持续发展研究	刘延平	综合	北京交通大学	研究报告	2012. 12
4	11ZDA04	北京市生活垃圾减量化对策研究	葛新权	综合	北京信息科技大学	研究报告	2012. 12
5	11ZDA05	医改背景下的首都农村卫生人力资源配置研究	王晓燕	综合	首都医科大学	研究报告 专著	2012. 12
6	11ZDA06	北京都市型现代农业发展研究	王有年	经济管理	北京农学院	研究报告 专著 论文（集）	2012. 12
7	11ZDA07	北京历史文化遗产传承与保护研究	金良浚	历史学	北京城市发展研究院	研究报告	2012. 12
8	11ZDA08	北京社区公共服务建设研究	黄恒学	综合	北京大学	研究报告 专著	2012. 12
9	11ZDA09	北京建设世界一流旅游城市研究	计金标	综合	北京第二外国语学院	研究报告	2012. 12
10	11ZDA10	北京数字传媒与数字出版研究	贺耀敏	经济管理	中国人民大学	研究报告	2012. 12

续表

序号	项目编号	项目名称	首席专家	申报学科	信誉保证单位	最终成果形式	计划结项时间
11	11ZDA11	以争先创优为契机推进首都基层党组织建设研究——基于组织绩效视角的研究	倪海东	科社党建政治学	中央财经大学	专著 论文（集）	2012. 12
12	11ZDB12	打造时尚之都——北京服装创意产业发展研究	宁 俊	经济管理	北京服装学院	研究报告	2012. 12
13	11ZDB13	北京健康城市建设研究	王鸿春	综合	首都社会经济发展研究所	研究报告	2012. 12
14	11ZDB14	马克思主义大众化研究：理论、历程和经验	崔耀中	科社党建政治学	中共北京市委讲师团	研究报告	2012. 12

（北京市哲学社会科学规划办公室供稿）

北京市教育委员会 2011 年评出的 2012 年度社会科学计划批准立项重点项目

项目编号	项目名称	承担单位	负责人	成果形式	拟完成时间
SZ201210005001	北京城市商业银行碳金融业务 X 效率分析	北京工业大学	张文远	论文 专著 研究报告	2013. 12
SZ201210005002	汽车制造企事业的商业生态系统运行机制研究	北京工业大学	顾立刚	论文 专著 研究报告	2013. 12
SZ201210005003	运用传统手工艺和现代工业设计手段改良京剧乐器产品的设计研究	北京工业大学	吴 楠	论文 研究报告	2013. 12
SZ201210005004	北京市上市公司财务重述现状与控制机制研究	北京工业大学	尚洪涛	论文 研究报告	2014. 12
SZ201210011005	共生理论视角下北京保障性住房投融资问题研究	北京工商大学	葛红玲	论文 研究报告	2014. 12
SZ201210011006	基于我国医药改革的药品流通新模式研究	北京工商大学	卢 奇	论文 专著 研究报告	2014. 12
SZ201210011007	会计治理的实现路径及其评价	北京工商大学	谢志华	论文 专著	2014. 12
SZ201210012008	碳足迹导向的服装低碳消费方式及行为研究	北京服装学院	郭 燕	论文 研究报告	2014. 12
SZ201210012009	明清时期的女性服饰时尚研究	北京服装学院	陈 芳	论文 研究报告	2013. 12

续表

项目编号	项目名称	承担单位	负责人	成果形式	拟完成时间
SZ201210015010	中国当代期刊史研究	北京印刷学院	李　频	专著	2013. 12
SZ201210016011	我国城市空间公平问题的伦理考量——以北京市为例	北京建筑工程学院	高春花	论文 专著	2014. 12
SZ201210017012	北京南部现代产业新区发展策略研究	北京石油化工学院	张超英	论文 研究报告	2013. 12
SZ201210020013	农产品供应组织模式对食品安全的影响：基于北京蔬菜供应链的实证研究	北京农学院	何美丽	论文 研究报告	2013. 12
SZ201210025014	医学英语词汇的文化渊源对词汇构词规律及演变影响的研究	首都医科大学	卢凤香	论文 专著	2014. 12
SZ201210028015	现当代散文中的北京地域文化研究	首都师范大学	陈亚丽	专著	2014. 12
SZ201210028016	两周金文异体字研究	首都师范大学	陈英杰	论文 专著	2014. 12
SZ201210028017	英格兰天主教徒的生存之路(16—18 世纪)	首都师范大学	刘　城	论文 专著	2014. 12
SZ201210028018	全球史的兴起及其影响研究	首都师范大学	施　诚	论文 专著	2013. 12
SZ201210028019	首都高校法人化治理的现状与制度完善	首都师范大学	李　昕	论文 专著	2014. 12
SZ201210029020	国际象棋训练对青少年问题解决能力的影响	首都体育学院	谢　军	专著 研究报告	2013. 12
SZ201210029021	北京市职工体育理论与实践的创新研究	首都体育学院	李相如	论文 研究报告	2013. 12
SZ201210029022	促进北京体育赛事经济发展的研究	首都体育学院	骆秉全	论文 研究报告	2013. 12
SZ201210031023	旅游业价值链价值回报、风险溢出与投资转移研究	北京第二外国语学院	尹美群	论文 研究报告	2013. 12
SZ201210037024	基于期货盯市制度商业银行贷后信用风险管理研究	北京物资学院	王宝森	论文 专著 研究报告	2013. 12
SZ201210038025	北京市失业人员再就业培训现状、问题与对策研究	首都经济贸易大学	王　静	研究报告 论文	2014. 7
SZ201210038026	理性疏忽、黏性信息与经济周期——基于中国数据的实证研究	首都经济贸易大学	王　军	论文 专著 研究报告	2014. 12
SZ201210038027	我国上市公司信息披露公正性评价研究	首都经济贸易大学	吴启富	论文 研究报告	2013. 12
SZ201210046028	北京市音乐产业集聚区发展研究	中国音乐学院	司　思	专著	2013. 12
SZ201211232029	北京市科技金融平台构建研究	北京信息科技大学	唐五湘	论文 研究报告	2014. 12

续表

项目编号	项目名称	承担单位	负责人	成果形式	拟完成时间
SZ201211417030	就业能力视角下的首都大学生就业结构性失衡问题研究	北京联合大学	汪昕宇	论文 研究报告	2013.12

（北京市教育委员会科学技术与研究生工作处供稿）

北京市教育委员会 2011 年评出的 2012 年度社会科学计划批准立项面上项目

项目编号	项目名称	承担单位	负责人	成果形式	拟完成时间
SQSM201210005001	北京汽车产业通过兼并重组提高竞争优势的对策研究	北京工业大学	王宛秋	论文 研究报告	2013.12
SQSM201210005002	低碳绿色背景下促进和提升北京市生产服务业创新发展的战略研究	北京工业大学	王　江	论文 研究报告	2013.12
SQSM201210005003	北京制造业创新人才成长与人力资源管理环境研究	北京工业大学	赵晓霞	论文	2012.12
SQSM201210005004	内幕交易监管的困境及其对策研究	北京工业大学	聂孝红	论文	2013.12
SQSM201210005005	艺术设计创意的产业化研究	北京工业大学	王国华	论文 专著	2013.12
SQSM201210005006	马克思的“形而上学批判”与“资本批判”——立足于《资本论》及其手稿分析	北京工业大学	田　园	论文 专著	2013.12
SQSM201210005007	再生纸环保产品设计的开发与研究	北京工业大学	杨玮娣	论文 研究报告	2013.12
SQSM201210005008	钛金属艺术创作中的色彩研究	北京工业大学	张福文	论文 研究报告	2013.12
SQSM201210005009	五人制足球计时记分系统设计与开发	北京工业大学	张　泳	论文 研究报告	2013.12
SQSM201210005010	节能校园规划、建设与管理模式研究	北京工业大学	祖占良	论文 研究报告	2013.12
SQSM201210005011	他者与主体：亚裔美国女性成长小说研究	北京工业大学	张　丽	专著	2013.12
SQSM201210005012	多视域下二语应用绩效提高策略系统研究	北京工业大学	何岑成	论文	2013.12
SQSM201210005013	中医健康理念在大学生健康教育中的意义研究	北京工业大学	胡广芹	论文 研究报告	2013.12
SQSM201210005014	艺术设计在文化创意产业中的形态研究	北京工业大学	张　革	论文 研究报告	2013.12
SQSK201210009001	基于认知图分析的北京工业化住宅发展政府决策问题研究	北方工业大学	纪颖波	论文	2013.12

续表

项目编号	项目名称	承担单位	负责人	成果形式	拟完成时间
SQSK201210009002	资源寻求型对外直接投资的产业与区位选择研究——以有色金属为例	北方工业大学	郝　凯	论文	2013. 12
SQSK201210009003	医院企业文化整体形象设计与推广	北方工业大学	侯凤斌	论文	2014. 12
SQSK201210009004	北京市外来人口犯罪控制研究	北方工业大学	韩红兴	论文	2014. 12
SQSK201210009005	论我国经济稳定与安全的经济法保障	北方工业大学	荣国权	论文	2014. 12
SQSK201210009006	伯恩施坦主义及其历史意义研究	北方工业大学	张茂林	论文 专著	2013. 12
SQSM201210011001	监督与增值服务：来自创业投资参股 IPO 公司的经验证据	北京工商大学	王力军	论文 研究报告	2013. 12
SQSM201210011002	政府资助模式对企业技术创新项目价值的影响	北京工商大学	王　楠	论文 研究报告	2013. 12
SQSM201210011003	后金融危机时代国有企业海外并购风险及对策研究	北京工商大学	张元虹	论文 研究报告	2013. 12
SQSM201210011004	北京养老服务新模式下的家用医疗产品设计研究	北京工商大学	张　明	论文	2013. 12
SQSM201210011005	涉外经济犯罪刑事司法协助机制研究	北京工商大学	俞　亮	专著	2013. 12
SQSM201210011006	首都网络政治传播策略研究	北京工商大学	赵春丽	论文 研究报告	2013. 12
SQSM201210011007	北京市寿险营销员胜任特征模型研究	北京工商大学	徐　徐	论文 研究报告	2013. 12
SQSM201210011008	北京市民营企业的企业社会责任（CSR）研究	北京工商大学	郭　毅	论文 研究报告	2013. 12
SQSM201210012001	中国当代新媒体艺术史（1988—2010）	北京服装学院	韩雪岩	论文 专著	2014. 12
SQSM201210012002	纽约时装之都的建设对北京的启示研究	北京服装学院	郭平建	论文 研究报告	2013. 12
SQSM201210012003	服装造型创意理性思维模式系统开发	北京服装学院	邱佩娜	论文 教材	2013. 12
SQSM201210012004	《胡同百年》系列——北京文化品牌形象与文化创意研究	北京服装学院	翟　鹰	论文 专著	2013. 12
SQSM201210012005	中国传统珠宝设计与工艺研究	北京服装学院	郭　强	论文 教材	2014. 12
SQSM201210015001	动漫衍生品触觉设计实践研究	北京印刷学院	刘　峰	论文	2014. 1
SQSM201210015002	数字环境下版权集体管理机制研究	北京印刷学院	陈凤兰	专著	2014. 12
SQSM201210015003	我国数字出版产业发展路径研究	北京印刷学院	张新华	专著	2013. 12

续表

项目编号	项目名称	承担单位	负责人	成果形式	拟完成时间
SQSM201210015004	我国新闻出版业投融资体系的演进与发展研究	北京印刷学院	华宇虹	论文 专著	2012. 12
SQSM201210015005	出版社评价量化方法研究	北京印刷学院	吴仁群	论文 研究报告	2012. 12
SQSM201210016001	首都城乡统一建设用地市场运行和调控管理机制研究	北京建筑工程学院	周　霞	论文 研究报告	2013. 12
SQSM201210016002	美国民事没收制度及其对我国的启示	北京建筑工程学院	王俊梅	论文	2013. 12
SQSM201210016003	城市建设与管理领域文献流通量与读者需求分析研究——以北京建筑工程学院图书馆为例	北京建筑工程学院	蔡时连	论文	2013. 12
SQSM201210016004	关于大学毕业生就业质量的研究——从自我和谐的视角	北京建筑工程学院	刘艳华	论文 研究报告	2014. 12
SQSM201210017001	北京市村庄社区化管理模式研究	北京石油化工学院	李先锋	论文 研究报告	2013. 12
SQSM201210017002	区域能源环境“十二五”目标实现途径研究——以北京市大兴区为例	北京石油化工学院	李向前	论文 研究报告	2013. 12
SQSM201210017003	北京能源供给结构分析	北京石油化工学院	黄　岚	论文 研究报告	2013. 12
SQSM201210020001	京郊农村社区股份制能力建设需求和能力建设指标标准化研究	北京农学院	苟天来	论文 研究报告	2014. 12
SQSM201210020002	北京市集体林权制度改革中的农户林地流转研究	北京农学院	黄　雷	论文	2013. 12
SQSM201210020003	城乡一体化进程中土地银行法律问题研究：以北京百合兴盛土地银行为样本	北京农学院	李　蕊	专著	2013. 12
SQSM201210020004	北京乡村旅游创新体系发展研究	北京农学院	马　亮	论文 研究报告	2014. 12
SQSM201210025001	北京市农村居民医疗保障水平提高的路径研究	首都医科大学	张　柠	论文 研究报告	2013. 12
SQSM201210025002	北京市媒体报道医疗纠纷案件法律规制研究	首都医科大学	简海燕	研究报告	2014. 12
SQSM201210025003	抗战时期陕甘宁边区党的卫生工作研究	首都医科大学	刘春梅	论文 专著	2014. 12
SQSM201210025004	《国家学生体质健康标准》测试对增强学生体质的效果研究	首都医科大学	杨春玲	论文 研究报告	2014. 12
SQSM201210025005	周耀庭治疗儿童支气管哮喘临证经验总结及学术思想研究	首都医科大学	李　明	论文	2013. 12

续表

项目编号	项目名称	承担单位	负责人	成果形式	拟完成时间
SQSM201210025006	北京地区社区卫生服务机构的功能定位、影响因素及其发展对策研究	首都医科大学	路孝琴	论文 研究报告	2013. 12
SQSM201210028001	批判诗学在中国：新时期历史效果研究	首都师范大学	孙士聪	专著	2014. 12
SQSM201210028002	《通典·职官典》史源研究与笺解	首都师范大学	顾江龙	论文	2014. 12
SQSM201210028003	新中国成立以来中国共产党价值观建设的历史经验研究	首都师范大学	韩　华	论文 专著	2014. 12
SQSM201210028004	大学毕业生聚居群体城市融入问题研究——以北京地区为例	首都师范大学	韩丽丽	论文 研究报告	2013. 12
SQSM201210028005	北京市中小学教师人力资源配置的实证研究	首都师范大学	杨　光	论文 研究报告	2014. 12
SQSM201210028006	中学新手英语教师教学行为与认知发展关系研究	首都师范大学	康　艳	论文	2014. 12
SQSM201210028007	小学生校园伤害事故预防对策研究	首都师范大学	肖宝华	论文 研究报告	2013. 12
SQSM201210028008	牟宗三“智的直觉”思想研究	首都师范大学	陶　悦	论文	2014. 12
SQSM201210028009	北京市国有企业组织变革创新及应对策略研究	首都师范大学	黄满盈	研究报告	2013. 12
SQSM201210028010	调性和声分析	首都师范大学	王　文	论文 教材	2014. 12
SQSM201210028011	北京市重要历史街区色彩限定性设计研究	首都师范大学	张　彪	论文 研究报告	2014. 12
SQSM201210028012	构式语法框架下的汉语固定格式教学研究	首都师范大学	杨玉玲	论文	2014. 12
SQSM201210028013	大学英语教学活动设计与大学生人格素养培养的相关性探究	首都师范大学	张秀峰	论文 研究报告	2013. 12
SQSM201210028014	北京市属高校与区域发展良性互动关系的策略研究	首都师范大学	黄宇红	论文 研究报告	2013. 12
SQSM201210028015	性别表述与批评话语：1980 年以来的女性诗歌研究	首都师范大学	齐军华	专著	2014. 12
SQSM201210029001	体育赛事商业文化研究	首都体育学院	周龙峰	研究报告	2013. 1
SQSM201210029002	高等院校与奥运会互动影响的理论与实践研究	首都体育学院	茹秀英	专著	2013. 12
SQSM201210029003	北京市中学生体质状况与目标干预研究	首都体育学院	李文超	论文 研究报告	2012. 12
SQSM201210029004	我国中小学体育教师职业资格标准研究	首都体育学院	李　林	论文 研究报告	2012. 12
SQSM201210029005	学校体育伤害侵权法律责任与风险预防	首都体育学院	韩　勇	专著	2012. 12

续表

项目编号	项目名称	承担单位	负责人	成果形式	拟完成时间
SQSM201210031001	国际文化贸易促进北京建设世界城市的机制、模式与评价研究	北京第二外国语学院	王海文	研究报告	2013.12
SQSM201210031002	基于会展城市竞争力评价指标体系的北京会展产业发展战略研究	北京第二外国语学院	王起静	研究报告 论文	2013.12
SQSM201210031003	日本中世佛教文学的形成与中国文化	北京第二外国语学院	谢立群	专著	2013.12
SQSM201210031004	美国文艺复兴特性研究	北京第二外国语学院	隋　刚	专著 论文	2012.12
SQSM201210031005	《法国当代女性作家小说系列》汉译研究	北京第二外国语学院	李焰明	研究报告	2013.12
SQSM201210031006	中日跨文化交际障碍及教学对策研究	北京第二外国语学院	侯　越	专著	2013.12
SQSM201110037001	京津冀都市圈商业集群问题研究	北京物资学院	尹德洪	论文 研究报告	2013.12
SQSM201110037002	基于物联网的生鲜农产品供应链可视化研究	北京物资学院	刘同娟	论文 研究报告	2013.12
SQSM201110037003	生鲜食品冷链物流服务质量评价指标体系的研究	北京物资学院	陈红丽	论文 研究报告	2013.12
SQSM201110037004	运动员职业转换影响因素研究——“扎根理论”研究方法的应用	北京物资学院	李燕荣	论文 研究报告	2012.12
SQSM201110037005	中美贸易失衡条件下北京市对美国出口对策研究	北京物资学院	原玲玲	论文 研究报告	2013.12
SQSM201110037006	物流英语教师专业化发展研究	北京物资学院	左　雁	论文 研究报告	2013.12
SQSM201110037007	北京市物流领域环境责任保险制度研究	北京物资学院	李爱华	论文 研究报告 专著	2013.12
SQSM201210038001	促进北京市绿色金融发展的对策研究	首都经济贸易大学	王　苹	研究报告	2013.8
SQSM201210038002	北京市房地产业发展过热与房地产业定位的关系研究	首都经济贸易大学	刘水杏	研究报告	2014.1
SQSM201210038003	北京市文物艺术品拍卖现状与法律制度完善	首都经济贸易大学	王德山	研究报告	2013.12
SQSM201210038004	华兹华斯诗歌跨宗教文化视角研究	首都经济贸易大学	张宏峰	专著	2013.12
SQSM201210038005	基于中外创业板市场的企业估值方法研究	首都经济贸易大学	张晓慧	研究报告	2013.12
SQSM201210038006	北京城市游憩商业区游客价值研究	首都经济贸易大学	李　佳	论文 研究报告	2013.12

续表

项目编号	项目名称	承担单位	负责人	成果形式	拟完成时间
SQSM201210038007	财务重述与上市公司外部监管效率研究	首都经济贸易大学	于　鹏	论文	2013. 12
SQSM201210038008	基于交通环境承载力的北京市极限机动车保有量预测与路网容量研究	首都经济贸易大学	尚华艳	论文	2013. 12
SQSM201210038009	创新愿景、路径创造与高技术企业的可持续发展——基于北京市高技术企业的研究	首都经济贸易大学	尹丽萍	论文 研究报告	2013. 12
SQSM201210038010	资源空间配置效应对北京发展方式转变影响研究	首都经济贸易大学	周明生	论文 研究报告	2013. 12
SQSM201210038011	北京市大学生体制健康运动处方系统的设计与实现	首都经济贸易大学	贺　慨	研究报告 计算机软件	2012. 12
SQSM201210038012	基于消费者信心的消费行为影响因素实证分析与经济仿真研究	首都经济贸易大学	任　韬	论文 研究报告	2013. 12
SQSM201210038013	农村宅基地使用权制度研究	首都经济贸易大学	王小莹	论文	2013. 12
SQSM201210038014	后危机下 WTO《反倾销协定》修订的法律对策	首都经济贸易大学	金晓晨	论文 研究报告	2013. 12
SQSM201210046001	海南黎族民歌研究	中国音乐学院	高佳佳	研究报告	2014. 12
SQSM201210046002	中国当代小型民族器乐——室内乐创作研究	中国音乐学院	姜万通	研究报告	2013. 12
SQSM201210046003	中国钢琴音乐演奏与教学中的诠释——接受美学视域下的观照和理解	中国音乐学院	樊禾心	专著	2013. 12
SQSM201210046004	艺术类大学生价值观现状与教育对策研究	中国音乐学院	高朝霞	研究报告	2013. 12
SQSM201210046005	钢琴即兴伴奏教学课程体系研究	中国音乐学院	李海川	教材	2013. 12
SQSM201210049001	高等戏曲院校教务管理研究	中国戏曲学院	张文振	专著	2014. 12
SQSM201210049002	戏曲演员的运动损伤调查与分析	中国戏曲学院	王志萍	论文 研究报告	2013. 12
SQSM201210049003	京剧唱腔音乐的和声应用	中国戏曲学院	李晓姝	专著	2014. 12
SQSM201210049004	传统戏曲视觉符号的应用设计和传播研究	中国戏曲学院	宋新廷	论文	2013. 12
SQSM201210049005	戏曲多剧种剧目教学共性研究	中国戏曲学院	李艳华	论文 研究报告	2014. 1
SQSM201210050001	好莱坞运营机制研究	北京电影学院	俞剑红	专著	2013. 12
SQSM201210050002	想象中国：八十年代中国电影文化研究	北京电影学院	王海洲	专著	2013. 12
SQSM201210050003	当代影视音乐数字编辑研究	北京电影学院	谷　毅	论文	2013. 12
SQSM201210050004	故事短片的构思与写作	北京电影学院	刘伽茵	专著	2013. 12

续表

项目编号	项目名称	承担单位	负责人	成果形式	拟完成时间
SQSM201210050005	中外优秀电影表演创作研究	北京电影学院	王春子	专著 其他	2013. 12
SQSM201210050006	电影院线与影院运营管理研究	北京电影学院	翁　旸	专著	2013. 12
SQSM201210050007	中国当代影视作品社会教育功能研究	北京电影学院	李　苒	论文 专著	2013. 12
SQSM201210050008	中国类型电影的商业模式研究	北京电影学院	王　煊	论文 专著	2013. 12
SQSM201210050009	国际纪录片创作动态研究与纪录片教学体系构建	北京电影学院	郭劲锋	论文 教材	2014. 12
SQSM201210050010	电子游戏原型设计与应用研究	北京电影学院	孙　悦	专著	2014. 12
SQSM201210051001	中国古典舞诗词意象与中国古典舞剧目表演意象比较研究	北京舞蹈学院	李　馨	研究报告	2012. 12
SQSM201210051002	中国当前群众性舞蹈教育研究	北京舞蹈学院	王　欣	研究报告	2013. 3
SQSM201210051003	朝鲜民族农乐舞表演形态研究	北京舞蹈学院	韩贤杰	专著	2013. 3
SQSM201210051004	舞蹈治疗对舞蹈表演的促进作用研究	北京舞蹈学院	徐　颃	研究报告	2013. 12
SQSM201210051005	21 世纪中国舞蹈创作趋势	北京舞蹈学院	何　群	研究报告	2012. 12
SQSM201210772001	北京市农民工职业培训及发展研究	北京信息科技大学	梁栩凌	论文 研究报告	2013. 12
SQSM201210772002	北京产业集群协同创新的知识共享机制研究	北京信息科技大学	韩之怡	论文 研究报告	2013. 12
SQSM201210772003	基于社区分类的脆弱性分析	北京信息科技大学	于瑛英	论文 研究报告	2013. 12
SQSM201210772004	全球治理的中国视角与对策	北京信息科技大学	敖云波	论文	2013. 12
SQSM201210772005	北京市社区公共服务研究	北京信息科技大学	刘娴静	论文 研究报告	2013. 12
SQSM201210772006	从马修·阿诺德的诗歌看十九世纪自然观	北京信息科技大学	肖　滨	论文 研究报告	2013. 12
SQSM201210772007	中国特色现代大学制度研究	北京信息科技大学	王学文	论文 研究报告	2013. 12
SQSM201210772008	北京高校教师幸福感研究	北京信息科技大学	王　雁	论文 专著	2013. 12
SQSM201211417001	北京及周边区域先秦玉石器研究	北京联合大学	黄可佳	论文 研究报告	2013. 12
SQSM201211417002	软件即服务（SaaS）服务链收益共享契约的数值模拟与实验研究	北京联合大学	郭彦丽	论文 研究报告	2013. 12
SQSM201211417003	泛北京地区绿色物流体系的构建研究	北京联合大学	郭慧馨	论文 研究报告	2013. 12

续表

项目编号	项目名称	承担单位	负责人	成果形式	拟完成时间
SQSM201211417004	数字内容多媒体展示创意与设计应用研究	北京联合大学	周玉基	论文 设计作品	2012. 12
SQSM201211417005	汉语听写困难儿童认知特点及干预研究	北京联合大学	毛荣建	论文 研究报告	2014. 12
SQSM201211417006	基于造价咨询企业的全过程造价管理系统研究	北京联合大学	蔡　红	论文 研究报告	2013. 12
SQSM201211417007	基于搜索指数的北京博物馆旅游功能分级及服务优化	北京联合大学	王　静	论文 研究报告	2013. 12
SQSM201211417008	我国科技计划项目档案管理体系研究	北京联合大学	潘世萍	论文 研究报告	2013. 12
SQSM201211417009	北京地区高校大学生创业的价值取向及教育引导对策研究	北京联合大学	葛海燕	论文 研究报告	2014. 12
SQSM201211417010	北京创意产业集群竞争力暨高等教育孵化策略研究	北京联合大学	孙海垠	论文 研究报告	2013. 12
SQSM201211417011	来华留学生学历教育中的全英文授课问题研究	北京联合大学	吴中平	论文 研究报告	2013. 12
SQSM201211417012	中国高等教育国际化发展的瓶颈	北京联合大学	庞　明	论文 研究报告	2013. 12
SQSM201211626001	青少年网络聊天管理制度	北京青年政治学院	楚国清	论文 研究报告 专著	2013. 12
SQSM201211626002	大学生劳动权益保障问题研究	北京青年政治学院	李　勤	论文 研究报告	2013. 12
SQSM201211626003	校园网络与信息安全预警机制建设研究	北京青年政治学院	李子平	论文 研究报告	2013. 12
SQSM201211626004	我国碳排放权交易法律问题研究	北京青年政治学院	温慧卿	专著	2013. 12
SQSM201211626005	中国社会的消费主义现象研究	北京青年政治学院	纪秋发	论文 研究报告 专著	2013. 12
SQSM201211626006	都市型现代农业的金融支持问题研究	北京青年政治学院	生　蕾	论文 研究报告	2013. 12
SQSM201251638001	基于国际商贸中心目标的北京物流业发展研究	北京财贸职业学院	胡丽霞	论文 研究报告	2013. 12
SQSM201251638002	经济转型中的职业教育组织研究	北京财贸职业学院	周雪梅	论文 研究报告	2012. 12
SQSM201251638003	北京市零售业价格形成机制与可持续增长路径研究	北京财贸职业学院	米锦欣	论文 研究报告	2012. 12
SQSM201251638004	北京市财经类高职学生学习能力研究	北京财贸职业学院	潘　勇	论文 研究报告	2013. 12

续表

项目编号	项目名称	承担单位	负责人	成果形式	拟完成时间
SQSM201251638005	当代艺术与创意教学	北京财贸职业学院	田卫中	其他	2012.12
SQSM201210858001	面料再造在成衣领域中的价值实现	北京电子科技职业学院	张婷婷	论文 画册 实物	2013.12
SQSM201210858002	校企共建“创业孵化中心”运营机制研究	北京电子科技职业学院	齐学君	论文 研究报告	2013.12
SQSM201210858003	成人高等学历教育职教化改革研究	北京电子科技职业学院	冯志新	论文 研究报告	2013.12
SQSM201210853001	北京地区高职教育与区域经济发展的互动研究	北京工业职业学院	苗耀华	论文 研究报告	2013.12
SQSM201212448001	北京城乡一体化进程中的农村产业发展研究	北京农业职业学院	李　颖	论文 研究报告	2013.12
SQSM201212448002	北京山区特色果品流通问题与对策研究	北京农业职业学院	张天琪	论文 研究报告	2013.12
SQSM201212448003	新阶段北京沟域经济发展路径与模式研究	北京农业职业学院	杨建青	论文 研究报告	2013.12
SQSM201250061001	校长培训模式研究——问题驱动、小组研讨在中小学校长高研班的运用	北京教育学院	吕　蕾	论文 研究报告	2013.12
SQSM201250061002	高中历史必修政治、经济、思想文化史的教学策略研究	北京教育学院	李　军	论文 研究报告	2013.12
SQSM201250061003	小学生个性化学习特征与有效指导策略研究	北京教育学院	张祥兰	论文 研究报告	2013.12
SQSM201251160001	世界城市建设进程中国际优质教育资源本土化的实践研究	北京广播电视大学	王晓霞	论文 研究报告	2013.12
SQSM201251160002	基于现代远程教育的知识管理模式研究	北京广播电视大学	王　悦	论文 专著	2013.12
SQSM201251160003	远程教育自组织学习环境构建的实效研究	北京广播电视大学	白　静	论文 研究报告 教材	2013.12

说明：北京市教育委员会从1996年开始设立人文社会科学研究计划项目。2003年开始该计划项目分为重点项目和面上项目，重点项目同时列入北京市哲学社会科学规划项目，与北京市哲学社会科学规划办公室联合立项并实施管理。2007年依据《北京市市级教育经费项目支出预算管理办法（试行）》的规定，北京市教委、北京市财政局联合印发了《北京市属高等学校科学研究项目管理办法（暂行）》（以下简称《管理办法》）。根据新的《管理办法》，规范了项目类别，北京市教委人文社会科学研究计划项目更名为社会科学计划项目。北京市教育委员会2012年度社会科学计划批准立项项目203项，其中重点项目30项，面上项目173项。

（北京市教育委员会科学技术与研究生工作处供稿）

2011 年度北京市调查研究重点课题

题目	主持人	研究单位
加快首都经济发展方式转变研究	刘　淇	市委研究室
符合首都实际的保障性住房体系与商品住房体系研究	郭金龙	市政府研究室
加强法律法规实施情况的调研	杜德印	市人大
围绕加快转变经济发展方式协商议政	王安顺、沈宝昌	市政协
流动人口规模调控和有序管理	王安顺	市委政法委
维护首都政治稳定的实践与思考	王安顺	市委政法委
北京市构建现代产业体系研究	吉　林	市政府研究室
培育具有核心竞争力大企业集团问题研究	吉　林	市国资委
关于廉政风险防范有效性问题研究	叶青纯	市纪委
北京建设世界高端人才聚集之都的政策研究	吕锡文	市委组织部
加强机关党的建设，促进机关履行职能	李士祥	市委研究室
对北京市社会建设基本问题的思考	梁　伟	市委社会工委
统一战线服务社会建设管理创新专题研究	牛有成	市委统战部
关于城乡结合部建设模式研究	牛有成	市城乡结合部建设领导小组办公室
名校办分校问题研究	赵凤桐	市委教育工委、市教委
中关村科学城发展建设研究	赵凤桐	中关村管委会、海淀区委
首都战略性新兴文化行业发展研究	鲁　炜	市委宣传部
加快转变国防动员能力生成模式	郑传福	北京卫戍区司令部
充分发挥公安机关职能作用，全力做好新形势下群众工作	傅政华	市公安局
加强农产品生产流通体系建设，提高农民进入市场组织化程度的调研	赵凤山	市人大
修订村委会组织法实施办法立法调研	马振川	市人大
缓解本市交通拥堵状况对策的调研	刘晓晨	市人大
制定北京市人力资源市场条例立法调研	吴世雄	市人大
制定中关村国家自主创新示范区条例立法调研	柳纪纲	市人大
本市公共文化建设情况的调研	刘新成	市人大
国家文化中心建设若干问题研究	刘新成	民进北京市委
海外侨胞回国在京投资权益保护问题的调研	李昭玲	市人大

续表

题目	主持人	研究单位
关于国家现代农业科技城“一城多园”建设模式的研究及建议	李昭玲	致公党北京市委
全面推进“阳光中途之家”建设	刘敬民	市司法局
战略性新兴产业的成长路径与培育机制	苟仲文	市经济信息化委
建设可持续的老旧汽车淘汰更新机制	洪　峰	市环保局
北京建设国际一流旅游城市研究	丁向阳	市旅游委
加快推进建筑节能的政策与机制	陈　刚	市住房城乡建设委、市规划委
北京城市物流发展研究	程　红	市商务委、市政府研究室
新形势下首都城市民族工作的新格局新趋势	程　红	市民委（宗教局）
北京水资源战略管理研究	夏占义	市水务局、市政府研究室
关于北京中轴线历史文化遗产保护的调研	陈　平	市政协
关于完善本市农副产品供应体系的调研	熊大新	市政协
关于促进北京市自主创新成果产业化的调研	熊大新	市政协
关于首都水资源保护与开发利用的调研	赵文芝	市政协
关于推进城区义务教育均衡发展、维护教育公平的调研	赵文芝	市政协
关于穆斯林中小学生校园清真就餐问题的调研	赵文芝	市政协
关于城管执法问题的调研	黎晓宏	市政协
关于部分行业劳动争议状况的调研	黎晓宏	市政协
关于进一步完善司法公开的调研	池　强	市高级法院
北京地区职务犯罪趋势预测	慕　平	市检察院
发挥国有大中型企业作用，加快首都创新型城市建设	傅惠民	民革北京市委
科技引领创新驱动，走北京创新之路	葛剑平	民盟北京市委
关于北京市鼓励民间投资的对策与建议	王永庆	民建北京市委
关于促进北京市科技成果转化的调研	马大龙	九三学社北京市委
关于农村集体经济在北京市率先形成城乡一体化新格局中的作用的调研	蔡国雄	台盟北京市委
关于北京城乡一体化进程中若干问题的调研	于文明	农工党北京市委

（中共北京市委研究室供稿）

各高校、科研等单位承担国家或省部级人文社会科学研究项目及部分院校校级文科项目

北京大学

2011 年承担国家或省部级社会科学研究课题

项目名称	负责人	承担部门	项目来源	成果形式	完成日期
环境考古与古代人际关系研究	莫多闻	城市与环境学院	国家社会科学基金项目（重大）	专著	2016. 12
东方文化史	张玉安	外国语学院	国家社会科学基金项目（重大）	专著	2016. 12
出土简帛文献与古代中国哲学新发现综合研究	王中江	哲学系	国家社会科学基金项目（重大）	专著 论文	2016. 7
清代新疆稀见史料调查与研究	朱玉麒	历史系	国家社会科学基金项目（重大）	专著 论文	2016. 12
中原地区晚更新世古人类文化发展研究	王幼平	考古文博学院	国家社会科学基金项目（重大）	专著	2016. 6
和谐劳动关系协调机制的法律构建研究	贾俊玲	法学院	国家社会科学基金项目（重大）	专著 译著	2014. 12
收入公平分配的财税法促进与保障研究	张守文	法学院	国家社会科学基金项目（重点）	专著	2014. 9
包容性增长的社会基础与我国社会政策发展的研究	熊跃根	社会学系	国家社会科学基金项目（重点）	论文集 研究报告	2014. 3
英帝国的形成、发展及其在 20 世纪的崩溃	钱乘旦	历史学系	国家社会科学基金项目（重点）	专著	2014. 7
《十三经注疏校勘记》研究	刘玉才	中文系	国家社会科学基金项目（重点）	研究报告 专著	2014. 9
面向泛在信息社会的国家战略及图书馆对策研究	朱　强	图书馆	国家社会科学基金项目（重点）	专著 研究报告	2014. 7
我国体育产业发展与政策研究	鞠传进	体育教研部	国家社会科学基金项目（重点）	专著 研究报告	2013. 12
提升公众环境意识的嵌入模式研究	李金兵	国家发展研究院	国家社会科学基金项目（重点）	论文集 研究报告	2014. 12
在校流动儿童健康需求及对策研究	纪　颖	医学部公共卫生学院	国家社会科学基金项目（重点）	研究报告	2013. 12
当代中国“单位制度”的形成及变迁研究	柴彦威	城市与环境学院	国家社会科学基金项目（重点）	专著 论文	2016. 12

续表

项目名称	负责人	承担部门	项目来源	成果形式	完成日期
宗教渗透与意识形态安全研究	金　勋	外国语学院	国家社会科学基金项目（重点）	专著 研究报告	2016.12
延安文艺与二十世纪中国文学	李　杨	中文系	国家社会科学基金项目（重点）	专著	2016.12
各民族神话与史诗总体研究	段宝林	中文系	国家社会科学基金项目（重点）	专著（译著） 论文 研究报告 工具书	2016.12
现代医疗技术中的生命伦理及法律问题研究	郭自力	法学院	国家社会科学基金项目（重点）	专著 研究报告	2016.12
网络游戏对青少年发展的影响与引导研究	刘德寰	新闻与传播学院	国家社会科学基金项目（重点）	专著 论文 研究报告	2014.12
高铁时代区域经济协调发展重点与支撑政策研究	陆　军	政府管理学院	国家社会科学基金项目（重点）	专著 研究报告	2014.12
晚年马克思五个重要笔记新探讨	林　锋	马克思主义学院	国家社会科学基金项目（青年）	专著	2014.4
《孟子》与清代学术研究	李畅然	哲学系	国家社会科学基金项目（青年）	专著	2014.12
中世纪哲学盛期《论灵魂》评注研究（1240—1400）	吴天岳	哲学系	国家社会科学基金项目（青年）	专著 译著	2014.9
梅洛·庞蒂与唯心论研究	刘　哲	哲学系	国家社会科学基金项目（青年）	专著	2014.1
基于协议的动态认知逻辑研究	王彦晶	哲学系	国家社会科学基金项目（青年）	论文集	2014.9
社会资本、信任与地区金融发展问题研究	崔　巍	经济学院	国家社会科学基金项目（青年）	论文集 研究报告	2014.12
教育、医疗公共品供给均等化与城乡收入差距缩小的关系研究	高连水	经济学院	国家社会科学基金项目（青年）	论文集 研究报告	2013.6
过度外部失衡参考性指标构建研究	李　昕	国家发展研究院	国家社会科学基金项目（青年）	专著 研究报告	2013.3
残疾人就业问题研究	廖　娟	教育经济研究所	国家社会科学基金项目（青年）	研究报告	2013.12
我国都市圈空间组织的经济绩效与空间结构优化研究	孙铁山	政府管理学院	国家社会科学基金项目（青年）	论文集	2013.12
我国政府公共服务支出对居民消费率影响研究	丁　颖	教育学院	国家社会科学基金项目（青年）	专著 研究报告	2013.4
中国养老保险制度“参量式”改革效应评估及政策应用研究	郑　伟	经济学院	国家社会科学基金项目（青年）	专著 研究报告	2013.12

续表

项目名称	负责人	承担部门	项目来源	成果形式	完成日期
追踪调查中小域估计的方法及其应用研究	吕　萍	中国社会科学调查中心	国家社会科学基金项目（青年）	论文集	2014.6
主权财富基金投资法律风险及监管模式研究	郭　雳	法学院	国家社会科学基金项目（青年）	专著	2014.12
比较视野下我国监禁刑的适用规模研究	江　溯	法学院	国家社会科学基金项目（青年）	专著	2014.12
庆典仪式与中华民族国家凝聚力研究	高小岩	社会学系	国家社会科学基金项目（青年）	研究报告	2013.12
湘西凤凰声音民族志研究	刘　嵘	社会学系	国家社会科学基金项目（青年）	研究报告	2014.9
大湄公河水资源安全合作机制研究	郭延军	国际关系学院	国家社会科学基金项目（青年）	研究报告 专著	2014.2
全球大宗商品价格走向及其对我国经济安全的影响	陈绍锋	国际关系学院	国家社会科学基金项目（青年）	研究报告 专著	2013.1
西周金文所见世族通考	韩　巍	历史学系	国家社会科学基金项目（青年）	专著	2014.12
汤用彤与20世纪宗教学研究新证	赵建永	哲学系	国家社会科学基金项目（青年）	专著	2014.5
《三国演义》在泰国的传播模式研究	金　勇	外国语学院	国家社会科学基金项目（青年）	专著	2014.12
国外电视新闻频道涉华报道研究	王维佳	新闻与传播学院	国家社会科学基金项目（青年）	研究报告	2012.12
全球正义研究	徐向东	哲学系	国家社会科学基金项目（一般）	专著 论文集	2013.12
中国城市公共产品空间失配的纾解策略研究	陆　军	政府管理学院	国家社会科学基金项目（一般）	研究报告 专著	2013.6
社会法的中国理论：比较视野与本土构建	叶静漪	法学院	国家社会科学基金项目（一般）	专著	2014.7
风险治理视野下食品安全法治研究	沈　岿	法学院	国家社会科学基金项目（一般）	专著	2014.12
社会救助法律问题实证研究	赵国玲	法学院	国家社会科学基金项目（一般）	专著	2014.12
民商事审判方法研究	傅郁林	法学院	国家社会科学基金项目（一般）	专著	2014.12
新疆/西藏内地办学项目发展状况及其对我国民族关系影响的社会效果评估研究	马　戎	社会学系	国家社会科学基金项目（一般）	研究报告	2013.12
围孕期体力活动模式与不良出生结局的风险研究	卢福泉	体育教研部	国家社会科学基金项目（一般）	专著 论文集	2014.12

续表

项目名称	负责人	承担部门	项目来源	成果形式	完成日期
日本近代佛教改革的思想史意义研究	王　颂	哲学系	国家社会科学基金项目（一般）	专著	2014. 3
民间传说的动力机制及其与当代社会思潮研究	陈泳超	中文系	国家社会科学基金项目（一般）	专著	2013. 7
加拿大文学的民族性构建研究	丁林棚	外国语学院	国家社会科学基金项目（一般）	专著	2014. 9
后世俗美国小说研究	刘建华	外国语学院	国家社会科学基金项目（一般）	专著	2014. 12
汉语和非汉语母语者加工普通话声调的 ERP 研究	王韫佳	中文系	国家社会科学基金项目（一般）	论文集	2014. 12
语言结构异态范畴的功能表现研究	王海峰	对外汉语教育学院	国家社会科学基金项目（一般）	专著 研究报告	2013. 12
政府信息资源管理创新的理论与方法	赖茂生	信息管理系	国家社会科学基金项目（一般）	论文集 研究报告	2013. 12
我国与欧美政府信息公开中信息安全审查机制及保障制度比较研究	周庆山	信息管理系	国家社会科学基金项目（一般）	研究报告 专著	2014. 7
《德意志意识形态》文本学研究	聂锦芳	哲学系	国家社会科学基金项目（成果文库）	专著	2012. 12
中国制造业生产要素相对比例变化及其经济影响	黄桂田	经济学院	国家社会科学基金项目（成果文库）	专著	2012. 12
冷战与新中国外交的缘起	牛　军	国际关系学院	国家社会科学基金项目（成果文库）	专著	2012. 12
盛唐诗坛研究	袁行霈	中文系	国家社会科学基金项目（成果文库）	专著	2012. 12
缅甸语汉语比较研究	汪大年	外国语学院	国家社会科学基金项目（成果文库）	专著	2012. 12
京杭大运河国家遗产与生态廊道	俞孔坚	建筑与景观设计学院	国家社会科学基金项目（成果文库）	专著	2012. 12
民事程序建构的基本原理	傅郁林	法学院	国家社会科学基金项目（后期资助）	专著	2012. 12
战国题铭研究	董　珊	考古文博学院	国家社会科学基金项目（后期资助）	专著	2012. 12
全球化背景下金融监管的博弈分析	韩忠亮	经济学院	国家社会科学基金项目（后期资助）	专著	2012. 3
普惠金融——中国农村金融重建中的制度创新与法律框架	王曙光	经济学院	国家社会科学基金项目（后期资助）	专著	2012. 12
经学文献的衍生和通俗化——以近古时代的传刻为中心	顾永新	中文系	国家社会科学基金项目（后期资助）	专著	2013. 7

续表

项目名称	负责人	承担部门	项目来源	成果形式	完成日期
戏剧学导论	顾春芳	艺术学院	国家社会科学基金项目（后期资助）	专著	2012.5
面向语言信息处理的现代汉语并列结构研究	吴云芳	信息学院	国家社会科学基金项目（后期资助）	专著	2013.8
日本汉字的确立及其历史演变	潘　钧	外国语学院	国家社会科学基金项目（后期资助）	专著	2012.2
马克思主义哲学基本理论与现实问题研究（委托）	黄楠森 王　东	哲学系	教育部人文社科项目	专著	2014.12
基于意愿的企业迁移决策行为及迁移引导政策研究	李彦军	城市与环境学院	教育部人文社科项目	论文	2014.12
中国教育金融抑制：理论与实证——基于教育需求方视角	窦尔翔	软件与微电子学院	教育部人文社科项目	论文 咨询报告	2014.12
基于语篇与语体的连词主观性研究	张文贤	对外汉语学院	教育部人文社科项目	论文	2014.12
我国原子能立法研究	唐应茂	法学院	教育部人文社科项目	研究报告	2014.12
国际视野中的我国反洗钱立法与完善	王　新	法学院	教育部人文社科项目	著作	2014.12
农业土壤碳汇实现机制研究	刘　奕	光华管理学院	教育部人文社科项目	论文 咨询报告	2014.12
中国消费者对同一品牌国产与进口产品认知差异及原因分析	袁胜军	光华管理学院	教育部人文社科项目	著作 论文	2014.12
区域教学信息化促进教育公平的效能研究	吴筱萌	教育学院	教育部人文社科项目	论文	2014.12
农村清洁发展机制项目益贫效应的评估——以世界银行社区发展碳基金沼气项目为例	于　敏	经济学院	教育部人文社科项目	论文 咨询报告	2014.12
一体化：中国现代教育的形成(1862—1927)	李剑萍	历史系	教育部人文社科项目	著作 论文	2014.12
明代行政区划制度研究	李新峰	历史系	教育部人文社科项目	著作 论文	2014.12
鸦片战争以前西方人士的"北京经验"研究	欧阳哲生	历史系	教育部人文社科项目	著作	2014.12
从《日清修好条规》到"大东亚交易圈"：近代中日贸易关系研究	宋芳芳	历史系	教育部人文社科项目	著作 论文	2014.12
阿卡德王朝中央官制研究	王献华	历史系	教育部人文社科项目	著作 论文	2014.12
新中国成立以来思想政治教育的历史和经验研究	祖嘉合	马克思主义学院	教育部人文社科项目	著作 论文	2014.12

续表

项目名称	负责人	承担部门	项目来源	成果形式	完成日期
农村进城务工女性社会网络研究——以北京地区家政服务员为例	李春霞	社会学系	教育部人文社科项目	著作 论文	2014.12
变迁社会中的政教关系：以基督教和天主教的地下教会为例	卢云峰	社会学系	教育部人文社科项目	论文	2014.12
藏族跨区职业技术教育及其对经济社会的影响研究——以四川藏区9+3援藏教育工程为例	文艳林	社会学系	教育部人文社科项目	论文 咨询报告	2014.12
风险规制与行政法治——基于公私区分与互动的视角	金自宁	深圳研究院	教育部人文社科项目	著作 论文	2014.12
波斯语手抄本《中国医学宝书》校注与研究	时　光	外国语学院	教育部人文社科项目	著作	2014.12
当代影像产业中奇观文化的经济分析和文化研究	吴　靖	新闻传播学院	教育部人文社科项目	论文 咨询报告	2014.12
中国现代服务业创新能力评价的理论与实证研究	申　静	信息管理系	教育部人文社科项目	著作 论文	2014.12
我国图书馆标准化体系及其发展战略研究	张广钦	信息管理系	教育部人文社科项目	论文 咨询报告	2014.12
《清儒学案书札》的整理与研究	沙志利	哲学系	教育部人文社科项目	著作 论文	2014.12
儒学的超越性传承与体认：美国波士顿儒学与夏威夷儒学研究	郑秋月	哲学系	教育部人文社科项目	论文	2014.12
政府基本公共服务标准化和可持续问题研究	梁鸿飞	政府管理学院	教育部人文社科项目	著作 论文	2014.12
北京建设世界城市公共艺术空间规划研究	梁盛平	政府管理学院	教育部人文社科项目	论文	2014.12
两岸关系视域中的文学深层议题	计璧瑞	中文系	教育部人文社科项目	著作	2014.12
高校廉政政策评估体系研究	庄德水	纪委	教育部专项项目	论文	2014.12
比较视域下的大学生信仰研究	秦维红	马克思主义学院	教育部专项项目	论文	2014.12
马克思主义“三化”本质问题研究	郭建宁	马克思主义学院	教育部专项项目	论文	2014.12
高校学生对社会热点问题的反映及对策研究	衣学磊	校办	教育部专项项目	论文	2014.12
“毛泽东思想和中国特色社会主义理论体系概论”课教学设计研究	陈占安	马克思主义学院	教育部专项项目	论文	2014.12
近代中国先进分子探索中国出路问题名篇选编与导读	仝　华	马克思主义学院	教育部专项项目	论文	2014.12

续表

项目名称	负责人	承担部门	项目来源	成果形式	完成日期
京津冀区域发展报告	李国平	政府管理学院	教育部研究发展报告项目	咨询报告	2014.12
中国残疾人事业发展报告	陈　功	人口所	教育部研究发展报告项目	咨询报告	2014.12
中国保险业发展报告	孙祁祥	经济学院	教育部研究发展报告项目	咨询报告	2014.12
中国报告·民生	李建新	中国社会调查中心	教育部研究发展报告项目	咨询报告	2014.12
系统学汉字字典	李大遂	对外汉语学院	教育部后期资助项目	专著	2014.12
中国乡村调查	陈　刚	新闻与传播学院	教育部后期资助项目	专著	2014.12
近代中日学人交往资料整理与研究	稻畑耕一郎	中国古文献研究中心	教育部研究基地重大项目	资料汇编 专著	2014.12
《史记》《汉书》年月考异	郜积意	中国古文献研究中心	教育部研究基地重大项目	专著	2014.12
中国共产党与中华民族伟大复兴	杨　河	中国特色社会主义理论体系研究中心	教育部研究基地重大项目	著作	2014.12
中国创新论——中国特色社会主义创新型国家理论	王　东	中国特色社会主义理论体系研究中心	教育部研究基地重大项目	著作	2014.12
基于系统语音对应的核心词分阶及建模研究	陈保亚	中国语言学研究中心	教育部研究基地重大项目	研究报告 专著	2014.12
清末民初北京话系统研究	郭　锐	中国语言学研究中心	教育部研究基地重大项目	著作 丛书	2014.12
我国大学生的区域流动行为研究	陈洪捷	教育经济研究所	教育部研究基地重大项目	著作 报告	2014.12
高校毕业生中的未就业群体研究——从高等教育人才培养的视角	刘云杉	教育经济研究所	教育部研究基地重大项目	著作 报告	2014.12
维特根斯坦文集（批判版）	韩林合	外国哲学研究所	教育部研究基地重大项目	专著	2014.12
对克里普克语言哲学的系统性质疑和对一种新理论的建构	陈　波	外国哲学研究所	教育部研究基地重大项目	专著	2014.12
田野考古学概论	赵　辉	中国考古学研究中心	教育部研究基地重大项目	专著	2014.12
秦汉时期江东地区的文化变迁	沈岳明	中国考古学研究中心	教育部研究基地重大项目	专著	2014.12
民族教育与文化认同——基于多元文化教育的理论与实践	钱民辉	中国社会与发展研究中心	教育部研究基地重大项目	研究报告	2014.12

续表

项目名称	负责人	承担部门	项目来源	成果形式	完成日期
转型中国社会的心态地图与合法性表征	方　文	中国社会与发展研究中心	教育部研究基地重大项目	专著	2014.12
《苏尔诗海》翻译与研究	姜景奎	东方文学研究中心	教育部研究基地重大项目	译著和专著	2014.12
苏美尔、阿卡德及赫梯文学文献翻译与研究	拱玉书	东方文学研究中心	教育部研究基地重大项目	专著	2014.12
政治人类学视野下的政治体制改革研究	陶　庆	政治发展与政府管理研究所	教育部研究基地重大项目	专著	2014.12
转型时期中国农村政治发展与社会管理研究	吴　丕	政治发展与政府管理研究所	教育部研究基地重大项目	专著	2014.12
宋代政治史研究的新视野	邓小南	中国古代史研究中心	教育部研究基地重大项目	专题论集	2014.12
清代西北边疆平定与国家认同	朱玉麒	中国古代史研究中心	教育部研究基地重大项目	专题论集	2014.12
从现代视觉理论的视角阐释中国传统艺术观念	高建平	美学与美育研究中心	教育部研究基地重大项目	著作	2014.12
北大美学与艺术通识读本（40册）	张世英	美学与美育研究中心	教育部研究基地重大项目	著作	2014.12
行政法视野下的公私合作问题	罗豪才	宪法与行政法研究中心	教育部研究基地重大项目	专著	2014.12
相对集中行政处罚权研究	湛中乐	宪法与行政法研究中心	教育部研究基地重大项目	专著	2014.12
城市化中新移民的基础教育：问题与对策的经济学分析	海　闻	中国经济研究中心	教育部研究基地重大项目	期刊或专著	2014.12
中国企业对外直接投资：动机、影响与启示	黄益平	中国经济研究中心	教育部研究基地重大项目	期刊或专著	2014.12
北京社区公共服务建设研究	黄恒学	政府管理学院	北京市哲学社会科学规划项目（重大）	研究报告专著	2012.9
如何激励新生代员工：领导下属价值观匹配的观点	张　燕	心理学系	北京市哲学社会科学规划项目	研究报告	2013.12
北京市老年人居住安排对家庭养老功能的影响	刘　岚	人口所	北京市哲学社会科学规划项目	论文集	2013.7
北京市房地产登记法律制度建设研究	常鹏翱	法学院	北京市哲学社会科学规划项目	研究报告	2013.12
北京市高校教育质量的评价体系研究——基于全程性、发展性视角	鲍　威	教育学院	北京市哲学社会科学规划项目	研究报告	2013.12
北京财政可持续发展的预警体系研究	苏　剑	经济学院	北京市哲学社会科学规划项目	研究报告	2014.6
海归人才和北京市高科技企业创新研究	路江涌	光华管理学院	北京市哲学社会科学规划项目	论文集	2013.12

续表

项目名称	负责人	承担部门	项目来源	成果形式	完成日期
中关村自主创新示范区深化发展路径研究	李连发	经济学院	北京市哲学社会科学规划项目	专著	2014.5
北京城乡一体化居民医疗保障制度研究	王红漫	医学部	北京市哲学社会科学规划项目	研究报告	2013.6
晚清民国时期的北京话系统及探源研究	王洪君	中文系	北京市哲学社会科学规划项目	研究报告	2013.12
医学教育领域实施素质教育的模式及策略研究	王红漫	医学部	北京市教育科学规划项目	研究报告 专著	2014.7
北京市社会经济发展与教育投资关联度的动态系统仿真研究	敖　山	教育学院	北京市教育科学规划项目	研究报告 专著	2014.6
6个月—9岁儿童运动能力测评	孙昕霙	医学部	北京市教育科学规划项目	研究报告 论文	2013.12
实践性知识与教师专业发展的关系研究	陈向明	教育学院	北京市教育科学规划项目	研究报告 论文	2014.5

（北京大学社会科学部供稿）

中国人民大学

2011年人文社会科学纵向科研项目

序号	项目名称	所属单位	负责人	来源单位
国家社会科学基金项目重大项目				
1	基于社会管理事务分类视角的基层政府社会管理体制机制创新研究	公共管理学院	孙柏瑛	全国哲学社会科学规划办公室
2	中国孟学史	国学院	梁　涛	全国哲学社会科学规划办公室
3	供应链视角下食品药品安全监管制度创新研究	农业与农村发展学院	王志刚	全国哲学社会科学规划办公室
4	大国赶超经济与可持续发展背景下的内外需关系调整研究	商学院	马珑珑	全国哲学社会科学规划办公室
5	CPI理论重建及编制方案改进的研究	统计学院	杜子芳	全国哲学社会科学规划办公室
6	经济社会公共数据的空间统计样本数据开发及应用研究	统计学院	赵彦云	全国哲学社会科学规划办公室
7	《全清戏曲》整理编纂及文献研究	文学院	朱万曙	全国哲学社会科学规划办公室
8	康德往来书信全集译注	哲学院	李秋零	全国哲学社会科学规划办公室
9	中国地方志佛教道教文献汇纂（1949年前）	哲学院	何建明	全国哲学社会科学规划办公室
10	认知科学对当代哲学的挑战——心灵与认知哲学重大理论问题研究	哲学院	刘晓力	全国哲学社会科学规划办公室

续表

序号	项目名称	所属单位	负责人	来源单位
国家社会科学基金项目重点项目				
11	金融复杂系统的演化与控制研究	财政金融学院	汪昌云	全国哲学社会科学规划办公室
12	中国特色知识产权理论体系研究	法学院	郭寿康	全国哲学社会科学规划办公室
13	法律文明史	法学院	马小红	全国哲学社会科学规划办公室
14	完善和发展中国特色社会主义法律体系的理论与实践问题研究	法学院	冯玉军	全国哲学社会科学规划办公室
15	劳动基准法律问题研究	法学院	林　嘉	全国哲学社会科学规划办公室
16	风险社会交通犯罪的刑法规制	法学院	谢望原	全国哲学社会科学规划办公室
17	基于构建橄榄型分配格局目标的我国直接税体系建设研究	公共管理学院	崔　军	全国哲学社会科学规划办公室
18	后金融危机时代我国参与国际货币体系改革与人民币国际化问题研究	国际关系学院	保建云	全国哲学社会科学规划办公室
19	中国特色水利现代化发展模式与实现路径研究	环境学院	沈大军	全国哲学社会科学规划办公室
20	处理“稳增长、调结构与管理好通胀预期关系”中的中国财政政策及财政管理模式研究	经济学院	郭　杰	全国哲学社会科学规划办公室
21	我国经济结构调整的路径与梯次研究	经济学院	方福前	全国哲学社会科学规划办公室
22	社会冲突治理与新中国信访制度的演进研究	社会与人口学院	冯仕政	全国哲学社会科学规划办公室
23	网络舆情监测与引导机制研究	新闻学院	喻国明	全国哲学社会科学规划办公室
24	中国佛教雕塑遗产调查与数字化保存整理研究	艺术学院	陈传席	全国哲学社会科学规划办公室
国家社会科学基金项目一般项目				
25	社会主义核心价值观基本范畴研究	党委宣传部	侯衍社	全国哲学社会科学规划办公室
26	逆周期金融宏观审慎管理法律问题研究	法学院	徐孟洲	全国哲学社会科学规划办公室
27	党政领导干部民主测评的优化与完善研究	公共管理学院	刘　昕	全国哲学社会科学规划办公室
28	基于土地发展权的农村居民点整理利益分配理论与实证研究	公共管理学院	张占录	全国哲学社会科学规划办公室
29	集体劳动关系法律规制体系研究	劳动人事学院	常　凯	全国哲学社会科学规划办公室
30	城市化进程中的农民工社会政策研究	劳动人事学院	韩克庆	全国哲学社会科学规划办公室
31	近些年西方学者对马克思和恩格斯经济学文本的研究及评析	马克思主义学院	郑吉伟	全国哲学社会科学规划办公室
32	马克思主义时代化研究	马克思主义学院	陶文昭	全国哲学社会科学规划办公室
33	影响我国消费率偏低的心理因素及对策研究	商学院	江　林	全国哲学社会科学规划办公室
34	新生代农民工创业与城市适应研究	社会与人口学院	郭星华	全国哲学社会科学规划办公室
35	金融社会学的历史、理论与现实研究	社会与人口学院	王水雄	全国哲学社会科学规划办公室

续表

序号	项目名称	所属单位	负责人	来源单位
36	西南民族村寨民众信仰的考察研究	社会与人口学院	黄剑波	全国哲学社会科学规划办公室
37	中国环境保护支出核算体系研究	统计学院	李静萍	全国哲学社会科学规划办公室
38	普查数据质量的事后抽查理论及其应用研究	统计学院	金勇进	全国哲学社会科学规划办公室
39	伊格尔顿“非文学理论”著述中的文学思想	文学院	耿幼壮	全国哲学社会科学规划办公室
40	汉语构式语法化的历时研究	文学院	龙国富	全国哲学社会科学规划办公室
41	鲁迅俄文藏品与俄译本藏品研究	文学院	孙　毅	全国哲学社会科学规划办公室
42	当代文学史资料长编	文学院	程光炜	全国哲学社会科学规划办公室
43	新媒体在“茉莉花革命”中的作用机理研究	新闻学院	匡文波	全国哲学社会科学规划办公室
44	档案社会化服务的理论基础与实践发展研究	信息资源管理学院	黄霄羽	全国哲学社会科学规划办公室
45	中国古代哲学研究方法新探	哲学院	宋志明	全国哲学社会科学规划办公室
国家社会科学基金项目青年项目				
46	明清健讼社会的法文化研究	法学院	尤陈俊	全国哲学社会科学规划办公室
47	规制性规范的违反与侵权责任的构成研究	法学院	朱　虎	全国哲学社会科学规划办公室
48	秘密侦查立法问题研究	法学院	程　雷	全国哲学社会科学规划办公室
49	提高中国制造业中劳动者报酬所占比重的理论基础和途径研究	经济学院	张　杰	全国哲学社会科学规划办公室
50	植入式广告的效果评测与定价体系研究	经济学院	李　彪	全国哲学社会科学规划办公室
51	国家权利视域下民国首都南京的营造政治与现代想象（1927—1937）	马克思主义学院	董　佳	全国哲学社会科学规划办公室
52	社会转型时期宪法与社会变迁关系的实证研究	社会与人口学院	秦　强	全国哲学社会科学规划办公室
53	人口变动与收入不平等的关系研究	社会与人口学院	巫锡炜	全国哲学社会科学规划办公室
54	人类学视角下的自助组织建构和志愿服务方法革新研究	社会与人口学院	富晓星	全国哲学社会科学规划办公室
55	中国残疾人自助组织发展策略研究	社会与人口学院	何　欣	全国哲学社会科学规划办公室
56	法国小说建构与绘画美学交汇史	外国语学院	刘海清	全国哲学社会科学规划办公室
57	语块教学策略对提高学生会议口译能力的实证研究	外国语学院	王建华	全国哲学社会科学规划办公室
58	晚年恩格斯重要著作的内在逻辑及其当代意义研究	哲学院	臧峰宇	全国哲学社会科学规划办公室
59	当代整体论“整体与部分”思想的梳理与整合研究	哲学院	刘劲杨	全国哲学社会科学规划办公室
60	亚里士多德实践哲学研究	哲学院	刘　玮	全国哲学社会科学规划办公室
61	后结构主义美学理论研究	哲学院	李科林	全国哲学社会科学规划办公室

续表

序号	项目名称	所属单位	负责人	来源单位
国家社会科学基金项目后期资助项目				
62	欧洲私法的原则、定义和示范规则	法学院	高圣平	全国哲学社会科学规划办公室
63	刑法各论专题研究	法学院	王作富	全国哲学社会科学规划办公室
64	民法总则基本理论研究	法学院	姚　辉	全国哲学社会科学规划办公室
65	定性社会研究方法	社会与人口学院	陆益龙	全国哲学社会科学规划办公室
66	超验主义时代的旁观者：霍桑思想研究	外国语学院	代显梅	全国哲学社会科学规划办公室
67	中国近现代哲学四论	哲学院	宋志明	全国哲学社会科学规划办公室
国家社会科学基金项目特别委托项目				
68	西夏文献文物研究（特别委托项目子课题）	国学院	沈卫荣	全国哲学社会科学规划办公室
69	概括提炼社会主义制度优越性研究	马克思主义学院	秦　宣	全国哲学社会科学规划办公室
国家自然科学基金项目重点项目				
70	中国调查数据库建设	统计学院	袁　卫	国家自然科学基金委员会
71	我国信息资源产业发展政策及管理研究	信息资源管理学院	冯惠玲	国家自然科学基金委员会
国家自然科学基金项目面上项目				
72	后危机时代的通胀风险、通胀预期与货币政策互动机制研究	财政金融学院	张成思	国家自然科学基金委员会
73	大宗商品的金融化	财政金融学院	汤　珂	国家自然科学基金委员会
74	金融中的反问题及数值计算	附中	许作良	国家自然科学基金委员会
75	转型时期土地对宏观经济的影响及作用机制研究：理论框架、制度和资源约束及政策体系	公共管理学院	丰　雷	国家自然科学基金委员会
76	多维度住房保障边界的测度及动态调整机制研究	公共管理学院	吕　萍	国家自然科学基金委员会
77	和谐领导的结构、测量及其作用机制的研究	公共管理学院	李超平	国家自然科学基金委员会
78	社会监管力量与企业行为反应交互作用机理：理论与实证分析——以食品类企业为例	继续教育学院	喻志军	国家自然科学基金委员会
79	中国现有经济环境下工资集体协商的效应——基于行为经济学的研究	经济学院	王湘红	国家自然科学基金委员会
80	我国儿童健康状况与健康不平等的经济学分析	劳动人事学院	赵　忠	国家自然科学基金委员会
81	普惠型养老金的福利代际传递效应：基于新农保试点跟踪的政策效果分析	农业与农村发展学院	孟宏斌	国家自然科学基金委员会
82	管理会计工具在中国企业集团与子公司管理控制变革中的价值导向研究	商学院	孙茂竹	国家自然科学基金委员会

续表

序号	项目名称	所属单位	负责人	来源单位
83	中国上市公司高管政治升迁的动因及升迁前后财务行为研究	商学院	许年行	国家自然科学基金委员会
84	市场化改革与资本结构动态调整	商学院	姜付秀	国家自然科学基金委员会
85	高绩效人力资源实践对企业和员工绩效的双向跨层影响机制研究	商学院	仲理峰	国家自然科学基金委员会
86	中国新能源汽车企业与商业生态系统的共生创新战略研究	商学院	黄江明	国家自然科学基金委员会
87	非对称信息下的供应链外包决策研究	商学院	吴江华	国家自然科学基金委员会
88	不确定环境下油田开发规划优化模型及决策研究	商学院	计小宇	国家自然科学基金委员会
89	带平衡约束的数学规划问题的应用理论研究	商学院	刘国山	国家自然科学基金委员会
90	自动情绪调节：学习困难青少年的认知特征、影响效应和教育干预	社会与人口学院	俞国良	国家自然科学基金委员会
91	社会保障预算管理研究	统计学院	王晓军	国家自然科学基金委员会
92	考虑风险相依的非寿险精算模型研究	统计学院	孟生旺	国家自然科学基金委员会
国家自然科学基金项目青年科学基金项目				
93	收入分配失衡，内生经济波动与稳定性的税收政策：基于 CES 生产函数的分析	财政金融学院	薛涧坡	国家自然科学基金委员会
94	政治关联、外部融资约束与企业投资：基于地级市政府换届数据的研究	财政金融学院	谭松涛	国家自然科学基金委员会
95	关系营销视角下的我国大学校友捐赠行为理论与实证研究	发展规划处	张　伟	国家自然科学基金委员会
96	快速工业化过程中国家食品安全影响因素及监管制度研究	公共管理学院	刘　鹏	国家自然科学基金委员会
97	国际公共决策机制研究	公共管理学院	刘　伟	国家自然科学基金委员会
98	产业结构变化和能源消费增长路径——基于多部门模型和跨国面板数据的研究	经济学院	冯俊新	国家自然科学基金委员会
99	快速城市化背景下城乡结合部经济空间特征、演化机理与调控——以北京为例	经济学院	刘　玉	国家自然科学基金委员会
100	中国背景下的共享式领导作用机制研究：以团队社会资本为中介	劳动人事学院	刘松博	国家自然科学基金委员会
101	职业决策风格量表的跨文化修订及效应检验：一个纵向比较研究	劳动人事学院	管延军	国家自然科学基金委员会
102	团队内工作投入的人际传导机制研究	劳动人事学院	王　桢	国家自然科学基金委员会
103	新型农村金融机构微型金融的效应评价与机制创新研究	农业与农村发展学院	朱乾宇	国家自然科学基金委员会

续表

序号	项目名称	所属单位	负责人	来源单位
104	农产品零售价格波动的成因及影响	农业与农村发展学院	刘晓鸥	国家自然科学基金委员会
105	组织合法性对创业企业商业模式创新的影响机制研究	商学院	郭　海	国家自然科学基金委员会
106	情绪性权衡困难对消费者情绪及决策行为的影响机制研究	商学院	庞　隽	国家自然科学基金委员会
107	基于社会资本与员工效能视角的企业社会责任对经营绩效的影响路径研究	哲学院	徐尚昆	国家自然科学基金委员会
国家自然科学基金项目主任基金项目				
108	主动城市化中的农地资本化与农民工市民化研究	经济学院	孙建波	国家自然科学基金委员会
109	食品安全管理的国际经验与借鉴研究	农业与农村发展学院	郑风田	国家自然科学基金委员会
110	我国食品安全监管机制与效率研究	农业与农村发展学院	曾寅初	国家自然科学基金委员会
111	中国人口发展趋势、经济社会影响与应对策略研究（总报告）	社会与人口学院	翟振武	国家自然科学基金委员会
112	科学基金数字文件管理创新发展路径研究	信息资源管理学院	刘越男	国家自然科学基金委员会
国家自然科学基金项目国际合作与交流项目				
113	公共管理与政策研究方法暑期研讨班	公共管理学院	蓝志勇	国家自然科学基金委员会
114	运营与供应链管理国际会议	商学院	姚建明	国家自然科学基金委员会
教育部人文社会科学项目重大课题攻关项目				
115	国际经济法学	法学院	余劲松	教育部社会科学司
116	知识产权法学	法学院	刘春田	教育部社会科学司
117	民法学	法学院	王利明	教育部社会科学司
118	刑事诉讼法学	法学院	陈卫东	教育部社会科学司
119	人力资源管理	公共管理学院	董克用	教育部社会科学司
120	人口资源与环境经济学	环境学院	马　中	教育部社会科学司
121	世界经济史	经济学院	高德步	教育部社会科学司
122	组织行为学	劳动人事学院	孙健敏	教育部社会科学司
教育部人文社会科学重点研究基地重大项目				
123	我国金融风险管理和监管问题研究	财政金融学院	陈忠阳	教育部社会科学司
124	中国税制改革中的风险问题研究	财政金融学院	马海涛	教育部社会科学司
125	物权法重大问题研究	法学院	梅夏英	教育部社会科学司
126	中国专利制度中的理论问题研究	法学院	郭　禾	教育部社会科学司
127	跨国公司犯罪的法律控制问题研究	法学院	邵沙平	教育部社会科学司

续表

序号	项目名称	所属单位	负责人	来源单位
128	新的全球治理——全球治理的理论和实践在欧洲的演变与趋势	国际关系学院	庞中英	教育部社会科学司
129	中国与欧盟的国家与地区创新体系比较研究	国际关系学院	史世伟	教育部社会科学司
130	适宜技术、结构失衡与中国经济增长模式	经济学院	刘凤良	教育部社会科学司
131	跨域“中等收入陷阱”的中国金融战略研究	经济学院	方　芳	教育部社会科学司
132	百年清史研究学术史	历史学院	戴　逸	教育部社会科学司
133	满文、满文文献与清史研究	国学院	乌云毕力格	教育部社会科学司
134	全球金融危机与当代资本主义新变化研究	马克思主义学院	赵　汇	教育部社会科学司
135	全球金融危机背景下的马克思主义时代化问题研究	马克思主义学院	王向明	教育部社会科学司
136	第二代移民研究	社会与人口学院	段成荣	教育部社会科学司
137	中国家庭变迁及其政策意义	社会与人口学院	李建民	教育部社会科学司
138	中国城市初级生活圈的变迁与重构	社会与人口学院	潘绥铭	教育部社会科学司
139	传统文化与现代法治	社会与人口学院	郭星华	教育部社会科学司
140	我国中等收入群体现状及其变动的测度与研究	统计学院	纪　宏	教育部社会科学司
141	流行病学中 APC 模型的识别问题研究	统计学院	彭　非	教育部社会科学司
142	全球传播背景下的中国公共外交研究	新闻学院	钟　新	教育部社会科学司
143	大众传媒在区域形象构建中的作用以及运行机制——基于重庆区域传播实践的研究	新闻学院	高　钢	教育部社会科学司
144	印顺人间佛教思想研究	哲学院	刘成有	教育部社会科学司
145	高延《中国宗教体系》翻译	哲学院	黄海德	教育部社会科学司
146	中国古代政治伦理思想研究	哲学院	焦国成	教育部社会科学司
147	中国民众日常生活伦理研究	哲学院	肖群忠	教育部社会科学司
教育部人文社会科学项目后期资助项目				
148	历史比较语言学的先驱威廉·琼斯研究	文学院	陈满华	教育部社会科学司
149	现代化视镜下中国公民道德探析	哲学院	李　萍	教育部社会科学司
教育部人文社会科学项目规划项目				
150	基于微观数据的我国居民税负分布测算及调整政策研究	财政金融学院	谢波峰	教育部社会科学司
151	关于“错法”及其纠正机制问题研究	法学院	史际春	教育部社会科学司
152	现行宪法颁布 30 年实施状况研究	法学院	韩大元	教育部社会科学司
153	激活我国商品房租赁市场沉淀房源、优化供给政策研究	公共管理学院	叶剑平	教育部社会科学司

续表

序号	项目名称	所属单位	负责人	来源单位
154	能源安全视角下的国际政治博弈及中国参与国际新能源合作的对策研究	国际关系学院	陈小沁	教育部社会科学司
155	基于成本控制的农产品流通体系建设研究	商学院	李先国	教育部社会科学司
156	国民经济核算理论方法国际新进展及其对中国适用性研究	统计学院	高敏雪	教育部社会科学司
157	我国手工造纸术综合性保护规划研究	信息资源管理学院	张美芳	教育部社会科学司
教育部人文社会科学项目青年项目				
158	各层次养老保险管理机构最优管理策略问题研究	财政金融学院	何　林	教育部社会科学司
159	康德法学思想研究及其对我国法治建构的启示	法学院	张　龑	教育部社会科学司
160	财产法中的基本权利问题研究	法学院	张　翔	教育部社会科学司
161	公私合作制与行政法改革	法学院	喻文光	教育部社会科学司
162	行政审判中的法律适用方法研究	法学院	王　旭	教育部社会科学司
163	城市边缘区村镇发展模式与土地利用政策协调机制研究——以武汉市为例	公共管理学院	李　强	教育部社会科学司
164	世界遗产地旅游发展中的社区参与机制研究——以北京地区为例	环境学院	苏明明	教育部社会科学司
165	迈过“中等收入陷阱”的水资源支撑问题研究	经济学院	张培丽	教育部社会科学司
166	房地产市场调控与企业异质性——基于混合寡头模型的研究	经济学院	叶光亮	教育部社会科学司
167	我国基本养老保险管理体制中的中央与地方关系研究	劳动人事学院	鲁　全	教育部社会科学司
168	当代西方政党转型理论研究	马克思主义学院	陈　崎	教育部社会科学司
169	农村新型金融组织功能定位及其可持续发展的影响因素研究	农业与农村发展学院	满明俊	教育部社会科学司
170	转型经济下中国风险投资的投资后管理行为研究	商学院	袁蓉丽	教育部社会科学司
171	消费者网络团购行为的统计建模研究	统计学院	吕晓玲	教育部社会科学司
172	《汉书·艺文志》百年学案研究	文学院	徐建委	教育部社会科学司
173	家庭微系统影响学业情绪的纵向研究	心理学系	董　妍	教育部社会科学司
174	20世纪前期中国设计与美术的关系研究	新闻学院	王树良	教育部社会科学司
175	中国大陆网络广告发展研究	新闻学院	黄　河	教育部社会科学司
176	基于多主体的金融市场杠杆风险监管策略研究	信息学院	孙彩虹	教育部社会科学司
177	汉字部首的语义模型研究	信息学院	胡　鹤	教育部社会科学司

续表

序号	项目名称	所属单位	负责人	来源单位
178	基于推荐的病毒营销用户影响研究	信息学院	余　力	教育部社会科学司
179	价格机制与在线交易的关系机理：基于心理账户的研究	信息资源管理学院	钱明辉	教育部社会科学司
教育部人文社会科学项目专项任务项目				
180	当代中国大学生理想信念教育研究	马克思主义学院	邱　吉	教育部社会科学司
教育部人文社会科学项目研究报告资助项目				
181	中国知识产权发展报告	法学院	刘春田	教育部社会科学司
教育部人文社会科学项目委托项目				
182	人文社科网建设经费	出版社	李永强	教育部社会科学司
183	基本法有关教育规定的贯彻落实和实施情况	公共管理学院	吴　鹏	教育部社会科学司
北京市哲学社会科学规划项目重大项目				
184	北京数字出版传媒研究	经济学院	贺耀敏	北京市哲学社会科学规划办公室
185	首都人口有序调控思路及对策研究	社会与人口学院	段成荣	北京市哲学社会科学规划办公室
北京市哲学社会科学规划项目重点项目				
186	近30年北京市青年流动人口社会融入变动趋势研究	社会与人口学院	杨菊华	北京市哲学社会科学规划办公室
北京市哲学社会科学规划项目一般项目				
187	志愿者组织社会动员与社会参与研究	公共管理学院	魏　娜	北京市哲学社会科学规划办公室
188	人文北京与社区公共空间建设	公共管理学院	杨宏山	北京市哲学社会科学规划办公室
189	北京建设高端人才聚集制度研究	劳动人事学院	林新奇	北京市哲学社会科学规划办公室
190	中共党史90年关于实现和维护国家统一的理论与实践及其基本经验研究	马克思主义学院	齐鹏飞	北京市哲学社会科学规划办公室
191	信息化条件下的政党组织建设——国外经验与中国特色	马克思主义学院	陈　崎	北京市哲学社会科学规划办公室
192	基于产业升级视角的北京市汽车产业竞争能力研究	商学院	王保林	北京市哲学社会科学规划办公室
193	社会建设中的老龄工作模式研究	社会与人口学院	姜向群	北京市哲学社会科学规划办公室
194	北京市人口老龄化对社会保障长期可持续发展的影响研究	统计学院	王晓军	北京市哲学社会科学规划办公室

续表

序号	项目名称	所属单位	负责人	来源单位
北京市哲学社会科学规划项目青年项目				
195	食品安全法实效性的双重保障	法学院	王贵松	北京市哲学社会科学规划办公室
196	北京市食品安全法律对策研究——以刑法为中心	国际学院	李立众	北京市哲学社会科学规划办公室
197	北京地区古城址现状调查与保护研究	国学院	刘新光	北京市哲学社会科学规划办公室
198	北京市新生代流动人口婚育特征及对策研究	社会与人口学院	宋月萍	北京市哲学社会科学规划办公室
199	八十年代文学的转折——以 1985 年为中心	文学院	杨庆祥	北京市哲学社会科学规划办公室
北京市自然科学基金项目面上项目				
200	北京企业以技术获取为目标的对外投资模式研究	商学院	王凤彬	北京市自然科学基金委员会
201	北京科技创新能力评价研究	信息学院	许　伟	北京市自然科学基金委员会
全国教育科学规划项目国家青年基金项目				
202	20 世纪 80 年代美国“学校大辩论”研究	发展规划处	陈露茜	全国教育科学规划办公室
全国教育科学规划教育部重点项目				
203	高中数学有效教学课例研究	附中	周建华	全国教育科学规划办公室
全国教育科学规划教育部青年专项课题				
204	青少年人格坚韧性对心理健康的作用机制	心理学系	张登浩	全国教育科学规划办公室
全国艺术科学规划项目一般项目				
205	文化产业公共服务平台建设标准与服务规范	公共管理学院	牛维麟	全国艺术科学规划办公室
206	视觉性与视觉文化：理论、实践与批评	哲学院	吴　琼	全国艺术科学规划办公室
全国艺术科学规划项目青年项目				
207	我国演艺产业发展与政策研究	文化科技园	曾繁文	全国艺术科学规划办公室
高校古籍整理项目				
208	《清代燕都梨园史料》的增订、整理与研究	国学院	谷曙光	全国高校古籍整理委员会
209	《新唐书·艺文志》考证	国学院	陈伟文	全国高校古籍整理委员会
210	袁昶日记整理	清史所	黄爱平	全国高校古籍整理委员会
北京市教育科学规划重点项目				
211	北京市内地新疆、西藏班发展管理现状的调研	公共管理学院	陈立鹏	北京市教育科学规划办公室
北京市教育委员会共建项目				
212	向基础教育倾斜——新疆、西藏内高班相关政策及管理制度与课程开发项目	公共管理学院	张东辉	北京市教委

续表

序号	项目名称	所属单位	负责人	来源单位
213	科学研究与研究生培养共建项目——科研成果转化与产业化项目之二	环境学院	王　汶	北京市教委
214	科学研究与研究生培养共建项目——科研基地（马克思主义研究基地）	马克思主义学院	秦　宣	北京市教委
215	科学研究与研究生培养共建项目——科研成果转化与产业化项目之三	商学院	彭　翊	北京市教委
216	科学研究与研究生培养共建项目——科研基地（社会建设研究院）	社会与人口学院	翟振武	北京市教委
217	北京市社会养老服务体系研究	社会与人口学院	杜　鹏	北京市教委
218	北京高校新型后勤保障体系规划与建设研究——基于现代大学制度视角	统计学院	陈一兵	北京市教委
219	北京地区高校学生对基督教的理解及其思想碰撞	文学院	杨慧林	北京市教委
220	科学研究与研究生培养共建项目——科研成果转化与产业化项目之一	信息学院	杜小勇	北京市教委
221	北京市电子政务系统建设研究	信息资源管理学院	赵国俊	北京市教委
222	科学研究与研究生培养共建项目——科研基地（人文北京研究基地）	哲学院	郝立新	北京市教委
教育部留学归国人员科研启动基金项目				
223	中国垄断行业的改革与政府监管研究——以俄罗斯为例	公共管理学院	张永刚	中国留学服务中心
224	一般均衡框架下的中国 FDI 区位决定及其区域经济效应研究	经济学院	文余源	中国留学服务中心
225	知识型：史学与法学的学科底层语法规则	历史学院	张世明	中国留学服务中心
226	我国城乡居民健康差异及其形成机理研究	社会与人口学院	齐亚强	中国留学服务中心
中国人民大学科学研究基金项目　重大基础研究计划				
227	信息不对称和代理冲突下的金融经济学研究	财政金融学院	汪昌云	中国人民大学
228	经济发展方式转变中的法律规制问题研究	法学院	徐孟洲	中国人民大学
229	中国残疾人权益保护立法体系研究	法学院	黎建飞	中国人民大学
230	通过服务型政府建设重构社会管理模式	公共管理学院	张康之	中国人民大学
231	宋代科举资料长编	国学院	诸葛忆兵	中国人民大学
232	中国城市能源资源基础数据库与中国城市能源资源效率评估年度报告	环境学院	宋国君	中国人民大学
233	包容性增长中的能源及自然资源战略研究	经济学院	郑新业	中国人民大学
234	中国的价值革命——中国价值思想史研究	经济学院	高德步	中国人民大学
235	河套地区汉魏遗存的考古学调查与研究	历史学院	魏　坚	中国人民大学

续表

序号	项目名称	所属单位	负责人	来源单位
236	领导的动力性关系结构理论构建——基于领导者与下属群体互动关系视角的研究	商学院	章　凯	中国人民大学
237	政府统计国际规范及中国应用研究	统计学院	高敏雪	中国人民大学
238	中国现代翻译文学及评介编年史（1898—1949）	文学院	李　今	中国人民大学
239	中国新媒体艺术研究	文学院	许　鹏	中国人民大学
240	马克思主义新闻理论创新研究	新闻学院	张辉锋	中国人民大学
241	社会计算的若干关键问题研究	信息学院	孟小峰	中国人民大学
242	美学的“语言转向”与21世纪中国美学理论发展相关重要问题研究	哲学院	牛宏宝	中国人民大学
243	政治哲学史（中西政治哲学研究第一期七卷本）	哲学院	张志伟	中国人民大学
中国人民大学科学研究基金项目　明德青年学者计划				
244	金融风险度量和预警研究	财政金融学院	魏　丽	中国人民大学
245	金砖国家的财政体制与经济增长	财政金融学院	张文春	中国人民大学
246	如何激励“激励机制的设计者”——我国上市公司非执行董事激励机制设计研究	财政金融学院	郑志刚	中国人民大学
247	中国国际私法发达史研究	法学院	杜焕芳	中国人民大学
248	面对中国的法哲学研究：以法理念为中心	法学院	叶传星	中国人民大学
249	中国婚姻法律史研究	法学院	孙若军	中国人民大学
250	美国普通法发展史	法学院	姜　栋	中国人民大学
251	转型期中国政府治理结构变革研究	公共管理学院	李文钊	中国人民大学
252	小学阅读教学管理策略对学生阅读能力和学业水平的影响——基于实验和跟踪的案例研究	公共管理学院	杨海燕	中国人民大学
253	工业化背景下的国家食品安全影响因素及监管制度研究	公共管理学院	刘　鹏	中国人民大学
254	国内政治制度与国际规范的扩散：以制度变迁的路径为中心	国际关系学院	田　野	中国人民大学
255	朝鲜半岛安全研究	国际关系学院	成晓河	中国人民大学
256	中国对非洲能源合作的政治风险评估及应对策略	国际关系学院	崔守军	中国人民大学
257	中国近代外交研究	国际关系学院	王星宇	中国人民大学
258	京剧历史文献的整理与研究	国学院	谷曙光	中国人民大学
259	我国产业经济转型的路径研究	经济学院	杜朝晖	中国人民大学
260	企业性质与最优专利授权形式——基于空间价格歧视模型的研究	经济学院	叶光亮	中国人民大学

续表

序号	项目名称	所属单位	负责人	来源单位
261	全球不平衡与国际货币体系改革——以中国经济为视角	经济学院	王晋斌	中国人民大学
262	中国行业层次和企业层次工资集体协商研究：制度、过程、效果	劳动人事学院	黄　伟	中国人民大学
263	人力资源管理系统与企业绩效的因果关系和作用机制：对中国上市公司的追踪研究	劳动人事学院	苏中兴	中国人民大学
264	“明”“清”之间：清初司法制度的重建	历史学院	胡祥雨	中国人民大学
265	北约政治与安全战略研究	历史学院	许海云	中国人民大学
266	蒋介石与美国关系研究	历史学院	杨雨青	中国人民大学
267	《资本论》的历史唯物主义理论及其当代价值研究	马克思主义学院	郗　戈	中国人民大学
268	东坪地方社会变迁（1949—2010）——水利、经济和社会的整体变迁史研究	农业与农村发展学院	仝志辉	中国人民大学
269	社区支持型农业中消费者与生产者间关系嵌入的特征、形成与演化研究	农业与农村发展学院	陈卫平	中国人民大学
270	满文与清代政治和社会生活	清史所	孙　喆	中国人民大学
271	清代民间赈灾事业研究	清史所	朱　浒	中国人民大学
272	以行业为基础的业绩自利性归因案例研究	商学院	孙蔓莉	中国人民大学
273	客户关系管理（CRM）系统的企业价值：基于资源观理论的研究	商学院	董树涛	中国人民大学
274	政府干预、寻租与企业价值——基于我国上市公司政治关系视角的考察	商学院	张　敏	中国人民大学
275	基于中国情境的动态资本结构理论创新研究	商学院	姜付秀	中国人民大学
276	传统、冲击与嬗变：农村外出劳动力婚育行为演化跟踪研究	社会与人口学院	宋月萍	中国人民大学
277	中国生态移民的理论与实践研究	社会与人口学院	孟向京	中国人民大学
278	非寿险浮动费率制度设计研究	统计学院	肖宇谷	中国人民大学
279	消费者网络购物行为统计建模研究	统计学院	吕晓玲	中国人民大学
280	话语符号历史模态视域下的当代中国国家认同	外国语学院	杨　敏	中国人民大学
281	西方马克思主义的悲剧学说	文学院	陈奇佳	中国人民大学
282	鲁迅与“中国现代文学”观念的生成和阐释	文学院	张洁宇	中国人民大学
283	人民文学出版社与“红色经典”的生产(1951—1959)	文学院	姚　丹	中国人民大学
284	中国传统节日戏曲的文献整理与文化研究	文学院	郑志良	中国人民大学
285	出土文献语法研究	文学院	龙国富	中国人民大学

续表

序号	项目名称	所属单位	负责人	来源单位
286	中国新闻解释史（通史）	新闻学院	赵云泽	中国人民大学
287	思想库外交研究	新闻学院	王莉丽	中国人民大学
288	政府与公众间的“距离”研究	新闻学院	刘小燕	中国人民大学
289	经典逻辑与非经典逻辑的哲学基础	哲学院	余俊伟	中国人民大学
290	当代美国另类科学哲学研究	哲学院	刘永谋	中国人民大学
291	施米特的政治哲学与当代欧美保守主义政治思潮	哲学院	张　旭	中国人民大学
292	马克思主义哲学在中国的传播与接受(1918—1938)	哲学院	张立波	中国人民大学
中国人民大学科学研究基金项目　社会调查项目				
293	基于资源配置视角的大学教师组织行为调查	发展规划处	李红宇	中国人民大学
294	集体林权改革中林地流转市场的研究	环境学院	龚亚珍	中国人民大学
295	对我国农民工劳动报酬影响因素的调查研究——以建筑业为例	经济学院	孙咏梅	中国人民大学
296	在文化涵化过程中的内疚、耻辱和心理亲近：预测修复行为	商学院	MAJID GHOR-BANI	中国人民大学
297	我国创业企业商业模式创新的现状及其影响因素调查研究	商学院	郭　海	中国人民大学

（中国人民大学科研处关晓斌供稿）

清华大学

2011年人文社会科学科研课题

序号	项目名称	承担部门	负责人	来源单位
国家社会科学基金重大项目				
1	我国公共外交研究：战略与策略	人文社会科学学院	阎学通	全国哲学社会科学规划办公室
2	近代汉语常用词词库与常用词历史演变研究	人文社会科学学院	张美兰	全国哲学社会科学规划办公室
3	中国特色社会主义制度研究	马克思主义学院	肖贵清	全国哲学社会科学规划办公室
4	钓鱼岛属于中国及日本窃取钓鱼岛历史经纬研究	人文社会科学学院	刘江永	全国哲学社会科学规划办公室
5	国家主权是人权的基本保障研究	马克思主义学院	艾四林	全国哲学社会科学规划办公室
国家社会科学基金重点项目				
6	巨灾风险管理体系与保险机制创新研究	经济管理学院	陈秉正	全国哲学社会科学规划办公室
国家社会科学基金一般项目				
7	当代中国立法与习惯法研究	法学院	高其才	全国哲学社会科学规划办公室

续表

序号	项目名称	所属单位	负责人	来源单位
8	刑事政策与刑法理论的构建	法学院	劳东燕	全国哲学社会科学规划办公室
9	生态整体主义视角下的自然资源权体系及实施机制研究	法学院	刘卫先	全国哲学社会科学规划办公室
10	刑法中的自己决定权理论与实务研究	法学院	钱叶六	全国哲学社会科学规划办公室
11	政府支持中小企业创新研究	经济管理学院	魏　杰	全国哲学社会科学规划办公室
12	中国社团发展的政治经济学	马克思主义学院	何建宇	全国哲学社会科学规划办公室
13	中国气候变化政策网络模型：构成、作用与前景	人文社会科学学院	晋　军	全国哲学社会科学规划办公室
14	特殊科学哲学前沿研究	人文社会科学学院	王　巍	全国哲学社会科学规划办公室
15	技术范式生态化变迁研究	深圳研究生院	李　平	全国哲学社会科学规划办公室
16	基于用户体验的移动数字图书馆服务整合与系统集成研究	图书馆	张成昱	全国哲学社会科学规划办公室
17	汉语普通话儿童句末助词习得研究	外语系	杨小璐	全国哲学社会科学规划办公室
18	国外电视新闻频道涉华报道研究	新闻与传播学院	王维佳	全国哲学社会科学规划办公室
19	社会网络中的舆情演变机制研究	新闻与传播学院	金兼斌	全国哲学社会科学规划办公室
国家哲学社会科学成果文库项目				
20	债权：借鉴与发展	法学院	崔建远	全国哲学社会科学规划办公室
国家社会科学基金后期资助项目				
21	解读《存在与时间》	人文社会科学学院	王　路	全国哲学社会科学规划办公室
国家社会科学基金艺术学重点项目				
22	设计艺术中的材料色彩表面装饰（CMF）知识体系和数据库框架研究	美术学院	左恒峰	全国艺术科学规划办公室
国家社会科学基金艺术学一般项目				
23	可持续设计与文化创意产业发展的关系研究	美术学院	刘　新	全国艺术科学规划办公室
24	首饰工艺文化研究	美术学院	潘　妙	全国艺术科学规划办公室
25	汉唐工艺美术史料库	美术学院	尚　刚	全国艺术科学规划办公室
教育部人文社会科学重大课题攻关项目				
26	社会稳定风险评估与社会矛盾预防研究	公共管理学院	彭宗超	教育部社会科学司
教育部人文社会科学重点研究基地重大项目				
27	新时期思想政治理论课教学重点难点问题研究	马克思主义学院	蔡乐苏	教育部社会科学司
28	大学生社会主义核心价值体系教育专题研究	马克思主义学院	吴　倬	教育部社会科学司

续表

序号	项目名称	所属单位	负责人	来源单位
29	技术创业的社会资本与社会网络构建研究	经济管理学院	杨德林	教育部社会科学司
30	售后服务链优化与协调研究	经济管理学院	陈　剑	教育部社会科学司
教育部人文社会科学规划项目				
31	市场交易中法律规避现象的实证研究	法学院	董淳锷	教育部社会科学司
32	批判性话语分析在中国教育研究中的应用——教育研究的一种新范式	教育研究院	文　雯	教育部社会科学司
33	虚拟社交网络环境中社会化搜索对消费者购买意愿的影响机理研究	经济管理学院	董晓松	教育部社会科学司
34	创业板公司上市前信息披露操纵、公司治理及上市后研发表现研究	经济管理学院	徐永新	教育部社会科学司
35	伦理型领导的结构维度、影响因素以及作用机制研究	经济管理学院	郑晓明	教育部社会科学司
36	我国教育不平等的影响机制及实证研究：基于代际传递理论的视角	马克思主义学院	刘　震	教育部社会科学司
37	高铁站房建设中艺术工程设计的地域化应用研究	美术学院	刘　强	教育部社会科学司
38	中外设计产业竞争力比较研究	美术学院	唐林涛	教育部社会科学司
39	现代中国哲学史中的“形而上学”范畴及其演变	人文社会科学学院	韩立坤	教育部社会科学司
40	秦汉六朝国家日常统治机制研究	人文社会科学学院	侯旭东	教育部社会科学司
41	我国上下级法院关系变迁的制度分析：“司法独立”的中国语境探讨	人文社会科学学院	于晓虹	教育部社会科学司
42	作为少数族话语的美国原住民文学叙事：一种后殖民主义视角	外语系	生安锋	教育部社会科学司
43	态度意义与人际关系研究——基于对态度意义的多维尺度分析的考察	外语系	宋成方	教育部社会科学司
44	基于微博的表达权与“理想的传播情景”	新闻传播学院	王君超	教育部社会科学司
教育部人文社会科学专项任务项目				
45	“毛泽东思想和中国特色社会主义理论体系概论”课教学内容重点难点研究	马克思主义学院	孔祥云	教育部社会科学司
46	中国近现代历史上的红色记忆荟萃	马克思主义学院	王宪明	教育部社会科学司
47	建党90周年高校德育发展研究	马克思主义学院	吴潜涛	教育部社会科学司
48	社会主义核心价值体系研究	马克思主义学院	吴潜涛	教育部社会科学司
49	高校校园文化培育工作研究	马克思主义学院	郑晓博	教育部社会科学司
50	大学廉洁教育体系的制度框架与运行机制研究	公共管理学院	刘金程	教育部社会科学司
51	国家重大工程项目中工程师成长机制研究	教育研究院	李曼丽	教育部社会科学司

续表

序号	项目名称	所属单位	负责人	来源单位
全国教育科学规划项目				
52	流动人口子女的社会融合教育研究	人文社会科学学院	李　虹	全国教育科学规划办公室
国家体育总局课题				
53	传统武术拳种传承人保护机制研究	体育部	冯宏鹏	国家体育总局
54	文化产业与体育产业比较研究	新闻与传播学院	陈红玉	国家体育总局
国务院侨务办公室项目				
55	引导侨资企业支持十二五经济转型（蔡林海）	人文社会科学学院	龙登高	国务院侨务办公室
56	俄罗斯地区的和谐侨社建设研究	人文社会科学学院	王　祎	国务院侨务办公室
57	美国大波士顿地区华文教育规律研究	人文社会科学学院	张美兰	国务院侨务办公室
科技部国家软科学计划				
58	新形势下科技新闻传播及创新型国家舆论环境构建对策研究	经济管理学院	焦　捷	科技部
59	WTO 框架下自主创新替代政策研究	经济管理学院	王　毅	科技部
北京市教委人文社会科学研究课题				
60	院系共建促进学习型党支部建设的模式及策略研究	工物系	杨振伟	北京市教育委员会
61	高校思想政治理论课由知识体系向信仰体系转化的路径与对策研究	马克思主义学院	艾四林	北京市教育委员会
62	辅导员幸福感与其影响因素的研究	学生部	李　焰	北京市教育委员会
63	班集体建设方法与育人成效的实证研究	学生部	欧阳沁	北京市教育委员会
64	导师全面参与研究生人才培养工作的机制体制研究	研究生院	武晓峰	北京市教育委员会
北京市哲学社会科学规划项目				
65	土地管理制度改革与农民权利保障问题研究	法学院	邓海峰	北京市哲学社会科学规划办公室
66	北京市教育国际化问题研究——来京留学生学习经验及就学满意度的国际比较研究	教育研究院	文　雯	北京市哲学社会科学规划办公室
67	国外媒体涉华舆情与中国安全研究	马克思主义学院	王雯姝	北京市哲学社会科学规划办公室
68	科学发展观视角下的网络社区发展与管理研究	马克思主义学院	张　瑜	北京市哲学社会科学规划办公室
69	社会生态的基本维度与核心变量	人文社会科学学院	晋　军	北京市哲学社会科学规划办公室

续表

序号	项目名称	所属单位	负责人	来源单位
70	生态文明与非物质经济	人文社会科学学院	卢　风	北京市哲学社会科学规划办公室
71	北京市建设中国特色世界城市研究	建筑学院	顾朝林	北京市哲学社会科学规划办公室
72	现代社会大规模侵权责任之研究	法学院	程　啸	北京市哲学社会科学规划办公室
73	地方政府“政策从众”行为与政策阻滞研究	公共管理学院	梅赐琪	北京市哲学社会科学规划办公室
北京市社会科学界联合会重点项目				
74	北京社会建设指标体系研究	人文社会科学学院	孙　凤	北京市社会科学界联合会
北京市社会科学界青年社会科学人才资助项目				
75	延安：一个红色的民主实验——在历史语境下解读马克思主义中国化、时代化、大众化的方法与路径	马克思主义学院	李　蕉	北京市社会科学界联合会
北京市教育科学规划课题				
76	基于拔尖创新人才培养的中国博士生培养模式改革	公共管理学院	黄海刚	北京市教育科学规划办公室
国家自然科学基金青年科学基金项目				
77	旅游地域系统演化机制与优化调控研究：以山东省青岛市为例	公共管理学院	李　雪	国家自然科学基金委员会
78	Web2.0 环境下小众文化网络群体交互影响与价值产生机理研究	公共管理学院	张　楠	国家自然科学基金委员会
79	基于不确定性技术选择中的决策者认知研究——以低碳发电技术选择决策为例	公共管理学院	戴亦欣	国家自然科学基金委员会
80	社会建设视域下中国企业社会不责任行为的非市场化治理研究	公共管理学院	刘海龙	国家自然科学基金委员会
81	科研团队知识创新过程的演化与机理研究：基于复杂网络传播机制的视角	公共管理学院	吴　杨	国家自然科学基金委员会
82	卖空限制下的中国金融衍生品定价及泡沫研究	经济管理学院	王茵田	国家自然科学基金委员会
83	基于评估者——环境因素交互作用模型的绩效评估研究	经济管理学院	王小晔	国家自然科学基金委员会
84	上市公司管理层利益动机和业绩预测关系的实证研究	经济管理学院	罗　婷	国家自然科学基金委员会
85	中国区域市场品牌竞争与企业绩效之空间数据模型分析与实证研究	经济管理学院	刘　霞	国家自然科学基金委员会
86	面对面互动对消费者决策的影响研究：理论机制与营销应用	经济管理学院	刘文静	国家自然科学基金委员会

续表

序号	项目名称	所属单位	负责人	来源单位
87	体验分享对品牌至爱的影响机制：基于分享现实理论的研究	经济管理学院	杨德锋	国家自然科学基金委员会
88	中国财政政策与货币政策的交互搭配及其宏观经济效应——基于动态随机一般均衡框架的理论与实证研究	经济管理学院	李　冰	国家自然科学基金委员会
89	对中国农村义务教育“两免一补”政策的影响的分析	经济管理学院	施新政	国家自然科学基金委员会
90	政策学习、政策试验与政策创新：基于二维多源流演化模型的理论与实证	人文社会科学学院	王程铧	国家自然科学基金委员会
国家自然科学基金专项基金项目				
91	国家自然科学基金委员会廉政风险防控机制研究	公共管理学院	程文浩	国家自然科学基金委员会
国家自然科学基金面上项目				
92	基于犹豫模糊集的多属性群决策理论与方法及应用研究	经济管理学院	卫贵武	国家自然科学基金委员会
93	战略群组及其与行业演化、竞争结构及企业绩效的关系研究	经济管理学院	金占明	国家自然科学基金委员会
94	国有企业的双重代理问题研究	经济管理学院	何　平	国家自然科学基金委员会
95	新制度主义视角下的企业社会责任行为：多分析层面的研究	经济管理学院	刘　茜	国家自然科学基金委员会
96	我国企业复杂技术创新中的创新搜索研究	经济管理学院	王　毅	国家自然科学基金委员会
97	创新型领导力：理论模型，结构维度，影响因素以及有效性研究	经济管理学院	杨百寅	国家自然科学基金委员会
98	开发支出会计政策的隐性选择：影响因素与经济后果	经济管理学院	谢德仁	国家自然科学基金委员会
99	服务行业售后服务中的员工满意、顾客满意及管理层支持关系研究	经济管理学院	陈　荣	国家自然科学基金委员会
100	互联网广告对产品市场竞争格局和社会福利的影响规律研究	经济管理学院	闻　中	国家自然科学基金委员会
101	吸引外资对我国对外投资能力的作用机制——动态 IDP 模型的深层探索	经济管理学院	陈涛涛	国家自然科学基金委员会
102	中国股市是否相信上市公司发布的业绩预告	经济管理学院	罗　玫	国家自然科学基金委员会
103	无酬劳动的经济价值、测算方法及相关政策研究	经济管理学院	齐良书	国家自然科学基金委员会
104	高考录取制度与匹配质量：基于择校机制理论的实证研究	经济管理学院	钟笑寒	国家自然科学基金委员会
105	老龄化背景下发展住房反抵押市场基础性研究	经济管理学院	陈秉正	国家自然科学基金委员会

续表

序号	项目名称	所属单位	负责人	来源单位
106	中国节能减排政策：宏观层面CGE模型分析及其微观层面政策影响与分配效应的实证研究	经济管理学院	曹　静	国家自然科学基金委员会
107	后金融危机时期中国区域经济的空间结构与区域发展：基于亚洲与中国区域间投入产出表	经济管理学院	潘文卿	国家自然科学基金委员会
108	基于语用信息的交互行为与语言特征的建模研究	人文社会科学学院	江铭虎	国家自然科学基金委员会
109	基于全球创新网络的中国产业生态体系进化机理研究	人文社会科学学院	吴金希	国家自然科学基金委员会
国家自然科学基金国际（地区）合作与交流项目				
110	新兴电子商务平台上中小企业成长模式与关键因素研究	经济管理学院	陈国青	国家自然科学基金委员会
111	2011运营管理前沿问题国际研讨会	经济管理学院	黄　朔	国家自然科学基金委员会
112	2011年中国创新学术网络国际研讨会：转型中的中国创新系统——经济发展方式转变中的创新系统	经济管理学院	吴贵生	国家自然科学基金委员会
113	中韩消费差异对跨文化认知消费心理的启示	经济管理学院	吴沙莉	国家自然科学基金委员会
114	中英合作研究项目评审会议	经济管理学院	李宏彬	国家自然科学基金委员会
115	外国学者合作	经济管理学院	Carles Eesley	国家自然科学基金委员会
国家自然科学基金创新研究群体科学基金项目				
116	复杂变化环境下企业组织管理整体系统及其学习变革研究	经济管理学院	陈国权	国家自然科学基金委员会

（清华大学文科建设处刘金梅供稿）

北京师范大学

2011年承担国家或省部级社会科学研究课题

项目名称	负责人	承担部门	项目来源	成果形式	计划完成时间
熊十力思想体系建构历程研究	李祥俊	哲学与社会学学院	国家社科基金后期资助项目	专著	2011.12
中国工业制成品出口商品结构及其就业效应研究	魏　浩	经济与工商管理学院	国家社科基金后期资助项目	专著	2012.6
元代学者与文献	邱居里	古籍与传统文化研究院	国家社科基金后期资助项目	专著	2011.4
历史题材文学系列研究	童庆炳	文学院	国家社科基金后期资助项目	专著	已完成
汉字学新论	李运富	文学院	国家社科基金后期资助项目	专著	2013.5

续表

项目名称	负责人	承担部门	项目来源	成果形式	计划完成时间
行政处罚与刑罚处罚衔接问题研究	张　红	法学院	国家社科基金青年项目	研究报告	2014.6
云计算环境下图书馆信息资源安全政策法律研究	黄国彬	管理学院	国家社科基金青年项目	专著 研究报告	2013.12
区域性碳交易模式选择及其经济效应分析研究	蔡宏波	经济与工商管理研究院	国家社科基金青年项目	论文集 研究报告	2013.6
清代藏传佛教首领朝觐与国家认同研究	张双智	历史学院	国家社科基金青年项目	专著	2014.5
中国古代的文人庭园与文学写作研究	马东瑶	文学院	国家社科基金青年项目	专著	2014.2
英国基督教浪漫主义的文学理论与实践：从柯尔律治到托尔金	张　欣	文学院	国家社科基金青年项目	专著 译著	2014.12
死刑控制的宪政分析研究	黄晓亮	刑事法律科学研究院	国家社科基金青年项目	专著	2013.12
国际刑事法治的发展趋势及对我国和平发展的影响研究	蒋　娜	刑事法律科学研究院	国家社科基金青年项目	专著 研究报告	2014.2
元人诗序整理与研究	韩格平	古籍与传统文化研究院	国家社科基金一般项目	专著 工具书	2014.10
跨国公司在华研发投资与中国区域自主创新互动发展研究	章文光	管理学院	国家社科基金一般项目	专著	2013.12
基于多方法融合的中外图书馆学情报学知识图谱实证研究	肖　明	管理学院	国家社科基金一般项目	论文集 研究报告	2013.12
我国税源核算的统计体系与应用研究	宋旭光	国民核算研究院	国家社科基金一般项目	研究报告	2012.12
庇古税对中国重点行业节能和温室气体减排效果研究	毛显强	环境学院	国家社科基金一般项目	研究报告	2012.12
中国古代儿童教育原则与方法研究	徐　勇	教育学部	国家社科基金一般项目	专著	2013.12
绿色发展与多重转型背景下中国企业人力资源战略竞争优势动态提升转换研究	李宝元	经济与工商管理研究院	国家社科基金一般项目	专著 研究报告	2013.12
20世纪国际社会对族群冲突的应对研究	茹　莹	历史学院	国家社科基金一般项目	专著	2014.12
集体化时期基层干部政策行为的历史考察及启示研究	张海荣	马克思主义学院	国家社科基金一般项目	专著 研究报告	2014.3
里德与文化多元主义研究	王丽亚	外文学院	国家社科基金一般项目	专著	2013.12
英汉语篇信息组织的句法过程	苗兴伟	外文学院	国家社科基金一般项目	专著 论文集	2014.6

续表

项目名称	负责人	承担部门	项目来源	成果形式	计划完成时间
中国传统礼仪形态与当代社会生活规范研究	萧　放	文学院	国家社科基金一般项目	专著	2013.12
唐代两京都城文化、空间形态与唐代诗歌若干重要主题、风格流派的生成和演变研究	康　震	文学院	国家社科基金一般项目	专著 论文集	2015.9
明清戏曲序跋全编	郭英德	文学院	国家社科基金一般项目	专著	2013.5
西方性别理论与中国现代文学思潮研究	杨联芬	文学院	国家社科基金一般项目	专著	2014.12
中国神话的当代传承——以遗产旅游和电子传媒的考察为中心	杨利慧	文学院	国家社科基金一般项目	专著	2014.12
汉语疑问词形态——句法界面研究	张和友	文学院	国家社科基金一般项目	专著 论文集	2014.12
突发公共事件中谣言传播的机制及其治理研究	王颖吉	文学院	国家社科基金一般项目	专著 论文集	2013.8
大学生就业能力的结构及其与就业结果的关系研究	乔志宏	心理学院	国家社科基金一般项目	研究报告	2014.6
汉英双语者第二语言语法加工的影响因素研究	陈宝国	心理学院	国家社科基金一般项目	研究报告	2014.12
科技风险的管理与公共安全的刑法保障研究	刘志伟	刑事法律科学研究院	国家社科基金一般项目	专著	2014.7
我国刑事司法对刑法基本原则的挑战与应付	左坚卫	刑事法律科学研究院	国家社科基金一般项目	专著	2014.12
中国执行安全会金融制裁决议法律问题研究	黄　风	刑事法律科学研究院	国家社科基金一般项目	专著 研究报告	2014.3
《马克思恩格斯全集》历史考证版第2版资料卷中的马克思文献学清理研究	鲁克俭	哲学与社会学学院	国家社科基金一般项目	专著	2013.12
道教易学研究	章伟文	哲学与社会学学院	国家社科基金一般项目	专著 论文集	2014.12
现代西方公民观反思研究	王　葎	哲学与社会学学院	国家社科基金一般项目	专著	2013.12
区域发展战略中的资源共享问题研究	王玉海	资源学院	国家社科基金一般项目	论文集 研究报告	2014.12
我国战略性新兴产业创新主体胜任力模型构建与开发机制研究	王建民	管理学院	国家社科基金重点项目	专著 研究报告	2013.12
低碳经济环境下我国对外贸易发展方式转变研究	赵春明	经济与工商管理研究院	国家社科基金重点项目	论文集 研究报告	2013.12

续表

项目名称	负责人	承担部门	项目来源	成果形式	计划完成时间
刑事司法业务考评指标实证研究	宋英辉	刑事法律科学研究院	国家社科基金重点项目	论文集 研究报告	2013.12
中国能源—环境—经济综合核算体系研究	宋旭光	国民核算研究院	国家社科基金重大项目	专著	2014.10
当代中国大众文化价值观及认同研究	刘夏蓓	哲学与社会学学院	国家社科基金重点项目	专著	2014.10
青少年文化产品的生产现状与引导策略研究	王泉根	文学院	国家社科基金重点项目	专著	2014.10
中国上古知识、观念与文献体系的生成与发展研究	过常宝	文学院	国家社科基金重大项目	专著	2014.10
百年中国古籍整理与古文献学科发展研究	周少川	古籍与传统文化研究院	国家社科基金重大项目	专著	2014.10
20世纪中国文学教育的历史回顾与现实意义	郑国民	文学院	国家社科基金重点项目	专著	2014.10
苏联知识分子的群体转型研究（1917—1936）	张建华	历史学院	国家哲学社会科学成果文库项目	专著	2014.12
四库全书馆研究	张　升	历史学院	国家哲学社会科学成果文库项目	专著	2014.12
中国特殊教育教师培养研究	王　雁	教育学部	国家哲学社会科学成果文库项目	专著	2014.12
天命与彝伦——先秦社会思想探研	晁福林	历史学院	国家哲学社会科学成果文库项目	专著	2014.12
以科学发展为主题转变教育发展方式研究	褚宏启	教育学部	国家社会科学基金“十二五”规划2011度年教育学重点课题	专著 论文 研究报告	2014.4
教育在国家从中等偏下向中等偏上收入水平发展过程中的作用研究	杜育红	教育学部	国家社会科学基金“十二五”规划2011度年教育学重点课题	专著	2014.12
中小学生学科能力表现研究	王　磊	化学学院	国家社会科学基金“十二五”规划2011度年教育学重点课题	专著 研究报告	2014.6
我国中小学教学研究小组发展史研究	胡　艳	教育学部	国家社会科学基金“十二五”规划2011度年教育学一般课题	研究报告 论文 专著	2014.12

续表

项目名称	负责人	承担部门	项目来源	成果形式	计划完成时间
创新人才培养始于人生开端期的研究——基于早期大脑发育规律	刘文利	脑与认知科学研究院	国家社会科学基金“十二五”规划2011度年教育学一般课题	研究报告 论文 专著	2014.12
基于Web 2.0应用的青少年网络社会行为研究及网络道德心理课程设计	王　芳	心理学院	国家社会科学基金“十二五”规划2011度年教育学青年课题	研究报告 论文 专著	2013.12
初中电子教材学科应用路径研究	陈　桄	教育学部	国家社会科学基金“十二五”规划2011度年教育学青年课题	研究报告 论文 专著	2013.12
国际组织人才聘用标准及中国对策研究——以联合国组织系统为例	滕　珺	教育学部	国家社会科学基金“十二五”规划2011度年教育学青年课题	研究报告 论文 专著	2014.3
我国体育教育专业武术课程教材内容体系的创新研究	杜晓红	体育与运动学院	国家社会科学基金“十二五”规划2011度年教育学青年课题	研究报告 论文 专著	2013.12
脑神经系统疾病及语言障碍的语言学研究	韩在柱	脑与认知科学研究院	国家社科基金重大项目	研究报告 论文 专著	2013.12
中国新四军史料整理与研究	郑师渠	历史学院	国家社科基金特别委托项目	专著	2015.12
认知科学对当代哲学的挑战——心灵与认知哲学重大理论问题研究	李健会	哲学与社会学学院	国家社科基金重点项目	专著 论文	2016.12
职业体育联赛准入制度研究	裴　洋	法学院	国家体育总局体育哲学社会科学研究重点项目	论文 研究报告	2013.12
汉字字形信息挖掘与标准研制平台	王立军	民俗典籍文字研究中心	教育部科学技术研究重大项目	数据库 软件 文件 咨询报告	2013.12
马克思主义经典著作选读教学大纲	韩　震	哲学与社会学学院	高校人文社会科学研究专项任务项目(研究生思想政治理论课)	教学大纲	2012.10
经济变革中华侨华人境内民商事权益保护的新发展——传统、突破与创新	夏利民	法学院	国务院侨务办公室重点课题	咨询报告	2012.10

续表

项目名称	负责人	承担部门	项目来源	成果形式	计划完成时间
海外华文教育的规律研究	毛　峰	文学院	国务院侨务办公室重点课题	研究报告 学术专著	2012.10
文化创意产业海外高端人才战略	肖永亮	艺术与传媒学院	国务院侨务办公室一般课题	研究报告 论文集	2012.10
侨务“反台独促统一”工作视角下的“两岸经济合作框架协议”相应法律机制研究	袁达松	法学院	国务院侨务办公室青年课题	研究报告	2013.6
刑法学	赵秉志	刑事法律科学研究院	教育部哲学社会科学研究重大课题攻关项目	教材	2013.6
教育学原理	项贤明	教育学部	教育部哲学社会科学研究重大课题攻关项目	教材	2013.6
当代教育思潮评析	王英杰	教育学部	教育部哲学社会科学研究重大课题攻关项目	教材	2013.6
教育哲学	石中英	教育学部	教育部哲学社会科学研究重大课题攻关项目	教材	2013.6
管理思想史	唐任伍	教育学部	教育部哲学社会科学研究重大课题攻关项目	教材	2013.6
西方教育思想史	张斌贤	教育学部	教育部哲学社会科学研究重大课题攻关项目	教材	2011.5
公益性社会组织参与社会服务实证研究	汪大海	管理学院	中国社会组织建设与管理部级课题	研究报告	2011.10
我国基层社区组织参与公益教育的机制研究	尚立富	公共政策与社会发展学院	中国社会组织建设与管理部级课题	研究报告	2011.10
行业协会对市场竞争的促进及法律保障	张江莉	法学院	中国社会组织建设与管理部级课题	研究报告	2011.10
北京市义务教育均衡发展的政策创新	薛二勇	教育学部	北京市哲学社会科学“十二五”规划青年项目	研究报告 论文集	2012.12
北京市城市通勤成本与住宅价格关系研究	王宏新	管理学院	北京市哲学社会科学“十二五”规划青年项目	论文集	2012.5
全球化时代的身份认同问题与公民教育研究	刘　丹	哲学与社会学学院	北京市哲学社会科学“十二五”规划青年项目	专著	2012.11

续表

项目名称	负责人	承担部门	项目来源	成果形式	计划完成时间
北京市义务教育阶段教育质量监测与评价体系研究	边玉芳	认知所	北京市哲学社会科学“十二五”规划一般项目	研究报告	2013.5
中国共产党领袖产生与新老交替机制建设90年基本经验研究	沈友军	马克思主义学院	北京市哲学社会科学“十二五”规划一般项目	研究报告 论文集	2014.6
北京高校与社区文化共建共享研究	石　峰	北京文化发展研究院	北京市哲学社会科学“十二五”规划一般项目	研究报告	2013.12
民国以来的北京满族研究——基于中华民族现代自觉的考察	常书红	北京文化发展研究院	北京市哲学社会科学“十二五”规划一般项目	专著	2013.12
马克思主义学习型党组织建设研究	刘川生	党办	北京市哲学社会科学“十二五”规划重点项目	专著 研究报告	2012.12
北京文化发展报告	刘　勇	北京文化发展研究院	北京市哲学社会科学“十二五”规划重点项目	专著	2015.12
事业单位改革中法人治理结构及其法律调控模式研究	夏利民	法学院	教育部人文社会科学研究规划基金项目	著作 咨询报告	2014.9
全球政治理论创新研究	刘小林	马克思主义学院	教育部人文社会科学研究规划基金项目	专著 论文	2014.9
现代教育的探索：杜威的问题与范式	郭法奇	教育学部	教育部人文社会科学研究规划基金项目	论文	2014.9
关于幼儿发展性评价的实践研究	黄　珊	幼儿园	教育部人文社会科学研究规划基金项目	论文 幼儿发展性评价体系	2014.9
运动干预对青少年身体姿势健康促进的模式研究	纪仲秋	体育与运动学院	教育部人文社会科学研究规划基金项目	论文	2014.9
高等教育中的日语教育基础研究——关于国内日语学习者外语学习观的调查研究	冷丽敏	外文学院	教育部人文社会科学研究规划基金项目	专著 论文 咨询报告	2014.9
日本五山僧的抄物《三体诗幻云抄》中汉籍征引状况与室町时代的汉籍流布研究	刘　玲	外文学院	教育部人文社会科学研究规划基金项目	研究报告	2014.9
刑民交叉案件的程序处理	毛立新	刑事法律科学研究院	教育部人文社会科学研究青年基金项目	专著 论文 咨询报告	2014.9

续表

项目名称	负责人	承担部门	项目来源	成果形式	计划完成时间
广告时长信息对电视换台行为及广告效果的影响机制研究	苏　淞	经济与工商管理学院	教育部人文社会科学研究青年基金项目	专著 论文	2014.9
数字谚语民俗地图研究	赖彦斌	文学院	教育部人文社会科学研究青年基金项目	专著 论文	2014.9
社会分层视角下的城市教育补习行为选择研究	陈彬莉	社会发展与公共政策学院	教育部人文社会科学研究青年基金项目	论文 咨询报告	2014.9
政府对民办高等教育的财政支持制度研究	方　芳	教育学部	教育部人文社会科学研究青年基金项目	论文 咨询报告	2014.9
学前教育普及中政府主导的保障机制创新研究	洪秀敏	教育学部	教育部人文社会科学研究青年基金项目	论文 咨询报告	2014.9
“一对一”环境下的班级文化建设研究	马　宁	教育学部	教育部人文社会科学研究青年基金项目	论文 咨询报告 电子出版物	2014.9
普通高中科学课程中“学生职业素养发展体系”的架构与课程资源开发	魏　锐	化学学院	教育部人文社会科学研究青年基金项目	专著 论文 咨询报告	2014.9
西方课程研究中的知识谱系及其实践效应的比较研究	杨明全	教育学部	教育部人文社会科学研究青年基金项目	论文	2014.9
我国民办教育分类管理研究	赵应生	教育学部	教育部人文社会科学研究青年基金项目	论文 咨询报告	2014.9
教育投资机会与教育成就的性别差异研究	郑　磊	教育学部	教育部人文社会科学研究青年基金项目	论文 咨询报告	2014.9
盈余波动性成因及其市场反应研究	吕兆德	经济与工商管理学院	教育部人文社会科学研究青年基金项目	专著 论文	2014.9
低碳经济视角下中国企业技术创新绩效研究	张江雪	经济与资源管理研究院	教育部人文社会科学研究青年基金项目	专著 论文 咨询报告	2014.9
近代中国武术的转型与再造：民国时期的国术改良运动研究	林辉锋	历史学院	教育部人文社会科学研究青年基金项目	专著	2014.9
高校基层党组织建设的历史与经验研究（1949—1976）	周良书	马克思主义学院	教育部人文社会科学研究青年基金项目	专著	2014.9

续表

项目名称	负责人	承担部门	项目来源	成果形式	计划完成时间
裕固族国族认同建构的社会过程：一项历史与政治民族志研究	巴战龙	社会发展与公共政策学院	教育部人文社会科学研究青年基金项目	论文 研究报告	2014.9
“蚁族”社会支持网络研究	陈家伟	管理学院	教育部人文社会科学研究青年基金项目	论文	2014.9
基于国际核算标准的我国税源统计体系研究	席　玮	国民核算研究院	教育部人文社会科学研究青年基金项目	论文 咨询报告	2014.9
基于大众参与的图像感性特征标引机制与方法研究	黄　崑	管理学院	教育部人文社会科学研究青年基金项目	论文	2014.9
早期教养经历对儿童心理发展影响的纵向研究	李燕芳	脑与认知科学研究院	教育部人文社会科学研究青年基金项目	论文 咨询报告 调研报告	2014.9
流动儿童歧视知觉的产生机制及与情绪适应的关系	刘　霞	心理学院	教育部人文社会科学研究青年基金项目	专著 论文	2014.9
中小学生人格测评中的社会称许性反应研究	骆　方	心理学院	教育部人文社会科学研究青年基金项目	论文 咨询报告 电子出版物	2014.9
新中国工笔画中女性形象研究（1949—2010）	王　鹏	艺术与传媒学院	教育部人文社会科学研究青年基金项目	论文 咨询报告 创作作品出版物	2014.9
“入世”十年中国电影产业发展得失及对策研究	张　燕	艺术与传媒学院	教育部人文社会科学研究青年基金项目	专著 论文	2014.9
基于计算的汉语词汇筛选机制研究	谢永芳	文学院	教育部人文社会科学研究青年基金项目	专著	2014.9
句法与语用的接口：汉语句子信息结构研究	周士宏	文学院	教育部人文社会科学研究青年基金项目	论文	2014.9
推进中国特色社会主义教育公平研究	刘复兴	教育学部	教育部哲学社会科学研究专项任务项目二类课题	论文 研究报告	2012.12
传播学理论与思想政治教育创新发展研究	熊晓琳	马克思主义学院	教育部哲学社会科学研究专项任务项目二类课题	论文	2012.4
党的十六大以来思想政治教育方法创新研究	王树荫	马克思主义学院	教育部哲学社会科学研究专项任务项目二类课题	系列论文	2012.12

续表

项目名称	负责人	承担部门	项目来源	成果形式	计划完成时间
中国学前教育发展报告	庞丽娟	教育学部	教育部哲学社会科学发展报告建设（培育）项目	研究报告	2013. 10
中国高等教育质量监测年度报告	钟秉林	教育学部	教育部哲学社会科学发展报告建设（培育）项目	研究报告	2013. 10
国际教育政策与发展趋势年度报告	王英杰	教育学部	教育部哲学社会科学发展报告建设（培育）项目	研究报告	2013. 10
北京市教育资源配置及其优化途径	成　刚	教育学部	北京市教育科学“十二五”规划年度项目重点课题	研究报告 论文	2013. 5
北京市中小学媒介素养教育研究	李德刚	教育学部	北京市教育科学“十二五”规划年度项目重点课题	研究报告 论文	2013. 9
北京市普通高中教育多样化办学模式研究	鲍传友	教育学部	北京市教育科学“十二五”规划年度项目重点课题	研究报告 论文	2014. 10
青少年物质主义价值观的发展和影响因素研究	蒋　奖	心理学院	北京市教育科学“十二五”规划年度项目重点课题	研究报告 论文	2013. 9
北京地区高中美术教师媒体艺术专业素质培养策略研究	甄　巍	艺术与传媒学院	北京市教育科学“十二五”规划年度项目重点课题	研究报告 论文 专著	2013. 12
北京市普通中学青年教师专业成长绩效及其影响因素研究	周逸先	教育学部	北京市教育科学“十二五”规划年度项目重点课题	研究报告 论文 专著	2013. 12
中学教师复原力量表的研究	傅　纳	教育学部	北京市教育科学“十二五”规划年度项目重点课题	研究报告 论文	2013. 5
基于教师专业发展的学科教学设计研究——以北京市中小学为例	刘美凤	教育学部	北京市教育科学“十二五”规划年度项目重点课题	研究报告 论文 专著	2014. 6
面向成人在职学生需求的远程高等教育培养方案开发方法及工具的研究	冯晓英	教育学部	北京市教育科学“十二五”规划年度项目重点课题	研究报告 论文	2014. 8
大学生思想政治教育立法研究	梁家峰	学生处	教育部人文社会科学研究专项任务项目	研究报告 论文 专著	2013. 12
实践教育学范式研究	余清臣	教育学部	全国教育科学“十二五”规划 2011 年度教育部重点课题	专著 系列研究论文 研究报告	2014. 4

续表

项目名称	负责人	承担部门	项目来源	成果形式	计划完成时间
基于学生发展的校本评估对教学有效性的促进研究	李凌艳	教育学部	全国教育科学"十二五"规划2011年度教育部重点课题	专著 系列研究论文 研究报告	2014.12
宪法认同与公民教育实践模式研究	刘丹	哲学与社会学学院	全国教育科学"十二五"规划2011年度教育部重点课题	专著 系列研究论文 研究报告	2014.12
中国特色基础教育教学研究制度创新研究	梁威	教育学部	全国教育科学"十二五"规划2011年度教育部重点课题	研究报告 论文 专著	2014.12
基于"全人格"教育理念下的创新人才培养模式研究——以北师大附中钱学森班为对象	刘沪	北京师范大学附属中学	全国教育科学"十二五"规划2011年度教育部重点课题	研究报告 论文 专著	2014.12
流动超常儿童心理发展追踪研究与教育模式探析	程黎	教育学部	全国教育科学"十二五"规划2011年度教育部青年课题	研究报告 论文 专著	2013.12
基于信息流的面对面协作学习交互分析方法的研究	郑兰琴	教育学部	全国教育科学"十二五"规划2011年度教育部青年课题	研究报告 论文 专著	2013.12
职业教育科学发展的政策保障体制研究	李兴洲	教育学部	全国教育科学"十二五"规划2011年度教育部青年课题	研究报告 论文 专著	2014.3
大众儿童观的社会阶层比较研究	肖索未	社会发展与公共政策学院	全国教育科学"十二五"规划2011年度教育部青年课题	研究报告 论文 专著	2013.12
我国高校教师专业发展保障体系的建设	林杰	教育学部	全国教育科学"十二五"规划2011年度教育部青年课题	研究报告 论文	2013.12
中小学书法艺术教育的策略与模式研究	虞晓勇	艺术与传媒学院	全国教育科学"十二五"规划2011年度教育部青年课题	研究报告 论文	2014.12
国家通用手语标准研制	顾定倩	教育学部	国家语委"十二五"科研规划2011年度重大项目	研究报告	2015.10
汉语文本繁简转换系统研究	王立军	文学院	国家语委"十二五"科研规划2011年度重点项目	研究报告	2012.12
手语、盲文使用状况调查	刘艳虹	教育学部	国家语委"十二五"科研规划2011年度委托项目	研究报告	2012.9

续表

项目名称	负责人	承担部门	项目来源	成果形式	计划完成时间
义务教育学生写作语言语料库的建设及应用	张秋玲	文学院	国家语委“十二五”科研规划2011年度一般项目	研究报告 论文集	2015.12
适应新时期发展需要的师范院校普通话推广研究	许小颖	文学院	国家语委“十二五”科研规划2011年度一般项目	论文集 研究报告 电脑软件	2014.1
希腊伦理学简史	廖申白	哲学与社会学学院	教育部哲学社会科学研究后期资助项目	专著	2013.12
香港国民身份认同教育教材开发研究	檀传宝	教育学部	教育部哲学社会科学研究重大委托项目	专著	2012.9
提高居民收入在国民收入分配中的比重研究	李　实	经济与工商管理学院	教育部哲学社会科学研究重大课题攻关项目	专著	2015.6
社会管理体制创新研究	魏礼群	中国社会管理研究院	教育部哲学社会科学研究重大课题攻关项目	专著	2014.6
普通高中学生发展指导制度研究	方晓义	心理学院	教育部哲学社会科学研究重大课题攻关项目	论文 专著 研究报告	2014.12
拔尖创新人才成长规律与培养模式研究	林崇德	心理学院	教育部哲学社会科学研究重大课题攻关项目	论文 专著 研究报告	2015.12
学生语言能力发展研究	舒　华	脑与认知科学研究院	教育部哲学社会科学研究重大课题攻关项目	论文 专著 研究报告	2014.12
民办学校分类管理政策研究	周海涛	教育学部	教育部哲学社会科学研究重大课题攻关项目	专著 研究报告	2015.12
点读技术对于学生语感培养、听说学习能力方面作用的研究	褚金丽	外文学院	全国教育科学规划2011年度外语教育专项课题	论文 研究报告	2013.3
中国中小学生英语分级阅读体系标准研制	王　蔷	外文学院	全国教育科学规划2011年度外语教育专项课题	研究论文 研究报告	2014.9
测量理论和统计分析模型在教育质量监测中的应用	刘红云	心理学院	全国教育科学规划2011年度教育考试和数学教育研究专项	论文 研究报告	2014.12

续表

项目名称	负责人	承担部门	项目来源	成果形式	计划完成时间
中学校本成绩校验模型及其在考试评价中的应用研究	姚云	教育学部	全国教育科学规划2011年度教育考试和数学教育研究专项	论文 研究报告	2013.7
网络研修与数学教师的专业成长研究	綦春霞	教育学部	全国教育科学规划2011年度教育考试和数学教育研究专项	研究报告	2012.8
中国文物执法理论、问题及对策研究	柴荣	法学院	国家文物局2011年度文化遗产保护科学和技术研究课题计划	研究报告	2014.9
国际组织及世界部分国家“全球公民”教育模式的比较研究	姜英敏	比较教育研究中心	教育部重点研究基地重大项目	论文 专著 咨询报告	2015.4
青少年创伤后成长的发展特点与促进研究：来自比较与追踪的证据	伍新春	发展心理研究所	教育部重点研究基地重大项目	论文 研究报告	2013.12
西方价值观的历史变迁研究	江怡	价值与文化研究中心	教育部重点研究基地重大项目	专著 译著	2014.4
儿童归纳与创造发现的脑机制研究	李红	发展心理研究所	教育部重点研究基地重大项目	论文	2014.12
中国初等教育师资培养模式研究	叶高翔 徐丽华	教师教育研究中心	教育部重点研究基地重大项目	专著	2014.7
当代教育思潮与普通高中课程改革比较研究	杨明全 高峡	比较教育研究中心	教育部重点研究基地重大项目	专著 论文 研究报告	2014.12
宋金元文艺思想史	李春青 张海鸥	文艺学研究中心	教育部重点研究基地重大项目	专著	2014.9
中国文学史研究观念的演变和20世纪批评的转型	蒋原伦	文艺学研究中心	教育部重点研究基地重大项目	专著	2014.9
古代罗马史学研究	杨共乐	史学理论与史学史研究中心	教育部重点研究基地重大项目	专著 论文	2014.12
经史流变探源	汪高鑫	史学理论与史学史研究中心	教育部重点研究基地重大项目	专著 论文	2014.12
基于数字化资源库的甲骨文整理与研究	周晓文	民俗典籍文字研究中心	教育部重点研究基地重大项目	专著 资源库	2014.4
汉语词源理论及上古汉语同源词库	黄易青	民俗典籍文字研究中心	教育部重点研究基地重大项目	专著 数据平台	2014.5

续表

项目名称	负责人	承担部门	项目来源	成果形式	计划完成时间
小学教师专业发展的理论与实践研究	朱小蔓 周　钧	教师教育研究中心	教育部重点研究基地重大项目	论文 研究报告 培训模式	2014.12
隋唐五代时期基本价值观的演化	强　昱	价值与文化研究中心	教育部重点研究基地重大项目	专著 论文	2014.12

2011年度北京师范大学青年教师人文社会科学研究基金立项项目

课题名称	姓　名	单　位	预期成果	资助期
CPI偏差：理论、测度方法与实证分析	吕光明	国民核算研究院	论文	2011—2013
财政支出结构的国际比较研究	席　玮	国民核算研究院	论文	2011—2013
北京市生态足迹研究	王亚菲	国民核算研究院	论文	2011—2013
能源与环境约束下的经济增长——动态均衡与预测分析	石　刚	国民核算研究院	论文	2011—2013
中澳文学艺术中对“自然与文化”关系的建构	张春燕	汉语文化研究院	论文	2011—2013
大一学生运用学习元平台之行为意向研究	江丰光	教育学部	论文	2011—2013
学前儿童入学准备的评价研究	李晓巍	教育学部	论文	2011—2013
教育需求与教育均衡发展的资源配置	于洪霞	教育学部	论文	2011—2013
法国大学自治模式与自治改革研究	刘　敏	教育学部	论文	2011—2013
远程协作研究的分布式领导力分析	张婧婧	教育学部	论文	2011—2013
国际会计准则选择与应用的中英比较研究	杨　丹	经济学院	论文	2011—2013
中国塑料袋使用限制政策中长期影响分析	何浩然	经济学院	论文	2011—2013
现金分布、公司治理与过度投资	张会丽	经济学院	论文	2011—2013
人民币汇率改革与资本账户开放次序研究	徐建炜	经济学院	论文	2011—2013
自愿减排的社会规范、政府监管和环境质量：兼对当前食品安全问题的思考	孙　萌	经济学院	论文	2011—2013
中国经济的绿色可持续发展	白瑞雪	经济与资源管理研究院	论文	2011—2013
教育促进农村居民收入可持续增长	刘一萌	经济与资源管理研究院	论文	2011—2013
社会资本影响新生代农民工就业与收入分配的研究：理论模型与实证分析	周晔馨	经济与资源管理研究院	论文	2011—2013
考古资料中所见汉唐时期的制砚业	陈　涛	历史学院	论文	2011—2013
史学研究与影像传播	吴　琼	历史学院	论文	2011—2013
蒋介石与西藏	张双智	历史学院	论文	2011—2013
思想政治教育学科论域中的生态分析方法研究	杨增岽	马克思主义学院	论文	2011—2013
中国中西部地区农村低保政策的运行状况及反贫困效果研究	韩华为	社会发展与公共政策研究院	论文	2011—2013
中法同型故事比较研究	鞠　熙	文学院	论文	2011—2013

续表

课题名称	姓　名	单　位	预期成果	资助期
章太炎语言文字学思想研究	孟　琢	文学院	论文	2011—2013
《史记》取材研究——结合新近出土秦汉简帛	李芳瑜	文学院	论文	2011—2013
基于动作模型的祈使句逻辑	琚凤魁	哲学学院	论文	2011—2013
经济危机下《今日马克思》杂志对新自由主义的批判	徐克飞	哲学学院	论文	2011—2013
中国地方政府应对气候变化创新行为研究	果　佳	管理学院	论文	2011—2013

2011 年度教育部新世纪优秀人才支持项目

编　号	申请人姓名	单　位	资助期限
NECT-11-0028	陈宝国	心理学院	2011—2014
NECT-11-0029	陈梦根	国民核算研究院	2011—2014
NECT-11-0032	胡晓江	社会发展与公共政策学院	2011—2014
NECT-11-0034	鲁克俭	哲学与社会学学院	2011—2014
NECT-11-0036	苗兴伟	外国语言文学学院	2011—2014
NECT-11-0037	齐元涛	文学院	2011—2014
NECT-11-0041	尹　恒	经济与工商管理学院	2011—2014
NECT-11-0042	张荣强	历史学院	2011—2014
NECT-11-0045	周海涛	教育学部	2011—2014
NECT-11-0035	马健生	教育学部	2011—2014
NECT-11-0038	沈庆利	文学院	2011—2014

（北京师范大学社科处刘璐供稿）

中央民族大学

2011 年承担国家或省部级社会科学研究项目

项目名称	负责人	承担部门	项目来源	成果形式	完成日期
儒家道德哲学和基督教道德哲学的比较研究	赵士林	哲学与宗教学院	国家社科基金项目	专著	2014.12
马克思主义经济学中国化的方法论与中国政治经济学范畴体系研究	刘永佶	经济学院	国家社科基金项目	专著	2014.12
中央与地方事权关系法律问题研究	熊文钊	法学院	国家社科基金项目	专著	2014.12
西部少数民族农民人口流动调查研究：缘起、性状及理论意涵研究	潘　蛟	民族学与社会学学院	国家社科基金项目	专著	2014.12
汉代今文经学道德价值观研究	王文东	宣传部	国家社科基金项目	专著	2014.12
藏文史籍《贤者喜宴——噶玛噶仓》汉译与研究	周润年	藏学研究院	国家社科基金项目	译著 研究报告	2014.12

续表

项目名称	负责人	承担部门	项目来源	成果形式	完成日期
鄂伦春族口述家族史	吴亚芝	民族学与社会学学院	国家社科基金项目	专著	2014.12
牧区生态移民安置的效益评估及其指标体系研究	张丽君	经济学院	国家社科基金项目	专著	2014.12
国际汉语教学中的基本层次范畴词库建设研究	杨吉春	文学与新闻传播学院	国家社科基金项目	专题论文集	2014.12
现代汉语类词缀的定量与定性研究	曾立英	国际教育学院	国家社科基金项目	专著	2014.12
撒拉语参考语法	米娜瓦尔·艾比布拉	少数民族语言文学系	国家社科基金项目	专著	2014.12
中国俄罗斯族语言研究——以新疆、内蒙古俄罗斯语田野调查材料为依据	白　萍	少数民族语言文学系	国家社科基金项目	专著	2014.12
鄂伦春族传统狩猎文化的变迁对聚集区村民健康的影响	方　征	体育学院	国家社科基金项目	专著	2014.12
少数民族地区实施国家知识产权战略法律及对策研究	邹龙妹	法学院	国家社科基金项目	专著	2014.12
南京国民政府时期行政诉讼制度研究	宋　玲	法学院	国家社科基金项目	专著	2014.12
中国跨界民族问题与边疆地区社会稳定研究	吴月刚	马克思主义学院	国家社科基金项目	研究报告	2014.12
集中连片特困民族地区反贫困问题研究	刘璐琳	管理学院	国家社科基金项目	专题论文集	2014.12
玛拉沁夫文学观研究	吴哈斯塔娜	蒙古语言文学系	国家社科基金项目	专著	2014.12
中国少数民族语言互联网络发展状况研究	王志娟	信息工程学院	国家社科基金项目	专著	2014.12
朝鲜文学的文化观照	李　岩	少数民族语言文学系	国家社科基金项目	专著	2014.12
西藏特色经济：农牧业、旅游业和矿产业未来五年发展研究	王天津	经济学院	国家社科基金项目	专著	2013.9
内地“西藏班”教学模式与成效调查研究	许丽英	教育学院	国家社科基金项目	专著	2013.5
中国民族政策体系集成与实施环境优化创新研究	余梓东	科研处	国家社科基金项目	专著	2013.12
后冷战世界的民族冲突与治理特点研究	张海洋	中国少数民族研究中心	国家社科基金项目	专著	2013.12
中国突厥语族诸语言词源研究	阿不都热西提	维吾尔语言文学系	国家社科基金项目	专著	2013.12

续表

项目名称	负责人	承担部门	项目来源	成果形式	完成日期
高校管理类学科学术与专业学位研究生培养模式比较研究	黄锐	管理学院	全国教育规划项目	专著	2013.12
民族类院校音乐教育中的小型器乐曲创作课程教学改革探索	刘洋洋	音乐学院	全国教育规划项目	专著	2013.12
少数民族濒危文化传承与学校教育研究——以云南丽江纳西族东巴舞蹈文化为个案	胡迪雅	教育学院	全国教育规划项目	专著	2013.12
广西壮汉双语教育现状调查与对策研究	海路	教育学院	全国教育规划项目	专著	2013.12
民族院校差异教学法研究	苏玉成	理学院	教育部人文社科类项目	论文	2013.12
当代民族地区博物馆发展研究：成就、问题与对策	雷虹霁	法学院	教育部人文社科类项目	论文	2013.12
彝族史诗《勒俄特依》的语言学研究	胡素华	少数民族语言文学系	教育部人文社科类项目	论文	2013.12
伊斯兰教新兴教派赛莱菲耶研究	杨桂萍	哲学与宗教学学院	教育部人文社科类项目	论文	2013.12
少数民族非物质文化遗产法律保护研究	田艳	法学院	教育部人文社科类项目	论文	2013.12
社区司法模式：转型期中国轻罪治理的刑事一体化选择	王琪	法学院	教育部人文社科类项目	论文	2013.12
少数民族贫困地区社会救助的政府与NGO合作机制研究	金红磊	管理学院	教育部人文社科类项目	论文	2013.12
企业技术进步与部门间关系结构：基于“一汽轿车”和“一汽大众”的个案比较分析	王旭辉	民族学与社会学学院	教育部人文社科类项目	论文	2013.12
中国第一历史档案馆藏清代哈萨克语文献研究	杜山那里·阿布都拉西	哈萨克语言文学系	教育部人文社科类项目	专著	2013.12
唐宋俗词的传播与接受——以宋代为中心	何春环	文学与新闻传播学院	教育部人文社科类项目	专著	2013.12
城市少数民族流动人口生活适应性研究——以北京市为例	马胜春	理学院	教育部人文社科类项目	论文	2013.12
大学生道德教育与法制教育有机结合的理论实践研究	孙英	马克思主义学院	教育部人文社科类项目	论文	2013.12
印顺人间佛教思想研究	刘成友	哲学与宗教学学院	教育部人文社科类项目	专著	2014.12
中国少数民族法制体系创新发展战略前沿探索	熊文钊	法学院	教育部人文社科类项目	专著	2014.12

续表

项目名称	负责人	承担部门	项目来源	成果形式	完成日期
中国边境地区语言文化安全调查——边疆民族语言关系及语言生活研究	王远新	少数民族语言文学学院	教育部人文社科类项目	专著	2014.12
民族团结进步教育与边疆社会稳定研究	青　觉	校长办公室	国家民委	研究报告	2013.12
民族团结进步创建理论、机制与实践研究	青　觉	校长办公室	国家民委	研究报告	2013.12
少数民族外出务工与城乡统筹相关政策研究	孙燕一	管理学院	国家民委	研究报告	2013.12
南方边疆城市民族工作研究	余梓东	科研处	国家民委	研究报告	2013.12
多元文化主义背景下法国移民问题及政策研究	吴月刚	马克思主义学院	国家民委	论文	2013.12
我国牧区民生监测体系研究	徐世英	理学院	国家民委	论文	2013.12
1990年以来西方中国少数民族问题研究的转变	潘　蛟	民族学与社会学学院	国家民委	专著	2013.12
中国的民族和民族政策（港澳培训教材）	金炳镐	马克思主义学院	国家民委	专著	2013.12
内蒙古高校蒙古族大学生民族意识调研	乌小花	学生处	国家民委	研究报告	2013.12
辛亥革命对蒙古、西藏地区民族关系的影响研究	彭武麟	历史文化学院	国家民委	研究报告	2013.12
边疆民族关系与社会稳定研究——民族学与心理学角度	杨圣敏	民族学与社会学学院	国家民委	研究报告	2013.12
朝鲜人非法越境给我国边疆安全稳定带来的负面影响研究	吴楚克	民族学与社会学学院	国家民委	研究报告	2013.12
民族类社会团体对巩固和发展社会主义民族关系的影响	肖　锐	马克思主义学院	国家民委	论文	2013.12
我国边疆民族地区稳定研究	丁　宏	民族学与社会学学院	国家民委	论文	2013.12
基于西部少数民族社区发展的鹿类动物保护	孟秀祥	生命与环境科学学院	国家民委	论文	2013.12
跨界民族与中国地缘安全研究	吴楚克	民族学与社会学学院	国家民委	论文	2013.12
中国第一历史档案馆藏清代哈萨克语文献	杜山那里	哈萨克语言文学系	国家民委	论文	2013.12
少数民族现行文字的搜集整理与字库制作	宋　敏	校办	新闻出版总署	论文	2013.12
多元文化视域下高等教育在民族认同、国家认同中的功能探究	靳晓芳	科研处	全国教育科学规划项目	论文	2013.12

续表

项目名称	负责人	承担部门	项目来源	成果形式	完成日期
民族地区农村中小学布局调整政策执行研究	江凤娟	教育学院	全国教育科学规划项目	论文	2013.12
多元文化视野下的民族高校隐性课程研究——以五所民族高校为例	从　静	人事处	全国教育科学规划项目	论文	2013.12
非在职少数民族高层次骨干人才计划毕业生履约就业问题研究	白　勇	就业工作处	全国教育科学规划项目	论文	2013.12
少数民族地区语言现状调查研究	赵小兵	信息工程学院	国家语委"十二五"科研规划2010年度重大项目	论文	2013.12
中国跨境语言现状调查研究	戴庆厦	中国少数民族语言文学学院	国家语委"十二五"科研规划2011年度重大项目	专著	2013.12
中央民族大学藏吐鲁番文书的保护与研究	张铭心	博物馆	国家文物局	专著	2014.12
新疆地区早期游牧文化遗存调查与研究	肖小勇	民族学与社会学学院	国家文物局	专著	2014.12
手机数字化终端及自组织无线传感网络在田野考古中的应用研究	耿照新	信息工程学院	国家文物局	研究报告	2014.12
境外藏胞研究	周润年	藏学研究院	国务院侨务办公室	研究报告	2012.12
民族理论与民族政策课程培训	金炳镐	马克思主义学院	国家民委	研究报告	2012.12
晚清民国时期北京回族报刊资料辑录与研究	丁慧倩	历史文化学院	北京市社科联	研究报告	2013.12
老字号企业提升核心竞争力战略研究	熊文聪	法学院	北京市社科联	论文	2013.12
北京外来人口管理与权利保障研究	李秀鹏	法学院	北京市社科联	论文	2013.12
新时期北京市转制民族和谐社区建设研究	良警宇	民族学与社会学学院	北京市哲学社会科学规划项目	论文	2014.12
老北京土话的比较研究	卢小群	文学与新闻传播学院	北京市哲学社会科学规划项目	论文	2014.12
北京市公共文化产品和服务供给机制研究	周晓丽	管理学院	北京市哲学社会科学规划项目	论文	2014.12
北京市老年人长期照护服务体系中照护基准时间的研究	艾　斌	民族学与社会学学院	北京市哲学社会科学规划项目	论文	2014.12
清末新政时期"融合满汉畛域"问题研究	崔　岷	历史文化学院	北京市哲学社会科学规划项目	论文	2014.12

续表

项目名称	负责人	承担部门	项目来源	成果形式	完成日期
北京市科委依法行政与行政执法相关制度制定研究	张步锋	法学院	北京市科技计划课题	论文	2014. 12
苗药金铁锁毛状根规模化培养体系的建立与应用	刘同祥	中国少数民族传统医学研究院	北京市教委成果转化与产业化项目	论文	2011. 12
唐宋转型中的南方族群——以墓葬为中心	黄义军	历史文化学院	教育部留学回国人员科研启动基金	论文	2013. 12
中美两国支持中小企业发展的政策体系比较研究	谢作渺	管理学院	教育部留学回国人员科研启动基金	论文	2013. 12
民族地区创意产业的发展模式研究	胥悦红	管理学院	教育部留学回国人员科研启动基金	论文	2013. 12
思想道德修养与法律基础课教学实效性研究	刘　然	马克思主义学院	北京市教委	报告	2012. 12
少数民族流动人口问题研究	陈长平	历史文化学院	国家计生委	报告	2011. 12
少数民族地区妇幼保健服务上升影响因素分析	关　凯	民族学与社会学学院	联合国人口基金	报告	2013. 12
中央民族大学廉政风险防控机制建设研究	李东光	校长办公室	国家民委	报告	2012. 7
中国适应气候变化国际政策借鉴及国内政策综述研究	张春敏	经济学院	国家信息中心专家委员会	报告	2012. 2

2011 年中央民族大学校级社会科学研究项目

项目名称	负责人	承担部门	成果形式	完成日期
中国西部民族地区生态城市发展模式研究	张丽君	经济学院	专著	2013. 12
民族类院校校园突发事件应急处理技术研究	赵小兵	信息工程学院	研究报告 电脑软件	2013. 12
文化变迁对鄂伦春族聚集区村民健康的影响	方　征	体育学院	著作 研究报告	2013. 12
民族生态学视野下的侗族稻作文化研究	杨筑慧	民族学与社会学学院	研究报告	2013. 12
云南省少数民族贫困县贫困现状调查及分析	陈延斌	马克思主义学院	专著 研究报告	2013. 12
《净土往生传》研究	谢路军	哲学与宗教学学院	专著和研究报告	2013. 12
中国传统民族医药资源法律保护研究	乔世明	法学院	专著 研究报告	2012. 12
口译质量评价：指标、要素与路径	雷　静	外国语学院	专著	2013. 12

续表

项目名称	负责人	承担部门	成果形式	完成日期
从分裂走向融合—— W. H. 奥登：诗学思想研究	吴泽庆	外国语学院	专著	2013.12
吉尔吉斯语中的俄语借词研究	海淑英	外国语学院	专著	2013.12
国际汉语传播背景下泰国汉字教学研究	田　艳	国际教育学院	专著	2013.12
隐性课程中的多元与和谐	丛　静	教育学院	论文集 研究报告	2013.12
内蒙古地区初中生科学素养研究	钟志勇	教育学院	研究报告	2013.12
民族高校师生健身活动的运动风险防范策略与运动处方的制定——以中央民族大学、内蒙古民族大学为例	张凤民	体育学院	研究报告	2013.12
20世纪二三十年代教育变革中的民族认同研究	吴冬梅	教育学院	研究报告	2013.12
广西壮汉双语教育现状调查与对策研究	海　路	教育学院	论文 研究报告	2013.12
现代日语时间复句研究：句法、语义和应用	刘艳文	外国语学院	专著	2013.12
中国少数民族美术史编撰体例与方法研究	赵盼超	美术学院	研究报告	2013.12
基于机制设计理论的民族地区财政支出效率研究	张冬梅	经济学院	研究报告	2013.12
民族地区旅游发展的空间差异和可视化数据库研究	彭　建	管理学院	研究报告	2013.12
西藏牧民参与旅游开发及其幸福感研究	谷　明	管理学院	论文集 研究报告	2013.12
民族地区农村社会救助的政府与NGO合作机制研究	金红磊	管理学院	研究报告	2013.12
十二五期间对企业实行减税政策的可行性研究	汪　彤	经济学院	研究报告	2013.12
新疆近代人群下颌骨的体质人类学研究	李海军	民族学与社会学学院	专著 论文集	2013.12
契丹与五代十国政治关系史研究	曹　流	历史文化学院	研究报告	2013.12
民国北京政府时期平政院研究	宋　玲	法学院	专著	2013.12
预防化解群体性纠纷法律体系研究	张艳蕊	法学院	专著 研究报告	2013.12

续表

项目名称	负责人	承担部门	成果形式	完成日期
马克思主义民族发展趋势理论与欧洲一体化研究	陈丽明	马克思主义学院	专著	2013.12
民族院校大学生民族性群体事件的预警与应急管理：现状、问题、改进措施	吴月刚	马克思主义学院	研究报告	2013.12
神话学理论与方法	常　宏	哲学与宗教学学院	专著或译著	2013.12
玛拉沁夫文学观研究	吴哈斯塔娜	蒙古语言文学系	专著	2013.12
类型学视野下的藏语宾语比较研究	田　静	中国少数民族语言文学院	专著	2013.12
宋代俗词的传播与接受	何春环	文学与新闻传播学院	专著 论文集1部	2013.12
社会冲突背景下的和平新闻研究	陈俊妮	文学与新闻传播学院	专著 译著1部	2013.12
《经史正音切韵指南》文献研究	娄　育	文学与新闻传播学院	专著 论文集1部	2013.12
传统生产方式对浑善达克沙地景观多样性影响的尺度效应研究	彭　羽	生命与环境科学学院	研究报告	2013.12
六十年来中国民族工作的回顾与反思	苏发祥	民族学与社会学学院	专著 论文 研究报告	2013.12
六十年来中国民族工作的回顾与反思	金炳镐 石玉钢 孙　英	马克思主义学院	专著 论文 研究报告	2013.12
社会转型与民族地区经济发展方式研究	刘永佶	经济学院	专著 论文 研究报告	2013.12
民族地区社会建设与治理研究	党秀云	管理学院	专著 论文	2013.12
民族政策法规体系实践经验的总结和反思	熊文钊	法学院	专著 研究报告	2013.12
少数民族文化保护传承与国家认同关系研究	王建民	民族学与社会学学院	专著 论文 研究报告	2013.12
中国少数民族古籍保护与发掘整理问题研究	黄建明	中国少数民族古籍研究所	专著 论文 研究报告	2013.12
民族地区的环境、开发与社会发展问题研究	包智明	民族学与社会学学院	专著 论文 研究报告	2013.12
民族地区的环境、开发与社会发展问题研究	冯金朝	生命与环境科学学院	专著 论文 研究报告	2013.12

续表

项目名称	负责人	承担部门	成果形式	完成日期
民族关系问题研究	杨圣敏	民族学与社会学学院	专著 研究报告	2013.12
宗教与民族关系研究	刘成有	哲学与宗教学学院	专著 论文 研究报告	2013.12
中国少数民族人口流动的多态性及其理论和政策意涵	潘　蛟	民族学与社会学学院	专著 研究报告	2013.12
民族地区的双语教育问题研究	苏德毕力格	教育学院	专著 论文 研究报告	2013.12
沿边民族地区经济社会发展与国家安全研究	青　觉 郝时远	管理学院	专著 论文 研究报告	2013.12
民族地区发展综合数据库与信息服务平台建设	杨国胜	信息工程学院	专著 论文 电脑软件	2013.12
汉语国际传播理论与实践研究	吴应辉	国际教育学院	专著 论文	2013.12
意大利杜齐收藏藏文手抄本文献影印校勘本文集	才让太	藏学研究院	工具书	2013.12
他山之石：国外学者对清代民国民族事务的研究与思考	高翠莲	历史文化学院	译著 论文 调研报告	2013.12
世界民族关系与问题研究译丛	何克勇	外国语学院	译著	2013.12

（中央民族大学科研处供稿）

中国政法大学

2011 年承担国家或省部级社科研究项目

项目名称	负责人	承担部门	项目来源	成果形式	完成日期
人民法院诉讼证据规定研究	张　军	证据科学研究院	国家社会科学基金项目	专著 研究报告	2014.12
中国民法理论体系构建问题	柳经纬	比较法学研究院	国家社会科学基金项目	专著	2014.12
中国碳排放交易法律制度研究	曹明德	民商经济法学院	国家社会科学基金项目	专著	2013.8
银行破产风险处置和重整法律制度研究	王卫国	民商经济法学院	国家社会科学基金项目	专著	2014.9
跨界损害问题的归责与赔偿研究	林灿铃	国际法学院	国家社会科学基金项目	专著	2013.12

续表

项目名称	负责人	承担部门	项目来源	成果形式	完成日期
国际刑事法院的理论与实践	凌　岩	国际法学院	国家社会科学基金项目	专著	2014.6
联合国人权理事会普遍定期审议机制研究	朱利江	国际法学院	国家社会科学基金项目	专著	2013.12
我国行政裁量基准制度研究	王天华	法学院	国家社会科学基金项目	专著	2013.9
中国行政争议多元解决机制经验研究	汪庆华	法学院	国家社会科学基金项目	研究报告	2014.8
我国刑事证据规则体系的构建与完善研究	刘　玫	刑事司法学院	国家社会科学基金项目	专著 研究报告	2013.12
社会建设与社会管理中法律的新功能研究	何珊君	社会学院	国家社会科学基金项目	专著 研究报告	2013.12
相对集中行政许可权研究	王敬波	法治政府研究院	国家社会科学基金项目	专著	2013.6
中国特色社会主义法律体系与基本权利保障研究	徐　爽	人权与人道主义法研究院	国家社会科学基金项目	专著 研究报告	2014.5
民事证据排除程序研究	戴　锐	证据科学研究院	国家社会科学基金项目	专著	2013.12
刑事证据潜规则研究	房保国	证据科学研究院	国家社会科学基金项目	专著 研究报告	2013.12
马克思意识形态概念的理解史及其现实意义	张秀琴	人文学院	国家社会科学基金项目	专著	2014.7
侦查程序被害人权利保护研究	兰跃军	诉讼法学研究院	国家社会科学基金项目	专著	2013.8
我国文化产业发展中的政府角色定位与治理结构研究	张　森	新闻与传播学院	国家社会科学基金项目	专著	2013.12
全球正义视域中的转基因问题研究	谢　军	马克思主义学院	国家社会科学基金项目	专著 研究报告	2014.7
明清时期的官箴书与地方司法实践研究	张小也	法律古籍整理研究所	国家社会科学基金项目	专著	2014.6
西方政治文化研究复兴新成果跟踪研究	丛日云	政治与公共管理学院	国家社会科学基金项目	论文集	2014.9
近代中国与国际法	曾　涛	国际法学院	国家社会科学基金后期资助项目	专著	2011.12
青少年社会主义法治理念教育研究	孙霄兵	法治政府研究院	全国教育科学规划项目	—	—
国家教育考试应急管理研究	李程伟	政治与公共管理学院	全国教育科学规划项目	—	—

续表

项目名称	负责人	承担部门	项目来源	成果形式	完成日期
2011年证据理论与科学国际研讨会	张保生	证据科学研究院	国家自然科学基金项目	—	2011.7
联合应用VEP及固视性质检查客观评定视敏度的法医学研究	王旭	证据科学研究院	国家自然科学基金项目	—	2015.12
mRNA推断皮肤损伤时间的多因子与多因素实验研究	百如峰	证据科学研究院	国家自然科学基金项目	—	2015.12
基于胺解反应的纳米荧光指纹显现试剂及显现方法研究	王元凤	证据科学研究院	国家自然科学基金项目	—	2014.12
信息系统与组织结构的动态匹配：基于中国企业国际化的实证研究	朱晓武	商学院	国家自然科学基金项目	—	2014.12
禁毒战略区域化实现的测评体系研究	于志刚	刑事司法学院	国家科技支撑计划项目	—	2014.12
中国证据法治发展报告	张保生	证据科学研究院	教育部哲学社会科学研究发展报告资助项目	发展报告	2014
中国古代的法制与秩序：文官治理与行政秩序	顾元	法律史学研究院	教育部重点研究基地重大项目	论文 专著	2014.12
中华法系与东亚法研究	李青	法律史学研究院	教育部重点研究基地重大项目	专著	2014.12
民事审判权与审判责任研究	宋朝武	诉讼法学研究院	教育部重点研究基地重大项目	专著	2014.12
非法证据排除规则在中国的实施问题研究	杨宇冠	诉讼法学研究院	教育部重点研究基地重大项目	专著	2014.12
中国犯罪记录制度的体系构建	于志刚	刑事司法学院	教育部哲学社会科学研究后期资助项目	专著	2013.12
社会保障权救济模式研究	薛小建	法学院	教育部人文社科研究一般项目	著作 论文	2014
投资非洲争议解决问题研究	祁欢	国际法学院	教育部人文社科研究一般项目	论文 咨询报告	2014
电子商务中的商标使用和商标侵权研究	张今	民商经济法学院	教育部人文社科研究一般项目	论文 咨询报告	2014
跨国破产法适用问题比较研究	张玲	国际法学院	教育部人文社科研究一般项目	著作 论文	2014
集体土地所有权的宪法地位及其效力研究	张吕好	法学院	教育部人文社科研究一般项目	著作 论文	2014
法律硕士研究生培养模式和培养质量评价体系研究	王振峰	研究生院	教育部人文社科研究一般项目	论文 咨询报告 实施方案	2014

续表

项目名称	负责人	承担部门	项目来源	成果形式	完成日期
DNA 证据相关问题研究	袁　丽	证据科学研究院	教育部人文社科研究一般项目	著作 论文	2014
事业单位改革中的公法人制度构建	秦奥蕾	法学院	教育部人文社科研究一般项目	论文 咨询报告	2014
刑事推定规制之实证研究	褚福民	证据科学研究院	教育部人文社科研究一般项目	著作	2014
当代民事诉讼思潮研究	韩　波	民商经济法学院	教育部人文社科研究一般项目	著作	2014
《外资并购境内企业安全审查法律规制研究》	武长海	法和经济学研究中心	教育部人文社科研究一般项目	著作 论文 咨询报告	2014
后京都时代气候变化国际制度的实施	兰　花	国际法学院	教育部人文社科研究一般项目	著作 论文	2014
规范、逻辑与法律论证	雷　磊	法学院	教育部人文社科研究一般项目	论文 译著 文集	2014
南海争端被提交第三方程序的可能性研究	高健军	国际法学院	教育部人文社科研究一般项目	咨询报告	2014
高校司法鉴定机构质量管理体系构建与运行	郭兆明	证据科学研究院	教育部人文社科研究一般项目	论文 调研报告 体系范本	2014
律师公共责任研究	许身健	法学院	教育部人文社科研究一般项目	著作	2014
21 世纪中印美三角外交关系研究	卫　灵	马克思主义学院	教育部人文社科研究一般项目	论文	2014
“西藏问题”的国际化及中国对策	曹　兴	政治与公共管理学院	教育部人文社科研究一般项目	著作	2014
传闻证据规则的语言学研究	邹玉华	人文学院	教育部人文社科研究一般项目	著作 咨询报告	2014
我国优势稀有金属类产品出口管制政策体系研究	张淑静	商学院	教育部人文社科研究一般项目	论文 咨询报告	2014
扩大就业战略背景下我国大学生就业质量问题研究	王　霆	商学院	教育部人文社科研究一般项目	论文 咨询报告	2014
碳税、规模经济与重工业产业组织结构的调整：以钢铁业为例	陈明生	商学院	教育部人文社科研究一般项目	著作 论文	2014
增长主义发展模式及其转变研究	胡　明	商学院	教育部人文社科研究一般项目	著作 论文 咨询报告	2014
贸易救济措施重叠使用的政治经济学分析	宏　结	商学院	教育部人文社科研究一般项目	论文 咨询报告	2014

续表

项目名称	负责人	承担部门	项目来源	成果形式	完成日期
清末民初的中美交往与中国政局——以美国公、私英文资料中的伍廷芳为中心	郭世佑	人文学院	教育部人文社科研究一般项目	著作	2014
基于受众价值增值的视频内容产品创新模式研究	王天铮	新闻与传播学院	教育部人文社科研究一般项目	论文 咨询报告	2014
法律英语学科规划研究	李　立	外国语学院	教育部人文社科研究一般项目	论文集 教材	2014
应急产业科技人才培育研究	张永理	政治与公共管理学院	教育部人文社科研究一般项目	著作 论文	2013.12
列结构分解分析模型及其应用	李景华	商学院	教育部留学回国人员科研启动基金项目	论文	—
中国司法的传统及其近代转型——以衡平的价值理念为中心	顾　元	法律史学研究院	教育部留学回国人员科研启动基金项目	专著	2014.8
社会流动与社会网络：中国城市中的农村外来人口研究	刘　娜	社会学院	教育部留学回国人员科研启动基金项目	专著	—
全球化背景下我国大宗农产品产业安全问题研究	刘志雄	商学院	教育部留学回国人员科研启动基金项目	研究报告	—
近代中国与国际法——从天下观到国际观	曾　涛	国际教育学院	教育部留学回国人员科研启动基金项目	专著	—
农民工子女手机使用与社会融入——对北京市农民工子女与城市居民子女的比较研究	何江穗	社会学院	教育部留学回国人员科研启动基金项目	论文	—
《皇清奏议》整理研究	张小也	法律古籍整理研究所	全国高等院校古籍整理研究工作委员会重点科研项目	古籍整理成果 学术论文	2013.12
司法自由裁量权之规制研究——以刑事推定为例的分析	褚福民	证据科学研究院	北京市哲学社会科学规划项目	专著	2012.12
北京市治理交通拥堵的监管措施研究	张　卿	法和经济学研究中心	北京市哲学社会科学规划项目	研究报告	2013.6
中国加入《WTO政府采购协议》的法律问题及对北京市的影响分析	郝　倩	法治政府研究院	北京市哲学社会科学规划项目	研究报告	2013.8
法庭语言证据实证研究——以北京市法院案件为例	邹玉华	人文学院	北京市哲学社会科学规划项目	研究报告 论文集	2013.7
“文明以止”：中华民族的人文精神与文明特性研究	林存光	政治与公共管理学院	北京市哲学社会科学规划项目	论文集	2014.9

续表

项目名称	负责人	承担部门	项目来源	成果形式	完成日期
信访与多元纠纷解决途径衔接机制研究	王敬波	法治政府研究院	北京市哲学社会科学规划项目	研究报告	2013.6
以北京市为视角——女性毒品犯罪及其防治	赖修桂	刑事司法学院	北京市哲学社会科学规划项目	专著	2013.12
常染色体非 CODIS 系统 MiniSTR 国产化试剂盒研制与法医学应用	石美森	证据科学研究院	北京市科技新星计划项目	—	2013.12
北京国际化大都市建设专业人才外语能力培养模式研究	李　立	外国语学院	北京市共建项目	—	2012.12
北京地区现存清代、民国司法档案的价值与利用	徐世虹	法律古籍整理研究所	北京市共建项目	—	2012.12
北京公立高校信息公开理论与实践研究	马怀德	法治政府研究院	北京市共建项目	—	2012.12

2011 年重要横向课题（省、部级单位委托研究）

项目名称	负责人	承担部门	项目来源	成果形式	完成日期
岩礁法理问题研究	高健军	国际法学院	外交部条法司	研究报告	2011.3
加拿大加入 WTO《政府采购协议》谈判情况研究	曾　涛	国际教育学院	外交部条法司	研究报告	2011.6
保险法制体系建设研究	王卫国	民商经济法学院	保监会法规部	咨询报告	2010.12
我国外资并购安全审查立法研究	武长海	法和经济学研究中心	人力资源和社会保障部	研究报告	2011.5
地理标志保护双边协议问题及对策研究	李祖明	民商经济法学院	国家质检总局	报告 模型	2012.6
国际贸易摩擦中的诉调对接研究	崔林林	法学院	国际贸易促进委员会	项目报告	2013.12
内地与香港非营利组织区际法律冲突及其解决	曾　涛	国际教育学院	民政部	研究报告	
香港非营利组织在内地活动的合法性及政府监管研究——以两地社会组织法律冲突为框架	刘　力	国际法学院	民政部民间局	研究报告	2011.3
传统与现代：中国法律文化的根源与流变	徐　妍	比较法学研究院	教育部港澳台办	论文	
美国贸易促进立法与实践研究	王传丽	国际法学院	商务部条法司	研究报告	2011.8
环境重金属污染健康损害补偿标准和指标体系研究	杨素娟	民商经济法学院	国家科学技术部、国家环境保护部	立法建议	2013.6
北京市“十二五”时期应急体系发展规划编制支撑研究	李程伟	政治与公共管理学院	北京市政府	研究报告	2011.6

续表

项目名称	负责人	承担部门	项目来源	成果形式	完成日期
关于涉外民商事法律关系中法律适用问题的调研	黄　进	国际法学院	最高人民法院	研究报告	2011.6
执行主体研究	谭秋桂	诉讼法学研究院	最高人民法院	论文	2011.3
强制执行法的体系结构研究	王　娣	民商经济法学院	最高人民法院	论文	2011.3
法治进程中农村地区基层党组织村民委员会、村经济组织相互关系调研	林存光	政治与公共管理学院	农业部	调研报告	2011.10
《学法用法网络知识竞赛》策划方案	宋建武	新闻与传播学院	国家广播电影电视法规司	策划方案	2011.5
重大行政决策程序研究	薛刚凌	法学院	国务院法制办	研究报告和制度建议稿	2011.9
防灾减灾法制、体制和机制战略研究	应松年	法治政府研究院	民政部	研究报告	2011.12
水量调度管理关键制度论证分析	曲新久	刑事司法学院	水利部发展研究中心	报告	2011.11
我国著作权法权利体系专题研究	张　今	民商经济法学院	新闻出版总署	研究报告	2011.12
各国知识产权战略背景下的知识产权保护策略研究	李祖明	民商经济法学院	国家知识产权局	报告	2011.11
知识产权保护信用评价机制研究	来小鹏	民商经济法学院	国家知识产权局	研究报告	2011.12
能源重大工程项目建设和重大政策制定社会稳定风险评估机制	马怀德	法治政府研究院	国家能源局	研究报告	2011.12
法定机构相关问题的理论研究	郎佩娟	法学院	中央机构编制委员会办公室	咨询报告	2011.11
芬兰、爱沙尼亚、爱尔兰有关政府采购法律翻译	曾　涛	国际教育学院	外交部条法司	研究报告	2012.1
我国修改《中华人民共和国人民防空法》所涉重大问题研究	李卫海	法学院	国家人民防空办公室	研究报告	2011.11
“十二五”期间国资监管体制的框架设计和完善路径	刘纪鹏	法学院	国资委法规局	研究报告	2011.6
韩国政府采购制度对完善我国政府采购市场防护体系的启示和借鉴	金　哲	国际法学院	外交部条法司	研究报告	2011.12
专利保护重点联系机制工作研究	来小鹏	民商经济法学院	国家知识产权局	总结报告	2011.12
法律监督立法研究	崔永东	法学院	最高人民检察院检察理论研究所	研究报告	2013.8
农村留守儿童、老人、妇女生存状况调研	潘小娟	政治与公共管理学院	民政部	研究报告	2011.11
检察工作科学发展战略	王人博	政法论坛	最高人民检察院检察理论研究所	论文	2012.5

续表

项目名称	负责人	承担部门	项目来源	成果形式	完成日期
青少年体育活动意外伤害事故和安全问题应急管理机制研究	王小平	体育法研究中心	国家体育总局	研究报告	2011. 12
知识产权保护与当代中国经济转型升级及对策研究	冯晓青	民商经济法学院	国家知识产权局	研究报告	2012. 8
保险法制体系建设研究	王卫国	民商经济法学院	保监会法规部	研究报告	2013. 8
行政执法监督、行政诉讼法律服务	王传丽	国际法学院	工信部政策法规司	报告	2011. 12
我国环境监察法规体系评估与完善	于文轩	民商经济法学院	环境保护部环境监察局	研究报告	2011. 12
中国专利确权机制研究	张树义	法学院	国家专利局	研究报告	2012. 8
关于规范与完善再审审查程序的调研	宋朝武	民商经济法学院	最高人民法院	调研报告	2011. 9
我国养老服务机构存在的问题与立法完善	刘金华	民商经济法学院	民政部	论文	2010. 1
新形势下海外侨胞投资政策法律机制研究	史晓丽	国际法学院	国务院侨务办公室	报告	2013. 7
《各国宪法与检查制度》两项子课题	杜新丽	国际法学院	最高人民检察院	中文译文	
“追索非法流失文物政策及措施研究专项”预研究	霍政欣	国际法学院	国家文物局	咨询报告	2012. 5
我国保护华侨的法律缺失及其对策研究——从国家管辖权的角度分析	林灿铃	科研处	国务院侨务办公室	研究报告	2012. 10
中国海外投资担保制度研究	史晓丽	国际法学院	国务院发展中心企业所	报告	2012. 7
中国对外投资主体和对外投资形式的法律监管研究	祈　欢	国际法学院	国务院发展中心企业所	论文 报告	2012. 3
国家豁免立法：实体问题研究	黄　进	国际法学院	外交部条法司	研究报告	2010. 12
“六五”民族法制“普法”宣传教育项目：民族法规政策简明读本	李　鸣	法律史学研究院	国家民族事务委员会	知识读本	2012. 2
园区知识产权试点示范工作研究	来小鹏	民商经济法学院	国家知识产权局	研究报告	2011. 12
《北京市控制吸烟条例》法规预案研究	应松年	法治政府研究院	北京市人大常委会法制办公室	预案研究报告	2011. 10
（待定）	方流芳	中欧法学院	国资委政策法规局	研究报告	2011. 12
商事登记制度基本理论研究	赵旭东	民商经济法学院	国家工商局	研究报告	2012. 7
美国“332 调查”制度	史晓丽	国际法学院	商务部产业损害调查局	报告	2012. 6
广播影视普法实效研究	宋建武	新闻与传播学院	国家广播电影电视总局	发展报告	2012. 2

续表

项目名称	负责人	承担部门	项目来源	成果形式	完成日期
首都人口有序调控思路及对策研究	薛刚凌	法学院	北京市政府法制办	研究报告	2011.5
广播影视案例分析——传播内容篇	阴卫芝	新闻与传播学院	国家广播电影电视总局	出版物	2012.3
涉密采购保密管理制度研究	王夏昊	法学院	国家保密局	专著	2012.5
中国海洋基本法立法研究	辛崇阳	法律硕士学院	国家海洋局北海分局	研究报告	2012.3
行政组织立法研究	应松年	法治政府研究院	中央机构编制委员会办公室	研究报告	2012.12
知识产权行政管理工作定位及未来发展问题研究	来小鹏	民商经济法学院	国家知识产权局	研究报告	2012.6
FATCA 应对方案	崔　威	比较法学研究院	财政部税政司	报告	2011.12

中国政法大学校级人文社会科学项目

项目名称	负责人	所在单位	成果形式	完成日期
娱乐与启蒙：中国公案类文学的近代化转型	崔蕴华	人文学院	论文或专著	2014.7
中外新闻舆论监督比较研究	王永亮	新闻与传播学院	论文	2014.7
人口老龄化与构建我国老年护理保险制度研究	张天民	政治与公共管理学院	专著	2014.7
社会人类学与礼物——交换理论研究	赵丙祥	社会学院	专著	2014.7
文体分析的应用研究——从供述心理学的视点	片成男	社会学院	论文 研究报告	2014.7
面向低碳经济的石油天然气立法研究	于文轩	民商经济法学院	研究报告	2014.7
美国学者研究中国改革的政治哲学理念评析及意义探讨	李凯林	人文学院	专著	2014.7
大陆架外部界限划定的法律规则和实践研究	高健军	国际法学院	研究报告	2014.7
媒介融合视域下全媒体内容生产模式研究	王佳航	新闻与传播学院	专著	2014.7
三网融合背景下的媒体规制变革研究	鞠宏磊	新闻与传播学院	专著	2014.7
西方政治思潮与改革开放以来中国现代政治意识的变迁	庞金友	政治与公共管理学院	论文	2014.7
反垄断法域外适用制度研究——以两拓合并案为例	戴　龙	国际法学院	专著	2014.7
美国1787年联邦制宪会议研究	顾　元	法律史学研究院	专著	2014.7
清代律学：技术、实践及其现代意义	陈　煜	法律史学研究院	研究报告	2014.7

续表

项目名称	负责人	所在单位	成果形式	完成日期
关系网路视野下的社会流动与社会融合	刘　娜	社会学院	论文	2014. 7
空间资产拟议法前沿问题——开普敦公约《空间资产议定书》草案研究	李居迁	国际法学院	专著	2014. 7
再读恩格斯：新 MEGA 之后的恩格斯晚年思想研究（1891—1895）	张秀琴	人文学院	论文	2014. 7
世界民族法制史论	李　鸣	法律史学研究院	专著	2014. 7
北京市罪犯假释风险评估量表构建支持性研究	毕向阳	社会学院	研究报告	2014. 7
中国法律的影响分析与评估指标构建	席　涛	法和经济学研究中心	论文	2014. 7
吸毒后驾驶检测程序、标准及法律责任研究	郝红霞	证据科学研究院	研究报告 论文 专利	2014. 7
刑事推定实证研究	褚福民	证据科学研究院	论文	2014. 7
公法人制度与我国事业单位改革	秦奥蕾	法学院	研究报告	2014. 7
大规模环境侵权及其救济机制立法研究	侯佳儒	民商经济法学院	报告	2014. 7
网络环境下的犯罪防控与公众参与	陈　碧	刑事司法学院	研究报告	2014. 7
文化产品的市场价值研究及其评估指标体系的构建	张　森	新闻与传播学院	专著	2014. 7
刑法适用方法论	方　鹏	刑事司法学院	专著	2014. 7
后危机时期我国货币政策的调整战略——从货币政策目标角度分析	李宗怡	商学院	研究报告	2014. 7
家庭社会经济地位在青少年犯罪成因中的真实作用	郑红丽	社会学院	论文	2014. 7
俄罗斯刑事审前程序改革对中国的借鉴	元　轶	比较法学研究院	论文 研究报告	2014. 7
WTO 规则和其他国际法规则的冲突问题	余　丽	国际法学院	论文与著作	2014. 7
企业社会责任与劳动者权益保护研究	郑佳宁	民商经济法学院	论文 报告	2014. 7
合作主义模式下的政府危机管理机制创新	王冬芳	政治与公共管理学院	研究报告	2014. 7
基于语料库统计的立法语言用词规范研究	张　彦	人文学院	论文	2014. 7
罗伯特·弗罗斯特的叙事诗和叙事性研究	刘瑞英	外国语学院	论文	2014. 7

（中国政法大学科研处刘璐供稿）

中央财经大学

2011年承担国家或省部级科研项目

序号	项目名称	负责人	所属机构	项目来源	预期成果形式	计划完成时间
1	对外贸易与收入不平等的理论模型与经验分析研究	张　艳	国际经济与贸易学院	国家社会科学基金	研究或咨询报告	2013.7
2	金融危机背景下中国企业债券信用风险统计研究	王海姝	商学院	国家社会科学基金	研究或咨询报告	2013.7
3	报纸期刊退出机制研究	谭云明	文化与传媒学院	国家社会科学基金	研究或咨询报告	2013.7
4	创新联盟的形成、扩散和治理研究	李国武	社会发展学院	国家社会科学基金	研究或咨询报告	2013.7
5	中国农民工二代初中后流向及其影响因素研究	侯佳伟	社会发展学院	国家社会科学基金	研究或咨询报告	2013.7
6	中国外汇储备投资风险管理研究	李　杰	中国金融发展研究院	国家社会科学基金	研究或咨询报告	2013.7
7	劳动密集型和知识密集型私营企业劳动关系策略模式比较研究	朱　飞	商学院	国家社会科学基金	研究或咨询报告	2013.7
8	我国沿海地区二次产业结构升级研究	杨运杰	经济学院	国家社会科学基金	研究或咨询报告	2013.7
9	完善县级财政体制与加快转变经济发展方式研究	欧阳日辉	中国发展和改革研究院	国家社会科学基金	研究或咨询报告	2013.7
10	中国管理哲学特质研究	邢文祥	行政机关	国家社会科学基金	研究或咨询报告	2013.7
11	对外国投资的国家安全审查与贸易保护主义研究	陈　波	国防经济与管理研究院	国家社会科学基金	研究或咨询报告	2013.7
12	征信时代下的公民人格权保障研究	艾　茜	法学院	国家社会科学基金	研究或咨询报告	2013.7
13	共和政体的道德基础研究	陈文娟	马克思主义学院	国家社会科学基金	研究或咨询报告	2013.7
14	行政法视野下的自我规制	高秦伟	法学院	国家社会科学基金	研究或咨询报告	2013.7
15	基于模糊理论的地方政府绩效评估的元评估指标体系研究	曹堂哲	政府管理学院	国家社会科学基金	专著	2013.7
16	中国企业管理会计控制系统框架与应用研究	刘俊勇	会计学院	国家社会科学基金	专著	2013.7
17	提升县级辖区公共服务能力的参与式财政分权研究	童　伟	财经研究院	国家社会科学基金	研究或咨询报告	2013.7
18	体育强国目标建设中运动员社会保障政策法规问题研究	马法超	体育经济与管理学院	国家社会科学基金	论文集	2013.7

续表

序号	项目名称	负责人	所属机构	项目来源	预期成果形式	计划完成时间
19	行为宏观经济学在中国经济波动理论和政策中的应用研究	李　彬	经济学院	国家社会科学基金	研究或咨询报告	2013.7
20	应对气候融资的中国碳金融法律机制研究	朱家贤	法学院	国家社会科学基金	研究或咨询报告	2013.7
21	中国古代图书出版业的营销研究	李　鹏	文化与传媒学院	国家社会科学基金后期资助	专著	2013.7
22	中国特色公共支出理论与政策创新研究	马海涛	财政学院	国家社会科学基金重点项目	研究或咨询报告	2014.12
23	社会保障改革与中国的收入分配：基于核密度估计的实证分析和政策建议	刘　靖	经济学院	国家自然科学基金	研究或咨询报告	2014.12
24	规模养种生物质能供应链系统动态仿真与反馈协调机制研究	贾晓菁	MBA 教育中心	国家自然科学基金	研究或咨询报告	2014.12
25	城市化对我国城乡居民健康的影响：基于微观实证的研究	吴晓瑜	中国公共财政与政策研究院	国家自然科学基金	研究或咨询报告	2014.12
26	国家自然科学基金重大数据项目管理研究	李海峥	中国人力资本与劳动经济研究中心	国家自然科学基金	研究或咨询报告	2014.12
27	跨国公司利润转移的规模、动因和机制：基于在华外商投资企业微观数据的实证研究	何　杨	税务学院	国家自然科学基金	研究或咨询报告	2014.12
28	财政政策非线性作用、调整机制研究及政策目标非线性关联下政策模拟	王立勇	经济学院	国家自然科学基金	研究或咨询报告	2014.12
29	跨期条件下资产定价主流偏差时变机理	苏　治	统计学院	国家自然科学基金	研究或咨询报告	2014.12
30	基于社会动机的消费者多样化寻求行为研究	王　毅	商学院	国家自然科学基金	研究或咨询报告	2014.12
31	谁来推荐更有效？顾客的社会网络对口碑推荐效果的影响机制研究	李　季	商学院	国家自然科学基金	研究或咨询报告	2014.12
32	制度转型下董事会资本、国际化程度与企业绩效的作用机理研究：中国企业的经验证据	刘小元	商学院	国家自然科学基金	研究或咨询报告	2014.12
33	挑战性——阻断性工作要求差异化影响的中介机制与边界条件：基于区分性工作要求——资源模型的研究	林　琳	商学院	国家自然科学基金	研究或咨询报告	2014.12

续表

序号	项目名称	负责人	所属机构	项目来源	预期成果形式	计划完成时间
34	不确定性数据流上的频繁项集挖掘关键技术研究	李海峰	信息学院	国家自然科学基金	研究或咨询报告	2014.12
35	情绪对情景记忆巩固的影响机制	汪 波	社会发展学院	国家自然科学基金	研究或咨询报告	2014.12
36	多部门框架下政府政策的评价方法及其应用研究	崔小勇	中国经济与管理研究院	国家自然科学基金	研究或咨询报告	2014.12
37	四维及高维的临界引力	吕 宏	中国经济与管理研究院	国家自然科学基金	研究或咨询报告	2015.12
38	微分动力系统的测度和熵	孙 鹏	中国经济与管理研究院	国家自然科学基金	研究或咨询报告	2014.12
39	外资股东主导下的股利分配行为：降低代理成本还是寻找提款机	周县华	中国精算研究院	国家自然科学基金	研究或咨询报告	2014.12
40	中小企业金融服务与金融体系变革——国际比较与中国实践	史建平	金融学院	国家自然科学基金	研究或咨询报告	2015.12
41	货币政策约束下中国影子信贷市场的融资搜寻模型研究	李建军	金融学院	国家自然科学基金	研究或咨询报告	2015.12
42	重尾门限类非线性时间序列模型的统计推断及应用	王 辉	金融学院	国家自然科学基金	研究或咨询报告	2014.12
43	中国企业债券信用风险估价研究：基于非对称信息视角	周 宏	会计学院	国家自然科学基金	研究或咨询报告	2015.12
44	随机环境下基于期权视角的企业兼并价格确定的博弈分析	徐 斌	会计学院	国家自然科学基金	研究或咨询报告	2015.12
45	基于注册会计师视角的财务重述经济后果研究	曹 强	会计学院	国家自然科学基金	研究或咨询报告	2014.12
46	信息环境变化对海内外分析师行为及其差异影响研究	王玉涛	会计学院	国家自然科学基金	研究或咨询报告	2014.12
47	债务契约、诉讼及其经济后果	王彦超	会计学院	国家自然科学基金	研究或咨询报告	2014.12
48	股权激励、企业资本配置行为及其经济后果研究	孙 健	会计学院	国家自然科学基金	研究或咨询报告	2014.12
49	互异信念和信息下的投资组合与资产定价问题	郑 敏	中国精算研究院	国家自然科学基金	研究或咨询报告	2014.12
50	巴拿赫空间中微分方程与迭代方法的研究及应用	孙 博	应用数学学院	国家自然科学基金数学天元	研究或咨询报告	2012.12
51	带非线性阻尼的可压缩 EULER_POISSON 系统的大时间行为研究	陈 静	应用数学学院	国家自然科学基金数学天元	研究或咨询报告	2012.12

续表

序号	项目名称	负责人	所属机构	项目来源	预期成果形式	计划完成时间
52	创业生态指数的构建与评测	林　嵩	商学院	北京市自然科学基金	研究或咨询报告	2012. 12
53	分布式数据挖掘隐私保护问题研究	朱建明	信息学院	北京市自然科学基金	研究或咨询报告	2012. 12
54	碳税对北京社会经济、居民收入影响的实证分析与碳预算制度设计	樊　勇	税务学院	北京市自然科学基金	研究或咨询报告	2012. 12
55	支撑北京低碳经济发展的生态承载能力研究	王亚菲	统计学院	北京市自然科学基金	研究或咨询报告	2012. 12
56	基于第三方物流的中小企业供应链金融鲁棒融资策略研究	晏妮娜	商学院	北京市自然科学基金	论文	2012. 12
57	以创先争优为契机推进首都基层党组织建设研究——基于组织绩效视角的研究	倪海东	行政机关	北京市社会科学基金重大项目	专著	2013. 7
58	北京市依靠创新转变经济发展方式的思路和对策研究	李　涛	经济学院	北京市社会科学基金重大项目	文章	2013. 7
59	北京生产性服务业集群发展的资源禀赋、模式选择与空间布局研究	张晓涛	国际经济与贸易学院	北京市社会科学基金	研究或咨询报告	2013. 12
60	电子商务产业集聚的动力效应及路径演化研究——北京电子商务聚集区战略选择	张　巍	信息学院	北京市社会科学基金	研究或咨询报告	2013. 12
61	财政监督视角下的全口径、多维度政府预算报告体系构建研究——基于北京市现实	李　燕	财政学院	北京市社会科学基金	专著	2013. 12
62	北京市知识产权质押融资模式运行中的问题及其对策研究	刘红霞	会计学院	北京市社会科学基金	研究或咨询报告	2013. 12
63	北京市人口老龄化对储蓄、消费和社会保障的影响——基于OLG模型的研究	杨再贵	中国精算研究院	北京市社会科学基金	论文集	2013. 12
64	北京市交通可持续发展研究：基于财税政策角度的分析	马海涛	财政学院	北京市社会科学基金	专著	2013. 12
65	城市退休老人社会适应现状及影响因素研究	丁志宏	社会发展学院	北京市社会科学基金	研究或咨询报告	2013. 12
66	北京服务外包业竞争力与发展战略研究	章　宁	信息学院	北京市社会科学基金	研究或咨询报告	2013. 12
67	整体性治理视角下的我国大都市区地方政府跨界公共事务协作研究	崔　晶	政府管理学院	教育部	专著	2014. 12

续表

序号	项目名称	负责人	所属机构	项目来源	预期成果形式	计划完成时间
68	基于关系的中小节能服务企业贷款模式研究	黄志烨	管理科学与工程学院	教育部	研究或咨询报告	2014.12
69	我国商业银行风险收益平衡最优信贷审批策略	陈暮紫	管理科学与工程学院	教育部	研究或咨询报告	2014.12
70	基于民生视角的政府投资项目监管体系研究——G-BSC构建与应用	周　君	管理科学与工程学院	教育部	研究或咨询报告	2014.12
71	移动技术扩散视角下网络交互教学效果研究	张艳梅	信息学院	教育部	研究或咨询报告	2014.12
72	互联网企业成长机理及模式研究	张　巍	信息学院	教育部	研究或咨询报告	2014.12
73	我国慈善事业发展中的政府角色定位及职能转变研究	耿　云	政府管理学院	教育部	研究或咨询报告	2014.12
74	宅基地产权制度改革与农村社区治理创新研究	刘庆乐	政府管理学院	教育部	研究或咨询报告	2014.12
75	我国环境自愿协议制度研究	刘　倩	财经研究院	教育部	研究或咨询报告	2014.12
76	教育对区域软实力贡献度：理论与方法——基于25个城市的研究	李　军	财经研究院	教育部	专著	2014.12
77	公民友好型政府预算报告模式研究	王雍君	财经研究院	教育部	研究或咨询报告	2014.12
78	国有企业财务分配公平与效率模型研究	祁怀锦	会计学院	教育部	专著	2014.12
79	当代大学生学校归属感实证研究和理论分析——以北京市高校为例	哈战荣	马克思主义学院	教育部	研究或咨询报告	2014.12
80	中国的收入分配与经济增长——避免"中等收入陷阱"的理论与实证分析	高　伟	经济学院	教育部	研究或咨询报告	2014.12
81	基于内生人口增长视角的中国人口转型与经济增长研究	赵文哲	经济学院	教育部	研究或咨询报告	2014.12
82	人民币汇率的福利效应：理论与实证研究	黄昌利	金融学院	教育部	研究或咨询报告	2014.12
83	基于新开放宏观经济学的金融危机模型与货币政策协调研究	杨　武	国际经济与贸易学院	教育部	研究或咨询报告	2014.12
84	大学章程的国际比较与中国特色大学章程建设研究	聂建峰	行政机关	教育部	研究或咨询报告	2014.12
85	教育优先发展与教师体面劳动研究	孙殿明	行政机关	教育部	研究或咨询报告	2014.12

续表

序号	项目名称	负责人	所属机构	项目来源	预期成果形式	计划完成时间
86	中国税收契约优化与税收信用体系构建研究	蔡　昌	税务学院	教育部	论文	2014.12
87	虚拟公共领域功能实现模式研究——基于网民“热点行为”的群体动力学实证分析	曹怀虎	信息学院	教育部	论文	2014.12
88	马克思主义大众化的日常生活维度研究	韩美兰	马克思主义学院	教育部	研究或咨询报告	2014.12
89	保险精算中极端事件模型的研究	张　奕	中国精算研究院	教育部	研究或咨询报告	2014.12
90	数量风险管理在长寿风险、最优再保险和计算金融中的应用	陈建成	中国精算研究院	教育部	研究或咨询报告	2014.12
91	人的网络实践活动及其规律与网络思想政治教育的创新	胡树祥	马克思主义学院	教育部	研究或咨询报告	2014.12
92	中国在对外经济关系中的地位变迁与展望	兰日旭	经济学院	教育部后期资助	专著	2013.12
93	全球虚拟经济与实体经济背离机理与实证计量	苏　治	统计学院	教育部博士点基金	研究或咨询报告	2013.12
94	租税替代、土地财政与中国房地产发展战略研究	黄少安	经济学院	教育部科技发展中心	研究或咨询报告	2013.12
95	基于财政透明导向的政府财务报告模式研究	余应敏	会计学院	教育部国际合作司	研究或咨询报告	2013.12
96	人民币汇率变动对大宗农产品进出口价格的传递效应研究	于爱芝	经济学院	教育部国际合作司	研究或咨询报告	2013.12
97	大学生思想动态及变化规律研究	李志军	马克思主义学院	教育部高等学校社会科学发展研究中心	研究或咨询报告	2012.12
98	基于学术生态环境视角的高校教师科研诚信问题研究	张晓红	行政机关	北京市教育科学规划项目	研究或咨询报告	2013.12
99	北京高校教学质量问责机制研究——基于新制度主义的视角	周湘林	政府管理学院	北京市教育科学规划项目	研究或咨询报告	2013.12
100	北京高等教育对城市竞争力贡献的分类测算及分析	李　军	财经研究院	北京市教育科学规划项目	研究或咨询报告	2013.12
101	当代大学生学校归属感研究——以北京市高校为例	哈战荣	马克思主义学院	北京市教育科学规划项目	研究或咨询报告	2013.12
102	网络学术信息及对大学生自主学习的影响研究	王宪洪	图书馆	北京市教育科学规划项目	研究或咨询报告	2012.12

（中央财经大学科研处供稿）

对外经济贸易大学

2011 年国家级或省部级纵向科研项目

项目名称	负责人	承担部门	项目来源	成果形式	完成日期
“十二五”时期我国发展的创新驱动战略研究	施建军	国际商学院	国家社会科学基金（重大项目）	专著 研究报告	2014.8
我国新一轮对外开放的战略布局、主要目标与政策选择研究	桑百川	国际经济研究院	国家社会科学基金（重大项目）	专著 研究报告	2014.12
极端气候事件的区域分布、变化规律和应对机制研究	张浩 王强	统计与决策研究中心、国际经济贸易学院	国家社会科学基金（重大项目）	专著 论文	2015.1
金融产业经济学研究——基于产业结合的中央企业金融产业发展战略研究	丁志杰	金融学院	国家社会科学基金（重点项目）	专著 研究报告	2015.12
我国资本市场系统稳定性评估和监测研究	张新民	国际商学院	国家社会科学基金（重点项目）	论文 研究报告	2014.12
我国货币政策与汇率政策协调研究	孙华妤	国际经济贸易学院	国家社会科学基金（重点项目）	专著 研究报告	2014.12
应对贸易保护主义的政策预警和储备制度研究	张汉林	WTO 研究院	国家社会科学基金（重点项目）	专著	2012.12
风险管理与公司价值关系研究	王稳	保险学院	国家社会科学基金（重点项目）	论文集 研究报告	2013.12
我国保障性住房基金及发展模式问题研究	刘园	国际经济贸易学院	国家社会科学基金	研究报告	2013.7
我国农村退耕还林工程的可持续发展研究	杨伟勇	国际经济贸易学院	国家社会科学基金	论文集 研究报告	2014.3
我国高铁投资效率及国际比较研究	梁蓓	国际经济贸易学院	国家社会科学基金	论文集 研究报告	2014.12
国外对华反补贴案例及对策研究	杨荣珍	WTO 研究院	国家社会科学基金	专著 专题论文集	2013.8
我国加入《政府采购协议》谈判研究	屠新泉	WTO 研究院	国家社会科学基金	论文集 研究报告	2013.12
企业高管薪酬差距对企业绩效的影响及政策研究	陈胜军	国际商学院	国家社会科学基金	专著 专题论文集	2014.7
后国际金融危机背景下企业风险预警和应急管理研究	浦军	国际商学院	国家社会科学基金	专著 专题论文集	2013.12
道路交通事故社会救助法律问题研究	李青武	保险学院	国家社会科学基金	论文集 研究报告	2013.12
新生代农民工政治效能感实证研究	熊光清	国际关系学院	国家社会科学基金	论文集 研究报告	2013.12

续表

项目名称	负责人	承担部门	项目来源	成果形式	完成日期
阿拉伯当代文学的转型与嬗变研究	余玉萍	外语学院	国家社会科学基金	专著	2014. 6
英汉语法中的高层转喻机制研究	陈香兰	英语学院	国家社会科学基金	专著	2014. 5
爱荷华“国际写作计划”与当代汉语写作的“国际化”研究	邓如冰	中文学院	国家社会科学基金	专著	2014. 9
爱丽斯·默多克叙事伦理研究	马惠琴	英语学院	国家社会科学基金	专著	2014. 12
专用英汉互译机助评分系统的研制	江进林	英语学院	国家社会科学基金	论文集 研究报告	2013. 12
黄河沿线方言的社会与地理研究	周晨萌	中文学院	国家社会科学基金	专著	2013. 12
基于大规模语料的北京话语法系统历时演变研究	刘　云	中文学院	国家社会科学基金	研究报告	2014. 5
新形势下国家经济安全面临的问题与对策研究	戴　臻	WTO 研究院	国家社会科学基金	专著	2012. 12
我国文艺演出院线运行机制研究	王文杰	公共管理学院	国家社会科学基金	专著	2014. 10
抗日战争时期中国共产党的政治动员与乡村治理结构的嬗变	张孝芳	国际关系学院	国家社会科学基金	专著	2013. 12
提升中国服务业企业国际化水平实证研究	樊　瑛	国际经济贸易学院	国家社会科学基金	论文集 研究报告	2014. 8
新社会责任国际标准对我国企业“走出去”的冲击与对策研究	李　丽	国际经济研究院	国家社会科学基金	研究报告	2013. 8
基于社会网络分析的公司舞弊行为研究	王茂斌	金融学院	国家社会科学基金	专著 研究报告	2014. 6
日本古代文学“和习”问题研究	马　骏	外语学院	国家哲学社会科学成果文库		
具边界控制和观测的变系数弱耦合波板系统的适定正则性	邵志超	信息学院	国家自然科学基金	系列论文	2014. 12
受控制市场中的信用风险模型	唐　丹	国际经济贸易学院	国家自然科学基金	系列论文	2014. 12
模糊环境下社会网络中的影响扩散及其优化研究	倪耀东	信息学院	国家自然科学基金	系列论文	2014. 12
基于结构性质的需求依赖价格的供应链合同模型研究	赵映雪	国际经济贸易学院	国家自然科学基金	论文 研究报告 专著	2014. 12
互联网环境下国际团队中的个人信任发展规律实证研究：基于建导式协作背景	程絮森	信息学院	国家自然科学基金	系列论文	2014. 12

续表

项目名称	负责人	承担部门	项目来源	成果形式	完成日期
后危机时代应用高维数据预测宏观经济走势的研究——基于非线性动态因子模型的方法	陈志鸿	国际经济贸易学院	国家自然科学基金	论文 专著	2014.12
小波方法为基础的跳检测方法及其在高频金融市场中的应用	薛　熠	国际经济贸易学院	国家自然科学基金	论文 研究报告	2014.12
中国传统文化视角下企业二元创新能力的形成机制和影响效果研究	陈建勋	国际经济研究院	国家自然科学基金	系列论文	2014.12
中国IPO市场异象背后的利益分配机制研究	邵新建	国际经济贸易学院	国家自然科学基金	论文 研究报告	2014.12
家族企业控制权配置的内生决定及其经济后果研究	陈德球	国际商学院	国家自然科学基金	论文 研究报告 专著	2014.12
企业持有银行股份的动机与经济后果研究	祝继高	国际商学院	国家自然科学基金	论文 研究报告	2014.12
渠道竞合行为、控制机制和关系结果：基于松散耦合理论的实证研究	张磊楠	国际商学院	国家自然科学基金	系列论文	2014.12
基于服务主导逻辑的供应链导向：维度构建、驱动因素和对绩效的作用机制	薛佳奇	国际商学院	国家自然科学基金	论文 研究报告	2014.12
海尔、联想等来自发展中国家的全球品牌如何被发达国家消费者接受？消费者全球—当地认同的影响作用研究	郭晓凌	国际商学院	国家自然科学基金	系列论文	2014.12
三类公司品牌联想对产品评价的影响机制研究：品牌关系的视角	谢　毅	国际商学院	国家自然科学基金	系列论文	2014.12
面向策略性消费者的产品更替与订货定价销售决策研究	丁　鼎	国际经济贸易学院	国家自然科学基金	系列论文	2014.12
采用企业数据研究外商直接投资企业出口倾向与中国对外贸易平衡	许晓娟	国际商学院	国家自然科学基金	论文 专著	2014.12
合资模式对寡头合谋的影响机制分析：对中国轿车行业的考察	王　皓	国际商学院	国家自然科学基金	论文 研究报告	2014.12
“中等收入陷阱”挑战下的产业政策作用机制研究——基于内生性产业结构理论	徐朝阳	国际经济贸易学院	国家自然科学基金	论文 研究报告 专著	2014.12
新一轮改革后农村信用社贷款行为研究	张海洋	金融学院	国家自然科学基金	论文 研究报告 专著	2014.12

续表

项目名称	负责人	承担部门	项目来源	成果形式	完成日期
跨国零售企业对中国区域贸易的影响及其传导机制	荆　然	国际经济贸易学院	国家自然科学基金	论文 研究报告	2014. 12
An Investigation into a Patterns Approach for Collaborative User Requirements Elicitation in China	Aida Azadegan 程絮森	信息学院	国家自然科学基金	论文 研究报告	2012. 6
关键词拍卖理论与应用	刘树林	国际经济贸易学院	国家自然科学基金	论文 研究报告	2015. 12
运营环境下的拍卖设计及其应用研究	马　俊	国际商学院	国家自然科学基金	论文 研报告	2015. 12
中国跨国公司海外 R&D 机构逆向技术溢出理论与实证研究——以家电和通信制造业为例	尹建华	国际商学院	国家自然科学基金	论文 研究报告 专著	2015. 12
全球化背景下我国大学毕业生求职成功的影响因素研究：行为和情绪视角	牛雄鹰	国际商学院	国家自然科学基金	论文 研究报告	2015. 12
中非农业官方发展援助三方合作研究	张海森	国际经济研究院	国家自然科学基金	论文 研究报告	2015. 12
人才、项目、基地一体化视角下的科技人才开发机制研究	孙　健	保险学院	国家自然科学基金	论文 研究报告	2015. 12
我国碳排放交易市场研究	赵忠秀	国际经济贸易学院	教育部社科司（重大攻关项目）	著作 论文 研究报告	2014. 12
世界贸易组织发展报告	张汉林	WTO 研究院	教育部社科司	研究报告	2014. 10
博鳌亚洲论坛发展报告	林桂军	国际经济贸易学院	教育部社科司	研究报告	2013. 10
我国自主创新政策的合规性评估与政策选择研究	韩　琪	WTO 研究院	教育部社科司	研究报告	2014. 12
金砖国家合作机制设计与运行模式研究	蔡春林	WTO 研究院	教育部社科司	研究报告	2014. 12
官方话语与对外宣传研究	窦卫霖	英语学院	教育部社科司	专著	2012. 2
中国发展低碳金融的法律保障体系研究	丁　丁	法学院	教育部社科司	论文 研究报告	2014. 12
我国证券市场国际板设立中法律问题研究	马其家	法学院	教育部社科司	论文	2013. 3
生命权的伦理反思和制度重构	马　特	法学院	教育部社科司	著作	2013. 12
“国家与社会”视角下的民事司法改革	陈杭平	法学院	教育部社科司	著作	2013. 12
中国跨国企业集团网络治理研究	汤谷良	国际商学院	教育部社科司	论文 咨询报告	2012. 1

续表

项目名称	负责人	承担部门	项目来源	成果形式	完成日期
我国央企产融结合风险的微观治理研究	王秀丽	国际商学院	教育部社科司	论文 咨询报告	2013.6
会计信息质量、资源配置效率与产业升级研究	钱爱民	国际商学院	教育部社科司	著作 咨询报告	2014.12
原产地领域研究及其政策实用性分析	徐进亮	国际经济贸易学院	教育部社科司	论文 咨询报告	2014.8
城乡统筹视角下新农保的财政保障能力与保障机制研究	周志凯	保险学院	教育部社科司	论文 咨询报告	2014.12
企业集团、金字塔式控制结构与公司价值	王　蓓	公共管理学院	教育部社科司	论文 咨询报告	2013.12
企业社会责任战略的前置因素及竞争优势转化路径——中国本土典型案例与经验、证据	尹珏林	英语学院	教育部社科司	著作 论文	2014.12
网络创业持续发展影响机制研究：基于网店模式	华　迎	信息学院	教育部社科司	论文	2014.9
亚太区域合作制度化视角下“跨太平洋伙伴关系协定”发展前景研究	熊李力	国际关系学院	教育部社科司	论文 咨询报告	2013.12
日本的文化政策及文化发展战略研究	赵　敬	外语学院	教育部社科司	著作 论文 咨询报告	2014.9
北非政局动荡对我国投资该地区及非洲的影响与对策研究	杨国亮	国际经济贸易学院	教育部社科司	论文	2014.12
同声传译认知加工能力研究	高　彬	英语学院	教育部社科司	著作	2013.11
英国科研评估体制下研究型大学学科发展机制研究	常文磊	学科建设办公室	教育部社科司	著作 论文 研究报告	2013.9
我国私募股权基金投资研究——基于制度背景视角	江　萍	国际经济贸易学院	教育部社科司	论文	2014.12
新兴市场金融的理论与实证研究	于　瑾	国际经济贸易学院	教育部社科司	论文	2014.12
构建知识产权制度与自主创新效应研究——基于日本的经验与教训	赵旭梅	国际经济研究院	教育部社科司	著作 论文	2013.12
不完全信息、激励契约与中国资产管理业组织形式演进研究	肖欣荣	金融学院	教育部社科司	著作	2014.4
促进消费视角下的政府支出选择	李晓嘉	公共管理学院	教育部社科司	论文 咨询报告	2013.6
中国对外贸易隐含碳与减排政策研究：基于 MRIO 模型的评估	闫云凤	国际经济贸易学院	教育部社科司	著作	2014.12

续表

项目名称	负责人	承担部门	项目来源	成果形式	完成日期
产业转移、再集聚与区域协调发展研究	邓慧慧	国际经济研究院	教育部社科司	论文 研究报告	2014. 11
企业风险管理的传导路径：理论与实证研究	王　东	保险学院	教育部社科司	论文	2014. 12
基于微博客的危机事件群体情绪感知研究	李　兵	信息学院	教育部社科司	论文 咨询报告	2014. 12
十九、二十世纪英国作家的印度书写	李秀清	英语学院	教育部社科司	著作 论文	2014. 8
汉文化经典外译：理论与实践	徐　珺	英语学院	教育部社科司	著作	2013. 12
大学外语专业学生跨文化能力培养研究	潘亚玲	外语学院	教育部社科司	著作	2013. 12
现代汉语双音复合词前位形语素语义组合规律研究	周　琳	中文学院	教育部社科司	著作 论文	2014. 12
认知心理视角下的英语课堂反馈研究	杨颖莉	英语学院	教育部社科司	著作	2014. 5
马克思主义时代的历史经验与现实启示研究	王志民	思政部	教育部社科司	著作 论文	2014. 7
基本法框架下香港基本经济制度的实施及面临的挑战、对策	张汉林	WTO 研究院	教育部社科司	研究报告	2012. 4
由高维变系数偏微分方程所描述的边界控制系统的适应性与正规则	邵志超	信息学院	教育部留学基金委	论文	2013. 12
不完备市场下居民家庭债务选择的模型和实证研究	吴卫星	金融学院	教育部留学基金委	论文	2013. 12
反馈类型与学习者语言水平相关性机制研究	杨颖莉	英语学院	教育部留学基金委	论文	2013. 12
文化规划理论和实践的创新研究	吴承忠	公共管理学院	文化部	论文 研究报告	2013. 12
碳关税对北京市制造业的影响分析与策略研究	蓝庆新	国际经济研究院	北京市自然科学基金	论文	2012. 12
ISO 26000 背景下北京市中小企业履行社会责任问题研究	祝继高	国际商学院	北京市社会科学规划办	论文集	2013. 6
北京城市社区养老服务中照护人力资源开发研究	方黎明	保险学院	北京市社会科学规划办	研究报告	2014. 12
北京市商业银行竞争对区域中小企业融资的影响研究	张海洋	金融学院	北京市社会科学规划办	论文集	2012. 12
大规模语料库支持下的北京话词汇系统断代构拟与历时演变研究	刘　云	中文学院	北京市社会科学规划办	研究报告	2013. 10

续表

项目名称	负责人	承担部门	项目来源	成果形式	完成日期
北京发展生物医药服务外包的路径与实施对策研究——基于全球价值链的视角	刘世敏	国际商学院	北京市社会科学规划办	论文集	2014. 6
北京高校人文社科研究组织管理模式的探索与创新	张 瑞	科研处	北京市社会科学规划办	研究报告	2013. 8
北京市加快发展国际私募股权投资研究	江 萍	国际经济贸易学院	北京市社会科学规划办	研究报告	2013. 12
电子商务环境下北京社会信用制度体系建设实证研究	秦良娟	信息学院	北京市社会科学规划办	研究报告 论文集	2012. 12
区域文化规划理论与实践的创新	吴承忠	公共管理学院	北京市社会科学规划办	研究报告	2013. 9
英国科研评估体制下研究型大学学科发展机制研究及其对北京的启示	常文磊	学科建设办公室	北京市教育科学院	研究报告 论文	2013. 9
公司财务信息与投资决策关系研究——以北京市上市公司为例	张新民	国际商学院	北京市教育委员会	研究报告 论文	2012. 12
转口贸易的优势地位对首都经济发展的影响	林桂军	国际经济贸易学院	北京市教育委员会	研究报告 论文	2012. 6
京津冀都市圈区域建设中北京现代物流发展研究	王 强	国际经济贸易学院	北京市教育委员会	研究报告 论文	2012. 6

2011 年对外经济贸易大学校级科研项目

项目名称	负责人	承担部门	项目类别	成果形式	完成日期
跨文化商务交际视角下第二语言个性研究	孟 姝	外语学院	一般项目	论文	2012. 12
语篇衔接与连贯在俄语写作中的应用研究	李锡奎	外语学院	一般项目	论文	2012. 12
基于语料库的商务汉语教材词汇研究	唐兴全	中文学院	一般项目	论文	2012. 12
中国对外传播话语模式变迁研究	刘立华	英语学院	一般项目	论文	2012. 12
20 世纪初俄国侨民中的社会思潮研究	尹绍伟	外语学院	一般项目	论文	2012. 12
中国工业化与土地制度改革研究	赵崔莉	思政部	一般项目	论文	2012. 12
中英经典诗篇跨越时空的对话	邵 凌	英语学院	一般项目	专著	2013. 12
基于贝叶斯理论的金融市场 Var 测度——模型与实证	丁 岚	商学院	一般项目	论文	2012. 12
中国保险业发展与经济增长	张 冀	保险学院	一般项目	论文	2012. 12

续表

项目名称	负责人	承担部门	项目类别	成果形式	完成日期
经济的能源强度变化的国际比较及对我国的启示	王春华	经贸学院	一般项目	论文	2012.12
金融监管中尊重银行经营自主权与保护消费者利益的平衡	吴　青	经贸学院	一般项目	论文	2012.12
中国农业贸易模式之演变特征：全国和地区层面的分析	姚顺利	经贸学院	一般项目	论文	2012.12
全球化时代中国国际话语权拓展策略研究	梁凯音	思政部	一般项目	论文	2012.12
中国奢侈品市场商务环境分析	周　婷	经贸学院	一般项目	论文	2012.12
软件与信息服务业国际化水平提升研究——基于关系网络与组织学习视角	曹淑艳	信息学院	一般项目	论文	2012.12
以机场除冰为例的服务资源动态分配	苏　丹	信息学院	一般项目	论文	2012.12
电子商务发展测度核心指标的国内外比较研究	柴文义	信息学院	一般项目	论文	2012.12
少数民族经济权利法律保障的理论与实践	翟东堂	公共管理学院	一般项目	论文	2012.12
产业法与竞争法在外资并购审查中的功能组合研究	冯　辉	法学院	青年项目	论文	2012.12
基于模糊集理论的服务外包区位承接能力评估的研究	张宇卓	信息学院	青年项目	论文	2012.12
欧盟对华贸易决策制定中的公私互动研究及其对中国的启示	王宏禹	国际关系学院	青年项目	论文	2012.12
新兴经济体参与全球经济治理研究——以二十国集团为例	徐　婷	国际关系学院	青年项目	论文	2012.12
跨国公司在华溢出效应研究：人力资本的视角	刘　青	经贸学院	青年项目	论文	2012.12
识别时间序列图模型中的因果关系	许　静	信息学院	青年项目	论文	2012.12
空间书写的伦理维度：三部当代印第安小说的对比研究	李　靓	英语学院	青年项目	论文	2012.12
伍尔夫新传记艺术研究	郑佰青	英语学院	青年项目	论文	2012.12
文学中的数学之美——跨学科研究之一例	胡少卿	中文学院	青年项目	论文	2012.12
欧洲债务危机与欧元区的前景	蔡彤娟	经济研究院	新进青年教师科研启动项目	论文	2012.12
银行资产证券化的自留比例监管：作用机制与福利效果	郭桂霞	经济研究院	新进青年教师科研启动项目	论文	2012.12

续表

项目名称	负责人	承担部门	项目类别	成果形式	完成日期
国有企业改制、大股东控制与融资结构决策	刘慧龙	商学院	新进青年教师科研启动项目	论文	2012.12
组织中进谏匮乏及其机理：个人因素与组织情境的跨层次分析	魏 昕	商学院	新进青年教师科研启动项目	论文	2012.12
需求不确定性下的弹性生产力	杨 柳	商学院	新进青年教师科研启动项目	论文	2012.12
京津地区水利文化遗产的形成、演变与保护研究	王长松	公共管理学院	新进青年教师科研启动项目	论文	2012.12
不纯正不作为犯研究	李晓欧	法学院	新进青年教师科研启动项目	论文	2012.12
伊朗新诗研究	贾 斐	外语学院	新进青年教师科研启动项目	论文	2012.12
法属时期前越南天主教史研究	尚 锋	外语学院	新进青年教师科研启动项目	论文	2012.12
非帕累托经济中竞争均衡研究	王 喆	经贸学院	新进青年教师科研启动项目	论文	2012.12
高维因子模型极大似然分析理论研究	李鲲鹏	经贸学院	新进青年教师科研启动项目	论文	2012.12
代际收入流动性及其影响因素分析	周 波	经贸学院	新进青年教师科研启动项目	论文	2012.12
社会医疗保险组织体制比较研究	王 琬	保险学院	新进青年教师科研启动项目	论文	2012.12
上市公司股权激励与企业绩效的关系研究	巫 强	保险学院	新进青年教师科研启动项目	论文	2012.12
政治关联、董事会结构与公司业绩	郝君富	保险学院	新进青年教师科研启动项目	论文	2012.12
公立医院供给模式的国际比较研究	周 娟	保险学院	新进青年教师科研启动项目	论文	2012.12
非迷向的高斯随机场	栾娜娜	保险学院	新进青年教师科研启动项目	论文	2012.12
企业风险管理的有效性研究	王 东	保险学院	新进青年教师科研启动项目	论文	2012.12
中国中央—地方相对财政能力变迁的政治逻辑	叶 静	国际关系学院	新进青年教师科研启动项目	论文	2012.12
发展中国家与地区福利模式的政治起源——东亚与拉美的比较	刘娟凤	国际关系学院	新进青年教师科研启动项目	论文	2012.12
译者角色新视角：构筑三方话语口译模型	蒋莉华	英语学院	新进青年教师科研启动项目	论文	2012.12

续表

项目名称	负责人	承担部门	项目类别	成果形式	完成日期
拟凸函数非线性积分算子的单叶性研究	王利梅	信息学院	新进青年教师科研启动项目	论文	2012.12

（对外经济贸易大学科研处供稿）

中国传媒大学

2011年度承担省部级以上项目

序号	项目名称	负责人	所属单位	项目来源
1	新形势下中国影视文化发展创新研究	胡智锋	《现代传播》学报	国家社会科学基金艺术学一般项目
2	打造“东方影视之都”与北京电视剧创作传播机制研究	张国涛	《现代传播》学报	北京社会科学青年项目
3	转型环境下企业间竞合关系对创新绩效的影响研究	王　栋	MBA学院	教育部规划基金项目
4	国际传播学科发展前沿研究	陈卫星	传播研究院	国家社会科学基金重点项目
5	数字新媒体内容分类及监管标准体系研究	刘燕南	传播研究院	国家广电总局入选项目
6	新时期新闻评论发展研究（1978—2013）	李　舒	电视与新闻学院	国家社会科学基金青年项目
7	我国纪实影像的国际传播与影响力研究	何苏六	电视与新闻学院	国家社会科学基金一般项目
8	新媒体环境下重大突发危机事件谣言传播与控制研究	王灿发	电视与新闻学院	教育部规划基金项目
9	当代中国纪录片的历史与美学	王　迟	电视与新闻学院	教育部青年基金项目
10	我国纪录片产业化发展与行业评价体系建设	何苏六	电视与新闻学院	国家广电总局重点项目
11	广播电视应对群体性事件的舆论引导研究	曾庆香	电视与新闻学院	国家广电总局一般项目
12	传统节日的文化仪式与电视传播研究	周　文	电视与新闻学院	国家广电总局入选项目
13	农村广播电视公共服务体系内容建设研究	刘自雄	电视与新闻学院	国家广电总局入选项目
14	加强我国广电传媒国际传播能力建设研究	段　鹏	广告学院	教育部青年基金项目
15	媒体数字内容资产的版权定价机制研究	宋培义	经济管理学院	国家社会科学基金一般项目
16	我国电影产业国际竞争力测度研究	金雪涛	经济管理学院	教育部青年基金项目
17	三网融合背景下内容提供商的产业地位重塑及发展战略研究	卜彦芳	经济管理学院	教育部青年基金项目
18	全媒体时代广播影视教育培训研究	刘继南	经济管理学院	国家广电总局重大项目

续表

序号	项目名称	负责人	所属单位	项目来源
19	传统广播与视听新媒体融合路径及发展模式研究	丁钊	经济管理学院	国家广电总局入选项目
20	三网融合视域下我国有线电视网络产业绩效与业务发展模式研究	金雪涛	经济管理学院	国家广电总局入选项目
21	中国电影市场需求与票房预测研究——基于3D电影市场	张辉	理学院	国家广电总局重大项目
22	政治传播视角下境外藏胞的侨务工作研究	赵波	思想政治理论课教研部	国务院侨办青年项目
23	奥运传播理论体系下的体育国际传播发展策略研究	王大中	体育部	教育部自筹项目
24	我国电视体育节目主持人队伍现状与发展研究	王大中	体育部	国家广电总局一般项目
25	二语习得中的认知语用能力研究	李佐文	外国语学院	全国教育科学重点项目
26	文化与科技融合背景下新型文化业态复合型人才的需求与培养	许一新	文学院	国家社会科学基金艺术学一般项目
27	屈骚文本与屈原生平考论	姚小鸥	文学院	国家社会科学基金一般项目
28	文本、历史与经学的融合——文化诗学视域中的“春秋笔法”	肖锋	文学院	国家社会科学基金青年项目
29	电影院与中国现代城市文化	张一玮	文学院	教育部青年基金项目
30	当代文学批评视野下的现实主义理论创新研究	张宏	文学院	教育部青年基金项目
31	清末民初北京的文化生态与文学转型研究	颜浩	文学院	北京社会科学青年项目
32	应用语言学研究方法比较研究	刘艳春	文学院	教育部青年基金项目
33	中国电影产业理论构架及其应用	蒲剑	戏剧影视学院	教育部规划基金项目
34	经典电视剧主创者“口述历史”及理论溯源	张金尧	艺术研究院	国家社会科学基金艺术学一般项目
35	表演理论——口头艺术的诗学与社会学研究	王杰文	艺术研究院	教育部青年基金项目
36	清代戏曲音乐史	路应昆	音乐与录音艺术学院	国家社会科学基金艺术学重点项目
37	16世纪以来昆曲在北京的传承与演变	路应昆	音乐与录音艺术学院	北京社会科学一般项目
38	网络服务提供者的安全保障义务	刘文杰	政治与法律学院	国家社会科学基金青年项目
39	以农民为主体的乡村秩序维系及其机制研究	陈文玲	政治与法律学院	国家社会科学基金青年项目
40	微博传播与广播电视舆论引导力建设研究	谢进川	政治与法律学院	国家广电总局入选项目

续表

序号	项目名称	负责人	所属单位	项目来源
41	中国特色政治传播理论与策略体系研究	荆学民	政治与法律学院	国家社科重大攻关项目
42	微博传播与北京社会管理创新研究	谢进川	政治与法律学院	北京社会科学青年项目

2011 年度中国传媒大学科研培育项目

序号	项目名称	负责人	所属单位	类别
1	中国网络民族主义研究	赵瑞琦	传播研究院	自选项目
2	她影像与镜头背后的她——内地女性纪录片导演及作品研究	程素琴	电视与新闻学院电视系	自选项目
3	新媒体对国家话语权的影响及应对策略研究	吕　欣	动画与数字艺术学院	自选项目
4	全球化时代下的中国电影合拍之路	栾　恋	动画与数字艺术学院	自选项目
5	局域新媒体在党建工作中的运用及规律	李三鹏	机关党总支	自选项目
6	网络群体性事件及其治理：基于社会安全视角的研究	郭海英	经济与管理学院	自选项目
7	战略转型期的数字媒体资产管理模式研究	严　威	经济与管理学院	自选项目
8	我国影视产业投融资研究	赵　莹	文化产业研究院	自选项目
9	服饰，一种非语言性的“传播媒介”——以1920 年中西方女装的现代化为中心	李　楠	戏剧影视学院	自选项目
10	新形势下学生综合测评体系与学生成长实证研究	林　林	学生工作处	自选项目
11	作为“表演”的口头艺术研究	王杰文	艺术研究院	自选项目
12	电影语义的影像化表达（情绪篇）	张　鹏	播音主持艺术学院	重点和优势学科
13	播音主持语言问题研究	赵　俐	播音主持艺术学院	重点和优势学科
14	我国媒体集团多品牌战略研究	孔清溪	传播研究院	重点和优势学科
15	全球后广播时代前沿问题研究——以欧洲发达国家广播传播为例	孟　伟	传播研究院	重点和优势学科
16	科教类节目的视频标准研究	李　智	电视与新闻学院电视系	重点和优势学科
17	媒介新技术条件下的视频新闻研究	田维钢	电视与新闻学院电视系	重点和优势学科
18	网络话语与稗史——底层话语的崛起与特征	徐培喜	电视与新闻学院电视系	重点和优势学科
19	社会主义核心价值观引领中国电视民生新闻转型升级研究	曾祥敏	电视与新闻学院电视系	重点和优势学科
20	当代电视新闻直播中出镜记者问题研究	张　龙	电视与新闻学院电视系	重点和优势学科
21	国新后备人才提升国际传播力实训研究	王闻俊	电视与新闻学院电视系	重点和优势学科
22	在线新闻的多媒体叙事研究	李建刚	电视与新闻学院新闻系	重点和优势学科
23	当代中国广播电视新闻报道观念变迁与创新研究（1949—2013）	刘年辉	电视与新闻学院新闻系	重点和优势学科
24	抗战时期北平沦陷区期刊研究	涂晓华	电视与新闻学院新闻系	重点和优势学科

续表

序号	项目名称	负责人	所属单位	类别
25	新媒体环境下整合营销传播趋势研究	邵华冬	广告学院	重点和优势学科
26	中国电视综艺与群众文化的互动关系研究	周建新	经济与管理学院	重点和优势学科
27	“他者”改造：后“9·11”时代美国政府对中东的文化传播研究	林　媛	思想政治理论课教研部	重点和优势学科
28	韩国国际传播能力建设研究	金　勇	外国语学院	重点和优势学科
29	中国国际传播口述史纲	张毓强	外国语学院	重点和优势学科
30	我国影视作品版权价值评估体系研究	司　若	戏剧影视学院	重点和优势学科
31	古典题材电视剧改编中的女性形象嬗变研究	孟　梅	戏剧影视学院	重点和优势学科
32	台湾地区大众传播研究	段　鹏	研究生院	重点和优势学科
33	微博传播与社会管理研究	谢进川	政治与法律学院	重点和优势学科
34	高校教育成本核算研究	何佳澄	财务处	交叉学科
35	传播学视野下的高校教职工思想政治理论学习模式创新研究	郭瑛霞	党委宣传部理论教育科	交叉学科
36	面向移动智能终端的新闻资讯类应用（APP）用户体验研究	刘　羽	电视与新闻学院电视系	交叉学科
37	新形势下健康类电视节目的传播模式与公共服务研究	吴炜华	电视与新闻学院电视系	交叉学科
38	论数字艺术的表现特征与社会功能	张智慧	动画与数字艺术学院	交叉学科
39	电视字幕语体研究	张　婧	对外汉语教育学院	交叉学科
40	国际文化贸易的粗集模型研究	刘静忆	经济与管理学院	交叉学科
41	电视剧作品版权价值评估方法研究	卢　威	经济与管理学院	交叉学科
42	新媒体电影案例研究	谭　华	经济与管理学院	交叉学科
43	中国文化产品“走出去”模式创新研究	魏　婷	经济与管理学院	交叉学科
44	中国电影植入式广告效果评价与改善策略研究	杨　悦	经济与管理学院	交叉学科
45	从Twitter到国内微博：传播中的人格权侵权法律问题研究	王　晋	外国语学院	交叉学科
46	传媒产业化时代的审美文化研究——以网络文学的审美特性为例	陈曼冬	文化产业研究院	交叉学科
47	电视剧影像的视觉心理研究	杨荣誉	戏剧影视学院	交叉学科
48	对外汉语电视教学节目研究	蒋成峰	对外汉语教育学院	基础学科
49	政治传播视域中的公民社会构建	刘东建	思想政治理论课教研部	基础学科
50	构建大学生课外体育活动新体系——中国传媒大学课外体育组织与管理的实践研究	潘石磊	体育部	基础学科
51	中国传媒大学网球专项体育课程“主体性”教学模式的理论与实验研究	张　珂	体育部	基础学科

续表

序号	项目名称	负责人	所属单位	类别
52	基于语篇的英汉话轮转换中元话语的比较研究	丁维莉	外国语学院	基础学科
53	汉语流行语的研究和翻译	陆　香	外国语学院	基础学科
54	非通用语教学中真实语料的交际功能研究——以法语为例	张　戈	外国语学院	基础学科
55	北平指南：张恨水的城市体验和书写	凌云岚	文学院	基础学科
56	鲁迅与中国共产党人之关系研究	刘春勇	文学院	基础学科
57	大众传播中外文缩略语的传播及其规范研究	邹　煜	有声媒体语言分中心	基础学科
58	行政立法评估制度研究	郑　宁	政治与法律学院	基础学科
59	新闻发言人与媒体应对策略研究	牛慧清	电视台	后期资助
60	凤凰卫视的生产机制研究（1996—2011）	徐　帆	电视与新闻学院电视系	后期资助
61	创新机理——以媒体行业为例	任锦鸾	经济与管理学院	后期资助
62	中国历史题材电视剧审美特征论	杜莹杰	文学院	后期资助
63	中国观众与境外电视剧——改革开放以来境外电视剧收视状况研究	姚皓韵	文学院	后期资助
64	空间、媒介与现代性：中国影院史研究	张一玮	文学院	后期资助

（中国传媒大学文科科研处供稿）

中国农业大学

2011 年承担省部级以上科研课题

项目名称	主持人	项目来源	成果形式	完成日期
发展节水农业的水权和农民用水合作制度设计研究	李　鹤	国家社会科学基金	研究报告	2013. 6
驯鹿民族的生态文化与森林治理的跨国比较研究	谢元媛	国家社会科学基金	论文	2014. 6
同步推进工业化、城镇化和农业现代化战略研究	张正河	国家社会科学基金	研究报告	2013. 12
基于环境保护与食品安全的农业生产服务体系研究	吴文良	国家社会科学基金	研究报告	2013. 6
农村采矿业污染带来的健康风险与应对——以湘西铅锌矿区为例	陆继霞	教育部人文社会科学研究项目	论文	2014. 12
农村中小学布局调整对贫困地区农村社区发展的影响研究	饶　静	教育部人文社会科学研究项目	论文	2014. 9
基于粮食安全和农户收益双重视角的中国粮农种植规模研究	朱俊峰	教育部人文社会科学研究项目	论文	2014. 12
全民阅读背景下流动儿童的阅读现状与保障体系建设研究	张曼玲	教育部人文社会科学研究项目	论文	2014. 3

续表

项目名称	主持人	项目来源	成果形式	完成日期
农民专业合作社的社会资本及其作用机制研究——基于宏观、中观与微观相结合的视角	廖媛红	教育部人文社会科学研究项目	专著	2013.9
我国大豆产业纵向价格传递问题研究：基于跨国市场力量视角	刘宏曼	教育部人文社会科学研究项目	论文	2013.9
北京市流动人口聚集区的新管理模式研究	宗成峰	北京市哲学社会科学规划项目	论文	2013.11
首都经济圈有条件现金转移支付（CCT）发展战略研究	唐丽霞	北京市哲学社会科学规划项目	论文	2013.6
大宗商品价格波动与宏观经济金融稳定的关系研究	安　毅	教育部留学回国人员启动基金	论文	2012.5
新型农村社区建设现状、问题及对策研究	赵旭东	农业部软科学	研究报告	2011.10
农业信息化建设研究	郑小平	农业部软科学	研究报告	2011.10
粮食主产区利益补偿问题研究	王秀清	农业部软科学	研究报告	2011.12
国家现代农业示范区建设典型案例研究	朱启臻	农业部软科学	研究报告	2012.3
易腐农产品供应链中灰色博弈研究	王丽娟	中国博士后科学基金	论文	2012.11
三网融合背景下农村党员干部现代科技远程教育需求与应用研究	韩　青	国家软科学计划项目	论文	2011.12
合作农业推广中组织间的邻近性与组织聚合研究	高启杰	国家自然科学基金	论文	2015.12
农村居民家庭财产洪水保险需求与模式研究	任金政	国家自然科学基金	论文	2014.12
我国食品安全风险水平、风险来源及关键控制点研究	安玉发	国家自然科学基金	论文	2012.7
面源污染控制的环境经济政策研究	靳乐山	环境保护部规划院	研究报告	2011.9
国家农业科技园区发展规划报告编印与宣传	陈　阜	科技部	研究报告	2011.3
东北地区粮食在全国的战略地位及态势研究	高启杰	国务院发展研究中心	研究报告	2011.12
我国食品安全评价指标体系研究	吴广枫	国务院食品安全委员会	研究报告	2011.6
农机购置补贴政策实施效果研究	田志宏	农业部	研究报告	2011.12
全国农业产业化发展情况研究	王玉斌	农业部	研究报告	2011.10
能源资源国际定价权研究	常　清	国家发展和改革委员会	研究报告	2011.12
农产品市场流通与区域布局优化	乔　娟	农业部	研究报告	2011.12
撬动金融资本实施农业综合开发土地治理项目的思路与对策	陈永福	财政部	研究报告	2012.1
我国洪水保险基金方案设计研究	陈宝峰	水利部	研究报告	2011.12
中国农产品市场景气指数的研究与应用	王秀清	农业部	研究报告	2011.12

续表

项目名称	主持人	项目来源	成果形式	完成日期
农机深松整地作业效果等方面的研究	杨敏丽	农业部	研究报告	2011.12
相关国家自贸区建设及对我国农业影响研究	田志宏	农业部	研究报告	2012.5
世界农产品贸易区域格局变化及未来发展趋势研究	田维明	农业部	研究报告	2011.6
农科院校马克思主义基本原理概论课案例教学研究——以“事物的普遍联系”为例	刘　巍	北京市教工委	研究报告	2012.3
开发利用农村固定观察点数据	陈永福	农业部	研究报告	2013.12
乡镇企业产业集群与小城镇发展研究	张正河	农业部	研究报告	2011.11
扶贫重点县农村固定观察点数据分析	陈永福	农业部	研究报告	2011.11
国家现代农业科技城启动实施建设项目	卢凤君	北京市科委	研究报告	2011.12
改进中国农村公共支出管理试点的诊断和改革方案设计工作	林万龙	国家发展和改革委员会	研究报告	2012.3
土地整治理论与实践研究	朱道林	国土资源部	研究报告	2012.6
通报审议及农业谈判相关资料分析	田志宏	商务部	研究报告	2011.12
国家现代农业示范区建设典型案例研究	朱启臻	农业部	研究报告	2012.3
农垦企业社会养老保险政策研究	林万龙	农业部	研究报告	2007.12
世贸组织主要成员及地区组织粮食安全政策及与世贸组织规则一致性分析	武拉平	商务部	研究报告	2011.12

（中国农业大学科学技术发展研究院王虹供稿）

中国地质大学（北京）

2011年承担国家或省部级社会科学研究项目

项目名称	负责人	承担部门	项目来源	成果形式	完成日期
基于复杂网络的虚拟社区关系挖掘与网络舆情演化分析	安海忠	人文经管学院	国家自然科学基金委员会基金委面上项目	科研报告	2015.12
基于动态CGE模型的燃料乙醇产业发展政策模拟与实证研究	雷涯邻	人文经管学院	国家自然科学基金委员会基金委面上项目	科研报告	2015.12
大城市郊区生物质可持续利用的最优化动态模拟研究——以北京市密云县为例	闫晶晶	人文经管学院	国家自然科学基金委员会基金委青年项目	科研报告	2014.12
北京市新能源汽车充电设施供给的PPP模式选择和政策支持研究	葛建平	人文经管学院	北京市哲学社会科学规划项目（青年项目）	科研报告	2012.12
大学生自身群体榜样资源开发模式研究	宋　敏	人文经管学院	北京市委教工委	科研报告	2012.3
地质调查成果权益处置制度研究	雷涯邻	人文经管学院	国土资源中国地质调查局发展研究中心	科研报告	2012.6

续表

项目名称	负责人	承担部门	项目来源	成果形式	完成日期
风险预警机制在组织危机管理中的应用研究	张　龙	人文经管学院	教育部	科研报告	2011.12
国土资源找矿科研基地规划研究	余际从	人文经管学院	中国地质科学院	科研报告	2012.3
政策法律环境变化对地质工作体制机制影响研究（B）	曹希绅	人文经管学院	国土资源中国地质调查局发展研究中心	科研报告	2011.6
低品位难利用矿产综合利用与绿色矿山建设示范	周进生	人文经管学院	国土资源部中国地质调查局	科研报告	2013.12
资源型地区矿业持续发展综合评价研究	余际从	人文经管学院	国土资源部中国地质调查局	科研报告	2011.12
国内外页岩气对比研究	安海忠	人文经管学院	国土资源部油气资源战略研究中心	科研报告	2011.12
鄂尔多斯盆地矿产资源综合利用政策研究	于　光	人文经管学院	国土资源部油气资源战略研究中心	科研报告	2011.12
矿政管理基础理论与技术方法研究（非煤炭）	曹希绅	人文经管学院	国土资源部油气资源战略研究中心	科研报告	2012.3
鄂尔多斯能源化工矿产技术经济评价	周进生	人文经管学院	国土资源部中国地质调查局	科研报告	2011.12
鄂尔多斯盆地矿产资源勘查开发区划方案研究	沙景华	人文经管学院	国土资源部油气资源战略研究中心	科研报告	2011.10
东盟主要国家新能源与可再生能源产业发展前景分析	方　伟	人文经管学院	国土资源部油气资源战略研究中心	科研报告	2011.12
鄂尔多斯盆地（陕西部分）矿产资源开发利用技术经济评价	周进生	人文经管学院	国土资源部中国地质调查局	科研报告	2011.12
湖南有色新田岭钨业有限公司整合效果评估	周进生	人文经管学院	国土资源部中国地质调查局	科研报告	2011.12
全球油气资源投资环境评价研究	方　伟	人文经管学院	国土资源部油气资源战略研究中心	科研报告	2011.10

［中国地质大学（北京）科技处供稿］

北京科技大学

2011年承担国家或省部级社会科学研究项目

项目名称	负责人	承担部门	项目来源	成果形式	完成日期
墨海书馆西学书籍的翻译、传播与中日社会近代化研究	王立群	文法学院	国家社会科学基金	著作	2014.12
中国钢铁产业产能过剩预警与调控体系研究	冯　梅	经济管理学院	国家社会科学基金	著作	2013.12
新时期中国社会企业运作模式研究	时立荣	文法学院	国家社会科学基金	研究报告	2014.9

续表

项目名称	负责人	承担部门	项目来源	成果形式	完成日期
当代西方“新批判理论”研究	陆　俊	马克思主义学院	国家社会科学基金	著作	2014.6
汉英时间系统体现方式之系统功能语言学视角对比研究	何　伟	外国语学院	国家社会科学基金	著作	2013.12
农村慢性病人的社会适应与生存策略研究——基于冀南G县的田野调查	郇建立	文法学院	国家社会科学基金	专著 论文集	2013.9
可持续设计与文化创意产业发展的关系研究	覃京燕	机械工程学院	国家社会科学基金	专著	2012.10
生产性服务业新型业态的发展研究	张　群	经济管理学院	国家发展改革委	研究报告	2012.9
抑制高耗能行业不合理能源消费 促进经济平稳运行的政策措施和顶层设计研究	王维才	党办、校办	国家发展改革委	研究报告	2012.1
跨国公司研发全球化配置下在华知识产权控制行为及对策研究	俞文华	文法学院	国家知识产权局	研究报告	2012.8
具有国际竞争力的世界一流企业行业研究	戴淑芬	经济管理学院	国务院国资委规划发展局	著作 论文 咨询报告	2012.5
技术性贸易措施和蓝色贸易壁垒对我国产业安全影响及对策研究	何维达	经济管理学院	商务部产业损害调查局	著作 论文	2012.2
古夜郎地区冶金与金属工艺研究	李晓岑	冶金与生态工程学院	国家文物局文物保护科学和技术研究重点课题	著作 论文	2014.6
燕山地带辽代冶铁遗址的调查与研究	潜　伟	冶金与生态工程学院	国家文物局文物保护科学与技术研究重点课题	论文 咨询报告	2014.6
中国古代冶铁炉的炉形演变研究	潜　伟	冶金与生态工程学院	国家文物局“指南针计划”专项	研究报告	2013.12
中国古代镍白铜发明创造与技术传播研究	梅建军	冶金与生态工程学院	国家文物局“指南针计划”专项	研究报告	2013.12
陕北地区出土先秦铜器及冶铸遗物科学分析研究	陈坤龙	冶金与生态工程学院	国家文物局文化遗产保护科学和技术研究课题	研究报告	2015.5
《技术性贸易壁垒经济影响年度调查》抽样分析方法	胡　波	经济管理学院	国家WTO/SPS通报咨询中心软科学研究项目	研究报告	2012.6
高校与科研院所、企业联合培养工程科技人才问题研究	郭德侠	中国教育经济信息网管理中心	教育部人文社会科学规划项目	研究报告	2013.6
西方女性主义科学史理论研究	章梅芳	冶金与生态工程学院	教育部人文社会科学规划项目	研究报告 论文	2013.12
基于协作理论的大型钢铁企业组织设计研究	李晓辉	经济管理学院	教育部人文社会科学规划项目	研究报告 论文	2013.12

续表

项目名称	负责人	承担部门	项目来源	成果形式	完成日期
社会变迁与共和国同龄人的生命历程	边　静	外国语学院	教育部人文社会科学规划项目	研究报告 论文	2014.3
高校后勤服务管理与维护稳定工作研究	蒋宏潮	后勤服务集团	教育部人文社会科学规划项目	研究报告	2013.12
研究生入学考试统考科目的改革与实践研究	陆　俊	文法学院	全国教育科学“十二五”规划2011年度教育部重点课题	研究报告	2013.12
基于政府会计体系的节约型北京市政府部门行政经费运行与管理研究	张曾莲	经济管理学院	北京市哲学社会科学规划项目	研究报告	2012.12
北京市人才中介组织发展中的问题与对策研究	陈闽红	文法学院	北京市哲学社会科学规划项目	研究报告	2012.9
首都科技拔尖人才成长因素研究	刘文霞	马克思主义学院	北京市哲学社会科学规划项目	研究报告 论文	2013.12
北京市突发食品安全事件应急管理研究	何维达	经济管理学院	北京市哲学社会科学规划项目	研究报告	2013.8
高校区域性联合信息咨询服务实证研究	季淑娟	机关	北京市教育科学规划项目	研究报告	2013.12
多元社会思潮背景下中国近现代史纲要课的教学难点及其突破	刘丽敏	马克思主义学院	北京市教工委首都大学生思想政治教育专项课题	研究报告	2012.3
探索“问题牵引式”教学在原理课教学中的运用	马晓燕	马克思主义学院	北京市教工委首都大学生思想政治教育专项课题	论文	2012.3
大学生网络组织行为研究	陆　俊	文法学院	北京市教工委首都大学生思想政治教育课题专项任务项目	研究报告	2012.3
大学生自杀的原因分析及风险防范机制研究	王霁霞	文法学院	北京市教工委首都大学生思想政治教育一般课题	论文	2011.12
大学生自杀的原因分析及风险防范机制研究	王宾容	经济管理学院	北京市教工委首都大学生思想政治教育一般课题	研究报告	2011.12
关于实验班学生工作管理模式研究——以北京科技大学为例	牛　珩	数理学院	北京市教工委首都大学生思想政治教育一般课题	论文	2012.1
新时期工科研究生党建进宿舍的实践研究	宗燕兵	机关	北京市教工委首都大学生思想政治教育支持课题	研究报告	2011.12
大学生自杀的原因分析及风险防范机制研究	何　进	机关	北京市教工委首都大学生思想政治教育一般课题	研究报告	2011.12

续表

项目名称	负责人	承担部门	项目来源	成果形式	完成日期
高校学生网格化管理模式研究	李　帅	党办、校办	北京市教工委首都大学生思政教育课题支持课题	论文 工作汇编	2011.12
南京国民党政权的性质	王蓉霞	马克思主义学院	北京市教工委首都大学生思想政治教育课题	论文 研究报告 工作汇编	2011.4
首都高校安全稳定工作队伍建设研究	谢　辉	机关	北京市教工委首都高校“平安校园”建设长效机制研究专项	指标 措施 论文	2012.4
洪华创新工作室	洪　华	机械工程学院	北京市总工会经济技术创新项目	研究报告	2011.12
基于社交网络的大学生思想政治教育模式研究	左　鹏	马克思主义学院	北京市教工委首都大学生思想政治教育研究课题	研究报告	2012.3
关于实验班学生工作管理模式研究——以北京科技大学为例	牛　珩	数理学院	北京市教工委首都大学生思想政治教育研究课题	研究报告	2012.3
北京市科普工作社会化格局研究	孙　莹	经济管理学院	北京市科协重大重点调研课题	研究报告	2012.2
二级党委负责人直接选举实践	孙景宏	机关	北京市教工委北京市优秀基层党建工作创新项目	研究报告	2012.12
北京科技周——“百科知识集结号”	郝晓云	机关	北京市科协	论文	2011.11

（北京科技大学科学研究与发展部供稿）

北京交通大学

2011年承担国家或省部级人文社会科学研究项目

项目名称	负责人	承担部门	项目来源	成果形式	完成日期
快速发展中的城市轨道交通政府补贴机制研究	欧国立	经济管理学院	国家社会科学基金“一般”项目	研究报告	2013.10
我国交通能源消耗统计指标和评估研究	张秀媛	交通运输学院	国家社会科学基金“一般”项目	研究报告	2013.12
西学翻译与晚清“救国良策”的探索	卢明玉	语言与传播学院	国家社会科学基金“青年”项目	专著 研究报告	2014.6
林木生物质能源发展潜力评价与产业形成机制研究	张　兰	经济管理学院	国家社会科学基金“青年”项目	专著	2014.12
中国现代劳动经济史研究	史振磊	经济管理学院	教育部人文社会科学“规划”基金项目	专著	2014.12
当代中国社会主义意识形态话语发展研究	郝潞霞	人文社会科学学院	教育部人文社会科学“规划”基金项目	论文集	2014.12

续表

项目名称	负责人	承担部门	项目来源	成果形式	完成日期
狄金森与后浪漫主义诗学研究	刘晓晖	语言与传播学院	教育部人文社会科学“规划”基金项目	专著	2014.9
马克思与青年黑格尔派关系再研究	刘秀萍	人文社会科学学院	教育部人文社会科学“规划”基金项目	专著 论文	2014.4
中国新能源汽车产业联盟绩效影响因素研究	刘颖琦	经济管理学院	教育部人文社会科学“青年”基金项目	论文	2014.6
刑事诉讼视野下的犯罪构成要件——基于刑事诉讼法与刑法互动的研究	陶　杨	人文社会科学学院	教育部人文社会科学“青年”基金项目	专著 论文	2013.12
以青年马克思主义者为目标的研究生党员培养研究	屈晓婷	研究生院	教育部人文社会科学“马克思大主义众化”专项	研究报告 论文	2012.7
隐性思想政治教育视角下高校马克思主义大众化实现路径研究	陈树文	人文社会科学学院	教育部人文社会科学“马克思主义大众化”专项	论文 研究报告	2012.7
交叉学科视野下的思想政治教育创新发展研究	段海超	首都大学生思政中心	教育部人文社会科学“马克思主义大众化”专项	研究报告 论文	2012.9
高校学生干部能力模型构建研究	孙慧环	土木建筑工程学院	教育部人文社会科学“高校思想政治工作辅导员”专项	研究报告	2011.12
北京城市交通可持续发展研究	刘延平	经济管理学院	北京市哲学社会科学“重大”项目	研究报告	2012.12
北京居民消费价格指数波动规律及其驱动因素研究	李孟刚	经济管理学院	北京市哲学社会科学“重点”项目	研究报告	2013.4
北京市创建中国特色世界城市的人才支撑体系研究	叶　龙	经济管理学院	北京市哲学社会科学“重点”项目	研究报告	2012.12
马克思与青年黑格尔派关系再考察——《神圣家族》文本学研究	刘秀萍	人文社会科学学院	北京市哲学社会科学“一般”项目	论文集	2014.5
国际化与思想政治教育学科创新发展研究	欧阳林	人文社会科学学院	北京市哲学社会科学“一般”项目	研究报告 论文集	2013.6
知识社会学成果引入大学生思想政治教育领域研究	林建成	人文社会科学学院	北京市哲学社会科学“一般”项目	专著 研究报告	2013.7
北京市交通拥堵综合治理的制度障碍和对策研究	周耀东	经济管理学院	北京市哲学社会科学“一般”项目	报告 政策建议	2012.12
生态安全视角下的北京有机农业发展研究	张新民	经济管理学院	北京市哲学社会科学“一般”项目	研究报告	2013.3
北京城市交通体系中新能源汽车发展对策研究	刘颖琦	经济管理学院	北京市哲学社会科学“一般”项目	研究报告	2013.3

续表

项目名称	负责人	承担部门	项目来源	成果形式	完成日期
儒学的核心价值与当代中国道德的重建：以北京高校为试点	孔德立	人文社会科学学院	北京市哲学社会科学“青年”项目	研究报告	2012.12
北京建设国际一流旅游城市研究	陈怡宁	经济管理学院	北京市哲学社会科学“青年”项目	研究报告	2013.3

（北京交通大学人文社科办公室供稿）

首都师范大学

2011年承担国家或省部级社科研究项目

序号	项目名称	负责人	承担单位	项目来源	成果形式	完成日期
1	延安时期中国共产党与传统文化研究	黄延敏	马克思主义教育学院	国家社会科学基金项目	专著	2013.12
2	转型中的社会：奈保尔作品研究	杜维平	外国语学院	国家社会科学基金项目	专著	2012.6
3	北京审美文化史	邹　华	文学院	国家社会科学基金项目	专著	2012.12
4	《中国丛报》与美国现代中国学之发肇	尹文涓	文学院	国家社会科学基金项目	专著	2012.12
5	汉语儿童早期语言的发展	张云秋	文学院	国家社会科学基金项目	专著	2012.12
6	我国社会诚信制度体系建设研究	王淑芹	政法学院	国家社会科学基金项目	专著 研究报告	2014.12
7	当代中国大众文化的价值观研究	陶东风	文学院	国家社会科学基金项目	专著	2014.12
8	频谱音乐的基本原理	肖武雄	音乐学院	国家社会科学基金项目	专著	2013.12
9	20世纪国际格局的演变与大国关系互动研究	徐　蓝	历史学院	国家社会科学基金项目	专著 论文	2016.12
10	大学筹资结构、行为与办学绩效	王寰安	教育学院	国家社会科学基金项目	研究报告	2013.12
11	现代汉语话题标记的功能研究	李秉震	国际文化学院	国家社会科学基金项目	论文集	2013.12
12	上古汉语指示代词的语用学研究	洪　波	文学院	国家社会科学基金项目	专著	2013.12
13	基于实证方法的对外汉语教学模式创新研究	付玉萍	国际文化学院	国家社会科学基金项目	研究报告	2013.12
14	俄国城市化进程与俄罗斯大众文学研究	林精华	文学院	国家社会科学基金项目	专著	2014.7
15	台湾女性小说性别叙事转型研究	艾　尤	文学院	国家社会科学基金项目	专著	2014.6

续表

序号	项目名称	负责人	承担单位	项目来源	成果形式	完成日期
16	海岱地区两周时期文化格局与社会变迁的考古学研究	钱益汇	历史学院	国家社会科学基金项目	专著	2014.6
17	19世纪晚期至20世纪初英帝国防御研究	赵军秀	历史学院	国家社会科学基金项目	专著	2014.7
18	文化全球化基本矛盾、特征和意义研究	杨生平	政法学院	国家社会科学基金项目	专著 论文集	2013.6
19	市场社会主义劳动产权与我国收入分配结构调整研究	姜国权	国际文化学院	国家社会科学基金项目	专著	2014.7
20	中国书法与中国文学	刘守安	中国书法文化研究院	国家社会科学基金单列学科项目	论文	2014.12
21	教育体制改革试点的舆论分析：办学体制改革的视野	蒋建华	教育学院	国家社会科学基金单列学科项目	研究报告 论文 专著	2014.5
22	青少年文化产品的生产现状与引导策略研究——子课题	王　蕾	初等教育学院	国家社会科学基金项目子课题	研究报告	2014.12
23	典型地区和典型行业的产业移动对区域空间结构的影响	卢明华	资源环境与旅游学院	国家社会科学基金项目子课题	论文	2012.12
24	《中国经学史》子课题	冯　蒸	文学院	国家社会科学基金项目子课题	专著	2013.12
25	自然语言信息处理的逻辑语义学研究——子课题	周建设	文学院	国家社会科学基金项目子课题	论文	2014.9
26	中学几何教学与中学生空间认知能力	周　珍	管理学院	全国教育科学规划（教育部）项目	研究报告 研究论文	2013.12
27	高中数学课程整体设计研究	王尚志	首都基础教育发展研究院	全国教育科学规划（教育部）项目	研究报告 著作	2015.12
28	基于课程标准的语文学业水平评价的命题研究	孙素英	首都基础教育发展研究院	全国教育科学规划（教育部）项目	论文 研究报告	2013.12
29	中学数学教学与学生学习心理一致性的调查研究	张景斌	首都基础教育发展研究院	全国教育科学规划（教育部）项目	研究报告 论文	2013.12
30	促进中学生思维品质发展研究	邢红军	物理系	全国教育科学规划（教育部）项目	研究报告 论文	2014.12
31	教学过程设计的价值取向研究	张　菁	教育学院	全国教育科学规划（教育部）项目	研究报告 论文 专著	2013.12

续表

序号	项目名称	负责人	承担单位	项目来源	成果形式	完成日期
32	区域内缩小校际教育质量差距的伙伴协作研究	刘晓玫	首都基础教育发展研究院	全国教育科学规划（教育部）项目	研究报告 论文	2014. 13
33	20 世纪早期俄国思想史	林精华	文学院	教育部人文社会科学研究项目	著作 译著	2014. 12
34	现代性语境下中国新诗核心命题研究	张桃洲	文学院	教育部人文社会科学研究项目	论文集	2014. 12
35	《广韵》《集韵》对照整理与研究	冯　蒸	文学院	教育部人文社会科学研究项目	工具书 专著	2014. 12
36	运用“一对一”图形计算技术促进学习者的数学高阶思维发展研究	刘　军	教育技术系	教育部人文社会科学研究项目	论文	2014. 9
37	继承与变革：蒙元时期北方地区墓葬研究	袁　泉	历史学院	教育部人文社会科学研究项目	论文 数据库	2014. 9
38	逻辑思维能力与创新型人才培养模式研究	冯　艳	文学院	教育部人文社会科学研究项目	论文 咨询报告	2014. 9
39	古典世界的民主与共和政治	晏绍祥	历史学院	教育部人文社会科学研究项目	著作	2014. 9
40	以“UDS 合作实践共同体”为孵化器，促进教育学知识创生与实践转化的行动研究	杨朝晖	首都基础教育发展研究院	教育部人文社会科学研究项目	论文 咨询报告	2014. 9
41	教学论学科群对教师专业成长的作用：欧洲经验	丁邦平	教育学院	教育部人文社会科学研究项目	著作 论文	2014. 9
42	高校交叉学科建设分析与对策研究	郑文涛	社科处	教育部人文社会科学研究项目	论文	2014. 9
43	壮族村寨声景生态文化遗存的个案研究	邓志勇	音乐学院	教育部人文社会科学研究项目	著作 声景标准 数据库	2014. 12
44	现象学教育学视野下学生学习的生活体验研究	王攀峰	教育学院	教育部人文社会科学研究项目	论文 研究报告	2014. 9
45	南欧族群关系与希腊民族区域自治问题研究：人类学的视角	刘　珩	外国语学院	教育部人文社会科学研究项目	著作 论文	2014. 9
46	当代马克思主义在青年中传播的研究：基于一项实证调查的深入分析	石国亮	政法学院	教育部人文社会科学研究项目	著作	2014. 9
47	民办幼儿园分类准入制度的研究	严　冷	教育学院	教育部人文社会科学研究项目	论文 咨询报告	2014. 12
48	新中国成立以来中国共产党价值观建设的历史经验研究	韩　华	政法学院	教育部人文社会科学研究项目	著作 论文	2014. 9
49	教师伦理困境及教师专业伦理建设研究	杨启华	政法学院	教育部人文社会科学研究项目	论文	2014. 9

续表

序号	项目名称	负责人	承担单位	项目来源	成果形式	完成日期
50	新世纪中国儿童文学与儿童阅读研究	王　蕾	初等教育学院	教育部人文社会科学研究项目	论文 咨询报告	2014.9
51	中小学生科学探究能力评价的理论与实践研究	王晶莹	物理系	教育部人文社会科学研究项目	论文 咨询报告	2014.9
52	后现代翻译理论研究：以劳伦斯·韦努蒂的翻译思想为例	蒋　童	外国语学院	教育部人文社会科学研究项目	著作 论文	2014.9
53	现代汉语标记性构式研究	杨玉玲	国际文化学院	教育部人文社会科学研究项目	著作	2014.9
54	视频案例多元分析视角下的教师专业发展策略研究	孙　众	信息工程学院	教育部人文社会科学研究项目	论文 电子出版物	2014.9
55	类型学视野中的汉语条件句研究	王春辉	国际文化学院	教育部人文社会科学研究项目	著作 论文	2014.9
56	高校主体间大学生深度辅导模式实证研究	周举坤	教育学院	教育部人文社会科学研究项目	论文 电子出版物	2013.12
57	大学生极端心理危机事件影响因素研究	蔺桂瑞	学生处	教育部人文社会科学研究项目	论文 咨询报告、电子出版物	2013.12
58	（待定）	蔡　梦	音乐学院	教育部其他项目	系列论文	2014.12
59	（待定）	张桃洲	文学院	教育部其他项目	专著	2014.12
60	英国财产继承研究——制度、习惯及其传播	陈志坚	历史学院	教育部其他项目	专著 论文集	2015.12
61	课程标准审稿	齐世荣	历史学院	教育部其他项目	论文	2011.12
62	义务教育历史教材编写	齐世荣	历史学院	教育部其他项目	论文	2014.12
63	中小学书法教育课程指南	刘守安	中国书法文化研究院	教育部其他项目	研究报告	2011.8
64	教育部历史课程项目	齐世荣	历史学院	教育部其他项目	论文	2011.12
65	《高等学校教师职业道德规范》研究	劳凯声	教育学院	教育部其他项目	研究报告 论文	2012.12
66	普通高中特色课程建设的论证	石　鸥	教育学院	教育部其他项目	研究报告	2011.6
67	《运动员基础教育课程研制项目》之国内综合调研	石　鸥	教育学院	中央其他部门社科专门项目	调研报告	2012.4
68	中国手风琴音乐文化研究	高　洁	音乐学院	中央其他部门社科专门项目	专著	2013.12

续表

序号	项目名称	负责人	承担单位	项目来源	成果形式	完成日期
69	全国社会组织党建工作调研	石国亮	政法学院	中央其他部门社科专门项目	调研报告	2011. 9
70	语言产业的界定及其在新兴产业结构中的地位分析	陈　鹏	校办产业管理办公室	中央其他部门社科专门项目	论文(集)	2013. 9
71	古代行书、草书的搜集与整理	叶培贵	中国书法文化研究院	中央其他部门社科专门项目	资料数据库	2015. 12
72	加强和创新社会管理中社会组织的角色定位和功能发挥	石国亮	政法学院	中央其他部门社科专门项目	研究报告	2011. 12
73	甲骨文字的搜集与整理	黄天树	文学院	中央其他部门社科专门项目	论文	2015. 12
74	《天盛改旧新定律令》与《庆元条法事类》比较研究	李华瑞	历史学院	中央其他部门社科专门项目	专著	2014. 12
75	明清北京话文献与京味小说校释	冯　蒸	文学院	高校古籍整理研究项目	专著	2014. 8
76	社会经济地位差距对婴儿脑社会认知功能的影响及潜在机制：北京市农民工流动家庭与普通城市家庭比较	王争艳	教育学院	省、市、自治区社会科学基金项目	研究报告论文集	2014. 12
77	马克思主义人的发展理论当代形态研究	陈新夏	政法学院	省、市、自治区社会科学基金项目	专著	2014. 12
78	世界城市视野下的北京青年文化建设研究	胡疆锋	文学院	省、市、自治区社会科学基金项目	研究报告	2014. 12
79	1949 年以来社会主义价值观的确立及演变研究	韩　华	政法学院	省、市、自治区社会科学基金项目	论文集	2013. 12
80	北京市超常儿童培养模式研究	张景斌	首都基础教育发展研究院	省、市、自治区社会科学基金项目	研究报告	2013. 6
81	明北京营建物料采办研究	王毓蔺	历史学院	省、市、自治区社会科学基金项目	专著	2013. 6
82	从“天下”到“世界”——汉唐时期的域外探索及其对世界的认知	王永平	历史学院	省、市、自治区社会科学基金项目	论文集	2014. 9
83	地方人大调查权与审判独立关系研究	郑贤君	政法学院	省、市、自治区社会科学基金项目	论文集	2014. 9
84	北京旅游形象感知偏差测评研究	姚长宏	资源环境与旅游学院	省、市、自治区社会科学基金项目	系列论文	2012. 1

续表

序号	项目名称	负责人	承担单位	项目来源	成果形式	完成日期
85	人口老龄化与北京世界城市可持续发展问题研究	刘亚娜	管理学院	省、市、自治区社会科学基金项目	专著	2013.6
86	北京市科技进步及其经济增长贡献率研究	王天晓	高等教育研究室	省、市、自治区社会科学基金项目	研究报告 论文	2012.8
87	北京市基础教育课程改革十年研究	石　鸥	教育学院	省、市、自治区社会科学基金项目	专著	2012.12
88	城市新移民对北京市社会与经济影响研究	蔡　鑫	政法学院	省、市、自治区社会科学基金项目	研究报告 论文	2013.12
89	北京市可持续发展对策研究——基于创业型经济视角的分析	蒋景媛	管理学院	省、市、自治区社会科学基金项目	专著	2013.12
90	英藏敦煌社会历史文献整理与研究2	郝春文	历史学院	省、市、自治区社会科学基金项目	译著 教材 论文	2013.12
91	明清易代之际的诗文总集编纂研究：以《明文海》为中心	张敏杰	文学院	省、市、自治区社会科学基金项目	专著	2012.12

2011年首都师范大学校级社会科学研究项目

序号	项目名称	负责人	所属单位	成果形式	完成日期
1	现代社会文明进程中我国公民道德建设模式研究	王淑芹	政法学院	专著	2011.12
2	中国书法文化研究	刘守安	中国书法文化研究院	专著 论文	2011.12
3	我国教师教育的历史性变革与应对——学士后教师教育标准及实施研究	宁　虹	教育学院	研究报告	2011.12
4	《乐府诗集》整理	吴相洲	文学院	专著	2011.12
5	当代中国大众文化价值观研究	陶东风	文学院	论文	2011.12
6	20世纪国际格局的演变与大国关系互动研究	徐　蓝	历史学院	专著 论文 研究报告	2011.12
7	北京市单亲家庭的社会保障体系研究：问题与展望	黄　霞	政法学院	论文	2011.12
8	高校内部学术共同体建设研究	王天晓	高等教育研究室	论文	2011.12
9	“十二五”时期北京市社区公共服务体系建设研究	李　春	管理学院	论文	2011.12
10	基于全球价值链的中美贸易非均衡问题研究	孔　琳	管理学院	论文	2011.12
11	学校教育促进农村社区伦理文化发展研究	李　敏	初等教育学院	论文	2011.12

续表

序号	项目名称	负责人	所属单位	成果形式	完成日期
12	戴季陶辛亥革命思想评析	刘文丽	马克思主义教育学院	论文	2011. 12
13	现代汉语高频话题标记研究	李秉震	国际文化学院	论文	2011. 12
14	对外汉语课堂演示型课件常见问题分析	李启洁	国际文化学院	论文	2011. 12
15	中晚唐叙事诗中流落女性形象研究	胡秀春	国际文化学院	论文	2011. 12
16	基于封闭类元素的戏剧配置结构系统探索	高剑妩	外国语学院	论文	2011. 12
17	室町期源氏物语的享受	唐晓可	外国语学院	论文	2011. 12
18	网络辅助国际交流活动对语言习得的影响	赵　婴	外国语学院	论文	2011. 12
19	现代日语 SA 变动词的“体”的研究	刘　健	外国语学院	论文	2011. 12
20	A. S. 拜厄特的“自由观”研究	陈姝波	外国语学院	论文	2011. 12
21	倾听能力的演化：华兹华斯诗歌思想研究	朱　玉	外国语学院	论文	2011. 12
22	记忆过程中海马 CA1 区神经元的集群放电特征	于　萍	教育学院	论文	2011. 12
23	学前教育质量评估比较研究	刘　昊	教育学院	论文	2011. 12
24	高等教育入学机会的影响因素研究	荣利颖	教育学院	论文	2011. 12
25	基于修辞理论的设计符号学研究	王　佳	美术学院	论文	2011. 12
26	存在论视域下的“成圣之道”——王阳明哲学的存在论阐释	盛　珂	政法学院	论文	2011. 12
27	跨国专利诉讼管辖权问题研究	丛雪莲	政法学院	论文	2011. 12
28	西方殖民统治与菲律宾法的演变研究	果海英	政法学院	论文	2011. 12
29	文明交流视野中的阿波罗崇拜研究	李永斌	历史学院	论文	2011. 12
30	传播环境变迁与近代灾害新闻的产生	杜　涛	历史学院	论文	2011. 12

（首都师范大学社科处黄胤英供稿）

首都经济贸易大学

2011 年承担省部级以上科研项目

项目名称	负责人	承担单位	项目来源	项目类别	成果形式	计划完成时间
我国社会保障公平的非均衡发展研究	吕学静	劳动经济学院	国家社会科学基金	一般项目	专著 研究报告	2013. 11
自主技术标准化对中国装备制造业经济增长贡献测度研究及实证分析	郭卫东	工商管理学院	国家社会科学基金	一般项目	专著 研究报告	2013. 12
中国现行社会福利保障制度下城镇贫困人口的统计研究	刘黎明	统计学院	国家社会科学基金	一般项目	专著 研究报告	2014. 7
再论聋人手语的语言地位——基于手语符号任意性的实验研究	刘润楠	外语系	国家社会科学基金	青年项目	研究报告	2014. 6

续表

项目名称	负责人	承担单位	项目来源	项目类别	成果形式	计划完成时间
社会资本视角下的我国区域协调发展战略研究	赵家章	经济学院	国家社会科学基金	青年项目	专著	2013.12
混合交通流多模式模型整合与协调优化研究	尚华艳	信息学院	国际自然科学基金委	青年科学基金项目	研究报告 论文	2014.12
地价梯度与产业梯度耦合机制及城市群产业用地结构优化研究	王德起	城市学院	国际自然科学基金委	面上项目	专著 论文	2015.12
新媒体法律规制研究	郑文明	文化与传播学院	教育部	规划基金项目	专著	2014.4
国际组织在我国的法律地位	谢海霞	法学院	教育部	规划基金项目	论文 咨询报告	2012.12
国有非上市企业执行新会计准则问题研究	石彦文	会计学院	教育部	规划基金项目	咨询报告	2014.12
“十二五”时期农民工城市就业问题及路径研究	王　静	劳动经济学院	教育部	规划基金项目	论文 咨询报告	2013.12
基于高新技术企业信息化风险的人机治理模式研究	王凡林	会计学院	教育部	规划基金项目	著作 论文	2014.12
中小学校长领导力模型构建与发展实证研究	陈小平	劳动经济学院	教育部	青年基金项目	著作 论文 咨询报告	2012.12
高水平射击运动员专项认知眼动特征的研究	廖彦罡	体育部	教育部	青年基金项目	论文 研究报告	2014.3
经济波动、宏观调控与产业升级的关联度分析	周明生	经济学院	教育部	规划基金项目	著作 论文	2014.4
全球金融监管重建与中国宏观金融审慎监管的建立	祁敬宇	金融学院	教育部	规划基金项目	论文 咨询报告	2012.12
理性疏忽框架下的经济周期理论研究	王　军	经济学院	教育部	规划基金项目	著作 论文	2014.12
基于消费者信心的消费行为影响因素实证分析与经济仿真研究	任　韬	统计学院	教育部	规划基金项目	咨询报告	2013.12
我国新农村建设中支农资金的配置效率研究	龙　菊	金融学院	教育部	规划基金项目	论文 咨询报告	2014.12
我国审计市场“桑梓情结”之因果与对策研究	于　鹏	会计学院	教育部	青年基金项目	论文	2014.12
多元合作治理视野下的市场监管主体结构优化与政府能力建设研究	刘智勇	城市经济与公共管理学院	教育部国际合作与交流司	科研启动基金项目	研究报告	2012.12
低碳约束下北京外贸商品结构优化研究	王明荣	经济学院	北京市社会科学规划办	青年项目	研究报告	2012.11

续表

项目名称	负责人	承担单位	项目来源	项目类别	成果形式	计划完成时间
目标管理模式下北京市实现碳强度目标的机制与路径研究	范合君	工商管理学院	北京市社会科学规划办	青年项目	研究报告	2013.6
全球经济再平衡背景下经常账户适度性与逆转冲击效应研究	朱　超	金融学院	北京市社会科学规划办	青年项目	论文集	2013.6
移民影响下北京多元文化行程的历史机理及对建设世界城市的启示	李青淼	城市经济与公共管理学院	北京市社会科学规划办	青年项目	研究报告	2013.12
北京市零供企业和谐发展、流通效率与社会福利研究	董烨然	经济学院	北京市社会科学规划办	一般项目	研究报告	2013.12
东京新宿 CBD 现代服务业集聚模式及知识创新研究	陈立平	工商管理学院	北京市社会科学规划办	一般项目	研究报告	2013.12
京津区域金融一体化发展研究	谢太峰	金融学院	北京市社会科学规划办	一般项目	专著	2014.6
首都经济圈经济发展水平及地区差异变化的仿真研究——基于财政支出政策效应空间变异性分析	马立平	统计学院	北京市社会科学规划办	一般项目	研究报告	2013.7
以云技术及评价推动北京信息资源配置效率提升的研究	马　慧	信息学院	北京市社会科学规划办	一般项目	研究报告 论文集	2013.12
CBD 高端企业总部集聚效应研究	周明生	经济学院	北京市社会科学规划办	一般项目	研究报告 论文集	2013.12
生态经济结构视角下北京产业升级与区域产业协调发展研究	邹昭晞	工商管理学院	北京市社会科学规划办	重点项目	研究报告	2012.6
首都经济圈的目标定位及战略重点研究	文　魁	经济学院	北京市社会科学规划办	重点项目	研究报告	2013.12
北京高校实施三维度绩效预算问题研究	许江波	会计学院	北京市社会科学规划办	青年项目	研究报告	2013.12
清洁电缆材料的制备及其热解动力学和火灾蔓延特性研究	钮英建	安全与环境工程学院	北京市自然科学基金委	面上项目	论文 其他	2013.12
基于 SNS 网络的北京市城市老年人服务体系研究	吕学静	劳动经济学院	北京市自然科学基金委	面上项目	论文 研究报告	2012.6
北京城市公用事业市场化改革与财政补贴机制研究	柳学信	工商管理学院	北京市自然科学基金委	面上项目	论文 研究报告	2012.12
北京依托首都圈建设世界城市的路径研究	祝尔娟	城市经济与公共管理学院	北京市自然科学基金委	面上项目	论文 研究报告	2013.12
北京经济发展过程中的低收入群体分享增长成果问题研究	阮　敬	统计学院	北京市自然科学基金委	预探索项目	论文 研究报告	2012.6
境外非政府组织资金监管研究	蔡秀云	财政税务学院	民政部	招标项目	研究报告	2011.12

续表

项目名称	负责人	承担单位	项目来源	项目类别	成果形式	计划完成时间
公共服务视角下的城市社区社会组织发展研究——从政府选择到社会选择的实现路径	蔡秀云	财政税务学院	民政部	招标项目	研究报告	2011.12
构建我国企业首席财务官制度研究	崔也光	会计学院	财政部	重大课题	研究报告	2012.12
地方公共产品供给指数研究——以北京市为例	赵　仑	财政税务学院	北京市教育委员会	重点项目	研究报告 论文	2012.12
北京建设世界城市与京津冀一体化发展研究	祝尔娟	城市学院	北京市教育委员会	重点项目	专著	2012.12
北京低碳产品规划和低碳产业发展研究	于启武	工商管理学院	北京市教育委员会	重点项目	研究报告 论文	2012.12
北京市地铁工程建设应急管理评估体系研究	陈大伟	安全与环境工程学院	北京市教育委员会	科技面上项目	研究报告	2012.12
信息资源碳足迹能力的认证模式及其质量工程技术的研究	马　慧	信息学院	北京市教育委员会	科技面上项目	专著 研究报告 论文	2012.12
中国财政资源的可支配度研究	曹静韬	财政税务学院	北京市教育委员会	社科面上项目	论文	2011.12
京津冀一体化进程中的地方政府合作协调机制研究	张智新	城市学院	北京市教育委员会	社科面上项目	研究报告	2012.1
农产品贸易救济体系的相关法律问题研究	谢海霞	法学院	北京市教育委员会	社科面上项目	研究报告 论文	2011.12
政府规制风险的行政法研究	赵　鹏	法学院	北京市教育委员会	社科面上项目	专著	2012.12
创新驱动的自主技术标准化对装备制造业经济增长贡献研究	郭卫东	工商管理学院	北京市教育委员会	社科面上项目	研究报告 论文	2012.12
大部制下中国垄断产业规制体系构建与机制设计研究	范合君	工商管理学院	北京市教育委员会	社科面上项目	研究报告 论文	2012.12
北京市高新企业信息化风险治理模式研究	王凡林	会计学院	北京市教育委员会	社科面上项目	研究报告 论文	2012.12
后金融危机时代人民币汇率变化趋势和对策研究	方　兴	金融学院	北京市教育委员会	社科面上项目	研究报告	2012.12
北京市收入差距对经济效率的影响及适度水平研究	王少国	经济学院	北京市教育委员会	社科面上项目	专著 研究报告	2012.12
促进我国就业增长的战略研究	牟俊霖	劳动经济学院	北京市教育委员会	社科面上项目	研究报告	2012.10
媒介产业化法律规制研究——以北京市为例	郑文明	人文学院	北京市教育委员会	社科面上项目	研究报告	2012.12
世界城市建设进程中的北京传统节庆与仪式	彭利芝	人文学院	北京市教育委员会	社科面上项目	研究报告 论文	2011.12
北京市体育设施建设现状与发展对策研究	贺　慨	体育部	北京市教育委员会	社科面上项目	研究报告 论文	2012.12

续表

项目名称	负责人	承担单位	项目来源	项目类别	成果形式	计划完成时间
复杂经济数据下测量误差模型的估计理论与方法	刘　强	统计学院	北京市教育委员会	社科面上项目	论文	2012. 12
北京高校后勤新型服务保障体系研究	杨世忠	会计学院	北京市教育委员会	社科面上项目	研究报告	2011. 12
融合传统文化与心理教育开展大学生思想政治教育实践和机制研究	郭锦鹏	文化与传播学院	北京市教育工作委员会	支持课题	论文	2012. 4
当前我国大学生多元识读能力现状、问题及对策研究	张义君	外语系	北京市教育科学规划办	重点项目	研究报告 论文 其他	2013. 6
运用团体心理辅导开展大学生思想政治教育工作的探索	王　玉	文化与传播学院	北京市教育工作委员会	支持课题	研究报告 论文	2012. 4
高校大学生思想政治教育工作体系内部优化整合研究	柯文进	工商管理学院	北京市教育工作委员会	战略课题	专著 研究报告 论文	2011. 12
首都现代产业体系研究	周　伟	城市学院	北京市社会科学界联合会	重点决策咨询课题	研究报告	2011. 10
文化创新能力和文化体制改革	陈　宁	马克思主义学院	北京市社会科学界联合会		研究报告	2011. 8
资源约束下北京市区域产业布局优化研究	汪　洋	经济学院	北京市社会科学界联合会	青年社科人才资助项目	专著	2013. 10
《中长期科技人才发展规划》研究制定	王稼琼	经济学院	中国科学技术发展战略研究院	委托项目	研究报告	2012. 5
国家“十二五”科技人才发展规划制定工作	王稼琼	经济学院	科学技术部政策法规司	委托项目	研究报告	2011. 5
国际金融反恐合作的法律制度研究	王剑波	法学院	中国博士后科学基金会	面上资助项目	研究报告	2013. 6

2011 年首都经济贸易大学校级科研项目

项目名称	负责人	承担单位	项目类别	成果形式	计划完成时间
面向机械安全设计的产品风险评价系统研究及开发	王　庆	安全与环境工程学院	重点项目	研究报告 论文	2011. 12
地方政府土地财政问题研究——以北京市为例	史兴旺	财政税务学院	重点项目	研究报告	2011. 12
面向“世界城市”的北京城市社区治理模式研究	谭善勇	城市学院	重点项目	研究报告 论文	2011. 12

续表

项目名称	负责人	承担单位	项目类别	成果形式	计划完成时间
北京市文物、艺术品产业发展与拍卖法律制度研究	王德山	法学院	重点项目	论文	2011.12
人民币汇率形成机制改革研究	兰纪平	工商管理学院	重点项目	论文	2011.12
基于治理视角的我国企业信息技术控制有效性研究	王海林	会计学院	重点项目	研究报告 论文	2011.12
北京市金融后台园区建设的对策研究	施慧洪	金融学院	重点项目	研究报告 论文	2011.12
服务贸易对服务业发展的拉动机制研究——以北京市为例	王佃凯	经济学院	重点项目	研究报告	2011.12
监管权力配置模式与公共治理有效性研究	沈宏亮	经济学院	重点项目	研究报告	2011.12
北京市人口—经济—环境协调发展研究	肖周燕	劳动经济学院	重点项目	研究报告	2011.12
元大都书会作家群研究与北京“玉京”文化广场创意	吴伟凡	人文学院	重点项目	论文	2011.12
“90后”大学生人际交往心理调查研究	徐　辉	人文学院	重点项目	研究报告 论文	2011.12
不平衡数据的分类及其在金融领域的应用研究	朱梅红	统计学院	重点项目	研究报告 论文	2011.12
高新技术企业技术威胁动态监测预警机制研究	张丽玮	信息学院	重点项目	研究报告 论文 计算机软件	2011.12
模糊环境下基于差分进化算法的投资组合选择研究	陈　炜	信息学院	重点项目	论文	2011.12
基于碳纳米材料的制备及其细胞毒理研究	任冬梅	安全与环境工程学院	青年项目	研究报告 论文 其他	2011.12
随机生产环境下产品组合生产决策模型与优化	杨　静	安全与环境工程学院	青年项目	研究报告 论文	2011.12
基于协同演化博弈的社会网络稳定性研究	李　伟	安全与环境工程学院	青年项目	论文	2011.12
促进北京市科技创新的财政政策研究	黄芳娜	财政税务学院	青年项目	研究报告	2011.12
世界城市建设背景下北京市政综合管理体制改革研究：基于纽约、伦敦、东京的比较分析	刘智勇	城市学院	青年项目	研究报告	2011.12
电视广告语言特点研究	万凯艳	对外交流学院	青年项目	研究报告 论文	2011.12

续表

项目名称	负责人	承担单位	项目类别	成果形式	计划完成时间
社会保险基金管理运营法律制度研究	王显勇	法学院	青年项目	论文	2011. 12
我国会计师事务所合并的动机及效果研究	王　霞	会计学院	青年项目	研究报告 论文	2011. 12
流动性与金融系统稳定性研究	周　晔	金融学院	青年项目	研究报告 论文	2011. 12
京津冀地区区域保险发展与经济增长关系实证研究	王雅婷	金融学院	青年项目	研究报告 论文	2011. 12
上市公司关联交易监管的执法选择性研究	赵　娟	经济学院	青年项目	研究报告	2011. 12
循环经济与北京对外贸易可持续协调发展的研究	于晓云	经济学院	青年项目	研究报告	2011. 12
公共就业服务顾客满意度调查研究——以北京市朝阳区为例	陈小平	劳动经济学院	青年项目	研究报告 论文	2011. 12
毛泽东民主政治思想与中国特色社会主义民主制度的理论构建及实践创新研究	成林萍	人文学院	青年项目	研究报告	2011. 12
户外广告创意与城市美化建设研究	许敏玉	人文学院	青年项目	研究报告	2011. 12
文化创意产业背景下的电影营销研究	吴三军	人文学院	青年项目	研究报告	2011. 12
当代英美马克思主义的道德观研究	刘　隽	人文学院	青年项目	研究报告	2011. 12
尤金·奥尼尔的悲剧创作与无意识的探讨	杨述伊	外语系	青年项目	论文	2011. 12
数字化三维虚拟校园的技术研究与实践	申　蔚	信息学院	青年项目	计算机软件	2011. 12
北京文化创意产业信贷风险评估与对策分析	邱　月	信息学院	青年项目	论文	2011. 12

（首都经济贸易大学科研处供稿）

北京工商大学

2011 年承担国家或省部级人文社会科学研究项目

序号	项目名称	负责人	承担部门	项目来源	成果形式	完成日期
1	“十二五”前期价格上涨趋势和主要影响因素分析研究	李朝鲜	经济学院	国家社会科学基金	研究报告	2013. 12
2	侵权责任法视角下我国专利间接侵权规则审视与立法设计	刘筠筠	法学院	国家社会科学基金	专著	2014. 6
3	小额诉讼程序的理论研究与制度设计研究	张　艳	法学院	国家社会科学基金	专著	2014. 6

续表

序号	项目名称	负责人	承担部门	项目来源	成果形式	完成日期
4	信托税收法律制度研究	郝琳琳	法学院	国家社会科学基金	专著	2013. 12
5	跨国资本运营中的会计准则趋同研究	杨有红	商学院	国家社会科学基金	研究报告	2013. 7
6	内部资本市场对企业集团成长的作用机制研究	王峰娟	商学院	国家社会科学基金	研究报告	2013. 12
7	基于会计的投资者保护评价体系及指数建设研究	张宏亮	商学院	国家社会科学基金	专著	2014. 12
8	基于复杂系统理论的城市物流系统运行机制研究	杨浩雄	商学院	国家社会科学基金	研究报告	2013. 7
9	经济理性与制度规范：民营企业慈善捐赠的动机研究	苏 峻	商学院	国家自然科学基金	论文	2015. 12
10	高等教育人力资本在经济发展方式转变中的经济效应研究	吉彩红	经济学院	国家自然科学基金	论文	2015. 12
11	知识密集型服务企业能力演进机理的研究	王国顺	商学院	国家自然科学基金	论文	2015. 12
12	我国高校毕业生社会化就业服务体系的构建及有效运行研究	李业昆	商学院	全国教育科学规划项目	论文	2013. 12
13	体育知识产权保护问题研究	徐康平	法学院	教育部	研究报告 论文	2014. 12
14	失地农民融入城市社区过程中的利益冲突及其法律调整研究	董 彪	法学院	教育部	研究报告 论文	2014. 12
15	跨组织控制：激励模式与合作绩效研究	穆林娟	商学院	教育部	研究报告 论文	2014. 12
16	集团董事会治理与财务公司（结算中心）风险控制	袁 琳	商学院	教育部	研究报告 论文	2014. 12
17	上市公司股利变更研究	童 盼	商学院	教育部	研究报告 论文	2014. 12
18	网络隐私权的侵权问题与法律保护研究	路 鹃	艺术与传媒学院	教育部	研究报告 论文	2014. 12
19	关系网络扩展与农业交易治理机制创新：湘鄂三县葡萄种植业的比较案例研究	徐振宇	经济学院	教育部	研究报告 论文	2014. 12
20	中国对外政策中的国内舆论引导机制研究	余金城	马克思主义学院	教育部	研究报告 论文	2014. 12
21	促进区域经济协调发展的立体财政转移支付模式研究——基于政府行为视角	吴 强	经济学院	教育部	研究报告 论文	2014. 12
22	主观业绩评价及其制度效果——基于组织公正中介作用的路径研究	高 晨	商学院	教育部	研究报告 论文	2014. 12

续表

序号	项目名称	负责人	承担部门	项目来源	成果形式	完成日期
23	我国就业机会不平等与收入差距扩大的相互关系研究	徐秋慧	经济学院	教育部	研究报告 论文	2014.12
24	中国共产党执政以来领导农村基层政权建设的历史与经验研究	江　燕	马克思主义学院	教育部	研究报告 论文	2014.12
25	新形势下影响高校稳定的突出问题分析与防范对策研究	唐立军	商学院	教育部	研究报告	2014.12
26	北京市乡村旅游全产业链发展模式研究	侯晓丽	商学院	北京市哲学社会科学规划项目	研究报告	2013.12
27	北京市政府资助科技型中小企业技术创新实施效果研究	王　楠	商学院	北京市哲学社会科学规划项目	研究报告 其他	2013.12
28	金融共生视角下的北京市绿色农业金融发展机制研究	张　伟	经济学院	北京市哲学社会科学规划项目	研究报告	2013.12
29	北京市建立扩大消费需求长效机制研究	杨德勇	经济学院	北京市哲学社会科学规划项目	研究报告	2013.6
30	流通成本分摊视角的北京蔬菜价格波动研究	徐振宇	经济学院	北京市哲学社会科学规划项目	研究报告	2013.12
31	碳金融发展背景下的企业财务创新研究	王峰娟	商学院	北京市哲学社会科学规划项目	研究报告 论文集	2013.6
32	中关村自主创新示范区产业集群发展的共生机制研究	田　芬	经济学院	北京市哲学社会科学规划项目	研究报告	2013.12
33	北京零售企业集团并购能力研究	陈　轲	商学院	北京市哲学社会科学规划项目	研究报告	2013.12
34	北京现代服务业发展机制创新研究	孙永波	商学院	北京市哲学社会科学规划项目	研究报告	2013.12
35	房地产金融体系创新研究	葛红玲	经济学院	中共北京市委组织部优秀人才资助项目	研究报告 论文	2013.12
36	基于结构方程模型的北京现代服务业竞争力评价研究	罗玉波	经济学院	中共北京市委组织部优秀人才资助项目	研究报告 论文	2013.12
37	北京市科技型中小企业信贷融资机制创新——基于金融共生理论的研究	张　伟	经济学院	中共北京市委组织部优秀人才资助项目	研究报告 论文	2013.12
38	北京市民营企业应对产业结构调整要求的对策选择：基于作为发展战略的企业社会责任视角	郭　毅	经济学院	中共北京市委组织部优秀人才资助项目	研究报告 论文	2013.12
39	北京市市属重点高校学评教指标体系构建研究	辛士波	经济学院	中共北京市委组织部优秀人才资助项目	研究报告 论文	2013.12

续表

序号	项目名称	负责人	承担部门	项目来源	成果形式	完成日期
40	就业机会不平等与收入差距扩大相互关系研究——以北京为例	徐秋慧	经济学院	中共北京市委组织部优秀人才资助项目	研究报告论文	2013. 12
41	在线冲动购买行为的形成机理与激发策略研究	张运来	商学院	中共北京市委组织部优秀人才资助项目	研究报告论文	2013. 12
42	从财产权保障的视角论土地权利限制：中美德制度比较研究	董　彪	法学院	中共北京市委组织部优秀人才资助项目	研究报告论文	2013. 12
43	涉外经济犯罪刑事司法协助机制研究	俞　亮	法学院	中共北京市委组织部优秀人才资助项目	研究报告论文	2013. 12
44	共生理论视角下北京保障性住房投融资问题研究	葛红玲	经济学院	北京市教委科研计划人文社科重点项目	研究报告论文	2014. 12
45	基于我国医药改革的药品流通新模式研究	卢　奇	经济学院	北京市教委科研计划人文社科重点项目	研究报告论文	2014. 12
46	会计治理的实现路径及其评价	谢志华	商学院	北京市教委科研计划人文社科重点项目	研究报告论文	2014. 12
47	涉外经济犯罪刑事司法协助机制研究	俞　亮	法学院	北京市教委科研计划人文社科一般项目	研究报告论文	2013. 12
48	首都网络政治传播策略研究	赵春丽	马克思主义学院	北京市教委科研计划人文社科一般项目	研究报告论文	2013. 12
49	北京养老服务新模式下的家用医疗产品设计研究	张　明	艺术与传媒学院	北京市教委科研计划人文社科一般项目	研究报告论文	2013. 12
50	监督与增值服务：来自创业投资参股IPO公司的经验证据	王力军	商学院	北京市教委科研计划人文社科一般项目	研究报告论文	2013. 12
51	政府资助模式对企业技术创新项目价值的影响	王　楠	商学院	北京市教委科研计划人文社科一般项目	研究报告论文	2013. 12

续表

序号	项目名称	负责人	承担部门	项目来源	成果形式	完成日期
52	后金融危机时代国有企业海外并购风险及对策研究	张元虹	经济学院	北京市教委科研计划人文社科一般项目	研究报告论文	2013.12
53	北京市寿险营销员胜任特征模型研究	徐　徐	经济学院	北京市教委科研计划人文社科一般项目	研究报告论文	2013.12
54	北京市民营企业的企业社会责任（CSR）研究	郭　毅	经济学院	北京市教委科研计划人文社科一般项目	研究报告论文	2013.12
55	战略性新兴产业推动产业转型重大问题研究之一：战略性新兴产业发展与政策比较研究	杨浩雄	商学院	中国科学技术发展战略研究院	研究报告	2012.12
56	我国金融控股公司风险法律制度研究	李　晗	法学院	中国法学会	研究报告	2012.12
57	低碳发展促进法研究	李仁玉	法学院	国务院发展研究中心	研究报告	2012.12
58	中外反不正当竞争法律制度比较研究	吕来明	法学院	国家工商行政管理总局	研究报告	2012.12
59	大学生职业生涯发展与辅导研究	林永和	体育与艺术教学部	北京师范大学	研究报告	2012.12
60	促进高等教育发展的税收优惠制度研究	郝琳琳	法学院	教育部	研究报告	2012.12
61	服务业科技工作者状况调查	孙永波	商学院	中国科学技术协会	研究报告	2012.12

2011年北京工商大学校级人文社会科学研究项目

序号	项目名称	负责人	承担部门	成果形式	完成日期
1	城市化进程中失地农民的就业问题研究——以北京地区为例	王　铁	科技处	专著	2013.10
2	品牌“绯闻期”广告行为研究	刘红菊	艺术与传媒学院	专著	2013.10
3	城市低碳经济评价研究	刘蓓琳	计算机与信息工程学院	专著	2013.10
4	莎乐美形象的历史演变及文化解读	关　涛	外国语学院	专著	2013.10
5	“索洛悖论”，何日阴霾散去？——中国企业管理信息系统实施对绩效的影响	孙玥璠	商学院	专著	2013.10
6	清末民国时期典权制度研究	邹亚莎	法学院	专著	2013.10
7	市场环境、纵向一体化与企业资本配置研究	张伟华	商学院	专著	2013.10
8	大学生同伴学业求助研究	金冬梅	商学院	专著	2013.10
9	产业转型与金融支持	龚晓菊	经济学院	专著	2013.10

续表

序号	项目名称	负责人	承担部门	成果形式	完成日期
10	金融消费者保护比较研究	颜 苏	法学院	专著	2013.10
11	三维动画美术设计	孙 进	艺术与传媒学院	专著	2013.10
12	唯美页面——版式设计新视觉	李一枚	艺术与传媒学院	专著	2013.10
13	数字艺术应用——商业动画美学研究	吴思淼	艺术与传媒学院	专著	2013.10
14	设计的立场——扩展的欧洲设计观	郑子云	艺术与传媒学院	专著	2013.10
15	复合间性论与解释学翻译理论研究	赵 毅	艺术与传媒学院	专著	2013.10
16	零售企业文化管理效果评价研究	王长斌	商学院	论文	2013.10
17	城市配送系统干扰管理问题研究	王 晶	商学院	论文	2013.10
18	社会建设视域下中国企业社会失责的非市场化治理研究	刘海龙	商学院	论文	2013.10
19	盈余波动对公司价值的作用机理研究	刘 婷	商学院	论文	2013.10
20	网络化境遇下中国意识形态安全研究	李 金	马克思主义学院	论文	2013.10
21	手持移动终端的沉浸式应用软件交互设计研究	李晓珊	艺术与传媒学院	论文	2013.10
22	人力资本深化促进我国共享式增长的机理与政策研究	余向华	经济学院	论文	2013.10
23	文学名家眼中的北京餐饮老字号的品牌形象研究	张新赞	艺术与传媒学院	论文	2013.10
24	3D影院环绕声重放系统研究	欧阳玥	艺术与传媒学院	论文	2013.10
25	组合风险管理中的相关结构分析	郑延婷	经济学院	论文	2013.10
26	民营企业的政治关联、企业绩效与权益资本成本	赵 峰	经济学院	论文	2013.10
27	后金融时代的金融发展I－R－S模式研究	高俊光	商学院	论文	2013.10
28	虚拟现实在现代商业展示设计中的应用研究	高嘉蔚	艺术与传媒学院	论文	2013.10
29	有限责任合伙制与资本供给结构互动关系研究	梁 鹏	经济学院	论文	2013.10
30	商事信托独立法律主体地位研究	彭插三	法学院	论文	2013.10
31	知识型组织多学科创新团队的知识共享	王 滢	文科实践中心	论文	2013.10
32	民间美术在当代品牌包装中的创新运用研究	孔宇欣	艺术与传媒学院	论文	2013.10
33	汉英中介语复数标记的变异研究	田 莉	外国语学院	论文	2013.10
34	养老保险待遇公平问题研究——基于北京市的实证分析	乔 杨	经济学院	论文	2013.10
35	儒家的诚德及其当下意义	杜 凡	马克思主义学院	论文	2013.10
36	我国个人所得（工薪所得）税免征额的合理设定	杨 琼	经济学院	论文	2013.10

续表

序号	项目名称	负责人	承担部门	成果形式	完成日期
37	参考价格对创新产品消费者支付意愿分布离散性影响研究	陈立彬	商学院	论文	2013.10
38	组织文化的个体转化机制研究——基于认同的理论框架及实证分析	周　燕	商学院	论文	2013.10
39	醉驾行为的刑法规制	郭纹静	法学院	论文	2013.10
40	北京地铁换乘导引系统交互界面设计研究	曹　鑫	艺术与传媒学院	论文	2013.10

（北京工商大学科学技术处供稿）

北京工业大学

2011 年承担国家或省部级社会科学研究项目

项目名称	负责人	所属单位	项目来源	成果形式	完成日期
新时期多元文化价值格局下师德建设的症结与师德培育路径研究	李世忠	艺术设计学院	教育科学规划项目	研究报告 论文	2013.11
转型时期中国企业社会责任的缺失与培育机制研究	吴宝晶	马克思主义学院	北京市社会科学规划项目	研究报告 论文	2012.12
《资本论》的双重批判维度研究	田　园	马克思主义学院	国家社会科学基金项目	研究报告 论文	2013.12
当代中国社会管理体制创新研究	陆学艺	人文学院	国家社会科学基金项目	研究报告 论文	2013.12
上市公司大股东关系、董事会履职与盈余质量研究	刘亭立	经济管理学院	国家社会科学基金项目	研究报告 论文	2013.12
社会结构分化与扩大内需的政策选择	赵卫华	人文学院	国家社会科学基金项目	研究报告 论文	2011.12
科技进步与生活方式变化	赵卫华	人文学院	北京市社会科学规划项目	研究报告 论文	2010.6
科技进步与北京住房的社会学研究	李君甫	人文学院	北京市社会科学规划项目	研究报告 论文	2010.12
北京市社区建设管理信息系统（MIS）实施研究	胡建国	人文学院	北京市社会科学规划项目	研究报告 论文	2010.12
高校“缠讼”问题及其解决机制的重构研究	王秀彦	校领导	北京市基金预探索项目	研究报告 论文	2012.6
面向北京可持续发展的高新技术转移监测体系研究	冯秀珍	经济管理学院	北京市基金面上项目	研究报告 论文	2013.12
基于碳金融的碳排放权现货与期货定价模型与检验研究	曾诗鸿	经济管理学院	教育部留学回国人员科研启动基金	研究报告 论文	2014.1
商业生态系统管理的理论与实证研究	顾力刚	经济管理学院	国家基金面上项目	研究报告 论文	2015.12

续表

项目名称	负责人	所属单位	项目来源	成果形式	完成日期
城市化对家庭能源消费和碳排放的影响机制研究	李艳梅	循环经济研究院	国家基金青年基金	研究报告论文	2014.12
战略性新兴产业定义、标准、范围及相关评价指标体系研究	黄鲁成	经济管理学院	北京市软科学研究计划课题	研究报告论文	2011.11
学生学习动力与学业指导研究	王秀彦	学生处	北京市政府项目	研究报告论文	2011.12
基于ECFA的两岸经济、科技合作研究	黄鲁成	经济管理学院	北京市软科学研究计划课题	研究报告论文	2012.12
清代满族女性诗词创作研究	李　雷	人文学院	北京市社会科学规划项目	研究报告论文	2012.12
面向网络化制造的信息资源云服务模式研究	冯秀珍	经济管理学院	北京市社会科学规划项目	研究报告论文	2012.12
北京制造业供应网络演化的复杂适应系统仿真	任海英	经济管理学院	北京市社会科学规划项目	研究报告论文	2012.12
基于PDCA理论的高校廉政风险防范研究与实践	马维娜	纪检监察审计处	北京市教育委员会项目（重点）	研究报告论文	2011.12
中国信息安全领域标准化与知识产权战略研究	杨　震	计算机学院	国家软科学研究计划项目	研究报告论文	2011.12
北京经济增长与能耗关系的“脱钩”“复钩”测评研究	王　虹	经济管理学院	北京市教育委员会项目（重点）	研究报告论文	2012.12
北京现代制造业节能减排效益分析研究	赵立祥	经济管理学院	北京市教育委员会项目（重点）	研究报告论文	2012.12
大学生学业倦怠的影响因素及干预策略的研究	赵丽琴	人文学院	北京市教育委员会项目（重点）	研究报告论文	2012.12
基于“低碳经济”的北京金融发展研究	曾诗鸿	经济管理学院	北京市教育委员会项目（重点）	研究报告论文	2013.4
价值驱动体系在城区系统规划中的应用研究	关　峻	经济管理学院	北京市教育委员会项目（重点）	研究报告论文	2012.12
基于组织演化的战略网络稳定性研究	阮平南	经济管理学院	北京市教育委员会项目（重点）	研究报告论文	2013.12
马克思主义时代化的科学内涵研究	李东松	人文学院	教育部人文社会科学项目	研究报告论文	2011.12
普通高校自主招生政策的研究——地方高校自主招生实践探索及政策研究	党　杰	招生就业处	北京市政府项目	研究报告论文	2012.9
基于组织演化的战略网络稳定性研究	阮平南	经济管理学院	教育部博士点学科专项科研基金	研究报告论文	2011.12
工业技术创新重大问题研究	黄鲁成	经济管理学院	国家软科学研究计划项目	研究报告论文	2011.6

续表

项目名称	负责人	所属单位	项目来源	成果形式	完成日期
后股权分置时代股东关系、控制权配置与公司价值研究	杨松令	经济管理学院	教育部人文社会科学项目	研究报告 论文	2013. 12
以实践创新能力为导向的全日制工程硕士研究生培养模式改革创新的研究与探索	李　娟	研究生部	教育部人文社会科学项目	研究报告 论文	2013. 12
后金融危机时代中国制造业产业升级的知识产权战略研究	靳晓东	人文学院	教育部人文社会科学项目	研究报告 论文	2013. 12
内幕交易监管的困境及其对策研究	聂孝红	人文学院	教育部人文社会科学项目	研究报告 论文	2013. 5
基于发展性辅导视域下的学业辅导促进优良学风创建的途径研究	沈自友	学生处	教育部人文社会科学项目	研究报告 论文	2013. 9
中国特色高校治理评价指标体系研究	王绽蕊	校办党办	教育部人文社会科学项目	研究报告 论文	2014. 10
高校党风廉政建设责任制考评机制研究	龚　裕	其他	教育部人文社会科学项目	研究报告 论文	2011. 12

（北京工业大学科技处张爱民供稿）

北京林业大学

2011 年承担国家或省部级以上人文社会科学研究项目

项目名称	负责人	承担部门	项目来源	成果形式	完成日期
北京市与中央在京高等学校共建项目激励机制研究	颜　帅	北林学报编辑部	北京市教委	调研报告	2012. 12
北京市高新技术企业绿色创业导向与路径优化研究	李华晶	经济管理学院	北京市哲学社会科学规划项目	研究报告	2013. 12
北京市绿色行政管理体系建设的调查与研究	张玉静	经济管理学院	北京市哲学社会科学规划项目	研究报告	2013. 12
北京市现代都市农业发展中市民农园发展状况调查与对策研究	田明华	经济管理学院	北京市哲学社会科学规划项目	研究报告	2014. 12
京津风沙源治理工程生态影响价值计量及后续政策研究	王立群	经济管理学院	教育部人文社会科学项目	论文 咨询报告	2014. 12
我国农户对农村信息服务技术的采纳行为研究	温继文	经济管理学院	教育部人文社会科学项目	著作 论文	2013. 12
农村政策性小额林权抵押贷款模式研究	周　莉	经济管理学院	教育部人文社会科学项目	论文 研究报告	2013. 4
我国城镇住宅市场泡沫测度研究	张宝林	经济管理学院	教育部人文社会科学项目	著作 论文 咨询报告	2014. 12
虚拟现实暴露疗法治疗考试焦虑研究	王广新	人文社会科学学院	教育部人文社会科学项目	论文 专利	2014. 4

续表

项目名称	负责人	承担部门	项目来源	成果形式	完成日期
语用习得的实验研究：以等级隐涵与标志性焦点为切入点	范　莉	外语学院	教育部人文社会科学项目	著作 论文	2014.10
科普发展对策研究类项目	赵志威	经济管理学院	中国科协	论文 研究报告	2012.12
人力资本在林业经济增长中的作用	陈建成	经济管理学院	国家林业局	论文 研究报告	2012.12
我国集体林区林权制度改革的理论与实践研究	刘　萍	经济管理学院	国家林业局	论文 研究报告	2012.12
我国西部林业生态建设政策评价与体系完善研究	宋维明	经济管理学院	全国哲学社会科学规划项目	专著 研究报告	2014.12
生态和谐社会伦理范式阐释研究	周国文	人文社会科学学院	全国哲学社会科学规划项目	专著 研究报告	2013.12
农产品价格波动与调控对策研究	张立中	经济管理学院	全国哲学社会科学规划项目	专著 研究报告	2013.9
西方林产品绿色政府采购绩效评价及我国实施前景研究	李小勇	经济管理学院	全国哲学社会科学规划项目	研究报告	2013.9

（北京林业大学科技处张力供稿）

北京联合大学

2011年承担国家或省部级社会科学研究课题

序号	项目名称	负责人	项目来源
1	现行盲文隐性标调问题研究	钟经华	国家社会科学基金项目
2	新媒体环境下大学生党建信息立体化平台建设研究	吴巧慧	教育部人文社会科学项目
3	生物技术背景下植物育种创新的知识产权保护研究	李菊丹	教育部人文社会科学项目
4	和谐社会建设时期群体性劳资冲突事件的演化及其应对体系构建研究	何　勤	教育部人文社会科学项目
5	“90后”大学生人际价值观与行为模式教育研究	高　蕾	教育部人文社会科学项目
6	流域保护政策有效性及其影响效应研究——以京津冀都市圈海河流域为例	郑海霞	教育部人文社会科学项目
7	西周世族研究	张　经	教育部人文社会科学项目
8	人口承载力理论研究与政策应用——基于发展方式角度	刘　洁	教育部人文社会科学项目
9	《中国节日志》子课题《清明》	张　勃	文化部重大项目子项目
10	台湾籍华侨华人社团及其对美国之“公共外交”研究：以台湾人公共事务会为个案	陈文寿	国务院侨办重点项目
11	残疾人高等教育院校教师专业化特色研究	滕祥东	教育规划教育部重点项目

续表

序号	项目名称	负责人	项目来源
12	地方本科高校文科专业群综合实践教学研究	张宝秀	教育规划教育部重点项目
13	世界城市建设背景下旅游类高职学生核心能力培养研究	王美萍	教育规划教育部重点项目
14	残疾青少年学生思想行为特征及思想政治教育对策研究	宋志强	教育规划教育部重点项目
15	台湾地区四技教育与大陆应用性本科教育课程发展的比较研究	梁　燕	教育规划北京市一般项目
16	北京城中轴线保护研究	张宝秀	北京市哲学社会科学规划办项目
17	北京学研究报告 2011	张宝秀	北京市哲学社会科学规划办项目
18	基于北京文化创意产业的社会服务与实践社区互动支持体系研究	季　皓	北京市哲学社会科学规划办项目
19	元大都出土瓷器与大都的商业交通研究	宋　蓉	北京市哲学社会科学规划办项目
20	北京市服务外包产业知识协同与演化发展研究	陈建斌	北京市哲学社会科学规划办项目
21	阳光法案的功能定位与风险对策	崔英楠	北京市哲学社会科学规划办项目
22	北京旧石器时代文化研究	冯小波	北京市哲学社会科学规划办项目
23	首都核心功能区旅游发展新模式研究	宁泽群	北京市哲学社会科学规划办项目
24	北京市高端产业园区企业网络化成长行为研究	陶秋燕	北京市哲学社会科学规划办项目
25	北京“五个之都”建设功能区布局优化及实施对策研究	张景秋	北京市哲学社会科学规划办项目
26	北京中小企业融资担保业监管机制研究	杨　宜	北京市哲学社会科学规划办项目 北京市教委重点项目
27	我国老年人旅游需求及其实现与服务优化研究	曹福荣	国家旅游局规划项目
28	中国旅游大辞典——旅游购物词条	石美玉	国家旅游局规划项目
29	《城市旅游目的地的划分与评定》旅游行业标准制定	张凌云	国家旅游局规划专项
30	外国专家来华工作多元因素与跨文化适应问题研究	郭素红	国家外国专家局
31	国家通用盲文标准修订	钟经华	国家语委、中残联重大项目
32	网络环境下的语言文字效应及对策研究	吴云霞	国家语委、中残联自筹项目
33	职业教育分级标准建构个案研究	李宇红	教育规划教育部重点项目
34	数控机床设计创新示范工程	程　光	科技支撑计划子课题
35	首都设计产业提升计划——北京近现代优秀建筑保护机制推广的多媒介聚合展示设计	孙海垠	北京市科委项目
36	国外马克思主义中国化研究评析	梁　怡	国家社会科学基金后期资助项目
37	建筑遗产的游憩价值评估方法研究	刘　敏	北京市自然科学基金预探索项目
38	北京地区森林类型自然保护区旅游活动与生态退化响应及优化研究	石金莲	北京市自然科学基金面上项目

（北京联合大学科研处供稿）

首都体育学院

2011 年承担国家或省部级社会科学研究课题

项目名称	负责人	承担部门	项目来源	成果形式	完成时间
首都北京体育发展战略研究	王守恒	体育教育训练学院	国家社会科学基金项目	研究报告	2012. 11
“以人为本”体育理念的价值选择研究	颜天民	管理与传播学院	国家社会科学基金项目	研究报告 专著	2012. 12
体育伤害的侵权责任分析	韩　勇	管理与传播学院	国家社会科学基金项目	专著	2013. 12
北京城市体育圈商业化规范运作的研究	陈　亮	管理与传播学院	国家体育总局体育哲学社会科学研究项目	研究报告	2012. 9
美国四大联盟职业运动员合同及其相关制度研究	韩　勇	管理与传播学院	国家体育总局体育哲学社会科学研究项目	研究报告	2012. 9
有氧锻炼侧近情绪调节的脑神经机制研究	蒋长好	运动科学与健康学院	教育部人文社会科学研究项目	论文	2014. 12
北京市幼儿体质发展策略研究	张　莹	体育教育训练学院	北京市哲学社会科学规划青年项目	研究报告	2013. 12
公共服务视域下的北京市体育社团发展研究	汪　流	休闲与社会体育学院	北京市哲学社会科学规划青年项目	研究报告	2012. 12

（首都体育学院科研处刘沛供稿）

外交学院

2011 年承担国家或省部级以上社会科学研究项目

项目名称	负责人	承担部门	项目来源	成果形式	完成日期
英国小说城市书写研究	吴庆军	英语系	北京市社会科学规划办	专著	2013
优化产业布局，促进北京人口、资源、环境协调发展研究	杨　莉	国际经济学院	北京市社会科学规划办	专著	2014
中非关系视野中的中国对非洲传播战略	冉继军	英语系	北京市社会科学规划办	专著	2014
北京市清洁能源发展模式与国际合作机制研究	闫世刚	国际经济学院	北京市社会科学规划办	研究或咨询报告	2013
经济外交：基于中国实践的理论架构与对策选择	江瑞平	国际经济学院	北京市教委	专著	2012
外交官与中国改革开放进程	赵进军	外交学院	北京市教委	专著	2012

续表

项目名称	负责人	承担部门	项目来源	成果形式	完成日期
中国对外经济关系	刘赛力	国际经济学院	国家社会科学基金项目	译著	2013
WTO 新形势下中美双边投资法律问题研究	于丹翎	国际法系	中国法学会	研究或咨询报告	2012
我国应对“普遍管辖之诉”的刑事法学研究	高秀东	国际法系	中国法学会	论文	2012
对海外涉侨突发事件的应急处理研究	陈奉林	外交学与外事管理系	国务院侨务办公室	研究或咨询报告	2012
体验式、网络化和积极取向的心理素质教学模式研究	宗　敏	基础教学部	北京市教工委	研究或咨询报告	2012
在对外交流活动中加强大学生思想政治教育研究	韩　敏	党办	北京市教工委	研究或咨询报告	2012
注：另有外交部委托项目 6 项					

（外交学院科研处李敏供稿）

国家行政学院

2011 年度国家级立项课题

项目名称	负责人	承担部门	项目来源	成果形式	完成日期
城镇化与省直管县改革研究：模式、战略与政策	张占斌	经济学教研部	国家社会科学基金重点项目	专著 研究报告	2013.6
公共服务体系国际比较与中国特色公共服务体系构建研究	李军鹏	公共管理教研部	国家社会科学基金一般项目	专著	2013.7
我国政府绩效管理本土化策略的实证研究	刘旭涛	考试测评研究中心	国家社会科学基金一般项目	专著 研究报告	2013.3
基于信息的适应性政府应急决策机制研究	钟开斌	应急管理培训中心	国家社会科学基金青年项目	研究报告	2012.12
领导干部“网络执政能力”建设研究	王彬彬	教务部	国家社会科学基金青年项目	专著	2013.12
科学普及与创新关系研究	程　萍	社会和文化教研部	国家软科学项目面上项目	研究报告	2012.12
GNH 取向下生态经济发展的路径与政策研究	樊继达	经济学教研部	国家软科学项目面上项目	研究报告	2012.12
完善我国食品安全体系的政策研究	车文辉	经济学教研部	国家自然科学项目专项基金	研究报告	2012.7

2011年度招标项目立项课题

项目名称	负责人	承担部门	成果形式	完成日期
领导干部学习规律研究	周文彰	—	研究报告	2012.6
现代重特大突发事件的国际影响研究	游志斌	应急管理培训中心	系列论文	2012.6
"十二五规划"与中国转变发展方式——包容性发展研究	樊继达	经济学教研部	系列论文	2012.6
政府宏观管理指标体系的改革与创新	马小芳	经济学教研部	系列论文	2012.6
行政管理型事业单位改革的法律问题研究	任　进	法学教研部	系列论文	2012.6
网络社会的领导力与公民参与研究	褚松燕	政治学教研部	研究报告	2012.6
社会稳定指数评价体系研究	刘占顺	信息技术部	研究报告	2012.6

2011年度委托项目立项课题

项目名称	负责人	承担部门	成果形式	完成日期
廉洁政府建设重大问题研究	杨文明	—	研究报告	2012.9

（国家行政学院科研部项纪旸供稿）

中国青年政治学院

2011年承担省部级以上立项课题

项目名称	负责人	承担部门	项目来源
组织政治、员工自我投资行为与个人职业发展：理论与实证	苏雪梅	公共管理系	国家自然科学基金青年科学基金项目
刑事管辖权及相关问题研究	王新清	校领导	国家社会科学基金后期资助项目
保险法司法解释及实施问题研究	梁　鹏	法律系	国家社会科学基金青年项目
新媒体背景下城市居民社区沟通机制研究	王　斌	新闻与传播系	国家社会科学基金青年项目
农民工市民化与中国户籍制度改革研究	吴学凡	中国马克思主义学院	国家社会科学基金一般项目
欧洲宗教改革时期社会与民生变迁研究	刘明翰	退休人员	国家社会科学基金一般项目
当代青年网络政治参与状况及对策研究	陆士桢	退休人员	国家社会科学基金重点项目
创新创业教育若干政策研究	李家华	校领导	国家软科学研究计划
教育部新世纪优秀人才支持计划项目（2010年度）	林　江	经济系	教育部新世纪优秀人才支持计划
马克思主义在青年中的传播：历史经验、现实问题与应对策略	倪邦文	校领导	教育部人文社会科学研究专项任务项目（马克思主义中国化、时代化、大众化）

续表

项目名称	负责人	承担部门	项目来源
信息技术哲学研究	肖　峰	中国马克思主义学院	教育部人文社会科学研究规划基金项目
覆盖全民的养老金体系构建研究	杨　娟	经济系	教育部人文社会科学研究规划基金项目
新启蒙时期大陆和台湾纪录片创作比较研究	汪方华	新闻与传播系	教育部人文社会科学研究青年基金项目
互联网使用与青年农民工社会发展——基于京广沪三地的实证研究	何　晶	新闻与传播系	教育部人文社会科学研究青年基金项目
流动儿童社会融合教育实践研究	何　玲	青少年工作系	教育部人文社会科学研究青年基金项目
当代中国社会阶层变迁与党的群众工作方式创新研究	于　昆	中国马克思主义学院	教育部人文社会科学研究青年基金项目
校园暴力的旁观者研究	宋雁慧	青少年工作系	教育部人文社会科学研究青年基金项目
中国参与若干重要多边环境条约的修订发展与实施问题研究	陈晓华	法律系	教育部人文社会科学研究青年基金项目
Web3.0 环境下的网络舆论深化规律及管理模式研究	杜智涛	新闻与传播系	北京市哲学社会科学规划青年项目
公共性、公共领域与公共价值——公共哲学重要论题初探	黄皖毅	中国马克思主义学院	北京市哲学社会科学规划青年项目
校园暴力中旁观者的角色建构过程研究	宋雁慧	青少年工作系	北京市哲学社会科学规划青年项目
北京市中小学合作学习中的创造力培养	王　静	青少年工作系	北京市哲学社会科学规划青年项目
北京市郊区化过程中的人口合理分布研究	王　放	社会工作学院	北京市哲学社会科学规划一般项目
农民阶层分化与巩固党在农村的执政基础研究——基于北京市3个村的调查与思考	于　昆	中国马克思主义学院	北京市哲学社会科学规划一般项目
北京农民工市民化与户籍制度改革问题研究	吴学凡	中国马克思主义学院	北京市哲学社会科学规划一般项目
引导和规范民营医院参与公益性医疗服务的政策研究	孙广厦	公共管理系	民政部中国社会组织建设与管理理论研究部级课题
近年来国内户籍制度改革研究述评	吴学凡	中国马克思主义学院	中央编译局博士后项目

（中国青年政治学院科研处供稿）

中国劳动关系学院

2011 年承担国家或省部级社会科学研究课题

项目名称	负责人	项目来源	成果形式	完成日期
现阶段劳资冲突及其治理机制研究	刘泰洪	国家社会科学基金青年项目	著作	2013.12
新媒体环境下职工舆情与舆论导向研究	苏林森	国家社会科学基金青年项目	著作	2013.12
中国财政现金管理效率评估及其最优化研究	张　原	国家自然科学基金青年项目	著作	2013.12
集体劳动争议处理的法律制度研究	姜　颖	北京市社会科学基金一般项目	著作	
北京乡村基督教群体的信仰与生活研究——对京西斋堂地区乡村基督教群体的实证考察	曹　荣	北京市社会科学基金青年项目	著作	2013.12
多校区大学生心理危机干预工作体系的构建——以中国劳动关系学院为例	张晓波	首都大学生思想政治教育课题一般项目	论文	2013.12
高校广播站在当前校园文化建设中的作用	赵巧萍	首都大学生思想政治教育课题支持项目	论文	2012.12
高校思想政治理论课的体验式教学研究	陈　超	首都大学生思想政治教育课题支持项目	论文	2012.12
海员劳动状况与劳动关系特征研究	沈琴琴	中华全国总工会项目	论文	2011.12
职工收入分配中存在的问题与解决途径	颜　辉	中华全国总工会委托项目	论文	2011.9

（中国劳动关系学院科研处陈邓海供稿）

中国社会科学院

2011 年度立项国家社会科学基金项目

序号	主持人	项目类别	项目名称	单位
1	陈昌兵	一般项目	城市化、集聚效应与可持续增长	经济研究所
2	陈国庆	一般项目	中缅跨境孟高棉语研究	民族学与人类学研究所
3	陈满琪	青年项目	群体情绪、群体认同与行动倾向的关系研究	社会学研究所
4	成建华	一般项目	三论宗哲学研究	哲学研究所
5	戴立兴	一般项目	毛泽东群众观及其当代意义研究	马克思主义研究院
6	旦布尔加甫	一般项目	卡尔梅克民间故事及比较研究	民族文学研究所
7	董礼胜	重点项目	国家电子政务网络建设与提升政府公共服务和管理能力研究	研究生院
8	董新林	一般项目	辽代祖陵陵园考古发掘报告	考古研究所
9	杜继东	一般项目	台湾中共地下党研究（1946—1957）	近代史研究所
10	冯建勇	青年项目	民国时期中央政府对边疆地区之统合研究	中国边疆史地研究中心
11	高海红	重点项目	二十国集团面临的全球治理重点问题研究	世界经济与政治研究所

续表

序号	主持人	项目类别	项目名称	单位
12	何吉贤	一般项目	重回文学的历史现场：社会调查、文本细读与现当代文学中的农村视野	文学研究所
13	侯玮红	一般项目	当代俄罗斯现实主义小说的新趋势研究	外国文学研究所
14	侯中军	青年项目	近代中国准条约问题研究	近代史研究所
15	金　英	青年项目	中国现代法学与法学教育的创建与发展研究	法学研究所
16	冷　川	青年项目	外交事件和中国现代文学民族话语的发生研究（1919—1932）	文学研究所
17	李　萌	一般项目	中国新能源产业化发展的影响因素及其作用机理研究	城市发展与环境研究所
18	李　群	一般项目	经济发展方式转变成效评价研究及其实证分析	数量经济与技术经济研究所
19	李　原	一般项目	物质主义的结构分析及民众物质主义现状调查研究	社会学研究所
20	梁恒豪	青年项目	西方宗教心理学最新进展	世界宗教研究所
21	梁　华	青年项目	近代外国在华直接投资与中外竞争研究	中国社会科学杂志社
22	刘　兰	一般项目	南非种族隔离制度与资本主义经济关系的历史考察	世界历史研究所
23	刘庆柱	重点项目	汉长安城遗址骨签考古研究	考古研究所
24	刘仁文	一般项目	立体刑法学	法学研究所
25	刘亚虎	一般项目	籍载与口传南方民族四大族源神话研究	民族文学研究所
26	刘　奕	青年项目	“十二五”时期加快发展现代服务业的区域对策研究	财政与贸易经济研究所
27	陆　旸	青年项目	环境库兹涅茨曲线形成的原因是收入增加还是污染转移研究	人口与劳动经济研究所
28	吕　鹏	青年项目	要素市场的政商关系研究	社会学研究所
29	吕　迅	青年项目	战后国共对美政策演变研究（1945—1949）	近代史研究所
30	马晓英	青年项目	中国近世儒学民间化转向的理论与实践研究	哲学研究所
31	孟　强	青年项目	后社会建构论与存在论转向研究	哲学研究所
32	裴小革	一般项目	转变经济发展方式的创新劳动理论研究	经济研究所
33	曲　玥	青年项目	劳动报酬与劳动生产率增长的关系研究	人口与劳动经济研究所
34	尚　杰	一般项目	影像或图像哲学研究	哲学研究所
35	苏金燕	青年项目	我国科学院系统图书馆数字资源利用状况与发展趋势研究	图书馆
36	孙伯君	一般项目	黑水城出土西夏文藏传佛教史料研究	民族学与人类学研究所
37	王海锋	青年项目	历史唯物主义世界观的当代阐释	中国社会科学杂志社
38	王　晶	青年项目	农村社会资本影响老年健康的机制研究	社会学研究所
39	王　磊	青年项目	贫困地区通婚圈变动与男性婚配困难问题研究	人口与劳动经济研究所
40	王瑞芳	一般项目	“大跃进”时期农田水利建设研究	当代中国研究所

续表

序号	主持人	项目类别	项目名称	单位
41	王　希	青年项目	安萨里《哲学家的矛盾》译介研究	世界宗教研究所
42	王希恩	重点项目	当代中国民族理论发展史研究	民族学与人类学研究所
43	王小庆	一般项目	宜川龙王辿——旧石器时代晚期遗址发掘报告	考古研究所
44	王　艺	青年项目	中国国民幸福质量研究	马克思主义研究院
45	王永中	青年项目	美国主权债务可持续性与中国外汇储备管理研究	世界经济与政治研究所
46	王　震	青年项目	农民工市民化的障碍和途径研究	经济研究所
47	文学国	一般项目	私募股权基金监管制度研究	研究生院
48	武　力	一般项目	中国产业结构演变中的大国因素研究（1949—2010）	当代中国研究所
49	项开喜	一般项目	汉语使成表达的类型学研究	语言研究所
50	徐立志	重点项目	明清则例研究	法学研究所
51	徐秀军	青年项目	金融危机后新兴经济体参与全球经济治理的挑战及我国对策研究	世界经济与政治研究所
52	燕海雄	青年项目	藏语甘孜话现状与历史研究	民族学与人类学研究所
53	杨丹辉	一般项目	我国稀土产品出口政策体系研究	工业经济研究所
54	殷剑峰	重点项目	虚拟经济与实体经济协调发展研究	金融研究所
55	袁正清	一般项目	国际组织分析的社会学路径研究	世界经济与政治研究所
56	曾少聪	重点项目	当代国际移民的发展趋势、政策和理论研究	民族学与人类学研究所
57	张　晖	青年项目	南明诗史	文学研究所
58	赵建文	一般项目	中国接受人权条约个人申诉机制的挑战与机遇研究	国际法研究所
59	赵晓阳	一般项目	域外资源与晚清语言运动：以圣经中译本为中心	近代史研究所
60	周　弘	重点项目	中欧关系的现状、特点及发展趋势研究	欧洲研究所
61	周庆智	重点项目	我国县级政府公共产品供给体制机制研究	政治学研究所
62	周少青	一般项目	少数民族权利保护的价值理念问题研究	民族学与人类学研究所
63	周文斌	一般项目	转型期中国企业人力资源管理变革研究	工业经济研究所
64	冯　时	后期	百年来甲骨文天文历法研究	考古研究所
65	郭　物	后期	新疆史前晚期社会的考古学研究	考古研究所
66	邬文玲	后期	当代中国简帛研究	历史研究所
67	邱源媛	后期	清前期宫廷礼乐的建立沿革及政治功用	历史研究所
68	黄立茀	后期	多棱镜看苏联历史	世界历史研究所
69	高建平	后期	当代中国文艺理论研究	文学研究所
70	毛崇杰	后期	文艺学与美学的科学性与学科性	文学研究所
71	徐洪峰	青年项目	低碳经济时代中美发展清洁能源的合作与冲突及我国对策研究	俄罗斯东欧中亚研究所
72	吕薇芬	后期	北曲文字谱举要	文学研究所

续表

序号	主持人	项目类别	项目名称	单位
73	娄　伟	后期	情景分析理论与方法	城市发展与环境研究所
74	冯颜利	重点项目	新的历史条件下提高党的建设科学化水平实证研究	马克思主义研究院
75	林夏水	后期	非线性科学与决定论自然观变革	哲学研究所
76	张树华	后期	民主迷局与发展悖论：冷战后国际“民主化”的经验与教训	文献信息中心
77	孙家红	后期	关于“孙子违犯教令”的历史考察：一个微观法史学的尝试	法学研究所
78	支振锋	后期	西法东渐的思想史逻辑研究	法学研究所
79	唐晓峰	后期	元代也里可温综论	世界宗教研究所
80	郭　沂	外译项目	郭店竹简与中国早期的思想世界	哲学研究所

2011 年度立项院重大课题

序号	课题名称	主持人	单位
1	胡仁·乌力格尔选粹	斯钦孟和	民族文学所
2	美国现代化过程中重大社会问题和社会对策（1865—1980）	金　海	世界历史所
3	《剑桥古代史》《新编剑桥中世纪史》翻译工程	武　寅	世界历史所
4	中国地震历史文献整理	蔡美彪	近代史所
5	马克思主义哲学中国化研究	谢地坤	哲学所
6	和谐社会构建中的社会矛盾及其风险研究	钟　君	马研院
7	宏观分配格局的宏观和微观视角	魏　众	经济所
8	改革新阶段中国国有企业的制度创新研究	余　菁	工经所
9	农地产权与村级组织：城市化的视角	陆　雷	农村发展所
10	“十二五”期间扩大消费若干重大问题及政策研究	荆林波	财贸所
11	后危机时代金融监管改革的新方向：宏观审慎监管理论及实践研究	王国刚	金融所
12	中国战略性新兴产业发展背景下现代制造业体系的构建	李金华	数技经所
13	劳动力市场转变与农民工就业问题研究	都　阳	人口所
14	侵权责任法实施中的重大理论与实践问题	于　敏 谢鸿飞	法学所
15	WTO 中的贸易与环境法律问题	刘敬东	国际法所
16	科学发展观视野下的乡村治理研究	赵秀玲	政治学所
17	构建社会主义和谐社会的基本社会跟踪调查	李培林	社会学所
18	中国民族语言语法标注文本丛书	江　荻	民族所
19	欧盟国家向低碳经济转型的理论与政策	薛彦平	欧洲所
20	中国与亚洲地区市场构建	赵江林	亚太所
21	美国华侨华人与中国发展	姬　虹	美国所
22	日本第三代政治家研究	高　洪	日本所

2011年度立项院重点课题

序号	课题名称	主持人	单位
1	鲁迅日文藏书研究	赵京华	文学所
2	英国文学批评观念的演变——从阿诺德到威廉姆斯	徐德林	外文所
3	广西语言接触研究	覃远雄	语言所
4	辽代祖陵陵园考古发掘报告	董新林	考古所
5	海上丝绸之路的考古学研究	姜　波	考古所
6	儒释道三教关系与中古思想史：以《弘明集》《广弘明集》为核心	张文修	历史所
7	中国传统舆图绘制研究	成一农	历史所
8	中国中央政府援藏史研究	徐志民	近代史所
9	“琉球处分”与出兵台湾	李　理	近代史所
10	南非种族隔离制度变迁与资本主义经济发展（1860—1994）	刘　兰	世界历史所
11	西方全球史学研究	董欣洁	世界历史所
12	冷战时期美国对华政策调整的国内因素研究（1949—1979）	顾　宁	世界历史所
13	清代以来内蒙古草原生态衍变研究	吕文利	边疆中心
14	从“南赣乡约”到“乡村建设运动”——中国近世儒学民间化转向的理论与实践	马晓英	哲学所
15	抽象、象征与符号——符号学马克思主义研究	毕芙蓉	哲学所
16	美国政教关系研究	董江阳	宗教所
17	社会科学知识转移研究——影响因素与实现机制	梁俊兰	文献中心
18	福建明教（摩尼教）研究	陈进国	宗教所
19	当前思想政治教育重大问题研究	余　斌 李春华	马研院
20	中国传统经济转型研究	魏明孔	经济所
21	政府内部激励机制研究	陈　健	经济所
22	后发国家高技术行业技术赶超的产业组织方式研究	贺　俊	工经所
23	流通成本价格效应与国际比较——农产品“大流通”体系建设研究	彭　磊	财贸所
24	信贷与中国宏观经济波动研究	彭兴韵	金融所
25	太阳能技术经济评价方法研究	杨敏英	数技经所
26	京津冀都市际关系研究	李学锋	城市环境所
27	碳排放清单编制关键技术研究与案例分析	朱守先	城市环境所
28	民间组织与公共治理模式转型	蔡礼强 潘晨光	研究生院
29	广告监管法律对策研究	田　禾	法学所
30	电信法律制度的构建及其发展	吴　峻	法学所
31	完善和创新——地方人大制度研究	冯　钺	政治学所
32	社会各阶层的阶级认同、群体意识与社会态度研究	李　炜	社会学所

续表

序号	课题名称	主持人	单位
33	《御制五体清文鉴》研究	江　桥	民族所
34	新疆喀什老城区改建的民族学研究	周　泓	民族所
35	新媒体时代的舆论引导研究	雷　霞	新闻所
36	国际电视节目模式输入与本土化策略研究	张建珍	新闻所
37	中国外汇储备多元化战略研究	张　斌	世经政所
38	中国的短期国际资本流动：规模、诱因与冲击	张　明	世经政所
39	转型政治学体系：范畴与议程初探：以原苏东地区政治转型为视角	庞大鹏	俄欧亚所
40	国际政治视野下伊斯兰教什叶派传统政治思想	王　凤	西亚非所
41	拉美国家的法治与政治——司法改革及其影响研究	杨建民	拉美所
42	从“鹰式接触”到“六方会谈”——21 世纪以来美国对朝鲜政策的战略研究	李　枏	美国所

2011 年度青年科研启动基金资助项目

序号	项目名称	姓名	单位
1	王维对宋词影响研究	刘京臣	文学所
2	柏拉图笔下的荷马——柏拉图引《荷马史诗》考	黄　群	民族文学所
3	试论清末民初蒙古族文学创作的世俗化特征	包秀兰	民族文学所
4	近 30 年西方蒙古族研究综述	玉　兰	民族文学所
5	比较文学视域中的文学、音乐、语言	李　征	外文所
6	果戈理与自然派	侯　丹	外文所
7	纳博科夫视野的另一种俄国文学	文导微	外文所
8	幸福是如何定位的？——自我的感觉，抑或他人的判定？	张　娜	外文所
9	生活对萨博·玛格达创作的影响	舒荪乐	外文所
10	《法华经》梵汉对勘暨文法分析	姜　南	外文所
11	语义图模型与汉语几个情态词的语义演变	张　定	语言所
12	汉语中的“×了”“×着”结构及其在词典中的处理	侯瑞芬	语言所
13	的的词类地位的类型学研究	完　权	语言所
14	面向矛盾信息的逻辑研究	杜国平	哲学所
15	思考理性与构建和谐社会	李俊文	哲学所
16	马文·明斯基的心智社会思想研究	路　寻	哲学所
17	儒家的“自我”观念及其现代意义	周广友	哲学所
18	迈农对象理论在当代的新进展	孙婧一	哲学所
19	莱姆作品中地外智能生命思想浅析	许国荣	哲学所
20	荣格与中国宗教	梁恒豪	宗教所
21	我国科研合作地域倾向研究——基于空间计量的实证分析	苏金燕	图书馆
22	下载量指标在国内科技期刊评价中的应用研究	余　倩	图书馆

续表

序号	项目名称	姓名	单位
23	广西贝丘遗址的发现和研究	吕　鹏	考古所
24	绳纹施制技术及相关问题的考古实验和研究	付永旭	考古所
25	艰难的博弈：交通银行与政府（1912—1937）	潘晓霞	近代史所
26	外资企业与中国早期现代化：近代开滦煤矿的外溢性影响研究	云　妍	近代史所
27	近二三十年来散见秦汉魏晋简牍综合研究	庄小霞	历史所
28	汉唐西域绿洲农业研究	李艳玲	历史所
29	中国土地制度史研究一百年	徐歆毅	历史所
30	肯尼迪政府在拉美的反暴动政策	杜　娟	世界历史所
31	基辅罗斯与莫斯科公国外交浅析	国春雷	世界历史所
32	西方矿业公司与英属黑非洲殖民统治的瓦解	杭　聪	世界历史所
33	斯当东与中西文化交流	侯　毅	边疆中心
34	结合考古新发现看秦汉长城东北段的面貌与历史地位	范恩实	边疆中心
35	气候安全：一个边疆治理的视角	罗　静	边疆中心
36	系统论视角下的民间外交——以中苏友好协会为例的研究	张　萍	杂志社
37	欧洲学术期刊数字化出版现状	褚国飞	杂志社
38	《资本论》与历史唯物主义	王海锋	杂志社
39	绿色政治谱系中的民主理论	刘　倩	杂志社
40	芝加哥学派眼中的“市场失灵”	王　瑶	经济所
41	汇率风险与国际贸易：以亚洲为例	李　成	经济所
42	地方公共品供给机制研究及中外实践经验对比	樊　果	经济所
43	技术赶超背景下的企业标准战略选择	邓　洲	工经所
44	社会责任融入公司治理研究	王　欣	工经所
45	演化产业发展经济理论与政策研究	黄阳华	工经所
46	工业化国家产业竞争优势研究	刘　昶	工经所
47	小额贷款公司服务对象问题研究	陈　方	农村发展所
48	集体林权制度改革的公平效应研究	张海鹏	农村发展所
49	我国食品价格与 CPI 的传导关系研究	王振霞	财贸所
50	我国现行税制结构对消费需求的影响研究	蒋　震	财贸所
51	发展中国家的贸易政策研究	陈　昭	财贸所
52	新型农村金融机构发展与农村金融改革	李广子	金融所
53	人口结构变迁的经济效应和储蓄效应分析	刘生龙	数技经所
54	经济体制改革与中国生产率增长	郑世林	数技经所
55	关于我国电子游戏产业在国际贸易方面的研究	沈　嘉	数技经所
56	非正规就业对城镇收入差距的影响	屈小博	人口所
57	贫困地区通婚圈变动与男性婚配困难问题研究	王　磊	人口所
58	我国流动人口空间格局变动及影响因素研究	杨　舸	人口所

续表

序号	项目名称	姓名	单位
59	主要缔约方在气候变化问题上的利益诉求、谈判立场及政策研究	王　谋	城市环境所
60	能源经济区划方法学及实证研究	朱守先	城市环境所
61	中国城市规模效益研究	王业强	城市环境所
62	我国就业中的性别歧视——从女性主义的视角来分析	延　缘	研究生院
63	中小高新技术企业成长阶段技术学习战略研究	杨小科	研究生院
64	中国旅行社业的制度变迁及政府角色	任朝旺	研究生院
65	俄罗斯法治进程中的法律自治与司法改革	刘洪岩	法学所
66	我国电视广告监管	王小梅	法学所
67	行业协会的处罚权问题探析	缪树蕾	法学所
68	国际组织的豁免问题研究	李　赞	国际法学所
69	中国履行《残疾人权利公约》的义务——以精神和智力障碍人托养制度为重点	曲相霏	国际法学所
70	社会政治决策中信息的选择性接触	郑建君	政治学所
71	新世纪以来我国意识形态领域重要政治思潮研究	王炳权	政治学所
72	《诗经》祭祀诗与少数民族祭祀的比较研究	许　恰	民族所
73	乌鲁木齐民族特需产品生产与发展现状	阿迪娜·亚克甫	民族所
74	中国农村医患关系研究	房莉杰	社会学所
75	乡村社会转型中的秩序维持模式研究	张　浩	社会学所
76	企业社会责任与和谐社会建设	杨　典	社会学所
77	转型时期名品消费趣味形成机制研究	孟　蕾	社会学所
78	美国新闻网站发展状况研究	贾金玺	新闻所
79	中国—东盟自贸区贸易增长的二元边际	张　琳	世经政所
80	对我国创业板市场发展现状的研究——基于公司治理的视角	叶　扬	世经政所
81	学术期刊编辑部电子化问题研究	王　徽	世经政所
82	日本民主失误的法治化补救	张晓磊	日本所
83	荷兰公共住房政策研究	李　罡	欧洲所
84	法国与利比亚危机	王　娟	欧洲所
85	欧洲议会的对华政策探析	张　磊	欧洲所
86	从例外到通例：美国缔约制度在全球的扩散	王　玮	美国所
87	中亚五国贫困问题研究	杨　进	俄欧亚所
88	浅析匈牙利的金融危机应对措施	贺　婷	俄欧亚所
89	浅析罗马尼亚入盟后的反腐败行动	曲　岩	俄欧亚所
90	中东动荡的经济分析	刘　冬	西亚非所
91	马克思主义无神论与大学教育	黄艳红	马研院
92	环境政治中的政府职能与民众意识教育	梁海峰	马研院
93	改革开放条件下国民素质现代化研究	于晓雷	马研院
94	新中国成立初期人民法庭研究	孟庆友	马研院

续表

序号	项目名称	姓名	单位
95	媒体政治经济学研究	刘子旭	马研院
96	20世纪90年代以来意大利共产主义政党的发展	李凯旋	马研院
97	后危机时代浙商经济再发展的探析——政治经济学视角的观察与思考	王艳阳	马研院
98	基于本体技术构建国史主题词表研究	孙　辉	当代所
99	新中国成立初期的宗教改革研究	魏立帅	当代所
100	县乡干部群体构成研究：以河南省中县为个案	冯军旗	当代所
101	新中国成立以来调控五次物价波动的考察	王　蕾	当代所
102	文化事业单位转企改制后干部人事管理制度研究——以出版社转制为例	焦永明	人事教育局
103	公共危机管理：制度视角下政府公共危机管理机制和对策研究	韩伟玮	人事教育局
104	用法制保障人才亟须研究和解决的问题	陈学强	人事教育局
105	风险治理视角下的环境行政执法研究	许　琳	中国社会科学出版社
106	《联合国反腐败公约》视角下的我国贪污贿赂犯罪立法完善研究	田　坤	监察局
107	反腐败领导机构改革研究	陈　振	监察局

（中国社会科学院朱丽雅供稿）

国务院发展研究中心

2011年主要研究课题

序号	课题名称	承担部门	负责人
1	中国：建设现代、和谐的高收入国家研究	中心跨部门	刘世锦
2	中国跨越中等收入陷阱问题研究	中心跨部门	李　伟 刘　鹤 刘世锦
3	新一轮全球价格上涨的原因与走势	中心跨部门	刘世锦
4	制造业国际分工：格局、趋势与对策	中心跨部门	刘　鹤 刘世锦
5	农业科技改革与发展	中心跨部门	韩　俊
6	中小企业发展的新环境新问题新对策研究	中心跨部门	侯云春
7	中国农民工发展政策研究	中心跨部门	韩　俊
8	我国近中期金融与经济可能的风险点与对策研究	中心跨部门	刘　鹤 刘世锦
9	本次国际金融危机同1929年大萧条的比较及启示	中心跨部门	卢中原
10	“十二五”时期经济体制改革总体规划研究	中心跨部门	李　伟 侯云春
11	着力改善民生，完善基本公共服务，促进社会和谐发展	中心跨部门	张玉台 韩　俊

续表

序号	课题名称	承担部门	负责人
12	改革的重点领域与推进机制研究	中心跨部门	李伟 侯云春 （刘世锦、卢中原、韩俊参加）
13	未来10年我国经济增长前景与战略选择		刘世锦
14	我国和平发展的国际经贸环境与总体战略		卢中原
15	应对气候变化研究：“十二五”时期国内减排新机制		张玉台 刘世锦
16	宏观经济形势分析和政策研究：根据后危机时期新形势新情况，加强和改进宏观调控，努力实现经济平稳较快发展的研究		刘世锦
17	我国现阶段财政金融风险问题研究	宏观经济研究部	余斌
18	新时期我国宏观经济分析框架研究		余斌
19	加快北京中医药港发展研究		余斌
20	汶川地震灾后恢复重建资金使用效果评估		余斌
21	耀州转变发展方式，推动科学发展问题研究		孟春
22	合作开展“行业发展指数”研究		杨建龙
23	中国钢铁产业分地区、分行业供求平衡分析与预测研究		杨建龙
24	社会合作治理的“杭州模式”研究		余斌
25	科学发展评价指标体系研究	发展战略和区域经济研究部	侯永志 高世楫
26	制度创新与区域协调发展研究		侯永志 高世楫
27	霸州市产业发展战略研究和廊沧新兴产业园区产业发展规划		侯永志 高世楫
28	三峡工程中长期通航需求与拓展通航效益研究		高世楫
29	促进传统产业转型升级的体制与政策环境研究——以顺德产业转型为例		侯永志
30	大连港集团发展战略研究		李泊溪
31	我国主要农产品供需变化、成本价格变动及市场调控政策研究	农村经济研究部	徐小青 谢扬
32	中国特色农业现代化道路研究		徐小青 谢扬
33	江苏省城乡一体化发展指标体系研究		韩俊
34	我国玉米供求、贸易与调控政策研究		徐小青
35	中国农民工发展研究		韩俊
36	保障主要农产品供给与转变农业发展方式		徐小青
37	云南省“三农”工作若干重要问题研究		韩俊
38	新时期水利基础设施建设公共财政和金融支持政策研究		韩俊
39	农地流转扩大趋势下农技推广模式研究		张云华

续表

序号	课题名称	承担部门	负责人
40	战略性新兴产业发展的体制机制研究	产业经济研究部	冯 飞 石耀东
41	我国产业结构变化的趋势、特点和规律研究		冯 飞
42	提高广西产业竞争力优化产业结构研究		冯 飞
43	快递业兼并重组政策研究		冯 飞
44	新能源汽车发展战略研究		冯 飞
45	中国汽车能源战略研究		冯 飞
46	中国低碳工业战略研究		冯 飞
47	中国低碳工业化战略研究		冯 飞
48	中国中长期能源发展战略研究		李 伟
49	科普产业发展政策研究		冯 飞
50	中国低碳工业化战略研究		冯 飞
51	新疆新型工业化“十二五”发展规划		冯 飞
52	我国流通业发展研究		冯 飞
53	我国交通运输管理体制改革的建议方案		冯 飞
54	中国汽车产业发展蓝皮书		冯 飞
55	2012 中国经济与产业发展展望		杨建龙
56	促进传统产业技术改造的机制与政策	技术经济研究部	吕 薇
57	创新绩效评价体系研究		吕 薇 马名杰
58	乌鲁木齐高新区（新市区）综合配套改革试验区研究		吕 薇
59	特种设备产业发展与贡献指标研究（江苏）		吕 薇
60	特种设备产业发展与贡献指标研究（上海）		吕 薇
61	重大经济活动知识产权评议制度研究		吕 薇
62	《国家中长期科学和技术发展规划纲要》“十一五”执行情况总体评估		吕 薇
63	全球化背景下科技创新政策制定与实施机制研究		吕 薇
64	中国比较优势的新变化与对策	对外经济研究部	隆国强
65	全球化背景下中国对外开放的理论分析		隆国强
66	设立绥芬河国家沿边重点开发开放实验区可行性研究		隆国强
67	深圳质量型发展道路		卢中原
68	中国烟草控制的成本效益及其国际比较研究		刘世锦
69	中韩专家联合研究委员会中方经济组 2011 年年度研究课题		赵晋平
70	二连浩特建设国家重点开发开放试验区实施方案研究		隆国强
71	中国的人口老龄化：发展趋势、经济影响和应对策略		赵晋平

续表

序号	课题名称	承担部门	负责人
72	我国"城市病"的体制性根源与对策研究	社会发展研究部	林家彬
73	国际福利体制和社会政策的比较研究		贡　森
74	数字化社会服务管理"朝阳模式"研究		林家彬
75	上海城市人口总量与优化结构研究		葛延风
76	农作物秸秆综合利用实施方案及以奖促用政策研究		周宏春
77	我国中长期经济社会发展形势分析及其对地质工作的需求研究		周宏春
78	国土规划实施政策机制研究		林家彬
79	优化我国农产品流通体系的政策研究	市场经济研究所	任兴洲
80	我国房地产市场稳定持续发展的制度与政策研究		任兴洲
81	中国农产品物流体系发展现状及国际经验研究		任兴洲 王　微
82	新时期大型国有企业深化改革研究	企业研究所	陈小洪
83	中国大型企业的成长路径和制度变迁研究		张文魁
84	中国企业国际化问题研究		陈小洪
85	义马煤业集团建设豫西煤炭储备基地的方案与政策		马　骏
86	中关村现代服务业规划纲要研究		马　骏
87	河南省镇平县玉文化产业发展战略研究		李善同 许召元
88	国有企业产权制度改革研究		赵昌文
89	人民币区域化环境下的稳健货币政策研究	金融研究所	夏　斌
90	外汇储备多元化运用战略和对策		夏　斌 陈道富
91	加快转变经济发展方式的水资源政策研究	资源与环境政策研究所	曹小奇
92	我国发展低碳经济与转变生产生活方式的研究		曹小奇
93	2010—2020上海市成品油市场需求预测及竞争形势分析		郭焦锋
94	天然气可持续发展战略及策略研究		郭焦锋
95	南水北调工程供水价格管理体系研究		郭焦锋
96	庐山发展战略规划		牛　雄
97	禄劝彝族苗族自治县经济发展战略规划研究		牛　雄 王宇飞
98	粤桂特别合作试验区区域合作创新机制研究		牛　雄 王宇飞
99	广东封开西江绿色经济示范区发展研究		牛　雄 王宇飞
100	城市发展合作框架协议		牛　雄 王宇飞

续表

序号	课题名称	承担部门	负责人
101	中国绿色经济发展思路研究	资源与环境政策研究所	谷树忠
102	调控产业结构布局		谷树忠
103	国土资源战略研究成果集成转化研究		谷树忠
104	北京奥林匹克公园博物馆经济发展对策研究		李佐军
105	河北省环首都经济圈产业发展的调控规划研究		李佐军
106	蓝色经济战略下的董家口港口发展研究		李佐军
107	“十二五”北京能源结构调整对实现能源强度、碳强度降低目标的贡献分析		李佐军
108	农业发展与国土资源优化配置		谷树忠
109	新形势下钢铁产业转型升级与可持续发展研究		曹小奇

（国务院发展研究中心办公厅科研处张力供稿）

中共中央编译局

2011年中央编译局社会科学基金资助项目

类别	申报人	课题名称	最终成果
A类	丁开杰	城乡经济社会协调发展比较研究	专著
	包雅钧	强县扩权改革研究	专著
	李跃群	新中国成立后国内马列主义经典著作文本及研究著作题名录	专著
	张忠耀	新中国成立前中文报刊与马克思主义在中国的传播	专著
B类	傅建波	马克思主义经典文献资源数字化研究	研究报告
	张远航	新中国成立前国内马列主义经典著作出版与典藏概况	专著
	周艳辉	海外学者关于中国市场经济发展的政治影响的研究	编著
	龙宁丽	非政府组织问责：微观机理的分析	专著
	李义天	《路易斯·亨·摩尔根〈古代社会〉一书摘要》研究	研究读本
	史清竹	《政治经济学批判》研究	研究读本
	姚　颖	《反杜林论》研究	研究读本
	葛海彦	改革完善党领导人民团体和社会组织体制研究	专著
	员俊雅	捷克斯洛伐克新马克思主义研究——以科西克、斯维塔克为例	专著
	刘海静	波兰新马克思主义学者对马克思思想的理解	专著
	王秀敏	匈牙利新马克思主义的激进政治理论研究	专著
	颜杰峰	中国共产党党内选举对策研究——以市、县为视角	专著
	李以锁	德国公私合作制度（PPP）法律框架研究：德国PPP促进法及其实施简化法——从德中比较视角的分析	专著
	白云真	《路易·波拿巴的雾月十八日》研究	研究读本
	常　艳	《路德维希·费尔巴哈和德国古典哲学的终结》研究	研究读本
	吴晓林	社会整合视野下的社会组织发育与管理研究——对新兴业委会组织及业主运动的考察	专著
	张萌萌	海外对中国民族主义研究	专著

续表

类别	申报人	课题名称	最终成果
B类	张志英	改革完善公共安全体制研究	专著
	周兰领	改革完善党对司法工作的领导研究	专著
	房亚明	改革完善党委会领导体制研究	专著
	靳书君	《论新经济政策》研究	研究读本
	裴晓军	《哥达纲领批判》研究	研究读本
	颜　岩	布达佩斯学派社会批判理论研究	专著
	张　彤	马克思人的世界思想及其当代价值	专著
	马翠军	有限区域行政责任与县政改革研究	专著
C类	金　建	论普鲁士在克里木战争时期的外交政策	论文
	刘传友	近十年俄罗斯马克思主义文献统计分析	论文
	罗　炯	社会管理体制变革背景下的我国社会工作职业化发展研究——以北京市为例	论文
	董　莹	中国城乡“同票同权”的创制及制度框架	论文
	沈传亮	我国现行决策体制：特点、问题与改进建议	论文
	隋斌斌	近年来国内政治信任问题研究概况	论文
	项佐涛	马克思对官僚政治的批判研究	论文
	谢来辉	美国学者有关中国气候规制研究	论文
	袁方成	新型城市化进程中的城乡统筹发展研究	论文
	徐　彬	县乡干部人事制度改革的实证研究	论文
	刘海霞	中国环境弱势群体现状分析与对策建议	论文
	秦正为	中国特色社会主义制度体系思想形成过程研究	论文
	吴学凡	近年来国内户籍制度改革研究概况	论文
	赵付科	民主革命时期的中共纪念活动与马克思主义在中国的传播	论文

（中共中央编译局供稿）

国家发展和改革委员会宏观经济研究院

2011 年度国家发展和改革委员会宏观经济研究院重点课题

课题名称	负责人	承担单位	成果形式	完成时间
我国经济潜在增长率研究	刘雪燕 曾　峥	经济研究所	研究报告	2011. 12
面向 2020 年的我国经济发展战略研究	刘树杰	经济研究所	研究报告	2011. 12
扩大内需的长效机制研究	郭春丽 刘泉红	经济研究所	研究报告	2011. 12
我国进口战略对策研究	王海峰 陈长缨	对外经济研究所	研究报告	2011. 12

续表

课题名称	负责人	承担单位	成果形式	完成时间
“十二五”时期调整优化投资结构研究	张长春	投资研究所	研究报告	2011.12
战略性新兴产业投融资机制研究	汪文祥 郑　征	投资研究所	研究报告	2011.12
培育我国产业动态比较优势研究	王岳平	产业经济与技术经济研究所	研究报告	2011.12
我国服务经济发展趋势和战略研究	杨玉英	产业经济与技术经济研究所	研究报告	2011.12
我国绿色经济发展战略研究	李　忠 高国力	国土开发与地区经济研究所	研究报告	2011.12
优化国土空间开发格局研究	肖金成 欧阳慧	国土开发与地区经济研究所	研究报告	2011.12
我国人口结构变化对经济社会发展的影响研究	张本波 李　爽	社会发展研究所	研究报告	2011.12
有中国特色的社会管理方式研究	邢　伟 杨宜勇	社会发展研究所	研究报告	2011.12
我国能源安全战略研究	韩文科 张有生	能源研究所	研究报告	2011.12
2020年非化石能源满足15%能源需求目标的途径和措施研究	王仲颖 任东明	能源研究所	研究报告	2011.12
我国交通运输发展战略转型研究	贾　进 程世东	综合运输研究所	研究报告	2011.12
提高我国货物运输效率研究	张国强	综合运输研究所	研究报告	2011.12
科学发展体制保障的顶层设计研究	聂高民 孙长学	经济体制与管理研究所	研究报告	2011.12
深化电力体制改革基本思路研究	张海鱼	经济体制与管理研究所	研究报告	2011.12

（国家发展和改革委员会宏观经济研究院丁刚供稿）

北京市人大常委会

2011年北京市人大常委会主任、副主任重点调研课题

课题名称	负责人	成果形式	完成时间
加强法律法规实施情况的调研	杜德印	调研报告	2011.12
加强农产品生产流通体系建设，提高农民进入市场组织化程度的调研	赵凤山	调研报告	2011.12
修订村委会组织法实施办法立法调研	马振川	调研报告	2011.12
缓解本市交通拥堵状况对策的调研	刘晓晨	调研报告	2011.12
制定北京市人力资源市场条例立法调研	吴世雄	调研报告	2011.12

续表

课题名称	负责人	成果形式	完成时间
中关村国家自主创新示范区条例立法工作总结	柳纪纲	调研报告	2011. 12
本市公共文化建设情况的调研	刘新成	调研报告	2011. 12
海外侨胞回国在京投资权益保护问题的调研	李昭玲	调研报告	2011. 12

2011 年北京市人大常委会重点调研课题

课题名称	责任部门	负责人	完成时间
完善机制、创新方式、增强监督实效工作情况的调研	办公厅	唐　龙	2011
中国特色社会主义法律体系形成后首都立法工作研究	法制办公室	张　引	2011
本届市人大常委会监督司法工作情况的调研	内务司法办公室	李小娟	2012
以绩效为切入点逐步推进常委会预算监督工作的调研	财政经济办公室	陈　婷 陈京朴	2011
本市科技创新平台建设情况的调研	教科文卫体办公室	颜振军	2011
加强和改进人大常委会视察、检查、调研工作问题研究	研究室	刘维林	2011
加强市、区两级代表联系问题调研	代表联络室	陶世欣	2011
推进全国文化中心建设专题调研	教科文卫体办公室，有关厅、办、室	孙世超	2011
全国文化中心的内涵和主要功能	研究室	刘维林	2011
文化创新与城市转型发展	城建环保办公室	黄石松	2011
文化法制环境建设	法制办公室	张　引	2011
国家文化中心建设之国际比较	民族宗教侨务办公室	席文启	2011
国家和民族文化遗产保护与传承	城建环保办公室	赵　义	2011
首都文化创意产业发展（一）	民族宗教侨务办公室	马朝军	2011
首都文化创意产业发展（二）	财政经济办公室	王　火	2011
首都公共文化服务体系建设	农村办公室	雷德才	2011
首都公共文明建设	内务司法办公室	李小娟	2011
文化创新能力和文化体制改革与政策完善	代表联络室	张　清	2011

2011 年北京市人大常委会工作机构调研课题

课题名称	申报部门	完成时间
北京市涉及房屋交易纠纷信访问题的初步调研	办公厅	2011
安全生产立法经验总结	法制办公室	2011
制定北京市规范性文件备案审查条例立法调研	法制办公室	2011
关于我市军休干部安置工作情况的调研	内务司法办公室	2011
修订北京市实施《中华人民共和国村民委员会组织法》办法立法调研	内务司法办公室	2011
修订北京市村民委员会选举办法立法调研	内务司法办公室	2011

续表

课题名称	申报部门	完成时间
修订《北京市食品安全条例》立法调研	财政经济办公室	2011
制定北京市人力资源市场管理条例立法调研	财政经济办公室	2011
制定北京市急救医疗服务条例立法调研	教科文卫体办公室	2011
修订北京市实施大气污染防治法办法立法调研	城建环保办公室	2011
修订北京市实施防震减灾法办法立法调研	城建环保办公室	2011
关于在立法工作中进一步发挥专委会作用的研究	城建环保办公室	2011
关于采取多种监督方式持续推动北运河流域水系综合治理工作的个案分析	农村办公室	2011
完善本市动物防疫法律制度的调研	农村办公室	2011
制定北京市湿地保护条例立法调研	农村办公室	2011
关于宗教场所依法管理的调研	民族宗教侨务办公室	2011
围绕常委会重点工作，加强和改进人大宣传报道工作的调研	研究室	2011
开展地方性法规预案研究的几个问题	研究室	2011
修订实施代表法办法立法调研	代表联络室	2011
加强机关年轻干部培养工作的调研	人事室	2011

（北京市人大常委会研究室艾淑英供稿）

中共北京市委党校　北京行政学院

2011 年承担国家或省部级科研项目

项目名称	负责人	项目来源	成果形式	完成时间
国外主流政党基层组织建设的经验教训及对我党的借鉴与启示	秦德占	国家社会科学基金一般项目	研究报告	2012.5
北京慈善事业运营管理模式研究	孔祥利	北京市哲学社会科学青年项目	专著	2012.12
北京文化创意产业集聚区发展机制创新研究	贺　艳	北京市哲学社会科学青年项目	专著	2013.7
城市网络化社会管理的创新与完善对策研究——以北京市东城区为例	何　军	北京市哲学社会科学青年项目	研究报告	2012.7
北京市治理交通拥堵的法律对策研究	金国坤	北京市哲学社会科学一般项目	专著	2013.7
“政务微博”在北京创新社会管理中的运用研究	张　玲	北京市哲学社会科学一般项目	专著	2012.12
北京高端服务业发展研究	朱晓青	北京市哲学社会科学一般项目	专著	2013.12
当前北京居民消费观念及消费意愿调查	丁　青	北京市哲学社会科学一般项目	专著	2012.10
北京市新形势下做好党的群众工作问题研究	李明伟	北京市哲学社会科学研究基地一般项目	专著	2014.10

续表

项目名称	负责人	项目来源	成果形式	完成时间
执政危险的考验及其解决路径研究	江　伟	北京市哲学社会科学研究基地一般项目	专著	2013. 6
北京市流动人口随迁子女学校适应研究	胡玉萍	北京市哲学社会科学研究基地一般项目	专著	2013. 6
社会建设中的社会服务和老龄工作模式研究	李　兵	北京市哲学社会科学研究基地一般项目	研究报告	2013. 10
创先争优活动重要理论与实践问题研究	姚　桓	北京市哲学社会科学重点项目	专著	2012. 12
中国共产党在革命时期做群众工作的历史经验与启示	殷庆言	北京市哲学社会科学重点项目	论文集	2013. 12
首都人口有序调控思路及对策研究	嘎日达	北京市哲学社会科学重点项目	研究报告	2012. 2
国外一些政党指导思想调整的经验教训及对我党的借鉴与启示	秦德占	全国党校系统重点课题	研究报告	2012. 6
当代中国马克思主义研究的内生逻辑与基本路径	李　劲	全国党校系统重点课题	研究报告	2012. 6
非常规突发事件行政问责研究	鄂振辉	全国党校系统重点课题	研究报告	2012. 6
“政务微博”应对网络群体性事件及引导网络舆情的经验研究	梁　丽	全国党校系统重点课题	研究报告	2012. 6
金融消费纠纷替代性解决机制研究	贾小雷	全国党校系统重点课题	研究报告	2012. 6

2011 年度校级社会科学研究项目

项目名称	负责人	承担部门	成果形式	完成时间
后奥运时期北京市文化创意产业面临的问题与契机	董滨宇	哲学教研部	研究报告	2011. 12
北京市化解社会矛盾、促进社会稳定与和谐的创新经验研究	任小波	政治学教研部	研究报告	2011. 12
北京市宣传系统基层党建工作创新的调查与思考	李秀云	党史党建教研部	研究报告	2011. 12
农村基层党组织维护社会和谐稳定创新经验的调研	元跃旗	党史党建教研部	研究报告	2011. 12
关于《人民调解法》的施行和北京市司法体制改革的调查研究	李秀梅	法学教研部	研究报告	2011. 12
北京城市改造过程中政府行为的法律透视	牟效波	法学教研部	研究报告	2011. 12
北京市城市管理精细化问题研究	吴　刚	公共管理教研部	研究报告	2011. 12
区域公共管理理论视野下的环渤海地区政府间合作研究：动因、现状与趋势	刘　良	公共管理教研部	研究报告	2011. 12

续表

项目名称	负责人	承担部门	成果形式	完成时间
区域经济发展理论视野下的环渤海区域非均衡发展问题研究	王　昊	工商管理教研部	研究报告	2011. 12
关于北京建设国家创新中心问题与对策研究	张隆华	工商管理教研部	研究报告	2011. 12
北京城乡一体化背景下非京籍农民工的经济地位研究	衣光春	经济学教研部	研究报告	2011. 12
北京建设中国特色世界城市的金融业发展研究	朱晓青	经济学教研部	研究报告	2011. 12
建设中国特色世界城市背景下北京城市空间增长与管理研究	谢天成	经济学教研部	研究报告	2011. 12
推进北京城乡经济社会发展一体化进程中产业发展问题研究	贺　艳	经济学教研部	研究报告	2011. 12
北京市在京津冀合作中的产业定位问题研究	王振峰	经济学教研部	研究报告	2011. 12
北京建设中国特色世界城市公共场所外文标识问题研究	汪　消	外语教研部	研究报告	2011. 12
移动互联网为虚拟社会的建立和发展提出新课题——移动互联网时代虚拟社会发展现状的调查与思考	戴　珊	计算机网络中心	研究报告	2011. 12
网络环境下北京市领导干部创新管理能力的调研	许平沧	图书馆	研究报告	2011. 12
中国近代民族主义演进规律研究	黄　杰	哲学教研部	论文	2011. 12
历史语境与深层逻辑：马克思恩格斯正义观研究	童　萍	哲学教研部	论文	2011. 12
北京建设中国特色世界城市的经济学分析	赵　莉	经济学教研部	论文	2011. 12
马克思生息资本理论的科学性及其现实意义	盖艳梅	经济学教研部	论文	2011. 12
协商民主与人民政协制度研究	李　罡	政治学教研部	论文	2011. 12
社会组织在北京市精神文明建设中的作用研究	蔡　杨	政治学教研部	论文	2011. 12
透视政治生活中的潜规则及防御对策研究	江　伟	党史党建教研部	论文	2011. 12
建党 90 年来党的群众工作的回顾与思考	李　娜	党史党建教研部	论文	2011. 12
关于我国社会转型时期政府职能转变研究的综述与反思	董晓宇	公共管理教研部	论文	2011. 12
政府管理中风险管理、应急管理与危机管理的关系研究	董　武	公共管理教研部	论文	2011. 12
我国证券投资基金业面临的问题与对策探析	刘治兰	工商管理教研部	论文	2011. 12
跨国公司对外直接投资基本理论研究	曾宪植	工商管理教研部	论文	2011. 12
近代司法变革的现代审视	王　菲	法学教研部	论文	2011. 12
中韩两国行政法执行方式比较研究	韩德强	法学教研部	论文	2011. 12
社会管理的理论与实践	洪小良	社会学教研部	论文	2011. 12
马克思主义社会学备课研究	侯亚非	社会学教研部	论文	2011. 12
试析建构主义和解构主义对翻译教学和过程的影响	姜志伟	外语教研部	论文	2011. 12
图式理论在英语阅读理解中的应用研究	王全珍	外语教研部	论文	2011. 12
党校干部教育信息化发展模式探索与研究	杨雅云	计算机网络中心	论文	2011. 12

续表

项目名称	负责人	承担部门	成果形式	完成时间
21 世纪图书馆人力资源管理研究	于书平	图书馆	论文	2011. 12
世界城市文化建设对北京的启示——以纽约为例	刘永红	哲学教研部	课程研发	2012. 1
海淀区北坞村一体化发展的探索	王虎成	经济学教研部	课程研发	2012. 1
领导干部的人格特征与执政能力	林　泉	政治学教研部	课程研发	2012. 1
民主化与多元社会治理	周美雷	政治学教研部	课程研发	2012. 1
新时期党的群众工作问题研究	李明伟	党史党建教研部	课程研发	2012. 1
新中国成立六十年来党治国理政的回顾与经验思考	刘智峰	党史党建教研部	课程研发	2012. 1
行政权力的委托：理论与实践	王　轩	法学教研部	课程研发	2012. 1
领导干部涉外文化礼仪	刘　敏	外语教研部	课程研发	2012. 1
思维方式变革与领导者的执政能力	梁　骏	国际合作交流部	课程研发	2012. 1
基层党建创新——通州区永乐镇双述双评	靳连芳	党史党建教研部	教学案例	2012. 1
城乡结合部的拆迁模式研究——以朝阳区崔各庄地区为例	曹　颖	公共管理教研部	教学案例	2012. 1
交通治堵民主化决策的法律思考	金国坤	法学教研部	教学案例	2012. 1
社会工作理念、模式与方法——石景山社区社会工作本土化实践	李　宁	社会学教研部	教学案例	2012. 1
数字北京与信息化时代的政府管理——政府网站如何让公众满意	张　玲	计算机网络中心	教学案例	2012. 1
综合风险管理的挑战与启示——以突发抢盐事件的应急处置为典型案例	黄伯平	公共管理教研部	教学案例	2012. 1

（中共北京市委党校、北京行政学院科研处供稿）

北京市社会科学院

2011 年国家社会科学基金项目

题目	负责人	承担部门	成果形式	完成日期
清初满蒙关系演变研究	哈斯巴根	满学所	专著	2013. 6
社会科学系统图书馆绩效评估研究	王超湘	图书馆	专著	2013. 12

2011 年北京市哲学社会科学项目

题目名称	负责人	承担部门	成果形式	完成时间
悖论与紧张——北京社区公共生活的现状与未来	宋　梅	城市所	研究报告	2012. 12
北京市流动人口规模调控的法律问题研究	张真理	法学所	研究报告	2012. 12
新生代农民工的城市融合研究	包路芳	社会学所	研究报告	2013. 6
“十二五”期间首都地方立法研究	许传玺	院领导	研究报告	2012. 12
北京社会主义核心价值观建设与理论提升研究	杨　奎	科社所	专著	2014. 12
正确处理创先争优的若干辩证关系	左宪民	科社所	论文集	2011. 11
北京公共文化服务体系与全国文化中心建设	李建盛	文化所	研究报告	2012. 6

续表

题目名称	负责人	承担部门	成果形式	完成时间
北京市构建现代产业体系研究	梁昊光	经济所	研究报告	2012.12

2011年院级重大课题

项目名称	负责人	成果形式	完成时间
首都经济圈及京津冀一体化发展研究	赵　弘	报告 学术论文	2011.12
推进全国文化中心建设研究	李建盛	研究报告	2011.12
“官德”问题研究	殷爱平	专著	2013.12
首都城市管理精细化研究	冯　刚	研究报告	2011.12
北京社会主义核心价值建设与理论提升研究	杨　奎	研究报告	2011.12
北京断代史研究	王　岗	专著	2014.12
“十二五”期间首都地方立法研究	许传玺	研究报告	2011.12
推进北京文化大发展大繁荣研究	李建盛	研究报告	2012.12
北京智库建设与发展研究	谭维克	研究报告	2012.12
首都群体性事件媒体应对措施研究	殷星辰	研究报告	2011.12
北京流动人口规模调控与有序管理研究	冯晓英	研究报告	2012.12

2011年院级蓝皮书

题目	负责人	承担部门	成果形式	完成时间
北京文化发展报告	李建盛	文学所	编著	2011.12
北京社会发展报告	戴建中	社会学所	编著	2011.12
北京经济发展报告	梅　松	院	编著	2011.12
北京公共服务发展报告	张　耘	管理所	编著	2011.12
中国区域经济发展报告	戚本超 魏书华	经济所	编著	2011.12
中国总部经济发展报告	赵　弘	经济所	编著	2011.12
中国社区发展报告	于燕燕	科社所	编著	2011.12

2011年院级项目重点课题

课题名称	负责人	单位	成果形式	完成时间
北京市政公用事业特许经营制度创新研究	杨　松	市情研究中心	著作	2011.12
历史记忆与文化转型——民国北京的现代性进程	季剑青	文化所	专著	2013.12
北京道教的发展与社会各阶层互动关系研究	郑永华	历史所	专著	2013.12
从研究范式到发展模式：提升北京在世界城市网络中地位的战略研究	齐　心	城市所	专著	2012.12

续表

课题名称	负责人	单位	成果形式	完成时间
京港成渝四地流动人口聚居区（移民区）社会治理比较与借鉴	冯晓英	社会学所	研究报告或者系列论文	2011.12
全球化与城市转型——以近三十年北京城市发展为例的分析	肖亦卓	城市所	专著	2012.12
北京城乡社会变迁研究	包路芳	社会学所	专著	2012.12
城市反恐怖行动概论	殷星辰	综治所	专著	2011.12
北京与世界城市的指标量化比较研究	白志刚	外国所	系列论文	2011.12
首都经济圈的产业分工格局研究	杨维凤	经济学所	系列论文	2011.12
实施综合协调战略，破解北京交通难题——北京城市交通综合协调研究	庞世辉	管理所	系列论文	2011.12
和谐社区与城市社区党建创新探析	刘冀瑗	科社所	系列论文	2011.12
满语语法研究	赵志强	满学所	专著	2013.12
荀子与亚里士多德伦理学比较研究	孙　伟	哲学所	专著	2013.12
美国听证制度研究：理论、实践与超越	许传玺	法学所	专著	2012.12

2011 年院级青年课题

课题名称	负责人	单位	成果形式	完成时间
三家子满语语音研究	戴光宇	满学所	专著	2011.12
北京低碳科技公共服务平台建设研究	陆小成	管理所	系列论文	2011.12
产业内升级视角下北京产业结构深度优化研究	邓丽姝	经济所	系列论文	2011.12
城乡一体化进程中的新城定位及其实现路径	袁　蕾	城市所	系列论文	2011.12
网络传播与城市文化研究	徐　翔	文化所	系列论文	2011.12
北京地域文化的历史地理考察	董　焱	历史所	专著	2013.12
犯罪控制的公众参与研究	左袖阳	综治所	系列论文	2011.12
北京市家政服务业的情感劳动研究	马　丹	社会学所	系列论文	2011.12
世界城市软实力研究	刘　波	外国所	系列论文	2011.12
中国特色的分配政策研究	尤国珍	科社所	系列论文	2011.12
西方科学文化思潮研究	郝　苑	哲学所	专著	2011.12
公共企事业单位信息公开制度研究	陶品竹	法学所	系列论文	2011.12

（北京市社会科学院科研处供稿）

北京市档案局

2011 年承担省部级以上社会科学研究项目

项目名称	负责人	承担单位	项目来源	成果形式	完成时间
国家档案馆公共服务建设研究	陈乐人	北京市档案局	国家档案局	研究报告	2013. 12
世界城市档案工作发展特点与规律研究	马素萍	北京市档案局	国家档案局	研究报告	2012. 12
基于“云计算”的区域性数字档案馆建设研究	陶水龙	北京市档案局	国家档案局	研究报告	2013. 12
基于长期保存的数字档案存储载体保护对策研究	唐跃进	中国人民大学信息资源管理学院	国家档案局	研究报告	2013. 12
基于异构系统的电子档案凭证性保障核心技术开发与应用	陶水龙	北京市档案局	北京市科委	研究报告	2012. 12

（北京市档案局科教处李海英供稿）

北京市社会科学界联合会

2011 年决策咨询课题汇总

项目名称	负责人	承担部门	项目来源	成果形式	完成日期
中国特色社会管理研究	赵成根	北京大学	刘　淇	调研报告	2011. 10
中国特色社会管理研究	张云飞	中国人民大学	刘　淇	调研报告	2011. 10
地方人大常委会加强预算监督的重点、途径与方法	童　伟	中央财经大学	杜德印	调研报告	2011. 10
北京社会建设指标体系研究	孙　凤	清华大学	梁　伟	调研报告	2011. 10
首都现代产业体系研究	周　伟	首都经济贸易大学	郭金龙	调研报告	2011. 10
特大型城市产业发展与人口规模调控研究	陈　剑	北京改革和发展研究会	郭金龙	调研报告	2011. 10
首都城乡一体化与城镇体系研究	王鸿春	首都社会经济发展研究所	郭金龙	调研报告	2011. 10
符合首都实际的保障性住房体系和商品房体系研究	胡海峰	北京师范大学	郭金龙	调研报告	2011. 10
北京建设五个之都研究	余钟夫	北京市委研究室	刘　淇	调研报告	2011. 10
中国特色社会主义法律体系形成后的首都法治建设	何　兵	中国政法大学	杜德印	调研报告	2011. 10
首都现代产业体系研究	高明华	北京师范大学	郭金龙	调研报告	2011. 10

续表

项目名称	负责人	承担部门	项目来源	成果形式	完成日期
文化创新能力与文化体制改革	陈　宁	首都经济贸易大学	北京市人大常委会	调研报告	2011.8
北京城乡结合部建设管理模式研究	杨晓东	北京城乡创新发展博士研究会	牛有成	调研报告	2011.10
优化北京市科技经费投入规模与结构问题研究	周　程	北京大学	北京市财政局	调研报告	2011.4
北京市科技经费投入方式和管理问题研究	肖广岭	清华大学	北京市财政局	调研报告	2011.4
社会领域统战工作研究——以北京为例	楚国清	北京青年政治学院	北京市统战部	调研报告	2011.12
2010—2011年北京文化发展报告	刘　勇	北京师范大学文化发展研究院	北京市社科联	调研报告	2011.12
学习李长春讲话，推进北京文化体制改革	陈少峰	北京大学	北京市社科联	调研报告	2011.10
深化北京文化体制改革研究	郭媛媛	首都经济贸易大学	北京市社科联	调研报告	2011.12

（北京市社科联科研工作部供稿）

2011年北京市社会科学界联合会青年社科人才资助项目

项目名称	负责人	承担部门	成果形式	完成日期
北京市新媒体发展与社会管理创新研究	黄　河	中国人民大学	系列论文	2013.11
提高劳动报酬在初次分配中的比重研究——基于北京市最低工资政策实施状况的调查	黄　伟	中国人民大学	系列论文 调研报告	2013.11
辽金燕京城复原研究	刘　未	中国人民大学	系列论文	2014.11
成本快速上升对京郊观光农业的影响研究	钟　真	中国人民大学	调研报告	2013.11
北京市农家书屋创新与长效机制研究	许　欢	北京大学	系列论文	2013.12
延安：一个红色的民主实验——在历史语境下解读马克思主义中国化、时代化、大众化的方法与路径	李　蕉	清华大学	系列论文	2013.12
北京市突发公共事件应急管理中的法律问题	郭　殊	北京师范大学	系列论文	2013.11
北京市社区力量参与社区矫正的实证研究	廖　明	北京师范大学	系列论文 调研报告	2013.11
北京城市街区景观的民俗学研究	鞠　熙	北京师范大学	系列论文 调研报告	2013.12
北京佛学社团与其出版品现况研究	李芳瑜	北京师范大学	系列论文	2013.12
老龄化趋势下北京居住环境的适应性发展研究	李　嫣	北京师范大学	系列论文	2013.11
元明清北京官方的典籍编纂、诠释与文化认同	姜海军	北京师范大学	系列论文	2013.11

续表

项目名称	负责人	承担部门	成果形式	完成日期
首都民生问题：基于高校毕业生就业调查的研究	廖　娟	首都师范大学	系列论文	2013.11
资源约束下北京市区域产业布局优化研究	汪　洋	首都经济贸易大学	专著	2013.10
北京市城乡文化一体化现状及对策研究	曹守亮	中国社会科学院	调研报告	2013.12
晚清民国时期北京回族报刊资料辑录与研究	丁慧倩	中央民族大学	专著	2013.12
老字号企业提升核心竞争力战略研究	熊文聪	中央民族大学	系列论文 调研报告	2013.12
北京外来人口管理与权利保障研究	李秀鹏	中央民族大学	系列论文	2013.10
北京市流动人口聚集区的新管理模式研究	宗成峰	中国农业大学	调研报告	2013.11
世界城市视角下的大栅栏地区风貌保护与发展	朱永杰	北京联合大学	系列论文 调研报告	2013.11
空间场域与文化记忆：北京城市文学谱系研究	董琦琦	北京联合大学	系列论文	2013.11
首都动漫产业服务外包现状与发展对策研究	崔亚娟	北京联合大学	调研报告	2013.11
北京市外国驻华使馆的历史与现状	李潜虞	外交学院	系列论文	2014.1
北京宗教信仰的现状与发展趋势调查研究	张瑞凯	北京青年政治学院	调研报告	2013.11
北京作为全国文化中心的历史学考察	高福美	北京市社会科学院	系列论文	2013.6
全球化语境下北京民俗艺术保护与产业策略	张　雯	北京工业大学	系列论文	2013.12
北京农村老年人医疗保险与医疗服务利用研究	姜海珊	北京工业大学	调研报告	2013.11
基于城市增长边界的北京城市空间管理研究	谢天成	北京市委党校	调研报告	2013.11
北京市未成年人民事权益司法保护机制研究	俞　亮	北京工商大学	调研报告	2013.12
北京中苏友好协会与中苏关系的变迁	王锦辉	北京市委党史研究室	系列论文	2013.10
北京市低收入群体现状及社会救助研究	张晓静	对外经济贸易大学	调研报告	2013.11
“家庭”视角下北京市残疾人服务需求研究	尹　银	中央财经大学	专著	2013.11
民国时期京津画报研究	陈　艳	中国现代文学馆	专著	2013.10

（北京市社科联学术活动部供稿）

2011 年北京市社会科学界联合会重点学术活动资助项目

项目名称	负责人	承担部门	成果形式	完成日期
文化创意产业与中国文化影响力	杨学功	北京市哲学会	学术前沿论坛	2011.12

续表

项目名称	负责人	承担部门	成果形式	完成日期
中国特色社会主义社会管理体制的基本内涵与构建路径	李淑琴 王洛忠	北京市科学社会主义学会 北京市政治学行政学学会	学术前沿论坛	2011. 12
中国劳动力市场与收入分配	沈　越	北京市经济学总会	学术前沿论坛	2011. 12
社会管理创新：问题和对策	刘精明	北京市社会学学会	学术前沿论坛	2011. 12
文化与社会建设	杨共乐	北京市历史学会	学术前沿论坛	2011. 12
社会建设与法治	刘金国	北京市法学会	学术前沿论坛	2011. 12
特大城市人口服务管理	翟振武	北京市人口学会	学术前沿论坛	2011. 12
北京市社会化养老服务体系建设	胡淑英	北京市老年学学会	学术前沿论坛	2011. 6
中国文学的国际化视野	张　泉	北京市文艺学会	学术前沿论坛	2011. 9
德性伦理学：西方思想的视野	廖申白	北京市伦理学会	学术前沿论坛	2011. 12
北京社会建设与管理创新	关丽娟	当代北京史研究会	学术前沿论坛	2011. 11
北京城市中轴线与文化之都建设	李建平 孙　玲	北京史研究会 北京市文物保护协会	学术前沿论坛	2011. 12
统计数据质量与公信力	陈　明	北京市统计学会	学术前沿论坛	2011. 12
社科信息：社会管理的桥梁和纽带	王超湘	北京市社科信息学会	学术前沿论坛	2011. 12
世界语——中外民间文化交流的桥梁	孙德金	北京市世界语协会	学术前沿论坛	2011. 12
科学发展：把握学情推进教育改革	李　荐	北京市学习科学学会	学术前沿论坛	2011. 12
增长方式转变与社会管理创新	毛雪峰	北京改革和发展研究会	学术前沿论坛	2011. 11
北京历史名园品牌培育与首都旅游文化创意产业发展	丛一蓬	北京市颐和园学会	学术前沿论坛	2011. 12
首都公益理论研究与实践论坛	任　杰	北京市公益学学会	学术前沿论坛	2011. 12
逻辑、发展与互动——京津冀逻辑界联合研讨会	周北海	北京市逻辑学会	学术前沿论坛	2011. 12

续表

项目名称	负责人	承担部门	成果形式	完成日期
惠民生促科学发展　守红线坚持素质并重	江　桥	北京土地学会	学术前沿论坛	2011.10
社会管理体制创新与科学决策	黄江松	北京市决策学学会	学术前沿论坛	2011.12
中国特色社会主义政党制度研讨会	徐　杰	北京市统一战线理论研究会	学术前沿论坛	2011.12
新时期非遗文化传承与发展	崔兰凤	北京市中外民间文化艺术交流促进会	学术前沿论坛	2011.12
语言研究与语言生活	孙德金	北京市语言学会	学术前沿论坛	2011.11
社会心理学与社会管理创新	蒋　奖	北京市社会心理学会	学术前沿论坛	2011.12

（北京市社科联学术活动部供稿）

北京市教育学会

2011 年承担省部级社科研究项目

项目名称	负责人	项目来源	成果形式	完成日期
深化教学方式改革与信息技术的科学应用	李观政	北京市教育委员会委托	可行性报告及研究成果集	2011.11
促进北京市农村地区小学数学教师专业发展培训	李观政 吴正宪	北京市教育委员会委托	研究报告及调研报告	2011.12
北京市小学、幼儿园健康（教）师的培训	李观政	北京市教育委员会委托	论文集、课件（光盘）	2011.12
北京市义务教育阶段农村地区学习困难学生干预对策研究及推广	吴正宪	北京市教育委员会委托	研究报告	2011.12
北京市幼儿园、小学科学启蒙教育实验工程	李观政	北京市教育委员会委托	可行性报告及教材汇集	2011.12

（北京市教育学会李文寓供稿）

北京市工商行政管理学会

2011 年承担省部级社科研究项目

项目名称	负责人	承担部门	项目来源	成果形式	完成日期
北京市“十二五”时期市场监管体系建设规划	罗文阁	北京市工商行政管理学会	北京市发改委委托	研究报告	2011.5

（北京市工商行政管理学会左京生供稿）

· 获奖成果 ·

概　述

本栏目记述2011年度北京地区16个高校、科研单位获省部级人文社会科学研究成果奖获奖情况，以及一等奖成果简介。获奖成果的记述，包括奖励等级、成果名称、作者姓名、颁奖单位、成果形式等内容。这些信息反映出北京地区社会科学研究领域的最新成果和理论贡献。

各高校、科研等单位获国家或省部级人文社会科学研究成果奖（部分）

北京大学

项目名称	项目负责人	奖项名称	颁奖单位	成果形式	获奖等级
教育投入、资源配置与人力资本收益——中国教育与人力资源问题研究	闵维方、丁小浩、岳昌君、郭建如、李文利、阎凤桥	第四届全国教育科学研究优秀成果奖	教育部	著作	一等奖
我国高等教育发展观的反思	陈学飞、展立新	第四届全国教育科学研究优秀成果奖	教育部	论文	二等奖
中国博士质量报告	陈洪捷、陈学飞、郭建如、赵世奎、蔡磊砢、沈文钦	第四届全国教育科学研究优秀成果奖	教育部	著作	三等奖
高校学生参与度及其成长的影响机制：2010年首都大学生发展数据分析	朱　红	第四届全国教育科学研究优秀成果奖	教育部	论文	三等奖

（北京大学社会科学部供稿）

一等奖成果简介

《教育投入、资源配置与人力资本收益——中国教育与人力资源问题研究》（著作）

北京大学 闵维方等

经济科学出版社 2009年9月出版

该书为教育部哲学社会科学重大攻关项目“中国教育与人力资源问题研究”（03JZD0033）的结题成果。课题组负责人是闵维方教授，主要成员包括北京大学教育经济研究所的全体教师。课题组围绕着我国教育与人力资源开发这一重大课题，对从教育投入到教育收益的整个过程开展研究。研究集中在这一过程中的四个主要环节上，分别是：教育成本与资源筹措、教育机会与资源配置、教育与人力资源配置、教育与人力资本收益。围绕教育与经济增长及和谐社会的建设问题，该书以教育降低收入差距、促进就业增长、有效减少贫困为出发点，以趋向公平的教育发展战略为重点，进行了深入的理论探讨和实证分析。

课题组对教育系统资源的充足性、配置的公平性进行了分析，主要发现有：小学和初中生均教育经费不均等的程度很高；弱势群体在获得优质教育资源方面处于不利地位；弱势群体所接受的高等教育质量较低。课题组对劳动力市场上人力资源的配置和人力资本的收益进行了分析，主要发现有：教育显著促进了工作流动率和劳动生产率的提高；城镇居民收入代际之间存在明显的传递效应；教育层次越高的群体其收入不平等程度越小。

课题组对“以人为本”教育发展观给予了充分阐释，对于我国教育公平问题进行了深入研究，构建了中国教育发展指数。

闵维方，男，1950年10月生，美国斯坦福大学博士，教授，博士生导师。现任第十一届全国政协委员、全国政协文史和学习委员会副主任，北京大学教育学院名誉院长，国务院学位委员会公共管理学科评议组召集人，全国教育科学规划领导小组教育经济与管理组组长，全国教育财政学研究会理事长，全国教育经济学专业委员会副理事长等。先后获得“有突出贡献的中青年专家”“全国优秀教师”、美国IET教育基金会首届“IET大学校长奖”、国际比较教育学会颁发的“奈勒奖”、第四届中国高校人文社会科学研究优秀成果奖教育学一等奖等十多项重要称号和成果奖。代表作有《高等教育运行机制》《探索教育变革：经济学和管理政策的视角》《中国教育与人力资源发展报告》等。

（北京大学社会科学部供稿）

中国人民大学

第四届全国教育科学研究优秀成果奖

成果名称	申报者	成果形式	出版/发表单位	颁奖单位	奖励等级
人生为一大事来	刘彭芝、周建华、崔潞、张莉莉、陈华、唐阳平	著作	高等教育出版社	教育部	二等奖
现代心理健康教育——心理卫生问题对社会的影响及解决对策	俞国良、文书锋、董妍、侯瑞鹤、张雅明	著作	人民教育出版社	教育部	二等奖
教育法学：原理规范与应用	申素平	著作	教育科学出版社	教育部	三等奖

2011年中国人民大学入选全国优秀博士学位论文

专业名称	作者	导师	论文题目
宪法学与行政法学	王书成	胡锦光	合宪性推定论：一种宪法方法
中国古代文学	卢燕新	傅璇琮	唐人编选诗文总集研究

优秀博士论文简介

《合宪性推定论：一种宪法方法》（专著）

中国人民大学　王书成

合宪性推定是当代宪法学中至关重要的议题，贯穿于宪法学的理论与实践。合宪性推定不仅表现为一种宪法方法，而且更映衬了宪法学的理论脉象。合宪性推定展现了当代制度发展中立法权与司法审查权之间的关系脉络，表征了立法机关与司法审查机关之间的制度均衡。从比较法的角度来说，合宪性推定对于在人民代表大会制度之下如何规制立法、发挥审查监督等职能，对于法院如何在司法实践中基于中国的制度现实来处理与立法机关及其他国家机关之间的关系，对于各国家权力机关之间如何在制度中和谐并进都具有重要的理论指导意义。同时，合宪性推定对于当下中国宪法学的知识走向也提供了重要的风向标。合宪性推定在很大程度上展现了宪法方法的本体性。通过合宪性推定所展现的宪法方法，作为国际前沿法学论题，在很大程度上启示了当下中国宪法学的知识任务重点在于从“原理”与“方法”层面构建符合中国制度现实的宪法方法论体系，由此不仅为中国的宪法制度，也为全球化背景下的宪法学发展从比较法的角度做出独特的知识贡献。

《唐人编选诗文总集研究》

中国人民大学　卢燕新

该论文补考唐人选编诗歌总集 15 种，辑考唐人选编文总集 75 种，对学界较少关注的诗文总集如《续诗苑英华》等予以考辨论析，既探考其编纂者、编选内容、选学观与编纂体例，又考论其文学观及其时代意义。对学界较多关注的《翰林学士集》《景龙文馆记》《河岳英灵集》等予以研究探微。在宏观理论研究层面，该文将唐人编选诗文总集作为一种文化现象整体考察，上溯其产生的历史文化渊源；中察其社会文化背景、编纂者心态、编撰人员类型特点、选本批评及其特征；下述其流，探讨其传播规律及其影响。在研究领域界定层面，本文将唐人编选文总集与唐人编选诗总集并行研究，且将唐人编选的未选唐人诗文的总集纳入研究视野。研究方法层面，除考据法外，本文还采用了图表数据统计法、比较分析法、归纳与演绎推理法。全文统计列表 20 幅，分析绘制传播类型图 8 幅。

（中国人民大学科研处张玉洁供稿）

北京师范大学

第四届全国教育科学研究优秀成果奖

序号	成果名称	主要作者	成果形式	获奖等级
1	流动儿童城市适应状况及过程	方晓义、刘杨	论文	一等奖
2	运用信息化教学创新理论，大幅提升农村中小学教学质量，促进教育均衡发展研究	何克抗、余胜泉、吴娟、马宁、陈玲、袁磊	论文	一等奖
3	职业教育学——原理与应用	黄尧、石伟平、俞启定、周志刚、欧阳河、翟海魂	著作	一等奖
4	世界一流大学的形成与发展	王英杰、刘宝存	著作	一等奖
5	走向校长专业化	褚宏启、杨海燕、吕蕾、赵茜、刘玲	著作	二等奖
6	影视文化对未成年人的影响和对策研究	黄会林、杨越明、王韵	著作	二等奖
7	教育经济学	靳希斌、涂义才、曲绍卫、任建华、石邦宏	著作	二等奖
8	教师与课程：创生的视角	李小红	著作	二等奖
9	中国特色基础教育教学研究制度的发展	梁威、卢立涛、黄冬芳	论文	二等奖
10	儿童游戏通论	刘焱	著作	二等奖

序号	成果名称	主要作者	成果形式	获奖等级
11	体育教学论	毛振明、董文梅、张庆新、杜晓红、王金玲、侯莉娟	著作	二等奖
12	教育哲学	石中英	著作	二等奖
13	外国教育史	张斌贤、王晨、郭法奇、於荣、傅林、杨克瑞	著作	二等奖
14	最后的图腾：中国高中教育价值取向与学校特色发展研究	张东娇	著作	二等奖
15	大学课程研究	周海涛	著作	二等奖
16	论高等教育中的经济主义倾向	周作宇	论文	二等奖
17	20—21 世纪之交中俄教育改革比较	朱小蔓、张男星、胡建华、王长纯、谢安邦、周满生	著作	二等奖
18	美国研究型大学管理：国家、市场和学术权力的平衡与制约	谷贤林	著作	三等奖
19	混合式学习的理论与实践	黄荣怀、周跃良、王迎	著作	三等奖
20	中国大学毕业生失业问题研究	赖德胜、孟大虎、孙百才、赵宏斌、吴克明、田永坡	著作	三等奖
21	公平与效率的抉择：美国教育市场化改革研究	马健生	著作	三等奖
22	基于知识观的大学核心竞争力研究	毛亚庆、吴合文、夏仕武、杜媛	著作	三等奖
23	农村中小学布局调整的问题、原因与对策	庞丽娟、韩小雨	论文	三等奖
24	让德育成为美丽的风景	檀传宝	著作	三等奖
25	艺术教育与儿童创造力的发展	王懿颖	论文	三等奖
26	外国教育现代化进程研究	吴式颖、褚宏启、张斌贤、朱旭东、王保星	著作	三等奖

一等奖成果简介

《流动儿童城市适应状况及过程》（论文）

北京师范大学　方晓义　刘　杨

该课题首次建构了评价流动儿童城市适应的框架。作者认为，应该从心理适应和社会文化适应两个方面去衡量流动儿童的城市适应，改变了以往研究要么只从心理适应，要么只从社会文化适应去考察流动儿童城市适应的片面性和局限性，同时，如果这样的评价框架能够为今后的研究者所采用，也同时改变了过去研究结果之间无法进行比较的不足，使流动儿童城市适应的研究具有了可以相互比较的基础；在试用新的评价框架对流动儿童城市适应进行评价时，发现流动儿童城市适应状况比较良好，改变了过去研究普遍认为流动儿童城市适应不良的情况。同时，也发现了流动儿童城市适应较好的情况下，适应比较困难的方面，这一研究结果可以为今后的干预提供依据，使干预更有针对性；首次对流动儿童城市适应过程进行了研究，发现了流动儿童可能存在不同的适应过程，主要有三种适应过程：U 型适应、J 型适应和线型适应；首次提出了流动儿童城市适应的四阶段说，即 U 型适应分为四个阶段：兴奋与好奇、震惊与抗拒、探索与顺应、整合与融入，并揭示了每个阶段流动儿童城市适应的特点和表现。这一理论的提出为我们评价流动儿童城市适应的过程，以及开发评价流动儿童城市适应过程的工具提供了依据，可以进一步深化有关流动儿童城市适应的研究。自文章发表以来，已经产生了较好的学术影响。到目前为止，已经被外文学术期刊《Frontiers of Education in China》全文翻译转载，而且还分别被《中国教育科学 2009》《中国儿童文化研究年度报告（2008）》、人民大学复印报刊资料《心理学》收录和转载。

方晓义：男，曾获第四届中国高校人文社会科学研究优秀成果心理学二等奖：《青少年吸烟的预防与干预研究》、2004 年北京市高等教育教学成果奖市级二等奖：《家庭治疗教育与实践领域的开拓与创新》、北京市第七届哲学社会科学优秀成果二等奖：《家庭诸因素与初中生吸烟行为的关系》、北京市第四届教育科学研究优秀成果二等奖：《父母吸烟行为和态度与初中生吸烟行为的关系》等。

刘杨，男，北京师范大学公共治理研究中心、中国市场学会文化创意产业专家委员会，MBA；北京师范大学公共治理研究中心常务副主任、秘书长、研究员；中国市场学会文化创意产业专家委员会副主任兼秘书长；中国企业家合作协会/中国企业家联谊会秘书长；《人力资源报》等报刊特约评论员；获得过团中央、全国青联、重庆市等政府颁发奖项。

《运用信息化教学创新理论，大幅提升农村中小学教学质量，促进教育均衡发展研究》（论文）

北京师范大学　何克抗　余胜泉等

本项成果是从中央电教馆“十五”教育技术重点课题“信息技术环境下的基础教育跨越式发展研究”、全国教育科学“十五”规划国家重点课题“基于网络环境的基础教育跨越式发展创新试验”（项目编号 BCA030017）衍生出的一个新课题。“基于网络环境的基础教育跨越式发展创新试验”（以下简称“跨越式试验”）是在我国加速教育信息化进程以及实施新一轮课程改革的宏观背景下开展的一项教学改革项目，经过多年的实践探索，已取得比较丰硕的成果。该项日于 2006 年 6 月 18 日由教育科学规划办组织专家鉴定、验收，专家组一致同意通过该项目的鉴定，并认为这是一项优秀的教育科研成果。迄今为止，试验课题已进行了 10 年时间，先后经历理论方法初步建立（全国名校，专用教材，网络环境，语文单科）、理论方法逐渐完善（普通学校，通用教材，网络环境，语文英语两科）、试验探索日益深入（薄弱学校，通用教材，一般信息技术环境，语文英语两科）、试验领域逐步扩展（农村学校，通用教材，一般信息技术环境，中小学各学科）等四个发展阶段，目前试验学校已有 250 多所。多年来，课题在农村中小学的开展取得了显著成效，实现了“农村二年级学生认读 3000 汉字”的项目目标。参与项目的课题学校其教学质量和科研能力大幅提升，办学能力得到社会各界的广泛认可。

何克抗：男，1937 年 8 月生，广东省大埔县人。现为北京师范大学教育技术学院教授、现代教育技术研究所所长，东北师范大学终身教授。长期从事教育技术理论与应用研究（特别是基于 Internet 的网络教育应用研究），已培养博士 20 多名，指导在读博士生 12 名；先后出版专著 6 部，主编教材 12 种，在国内外发表论文 100 多篇；自 1978 年以来，先后七次作为第一完成人获国家教育部和北京市科技进步奖，其中特别奖一次，二等奖五次，三等奖两次，一次获北京国际发明展览金奖，拥有发明专利一项。

余胜泉：男，1973 年 8 月生于江西波阳，1991 年考入北京师范大学，1995 年 9 月至 1997 年 7 月于北京师范大学电子系攻读计算机教育应用硕士学位，1997 年转为直接攻读博士学位，2000 年 7 月取得博士学位。现在是北京师范大学智能学习环境研究与应用工程实验室主任。曾主持（或主要参与）教育部十五科技攻关项目《多媒体作业系统研究》；国家现代远程教育工程中的关键技术研究项目《多媒体课件点播系统研究》；现代远程教育标准研究项目：《现代远程教育技术规范研究（资源、管理系统、课件互换标准）》等 10 多项有影响的教育信息化项目。在各类杂志与大型学术会议上发表学术论文 60 多篇，参与编写教材 5 部，出版科普著作 4 本、学术专著 2 本，多媒体软件光盘 4 套，获广东省科技进步奖一次。

《职业教育学——原理与应用》（著作）

北京师范大学　黄　尧等

高等教育出版社　2009 年 6 月出版

全书分为上、下篇两部分。上篇主要探讨职业教育的基本理论，从学科发展、本质探究、价值分析、体系与制度构建、课程开发、管理内容与模式以及发展观念与策略等方面进行了理论研究和探索；下篇对中国现代职业教育的实践，特别对改革开放以来，职业教育在中国特色社会主义建设事业进程中所取得的成就和经验教训进行了全面、系统的梳理和总结，为发展与完善中国特色职业教育事业提供了重要的理论与事实依据。本书博采众长，可作为职业技术教育学专业的本科生、研究生、博士生的教材，适合政府和事业单位的职业教育管理人员、研究机构和学校的教学科研人员以及对职业教育感兴趣的人阅读。

黄尧，男，籍贯福建省罗源县，汉族。现任国务院参事、教育部副总督学、教育部职业教育与成人教育司司长兼任教育部职业技术教育中心研究所所长，是职业教育学专家。从1974年8月以来，先后从事教育计划统计、财务管理、政策法规、成人教育、职业教育的管理工作，参与了国家教育宏观决策和教育法规的研究，参与了中共中央、国务院颁布的《中国教育改革和发展纲要》和全国人大通过的《中华人民共和国教育法》以及教育有关文件的起草工作，先后发表了100多篇论文，撰写或主编了十几部学术论著，先后主持多项国家级、部委级教育科学重点课题研究工作。

《世界一流大学的形成与发展》（著作）

北京师范大学　王英杰　刘宝存

山西教育出版社　2008年1月出版

该书是全国哲学社会科学“十五”规划国家重点项目“世界一流大学的形成和发展研究”的成果之一。全书对美国、法国、英国、德国和印度等国家的11所世界一流大学的发展历程、办学理念、发展模式和特色进行了深入的研究；同时对影响世界一流大学形成与发展过程的一些重要因素进行了专题研究，主要包括政府科研政策、中介机构、大学校长、教师管理制度、教师参与管理、教师文化、战略规划、筹资、本科生培养模式和课程体系等。在院校个案研究和专题研究的基础之上，该书得出结论：世界一流大学的形成与发展体现了共性与个性的统一；它们都遵循着一些共同的大学理念，将大学视为学者社团、探索和传播普遍和高深学问的场所、独立思想和批判的中心、社会发展的动力站和统一的有机体；都以各自不同的方式承担着培养人才、发展科学和服务社会这三大职能；在学科设置、教师队伍建设、人才培养、科学研究、社会服务、国际化、办学理念、管理机制等方面具有相似的基本特征，同时也具有各自鲜明的个性，遵循着不同的发展道路。

总览全书，有三个突出特点：

（1）在研究的问题取向上，该书侧重于深入探讨世界一流大学形成和发展的动态过程，总结了影响世界一流大学形成与发展的关键因素。

（2）在研究方法的选择上，采用院校个案研究这一核心方法，深入分析这些世界一流大学的发展道路和办学特色，使之形象更为饱满，也更具借鉴价值。

（3）在研究对象的选取上，该书不仅以美国、英国、德国和法国这些具有代表性的一流大学为例来阐释问题，同时也选择了印度理工学院这一来自发展中国家的世界知名大学，对于我国建设世界一流大学也具有一定的借鉴意义。

王英杰，男，1945年11月生，山东莱州人，北京师范大学教授、博士生导师。现任国务院学位委员会教育学科评审组召集人、联合国教科文教育研究所（汉堡）管理理事会候补理事、全国教育科学规划比较教育组成员、中华美国学会理事、全国比较教育研究会副理事长、全国高等教育教学研究会常务理事、全国高等教育自学考试指导委员会委员、北京师范大学学术委员会副主任等，曾任北京师范大学副校长兼汉语教育学院院长、澳门大学教育学院院长、北师大外国教育研究所所长等职。主要从事比较教育、高等教育、基础教育、美国教育。主持了包括国家级、省部级重点课题等各类研究项目十多项，出版了《教育大辞典》（比较教育卷，副主编）、《美国高等教育的发展与改革》、《亚洲发展中国家的义务教育》等多部著作。其著作《亚洲发展中国家的义务教育》获1999年全国第二届教育科学优秀成果一等奖。

刘宝存，男，汉族，1964年7月生，山东菏泽人。北京师范大学教育学部教授、博士生导师，现任国际比较与教育研究院院长、教育部重点研究基地比较教育研究中心主任等职。长期从事比较教育研究，主持了包括全国教育科学“十五”规划国家一般课题、教育部高等教育专题研究项目等国家级、省部级课题多项。出版了《美国研究型大学本科生教育重建》《世界一流大学的形成与发展》《国际视野中的大学创新教育》《大学理念的传统与变革》等多部著作。在《比较教育研究》《教育科学》等期刊上发表论文近百篇。入选教育部2007年新世纪人才支持计划。

（北京师范大学社科处刘娜供稿）

中央民族大学

成果名称	负责人	奖项名称	颁奖单位	成果形式	获奖等级
关于中亚维吾尔人的调查报告	丁　宏等	2010年度全国民委系统调研报告奖	国家民委	调研报告	一等奖

续表

成果名称	负责人	奖项名称	颁奖单位	成果形式	获奖等级
拉萨“3·14”事件对藏区社会和谐稳定的影响调查	熊坤新	2010年度全国民委系统调研报告奖	国家民委	调研报告	二等奖
牧区特困问题的成因与对策调研报告	余梓东	2010年度全国民委系统调研报告奖	国家民委	调研报告	三等奖
关于新疆资源税改革与民族自治地方税收收益权的调研报告	王玉玲	2010年度全国民委系统调研报告奖	国家民委	调研报告	三等奖
城市化背景下多民族国情及民族政策认知状况调查	潘　蛟	2010年度全国民委系统调研报告奖	国家民委	调研报告	三等奖
民族传统体育个人和集体项目对少数民族大学生心境影响的比较研究	侯会生等	第九届全国少数民族传统体育运动会科学论文报告会奖	国家民委、国家体育总局	论文	一等奖
二十一世纪中国少数民族传统体育发展前景展望	赵昌毅等	第九届全国少数民族传统体育运动会科学论文报告会奖	国家民委、国家体育总局	论文	二等奖
西南少数民族武术独特遗存形态与文化现象阐析	张延庆	第九届全国少数民族传统体育运动会科学论文报告会奖	国家民委、国家体育总局	论文	优秀奖
民族教育理论与政策研究	滕星等	第四届全国教育科学研究优秀成果奖	教育部	著作	一等奖
论人类学取向民族地区教育研究方法论之革新：经典文化概念的局限及其克服	常永才	第四届全国教育科学研究优秀成果奖	教育部	论文	三等奖

（中央民族大学科研处供稿）

一等奖成果简介

《民族教育理论与政策研究》（著作）

中央民族大学　滕星　王铁志（主编）

民族出版社　2009年5月出版

该书结合21世纪的时代特点，运用跨学科的思维和实地调查的严谨方法，重点深入探讨新时期民族教育的基本理论与政策问题，在阐述民族教育理论和梳理中国民族教育政策历史脉络的基础上，应用民族教育理论对民族教育、民族教育政策以及管理存在的典型性现象和问题进行了分析和阐释，具有理论性、学术性、系统性，这有助于丰富和深化我国民族教育理论的内容。本书坚持以马克思主义民族理论为指导，立足于中国民族教育实际，突出以中国的经验和理论来探究民族教育理论和政策，力图实现中国民族教育理论和政策研究的本土化；同时，积极吸收和借鉴国外的民族教育理论与政策的相关研究成果，在此基础上开展适合中国国情的少数民族教育理论与政策的系统研究。

该书不仅具有较高的学术价值，也具有重要的实践意义和现实针对性。一方面可以为民族教育的发展提供强有力的理论指导与制度保障；另一方面也可以为国家及有关部门采取切实有效的措施发展民族教育提供重要参考依据，有助于为实现民族教育在21世纪初的跨越式发展提供智力支持。

滕星，男，浙江绍兴人，1953年12月生，汉族，中共党员，博士，中央民族大学二级教授，中央民族大学教育学院博士研究生导师，中央民族大学国家“985工程”中国少数民族教育研究创新基地教育人类学研究中心主任。主要从事教育人类学、民族教育学、多元文化教育研究，先后发表论文100多篇，出版著作（含合著、主编）40多部，主持国内外重要课题20多项，研究成果《民族教育理论与政策研究》《文化变迁与双语教育——凉山彝族社区教育人类学的田野工作与文本撰述》《民族教育学通论》等先后荣获全国教育科学研究优秀成果奖一等奖、中国高校人文社会科学优秀成果奖二等奖、国家民委社会科学研究优秀成果奖二等奖、北京市哲学社会科学研究优秀成果奖二等奖等多项荣誉。

《关于中亚维吾尔人的调查报告》（调研报告）

中央民族大学　丁宏　臧颖　马亮

本报告主要内容包括国内外对于中亚维吾尔人

研究的基本情况；维吾尔人移民中亚的过程及动因；中亚维吾尔人的文化适应、认同意识、文化传承；中亚国家的民族政策及维吾尔人的生存现状；新疆“7·5事件”之后中亚维吾尔民众及社会的反应；中亚维吾尔人对中国新疆民族政策的误读等。

国外维吾尔人主要生活在哈萨克斯坦、吉尔吉斯斯坦和乌兹别克斯坦。其中哈萨克斯坦约占中亚维吾尔人口的70%。目前学界有关中亚维吾尔人的研究成果相对较少，特别是建立在实地考察基础上的成果更少。本报告在实地调查基础上完成，其资料来源有四个方面：实地访谈、当地最新的报刊资料、网站信息及历史文献记载，可靠性强，论证有说服力。本报告可以作为了解中亚维吾尔人生活、社会状况的最新成果，特别是从中可以了解中国、中亚维吾尔人之间的历史文化联系、现实差别及中亚维吾尔人对待历史故国——中国的态度，这也是本报告的现实目标所在，即为充分发挥跨国界民族的优势、为制定边疆稳定政策提供最新的调研成果。从学术意义上讲，本报告有关中亚维吾尔人认同方面的研究以当地人描述为主，并结合民族学人类学学科理论的阐释，具有创新性。

丁宏，女，内蒙古赤峰市人，中央民族大学民族学与社会学学院教授、院长。主要从事民族、宗教文化研究，代表作有《东干文化研究》《中亚五国民族文化综论》《俄罗斯对中亚民族发展的影响》《北极民族学考察笔记》等。

《民族传统体育个人和集体项目对少数民族大学生心境状况影响的比较研究》（论文）

中央民族大学　侯会生等

《第九届全国少数民族传统体育运动会民族体育科学论文报告会获奖论文集》　2011年8月出版

选取武术套路、高脚马两个个人项目和抢花炮、珍珠球两个集体项目，在中央民族大学随机抽取少数民族大学生120名，通过实验法探讨其对少数民族大学生心境产生的影响，以及不同项目对心境改善存在的差异，为通过运动处方提高少数民族大学生心理健康水平提供理论和方法指导，同时为总结和推广运动手段干预对大学生心理健康影响的宝贵经验，提高我国大学生心理健康水平提供新方法和新思路。主要结论：（1）体育锻炼对少数民族大学生的心境具有积极影响。（2）不同体育锻炼项目对少数民族大学生心境状况的影响呈现出不同的特点，集体项目的锻炼价值高于个人项目。（3）不同项目对心境各维度的影响效果存在一定的差异，这与项目特点有密切关系。主要建议：（1）要充分发挥体育锻炼对少数民族大学生心境状况改善的良好效果，加强学校体育工作的开展。（2）在体育课程设置、课外业余竞赛的项目设置方面应多设置集体项目课程和竞赛项目。（3）要全面调查和分析学生的心境状况，以便针对性地选择不同的体育锻炼项目改善其心境状况。

侯会生，男，山西岚县人，1976年2月19日出生。2006年进入中央民族大学体育学院工作，2008年晋升为副教授，主要从事足球教学工作以及足球教学与训练、足球职业化等方面的研究工作。主持和参与国家社科项目2项，省部级课题5项，出版著作3本，发表论文22篇，获省部级奖励两次。2010年入选教育部“新世纪优秀人才支持计划”。曾以国内技术官员身份参加2007年第五届女足世界杯和北京奥运会的竞赛组织工作。

（中央民族大学科研处供稿）

中国政法大学

成果名称	获奖作者	奖项名称	颁奖单位	成果形式	获奖等级
我国《体育法》修改的若干问题研究	王小平	国家体育总局体育哲学社会科学优秀成果奖	国家体育总局	咨询报告	一等奖
体育博彩的法律保障比较研究	马宏俊	国家体育总局体育哲学社会科学优秀成果奖	国家体育总局	专著	二等奖

一等奖成果简介

《我国〈体育法〉修改的若干问题研究》（咨询报告）

中国政法大学体育教学部　王小平

该研究成果从我国体育发展的现状出发，针对《体育法》中存在的主要问题，利用文献资料法、问卷调查法、逻辑分析法，比较法学的理论以及专家座谈讨论的方法，在借鉴国外体育发达国家有关体育法修改的成功经验的基础上，提出了我国体育法修改的意见。

1.《体育法》总体框架修改，体育法调整对象应予以明确，体育管理体制中起重要作用的“举国体制”应适应体育市场发展和时代变化的需要。

2.《体育法》的修改应以《宪法》为指导，充分体现人民主权和人权保障的宪法原则，使体育法成为人民体育权利实现的法。

3.本课题从体育组织机构与职责、体育社会团体、全民健身、竞技体育、体育产业、体育纠纷解决以及法律责任等七个分主题进行阐述，从立法指导思想、立法技术、手段等方面分析论证，提出了修改的必要性和具体的修改意见，为立法机关修改《体育法》提供理论上的参考。

该研究成果的重点部分发表在《国家体育总局体育哲学社会科学研究2008年成果汇编》上，2011年6月由人民体育出版社正式出版发行。

王小平，男，1959年9月出生，山西省人，1982年毕业于北京体育大学排球专业，1982年1月—1988年6月在武汉测绘科技大学（现武汉大学）工作，1988年6月至今在中国政法大学体育教学部工作，先后担任体育教学部副主任、主任，直属党支部书记。2002年，成立了中国政法大学体育法研究中心，担任常务副主任。2006年开始招收体育法研究生，并担任体育法硕士研究生导师。2005年9月晋升为教授。先后在国内外重要刊物上发表论文20多篇；主编体育教学与体育法方面教材、著作6部；主办与组织了4次重大国际和国内的体育法研讨会。

（中国政法大学科研处刘璐供稿）

对外经济贸易大学

2011年省部级科研项目获奖情况

成果名称	主要作者	奖项名称	颁奖单位	成果形式	获奖等级
我国外贸企业出口技能的识别与排序	林桂军 等	全国商务发展研究成果奖	商务部	著作	三等奖
WTO主要成员贸易政策体系与对策研究	张汉林 等	全国商务发展研究成果奖	商务部	著作	三等奖
欧盟贸易政策体系与互利共赢的中欧经贸关系	李计广	全国商务发展研究成果奖	商务部	著作	优秀奖
中国企业研发国际化：动因，结构和趋势	杨震宁 等	全国商务发展研究成果奖	商务部	论文	二等奖
国际碳关税发展趋势析论	蓝庆新	全国商务发展研究成果奖	商务部	论文	二等奖
碳关税及我国的应对策略研究	马其家	全国商务发展研究成果奖	商务部	论文	三等奖
WTO体制下文化政策措施的困境与出路——基于“中美出版物和视听产品案”的思考	陈卫东 石静霞	全国商务发展研究成果奖	商务部	论文	三等奖
后危机时代中国服务外包产业发展的机遇、挑战及路径选择	姜荣春 刘绍坚	全国商务发展研究成果奖	商务部	论文	优秀奖
航空物流与国际贸易的关系：基于中国的实证研究	储昭昉 王　强	全国商务发展研究成果奖	商务部	论文	优秀奖
中国外资流入与外贸发展关系研究	庄　芮 等	全国商务发展研究成果奖	商务部	研究报告	优秀奖

（对外经济贸易大学科研处供稿）

中国传媒大学

成果名称	主要作者	奖项名称	颁奖单位	成果形式	获奖等级
文科硕、博研究生培养教育系列研究	柯惠新、薛永斌、许存良、张冬梅、黄可、王辉	第四届全国教育科学研究优秀成果奖	教育部	研究报告	三等奖

（中国传媒大学文科科研处供稿）

北京科技大学

成果名称	主要作者	奖项名称	颁奖单位	成果形式	获奖等级
北京市轨道交通运营安全管理问题研究	张　群	2011年度中国科协优秀调研报告	中国科学技术协会	研究、咨询报告	二等奖

（北京科技大学科学研究与发展部供稿）

首都师范大学

成果名称	主要作者	奖项名称	颁奖单位	成果形式	获奖等级
义务教育均衡发展的三重意蕴及其超越性	刘新成、苏尚锋	第四届全国教育科学研究优秀成果奖	教育部	论文	二等奖
北京市中小学生思想道德发展评价指标体系的研制与跟踪测评	蓝维、廖凤林、田国秀、陈宁、关国珍、杨启华	第四届全国教育科学研究优秀成果奖	教育部	研究报告	二等奖
学校变革中的校长领导力	张爽、孟繁华	第四届全国教育科学研究优秀成果奖	教育部	著作	二等奖
重新理解教育——来自教师发展学校的报告	宁虹、蔡春、朱晓宏、王志江、赖力敏	第四届全国教育科学研究优秀成果奖	教育部	著作	三等奖
百年中国教科书图说（1897—1949）及百年中国教科书图说（1949—2009）	石鸥、吴小鸥、刘丽群、方成智、段发明、石玉	第四届全国教育科学研究优秀成果奖	教育部	著作	三等奖
儿童的成长：另一种记忆——学校道德氛围的改造与重建	朱晓宏	第四届全国教育科学研究优秀成果奖	教育部	著作	三等奖
生命德育论	刘　慧	第四届全国教育科学研究优秀成果奖	教育部	著作	三等奖
False belief understanding：Children catch it from classmates of different ages	王异芳、苏彦捷	第四届全国教育科学研究优秀成果奖	教育部	论文	三等奖
中国城镇学生教育补习研究	薛海平、丁小浩	第四届全国教育科学研究优秀成果奖	教育部	论文	三等奖
中国高等教育治理：现实还是理想？	陈正华	第四届全国教育科学研究优秀成果奖	教育部	论文	三等奖

（首都师范大学社科处黄胤英供稿）

首都经济贸易大学

成果名称	奖项名称	颁奖单位	成果形式	所属单位	第一完成人
公共服务视角下的城市社区社会组织发展研究	中国社会组织建设与管理理论研究部级课题二等奖	民政部	研究或咨询报告	财政税务学院	蔡秀云

（首都经济贸易大学科研处供稿）

北京工业大学

项目名称	负责人	颁奖单位	成果形式	奖项名称
钢铁工业生态化管理	李京文	北京市人民政府	专著	北京市科学技术奖（其他奖）
扩大全球油气资源合作发展规划研究	穆献中	北京市人民政府	专著	北京市科学技术奖（三等奖）

（北京工业大学科技处张爱民供稿）

首都体育学院

成果名称	主要作者	奖项名称	颁奖单位	成果形式	获奖等级
北京承办2008年奥运会与首都普通高校体育发展的研究	于振峰	教育部全国教育科学研究优秀成果奖	教育部	专著	三等奖
改革开放30年的中国体育科技与教育	王凯珍	国家体育总局体育哲学社会科学“十一五”优秀成果奖	国家体育总局	编著	一等奖
改革开放30年的中国青少年体育	周登嵩	国家体育总局体育哲学社会科学“十一五”优秀成果奖	国家体育总局	编著	一等奖
体育竞技伤害的法律分析	韩　勇	国家体育总局体育哲学社会科学“十一五”优秀成果奖	国家体育总局	研究报告	一等奖
对我国体育经济类科研成果的回顾与展望	杨铁黎	国家体育总局体育哲学社会科学“十一五”优秀成果奖	国家体育总局	论文	三等奖

一等奖成果简介

《改革开放30年的中国体育科技与教育》（编著）

首都体育学院　王凯珍

“改革开放30年的中国体育科技与教育”由首都体育学院王凯珍教授主持完成。该研究是国家体育总局立项的“改革开放30年的中国体育”科研项目中的11个课题之一。“改革开放30年的中国体育科技与教育”主要采用文献研究、专家座谈等方法，在收集、整理30年来我国体育行业内体育科技、体育教育、反兴奋剂工作等方面史料的基础上，全面、客观研究分析了30年来体育科技、教育等方面所取得的主要成就和经验。主要内容如下：

1. 体育科技30年：从体育科技管理体制改革、体育学术交流、体育科技成果推广、体育科技开发与服务等四个方面系统总结了30年来的中国体育科技的发展。2. 体育教育30年：首先从体育院校的发展和运动员文化教育两个方向总结了30年来我国体育教育事业的发展进步；其次从教练员、体育管理干部培训制度的建立与实施，以及其他各类体育人才的教育培训三个方面总结了体育继续教育体系的形成与发展。3. 兴奋剂检控与反兴奋剂教育30年：从反兴奋剂法制建设、反兴奋剂组织监控体制完善、兴奋剂检查与控制、反兴奋剂宣传教育与研究、兴奋剂检测机构建设、反兴奋剂综合治理等方面全面总结了30年来我国反兴奋剂工作所取得的成绩。

王凯珍，女，教授，教育学博士，博士生导师，我国体育学科首篇教育部“全国优秀博士学位论文”获得者，国家体育总局高层次体育学术技术人才。现任首都体育学院副院长、兼任国家社科基金学科评审组专家，国家体育总局全国体育发展战略研究会委员，教育部全国高等体育教育教学指导委员会委员，中国教育学会体育与卫生分会和中国高等教育学会体育专业委员会副理事长，中国体育科学学会体育社会科学分会副主任委员，北京体育科学学会副理事长兼体育社会科学分会主任委员，北京市社区体育协会主席。

多年来从事社会体育和体育教育研究，共主持和参与国家级重点和一般科研项目7项、省部级科研项目10余项，出版教材和著作6部，获得省部级以上科研成果奖8项。

《改革开放30年的中国青少年体育》（编著）

首都体育学院　周登嵩

“改革开放30年的中国青少年体育”是由国家体育总局主编的《改革开放30年的中国体育》一书的一部分，该书列为新闻出版社总署纪念改革开放30周年百部重点图书之一，由人民体育出版社2008年12月出版。

改革开放30年来，是中国体育实现大发展、大跨越的30年，在党和政府的亲切关怀和坚强领导下，中国青少年学校体育也得到了蓬勃发展，取得了巨大成就。“改革开放30年的中国青少年体育”，主要从涉及青少年体育有关的体育制度如《国家体育锻炼标准》《全民健身计划纲要》《国民体质测定标准》《广播体操制度》《学校体育工作条例》《业余运动员技术等级标准》；学校体育场馆向社会开放工作（2006年8月起在国家体育总局和教育部领导的推动下，在全国27个省区开展两批300多所试点学校开展试点工作）；学校体育工作：主要从体育总局参与推进的大课间体育活动、全国亿万学生体育运动、竞技体育后备人才系统培养、学校奥林匹克教育、体育户外活动营、青少年体育俱乐部等几个方面，进行了交流总结和经验概括。其中包括了大量珍贵数据和典型材料图片。

周登嵩，男，1949年5月生，汉族，现为首都体育学院学校体育学二级教授，博士生导师，硕士生导师；2001年获国务院颁发“政府特殊津贴专家”称号；2009年获北京市第五届高校教学名师奖。30多年来已指导毕业的学校体育学方向硕士研究生达70余人，博士研究生30余人。

近10多年来，发表学术论文6篇，出版教材专著共20本。先后主持完成了15项部委级、国家级科研项目。获国家部委级科技进步奖、教学成果奖、哲社优秀成果奖5项。近10年来，担任国家体育总局教育部四个专家委员会的专家成员，受聘担任全国18所体育院校的兼职、客座教授。

《体育竞技伤害的法律分析》（研究报告）

首都体育学院　韩　勇

体育活动蕴含着伤害的风险，体育伤害是体育运动的副产品。“场上发生的问题场上解决”这一观念已被司法介入打破，体育伤害可能会构成民事上的侵权，甚至刑事上的犯罪。然而，一些问题仍然存在着争议：司法是否应介入场上伤害纠纷？法律对体育伤害的规制是否是公平效率的？作为一种特殊的社会现象，在体育环境中如何判断什么是侵权行为？体育中的注意标准如何根据项目、场上比赛情况、比赛性质、参与者情况的不同来确定？体育参与者甘冒体育中什么样的风险？体育伤害免责条款的效力问题？本研究通过案例分析，通过对以美国为代表的英美法国家和以德国为代表的大陆法国家的理论和司法实践的分析借鉴，力求紧紧抓住体育竞技的特殊性和法律的普适性，以保护受害人合法权益和体育运动可持续发展的平衡为原则，对体育伤害侵权的归责原则、责任构成、抗辩事由、损害赔偿等体育伤害侵权法律重要问题进行深入研究和论证。并对具有代表性的体育伤害类型：违反安全保障义务的体育伤害、竞技体育运动员间的体育伤害、学校体育伤害等分别加以分析。

韩勇，女，辽宁大连人，1997年辽宁大学法律系法学专业本科毕业，现为首都体育学院副教授，是国内体育法领域具有一定学术影响力的青年学者。出版专著《中国足球俱乐部内幕》《体育与法律——体育纠纷案例评析》《体育法的理论与实践》，并译有《娱乐体育管理》一书。发表学术论文40余篇，参编教材4部。主持国家社科基金、国家体育总局、北京市教委等课题10余项。目前主要研究领域为体育中的民商法问题。社会兼职有：中国法学会体育法学研究会理事、北京市法学会体育法学与奥林匹克法律事务研究会副秘书长、国家体育总局反兴奋剂中心听证委员会委员、《中华人民共和国体育法》修改小组主要成员。

（首都体育学院科研处刘沛供稿）

中国青年政治学院

成果名称	主要作者	奖项名称	颁奖单位	成果形式	获奖等级
电视剧《潜伏》的节奏分析	王怡琳	第二届飞天电视剧论文评选评论类	国家广播电影电视总局中国电视艺术委员会	论文	三等奖

（中国青年政治学院科研处供稿）

国家发展和改革委员会宏观经济研究院

2010 年度国家发展和改革委员会优秀成果奖

成果名称	主要完成人	主要完成单位	获奖等级
中国2050年低碳发展之路：能源需求暨碳排放情景分析	戴彦德等	能源研究所	二等奖
“十二五”时期扩大消费需求的思想和对策研究	俞建国等	经济研究所	三等奖
地方政府融资研究	刘立平等	投资研究所	三等奖
“十二五”时期我国产业结构调整战略和对策研究	王岳平等	产业经济与技术经济研究所	三等奖
我国区域能源协调发展战略研究	王一鸣等	宏观经济研究院	三等奖
“十二五”时期经济体制改革总体思路研究	聂高民等	经济体制与管理研究所	三等奖
“十二五”时期投资规模和重点研究	程　选等	投资研究所	三等奖
我国水资源费征收标准问题研究	曹长庆等	国家发改委价格司、经济体制与管理研究所	三等奖

（国家发展和改革委员会宏观经济研究院丁刚供稿）

北京市档案局

获省部级优秀科技成果奖励项目

项目名称	负责人	颁奖单位	成果形式	获奖等级
北京市档案工作者教育培训网建设与实施研究	马素萍 薛四新	国家档案局	研究报告	三等奖

（北京市档案局科教处李海英供稿）

北京市工商行政管理学会

项目名称	负责人	获奖名称	颁奖单位	成果形式	获奖等级
科学推进北京市流通环节食品安全监管构建长效管理机制课题研究	罗文阁	优秀课题报告	国家工商总局	研究报告	一等奖

一等奖成果简介

《科学推进北京市流通环节食品安全监管构建长效管理机制课题研究》（研究报告）

北京市工商行政管理学会　罗文阁

该文为调研报告，国家工商总局将出版论文集。研究报告客观地总结了北京市食品安全管理的成果和经验，指出了食品安全监管存在的5个方面问题。在对北京市食品安全监管特点科学分析的基础上，提出了落实部门责任，管住源头，形成有效的食品安全防范机制；实行索证索票与标准标识《生产许可证》准入相结合的市场准入制度，提高市场准入管理的有效性；拓宽食品安全信息获取渠道，实现以食品安全信息归集为基础的针对性管理；实行不合格食品倒查制度；实行食品安全风险评估制度；

实现与质检部门商品条码信息共享，提高工商管理部门识别假冒商品的能力；通过有针对性地制定管理措施，寻求治本之策，实现规范一个行业或一种经营行为，构建长效管理机制；实现市场客体管理与市场主体管理结合，促进企业自律；加强技术手段的开发与应用，提高食品安全控制力；加强北京市食品安全立法，为食品安全管理提供有力依据和有效保障等10个方面的保障措施。研究报告为相关政府管理部门制定首都食品安全五年行动计划提供了理论支持。

（北京市工商行政管理学会左京生供稿）

·学术活动·

概　述

本栏目记述2011年度北京地区哲学社会科学各大学科的重要学术活动简况，包括国内与国际的理论研讨会、纪念座谈会、学术年会、论坛、学术报告会、选题策划会、学术讲座以及社科普及活动等学术活动。简要介绍的内容包括活动主题、主办协办单位、参与单位、主要出席人士、主要观点、主要成果等。这些学术活动反映了2011年首都哲学社会科学的总体发展状况。

马克思主义　科学社会主义

中国社会科学论坛——苏联解体20周年国际学术研讨会　4月28日，由中国社会科学院主办的“中国社会科学论坛——苏联解体20周年国际学术研讨会”在北京举行。来自俄罗斯、越南、乌克兰、美国、德国、保加利亚、加拿大、澳大利亚、墨西哥、日本等国家和国内50多个科研单位、高等院校共260多位专家学者与会。中国社科院常务副院长王伟光致辞；中国社会科学院副院长、世界社会主义研究中心主任李慎明、中联部副部长于洪君、原中组部部长张全景出席研讨会并讲话。与会学者围绕“苏联解体原因”“苏联解体后果”和“世界社会主义运动的前景展望”三个议题展开热烈讨论。

王伟光在致辞中指出，深刻认识苏联解体的原因及其对世界产生的影响，是振兴社会主义事业的前提。20年来，西方资本主义国家制造的局部战争连绵不断，贫富鸿沟日益增大，各类危机频繁爆发，西方政治制度没有解决世界面临的重大问题，科学社会主义仍旧是解决资本主义现存问题的切实可行的方案。

与会代表在研讨中认为，尽管苏联剧变有种种原因，但起决定性作用的因素是苏共本身的蜕化变质。如果现行社会主义国家能够吸取苏联解体的教训，并把马克思主义与本国的具体实践相结合，为人们提供一种在经济和政治上超越现行资本主义制度的可行性方案，相信在可预见的将来，社会主义就可以逐步实现伟大复兴。

此次研讨会由中国社会科学院的世界社会主义研究中心、马克思主义研究院、俄罗斯东欧中亚研究所、中国社会科学杂志社、世界历史研究所、政治学研究所、文献信息研究中心和中央党校国际战略研究所、北京大学中国与世界研究中心、中国人民大学马克思主义学院、当代世界杂志社、红旗文稿杂志社等12家单位联合承办。

（参见《光明日报》2011年4月28日第10版）

马克思主义中国化论坛·2011　6月8日，中共北京市委宣传部、北京市中国特色社会主义理论体系研究中心、北京市社会科学界联合会、北京大学马克思主义学院、清华大学马克思主义学院、中国人民大学马克思主义学院、北京师范大学马克思主义学院联合举办的“马克思主义中国化论坛·2011”，在中国人民大学逸夫会堂隆重举行。中共北京市委常委、宣传部长、副市长、北京市中国特色社会主义理论体系研究中心主任鲁炜出席论坛。

此次论坛由北京市中国特色社会主义理论体系研究中心办公室和中国人民大学中国特色社会主义理论体系研究中心承办，首都理论界多位专家学者围绕“中国共产党90年与马克思主义中国化”这一主题，深入研讨了中国共产党在革命、建设、改革过程中努力实现马克思主义中国化的基本历程和积累的主要经验。著名专家学者李捷、李忠杰、李君如、林泰等出席论坛。中国人民大学党委书记、中国人民大学中国特色社会主义理论体系研究中心主任程天权教授，中共北京市委宣传部副部长、市中国特色社会主义理论体系研究中心常务副主任傅华在论坛上致辞。论坛开幕式由市社科联党组书记、市中国特色社会主义理论体系研究中心常务副主任史秋秋主持，清华大学马克思主义学院院长、教育部人文社科重点研究基地清华大学高校德育研究中心主任艾四林，中国人民大学马克思主义学院院长、中国人民大学中国特色社会主义理论体系研究中心常务副主任秦宣分别主持了论坛专家发言与交流。

“马克思主义中国化论坛”是北京市中国特色社会主义理论体系研究中心举办的一个品牌论坛，自2006年起每年举办一届，今年是第六届。在过去五届论坛成功举办的基础上，市中国特色社会主义理论体系研究中心与北京大学、清华大学、中国人民大学和北京师范大学等单位自去年下半年以来在全国范围开展了以“中国共产党90年与马克思主义中国化”为主题的征文活动，陆续收到征文130多篇，内容涉及党的历史、党的理论创新和实践创新等各个方面，为本次论坛作了充分的准备。

程天权教授在论坛上回顾了中国共产党在90年中带领中国人民完成的三次历史性巨变，总结了中国共产党在革命、建设、改革中取得的辉煌成就，论述了中国共产党在90年中积累的宝贵经验，并结合世情、国情、党情的新变化提出了继续推进马克思主义中国化时代化大众化必须深入研究的主要理论和现实问题。

傅华同志在论坛上指出，中国共产党成立以来的历史，是为实现民族独立、人民解放和国家富强、人民幸福不懈奋斗的历史，是不断保持和发展党的先进性、不断经受住各种风险和挑战考验、不断发展壮大的历史，是不断推进马克思主义中国化并取得重大理论成果的历史。要通过学习和研究党的历史，特别是学习和研究马克思主义中国化的历史、党的理论创新史，不断深化对社会主义建设规律、党的建设规律、共产党执政规律和党的理论创新规律的认识。

与会的专家学者从历史与现实、理论与实际相结合的视角，对90年来中国共产党推进马克思主义中国化的相关问题进行了深入探讨。中共中央党史研究室副主任李忠杰教授，中共中央文献研究室副主任李捷教授，中共中央党校原副校长李君如教授，中国社会科学院马克思主义研究院辛向阳研究员，清华大学林泰教授，北京师范大学党委副书记、马克思主义学院院长王炳林教授，北京大学马克思主义学院院长郭建宁教授分别围绕“不断推进马克思主义中国化进程”“关于马克思主义中国化的文化现象”“马克思主义中国化与中国的政治制度”“中国奇迹的政治动因”“坚持和完善共产党领导的人民民主制度”“中国共产党的学习史”“中国共产党与马克思主义中国化时代化大众化”等问题作了大会发言。

大家指出，结合中国共产党成立以来90年的光辉历程研究马克思主义中国化问题具有十分重要的意义。我们不仅要善于学习和研究党的历史，总结党理论创新的历史经验，更重要的是要立足现实，面向未来，继续推进马克思主义的中国化时代化和大众化，不断开创马克思主义中国化的新境界。

在京的全国中国特色社会主义理论体系研究中心代表，北京大学、清华大学、中国人民大学、北京师范大学部分师生代表，论坛征文作者代表，首都社科理论单位的负责同志，部分专家学者和理论工作者等300余人参加了论坛。

（北京市中国特色社会主义理论体系研究中心办公室供稿）

马克思主义哲学与中国共产党90年理论研讨会
6月11日由中国辩证唯物主义研究会、中央党校哲学教研部、国防大学中国特色社会主义理论体系研究中心共同主办的“马克思主义哲学与中国共产党90年理论研讨会”，在国防大学举行。与会学者围绕“马克思主义哲学与中国共产党90年”这一主题，进行了深入研讨。

与会同志一致认为，马克思主义及其哲学是中国共产党走在时代前列、保持先进性的思想保证。中央党校哲学教研部许全兴教授说，中国共产党是靠马克思主义哲学发展壮大的。在建设学习型政党中，要进一步加强马克思主义哲学的中国化时代化大众化，提高党的理论修养和执政能力。中国社科院哲学所陈中立研究员认为，建设创新型国家的理论与实践，是当代中国共产党人对马克思主义哲学的运用和发展，是我们党永葆生命力的源泉。北京航空航天大学胡懋仁教授指出，加强学习马克思主义经典著作应成为加强党的理论素质建设的重要任务。

国防大学教育长夏兴有教授指出，马克思主义哲学传入中国以来，在改变人的精神面貌、引导社会发展进步、走向现代化方面发挥了巨大作用。国防大学马克思主义教研部副主任黄书进教授说，马克思主义哲学为巩固党的一元化指导思想下的文化多样奠定了理论基础。中央党校哲学教研部庞元正教授指出，提升我国现代化建设的科学水平，必须增强贯彻落实我们党提出的科学发展观的自觉性。

北京大学王东教授指出，面对当今时代，需要创造马克思主义哲学的现代新形态。21世纪的马克思主义哲学新形态至少要达到“七新”，即回答新问题、进行新对话、开掘新源头、创造新方法、丰富新内容、建构新体系、倡导新价值。中国政法大学李德顺教授提出，建构当代中国马克思主义哲学新的话语体系，勇敢承担起创新发展马克思主义哲学的使命和责任。

（参见《光明日报》2011年6月19日第7版）

《马克思主义哲学创新研究》丛书出版座谈会　9月中旬，北京市社科联、教育部社科中心、人民出版社、北京大学哲学系联合主办的“《马克思主义哲学创新研究》出版座谈会”在北京召开。

与会者指出，在新的时代条件下，进一步发挥马克思主义哲学在建设中国特色社会主义中的世界观和方法论功能，推动马克思主义哲学创新发展，具有重要的理论和实践意义。这要求马克思主义哲学对一系列新课题作出新回答。黄枬森等主编的《马克思主义哲学创新研究》丛书（人民出版社出版）从对时代的研究、对自然科学与社会科学的研究、对外国哲学与中国哲学发展的研究三个维度探寻马克思主义哲学的新内容，丰富了马克思主义哲学的内涵。这启示我们：坚持以发展着的马克思主义为指导，继承中国传统文化的精华，吸取人类文明发展的优秀成果，是实现马克思主义哲学创新发展的必由之路。

与会者提出，真正的哲学是时代精神的精华，而时代及其精神总是不断发展的，马克思主义哲学及其体系当然也会相应地不断发展。构建科学、完整、严密的马克思主义哲学体系，需要几代哲学家不懈努力。《马克思主义哲学创新研究》建构了由辩证唯物主义世界观、辩证唯物主义历史观、辩证唯物主义人学、辩证唯物主义认识论、辩证唯物主义价值论、辩证唯物主义方法论等组成的马克思主义哲学体系，对马克思主义哲学体系创新进行了有益探索。这启示我们：在新的起点上推动马克思主义哲学的创新发展，必须坚持解放思想、实事求是、与时俱进，以我们正在做的事情为中心，认真研究社会现实中的新问题，努力提出新见解、形成新认识、作出新概括。

（参见《人民日报》2011年9月20日第7版）

第八届全国马克思主义论坛　11月29日，为深入贯彻落实党的十七届六中全会精神，进一步推动马克思主义中国化、时代化、大众化，总结马克思主义中国化的基本经验和最新成果，加强全国马克思主义理论界的合作和交流，为期两天的“第八届全国马克思主义论坛”在北京举行。

此次论坛由中央编译局、光明日报社和北京大学联合主办，中央马克思主义理论研究和建设工程“马克思主义经典著作基本观点研究”课题组、中国马克思恩格斯研究会、中央编译局马克思主义研究部、北京大学哲学系、《马克思主义与现实》杂志社共同承办。参加论坛的理论学术界100多位专家学者，围绕“马克思主义在中国的传播”“马克思主义中国化的成果与经验”“中国化马克思主义与当代世界”“中国化马克思主义”等议题展开了深入研讨。

与会代表一致认为，中国共产党的90年是马克思主义中国化、时代化、大众化的90年，也是中国共产党运用中国化马克思主义带领全国人民进行革命、建设和改革的90年。在新的历史时期，马克思主义理论工作者应当刻苦钻研、深入探究，提高理论的现实阐释力，为我国马克思主义理论研究事业的整体进步奠定坚实基础，进一步坚定全国人民走中国特色社会主义道路的决心和信心。

（参见《光明日报》2011年11月30日第1版）

哲学与社会发展论坛·2011　12月4日由中央党校哲学部、社会发展研究中心等主办的“哲学与社会发展论坛·2011”在北京举行。论坛主题为：社会主义核心价值体系与当代中国社会发展。中央党校副校长陈宝生出席论坛。会上，八位知名学者做专题演讲。

中国社科院文学哲学学部副主任李景源说，核心价值体系是一个国家的立国价值和发展理念。党中央对社会主义核心价值体系从四个方面进行了论述，学术界分别以灵魂、支柱、精髓、基础来表达。作为当代中国的实践主题和理论主题，中国特色社会主义必然是价值体系的核心。中央党校哲学部副主任侯才阐述了中国现代性与价值观的重建。北京师范大学副校长韩震认为，和谐是具有特殊文化内涵和意义的价值观。中央党校马理部副主任韩庆祥提出，要从政治、学理、大众维度理解社会主义核心价值体系。中国人民大学郭湛教授指出，共同发展、共同富裕、共享文明、和谐共处，是社会主义核心价值体系的重要内容。中央党校阮青教授提出，核心价值观建设是社会发展的引导。北京大学丰子义教授强调，价值体系建设要注意民族主义思潮、文化相对主义思潮和后现代主义思潮的影响。中央党校靳凤林教授论述了社会可持续发展中的权力、资本、劳动三者关系。

（参见《光明日报》2011年12月5日第7版）

北京高校中国化马克思主义教学研究会2011年会　12月24日，由中国农业大学思想政治教育学院承办的“北京高校中国化马克思主义教学研究会2011年会”在中国农业大学召开。中国农业大学党委副书记、思政学院院长秦世成表示，本次年会在中国农业大学召开，将为中国农业大学进一步深化改革注入新的动力，也为更好地学习和借鉴兄弟院校的经验和做法提供了便利。

会上，教育部高校社会科学发展研究中心主任冯刚作了主题报告，并和与会代表共同探讨了对学习贯彻党的十七届六中全会精神的体会和对推进马克思主义中国化、时代化、大众化的认识。北京高校中国化马克思主义教学研究会会长陈占安教授也作了主题发言。

北京高校中国化马克思主义教学研究会、北京市委教育工委宣教处等领导以及100余名会员参加了年会。

（中国农业大学科学技术发展研究院王虹供稿）

哲学（含自然辩证法、逻辑学、伦理学、美学）

乾元国学新年论坛 1月15日，北京大学“乾元国学新年论坛”在北京大学英杰交流中心开幕，乾元国学在学和历届毕业的学员以及社会各界精英人士近400人参加论坛。此次新年论坛的主题是“深度·国学”，为期两天，共有七场主题演讲，特邀中国社会科学院荣誉学部委员余敦康先生，北京大学党委副书记于鸿君，北京大学法学院前院长朱苏力，北京大学校长助理李强，北京大学哲学系系主任王博，北京大学现象学研究中心主任、哲学系教授张祥龙，北京大学哲学系教授杨立华从政治、经济、法律、人文等视角，纵论东西方文明，深度挖掘国学与当代社会之意义。当前，国学热潮方兴未艾，“国学”从学者的书斋走向社会，反映了中华民族复兴的文化自觉和文化自信。作为国内第一个国学成人培训项目，乾元国学教室正是这场“国学热”兴起的推动力量之一。2005年，乾元国学教室的诞生，带动了社会上学习国学的风气，启发引领社会精英走向解惑的课堂，五年后的今天，国学热潮之下正宗传承与利益追逐相互交映，在功利主义和国学快餐化的挤压下，乾元国学又举起了“深度国学”的旗号——越是这种言必称国学的时候，越需要了解国学的内涵和外延，认识国学的价值和意义，唯有如此才能使国学在当今人类发挥其应有的启迪作用，而不至于使国学热流于形式。

（北京大学社会科学部供稿）

大道学术系列讲座：儒学中的普遍价值 3月25日，由北京大学哲学系、儒学研究院、《儒藏》编纂与研究中心共同主办的“大道学术系列讲座”正式开启，首场讲座由北京大学资深教授汤一介先生主讲，主题为“儒学中的普遍价值”。到场嘉宾有北京大学哲学系系主任、儒学研究院副院长王博教授，儒学研究院副院长李中华教授，儒学研究院院长助理杨立华教授。84岁高龄的汤一介先生是大道学术系列讲座的主要推动者之一。“大道之行，天下为公”本是儒家的社会理想，世界上不同的学说都有一种对理想社会的考虑，而最大的道理，就是关于宇宙人生最根本的道理。大道不仅仅局限在儒家，也可以讲道家、佛教、西方哲学、印度哲学、阿拉伯伊斯兰教的思想，这样更有利于不同文化间的沟通和对话。

（北京大学社会科学部供稿）

日本知名学者池田知久做客北京大学演讲：老子的根本思想 4月28日，日本知名汉学家池田知久先生在北京大学哲学系作了题为“老子的根本思想”的精彩演讲。本次学术讲座由北京大学国际汉学家研修基地和北京大学哲学系主办，北京大学哲学系王中江教授主持，系主任王博教授点评，并由清华大学曹峰教授协力翻译。参加讲座的有知名学者陈鼓应先生，北京大学哲学系张学智教授，以及其他北京大学校内外师生。池田先生参照大量出土文献和现存不同版本的《老子》，以翔实的材料来论证自己的观点。其演讲分为三个部分：第一，《老子》最根本的思想。第二，把握《老子》核心概念“道”的目的。第三，“复归”的思想与“道”自己的外化。在自由讨论阶段，陈鼓应先生首先作出回应，他对池田先生在学术研究中的严谨、刻苦精神表示敬佩，同时阐发了自己所坚持的“道家哲学主干说”，进而对池田先生的“退步史观”或“堕落史观”提出了疑义。陈先生承认池田先生对老子“治身”思想的发掘，但认为“治国”这一积极入世的特点在《老子》文本中也随处可见。随后，张学智教授和在座的同学也提出了很多富于启发意义的问题，池田教授一一做了解答，会场气氛活跃。此次讲演，展现出了两国学人对彼此间学术异见的尊重与不同思想的交锋碰撞，使与会者收获颇丰。

（北京大学社会科学部供稿）

人的尊严与生命伦理——2011年京师科学与人文论坛 7月4日，北京师范大学哲学与社会学学院在北京师范大学举办了“人的尊严与生命伦理——2011京师科学与人文论坛”。北京自然辩证法研究会秘书长、中国农业大学李建军教授，北京师范大学哲学与社会学学院副院长吴向东教授、科学与人文研究中心主任刘孝廷教授，清华大学曹南燕教授、蒋劲松副教授，中国人民大学林坚教授、科学与人文研究中心董春雨教授，在北京大学做访问学者的韩国延世大学的朴政淳教授，中国农业大学彭光华副教授，哲社学院以及其他院校的部分学生参加了此次活动。

乌德勒支大学伦理学教授Marcus Düwell应邀作了题为《人的尊严与生命伦理（Human Dignity and Bioethics）》的报告。Marcus Düwell的主要研究领域为道德的基础问题，与应用伦理学相关的道德理论以及政治哲学。本次报告以人的尊严与生命伦理为主题，主要讲述了三部分的内容，包括人的尊严的概念，人的尊严在生命伦理学中发挥作用的领域以及有关人的尊严的哲学争论。

（北京师范大学社会科学处刘娜供稿）

方立天教授从教50周年学术研讨会　9月17日，“锲而不舍，金石可镂——纪念方立天教授从教50周年研讨会”在中国人民大学举行。国内外高校学者、宗教界人士共200多人齐聚一堂，探讨这位佛教学家、中国哲学史家和宗教学家的学术成就和为师之道。中国人民大学党委书记程天权教授在致辞中代表学校向在教坛耕耘50年、为国家宗教事业建设和学校发展作出重大贡献的方立天教授表示衷心的祝贺和真挚的感谢，并回顾了方立天教授在半个世纪的岁月里秉承锲而不舍，金石可镂的精神，在教学和科研工作方面所取得的丰硕成绩。

方立天教授回顾了从1961年到2011年，在中国人民大学从事教学工作的50年。他1961年毕业于北京大学哲学系，分配到中国人民大学哲学系，工作至今。50年来，方立天教授潜心钻研、诲人不倦，成为国际知名的佛教学家、中国哲学史家和宗教学家。据不完全统计，迄今为止，方立天共发表著作17部，文章370余篇，其中《中国佛教与传统文化》《佛教哲学》《中国佛教哲学要义》等著述属于代表中国当代文化研究最高水平的著作，被翻译为英文、韩文、日文等文字出版；培养国内外博硕士研究生40余名；历任中国哲学史学会副会长、中国宗教学会副会长等职。

（中国人民大学科研处关晓斌供稿）

建筑伦理的理论与实践学术研讨会　12月24日，由北京市社会科学界联合会、北京市科学技术协会主办，北京伦理学会、北京土木建筑学会承办的“建筑伦理的理论与实践学术研讨会”在北京召开。北京市社科联党组副书记陈之昌、北京市科协副主席田文出席研讨会并分别致辞。来自首都社会科学界和自然科学界的专家学者50余人参加了研讨会。

研讨会上，中国建筑学会副理事长李先逵教授、北京工业大学建筑与城市规划学院副院长陈喆教授、北京建筑工程学院文法学院秦红岭教授分别以《从文化生态观看建筑伦理问题》《关于建筑伦理问题的几点认识》《建筑伦理研究的学理基础与趋势展望》为题作了主题报告，并与参加论坛的专家学者围绕“建筑伦理的理论与实践”这一主题进行了充分研讨。

陈之昌同志在致辞中指出，随着北京城市建设的飞速发展，如何从伦理角度分析建筑，认识建筑所反映的伦理现象与伦理意义？如何把建筑活动放到人类生命活动与存在意义高度去理解和阐述，揭示建筑与伦理的历史关联和内在逻辑？如何引导人们运用基本的伦理概念和准则去解决现实建筑中的问题？这些问题，都需要来自自然科学界和社会科学界的专家们进行深入的思考、研讨与解答。此次研讨会，来自两界的专家学者共同研讨建筑伦理，是在用实际行动贯彻党的十七届六中全会提出的推进社会主义文化大发展大繁荣的精神，必将促进建筑伦理的研究、普及和首都北京的城市文化建设。

（北京市社科联学术活动部供稿）

政治学（含思想政治工作、党建、统战）

纪念中国共产党建党90周年学术论坛　4月28日，中共北京市委党校、北京党建研究基地联合举办“纪念中国共产党建党90周年学术论坛”。中共中央党史研究室副主任李忠杰，中央党校党建教研部主任、博士生导师王长江应邀出席论坛。中共北京市委党校常务副校长王江渝主持论坛并讲话。中共北京市委党校校委委员、各教研部教师、各管理部门的处长（主任），北京党建研究基地的部分研究人员，北京市各委、区县、局（总公司）党校教研人员以及北京日报社和北京电视台数字党建频道编辑记者也应邀参加论坛。

李忠杰和王长江分别作了《党史工作的新形势新任务》《党的建设90年：继承什么？》的主题报告。李忠杰首先介绍了党史工作的新形势，随后阐释了党史工作的主要任务和有关举措，并提出了党史工作的基本要求。王长江在报告中指出，党的建设90年，应该继承中国共产党的使命感和责任心。只有依靠坚强的使命感和责任心，我们党才能面对困难知难而进、勇往直前，解决改革中出现的深层次、根本性问题。中共北京市委党校专家教授也分别从党的先进性与知识分子政策、多党合作制、李大钊《我的马克思主义观》的学术价值及历史地位、马克思主义的科学性、农村基层组织建设的路径分析、商务楼宇党建探索、社会管理、文化自觉等不同角度，围绕中国共产党建党90年作了精彩的发言。

（中共北京市委党校科研处供稿）

第二届中欧政党高层论坛　5月16日，由中国共产党主办的第二届“中欧政党高层论坛”在北京开幕。中共中央政治局常委、国家副主席习近平在人民大会堂会见了来华参加“第二届中欧政党高层论坛”的欧方政党领导人。

习近平首先代表中共中央对参加论坛的欧方政党领导人表示热烈欢迎。他说，建交30多年来，在双方共同努力下，中欧关系不断迈上新台阶并继续呈现出积极健康的发展态势。近年来，双方在政治、经贸、科技、教育、人文等领域的交流不断扩大，为中欧人民带来实实在在的好处。实践证明，只要双方从长远角度和战略高度看待中欧关系，尊重和照顾彼此核心利益和重大关切，不断加强战略沟通和协调，中欧合作就一定会取得更大发展。中共中央政治局委员、中央书记处书记、中宣部部长刘云山出席开幕式并发表了题为《把握机遇、深化合作、共创未来》的主旨讲话。

刘云山说，2010年5月，首届中欧政党高层论坛在北京成功举办，为促进中欧全面战略伙伴关系作出积极贡献。现在，国际形势继续发生深刻变化，国际金融危机后续影响仍在持续，中国和欧洲分别出台“十二五”规划与“欧洲2020战略”，这不仅关系到自身发展，也将对世界经济以至于全球经济治理产生重要影响。中欧政党领导人再次相聚北京，以“中欧合作的新机遇、新前景”为主题，就双方发展的理念思路、目标举措进行交流研讨，对增进互信共识、促进合作发展，具有重要意义。

刘云山指出，中国“十二五”规划与“欧洲2020战略”有许多共同之处，中欧存在诸多利益契合点，双方务实合作面临着新的机遇，有着广阔的发展前景。“十二五”时期是中国全面建设小康社会的关键时期，是深化改革、加快转变经济发展方式的攻坚时期。我们将始终坚持科学发展，更加注重以人为本，更加注重保障和改善民生，努力促进经济社会又好又快发展。我们将加快转变经济发展方式，把经济结构调整作为主攻方向，把科技进步和创新作为重要支撑，把建设资源节约型和环境友好型社会作为重要着力点，努力在发展中促转变、在转变中谋发展。我们将不断深化改革开放，坚定实施互利共赢开放战略，与国际社会共同应对全球性挑战、共享发展机遇。我们将全面推进党的建设，以优良党风凝聚党心民心，为推动科学发展、促进社会和谐提供有力保证。

刘云山强调，加强中欧政党对话，促进中欧全方位、多领域合作，是中欧各政党的共同使命。希望与会嘉宾坦诚交流探讨中欧开展务实合作的途径和办法，为促进中欧互利共赢、共同发展贡献智慧和力量。

中联部部长王家瑞，欧洲议会社会党党团主席舒尔茨，法国人民运动联盟副总书记诺维利，欧洲议会人民党党团代表、欧洲议会对华关系代表团副团长伊万诺娃，欧洲自由党副主席洛宁，欧洲议会绿党党团副主席彼蒂科费尔，捷克和摩拉维亚共产党主席菲利普等外方代表也先后致辞。他们均表示，此次论坛是欧中政党在新形势下一次重要的高层对话，为欧中政党领导人围绕欧中未来发展战略及双方务实合作进行深入交流提供了重要机会，必将对欧中政党交往和欧中关系的长远发展起到积极推动作用。

来自19个欧洲国家的31个政党，以及1个欧洲地区性政党和5个欧洲议会党团领导人出席论坛开幕式。论坛先后在北京、天津两地举办，期间还将举办企业家经贸洽谈会。

（参见《光明日报》2011年5月17日第3版）

纪念张学良将军诞辰110周年座谈会　5月19日，由张学良基金会主办的“纪念张学良将军诞辰110周年座谈会暨学术研讨会”在全国政协礼堂召开。全国政协副主席、民革中央常务副主席厉无畏出席座谈会并讲话。

厉无畏在讲话中指出，张学良将军的一生，给我们留下了丰厚的精神财富。我们要坚持他维护国家统一的政治方向。要发扬张学良毕生追求国家统一和民族振兴之精神，为进一步加强两岸交流合作，推动两岸关系和平发展，促进祖国和平统一作出应有的贡献。要坚持他的爱国主义信念，学习他忍辱负重、自我牺牲的精神。

（参见《人民日报》2011年5月20日第4版）

中国人文社科论坛·2011　5月28日，以“革命·建设·改革——中国共产党90年”为主题的“中国人文社科论坛·2011”在中国人民大学逸夫会堂举行。理论界、学术界长期从事中共党史研究和当代中国问题研究的专家学者汇聚一堂，对中国共产党成立90年来历史发展的基本脉络、基本特征和基本经验，以及在未来发展中所可能遇到的问题和挑战进行深入研讨。这是中国人民大学为纪念中国共产党成立90周年而举办的一项重要学术活动。中共中央政策研究室、中共中央文献研究室原主任、全国政协常委滕文生出席论坛开幕式，中国人民大学校长纪宝成出席论坛并作主题报告，中国人民大学副校长冯惠玲教授主持大会开幕式及主论坛。在《实事求是是党的生命线》主题报告中，纪宝成校长总结了中国共产党90年的奋斗历程和巨大成就，强调了实事求是的思想路线对中国共产党和中华民族的重要意义，并指出实事求是首先是指党性的问题，其次才是认识论和方法论的问题，并强调了坚持实事求是，走马克思主义中国化路线的重要意义。当天下午，论坛进行了主题为“新形势下的执政党建设”的专题学术讨论会，北京地区各高校和研究机构部分中共党史、党建研究专家重点发言和互动，进行深度研讨。

（中国人民大学科研处李素萍供稿）

中国共产党的建设国际研讨会　6月6—7日，由当代世界研究中心和美国乔治·华盛顿大学联合举办的“中国共产党的建设国际研讨会”在北京举行。

中联部部长、当代世界研究中心名誉理事长王家瑞出席研讨会开幕式并作主旨演讲。来自美国、欧洲、新加坡等学术界的知名学者以及相关中方学者出席研讨会。

研讨会期间，与会代表围绕“中国共产党建党90年来的理论和实践”“中国共产党的思想建设”“中国共产党的组织建设”等议题进行了深入坦诚的交流和探讨。双方一致认为，研讨会为促进中国与世界的相互了解与共同发展更好地搭建了平台和桥梁。外方专家表示，通过此次研讨会，进一步加深了对中国共产党的了解，增强了对中国在中国共产党领导下发展成就和道路的认识。

（参见《人民日报》2011年6月7日第3版）

纪念中国共产党成立90周年理论研讨会暨中国中共文献研究会年会　6月9日至10日，由中共中央文献研究室与中国中共文献研究会联合举办的“纪念中国共产党成立90周年理论研讨会暨中国中共文献研究会年会”在北京举行。全国人大常委会原副委员长、中国中共文献研究会名誉顾问王汉斌出席会议。中央文献研究室主任、中国中共文献研究会会长冷溶在会上作主旨发言。中国社会科学院常务副院长王伟光、中央党校副校长李书磊、中央党史研究室副主任曲青山先后在开幕式上致辞。中央文献研究室常务副主任、中国中共文献研究会副会长杨胜群主持会议。

研讨会上，来自全国各地的200多位专家学者，围绕中国共产党成立90周年的主题，深入总结中国共产党的光辉历史、丰功伟绩和重要经验，探讨了以毛泽东、邓小平、江泽民同志为核心的党的三代中央领导集体和以胡锦涛同志为总书记的党中央在治党治国治军实践中积累的宝贵思想财富，研讨了在新的历史起点上推进党和国家事业发展的重大理论和现实问题。

冷溶在主旨发言中说：回顾中国共产党90年的奋斗历程，可以深切地感受到，这90年是我们党带领人民不断取得革命、建设和改革伟大胜利的90年，是我们党不断推进马克思主义中国化的90年，也是我们党加强自身建设、不断发展壮大的90年。中国共产党建立的伟大功绩，书写了中国历史的辉煌篇章，也对人类社会发展进程产生重大影响。第一，中国共产党带领人民取得了民族独立和人民解放，建立了社会主义新中国，开创了中国特色社会主义道路，为实现中华民族的伟大复兴作出了巨大贡献。第二，中国共产党在一个世界东方大国里始终坚持和发展马克思主义，坚持和发展社会主义，为世界社会主义运动作出了巨大贡献。第三，中国共产党的领导使中国取得了举世瞩目的经济社会发展成就，为人类文明进步作出了巨大贡献。

他指出：中国共产党之所以能够带领全国人民取得革命、建设和改革的辉煌成就，能够在艰难复杂的环境中不断发展壮大起来，能够成为实现中华民族复兴的坚强领导核心，主要原因有三条：一是坚持理想和信念，始终具有崇高的历史责任感和使命感。二是坚持实事求是的思想路线，把马克思主义基本原理同中国具体实际相结合，坚定不移地走自己的路。三是坚持党的全心全意为人民服务的根本宗旨，始终贯彻党的群众路线。

研讨会开幕式上，还为获奖论文作者举行了隆重的颁奖仪式。本次研讨会通过征文共收到论文248篇，经专家评审后有146篇论文入选，其中38篇论文分获一、二、三等奖，8篇论文获青年奖。另有30篇特邀论文参会。以上入选论文和和特邀论文已结集为《中国共产党90年研究文集》，由中央文献出版社正式出版发行。论文集共3卷，220万字。

研讨会上，王伟光、逄先知、金冲及、徐崇温、梁柱、卫兴华、高放、包心鉴、任海泉、谢春涛、张宏志、孙业礼、张宁、何树平、李琦等15位专家学者作了大会发言。研讨会还分四个分会场进行了小组讨论，近百位学者在小组讨论上发言。

杨胜群在会议闭幕时作总结讲话。他说：这次研讨会主题集中，气氛活跃，讨论深入，取得了丰硕而重要的学术成果。这些学术成果集中体现在对下面几个问题的研讨上：一、中国共产党成立的伟大意义和90年来作出的历史贡献及基本经验。二、中国共产党推进马克思主义中国化、时代化、大众化的理论与实践。三、加强和改进党的建设的经验与启示。四、党的三代中央领导集体和以胡锦涛为总书记的党中央在不同历史时期思想理论上的卓越建树。

（中央文献研究室胡昌勇供稿）

全国企业党建创新论坛　6月20日，“建党90周年全国企业党建创新论坛暨全国企业党建工作先进单位和全国企业优秀党委书记表彰大会”今天在北京举行。与会代表结合“创优争先”活动，围绕“十二五”规划目标任务，以推动科学发展、促进社会和谐、服务人民群众为主题，积极探索新时期企业党建工作的新思路、新方法和新途径，表示党建工作是企业核心竞争力的有机组成部分，是实现企业科学发展的关键因素。站在新的起点上，企业必须加强党建创新，促进企业科学发展，为“十二五”规划开好局、起好步起到积极作用。本次论坛由中共中央党校主管的中国领导科学研究会等单位举办，有关部门负责同志和国内知名党建学者、部分企业代表等出席了活动。

（参见《光明日报》2011年6月21日第4版）

纪念中国共产党成立90周年党建研讨会　6月20日，中共中央组织部、全国党建研究会在北京召开“纪念中国共产党成立90周年党建研讨会”。中共中央政治局常委、中央书记处书记、国家副主席习近平出席会议并讲话。他强调，中国共产党90年来所以能够不断发展壮大，所以能够带领人民创造举世瞩目的伟业，一个根本原因，就在于始终坚持科学理论的指导，坚持把马克思主义基本原理同中国革命、建设、改革的具体实际相结合，不断推进马克思主义中国化，实现了党的指导思想和基本理论的与时俱进。

习近平强调，90年前中国共产党的成立，是掀开中国历史崭新篇章的伟大事件。90年来，我们党紧紧团结和依靠全国各族人民，建立了人民当家做主的新中国，确立了社会主义基本制度，开创了中国特色社会主义道路，从根本上改变了中国人民的前途命运，决定了中国历史发展的正确方向，在世界上产生了广泛而深刻的影响。没有共产党，就没有新中国；有了共产党，中国的面貌就焕然一新。这是中国人民从长期奋斗中得出的最重要最基本的结论。

习近平强调，党的指导思想和基本理论与时俱进的历史进程启示我们，推进马克思主义中国化，一定要以科学态度对待马克思主义，正确处理坚持和发展、一脉相承和与时俱进的辩证统一关系；一定要胸怀共产主义远大理想，坚持以我们正在做的事情为中心，充分尊重人民群众的伟大实践和创造；一定要以宽广的眼光密切观察世界局势的发展变化，积极借鉴吸收人类文明一切优秀成果；一定要坚持不懈地用党的理论创新成果武装党员干部头脑，不断提高全党的思想理论水来。

中共中央政治局委员、中央书记处书记、中央组织部部长李源潮主持会议。

中央和国家机关有关部门负责同志，各省区市、副省级城市和新疆生产建设兵团有关负责同志，部分国有重要骨干企业和高校负责同志，全国党建研究工作者等共300多人参加会议。

（参见《人民日报》2011年6月21日第1版）

反腐倡廉建设理论研讨会　6月26日，全国纪检监察系统“纪念中国共产党成立90周年表彰大会暨反腐倡廉建设理论研讨会”在北京召开。中共中央政治局常委、中央纪委书记贺国强出席会议并讲话。他强调，要坚持和运用90年来特别是改革开放以来反腐倡廉建设积累的宝贵经验，认清形势、明确任务，科学谋划、狠抓落实，以改革创新精神推进反腐倡廉建设，进一步提高反腐倡廉建设科学化水平，为全面建设小康社会、加快推进社会主义现代化提供有力保证。

贺国强强调，改革创新是社会发展进步的时代潮流，科学发展是事业兴旺发达的根本途径。党的十七大明确提出以改革创新精神全面推进党的建设新的伟大工程的战略任务，党的十七届四中全会强调要提高党的建设科学化水平，这对推进反腐倡廉建设提出了新的更高要求。我们要深入贯彻落实科学发展观，总结历史经验，坚持改革创新，进一步提高反腐倡廉建设科学化水平。一是要科学分析和准确把握反腐倡廉形势，既要充分认识反腐倡建设取得的显著成效，又要清醒认识当前消极腐败现象的严重性，还要看到有效防治腐败已经具备了许多有利条件，进一步坚定抓好党风廉政建设和反腐败斗争的信心和决心。二是要以科学发展的理念和思路谋划反腐倡廉建设，坚持围绕中心、服务大局，以人为本、执政为民，标本兼治、惩防并举，与时俱进、改革创新，统筹兼顾、注重建设，更加科学有效地防治腐败。三是要科学安排、整体推进党风廉政建设和反腐败各项工作，加强对中央重大决策部署贯彻落实情况的监督检查，加强以保持党同人民群众血肉联系为重点的作风建设，加强以完善惩治和预防腐败体系为重点的反腐倡廉建设，着力解决反腐倡廉建设中人民群众反映强烈的突出问题，着力加强纪检监察机关自身建设。

中央组织部副部长、人力资源和社会保障部部长、党组书记兼国家公务员局局长尹蔚民同志宣读《关于表彰全国纪检查监察系统先进集体和先进工作者的决定》。中央纪委副书记黄树贤宣读《关于对杨春华等同志予以嘉奖的决定》。100个单位被授予“全国纪检监察系统先进集体”荣誉称号，8名同志被授予“全国纪检监察系统先进工作者标兵”荣誉称号，190名同志被授予“全国纪检监察系统先进工作者”荣誉称号，300名同志受到嘉奖。

（参见《光明日报》2011年6月27日第3版）

北京市纪念中国共产党成立90周年理论研讨会　6月28日，中共北京市委组织部、市委宣传部、市中国特色社会主义理论体系研究中心等单位联合召开“北京市纪念中国共产党成立90周年理论研讨会”。市委副书记、市政协主席王安顺出席会议并讲话。市委常委、宣传部部长、副市长、市中国特色社会主义理论体系研究中心主任鲁炜主持会议。

研讨会上，北京大学教授沙健孙，中央党史研究室原副主任石仲泉，解放军后勤指挥学院教授、少将邵维正，市委党校副校长殷庆言，北京党建研究基地首席专家姚桓，朝阳区委书记陈刚先后发言。他们从不同角度共同回顾了中国共产党成立90年来的光辉历程和伟大成就，探讨了党在推进理论和实践创新、做好群众工作、坚持和发展党的先进性等方面的宝贵经验，总结了市党建工作的实践探索和丰硕成果，进一步坚定了在党的坚强领导下走中国特色社会主义道路、实现中华民族伟大复兴的信心和决心。

王安顺在讲话中指出，北京的发展建设历程，充分证明了党的领导是我们一切事业取得胜利的根本保证。回顾我们党走过的90年光辉历程，我们党之所以能从小到大、从弱到强、从一个辉煌走向另一个辉煌，十分重要的一个原因就在于我们党始终重视理论工作，坚持理论联系实际，不断用创新着的理论指导发展着的实践。长期以来，市委高度重视并大力推动理论研究工作。首都广大理论工作者牢牢把握正确方向，紧紧围绕国家和首都工作大局，深入研究阐释重大理论和现实问题，为推动首都的科学发展和党的建设作出了重要贡献，发挥了不可替代的巨大作用。

王安顺要求，当前，首都进入了一个新的发展阶段，我们要以纪念中国共产党成立90周年为契机，进一步增强做好理论工作的责任感和紧迫感，进一步深化对中国特色社会主义建设和党的建设规律的认识，为确保“十二五”时期开好局、起好步，推动首都科学发展、加快转变经济发展方式提供理论支撑。要认真学习党的历史和党的基本理论、基本经验，不断巩固全市人民团结奋斗的共同思想基础；要深入研究首都发展的重大理论和实践问题，找准和把握理论研究与首都经济社会发展的结合点，抓住全局性、前沿性问题命题、立题、破题、解题，增强理论成果对现实社会的解释力、说服力和影响力，更好地发挥思想库和智囊团的作用；要不断加强对理论工作的领导，以理论工作的丰硕成果，为建设“人文北京、科技北京、绿色北京”和中国特色世界城市作出新的更大贡献。

市委常委、组织部部长吕锡文，市委常委、教育工委书记赵凤桐出席会议。市社科联党组书记、市中国特色社会主义理论体系研究中心常务副主任史秋秋，市社科联党组副书记、市中国特色社会主义理论体系研究中心副主任崔新建参加会议。

（北京市中国特色社会主义理论体系研究中心办公室供稿）

首都理论界学习胡锦涛总书记七一重要讲话座谈会

7月7日，中共北京市委宣传部、北京市中国特色社会主义理论体系研究中心联合召开“首都理论界学习胡锦涛总书记在庆祝中国共产党成立90周年大会上重要讲话座谈会”。市委常委、宣传部部长、副市长、北京市中国特色社会主义理论体系研究中心主任鲁炜出席会议并讲话。市委宣传部副部长、研究中心常务副主任傅华主持会议。

来自首都理论界的专家学者齐聚一堂，共同学习胡锦涛总书记在庆祝中国共产党成立90周年大会上的重要讲话精神，中国人民大学马克思主义学院院长秦宣，国防大学教育长、少将夏兴有，北京日报社社长梅宁华，首都经济贸易大学原校长文魁，前线杂志社社长舒小峰，研究中心常务副主任、社科联党组书记史秋秋，市委党校教授袁吉富，北京市社科院党组书记、院长谭维克纷纷发言，交流学习心得，畅谈学习体会。大家一致认为，学习贯彻胡锦涛总书记在庆祝中国共产党成立90周年大会上的重要讲话精神，对于指导首都理论工作，推动首都科学发展，具有十分重要的意义。

鲁炜认为，胡锦涛总书记的重要讲话，全面回顾和总结了我们党90年伟大历程和宝贵经验，总结了党和人民创造的宝贵经验，明确提出了新的历史条件下提高党的建设科学化水平的目标任务，阐述了在新的历史起点上把中国特色社会主义伟大事业全面推向前进的大政方针，是一篇马克思主义的纲领性文件。首都理论界要坚决贯彻中央的指示精神和市委的部署要求，把学习贯彻胡锦涛总书记重要讲话精神作为当前首要的政治任务，切实抓紧抓好，把思想和行动统一到讲话精神上来，贯彻落实到各项工作中去。

鲁炜要求，要深入开展学习贯彻活动，迅速掀起学习、研究、宣传胡锦涛重要讲话精神的热潮。广大理论工作者要充分认识学习贯彻总书记重要讲话的重大意义，深刻领会、准确诠释、积极宣传总书记重要讲话的精神实质，牢记时代使命，更好地肩负起理论武装的重大责任，放眼全球，面向时代，立足国情，扎根实践，大力推动马克思主义中国化、时代化、大众化，深入研究阐释科学发展的重大理论和现实问题，出思想、出精品、出大家，努力培养和造就一支政治坚定、业务过硬、作风扎实的理论队伍。

鲁炜最后指出，理论工作者责任重大，使命光荣。首都广大理论工作者一定要认真贯彻落实中央和市委要求，把学习贯彻胡锦涛总书记讲话精神作为当前工作的重中之重，高举旗帜、围绕大局、开拓创新、扎实工作，为打造中国特色社会主义先进文化之都，为建设“人文北京、科技北京、绿色北京”和中国特色世界城市作出新的更大贡献。

研究中心副主任、社科联党组副书记崔新建，研究中心秘书长贺亚兰、李翠玲参加会议。

（北京市中国特色社会主义理论体系研究中心办公室供稿）

第三届中国政党研究论坛　7月9日，为纪念中国共产党建党90周年，由中国政治学会、中央社会主义学院中国政党制度研究中心、北京大学政党研究中心、中国人民大学当代中国政党研究中心、中国统一战线理论研究会秘书处联合举办的“第三届中国政党研讨论坛——中国政党制度的回顾与展望理论研讨会”在中央社会主义学院举行。全国人大常委会副委员长、民进中央主席、中央社会主义学院院长严隽琪出席论坛并讲话。

严隽琪说，90年的历史证明，中国共产党不愧为伟大、光荣、正确的党，不愧为中国革命和建设事业的坚强领导核心。中国共产党领导的多党合作和政治协商制度是我国一项基本政治制度，是具有中国特色的社会主义政党制度，是社会主义民主政治的重要组成部分。她希望中国政党制度研究要立足新形势、适应新发展、研究新课题，要求研讨会要高举旗帜、把握方向，解放思想、开拓创新，联系实际、服务现实，加强协作、形成合力。

（参见《人民日报》7月12日第5版）

学习胡锦涛总书记七一重要讲话座谈会　7月11日，北京市社科联以“学习胡锦涛总书记‘七一’重要讲话，推动马克思主义中国化时代化大众化”为主题召开主席团“学习胡锦涛总书记“七一”重要讲话座谈会”。社科联主席满运来主持会议并讲话。史秋秋、文魁、张国有、郑师渠、陈之昌等12位市社科联副主席参加了座谈会。

会议特邀北京大学阎志民教授，北京师范大学党委副书记、马克思主义学院院长王炳林教授，北京大学马克思主义学院院长郭建宁教授做了专题发言。

闫志民教授在发言中指出，总书记“七一”讲话中把马克思主义中国化时代化大众化问题作为90年来党的建设的第一条经验，提到一个非常重要的地位。讲话在这个问题上提出了三个非常重要的观点，一是正确处理理论和实践关系问题是马克思主义中国化的根本问题；二是与时俱进、进行理论创新是推进马克思主义时代化的基本方法和基本要求；三是用创新理论武装全党，特别是党的领导干部，是马克思主义大众化的重中之重。

王炳林教授重点阐述了总书记讲话中关于党的群众路线的观点。他指出，群众路线是毛泽东思想的活的灵魂，总书记“七一”讲话中着重强调了群众路线，不仅具有现实针对性，在理论上也更加深化了。总书记在讲话中指出，指引、评价、检验我们党一切执政活动的最高标准是人民群众，强调了生产力和群众路线标准必须有机统一起来。讲话也特别强调了我们究竟要树立一种什么样的群众观点，就是要尊重人民的主体地位，尊重人民的首创精神；同时强调了群众工作的方法，就是要在同群众朝夕相处中增进对群众的思想感情、增强服务群众的本领。

郭建宁教授认为，马克思主义的中国化、时代化和大众化是一个整体，我们要有整体的理念、整体的视野、整体的框架、整体的方法，对这三个问题在整体上加以研究和推进。第一，研究和推进中国化，就是要在中国社会实践和中国传统文化两个纬度上展开，揭示马克思中国化的实践意义和文化意韵。第二，马克思主义的时代化是其中的亮点、也是难点，相比马克思主义的中国化和大众化，其研究水平、研究基础、研究成果都还比较薄弱，研究中要注意四个方面：要立足时代前沿、关注重大现实、强化问题意识、推进理论创新。第三，马克思主义的大众化要避免两个趋向，一是要避免马克思主义研究的“经院化”、内容的小众化、选题的边缘化、话语的西方化；二要避免研究的低水平重复，研究成果一定要有学术含量、学术品位和学术层次。

史秋秋、文魁、张国有、郑师渠、陈之昌、陆奇、辛国安、崔新建等社科联主席团成员认真听取了专家发言，并围绕主题，交流了学习心得、畅谈了学习体会，提出了许多有思考、有深度、有操作性的意见建议和工作思路。

史秋秋同志结合社科联工作实际，提出在推动马克思主义中国化时代化大众化方面，社科联工作要思考和解决的三个问题：一是马克思主义中国化时代化研究如何取得突破，如何能够站在理论创新的前沿、推出创新成果，推动马克思主义中国化研究的不断深入；二是如何在马克思主义的大众化方面取得实效，以老百姓听得懂、接受得了的方式和语言，向百姓宣传和阐释实践中最迫切需要解决的、老百姓最关心的问题；三是马克思主义中国化研究怎样做到立足实践，关注现实，抓住发展实践中的重大理论与现实问题，破解发展难题，找出对策建议，真正发挥“思想库”“智囊团”的作用。

满运来主席在讲话中指出，马克思主义的中国化、时代化、大众化既是有机统一的整体，又各有侧重点和工作着力点，社科联在推进马克思主义中国化时代化大众化方面，要抓住三个重点：

1. 推动马克思主义中国化研究与宣传，重点要在推出精品力作上下功夫。推动马克思主义中国化，就是要立足中国国情、研究中国问题、形成中国理论、指导中国实践。社科联连续多年举办的马克思主义中国化论坛已在全国产生广泛影响，产生了一大批优秀理论文章和调研成果，这本身就是马克思主义中国化研究的一笔财富，一定要倍加珍惜、注重积累，将这一品牌打造得更响，推出一批精品力作，不断推动理论创新。

2. 推动马克思主义时代化研究与宣传，重点要在完成新的时代课题上下功夫。推动马克思主义时代化，关键是要反映时代精神、回答时代课题、引领时代潮流，推动马克思主义与时俱进。社科联要坚持以改革开放和社会主义现代化建设中的重大理论和现实问题为主攻方向，积极策划、组织完成一批把马克思主义基本原理同时代特征、时代主题、时代精神相结合的时代课题，促进马克思主义与时代发展同步伐、同进步。

3. 推动马克思主义大众化研究与宣传，重点要在创新宣传普及方式上下功夫。推动马克思主义大众化，就是要关注人民群众的需求、解决人民群众的困惑，使马克思主义理论为人民群众所认同、所掌握，并用以指导自己的行动。社科联要继续做好马克思主义大众化通俗读本的组织编写与宣传推广，同时还要适应新媒体发展，不断创新宣传普及形式、载体，以更加通俗易懂的方式进一步增强理论的说服力和感召力。

满运来主席强调，推动马克思主义中国化、时代化、大众化，社科联责无旁贷，只有不断强化统筹、协调、管理、服务功能，广泛联络、联系、联合，为社科工作者科学研究创造条件、提供平台，把社科工作者的积极性、主动性和创造性充分调动起来，把首都各种社科优质资源、各种优势社科力量有效整合起来，切实发挥好“界”的作用，才能真正肩负起理论武装的重大责任，大力推动马克思主义中国化、时代化、大众化。

（北京市社科联研究室供稿）

《纪念中国共产党成立90周年文库》出版座谈会

8月3日，市委宣传部、市中国特色社会主义理论体系研究中心和市社科联共同举办“《纪念中国共产党成立90周年文库》出版座谈会”，市委副秘书长、市中国特色社会主义理论体系研究中心常务副主任傅华出席座谈会并讲话。市委副秘书长、市委宣传部副部长严力强出席座谈会。座谈会由市社科联党组书记史秋秋主持。

为庆祝中国共产党成立90周年，北京市中国特色社会主义理论体系研究中心和北京市社会科学界联合会策划、组织、编写了这套书，包括《中国共产党辉煌90年》《中国共产党建设90年》和《90年中人与事》三个系列，共19册，近700万字，由北京出版集团于2011年6月正式出版发行。

傅华在讲话中对于《文库》的编写出版给予充分的肯定，对进一步做好重大理论问题的研究和宣传工作提出了具体的要求。他指出，社科理论单位要以学习胡锦涛总书记在庆祝中国共产党成立90周年大会上的讲话精神为契机，认真总结纪念建党90周年活动中的好经验、好做法，精心策划重点选题，努力推出一批高水平的理论创新成果，积极探索马克思主义大众化的新形式，策划组织、编写适合干部群众阅读需求的通俗理论读物。

《文库》首席专家、市委党校教授姚桓，《文库》首席专家、《前线》杂志社总编辑刘陈德，中央党史研究室副巡视员李颖，北京出版集团党委副书记、总编辑曲仲在座谈会上发言。专家们一致认为，《纪念中国共产党成立90周年文库》的出版，对于推进党史知识和党建理论的学习研究宣传，推动学习型党组织建设和理论武装工作，都具有重要的意义。

史秋秋在座谈会上回顾和总结了策划组织编写《文库》的经验和体会。她表示，北京市中国特色社会主义理论体系研究中心和北京市社科联将以胡锦涛总书记“七一”讲话精神为指导，认真总结《文库》编写经验，继续围绕马克思主义中国化时代化大众化重大选题进行认真的策划和深入的理论研究与阐释，推出重大理论研究成果和重点通俗理论读物，为推进首都理论武装工作作出应有的贡献。

市社科理论单位和区县宣传部负责人以及首都理论界的部分专家学者出席座谈会。座谈会上，还向首都高校、区县宣传部、国家图书馆、首都图书馆赠送了《纪念中国共产党成立90周年文库》。

《纪念中国共产党成立90周年文库》目录：

《中国共产党辉煌90年》（10册）：《中共创立掀起革命洪流1921—1927》《土地革命如火如荼1927—1937》《全民族抗日战争1937—1945》《解放战争的伟大胜利1945—1949》《创建新中国1949—1956》《开始全面建设社会主义1956—1966》《内乱与抗争1966—1976》《改革大潮1976—1992》《现代化建设新步伐1992—2002》《全面建设小康社会2002—2011》

《中国共产党建设90年》：《实践探索与理论创新》（上、下册）

《90年中人与事》（7册）：《中共决策与中国发展》《共和国成长轨迹》《掷地有声90言》《我要入党》《红色纪念馆的诉说》《党的组织在基层》《京华党建创新录》

（北京市中国特色社会主义理论体系研究中心办公室供稿）

理论文献片《中国道路》座谈会　9月16日，“理论文献片《中国道路》座谈会”在北京召开。来自理论、宣传、影视界的30多位专家学者出席。中央文献研究室主任冷溶出席座谈会并作总结讲话。中央文献研究室副主任陈晋主持座谈会。孙业礼、褚嘉骅代表主创人员分别介绍了该片撰稿和拍摄情况。李君如、李慎明、张树军、邵维正、刘效礼、齐德学、柳建辉、雷光华、秦宣、崔新建、黄百炼等专家学者在座谈会上发言。与会专家学者对《中国道路》一片给予了高度评价，并结合学习胡锦涛同志“七一”重要讲话，对《中国道路》的实质和内涵进行了深入探讨。

陈晋在主持座谈会时介绍说：为庆祝中国共产党成立90周年，中央文献研究室组织课题组，通过解读党领导中国革命、建设和改革不同时期形成的重要文献，对中国共产党90年思想历程进行疏理，形成了两个成果：一是撰写了《中国道路十章——马克思主义中国化经典文献回眸》，连载于

2011年第1至5期《党的文献》杂志；二是组织拍摄了电视理论文献片《中国道路——中国共产党九十年思想历程》，相继由中央电视台和一些省市电视台播出。关于这部理论文献片，之所以叫“中国道路”，有多种考虑。其中最主要的一点，就是力求发挥中央文献研究室编辑、研究党和党和国家主要领导人的重要文献的优势，从解读文献的角度，来反映90年来我们党在不同历史时期为解决中国的现实课题，在一些重大问题上的探索和思考历程，由此探索和发展出中国特色社会主义道路。中国道路的内涵很丰富，我们力求在90分钟的时长里来展示，这是一个艰巨的挑战。效果怎么样？要靠大家评点，这是我们召开这个座谈会的目的。

与会专家认为，《中国道路》一片题材重大，通过文献解读的方式对马克思主义中国化的历史进程作了很好的梳理，语言凝练、思想深刻，用短短的90分钟时间把“什么是中国特色社会主义道路，这条道路是怎样走出来的”这个备受关注的问题基本讲清楚了，是进行党史教育和中国特色社会主义教育的很好读物。

为什么要拍摄《中国道路》这部电视文献片？文献片主创人员介绍说：随着我国综合国力的不断提高，世界对中国发展道路、未来前景的研究和思考表现出越来越大的热情。进入新世纪以来，特别是国际金融危机发生后，“中国道路”“中国模式”成为国内外热议的话题。中国道路是中国共产党人领着中国人民走出来的，我们对中国道路最有发言权，同时也有责任、有义务把这条道路的本质、内涵向世界说清楚。作为党的理论研究和宣传部门，中央文献研究室拍摄电视文献片《中国道路》，是在国内外关于“中国道路”的讨论中掌握话语权和主导权的一种尝试。

同时，《中国道路》也是中央文献研究室为纪念建党90周年推出的重点宣传作品，意在从文献角度梳理中国共产党90年的思想历程，展示中国共产党在领导中国革命、建设和改革道路上收获的思想精华，帮助党员干部深入学习和理解中国特色社会主义理论体系。

在纪念建党90周年的诸多影视作品中，理论文献片《中国道路》有何特点？与会专家认为，《中国道路》有四大特点：

1. 题材重大，角度新颖。该片第一次以电视片的形式讲述“中国道路”这个重大题材，立意高远。中国道路的内涵十分丰富，该片不求面面俱到，而是选择了从思想历程的角度、用文献解读的方法来讲述中国道路，别具一格。有专家说：中国道路，实质是中国特色社会主义道路，思想内核是中国特色社会主义理论体系。中国特色社会主义理论体系的形成和发展过程，就是马克思主义中国化的过程。这个过程，凝结在党的重要文献中。回望中国共产党走过的90年，就会发现在每一个十字路口、每一个历史拐弯处都有一篇非常重要的文献，就像一个个路标，指示着前进的方向。解读这些文献，把这些路标连接起来，实际上就还原了中国共产党90年的心路历程。中国道路无非是这种心路历程的外化。

2. 视野宏阔，篇幅精炼。《中国道路》以近代以来中国历史发展和国际形势发展变化为大背景，结合党的自身奋斗历程，对我们党坚持解放思想、实事求是、与时俱进，带领人民探索民族复兴道路的经验和成果进行了全景式的形象展示。全片短小精悍，时长只有短短90分钟，但包含的内容十分丰富，信息量很大，是对中国共产党90年历史的高度浓缩。小篇幅讲大道理，有利于提高收视效果，是文献片创作中一次突破性尝试。有专家指出，该片之所以高度凝练，主要得益于文献选择精当，主创人员在精选文献方面独具慧眼，展现了很多新东西、新视角，解读了一个大课题，讲清了一条大道路。

3. 理论精深，解读通俗。有专家说，《中国道路》以中国共产党90年的辉煌历史为平台，把一部丰富多彩的中共党史聚焦到思想理论的历程，通过思想的历程来展现我们党的历史。选择、奠基、开辟、突破和发展，五个篇章，环环相扣，层层出新，清晰地梳理出90年来中国共产党思想发展的脉络和主线，具有厚重的历史感，深邃的思想内涵，展现出思想理论所特有的精神力量。有专家说，《中国道路》将引人联想的历史画面和凝练朴实的解说词融为一体，再加上权威的专家访谈，把高深的理论讲得深入浅出、通俗易懂。还有专家说，该片的文献穿插有历史感，通过对历史文献的展示和对这些文献的权威解读，把党的实践探索和理论创新的史实形象生动地展现在观众面前。

4. 感染力强，启人深思。专家普遍认为，理论文献片《中国道路》实现了思想性、艺术性、观赏性的有机结合，在带来良好视觉效果的同时，也能给观众留下深刻印象，震撼心灵，启人深思。有专家说，该片通过对中国共产党90年思想历程的形象展示，深刻地揭示了要实现振兴中华的伟大历史任务，就要不断探索适合中国国情的正确道路。要找到正确的道路，就要把马克思主义基本原理与中国实际相结合、不断推进马克思主义中国化、推进理论创新的这样一种内在逻辑。片子看后给人以这样的感觉：选择马克思主义不容易，选择马克思主义是正确的；坚持马克思主义不容易，坚持马克思主义是必须的；发展马克思主义更不容易，发展马克思主义是必然的。

理论文献片《中国道路》的价值、作用何在？有专家说，《中国道路》一片给人以思想，给人以力量，给人以信心，是一堂好学管用的生动党课，是对党员特别是对党的中高级领导干部进行党史教育和思想理论教育不可多得的好教材。有专家说，本片既可以作为建设马克思主义学习型政党的理论教育片，作为高校对大学生进行中共党史教育和思想政治理论教育的理论教学片，还可以作为中国共产党对外宣传的理论宣传片。建议把《中国道路》翻译成外文。有专家指出，《中国道路》这部文献片对于帮助人们学习理解胡锦涛总书记的“七一”重要讲话精神，理解和思考中国道路的发展历程、中国道路的实质和内涵，更加坚定不移地走中国特色社会主义道路，很有意义。

与会专家还结合学习胡锦涛同志“七一”重要讲话，对“中国道路”的实质和内涵进行了深入探讨。有专家认为，中国道路从广义上讲涵盖中国革命、建设和改革开放之路，从狭义上就是改革开放以来开创的中国特色社会主义道路。有专家认为，“中国道路”的实质就是中国特色社会主义道路，是党的解放思想、实事求是的集中体现，是党的实践创新、理论创新的集中体现，是马克思主义中国化成果的集中体现。有专家认为，“中国道路”在本质上讲，是要探索和走出一条后发国家逐步走向现代化的发展道路。这是一条不同于西方资本主义传统发展模式的崭新道路。

冷溶在座谈会总结讲话中说：要深刻理解中国特色社会主义道路，理解“中国道路”的本质和内涵，必须对它的历史有充分的了解。这条道路不是一蹴而就的，是几代人努力奋斗的结果。这是一条通往国家富强、人民富裕、民族复兴的正确道路，是一条在中国这样一个落后的东方大国建设社会主义的科学道路，是一条适合中国国情、指引中国进步的现代化道路，是一条可以为世界上那些探索现代化之路的国家提供有益经验和启示的独特道路。它的历史起点是中国近代的鸦片战争，它的逻辑起点是马克思主义、共产主义学说，它的发展方向是建立一个社会主义现代化的国家，它的核心领导力量是中国共产党，它的实践基础是中国革命、建设和改革的历程，它的基本内涵是十一届三中全会以后我们党关于中国特色社会主义的全部理论与实践。

他说：要理解今天的中国道路，就要理解当初中国共产党人是怎么选择了马克思主义，就要理解中国新民主主义革命的道路，还要理解新中国成立以后我们关于社会主义建设道路探索正反两方面的经验教训。总而言之，要理解今天的中国特色社会主义道路，就必须把近代以来中国社会发展的历史搞清楚，必须把马克思主义在中国传播并不断实现“中国化”的历史搞清楚，必须把中国共产党全部的历史搞清楚。胡锦涛总书记“七一”讲话中关于在新的历史起点上发展中国特色社会主义和在新的历史条件下全面推进党的建设新的伟大工程的重要论述，就是关于“什么是中国道路，怎样继续走好中国道路”这个重大问题的集中回答，就是我们党关于“中国道路”理论与实践思考成果的集中体现。研究“中国道路”，首先必须学习好、理解好“七一”讲话的精神。《中国道路》这部文献片，正是基于这样的认识拍摄的。

（中央文献研究室胡昌勇供稿）

第四届北京人权论坛　9月22日，由中国人权研究会、中国人权发展基金会主办的“第四届北京人权论坛”在北京落下帷幕。两天时间里，来自26个国家和联合国等国际组织及港澳台地区的近百名人权高级官员和专家学者，围绕本届论坛“文化传统、价值观与人权”的主题进行了热烈讨论。中国人权研究会会长罗豪才、中国国务院新闻办公室主任王晨分别在论坛上致辞。

罗豪才指出，尊重多种不同价值观，建立和完善协商机制，形成和坚持人权保障的科学发展模式，必将极大拓展人权保障的发展空间。各国应积极维护世界多样性，推动不同文明的对话和交融，培育人权保障的肥沃土壤，让世界更加丰富多彩，使人类更加和睦幸福。

王晨指出，改革开放以来，中国政府将人权的普遍性与中国国情相结合，继承和发扬中华民族优秀文化传统，积极借鉴世界各国的发展经验，大力弘扬社会主义核心价值观，采取切实有效的措施促进人权事业发展，走出了一条有中国特色的社会主义人权发展道路。

本届论坛下设“价值观与人权”“文化传统与人权”“人类尊严与人权”三个分议题，中外人权专家纷纷就此阐述观点、交流意见。

北京人权论坛自2008年以来已连续举办四届，得到中外专家学者和社会公众的积极评价，成为世界上关于人权问题切磋交流的良好平台之一。

（参见《光明日报》2011年9月23日第4版）

第二届北京海外论坛　9月30日，中共北京市委统战部等单位共同举办“第二届北京海外论坛主题报告会”。市委副书记、市长郭金龙向来京参加庆祝新中国成立62周年活动的500多位港澳台同胞、海外华侨华人作了报告。

郭金龙说，今年是“十二五”开局之年，面对复杂多变的国内外环境，北京市认真贯彻中央决策部署，坚持以科学发展为主题，以加快转变经济发展方式为主线。深入推进科技创新和产业结构深度调整，加大房地产调控、交通综合治理力度，着力破解城市可持续发展难题，保持了经济社会平稳较快发展的良好态势。郭金龙还具体介绍了加快推动科技创新、文化创新，率先形成创新驱动发展格局；

深度调整产业结构，推动首都产业优化升级；进一步加大城乡统筹力度，加快推进城乡一体化发展进程；着力推进精细化管理，努力促进城市可持续发展；加强和创新社会管理，努力构建和谐社会首善之区等情况。

郭金龙说，我们将坚决贯彻中央的决策部署，把改革开放作为加快经济发展方式转变的根本途径，以改革的办法破解发展中不平衡、不协调、不可持续问题和“躲不开、绕不过”的体制机制问题，以开放促发展、促改革、促创新，有效释放转变经济发展方式的活力，增强发展的内生动力。真诚希望广大港澳台同胞和海外华侨华人，一如既往地关心支持我们的工作，积极建言献策，多提宝贵意见建议。

市委常委、统战部部长牛有成主持报告会，副市长程红出席报告会。

（参见《北京日报》2011年10月1日第1版）

维护两岸关系和平发展的路径与挑战学术研讨会 11月9日，全国台湾研究会在北京举办“维护两岸关系和平发展的路径与挑战学术研讨会”。与会学者认为，两岸应携手维护和平发展大局，对台海和平稳定面临的挑战，对民进党的“台独”分裂本质及其欺骗性、危害性应有清醒认识。

全国台研会执行副会长周志怀指出，2008年以来，在两岸双方共同努力下，两岸关系实现历史性转折并进入60年来最好的发展阶段。在两岸关系出现大交流大合作大发展新局面的同时，台海地区的和平稳定也面临各种挑战。他认为，从民进党及其代表性人物抛出的所谓“十年政纲”的两岸政策内容看，其顽固坚持“一边一国”的基本立场并未发生任何改变，其浓厚的“台独”意识依然如故。这是两岸关系和平发展面临的最大挑战。他表示，两岸应携手合作，共同维护和平发展大局。要进一步巩固共同的政治基础、创造条件形成两岸民意对接与融合、持续深化互利合作的共同利益基础，让更多民众分享和平红利。

（参见《人民日报·海外版》2011年11月10日第3版）

中国特色社会主义文化发展道路理论研讨会 12月15日，北京市中国特色社会主义理论体系研究中心办公室和中国特色社会主义研究杂志社在北京联合举办了“中国特色社会主义文化发展道路理论研讨会”。来自中央党校、北京大学、清华大学、中国人民大学、北京师范大学、首都师范大学等单位的知名专家学者十余人参加了会议。会议由研究中心副主任、北京市社科联党组副书记崔新建主持。

研讨会上，北京大学马克思主义学院党委书记、副院长、北京大学中国文化发展研究中心主任孙熙国教授，中国人民大学哲学院党委书记、伦理学研究中心主任葛晨虹教授，中国人民大学马克思主义学院刘建军教授，清华大学人文学院邹广文教授，北京师范大学施雪华教授，首都师范大学政法学院杨生平教授等作专题发言。

关于文化发展的内涵，孙熙国教授指出，文化的本质是思想，文化自觉自信应以文化自强为前提。他认为，要想建设和发展好今天的文化，必须首先要厘清谁是当代中国先进文化的真正传承者和发展者；要对文化进行综合创新；从中国特色社会主义实践中开出当代中国文化发展之源，从马克思主义基本立场、观点和方法中确立当代中国文化发展之魂，从中国传统文化中寻找中国当代文化发展之体，从外来文化中吸纳中国文化发展之具。

关于文化建设面临的问题。邹广文教授重点阐述了对于我国文化建设严峻性和紧迫性的认识，认为当前文化生态环境失衡，文化创造力减弱，人们的文化信仰亟待加强，并提出对策建议。葛晨虹教授主张文化建设要从理论建构和大众化入手，着重提高文化的软实力。杨生平教授则特别阐述了大众文化与学理文化的关系，认为意识形态的大众化过程也是一个学理化过程，把核心价值用生活文化的方式表达出来，但要防止经验的堆积。

关于文化体制改革的问题。施雪华教授提出，一是转变意识形态管理方式，为中国文化繁荣与体制改革提供政治前提；二是加大政治行政改革的力度，为中国文化繁荣与体制改革提供宏观的体制条件；三是核心文化要与时俱进，增强核心文化的民主性、包容性，提升核心文化的吸引力、凝聚力；四是要对文化进行分类管理；五是要理顺各类文化体制的内部关系；六是要对各类文化和文化体制作效能评估，为科学引导提供依据。

关于社会主义核心价值观的问题。刘建军教授认为，应分层次、分步骤提炼社会主义核心价值观，首先是各行业和地区提炼自己的核心价值观，然后再进一步提炼中国特色社会主义核心价值观，最后尝试性地提炼一般层次的社会主义核心价值观。来自中央党校的王虎学认为，社会主义核心价值体系的提出既是一种文化自觉，也是一种价值自觉。要从理论上厘清三个问题：一是从价值观分化与整合的逻辑去理解社会主义核心价值体系；二是从社会主义意识形态建设的高度去把握社会主义核心价值体系；三是从中国特色的方向去建构社会主义核心价值体系。

专家学者们还围绕杂志工作发表了各自的思考和看法，对杂志选题策划和栏目设置提出了积极的意见和建议，为杂志具体的实践工作提供了有价值的参考和借鉴。

崔新建同志在总结发言时，介绍了自己对中国特色社会主义文化建设的看法。他认为，增强社会主义文化的自觉自信自强，最重要的是要增强对社会主义意识形态的自信；核心价值理念的提炼需要分层推进，不能简单地将中国共产党的核心价值理念与社会主义初级阶段的核心价值理念以及中华民族的核心价值理念等同起来；核心价值体系建设不仅仅是认同问题，而是应首先融入制度建设当中，融入社会发展的各个领域，融入社会生活的各个方面，融入人们的思想和行为当中。只有这样，核心价值体系才能成为全社会共同的思想基础和价值共识。

（北京市中国特色社会主义理论体系研究中心办公室供稿）

“党在百姓心中”百姓宣讲活动 为庆祝建党90周年，与市委宣传部、首都文明办联合主办“党在百姓心中”百姓宣讲活动。活动于2月开始，7月结束，包括讲稿修改撰写、宣讲员培训、多媒体包装、层层选拔、属地巡回宣讲、全市宣讲比赛、全市集中宣讲等环节。此间全市共征集宣讲线索10000多条。由全市22个宣讲团的208名宣讲员精选而成的市百姓宣讲团于5月29日成立，包括9个分团，90名百姓宣讲员。6月1日首场报告会后，市百姓宣讲团深入社区、农村、企业、机关、高校、部队、“两新组织”、来京务工人员驻地、少数民族驻地等集中宣讲，总计宣讲1000多场次，受众近百万人次。宣讲视频在宣讲家网站展播，播放次数计2.5亿多次。百姓宣讲活动还创作了主题歌和宣传曲，举办了以百姓宣讲作品为创作题材的“党在百姓心中”专题文艺晚会，编发“党在百姓心中”优秀作品集和宣讲光盘免费下发基层。活动在社会各界引起强烈反响，中央和市属主流媒体及网络媒体给予了重点报道。中央领导李长春、刘淇、刘云山、刘延东等先后作出重要批示，给予充分肯定和高度评价。根据中央领导指示精神，“党在百姓心中”百姓宣讲团先后到中直机关、中央国家机关、总政治部和全国部分省市高校巡回宣讲，引起强烈反响。

（中共北京市委讲师团供稿）

经济学

第15届中国资本市场论坛（2011年度） 1月8日，由中国人民大学金融与证券研究所（FSI）、中国证券报社、齐鲁证券有限公司和资本市场杂志社共同主办的“第15届（2011年度）中国资本市场论坛”在中国人民大学逸夫会堂隆重举行。本次论坛的主题是“中国创业板市场：成长与风险”。中国人民大学校长纪宝成教授致辞，副校长冯惠玲教授主持大会。十届全国人大常委会副委员长成思危、中国证监会主席尚福林作了主旨演讲。科技部党组成员张景安、中国人民大学校长助理吴晓求教授、春华资本集团创始人兼董事长胡祖六、深圳证券交易所副总裁周明先后作了主题演讲。中国金融学会名誉会长黄达、中国金融期货交易所监事长王京、中国期货业协会副会长侯苏庆、中国证监会上海专员办副专员王旻、教育部社会科学司魏贻恒处长等出席开幕式。论坛第二阶段分两个模块进行：模块一议题为“中国创业板市场：现状与未来”。该模块由《财经》杂志执行主编何刚主持；模块二议题为“2011年中国资本市场：趋势与特征”。该模块由中国政法大学资本研究中心主任刘纪鹏主持。

来自全国人大、中央国家机关、著名高校、著名研究机构等有关负责人和国内外著名专家学者及有关商业银行、保险公司、证券公司、资产管理公司、基金公司、证券公司的代表，上市公司及企业高管人员和80多家新闻媒体记者等500余人参加了此次论坛。

（中国人民大学科研处关晓斌供稿）

全国林业经济管理学科建设高端研讨会 1月8日，“全国林业经济管理学科建设高端研讨会”召开。会议由国家林业局人事司、北京林业大学、中国林业经济学会联合举办。国家林业局人事司吴友苗处长作了题为《国家林业发展对林业经济管理人才需求》的主题发言，北林大经管学院负责人作了题为《中国林业经济管理学科的发展现状与挑战》的主题发言。北林大、东北林业大学、南京林业大学、福建农林科技大学、西北农林科技大学、浙江农林大学、中南林业科技大学、西南林业大学等高校林业经济管理学科负责人分别从学科建设、专业建设、师资队伍建设、科学研究、人才培养等方面交流了本学科点的发展现状，并畅谈学科未来发展设想。

（北京林业大学科技处张力供稿）

中日绿色经济·资源循环政策研讨会 1月9日，国务院发展研究中心主办的“中日绿色经济·资源循环政策研讨会”在北京召开。张德江副总理在中南海紫光阁会见了出席研讨会的日方主要代表。张玉台主任出席会议并在开幕式上致辞，侯云春副主任主持开幕式并致闭幕辞。孙兰兰、冯飞、林家彬、赵晋平等同志作会议主持或发言，中日专家就绿色经济发展理论、资源节约与循环利用政策、实践经验等内容进行了交流和研讨。

（国务院发展研究中心张力供稿）

2010内地、香港、台湾、澳门四地消费者信心指数年度发布会暨宏观经济形势研讨会 1月14日，

“2010内地、香港、台湾、澳门四地消费者信心指数年度发布会暨宏观经济形势研讨会”在中央财经大学成功举行。来自内地、香港、台湾、澳门四地的专家学者在会上发布了四地消费者信心指数的最新调查结果，并与来自北京市经济学总会的各位理事一起就2011年的宏观经济形势进行了研讨。中央财经大学统计学院马景义博士，香港城市大学管理科学系吕晓玲博士，澳门科技大学副校长、可持续发展研究所所长陈乃九教授，台湾辅仁大学统计资讯学系谢邦昌教授分别对大陆和港澳台地区2010年的消费者信心指数进行了评析。最后，中国人民大学中国数据与调查中心副主任彭非教授对指数的编制方法进行了报告。来自中央电视台、中国教育电视台、凤凰卫视、东南卫视、新华社、《人民日报》《北京晚报》《香港文汇报》《澳门日报》《台湾联合报》等近50家媒体的记者到会采访。

（中央财经大学科研处供稿）

首届首都旅游发展论坛 1月16日，由北京市社会科学界联合会、北京联合大学和北京旅游学会联合主办的以“建设国际一流旅游城市”为主题的“首届首都旅游发展论坛”在北京联合大学隆重举行。国家旅游局政策法规司司长刘小军，北京市社科联党组副书记、副主席陈之昌，北京市旅游局副局长、北京旅游学会会长安金明，北京首旅集团党委副书记、副董事长李中根，北京联合大学党委书记徐永利等领导出席论坛。北京联合大学校长柳贡慧、副校长兼旅游学院院长黄先开分别主持论坛。来自政府部门、高等院校、科研机构和企业界的代表300余人参加了论坛。

刘小军在致辞中指出，过去5年，我国旅游业经历了一个非常重要的黄金发展期，不仅旅游产业数量和市场规模急速增长，产业结构也有了变革性的优化调整。未来5到10年，北京将建设成国际一流旅游城市，由此也引发了诸如世界一流旅游城市建设的路径和标准等一系列亟待研究的重要课题。陈之昌在致辞中指出，2010年5月，借助于第十届世界旅游旅行大会的主办，北京旅游资源的吸引力和市场潜力得到了更好的展现，北京应当借此契机，加快国际一流旅游城市和国际会展之都建设。首都旅游发展论坛将努力打造成为旅游业理论界和实务界对话与交流的平台，为推动首都旅游业跨越式发展贡献智慧。徐永利在致辞中表示，面对“十二五”期间高等教育改革发展的新形势、新任务，北京联合大学将继续深化教育改革，推动教育创新，继续提高整体办学水平，加强旅游学科专业建设，加强旅游学术研究，加快旅游学院发展，为北京建设国际一流旅游城市贡献力量。

本次论坛包含三个分论题，魏小安、戴斌、刘德谦、吴必虎等国内旅游界知名专家学者分组进行了理论研讨和政策建言。

首都旅游发展论坛是北京市社科联与北京联合大学、北京旅游学会合作推出的学术论坛。作为首都论坛系列的重要组成，今后将每年举办一次，旨在研讨北京旅游业发展所面临的重大理论和现实问题，在政界、学界、社会之间搭建对话与交流平台，促进学术研究成果更好地服务于政府决策与社会需求。

（北京市社科联学术活动部）

发展马克思主义政治经济学研讨会 1月27日，由中国社会科学杂志社与云南财经大学联合举办的“发展马克思主义政治经济学研讨会”在北京举行。来自北京大学、清华大学、中国人民大学、南开大学、复旦大学、中山大学、四川大学、西南财经大学等单位的30余位学者参加了研讨会。与会学者重点讨论了四个问题。

1. 发展马克思主义政治经济学需注意的问题。西南财经大学丁任重认为，改革开放以来，中国政治经济学发展相对滞后，现在亟须大力发展马克思主义政治经济学。首先要正确理解马克思主义政治经常学的原意，精通马恩原著；其次要与现代科技革命相结合，发展马克思主义政治经济学；还要与社会主义实践相结合解决新问题。中国社会科学院胡乐明认为，发展马克思主义政治经济学要注意几个趋向：一是用演化经济学去发展和改造马克思主义政治经济学；二是新制度主义经济学与马克思主义政治经济学的融合；三是只注重形式上的数学工具；四是没有马克思的马克思主义。中国人民大学谢富胜提出，国内马克思主义政治经济学有三大问题：一是没有经济学的马克思主义；二是没有马克思的经济学；三是没有历史的政治经济学。复旦大学张晖明认为，发展马克思主义政治经济学要处理好工具理性与价值理性的关系，不能过度强调数理表达而忽视价值理性。中国人民大学贾根良指出，自古典政治经济学解体后，政治经济学就被分为马克思主义政治经济学和非马克思主义政治经济学，非马克思主义政治经济学后来成为现代演化经济学的先驱，发展马克思主义政治经济学应批判吸收演化经济学的成果。

2. 如何发展马克思主义政治经济学。中国社会科学杂志社高翔指出，马克思主义是当代学术的旗帜和灵魂，要坚持理论与实践的结合，推动原创性的基本理论研究。云南财经大学汪戎认为，发展马克思主义政治经济学要坚持与时俱进，适应全球化和中国特色社会主义发展的需要。北京大学宋磊提出两个应注重的研究内容：发展马克思对资本主义的分析；深化社会主义市场经济理论。上海财经大学丁晓钦认为，要基于市场经济建设的角度发展马克思主义政治经济学，并始终遵循劳动价值论和唯物史观。中国人民大学孟捷认为，只有在劳动价值论基础上才能发展马克思主义政治经济学。南开大学刘凤义认为，发展马克思主义政治经济学不仅要坚持从制度、历史角度研究经济，而且还要运用唯物史观和辩证法对历史和制度进行科学抽象。中国社会科学杂志社许健康认为，关键是要弄懂《资本论》，同时注意资本主义本身发展的变化。

3. 马克思主义政治经济学与新政治经济学的关系。东北财经大学杜两省、路继业提出，西方新政治经济学不可能代替马克思主义政治经济学，西方新政治经济学的发展过程和研究方法应对马克思主义政治经济学的发展有启示作用；中国人民大学王孝松探讨了马克思主义政治经济学与西方新政治经济学的协同发展问题，认为马克思主义政治经济学今后要在保持研究立场和深度的基础上研究新问题，并借鉴西方经济学的研究工具和方法。中山大学朱富强认为，目前西方新政治经济学还很不成熟，马克思主义经济学不仅要认识世界，而且还要改造世界，要对不合理的现实进行制度改造。

4. 马克思主义政治经济学的前景和展望。中国社会科学杂志社王利民认为，时代发展呼唤马克思主义政治经济学，马克思主义政治经济学会成为解决时代问题的显学，为此，马克思主义政治经济学要加强对现实问题的思考，拓展马克思主义政治经济学的研究队伍。云南财经大学周文认为，进入后改革时代，中国面临着两大问题：发展和转型，改革的重点已从构建市场体制转向如何构建市场社会，这都需要马克思主义政治经济学对现实作出回答。

（参见《光明日报》2012 年 1 月 28 日第 11 版）

中国宏观经济论坛（2011 年第一季度） 2 月 26 日，由中国人民大学经济研究所、东海证券有限责任公司、中国诚信信用管理有限公司主办，中国人民大学经济学院承办的“中国宏观经济论坛（2011 年第一季度）”在中国人民大学举行，这是中国人民大学经济研究所举办的第 17 期论坛。中国人民大学副校长林岗教授出席论坛并致辞，论坛开幕式由经济学院院长、经济研究所联席所长杨瑞龙教授主持。中国社会科学院学部委员、经济研究所原所长刘树成研究员，中国银行业协会专职副会长杨再平研究员，中国人民大学校长助理、研究生院常务副院长吴晓求教授，中国人民大学经济研究所联席所长毛振华教授，经济学院胡乃武教授，经济学院区域与城市经济研究所所长孙久文教授，经济学院雷达教授，东海证券研究所所长、中国人民大学经济研究所联席副所长朱戎博士，中国诚信信用管理有限公司副总裁、中国人民大学经济研究所联席副所长阎衍博士等宏观经济研究领域的一流专家和业界代表，以及中国人民大学经济研究所的全体研究人员参加了本次论坛。

会上，经济研究所课题组发布了《中国宏观经济形势分析与预测报告（2011 年第一季度）——经济增长与民生目标冲突下的中国通货膨胀》。各位领导和专家围绕报告，就本轮物价上涨出现的新现象、新原因、新机制和新问题进行了积极有益的讨论。

（中国人民大学科研处关晓斌供稿）

全球货币体系改革国际研讨会 3 月 18—19 日，由中央财经大学金融学院和哥伦比亚大学政策对话倡议组织主办、中央财经大学国际金融研究中心和哥伦比亚大学全球（东亚·北京）中心协办的“全球货币体系改革国际研讨会”在北京举行。本次研讨会分为闭门会议和公开论坛两部分。研讨会的主题是储备货币体系改革，具体议题包括改革国际货币体系的总体架构、提升特别提款权（SDR）在国际货币体系中的地位以及积极推动区域货币合作与人民币国际化。国际著名经济学家、2001 年诺贝尔经济学奖得主、美国哥伦比亚大学政策对话倡议组织创始人约瑟夫·斯蒂格利茨（Joseph Stiglitz）教授，中国人民银行副行长、国家外汇管理局局长易纲教授，中国社会科学院学部委员、中国世界经济学会会长余永定研究员等参加了闭门会议。来自美国、英国、德国、日本、韩国、泰国以及中国人民银行、中国社会科学院、北京大学的专家学者、新华社等国内知名媒体和报社以及中央财经大学师生近 400 人参加了本次研讨会的公开论坛。

（中央财经大学科研处供稿）

第一届国际金融研究论坛 3 月 19 日，第一届“国际金融研究论坛”在对外经济贸易大学隆重召开。此次论坛由中国国际金融学会、《国际金融研究》编辑部和对外经济贸易大学金融学院共同举办，来自全国 40 余所高等院校、科研机构、业界的专家、学者、师生，以及十余家媒体记者齐聚贸大共襄盛举。

中国银行国际金融研究所副所长宗良研究员致开幕词，中国银行陈四清副行长、国务院发展研究中心金融研究所所长夏斌教授，国家外汇管理局国际收支司司长管涛，北京大学国家发展研究院黄益平教授，中投证券金融衍生品部总经理张晓东先生，对外经济贸易大学金融学院院长丁志杰教授，北京师范大学经济与工商管理学院贺力平教授等做了精彩的主题演讲。此次论坛旨在推动我国金融研究事业的发展，促进国内对国际金融领域热点问题的追踪和研究，推动国际金融领域的学术思想、理论与方法的创新，为国际金融领域学者搭建良好的交流平台。论坛从全国征集的130余篇论文中评选出优秀论文30篇。

(对外经济贸易大学科研处供稿)

中国发展高层论坛2011年年会 3月19日至21日，由国务院发展研究中心主办的以“经济发展方式转变中的中国”为主题的“中国发展高层论坛2011年年会”在北京举行。21日下午温家宝总理会见与会的外方代表。20日上午李克强副总理出席开幕式并发表重要讲话。张玉台主任担任论坛中方主席，主持开幕式，在第六主题单元作主题发言，并在闭幕式上作总结讲话。李伟书记主持第七主题单元，并主持19日晚的欢迎晚宴和20日晚的“江苏之夜”主题晚宴，21日下午参加周小川行长与外方代表的圆桌会议。刘世锦、侯云春、卢中原、韩俊副主任出席会议并主持有关主题单元。中国发展研究基金会理事长王梦奎同志出席会议并主持有关主题单元。国务院有关部委、直属机构的有关领导同志出席会议并发表演讲。来自国际组织高级官员、国际知名学者、著名跨国公司领导人，国内政府部门、研究机构、中心各部门负责人和部分研究人员以及大型企业、地方政府的负责人、专家学者、新闻记者等共700多人出席会议。

(国务院发展研究中心张力供稿)

2011亚洲金融管理国际会议 3月24—26日，由中国人民大学财政金融学院、中国财政金融政策研究中心和欧洲金融管理学会（EFMA）联合举办的“2011亚洲金融管理国际会议”在北京召开。中国人民大学常务副校长袁卫教授，加利福尼亚大学洛杉矶分校MichaelBrennan教授，中国人民大学财政金融学院院长郭庆旺教授、副院长张杰教授，中国财政金融政策研究中心主任汪昌云教授，专题研讨会主席MichaelGuo以及中国财政金融政策研究中心副主任瞿强教授等出席会议。来自美国加利福尼亚大学、纽约大学、杜伦大学和中国香港科技大学、中国人民大学等中外知名高校，欧洲金融管理学会等单位的专家、学者就亚太金融学术问题进行广泛讨论，会议同时吸引了大批高校学生。

“2011亚洲金融管理国际会议”旨在促进中欧学术交流，深化后金融危机时代亚洲国家和地区金融问题的学术研究，探讨亚洲国家的资本市场、资产定价、公司金融、公司治理等金融领域以及全球一体化的前沿问题，以求推动亚太地区金融市场发展。

(中国人民大学科研处关晓斌供稿)

中国对外经贸2011年春季形势分析会 3月26日，由中国国际贸易学会和对外经济贸易大学共同主办的“中国对外经贸2011年春季形势分析会”在对外经贸大学图书馆一层109会议室召开。来自商务部办公厅、政研室、综合司、西亚非洲司、配额许可证事务局、研究院，中国国际贸易学会，北京国际经济贸易学会，首都各高校的领导、专家学者以及国际商报、第一财经报道等新闻媒体的记者等近90人参加了分析会。

对外经济贸易大学施建军校长首先致辞。他指出，中国对外经贸季度形势分析会汇集了我国商务界的领导、专家、企业家和新闻界的资深人士，相互交流沟通，把脉我国对外经贸的形势，解读政策导向，反应企业呼声，研判应对措施，具有权威性时效性的特点。该会议也是学术界深入研究国际经济贸易的一个有价值的引导平台。学校非常重视和支持这一平台，并把它作为两部共建贸大的工作机制来落实。

此次春季形势分析会的主题是“国际形势的变化对我国外经贸产生的影响”。分析会上，多位专家学者发言，分析阐述日本东北大地震、西亚北非政局动荡、美国经济复苏等对我国外经贸行业带来的影响。

(对外经济贸易大学科研处供稿)

2011CSBF两岸金融研讨会暨高峰论坛 “2011CSBF两岸金融研讨会暨高峰论坛”于3月26—27日在国家会议中心召开，论坛的主题为“‘十二五’规划期间两岸金融发展新趋势”。该论坛由中国人民大学农业与农村发展学院和台湾金融教育协会、台湾大学金融研究中心、北京大学金融与证券研究中心、东北财经大学金融学院、南开大学公司治理研究中心与清华大学公共管理学院共同举办，由中国农业银行、中国银联、元大证券、富邦金控、台湾证券商公会等多家金融机构合办。

农业与农村发展学院马九杰教授、孔祥智教授、汪三贵教授分别主持了“‘十二五’规划期间农村金融机构发展与创新”实务座谈会、“后ECFA两岸农村金融及农村福利”“惠普性的农村金融与公平发展”学术讨论会。朱乾宇博士做了“建立多层次农村普惠金融体系”的学术报告。

(中国人民大学科研处关晓斌供稿)

国际商务交流协会第十届亚太分会年会暨高级学术研讨会 3月26—27日，“国际商务交流协会第十届亚太分会年会暨高级学术研讨会”在对外经济贸易大学隆重开幕。德国康斯坦茨应用科学大学教授彼得·富兰克林，中国澳门理工学院文学博士乔安娜·拉德万斯卡·威廉姆斯，国际商务交流协会亚太地区分会副主席、中国香港城市大学副教授伯莎·杜巴布科克等20多位来自日本、美国、德国、韩国、阿联酋等国家及我国港、澳地区的海外专家学者以及北京外国语大学校长助理、英语学院院长孙有中教授，南开大学翻译系主任吕世生教授，上海大学外国语学院副院长庄恩平教授等兄弟院校的众多专家学者参加了会议。对外经济贸易大学校长助理、国际经济贸易学院院长赵忠秀，英语学院院长王立非出席了会议。

开幕式后，彼得·富兰克林教授以商务管理的跨文化互动为主题发言，评价了吉尔特·霍夫斯塔德等著名文化学者在这一议题发展中的影响；乔安娜·拉德万斯卡·威廉姆斯博士从英语辩论的独特视角，就商务教育和交际能力培养问题作了发言；国际商务交流协会亚太地区分会副主席伯莎·杜巴布科克细述了亚洲地区商务交流方向的教学问题，并提出了以国际商务交流协会为基础，建立虚拟的学者与教师交流互动中心的建议。

（对外经济贸易大学科研处供稿）

清华大学人文社会科学学院战略新兴产业研究中心成立暨首届学术研讨会 3月31日，“清华大学人文社会科学学院战略新兴产业研究中心成立仪式暨首届学术研讨会”在丙所会议室召开。研究中心是清华大学人文社会科学学院下属的跨学科研究中心，旨在通过基础研究和教学、社会服务，建设成为我国战略新兴产业研究领域的一流学术重镇、具有重要影响的思想库，以及人才培养的高水平平台。会上，清华大学人文社会科学学院院长李强从资源可持续发展角度论述了我国战略新兴产业发展的战略意义。经管学院教授刘冀生强调了商业模式创新对战略新兴产业发展的重要性。国务院发展研究中心研究员陈剑分析了战略新兴产业发展的趋势和必要性。清华大学人文社会科学学院科技与社会研究所所长吴彤阐述了中心成立的学术意义。研究中心主任吴金希介绍了中心发展规划。与会专家围绕中心的成立，以及低碳经济、产业转型、商业模式创新、国际最新进展、我国宏观政策等问题展开学术交流。北京化工大学等兄弟院校以及企业协作单位的代表参加仪式并致辞祝贺。来自清华大学人文社会科学学院、经管学院、公管学院的30多位师生参加会议。

（清华大学文科建设处供稿）

北大赛瑟（CCISSR）论坛·2011 4月19日，由北京大学中国保险与社会保障研究中心（CCISSR）主办的“北大赛瑟（CCISSR）论坛·2011（第八届）”以“‘十二五’·新挑战：经济社会综合风险管理”为主题，在北京大学隆重举行。在大会第一阶段，中国保监会主席吴定富、人力资源和社会保障部副部长胡晓义分别以“‘十二五’·保险业的新机遇、新挑战：经济社会综合风险管理”“‘十二五’时期中国社会保障体系建设面临的挑战和对策”为题，发表了大会主旨演讲。在大会第二阶段，中国保险学会会长罗忠敏，阳光保险集团股份有限公司董事长兼总裁张维功，中国人民健康保险股份有限公司总裁李玉泉，北京大学经济学院院长、CCISSR主任孙祁祥分别就“创新社会管理”“提升保险社会责任，成就综合风险管理”“强化风险管控，推动健康保险持续健康发展”“综合风险管理：‘十二五’的新命题”等为题，发表了大会主题演讲。来自不同领域的演讲嘉宾从不同角度对“十二五”期间中国经济社会发展面临的风险和风险管理问题进行了深入探讨，引起了参会代表的强烈反响和广泛好评。当日下午，北大赛瑟论坛专题学术研讨会举行。来自高等院校、科研院所和业界的30余篇入选论文的作者分别在六场学术研讨会上宣读了自己的论文，并就相关问题与各位与会者进行了交流和讨论。一年一度的“北大赛瑟（CCISSR）论坛”是国内保险与社会保障领域一项重要的学术活动，到2011年已经连续举办了八届。自2003年北大中国保险与社会保障研究中心（CCISSR）成立以来，该中心以搭建政产学交流沟通平台、推进理论研究与知识创新为宗旨，通过举办一系列学术研究和交流活动，为中国保险业发展和社会保障制度改革作出了积极的贡献。

（北京大学社会科学部供稿）

第七届中国民营企业投资与发展论坛 4月22日，由北京大学民营经济研究院、全国工商联宣教部共同主办的“第七届中国民营企业投资与发展论坛”在北京大学百年讲堂举行。本次论坛的主题为“转变·民营企业家的责任”。来自政府、学术界、企业界的嘉宾围绕当前经济发展的热点问题及民营企业应承担的社会责任展开了热烈讨论，2000多位来自全国各地民营经济领域的相关人士参加了本次论坛。

（北京大学社会科学部供稿）

第二届亚洲政策论坛：东亚货币政策 4月22日，由中国人民大学和日本一桥大学联合主办、中国人民大学经济学院承办的“第二届亚洲政策论坛：东亚货币政策”在中国人民大学逸夫会堂举行，来自中国、日本、韩国及中国香港和台湾地区的20余位学者参加了会议。

论坛开幕式由中国人民大学经济学院院长杨瑞龙教授主持。中国人民大学常务副校长袁卫教授和一桥大学校长山内进教授出席并在开幕式上分别致辞。主题演讲单元由日本一桥大学经济研究所北村行伸教授、中国人民大学经济学院郑超教授、韩国延世大学经济系郑甲泳教授、中国台湾政治大学财政系主任林其昂教授分别发表了题为Monetary Policy in Japan, Rules and Effects of China’s Monetary Policy, Green Spending, Environmental Sustainability and Optimal Taxation, 和 Interest Rate versus Exchange Rate Policyin EastAsia 的主题演讲。日本一桥大学副校长小川英治教授进行了点评。

论坛第一单元的主题讨论由中国香港科技大学经济系主任雷鼎鸣教授主持。王晋斌教授、卢获教授和韩国汉阳大学经济金融学院院长朴大槿教授分别发表了题为 A Note on the Defensive Orientation of the Renminbi Exchange Rate Policy, What Hinders Cross-Border Portfolio Investment in East Asia?, 和 “Global Imbalances”: The Nature and Implications of China’s Trade Surplus 的学术演讲。韩国延世大学经济系 Taeyoon Sung 副教授进行了点评。

论坛第二单元的主题讨论由韩国庆北大学经济学院副院长金熙镐教授和中国香港科技大学经济系主任雷鼎鸣教授分别发表了题为 Risk and the Interest Parity in China and East Asian Capital Markets 和 The Future of Hong Kong’s Currency Board 的学术演讲。日本一桥大学经济研究所北村行伸教授进行了点评。

（中国人民大学科研处关晓斌供稿）

第十三届全国政治经济学研讨会　4月27日，由北京工商大学经济学院承办的“第十三届全国政治经济学研讨会”在北京召开，本次研讨会的系列论坛也正式启动。收入分配问题研究分论坛于27日晚在阜成路校区综合楼715进行。中国社会科学院经济研究所王振中、清华大学蔡继明、南开大学经济研究所柳欣、辽宁大学张桂文、浙江财经学院周冰等本次研讨会专家与北京工商大学院教师、研究生40余人共话我国收入分配问题。蔡继明教授分析了我国收入分配问题不平等的表现及对策。他认为，我国收入分配问题表现在国民收入中居民收入比重偏低、劳动收入比重过低和劳动者之间的收入不平等等方面；而收入分配方面公平不等于平等，收入差距过大的不均等导致了消费的畸形发展，穷人的边际消费倾向很高，富人则与之相反。同时，政府在二次分配与转移支付中进一步扩大了收入差距，因此要从政治制度改革、加快城市化建设等方面探索解决出路。周冰教授则关注收入差距过大的过程是如何转变的及转变的原因。他认为，国民收入分配格局的变化、工资改革、二次分配与政府转移支付是拉大了收入差距的原因。柳欣教授认为，要理解收入分配问题首先要理解资本主义的实质，理解货币的功能与作用。一国政府必须保证货币供应量的稳定，且政府熨平经济周期波动的做法很有可能是使得收入差距拉大的重要原因，通货膨胀对普通低收入居民来说可能是有利的。

房地产与通货膨胀研究分论坛于28日晚在良乡校区文二楼304教室进行。社会科学院经济研究所钱津教授和南京大学商学院经济学系葛杨教授与我校近400余名本科生共话房地产业和通货膨胀问题。葛杨教授阐述了城市化进程中的中国房地产业发展的怪圈形成的原因及解决路径。他认为，宏观调控的被动性、短期性和波动性，快速城市化的放大作用，土地财政的扩大作用，利益群体的形成，普遍性的投机行为及商品房、保障房供给结构的失衡拉大了房地产发展的怪圈。走出怪圈的路径在于调整财税体系、保持政策稳定、优化产业结构、提高百姓收入、落实住房保障和深化市场体系。钱津教授发言的主题为“中国的价格上涨不是通货膨胀”。他认为中国的物价上涨是好事，这表明了中国正在工业化的腾飞阶段，而工业化的腾飞要求物价的上涨则是国际化、市场化和价格刚性的需要。钱教授特别指出，当前CPI上涨及物价总水平的持续上涨就意味着通货膨胀的论点是错误的，通货膨胀的本质是货币超额发行，然后导致的物价上涨，而反过来则是物价上涨导致了银行多发行货币，这两者之间代表着不同的机制和路径。当然，价格上涨必然导致货币贬值，但他认为这样的货币贬值不同于通货膨胀时的货币贬值，至于货币贬值的原因是因为我国进入了虚拟货币的时代。在主题发言结束后，两位专家积极回答了同学们提出的各种问题，本次论坛在热烈的掌声中结束。第十三届全国政治经济学研讨会系列论坛获得了圆满成功。

（北京工商大学科研处供稿）

2011·经济全球化与工会国际论坛　4月27日，“2011·经济全球化与工会国际论坛”开幕式在北京举行。全国人大常委会委员长吴邦国出席论坛并致辞。

吴邦国首先代表中国政府和人民对论坛的成功召开表示热烈祝贺，向与会各国工会朋友表示热烈欢迎。他强调，转变经济发展方式是一场深刻变革，与广大劳动者密切相关。一是转变经济发展方式离不开劳动者的积极参与。我们始终坚持尊重劳动、尊重知识、尊重人才、尊重创造的方针，充分发挥和尊重劳动者的首创精神，充分调动劳动者积极性、主动性和创造性。大力发展社会主义民主，从各个层次、各个领域扩大公民有序政治参与，坚持和完善企业职工代表大会制度，实行民主选举、民主决策、民主管理、民主监督，依法保障劳动者的知情权、参与权、表达权、监督权。积极开展各种形式的社会主义劳动竞赛，鼓励和支持广大职工立足本职岗位、争创一流业绩，争当锐意改革创新的先锋和推动科学发展的楷模。二是转变经济发展方式离不开劳动者素质的普遍提高。我们深入实施科教兴国战略和人才强国战略，充分发挥科技第一生产力和人才第一资源作用，推动发展向主要依靠科技进步、劳动者素质提高、管理创新转变。三是转变经济发展方式离不开劳动者权益的有效保障。我们始终坚持以人为本、执政为民，把保障和改善民生作为加快转变经济发展方式的根本出发点和落脚点，切实维护广大劳动者的合法权益，积极构建和谐劳动关系。制定了《劳动法》《就业促进法》《劳动合同法》《劳动争议调解仲裁法》《社会保险法》《安全生产法》《工会法》等一大批法律法规，并通过执法检查等方式督促行政机关、审判机关、检察机关切实做到有法必依、执法必严、违法必究。大力实施积极的就业政策，改善就业环境，提高就业质量，让广大劳动者实现体面劳动；积极推进职工工资集体协商制度，建立职工工资正常增长机制和支付保障机制，实行最低工资保障制度，不断增加劳动者特别是一线劳动者的劳动报酬；建立健全涵盖养老、医疗、失业、工伤、生育等在内的社会保险制度，解除广大劳动者的后顾之忧；着力解决拖欠职工工资、职业病防治、安全生产等劳动者普遍关注的突出问题，妥善处理各方面的利益关系，形成企业与职工共建共享共赢的良好局面。

吴邦国表示，中国党和政府一贯高度重视工会的地位和作用，支持工会依照法律和章程独立自主地开展工作，充分履行维护劳动者合法权益的神圣职责。希望各国工会组织进一步扩大交往、增进友谊、加强合作，共同推动发展互相尊重、友好合作、民主和谐的国际工会关系。

全国人大常委会副委员长、中华全国总工会主席王兆国主持开幕式。中华全国总工会副主席、书记处第一书记王玉普等参加会议。

（参见《人民日报》2011 年 4 月 28 日第 1 版）

北京马克思主义经济学青年论坛　5 月 4 日，由中国社会科学院马克思主义研究院马克思主义原理研究部和经济社会发展研究中心发起设立的“北京马克思主义经济学青年论坛”在北京举行第一次研讨会，来自 10 余所在京科研机构和高等院校的青年学者共 50 余人出席会议。与会代表围绕中国经济学现代化、国有企业的改革与发展、马克思主义经济学的教学改革等主题展开研讨。大家一致认为，如何从理论上更好地揭示和说明当前世界体系和国内建设所遇到的各种问题，把握未来的发展趋势，需要我们以马克思主义的立场观点和方法，深刻总结历史经验，实现马克思主义理论的创新与发展。卫兴华、程恩富在贺词中希望北京马克思主义青年经济学论坛成为团结青年学者、加强学术交流与合作、扩大马克思主义经济学在青年中的影响和进一步推进中国经济学现代化的平台。

（参见《光明日报》2011 年 5 月 17 日第 11 版）

第二届贸易强国论坛　由商务部支持、北京工商大学与中国商业经济学会、首都流通业研究基地联合主办的“第二届贸易强国暨‘十二五’贸易结构优化与升级研讨会”在北京召开。我国著名商业专家、中国人民大学教授黄国雄，著名流通政策专家、全国政协委员、原商务部部长助理黄海，商务部政策研究室副主任王子先出席会议。商务部研究院、首都经贸大学、北京工商大学、南京财经大学、广东商学院、湖南商学院、山西财经大学、北京劳动保障职业技术学院、郑州航空工业管理学院、北京财贸职业学院、河南商业高等专科学校、北京市工商局廊坊分局、《财贸经济》《中国商贸》《中国市场》《北京商报》、中国商品交易市场等单位的人员共 80 多人参加了此次论坛活动。

北京工商大学副校长李朝鲜致辞。他认为，流通产业在贸易结构中处于重要地位，如何实现贸易强国，人才培养是关键，人才的培养需要通过贸易经济的相关专业来完成。首先，人才培养的目标和模式要明确，模式中课程的设计要体现现代化。其次要处理好几个关系：（1）处理好基础课和专业课之间的关系。（2）处理好必修课与选修课之间的关系，要注重选修课的安排。（3）处理好理论教学与实践教学之间的关系，要适应流通的要求，发展实践教学。（4）处理好传统课程与新兴课程之间的关系。总之，只有通过人才的培养才能实现真正的贸易强国。

黄海政协委员提出：我国向贸易强国转变，应注重 8 个方面：（1）转变流通理念。（2）完善流通体系。（3）发展服务消费。（4）优化流通布局。（5）推广先进技术。（6）培育市场主体。（7）倡导低碳流通。（8）重建商业诚信。

中国农产品协会会长张玉玺、超市发集团总公司李燕川、百衣网总裁徐斌等企业家参加会议并演讲。开幕式后由北京工商大学经济学院杨德勇院长、李书友副院长、洪涛教授分别主持了三个阶段的论坛，并举行了贸易经济主任、院长对话活动。专家、教授、代表集中探讨了我国在成为贸易大国后，如何由贸易大国向贸易强国跨进过程中的结构调整与发展方式转换的问题，研究了为贸易强国培养多层次、多规模、复合型的贸易人才队伍问题。研讨会上有 28 位专家发言，收到论文 36 篇。

（北京工商大学科研处供稿）

国际经济和金融学会（中国）2011 年国际学术会议

5 月 21—22 日，“国际经济和金融学会（中国）（IEFS China）2011 年国际学术会议”在对外经济贸易大学成功举办。本次大会是经济学领域里具有世界级水平的学术会议，共有 100 多位国内各高校学者及国际学者参加。本次大会邀请了20多位世界级经济学家参会，其中包括三位世界顶级经济学家作为主题演讲者：新新国际贸易理论的开创人之一、跨国公司与FDI理论研究的权威James R. Markusen教授，著名的Eaton-Kortum模型创始人、宏观与微观贸易理论领军人物Jonathan Eaton教授，加州大学圣克鲁兹分校的首席国际金融经济学家、排名世界前十的经济学大师Joshua Aizenman教授。国际经济和金融学会（中国）及其年会将对外经济贸易大学的国际经济学研究，尤其是国际贸易学研究提高到国际水平，并提升了该校国际贸易研究在亚洲地区的地位，进而将此学会打造成为国际贸易世界级的研究中心。通过建立IEFS（China）和筹建三次年会，对外经济贸易大学为中国高校的国际经济研究搭建了一个高端学术平台，使我国学者可以与国际最著名和最活跃的国际贸易大师及专家建立起一种可持续的良性互动学术联系。

本次大会的开幕式由国际经济贸易学院国际贸易学系殷晓鹏主任主持，对外经济贸易大学林桂军副校长、国际著名经济学家Eric Bond、Eden Yu分别代表对外经济贸易大学、IEFS和IEFS China致开幕词，对外经济贸易大学校长助理、国际经济贸易学院院长赵忠秀致闭幕词。

（对外经济贸易大学科研处供稿）

第三届中国与拉美国家经贸关系国际研讨会 5月27日，由对外经济贸易大学区域国别研究所主办、经贸学院和国际经济研究院协办的“第三届中国与拉美国家经贸关系国际研讨会”在该校召开。参加此次会议的有来自阿根廷2月3日国立大学、国立罗萨里奥大学，墨西哥国立自治大学、蒙特雷理工学院，智中青年大学生发展促进协会等大学和机构等，以及商务部、中国社会科学院拉美研究所和我校区域国别研究所拉美研究中心、国际经贸学院、国际经济研究院等30多位国内外学者。智利驻华大使路易斯·施密特·蒙特斯、阿根廷外交部内阁参事米盖尔·阿尔弗雷多·贝约索大使、智利文化参赞卡洛斯·马琳、墨西哥商务参赞阿利·本·萨克斯·冈萨雷斯、多米尼加驻中国代表处代表罗莎·柏艾丝等外交人员应邀出席了研讨会开幕式。

研讨会开幕式由外经贸大学副校长林桂军主持，施建军校长、智利大使先后在开幕式上致辞。研讨会分三个单元进行，分别由外经贸大学区域国别研究所副所长兼拉美研究中心主任赵雪梅教授、经贸学院副院长洪俊杰教授、国际经济研究院副院长庄芮副研究员主持。十几位中外学者分别就中拉相互投资及面临的主要问题、中拉科技合作潜力、中拉双边经贸关系的发展趋势、中国与美国在拉美市场上的竞争、中国和拉美国家在全球经济治理和区域一体化中的合作等主题做了精彩发言。

（对外经济贸易大学科研处供稿）

深化垄断行业改革与反垄断高层论坛 5月28日，由首都经济贸易大学、中国工业经济杂志社、山东大学反垄断与竞争政策研究中心、哈尔滨商业大学、浙江财经学院、江西财经大学联合主办，首都经济贸易大学工商管理学院具体承办的“深化垄断行业改革与反垄断高层论坛”在北京召开。来自国内高校和科研院所的70余名专家学者参加了论坛，共商当前深化我国垄断行业改革和反垄断问题。

首都经济贸易大学工商管理学院对国有企业改革这一重要领域极为关注，以郑海航教授为带头人的“国有资产管理体制改革”和戚聿东教授为带头人的“深化垄断行业改革”等研究团队与会。此次论坛是基于戚聿东教授主持的国家社科基金重大项目“贯彻落实科学发展观与深化垄断行业改革研究”而举办的一次研讨会。此次论坛为垄断行业改革的研究搭建了交流的平台，专家学者提出了大量的新视角、新内容、新观点、新方法，为中国经济改革与发展献计献策，对于加快推进和深化我国垄断行业改革而言意义重大。

（首都经济贸易大学科研处张嘉艳供稿）

中国经济发展高层论坛 6月1—3日，由教育部人文社会科学重点研究基地——中国精算研究院承办的“中国经济发展高层论坛暨2011年度教育部人文社会科学重点研究基地（经济类）联谊会”在中央财经大学举行。教育部社科司副司长张东刚教授、社科司规划处处长何健莅临指导，来自北京大学、复旦大学、浙江大学等全国各大高校20多家教育部人文社会科学重点研究基地的主任及专家学者近百人出席了论坛。本次论坛以“发展和民生”为主题，共收到中英文征文近40篇。复旦大学世界经济研究所所长华民教授、对外经贸大学中国世界贸易组织研究院院长张汉林教授、河南大学黄河文明与可持续发展研究中心副主任刘东勋教授以及中央财经大学中国精算研究院兼职教授、美国乔治亚州立大学终身教授王树勋博士等专家，分别以“中国通货膨胀的成因及其治理”“经济全球化背景下我国积极参与国际秩序重构和实现国家安全”“产业集群的知识利用机制”和“用社会科学指导金融风险研究”为题，作了精彩的学术报告。此外，专家学者还就经济发展中的其他热点问题进行了探讨。

（中央财经大学科研处供稿）

中国—南部非洲发展共同体经贸论坛 6月5日，“中国—南部非洲发展共同体经贸论坛”日前在北京举行，南共体轮值主席、纳米比亚总统波汉巴出席论坛并发表主旨演讲，双方近200位官员和企业家出席论坛并举行对口洽谈，双方还签订了合作谅解备忘录。

南共体成立于1980年，成员包括安哥拉、博茨瓦纳等15个国家，面积987万平方公里、人口2.5亿。2010年中国与南共体贸易总额达615亿美元，占中非贸易额的48.4%，中国已成为南共体最大贸易伙伴；中国对南共体投资超过99亿美元，已成为南共体重要投资来源国。

（参见《人民日报·海外版》2011年6月7日第2版）

第十三届企业信息系统国际学术年会　6月9—11日，北京交通大学在该校召开“第十三届企业信息系统国际学术年会”。出席会议开幕式的嘉宾有澳大利亚学术专家 Yannis Phillis 和 Jianwen Chen、德国学术专家 Markus Schief、西班牙学术专家 Miguel Merino、Greece 专家 Leszek A. Maciaszek、Netherlands 的专家 Harold Krikke，以及北京交通大学副校长刘峰先生、用友公司执行总裁李友先生、助理总裁蒋骏先生等国内外企业家、专家和学者。会议由北京交通大学副校长刘峰先生致辞。用友公司执行总裁李友先生以“聚合产业效应，用友软件引领迈向云端企业”为题进行演讲。北京交通大学李学伟教授和中国工程院院士徐寿波教授分别做了主题为“以人为本的信息技术与智能系统”的学术演讲，并与在场国内外企业家、学者共同探讨管理信息化问题。本次大会以信息化为主要研究领域，是用友首场具有国际水准的信息化研究会议，也是近年来企业信息系统国际最新研究成果的近距离感知。350人参加会议。

（北京交通大学人文社科办公室供稿）

物流信息化与服务科学国际学术会议　6月9—11日，由北京交通大学主办的“物流信息化与服务科学国际学术会议”在该校召开。北京交通大学经济管理学院信息管理系主任、北京交通大学信息管理与技术国际研究中心主任张润彤教授主持大会开幕式。北京交通大学副校长陈峰教授代表学校致欢迎词。Reading 大学 Kecheng Liu 教授报告了大会的组织情况。INSTICC 主任 José Cordeiro 教授，用友执行总裁李友先生分别致辞。中国工程院院士徐寿波教授、希腊 Technical University of Crete 校长 Yannis A. Phillis 教授、奥地利 Alpen-Adria 大学校长 Heinrich C. Mayr 教授、拉脱维亚 Riga Technical 大学校长 Janis Osis 教授等10多位特邀嘉宾出席开幕式。出席开幕式的还有：电子工业出版社副社长王传臣编审、北京交通大学外事处处长徐宇工教授、科技处副处长叶龙教授、经济管理学院副院长、大会主席之一张真继教授等，共有400人到会。本次会议共有7个特邀大会主题演讲嘉宾：中国工程院院士、北京交通大学徐寿波教授，“长江学者”、北京交通大学特聘教授许立达教授，用友执行总裁郑雨林先生，希腊 Technical University of Crete 校长 Yannis A. Phillis 教授，波兰 Wroclaw University of Economics 的 Leszek A. Maciaszek 教授，荷兰 Tilburg University 大学的 Harold Krikke 教授和英国 Reading University Kecheng Liu 教授。学者们围绕物流、信息化与服务科学中的服务及物流设计，创新、营销、运作及工程，信息技术、信息系统及其相关应用，服务业等主题进行了广泛的学术交流与探讨。

（北京交通大学人文社科办公室供稿）

中国经济增长与周期论坛·2011　6月11—12日，由中国经济增长与周期研究中心、中国社会科学院经济研究所、首都经济贸易大学、香港经济导报社等单位联合主办的“中国经济增长与周期高峰论坛·2011”在北京举行。中国经济增长与周期高峰论坛已经连续成功举办了五届，本届论坛的主题是“后危机时代中国经济可持续繁荣暨中国城市生活质量指数发布会”。与会专家学者来自国内外宏观经济管理部门和高等院校。《人民日报》香港《经济导报》等国内著名媒体报刊对会议进行了综合报道，中国网、中国证券网全程直播了会议实况。

与会专家与学者对中国经济运行的基本特征、未来宏观经济形势及面临的主要问题、内外经济环境，成功实现经济转型的动力和面临的主要约束进行了充分探讨。专家们认为，2011年和“十二五”时期，中国将进入一个新的周期适度增长区间，但继续增长的空间不大。稳定物价涉及民生、关系全局、影响稳定。中国宏观调控的侧重点是使经济走稳，主要是防止经济从偏快转向过热。

同时，中国经济增长与周期研究中心还发布了全国30个省会城市的生活质量调研报告，公布了生活质量指数。调研报告表明，快速经济增长和居民的生活质量存在一定的反差。这一调研结果进一步说明了，保证居民分享经济增长的收益，提高经济增长质量，保证宏观经济政策有效施行的必要性和紧迫性。

（首都经济贸易大学科研处张嘉艳供稿）

服务·管理·创新——后危机时期中小商业银行管理创新与中小企业金融服务论坛　6月15日，由中央财经大学与中国银行业协会、中国中小企业协会、金融时报社、银行家杂志社和包商银行共同举办的“服务·管理·创新——后危机时期中小商业银行管理创新与中小企业金融服务论坛”在中央财经大学召开。国务院参事任玉岭先生、国务院发展研究中心金融研究所所长夏斌先生、中国银行业协会专职副会长杨再平先生、银监会监管二部主任肖远企先生、国家发改委金融处刘健钧先生、金融时报社副总编辑傅勇先生、中国中小企业协会副秘书长陈鲁阳先生、包商银行行长王慧萍女士等出席了论坛开幕式并演讲，中央财经大学史建平副校长主持了论坛开幕式。来自包括中小商业银行、各类中小企业金融服务机构以及高校研究机构在内的近100家机构共180余名代表，共同围绕中小银行管理创新与中小企业金融服务主题展开了广泛交流和深入研讨。与会专家一致认为，后危机时期将是中小商业银行发展的关键时期，在复杂的经济金融环境中，中小商业银行更应坚持为地方经济、中小企业、市民百姓服务的市场定位，练好内功，齐心协力，锐意进取，在实现自身发展的同时，为实现经济发展方式转变和经济结构转型做出应有的贡献。

（中央财经大学科研处供稿）

区域金融论坛　6月16日，首都经济贸易大学金融学院与北京市国际金融学会在北京国际会议饭店联合举办“区域金融论坛”。来自北京市金融业界及学界的180余位嘉宾出席了会议。会议由北京市国际金融学会秘书长贾墨月教授主持。

首都经济贸易大学金融学院院长谢太峰、中国人民大学财政金融学院副院长赵锡军教授、中国人民银行北京营业管理部副主任单强、中国工商银行北京市分行副行长龚萍、中国建设银行北京市分行龚毅等就北京市金融生态环境、北京市金融业务发展动向、北京市产业结构调整对商业银行经营的影响等专题发表演讲。与会学者及北京地区各金融机构负责人等围绕着北京市区域金融发展开展了热烈的研讨。本次论坛受到了北京市金融机构及学界的广泛关注。会议研讨成果对于北京市发展现代金融服务业，建设国际金融中心均有一定的参考价值。

（首都经济贸易大学科研处张嘉艳供稿）

2011年消费者研究学会亚太会议　6月16—18日，“2011年消费者研究学会亚太会议”在中国人民大学隆重召开。本次会议由消费者研究学会主办，中国人民大学商学院承办，会议的主题是“Linking Cultures, Concepts & Continents ”。

出席会议的嘉宾有：2011ACR-AP会议主席，美国亚利桑那大学营销系主任Linda Price教授、罗德岛大学人类发展与家庭研究所肖经建教授，消费者研究学会主席、美国伊利诺伊州大学Sharon Shavitt教授，加拿大约克大学Russell Belk教授，中国香港中文大学副校长许敬文教授以及Galaxy Group China中国区经理Leo Yeung博士。

来自美国耶鲁大学、亚利桑那大学、伊利诺伊大学、美国东北大学、北卡罗琳那州立大学、俄亥俄州立大学，加拿大约克大学、皇后大学、麦吉尔大学，澳大利亚悉尼大学、莫纳什大学、新南威尔士大学，中国香港中文大学、香港科技大学、香港城市大学、中国人民大学、清华大学、复旦大学和南开大学等国内外营销学界及相关学科的近170名知名学者（其中130名学者来自海外高校），参加了这一学术盛会，共同探讨当前消费者研究领域的热点问题，分享最新的学术研究成果。

（中国人民大学科研处关晓斌供稿）

2011商品流通国际论坛　6月18日，由中国流通30人论坛（G30）主办，首都经济贸易大学承办的“2011商品流通国际论坛”在北京举行。来自中日韩三国知名流通研究机构及重点流通企业的领导、专家学者近100余人参加了此次论坛。

中国流通30人论坛（G30）是国内流通理论界最高规格的论坛，由中国流通30人（G30）主办发起，以学习先进经验、加强国际交流、促进中国流通发展为宗旨。该论坛是各国流通专家交流经验、分享成果的平台，能增强民间友好交流，促进国际贸易和各国的商品流通，推动世界经济健康发展。

本次国际论坛以“城乡一体化进程中的流通体系建设”为主题展开了深入探讨和交流，为中日韩三国的高校、政府主管部门、政策研究咨询机构、流通产业界提供了沟通和交流的平台。论坛就完善城乡商品流通体系、有效打破城乡发展的二元格局，创新资源和利益共享机制，实现城乡经济协调发展提出了一系列思路和建议。

（首都经济贸易大学科研处张嘉艳供稿）

中国留美经济学会2011年会　由中国留美经济学会主办，对外经济贸易大学承办的“中国留美经济学会2011年会”，在对外经济贸易大学宁远楼三层国际会议厅隆重举行。

年会开幕式由对外经济贸易大学副校长林桂军博士主持，对外经济贸易大学党委书记、校务委员会主席王玲，外国专家局教科文卫专家司司长赵立宪，韩国经济学会会长Sung Keun Ha，中国留美经济学会会长王艳灵分别致辞，中国商务部国际贸易谈判副代表崇泉做主旨演讲。会议邀请了200多名国内外知名学者、国际组织官员和国家有关部委领导参加。

开幕式后，诺贝尔经济学奖获得者、普林斯顿高级研究院Eric Maskin博士，北京大学副校长海闻博士主题演讲。两位学者分别以“为何市场全球化没有减少不公平性”与“中国经济转型与社会发展”为题做了精彩的演讲，并回答了现场观众的提问。

会议举行了三场圆桌论坛，60余个分会场分别对“入世十年：中国与世界经济”“中国的医疗卫生改革”“中国农业部门的议题等”热点议题进行讨论。从理论研究、实证检验和政策应用等各个层面研讨了中国在“入世”后对中国经济本身和世界经济的影响，探讨了目前世界经济与贸易中出会现的各种问题和解决办法。

（对外经济贸易大学科研处供稿）

征地制度改革研讨会　6月19日，在世界银行的资助下，中国农业大学中国农村政策研究中心在中国农业大学召开了“征地制度改革研讨会”，国家相关部门负责人和部分专家学者应邀参加了研讨会。

研讨会分集体土地征收的原则性问题和集体土地征收的操作和程序问题两部分，就我国集体土地征收制度的制定原则、公共利益界定、征地补偿措施、征地程序、宅基地征收等问题展开深入讨论。与会的专家学者积极建言，并就一些显著问题及案例进行深度剖析，为进一步完善我国农村土地征收制度提出了许多建设性意见。

（中国农业大学科学技术发展研究院王虹供稿）

欧盟经济前瞻座谈会　6月21日，北京外国问题研究会欧洲研究中心邀请欧盟驻华使团经济与金融处一等参赞梅兰德女士，就欧洲主权债务危机相关问题在北京进行座谈。裘元伦副会长、杨书民秘书长、欧洲研究中心王熙敬副主任及十余名研究人员参加了此次活动。

梅兰德参赞以《金融危机后欧盟经济前瞻》为题做了主题发言，着重介绍了欧盟各个成员过经济现状及经济复苏良好势头。在介绍欧盟应对债务危机办法时，梅兰德参赞向与会人员表达了她对欧盟经济复苏的坚定信心。与会中方学者对梅兰德参赞的报告及相关解答报以热烈掌声。

座谈会上，与会学者还就欧盟对希腊、爱尔兰、葡萄牙等国金融援助提出的硬性条件，以及《欧盟增长2020战略》等问题与梅兰德参赞交换了观点和意见。双方就共同关注的问题进行了热烈讨论。裘元伦副会长最后发言，认为本次座谈活动促进了该会欧洲研究中心对欧洲经济现状的研究，并代表欧洲研究中心欢迎梅兰德参赞再来北京外国问题研究会报告交流。

（北京外国问题研究会秘书处胡晓芳供稿）

预算监督工作研讨会　6月24日，北京市人大常委会和北京市政府在北京共同召开“加强人大预算监督工作，推进预算绩效管理制度建设研讨会”。会上，市人大常委会预算工委、市人大财经委员会委员、市人大常委会预算监督顾问、市人大、区县人大等不同方面的代表就如何进一步加强人大预算监督工作，推进预算绩效管理制度建设，探索建立符合公共财政要求、责权利相统一、注重资金使用效率的财政预算管理制度进行研讨。通过研讨，进一步推进预算监督工作“一个目标、三个结合”，即：围绕推动建立科学、民主、依法的财政预算管理制度，确保财政资金规范运行和有效使用的目标，把对预算编制、调整、执行的监督与预算资金使用绩效的监督结合起来，把加强人大监督与促进政府内部监督结合起来，把解决问题与促进制度建设结合起来思路的落实，把深化人大预算监督工作和市政府建立预算绩效管理制度工作统一协调起来，推动本市预算绩效监督和管理工作从部门扩大到整体、从工作层面上升到制度层面。一是推进绩效审计和信息公开。二是推进问效问责。三是推进财政体制改革和预算绩效管理制度建设。

（北京市人大常委会研究室供稿）

2011年首届环北京都市圈城市发展峰会　6月24日，由《新京报》等单位主办的“2011年首届环北京都市圈城市发展峰会”在北京举行。峰会以“共同发展、和谐多赢”为主题，为加快环首都经济圈产业建设吹响号角。

按照环首都经济圈建设规划，北京周边十余个区县将建成高层次人才创业园区、科技成果孵化园区、新兴产业示范园区和现代物流园区。据了解，环京津地区高新产业发展迅速，现已形成聚集高新技术产业的省级以上园区39个，其中国家级高新技术产业基地15个。

专家表示，在城市功能布局集中的形势下，目前北京面临着周边产业层次低、能源资源紧张和污染负荷大等难题。为承接北京产业转移，河北省计划建成3个百万人口城市和7个中等城市，重点发展高新技术产业、文化创意产业、会展与服务外包产业，以及生态观光旅游等新兴产业，并发挥自身的生态和土地资源优势，引进人才，完善区域配套，提高京津冀区域的整体竞争力。

（参见《光明日报》2011年6月25日第4版）

第二届全球智库峰会　6月25日，“第二届全球智库峰会”在北京举办。中国国务院副总理李克强出席峰会开幕式并发表演讲。他强调，国际社会应进一步加强合作，完善和创新全球经济治理，促进世界经济强劲、可持续、平衡增长和各国共同发展。

李克强就完善全球经济治理提出五点看法。

第一，加强全球经济治理对世界经济发展十分重要。国际金融危机的爆发，暴露了国际金融体系存在的缺陷，也揭示了全球经济治理的不足之处。为提高经济危机防范能力，需要各国继续同心协力、加强合作，完善和创新全球经济治理。在机制建设中，应遵循相互尊重、集体决策的原则，增加新兴市场国家和发展中国家的代表性和发言权。中国作为世界上最大的发展中国家，愿意与其他国家共同应对全球性挑战、共同分享发展机遇，促进国际经济秩序朝着更加公正合理的方向发展。

第二，完善财政金融体系是消除金融危机根源的关键之举。目前，导致危机的一些深层次矛盾尚未根除，国际社会应加强对金融创新、资本流动的监管，保持主要储备货币流动性合理稳定，推动建立公平、公正、包容、有序的国际货币金融体系。

第三，实现经济健康复苏需要警惕全球性通胀风险。面对全球性通货膨胀等挑战，单靠个别国家努力远远不够，需要各国相互沟通，加强宏观经济政策的协调，既恢复和保持经济增长，又抑制和减轻通货膨胀。

第四，推动经济持续发展必须坚持全球化与自由贸易。贸易自由化是世界经济发展的重要引擎，也是全面复苏的必要条件。国际社会应坚持经济全球化方向，坚决反对和抵制贸易投资保护主义，推动建立均衡、普惠、共赢的多边贸易体系，使自由贸易的好处为各国人民所共享。

第五，缩小南北发展差距是促进世界持久繁荣的根本措施。国际社会应提升南北问题在全球议程中的地位，把支持欠发达国家作为促进世界经济平衡的重要任务，为之提供更多的经济资源、更好的制度保障，提高其自我发展能力。

李克强还介绍了中国“十二五”规划纲要实施的要点和正在编制重点专项规划。他指出，未来五年，中国将围绕科学发展、加快转变经济发展方式，处理好保持经济平稳较快发展、调整经济结构、管理通胀预期的关系，立足当前、着眼长远，促进经济长期平稳较快发展与社会和谐进步。我们将保持经济平稳运行，致力于扩大国内需求，着力推动绿色发展，协调经济和社会发展，进一步深化改革开放，全面推进各领域改革，实行更加积极主动的开放战略，使转变经济发展方式贯穿于经济社会发展的全过程和各领域。这不仅造福于中国人民，而且会给各国发展带来机遇。

中国国际经济交流中心理事长曾培炎主持开幕式，蒋正华、唐家璇、徐匡迪出席开幕式。

美国前国务卿基辛格、英国前副首相普雷斯科特、波兰前副总理科沃德克等外方嘉宾出席开幕式并在会上发言。

中国国务院有关部门负责人、外国前政要、有关国际组织负责人、中外智库代表、中方企业代表等500多人出席开幕式。

第二届全球智库峰会由中国国际经济交流中心主办。峰会主论坛的议题是“全球经济治理：共同责任”，分段讨论“经济形势与通胀治理”“G20与国际货币体系改革”问题。峰会的四个分论坛分别聚焦“能源安全与核能”“产业转移与重构”“资本流动与投资环境”“全球经济治理与智库作用”等问题。

（参见《光明日报》2011年6月26日第3版）

第十二届中国与世界经济学术研讨会 6月26日，由美国国家经济研究局（NBER）和北京大学中国经济研究中心（CCER）联合举办的“第十二届中国与世界经济学术研讨会”在北京大学国家发展研究院举行。多名来自美国的经济学家，包括国际货币基金组织前首席经济学家、麻省理工学院 Simon Johnson 教授、哈佛大学 Richard Freedman 教授、芝加哥大学 Eric Hurst 教授、威斯康星大学麦迪逊分校 Kenneth West 教授和哥伦比亚大学魏尚进教授，与来自北京大学国家发展研究院、清华大学经济管理学院等国内其他高校的经济学者就许多经济热点问题进行了深入的对话和交流。

美国国家经济研究局创立于1920年，是一个民间的、非盈利性、非党派性研究机构，其宗旨是促进对经济运作更深的理解。历史上，美国国家经济研究局曾有四人获得诺贝尔奖，三人担任美国经济顾问委员会主席。今天，该局已经成为美国最主要的经济研究机构。目前，美国国家经济研究局拥有逾300名副研究员和150名研究员，他们都是美国或其他国家知名大学的经济学或商学教授。自1998年以来，北京大学中国经济研究中心（CCER）和美国国家经济研究局（NBER）每年联合举办一次研讨会，至今共举办了十二届，2003年由于非典的影响停办一届。这一会议已经成为美国经济学家了解中国经济的重要窗口，中美经济学家及相关政府部门代表就中国经济改革和发展相关问题进行交流探讨的重要平台。现任美国联邦储备委员会（美联储）主席本—伯南克也是NBER-CCER年会专家，曾经在2002年6月参加第五届年会并发表演讲。

（北京大学社会科学部供稿）

第八届中国数据挖掘与商业智能研讨会暨海峡两岸应用统计研讨会 7月1日，由首都经济贸易大学、中国人民大学和中华资料采矿协会主办的“第八届中国数据挖掘与商业智能研讨会暨海峡两岸应用统计研讨会”在北京举行。与会专家、学者来自耶鲁大学、中国人民大学、中央财经大学、台湾辅仁大学、厦门大学、台湾中央研究院、零点调查公司、麦肯锡咨询中心等高校和研究机构。

上午，与会专家学者对中国目前数据挖掘的现状及其在商业领域中的应用发表了主题演讲。他们分别从统计应用的各个前沿方向及领域进行了数据挖掘和商业智能的报告。报告精彩而让人记忆犹新，引起参会者的强烈反响和热烈讨论。会议采取分组研讨，研讨的主题分别是数据挖掘理论研究，商业、经济、金融等领域的数据挖掘，数据挖掘在生物医药、交通、能源等领域的应用，应用统计与市场调查。通过充分的讨论与交流，大家对当前数据挖掘的前景及其在商业智能中的应用都表示充满期待，也感受到了浓厚的学术气息。

（首都经济贸易大学科研处张嘉艳供稿）

第八届国际商务与亚太经济发展国际研讨会　7月2日，“第八届国际商务与亚太经济发展国际研讨会”（Annual Conference and Research Symposium ‘Emerging Trends in Global and Trade: Treading the Path Towards sustainability）在对外经济贸易大学隆重举行。来自美国、韩国、日本、中国等国的50余位学者、专家及该校部分博士生、留学生代表参加了本次会议。对外经济贸易大学副校长赵忠秀教授出席并主持本次会议。学者们就目前国际经济贸易中的热点问题进行了热烈讨论。

（对外经济贸易大学科研处供稿）

2011首都文化创意产业发展论坛　7月13日，由北京市政协、民进北京市委主办的“2011首都文化创意产业发展论坛”开幕。中共北京市委副书记、市政协主席王安顺出席论坛并讲话。

首都文化创意产业发展论坛由北京市政协、北京市文联和北京文化发展基金会于2009年发起创办，旨在搭建一个供政协委员、业内人士与政府主管部门交流探讨的平台，为推动北京文化创意产业持续健康发展探索思路、出谋划策。论坛已于2009年和2010年先后成功举办两届。本届论坛以“机制与政策创新”为主题，重点探讨如何创新文化创意产业机制与政策，进一步促进北京文化创意产业可持续发展等问题。

（参见《北京日报》2011年7月14日第1版）

第四届全国国际贸易实务教学与研究高级研讨会　7月17—18日，“第四届全国国际贸易实务教学与研究高级研讨会暨全国国际贸易实务研究会”在北京国际会议中心举行。研讨会由国际经济贸易学院党委书记、副院长冷柏军教授主持，对外经济贸易大学副校长赵忠秀教授代表主办方致辞。商务部外贸司王受文司长、对外经济贸易大学黎孝先教授分别致辞并演讲。研讨会分别就外贸实务发展、国际经贸合作、研究与论文发表，以及商务模式创新和国际商务学科体系建设等专题开展了广泛深入的交流与探讨。来自全国60余所高校的教师和相关企业界人士130多人参加了研讨会。

研讨会正式宣布成立全国国际贸易实务研究会。全国国际贸易实务研究会的成立，旨在为全国相关领域的教师、企业家、研究人员和政府人员搭建交流平台，为政府部门提供相关领域的决策参考，为从事国际经营的企业提供业务发展的决策支持，也为相关的教学和人才培养提供服务。研究会将逐步发展成为沟通政府、科研机构、企业单位及国内外相关组织的桥梁和纽带，广泛建立国际合作和国际联系，推动国际贸易实务教学和研究以及国际商务学科在国内的发展。

（对外经济贸易大学科研处供稿）

第七届中国总部经济高层论坛　7月29日，由北京市社会科学院、成都市政府和中国城市经济学会联合主办，成都市博览局、成华区人民政府、北京市社会科学院中国总部经济研究中心、北京方迪经济发展研究院联合承办的“第七届中国总部经济高层论坛”在北京隆重举行。中国城市经济学会副会长、中国社科院原副院长龙永枢，北京市社科院党组书记、院长谭维克，市委常委黄建发，市委副秘书长许兴国，市政府副秘书长师江，区委书记、区人大常委会主任何立斌，区委副书记、区长夏先义，区委副书记林丽，区委常委、常务副区长张胜，区委常委、统战部长袁华兵，区人大常委会副主任傅立，副区长赵炳荣，区政协副主席鲜建等出席论坛。参加论坛的还有专家学者、企业负责人以及北京市石景山区、南京市鼓楼区、宁波市江东区、江西省丰城市等40余个总部经济先行区的代表。

（北京市社会科学院科研处供稿）

中国入世十周年：总结与展望研讨会　8月4—5日，由对外经济贸易大学和中国世界经济学会联合举办的“中国入世十周年：总结与展望研讨会”在北京成功举行。30余位国内开放经济领域的顶级专家学者，与外经贸部原副部长、中国加入世贸组织首席谈判代表龙永图和外经贸部原副部长、中国首任驻世界贸易组织特命全权大使孙振宇一起总结和回顾中国加入世贸组织十年来对外开放的成功经验和尚存问题，分析今天对外开放面临的新形势，探讨新形势下对外开放的新任务，把握国家的宏观战略。

对外经济贸易大学赵忠秀副校长和中国世界经济学会邵滨鸿秘书长联合组织了研讨会。与会者围绕“入世与经济开放对中国发展的作用：正面与负面”“对入世后以市场换技术战略的评价及未来产业升级的模式”“如何认识中国入世核心利益的实现及下一个十年的目标”和“对外开放和外汇储备困境及其他”等议题展开了深入的探讨。龙永图部长全面回顾了“入世”谈判的历程，总结了“入世”的成就，解答了对“入世”谈判战略和战术的疑问。

（对外经济贸易大学科研处供稿）

2010年度税收理论研讨会 8月8日，中国国际税收研究会在北京召开“2010年度税收理论研讨会”，学会副秘书长高世星、学术委员韩绍初、王诚尧及郭平壮处长，各有关大学的教授学者，北京各区县局常务理事、理事、理论调研员60余人参加了会议。中国人民大学、首都经贸大学、丰台区地税局、东城区地税局分别作了大会交流发言。会上宣读了优秀理论调研员和获奖论文名单。中国国际税收研究会副秘书长高世星出席会议并讲话。孙振刚会长作大会总结。

（北京市国际税收研究会唐乃清供稿）

中国与欧亚国家经贸关系座谈会 8月30日，北京外国问题研究会俄罗斯研究中心在北京华丰宾馆举办了“中国与欧亚国家经贸关系座谈会”。会议邀请了俄罗斯等11个欧亚国家的33名商贸官员，以及北京外国问题研究会部分欧亚问题专家共同进行座谈讨论。参加此次活动的中方与会人员有：中国驻吉尔吉斯、乌兹别克前大使张志明，中国驻独联体地区前贸易代表陈京宪，中国驻格鲁吉亚前经济参赞周继胜，中国现代国际关系研究院研究员王郦久，新华社高级记者盛世良，中国社科院研究员赵会荣、林跃勤，对外经贸大学教授秦宣仁，中央财经大学教授王国庆等。

座谈会由俄罗斯研究中心孟秀云副主任支持，王郦久研究员在作主题发言时列举了近年来中国与欧亚国家发展经济贸易合作中所取得的丰硕成果以及投资合作中呈现的良好发展态势，强调了中国与俄罗斯及欧亚其他国家在经济发展上的互补性，阐述了在当前世界经济形势下加强合作共同走出危机的重要性。

俄罗斯、白俄罗斯、塔吉克斯坦等国与会官员就发展与中国关系、有关贸易合作政策、合作项目等方面提出了问题。双方与会人员就此展开坦诚而深入的研讨。

（北京外国问题研究会秘书处胡晓芳供稿）

2011农业发展高层论坛 9月10日，由中国农业大学主办的“2011农业发展高层论坛”在校国际会议中心举行，校长柯炳生出席论坛并致辞。

柯炳生在致辞中对参加论坛的代表们表示欢迎。他说，我国农业取得了很大的发展，但是要认识到农业也面临着严峻的挑战，我国的粮食安全形势不容乐观。国家质量技术监督局计量司副司长马纯良做了《食品安全与民生》的报告，嘉吉亚太食品安全总监高岩在报告中介绍了嘉吉公司的情况，并和与会代表分享了嘉吉在食品安全方面的做法。中国农业大学食品学院院长罗云波和MBA教育中心主任付文阁分别做了《食品安全与社会责任》和《A股大农业类上市公司投资研究报告（2011年）兼论食品安全与投资机会》的报告。

本次论坛旨在扩大A股大农业类上市公司的社会影响力，促进我国涉农企业的进一步发展。来自嘉吉投资（中国）有限公司、中国供销农产品批发市场控股有限公司、北京二商集团、北京顺鑫农业股份有限公司、汇福粮油和华都集团等企业的高管参加了论坛，并就企业责任与食品安全进行了探讨。

（中国农业大学科学技术发展研究院王虹供稿）

2011中国国际贸易学会年会暨国际贸易发展论坛

9月16—18日，由中国国际贸易学会、对外经贸大学和北京国际经济贸易学会共同举办，国际经济贸易学院承办的“中国国际贸易学会成立30周年，对外经济贸易大学60周年——2011中国国际贸易学会年会暨国际贸易发展论坛”在对外经贸大学召开。本届论坛的主题为“企业国际化问题”，旨在探讨企业“走出去”面临的机遇和挑战。

论坛的开幕式及颁奖仪式于2011年9月17日上午在对外经贸大学刘銮雄楼学术报告厅举行，中国国际贸易学会王俊文会长和对外经贸大学副校长林桂军教授分别致辞；中国国际贸易学会副会长陈鹏宣读为庆祝中国国际贸易学会成立30周年发来题词、贺信的领导、单位和个人名单；商务部王超副部长在开幕式上作了重要主旨演讲；征文评审委员会副主任、北京国际经济贸易学会副会长储祥银宣读获奖名单并主持颁奖仪式。原外经贸部、原外经部和商务部老部领导魏玉明、程飞、沈觉人、王文东、乌兰木伦、孙振宇、廖晓淇，中国工程院院士、社科院学部委员李京文及著名专家、学者和企业家600多位来宾出席了开幕式。会议由中国国际贸易学会副会长兼秘书长刘宝荣主持。

（对外经济贸易大学科研处供稿）

中国经济安全论坛·2011 9月18日，“中国经济安全论坛·2011”在对外经济贸易大学隆重开幕。国务院发展研究中心副主任韩俊研究员、教育部高等学校社会科学发展研究中心主任冯刚研究员、对外经济贸易大学校长施建军教授、中国农业大学校长柯炳生教授、商务部国际经济贸易合作研究院院长霍建国研究员、对外经济贸易大学副校长刘亚教授、西南财经大学校长助理刘锡良教授、中国金融出版社社长魏革军研究员、对外经济贸易大学金融学院院长丁志杰教授等嘉宾出席了开幕式。

本届“中国经济安全论坛”邀请了国内知名的专家学者针对“关注产业安全，加快经济发展方式转变”这一议题展开了深刻研讨，共同促进中国经济的安全、合理发展和对外经济贸易大学的学术交流。论坛的主题为“关注产业安全，加快经济发展方式转变”。论坛开幕式由教育部高等学校社会科学发展研究中心副主任赵军教授主持。

一年一度的中国经济安全论坛有着良好的社会影响，该论坛的成功召开不仅促进了学校金融学科的建设、为学校的对外交流合作提供了平台，更为当前我国经济发展的战略决策和经济安全的有力保障提供了参考和建议。本届论坛由教育部高等学校社会科学发展研究中心、对外经济贸易大学金融学院和中国人民大学中国经济改革与发展研究院联合主办。旨在扩大国内经济学界的交流与合作，促进中国经济的安全、合理发展，推动中国的改革开放进程。

（对外经济贸易大学科研处供稿）

移动宽带发展及其对中国经济社会的影响高层研讨会　9月29日，国务院发展研究中心企业所和全球移动通讯系统协会（GSMA）在北京联合主办了“移动宽带发展及其对中国经济社会的影响高层研讨会”。国务院发展研究中心侯云春副主任致开幕词，国际合作局孙兰兰局长、企业所赵昌文所长及区域发展和发展战略部高世楫副部长分别主持了会议。企业所马骏副所长做了会议总结。原信息产业部部长、中国电子学会理事长吴基传，工业与信息化部有关部门领导及国内三大电信运营商中国移动、中国电信、中国联通和三大设备制造商华为、中兴、大唐高层管理人员及国内相关研究机构代表，以及国际电信联盟（ITU）赵厚麟副秘书长，GSMA、美国电话电报公司（AT&T），中国香港移动通信公司（CSL），高通、诺基亚、西门子等机构和企业代表共计70余人出席了本次研讨会。国内外学者和业界代表对移动宽带在世界范围内的现状和发展趋势进行了交流和讨论，并着重就其对中国的影响与我们的应对策略进行了研讨。

（国务院发展研究中心张力供稿）

统一城乡税制国际借鉴研讨会　10月15日，北京市国际税收研究会在北京主办了“统一城乡税制国际借鉴研究课题研讨会”。中国国际税收研究会、国家税务总局研究所、《涉外税收》编辑部、西南财经大学财税学院和来自北京、黑龙江、上海、广西、云南、南京6个国际税收研究会，共10家单位的领导、专家、学者和财税领域的专业人士20多人出席了会议。会议围绕该议题的综合报告和10篇论文开展了交流和讨论。最后，中国国际税收研究会副秘书长高世星做了总结。

（北京市国际税收研究会唐乃清供稿）

第八届 Brigham-Kanner 财产权利会议　10月15日，由清华大学法学院和美国威廉玛丽学院法学院联合主办的“第八届 Brigham-Kanner 财产权利会议”在清华大学举行。会议讨论了全球各法律制度下财产权的法律保障，包括界定与执行私有财产权的制度、程序或方法，聚集土地使用和管理土地使用的制度，讨论财产权如何在不同制度下被定义与保障。会议还探讨了文化对财产的影响，不同文化如何定义、解释、保障或限制财产权，文化态度和传统对财产如何被持有、拥有、使用或发展的影响。

Brigham-Kanner 财产权利会议由美国威廉玛丽学院发起，每年举办一次财产权评奖学术会议，自2004年以来已举办了7次，今年是该会议在美国以外国家第一次举办。

（参见《光明日报》2011年10月17日第8版）

第23届亚太地区国际会计专题研讨会　10月16—19日，由北京工商大学商学院和美国加州州立大学弗雷斯诺分校 Sid Craig 商学院联合举办的“第23届亚太地区国际会计专题研讨会”在北京举行。来自中国、美国、澳大利亚、加拿大、英国、新西兰、新加坡等50个国家和地区的近300多位会计领域的知名专家学者以及企业界人士出席此次会议。此次会议主题为“透明度、会计责任与全球财务报告问题”。

北京工商大学校长谭向勇教授受邀出席了会议并作为特约嘉宾发表讲话。全国人大常委会预算工作委员会副主任冯淑萍女士和全国专业会计硕士教育指导委员会杨周复先生应邀参加了会议并致辞。谢志华校长和张耘校长作为主持人和优秀论文奖颁奖嘉宾出席了本次会议。会议由商学院院长杨有红教授主持。

谭向勇校长在致辞中向大会提出了两点希望：希望通过此次盛会让更多的国内外专家学者了解北京工商大学；希望此次盛会能让北京工商大学与国外更多的高校建立紧密的合作关系。

亚太会计师学会主席 In. Ki. Joo 教授、新加坡南洋理工大学 Hun Tong Tan（陈汉忠）教授和北京工商大学商学院王斌教授发表了主题演讲。In. Ki. Joo 教授的主题发言认为，在全球会计改革与制度变迁的促进下，会计信息的质量得到进一步改善，会计透明度不断提高，会计在全球经济中逐步承担起越来越重要的责任，在资本市场稳健有序的发展中发挥着不可替代的作用；Hun Tong Tan 教授认为，会计透明度的提高，有助于促进资本市场对资源的配置功能，更有助于保护新兴资本市场广泛投资者的利益。王斌教授特别强调了会计透明度对中国国有企业的影响，各级管理与决策主体利用透明度较高的会计信息促进国有大中型企业转型转制，制定企业的发展战略，促使产业顺利转型与资产重组，促成传统产业的升级，并因此带动非国有经济及相关产业的加速转型。通过会计信息在一系列经济链条中的传播与使用，最终促成了中国经济的增长。

本次大会共设50个分会场，论题主要涉及：国际财务报告相关问题；会计透明度与资本市场发展；会计透明度与公司治理；产权、管制与治理；法律环境、市场化程度与财务问题；盈余管理相关问题；集团公司财务；管理会计与经济发展等。

（北京工商大学科研处供稿）

第二届两岸中小企业发展论坛 10月19日，由北京清华大学台湾研究院和台湾“中华”两岸企业发展协进会共同举办的“第二届两岸中小企业发展论坛”在北京举行。与会人士围绕“十二五规划与ECFA背景下的两岸中小企业合作发展愿景”等议题进行研讨。国民党荣誉主席吴伯雄等出席论坛。

北京清华大学台湾研究所所长刘震涛、国家发改委经济所研究员常修泽、台湾“中华”两岸企业发展协进会理事长张晃祥在论坛上发言。他们认为，两岸中小企业要选好投资地域，特别要关注大陆的“试验区”“战略区”，注重企业创新和节能减排、实现绿色发展。台湾中小企业要结合大陆的发展策略，关注二三线城市，在经营上不能抱着投机、侥幸的心态，必须注重品质、信誉，建立民众信赖的品牌。

（参见《人民日报·海外版》2011年10月20日第3版）

新兴经济体的金融稳定：全球流动性的管理国际学术研讨会 10月21日，由中央财经大学金融学院、国际金融研究中心，德国发展研究所（欧洲三大智库之一）、德国国际合作机构（GIZ）联合主办的“新兴经济体的金融稳定：全球流动性的管理国际学术研讨会”在融金中财大酒店隆重召开。来自国际货币基金组织、东盟10+3宏观经济研究中心、美国、德国、韩国和中国社会科学院、国务院发展研究中心、中国人民银行、中国银监会、北京大学、中央财经大学的专家学者70余人参加了此次会议。中央财经大学金融学院院长张礼卿教授和德国国际合作机构（GIZ）理事会成员Sebastian Paust先生致欢迎辞。中国社会科学院学部委员、世界经济与政治研究所余永定研究员和美国威斯康星麦迪逊分校罗伯特公共事务与经济系Menzie D. Chinn教授分别发表了主旨演讲，分析了全球再平衡与金融稳定所带来的机遇和挑战。与会专家对金融危机后的量化宽松货币政策、全球流动性泛滥、全球失衡与资本大量流入新兴经济体之间的关联等问题进行了探讨，并对当前中国宏观经济金融形势进行了深入的剖析和展望。

（中央财经大学科研处供稿）

第七届中国交通高层论坛 10月22日，由北京交通大学、中国系统工程学会主办的“第七届中国交通高层论坛”在北京交通大学召开。中国工程院院士邹德慈，中国工程院院士刘友梅，国务院参事、中国综合交通研究中心主任石定寰，发改委党组成员、国家物资储备局局长王庆云，国家发展和改革委员会基础产业司司长黄民，国务院参事、交通部公路院原副院长张元方，航天部701所原所长于景元，交通部办公厅原主任、道路运输协会名誉会长姚明德，德国交通部环境政策基础设施司副司长MartinaHinricher，中国系统工程学会交通运输专业委员会常务副理事长张国伍，铁道部发展计划司副司长张大为，建设部城建司副司长兰荣，北京交通发展研究中心主任郭继孚，交通运输部规划研究院副院长张宝胜，交通运输部规划研究院副总工程师方然，国务院发展研究中心原局长邓寿鹏，北京交通大学原校长万明坤，北京交管局原副局长、总工程师段里仁，中国铁道学会自动化委员会主任胡书凯，呼和浩特铁路局总工程师张景瑞，大连交通大学副校长任瑞铭，清华大学外事处处长张毅，兰州交通大学交通运输学院院长牛惠民，长安大学社科处处长王建伟，中国人民大学信息学院教授陈禹等出席。此外，还有来自国家发展和改革委员会综合运输研究所、交通运输部公路科学研究所、北京航空航天大学、山东大学、日本名古屋大学、上海财政大学、内蒙古大学、南京航空航天大学、广东工业大学、西北工业大学、中国民航飞行学院、山西大同大学、中兴智能交通系统有限公司、盛科建业集团、京港地铁公司、北京四通智能交通系统集成有限公司等科研院校、企业的论文作者和参会者。交通大学校长宁滨，党委书记曹国永，副校长关忠良，以及该校交通、经管、电信、土建、机电等学院的教师及研究生共300余人参加了开幕式。论坛上，与会者从加强综合交通运输系统理论的探索，构建和完善综合交通运输体系，推进交通运输领域管理体制改革，完善交通运输系统化管理体系，协调国家能源战略与交通发展战略的关系，强调环境保护的重要性，构建生态交通、绿色物流，并制定相关制度加以保障等角度展开讨论。

（北京交通大学人文社会科学办公室供稿）

中国技术经济论坛2011·北京 10月22—23日，“中国技术经济论坛2011·北京”在对外经济贸易大学隆重举行。本届论坛的主题是“经济全球化与技术经济研究”。来自全国高等院校、科研院所和政府机构的100余位专家学者参加了本届论坛，交流各自对全球化情境下技术经济理论前沿与热点问题的见解与看法。

出席本次论坛的有对外经济贸易大学副校长林

桂军教授，中国社科院数量经济与技术经济研究所党委书记、副所长何德旭研究员，学部委员汪同三研究员，副所长齐建国研究员，国家发改委高技术产业司任志武副司长，工信部规划司顾强副司长，国务院发展研究中心区域与战略部高世辑副部长，重庆大学胡新平教授，清华大学杨德林教授等。对外经济贸易大学国际商学院范黎波教授、雷光勇教授、王铁栋副教授及部分技术经济研究的校内专家学者和研究生参加了论坛。论坛开幕式由对外经济贸易大学国际商学院统计与技术经济系主任王玉荣教授主持。

论坛研讨的主题分别为“全球化视角下的技术经济理论与方法”“全球化情境下的科技创新与产业升级”“全球化视野下的能源经济与可持续发展”。围绕这些主题，与会代表根据各自提交的论文从宏观、中观与微观的不同层面进行发言和深入交流，论题涵盖广泛且与实际结合紧密，研究方法严谨规范，代表了国内技术经济研究的前沿水平。参加论坛与讨论的青年学者占了很大比例，研讨气氛热烈，反映了技术经济学科发展的勃勃生机。

（对外经济贸易大学科研处供稿）

首届两岸及香港《经济日报》财经高峰论坛 10月28日，“首届两岸及香港《经济日报》财经高峰论坛”在人民大会堂举行。中共中央政治局常委李长春发来贺信，他希望与会的两岸及香港有识之士深入开展交流，积极建言献策，为进一步深化内地与香港、台湾和澳门的经贸合作，推动共同发展繁荣作出贡献。

中共中央政治局委员、国务院副总理王岐山出席会议并致辞。王岐山在致辞中指出，近年来，两岸及香港贸易、投资、金融、旅游等各领域合作快速发展。特别是《海峡两岸经济合作框架协议》《内地与香港关于建立更紧密经贸关系的安排》顺利实施，进一步拓展了两岸及香港经济交流合作的空间。

王岐山说，当前，两岸及香港正迎来新的合作机遇。2011年开始实施的“十二五”规划，就全面深化两岸及香港经济合作制定了一系列政策措施。我们应当抓住机遇，乘势而上，努力提升两岸及香港经济合作的质量和水平。要继续深化贸易投资合作。健全两岸经济合作机制，继续实施好两岸货物贸易和服务贸易早期收获计划，尽快达成两岸投资保障协议。扩大内地对香港服务贸易开放，支持内地企业与香港企业联合“走出去”开拓国际市场。进一步拓展金融合作的深度和广度。全面落实《海峡两岸金融合作协议》，推动建立两岸货币清算机制，深化两岸金融监管合作。支持香港发展成为离岸人民币业务中心和国际资产管理中心，支持内地企业赴香港上市，支持境内金融机构和企业赴香港发行人民币债券。不断挖掘旅游合作潜力。扎实做好大陆居民赴台个人游试点，完善旅游安全保障机制。支持香港在内地设立旅行社，积极促进香港与内地旅游合作。

首届两岸及香港《经济日报》财经高峰论坛由《经济日报》、台湾《经济日报》、香港《经济日报》共同主办，经济日报社随办。180余位来自大陆、台湾、香港的知名学者、企业家、媒体人士参加论坛，并围绕新形势下“两岸及香港经贸合作的机遇与挑战”这一主题，以金融业、旅游贸易服务业等产业合作为重点进行了深入研讨。

据悉，从2011年起，两岸及香港《经济日报》财经高峰论坛将每年举办一次，由三家《经济日报》轮流承办。三家《经济日报》将在此基础上探索长效合作机制，创新信息交流渠道，进一步推动两岸及香港财经界的交流与合作。

（参见《光明日报》2011年10月19日第3版）

第一届资产评估新发展国际论坛 10月28—29日，由首都经济贸易大学主办、美国评估师协会（ASA）和英国皇家特许测量师学会（RICS）协办，具有十年资产评估本科教育历史的首都经济贸易大学财政税务学院承办的“第一届资产评估新发展国际论坛”在北京举行。本届论坛旨在把握资产评估业务拓展机遇，积极促进资产评估国际交流。来自美国、英国、日本、中国、新加坡、中国香港、中国台湾等国家和地区的130多位评估专家学者以及9家媒体单位代表参加本届论坛。

本届资产评估新发展国际论坛以资产评估新发展为主题，重点围绕以财务报告为目的的评估研究、税基评估研究、知识产权评估研究、企业价值评估中流动性折扣和控股权溢价实证研究、绩效评价研究、文化产业评估研究、抵质押品评估研究、新能源评估研究、民间投融资评估研究、资产评估学科建设与人才培养等资产评估前沿问题开展讨论。

（首都经济贸易大学科研处张嘉艳供稿）

中国入世十周年：中国的学习曲线国际研讨会 10月29日，由对外经济贸易大学中国WTO研究院和美国印第安纳大学中国政治与商务中心联合举办的“第十届WTO与中国学术年会暨中国入世十周年：中国的学习曲线国际研讨会”在北京国际饭店隆重召开。

来自政府部门、WTO、国际组织、在华外资企业、国内企业、外国驻华使馆、国内研究机构等各个领域的20多位嘉宾出席大会，并就中国加入世贸组织以来的经济发展、体制改革、对外经贸关系、参与WTO争端解决、多哈回合谈判等广泛议题展开热烈讨论。其中包括中国加入世贸组织首席谈判代表龙永图、美国驻华公使王晓岷、商务部WTO司副司长黄任刚、条法司副司长唐文弘、福耀集团董事长曹德旺、前美中贸易全国委员会主席Robert Kapp、WTO上诉机构成员张月姣、中国美国商会会长孟克文、中国欧盟商会秘书长丁凯、哥斯达黎加驻华大使马尔科、中国社科院经济所所长裴长洪、国际贸易和可持续发展中心总裁Ricardo Melendez Ortiz、WTO总干事办公室参赞王晓东、深圳市WTO事务中心主任张金生等。有来自全国50多所高校、国内外企业、科研机构的300多位代表参加了大会。张新民副校长到会代表学校致欢迎词，中国WTO研究院张汉林院长和中国政治与商务研究中心主任Scott Kennedy共同主持会议。

（对外经济贸易大学科研处供稿）

中国房地产学术研讨会　10月29—30日，由中国房地产估价师与房地产经纪人学会、中国高等院校房地产学者联谊会和中央财经大学联合主办的“中国房地产学术研讨会暨高等院校房地产学者联谊会2011年年会”在中央财经大学召开。会议由中央财经大学管理科学与工程学院承办，中央财经大学副校长王瑶琪教授致欢迎词，中国高等院校房地产学者联谊会轮值主席冯长春教授、中国房地产估价师与房地产经纪人学会秘书长和副会长柴强博士在开幕式上发表了致辞，来自60多所高校的160余人出席了本次年会。会上，住房和城乡建设部住房保障司副司长张学勤博士作了《住房保障的形势与任务》的报告，阐述了政府对住房保障发展的相关政策并指出了需要研究探索的问题；华东师范大学张永岳教授作了《住房市场和住房保障的有效结合》的主题报告，清华大学房地产研究所所长刘洪玉教授作了《公共住房融资》的报告；中山大学廖俊平教授作了《两种不同的住房保障》的报告。本次参与研讨的论文共60余篇，涉及“城市化与城市发展”“房地产投资与金融”“房地产市场与价格”“房地产市场风险与调控”“住房市场与保障”“房地产市场与税收政策”“房地产企业与项目管理”“土地利用与土地管理”“住房市场与政策”“房地产市场与宏观经济”等专题。

（中央财经大学科研处供稿）

2011·北京国际金融论坛　11月8日上午，以“全球金融新框架：变革与影响”为主题的“2011北京国际金融论坛”开幕。北京国际金融论坛主席、全国人大常委会原副委员长成思危，论坛常务副理事长、全国社保基金理事会理事长戴相龙，北京市委副书记、市长郭金龙等出席开幕式。

成思危在开幕式致辞中说，北京国际金融论坛创立8年来，见证了世界经济和金融的跌宕起伏和巨大变化，并伴随世界的发展逐步成为具有一定影响力和国际性的论坛。当前，世界正面临新的变革，重建全球金融框架和制定新的金融规则十分必要，新的全球框架、全球规则、全球均衡和全球治理需要我们重新进行战略对话与思考。论坛将通过高端人士的高层对话，进一步探讨全球新规则的变革与影响，为世界经济和金融的未来提供前瞻性的思考和变革的建议。希望社会各界大力支持和积极参与，共同将北京国际金融论坛建成全球金融界高端人士定期交流、对话和表达观点的平等对话平台。

郭金龙在致辞中说，本届论坛前瞻性地探讨世界经济未来发展，以及全球金融变革的可能途径，对于构建国际金融新秩序，促进世界经济复苏，必将大有裨益。面向未来，我们将把金融业的发展放在更加突出的地位。以打造具有国际影响力的金融中心城市为目标，充分发挥北京金融服务和辐射全国的独特优势，进一步聚集国内外金融机构和高端金融人才，加快发展和完善各类特色金融市场，推动金融产品和服务创新，更加广泛地开展国际交流与合作，全面提升北京金融业国际化水平。

开幕式上，联合国秘书长潘基文，论坛共同主席、美联储前主席保罗·沃尔克，论坛主席团成员、新西兰前总理詹妮·希普莉作视频致辞。论坛国际顾问委员会主席、韩国前总理、第56届联合国大会主席韩升洙，联合国贸易和发展会议秘书长素帕猜，经济与合作发展组织副秘书长包润石先后致辞。

（参见《北京日报》2011年11月10日第1版）

2011中国税收发展报告发布会暨首届中国税务会计师论坛　11月11日，由中央财经大学税务学院主办的“2011中国税收发展报告发布会暨首届中国税务会计师论坛”在中央财经大学学术会堂举行，中央财经大学副校长李俊生教授致欢迎词。中国国际税收研究会会长、原国家税务总局副局长郝昭成在研讨会上致辞，国家税务总局税收科学研究所所长刘佐研究员，财政部科研所税收室主任张学诞研究员、国家税务总局研究员贾绍华教授、中国政法大学民商经济法学院博士生导师施正文教授就发展报告进行点评并发表了演讲。《中国税收发展报告(2010/2011)》以“‘十二五’时期中国税收改革展望”为题，以“十二五”规划纲要中对税收改革的要求为依据，对我国2011年与“十二五”时期税收改革进行了全面系统的分析与展望，报告既分析了“十二五”时期中国宏观经济与税收形势、税收改革的总体目标与战略路径，也分析了一些重要的税收改革项目，如增值税改革、个人所得税改革、环境与资源税改革、房地产税改革、资本市场税收改革。该报告是集中税务学院和国内财税界相关研究力量而形成的研究成果，由中央财经大学汤贡亮教授任主编。

（中央财经大学科研处供稿）

保障性住房产权制度研讨会　11月13日下午，清华大学法学院召开“保障性住房产权制度研讨会”。清华大学法学院副院长申卫星、中国政法大学民商经济学院商法研究所所长王涌及来自全国数十个科研院所的20余位专家学者参会。与会学者围绕住宅权作为社会权、经济适用房产权制度、租赁式保障性住房制度、公积金法律属性四个问题进行热烈讨论。会议讨论还涉及基本住房保障法起草过程的基本情况、政府职能的完善和加强、利益链条对保障性住房制度运行的影响等内容。

（清华大学文科建设处刘金梅供稿）

2011中国经济学前沿论坛　11月15日，由北京市社科联、中国人民大学中国经济改革与发展研究院等联合主办的“2011中国经济学前沿论坛”在中国人民大学逸夫会议中心举行。论坛的主题是“经济转型中的中小企业”。北京市社科联党组书记史秋秋、教育部社科司副司长张东刚、中国人民大学副校长林岗出席论坛并致辞，北京市社科联党组副书记陈之昌和中国人民大学中国经济改革与发展研究院常务副院长刘元春分别主持了论坛开幕式和主题演讲。首都社科界专家学者、市委市政府相关职能部门领导、中小企业代表和媒体共130多人参加了会议。

史秋秋同志在致辞中指出，“十二五”时期，我国仍然处于大有作为的重要战略时期，中小企业的成长也面临着难得的历史机遇。刚刚闭幕的党的十七届六中全会发出了推动社会主义文化大发展大繁荣的号召，占中国企业总数99%的中小企业，在新一轮发展中如何抓住机遇，发挥文化驱动在企业发展中的引领作用，不仅对于企业自身的生存具有重要意义，而且对于整个国家转变经济发展方式、实现可持续发展都具有极其重要的影响。

澳门社会经济发展研究中心首席经济学家、中海油高级研究员邱晓华，中国人民大学中国经济改革与发展研究院副教授张培丽，中国社会科学院财贸经济研究所所长高培勇，中国中小企业发展促进中心主任秦志辉，北京市信用担保协会会长李世奇，辽宁大学常务副校长、副书记黄泰岩分别以“中小企业生存的宏观环境”“中小企业问卷调查报告”“支持中小企业发展的财税政策”“促进中小企业发展的政策体系”“中小企业担保体系建设现状、问题与发展趋势”“中小企业成长之道”为题做了专题报告，对经济转型背景下中小企业的生存环境、生存状况、支持政策和成长之道进行了深入的研讨，为中小企业如何抓住机遇、加快转型提出了许多很有价值的真知灼见。

自2003年开始，北京市社科联对黄泰岩教授领衔主持的《中国经济热点前沿》和《国外经济热点前沿》持续予以出版资助，并在此基础上，于2009年成功推出中国经济学前沿论坛。目前，论坛已成功举办三届。论坛每年发布中国经济学研究的年度热点排名与分析，展示中国经济学的最新研究进展，同时邀请著名经济学家就中国经济学的热点问题进行研讨，为推进经济学的理论创新，促进首都乃至中国经济社会的发展提供了理论支撑和智力支持。

（北京市社科联学术活动部供稿）

提高市场监管发现和防控管理风险的能力研讨会

11月17日、11月24日，由北京市工商行政管理学会分两次在北京召开“提高市场监管发现和防控管理风险的能力研讨会”。有关专家学者、政府管理部门负责人共80余人到会。与会同志围绕市场监管发现和防控管理风险的意义、已经取得的成果、存在的问题，以及进一步提高发现和防控市场监管风险能力，进行了深入的有成效的研讨，为推动首都市场监管改革与发展提供了参考意见。

（北京市工商行政管理学会秘书处左京生供稿）

第一届全国区域金融论坛　由北京工商大学经济学院金融系、包商银行和《中国金融》杂志联合举办的“第一届全国区域金融论坛”在北京举行。来自中国社会科学院、中国银行业监督管理委员会、北京大学、中央财经大学、对外经贸大学、西南财经大学、辽宁大学、西安交通大学、中南财经政法大学、《中国金融》杂志、包商银行、潍坊银行、邯郸银行、《中国城乡金融报》等40余家单位的金融专家学者、政府职能部门领导、金融机构代表、企业代表和媒体代表等90余位嘉宾出席了此次论坛。北京工商大学副校长李朝鲜教授应邀出席了论坛并致辞。“全国区域金融论坛”是经北京工商大学经济学院金融系倡议、全国35家高校的财经院系、《中国金融》杂志、中国小额信贷联盟以及包商银行、潍坊银行等6家商业银行作为创始理事单位共同发起的以金融学术和实务交流为中心的专业化、常设性交流平台。第一期论坛的主题为“中小微企业金融服务创新”，结合目前我国中小微企业面临困局、民间金融恐慌、局部经济和金融动荡的背景，旨在探讨促进区域金融生态建设，改进中小微企业金融服务模式，提升中小微企业金融服务水平，助力中小微企业健康发展的制度、政策和技术创新。著名金融学家、中国社会科学院副院长、央行货币政策委员会委员李扬教授，著名金融学家白钦先教授、张亦春教授、曹龙骐教授、刘锡良教授、陆家骝教授、吴军教授、王曙光教授、丁志杰教授，中国银行业监管委员会政策法规部副主任王科进先生、包头商业银行董事长助理郭凯军先生、《中国金融》杂志副主编程建国先生等36位学界、政府和业界代表围绕区域金融发展、中小微企业融资和民间金融等议题做了主题演讲。

本次论坛共分四个板块，与会专家就区域金融生态建设与发展、中小微企业金融服务和监管创新、中小金融机构成长和民间金融发展等议题展开热烈的讨论。北京工商大学经济学院院长杨德勇教授、金融系副主任张正平副教授和张伟副教授分别围绕"民间金融""中小微企业融资政策"和"中小微企业贷款技术"等主题作了专题演讲。

（北京工商大学科研处供稿）

财政监督与预算透明度国际研讨会 12月10日，由中央财经大学财政学院主办的"财政监督与预算透明度国际研讨会"在中央财经大学会议室隆重举行。来自美国佐治亚大学、南佐治亚大学，意大利罗马大学，财政部科研所、中国社科院财贸所、中国人民大学、北京大学、南开大学、上海财经大学、东北财经大学、中南财经政法大学、西南财经大学、天津财经大学、浙江财经学院、首都经济贸易大学、北京工商大学、国家行政学院以及中央财经大学财政学院、财经研究院、税务学院、学报编辑部等国内外著名高校和研究机构的50余位专家学者参加了此次盛会。会议由中央财经财政学院院长马海涛教授主持，副校长李俊生教授致开幕词。大会发布了中央财经大学财政学院中国财税研究报告第二辑《财政预算透明度提升的环境基础研究报告》。与会代表就预算透明与财政监督问题进行了热烈的研讨，一致认为：政府预算透明是实现财政民主和有效财政监督的重要前提，体现着公共财政的本质特征，是良好财政治理的关键因素。中国预算透明度提升的路径与政策选择不能照搬国际经验，需要在考虑当前各种环境因素影响的前提下，积极探索。

（中央财经大学科研处供稿）

2011首都现代服务业发展论坛 12月11日，由北京市社科联与北京工商大学共同主办的"2011首都现代服务业发展论坛"在北京工商大学举办。论坛主题为"'十二五'时期北京现代服务业发展"。市社科联党组书记史秋秋、北京工商大学校长谭向勇出席论坛并分别代表主办方致辞。北京工商大学副校长方德英、市社科联党组副书记陈之昌和北京工商大学科技处处长王国顺分别主持论坛报告会。来自首都高校、科研院所和政府机构的代表约170人参加论坛研讨。

史秋秋同志在致辞中指出，现代服务业具有高技术含量、高附加值、低能耗等特点，已经成为衡量一个国家和地区经济发展水平及现代文明程度的重要标志。大力发展现代服务业，是实现北京经济结构调整、优化、升级，以及落实中央对北京"国家首都、世界城市、文化名城、宜居城市"的城市功能定位的重要选择。

谭向勇同志在致辞中指出，"十二五"时期是北京现代服务业发展的重要战略机遇期。把握现代服务业的核心理念，找准现代服务业发展的规律和脉搏，为北京城市经济和社会发展出谋划策，是首都学界义不容辞的责任。

论坛上，国家发展和改革委员会产业经济与技术经济研究所第三产业研究室主任姜长云、国务院发展研究中心市场经济研究所所长任兴洲、北京市商务委员会副主任闫小彦、北京工商大学副校长张耘、对外经济贸易大学现代服务业研究中心主任陈进、北京行政学院经济学教研部副主任朱晓青分别以"中国服务业发展的经验、机遇与选择""首都形成服务业为主的产业结构势在必行""北京商务发展展望""北京生产性服务业辐射力研究""首都现代服务业国际化特色发展研究""首都现代服务业发展现状及新要求"为题发表主题演讲。

与会者专家认为，北京发展现代服务业是产业结构调整的内在需求和环渤海城市群发展的客观要求，更是首都形成新竞争优势的必然选择。北京发展现代服务业要实现"三个转变"，即发展方式的实质性转变、体制机制的转变、政策支撑体系和服务的转变。论坛研讨成果丰硕，涉及北京现代服务业的产业结构、路径选择、未来走向、辐射能力、国际化等诸多领域的发展思路和对策，对于"十二五"时期北京现代服务业发展将会起到积极的推动作用。

首都现代服务业发展论坛是北京市社科联与北京工商大学合作推出的学术论坛。作为首都论坛系列的重要组成，此后将每年举办一次，旨在研讨北京现代服务业发展进程中的重大理论和现实问题，积极搭建政产学研合作平台，促进学术研究成果更好地服务于政府决策与社会需求。

（北京市社科联学术活动部）

第一届公司治理国际高峰论坛 12月11日，北京师范大学经济与工商管理学院、北京师范大学公司治理与企业发展研究中心和经济科学出版社共同举办了"第一届公司治理国际高峰论坛"。北京师范大学韩震副校长，国务院国资委大型企业监事会主席季晓南，欧洲管理学会副主席、荷兰格罗宁根大学公司治理研究中心主任Hans van Ees，美国南加州大学法学院教授、以色列特拉维夫大学公司治理研究中心主任Ehud Kamar，澳大利亚纽卡斯尔大学副校长Stephen Nicholas、商学院院长Jim Psaros，中国香港浸会大学工商管理学院院长 Stephen Y. L. Cheung，国务院国资委研究中心主任李保民、中国社会科学院研究生院院长刘迎秋、北京市金融工作局党委书记霍学文、国务院研究室副司长乔尚奎、中央党校经济学部副主任韩保江、国务院发展研究中心信息中心原主任程秀生、北京大学校长助理黄桂田、清华大学政治经济学研究中心主任蔡继明、中国人民大学商学院邓荣霖、中央财经大学中国发展和改革研究院院长邹东涛，以及来自国家发改委、财政部、中国证监会、中国银监会、国家外汇管理局、中国社会科学院、中国企业合作促进会、北京师范大学、对外经贸大学、北京科技大学、首都经济贸易大学、中国工商银行、中国银行、中国人民保险集团、中国铝业集团、中国航天科工、深圳海王生物、重庆罗云旅游发展公司、内蒙古正平拍卖公司、厦门庐山实业发展公司、合动能源控股公司、香港港基国际公司、北京城市排水集团等政府、学界和企业界的专家学者和企业家，北京师范大学相关部门负责人和师生共计300余人出席。本次会议发布了“中国上市公司财务治理指数（2011）”和“中国上市公司高管薪酬指数（2011）”，这是北京师范大学高明华教授首创的“中国公司治理分类指数系列”（共八类）的最新研究成果。该指数报告系列已列入国家“十二五”重点图书出版计划。截至目前，已出版和发布三类四个公司治理分类指数。与会专家认为，该系列指数是可以列入公司治理评级史册的重要研究成果，它将会对投资者投资、监管机构监管、企业走向规范起到非常重要的指引作用。

（北京师范大学社科处刘娜供稿）

2011首届中国县域现代农业发展高层会议 12月16日，由中国农业大学校办产业办公室、资产经营管理公司等单位主办，水院、国际学院等单位承办的“2011首届中国县域现代农业发展高层会议暨北京国际农业科技交流会”在中国农业大学举行，会议主题是“科技创新、国际交流、县域发展、合作共赢”。

会上，中国工程院院士、中国农业大学信电学院汪懋华教授结合中央经济工作会议和“十二五”规划，分析了国家对农业的重视，并勾画了农业发展蓝图。他表示，提升农业科技创新能力，要大力加强县域经济科技发展战略与技术路线图研究，凝练创新研究方向，搭架科技与产业技术发展的桥梁，以更宽的全球化视角，发展国际交流，倡导交叉学科的协同研究与团队合作精神。

开幕式后，举行了国际农业科技交流会、首届中国县域现代农业发展高层会议、特邀嘉宾论坛以及若干专题研讨会，来自国家相关部门、高校、科研院所的部分专家学者以及国外驻华使馆代表、农业专家、农业外企代表，特邀市县代表，国内龙头企业代表等500多人应邀参加了本次研讨会。

（中国农业大学科学技术发展研究院王虹供稿）

中国绿色经济展望论坛 12月22日，由中央财经大学财经研究院和麦肯锡全球研究院共同主办的“中国绿色经济展望论坛暨气候融资报告发布会”在中央财经大学学术会堂隆重举行。联合国气候变化谈判中国代表团副团长和首席谈判代表、国家发改委应对气候变化司司长苏伟、国家气候变化战略研究与国际合作中心主任李俊峰、财政部财政科学研究所副所长苏明、环保部环境与经济政策研究中心副主任原庆丹、中国科学院科技政策与管理研究所副所长王毅等多位专家、领导出席会议；北京大学、清华大学、中国人民大学、北京师范大学、中国社科院、中央党校、对外经贸大学、华北电力大学、北京外国语大学、北京工商大学等院校；以及气候组织、世界自然基金会等NGO，力拓集团、联想集团、新澳集团等企业派代表出席了会议。论坛围绕“绿色经济与政策”“气候融资”“绿色经济与可持续投资”“绿色经济与可持续发展”四项议题展开了深入热烈的讨论。此次发布会通过对绿色经济相关主题的充分讨论，将各界工作者联系在一起，明确了绿色经济的必要性与紧迫性，提出了当前面临的困难与需要进一步完善的工作，为我国绿色经济的进一步发展起到了有益的推进作用。

（中央财经大学科研处供稿）

中国海外利益拓展与非传统安全战略研讨会 12月24日，由对外经济贸易大学国际关系学院主办的“中国海外利益拓展与非传统安全战略研讨会”在该校隆重召开。对外经济贸易大学党委书记王玲出席会议并致辞，商务部原副部长张祥等多位政府官员、来自全国40多家兄弟院校和科研院所的70余位专家学者，以及有关媒体参加了本次研讨会。

原商务部副部长张祥以“经济外交与经济安全——基于商务部近年谈判实例的思考”为题做了主题报告。他根据自己在经济外交领域中丰富的实践经验对中国经济外交的历史发展、现状和问题以及中国海外利益的保护等问题做了深入论述。本次研讨会涵盖了三个大的议题：中国海外利益的界定，海外利益的发展和保护现状、问题及前景；国际经济中的中国海外利益保护，如企业的海外投资等；国际政治中的中国海外利益拓展，如中国参与联合国维和行动等。来自全国众多高等院校和科研院所的40余位专家学者在研讨会上做了主题发言，并且围绕会议主题进行了热烈而深入的讨论。

（对外经济贸易大学科研处供稿）

第三届中国经济前瞻论坛 12月25日，由国务院发展研究中心学术指导，中国经济时报社、中国经济新闻网主办的"第三届中国经济前瞻论坛"在北京国际饭店举行。70余位官员、专家、商界人士在论坛上发表了精彩演讲，纵论2012年经济大势。

本届论坛的主题是"2012年中国发展机遇与政策选择"，论坛围绕"宏观经济展望与政策走向分析""产业结构调整与社会管理创新"两个子话题进行了深入研讨。来自中央和地方政府、企业界、经济学界等约800名代表出席了论坛。

（参见《人民日报·海外报》2011年12月26日第4版）

社会学（含人口学）

2010年第四季度中国就业形势分析报告会 1月15日，中国人民大学中国就业研究所在中国人民大学举办"2010年第四季度中国就业形势季度分析会"。国家发展和改革委员会就业和收入分配司胡德巧副司长，国家人力资源和社会保障部就业促进司尹建堃副司长，国家统计局人口和就业统计司张志斌处长等应邀出席会议。中国就业研究所所长、中国人民大学劳动人事学院院长曾湘泉教授，中国人民大学劳动人事学院党委书记周石、副院长刘尔铎等参加了会议。曾湘泉教授介绍了2010年第四季度就业形势发布会的举办背景、主要内容和重要意义，并在会议结束前，对本季度就业形势分析会的工作进行了总结，对政府的支持表示感谢，并对今后的工作进行了展望。胡德巧副司长、尹建堃副司长、张志斌处长等就上述报告发表了看法和意见。他们认真评价并肯定了中国就业研究所对2010年第四季度中国就业形势和状况所做的分析和研究结论，交流了对就业形势分析的相关研究成果，并对今后深入开展就业形势季度分析提出了一系列重要建议。

（中国人民大学科研处关晓斌供稿）

中国社会保障30人论坛2011年会 2月28—3月1日，以"中国社会保障改革与发展战略"为主题的"中国社会保障30人论坛2011年会"在中国人民大学逸夫会堂第一报告厅举行。此次会议旨在全面展示中国社会保障改革与发展战略研究成果，并进行理论学术界与政策层面的直接交流。全国人大常委会副委员长华建敏、全国政协副主席张梅颖出席并讲话。中国人民大学校长纪宝成代表学校致辞，中国人民大学教授郑功成主持开幕式。人力资源和社会保障部副部长胡晓义，民政部副部长窦玉沛，财政部副部长王军，全国人大农委副主任、民盟中央副主席索丽生，甘肃省委常委、副省长刘永富，人民出版社总编辑辛广伟等先后在全体大会上发表讲话，20多位著名专家学者和中国保险学会会长罗中敏、成都市人民政府副市长谢瑞武等在战略分会上发言。来自国家发改委、人力资源和社会保障部、民政部、财政部、国务院研究室、国务院法制办等多个中央部门和全国总工会、中国人民解放军军人保险局、中国残联等的负责人，甘肃省、成都市、广州市、东莞市等地方政府负责人，中国社科院、中央党校、国家行政学院与70多所高等学校的专家学者约400人出席了会议。

中国社会保障改革与发展战略研究总负责人郑功成教授向与会者简要介绍了这一重大战略项目的研究情况。中央有关部门负责人、地方政府负责人与成果出版方负责人先后发表讲话。他们一致认为，开展中国社会保障战略研究是时代发展与社会保障制度从长期试验性状态走向定型、稳定、可持续发展阶段的紧迫要求。他们在讲话中分别对郑功成教授主持的中国社会保障改革与发展战略研究这一立足于国家层面的重大战略项目及所取得的丰硕成果给予充分肯定与极高评价，一致认为这一理论成果具有重大的理论价值与实践指导意义，是我国社会保障制度及相关政策决策的重要参考依据。

在全体大会后，本次研讨会分养老保险战略分会、医疗保障战略分会、救助与福利战略分会、社会保障综合战略分会进行深入研讨。担任中国社会保障改革与发展战略研究项目各子项目负责人的20多位知名社会保障专家学者在会上报告了研究成果，来自中央部委的多位司局长和地方政府负责官员等亦在不同战略分会上做了发言。

（中国人民大学科研处关晓斌供稿）

中国经济社会发展智库第4届高层论坛 3月2日，"住房理论与政策——中国经济社会发展智库第4届高层论坛"在中国人民大学举行。来自全国各研究机构、高校和政府部门的100多位专家学者围绕论坛中心议题——"住房理论与政策"进行了广泛深入的研讨。

会议由中国经济社会发展智库理事会、中国社会科学院经济社会发展研究中心和中国人民大学马克思主义研究院共同主办。中国社科院副院长、学部委员李扬，中国人民大学副校长林岗出席论坛并致辞，住房与建设部原副部长宋春华，全国人大代表、中国社会科学院马克思主义研究院院长程恩富，住房与建设部政策研究中心主任陈淮，全国政协委员、中国社科院学部委员李崇富，国务院参事任玉岭，中国社科院学部委员、财贸所原所长杨圣明，国务院国资委研究局副局长楚序平，国务院发展研究中心社会发展部原部长丁宁宁，国家信息中心经济预测部副主任步德迎等出席论坛并发表演讲。会议分别由中国人民大学马克思主义学院院长秦宣、中国社会科学院马克思主义研究院原理论部主任胡乐明等主持。与会者一致认为，近年来我国房价畸高、上涨过快，住房问题已成为社会问题和政治问题，成为全社会关注的焦点。论坛深入剖析了现阶段住房问题之所以形成，根本原因主要是住房过度市场化、地方政府“土地财政”主导、既得利益者官商联合导致住房改革与管理乏力等。一旦房地产泡沫进一步膨胀和破裂，将危及社会稳定和国家安全。

本届论坛提出，要认真贯彻落实最近中央对住房问题的一系列调控政策，在住房领域建立“基础—主导”型双重调节机制，实行“以公租房为主体、以商品房和私租房为辅”的城市“新住房策论”，从根本上解决我国住房问题。通过政府主导，大力提供保障性住房，实现住房领域的公正公平，体现住房的民生性、公益性、政治性，让广大普通民众和弱势群体“住有所居”，实现“居者有其屋”，维护社会的稳定和谐。

（中国人民大学科研处关晓斌供稿）

关注人的生存状态：日常生活中的“无聊、时尚和恐惧”讲座　3 月 11 日下午，北京师范大学哲社学院和挪威驻京使馆共同主办了“关注人的生存状态：日常生活中的‘无聊、时尚和恐惧’讲座”。讲座由北京师范大学哲社学院逻辑学所郭佳宏副教授主持，西哲所李绍猛老师担任翻译，哲社学院副院长朱红文教授、挪威驻华使馆代表和新闻官员、哲社学院管理博士课程班学员及在校各院系同学共计 100 多名师生聆听了本次讲座。本讲座主要关注无聊是一种现代人的生存状态，很多人身处其中，却很少去反思它，更无力从深层解决它。而无聊的影响却无所不在，它使我们的意志力丧失，却让人无法摆脱，相比于一般的痛苦而言，它更是一种痛苦中的痛苦。当我们开始思考这个问题并试图去超越这个问题时，我们就试图寻找造成这种困境的原因。造成无聊的原因有很多种，有暂时性的，如长时间玩耍的疲劳，也有更深层的，即感觉到了生命彻底的无意义。前一种无聊是可以修复的，而深层的无聊则似乎无法从根源上解决，只能提供一些方法来减轻这种状态，要想摆脱无聊，就一定要有关注点，要关注更多的人面临的问题和苦难。

（北京师范大学社科处刘娜供稿）

包容性增长与中国 NGO 的新走向学术研讨会　3 月 15—16 日，由中国政法大学全球化与全球问题研究所、中央编译局当代马克思主义研究所和北京师范大学壹基金公益研究院共同主办的“包容性增长与中国 NGO 的新走向学术研讨会”在北京昌平凤山温泉度假村隆重举行。

参加此次会议的有来自中央编译局、中国社会科学院、清华大学、北京大学、北京师范大学、华北电力大学和中国政法大学的领导和多位专家学者。此外，来自北京市东城区社区参与行动服务中心、北京农家女文化发展中心、北京市海淀区莎利文康复中心等 NGO 的负责人也应邀与会。

开幕式及欢迎仪式由中国政法大学全球化与全球问题研究所副所长刘贞晔教授主持，中央编译局副局长、著名政治学者俞可平教授，北京师范大学壹基金公益研究院院长王振耀教授，中央编译局当代马克思主义研究所副所长杨雪冬研究员，中国政法大学全球化与全球问题研究所所长蔡拓教授分别做了主题发言。

在主题发言之后，与会专家学者和 NGO 的负责人分别围绕“中国 NGO 在包容性增长中的作为”“中国 NGO 的特性与作用再认识”“中国 NGO 的自身建设”三个专题进行了讨论，并涉及了中国准政府组织与草根 NGO 的关系、NGO 发展的新环境和新趋势等理论前沿问题。

（中国政法大学科研处刘璐供稿）

首届当代中国信访与社会矛盾研讨会　3 月 19 日，在北京工业大学为“当代中国信访与社会治理研究中心”成立揭牌。当代中国信访与社会治理研究中心是北京市信访办和北京工业大学共同建立的研究机构，北京市信访办、北京工业大学、中国社会学会的领导和嘉宾到会并揭牌。揭牌仪式后举行了“首届当代中国信访与社会矛盾研讨会”，来自北京大学、清华大学、中国人民大学、北京师范大学、中国农业大学、北京工业大学、北京城市学院等高校及北京市信访矛盾分析研究中心的 100 多位专家学者出席了研讨会。会议围绕着信访工作特点、社会矛盾产生的根源、机制以及社会治理的路径、重点等问题进行了探讨。

（北京工业大学科研处张爱民供稿）

政府信息公开理论与实践研讨会　2011 年 4 月 9 日，由中国政法大学法治政府研究院主办的“政府信息公开理论与实践研讨会”在北京召开。此次研讨会主要针对政府信息公开与新闻媒体、政府信息公开与社会组织的关系展开讨论，旨在从这两种特殊主体的视角去观察与探讨《政府信息公开条例》三年来的实施情况，从中发现问题并寻找解决问题的途径，以更好地发挥新闻媒体与社会组织在促进政府信息公开方面发挥作用。北京大学、清华大学、社科院法学所、中国传媒大学、中国政法大学等单位十多名专家，《人民日报》、新华社、《法制日报》《光明日报》《中国青年报》、财新传媒、《凤凰周刊》、中央人民广播电台、天津电视台等新闻媒体 30

余人以及北京信息产业协会等社会组织共60余人参加研讨会。中国政法大学法治政府研究院王敬波教授主持了此次会议的开幕式，中国政法大学终身教授、中国法学会行政法学会会长应松年教授回顾了从政务公开向政府信息公开的发展过程，对政府信息公开制度实施过程中存在的问题进行了总结和剖析，并且提出未来的发展方向。研讨会分别以“政府信息公开条例实施状况”“政府信息公开与新闻报道”“政府信息公开与社会组织发展”为主题进行了三个单元的讨论。

（中国政法大学科研处刘璐供稿）

2011中国信用4·16高峰论坛　4月16日，“2011中国信用4·16高峰论坛暨第七届全国信用体系建设经验交流年会”，于4月16日“信用共建日”在全国政协礼堂常委会议厅举行。本届信用高峰论坛由北京大学经济学院、北京大学中国信用研究中心以及全国20多家全国性社团等单位组成的中国信用建设促进委员会暨全国市场信用共建联盟共同主办。本届论坛以“和谐社会与信用建设”为主题，围绕“十二五”规划以及城市化进程中的社会信用环境建设问题，从金融、经济、人文、社会等方面展开学术研讨。全国人大常委会副委员长周铁农出席开幕式，北京大学经济学院副院长、北京大学中国信用研究中心主任章政教授，著名法学家江平教授，国务院参事李庆云教授，爱国者集团公司总经理杨吉庆围绕“中国经济社会持续发展与信用建设”问题进行专题研讨。论坛开幕式上公布了2010中国信用共建年度推荐榜；向2011中国信用建设征文的优秀论文作者颁奖，珠海市人民政府荣获“特别贡献奖”，中国技术市场协会等单位荣获信用创新单位，中铁快运公司等荣获重信用企业。众所瞩目的《中国城市信用环境评价》项目，经两年研发和试点，在本届论坛开幕式上发布了首期测评报告。这一阶段性成果受到与会代表以及参与报道的20多家媒体的广泛关注。

（北京大学社会科学部供稿）

工会国际专题研讨会　4月19日，中华全国总工会和比利时天主教工会专题研讨会在中国劳动关系学院举行。全总书记处书记江广平出席会议并讲话，中国劳动关系学院李德齐院长主持会议。

比利时天主教工会联合会主席、国际工联副主席吕克·科特贝克（Luc Cortebeeck）先生及比利时6位专家一行出席研讨会。吕克·科特贝克（Luc Cortebeeck）先生就比利时及欧洲工会工作和社会保障工作方面的发展及面临的问题作了主题发言。中国劳动关系学院副院长沈琴琴教授、法学系主任姜颖教授分别就中国劳动关系发展状况、中国劳动法制建设发展状况作了主题发言。该院近20位专家学者和青年教师以及部分学生参加了会议，并就相关议题进行了讨论和交流。

（中国劳动关系学院科研处陈邓海供稿）

中国—加拿大产业关系与劳动就业学术研讨会　5月6—7日，“中国—加拿大产业关系与劳动就业学术研讨会”在北京会议中心召开。研讨会由加拿大人力资源技术发展部的国际贸易与劳工项目、加拿大约克大学公共政策与法律研究中心和首都经济贸易大学劳动经济学院合作举办。加拿大驻华使馆、加拿大人力资源和技能发展部、安大略省劳资关系委员会、哥伦比亚省政府、约克大学、蒙特利尔大学、多伦多多元文化社团、麦坚时国际律师事务所、高林律师事务所、多伦多市华裔和南亚法律援助中心和意大利马克比亚吉基金会、国际劳工局北京局以及中国人力资源和社会保障部、中华全国总工会、中国劳动科学研究院、香港城市大学、北京大学、首都经济贸易大学、北京师范大学、中国人民大学等机构和高校的官员、专家和学者参加了研讨会。

研讨会围绕劳动关系与劳动问题、就业歧视问题、工作场所劳工标准问题、劳动关系现状问题、劳动争议处理问题、集体谈判或集体协商问题、劳动政策的发展问题等展开讨论。中国劳动关系学院冯同庆教授、郑桥教授、乔健副教授应邀参加研讨会。冯同庆和乔健分别以“解决劳动社会事件的中国制度性资源”“迈向‘十二五’时期的中国劳动关系现状和政策取向”进行了主题发言。

（中国劳动关系学院科研处陈邓海供稿）

国家综合防灾减灾战略研究首次专家研讨会　5月11日，在国家“防灾减灾日”和汶川大地震三周年前一天，“国家综合防灾减灾战略研究首次专家研讨会”在中国人民大学召开。来自我国自然科学界与社会科学界的一批著名专家学者围绕国家综合防灾减灾的理念、原则、战略目标和国家防灾减灾投入机制优化等主题进行了深入研讨。它标志着“国家综合防灾减灾战略研究”项目正式启动。中国人民大学教授、国家减灾委专家委副主任郑功成主持了研讨会。

郑功成教授首先介绍了“国家综合防灾减灾战略研究”项目的背景和相关情况，强调防灾减灾与民生保障和国家发展全局存在着重大关联，在各种灾害尤其是重大灾害日益严重的背景下，从战略层面开展综合防灾减灾研究具有必要性与紧迫性。同时，他认为这一战略研究必须集自然科学界与社会科学界专家学者之力，由自然科学界与社会科学界专家学者共同完成这一重要战略研究任务。

与会专家一致认为，开展“国家综合防灾减灾战略研究”有着十分重要的意义，应当将防灾减灾上升为国家战略并采取相应的行动。大家回顾了新中国成立以来的重大灾害及其惨烈后果，针对我国灾害问题的严重性与灾害管理体制、机制等方面存在的缺陷进行了深入的剖析，对应当吸取的历史经验与教训进行了相应的总结，对国家综合防灾减灾战略的理念、原则等基本理论问题进行了初步探讨，并对日本“3·11”特大地震及其导致的海啸、核事故和日本应对灾害的经验教训进行了讨论。此次会议后，将成立三个课题组，分别承担这一战略研究的相关研究任务。

（中国人民大学科研处关晓斌供稿）

清华大学公共管理学院第 89 期“明德论坛”　5 月 12 日，中央维护稳定工作领导小组办公室副主任夏诚华做客清华大学公共管理学院第 89 期“明德论坛”，解读当前影响社会稳定的突出问题。清华大学公共管理学院党委书记孟庆国主持论坛。公管学院师生近百人听取讲座。夏诚华在论坛上指出，当前我国社会大局和谐稳定，总的形势是好的，但维护稳定工作仍然面临诸多风险与挑战。我国经济社会发展中的问题和矛盾集中凸显，境内因素与境外因素、传统安全因素与非传统安全因素、虚拟社会与现实社会、人民内部矛盾与敌我矛盾的相互交织，矛盾关联性、复杂性、敏感性、对抗性明显增强。特别是因企业改制、农村征地、城市拆迁、涉众型经济犯罪、环境污染、城市管理、政府决策、行政执法等方面问题引发的群体性事件多样多发，成为突出的不稳定隐患。面对复杂的形势和繁重的任务，各地区、各部门应深入贯彻落实科学发展观，不断改善民生，加强矛盾排查化解和信息预警工作，及时妥善处置各类突发问题和群体性事件，确保社会大局持续稳定。随后，夏诚华还与现场师生就维稳工作中的社会热点问题进行了交流。

（清华大学文科建设处刘金梅供稿）

互联网与社会：挑战、转型与发展国际会议　5 月 20—21 日，“互联网与社会：挑战、转型与发展国际会议”在北京大学召开。此次会议为庆祝北京大学新闻与传播学院院庆十周年举行的系列学术活动之一，由北京大学主办，新闻与传播学院承办。来自美国、英国、丹麦、中国台湾、中国香港等国家和地区的知名学者与国内互联网研究方面的专家共计 100 余人参加了本次会议。中宣部、国务院发展研究中心、《人民日报》、新华社及其他中央媒体等机构也参加了本次会议。会议以“互联网与社会：挑战、转型与发展”为主题，探讨了互联网对社会发展的挑战及其应对策略。会议包括五个议题：移动互联网的发展及其社会影响；互联网产业发展与理论研究；网络舆论研究；社会化媒体研究以及新媒体实证研究。会议开幕式由北京大学新闻与传播学院谢新洲教授主持，北京大学校务委员会副主任林钧敬教授、新闻与传播学院副院长陈刚教授以及美国雪城大学纽豪斯公共传播学院约翰·本·斯诺讲席教授 Pamela J. Shoemaker 为本次会议致开幕词。北京大学新闻与传播学院常务副院长徐泓作会议闭幕词。此外，在会议设立的两个分会场，来自北京大学、清华大学、武汉大学、上海交通大学、南京大学、厦门大学、暨南大学、中国传媒大学、“国立”台湾艺术大学等 16 个高校及研究院所的年轻学者，也进行了热烈的研讨。同时，网友通过微博与专家们进行互动交流，就共同关注的话题进行了深入沟通。腾讯网对本次会议进行了微博上墙和直播互动，网友对“互联网改变生活”这一话题的微博广播数目过万。

（北京大学社会科学部供稿）

首届中国自然保护论坛　5 月 22—23 日，在国家林业局的大力支持下，由北京林业大学、中国野生动物保护协会、北京富群环境研究院联合在北京林业大学举办“首届中国自然保护论坛”。国家林业局、环保部等相关部委领导、相关领域的院士、部分省厅（局）领导出席会议，部分国家级自然保护区负责人、从事自然保护事业的专家学者、国内外环保组织代表、新闻媒体、热爱自然保护事业的企业暨社会各界人士 200 余人参加论坛。本次论坛的主题是生物多样性与森林，届时将邀请国家林业局有关领导、国内外自然保护与管理研究专家、自然保护区代表做特邀报告，并将举办分论坛。论坛期间将召开北京林业大学自然保护区学院董事会第二次大会。

（北京林业大学科技处张力供稿）

第四届中国环境与健康宣传周人居与健康学术论坛

6 月 2 日，由北京林业大学承办的“第四届中国环境与健康宣传周人居环境与健康学术论坛”在北京林业大学报告厅举行。全国人大常委会委员、环资委副主任、中国环境与健康宣传周领导小组副组长、农工党中央副主席汪纪戎出席论坛并听取学校工作汇报。林业大学校长宋维明、副校长姜恩来及师生代表参加了学术研讨会。农工党中央、联合国规划署、联合国人类住区规划署、国家林业局、住房和城乡建设部有关负责人出席论坛。第四届“中国环境与健康宣传周”活动主题是“人居环境与健康”，活动口号为“以人为本，人与环境和谐发展”“改善人居环境，提高健康水平”“保护环境，建设绿色人居”。

（北京林业大学科技处张力供稿）

“枢纽型”社会组织的职责与作用课题验收会　6月15日，北京市社科联和北京市科协联合召开“北京社会建设新格局中‘枢纽型’社会组织的职责与作用课题验收会”。北京市社科联党组副书记、副主席陈之昌，北京市科协党组成员、副主席田文出席会议。国家行政学院教授丁元竹，原中办研究室主任、中国科学院现代化研究中心理事、研究员于维栋，中国创造学会常务理事、全国高校创造教育分会副会长、教授李全起等课题验收专家，课题组负责人，部分研究骨干人员及社科联、科协相关职能部门共15人参加会议。

课题负责人北京市社会科学院社会学所副研究员高勇作课题结题报告。课题认为，治理技术的匮乏和对治理风险的忧虑是制约着中国社会组织发展的根本矛盾。只有改变治理主体，改变治理方式，才能真正解决问题。在北京社会建设的新格局中，“枢纽型”社会组织工作体系试图通过“确立枢纽”“存量脱钩”“增量吸纳”“协调引导”等多种手段和渠道来改变社会组织的治理主体，借此改变社会组织的治理方式。要进一步完善这种“枢纽型”社会组织工作体系，就需要从“分级吸纳、强化问责、资源引导、价值构建、人才培养”入手，创新社会组织的治理手段和方式。课题特别指出，在“枢纽型”社会组织工作体系的整体框架下，不同类别的社会组织有其个性特点。科协和社科联应当分类对待，做到大力扶持一批重点社会组织，认真规范一批主力社会组织，积极吸纳一批新型社会组织。会议在听取课题结题报告后，验收专家组成员对课题进行了认真点评，在肯定课题成果的同时，也对课题的进一步完善提出中肯的意见建议。最后，验收专家组组长陈之昌同志宣读了课题验收意见，课题顺利通过验收。

（北京市社科联学术活动部供稿）

残障与发展论坛·2011　6月18日，由中国人民大学残疾人事业发展研究院、中国残联研究室共同举办的“残障与发展论坛·2011”在中国人民大学逸夫会议中心举行。中国人民大学党委副书记马俊杰出席开幕式并为论坛致辞，中国人民大学教授兼残疾人事业发展研究院院长郑功成主持开幕式暨主题报告会。

来自中国残联系统、中国社科院、中国劳动保障科学研究院、中国康复中心、中国安全生产研究院及中国人民大学、北京大学、北京师范大学、中央财经大学、国际劳工组织等机构的代表约100人出席论坛。

本次论坛的主题为“国际视野下的残疾人事业”，共设“主题报告会”和“残疾人事业发展国际比较”“欧美国家残疾人社会保障”“亚洲国家或地区残疾人社会保障”三个专题论坛。中国残联研究室主任、中国残疾人事业发展研究会副会长陈新民，中国康复中心主任、中国社会福利协会副会长李建军，中国人民大学残疾人事业发展研究院副院长孙树菡，国际劳动组织刘春秀等在主题报告会上做了主题报告。中国劳动和社会保障科学研究院院长田小宝研究员主持了主题报告会。

（中国人民大学科研处关晓斌供稿）

首届北京全民健身论文报告会　7月7日，以“全民健身，北京城市发展与市民生活质量提高”为主题的“首届北京全民健身论文报告会”在首都体育学院举行。本次报告会由北京体育科学学会和首都体育学院联合主办，是“北京市第八届全民健身体育节”的重要组成部分，也是首都体育学院55周年校庆学术活动之一。北京市体育局副局长王艳霞，首都体育学院院长钟秉枢、副院长王凯珍出席了此次会议，来自北京市近百名学者和首都体育学院研究生参加了此次会议。会议由王凯珍副院长主持。

会上，来自北京体育大学、国家体育总局科学研究所等单位的数十位专家学者汇报了研究成果。此次报告会的召开，不仅为北京市群众体育工作者、全民健身领域研究人员和高等体育院校研究生搭建交流和研讨的平台，提高了首都全民健身研究的科学化水平，增进了全民健身研究者与管理者之间的友谊，同时也为即将在北京召开的第14届世界群众体育大会营造了学术氛围。

（首都体育学院科研处刘沛供稿）

“建设现代、和谐、有创造力的高收入社会：中国的挑战与抉择”国际研讨会　9月3日，国务院发展研究中心与财政部、世界银行在钓鱼台国宾馆共同举办“建设现代、和谐、有创造力的高收入社会：中国的挑战与抉择国际研讨会”。李伟主任出席会议并作题为“深化研究，为中国顺利迈入现代、和谐、有创造力的高收入社会贡献智慧”的致辞，刘鹤书记主持专题讨论并作总结讲话，刘世锦副主任代表中方课题组在大会作课题主题报告并在会议总结时发言，张玉台同志在会议晚宴上致辞。世界银行行长佐利克先生出席开幕式并致辞，财政部李勇副部长主持开幕式。世界银行前东亚及太平洋地区首席经济学家尼赫鲁代表外方课题组作主题报告。中外专家学者、联合课题组成员以及国务院发展研究中心、财政部、世界银行代表136人出席会议。

（国务院发展研究中心张力供稿）

庆祝邬沧萍教授90寿辰从教60周年学术研讨会
9月24日，中国人口科学前沿问题研究暨庆祝邬沧萍教授90寿辰从教60周年学术研讨会在中国人民大学逸夫会议中心隆重举行。中共中央政治局常委、国务院副总理李克强发来贺信。全国政协、中国民主同盟中央委员会、国家人口和计划生育委员会、全国老龄工作委员会办公室、中国人口学会、中国老年学会等海内外 100 多家单位和个人致电祝贺。

全国政协副主席张梅颖，第九届全国人大常委会副委员长、中国人口学会名誉会长彭珮云，国家人口和计划生育委员会党组书记、主任李斌，国家人口和计划生育委员会副主任、中国人口学会常务副会长王培安，全国老龄工作委员会办公室党组书记、常务副主任陈传书，民盟中央副主席陈晓光，民建中央副主席、全国人大内务司法委员会副主任委员辜胜阻，中国老年学学会常务副会长赵宝华，中国人民大学党委书记程天权、副书记马俊杰，以及邬沧萍教授曾经工作过领域的领导和同事，人口学界、老年学界的专家学者，邬沧萍教授的子女、朋友、学生等 200 余人参加了会议。会议由中国人民大学社会与人口学院院长、中国人口学会常务副会长翟振武教授主持。

国家人口和计划生育委员会主任李斌宣读了李克强副总理致邬沧萍教授的贺信。彭珮云、陈晓光、王培安、陈传书、辜胜阻等领导同志先后致辞。随后召开的“中国人口科学前沿问题研究”学术研讨会，北京大学社会学系、健康老龄与发展研究中心副主任郭志刚教授，中共中央办公厅原局长李荣时，香港科技大学社会科学部涂肇庆教授等数十位学者就人口学前沿问题展开讨论。邬沧萍教授点评了诸位学者的发言并提出建议。

（中国人民大学科研处关晓斌供稿）

青少年社会福利政策与青少年发展研讨会　10 月 13 日，由中国青年政治学院青少年研究院和学报编辑部共同主办的“青少年社会福利政策与青少年发展研讨会”在北京召开。

青少年研究院名誉院长陆士桢教授、中国青少年研究中心主任郗杰英研究员、中央编译局马克思主义研究部主任季正聚研究员、南京大学社会学系主任风笑天教授，中国社科院社会学所研究员、《青年研究》主编单光鼐，上海社会科学院青少年研究所所长杨雄研究员、中国青少年研究中心副主任、《中国青年研究》主编刘俊彦副研究员，河南师范大学青少年问题研究中心主任高中健教授，中国社科院社会学所沈杰副研究员，山东青少年研究所所长、山东青年政治学院青少年工作学院院长张华教授，中国青少年研究中心黄志坚教授等国内青少年研究领域著名专家学者，以及中国青年政治学院青少年工作系陈立思教授、法律系主任林维教授、教务处处长陆玉林教授、经济系黄敬宝副教授等参加了研讨会。

与会专家认为，当前应高度关注社会的快速变迁给当代青年带来的重大挑战，构建以青年为本的、科学的青年工作体系。

（中国青年政治学院科研处蒋甫玉供稿）

2011 年老龄产业和福祉科技论坛　10 月 23 日，“2011 年老龄产业和福祉科技论坛暨第五届海峡两岸福祉科技交流大会”在北京大学英杰交流中心举行。论坛旨在为学术研究机构、福祉科技领域相关企业和服务组织搭建起一个相互交流的平台，让更多的企业、研究机构和社会组织参与到发展老龄产业的事业中，促进老龄产业健康、有序、稳步地发展。北京大学党委常务副书记、副校长张彦，全国老龄办常务副主任、中国老龄产业协会会长陈传书，中国残联副理事长孙先德，台湾南开科技大学副校长许聪鑫，台湾元智大学、南开科技大学前任校长王国明，中国老龄产业协会副会长、河南飘安集团有限公司董事长王继勇等出席开幕式并分别致辞。来自海峡两岸的专家学者、业界精英以及与老龄产业相关的组织机构、企业代表共 260 多人出席论坛。

此届论坛从国家层面进行政策解读，对老龄福祉科技、养老地产、老龄产业投资与金融等老龄产业领域的重大热点问题进行探讨研究，为应对人口老龄化这一重大战略任务提供理论依据和决策支持。在借鉴国际经验的基础上，政策制定者、研究者和实际工作者进行了深入交流和互动，在国家政策层面、企业发展机遇和学术理论的思维碰撞中找到应对老龄化社会之策。此外，本届论坛还受到了国际关注，日本国际协力机构、美国爱心基金会、国际亚健康协会等机构也纷纷前来出席论坛，并进行深入的交流和探讨。

（北京大学社会科学部供稿）

2011 中欧社会管理论坛　10 月 24—25 日，由国家行政学院举办的“2011 中欧社会管理论坛”在北京举行，论坛的主题为“新形势下的社会管理：挑战和机遇”。国务委员兼国务院秘书长、国家行政学院院长马凯，欧盟委员会教育、文化、语言多样性及青年事务委员瓦西利乌出席论坛开幕式并致辞。国家人力资源和社会保障部部长尹蔚民和国家行政学院领导魏礼群、李建华、何家成、洪毅、周文彰、韩康、杨克勤出席开幕式。国家行政学院常务副院长魏礼群主持论坛开幕式。

马凯在致辞中指出，中国政府历来高度重视社会管理，为形成和发展适合国情的社会管理制度进行了不懈探索和实践，建立了社会管理工作领导体系，构建了社会管理组织网络，制定了社会管理基本法律法规，初步形成了党委领导、政府负责、社会协同、公众参与的社会管理格局。实践证明，中国社会管理工作富有成效，与中国国情和社会主义制度总体适应。当前，中国和世界各国一样，社会管理正面临新的挑战和机遇，加强和创新社会管理的任务十分繁重艰巨。要立足我国国情，借鉴其他国家经验教训，不断根据新形势、新情况、新问题，加强和创新社会管理。

马凯强调，加强和创新社会管理，要贯彻落实科学发展观，牢固树立以人为本、服务为先的理念，特别要正确把握和处理好以下几个问题：一是要努力实现维系社会秩序与激发社会活力的统一。要让秩序融入在活力中，把活力建立在秩序基础上，做到既保证社会的安定有序、规范运行、调控有力，又有利于激发全社会的创造活力，降低社会运行成本，提高社会运行效率，从而在有序的基础上达到最大限度激发社会活力、最大限度增加和谐因素、最大限度减少不和谐因素的目的。二是要正确处理政府主导和发挥社会参与的关系。政府要在社会管理中发挥主导作用，同时又要树立社会参与、共同治理的理念，充分发挥各种社会组织和公民个人在社会管理中的协同、自治、自律、他律、互律作用。三是既要及时有效化解社会矛盾，更要注重源头治理。要减少或弱化引发社会问题的根源，着力解决人民群众最关心、最直接、最现实的利益问题，特别要解决好基本民生问题，大力发展社会主义民主政治，不断推进法治社会建设。同时，要建立和完善公众诉求表达机制、社会矛盾动态调处机制，加强和完善应急体制机制，及时有效地化解社会矛盾。四是要统筹现实社会管理和虚拟社会管理。将现实社会和虚拟社会作为一个整体来把握，把对现实世界管理与对虚拟社会管理结合起来，不断提高对虚拟社会的管理水平。

开幕式后，论坛举行主题演讲。国家行政学院常务副院长魏礼群、北京市委常委梁伟、中欧公共管理项目一期项目哈里·李斯特，斯洛文尼亚内阁办公室国务秘书安德烈·霍瓦特发表了主题演讲。魏礼群在题为“完善和发展中国特色社会管理体系”的主题演讲中指出，加强和创新社会管理，提高社会管理科学化水平，事关国家长治久安，事关人民根本利益，事关中国特色社会主义事业兴衰成败。中国政府顺应时代的变化，将加强和创新社会管理放在社会主义现代化建设更加重要的战略位置，是具有历史和世界眼光的重大决策。

主题演讲后，论坛分别围绕政府社会管理职能、社会管理基本问题、社会发展和社会政策、社会管理方式创新和城市化过程中的社会管理五个专题进行了分单元研讨，有30位中外有关方面专家学者作了论坛主题报告或作主持评述。论坛形式活泼，互动积极，研讨充分，给参会者很多启示。

欧盟及成员国政府官员、驻华使馆代表，国务院有关部门负责人，地方行政学院有关负责人、专家学者以及国家行政学院部分教职员工约400人出席论坛各项活动。

（国际行政学院科研处项纪旸供稿）

北京社会建设与管理创新论坛 11月8日，当代北京史研究会举办“北京社会建设与管理创新论坛”，这是2011年学术前沿论坛当代北京史研究会的分论坛。当代北京史研究会副会长、常务理事、理事80余人参加论坛。中国人民公安大学教授王太元、北京社会科学院研究员冯晓英、首都师范大学教授田国英和张静波应邀在论坛上发言。当代北京史研究会副会长张妙弟主持论坛。

王太元教授在发言中强调人口规模控制与管理创新的重要性，强调观念创新是关键，改变过去“以证管理人、以房管人、以业管人”的做法，主张“以证知人、以房护人、以业引人”。冯晓英研究员从实证调查结果，分析了基层社会组织参与民生建设的基本情况，介绍了街道辖区社会组织的培育与创新、社区居委会组织的转型与重塑、公益性民间组织的角色与功能定位等情况。田国秀教授以“当前社会心态问题的心理解读与政策建议”为题分析了当代社会中存在的心理失衡、政治生活中的心理无助、文化生活中的心理空虚、社会生活中的心理焦虑等现状。张静波教授以“东京都社会组织与社会建设的现状及对北京的启示”为题介绍了日本东京都社会组织与社会建设的现状及特点，并从北京与东京都的比较中提出了社会管理方面的建议。

（摘自《北京社科联》2011年第6期）

中美“综合社会调查（GSS）”学术研讨会 11月9—10日，由中国人民大学中国调查与数据中心（NSRC）、美国芝加哥大学全国民意研究中心（NORC）、美国芝加哥大学北京中心共同举办的中美“综合社会调查（GSS）学术研讨会”在中国人民大学召开。来自美国芝加哥大学、中国人民大学、中国社会科学院、清华大学、北京大学等多家大学与科研机构的学者参加了研讨会。本次研讨会旨在加强中美在社会调查方法与技术的交流与合作。中国人民大学常务副校长、中国调查与数据中心主任袁卫教授主持了会议并致开幕词。

在研讨会上，中美两国的综合社会调查（GSS）项目各自介绍了自发起以来的发展状况、研究成果，以及在国内及国际上的影响；同时也对抽样设计、抽样实施、问卷设计、调查项目管理、计算机辅助调查等方法和技术进行了深入探讨。北京大学的中国家庭动态调查，中国社会科学院的中国社会状况调查，西南财经大学的中国家庭金融调查也详细介绍了其项目的发展状况。会后，中国人民大学中国调查与数据中心（NSRC）与美国芝加哥大学全国民意研究中心（NORC）进行了双边会谈，双方在调查数据库建设上的协作、中美两国合作比较研究、固定的人员交往上达成了合作意向，安排了进一步具体落实的手段。

（中国人民大学科研处关晓斌供稿）

中国社会保障发展指数报告2010成果发布会　11月10日，由中央财经大学中国社会保障研究中心主办的“中国社会保障发展指数报告2010成果发布会”在中央财经大学学术会堂召开。发布会上由中央财经大学中国社会保障研究中心主任、中国社会保障发展指数项目负责人褚福灵教授在会上介绍了《中国社会保障发展指数报告2010》的研究成果。中国经济体制改革研究会会长宋晓梧，人力资源和社会保障部养老保险司司长蔡振红，人力资源和社会保障部社会保险管理中心主任孟昭喜，国家发展和改革委员会收入分配司副司长纪宁，人力资源和社会保障部农村社会保险司副司长董英申，人力资源和社会保障部社会保障研究所所长金维刚等20多位专家学者出席了本次发布会。与会专家对《中国社会保障发展指数报告2010》的指标指数体系、研究结论、学术价值、政策意义等多方面进行了点评和讨论，对研究成果予以高度评价与积极肯定，也提出了建设性的意见和建议。《中国社会保障发展指数报告2010》通过一系列的数据对中国社会保障发展现状与未来趋势进行评价与判断，为社会保障事业量化管理提供了理论框架，是社会保障量化研究的重要进展。

（中央财经大学科研处供稿）

中国—非洲（英语）国家工会领导人研讨会　11月21日，“中国—非洲（英语）国家工会领导人研讨会”在中华全国总工会国际交流中心举行。全总书记处书记江广平以及来自肯尼亚、乌干达、津巴布韦、纳米比亚、赞比亚、坦桑尼亚、博茨瓦纳、塞拉利昂、厄立特里亚等9个非洲国家的全国性工会组织的31位领导人出席了会议。

研讨会由中华全国总工会国际联络部举办，会议主题为“就业与工会对策”。会上，来自中国和非洲国家工会的领导人和专家就金融危机后的经济形势、各国当前的就业状况、工会在促进就业和体面劳动等方面的具体做法和经验进行了广泛而深入的交流。

中国劳动关系学院工会学院院长杨冬梅教授、经济管理系主任燕晓飞教授应邀出席研讨会，并分别作了题为“《就业促进法》与工会在促进就业中的作用”“中国当前宏观经济形势”的报告。此次研讨会加强了中国和非洲国家工会之间的相互了解，将为工会更好地维护职工权益尤其是就业权益起到积极作用。

（中国劳动关系学院科研处陈邓海供稿）

首届青少年社会工作理论与实践研讨会　11月26—27日，由中国青年政治学院社会工作学院举办的“首届青少年社会工作理论与实践研讨会”在北京举行。来自民政部、教育部、北京市委社会工作委员会（社会建设工作办公室）、北京市社会福利事务管理中心等相关部门的领导，全国20多所高校、中学及社会服务机构的专家学者、中学校长和实务工作者参加会议。

与会代表围绕青少年社会工作理论与实践主题，从青少年社会工作理论与政策、学校社会工作、社区青少年服务、家庭与院舍青少年服务、青少年特殊需要与社会工作服务等五个维度进行了讨论。与会专家表示，此次研讨对聚集青少年社会工作研究力量，活跃青少年社会工作理论和实践研究，推动我国青少年社会工作的实务发展具有指导和借鉴意义。

（中国青年政治学院蒋甫玉供稿）

第七届海峡两岸组织行为与人才开发学术研讨会

12月1—2日，“第七届海峡两岸组织行为与人才开发学术研讨会”在中国劳动关系学院召开。来自中国人民大学、台湾高雄大学、南开大学、台湾“国立”中正大学、首都经济贸易大学、台湾长荣大学、山东大学、台湾中山大学、北京交通大学、澳门科技大学、南京大学等40余所大学及科研院所的100余名专家学者欢聚一堂，就“理念回归：和谐劳动关系下的人力资源管理发展”的主题进行了深入探讨和交流。

12月1日上午，研讨会由中国劳动关系学院副院长沈琴琴教授主持开幕式，中国劳动关系学院院长李德齐教授和台湾高雄大学校长黄英忠教授分别致辞。院长李德齐教授在致辞中对与会代表特别是远道而来的台湾代表表示热烈欢迎，并简要介绍了中国劳动关系学院的办学历史、学科建设、办学规模、师资力量等基本情况，希望各位与会专家在研讨会上畅所欲言、广交朋友，为两岸组织行为与人力资源管理学科的共同发展作出努力。黄英忠校长在致辞中对主办方的筹备工作表示衷心感谢。

在主旨演讲环节，台湾高雄大学黄英忠教授的《台湾人力资源管理的应用与发展》的演讲，就台湾人力资源管理在观念的演进和实务的应用两方面进行了简单介绍。中国人民大学劳动人事学院彭剑锋教授的《2011年中国人力资源十大焦点——现状与趋势》的演讲，就目前人力资源管理方面的热点进行了全面且深刻的剖析。台湾中正大学黄良志教授的《政府于劳资和谐下人力资源发展之角色与作为——以台湾为例》的演讲，就国家人力创新奖、公共职业训练、委外职业训练、应对金融海啸的举措、其他就业措施或保障、建构国家职能标准六个方面对政府的角色和作为进行了交流。中国劳动关系学院劳动关系系主任乔健副教授的《中国集体协商的结构：从分散走向集中》的主题演讲，谈到中国的集体协商制度正在通过协商结构的集中化改革而逐步摆脱以往形式化的痼疾，在劳动关系协调中开始发挥更为实质性的作用，其作用机理与工业化国家有相当大的差别，是现阶段中国经济和政治结构的综合产物。香港理工大学潘毅副教授的《反思富士康的工厂生产体制》的演讲，介绍了“富士康调查报告”，并从富士康的扩张历程、新工厂体制与新劳动力、工人的反响三方面对富士康的工厂生产体制进行了深入的介绍，为我们展现出跨国资本与地方政府合力控制下的工人的生活工作现状。

12月1日下午和12月2日上午，与会学者就大会提交的60多篇论文按人力资源管理理念、人力资本与劳动经济、人才战略与公共部门管理、领导力、高校人力资源管理、组织激励和社会资本、心理契约与团队忠诚、劳动关系与工会、劳务派遣与劳动法等9个主题，分别进行了热烈的讨论和交流。

首届海峡两岸组织行为与人才开发学术研讨会由上海交通大学与高雄中山大学发起，2002年9月在上海交通大学举办。随后几届研讨会分别在台湾中山大学、深圳大学、台湾高雄大学、山东经济学院、台湾中正大学成功举办。几届研讨会聚集了海峡两岸目前在组织行为与人才开发研究方面的大批顶级人物，对促进海峡两岸学术交流，实现海峡两岸学术界、企业界优势互补起到了非常积极的作用。第八届海峡两岸组织行为与人才开发学术研讨会将在山西财经大学召开。

（中国劳动关系学院科研处陈邓海供稿）

中华志愿服务事业发展论坛　12月5日，“中华志愿服务事业发展论坛”在人民大会堂举行，全国人大常委会副委员长、中华志愿者协会会长周铁农出席论坛并致辞。

周铁农指出，在全面总结我国志愿服务事业发展的实践、学习借鉴外国成功做法的基础上，科学提炼推进我国志愿服务事业发展的经验与规律，深入分析“十二五”时期我国志愿服务事业发展面临的形势，深刻研讨志愿服务在经济社会发展全局中的地位和作用，提出符合我国实际、具有中国特色的志愿服务指导方针、发展思路、目标任务和重大举措，特别是在政策法规、组织队伍建设、项目品牌、管理体制、社会动员、资金保障等方面提出建设性意见，为加快推进我国志愿服务事业发展贡献力量，显得尤其重要。

中华志愿者协会副会长黄晴宜作了《中国志愿服务事业回顾与展望》的报告。与会者围绕“提高社会管理科学化水平”“公众参与志愿服务策略”等问题进行了研讨。

（参见《人民日报》2011年12月6日第4版）

民生论坛：社会保障体系建设与完善　12月6日，由民盟中央经济委员会主办的第二届“民生论坛：社会保障体系建设与完善”在北京友谊宾馆举行。

全国政协常委、民盟中央常务副主席张宝文出席论坛并致辞，全国人大常委会委员、全国人大农业与农村委员会副主任委员、民盟中央副主席索丽生，全国政协社会法制委员会副主任、中国医疗保险研究会会长、原劳动和社会保障部常务副部长王东进，民政部党组成员、全国老龄办党组书记及常务副主任陈传书，民盟中央秘书长高拴平等领导及来自民盟系统、学术界的专家学者150多人出席论坛。

张宝文在致辞中指出，社会保障肩负着解除全体人民后顾之忧和提供稳定安全预期的重大使命，是化解社会矛盾、维系国家长治久安的基本制度保障，也是调控社会财富分配格局、促进社会公正的根本性制度安排。今年，民盟中央受中共中央委托，针对社会保障体系建设与完善开展了深入调研，形成了有价值的调研成果。

索丽生代表民盟中央调研组，在会上作了题为《适应国情、关注民生，加快建设社会保障制度》的主旨报告，介绍了民盟中央深入调研社会保障的过程，分析了社保体系建设中的成就与问题，提出了明确社保体系构建理念、设立常态化的社会保障咨询机制并提升社会保障经办能力、确立相应的约束性指标并提供永续财力支撑、促使民主政治建设与社保体制改革及社保法制协同推进等政策建议。

陈传书在会上强调，要在着力巩固家庭养老地位的基础上，优先发展社会养老服务，将家庭养老与社会养老结合起来，充分发挥家庭和社区在养老服务上的互补功能，创建中国特色的新型养老模式。

全国人大常委会委员、民盟中央经济委员会主任郑功成就《坚定不移地推进社保体系建设与完善》作了主旨报告。

在本届论坛上，统筹城乡公共服务也是被关注的一个重点。民盟中央经济委员会副主任丁元竹围绕着重庆统筹城乡公共服务发展的实践作了专题报告。

（参见《光明日报》2011年12月8日第4版）

劳务派遣师资研讨会　12月9—10日，由全总和国际劳工组织工人活动局共同举办的“劳务派遣师资研讨会”在北京召开。全总书记处书记江广平和国际劳工组织工人活动局局长丹·库尼尔参加会议并讲话。来自国际劳工组织和中方的专家及来自全国各地工会和工会院校的30余名代表参加了研讨会。

此次研讨会是在全球经济日益复杂、就业问题日益严重的背景下召开的。丹·库尼尔局长在会上作了《当前世界劳务派遣及不稳定就业的总体状况》的报告。他指出，当前不稳定就业在全球稳定增长，需要各个国家根据国际劳工组织的有关公约不断修订法律法规，全面覆盖包括劳务派遣人员在内的所有劳动者。为此，工会应当发挥组织力量，通过集体谈判保护不同类型的劳动者享有其应有的权利和待遇。来自比利时总工会的专家林顿先生介绍了欧盟劳务派遣及不稳定就业的现状、欧盟的法令及实施中的基本经验和存在的问题。国际劳工组织工人活动局亚太处长拉赫万先生作了《不稳定就业与劳动力市场》的主题报告。全总工运研究所副所长王舟波在会上介绍了中国劳务派遣现状及存在的问题。

中国劳动关系学院法学系姜颖教授应邀参加会议，并作了题为《中国劳务派遣法律制度的检讨及再构》的主题报告。在报告中，姜颖教授介绍了中国《劳动合同法》关于劳务派遣的规定，分析了在《劳动合同法》实施后中国劳务派遣繁荣发展的原因，认为正是法律的不均衡管制使劳务派遣得以非正常发展，并提出了今后我国规制劳务派遣的法律路径和法律建议。

（中国劳动关系学院科研处陈邓海供稿）

首届中国应急管理创新论坛（2011）　12月14—15日，首届“中国应急管理创新论坛（2011）”在国家行政学院召开。论坛主题为“地方政府公共安全风险防范的实践与经验”，并分设“公共风险评估”“公共风险防范”“公共风险准备”“公共风险治理创新”以及“公共风险与应急产业、应急科技”等五个研讨议题。

“中国应急管理创新论坛”由国家行政学院应急管理培训中心与公安部办公厅、民政部救灾司、卫生部应急办、国家安全生产应急救援指挥中心共同举办，每两年召开一次，旨在交流地方应急管理创新经验、展示地方应急管理创新成果、促进地方应急管理创新发展，为各地区、各部门之间搭建一个高起点、深层次、多领域的交流平台，汇聚集体智慧，研讨新时期应急管理工作的好思路、好方法、好经验，促进全国应急管理水平不断提升。

在开幕式上，国家行政学院副院长洪毅代表论坛主办方作了题为《加快推进建立公共安全综合风险管理体系》的主题报告。他指出，风险管理是完善政府社会管理和公共服务职能，促进科学发展、和谐发展的必然要求，是从更基础层面提升突发事件应对能力的重要抓手，有利于推动应急管理工作关口前移、实现对各类风险的综合评估与控制、强化对突发事件的常态化管理、提升社会公众风险防范能力。

洪毅提出，加快推进建立我国公共安全综合风险管理体系，需要着力抓好五个方面重点工作：第一，全面强化综合风险管理的基础工作。将公共安全综合风险管理的理念和方法纳入城乡建设发展规划，逐步推动风险管理的程序化、规范化和制度化。第二，不断完善综合风险管理的体制机制。强化顶层设计，逐步建立健全“横向到边、纵向到底”的综合风险管理体系，对自然灾害、事故灾难、公共卫生事件和社会安全事件以及各专项风险实施分类管理。第三，加快建立综合风险管理的规范标准。研究出台综合风险管理实施指南和相应的风险管理实施细则与工作规范，依靠专家、依托科技，强化风险管理科技支撑，逐步建立综合风险管理信息化体系。第四，逐步培育社会共同参与的风险文化。引导公众增强风险防范意识，推进建立政府主导和社会参与相结合，全民动员、协调联动的工作格局，建立面向社会、多方参与的风险信息共享和沟通机制。第五，大力推进基层综合风险管理创新。建立各类危险源、危险区域和因素以及社会矛盾纠纷的全面排查和整改机制。建立有关隐患排查信息数据库，并根据有关应急预案规定的分级标准，实行分类分级管理和动态监控。

国务院应急管理办公室主任陈建安出席论坛开幕式，并作了题为《加强风险管理能力建设提升风险管理水平》的致辞。他指出，风险管理是现代政府的一项基本的核心职能，是涉及政府组织的全部范围以及政府组织中所有成员的管理职能，建立和发展更为有效的全面整合的风险管理模式是大势所趋。应构建“发现、定义、防范、抗击、转移、缓冲”风险的相关管理机制，提高风险管理水平，尽快建立现代型的社会风险管理体系。

陈建安提出，要大力加强风险管理能力建设、提升风险管理水平，加强对各类突发事件风险隐患的普查和监控；要定期、持久地开展风险评估与薄弱评估工作，并使之成为政府的常规管理职能；要全面做好危险源的普查工作，狠抓对重大危险源和重大事故隐患的勘查、评估和监控。要全面做好薄弱评估与监控工作；要强化政府对于危险行业的管制能力，增加项目审批过程中的安全评估环节；要设定并公开风险信息的标准和等级，加强风险信息评估工作；要明确政府的应急管理责任，建立风险共担机制，妥善转移社会风险。

“中国应急管理创新论坛（2011）”是我国首次

举办的、规模大规格高的应急管理创新论坛，来自政府部门、科研机构、企业、非政府组织的150多位代表与会。作为论坛的主办单位，国家行政学院、公安部、民政部、卫生部、国家安全监管总局还于2010年6月共同举办了“2010年应急管理国际研讨会”。据悉，为形成定期化机制，上述五部门拟以“应急管理国际研讨会”和“中国应急管理创新论坛”为平台，每两年分别举办一次国际会议和国内会议，由此形成“应急管理国际研讨会”和“中国应急管理创新论坛”相结合的滚动机制。

（国家行政学院科研处项纪旸供稿）

中国志愿服务发展论坛·2011　12月15日，“立足专业、践行志愿——中国志愿服务发展论坛·2011暨青年公益领袖交流培训班”在中国青年政治学院举行。活动由李嘉诚基金会赞助，中国青年政治学院与汕头大学、中民慈善捐助信息中心及中国社会工作教育协会联合主办。

培训班上，国内各大高校志愿者、青年公益领袖、社会慈善组织等深入探讨了“中国公益慈善事业发展现状及社会创新趋势”“如何用创新方法解决当前社会议题”“如何设计及开发优秀公益慈善项目”等主题，共商中国志愿服务专业化发展之路。北京大学、清华大学、对外经济贸易大学、北京工业大学、北京工商大学、山东大学、汕头大学等高校的50多位青年公益领袖参加本次培训班。

（中国青年政治学院科研处蒋甫玉供稿）

两重生命的互动——生命文化与医疗实践论坛

12月16日，由北京市社会科学界联合会、北京市科学技术协会主办，北京东方生命文化研究所、北京医学会承办的“两重生命的互动——生命文化与医疗实践论坛”在北京召开。此次论坛是2011北京自然科学界和社会科学界联席会议之两界学会联合学术活动的重要组成部分。北京市社科联党组副书记陈之昌、北京市科协副主席田文出席论坛并分别代表主办单位致辞。来自首都社会科学界和自然科学界的专家学者150余人参加了论坛。

论坛上，北京东方生命文化研究所学术委员会主任袁正光、北京王府中西医结合医院院长曹泽毅、北京景藏健康科学研究院院长汪大洲分别以《生命的智慧——从生命文化看两重生命的互动》《生命文化和医疗实践》《阅读生命，体验身心两重生命的互动》为题作了主题报告，并与参加论坛的专家学者围绕生命文化这一主题进行了充分研讨。

陈之昌同志在致辞中指出，自然生命与文化生命互为依存、相互促进，它们之间的互动在医疗实践中表现得最为典型。此次论坛，来自社会科学领域和医学领域的专家学者共同研讨生命文化，是在用实际行动贯彻党的十七届六中全会提出的推进社会主义文化大发展大繁荣的精神，必将促进生命文化的研究及首都北京的城市文化建设。

（北京市社科联学术活动部供稿）

2011学术前沿论坛·创新社会管理　增进社会和谐

12月17日，由北京市社科联与北京师范大学联合主办的“2011学术前沿论坛·创新社会管理　增进社会和谐”在北京师范大学举行。论坛主题是“科学发展：社会管理与社会和谐”。市社科联主席满运来、北京师范大学副校长韩震出席论坛并致辞，市社科联党组书记史秋秋、副书记陈之昌分别主持了论坛开幕式和作论坛主题报告。来自首都哲学社会科学界的专家学者、社科联所属社科类社会组织的负责人、北京师范大学的老师和同学近300人参加论坛。

满运来同志在致辞中指出，加强社会管理对于促进社会和谐有着重要的作用。中央领导同志在对北京社会管理工作进行考察后强调，要统筹发展、民生、稳定，搞好规划设计，加强基层基础建设，坚持典型引路，加快建设具有中国特色、符合本地实际的社会管理体系。北京市根据中央精神和北京的实际，正以创新为重点，努力加强社会管理法律、体制、能力建设，力争在新的起点上实现更多新突破，全面提高首都社会管理科学化水平，形成具有时代特征、中国特色、首都特点的社会管理新体系。文化是社会管理的基础和持久动力，在先进文化的引领下，社会管理可以得到更好的完善和创新。在我国经济实力和综合国力显著增强的同时，影响社会和谐的种种社会管理问题大量存在，发展中不平衡、不协调、不可持续问题依然突出，迫切需要理论界从理论与实践相结合的层面对此作出积极回应。

中国人民大学翟振武教授、北京大学王岳川教授、首都师范大学陶东风教授、中国政法大学李程伟教授、北京师范大学赵孟营教授分别以《流动人口：困境与出路》《文化强国与文化创新》《文化强国的核心是文化领导权》《社会建设与管理的价值诉求》《从社会稳定迈向社会公正：中国社会管理的历史转向》为题做了主题报告，从理论与实践视角对我们到底该如何创新社会管理、增进社会和谐提出了高质量的建议。与会专家认为，加强社会管理与创新是达至社会稳定与和谐的重要路径。坚持社会管理“秩序”价值与“福利”价值的有机融合，注重行政管理与社会自治的有机结合，尤其是在基层社会管理中，更应当以“服务”为主，做到寓管理于服务之中。在刚刚闭幕的党的十七届六中全会决定中，“社会主义核心价值体系”是一个贯穿始终的关键词，是我国文化建设的根本指导思想。与会专家认为，能够“引领社会思潮”“形成统一指导思想、共同理想信念、强大精神力量、基本道德规范”的核心价值体系，必须是真正得到大众拥护并能够落实在行动中的。为此，它必须具有开放性、多样性、包容性和基础性，必须是在平等协商、民主讨论之后形成的全民共识。

与主会场相呼应，北京市社科联所属学会承办的 26 场学术前沿论坛学会专场，也围绕主题，进行了深入研讨，内容涉及文化创意产业与中国文化影响力、中国特色社会主义社会管理体制的基本内涵与构建路径、社会建设与法治、文化与社会建设、特大城市人口服务管理、社会化养老服务体系建设、增长方式转变与社会管理创新、中国劳动力市场与收入分配等。

2011 学术前沿论坛，是“学术前沿论坛”第二个十年发展历程的起始。论坛自 2001 年创办以来，以“立足学术前沿，把握时代脉搏，聚焦民生国是，探讨发展思路”为宗旨，以北京雄厚的文化底蕴和优质的学术资源为依托，先后围绕“小康社会”“和谐社会”“科学发展”三大主题，举办主论坛 11 场和分论坛 228 场，编辑出版《学术前沿论丛》11 套，已经成为首都哲学社会科学繁荣发展的重要学术品牌，成为首都哲学社会科学界集中展示最新研究成果、推动学术创新的年度盛会。

论坛召开之际，论坛组委会还编辑出版了《2011 学术前沿论丛——科学发展：社会管理与社会和谐》和《前沿　创新　发展——学术前沿论坛十周年纪念文集》，并制作了《学术前沿论坛十周年集锦》，以献给长期以来参与、支持学术前沿论坛的专家学者和各界人士。

（北京市社科联学术活动部供稿）

法学

行政诉讼法修改研讨会　1 月 23 日，“行政诉讼法修改研讨会”在北京召开。本次研讨会是中国政法大学应松年教授主持的“行政诉讼法”修改课题的系列研讨会之一。来自全国人大、最高人民法院、国务院法制办、国家行政学院、中国社科院、北京市高级人民法院、湖北行政学院、北京大学、清华大学、中国人民大学、中国政法大学、广州大学以及华东政法大学等共计 30 余位国内行政法领域的专家学者参加了本次会议。

研讨会开幕式由中国政法大学终身教授、中国法学会行政法学研究会会长应松年教授主持。本次研讨会分为五个专题，分别由中国政法大学副校长马怀德教授、全国人大法工委行政法室副主任张世诚主持。国家行政学院法学部杨伟东教授、湖北行政学院副院长方世荣教授、最高人民法院行政审判庭副庭长李广宇、华东政法大学邹荣教授以及广州大学副校长董皞教授分别就“《行政诉讼法》总则、起诉与受理”“《行政诉讼法》受案范围、附则”“《行政诉讼法》管辖、诉讼参加人和执行”“《行政诉讼法》证据、审理与判决”以及“《行政诉讼法》侵权赔偿责任、涉外行政诉讼”等部分的修改作了主题报告。

（中国政法大学科研处刘璐供稿）

形成中国特色社会主义法律体系座谈会　1 月 24 日上午，由全国人大常委会召开的“形成中国特色社会主义法律体系座谈会”在人民大会堂隆重举行。中共中央政治局常委、全国人大常委会委员长吴邦国出席座谈会，并发表重要讲话。中共中央政治局委员、全国人大常委会副委员长王兆国主持座谈会。

吴邦国强调，要充分认识形成中国特色社会主义法律体系的重大意义。

第一，中国特色社会主义法律体系是中国特色社会主义永葆本色的法制根基，从制度上、法律上确保中国共产党始终成为中国特色社会主义事业的领导核心，确保国家一切权力牢牢掌握在人民手中，确保民族独立、国家主权和领土完整，确保国家统一、社会安定和各民族大团结，确保坚持独立自主的和平外交政策、走和平发展道路，确保国家永远沿着中国特色社会主义的正确方向奋勇前进。

第二，中国特色社会主义法律体系是中国特色社会主义创新实践的法制体现，从制度上、法律上保障国家始终坚持改革开放的正确方向，着力构建充满活力、富有效率、更加开放、有利于科学发展的体制机制，推动我国社会主义制度不断自我完善和发展。

第三，中国特色社会主义法律体系是中国特色社会主义兴旺发达的法制保障，从制度上、法律上解决了国家发展中带有根本性、全局性、稳定性和长期性的问题，为社会主义市场经济的不断完善、社会主义民主政治的深入发展、社会主义先进文化的日益繁荣、社会主义和谐社会的积极构建，确定了明确的价值取向、发展方向和根本路径，为建设富强民主文明和谐的社会主义现代化国家、实现中华民族伟大复兴奠定坚实的法制基础。

吴邦国指出，要认真总结形成中国特色社会主义法律体系的基本经验。改革开放 30 多年来，在党中央的领导下，我们成功走出了一条中国特色的立法路子，仅仅用几十年时间就形成了中国特色社会主义法律体系，成绩来之不易，经验弥足珍贵。这当中最重要的经验有五条：一是坚持党的领导。这是人民当家做主和依法治国的根本保证，也是加强民主法制建设、做好立法工作的根本保证。二是坚持以中国特色社会主义理论体系为指导。这是加强民主法制建设、做好立法工作的根本前提。三是坚持从中国国情和实际出发。这是加强民主法制建设、做好立法工作的客观要求。四是坚持以人为本、立法为民。这是加强民主法制建设、做好立法工作的根本目的。五是坚持社会主义法制统一。这是加强民主法制建设、做好立法工作的内在要求。

吴邦国强调，要深刻把握完善中国特色社会主义法律体系面临的新形势新任务，在新的起点上不断开创立法工作新局面。他指出，社会实践永无止境，立法工作也要不断推进。建设中国特色社会主义是一项长期的历史任务，完善中国特色社会主义法律体系也是一项长期的历史任务。更何况中国特色社会主义法律体系本身就不是静止的、封闭的、固定的，而是动态的、开放的、发展的。立法工作只能加强不能削弱。要把修改完善法律和制定配套法规摆在更加突出位置，在科学立法民主立法方面迈出新步伐，以适应形势发展的需要，推动中国特色社会主义法律体系的与时俱进和发展完善。

吴邦国最后强调，法律的生命力在于实施。中国特色社会主义法律体系的形成，总体上解决了有法可依的问题。在这种情况下，有法必依、执法必严、违法必究的问题就显得更为突出、更加紧迫，这也是广大人民群众普遍关注、各方面反映强烈的问题。我们要在继续加强立法工作的同时，采取积极有效措施，切实保障宪法和法律的有效实施，维护宪法和法律的权威和尊严，坚持依法行政和公正司法，增强全社会的法律意识和法治观念，确保各国家机关把人民赋予的权力真正用来为人民谋利益。

王兆国在主持座谈会时指出，吴邦国委员长的重要讲话通篇贯穿着马克思列宁主义、毛泽东思想、邓小平理论和“三个代表”重要思想，深入贯彻落实科学发展观，立意高远、思想深刻、论述精辟，是做好新形势下立法工作，加强社会主义民主法制建设，深入实施依法治国基本方略，建设社会主义法治国家的重要指导性文献。我们一定要认真学习、深刻领会、积极宣传、全面贯彻吴邦国委员长重要讲话精神，努力在新的起点上开创立法工作新局面。

路甬祥、韩启德、华建敏、陈至立、周铁农、李建国、司马义·铁力瓦尔地、蒋树声、陈昌智、桑国卫和王汉斌、盛华仁出席座谈会。

国务委员兼国务院秘书长马凯、最高人民法院院长王胜俊、最高人民检察院检察长曹建明和全国人大法律委员会主任委员胡康生、全国人大常委会法制工作委员会主任李适时、湖北省人大常委会副主任周坚卫、中国人民大学教授许崇德、中国社会科学院法学研究所所长李林在座谈会上发言。

全国人大各专门委员会主任委员、部分副主任委员，在京全国人大常委会委员，全国人大常委会副秘书长，全国人大常委会工作委员会主任、副主任，中央有关部门负责人，国务院有关部门负责人，中央军委有关部门负责人，有关人民团体负责人，各省、自治区、直辖市人大常委会负责人，部分全国人大代表，有关专家学者等，共400多人参加了座谈会。

（参见《人民日报》2011年1月26日第1版）

我国非法证据排除规则的实施与完善研讨会 2月19日，由中国政法大学诉讼法学研究院主办的“我国非法证据排除规则的实施与完善研讨会”在北京友谊宾馆瑞宾楼举行。全国人大、最高人民法院、最高人民检察院等中央机关领导，北京市公检法机关及律师代表，北京大学、清华大学、北京师范大学、中国社科院、中国人民公安大学、复旦大学、四川大学、中南财经政法大学、山东大学以及中国政法大学等各高校、科研机构学者，及以徐清宇院长为首的江苏省盐城市中级人民法院极其所属基层法院的试点单位法官代表等百余人出席本次会议。

在研讨会开幕式上，首先由中国政法大学诉讼法学研究院名誉院长陈光中教授致辞。陈先生概括了我国非法证据排除规则的发展历程，对“非法证据排除规则”试点项目的成果给予了高度评价，并希望以本次研讨会为契机，在今后的立法与司法过程中，在实务部门、理论界共同参与下，推进我国非法证据排除规则的建立与完善。随后，中国政法大学张保生副校长致辞，他代表中国政法大学欢迎各位领导、专家、学者特别是试点法院法官的到来，并祝愿本次研讨会取得圆满成功。最高人民法院副院长张军在致辞中表示本次研讨会是在落实中央提出的“三项重要工作”之一——社会管理创新。最高人民检察院朱孝清副检察长在致辞中阐述了有关非法证据排除规则配套制度与措施的几点意见。中国政法大学诉讼法学研究院院长卞建林教授主持了开幕式。

开幕式后，中国政法大学诉讼法学研究院副院长杨宇冠教授与江苏省盐城市中级人民法院徐清宇院长就“非法证据排除规则试点项目”作了总结报告。

与会人员就“我国非法证据排除规则的实施”与“我国非法证据排除规则的完善”两个议题进行了深入的探讨。

（中国政法大学科研处刘璐供稿）

社会法学科建设暨社会保险模式研讨会 2月20日，中国政法大学民商经济法学院社会法研究所在北邮科技大厦召开了“中国政法大学社会法学科建设暨社会保险模式研讨会”。参加会议的领导和专家有：国务院法制办公室教育科技文化卫生法制司司长张建华，卫生部政策法规司副司长汪建荣，中华全国总工会民主管理部部长郭军，国务院法制办公室政法劳动社会保障司副司长彭高建，中国劳动保障报社法律事务中心主任韩智力，以及来自清华大学、中国人民大学、首都经济贸易大学和中国政法大学等高校的专家学者。

会议以报告人作报告、点评人进行针对性点评的方式，从社会统筹、个人账户、住房公积金等不同角度对我国的社会保险模式进行了多方思考和探讨。

（中国政法大学科研处刘璐供稿）

《中国法律发展报告·2010——中国立法60年》发布会暨学术研讨会　2011年2月26日，“《中国法律发展报告·2010——中国立法60年》发布会暨学术研讨会”在中国人民大学明德法学楼国际学术报告厅隆重举行。出席发布会的有：全国人大常委会顾问、十届全国人大法律委员会主任杨景宇，中国人民大学校长纪宝成教授，最高人民检察院副检察长孙谦同志，中国法学会副会长周成奎同志，第八届、第九届全国人大常委会法工委副主任、中国法学会立法学研究会会长张春生同志，中国人民大学副校长兼副书记王利明教授，全国人大常委会法工委国家法室主任许安标同志，司法部法制宣传司司长肖义舜同志，北京市检察院副检察长甄贞同志，国家法官学院院长高憬宏教授，国家检察官学院院长石少侠教授，教育部社科司规划处徐青森处长，中国人民大学科研处处长杜鹏教授，中国人民大学法学院院长韩大元教授等，来自北京大学、清华大学、中国社科院、中国政法大学、中央党校、北京航空航天大学等兄弟院校和科研机构的知名学者，以及新华社、中央电视台、《光明日报》《法制日报》《检察日报》、北京电视台、新浪网、正义网等新闻媒体的代表等100余人参加了此次会议。

会议包括开幕式、中国法律发展报告发布暨学术研讨、媒体提问等三个单元。会议开幕式由中国人民大学出版社总编辑周蔚华教授主持。朱景文教授就《中国法律发展报告·2011—中国立法60年》一书做了介绍。该书由导论、全国人大及其常委会立法、国务院及其所属部委立法、各省、自治区、直辖市和较大的市立法、司法解释五部分组成。

（中国人民大学科研处关晓斌供稿）

回顾与展望——媒体侵权责任法律适用研讨会　2月26日，中国政法大学新闻与传播学院、传播法研究中心与中国人民大学民商事法律科学研究中心、北京市朝阳区人民法院、海淀区人民法院主办的“回顾与展望——媒体侵权责任法律适用研讨会”在中国人民大学明德法学楼国际学术报告厅举行。本次会议为欧盟合作项目“中欧完善媒体法律保护项目”的组成部分之一。中国政法大学民商法学院副院长李永军教授主持了开幕式。

与会嘉宾有来自中国政法大学和中国人民大学、中国传媒大学等高校的知名专家学者，也有来自朝阳区、海淀区人民法院和北京高院的法官，还有媒体主编和代理媒体侵权案件的律师。参加会议的专家学者对媒体侵权责任法律在我国的适用情况进行了热烈的讨论。

中国政法大学新闻与传播学院院长宋建武在开幕式上致辞，他提出目前应当注意研究媒体“隐性侵权”现象，即媒体没有善尽其义务，如以回避报道或虚假报道等方式侵害公众的知情权的行为。中国政法大学传播法研究中心执行主任徐迅在会议上作了《新世纪我国民事司法在媒体侵权领域表现之评价》的报告。会上，朝阳区人民法院白彦、张雯副院长，海淀区人民法院宋鱼水副院长、李颖法官，北京高院民一庭马军副庭长结合审判实务工作，就媒体侵权责任法律使用20年的经验总结进行了主题报告。

（中国政法大学科研处刘璐供稿）

国际仲裁发展新动向学术讲座　2月28日晚，香港资深大律师、国际商会国际仲裁院副主席郑若骅在清华大学法学院四楼会议室作题为“国际仲裁发展新动向学术讲座”。清华大学法学院师生十余人听取讲座。郑若骅通过近些年来影响力较大的一些案件，阐明仲裁区别于诉讼的特点以及国际仲裁的发展趋势。她认为，中国内地的仲裁发展迅速，也形成了自己的特点，但与仲裁较为发达的地区相比仍有进步空间，尤其要减弱和避免“仲裁诉讼化”的现象。郑若骅还就仲裁举证问题、仲裁保密条款以及仲裁员选任等问题与现场师生进行交流。

（清华大学文科建设处刘金梅供稿）

防灾减灾立法与完善公共应急法制学术研讨会　3月7日，“防灾减灾立法与完善公共应急法制学术研讨会”在北京召开。本次研讨会由中国政法大学副校长马怀德教授以及全国人大常委会法工委副主任武增交替主持。参加本次研讨会的有来自国务院参事室闪淳昌教授、《中国应急管理》杂志社副主编张小明、国务院应急管理办公室张振东以及中国政法大学终身教授应松年教授、中国行政管理学会的执行会长高小平研究员、中国社科院法学研究所的莫纪宏研究员、清华大学法学院的余凌云教授、中国政法大学法学院的何兵副院长、中国政法大学法学院的刘莘教授、中国政法大学政治与公共管理学院党委书记李程伟教授、中国政法大学政治与公共管理学院的王湘军副教授、中国人民大学公共管理学院的唐钧副教授、北京工商大学法学院的赵颖副教授、中国政法大学法治政府研究院的林鸿潮副教授以及首都经济贸易大学法学院的赵鹏博士。

会议围绕“防灾减灾立法与完善公共应急法制的必要性以及如何实际操作”“制定防灾减灾基本法的必要性与可行性”“‘突发事件应对法’的修改与公共应急法制的完善”等主题进行了研讨。

（中国政法大学科研处刘璐供稿）

中瑞移民法律问题研讨会 3月9日，“中瑞移民法律问题研讨会”在中国政法大学举办。应邀出席本次研讨会的北京大学、香港大学、北京理工大学、瑞士卢塞恩大学、中国政法大学国际法学院和科研处的相关教授和专家，纷纷以“国际移民社会融合”和“国内人员迁徙社会融合”为议题，阐述了各自的观点并回答了相关提问。本次研讨会由中国政法大学国际法学院李居迁副教授主持，高浣月和瑞士驻华大使馆科教参赞贺满崐先生（Markus Reubi）分别代表中瑞双方做了总结发言。

（中国政法大学科研处刘璐供稿）

百年清华·法学讲坛 3月18日下午，清华大学法学院迎接百年校庆系列活动之一“百年清华·法学讲坛”在学校明理楼模拟法庭开讲。全国人大法律委员会委员、中国人民大学副校长、中国法学会民法学研究会会长王利明作题为《中国特色法律体系与中国民法典的制定》的学术报告。讲坛由清华大学法学院副院长申卫星主持。中国法学会商法学研究会会长、清华大学法学院教授王保树及100余名师生参加活动。王利明在报告中阐释了“中国特色法律体系已经形成”的重要意义，说明中国特色法律体系兼具本土性、人民性、完整性、开放性等特点，及民商事法律在中国特色法律体系中扮演的重要角色，指出法律体系形成后民商事法律的立法方向为加快民法典的制定，而在民法典的制定过程中，民法的人文关怀应是最核心的价值理念之一，民法总则、人格权法与债法总则将是近期重要的立法任务。“百年清华·法学讲坛”是清华大学法学院于清华大学100周年校庆之际，邀请著名法学家、知名学者，通过专题讲座或高端对话的形式，就学术热点问题发表观点，或共同探求现今形势下法科学生成才之路的系列讲座活动，由清华大学法学院主办，学生法学会、法学院学生会等协办。

（清华大学文科建设处刘金梅供稿）

国家知识产权文献及信息资料库建设研究学术研讨会 3月20日，国家社会科学基金重大项目“国家知识产权文献及信息资料库建设研究”开题暨首次学术研讨会在中国政法大学学院路校区举行。“国家知识产权文献及信息资料库建设研究”项目以中国政法大学优势的法学为基础，以国家立法机关、国家知识产权局、国家商标局、国家版权局等政府部门和人民法院知识产权信息资源为依托，聚合国内知名专家学者和实务界优秀代表发挥跨学科跨领域的研究优势，为国家知识产权文献与信息数据资料库的建设提供重要支持。会议中，与会专家还围绕国家知识产权文献及信息资料库建设研究的价值与目标、国家知识产权文献及信息资料收集与整理的要求和规则、国家知识产权文献与信息资料库建设方案等内容进行了热烈的学术研讨。

（中国政法大学科研处刘璐供稿）

关注死刑改革系列论坛 3月27日，北京师范大学刑事与法律科学研究院在北京师范大学举办了“关注死刑改革系列论坛”。云南省昆明市中级人民法院马豫昆常务副院长、云南省昆明市中级人民法院刑三庭蔡顺斌庭长、武汉大学刑事法研究中心何荣功副教授、北师大刑科院博士后研究人员曾彦博士担任本次论坛的主讲人，北师大刑科院院长助理暨中国刑法研究所副所长阴建峰副教授担任主持人。北师大法学两院院长赵秉志教授出席本次讲座。法学两院师生共40余人参加了本次论坛。本次论坛的各位主讲人从理论入手，深入司法实践，重点剖析了毒品犯罪中的一些常见疑难问题并深入讨论了毒品犯罪的适用死刑问题。

（北京师范大学社科处刘娜供稿）

新中国外国法制史学科发展60年研讨会暨林榕年教授从教60年庆典 4月9日，“新中国外国法制史学科发展60年研讨会暨林榕年教授从教60年庆典”在中国人民大学举行。来自全国外国法制史研究会的会长、副会长以及常务理事，北京大学、清华大学、华东政法大学、中国政法大学、复旦大学等全国高校的专家学者以及林榕年教授的历届学生等近百人参加了会议。来自新华社、人民日报社等媒体的记者参与报道此会。

林榕年教授是新中国外国法制史学科的奠基人，在全国最早开创了外国法制史学科，成为全国外国法制史课程第一位主讲教师，并使中国人民大学成为这门学科最早的教学与研究基地。60年来，林榕年教授一直从事外国法制史的教学和研究工作，为新中国培养了大量外国法制史教研人才和法律事务人才，为外国法制史学科的发展和我国的法学教育事业作出了重要贡献。

开幕式由中国人民大学法律文化研究中心主任、全国外国法制史研究会副会长叶秋华教授主持。华东政法大学校长、全国外国法制史研究会会长何勤华教授，中国人民大学党委书记程天权教授，中国人民大学党委副书记兼副校长王利明教授，中国人民大学法学院院长韩大元教授等与会代表先后致辞，对林榕年教授从教 60 年表示衷心的祝贺，对林榕年教授 60 年来对外国法制史学科建设和发展所做的贡献给予高度赞赏，同时对中国人民大学作为外国法制史学科的开创与研究的重镇在该学科所取得的成就表示充分肯定。中国人民大学校长纪宝成教授也发来贺信向林榕年教授从教 60 年表示祝贺，对林教授在外国法制史学科建设和人才培养等方面所做的贡献表示肯定。学术研讨会围绕“外国法制史学科回顾与展望”和“外国法制史学研究的现代价值”两个议题，对新中国外国法制史学科 60 年发展的风雨历程进行了回顾和展望，畅谈了林榕年教授从教 60 年来对外国法制史学科作出的贡献。

（中国人民大学科研处关晓斌供稿）

第二届环太平洋大学联盟法学院院长论坛　4 月 22 日，由清华大学法学院承办的“第二届环太平洋大学联盟（Association of Pacific Rim Universities，APRU）本校法学院院长论坛”在清华大学明理楼模拟法庭召开。清华大学副校长谢维和、法学院院长王振民出席开幕式并致辞。论坛由清华大学法学院副院长申卫星主持。来自中国内地、香港以及澳大利亚、俄罗斯、印度尼西亚、日本、韩国等多个国家、地区的大学法学院院长出席论坛，共同探讨国际化背景下法学教育走向。环太平洋大学联盟，成立于 1997 年，旨在促进太平洋周边地区的科技、教育及文化的交流与合作。联盟由太平洋周边 16 个国家和地区的 42 所著名精英大学组成，包括斯坦福大学、加州大学伯克利分校、加州理工大学、华盛顿大学、北京大学、清华大学、东京大学、悉尼大学、新加坡国立大学、泰国朱拉隆宫大学等。环太平洋大学联盟首届法学院院长会议于 2010 年 10 月在泰国曼谷朱拉隆宫（Chulalongkorn）大学召开。

（清华大学文科建设处刘金梅供稿）

首届律师学院论坛暨律师与司法体制改革研讨会　4 月 24 日，在中国人民大学律师学院成立一周年之际，中国人民大学法学院、中国人民大学律师学院、中国法学会民主与法制社、方圆律政杂志社共同举办的“首届律师学院论坛暨律师与司法体制改革研讨会”在中国人民大学召开。论坛就我国司法体制改革的进程、律师参与司法体制改革的作用、司法体制改革对律师事业的促进、律师如何推动司法体制改革的进程等议题，进行了热烈的讨论。

最高人民法院原常务副院长、一级大法官、中国人民大学律师学院名誉院长祝铭山，全国政协教科文卫体委员会副主任、最高人民检察院原常务副检察长、一级大检察官张耕，全国律师协会原会长、中国人民大学律师学院顾问委员会主任任继圣，中国人民大学党委副书记兼副校长王利明，最高人民检察院司法改革办公室主任王洪祥，最高人民法院司法改革办公室副主任蒋惠岭，中国人民大学法学院院长、中国人民大学律师学院理事长韩大元，中国人民大学律师学院院长徐建，英国律师学院代表 Nick Olley 以及来自全国人大、最高人民法院、最高人民检察院、公安部、司法部的有关领导，北京大学、清华大学等多所著名高等院校的知名教授，中华全国律师协会及其各地方律师协会会长、代表，知名律师事务所代表及新闻媒体的代表参加了本次论坛。论坛开幕式由中国人民大学法学院副院长、律师学院执行院长龙翼飞主持。

论坛围绕“成就与难题：我国司法改革的进程”“建言与献策：律师参与司法改革的作用”“规范与保障：司法改革对律师事业的促进”以及“律师继续教育与科学发展”等论题展开了热烈研讨。

（中国人民大学科研处关晓斌供稿）

中德法律文化比较研讨会　4 月 24 日，由中国政法大学德国文化研究中心主办的“中德法律文化比较研讨会”在中国政法大学学院路校区召开。来自奥地利维也纳大学、德国不莱梅大学、德国技术合作公司、中国台湾政治大学、南京大学以及中国政法大学等国家和地区的高校单位的 20 余位专家学者参加了研讨会。会议由中国政法大学中欧法学院教授郑永流和德国文化研究中心主任许兰主持。

中国政法大学校长黄进教授到会并致欢迎词。黄进指出，中德法律文化比较是中德比较法的重要课题，也是学术界关注的热点问题之一。随后黄进向与会专家学者介绍了中国政法大学近两年来大力实施国际化战略，积极开展对外合作交流的一系列标志性成果。

研讨会上，中德专家学者围绕“中德法律文化比较研究”“中德法律文化交流”等主题，开展了深入的研讨和广泛的交流。双方一致表示将继续加强和拓展中德两国间的法律文化交流与合作，共同努力推动中德法律文化特别是中德法律文化比较研究。

（中国政法大学科研处刘璐供稿）

我国保险资金运用法律与实践研讨会　4 月 27 日，“我国保险资金运用法律与实践研讨会”在对外经济贸易大学隆重召开。对外经济贸易大学党委书记王玲、中国保监会法规部杨华柏主任、北京市丁小燕局长、中国保险学会罗忠敏会长、财政部财政科学研究所贾康研究员等出席研讨会并发表专题演讲。中国保监会等监管机构代表，中国保险学会、中国保险行业协会等代表，北京大学、南开大学、首都经贸大学等高校代表，中国人保集团公司等代表，对外经济贸易大学保险学院师生代表等 100 余人参加本次研讨会。

会上先后有20位嘉宾分别就我国保险资金运用法律政策与监管、金融机构在保险资金运用中的合作、保险资金运用之不动产、股权投资和保险资金投资方式创新四个话题发言。

（对外经济贸易大学科研处供稿）

首届原子能法论坛 5月8日，我国“首届原子能法论坛”在中国政法大学学院路校区召开。此次论坛由中国政法大学全球化法律问题研究中心和北京市国际经济法研究会主办，来自中国政法大学、北京大学、清华大学、中国人民大学、中央财经大学、首都经贸大学、北京师范大学、北方工业大学等多所全国知名院校的学者，中国广东核电集团、中国电力集团核电部等核能企业的专家以及来自国务院法制办、国家能源局、核能行业协会等政府机关、社会团体单位的领导和工作人员代表等参加了论坛。中国政法大学副校长张保生、北京市法学会常务副会长周信出席论坛。论坛由中国政法大学全球化法律问题研究中心理事长赵威教授主持。

论坛围绕我国原子能立法问题、核电立法问题，核损害民事责任等展开了研讨，旨在推动我国原子能立法进程和繁荣原子能法学研究。

本届论坛召开主要有两大背景：一是国内背景。目前我国原子能立法落后、原子能法学研究沉寂与我国原子能利用大国地位之间不协调的现状。同时，我国原子能法学研究也似处于被法学界遗忘境地。二是国际背景。主要指的是日本福岛核电站事故引发的国际社会对于原子能利用的高风险性，以及如何规范、安全发展原子能的普遍关注。

（中国政法大学科研处刘璐供稿）

第32期京师刑事法专题论坛 5月11日，北京师范大学刑事与法律科学研究院在该校举办了“第32期京师刑事法专题论坛”。美国维拉司法研究所国际事务部主任莫妮卡·桑顿女士、研究人员汤姆·斯特兹曼先生、美国纽约市立大学John Jay刑事司法学院校长Jeremy Travis、研究部常务副院长Karen Terry博士、北京师范大学刑科院副院长宋英辉教授、院长助理暨国际刑法研究所副所长王秀梅教授、刑事诉讼法研究所副所长史立梅副教授等40余人参加了此次论坛。本期论坛的主讲人是美国维拉司法研究所技术支持部主任邱绨娜（Tina Chiu）女士和药物使用与精神健康项目主任吉姆·帕森斯（Jim Parsons）先生。邱绨娜女士演讲的主题是“实证研究方法在司法改革中的应用”，吉姆·帕森斯先生演讲的主题是“刑事司法政策评论”。邱绨娜女士在演讲中结合维拉研究所早期进行的曼哈顿保释项目的实施过程及其影响，指出了实证研究方法在刑事司法改革中的重要作用。吉姆·帕森斯先生在演讲中提出了评估刑事司法改革试点项目的三项基本原则，包括评估是试点的重要内容、独立严格和使用有说服力的方法三个方面。他结合维拉研究所最近开展的美国新奥尔良检察改革项目，生动地解析了刑事司法政策评估的原则。通过该项目，他揭示了刑事司法改革实证研究取得成功的几条经验：与主要的刑事司法人员的协作；与独立机构取得一致意见；定期提交研究报告；使用数据快速分析并处理问题。

（北京师范大学社科处刘娜供稿）

讯问全程录音录像规范化建设学术研讨会 5月14—15日，由最高人民检察院反贪污贿赂总局和中国政法大学诉讼法学研究院联合主办的“讯问全程录音录像规范化建设学术研讨会”在北京隆重举行。与会代表有最高人民检察院反贪污贿赂总局副局长王利民，最高人民检察院法律政策研究室主任陈国庆，中国政法大学诉讼法学研究院院长卞建林教授、副院长顾永忠教授，以及来自山西、河南、江苏等21个省、市、区级检察机关领导同志和来自北京大学、清华大学、中国人民大学、北京师范大学、中国人民公安大学、西南政法大学、华东政法大学、辽宁师范大学等12所高校和研究机构的专家学者。

研讨会上，中国政法大学诉讼法学研究院名誉院长樊崇义教授对近10年来侦查讯问全程录音录像的实证研究工作做了总结，指出实践中遇到并亟待解决的问题，引起与会代表的热烈研讨。山西省、江苏省、福建省等7个省级检察院和宁波市、武汉市汉阳区等5个市、区级检察院的反贪污贿赂局分别就讯问全程录音录像的应用和规范化建设进行了经验交流。司法实务部门普遍认为，经过10年左右的探索、实践和不断改进，讯问全程录音录像工作在全国检察机关职务犯罪侦查工作中已得到普遍应用，取得了较好的法律效果和社会效果。

（中国政法大学科研处刘璐供稿）

轻微不法的除罪化讲座 5月16日晚，清华大学法学院中国司法研究中心在法学楼模拟法庭举办“轻微不法的除罪化讲座”。本次讲座由中国台湾成功大学法律系教授、德国杜宾根大学法学博士许泽天担任主讲人。清华大学法学院教授、中国司法研究中心主任周光权主持讲座。讲座中，许泽天详细介绍了我国台湾地区轻微不法的除罪化问题，重点讨论了比例原则对刑法的限制、轻罪不检举、缓起诉等制度，并就以上问题与大陆法律规定进行了比较研究。中国政法大学教授、刑事司法学院院长曲新久，北京大学法学院教授、《中外法学》主编梁根林，中国社科院法学所刑法室主任、研究员刘仁文，清华大学法学院部分师生等共 100 余人参加讲座。

（清华大学文科建设处刘金梅供稿）

立法工作研讨会　6 月 13 日，北京市人大常委会和市政府共同召开立法工作研讨会。会议针对中国特色社会主义法律体系形成、“十二五”规划实施等本市地方立法工作面临的新形势、新任务、新要求，围绕在人大制度框架内实现民主立法，如何提高立法质量等问题进行研讨。会议充分肯定了近年来本市立法工作取得的新进展，分析了本市立法工作面临的新形势，明确了新时期本市立法工作的主要任务，提出新形势下做好本市立法工作的更高要求。会议强调，立法工作要深入贯彻落实科学发展观，全面贯彻宪法精神，为推进首都科学发展和维护社会公平正义提供制度保障；要坚持民主立法和科学立法，进一步深化完善立法工作格局；要坚持解放思想，实事求是，以改革创新的精神开展立法工作。通过研讨，在中国特色社会主义法律体系形成的大背景下，在立法理念和工作思想上进一步统一认识。市人大常委会主任杜德印出席会议并讲话。

（北京市人大常委会研究室供稿）

中国军事法治前沿论坛第五届学术研讨会　6 月 18—19 日，中国政法大学法学院与中国政法大学东方毅军事法研究中心在昌平联合举办了“中国军事法治前沿论坛第五届学术研讨会”。论坛以“战略机遇与军事法治的创新发展”为主题，邀请了来自全国人大法工委、国务院法制办、中央军委法制局、解放军军事法院、总政司法局、军事科学院、国防大学、西安政治学院、武警部队学院、武警工程学院、中国人民大学、北京师范大学、西北政法大学、湘潭大学等 46 个机关部委、高等院校和研究机构的 100 多位军地学者到会研讨。

中国政法大学法学院院长薛刚凌教授全程与会并在开闭幕式上分别致辞。全国人大常委会法制工作委员会国家法室副主任武增、国务院法制办政法司副司长姜秀元、中央军委法制局副局长王黎红大校、西安政治学院训练部陈耿副部长、军事科学院军建部原部长雷渊深少将以及未来集团总裁过毅先生也出席了本次研讨会并在开幕式上致辞。与会专家学者分别就“中国特色军事法律（规）体系的形成与完善”“《兵役法》与《人民防空法》修改的重大理论与实践问题”“海空的和平军事利用的相关法理”“应对多样化军事任务与国家武装力量的规范动用”“武装冲突法的挑战与发展”进行了广泛交流和深入研讨。

（中国政法大学科研处刘璐供稿）

首届中国法治高端论坛　6 月 24 日，由中国政法大学主办的首届中国政法大学“中国法治高端论坛”在学院路校区图书馆学术报告厅举行。中国政法大学董事会主席、全国政协社会和法制委员会主任张福森，北京市检察院副检察长甄贞，中国政法大学校长黄进出席论坛。此次论坛以“中国司法行政制度的改革与完善”为主题，由中国政法大学科研处处长柳经纬主持。

黄进为论坛致辞。他在致辞中说，论坛的举办主要基于两点考虑：一是依法治国是宪法确立的治国方略，本论坛有助于进一步推进中国社会主义法制建设，通过研究我国法制中出现的问题并提出解决方案，推动我国法治社会的发展。二是通过论坛可以使大学更好地做到理论联系实际，一线高水平专家的指导，可以使法大师生加深对法治的认识，有助于思想的活跃和视野的开阔。

论坛中，张福森从中国司法行政制度的相关概念与特征、产生与发展、主要职能作用、改革与完善四个方面进行了论述。

（中国政法大学科研处刘璐供稿）

纪念建党 90 周年法治论坛　6 月 29 日，为隆重纪念中国共产党成立 90 周年，歌颂在党的领导下我国社会与法治近来取得的辉煌成就，中国政法大学在昌平校区学生活动中心学术报告厅举行“纪念建党 90 周年法治论坛”。中国政法大学校党委书记石亚军，校长黄进，副校长朱勇、张桂琳、张保生，党委副书记高浣月出席论坛。法学院院长薛刚凌、民商经济法学院副院长赵旭东、国际法学院分党委书记杜新丽教授、诉讼法学研究院院长卞建林教授、刑事司法学院院长曲新久教授分别从不同角度探讨依法治国，进一步完善中国特色社会主义法治体系。人民网对论坛进行了全程图文直播。

（中国政法大学科研处刘璐供稿）

当代中国习惯法与国家立法学术研讨会　7 月 2 日，清华大学法学院习惯法研究中心在法学楼举办“当代中国习惯法与国家立法学术研讨会”。清华大学法学院习惯法研究中心主任高其才致开幕词。中国农业大学教授赵旭东、中国人民大学教授朱力宇分别担任主持人。中国法学会教授郭道辉作会议总结。来自清华大学、西南政法大学、东南大学、西南民族大学、兰州大学、浙江工业大学、贵州凯里学院等高校和科研机构的 20 多位学者参加会议。与会代表围绕“当代中国习惯法与国家立法的理论问题”和“当代中国习惯法与国家立法的实证研究”两个主题展开讨论。与会代表一致认为，习惯法研究从历史到当代的转向已经成为习惯法研究的热点问题；以当代中国习惯法与国家立法的研究为基础，对法律发展模式、立法发展方向、制定法的局限等问题所进行的学术反思和理论研究具有重要现实意义。同时，习惯法研究对当代中国立法问题的关注必将对立法实践的创新起到积极的推动作用。

（清华大学文科建设处刘金梅供稿）

第三届证据理论与科学国际研讨会 7月16—17日，由中国政法大学证据科学研究院主办的“第三届证据理论与科学国际研讨会”在北京召开，来自世界五大洲12个国家、中国大陆和中国台湾的141位证据法学家和法庭科学家齐聚一堂，围绕本次会议的主题“证据科学与司法公正——现状与未来”展开了深入的研讨。

中国政法大学校长黄进、最高人民法院研究室胡云腾主任、教育部社科司张东刚副司长、司法部司法鉴定管理局局长霍宪丹教授、韩国国立搜查研究院院长郑姬善、坦桑尼亚预防与反腐败局局长Edward Hoseah博士和美国马里兰州法医局局长David Fowler分别在开幕式上致辞。

开幕式结束后，美国西北大学威格莫尔特座教授、中国政法大学长江学者讲座教授艾伦发表了《证据法的未来》主旨演讲、中国政法大学终身教授陈光中先生发表了《论证据裁判原则》的主旨演讲、意大利帕维亚大学米歇尔·塔鲁弗教授发表了《科学标准在社会和法庭科学证据中的应用》的主旨演讲、美国加州大学戴维斯分校Imwinkelried教授发表了《论表象时代的终结》的主旨演讲。

17日下午，国际证据科学协会（International Association of Evidence Science）第一届理事会第一次全体会议举行。会议讨论通过了《国际证据科学协会章程》，确定了第一届理事会主席、副主席、理事和执行委员会的人选。根据《章程》，国际证据科学协会总部将设在芝加哥，执行委员会和秘书处设在中国政法大学证据科学研究院。

（中国政法大学科研处刘璐供稿）

网站管理者的法律问题研讨会 7月24日下午，“网站管理者的法律问题研讨会”在中国传媒大学政治与法律学院法律系会议室召开。此次研讨会由中国传媒大学媒体法规政策研究中心和法律系主办。北京航空航天大学法学院周友军副教授，中国人民大学法学院讲师朱虎博士，北京市海淀区人民法院民一庭陈昶屹法官与民五庭蒋强法官，政治与法律学院副院长王四新教授、法律系匡敦校副教授、刘文杰博士、何勇博士、郑宁博士等参加研讨会。研讨会由中国传媒大学政治与法律学院法律系主任李丹林教授主持。

研讨会围绕“网络管理者”在侵权案件中的责任问题，既从司法实践层面进行了分析，也从法理学说层面进行了探讨。

（中国传媒大学科研处程爱晶供稿）

法律实证主义与当代中国法治发展论坛 8月10日，由中国政法大学法理学研究所主办的“法律实证主义与当代中国法治发展论坛”在香山饭店开幕。应邀出席本次会议的有清华大学的许章润教授、中国社会科学院法学研究所的吴玉章和刘作翔教授、中国人民大学的史彤彪教授、北京航空航天大学的赵明教授、上海师范大学的蒋传光教授、山东大学的陈金钊教授、中南财经政法大学的张继成教授、商务印书馆译作室的陈小文主任、北京师范大学的梁迎修副教授、北京理工大学的刘毅副教授、西北政法大学的张书友副教授和中国政法大学的焦洪昌、朱庆育、王洪和杨玉圣教授，以及法理学研究所的全体教师。此外，本次会议还聚集了一批在法律实证主义领域学有专攻的青年学者。

会议分为五个单元。第一单元考察了中国与西方语境中的法律实证主义与法治。第二单元为法律实证主义的探讨增加了逻辑学的维度。第三单元围绕“规范、效力与法概念争议”展开了激烈的、极具理论魅力的争锋。会议第四单元实际上是前一单元精致讨论的延续。当然，根据会议组织者的会心安排，与前一单元更侧重英美传统相比，此一单元更多地凸显了欧陆传统。被收入会议第五单元的论文，严格来讲，并非分析实证主义法学的进路，而更多地隶属于法律的社会实证研究。

（中国政法大学科研处刘璐供稿）

海峡两岸社会保险法比较学术研讨会 8月28日，中国政法大学民商经济法学院社会法研究所在京举办了“海峡两岸社会保险法比较学术研讨会”。参加研讨会的有来自台湾中国文化大学、首都经济贸易大学、中央财经大学以及中国政法大学的专家学者十余人。研讨会首先由台湾中国文化大学劳工关系学系谢棋楠教授主讲“台湾劳工五险法制”。在谢棋楠教授主讲期间和其后，与会老师进行了互动交流。

（中国政法大学科研处刘璐供稿）

第一届法律、翻译与文化国际研讨会 8月28日，由中国政法大学外国语学院、中国政法大学法律翻译研究中心主办的“第一届法律、翻译与文化国际研讨会”在中国政法大学昌平校区隆重召开。来自中国香港城市大学、理工大学，英国阿斯顿大学和中国政法大学等国内外十几所高校的百余位专家学者莅临会议。

中国政法大学校长黄进出席开幕式并对远道而来的专家学者表示热烈欢迎。他指出，当今世界全球化已经成为世界发展最重要的特征，同时也成为人类反思自身存在与发展的前提性语境。共同探讨和比较中外法律语言问题、法律翻译问题及法律文化问题，对于促进法学教育改革、培养高素质法律人才，具有十分重要的意义。

中国政法大学外国语学院院长李立向来宾介绍了中国政法大学的教学研究成果。她认为，不同的国家有不同的法律制度，法律翻译是沟通不同法律制度文化之间的桥梁。法律翻译涉及双重操作：语言的转译与法律概念的转换。这就要求法律翻译者对不同法系的法律术语和基本知识有所了解。本次会议旨在促进法律翻译研究的发展，加强不同文化背景下的专家学者之间的交流与沟通，打造开放自由的国际化学术平台，培养严谨务实、勇于创新的法律翻译人才。

开幕式结束后，来自英国阿斯顿大学的 Malcolm Coulthard 和法国滨海大学的 Anne Wagner 进行了主题演讲。

（中国政法大学科研处刘璐供稿）

海峡两岸刑事法前沿问题研讨会 9月6日，由中国青年政治学院法律系主办的“海峡两岸刑事法前沿问题研讨会”在北京召开。来自台湾政治大学刑事法研究中心、北京大学法学院、清华大学法学院、中国人民大学法学院以及中国青年政治学院的多位专家学者就两岸刑事法前沿问题进行了学术研讨。

研讨会分为四个单元。主题分别为“刑法中原因自由行为的归责基础”“性犯罪的法益内涵与实务判断”“强制辩护制度的适用范围与立法趋向”和“非法证据排除与幽灵抗辩”。台湾政治大学法学院许恒达助理教授、何赖杰教授、杨云骅教授，北京大学法学院的陈兴良教授，中国青年政治学院法律系主任林维教授、李卫红教授、孙远副教授博士、程捷博士等分别作了发言。

（中国青年政治学院科研处蒋甫玉供稿）

中美食品安全法治研讨会 9月10日，“中美食品安全法治研讨会”在清华大学法学楼模拟法庭举行。研讨会由清华大学法学院卫生法研究中心与美国乔治城大学法学院奥尼尔卫生研究所联合举办。卫生法学家、乔治城大学法学院奥尼尔卫生研究所教授劳伦斯·戈斯廷（Lawrence Gostin），清华大学法学院副院长申卫星等出席会议。会议围绕政府如何监管食品安全的问题展开研讨，包括“食物安全监管体制架构”“食品安全风险：评价、管理和应对”“食品安全的规制标准和程序”和“食品安全法律责任”等议题。与会学者还阐述了中美两国在食品安全方面的监管体制，总结食品安全监管中的经验与教训，并就其中的争议点展开研讨。来自中央党校、北京大学、中国人民大学的部分专家学者，全国人大常委会、最高人民法院、卫生部、质检总局等主管食品安全部门的代表，以及美国乔治城大学奥尼尔卫生法研究所的十余名师生代表等参加会议。

（清华大学文科建设处刘金梅供稿）

第五届亚洲合同法原则论坛 9月17—18日，“第五届亚洲合同法原则论坛”在清华大学法学院召开。来自中国大陆、台湾和香港地区，日本，韩国，新加坡，越南，泰国，英国，法国等国家和地区的专家学者20余人参加论坛。清华大学法学院欧洲法和比较法研究中心主任韩世远等中外专家共同主持论坛，清华大学法学院教师耿林作为中方成员参加讨论。本次论坛主题为“合同履行”，围绕韩世远带领的中方团队所起草的条文及评论展开讨论。最终，中方团队起草的条文获得审议和通过，其中有关债权保全的规定（债权人代位权和债权人撤销权），作为合同履行中一章的内容，留待下届论坛继续研讨。亚洲合同法原则（Principles of Asian Contract Law, PACL）论坛由中日韩三国学者共同倡议设立，旨在通过对三国及亚洲其他国家现行合同法作比较研究的基础上，整理出合同法的一般规则，为合同法在亚洲的趋同作出学术努力，增进亚洲合同法研究的学术交流和进步。该系列论坛迄今已分别在日本、越南、韩国举行四次会议，就合同订立、合同效力、合同解释、违约及救济进行研讨，并形成相应草案。

（清华大学文科建设处刘金梅供稿）

中德法律对话——求同存异研讨会 9月22日，由中国政法大学中德法学院与德国国际合作机构（GIZ）中德法律合作项目主办的“中德法律对话——求同存异研讨会”在北京举行。来自中德两国法律界的学者、官员、法律实务工作者以及中德法学院部分师生和历届校友共100余人与会。

研讨会开幕式上，德国国际合作机构驻华首席代表 Astrid Skala-Kuhmann 女士、中国政法大学比较法学研究院院长高祥教授、德国驻华大使 Michael Schäfer 先生、德国司法部司法司司长 Marie Luise Graf-Schlicker 女士、德国联邦经济合作与发展部东亚与中亚处处长 Yannis Neophytou 先生、德意志学术交流中心外事处副处长 Dorothea Leonhardi 女士、德国商会北京代表处总经理 Florian Kessler 先生先后致辞。

研讨会分三个单元举行。与会专家学者围绕三个单元主题“中德法律——学术视角下的同与异”“诉讼程序中法官与律师所扮演的角色与承担的任务”“法官与律师在诉讼过程中应遵循的职业道德”进行了深入探讨。

（中国政法大学科研处刘璐供稿）

理想的法学教育研讨会 9月24日，清华大学法学院召开“理想的法学教育研讨会”，纪念何美欢教授去世周年。何美欢教授兄长、香港何耀棣律师事务所创始人何耀棣，清华大学法学院院长王振民，香港资深大律师、本学期“普通法精要”课程授课教师郑若骅，何美欢家属、生前指导过的毕业生代表以及清华大学法学院师生共同参加研讨会。香港资深大律师梁定邦为研讨会发来书面致辞，高度评价何美欢教授对于祖国法治发展和法学教育所作出的贡献，称她为“诚实的化身”，并希望清华大学法学院可以传承她的衣钵，培养更多的国际法律人才。会上，王振民发言说，清华大学法学院继续将“普通法精要”课程坚持下来，就是要把何老师的精神发扬光大、完成何老师未竟的事业；开展普通法学专业教育，绝不仅仅是法学教育本身的补全，还是国家的需要。郑若骅指出，在中国大陆清华大学法学院教授普通法的目的，绝非简单传授英美法的规定，而是希望大家理解学习普通法的重要性，理解普通法的精神，还希望大家可以在课堂之外积极地参与法律实践。何耀棣，清华大学法学院梅汝璈讲席教授冯象，高伟绅律师事务所律师、清华大学法学院毕业生汤务真，华南理工大学法学院讲师、清华大学法学院毕业生贾海龙等分别发言，追忆何美欢教授的崇高品格。三部有关何美欢教授法学教育思想和个人生平的书《理想的专业法学教育》《君子务本》和《论当代中国的普通法教育》同期发布。下午，与会人员还围绕法学教育方法进行专题研讨。

（清华大学文科建设处刘金梅供稿）

第一届比较法学与世界共同法国际研讨会 9月24日，“当代法律交往与法律融合——第一届比较法学与世界共同法国际研讨会”在北京国际会议中心召开，此次活动由中国政法大学比较法学研究院主办。中国政法大学终身教授江平、校长黄进出席并致辞，百余位来自中国、美国、瑞士、澳大利亚等国和中国港台地区的专家学者参加。

中国政法大学比较法学研究院院长、教授高祥主持开幕式。他首先向与会嘉宾表示了热烈的欢迎并分析了比较法学与世界共同法的现状、发展趋势以及对其开展研究的意义。

中国政法大学终身教授江平首先为此次活动致辞。他提出如今法律的交流是为了更好地融合，人类社会从冲突法到共同法便是一个巨大的飞跃。黄进校长在致辞中指出，在当今经济全球化、文化多元化、法律趋同化、社会网络化的大背景下，比较法学的作用不可替代。刘兆兴会长兼研究员在致辞中提出，当今世界法律格局呈现多样性发展，但是法律多样性最终要走向趋同性，建立适用于世界各国及各民族的法律，实现普适原则。周信会长希望通过研究，提高国内国际立法质量，利于各国内政外交的发展，最终实现人类社会和谐统一的理想蓝图。Paul Redmond 教授提出在全球化的大背景下，国家法制建设无疑是社会发展的关键。

大会单元讨论环节中，与会的专家学者展开了热烈的研讨。

（中国政法大学科研处刘璐供稿）

法律解释理论与实务研讨会 9月25日，由中国青年政治学院法律系主办的“法律解释理论与实务研讨会”在北京举行。来自京津沪等地各大高校和社科院的近30位青年法学学者参加了会议。

研讨会分为四个单元，主题分别为“教义学的法律解释”“超越教义学”“公法的具体化过程”和“解释论在刑事法中的应用”。

中国政法大学陈景辉副教授、刘飞教授，中国社会科学院副研究员李洪雷，北京师范大学梁迎修副教授，清华大学法学院副教授何海波，中国政法大学王天华教授，中国人民大学王贵松副教授，中国青年政治学院法律系柳建龙博士、法律系孙远副教授，中央财经大学高秦伟副教授分别就以上主题进行了发言和讨论。

（中国青年政治学院蒋甫玉供稿）

解读宽严相济刑事政策适用中的若干问题讲座
10月12日，北京师范大学刑事法律科学研究院邀请最高法院张军副院长，在北京师范大学高铭暄学术报告厅举办了“解读宽严相济刑事政策适用中的若干问题讲座”。北京师范大学法学院院长赵秉志教授，刑事法律科学研究院名誉院长、特聘教授高铭暄先生以及特聘教授王作富先生、特聘教授储槐植先生、常务副院长卢建平教授、中国刑法研究所所长李希慧教授、犯罪与矫正研究所所长吴宗宪教授、院长助理暨中国刑法研究所副所长刘志伟教授、院长助理暨中国刑法研究所副所长阴建峰教授等100余名师生参加了本次讲座。

通过刑事审判实践中多个鲜活的案例，从五个方面解读了宽严相济刑事政策的司法适用：第一，宽严相济刑事政策的社会评价；第二，法官在适用宽严相济刑事政策中的观念问题；第三，宽严相济刑事政策适用中司法与社会的互动；第四，宽严相济刑事政策相关立法的完善和司法的加强问题；第五，宽严相济刑事政策的理论研究和社会宣传。张军最后提出，应当正确处理好法律效果和社会效果的关系，全面地研究国外的刑事政策和司法观念，多熟悉和了解我国国情、社情、民意，以通俗易懂的语言、群众的思维方法和语言习惯来介绍专业的法律知识和法制观念。

（北京师范大学社科处刘娜供稿）

北京市控烟立法研讨会　10月13日，由中国政法大学法治政府研究院和中国政法大学卫生法研究中心共同举办的“北京市控烟立法研讨会”在北京翠宫饭店成功举行。来自全国人大、国务院法制办、北京市政府法制办、哈尔滨市政府法制办、北京市爱卫会以及北京大学、清华大学、中国社会科学院、南开大学、中国疾病预防控制中心、新探健康发展研究中心共计30余位专家学者，专门围绕北京市控烟立法所涉及的重点问题和难点问题，如“控烟立法的基本理论问题”“地方控烟立法的实践与未来发展”等进行了深入研讨。

（中国政法大学科研处刘璐供稿）

中国—澳大利亚刑事法热点问题国际研讨会　10月15日，“中国—澳大利亚刑事法热点问题国际研讨会”在北京师范大学高铭暄学术报告厅召开。澳大利亚国家安全与警务中心（The ARC Centre of Excellence in Policing and Security，简称CEPS）主任Simon Bronitt教授，澳大利亚国家安全与警务中心前任主任、现任澳大利亚人文社会科学学会总干事Mark Finnane教授，格里菲斯大学Susan Trevaskes教授和北京师范大学刑事法律科学研究院名誉院长、特聘教授高铭暄，刑事法律科学研究院特聘教授储槐植，刑事法律科学研究院暨法学院院长赵秉志教授、常务副院长卢建平教授、副院长宋英辉教授，犯罪与矫正研究所所长吴宗宪教授，证据法研究所所长刘广三教授，院长助理暨中国刑法研究所副所长刘志伟教授，院长助理暨中国刑法研究所副所长阴建峰教授，外国刑法与比较刑法研究所副所长王俊平教授，上海政法学院王娜副教授等师生共计近百人参加了此次研讨会。

研讨会分为两个单元。在第一单元，Simon Bronitt教授从立法体制、法律渊源等方面对澳大利亚的刑法制度进行了整体的介绍，Mark Finnane教授阐述了澳大利亚刑法制度的历史沿革、成因及影响。赵秉志教授从刑罚制度的调整、特殊群体从宽制度的拓展、风险社会民生问题的刑法保护、国际公约之国内刑法贯彻的发展等多个方面介绍了中国刑法立法的最新进展。在第二单元，Mark Finnane教授对有组织犯罪在澳大利亚的历史发展做了论述，Simon Bronitt教授对澳大利亚关于有组织犯罪的现行立法和政策进行了评析。吴宗宪教授在主题发言中，梳理了中国社区矫正的简要历史，以翔实的数据介绍了中国社区矫正的最新发展。宋英辉教授结合《中华人民共和国刑事诉讼法修正案（草案）》，简明扼要地介绍了中国刑事诉讼法修改的最新动向。

（北京师范大学社科处刘娜供稿）

土地　森林　环境——公证人在行动国际研讨会

10月15日，由中国政法大学公证法学研究中心联合法国公证人高等理事会、法国信托投资银行合作举办的“土地 森林 环境——公证人在行动国际研讨会”在北京中信公证处会议室举行。会议主办方邀请了来自法国的法国公证人高等理事会中国事务专员、公证人米舍尔·凡·司格阑先生（Michel Van SEGGELEN），法国公证、农业、空间与环境研究所所长、公证人勒内·勒富尔（René LE FUR）先生，普瓦捷法学院、乡村法学院院长、公证高等文凭学位主任普瓦捷法学院、乡村法学院院长、公证高等文凭学位主任德尼·赫厦（Denis ROCHARD）教授出席会议并发表主题演讲。来自我方的国家行政学院院长施汉生、中国政法大学法学院副院长刘飞教授出席会议，司法部研究室主任、司法研究所所长王公义研究员，中国政法大学学报常务副主编、环境法学专家曹明德教授，中国林业大学法律系副主任韦贵红教授，昆明市明信公证处主任，段伟公证员应邀出席会议并发表主题演讲。此外，来自北京、昆明、西安等地的公证员，中国政法大学公证法学研究中心研究员及公证法学、环境法学方向研究生、农村法律诊所学生近70人参加了会议。

来自法方专家介绍了法国乡村法典在城市化进程中的农业土地保护、农业水资源的管理、农业与可再生资源中的法律作用和经验，并突出介绍了法国公证人在土地、森林和环境保护中的独特作用。中方学者分别从森林生态系统服务功能补偿制度、森林生态补偿立法问题与对策、中国公证在环境保护中的作用、中国公证在服务农村不动产流转中的作用等方面与法方客人进行了对接并分享了中国的做法。

（中国政法大学科研处刘璐供稿）

中国—欧盟行政程序法高峰论坛　10月16日，“中国—欧盟行政程序法高峰论坛”在北京召开。本次论坛专门邀请了德国的行政法专家就行政程序立法中的重点问题和难点问题进行探讨，并重点围绕“欧盟制定《行政程序法》之必要性及面临的问题、中国制定《行政程序法》之必要性及面临的问题、德国和中国地方统一行政程序立法的经验”三个方面展开。来自全国人大内务司法委员会、全国人大法工委、国务院法制办、最高人民法院、国家行政学院、山东省人民政府法制办、中国社科院、北京大学、清华大学、中国人民大学、中国政法大学、浙江大学、南开大学、上海交通大学以及西北政法大学等共计20余位国内行政法领域的专家学者参加了本次会议。

（中国政法大学科研处刘璐供稿）

香港反腐败法律制度研究系列讲座 10月17日下午，由清华大学法学院举办的“香港反腐败法律制度研究系列讲座首讲”在法学楼一楼报告厅举行。香港特别行政区终审法院首任首席大法官、清华大学法律系之友慈善信托基金主席、清华大学法学院客座教授李国能从香港反腐败制度设立的历史背景、防止贿赂条例、廉政公署条例等方面系统介绍了香港反腐败制度。讲座由清华大学法学院院长王振民主持，60余名师生听取讲座。19日，李国能在法学楼四楼会议室就香港人权状况、回归之后面临的优势和挑战、香港的发展前景和现状以及怎样成为优秀法官等问题与清华大学法学院师生进行交流。院长王振民、院党委副书记廖莹，以及本科生、研究生、留学生等60余人参加交流。

（清华大学文科建设处刘金梅供稿）

第三届全国法制/法治系统工程理论研讨会 10月17—18日，中国系统工程学会、北京系统工程学会、中国政法大学系统法学与系统科学和文化研究中心（LSC并承办）联合主办的“经济—科技—社会—环境—法制系统协同发展理论研讨会暨第三届全国法制/法治系统工程理论研讨会”在北京召开。来自中国人民解放军总装备部、航空航天总公司、国家发展与改革委员会、中国科学院、中国社会科学院、清华大学、中国人民大学、中国政法大学、中国人民解放军武装警察部队学院、中华女子学院、北京理工大学、复旦大学、中山大学、广东省社会科学院、天津商学院、埃克塞特大学（英）、尼赫鲁科技大学（印），地方检察院、法院、司法局、政府法制办、监狱、证券管理机构、基层政府部门、科技公司，以及《法制日报》、法制出版社、中国法学杂志、政法论坛等新闻媒体、法学杂志和出版机构代表120多人出席了会议。

与会代表认为，第三届全国法制/法治系统工程理论研讨会包括纪念钱学森诞生100周年和纪念首届全国法制/法治系统科学研讨会召开26周年两大内容，其主题是运用系统科学理论和系统工程方法促进“经济—科技—社会—环境—法制”系统协同发展，主题鲜明、内容广泛、讨论热烈、研讨深入，不仅对我国系统法学和法制/法治系统工程的发展具有承上启下的推动作用，而且对促进我国转变决策方式与“经济—科技—社会—环境—法制”系统协同发展具有重要的理论和实践意义。

（中国政法大学科研处刘璐供稿）

第一届国际法律心理学大会 10月22日，由中国政法大学社会学院、中国心理学会法律心理学分会主办的中国政法大学“第一届国际法律心理学大会暨中国心理学会法律心理学分会第十五届学术大会”在中国政法大学召开。此次大会以“心理学在法律中的价值”为主题。

大会邀请了美国、加拿大、俄罗斯、欧洲、日本、韩国等多国专家和中国港台学者。大会由大会执行副主席李玫瑾、大会学术委员会主席邱国梁负责主持，中国政法大学党委副书记高浣月、大会主席罗大华、美国法律心理学会前会长 Margaret Bull Kovera、中国心理学会法律心理学分会会长马皑分别为大会致辞。

在大会学术报告单元，来自加拿大的 David Nussbaum 博士做了题为《心理学在风险评估中的运用》的报告，宋胜尊教授作了题为《冲动量表与愤怒易感素质量表相关性比较》的报告，来自瑞典的 Pär Anders Granhag 博士以《测谎：将来研究思路之反思》为题作了报告。

（中国政法大学科研处刘璐供稿）

2011中国北京国际私法全球论坛 10月22日，“2011年中国北京国际私法全球论坛”在北京中苑宾馆举行，此次论坛的主题为“全球化背景下的国际私法：机遇与挑战”。美国、英国、荷兰、德国、意大利、比利时、瑞士、瑞典、韩国、中国香港特别行政区14所著名高校、研究机构的学者，中国政法大学、武汉大学、清华大学、中国人民大学等20余所国内高校的学者，以及来自最高人民法院、北京仲裁委员会、中国国际经济贸易仲裁委员会、法制日报社、人民法院报社等单位的专家和实务工作者参加了此次论坛。中国政法大学国际法学院分党委书记兼副院长杜新丽教授主持了论坛开幕式。

在本次论坛的五个环节中，共有23位学者围绕“国际私法的统一化与中国国际私法”“美国/欧洲与世界其他地区国际私法的新发展”“当代合同/侵权/物权法律适用规则的新发展”“中国《涉外民事关系法律适用法》评述”“国际民商事争议的多元化解决机制”进行了主题演讲，并与与会嘉宾进行了交流。在中外学者的共同努力下，“全球化背景下的国际私法”这一主题被热烈而深入地讨论，《2011中国北京国际私法全球论坛之北京共识》也被与会嘉宾一致通过。

（中国政法大学科研处刘璐供稿）

中国古代法制与秩序国际学术研讨会 10月29日，由教育部人文社会科学重点研究基地中国政法大学法律史学研究院举办的“中国古代法制与秩序国际学术研讨会”，在北京召开。来自以色列、日本、韩国和中国台湾、中国澳门以及中国大陆学术界60余名受邀代表及法律史学研究院的20余名学生参加了会议的开幕式。开幕式由法律史学研究院常务副院长张中秋教授主持。

中国政法大学副校长、法律史学研究院院长朱勇教授致辞。朱勇认为，在党的十七届六中全会全面部署文化改革发展工作之际，召开此次关于中国古代法制与秩序的国际学术研讨会，对于探索社会主义法制之路，建设稳定和谐的社会秩序，配合中央提出的中国特色社会主义文化发展道路和建设社会主义文化强国战略目标，有着重要的作用。

大会分五个单元，系统研讨古代法制与秩序问题，并在最后一个单元后举行“第二届张晋藩法律史学基金会优秀论文大赛”颁奖仪式。

（中国政法大学科研处刘璐供稿）

行政复议中美学术研讨会　11月12日，“行政复议中美学术研讨会”在北京召开。该研讨会是中国政法大学刘莘教授主持的“《行政复议法》修改”课题的系列研讨会之一。本次研讨会专门邀请了美国的两位专家就美国行政纠纷解决的制度与实践进行了详细介绍。研讨会分为三个主题，分别为“美国行政纠纷解决的制度与实践”“美国司法审查与行政纠纷解决的关系”“美国经验的启发与借鉴”。来自全国人大法工委、国务院法制办、北京市政府法制办、中国社科院、国家行政学院、北京大学、中国人民大学、南开大学、北京师范大学、中国政法大学、西南政法大学、西北政法大学、内蒙古大学、郑州大学、中山大学等共计40余位国内行政法学领域的专家学者参加了本次会议。

（中国政法大学科研处刘璐供稿）

第四届当代刑法国际论坛　12月10—11日，北京师范大学刑事法律科学研究院在北京市友谊宾馆举办了“第四届当代刑法国际论坛”。北京师范大学刑事法律科学研究院暨法学院院长赵秉志教授、刑事法律科学研究院名誉院长高铭暄教授、最高人民法院黄尔梅副院长、最高人民检察院朱孝清副检察长、全国人大常委会法工委刑法室王尚新主任、公安部法制局孙茂利局长、司法部司法协助外事司郭建安司长、澳大利亚悉尼大学法学院邓肯·查佩尔教授、国际刑法学协会、国际商会等国际组织与美国、加拿大、法国、西班牙、俄罗斯、澳大利亚、韩国等国家以及我国香港特区的专家、学者、法官、律师和中央与地方政法机关、法律院校和科研机构的专家学者近200人参加会议。

本届论坛的主题为“全球化时代有组织犯罪的惩治与防范”，并就“有组织犯罪的一般问题研究”“有关国家有组织犯罪问题研究”“典型有组织犯罪种类研究”“有组织犯罪的程序和国际合作问题研究”等单元展开了广泛、深入的研讨。

（北京师范大学社科处刘娜供稿）

第二届中国青年论坛——少年法制：转型与创新

12月16日上午，“第二届中国青年论坛——少年法制：转型与创新”在中国青年政治学院举行。最高人民检察院公诉厅厅长彭东、中央政法委员会宣传教育室副主任傅昌波、中国法学会刑事诉讼法研究会副会长宋英辉教授、国家法官学院副院长郝银钟教授、救助儿童会中国项目首席代表毕雅女士以及来自海内外高校和科研机构的著名学者、在少年司法工作第一线的实务专家共百余人参加了此次论坛。

本届论坛以“少年法制：转型与创新”为主题，由中国青年政治学院主办、中国青年政治学院法律系和救助儿童会承办，旨在全面展示我国少年法制实践经验与学术成果，探讨少年司法的转型与创新，推动中国法学理论与法治建设事业的发展。在两天的时间里，与会专家、学者将围绕未成年人犯罪与矫正，少年刑事司法程序问题，未成年人民事权利保障，少年司法社工的问题与前景，童工、青少年就业与劳动法，未成年人受教育保障及其问题等主题展开研讨，深入剖析新形势下我国少年法制的转型和创新。

（中国青年政治学院科研处蒋甫玉供稿）

2011年涉海重大国际法问题学术研讨会　12月24日，清华大学法学院海洋法研究中心主办的“2011年涉海重大国际法问题学术研讨会”在法学楼召开。法学院兼职教授、中心名誉主任、国际海洋法法庭法官高之国回顾2011年海洋法律事务工作并介绍中心2012年的重点研究方向。外交部边海司大使王晓渡、条法司副司长贾桂德也分别就本年度的涉海重大问题及与此相关的成绩和面临的问题做专题报告。与会领导及学者在发言中充分肯定了清华大学法学院海洋法研究中心以及中心研究人员在本年度开展的学术研究和实践工作。院长王振民到会致辞，院海洋法研究中心副主任傅廷中主持会议，来自外交部和国家海洋局的相关部门领导，社科院国际法研究所、北京大学、中国政法大学在海洋法研究中心兼职的研究人员参加会议。

（清华大学文科建设处刘金梅供稿）

第六期中国法学青年论坛　12月25日，中国法学会主办、共青团中央支持、北京师范大学法学院与中国法学会法律信息部承办的“第六期中国法学青年论坛”在北京师范大学召开。九届全国人大常委会副委员长曹志、中国法学会党组书记陈冀平，最高人民法院党组副书记张军，共青团中央书记处书记汪鸿雁、北京师范大学副校长韩震、北京师范大学法学院名誉教授高铭暄，来自全国法学界和实务界代表、主题征文获奖作者和单位代表近300余人参加了论坛。

中国社会科学院陈甦教授、中国政法大学副校长马怀德教授围绕“社会管理与中国法治创新”主题做了精彩演讲。陈甦认为，探讨社会管理创新，要特别避免对社会管理及其创新的褊狭化，尤其不能理解成社会管理就是对社会的行政管理，法治是社会管理的基础和主干。社会管理创新要在法治的理想主义机制下进行。马怀德认为，中国现在的社会矛盾的确处于一个高发期、凸显期。社会矛盾有三个方面的特征。一是领域广；二是社会矛盾的激烈程度比以往都要强烈；三是社会矛盾往往是在小的或者非常个案中逐步扩大、酝酿演化成一个激烈的群体性事件。他认为，预防化解社会矛盾，重点要从完善法治的角度进行。社会管理创新不能违反法律的规定，如何在法律的框架下完善社会管理体制，形成新的社会管理格局，需要思考。在接下来的分单元讨论中，与会专家学者围绕社会管理的法律理论、社会管理的法治创新、特殊领域社会管理的法治化等诸多基础问题、重点和难点问题，进行了热烈、深入的探讨。

（北京师范大学社科处刘娜供稿）

法律监督立法研究与司法学研讨会 12月30日，由中国政法大学司法理念与司法制度研究中心主办的“法律监督立法研究与司法学研讨会”在北京翠宫饭店举行。会议分为“主题发言”和“专题研讨”两个阶段。其中专题研讨阶段又分为两个单元：一是“法律监督立法专题研讨”；二是“司法学与司法传统专题研讨”。

出席本次会议的有我国著名刑法学家、中国政法大学终身教授陈光中先生，最高人民检察院司法改革办公室王洪祥主任，最高人民法院司法改革办公室范明志处长，最高人民检察院理论研究所科研管理部石京学主任，中华全国律协民委会贺宝健副主任，中国人民大学法学院赵晓耕教授，中国人民大学法学院李奋飞副教授，最高人民检察院理论研究所陈文兴研究员，中国政法大学民商法学院民法研究所所长宋朝武教授，中国政法大学法律史学研究院副院长林乾教授，中国政法大学刑事司法学院副院长王平教授，人民出版社法律编辑室李春林主任，《检察日报》理论部刘金林主任，《法学杂志》苗延波常务副主编，《群言》杂志编辑部曲伟主任，司法部《中国司法》杂志张文静编辑，《法制文萃报》编辑部吕铮主任、中国政法大学法学院姜晓敏副教授，中国政法大学科研处杜学亮副处长，中国政法大学司法理念与司法制度研究中心副主任冯永华研究员，中国政法大学司法理念与司法制度研究中心主任崔永东教授等。

（中国政法大学科研处刘璐供稿）

民族学　宗教学

当代世界民族热点问题学术研讨会 6月4—5日，由中央民族大学民族学与社会学学院主办的“当代世界民族热点问题学术研讨会”在中央民族大学顺利召开。国家民委民研中心，中国世界民族学会，中国社科院民研所、欧洲所、宗教所，现代国际关系研究院，国际关系学院，法国国际跨文化学院，浙江师范大学非洲研究院和北京大学社会学人类学所等10多个单位的专家学者参加了会议。

会议就当前世界民族研究动态、世界民族与宗教、民族主义与民族关系和地区、国别热点问题进行了深入的讨论。专家学者们详细介绍了所在单位的世界民族研究情况，尤其是研究侧重点、研究方法、在研课题与研究特色等，引起了与会学者和研究生们的浓厚兴趣，与会学者表示，中央民族大学很有希望成为国内世界民族研究的重镇。

（中央民族大学科研处供稿）

西北民族走廊的文明、宗教与族群关系研讨会 11月25—27日，由中央民族大学“985工程”民族发展与民族关系问题研究中心主办，中央民族大学民族学与社会学学院协办的“西北民族走廊的文明、宗教与族群关系研讨会”在北京召开。来自中国藏学研究中心、北京师范大学、中国人民大学、厦门大学、陕西师范大学、兰州大学、西北民族大学、青海民族大学、青海大学、青海师范大学、西藏社会科学院、西藏民族学院、北方民族大学等单位的60余位专家学者与会，围绕西北民族走廊的宗教文化、族群关系等议题展开了积极、深入的交流和研讨。此次研讨会有以下四个方面的特点：

1. 专家学者从不同的角度，对“西北民族走廊”的概念、地理范围、经济文化特点和学术研究的价值等多个方面进行了积极的、建设性的探讨，为推动“西北民族走廊”研究向深入发展作出了积极的贡献。2. 多民族的文化交流与融合成为主题。与会研究成果既有从宏观的角度对多民族文化交流进行解读，也有以微观的视角来展示这种交流。3. 研究成果大都基于扎实的田野工作。从大会交流的论文看，不论是对整个区域的整体研究，还是针对某一个地区的个案研究，无不建立在作者扎实的田野调查基础上。4. 多学科和多种方法的综合运用为西北民族走廊研究的深入开展提供了有力的保障。除传统的民族学人类学研究方法外，还采用几何形态学研究方法分析土族侧面轮廓线的特征。

总之，此次研讨会是国内首次专门针对“西北民族走廊”召开的一次高水平学术会议，不但为国内外学者开展西北民族走廊研究提供了一个良好的交流平台，也推动了西北民族走廊的深入研究。

（中央民族大学科研处供稿）

首届全国民族学博士论坛　12 月 7—9 日，由中央民族大学民族学与社会学学院主办的“民族研究的理论与实践——全国民族学博士生研究论坛”在北京召开。此次论坛经国务院学位委员会和教育部批准，来自清华大学、中国台湾“国立”政治大学、中山大学、中南民族大学、华中师范大学等 12 所民族院校及 20 所设有相关专业的综合类大学、科研机构的研究生 200 余人参加。论坛主旨为“瞄准社会前沿、助推民族发展、鼓励学科交叉、促进理论创新”。此次论坛以“民族研究的理论与实践”为主题，通过向国内民族学、人类学、社会学等相关专业的博士生征集研究成果，经专家评审，最终遴选出 8 篇优秀论文或报告进行研讨。旨在促进民族学发展，推动国内相关专业师生之间的学术对话与交流，更好地实践从“书斋到田野”的学科精神。论坛分为知名学者演讲、博士生汇报、专家点评、师生互动等环节，就宗教仪式、民族教育、婚姻制度、社会控制、民族认同、文化适应等主题进行研讨，充分展现了广大青年学者的学术风采和创新能力。

为增进交流，论坛期间还举办了以“身在田野”为主题的研究生田野摄影作品展和博士生学术沙龙等学术交流活动。

（中央民族大学科研处供稿）

城市科学

城市环境与低碳经济高层论坛　3 月 22 日，“城市环境与低碳经济高层论坛暨我国第一部低碳经济的发展报告——《中国低碳经济发展报告 2011》发布会”在对外经济贸易大学举行。此次报告会由对外经济贸易大学国际低碳经济研究所、社会科学文献出版社共同主办，国家发改委能源研究所、日本名古屋大学经济学院亚洲核心项目、美国能源基金会中国可持续发展项目协办。国务院发展研究中心副主任刘世锦，对外经济贸易大学校长施建军，名古屋大学教授、国际低碳经济研究所所长、《中国低碳经济发展报告 2011》主编薛进军，日本科学技术振兴机构（JST）研究员、项目官员米山春子，对外经济贸易大学校长助理、国际低碳经济研究所所长、《中国低碳经济发展报告 2011》副主编赵忠秀等出席了此次发布会及论坛。

（对外经济贸易大学科研处供稿）

首届城市科学青年沙龙　6 月 8 日，由北京市社会科学院城市所举办的“首届城市科学青年沙龙”在该院十层会议室举行。社科院城市所全体研究人员及院内多个部门相关研究人员参加了此次活动。本次沙龙主题为“北京‘创意城市’建设与文化创意产业发展”，分为主题报告和自由讨论两个部分。

（北京市社会科学院科研处供稿）

首届百城论坛　6 月 9 日，由中国人民对外友好协会、中国国际友好城市联合会主办的“首届百城论坛”在北京举行。来自国内外的专家学者、国际友好城市组织代表 300 多人与会。

本次论坛以“幸福城市　绿色发展”为主题。与会人士就城市化与科学发展、城市定位与投资导向、智慧城市与智能产业三个方面问题进行了深入的研讨，旨在总结国内外城市发展实践经验，探讨幸福城市的模式和形态，研究建设和谐、可持续发展城市的途径和动力支撑。

（参见《人民日报》2011 年 6 月 8 日第 4 版）

城市化、新移民与社区建设——中国与世界国际学术研讨会　6 月 18—19 日，“城市化、新移民与社区建设——中国与世界国际学术研讨会”在对外经济贸易大学举行。会议邀请了来自美国、德国、俄罗斯、喀麦隆、尼日利亚、泰国、加拿大等国家的数十名研究城市化、新移民和社区建设问题的学者、政府官员和非政府组织的研究人员参加。对外经济贸易大学党委副书记杨逢华教授出席会议并讲话。会议主要围绕着“城市化与国家建设”“城市化与社会认同”“城市新移民及其治理”“城市化过程中的社会与环境问题”“城市化与社区建设经验”等问题展开研讨。

（对外经济贸易大学科研处供稿）

2011 城市国际化论坛　10 月 22 日，由北京市社科联和首都经济贸易大学联合主办的“2011 城市国际化论坛”在北京隆重召开。论坛主题为“全球化进程中的大都市治理”。北京市社科联党组书记、常务副主席史秋秋，首都经济贸易大学校长王稼琼，城市国际化论坛组委会主席文魁分别致辞。来自中国大陆、中国台湾和美国等国家和地区的 100 多位研究国际关系和城市问题的专家学者出席论坛。

史秋秋同志在致辞中指出，在全球化背景下，在深化改革开放、加快转变经济发展方式的攻坚时期，北京推进“五个之都”和中国特色世界城市建设，必须着力破解空间布局与产业结构、发展动力与资源配置、城市承载与公共服务等领域存在的诸多难题。解决困难、推动发展不仅需要科学决策和切实行动，更需要文化支撑和城市精神引领。希望论坛更多地关注和研究，在城市治理过程中人的理念、人的思维方式、人的人文素养以及城市整体文明程度对于一个城市发展的重要作用，充分发挥北京作为国家文化中心的示范带动作用。

王稼琼同志在致辞中指出，随着经济全球化、区域一体化的推进，大都市在国家经济和空间体系中的地位日益重要，逐步成为增强国际竞争力、赢得国际竞争优势的重要经济载体。大都市的治理问题也因此成为全球关注的热点问题，其中如何摆正政府在大都市发展中的位置并充分发挥其积极作用，实现大都市有效治理，成为各国中央和地方政府面临的普遍问题，更是中国未来区域政策需要关注的重点问题之一。

论坛上，国家发改委国土开发与地区经济研究所所长肖金成教授从首都经济圈建设与京津冀城市群耦合的角度论述了北京作为首都经济圈核心大都市的区域治理问题；中国科学院地理科学与资源研究所首席研究员董锁成教授谈了他对水资源、土地、能源等有关北京可持续发展若干问题的思考；台湾大学建筑与城乡研究所夏铸九教授向与会者讲述了1990年后台湾都市化发展如何在高科技产业的引导下进入都市与区域重构的新阶段；亚太城市研究会秘书长卞洪登博士认为向郊区疏散功能将是未来城市化发展的新规律；中国社会科学院冯兴元研究员、北京大学刘阳生教授、厦门大学王旭教授则分别对城市规划秩序、中国大都市的环境问题及应对之策、世界城市转型与中国城市化等问题作了深刻剖析。

10月23日，论坛进入专题研讨阶段，与会者围绕都市治理理论、都市治理实践和都市治理国际比较三个专题进行了深入研讨和交流，从广度和深度上拓展了对全球化进程中大都市治理问题的认识，并在许多方面达成了共识。

（北京市社科联学术活动部）

创新驱动与北京城市发展论坛　10月23日，由北京市社会科学院主办、北京市社会科学院城市所承办、《城市问题》《城市观察》杂志社协办的“创新驱动与北京城市发展论坛”在北京隆重召开。此次论坛旨在深入领会党的十七届六中全会精神，提高对“两轮驱动——科技创新与文化创新并重”发展战略意义的认识，探讨北京在构建“创新型城市”过程中可能面临到的一系列问题，推动北京“十二五”规划纲要中提出的“把北京建设成为国家创新中心”方案的实施。作为党的十七届六中全会后北京召开的首场关于“创新与城市发展”学术研讨会，得到了学界和政界的高度关注，到会发言的专家、学者和政府各职能部门负责人26名，参会学者和政府各职能部门工作人员80余名。大会由北京市社会科学院院长谭维克致开幕词、北京市社会科学院副院长戚本超主持。根据会议议程，发言专家的内容分为四大主题：文化创新与城市发展、科技创新与北京城市发展、创新城市与北京中长期发展战略、“两轮驱动”与世界城市建设。

（北京市社会科学院科研处供稿）

三生共赢论坛·2011北京会议　10月29日，由北京市社科联、北京三生环境与发展研究院、北京大学中国持续发展研究中心联合主办的“三生共赢论坛·2011北京会议”在北京大学举行。论坛的主题是“制度创新与城乡统筹发展”。中共北京市委常委、北京市社会主义新农村建设领导小组组长牛有成出席论坛并做主题报告。北京市社科联党组书记、常务副主席史秋秋出席论坛并致辞。来自北京、浙江、贵州等省市的有关专家学者、实际部门领导、企业界代表和北京大学师生共300余人参加了会议。

牛有成同志在题为《关于农民主体的几点认识》的发言中强调，要推进城乡一体化，而不要城乡一样化；要以城“带”乡，不要以城“代”乡。实现城乡一体化的关键，是要在三个方面使农民成为完整的主体：一要使农民成为利益主体。在制度创新和城乡统筹发展中，要通过制度创新与设计确保农村、农民的主体性，保障其主体利益。二要使农民成为责任主体。加强基层民主制度建设，让农民成为农村村务、事务发展的参与者、管理者。三要使农民成为市场主体。要进行产权制度改革，变“人人共有”为“人人按份共有”，让农民进入市场，获得市场发展空间。

中国社会科学院学部委员张晓山研究员、国家林业局农村改革发展司司长张蕾、首都经济贸易大学城市经济与公共管理学院张强教授、温州大学城市学院副院长叶育登教授、贵州省农村信用社联合社安顺办事处主任胡良品也分别以“深化改革，促进城乡统筹发展”“中国集体林权改革与城乡统筹发展制度创新”“城乡一体化制度创新的难点攻坚”“三生三改：温州城乡统筹的制度创新”“做好农民工返乡创业工作是实现城乡统筹与社会和谐的有效途径”为主题做了发言，对城乡统筹发展的制度创新模式和难点问题进行了深入思考和交流，为破解“三农”难题、推进城乡一体化进程提出了许多极有价值的思路和对策。

史秋秋同志在致辞中指出，制度创新是创新之本，没有制度创新，实现城乡统筹发展所面临的诸多难题就无从破解。希望此次论坛能够重点关注、研讨包括城乡文化一体化在内的城乡统筹发展问题，为推动城乡统筹发展贡献智慧。

三生共赢论坛自2009年创办以来，以实现生态、生产、生活“三生共赢”为宗旨，倾力打造治者、学者、行者三者协作的平台，坚持跟踪国内外相关理论学术前沿，关注中国和北京的新农村建设实践，深入研讨实现生态、生产、生活“三生共赢”进程中的重大理论与现实问题，进而服务中国和北京的科学发展大局，取得了良好的学术效果和社会影响。

（北京市社科联学术活动部）

第八届北京论坛　11 月 4—6 日，第八届北京论坛在北京隆重举行。本届论坛是以"文明的和谐与共同繁荣——传统与现代、变革与转型"为主题的学术盛会，吸引了来自全球的 300 余位知名学者和名流政要出席。论坛开幕式在钓鱼台国宾馆举行，全国人大常委会副委员长周铁农，第九届、第十届全国政协副主席、中国人权研究会会长罗豪才，教育部副部长郝平，中共北京市委常委、北京市教育工作委员会书记赵凤桐，1996 年诺贝尔经济学奖获得者、中国香港中文大学教授詹姆斯 · 莫里斯，联合国系统驻华协调员、联合国开发计划署驻华代表罗黛琳，韩国高等教育财团事务总长朴仁国，北京大学党委书记朱善璐、校长周其凤院士等出席。北京论坛由北京大学、北京市教育委员会、韩国高等教育财团共同主办。本届论坛共下设七个主题分论坛、一个青年学生论坛、一个专场、一场圆桌会议以及两场高端对话。七个分论坛，分别从历史、经济、教育、国际关系、艺术、城市、政治等角度，探索"传统与现代、变革与转型"之间的关系；专场题为"民办教育与公共财政"是与世界银行首次合作举办；圆桌会议主旨为"世界贸易组织与中国入世十年之发展"；学生分论坛围绕"文化传承、创新、发展：青年的责任与行动"展开；同时还推出以"世界格局变化中的国家发展与文化复兴"和"轴心文明的对话"为主题的两场高端学者对话。

（北京大学社会科学部供稿）

第二届（2011）中国城市科学发展论坛　11 月 5 日，在"第二届（2011）中国城市科学发展论坛"上，中国城市发展研究院杨旭副院长公布了今年的《中国城市科学发展综合评价报告》。在 287 个城市中，厦门、宁波、苏州等 20 个城市被评为 2011 中国城市科学发展典范城市。

杨旭副院长说："与以往不同的是，今年的评价报告有了一个明确的主题，即'城市与人'，以经济发展水平、居民分享水平和公共服务水平三个方面作为评价的重要依据。"

与会专家认为，城市的魅力，不仅在于鳞次栉比的高楼大厦、车水马龙的城市交通，更在于城市自身厚重的人文气息及人文关怀；城市的发展，应当让人产生更多的归属感和幸福感。关注城市可持续发展、关注人民生活幸福和谐、关注城市与人共生共荣，早已成为城市发展中最为重要的话题。

因此，本年度《报告》着重从民生问题角度出发，调查了我们究竟为什么要发展城市、发展城市对我们有什么好处和发展快慢与我们有什么关系等问题。通过对海量数据进行科学的分析，得出城市发展过程中亟待解决的问题。有的数据结论一目了然，使每个城市清晰地看到了自身发展过程中的"短板"，找到今后发展的方向和目标。

本次论坛由中国国际经济交流中心指导，中国战略文化促进会、中国房地产研究会、中国城市发展研究院联合主办。来自相关国家部委、研究机构、地方政府及企业代表等 120 余人参加了论坛。

（参见《光明日报》2011 年 11 月 6 日第 3 版）

创新驱动与首都"十二五"发展论坛　11 月 8 日，北京市社科联、北京市中国特色社会主义理论体系研究中心和《中国特色社会主义研究》杂志社在北京新闻大厦联合举办了 2011 首都论坛。论坛主题为"创新驱动与首都'十二五'发展"。中共北京市委宣传部常务副部长王海平出席论坛并致辞，市社科联党组书记史秋秋、党组副书记崔新建分别主持论坛开幕式和主题演讲。首都高校专家学者、市委市政府相关职能部门领导、市社科联及所属学会代表 130 余人参加论坛。

王海平同志在致辞中指出，创新驱动、转型发展不仅是北京市转变经济发展方式的一个应用型课题，在党的十七届六中全会召开之后更被赋予了时代精神的内涵，期待专家学者把创新作为一种思维方式、一种发展理念，作为中国特色社会主义理论的重要范畴来研究。对于我国改革开放 30 多年的发展，要从创新角度进行深层思考和总结反思。对于我们的传统文化，要在创新意义上给予扬弃、发掘和继承。对于未来，我们应该把创新上升到更高的层面上，不仅把它视为一种发展战略，更应该把它视为国家的整体发展规划理念。

史秋秋同志表示，北京市社科联作为首都社会科学界学术性社会团体的联合组织，将积极号召并自觉引导首都社科界的专家学者深入研究和把握首都文化发展的特点和规律，进一步提高文化自觉和文化自信，以敢于担当、敢于碰硬、敢于创新的精神积极投身于传承中华民族优秀文化、加强社会主义核心价值体系建设、深化文化体制改革、健全公共文化服务体系、发展文化创意产业、推动中华文化走向世界的伟大事业中，为推动首都成为展示中华民族优秀传统文化的窗口、推动首都加快形成科技创新与文化创新"双轮驱动"发展模式作出首都社科界应有的贡献。

论坛上，辽宁大学常务副校长、副书记、中国人民大学中国经济改革与发展研究院黄泰岩教授，北京大学艺术学院院长王一川教授，国家行政学院决策咨询部副主任丁元竹教授，首都经济贸易大学城市经济与公共管理学院院长段霞教授，国家知识产权局专利局北京代办处主任、中关村知识产权促进局局长徐正祥博士，中国移动北京分公司副总经理刘殿锋先生分别以《创新驱动与北京经济发展方式转变》《文化创新与中国特色社会主义先进文化之都建设》《以北京精神夯实北京社会管理创新的价值基础》《管理创新与北京建设世界城市的努力方向》《知识产权与中关村自主创新》《无线城市建设与物联网发展》为题发表主题演讲。

6 位来自不同领域的专家学者对创新驱动发展的深入思考和政策建言，具有一定的现实意义和决策参考价值，对于当前北京正在探索实施的科技创新与文化创新双轮驱动战略将会产生积极影响。

（北京市中国特色社会主义理论体系研究中心办公室供稿）

2011 年北京公共服务创新论坛　11 月 25 日，由北京市社会科学院主办、社科院管理所和北京城市管理学会承办、《城市管理与科技》杂志社协办的“2011 年北京公共服务创新论坛”在北京会议中心成功举办。论坛由北京市社会科学院戚本超副院长主持，院党组书记、院长谭维克致开幕词，来自清华大学、北京大学、首都经济贸易大学、北京行政学院等首都高校及研究机构的专家学者和北京市各政府部门负责人共计 100 余人参加了论坛。此次论坛主题为“城市管理精细化和公共服务标准化”，与会专家学者和政府官员围绕城市管理精细化和公共服务标准化的理论探讨、城市管理精细化的实践与经验、公共服务标准化的实践与经验三个主题开展了研讨。

（北京市社会科学院科研处供稿）

城市规划与城市记忆学术座谈会　12 月 8 日，由北京市社科联和市科协主办，市档案学会和北京城市规划学会承办的“城市规划与城市记忆学术座谈会”在市档案馆第二会议室举行。市社科联党组副书记、副主席陈之昌，市科协副主席田文出席会议并致辞。市档案局（馆）副局（馆）长马素萍、社科联学术部主任程文进、市科协学会部副主任王晖出席会议。

在市社科联与北京市科协的领导下，为推动两界学会加强学术交流，促进两界学会、学者的深入了解，进一步搭建两界交流协作与融合发展平台，市档案学会与北京城市规划学会围绕“城市规划与城市记忆”主题，联合开展学术交流活动，充分发挥各自优势，探讨如何在城市规划中注入更多的文化元素，如何充分挖掘城市历史、做好城市记忆等问题进行深入研讨，共同推进北京城市文化建设。会上，北京城市规划学会理事长赵知敬围绕编纂《岁月回响——首都城市规划事业 60 年纪事》畅谈了北京城市规划发展历程；市档案局区县处副调研员刘立就区县近年来主动开展记录城乡变迁，不断丰富馆藏档案资源作了主题发言。西城区、石景山区、朝阳区档案局（馆）也相继发言，交流在做好城市记忆工作中的做法、成效、体会和思考。

（北京市档案局李海英供稿）

历史学（含中共历史、中外史、考古）

考古学论坛·2011　1 月 11 日，由中国社会科学院主办、中国社科院考古研究所和考古杂志社承办的中国社科院“考古学论坛·2011”在北京举行。论坛组织者公布了 2010 年的中国考古新发现：浙江东苕溪中游商代原始瓷窑址群、山西翼城县大河口西周墓地、江苏苏州市木渎春秋城址、新疆鄯善县吐峪沟石窟寺遗址、湖南永顺县老司城遗址、广东汕头市“南澳Ⅰ号”明代沉船等 6 项考古新发现入选。

浙江东苕溪中游商代原始瓷窑址群。东苕溪位于浙江北部，是商周原始瓷窑址的重要分布区。2010 年初，浙江省文物考古研究所与当地文物部门对窑址进行调查，共发现窑址 20 余处。当年 3—12 月，对青山片区的南山商代窑址进行抢救性发掘，揭露窑炉遗迹 3 条、灰坑 2 个，并出土大量原始瓷器。此次调查与发掘表明，南山窑址是目前已发掘的最早的原始瓷窑址，是探索瓷器起源的重要实物资料。

山西翼城县大河口西周墓地。大河口墓地面积约 4 万余平方米，有墓葬千余座。从 2009 年至今对墓地进行的大面积发掘已揭露面积 15000 余平方米，发现墓葬 615 座，车马坑 22 座。该墓地是新发现的一处西周封国墓地，铜器铭文中的“霸伯”是其最高权力拥有者，“霸”是国名，但不见于传世的文献记载。在大河口墓地，商周文化因素均比较明显，自身特色也很鲜明。该墓地的发现为研究西周分封制度和西周史提供了重要资料。

江苏苏州市木渎春秋城址。从 2009 年起，中国社科院考古所与苏州市考古所联合对苏州西部山区及周边地区的先秦遗存进行了综合考古调查、发掘。发掘显示，在苏州西南部山区木渎、胥口一带山间盆地内存在大型中心性遗址，其性质应是一座春秋晚期具有都邑性质的城址。以该中心城址为核心，各种等级的遗址、墓葬等，构成了较完整的聚落群。这一聚落群对理解苏州地区东周时期的各种遗存现象和重构当时的社会、文化史提供了重要基点。

新疆鄯善县吐峪沟石窟寺遗址。吐峪沟石窟是新疆东部最早开凿的佛教石窟遗址群，是研究佛教石窟寺艺术由西域向内地传播的关键节点。新发现的沟东、沟西两处中心柱窟（大像窟）壁画的风格均显示出较早的时代特征，壁画题材也是前所未见，具有较强的地域特色，初步推断洞窟约开凿于公元5世纪，这对于研究吐峪沟石窟群年代及洞窟开凿的先后顺序等重要问题提供了非常宝贵的线索。此次出土了大量的文书残片，包括汉文、粟特文、藏文、回鹘文、婆罗迷文等，字体风格最早的文书，可早到公元四五世纪，这为研究吐鲁番地区社会生活、宗教信仰、古代语言等提了新资料。

湖南永顺县老司城遗址。该遗址为历史上永顺土司数百年政治、军事、文化的中心，也是湘鄂渝黔土家族地区规模最大、保存状况最好的土司城址。2010年5月，湖南省文物考古所第三次对老司城遗址进行发掘，通过对其核心区域的专题调查，发现土司时期的烽火台、军事关卡、土司庄园、古墓群、宗教遗址、石刻题铭60多处，对永顺老司城相关遗址的内涵和空间分布有了更全面的认识。永顺老司城遗址城市分区明确，功能齐全，充分反映了永顺土司的历史图景，是研究中国土司制度、复原土司社会内部结构和中国城市发展史的实物案例。

广东汕头市“南澳Ⅰ号”明代沉船。2010年4月，广东省文物考古研究所和国家水下文化遗产保护中心联合组队开始对“南澳Ⅰ号”沉船进行发掘，根据发掘结果，船体纵向长约27米，最宽的隔舱长7.5米，目前初步完成沉船主体的测量和水下摄像、摄影、绘图工作，已确认货舱15个。从“南澳Ⅰ号”出水陶瓷器的胎质、釉色、器形、青花图案纹饰风格及烧造工艺等方面判断，其年代为明代晚期嘉靖至万历年间，来源可能是中国东南沿海地区的民窑产品，窑口可能包括江西景德镇民窑、福建漳州窑及粤东梅州大埔和潮州饶平等地民窑。

（参见《光明日报》2011年1月20日第11版）

北京市党史干部培训班 2月21—23日，中共市委党史研究室在延庆举办“北京市党史干部培训班”，各区县党史业务骨干及市委党史研究室全体干部70余人参加学习。

市委党史研究室主任谢荫明在培训班开班仪式上做学习动员，介绍了学习培训的目的和内容，并提出相关要求。在三天的时间里，中央党史研究室副主任李忠杰、中央文献研究室副主任陈晋、中央党史研究室第二研究部主任张化、口述历史专家李海文、中央文献出版社第三编辑室主任孙翊、市委党史研究室第三研究处处长温卫东分别就全国党史工作形势和任务、党史题材电视片的制作、党史二卷编写的若干问题、如何做好口述史、组织史资料丛书核稿和出版等相关专题进行了详细讲授。学员们还集中观看了由中央党史研究室和中央新闻电影制片厂联合制作的中共党史教学资料片。

（中共北京市委党史研究室科研处熊根琪供稿）

中日企业史编纂工作学术交流会 4月28日，市档案学会在北京召开“中日企业史编纂工作学术交流会”。市档案局马素萍副局长出席并致辞，她首先欢迎日本企业经营史研究所事务局长河上增雄先生就企业史编纂问题进行来访交流，并感谢他为本次学术交流所做的精心准备。同时，也借此机会向遭受大地震灾害的日本同行表示了慰问和关切。河上增雄先生在会上就日本企业史编纂工作的状况作学术主题演讲。他从编纂发行企业史的目的、编纂一部好的企业史的标准、企业史编纂形式的多样性、编纂企业史要点、编纂人员的素质要求等方面作了论述。与会同志就企业史编纂的体例和组织机构等问题同河上增雄先生进行了学术交流互动。首钢档案馆代表企业单位赠送河上增雄先生《首钢足迹》一书，并简要介绍了本书的编纂情况。会议由市档案学会企业档案工作学术委员会主任李寅起主持。副理事长贺真、监事长包金春以及企业学术委员会会员单位的负责人共35人参加了会议。

（北京市档案局李海英供稿）

犍陀罗佛教美术及吐峪沟石窟寺造像考古讲座 6月7日下午，日本龙谷大学博物馆馆长宫治昭应邀在清华大学美术学院作“犍陀罗佛教美术及吐峪沟石窟寺造像考古讲座”。犍陀罗美术是受印度、伊朗和希腊三大文化滋养而生的文化交流产物。讲座中，宫治昭通过佛像、菩萨像和佛传图像三方面，介绍了犍陀罗佛教美术的大致形态，探讨了犍陀罗最初佛像的诞生、犍陀罗三尊像的系谱等问题，并展示了其对中国及日本佛教美术产生的影响。宫治昭是印度、中亚美术史研究的知名学者，曾执教于名古屋大学文学系，1969—1978年间四次亲身调查巴米扬大佛，为世界保留了第一手的珍贵资料。当天下午，中国社科院考古所研究员李裕群在清华大学美术学院作有关新疆鄯善吐峪沟石窟寺遗址的考古清理报告。该考古发掘由中国社科院考古研究所、吐鲁番研究院以及龟兹研究院联合进行。讲座中，李裕群主要介绍了沟东区石窟寺群、西区北部新发现石窟寺群以及东区南部新发现石窟寺群的情况。校内外师生70余人听取了讲座。

（清华大学文科建设处刘金梅供稿）

党史著作出版座谈会 6月27日，“中国共产党北京市组织史资料丛书暨系列党史著作出版座谈会”在北京国际饭店举行，中央党史研究室副主任龙新民，中央文献研究室室务委员、秘书长闫建琪，中共北京市委副书记、市政协主席王安顺，北京市政协原主席王大明，市人大常委会原副主任、市地方志编纂委员会常务副主任段柄仁出席。会议由市委常委、组织部部长吕锡文主持。中央党史研究室、中央文献研究室有关部门负责人，市委有关部委办局主要负责人，各区县委主要负责人，老同志代表，专家学者，各区县党史办负责人及本室全体人员共130余人与会。谢荫明首先介绍了中国共产党北京市组织史资料丛书和系列党史著作的编撰出版情况。市委党史研究室与市委组织部、市档案局（馆）共同编纂完成的《中国共产党北京市组织史资料丛书》包括综合卷、高校卷、区县卷等共20卷，总计2000多万字。市委党史研究室在多年研究基础上编写出版的《中国共产党北京历史》第一卷（修订本）、第二卷和《中国共产党北京简史》等，是北京党史专著，凝结着党史工作人员的心血，是向建党90周年献上的一份厚礼。

龙新民在讲话中代表中央党史研究室向北京市党史著作的出版发行表示祝贺。他指出，同时出版多部地方党史基本著作，是北京市党史研究工作取得的丰硕成果，为广大党员、干部和群众学习北京党史提供了重要教材。北京作为首都，作为全国的政治中心和文化中心，党史工作地位特别重要，党史资源极为丰富。希望北京市进一步努力做好党史读物的宣传、推介、发行工作，组织好党史学习辅导工作，不断提高党史著作的编写水平，使党史著作在党员、干部、群众和青少年中读得懂、叫得响、传得开、留得住，切实发挥以史鉴今、资政育人的重要作用。

王安顺在讲话中指出，党成立90年的历史，蕴含着丰富的治党治国经验和智慧，是一笔宝贵的政治财富。要认真学习党的历史，把开展党史学习作为加强党的思想理论建设的重要任务，作为提高广大党员干部思想政治素质的重要途径，作为建设学习型党组织的重要方面；要宣传党的历史，把搞好党史宣传工作作为关系巩固党的执政地位、关系党和国家长治久安、关系社会主义前途命运的大事来抓；要加强党史研究工作，北京丰富的党史资源是北京党史工作的优势所在。党史部门要充分发挥好、利用好这些优势，注意创新工作方式方法，力争推出更多的研究成果和精品力作，提供更多资政经验，更好地为首都现代化建设服务。

（中共北京市委党史研究室办公室董明豪供稿）

世界史学会第20届年会　7月8—10日，由世界史学会主办、首都师范大学历史学院全球史研究中心协办的“世界史学会第20届年会”在首都师范大学隆重举行，来自全球30多个国家和地区的500余名学者参加了这次盛会。在年会上，世界史学会主席阿尔弗雷德·安吉利亚先生授予首都师范大学校长刘新成教授“世界历史先驱奖”，以表彰他在全球史理论、实践、推广等方面作出的卓越贡献。颁奖仪式后，刘新成校长作了题为《全球史在中国》的主题发言，得到与会代表的广泛认同和热烈反响。

（首都师范大学社科处黄胤英供稿）

多元的法律史文献：研究与整合国际学术研讨会

8月18—19日，由中国政法大学法律古籍整理研究所、中国政法大学青年学术创新团队、中国法律史学会法律古籍整理专业委员会主办的“多元的法律史文献：研究与整合国际学术研讨会”在北京召开。来自中国社会科学院、北京大学、清华大学、中国人民大学、复旦大学、南京大学、浙江大学、中山大学、中国政法大学、美国华盛顿大学、美国明尼苏达大学、法国巴黎第十大学、加拿大麦吉尔大学、瑞士日内瓦大学、中国香港中文大学等国内外著名高校及科研机构的30多位学者参加了此次会议。

研讨分8场进行，与会学者就所关注的古代法律文献及其相关问题发表了各自的见解，所涉研究对象有秦汉简牍、碑刻、官修典籍、档案、民间文献等，所涉学科则有法学、历史学、考古学、人类学，显示了文献视野下的中国法律史学科的多学科交融。8场主题研讨以纯粹的学术研究为目的，主题明确，议题集中，与会学者主要围绕史料、史实、方法论等问题发表见解，持论有据，观点谨严，讨论热烈，凸显了古代法律文献及其研究方法在中国法律史研究进程中的重要意义。

（中国政法大学科研处刘璐供稿）

东亚简牍学学术研讨会　8月29—30日，由中国政法大学法律古籍整理研究所、日本奈良大学简牍研究会、中国法律史学会法律古籍整理专业委员会主办的“东亚的简牍与社会——东亚简牍学探讨学术研讨会”在北京成功举行。来自日本京都大学、早稻田大学、大阪大学、奈良大学、关西大学，新潟大学、立命馆大学、奈良文化财研究所，韩国首尔大学、成均馆大学，中国社会科学院、北京大学、清华大学、中国人民大学、中国政法大学、甘肃省文物保护研究所等著名高校与科研机构的40余位专家学者莅会。

在开幕式上，中国政法大学法律古籍整理研究所所长徐世虹教授与奈良大学文学部角谷常子教授分别致辞。

本次会议的主旨，在于探索能够超越时代与地域、超越各国简牍学范围的新视角与新概念。会议主要分为五个议程，每个议程均有二位学者围绕主题发言，并有对应的评论及质询。学者们从不同的角度对东亚的简牍与社会制度进行讨论，提出了许多新颖的见解。

“东亚木简学的确立”课题负责人角谷常子教授

对会议进行了总结并致闭幕词。她指出，虽然中国木简与朝鲜半岛以及日本木简在形态和历史命运方面存在差异，但是它们之间具有比较明显的承继关系，共同构成了东亚地区同源的简牍文化。

（中国政法大学科研处刘璐供稿）

纪念辛亥革命100周年专题讲座　9月15日，北京市档案学会为纪念辛亥革命100周年，在北京举办“档案见证北京”讲座，特别邀请了首都博物馆刘高研究馆员以《辛亥革命在北京》为题担任主讲。他依据大量史料，结合自己多年研究成果，图文并茂地讲述了辛亥革命的主要成就和历史意义。针对同盟会成立的内幕，组织学会，创办报纸，刺杀摄政王，八次起义和刺杀袁世凯、良弼等这些发生在北京地区的革命活动进行了详细讲解。此次讲座吸引了社会各界听众70余名到场。

（北京市档案局李海英供稿）

经学与史学学术研讨会　10月，由中国人民大学国学院主办的“经学与史学学术研讨会”在该校召开，来自中国社科院，北京大学、复旦大学、清华大学、中山大学、南开大学、浙江大学、首都师范大学、岳麓书院等单位的20余位专家学者齐聚一堂，分别从历史和当代的角度，针对经史关系、经史内涵等一系列问题展开了热烈而富有建设性的讨论。

本次会议共收到论文20篇，有的论文是对经史关系的宏观论述，如陈少明在《孔学、史学与历史形而上学》中提出，理解传统史学的成就与特质，不能停留在具体经验层面的论述上，还要解释它背后的形而上学观念。有的论文是对《春秋》学的专门考察，如曾亦的《史法与书法——论黄泽、赵汸的〈春秋〉学》与郭晓东的《论孔广森与〈左传〉》，通过探讨元代黄泽与赵汸、清代孔广森的《春秋》学著作的思想特点，探究其中的经史关系。有的论文是对经史大师的思想探讨，如江湄的《章太炎〈春秋〉学三变考论》探讨了章太炎“六经皆史”说的本义，彭春凌的《“六经皆史”、还是“创法改制”》则探讨了章太炎与近代今古文经之争的历史实相。还有的论文集中探讨《春秋》对司马迁作《史记》的影响，如陈苏镇的《司马迁“成一家之言”新解》，提出司马迁所谓“一家之言”，本意应指以“《春秋》之义”为核心的“汉家之言”；而陈文洁的《“拨乱世反之正，莫近于〈春秋〉”》则认为，司马迁理解《春秋》虽本于董仲舒的《春秋》之学，但始终有着独立思考的态度和学术立场；刘伟的《一种“新”史的意蕴》，则指出《史记》在司马迁心中实有的“经书”韵味。经过两天精彩的讨论，与会学者就经史关系、经史内涵等问题，对《春秋》是经还是史，《史记》是否受《春秋》影响等问题，进行了热烈的辩难。这些争论促使参与者进一步思考今天如何进行经学研究，如何看待史学研究等问题。

（参见《光明日报》2011年10月13日第15版）

西方新文化史与中国社会文化史的理论与实践学术研讨会　10月，由首都师范大学历史学院中国近现代社会文化史研究中心主办的“西方新文化史与中国社会文化史的理论与实践学术研讨会”在北京召开。来自中国社科院近代史所、上海社科院、天津社科院、首都师范大学、南开大学、复旦大学、中国人民大学、华东师范大学、中国政法大学、山西大学等单位的30余位学者参加了会议。

本次会议重点探讨了西方“新文化史”与中国社会文化史在理论方法和问题意识方面的相互关系，意在推进中国社会文化史研究的理论创新及其本土化特征的形成。中国近现代社会文化史，作为一个新的研究视角、研究领域与交叉学科，经过20多年的努力探索，已经取得了比较丰硕的成果，但对比西方“新文化史”的进展，国内社会文化史研究还面临着理论建构滞后等“瓶颈”问题。借鉴西方“新文化史”的诠释模式，立足中国的社会土壤与文化传统，创立本土化的社会文化史研究理论，已成为近年来学界极力倡导的学术使命与研究任务。与会者探讨了中国社会文化史的理论问题，回顾了20多年来中国社会文化史研究中理论与实践的发展历程，比较了中西方“社会文化史”发展历程的异同，考察了日常生活史与社会文化史的内在关系等。

（参见《光明日报》2011年10月13日第15版）

世界史发展历程的回顾与展望学术研讨会　10月15日，由首都师范大学历史学院与中国社科院老专家协会联合主办的“世界史发展历程的回顾与展望学术研讨会”在首都师范大学召开。

会议由首都师范大学齐世荣先生和社科院世界历史研究所张椿年先生主持，首都师范大学校长、世界史学科负责人刘新成校长致欢迎词。历史学院党委书记梁占军教授、世界历史所所长张顺洪研究员以及社科院科研处处长等出席了会议。北京大学的马克垚先生、徐天新先生，北京师范大学的刘家和先生、张宏毅先生等来自全国各地的世界历史学科的老前辈和知名专家在会上作了重点发言。此外，参加会议的还有《世界历史》《史学理论研究》等专业刊物的代表。

本次会议旨在对世界史学科在中国的发展历程进行回顾，总结其中的经验和教训并对未来进行展望。各位老专家在会上依次结合亲身的经历就中国世界史学科的发展历程进行了回顾和讨论，并围绕世界史升级为一级学科后如何健康发展提出了诸多建议。

（首都师范大学社会科学处黄胤英供稿）

中印关系两千年：历史与文化的互动国际学术研讨会 10月15—16日，由北京大学印度研究中心、教育部重点研究基地北大东方文学研究中心主办，印度那烂陀大学、新加坡那烂陀—室利佛逝中心协办的“中印关系两千年：历史与文化的互动国际学术研讨会”在北京大学成功召开。参加此次会议的学者共25位，其中国外学者14位，分别来自印度、新加坡、美国、英国、德国、日本、加拿大和澳大利亚，国内学者11位。国外学者中除1998年诺贝尔经济学奖得主阿玛蒂亚·森教授以及前新加坡外交部长、印度那烂陀大学董事会成员及大学顾问委员会主席杨荣文以外，还包括中国香港大学前校长、中国台湾“中央”研究院院士、国立新加坡大学教授、著名历史学家王赓武，英国伦敦政治经济学院教授、英国上院议员、著名政治史学家M. Desai勋爵，美国宾州大学V Mair（梅维恒）教授，日本京都大学滨下武志教授，国立新加坡大学P. Dura（杜赞奇）教授，印度贝拿勒斯印度大学K. Sheel教授等。国内学者中则大部分是北京大学的年轻学者。研讨会分为六个专题，与会学者在中印历史交往和互动的范围内，分别从文献史料、文化、文学、宗教、艺术、考古、科技乃至政治、经济和移民等多个角度，发表论文，同时进行了深入讨论。会议最后还就新加坡方面提出的合作编纂《中印历史与文化交往百科全书》一事进行了讨论。

（北京大学社科部供稿）

辛亥革命与世界——纪念辛亥革命百年国际学术讨论会 金秋十月，百位中外学者齐聚北京，隆重举行由北京大学主办、北京大学历史系承办的“辛亥革命与世界——纪念辛亥革命百年国际学术讨论会”。来自美国、法国、澳大利亚、日本、韩国、越南、中国大陆及中国港澳台地区的学者提交论文60余篇。

本次国际学术讨论会为期3天。18日上午大会开幕，由北京大学党委副书记杨河致开幕词。中央文献研究室前常务副主任、中国孙中山研究会会长金冲及以及大陆学者代表广东社科院前院长张磊、台湾学者代表台湾近代史所前所长陈三井和外国学者代表法兰西科学院院士巴斯蒂先后致辞。北京大学历史系教授王晓秋和钱乘旦分别作了题为《辛亥革命的世界意义》和《论辛亥革命在世界历史上的地位》的主题报告，阐述了本次讨论会的主题。18日下午，中国史学会副会长、华中师范大学前校长马敏教授和北京师范大学前副校长郑师渠教授分别主持大会，美国加州大学教授周锡瑞、巴斯蒂，澳大利亚社会科学院院士黄宇和、陈三井和北大历史系主任高毅，韩国新罗大学教授裴金汉，日本京都大学小野寺史郎，美国伊利诺伊大学教授于子桥、马敏，中国澳门大学历史系主任魏楚雄等10位学者作了大会报告。19日，与会代表分为三组作报告和开展讨论。20日上午，北京大学历史系副主任王元周副教授主持闭幕式。尚明轩、李文海、刘桂生等三位史学界前辈作了发言。其后，北京大学教授徐万民、臧运祜和辽宁师范大学刘贵福教授先后作小组总结发言。王晓秋教授作学术小结，总结本次大会的成果和特点。最后，北京大学历史系主任高毅教授致闭幕词。国际研讨会取得圆满成功。

（北京大学社会科学部供稿）

辛亥革命史料座谈会 10月28日，由北京市档案学会召集的“辛亥革命史料座谈会”在北京中山堂召开。来自市政协、市民革、市档案部门、市社科院、辛亥革命纪念地等14家单位的代表30余人出席了会议。与会代表围绕“辛亥革命史料整理与利用”，介绍了各自的工作成果、经验体会、观点和认识。全国政协文史委办公室巡视员王合忠、中国社科院近代史所《近代史资料》主编李学通、中国第一历史档案馆编研部主任李国荣率先发言，民革中央宣传部、中国文史出版社、市政协文史委、市地方志办、中山堂、市档案馆、西城文史学会、西城区档案馆、通州政协文史委等也结合出版文集、举办展览和召开座谈会等活动相继发言。与会者带到座谈会上展示和交换的书刊资料达14种。北京市档案学会秘书长赵艳达代表主办单位作了总结发言，她感谢与会者的积极参与，使会议达到了促进辛亥革命100周年纪念活动成果交流，促进辛亥革命史料研究和利用的目的。座谈会后与会者参观了正在中山堂展出的“辛亥革命与北京”展览。这次座谈和参观活动是由市档案学会档案资源开发利用学术委员会和北京中山堂管理办公室合作承办的。

（北京市档案局李海英供稿）

东亚历史上区域间的认识与互动国际学术讨论会

11月11—12日，由北京大学历史学系、韩国东北亚历史财团、中国社会科学院近代史研究所及东亚地区历史研究论坛联合主办的“东亚历史上区域间的认识与互动国际学术讨论会”在北京召开。来自中国大陆、台湾地区、香港地区，韩国，日本等国家和地区的48位东亚史学研究者参加了本次讨论会，共提交中文、韩文、日文、英文学术报告或论文23篇。

开幕式由北京大学历史学系王新生教授主持，北京大学历史学系主任高毅教授致开幕词。韩国东北亚历史财团理事长郑在贞先生、中国社会科学院近代史研究所副所长汪朝光研究员、东亚地区历史研究论坛运营委员长白永瑞教授作为主办机构代表致欢迎词。韩国东北亚历史财团首任理事长金容德教授在开幕式上作了题为《韩国人对中国与日本的认识》的主题报告。主题报告后，举行了6个场次的分组会议，与会的各国学者围绕“东亚区域内的东亚认识”“中日韩的相互认识与关系”“东亚外部眼中的东亚”“日本人眼中的中国”“边疆认识及边疆问题”“东亚的文化交流和联络网”等相关主题进行了严肃而热烈的学术讨论。分组讨论结束后，全体与会学者共同参加了主题为“连动的东亚和历史学（者）的角色”的圆桌会议。韩国的白永瑞教授、中国社会科学院近代史研究所步平研究员（由杜继东先生代为宣读报告）、日本京都大学人文科学研究所山室信一教授分别发表评论报告，来自中、日、韩三国的历史学者围绕东亚区域间相互认识问题以及讨论会发表的论文主题进行了自由、激烈而富有建设性的讨论。最后由论坛运行委员长白永瑞教授致闭幕词，他对本次讨论会作出高度评价，并宣布下届东亚地区历史研究论坛的主题及主办地点。

（北京大学社会科学部供稿）

辛亥革命百年纪念暨晚清社会变革学术研讨会 11月25—27日，北京市社会科学院满学研究所与北京大学明清研究中心在北京举办“辛亥革命百年纪念暨晚清社会变革学术研讨会”。北京、天津、辽宁、吉林、黑龙江、河南、湖北及韩国、日本、法国的70多位学者参加了此次会议，他们分别来自高等院校、社会科学院、文史馆、档案馆、故宫博物院、出版社等单位。北京市社科院谭维克院长出席了大会开幕式并致辞。此次学术会议规模大，与会学者范围广，从大会发言至分组讨论始终充满着浓郁的学术气氛。此次会议得到了国内外专家的一致好评，是一次跨学科、具有较高学术水平的研讨会。

（北京市社会科学院科研处供稿）

第十届历史认知与东亚和平论坛　　11月26—27日，由中国人权发展基金会、中国社会科学院近代史研究所联合主办的“第十届历史认知与东亚和平论坛”在北京举行。来自中国、日本和韩国的40多位专家、学者及民间人士围绕“推动历史认识”“共享经验”“思考三国历史教科书的变化暨采用情况”等议题展开研讨和交流，共同总结和反思日本发动侵略战争给中、韩和东亚各国人民带来的深重灾难和沉痛教训，共商东亚和平发展大计。

该论坛由中、日、韩三国学者与民间人士于2002年发起，每年举办一次，在三国轮流举办。

（参见《光明日报》2011年11月28日第8版）

纪念中国华侨历史学会成立30周年座谈会　　12月6日，“纪念中国华侨历史学会成立30周年座谈会”在北京举行，来自全国各地的侨史专家学者、地方侨史学会代表以及学会顾问等共100余人参加了会议。

中国侨联主席、中国华侨历史学会会长林军在座谈会上指出，回顾30年来的侨史学会工作，积累了一些宝贵经验，就是要坚持以服务大局为根本、以学术建设为基础、以会员为本、以搭建平台为主要工作方式，把为侨服务落到实处等。面对新的时代条件下世情、国情和侨情的变化，华侨华人研究也面临新的问题，要推动华侨华人研究学术发展，再创中国华侨历史学会新辉煌，必须要从这几个方面进行努力：一是要着力加强学术建设，提高研究能力，努力开创华侨华人研究新局面；二是要充分发挥智力优势，服务经济社会发展；三是要不断创新华侨华人研究合作平台，加强学术交流，引领学科发展；四是要强化服务意识，增强中国华侨历史学会的凝聚力。

中国华侨历史学会成立于1981年，是由华侨华人研究工作者和热心此项工作人士自愿组成的非营利性、全国性学术团体，由中华全国归国华侨联合会主管，目前共有个人会员近500名。30年来，中国华侨历史学会在推动华侨华人历史和现实研究，促进华侨华人理论探索和学术交流等方面发挥了重要作用。

（参见《人民日报》2011年12月7日第1版）

海上战争的立体化进程讲座　　12月7日，北京师范大学历史学院邀请了法国海军部历史研究中心杜普莱教授，在北京师范大学主楼600室举办“海上战争的立体化进程讲座”。讲座由北京师范大学历史学院世界近代史教研室庞冠群副教授主持，北京师范大学各院系和外交学院、首都师范大学等其他院校的学生参加。

杜普莱教授借助于历史资料和最新数据，清晰地梳理了18世纪以来海战方式和舰种分类的变化过程，强调了潜水艇和航空母舰对于海战立体化发展的重大作用及其在当今海战中所具有的主力地位。杜普莱教授首先对海军舰艇作了分类，他认为18世纪以来的海军舰艇可以根据其所执行任务的不同分为三个类型：用于舰队决战的主力舰、用于破坏/保护海上交通运输的巡航舰和用于保护己方海岸线/突破敌方海岸防御的小型舰艇。经过200余年的发展，航空母舰与攻击核潜艇、导弹驱逐/护卫舰和导弹快艇已成为当今海上力量中这三大舰艇类型的代表。

（北京师范大学社科处刘娜供稿）

教育学 心理学

新时期思想政治教育传播效果报告会 1月8日，北京高教学会思想道德修养与法律基础研究会在北京召开了学术年会。北京市委教育工委宣教处杜建峰、北京市高教学会常务会长兼秘书长陈锡章应邀到会并讲话。教育部高校思想政治理论课教学指导委员会思想道德修养与法律基础课程分委员会主任、中央财经大学党委书记胡树详应邀出席会议并传达了全国思想道德修养与法律基础教指委苏州会议精神；全国思想道德修养与法律基础教指委委员、北京第二外国语大学党委书记冯培应邀出席并作了题为《关于提高新时期思想政治教育传播效果的思考——探索思想教育新趋势，有效推进马克思主义大众化的课堂传播》的学术报告；研究会副会长、北京大学祖嘉合教授在会上作了《思想政治教育研究中基本概念的把握》的学术报告。两个学术报告引起与会者的强烈反响和好评。会上，对研究会参加第四届北京高校思想政治理论课教学基本功大赛的获奖者（一等奖1名、二等奖1名、优秀奖4名）进行了表彰；对研究会2010年优秀学术论文获奖者（从提交的45篇论文中评选出一等奖2名、二等奖4名、三等奖8名）进行了表彰。有6名优秀学术论文代表在大会上作了交流发言。1月16日，研究会还进行了为期一天的“思想政治教育研究方法培训”，特邀北京大学社会学系王汉生教授作为培训主讲教师，有80余名教师参加了培训。

（北京市高等教育学会供稿）

心理素质教育理论与实践研讨会 1月11—12日，北京高教学会心理咨询研究会在北京召开了学术年会暨心理素质教育理论与实践研讨会，100余人参加会议。北京市委教育工委宣教处副处长王达品、北京市高教学会常务副会长兼秘书长陈锡章应邀出席研讨会并讲话。中国农业大学、北京科技大学、北京邮电大学、北京石油化工学院分别就“学生心理委员”“心理健康快车”“心理健康教育信息网络平台”“校园心理情景剧”等问题作了发言。会上，中国青年政治学院周少贤、北京大学刘海骅、中国人民大学胡邓、北京物资学院高新平、中国人民大学周莉分别作了题为《高校思想政治教育与心理健康教育配合之困境分析》《提问技术在大学生深度辅导中的应用》《开设心理健康通识课，切实提高大学生心理素质》《首都大学生边际人思想调查报告》《导师在研究生心理危机预防体系中的作用》的学术论文交流发言。最后，由研究会副理事长聂振伟作了大会总结。

（北京市高等教育学会供稿）

中国国际传播能力提升与人才培养专题论坛 1月18日，由光明日报社和中国传媒大学联合主办，中国传媒大学文科科研处、研究生院和电视与新闻学院承办的“中国国际传播能力提升与人才培养专题论坛”在中国传媒大学召开。论坛就“中国国际传播能力提升”和“国际新闻传播人才培养”两大主题，进行了高水平的研讨和交流。本次论坛邀请了中宣部、广电总局主管领导、国家主流媒体领导、国际传播领域的著名学者出席。中国传媒大学李培元书记、苏志武校长、袁军副校长、吕志胜副校长、廖祥忠副校长及学校相关部门的主管领导、国际新闻传播后备人才班的师生代表参加了论坛。

光明日报社总编辑胡占凡在讲话中表示，本次论坛对提升我国的传媒教育、加快国际传播后备人才培养步伐、增强中国国际传播力，将产生重要的推动作用。《光明日报》将全力以赴宣传、解读、延伸和放大此次论坛的成效。

广电总局宣传管理司司长金德龙、中央电视台副总编辑黄传芳、中国国际广播电台副台长王冬梅等媒体领导、新华社技术局副局长吕锐也先后发表讲话。他们强调国际新闻传播硕士培养是一项长期的工作，各大媒体将围绕中央领导同志的讲话精神，完善战略方案，理论与实践结合，努力实现培养未来优秀人才与推动我国对外交流的双赢局面，完成历史和时代赋予的伟大使命。

中国传媒大学文科科研处处长胡智锋主持了专题研讨，来自《光明日报》、中国传媒大学、清华大学、北京大学、中国人民大学的著名专家和学者，精心准备，从传播策略、传媒教育和制度设计等不同角度对论坛主题进行了深入论述。

（中国传媒大学科研处程爱晶供稿）

第三届中日NGO论坛 2月24日，“第三届中日NGO论坛”在北京二十一世纪饭店举行。论坛以环境教育为主题，讨论NGO在环境教育中的地位、作用、工作领域与工作方法等内容。此次论坛由日本国际协力机构（JICA）和中国国际经济技术交流中心（CICETE）主办，中华人民共和国民政部和日本驻华大使馆为后援单位。环境保护部、民政部相关官员及日本国驻华使馆山崎和之公使等出席了论坛开幕式并致辞，自然之友、日本KEEP协会及SONY、松下、伊藤忠商社、清华大学等中日两国近百家开展环境教育的NGO组织、民间团体、企事业单位、新闻媒体人员参加会议。北京林业大学园林学院副教授乌恩博士应邀参加了本次论坛，并作为中方基调演讲人，作了题为《中国NGO开展环境教育的现状与展望》的主题演讲。乌恩在演讲中分析了我国NGO组织在开展环境教育工作中存在的问题和不足，并结合海内外环境教育的实践，为中国环境

NGO 开展工作提出了建议。

（北京林业大学科技处张力供稿）

清华大学美术学院研究型定位学术报告会 3月7日下午，“清华大学美术学院研究型定位学术报告会”在清华大学美术学院报告厅举行。2010年设计艺术学科国际评估专家组成员之一、美国威斯康星大学环境设计系主任、终身教授董伟作题为《艺术和设计在综合性大学的学术形式及评估价值》的学术报告。报告结合艺术和设计专业的背景和意义、危机和挑战以及在美国三种典型综合性大学中的位置，通过普通专业实践和研究性实践与学术/研究性实践的对比，诠释了学术的四项标准：探究、整合、应用、教学。会上，常务副院长郑曙旸作2011级本科教学方案修订工作报告，重点阐述研究型状态下的教学模式，包括学校育人目标、艺术学升为门类的启示、艺术教育的本质、研究型运行状态、教学模式的转换等。郑曙旸在报告中提出，清华大学美术学院将遵循“世界一流，中国特色，清华风格”的发展定位，实现学院教学模式的转换，建立理论与实践高度融会，知识、技能、观念、交互传导的教学模式。清华大学美术学院教师100余人参加学术报告会。

（清华大学文科建设处供稿）

中国教育开放与国际合作圆桌会议 3月17日上午，北京师范大学教育学部和剑桥教育集团在北京师范大学召开了“中国教育开放与国际合作圆桌会议”。教育学部副部长李家永主持，来自中国和国际相关机构、组织的官员和校内外专家学者30余人出席了本次会议。

本次圆桌会议旨在为国内国际机构搭建教育国际交流与合作平台，以促进教育领域的“南南合作”、中非教育合作、中国教育机构与国际机构合作等多层次多方面的教育合作与交流。来自各方的代表在会上就教育服务中非政府组织和政府的合作，中国对非洲的教育援助等问题展开了研讨

（北京师范大学社科处刘璐供稿）

传媒艺术拔尖创新型人才培养教学交流研讨会 4月13日，“传媒艺术拔尖创新型人才培养教学交流研讨会”在中国传媒大学召开。中国传媒大学教务处处长张育华、副处长许一新，戏剧影视学院院长李兴国、副院长周涌，音乐与录音艺术学院常务副院长李伟出席会议。

会上，实验区办公室主任杨荣誉对实验区创立的意义、历程进行了梳理。实验区推行工作室教学制和项目教学制，三年来参与了几百个实践项目（含电影、电视剧、晚会、话剧、音乐会）的制作，受到业界的认可，并频获佳绩。实验区人才培养经验在2009年“全国广播电视艺术学科体系建设”学术论坛、2010年第五届全国艺术院校院（校）长高峰论坛上引起了全国传媒艺术专业院校的好评，同时，也验证了创新影视教育培养模式的必要性与可行性。今后实验区将继续总结培养模式的创新经验，为影视教育的改革深化探索新路。

（中国传媒大学科研处程爱晶供稿）

高教计算机教育研讨会 4月23日，北京高教学会计算机教育研究会在北京建筑工程学院召开2011年学术年会。北京建工学院副院长朱光到会并致辞。北京市教委高教处处长黄侃应邀到会并作了题为《“十二五”首都高等教育教学改革》的报告。北京市高教学会常务副会长兼秘书长陈锡章应邀到会并讲话，来自各高校的100余人参加会议。会上，清华大学、北京大学、北京信息职业技术学院的老师分别作了题为《关于计算机教育的思考与实践》、《关于〈程序设计实习〉课程建设》《高职院校基于工作过程教学案例开发》的学术交流发言。会议还邀请全国高等院校计算机基础教育学会副会长杨小平介绍了2010年海峡两岸计算机教育论坛的情况。研究会副理事长谢柏青对2010年北京大学生计算机应用大赛工作情况作了总结发言。会议期间还开展了青年教师精彩教学片断交流，对获奖选手颁发了获奖证书。

（北京市高等教育学会供稿）

全球化背景下的艺术教育发展战略主题论坛 4月26日，“全球化背景下的艺术教育发展战略主题论坛”在清华大学美术学院举行。清华大学副校长谢维和出席论坛并致辞。他表示希望通过与会的在国际上享有盛誉的艺术院校校长之间的讨论和交流，达成共识，发挥引领世界艺术教育发展趋势的作用。论坛上，澳大利亚莫纳什大学艺术学院院长西恩·马瑞（Shane Murray）、日本东京艺术大学校长宫田亮平（Miyata Ryohei）、英国格拉斯哥清华大学美术学院院长阿伦·沃克（Allan Walker）、英国皇家艺术学院副院长纳伦·巴菲尔德（Naren Barfield）、美国帕森斯设计学院信息战略学院院长斯万·特拉维斯（Sven Travis）、日本多摩美术大学美术学部部长竹田光幸（Mitsuyuki Takeda）先后发言，阐述对艺术教育发展的思考和实践。清华大学美术学院学术委员会委员，学院各系室主任、党支部书记、学生50余人参加论坛。

（清华大学文科建设处供稿）

研究生教育报告会 5月12—13日，北京高教学会研究生教育研究会在北京召开研究会会员学术年

会，百余人参加。北京市教委副主任付志峰，北京市高教学会常务副会长兼秘书长陈锡章应邀到会并讲话，研究会理事长、中国人民大学常务副校长袁卫出席并讲话。在学术年会上，特邀请国务院学位办唐继卫处长，北京航空航天大学高等教育研究所马永红教授分别作了题为《转变教育理念、改革管理体制、创新培养模式》《北京市高校学位授予工作中加强学术道德和学术规范建设调研报告》的专题学术报告。会议还进行了分组讨论及大会交流。会议期间，还对研究会第七届优秀论文的获奖者进行了表彰，共有一等奖11篇、二等奖21篇、三等奖31篇、提名奖52篇。

（北京市高等教育学会供稿）

2011北京教育信息技术高峰论坛 5月12—13日，北京高教学会信息化工作研究会与北京教育网络和信息中心、北京远程教育专业委员会联合在北京召开以“打造智慧校园，创新教育价值”为主题的“2011北京教育信息技术高峰论坛”，100余人参加论坛。北京市教委副主任付志峰、市教委基教二处处长李奕、北京市高教学会常务副会长兼秘书长陈锡章应邀出席论坛。北京教育网络和信息中心主任武装代表主办单位致辞。在主论坛上，特邀请中国工业和信息化部信息公司安筱鹏处长作了题为《“十二五”我国信息化发展面临的形势与任务》的主报告。在区县信息中心主任馆长分论坛、数字化校长分论坛、高校信息中心分论坛上，特邀请中央电化教育馆馆长卫珠珠、北京师范大学教育学部副部长黄幕怀、中国人民大学网络与教育技术中心主任顾涛分别作了题为《新技术助力服务新模式》《新技术引领数字校园新发展》《创新教育信息化应用》的主题报告。在会上，微软（中国）有限公司、北京金商祺科技股份有限公司、北京北控电信通科技发展有限公司、索尼（中国）有限公司、信息安全共性技术国家工程研究中心等教育信息化相关企业作了专题技术演讲。

（北京市高等教育学会供稿）

中美音乐教育人才培养模式学术论坛 5月25—27日，首都师范大学音乐学院举办“中美音乐教育人才培养模式”学术论坛。杨青院长、曹理教授为本次论坛致辞。中国音乐学院谢嘉幸教授，中国音乐教育杂志社金亚文教授，中国奥尔夫协会李妲娜教授和各大师范院校音乐学院的主任、教授与音乐教学法教师、访问学者、硕士生、博士生及北京市三十五中郭志平老师、北京市八中李存老师和地市音乐教研员等出席了本次论坛。

本次论坛就“音乐教育人才培养模式”问题进行了深度的交流，美国南佛罗里达大学音乐教育教授、音乐教育研究中心主任C. Victor Fung教授就美国研究生培养、美国音乐教育研究等问题作了专题发言；音乐学院音乐教育系主任郑莉教授以“跟进时代步伐—培养践行人才”为题，集中介绍了我校音乐教育人才创新模式，引起与会者的极大关注，获得了广泛好评。

出席本次学术论坛的专家，就中美音乐教育比较、国内音乐课程标准修订与中小学音乐教师专业能力发展、音乐教师实践能力培养等问题作了专题发言，并实地参观了我校音乐教育实践基地“人人艺术”实践活动与金帆合唱团、乐团的汇报展演，拓展了参会者的学术视野，为音乐教育人才培养模式的研究提供了理论与实践依据。

（首都师范大学社会科学处黄胤英供稿）

大学校园安全管理国际论坛 5月26—30日，北京高教学会保卫学研究会与北京大学联合协办“大学校园安全管理国际论坛”。论坛是由中国高教学会保卫学专业委员会与国际校园执法者协会主办的，主题为“大学校园安全管理问题与对策”。来自中国、加拿大、美国、百慕大、新加坡等国家和地区，以及在北京的国际学校的同行朋友计150余人与会，开展交流和研讨。教育部党组成员、中国高教学会保卫学专业委员会理事长顾海良出席论坛开幕式并作重要讲话。北京高教学会保卫学研究会理事长魏志敏在开幕式上致辞。本次论坛选录论文共40篇（其中来自加拿大等国外高校安全管理部门的有6篇，北京高校保卫部门的12篇，其他部门22篇）。北京大学保卫部部长安国江、清华大学保卫部马丽云等在论坛上作交流发言。

（北京市高等教育学会供稿）

第十五届海峡两岸暨港澳地区教育学术研讨会 10月6—9日，“第十五届海峡两岸暨港澳地区教育学术研讨会”在北京市通州区召开。本届研讨会的主题为：面向全体学生、促进学生全面发展。会议围绕建设适应不同学生发展方向的学校课程体系，适应学生身心特征和课程要求的有效教学模式，在学科教学中进一步培养学生的学习兴趣，创新思维和实践能力，切实培养学生良好的体育锻炼习惯和健康生活方式，在各学科教学中进一步加强美育，关注学习有困难的学生，帮助他们完成学业，中小学各学段学业水平考试制度和质量监控制度的建立与实施，中小学生综合素质的评价，普通教育与职业教育的融通、渗透等问题展开了学术交流。研讨会还特别邀请了教育部基础教育二司巡视员、国家基础教育课程教材发展中心主任朱慕菊出席会议，并作了有关义务教育课程标准修订和审议工作情况的报告；邀请北京市教育委员会基础教育二处处长李奕作了关于北京市基础教育低代价发展和教育生态模式构建设想的报告。

下届研讨会主办方澳门中华教育会副会长刘羡冰和副理事长王国英热情欢迎各地同仁届时参会。

（北京市教育学会张桂英、李文莺供稿）

首届全国民族院校外国语学院院长论坛　6月11日，“首届全国民族院校外国语学院院长论坛”在中央民族大学举行。来自中南民族大学、西南民族大学、西北民族大学、北方民族大学、大连民族学院、广西民族大学、云南民族大学、青海民族大学、内蒙古民族大学、西藏民族学院、湖北民族学院、呼和浩特民族学院、四川民族学院外国语学院（系）的院长（主任）及中央民族大学外国语学院部分负责人约40人参加了此次论坛。

本次论坛的宗旨是加强外语学科之间的合作与交流，为思想交流和学术交流提供平台，各民族院校外国语学院代表分别就自己学院情况进行了介绍，在回顾本院的发展历程后，指出了本院的特色优势，以及所存在的问题。他们高度重视学院发展中教学、科研和学科建设等方面的工作，对各院系普遍存在的问题给出了建设性意见，并深刻地思考了学科民族化的问题。

最后，经充分讨论，与会人员一致同意，定期举办“全国民族院校外国语学院院长论坛”，并决定成立全国民族院校外国语学院协作组。会议还决定，下一届“全国民族院校外国语学院院长论坛”将于2012年由西南民族大学外国语学院主办。

（中央民族大学科研处供稿）

2011首都教育论坛·学校发展国际学术研讨会　6月17—18日，由北京市社科联和首都师范大学共同主办的“2011首都教育论坛·学校发展国际学术研讨会”在首都师范大学隆重召开。研讨会主题为“学校发展：价值、挑战与对策”。首都师范大学校长助理兼教育学院院长孟繁华主持会议。教育部基础教育一司司长高洪、市教委副主任付志峰、市社科联党组书记史秋秋、首都师范大学张雪书记分别致辞。来自美国、英国、日本等国，以及中国内地、香港、台湾地区多所著名大学的专家学者和中小学知名校长100多人出席会议。高洪在致辞中指出，教育的改革发展，当代人才的培养，都离不开学校的改革发展，离不开学校教育教学质量的提高。他希望与会者以推动学校科学发展为目标，帮助学校树立好理念，探索好方法，营造好氛围。付志峰在致辞中指出，北京教育改革深化的关键是认真抓好各级各类学校的改革和发展工作，促进学校特色发展。史秋秋在致辞中指出，在孕育着新的科技革命的后金融危机时代，发展教育、开发人力资源已成为各国争夺发展制高点的关键所在。作为教育事业的重要组成部分，学校是教育改革的主要阵地，顺应国际国内新形势、新任务，与时俱进地推进学校的改革与发展，将对整个教育事业的改革创新起着举轻若重的支撑作用。

论坛上，美国纽约州立大学奥尔巴尼分校Alan Wagner教授，英国伦敦大学教育学院院长Geoff Whitty教授，英国利兹大学Michael Wilson教授，日本国立大学财政和管理研究中心主任Motohisa Kaneko教授，中国台湾铭传大学教育研究所所长张国保教授，中国香港教育学院副校长郑燕祥教授，北京大学丁小浩教授、阎凤桥教授，北京师范大学顾明远教授、靳希斌教授、高洪源教授、褚宏启教授、杜育红教授，华中师范大学范先佐教授，首都师范大学劳凯声教授、孟繁华教授，北京第八十中学田树林校长分别发表主题演讲。

除主论坛研讨外，在“学校领导与变革”“学校效能与改进”“学校发展政策与法律问题”“中小学校长论坛”4个专题会场上，40多位高校学者和10多所中小学校的校长就不同专题进行了深入研讨和互动交流。

（北京市社科联学术活动部供稿）

2011北京教育督导评价国际论坛　6月18—19日，由北京工业大学高等教育研究所承办的“2011北京教育督导评价国际研讨会”在北京会议中心举行。此次研讨会的主题是“现代学校管理与评价”。来自不同国家和地区的教育督导官员、督学、行政官员、高校学者、中小学校长等200人参加了此次研讨会，并分别在主题研讨和专题研讨中介绍各自国家、地区或学校在现代学校管理与评价、现代学校制度建设领域的理论研究成果和实践经验。教育部副部长刘利民、北京市人大常委会副主任吴世雄、北京市委副秘书长肖培，国家教育咨询委员会委员陶西平，以及教育部相关司局、北京市相关委办局的有关领导均出席研讨会开幕式。此次研讨会交流宣传了北京教育督导对现代学校的管理、评价与制度建设多年的研究和探索，吸收借鉴了国际上先进的学校管理、评价和制度建设的理论研究成果和实践经验。

（北京工业大学科研处张爱民供稿）

中国教育学科发展研讨会暨全国高校教育学院院长论坛　7月2日，“中国教育学科发展研讨会暨全国高校教育学院院长论坛”在北京师范大学举行。教育部师范司司长许涛、北京师范大学校长钟秉林、北京理工大学党委书记郭大成、清华大学副校长谢维和、北京师范大学常务副校长董奇、西北师范大学校长王嘉毅、东北师范大学副校长柳海民、西南大学副校长靳玉乐、全国教育科学规划办常务副主任曾天山以及国内近百家高校教育学院院长出席了本次会议。会议围绕“教育学科的发展现状与未来”“教育科研的质量约束与突破”“教育科研人才的引进与培养”“教育科研机构的合作与发展”等方面的主题对我国教育学科发展问题进行了深入的探讨。首届全国教育学院院长论坛在我国教育学科建设与发展史上具有里程碑的意义，会议讨论拟定成立全国高等学校教育学院联盟，审议并原则通过了《全国高等学校教育学院联盟章程》。全国高等学校教育学院联盟将会定期组织召开院长会议，讨论与研究中国教育学科发展问题，推进全国各教育学院之间的深入交流与合作，保障与提高我国教育学科的整体发展水平。

（北京师范大学社科处刘娜供稿）

中日学生国际研讨会　8月20日，由中国劳动关系学院和日本爱知大学共同主办的“中日学生国际研讨会”在中国劳动关系学院成功举办。中国劳动关系学院和日本爱知大学现代中国学部的近百名学生参加了研讨会。

李德齐院长致开幕词。日本爱知大学现代中国学部部长砂山幸雄及日本爱知大学校友围绕加强中日大学生文化交流与合作、促进中日友谊等发表讲话。日本爱知大学的学生阐述了他们在北京的农村、都市和企业的调研报告。每组报告结束后，由中国劳动关系学院学生进行分析和评议。中日学生还就双方感兴趣的话题进行了友好而热烈的讨论。最后，中国劳动关系学院劳动关系主任乔健对本次研讨会进行点评。当晚，中日学生国际研讨会联谊会在中工大厦举行，大学生们欢聚一堂，表演了精彩的文艺节目。全总国际部副部长彭勇、北京市总工会国际部领导及中国劳动关系学院副院长李华东一同出席了联谊会。

中日大学生国际研讨会之前，日本爱知大学的学生和中国劳动关系学院的部分学生分为三个小组，在全总国际部、北京市总工会国际部的具体安排和指导下，分赴北京的企业、社区、学校、农村、居民家庭进行了暑期考察和社会实践活动。

（中国劳动关系学院科研处陈邓海供稿）

教育基本理论专业委员会第十三届学术年会　9月25—26日，由全国教育基本理论专业委员会主办、北京师范大学教育学部与教育基本理论研究院承办的“教育基本理论专业委员会第十三届学术年会”在北京师范大学召开。教育基本理论专业委员会副主任委员、华东师范大学兼职教授、中国浦东干部学院科研部部长郑金洲教授，北京师范大学常务副校长董奇，中国教育学会会长、北京师范大学资深教授顾明远先生，教育基本理论专业委员会主任委员扈中平教授，教育基本理论专业委员会副主任委员、华中师范大学教育科学学院院长涂艳国教授，北京师范大学教育学部部长石中英教授，首都师范大学劳凯声教授，台南大学姜添辉教授，东北师范大学于伟教授，福建师范大学毕世响教授，北京师范大学郑新蓉教授，湖南师范大学刘铁芳教授，北京师范大学康永久教授，南京师范大学冯建军教授，陕西师范大学胡金木博士，华南师范大学肖绍明博士等与会。

此次年会主题为“教育与生活”。其中首都师范大学劳凯声教授、台南大学姜添辉教授、东北师范大学于伟教授、福建师范大学毕世响教授、北京师范大学郑新蓉教授、湖南师范大学刘铁芳教授、陕西师范大学胡金木博士、南京师范大学冯建军教授、华南师范大学肖绍明博士、北京师范大学康永久教授分别作了大会主旨发言。此外还有8个分论坛：“教育中的生活世界研究”“教师生活与教师教育”“道德教育与道德发展”“多元文化视野中的教育问题”“生命教育与公民教育”“日常教育实践之再审视”“教育学中的话语实践”和“农村教育与穷人教育”。

（北京师范大学社科处刘娜供稿）

国际体育学术论坛　9月29日，作为首都体育学院55周年校庆系列活动之一，首都体育学院“国际体育学术论坛”在学院报告厅隆重举行。此次论坛邀请了来自美国、英国、新西兰等国家的体育研究领域的几位知名专家学者以“体育运动：教育、健康与超越”为主题进行了有关体育教育、运动训练、运动医学方向的报告。学院党委书记李鸿江教授致欢迎词，开幕式由院长钟秉枢主持，副院长王凯珍出席了论坛活动。

受聘于中国国家体操队、乒乓球队的体能教练丹尼斯·洛根作了以“体能训练方法论”为主题的演讲。他用哲学的方法论向大家阐释了一种在体育与生活中新颖的训练方式，强调了心态与身体机能的重要性。来自英国谢菲尔德哈勒姆大学运动与健康院的布鲁姆教授，围绕“运动锻炼对肠酞荷尔蒙、饥饿以及能量吸收的影响”问题，以一种新的视角，用一种别具一格的研究方法向大家阐释了，有氧运动和抗阻力训练在控制人体重的同时，也引起了人体短时间的饥饿感的研究结果，这就解释了人们在平日进行运动锻炼的同时，体重却在增加这种看似矛盾的问题。而来自新西兰的国际体育社会学主席斯蒂文J. 杰克逊博士所作的《国际体育社会学研究：过去，现在和未来》报告，是着眼于当前国际体育社会学发展中所面临的挑战问题进行讨论。

国际教练教育委员会副主席、中国大学生体育协会副主席、首都体育学院院长钟秉枢教授作为最后一位报告人，他报告的题目是《中国大学体育：战略视角》。钟院长对中国大学体育的战略视角进行了阐述，就国际视野、后奥运会时期、中国社会的变化以及中国大学体育自身的新变化等几个方面详细地介绍了我国大学体育所面临的机遇与诸多问题，并且诚恳地号召在场的同学们能珍惜在校参加体育锻炼的机会，使体育锻炼和体育教育成为自己的一种生活方式。

（首都体育大学科研处刘沛供稿）

“关注每位学生快乐健康成长”主题论坛　10月12日，在北京教育学院召开北京市教育学会小学教育研究分会成立大会暨“‘关注每位学生快乐健康成长’主题论坛”。大会审议并通过了《北京市教育学会小学教育研究分会章程》和理事会人员名单，北京第二实验小学校长李烈当选为小学教育研究分会理事长。于长学副司长和罗洁副主任为小学教育研究分会揭牌。

国家总督学顾问、中国教育学会副会长陶西平，教育部基教一司副司长于长学，市教委、市政府教育督导室、北京市教育学会及北京教育学院等有关领导出席成立大会。小学教育研究分会特聘专家顾问、区县教委主管主任及小学教育研究分会会员300余人参加了成立大会和论坛活动。

在“关注每位学生快乐健康成长”主题论坛上，史家胡同小学、北京小学、白家庄小学、北大附小等学校校长分别作了主题发言。陶西平主任为论坛作了精彩点评，他认为当前确实需要解放小学教育，需要解放小学生。要关注每一位学生快乐健康成长，要“减轻学生课业负担，提高教育质量”，关键是要抓好三个环节：一是要学校引领，形成合力；二是要突出主题，标本兼治；三是要淡化竞争，立足长远。

北京教育科学院、北京师范大学、首都师范大学、北京教育学院等专家分别做了点评，并就“如何关注每位学生快乐健康成长”同与会代表进行了讨论、交流。

（北京市教育学会李文骞供稿）

第六届中国保险教育论坛　10月22日，以“新时期保险教育：专业化与国际化发展”为主题的“第六届中国保险教育论坛”开幕式在对外经济贸易大学隆重举行。本届论坛适逢对外经贸大学建校60周年，来自中国大陆和台湾地区的90多所高校、监管机构、保险业界和研究机构的代表近400人，汇集于此，进行精彩的思维碰撞和科学研讨。

对外经济贸易大学校长施建军教授致开幕词。施建军校长回顾了对外经济贸易大学保险专业的悠久历史及为推动保险教育作出的不懈努力。他期待中国保险教育论坛不仅能促进贸大的保险和经济学科发展，更能成为提高全国保险教育水平的智力支撑。

在论坛上，中国保监会副主席陈文辉发表了重要讲话。他结合保险业发展需求，对中国保险教育提出了“更综合、更专业、更实际”的宝贵建议，并强调了推进其“国际化”的必要性。

教育部政策法规司司长孙霄兵立足教育事业，就“中国保险教育事业的发展、教育事业对保险业的需求、保险工作对教育事业的推动”三个话题发表了演讲。全国哲学社会科学办公室副主任姜培茂从宏观和微观两个角度，阐述了保险产业在我国经济领域中的独特作用。中国台湾人寿保险股份公司董事长朱炳昱将本次论坛比喻为“两岸交流的平台，增进感情的桥梁”，可以促使两岸保险产业取长补短，共同发展。

中国保险教育论坛是国内规模最大、参与面最广的保险学术活动之一，被誉为保险学界和业界的年度盛事，2003年由中国保险监督管理委员会人事教育部、西南财经大学、南开大学和武汉大学共同发起。中国保险教育论坛旨在加强保险学术交流，提高保险教学和科研水平，推动保险教育创新，为中国保险业的持续健康发展培养人才并提供理论支持。本届论坛由台湾人寿保险公司赞助，中国保险教育论坛理事会主办，对外经济贸易大学保险学院承办。

（对外经济贸易大学科研处供稿）

第四届世界比较教育论坛　10月22—24日，由北京师范大学主办，北京师范大学国际与比较教育研究院、北京师范大学比较教育研究中心承办的“第四届世界比较教育论坛”在北京师范大学英东学术会堂隆重召开。来自美国、英国、德国、法国、加拿大、日本、俄罗斯、瑞典、澳大利亚、南非、芬兰和中国内地、香港、台湾等20个国家和地区的著名专家、学者、教师、学生等350余人参加了这次盛会。出席论坛的境外特邀嘉宾有世界比较教育学会联合会会长、新加坡南洋理工大学李荣安教授，世界比较教育学会联合会前会长、中国香港大学马克·贝磊教授，比较与国际教育学会会长、加拿大麦吉尔大学拉特纳·戈什教授，比较与国际教育学会副会长、美国宾夕法尼亚州立大学大卫·柏克教授，欧洲比较教育学会前会长、德国柏林洪堡大学于根·施瑞尔教授等。

本届论坛的主题是“全球教育改革：公平·质量·发展”。分论坛主题还包括教育均衡发展的政策与实践、创造性人才培养、教育公平、教育质量保障、教育发展与改革、比较教育学科建设、美国教育改革、留学生与教育国际化、高等教育、大学文化建设与研究、教育领导与政策、教师教育改革与发展、职业教育与创新学校等。

（北京师范大学社科处刘娜供稿）

大学教育投资与发展战略国际学术会议 10月底，在北京科技大学召开“大学教育投资与发展战略国际学术会议”，来自美国、英国、韩国、中国等多所中外著名大学的专家、学者近百人，围绕后金融危机时代大学投资面临的挑战、当前大学投资现状与对策分析、大学投资的国际经验及其政策措施、今后大学教育投资发展战略等议题展开讨论。

本次会议由北京科技大学教育经济与管理研究所、北京科技大学教育经济信息网管理中心举办，美国北卡罗来纳州立大学、北京大学教育学院协办。

北京科技大学教育经济与管理研究所所长曲绍卫教授说，本次会议的国际背景是在金融危机后，大学教育投资的国际环境发生巨大变化，以英美等为代表的许多国家都采取增加大学学费、缩减政府投入比例的手段来应对教育投入不足的问题；而我国政府在世界金融危机后，颁布并实施了《国家中长期教育改革与发展规划纲要》，确立了2012年国家财政性教育经费支出占国内生产总值达到4%目标，明确提出持续不断加大教育投入的战略发展目标，我国的大学教育投入环境处于发展新机遇与挑战。

会上，专家学者通过回顾我国高等教育扩招后近10年大学教育投资的总体状况、分析我国高校投入与产出之间的关系与效率、比对国际新近的教育投资趋势流变，预测我国大学教育投资领域的未来发展战略，指出未来高等教育投资的取向应由对物投入转为对人的投入，应由重规模投入转为重效益投入，由对重点高校的投入转为均等化投入。

专家学者们表示，作为教育经济学学界的研究者，一方面要勇于探析我国大学教育投资的未来发展取向，抓住大学教育投资发展的重要机遇；另一方面，也要积极面对我国大学教育投资领域内存在的问题，借鉴国外经验，应对大学教育投资发展中的挑战。

（北京科技大学科学研究与发展部李静供稿）

中华民族优秀传统文化传承与首都高等教育研讨会

11月17日，北京市高等教育学会与中共北京市石景山区委、区政府，北京城市学院在京联合举办“中华民族优秀传统文化传承与首都高等教育研讨会”。与会各界领导、专家围绕：首都作为全国文化中心的示范作用应体现在哪些方面；如何体现传统文化传承在建设文化中心中的地位和作用；北京传统文化传承的思路、内容和做法；北京传统文化传承的主体、载体和政策如何做到可持续发展，还有哪些问题要解决；高等教育在建设首都文化和传承传统文化中应发挥什么作用，如何发挥作用；坚持先进文化方向与传统文化传承的关系；北京精神与传统文化传承的关系；传统文化传承与文化“走出去”的关系等问题进行了研讨。

（北京市高等教育学会秘书长牛惠兰供稿）

2011儿童早期发展国际研讨会 11月17日，“2011儿童早期发展国际研讨会”在北京举行。全国人大常委会副委员长、全国妇联主席陈至立出席会议并作主旨演讲。

陈至立指出，儿童是国家的未来、民族的希望。儿童的发展，特别是早期阶段的营养和教育情况，不仅对他们一生的成长和发展有至关重要的影响，也密切关系着国家经济和社会发展的未来。中国是世界上人口最多的发展中国家，0—6岁婴幼儿有9600万人，这是制定中国经济和社会发展战略所依据的一个基本国情。更加重视儿童早期发展，是中国实现从人口大国向人力资源大国转变的重要一环，也是贯彻落实科学发展观，实现发展方式转变和国家现代化，增进全体人民福祉所必须的战略选择。

在演讲中，陈至立还介绍了新中国成立以来，特别是改革开放以来，中国在促进儿童发展方面取得的进展情况和由全国妇联、卫生部以及中国儿童少年基金会联合推出的“消除婴幼儿贫血行动”的推进情况。

2011儿童早期发展国际研讨会由中国发展研究基金会主办，其主题为“优先儿童发展，保证社会公平”。会议同时发布了《贫困地区儿童早期发展项目中期评估报告》。报告对该机构在青海省乐都县开展的营养干预和学前教育试点的效果进行了考察，并对西部贫困农村地区儿童和城镇儿童在儿童早期发展方面的差异进行了比较。

来自全国妇联、教育部、卫生部、国务院发展研究中心、国务院扶贫办等部委领导，多国政府、国际组织和非政府组织代表，以及国内外儿童营养、学前教育专家和学者等200余人参加了研讨会。

（参见《人民日报》2011年11月18日第4版）

首届高等院校创业教育·大学生论坛 11月19—20日，由中央财经大学商学院主办的“首届高等院校创业教育·大学生论坛”在北京召开，来自黑龙江大学、温州大学、上海理工大学和中山大学的师生参加了本次论坛。由中央财经大学副校长史建平教授为大会致欢迎词，教育部高校创业教育指导委员会副主任委员、中国青年政治学院副院长李家华教授作了关于创业教育的主题发言。与会的五所学校代表分别就各自学校开展创业教育的特色和成果作了主题发言，并对教学成果进行视频展示，使得大家对彼此的创业教育工作现状有了更清晰的了解。最后，大会邀请教育部高校创业教育指导委员会委员、清华大学中国创业研究中心副主任雷家骕教授和清华紫光教育机构总经理李凌己博士分别作了《从对学生创业态度及倾向的调查看学生创业》和《创业教育的“最后一公里”问题》的主题演讲。此次高校创业教育·大学生创业论坛，推动和促进了国内高校在创业教育方面的发展和交流。

（中央财经大学科研处供稿）

第二届联合国负责任管理教育原则亚洲研讨会 11月26日，清华大学经济管理学院承办的“第二届联合国负责任管理教育原则亚洲研讨会‘责任教育——何谓？何为？’”在清华大学经济管理学院召开。联合国全球契约办公室中国首席代表刘萌和清华大学经济管理学院党委书记、学院领导力中心主任杨斌分别致开幕词。清华大学经济管理学院教授钱小军主持研讨会。此次会议由联合国负责任管理教育原则（Principles for Responsible Management Education-PRME）秘书处主办，主题为“责任管理教育：商业发展之引擎”，包括圆桌论坛、负责任教育成果展示环节、开放讨论等环节。研讨会就如何应对商业伦理问题、持续发展和环境保护的挑战、如何改善员工工作环境等话题展开探讨，并促进业界和学界对于亚洲商学院教育发展的思考和讨论。会上，韩国庆熙大学管理学院教授朴容昇发表题为《我们如何践行自己教授的理念：在认真负责的生意年代追求负责的教育》（How Can We Practice What We Preach?: Toward Conscious Teaching in the Age of Conscious Business）的开幕式演讲。英国石油公司（BP）中国企业社会责任资深经理张磊发表了BP中国企业社会责任报告，介绍BP中国企业近年来在履行企业社会责任上作出的努力、获得的成果及遇到的问题。零点研究咨询集团、商道纵横、五矿集团以及索奥中国的有关负责人介绍了各自关于推行企业社会责任的经验及问题，讨论当今中国企业社会责任的现状，并对商学院的责任教育提出期望。与会代表围绕“商学院该不该进行责任教育”“商学院能不能进行责任教育”“商学院怎么教责任教育”“亚洲特别是中国商学院怎么进行责任教育”这四个问题展开深入讨论。期间，清华大学经济管理学院本科生、MBA学生分别展示了在学习实践中的收获。会后，亚洲商学院的教师代表还围绕教学课程设置、教学法创新等话题展开交流。在1999年达沃斯世界经济论坛年会上，联合国前秘书长科菲·安南向全世界企业领导呼吁，遵守有共同价值的标准，实施一整套必要的社会规则，即“全球契约”计划。该计划于2000年7月在联合国总部正式启动。2007年日内瓦全球契约领导人峰会上，“负责任管理教育原则”被首次提出，提供了通过将普世价值观融入课程和研究来推进企业社会责任的框架准则，旨在全球范围内积极提倡并推广负责任的管理教育，进行领导力研究，引领思潮。负责任管理教育原则的全球推行工作由联合国全球契约办公室直接主持，目前全球已有超过377所学校和商学院签署该原则。

（清华大学文科建设处刘金梅供稿）

第四届全国中小学校长发展论坛 12月1日，“第四届全国中小学校长发展论坛”在北京举办。教育部党组成员、国家教育行政学院院长顾海良作了主题报告。他提出10个问题，引导大中小学校长们共同思考——完善中国特色社会主义现代教育体系；为每个学生提供适合的教育；构建大中小学有效衔接的德育体系；树立系统培养观念，推进小学、中学、大学有机衔接；深入研究、确定不同教育阶段学生必须掌握的核心内容，形成教学内容更新竞争机制。

第四届全国中小学校长发展论坛由国家教育行政学院主办、北京世纪明德教育科技有限公司协办。本届论坛的主题是“校长办学治校能力建设”。

（参见《光明日报》2011年12月2日第16版）

提高科研能力，推进协同创新专题研讨会 12月3日，北京联合大学举行科技工作会议。教育部科技司副司长娄晶、北京市教育委员会副主任付志峰出席大会。北京联合大学校领导及北京联合大学教职工千余人参加了大会。

本次会议围绕“提高科研能力、推进协同创新，努力实现‘十二五’时期学科与科研规划目标”这一主题，举行专题研讨会。

校党委书记徐永利在会上作了主题为《以学科建设为龙头，推动学校全面发展》的讲话。他强调新一轮的发展要以学科建设为龙头，并从依靠人才、依靠团队；依靠制度、依靠投入；依靠特色、依靠优势三个方面阐述如何充分发挥学科建设的龙头作用。他还对学校“十二五”时期学科及科研工作提出了五点希望：第一，加强服务，分类指导。全校机关要积极思考如何为学科及科研工作提供更好的服务，提高服务的能力和水平。在科研工作中，对教职员工实行分类指导，分级、分层、分类管理。第二，推进合作，协同创新。多方深度合作，开展协同创新。第三，巩固成果，提升水平。要在现有成果的基础上，以需求为导向，通过深度融合、创新引领等多种方式和渠道，提升北京联合大学科学研究能力，产出一批有特色、高水平的科研成果。第四，文化氛围，宽容宽松。要营造、提供一个宽松的学术环境，宽容的创新空间。第五，牢记进取，恪守诚信。学校要继续推动科研诚信建设，完善科研诚信相关的科研管理制度，遏制科研不端行为，形成有利于科研工作健康发展的良好环境。

副校长鲍泓作了题为《实施科研创新能力提升计划 确保实现“十二五”学科与科研规划目标》的报告。

本次大会为期两周，期间，学院、科研单位和有关部门，举办了学术报告会，召开教授、专家学者和学科带头人的各种座谈会。

（北京联合大学科研处供稿）

北京林业大学第二届青年学术年会 12月9—11日，北京林业大学在北京召开“第二届青年学术年会”。会议由林业大学科技处主办。北京林业大学领导、有关职能部门和各教学单位负责人以及230余名青年教师和研究生参加了会议。年会由副校长张启翔主持。此次会议旨在进一步贯彻北京林业大学第十次党代会精神，搭建良好的学术交流平台，加强青年科技工作者的交流，激发创新活力，集中展示广大青年科技人员的最新研究成果，为发展现代林业、建设生态文明、推动学校科技发展作出更大贡献。年会上开展了专题学术报告、分组学术交流、学术论文奖获奖论文交流、第二届青年优秀学术论文评选表彰等活动。

开幕式上，校党委书记吴斌教授以《青年创造知识》为题作重要讲话。教育部科技司计划处处长李渝红介绍了中央高校基本科研业务费专项资金管理的有关内容，国家林业局科技司计划处处长杨锋伟作了《当前林业科技的形势与任务》的专题报告，介绍了当前我国林业科技的有关情况。

第二届青年学术年会分成自然科学组、人文社科组、英文组三种类型共6个小组进行交流讨论，有189篇材料参加交流。年会上有30篇优秀学术论文受表彰。

（北京林业大学科技处张力供稿）

多维视野下的文艺学学科发展暨文学理论教材建设研讨会 12月10日，中央民族大学文学与新闻传播学院与北京市社会科学院文化研究所、广西民族大学文学院在广西南宁共同组织召开了“多维视野下的文艺学学科发展暨文学理论教材建设研讨会”。来自全国民族院校、民族地区高校及相关科研院所的近40位专家学者参加了这次会议。

专家学者围绕“文艺学学科发展”和“文学理论教材建设”两个主题展开了充分讨论，就文艺学教学改革、文艺学教材编写的继承与创新、少数民族文艺理论资源、网络文学与文艺学边界、全球化语境下文学创作与批评、数字文学生产与文艺学边界拓展、让美学教学回归感性本位、文学理论教材写作的伪知识状况等问题发表了自己的看法。

本次会议是继2009年、2010年“全国民族院校与民族地区高校中文学科及相关专业教材建设研讨会”的继续深入，进一步推进了民族院校与民族地区高校文艺学学科发展与教材建设工作。本次会议的主要成果体现在：（1）初步确定了全国各民族院校及民族地区有关院校文艺学学科系列教材的编纂计划及相关主编单位；（2）以文艺学教材建设问题为中心，为当代中国文艺学学科的多维发展提出了不少有价值的意见，为文艺学教材建设的多元化提供了可资借鉴的思路和有益的参考，达到了此次研讨会的预期目标。

（中央民族大学科研处供稿）

教育论坛·让教育快乐起舞 12月11日，由国务院参事室、光明日报社、中国教育学会、中国教育电视台共同主办的“教育论坛·论教育快乐起舞”，聚集教育界内外350余名有识之士，在“为了孩子健康快乐成长”的共同愿望下，碰撞思想火花，分享创新智慧，为我国基础教育改革与发展献计献策。

国务院参事室党组书记、主任陈进玉，光明日报社副总编辑李春林在开幕式上致辞。教育部部长袁贵仁致信祝贺。

陈进玉首先阐述发起本次论坛的初衷。他说，让孩子健康快乐成长，是每个家庭的强烈愿望。而现实生活中存在的学生“负担重”“择校热”等问题，往往使“家长焦虑、学生郁闷、教师困惑、社会迷茫”，如何有效破解这些难题，各方都热烈期待。他指出，在教育实践中，已经有一些来自基层的成功经验，这些经验十分宝贵，值得认真总结和推广。他同时表示，当前中小学教育仍面临着一些亟待解决的深层次矛盾和问题，我们只有立足国情，遵循教育规律，不断深化改革，才能培养造就出一代又一代同社会主义现代化相适应的合格公民和高素质人才。

袁贵仁在致信中指出，教育规划纲要提出，要树立全面发展、人人成才、多样化人才、终身学习、系统培养的观念；要创新人才培养模式，注重学思结合、知行统一、因材施教；要改革人才培养制度、考试招生制度、办学体制、管理体制，建设现代学校制度。实现这些目标，现在的任务是如何使人才观变成校长的办学理念、教师的教育理念、家长的育儿理念；使创新人才培养成为学校的教育方式、课堂的教学方式、家庭的教子方式；积极稳妥地把改革推向前进。他说，我们所追求的教育境界是：教是为了不教，让学生童年快乐、终身学习、一生幸福。

李春林在致辞中表示，当今世界正处在大发展大变革大调整时期，时代和社会向基础教育的改革发展提出了新的要求，如何在快速发展、充满竞争的社会中为孩子营造一个健康快乐的成长环境和教育氛围，成为摆在每一个教育工作者和家长面前的考题。在这样的背景和语境下，我们今天来研讨如何让孩子健康快乐成长，具有特殊的责任感和紧迫感。

国家教育咨询委员会委员、教育部原副部长王湛，国家教育咨询委员会委员、原中国驻法大使吴建民，中国教育学会会长顾明远，教育部基础教育二司巡视员朱慕菊，人大附中校长刘彭芝，北京第二实验小学校长李烈，浙江省教育厅厅长刘希平，北京大学生命科学学院院长饶毅，北京乐成国际学校校长尼克·博利等先后作专家报告。在随后进行的分论坛讨论中，60 余位来自全国各地的著名中小学校长，享誉国内的教育理论家，海内外知名科学家、文学艺术家、企业家、社会活动家及普通家长代表与与会嘉宾围绕更新教育观念、深化教学改革、创新教育体制机制、完善社会经济政策四项议题展开了深入热烈的讨论。

（参见《光明日报》2011 年 12 月 12 日第 1 版）

中韩舞蹈本科教育论坛　12 月 12 日，首都师范大学举办了“中韩舞蹈本科教育论坛”。首都师范大学音乐学院院长杨青出席论坛并致开幕词。首都师范大学舞蹈系系主任田培培等 6 位老师在会上宣读了学术论文。会议期间，首都师范大学教师与来自韩国中部大学、祥明大学的舞蹈学教授及大韩舞蹈教育家协会代表，对中韩舞蹈的教育问题展开了深入探讨，双方交换了多年来各自在舞蹈学本科教育方面的经验与成果，并对今后两国舞蹈学的发展提出了宝贵建议与意见，建立了良好的交流平台。

12 月 13 日晚，在音乐学院排演厅上演了一场以“中韩舞蹈本科教育论坛”为主题的舞蹈晚会，韩国师生为我们带来了传统与现代相碰撞的多元化舞蹈，音乐学院舞蹈系也献上了由研究生和本科生原创的舞蹈剧目及经典剧目，共同联袂奉献出一台具有学术性和艺术性、国际化特征鲜明的舞蹈晚会。

此次“中韩舞蹈本科教育论坛”是首都师范大学首次举办国际性舞蹈本科教育论坛，不仅促进了首都师范大学与韩国高等院校的交流与合作，更拓宽了学生的国际视野，将成为首都师范大学音乐学院舞蹈系进一步开展国际化合作与交流的良好契机与开端。

（首都师范大学社会科学处黄胤英供稿）

第六届区域基础教育发展论坛　12 月 15 日下午，首都师范大学举办了“第六届区域基础教育发展论坛”。本次论坛特邀北京市密云县教工委书记张文亮担任主讲嘉宾，著名教育专家、北京师范大学教育学部郑新蓉教授担任点评专家。来自北京顺义、平谷、延庆、河北枣强等区县教委相关领导，以及首都师范大学基教院、教育学院等部分教师及研究生共计 60 余人到会。论坛由首都师范大学基教院常务副院长张景斌教授主持。

张文亮书记首先作了题为《推动区域基础教育均衡发展，促进农村教育改革进一步深化》的报告。他从落实科学发展观的高度认识基础教育均衡发展的重要性入手，全面回顾了密云县推进区域基础教育均衡发展的实践探索，总结了密云县的经验，最后结合实际，对密云县推进区域基础教育均衡发展的历程进行思考。点评专家郑新蓉教授充分肯定密云县推进区域基础教育均衡发展的努力和成就，并指出：在建设中国特色社会主义农村教育过程中，我们对于家庭、学校、社区这三大教育的源头不能厚此薄彼，同时，在借鉴国外教育的基础上反思中国的教育。随后，大家就共同关心的区域基础教育均衡发展的现实推进、基本策略等具体问题展开深入的思考与交流。

（首都师范大学社会科学处黄胤英供稿）

第四届关注差异、关爱学生，促进学生与教师共同发展研讨会　12 月 22—23 日，北京市教育学会与北京师范大学首都基础教育研究院、北京市教育学会学习障碍研究分会在丰台区联合召开了“第四届关注差异、关爱学生，促进师生共同发展研讨会”。市教委、北京师范大学、首都师范大学、北京教育科学研究院、各区县教委及科研部门负责人、实验校校长、教师代表等 300 余人参加会议。

研讨会对中小学生学习困难研究取得的丰硕成果——七个专题论坛（“基于学生发展的中小学校本研究”“随迁子女教育研究”“中学学习困难生教育研究”“小学学习困难生教育研究”“初中数学分层测试卡应用研究”“小学数学分层测试卡应用课例研究——烙饼中的数学问题”“小学数学分层测试卡应用课例研究——因数和倍数”）——进行交流与讨论，使与会者对学习困难研究的理论和实践有了进一步的认识。会上对参与学习困难研究的优秀教师进行了表彰。

针对中小学生尤其是农村中小学生普遍存在的“学不会”和“不想学”问题，北京市教育学会、北京市教育学会学习障碍研究分会结合各区县的现状、需求和特点开展了相应的调研、培训和实验干预活动，大大提升了中小学教师有效促进学习困难学生主动全面发展的意识和能力。

（北京市教育学会梁威、李文駌供稿）

语言学　文学

清华大学人文社会科学学院欧美文学研究中心成立大会暨学术研讨会　3月27日，“清华大学人文社会科学学院欧美文学研究中心（CSEAL）成立大会暨学术研讨会”在清华大学举行。清华大学国际处处长罗立胜、文科处副处长仲伟民出席大会并致贺词。清华大学人文社会科学学院副院长罗钢宣布欧美文学研究中心成立决定。外文系主任刘世生主持大会。欧美文学研究中心将联合校内相关院（系）的研究力量，以会通、创新为宗旨，以加强和提高欧美文学学科及其他相关学科的建设与发展为目标，继承和发扬“中西融合、古今贯通”的学术传统，开展形式多样的跨学科、跨院校、跨文化和跨国界的学术交流与合作，旨在提升中国和清华大学的学术影响、持续振兴清华的人文学科和外国语言文学学科。近期的重要工作之一是与北京外国语大学共同筹备举办国际大学英文教授协会（IAUPE）2013年年会。这也是该国际协会首次在亚洲和中国举办年会。会上，研究中心主任曹莉以《秉承传统、继往开来》为题作主旨发言，介绍研究中心成立的相关情况。外文系教授王宁作了关于《欧美文学与世界文学》的学术报告。来自中国社会科学院、北京外国语大学、北京大学等的十余位专家学者到会表示祝贺，并围绕研究中心今后的工作以及欧美文学和世界文学研究的方法论、学术范式、时代特征、中国视角与全球视野等问题展开讨论。清华大学人文社会科学学院中文系、历史系、哲学系和外文系的近50名师生参加大会。

（清华大学文科建设处供稿）

中国文学海外传播国际学术研讨会　4月28日，由国家汉办、北京师范大学文学院、美国俄克拉荷马大学文理学院、当代世界文学杂志社、今日中国文学杂志社等联合主办的“中国文学海外传播国际学术研讨会”在北京师范大学召开。文化部副部长赵少华，国家汉办副主任马箭飞，美国俄克拉荷马大学副校长、孔子学院理事长、文理学院院长博文理（Paul Bell）等出席大会，校党委书记刘川生出席研讨会并致辞。来自11个国家的180多位专家学者参加研讨会。

（北京师范大学社科处刘娜供稿）

2011中亚民族语言文化论坛　6月8日，为庆祝中央民族大学建校60周年暨祝贺国际知名柯尔克孜学家、中亚学家胡振华教授80寿辰，由中央民族大学中国少数民族语言文学学院哈萨克语言文学系、维吾尔语言文学系主办的“2011中亚民族语言文化论坛”在中央民族大学召开。来自全国各地的有关领导和中亚学领域的著名学者代表出席论坛。

国家民委副主任丹珠昂奔，吉尔吉斯斯坦共和国驻华大使库鲁巴耶夫，上海合作组织秘书处秘书长依马纳利耶夫，中央民族大学校长陈理等出席了论坛。库鲁巴耶夫在会上朗读了吉尔吉斯斯坦总统奥通巴耶娃给胡振华教授的亲笔贺信并转交了贺礼。依马纳利耶夫代表上海合作组织秘书处向胡振华教授表示祝贺。

会议提交论文近50篇。代表们围绕纪念胡振华教授80寿辰，就中亚的人文研究与地缘政治、中亚古代语文学、中亚学与东干学、中亚民族语言文化领域中胡振华教授的成就与贡献等发表演讲与积极讨论。会议的召开，对中亚研究事业起到了积极的推动作用。

（中央民族大学科研处供稿）

阿尔泰语系语言类型学专题研讨会　6月24—26日，由中央民族大学阿尔泰学研究中心主办的“阿尔泰语系语言类型学专题研讨会”在吐鲁番驻京办事处成功召开。来自中央民族大学、中国社会科学院民族学与人类学研究所、北京市社科院、北京语言大学、新疆大学、内蒙古大学、西北民族大学、北方民族大学、瑞典乌普萨拉大学等9个单位的专家学者代表及研究生近50人参加了会议。

会议提交并宣读论文近30篇，论文与议题集中在语言的类型学研究，尤其是阿尔泰语系各语言的传据（信源）和情态范畴研究方面，部分论文涉及维吾尔语、哈萨克语、柯尔克孜语和蒙古语的相关研究。本次专题研讨会是突厥语研究的一场盛会，突厥语各语言都有代表参加。与会代表一致认为，这次会议学术性强、效率高、收获大，不仅有力地推动了中央民族大学乃至国内的阿尔泰学研究，更重要的是迈出了在阿尔泰语言类型学研究方面与国际接轨的重要一步，这将对今后的学科发展及研究方向产生深远的影响。

（中央民族大学科研处供稿）

中国文学的国际化视野学术论坛　9月9日，“中国文学的国际化视野——台港澳及海外与大陆文学研究、传播的互补和互动学术论坛”在首都师范大学举行。这次论坛作为2011年学术前沿论坛中的文艺学会分论坛，由北京市社会科学界联合会、北京市文艺学会和首都师范大学文学院共同主办，北京社会科学院文学所研究员张泉、首都师范大学文学院教授张志忠、北京大学中文系副教授计璧瑞等专家学者出席这次论坛。首都师范大学近百名师生参加了这次论坛。

北京大学中文系计璧瑞副教授作了题为《从文学看台湾——关于台湾社会与文学的几点思考》的

发言，主要从“台湾文学看台湾的特殊性”和“台湾社会生态和文学生态的关系”两个方面展开了论述。计教授勉励大家说台湾文学不仅仅有余光中和白先勇，还有很多东西等待我们去发现。张泉研究员作了题为《台湾文学研究及其对中国现代文学史的影响》的发言。他的发言由“从台湾印象说起”“台湾现代文学的概况”和“中国现代文学史是如何表现台湾的”三部分组成。各位学者发言完毕，论坛进入了师生互动阶段。学生们就“伟大小说”的标准、龙应台其人其言、哈金小说的翻译问题等向几位学者请教，几位学者一一作答，互动气氛相当热烈，收到了良好的效果。

（首都师范大学社会科学处黄胤英供稿）

中国少数民族母语文学学术研讨会　10月29日，由中央民族大学“985工程”文学中心、少数民族语言文学系主办的“中国少数民族母语文学学术研讨会”在北京召开。此次会议集中探讨了蒙、藏、维、哈、朝、彝、壮、瑶、满等21个少数民族的母语文学，对多民族族别文学进行整体观照。中国社会科学院民族文学研究所、西南民族大学、大连民族学院和中央民族大学的60多位专家学者参加了会议。

与会代表表示，党的十七届六中全会对少数民族文化发展具有战略指导意义。母语文学是中国少数民族文学的核心部分，加强母语文学研究工作、推进人才特别是作家人才培养、重视母语文学推介是当代语言工作者的重要使命。会后还将启动《少数民族母语文学生活调查报告》《母语作家访谈》等系列项目。

（中央民族大学科研处供稿）

首届中国古体诗词创作学术论坛　10月30日，“首届中国古体诗词创作学术论坛”在北京举行，百余位诗坛专家学者围绕新形势下诗词创作进行了广泛的交流讨论。

会议期间，湖北省诗词学会会长罗辉，中央文史研究馆馆长、中华诗词研究院院长袁行霈，著名诗人雷抒雁、叶延滨、汪国真、王久辛等作了专题发言。与会学者表示，要积极贯彻党的十七届六中全会精神，不断创造新成果，积极投入到社会主义文化大发展大繁荣建设中。论坛围绕着传统诗词发展的新环境和创作形势、当前诗歌创作的成绩和不足、如何处理好古代诗歌与现当代诗歌的继承与创新关系、如何处理好继承民族文化传统与借鉴其他文化的关系、如何发挥好诗词在当代生活中的意义和价值、古体诗词创作如何利用好现代传媒与教育阵地、诗歌创作的人才培养和激励机制等问题进行了研讨和交流。

国务委员兼国务院秘书长马凯出席了本次论坛，中国作家协会副主席、书记处书记何建明和中华诗词学会名誉会长郑伯农主持了论坛。论坛由中国作家出版集团、中华诗词学会和国务院参事室、中央文史研究馆中华诗词研究院联合主办。

（参见《人民日报》2011年10月31日第4版）

泰戈尔诞辰150周年国际学术研讨会　11月3—5日，“泰戈尔诞辰150周年国际学术研讨会”在北京大学召开。研讨会开幕式由北京大学南亚学系主任姜景奎教授主持，北京大学副校长李岩松博士、印度驻华大使苏杰生博士先后致辞。之后，中国印度文学研究会会长（2011年印度总统奖获得者）黄宝生研究员、印度德里大学东亚学系主任 Anita Sharma 教授和北京大学印度研究中心主任王邦维教授分别就此次会议的举办发言。北京大学文科资深教授、《泰戈尔全集》主编刘安武先生，印度驻华使馆政务文化参赞萨胡先生等也列席了开幕式。此次会议的正式代表近百名，分别来自中国、印度和孟加拉国三个国家的高等院校和科研院所。研讨会在以下几个方面形成了鲜明的特点：第一，“中国元素”突出，分别从宏观历史和微观事件的角度评述了泰戈尔对中印关系的影响和意义；第二，对泰戈尔作品的研究进一步深入，并探讨了作品背后的印度文化和历史背景；第三，对泰戈尔作为文学家之外的成就给予了进一步关注，对泰戈尔有了更加全面的认识。本次会议非常成功，丰富和发展了泰戈尔研究，加强了中国的印度学研究；增进了中国与印度及孟加拉国的相互理解；同时为我国国内印度语言文学、汉语言文学、哲学、历史学等各学科从事泰戈尔研究的各年龄梯队的学者提供了一次相互交流、学习的良好机会。

（北京大学社会科学部供稿）

全国维吾尔语言文学专业零起点维吾尔语本科教学研讨会　12月17—18日，由中央民族大学维吾尔语言文学系主办的“全国维吾尔语言文学专业零起点维吾尔语本科教学研讨会”在北京召开。来自国家民族事务委员会教育科技司、中国社会科学院、中央民族大学、新疆大学、西北民族大学、新疆师范大学、新疆财经大学、新疆农业大学、新疆教育学院、喀什师范学院、吉昌学院、塔里木大学、伊犁师范学院、新疆维吾尔自治区党校等单位的70余名专家学者参加了研讨会。

本次研讨会共收到了36篇论文，与会的40余名专家学者围绕“维吾尔语作为第二语言教学中的几个问题”“维吾尔语零起点专业教学实践和教材建设”“维吾尔语零起点专业课程学习策略”“汉族学生的维吾尔语阅读教学问题”“维吾尔语专业的现状、问题及对策探讨”等主题进行了主题发言和开放式讨论。本次研讨会为全国零起点维吾尔语本科教学提供了交流教学经验、方法与思想、创新培养模式和改进教学质量的学术交流平台，必将对零起点维吾尔语本科教学的长远规划和发展产生积极的学术影响。

（中央民族大学科研处供稿）

中日日本汉诗研讨会 12月28日，由首都师范大学中国诗歌研究中心和日本文化研究中心及广岛大学北京研究中心联合主办的“中日日本汉诗研讨会”在首都师范大学举行。中国诗歌研究中心主任赵敏俐教授、日本文化研究中心主任李均洋教授、广岛大学北京研究中心主任佐藤利行教授、《光明日报》国学版梁枢主编等中日学者20余人出席了会议。

与会学者就日本汉诗进行了深入探讨，认为日本汉诗是汉字文化圈的遗产，是中日两国的共同文化财富，如果离开了博大精深的汉字文化圈的文化积淀和文化交流这一广阔深邃的背景，就难以解读日本汉诗这一跨国界的文化交流遗产。这次会议得到日本学术振兴会的大力支持。

（首都师范大学社会科学处黄胤英供稿）

文化艺术

非物质文化遗产保护与节日文化建设座谈会 1月23日，由文化部主办、文化部非物质文化遗产司和中国非物质文化遗产保护中心承办的“非物质文化遗产保护与节日文化建设座谈会”在北京举行。数十位来自文化部、中国社会科学院、北京大学、清华大学、北京师范大学、中央民族大学、中国艺术研究院的有关领导、专家、学者和正在北京参加“我们的节日——百名非物质文化遗产项目代表性传承人迎春展示活动”的各省、自治区、直辖市的领队出席了此次座谈会。

为了认真贯彻中宣部、中央文明办等七部委关于深入开展“我们的节日”主题活动的要求，挖掘节日文化内涵，让非物质文化遗产更加贴近实际、贴近生活、贴近群众。随着春节来临之际，文化部和北京市人民政府近日在北京市数家大型商场举行百名非遗传承人迎春展演活动，吸引了喜迎春节的首都百姓群众。

与会专家认为，春节可以说是中华民族最大、最典型、最重要的非物质文化遗产，全体人民都是主体，具有深刻的文化内涵，但近些年随着社会的巨大变化而逐渐被淡化，而此次迎春展示活动所选择的非遗项目与民众年节文化密切相关，在商场里进行现场制作，丰富而生动，让都市里的群众亲身感受和领略非物质文化遗产的巨大魅力。

专家们深入探讨了节日传统习俗和节日文化建设问题，认为其中也涉及价值观重建问题。民间节日文化活动从社会意义上来说，最重要的是创建和谐。和谐体现了社会群体中个体之间的亲密关系和美好的情感、乐观的情绪，构成了幸福感，激励人们热爱生活、乐于奉献。此次百名非遗传承人迎春展示活动体现了非物质文化遗产和节日文化的深刻涵义。

专家们建议，这种非遗技艺展示活动应逐步扩大到一些大城市和中等城市同步举行，积极推进非遗进校园，在展览馆举行更多常设和临时的展览，通过国家有关部门在全社会更加有力地推进非遗的普及，非遗传承人应在保持传统的基础上进行更多适应当今社会需求的创新，坚持把“我们的节日”这个活动持续开展下去，成为非物质文化遗产保护和节日文化建设的一项品牌文化活动。

（参见《光明日报》2011年1月24日第2版）

中华传统文化在当代的继承和弘扬专家座谈会 1月，由尼山世界文明论坛组委会等主办的“中华传统文化在当代的继承和弘扬高层专家座谈会”近日在北京举行。许嘉璐主持会议。

会议的主旨是学习贯彻中央领导同志有关批示精神，结合当前国内外形势需要，研究在马克思主义指导下，如何继承和弘扬中华优秀文化的有关理论和实践问题。同时，座谈会还讨论了两个分论题：一是探讨中国化的马克思主义与中华文化的关系；二是探讨中华文化走出去与中国文化国际话语权的关系。

座谈会上，邢贲思、汝信、李君如、李捷、张岂之、陈来、欧阳康等先后在会上发言。陈炎代表山东大学汇报了“马克思主义与儒学”课题研究情况。

与会专家学者一致认为，在改革开放30年以来取得经济建设巨大成就的同时，提出如何建设文化强国的问题，特别是提出了中华传统文化在当代的继承和弘扬的命题，非常及时。在新形势下应该大力推进社会主义核心价值体系建设，确保其传播社会主义先进文化，不断推动马克思主义中国化、时代化、大众化，着力提高对外宣传水平和国际传播能力，进一步加快“走出去”步伐，扩大我国在国际上的话语权和中华文化的影响力。专家们积极主张，在当今世界研究马克思主义哲学，特别是与儒学关系的研究，要放眼世界，要跟多种文化进行对话交流，儒学所提倡的内敛自省包含了丰富深厚的中华民族智慧，也符合我们民族的性格，研究的最终目的就是促使国人逐步而又深刻地走进属于中华民族自己的精神家园。

（参见《光明日报》2011年1月31日第15版）

"档案见证北京·清代皇帝的一天"讲座　2月15日，"档案见证北京·清代皇帝的一天"讲座在北京东城区举办，中国第一历史档案馆原副馆长、巡视员、研究馆员冯伯群担任主讲。他以中国第一历史档案馆馆藏档案记载为依据，通过大量实物图片、档案文献从清代皇帝一天活动的视角，介绍皇帝读书学习、处理政务及生活起居等各个方面的情况，揭开清代宫廷生活的神秘面纱，匡正了影视作品和民间的一些不实的传说，还清朝皇帝生活的本来面目，生动讲述了宫廷那些鲜为人知的历史故事。有100余人到场认真听讲，并与主讲人互动。

（北京市档案局李海英供稿）

第二届中国文化软实力研究高层论坛　2月19日，由《光明日报》理论部与中国文化软实力研究中心、《人民日报》理论部、《中国社会科学报》、中国社会科学网、湖南省委宣传部、重庆市委宣传部联合主办的"第二届中国文化软实力研究高层论坛暨首部《2010年中国文化软实力研究蓝皮书》发布会"在北京举行。中国社科院常务副院长王伟光，中国文化软实力研究中心学术委员会主任、中央政策研究室原副主任卫建林，中国社科院副院长李慎明，中央文献研究室副主任李捷，中央编译局局长衣俊卿，湖南省委常委、宣传部部长路建平，重庆市委宣传部常务副部长周勇，教育部社科司司长杨光，文化部政策法规司司长韩永进等发表了主题演讲，中国社科院副院长武寅出席了会议。

会议指出，文化软实力是综合国力的重要组成部分。文化软实力竞争在当今国际较量中已经无所不在。把握正确导向，全方位提升我们国家的文化软实力是实现中华民族伟大复兴的必然选择。在建设中国特色社会主义、实现中华民族伟大复兴的历史进程中，在大力增强中国硬实力的同时，必须不断增强中国文化软实力。

专家们分析说，近年来，我们党的理论创新不断推进，舆论引导不断改进，法治建设不断完善，文学艺术不断繁荣，民族精神不断提振，国际话语权不断增强，文化软实力建设取得长足进步。当前，在当代中国文化软实力的提升进程中，如何增强文化的现代元素，在世界范围内确立当代中国现代文化的崭新形象，是我们面对的重要课题之一。

专家们强调，我国文化软实力建设出现的一些问题，是由于文化体制和国民素质等深层次原因造成的，这些原因是我国文化软实力发展的"瓶颈"。发展中国的文化软实力，必须确立社会主义核心价值体系，建设和谐社会，以及在此基础上弘扬和发掘优秀的传统文化，推动文化创新，大力发展文化产业。一是要培育中国文化魅力；二是要创造中国文化价值；三是要提高中国文化的国际贡献度。此外，还要加大文化传播力度，努力掌握国际话语权。

与会学者认为，由张国祚主编、社科文献出版社出版的《2010年中国文化软实力研究蓝皮书》是我国第一部系统总结我国文化软实力研究的报告。它从理论与实践的结合上，分析和总结了我国文化软实力研究的历史渊源、基本特点、发展现状、主要成果、未来展望，集学术性、理论性、对策性、资料性、权威性于一体。

会议由中国文化软实力研究中心主任张国祚主持。来自中国社科院、文化部、中央党校、北京大学、清华大学、中国人民大学、北京师范大学、南开大学、武汉大学、湖南大学等高校和科研单位的专家学者郝立新、郭建宁、周溯源、阎学通、李希光、韩庆祥、杨春长、王一川、沈壮海、朱汉民、贾磊磊等也分别作了专题发言。

（参见《光明日报》2011年2月19日第4版）

推进全国文化中心建设研讨会　2月28日，北京市人大常委会在北京召开"推进全国文化中心建设研讨会"。奥运会后，北京进入发展的新阶段，面临发展的新问题。如何转变经济发展方式，实现首都科学发展，是北京市一直研究和探索的课题。因此，市人大常委会对推进全国文化中心建设开展专题调研，对巩固首都作为全国文化中心的功能定位、做好首都文化的顶层设计、加快转变经济发展等重大问题进行研究。中国社会科学院、北京大学、北京师范大学、北京社科院、首都师范大学的六位学者参加座谈研讨。市人大常委会主任杜德印，副主任吴世雄、刘新成，秘书长唐龙出席研讨会。

（北京市人大常委会研究室供稿）

视网融合与电视节目评估体系创新研讨会　3月18日，"视网融合与电视节目评估体系创新研讨会暨国家广电总局部级社科重点研究项目'中国电视节目网络人气指数体系（IPI）研究'中期成果讨论会"在中国传媒大学举行。国家广电总局传媒机构管理司副司长任谦、国家广电总局网络视听节目管理司副司长董年初、国家广播电影电视总局办公厅研究处副处长杜永明等总局领导出席研讨会。中央电视台、贵州电视台、广东南方广播影视集团、重庆电视台、湖北广播电视总台、北京电视台、湖南卫视、浙江卫视、江苏卫视、山西电视台、天津电视台等11家电视台的相关部门领导参与了研讨。

研讨会由中国传媒大学广告学院副院长、网络舆情（口碑）研究所所长、课题组组长张树庭主持，校学术委员会副主任、课题组首席专家丁俊杰代表学校致欢迎词并作了《视网融合与电视节目评估体系创新》的主题发言，张树庭教授作了课题成果中期汇报。网络舆情（口碑）研究所副所长、课题组副组长李未柠发布了课题组中期成果《2010年度中国电视节目网络人气指数（IPI）报告》，对全国上星频道、上星栏目及电视剧、2011年卫视春晚等进行了网络人气分析及个案研究，从一个崭新的角度呈现了当前电视行业的竞争态势。会上，各位领导、专家对“中国电视节目网络人气指数体系（IPI）”研究课题的研究内容、方法和现实意义给予了肯定，并从各自的领域、角度为课题组现阶段及下一阶段的工作提出了宝贵的意见与建议。

（中国传媒大学科研处程爱晶供稿）

2011首届中国文化艺术策划论坛　4月9日，由中国人民大学艺术学院和中国人民大学文化艺术策划与推广研究所主办的“首届中国文化艺术策划论坛暨中国人民大学文化艺术策划与推广研究所成立发布会”在中国人民大学举行。100余名国内有影响力和号召力的文化艺术策划精英出席论坛，围绕“文化艺术策划：引领中国文化产业新范式”这一主题作演讲。

中国人民大学校长助理、出版社社长贺耀敏教授及艺术学院常务副院长徐唯辛教授分别致辞，副院长赵方教授宣读了中国人民大学文化艺术策划与推广研究所成立决定并在论坛最后进行了总结性讲话。艺术学院党委书记兼副院长郑晓华教授、中国人民大学徐悲鸿艺术研究院院长徐庆平教授等出席论坛。

（中国人民大学科研处关晓斌供稿）

档案与文化遗产保护座谈会　5月10日，北京市档案学会在市档案局召开“档案与文化遗产保护座谈会”。来自北京市档案、图书、文博、方志系统的同志围绕北京文化遗产保护工作，本着“尊重历史遗产，挖掘文化内涵，保存城市记忆，服务科学发展”的认识和成果进行了座谈、交流。市档案馆刘苏代表“北京胡同档案史料挖掘整理与开发利用研究”课题组作了《北京皇城保护规划09区历史文化调查报告》；市文物局北京文化遗产保护中心吕蕾女士，结合国外文化遗产保护组织的成功范例，分析了北京文化遗产保护的重要性和可行性。首图文献中心、市方志办、市文物局等单位的代表也发表了意见。来自首都博物馆、市文物局、市档案局（馆），以及东城、西城、朝阳、丰台区档案局（馆）单位的同志30多人参加了会议。

（北京市档案局李海英供稿）

海峡两岸黄公望艺术论坛　5月14日，“海峡两岸黄公望艺术论坛”在北京开幕，北京故宫博物院、“台北故宫博物院”、中国艺术研究院、中央美术学院等研究机构和高校的30多位专家、学者出席了论坛。

2011年6月1日，分藏两岸的黄公望《富春山居图》前、后两段将于台北实现圆合，这是画作分别360余年后的历史性聚首。与会者就《富春山居图》合璧展出的意义、黄公望在中国古代南宗山水谱系中的地位等问题进行了热烈讨论。

黄公望是元代著名山水画家，为“元四家”之一。1350年，他历时3年完成了以富春江两岸秋色为主题的《富春山居图》。此画作在清初被焚为两断，分别称为“剩山图”和“无用师卷”。目前，“无用师卷”藏于“台北故宫博物院”“剩山图”藏于浙江省博物馆。

（参见《人民日报》2011年5月16日第12版）

国际档案学术报告会　6月2日，北京市档案学会组织40余名会员参加了由国家档案局和中国档案学会在北京举办的“国际档案学术报告会”。会上，加拿大曼尼托巴大学教授、加拿大皇家学会院士特里·库克先生和美国密歇根大学本特利历史图书馆首席档案员南希·巴特莱特女士分别以《四个档案范式：西方档案观念和战略的变化》和《让价值显现：可视化在档案实践中的应用》为题作学术报告。报告除了对现代档案学理论与实践有关问题进行阐述外，还提出了让档案人共同思考的问题：面对诸如技术和观念不断加速更新的社会，作为一名档案工作者，我们自身的角色以及我们档案工作的方式方法应如何转变，以跟上时代的发展变化，而不至于使我们变成“化石”。

（北京市档案局李海英供稿）

首届中华辞赋北京高峰论坛　6月6日，由中华碑赋文化工程院、《中华辞赋》杂志等主办的“首届中华辞赋北京高峰论坛”在北京举行，许嘉璐、李东东等出席论坛并讲话。本次论坛是我国近年来举办的层次最高、代表性最为广泛的辞赋盛会。来自全国各地的辞赋作家与学者就中华辞赋的传承与创新、繁荣辞赋创作、弘扬时代精神、推动社会进步进行探讨，并通过《中华辞赋北京宣言》，决心进一步团结海内外文化界辞赋界人士，创作出更多反映时代的辞赋精品。论坛通过了创立“中华辞赋屈原奖”和筹备建立“中华辞赋家学会”的建议。

（参见《人民日报·海外版》2011年6月7日第7版）

全球重要农业文化遗产国际论坛　6月9日，由联合国粮农组织主办的“全球重要农业文化遗产国际论坛”在北京开幕，来自19个国家以及联合国教科文组织、环境规划署、欧盟等150多名官员、学者出席了论坛开幕式。

本届论坛主题为：农业文明之间的对话。专家在回答记者“传统农业产品与现代农业产品相比谁更安全”的问题时，明确回答传统农业产品更安全，因为采取有机种植、不用农药化肥、低碳节能更有利于可持续发展。

（参见《人民日报·海外版》2011年6月10日第4版）

2011北京文化论坛 7月10日，由北京市社科联、北京社会主义学院、民盟北京市委、九三学社北京市委、北京联合大学共同主办的、主题为“打造先进文化之都 培育创新文化”的“2011北京文化论坛”在北京国际会议中心成功举办。市政协副主席、九三学社北京市委主委马大龙，中央社会主义学院副院长黄易宇，市社科联党组书记史秋秋、副书记陈之昌等领导出席论坛。市人大常委会常委、民盟北京市委副主委李怀方，北京社会主义学院副院长、北京改革和发展研究会会长陈剑分别主持论坛。来自首都各界的专家学者150余人参加了论坛研讨。

马大龙同志在致辞中指出，先进文化之都昭示着国家和民族的精神，一个城市能够在时代发展的舞台上精彩亮相，其文化发展肯定是走在时代最前列的。创建先进文化之都的历程本身就是首都建设的必然过程，也必将有力推进首都其他事业的发展。史秋秋同志在讲话中指出，文化创新，既是北京打造先进文化之都的核心内容，更是北京加快转变经济发展方式、实现科学发展的重要方面。创新，尤其是自主创新，是一项艰苦卓绝的工作，它不仅需要一定的物质基础，更需要特殊的精神支撑，这就是以创新理念和创新价值取向为内核的创新文化。在一定意义上，创新文化的培育关乎中国特色社会主义先进文化之都的成功打造，关乎创新驱动发展格局的加快形成。论坛上，北京师范大学副校长韩震，北京大学马克思主义学院院长郭建宁，国家行政学院社会文化教研部副主任祁述裕，北京市文联副主席、北京市文史馆馆员赵书，九三学社社员、央视网高级编辑肖频频，民盟盟员、北京工业设计促进中心秘书长宋慰祖，分别就“教育应锻造国家认同的文化纽带”“关于文化传承与文化创新”“培育创新文化需要转变观念”“论自主创新与提升软实力”“打造先进文化之都 构建世界文化创意产业中心”等内容发表主题演讲。与会专家认为，北京作为国家首都和全国文化中心，拥有无可比拟的文化和人力资源优势，理应主动承担起建设中国特色社会主义先进文化之都的使命，引领中国文化走向世界。在此过程中，北京不仅要加强对优秀传统文化的传承和发展，更应该积极革新思维方式、培育创新文化，以此引领和推动首都科技创新和文化创新事业的新发展。

论坛还对提交的论文进行了评奖，赵书等9位专家学者提交的论文获得优秀奖，并现场颁发了获奖证书。

（北京市社科联学术活动部）

第四届亚太地区音乐认知科学大会 7月10—14日，由亚太音乐认知科学学会主办，首都师范大学音乐学院承办的“第四届亚太地区音乐认知科学大会”（The 4th Conference of the Asia-Pacific Society for the Cognitive Sciences of Music，简称APSCOM4），在北京紫玉饭店召开。来自中国、日本、韩国、澳大利亚等该领域专家学者100余名代表出席了会议。

首都师范大学常务副校长宫辉力教授参加了开幕式并致贺。会议组委会主席、音乐学院副院长周世斌教授主持了开幕式。

音乐知觉与认知国际联合会成立至今已成功举办了九届国际大会，每两年举办一次，在三大地区（亚太、美洲、欧洲）交替举办。亚太音乐认知科学学会（APSCOM）成立于2000年，自成立以来已开过三次会议，第一届在日本，第二届在韩国，第三届在日本。本届学术会议是第一次在中国召开。首都师范大学音乐学院的专家和学生在本届会议上人选并宣读的论文得到了与会代表们的赞誉。

（首都师范大学社会科学处黄胤英供稿）

当代中国大众文化价值取向学术研讨会 7月14—16日，为深入研究当代中国大众文化价值观取向，促进北京地区大众文化的创作和批评，北京文化战略研究院（筹）、文艺研究杂志社、首都师范大学文艺学和文化研究中心在北京香山饭店联合主办了“当代中国大众文化价值取向学术研讨会”。

会议由首都师范大学文艺学与文化研究中心主任陶东风教授发起并主持，首都师范大学校长、北京文化战略研究院（筹）院长刘新成教授，《文艺研究》主编方宁研究员，北京文化战略研究院（筹）常务副院长邱运华教授等出席大会开幕式并致辞。来自北京大学、清华大学、复旦大学、浙江大学、南京大学、中国人民大学等单位的80余位专家学者参加了会议，《中国社会科学》《文艺研究》《现代传播》等杂志以及中国社会科学出版社、北京大学出版社等单位派代表与会。

代表们对当下大众文化的流行形态（如微博文化、名人文化、粉丝文化）、热点现象（如历史题材电视剧剧中的帝王热现象、大话—戏谑话语热现象等）、热门大众艺术类型（如穿越剧、凡客等）进行了具体的个案研究和深刻的理论剖析。学者们还围绕好生活、公共理性、身份意识、压抑机制、日常叙事等核心范畴，对大众文化的价值取向进行了理论分析。

（首都师范大学社会科学处黄胤英供稿）

第七届中国文化论坛·2011 8月6—7日，由中国文化论坛、北京大学、中山大学合办，北京大学批评理论中心承办的“第七届中国文化论坛·2011”在北京成功举行。此次会议的主题是“理想政体：古今中外的探求”，共有来自历史学、哲学、政治学、文学、社会学等各个学科领域的数十名国内著名学者参加论坛。

（北京大学社科部供稿）

档案见证北京·档案揭秘史家胡同讲座 8月15日，“档案见证北京·档案揭秘史家胡同”讲座在北京东城区举办，“档案见证北京讲座”的忠实听众、史家胡同街道的居民和来自加拿大、法国、美国、丹麦在京的研究学者、留学生，老北京网、北京文化遗产保护中心、旅游教育出版社编辑等120余人来听讲座。北京市档案馆王兰顺同志依托馆藏档案文献及多年来对胡同文化的考察研究，经过精心准备，通过多媒体、影像演示，对史家胡同作了历史文化演讲，并回答了听众提出的问题。

（北京市档案局李海英供稿）

推进全国文化中心建设研讨会 9月16日上午，由民进北京市委、北京市人大常委会教科文卫体办公室、首都师范大学共同举办的“推进全国文化中心建设研讨会”在首都师范大学举行。会议主题为研讨北京作为全国文化中心的文化发展战略问题，推进首都“全国文化中心”的建设。市人大常委会主任杜德印，市委常委、宣传部部长、副市长鲁炜出席会议并讲话。市人大常委会副主任吴世雄、刘新成，市人大常委会秘书长唐龙，市委宣传部常务副部长王海平出席会议。市人大常委会教科文卫体办公室主任孙世超主持会议。

首都师范大学党委书记张雪致欢迎词。市人大常委会副主任、民进北京市委主委、首都师范大学校长刘新成提出北京要高度重视人文学术研究，发挥大学的文化引领作用。市人大常委会副秘书长、研究室主任刘维林指出，作为全国文化中心，北京应具有代表展示、示范带动、汇聚提升、服务保障以及辐射影响五大功能。市委宣传部、市发改委、市教委、市科委、市文化局、市广播电影电视局、市新闻出版局、市文物局等有关部门负责人，以及民进北京市委、市人大常委会教科文卫体办公室等有关领导同志、部分专家学者和首都师范大学部分师生共计百余人参加会议。

（首都师范大学社会科学处黄胤英供稿）

2011中国文化产业30人高端峰会 9月17日，“2011中国文化产业30人高端峰会”在北京朝阳区举办。会议由朝阳区委常委、宣传部长谢莹主持。

本届峰会以党的十七届六中全会提出的研究深化文化体制改革、推动社会主义文化大发展大繁荣问题为契机，以“文化创新与文化发展”为主题，集中探讨科学发展观引导下的文化大繁荣大发展的路径。

中共北京市委常委、宣传部部长、副市长鲁炜，中共朝阳区委书记陈刚，苏志武校长分别在开幕式上致辞。国家行政学院副院长周文彰，文化部文化产业司司长刘玉珠，北京市委宣传部副部长张淼，北京市文促中心主任梅松，中国传媒大学副校长廖祥忠、副校级领导吕学武，文化部政策法规司副司长孙若风以及来自有关国家文化体制改革与文化产业发展主管部门领导以及来自全国10余所科研院校的文化产业知名专家学者参加峰会并发表精彩演讲。

中国传媒大学文化产业研究院院长范周在论坛上发表题为《以提高发展质量实现文化产业倍增》的主题发言。文化产业研究院学术委员会主任齐勇锋作了题为《文化产业新阶段、新特征的思考》的发言。中国传媒大学文科科研处处长、长江学者胡智锋提出了把握当前文化产业发展的“三个度”的观点：温度、尺度、角度。经济与管理学院院长李怀亮作了《文化产业的市场机制》的发言。

峰会上，围绕“文化创新的主旨和路径”和“当前经济形势下的文化产业发展”两大主题，与会嘉宾立足于文化产业宏观政策、文化产业理论研究、文化产业发展对策以及文化产业人才培养等众多核心问题，结合文化产业等具体行业实际，进行了精彩的主题发言与热烈的交流探讨。

2011中国文化产业30人高端峰会由中国传媒大学、中国社会科学院、北京大学、清华大学、上海交通大学、中共北京市朝阳区委、朝阳区人民政府共同举办，由中国传媒大学文化产业研究院、朝阳区委宣传部承办，是2011北京CBD商务节暨世界CBD联盟年会的重要活动之一。此次高端峰会决定今后中国文化产业30人高端峰会永久落户北京市朝阳区。高端峰会以大学为纽带，搭建文化产业的产学研合作平台，推进文化产业理论与实践的结合，深化产学研结合，使学术研究更好地服务于地方经济社会发展，全面推动区校合作向更深领域迈进，共同推动文化大发展大繁荣。

（中国传媒大学科研处程爱晶供稿）

第12次京津沪渝档案学会学术研讨会 10月11—13日，第12次京津沪渝档案学会学术研讨会在京举行。国家档案局副局长、中国档案学会理事长李和平，市社科联副巡视员王彦京出席会议并讲话。北京市档案局局长、北京市档案学会理事长陈乐人致欢迎词。天津、上海、重庆市档案局的领导荣华、朱纪华、朱金铃、郑永明以及北京市档案学会的副理事长张斌、王京彦、贺真和京津沪渝档案学会秘书长、京津档案学会会员共120余人出席了研讨会。辽宁省、福建省和深圳市档案局局长特邀出席会议。北京市档案局马素萍副局长主持会议。

四市档案学会的代表在会上作学术演讲。天津市代表张石、上海市代表许瑾、重庆市代表郑永明、北京市代表袁领娣分别就“档案征集开发工作在丰富‘城市记忆工程’中的模式探讨”“利用档案资源，开展社会教育——上海市档案馆建立中小学档案教育社会实践基地的实践与思考”“渝台合作建设重庆中国抗战大后方历史档案中心研究”“关于档案部门参与城乡一体化记忆工程的思考”等论题作了发言。本次研讨会共收到论文46篇，其中与本次会议主题直接相关的有22篇。从档案资源建设、开发与城市或城乡记忆关系角度阐述的论文有11篇，从档案馆的文化功能和档案工作发挥社会教育作用角度阐述的论文也有11篇。

（北京市档案局李海英供稿）

中国民间叙事与民间故事讲述人学术研讨会　10月15—16日，“中国民间叙事与民间故事讲述人学术研讨会”在中央民族大学成功召开。来自韩国的民俗学家及全国各地70多名专家学者参加了本次会议。本次研讨会秉承民俗学服务于社会发展和国家文化建设的宗旨，旨在加强民俗学学科在非物质文化遗产保护实践、基础理论研究和中国少数民族民俗文化的创新发展，提升中央民族大学在中国民间叙事研究相关领域的影响力和学术水平。研讨会共收到学术论文50余篇。代表们从不同的研究视角和田野经验出发，围绕“故事传承人及其讲述研究”“民间叙事研究”和“其他传承人研究”等问题发表各自的见解，推动了中国民间叙事理论建设和民间故事讲述人研究。

（中央民族大学科研处供稿）

重返中国——21世纪中国绘画的价值取向学术研讨会　10月15日，由中国国家博物馆与首都师范大学美术学院联合主办，美术学院美术史论系承办的“重返中国——21世纪中国绘画的价值取向学术研讨会”在中国国家博物馆会议厅举行。中国国家博物馆副馆长陈履生、首都师范大学美术学院党委书记芦艳芳出席研讨会开幕式并致辞。

本次研讨会设置了四个单元环节，来自中国国家博物馆、首都师范大学、北京大学、清华大学、西南大学、山东师范大学、中国艺术研究院、北京画院、南京艺术学院、西安美术学院、鲁迅美术学院等高校与机构的30余位专家学者在会上共襄学理，讨论了中国绘画在当代世界文化语境中的价值，以及在国家自信和文化自觉的社会背景下，中国美术的发展前景与经验等问题。美术学院退休博士生导师李福顺教授担任学术主持，首都师范大学特聘教授黄河清、美术学院副院长吴明娣、美术史论系主任于洋，在研讨会上分别作了主题发言。美术学院史论系全体研究生、本科生全程旁听了本次研讨会，并在提问环节和与会专家学者进行了交流讨论。

（首都师范大学社会科学处黄胤英供稿）

档案见证北京·首钢足迹讲座　10月15日，“档案见证北京·首钢足迹：老北京工业遗迹的缩影讲座”在北京东城区图书馆举办。市档案学会企业档案工作学术委员会主任、首钢档案馆馆长李寅起担任主讲人。他依托首钢档案馆丰富的馆藏文献及影像，从档案的特定视角，将首钢90年的发展历程生动地展现给听众。讲座内容翔实有趣、条理清晰，以首钢解放前痛苦磨难的30年、解放后重获新生的30年和改革开放创新腾飞的30年为主线，详尽地讲解了首钢的诞生，首钢发展过程中发生的重大事件、相关的重要人物和场景。同时，讲座还涉及首钢厂区遗址将如何开放性保护等话题。企业档案工作学术委员会部分成员单位、企业工业档案工作协作组部分单位和市民听众70余人聆听了讲座。

（北京市档案局李海英供稿）

人文北京与文化创新主题论坛　10月22日，由首都经济贸易大学、北京市社会科学界联合会、中国社会科学院清史研究室共同主办，首都经济贸易大学马克思主义学院、文化与传播学院协办的“人文北京与文化创新主题论坛”在北京举行。

论坛主题为“历史与现实的对话——人文北京与文化创新能力建设”，由主论坛和两个分论坛组成。与会学者积极发言，在历史和现实对比形成的研究时空中，不管是理论研究还是实践分析，学者们的阐述实现了对论坛主题较为全面和深入的讨论与阐释。“人文北京与文化创新”主题论坛的研讨内容将历史纵深感和文化的时代发展结合起来具有强烈的时代感。

（首都经济贸易大学科研处张嘉艳供稿）

第二届中欧文化高峰论坛　10月27—28日，在国家博物馆举行的“第二届中欧文化高峰论坛”上，来自中国和欧洲的近40位著名学者对城市应该如何建设，如何保护、培育城市自身独特的文化性展开了热烈的探讨。这届论坛由中国文化部、欧盟委员会教育文化总司联合主办，中国社会科学院世界政治研究中心、国家博物馆与欧洲国际跨文化研究所联合承办。

文化部部长蔡武表示，在城市建设和城市保护方面，中国有很多可以向欧洲城市借鉴和学习的地方，中国将参考、借鉴、欣赏其中有用的东西，用以学习、提高，促进中国的社会进步。

这届论坛的主题是“创制城市”，下设4个具体议题：“城市从哪里来到哪里去”“城市的公共空间”“新城市，新治理，新政治”和“新技术与城市生活”。学者分别从城市演变、城市功能、城市管理和城市技术等不同角度发表了各自的看法，并进行了热烈的讨论。

（参见《人民日报》2011年10月29日第7版）

第二届双边蒙古民俗民间文化学术研讨会 11月4—5日，由中央民族大学、内蒙古师范大学联合主办，中央民族大学蒙古语言文学系、内蒙古民俗文化研究基地共同承办的“第二届双边蒙古民俗民间文化学术研讨会”在北京召开。

本次会议有来自蒙古国，日本，北京、内蒙古自治区、甘肃、黑龙江、新疆维吾尔自治区、广东等国家及我国各省、市、自治区的90余名学者参加。学者中既有蒙古民俗民间文化方面的著名学者，还有很多年轻的学者，他们各自独特的见解，使会议充满了年轻的朝气。学者们围绕蒙古民俗民间文化诸问题从多方位多角度展开了热烈的讨论。学者们积极讨论新问题、新观点、新发现，互相交流意见，用科学的态度对待某些具有争议的问题。在收到和宣读的论文中，大多数是以蒙古民俗民间文化、如何保护非物质文化研究等为主题的。

会议期间，参会领导与专家达成了共识，将努力把“蒙古民俗民间文化学术研讨会”的规模扩大，使更多的学者专家以及更多的高校和研究机构参与，使蒙古民俗民间文化研究不断深入发展，为我国民俗文化多元化的发展和非物质文化遗产保护研究工作作出应有的贡献。

（中央民族大学科研处供稿）

北京论坛（2011）·文明的和谐与共同繁荣 11月5日，“北京论坛（2011）·文明的和谐与共同繁荣”在北京开幕。来自世界各地的300多位知名专家学者将围绕论坛主题：“文明的和谐与共同繁荣——传统与现代、变革与转型”进行反思与讨论。

论坛主题具有现实意义。随着对现代化进程的体验和研究渐趋成熟，伴随对现代性的深入反思，人类开始认识到了现代化的双重性——即在带来技术进步的同时，也带来了无节制地求多求快的社会增长方式、资源的过度滥用，世界性的环境生态危机以及由个人主义生活方式所带来的各种道德失范、社会责任感缺乏等问题。在此语境下，反思现代化，重新关注传统的延续性和现实价值，至关重要。

论坛由北京大学、北京市教育委员会、韩国高等教育财团共同主办，全国人大常委会副委员长周铁农，第九届、第十届全国政协副主席、中国人权研究会会长罗豪才，教育部副部长郝平，中共北京市委常委、北京市教育工作委员会书记赵凤桐，1996年诺贝尔经济学奖获得者、中国香港中文大学教授詹姆斯·莫里斯，联合国系统驻华协调员、联合国开发计划署驻华代表罗黛琳，韩国高等教育财团事务总长朴仁国等出席开幕式。联合国秘书长潘基文，英国前首相托尼·布莱尔和1998年诺贝尔经济学奖获得者、美国哈佛大学教授阿马蒂亚·森通过视频在开幕式上致辞。

开幕式后，美国国家人文科学奖章获得者、世界著名社会科学家、美国伯克利加州大学社会学荣休教授罗伯特·贝拉，2007年诺贝尔经济学奖获得者、美国芝加哥大学经济学教授罗杰·梅尔森，牛津大学前校长、大英图书馆前主席、中国香港大学教育资助委员会委员克林·卢卡斯，世界银行高级副行长兼首席经济学家、英国科学院外籍院士、第三世界科学院院士、北京大学中国经济研究中心创始主任林毅夫分别作了主旨报告。

贝拉指出，科技进步和工业发展并没有引起道德的突飞猛进，“我们所能达到的或不能达到的道德标准并不是现代化的产物，道德标准远远领先于现代化，我们现今仍然依靠着古人的智慧”。梅尔森以英美与中国历史上成功的政治体制为例，揭示其背后的普遍原理。卢卡斯议论了大学在减少“现代”和“传统”之间冲突所发挥的重要作用。林毅夫以经济的发展是否代表着文化的复兴，几千年绵延不断的中华文化是否可承载中国的现代化等问题为切入点探讨中国文化复兴。

本届论坛共设有7个分论坛、一个青年学生论坛、一个专场、一场圆桌会议和两场对话。七个分论坛，将分别从哲学、环境、国际关系、城市、医学、经济、教育等角度探索建设和谐家园之路。本届论坛将首次与世界银行合作举办“民办教育与公共财政”学术研讨专场。圆桌会议题旨为“世界贸易组织与中国入世十年之发展”。学生分论坛围绕“文化传承、创新、发展：青年的责任与行动”展开。

（参见《光明日报》2011年11月5日第4版）

媒介与青年亚文化学术研讨会 11月5日，由中国青年政治学院中国语言文学系、北京师范大学文学院、中国艺术研究院文艺研究杂志社联合主办的“媒介与青年亚文化学术研讨会”在北京召开。这是国内首次以“媒介与青年亚文化”为主题的大型学术研讨会。

来自全国20余所高校和科研机构的80多位专家学者参加了大会发言和分组讨论。《文艺研究》

《马克思主义与现实》《中国图书评论》《媒介批评》《中国青年政治学院学报》等学术期刊，《光明日报》《文艺报》《中国社会科学报》《中国青年报》《北京青年报》、中国共青团网、《IT 经理世界》等新闻媒体到会报道。会议主要讨论了媒介与青年的文化认同、媒介与青年政治心理、网络媒介、虚拟空间与青年亚文化、媒介与消费社会等方面的问题。当今文化和社会生活中的许多热点现象，诸如微博传播、网络谣言、媒介与身体、酷儿理论、“手机人”、COSPLAY 等问题都有所涉及。以互联网和手机为代表的新兴媒介对青年人的信息方式、沟通方式、认同方式的影响则是会议中关注的焦点。

（中国青年政治学院科研处蒋甫玉供稿）

第一届人文社科翻译研讨会 11 月 5 日，由首都师范大学主办的“第一届人文社科翻译研讨会”在裕龙国际酒店召开。本次会议邀请了校内外 30 名学者就人文社科翻译现状、中国文化译介策略、人文翻译与跨文化交流、人文翻译语料库、人文社科翻译课程设置与建设等主题进行了学术研讨。

在研讨会上作主题发言的有：清华大学外文系教授、翻译与跨学科研究中心主任罗选民博士，首都师范大学外语学院教授、日本文化研究中心主任李均洋博士，首都师范大学外语学院教授封一函博士，首都师范大学外国语学院副教授李军博士，外交学院英语系教授武波博士，北京外国语大学高级翻译学院教授李长栓，北京师范大学外国语学院教授张政博士，首都师范大学外国语学院英语系副教授刘珩博士，首都师范大学外国语学院英语系孙岳博士。他们发言题目分别为：《化自觉与典籍翻译、典籍翻译在汉和翻译史上的地位及对日本文化的影响》《人文社科翻译的几点体会、机辅翻译在人文社科翻译中的应用》《由〈独立宣言〉的翻译所引发的思考、中国文化走出去的过去现在和未来》《人文社科翻译教学的基本理念》《人文社科翻译策略与人才培养》。

参会学者们在会上进行了深入的研讨和学术争鸣，从各个视角进行了阐述，气氛非常热烈。本次为第一次研讨会，首都师范大学外国语学院翻译研究中心今后将继续主办相同主题的学术研讨会。

（首都师范大学社会科学处黄胤英供稿）

第三届文化创意产业与品牌城市国际论坛 11 月 13—14 日，以“文化科技融合与城市产业结构升级”为主题的“第三届文化创意产业与品牌城市国际论坛”在中国人民大学举行。本届论坛由中国人民大学与文化部文化产业司共同主办，《环球时报》联合主办，中国人民大学文化科技园、文化创意产业研究中心承办，是第六届“中国北京国际文化创意产业博览会”的重要论坛峰会之一。中国人民大学党委书记程天权，文化部文化产业司司长刘玉珠、副司长吴江波，文博会组委会副秘书长、北京市委宣传部副部长张淼，北京市委宣传部副巡视员、北京市文化创意产业促进中心主任梅松，文博会组委会办公室副主任、北京市贸促会副会长储祥银，《环球时报》副总编吴杰等出席论坛。

党的十七届六中全会再次强调要“推动文化产业成为国民经济支柱性产业”，并且进一步提出要“推动文化产业跨越式发展”。本届论坛在我国文化产业发展的重要节点举行，旨在为中国文化科技的融合与城市产业结构升级提供智力支持。

开幕式上，中国人民大学文化创意产业研究中心向社会公开发布了“中国省市文化产业发展指数（2011）”。中国省市文化产业发展指数研究课题组负责人、中国人民大学文化创意产业研究中心执行主任彭翊介绍了指数研究情况。编制中国省市文化产业发展指数的主导思想是服务于国家文化发展战略，反映文化产业发展的整体状况，同时使地方政府能够发现当地文化产业发展的优势与短板因素，从而有针对性地制定文化产业扶持政策。这是学校贯彻落实党的十七届六中全会精神，践行“立学为民、治学报国”的办学宗旨，提高社会研究和社会服务能力的一项举措。

（中国人民大学科研处关晓斌供稿）

文化强国高层论坛 为贯彻落实党的十七届六中全会精神、探讨新形势下文化强国之路，《光明日报》理论部与中国文化软实力研究中心、《人民日报》理论部、《中国社会科学报》、人民网、中国社会科学网主办，社科文献出版社、湖南大学、北京交通大学承办的“文化强国高层论坛”暨《中国文化软实力研究要论选（第一卷）》发布会在北京举行。论坛的议题为：文化强国战略提出的背景和意义、实施文化强国战略的主要着力点、增强国家文化软实力的对策建议。

中央政策研究室原副主任卫建林、中央文献研究室副主任陈晋、国家行政学院副院长周文彰、中国科学院纪检组组长王庭大、中央党史研究室原副主任沙健孙、《光明日报》副总编辑何东平等出席论坛并发表演讲。来自学术理论界的数十名知名专家学者围绕主题进行了广泛深入的研讨。中国文化软实力研究中心主任张国祚主持论坛。

与会同志一致认为，党的十七届六中全会在世界大变革大调整的非常时期和我国全面建设小康社会的关键时刻，确立了建设社会主义文化强国的战略目标，提出了新形势下推进文化体制改革发展的指导思想、重要方针、目标任务，是当前和今后一个时期指导我国文化体制改革发展的纲领性文件，也为建设社会主义文化强国指明了前进方向和发展路径。作为新时期的文化工作者特别是理论工作者，要牢牢把握社会主义核心价值体系这个兴国之魂，始终坚持社会主义先进文化前进方向，自觉把社会主义核心价值体系体现到精神文化产品的创作、生产和传播的各个方面，赋予文化作品更加丰富、更加深刻的思想内涵，唱响在中国共产党领导下、走中国特色社会主义道路、实现中华民族伟大复兴的时代最强音，为社会主义文化大发展大繁荣提供有力的智力支持。

会上，专家学者们充分肯定《中国文化软实力研究要论选（第一卷）》的学术理论价值，认为该书荟萃了文化领域诸多名家要论，提出了许多新观点。该书收录了云杉同志的重要文章，深刻回答了我国文化建设中一系列带有方向性、根本性、战略性、方法性的重大课题，对于增强我国文化软实力、践行文化强国战略，极具指导意义。

（参见《光明日报》2011 年 12 月 1 日第 1 版）

首都文化发展国际比较学术研讨会 12 月 1 日，北京市社会科学院外国所在北京市外国专家大厦举办了“首都文化发展国际比较学术研讨会”。北京市社会科学院副院长戚本超研究员主持会议。北京市社会科学院、北京市社会主义学院、中国人民大学、北京国际城市发展研究院等单位的专家学者 20 余人出席本次研讨会。会议立足国际比较视角，围绕国内外文化繁荣发展相关理论、国外大城市文化发展经验、推动首都文化大发展大繁荣、首都文化“走出去”等问题，就北京文化发展中一些关键性问题展开深入讨论。

（北京市社会科学院科研处供稿）

中国社会科学论坛（2011）——首届中美学术高层论坛 12 月 4 日，由中国社会科学杂志社与美国维思里安大学联合举办的“中国社会科学论坛（2011）——首届中美学术高层论坛”在北京举行。来自中国、美国、德国、澳大利亚、新加坡等国家的专家学者围绕“传统”这一主题展开学术探讨与思想交流。

传统是一个文明国家的文化积淀和历史遗产。一部人类社会史，就是不断继承传统精华，融合时代内容，开启新的发展道路的历史。作为文明进步的印记，传统依然活在世界的历史进程中。学者们认为，首届中美学术高层论坛将“传统”作为主题，非常有意义。中国与美国都致力于在变革中尊重传统。人类现在正在经历很多的经济技术变迁，我们必须思考如何在继承传统的同时又能适应这种变化。

学者们指出，人类需要不同文明的对话，在对话中一定离不开传统，因为现实就是过去的延续和发展。传统虽然不能从根本上决定一个国家社会转型和变革的走向，但变革中的国家与社会一定不会脱离传统的影响和制约。不同文明之间需要相互了解，通过对话，可以探讨不同民族、不同国家如何在全球化时代确立自身的坐标，求同存异，实现包容性发展；思考不同文化、不同文明如何在现代化进程中实现自我超越。每一种文明都有自己独有的杰出贡献。只有达到一个欣赏的高度，才会向对方学习，最后达到双方共同发展的目的。

（参见《光明日报》2011 年 12 月 6 日第 11 版）

2011 数码游戏化学习国际学术会议 12 月 10—11 日，主题为“游戏化学习与教育变革”的“2011 数码游戏化学习国际学术会议”在北京大学召开。本次会议由北京大学教育学院和华人探究学习学会主办，中央电化教育馆等单位协办，《远程教育杂志》等媒体支持，超星数字图书馆赞助。中央电教馆王珠珠馆长、北京大学社会科学部萧群常务副部长、华南师范大学李克东教授、香港中文大学李芳乐教授等参加了会议，开幕式由北京大学教育学院尚俊杰副教授主持。

此次会议的主题为“游戏化学习与教育变革”。该主题主要关注的是 21 世纪以来，在注重学生创新精神、科学精神和实践能力培养的教育变革运动中，游戏化学习逐渐成为关注热点的现象和趋势。围绕这一主题，来自海内外的 100 余名学者研究生出席了会议，并结合本次大会的主题作了精彩的报告。中国台湾师范大学洪荣昭教授和南京师范大学李艺教授进行了两次主题演讲，题目分别为《创造游戏为下一代教育》和《〈中国移动〉教育游戏标准介绍》。在游戏化学习与教育变革讨论会由《远程教育杂志》陶侃副主编主持，香港中文大学李浩文教授、台湾科技大学侯惠泽教授、南京师范大学恽如伟教授以及广州中智公司李民总经理作为引言人参与了讨论。在会议闭幕式上，程序委员会主席庄绍勇教授主持了颁奖典礼共评出最佳学术论文奖、最佳研究生论文奖、最佳教学案例奖、最佳教育游戏奖等 28 个奖项。

（北京大学社会科学部供稿）

第八届国际儒学论坛·2011 12 月，“第八届国际儒学论坛·2011”国际学术研讨会近日在中国人民大学隆重举行。本届论坛的主题为：“儒家的修身处事之道”。来自十多个国家和地区的 160 余名学者齐聚一堂，共同探寻儒家思想的修身处事之道。

中国人民大学张立文教授从个人、国家、民族三个维度来阐释儒家的修身：（1）从个人的维度来讲，应以“诚意、正身”，作为起点，从“敬”字切入修身，提倡传统道德修养；（2）从国家的维度来讲，应以治平为本切入修身，纠正社会的不良风气；（3）从民族的纬度来讲，从和平、和合来切入修身，通达世界的大道。最后他指出，民族的责任和希望在各位学者身上，在年轻人的身上。因此，学者应该走出书斋、科研院所，走进社会，推广儒家思想，真正做到推己及人，从而有益社会。

此次论坛分设四组会议，展开五轮十六场讨论。代表们围绕着儒家思想传统、儒家修身理论、儒家精神追求以及儒家政治哲学四个议题作主题报告，并展开交流和讨论。

国际儒学论坛由中国人民大学与韩国高等教育财团联合主办，中国人民大学孔子研究院、中国人民大学亚洲研究中心共同承办。国际儒学论坛自2004年举办第一届以来，已经连续举办七届，并已成为很有影响的国际儒学盛会。

（参见《光明日报》2011年12月12日第15版）

2011中国第三届文明论坛　12月18日，由中共北京市委宣传部主管、首都文明工程基金会主办的《文明》杂志创刊10周年庆典暨“2011中国第三届文明论坛”在北京举行。中共中央政治局委员、北京市委书记刘淇，全国政协副主席、台盟中央主席林文漪等发来贺信。

刘淇在贺信中指出，《文明》杂志办刊10年来，在传播和弘扬中华文化，特别是在北京奥运会期间支持奥运、宣传奥运、普及奥运知识，推动中华文化融入世界等方面作出了极大的努力，并且取得了很好的效果。

林文漪在贺信中说，希望《文明》杂志能够珍惜所取得的成绩，并继续不懈努力使《文明》杂志在国际上产生更大的影响，逐步发展成有国际影响力的主流媒体。

《文明》杂志创刊于2001年12月，主要致力于促进中华文明传播和世界文明交融。2001年正值我国申奥成功，10年间，《文明》杂志一直关注奥林匹克在中国的传播，将中国传统文化、城市魅力和新北京融入奥林匹克中，成为东西方文化交流的平台和纽带，推动中华文化走向世界。

（参见《人民日报》2011年12月19日第4版）

内地与港澳台中国戏曲艺术传承与发展·北京论坛

12月21日，由全国政协京昆室主办的“内地与港澳台中国戏曲艺术传承与发展·北京论坛”在北京开幕，来自内地与港澳台的100多位戏曲表演艺术家、戏曲理论专家和戏曲爱好者，共论中国戏曲的传承与创新、发展与传播。全国政协副主席、京昆室主任、中国文联主席孙家正出席开幕会并作主旨演讲。

内地、港、澳、台中国戏曲艺术传承与发展论坛，旨在为四地戏曲界交流经验、研讨问题、联络感情搭建平台，自2008年以来，论坛已先后在澳门、香港和台湾举办了三次。

孙家正在演讲中说，四届论坛，每到一地，我们都可深切感受到中国戏曲艺术的强大生命力与在民众中的巨大影响，感受到内地与港澳台文脉同根、血脉同源的浓浓亲情与传统文化的凝聚力和亲和感。论坛的成功举办，有力地弘扬了中国传统戏曲艺术，促进了内地与港澳台地区艺术家的友谊与交流，增强了内地、港、澳、台同胞对传统戏曲艺术的自豪感和传承、发展的责任意识。

（参见《人民日报》2011年12月22日第4版）

全球化与当代中国先进文化建设学术论坛　12月25日，北京市社会科学界联合会、中国历史唯物主义学会和首都师范大学在北京联合主办了“全球化与当代中国先进文化建设学术论坛”。首都师范大学校长刘新成、北京市社会科学界联合会党组副书记陈之昌、中国历史唯物主义学会会长李崇富出席论坛并致辞。来自北京大学、中国人民大学、中国社会科学院、中央编译局、国防大学、北京第二外国语大学、首都师范大学、浙江师范大学等院校和科研单位的60余名专家学者参加论坛研讨。

论坛上，首都师范大学校长刘新成教授、首都师范大学出版社总编辑杨生平教授、中国人民大学哲学学院院长郝立新教授、北京大学艺术学院院长王一川教授、中央编译局秘书长杨金海研究员、浙江师范大学叶险明教授、国防大学马克思主义研究所所长颜晓峰教授、首都师范大学陶东风教授分别以《〈文明的冲突〉与和谐世界》《当代我国国际文化软实力构建的三个层面》《文化软实力的内涵及其提升路径》《回到〈革命文化〉的地面》《积极参加和引领文化全球化》《世界历史意识与当代中国先进文化》《社会主义先进文化是文化强国的旗帜》《如何在大众文化中落实核心价值观》为题作了主题发言，并和与会者进行了深入交流讨论。

论坛紧紧聚焦于当代中国先进文化建设的全球背景和现实实践、国际文化软实力的打造和提升、核心价值观与大众文化建设等内容，对如何处理文化发展的传统性与现代性、民族性与世界性关系，如何坚守文化自觉、文化自信和文化自强的发展路径，如何打造具有世界影响力的国际文化中心，如何构建有全球影响力的中国先进文化的核心价值观等问题进行了深入探讨。以此为基础，与会者达成共识，即在全球化的背景下，当代中国先进文化建设只有以马克思主义为指导，立足中国特色社会主义实践，坚持中国先进文化的现代性和民族性，才能发展面向现代化、面向世界、面向未来的，民族的科学的大众的社会主义先进文化，培养高度的文化自觉和文化自信，建设社会主义文化强国。

全球化与当代中国文化发展论坛已成功举办了两届，在学界产生了较大影响，成为推动当代中国文化发展研究和先进文化建设实践的一股重要力量。

（北京市社科联学术活动部、首都师范大学社会科学处黄胤英供稿）

管理学（含人才学、信息学）

工商行政管理部门登记和管理信息应用研讨会 3月3日、4月20日、5月10日，由北京市工商行政管理学会举办的“工商行政管理部门登记和管理信息应用研讨会”先后分三次在北京召开。有关专家学者、政府管理部门负责人共80余人到会。与会同志围绕工商行政管理部门登记和管理信息应用的意义、已经取得的成果和存在的问题，以及进一步完善信息应用的措施进行了深入研讨。在此基础上北京工商行政管理学会完成了《工商行政管理部门登记和管理信息应用研究报告》《工商行政管理部门登记和管理信息索引目录》两项研究成果。《研究报告》对登记和管理信息应用已经取得的成果进行了梳理，提出了存在的5个方面问题，并为进一步加强信息应用，有针对性地提出了7个方面的措施建议。该课题报告在《中国工商管理研究》刊登，并在国家工商管理总局开展的优秀课题报告评选中，被评为一等奖。

（北京市工商行政管理学会秘书处左京生供稿）

清华大学公共管理学院第90期“明德论坛” 5月18日，国家环境保护部污防司司长赵华林应邀做客清华大学公共管理学院“明德论坛”第90期，为广大师生解读中国污染减排工作的方针策略，共话环境保护与科学发展。赵华林是环保部总量司首任司长，是“十一五”期间国家污染减排相关政策制订的主要参与者，也是这项工作的主持和实施者。他详细解读了污染减排的实施背景、政策制定、技术路线、实施效果和“十二五”发展等内容。经过5年的努力，自2007年开始，中国的主要污染物排放量开始下降，出现了拐点，“十一五”前排放持续快速增长的势头得到了初步遏制，环境质量开始好转，而且这些转变已经被美国NASA的卫星监测数据所验证。赵华林强调，污染减排工作在“十二五”期间还将继续推行下去，成为中国环境保护工作的一项主要工作。本期明德论坛由清华大学公共管理学院与清华大学气候政策研究中心共同主办。气候政策研究中心主任齐晔主持论坛。来自清华大学环境学院、公管学院、法学院等院系的100多位师生听取了讲座，并就环境保护与科学发展等热点问题进行交流。

（清华大学文科建设处刘金梅供稿）

中美政府绩效管理学术报告会 6月6日，由中国人民大学公共管理学院举办的“中美政府绩效管理学术报告会”在中国人民大学隆重举行。来自中国人民大学、监察部、农业部、国家行政学院、美国马里兰州等中美两国政府和教育界的众多知名人士参加了报告会。

报告会由中国人民大学公共管理学院院长董克用教授、美国马里兰大学公共政策学院院长唐纳德·F. 凯特尔（Donald F. Kettl）教授共同主持，中国人民大学副校长杨慧林教授、马里兰大学校长华莱士·D. 陆道魁（Wallace D. Loh）教授出席并分别致辞。

报告会邀请了4位专家作主题报告，包括美国马里兰州现任州长马丁·奥马利（Martin O'Malley）先生的《马里兰州的绩效管理实践》、克林顿时期美国联邦政府社会保障部部长肯尼斯·斯蒂芬·安坡费尔（Kenneth Stephen Apfel）教授的《美国联邦政府的绩效管理》、监察部绩效管理监察室负责人陈雍同志的《中国加快推行政府绩效管理制度的背景、动因和行动》、公共管理学院方振邦教授的《中国政府绩效管理的新探索》。这些报告从理论、政策到实践层面分别对中美两国的政府绩效管理的设计思路和实践经验做了介绍，启发听众结合两国异同进行对比和思考。

（中国人民大学科研处关晓斌供稿）

第二届中国行政改革论坛 7月10日，由中国行政体制改革研究会主办的“第二届中国行政改革论坛”在国家行政学院举行。国务委员兼国务院秘书长、国家行政学院院长马凯出席开幕式并致辞。国家行政学院常务副院长、中国行政体制改革研究会会长魏礼群在开幕式上作主旨演讲。国家行政学院副院长、中国行政体制改革研究会副会长何家成主持开幕式。国家行政学院副院长洪毅、周文彰，纪委书记、机关党委书记杨文明，教务长杨克勤出席开幕式。

马凯在致辞中强调，加快转变经济发展方式必须同时推进行政体制改革，做到相互联动、相互促进，这是上层建筑适应经济基础和经济发展的必然要求。转变经济发展方式是推动科学发展的必由之路，关乎我国经济社会可持续发展，关乎改革开放和社会主义现代化建设全局。发展方式与行政体制相互作用、相互影响。我国行政管理体制改革已经取得重要进展，但与建立比较完善的中国特色社会主义行政管理体制的目标相比，与转变经济发展方式的要求相比，仍然存在较大差距。围绕转变经济发展方式这条主线，加快推进行政管理体制改革，是摆在我们面前的一项重要任务。

马凯强调，围绕转变发展方式推进行政体制改革，有许多重大问题需要进行深入研究。一要深入研究进一步转变政府职能，继续深化行政审批制度改革，大幅减少政府对微观经济活动的直接干预，加强和改善宏观调控，推进市场开放和公平准入，构建新型社会管理制度体系，建立健全公共服务体系，为转变发展方式提供体制机制保证。二要深入研究进一步优化政府组织机构，完善决策、执行、监督相互制约、相互协调的权力运行机制，合理划分中央地方事权，积极稳妥地分类推进事业单位改革，使行政权力的运行与转变发展方式的需要相适应，既有效维护国家法制统一、政令统一和市场统一；又使地方结合自身实际，创造性地开展转变发展方式的各项工作。三要深入研究进一步推进法治政府建设，及时把推动发展方式转变的成熟经验和做法上升到法律，尽快解决一些领域无法可依或有法难依的状况，为转变发展方式提供法律保障。四要深入研究进一步完善行政决策机制，形成决策前有调研、决策中有论证、执行中有监督、执行后有评价、决策失误有追究的全程制约，完善决策信息系统和智力支持系统，保证重大行政决策的科学性，避免不利于发展方式转变的重大决策、重大事项出台。五要深入研究进一步完善政府绩效管理，建立科学合理的政府绩效评估指标体系和评估机制，形成符合科学发展要求的政府绩效评价体系，完善行政问责制度，加大对政府财政预决算、公共资源配置、重大建设项目投资以及重大政策制定等行为的监督力度。他希望与会专家学者围绕主题深入交流研讨，为推动经济发展方式转变和行政体制改革建言献策。

国家行政学院常务副院长、中国行政体制改革研究会会长魏礼群在开幕式上作主旨演讲。整个论坛分别就“转变经济发展方式与深化行政体制改革”“转变经济发展方式与保障和改善民生”“转变发展方式，正确处理中央与地方关系”“推进政府管理创新，改善和完善政府绩效管理制度”进行专题研讨。

出席论坛的还有中国行政体制改革研究会顾问、国家行政学院原常务副院长、中央编办原主任张志坚，国家行政学院原常务副院长、全国政协常委陈福今，中国行政体制改革研究会副会长、常务理事等。20多位省部级领导同志和地市级负责人、中央有关部委司局级同志、企业家等领导和嘉宾，国内知名的专家学者和国家行政学院的部分专家学者以及本次论坛的优秀论文作者代表共300余人参加论坛。

（国家行政学院科研处供稿）

推进首都企业社会责任建设研讨论证会　8月8日，由北京市工商行政管理学会与北京市伦理学会共同组织在北京召开“推进首都企业社会责任建设研讨论证会”。王伟、王淑芹、孙春晨、陈少峰、鄯爱红、侯胜田、赵艳霞、王磊、罗文阁、曹中生、左京生等20余位专家学者到会。在此基础上形成了《推进首都企业社会责任建设研究报告》和《企业履行社会责任行动指南》两项研究成果。《研究报告》指出了推进首都企业社会责任建设的重要意义和作用，提出了推进首都企业社会责任建设要遵循的4项原则和5个方面的主要任务，以及推进首都企业社会责任建设的8项保障措施。《企业履行社会责任行动指南》将分散在不同的法律中企业必须履行的基本社会责任系统化，概括为5大项38小项，简单、明了、易懂、易记。《企业履行社会责任行动指南》清晰地告诉企业，其必须履行的社会责任是什么，应该做什么，是推进首都企业社会责任建设必须做的基础性工作。政府有关管理部门已经将推进首都企业社会责任建设，列为2012年重点推进的工作。该课题报告在《中国工商管理研究》刊登。

（北京市工商行政管理学会秘书处左京生供稿）

电子政务与社会管理创新研讨会　8月20日，“电子政务与社会管理创新研讨会”在清华大学召开。研讨会由清华大学公共管理学院电子政务实验室与中国科学院电子政务杂志社联合举办。清华大学公共管理学院党委书记、电子政务实验室主任孟庆国，电子政务杂志社社长张建辉担任研讨会联合主席。全国人大常委会委员、内务司法委员会副主任委员辜胜阻，中国行政体制改革研究会秘书长、国家行政学院教授汪玉凯，华中科技大学公共管理学院院长徐晓林，北京邮电大学马克思主义教研中心教授李钢等专家到会并作主题发言。辜胜阻在题为《虚拟社会管理与网络舆论危机应对》的发言中，从网络舆论热点事件出发，剖析了网络舆论危机应对的关键策略。汪玉凯从国际环境与国内形势的分析入手，阐释了社会管理创新在信息时代的本质与内涵。徐晓林作题为《互联网虚拟社会的特征与管理》的发言，从探索虚拟社会特征的角度，系统介绍了近期的一系列研究成果。李钢作题为《虚拟社会管理的制胜之道》的发言，从多学科融合的角度梳理了虚拟社会的发展过程，揭示了虚拟社会的管理核心。最后，孟庆国以《网络问政兴起：关注与思考》为题发言，阐述“网络问政”的新局面，探讨其理论实质及如何引导等问题。来自清华大学、中国人民大学、西安交通大学、华中科技大学、上海交通大学等国内院校的30余名教师、研究生及部分政府部门信息化工作主管参加研讨会。与会专家学者围绕网络社会管理创新、电子政务创新模式等热点问题展开深入讨论。

（清华大学文科建设处刘金梅供稿）

2011年中国电子政务论坛 9月22—23日，“2011年中国电子政务论坛”在国家行政学院隆重召开。来自中央和国家机关、地方政府、地方行政学院、有关科研单位和企业负责信息化工作的400多位代表参加了论坛。

国家行政学院副院长洪毅、国家信息中心常务副主任杜平代表主办单位在开幕式上致辞，工业和信息化部副部长杨学山作了主题报告。国务院办公厅电子政务办公室、国家发改委高技术司、工信部信息化推进司、监察部信息中心等有关单位的领导出席了开幕式。在为期一天半的会议上，共有30多位领导和专家学者就推进电子政务、提升公共管理和服务能力、“十二五”国家电子政务建设的总体思路、新技术背景下的电子政务建设、电子政务推进机制、电子政务与政府信息公开等多个议题进行了专题研讨和案例介绍。

本次论坛的主题是“推动电子政务、提升社会管理和公共服务能力”。随着当前社会管理要素日趋增多，难度不断增大，单靠传统手段已经难以实施科学有效的社会管理。对此，发挥信息化手段在社会管理创新中的作用，建立全面覆盖、动态跟踪、联通共享、功能齐全的社会管理综合信息系统，构建社会管理信息化平台，提高新形势下社会管理信息化水平，是下一阶段电子政务建设的重要目标。同时，推动电子政务建设是构建服务型政府的重要抓手。当下，经济发展方式转型、政府体制改革、社会管理方式创新、网络民主与监督等都对政府管理提出了更高的要求，在这种新形势下要切实搞好电子政务建设，就更加需要我们运用新的理念，构建新型电子政务发展模式。通过电子政务建设，提升政府服务和管理效能，推动社会管理和公共服务创新。

“中国电子政务论坛”由国家行政学院、国家信息中心联合发起创办，从2006年开始每年举办一届。

“中国电子政务论坛”是面向中央及国家部委、地方政府信息化主管领导、专家学者的高层次学术交流活动，创办以来一直得到中共中央办公厅信息中心、国务院办公厅电子政务办公室、工业和信息化部、国家发展与改革委员会、国家信息中心等单位的大力支持，相关领导多次莅临论坛给予指导，每届论坛都邀请一些国际电子政务领域的政府官员和专家学者参会。

（国家行政学院科研处供稿）

新发展与全球领导力论坛 10月23日，“新发展与全球领导力论坛”在清华大学公共管理学院举行。来自国内外的12名专家探讨了领导力与增进国家软实力的内在联系及其在新形势下对中国国家大战略形成和发展的促进作用。此次论坛由清华大学公共管理学院主办，国际战略与发展研究所及中国领导力研究中心承办。清华大学公共管理学院副院长彭宗超和国际战略与发展所所长于永达共同主持论坛。论坛上，北京市委组织部原副部长韩铁成，北京市旅游发展委员会主任鲁勇，南开大学周恩来政府管理学院院长杨龙，澳大利亚悉尼大学孔子学院院长、中国问题研究中心主任汉斯（Hans Hendrischke），国务院发展研究中心企业研究所研究室副主任王继承，国家语言文字工作委员会副主任、教育部语言文字应用管理司司长王登峰，中共中央党校中国领导科学研究会副秘书长兼学术部主任刘炳香，中组部领导干部考试与测评中心原主任赵洪俊，ATA考试服务中心测评研究总监、ATA测评研究院院长刘颖等，围绕如何建立全球性的领导力、大型国企高管与政府高级公务员领导特征比较、中国领导力提升的误区、党政机关处级领导班子的领导力状况等议题展开深入交流。

（清华大学文科建设处刘金梅供稿）

第三届公共政策与管理国际学术研讨会 10月23日，由清华大学公共管理学院主办、美国公共管理学会（The American Society for Public Administration）协办的“第三届公共政策与管理国际学术研讨会”在清华大学公共管理学院举行。清华大学副校长谢维和、美国公共管理学会候任主席刘国才（Kuotsai Tom Liou）出席会议并致辞。开幕式暨主题论坛由公共管理学院院长薛澜主持。会议以“中国政府与治理：百年的求索与实践”为主题，设有公共政策与地方治理、危机管理、科技政策、土地与住房政策、公共服务提供机制、能源与低碳、公共财政、全球治理与国际发展、公共治理机制、海峡两岸治理比较、新发展与全球领导力等11个分论坛。中国香港中文大学政治与公共行政学系主任、清华大学公共管理学院讲座教授王绍光，牛津大学当代中国研究中心主任、莱弗尔梅（Leverhulme）讲座教授许慧文（Vivienne Shue），清华大学公共管理学院教授、国情研究中心主任胡鞍钢分作题为《百年中国的政道：治能、政府与治理》（China's Govern mentality in the Last Century：Governability，Government，and Governance），《中国国情下的公共领导力》（On Public Leadership in the Chinese Context），《现代中国经济社会转型：从二元结构到四元结构（1949—2009）》〔Development and Transformation in Modern China：From Two-sector to Four-sector（1840—2009）〕的主题演讲。来自美国、英国、加拿大、新加坡、荷兰等国及我国大陆、香港和台湾地区的50余名学者参加分论坛并进行论文宣讲。此次会议是清华大学公共管理学院庆祝建院11周年的重要活动之一。会议共收到海内外学者学术论文投稿120余篇，经认真评审，最终接收50余篇论文做会议宣讲。国内兄弟院校代表及学院师生200余人参加会议。

（清华大学文科建设处刘金梅供稿）

2011年中欧社会管理论坛　10月24—25日，由国家行政学院举办的“2011年中欧社会管理论坛”在北京举行，论坛的主题为“新形势下的社会管理：挑战和机遇”。国务委员兼国务院秘书长、国家行政学院院长马凯，欧盟委员会教育、文化、语言多样性及青年事务委员瓦西利乌出席论坛开幕式并致辞。国家人力资源和社会保障部部长尹蔚民和国家行政学院领导魏礼群、李建华、何家成、洪毅、周文彰、韩康、杨克勤出席开幕式。国家行政学院常务副院长魏礼群主持论坛开幕式。

马凯在致辞中指出，中国政府历来高度重视社会管理，为形成和发展适合国情的社会管理制度进行了不懈探索和实践，建立了社会管理工作领导体系，构建了社会管理组织网络，制定了社会管理基本法律法规，初步形成了党委领导、政府负责、社会协同、公众参与的社会管理格局。实践证明，中国社会管理工作富有成效，与中国国情和社会主义制度总体适应。当前，中国和世界各国一样，社会管理正面临新的挑战和机遇，加强和创新社会管理的任务十分繁重艰巨。要立足我国国情，借鉴其他国家经验教训，不断根据新形势、新情况、新问题，加强和创新社会管理。

马凯强调，加强和创新社会管理，要贯彻落实科学发展观，牢固树立以人为本、服务为先的理念，特别要正确把握和处理好以下几个问题：一是要努力实现维系社会秩序与激发社会活力的统一。要让秩序融入活力中，把活力建立在秩序基础上，做到既保证社会的安定有序、规范运行、调控有力，又有利于激发全社会的创造活力，降低社会运行成本，提高社会运行效率，从而在有序的基础上达到最大限度激发社会活力、最大限度增加和谐因素、最大限度减少不和谐因素的目的。二是要正确处理政府主导和发挥社会参与的关系。政府要在社会管理中发挥主导作用，同时又要树立社会参与、共同治理的理念，充分发挥各种社会组织和公民个人在社会管理中的协同、自治、自律、他律、互律作用。三是既要及时有效化解社会矛盾，更要注重源头治理。要减少或弱化引发社会问题的根源，着力解决人民群众最关心、最直接、最现实的利益问题，特别要解决好基本民生问题，大力发展社会主义民主政治，不断推进法治社会建设。同时，要建立和完善公众诉求表达机制、社会矛盾动态调处机制，加强和完善应急体制机制，及时有效地化解社会矛盾。四是要统筹现实社会管理和虚拟社会管理。将现实社会和虚拟社会作为一个整体来把握，把对现实世界管理与对虚拟社会管理结合起来，不断提高对虚拟社会的管理水平。

开幕式后，论坛举行主题演讲。国家行政学院常务副院长魏礼群、中共北京市委常委梁伟、中欧公共管理项目一期项目哈里·李斯特、斯洛文尼亚内阁办公室国务秘书安德烈·霍瓦特发表了主题演讲。魏礼群在题为《完善和发展中国特色社会管理体系》的主题演讲中指出，加强和创新社会管理，提高社会管理科学化水平，事关国家长治久安，事关人民根本利益，事关中国特色社会主义事业兴衰成败。中国政府顺应时代的变化，将加强和创新社会管理放在社会主义现代化建设更加重要的战略位置，是具有历史和世界眼光的重大决策。

主题演讲后，论坛分别围绕政府社会管理职能、社会管理基本问题、社会发展和社会政策、社会管理方式创新和城市化过程中的社会管理五个专题进行了分单元研讨，有30位中外有关方面专家学者作了论坛主题报告或作主持评述。论坛形式活泼，互动积极，研讨充分，给参会者很多启示。

欧盟及成员国政府官员、驻华使馆代表，国务院有关部门负责人，地方行政学院有关负责人、专家学者以及我院部分教职员工约400人出席论坛各项活动。

（国家行政学院科研处供稿）

2011年公务员远程培训国际研讨会　10月27日，主题为“建构、在线、共享”的“2011年公务员远程培训国际研讨会”在国家行政学院举行。来自中外公务员远程培训领域的专家学者和国内部分地方行政学院负责人，就新形势下如何加强现代远程教育管理与应用、全面认识远程培训在公务员培训中的定位与作用、建立规范有效的公务员远程培训模式以及分析把握中外远程教育运行机制等热点问题进行深入研讨。

与会者认为，国家《2010—2020年干部教育培训改革纲要》《行政学院工作条例》明确提出，要整合现有网络培训资源，建立开放、兼容、共享的全国干部教育培训网络，到2012年基本建成功能完备、资源共享、规范高效的干部网络培训体系；行政院校要重视利用现代信息技术手段，积极稳妥发展远程教育和网络教育。因此，在我国公务员培训领域，开展公务员远程学习已经成为贯彻落实干部教育培训改革纲要的创新举措，成为全面完成大规模培训干部战略任务的现实需要。当前，积极开展中外公务员远程培训经验交流，认真研究我国公务员远程培训规律和运行机制，努力推进全国行政学院系统远程培训网络建设、资源共享和标准化进程，将有力地促进我国公务员培训事业向信息化、国际化方向健康发展。

针对近年来国内各地行政学院在公务员远程培训网络建设中存在的问题，国家行政学院信息技术部通过广泛调研和深入研究，主持编写了《全国行政学院系统远程培训工作规范和技术标准（推荐试用版）》，并在全国副省级以上行政学院范围内书面征求意见，经有关专家组评审通过，于此次国际研讨会上正式颁布。

研讨会分为主题报告和分组研讨环节。国家行政学院常务副院长魏礼群，党委书记、副院长李建华，副院长何家成、洪毅等领导在研讨会前会见了中外嘉宾。国家行政学院副院长洪毅、新加坡公共服务学院院长杨汉忠、美国佛罗里达州立大学教授詹姆斯·克莱和加拿大阿萨巴斯卡大学科技学院副院长金沙克等中外嘉宾以及中组部、国家公务员局有关负责人在研讨会开幕式上致辞。

来自美国、加拿大、英国、荷兰、意大利、新加坡的外方代表和国内行政学院系统有关部门负责人在研讨会上发表主题演讲。国家行政学院信息技术部主任丁文锋主持研讨会开幕式，有关负责人分别主持研讨会各环节活动。

国内公务员远程培训领域专家学者，各省级副省级行政学院分管领导和相关部门负责人共130余人参加研讨会。

（国家行政学院科研处供稿）

社会管理体制改革与创新高峰论坛 12月2日，为深入贯彻落实党的十七届六中全会精神，进一步深化社会管理体制的改革与创新，《光明日报》与中共中央党校、中国博士后科学基金会、中共北京市朝阳区委共同举办的“社会管理体制改革与创新高峰论坛暨中央党校第二届博士后论坛”中央党校举行。

与会专家一致认为，加强和创新社会管理，是以胡锦涛同志为总书记的党中央正确把握国内外形势新变化新特点，着眼于党和国家事业发展全局确定的一项重大战略决策。社会管理体制的改革和创新，事关巩固党的执政地位，事关国家长治久安，事关人民安居乐业，对推动党和国家事业发展具有重大战略意义。创新社会管理本质上是一项社会体制改革，要建立和完善一整套行之有效的适应时代变化的新的社会管理体制机制。

与会专家分析了加强和创新社会管理必须处理好的几个关系，包括政府负责和社会协同的关系、管理与服务的关系、维护社会稳定与维护群众利益的关系等。与会专家强调，基层社会管理要夯实民众基础，并就如何获得民众认同作出思考，要在社会管理体制改革中关注中国社会矛盾问题的生长点，保障社会公正，要以社会建设推进社会管理，确保社会的和谐稳定。

中央党校副校长李书磊、中国博士后科学基金会副秘书长邱春雷、北京市委副秘书长王翔、《光明日报》副总编辑何东平等出席论坛并发表演讲。中国社科院社会学研究所所长李培林、中央党校科社部社会学教研室主任吴忠民、国家行政学院社会和文化教研部主任龚维斌、北京国际城市发展研究院院长连玉明等来自学术理论界的专家学者紧紧围绕全面建设小康社会的总目标，加强和创新社会管理，解决当前社会管理面临的突出问题，提高社会管理科学化水平展开讨论。中央党校研究生院院长卓泽渊主持论坛。

（参见《光明日报》2011年12月3日第2版）

首届中国应急管理创新论坛 12月14—15日，“中国应急管理创新论坛”在国家行政学院召开。为期两天的论坛主题为“地方政府公共安全风险防范的实践与经验”，并分设“公共风险评估”“公共风险防范”“公共风险准备”“公共风险治理创新”以及“公共风险与应急产业、应急科技”等五个研讨议题。

在开幕式上，国家行政学院副院长洪毅代表论坛主办方作了题为《加快推进建立公共安全综合风险管理体系》的主题报告。他指出，风险管理是完善政府社会管理和公共服务职能，促进科学发展、和谐发展的必然要求，是从更基础层面提升突发事件应对能力的重要抓手，有利于推动应急管理工作关口前移、实现对各类风险的综合评估与控制、强化对突发事件的常态化管理、提升社会公众风险防范能力。洪毅提出，加快推进建立我国公共安全综合风险管理体系，需要着力抓好五个方面重点工作：第一，全面强化综合风险管理的基础工作。将公共安全综合风险管理的理念和方法纳入城乡建设发展规划，逐步推动风险管理的程序化、规范化和制度化。第二，不断完善综合风险管理的体制机制。强化顶层设计，逐步建立健全“横向到边、纵向到底”的综合风险管理体系，对自然灾害、事故灾难、公共卫生事件和社会安全事件以及各专项风险实施分类管理。第三，加快建立综合风险管理的规范标准。研究出台综合风险管理实施指南和相应的风险管理实施细则与工作规范，依靠专家、依托科技，强化风险管理科技支撑，逐步建立综合风险管理信息化体系。第四，逐步培育社会共同参与的风险文化。引导公众增强风险防范意识，推进建立政府主导和社会参与相结合，全民动员、协调联动的工作格局，建立面向社会、多方参与的风险信息共享和沟通机制。第五，大力推进基层综合风险管理创新。建立各类危险源、危险区域和因素以及社会矛盾纠纷的全面排查和整改机制。建立有关隐患排查信息数据库，并根据有关应急预案规定的分级标准，实行分类分级管理和动态监控。

国务院应急管理办公室主任陈建安出席论坛开幕式，并作了题为《加强风险管理能力建设提升风险管理水平》的致辞。他指出，风险管理是现代政府的一项基本的核心职能，是涉及政府组织的全部范围以及政府组织中所有成员的管理职能，建立和发展更为有效的全面整合的风险管理模式是大势所趋。应构建“发现、定义、防范、抗击、转移、缓冲”风险的相关管理机制，提高风险管理水平，尽快建立现代型的社会风险管理体系。

陈建安提出，要大力加强风险管理能力建设、提升风险管理水平，加强对各类突发事件风险隐患的普查和监控；要定期、持久地开展风险评估与薄弱评估工作，并使之成为政府的常规管理职能；要全面做好危险源的普查工作，狠抓对重大危险源和重大事故隐患的勘查、评估和监控。要全面做好薄弱评估与监控工作；要强化政府对于危险行业的管制能力，增加项目审批过程中的安全评估环节；要设定并公开风险信息的标准和等级，加强风险信息评估工作；要明确政府的应急管理责任，建立风险共担机制，妥善转移社会风险。

中国应急管理创新论坛（2011）是我国首次举办的规模大、规格高的应急管理创新论坛，来自政府部门、科研机构、企业、非政府组织的150多位代表与会。作为论坛的主办单位，国家行政学院、公安部、民政部、卫生部、国家安全监管总局还于2010年6月共同举办了“2010年应急管理国际研讨会”。据悉，为形成定期化机制，上述五部门拟以“应急管理国际研讨会”和“中国应急管理创新论坛”为平台，每两年分别举办一次国际会议和国内会议，由此形成“应急管理国际研讨会”和“中国应急管理创新论坛”相结合的滚动机制。

（国家行政学院科研处供稿）

第二届资源环境经济管理论坛　12月24日，“第二届资源环境经济管理论坛暨年度成果咨询研讨会”在北京举行。中国国土资源经济研究院姚华军院长和中国地质大学（北京）万力副校长出席并致词。论坛主办单位的学者、教师50余人参加了论坛，并围绕论坛主题“深入分析国土资源工作形势，围绕国土资源重大问题和重点工作”，交流研讨资源环境经济管理年度研究成果，重点探讨矿产资源改革发展思路，为国土资源工作建言献策进行了交流和研讨。

〔中国地质大学（北京）科技处供稿〕

第五届北京中青年社科理论人才“百人工程”学者论坛　12月25日，由中共北京市委宣传部、北京市社会科学界联合会和北京市哲学社会科学规划办公室联合主办，北京师范大学承办的“第五届北京中青年社科理论人才‘百人工程’学者论坛”隆重召开。论坛的主题是“北京精神：构建精神家园 提升文化软实力”。北京市社会科学界联合会党组书记史秋秋、中共北京市委宣传部副巡视员吕钦、北京师范大学副校长韩震、北京师范大学党委副书记王炳林、北京市社会科学界联合会党组副书记陈之昌、北京市哲学社会科学规划办公室主任王祥武出席论坛。来自首都各大高校、研究机构的北京中青年社科理论人才百人工程学者，相关高校党委宣传部的领导、老师和同学们200余人参加了论坛。

吕钦同志在致辞中指出，培育、弘扬、践行北京精神，是首都各族各界人民的强烈愿望，是北京学习贯彻落实党的十七届六中全会精神、践行社会主义核心价值体系的迫切需要，是建设“人文北京、科技北京、绿色北京”和中国特色世界城市的重要举措。充分发挥首都国家文化中心的示范作用，打造中国特色社会主义先进文化之都，建设有世界影响力的文化中心，迫切需要有强大的精神动力和巨大的智力支持。践行“北京精神”，目的就是要在全市弘扬爱国、创新、包容、厚德的精神，更好地凝聚全市人民的智慧和力量，激发起全市人民的满腔热情和极大的干劲，更好地推动首都的科学发展，为增强国家文化软实力、建设社会主义文化强国贡献新的力量。本次论坛以“北京精神：构建精神家园、提升文化软实力”为主题，目的就是为了深入阐释和解读北京精神的内涵和实现路径，为在更高的水平上推动首都经济社会又好又快发展贡献智慧、营造氛围。

王炳林同志指出，文化是民族的血脉，是人民的精神家园，党的十七届六中全会对我国的文化发展作出了战略部署，吹响了建设社会主义文化强国的号角。在新的历史起点上深化文化体制改革，推动社会主义文化大发展、大繁荣，建设社会主义文化强国，是社会转型关键时期、加快经济发展方式转变的战略选择，是增强国家文化软实力和中华文化国际影响力的紧迫需要。大学具有文化传承创新的重要功能，我们将以这次论坛的举办为契机，大力宣传学习践行北京精神，勇于承担推进社会主义文化大发展、大繁荣的使命，弘扬学为人师、行为世范的校训精神，学习先进文化，努力为建设社会主义文化强国作出应有的贡献。

围绕论坛主题，中国人民大学郑水泉教授、清华大学王君超副教授、北京大学王东教授、首都经济贸易大学王瑞昌教授、北京师范大学韩震教授、首都师范大学邱运华教授分别作了精彩的学术报告。

专家们首先从爱国、创新、包容、厚德4个方面对北京精神的内涵进行了深入阐释，然后又从构建社会主义核心价值观及当代中国文化发展的角度切入，对于如何弘扬北京精神、打造先进文化之都、提升文化软实力进行了深入探讨。

作为“百人工程”培养计划的重要组成部分，北京中青年社科理论人才“百人工程”学者论坛迄今已成功举办了5届，在首都社科理论界产生了广泛的影响。

（北京市社科联学术活动部供稿）

综合（含新闻、国际关系、其他）

上合组织发展历程及前景报告会 2011年是上海合作组织成立10周年。1月12日，北京外国问题研究会举办“上合组织发展历程及前景报告会”，邀请驻上合组织秘书处中方顾问（副代表）李文信到会作了题为《上海合作组织发展历程及前景》的主题报告。该会俄罗斯研究中心苏涵主任主持会议，秘书处杨书民秘书长、理事及会员50余人出席了此次活动。李文信顾问的报告分五个部分：上合组织成立的历史背景；上合组织的机构设置情况；上合组织10年来取得的成绩；上合组织存在的问题；上合组织的发展前景。报告中，李文信顾问着重对上合组织存在的问题和发展前景，结合自己的亲身感受做了生动而深刻的阐述。报告后，李文信顾问还就近期上合组织内部涉我关系和一些单边问题与到会学者进行了互动交流。

（北京外国问题研究会秘书处胡晓芳供稿）

世界粮食安全的地缘政治国际研讨会 3月10日，由外交学院法语国家研究中心主办，法国利马格兰公司和加拿大魁北克省合作公司协办的中国与法语国家关于“世界粮食安全的地缘政治国际研讨会”在外交学院召开。

与会的外方代表有联合国粮农组织、加拿大、刚果、法国、马里、塞内加尔等法语国家驻华使节及企业经理人、食品问题专家和科技骨干。中方代表来自外交部、国务院发展研究中心、社科院、国际问题研究所、现代国际关系研究院、中国进出口银行、外交学院、中国传媒大学、北京外国语大学、武汉大学、农业技术培训与科研机构的专家学者以及隆平高科技、中国农业发展集团总公司、中兴能源公司等单位。外交学院赵进军院长和世界粮农组织理事会独立主席特别顾问苏拉在研讨会上致辞，外交部非洲司司长卢沙野和农业部国际合作司副司长卢肖平分别发言。研讨会由外交学院法语国家研究中心主任齐建华主持，各位代表就“主权与粮食安全”“世界治理与调节”“农业创新”三个主题展开了热烈的讨论。

（外交学院科研处陈海花供稿）

东亚区域合作研讨会 3月11—12日，“东亚区域合作研讨会”在北京举行。本次会议由外交学院东亚研究中心主办，并得到了外交部亚洲司的指导和大力支持。来自外交部、北京大学、清华大学、中国社科院、外交学院以及中国—东盟商务理事会的专家学者参加了会议。

与会专家学者围绕东亚合作的架构与方向、美国与东亚安全合作、中国东盟关系以及大湄公河次区域合作等问题进行了深入讨论。专家们认为，目前东亚合作进程中出现了不同的架构和机制，它们之间不是竞争与零和关系，而是相互补充、相互促进的；不同架构和机制发挥各自作用，共同推进东亚一体化、促进东亚的和平、稳定与繁荣。东亚进程是开放包容的，应进一步加强各参与方之间的沟通与协调，尊重东盟制度中心，发挥各大国的建设性作用。中国—东盟自贸区的建成是中国—东盟全面合作关系的新起点，未来应推动中国—东盟战略伙伴关系不断向前发展。专家学者们还就东亚区域合作中的一些具体问题阐述了自己的看法，并提出了政策建议。

（外交学院科研处陈海花供稿）

中非关系研讨会 5月4日，外交学院非洲研究中心成员与来自13个非洲国家的36名非洲外交官培训班成员在外交学院国际交流中心举行“中非关系研讨会”。非洲研究中心主任唐晓教授，研究中心成员张翠珍副教授、梁晓君副教授、夏莉萍副教授和韩志立博士参加了研讨会。

研讨会主要围绕着以下问题展开：（1）中非关系发展的驱动因素是什么？（2）如何看待在非洲的中国企业和中国公民的活动？（3）如何提高中国对非援助的效率？（4）中国援助非洲应优先集中在哪些领域？（5）为了提高中国对非援助的效率，中非双方都应做些什么？（6）如何评估中国企业在非洲的投资？（7）非洲一体化的前景如何？（8）如何看待北约对利比亚的军事干涉？（9）北非国家动荡的原因。

在自由讨论阶段，大家围绕着如何看待中非关系发展中的双边和多边平台的作用、中国在联合国和国际政治中的作用等展开了热烈的讨论。

（外交学院科研处陈海花供稿）

北京市社科联学术工作交流会 5月5—6日，“北京市社科联学术工作交流会”在密云成功举办。市社科联党组副书记、副主席陈之昌出席会议并讲话。来自北京大学、清华大学、中国人民大学、北京师范大学等首都高等院校宣传部和社科处的负责同志，以及社科联相关部室人员参加了交流会。

陈之昌同志向与会代表介绍了市社科联 2010 年学术工作情况和 2011 年学术工作要点。他指出，2010 年是“十一五”规划收官和科学谋划“十二五”发展，推动中国特色世界城市建设的重要一年。市社科联在市委市政府的正确领导下，在首都各大高校和人文社会科学领域广大专家学者的大力支持下，从五个方面扎实有效地推动了学术工作的顺利开展：（1）以北京市中国特色社会主义理论体系研究中心为依托，以《中国特色社会主义研究》杂志为载体，稳步推进马克思主义中国化与中国特色社会主义理论体系的研究与宣传。（2）以决策咨询研究课题为主体，发挥“思想库”和“智囊团”的作用，努力推动应用理论研究和成果转化。（3）以北京社会科学系列学术论坛、社科优秀成果评奖、社科学术著作出版资助、青年社科人才资助项目和《北京社会科学年鉴》编撰为抓手，鼎力扶持社科专业人才成长，推进学术创新。（4）以“北京社会科学普及周”“北京周末社区大讲堂”和“经常性系列科普讲座”为平台，大力开展社会科学普及工作，让社科成果惠及首都市民。（5）通过开展社科类社会组织重点学术活动资助等项目，采取社科联有关职能部门联动的方式，将项目资助、学术论坛、科普讲座有机结合在一起，打造了一条面向社科类社会组织的学术“服务链”。

2011 年是实施“十二五”规划的开局之年，并将迎来中国共产党成立 90 周年和辛亥革命 100 周年。市社科联将继续深入贯彻落实科学发展观，紧紧围绕首都建设中国特色世界城市的战略目标，推动学术工作更上一层楼：（1）充分发挥北京市中国特色社会主义理论体系研究中心的龙头作用，结合纪念中国共产党成立 90 周年，积极开展理论研究和宣传，组织学术活动，推进马克思主义中国化和党史党建的研究宣传。（2）坚持正确学术导向，深入开展基础理论研究和应用对策研究，大力推进理论创新和学术创新，努力推出一批精品研究成果，更好地服务首都科学发展。（3）牢固树立“学者为本”的工作宗旨，把“以人为本”落实到“为人才服务”的具体措施中，着力加强首都社科理论人才队伍建设。（4）坚持“培育发展和监督管理并重”的原则，寓管理于服务之中，为学会的发展提供多种形式的服务，以激发学会活力、发挥学会作用，不断提升学会的社会影响力。（5）紧紧围绕建设中国特色社会主义先进文化之都的战略目标，以不断满足广大群众的精神文化需求为出发点和落脚点，创新性地开展社科普及工作。

交流会上，与会代表围绕“高校对市社科联 2010 年学术工作和 2011 年学术工作的意见和建议”及“高校与市社科联可以在哪些领域进一步加强合作，共同服务首都科学发展”等议题进行了深入交流。大家一致肯定市社科联近年来开展的学术工作定位准确、卓有成效，并就双方进一步加强合作、共同服务首都科学发展提出了诸多建设性意见：（1）鉴于青年社科人才资助项目在高校备受关注的状况，建议增加青年社科人才资助对象的数量，若总体经费有限，可适当降低人均资助额度，或是采取更为灵活且具吸引力的资助方式，以便该项目能够长期有效地开展下去。（2）组织以问题式研讨为特点的学术沙龙活动，既可传承老一辈专家学者的经验和方法，又可促进中青年学者的成长进步，还可以与相关学术论坛相结合，为论坛的深度研讨作好前期准备。（3）加大社科联学术工作的宣传力度，扩大与高校合作的领域，吸引更多专家学者的关注与参与。（4）在高校与实际工作部门之间搭建对话与交流的平台，使高校及时了解现实需求，进一步加强应用对策研究，提高服务首都科学发展的能力。（5）在社科类社会组织建设方面，希望市社科联相关部门与高校科研处之间有更多的沟通和联系，以便于更好地发挥专家学者的积极作用。（6）在社会科学普及方面，建议进一步用好新出版的《中国文化亮点通俗读本》和《长河》宣传片，推动社科知识普及，以及进入大、中、小学，提高学生的人文素养。（7）适应北京建设中国特色世界城市目标的需要，加强与国外专家学者的联系与交流，增强首都的学术影响力。

此次学术工作交流会不仅密切了市社科联与高校之间的沟通和联系，而且为双方进一步加强合作，共同推进学术创新、服务首都科学发展奠定了良好的基础。

（北京市社科联学术活动部供稿）

东南亚研究中心举办越共“十一大”专题研讨会

5 月 13 日，北京外国问题研究会东南亚研究中心就越南共产党“十一大”在北京举行专题研讨会。东南亚研究中心主任谷源洋、副主任张加祥共同主持研讨会。到会的有：外交部前驻越南大使齐建国、中国社科院研究员潘金娥、对外经贸大学副教授聂滨、北京外国语大学副教授王嘉。此外，秘书长杨书民及秘书处人员也参加了研讨会。

潘金娥研究员介绍了越共“十一大”前后，越共理论界就越南革新开放提出的新观点，“十一大”采取的新的地方组织选举方法以及政治体制改革带来的党内争议。齐建国大使介绍了越共“十一大”后越南对外政策及中越关系新情况。与会人员着重就越南政治改革的借鉴意义和中越关系中“南海问题”的影响，发表自己的看法。会上，与会人员热烈讨论，汇聚新情况，交流新观点，探讨新视角，一致认为有两个问题需要继续跟踪研究：一是越南理论界提出政治改革要学“瑞典模式”，要吸收“三权分立”的精华，走韩国式发展道路的最新动向；二是在“南海问题”上越方的策略和具体做法。

（北京外国问题研究会秘书处胡晓芳供稿）

中国国际问题论坛2011：新兴国家崛起与中国对外战略 5月28日，由中国人民大学国际关系学院主办，全国高校国际政治研究会协办的“中国国际问题论坛2011：新兴国家崛起与中国对外战略”在中国人民大学明德国际楼举行。来自中国人民大学、北京大学、复旦大学、清华大学、北京师范大学、中国社会科学院等近20家单位的40多位代表参加了论坛。论坛开幕式由中国人民大学国际关系学院副院长金灿荣教授主持，常务副院长陈岳教授代表学院在开幕式上致辞，外交学院副院长郑启荣教授、中国国际问题研究所副所长郭宪纲研究员等代表17家发起单位致辞。

论坛分“国际关系理论视野下的国家崛起”“新兴国家崛起与全球治理”“新兴国家崛起与国际体系”“金砖国家间合作与对外战略”等四个分论坛进行了研讨。与会代表认为，以金砖国家为代表的新兴国家崛起是国际关系的新现象，它在国际政治、国际经济等领域都提出了一系列新的课题，迫切需要学界展开深入细致的思考和研究。

（中国人民大学科研处关晓斌供稿）

第八届10+3外交学院院长会议 6月15—18日，经外交部批准，“第八届10+3（东盟和中、日、韩等13国）外交学院院长会议”在外交学院召开。除越南以外，来自东盟九国及中、日、韩共12国外交学院或外交培训中心的24名代表参加了此次会议，越南外交学院未派人参加，委托越驻华使馆两位外交官参会。

召开10+3外交学院院长年会的目的是：促进东盟和中、日、韩外交学院或外交培训中心之间的相互了解，加强教学、科研、培训、学术活动、信息与资料方面的交流与合作。年会采取亚欧会议的模式，分别在东盟成员国与中、日、韩之间轮流召开。本次年会共分四个议题：一是外交官培训在全球问题领域面临的新挑战；二是外交官培训教学方法与课程设置；三是文化外交；四是外交培训：知识、技术与能力。与会代表深入探讨了目前外交官培训所面临的主要挑战和文化外交的发展方向，并对10+3外交学院进一步加强交流合作、更新培训理念与模式提出许多具体的建议。会议最后通过一份书面总结报告，并初步商定下届年会由越南外交学院主办。

（外交学院科研处陈海花供稿）

中国共产党90年新闻实践与新闻思想研讨会 6月27日，由中国人民大学新闻学院、新闻与社会发展研究中心和全国新闻学研究会共同举办的“中国共产党90年新闻实践与新闻思想研讨会”在中国人民大学举行。全国新闻学研究会“2011年中国新闻学学术年会”同时举行。来自全国新闻院校、研究机构和新闻媒体的120余位专家、学者出席了研讨会。

全国人大财经委员会副主任委员、中央马克思主义理论研究与建设工程咨询委员会主任、河南省原省委书记徐光春同志发表了主旨讲话。中国人民大学校长纪宝成教授提出，中国共产党新闻思想和新闻实践经验的研讨，应该坚持理论联系实际，坚持用马克思主义新闻观作指导。

在开幕式后举行了大会系列主题讲演，对中国共产党90年来新闻实践和新闻思想的形成和发展作了历史回顾和现实探析。中国人民大学副校长冯惠玲，校党委宣传部部长郑水泉也出席了此次会议。中国人民大学新闻学院副院长、研究中心副主任喻国明主持了主题讲演。

（中国人民大学科研处关晓斌供稿）

全球传播新格局国际学术会议 7月2日，由中国人民大学新闻学院和英国威斯敏斯特大学中国传媒中心联合举办的“全球传播新格局国际学术会议”在北京举行，来自中国、英国、美国、澳大利亚、加拿大、德国、芬兰等十多个国家及地区的高校和研究机构的80多位学者参加了会议。

中国人民大学新闻学院院长赵启正在题为《中国开拓公共外交的重要意义》的主题演讲中对不同国家关于公共外交的定义进行了比较，并阐述了全球传播和公共外交的关系，认为全球传播是公共外交最重要的形式，虽然很多新型公共外交的形式已经形成，但并不能取代全球传播的作用。中国人民大学新闻学院陈力丹教授作了《关于中国的对外传播诸问题》的发言，他从七个方面总结了中国对外传播存在的一些问题及改进方法。英国威斯敏斯特大学国际传播学院DayaThussu教授、美国俄亥俄州鲍林格林州立大学新闻传播学院教授OliverBoyd-Barrett分别作了题为《国际传播与亚洲的“崛起”》《“世界公民”的受众定位》的发言。

（中国人民大学科研处关晓斌供稿）

中国与亚太的未来国际学术研讨会 7月20—21日，由外交学院副院长朱立群教授和欧盟安全研究所（EUISS）所长阿尔瓦罗·德·瓦斯冈萨雷斯教授共同发起的“中国与亚太的未来国际学术研讨会”在北京召开。此次会议围绕“2030年的世界发展趋势”“信息时代的共同关注”“资源稀缺时代的气候变化”等议题进行讨论，来自欧洲和东亚的 30 多位专家学者参加了研讨会。

朱立群教授主持了开幕式及第一个议题的讨论，外交学院党委书记、常务副院长秦亚青教授发表了热情洋溢的致辞，欧盟安全研究所所长阿尔瓦罗·德·瓦斯冈萨雷斯教授介绍了该所发布的《2030 年全球发展趋势》项目报告，之后与会学者对报告进行了坦诚的交流。接下来，与会学者又就“多中心的世界”“信息时代的人类共同关注”“资源稀缺时代的气候变化”三个议题进行了热烈深入的讨论。

（外交学院科研处陈海花供稿）

全球治理与全球学学科的构建学术研讨会　8 月 20—21 日，由中国政法大学全球化与全球问题研究所主办的“全球治理与全球学学科的构建学术研讨会”在北京顺义举行。参加此次会议的有来自北京大学、中国人民大学、清华大学、复旦大学、中国社会科学院、中国现代国际关系研究院、外交学院、中共中央党校、北京师范大学、吉林大学、厦门大学、武汉大学、中南财经政法大学、上海社会科学院、上海国际问题研究院、上海外国语大学、上海大学以及中国政法大学党委宣传部、政治与公共管理学院、国际法学院、人文学院、商学院的领导和多位专家学者。

开幕式由中国政法大学全球化与全球问题研究所副所长刘贞晔教授主持。中国政法大学副校长、中国政治学会副会长张桂琳教授、中国国际关系学会副会长、外交学院党委书记兼常务副院长秦亚青教授，以及中国政法大学全球化与全球问题研究所所长、全国高校国际政治研究会副会长蔡拓教授分别致辞。

开幕式后，会议由蔡拓教授、中国人民大学庞中英教授、复旦大学苏长和教授、北京师范大学张胜军教授以及厦门大学刘志云教授分别作主题发言。

会议中，与会专家学者分别围绕“全球治理：新问题与新挑战”“环境、社会文化领域的全球治理”“全球治理的法律与经济分析”“全球学学科的构建”四个专题进行了讨论。

（中国政法大学科研处刘璐供稿）

北京大学中韩“民生与民主”国际学术研讨会　8 月 20 日，由北京大学政治发展与政府管理研究所主办，北京大学政府管理学院、韩国成均馆大学东亚学术院协办的“北京大学中韩‘民生与民主’国际学术研讨会”在北京召开。北京大学政府管理学院李景鹏教授、谢庆奎教授、王浦劬教授、徐湘林教授、燕继荣教授、白智立副教授，武汉大学政治与公共管理学院虞崇胜教授，中国人民大学公共管理学院毛寿龙教授、杨宏山副教授，中国社会科学院陈红太教授，对外经贸大学国际关系学院陶庆教授，天津师范大学政治文化与政治文明研究院佟德志教授，内蒙古大学公共管理学院刘银喜教授，中南财经政法大学马克思主义学院吴宁教授，福建师大公共管理学院林少敏教授，韩国成均馆大学马仁燮教授、李熙玉教授、尹飞教授、李弘揆教授，韩国西江大学孙浩哲教授、全圣兴教授，亚洲大学安载兴教授，世宗研究所首席研究员姜明世，以及北京大学、北京师范大学、国家人事部科学技术研究院、清华大学、南开大学等校的师生共 33 人出席了本次研讨会。研讨会围绕民生与民主理论研究、中国民生治理与民主发展模式研究、中韩两国民生治理模式比较研究和中韩两国民主发展模式比较研究等主题展开讨论，学者们做出的为数不少的实证研究和经验研究支撑了理论与学术研讨，提出了富有建设性的学术观点。在点评和讨论过程中，中韩两国学者就共同关心的问题进行了深入交流。

（北京大学社会科学部供稿）

2011 年“首都社科专家边疆行”活动　8 月，北京市社科联党组书记史秋秋同志带队，组织中共中央党校原副校长李君如、北京师范大学副校长韩震、北京大学原副校长张国有、首都经贸大学原校长文魁等首都著名社科理论专家 20 余人赴新疆和田开展学术交流和考察活动。在和田期间，专家团走访调研了北京援建和田地区一市三县的文化发展情况，了解了和田经济社会发展现状及北京市援疆项目的进展，并向和田县喀什塔什乡中学、朗如乡中学捐赠了一批电视机、DVD 等多媒体教学设备及专业书籍和社科普及读物，专家团所到之处，受到北京援疆指挥部、当地干部群众的热烈欢迎。

期间，举办了北京市社科联专家团专题辅导讲座，由中国人民大学经济学院常务副院长、党委书记张宇，北京城乡创新发展博士研究会会长杨晓东分别作了《转变经济增长方式》和《探讨和把握城市发展新理念》的专题讲座，西藏自治区党委常委、拉萨市委书记秦宜智，拉萨市委副书记、市长多吉次珠率拉萨市四套班子及委办局和区县负责人 200 余人听取了讲座。秦宜智同志对首都社科专家智力援藏给予了高度评价，并与北京市社科联商定联合开展重点课题研究并纳入援藏项目，探讨智力援藏的新形式；考察期间，专家团与北京援藏指挥部进行了座谈交流，了解了北京援藏项目建设情况，与西藏社科联就推动“十二五”时期哲学社会科学事业繁荣发展进行了座谈研讨，市社科联还向西藏自治区社科联赠送了部分社科书籍。

近年来，北京市社科联坚持利用每年暑期组织开展“首都社科专家边疆行活动”，先后赴内蒙古、青海、黑龙江、新疆、西藏开展了学术交流活动。

一方面，为首都社科专家提供深入基层、了解国情、对接实践的机会，以利于在理论宣传工作中，把高深的理论变成普通老百姓能够听得进、听得懂、听了信、听了能用的知识；另一方面，也发挥首都社科专家优势，搭建多重平台，贡献集体智慧，为边疆地区科学发展提供智力支持；此外，还整合多方资源，发挥各方优势，切实为边疆百姓做一些力所能及的实事。

参与此次边疆行的很多专家学者都是首都社会科学理论工作方面的名家、大家，考察中，专家们热情高涨、不辞辛苦，他们表示，边疆行考察了民情，增强了群众观念和实践观念，活动使得他们更深入地了解了边疆地区的社会建设状况及边疆人民的思想文化动态，是一次组织有方、效果良好的走基层活动。考察结束后，专家们还结合自身的思考和研究，就考察中了解到的情况、问题提出了很多建设性的意见和建议。

回京后，市社科联联合北京大学出版社、中国人民大学出版社、北京市学习科学学会等几家机构联合向新疆和田地区和田县喀什塔什乡中学、喀什塔什乡小学的1200名学生捐赠了1200套书包、文具及《新华字典》等学习用品。

（北京市社科联研究室供稿）

第四届蓝厅论坛 9月2日，由中国联合国协会和外交部新闻司联合主办，以“中华人民共和国恢复在联合国合法席位40周年”为主题的“第四届蓝厅论坛”在外交部“蓝厅”举行。此次论坛由中国联合国协会会长陈健主持，外交部部长助理吴海龙、各国驻华外交使节、工商界人士、知名专家学者以及媒体代表等约200人出席。

吴海龙部长助理发表主旨演讲，全面回顾和总结了新中国恢复在联合国合法席位40年来参与联合国事务的历程、成果和特色，并对联合国的未来发展进行展望。中国国际关系研究领域的著名学者分别就中国参与联合国政治、安全、发展、社会等领域合作作专题发言，并与嘉宾交流互动。

“蓝厅论坛”是由外交部创建的政府、企业、学界、媒体及公众等中外各界沟通交流的平台，旨在为社会各界就中国外交政策等共同关心的问题进行讨论而建立新渠道。论坛取名于活动举办地外交部楼“蓝厅”。

（参见《光明日报》2011年9月8日第8版）

北京国际民间友好论坛 9月6日，由北京市人民对外友好协会、北京市人民政府外事办公室、北京市民间组织国际交流协会等单位联合主办的“北京国际民间友好论坛”在北京开幕。本次论坛有来自美国、英国、俄罗斯、法国、日本等20余个国家和地区以及中方代表等300人与会。

本次论坛以“友好合作发展、共创和谐世界”为主题，旨在发挥各国友好组织的作用，调动友好城市的资源，为北京建设中国特色世界城市献计献策，拓展北京民间国际交往的渠道，努力开创首都民间外交的新局面。

（参见《人民日报·海外版》2011年9月7日第4版）

2011年北京两界联席会议高峰论坛 9月28日，“2011年北京两界联席会议高峰论坛”在北京举办。论坛由北京市科协、北京市社科联共同主办。北京市科协党组书记、常务副主席夏强，北京市社科联党组书记、常务副主席史秋秋出席论坛并分别致辞。

围绕“创新驱动与首都城市发展”主题，中国生态学会名誉理事长、中国科学院生态环境研究中心研究员王如松，北京大学艺术学院院长王一川教授，北京市交通管理局原副局长段里仁教授，首都经济贸易大学城市学院张强教授，北京市科学技术研究院丁辉院长，中国人民大学社会与人口学院张耀军副教授等专家、学者，分别作了题为《绿色生产生活方式与城市生态发展》《北京城市文化精神及其建设》《北京交通拥堵是可以缓解的——试论‘冰糖葫芦串’与自行车回归》《理念创新与城乡一体化协调发展》《首都科技资源整合与科技成果转化》《基于区域功能定位的首都人口承载力与调控》的主题报告。中国科学院院士何祚庥就城市电力供给问题阐述了自己的观点。与会两界顾问、专家、学者、北京市属学术团体负责人围绕论坛主题和专家发言，进行了交流研讨。

夏强在致辞中指出，推动首都科学发展迈上新台阶，两界联席会议工作既责任重大，又大有可为。他说，两界联席会议，既凝聚着首都多位自然科学界知名专家学者，也联系着众多社会科学界学术大家，可以协同发挥作用，开展高端决策咨询，提出针对性对策建议，服务首都全面协调可持续发展；既团结着首都190余家自然科学学术团体，也广泛联系着首都150余家社会科学学术团体，可以依托两界学术团体，密切产学研合作，广泛开展群众性科技创新活动、学术交流活动、知识普及活动，努力建设功能性学术共同体，促进首都科学发展；既有首都40余万自然科学科技工作者群众基础，也有广泛而坚实的社会科学专家、学者基础，可以在反映诉求、推动社会和谐，全面加强首都社会建设中发挥重要作用。

史秋秋在讲话中强调，北京市社科联要进一步密切与北京市科协的合作，继续完善两界联席会议工作机制，不断丰富两界联席会议工作形式，在坚持办好两界联席会议高峰论坛、两届联席会议专家顾问会议、京津冀三地两界学术研讨会等品牌活动的基础上，进一步加强两界学术团体工作交流，大力支持两界学术团体联合开展小型化、深入化学术交流，进一步探索发挥两界专家作用，推动两界融合向基层团体延伸。努力把两界联席会议工作，做成服务首都科学决策见实效、促进两界融合有抓手、发挥专家作用有载体、服务基层有渠道，深受首都学术界、科技界欢迎和期待的品牌活动。

论坛由北京市科协副主席田文主持，两界顾问何祚庥、许健民、王如松、曹凤国、陶铁男、习五一、陈禹、王兵，以及北京市科协领导贺慧玲、景晓东、周立军、吕家香、王学勤、陈滕和北京市社科联副巡视员王彦京出席论坛。北京市科协、北京市社科联有关部门负责人参加了会议。

（摘自《北京社科联》2011年第5期）

软实力、全球化、跨国民族主义学术讲座　10月19日，美国哈佛大学博士、密歇根州立大学全球化与人文研究系主任尹晓煌教授在北京工业大学为北京工业大学马克思主义学院、人文学院的教师和研究生作了一场题为《软实力、全球化、跨国民族主义：兼论美国人文与社会科学新趋势》的精彩讲座。马克思主义学院常务副院长钱伟量教授主持本次讲座。

尹晓煌教授从“欧洲中心论”、1990年代以来的反殖民主义研究、跨国民族主义、“记忆的政治”研究、“灵活资本主义与流动公民”等方面对美国人文与社会科学研究背景做了总体介绍；阐释了经济的可持续发展、基本的社会公平与正义的保证、国民认可的文化与价值观以及环境保护之间的关系；深入分析了核心价值体系、社会管理与法律制度、通俗文化与流行艺术是文化影响和精神凝聚力即软实力的三个层次；并结合具体而生动的实例比较了中美文化影响力的差距。尹晓煌教授还从世界进入全球化及后冷战时代后，非政府组织和普通民众活跃于文化、移民、商业、学术和慈善等领域内的跨国交往角度解释了“跨国民族主义”的内涵，并强调了这对于理解全球化时代的重要性。

尹晓煌教授的主题讲座之后，马克思主义学院与人文学院的教师和研究生们围绕“记忆的政治”发挥其凝聚作用的方式、跨国民族主义研究的起源、全球化境遇下的民族特性和文化类型、中国文化交流与输出的方式以及“中国模式”等问题同尹晓煌教授展开了热烈的讨论。

讲座会结束后，北京工业大学人文学院党委杨茹书记、马克思主义学院钱伟量常务副院长以及两个学院的相关负责人与尹晓煌教授就关于跨文化交流的合作研究与讲座课程、本科生与研究生的合作培养等问题进行了交流与磋商，为今后双方开展进一步的合作打下了良好的基础。

（北京工业大学科研处张爱民供稿）

中国加入世界贸易组织十周年：中国与国际体系国际学术研讨会　10月22—23日，由外交学院国际关系研究所与美国中国政治研究学会（theAssociationofChinesePoliticalStudies）联合举办的“中国加入世界贸易组织十周年：中国与国际体系国际学术研讨会”在北京举行。来自美国、日本、澳大利亚、韩国、中国等国40余名专家学者参加了研讨会。

外交学院副院长朱立群教授主持了开幕式，外交学院院长赵进军大使致辞，就中国加入世贸组织的重大历史意义和未来趋势做了深刻总结。在为期两天的会议上，各国学者就中国与国际体系互动的新路径、中国加入WTO的进程与挑战、中国加入WTO对内政与外交的影响等进入了坦率交流与深入探讨。外交学院党委书记、常务副院长秦亚青教授发表题为《中国、美国与东亚地区进程》的特别演讲。秦亚青教授指出，中美两国是维系东亚地区稳定与繁荣的两个最重要国家，中美两国的政策变革将影响东亚地区的发展前景。

（外交学院科研处陈海花供稿）

转型中的国际体系：中国与东亚国际学术研讨会　10月22—23日，由中国政法大学主办的“转型中的国际体系：中国与东亚国际学术研讨会”在中国政法大学昌平校区国际交流中心举行。研讨会汇集了来自国内北京大学、清华大学、中国人民大学、吉林大学、中国社会科学院、国防大学、中国军事科学院等20多所院校，以及来自美国、日本、韩国、新西兰、印度、白俄罗斯等国家的50余名学者和专家。本研讨会旨在顺应东亚国际地位日益提升这一宏观国际背景，对近年来东亚经济政治格局变化和深远影响以及如中国崛起等热点问题进行广泛的学术交流。政治与公共管理学院副院长贾文华主持了开幕式。

研讨会分主题报告会、分组讨论、总结发言三个部分进行。在主题报告会中，国防大学唐永胜教授、中国政法大学孙承教授、吉林大学刘清才教授、美国西北大学Kevin Cooney教授以及日本爱知大学高桥五郎教授分别从不同的视角阐释了他们对东亚体系尤其是中国与周边国家关系现状与未来的理解和分析。分组讨论的专题内容分别为中国与东亚国际体系，东亚地区的外交与安全，以及东亚区域合作与一体化。总结发言阶段，中国政法大学韩献栋副教授，延边大学东北亚研究院院长金强一教授以及吉林大学张丽华教授分别代表三个专题小组作了总结发言。

（中国政法大学科研处刘璐供稿）

第三届媒介融合背景下广电传媒改革与创新研讨会

11月5日，“第三届媒介融合背景下广电传媒改革与创新学术研讨会”在中国青年政治学院召开，来自国内新闻学界、业界的近百名专家学者共同研究探讨了媒介融合背景下的广电媒体的改革与创新之路，研究了媒介与青少年发展等前沿问题。

中国青年政治学院副校长王义军教授出席开幕式并致辞。台湾中国文化大学郑贞铭教授、北京大学媒介与市场研究中心主任谢新洲教授、中央电视台节目研发部主任吴克宇等数十位知名学者、专家均出席研讨会并作发言。

研讨会集中讨论阶段，分别就“媒介融合背景下广电传媒改革与创新的策略与实践”“广电传媒新闻报道的创新研究”“广电传媒的创新与青少年发展”“传媒院校广电新闻教育创新理念与实践”等主题进行了讨论。分组讨论阶段，集中研究了中国电视新闻在国际化转型中的进步与反省，关于建设世界网络强国的若干思考等主题，其中“央视新闻受众的两极分化”“电视课程的改革与创新”等主题发言受到与会者们的广泛关注。

（中国青年政治学院蒋甫玉供稿）

第五届中国纪录片论坛 11月9日，“2011年《中国纪录片发展报告》发布会暨第五届中国纪录片论坛”在中国传媒大学举行。纪录片论坛在蓝皮书发布会结束之后开幕，设有“纪录片与‘文化强国’战略”“中国纪录片发展：问题与对策”两个主题论坛。我校电视与新闻学院院长高晓虹教授，电视与新闻学院副院长、中国纪录片研究中心主任何苏六教授主持了论坛。

在“纪录片与‘文化强国’战略”论坛上，中央电视台副台长、中央新影集团董事长高峰，北京大学新闻与传播中心陆地教授，中央电视台综合频道副总监任学安，中国传媒大学传播研究院副院长刘昶教授，香港卫视董事局特别助理刘晏平，探索频道亚洲副总裁张方，中非兄弟文化传播有限公司总裁曲小兵分别作了发言。

在“中国纪录片发展：问题与对策”论坛上，中国视协纪录片学术委员会名誉会长陈汉元，上海文广新闻传媒集团纪实频道总监应启明，中国国际电视总公司发行事业部副总经理程春丽，北京市科技研究院中国创意产业研究中心主任张京成，搜狐公司副总裁、搜狐视频CEO刘春，央视索福瑞媒介研究公司副总经理郑维东，中央电视台纪录频道项目运营部主任陈晓卿作了发言。

“中国纪录片论坛”自2000年以来已经连续举办了五届，旨在推动中国纪录片的良性发展。此次论坛分别从宏观和微观两个层面关注中国纪录片的未来发展，在行业产生了广泛的影响，受到了媒体的广泛关注，来自《人民日报》、新华社、《光明日报》《经济日报》《中国日报》、中央电视台、中国教育电视台、中新社、凤凰卫视、新华网、搜狐网等20余家国内主流媒体对会议进行了报道。

（中国传媒大学科研处程爱晶供稿）

希腊研究在中国：过去、现在与未来研讨会 12月1日，由北京大学希腊研究中心和希腊共和国驻华使馆主办，北京大学西方古典学中心协办的“希腊研究在中国：过去、现在与未来研讨会”开幕式在北京大学图书馆学术报告厅举行。开幕式由南开大学历史学院院长陈志强、希腊驻华大使馆教育和文化专员琳娜·埃弗拉米多（Elena Avramidou）共同主持。北京大学历史学系主任高毅、希腊驻华大使塞德罗斯·耶奥卡凯罗斯（Theodore Georgakelos）、中国前驻希腊大使杨广胜、教育部国际司徐永吉应邀出席会议。来自中国十余所大学和研究机构的数十名学者结合自己的学术研究成果，共同就希腊的历史、文学、艺术、哲学等领域展开讨论，为促进中国和希腊这两个中西方的古老文明之间的对话，为中国希腊研究的发展和未来交流思想，贡献智慧。

（北京大学社会科学部供稿）

第五届政府新闻学研讨会 12月4日，由中共南京市委宣传部、中国传媒大学和南京市社科院联合主办，中国传媒大学文科科研处、《现代传播》编辑部承办的“第五届政府新闻学研讨会”在中国传媒大学举办。此次研讨会的主题为“媒介融合背景下的政府新闻发布”。

中国传媒大学副校长廖祥忠、中共南京市委宣传部部长徐宁出席并致辞；南京市委宣传原部长、中国驻阿尔巴尼亚大使叶皓，中国人民大学新闻学院副院长喻国明教授作主题演讲。来自高校及科研机构的10余位学者参加研讨会。中国传媒大学文科科研处处长、《现代传播》主编胡智锋教授主持开幕式并作主题演讲。

研讨会共设“融合媒介背景与政府新闻发布创新”和“融合媒介背景下的政府舆论引导新格局”两个议题。与会领导和专家着重探讨了在媒介融合的大背景下，尤其是以微博为代表的网络媒体迅速崛起的环境下，政府新闻发布面临的巨大挑战及如何应对的问题。与会者在探讨和交流中提出了如“要正确看待当前网络舆论环境的多元化”“政府新闻发布者主体的角色定位”等新鲜重要观点。

（中国传媒大学科研处程爱晶供稿）

迈向世界强国进程中中国全球利益的维护与保障研讨会 12月15日，由中国战略文化促进会和教育部战略研究（培育）基地——对外经济贸易大学中国开放经济与国际科技合作战略研究中心联合主办的“迈向世界强国进程中中国全球利益的维护与保障研讨会”隆重召开。全国政协副主席、中国战略文化促进会会长郑万通出席会议并致辞，全国政协常委、中央社会主义学院党组书记叶小文等 30 多位政府官员和 150 多名学者专家和企业家出席了研讨会。

中国战略文化促进会常务副会长兼秘书长罗援少将主持开幕式。对外经济贸易大学施建军校长和全国政协副主席、中国战略文化促进会会长郑万通致辞。研讨会共有三个议题：中国全球利益发展和保护现状、问题及前景；美欧日俄等主要国家与地区维护、保障全球利益的做法及其经验教训；维护和保障全球利益的战略、机制和政策创新。多位政府官员、专家学者和企业家作了主题发言。

（对外经济贸易大学科研处供稿）

传媒——文化产业发展高峰论坛　12 月 17 日，由人民日报社、新闻战线杂志社和中国国际文化交流中心共同主办的“传媒——文化产业发展高峰论坛”于北京世纪财富中心举行。全国各报业集团、广电集团的代表和专家学者数十人与会。《人民日报》副总编辑谢国明，中宣部原副部长龚心瀚，中央政策研究室原副主任、中国国际文化交流中心副理事长卫建林，中央党校原副校长李君如等出席论坛。

与会代表认为，党的十七届六中全会第一次提出建设文化强国的口号，文化产业发展上升为国家战略，为传媒产业科学发展提供了难得的历史机遇。要加快壮大文化产业，推动文化事业蓬勃发展，必须准确把握世界文化和传媒产业的发展趋势，准确把握现代传播技术发展和文化科技创新的潮流，充分利用国际国内两个市场、两种资源，不断提高新闻媒体舆论引导能力和传媒产业科学发展能力，不断提高文化产品的竞争力、传播力和影响力。

（参见《北京日报》2011 年 12 月 25 日第 2 版）

第五届全国新闻学与传播学博士生学术研讨会　12 月 17—18 日，由中国传媒大学主办、传播研究院承办的“第五届全国新闻学与传播学博士生学术研讨会”在中国传媒大学举行。中国传媒大学副校长廖祥忠，中国国际广播电台副台长胡邦胜，中国传媒大学传播研究院院长雷跃捷、副院长陈卫星、研究生院副院长田智辉、传播研究院副书记张艳秋，澳大利亚麦考瑞大学软实力研究中心主任 Naren Chitty 等领导嘉宾出席开幕式。

在开幕式上，廖祥忠副校长高度评价了历届博士生学术研讨会，肯定了这一学术活动在促进中国传媒大学新闻学和传播学学科建设、促进中国传媒大学与国内外一流高校学术交流、扩展博士生学术视野等方面所发挥的积极作用。他希望博士生学术研讨会越办越好，并逐步推出学术精品，为博士生培养和学科建设提供学术参考。

中国国际广播电台副台长胡邦胜在开幕式致辞中高度肯定了中国传媒大学与国际台之间的紧密合作，并对新闻传播学理论研究提出殷切期待。他希望广大博士生和科研工作者能够为新闻传播实践的现实问题提供切实可行的理论支持，从国家发展的大局出发开展科学研究，使研究课题的成果服务于国家和社会的发展以及新闻传播实践的需要。

在研讨会上，来自美国乔治梅森大学，澳大利亚麦考瑞大学，韩国国民大学，中国香港中文大学、清华大学、复旦大学、中国社会科学院以及中国传媒大学等国内外院校的 40 多名新闻学和传播学领域博士研究生齐聚一堂，进行了为期两天的学术研讨。

本次研讨会共收到国内外来稿 70 多篇，经过专家学者的严格评审，44 篇论文最终入选。在研讨会期间，参会博士生围绕新闻传播理论与历史、传媒使用与社会、媒体文化研究、网络传播、英文论文专场、传媒法治、传媒实务、传媒产业、国际传播与国家形象等 9 个主题单元进行分组论文宣讲和研讨。中国传媒大学雷跃捷教授、陈卫星教授、刘燕南教授等为各场次论文做了精彩点评。各场研讨气氛热烈，参会者围绕各场主题在论文宣讲和问答互动环节展开激烈讨论。

（中国传媒大学科研处程爱晶供稿）

风云世界　激扬中国——2011 年中国外交回顾与展望研讨会　12 月 18 日，由外交学院主办、人民网协办的“风云世界　激扬中国——2011 年中国外交回顾与展望研讨会”在北京举行。

外交学院党委书记、常务副院长秦亚青教授宣读了外交学院院长赵进军大使的致辞。赵进军院长在致辞中回顾了 2011 年的国际形势，指出本次研讨会的目的是面对复杂多变的国际形势和国内民众越来越关心并以不同方式积极参与中国对外政策的讨论，使外交工作更好地被民众所了解、理解和支持，从而更有利于国家的和平发展和我们伟大民族的振兴。

外交部乐玉成部长助理发表了题为《2011 年国际形势风云激荡，中国外交乘风破浪》的主旨演讲。与会专家黄仁伟、袁鹏、张沱生、杨毅、曲星、邢广程、秦亚青等围绕经济外交、周边外交、中国与大国关系、中国与发展中国家关系、领事保护等议题进行了深入探讨和交流。外交学院副院长朱立群教授、院长助理王帆教授、外交学系副主任夏莉萍教授以及国际关系研究所副所长卢静副教授、国际经济学院副院长竺彩华副教授等参加了本次研讨会，并分别在5个专题中进行了主旨发言。

（外交学院科研处陈海花供稿）

第六届中国新闻奖高端研讨会 12月20—22日，由中华全国新闻工作者协会主办、中国记协新闻培训中心承办的“第六届中国新闻奖高端研讨会”在北京举行。来自中央主要媒体、31个省区市和新疆生产建设兵团新闻媒体的有关负责同志和业务骨干等共120余人参加了会议。

本届研讨会以“深入基层反映改革创新先进业绩，彰显责任引导社会健康和谐发展”为主题，围绕第二十一届中国新闻奖获奖作品，进行深入研讨。40位第二十一届中国新闻奖获奖者代表介绍了获奖作品的创作体会，12位中国新闻奖评委和专家学者对获奖作品进行了点评和总结。

中国记协主席田聪明和与会者进行了座谈，32名来自全国不同地区的新闻记者对中国新闻奖评选工作、中国记协工作提出意见和建议。

中国记协副主席兼党组书记翟惠生在研讨会开幕式上指出，判断主流媒体有三条标准：第一，拥有受众；第二，有效传播；第三，体现主流价值。作为媒体产品的新闻作品，也存在是不是主流作品的概念，主流作品也应该有三条标准：拥有受众、有效传播、有主流价值。我们一定要“立足作品搞分析，跳出作品看大局”，把作品背后的东西挖掘出来，推进各媒体采编工作多出精品，进一步为党的十八大召开营造良好舆论氛围。

中国记协书记处书记顾勇华主持开幕式并介绍了第二十一届中国新闻奖评选情况。

为充分发挥中国新闻奖的示范功能和引领作用，进一步深化“三项学习教育”活动，全面提高新闻队伍综合素质，着力加强新形势下新闻媒体传播能力建设，“中国新闻奖高端研讨会”作为中国记协服务新闻界的一个品牌，自2006年开始每年举办一届，今年是第六届。

（参见《光明日报》2011年12月24日第7版）

2011年北京市经济、文化研究及社会调查 4月，中共市委研究室联合部分部委办局和区县以及中国人民大学调查与数据中心对11个群体进行了综合调研。调研结果显示，各群体对自身在北京的生活工作情况总体满意。对北京市社会管理和服务工作给予了积极的评价，肯定了近年来取得的成效。在提出问题和不足的同时，也对北京市作为特大型城市在社会管理和服务方面存在的困难给予了充分理解。各群体由于自身特点和条件的不同，对社会管理和服务的诉求存在差异，希望政府能在各群体间找到平衡点，尽量为全体北京市民提供高质量、高水平和高效的服务。

8月，市委研究室课题组完成“首都及首都经济圈功能定位研究”。课题组立足首都城市性质和功能定位，在认真学习借鉴东京圈、巴黎都市圈等发达国家首都圈功能定位基础上，研究提出进一步强化首都政治中心、文化中心、科技创新中心、国际交往中心发展定位，进一步强化北京对周边地区的辐射带动作用，进一步加强北京与区域城市的合作与分工，推动北京与周边地区的一体化发展，努力将首都经济圈打造成为加快转变经济发展方式先行区、全国文化创新示范区、国家科技创新中心区和中国特色世界城市承载区。

9—10月，市委研究室对城六区市民文化生活作了调查。调查显示，居民文化生活较为多元，公共文化服务体系日趋完善，传统文化得到一定的传承，精神文明建设取得成效。同时，居民文化生活也存在文化消费价格过高、公益性文化服务供给不足、弱势群体和特殊群体的文化生活需求未受到充分关注、完善公共文化服务体系受到社区文化建设的羁绊、传统文化传承后劲有限动力不足、网络文化良莠不齐、精神文明认知自觉性缺乏等问题。居民针对这些问题提出了建设性意见和建议。

10月，市委研究室完成了课题“北京市文化创意产业体制机制创新专题研究”。课题借鉴国际上促进文化产业发展的美日模式、英韩模式经验和国内上海、深圳、长沙、重庆、西安等城市的经验，提出首都文化创意产业发展体制机制创新要注重发挥政府引导作用，注重依靠市场配置资源，注重培育产业聚集优势，注重挖掘文化资源特色。课题提出：北京文化创意产业发展体制机制创新，一是在创新组织机构方面，必须深刻认识组织机构创新是当前文化创意产业发展体制机制创新的关键所在。只有从机构改革入手，进一步加强机构整合、理顺职责、转变职能，才能有效提高执行力，提高具体操作部门的协调能力、统筹能力和落实能力，为打造具有重大国际影响力的文化中心奠定基础。二是在完善发展环境方面，必须从国家发展战略和首都城市发展战略的高度，围绕强化政策扶持、优化发展环境和提升保障水平，进一步解放思想，开拓创新，大胆先行先试，创造新鲜经验，在推动文化大发展大繁荣方面更好地发挥全国文化中心的模范带头和率先垂范作用。

11月，市委研究室完成“深入开展创先争优活动推动首都科学发展”课题。该课题从推动科学发展、促进社会和谐稳定、推动首都文化改革发展、服务人民群众、加强党的基层组织建设等方面研究创先争优对首都科学发展的作用。通过总结开展创先争优活动的实践，在党的先进性建设、加强各级党组织执政能力建设、增强各级党组织生机与活力等方面深化了对创先争优活动的认识，探索出创先争优活动对推动首都科学发展的动力机制。

12 月，市委研究室课题组完成“加快转变首都经济发展方式研究”课题。课题组在总结回顾近年来北京市推动经济发展方式转变工作认识上实现重大突破的基础上，提出了新时期进一步推进北京转变经济发展方式的总体要求，即推动首都发展与城市性质和功能相协调、与人口资源环境的承载力相适应和与经济社会发展规律相符合。课题组提出下一步推动首都经济发展方式的转变的工作重点在于：加快实现两个率先，在创新驱动和城乡一体化发展方面走在全国前列；努力争取两个突破，即在体制机制创新和首都资源配置能力方面实现重大突破；全面提高两个水平，即提高产业结构优化升级的水平，提高包容性发展的水平。

12 月，市委研究室完成了课题“建设中国特色社会主义先进文化之都着力点研究”，并形成调研报告。报告从“中国特色社会主义先进文化之都”的内涵入手，明确了北京文化之都建设的总目标、总要求，从现状、优势、差距不足方面对首都文化之都建设进行了现实思考。继而在文化战略、文化文明、文化传承、文化经济、文化服务、文化创新、文化布局七个方面，分析了文化建设的关键与路径、灵魂与根基、风格与特色、动力与魅力、本源与基础、活力与支撑、形态与生态，提出了对策建议，并明确了中国社会主义先进文化之都建设的保障措施。

12 月，市委研究室在城区居民中开展了 1000 份问卷调查，了解居民对北京市经济社会发展的总体评价，为起草党代会报告提供基础资料。居民高度认可市十次党代会以来取得的发展成就，对就业、收入、住房、教育、社会保障、环境等关系群众切身利益的问题给予高度关注，提出了问题和不足。希望党委政府在下一阶段工作中能进一步加大力度改善民生。

12 月，市委研究室在郊区居民中开展了 1000 份问卷调查，了解郊区居民对全市工作的反映，为起草党代会报告提供基础资料。郊区农村居民对北京农村工作的总体评价非常满意，但也存在一些困难和问题，如生产资料价格上涨过快、缺乏就业机会、农村社会养老资源缺乏、优质基础教育资源较少、农民收入增长缓慢等等。郊区居民希望农村发展的力度要进一步加大，全面推动农村经济、社会、文化的发展，提高农村民生水平。

（中共北京市委研究室供稿）

2011 年社会科学普及工作专项工作概要

（一）举办系列科普讲座

2011 年 1—12 月，由北京市社科联主办，社科联所属学会承办的系列科普讲座在首都图书馆、国家图书馆等市内各大图书馆、文化馆、博物馆等公共文化场所举办。讲座既突出学术性，又注重普及性，围绕与百姓生活息息相关的热点话题展开，受到市民百姓的欢迎。据不完全统计，2011 年全年开展讲座 350 多场，直接受众累计 5 万余人次。

2011 年，为使讲座顺利、有序开展，社科联继续加大资助力度，为讲座提供了物质保障和制度支持。科普讲座资助与申报工作扎实推进，全年共有 27 家学会申报科普讲座资助项目 356 场，经认真评审，资助支持 247 场讲座，金额达到 24.7 万元。

2011 年，系列讲座主要有以下几个特点：

一是突出学术特色，提升内涵品质。各学会发挥学术专业特长，积极开展系列讲座。如北京史研究会的“首图讲坛 · 乡土课堂”；文保协会的“北京古都历史文化系列讲座”；档案学会的“档案见证历史”文化系列讲座等等，都办得有声有色。考古学会的考古系列讲座，美学学会的讲座，在拓展讲座广度与深度上下功夫，使内容更加专业、系统，富有人文内涵，突出专业性又兼具普及性，内涵品质得到了提升。

二是了解百姓需求，提高讲座针对性。各学会注重开展前期调研，根据市民实际需求安排讲座内容。如统计学会的“统计知识大讲堂”，把统计与生活联系起来，讲了很多如“平均工资”“养老保险”等百姓关心的话题，达到了普及的效果。老年学学会打造了“老年人体育生活”系列讲座，深受老年朋友的欢迎。讲座专家还亲自示范，请听众现场体验互动，把讲座办得更加生动。

三、紧跟形势要求，服务社会发展。北京史研究会、北京中国抗日战争史研究会、北京档案学会等结合纪念建党 90 周年，组织专家开展了党史方面的讲座。家教研究会在日本地震后，推出了针对青少年的“生存教育”。北京精神颁布前夕，北京史研究会与首都图书馆联手推出了“解读北京精神”系列讲座，以沙龙形式，与听众共同探讨、解读“北京精神”内涵。针对国际金融危机、国内通胀压力的形势，统计学会在“统计知识大讲堂”中适时推出了“2011 年北京的经济形势和 2012 年展望”“中国居民价格消费指数”等内容。

2011 年，在各学会的积极参与和大力支持下，系列科普讲座被北京市建设学习型城市工作领导小组办公室评为第三批“首都市民学习品牌”。

举行周末社区大讲堂、系列科普讲座启动式暨《长河》首发式。2011 年 4 月 22 日，由北京市委宣传部、北京市委社会工委、北京市社科联共同主办的“2011 北京周末社区大讲堂 · 系列科普讲座启动式暨社科普及电视专题片《长河》首发式”在东城区图书馆举行。北京市委宣传部副部长傅华出席活动并讲话，北京市社科联党组书记、常务副主席史秋秋主持活动仪式。市委社会工委委员、市社会办副主任刘轩，市社科联副书记陈之昌，《长河》总撰稿、《支部生活》杂志社社长刘陈德，东城区委常委、宣传部部长赵中原，市委组织部党员教育管理处处长崔占辉，《长河》总顾问、北京大学教授朱良志，《长河》总导演冯亚兵等领导出席活动。在活动仪式上，与会领导向热心开展社科讲座的专家颁发聘书，向社会科学普及试验基地单位授牌，向市民代表赠送了电视专题片以及科普书籍。北京市16区县委宣传部有关负责同志、有关学会负责人、社科普及试验基地负责人、社科普及电视专题片《长河》主创人员、《中国文化亮点通俗读本》主编以及社区群众500多人参加了此次活动。

北京周末社区大讲堂、系列科普讲座坚持把社科知识普及到大众，经过多年的努力已逐渐形成品牌，受到了广大市民百姓的欢迎。2011年，北京周末社区大讲堂继续采取百姓点题、专家现场讲授、面对面互动的方式，组织百余名专家，围绕建党90周年、人文北京、社科文化、健康养生等7个方面开展讲座。系列科普讲座充分依托社科联所属各学会，在图书馆、博物馆等公共文化场所，围绕与百姓生活息息相关的热点话题开展。全年，两大品牌活动共举办讲座1100余场，累计直接受众达到20余万人次。

由北京市社科联精心组织拍摄的社科普及电视专题片、中国文化系列片第一部《长河》，共分为“天人之学”“阴阳智慧”“和平祈愿”“包容胸襟”“乐观心境”“灵动气质”“优雅品位”“吉祥情结”八集，通过文化境界、文化精髓、文化基脉、文化胸襟、文化气度、文化哲学、文化品位、文化氛围、文化主张、文化气质等视角，反映中国文化特质和亮点，展示了中国文化的底蕴和中华文明的伟大生命力。由北京市社科联组织编写、北大著名教授朱良志主编的《中国文化亮点通俗读本》，抓住中国文化当中最具特色的内容和亮点，从人生智慧、创造精神、艺术风味、生活情调四个方面展示中国优秀历史文化的精髓。《长河》和《中国文化亮点通俗读本》在首映首发式上受到广泛好评。在观看《长河》过程中，现场观众多次自发鼓掌。全年，向全市8000余个社区文化中心、村镇文化站和党员电教室赠送15000余套《长河》光盘（含解说词），赠送基层单位2万册《中国文化亮点通俗读本》。

本次活动旨在围绕宣传马克思主义中国化、时代化、大众化，围绕传播社会主义核心价值理念，围绕“人文北京、科技北京、绿色北京”战略和建设中国特色世界城市的目标，团结广大社科工作者，充分调动各方积极性，整合资源，大力开展社科普及，发挥社科普及活动在思想引导方面的重要作用，为繁荣与发展首都哲学社会科学，为促进首都社会建设，为中国特色社会主义先进文化之都、和谐宜居之都的建设作出积极贡献。

（二）开展党史教育进社区系列公益讲座

2011年5月7日，“辉煌90年——党史教育进社区系列公益讲座”在北京正式启动。启动式由北京市社科联、北京师范大学马克思主义学院、海淀区委宣传部联合主办，海淀区花园路街道党工委办事处承办。市社科联党组书记史秋秋、副书记陈之昌，北师大马克思主义学院教授张静如，北师大党委副书记、教授王炳林，海淀区委常委、宣传部部长李彦来及街道工委、办事处等领导和专家出席仪式。仪式上，北京市社科联和北京师范大学向社区居民赠送了《马克思主义中国化历史进程与基本经验简明读本》《中国文化亮点通俗读本》、社科普及电视专题片中国文化系列片第一部《长河》和《抉择》等理论读物。花园路社区党员、群众等500多人参加活动。

启动仪式后，北京师范大学党委副书记王炳林作了首场专题报告，拉开了系列公益讲座的序幕。他回顾了中国共产党成立发展的历史进程，生动描述了党在若干个历史关头把握机遇，实现伟大转折的关键抉择。讲座富有感染力，获得了听众热烈的掌声。

本次“辉煌90年——党史教育进社区系列公益讲座”，主要目的就是抓住纪念建党90周年的重大机遇，结合首都实际，以讲座的形式，使党员群众进一步深入了解党的历史，回顾党的光辉历程，激发热爱党、热爱祖国的深厚情感。北京市社科联和北京师范大学对这次系列公益讲座进行了周密策划和精心安排，积极整合首都丰富的党史教育资源，联系聘请中央党校、北京师范大学、中国人民大学、首都师范大学等高校的党史专家、知名学者，精心设计了八个方面的讲座内容，先后在海淀、东城、西城等几个城区开展，向社区居民宣传普及党史知识，开展党史教育。本次活动共举办党史系列讲座11场，举办胡锦涛总书记“七一”重要讲话辅导报告1场。

（三）召开全国第十三次社科普及会议

2011年9月21日至23日，全国第十三次社科普及理论研讨与经验交流会在京召开。本次会议是根据2010年山东全国社科联工作会议决定，由北京市社科联承办的。会议以“提高社科普及工作水平、服务公民人文素质提升”为主题，深入研讨交流社科普及工作，共同谋划、推进社科普及事业实现科学发展。

会议在社科活动中心举行开幕式。中国大百科全书出版社总编辑、中宣部原常务副部长徐惟诚，中宣部宣教局副局长杨樱出席开幕式。会议期间，北京市委常委、宣传部部长、副市长鲁炜看望与会代表并讲话，北京市委副秘书长傅华出席会议并讲话，北京市社科联党组书记、常务副主席史秋秋主持开幕式。全国31个省、自治区、直辖市社科联主要负责人、社科普及工作主管领导和社科普及工作部门同志等100余名代表参加会议。

开幕式上，天津市社科联党组书记李家祥代表全国社科联宣读了对全国百部社科普及优秀读物、百名社科普及优秀专家的表彰决定，全国社科联有关领导为优秀读物、优秀专家代表颁发了证书。北京市社科联党组副书记陈之昌宣读了对北京市社科普及工作优秀专家、优秀组织单位的表彰决定和建立北京市社科普及试验基地的决定，北京市有关领导为获奖代表颁奖，为试验基地授牌。北京市社科联还向市民代表赠送了社科普及读物《中国文化亮点通俗读本》和社科普及电视专题片《长河》光盘。部分省、自治区、直辖市公民人文素质调查以会议材料汇编的形式，书面提供大会交流。

开幕式后，社科普及理论研讨与经验交流会正式开始。研讨交流共分为三个阶段，分别由上海市社科联党组书记沈国明，山东省社科联党组书记刘德龙，广东省社科联主席田丰主持。全国31个省、自治区、直辖市社科联领导及科普工作负责同志围绕大会主题先后发言，介绍当地社科普及工作的经验、做法和成果，提出今后加强社科普及工作的思考和探讨。

会议前期，各省、自治区、直辖市社科联根据2010年山东全国社科联工作会议决定，落实2010年宁夏全国第十二次社会科学普及理论研讨与经验交流会、天津部分省、自治区、直辖市社科联科普工作协作会议和上海京、津、沪、渝社科联协作会议有关精神，积极协作开展了社科普及“三个一”活动，即“两个一百”和“一个调研”，包括由各省、自治区、直辖市社科联评选推荐全国百名优秀社科普及专家、全国百部优秀社科普及读物、部分省、自治区、直辖市社科联协作开展公民人文素质调查。本次会议共收到26个省、自治区、直辖市评选推荐的优秀科普专家100名，27个省、自治区、直辖市的优秀科普读物100部。会议共收到北京、天津、上海、重庆、河北、内蒙古、安徽、福建、山东、广东、四川、云南等12个省、自治区、直辖市上报的9份调查报告，其中8份调查报告是基于统一的调查问卷形成的，安徽省社科联依据其前期开展的调查成果形成了一份调查报告；北京、天津、上海、重庆形成了一份四直辖市联合调查报告。会上进行了调查报告书面交流。

（北京市社科联科普部供稿）

中国社会科学院部分学术活动

纪念中国共产党成立90周年理论研讨会　6月20日，中国社会科学院“纪念中国共产党成立90周年理论研讨会”在北京举行。会议由中国社科院科研局、马克思主义研究学部、马克思主义研究院、中国特色社会主义理论体系研究中心组织和承办，由中国社会科学院党组成员、副院长武寅主持。中国社会科学院党组副书记、常务副院长王伟光出席会议并讲话。与会者回顾了中国共产党诞生90年来，其团结带领全国各族人民前赴后继、顽强拼搏，建立了新中国，进行了社会主义革命和建设，实行改革开放，成功开辟了中国特色社会主义道路，为中华民族伟大复兴打开了前所未有的光明前景的光辉历史和丰功伟绩；总结了马克思主义在中国的伟大胜利的重要经验；探讨了中国共产党在推进马克思主义中国化理论创新的过程中积累的宝贵思想财富；探索了在世界风云变幻和复杂国际国内环境中进一步加强党的建设，永葆党的先进性所面临的形势、任务、机遇和问题。

（一）指导思想：马克思主义在中国的伟大胜利

王伟光指出，90年前的1921年，中国近代史上发生了一起从根本上改变中国人民历史命运的大事件，这就是以马克思主义作为指导思想的中国共产党的诞生。90年来，党带领人民取得了革命、建设和改革三个伟大成就，从根本上改变了中国的面貌和中华民族的命运。这是中国共产党的伟大胜利，是社会主义在中国的伟大胜利，是马克思主义在中国的伟大胜利。马克思主义传播到中国，为中国人民所接受，在中国的土地上生根、开花、结果，是世界时势和中国国情发展的必然结果。中国人民选择马克思主义作为解救中国的真理，成为中国工人阶级政党——中国共产党的理论基础和思想指南，马克思主义作为思想武器与中国人民的物质力量结合在一起，转化成巨大的革命的能动力量，改变了中国的历史命运，是中国近代以来历史发展的必然逻辑。

李慎明（中国社会科学院党组副书记、副院长）认为，马克思主义在中国的伟大胜利与中国共产党的中高级领导干部承担着坚持和发展马克思主义理论的最重要的历史责任密切相关。可以说，他们的理论水平是党的执政水平和领导水平的重要体现。党的中高级领导干部要自觉带头学习好马克思主义经典著作，是其在党和国家政治、经济生活中特殊地位与作用的必然要求；是正确把握人类历史发展规律、坚定正确的理想信念的必然要求；是分清理论是非、坚持创新正确理论的必然要求；是贯彻落实科学发展观的必然要求；是改造世界观的必然要求。

程恩富（中国社会科学院马克思主义研究学部主任、马克思主义研究院院长）认为，马克思主义是立党立国的根本指导思想。马克思主义成为立党立国的根本指导思想，是历史的选择、人民的选择。近代中国，面对空前深重的民族危机和社会危机，中国人民进行了不屈不挠的斗争，无数仁人志士苦苦探索救国救民的真理。各种主义和主张先后出场，有些还颇有声势和影响，但最终都昙花一现地消失或破灭了。只有找到了马克思主义这一科学理论和战略思想以后，才从根本上解决了中国的前途和命运问题。

李崇富（中国社会科学院马克思主义研究学部委员、马克思主义研究院研究员）认为，党的90年奋斗史反复证明，马克思列宁主义及其中国化理论，是我们立党立国之本，是全国各族人民团结奋斗的共同思想基础、根本的精神支柱。马克思主义基本原理之所以成为指导我国革命、建设和改革的根本理论基础，原因在于：一是马克思主义不是地域性的、而是关于世界的“主义”，它关注研究的是世界的前途和人类的命运，所揭示的是人类社会发展的基本规律和世界历史演进的总趋势；二是马克思主义不只是德国和西欧的、而是世界各国无产阶级共有的“主义”，它是无产阶级阶级意识的思想升华，是“无产阶级立场在反对资产阶级的阶级斗争中的理论表现，是无产阶级解放条件的理论概括”，从而阐明了无产阶级彻底革命的阶级地位和消灭一切阶级、解放全人类的历史使命；三是马克思主义不只是批判资本主义的、而是关于整个世界由资本主义过渡到共产主义的整个历史时代的“主义”，它揭示了社会主义必将取代资本主义的客观必然性，提出了建设未来新社会（包括共产主义第一阶段及其高级阶段）的原理和原则。

徐崇温（中国社会科学院荣誉学部委员、哲学所研究员）认为，回顾这90年来的发展历程，我们党先是在新民主主义革命中，用不同于十月革命的方法，成功地继续了十月革命所开辟的道路，在中国建立了社会主义制度，使我们党在国际共产主义运动中脱颖而出；接着，又在改革开放和社会主义现代化建设中，开辟出中国特色社会主义新道路，从而在世界社会主义运动因为东欧剧变、苏联解体而处于低潮谷底的时候，我国的社会主义制度不仅巍然屹立，还使我们国家的面貌发生了历史性变化，社会生产力和综合国力大幅度提高，中华民族伟大复兴前景在望。

侯惠勤（中国社会科学院马克思主义研究院党委书记、副院长）认为，90年来，我们党之所以能够不断地开辟引领中国前进的新路，就在于在指导思想上，我们党始终坚持把马克思主义基本原理运用到中国的具体实际，这就是说，指导思想上的一脉相承和与时俱进相统一，决定了中国道路的成功。从旗帜上看，就是高举马克思主义共产主义的旗帜和高举不同历史时期马克思主义中国化伟大成果旗帜的内在一致性。

（二）政党建设：中国共产党的伟大胜利

王伟光指出，中国共产党波澜壮阔的90年告诉我们，没有中国共产党，就没有中国特色社会主义。以马克思主义为指导、代表工人阶级这一新生先进阶级的中国共产党自成立以来，就勇敢地担负起领导中国革命、建设和改革，建设社会主义强国的伟大使命。

李慎明认为，90年来，中国共产党之所以取得伟大的胜利，关键在于把人民群众视为生命根基。站在什么人的立场上，为什么人、依靠什么人的问题，是一个根本问题、原则问题。一切为了人民、一切依靠人民，是我们党一切工作的根本出发点和落脚点。除了工人阶级和最广大人民的利益，党没有自己特殊的利益。因此，我们要自觉地把最广大人民的根本利益作为观察和处理问题的基本准则，想问题、作决策、办事情都要从人民群众的根本利益出发，努力使我们的路线方针政策更好地体现人民群众的根本利益，切实办好顺民意、解民忧、惠民生的实事，不断让人民群众得到实实在在的利益。

朱佳木认为，从辛亥革命的爆发和中共诞生的历史事件比较中，更显现出中国共产党的伟大功勋。因为它们的目的都是为了要救中国于危亡之中，进而使中国独立富强，使中华民族实现复兴。但辛亥革命要走的资本主义道路在中国走不通，这就决定了选择社会主义道路的中国共产党必然要登上历史舞台，而且果然登上了历史舞台，担负起了领导中华民族复兴的大任。近一个世纪的历史证明，由于中国共产党善于把马克思主义普遍真理同中国具体实际相结合，正确回答和解决了中华民族在复兴道路上面对的一系列重大问题，因而继承并发扬光大了辛亥革命的未竟事业，使中华民族的伟大复兴一步步变成现实。

房宁（政治学研究所党委书记、所长）认为，建党90年来，中国共产党依靠和发动中国最广大人民群众，成功地走出了一条民主新路。在中国，实现和发展人民民主最根本的就是把共产党领导、人民当家做主和依法治国有机统一起来，这是中国民主政治发展的基本规律。坚持正确的政治方向，不搞多党轮流执政，不搞指导思想多元化，不搞“三权鼎立”和两院制，不搞联邦制，不搞私有化，是继续坚持中国特色社会主义道路的政治保障。

尹韵公（新闻与传播研究所所长）认为，中国共产党之所以取得伟大的胜利，与运用内参进行治国理政，提高了我党执政能力建设有重要关系。我国的内参工作及其机制是我党的一个伟大的创造，它是马克思主义中国化在新闻传播领域的一个丰硕成果。我国的内参工作及其机制是整个新闻传播体制的重要组成部分。同时，它又是我国领导层治党治国治军的重要利器、重要平台和重要渠道。

刘国新（当代中国研究所研究员）认为，中国共产党之所以能够成功，能够长盛不衰，其最重要的原因在于：根据主客观条件和环境的变化，及时地做出调低或者调高社会主义现代化建设的奋斗目标，使我们的规划更加实事求是。同时，把握改革开放新形势和新世纪新阶段的特点与趋势，使现代化建设目标由以经济为主到经济、政治、文化、社会、生态五位一体全面的综合的指标体系，一步一步接近和最终实现自己的理想，既代表了广大人民振兴中华的意愿，又符合历史发展规律。

（三）成功经验：自觉推进马克思主义中国化

王伟光指出，中国共产党领导中国人民在革命、建设和改革的90年历程中，实现了马克思主义两次历史性飞跃，创造了马克思主义中国化既一脉相承又丰富发展的两个理论形态——毛泽东思想和中国特色社会主义理论体系，取得了中国革命、社会主义建设和社会主义改革开放三个伟大成就，实践创新带动理论创新，理论创新引导了实践创新。其成就的取得归根到底是我们党坚持了实事求是的思想路线。其重要启示有：一是马克思主义中国化的实质与精髓就是实事求是思想路线，坚持马克思主义，必须坚持实事求是；二是坚持实事求是思想路线，不断推进马克思主义中国化，最重要的就是坚持理论联系实际的学风和密切联系群众的作风；三是坚持理论联系实际和密切联系群众，必须密切联系不断发展的实践，永不脱离群众，不断推进马克思主义中国化的理论创新。

程恩富认为，90年来，中国共产党坚持把马克思主义基本原理与中国具体实际相结合，不断取得马克思主义中国化的理论成果，指导中国革命、建设和改革不断走向胜利。新民主主义革命时期，中国共产党经过28年艰苦卓绝的斗争，推翻了“三座大山”，实现了民族独立和人民解放，建立了人民当家做主的新中国。社会主义革命和建设时期，确立了社会主义基本制度，建立起了比较完整的工业体系和国民经济体系，使古老中国以崭新的姿态屹立于世界东方。改革开放新时期，我们开创了中国特色社会主义道路，坚持以经济建设为中心、坚持四项基本原则、坚持改革开放，建立和完善社会主义市场经济体制，大幅度提高了我国的综合国力和人民生活水平，为全面建设小康社会、实现中华民族伟大复兴和繁荣开辟了广阔的前景。

李崇富认为，我们党的90年，是中国社会制度根本变革和社会面貌发生历史性变化的90年，是马克思列宁主义普遍真理不断同中国实际相结合的90年。从历史经验看，我们党为要自觉地继续推进马克思主义中国化的理论和实践探索，就应积极和慎重地认识和处理其中几个基本关系：一是坚持党的工作重点与指导思想的完整性的统一；二是坚持社会实践的基础性与科学理论的导向性的统一；三是坚持理论创新的时代性与原理体系的相对稳定性的统一；四是坚持其基本原理的普遍性与我国国情的特殊性的统一。处理好这些基本关系，才能自觉地继续推进马克思主义中国化，促进马克思主义获得新发展，从而指导我国加快转变我国经济社会的发展方式，引领中国特色社会主义继续顺利发展。

徐崇温认为，在人类历史上，90年只是一个短暂的瞬间，我们党之所以能够在这么一个短暂的瞬间成就这样辉煌的业绩，根本的原因在于把马克思主义的基本理论和中国的具体实际紧密结合起来，不断推进着马克思主义中国化：毛泽东在1938年党的六届六中全会上提出“使马克思主义中国化”；在1956年党的八大开幕词中宣告：“把马克思列宁主义的理论和中国革命的实践密切地结合起来，这是我们党的一贯的思想原则。”邓小平在1982年党的十二大开幕词中指出：“把马克思主义的普遍真理同我国的具体实际结合起来，走自己的道路，建设有中国特色的社会主义，这就是我们总结长期历史经验得出的基本结论。”江泽民在党的十五大阐述马克思主义中国化的基本涵义说：“马克思列宁主义、毛泽东思想一定不能丢，丢了就丧失根本。同时一定要以我国改革开放和现代化建设的实际问题、以我们正在做的事情为中心，着眼于马克思主义理论的运用，着眼于对实际问题的理论思考，着眼于新的实践和新的发展。”胡锦涛则在党的十七大上，把坚持马克思主义基本原理同推进马克思主义中国化相结合，列为我国改革开放“十个结合”宝贵经验之首。十分明显，不断推进马克思主义中国化，是我国社会主义事业兴旺发达的关键。

（四）面向未来：继续推进马克思主义中国化的理论创新

王伟光指出，马克思主义不是僵化的教条，而是与时俱进的科学理论。马克思主义中国化是一个开放性的过程，随着实践的发展，它必将会获得新的理论生长点，实现新的繁荣和发展。面向未来，只要我们党始终坚持马克思主义和马克思主义中国化，高举中国特色社会主义伟大旗帜，就一定能够实现全面建设小康社会的奋斗目标，迎来中华民族伟大复兴更加光明的前景。

李慎明指出，当前国际政治经济格局继续发生深刻而复杂的变化，我国仍处于重要战略机遇期，同时仍存在许多可以预料和难以预料的严峻风险与挑战，我们要深入贯彻落实科学发展观，加强理想信念教育，不断创新党的建设，加快发展方式转变，在挑战中谋发展，在推进马克思主义中国化的理论创新中破难题。

朱佳木指出，历史告诉我们，中国共产党是中华民族复兴大业的推动者、领导者和组织者，也是引路人、主心骨和守护神。只要我们始终坚持中国共产党的领导，坚定不移地沿着中国特色社会主义道路前进，推进马克思主义中国化的理论创新，同心同德，奋力拼搏，就一定能战胜前进道路上的各种困难，在本世纪中叶实现中华民族的伟大复兴。

李崇富认为，当代中国共产党人，面对当今机遇与挑战并存的国际环境和肩负着的历史责任，必须立足当代、背靠历史、展望未来，真正确立社会主义、共产主义的理想信念，才能拒腐防变；必须认真学习和善于运用马克思主义世界观和方法论，才能清醒坚定；必须完整准确地理解和把握马克思主义中国化的历史进程、基本经验和理论成果，才能坚持和发展中国特色社会主义事业。

程恩富认为，面向未来，推进马克思主义中国化的理论创新，必须积极推进马克思主义的中国化、时代化、大众化。实践和实现这一战略任务，对于建设马克思主义学习型政党，丰富发展中国特色社会主义理论体系，全面推进改革开放和社会主义现代化建设具有深远的战略意义。就马克思主义大众化来说，它是指把马克思主义基本原理和观点通俗化、具体化，使之更好地为人民大众所理解、所接受。为了使广大干部群众真信、真学、真懂、真用马克思主义，马克思主义大众化应注重科学性，要科学地阐述理论本身，科学地理论联系实际，科学地运用现代科技手段。

武寅在大会总结中强调，马克思主义是中国共产党的灵魂。在革命和建设的不同环境下，中国共产党把马克思主义与中国实际相结合，不断推进马克思主义中国化，以指导我们的实际工作。中国社科院在推进党的思想理论建设方面，采取了一系列措施，取得了不少的成果。让我们以建党90周年为契机，继续推进马克思主义中国化的理论创新，把中国社科院三个定位之一，马克思主义坚强阵地的建设提升到一个新的高度。

（中国社会科学院朱丽雅供稿）

纪念辛亥革命100周年国际学术研讨会　10月12日，由中国社会科学院和湖北省人民政府联合主办，中国史学会、中国社会科学院近代史研究所和湖北省社会科学界联合会、武昌辛亥革命研究中心联合承办的以“辛亥革命与百年中国”为主题的“纪念辛亥革命100周年国际学术研讨会”在武汉召开。全国政协副主席、中国社会科学院党组书记、院长陈奎元，中国社会科学院党组副书记、常务副院长、学部主席团主席王伟光，中共湖北省委副书记、湖北省省长王国生，湖北省政协主席杨松，中共中央文献研究室副主任李捷，中国社会科学院党组成员、副院长武寅出席开幕式。

中国社会科学院党组副书记、常务副院长、学部主席团主席王伟光在会上发表重要讲话。中国台湾“中国文化大学”教授陈鹏仁、日本东京大学教授滨下武志、法国法兰西学院院士巴斯蒂教授分别为大会致辞，对推动辛亥革命研究的深入发展提出独到见解。

参加本次研讨会的中外学者共有200余人。会议期间，与会者重温了百年前辛亥革命的场景，回顾了辛亥革命发生百年来的历史变迁，总结了辛亥革命的伟大功绩和历史意义，展望了辛亥革命发生百年后的未来走向。

（一）辛亥革命发生的必然性

王伟光指出，辛亥革命是在近代中国屡遭列强欺凌，逐渐沦为半殖民地、半封建社会的背景下发生的。由于清朝政府不思进取，顽固守旧，它不仅不能解决近代中国面临的危局，不能有效地抵抗列强的侵略扩张，不能实现自身的变革进而实现国家的变革，反而对内镇压民众反抗和变法维新，对外步步妥协退让，政治腐败，社会动荡，民生困苦。清朝政府已经不能担当抵抗外部侵略，进行内部变革，从而实现民族独立和国家富强的历史责任。推翻清政府的封建专制统治，便成为近代中国实现反帝反封建的革命任务、建立独立富强的民族国家的前提条件。此时的中国，实际上已经面临一个别无选择的局面，这就是革命。只有革命，才能扫除已经成为严重阻碍中国社会发展障碍的清朝封建统治。

王伟光强调，在近代中国风雨如晦的年代，一切有爱国心的中国人，有感于国家的危亡，不甘于民族的屈辱，都在以各种各样的方式探求改变中国命运的道路。孙中山先生就是他们当中的杰出代表，他率先发出了“恢复中华”“振兴中华”的呐喊，提出了民族、民权、民生的三民主义政治纲领，并且身先士卒，领导革命运动，进行革命宣传，发动武装起义，致力于推翻清朝政府，建立民主共和，推动国家进步，实现民族复兴的伟大事业。正是在孙中山先生及其领导的革命党人的广泛宣传、周密组织与大力策动之下，1911年10月10日，湖北武昌新军首先起义，并迅速得到全国响应，对清政府失望至极的社会各阶层广泛地参与到革命中来，最终成功地推翻清王朝统治，终结了在中国延续2000多年的封建君主专制制度，开创了中国历史划时代的新篇章。

尹汉宁（中共湖北省委常委、宣传部部长）指出，分析湖北的社会条件，可以清楚地看到，武昌起义发生的时点具有某些偶然性，但武昌起义的成功是历史的必然。从当时湖北的情况来看，具备了发动起义并取得胜利的先决条件和良好基础。第一，近代湖北工业起步较早，具有一定的规模；第二，近代湖北文化教育兴盛，思想新锐活跃；第三，近代湖北战略地位突出，区位优势明显；第四，近代湖北革命力量相对集中于新军，易于组织，具有牺牲精神。

金冲及（中国史学会原会长、中共中央文献研究室原常务副主任）认为，清朝统治集团的覆灭是不可避免的。武昌起义是遍及中国的全面危机的产物。局势发展之快速，规模之广泛，声势之猛烈，是惊人的。它是民众长期郁积的对祖国前途焦虑和对清朝政府强烈不满的大爆发。

（二）辛亥革命的历史意义

王伟光指出，辛亥革命一举推翻了在中国延续2000余年的封建君主专制制度，在中国历史上具有划时代的伟大意义，产生了极为深远的历史影响。

辛亥革命开创了完全意义上的民族民主革命。它在中国几千年历史上提出了一个全新的奋斗目标：民族独立、民主政治、民生幸福，它不只是一次简单的历史上曾发生过若干次的改朝换代。君主专制在中国存在了几千年，辛亥革命之后，任何想在中国重新建立或复辟帝制的主张和行动，都以失败告终，被历史唾弃。这说明辛亥革命带来的民主共和观念深入人心，任何想开历史倒车的行为都不能被社会所接受。

辛亥革命促进了中华民族的思想觉醒。与推翻君主专制相伴而行的是，人们的思想获得前所未有的解放。曾经至高无上视为神圣的皇帝都倒了，再没有什么不可打破的东西了。新文化运动继之而起，思想解放的潮流席卷而至，人们放眼世界，从各种舶来的理论中比较着、寻找着救国救民的真理，最后终于找到了适合中国的革命理论——马克思列宁主义，找到了一条适合中国的发展道路——社会主义道路。可以说，由辛亥革命所开启的思想解放深刻影响了其后中国历史的演进与发展。

辛亥革命还产生了重大的国际影响。100年前，世界上实行共和政体的国家屈指可数，亚洲则没有一个共和国。辛亥革命在亚洲建立了第一个共和国，它广泛影响到亚洲和世界的殖民地、半殖民地国家和地区，成为鼓舞这些国家和地区的人民争取独立、建立民权的奋斗榜样，从而也使辛亥革命成为具有国际影响力的重大事件。

尹汉宁强调，由湖北革命党人首举义旗、拉开辛亥革命序幕，这在中国历史发展进程中具有重大意义。100年来，首义精神延绵不断，湖北人民继承和弘扬首义精神，为中国革命、建设和改革事业作出了重大贡献。第一，以武昌首义为标志，中国民主革命进入了新的起点。武昌起义为推翻帝制作出了示范，坚定了信心。第二，以武昌起义为起点，湖北的仁人志士继承和发扬首义精神，为民族独立和国家富强不懈奋斗。中国共产党是孙中山革命事业最坚定的支持者、最紧密的合作者、最忠实的继承者。首义之地的湖北人民继承和发扬首义精神，在党领导下的革命、建设和改革开放各个时期创造出不凡的业绩。

张海鹏（中国史学会会长、中国社会科学院学部委员）认为，辛亥革命是中国历史进入20世纪后发生的一次伟大的革命，是20世纪中国第一个最具有历史意义的重大历史事件，还可以说是自秦统一以来中国历史最伟大的一次历史性转折。辛亥革命的最大意义在于，革命的发生动摇了中国人对两千年来似乎千古不变的封建专制——皇权统治的崇拜，用武装起义的方式掀倒了皇帝的宝座，成立了共和国，从而结束了几千年习惯了的对皇帝、宰相、大臣的顶礼膜拜。

（三）辛亥革命的时代局限

王伟光指出，社会的变革和进步不可能一蹴而就。辛亥革命亦不例外，它也不可避免地带有其时代的局限性。然而，辛亥革命虽然没有完成近代中国反帝反封建的历史性任务，没有改变中国半殖民地半封建的社会性质，但是，它为中国的进步开启了历史的闸门，提供了广阔的可能性。辛亥革命是20世纪中国三次历史性巨变中的第一次。

尹汉宁指出，在当时的历史条件下，弱小的资产阶级不可能彻底完成反帝反封建的历史使命，不可能解决中华民族生死存亡的根本问题。由于辛亥革命没有充分发动和依靠工农大众，使革命力量的成长受到极大限制，革命的果实落到了官僚阶层和军阀集团手中，辛亥革命最终未能改变中国半殖民地半封建的社会性质和中国人民的悲惨命运。

张海鹏认为，辛亥革命也是一次未能获得满意结果的革命。第一，革命派奋斗的目标未能完全实现，中华民国的政权为清朝最后一任内阁总理大臣袁世凯所夺取。第二，由于革命派的软弱，不敢提出反对帝国主义的战略方针。第三，辛亥革命是资产阶级性质的革命，其目的是要在中国推进资本主义，是要建立资产阶级的政党政治，但是历史证明此路不通。第四，辛亥革命缺乏有力的政党领导。总之，辛亥革命为20世纪中国的历史进步打开了闸门，但是辛亥革命毕竟未能完成历史赋予它的救国与振兴中华的使命。

杨天石（中国社会科学院荣誉学部委员）认为，清朝皇帝退位了，民主共和制度建立了，这是辛亥革命时期革命党人为中国历史所建立的伟大功绩，也是孙中山为中国历史建立的伟大功绩，值得中国各族人民永远纪念。但是，孙中山说得很清楚，他只是“先成一圆满之段落”，“段落”不是文章。辛亥革命胜利得快，代价小，中国的面貌难以一下子焕然大变。所以，孙中山的遗言是，“革命尚未成功，同志仍须努力”。

（四）辛亥革命百年后的思索与展望

王伟光指出，中国共产党始终高度评价辛亥革命的伟大意义，并将自己视为辛亥革命的传人，将自己领导的革命视为辛亥革命的继承和发扬。辛亥革命为中国共产党的成立作了思想准备和干部准备，为中国共产党领导的反帝反封建的新民主主义革命和社会主义革命准备了条件和前提，社会主义改革开放和中国特色社会主义事业是辛亥革命的继续和前进。中国共产党一直为实现中华民族的复兴而坚持不懈地努力奋斗，并取得了举世瞩目的成就。辛亥革命先辈们振兴中华的远大理想，如今已经或正在成为现实，中华民族的伟大复兴正展现出前所未有的光明前景。

王国生（中共湖北省委副书记、湖北省省长）强调，辛亥革命始于湖北、始于武昌，写下了光辉灿烂的篇章，留下了宝贵的精神遗产，辛亥志士为振兴中华而矢志不渝、顽强奋斗的爱国情怀，“以浩气赴事功，置生死于度外”的献身精神，关心民生疾苦、立志为百姓谋福祉的高尚品德，顺应潮流、放眼世界的博大胸怀，已成为中华民族的宝贵精神财富，激励着一代又一代中华儿女为实现中华民族的伟大复兴而不懈奋斗。今日的湖北经济、政治、文化、社会以及生态文明建设取得了长足进步，综合实力显著提升。“十二五”时期是湖北发展的战略机遇期和黄金期，我们要认真学习借鉴专家学者的研究成果，虚心听取大家的意见和建议，紧紧抓住国家促进中部地区崛起的宝贵机遇，更加奋发有为地推进全省经济社会跨越式发展，谱写无愧于历史、无愧于时代的篇章。

尹汉宁指出，以武昌首义为标志的辛亥革命，是中国人民为改变自己命运而奋起革命的一个新的伟大起点，是中国共产党领导的人民革命之前的一次最重要的革命。武昌起义的爆发，具有特定的时空条件。以把握大势、乘势而上、勇于担当、敢为人先为主要内容的首义精神百年延绵。首义之地的湖北儿女在中国共产党领导下的革命、建设、改革开放各个时期，不断推动社会变革进步。回望百年辛亥，缅怀革命先贤，我们要进一步继承和弘扬首义精神，推动湖北科学发展、跨越发展，奋力推进湖北由工业大省向工业强省、农业大省向农业强省、科教大省向科教强省、文化大省向文化强省跨越，以非凡卓越的发展业绩，担当起构建战略支点的崇高使命。

张海鹏认为，辛亥革命未能完成的历史使命，是由孙中山的朋友和合作者、孙中山事业的继承者中国共产党人在后来推进的新民主主义革命和社会主义建设中完成的。辛亥革命以后的历史发展证明：是近代中国历史的发展选择了马克思主义，选择了中国共产党，选择了社会主义。比较100年前，中国历史发生了翻天覆地的变化。中国今天已经站在一个新的历史起点上，要为中华民族复兴的伟大事业继续奋斗。毛泽东在1956年《纪念孙中山先生》一文中预言过“进到二十一世纪的时候，中国的面目更要大变。中国将变为一个强大的社会主义工业国。……中国应当对于人类有较大的贡献”。

中共中央文献研究室副主任李捷在大会闭幕式上强调，这次研讨会是一场高规格、高水平、高规模、空前的学术盛会，具有继往开来的重要意义。它体现出了四个特点：第一，扎实严谨的治学态度；第二，纵横开阔的学术使命；第三，多维视角的治学方法；第四，从容讨论的雅士风度。李捷也代表组委会，感谢与会作者提供高质量的论文，对参加论文评选的评委表示敬意，同时还向会议的主办方中国社会科学院、湖北省人民政府和会议的承办单位表示感谢，向会务人员、服务人员、社科文献出版社、国家图书馆出版社表示感谢。李捷还表达了自己对各位学者，对辛亥革命研究的美好祝愿。

这次研讨会是继纪念辛亥革命70周年、80周年、90周年国际学术讨论会之后，在武汉市举行的第四次国际性学术盛会，前三次纪念大会的主题分别是“辛亥革命和中国资产阶级”“辛亥革命与近代中国”“辛亥革命与20世纪的中国”。

（中国社会科学院朱丽雅供稿）

世界与中国：2012学术研讨会　由中国社会科学院主办、中国社会科学院世界经济与政治研究所承办的“中国社会科学论坛2011国际问题”系列讨论之“世界与中国：2012学术研讨会”在北京召开。中国社会科学院副院长李扬研究员、中国社会科学院国际研究学部主任张蕴玲研究员出席会议并致辞。中国社会科学院世界经济与政治研究所所长张宇燕研究员主持开幕式。来自北京大学、外交学院、中国现代关系研究院、国务院发展研究中心等多家高校、科研机构以及中国国际金融有限公司、中信证券等多家金融机构的专家学者及相关学术期刊和报纸的编辑，近百人在岁末年初之际，围绕世界经济和国际政治中的热点、焦点问题进行了讨论和点评。

此次会议在“世界与中国：2012学术研讨会”主题之下，设置了四个分议题，分别为：“世界经济形势回顾与展望”“中国经济形势回顾与展望”“国际形势回顾与展望”“世界与中国”。

1. 第一项议题“世界经济形势回顾与展望”由中国社会科学院世界经济与政治研究所副所长何帆研究员主持。

首先日本银行驻北京代表处首席代表新川陆一先生就“当前日本经济概况”作报告。他指出，

2011 年日本大地震损失严重，前两季度 GDP 降到负；但第三季度大地震的恢复建设比预想的快得多。2012 年国内、国外需求拉动，GDP 预测较高。日本银行将继续执行宽松的货币政策。

经济学人智库中国分析预测总监周史迪（Stephen Joske）先生就“2012 全球经济展望、欧元区问题对世界其他国家的影响”作了主题发言。周史迪先生表达了对欧洲经济的悲观看法，意大利国债有可能引起整个欧元区银行体系的崩溃。欧洲经济与中国最直接的联系在于香港金融市场，债务市场的恶化会引起金融市场的交易波动。

中国国际金融有限公司首席经济学家彭文生先生就“国际收支不平衡的新挑战”作了主题演讲。他指出，欧洲债务问题本质上是国际收支不平衡的问题，反映的是欧元区长期的国际竞争力。欧洲情况短期不必特别悲观，但长期并不乐观，因为需要深度的结构调整。对于中国来说，政府和私人部门之间对外资产分布的严重失衡，是金融稳定需要长期关注的问题。

国务院发展研究中心世界发展研究所副所长丁一凡教授针对“欧元区债务的发展趋势”进行了主题演讲。他指出，欧洲债务市场上现在仍然信心不足；但在悲观现状下也存在着一些利好因素，如政治上的合作意愿。如果欧洲不走向联邦，债务危机就无法最终解决。

中国社会科学院欧洲研究所副所长江时学教授也针对“欧洲债务危机”阐述了自己的观点。江教授认为，债务危机存在的有利因素包括：德国和法国经济发展保持较好的增长势头；EFSF 扩容；强化经济治理的宏观计划已经基本成型。

2. 第二项议题“中国经济形势回顾与展望”由中国社会科学院世界经济与政治研究所全球宏观经济研究室主任张斌副研究员主持。

首先中信证券股份有限公司董事总经理、首席经济学家诸建芳先生作了题为《底部突围：转型保增长——2012 年中国经济展望》的主题讲演。他对明年经济形势看法比较谨慎，认为经济会呈现底部突围、转型保增长的走势。经济如果没有政策的调整，会进一步往下探。

中国人民大学经济学院副院长刘元春副教授作了题为《悲观氛围中的乐观因素》的讲演。他指出欧洲主权债务危机导致中国外部环境的恶化；房地产深度调整导致房地产投资和消费的回落；结构性问题、历史性问题叠加产生的深层次风险；以及悲观预期本身。这四个原因促成了 2012 年悲观的预期；但也存在乐观的因素，主要包括加速阶段的消费和中西部的增长。

银行证券首席经济学家潘向东先生提出了我国经济呈现混沌增长的观点。经济周期波动，政策工具的刺激使得经济回升，一旦政策工具全部用完了，经济会面临着断崖式的下降。中国经济走势的预测更多的是与政府政策的博弈。

中国社会科学院经济研究所宏观经济研究室主任张晓晶研究员就“中国宏观经济管理面临的挑战”这一主题进行了讲演。他认为明年经济的硬着陆没有可能。明年我国宏观经济面临的问题是：增长，结构，物价，金融风险。最重要的是政府减少对微观经济的控制。

中国社会科学院金融研究所金融实验室主任刘煜辉就“长期政策的拐点或已经形成”作了主题报告。他指出，拐点是指财政从过去八年扩张的状态进入了一个收敛状态的过程。未来下一届政府可能会执行一个中性偏紧的财政，这是一个大的调整。

3. 第三项议题“国际形势回顾与展望”由中国社会科学院世界经济与政治研究所所长张宇燕研究员主持。

中国社会科学院美国研究所所长黄平教授针对“美国重返亚太战略及其影响”作了主题讲演。美国重返亚太，对我国的影响还在持续，直接反映在经济、文化、岛屿归属等方面的纠纷问题。除了双方的沟通、协商、博弈之外，我们也要加强与周边国家的相互关系。

外交学院秦亚青教授以《世界格局与东亚政治经济发展的动力》作了主题讲演。他指出。1998 年到现在 10 年多的发展，中国对东亚地区经济发展的推动力不可小视。地区内经济进程以合作为主导，但政治上仍有很多意见。东亚地区经济合作和安全进程互相影响，共同进步，共同发生作用。

此外，中国现代国际关系研究院欧洲所所长冯仲平研究员、中国社会科学院西亚非洲研究所殷罡研究员、北京大学国际政治经济研究中心主任王勇教授和英国《金融时报》中文网专栏作家加藤嘉一先生分别就“欧债危机及其影响”“观察中东大动荡要着眼于民族和教派角逐”“新资源政治：澳大利亚与南非对华政策比较研究”“中日关系与东亚安全”作了主题演讲。

4. 第四项议题“世界与中国”由中国社会科学院世界经济与政治研究所所长助理兼国际投资研究室主任姚枝仲研究员主持。

中国社会科学院世界经济与政治研究所国际政治理论研究室主任李东燕研究员作了题为《2012：中国国际多边合作面临的问题与挑战》的报告。他指出，中国对多边外交的重视与支持不断加强，中国民众对多边外交和多边合作给予积极支持。2012 年，中东北非问题、南海终端问题和美国在亚洲的存在都还将继续，面对这些问题，中国应该更好地改进自己的多边外交。

中国社会科学院世界经济与政治研究所国际贸

易研究室主任宋泓研究员作了题为《国际贸易形势与中国贸易发展》的主题讲演。他指出，世界贸易形势2012年不会陷入像2008年、2009年国际金融危机那样的大幅度衰退；中国经济抵抗外部贸易冲击的能力较强，2012年宏观形势预计会保持约15%左右的贸易增长。

此外，中国社会科学院世界经济与政治研究所国际金融研究室副研究员黄薇和中国社会科学院世界经济与政治研究所国际政治经济学研究室副研究员冯维江就“G20：全球治理何处去”和“国际政治经济学的I4F2分析框架：以美国重返亚洲为例”分别作了主题演讲。

（中国社会科学院朱丽雅供稿）

全国省级方志工作机构主任会议 3月29日，全国地方志指导小组办公室举行全国省级方志工作机构主任会议，朱佳木在会上发表了题为《大力弘扬创新精神，把地方志工作不断推向前进》的讲话。摘要如下：

2011年度全国省级方志工作机构主任会议，今天在我国第一个经济特区深圳市召开了。第四次全国地方志工作会议召开到现在，已经过去了两年零四个月。两年多来，全国地方志系统的广大干部职工以科学发展观为指导，认真贯彻四次工作会议精神，努力落实《地方志工作条例》（以下简称《条例》），积极推动第二轮修志，全面开展年鉴编纂、旧志整理、理论研究、读志用志、人员培训等各项工作，使地方志事业呈现出前所未有的繁荣景象。这两年多，在原先一些地方颁布实施地方志法规、规章的基础上，又有江苏、甘肃、新疆、云南等四个省（自治区），以及十多个市、县（区）出台了地方志法规、规章。在原先大部分省份已开展二轮修志的基础上，又有天津、上海、江苏、新疆等省（自治区、直辖市）正式启动了二轮修志。在原先大部分省份已将综合年鉴编纂工作纳入地方志工作范围的基础上，又有甘肃省综合年鉴编纂工作划归了地方志工作机构，海南省全面启动了省、市、县三级综合年鉴编纂工作，江苏省实现了县级年鉴工作的全面覆盖。在原先大量旧志整理出版的基础上，又有浙江省出版了《宋元浙江方志集成》14册，广东省出版了《广东历代方志集成》276册，使整理出版或影印出版的旧志多达2000余种。在原先大部分省级地方志网站建立的基础上，又有天津、山西、广西、新疆等省（直辖市、自治区）的地情网正式开通。此外，2009年中国地方志协会也完成了换届工作。特别是2010年，全国地方志系统在事隔五年后，又开展了第二次先进集体、先进工作者的评选活动，并在北京人民大会堂隆重召开了表彰大会。经国务院部署、中国地方志指导小组负责组织编纂的《汶川特大地震抗震救灾志》，陆续拿出了各分卷初稿，已开始进入总纂阶段。酝酿已久的《方志百科全书》编纂工作终于启动，并成立了由地方志工作机构领导干部、方志界学者和百科全书编纂专家三结合的编委会，在方志学科建设上迈出了重要一步。中国地方志协会与中华人民共和国国史学会等单位合作，首次举办了以“中国当代史研究与地方志编纂”为主题的学术研讨会，为史志工作者的交流、合作开了好头。中国地方志指导小组办公室与中央电视台合作，联合摄制并在中央电视台播出了十集电视纪录片《方志中国》，为扩大地方志影响产生了积极作用。

（一）关于方志工作的制度创新

中国在修志之初，本无成形的制度。隋唐以后，修志被纳入官职官责。从明清开始，由朝廷出面颁发修志诏谕。民国初年规定，省、县两级政府都要修志，而且要成立修志机构。新中国成立后，修志任务被列入国家中长期哲学社会科学规划，并且成立了国家地方志工作指导机构。改革开放后，中央恢复了中国地方志指导小组，由国务院委托中国社会科学院代管。此后，以国务院办公厅、中宣部、中国地方志指导小组名义发出了一系列有关修志工作的规定、决定、通知、意见，形成了一整套行之有效的制度，例如，省、市、县三级修志制度，“一纳入和五到位”制度，评稿会制度，志书审查验收制度，资料报送制度，等等。尤其是2006年《地方志工作条例》的颁布实施，更使地方志工作由制度化进入法制化轨道，开启了依法修志的新时期，成为修志史上最大的制度创新。

但是，能不能说地方志工作的制度创新到此就结束了呢？不能说。首先，地方志工作虽然在国家层面有了法规，但要使它得到有效贯彻，还需要由地方各级法规制定部门制定《条例》的实施细则或相应的地方性法规。目前，全国已有19个省（自治区、直辖市）、20多个有立法权的市和民族自治地方的人民代表大会及其常委会，制定了《条例》实施办法或本行政区域的地方志工作条例、管理办法，还有10多个省级和大多数有立法权的市及民族自治地方没有制定这方面的地方性法规和单行条例。其次，还有一些不够入法条件但却很重要的问题，仍然缺少由各级政府和地方志工作机构制定的相应规章、制度。例如，地方志工作机构如何设置，每轮修志如何启动，等等。所有这些，都有待我们通过制度创新进一步解决。最后，随着形势的发展，在地方志工作已有的制度中，有的需要修改完善，有的需要重新制定。前一时期，中国地方志指导小组为了指导二轮修志工作，就依据《条例》并结合首轮修志实践和二轮修志面临的新情况，制定了有关二轮修志的“24条”，即《关于第二轮地方志书编纂的若干意见》；为了确保地方志书的编纂质量，又依据《条例》和国家关于出版管理的法律、法规，在总结修志经验、征求各地和各方面意见的基础上，制定了有关志书质量的“50 条”，即《地方志书质量规定》。为了体现地方志书作为国家行为的严肃性和规划的统一性、权威性，中国地方志指导小组还依据《条例》，制定了志书编纂规划的备案制度。这些都是制度创新的成果。与此同时，各地也依据《条例》，结合发展了的实际，重新制定或修订了许多规章制度。这些同样是制度方面的创新。总之，只要地方志工作存在，地方志工作的制度创新就不会完结。

（二）方志工作的体制机制创新

所谓体制，一般指一定工作系统的组织形式。修志早期，最常见的大概是由地方行政长官聘请士绅、鸿儒参加志书编撰的体制。新编地方志工作开展以后，逐步创立了省、市、县三级设立地方志工作机构和党委领导、政府主持、各级地方志编纂委员会及其办公室组织实施的修志体制。实践说明，这种体制基本符合新中国开展地方志工作的实际，保证了首轮修志的顺利完成。但是，这种体制在少数地方至今仍然未能完全实行。例如，有的地方志工作机构放在党委系统，造成领导关系的不顺。有的地方志工作机构与其他部门合署办公，造成骨干的流失和规划的落空。有的省、市两级地方志工作机构处于同一级别，造成工作指导上的困难。要改变这种状况，需要继续推进在大部分地区已经实行并被实践证明是有效的体制创新。近些年面对社会主义市场经济条件下政府机构的多次改革和社会组织形式的深刻变化，原有修志体制已经难以完全适应地方志工作的实际，需要在坚持原有大体制不变的前提下，积极探索便于具体操作的新体制。例如，在志书承编主体多元化后，地方志工作机构应采取何种体制组织管理修志；在地方志工作机构与其他机构合署办公后，应采用何种体制履行组织实施修志的职责，等等。如果我们不继续推进体制创新，诸如此类的一些问题显然是难以解决的。

（三）方志工作内容创新

地方志工作在相当长的历史时期内只有一项内容，就是编修志书。即使新编地方志工作开展初期，情况仍然是这样。改革开放后，地方志事业逐步拓展，工作内容日益丰富，除了编纂本行政区域内的志书，又加上了组织、指导、督促和检查所辖区域修志的工作，以及编纂地方综合年鉴，编纂各种专志，组织整理旧志，推动方志理论研究，开发利用地方志资源等项任务。由于这些新的工作内容符合时代特点，大多被作为地方志工作机构的职责写入了《条例》。最近，经过进一步总结，大家普遍认为地方志工作内容应有九项，即志（三级志书）、库（数据库）、馆（方志馆）、鉴（年鉴）、用（服务开发）、刊（方志期刊）、网（地情网站）、会（地方志学会）、研（理论研究）。这九个字是否囊括了地方志工作全部内容了呢？也不一定。比如，有的省委省政府就把编写本省《大事月报》的任务交给了方志办；还有不少地方的方志办被赋予了行政执法权，工作人员经过培训，取得了行政执法证，为履行督促、检查地方志工作的职责提供了方便。

（四）志书的编纂创新

志书编纂中的基本问题是指导思想、篇目设置、体例规范和编纂方法。在这些问题上，同样需要创新。

1. 关于指导思想的创新。地方志作为史籍中的一种，从诞生起，就是以特定行政区域内的自然面貌、社会状况为记述对象。力求如实准确地反映行政区域内的实际情况，是方志遵循的基本指导思想。新中国成立后，马克思主义的辩证唯物论和唯物史观成为包括方志编纂在内的意识形态领域的指导思想。我们现在之所以把新中国的成立作为旧方志与新方志的分水岭，原因主要就在这里。

2. 关于篇目设置的创新。志书的篇目设置，是自然与社会状况以及著述者对自然与社会状况认识的反映。自然与社会状况在变化，著述者对自然与社会状况的认识在深化，志书篇目设置上自然会有所体现。

3. 关于体例规范的创新。体例指书籍的组织形式和表现形式，某种体例一旦形成，往往具有较大的稳定性。但即使在这个领域，方志编纂也有可以创新之处。新编地方志的首轮修志，在体例上就比旧方志有了很大创新。例如，广泛采用了章节体，志首普遍设置了概述和大事记，并大量使用了照片、表格、附录等新体裁，形成了以志为主，述、记、志、传、图、表、录七体并用的新体例。

4. 关于编纂方法的创新。这里所说的编纂方法，主要指写什么，怎么写，由谁写。新方志与旧方志相比，内容要丰富得多。因此，更需要修志人员注意材料的筛选，内容的取舍，做到详略得当，主线分明。

（五）资料收集创新

资料收集涉及两个方面，一为对象，二为手段。随着时代发展，方志编纂在这两个方面也都有不少创新。例如，旧方志编纂主要以档案、书籍资料为主，辅以一些传说。新编地方志开展特别是首轮修志以来，无论资料来源还是收集途径，都与旧方志时期不可同日而语。近些年来，网络等新型媒体逐渐成为修志资料收集的重要对象，同时成为资料收集的主要手段之一。地方综合年鉴自从被正式纳入地方志工作范围后，既成为方志工作的重要成果，也成为修志资料的重要来源。

（六）质量管理创新

质量是志书的生命。首轮修志仓促上马，仅用20年左右的时间，就编纂出版了6000余部三级志书，成就是巨大的，也是显著的。但认真检查，其中仍存在不少质量问题，留下了难以弥补的遗憾。为了保证和提高质量，从首轮修志开始，国务院办公厅、中宣部、中国社会科学院，以及各级党委、政府发出的有关地方志的文件，强调确保质量，而且提出了相应措施。地方志工作机构为保证和提高志书质量，相继建立了目标考核责任制、督查通报制、评审验收制等一系列工作制度。《条例》也把确保质量作为一条规定，载入其中。为了贯彻落实这个规定，中国地方志指导小组又专门制定了《地方志书质量规定》，从观点、体例、内容、记述、资料、行文，直至出版中的印刷、版式、开本、差错率等方面，规定得十分具体。目前，中国地方志指导小组办公室已开始启动和将要启动全面质量标准体系建设和全程质量管理体系建设，着手制定和准备制定《地方志书记述内容要素》《志书行文规范》《志书评审验收办法》　《年鉴编写基本规范》等文件。

（七）方志学科理论的创新

早在18世纪，就有学者把地方志作为研究对象，开启了方志理论研究，初步搭建了方志编纂学的理论框架。在20世纪20年代，学术界明确提出了方志学的概念。自从新编地方志开展以来，方志界学者一方面承继旧方志学研究取得的成果，另一方面运用辩证唯物主义、历史唯物主义的基本原理，依据新编地方志的实践，在旧方志学体系和相关理论问题上进行创新，开启了现代社会科学意义上的新方志学体系建设。30年来，广大方志工作者在对旧方志整理研究和新方志编修及经验总结的基础上，从地方志的起源、属性、功能，以及志书编纂的内容、原则、方法等两个方面，开展了广泛而深入的研究，产生了大量理论成果。2010年由中国地方志指导小组办公室启动了《方志百科全书》编纂工程，从各省地方志工作机构和高校选调有一定学术水平的同志担负撰稿和审稿任务。以上所讲的意见，目的在于引起大家的进一步思考，以便在地方志工作的理论、制度、方法上实现更多的创新，切实把各级方志办办成创新型方志办。

（中国社会科学院朱丽雅供稿）

中国社会科学院2011年度工作会议　3月22日，中国社会科学院举行本年度工作会议，王伟光以《加强管理　深化改革加快推进哲学社会科学创新体系建设》为题作了工作报告，摘要如下：

（一）2010年工作回顾

2010年，中国社会科学院各项工作都取得了新的成绩。主要体现在以下十个方面：

一是坚持正确的政治方向和学术导向，马克思主义坚强阵地建设取得新成绩。认真学习贯彻中央精神，大力加强思想政治建设，努力抓好理论武装工作。高度重视意识形态工作，教育引导全院同志自觉划清“四个重大界限”，增强政治敏锐性和政治鉴别力。加强马克思主义理论研究和学科建设，积极推进马克思主义理论创新。

二是以党和国家关注的重大问题为科研主攻方向，思想库智囊团作用得到有效发挥。深入研究中央关注的重大理论和现实问题，积极为党和国家决策建言献策。许多专家学者参与中央重要文件起草和理论宣讲工作，为中央政治局集体学习服务。做好信息报送工作，被中央领导同志批阅和有关部门采纳的比例有较大提高。

三是加快建设哲学社会科学创新体系，学术殿堂水准明显提升。加强学部建设，顺利完成第一次学部委员增选工作，有序推进荣誉学部委员增补工作。研究制定学科体系调整与建设方案，推进学科建设。召开研究室建设工作会议，推动研究所和研究室建设。加强国情调研，提高调研质量。国史编研和地方志工作取得新成绩。

四是继续落实人才强院战略实施方案，人才队伍建设得到加强。持续推进高层次人才队伍建设，研究制定“四个一批”人才实施方案。研究生培养、博士后工作得到加强。调整提拔两批所局领导干部。完善统一培训制度，强化干部培训。

五是大力实施“走出去”战略，国际学术影响力有所提高。搭建实施“走出去”战略的学术会议平台，创办“中国社会科学论坛”，积极开展学术外交、外宣活动，服务国家总体对外战略。

六是积极推进报刊出版馆网库“名优”建设，理论学术传播能力进一步增强。《中国社会科学报》越办越好，期刊学术水准普遍提高。出版一批高质量的学术著作。图书分馆和专业书库建设进展顺利。网络信息化建设稳步推进。“中国社会科学网”开通上线。调查与数据信息中心建设全面启动。

七是深化管理体制机制改革，强院兴院的创新体制机制保障得以加强。积极推进科研管理体制改革，优化科研资源配置，提高科研经费使用效率。继续推进人事管理体制机制改革，深化聘用制改革及岗位设置管理，规范收入分配。完成出版社转企改制。建立健全图书馆三级管理体制。推进图书采购经费代理制和信息化经费使用改革。完善基建工作体系。建立预算执行和收入上解长效机制。巩固和发挥结算中心作用，成立会计事务中心，实现财务集中严格管理。加强房产有偿利用规范化管理。深化后勤服务社会化改革，注重人文公司制度建设，整合经营性资产，提高效益和服务水平。

八是大力加强作风建设，行政管理的制度化、规范化、科学化水平显见进步。大力改进工作作风。完善督办机制，不断提高执行力。继续加强领导干部出国（境）和请销假管理，严格执行会议制度和职能部门指纹考勤制度。建立视频会议系统和邮件群发系统，积极实行院务公开。新闻宣传、信访维稳、安全保卫、档案保密、对外联络、计划生育、献血扶贫、科技统计等工作也都得到加强。

九是全力抓好后勤保障能力建设，办院条件有较大改善。良乡研究生院新校园一期建设工程全面竣工，研究生院顺利完成整体搬迁。贡院东街科研与学术交流大楼项目进入拆迁关键阶段。东坝职工宿舍征地项目取得重大进展。院部立体车库建成并投入试运行。图书馆地下书库改造工程完工。一期单身职工宿舍落成。改善部分单位科研、办公条件。解决学部委员一级岗津补贴待遇。提高班车补贴。扩大离退休干部“长征”基金发放范围。初步解决职工子女上学难问题。

十是积极开展创先争优活动，党建工作再上新台阶。以党委和基层党支部建设为重点，全面加强党的建设。深化反腐倡廉建设“六项工作格局”，推动实施预防腐败“三大行动”。开展工程建设领域突出问题和“小金库”专项治理。做好老干部、统战和工青妇工作。成功举办第五届职工运动会。

（二）当前和今后一个时期的方向和任务

中国社会科学院2011年工作的指导思想和总体要求是：高举中国特色社会主义伟大旗帜，以邓小平理论和“三个代表”重要思想为指导，深入贯彻落实科学发展观，全面贯彻党的十七大和十七届四中、五中全会精神，紧紧围绕《国民经济和社会发展第十二个五年规划纲要》，深入实施三大强院战略，深化管理体制机制改革，启动哲学社会科学创新工程，努力构建哲学社会科学创新体系。

1. 高度重视党的意识形态工作，努力提高运用马克思主义指导科学研究的能力。

当前，党的意识形态工作面临有利形势。陈奎元同志在2010年北戴河会议上精辟地分析了这一局面，明确提出了关于哲学社会科学及我院工作的发展方向和重要任务。

2008年爆发的国际金融危机导致世界局势乃至格局发生重大变动，社会主义和资本主义两种历史命运、两大力量、两种意识形态的较量出现了新的变数，激烈社会变动给当代社会主义、马克思主义意识形态提供了新的发展时空、新的需求动力。

20世纪八九十年代，东欧剧变，苏联解体，社会主义处于低谷，而资本主义处于优势，反社会主义、反马克思主义、反共产党执政的思潮甚嚣尘上，新自由主义大行其道，西方国家到处推销资本主义意识形态。“三十年河东，三十年河西”，短短二三十年，中国改革开放，成功开辟了中国特色社会主义发展道路，社会主义运动呈低潮中起步之势。金融危机却使美国以及其他西方发达资本主义国家陷入困境，美国独霸势态下滑，资本主义出现衰退趋势。二三十年前是此消彼长，社会主义力量暂时下降，资本主义力量暂时上升；二三十年后的今天，又是此长彼消，社会主义力量始升，资本主义力量始降。金融危机的爆发使世界力量对比格局发生重大转折，一方面资本主义受到前所未有的打击，新自由主义破产，资本主义制度及其意识形态再次受到深度质疑；另一方面，坚持走社会主义道路的中国成功抵御金融风险，中国道路举世瞩目，为人类文明的进步开辟了新的发展路径。批评资本主义、批评新自由主义的声音不绝于耳，国际力量对比继续朝着有利于世界和平发展、中国特色社会主义和平发展的方向转化，为当代社会主义、中国化的马克思主义提供了难得的发展机遇。

当然，必须清醒地看到意识形态领域于我不利的一面，对于新形势下意识形态工作的极端重要性和极其复杂性，一定要有更深刻的认识，一刻也不能放松警惕。从国际上看，在一个相当长的历史时期内，世界仍处于社会主义与资本主义两种社会形态、两种社会制度共存和竞争的局面。金融危机发生以来局势的变化，促使西方资本主义加紧运用两手策略：一方面捧杀我们，拉拢我们，在经济上利用我们；另一方面棒杀我们，在军事上包围，在政治上利用意识形态武器，加紧向我进攻。既希望借助于中国的力量尽快摆脱危机，又不乐见社会主义中国的发展、崛起和强大，加大对我遏制牵制、西化分化的力度，企图压我接受西方价值观和制度模式。总之，西方敌对势力对我实施西化、分化的战略图谋没有改变，资强我弱的态势没有改变，一场新的全方位的综合国力竞争正在全球展开。意识形态领域社会主义与资本主义的较量不但不会停止，反而会是长期的、复杂的，有时是非常尖锐激烈的。在民族复兴和国家富强的进程中，我们不仅将面临紧迫的经济安全、军事安全、周边安全问题，也将面临严峻的政治安全、文化安全，面临严重的意识形态安全问题。中国特色社会主义、马克思主义面临着前所未有的挑战和严峻的局面。从国内来看，随着我国进入经济发展的加速期和社会矛盾的凸显期，人民内部矛盾愈发凸现，一定范围内的阶级斗争不时浮出水面，二者有时又会交织在一起；意识形态领域和思想理论战线呈现十分活跃和复杂的状态，社会主义、马克思主义与反社会主义、反马克思主义两种意识形态交锋胶着。用中国化的马克思主义和社会主义思想统一认识、凝聚力量的任务更加艰巨繁重。

意识形态工作是一项关乎党的执政地位巩固与否的万分重要的工作，是关乎中国特色社会主义事业兴衰成败、长治久安的头等大事。一定要牢记党中央和胡锦涛总书记关于“意识形态工作搞不好也要出大问题”的告诫，结合社科院实际，高度重视并认真做好意识形态工作。

从哲学社会科学的政治和意识形态属性来看，从党中央对中国社会科学院“三个定位”的要求来看，加强马克思主义坚强阵地建设，是哲学社会科学繁荣发展的题中应有之义，是我们在错综复杂的形势下，保持清醒头脑，保持坚定正确的政治方向和学术导向的思想政治保证，是社科院第一位的政治任务。

2. 启动哲学社会科学创新工程，繁荣发展中国特色社会主义理论学术。

世界大变革、大转折的时代舞台，社会实践突飞猛进的客观条件，历来是思想创造、理论创新、学术繁荣的机遇，哲学社会科学大繁荣、大发展的机遇。当前，世界正处于前所未有的激烈的变动之中，我国正处于中国特色社会主义发展的重要战略机遇期，正处于全面建设小康社会的关键期和改革开放的攻坚期。这一切为哲学社会科学的大繁荣大发展提供了难得的机遇。第一，中国特色社会主义建设的伟大实践，为哲学社会科学界提供了大有作为的广阔舞台，为哲学社会科学研究提供了源源不断的资源、素材。火热的实践，有着大量的案例可供研究，大量的现象有待解读，大量的问题需要回答，这些都是科学研究、理论创新、学术发展的不可多得、不容错过的条件。第二，党和国家的高度重视和大力支持，为哲学社会科学的繁荣发展提供了有力保证。毛泽东同志非常重视哲学社会科学事业的发展，明确提出要设立“由马克思主义者领导的研究机构”，并提议设置了哲学社会科学的一些学科和研究所。邓小平同志明确提出了“科学当然包括社会科学”的重要论断，对哲学社会科学发展作出一系列重要指示。在他的关怀下，成立了中国社会科学院。江泽民同志亲自视察我院，强调“哲学社会科学与自然科学同等重要”“一定要办好中国社会科学院”。党的十六大以来，中央颁布了《关于进一步繁荣发展哲学社会科学的意见》，党的十七大作出了“繁荣发展哲学社会科学，推进学科体系、学术观点、科研方法创新”的战略部署。胡锦涛同志明确提出，“要大力推进哲学社会科学理论创新体系建设”“进一步办好中国社会科学院”。第三，“百花齐放、百家争鸣”方针的贯彻实施，为哲学社会科学界的思想创造和理论创新营造了良好环境。

为了完成时代赋予我们的历史重任，中国社会科学院按照中央的要求，启动哲学社会科学创新工程，全面建设哲学社会科学创新体系。在2008年改革工作座谈会上，陈奎元同志指出中国社会科学院的改革包括两个方面的任务：一是哲学社会科学创新体系方面的改革创新，二是管理体制机制方面的改革创新。两项改革任务，相辅相成。管理体制机制创新是手段，哲学社会科学创新体系建设是目的。陈奎元同志还指出，在具体改革进度上，要统筹规划，掌握轻重缓急，按部就班，分步实施，可以先推进管理体制机制改革。社科院党组提出从2008年下半年开始，用一年半的时间，率先推进管理体制机制改革，为哲学社会科学创新体系建设提供体制机制保障，提供有利于强院兴院的管理、秩序和服务。第一步迈出去、站稳了，哲学社会科学创新体系改革再紧随其后展开。基本完成2008年既定的改革任务之后，在总结改革经验、查找差距的基础上，党组于2010年又提出，再用一年半时间，巩固已经取得的改革成果，深化管理体制机制改革，为创新体系建设做好充分准备。至今两年多来，我们紧紧围绕哲学社会科学创新体系建设这个总任务，集中精力在群众反映强烈、迫切要求解决的管理体制机制领域先行改革，出台并实施了一系列重大改革举措，取得明显成效，正在逐步形成有活力、有效率、有利于哲学社会科学创新发展的管理体制机制，为哲学社会科学创新体系建设创造了条件，奠定了基础。

关于哲学社会科学创新工程，已经做了大量前期准备和实际工作。李长春同志在我院《关于贯彻落实中央“5·19”会议精神，实施哲学社会科学创新工程的汇报》上作了重要批示：“政治局常委会讨论确定的要求和各项工作，是对社科院最重要的指导原则，要全力组织落实好。”刘云山同志批示：“社科院认真贯彻落实中央政治局常委会指示精神，创新体系建设取得明显成效，为中央决策发挥了重要作用，为哲学社会科学作出突出贡献。对‘十二五’期间进一步实施创新工程需要解决的实际问题，建议有关部门予以支持。”刘延东同志也作了批示。实施哲学社会科学创新工程，已正式纳入“十二五”规划纲要。为了抓好创新工程，陈奎元同志多次强调，要集中全院智慧，认真研究，多方论证，提出切实可行的方案，积极稳妥加以推进。

3. 深入实施三大强院战略，全面打造党和国家的重要思想库。

科研强院、人才强院、管理强院战略，是党组和陈奎元同志在认真总结办院经验，深刻认识办院规律，积极探索办院思路的基础上提出来的强院兴院的重大举措。从2008年8月至今，社科院围绕三大战略的实施，突出重点，狠抓落实，大力推进管理体制机制改革，破解了许多发展难题，取得了很大的进展。实践证明，三大强院战略是繁荣发展哲学社会科学、繁荣发展中国社会科学院、多出成果、快出人才的法宝，必须长期坚持抓下去。

实施三大强院战略的目的就是保证实现中央对我院的“三个定位”要求。“三个定位”的目标要求，可以归结为一句话，就是要把我院建设成为强大的思想库。

2011年是实施“十二五”规划的开局之年。我们要紧紧围绕党和国家的战略部署和需要，紧紧把住中国特色社会主义发展的脉搏，紧紧抓住重大现实问题，深入研究“十二五”时期具有战略性、全局性、前瞻性的重大理论和现实问题，贯彻落实好党的十七届五中全会精神和“十二五”规划纲要，这是当前我院发挥思想库作用的主要任务。

4. 夯实基础，努力推进研究室建设。

研究室是社科院哲学社会科学研究工作的第一线，是组织和实施学科建设、人才培养、学术交流、科研活动的基层单位，是加强党的建设的重要环节，是各项事业发展的基础所在。加强研究室建设，是一项抓基层、打基础的重要工作。强院兴所，必须抓好研究室建设。社科院党组高度重视研究室建设工作。在2010年工作会议上，作出加强研究室建设的战略部署。研究制定了《关于加强研究室建设的若干意见》。出台了《关于加强研究室建设的若干意见》及四个配套办法，从机构、领导、学科、人才、党建、经费等方面部署加强研究室建设工作。

5. 加强报刊出版馆网库工作，抢占理论学术制高点。

报纸、期刊、出版社、图书馆、网络、数据库，是中国社会科学院的重要战略资源和宝贵财富，是党的意识形态和马克思主义理论的前沿阵地，是发展和繁荣哲学社会科学的战略高地，是哲学社会科学工作者的基本工具。一定要高度重视报刊出版馆网库建设，树立阵地意识、机遇意识和责任意识，把报刊出版馆网库建设抓实、抓好，把报刊出版馆网库办活、办大、办强。

以一报（《中国社会科学报》）、一刊（《中国社会科学》杂志等期刊群）、一社（社科出版集团）、一网（中国社会科学网）、一馆（国家级哲学社会科学图书馆）、一库（调查与数据信息中心）为重点，推进我院报刊出版馆网库整体建设，使之真正具有国家级的整体水平和影响力。

6. 高度重视党建工作，努力造就优良学风和扎实作风。

2011年中国社会科学院党建工作的重点要放在优良学风和扎实作风建设、基层党支部和党委领导班子建设两项工作上。要大力提倡求真务实、科学严谨的学风，大力提倡联系群众、真抓实干的作风，形成凝聚人心、繁荣发展社科院的强大思想道德力量。

从最根本意义上讲，学风问题就是贯彻落实实事求是思想路线的问题。实事求是具体体现在社会科学研究上，就是求真务实、科学严谨这两条原则。求真务实，就是科学研究一定要紧密联系实际，追求真理。求真，是指理论探索和创新要以真实情况为依据，从纷繁复杂的现象中找出事物的内在联系，把握事物运动的客观规律，揭示事物的深刻本质，求事实之实，求理论之真；务实，就是理论联系实际，理论学术研究要与现实相结合，为中国特色社会主义事业服务。科学严谨，就是要求我们从事科学研究，要在掌握分析大量材料的基础上得出经得起推敲、经得起考验的结论，做学问、写文章应持之有故、言之成理、不证不信，有扎实的调查研究，有缜密的推理论证，有可靠的依据，有清晰的逻辑，不抄袭剽窃，不哗众取宠，不见风使舵，不迷信教条。想党和国家之所想，想人民群众之所想，为中国特色社会主义服务，为人民群众服务，是我们发展哲学社会科学的宗旨。了解国情、熟悉国情、结合国情，了解群众、熟悉群众、结合群众，是保持优良学风的重要途径和基本训练。要抓好国情调研工作，创新国情调研管理体制机制，务求调研实效。

（三）2011年主要工作

1. 建设马克思主义坚强阵地，大力推进马克思主义中国化、时代化、大众化。

2. 建设党和国家重要的思想库智囊团，更加积极主动地为中央决策服务。

3. 建设哲学社会科学研究最高殿堂，大力加强学部建设、学科建设、研究室建设和基础理论建设。

4. 深入实施人才强院战略，为我院事业发展提供有力人才保证。

5. 加强国际学术交流平台建设，深入实施“走出去”战略。

6. 加强学术传播平台建设，努力占领理论学术高地。

7. 深化管理体制机制改革，为我院发展提供有力制度保障。

8. 加强后勤保障体系建设，进一步改善全院人员工作和生活条件。

9. 加强党的思想组织建设、反腐倡廉建设和学风作风建设，为繁荣发展哲学社会科学提供有力的思想政治保证。

（中国社会科学院朱丽雅供稿）

·机 构·

概 述

本栏目自2000年首卷本开始收录北京地区高校、科研单位简介，由于大部分较早收录的单位情况已有很大变化，为此自2011卷开始，对已收录过的高校、科研单位再次重新收录。本栏目此次记述的6所院校和机构，4所为二次收录，2所是第一次收录。本栏目还记述了北京市哲学社会科学规划办公室在北京市区县建立的5个应用对策研究基地。在已刊机构补充介绍中，记述4个高校、3个科研单位的机构或主要领导成员变化情况。

部分高校简介

对外经济贸易大学

一、学校概况

对外经济贸易大学是教育部直属的全国重点大学，国家“211工程”首批重点建设高校，坐落在北京市朝阳区。学校校园规划精致，环境优雅，是中国社会主义经济建设事业人才培养和科学研究的重要基地之一。

学校前身为“高级商业干部学校”，创建于1951年，受中央贸易部和教育部双重领导。1952年，中央贸易部撤销，学校划归对外贸易部，受对外贸易部和教育部双重领导。1953年，学校更名为北京对外贸易专科学校，由教育部委托对外贸易部领导。1954年，中国人民大学贸易系对外贸易专业并入北京对外贸易专科学校，以北京对外贸易专科学校为基础成立北京对外贸易学院。1984年，学校更名为对外经济贸易大学。2000年6月，原中国金融学院与原对外经济贸易大学合并成立新的对外经济贸易大学，划归教育部直属。2010年12月，教育部与商务部正式签署协议，共建对外经贸大学。学校现任党委书记王玲，校长施建军。

历经60年来几代师生员工的艰苦创业和努力奋斗，对外经济贸易大学已经发展成为一所拥有经、管、法、文四大门类，以国际经济与贸易、法学（国际经济法）、金融学、工商管理、外语（商务外语）等优势专业为学科特色的多科性财经外语类大学。目前，学校下设15个学院，并设有研究生院和体育部；拥有国家级重点学科2个，国家级人文社会科学重点研究基地1个，北京市重点学科6个，北京市哲学社会科学研究基地1个，博士后流动站2个，一级学科博士点5个，一级学科硕士点8个，专业硕士学位授权点10个，本科专业34个。

学校现有教职工1500余人，其中专任教师780余人，学校还聘请一定数量的兼职教师及外国专家。这是一处群英荟萃之地，老教授中名家耀眼，中青年教师里新秀辈出。大批获得政府特殊津贴、受聘担任政府学术机构成员的专家学者工作在教学科研第一线；大部分中青年教师在国外留学或进修过，教学科研水平高，许多人被评为省部级学科带头人和骨干教师，入选国家优秀人才培养工程。

学校现有在校学生1.4万余人，其中本科生8000余人，研究生3700余人，来华留学学生2800余人。学校培养的学生一直以专业知识和技能扎实、外语娴熟、思维活跃、实践能力强而受到社会的普遍欢迎，毕业生遍布全国各地的外贸、金融、三资等行业领域及国家机关、中国驻外商务机构，为我国经济与社会发展，尤其是经贸事业的发展发挥着重要的作用。

学校的学术研究在我国对外经贸科研领域占有重要地位，设有60多个研究单位，其中中国WTO

研究院是全国唯一的研究世界贸易组织的国家级人文社科重点研究基地。学校图书馆文献总量150余万册（件）。学校主办并公开发行多种学术刊物，其中《国际贸易问题》《国际商务》《日语学习与研究》等享有较高的学术地位。学校出版社每年出书百余种，在高校出版社中享有较高声誉。学校也是国家培训高级经济管理干部的基地之一，设有政府委托或与外国合办的多个高级在职培训机构。

学校于1989年11月在国内率先成立了校董会。国务院原副总理李岚清任首届校董会主席，国家原副主席荣毅仁，全国政协原副主席、香港中华总商会荣誉会长霍英东等任名誉主席，第二任校董会主席是国务院原副总理吴仪。校董会的建立，对于学校的建设发展发挥了重要作用。

学校在发展过程中受到海内外广泛关注和支持：政府机构、企业家、财团、大公司等纷纷向学校捐资设立基金或奖学金，许多国际著名的跨国企业成为学校的赞助团体。目前，社会力量在学校设立的奖学金、奖教金等已达20多项，院系级基金则更多。学校与美、英、法、德、日、俄、意、澳等40多个国家和地区的100多所著名大学和研究机构建立合作交流关系，不断开展的对外交流与合作，使对外经济贸易大学面向世界办学的特色更加鲜明。

面对新世纪我国全面建设小康社会，加快社会主义现代化建设的新形势，学校坚持走内涵式发展的道路，倡导追求卓越、创造精品的精神，把建设国际竞争力、影响力显著增强的国际知名的有特色高水平大学作为自己的长期愿景和历史使命。

二、主要教研机构

国际经济贸易学院

国际经济贸易学院承续中国近代国际贸易学术之脉，历经60年的发展壮大，在学科建设、人才培养、科学研究和国际交流等方面保持着国内领先水平，至今已发展成为在海内外有着重要影响和广泛学术声誉的经济、金融与商务综合发展的研究型学院。

学院目前拥有应用经济学、理论经济学两个一级学科博士点，应用经济学一级学科博士后流动站，国际商务、金融和资产评估三个专业硕士点。学院的应用经济学一级学科为北京市重点学科，法与经济学、低碳经济学交叉学科为北京市重点学科。

学院现设国际贸易、金融、经济学、国际运输与物流、政治经济、国际商务与合作、数量经济学、财政税务学系8个系。

学院现有教师106人，包括教授38人，副教授39人；有享受国务院政府特殊津贴专家5人、教育部新（跨）世纪优秀人才6人，基本形成了结构合理的研究型师资队伍。师资队伍的博士化率达80%以上。学院师资队伍的国际化程度较高，共有38位教师在美国、加拿大、英国、德国、法国、新加坡、中国香港、日本、韩国等高校获得博士学位，外籍教师5名，90%以上的教师有国外进修、教学与研究的经历。学院聘请了一批国内外具有较高学术造诣的专家担任荣誉教授、客座教授和兼职教授，其中包括长江学者讲座教授两位。此外，学院还从国家部委和企业界聘请一批知名企业家担任兼职教授。

目前，学院本科设有国际经济与贸易、金融学、物流管理（国际运输与物流方向）、经济学（国际税务方向）、经济与金融学（荣誉学士学位实验班）共五个专业或方向，有学生3500余人，其中国内本科生1810余人，硕士生700余人，博士生160余人，留学生840余人。学院本科按照大类招生，前两年通识教育阶段之后按照学生能力与兴趣选择专业方向。学院留学生教育独具特色，有国内先进的全英文和全中文培养本科至博士的学位项目，在学院攻读学位的留学生来自100多个国家，占全国留学生学历生总规模的1.3%以上。目前，学院已与10多所国外院校开展了本、硕、博层面的联合培养合作项目，合作学校遍布美、加、英、德、法、澳大利亚、日本等国，学生可获得本科双学位证书或进行本硕博连读。

学院历来重视教育质量，并取得了突出成绩，现有5个国家级精品课程：国际贸易、国际贸易实务、《International Trade》（双语示范课程）、世界贸易组织（网络教学）、国际贸易（网络教学）。国际经济与贸易专业获得“七星级”国家荣誉：国家级重点学科、国家二类特色专业点、国家级教学团队、国家级教学成果奖、国家级精品课程、国家级精品教材、国家级双语示范课程。学院的金融学为国家一类特色专业点。

国际商学院

国际商学院具有悠久的学科历史，是国内最早（1983年）引进西方工商管理教育体系的管理学院，也是首家（1988年）获得美国同类大学MBA资格承认的中国商学院。学院自1982年成立起便全面引进美国工商管理教育体系和经济学、企业管理、市场营销、财务管理、会计学等原版教材，融合中国经济发展所创造的人文社会科学成果和中国企业的成功实践，创建了独具特色、贯通中西的工商管理教学与人才培养体系。2009年，学院正式成为国际商学院联合会的会员。

学院具有博士、硕士、学士三个学位序列的培养资格。博士层次具有企业管理、产业经济学和统计学三个二级学科博士学位培养资格；硕士层次具有工商管理一级学科硕士学位授予权，设企业管理、会计学、技术经济及管理三个科学硕士学位项目，以及EMBA、MBA、国际MBA、会计专业硕士（MPAcc）和资产评估硕士四个专业硕士项目；本科层次设工商管理、会计学、市场营销、财务管理和人力资源管理五个专业。

学院受北京市教委、北京市哲学社会科学办公室的委托建设北京企业国际化经营研究基地（2004年）；学院的企业管理学科被列入北京市重点学科建设行列（2003 年、2008 年）；学院的国际化工商管理类精英人才培养模式实验区是教育部重点实验区（2007 年），管理系列课程教学团队获得国家级教学团队称号。学院有两个教育部特色专业建设点（市场营销专业、会计学专业）；4 门国家级双语教学示范课程（国际营销学、营销学原理、战略管理、国际财务管理）；另有 5 门国家级精品课程（国际企业管理、企业财务报表分析、中小企业管理、公司理财、营销学原理）。

学院的学术氛围浓厚，提倡兼容并蓄、学术自由。依托重点研究基地、教学实验区、研究中心、虚拟学科研究平台、“211 工程建设”等基础设施，学院在科研项目立项和高水平学术论文发表等方面取得了累累硕果，极大地提升了学院的核心竞争力。

金融学院

2000 年 6 月，原对外经济贸易大学和中国金融学院合并组成新的对外经济贸易大学。2001 年 3 月，在原中国金融学院金融系、工商管理系、国际经济系基础上组建成立金融学院。学院秉承两校特色，具备专业化程度强，国际化程度高的特点，并与金融业界保持广泛而紧密的联系。学院的建设目标是打造国内一流、国际知名的中国金融教育和研究平台。

学院以学科建设为龙头，应用经济学具有一级学科博士学位授予权，并设立博士后科研流动站。学院拥有金融学、金融工程学和投资学三个专业，在本科层次设立 CFA 和 FRM 等特色专业方向，形成了相互支撑、优势互补的金融学科群，并已形成本科—硕士—博士—博士后等完备的各层次人才培养体系。

学院师资力量雄厚，拥有一支具有共同愿景，职称、学历、年龄和学缘结构合理，具有可持续发展潜力的教学、科研团队。现有专职教职工 58 人，其中专业教师 50 人，享受政府津贴的专家 4 人，教授 13 人，担任高级技术职务的教师比率约占 74%，中青年博士化率达到 75% 以上，获得北京市优秀教师等省部级以上荣誉称号的教师 10 余人。拥有一批老中青学科带头人，在货币理论、国际金融、资产定价、银行管理、金融工程等领域形成特色研究领域和优势学科方向。

学院以人才培养为本，致力于塑造高素质、创新性、国际化的高级金融专业人才，现有在校生 1400 余人，其中本科生 1000 余人、硕士和博士研究生 260 余人、来华留学生 100 余人。

保险学院

保险学院是全国高校中最早开设专业保险课程的院校之一，自 1951 年开始就一直从事保险理论和实务的教学和研究工作，是我国风险管理与保险及社会保障理论乃至理论经济学研究的重要思想库之一。在 60 年的时间里，共培养不同层次人才 2000 多人。截至 2011 年 10 月，学院共有各类学生约 1300 人，其中本科生 549 人，硕士生 159 人，博士生 14 人，在职研究生 500 多人，各类留学生 60 人。在 2010 年全国教育权威机构《全国本科专业竞争力分析》评估中，对外经济贸易大学保险学科名列全国高校第二名。

保险学院目前共有 39 人专职教师，其中风险管理与保险学系 14 人，员工福利与社会保障学系 9 人，统计与精算学系 7 人，健康保险与卫生经济学研究中心 5 人、保险法与社会保障法研究中心 4 人、中国风险管理与保险研究中心有 4 人博士后。保险学院的师资队伍具有合理的学历结构和专业背景，有海外背景的教师占到学院教师总数的 70 % 以上，拥有博士学位的教师占到教师总数的 95%，副教授以上职称的教师占到全院教师总数的 44%。

法学院

法学院原为对外经济贸易大学国际经济法系，成立于 1984 年。经过 20 多年的发展，目前已经成为学科体系设置完整、国际法专业特色鲜明、学术和教学水平均堪称一流的法学院。该院设有完整的本科、硕士、博士课程体系，拥有国际法、民商法两个博士点和法学硕士一级学科点，并设有国际法学博士后流动站。2002 年，其国际法学专业被批准为国家级重点学科；2006 年，其民商法学专业被评为北京市重点学科；2007 年，法学院的“法学国际化人才培养”项目成为教育部第一批特色专业建设点。此外，法学院还是中国法学会国际经济法研究会的常设机构所在地。

法学院拥有一支高水平的师资队伍，有一大批在科研方面硕果累累，能将理论和实践相结合，且精通专业外语的中青年著名学者和博士生导师，还有包括一些著名教授在内的许多兼职教授。近年来，法学院还聘请了众多来自国外著名法学院和外国著名律师事务所的知名人士担任客座教授。

英语学院

对外经济贸易大学英语学科创立于 1951 年，是全校最重要和最有影响的学科之一。英语学院下设语言文学系、翻译学系、商务英语学系和通用英语学系 4 个系；此外，还设有理论语言学研究所、应用语言学研究所、英美文学研究所、翻译研究所、英语国别文化研究所、商务英语研究所 6 个研究所。英语专业每年在校本科生有 480 人，每年招收英语研究生 80 人，研究生教育是 1978 年国家批准的第一批硕士点，已有近30年的历史。目前，拥有外国语言文学硕士学位授权一级学科，设有英语语言文学和外国语言学及应用语言学2个硕士点，累计毕业研究生540多人。

英语学院师资力量雄厚，近年来又引进了一批在国内外有影响的中青年学者。学院现有教师110余人，其中教授12人，博士24人，在读博士10多人，硕士生导师70余人，70%具有副教授以上职称，90%的教师曾在国外留学或进修过。此外还常年聘有外国专家及外籍教师5人，国内外知名客座和兼职教授10多人。

外语学院

外语学院下设阿拉伯语系、法语系、意大利语系、日语系、朝鲜（韩）语系、德语系、俄语系、西班牙语系、越南语系与葡萄牙语系等10个学系，10个专业中除葡萄牙语专业于2007年设立外，其他专业均创建于20世纪50年代初期。半个世纪以来，外语学院由一大批知名专家、学者执教，为国家培养了数以千计的外语、外交、外贸人才，学生多次在国内外学科竞赛中获得大奖。

目前学院拥有外国语言文学一级学科硕士学位授权点，日语语言文学、阿拉伯语语言文学、德语语言文学、西班牙语语言文学、俄语语言文学、法语语言文学、亚非语言文学、欧洲语言文学、外国语言学及应用语言学9个二级学科硕士学位授权点。此外，学院还承担世界经济硕士点——区域国别研究方向研究生的培养工作。

外语学院拥有一支实力较强的教学科研队伍，现有教师76名，其中教授22名，副教授31名，拥有博士学位的教师32名，在读博士10名，硕士生导师48名，师资队伍博士化率已达42%。此外，还常年聘有外国专家及外国教师近20名。

学院多年来坚持以本科教育为主体，大力发展研究生教育，培养德才兼备、善于创新、基础宽厚、专业扎实、具有跨文化交际能力和国际竞争力的高素质人才，突出复合型与国际化人才培养特色。截止到2010年5月，学院在读本科生805名，研究生107名。

信息学院

信息学院充分体现了教学、科技及实践相结合的优势，发挥经济学、管理学和信息技术等交叉学科的特点，发展具有国际化、现代化特色的本科、研究生多层次学科，逐步建设成为了国家经济建设的教育培训基地。

学院的目标是面向世界、发挥信息技术与经济管理业务密切结合的特色，通过教师讲授、双语教学、教学实验和科研实践的合理安排，培养数学基础厚实、具有复合型特点、熟练应用现代化信息技术，从事现代服务业（经贸、金融、信息管理业务）的高级人才。

学院的发展特色是精心打造信息技术与经济管理相结合的新兴交叉学科和复合型专业，培养德才兼备、基础宽厚，具有实践能力、创新能力、跨文化交流能力和国际竞争力的从事现代服务业的高素质复合型专门人才。目前学院设有3个系、6个教研室，拥有信息管理与信息系统、电子商务2个本科专业、产业经济学（电子商务）硕士专业、电子商务与网络金融博士研究生方向。

学院师资队伍结构合理、稳定，现有教职工50余人，其中教授、副教授20余人，教授中有2人享受政府特殊津贴。此外，学院还从各部委、其他高校、科研单位聘请金融信息化管理、电子商务领域的知名专家10余人担任兼职教授。

学院已经建设完成条件优越的实验中心、电子商务研究所、金融科技中心和中外经贸合作网信息采编中心，在电子商务、电子贸易管理、网络金融服务等方面的研究成果显著，具有较高的科研水平和学术地位。长期承担了国家科技攻关、国家社会科学基金等科研课题，主持并参加了科技部、商务部、中国人民银行等部委的多个重要科研项目；出版各种著作及教学参考书50余部、发表许多具有重要影响的学术论文。

国际关系学院

国际关系学院现有政治学系、国际政治学系、国际政治经济学系、外交学系4个教学单位，设有国际能源与环境研究中心、经济外交研究中心、国际移民与国家安全研究中心、软实力与国家战略研究中心、当代中国政治发展研究中心5个研究机构，已经初步形成了结构合理、布局整齐的教学和科研体系。学院拥有政治学一级学科硕士学位授予权，设有中外政治制度、国际关系、外交学三个硕士研究生专业。

学院拥有一支长期从事政治学、国际政治学、外交学教学与研究的高水平师资队伍，现有教职工28人，其中专职教师24人，教授6人，副教授8人，90%以上的教师拥有博士学位，不少教师曾在国外著名高等学府和研究机构从事教学科研工作。学院教师在教学科研工作中体现出良好的业务素质，发表和出版了一大批高质量的论文和著作。

国际政治专业本科生在许多方面都有出色表现。2008年至2011年，国际政治专业本科生累计获得7项市级奖励、16项校级奖励、5项市级科研项目、20项校级科研项目。

公共管理学院

公共管理学院是以经济类、管理类、法学类和外语类等学科为支撑的培养应用型人才的学院，在外经贸管理、海关管理、质量控制与检验检疫管理和文化事业管理等领域具有自己的突出优势。

学院现有三个专业：行政管理专业、公共事业管理专业和劳动与社会保障专业。行政管理下设涉外行政管理、涉外经济事务管理、海关管理三个专业方向；公共事业管理目前下设文化事业管理专业方向。此外，行政管理专业（国际经贸管理方向）招收来华留学生。办学层次有：行政管理专业本科及硕士（含留学生）及公共政策方向博士研究生。

学院拥有一支学术素养较高的专业教师队伍，现有教职工45人，其中教师41人，教师中博士率占48.8%。

学院是全国最早招收行政管理专业本科生的高等院校之一，也是唯一招收海关管理方向本科生以及该方向硕士研究生的高等院校。行政管理专业利用经贸大学拥有国际贸易、国际经济法两个国家级重点学科与WTO研究基地的优势，以涉外行政管理为核心，在已有研究的基础上，重点加强及拓展了公共管理的研究。

公共管理学院一直与商务部、海关总署、国家质量监督检验检疫总局等政府部门保持着传统的合作关系，与中国海关学会、中国口岸协会、中国行政管理学会、北京大学、中国人民大学、清华大学等高校和学术团体保持着密切的合作关系，并且被中国口岸协会定为其培训基地。同时，还与澳大利亚国立大学、纽卡索大学、英国诺森比亚大学等海外高校签订了合作办学协议。

中国语言文学学院

中国语言文学学院的前身是具有20多年历史的中文教研室。2002年设立汉语言文学本科专业，2008年设立对外汉语专业。除学院的专业课程之外，学院面向全校开设十余门具有中文特色的公共课程，并承担全校各专业外国来华留学生学历生的全部汉语类课程。

学院目前共有专职教师26人，其中具有高级职称的14人，占54%，具有博士学位的15人，占58%，另有1人在职攻读博士学位。教师们在学术研究上各有专长，在中国古典文学、现当代文学、外国文学、比较文学、语言学、对外汉语教学、传播学等领域均有建树。近年来，学院重视对外汉语师资的培养，有全国对外汉语教学学会会员2人，世界汉语教学学会会员1人，中国汉语水平考试研发办公室研究员1人，具有国家级督考资格的教师1人。

学院长期以来致力于发展特色汉语教学——商务汉语教学，在教学和研究方面均已经达到了国内同行业的领先水平。经过多年的努力，学院在商务汉语教学和研究方面成果斐然，研发出版近20种优秀的经贸汉语教材，如“经贸汉语口语系列”“汉语商务通”“新世纪经贸汉语系列教程”“商务汉语案例阅读教材系列”等。“汉语商务通”系列教材已被列入中国国家汉办规划教材。

国际经济研究院

国际经济研究院是对外经济贸易大学直属综合性研究与教学机构，成立于1982年。经过20多年发展，已形成一支高、中、初级职称相互补充，老中青搭配合理的学术梯队。现有专职研究人员和行政辅助人员30余人，具备高级职称的科研人员占2/3，1/2的科研人员具有博士学位，其中不乏在学术界有很深影响的专家学者。研究人员多具有较为全面的专业知识、较高的外语水平、较强的综合研究与双语教学能力，而且相当一部分研究人员还具有在我国驻外使领馆及国外大学工作和学习的经历。

国际经济研究院下设世界经济、中国对外经济贸易、国际投资、国际农业经济4个研究室以及7个研究中心：中国—俄罗斯/独联体研究中心、国际新能源战略研究中心、东亚经济研究中心、台港澳经济研究中心、全球生产网络与加工贸易研究中心、中国资本运营研究中心、国际农业合作与发展研究中心。

研究院与政府、企业、科研机构、大专院校广泛合作，重点在基础理论研究、国家政策研究、商业咨询服务三个层面开展研究工作，研究范围主要涉及世界经济、国际区域经济合作、国别经济、国际贸易、国际投资、台港澳经济等领域。多年来，研究院以其深厚的科研基础和丰富的科研经验，完成了多项国家社会科学基金和自然科学基金课题，国家“九五”“十五”“十一五”等重大课题，商务部、教育部、农业部等中央部委课题，省、市地方政府课题，以及国际组织、国外政府及国内外企业、行业组织等委托课题；出版和发表了大量专著、编著、译著和学术论文、研究报告，取得了丰硕的科研成果，受到学界、政府、社会的普遍认同和广泛好评，数十次获得国家、省部级学术奖励。

国际经济研究院具有世界经济专业博士学位和硕士学位授予权，教学对象以研究生为主，培养方向包括国际经济合作与区域经济一体化、区域国别经济、国际投资与跨国经营、国际农业经济等，着力培养掌握世界经济理论和专业知识，具有战略眼光、创新意识和研究能力，掌握较高外语技能，具备从事世界经济领域研究、高等院校教学以及对外经贸工作能力的高级复合型人才。

中国世界贸易组织研究院

中国世界贸易组织研究院是对外经济贸易大学科研、教学与咨询服务一体化的实体机构。其前身是1991年5月成立的关贸总协定研究会，1995年1月世界贸易组织成立，关贸总协定研究会更名为世界贸易组织研究会。2000年1月，在世界贸易组织研究会的基础上经改制，世界贸易组织研究中心正式成立。2000年8月，研究中心被教育部评选为

“普通高等学校人文社会科学重点研究基地”，是全国100多个基地中唯一以WTO为研究主题的研究机构。2002年7月，更名为中国世界贸易组织研究院。研究院的宗旨是根据我国改革开放和建立社会主义市场经济的基本国策，以及加入世界贸易组织的客观要求，专门从事以世界贸易组织为基础的多边经济贸易体制、经济一体化及各国相关经贸政策等综合性国际问题研究，为我国融入国际经济体系、参与国际竞争和进行现代化建设服务。研究院将按照教育部对重点研究基地的要求，努力建设成为我国WTO领域的科学研究基地、人才培养培训基地、全国学术交流和资料信息基地、咨询服务基地和科研体制改革的试验基地。

研究院成立以来，一直坚持理论联系实际、科研与教学相结合，面对中国“复关”与“入世”的现实，积极参与“复关”与“入世”的重大科研和决策活动，完成了多项国家级、省部级研究项目，出版了大量有较高学术水平和社会影响的专著和论文，为各级政府及有关部委提交了一系列咨询报告，产生了一大批具有广泛影响和社会效益的研究成果，获得了10多项国家和省部级奖励，成为我国多边贸易体制研究的骨干力量，在国内外赢得了良好的声誉。

国际学院

国际学院是对外经济贸易大学从事外国留学生招生及管理工作的专门机构，全面负责对外经济贸易大学各类外国留学生教育的对外宣传、咨询、招生、录取以及留学生入学后的学籍管理、签证管理、教学教务及日常生活管理。除学历教育外，国际学院还向各类团体及个人提供包括基础汉语、商贸汉语、强化汉语等各类语言培训项目，以及有关中国经济和文化等内容的进修课程。

国际学院设有院办公室、招生及项目开发部、学历教育事务部、学生事务部、教学部、教务部、服务中心七个部门。

目前，有来自世界120个国家和地区的3000余名留学生在对外经济贸易大学学习，其中攻读学位的学生有2000余人，语言及各类进修生900余人。此外，每年还有大量前来对外经济贸易大学短期进修和访问的团体和学生。他们在对外经济贸易大学不仅提高了汉语水平，更重要的是学习和掌握了扎实的有关中国的文化、经济和贸易等方面的专业知识。许多毕业生业已成为与中国进行文化交流和商贸往来的骨干力量。

三、2011年新增机构

教育部对外经济贸易大学教育与经济研究中心

2011年7月8日，教育部与对外经济贸易大学共建的教育与经济研究中心正式成立。教育与经济研究中心是教育部签约成立的第二个教育规划与战略领域的研究中心，是实体性的研究机构。它将依托对外经济贸易大学经济贸易优势学科群，以教育与经济增长、教育与对外开放为主要研究方向，整合多学科力量，汇集国内外优秀人才，把研究中心建成国家教育规划与战略研究领域的重要咨询机构、教育与经济社会发展领域的一流智库、具有中国特色的高水平学术研究中心和国际科研合作基地。中心目前承担了“教育对经济增长的贡献率”“教育与经济的互动与互依关系”“教育与对外开放”等重点项目的研究工作。

中国（新疆）边境贸易研究中心

中国（新疆）边境贸易研究中心成立于2011年10月，是对外经济贸易大学与石河子大学合作共建的研究机构。中心的主要任务是开展和推动新疆边境贸易研究，面向兵团、面向新疆及全国开展信息咨询服务，打造新疆边境贸易发展的咨询服务基地和资料数据基地，搭建国内外边境贸易学术交流合作平台，为经贸学科发展和人才梯队建设提供新的生长平台，为国家、新疆及兵团的边境贸易发展提供战略决策参考。根据两校签署的合作协议，双方共同为该中心提供专项资金，推动关于中国边境贸易方面的课题研究。研究基金每年设立中国边境贸易方面的研究课题，面向两校或联合社会各单位公开招标；积极开展学术交流，每两年举行一次双方轮流承办的“中国边境贸易论坛”。中心设学术委员会，负责审议科研计划，提出科研经费分配意见，评定科研成果，组织学术活动，审批开放课题等。研究人员主要由两校经贸学科领域的专家、教师组成，实行专职与兼职聘用结合，按需设岗，目标责任制。

企业内部控制与风险管理研究中心

对外经济贸易大学企业内部控制与风险管理研究中心成立于2011年，宗旨是以系统论为基础，运用综合集成思想和方法，创新风险管理的理论、技术和工具，开展企业风险管理的实践。重点围绕国家确立的七大战略新兴产业中的高新技术企业内部控制与风险管理中的难点问题开展研究工作，研发具有中国特色的高新技术企业内部控制与风险管理的方法、模式和工具，协助企业及时识别、科学分析和正确评价影响企业发展的各种不确定因素，有效构筑企业经营风险的“防火墙”，提升企业经营管理水平、营利能力和持续发展能力。通过产、学、研一体化，搭建产业界、学术界风险管理经验交流的平台。

资本市场与投融资研究中心

对外经济贸易大学资本市场与投融资研究中心成立于2011年。中心的发展目标是成为中国资本市场的理论研究中心；资本市场和企业价值问题的专门人才库和资料信息库；为社会各界提供资本市场人才培养培训基地；为政府提供一流的政策咨询建议，为企业提供一流的投融资咨询建议。

中心的主要工作是通过对中国资本市场的深入研究，为我国政府部门和企业提供咨询；研究并发现企业价值，发布企业价值研究报告，为投资者提供投资建议；常规性地开展课题研究项目，定期举办学术研讨会，与有关的研究机构和实际工作部门建立联系，交流合作；培养了解中国资本市场、了解中国国情和中国企业情况，懂投资、懂管理的专业人才；同时在国内高校开展的资本市场研究工作中起到示范、组织和协调作用。

青年发展研究中心

对外经济贸易大学青年发展研究中心成立于2011年，其前身是2009年成立的社会稳定与危机管理研究中心。中心致力于对当前中国和世界的青年问题进行高层次研究，特别是对当代中国青年的价值取向和世界青年浪潮中出现的新动态展开理论探讨，提供政策建议。

研究范围包括：开展青年问题的理论研究；推动青年政策的研究开发；加强青年问题的前沿研究；促进青年问题的交流合作。

国际招投标与政府采购研究中心

对外经济贸易大学国际招投标与政府采购研究中心成立于2011年，研究中心的建设宗旨是成为我国国际招投标和政府采购领域领先的科学研究机构，服务于我国加入GPA谈判、政府采购和招投标体制改革和企业参与国际招投标。

主要研究任务有两个方面：

1. 深入开展我国及国际招投标和政府采购市场基础理论研究和应用研究，为我国加入GPA谈判和招投标、政府采购体制的改革提供决策参考。

2. 开展我国及国际招投标和政府采购市场机会、准入制度及壁垒的研究，收集、分析相关数据，为企业进入国内外招投标和政府采购市场提供咨询。

中国消费产业与投资研究中心

对外经济贸易大学中国消费产业与投资研究中心成立于2011年。中心的宗旨是：在中国经济由出口/投资驱动向消费驱动转型，全民消费升级的关键时期，从宏观和微观两个方向，自上而下/自下而上，从定性和量化两个角度，应用国际先进的理念和方法，对国内外消费产业进行深入而广泛的研究，为消费产业的利益相关方（品牌，渠道，服务提供方、投资方等）提供理论与实践方面的参考和指导，为促进全行业的健康发展作出贡献。为各级政府部门提供决策建议；培养具有现代开放经济视野，能够驾驭复杂经济环境，掌握先进消费产业与投资知识的高级专业人才；为企业和社会提供高质量的消费产业与投资研究服务，架起与国内外本领域学者相互沟通的桥梁，创造国内外学术交流与研究合作的机会和环境，成为全国消费产业与投资专门人才库和培训中心，为消费产业学科的发展作贡献。

国际贸易与金融法律研究所

对外经济贸易大学国际贸易与金融法律研究所成立于2011年，其宗旨为：

1. 在国际贸易和国际金融领域，研究相关的问题，包括中国参与WTO事务问题、国际贸易和金融问题、中国同外国（地区）交往中涉及的投资和贸易法律问题，推动新的国际法律秩序和世界贸易组织法秩序的发展和完善。

2. 对中国法律（包括港澳台地区的法律）进行系统研究，推进中国法律制度的改革和发展，为未来中国立法的制定和修改提供服务，努力成为中国政府法治建设的智囊机构。

3. 对与中国有重大经贸往来国家的法律及相关的文化和历史进行研究，增进中国对这些国家的了解，为发展中国与这些国家的友好往来服务。

4. 对与中国有重大经贸往来国家的经贸法律制度进行研究，为中国政府、企业和个人的决策提供相应的咨询服务。

保险法与社会保障法研究中心

对外经济贸易大学保险法与社会保障法研究中心成立于2011年，其前身是2002年成立的对外经济贸易大学保险法研究中心。中心的宗旨是：充分利用对外经济贸易大学保险学院及相关院系雄厚的学术资源，团结国内外保险和社会保障专家，共同推进中国保险法与社会保障法理论与相关领域的政策研究，通过学术研究和人才培养为社会主义法治建设服务。中心将努力建成为一个重要的科学研究基地、对外服务基地、学术交流基地、人才培养基地；使保险与社会保障法律科学研究的整体水平在全国居于领先地位，并在国际领域享有较高的学术声誉，成为公认的保险与社会保障法律科学的重点研究中心。

（对外经济贸易大学科研处供稿）

北京工业大学

一、学校概况

北京工业大学创建于1960年，是一所以工为主，理、工、经、管、文、法相结合的多科性市属重点大学。1981年成为国家教育部批准的第一批硕士学位授予单位，1985年成为博士学位授予单位。1996年12月学校通过国家“211工程”预审，正式跨入国家21世纪重点建设的百所大学的行列。学校占地面积80余万平方米。

学校共有23个教学院所，16个一级学科博士学位授权点，68 个二级学科博士学位授权点，28 个一级学科硕士学位授权点，142 个二级学科硕士学位授权点，涉及哲学、经济学、法学、教育学、文学、理学、工学、管理学等 8 个学科门类；15 个博士后科研流动站；工程、工商管理、建筑学、应用统计、国际商务、工程管理等 6 个专业学位硕士培养类别；47 个本科专业；拥有光学工程、材料学、结构工程 3 个国家重点学科；新型功能材料、传热强化与过程节能 2 个教育部重点实验室、3 个省部共建重点实验室，13 个北京市级重点实验室或研究基地，以及精密超精密加工国家工程研究中心、国家级产学研激光加工中心和中德激光技术中心、教育部数字社区工程中心、汽车结构部件先进制造技术教育部工程中心等；学校有教职工 3000 余人，其中专任教师 1500 余人，教师中有全职两院院士 6 人，博士生导师 222 人，正高级职称人员 315 人；在校生 28000 余人，其中研究生 8000 余人，全日制本科生 12000 余人，继续教育本科生 8000 余人。

建校 50 年来，北京工业大学已为北京经济和社会发展的各个领域培养了 10 万余名学生（其中硕士、博士研究生 1 万余人），他们在各条战线上发挥着骨干作用。北京工业大学已经成为北京市高素质、高层次人才的培养基地，科技创新与研究开发基地和社会服务的重要基地。

学校历任校长：尹凤翔（筹备处主任）、李晨、朱兆雪、徐伟、樊恭休、王浒、蔡少甫、左铁镛、范伯元。历任党委书记：李晨、宋硕、秦川、张青季、徐伟、郭德远、周宣诚、蔡少甫、孙崇正。

现任校长：郭广生，党委书记：王守法。

二、社科类科研（教研）机构

经管学院下属二级社科类科研（教研）机构

1. 管理科学与工程学科部，主要研究方向：管理科学与工程，具有管理科学与工程的一级学科博士点和硕士点。学科部主任：翟东升。

2. 应用经济学学科部，主要研究方向：金融、国贸、统计、产业经济及区域经济等，具有应用经济学的一级学科博士点和硕士点。学科部主任：宗刚。

3. 工商管理学科部，主要研究方向：企业管理，具有工商管理的一级学科硕士点。学科部主任：赵立祥。

4. 北京现代制造业基地，主要研究方向：北京现代制造业产业结构、产业链的优化及制度与政策研究，北京现代制造业信息化，及其与高新技术产业协调发展研究。主要负责人：李京文、蒋国瑞。

5. 北京经济社会发展研究院，主要研究方向：技术经济与数量经济研究，经济增长分析与预测研究，城市与区域经济研究，产业经济研究。主要负责人：李京文、任海英。

6. 中国经济转型研究中心，主要研究方向：中国经济转型，循环经济，绿色经济。主要负责人：黄海峰。

7. 北京能源经济研究基地科技创新平台，主要研究方向：产业发展与资源利用理论研究，节能减排技术与政策，新能源开发与利用研究，碳排放交易制度体系研究。主要负责人：李京文、廖玫。

人文学院下属二级社科类科研（教研）机构

1. 社会学学科部（下设社会学研究所），主要研究方向：社会学理论与方法、城乡社会学、发展社会学、社会政策与社会工作、社会建设与社会管理等。主要负责人：唐军。

2. 北京社会建设研究院，主要研究方向：社会建设、社会管理、经济社会协调发展等。负责人：陆学艺。

3. 人力资源研究中心，主要研究方向：国际化人才研究、事业单位人力资源、农民就业与培训。负责人：张荆。

4. 当代中国信访与社会治理研究中心，主要研究方向：信访与社会矛盾化解等。主要负责人：陆学艺、张宗林。

5. 传播学学科部，主要研究方向：广告学、传播学。负责人：王国华。

6. 首都文化创意产业研究中心，主要研究方向：文化创意产业理论与实践。负责人：张革、王国华。

7. 文化创意产业研究所，主要研究方向：文化产业、旅游景区规划、品牌塑造与传播等。负责人：王国华。

8. 现代广告研究中心，主要研究方向：广告学理论与实践。负责人：付德根。

9. 法学学科部，主要研究方向：法学。负责人：张荆。

10. 国家大学生文化素质教育基地文化素质教育中心，主要研究方向：大学生文化素质教育。负责人：杨茹。

11. 中国语言文化系，主要研究方向：对外汉语教学。负责人：李雷。

外语学院下属二级社科类科研（教研）机构

面向学院专业学生的本科生、硕士生教学和科研工作。

1. 硕士生——英语专业（一级学科硕士点：外国语言文学——二级学科：主要研究方向名称：应用语言学及外语教学、中外语言文化对比、英美文学、商务英语）。

（1）应用语言学及外语教学。

本研究方向的特点是语言学研究与外语教学紧

密结合，具有应用性特征，力求将基于数据的定性与定量相结合的研究成果应用于语言教学中，通过多角度、多方位、交叉性的研究，探索应用语言学的发展趋势及适用领域，探索如何将各领域的研究成果有效地应用于外语教学，从而提高学生语言运用技能及综合应用能力。教学内容为普通语言学、应用语言学、外语教学理论及流派、二语习得、语料库语言学、研究方法、文体学等。学术带头人：周俊英教授。

（2）中外语言文化对比。

中、英、日、韩的语言学概论、词汇学、语法学、文化史和跨文化交际等和中、英、日、韩的语言对比研究、文化对比研究和跨文化交际和翻译实践等课程。培养具有多语种应用能力和跨文化交际能力的应用型、复合型外语专业人才。学术带头人：俞春喜教授。

（3）英美文学。

本方向的研究特色为女性主义文学批评和亚裔美国文学研究。教学内容以文学批评的基本理论为基础，通过学习西方文论、英国文学、美国文学等相关课程，研究英美文学作家的写作风格和思想倾向，探索英美文学的发展历史，增强对于西方文化的了解，提高文学鉴赏能力及文艺批评能力。学术带头人：张丽教授。

（4）商务英语。

本研究方向以商务沟通为主，研究内容涵盖沟通策略、沟通效率、沟通技巧、沟通障碍、沟通媒介影响、跨文化沟通、商务沟通教学、口笔译技巧、商务文化、商务案例研究、国际市场营销、国际商务等。学术带头人：何岑成副教授。

2. 本科生——英语专业（商务、翻译方向）。

（1）商务方向。

注重培养有坚实的英语语言基础和熟练的语言运用能力，在此基础上，扩充学生商务领域的理论学习，熟识商务活动特点及规律，并能够与实践活动相结合。主要负责人：张峰。

（2）翻译方向。

本专业实施“英语＋专业方向”的培养模式，强化听、说、读、写、译等语言基本功训练，培养和提高学生的翻译能力。主要负责人：李红霞。

3. 本科生——日语专业（商务方向）。

坚持文理结合、文工相辅的办学思想和复合型人才培养模式，致力于培养具有扎实的专业基础知识、独立思考能力和开拓创新能力的英语熟练、兼通朝鲜语的复合型专业日语人才。近年来日语系教师共承担北京市教委人文社科项目等在研项目6项；出版专著、编著、译著10部，教材3部，发表论文20余篇。主要负责人：姜毅然。

4. 本科生——韩语专业（科技方向）。

朝鲜语专业（科技韩国语方向）是北京工业大学特色专业，培养具有一定工科背景知识的韩国语应用型人才。专业以‘韩国语＋科技’为办学特色，实施‘3＋1’的培养模式。学生在一二年级时，打好韩国语的听、说、读、写等语言基础，同时学习相关工科背景知识。三年级时，全部学生作为交换生到韩国合作交流大学留学一年。四年级加强对科技韩国语阅读理解，强化对不同体裁的翻译和写作等技能。主要负责人：俞春喜。

5. 面向全校的本科生、硕士生、博士生的教学和科研工作。英语教学的主要研究方向：以外语教学理论为指导，以英语语言知识与应用技能、跨文化交际和学习策略为主要内容，并集多种教学模式和教学手段为一体的教学体系。

（1）本科生英语教学——名称：《大学英语》，教学由大学英语1—4级、提高性自选模块课程和选修课程、实践创新型课程、第二课堂活动等一系列课程构成。大学英语教学一部负责人：段江平；大学英语教学二部负责人：屈桂菊。

（2）硕士生、博士生英语教学——名称：《研究生公共英语》，硕士生、博士生公共英语教学部负责人：张俊梅。

（3）本科生、硕士生、博士生——小语种（日语、德语、韩语、法语、俄语）语言及文化选修课。主要负责人：俞春喜。

高等教育研究所

北京工业大学高等教育研究所成立于2006年6月，是一个集教育科学研究、教育政策咨询、高教研究与管理、教育学术交流为一体的高等教育科学研究机构。2011年获批教育学一级学科硕士学位授权。主要研究方向为：高等教育与大学管理、学生事务管理、现代教育技术、大学教学论。主要行政负责人：肖念。

三、学术团体

全国管理科学与工程学会秘书处

2002年起，在李京文院士的倡议下，由北京工业大学经管学院牵头，全国近百所拥有管理科学与工程学科的院校以“中国管理科学与工程论坛”为平台开展了大量学术活动，先后举办了6届管理科学与工程论坛，成为管理科学与工程学科建设、人才培养和学术研究的良好平台。2007年初，提出在“中国管理科学与工程论坛”基础上，成立国家一级学会“管理科学与工程学会”，这项倡议受到了近百所院校学者的积极响应，并得到了民政部和教育部的大力支持和帮助。2009年教育部同意作为主管方管理和指导“管理科学与工程学会”的工作，而民政部亦发函同意筹备成立“管理科学与工程学会”。2009年6月27日，在北京工业大学正式召开了学会成立大会。李京文院士为学会第一任理事长，并一致同意将学会的秘书处放在北京工业大学。

全国管理科学与工程学会秘书处承担着学会的日常管理和联系工作，负责每年年会的召集工作，负责与国务院管理科学与工程学科评议组以及国家教育部管理科学与工程学科教学指导小组的沟通工作，同时也承担了学会期刊的申报工作，是我国管理科学与工程学科建设和科研工作的协调、指导和交流中心。该秘书处的设立极大地提升了北京工业大学在该学科的地位，也表明了国内专家学者对北京工业大学在该学科上所取得的成绩的认同。

北京工业大学高等教育学会

北京工业大学高等教育学会是在北京工业大学党委和行政领导下从事高等教育科学研究的群众性学术团体，是中国高等教育学会的团体会员。秘书处设在高教所，负责出版、发行内部学术刊物《教育研究通讯》（季刊）。

学会宗旨：以马列主义、毛泽东思想、邓小平理论和“三个代表”重要思想为指导，贯彻落实科学发展观，发扬理论联系实际的学风，团结组织全校师生员工，开展高等教育的理论与实际问题的研究，探索高等教育规律，总结工作经验，推广研究成果，介绍国内外高教改革动态，以促进学校的深入改革与健康发展，全面提高教育质量和办学效益。

（北京工业大学科技处张爱民供稿）

北京联合大学

一、学校概况

北京联合大学是1985年经教育部批准成立的北京市属综合性大学，其前身是1978年建立的北京大学、清华大学等30多所大学的分校。北京联合大学以培养适应国家特别是首都经济社会发展需要的高素质应用型人才为已任，经过30多年的建设与发展，学校的综合实力显著增强，形成了经、管、文、法、理、工、教、史、医等多学科相互支撑、协调发展，以本科教育为主，研究生教育、高职教育和继续教育协调发展的完备人才培养体系，是北京地区规模最大的高校之一。

学校拥有13个校区，分布在北京的6个城区，形成了以小营校区为中心，集中与分散相结合的办学布局。学校本部位于交通便利的国家奥林匹克体育中心东侧小营校区。学校设有：应用文理学院、师范学院、商务学院、生物化学工程学院、旅游学院、信息学院、机电学院、自动化学院、管理学院、广告学院、特殊教育学院、应用科技学院、国际交流学院、继续教育学院14个学院。

学校现有建筑面积约60万平方米，图书馆藏书240余万册，专任教师近1800人，全日制在校生近3万人，其中本科生2万余人，高职高专生近8000人、外国留学生1000多人以及一定数量的硕士研究生。学校还有各类成人教育学生4000多人。建校30多年来，为国家培养17万名毕业生，他们活跃在国家经济社会建设的各行各业，许多毕业生已成为政府部门、大型企业的领导和业务骨干。

北京联合大学在教学和科研上具有以下特点：

1. 协调发展的学科专业体系。

学校现有本科专业59个，涉及经济学、法学、教育学、文学、历史学、理学、工学、管理学、艺术学、医学等10大学科门类。5个本科专业为国家级特色专业建设点，8个本科专业为北京市级特色专业建设点。

学校现拥有考古学、计算机科学与技术、食品科学与工程、软件工程、工商管理5个一级学科硕士学位授权点和专门史1个二级学科硕士学位授权点，覆盖22个二级学科硕士学位授权点；经济法学、计算机应用技术、食品科学、特殊教育学、人文地理学、旅游管理学6个学科为北京市重点建设学科。

2. 和谐共进的教学与科研。

近年来，学校先后获批国家级特色专业建设点5个、国家级精品课程4门、国家精品教材8种，国家级人才培养模式创新实验区1个、国家级实验教学示范中心1个、国家级教学团队1个，并取得一大批具有标志性的北京市级质量工程项目。此外，学校还获得北京市级和国家级优秀教学成果奖30余项，承担国家教育科学规划和北京市教委教育教学改革立项项目30余项。

多年来学校坚持以突出应用研究、推动学科发展、坚持科技创新、服务首都建设为宗旨开展科学研究，拥有国家级食品检测中心1个，市级科研机构4个——北京市生物活性物质与功能食品重点实验室、北京市信息服务工程重点实验室、北京学研究基地、北京市政治文明建设研究中心，设有食品科学研究院、台湾研究院、人民代表大会制度研究所等校级科研机构35个。近几年，学校承担各级各类科研项目及课题400多项，每年获得科研经费名列北京市属市管高校前茅。学校主办的学术刊物《北京联合大学学报》和《旅游学刊》在国内外具有重要影响。

3. 丰富优质的教育教学资源。

北京联合大学拥有较为雄厚的师资力量，有专任教师1768名。其中，具有高级职称的859人，享受政府特殊津贴的专家学者12人，担任教育部教学指导委员会主任、副主任、委员等职务12人。有国家级优秀教师1人、市级教学名师6人，市级拔尖创新人才9人，市级优秀教师18人，市级中青年骨干教师133人。有荣获北京市孟二冬式的优秀教师称号的教师1人。拥有国家级教学团队1个、北京市级教学团队6个。目前，学校已形成一支年龄、学历、职称等整体结构较为合理，素质高、能力强、业务精的师资队伍。

北京优质教育资源聚集，国际化程度全国领先。学校充分利用北京的地缘优势，通过校际访学、名师讲学、客座教授等多途径多形式积极引进境内外高校优质教育教学资源，为学生提供接受国际教育的平台，努力实现国内外优质教育的有效衔接，致力于培养具有国际视野的高素质应用型人才。

4. 系统完善的学生成长机制。

学校以国家级和北京市人才培养模式创新实验区为依托，设立计算机科学与技术、金融学、旅游管理人才培养三个实验班，对优秀人才开展针对性、创新性教育。实验班师资配备优良，聘请学校知名教授和知名企业骨干担任双导师，聘请校内外教学名师担任课程主讲教师，市级名师授课比例不低于50%。实验班学生享有各项优惠政策：成绩优异者优先享受参加中外合作办学项目，学生公派出国留学或交流的比例不低于50%；享有环境良好的专用自习教室；享有单独设立的奖学金和技术实践与创业基金等；学校还设立专项基金支持实验班的教学建设与改革。

5. 形式多样的对外交流与合作。

学校积极开拓国际/境外合作办学，培养具有国际竞争力的人才。学校与美国、英国、法国、瑞典等30多个国家和地区的70多所高校开展了多种合作交流项目。学校积极引进国外合作院校先进教育资源和国际先进教育教学经验和做法，实施教育国际化和教育本土化有效融合，并通过聘请外国教学专家、本土优秀双语教师开展双语或全英语教学，让学生在校内即可接受到先进的国际化教育。学校的国际化教育吸引了来自全球各个国家和地区的学生，每年有超过1000人次来自30多个国家的留学生在北京联合大学就读。学校通过参观互访、论坛、研讨会等多种形式开展学术交流，推进了学校的国际化办学水平。

6. 创新发展的高等职业教育。

学校秉承依托本科办高职的思路，开展高等职业教育，形成了高职教育出精品、高职专升本教育上水平的办学局面；构建以专升本衔接高职本科的职业教育人才培养体系，学校有32个本科专业承担了面向北京市独立设置的高职学院优秀高职毕业生高职升本的培养任务；71个高职专业中，计算机应用技术、通信技术、机电一体化技术、现代传播4个专业为教育部高职高专教育教学改革重点专业，另有11个北京市级高职高专教育教学改革试点专业。“十二五”期间，北京联合大学被确定为北京市政府教育统筹综合改革试点项目——北京市职业教育等级分级改革的试点单位，即市场营销和餐饮与服务两个高职专业。试行职业教育分级制后，将打破过去按学历培养职业人才的模式，高职将不再成为高等教育的低等级学历层次，学生可以根据实际情况灵活选择所学的职业教育级别，最高可获得相当于研究生学历层次的职业教育资格，这将为北京联合大学高职生提供前景广阔的发展空间。

7. 知行并重的人才培养模式。

学校非常注重学生实践及创新能力的培养，不断加强实践教学软硬件环境建设，为学校高素质应用型人才培养创造有利条件。学校已建成国家级实践教学示范中心1个，市级实践教学中心2个，校级实践教学中心9个。学校高度重视产学研合作教育，与国内外知名企业在专业建设与改造、高新技术应用、学生实践能力培养及校内外实训基地建设等方面，建立了紧密合作关系。学校重视实施双证书教育，通过多种政策与制度鼓励学生，参加20多项国内外权威技术等级证书的考试，取得各种职业资格证书或技术等级证书。

学校还积极搭建学科竞赛和学生科技活动的实践平台，构建院、校、市、国家四层次学科竞赛体系。北京联合大学是北京市大学生学科竞赛承办校之一，承办北京市大学生计算机应用大赛，并扩展到京港澳台大学生计算机应用大赛。学校通过学分奖励等激励政策鼓励学生参加学科竞赛等科技创新活动，培养学生创新能力和实践能力，并取得丰硕成果。

二、各学院介绍

应用文理学院

应用文理学院是北京联合大学下属的一所以培养本科生为主、招收部分硕士研究生，以文、史、法、理为主体学科门类的二级法人学院。学院现有2个一级学科硕士专业（考古学、食品科学与工程）、1个二级学科硕士专业（专门史）、11个本科专业。

学院坚持发展应用型学科专业、培养应用型专门人才的办学方向，不断优化学科专业结构和专业课程体系，学科专业建设成就显著，办学特色日益鲜明。以该院为主体的“北京联合大学应用文科综合实验教学中心”为国家级实验教学示范中心建设单位；资源环境与城乡规划管理专业是国家级特色专业建设点，历史学专业是北京市级特色专业建设点；食品科学、经济法学、人文地理学为北京市级重点建设学科；生物活性物质与功能食品实验室为北京市级重点实验室。

学院师资力量比较雄厚，陆续从北京大学、中国人民大学和其他重点院校引进了一批高学历的优秀人才，形成了结构合理、有较高教学科研水平的师资队伍。学院还聘请一定数量的外籍教师，保证了外语教学水平。

学院以人才培养为中心，开展教学、科研和社会服务工作，在加强学科专业建设和师资队伍建设的同时，严格教育教学管理，形成了一整套科学的教育教学管理体系，教育教学质量有保障。

学院重视科研工作，近五年来获准立项国家自然科学基金项目5项、国家哲学社会科学规划项目4项、科技部项目1项、省部级项目26项。现有9个校级研究机构、9个院级研究机构，其中民族与宗教研究所、奥林匹克文化研究中心、文化遗产研究所、人居研究中心、城市与区域发展研究所、首都法治研究中心、环境保护研究所等研究机构的学术活动在国内外产生了一定影响。

学院占地62亩（学院路校区、丰盛校区、双清校区），建筑面积50659平方米。学院图书馆收藏各类图书资料46.8万册，电子图书100万册。

学院实行开放式办学，与中国香港、美国、英国、法国、瑞士、韩国等多个国家的大学开展国际合作教育，学生可通过参加国际合作教育项目的学习，取得国内外双重学历或学位，并可以通过“4+1”“3+2”等多种形式获取硕士学位。

师范学院

师范学院是一所以培养基础教育、职业教育教师人才为基础，以服务首都文化创意产业发展和社会文化建设为主要特色的学院。学院以本科教育为主，兼有少量高职专业。现设有应用心理学、汉语言文学、英语、艺术设计、音乐学、电子信息工程、计算机科学与技术等本科专业，设有服装设计、音乐表演、文秘、数字媒体技术等高职专业。现有全日制在校生2700余人。

学院现有专任教师近200人，教授、副教授90人，其中教授19人，并聘请了一批国内外学者、专家为该院名誉教授或兼职教授。

学院教学条件先进，创意媒体实验中心、艺术设计（数字媒体、视觉传达、服装设计、环境设计等方向）实验教学中心设备配置在北京市属高校中居于先进地位，并建有计算机房、信息控制技术实验室、电子技术实验室、基础心理学实验室、脑功能与认知实验室、语言实验室、音乐舞蹈教学等一批高水平的校内实验、实践场地；学院与企业共建的“歌华文化创意产业中心校外人才培养基地”为校级基地，并与60多家企业和中小学建立了良好合作关系，为学生更好地融入社会实践搭建了平台；学院的各类教室都配备了多媒体教学设备，为学生的课堂学习提供了良好的学习环境。

学生在校期间，除学习本专业的课程之外，还可以跨专业选修多种学科的不同课程，非师范专业学生可以选修教育科学类课程，以便于考取教师资格证书，拓宽自己的就业范围。

商务学院

商务学院始建于1978年，前身为北京工业学院（现北京理工大学）第一分院，历经30余年的发展，目前，学院已建设成为一所以经济学、管理学为主的普通本科学院。

学院现有工商管理（国际商务管理）、财务管理、会展经济与管理、市场营销（国际物流）、国际经济与贸易、金融学、信息管理与信息系统、电子商务等8个本科专业，现有全日制在校生2200余人。学院以工商管理一级学科硕士学位授权点以及国际贸易学和管理科学与工程等校级重点建设学科为支撑，以服务经济与贸易研究所、国际商务研究所、会展经济研究中心等6个研究所为科研平台，以首都现代服务业发展为研究特色，以一批在本学科领域具有较深造诣的教授、博士为带头人，引领学院各学科专业快速建设与发展。

学院始终坚持培养应用型人才、服务地方经济的办学方向，坚持人才强校战略，从满足首都国际化都市发展建设的需要出发开展应用型学科建设和人才培养。学院目前有专职教师140余名，具有博士、硕士以上学位的教师占90%以上，1/3以上的教师具有出国（出境）进修、访问学者以及培训学习的经历，开展学术交流与合作。

“十一五”期间，学院总计发表科研论文840余篇，其中核心期刊占50%以上，出版专著和译著110余部，承担省部级和局、委、办级课题35项，横向课题34项。

学院始终秉承“学以致用”的校训，坚持以人为本、促进学生全面发展的教育理念。2009年学院创办了“应用型国际商务人才培养模式创新试验区”，全面引进、借鉴国外先进的教学理念和优质的教学资源，使更多的学生不出国门就能享受先进国家高质量的教育服务。学院重视国际交流与合作，自2000年始与英国西苏格兰大学（原英国佩斯利大学）进行“3+1”双学位合作办学。学院还与中国香港教育学院、香港岭南大学，英国诺森比亚大学，加拿大温尼伯格大学等多个国家和地区的大学开展合作办学项目。自2006年以来，共有来自20余个国家的100名留学生来学院学习进修。

学院注重学生英语应用能力的培养，通过采取英语强化学习、开设双语教学、全英语教学等措施，使学生每年在大学英语四、六级考试中、在全国大学生英语竞赛和CCTV杯全国大学生英语演讲比赛中都获得骄人的成绩。为提高学生的外语能力和就业竞争力，学院从2006年开始在部分专业试行全英语教学，取得了很好的效果。2011年，学院继续试办全英语教学班，将从报考学院经济管理大类、国际经济与贸易专业的考生中，择优录取全英语教学班。

学院教学设施先进，并建有多个适应国际商务人才培养的实验室，其中“经贸实验教学中心”为北京市市级实验教学示范中心，为学生的专业实践能力培养提供了良好的学习、实验环境。此外，学院充分利用校外实践教学基地、校企合作和通过大量的社会实践活动，培养学生具有较强的专业综合实践能力。

生物化学工程学院

生物化学工程学院是一所面向现代都市工业、现代服务业和文化创意产业，以工为主、工程和管理相结合、工程和艺术相结合的综合性学院。学院以本科教育为主，开展多层次办学，为首都现代化建设培养了大批应用型高级专门人才。

学院位于朝阳区垡头小区，占地面积约 120 亩，建筑面积 53249 平方米，学院由教学楼、实验楼、办公楼、食堂及多功能厅、学生公寓和体育场等建筑群组成。

学院现有全日制在校生 3100 余人，现有信息与控制工程系、生物医药系、经济管理系、工程艺术系、工程管理系、公共基础课部、体育部，招生专业有 9 个本科专业，4 个高职专业。建筑环境与设备工程是北京市特色专业，楼宇智能化工程技术专业和计算机控制技术专业是北京高职高专教育教学改革试点专业，建筑电气与智能化教研室为北京市优秀教学团队，制药工程专业是校级骨干专业，生物工程专业是校级骨干建设专业。

学院现有专职教师 193 人，其中教授 14 人、副教授 72 人，博士 24 人。网络多媒体教学设备几乎覆盖所有教室，现代化的实践教学中心拥有技术先进、设备完善的教学科研设施，为学生学习和实践技能的提高创造了有利条件。学院在教育教学改革与专业建设中，紧跟北京市经济与社会发展的需要，密切关注各行各业对高级应用型人才的素质要求，与数十家企业建立了良好的合作关系，成为稳定的校外实习基地，同时组织学生取得相关专业的技术等级证书，以增强学生的就业竞争能力。

2002 年学院与英国佩斯利大学（现西苏格兰大学）签订了合作交流项目协议（3 +1 本科学位或 4 +1 硕士学位），为学生提供了一个与国际接轨的教育平台。不同层次的学生可在英国西苏格兰大学攻读本科和硕士学位，双方互派教师、互相承认学分、共同培养生物医药、经济管理、国际商务等专业人才，每年都有多名学生赴英留学，并获得了英国政府颁发的学位证书。

旅游学院

旅游学院创建于 1978 年，是专门培养旅游管理高级人才的学院。学院主要面向国家特别是首都旅游产业，培养基础扎实、实践能力强，具有社会责任感和国际视野的高素质旅游管理人才。

学院现有旅游管理、酒店管理、财务管理、会展经济与管理、英语、日语 6 个本科专业，其中旅游管理是国家级特色专业建设点、北京市重点建设学科和硕士学位授权点。学院另有酒店管理、烹饪工艺与营养、应用日语等 4 个高职专业，目前有全日制在校本专科学生 2300 余人。

近年来，学院不断加强教学建设与改革，在国家级特色专业、国家级优秀教学团队、北京市级人才培养模式创新和北京市级校外人才培养基地等质量工程建设项目中取得一系列标志性成果，办学质量稳步提升。学院创办的《旅游学刊》是我国旅游类唯一核心期刊，是旅游学界业界公认的最具权威性的专业学术刊物。

学院秉承“博识雅行，学游天下”的人才培养理念，创办“博雅实验班”，集中学院和学校的优质教学资源，实施全英语教学。学院加强国际交流合作，积极探索培养适应首都旅游产业发展需要的国际化高端旅游人才的新模式，先后与法国、爱尔兰、英国、荷兰、韩国、日本等国家及中国台湾地区建立了十余个合作教育项目。在校学生大都有机会参加境外交流学习。

近年来，学院建立了一批国内先进的专业实验室，包括酒店管理实验室、旅游电子化管理实验室、导游模拟实验室、同声传译室、日本文化室、茶艺室、品酒实验室等。学院坚持产学研一体化办学，与首旅集团联手建设“北京市级校外人才培养基地”，为开展实践教学提供了良好条件。

信息学院

信息学院是以培养高水平应用型 IT 类工程技术人才为目标的工科学院，其前身是 1978 年建立的清华大学分校、北京邮电学院分院等。学院人才培养包括本科和硕士研究生两个层次。

学院设有计算机工程系、通信工程系、电子工程系和软件工程系，共有计算机科学与技术、软件工程、通信工程、电子信息工程、电子信息科学与技术 5 个本科专业，拥有“软件工程”“计算机科学与技术”两个一级学科硕士学位授权点。本科专业中的通信工程专业是国家级特色专业建设点及北京市特色专业。信息学院是北京联合大学“国家级服务外包人才培养模式创新实验区”的主体学院。

学院拥有一支年龄结构合理、学术思想活跃、综合素质较高的师资队伍，其中包括全国优秀教师、国务院特殊津贴专家、北京市高校教学名师、北京市教委高层次人才等。

学院拥有“北京市信息服务工程重点实验室”、校级院管“微电子应用技术研究所”“传感网与可靠性研究所”等高水平的科研平台，现有北京市重点建设学科 1 个（计算机应用技术学科），校级重点学科 1 个（通信与信息系统学科），校级重点建设学科 2 个（信号与信息处理、电路与系统）。2007 年至 2011 年，学院教师发表 SCI、EI、中文核心期刊等学术技术论文400余篇，出版的教材、专著48部，其中包括“十一五”国家重点规划教材4部。目前，学院在研的国家、北京市纵向及横向项目86项，获得专利31项，获得国家、省部级多种奖励。

学院拥有丰富的实践教学资源，近年来累计投入数千万元资金，建设了工程技术应用中心，其中包括数字信号处理（DSP）、光纤通信、移动通信、单片机与嵌入式系统、集成电路（IC）设计、混合信号与SoC技术、智能电子系统、计算机网络集成、软件工程等实验室、北京市高校数字化技术创新基地等一系列具有国内先进水平的实验室和研究基地。学院与企业广泛开展产学研合作，与校科技园（隶属于中关村科技园区）建立了校外人才培养基地，向学生提供高水平的工程训练和教学科研环境。

学院重视教学质量，建立实验班，实施分层培养，集中学校的优质教学资源，强化基础训练，培养具有国际视野，适应首都信息服务外包业快速发展需要的高级人才。学院实施“卓越培养工程”，为进入“卓越工程师”计划的学生配备高水平专业导师，指导学生参与科学研究。学院教师积极开展教学改革和研究，多次获国家和北京市优秀教学成果奖和优秀教材奖。

学院与英国东伦敦大学、西敏斯特大学、安格利亚鲁斯金大学等国外高校建立了长期稳定的教育合作交流项目，学生在校期间可通过“3+1”“3+2”等项目取得“双学士”学位或本硕连读，学生也可参加美国、韩国等国家及我国台湾地区的长期交换生项目。

机电学院

机电学院以机械工程为主要学科发展方向，培养首都现代制造业及生产服务业急需的高级应用型人才。机电学院设置的专业与国家“十二五”规划拉动的七大新兴产业中的节能环保、高端装备制造、新材料、新能源汽车产业等四大产业直接相关。在首都“十二五”规划中明确提出着力发展高端制造业，改善提升传统制造业，促进生产性服务业发展，同时大力发展战略性新兴产业。机电学院的机械大类专业招收的学生，正是要培养符合国家和首都经济建设的产业结构调整要求的合格工程技术专门人才。

学院开设机械大类相关本科、高职专业。其中，机械工程及自动化专业是国家级特色专业及北京市特色专业；材料科学与工程（检测与质量管理）专业、工业工程专业（现代制造工程管理）是北京联合大学骨干专业；数控技术专业、汽车检测与维修技术专业是北京联合大学高职示范专业。

学院拥有北京市市级优秀教学团队一个，北京联合大学校级优秀教学团队两个，现有专任教师49人，26人具有高级技术职称，其中教授7人，具有博士学位的专业教师17人。学院建有北京市重点建设的现代制造工程技术中心及下属的25个实验室和工程技术训练室，还设有一个校级研究所和一个与企业共同组建的技术研发及成果转化基地，为教师和学生科研提供了支撑平台。

学院与德国SIEMENS、北京奔驰—戴姆勒·克莱斯勒汽车有限公司、日本SMC公司和北京现代汽车有限公司等国内外一流高新技术企业在专业建设、实践能力培养及校内外教学、科研基地建设等方面建立了紧密的合作关系。

学院积极培养国际型工程技术人才，积极组织并参与学校多项国际交流项目，培养具有国际化视野的新型人才。学生在校期间可参加赴美国、韩国以及我国台湾地区的交换生项目，也可通过参加3+1、4+1合作办学项目赴英国、美国、瑞典等国留学获得更高一级学位。

自动化学院

自动化学院以本科教育为主，开展多层次办学，为首都经济建设和社会发展培养高级技术人才和管理人才。学院成立于2002年，其前身是清华大学等重点大学分校的自动化系。学院设有电气与控制工程系、物流系、交通工程系、电子技术教研部和一个实践教学中心。

学院现有教职工102人，专任教师69人，其中教授9人、副教授22人。教师中具有博士学位10人，硕士以上学位的教师比例达到90%以上。近3年来，学院教师获得国家留学基金委——IBM优秀教师2人，北京市优秀教师1人，北京市师德先进个人1人，1人入选北京市市属高校学术创新团队负责人，1人入选北京市市属高校优秀教学团队负责人，12人获得北京市市属高校中青年骨干教师称号，1人获得全国优秀辅导员称号，1人获得北京市优秀辅导员称号。

学院在专业设置上主动适应首都经济建设和产业结构调整的需要，在改造传统专业的基础上，适时增设新兴专业。学院高度重视并积极开展教学研究，近5年来，承担和完成了国家级、省部级和校级教研项目37项，发表教研论文110篇。获得北京市教育教学成果奖二等奖1项，入选北京市市属高校优秀教学团队1个。2门课程获得北京市精品课程，4本教材获得北京市精品教材。4名教师在北京市和学校青年教师比赛中获奖。学院教师在国家级出版社出版各类教材60余种。

学院在保证高水平教学的前提下，积极开展科学研究。学院设有3个研究机构，成立了2个科研团队，其中1个团队入选北京市市属高校学术创新团队。学院与北京化工大学等重点院校联合培养硕士研究生。近5年来，学院教师主持和参与完成了20多项国家863、国家自然科学基金、北京市自然科学基金等纵向科研项目。同时还积极承担和完成企业横向合作项目50余项。近3年来，学院教师在核心期刊以及国际学术会议上发表学术论文406篇，其中SCI、EI、ISTP索引115篇。出版专著和译著10余部。发明专利4项，实用新型专利23项，外观设计1项，计算机软件著作权登记2项。学院还十分重视学生科技活动，在国际、国内各种比赛中，均取得了出色的成绩。

学院积极拓展对外交流与合作，目前已与英国、美国、德国、韩国等国家和我国台湾地区的多所大学保持着较为密切的学术和科研联系，选派教师和学生前往这些国家和地区的大学进修和学习。

管理学院

管理学院成立于2002年3月，是一所致力于经济管理类人才培养的学院。学院以企业管理学、金融学、管理科学与工程、区域经济学等学科为依托，以北京中小企业发展研究中心、首都金融研究中心、首都经济与企业发展研究所、应用经济与管理研究所等科研机构为平台，设有金融学（含保险方向）、会计学、信息管理与信息系统、工商管理（含国际商务方向）、财务管理、电子商务6个本科专业，在校生约2400人。

自2010年起，管理学院实行“大类招生、分级教学、学生自主、多元发展”的人才培养模式，各专业按“工商管理类”进行统一招生。学生入学后，前3个学期不分专业一同学习公共基础课和大类专业平台课，从第4学期实施专业分流。目的是适应现代社会对培养人文素质和科学素养深厚、基础扎实、创新能力和实践能力强的复合型应用型人才的要求。

学院为北京联合大学国家级暨北京市服务外包人才培养模式创新试验区核心单位；金融学专业为国家级特色专业；学院拥有的北京联合大学经贸实验教学中心为市级实验教学示范中心；学院于2012年起开始招收培养“工商管理学”硕士研究生。

截至2012年5月，学院有教职工116人，其中专任教师97人，高级职称教师占46%，博士（含博士后）25人，中青年教师中具有博士、硕士学历的教师达100%，专任教师中具有行业、专业实践背景的教师达56%。学院拥有一批北京市优秀教师、北京市中青年骨干教师，北京市哲学社会科学理论人才及北京市级创新人才1人。

学院秉承“明德笃行，包容创新”的理念，面向首都经济社会发展，以学科建设为龙头，以深化改革为动力，以强化特色促发展，以严格管理求效益，不断优化师资队伍结构，加强师德建设和学风建设，学院整体科研水平和教学质量稳步提升，为社会培养了近万名毕业生，得到了社会的广泛认可。

广告学院

广告学院是一所以培养广告传媒与艺术专业人才为主的具有鲜明学科特色和专业优势的广告艺术学院，是北京联合大学直属的二级学院，是紧紧围绕首都经济建设和社会发展的需要而发展起来的。广告学院成立于2000年，围绕广告学专业，逐步派生出艺术设计、绘画专业，再创立表演专业，是一所以培养艺术素养与现代技术在工作实践中完美结合的应用型人才为己任，以文化创意产业应用型人才培养和打造广告艺术人才培养基地为目标的大学园区。

广告学院是一所以广告学为主，艺术类专业较为齐全的广告艺术学院。目前，传播学为校级重点建设学科，广告学为校级骨干建设专业，广告学专业为校级优秀教学团队。

学院设有广告学、艺术设计、绘画和表演等专业。目前，有全日制本科生1900多人，高职高专生800多人。学院图书馆现有藏书6万余册；另建有广告运营实训室、数字艺术实验室、影视训练中心、录音剪辑实训室等实践教学中心和设备先进的计算机基础应用实验室及英语语音实验室，以及现代化的多媒体教室。

学院拥有一支充满活力、多才多艺的教师队伍，多数教师既有丰富的教学经验，又有实践工作经历，学院还聘请来自国内外媒体、广告行业、影视界等企事业单位的专家、学者、资深人士，组成一支稳定的、高水平的外聘教师队伍。

学院根据各专业特点开设了丰富多彩、形式多样的校外实践课程。学院与多家公司、企业签订合作协议，建立校外实习基地，为学生提供实践锻炼的机会；同时，鼓励学生在专业教师的指导下参加政府主办的全国大学生广告艺术大赛和行业主办的各类竞赛。2009年全国大学生广告艺术大赛获各级奖项382个，获奖率为42%，其中获全国赛区一等奖2个，二等奖2个，三等奖6个。

学院注重国际合作与学术交流，已与美国、加拿大、英国等国家的多所大学建立了良好的学术研讨和交流培养机制，可输送成绩优秀的学生出国读研，建立了校际合作关系，互派教师和留学生；与国外企业建立助学机制，学院每年都有由日本企业资助，推荐两名学生赴日本研修项目。

特殊教育学院

特殊教育学院成立于2000年9月，隶属北京联合大学。学院现有教职工100人，学生815名，图书馆藏书11万册，是一所相对独立的综合性特殊教育学院。

学院设有特殊教育系、医学系、应用技术系，开设10个专业，其中本科专业5个，分别是特殊教育专业、学前教育专业、艺术设计专业（听障）、计算机科学与技术专业（听障）、针灸推拿学专业（视障）；高职专业5个，分别是听力语言康复技术专业、视觉传达艺术设计专业（听障）、计算机应用技术专业（听障）、园林技术专业（听障）、音乐表演专业（视障），专业涉及教育学、文学、工学、医学、农学等学科，其中面向全国招生的专业8个。

学院拥有一支高素质的师资队伍，其中，具有教授、副教授职务的教师所占比例为34%，具有博士、硕士学位的教师所占比例为84%。学院建有高标准的现代化综合楼、实验楼、学生宿舍楼。教学硬件条件完备，拥有先进的专用苹果机房等各专业专用实验室、计算机网络系统及各种音像、多媒体教学设备。设施良好的体育馆、田径场、舞蹈教室、钢琴房、学生活动中心，为提高学生综合素质提供了条件。另外，学院与社会单位、团体合作，在全国多个省市建立了学生实训基地，为培养学生的职业素质和技能提供了保证，有助于提高学生就业的竞争力。同时专门设置辅助残疾人教学的资源中心。

学院自成立以来，受到各级领导和社会各界的关心与支持。经过几年的努力，学院取得了较大发展：承担了多项国家级、省部级和与国外、国内有关行业合作的特殊教育、残疾人教育课题；在全国首次对成人残疾人实行单考单招政策，开辟了残疾人终身教育的新途径，填补了残疾人教育体系中继续教育的空白。

学院积极开展国际合作办学和学术、文化交流活动，促进了学院的发展。与韩国拿撒勒大学、日本筑波技术大学结成姐妹校，成为国际聋人高等教育网络组织（PEN项目）成员。2011年，又与英国罗汉普顿大学开展学前教育专业合作办学；与美国高立德大学合作，尝试听障大学生合作培养办学形式，进一步拓宽了国际残疾人高等教育合作的渠道。

在坚持以教学为本的基础上，努力充实学生的课余生活，使学生在文艺、体育、科技等各个方面全面发展。成立了北京市第一个残疾人大学生艺术团，并在2011年北京市第六届特教学校文艺汇演比赛中获得金奖。学院作为北京市残疾运动员的人才库和训练基地，培养的残疾人运动员已经成为北京市及全国残疾人体育活动的骨干力量。在2008年北京残奥会上有4名学生作为中国代表团的运动员参加了比赛，取得了3金1银的优异成绩。在2010年广州亚洲残疾人运动会上，本院学子取得5金1银；在2011年第八届全国残疾人运动会上夺得5金6银9铜以及多项前6名的好成绩。学院承办了2011年第四届全国大学生广告艺术大赛推广会；在2011年度中国国际美甲艺术邀请赛“彩绘组”和“创意组”的比赛上，获得彩绘组两项铜奖和创意组特别奖。

学院是中国残疾人联合会设立的“全国残疾人职业教育师资培训基地”和“全国特殊艺术人才培养基地”，是北京市教委设立的“北京市特殊教育中心”，是北京市残疾人联合会设立的“北京市残疾人体育训练基地”和“残疾人青年演员培训基地”。学院还是中国高等教育学会特殊教育研究分会和中国教育学会特殊教育分会秘书长单位。

应用科技学院

应用科技学院是专门从事高等职业教育的一所学院，是北京市职业教育分级试点单位，开设有电子信息类、经济管理类、媒体艺术设计类、外语类等专业，面向北京市快速发展的现代服务业，培养服务于文化创意产业、商贸服务业和高新技术业一线的高素质技能型人才或高素质技术服务人才。学院与阿里巴巴、用友、网易、多柏、文思创新、同仁堂、幸星、世纪工厂等多家企业建立合作关系，共同构建云课程平台，开发课程体系，企业提供学生实践及双向选择就业机会。学院与多所国外大学有交流合作项目，学生可以参加学校组织的赴美国、英国、日本、法国、西班牙等国家的学位学习或短期交流项目。学院为学生提供参加高自考独立本科段学习，专升本优秀毕业生推荐考试等多种继续深造的机会。

学院现有在校生2800余名，有一支爱岗敬业的专兼职相结合的教师队伍，专任教师中硕博教师比例超过85%，高级职称教师比例超过30%，其中有北京市教学名师2名、北京市优秀教学团队2支，有4门国家级精品课程、6门北京市级精品课程。学院定期举办企业名师和教学名师系列讲座，组织丰富多彩的学生社团及各项竞赛活动，多次获得国家级或省部级竞赛一等奖。

国际交流学院

国际交流学院全面贯彻执行开放式教学模式，接纳从英国、泰国、越南、韩国、日本以及中国台湾地区来校学习的学历生和普通语言进修生，以及辅助国际交流合作处执行其他国际交流合作项目的实施。

学院共有对外汉语专职教师10人，兼职教师约45人。专职教师中具有博士学位的教师3人，获得硕士学位的教师7人，其中副教授和副高级职称教师3人，讲师7人。教师中有人曾在清华大学博士后工作流动站从事研究并继续深造；有人在国外获得博士学位，大部分教师毕业于北京师范大学和北京语言大学，每位教师的研究方向也有所不同，分别涉及对外汉语教学研究、现代汉语语法研究、现当代中国文学、中国文化、跨文化交际等不同方向并曾在国内专业核心期刊、非核心期刊发表论文多篇。

学院还从北京联合大学相关学院聘请兼职教师从事留学生学历生的教学工作，他们均为具有丰富教学经验的各学院的专职教师，主要担当经济学基础理论、管理学、金融学、法律学、会计学、国际贸易等课程的教学。

继续教育学院

继续教育学院是北京联合大学下属的一所具有独立法人资格的二级学院，主要从事成人高等学历教育和非学历继续教育。北京联合大学继续教育学院成立以来，坚持校党委确定的“面向大众，服务首都；应用为本、争创一流”的办学定位，坚持“办学为民，应用为本”的办学理念，坚持“发展应用型教育，培养应用型人才，建设应用型大学”的办学宗旨，坚持“学以致用”的校训。在多年的成人高等学历和非学历教育中，为首都经济的发展和建设培养了外语类、计算机类、艺术类、经济类和法律等专业近 2 万余名专门人才，并获教育部、市教委成人高等教育教学评估“优良校”的评价。

学院根据社会对人才的需求特点，加强学科建设和专业改造，并建立了一支能适应成人教育教学特点、结构合理、教学经验丰富、专兼职相结合、稳定的教师队伍。广大教师在长期的教学和实践中，积累了丰富的教学和管理经验。学院为适应专业建设和学科发展的需求，相继建设了多媒体教室、多媒体语音室、计算机房、网络实验室以及摄影棚、暗房等专业实验室，教学设施齐全。

学院的成人高等学历教育形成了以英语、艺术设计、工商管理为特色的本科专业和计算机应用、广告摄影、财会等专业为骨干的专科专业。

学院以经教育部批准的中央电大现代远程教育公共服务体系（即“奥鹏 open on line”）学习中心为教育平台，承担多所重点高校的远程高等学历教育的教学管理。学生经入学测试成绩合格，通过参加网上学习，并在本院参加课程考试，成绩合格后可获得所在学校颁发的国民教育系列大学本、专科学历证书。

学院组织和培训在校学生参加北京市人力资源和社会保障局职业技能培训，并面向社会承担北京教育考试院组织的北京英语口语证书考试、全国信息技术高级人才水平考试（NIEH）、Adobe 中国教育认证考试、财政局批准进行的会计证考证培训和会计人员继续教育，以及针对高校教师和管理干部组织的各类培训。

（北京联合大学科研处供稿）

首都体育学院

一、学校概况

首都体育学院坐落于北京海淀大学园区，学院创建于 1956 年。55 年来，学院在办学规模、办学层次、专业设置、师资队伍、教学质量、科研成果、场馆设施等综合办学实力方面都取得了令人瞩目的成就。2004 年，“中国高校综合竞争力评价报告”把学院的综合竞争力在全国同类院校中总排序列为第 2 位，其中“办学资源”和“教学水平”的排序为全国同类院校的第 1 位。2006 年，学院获得教育部本科教学工作水平评估“优秀”。近 3 年毕业生一次性就业率达到 95% 以上。在“以挑战者精神拼搏创新”的校训激励下，学院正进一步深化教育教学改革，全面提升综合办学实力，力争把学院建设成为国内一流、国际上有一定影响的以培养应用型体育专门人才为主，以体育学科为骨干学科，教学、科研、训练紧密结合的高等体育院校。

学院现有本部校区、北校区、凤凰岭校区和竞技运动校区。本部校园内建有图书馆、中心实验室、计算机中心、大学生体育馆、田径综合馆、游泳综合馆、训练综合馆、篮球馆、排球馆、网球馆、武术馆、体操馆、足球场、塑胶田径场、北校区足球场等大型体育设施。凤凰岭校区拥有上万平方米的各种室内体育馆和塑胶田径场，各种体育设施齐全。学院目前已初步形成了多层次、多规格、多形式的办学格局，设置了新闻学、公共事业管理、运动人体科学、体育教育、社会体育、休闲体育、表演、运动训练、民族传统体育等 9 个本科专业，覆盖了国家教育部颁发的体育类专业设置中的所有本科专业。除了培养博士生、硕士生、本科生、中专生外，还招收国内外访问学者，研究生学位课程班及外国留学生。首都体育学院还是全国体育院校中能够接收政府奖学金留学生的两所院校之一。

学院教师队伍结构合理，实力雄厚，拥有一支学术水平高、教学经验丰富、敬业精神强的师资队伍，教授、副教授约占教师总数的 55.3%，具有硕士以上学历的教师占教师总数的 70% 以上。学院现任院长为钟秉枢教授，党委书记为李鸿江教授。

学校科研实力雄厚，承担多项国家级和部委级课题，出版大量学术著作。“十一五”期间，学院教师作为项目负责人共获得市局级以上科研项目 130 项。其中国家级科研项目立项 14 项，省部级科研项目立项 35 项，国际奥委会项目立项 1 项。学院的篮球和田径课程被评为国家精品课程。学院建有高水平的北京市运动机能评定与技术分析重点实验室，并且设有北京体育赛事管理研究基地以及珍珠球训练基地。学院图书馆是北京高校网络图书馆成员之一，与其他院校资源共享，在自动化、网络化、数字化建设方面居全国同类院校领先地位。

二、社科类科研机构

北京体育赛事管理与营销研究基地

北京体育赛事管理与营销研究基地是依托首都体育学院建立的首批北京市哲学社会科学研究基地之一。研究基地依托首都体育学院进行专业体育赛事研究和培养体育赛事管理高级人才的优势，以深化体育赛事改革、提高体育赛事综合效益、培养专门人才、推动体育事业发展为目标，开展研究工作，举行各种学术活动。主要研究人员有：教授和研究员18人，博士14人，副教授和副研究员3人，硕士生导师14人，其中许多是国内外体育科学界非常知名的学者和专家。近5年来基地承担和完成国家级科研课题6项，省部级科研课题6项。所取得的学术成果在服务于我国大型赛事的成功举办发挥了重要作用。基地主要开展以下6个方面的研究工作。(1)体育赛事基本理论问题研究；(2)体育赛事的策划原理与方法；(3)体育赛事风险管理研究；(4)体育赛事的营销理论与实践研究；(5)体育赛事志愿者的招聘与培训研究；(6)体育赛事的评定指标与评定方法的研究等。

国家体育总局体育人文社会科学研究基地

国家体育总局体育人文社会科学研究基地2006年成立以来，集聚了首都体育学院一批高水平的研究力量。体育人文社会学是北京市重点建设学科，其研究表现出跨学科、多学科交叉的特点，也力求借鉴国外成果促进体育人文社会学的发展，并产生了一批应用型研究成果，在师资队伍建设方面：体育人文学科共有教师31人，职称结构较为合理，教授10人，副教授10人，讲师11人，助教1人。其中博士16人，硕士14人，硕士及以上学历达到96.7%。

在科学研究方面："十一五"期间共获得国家级项目7项，省部级项目21项，出版专著和教材17部。研究中注重其应用性研究，以服务于经济社会发展需要为出发点。

首都体育学院体育文化研究基地

首都体育学院体育文化研究基地是全国25个高校体育文化研究"基地"之一。基地确立了以下几个研究特色。一是突出地域特色，立足北京，把北京的体育文化研究作为一个重要的研究方向。二是注重实现研究成果的社会服务功能，为体育产业、全民健身运动、体育管理、竞技体育、学校体育、体育法学等各项体育事业的发展和改革提供思路和框架。三是多学科兼容并蓄，共谋体育文化研究的发展。以体育人文社会学及其所属的学科领域为骨干学科，教育学、经济学、法学、管理学、新闻学、文学等多学科协调发展，研究人员具有多学科背景，可以互为补充。四是拓宽视野，积极开展合作交流。基地对于教师参与国内、国际学术交流给予全力支持，注重培养研究人员的国际化开放视野。

首都体育学院奥林匹克研究中心

首都体育学院奥林匹克研究中心成立于2009年，于2011年4月6日在国际奥委会备案注册。中心科研力量雄厚，发表了《奥林匹克教育理论与实践》《奥运会的财务风险管理》《国际奥委会组织变革与发展研究》等十余部专著和数十篇论文。承担国际奥委会、国家社科课题及部委课题若干项。奥林匹克研究中心主要任务：(1)学科建设；(2)学术交流；(3)社会服务。在学术活动方面：(1)每年举办四次学术活动，邀请奥林匹克领域著名专家来校讲学；(2)开设奥林匹克双语课程；(3)辅导研究生学术论文并提供资料。在社会活动方面：(1)组织奥林匹克志愿者日的志愿者活动；(2)为中小学的奥林匹克教育活动提供咨询，参与组织每年羊坊店中心小学的天使奥运会。奥林匹克研究中心主任：裴东光副教授。

（首都体育学院科研处刘沛供稿）

中国青年政治学院

一、学校概况

中国青年政治学院是在中央团校基础上于1985年12月成立的，是共青团中央所属的唯一一所普通高等学校。中国青年政治学院与中央团校两块牌子，一套机构，承担普通高等教育和共青团干部培训的双重职能。校长由共青团中央第一书记兼任，冯文彬、胡耀邦、韩英、王兆国、胡锦涛、宋德福、李克强、周强、胡春华、陆昊先后任校长。

现任校长为团中央第一书记陆昊，党委书记倪邦文，常务副校长王新清。

目前，中国青年政治学院设有中国马克思主义学院、青少年工作系、社会工作学院、法律系、经济系、新闻与传播系、公共管理系、中国语言文学系和外国语言文学系9个教学院系；文化基础部、外语教学与研究中心、计算机教学与应用中心和体育教学中心4个教学中心（部）。轮训部、继续教育学院、国际教育交流学院3个教学培训机构。现有6个一级学科硕士授权点，1个专业硕士（法律硕士）学位点，15个硕士学位专业。设有13个学士学位专业，其中社会工作、思想政治教育、法学、政治学与行政学为教育部特色专业。学校被教育部批准为国家大学生文化素质教育基地，被中华全国青年联合会和国际劳工组织命名为大学生KAB创业教育基地，与北京市共建社会工作人才发展研究院和青少年生命教育基地。

学校具有高级职称的教师占专任教师总数的52%，具有博士学位的教师占专任教师总数的48.2%；享受国务院政府特殊津贴的教师5人，教育部社会学学科教学指导委员会委员2人，入选国家级新世纪百千万人才工程1人，入选教育部新世纪优秀人才支持计划2人，北京市高等学校青年学科带头人4人，北京市高等学校优秀青年骨干教师11人，入选北京市培养新世纪社科理论人才百人工程3人。学校拥有北京市优秀教学名师3人，优秀教学团队3个。

2011年，学校整合科研力量和优势资源设立青少年研究院，下设青少年发展研究中心、中国社会工作研究中心和共青团工作理论研究所。近年来，学校承担了国家社会科学基金项目和国家自然科学基金项目等纵向科研项目、共青团中央青少年和青少年工作研究项目及各级政府部门委托的横向科研项目300余项，在青少年研究、马克思主义理论、思想政治教育、社会工作等领域出现了一批有一定社会影响的成果及专家。《中国青年政治学院学报》是全国中文核心期刊、“全国三十佳社科学报”，其《青少年研究》栏目于2005年人选教育部高校哲学社会科学学报名栏建设工程，2010年人选教育部高校学报名刊。

二、社科类科研（教研）机构

中国马克思主义学院
（中国马克思主义研究中心）

教学内容：思想政治理论、马克思主义理论。

硕士点：马克思主义哲学、马克思主义基本原理。

院长：韦建桦。

青少年工作系

教学内容：思想政治教育、青少年工作理论与实践。

硕士点：思想政治教育。

系主任：吴鲁平。

社会工作学院

教学内容：社会工作、劳动与社会保障、社会学。

硕士点：社会学。

院长：李宝库。

法律系

教学内容：法学。

硕士点：刑法学、经济法学、法律硕士。

系主任：林维。

经济系

教学内容：经济学、国际贸易与财务管理、财务管理。

硕士点：应用经济学。

系主任：林江。

新闻与传播系

教学内容：新闻传播理论、基础知识与技能。

硕士点：新闻学。

系主任：戚鸣。

公共管理系

教学内容：公共管理的基础理论和实践。

系主任：李秀峰。

中国语言文学系（文化基础部）

教学内容：汉语言文学。

系主任：张跣。

外国语言文学系
（外语教学研究中心）

教学内容：英语语言、欧美文学。

系主任：张子宏。

科研处

处长：郝瑞庭。

《中国青年政治学院学报》编辑部

主编：周晓燕。

青少年研究院

研究方向：青少年发展、社会工作、共青团理论。

院长：倪邦文。

（中国青年政治学院科研处供稿）

2011年北京市哲学社会科学规划办公室在北京市区县建立5个应用对策研究基地

为大力推动学习型党组织建设，支持和引导首都高校、科研单位的专家学者深入区县，深入基层，深入实际，与区县一起研究区县经济社会发展中亟须解决的理论和实际问题，促进首都“十二五”时期在更高水平上实现科学发展，2011年7月10日，经中共北京市委宣传部同意，北京市哲学社会科学规划办公室在东城、西城、海淀、昌平、延庆五个区县建立了第一批北京市哲学社会科学应用对策研究基地。通过这个平台的搭建，很好地解决了理论与实践脱节、实践缺乏理论支撑的问题，使区县实际部门工作者和高校理论专家学者紧密合作，更有效地提出可行性方案或决策参考建议，解决区县领导关心的重大问题、实际工作部门急需解决的现实问题以及人民群众普遍关心的热点问题。

北京市哲学社会科学应用对策研究东城区基地

基地负责人：赵中原

电话：64031118－2205

地址：北京市东城区钱粮胡同3号区委宣传部

邮编：100010

北京市哲学社会科学应用对策研究西城区基地

基地负责人：刘洋

电话：88064087

地址：北京市西城区二龙路27号区委宣传部

邮编：100032

北京市哲学社会科学应用对策研究海淀区基地

基地负责人：李彦来

电话：82510921

地址：北京市海淀区长春桥路17号区委宣传部

邮编：100089

北京市哲学社会科学应用对策研究昌平区基地

基地负责人：潘建新

电话：89741621

地址：北京市昌平区政府街19号区委宣传部

邮编：102200

北京市哲学社会科学应用对策研究延庆县基地

基地负责人：张素枝

电话：69106056

地址：北京市延庆县湖北西路1号县委宣传部

邮编：102100

（北京市哲学社会科学规划办公室供稿）

已刊机构补充介绍

中国人民大学

《中国人民大学教育学刊》

《中国人民大学教育学刊》2011年3月创刊，季刊，为教育性理论期刊，注重学术性、理论性、政策性研究，并以论文的学术质量为唯一标准。目前设有专题研究、高等教育研究、基础教育研究、教育基本理论四大栏目。主要发表反映国内外教育发展的重要理论、重要政策和实践问题的学术论文、调查实验报告、政策报告；对特定时期国内外教育理论研究进行回顾、总结和前瞻的原创性研究成果；有学术品位的教育经典和教育新书评论等。主编秦惠民教授，执行主编胡娟、李立国教授。

《政治经济学评论》

《政治经济学评论》2010年创刊，季刊。该刊致力于推进马克思主义政治经济学的中国化和时代化，发展具有中国特色、中国风格、中国气派和时代特点的经济学理论；反映国内外政治经济学的最新成果，探讨中国经济和世界经济中的重大现实问题，推动对中国经验、中国道路和中国模式的理论研究；提倡兼容并包，鼓励思想创新；促进国内外经济学界的对话、交流与合作，推动中国的政治经济学走向世界。主编张宇教授。

《国学学刊》

《国学学刊》2009年3月创刊，季刊。该刊定位于大专院校和科研机构文史哲等相关专业教师学生、研究人员，以及中国传统文化关注爱好者，以研究中华民族的传统文化为宗旨，以经史子集和新出国学资料为研究对象，倡导百家争鸣、百花齐放的精神，为海内外国学研究者传播学术资讯、切磋学术心得、展示学术成果、贡献学术理念提供一个广阔的学术平台。主要栏目：《国学与文化》《经学研究》《国史研究》《思想史研究》《国文研究》。主编冯其庸教授，执行主编黄朴民教授。

（中国人民大学科研处关晓斌供稿）

中国政法大学

人权研究院

人权研究院是2011年以中国政法大学原人权与人道主义法研究所（2002年批准建立）为基础建立的，是首批教育部和中央对外宣传办公室授予的国家人权教育与培训基地。人权与人道主义法研究所是国内大陆地区高校中最早成立的实体人权科研机构，自主增设了第一个人权法学二级学科，设立了第一个人权法学硕士点和博士点，培养了第一批人权法学专业的博士研究生和硕士研究生，编写了第一本国际人权法教材。其研究特色是以我国人权法治建设为核心，密切关注国内和国际人权领域中的重大理论和实践问题，注重学术研究与人才培养和社会服务之间的结合。成立以来，共承担国家、教育部重大项目3项，省部级以上项目3项，出版专著10本，发表论文81篇。培养博士3名，硕士23名。

现任院长：黄进教授。

法治与文化研究中心

法治与文化研究中心成立于 2011 年 1 月 6 日，中心以邓小平理论和“三个代表”重要思想为指导，坚持科学发展观，以建设当代中国的法治文化体系的理论与实践问题为主要研究方向。

法治与文化研究中心致力于以中国政法大学法学优势学科为依托，协同发挥人文学院哲学、文学、逻辑、宗教等的学科优势，联合校内外及海内外有关学术力量，为适应现代社会的需要，着力研究当代中国的法治文化体系的理论与实践问题，以多学科的发展打造中国政法大学深厚的文化基础，形成法治文化建设的整体优势，为建设和谐社会作出积极贡献。

中心主任：文兵。

宗教与法律研究中心

宗教与法律研究中心（IRLS）成立于 2011 年 1 月，是以开展世界宗教研究、宗教与法律关系研究、促进中国宗教法治建设为主要目标而创建的学术与政策研究机构。

中心将以中国政法大学人文学院宗教学的教学科研队伍为基础，整合中国政法大学法学、政治学、社会学等学科的相关研究力量，聘请国内国际相关研究人员为兼职研究和讲座队伍，吸收宗教界以及宗教公益事业的热心人参与，形成既占据学科前沿、又有中国政法大学特色的交叉学科队伍。

中心主任：俞学明。

法律英语教学与测试研究中心

法律英语教学与测试研究中心成立于 2011 年 1 月。中心以中国政法大学、法律英语证书（LEC）考试中心和涉外律师事务所为依托，进行法律英语教学与测试的研究。通过分析现行法律英语教学中出现的问题，旨在进行教学改革，培养出一批真正意义上的法律英语教师，编写出一套实用有效的法律英语教材，开发出一个行之有效的法律英语教学方法和教学大纲。同时，通过分析 LEC 测试，将考生出现的薄弱环节反馈到法律英语教学中，从而改善法律英语教学；法律英语的教学研究又可以提高 LEC 测试的效度。此外，结合法律事务所对法律英语人才的需求，发现教学与测试和实际用人单位对法律英语人才需求的差别，从而进一步改进法律英语的教学与测试。

中心拥有 30 名专兼职研究人员，他们主要来自法学和外语语言文学学界，其中既有著名的中青年学术带头人，也有在法律英语教学和法律语言学领域崭露头角的青年学者，年龄结构合理。由于研究人员主要是来自高校和科研机构的学者，在理论和实务方面都有深厚的积淀和丰硕的成果，这种人员构成有利于推动产学研结合，将中心的研究成果顺利地转化为应用性成果。

中心主任：张法连。

企业发展战略研究中心

企业发展战略研究中心成立于 2011 年 2 月 28 日。研究中心以参与公司治理立法、法务咨询、弘扬企业法制为宗旨，主要职责为组织和协调校内外力量，推动公司治理领域法律法规研究，并为相关专业的研究生培养提供科研和实习基地，做到面向政府，面向市场，面向社会各界，开展研究工作，提供多种形式的社会服务。

研究中心定位为“公司治理立法的参与者、公司发展战略参与者、公司治理者”，即通过科学、系统化分析国内外公司治理领域的法律法规及政策规范，为公司发展战略领域的法治建设提供决策参考，并通过整合我国法学、政治学、企业管理学、管理学领域的专家资源，参与我国公司治理领域的立法过程；依托中心的骨干研究力量，通过组建专家、顾问团等形式，为企业公司界提供法务问题的专业咨询；通过形成学术研究成果、组织公司治理法专业培训等方式，为建设公司发展战略研究贡献力量。

中心主任：王玉梅。

韩国法研究中心

韩国法研究中心成立于 2011 年 4 月 1 日，中心依托于民商经济法学院，聘请多名国内外法学研究人员作为研究员。该中心的目标是，有组织地进行韩国法的研究和中韩比较法的研究工作，为本科生和研究生开设韩国法的课程，相应地开拓韩国投资企业人员的培训业务和咨询业务。

中心主任：吴日焕。

行政改革与政府组织法研究中心

行政改革与政府组织法研究中心成立于 2011 年 4 月 1 日，中心依托于法学院，聘请国内行政法领域专家作为研究员。该中心的宗旨为，通过理论研究为社会主义法治建设服务。中心将努力建成为一个重要的科学研究基地、对外服务基地、学术交流基地、人才培养基地，使行政改革与政府组织法科学研究的整体水平在全国居于领先地位，并在国际领域享有较高的学术声誉，成为公认的国家级行政改革与政府组织法重点研究中心。

中心主任：薛刚凌。

残疾人权益法律研究中心

残疾人权益法律研究中心成立于 2011 年 4 月 1 日，是专门致力于残疾人权益法律问题研究的学术机构，旨在：

1. 通过开展各种国内国际的学术交流，不但要增强中国政法大学的法学研究力量和影响，还要为残疾人事业发展提供相应的立法支撑或政策服务。

2. 以中心为依托积极申请我国残疾人权益保护及相关领域的研究课题，参与残疾人权益保障方面的立法工作，努力推动残疾人事业的学术发展。

3. 以编写残疾人权益保障方面的法律普及读物、从事残疾人法律服务工作为途径，利用各种资源，积极向社会传达残疾人权益保护的研究成果和信息，推动残疾人权益保护的实践发展。

4. 通过逐步开展与国际残疾人组织的合作交流，使中心成为我国残疾人权益法律领域内的一个专门的高级研究机构，并且具有国际化和开放性。

5. 努力建成国内重要的残疾人权益保护的研究基地、国内国际残疾人权益的学术交流基地、残疾人权益保护的理论与实践人才培养基地，使残疾人权益法律研究的整体水平在全国居于领先地位，为促进残疾人权益保护事业的发展和残疾人权益保护状况的改善而不懈努力。

6. 除与中国残疾人联合会保持经常联系外，中心还将加强与天明集团、中国投资担保公司以及中国新华人寿等多家公司和机构的合作，并不断争取和拓展经费来源渠道，增强自我发展能力。

中心主任：刘智慧。

气候变化与自然资源法研究中心

气候变化与自然资源法研究中心成立于2011年5月26日，旨在充分利用和整合校内外资源，积极开展气候变化与自然资源法学术研究活动，研究领域包括气候变化法、自然资源法、能源法和环境保护法等。研究中心注重法律理论与法律实务的结合，一方面，通过实行学科带头人负责制建立和发展高水平研究团队，坚持对气候变化法和自然资源法的国际前沿问题追踪和国内现实问题反映；另一方面，注重与国内实务部门和国际组织的合作，为政府和社会各界提供有关气候变化与自然资源法的专业化法律咨询、培训和服务，或者接受政府及有关部门和有关单位委托，为地方、行业经济和社会发展提供决策意见和咨询服务，不断提高中国政法大学在气候变化与自然资源法领域的学术地位、教育品质和社会信誉。

中心主任：曹明德。

地理标志研究中心

地理标志研究中心成立于2011年5月26日。中心依托民商经济法学院知识产权法研究所、商学院、科学技术部等不同部门跨学科科研力量，辅以有关机构的专家学者及实践经验丰富的管理人员的一个科研平台。中心的工作是联系或整合国内地理标志理论和实践部门的力量，深入、系统地研究地理标志法律保护及地理标志产业管理问题，进而与国际地理标志机构及相关研究力量深层次沟通。

中心的发展目标是，将中心打造成代表我国地理标志研究最高水平的研究平台，进而为我国地理标志相关立法、政策提供可操作性参考意见，为我国地理标志产业经济发展提供科学建议和咨询。

中心主任：李祖明。

法律与精神医学研究中心

法律与精神医学研究中心成立于2011年5月26日。研究中心共包括20余名专兼职研究人员。研究人员既有法学学者、律师，精神病司法鉴定人，也有来自精神卫生界的领导、精神科医生，这种结构有利于实现交叉学科研究，有利于推动产学研结合，将中心的研究成果顺利地转化为应用型成果。

中心的宗旨是以学科交叉研究为手段，从法学视角对精神病人的合法权益及其保护开展较系统的研究，以保护精神病人的合法权益，构建和谐社会。

中心致力于综合精神病学、法学等多个学科的力量，在以下领域开展科学研究和社会服务：推进专业研究、引领学术创新；政府决策参考、推动及完善精神卫生立法；精神病人合法权益保护参谋、法务问题咨询；培养精英智库、组织专业培训；主办专业会议、开展对外交流。

中心主任：胡纪念。

非洲法律研究中心

非洲法律研究中心成立于2011年6月28日。中心依托于民商经济法学院，聘请校内外法学领域多名教授作为研究员。中心成立宗旨是，遵行国家法律法规和中国政法大学的各项规定，开展对非洲地区国家民商法的研究工作，以研究成果服务于国家和企业对非洲地区国家的金融、投资和贸易，服务于中国政法大学的教学、科研工作。中心设想是，研究非洲地区的法律文献和法律文化传统。该中心将建设“非洲法律论坛”，邀请国内外有关专家发表演讲。

中心主任：夏吟兰。

中国粮食安全法律研究中心

中国粮食安全法律研究中心成立于2011年6月28日，依托国际法学院。中心旨在对中国粮食供求问题和困境进行研究，从法律制度角度寻求解决方案，向政府部门提出建议，推动新的法律法规和政策的制定，以维护中国粮食安全，保障民生和国家安全，促进社会和谐。

中心将重点开展如下几项工作：

1. 组建粮食安全法律专家顾问团；

2. 建立粮食中心网站、出版电子刊物；

3. 组织专家学者撰写粮食安全法律领域的论文著作；

4. 向政府有关部门提出粮食安全立法的倡议；

5. 组织召开粮食安全法律论坛。

中心主任：范晓波。

高尔夫规则与文化研究中心

高尔夫规则与文化研究中心成立于2011年6月28日。中心依托于继续教育学院和体育教学部，聘请了校内外体育学和体育法的专家作为研究员。中心将与高尔夫行业协会建立战略合作关系，与中国政法大学的开放教育相结合，实现教育产业与高尔夫产业的配套服务；同时搭建与企业、政府的沟通和对话平台，更好的发挥中国政法大学体育法的社会影响力；将打造高尔夫文化年度峰会论坛，创造高尔夫品牌论坛。该中心有利于及时、领先掌握政策、规范层面的话语权，引领未来中国高尔夫产业标准、规则的制定。

中心主任：王小平。

当代中国政治哲学研究中心

当代中国政治哲学研究中心成立于2011年6月28日。中心以邓小平理论和“三个代表”重要思想为指导，坚持科学发展观，以中国的现代化建设为实践基础，以古今中外政治哲学为理论资源，以研究和建构当代中国的政治哲学理论为主要任务。

中心致力于以中国政法大学马克思主义理论、中西马克思主义哲学和政治学法学等优势学科为依托，联合校内外及海内外有关学术力量，着力研究当代中国的政治文明建设和相应的政治哲学理论问题。中心以促进学术交流、打造高端成果、形成学科优势为建设目标。

中心主任：李凯林。

艺术与法律研究中心

艺术与法律研究中心成立于2011年6月28日，中心依托于人文学院，聘请了校内外法学和艺术领域的专家作为研究员。中心的宗旨是：研究艺术家的法律权益问题和艺术品生产、流转、消费环节中的知识产权及其他财产权问题；维护艺术家及艺术品的合法权益。中心的三年工作计划是：（1）每年出版一辑《艺术与法律年鉴》；（2）每年举办两次艺术与法律论坛（研讨会），不少于50人；（3）每年以此为研究方向发表不少于6篇核心期刊论文；（4）每年举办两期全国艺术家维权培训；（5）每年举办三次全国艺术展。

中心主任：唐建。

艺术经纪研究中心

艺术经纪研究中心成立于2011年6月28日，中心定位在通过艺术经纪的研究，开创我国艺术与法律关系的新领域。

中心的研究团队来自于三方面的组合，一是艺术专业学者，他们全部是中央美术学院博士毕业，现任中国艺术研究院理论部和创作部主任；二是文博专业学者两名，他们不仅毕业于文博专业，更有多年博物馆工作经验，并长期担任文博系统领导职务；三是法律专业的三名精英，他们毕业于中国政法大学法律系，并长期在律师行业工作，有着理论与实践的双重优势。这一研究队伍对于艺术经纪研究中心的发展，对于担当起中国专业的艺术经纪队伍的培养，具有值得信赖的实力。

中心的另一目标是，为我国培养专业的艺术经纪队伍的同时，开辟和创建艺术经纪法这一新的学科，以保证中国艺术经纪队伍成为有理论体系、有实践空间、有现实意义、可持续发展的新兴学科。

中心主任：孙鹤。

网络法研究中心

网络法研究中心成立于2011年10月17日，是中国政法大学内设的专门性研究机构，专门从事有关网络法的研究工作。中心目前有专兼职研究人员40余人，其中副高级以上职称30余人，聘请了中国人民大学法学院、北京邮电大学法学院、武汉大学法学院等院校的学者，以及最高人民法院、最高人民检察院、公安部、国务院法制办公室等涉及网络安全法律问题的专家领导担任兼职研究人员。

网络法研究中心的专兼职研究人员近5年来出版与网络法有关的学术专著近30部，发表文章100余篇，申报各类科研项目20项，在网络法领域已经积累了丰厚的研究成果，同时，以中国政法大学网络法研究中心的专职年轻研究人员为核心，成立了中国政法大学“网络背景下刑事法律体系的整体转型”青年教师学术创新团队，致力于网络刑事法学的专门性研究，获得了学校的巨大支持。

中心主任：于志刚。

西方马克思主义研究中心

西方马克思主义研究中心成立于2011年12月26日。中心以马克思主义、邓小平理论和“三个代表”重要思想为指导，坚持科学发展观，以中国社会和谐发展为实践基础，以马克思主义哲学为理论资源，以研究和建构全球化时代马克思主义社会发展理论为主要任务。

中心致力于以中国政法大学马克思主义理论下属之二级学科“国外马克思主义”博士点建设、哲学系马克思主义哲学专业下属的“国外马克思主义哲学”硕士点，以及本科课程建设与学生培养为依托，集结校内外及海内外顶尖学术力量与优质学术资源，着力研究当代西方马克思主义社会发展理论，以促进国际国内学术交流与合作、加强学科建设与学生培养、打造高端成果、形成学科优势为目标，旨在提升中国政法大学在全球马克思主义思想研究界的学术影响力和知名度。

中心主任：张秀琴。

社会管理创新与法治研究中心

社会管理创新与法治研究中心成立于2011年12月26日。中心依托于法学院，其成员主要由校内法学院和中国法学会法律信息部的部分研究人员。中心以邓小平理论和“三个代表”重要思想为指导，深入贯彻科学发展观，以法学为主干学科，整合政治学、社会学、经济学等相关人文社会科学，针对社会管理创新和法治建设中具有重大意义的理论问题和实践问题开展研究，积极推动社会管理创新的法治化和法学研究的健康发展，精心培养法治建设人才。

中心主任：刘飞。

（中国政法大学科研处刘璐供稿）

北京科技大学

2011年5月21日，北京科技大学经济管理学院举行更名揭牌仪式，更名为东凌经济管理学院。

（北京科技大学科学研究与发展部供稿）

首都师范大学

首都师范大学党政领导班子任免情况：2011年4月21日，中共北京市委组织部、北京市委教育工委到首都师范大学宣布了校级党政领导班子任免决定：缪劲翔同志任首都师范大学党委副书记；免去陈宁同志党委副书记职务，调任首都经济贸易大学工作。

（首都师范大学社科处黄胤英供稿）

北京市社会科学院

北京市社会科学院调查研究基地

2011年6月26日，为加强调查研究工作，北京市社科院专门成立了市情调查研究中心，并与全市18个区（县）签署合作协议，建立调查研究基地。调查研究基地的主要任务是，组织科研人员深入基层开展市情调查研究，针对突出问题召开由科研人员与特约研究员共同参加的市情会商会，整合资源、形成合力、提高调研水平，进一步增强科研工作的主动性、把握情况的准确性和学术成果的科学性，促进哲学社会科学更加贴近实际、贴近生活、贴近群众，在实践基础上进行理论创新。

中国信访与法治建设研究中心

2011年12月5日，北京市社会科学院与北京市信访矛盾分析研究中心共同组建的“中国信访与法治建设研究中心”，以信访反映出的法治建设的重大问题为研究对象。其研究主旨在于：利用第一手信访数据，全面深入了解法治建设的客观现状和发展趋势，总结法治建设的“北京模式”，把握制约法治建设的深层次问题，研讨以法治建设化解社会矛盾、促进社会和谐、推动社会管理创新的具体途径和方式，从而突出北京信访的战略规划特色，为北京市委市政府决策提供政策建议和理论支持。

博士后科研工作站

2011年12月22日，北京市社科院博士后科研工作站成立。目前，首批8名博士经全国博士后管理办公室批准已经进站工作。

《市情研究》

2011年9月7日，由北京市社科院市情调查研究中心主编的《市情研究》专刊正式刊印。《市情研究》专刊主要刊登市情调查研究的第一手资料和研究成果，报送市委市政府、区县政府、有关委办局、特约研究员等部门和人员，服务于党委和政府决策。

现任行政、党组负责人变动情况：

由于年龄到限，北京市委市政府免去北京市社会科学院戚本超同志担任的党组成员、副院长职务。

2011年5月25日，中共北京市委、市政府决定任命赵弘同志为北京市社会科学院党组成员、副院长。赵弘，男，汉族，1962年6月出生，中共党员，博士研究生学历，研究员职称，历任北京社科院经济所党支部书记、所长，院长助理。

（北京市社会科学院科研处供稿）

中共北京市委党校

北京市政府法治研究中心

2011年11月24日，中共北京市委党校与北京市政府法制办联合举办“北京市政府法治研究中心”揭牌仪式。设立“北京市政府法治研究中心”的目的在于突破学科划分的限制，突破不同单位之间在学术研究上的分割，整合各种学术研究资源和力量，形成合力，从法治实践和理论指导两个方面展开工作，把理论和实践紧密结合，立足于北京实际，为政府法治实践提供引导，为北京市政府法治工作献言献计，为北京市的干部教育培训工作作出更大贡献。

（中共北京市委党校科研处供稿）

中共北京市委党史研究室

经市编办批准，2011年11月18日，中共北京市委党史研究室将科研管理处、宣传教育处分设，科研管理处不再挂宣传教育处牌子。

新设的宣传教育处主要职责是：负责北京党史、革命史的宣传教育及研究成果的转化工作；协助市委有关部门审核建立北京革命纪念设施的报告；协助有关部门对拟公开发表或出版的涉及北京党史题材的图书、文章和已批准立项的有关北京党史、革命史题材的影视作品提出意见；协助北京市及区县对涉及党史、革命史及革命英烈的展览、纪念馆陈列等提出意见；负责管理北京党史网站。

科研管理处的主要职责是：负责有关北京党史的口述史料的征集、整理和人物研究工作；负责制定北京党史研究工作规划；负责联系全市党史工作机构；负责全市党史系统的业务培训工作；开展国内外学术交流；收集、整理、管理有关北京党史的数据库、图书、资料等；负责联系、指导北京党史学会等有关研究北京党史的社会团体的工作。

（中共北京市委党史研究室办公室黄迎风供稿）

·学术团体·

概　述

本栏目记述北京市社会科学界联合会所属社团中的1个协会，7个民办社会科学研究机构，2个社会科学类基金会的基本情况，包括成立时间、历届负责人、宗旨、任务、业务范围等内容。

北京市社会科学界联合会所属学术团体

北京企业文博协会

北京企业文博协会（BEATCM）是由北京市行政区域内有博物馆的企业及有优秀传统文化的企业发起成立，经北京市社会团体登记管理机关核准登记的非营利性社会团体法人。依法接受业务主管单位北京市社会科学界联合会、登记管理机关北京市民政局的业务指导和监督管理。

协会宗旨：以“弘扬北京传统文化，促进社会文明进步”为宗旨，团结北京地区企事业单位、企业博物馆、北京历史文化研究机构等单位，广泛开展各类企业文博研究、学术交流和实践活动，提高北京企业文博事业研究水平，促进本市企业和民间文博事业健康发展，在开展各项活动中，严格遵守国家宪法、法律、法规和政策，遵守社会道德风尚。为北京实现建设“人文北京、科技北京、绿色北京”战略任务和建设“世界城市”奋斗目标作出贡献。

协会业务：（1）宣传和介绍企业优秀的传统文化，总结和交流企业传统文化展示场馆的建设和运营经验成果，推动企业文博事业的发展。（2）进行企业文博工作综合性或专题性调查。（3）开展国内外企业文博工作调研、考察和交流活动。（4）承担有关企业文博工作的研究课题，积极探索文化营销之路。（5）组织有关企业博物馆的建设、管理和经营等方面的培训、考察或咨询，为已建馆或拟建馆的企业提供专项服务。（6）积极开展科学普及和业务咨询工作，搜集并提供国内外文博事业的学术信息及动态，定期出版协会刊物，办好协会网站。（7）协助政府主管机关处理企业文博工作相关事宜。（8）协助会员保护自身合法权益。

机构设置：本协会设会长1人，常务副会长1人，副会长5人，秘书长1人，监事长1人。

（北京市社会科学界联合会学会管理部供稿）

北京市社会科学界联合会所属民办社会科学研究机构

北京市首都发展研究所

北京市首都发展研究所成立于2004年，是为宏观管理部门、区县政府和企业提供高水平研究咨询的现代智库。自成立以来，围绕市政府城市建设的中心任务和建设重点，开展和完成了多层次、多专业的规划编制和规划设计工作。同时，北京市首都发展研究所还主持或参与完成了一批重大项目的规划研究工作，如城市交通综合体系规划研究、城市产业空间发展战略研究、能源发展战略研究、旅游发展规划研究、人口与建设用地研究、综合生态规划研究等。先后承担国家、省部级发展战略、发展和改革政策、公共管理以及相关学科应用对策研究课题100余项。

研究所现有专业研究人员19人，获得博士学位12人，具有高级研究职称14人。

第一届理事会理事长兼所长：景体华。第二届理事会理事长：景体华，现任所长梁昊光。

业务范围：

产业战略研究部。主要从事产业发展形势分析与预测、区域产业发展战略、产业集聚与布局等。主要职能是加快转变经济发展方式，开创科学发展新局面；坚持扩大内需战略，保持经济平稳较快发展；推进农业现代化，加快社会主义新农村建设；发展现代产业体系，提高产业核心竞争力；促进区域协调发展，积极稳妥推进城镇化；加快建设资源节约型、环境友好型社会，提高生态文明水平；深入实施科技兴国战略和人才强国战略，加快建设创新型国家；加快改革攻坚步伐，完善社会主义市场经济体制等。要加强为各级政府提供各种研究及咨询服务的能力。

城市规划部。北京市首都发展研究所是北京市规划委员会批准的国家乙级资质规划设计单位，其主要职能是为市政府对城市建设宏观决策及各项建设提供规划服务。主要工作任务是：负责组织编制分区规划、控制性详细规划，以及城市交通、市政基础设施等系统规划；参与全市社会经济发展战略和城市建设重大政策的研究，为政府有关部门和各区县政府提供规划研究、规划编制、规划咨询等技术服务；承担规划方案技术论证和综合，参与规划方案技术审查，为规划管理提供技术服务与保障。

经济仿真部。通过构建经济仿真模型，为制定国民经济政策和优化国民经济体制提供理论、方法和技术的平台。围绕提高政府决策、监管、服务质量和效率，开展开拓性的经济仿真研究，并提供相应决策支持及信息服务系统。

研究所中长期发展目标：成为著名城市经济与政策研究机构，宏观决策智库。

机构设置：产业战略部、城市规划部、经济仿真部、财务室、办公室。

北京方迪经济发展研究院

北京方迪经济发展研究院（以下简称“方迪院”）于2004年成立、是由北京市社会科学界联合会作为业务主管的民办社科研究机构，主要为各级政府提供战略服务，开展区域经济、产业经济、社会发展等战略研究。经过近10年打造，方迪院已发展成为拥有一支由50余位研究员、副研究员、高级咨询师组成的专业化本土高端智库，在业内具有较高的知名度和较强的影响力。

方迪院由总部经济理论首创者、北京市社会科学院副院长、享受国务院特殊津贴专家赵弘研究员担纲负责人。方迪院本着“打造本土高端智库，专注政府战略咨询”的服务宗旨，先后完成国家科技部及北京、天津、重庆、深圳、南京、成都、沈阳、郑州、青岛、宁波、唐山、襄阳等20多个城市、50多个城区及开发区政府部门委托的战略规划和研究课题400余项，深受用户好评。

2008年，方迪院荣获北京市社会科学界联合会“第一届优秀民办社科研究机构”荣誉称号。

2009年，方迪院作为北京市“两新”组织代表，其发展实践经验入选北京市委宣传部组织编写的《科学发展在北京》一书。

北京走进崇高研究院

北京走进崇高研究院，是中共中央政治局原委员、中央军委副主席、国防部长迟浩田上将关爱、支持并担任总顾问的崇高文化研究、宣传、公益性机构，于2011年8月经北京市民政局批准转制为民办单位，受北京市社会科学界联合会领导。

北京走进崇高研究院首次提出“走进崇高”的理念，并创办了多项中国首次走进崇高的理论研讨会、书画艺术展及丛书的编辑出版等活动。研究院拥有一支由50多位来自中国社科院、中央党校、北京大学、清华大学、装备学院等单位的教授、学者组成的专家指导委员会，参与指导研究院工作。

第一届理事会理事长：刘洪海，院长：贺茂之。

宗旨和任务：研究人类关于崇高思想与崇高实践的发展轨迹，传承创新崇高文化，锻铸彰显崇高形象。近期主要任务是对人们所敬仰的“两弹一星”功勋科学家和各领域大师、将军及各个行业杰出人物之崇高精神，进行重点研究和宣传。对所研究的对象，在宣传其崇高思想、崇高精神和崇高行为的同时，客观准确地揭示其崇高的渊源和途径，真正给人以做人之道、成才之道、成功之道的教育和启迪，从而激励和教育人们走进崇高、拥有崇高，在全社会唱响“走进崇高，拥有崇高”，以贯彻落实党中央号召，发展社会主义先进文化，建设中华民族共有精神家园。

业务范围：研究崇高文化理论，编辑出版《走进崇高丛书》，摄制发行《走进崇高》大型人物纪录片，研制开发崇高精神艺术品，组织举办弘扬崇高精神的社会活动等。

机构设置：办公室、财务室、丛书编辑部、影视制作部、崇高书画院。

院训：走进崇高，拥有崇高。

院风：忠严博勤，铸己惠人。

工作要求：公仆的精神，学者的态度，军人的作风。

合作原则：同仁同心，互助互学，共创共赢。

北京城市景观研究院

北京城市景观研究院前身为“北京城市景观研究所”，成立于 2004 年 5 月 18 日。2008 年 6 月 13 日，经北京市民政局社团办批准，北京城市景观研究所正式更名为北京城市景观研究院。北京城市景观研究院是一家综合型跨学科学术研究和规划设计咨询机构，理事长兼院长：郑蕾。

宗旨：研究院以景观设计、城市风貌与更新、旅游区建设、公共艺术四大块业务为主导方向，根据“研究与应用结合”的原则与“精心、精品、经典”的个性化服务理念，促进人与自然及社会文化的和谐发展。研究院研究与设计力量雄厚，综合性强，并拥有众多大型项目的丰富设计经验，遵循“做就做精品”的宗旨积极为社会服务，众多项目获得了社会的认可，在业界享有良好的口碑。院下设景观设计、城市风貌更新、旅游与度假区规划设计、公共艺术、总工办、策划部等机构。提供自项目论证、策划、规划与设计以及施工图设计的全程服务。

理念：对景观设计和旅游地规划，研究院主张要同时根植于自然与人文环境背景之中，注重场所气质的塑造与品质提升，注重人对环境的心理体验与感受。面对一个新的区域，从宏观的大背景入手，深入研究项目的本土文化，确定完整的理论框架和工作程序，在系统分析综合研究基础上，针对区域提出明确概念和科学定位，结合项目所在地的空间环境和地形，展开设计，深入方案，直至景观的完整形态落地。规划与景观设计体现自然、人文与技术的结合，体现审美与科学的结合。

工作方针：追求品质是研究院的一贯主张，包括设计品质、服务品质、团队的人文品质，以品质树立品牌。研究院的发展不依赖商业宣传，而依靠扎扎实实、精心服务于一方所获得的口碑。在项目的数量与质量前更重视质量，无论项目大小，都以扎实、细致、负责的态度认真对待，以精品、经典为目标，致力于做一个富有创意、不断创新、不断进取、为社会信赖的研究设计单位。

北京国民经济研究所

北京国民经济研究所创建于 1996 年，是中国第一批非政府、非营利性的经济理论与政策研究机构之一。理事会理事长：杨启先

宗旨和任务：国民经济研究所以“缜密求真，经世济民”为立所理念，专注于深度研究中国经济发展和经济改革的重大问题，以及中国与世界经济共同面临的复杂挑战。积极为政策制定提供前瞻性建议，为企业界提供及时独到的经济分析。致力于成为在知识与政策，知识与实践之间起到桥梁作用的一流民间智库，为中国的经济发展和社会进步作出贡献。

主要研究活动：

1.《中国宏观经济分析》月度报告。报告分三个部分：①当前形势分析；②宏观专题研讨；③宏观大事纪要。

2.《宏观经济变量跟踪分析》季度报告对 GDP、工业生产、投资、消费、物价、就业、货币、财政、储蓄与金融资产、非国有经济、外贸、外资、国际收支等重要宏观经济变量的变动进行分析。

3. 国民经济研究所就国内外经济问题所做研究的中期成果。以工作论文的方式发布以供有共同研究兴趣的读者提前了解和点评，以此促进国经所研究团队与同行间的交流，从而提高最终研究成果的学术质量和政策相关性。

4. 汇集国民经济研究所的主要最终研究成果，以丛书方式分专题作为正式出版物出版。比如，至 2011 年《中国市场化指数》已经连续 12 年出版了 6 个报告；《中国分省企业经营环境指数》也将成为持续的系列出版物，为了解中国企业的经营环境提供经验数据和客观分析。

北京三生环境与发展研究院

北京三生环境与发展研究院，成立于 2008 年 3 月，业务主管单位是北京市社会科学界联合会。研究院是以中国社会发展中迫切需要解决的问题为导向，以项目或任务为中心，以不同形式的合作共赢和协同发展为工作准则，整合国内外社会各界的先进思想和智慧，为社会发展学理论体系的丰富、完善和深化搭建平台，为社会发展实际问题的解决提供科学和技术服务。

第一届理事会理事长兼院长：叶文虎。第二届理事会理事长兼院长：叶文虎；常务副院长王强；副院长宋豫秦、蒋国平、卜天月；秘书长：王鑫海。

研究院宗旨：依照中华人民共和国《宪法》和各项法律以及相关规定，整合各方面学科的学术力量，研究有关环境与发展中的重大问题，探索落实科学发展观的具体理论及相应的方法体系，特别是为北京市的环境保护和治理以及可持续发展提供理论与方法上的支持。

研究院任务：环境与发展的关系是人类社会进步必须面对的永恒命题，是人类文明进程中的一个核心问题，也就成为一个最新的最具活力的综合学科。事实表明，物质层面的环境恶化和发展局限实

质上都是由人的认识不够和社会行为不当造成的。针对当前关于环境与发展关系的研究中存在着的学科、体制、机制以及实践性等方面的局限，研究院将针对这些问题，组织相关专家开展综合研究，探索落实科学发展观的具体理论及相应的方法体系，为国家和地区的环境保护与可持续发展提供理论与方法上的支持和服务。

业务范围：开展有关环境与发展的理论研究及其实践应用、学术交流、咨询服务、委托培训。

北京乐成教育研究院

以“乐人达己，成就社会”为使命的乐成集团深受国家“2010—2020年中长期教育改革和发展规划纲要”的鼓舞，坚持在国际教育领域做长足发展。在2005年成功举办北京乐成国际学校之后，全资组建了北京乐成职业教育研究院致力于高新技术领域的人才培养。由于业务范围的不断扩展，北京乐成职业教育研究院于2012年正式向上级主管单位北京市社科联和北京市民政局提交更名申请，更名为北京乐成教育研究院，现已获得批准。北京乐成教育研究院将以崭新的形象回归，立志成为具有国际视野、行进在中国道路上的基础教育国际化探索先锋。

北京乐成职业教育研究院理事长为中国著名教育家陶西平，更名后的北京乐成教育研究院名誉理事长为陶西平，理事长为现北京乐成国际学校执行董事安蔚女士，执行院长为国际化教育专家王燕女士。

理念：做扎实创新的真教育。

宗旨：引进国际上先进的教育理念、方法与实践，培养中小学一线工作者的国际意识、国际视野和国际理解力，促进基础教育一线教师的专业发展，进而达到基础教育创新和发展之目的，为提升中国基础教育国际化水平作一份贡献，以此响应乐成集团的“乐人达己，成就社会”之使命。

主要业务板块：开展学校战略规划及管理、教师及教学评价体系、专业与课程开发、教学方法改革创新等理论和应用研究；开展教育国际化及教学个性化研究成果的推广与转化；与专业出版社合作开展教育书籍的翻译与出版；开展与国内外教育机构的学术交流与合作。

（北京市社会科学界联合会学会管理部供稿）

北京市社会科学界联合会所属社会科学类基金会

北京绿能煤炭经济研究基金会

北京绿能煤炭经济研究基金会在北京市民政局登记注册，成立于2011年11月，业务主管单位是北京市社会科学界联合会，为非公募公益性质，公益领域为煤炭经济。

煤炭是我国重要的基础性能源和工业原料，在国民经济中具有重要的战略地位。煤炭经济研究一直比较落后，难以满足发展需要。近些年来，中国社会科学院研究生院教授、博士生导师岳福斌等有志之士主动联合，在一些煤炭企业的支持下，开展了煤炭经济研究，并在中央财经大学成立了中国煤炭经济研究院，取得了显著成就。不仅培养了人才队伍，而且在繁荣和发展煤炭经济理论、完善产业政策、安排经济制度、编制发展规划等方面都起到了不可替代的作用。为保障这一利国利民的公益性事业可持续发展，在国家能源局主管领导的大力支持下，由中国煤炭经济研究院理事单位：陕西煤业化工集团、安徽淮南矿业集团、山东兖州矿业集团、山西大同煤矿集团、内蒙古伊泰集团、中国煤炭报社等联合发起设立了北京绿能煤炭经济研究基金会。

基金会第一任理事长：李保仁；副理事长（按姓氏笔画排序）：王信、王源、华炜、辛国安、张双旺、张有喜、岳福斌；秘书长：岳福斌（兼）

基金会宗旨：开展煤炭经济研究，繁荣社会科学，保障能源安全，促进科学发展，为首都能源安全作贡献。

基金会任务与业务范围：筹集资金，资助煤炭经济研究、产业经济学术著作和教材编著出版，开展学术活动，发展煤炭教育事业。

北京郑杭生社会发展基金会

北京郑杭生社会发展基金会，简称“郑杭生基金会”，于2011年10月18日注册成立，登记管理机关是北京市民政局，业务主管单位是北京市社会科学界联合会。基金会由著名社会学家郑杭生教授创立并以他本人的名字命名，是国内注册的第一个以“社会发展”为主题和业种的基金会。郑杭生教授1936年9月生于浙江杭州，中国人民大学一级教授，博士生导师。曾任中国人民大学社会学研究所第一任所长、社会学系第一任主任、副校长，中国社会学会会长，国务院学位委员会政治学社会学民族学评审组成员和召集人。现任教育部人文社会科学重点研究基地中国人民大学理论与方法研究中心主任，兼任国家社会科学基金社会学评审组组长，教育部社会科学委员会委员、教育部社会学学科教学指导委员会主任委员，中国社会学会名誉会长，马克思主义理论研究和建设工程社会学教材编写组首席专家。

基金会第一任理事长：郑杭生。

基金会宗旨：促进中国社会良性运行和协调发展，推动中国社会学教育与研究事业的进步，帮助海内外华人以及国际友人在中华伟大复兴的事业中，贡献力量，建功立业。

基金会任务：设立基金资助项目以主要用于支持中国社会学的教育与研究事业，自觉推动中国社会学的国际化；文化、艺术、学术交流基金的募集与管理；在有关社会学科研基地宣传有杰出贡献的社会学家和慈善家的先进事迹，募集与管理建设、运营基金；在北京等地区内为敬老院等公益性设施募集与管理建设、运营基金；资助国内社会学论坛和社会学基地的建设；开展老少边穷及其关联地区的教育救助、自愿服务项目等。

基金会业务范围：支持社会学教育与研究事业，开展敬老院及老少边穷等地区的支助。

（北京市社会科学界联合会学会管理部供稿）

·大　事　记·

2011 年

1月

1日　市社科规划办公室《北京社科》刊物改版。原《北京社科》更名为《北京社科规划》，从原来的16开改为大16开，对内容和表现形式做了相应改进。

5日　本着"存史"与"镜鉴"的方针，我国第一部翔实记录和反映全国文化产业年度发展状况的大型工具书《中国文化产业年鉴》近日问世。

由国家文化部、广电总局和新闻出版总署指导，中国传媒大学文化产业研究院主持编纂的2010年卷《中国文化产业年鉴》，约180多万字。全书按"分头编撰，汇总审校"的编写方法，包括《图片记事》《特载》《文件与法规》《全国概况》《地方概况》《统计与数字》《园区与基地》《理论研究与出版》《专题调研》《规划与项目》《港澳台文化产业》《评奖与表彰》《大事记》等13个栏目，具有填补空白的重要意义。

同日　经过近两年的努力，清华大学收藏的战国竹简首批研究成果在京发布。此次发布的成果中，不仅包括载有失传了2000多年的战国《尚书》，还复原了楚国历史及地理，同时将有助于解决学术史上长期争论的疑难问题。

据了解，本次问世的清华简共60余篇文献，计划出版15辑整理报告，首批出版的《清华大学藏战国竹简（壹）》包括《尹至》《尹诰》《程寤》《保训》《耆夜》《金縢》《皇门》《祭公》和《楚居》等9篇文献。

同日　中国战略文化促进会在北京成立，首届会员代表大会选举全国政协副主席郑万通为会长。

中国战略文化促进会是由从事国际问题研究、台湾问题研究和文化问题研究的专家、学者、团体和社会活动家组成的全国性、非营利性民间社会团体，旨在通过对中国战略文化的研究、传播和交流，为促进亚太地区安全稳定与台湾海峡两岸和平发展作出贡献。

同日　记者从人民出版社获悉：截至2010年12月22日，10卷本《马克思恩格斯文集》和5卷本《列宁专题文集》出版发行一周年以来，发行量已突破两万套。

两部文集销量突破两万套是马克思主义中国化、时代化和大众化的重大成果，标志着我国马克思主义理论研究和建设工程的出版发行取得重大成绩。

8日　2011年第八届中国文化产业新年论坛在北京大学英杰交流中心阳光大厅隆重开幕。来自政产学各界的贵宾欢聚一堂，共享这一年一度的文化产业盛事。第十一届全国人大常委会副委员长严隽琪，第十一届全国政协副主席郑万通，北京大学校长周其凤，中共河北省委常委、宣传部部长聂辰席，北京大学文科资深教授、北京大学文化产业研究院院长叶朗出席当天的论坛开幕式并致辞和作了主题发言。中国文化产业新年论坛是在国家文化部、国家广播电影电视总局、新闻出版总署、北京市教育委员会的指导和支持下，经中华人民共和国教育部批准，由北京大学主办、北京大学文化产业研究院（国家文化产业创新与发展研究基地）承办。中国文化产业新年论坛自2003年创办至今共举办了七届，以促进文化产业领域内政府、企业和学界之间交流为宗旨，坚持"学术与现实的交融、战略与发展的创新"的发展理念，致力于推动文化产业重大政策、前沿理论与产业实践的互动发展。（北京大学社会科学部供稿）

9日　著名的社会学家、法学家、教育家，杰出的社会活动家，中国民主促进会的创始人之一和卓越领导人，中国共产党的亲密朋友，中国人民政治协商会议第六届全国委员会副主席，第七届、第八届全国人民代表大会常务委员会副委员长，中国民主促进会第七届、八届、九届中央委员会主席，第十届、十一届名誉主席雷洁琼同志，因病于9日下午17时38分在北京逝世，享年106岁。

10日　北京市革命遗址普查工作总结会议在市委党史研究室召开，普查工作领导小组组长、市委党史研究室主任谢荫明，领导小组副组长、市委党史研究室副主任陆兵出席会议，市委宣传部、市委党史研究室、市民政局、市文化局等单位参与本次普查工作的有关同志参加会议。会上，陆兵介绍了北京市革命遗址普查的总体情况，普查工作领导小组办公室进行总结汇报，最后领导小组审核普查成果，并就加强革命遗址保护与利用工作进行了座谈。北京市革命遗址普查工作已基本结束，下一阶段将对普查成果进行转化利用，编辑出版《北京市革命遗址通览》，该书为《全国革命遗址普查成果丛书》之一。(北京市委党史研究室科研处熊根琪供稿)

同日　从北京图书订货会上获悉，中国出版集团公司以及所属19家出版单位，在此次订货会期间共展出图书6000多种，其中新书2000多种，呈现出八大亮点，构成十分耀眼的中国出版主方阵。

一是推出“庆祝建党90周年和纪念辛亥革命100周年100种重点图书”。其中，有庆祝建党90周年的重点图书《毛泽东诗词》等，有纪念辛亥革命100周年的重点图书、作家王树增的长篇纪实作品《1911》等。

二是持续打造标志性出版工程。集团公司总部主持的标志性出版工程《中国文库·第五辑》邀约国内30多家兄弟出版单位，出版民国时期的100种原创一流文化经典，如罗家伦的《科学与玄学》等，受到了我国历史学界众多权威学者的一致赞誉。

三是大力凸显原创文学精品。人民文学出版社推出了作家贾平凹最新的一部力作长篇小说《古炉》等。

四是持续打造以“百家讲坛系列”为标志的影视同步书，如《传奇王阳明》等。

五是推出一批珍稀历史传记和鲜见史料，包括三联书店的《兰台万卷》等。

六是推出一批语言学习工具书，如商务印书馆的《现代汉语学习词典》等。

七是推出原创音乐美术作品，如中国美术出版总社推出的《国家重大历史题材美术创作工程作品集》，人民音乐出版社推出的《中国交响乐博览》等。

八是推出时尚、励志读物，比如现代教育出版社推出的《我是西单女孩》等。

11日　在京召开的全国新闻出版工作会议上获悉，“十一五”期间，我国经营性图书、音像出版单位基本完成转企改制，1251家非时政类报刊出版单位转制或登记为企业法人，3000多家国有新华书店完成转制，100多家新闻出版企业集团组建，45家新闻出版企业上市，累计生产图书135.8万种、338亿册，是“十五”期间的2倍，报纸年发行量接近500亿份，新闻出版业总资产、总产出、销售较“十五”时期末实现翻番，新闻出版业深化改革、成效显著，体制改革产业发展全面进入新阶段，新闻出版业呈现大改革、大发展、大变化、大跨越态势。中共中央政治局常委李长春为此作出重要批示，中共中央政治局委员、中央书记处书记、中央宣传部部长刘云山，中共中央政治局委员、国务委员刘延东也作了批示。

同日　在中国共产党成立90周年之际，经党中央批准，由中共中央党史研究室编写的《中国共产党历史》第二卷（1949—1978）已正式出版。该书编写历时16年，凝聚了几代党史工作者的心血和智慧。

《中国共产党历史》第二卷记述中国共产党从1949年10月中华人民共和国成立到1978年12月党的十一届三中全会召开这29年的历史。

同日　北京高校党建工作会召开，中共北京市委副书记、教育工委书记王安顺，市委常委、宣传部部长、副市长蔡赴朝出席，市委常委、组织部部长吕锡文主持会议。

“十一五”期间，首都高校坚持用中国特色社会主义理论体系武装党员干部，深入开展学习实践科学发展观活动和创先争优活动，大力加强高校领导班子和干部队伍思想政治建设、能力建设和作风建设，深入推进大学生思想政治工作，保持了校园和谐稳定，党建工作迈上了一个新台阶。5年来，党员队伍进一步壮大，仅大学生党员就发展了17万人。

本次会议的主题是：全面贯彻落实第十九次全国高校党建会议精神，深入学习贯彻《中国共产党普通高等学校基层组织工作条例》，总结部署北京高校党建工作。

12日　国务院办公厅发布《关于开展国家教育体制改革试点的通知》，中国人民大学被选为“完善教学质量标准，探索通识教育新模式，建立开放式、立体化的实践教学体系，加强创新创业教育”和“推动建立健全大学章程，完善高等学校内部治理结构”的试点。

此次国家教育体制改革试点的基本内容为三大类，即：专项改革试点，重点领域综合改革试点，省级政府教育统筹综合改革试点。

专项改革以十大试点作为破冰突破口：基础教育有3项，分别是加快学前教育发展、推进义务教育均衡发展和探索减轻中小学生课业负担的途径；高等教育有3项，分别是改革人才培养模式、改革高等学校办学模式和建设现代大学制度；另外4项是改革职业教育办学模式、改善民办教育发展环境、健全教师管理制度和完善教育投入机制。

重点领域综合改革试点，包括基础教育综合改革试点、职业教育综合改革试点、高等教育综合改革试点和民办教育综合改革试点。

省级政府教育统筹综合改革试点，旨在深化教育管理体制改革，探索政校分开、管办公离实现形式。统筹推进各级各类教育协调发展。统筹城乡、区域教育协调发展。统筹编制符合国家要求和本地实际的办学条件、教师编制、招生规模等基本标准。

统筹建立健全以政府投入为主、多渠道筹集教育经费、保障教育投入稳定增长的体制机制。

15日 "2010阳光中国·传媒发展年会"在北京中国大饭店举行。本次年会由新闻出版报社和中国政法大学新闻与传播学院共同组织策划。新闻出版总署副署长李东东、中国记协党组书记翟惠生等出席本届年会。来自全国各地的知名传媒领导人、专家、企业家及各新闻学院领导围绕传媒管理创新与市场竞争力、网络数字技术带来的机遇和挑战等主题发表了演讲。受组委会特邀，中国政法大学新闻与传播学院院长宋建武在大会上作了《2010年中国传媒产业发展报告》。报告从大量数据入手对2010年传媒发展大势进行了梳理，阐述了中国传媒产业发展的主要成就，并就传媒业未来发展趋势作出预测。(中国政法大学科研处刘璐供稿)

同日 由中国政法大学法治政府研究院发起设立的"中国法治政府奖"首届评选结果揭晓。海关总署的全国海关行政复议系统、证监会的证券期货市场"查审分离"执法体制等8个项目获得"中国法治政府奖"；郑州创立行政罚款自由裁量阶次制度、温岭设立镇（街道）法制办公室等7个项目获得提名奖。

据中国政法大学副校长马怀德教授介绍，设立"中国法治政府奖"的目的是总结各级政府及其职能部门推进依法行政的有益经验，客观公正评价、推广各级政府在建设法治政府方面的重要成果，提高政府依法行政的能力和水平。(中国政法大学科研处刘璐供稿)

16日 中国人力资源和社会保障出版集团成立大会在北京举行，人力资源和社会保障部部长尹蔚民、新闻出版总署署长柳斌杰出席大会并为该出版集团揭牌。

据了解，中国人力资源和社会保障出版集团是由中国人事出版社、中国劳动社会保障出版社转企合并而成，是我国人力资源和社会保障领域唯一专业出版企业，出版范围主要涵盖人事人才、劳动社会保障、职业教育、职业培训、科技和职业安全图书等五大方面，同时出版与之配套的音像电子出版物。

17日 纪念党的对外工作90年暨中联部建部60年大会上午在北京举行。中共中央政治局常委、中央书记处书记、国家副主席习近平出席大会并讲话。他强调，面对国内外形势深刻复杂的变化，党的对外工作作为国家总体外交的重要组成部分，任务重、责任大，一定要继往开来、开拓进取、再创辉煌，努力成为促进我国对外关系发展的重要途径，成为展示党的良好国际形象的重要窗口，成为党员领导干部观察和研究世界的重要平台，成为借鉴国外经验、为中央决策服务的重要渠道。

18日 由中国国际广播电台创办的中国国际广播电视网络台（CIBN）在北京宣告成立。这标志着有70年发展历史的中国国际广播电台全面进入新媒体领域。与此同时，为CIBN提供运营、经营和资金支持的国广环球传媒控股有限公司也挂牌成立。

同日 北京市高等教育学会在北京西郊宾馆召开2011年所属研究会秘书长工作会议。会议邀请北京市教委副主任付志峰教授、中国高教学会副秘书长叶之红研究员到会并作专题报告。北京市高教学会常务副会长兼秘书长陈锡章主持会议，学会所属各研究会的秘书长及部分理事长近60人到会。

北京市教委副主任付志峰在报告中介绍了北京市贯彻落实《国家中长期教育改革和发展规划纲要》的主要设想，回顾了北京高等教育实施"质量工程"一期所取得的巨大成绩，介绍了2011年北京高等教育实施"质量工程"二期的重点工作，以及北京市参加国家教育体制改革试点的16个项目中有关高等教育项目的情况。中国高教学会副秘书长叶之红在会上作了题为《谋划未来，改革创新——谈谈中国高等教育发展趋势及前景》的报告。(北京市高等教育学会供稿)

24日 首都地区文明办主任会议召开。会上，传达了全国宣传部长、文明办主任会议精神，总结2010年首都精神文明建设工作，并以"做文明有礼的北京人"为主线部署了今年重点工作任务。中共北京市委常委、宣传部部长、副市长蔡赴朝出席会议并讲话。

25日 在中国法学会"第六届全国十大杰出青年法学家"的评选活动中，北京大学法学院副院长、公众参与研究与支持中心主任王锡锌教授荣获"第六届全国十大杰出青年法学家"荣誉称号。"十大杰出青年法学家"称号是中国法学会在全国法学界、法律界设立和授予的重要奖项和荣誉，自1995年以来，已有60位法学法律工作者获此殊荣。获得"第六届十大杰出青年法学家"荣誉称号的有：中国人民大学法学院副院长王轶、中国政法大学研究生院副院长于志刚、西南政法大学校长付子堂、武汉大学法学院院长肖永平、深圳大学法学院教授应飞虎、清华大学法学院院长王振民、北京大学法学院副院长王锡锌、东南大学法学院院长周佑勇、中国社科院法学所研究员熊秋红和华东政法大学教授李秀清。(北京大学社会科学部供稿)

26日 2011年全国教育宣传工作会议在北京召开。教育部党组书记、部长袁贵仁在讲话中要求教育宣传工作积极为全面落实教育规划纲要营造良好氛围。

袁贵仁指出，教育宣传工作是宣传工作、教育工作的重要组成部分，直接服务于教育改革发展稳定大局。当前我国教育事业正处于十分难得的重要战略机遇期，做好教育宣传工作是全面落实教育优先发展战略地位，深入实施科教兴国和人才强国战略的需要；是营造全面落实教育规划纲要良好氛围，动员全社会关心、支持教育工作，推动教育事业科学发展的需要；也是转变政府职能，创新政府管理，推进教育政务校务公开、办好人民满意教育的需要。要进一步增强责任感使命感，把教育宣传工作做实做好。

同日　来自北京大学、清华大学、中国人民大学、中国农业大学、北京理工大学等 16 所首都高校的 400 多名不回家过年的大学生，欢聚北京交通大学，参加了由团中央、全国学联、北京团市委主办的“温情依依”2011 首都高校寒假留京学生新春联欢会。

27 日　经过 2004—2010 年 7 年藏品清理工作，故宫博物院首次彻底摸清了家底，现有藏品 1807558 件，其中珍贵文物 1684490 件、一般文物 115491 件、标本 7577 件。这是故宫博物院自建院以来在藏品数量上第一个全面而准确的数字，标志着故宫博物院的藏品管理工作进入一个历史性的新阶段。

另外，首次将古籍、古建类藏品纳入文物管理。故宫博物院收藏有约 40 万件的善本、古籍，原来虽妥善保管，但未纳入文物系统进行管理。其中现存明清抄、刻本，包括内府修书各馆在编纂过程中产生的稿本、呈请皇帝御览、待刻之定本等，品种、数量众多，具有极高的史料价值，精美的菩提叶写经、玉版书经也颇具特色，还有 20 多万块珍贵的印书用书版等。另如清代“样式雷”制作的“烫样”等，是遗留下来的珍贵的皇家建筑模型，也纳入了文物管理。

1 月至 12 月　北京市社科规划办公室规划项目最终成果质量明显提升。全年参加鉴定的 285 项最终成果中，279 项通过鉴定，一次通过率 97. 9%。其中优秀等级的 166 项，优秀率达到 58. 2%。此外，还有 28 项成果在各项评奖中获奖；6 项成果进入北京市领导的决策视野；60 项课题研究成果被北京市党政机关和有关单位参考采纳；58 项课题研究成果正式出版；347 项课题研究成果在各类报纸、杂志上发表，其中一些成果是在核心报刊上发表；2 项最终成果获 2011 年国家社科基金后期资助项目立项。(北京市哲学社会科学规划办公室供稿)

2 月

11 日　2011 年北京自然科学界和社会科学界联席会议工作会召开。北京市社科联党组书记、常务副主席史秋秋，北京市科协党组书记、常务副主席夏强，市社科联、市科协领导陈之昌、周立军、赵峰、田文、崔新建、吕家香以及市社科联、市科协相关部室负责同志等近 30 人出席会议。会议由夏强同志主持。

14 日　近日，中共中央办公厅、国务院办公厅印发于《关于进一步加强新形势下农村精神文明建设工作的意见》（以下简称《意见》），要求深入贯彻落实党的十七大和十七届三中、四中、五中全会精神，进一步加强新形势下农村精神文明建设。

《意见》指出，农村精神文明建设是社会主义精神文明建设的重要组成部分，是社会主义新农村建设的重要内容。在新形势下，要高举中国特色社会主义伟大旗帜，以邓小平理论和“三个代表”重要思想为指导，深入贯彻落实科学发展观，紧紧抓住社会主义核心价值体系建设这个根本，按照社会主义新农村建设“生产发展、生活宽裕、乡风文明、村容整洁、管理民主”的总体要求，突出抓好群众性精神文明创建活动，着力培育新农民、倡导新风尚、发展新文化，着力提高农民思想道德文化素质和农村社会文明程度，推动农村精神文明建设迈上新台阶，为建设社会主义新农村、促进农村经济社会又好又快发展提供思想保证、精神动力和文化环境。

同日　全国党的建设研究会第五次会员代表大会在北京人民大会堂举行。会前，胡锦涛、习近平、贺国强等中央领导同志亲切会见全体与会代表。李源潮出席大会并讲话。他指出，全国党的建设研究会要按照党中央的部署和要求，团结带领广大党建研究工作者解放思想、求真务实、积极探索，不断提高党建研究能力和水平。要把握正确方向、坚持与时俱进，加强党建理论研究和创新，为提高党的建设科学化水平服务。要以改革创新精神加强党建研究会自身建设，凝聚和造就高素质党建研究工作者队伍。

这次全国党的建设研究会会员代表大会修订了研究会章程，选举产生了新一届理事会，部署了今后的工作。

15 日　下午，宋涛教授追思会在中国人民大学举行。来自经济学界和各高校的学者，以及宋涛教授生前亲友、学生共计 100 余人，怀着悲痛的心情，共同缅怀宋涛教授光辉的一生，追思他对中国经济建设与改革，以及中国经济学教育事业的杰出贡献。

正月初七凌晨，著名经济学家宋涛教授，在他生命里的第 97 个春天里，因病离世。在宋老去世后的几天里，党和国家领导人以及社会各界和宋涛教授生前的亲友和学生，都以各种方式表示了悼念。

同日　著名历史学家、教育家，北京师范大学资深教授，全国古籍整理出版规划领导小组顾问，中国先秦史学会、魏晋南北朝史学会等学会顾问，点校本二十四史及清史稿修订工程学术顾问，北京大学历史学系兼职教授，中国人民大学国学院学术顾问，中华书局学术顾问，山东理工大学文化学院名誉院长、兼职教授何兹全先生因病医治无效，于

20时17分在北京逝世，享年101岁。何兹全先生逝世后，胡锦涛、温家宝、李长春、习近平、李克强、王岐山、刘延东、李源潮、朱镕基、吴官正、周铁农、李建国、杜青林、厉无畏、何鲁丽、许嘉璐等以各种方式表示哀悼，向其家属表示慰问。魏礼群、袁贵仁、何毅亭、张茅以及北京师范大学党委书记刘川生、校长钟秉林对何兹全先生的逝世表示深切悼念，并慰问其家属。民革中央、教育部、国家图书馆、国家博物馆和中国史学会等单位发来唁电或赠送挽联。

何兹全，1911年9月出生，山东菏泽人，1935年毕业于北京大学历史系，曾师从傅斯年、陈寅恪，主要研究领域为魏晋南北朝政治制度史，代表著作为《魏晋南北朝史略》《中国通史·魏晋南北朝时期》《中国古代社会》等。

何兹全先生一生以“爱国一书生”的高尚情怀，将学术抉择与时代命运紧密结合，关注思考与国家民族、社会历史密切相关的重大问题。在长达80年的学术生涯中，何兹全先生始终坚持唯物史观，治学严谨求实，既继承中国史学传统，又吸收西方史学方法，始终站在时代的前列和学术前沿，以科学的精神考察历史现象，揭示历史本质，探寻历史规律，造诣精深、成果丰硕，在海内外享有盛誉。

20日　国家职业教育研究院成立暨揭牌仪式在北京师范大学举行。教育部部长袁贵仁发来贺信。教育部副部长鲁昕、人力资源和社会保障部副部长王晓初、国务院参事黄尧等出席会议并致辞。北京师范大学党委书记刘川生，校长钟秉林，常务副校长董奇，荣誉教授、中国教育学会会长顾明远等出席会议。国务院参事室主任陈进玉，原国家教委副主任王明达，教育部原副部长张天保、王湛，以及教育部、人力资源和社会保障部、中组部、国家发改委、财政部、交通部、铁道部、国务院研究室等相关司局领导，中华职业教育社领导，地方政府和地方教育行政主管部门领导，清华大学等兄弟院校领导，国家教育发展研究中心、中央教科所等科研机构代表，行业企业代表，60余所中高职学校代表和相关专家、学者300余人出席成立大会。

22日　一座清代郡王园寝在怀柔区桥梓镇被发掘出来。经市文物研究所考古人员到现场勘察认定，该处园寝属于清初第六代克勤郡王雅朗阿。

据调查，该墓葬早在20世纪二三十年代就被盗挖。“文化大革命”期间，宝顶被拆除，地宫城砖大部分被起走，石门被压倒。自此，园寝掩埋于荒草乱树之间被人渐渐遗忘。专家称，此次抢救性考古发掘不但明确了园寝的形制和规模，还对研究清代园寝制度和形制提供了不可多得的珍贵资料，具有重要的科学研究价值。

21—23日　全国党委新闻发言人首次培训班在北京举办。这是党委新闻发言人制度建立以来，对全国党委新闻发言人进行的第一次集中培训。清华大学新闻与传播学院公共关系与战略传播研究所承办。党中央部门的新闻发言人、全国31个省区市和新疆生产建设兵团以及计划单列市、省会城市的党委新闻发言人和新闻发布工作团队责任人共200余人参加培训。(清华大学文科建设处刘金梅供稿)

3月

1日　中国国家博物馆改扩建工程竣工暨《复兴之路》基本陈列复展仪式在北京举行。中共中央政治局常委李长春出席仪式。

中共中央政治局委员、中央书记处书记、中宣部部长刘云山发表讲话。中共中央政治局委员、国务委员刘延东主持仪式。全国人大常委会副委员长、民革中央主席周铁农，全国政协副主席、中国社科院院长陈奎元出席仪式。

2007年3月，中国国家博物馆改扩建工程开始正式动工。改扩建后的国家博物馆是世界上建筑面积最大的博物馆，由过去的6.5万平方米增加到了19.19万平方米，展厅49个，馆藏藏品达106万件。《复兴之路》基本陈列，是目前唯一一个全面展示中华民族近代以来复兴之路宏大主题的陈列展览，共分为中国沦为半殖民地半封建社会、探求救亡图存的道路、中国共产党肩负起民族独立人民解放历史重任、建设社会主义新中国和走中国特色社会主义道路五个部分，展出1280多件（套）珍贵文物和870多张历史照片。

同日　纪念孙起孟同志100周年诞辰座谈会在人民大会堂举行，中共中央政治局常委、全国人大常委会委员长吴邦国出席会议。

孙起孟同志是我国著名的教育家和社会活动家，中国民主建国会和全国工商联的卓越领导人，中国共产党的优秀党员，曾任第七届、第八届全国人大常委会副委员长。

全国人大常委会副委员长、民建中央主席陈昌智，全国政协副主席、全国工商联主席黄孟复出席座谈会。全国政协副主席、民建中央第一副主席、中华职业教育社理事长张榕明出席座谈会并发言。全国政协副主席、中央统战部部长杜青林主持座谈会。

座谈会上，中央统战部副部长尤兰田、民建中央常务副主席马培华、全国人大常委会副秘书长王万宾、中共安徽省委书记张宝顺等先后发言。

同日　文化部在北京成立国家公共文化服务体系建设专家委员会，清华大学公共管理学院教师王有强、于安、杨永恒受聘为专家委员会委员，王有强和杨永恒还分别担任专家委员会主任和秘书长。该专家委员会是在文化部2010年4月成立的国家公共文化服务体系建设专家组基础上筹建而成，由来自清华大学、北京大学、中国社会科学院等学术科研机构和全国部分文化机构的 39 名专家组成。（清华大学文科建设处刘金梅供稿）

同日　北京市国际税收研究会第三届第二次理事会议在北京市地税局昌平培训中心召开。会议报告了 2010 年工作情况、建会 10 周年的工作体会及 2011 年工作安排；通报了财务收支情况；通过了《关于调整增补理事、常务理事建议》和《关于审议接纳团体新会员建议》。会议由孙振刚会长主持。北京市地税局党组副书记、局长王晓明，中国国际税收研究会副秘书长高世星，北京市社科联学会部主任王彦京到会并作重要讲话。北京市地税局副巡视员王勇生参加会议。来自北京市地税系统、大学、机关、企业以及税务中介组织的 120 余名理事参加了会议。（北京市国际税收研究会唐乃清供稿）

2 日　早上，中国美术馆门前的铁栅栏上，拉开了一条长长的字幅，“文化惠民，免费开放”八个醒目的大字，吸引了行人的关注。在早上 9 点钟的开馆时间到来之前，中国美术馆在大门外的售票处旁举行了一个短小而热烈的仪式，文化部部长蔡武当场宣布：中国美术馆自 3 月 2 日起面向社会实行免费开放。蔡武还与中国美术馆馆长范迪安一起，将免费参观“领票处”的大牌覆盖在原先的“售票处”之上，这一动作昭示着中国美术馆由此翻开全面免费的历史新篇章。

今年 1 月，继全国博物馆、纪念馆免费开放以后，为了更好地贯彻落实党的十七大关于“坚持把发展公益性文化事业作为保障人民基本文化权益的主要途径”精神，文化部、财政部联合出台了《关于推进全国美术馆、公共图书馆、文化馆（站）免费开放工作的意见》，全面启动所有公益性文化单位的免费开放工作。中国美术馆作为首批全国重点美术馆，是文化部、财政部要求 2011 年年底前免费开放的重点单位。

3 日　中共北京市委教工委副书记、教委主任姜沛民到北京林业大学调研。他认真听取了学校领导的汇报，重点了解了北京林业大学师生的思想政治状况及稳定学生基本伙食价格等方面工作情况。他对北京林业大学认真贯彻全国教育工作会议、全国人才工作会议和《教改纲要》，积极努力做好各项工作给予充分肯定。（北京林业大学科技处张力供稿）

同日　北京市教育学会“十二五”教育科研课题发布会在北京芳草地国际学校远洋分校召开。会上对《北京市教育学会“十二五”教育科研课题管理办法（试行）》及《北京市教育学会“十二五”教育科研 2011 年度课题指南》进行了较为详细的解读，并就相关工作进行了具体部署。各区县教育学会、近 40 个学科研究会负责同志参加会议，会上下发了北京市教育学会“十二五”教育科研 2011 年度立项课题文件汇编。（北京市教育学会张桂英、李文鸾供稿）

7 日　香港特别行政区行政长官曾荫权一行访问北京大学，并在办公楼礼堂发表演讲。香港特别行政区行政长官办公室主任谭志源，香港特别行政区驻京办主任曹万泰，国务院港澳办联络司钱益兵司长、政研司王海波副司长，交流司黄光巡视员，以及北京大学师生代表和在京高校香港学生代表共 600 余人出席了演讲会。（北京大学社会科学部供稿）

10 日　备受全国出版界、学术界乃至整个文化界瞩目的第二届中国出版政府奖评选结果揭晓，从 3066 份符合条件的参评材料中共评出 240 个获奖作品、单位和个人，其中出版物奖 120 个、先进出版单位奖 50 个、优秀出版人物奖 70 个（含优秀编辑 26 个）。与上一届相比，本届中国出版政府奖在奖励数额上增加了 40 个，并且首次设立期刊奖，在优秀出版人物奖中对优秀编辑给予表彰。

中国出版政府奖是国家设立的新闻出版行业的最高奖，2007 年首次开评，每三年评选一次。在 240 个获奖名单中，《马克思恩格斯文集》等 60 种图书获图书奖，《求是》等 20 种期刊获期刊奖，《辉煌六十年》等 20 种音像制品、电子出版物、网络出版物奖音像电子网络奖，《季羡林全集》（1—12 卷）等 10 件作品获印刷复制奖，《北京跑酷》等 10 件作品获装帧设计奖，上海科学技术出版社等 50 家单位获先进出版单位奖，王明亮等 70 人获优秀出版人物奖（含优秀编辑 26 名）。此外，还评出各个奖项的提名奖共计 238 个。

17 日　文化部通报了各地文化部门开展打击侵犯知识产权和假冒伪劣商品专项行动的最新进展情况。

据介绍，2010 年 10 月以来，各地文化行政部门和文化市场综合执法机构以网络音乐、网络游戏和出版物等市场为重点，进一步加大综合执法力度，严厉打击侵权盗版。其间，各地文化行政部门和文化市场综合执法机构共立案查处涉及知识产权案件 3646 件，涉案金额 2088. 698 万元，其中重大案件 53 件，涉案金额 1262. 64 万元；移送司法机关 121 件，涉案金额 570. 19 万元，其中重大案件 23 个，涉案金额 242. 25 万元。另外，捣毁侵权制假窝点 744 个，罚没物品 639 万余件。

20 日　北京市教育学会与教育部中国教师发展基金会、北京金龙兆业教育投资有限公司联合成立“特级教师指导学习中心”。中心秉承“整合各类教育资源，汇集全国教学精英”的宗旨，通过建立特级教师资源库，组织召开特级教师先进教育思想、教育经验交流会等形式，为全面推进素质教育、深化课程改革、减轻学生过重课业负担、提高教育质量服务。目前通过整合，“特级教师指导学习中心”已组建了由70余名特级教师组成的讲师团。

市教育学会与北京金龙兆业教育投资有限公司联合成立了全国特级教师网，该网站于2011年3月27日正式开通。目前网站已初步建成精品课程库、特级教师库、教材资源库、典型案例库等资源库，并配以在线学习平台（包括：初中总复习、高中总复习、同步课程、答疑解惑、在线作业等）。（北京市教育学会张桂英、李文鸾供稿）

22日　国家“十二五”发展规划纲要明确提出，要“大力推进哲学社会科学创新体系建设，实施哲学社会科学创新工程，繁荣发展哲学社会科学”，这标志着在中国社会科学院酝酿多年的“哲学社会科学创新工程”成为国家规划。22—23日，中国社会科学院2011年度工作会议聚焦这一系统工程实施的路径和改革的突破口，改革科研评价激励体制和创新资源配置方式成为专家学者最关心的话题。

通过实施创新工程，中国社会科学院将完成6项主要任务，即建设马克思主义坚强阵地，建设党和国家的重要思想库智囊团，建设中国哲学社会科学研究的最高殿堂，建设哲学社会科学的传播平台，建设国情调查研究的重要基地，建设“走出去”的学术窗口。与之配套的还有研究制定社科院的人才发展规划，包括培养理论功底扎实、熟悉中国国情、具有理论创新能力的马克思主义理论家和骨干人才，实施学术大家推展计划、高端人才延揽计划、领军人才扶持计划、青年英才提升计划等。

全国政协副主席、中国社会科学院党组书记、院长陈奎元出席了会议。

24日　中国广播电视协会广播版权委员会成立大会在北京举行。

广播版权委员会是中国广播电视协会直属的专业委员会，是由全国各级广播电台自愿联合组建的非营利性合作组织。它的成立，有利于代表各广播电台与著作权集体管理组织进行谈判与沟通，加强各广播电台与著作权集体管理组织之间的联系与合作。广电总局党组成员、中央人民广播电台台长王求指出，全国140多家电台联合组建广播版权委员会，实施版权保护的联合行动，必将大大提升广播行业整体管理的水平，使广播行业的知识产权保护工作从无到有，从小到大，在广播行业发展史上产生深远的影响。

会上通过了《中国广播电视协会广播版权委员会章程》《中国广播电视协会广播版权委员会会费缴纳办法》，并对会员台提供了向中国音乐著作权协会付酬可选用的几种模式，选举了会长、常务副会长、副会长和秘书长。

同日　《北京市中长期教育改革和发展规划纲要（2010—2020年）》正式颁布。未来10年，北京将致力于建成公平、优质、创新、开放的学习型城市，扩大首都教育的国际影响力，把北京建成世界主要留学目的地，进入以教育和人才培养为优势的现代化国家城市行列。

《纲要》提出了未来10年北京教育拟重点解决的4个问题：确定未来10年的发展目标和总体战略；全面推进素质教育，提高育人水平；动员全社会关心和支持教育的发展；解决群众关心的教育热点和难点问题。

26日　第十八届北京大学生电影节开幕式暨新闻发布会举行。国家广播电影电视总局副局长张丕民，中共江苏省委常委、宣传部部长杨立新，北京市教委主任姜沛民，中共北京市委宣传部副部长张淼，教育部思政司副司长王光彦，北京市广播电影电视局副局长庞薇，中宣部文艺局影视处处长王强，教育部体卫艺司艺术教育处处长万丽君，北京师范大学党委书记刘川生、副书记田辉、校长助理曹卫东及中央电视台、北京市文联、八一电影制片厂、中国电影资料馆、中国传媒大学、北京电影学院等单位负责人出席。《秋之白华》作为开幕影片首映。（北京师范大学社科处刘娜供稿）

29日　全总副主席、书记处书记陈豪同志赴中国劳动关系学院涿州校区进行视察。视察期间，陈豪主席考察了涿州校区的各项教学、服务设施，参加了涿州校区的植树活动，听取了学院领导班子关于涿州校区建设和发展情况的工作汇报，并对涿州校区未来的发展规划提出了新的要求。陈豪主席充分肯定了涿州校区成立以来所取得的成绩，强调涿州校区的建设和发展对学院未来发展的重要意义。（中国劳动关系学院科研处陈邓海供稿）

31日　中国劳动关系学院与海淀区总工会教学实践基地签约揭牌仪式在海淀区政府举行。中国劳动关系学院长李德齐、副院长杨汉平以及教务处实践教学中心、相关系部负责人参加了揭牌仪式。海淀区委常委、组织部部长杨智慧，海淀区总工会党组书记、主席惠远霖以及领导班子成员出席了会议。李德齐院长强调这次签约仪式非常重要。签约双方为了适应经济社会发展的需要，本着互动、互利、互助的原则建立学院与实践基地的交流平台，在合作共赢的基础上，应社会所需，走特色之路。海淀区委常委、组织部部长杨智慧指出，双方应在建立突发事件预警机制、建立新生代农民心理疏导机制、工会组织建设、职工素质建设、工资集体协商、劳动争议调解、职工困难帮扶等方面加强交流合作。（中国劳动关系学院科研处陈邓海供稿）

4月

1日　“北京师范大学基础教育实验学校”挂牌仪式在北京市第四十四中学举行。北京师范大学将以第四十四中学为基地，探索新时期基础教育发展中的新任务、新特点、新需求，创新办学模式。44中校长范雪梅表示，将以此为契机，推动学校的整体发展。根据双方合作协议，北京师范大学将组织专家对44中进行综合调研评估，并提出改革建议，将选派优秀学科专家到44中指导教师备课，组织师生参加科研、培训等活动，传递最新的教育理念等信息。

2日　2011年绿桥、绿色长征活动启动仪式在绿色学府北京林业大学举行。绿桥、绿色长征活动主题是“高擎团旗，绿色长征，永远跟党走”。国家林业局原总工程师、中国绿化基金会副主席兼秘书长卓榕生，北京市副市长程红，团中央农村青年工作部部长郭祥玉，国家林业局宣传办公室主任程红，环保部生态司副司长朱广庆，首都绿化委员会办公室副主任甘敬，北京林业大学校长宋维明、副校长姜恩来等出席了启动仪式。来自环保界、文化界、体育界的众多知名人士，高校环保社团代表、近千名大学生环保志愿者参加了启动仪式。首都大学生聘请了李谷一、汤灿、徐峥、莫慧兰、孙甜甜、张宁、陈一冰、李妮娜等担任第十届首都大学生绿色志愿大使。国家林业局原总工程师、中国绿化基金会副主席兼秘书长卓榕生在启动仪式上发表了讲话。（北京林业大学科技处张力供稿）

同日　“绿色你我同行，给绿2011”首都大学生第27届绿色咨询活动在奥林匹克公园举办。北京林业大学联合京内30多所高校的生态环保社团以及绿色长征志愿者、新闻媒体等在北京奥林匹克公园共同宣传绿色环保理念，倡导健康生活方式，贡献绿色北京建设。（北京林业大学科技处张力供稿）

8日　北京市人大常委会召开“推进潮白河流域综合治理”议案督办工作座谈会。在听取了市水务局关于议案办理工作安排的汇报后，与会人员提出六点建议：一是将通州段行洪区内村庄搬迁工作纳入规划，并加快通州段治理工作，服务新城建设。二是丰富密云等重点水库治理内容，并编制配套规划。三是加快怀柔等供水厂建设，保障新城供水。四是加强污水处理厂建设，提高治污标准。五是妥善解决乡镇污水处理设施维护管理费用问题。六是加强密云、怀柔、顺义交界处治理，并研究滨河绿带建设中的拆迁问题。会议要求在议案办理工作中，要完善潮白河流域水系综合治理规划，尽早编制通过流域绿色生态发展带综合规划；加强砂石禁采和河道两岸砂石坑治理；研究推进引运济潮、引温济潮、湿地和再生水厂建设；提升落实排污标准，确保补水安全和排洪安全；推进郊野公园等绿化建设；统筹水利、空间和生态发展各项规划。要加强部门联动，充分调动区县积极性，确保取得最大成效。市政府表示，将进一步细化工作安排，尽快启动一批重点工程，着力改善流域生态、交通、基础设施建设，改变流域面貌，带动周边发展，在实践中不断提升治理水平。市人大常委会副主任赵凤山、副市长夏占义出席会议并讲话。（北京市人大常委会研究室供稿）

同日　北京市社科联召开五届五次全委（扩大）会议。会议听取了《北京市社科联2010年工作总结和2011年工作要点》的汇报，通过了《关于变更北京市社科联秘书长的建议》，听取了有关非政府组织管理工作方面的报告。市社科联党组书记、常务副主席史秋秋主持会议并作了总结讲话。社科联副主席、常委、委员、所属学会及民办社科研究机构秘书长、社科联机关干部共计150余人出席会议。（摘自《北京社科联》2011年第2期）

14日　中共中央政治局常委、国务院总理温家宝在中南海向新聘任的8位国务院参事和5位中央文史研究馆馆员颁发聘书，并同参事、馆员座谈。清华大学公共管理学院区域与城市发展研究中心主任、台湾研究所教授施祖麟受聘为国务院参事。温家宝在座谈中指出，知者尽言，国家之利。政府决策要符合实际，符合人民意愿，必须倾听来自人民的意见，集思广益。“贤路当广而不当狭，言路当开而不当塞。”我们鼓励讲真话，讲真话就要有听真话的条件。要创造条件让人民讲真话，让参事、馆员讲真话，在国家科学民主决策中发挥重要作用。（清华大学文科建设处刘金梅供稿）

同日　由教育部主办，北京大学、中国高等教育学会继续教育分会、全国高校现代远程教育协作组等单位联合承办的“继续教育改革和发展座谈会”在北京大学正大国际中心召开。会议主题是：贯彻落实全国教育工作会议精神和教育规划纲要，构建灵活开放的终身教育体系，促进各类优质资源的开放共享，推动继续教育体制机制的改革创新。教育部副部长鲁昕出席大会并讲话，教育部有关司局、地方教育行政部门、行业部委和企业、普通高校、成人高校、电大系统、自学考试、研究机构等各方面代表共100余人参加了会议。（北京大学社会科学部供稿）

同日　清华大学公共管理学院党委与中共石景山区委组织部签署第二期人才培养合作意向书。石景山区委常委、组织部部长李文起，清华大学公共管理学院党委书记孟庆国出席仪式并签署合作意向书。石景山区委和清华大学公共管理学院、研究生部相关负责同志参加仪式。李文起对清华大学公共管理学院向石景山区输送优秀学生开展短期挂职工作表示感谢，并指出双方的合作是互利双赢的，建议学院研究领域应涉及党的建设问题。（清华大学文科建设处刘金梅供稿）

22日　由中共北京市委宣传部、市委社会工委、市社科联共同主办的“2011 北京周末社区大讲堂·经常性系列科普讲座启动式暨社科普及电视专题片《长河》首发式”在东城区图书馆举行。市委宣传部副部长傅华出席活动并讲话，市委社会工委委员、市社会办副主任刘轩出席首发式。市社科联党组书记、常务副主席史秋秋主持启动仪式。市社科联党组副书记、副主席陈之昌参加了启动仪式。北京市16区县委宣传部有关负责同志、有关学会负责人、社科普及试验基地负责人、社科普及电视专题片《长河》主创人员以及社区观众500多人参加了此次活动。

社科普及电视专题片《长河》，共分为《天人之学》《阴阳智慧》《和平祈愿》《包容胸襟》《乐观心境》《灵动气质》《优雅品位》《吉祥情结》8集，通过文化境界、文化精髓、文化基脉、文化胸襟、文化气度、文化哲学、文化品位、文化氛围、文化主张、文化气质等视角，反映了中国文化特质和亮点，展示了中国文化的底蕴和中华文明的伟大生命力，在首发式上受到广泛好评。专题片《长河》将免费发放到本市各村镇社区文化站、活动室，满足基层市民百姓的精神文化需求。（摘自《北京社科联》2011 年第 2 期）

26 日　中华志愿者协会在北京成立。协会是由志愿者、志愿服务组织以及关心支持志愿服务事业的单位或组织自愿组成，按照章程开展活动的联合性、全国性、非营利性社会团体组织，接受中央文明办和民政部的业务指导，业务范围是维护志愿者权益、规范志愿者行为、提高志愿者素质、宣传和培育志愿文化。全国人大常委会副委员长周铁农当选第一任会长。

28 日　国家统计局局长马建堂今天宣布，第六次人口普查数据显示，全国总人口为1370536875 人。其中：普查登记的大陆31个省区市和现役军人的人口1339724852 人。与2000年第五次全国人口普查相比，10年增加了7390万人，与1990年到2000年的10年之间人口净增长量1.3亿相比，减少了约5600万人，年均增长率降低了0.5个百分点。10年人口数字的变化反映出，我国人口过快增长的势头得以控制，人口素质不断提高，城镇化进程步伐加快，同时也面临着人口老龄化的趋势在加快、流动人口规模不断扩大、出生人口性别比偏高等挑战。

根据第六次人口普查的结果，大陆31个省、自治区、直辖市共有家庭户40152万户，家庭户人口124461万人，平均每个家庭户的人口为3.10人，比2000年人口普查的3.44人减少0.34人。全国男性人口占51.27%，女性人口占48.73%，总人口性别比由2000年人口普查的106.74下降为105.20（以女性人口为100.00）。居住在城镇的人口为66557万人，占总人口的49.68%，居住在乡村的人口为67415万人，占50.32%。同2000年人口普查相比，城镇人口比重上升13.46个百分点。按常住人口分，人口数量排在前5位的是广东省、山东省、河南省、四川省和江苏省。

5月

3 日　“游览红色京华　追忆激情岁月”北京红色旅游纪念建党90周年系列活动启动仪式暨北京电视台《红色地图》特别报道开播仪式在北京新文化运动纪念馆前广场举行。中共北京市委党史研究室、市旅游发展委员会、东城区人民政府及北京电视台四家主办单位和东城区旅游局、新文化运动纪念馆两家协办单位的主要领导和有关同志出席开播仪式。市委党史研究室主任谢荫明在会上介绍活动的背景，李大钊烈士的后人发表感言，北京电视台台长王晓东介绍《红色地图》特别报道相关情况，市旅游发展委员会主任鲁勇介绍纪念建党90周年北京红色旅游系列活动内容。《红色地图》从5月4日起，将连续播出90集，开播仪式上正式推出了19条北京红色旅游线路。（北京市委党史研究室科研处常颖供稿）

4 日　首都青少年纪念中国共产党成立90周年“寻找党的足迹”主题教育实践活动在北京大学红楼正式启动。中共北京市委副秘书长张建明，市委党史研究室主任谢荫明，市委组织部副部长刘宇辉，团市委书记王少峰，东城区委副书记常卫，市委教工委副书记王民忠和团市委副书记、市少工委主任姜泽廷等领导同志出席启动仪式。大学生共产党员、中学生共青团员和小学生少先队员代表近300人参加活动。“寻找党的足迹”主题教育实践活动由市委组织部、市委宣传部、市委党史研究室、市委教工委、团市委联合主办。为推动主题教育实践活动在全市广泛开展，主办单位在全市选取北大红楼、《没有共产党就没有新中国》歌曲创作地、樱桃沟一二·九纪念亭、焦庄户地道战遗址馆、香山双清别墅等10处在中国共产党发展历史中具有重要意义的地点，从5月至7月，以区县为单位开展寻访活动。（北京市委党史研究室科研处常颖供稿）

5 日　《北京市“十二五”时期青少年事业发展规划》（以下简称《规划》），由共青团北京市委、北京市发改委联合发布。

《规划》的重点任务分为五个方面，分别是保障青少年生活幸福，促进青少年身心健康发展；运用新媒体服务青少年成长；服务青年创业就业，不断完善青年职业发展体制机制；拓展青少年实践机会，引导和组织青少年参与国际交往；畅通青少年诉求表达。

同日　我国首家以捐赠股票形式支持社会公益慈善的基金会“河仁慈善基金会”在北京举行揭牌

成立仪式。基金会市值逾 35 亿元人民币，在资金注入方式、动作模式、管理规则等领域开创了中国基金会的先河。

6 日　北京科技大学功能语言学研究中心成立暨 Michael A. K. Halliday、Ruqaiya Hasan、Christian M. I. M. Matthiessen、杨信彰先生客座教授聘任仪式，在北京科技大学会议中心逸夫报告厅隆重举行。仪式由北京科技大学外国语学院院长张敬源教授主持。北京科技大学校长徐金梧教授、校党委副书记陈曦教授，系统功能语言学创始人、澳大利亚悉尼大学荣休教授 Michael A. K. Halliday 先生，国际著名系统功能语言学家、澳大利亚麦考利大学荣休教授 Ruqaiya Hasan 先生，国际著名系统功能语言学家、中国香港理工大学英语系主任 Christian M. I. M. Matthiessen 先生，国际著名系统功能语言学家、中国香港城市大学中文、翻译、语言学系主任兼韩礼德功能语言学研究中心主任 Jonathan Webster 教授，中国功能语言学研究会名誉会长、北京大学资深教授胡壮麟先生，中国功能语言学研究会名誉副会长、清华大学外语系方琰教授，中国功能语言学研究会会长、中山大学翻译学院院长、中山大学功能语言学研究所主任黄国文教授等出席了聘任仪式。

校长徐金梧教授与功能语言学研究中心主任何伟教授为中心揭牌。徐校长为仪式致辞，向全体与会者介绍了外国语学院的发展成就，并就各位专家学者对北京科技大学外语学科发展和人才培养作出的巨大贡献表示衷心的感谢，对功能语言学研究中心的工作提出了殷切期望。北京大学胡壮麟教授、清华大学方琰教授、中山大学黄国文教授、香港城市大学 Jonathan Webster 教授分别致辞，表达了对研究中心成立的祝贺并介绍受聘教授的主要学术成就。(北京科技大学科学研究与发展部李静供稿)

7 日　北京师范大学中国社会管理研究院成立大会暨首届中国社会管理论坛举行。全国政协副主席、农工民主党中央常务副主席陈宗兴，第十届全国人大常委会副委员长顾秀莲，中央政策研究室常务副主任何毅亭，中国社会科学院常务副院长、党组副书记王伟光，教育部副部长杜占元，民政部副部长窦玉沛，中共北京市委常委梁伟，北京师范大学党委书记刘川生、校长钟秉林等出席论坛。国家有关部委、地方政府和联合国开发计划署等国际机构的领导和代表，社会管理领域的著名专家学者，以及高等院校、科研机构、相关企事业单位及社会组织的代表出席。中国社会管理研究院邀请杰出校友、国家行政学院常务副院长魏礼群担任院长。钟秉林宣读了中共中央政治局委员、国务委员刘延东和国务委员兼国务院秘书长马凯的重要批示。刘川生宣读了成立中国社会管理研究院的决定，并向魏礼群颁发了聘书。陈宗兴、顾秀莲与刘川生、魏礼群共同为研究院揭牌。陈宗兴、王伟光、杜占元、窦玉沛及梁伟等领导分别代表有关部门和地方政府致辞。联合国开发计划署驻华代表处代表罗黛琳女士也到会祝贺。(北京师范大学社科处刘娜供稿)

8 日　中国新闻出版传媒集团有限公司揭牌仪式在北京人民大会堂举行，这家由新闻出版总署主管主办的中国新闻出版报社整体转制，是贯彻全国文化体制改革工作会议精神的重要举措，标志着我国非时政类报刊改革取得了新进展。

新闻出版总署署长、国家版权局局长柳斌杰出席揭牌仪式并讲话。柳斌杰指出，非时政类报刊是我国新闻宣传领域的重要舆论阵地，其改革的政治性、政策性很强，涉及单位多、工作难度大。正是基于这一点，总署党组决定将中国新闻出版报社率先进行整体转企改制，组建中国新闻出版传媒集团有限公司，为全国同类报刊出版单位体制改革探索和积累经验。

中国新闻出版报社于 1988 年 1 月成立，目前拥有《中国新闻出版报》《中国出版》《农家书屋》杂志和中国新闻出版网。据中国新闻出版传媒集团有限公司董事长姜军介绍，集团公司成立后，将大力打造“三大板块”：即新闻出版领域报纸、期刊、网站等信息服务板块；新闻出版产业数字平台服务板块；面向文化产业的多元化服务板块，努力把集团建设成为国内新闻出版传媒领域的大型骨干企业。

柳斌杰与新闻出版界有关负责人鲁炜、翟惠生、聂震宁等一起为中国新闻出版传媒集团有限公司揭牌。

11 日　第三次北京、天津、上海、重庆四直辖市人大常委会主任座谈会在北京召开。会议围绕中国特色社会主义法律体系形成后的民主法制建设和地方立法工作进行了交流。会议认为，在民主法制建设方面，要注重发挥人民代表大会制度的内在优势，着力完善人大的工作方式，突出人大工作的保障性、建设性和实效性，增强人大监督工作的实效。在地方立法方面，要坚持以人为本的立法宗旨，坚持国家法制统一，突出首都特色和地方特色，坚持针对问题立法、立法解决问题，增强法规的针对性、可操作性和实效性。要坚持和完善立法工作新格局，深入推进民主立法，不断扩大公民对立法的有序参与，使立法充分体现人民群众的共同意愿，增强法规贯彻实施的群众基础。今后五年立法工作的中心任务是：坚持首都性质和功能，保障首都科学发展；保护公民基本权利，保障和改善民生；规范国家权力运行，保障依法行政；加强城市管理，保障城市安全有序运行；在完善社会管理和建设公共文明、保障社会和谐、提高城市文明素质两个领域开展相应的立法工作。天津市人大常委会主任肖怀远、上海市人大常委会主任刘云耕、重庆市人大常委会主

任陈光国出席会议。北京市人大常委会主任杜德印主持会议并讲话。(北京市人大常委会研究室供稿)

13日 “近30年国际汉学研究的理论、方法与实践:中国学者与德国女汉学家研究论坛”暨《两个世界的媒介:德国女汉学家口述实录》出版首发式在北京大学守仁国际会议中心举行。此次论坛由北京大学国际汉学家研修基地与中国古代史研究基地共同组织召开的。来自德国柏林自由大学、法兰克福大学、佛莱堡大学、马堡大学、不莱梅应用理科大学、歌德学院以及美国亚利桑那州立大学、耶鲁大学、加州伯克利大学等国内外高校、科研机构的20余位国际汉学和比较文化研究的学者,以及北京大学、北京外国语大学、中国政法大学、中国社会科学院历史所的教授学者,共计70余人参加了论坛开幕式。(北京大学社科部供稿)

15日 中国教育学会脑科学与教育研究分会成立大会在北京师范大学举行。中国教育学会会长、北京师范大学荣誉教授顾明远,教育部原副部长韦钰,中国教育学会脑科学与教育研究分会理事长、北京师范大学常务副校长董奇等出席成立大会。教育部、民政部、中国心理学会、中国认知科学学会等的相关领导,中国教育学会各二级分会负责人,来自美国、日本和中国国内各高校脑科学与教育研究领域的专家学者,有关企事业单位和社会组织的代表,以及北京师范大学相关专业的师生200余人与会。(北京师范大学社科处刘娜供稿)

16日 中国人民大学原校长黄达教授因在创建和发展中国金融学科中作出的卓越贡献,荣获首届“中国金融学科终身成就奖”。该奖由刘鸿儒金融教育基金会设立,其目的是表彰中国金融学人在创建和发展中国金融学科中作出的卓越贡献。该奖项每年评选一次,获奖人数为1—2名,奖金为人民币100万元。(中国人民大学科研处李素萍供稿)

17日 联合国教科文组织——中国传媒大学“媒介与女性”教席与联合国教科文组织——美国科罗拉多大学“新闻与大众传播”教席在中国传媒大学签订了合作协议。

签约仪式上,“媒介与女性”教席主持人、中国传媒大学党委副书记刘利群教授与“新闻与大众传播”教席主持人、科罗拉多大学新闻与大众传播学院玛格瑞特·莫瑞兹教授进行了会谈。

联合国教科文组织——中国传媒大学“媒介与女性”教席设立于2005年9月,是教科文组织在中国设立的第18个教席,也是中国信息传播领域的首个教席。自成立以来,“媒介与女性”教席积极开展国际交流活动,目前已经与10余个国家和地区的教席和大学科研机构建立了密切的合作关系。(中国传媒大学科研处程爱晶供稿)

20日 《中国证据法治发展报告(1978—2008)》和《中国证据法治发展报告2009》蓝皮书两卷首发式暨中国政法大学证据科学研究院5周年院庆在北京举行。会议由中国政法大学证据科学研究院副院长常林教授主持。中国政法大学副校长兼证据科学教育部重点实验室主任张保生教授对蓝皮书的书名由来、编撰目的、视角、编撰过程、价值以及证据科学数据库进行了介绍性发言。与会嘉宾一致认为,在当前深化司法改革、建设公正高效权威的社会主义司法制度的背景下,作为中国证据法治发展的第一部蓝皮书,《中国证据法治发展报告》的出版具有重要的学术价值和现实意义。(中国政法大学科研处刘璐供稿)

同日 中国外文局所属的中华全国世界语协会召开成立60周年纪念座谈会。会上,授予李士俊、谢玉明、谭秀珠、李森“中国世界语运动终身成就奖”。协会于1951年3月成立,首任会长是光明日报社首任总编辑、时任国家出版总署署长的胡愈之先生。世界语是1887年波兰医生柴门霍夫博士在印欧语系的基础上创制的一种国际辅助语。

21日 唯一由民主党派主办的时政类报纸,《团结报》创刊55周年座谈会在北京举行。全国人大常委会副委员长、民革中央主席周铁农在座谈会上说,团结报社要进一步增强责任感和使命感,不断加强自身建设,提高舆论引导能力和水平,努力履行好自己的职责,充分发挥《团结报》统战类传媒主流报刊的作用,为宣传多党合作事业服务。

民盟中央副主席李重庵代表各民主党派中央、全国工商联致贺词,全国政协副秘书长蒋作君代表全国政协讲话,中华全国新闻工作者协会代表致辞。

22日 北京市高等教育学会在中科院研究生院举办了北京高校研究生英语演讲比赛,参加比赛的有40余所院校,按每1000名在校硕、博士生推举1名选手参加预赛,预赛产生的78名选手参加复赛后,18名选手进入决赛,经过激烈角逐,共评出特等奖3名,一等奖6名,二等奖9名。(北京市高等教育学会秘书处牛惠兰供稿)

23日 《共产党通史》由人民出版社出版发行该书共3卷6册,历时8载完成,是国内乃至世界范围内第一部全面、系统、深刻反映世界共产党产生、发展历程的著作。

《共产党通史》是由中组部原部长张全景担任顾问,沈云锁、潘恩强任主编,中国人民大学马克思主义学院部分教师共同研究、集体编写的成果。其中,1—3卷分别为《在资本主义国家的共产党》《在社会主义国家的共产党》《革命、建设与改革中的中国共产党》。

《共产党通史》以鲜明的马克思主义立场、观点和方法,以共产党的产生、发展历史为核心,但又绝不局限于此,而是围绕与共产党密切相关的“什么是马克思主义、怎样对待马克思主义，什么是社会主义、怎样建设社会主义，建设什么样的党、怎样建设党，实现什么样的发展、怎样发展”等重大理论和实践问题，对世界范围内共产党产生、发展的历史、基本理论、成功经验、失败教训等进行了系统的总结和探讨，为充分认识和深刻理解共产党的历史提供了一种世界眼光，对于加强和改进共产党的建设、提高对共产党执政规律的认识、探索社会主义发展的规律和道路，都具有重要意义。

同日　由教育部社会科学司主办、北京大学承办的《儒藏》工程工作会议在博雅国际会议中心举行，会议的主题是学习贯彻胡锦涛总书记《在庆祝清华大学建校100周年大会上的讲话》精神，大力推进文化传承创新，确保《儒藏》工程取得预期成果。教育部副部长李卫红出席会议并发表重要讲话，北京大学校长周其凤致欢迎词，教育部社科司司长杨光主持会议。出席会议的有国内20所承担《儒藏》工程项目的高校校长、副校长、社科处处长和《儒藏》精华编各部类主编及有关人士。（北京大学社科部供稿）

24日　中国藏学研究中心庆祝西藏和平解放60周年暨中心成立25周年大会在北京举行。中央统战部常务副部长朱维群在会上讲话。他指出，25年来，藏研中心紧紧围绕党和国家涉藏工作，在中央统战部统一部署下，深入进行西藏自古以来就是中国不可分割的一部分的论证研究，全面阐释中国共产党的西藏政策，开展建立和完善藏传佛教寺庙管理长效机制、引导藏传佛教与社会主义社会相适应等一系列重大理论和现实问题的专题研究，为党和国家制定西藏工作方针政策发挥了“智库”作用。

朱维群强调，我们今天庆祝藏研中心成立25周年，同时也标志着我们站在了一个新的历史起点上。希望藏研中心广大科研人员和干部职工，高举中国特色社会主义理论伟大旗帜，按照中央第五次西藏工作座谈会提出的各项要求，进一步增强政治意识、忧患意识、大局意识、责任意识，努力把各项工作做得更好。

会上，藏研中心还对《中华大藏经》（藏文部分）的校勘、编辑、出版工作进行表彰，并发布了首部《中国藏学年鉴》。

26日　由商务部主办、北京林业大学承办的发展中国家林区经济可持续发展官员研修班开班典礼在本校图书馆五层报告厅隆重举行。来自阿尔及利亚、菲律宾、圭亚那、加纳、喀麦隆、尼泊尔、塞拉利昂、苏丹、乌干达、印度尼西亚、越南和古巴等国的30名林业官员齐聚一堂，开始他们在中国为期3周的学习和研讨。北京林业大学副校长张启翔，国家林业局国际合作司双边处处长夏军，北京林业大学经济管理学院院长陈建成，阿尔及利亚驻华大使馆公使努尔丁·卡拉·阿里（Noureddine Kara Ali），加纳驻华大使馆公使衔参赞卡迪扎·伊德瑞苏（Khadija Iddrisu），印度尼西亚驻华大使馆参赞郁妮（Yuni Suryati），苏丹驻华大使馆一等秘书穆罕穆德·阿里（Mohamed Ali）出席了开班典礼。这次是北京林业大学第七次承办林业官员研修班，本期研修班主题为“林区经济可持续发展”。（北京林业大学科技处张力供稿）

27日　北京大学法治与发展研究院成立庆典在北京大学法学院凯原楼学术报告厅隆重举行。北京大学法治与发展研究院的成立，是中国法治发展建设和法学学术研究领域的重要事件。北京大学法治与发展研究院，是国内第一家融合法治与发展视野的跨学科研究机构，旨在针对国家发展过程中重大公共政策问题，进行多学科、多角度的研究，力争打造成为国家法律和公共政策的智库，“面向国家发展的中国法学”的研究重镇。

出席庆典的特邀嘉宾有：第九届、第十届全国政协副主席、法治与发展研究院名誉院长罗豪才，中国法学会常务副会长刘飏，全国人大常委会副秘书长韩晓武，国务院法制办公室副主任袁曙宏，最高人民法院副院长奚晓明，最高人民检察院副检察长孙谦，中国科学技术法学会会长段瑞春等。国家质量监督检验检疫总局、国家税务总局、中国人民银行、北京市政府法制办公室等部门的有关领导，中国社科院法学所、清华大学、中国人民大学、中国政法大学、北京师范大学、中央财经大学、北京航空航天大学、中国青年政治学院等兄弟院校和国家法官学院、国家检察官学院、国家行政学院的部分领导、学者应邀出席庆典。在庆典上，北京大学副校长、著名经济学家刘伟教授发表了题为《市场秩序与科学发展》的演讲；著名公法学家、北京大学法学院姜明安教授发表了题为《法治与发展对策研究的进路与方法》的演讲。北大法治与发展研究院还聘请了有关国家机关的重要领导担任第一批高级研究员。（北京大学社会科学部供稿）

同日　北京市第十三届人大常委会第二十五次会议审议通过《北京市人民代表大会常务委员会关于修改〈北京市区、县、乡、民族乡、镇人民代表大会代表选举实施细则〉的决定》。对实施细则的修改，一是按照新修改的选举法，对细则中“关于区县、乡镇人大代表名额分配原则；关于代表的广泛性；关于选举委员会及其工作机构；关于推荐和介绍代表候选人；关于投票选举程序的组织”等相关条款进行修改。二是结合本市选举工作实际，对“关于市人大常委会对选举工作的指导；关于社会单位、组织配合选举工作的职责；关于区县人大代表名额上限；关于预选方式确定正式代表候选人；关于另行选举时代表候选人的人数；关于代表补选工

作”等有关规定进行补充完善。（北京市人大常委会研究室供稿）

同日　北京市第十三届人大常委会第二十五次会议依法作出《关于进一步加强法制宣传教育，推进法治建设的决议》。决议提出要大力弘扬社会主义法治精神，进一步增强全社会的法律意识和法治观念；认真落实“六五”普法规划，深入开展社会主义法制宣传教育；把法制宣传教育与法治实践紧密结合起来，全面推进法治建设；国家机关及其工作人员要做学法守法用法的表率，切实提高依法办事的能力；加强对法制宣传教育工作的组织实施和决议落实情况的监督检查，推进社会主义民主法治建设进程。（北京市人大常委会研究室供稿）

30日　由北京林业大学参与承办的第四届“中国环境与健康宣传周”启动仪式在人民大会堂举行。出席大会的全国人大常委会副委员长桑国卫，亲切接见了本校校长宋维明、副校长姜恩来、副校长张启翔。本届“中国环境与健康宣传周”由中国农工民主党中央委员会、教育部、科技部、国土资源部、环境保护部、住房和城建部、水利部、农业部、卫生部和国家林业局联合主办，北京林业大学参与承办，中华环境保护基金会、中国初级卫生保健基金会协办。联合国环境规划署、联合国人类住区规划署作为支持单位参加。第四届“中国环境与健康宣传周”活动主题是“人居环境与健康”，活动口号为“以人为本，人与环境和谐发展”“改善人居环境，提高健康水平”“保护环境，建设绿色人居”。（北京林业大学科技处张力供稿）

31日　纪念《中国日报》创刊30周年座谈会在人民大会堂举行。中共中央政治局常委李长春致信祝贺。中共中央政治局委员、中央书记处书记、中央宣传部部长刘云山出席大会并讲话。

李长春在贺信中向《中国日报》的全体同志表示热烈的祝贺和亲切的慰问。他指出，30年来，《中国日报》作为我国国际传播事业的重要力量，始终坚持正确舆论导向，积极对外宣传和介绍中国，深入阐释我国党和政府在重大问题上的立场主张，生动展示中国人民热爱和平、建设美好家园的精神风貌，及时报道国际重大事件，已经成为中国感知世界、世界了解中国的重要窗口，成为我国对外宣传的重要阵地，为树立我国良好国家形象、营造良好国际舆论氛围作出了积极贡献。

全国人大常委会副委员长乌云其木格、国务委员戴秉国、全国政协副主席陈奎元出席座谈会。

《中国日报》创刊于1981年6月1日，目前在全球发行50余万份，是境外媒体转载率最高的中国报纸。《中国日报》经过30年发展，已经形成由印刷媒体、网络媒体、移动媒体和电子阅读器等构成的立体化全媒体模式，旗下拥有《中国日报》中国版、美国版、欧洲版、亚洲版、中国香港版等12份报纸，1个国家级网站，8个网站集群，3大移动平台和14个无线终端产品。

1—5月　北京市教育学会开展了首都特级教师送教郊区行活动。首都特级教师送教郊区行活动是市教育学会特级教师指导学习中心深入贯彻科学发展观，落实国家和北京市教育工作会议及《中长期教育改革和发展规划纲要》精神的具体行动。此项活动共组织了9个学科的14位优秀特级教师赴房山区、大兴区、密云县和延庆县送教，各学科特级教师就本学科2011年高考总复习中的若干问题进行了授课，受益师生达7000余人。同时与房山区教委签署了拜师带徒弟协议，受到房山区师生的欢迎。（北京市教育学会李文鸾供稿）

6月

1日　北京高校纪念中国共产党成立90周年党建论坛暨北京高校党建研究会第八次会员大会召开。中共北京市委常委、教育工委书记赵凤桐出席大会并讲话。

会议听取了北京高校党建研究会第七届理事会工作报告，表彰了北京高校党建研究会2008年至2010年度优秀研究课题以及先进单位和个人，选举产生了第八届北京高校党建研究会领导机构成员。

赵凤桐说，各高校要认真总结党建工作的基本经验，进一步增强做好党建工作的责任感和使命感。要把提高质量作为学校当前改革发展最核心最紧迫的任务，进一步明确学校的办学定位和发展目标，坚持育人为本，德育为先，加强和改进大学生思想政治教育工作，不断提高办学质量。要充分发挥北京高校知识文化优势，当好思想库、智囊团。要扎实推进创先争优工作，全面加强北京高校党的建设。

同日　北京语言文化建设研究中心成立。教育部副部长、国家语委主任李卫红，北京市副市长、市语委主任洪峰出席成立大会并讲话。

北京语言文化建设研究中心是北京市语言文字工作委员会研究基地。成立后，将在充分发挥北京语言大学优势的基础上，从世界城市建设、社会文化建设、多元文化背景下的语言学科发展等角度，对首都语言文化生活展开调研，研究语言文化建设规律，为新时期北京语言文化建设和语言文字工作提供决策依据。

中国语言资源有声数据库建设北京项目同时启动。大会为专家组负责人颁发了聘书。

李卫红希望北京市有关部门坚持“政府主导、专家实施和社会参与”的思路，整合各方面的资源和力量，本着精益求精的工作态度，发挥各方面作用和创造性，保证项目建设的科学性和规范性。

洪峰说，有关高校和研究机构要增强责任感、使命感，保护和开发利用语言文化资源，建设好中国语言资源有声数据库。北京语言文化建设研究中心要发挥首都高校的学科和人才优势，紧密结合北京市语言文化建设的需要，确定研究方向，设计研究项目，研究语言文化规律，成为有实力、有特色、有成果的开放式平台，成为北京语言文化事业的思想库、信息库、资源库和人才库，为首都文化事业的繁荣发展作出新的贡献。

同日　泰国法政大学校长颂奇博士及其代表团一行19人，到北京市档案馆参观考察档案数字化工作。罗运鹤副局（馆）长和有关处室负责人热情接待了客人，介绍了市档案馆的基本情况，并就档案数字化、保管、利用等工作回答了客人提出的问题。随后，客人们在罗副局（馆）长的陪同下，参观了市档案馆相关业务处室和两个展览。（北京市档案局李海英供稿）

2日　经中共北京市委宣传部领导批准，北京市中国特色社会主义理论体系研究中心领导成员进行了调整。主任为鲁炜，常务副主任为傅华、史秋秋，副主任为王江渝、王祥武、刘建、陈之昌、崔新建、崔耀中、谭维克，秘书长为贺亚兰、李翠玲。（北京市中国特色社会主义理论体系研究中心办公室供稿）

6日　由北京市黄埔军校同学会和中国战略文化促进会共同主办的、以纪念辛亥革命100周年为主题的“中山·黄埔·两岸情”座谈会举行。全国人大常委会副委员长周铁农，全国政协港澳台侨委员会主任、海峡两岸关系协会会长陈云林，中国侨联主席林军等出席会议。

座谈会上，中共北京市委常委牛有成、台湾新同盟会会长许历农、黄埔教官聂荣臻元帅之女聂力、中国战略文化促进会常务副会长罗援等分别致辞或发言。海峡两岸的黄埔同学、黄埔后代和专家学者共同缅怀孙中山先生的丰功伟绩，并围绕国家统一、人民富裕安康进行了广泛而深入的交流，充分表达了两岸同胞对祖国和平统一的共同期盼。

北京市人大常委会副主任、市侨联主席李昭玲等出席会议。来自海峡两岸及海外的黄埔校友及亲友，其中有以黄埔12期生、台湾新同盟会会长许历农和中华战略协会理事长王文燮为团长的“中山·黄埔·两岸情”访问团的21位成员，以及专家学者等共计300余人参加了座谈会。

8日　中国共产党历史网(http://www.zgdsw.org.cn)在北京开通。该网站由中共中央党史研究室主办，人民网、中国共产党新闻网承办并提供技术支持，是一个把工作网站与学术网站结合起来的综合性网站。它有四大板块，分别是综合信息、党史工作、党史研究和党史知识。

中国共产党历史网开辟了《读点党史》等38个栏目。综合信息板块集中了有关建党90周年各类活动的新闻报道；党史工作板块不仅介绍了中央党史研究室的职能，还介绍了全国各省区市党史研究室；党史研究板块展示了近年来的党史研究成果，登载了一些重要党史人物的回忆录；党史知识板块的主要作用是普及党史，方便广大网民了解和学习党史。

中国共产党历史网的一大亮点是开辟了网上阅读功能，广大网民可以在网上阅读新近出版的《中国共产党历史》第二卷以及《中国共产党历史》第一卷、《中国共产党简史》《中国共产党历史大事记》等由中央党史研究室编写的党史书籍。

10日　境外30余家媒体的近40名常驻北京记者和20余名中国国际广播电台外籍员工代表来到中共中央对外联络部，参加“走进中联部”主题开放日活动。

中联部副部长艾平介绍了中国共产党在党际交往中所遵循的“独立自主、完全平等、互相尊重和互不干涉内部事务”的四项原则，并回答了记者的提问。中联部新闻发言人黄华光介绍了中联部的职能、机构设置以及中国共产党的对外工作基本情况。

境外记者参观了中国共产党对外交往工作90年图片展，还现场观摩了中国共产党与莫桑比克解放阵线党的工作会谈。据悉，中国共产党已经同世界160多个国家的600多个政党或政治组织建立了各种形式的交往和联系。

11日　中国爱国拥军促进会成立大会在北京人民大会堂举行。全国人大常委会副委员长陈昌智为大会发来贺信。

中国爱国拥军促进会的宗旨是，坚持以中国特色社会主义理论为指导，围绕促进经济社会科学发展，支持国防和军队建设，广泛动员社会力量，开展拥军优属活动，搭建政府与社会、军队与地方、个人与组织合作平台，进行有益于爱国、拥军的相关工作和实践，凝聚民族力量，激发爱国热情，增强拥军意识，为构建社会主义和谐社会服务，为中华民族的伟大复兴服务。

迟浩田出席了成立大会。

同日　北京外国语大学宣布成立艺术研究院。全国政协副主席郑万通等出席成立仪式。

北京外国语大学艺术研究院的宗旨是致力于中外艺术的比较研究，把中华传统艺术介绍给世界；目标是培养既熟练掌握艺术的基本知识，又具备扎实的外语功底，能在中外两个文化平台自由交流的复合型艺术人才。

13日　在纪念中国共产党成立90周年之际，中共中央文献研究室编著出版了《陈云画传》。6月13日，中共中央文献研究室在北京人民大会堂举行《陈云画传》出版暨学习陈云党建思想座谈会。宋平、顾秀莲、徐匡迪以及中央和国家机关有关部门负责人、陈云生平思想研究专家学者等共150余人出席座谈会。

14 日 在中国共产党即将迎来 90 华诞之际，中组部举办了以“走进中共中央组织部”为主题的开放日活动。来自 50 个国家的 54 名驻华高级外交官走进中组部，实地了解中国共产党的组织、干部和人才工作。中共中央政治局委员、中央书记处书记、中组部部长李源潮和中组部部务会成员会见了参加活动的高级外交官。

活动中，驻华高级外交官参观了中组部领导干部素质能力考试测评中心、党员教育中心、“12380”举报中心，观看了部史部风、党政领导干部选拔任用流程、干部人事制度改革、公开招聘中央企业高管人员、干部教育培训、引进海外人才“千人计划”、基层党建手机信息系统、基层党组织和党员在抗震救灾中发挥先锋模范作用、农村基层“四议两公开”工作法、组织工作满意度民意调查等展览。中组部有关部门负责人通过视频、现场模拟等方式介绍情况并与外宾交流。

在会见参加活动的高级外交官时，中组部负责人介绍了中组部的历史和传统、中组部的基本职能和近年来围绕党和国家中心任务，以改革创新精神推进组织工作的情况。

开放日活动持续了近 3 个小时。许多使节表示，这次走进中共中央组织部，亲身感受到了中国共产党与时俱进、改革创新、开明开放，加强对外友好合作的真诚愿望。

这次活动是中联部与中共中央有关部门合作组织的“走进党的部门”系列主题开放日活动之一。

15 日 全国红色旅游工作会议在北京召开，中共中央政治局委员、中央书记处书记、中宣部部长刘云山出席会议并讲话。他指出，红色旅游是一项关系长远的政治工程、凝魂聚气的民心工程、造福百姓的富民工程，要认真贯彻《2011—2015 年全国红色旅游发展规划纲要》，加强组织领导、注重统筹规划，充分利用革命历史文化资源，大力推动红色旅游发展，更好地发挥红色旅游教育人民、引导社会的重要功能。

全国红色旅游工作协调小组组长、国家发改委副主任朱之鑫作了工作报告。会议表彰了红色旅游工作先进集体和先进个人，两位代表作了发言。全国红色旅游工作协调小组成员单位负责同志参加会议，各省（区、市）和新疆生产建设兵团以及部分红色旅游重点城市的红色旅游工作协调机构负责人在各地分会场参加会议。

17 日 中共中央政治局常委、国务院总理温家宝专程来到北京师范大学出席首届免费师范生毕业典礼并作重要讲话。温家宝在讲话中首先对即将加入人民教师队伍的首届免费师范生们表示热烈的祝贺。

六所部属师范大学 4 年共招免费师范生 4.6 万人，首届免费师范毕业生已经全部落实到中小学任教，超过 90% 的学生到中西部中小学任教。上海、云南、江苏等地部分院校也开展了师范生免费教育试点，这项政策正在彰显出越来越大的示范引领作用。

温家宝在讲话中说，教师肩负着开启民智、传承文明的神圣使命，承载着千万家庭的梦想和希望。实施师范生免费教育政策，就是向全社会发出重视师范教育的强烈信号，吸引最优秀、最有才华的学生做教师，鼓励更多的优秀人才终身做教育工作者；就是要进一步在全社会形成尊师重教的浓厚氛围，让教师成为最受尊重、最令人羡慕的职业。

温家宝对免费师范生，也对全国广大师范生提出四点希望：一要充满爱心。关爱每一名学生，视学生为弟妹、如儿女，努力成为学生的良师益友。二要甘于奉献。把追求理想、塑造心灵、传承文明当作人生的最大乐趣，做好终身从教的思想准备，甘做培育人才的泥土，在奉献中体现价值，在平凡中成就伟大。三要刻苦学习。不断地学习新知识、新技能，提高教书育人本领和教学质量。既要向书本学习，更要向实践学习，向社会学习，向人民学习。四要勇于创新。

同日 北京企业文博协会第一次会员大会暨一届一次理事会在北京龙徽葡萄酒博物馆召开，会议应到会员数 40 家，实到会员数 34 家。会议主要内容：(1) 市社科联、市社团办领导先后宣读了同意筹备北京企业文博协会的批复以及北京企业文博协会筹备登记行政许可决定书；(2) 协会筹备秘书处负责人向大会作了筹备工作报告；(3) 选举出了北京企业文博协会协会第一届理事会、监事会；(4) 新当选的理事召开一届一次理事会，选举出了北京企业文博协会理事长（会长）、副理事长（常务副会长）、副理事长（副会长）、秘书长；(5) 大会还通过举手表决的方式，一致通过了协会筹备工作报告、协会章程（草案）、选举办法（草案）、会费标准及管理办法（草案）。(北京企业文博协会供稿)

18 日 中国民生发展研讨会暨《2011 中国民生发展报告》发布会在北京举行，全国人大常委会副委员长周铁农向会议发来贺信。会议发布北京师范大学“985 工程”研究成果——国内首份民生发展报告《2011 中国民生发展报告》。报告首次提出了“中国民生发展指数”这一新概念，编制了国内首份省级民生发展指数。（北京师范大学社科处刘娜供稿）

同日 九三学社中央和九三学社北京市委联合召开座谈会，庆祝中国共产党成立 90 周年。全国人大常委会副委员长、九三学社中央主席韩启德，九三学社中央副主席邵鸿，北京市政协副主席、九三学社北京市委主委马大龙出席会议。九三学社中央副主席丛斌主持会议。

韩启德在讲话中回顾了 90 年来九三学社先辈与中国共产党风雨同舟、荣辱与共的光辉历史。他表示，今后九三学社将继承和发扬优良传统，与中国共产党携手并肩，同心同德，共同开创中国特色社会主义的美好未来。

座谈会上，九三学社中央原副主席洪绂曾，九三学社北京市委副主委方炎，以及九三学社北京社员李海彬、吴明、许进等，从不同角度重温了多党合作的光辉历程，畅谈了自己的认识体会，表达了与执政党同心同德、共同致力于中国特色社会主义事业的信心和决心。

20—21 日　由清华大学法学院和美国宾夕法尼亚大学法学院共同发起的“中美法学院院长对话会”在清华大学举行。会议期间，教育部副部长郝平、清华大学党委常务副书记陈旭会见与会的中美法学院院长。清华大学副校长谢维和出席会议开幕式并致辞。会议主题为“新形势下探讨中美法学教育合作新模式”。美国宾夕法尼亚大学、耶鲁大学、斯坦福大学、芝加哥大学、加州大学伯克利分校、密歇根大学、矫治城大学、弗吉尼亚大学、天普大学，清华大学、中国人民大学、北京大学、中国政法大学、武汉大学、吉林大学、西南政法大学、华东政法大学、厦门大学、上海交通大学的法学院院长（校长）与会，围绕法学教育国际化的历史与现状、中美法学教育的未来合作规划和合作模式、两国政府和各法学院在法学教育国际化合作方面应发挥的作用等话题展开深入探讨，并就中美法学教育交流与合作达成共识。

21 日，中共中央政治局委员、国务委员刘延东在中南海亲切会见出席“中美法学院院长对话会”的美国 9 位法学院院长和中方院长代表。教育部副部长郝平和清华大学校长顾秉林参加会见。刘延东积极评价美国知名大学法学院与中国高等院校日益加强的合作与交流，对各位法学院长致力于推动两国法学教育交流及促进两国人民的相互了解表示肯定。刘延东向客人介绍了中美人文交流高层磋商机制、中国第十二个五年规划以及中国法治建设的基本情况，鼓励中美两国在法学教育领域不断拓展交流，继续深化在法律人才培养等方面的合作，为推动中美人文交流和中美关系长期健康稳定发展作出应有的贡献。当晚，全国政协副主席董建华会见与会的美国法学院院长，就共同感兴趣的话题进行交流。清华大学法学院兼职教授、全国人大常委会法工委副主任信春鹰，中国投资公司总经理高西庆，中国人民大学副校长王利明等参加会见。（清华大学文科建设处刘金梅供稿）

22 日　由中央党史研究室、人民日报社、教育部、共青团中央、光明日报社、中国青年报社、中国中共党史学会等部门联合主办的庆祝中国共产党成立 90 周年党史知识竞赛活动圆满落下帷幕。

这次党史知识竞赛活动于 4 月下旬正式启动。4 月 22 日、23 日，《人民日报》《光明日报》等发布了知识竞赛活动即将启动的消息；教育部向各省市区教育厅（局）、直属高校下发了组织参加党史知识竞赛活动的通知；团中央向本系统发出了组织参加知识竞赛的网上通知。4 月 25 日，《人民日报》《光明日报》《中国青年报》同时发布知识竞赛试题和答题卡。人民网、光明网、中青网等网站也刊登了试题和答题卡。

这次党史知识竞赛活动，受到广大党员、干部、群众和青少年的热烈欢迎和积极参与。截至 5 月 31 日，共收到答题卡 812876 张，其中全部答对的有 50268 张。参赛者中既有中共党员，也有入党积极分子和党外人士；既有党政机关干部，也有企事业单位职工；既有离退休的老同志，也有大中小学学生。一些基层党组织、企业、学校、社区、家庭还进行了集体答题。部分参赛者在寄回答题卡的同时，还专门寄来信函，抒发参赛心情，热烈祝贺党的 90 华诞。他们纷纷表示，这次知识竞赛活动提供了一个学习党史的好机会，今天要坚持不懈地、系统地学习党史，不断增进对党史的了解。

中央党史研究室主任欧阳淞，副主任龙新民、曲青山、李忠杰、章百家、吕世光，以及其他主办单位的有关负责同志，在公证员的监督下现场从全部答对的答题卡中，抽出一等奖 10 名、二等奖 20 名、三等奖 200 名。获奖名单将在人民网、光明网、中青在线、中国共产党历史网以及《百年潮》杂志第 7 期上公布。

23 日　纪念中国共产党成立 90 周年思想政治工作创新座谈会在北京召开。中共中央宣传部副部长、中国思想政治工作研究会常务副会长申维辰讲话，国家广电总局副局长、中国思想政治工作研究会副会长李伟主持会议。

申维辰说，思想政治工作是党的优良传统和重要政治优势。从新民主主义革命时期、社会主义革命和建设时期到改革开放新时期，思想政治工作始终坚持围绕党的中心任务开展创新，为党和国家事业的发展提供了强大的精神动力和思想保证。

申维辰说，党的十六大以来，思想政治工作坚持以邓小平理论、“三个代表”重要思想为指导，深入贯彻落实科学发展观，按照“高举旗帜、围绕大局、服务人民、改革创新”的总要求，取得了一系列新进展，促进人的全面发展成为思想政治工作的根本目标，建设社会主义核心价值体系成为思想政治工作的重大课题，培育奋发进取、理性平和、开放包容的社会心态成为思想政治工作的重要任务，文化建设与思想政治工作高度融合成为思想政治工作的新格局，人文关怀和心理疏导成为思想政治工作的新亮点，不断提高科学化水平成为思想政治工作的重要取向，新兴媒体成为拓展思想政治工作覆盖面的重要载体。

申维辰表示，中国思想政治工作研究会要以纪念建党90周年为重要契机，把重温党的光辉历程、继承党的优良传统、弘扬革命精神与创新思想政治工作结合起来，把学习型党组织建设、创先争优活动与创新思想政治工作结合起来，不断推进理论创新和实践创新，努力开创工作新局面。

同日　北京高校纪念中国共产党成立90周年表彰大会举行。中共北京市委常委、教育工委书记赵凤桐，副市长洪峰出席表彰大会。

大会表彰了30个先进基层党组织、30名优秀党务工作者、90名优秀教师党员和10名优秀学生党员，并通过舞蹈、诗朗诵和小品等形式，再现了这些优秀共产党员的先进事迹。各高校先进基层党组织、优秀共产党员、优秀党务工作者及师生代表约1600人参加大会。

赵凤桐首先向受表彰的先进集体和个人表示敬意。他说，90年来，北京高校各级党组织团结带领广大师生满怀豪情，投身革命、建设和改革开放的伟大事业，为国家富强和民族复兴作出了重要贡献。他要求北京高校广大共产党员以受表彰的单位和个人为榜样，学习先进基层党组织自觉以推进事业发展为己任，紧紧围绕教学、科研、管理、服务等中心工作加强党组织建设，切实成为本单位坚强的领导核心、政治核心和战斗堡垒；学习优秀党务工作者始终忠诚于党的事业、忘我工作、无私奉献的崇高品质，努力成为高校党建工作的优秀引领者、组织者和推动者；学习优秀共产党员牢记党的宗旨、刻苦钻研、拼搏进取的精神品格，努力成为各个岗位上业务精湛、师生爱戴的先锋模范。

同日　台盟中央、台盟北京市委举行纪念中国共产党成立90周年座谈会。全国政协副主席、台盟中央主席林文漪，台盟中央常务副主席汪毅夫，台盟中央副主席黄志贤出席会议。

林文漪讲话说，90年来，中国共产党在革命、建设、改革和发展阶段，始终是中国人民和中华民族的先锋队，带领中国人民取得了举世瞩目的伟大成就，成为全国各族人民和各民主党派必然选择的正确的、坚强的领导核心力量。

座谈会上，大家一致认为，台盟作为与中国共产党亲密合作的参政党，将一如既往地拥护和支持中国共产党的领导核心地位，积极参与中国共产党领导的多党合作和政治协商事业，为实现中华民族的伟大复兴与祖国和平统一大业作出积极贡献。

24日　“高度重视组织建设是中国共产党的政治优势和优良传统。90年来，中国共产党从小到大，由弱变强，始终走在时代前列。”中共中央组织部副部长王秦丰今天对中外记者介绍说，截至2010年底，中国共产党党员总数为8026.9万名；党的基层组织总数为389.2万个，其中基层党委18.7万个，总支部24.2万个，支部346.3万个。党员队伍中共有女党员1803万名，占党员总数的22.5%。少数民族党员533.8万名，占党员总数的6.6%。具有大专以上学历的党员2977.5万名，占党员总数的37.1%。党员年龄分布较均匀，其中以46—59岁的党员居多，共计2327.9万名，占党员总数的29%。党员遍布各行各业：工人698.9万名，农牧渔民2442.7万名，党政机关工作人员681.2万名，企事业单位管理人员、专业技术人员1841.3万名，学生253.9万名，离退休人员1485.2万名，其他职业人员623.6万名。

25日　辉煌成就与中国特色社会主义道路——北京师范大学纪念中国共产党成立90周年理论研讨会暨2011年全国党史党建学位点会议在北京召开。北京师范大学党委书记刘川生、马克思主义学院教授张静如、教育部思想政治工作司司长杨振斌等出席大会并致辞，北京师范大学党委副书记王炳林主持会议。（北京师范大学社科处刘娜供稿）

26日　“一切为了人民——北京市纪念中国共产党成立90周年展览”在中华世纪坛隆重开展。市委书记刘淇，市委副书记、市长郭金龙，市人大常委会主任杜德印，市委副书记、市政协主席王安顺出席开展仪式并参观展览。

郭金龙代表市委、市人大、市政府、市政协在致辞中说，中国共产党自诞生以来，已经走过了90年的光辉历程。作为中国共产主义运动的发祥地，北京是我国最早创立共产党组织的城市之一。北京党组织的建设、发展过程，是中国共产党为争取民族独立、人民解放、实现国家富强、人民幸福而不懈奋斗的缩影，历史真实而生动地证明：无论历史条件怎样变化，无论不同时期的具体任务怎样变化，我们党始终践行着“一切为了人民”的庄严承诺。举办这次展览，就是要深入宣传党的光荣历史和优良传统，热情讴歌党的丰功伟绩，全面展示首都改革发展的巨大成就，进一步唱响共产党好、社会主义好、改革开放好、伟大祖国好、各族人民好的时代主旋律；就是要引导广大党员干部群众重温党的革命史、创业史、改革开放史，深刻认识中国共产党是伟大、光荣、正确的党，深刻认识历史和人民是怎样选择了中国共产党，选择了社会主义道路、选择了改革开放的，进一步坚定跟党走中国特色社会主义道路的信心和决心。

展览由市委组织部、市委宣传部、市委党史研究室、市档案局（馆）共同主办，旨在热烈庆祝中国共产党成立90周年，充分展示北京地方党组织发展和经济社会建设的不平凡历程与突出成就，对广大党员、干部、群众进行革命传统教育和理想信念教育，鼓舞大家积极投身改革开放和社会主义现代化建设，加快推进首都科学发展。（北京市委党史研究室科研处常颖供稿）

28日　为纪念中国共产党成立90周年，由中央文献研究室与研究中心联合制作，北京市社科联承摄的理论文献片《中国道路》制作完成，并经国家重大理论文献影视片创作领导小组审查通过。该片片长90分钟，以中国近代以来的历史发展为大背景，以马克思主义中国化经典文献为载体，形象展示90年来中国共产党带领中国人民探寻民族复兴道路的历史进程和基本经验。通过对文献的解读、对理论的阐述，帮助人们深刻理解、深入思考中国道路的实质和内涵，坚定不移地走中国特色社会主义道路。（北京市中国特色社会主义理论体系研究中心办公室供稿）

7月

4日　全国高等学校教育学院联盟近日在北京师范大学成立。首届中国教育学科发展研讨会同时召开，全国80多所高校的100名教育专家参加。

据了解，全国高等学校教育学院联盟的成立，旨在改变过去我国教育学科交流的无组织、无纪律、范围小的状态，为全国高校教育学院提供一个交流平台。联盟将定期组织召开院长会议，讨论和研究中国教育学科发展问题，推进各教育学院之间资源和资讯共享。

6日　我国首支国家级文化产业投资基金——中国文化产业投资基金在北京成立。该基金由财政部、中银国际控股有限公司、中国国际电视总公司和深圳国际文化产业博览交易会有限公司共同发起成立，目标总规模为200亿元人民币。

该基金主要以股权投资方式，投资新闻出版发行、广播电影电视、文化艺术、网络文化、文化休闲及其细分文化及相关行业等领域，以引导示范和带动社会资金投资文化产业，推动文化产业的振兴和发展。

财政部副部长李勇表示，设立中国文化产业投资基金，是应对我国文化产业发展中面临的市场活力不足、企业融资困难、投资渠道不畅等问题的重要举措，同时也是中央财政创新支持方式，提高资金使用效益的一种新的尝试。

揭牌仪式上，中国文化产业投资基金分别与中国出版传媒股份有限公司及新华通讯社签订合作协议。

财政部融资办王家新在随后的采访中称："从所有制形式方面来说，该基金的投资对象既包括国有文化企业，也包括其他所有制文化企业。"

该基金项目投资将封闭运行10年，前5年为投资期，后5年为退出期。王家新认为，通过中国文化产业投资基金10年的运行，将会对我国文化产业的发展起到重要的助推作用。

11日　"两岸同心　我们同行"两岸万名青年大型交流活动国侨办分团——台湾青少年夏令营在北京开营。来自台湾30所大中院校及大陆暨南大学、华侨大学的800余名师生，以及来自美国、印尼等地近20名台籍华裔青少年应邀参营。

此次活动的主题是纪念辛亥革命百年，缅怀革命先辈，致力振兴中华。活动期间，国务院侨办将组织两岸青少年共同踏访辛亥革命先贤足迹，了解辛亥革命历史；考察大陆经济社会发展情况，体验民族风土人情；开展两岸学生交流联谊，增进情感融合等。

开营仪式上，国务院侨办主任、中国海外交流协会常务副会长李海峰表示，希望大家珍惜难得的机会，体验博大精深的中华文化，增进对祖国大陆的了解与认知。

夏令营活动为期14天，分为两个阶段。第一阶段的活动集中在北京举行，内容包括参观故宫、长城、鸟巢、北京大学等。第二阶段，参加活动的两岸青少年将分成两队，分别前往武汉、广州和南京、厦门等地参访交流。

据悉，此次台湾青少年夏令营活动是"两岸同心　我们同行"两岸万名青年大型交流活动的重要组成部分之一。该活动由国务院台办、共青团中央等17家单位共同主办。

同日　北京高校暑期领导干部会召开。外交部副部长李金章，教育部副部长杜玉波，中共北京市委常委、常务副市长吉林，中共北京市委常委、教育工委书记赵凤桐，副市长洪峰出席。

会上，李金章作了当前国际形势的报告，杜玉波作了提高高等教育质量、推进高等教育科学发展的报告，吉林作了"十二五"时期首都经济社会发展情况的报告，国家发展和改革委员会有关负责人作了"十二五"时期提高国家自主创新能力若干考虑的报告。

吉林说，"十二五"时期，首都经济社会发展要牢牢把握科学发展这个主题，牢牢把握加快转变经济发展方式这个主线，牢牢把握可以大有作为的重要战略机遇期，顺应人民群众过上更好生活新期待，深化改革开放，创新发展理念和模式。要坚持教育优先发展，充分发挥教育对推动创新、培养人才的基础性作用，为国家和首都发展提供坚强的创新和人才支撑。要支持建设世界一流大学和高水平大学，引导市属高校特色发展，增强高等院校研发创新能力，充分发挥教育的引擎作用，推动北京向中国特色世界城市迈出坚实的步伐。

洪峰说，各高校要继续深入贯彻科学发展观，实现科学定位，注重内涵发展，充分发挥自身传统优势，强化办校特色，优化结构，加强整合，努力建设“结构合理、特色鲜明、质量一流、开放融通”的首都高等教育体系。要坚持全面性、保持多样性、注重实践性，全面提高学生素质，加强创新人才培养。

同日　经北京市民政局审查批准，同意增设北京市教育学会青少年健康成长教育研究分会。

0—18岁未成年人健康环境问题已经越来越成为教育主管部门和教育机构主要关注的内容。随着社会的发展和变化，未成年人的健康教育问题，越来越引起社会的广泛关注。“北京市青少年健康成长教育研究分会”着重研究如何为未成年人搭建起健康的成长环境，以及如何使青少年在这样的环境当中获得并提高自身的生理和心理健康水平。专业开展0—18岁未成年人营养健康、体能健康、心理健康和环境健康（家庭环境、学校环境、社会环境）方面的研究和服务工作。（北京市教育学会李文鸾供稿）

13日　“两岸同心　我们同行”两岸万名青年大型交流活动全国台联分团——2011年台胞青年千人夏令营北京大学交流日举行。来自两岸的450余名青年学生在北京大学参加主题交流暨联欢活动，全国人大常委、全国台联会长梁国扬，北京大学港澳台办公室主任夏红卫等出席。（北京大学社科部供稿）

同日　中国传媒大学、传媒高等教育国际联盟、《环球时报》英文版共建“传媒国际精英人才实训基地”正式启动，这是传媒高等教育联盟响应学校“创新国际化发展、与知名传媒企业共建国际型传媒人才培养机制”号召的重点推动项目。在中国传媒大学胡正荣副校长的主持下，《环球时报》副总编辑兼英文版执行主编张勇、国际交流与合作处副处长兼传媒高等教育国际联盟秘书处秘书长罗青在中国传媒大学共同签署了共建“传媒国际精英人才实训基地”合作协议书。（中国传媒大学科研处程爱晶供稿）

14日　中国炎黄文化研究会第四次会员大会暨成立20周年庆典在全国政协礼堂举行。

会长许嘉璐说：“20年来，中华炎黄文化研究会广泛联系和团结海内外炎黄子孙，努力弘扬中华优秀传统文化，振奋民族精神，为国家现代化建设，实现中华民族的伟大复兴和世界的和平与发展，发挥了一个社团组织应有的作用。”

中华炎黄文化研究会成立于1991年，是由一批热爱中华、热心学术研究和弘扬中华炎黄文化的老干部、老将军、企业家、专家学者等各界人士组成的学术性的非营利性团体。

18日　首届国际学生北京夏令营开营。中共北京市委常委、教育工委书记赵凤桐，副市长洪峰出席开营仪式。

此次国际学生北京夏令营共有1200名国际师生参加，他们分别来自英国、美国、加拿大等20余个国家。10天内，这些国际学生将进行汉语及中国文化历史课程的学习，到北京的学校与北京学生开展交流，参观故宫、长城等历史文化古迹，部分国际学生还将前往北京学生家中体验家庭寄宿、感受普通市民的家庭生活。

市教委有关人士表示，这次活动将扩大首都教育的国际影响力，促进中外教育交流和人文交流，在搭建首都基础教育国际交流与合作平台、提升首都学生的国际理解力和跨文化沟通能力方面将发挥重要作用。

由市教委、香港特别行政区政府教育局、澳门特别行政区教育暨青年局共同举办的“2011年青春祖国行——京港澳学生交流夏令营”也已开营，来自北京、香港、澳门三地的320名师生除参观北京的中学与北京中学师生交流外，还将参观新农村、北京大学、圆明园遗址公园、中国人民抗日战争纪念馆等。

19日　由国务院发展研究中心主办、中国金融出版社协办的《薛暮桥文集》出版发行仪式在人民大会堂重庆厅隆重举行。中共中央政治局委员、原国务院副总理，中国国际经济交流中心理事长曾培炎同志出席发行仪式；李伟主任在发行仪式上致辞；刘鹤书记、侯云春、卢中原、韩俊副主任在发行仪式上赠书；刘世锦副主任主持会议。中国人民银行副行长杜金富、新闻出版总署副署长李东东、中国金融出版社社长魏革军分别在仪式上致辞和发言；国家图书馆、国家发改委、国家统计局、中国人民银行的代表接受赠书；薛暮桥同志生前好友、同事及薛暮桥同志亲属、相关新闻媒体记者等130人出席了发行仪式。与会老领导、老同志高度评价薛暮桥同志在经济研究、经济管理工作方面作出的卓越贡献，高度肯定《薛暮桥文集》的学术价值，认为文集的出版发行对于传承和弘扬老一辈经济学家的学术思想、治学理念具有重要意义。（国务院发展研究中心张力供稿）

25日　中共北京市委宣传部、北京市中国特色社会主义理论体系研究中心联合召开“奥运遗产的继承与发展”座谈会，市委宣传部副部长、研究中心常务副主任傅华出席会议并讲话，市社科联党组副书记、研究中心副主任崔新建出席会议。（北京市中国特色社会主义理论体系研究中心办公室供稿）

8月

3日　中共北京市委宣传部、北京市中国特色社会主义理论体系研究中心和市社科联共同举办《纪念中国共产党成立90周年文库》出版座谈会，市委副秘书长、研究中心常务副主任傅华出席座谈会并讲话。市委副秘书长、市委宣传部副部长严力强，市社科理论单位负责人和首都理论界的部分专家学者出席座谈会。市社科联党组书记、研究中心常务副主任史秋秋主持座谈会。座谈会上，举行了向首都高校、区县宣传部、国家图书馆等单位的赠书仪式。该书由市中国特色社会主义研究中心策划、组织、编写并于6月出版，其中包括《中国共产党辉煌90年》《中国共产党建设90年》和《90年中人与事》三个系列，共18部作品近700万字。（北京市中国特色社会主义理论体系研究中心办公室供稿）

15—16日　全国构建和谐劳动关系先进表彰暨经验交流会在北京举行。这次会议，是由全国总工会、人力资源和社会保障部、全国工商联、中国企业联合会、中央宣传部联合召开的一次专门研究构建和谐劳动关系的会议。会议表彰了全国模范劳动关系和谐企业和工业园区，交流了构建和谐劳动关系的工作经验，对当前和今后一个时期构建和谐劳动关系工作进行了全面部署。会议期间，国家副主席习近平发表重要讲话，王兆国、刘云山、黄孟复、王忠禹等领导同志到会听取15名典型经验代表的大会发言，国务院副总理张德江发表总结讲话。

习近平在讲话中指出，构建和谐劳动关系，是建设社会主义和谐社会的重要基础，是增强党的执政基础、巩固党的执政地位的必然要求，是坚持中国特色社会主义道路、贯彻中国特色社会主义理论体系、完善中国特色社会主义制度的重要组成部分，其经济、政治、社会意义十分重大而深远。企业兴则经济兴，职工稳则社会稳。各级党委和政府要正确把握我国劳动力关系形势，进一步提高认识、强化责任，把构建和谐劳动关系作为一项紧迫而重要的政治任务抓实抓好。（中国劳动关系学院科研处邓海供稿）

18日　北京市纪念中国共产党成立90周年展览档案资料捐赠仪式在中华世纪坛隆重举行。捐赠仪式上，市档案局（馆）陈乐人局（馆）长总结了展品征集工作和个人捐赠情况，23位捐赠者代表参加了捐赠仪式，4位代表发言，市委副秘书长、市委党建工作领导小组办公室主任、展览筹备工作领导小组办公室主任张建明出席捐赠仪式，并对关心支持这次展览的捐赠者和广大市民表示衷心感谢，号召各界朋友继续支持档案征集工作。与会领导还向捐赠者代表颁发了捐赠证书。参加活动的捐赠者代表有南苑街道棚户区改造居民和惠新北里社区居民代表，北平地下党员钱壮飞的孙子、阎又文的女儿，与党同龄的老党员纪家驹，吴烈将军的儿子，全国优秀党务工作者张绍先等。征集的档案资料有较为完整的工作日记、奖章、证书，还有1949年召开的北平地下党员会师大会入场证，1949年任命吴烈为中国人民公安中央纵队司令员的任命书、从军日记、工厂简报，各种毛主席像章、各类商品票证、北京胡同照片、老北京地图、口述历史档案等。（北京市档案局李海英供稿）

26日　北京市社科联、教育部社科中心、人民出版社、北京大学哲学系在北京大学联合主办了《马克思主义哲学创新研究》出版座谈会，近百人出席会议。与会学者充分肯定，由年已九十的北京大学资深教授黄枬森领衔的大型系列学术专著《马克思主义哲学创新研究》，是改革开放新时期创新的重大成果，具有重大的学术价值与现实意义。该书继承发扬了北京大学乃至中国马克思主义优秀传统，力求充分体现马克思主义哲学精神实质，坚持与发展辩证唯物主义与历史唯物主义世界观与方法论，方向正确，旗帜鲜明，带了一个好头。（北京大学社科部供稿）

9月

6日　中央文史研究馆成立60周年座谈会在人民大会堂举行。中共中央政治局常委、国务院总理温家宝出席座谈会并讲话。他指出，国家发展和民族振兴，不仅需要强大的经济力量，更需要强大的文化和道德的力量。没有先进文化的发展，没有全民族素质的提高，就不可能实现真正的现代化。

座谈会上，中央文史研究馆馆长袁行霈介绍了文史研究馆60年发展情况。中央文史研究馆馆员和国务院参事代表戴逸、汤一介、冯骥才、刘梦溪先后发言，就文化发展、文史工作等提出意见和建议。

温家宝充分肯定了中央文史研究馆和各地文史研究馆所取得的成绩。他说，60年来，文史研究馆大力支持和鼓励各位馆员积极开展文史研究和艺术创作，取得了丰硕成果。新时期我们应进一步办好文史研究馆，更好地发展馆员的作用。他对文史研究馆工作提出四点要求：一是进一步提高国是咨询、建言献策的质量和水平。二是在推进国家文化建设中发挥独特作用。三是自觉承担起博采众长、弘扬中华文化的责任。四是继续为祖国统一和中华民族的复兴贡献力量。

国务委员兼国务院秘书长冯凯，全国政协副主席、中央统战部部长杜青林，中央国家机关有关部门负责人，中央文史研究馆馆员，国务院参事，以及各省（区、市）文史研究馆代表约200人出席座谈会。

同日　北京市档案学会在中国科技会堂隆重召开第六次会员代表大会。会上，陈乐人理事长向大会作《北京市档案学会第五届理事会工作报告》。李建平副理事长宣布《关于表彰第五届北京市档案学会先进集体和先进工作者的决定》。会议投票选举产生了由50人组成的第六届理事会和由3人组成的第三届监事会。在随后召开的第六届理事会第一次会议上，再次投票选出了新一届理事会、监事会。（北京市档案局李海英供稿）

8日　联合国可持续发展大会高级别研讨会在北京钓鱼台国宾馆开幕。外交部部长杨洁篪、国家发展和改革委员会主任张平，联合国副秘书长、2012年联合国可持续发展大会秘书长沙祖康，七十七国集团主席国阿根常驻联合国代表阿奎罗和欧盟驻华代表团团长艾德和出席开幕式并致辞。外交部部长助理吴海龙主持开幕式。

9日　中国传媒大学首届“发展中国家国际传播硕士项目”开学典礼在国际交流中心405会议室举行。来自亚洲、非洲、欧洲72个发展中国家的20名学员参加了开学典礼。商务部援外司人力资源开发处副处长蔡芳、教育部国际合作与交流司来华处张萌、马达加斯加驻华大使馆参赞 Rafanomezana Basile 先生、坦桑尼亚驻华大使馆一类秘书 Magabilo Murobi 先生、中国传媒大学胡正荣副校长及相关二级学院负责人出席了开学典礼。

发展中国家硕士项目是商务部和教育部主办的为发展中国家培养高层次专门人才的高端援外培训项目。截至目前全国有6所高校申报成功。首届学员都是各国政府的高级行政管理人员和具有领导潜能的媒体优秀人才，分别来自埃塞俄比亚、白俄罗斯、柬埔寨、肯尼亚、老挝、马达加斯加、缅甸、尼日利亚、坦桑尼亚、乌兹别克斯坦、伊拉克和苏丹。（中国传媒大学科研处程爱晶供稿）

10日　在具有700多年历史的孔庙大成殿前，“第二届北京孔庙国子监国学文化节”正式开幕，文化节期间，国子监将举办多项精品文化活动。

东城区有关负责人介绍，此次文化节正值我国第27个教师节来临之际。开幕式上，安排了“教师节拜师仪式”，来自东城区教育系统的15位优秀教师代表和他们的学生走上台，师生共向孔子像行敬师礼。而后学生们向优秀教师行鞠躬礼，并为老师奉上美丽的鲜花。

本届文化节为期20天。期间将陆续安排首届北京国子监儒商文化论坛、“文化·和谐”非物质文化遗产展示、北京市国学主题书画展、明清状元书画精品展、国子监大讲堂、“大成礼乐”演出、祭孔典礼等多项国学精品文化活动。

另外，东城区非物质文化遗产展示活动、北京国学主题书画艺术展、国子监大讲堂，分别在国子监辟雍大殿前、国子监艺术厅、彝伦堂内举行。

14日　首届北京国际友好商会大会召开，25个国家和地区的45个城市工商会及机构的前脑、企业家齐聚一堂，共商在经济全球化背景和北京建设中国特色世界城市的进程中，商会服务企业开展国际化经营的新策略、新途径。中国国际商会会长万季飞，北京市副市长程红出席会议。

本次大会以“合作、发展、共赢”为主题，与会各方达成并签署了《北京合作共识》（以下简称《共识》）。《共识》包括建立信息共享平台；相互对本地区和城市有合作需求的其他商会会员企业提供产业政策、市场分析等咨询和培训服务；协助举办并组织会员企业参加政策及环境推介会和项目对接洽谈会等内容。该会议确定每两年召开一次，并为各商会组织在中国北京设立分支机构、开展业务提供帮助与支持。

程红表示，国际合作和对外开放是北京经济社会快速发展的重要的推动力，本市高度重视对外交流和国际商会的工作。经济全球化是大势所趋，经济资源跨国境进行流动是发展的必然，这些都构成了国际商会间合作的基础。希望与会者结合本地区、本国的发展特点，全面发挥商会在国际商务活动中的平台作用。

15日　“中国的和平发展”座谈会今天在钓鱼台国宾馆举行。国务委员戴秉国出席并讲话。中央和国务院有关部委、国际问题研究机构以及各界群众代表约200人出席。

戴秉国在讲话中指出，和平发展是中国实现现代化和富民强国的战略抉择，是中国为世界持久和平、共同繁荣作出更大贡献的必由之路。中国的和平发展根植于历史文化传统，立足于自身基本国情，形成于改革开放的成功实践，顺应了当今世界潮流，汲取了大国兴衰的历史教训。坚持走和平发展道路已经上升为中国的国家意志，转化为国家发展规划和大政方针，落实在中国发展进程的广泛实践中。有十几亿人口的中国和平发展道路，这是人类发展史上新的伟大探索和实践。中国的和平发展是机遇而不是挑战，需要国际社会的理解和支持。

座谈会认为，9月6日《中国的和平发展》白皮书发表以来，在国内外引起热烈反响。中国走和平发展道路既符合中国人民的根本利益，也符合世界人民的共同利益，既造福于中国人民，也造福于全人类。中国应当也必须坚定不移沿着和平发展道路走下去，与国际社会共同努力推动建设持久和平、共同繁荣的和谐世界。

同日　由国家图书馆主办的大型历史文献展览“东方的觉醒——纪念辛亥革命100周年馆藏珍贵历史文献展”在国家图书馆总馆拉开序幕。

展览内容从1840年鸦片战争开始，至20世纪20年代孙中山先生第二次护法运动止，时空跨度达80余年。展览分“探索之路”“革命风潮”“武昌起义”“创立民国”“保卫共和”五大单元，共计展出300余种文献，包括名人信札、手稿、奏章、电报、老照片、图片、报刊、舆图、拓片等。据介绍，此次展出的文献或属初刊、罕见之版本，或为轰动一时之著作，具有很高的史学价值和观赏价值。

同日　中央编译局在北京举行了马克思主义研究部和世界发展战略研究部成立大会，中央编译局衣俊卿局长指出，两部的成立，将更好地体现中央编译局理论研究和国际交流的优势，使中央编译局理论和国际交流的优势，使中央编译局在继续做好马克思主义经典著作翻译和中央文献翻译工作的同时，集中力量打造“马克思主义文献与典藏研究”“马克思主义基本理论研究”“国外马克思主义研究”“世界社会主义和政党政治研究”“中国特色社会主义研究”“中国改革发展战略研究”等6个重点研究领域，促进中央编译局在新时期转变研究方式，实现新跨越和新突破。

同日　《北京市“十二五”时期档案事业发展规划》新闻发布会在市政府新闻办新闻发布厅举行。规划明确了“十二五”时期的发展目标、工作任务和保障措施，是“十二五”时期全市档案工作的行动纲领，作为市级一般专项规划，首次纳入市政府新闻发布平台，由市档案局、市发改委与市政府新闻办共同发布。(北京市档案局李海英供稿)

16日　北京市天主教爱国会成立60周年庆祝大会召开。市委常委、统战部部长牛有成，副市长程红出席。

李山主教全面回顾了北京市天主教爱国会60年来的不平凡历程，认真总结了60年来市天主教爱国会开展爱国事业的成就和经验，提出了北京市天主教爱国会未来发展的目标和任务。

大会宣读了国家宗教局的贺信，中国天主教爱国会、北京市基督教三自爱国运动委员会负责人分别致辞。

大会对北京市天主教一区两会和广大神长教友提出了殷切期望：一是提高认识，坚定信心，坚持独立自主自办不动摇；二是服务大局，服务首都，努力探索天主教与社会主义社会相适应的新途径；三是增强素质，强化服务，更好地发挥爱国会的桥梁作用。要为构建社会主义和谐社会首善之区作出新的贡献。

中央统战部二局、市人大民宗侨委、市委统战部、市宗教局、各区县民宗办有关负责人出席大会。全体神父、修女、修生，区县爱国会负责人，各堂区、弥撒点教友代表近400人参加庆祝大会。

17日　2011年北京CBD商务节暨世界CBD联盟年会的重要活动——中国文化产业30人高端峰会在朝阳区规划艺术馆举办。来自20所高校和外研机构的30位权威专家学者，就“文化创新与文化发展”的主题展开探讨，中共北京市委常委、宣传部部长、副市长鲁炜出席会议并致辞。

本届峰会由中国传媒大学、中国社会科学院、北京大学、清华大学、上海交通大学和朝阳区委区政府共同举办。作为东道主的朝阳区，首先介绍了自身文化创意产业的发展情况。目前，该区拥有文化创意产业企业3.3万家，2011年1—7月，文化创意产业实现区级收入43.9亿元，预计全年将达到70亿元，占全区财政收入的比重达到了26%。

会上，国家行政学院副院长周文彰提出，现在是我国发展文化产业的最佳时机，为推动产业发展，政府部门应立足投资、内需、出口三个方面的拉动。中国传媒大学文化产业研究院院长范周对“十二五”时期，我国文化产业欲实现的“文化产业倍增计划”提出了自己的理解。他认为，倍增指的是效益倍增、投入倍增、服务倍增和收入倍增。而文化产业之所以能够成为国民经济支柱性产业，不仅仅在推动经济社会全面发展方面起作用，更重要的使老百姓增加幸福感，文化产业最终的“倍增”要体现在国民的幸福感上。

中国人民大学文学院教授金元浦认为，文化产业自身正在经历升级换代和转型，北京2011年软件网络及计算机服务、与高科技相关的产业形态、广告会展产业的产业增加值占整体的一半，这说明，北京文化创意产业中的新业态，正在推动北京的文化创意产业进化为高端产业形态。

同日　中国法学会宪法学研究会在中国人民大学法学院召开常务理事会，中国法学会研究部主任方向出席会议。会议就增补宪法学研究会副会长事宜进行了讨论。经匿名提名和无记名投票，中国政法大学李树忠教授当选副会长。(中国政法大学科研处刘璐供稿)

21日　全国宣传部长座谈会21—22日在北京召开，中共中央政治局委员、中央书记处书记、中宣部部长刘云山出席会议并讲话。他强调，宣传思想文化战线要深入学习贯彻胡锦涛总书记七一重要讲话精神，把握好主题主线，把握好导向基调，多做统一思想、凝聚力量的工作，多做团结鼓励、振奋精神的工作，壮大主流舆论、增进思想共识，为改革发展稳定提供有力的思想舆论支持。刘云山强调，党的十七届六中全会将研究深化文化体制改革、推动社会主义文化大发展大繁荣问题，我国文化建设正面临难得的历史机遇。要精心组织迎接十七届六中全会的工作，深入阐释中央关于文化建设的重大战略思想、决策部署，积极宣传各地各部门重视、支持文化建设的实际举措，全面反映社会各界关心、参与文化建设的巨大热情，充分展示文化建设的丰硕成果。要进一步增强文化自觉和文化自信，树立机遇意识、责任意识，着力解决文化改革发展的重点问题，加大文化体制改革推进力度，加快文化事业文化产业发展步伐，推出更多优秀精神文化产品，更好地满足人民群众精神文化需求。

各省、自治区、直辖市和新疆生产建设兵团党委宣传部部长，中央宣传文化系统各单位负责同志出席会议。

21—24 日　第 14 届世界群众体育大会在北京国家会议中心召开。刘淇、罗格致辞，刘鹏、郭金龙出席开幕式。来自国际奥委会和世界多个体育组织、学术机构的 600 多位专家学者出席此次会议。

本届大会强调互动式的知识交流和最佳实践经验的分享，会议代表将听取有关群众体育项目案例陈述、颁发相关奖项。为使参会代表对中国在推广群众体育工作方面取得的成绩、对北京在建设世界城市进程中发生的变化、对中华文明的魅力和北京市民的热情留下深刻印象，会议承办方安排了群众体育图片展览、优秀论文墙报展示、晨练和群众健身项目展演、奥运场馆参观、北京之夜观摩等文化活动。（首都体育大学科研处刘沛供稿）

23 日　纪念人民检察制度创立 80 周年座谈会在人民大会堂召开，中共中央政治局常委、中央政法委书记周永康出席会议并讲话。

周永康指出，在新的历史条件下，坚持和发展人民检察制度，最根本的是要坚定不移地坚持和发展中国特色社会主义检察制度。一要始终坚持正确的政治方向。二要始终坚持执法为民。三要始终坚持检察机关的宪法定位。紧紧围绕履行好法律监督职能，深入推进检察体制和工作机制改革，科学配置检察职权，不断完善法律监督的范围、程序和措施，不断提高监督水平，做到敢于监督、善于监督、依法监督、规范监督，切实维护宪法和法律的正确实施，维护社会公平正义。

同日　今年是伟大的文学家、思想家、革命家鲁迅诞辰 130 周年。由中国作家协会、中国现代文学馆和北京鲁迅博物馆联合主办的纪念鲁迅诞辰 130 周年座谈会在人民大会堂举行，中共中央政治局委员、中央书记处书记、中宣部部长刘云山出席会议并讲话。

刘云山在讲话中指出，鲁迅是享誉中外、深受景仰的一代文化大师，是中国现代文化史上一座巍然屹立的丰碑。他以实现民族自立自强为己任，用一篇篇振聋发聩的檄文，激励中国人民在精神上站立起来；他向往社会的光明，以一颗矢志报国的赤子之心，毫不留情地批判旧世界，满怀热情地呼唤新世界、建设新文化；他追求崇高的理想，始终坚定地站在正义的立场上，是中国共产党最忠诚的同志和亲密的战友。鲁迅的人生道路，集中体现了中国先进知识分子为国家和民族勇于担当、勇于奉献的品格，他的作品、思想和精神，穿越历史长河、影响历久弥新。鲁迅精神是激发民族精神和时代精神的宝贵财富，是社会主义先进文化建设的巨大动力，要深刻认识鲁迅精神和时代精神的宝贵财富，是社会主义先进文化建设的巨大动力，要深刻认识鲁迅精神的现实意义和当代价值，学习和发扬鲁迅精神，坚持正确文化追求，增强文化自觉和文化自信，以新的文化创造凝聚起亿万人民团结奋进的强大力量。

24 日　第五期全国青少年生态环保社团骨干培训班在北京林业大学开班，来自全国 31 个省、自治区、市的 100 多青少年生态环保社团骨干和高校团干部将参加为期 4 天的综合培训。全国保护母亲河行动领导小组办公室主任、团中央农村青年工作部部长郭祥玉，环保部宣传教育中心主任贾峰、北京团市委副书记姜泽廷、北京林业大学副校长姜恩来等有关单位的领导出席开班仪式。（北京林业大学科技处张力供稿）

25 日　对外经济贸易大学建校 60 周年庆祝大会隆重召开。商务部部长陈德铭、教育部副部长杜玉波、中共北京市委教育工委书记赵凤桐、北京市教委主任姜沛民、20 多所国外高校校领导和 10 多位驻华使节、近 100 所国内大学领导等 300 位中外嘉宾出席大会。来自世界各地的近 5000 名校友和全校师生共同参加了学校的校庆庆典。中共中央政治局委员、国务委员刘延东致信祝贺。

27 日　教育部与北京大学共建的人力资本与国家政策研究中心成立大会在英杰交流中心阳光大厅隆重举行。教育部副部长鲁昕、北京大学党委书记朱善璐、校长周其凤出席大会。鲁昕副部长与朱善璐书记共同为中心揭牌，并与周其凤校长签署研究中心共建协议。成立大会由教育部发展规划司司长谢焕忠主持。鲁昕副部长代表教育部对人力资本与国家政策研究中心的成立表示热烈的祝贺，并对北京大学在中心筹建过程中所作出的卓有成效的工作表示衷心的感谢。成立大会上，北京大学国家发展研究院常务副院长、人力资本与国家政策研究中心常务副主任巫和懋教授介绍了研究中心的基本情况，著名经济学家、北京大学副校长兼人力资本与国家政策研究中心主任刘伟教授作了题为《人力资本积累与中国经济成长》的专题学术报告。（北京大学社科部供稿）

28 日　台盟中央、全国台联、北京市台盟和北京市台联在北京台湾会馆联合举办“台湾同胞纪念辛亥革命 100 周年座谈会暨图片展开幕式”。港澳和海外的 200 余位台湾同胞参加了座谈会。

全国人大常委会委员、中华全国台湾同胞联谊会会长梁国扬在座谈会上致辞时表示，台湾与辛亥革命有着十分密切的关系，当年台湾同胞积极参与和支持推翻清政府腐朽统治、建立共和的革命，坚决反对日本殖民统治，在中国近代史上谱写了爱国主义的光辉诗篇。

台湾中国统盟副主席蓝博洲，台湾抗日志士亲属协进会顾问戚嘉林，美国亚美文化协会理事长徐守腾代表与会台胞先后在座谈会上发言。他们强调，纪念辛亥革命100周年，就是要让包括台湾同胞在内的全体中国人民牢记历史责任，更加致力于两岸关系的和平发展，促进祖国早日统一。

29日　民建中央在北京召开纪念辛亥革命100周年座谈会。

全国人大常委会副委员长、民建中央主席陈昌智指出，在辛亥革命100周年之际，深刻认识中国共产党领导的多党合作产生发展的历史必然性，对于我们更加自觉地高举爱国主义和社会主义伟大旗帜，切实发挥参政党作用，努力为振兴中华、民族复兴作出新贡献，具有重要意义。

陈昌智强调，民建创始人黄炎培走上民主革命道路、创建中国民主建国会，与孙中山的爱国、强国、民主思想及其领导的辛亥革命有着密切关系，孙中山的革命精神和传统在民健创建过程中得到延续和发展。

陈昌智提出，要紧紧把握历史机遇，大力弘扬孙中山的爱国主义精神，在中国共产党领导下，切实提高履行参政党职能的能力和水平，为“十二五”规划的实施献计出力，为中华民族的伟大复兴团结奋斗。

10月

8日　中华世纪坛举办了“回望百年、展望百年”纪念辛亥革命百年主题座谈会，民革中央副主席、全国政协常委郑建邦表示，中华民族的伟大复兴，是我们的共同历史使命，缅怀辛亥先贤、回顾光辉历史，正是要把那种为了祖国奋不顾身的革命精神继承下来。

同日　在北京佛教名刹广化寺旁，一座典雅而又古色古香的书院落成。什刹海书院将“秉承中华五千年传统文化之大道，兼容释道儒之探索精神，肩负新时代人类济世和谐之使命，培育重道德自信自强之英才”，吸纳各方面专家学者共同为普及、继承、创新中华文化，建设和谐社会而努力。书院将以人文关怀、课程特色以及学研、学思、学行相结合为主要特点。著名国学大师、北京大学教授汤一介被聘任为首任院长，北京广化寺方丈怡学为常务副院长，方立夫、钱逊等著名学者担任顾问。

9日　北京海外联谊会第八届理事会第一次会议在北京召开。会议审议通过了《北京海外联谊会第七届理事会工作报告》和《北京海外联谊会章程修改草案的说明》，选举产生了第八届理事会会长、常务理事会、监事会、监事长。牛有成当选为联谊会第八届理事会会长。第八届理事会共有理事388人。

北京海外联谊会成立24年来，已经成为北京市联系港澳台同胞、海外华侨华人的重要桥梁和纽带。

11—12日　全军军人子女教育工作座谈会在北京召开。中共中央政治局委员、中央军委副主席徐才厚就开好这次会议、做好军人子女教育工作，专门作出批示，提出要求。

中央军委委员、总政治部主任李继耐出席会议并讲话。

徐才厚指出，胡主席在七一重要讲话中指出：“青年是祖国的未来、民族的希望，也是我们党的未来和希望。全党都要关注青年、关心青年、关爱青年。”深刻学习理解胡主席的重要指示，对于我们做好青年工作包括军人的青少年子女教育工作，具有重要意义。军人子女教育关系广大官兵及其家庭切身利益，也关系国家和军队建设事业，推动这项工作科学发展，是一项体现以人为本、暖人心稳军心、具有长远意义之举。“十一五”期间，这项工作成果丰硕、进步显著，既是部队各级党委机关共同努力的结果，更与国家和地方各级党委、政府的大力支持分不开。新形势下，各级党委机关要认真贯彻落实胡主席有关重要指示和军委决策部署，按照科学发展观要求，充分利用国家教育事业大发展大改革的难得机遇，着眼提高教育质量，加强组织领导，采取有力措施，与地方密切配合，在新起点上推动军人子女教育工作不断取得新的发展进步，更好地为党和军队建设事业服务。

这次会议，主要是贯彻落实《军人子女教育优待办法》《军队幼儿园和子女学校“十二五”期间工作规划》，总结交流经验，研究部署工作，在新的起点上推动军人子女教育工作科学发展。

13日　台湾文化会馆基金会考察团一行六人在董事长林博文的带领下来到中国传媒大学文化产业研究院进行考察，并与文化产业研究院院长范周及部分教师座谈交流。

文化产业研究院副院长谢伦灿首先向考察团一行详细介绍了学校文化创意产业孵化器，并陪同考察团参观了孵化器。各入孵企业项目负责人就各自企业的发展现状、已有成果及未来远景等作了汇报与演示。

考察团一行对中国传媒大学文创产业的成果感到惊喜，对文化创意产业孵化器表现出浓厚的兴趣，并对中国传媒大学政产学研结合的育人方式表示认同，希望能以此为契机，加强两岸在文化创意产业上的合作及产业联合，包括联合举办两岸文创学习班、引进台湾创意项目进入中国传媒大学孵化器等。(中国传媒大学科研处程爱晶供稿)

14日　文化部在北京召开艺术学学科建设座谈会，仲呈祥、张庆善、潘公凯、刘梦溪、田青等专家学者围绕建构艺术学学科体系和加强艺术研究、艺术教育、艺术创作、艺术服务的机制建设及学术建设等议题，展开了深入讨论，并提出了建设性意见。

文化部部长蔡武在讲话中指出，要充分提高认识，从落实科学发展观和转变文化发展方式的高度来看待学科升格；要尊重艺术规律，求真务实，统筹兼顾，务必努力做到高层次专门人才与职业艺术人才培养的双向发展，中国传统艺术智慧与西方艺术知识背景互为补充，艺术理论成果与艺术实践成果相得益彰，达到艺术理论建设与解决现实问题的高度统一。

据了解，2011年3月，在国务院学位委员会、教育部新修订的《学校授予和人才培养学科录(2011年)》中，艺术学成为第13个学科门类，下设艺术学理论、音乐与舞蹈、戏剧与影视学、美术学、设计学5个一级学科。

17日　首都经济贸易大学社会计算研究院成立大会暨2011年第三季度内地、香港、澳门和台湾消费者信心指数新闻发布会举行。清华大学、北京大学、香港城市大学等内地、香港、澳门和台湾十余所高校及科研院所的嘉宾，新华社、香港广汇报、台湾中天电视台等20多家媒体参加了大会。成立大会后，2011年第三季度内地、香港、澳门和台湾消费者信心指数新闻发布会拉开帷幕。内地、香港、澳门和台湾消费者信心指数从2009年初由首都经贸大学统计学院牵头进行调查及发布，至今已连续发布了10个季度。2011年第三季度，内地、香港、澳门和台湾的消费者信心总指数分别为90.0、78.2、82.6和72.4。（首都经济贸易大学科研处张嘉艳供稿）

18日　民盟中央和中国陶行知研究会在北京举行座谈会，纪念我国伟大的人民教育家、中国民主同盟时期领导人陶行知诞辰120周年。全国人大常委会副委员长、民盟中央主席蒋树声出席会议。

民盟中央副主席李重庵在座谈会上代表民盟中央向陶行知先生表示深切的怀念和崇高的敬意。他说，陶行知先生的一生，是为了国家的独立、民主而不懈奋斗的一生，是为了人民的教育事业而鞠躬尽瘁、死而后已的一生。陶行知将教育活动和民族解放、民主革命运动有机结合起来，使其真正成为民族的、民主的、科学的、大众的教育，他对教育的执着努力和探索，是以他热爱祖国、热爱人民的赤子之心为基点的。

李重庵表示，缅怀陶行知先生，就是要学习他与其他民盟前辈们热爱祖国、追求真理、献身人民的伟大精神，继承他们未竟的事业，为国家富强、民族复兴、人民安康作出新的贡献。

中共中央统战部副部长尤兰田表示，当前，各民主党派正在深入开展学习践行社会主义核心价值体系活动，希望民主党派广大成员以陶行知等老一辈杰出代表为榜样，继承他们的信念，与中国共产党风雨同舟、肝胆相照。

座谈会上，陶行知的亲属代表、陶行知学术思想研究专家等分别发言，缅怀陶行知为我国民主革命和教育事业作出的重大贡献。会上还颁发了首届陶行知教育奖。

19日　黄炎培职业教育思想研究会成立大会暨第一次会员代表大会在北京举行。全国政协主席、中华职业教育社理事长张榕明出席会议并讲话。

张榕明在讲话中指出，黄炎培是我国职教事业的先驱，成立黄炎培职业教育思想研究会，对于组织和协调社会各方力量，开展黄炎培职教思想和实践的系统研究和宣传，推进职业教育本土化研究，探索和创建符合中国国情、具有中国特征、中国特色的职业教育发展模式，更好地为我国职业教育改革发展服务，具有重要意义。开展黄炎培职教思想研究，要特别注重时代性、规律性、针对性和实效性。

大会选举张榕明为研究会会长，推举全国人大常委会原副委员长、中华职业教育社原理事长成思危，全国政协副主席、全国工商联主席、中华职业教育社原理事长黄孟复为名誉会长。

20日　由国务院参事室、国家教育咨询委员会创新人才组、创新人才教育研究会主办，中国人民大学附属中学承办的“创新人才培养工作座谈会”在北京召开。

来自北京市教育委员会、北京大学、清华大学、上海交通大学、西北工业大学、上海中学等30多所大学、中学及教育主管部门的相关人士将分享在创新人才培养方面的做法和经验。据悉，创新人才教育研究会是国家一级学会，日前刚刚获得批准成立，该研究会将致力推动我国创新人才的培养。

同日　中共中央政治局委员、中央书记处书记、中宣部部长刘云山在人民大会堂会见了发展中国家新闻部长研讨班全体成员。

来自12个发展中国家的23名主管新闻事务的高级官员及助手参加这期研讨班。

刘云山指出，中国与广大发展中国家传统友谊深厚，加强发展中国家间友好合作是中国对外政策的重要基石，也是中方长期、坚定的战略选择。近年来，发展中国家关系在传统友好的基础上不断取得的新发展，增进了彼此了解和感情。中方愿与其他发展中国家新闻界一道共同努力，深化合作内涵、拓展交流渠道，使之更好地造福于各国人民。

研讨班代表表示，此行将有助于深入地了解中国经济社会发展最新情况并分享经验，同时与中国有关部门探讨新闻领域合作的具体方式和途径。

国务院新闻办主任王晨参加了会见。

同日　第十五届北京香港经济合作研讨洽谈会

在北京拉开帷幕，中共北京市委副书记、市长郭金龙，香港特区政府财政司司长曾俊华出席开幕式并致辞。

2011年以来，面对极其复杂的国际环境，北京与香港的进出口商品贸易总额实现了35%以上的增长，香港来京新设立外商投资项目超过500个，充分表明两地经贸往来和各领域合作愈加紧密，保持着旺盛的生命力和蓬勃的发展势头。

曾俊华致辞说，京港洽谈会已成为两地一年一度的盛事，两地关系日益密切，已超越经贸范畴，扩至与社会民生息息相关的诸多领域。希望洽谈会能够更好地发挥作用，成为加强合作的有效平台，两地企业能够共享新商机，共谋新发展。

郭金龙致辞说，站在新的历史起点上，加强京港合作意义更为重要，也面临更多机遇。需要我们拓宽思路，创新机制，携手推动合作发展的新跨越。

同日　中共北京市委宣传部、市委讲师团和丰台区委联合举办学习贯彻党的十七届六中全会精神首场报告会，邀请中央政策研究室原副主任、市学习宣传党的十七届六中全会精神宣讲团成员卫建林作辅导报告。

卫建林作了题为《关于党领导文化工作的基本经验》的报告。他围绕党的十七届六中全会的重要意义，从马克思主义与中国实际相结合，民族的文化、科学的文化、大众的文化、面向世界的文化、“百花齐放、百家争鸣”方针，与时俱进推动社会主义文化大发展大繁荣和党对文化工作的领导等八个方面阐释了党和中国文化的关系、党的文化工作的基本面貌和基本经验，对全市广大干部进一步深入学习贯彻全会精神，准确地从我国社会主义文化改革发展的丰富实践和宝贵经验中获取好做法、好思路具有指导意义。

为及时、深入学习宣传贯彻好全会精神，市委宣传部、市委讲师团按照市委统一部署，正式组建了由著名专家和有关领导参加的“北京市学习宣传党的十七届六中全会精神宣讲团”，深入全市基层单位开展宣讲活动。

市属社科理论单位、市属主要新闻单位、各区县委宣传部、市委各工委宣传处、丰台区和相关委办负责同志以及部队、高校、文化创意产业企业、社区农村代表等1000余人参加了报告会。

25日　由北京市建设学习型城市工作领导小组办公室与北京师范大学共建的“首都学习型社会研究院”召开成立大会。首都学习型社会研究院是北京师范大学发挥综合学科特别是教育学科优势，与北京市合作共建的开放研究平台，实际理事会领导下的院长负责制。研究院将致力于搭建一个集合首都高校智力资源服务于学习型城市建设的平台，探索北京市学习型城市的建设模式，丰富和发展中国特色的学习型社会建设模式，丰富和发展中国特色的学习型社会建设理论，辅助政府公共决策、指导学习型城市建设实践。以专业的知识和科学的方法，研究北京市学习型城市建设中的重大实践问题，提出切实可行的解决方案；以综合和先进的教育与培训，为学习型城市建设提供人力资源支持。

28日　中华全国新闻工作者协会第八届理事会第一次会议在北京开幕。中共中央政治局常委李长春代表党中央在开幕式上讲话。李长春强调，刚刚闭幕的党的十七届六中全会是在我国全面建设小康社会关键时期和文化改革发展重要阶段召开的一次十分重要的会议。新闻战线要把学习宣传贯彻全会精神作为当前首要政治任务，通过深入扎实的宣传，把全党全国各族人民的思想统一到全会精神上来，把智慧和力量凝聚到落实全会部署上来。中共中央政治局常委、中央书记处书记、国家副主席习近平，中共中央政治局常委、国务院副总理李克强出席会议。

同日　由中共中央宣传部、中央文明办、教育部、共青团中央举办的“全国道德模范首都高校巡讲”最后一场报告会在首都师范大学举行。全国道德模范许振超、孙东林、李影与首都师范大学师生们分享了他们践行道德规范的心得体会。共青团中央学校部副部长杨松、中央文明办协调组行业创建处处长赵树杰、首都师范大学党委副书记缪劲翔等出席了此次活动，首都师范大学师生代表共400余人参加了报告会。（首都师范大学社科处黄胤英供稿）

11月

2日　北京市高等教育学会在北京教育考试院组织“十一五”课题优秀成果评审会。专家组对各高校团体会员单位和研究会所承担的中国高教学会各类“十一五”规划或专项课题56项、北京市高教学会“十一五”规划专项课题104项的结题成果进行了评审。共评选出优秀成果67项（高校52项、研究会15项），其中一等奖9项（高校6项、研究会3项）、二等奖17项（高校12项、研究会5项）、三等奖41项（高校34项、研究会7项）。对以上获奖成果，均颁发了由北京市高教学会成立30周年研讨会进行了表彰。（北京市高等教育学会秘书处牛惠兰供稿）

4日　纪念中央革命根据地创建暨中华苏维埃共和国成立80周年座谈会在北京举行。中共中央政治局常委、国家副主席、中央军委副主席习近平出席会议并讲话。他强调，纪念中央革命根据地创建暨中华苏维埃共和国成立80周年，回顾我们党领导人民为实现新民主主义革命任务而艰苦创业的伟大历程，缅怀革命先烈的不朽业绩，就是要结合今天正在进行的社会主义现代化建设实际，大力弘扬党的光荣传统和优良作风，承前启后、继往开来，把老一辈无产阶级革命家开创的、一代一代共产党人和全国各族人民长期奋斗的伟大事业不断推向前进。

座谈会由中共中央政治局委员、中央书记处书记、中央组织部部长李源潮主持。中共中央政治局委员、中央书记处书记、中央宣传部部长刘云山，中共中央政治局委员、中央军委副主席徐才厚，全国人大常委会副委员长李建国，国务委员梁光烈，全国政协副主席陈奎元，中央军委委员李继耐出席座谈会。

中共中央党史研究室主任欧阳淞，军事科学院战争理论和战略研究部部长赵丕，江西省委书记苏荣先后在会上发言。

座谈会由中共中央党史研究室和江西省委、福建省委、广东省委举办。出席座谈会的还有中央和国家机关、军队有关部门负责同志和人民团体负责同志，江西、福建、广东省委有关负责同志和老红军、老同志及专家学者代表。

8日　北京市人大代表投票选举日，全市参加投票选当选的4349名区县人大代表和9932名乡镇人大代表的整体结构得到进一步优化。全市新人大代表中，基层一线代表2667人，占61.3%，比上一届上升9.0%；妇女代表1488人，占34.2%，比上一届上升1.9%；党政干部924人，占21.3%，比上一届下降4.7%；中共党员代表3088人，占71%；少数民族代表332人，占7.6%。选举结果实现了中央和市委提出的“两升一降”要求，即基层一线代表和妇女代表比例有所上升，党政干部代表的比例有所下降。(北京市人大常委会研究室供稿)

9日　中共中央政治局常委、国家副主席习近平在人民大会堂出席妇女与可持续发展国际论坛开幕式并致辞。他强调，妇女是推动人类文明进步的伟大力量。没有妇女事业的进步，就没有全社会的进步。没有全球妇女的积极参与，就不可能真正实现人类社会的可持续发展。他表示，中国愿同世界各国一道，共同推动全球妇女更大规模、更深层次参与环境保护与可持续发展，为共同建设持久和平、共同繁荣的和谐世界而不懈奋斗。

此次论坛由全国妇联主办，北京市政府协办。与会的亚洲、非洲、欧洲、美洲和大洋洲45个国家的政府部长级官员、政要夫人、议员以及联合国高官、国家和国际级非政府组织负责人、专家学者、工商界人士以及香港、澳门特别行政区政府官员和妇女组织代表约300多人出席了开幕式。

12日　全国政协在北京中山公园中山堂举行仪式，纪念中国民主革命的伟大先行者孙中山先生们诞辰145周年。

在肃穆庄严的中山堂内，全国政协副主席李金华代表全国政协，全国政协副主席、民革中央常务副院长主席厉无畏代表民革中央，中共中央统战部副部长尤兰田代表中共中央统战部，北京市副市长程红代表北京市人民政府，分别向孙中山先生塑像敬献了花篮。参加纪念仪式的各界人士在孙中山先生塑像前肃立并三鞠躬。

全国政协副主席白立忱主持纪念仪式。

同日　是孙中山先生诞辰145周年纪念日，中国宋庆龄基金会等在北京举办报告会，展示两岸及港澳青年“追寻历史足迹”系列活动丰富成果，与会的两岸及港澳青年以各种形式表达了继承先辈精神，开创民族未来的信心和决心。

为了纪念辛亥革命100周年，作为联系两岸青少年的重要纽带和桥梁，中国宋庆龄基金会推出了以“追寻历史足迹”为主题的30多项系列活动。系列活动自3月12日在宋庆龄故居启动以来，近千位两岸及港澳青年参与其中，足迹遍及全国20余省市区，系列活动取得了积极的成效。

同日　2011年中国管理会计国际化人才建设大会在北京召开，相关部门的领导、专家学者以及国内外企业代表参加了会议。本次会议由国资委外事局、国家外国专家局培训中心、美国管理会计师协会（IMA）、中国会计报共同主办。

据了解，国资委与国家外国专家局2009年共同启动了中央企业国际化人才培训计划，并将国际财会领域三大黄金证书之一的美国注册管理会计师（CMA）列入其中。经过近几年的发展，CMA培训的影响力日益增强，成为许多大型中央企业管理会计人员的重要培训项目，推动了管理会计在中国的发展。

14日　中华全国台湾同胞联谊会成立30周年纪念大会在北京人民大会堂举行，来自中国大陆各地的台胞代表，以及台湾岛内、港澳地区和海外的台胞嘉宾600余人与会。

全国政协副主席、中央统战部部长杜青林在大会上致辞时指出，全国台联作为台湾各族同胞的爱国人民团体，成立30年来始终高举社会主义和爱国主义旗帜，充分发挥人民团体特点和亲情乡情优势，联谊、团结、服务台湾同胞，在联系定居大陆台胞、服务岛内台胞乡亲、推动两岸交流合作中发挥了积极作用，为促进两岸关系和平发展、做好台湾人民工作、反对和遏制“台独”作出了积极贡献。

全国台联会长梁国扬在大会上致辞，中国侨联主席林军代表各人民团体致贺词，岛内台胞代表吴荣元、港澳及海外台胞代表毛邦杰、大陆台胞代表卢咸池等分别发言。大会上还向为台联事业作出特殊贡献的台胞代表颁发了荣誉证书。

全国政协副主席、台盟中央主席林文漪，全国政协副主席、民革中央常务副主席厉无畏，全国政协原副主席、全国台联名誉会长张克辉，中央国家机关、全国人大有关部门和各民主党派中央、全国工商联、各人民团体的负责人出席大会。

中华全国台湾同胞联谊会1981年12月27日在北京成立，是由定居大陆台胞组成的爱国人民团体。

同日　由全国台联主办的台胞社团座谈会在北京举行，来自17个国家和地区60家台胞社团的89位台胞社团领袖和代表与会。代表们围绕“充分发挥台胞社团作用，为促进两岸关系和平发展和两岸人民福祉作贡献”主题进行深入交流。

作为全国台联成立30周年庆典活动之一，本次座谈会旨在通过总结30年来海内外台胞社团交流合作的经验，探讨社团推进两岸民间交流的功能作用，研讨建立长效交流合作机制等议题，开创台胞社团发展新局面。

全国台联副会长史茂林在座谈会上表示，台胞社团是维护台胞利益、反映台胞要求、密切两岸人民情感、扩大两岸共同利益的重要组织。他呼吁全球台胞乡亲团结起来，共同致力于振兴中华，在不断深化两岸交流合作内涵的过程中厚植共同利益，促进两岸关系和平发展。

15日　由中共北京市委组织部、市委宣传部、市委教育工委、市教委主办的张雪同志先进事迹报告会在北京会议中心举行，中共北京市委常委、市教育工委书记赵凤桐出席会议并讲话。首都各高校党政领导班子成员、中层干部代表，各区县教育工委书记等共计1000余人参加报告会。首都师范大学60余名干部、师生代表聆听了报告。报告会由中共北京市委宣传部副部长张淼主持。

报告会上，市委组织部副部长闫成宣读了《市委组织部、市委宣传部、市委教工委关于开展向张雪同志学习活动的决定》。市委常委、市教育工委书记赵凤桐指出，张雪同志是首都教育系统涌现出来的优秀干部的代表。（首都师范大学社科处黄胤英供稿）

同日　北京大学西方古典学中心正式挂牌成立。作为跨院系实体教学科研机构，西方古典学中心致力于建立中国的西方古典学学科，推动古希腊罗马文明的研究，建设西方古典学教学与人才培养体系，组织高层次的学术交流。中心吸纳了来自北京大学历史学系、哲学系、外国语学院、法学院等院系的研究古典学的相关学者，制作了德国古典学家Fritz-Heiner Mutschler（穆启乐）为人文讲席教授，邀请了美国DePauw大学古典学系副教授刘津渝博士作为访问学者。中心确立了以古希腊语和拉丁语训练为基础的西方古典学课程体系，面向本科生进行教学与培养。该中心的建立是北京大学建设跨学科平台的一次实际而有效的尝试。（北京大学社会科学部供稿）

同日　来自世界主要的马克思主义文献收藏、编译与研究机构以及国内研究和宣传马克思主义理论的重要高校的近百名专家学者齐聚北京，共同见证“中共中央编译局马克思主义文献典藏研究中心”的成立，并围绕马克思主义文献典藏，进行深入的交流和探讨。

此次会议取得了一项重要成果：经过认真磋商，中外七家重要的马克思主义文献收藏与研究机构代表共同签署了《北京会议备忘录》，一致同意将致力于马克思主义文献尤其是珍贵文献的收集整理、开发利用、展览展示等方面的合作，鼓励建立世界马克思主义文献典藏战略联盟，推动世界各相关机构有效开展信息、人才、技术和经验等方面的交流、共同应对挑战，彼此增进合作，实现共赢发展。

16日　由中共北京市委宣传部、市委讲师团组织的北京市“北京精神”专家和领导干部宣讲团首场报告会在朝阳区举办。中共北京市委副秘书长傅华同志作专题报告，400多名来自党政机关和基层单位的党员干部群众参加报告会。傅华在报告中指出，城市精神体现了一个城市的精神品格，集中展示了城市文明形象，对城市健康发展具有很强的引领作用。（中共北京市委讲师团供稿）

17日　全国高等学校哲学社会科学工作会议在北京召开。中共中央政治局常委李长春作出批示。中共中央政治局委员、国务委员刘延东出席会议并讲话。

李长春在批示中希望全国高校深入贯彻落实党的十七届六中全会精神，大力开展社会主义核心价值体系宣传教育，认真实施马克思主义理论研究和建设工作，充分发挥高校哲学社会科学在教书育人方面的重要作用，帮助大学生树立正确的世界观、人生观、价值观，不断坚定中国特色社会主义理想信念，不断提高思想道德水平和科学文化素质。

刘延东指出，高校作为我国哲学社会科学事业的主力军，长期以来在人才培训、学科建设和学术创新等方面取得显著成绩，为繁荣发展我国哲学社会科学发挥了重要作用。要深入学习贯彻党的十七届六中全会精神，认真落实中办、国办转发的《教育部关于深入推进高等学校哲学社会科学繁荣发展的意见》，坚持马克思主义指导地位，坚持中国特色社会主义道路、理论和制度，坚持“二为”方向和“双百”方针，大力推动社会主义核心价值体系建设，促进哲学社会科学创新体系建设，研究重大理论实践问题，增强中国哲学社会科学国际话语权，更好地发挥哲学社会科学认识世界、传承文明、创新理论、咨政育人、服务社会的重要功能。刘延东要求，各级党委政府、教育部门和各高校要切实担负起领导和推动哲学社会科学繁荣发展的责任，深化科研体制机制改革，加强人才队伍和学风建设，强化学术引导和管理，推动高校哲学社会科学健康、蓬勃发展。

教育部部长袁贵仁主持会议。中央国家机关有关部门负责同志，各省（区、市）党委教育工作部门、教育厅（教委）、新疆生产建设兵团教育局、中央部委直属高校、部分地方高校主要负责同志，共计240人出席会议。

21日　为展现100多年来马克思主义在中国的传播历程，中共中央编译局用了近一年的时间精心筹划和建设的中国第一家专门长久展示马克思主义编译、研究、出版和传播的展览馆——“马克思主义传播史展览馆”。记者今天从中央编译局获悉，展览馆已建成并对外开放。

中央编译局局长衣俊卿介绍说，展览馆全面展示了100多年来，特别是在中国共产党的领导下，马克思主义经典著作在中国的翻译和传播历程，集中反映了一代代翻译家、理论家为推动马克思主义中国化所付出的心血；同时也展现了一个多世纪以来，中国翻译出版蔚为壮观的马克思主席典藏以及大量的马克思主义研究著作。展览馆将长期向广大公众免费开放，成为马克思主义宣传教育窗口，为马克思主义大众化服务。

23日　中国人民大学举行教师干部大会。会上，中共中央组织部副部长李智勇宣读了中共中央、国务院关于陈雨露同志、纪宝成同志职务任免的决定：批准陈雨露同志任中国人民大学校长（副部长级），免去纪宝成同志的中国人民大学校长职务。教育部部长、党组书记袁贵仁，中共北京市委常委、教育工委书记赵凤桐等出席大会。（中国人民大学科研处李素萍供稿）

24日　北京市高等教育学会成立30周年研讨会在北京教育考试院三层报告厅召开。应邀出席研讨会的领导和嘉宾有：中共北京市委常委、市委教育工委书记赵凤桐，北京市高教学会名誉会长、中共北京市委原副书记、中共中央党校原副校长汪家镠，北京市高教学会名誉会长、北京市政协原副主席、中共北京市委教育工委书记陈大白，北京市教委主任姜沛民，中共北京市委教育工委常务副书记刘建，中共北京市委教育工委副书记、北京市人民政府教育督导室主任线联平，以及北京市社科联党组副书记、副主席陈之昌，北京市社科联副巡视员、学会管理部主任王彦京，中国高教学会副秘书长叶之红。与会的领导、嘉宾和代表共200余人。

教育部原部长何东昌，教育部原副部长、中国高教学会会长周远清，中共北京市委常委、市委教育工委书记赵凤桐，北京市人民政府副市长洪峰，北京市教委主任姜沛民等领导，以及汪家镠、陈大白、徐锡安等老领导亲自为学会成立30周年题词。教育部副部长刘利民，中国高等教育学会，中共北京市委教育工委和市教委，分别发来了贺信。

耿学超会长在讲话中简要回顾了北京市高等教育学会成立30年来的历程、取得的丰硕成果，以及今后的主要任务。中国高等教育学会副秘书长叶之红，北京市社科联党组副书记、副主席陈之昌，分别代表中国高等教育学会、北京市社科联向大会致辞，表示祝贺。大会宣读并表彰了北京市高等教育学会“十一五”高教研究规划课题优秀成果67项，（2011）优秀高等教育研究机构17个，（2009—2011）先进研究会21个。获奖代表、北京航空航天大学高教研究所所长雷庆教授及北京高教学会大学英语研究会理事长张文霞教授分别在大会上作了交流发言。（北京市高等教育学会秘书处牛惠兰供稿）

9—11月　为了落实北京市教委关于促进北京市基础教育的均衡发展，为基层区县学校提供高质量教研服务的要求，北京市教育学会设立了“促进北京市农村地区小学教学教师专业发展培训”项目。学会充分利用市学科专家团队的成功教学实践及其研究成果，为顺义、密云、怀柔、平谷、房山5个远郊区县共500名青年骨干教师提供专业化、科学化的优质服务。团队教师走进山区学校，开展有针对性、有实效性的教研活动，在服务中提升教师的职业价值追求，历练教师的执教能力，培养教师对事业的责任心。让山区教师迅速跟进，和城区老师一起同步发展。（北京市教育学会李文秀、吴正宪供稿）

12月

1日　中国政法大学教育法中心发布《2010—2011年高校信息公开观察报告》。教育法中心依据教育部《高等学校信息公开办法》研发了包括组织机构、制度规范、主动公开、依法申请公开、监督和保障等六个方面的测评指标，对全国“211工程”112所高校信息公开的情况进行全面观察。报告得到社会的广泛关注，多家媒体进行报道。（中国政法大学科研处刘璐供稿）

3日　中国人民对广播事业暨中国国际广播电台创建70周年纪念大会在北京举行。中共中央政治局常委李长春发来贺信。中共中央政治局委员、中央书记处书记、中宣部部长刘云山出席大会并讲话。全国人大常委会副委员长陈至立，国务委员戴秉国，全国政协副主席阿不来提·阿不都热西提出席大会。

目前，中国国际广播电台使用61种语言全天候向世界传播，是全球使用语种最多的国际传播机构，拥有广播、电视、报刊、网络和手机等5种媒体传播手段。2011年，每天累计播出节目3000多小时，全年收到境外听众来信预计超过300万封。

5日　中国政法大学人权研究院（国家人权教育与培训基地）揭牌仪式在中国政法大学举行。第十届全国政协副主席、中国人权研究会会长罗豪才与中共中央对外宣传办公室、国务院新闻办公室副主任董云虎出席揭牌仪式，共同为基地揭牌。中国政法大学校长兼人权研究院院长黄进在仪式开始后代表学校和人权研究院致辞。揭牌仪式由中国政法大学副校长张保生主持。来自司法部司法研究所、中国人权研究会、山东大学、瑞典隆德大学、中国政法大学的专家学者以及中国政法大学人权法学专业在校博士、硕士研究生共60余人出席揭牌仪式。(中国政法大学科研处刘璐供稿)

同日　北京师范大学成立新兴市场研究院。该院以服务社会与科学研究为发展目标，同时兼及人才培养与学科建设。

新兴市场泛指相对成熟或发达市场而言，目前正处于发展中的国家、地区或某一经济体，如被称为“金砖四国”的中国、印度、俄罗斯、巴西以及后来兴起的南非、越南、土耳其等。北京师范大学新兴市场研究院定位于为政府制定经济与社会发展政策提供决策参考，为企业的国际投资与国际贸易提供咨询服务，为学者的学术交流、高层次的学术研究和为大学之间的国际合作以及为高层的国际性企业管理培训和政府管理培训提供服务与支撑。胡必亮教授担任该院院长。

8日　全国中小学德育工作经验交流会在北京召开。中共中央政治局委员、国务委员刘延东在给会议的信中强调，要认真贯彻党的十七届六中全会精神，将社会主义核心价值体系作为中小学德育工作的重中之重，自觉融入到中小学教育之中。

刘延东指出，加强和改进中小学德育工作，对于促进教育事业科学发展，确保中国特色社会主义事业兴旺发达、后继有人，具有重要而深远的意义。要坚持育人为本，德育为先，引导学生树立远大志向和社会主义荣辱观，培育学生的爱国情感和创新意识，培养学生正确的人生观、价值观以及良好的品德和行为习惯，加强素质教育，坚持思想道德建设与身心健康发展相统一，促进学生全面发展。要注重开发德育资源，在课堂教学、社会实践、校园文化、班主任工作、学校管理等各个方面和各个环节体现育人要求。要适应时代发展的新要求和学生学习生活的新特点，不断丰富教育内容，创新方式方法，激发学生学习进步的自觉性和积极性，努力形成长期稳定、充满活力的中小学思想道德的工作格局和生动局面。

教育部部长袁贵仁出席会议并讲话。北京、广东、辽宁、湖南、重庆、江苏、四川、浙江等地教育部门和部分学校代表作交流发言。

会上，教育部向137个全国中小学德育工作优秀案例单位代表颁发奖牌，命名141家全国县级示范性青少年校外活动场所和22家全国中小学社会实践基地。

同日　教育部民办教育政策研究院成立大会暨首届民办教育政策研讨会在北京师范大学举行。教育部副部长鲁昕，国家总督学顾问、中国民办教育协会荣誉会长陶西平，中国民办教育协会会长王佐书，中国教育学会会长、北京师范大学荣誉教授顾明远，北京师范大学党委书记刘川生、校长钟秉林出席成立大会。(北京师范大学社科处刘娜供稿)

同日　在全国中小学教育工作经验交流会上，北京市档案馆成为首批“全国中小学档案教育社会实践基地”。中共中央政治局委员、国务委员刘延东为大会发来贺信，教育部部长袁贵仁、国家档案局局长杨冬权、中共北京市委常委赵凤桐等领导为12家首批“全国中小学档案教育社会实践基地”代表颁牌。(北京市档案局李海英供稿)

12日　北京市召开“北京市建设学习型党组织工作示范点和品牌活动授牌大会”。会上公布了31个“北京市建设学习型党组织工作示范点”和30项“北京市建设学习型党组织工作品牌活动”。中国人民大学党委获评“北京市建设学习型党组织工作示范点”，这是获得此项荣誉的唯一一所在京部属高校。(中国人民大学科研处李素萍供稿)

同日　第六届孔子学院大会开幕式在北京国家大剧院举行。中共中央政治局常委李长春出席开幕式，并为全球孔子学院先进个人和突出贡献奖获奖者颁奖，观看外国歌唱家“我唱北京”音乐会。李长春向获奖代表表示热烈祝贺，勉励他们不断总结经验、加强交流，通过学习汉语增进对中国文化的了解，加强中外文化教育交流合作，为加强中国人民与世界各国人民的友谊、促进不同文明之间相互学习借鉴作出新的贡献。

一年一度的孔子学院大会旨在全球孔子学院交流经验、加强合作、密切联系提供平台，从2006年起从已连续举办六届。本届大会为期两天，以“孔子学院的未来十年”为主题，吸引了105个国家和地区的2000余位大学校长和孔子学院代表参加。来自美国、马来西亚、泰国、博茨瓦纳的大学校长、孔子学院院长、学生代表在开幕式上发言。会议期间，还将举办校长论坛、院长论坛、国际汉语教材展等活动。

同日　北京海外高层次人才协会成立大会2011年北京海聚论坛在北京举行，百度公司董事长兼首席执行官李彦宏当选为首届会长。

据介绍，北京海外高层次人才协会是由在北京创新创业的海外高层次人才及相关机构、单位自愿发起。首届会员130人，凝聚了各个领域在京创新创业的优秀海外高层次人才。截至目前，北京地区已有467人入选中央“千人计划”、227人入选北京“海聚工程”。海外高层次人才在带动新兴学科、开展技术创新、投资兴建实业上，已成为北京创新型城市建设的一支重要力量。

16日 北京企业文博协会成立大会暨揭牌仪式在自来水集团培训中心四层多功能厅召开。协会名誉会长徐惟诚、李志坚、满运来，协会顾问史秋秋、陈乐人、崔君乐出席了会议。会议主要内容：(1)市社科联党组书记史秋秋代表市社团办向北京企业文博协会颁发了社会团体法人登记证书并发表了致辞；(2)会长张凤朝向名誉会长、顾问颁发了聘书；(3)副会长姜兴宏、陆建国、孙晓刚作了交流发言；(4)名誉会长徐惟诚、李志坚、满运来为协会正式成立揭牌；(5)会长张凤朝就协会下一步工作提出了要求。(北京企业文博协会供稿)

同日 海峡两岸关系协会成立20周年纪念大会在人民大会堂举行。中共中央政治局常委、全国政协主席贾庆林出席大会并发表重要讲话。

贾庆林代表中共中央、国务院，对海协会成立20周年表示热烈的祝贺，向多年来为推动两岸关系发展作出积极贡献的各界人士表示衷心的感谢并致以诚挚的问候。贾庆林指出，开展两岸协商谈判，是以和平方式实现祖国统一的必由之路。中央对台工作大政方针的一项重要内容，就是主张通过两岸协商谈判，逐步解决彼此间的问题，不断推动两岸关系和平发展。海协会成立20年来，认真贯彻中央对台议会政策，开展了一系列卓有成效的工作，尤其是通过与台湾海基会开展协商，为促进两岸关系发展发挥了不可替代的重要作用。

中共中央台湾工作办公室、国务院台湾事务办公室主任王毅在致辞中高度评价海协会充分发挥受权团体的独特作用，为改善和发展两岸关系作出了重要贡献。表示中共中央台办、国务院台办将一如既往地支持海协会为两岸商谈发挥重要作用，加强与台湾各界人士交流往来，处理好两岸同胞交往中的具体问题，维护好两岸同胞的合法权益。

海协会会长陈云林在报告中回顾了海协会20年来的工作情况，总结了两会协商的重要成果，并对今后工作提出规划。陈云林表示，海协会肩负着继往开来的重要使命，将以坚定的维护协商基础，以极大的诚意巩固协商成果。在坚持“九二共识”的基础上，重点围绕增进两岸同胞福祉的经济与民生议题推进协商，适时开展两岸文化教育交流合作议题的商谈，使两会协商的两岸关系和平发展的成果进一步惠及两岸民众。

大会开始前，贾庆林和国务委员戴秉国等中央领导同志亲切会见了全体代表并合影留念。

中央和国家有关部门、民主党派、社会团体负责人，海协会负责人和理事，以及在海协会工作过的老同志等约320人参加大会。

17日 中共北京市委党史研究室在北京会议中心召开北京市党史工作30周年座谈会。市委党史研究室主任谢荫明，副主任陆兵、陈志楣，副巡视员范登生，曾在市委党史资料征集委员会、市委党史研究室工作过的老领导和同志，区县党史部门的领导和同志以及党史研究室全体职工近百人参加了会议。

山东、江苏、天津、福建、辽宁、新疆、云南、河北、宁夏、重庆、西藏、四川、湖北、广东、吉林、贵州、湖南、甘肃等19个省区市党史部门发来热情洋溢的来信和贺电，祝贺北京市党史工作30周年，高度评价市党史部门的工作，祝愿北京市党史工作取得更加辉煌的未来。(北京市委党史研究室科研管理处苏峰供稿)

同日 中国创业家联盟成立仪式在北京钓鱼台国宾馆举行。清华大学中国企业研究中心、中国智慧工程研究会、中创联(北京)投资发展有限公司等单位为联盟的主要发起者，惠丰集团等150余家企业为联合发起者。联盟将以推动企业“智慧创新成长、培育智慧人才、促进学习交流、履行社会责任”为核心，以“弘扬创业精神，助力转型升级”为目标，整合产学研及企业资源，促进企业快速健康成长及履行社会责任。

21日 经国家工商行政管理总局批准设立的全国性广告研究基地“国家广告研究院”揭牌仪式在中国传媒大学举行。国家工商行政管理总局副局长甘霖出席仪式，并与中国传媒大学党委书记李培元共同为国家广告研究院揭牌。(中国传媒大学科研处程爱晶供稿)

23日 由国家广电总局支持，中国传媒大学主办，中国纪录片研究中心承办的“光影纪年——中国纪录影像世纪盛典”在人民大会堂隆重举行。中国科学技术协会党组书记、副主席陈希，中央文献研究室副主任陈晋，国家广播电影电视总局总编辑、宣传管理司司长金德龙，中共中央对外宣传办公室三局局长张雁彬，中国教育电视台台长康宁，中央电视台副台长、中央新影集团董事长高峰；中国传媒大学党委书记李培元，校长苏志武，党委副书记田维义、刘利群，副校长高福安、袁军、廖祥忠等领导同志应邀出席了本次盛典。

2011年时值中国纪录片百年华诞。“光影纪年——中国纪录影像世纪盛典”旨在通过回顾中国纪录片百年来的发展轨迹与光辉历程，致敬先辈，勉励当代纪录片工作者，向全社会呈现纪录片人的奉献精神，展示纪录片的真实力量。

盛典聚集了全国各地400多位优秀的纪录片人，包括来自中央电视台、中国教育电视台、中央新影集团、各省级电视台、全国多家纪实频道的领导、老一辈纪录片人以及众多纪录片创作者。

同日 海峡两岸关系法学研究会(简称“海研会”)正式成立，并召开第一次会员代表大会。全国政协副主席、台盟中央主席林淄出席大会。

中共中央台办、国务院台办主任王毅出席会议并讲话。他说，涉台法制工作在对台工作中具有十分重要的地位，为维护国家主权和领土完整、遏制“台独”分裂活动、推动两岸关系发展发挥了重要作用。

王毅向海研会及法学专家学者提出五点希望：要坚持以中央对台工作大政方针指导研究工作，确保海研会发展的正确方向；要研究两岸商谈遇到的问题，为推动两岸协商谈判提供法律服务；要从法理和实务的角度，全面深入研究两岸关系重大课题，为今后逐步破解各种难题提供法理基础；要加强两岸法律界交流，为两岸各界大交流发挥独特作用；要充分发挥海研会的全国性法学研究平台作用。鼓励、协调法学家、法律工作者多做工作、多出成果，为发展两岸关系、实现和平统一作出宝贵贡献。

全国政协社会和法制委员会主任张福森当选为海研会会长。中国法学会会长韩杼滨发来贺信，常务副会长刘飏主持成立大会。

25日　由中共北京市委宣传部、北京市社会科学界联合会和北京市哲学社会科学规划办公室联合主办，北京师范大学承办的第五届北京中青年社科理论人才“百人工程”学者论坛在京召开。北京市社会科学界联合会党组书记、常务副主席史秋秋，中共北京市委宣传部副局级巡视员吕钦，北京师范大学党委副书记王炳林、副校长韩震等领导和嘉宾出席论坛。（北京师范大学社科处刘娜供稿）

26日　中国国际战略学会2011年年会在北京举行，会长马晓天主持年会并作了题为《当前我国家安全环境的新变化》的报告。近200名老将军、老外交官和有关部门领导出席了年会。

马晓天指出，应立足全局、着眼长远，继续贯彻“坚持韬光养晦，积极有所作为”的战略方针，为维护我国家发展的重要战略机遇期营造更为有利的安全环境。

29日　第三次全国文物普查工作电视电话会议在北京召开，中共中央政治局委员、国务委员、国务院第三次全国文物普查领导小组组长刘延东出席会议并讲话。她强调，要认真学习贯彻十六届六中全会精神，抓住机遇，乘势而上，在新起点上推动文物事业实现新跨越，为推动文化繁荣发展、建设社会主义文化强国作出新贡献。

刘延东强调，要准确把握文物事业面临的新形势新任务，坚持文物保护与经济发展社会建设相结合、依法保护与科学保护相结合、保护抢救与利用管理相结合、政府主导与社会参与相结合，加强文化遗产保护。要认真贯彻文物保护工作方针，以科学发展为主题，实施重大文物保护工程，合理利用珍贵文物资源，传播先进文化，不断推动文物事业为促进经济社会发展作贡献。要把文物保护与改善人民群众物质文化生活紧密结合，并继续推动博物馆免费开放，努力让人民群众充分享受保护成果。要进一步落实政府保护文物的责任，抓紧构建有利于文物事业科学发展的体制机制，不断加大文物保护科技成果推广力度，积极开展国际交流合作。要严格管理制度，加强执法监管，坚决制止各种人为因素造成的文物损毁和破坏，依法严厉打击各种文物违法犯罪。

第三次全国文物普查自2007年4月开始，到2011年12月结束。全国共调查、登记不可移动文物766722处，新发现登记不可移动文物536001处，复查登记不可移动文物230721处。

30日　北京市哲学社会科学规划首批重大项目成果鉴定暨宣传推介会在北京会议中心召开。市社科规划办王祥武主持会议，中共北京市委副秘书长傅华出席会议并讲话。鉴定专家、重大项目首席专家及课题组成员、重大项目所在科研管理部门负责人以及相关新闻媒体记者等70余人参会。鉴定办公室对已完成的9项重大项目研究成果进行鉴定，其中5项成果获得优秀等级，3项获得良好等级，1项成果获合格等级。这是市社科规划办创新思路，积极探索重大项目成果鉴定宣传的新方式。该项工作被评为“北京市宣传系统2011年度优秀工作”（北京市哲学社会科学规划办公室供稿）

11—12月　本市各区县、乡镇依法召开了新一届人民代表大会第一次会议。16个区县共选举产生472名人大常委会组成人员，116名正副区县长，32名法院院长和检察院检察长。180个乡镇共选举产生268名人大主席和副主席，1017名正副乡镇长。区县国家机关领导人员中，中共党员占75.3%；女干部占23.1%，少数民族干部占6.1%，55岁以下的占90.6%；大学生本科及以上学历的占93.7%，比上一届提高10.3%。乡镇国家机关领导人员中，中共党员占99%；女干部占19.1%，少数民族干部占4.71%，55岁以下的占99.1%；大学本科及以上学历的占91.8%，比上一届提高8.1%。乡镇人大专职主席、副主席193人，占总数的72%，比上一届提高12.6%。通过换届选举，一批德才兼备、群众信任的优秀干部走上领导岗位，班子整体功能进一步增强。（北京市人大常委会研究室供稿）

12月　《北京联合大学学报》“北京学研究”栏目入选为教育部高校哲学社会科学名栏建设工程。这次“名栏”评审，全国共有24种“特色栏目”入选。《教育部高校哲学社会科学名栏工程实施方案》指出：教育部哲学社会科学名栏建设是教育部高校哲学社会科学名刊工程的深化和拓展。其主要任务是推进高校社科学报名栏建设，提高我国高校社科党报专业化水平，突出高校社科学报的品牌效应，带动高校社科学学报整体水平和质量的提升，繁荣发展高校哲学社会科学研究。

教育部“名栏建设”工程自2004年启动，第一批名栏建设工程，共有16个期刊的栏目入选；第二批24个。（北京联合大学科研处供稿）

·附 录·

概 述

本栏目记述2011年北京市社会科学理论著作出版基金资助情况，包括每部著作的推荐单位、著作名称、申请人、出版社等内容；记述北京地区2所院校2011年科研队伍情况统计。

北京市社会科学理论著作出版基金资助情况一览表

2011年上半年（总第36批）批准资助著作名单

编号	推荐单位	申请著作名称	申请人	出版社
1	中国人民大学	西方当代伦理思想研究	龚 群 陈 真	北京大学出版社
2	北京语言大学	溯源与比较——当代海峡两岸的小城小说	赵冬梅	北京大学出版社
3	北京师范大学	艺术家个性心理和发展	程正民	北京大学出版社
4	北京大学	汉藏语言比较的方法与实践——汉、白、彝语比较研究	汪 峰	北京大学出版社
5	北京外国语大学	唐代应试诗歌研究	徐晓峰	北京大学出版社
6	北京语言大学	周亮工及其《印人传》研究	朱天曙	北京大学出版社
7	北京大学	下一代图书馆系统与服务研究	朱本军 聂 华	北京大学出版社
8	中国人民大学	现代性的矛盾与超越——马克思现代性思想与当代社会发展	郗 戈	中国人民大学出版社
9	中国人民大学	马克思经济学数学模型研究	吴易风 白暴力	中国人民大学出版社
10	中国人民大学	工资形成机制变革下的经济结构调整——契机、路径与政策	杨瑞龙 等4人	中国人民大学出版社

续表

编号	推荐单位	申请著作名称	申请人	出版社
11	中央财经大学	宏观经济政策效应非线性与宏观调控有效性研究	王立勇	中国人民大学出版社
12	清华大学	中国经济增长转型与技术进步的经济分析	王　玺 张　勇	中国人民大学出版社
13	中国青年政治学院	论检察官客观义务——以职业理念背后的检察行为标准化为中心	程　捷	中国人民大学出版社
14	中国人民大学	合宪性推定论：一种宪法方法	王书成	中国人民大学出版社
15	中国政法大学	法官庭审话语的实证研究	张　清	中国人民大学出版社
16	中国人民大学	形式与神韵：基督教良心对西方刑事诉讼、证据法的影响	佀化强	中国人民大学出版社
17	中国政法大学	刑事推定论	褚福民	中国人民大学出版社
18	中国传媒大学	香港喜剧电影史	史博公	清华大学出版社
19	中央社会主义学院	统一战线与和谐社会建设	王　珊	首都师范大学出版社
20	中共北京市委党校	中国大城市城乡结合部政府治理研究——以北京市为例	孔祥利	首都师范大学出版社
21	首都师范大学	论政党价值观	石国亮	首都师范大学出版社
22	北京理工大学	后发优势演化论：中国经济追赶可持续性研究	侯高岚	北京燕山出版社
23	北京市社会科学院	三家子满语语音研究	戴光宇	北京大学出版社
24	中国传媒大学	中国动画电影造型意指与历史演进	张启忠	京华出版社

2011 年下半年（总第 37 批）批准资助著作名单

编号	推荐单位	申请著作名称	申请人	出版社
1	北京大学	表达与存在：梅洛 · 庞蒂现象学研究	宁晓萌	北京大学出版社
2	中国人民大学	宗教与诠释	杨慧林	北京大学出版社
3	北京大学	全球化背景下金融监管的博弈研究	韩忠亮	北京大学出版社
4	北京大学	魏晋南北朝考古研究	韦　正	北京大学出版社
5	北京大学	马家塬墓地金银制品技术研究——兼论先秦两汉金银工艺	吴小红 黄　维	北京大学出版社
6	北京大学	环境考古学——理论与实践	夏正凯	北京大学出版社
7	北京大学	东南亚古代史	梁志明 等 4 人	北京大学出版社
8	首都师范大学	西方历史中的古典民主与共和传统	晏绍祥	北京大学出版社
9	北京大学	印度近二十年的发展历程	林承节	北京大学出版社
10	北京大学	改良与革命：晚清民初史事新探	王晓秋	北京大学出版社
11	北京师范大学	中国古代文体论思辨	姚爱斌	北京大学出版社

续表

编号	推荐单位	著作名称	申请人	出版社
12	北京大学	宋代经书注疏刊刻研究	张丽娟	北京大学出版社
13	中国人民大学	马克思主义基本原理与当代中国思想政治教育	刘建军等6人	中国人民大学出版社
14	中国人民大学	马克思主义基本原理在当代西方	黄继峰等5人	中国人民大学出版社
15	中国人民大学	环境经济评价：理论、制度、方法	吴　健	中国人民大学出版社
16	北京师范大学	演化经济学的演进——经济学自然科学基础的变革	白瑞雪	中国人民大学出版社
17	中国人民大学	私人垄断、国家垄断与政府规制——大型国有垄断企业的治理结构和政府规制结构研究	于同申	中国人民大学出版社
18	北京外国语大学	大国竞争的金融战略	陈雨露 马　勇	中国人民大学出版社
19	中国人民大学	理性与激情：地方治理中的有序公民参与	孙柏瑛 杜英歌	中国人民大学出版社
20	清华大学	社会中介组织规范与发展研究	李应博	中国人民大学出版社
21	中国政法大学	滥用市场支配地位规制研究	戴　龙	中国人民大学出版社
22	北京信息科技大学	大学英语循证教学法	任维平等4人	清华大学出版社
23	北京师范大学	儒家性命思想视野中的文道关系诸问题	张炳尉	北京师范大学出版社
24	北京师范大学	熊十力思想体系建构历程研究	李祥俊	北京师范大学出版社
25	北京师范大学	死刑民意研究	袁　彬	北京师范大学出版社
26	北京师范大学	上市公司重整：实证分析与理论研究	贺　丹	北京师范大学出版社
27	北京师范大学	北京清代历史城市寺庙景观研究	鞠　熙	北京师范大学出版社
28	北京舞蹈学院	舞蹈身体语言学	刘　建	首都师范大学出版社
29	首都师范大学	主体焦虑与权力再现——好莱坞类型电影的意识形态与文化	徐海龙	首都师范大学出版社
30	中共北京市委党校	中国老年人的医疗费用负担研究	闫　萍	首都师范大学出版社
31	首都师范大学	论语集义新编索解	易鑫鼎	首都师范大学出版社
32	中国政法大学	先秦诗经学史	黄震云	北京燕山出版社
33	明代帝陵研究会	明十三陵研究	胡汉生	北京燕山出版社
34	十三陵特区办事处神路管理处	明实录长城史料	何宝善	北京燕山出版社
35	北京市社会科学院	中国城市化发展质量研究	王德利	北京燕山出版社
36	中共北京市委党校	党群和谐论	姚　桓等4人	同心出版社
37	北京人民警察学院	中国城市旅游竞争力统计研究	佟志伟	北京出版社

（北京市社会科学理论著作出版基金办公室供稿）

北京地区社科研究单位（部分）2011 年科研队伍情况统计

中共北京市委党校　北京行政学院社会科学队伍统计表

学科门类	按职称划分					按最后学历划分					按最后学位划分	
	小计 L01	正高 L02	副高 L03	中级 L04	初级 L05	研究生 L06	本科生 L07	大专生 L08	中专生 L09	其他 L10	博士 L11	硕士 L12
合计	144	24	55	58	7	116	22	4	0	2	61	35
哲学	14	5	5	4	0	14	0	0	0	0	11	3
经济学	12	3	4	5	0	11	1	0	0	0	8	1
政治学	15	5	5	5	0	13	2	0	0	0	8	2
党史党建	11	3	6	2	0	10	1	0	0	0	5	2
公共管理	11	3	3	5	0	11	0	0	0	0	6	4
工商管理	11	0	7	4	0	10	1	0	0	0	4	4
法学	15	2	6	7	0	15	0	0	0	0	9	4
社会学	12	2	7	3	0	12	0	0	0	0	8	2
语言文学	8	0	5	3	0	6	2	0	0	0	0	4
历史学	1	1	0	0	0	1	0	0	0	0	0	1
计算机	12	0	3	8	1	4	7	1	0	0	0	4
图书、情报、文献学	12	0	1	6	5	5	5	0	0	2	0	4
其他学科	10	0	3	6	1	4	3	3	0	0	2	0

（注：该表统计截止时间为 2011 年 12 月底，参公人员不包括在内）

（中共北京市委党校、北京行政学院科研处供稿）

中国政法大学人文、社会科学活动人员情况表(2011 年度)

			总计		按职称划分					按最后学历划分			其他	按最后学位划分	
				女性	小计	教授	副教授	讲师	助教	初级	研究生	本科生	其他	人员	博士	硕士
		编号	L01	L02	L03	L04	L05	L06	L07	L08	L09	L10	L11	L12	L13	L14
合 计		01	1053	525	1053	263	385	327	50	28	814	217	22	0	516	320
按现从事学科划分	管理学	02	62	27	62	8	19	29	3	3	40	21	1	0	26	20
	马克思主义	03	38	21	38	2	5	23	6	2	30	8	0	0	12	23
	哲学	04	32	11	32	9	11	11	0	1	26	6	0	0	18	9
	逻辑学	05	7	5	7	3	4	0	0	0	7	0	0	0	3	4
	宗教学	06	3	1	3	2	0	1	0	0	3	0	0	0	3	0
	语言学	07	78	67	78	10	32	31	4	1	64	12	2	0	20	46
	中国文学	08	11	7	11	1	5	4	1	0	10	0	1	0	9	1
	外国文学	09	15	10	15	2	0	13	0	0	15	0	0	0	3	12
	艺术学	10	8	5	8	1	2	4	1	0	4	4	0	0	1	3
	历史学	11	19	10	19	7	3	9	0	0	17	2	0	0	11	7
	考古学	12	0	0	0	0	0	0	0	0	0	0	0	0	0	0
	经济学	13	32	16	32	14	11	5	2	0	29	3	0	0	25	4
	政治学	14	44	19	44	16	17	11	0	0	41	3	0	0	34	8
	法学	15	461	201	461	153	210	77	9	12	391	69	1	0	276	119
	社会学	16	15	6	15	2	7	4	2	0	15	0	0	0	12	3
	民族学与文化学	17	0	0	0	0	0	0	0	0	0	0	0	0	0	0
	新闻学与传播学	18	24	14	24	3	5	13	1	2	22	2	0	0	16	6
	图书、情报、文献学	19	55	42	55	4	10	33	8	0	7	34	14	0	1	6

续表

			总计		按职称划分						按最后学历划分			其他	按最后学位划分	
				女性	小计	教授	副教授	讲师	助教	初级	研究生	本科生	其他	人员	博士	硕士
		编号	L01	L02	L03	L04	L05	L06	L07	L08	L09	L10	L11	L12	L13	L14
合　计		01	1053	525	1053	263	385	327	50	28	814	217	22	0	516	320
按现从事学科划分	教育学	20	21	13	21	2	3	12	1	3	14	5	2	0	2	13
	统计学	21	8	5	8	0	0	3	2	3	2	6	0	0	0	2
	心理学	22	15	8	15	4	6	4	0	1	15	0	0	0	11	4
	体育科学	23	36	6	36	3	10	18	5	0	7	28	1	0	0	8
	自然科学	24	8	8	8	1	2	5	0	0	8	0	0	0	4	4
	工程技术	25	27	15	27	6	10	9	2	0	21	6	0	0	12	9
	医药科学	26	26	7	26	7	11	5	3	0	19	7	0	0	10	9
	其他	28	8	1	8	3	2	3	0	0	7	1	0	0	7	0
按现从事学科划分	60 岁及其以上	24	28	6	28	28	0	0	0	0	18	10	0	0	7	10
	55 岁 –59 岁	25	96	32	96	61	23	11	1	0	56	34	6	0	38	18
	50 岁 –54 岁	26	112	48	112	59	45	8	0	0	70	39	3	0	41	28
	45 岁 –49 岁	27	238	135	238	80	117	34	4	3	167	62	9	0	105	73
	40 岁 –44 岁	28	179	90	179	29	88	56	3	3	147	29	3	0	106	45
	35 岁 –39 岁	29	196	102	196	6	85	92	7	6	173	22	1	0	129	51
	30 岁 –34 岁	30	170	95	170	0	27	109	24	10	160	10	0	0	84	78
	29 岁及以下	31	34	17	34	0	0	17	11	6	23	11	0	0	6	17

（中国政法大学科研处刘璐供稿）